Ästhetische Grundbegriffe (ÄGB) Historisches Wörterbuch in sieben Bänden

Herausgegeben von Karlheinz Barck
(Geschäftsführung)
Martin Fontius
Dieter Schlenstedt
Burkhart Steinwachs
Friedrich Wolfzettel

Redaktion Berlin *Redaktion Frankfurt/Main*
Dieter Kliche Britta Hofmann
(Leitung und Koordination) Maria Kopp
Carsten Feldmann
Bertolt Fessen
Martina Kempter

Ästhetische Grundbegriffe

Band 1
Absenz – Darstellung

Studienausgabe

Verlag J. B. Metzler
Stuttgart · Weimar

In der Vorbereitungsphase des Projekts leisteten die wissenschaftlichen Mitarbeiter Oksana Bulgakowa, Jörg Heininger und Ernst Müller redaktionelle Vorarbeiten. Als studentische Mitarbeiter waren in den unterschiedlichen Phasen des Projekts Natalia Kourianovitch, Karina Nippe, Steffen Schmidt, Katharina Schramm, Peggy Steinhauser, Britta Strenge, Bettina Weigelt und Claudia Zundel (Redaktion Berlin); Sophie Härtling, Constanze Hylla und Sandra Luckert (Redaktion Frankfurt am Main) an den Redaktionsarbeiten beteiligt. Aus dem Zentrum für Literaturforschung Berlin unterstützte außerdem Gabriele Gast die Redaktionsarbeiten. Das Projekt begleitend, hat Silvia Pohl mit der LIDOS-Datenbank zur Geschichte der Ästhetik den Autoren bibliographische Hilfe gegeben.

Bibliografische Information der Deutschen Bibliothek
Die Deutsche Bibliothek verzeichnet diese Publikation in der Deutschen Nationalbibliografie; detaillierte bibliografische Daten sind im Internet über <http://dnb.ddb.de> abrufbar

Gedruckt auf chlorfrei gebleichtem, säurefreiem und alterungsbeständigem Papier

Gesamtwerk:
ISBN 978-3-476-02353-7

Band 1:
ISBN 978-3-476-02354-4

Dieses Werk einschließlich aller seiner Teile ist urheberrechtlich geschützt.
Jede Verwertung außerhalb der engen Grenzen des Urheberrechtsgesetzes ist ohne Zustimmung des Verlages unzulässig und strafbar. Dies gilt insbesondere für Vervielfältigungen, Übersetzungen, Mikroverfilmungen und die Einspeicherung und Verarbeitung in elektronischen Systemen.

© 2000/2010 J.B. Metzler'sche Verlagsbuchhandlung
und Carl Ernst Poeschel Verlag GmbH in Stuttgart
www.metzlerverlag.de
info@metzlerverlag.de
Einbandgestaltung: Willy Löffelhardt/Melanie Frasch
Satz: Typomedia GmbH, Ostfildern
Druck und Bindung: Ebner & Spiegel GmbH, Ulm
Printed in Germany
September 2010
Verlag J.B. Metzler Stuttgart · Weimar

Inhaltsverzeichnis

Vorwort VII
Benutzungshinweise XIV
Siglenverzeichnis XV
Verzeichnis der abgekürzt zitierten antiken und
biblischen Quellen XX

Artikel

Absenz (WOLFGANG ERNST, Köln) 1
Affekt (HARTMUT GRIMM, Berlin) 16
Allegorie (ANSELM HAVERKAMP, Frankfurt a. O./
 New York; BETTINE MENKE, Erfurt) 49
Alltäglich/Alltag (PETER JEHLE, Berlin) 104
Anagramm (ANSELM HAVERKAMP, Frankfurt a. O./
 New York) 133
Aneignung (MICHAEL FRANZ, Berlin; ECKHARD
 TRAMSEN, Berlin) 153
Anmut/Grazie (GERD KLEINER, Berlin) 193
Anschauung (WALTRAUD NAUMANN-BEYER,
 Berlin) 208
Apollinisch – dionysisch (MICHAIL BEZRODNYJ,
 München; MICHÈLE COHEN-HALIMI, Paris;
 BARBARA VON REIBNITZ, Basel; JOCHEN ZWICK,
 Stuttgart) 246
Arabeske (GÜNTER OESTERLE, Gießen) 272
Architektur (CHRISTOPH FELDTKELLER,
 Freiburg) 286
Ästhetik/ästhetisch (KARLHEINZ BARCK, Berlin;
 JÖRG HEININGER, Hamdorf; DIETER KLICHE,
 Berlin) 308

Aura (PETER SPANGENBERG, Bochum) 400
Ausdruck (HANS ULRICH GUMBRECHT,
 Stanford) 416
Autonomie (FRIEDRICH WOLFZETTEL, Frankfurt
 a. M.; MICHAEL EINFALT, Freiburg) 431
Autor/Künstler (MICHAEL WETZEL, Kassel) 480
Avantgarde (KARLHEINZ BARCK, Berlin) 544

Barock (WALTER MOSER, Montréal) 578
Bild (OLIVER ROBERT SCHOLZ, Berlin) 618
Bildende Kunst (HILMAR FRANK, Berlin) 669
Bildung/Erziehung, ästhetische (URSULA FRANKE,
 Münster) 696
Boheme (ALEXIS JOACHIMIDES, Berlin) 728

Chaos – Ordnung (BIANCA THEISEN,
 Baltimore) 751
Charakter (THOMAS BREMER, Halle) 772
Curiositas/Neugierde (BARBARA VINKEN,
 Hamburg) 794

Dandy (HILTRUD GNÜG, Bonn) 814
Darstellung (DIETER SCHLENSTEDT, Berlin) 831

Vorwort

Die *Ästhetischen Grundbegriffe* erscheinen in sieben Bänden. Dem hier vorgelegten ersten Band folgen fünf weitere Textbände. Der siebte Band wird ein kombiniertes Personen- und Werkregister sowie ein Begriffsregister enthalten.

Als Nachschlagewerk richtet sich dieses historische Wörterbuch nicht allein an Lehrende und Studierende aller ästhetiknahen Disziplinen, sondern auch an eine interessierte Öffentlichkeit. Es versteht sich als Mittel der Kommunikation zwischen den einzelnen Wissenschaftsbereichen, zwischen Wissenschaft und Öffentlichkeit sowie zwischen Theorie und Praxis und soll Grundlage und Anregung für weitere Fragestellungen geben.

Das historische Wörterbuch will das gegenwärtige ästhetische Wissen in einem inter- und transdisziplinär angelegten Nachschlagewerk in begriffsgeschichtlicher Perspektive erschließen. Als Arbeitsinstrument soll es in einer Zeit des exponentiellen Literaturwachstums, der globalen Öffnung und des sich beschleunigenden Wandels der Kultur den gegenwärtigen Ästhetikhorizont erhellen und geschichtliche Orientierung bieten. Es geht um eine Bilanz der Geschichte ästhetischen Denkens im Spiegel seiner Begrifflichkeit und vor dem Hintergrund der aktuellen Entgrenzung des Ästhetikbegriffs. Im Vordergrund steht dabei der Zeitraum des ästhetischen ›Diskurses‹ im engeren Sinn, d. h. die Zeit seit der ›Erfindung‹ der Ästhetik im 18. Jahrhundert. Die Begriffe der rhetorischen und poetischen Tradition seit der Antike rücken dadurch in die Position einer ›Vorgeschichte‹. Dem epistemologischen und transdisziplinären Ansatz entspricht eine internationale europäische Perspektive; sie erlaubt es, die Entwicklung ästhetischer Begriffe in ihren jeweiligen historischen und nationalen Epizentren zu verorten und den Transfer zwischen den Kulturen zu zeigen.

Der gegenwärtige Ästhetikhorizont erfordert einen aktuellen Einstieg, der die vergangene Entwicklung aus der gegenwärtigen Konstellation erhellt. Das Wörterbuch nimmt damit für sich in Anspruch, eine neue Form lexikaler Repräsentation und Wissensvermittlung zu bieten. So hat die Gegenwartsbestimmtheit der historischen Begriffsarbeit nicht zuletzt auch Folgen für die diskursive Präsentation, insofern die Narrativität mit anderen »diskussiven« (Johann Gustav Droysen) Formen des wissenschaftlichen Diskurses von Wort- und Bedeutungsgeschichten bis hin zu essayistischen Formen eine Verbindung eingeht. Auf aktuelle Fragen kann das Wörterbuch natürlich dennoch nur eine enzyklopädisch pluralisierte Antwort geben, indem es versucht, einen historischen Zugang zu Funktionsbestimmungen des Ästhetischen in der modernen Welt zu eröffnen. Auch sind die *Ästhetischen Grundbegriffe* keine ›Summe‹ dessen, was Ästhetik systematisch weiß oder wußte; sie befriedigen keine realenzyklopädischen Erwartungen, sind weder umfassender Forschungsbericht noch Wegweiser zukünftiger Entwicklung. Die lexikalische Ordnung bietet aber eine Synopse des bisherigen Wissens, durch die idealiter ein begriffsgeschichtlicher Dialog möglich wird.

I. ›Historisch‹

Das Wörterbuch ist den großen begriffsgeschichtlichen Unternehmungen verpflichtet, die in den letzten Jahrzehnten in Deutschland auf den Weg gebracht wurden: Joachim Ritters und Karlfried Gründers *Historischem Wörterbuch der Philosophie*, Reinhart Kosellecks *Geschichtlichen Grundbegriffen* und Rolf Reichardts *Handbuch politisch-sozialer Grundbegriffe in Frankreich 1680–1820*. Die ›Monumente‹ dieser Forschung sind das praktische Ergebnis der Kritik herkömmlicher Geistes- und Ideengeschichte und der Selbstreflexion der Geschichtswissenschaften in den 60er und 70er Jahren. Begriffsgeschichtliche Forschung schien in besonderer Weise geeignet zu sein, das gesellschaftliche und kulturelle Begriffsrepertoire kritisch zu überprüfen und die deutsche Forschung international zu öffnen.

Die *Ästhetischen Grundbegriffe* folgen dabei einer eigenen, ihrem Gegenstand entsprechenden Orientierung. Sie sind ein *historisches* Wörterbuch in einem zunächst elementaren Sinn. »Alle Begriffe, in denen sich ein ganzer Prozeß semiotisch zusammenfaßt, entziehen sich der Definition, definierbar ist nur das, was keine Geschichte hat«, schreibt Friedrich Nietzsche am Beispiel des Begriffs der Strafe in der *Genealogie der Moral.* »Geschichte ist«, so das Axiom von Adornos *Ästhetischer Theorie,* »der ästhetischen Theorie inhärent. Ihre Kategorien sind radikal geschichtlich; das leiht ihrer Entfaltung das Zwanghafte, das zwar, wegen seines scheinhaften Aspekts, zur Kritik steht, aber Kraft genug hat, um den ästhetischen Relativismus zu brechen«. Die Einsicht in die Geschichtlichkeit des Begriffs wird zum praktischen Angelpunkt einer Begriffshistorie, die sich von der noch geistesgeschichtlich bestimmten Verknüpfung von Problemgeschichte und Terminologiegeschichte absetzt. Die Begriffssprache wird dabei als ein Medium aufgefaßt, das nach Reinhart Koselleck in besonderer Weise geeignet ist, »Erfahrungsfähigkeit und Theoriehaltigkeit zu thematisieren«. Sie operiert bereits auf einer höheren Reflexions- und Abstraktionsebene, deren je historische Prämissen die Begriffsanalyse aufzudecken hat, indem sie der Spur der Begriffe, sei es als Indikator für Verhältnisse oder auch als Faktor in Verhältnissen, nachgeht.

Geschichtlichkeit hermeneutisch ernst zu nehmen heißt dabei, wie schon angedeutet, vom gegenwärtigen Erkenntnisinteresse und nicht von einem hypothetischen geschichtlichen Beginn auszugehen. Der bisherigen Begriffshistorie galt als natürlicher Fluchtpunkt die Genese des Begriffs, die Frage nach seinen Ursprüngen, Erstbelegen oder Etyma wie die nach der ersten Exposition der in ihnen aufgehobenen Problemzusammenhänge. Diese prospektive Geschichte von Begriff und Problem vom Anfang her lief immer wieder Gefahr, begriffliche Abweichungen auszugrenzen oder Invarianzen festzuschreiben, indem sie einen kontinuierlichen, entlang der Chronologieachse sich fortschreibenden Prozeß von Lösungsvorschlägen unterstellte, in den das gegenwärtige Interesse – sofern es in den Blick kam – nur einzurücken brauchte. Die Funktion der gesamten begriffsgeschichtlichen Anstrengung für die eigene Gegenwart blieb dabei in der Regel unaufgeklärt.

Die *Ästhetischen Grundbegriffe* kehren nun die Fragerichtung mit dem Ziel um, den Zusammenhang von Begriff und Problem von einem heutigen Standpunkt aus zu situieren, also Begriffsgeschichte gewissermaßen als ›Vorgeschichte‹ gegenwärtiger Begriffsverwendung zu schreiben. Dieses Vorgehen impliziert den Abschied von der Vorstellung einer ›vollständigen‹ Verlaufsgeschichte als einer geschlossenen Kette von Ereignissen, Motiven und Zwecken und damit vom Objektivitätsideal des Historismus. Als Geschichte der Bedeutung ausgewählter Termini gehen die *Ästhetischen Grundbegriffe* zunächst von der Beschreibung und Analyse ihres gegenwärtigen Verwendungszusammenhangs aus und fragen nach der Geltung des jeweiligen Begriffs im aktuellen ästhetischen Begriffssystem.

Das Ziel ist, Bezugspunkte und Kriterien zu erarbeiten, welche die nachfolgende geschichtliche Konstruktion leiten und die Voraussetzung dafür bieten, daß die Genese eines Wortes oder Begriffes als ein Problemzusammenhang begriffen werden kann. Dieses Vorgehen läuft darauf hinaus, die begriffsgeschichtlichen Quellen auf die Gründe für die Bildung, Ablehnung, Kontinuität, Umkodierung oder Entwertung eines Begriffs hin zu befragen. Zwangsläufig kommen so von Anfang an die Motive in den Blick, weshalb bestimmte Begriffe ihre Geltung verloren oder an andere Begriffe abtraten, völlig funktionslos wurden oder umgekehrt durch Expansion in andere Bereiche einen Bedeutungszuwachs erfuhren. Den Diskontinuitäten und Sprüngen in der Begriffsentwicklung wird so eine größere Aufmerksamkeit zuteil, als das bei einer auf Kontinuität bedachten Darstellung der Fall wäre. Die Bedingungen der ästhetischen Moderne, die eher auf Differenzen als auf Identitäten setzt, orientieren auch den historischen Blick und schärfen die Sensibilität für die Beobachtung von Stillstand, Wiederholung, Pluralität und Heterogenität. Begriffsgeschichte in ihrer einheitsstiftenden Narrativität tritt zurück gegenüber einer Vielzahl von Formen des wissenschaftlichen Diskurses von Wort- und Bedeutungsgeschichten.

Den zentralen geschichtlichen Rahmen bildet der durch das Aufkommen der Ästhetik im 18. Jahrhundert vorgegebene Zeitraum, d. h. die Epoche der Aufklärung und ›Moderne‹, die im Mittelpunkt der begriffsgeschichtlichen Rekonstruktion steht und von Fall zu Fall um die jeweilige ›Vorgeschichte‹ erweitert wird. Die meisten der ausgewählten ästhetischen Begriffe sind zwar solche der

›longue durée‹, die auf die antike und/oder mittelalterliche Tradition zurückgehen; sie unterliegen aber im 18. Jahrhundert in der Regel einem grundlegenden Bedeutungs- und Funktionswandel. Andere Begriffe (wie z. B. *Autonomie, Genie, Geschmack, Originell/Originalität*) formieren sich erst in der Epoche der Aufklärung, in der sich das moderne System der Künste neben der philosophischen Disziplin der Ästhetik und den Wissenschaften herausbildet. Funktionswandel bzw. Neologismen sind dabei entscheidend von den parallelen Prozessen der Ablösung der mechanischen von den schönen Künsten, der Herausbildung des modernen Literatur- und Kunstbegriffs und der Trennung philosophischer Ästhetik von der technischen Kunstlehre bestimmt. Erst jetzt kann man von einer autonomen ästhetischen Begrifflichkeit sprechen, welche die ästhetische Reflexion als Form gesellschaftlichen Selbstbewußtseins trägt.

II. ›Ästhetisch‹

Die *Ästhetischen Grundbegriffe* sind geprägt von der problematisch gewordenen Grundannahme der genannten Ästhetikperiode von fast drei Jahrhunderten. Die krisenhaften Veränderungen der Gegenwart zeigen sich in der Transformation der Wahrnehmungsweisen, des Selbstbewußtseins, in den Formen des Denkens und Fühlens und in den Verfahren der Weltaneignung, in der Dezentrierung kultureller Normen und in der Auflösung und Umstrukturierung des unter vor- und frühindustriellen Bedingungen entstandenen ›Systems der Künste‹. Die Vielfalt traditioneller Kunst- und Kommunikationsformen tritt neben neueste Formen der Intermedialität, panästhetische Auflösung des ästhetischen Feldes neben Versuche, ästhetisches Denken wieder auf begriffliche Systeme festzulegen, Ästhetik neben Anästhetik, Konjunktur der Kunstkritik neben das Verstummen der Philosophie vor der Gegenwartskunst. In zunehmendem Maße kann man auch von einem Transfer ästhetischer Erfahrung zwischen den Kunstbereichen und Nationalkulturen oder zwischen Kunstsphäre und Alltagswelt sprechen.

Nach dem Erwerb der Sprache, des Kalküls und der Schrift erleben wir heute den Übergang zu einer »vierten Kulturtechnik« (Marshall McLuhan), der digitalisierten Welt. Die neuen elektronischen Kommunikationsformen führen gleichermaßen zu Umbrüchen im Alltagsverhalten wie in Theorie und Praxis der Künste. Neu entstehende Kunstformen und Gattungen lassen sich nicht mehr in konventionelle Zusammenhänge integrieren, traditionelle Begriffe verlieren ihren Kurswert. Tendenziell ausdifferenzierte und gegeneinander abgeblendete Wahrnehmungssphären von Wort, Bild und Ton bilden neue Formen der Multimedialität. Unsere Originalitäts- und Authentizitätskonzepte treffen auf Reproduktions- und Simulationsmedien, die unser begriffliches Geschichtsbewußtsein herausfordern. Begriffe wie *Kulturindustrie, Simulation, Performance* oder *Postmodern/Postmoderne* sind Indikatoren für bzw. Faktoren im Umbau des gegenwärtigen ästhetischen Begriffsystems. So stellt sich immer wieder die Frage, inwieweit die überlieferten Begriffe der gegenwärtigen Problemlage genügen bzw. welche Begriffe an die Stelle der obsolet gewordenen getreten sind. Die historischen Begriffe spielen dabei die Rolle von Parametern, deren Funktion und Veränderung die mögliche integrative Funktion des Ästhetischen in unterschiedlichen Wertsphären und in neuen Formen ästhetischen Denkens beleuchten.

Der durch die kulturellen Umbrüche entstandene Problemhorizont hat das ästhetische Denken und den Begriff ›Ästhetik‹ selbst verändert. Das betrifft vor allem einen traditionellen und einschränkenden Begriff von Ästhetik als philosophischer Theorie der *einen* Kunst, von der Adorno einmal sagte, daß von ihr ein »Ausdruck des Veralteten« ausgehe. Rudolf Arnheim hat auf diese Situation vor Jahren mit dem Vorschlag reagiert, die historische Entwicklung des ästhetischen Denkens,»die ja im 18. Jahrhundert von der ›aisthesis‹ zur Ästhetik führte, also von der Sinneswahrnehmung zur Kunst im besonderen«, einmal auf den Kopf zu stellen. Eine »ontologische Rehabilitierung des Sinnlichen« (Maurice Merleau-Ponty) ist inzwischen in dem Maße zu einem Leitmotiv der ästhetischen Theorie geworden, wie die Kritik an rationalistischen Forschungsmodellen (Wolfgang Welsch) oder an einer philosophisch instrumentalisierten Ästhetik (Rüdiger Bubner) virulenter wurde. In diesem Zusammenhang sind Forderungen nach einer »ästhetischen Weltsicht« (Victor Nemoianu) oder nach Ästhetik als »neuer Leitdisziplin in der technischen Realität der Medien« (Dietmar Kamper) zu sehen. Die Partikularisierung der Ästhetik zu ›Genitiv-Ästhetiken‹ ist seit Karl Rosenkranz' *Ästhetik des Häßlichen* so weit fortgeschritten, daß es gegenwärtig kaum einen Aspekt gibt, der nicht ästhetikfähig wäre. Man denke an Formeln wie »Ästhetik der Existenz« (Michel Foucault), »Ästhetik des Verschwindens« (Paul Virilio), »Ethik der Ästhetik« (Michel Maffesoli), »Ästhetik des Schreckens« (Karl Heinz Bohrer), »Ästhetik der Gewalt« (Wolf Lepenies) oder sogar »Ästhetik der Wissenschaften« (Judith Wechsler) u. a. m.

Am Anfang des dritten Jahrtausends wird deutlich, daß sich Wissenschaft, Moral, Religion oder Politik nicht scharf von der Wertsphäre des Ästhetischen abgrenzen lassen. Die seit Jahren betriebene Rehabilitierung sinnlicher Wahrnehmung führte zu neuen Formen der Ästhetisierung von Leben und Wirklichkeit, »Äußerungen sozialer Ästhetik« (André Leroi-Gourhan), die eine Ästhetik der »Gefühlskultur« (Jean-François Lyotard) einschließt. In der Geschichte ästhetischen Denkens war es immer eine Frage, welche Geltung ästhetische Begriffe hinsichtlich der Vielfalt ästhetischer Kultur, des ästhetischen Verhaltens in unterschiedlichen Lebensbereichen (Interieur, öffentlicher Raum, Mode, Design, Styling, Lebensstil) beanspruchen können. Angesichts der gegenwärtigen Entgrenzung des ästhetischen Feldes in Waren- und Alltagswelt (Reklame, Unterhaltung, Spiel), in Festkultur (Karneval, Urlaub, Sport), in rituellen und kultischen Formen der Religiosität, in staatlicher Repräsentation und Symbolik steht aber diese Geltung ästhetischer Begriffe zunehmend in Frage, sind sie doch immer deutlicher perspektivisch bedingt. Nicht nur Philosophen, Ästhetiker und Kunstwissenschaftler formieren die ästhetischen Diskurse, sondern auch Psychologen und Sozialwissenschaftler, Kunstkritiker und Publizisten und vor allem Praktiker der Lebensgestaltung und die Künstler selbst. Nietzsches Forderung nach einer »Künstlerästhetik anstelle der konventionellen Betrachterästhetik« wies ebenso wie seine Kennzeichnung der Ästhetik als »angewandter Physiologie« auf wichtige Differenzen zwischen ästhetischer Theorie und ästhetischer Praxis. Diese ergeben sich auch aus Differenzen im ästhetischen Verhalten selbst, welches die passive Seite der ›aisthesis‹ ebenso umfaßt wie die aktive der ›poiesis‹.

III. ›Grundbegriffe‹

Die *Ästhetischen Grundbegriffe* umfassen ein Repertoire von 170 Lemmata, deren Auswahl zunächst pragmatisch erfolgte. Begriffsrepertoires können nicht a priori festgelegt werden, sondern immer nur am Vorwissen orientierte heuristische Vorgriffe darstellen. Naturgemäß genügen sie keinen ›harten‹ Kriterien, mit denen allen Desiderata oder Einwänden unstrittig zu begegnen wäre. Die Liste wurde deshalb auch bis in die Erarbeitungsphase des Wörterbuches offengehalten und umgebaut, sei es durch Neuaufnahme oder Ausgrenzung einzelner Begriffe, sei es durch eine Neubestimmung ihrer Bedeutung und damit ihres Darstellungsumfangs. Das gilt auch für die ursprüngliche Entscheidung, nur selbständige Einzelbegriffe wie *Schön / Schönes / Schönheit*, *Erhaben* oder *Häßlich* ohne Rücksicht auf ihre historischen, manchmal wechselnden Gegenbegriffe in das Repertoire aufzunehmen; in einzelnen Fällen wie *Chaos – Ordnung* oder *Apollinisch – dionysisch* wurde dieses Prinzip durchbrochen. Mit dem Terminus ›Grundbegriff‹ vertreten die *Ästhetischen Grundbegriffe* einen Begriffstyp, der ästhetisches Verhalten im Alltag, in vielfältigen Lebens- und Praxisbereichen ebenso berücksichtigt wie den künstlerischen Bereich im engeren Sinn. Nach der Heterogenität des Materials kann man folgende Gruppen unterscheiden: Wertungsbegriffe, produktions- und rezeptionsästhetische Begriffe, auf Kunstarten bezogene Begriffe, kunst- und medienspezifische Begriffe, Begriffe im Grenzbereich von Rhetorik und Ästhetik.

Mehr als philosophische, religiöse, politische und historische Begriffe zeichnen sich ästhetische Begriffe durch ihre ›Verfranstheit‹ (engl. ›fuzzy concepts‹) aus. Daher sollten ideengeschichtliche ›Gipfelwanderungen‹ in einer Abfolge von philosophischen bzw. systematischen Ästhetiken vermieden und statt dessen eine möglichst breite Fächerung der Belegstellen nach theoretischem Niveau, nach Anwendungskontexten und Kunst- und Alltagsbereichen angestrebt werden. Auch bezeichnet der Terminus ›Grundbegriff‹ keinen scharf umgrenzten und nach allen begriffstheoretischen, linguistischen oder semiotischen Hinsichten abgesicherten Begriffstyp. Unterstellt wird, daß es sich um Leitbegriffe handelt, die in der Theorie und Praxis des ästhetischen Denkens unter verschiedenen Gesichtspunkten bedeutsam wurden.

Der Umriß des Begriffsrepertoires wurde zunächst von der Beobachtung vorgegeben, daß es Begriffe mit einer beträchtlichen *Extension* gibt, die auf eine Vielfalt verschiedener ästhetischer, gestalterischer und künstlerischer Gegebenheiten beziehbar sind; sie treten in vielen Epochen, Kunstformen, Sprachebenen, Schulen, Klassen, Ländern und Traditionszusammenhängen auf und erscheinen so in mehr als nur einer Disziplin. Auf dem Weg kritischer Reflexion von Kunst gehen sie in die Alltagsrede über; umgekehrt können sie von daher stammen.

Der Umfang und die Breite von Grundbegriffen hängen mit ihren *intensionalen* Besonderheiten zusammen. Sie zeigen den Wechsel von Dominanzen einzelner Künste und Konvergenzzonen in deren Entwicklung an. Sie machen geschichtliche Wandlungen der ästhetischen Praxis und der Künste in den gesellschaftlichen Bedingungszusammenhängen sichtbar. Begriffe stehen mithin für einen dem geschichtlichen Wandel unterworfenen Konnotationsbereich, der jeweils mit zu berücksichtigen ist. In einer Epoche oder Periode dominant, können ihre Funktionen auf andere übergehen oder umgekehrt (z.B. *Autonomie*) erst im Laufe der Entwicklung aus verschiedenen Aspekten zusammenwachsen. Viele der Artikel des Wörterbuches führen im einzelnen diese Elastizität, Widersprüchlichkeit und Syntheseleistung und die oft damit verbundene systemstörende und disziplinüberschreitende Unschärfe vor. Da, wo Begriffe metaphorisch gebraucht werden, machen sie oftmals radikaler als bestimmende Begriffe Geschichte transparent, indem sie »an die Substruktur des Denkens« heranführen und die »Nährlösung der systematischen Kristallisation« (Hans Blumenberg) erkennen lassen.

Ästhetische Grundbegriffe zeichnen sich ferner durch besondere Transferfähigkeit aus, eine Eigenart, die sich im transdisziplinären und transnationalen Zuschnitt des Wörterbuchs niedergeschlagen hat. Den ästhetischen Grundbegriffen kommt daher häufig methodischer oder programmatischer Status zu, der sich z.B. in Konventionalisierungs- oder Ideologisierungsstrategien im Sinne von ›Kampfbegriffen‹ zeigt; durch ihren Wert als Indikator theoretischer oder praktischer Auseinandersetzungen sind sie hervorragende semantische Schauplätze sozialer Wertbildungen und damit Indizien sozialer Zusammenhänge, in denen sie wirken. Grundbegriffe sind in dieser Hinsicht »Denkmäler von Problemen« (Theodor W. Adorno).

Maßgebliches Kriterium für die Aufnahme eines Begriffs war dessen Funktion für ästhetische Wissensbildung heute und in der Vergangenheit, auch und gerade da, wo mit anderen Wissensfeldern historische und systematische Bezüge hergestellt werden, so z.B. zur Anthropologie als ästhetische Reaktionsbegriffe, die eine spezifische Bestimmtheit oder Befindlichkeit des Subjekts zeigen *(Vergnügen/Genuß, Ekel, Charakter)*, zur Kommunikationstheorie *(Produktion/Poiesis)*, zur Soziologie *(Urbanismus, Öffentlichkeit/Publikum)*, zur Rhetorik und Linguistik *(Zeichen/Semiotik der Künste)* oder zur Philosophie *(Wahrheit/Wahrscheinlichkeit)*.

In der Spannung von Begriff und Wort verlangt die Sprachgebundenheit der Begriffe wortgeschichtliche Erkundungen, soweit sie die Sache, die sie erkunden, nicht gefährden. Eine immer auch problemgeschichtlich strukturierte Begriffsgeschichte zielt daher zugleich auf kulturhistorische Zusammenhänge und auf die in den jeweiligen Sprachen und Kulturen unterschiedlichen Bedingungen. Deutlich ist, daß Begriffe als wiederkehrende Bezugspunkte des Denkens nicht an eine feste Wortgestalt gebunden sein müssen und daß für sie verschiedene Wortkörper eintreten können. Begriffsgeschichte verfährt somit immer auch onomasiologisch. Mitunter ist die Einbeziehung von Wort und Begriff einfach, wenn verschiedene Ausdrücke relativ sicher als Äquivalente in einem Bedeutungskontinuum charakterisierbar sind. Die Stichwortliste führt in diesem Fall nur den gebräuchlichsten Terminus. Termini dagegen, die nur in mancher Hinsicht als äquivalent anzusehen sind, jedoch im Ganzen eigene Geschichten haben *(Nachahmung/Mimesis, Repräsentation, Darstellung, Fiktiv/Fiktion)*, werden in der Lemmaliste gesondert aufgeführt. In der semasiologischen Betrachtungsweise kann ein sehr lange durchgehaltenes Wort oder ein Terminus als ein Moment der Invarianz angesehen werden, das die Varietät der Bedeutungen verbindet. Den unvermeidlichen Überlagerungen in den semantischen Feldern wird durch ein Register Rechnung getragen werden.

Besonderes Interesse beanspruchen historische Schwellen, an denen ein Wort der natürlichen Sprache oder ein Neologismus zum Terminus ästhetischer Theorie avanciert oder schon vorhandene Termini neu bestimmt werden. In solchen Fällen stellt sich die Frage, welches Moment im Bedeutungshof eines vorhandenen Wortes die Promotion zum Terminus ermöglicht; welche Reduktion der Mehrdeutigkeit und welche Präzisierung, Konkretisierung oder Abstrahierung dabei zu verzeichnen ist. Ferner wird gefragt nach den Gründen für die Einführung von Neologismen oder den Gebrauch traditioneller Termini in neuen Begriffszusammenhängen. Dieser Vorgang der Terminologisierung in der Sprache der Ästhetik hält weiter an, wie z.B. die Substantivierung von Adjektiven (Tragödie, tragisch, das Tragische), Übertragungen (real, realistisch, Realismus) oder adjektivische Unterscheidungen (bürgerlicher, kritischer, magischer, poetischer, sozialistischer Realismus) belegen.

Schließlich bildet die Beschreibung und Untersuchung der Transgressivität und des Austauschs ästhetischer Begriffe zwischen den europäischen Kulturnationen eine programmatische Aufgabe der *Ästhetischen Grundbegriffe*. Dabei wird geachtet auf Phänomene der Dominanz, der Verschiebung, der Wortäquivalente in Relation zu eigenen Bedeutungsgeschichten der fremdsprachlichen Ausdrücke. Z. B. hat die moderne Begriffsgeschichte des Erhabenen ihren ›locus classicus‹ zunächst in der Mitte des 18. Jahrhunderts in England; das hier ausgebildete Konzept des ›sublime‹ bleibt der Bezugspunkt für den europäischen Begriff des Erhabenen bis zur Romantik. Der Rückbezug auf Kant ist aber für die heutige von Frankreich ausgehende Wirksamkeit des Begriffs entscheidend. Andere Beispiele zeigen, daß Begriffe auch unübersetzt in andere europäische Sprachen transferiert werden, wie der Ende des 19. Jahrhunderts in Deutschland entstandene Kitsch-Begriff belegt, der ältere ästhetische Problemstände subsumiert. Der Avantgarde-Begriff, um noch einen anderen Transfermodus anzuführen, entstand als militärischer Terminus in der Französischen Revolution und avancierte um 1830 zu einem politischen und ästhetischen Begriff; er stieg dann erst gegen Ende des 19. Jahrhunderts zu einem rasch internationalisierten Begriffsnamen für die verschiedenen künstlerischen Erneuerungsbewegungen auf. Daß Rezeptionsweisen zu Ausdifferenzierungen und Umcodierungen führen, zeigt der Begriff ›häßlich‹: Burke z. B. ersetzt ›deformity‹ als den traditionellen Gegensatz des Schönen durch ›ugliness‹. Damit verlagert sich das Schwergewicht von ›Häßlichkeit‹ als Disproportion, Ungestalt, Formlosigkeit (die im traditionellen Sinn immer auch das ethisch Böse mitmeinten) auf die affektauflösende Seite. An dem deutschen Wort ›häßlich‹ ist diese wichtige begriffsgeschichtliche Entwicklung nicht nachzuvollziehen, da es beide Bedeutungen deckt.

Die in einer einseitig nationalhistorisch ausgerichteten Begriffsgeschichte meist unterschätzte Bedeutung der *Übersetzungen* erhält für den Begriffstransfer eine wesentliche Funktion, die in der Forschung bis heute nur partiell Berücksichtigung fand. Entscheidende Entwicklungen wie die Standardisierung der Sprache, die Annäherung von Wissenschaft und Umgangssprache, die sich in Deutschland im 18. Jahrhundert vollzog, waren in England und in den romanischen Ländern zu dieser Zeit längst vollzogen. Während Bacon und Descartes bereits wichtige Werke auf Englisch bzw. Französisch schrieben, war die Schaffung einer philosophischen Terminologie durch deutsche Kunstwörter erst die Leistung Christian Wolffs. Indem Wolff der philosophischen Begrifflichkeit eine deutsche Sprachgestalt gab, leistete er Übersetzungsarbeit. Der Bedeutungsgehalt der Termini ergab sich für die nationalsprachlichen Übersetzer und Vermittler der relevanten Texte ja nicht von selbst, sondern war interpretatorisch vermittelt und unterlag häufig weiteren Anpassungen. Das heißt aber auch, daß Begriffsgeschichte sich aus einer Vielzahl von Neuanfängen, tastenden Versuchen und abgebrochenen Entwicklungen zusammensetzt, die das gängige Bild der Kontinuität gründlich in Frage stellen.

***

Das *Historische Wörterbuch* hat eine lange Vorgeschichte. Es geht auf ein interdisziplinäres Projekt zurück, das seinerzeit am Zentralinstitut für Literaturgeschichte der Akademie der Wissenschaften der Deutschen Demokratischen Republik entwickelt wurde und dessen Ergebnisse in einer ersten Publikation *Ästhetische Grundbegriffe. Studien zu einem historischen Wörterbuch*, herausgegeben von Karlheinz Barck, Martin Fontius und Wolfgang Thierse (Berlin 1990), seinen Niederschlag fand.

Die Fortsetzung des Projekts in der Zusammenarbeit der Redaktionen des Berliner Zentrums für Literaturforschung und des Instituts für Romanische Sprachen und Literaturen der Frankfurter Johann Wolfgang Goethe-Universität schließt ein wesentliches Stück deutsch-deutscher Forschungsgeschichte nach der Wende ein, nachdem das Projekt bis 1990 Bestandteil des deutsch-deutschen Kulturabkommens gewesen war. Die konzeptionelle Phase begleiten Wolfgang Heise und Manfred Naumann; vielfältige Anregungen stammen von Georg Bollenbeck, Hilmar Frank, Michael Franz, Wolfram Malte Fues, Karin Hirdina, Christian Kaden, Clemens Knobloch, Werner Mittenzwei, Reimar Müller und Heinz-Dieter Weber. Hans Robert Jauß hat sich in den Jahren des politischen Übergangs erfolgreich für die Weiterführung des Projekts engagiert; Eberhard Lämmert, Gründungsdirektor des Berliner Zentrums für Literaturforschung, hat maßgeblich dazu beigetragen, daß das Unternehmen nach 1992 eine neue institutionelle Basis finden konnte. Mit vielfachem Rat haben Reinhart Koselleck und Rolf Reichardt das Wörterbuch in all den Jahren begleitet und befördert. Ihnen allen sei hier unser herzlicher Dank zum Ausdruck gebracht.

Dem Zentrum für Literaturforschung, Berlin, und der Johann Wolfgang Goethe-Universität, Frankfurt am Main, danken wir für die Bereitstellung von Räumen und technischer Ausstattung. Die jeweiligen Bibliotheken und insbesondere die Bibliothek des Zentrums für Literaturforschung haben die Arbeit wesentlich unterstützt.

Ohne die großzügige und langjährige Förderung durch die Deutsche Forschungsgemeinschaft wäre das Unternehmen nicht möglich gewesen. Dem Metzler-Verlag, vertreten durch seinen Leiter, Bernd Lutz, danken die Herausgeber für die immer vertrauensvolle und weiterführende Zusammenarbeit.

Die Herausgeber
Berlin und Frankfurt am Main
im Dezember 1999

Benutzungshinweise

Die Artikel der *Ästhetischen Grundbegriffe* folgen einem vorgegebenen Rahmen: Der Artikelkopf führt das Lemma an, wie es üblicherweise im Deutschen benutzt wird; dann, sofern möglich, auf Altgriechisch und Latein sowie in den europäischen Hauptsprachen Englisch, Französisch, Italienisch, Spanisch und Russisch. Die vorangestellte Artikelgliederung wird zur Orientierung des Lesers auch in der Kopfzeile mitgeführt.

Die Bibliographie am Ende des Artikels faßt die wesentliche Literatur zum Thema zusammen und dokumentiert die neuere Forschungslage. Sie verzeichnet keine Quellentexte; diese werden mit ausführlichen Angaben im Anmerkungsapparat genannt. So verstehen sich die Anmerkungen zugleich als eine durchlaufende Gesamtbibliographie zum Thema.

In den Quellenangaben erscheinen die zitierten Einzelschriften mit dem Datum des Erstdrucks. Liegt zwischen diesem und dem Entstehungsdatum ein großer zeitlicher Abstand, so wird letzteres verzeichnet. Zitiert wird, was die europäischen Hauptsprachen anbelangt, in der Regel nach den Originalquellen. Außer im Englischen und Französischen werden den Zitaten gängige und leicht zugängliche Übersetzungen nachgestellt. Quellenangaben altgriechischer und lateinischer Texte werden, wenn ein bloßer Verweis erfolgt, in der inneren Zitierweise gegeben. Wird ein Text zitiert, nennt die Angabe Edition und Seitenzahl der Übersetzung. Wo keine Übersetzung nachgewiesen ist, stammt sie vom Autor. Für sämtliche Zitate im Text werden Stellennachweise geführt. Sammelnachweise folgen auf das letzte der zu belegenden Zitate. Erscheinen Stellennachweise zu Zitaten direkt im laufenden Text, so beziehen sich die Angaben stets auf die in der vorausgehenden Anmerkung genannte Edition. Gelegentliche Flexionsänderungen in den Zitaten werden nicht eigens gekennzeichnet. Hervorhebungen im Original stehen ausschließlich kursiv.

Vielbenutzte und gut zugängliche Werk- und Einzelausgaben, ebenso große Wörterbücher und Enzyklopädien, werden mit Siglen bezeichnet, die das Siglenverzeichnis erschließt. Ihm folgt ein Verzeichnis der abgekürzt zitierten antiken und biblischen Quellen.

Siglenverzeichnis

1. Wörterbücher und Enzyklopädien

ADELUNG – JOHANN CHRISTOPH ADELUNG, Grammatisch-kritisches Wörterbuch der hochdeutschen Mundart, mit beständiger Vergleichung der übrigen Mundarten, besonders aber der Oberdeutschen (1774–1786); zweyte, vermehrte u. verbesserte Ausgabe, 4 Bde. (Leipzig 1793–1801)

BROCKHAUS – DAVID ARNOLD FRIEDRICH BROCKHAUS, Conversations-Lexicon oder kurzgefasstes Handwörterbuch für die in der gesellschaftlichen Unterhaltung aus den Wissenschaften und Künsten vorkommenden Gegenstände [...], 6 Bde. u. 2 Suppl.bde. (Amsterdam/Leipzig 1809–1811) [und spätere Auflagen, mit wechselnden Titeln]

DIDEROT (ENCYCLOPÉDIE) – Encyclopédie, ou Dictionnaire raisonné des sciences, des arts et des métiers, par une Société de gens de lettres. Mis en ordre & publié par M. Diderot, [...] & quant à la partie mathématique, par M. d'Alembert [...], 35 Bde. (Paris/Neufchastel/Amsterdam 1751–1780): [A–Z], 17 Bde. (Paris/Neufchastel 1751–1765); Recueil de planches, 11 Bde. (Paris 1762–1772); Supplément, 4 Bde. (Amsterdam 1776–1777); Suite du recueil de planches, 1 Bd. (Paris/Amsterdam 1777); Table analytique et raisonnée, 2 Bde. (Paris/Amsterdam 1780)

ENCYCLOPAEDIA BRITANNICA – The Encyclopaedia Britannica, or, a Dictionary of Arts and Sciences, compiled upon a new plan, 3 Bde. (Edinburgh 1771) [und spätere Auflagen]

ERSCH/GRUBER – JOHANN SAMUEL ERSCH/JOHANN GOTTFRIED GRUBER, Allgemeine Encyclopädie der Wissenschaften und Künste, Sect. 1, 99 Bde. u. Reg.bd. (Leipzig 1818–1892), Sect. 2, 43 Bde. (1827–1889), Sect. 3, 25 Bde. (1830–1850)

FURETIÈRE – ANTOINE FURETIÈRE, Le Dictionnaire universel, contenant généralement tous les mots françois tant vieux que modernes, 3 Bde. (Den Haag/Rotterdam 1690)

GRIMM – JACOB GRIMM/WILHELM GRIMM, Deutsches Wörterbuch, 16 Bde. u. Quellenverzeichnis (Leipzig 1854–1971)

GROVE – The New Grove Dictionary of Music and Musicians, hg. v. S. Sadie, 20 Bde. (London 1980)

HAUG – Historisch-kritisches Wörterbuch des Marxismus, hg. v. W. F. Haug (Hamburg 1994 ff.)

HEBENSTREIT – WILHELM HEBENSTREIT, Wissenschaftlich-literarische Encyclopädie der Aesthetik. Ein etymologisch-kritisches Wörterbuch der aesthetischen Kunstsprache (Wien 1843)

JEITTELES – IGNAZ JEITTELES, Aesthetisches Lexikon. Ein alphabetisches Handbuch zur Theorie der Philosophie des Schönen und der schönen Künste [...], 2 Bde. (Wien 1835/1837)

KLUGE – FRIEDRICH KLUGE, Etymologisches Wörterbuch der deutschen Sprache (1883), 23., erw. Aufl., bearb. v. E. Seebold (Berlin/New York 1995) [und frühere Auflagen]

KOSELLECK – Geschichtliche Grundbegriffe. Historisches Lexikon zur politisch-sozialen Sprache in Deutschland, hg. v. O. Brunner/W. Conze/R. Koselleck, 8 Bde. (Stuttgart 1972–1997)

KRUG – WILHELM TRAUGOTT KRUG, Allgemeines Handwörterbuch der philosophischen Wissenschaften, nebst ihrer Literatur und Geschichte. Nach dem heutigen Standpuncte der Wissenschaft bearb. u. hg. (1827–1829); zweite, verbesserte u. vermehrte. Aufl., 5 Bde. (Leipzig 1832–1838)

LAROUSSE – PIERRE ATHANASE LAROUSSE, Grand dictionnaire universel du XIXe siècle, 15 Bde., 2 Suppl.bde. (Paris 1866–1888)

LITTRÉ – MAXIMILIEN PAUL ÉMILE LITTRÉ, Dictionnaire de la langue française, 4 Bde. (Paris 1863–1869) [und spätere Auflagen]

LTK – Lexikon für Theologie und Kirche, 2. Aufl., hg. v. J. Höfer/K. Rahner, 10 Bde. (Freiburg 1957–1965); 3., völlig neu bearb. Aufl., hg. v. W. Kasper (München 1993 ff.)

MGG – Die Musik in Geschichte und Gegenwart, hg. v. F. Blume, 17 Bde. (Kassel u. a. 1949/

1951–1986); 2., neubearb. Aufl., hg. v. N. Finscher (Kassel u. a. 1994 ff.)
MITTELSTRASS – Enzyklopädie Philosophie und Wissenschaftstheorie, hg. v. J. Mittelstraß, Bd. 1–2 (Mannheim/Wien/Zürich 1980–1984), Bd. 3–4 (Stuttgart/Weimar 1995–1996)
OED – The Oxford English Dictionary. Second Edition, hg. v. J. A. Simpson/E. S. C. Weiner, 20 Bde. (Oxford 1989)
PAULY – Pauly's Real-Encyclopädie der classischen Altertumswissenschaft, neue Bearb., begonnen v. G. Wissowa, Reihe 1, 47 Halbbde. (Stuttgart 1894–1963), Reihe 2, Halbbde. 1–18 (Stuttgart 1914–1967), Halbbd. 19 (München 1972), Suppl.bde. 1–12 (Stuttgart 1903–1970), Suppl.bde. 13–15 (München 1973–1978), Register d. Nachträge u. Suppl. (München 1980), Gesamtregister, Bd. 1 (Stuttgart/Weimar 1997)
RAC – Reallexikon für Antike und Christentum. Sachwörterbuch zur Auseinandersetzung des Christentums mit der antiken Welt, hg. v. T. Klauser (Stuttgart 1950 ff.)
RGG – Die Religion in Geschichte und Gegenwart. Handwörterbuch für Theologie und Religionswissenschaft, 3. Aufl., hg. v. K. Galling, 6 Bde. u. Reg.bd. (Tübingen 1957–1965); 4., völlig neu bearb. Aufl., hg. v. H. D. Betz u. a., 8 Bde. u. Reg.bd. (Tübingen 1998 ff.)
RITTER – Historisches Wörterbuch der Philosophie, hg. v. J. Ritter/K. Gründer (Basel/Stuttgart 1971 ff.)
ROSCHER – Ausführliches Lexikon der griechischen und römischen Mythologie, hg. v. W. H. Roscher, Bd. 1–5 (Leipzig 1884–1924), Bd. 6 (Leipzig/Berlin 1924–1937)
SANDKÜHLER – Europäische Enzyklopädie zu Philosophie und Wissenschaften, hg. v. H. J. Sandkühler u. a., 4 Bde. (Hamburg 1990)
SOURIAU – Vocabulaire d'Esthétique, hg. v. É. Souriau/A. Souriau (Paris 1990)
SULZER – JOHANN GEORG SULZER, Allgemeine Theorie der Schönen Künste in einzeln, nach alphabetischer Ordnung der Kunstwörter auf einander folgenden, Artikeln abgehandelt (1771/1774), neue vermehrte zweyte Auflage, 4 Bde. u. Reg.bd. (Leipzig 1792–1799)
TRE – Theologische Realenzyklopädie, hg. v. G. Krause/G. Müller (Berlin/New York 1976 ff.)

TRÉVOUX – Dictionnaire universel françois et latin, vulgairement appelé Dictionnaire de Trévoux […] (1704); 7. Aufl., 8 Bde. (Paris 1771)
UEDING – Historisches Wörterbuch der Rhetorik, hg. v. G. Ueding (Tübingen 1992 ff.)
WATELET – CLAUDE HENRI WATELET/PIERRE CHARLES LÉVESQUE, Dictionnaire des arts de peinture, sculpture et gravure, 5 Bde. (Paris 1792)
ZEDLER – JOHANN HEINRICH ZEDLER, Grosses vollständiges Universal-Lexicon aller Wissenschaften und Künste, 64 Bde. u. 4 Suppl.bde. (Halle/Leipzig 1732–1754)

2. Werkausgaben und Einzelschriften

ADORNO – THEODOR W. ADORNO, Gesammelte Schriften, hg. v. R. Tiedemann u. a., 20 Bde. (Frankfurt a. M. 1970–1986)
AST – FRIEDRICH AST, System der Kunstlehre oder Lehr- und Handbuch der Ästhetik (Leipzig 1805)
BATTEUX (1746) – CHARLES BATTEUX, Les beaux arts réduits à un même principe (Paris 1746)
BATTEUX (1773) – CHARLES BATTEUX, Les beaux arts réduits à un même principe, 3. Aufl. (Paris 1773)
BAUDELAIRE – CHARLES BAUDELAIRE, Œuvres complètes, 2 Bde., hg. v. C. Pichois (Paris 1975/1976)
BAUMGARTEN – ALEXANDER GOTTLIEB BAUMGARTEN, Aesthetica, 2 Bde. (Frankfurt a. d. O. 1750/1758)
BAUMGARTEN (DT) – ALEXANDER GOTTLIEB BAUMGARTEN, Theoretische Ästhetik. Die grundlegenden Abschnitte aus der ›Aesthetica‹ (1750/1758), lat.-dt., übers. u. hg. v. H. R. Schweizer (Hamburg 1983)
BENJAMIN – WALTER BENJAMIN, Gesammelte Schriften, hg. v. R. Tiedemann/H. Schweppenhäuser, 7 Bde. u. 2 Suppl.bde. (Frankfurt a. M. 1972–1989)
BLOCH – ERNST BLOCH, Gesamtausgabe, 16 Bde. u. Erg.bd. (Frankfurt a. M. 1959–1978)

BODMER – JOHANN JACOB BODMER, Critische Betrachtungen über die Poetischen Gemählde der Dichter (Zürich 1741)
BOILEAU – NICOLAS BOILEAU-DESPRÉAUX, Œuvres complètes, hg. v. F. Escal (Paris 1966)
BRECHT – BERTOLT BRECHT, Gesammelte Werke, 20 Bde. (Frankfurt a. M. 1967)
BRECHT (BFA) – BERTOLT BRECHT, Werke. Große kommentierte Berliner und Frankfurter Ausgabe, hg. v. W. Hecht u. a., 30 Bde. u. Reg.bd. (Berlin/Frankfurt a. M. 1988–1999)
BREITINGER – JOHANN JACOB BREITINGER, Critische Dichtkunst, 2 Bde. (Zürich 1740)
BURCKHARDT – JACOB BURCKHARDT, Gesamtausgabe, 14 Bde. (Stuttgart/Berlin/Leipzig 1929–1934)
BURKE – EDMUND BURKE, A Philosophical Enquiry into the Origin of Our Ideas of the Sublime and Beautiful (1757), hg. v. J. T. Boulton (London 1958)
COLERIDGE – SAMUEL TAYLOR COLERIDGE, The Collected Works, hg. v. K. Coburn (London/Princeton 1969 ff.)
CONDILLAC – ÉTIENNE BONNOT DE CONDILLAC, Œuvres philosophiques, hg. v. G. Le Roy, 3 Bde. (Paris 1947–1951)
DESCARTES – RENÉ DESCARTES, Œuvres, hg. v. C. Adam/P. Tannery, 12 Bde. (Paris 1897–1910)
DIDEROT (ASSÉZAT) – DENIS DIDEROT, Œuvres complètes, hg. v. J. Assézat/M. Tourneux, 20 Bde. (Paris 1875–1877)
DIDEROT (VARLOOT) – DENIS DIDEROT, Œuvres complètes, hg. v. H. Dieckmann/J. Proust/J. Varloot (Paris 1975 ff.)
DILTHEY – WILHELM DILTHEY, Gesammelte Schriften, Bd. 1–9, 11, 12 (Leipzig/Berlin 1914–1936); Bd. 10, 13 ff. (Göttingen 1958 ff.)
DU BOS – JEAN-BAPTISTE DU BOS, Réflexions critiques sur la poésie et sur la peinture (1719), 7. Aufl., 3 Bde. (Paris 1770)
FEUERBACH – LUDWIG FEUERBACH, Werke, hg. v. W. Schuffenhauer (Berlin 1967 ff.)
FLAUBERT – GUSTAVE FLAUBERT, Œuvres complètes, hg. v. d. Société des Études littéraires françaises (Paris 1971 ff.)
FREUD (GW) – SIGMUND FREUD, Gesammelte Werke, hg. v. A. Freud u. a., Bd. 1–17 (London 1940–1952), Bd. 18 (Frankfurt a. M. 1968), Nachlaßbd. (Frankfurt a. M. 1987)
FREUD (SA) – SIGMUND FREUD, Studienausgabe, hg. v. A. Mitscherlich/A. Richards/J. Strachey, 10 Bde. u. Erg.bd. (Frankfurt a. M. 1969–1975) [und spätere Auflagen]
GADAMER – HANS-GEORG GADAMER, Gesammelte Werke, 10 Bde. (Tübingen 1985–1995)
GOETHE (BA) – JOHANN WOLFGANG GOETHE, Berliner Ausgabe, 22 Bde. u. Suppl.bd. (Berlin/Weimar 1960–1978)
GOETHE (HA) – JOHANN WOLFGANG GOETHE, Werke, hg. v. E. Trunz, 14 Bde. (Hamburg 1948–1960) [und spätere Auflagen, seit 1972 in München] [Hamburger Ausgabe]
GOETHE (WA) – JOHANN WOLFGANG GOETHE, Werke, hg. i. Auftr. d. Großherzogin Sophie von Sachsen, 143 Bde. (Weimar 1887–1919) [Weimarer Ausgabe]
GOTTSCHED (DICHTKUNST) – JOHANN CHRISTOPH GOTTSCHED, Versuch einer Critischen Dichtkunst (1730); 4. Aufl. (Leipzig 1751)
HEGEL (ÄSTH) – GEORG WILHELM FRIEDRICH HEGEL, Ästhetik (1835–1838), hg. v. F. Bassenge (Berlin 1955)
HEGEL (GLOCKNER) – GEORG WILHELM FRIEDRICH HEGEL, Sämtliche Werke. Jubiläumsausgabe in 20 Bänden, mit einer Hegel-Monographie (Bd. 21–22) und einem Hegel-Lexikon (Bd. 23–26) hg. v. H. Glockner (Stuttgart 1927–1940)
HEGEL (TWA) – GEORG WILHELM FRIEDRICH HEGEL, Werke, hg. v. E. Moldenhauer/K. M. Michel, 20 Bde. u. Reg.bd. (Frankfurt a. M. 1969–1979) (Theorie-Werkausgabe)
HEIDEGGER – MARTIN HEIDEGGER, Gesamtausgabe (Frankfurt a. M. 1976 ff.)
HEINE (DA) – HEINRICH HEINE, Historisch-kritische Gesamtausgabe der Werke, hg. v. M. Windfuhr, 16 Bde. (Hamburg 1973–1997) (Düsseldorfer Ausgabe)
HEINE (HSA) – HEINRICH HEINE, Säkularausgabe. Werke, Briefwechsel, Lebenszeugnisse, hg. v. d. Nationalen Forschungs- und Gedenkstätten der klass. dt. Literatur in Weimar (dann Stiftung Weimarer Klassik) u. d. Centre National de la Recherche Scientifique in Paris (Berlin/Paris 1970 ff.)

HERDER – JOHANN GOTTFRIED HERDER, Sämmtliche Werke, hg. v. B. Suphan, 33 Bde. (Berlin 1877–1913)
HOBBES (ENGL) – THOMAS HOBBES, The English Works, hg. v. W. Molesworth, 12 Bde. (London 1839–1845)
HOBBES (LEV) – THOMAS HOBBES, Leviathan (1651), hg. v. R. Tuck (Cambridge u. a. 1991)
HÖLDERLIN (GSA) – FRIEDRICH HÖLDERLIN, Sämtliche Werke, 8 Bde., hg. v. F. Beissner (Stuttgart 1943–1985) [Große Stuttgarter Ausgabe]
HOME – HENRY HOME, Elements of Criticism, 3 Bde. (Edinburgh 1762) [und spätere Auflagen]
HUMBOLDT – WILHELM VON HUMBOLDT, Gesammelte Schriften, hg. v. d. Kgl. Preuß. Akad. d. Wiss., 17 Bde. (Berlin/Leipzig 1903–1936)
HUME – DAVID HUME, The Philosophical Works, hg. v. T. H. Green/T. H. Grose, 4 Bde. (London 1874–1875)
HUME (ENQUIRIES) – DAVID HUME, Enquiries Concerning Human Understanding and Concerning the Principles of Morals, hg. v. L. A. Selby-Bigge/P. H. Nidditch (Oxford 1975)
HUTCHESON – FRANCIS HUTCHESON, Collected Works, hg. v. B. Fabian, 7 Bde. (Hildesheim 1969–1971)
HUTCHESON (INQUIRY) – FRANCIS HUTCHESON, An Inquiry Concerning Beauty, Order, Harmony, Design (1725), hg. v. P. Kivy (Den Haag 1973)
JEAN PAUL (HKA) – JEAN PAUL, Sämtliche Werke. Historisch-kritische Ausgabe, Abt. 1, 18 Bde. (Weimar 1927–1963), Abt. 2, Bd. 1–5 (Weimar 1928–1936), Bd. 6 ff. (Weimar 1996 ff.), Abt. 3, 9 Bde. (Berlin 1956–1964)
JEAN PAUL (MILLER) – JEAN PAUL, Sämtliche Werke, hg. v. N. Miller, Abt. 1, 6 Bde., Abt. 2, 4 Bde. (München 1959–1985)
JUNG – CARL GUSTAV JUNG, Gesammelte Werke, Bd. 1, 3, 4, 6–8, 11, 16 (Zürich/Stuttgart 1958–1969), Bd. 2, 5, 9, 10, 12–15, 17–19 u. Suppl.bd. (Olten/Freiburg i. Br. 1971–1987)
KANT (AA) – IMMANUEL KANT, Gesammelte Schriften, hg. v. d. Kgl. Preuß. bzw. Preuß. bzw. Dt. Akad. d. Wiss. bzw. d. Akad. d. Wiss. d. DDR bzw. Berlin-Brandenb. Akad. d. Wiss. (Berlin 1902 ff.) [Akademieausgabe]

KANT (WA) – IMMANUEL KANT, Werke, hg. v. W. Weischedel, 12 Bde. (Frankfurt a. M. 1974–1977) [Werkausgabe im Suhrkamp-Taschenbuch Wissenschaft]
KIERKEGAARD – SØREN KIERKEGAARD, Gesammelte Werke, hg. u. übers. v. E. Hirsch/H. Gerdes/H. M. Junghans, 36 Abt. u. Reg.bd. (Düsseldorf/Köln 1950–1969)
KLEIST – HEINRICH VON KLEIST, Sämtliche Werke u. Briefe, hg. v. H. Sembdner, 2 Bde. (München ⁷1984)
KRACAUER – SIEGFRIED KRACAUER, Schriften (Frankfurt a. M. 1971 ff.)
LESSING (GÖPFERT) – GOTTHOLD EPHRAIM LESSING, Werke, hg. v. H. G. Göpfert, 8 Bde. (München 1970–1979)
LESSING (LACHMANN) – GOTTHOLD EPHRAIM LESSING, Sämtliche Schriften, hg. v. K. Lachmann/F. Muncker, 23 Bde. (Stuttgart ³¹1886–1924)
LOCKE (ESSAY) – JOHN LOCKE, An Essay Concerning Human Understanding (1690), hg. v. P. H. Nidditch (Oxford 1975)
LUKÁCS – GEORG LUKÁCS, Werke, Bd. 2, 4–12 (Neuwied/Berlin 1962–1971), Bd. 13–17 (Darmstadt/Neuwied 1974–1986)
MALEBRANCHE – NICOLE MALEBRANCHE, Œuvres complètes, hg. v. A. Robinet, 20 Bde. u. 1 Bd. Index des citations (Paris 1962–1970)
MEIER – GEORG FRIEDRICH MEIER, Anfangsgründe aller schönen Wissenschaften (1748–1750), 2. Aufl., 3 Bde. (Halle 1754–1759)
MENDELSSOHN – MOSES MENDELSSOHN, Gesammelte Schriften, hg. v. I. Elbogen u. a. (Stuttgart-Bad Cannstatt 1971 ff.)
MEW – KARL MARX/FRIEDRICH ENGELS, Werke, hg. v. Institut für Marxismus-Leninismus beim ZK der SED, 43 Bde., 2 Bde. Verzeichnis, 1 Bd. Sachregister (Berlin 1956–1990)
MORITZ – KARL PHILIPP MORITZ, Werke in drei Bänden, hg. v. H. Günther (Frankfurt a. M. 1981)
NIETZSCHE (KGA) – FRIEDRICH NIETZSCHE, Werke. Kritische Gesamtausgabe, hg. v. G. Colli/M. Montinari (Berlin 1967 ff.)
NIETZSCHE (SCHLECHTA) – FRIEDRICH NIETZSCHE, Werke, hg. v. K. Schlechta, 3 Bde. (München 1954–1956) [und spätere Auflagen]

NOVALIS – NOVALIS, Schriften. Die Werke Friedrich von Hardenbergs, hg. v. P. Kluckhohn/ R. Samuel/H.-J. Mähl, Bd. 1–3, 2. Aufl. (Stuttgart 1960–1968); 3. Aufl. (Stuttgart 1977–1988); Bd. 4–5 (Stuttgart 1975/1988), Bd. 6 [in 4 Teilbdn.] 1998 ff.
RIEDEL – FRIEDRICH JUSTUS RIEDEL, Theorie der schönen Künste und Wissenschaften. Ein Auszug aus den Werken verschiedener Schriftsteller (Jena 1767)
ROSENKRANZ – KARL ROSENKRANZ, Ästhetik des Häßlichen (1853), hg. v. D. Kliche, 2. Aufl. (Leipzig 1996)
ROUSSEAU – JEAN-JACQUES ROUSSEAU, Œuvres complètes, hg. v. B. Gagnebin/M. Raymond, 5 Bde. (Paris 1959–1995)
RUGE – ARNOLD RUGE, Neue Vorschule der Aesthetik. Das Komische mit einem komischen Anhange (Halle 1836)
SHELLING (SW) – FRIEDRICH WILHELM JOSEPH SCHELLING, Sämmtliche Werke, hg. v. K. F. A. Schelling, Abt. 1, 10 Bde., Abt. 2, 4 Bde. (Stuttgart/Augsburg 1856–1861)
SCHILLER – FRIEDRICH SCHILLER, Werke. Nationalausgabe, hg. v. J. Petersen u. a. (Weimar 1943 ff.)
SCHLEGEL (KFSA) – Kritische Friedrich-Schlegel-Ausgabe, hg. v. E. Behler u. a. (Paderborn u. a. 1958 ff.)
SCHOPENHAUER – Arthur Schopenhauer, Sämtliche Werke, hg. v. A. Hübscher, 7 Bde., 2. Aufl. (Wiesbaden 1946–1950)
SHAFTESBURY – ANTHONY ASHLEY COOPER SHAFTESBURY, Complete Works/Sämtliche Werke. Standard Edition, hg. u. übers. v. W. Benda/G. Hemmerich (Stuttgart-Bad Cannstatt 1981 ff.)
SOLGER – KARL WILHELM FERDINAND SOLGER, Vorlesungen über Aesthetik, hg. v. K. W. L. Heyse (Leipzig 1829)
SPINOZA – BARUCH DE SPINOZA, Opera. Im Auftr. d. Heidelb. Akad. d. Wiss. hg. v. C. Gebhardt, Bd. 1–4 (Heidelberg o. J. [1925]), Bd. 5 (Heidelberg 1987)
VALÉRY – PAUL VALÉRY, Œuvres, hg. v. J. Hytier, 2 Bde. (Paris 1957/1960)
VISCHER – FRIEDRICH THEODOR VISCHER, Aesthetik oder Wissenschaft des Schönen. Zum Gebrauch für Vorlesungen (1846–1858), hg. v. R. Vischer, 6 Bde. (München 1922–1923)
VOLTAIRE – VOLTAIRE, Œuvres complètes, hg. v. L. Moland, 52 Bde. (Paris 1877–1885)
WINCKELMANN – JOHANN JOACHIM WINCKELMANN, Sämtliche Werke. Einzige vollständige Ausgabe, hg. v. J. Eiselein, 12 Bde. (Donaueschingen 1825–1829)
WOLFF – CHRISTIAN WOLFF, Gesammelte Werke, hg. v. J. École/H. W. Arndt, Abt. 1, 22 Bde., Abt. 2, 37 Bde., Abt. 3, 31 Bde. (Hildesheim 1964–1995)

3. Text- und Quellensammlungen

MIGNE (PL) – PAUL MIGNE (Hg.), Patrologiae cursus completus […]. Series Latina, 221 Bde. (Paris 1844–1864), 5 Suppl.bde., hg. v. A. Hamman (Paris 1958–1974)
MIGNE (PG) – PAUL MIGNE (Hg.), Patrologiae cursus completus […]. Series Graeca, 162 Bde. (Paris 1857–1912)
CCHR (L) – Corpus Christianorum. Series Latina (Turnhout 1954 ff.)

Verzeichnis der abgekürzt zitierten antiken und biblischen Quellen

Abkürzungen griechischer Werktitel

ARISTOTELES
An.	De anima
Cael.	De caelo
Eth. Eud.	Ethica Eudemia
Eth. Nic.	Ethica Nicomachea
Metaph.	Metaphysica
Phys.	Physica
Poet.	Poetica
Pol.	Politica
Rhet.	Rhetorica

HESIOD
Theog.	Theogonia

HOMER
Od.	Odyssee
Il.	Ilias

PLATON
Krat.	Kratylos
Leg.	Leges
Phaid.	Phaidon
Phaidr.	Phaidros
Polit.	Politikos
Prot.	Protagoras
Rep.	De re publica
Soph.	Sophistes
Symp.	Symposion
Tht.	Theaitetos
Tim.	Timaios

SOPHOKLES
Phil.	Philoktetes

Abkürzungen lateinischer Werktitel

AUGUSTINUS
Civ.	De civitate dei
Conf.	Confessiones

CICERO
De or.	De oratore
Inv.	De inventione
Fin.	De finibus
Off.	De officiis
Or.	Orator
Tusc.	Tusculanae disputationes

HORAZ
Ars	Ars poetica
C.	Carmina

OVID
Am.	Amores
Met.	Metamorphoses

PLAUTUS
Men.	Menaechmi

PLINIUS
Nat.	Naturalis historia

QUINTILIAN
Inst.	Institutio oratoria
Rhet. Her.	Rhetorica ad C. Herennium

SENECA
Benef.	De beneficiis
Epist.	Epistulae ad Lucilium
Nat.	Naturales quaestiones

Abkürzung biblischer Bücher

ALTES TESTAMENT
Gen.   Genesis (1. Buch Mose)
Ex.   Exodus (2. Buch Mose)
Lev.   Leviticus (3. Buch Mose)
Num.   Numeri (4. Buch Mose)
Dtn.   Deuteronomium (5. Buch Mose)
Jes.   Jesaja
Jer.   Jeremia
Ps.   Psalmen

NEUES TESTAMENT
Act.   Apostelgeschichte
Röm.   Römerbrief
1., 2. Kor.   1., 2. Korintherbrief
Kol.   Kolosserbrief
1., 2., 3. Joh.   1., 2., 3. Johannesbrief

Absenz

(griech. ἀπουσία; lat. absentia; engl. absence; frz. absence; ital. assenza; span. ausencia; russ. отсутствие)

I. Aporien einer Begriffsgeschichte der Absenz;
II. Knotenpunkte; 1. Philosophie; 2. Theologie;
3. Recht und Staat; 4. Historie und Gedächtnis;
5. Kunst und Architektur; 6. Literatur; 7. Technik, Medien, Verschwinden; III. Auschwitz

I. Aporien einer Begriffsgeschichte der Absenz

Absenz ist die längste Zeit kein ästhetischer Grundbegriff gewesen; erst die (kunst-)historischen Erfahrungen des 20. Jh. haben ihn dazu promovieren lassen und dafür sensibilisiert. Theologie, Philosophie, Literatur- und Kunsttheorie haben diesen Befund im Umfeld seines synästhetischen Begriffsfeldes (Schweigen, Mangel, Leere) inzwischen aufmerksam registriert.[1] Jeder Darstellung des Vergangenen ist eine paradoxe Figur eingeschrieben, die in doppelter Negation als Abwesenheit einer Abwesenheit gedacht wird. Dies ist in der Etymologie des Begriffs angelegt: »The word *absence* comes from the Latin *esse*, or ›being‹, and *ab*, meaning ›away‹. [...] Yet this absence is not equivalent to a simple void, a mere lack of being. The notion of being is after all present in the very word *absence*.«[2] Im *Vocabulaire d'Esthétique* (1990) von Etienne Souriau figuriert ›absence‹ – dem Logozentrismus verpflichtet – als Funktion von Präsenz, nicht aber als diskrete Kategorie: »*Absence* s'oppose à *présence* dans presque tous ses sens.«[3] Die paradoxe Struktur der Darstellung des Absenten wird in der Kopplung an Medien und Apparaturen der darstellenden Künste, etwa auf der Bühne, manifest: »L'absence est soulignée par les gestes qui indiquent la présence.« (4) Absenz setzt immer schon die Anwesenheit ästhetischer Äußerungen voraus.[4]

»Es gibt keinen Anfang vom Schweigen«[5]: Einer *historischen* Semantik als Arsenal von kognitiven Sinnverarbeitungsregeln, die sozialen Wandel einzuholen vermögen, verweigert sich die Ästhetik der Absenz radikal. An die Stelle von Gott, Vernunft und Geschichte treten hier »Leer- und Blindformeln«[6], deren semasiologische Deutung ebenso indeterminiert ist wie ihre onomasiologische Ausdifferenzierung; das, was an Diskursen schweigt und dennoch am Werk ist, läßt sich nur fragmentarisch rekonstruieren.[7] Jede Genealogie der Absenz als sekundärer Exorzismus der Absenz eines Primärtextes namens Vergangenheit vollzieht sich als Ästhetik zweiter Ordnung, im narrativen Modus des historischen Diskurses als Beobachterdifferenz, die das Phänomen überhaupt erst in seiner Ausdehnung unterscheidbar macht. Das gebräuchliche didaktische Mittel, die Spuren eines Abwesenden zu vergegenwärtigen, also zu *präsentieren*, ist die historiographische Transformation dieser Spuren in Dokumente einer Bedeutung. Genau dies ist die Funktion von Historiographie als »*organisation* sémantique destinée à dire *l'autre*: une structuration liée à la production (ou manifestation) d'une absence«[8].

Zur Verhandlung stehen die (Schrift-)Ränder eines Hohlraums namens Vergangenheit. Die Weltkriegserfahrung gab diese Ästhetik vor: »Der Gesichtsraum hat sich entleert; diese Leere zieht ahistorische Figuren an, sowohl mythische wie barbarische.«[9] »Auch weiße Flächen können ein

---

1 Vgl. ULRIKE LEHMANN/PETER WEIBEL (Hg.), Ästhetik der Absenz. Bilder zwischen Anwesenheit und Abwesenheit (München/Berlin 1994).
2 DREW LEDER, The Absent Body (Chicago/London 1990), 22.
3 SOURIAU, 3.
4 Vgl. LEHMANN, Ästhetik der Absenz. Ihre Rituale des Verbergens und der Verweigerung. Eine kunstgeschichtliche Betrachtung, in: Lehmann/Weibel (s. Anm. 1), 42.
5 MAX PICARD, Die Welt des Schweigens (Erlenbach/Zürich 1948), 11.
6 KOSELLECK, Bd. 1 (1972), XVII.
7 Vgl. WOLFGANG ERNST, Bausteine zu einer Ästhetik der Absenz, in: B. Dotzler/E. Müller (Hg.), Wahrnehmung und Geschichte. Markierungen zur aisthesis materialis (Berlin 1995), 211–236.
8 MICHEL DE CERTEAU, L'absent de l'histoire (Paris 1973), 158.
9 ERNST JÜNGER, Siebzig verweht II (Stuttgart 1981), 250.

2 Absenz

›Anderes‹ der Geschichte sein, seinerzeit«[10]. Das binäre Spiel von Anwesenheit und Absenz ist das aller Geschichte: Fülle dort zu imaginieren, wo Leere herrscht. Historiographische Texte »füllen die Abwesenheit mit Schrift«[11]. Doch »die Ausgräber antiker Städte haben nur eine Verlassenheit zutage gefördert, niemals eine Vergangenheit«[12].

Die Abwesenheit einer konsistenten Genealogie der begrifflichen Ausfaltungen von Absenz verlangt diskrete archäologische Sondierungen von ›Problem-Denkmälern‹ im Sinne Adornos und Foucaults.[13] Sie stellen sich als Knotenpunkte dar und verstehen sich als Rückkopplungen: der Fluchtpunkte ästhetischer Avantgarde, der an die Erfahrung des Holocaust gekoppelten ›negativen Theologie‹ sowie der Philosophie der Dekonstruktion, des Dispositivs der Medien und des Verschwindens.

---

10 UTZ RIESE, Postmoderne Repräsentation?, in: R. Weimann/H. U. Gumbrecht (Hg.), Postmoderne. Globale Differenz (Frankfurt a. M. 1991), 330.
11 KLAUS WEIMAR, Der Text, den (Literar-)Historiker schreiben, in: H. Eggert/U. Profitlich/K. R. Scherpe (Hg.), Geschichte als Literatur. Formen und Grenzen der Repräsentation von Vergangenheit (Stuttgart 1990), 36.
12 BOTHO STRAUSS, Fragmente der Undeutlichkeit (München/Wien 1989), 35.
13 Vgl. MICHEL FOUCAULT, L'archéologie du savoir (Paris 1969), 14 f.
14 ›Absens, abwesend‹, in: ZEDLER, Bd. 1 (1732), 186.
15 Vgl. KLAUS W. HEMPFER, Poststrukturale Texttheorie und narrative Praxis. Tel Quel und die Konstitution eines Nouveau Nouveau Roman (München 1976), 20–26.
16 PLATON, Rep. 6, 509d.
17 PLATON, Soph. 219b; dt.: Der Sophist, übers. v. F. Schleiermacher, in: Platon, Werke, griech.-dt., hg. v. G. Eigler, Bd. 6 (Darmstadt 1970), 229.
18 RENATE LACHMANN, Exkurs. Anmerkung zur Phantastik, in: M. Pechlivanos u. a. (Hg.), Einführung in die Literaturwissenschaft (Stuttgart/Weimar 1995), 224.
19 ARISTOTELES, De memoria 450a 13.
20 OTTO SEEL, Quintilian oder Die Kunst des Redens und Schweigens (Stuttgart 1977), 332.
21 DIETMAR KAMPER, Unmögliche Gegenwart. Zur Theorie der Phantasie (München 1995), 193.

II. Knotenpunkte

1. Philosophie

Der Begriff der Absenz läßt sich nur als via negationis einer okzidentalen Metaphysik der Präsenz denken, wie sie die mittelalterliche Philosophie kultiviert hat. »*Absentia*, ist eine methaphysische Redens-Art, und bedeutet die würckliche Abwesenheit einer Sache. [...] Diese haben die Scholastici *negationem formalem* oder *incomplexam* benennet.«[14] Zu denken war demnach ein entleertes Transzendentales.[15] Platon hat ein diskursives Dispositiv für die Ästhetik der Absenz vorgegeben, indem er zwei Mächte voneinander schied: den Raum des Sichtbaren (»ὁρατόν«, horaton) und den Raum des Denkbaren (»νοητόν«, noēton).[16] Platon definiert Gemälde und Statuen als hervorgegangen aus einer poietikē, »wo nur immer jemand, was zuvor nicht war, hernach zum Dasein bringt« (Πᾶν ὅπερ ἂν μὴ πρότερόν τις ὂν ὕστερον εἰς οὐσίαν ἄγῃ)[17]. Verwandt mit diesem Phänomen ist das phantasma (Erscheinung; Vorstellung), das Aristoteles in *De memoria et reminiscentia* »zwischen ›anwesend‹ und ›abwesend‹, ›referenzlos‹ und ›referierend‹, ›wahr‹ und ›trügerisch‹«[18] bestimmt. Die Erinnerung an Dinge und Bewußtseinsinhalte, sagt Aristoteles, sei an ein Bild (»φαντάσματός«[19]) gebunden; »das nicht Anwesende wird erinnert« (μνημονεύεται τὸ μὴ παρόν, 450a 27).

Über Quintilian sagt Otto Seel: »Von wie vielem, was sich anzubieten scheint, spricht er nicht, man möchte sagen: schweigt er mit Nachdruck! In seinem Verschweigen liegt eine unerhörte Noblesse, eine großgesinnte Diskretion, die Haltung eines Herrn von Kultur und Urbanität. Cicero läßt nichts aus, Quintilian versteht sich das Innehalten und Ausklammern. [...] Voraussetzung [...] aber ist der Zustand des Ungenügens mit den Formen und Formeln der Religion.«[20]

Realität ist eine Restkategorie: »Was immerhin erfahren werden kann, ist ein Aufstand der Zeichen als Narben der Geschichte gegen den Zeichengeber, den Geist der Abstraktion. Von daher stammt die Karriere der Abwesenheit, der ›Absenz‹ als Kategorie der Kunst und Literatur.«[21] »So lange die Sache, welche ein Zeichen vorstellet, nicht gegenwärtig ist, noch von uns empfunden wird, haben wir nur den Begriff des Zeichens klar«[22], formulierte Johann Heinrich Lambert. »Eine Lücke als ein Mangel, ein Leeres im Ganzen, läßt sich nicht unmittelbar empfinden oder bemerken, sondern die Lücke zeiget der Begriff an, daß da etwas seyn sollte, und daß da nichts sey, wo es seyn sollte.«[23]

Aus den frühen Texten der kirchlichen Heilslehre spricht die Parole, Signifikanten (Schrift) auf ein transzendentes Signifikat hin zu entziffern (parole). Die Zeichen der Dinge haben, so die *Etymologiae* Isidors von Sevilla, die Aufgabe, »uns die Rede der Abwesenden ohne Stimme zu Gehör zu bringen« (Litterae autem sunt indices rerum, signa verborum, quibus tanta vis est, ut nobis dicta absentium sine voce loquantur)[24]. In der Ruinenpoetik der Renaissance schlug diese Einsicht profanisiert durch, in Form der Entzifferung antiker Relikte als »segno di un'assenza«[25] (Zeichen einer Abwesenheit). Die ganze Herausforderung liegt darin, Vergangenheit nicht als etwas, was zu uns spricht, sondern als etwas Abwesendes zu konfrontieren. Denn die Ästhetik der Absenz steht auf Seiten des Nominalismus, jener scholastischen Ansicht, daß den Bezeichnungen der Dinge kein wirkliches Sein zukommt.

2. Theologie

Die Geschichte der Theologie durchzieht eine neuplatonische Kontroverse um die ontologische Realpräsenz Christi in Bildern und Abendmahl gegenüber der Darstellung einer unsichtbaren Wirklichkeit (Augustinus); Calvin sprach asymmetrisch dazu von einer Realkommunion von Christus und Gläubigem.[26] Der Begriff ›Realpräsenz‹ entstammt der Eucharistielehre: Das Symbol bildet nicht nur das Zeichen einer abwesenden Realität, sondern ist darin mit der Realität des Abwesenden verbunden. Auch dieser Befund hat einen zeitlichen Index: Die frühmittelalterlichen Reliquiare verbargen ihren Inhalt vollkommen; die Betonung des Schauens ist ein Charakteristikum der spätmittelalterlichen Frömmigkeit.[27] Niklas Luhmann verweist auf die Techniken der Religion: »Sakrale Dinge werden der Sichtbarkeit entzogen [...], so daß sich daraus die Möglichkeit ergibt, in ihrer Abwesenheit über sie im kommunikativen Modus des Geheimnisses zu sprechen.«[28] Wird das Nicht-Darstellbare, wie es Georges Didi-Huberman anhand der Darstellung Fra Angelicos von Mariä Verkündigung in San Marco untersucht[29], nicht doch in dem Akt seines Sich-Darstellens, seines Sich-Präsentierens begreiflich?

Der Postimpressionismus sah in der künstlerischen Darstellung keine Widergabe eines Eindrucks, sondern die Sache selbst unter der Gestalt von Farbe und Leinwand. Für den walisischen Maler und Dichter David Jones ergab sich daraus eine Übereinstimmung mit der katholischen Sakramentenlehre: »Danach waren Brot und Wein zwar Zeichen für eine andere, unsichtbare Realität, aber sie waren auch diese Realität selbst.«[30] Mit dieser Frage hat sich die Theologie der Ikone vornehmlich auseinandergesetzt: »La dimensione apofatica *insita* nella teologia dell'icona non era negativa, non aveva intento iconoclasta« (Die der Theologie der Ikone *immanente* apophatische Dimension war nicht negativ, besaß keine ikonoklastische Intention)[31]. Der Ikonenkult antwortet auf das Verlangen nach Schau, verwandt mit der Bedeutungsent-

---

22 JOHANN HEINRICH LAMBERT, Neues Organon oder Gedanken über die Erforschung und Bezeichnung des Wahren und dessen Unterscheidung vom Irrthum und Schein, Bd. 2 (Leipzig 1764), 10.
23 LAMBERT, Logische und philosophische Abhandlungen, hg. v. J. Bernoulli, Bd. 1 (Berlin 1782), 323.
24 ISIDOR VON SEVILLA, Etymologiarum libri XX; 1, 3, 3, in: MIGNE (PL), Bd. 82 (1850), 74 f.
25 VINCENZO DE CAPRIO, Introduzione, in: de Caprio (Hg.), Poesia e poetica delle rovine di Roma. Momenti e problemi (Rom 1987), 7.
26 Vgl. ›Abendmahl‹, in: TRE, Bd. 1 (1977), 43–229.
27 Vgl. PETER DINZELBACHER, Die ›Realpräsenz‹ der Heiligen in ihren Reliquiaren und Gräbern nach mittelalterlichen Quellen, in: P. Dinzelbacher/D. R. Bauer (Hg.), Heiligenverehrung in Geschichte und Gegenwart (Ostfildern 1990), 124 ff.
28 NIKLAS LUHMANN, Soziologische Aufklärung, Bd. 5. Konstruktivistische Perspektiven (Opladen 1990), 106.
29 Vgl. GEORGES DIDI-HUBERMAN, Devant l'image. Question posée aux fins de l'histoire de l'art (1990), in: The Art Bulletin 75 (1993), H. 2, 336 ff.
30 CORDELIA SPAEMANN, Einführung, in: D. Jones, Anathemata (Basel 1988), 4 f.
31 MASSIMO CACCIARI, Icone della Legge (Milano 1985), 211; dt.: Die Ikone [Teilübers.], übers. v. J. Blasius, in: V. Bohn (Hg.), Bildlichkeit. Internationale Beiträge zur Poetik (Frankfurt a. M. 1990), 421.

wicklung des lateinischen Wortes contemplatio und des griechischen theoria.[32] Die kirchliche Bilderlehre »gehört [...] in die ungeschriebene ›Geistesgeschichte des Unsichtbaren‹ (Hans Blumenberg), die der Neuplatonismus der Renaissance beerbte«[33]. Die Abwesenheit Gottes ist es, die ihm a contrario eine starke theologische Präsenz verleiht. Aus dieser Denkfigur speist sich auch die Ästhetik der Absenz. Julian Jaynes entziffert eine Darstellung des Königs Tukulti-Ninurta I. vor einem leeren Thron (ca. 1230 v. Chr.) als erste Darstellung des abwesenden Gottes.[34] Die *Mystica theologia* des Dionysios Areopagita unterschied zwischen dem Zugang zum Schauen Gottes und dem Zugang zu dem Ort, an dem Gott wohnt: »θεωρεῖ δὲ οὐκ αὐτὸν (ἀθέατος γὰρ) ἀλλὰ τὸν τόπον οὗ ἐστι.«

---

32 Vgl. DAVID FREEDBERG, The Power of Images. Studies in the History and Theory of Response (Chicago 1989), 469; HANS-GEORG BECK, Von der Fragwürdigkeit der Ikone (München 1975), 41.
33 HANS ROBERT JAUSS, Über religiöse und ästhetische Erfahrung. Zur Debatte um Hans Beltings ›Bild und Kult‹ und George Steiners ›Von realer Gegenwart‹, in: Merkur 510/511 (1991), H. 9/10, 935.
34 Vgl. JULIAN JAYNES, The Origin of Consciousness in the Breakdown of the Bicameral Mind (Boston 1976), 223 f.
35 DIONYSIOS AREOPAGITA, De mystica theologia, in: MIGNE (PG), Bd. 3 (1889), 1000; dt.: Dionysios Areopagita, Mystische Theologie und andere Schriften, hg. u. übers. v. W. Tritsch (München-Planegg 1956), 164; vgl. JACQUES DERRIDA, Comment ne pas parler. Dénégations, in: Derrida, Psyché. Inventions de l'autre (Paris 1987), 535–595.
36 MARTIN HEIDEGGER, Aufenthalte (entst. nach 1962; Frankfurt a. M. 1989), 25.
37 HEIDEGGER, Der Ursprung des Kunstwerkes (1935; Stuttgart 1990), 209.
38 Vgl. YOSEF HAYIM YERUSHALMI, Vers une histoire de l'espoir juif (Un champ à Anathoth), übers. v. E. Vigne, in: Esprit 104/105 (1985), 24–38.
39 WALTHER VON LOEWENICH, Luthers Theologia crucis (München 1939), 151.
40 Vgl. KARL WOLFSKEHL, Die Blätter für die Kunst, in: F. Gundolf/F. Wolters (Hg.), Jahrbuch für die geistige Bewegung (Berlin 1910), 14 ff.
41 GEORGES BATAILLE, L'absence de mythe, in: Bataille, Œuvres complètes, Bd. 11 (Paris 1988), 236.
42 HELMUTH PLESSNER, Homo absconditus (1969), in: Plessner, Ges. Schriften, hg. v. G. Dux, Bd. 8 (Frankfurt a. M. 1983), 365.

(Ihn [Gott] sieht er [Moses] nicht – denn Gott ist nicht sichtbar – aber er sieht doch einen Ort, wo Gott zu wohnen scheint)[35]. Dementsprechend beschreibt Heidegger auf der Akropolis von Athen ein Gefühl von derelictio: Die Gegenwart war »erfüllt von der Verlassenheit des Heiligtums. [...] Diese selbst wurde durch das Funktionieren der Photo- und Filmapparate ersetzt.«[36] Es bedurfte einer rhetorischen Inversion, dieses Trauma eines Mangels in das Zeichen einer Präsenz zu verwandeln: »Vermutlich ist jedoch die Leere gerade mit dem Eigentümlichen des Ortes verschwistert und darum kein Fehlen, sondern ein Hervorbringen.«[37]

Hegels teleologische Geschichtsphilosophie entwirft einen Weltgeist, der aus dem Verborgenen sich in Herr-Knecht-Verhältnissen manifestiert, um im Staat als oberster Vernunft aufzugehen. Demgegenüber speist sich das Geschichtsdenken des Judentums aus der absorptiven Energie des verborgenen Gottes; erst wenn der Messias kommt, gibt es keine Kluft mehr zwischen Sichtbarem und Unsichtbarem.[38]

»Gott ist *Deus absconditus*, der Glaube ist *argumentum rerum non apparentium*, das Leben des Christen ist verborgen«[39]. Diese Denkfigur säkularisierte die politische Ästhetik der literarischen Kreises um Stefan George zu Beginn des 20. Jh. mit dem Konzept des ›geheimen Deutschland‹. Karl Wolfskehl verstand dabei unter Anspielung auf den Kyffhäuser-Mythos die Träger gewisser deutscher, noch schlummernder Kräfte, in welchen sich das zukünftige erhabenste Sein der Nation vorgebildet oder schon verkörpert fand.[40] Mit dem deus absconditus korreliert in einer Epoche, welche die Theologie durch die Philosophie der Aufklärung ersetzt hat, der Diskurs über den Verlust des Mythos: »*L'absence de Dieu* est plus grande, elle est plus divine que Dieu (je ne suis donc plus Moi, mais *une absence de Moi*)«[41]. Als eine Beobachtung zweiter Ordnung schlußfolgert Helmuth Plessner: »Als ein in der Welt ausgesetztes Wesen ist der Mensch sich verborgen – *homo absconditus*.«[42]

3. Recht und Staat

Das römische Rechtswesen hat den Begriff der Absenz kodifiziert. Im römischen Staatsrecht war die Wahl Abwesender gestattet.⁴³ Auch der liturgische Kontext kennt den Begriff der Stellvertretung im juristischen Sinn⁴⁴; im *Lexikon für Theologie und Kirche* figuriert der Eintrag ›Absenz‹ strikt unmetaphysisch: als »Fernsein eines Klerikers v. seinem Kirchenamt, seiner Pfründe od. dem Chordienst«, das laut kanonischem Recht allein durch eine formale Entschuldigung in eine »fiktive Anwesenheit«⁴⁵ umdefiniert und somit der Sanktion entzogen werden kann. »*Absens*, abwesend, heist in Rechten der nicht da, zugegen ist […]. It: so sagt man von einem *furioso*, demente, der seiner Vernunfft beraubt, daß er nicht daheime, wenn er gleich mit dem Leibe gegenwärtig; […] it: diejenigen, die auf vorhergegangene *Citation* im Gerichte nicht erschienen. *Absentes tanquam praesentes prodúciren*, die abwesenden Zeugen vorstellen, als wenn sie zugegen gewesen.«⁴⁶ Diese Bestimmung spiegelt sich auch im Eintrag ›Absence‹ in der *Encyclopédie* von Diderot und d'Alembert, wo es heißt: »Celui qui est absent du royaume, avec l'intention de n'y plus retourner, est réputé étranger: mais il n'est pas réputé mort.«⁴⁷

Absentia ficta, eine erdichtete Abwesenheit, negiert im Recht die Anwesenheit einer Person; das Rechtswesen kennt dieses Phänomen umgekehrt in seiner temporalen Dimension als (Neu-)Verhandlung von Fällen, die Jahrhunderte zurückliegen.⁴⁸ Grundsätzlich gilt das Mündlichkeitsprinzip vor Gericht. Urteile nach Aktenlage sind im Abwesenheitsverfahren möglich, doch darf insbesondere die Hauptverhandlung nur in Anwesenheit des Angeklagten stattfinden.⁴⁹ Damit ist der Logozentrismus juristisch institutionalisiert. Die Geschichtsschreibung des griechischen Hellenismus bediente sich des rhetorischen Vor-Augen-Stellens (enargeia); als ob das Nichtanwesende in die Anwesenheit (parousia) zurückgeholt werden könnte, sollte die fingierte Autopsie – gemäß einer noch der oralen Kultur verhafteten Auffassung – einen Effekt begünstigen, der Wahrheit an Augenzeugenschaft koppelt.⁵⁰ Die wissenschaftliche Praxis von Anmerkungsapparaten, »gleichsam die Zeugnisse von der Wirklichkeit und dem Werthe der Beobachtungen«⁵¹, setzt dieses Paradigma fort.

Variablen und Leerstellen zeigen sich im Diskurs der Verwaltung und der Rhetorik sowie in den Grammatiken, seitdem im Jahr 1483 gedruckte Formelbücher (formulari) erschienen und Kaiser Maximilian I. die gedruckten Reichstagsausschreiben standardisierte.⁵²

Das Zeitalter des Barock kultiviert das Spiel der Dissimulation von Präsenz, des Verbergens und Enthüllens; das gespiegelte Porträt des Königspaares in Diego Velázquez' Gemälde *Las meninas* sowie das ›cortina‹- (Vorhang-)Motiv knüpfen an die machtpoetische Ästhetik der Epiphanie⁵³ im höfischen Zeremonialwesen seit der Spätantike an.⁵⁴

Seine Symbolisierungsfähigkeit erlaubt es dem Menschen, sich auf Abwesendes zu beziehen.⁵⁵ Der Staatsrechtler Hans Kelsen wies 1925 in seiner *Allgemeinen Staatslehre* auf die symbolische Bedeutung des Staatsoberhauptes als »sinnlich wahr-

43 Vgl. KARL JOHANNES NEUMANN/RUDOLF LEONHARD/MORIZ WLASSAK, ›Absentia‹, in: PAULY, Bd. 1 (1894), 116–121.
44 Vgl. HASSO HOFMANN, Repräsentation. Studien zur Wort- und Begriffsgeschichte von der Antike bis ins 19. Jahrhundert (Berlin 1974).
45 JOSEPH STABER, ›Absenz‹, in: LTK, Bd. 1 (1957), 70.
46 ›Absens, abwesend‹, in: ZEDLER (s. Anm. 14), 185.
47 ›Absence‹, in: DIDEROT (ENCYCLOPÉDIE), Bd. 1 (1751), 40.
48 Vgl. WALTER JENS, Der Fall Judas (Stuttgart 1975).
49 Vgl. CARL CREIFELDS (Hg.), Rechtswörterbuch (München 1976), 17, 25.
50 Vgl. MICHAEL FRANZ, Platon-Lektüren. Der philosophische Diskurs im Widerstreit von Sagen und Zeigen, in: G. Neumann (Hg.), Poststrukturalismus. Herausforderung an die Literaturwissenschaft (Stuttgart/Weimar 1997), 338–360.
51 ALEXANDER VON HUMBOLDT, Kosmos. Entwurf einer physischen Weltbeschreibung, Bd. 1 (Stuttgart/Tübingen 1845), XIII; vgl. CARLO GINZBURG, Ekphrasis und Quotation, in: Tijdschrift voor Filosofie 50 (1988), H. 1, 3–19.
52 Vgl. MICHAEL STOLLEIS, Geschichte des öffentlichen Rechts in Deutschland, Bd. 1 (München 1988); ROSEMARIE AULINGER, Das Bild von Reichstages im 16. Jahrhundert (Göttingen 1980).
53 Vgl. VICTOR I. STOICHITA, Imago Regis. Kunsttheorie und königliches Porträt in den Meninas von Velázquez, in: Zeitschrift für Kunstgeschichte 49 (1986), 165–189.
54 Vgl. JOHANN KONRAD EBERLEIN, Apparitio regis, revelatio veritatis. Studien zur Darstellung des Vorhangs in der bildenden Kunst von der Spätantike bis zum Ende des Mittelalters (Wiesbaden 1982), 29.
55 Vgl. ERNST CASSIRER, Philosophie der symbolischen Formen, 3 Bde. (Berlin 1923–1929).

nehmbares Autoritätssymbol«[56] hin; Carl Schmitts Begriff der Repräsentation in der *Verfassungslehre* von 1927 rekurriert darauf, daß politische Repräsentation ein unsichtbares Sein durch ein öffentlich anwesendes Sein sichtbar macht und vergegenwärtigt. Das Wesen der Repräsentation liegt darin, »daß das Unsichtbare als abwesend vorausgesetzt und doch gleichzeitig anwesend gemacht wird«[57].

Sie ersetzt es durch ein Bild, welches es ins Gedächtnis zu rufen und richtig wiederzugeben vermag: »so die Puppen aus Wachs, Holz oder Leder, die recht eigentlich *représentations* hießen, die man während der Trauerfeierlichkeiten für die Souveräne Frankreichs und Englands auf dem königlichen Totenlager postierte, und die etwas zeigten, was nicht mehr sichtbar war, nämlich die der sterblichen Person des Königs übertragene unsterbliche Königswürde«[58].

In der politischen Theologie des Mittelalters war Absenz von Macht schlechthin undenkbar; ein Interregnum wurde durch symbolische Apparate überbrückt.[59] Die Französische Revolution, die den realen Körper des Königs eliminiert hatte, hinterließ eine autoritative Leerstelle, einen Mangel, welcher der permanenten polit-ideologischen Supplementierung bedurfte. Der abwesende Machtkörper – sofern er im Imaginären verortet bleibt – ist geradezu konstitutiv für seine Aura: »The sovereign is created as distant, and the distance allows him to be desired in a particular way, as ideal, as disembodied.«[60] Diese politische Theologie läßt sich medial fortdenken: »Der virtuelle Körper, der durch telematische Maschinen konstruiert ist, ist der ›Abwesende Körper‹, gemessen an den Kriterien des Realen, aber ›anwesend‹, gemessen an symbolischen und imaginären Bedürfnissen.«[61]

4. Historie und Gedächtnis

In der Tradition antiker Rhetorik war das Vermögen der Imagination eine Speicherfunktion im Gedächtnis. An der Schnittstelle von Gedächtnistheorie und Bewußtseinsphilosophie »wird paradoxerweise durch jeden reproduktiven Akt des Gedächtnisses die Abwesenheit seines realen Referenten produziert«[62]. Die Tätigkeit des ›erwachenden Subjekts‹ (Hegel) ist »ihrem Wesen nach notwendig auf das Gedächtnis bezogen, weil ohne Archivierung des Versprachlichten jeder Akt der Benennung verschwinden und jeder Name vergessen würde« (45).

Giambattista Vico hat in seiner *Scienza nuova* (1725/1744) das Vermögen der Imagination an den Gedächtnisbegriff gebunden, das Magazin der Bilder und rhetorischen Figuren.[63] Henri Bergson koppelte in *Matière et mémoire* (1896) die Erinnerungsfähigkeit an die paradoxe Struktur der Absenz: In dem Augenblick, in dem sich die Erinnerung wirksam aktualisiert, hört sie auf, Erinnerung zu sein, und wird wieder Wahrnehmung – »en vertu de la loi inévitable qui veut qu'on ne puisse imaginer que ce qui est absent«[64], wie Marcel Proust schrieb.

Der britische Historiker Edward Gibbon beschrieb in *The History of the Decline and Fall of the Roman Empire* (1776–1788) den Zusammenbruch des römischen Reiches als Folge einer durch das Christentum als Staatsreligion begünstigten Abwesenheit politischer Autorität.[65] In *Past and Present* (1843) denkt Thomas Carlyle Vergangenheit tat-

---

56 HANS KELSEN, Allgemeine Staatslehre (Berlin 1925), 305.
57 CARL SCHMITT, Verfassungslehre (1927; Berlin ⁵1970), 209 f.; vgl. HOFMANN, Der spätmittelalterliche Rechtsbegriff der Repräsentation in Reich und Kirche, in: H. Ragotzky/H. Wenzel (Hg.), Höfische Repräsentation. Das Zeremoniell und die Zeichen (Tübingen 1990), 17–42.
58 ROGER CHARTIER, Kulturgeschichte zwischen Repräsentationen und Praktiken, in: Chartier, Die unvollendete Vergangenheit. Geschichte und die Macht der Weltauslegung, übers. v. U. Raulff (Berlin 1989), 13.
59 Vgl. ERNST HARTWIG KANTOROWICZ, The King's Two Bodies. A Study in Medieval Political Theology (Princeton 1957), 419 ff.
60 LOUISE FRADENBURG, City, Marriage, Tournament. Arts of Rule in the Late Medieval Scotland (Madison 1991), 70 f.
61 WEIBEL, Ära der Absenz, in: Lehmann/Weibel (s. Anm. 1), 19.
62 WERNER KÜNZEL/PETER BEXTE, Präsenz. Zeitspeicher und Time Machines. Essays (Berlin 1991), 46.
63 Vgl. PATRICK H. HUTTON, History as an Art of Memory (Hanover/London 1993), 32 ff.
64 MARCEL PROUST, A la recherche du temps perdu (1913–1927), Bd. 4 (Paris 1989), 450 f.
65 Vgl. LIONEL GOSSMAN, The Empire unpossess'd. An Essay on Gibbon's ›Decline and Fall‹ (Cambridge 1981), 17.

sächlich von der Absenz, vom Schweigen her, das wie ein Palimpsest zu entziffern sei: »The Past is a dim indubitable fact: the Future too is one, only dimmer; nay properly it is the same fact in new dress and development. For the Present holds in it both the whole Past and the whole Future«[66]. »The Future hereby is not dissevered from the Past, but based continuously on it; grows with all the vitalities of the Past, and is rooted down deep into the beginnings of us.« (268) Mit den Toten kann man nicht sprechen: »Étrange dialogue«, formulierte Jules Michelet, »on ne pouvait plus réchauffer ce que la vie a délaissé.«[67] In dem vom Historiker aufgesuchten Grab ist nichts als ›le vide‹. Jacques-Louis David hat dieses sentiment um 1810 als Porträt des Orpheus am Grab der Eurydike – Kontemplation im leeren Bildraum – gemalt. Der rhetorische Kunstgriff der Prosopographie vollzieht die Vergegenwärtigung des Absenten ständig. »The visage, speach and countenance of any person absent or dead.«[68] Eine Fakultät der Rhetorik: »Figure porte absence et présence«[69].

5. Kunst und Architektur

Altgriechische Vasenbilder fungierten als ›Semiophoren‹[70], als Bedeutungsträger zwischen der Welt der Lebenden und der Toten, der Sicht- und Unsichtbarkeit, nur dem Blick, nicht dem Gebrauch ausgesetzt. Es bedarf materialer Transportmedien, um zwischen An- und Abwesenheit Kommunizierbarkeit und Einbildung herzustellen: Erst über das Bild wird die unsichtbare Welt anschaulich und damit handhabbar.

Abt Suger von Saint Denis schrieb in seiner Abhandlung *De consecratione ecclesiae S. Dionysii* von der Anmut, mit der viele farbige Juwelen das Materielle ins Immaterielle verwandeln.[71] Diese Ästhetik hat die Moderne nicht vergessen. Der Maler Brice Marden weist den Weg vom Materiellen zum Immateriellen als quasi theologische Sicht der Welt und läßt den besonderen kulturellen Kontext wiedererkennen, in dem sich die westliche Malerei entwickelt hat – die paradoxe Verbindung, die göttlicher Geist und Materie eingehen, als Allianz von Farbe und ihrer physischen Basis, etwa Muschel- oder Geranienstaub.[72]

Die Ästhetik der Absenz kommt nicht in den Dingen, sondern in ihren Relationen zur Andeutung. Am Beispiel der Gemälde Nicolas Poussins bedeutet das, das Implizite und Verborgene unter dem Eloquenten und Manifesten herauszuarbeiten: »J'ai essayé de représenter l'irreprésentable, la sublimité d'une tempête sur terre.«[73] Es ist dieses ästhetische Register, das die moderne Macht bespielen wird, indem sie sich im Raum der Absenz unscheinbar und damit um so effektiver wirkend einnistet.

Das Bild ist keine Funktion der Repräsentation, sondern ihr Anderes: »Die Ersetzung von ›Absentes‹ durch ›Anderes‹ bedeutet hier [bei Louis Marin] zweifellos, daß der Substitutionswert nicht mehr mit dem Paar ›Absenz/Präsenz‹, sondern mit dem Paar ›selbst/anders‹ spielt, das hier die Dimension der Trauer einführt«[74]. Trauer und Begehren stehen am Ursprung der Malerei. Winckelmanns *Geschichte der Kunst des Altertums* (1764) zitiert den durch Plinius' *Naturalis historia* überlieferten Mythos, wonach der Schattenriß den abwesenden Liebhaber zu ersetzen trachtete.[75] Liliane Weiss-

---

66 THOMAS CARLYLE, Past and Present (1843), in: Carlyle, The Works, Bd. 10 (London 1899), 38; vgl. ARTHUR DWIGHT CULLER, The Victorian Mirror of History (New Haven/London 1985), 73.
67 JULES MICHELET, L'héroïsme de l'esprit (1869). Projet inédit de Préface à l'Histoire de France, in: L'Arc 52 (1973), 5; vgl. DE CERTEAU, L'écriture de l'histoire (Paris 1975), 7.
68 GEORGE PUTTENHAM, The Arte of English Poesie (1589; Menston 1968), 199f.
69 GÉRARD GENETTE, Figures. Essais (Paris 1966), Motto.
70 Vgl. KRZYSZTOF POMIAN, Pour une histoire des sémiophores. A propos des vases des Médicis, in: Le Genre humain 14 (1986), 51–62.
71 Vgl. Abt Suger, De consecratione ecclesiae S. Dionysii, in: MIGNE (PL), Bd. 186 (1892), 1239–1254.
72 Vgl. STEPHEN BANN, Brice Marden. Vom Materiellen zum Immateriellen, in: Kunstforum international 88 (1987), 170–176.
73 Zit. nach PIERRE LEPAPE, Puissance de l'absence, in: Le Monde (12. 5. 1995), VII; vgl. LOUIS MARIN, Sublime Poussin (Paris 1995); MARIN, Philippe de Champaigne ou La présence cachée (Paris 1995).
74 DERRIDA, Kraft der Trauer. Die Macht des Bildes bei Louis Marin [Vortrag, 28. 1. 1993, Centre Pompidou, Paris], übers. v. M. Wetzel; in: M. Wetzel/H. Wolf (Hg.), Der Entzug der Bilder. Visuelle Realitäten (München 1994), 20.
75 Vgl. PLINIUS, Nat. 35, 81–83.

berg bemerkt dazu: »Es ist der Umriß, der bei Lavater redegewandter sprechen kann als ein Gemälde oder der menschliche Körper selbst. Farben und Details, die volle materielle Präsenz, lenken nur ab; die Linie dagegen kann durch ihre Negativität wahr – nämlich ›getreu‹ – sein: [...] und die Linie kann Natur vor allem *in absentia* und als abwesende Natur repräsentieren.«[76] Die neoplatonische Utopie der Transparenz des Anwesenden manifestierte sich im Stil neoklassizistischer Umrißzeichnungen. Die Sehnsucht nach »›perfect transparency in which the art object's corporeality would vanish, dissolve into absence, is the logical terminus for the eighteenth century fascination with the root beauty of the hidden, the imperceptible, and the invisible«[77]. In Winckelmanns Kunstgeschichte figuriert die griechische Skulptur als Abgrund der Abwesenheit, der ihre museale Gegenwart in Kopien vom Ideal der antiken Originale trennt.[78]

Lessings Abhandlung *Laokoon: oder über die Grenzen der Mahlerey und Poesie* (1766) definierte Malerei und Poesie semiotisch: »Beyde [...] stellen uns abwesende Dinge als gegenwärtig, den Schein als Wirklichkeit vor; beyde täuschen, und beyder Täuschung gefällt.«[79] Der Text diskutiert das Problem der Darstellung des Verborgenen bzw. Abwesenden anhand gemalter Wolken, durch die seine Zeitgenossen die wirksame Unsichtbarkeit der Götter in Homers *Ilias* darzustellen trachteten: »Das Mittel, dessen sich die Mahlerey bedienet, uns zu verstehen zu geben, daß in ihren Compositionen dieses oder jenes als unsichtbar betrachtet werden müsse, ist eine dünne Wolke, in welche sie es von der Seite der mithandelnden Personen einhüllet. Diese Wolke scheinet aus dem Homer selbst entlehnet zu sein. Denn wenn im Getümmel der Schlacht einer von den wichtigern Helden in Gefahr kömmt, aus der ihn keine andere, als göttliche Macht retten kann: so läßt der Dichter ihn von der schützenden Gottheit in einen dicken Nebel, oder in Nacht verhüllen, und so davon führen« (85). Carol Jacobs interpretiert: »The particular image of the cloud marks not only the disappearance of the hero but also the disappearance of the cloud, for the process of reading any poetic figure is to make both the figure and that which it apparently figures disappear.«[80] Dem entspricht die Figur der *dissimulatio artis*, wie sie in der Barock-Rhetorik ausformuliert worden war. Lessing beschreibt sie in einem Brief an Friedrich Nicolai am 26. 5. 1769: »Die Poesie muß schlechterdings ihre willkührlichen Zeichen zu natürlichen zu erheben suchen; und nur dadurch unterscheidet sie sich von der Prose, und wird Poesie.«[81]

1888 malt Vincent van Gogh ein Gemälde, das heute den Namen *Schlafzimmer* trägt. Die Gegenstände im Raum verweisen auf die Abwesenheit seines Bewohners: des Malers selbst; keine Leere des Nichtbestehenden, sondern des soeben Verschwundenen.[82] 1947/48 portraitiert sich George Grosz, seiner Heimat, seines künstlerischen Fundamentes beraubt und entwurzelt, buchstäblich vor dem grauen Nichts – ein gemaltes Loch, »die Leere und Nutzlosigkeit der modernen Malerei«[83]. An dieser Stelle definiert sich das Reale als Ruptur des Symbolischen, wie auch in Mark Rothkos abstrakten Gemälden der 60er Jahre, worin das ›schwarze Loch‹ im Zentrum die gesamte Bildfläche zu übergreifen droht.

Heideggers Bezug auf van Goghs Gemälde von

---

76 LILIANE WEISSBERG, Literatur als Repräsentationsform. Zur Lektüre von Lektüre, in: L. Danneberg/F. Vollhardt (Hg.), Vom Umgang mit Literatur und Literaturgeschichte. Positionen und Perspektiven nach der ›Theoriedebatte‹ (Stuttgart 1992), 296–298.
77 BARBARA MARIA STAFFORD, Beauty of the Invisible. Winckelmann and the Aesthetics of Imperceptibility, in: Zeitschrift für Kunstgeschichte 43 (1980), 75; vgl. JEAN STAROBINSKI, 1789. Les emblèmes de la raison (Paris 1973), 130.
78 Vgl. ALEXANDER POTTS, Flesh and the Ideal. Winckelmann and the Origins of Art History (New Haven/London 1994), 60.
79 GOTTHOLD EPHRAIM LESSING, Laokoon: oder über die Grenzen der Mahlerey und Poesie (1766), in: LESSING (LACHMANN), Bd. 9 (³1893), 3.
80 CAROL JACOBS, Telling Time. Lévi-Strauss, Ford, Lessing, Benjamin, de Man, Wordsworth, Rilke (Baltimore 1993), 115.
81 LESSING an Friedrich Nicolai (26. 5. 1769), in: LESSING (LACHMANN), Bd. 17 (³1904), 291.
82 Vgl. ZVONKO MAKOVIĆ, Von der Abwesenheit, übers. v. T. Marcetić, in: T. Maštrović (Hg.), Der kroatische Essay der achtziger Jahre (Zagreb 1991), 328–342.
83 BIRGIT MÖCKEL, Ein Stück meiner Welt, in: Vernissage 14 (1994). Zeitschrift der Neuen Nationalgalerie Berlin zur George-Grosz-Ausstellung, 61.

Bauernschuhen in *Der Ursprung des Kunstwerkes* (1935) rekurriert auf ein Volumen, eine zentrale Leere, die mehr Menschlichkeit evoziert, als jede mimetische Repräsentation von Menschen es vermag. Absenz ist der blinde Fleck, um den Heideggers Argumentation kreist: »Das Wesen der Wahrheit, d. h. der Unverborgenheit, wird von einer Verweigerung durchwaltet.«[84] Der Betrachter durchstreift das Museum der abendländischen Kultur, »um in einem phantasmatischen Akt der anverwandelnden Erinnerung etwas Abwesendes wahrzunehmen, das, was an den Dingen erscheint, obwohl es sinnlich-materiell an den Dingen nicht zu sehen ist«[85]. Yves Klein stellte demgegenüber einen ›leeren Raum‹ in der Galerie Clert in Paris aus (*Le vide*, 1958) – Leere als Architektur gewordenes Manifest. Der als ›dekonstruktiv‹ eingestufte New Yorker Architekt Peter Eisenman differenziert in seinem für Verona angefertigten urbanistischen Entwurf *Romeo und Julia* noch genauer zwischen Abwesenheit und Leere, Rhetorik und Ästhetik. Indem er die Leere – etwa den Raum zwischen zwei Gebäuden – noch der physikalisch realen Form einer Präsenz zuweist, setzt er davon die Abwesenheit als Spur einer ehemaligen Gegenwart (mit Erinnerung) oder einer möglichen Gegenwart (mit Immanenz) ab, die es diskontinuierlich, als scaling, zu bauen gilt.[86] Modern nennt Jean-François Lyotard die Kunst, die ihre Technik darauf verwandte zu zeigen, daß es ein Nicht-Darstellbares gibt. »Le postmoderne serait ce qui dans le moderne allègue l'imprésentable dans la présentation elle-même«[87]. Absenz fungiert als Signatur des postindustriellen Zeitalters.

6. Literatur

Das 13. Jh. hat einen in Versen verfaßten *Roman de Silence*[88] hinterlassen, worin das Schweigen selbst agiert; »the troubadour or trouvère is one who attempts to fill the silences or ›trous‹ in speech«[89]. Was zur Verbildlichung drängt, ohne repräsentiert werden zu können, kann nur geschrieben werden – im Medium Text. Es war nicht nur im Sinne der akademischen Disziplin, sondern auch der Diskursanalysen Foucaults ein travail archéologique, was Gustave Flaubert mit seiner Erzählung *Salammbô* (1862) unternahm. Er nistet sich in einem Raum des Schweigens und der Alterität ein: »Je m'occupe [...] d'un travail archéologique sur une des époques les plus inconnues de l'antiquité«[90]. »Poetry cannot recuperate into its language the objects it represents«, schreibt Eugenio Donato über Flaubert, »but can only allegorize their loss in representation, their ›death‹ which even philosophy may not be able to resurrect in its own discourse.«[91] Flauberts Schreibprozeß stellte sich zunächst als produktionsästhetische Absenz dar: »A chaque ligne, à chaque mot, la langue me manque«[92]. Und: »J'ai le vertige du papier blanc«[93]. Jean-Paul Sartre deutete die postromantische Literatur und Poesie des Verstummens der zweiten Hälfte des 19. Jh. als Effekt des politischen Scheiterns der 1848er Revolution.[94]

Mallarmé hat die Figur der Absenz ästhetisch kultiviert. Benjamin deutete die Dichtung Mallarmés als eine »negative Theologie«[95], die jede so-

---

84 HEIDEGGER (s. Anm. 37), 53.
85 WOLFGANG PIRCHER, Eine Ausstellung des Abwesenden, in: W. Zacharias (Hg.), Zeitphänomen Musealisierung. Das Verschwinden der Gegenwart und die Konstruktion der Erinnerung (Essen 1990), 73.
86 Vgl. PETER EISENMAN, Aura und Exzeß. Zur Überwindung der Metaphysik der Architektur, hg. u. übers. v. U. Schwarz (Wien 1995), 89–108.
87 JEAN-FRANÇOIS LYOTARD, Le postmoderne expliqué aux enfants (Paris 1988), 31.
88 Vgl. Le Roman de Silence, hg. v. L. Thorpe (Cambridge 1972).
89 R. HOWARD BLOCH, Silence and Holes. The ›Roman de Silence‹ and the Art of the Trouvère, in: Yale French Studies 70 (1986), 90.
90 GUSTAVE FLAUBERT an Mlle Leroyer de Chantepie (18. 3. 1857), in: FLAUBERT, Bd. 13 (1974), 567.
91 EUGENIO DONATO, The Script of Decadence. Essays on the Fictions of Flaubert and the Poetics of Romanticism (New York/Oxford 1993), 138; vgl. ebd., 201.
92 FLAUBERT an Ernest Feydeau (19. 12. 1858), in: FLAUBERT, Bd. 13 (1974), 646.
93 FLAUBERT an Louis de Cormenin (14. 5. 1857), in: FLAUBERT, Bd. 13 (1974), 578; vgl. GENETTE, Silences de Flaubert, in: Genette (s. Anm. 69), 223–243.
94 Vgl. JEAN-PAUL SARTRE, L'engagement de Mallarmé (entst. 1952, veröff. 1979), in: Sartre, Mallarmé. La lucidité et sa face d'ombre, hg. v. A. Elkaïm-Sartre (Paris 1986), 13–147.
95 WALTER BENJAMIN, Das Kunstwerk im Zeitalter seiner technischen Reproduzierbarkeit (1936), in: BENJAMIN, Bd. I/2 (1974), 481.

ziale Funktion ablehnt. George Steiner identifiziert in *Real presences* (1989) die »counter-theology of absence« als die zentrale Signatur der Dekonstruktion: »Again, the font is Mallarmé, whose typographical experiments with *les blancs* – the blanks on the page, the white abysses of silent nothingness between the lines – proved seminal to modernist literature [...]. All these terms and devices are emblems of absence.«⁹⁶ Für Mallarmé ist, was dem Wort ›Blume‹ seine Autorität verleiht, deren Abwesenheit: »Je dis: une fleur! et, hors de l'oubli où ma voix relègue aucun contour, en tant que quelque chose d'autre que les calices sus, musicalement se lève, idée même et suave, l'absente de tous bouquets.«⁹⁷ Die Wahrheit des Wortes ist – in einer negativen Semiotik – die Abwesenheit der Welt. Als ideale Präsenz ist die Abwesenheit für Mallarmé die einzige wirkliche Gegenwart, die der träumenden Gedanken.⁹⁸ Die lyrische Kategorie der ›absence‹ betrifft sowohl das poetische Verfahren (Autonomisierung der sprachlichen Zeichen gegenüber einer beschreibbaren Wirklichkeit) wie den Gegenstand der Dichtung Mallarmés.⁹⁹ Absenz ist in Mallarmés Poem *Un coup de dés jamais n'abolira le hasard* (1897) ein durch Drucktypen geregeltes ›espacement de la lecture‹; die Stellen unbedruckten Papiers haben eine aktive Funktion in der räumlichen Dimensionierung von Bedeutung¹⁰⁰: »Rien / [...] / n'aura eu lieu / une élévation ordinaire verse l'absence / *que le lieu*«¹⁰¹.

Der Kontrakt zwischen Sprache und Welt ist zerbrochen. Roland Barthes (*Le degré zéro de la littérature*, 1953) hat die Versuche literarischer Avantgarde, die Grenzen des Sag- und Schreibbaren voranzutreiben, unter dem Begriff einer ›Nullpunktliteratur‹ subsumiert, wie sie im Nouveau roman kulminierte. Vorangegangen war Arthur Rimbauds Dekonstruktion der ersten Person Singular: »*Je* est un autre.«¹⁰² Von nun an beginnen die Zeichen zu zirkulieren, bei Verlust eines jeglichen archimedischen Punktes außerhalb der Diskurse. Als linguistische Absenz des Autorenpronomens aber war diese Realitätsästhetik schon im historiographischen Auto(r)-Abstinenzideal Leopold von Rankes literarisch vollzogen. Ranke schreibt, die Aufgabe des Historikers sei zu »zeigen, wie es eigentlich gewesen. [...] Strenge Darstellung der Thatsache, wie bedingt und unschön sie auch sei, ist ohne Zweifel das oberste Gesetz.«¹⁰³ Die Funktion linguistisch unmarkierter Satzübergänge im Roman ist konstitutiv für die literarische Ästhetik der Moderne. Proust bemerkt zu Flaubert: »A mon avis la chose la plus belle de l'*Education Sentimentale*, ce n'est pas une phrase, mais un blanc.«¹⁰⁴ »Diese Leere ist keine eigentliche Leere, sie ist [...] kein Mangel.«¹⁰⁵ Sartre aber deutete solche Schweigsamkeit als Unmöglichkeit: »Impossible surtout parce que le silence est lui-même un acte verbal, un trou creusé dans le langage et qui, en tant que tel, ne peut être maintenu que comme une nomination virtuelle«¹⁰⁶.

Ästhetik der Absenz bedeutet in der Dichtung, dem Schweigen Raum zu geben, Stille einzuräu-

---

96 GEORGE STEINER, Real presences (London 1989), 122.
97 STÉPHANE MALLARMÉ, Crise de vers, in: Mallarmé, Œuvres complètes, hg. v. H. Mondor/G. Jean-Aubry (Paris 1945), 368.
98 Vgl. WALTER NAUMANN, Der Sprachgebrauch Mallarmés (Marburg 1936), 171.
99 Vgl. KARIN WAIS, Studien zu Rilkes Valéry-Übertragungen (Tübingen 1967), 146–149; H.-K. GRITSCHKE, ›Abwesenheit‹, in: RITTER, Bd. 1 (1971), 70–72.
100 Vgl. JENNY GRAF-BICHER, Funktionen der Leerstelle. Untersuchungen zur Kontextbildung im Roman am Beispiel von ›Les Filles de joie‹ von Guy des Cars und ›Les Caves du Vatican‹ von André Gide (München 1983), 144 f.
101 MALLARMÉ, Un coup de dés jamais n'abolira le hasard (1897), in: Mallarmé (s. Anm. 97), 475.
102 ARTHUR RIMBAUD an Georges Izambard ([13.] 5. 1871), in: Rimbaud, Œuvres complètes, hg. v. A. Adam (Paris 1972), 249; RIMBAUD an Paul Demeny (15. 5. 1871), in: ebd., 250.
103 Vgl. LEOPOLD VON RANKE, Geschichten der romanischen und germanischen Völker von 1494 bis 1514 (1824), in: Ranke, Sämmtliche Werke, Bd. 33 (Leipzig ²1874), VII; ROLAND BARTHES, L'effet du réel, in: Communications 11 (1968), 84–90.
104 MARCEL PROUST, A propos du ›style‹ de Flaubert (1920), in: Proust, Chroniques (Paris 1927), 205; vgl. RAINER WANNICKE-PIBAROT, Flaubert und Mallarmé – Herolde des Schweigens. Das Verstummen der Literatur angesichts der Verbürgerlichung, in: D. Kamper/C. Wulf (Hg.), Schweigen. Unterbrechung und Grenze der menschlichen Wirklichkeit (Berlin 1992), 197–216.
105 PICARD (s. Anm 5), 148.
106 SARTRE, L'idiot de la famille. Gustave Flaubert de 1821 à 1857 (Paris ²1988), 39.

II. Knotenpunkte 11

men, um Ungesagtem Statt zu geben. Versteckt ist immer nur das, was an seinem Platz fehlt.[107] Die Ästhetik der Absenz ist grundsätzlich antimimetisch disponiert. Als Figur entspricht ihr die Allegorie, und sie gehorcht einer Semiotik der Undarstellbarkeit: »It is itself a lack, an absence that cannot be represented.«[108] Das Reale der Absenz ist Widerstand gegen die ästhetische Signifikation; es widersteht der Sprache, da es sinnleer ist, nicht artikuliert wird.[109] Im Zentrum der symbolischen, repräsentativen Systeme ist nichts. Das Zentralsymbol der Gralsgemeinschaft, der Gral, wird in Wolfram von Eschenbachs *Parzival* als Gegenstand, d. h. in seiner materialen Erscheinung, nicht beschrieben – »wohl aber in den Wirkungen, die von ihr ausgehen«[110]. Dort, wo wir das Reale letztendlich vermuten, ist nicht nichts, vielmehr ein Riß. Das diese (Ein-)Bruchstelle supplementierende ästhetische Artefakt entspricht der Aura des Fetischs, »its function being precisely to deny absence, to fill the ›lack in being‹«[111].

7. *Technik, Medien, Verschwinden*

Das ›Verschwinden der Ferne‹ (Benjamin) bewirkte ein Bewußtsein der Absenz. Lehmann/Weibel markieren den semiologischen Bruch zwischen Zeichen und Dingen als Begründung einer Ästhetik der Absenz mit der Erfindung der Telegraphie.[112] 1791/92 hatte bereits der französische Kleriker Claude Chappe das optische Telegrafensystem der Semaphoren als Scharnier zwischen Botenkörper und körperloser Botschaft installiert – eine kodierte Signaltechnik militärischer Nachrichten, die, obgleich sichtbar, für den uneingeweihten Betrachter unverständlich war. Die Erfindung der Luftpumpe machte bislang unsichtbaren Druck begreifbar[113]; der Mesmerismus als Versuch, elektrischen Strom sichtbar zu machen, faszinierte das späte 18. Jh. Die breite Verwendung von Gas führte dagegen um 1900 zum langsamen Verschwinden nicht der Materie, sondern ihrer Wahrnehmung.[114]

Die rhetorische Figur der doppelten Verneinung (Litotes) für die Ästhetik der Absenz gilt auch in den Naturwissenschaften. Im quantenmechanischen Vakuum ist nicht nichts, sondern Antimaterie im Spiel. Die 1895 von Wilhelm Conrad Röntgen entdeckten Strahlen machten undurchsichtige Materie sichtbar; Sir William Crookes hatte darin unter anderem die Möglichkeit gesehen, mit Geistern und überirdischen Wesen zu kommunizieren. Henri Becquerel entdeckte 1896 eine vom Uran ausgehende unsichtbare Strahlung, die ohne äußere Anregung freigesetzt wird, die natürliche Radioaktivität. Radioaktiv verseuchten Objekten sieht man ihren Schaden nicht an; die Herausforderung des 20. Jh. ist das mit nicht-technischen Sinnen nicht mehr Wahrnehmbare. Diese Erfahrung schrieb sich bereits im zum Stellungskampf geronnenen Ersten Weltkrieg fest.

Der Künstler Robert Barry eliminierte 1968/69 durch den Einsatz von Radiowellen und Gas die sichtbare Materie und reduzierte das Kunstwerk auf den Energiefluß[115] – eine Aisthesis der Absenz. Mit dem ästhetischen Unsichtbarwerden und der Absentierung dessen, was dennoch um so effektiver *am Werk* ist (parergonal), korrespondiert die Ausformulierung der Infrastruktur. Für Gottfried Semper stand 1849 fest, »daß das Eisen [...] als konstruktiver Stoff [...] sich wegen der geringen Oberfläche, welche es in diesen Formen darbietet, dem Auge um so mehr entzieht, je vollkommener die Konstruktion ist, und daß daher die Baukunst [...] mit diesem gleichsam unsichtbaren Stoffe sich

---

107 Vgl. JACQUES LACAN, Le séminaire sur ›La lettre volée‹, in: Lacan, Ecrits (Paris 1966), 11–61.
108 JACOBS (s. Anm. 80), 109.
109 Vgl. LOÏC LOISEL, Das Schweigen des Realen, in: Kamper/Wulf (s. Anm. 104), 297 f.
110 HANS-GEORG SOEFFNER, Appräsentation und Repräsentation. Von der Wahrnehmung zur gesellschaftlichen Darstellung des Wahrzunehmenden, in: Ragotzky/Wenzel (s. Anm. 57), 60.
111 VICTOR BURGIN, The Absence of Presence. Conceptualism and Postmodernism, in: Burgin, The End of Art Theory. Criticism and Postmodernity (Houndmills u. a. 1986), 44.
112 LEHMANN/WEIBEL, Vorwort, in: Lehmann/Weibel (s. Anm. 1), 7.
113 Vgl. WERNER BUSCH/JOSEPH WRIGHT OF DERBY, Das Experiment mit der Luftpumpe (Frankfurt a. M. 1986).
114 Vgl. CHRISTOPH ASENDORF, Ströme und Strahlen. Das langsame Verschwinden der Materie um 1900 (Gießen 1989); ASENDORF, Batterien der Lebenskraft. Zur Geschichte der Dinge und ihrer Wahrnehmung im 19. Jahrhundert (Gießen 1984).
115 Vgl. LEHMANN (s. Anm. 4), 53 f.

Absenz

nicht einlassen darf«[116]. Dieselbe ästhetische Implikation hatten die neuen Verkehrsnetze. »Sogar die Elementarbegriffe von Zeit und Raum sind schwankend geworden«[117], schrieb 1843 Heinrich Heine. Die Erfindung des Telefons zog eine Entkörperlichung der Stimme nach sich.

Bis zur Erfindung der fotografischen Platte 1826 durch Joseph Nicéphore Niepce gab es für uns eine Ästhetik des Erscheinens. In der Ästhetik des Verschwindens sind die Dinge desto präsenter, je mehr sie uns entgleiten.[118] »Toute photographie est un certificat de présence«[119], schreibt Barthes über das punctum, das Irritierende eines Bildes im Gegensatz zu seiner kulturellen Kodierung, denn »le noème de la Photographie est simple, banal; aucune profondeur: ›Ça a été.‹« (176) Fotografie ist »die überzeugende Anwesenheit des Objekts in seiner unabwendbaren Abwesenheit«[120]. Dies trifft sich mit dem, was das 19. Jh. einmal ›statuarische‹ Geschichtsästhetik nannte.[121] Hier können Objektszenarien mit hoher historischer Treue präsentiert werden, doch zwischen den Dingen ist das vergangene Leben abwesend, gleich der Menschenleere in den ersten Daguerreotypien, wo sich die bewegten Objekte wegen der langen Belichtungszeit nicht abbilden ließen. Fotografie als Bannung des Verschwindens und des Abwesenden[122] ist seitdem für (vergangene) Gegenwart zuständig: »Nur als Bild, das auf Nimmerwiedersehen im Augenblick seiner Erkennbarkeit eben aufblitzt, ist die Vergangenheit festzuhalten.«[123]

Lyotard verfuhr technisch analog in der von ihm mitkonzipierten Ausstellung *Les immatériaux* (Paris 1985), welche die Materialitäten der Installation zugunsten des Effekts verbarg. Mit der Omnipräsenz virtueller Bilder korrespondiert die zunehmende Dissimulation des technisch Realen der mathematischen Apparate als Agenturen der Performanz – eine aktuelle ›weiße Mythologie‹[124].

Vom Imaginären geht der *Medien*impuls aus. Am 9. Mai 1945 meldet sich das Oberkommando der Deutschen Wehrmacht zum letzten Mal als Rundfunk (Reichssender Flensburg, Hauptquartier des Großadmirals) und erklärt die Einstellung aller Kämpfe. Den Schlußsatz des Deutschen Reiches aber ergänzt die Logik des Mediums selbst: »Es tritt eine Funkstille von drei Minuten ein.«[125] Der Fülle des Kriegslärms und seiner Großen Erzählungen folgt die Leere; die Artillerie im 20. Jh. hat den hegelianischen Logos verstummen lassen. »Wie andauernd ablaufende Maschinenpistolen, die gegen das Schweigen schießen, stehen die Radioapparate da.«[126] Tonträger stehen im Zeichen einer visuellen Absenz: »Absence visuelle de l'exécutant, dans la musique enregistrée« und »Absence visuelle dans le théâtre radiophonique«[127]. Es war immer schon die Funktion von Medien (Geistern), Abwesendes anwesend zu machen. Mit den technischen Medien wird dieser Befund berechenbar; die Erfindung des Phonographen durch Thomas Alva Edison (1878) hat die phonozentristische Beschwörung des Absenten technisch im Reellen implementiert. John Cages nichts als die Dauer der lautlosen Aufführung bezeichnende Komposition *4'33"* (1952) erinnert an die Anlage von Absenz in der Musik.[128]

---

116 GOTTFRIED SEMPER, Der Wintergarten zu Paris, in: Zeitschrift für praktische Baukunst 9 (1849), 515 f.
117 HEINRICH HEINE, Pariser Berichte. 1840–1848, Artikel v. 5. 5. 1843, in: HEINE (HSA), Bd. 10 (1979), 196.
118 Vgl. MARTIN SEEL, Vor dem Schein, in: L. Jäger/B. Switella (Hg.), Germanistik in der Mediengesellschaft (München 1994), 209 f.
119 BARTHES, La chambre claire. Note sur la photographie (Paris 1980), 135.
120 BERND BUSCH, Das fotografische Gedächtnis, in: K.-U. Hemken (Hg.), Gedächtnisbilder. Vergessen und Erinnern in der Gegenwartskunst (Leipzig 1996), 196.
121 Vgl. WILLIAM STUBBS, Seventeen Lectures on the Study of Medieval and Modern History and Kindred Subjects (Oxford 1887), 112 f.
122 Vgl. ROLF H. KRAUSS, Jenseits von Licht und Schatten. Die Rolle der Photographie bei bestimmten paranormalen Phänomenen. Ein historischer Abriß (Marburg 1992).
123 BENJAMIN, Über den Begriff der Geschichte (entst. 1940), in: BENJAMIN, Bd. 1/2 (1974), 695.
124 Vgl. JACQUES DERRIDA, La mythologie blanche. La métaphore dans le texte philosophique, in: Poétique 5 (1971), 1–52.
125 Deutsches Rundfunkarchiv (DRA), Frankfurt a. M., Archiv-Nr. 2723099; vgl. Kriegstagebuch des Oberkommandos der Wehrmacht (Wehrmachtsführungsstab), Bd. 4 (Frankfurt a. M. 1961), 1280.
126 PICARD (s. Anm. 5), 218.
127 ›Absence‹, in: Revue d'Esthétique 16 (1963), 175.
128 Vgl. UWE RASCH, Stillen – Pausen – Leeren, in: Lehmann/Weibel (s. Anm. 1), 32 ff.

Im Aufschub des Geräuschs manifestiert sich eine Rhetorik des musikalischen Schweigens, die sich dem Überfluß an akustischer Information entgegenstemmt. Maurice Merleau-Ponty plädierte für eine »réhabilitation ontologique du sensible«[129], also der aisthēsis gegenüber der Ästhetik als philosophischer Theorie der Kunst, die im 18. Jh. der diskursiven Trennung von mechanischen und schönen Künsten entsprang. Den Hintergrund liefern die Medien, deren technische Realität heute indes die humanen Wahrnehmungsschwellen unterläuft; erst Apparate machen das Unsichtbare wieder sichtbar.

»Eine eingreifende Kunst muß ernst nehmen, daß ›das Reale‹ auch die Abstraktion eines Bits besitzen kann«[130]. »Il suffit de constater que par l'intermédiaire de votre 0 et de votre 1, à savoir de la connotation présence-absence, nous sommes capables de représenter tout ce qui se présente«[131]. Die Unterscheidung anwesend/abwesend wird durch kybernetische Schaltung zustande gebracht. Der Computer bewältigt das Oszillieren zwischen zwei Zuständen in der denkbar einfachsten Form, die schaltungstechnisch indes nicht die Dichotomie Präsenz/Absenz bedeutet, sondern schlicht zwei elektrische Spannungszustände. Absenzen, Leerstellen und Variablen sind in der mathematischen Primzahl Null sowie in den negativen Zahlen angelegt. Selbst Steiner respektiert die Mathematisierung des Denkens durch die Computer: »They initiate, they develop non-verbal methods and configurations of thought, of decision-making, even, one suspects, of aesthetic notice.«[132] Dem Zwitterzustand elektronischer Datenströme, die nicht nur den Unterschied zwischen Wort und Bild, sondern auch den zwischen An- und Abwesenheit wieder einebnen, entspricht das Verfahren der Dekonstruktion.

Gegenüber den elektronischen Medien gewinnen die klassischen Medien als Retro-Effekt an Anschauungsqualität durch die Insistenz des Materialen. »Das Theater ist mit der Realpräsenz seiner Figuren einer der letzten Orte, die sich der Allgegenwart des Fernen widersetzen.«[133] Eine solche Wahrnehmung aber ist rein okzidental gedacht; das japanische Marionettentheater vermag diese Ästhetik zu verkehren: »Inversement, il faut signaler le cas où un être matériellement présent est censé absent ou même inexistant«[134].

In der medizinischen Neurologie figuriert ›absence‹ als Haupttyp des kleinen epileptischen Anfalls (petit mal), der kurzfristigen Suspendierung und Desynchronisierung aller Wahrnehmung. Solche Bewußtheitspausen können gänzlich unbemerkt bleiben; dem entspricht eine Kinästhetik, wie sie Paul Virilio, ausgehend vom medizinischen Begriff der Pyknolepsie, in seiner Esthétique de la disparation (1980) mit den Techniken filmischer Apparate (etwa Etienne-Jules Mareys Chronophotographie) und Bergsons Chronotropismen korreliert.[135]

Der Bezug des Mediums Film zur Ästhetik der Absenz liegt sowohl auf der physiologischen wie auf der kognitiven Ebene, indem das Kino eine erlebte Gegenwärtigkeit vom Abwesenden, ein Anwesend-Abwesendsein liefert. Dies hat auch radioästhetische Geltung; »nie ist für den Menschen das, was das Radio mitteilt, unmittelbar da, [...] alles ist im Radiogeräusch immer unterwegs.«[136]

Ein anderes Medium der Moderne, die Metropole, transformierte den geographisch und indu-

---

129 MAURICE MERLEAU-PONTY, Le philosophe et son ombre (1959), in: Merleau-Ponty, Signes (Paris 1960), 210.
130 GABRIELE WERNER, Welche Realität meint das Reale? Zu Alfred Hrdlickas Gegendenkmal in Hamburg. Eine Erwiderung auf Dietrich Schubert, in: Kritische Berichte 3 (1988), 65.
131 LACAN, Le séminaire, Bd. 2. Le moi dans la théorie de Freud et dans la technique de la psychanalyse (Paris 1978), 328 f; vgl. FRIEDRICH KITTLER, Die Welt des Symbolischen. Eine Welt der Maschine, in: Kittler, Draculas Vermächtnis. Technische Schriften (Leipzig 1991), 58–80.
132 STEINER (s. Anm. 96), 115.
133 JOSEPH HANIMANN, Doktor Faustus sagt dem Teufel nichts. Meistermonologisten im Flimmern und Rauschen der Welt. Das junge französische Theater richtet sich jenseits der Sprache ein, in: Frankfurter Allgemeine Zeitung (14. 12. 1994), 35.
134 SOURIAU, 4.
135 Vgl. ANDREA GNAM, Die Absence als Ausbruch aus der mnemotechnischen Konditionierung: ›Ein leerer schöner Himmel bricht aus der Seele‹. Zu Robert Musils ›Der Mann ohne Eigenschaften‹, in: Neumann (s. Anm. 50), 145–163.
136 PICARD (s. Anm 5), 206.

striell faßbaren Raum zum Schaltplan von Zeichen und Codes.¹³⁷ Demzufolge hat der strategische Wert des Nicht-Ortes der Geschwindigkeit den der klassischen Lokalisation ersetzt: Der Gegenstand löst sich auf in den Anfang einer Informationskette¹³⁸, der nicht mehr in raumzeitlichen Begriffen, sondern nur noch in denen der kartesianischen Datenvernetzung begreifbar ist, die technisch im Internet aufgeht. Dessen militärisches Pendant wäre etwa die Konstruktion des Stealth-Bombers, eines Kampfflugzeuges, das sich der Beobachtbarkeit durch Radar entzieht.¹³⁹ Aus der Sicht militärischer Aufklärung ist die Ästhetik der Absenz ein Spie(ge)l gegenseitiger Ent-Tarnung.

Nach der begriffsarchäologischen Einführung auf den Ebenen Jurisprudenz, Theologie, Semiotik, Historiographie und Kunst kommt es zu einer ausdrücklichen Ästhetik der Absenz also erst im 20. Jh. als Effekt medialer Materialitäten; Reflexion auf Absenz wird erst stringent auf einem von der technischen Entwicklung bestimmten Stand. Das ausgehende 20. Jh. ist markiert durch Figuren der Absenz. Abwesenheit in ihren verschiedenen Formen differenziert zu lesen ist die Aufgabe einer Ästhetik, die sich nicht mehr vereinheitlichenden Begriffen unterwirft, sondern sie pluralisiert.

III. Auschwitz

Kann Auschwitz, als eine ›Ikone der Abwesenheit‹ (Gottfried Bachl), ein »Niemandsland des Verstehens, ein schwarzer Kasten des Erklärens«¹⁴⁰, überhaupt der ästhetischen Repräsentation und Imagination eingeschrieben werden? Die Gegenwart dieser Vergangenheit liegt eher in Verwaltungsarchiven denn in Gedenkstätten vor Ort, und NS-Todeslager sind heute »*numinose Orte* einer absoluten Absenz«, an denen die Uneinholbarkeit von Erinnerung »als Leere sinnlich erfahrbar«¹⁴¹ wird. Claude Lanzmanns Film *Shoah* (1974–1985) ging einen asketischen Weg: »Er fährt an die Stätte der Vernichtung. Verräumlichung findet in der Gegenwart statt, abwesend bleibt, was zeitlich zurückliegt, die Vernichtung selbst.«¹⁴²

Eine Gewalt geht von dieser Abwesenheit aus, die sich von keiner Spurensicherung, von keiner Erinnerung und von keinem Gedenken einholen läßt. Auschwitz als ein Immemorial im Sinne Lyotards läßt sich nicht mehr ausschließlich an einem geographischen Ort festmachen; diese Erinnerung setzt sich vielmehr aus zerstreuten Gliedern, Gedanken, Informationen zusammen (*re/member*). Mit dieser ästhetisch radikalisierten Absenz korrespondiert – Adornos Diktum zum Trotz – eine Appräsenz auf der poetischen Darstellungsebene in Paul Celans Gedicht *Engführung* (1959): »Verbracht ins / Gelände / mit der untrüglichen Spur: / Gras, auseinandergeschrieben«¹⁴³. Die Gräser sind zugleich Buchstaben, und die Landschaft ist Text. Keine Mimesis mehr, keine Repräsentation von Historie, sondern der Text wird selbst Realität.¹⁴⁴ Auschwitz verlangt nach apophatischer, also denegierender Rede – was historische Forschung nicht

---

137 Vgl. HANS-JÜRGEN KETZER, Wahrnehmen und Verschwinden. Über einige Bedingungen ästhetischer Theoriebildung, in: Weimarer Beiträge 40 (1994), H. 1, 44–55; JEAN BAUDRILLARD, Kool Killer ou L'insurrection par les signes, in: Baudrillard, L'échange symbolique et la mort (Paris 1976), 118–128.
138 Vgl. PAUL VIRILIO, Esthétique de la disparition (Paris 1980).
139 Vgl. TOM HARDY, The Invisible Machine. Designing Against all Rules. The Stealth Bomber, in: Formdiskurs. Zeitschrift für Design und Theorie 1 (1996), 25 f.
140 DAN DINER, Zwischen Aporie und Apologie. Über Grenzen der Historisierbarkeit der Massenvernichtung, in: Babylon. Beiträge zur jüdischen Gegenwart (1987), H. 2, 33.
141 ALEIDA ASSMANN, Das Gedächtnis der Orte, in: A. Assmann/A. Haverkamp (Hg.), Stimme, Figur. Kritik und Restitution in der Literaturwissenschaft (Stuttgart/Weimar 1994), 35.
142 GERTRUD KOCH, Die ästhetische Transformation der Vorstellung vom Unvorstellbaren. Anmerkungen zu Claude Lanzmanns Film ›Shoah‹, in: Babylon. Beiträge zur jüdischen Gegenwart (1986), H. 1, 89.
143 PAUL CELAN, Engführung, in: Celan, Gesammelte Werke, Bd. 1 (Frankfurt a.M. 1983), 197; vgl. ANKE BENNHOLDT-THOMSEN, Auf der Suche nach dem Erinnerungsort, in: Celan-Jahrbuch 2 (1988), 7–28.
144 Vgl. PETER SZONDI, Durch die Enge geführt. Versuch über die Verständlichkeit des modernen Gedichts, in: Szondi, Schriften, übers. v. J. Bollack u.a., Bd. 2 (Frankfurt a.M. 1977), 346 ff.; PETER SPARR, Poetik nach dem Strukturalismus. Derrida, de Man, Szondi, in: Zeitschrift für Semiotik 15 (1993), H. 3/4, 264 f.

zu fassen vermag. In Anlehnung an Maurice Blanchot schreibt Saul Friedlander: »Working through‹ may ultimately signify [...] ›to keep watch over absent meaning.«[145] Absentierung ist das Verbrechen, das die vom Holocaust bezeichnete Abwesenheit von jener Absenz unterscheidet, die aller Vergangenheit eignet. »Doch hebt die Abwesenheit des Geschehens seine Anwesenheit nicht auf.«[146] In seiner Installation *The Missing House* im Rahmen der Stadttraumausstellung *Die Endlichkeit der Freiheit* (Berlin 1990) erinnerte der Künstler Christian Boltanski an der Stelle eines im Krieg zerstörten Hauses durch Namenstafeln an deportierte jüdische Bewohner, deren Dokumentation er andernorts als *The Museum* zur Ausstellung in hausförmigen Vitrinen brachte.[147] Dazwischen schiebt sich also jene Agentur, die schweigend bei aller historischen Rede am Werk ist: das Archiv und seine Lücken, die – analog zu Wolfgang Isers Theorie der literarischen Leerstellen[148] – historische Imagination als Supplementierung dieses Mangels evozieren. Daten statt Metaphern verweisen auf Räume jenseits der Sichtbarkeit: »Metaphors speak of what remains absent.«[149] Der von dem Architekten Daniel Libeskind entworfene Erweiterungsbau des Berlin Museums, der ein Jüdisches Museum inkorporiert, ist strukturiert durch tragende Hohlräume, die radikal auf das unersetzbare Fehlen einstiger jüdischer Kultur in der heutigen Stadt verweisen und damit Absenz und Absentierung, Vergangenheit und Holocaust ästhetisch radikalisieren.[150] Besonders in Deutschland trat nach 1945 anstelle praller Historiengemälde deren Negation, etwa in Anselm Kiefers Gemälde *Deutschlands Geisteshelden* (1973): »Die Leere selbst ist hier zum Monument geworden.«[151] Es bleibt allein die via negationis: Auch die Kriegstotendenkmäler des Zweiten Weltkriegs knüpfen nicht mehr (wie nach 1918) an Sinngebungsdiskurse an, sondern bringen die Sinnlosigkeit historischer Gewalt als Darstellungsnullpunkt zum Ausdruck.[152] So das Washingtoner Vietnam Memorial, das nicht erzählt, sondern unter Verzicht auf plastische Allegorisierungen Namen quasi zählend aufreiht. Information gilt anstelle von Sinnangeboten, wo sich Lücken auftun, die nicht nur auszuhalten, sondern auch als solche zu schreiben sind.

Institutionalisierte Erinnerung heißt Verhinderung von Absenz in Befehlsform; der jüdische Imperativ ›Zachor!‹[153] (Erinnere dich) steht dafür ebenso wie das militärische Beschwörungsritual. Beim italienischen Kriegerdenkmal Redipuglia[154] treten anstelle der Toten die Buchstaben ihrer Namen, ihrer Bataillone oder das, was zur Information von ihnen blieb: buchstäblich(e) Knochen, denen allein die phonozentristische Konversation Leben einhaucht. Auch Absenz hinterläßt eine Spur, ihre Markierung heißt Schrift; über die Gesimse der Stufenlandschaft schreibt sich in steter Folge das Wort ›presente‹. Der Betrachter halluziniert den Schrei der Toten beim Beschreiten des Monuments – ein Appell über den Tod hinaus. Vergangenheit ist ganz und gar signifikanten Gedächtnisträgern preis- und anheimgegeben.

Wolfgang Ernst

---

145 SAUL FRIEDLANDER, Trauma, Transference and ›Working through‹, in: History and Memory 4 (1992), H. 1, 55.
146 MANUEL KÖPPEN, Auschwitz im Blick der zweiten Generation, in: Köppen (Hg.), Kunst und Literatur nach Auschwitz (Berlin 1983), 67.
147 Vgl. WULF HERZOGENRATH, The Missing House, in: W. Herzogenrath/J. Sartorius/C. Tannert (Hg.), Die Endlichkeit der Freiheit. Ein Ausstellungsprojekt in Ost und West (Berlin 1990), 84–86.
148 Vgl. WOLFGANG ISER, Der Akt des Lesens. Theorie ästhetischer Wirkung (München 1976), 280 ff.; WOLFGANG KEMP (Hg.), Der Betrachter ist im Bild. Kunstwissenschaft und Rezeptionsästhetik (Köln 1985).
149 KARSTEN HARRIES, Metaphor and Transcendence, in: S. Sacks (Hg.), On Metaphor (Chicago/London 1978), 82.
150 Vgl. Between the Lines (Ausstellungskatalog). Joods Historisch Museum Amsterdam, Juni–September 1991.
151 A. ASSMANN, Arbeit am nationalen Gedächtnis. Eine kurze Geschichte der deutschen Bildungsidee (Frankfurt a. M./New York/Paris 1993), 112.
152 Vgl. REINHART KOSELLECK, Kriegerdenkmale und Identitätsstiftungen der Überlebenden, in: O. Marquard/K. Stierle (Hg.), Identität (München 1979), 255–276.
153 Vgl. YOSEF HAYIM YERUSHALMI, Zakhor. Jewish History and Jewish Memory (Seattle/London 1982).
154 Vgl. MANFRED MOSER, Redipuglia. Das Monument der 100 000 Toten. Ein Begängnis, in: Zeitschrift für Semiotik 11 (1989), H. 2/3, 217–222.

Affekt

Literatur

ADORNO, THEODOR W., Negative Dialektik (Frankfurt a. M. 1966); BARCK, KARLHEINZ, Poesie und Imagination. Studien zu ihrer Reflexionsgeschichte zwischen Aufklärung und Moderne (Stuttgart/Weimar 1993); BELTING, HANS, Bild und Kult. Eine Geschichte des Bildes vor dem Zeitalter der Kunst (München 1990); BERGSON, HENRI, Matière et mémoire (Paris 1896); CERTEAU, MICHEL DE, L'absent de l'histoire (Paris 1973); DAUENHAUER, BERNARD P., Silence. The Phenomenon and its Ontological Significance (Bloomington 1980); DERRIDA, JACQUES, De la grammatologie (Paris 1966); EGGERT, HARTMUT/PROFITLICH, ULRICH/SCHERPE, KLAUS R. (Hg.), Geschichte als Literatur. Formen und Grenzen der Repräsentation von Vergangenheit (Stuttgart 1990); EISENMAN, PETER, An Architecture of Absence (London 1986); FACKENHEIM, EMIL LUDWIG, God's presence in History (New York 1970); FLORENSKIJ, PAVEL, Die Ikonostase. Urbild und Grenzerlebnis im revolutionären Rußland (1922; Stuttgart 1988); GREENE, ANNE BEARD, The Philosophy of Silence (New York 1940); HART NIBBRIG, CHRISTIAAN LUCAS, Rhetorik des Schweigens. Versuch über den Schatten literarischer Rede (Frankfurt a. M. 1981); HEIDEGGER, MARTIN, Der Ursprung des Kunstwerkes (1935; Stuttgart 1990); HILLEBRAND, BRUNO, Ästhetik des Nihilismus. Von der Romantik zum Modernismus (Stuttgart 1991); JACOBS, CAROL, Telling Time. Lévi-Strauss, Ford, Lessing, Benjamin, de Man, Wordsworth, Rilke (Baltimore 1993); JOHNSON, BARBARA, A World of Difference (Baltimore/London 1989); KAMPER, DIETMAR/WULF, CHRISTOPH (Hg.), Schweigen. Unterbrechung und Grenze der menschlichen Wirklichkeit (Berlin 1992); KETZER, HANS-JÜRGEN, Wahrnehmen und Verschwinden. Über einige Bedingungen ästhetischer Theoriebildung, in: Weimarer Beiträge 40 (1994), H. 1, 44–55; LEHMANN, ULRIKE/WEIBEL, PETER (Hg.), Ästhetik der Absenz. Bilder zwischen Anwesenheit und Abwesenheit (München/Berlin 1994); LIBESKIND, DANIEL, Erweiterung des Berlin Museums mit Abteilung ›Jüdisches Museum‹, hg. von K. Feireiss (Berlin 1992); LYOTARD, JEAN-FRANÇOIS, Le postmoderne expliqué aux enfants (Paris 1988); MALEWITSCH, KASIMIR, Die gegenstandslose Welt (München 1927); MARIN, LOUIS, Des pouvoirs de l'image. Gloses (Paris 1993); MEIER, CHRISTIAN, Vierzig Jahre nach Auschwitz. Deutsche Geschichtserinnerung heute (München 1990); NEUMANN, GERHARD (Hg.), Poststrukturalismus. Herausforderung an die Literaturwissenschaft (Stuttgart/Weimar 1997); NORA, PIERRE (Hg.), Les lieux de mémoire, 3 Bde. (Paris 1984–1992); PICARD, MAX, Die Welt des Schweigens (Erlenbach/Zürich 1948); PIRCHER, WOLFGANG, Eine Ausstellung des Abwesenden, in: W. Zacharias (Hg.), Zeitphänomen Musealisierung. Das Verschwinden der Gegenwart und die Konstruktion der Erinnerung (Essen 1990), 72–78; PLESSNER, HELMUTH, Grenzen der Gemeinschaft. Eine Kritik des sozialen Radikalismus (1924), in: Plessner, Ges. Schriften, hg. v. G. Dux, Bd. 5 (Frankfurt a. M. 1981), 7–133; RAGOTZKY, HEDDA/WENZEL, HORST (Hg.), Höfische Repräsentation. Das Zeremoniell und die Zeichen (Tübingen 1990); RECH, PETER, Abwesenheit und Verwandlung. Das Kunstwerk als Übergangsobjekt (Basel/Frankfurt a. M. 1983); SOHN-RETHEL, ALFRED, Geistige und körperliche Arbeit. Zur Theorie der gesellschaftlichen Synthesis (Frankfurt a. M. 1970); SARTRE, JEAN-PAUL, L'imaginaire. Psychologie phénoménologique de l'imagination (Paris 1940); STEINER, GEORGE, Real Presences (London 1989); VIRILIO, PAUL, Esthétique de la disparition (Paris 1980); WEINRICH, HARALD (Hg.), Positionen der Negativität (München 1975); YOUNG, JAMES, The Counter-Monument. Memory Against itself in Germany Today, in: Critical Inquiry 18 (1992), H. 2, 267–296.

Affekt

(griech. πάθος; lat. affectus, affectio, passio, perturbatio; engl. passion; frz. affect, passion; ital. affetto, passione; span. afecto, pasión, afección; russ. аффект)

Einleitung: Entwicklungsgeschichtliche Eckpunkte; I. Antike; II. Mittelalter; III. 15.–16. Jahrhundert; IV. 17.–18. Jahrhundert; 1. Affektwissenschaft als Schlüssel zum Selbst- und Weltverständnis; 2. Drama und Dramentheorie; 3. Gattungs- und Stilbewußtsein; 4. Malerei; 5. Musik und Musiktheorie; 6. ›Natürliche‹ Zeichen der Leidenschaften; 7. Affekte in abstracto und die Ästhetisierung unangenehmer Affekte; V. 19.–20. Jahrhundert

Einleitung: Entwicklungsgeschichtliche Eckpunkte

Der genuin anthropologische Begriff des Affekts (Gemütsbewegung, Leidenschaft, von Lust oder Unlust begleitete Seelenbewegung) bezieht sich als ästhetischer Begriff sowohl auf die Ebene künstlerischer Darstellungs- bzw. Abbildungsinhalte als auch auf das expressive Wirkungspotential von Kunst. Als Darstellungs- bzw. Abbildungsinhalt von Kunstwerken und künstlerischen Darbietungen (in darstellenden Künsten, Rhetorik, Musik) bezeichnet er die ästhetisch werthaltige adäquate Abbildung interner emotionaler Regungen wie

Schmerz, Freude, Haß, Liebe usw. sowie ihrer symptomatischen Begleiterscheinungen (Atemfrequenz, Puls, Herzschlag, Muskelkontraktion, Gestik, Mimik, Intonation) auf das sinnliche Medium der einzelnen Kunstgattungen. Affekte werden in diesem Sinne durch Kunst ›exprimiert‹. Das verweist auf eine Art Transformation, die sich, analog zu Ciceros Unterscheidung zwischen expressio (Ausdruck) und imitatio (Nachahmung) am Beispiel der Übertragung griechischer Begriffe ins Lateinische, als Reproduktion wesentlicher Eigenschaften durch Neuprägung ihrer sinnlichen Repräsentationsform verstehen läßt.[1]

Affektbezogene oder affektintensive Darbietungen von literarischen oder musikalischen Texten können sich als Verdeutlichung, Verstärkung oder Hervorhebung der dem Text mehr oder weniger deutlich immanenten Affektinhalte verstehen, aber auch als expressive Deutung affektneutraler künstlerischer Inhalte.

Der Affektbegriff gehört von der griechischen Antike bis in die 2. Hälfte des 18. Jh. zu den Konstanten ästhetischen Denkens. Im Zusammenhang mit seiner Aufwertung innerhalb der Ethik, Anthropologie, höfischen Moralistik und Staatstheorie zu einem universellen Schlüsselbegriff des Welt- und Selbstverständnisses emanzipiert sich der Affektbegriff im Verlauf des 17. Jh. zu einer poetologischen Kategorie ersten Ranges.

Die lange, fast stetige Repräsentanz in Poetiken, Rhetoriklehren und ästhetischen Traktaten verdankt der Affektbegriff der engen Verflechtung von anthropologischen, ethischen, sozialpsychologischen und ästhetischen Aspekten. Der kunstbezogene Affektbegriff reflektiert eine Kunstauffassung, welche die am Ende des 18. Jh. einsetzende, später allerdings relativierte schroffe Abgrenzung von Natur und Kunst nicht kennt. Ästhetisches Nachdenken über Affekte setzt eine Vorstellung über die menschliche Affektnatur und zugleich über deren ideale Konditionierung für praktisches Handeln und soziales Verhalten voraus. Trotz der bis ins 18. Jh. hineinreichenden Auffassung von Affekten als etwas Passivem galten sie durch die mit ihnen kausal verknüpften Lust- oder Unlustgefühle als motivierend oder hemmend in bezug auf ethisch würdige Handlungen. So hoffen Affekttheorien mit historisch unterschiedlich geprägten sozialpsychologischen, ethischen, religiösen oder politischen Motiven seit der Antike auf eine Erziehung der Gefühle, die zu tugendhaftem Handeln und Umgang mit anderen Menschen befähigt. Der ästhetische Affektbegriff war zwar selten dem Ideal der Apathie verpflichtet, doch erschienen namentlich die heftigen, ungezügelten Affektregungen als untauglich für tugendhaftes, vernunftgemäßes Handeln. Man hielt es mithin für erforderlich, sie mittels der evokativen Macht von Kunst rational zu regulieren, zu mäßigen oder – in der Tradition stoischer Theorien – sogar völlig zu unterdrücken. Affektorientierte Kunst erscheint in solcherart funktionaler Orientierung als sinnfällige Möglichkeit, das aus dem Zusammenprall zwischen innerer Natur und Außenwelt resultierende Affektpotential des Menschen im Sinne eines Trainings durch Gewöhnung rational zu beherrschen, abzureagieren, auf würdige Objekte zu richten oder mittels abschreckender Darstellung menschlichen Leides, das aus ungezügelt emotionalem Agieren entstehen kann, zu verdrängen. So konnte Kunst in einer Welt, die nach Norbert Elias mit zunehmendem Zivilisationsgrad zu immer differenzierteren Formen der Affektkontrolle drängt, als spezifische Form seelischer Therapie betrachtet werden und zugleich als Refugium für die in der sozialen Praxis zumeist negativ oder nur als bedingt tauglich bewertete menschliche Neigung zu heftiger emotionaler Erregung.

Der Affektbegriff hat in fast allen Kunstgattungen eine intensive Diskussion erfahren. Doch galten insbesondere Musik und – etwas nachgeordnet – Dramatik, Rhetorik und Rezitation (seit dem 17. Jh. vor allem auch die Oper) als affektintensive Kunstgattungen. Die Gründe dafür liegen vor allem in der diesen Künsten gemeinsamen Möglichkeit zu sinnfälliger, expressiver Interpretation auch von affektneutralen bzw. diesbezüglich nicht eindeutig festgelegten textlichen Vorgaben im Zuge ihrer Aufführung. Hierbei ist es insbesondere das Potential differenzierter Bewegungsabläufe (Tempo, Rhythmus, Körpergestik und -bewegung) sowie die Ausnutzung expressiver Intonationsmuster, die in diesen Künsten eine besondere Nähe zu

---

1 Vgl. CICERO, De or. 1, 155.

körperlich-physischen und akustischen Kennzeichen affektiver Zustände herzustellen vermag. Die besondere Hervorhebung der affektiven Wirkungskraft von Musik ist zusätzlich in der Komplexität von mehrstimmiger Musik begründet, die affektrelevante rhythmisch-metrische, intonatorische und harmonische Elemente zu profilieren imstande ist; weiterhin auch in der Möglichkeit zur Verselbständigung expressiver Klanglichkeit gegenüber Einzelwortbedeutungen in Vokalmusik bzw. in der völligen Loslösung von ihnen in der Instrumentalmusik. Weil in der Musik auch die Momente emotional besetzter Bewegungsformen und Gesten nicht nur differenzierter als in anderen Künsten ausgeprägt, sondern auch voll in die akustische Struktur integriert sind (weshalb die optische Vermittlung von Körperbewegung in der Funktion affektiven Ausdrucks im Unterschied etwa zu Schauspiel oder Rezitation eher sekundär ist), umfängt Musik als Kunst der ästhetischen Qualifizierung akustischer Phänomene den Hörer mit ihrem Affektpotential räumlich-akustisch und kann ihn im Vergleich zur Distanz schaffenden optischen Wahrnehmung in diesem Sinn direkter sinnlich beeindrucken.

Im Zuge seiner Konfrontation mit dem Ideal des durch Selbstgesetzgebung der Vernunft frei handelnden, autonomen Subjekts sowie der strikten Trennung zwischen Natur- und Kunstschönem verliert der kunstbezogene Affektbegriff schon gegen Ende des 18. Jh. an theoretischem Gewicht und anscheinend auch an sachlicher Bezogenheit. Denn der traditionelle Affektbegriff implizierte durch seine Bindung an die Vorstellung allgemeingültiger menschlicher Gattungseigenschaften die Suche nach idealtypischen Prinzipien der Affektrepräsentation und Affektauslösung. Die kunstgeschichtliche Entwicklung in der 2. Hälfte des 18. Jh. schien jedoch mit der fortschreitenden Zurückdrängung von Gattungsnormen und durch die Eliminierung systematisierbarer expressiver Stilmittel eher dem Prinzip einer ichbezogenen, von innen heraus bestimmten individuellen Ausdrucksform zu entsprechen. So ist der Affektbegriff im 19. Jh., vor allem im Rahmen von Ausdrucksästhetiken, weitgehend durch den des Gefühls und der Stimmung verdrängt worden, wobei allerdings Aspekte des älteren Affektverständnisses im Begriff des Gefühls tradiert und modifiziert wurden. Andererseits haben vor allem ethologisch und evolutionstheoretisch orientierte Theorien im 19. Jh. erste Erklärungen und Korrekturen für Phänomene erbracht, die die sensualistische Emotionstheorie des 18. Jh. als ›natürliche Zeichen‹ der Leidenschaften bezeichnet hatte: anthropologisch konstante, affektiv besetzte Ausdrucksformen und Reaktionsmuster in Gestik, Mimik und Intonation, die man auch noch für hochorganisierte, kulturspezifische Kunst, insonderheit für die Musik, als konstitutiv betrachtete. Solche Forschungsansätze sind durch neuere, z. T. experimentell fundierte ergänzt worden.[2]

Die in postmodernen Beiträgen zur Ästhetik zu beobachtende Restitution des Affektbegriffes, die sich wiederum vor allem auf Musik, Theater und Film bezieht, hat die Zurücknahme der Vorstellung von autonomen Subjekten als Produzenten und Adressaten ästhetischer Kommunikation sowie die Aufhebung der prinzipiellen Trennung von Natur- und Kunstprozessen zur Voraussetzung. Dabei zeichnen sich wieder Konzepte einer Kunst ab, in der es keine individuellen Subjekte, sondern nur individualisierte Zustände der menschlichen Affektnatur gibt.

Die Substantivierung von lat. afficere (hinzutun, einwirken, antun, anregen) zu affectus deutet auf die Voraussetzung, daß Affekte zunächst in erster Linie als etwas durch die Außenwelt Bewirktes galten, wobei der Mensch – aufgrund einer z. T. Tierreich zurückgehenden natürlichen Gattungseigenschaft – durch ähnliche Ereignisse stets zu ähnlichen, typischen emotionalen Qualitäten bewegt wird. Tatsächlich umreißt das griechische Wort πάθος (pathos), zu dem sich passio, affectus und perturbatio als konkurrierende lateinische Entsprechungen verhalten, ein Bedeutungsfeld, mit dem vor allem das bezeichnet wird, was passiv empfan-

---

2 Vgl. IRENÄUS EIBL-EIBESFELDT, Grundriß der vergleichenden Verhaltensforschung. Ethologie (München 1967); JOEL ROBERT DAVITZ, The Communication of Emotional Meaning (New York 1964); DORIS STOCKMANN, Die ästhetisch-kommunikativen Funktionen der Musik unter historischen, genetischen und Entwicklungsaspekten, in: H. Goldschmidt/G. Knepler (Hg.), Musikästhetik in der Diskussion (Leipzig 1981), 90–115.

gen, wahrgenommen, erlitten wird. Als psychischer Zustand steht pathos allgemein für Empfindung, Gefühl und speziell für Schmerz, Krankheit, Leiden.³ Affekte sind so als etwas begriffen, was dem Menschen ›angetan‹ wird, was er durch seine Abhängigkeit von der Außenwelt ›erleidet‹. Die Bedeutung des Affektbegriffs überschneidet sich in dieser Hinsicht bis ins 18. Jh. mit dem semantischen Feld von passio (Leidenschaft), ohne deshalb völlig identisch mit ihm zu sein.

Damit befindet sich ästhetisches Affektdenken auch in seiner häufig vordergründig wirkungsbedachten Ausrichtung im Hinblick z. B. auf werkimmanente strukturelle und stilistische Besonderheiten aber keineswegs in peripherer Position, die etwa als wohl ehrgeiziges, aber unberechenbares und eher zufälliges Moment von Kunst zu beschreiben wäre. Denn der ästhetisch relevante Affektbegriff ist namentlich seit seiner engen Bindung an die ›ars rhetorica‹ eng mit Konzepten der Werkgliederung und vor allem der Stilistik verbunden. Stärker affektiv besetzte Kunst gewinnt ihre expressive Qualität vor allem durch produktive Innovation und nicht selten aus dem programmatischen Bruch mit rezeptiv vorausgesetzten Konventionen. Affekttheorien sind ferner besonders intensiv kommunikativ ausgerichtet. Kunst, die wesentlich auf Ausdruck, Darstellung und Erregung von Emotionen setzt, will verstanden werden. Sie kennt Ideale der optimalen Konditionierung ästhetischer Produktion, Werkgestaltung und Interpretation im Interesse einer emotional vermittelten, intensiven Kommunikation zwischen Künstler und Rezipient. Darüber hinaus hat gerade die künstlerische Gestaltung extrem affektwirksamer Inhalte viele Künstler zu besonderen artistischen Leistungen inspiriert, und umgekehrt war die detailfreudige Darstellung namentlich von Handlungen oder Situationen des Grauens und Schreckens für manchen Künstler erklärtermaßen einzig in der Gelegenheit zu möglichst vielseitiger Präsentation seiner Leistungsfähigkeit begründet.

I. Antike

Als grundlegend und wegweisend für unterschiedliche Theorien über ästhetisch vermittelte Affekte stellten sich neben der durch Damon von Athen geprägten Musiklehre vor allem die Affektenlehre von Aristoteles, die Dichterkritik Platons und die kritische Affektenlehre der Stoa heraus.

Die Katharsis-Funktion, die Aristoteles im 6. Kapitel seiner *Poetik* der Tragödie zuschrieb, scheint einen mit Lustempfindungen verbundenen Vorgang seelischer Hygiene zu bezeichnen, in dem belastende affektive Erregungszustände wie Rührung (ἔλεος) und Schrecken (φόβος) oder ähnliche Gefühle geläutert werden. Ob es sich dabei um eine Katharsis im Sinne der erleichternden Befreiung von diesen Affekten handelt oder ob eine Reinigung dieser Affekte selbst gemeint ist, die eine ebenfalls lustvoll erlebte Reduktion der genannten Affekte auf ein gesundes Maß bezeichnet, bleibt in der Formulierung offen. Das gilt erst recht für eine dritte, philologisch offenbar problematischere Deutung[4], der zufolge Katharsis als Reinigung von ganz anderen – etwa moralisch verwerflichen – Affektbereichen durch die Erregung der von Aristoteles benannten Affekte (Rührung und Schrecken) aufgefaßt wird.

Die befreiende Entladung angestauter, störender Triebe und Affekte war den Griechen vor allem durch orgiastische, kultische Tänze und Musik bekannt, wobei die scharfe, kräftige Klang der Aulos-Musik offenbar eine besonders erregende Wirkung erzielte.[5] Aristoteles hat mit dem Hinweis auf die kathartische Wirkung orgiastischer Musik, die sich zum Abbau von Spannungen und Verkrampfungen eigne[6], keinen Zweifel daran gelassen, daß sich sein Katharsisbegriff auf einen solchen Akt der see-

---

3 Vgl. ERICH AUERBACH, Passio als Leidenschaft, in: Auerbach, Gesammelte Aufsätze zur romanischen Philologie (Bern/München 1967), 162 f.
4 Vgl. MANFRED FUHRMANN, Die Dichtungstheorie der Antike. Aristoteles – Horaz – ›Longin‹. Eine Einführung (Darmstadt 1992), 102.
5 Vgl. MAX WEGENER, Das Musikleben der Griechen (Münster 1949), 55 f.; PAUL RABBOW, Seelenführung. Methodik der Exerzitien in der Antike (München 1954), 289 ff.
6 Vgl. ARISTOTELES, Pol. 8, 7, 1342 a.

lischen Therapie mittels Kunst bezieht. Ethisch belangvoll werden Affekte, die für sich genommen bei Aristoteles keiner moralischen Wertung unterliegen, im Verhältnis zur Vernunft (λόγος). Affekte, die einsichtsvoll der Vernunft untergeordnet werden, haben nach der *Eudemischen* und der *Nikomachischen Ethik* Anteil an der Tugend, welche bei Aristoteles als habituell gefestigte Haltung im Umgang mit Affekten gefaßt wird, die auf ein mittleres Maß des Affektniveaus ausgerichtet ist.[7] Dieser mittlere Grad (μέσον bzw. μεσότης, lat. mediocritas), der ein Zuviel und ein Zuwenig an Emotion vermeidet, ist jedoch nicht als abstraktes Maß, sondern als »ein auf uns bezogenes Mittleres« (τὸ μέσον τὸ πρὸς ἡμᾶς)[8] gedacht, das von den jeweiligen temperamentsbedingten Neigungen eines Menschen und der Situation, in der er sich befindet, abhängt. Eine ethisch relevante – und damit gleichsam staatsbürgerlich wertvolle – künstlerische Vermittlung von Affekten ist demnach dann gegeben, wenn sie geeignet ist, auf die Temperierung der Affekte bzw. auf ihre maßvolle Führung durch die Vernunft hinzuwirken. Als Beispiel dient Aristoteles wiederum der Verweis auf die Musik, auf ethische, gemäßigte Melodien, die im Unterschied zur orgiastischen, Katharsis bewirkenden Musik den Aulos ausklammern und sich auf die dorische Tonart gründen, die Aristoteles als die ›Mitte‹ zwischen den Extremen empfand.[9] Diese ethische Auffassung von Musik war den Akademikern vor allem durch die Lehre des auch von Platon hochgeschätzten Musikpädagogen Damon von Athen überliefert, der auch Perikles und Sokrates unterrichtet hatte.[10]

Aristoteles bezieht den durch Kunst hervorgerufenen affektbesetzten Lustgewinn nicht allein auf die rein emotionale, psychisch entspannende Wirkung, sondern auch auf die Freude am Nachahmungseffekt der Kunst, die er im 4. Kapitel der *Poetik* als Vergnügen am Wiedererkennen bekannter Dinge in der künstlerischen Darstellung bestimmt. So begründet er auch, daß Gegenstände, die in der Realität Unlust hervorrufen, im künstlerisch-mimetischen Zusammenhang Vergnügen bereiten. Damit ist erstmals der Aspekt des ›Vergnügens an tragischen Gegenständen‹ im ästhetischen Kontext (Schiller) angesprochen und zugleich ein weiteres Spezifikum der künstlerischen Affektvermittlung, welches dann das 18. Jh. wieder ganz besonders interessieren wird.

Der psychologisch differenzierten Funktionalisierung von Affekten bei Aristoteles steht das ältere Verdikt Platons über die Dichter gegenüber, das neben der erkenntnistheoretischen Argumentation wesentlich durch den kritischen Blick auf die affektive Wirkungspotenz der Kunst motiviert ist und in der Geschichte der ästhetischen Theorie oft als Gegenargument oder Korrektiv zur aristotelischen Affektenlehre fungierte. Indem Dichtung oder auch enthusiastische Musik sich mit der Darstellung von leidenschaftlich handelnden, oft tugendlosen Göttern und Menschen oder durch den Gebrauch weichlicher und erregender Melodien und Instrumente an die leicht ansprechbaren Triebe und Leidenschaften der Menschen wende, nähre sie deren Neigung zu unvernünftiger Affekterregung, zu Klagen und Gejammer und vereitele somit die Erziehung zu besonnenem Handeln.[11]
Die stoische Affektenlehre stellt den Aspekt des Bewegtseins und der Unruhe der Seele als Attribut des Affekts heraus und bewertet ihn negativ.[12] ›Pathos‹ bedeutet hier prinzipiell eine besonders heftige Qualität von Emotionen. Affekte gelten als »falsche Urteile« (κρίσεις πονηράς)[13], als »unvernünftige und nicht der Natur entsprechende Bewegung der Seele« (ἄλογος καὶ παρὰ φύσιν ψυχῆς κίνησις)[14], weswegen Cicero sie auch mit ›perturbatio‹ übersetzt.[15] Als positiver Gegenwert erscheint die durch ratio gewonnene affektfreie

---

7 Vgl. KLAUS JACOBI, Aristoteles über den rechten Umgang mit Gefühlen, in: I. Craemer-Ruegenberg (Hg.), Pathos, Affekt, Gefühl (Freiburg/München 1981), 36 ff.
8 ARISTOTELES, Eth. Eud. 2, 3, 1220b.
9 Vgl. ARISTOTELES, Pol. 8, 5, 1340b.
10 Vgl. DÉNES ZOLTAI, Ethos und Affekt. Geschichte der philosophischen Musikästhetik von den Anfängen bis zu Hegel (Berlin u. a. 1970), 26 f.
11 Vgl. PLATON, Rep. 10, 602c-606b; 3, 398c-399e; vgl. FUHRMANN (s. Anm. 4), 89–92.
12 Vgl. KARL BORMANN, Zur stoischen Affektenlehre, in: Craemer-Ruegenberg (s. Anm. 7), 95 f.; AUERBACH (s. Anm. 3), 162 f.
13 PLUTARCH, De virtute morali 7, 446 f.
14 DIOGENES LAERTIOS, De vitis, dogmatis et apophthegmatis clarorum philosophorum 7, 110.
15 Vgl. JÜRGEN HENGELBROCK, ›Affekt‹ I, in: RITTER, Bd. 1 (1971), 90 f.

Seelenruhe des Weisen, die ἀπάθεια.[16] Das Ideal der Apathie ist durch Rhetorik und Poetik zwar selten im vollen Umfang akzeptiert worden, doch hat die stoische Affektenlehre insbesondere das Bewußtsein für grundsätzlich negative Affektbereiche geschärft. Sie sind in der Aristotelischen Lehre zwar nicht verkannt, aber eher am Rande behandelt worden, da es für sie nach Aristoteles kein vernünftiges, mittleres Maß gibt.[17] Die vier Hauptaffekte der Stoa: Lust, Trauer, Begierde und Furcht (ἡδονή, λύπη, ἐπιθυμία, φόβος)[18], sind dann vor allem in den synthetischen, zwischen aristotelischer, platonischer und stoischer Lehre vermittelnden Affekttheorien der lateinischen Kirchenväter als schlechte von den guten ›Passionen‹[19] abgehoben worden und haben von hier aus auf die moralisch ambitionierte Rhetorik und Kunst Einfluß gewonnen. Neben dem Prinzip der abschreckenden Bestrafung von schlechten Leidenschaften avancierte insbesondere die von der späten Stoa als wirkungsvolles Mittel der Therapie von Furcht betrachtete gedankliche Vorwegnahme von schrecklichen Schicksalsschlägen[20] zur wirkungspoetischen Hauptfunktion barocker Schreckensdramatik.

II. Mittelalter

Das Mittelalter fand vor allem in den ›Auctores‹ Augustin, Boethius und Cassiodor seine Leitbilder für das ästhetische Verständnis des Affektbegriffs. Schon in Augustins vielzitiertem Resümee der lat. Übersetzungen für griech. πάθος dokumentiert sich das spannungsvolle, zwiespältige Verhältnis der christlich geprägten Einstellung zu den Affekten, die auch die Kunsttheorie beeinflußt und u. a. in der ständigen Spannung zwischen Kunstpraxis und Kultus zutage tritt. Augustin befaßt sich mit den »Gemütsbewegungen« (animi motus), »quae Graeci πάθη, nostri autem quidam, sicut Cicero, perturbationes, quidam affectiones vel affectus, quidam vero, sicut iste, de Greaco expressius passiones vocant« (die im Griechischen *pathe* heißen, bei uns von den einen, wie von Cicero, Leidenschaft, Stimmung und Gemütserregung, von den anderen

aber, noch deutlicher dem Griechischen angepaßt, Passion genannt werden)[21].

In stoischer Tradition galten einerseits Affekte wie Zorn (ira), Begierde (cupiditas) und Furcht (timor) als vernunftwidrige Verwirrungen oder Erregungen und insofern als Attribut sündiger, körperlicher Laster und Triebe. Anderseits konnten einige ›gute Affekte‹ (bonae passiones) in neuplatonisch-christlicher Bestimmung schon von Augustin dem geistigen Strebevermögen des Menschen (appetitus intellectivus) zugeordnet und so als Funktion der willensbetonten Affinität zu Gott wie grundsätzlich als Reflex des Verhältnisses zu Gott begriffen werden. Freude kann sich demnach als Ausdruck der liebenden Einheit mit Gott qualifizieren und Schmerz als Ausdruck des Herausgefallenseins aus dieser Einheit.[22] Damit wird eine entscheidende Wurzel für die Aversion der christlich motivierten Ästhetik des Mittelalters gegen die Tragödie sichtbar: Neben dem Umstand, daß hier sittlich anstößige und gräßliche Handlungen und Gegenstände vorgeführt wurden und Göttin Fortuna willkürlich-blindlings ihre Macht spielen ließ[23], war vor allem auch die von anfänglich freudigen Ereignissen schließlich zu Schmerz und tragischem Leid führende Affektdramaturgie der Tragödie den christlichen Autoren suspekt. Sie bevorzugten – wie in den Mysterienspielen und Passionsdramen – die umgekehrte Bewegung der Affekte: von Trauer (am Grabe Christi) und mitleidendem Schmerz, in dem sich der Mensch seiner Schwächen bewußt wird, zu Freude und rauschendem Jubel in der Glaubensgewißheit angesichts der Bestätigung der Auferstehung.

Der Gewichtung von Predigt und Gesang im

16 Vgl. DIOGENES LAERTIOS (s. Anm. 14), 7, 117.
17 Vgl. ARISTOTELES, Eth. Nic. 2, 6, 1107a.
18 Vgl. BORMANN (s. Anm. 12), 96–99.
19 Vgl. AUGUSTIN, Civ. 9, 4–5, in: CCHR (L), Bd. 47 (1955), 251 ff.
20 Vgl. CICERO, Tusc. 3, 52–61.
21 AUGUSTIN, Civ. 9, 4 (s. Anm. 19), 251; dt.: De civitate dei/Der Gottesstaat, lat.-dt., hg. u. übers. v. C. J. Perl (Paderborn u. a. 1979), 567.
22 Vgl. KARL-HEINZ ZUR MÜHLEN, ›Affekt‹ II, in: TRE, Bd. 1 (1977), 599 f.
23 Vgl. HANS HEINRICH BORCHERDT, Das europäische Theater im Mittelalter und in der Renaissance (1935; Reinbek b. Hamburg 1969), 19 f.

Gottesdienst entsprechend, befassen sich im frühen Mittelalter insbesondere Homiletik und Musiktheorie mit Strategien der Affektrepräsentation und Affektwirkung. Grundlegend ist wiederum Augustins Auseinandersetzung mit antiker Rhetorik im Interesse ihrer Funktionalisierung für eine emotional vermittelte Heilsbotschaft. An Augustin anschließend, wird in der Mehrzahl der mittelalterlichen Predigtlehren mit skeptischem Blick auf virtuose Figuren-Rhetorik, die gelegentlich auch in der Kirche mit Applaus bedacht wurde, die Verwendung des erhabenen Stils anstelle des mittleren weniger auf das Prinzip der Anwendung von Redeschmuck zurückgeführt, sondern in erster Linie an eine emphatische, affektgeladene Vortragsweise gebunden[24]: »Grande autem dicendi genus hoc maxime distat ab isto genere temperato, quod non tam uerborum ornatibus comptum est, quam uiolentum animi affectibus.«[25] (Der erhabene Stil hebt sich vom mittleren nicht so sehr durch den Zierrat der Worte ab, sondern vor allem durch die starke Wirkung auf die Affekte des Gemüts.) Die Predigt soll zu Tränen rühren und nicht durch glänzende Eloquenz vergnügen.[26] Sie soll über die affektive Erregung des Herzens die Gemeinde zu Mitleid mit fremder Schwäche bewegen (»ex affectu cordis alienae infirmitati compatitur«[27]) und im Dienste der Wahrheit doch stets klar verständlich sein.

Das Gebot der schlichten und dennoch affektgeladenen Redekunst ergab sich aber auch aus der sozial heterogenen Zusammensetzung der Gemeinde. Die Predigt durfte das einfache Volk intellektuell nicht überfordern und das gebildete Publikum andererseits nicht langweilen. So argumentiert Guibertus de Novigento im 11. Jh., daß zu viele Worte das Denken über Gebühr in Anspruch nehmen und so den Verlust der inneren Anteilnahme der Menschen nach sich ziehen, während »die Leidenschaft allen gemeinsam ist« (passio tam omnibus communis est)[28]. Damit wird in christlicher Rhetorik zwar auch der erhabene, formal anspruchsvolle Stil u. a. aufgrund der in ihm vorbildhaft ausgeprägten affekthaltigen Tropen und Figuren nicht generell verworfen, doch tendiert man gerade im Hinblick auf Volkspredigten zu einem Stilideal der emphatischen Einfachheit, und man hofft, daß »die affektgeladene und einfache, weder geschliffene noch geschmückte Rede stärker bewegt und erbaut« (Affectuosus enim sermo et simplex non politus vel subornatus, amplius movet et edificat)[29].

In den Poetiken des 12. und 13. Jh. ist die Diskussion um das Verhältnis von Stil und Affekt dagegen etwas anders gelagert. Auch sie schöpfen aus den Quellen antiker Rhetorik, und auch hier fehlt es nicht an Warnungen vor einem beladenen, schwerverständlichen Stil.[30] Aufs Ganze gesehen zeigen sie sich aber aufgeschlossener auch gegenüber möglichen Häufungen unterschiedlicher rhetorischer Figuren, soweit sie sich durch die Darstellung affektschwangerer Situationen legitimieren. Und sie kennen im Unterschied zur stoisch beeinflußten mittelalterlichen Homiletik keine Tabuisierung negativer Affektbereiche. Gerade im Bereich der dichterischen Schilderung von Zorn, Empörung, Haß, Wahnsinn und Liebe empfiehlt sich nach Matthieu de Vendôme die Anwendung komplexerer Stilfiguren.[31] Das ist sicher nicht nur als poetisches Programm zu verstehen. Denn in der epischen Dichtung des Mittelalters waren ergreifende Schilderungen extremer Affektsituationen keine Seltenheit.

Zugleich avanciert in der mittelalterlichen Dichtung der Affekt der Liebe zum Zentralaffekt. Aus der Spannung zwischen irdischer und himmlischer, körperlicher und geistiger Liebe gewinnen

---

24 Vgl. DOROTHEA ROTH, Die mittelalterliche Predigttheorie und das Manuale Curatorum des Johann Ulrich Surgant (Basel/Stuttgart 1956), 24, 33, 40f., 51.
25 AUGUSTIN, De doctrina christiana 4, 20, 42, in: CCHR (L), Bd. 32 (1962), 148.
26 Vgl. AUGUSTIN, De doctrina christiana 4, 24, 54 (s. Anm. 25), 160; ALANUS DE INSULIS, Summa de arte praedicatoria 1, in: MIGNE (PL), Bd. 210 (1855), 111–114.
27 GREGOR DER GROSSE, Regulae Pastoralis 1, 10, in: MIGNE (PL), Bd. 77 (1896), 23.
28 GUIBERTUS DE NOVIGENTO, Quo ordine sermo fieri debeat, in: MIGNE (PL), Bd. 156 (1880), 26.
29 GUILLAUME D'AUVERGNE, Ars Praedicandi, zit. nach ROTH (s. Anm. 24), 51.
30 Vgl. GEOFFROI DE VINSAUF (GODEFROY OF ST VICTOR), Poetria nova (entst. zw. 1208 u. 1213), in: EDMOND FARAL, Les arts poétiques du XIIe et du XIIIe siècle. Recherches et analyses de la technique littéraire du moyen âge (Paris 1958), 220ff.
31 Vgl. MATTHIEU DE VENDÔME, Ars versificatoria 3, 49 (entst. vor 1175), in: Faral (s. Anm. 30), 179.

Dichter ihre produktive Inspiration[32] und erwächst den Helden ihrer Romane freud- und leidvolles Abenteuer, Unglück und Erlösung. Dabei hat insbesondere die Minnelyrik ein neues Ideal vernünftiger oder wahrer Liebe auszuprägen geholfen, das wesentlich durch Mäßigung und genauere Modellierung der Affekte sowie Sublimierung der Triebhaftigkeit gekennzeichnet ist und nach Norbert Elias auch als Ausdruck der notwendigen Regulierung eines friedlichen Zusammenlebens an den expandierenden großritterlichen Höfen gesehen werden muß.[33] Im höfischen Roman jedoch ist die Liebesthematik nicht selten auch auf Konflikte der ehelichen Liebe konzentriert. Und im Gegensatz zum christlichen Postulat des ›maritalis affectus‹ (eheliche Liebe, Ehefesthaltungswille) im kanonischen Recht, das auch alle nicht unbedingt von Fortpflanzungswünschen getriebenen Liebesakte legitimiert, verschiebt sich die Polarität zwischen hoher und niederer Minne, vernünftiger und leidenschaftlicher Liebe gelegentlich zugunsten eines ehebrecherischen, bedingungslosen irdischen Glücksanspruchs, wie etwa im ersten vulgärsprachlichen höfischen Roman, *Lancelot* (entst. um 1170/80) von Chrétien de Troyes.[34]

In Gottfried von Straßburgs Prolog zum *Tristan* wird als Erwartung an den Leser oder Hörer eine Rezeptionssituation formuliert, die schon deutlich das Ideal einer Kommunikation von Herz zu Herz skizziert: »Ich hân mir eine muüezekeit / der werlt ze liebe vür geleit / und edelen herzen zeiner hage, / den herzen, den ich herze trage, / der werlde, in die mîn herze siht.« (Ich habe mir eine Tätigkeit vorgenommen, der Gesellschaft zur Freude und edlen Herzen zum Vergnügen, den Herzen, denen mein Herz zugewandt ist, dem Kreis von Menschen, in die ich mit meinem Herzen hineinsehe.)[35] Wohl mit kritischem Blick auf leichtfertiges höfisches Leben und dem außerordentlichen Schicksal seiner Helden entsprechend, wünscht sich Gottfried ein Publikum »edler Herzen«, die nicht nur auf den Wellen der Freude schweben und keine Bürde tragen möchten, sondern zu ›mixt passions‹, wie Edmund Burke später sagen wird, fähig sind. Sie sollen frohes Leben (»liebez leben«) und leidvollen Tod (»leiden tôt«), frohen Tod (»lieben tôt«) und leidvolles Leben (»leidez leben«)[36] empfinden können. Auch diese Erwartung dürfte nicht selten ihre Erfüllung gefunden haben, denn die wenigen Berichte aus dem 12. und 13. Jh. über Reaktionen der höfischen Gesellschaft auf den Minnesang und die Romane von den Rittern der Tafelrunde bezeugen ein manchmal zu Tränen gerührtes und im Mitleid erschüttertes Publikum.[37]

Selbst die Aufführung geistlicher Spiele wurde besonders seit dem 12. Jh. zunehmend durch affekthaltige und -wirksame Darstellungen geprägt. Durch die Bindung an die vorgegebenen lateinischen liturgischen Texte bis ins 14. Jh. bestimmten hier offenbar vor allem Intonation, Gestik und seit dem 12. Jh. auch der Wechsel von feierlich langsamen und erregt schnellen Bewegungsformen (Einbeziehung der Wettlaufszene zwischen Petrus und Johannes zum Grabe Christi) wesentlich die Affektdramaturgie der Spiele.[38] Mit der Entstehung vulgärsprachlicher Spiele, ihrem Auszug aus dem Kirchenraum auf den Marktplatz und in weltliche Räume seit dem 14. Jh., schließlich mit der damit einhergehenden Ergänzung der Evangelientexte durch eigene Dichtung und der Einführung komischer Figuren und Szenen wurde auch das Affektpotential der Passionsspiele schrittweise intensiviert und durch entsprechende ›Regieanweisungen‹ für den Aufführungsstil unterstützt.[39]

Auffällig ist die Favorisierung des Affektpotentials von Musik gegenüber anderen Künsten bei vielen mittelalterlichen Autoren. Schon Augustin hatte dem melismatischen Gesang ›ohne Worte‹ (oft ausgedehnte melodische Partien, die ohne Text auf einer Silbe gesungen werden) namentlich in Jubilus-Gesängen eine Ausdrucksstärke zuge-

---

32 Vgl. WALTER HAUG, Literaturtheorie im deutschen Mittelalter. Von den Anfängen bis zum Ende des 13. Jahrhunderts (Darmstadt 1985), 110f.
33 Vgl. NORBERT ELIAS, Über den Prozeß der Zivilisation (1936), Bd. 2 (Bern/München 1969), 88–122.
34 Vgl. HAUG (s. Anm. 32), 107–113; JOACHIM BUMKE, Höfische Kultur. Literatur und Gesellschaft im hohen Mittelalter, Bd. 2 (München 1986), 547–550.
35 GOTTFRIED VON STRASSBURG, Prolog zum ›Tristan‹ (entst. bis ca. 1210), V. 45–49, zit. nach HAUG (s. Anm. 32), 203.
36 Ebd., V. 62f., zit. nach HAUG (s. Anm. 32), 203.
37 Vgl. BUMKE (s. Anm. 34), 709–718.
38 Vgl. BORCHERDT (s. Anm. 23), 20f.
39 Vgl. ebd., 20–24, 59–61.

sprochen, die »Worte nicht ausdrücken können« (Quid est in jubilatione canere? Intellegere, verbis explicare non posse quod canitur corde)[40]. Diese emphatische Kennzeichnung des Gesangs ›sine verbis‹ als eine emotionale Ausdruckskunst sui generis behielt im gesamten Mittelalter ihre Gültigkeit.[41]

Das Wort Isidors von Sevilla, Musik bewege die Affekte und errege die Sinne auf verschiedene Weise (»musica movet affectus, provocat in diversum habitum sensus«[42]), ist seit dem 7. Jh. Topos. Als Erklärung diente einerseits oft die durch Boethius dem Mittelalter vermittelte pythagoreisch-platonische ontologische Bestimmung von Musik als Erscheinung, die an der Harmonie des Kosmos teilhat, sofern sie nach denselben mathematischen Proportionen strukturiert ist wie die Seele und die Weltseele. »Itaque sine musica nulla disciplina potest esse perfecta, nihil enim est sine illa.«[43] (Somit kann ohne Musik keine Wissenschaft vollkommen sein, denn nichts existiert ohne sie.) Was aber Menschen aller Altersklassen jenseits von wissenschaftlicher Beschäftigung an Musik ergreift, ist schon laut Boethius natürlicherweise ein »gewisser spontaner Affekt« (et infantes [...] ac senes, ita naturaliter affectu quodam spontaneo modis musicis adjunguntur)[44], der durch das Erlebnis der Ähnlichkeit zwischen menschlicher Seele, Musik und Weltseele entsteht. Damit wurde vor allem die Af-

fekt*wirkung* liturgischer Musik betont, die in der Tradierung und Ergänzung antiker Beschreibungen nun schon andeutungsweise als universell erscheint. Erwähnt werden physio- und psychotherapeutische Resultate wie die Beseitigung von Kopfschmerz, Ermüdung, geistiger Verwirrung und Melancholie; ferner die Anregung zu Tapferkeit und Freude sowie die Spende von Trost. Gewiß ist dieses Leistungsprofil für die Theoretiker des Mittelalters nicht ohne die religiös motivierte Umdeutung des in der Antike umstrittenen Appetenzcharakters von Affekten zu denken. Der Affekt der Freude entspringt demnach der auf besondere Weise durch Musik erfahrenen liebenden Einheit mit Gott und ist gleichsam Trost für die Mühen des Alltags. Andererseits spricht angesichts der positiven Betonung sinnlich-körperhafter Affektwirkungen bei fast allen Autoren nichts dafür, den mittelalterlichen ästhetischen Affektbegriff wie Rosario Assunto pauschal als dominant spiritualistisch intendiert zu interpretieren.[45] Vielmehr zeichnet sich seit dem 8. Jh. eine Synthese des aristotelischen ›appetitus sensivus‹ (als außervernünftige, sinnlich-körperliche Erregungen und Strebungen) mit dem platonischen ›appetitus intellectivus‹ (Vermögen der geistigen Strebekräfte) ab. Das bedeutet gegenüber der frühmittelalterlichen und stoischen Affektauffassung eine Erweiterung der affektiven Relevanz von Kunst und zugleich eine Aufwertung ihrer körperlich-sinnlichen Effekte. Zumindest im Hinblick auf ›positive‹ Affekte wie Freude oder Mitleid wird hier offenbar nicht so sehr das Ideal einer Purifizierung oder Dämpfung starker Affektgrade im Sinne der Aristotelischen mediocritas angestrebt, sondern vermutlich eher das Ausleben von Affekten – mit religiös kanalisiertem Objektbezug oder ohne ihn.

Zugleich kennt auch der liturgische Gesang des Mittelalters rhetorische Prinzipien der Affektrepräsentation und -erregung. Namentlich im Gefolge des um 900 verfaßten und weit verbreiteten Traktats *Musica Enchiriadis* zeichnet sich bei Theoretikern wie Guido von Arezzo (*Micrologus*, entst. um 1025) und Johannes Affligemensis (*De Musica cum Tonario*, entst. um 1100) neben der differenzierenden Beschreibung affektiver Wirkungspotenzen der einzelnen Modi (Tonarten) ein zunehmendes Interesse an rhetorischen Techniken der Nachah-

---

40 AUGUSTIN, Enarrationes in psalmos 32, 2, 1, 8, in: CCHR (L), Bd. 38 (1956), 254.
41 Vgl. z. B. ISIDOR VON SEVILLA, De ecclesiasticis officiis 1, 5, 2, in: CCHR (L), Bd. 113 (1989), 6; HRABANUS MAURUS, De clericorum institutione 2, 48, in: MIGNE (PL), Bd. 107 (1864), 362; AMALAR VON METZ, Liber officialis 3, 16, in: Amalar von Metz, Opera Liturgica Omnia, Bd. 2, hg. v. J. M. Hanssens (Rom 1948), 304.
42 ISIDOR VON SEVILLA, Etymologiarum sive originum 3, 17, in: MIGNE (PL), Bd. 82 (1850), 164; vgl. BEDA VENERABILIS, Musica quadrata seu mensurata, in: MIGNE (PL), Bd. 90 (1904), 922; HRABANUS MAURUS, De clericorum institutione 2, 47f. (s. Anm. 41), 361 f.
43 ISIDOR VON SEVILLA (s. Anm. 42), 163.
44 BOETHIUS, De Musica 1, 1, in: MIGNE (PL), Bd. 63 (1862), 1168.
45 Vgl. ROSARIO ASSUNTO, Die Theorie des Schönen im Mittelalter, übers. v. C. Baumgarth (Köln 1963), 33–61.

mung (imitatio) der im liturgischen Text enthaltenen Affektqualitäten ab.[46] Solche melodische Nachahmung von Affektworten und -lauten dürfte auch einen betont emotionalen Interpretationsstil herausgefordert haben. Tatsächlich häufen sich seit dem 10. Jh. vor allem in geistlichen Spielen Interpretationsanweisungen wie ›multum suppressa voce‹ (mit sehr gedämpfter Stimme), ›lacrimabilis‹ (beweinenswert), ›suavis‹ (lieblich), ›clamosus‹ (laut schreiend), ›blandus‹ (schmeichelnd) auch für den vokalen Vortrag.[47] Daß expressive, mitunter wohl auch affektiertselbstdarstellerische Vortragsweisen nicht nur in die Passionsspiele Eingang fanden, machen kritische Kommentare irritierter Priester zum liturgischen Gesang deutlich. So zeigt sich Ailred von Rievaulx (1109–1167) offenbar sehr beunruhigt über theatralische Darbietungen mehrstimmiger Gesänge, bei denen die Stimmen bald gedrosselt (strangulatae), bald gebrochen (fractae), forciert oder gedehnt werden; und er weiß von Choristen zu berichten, die mit weit aufgerissenem Mund die Töne mehr hauchen als singen, um dann unter »schauspielerischem« Einsatz des ganzen Körpers (histrionicis quibusdam gestibus totum corpus agitur)[48] die Agonie des Sterbens oder die Erfahrung von Ekstase zu imitieren.

praeclara res sunt affectus, si non modò rationi possunt obedire, sed in eo ipso consistit virtus!«[49] Dabei wird allerdings ihre Mäßigung im Sinne der Aristotelischen mediocritas vorausgesetzt. Überhaupt bedeutet die humanistisch geprägte Anerkennung und Betonung der menschlichen Affektnatur auch hier kein grundsätzliches Plädoyer für ein ungehemmtes Ausleben affektiver Regungen, sondern aus dem vertieften Studium der antiken Quellen resultieren unterschiedliche Konzepte der Mäßigung, Reinigung, Unterdrückung und Austreibung von Affekten oder mindestens von hohen Affektgraden, wobei der alte Streit zwischen peripatetischer und stoischer Ethik wieder aufflammt.

Obwohl sich etwa schon in den Beschreibungen humanistischer Tugenden bei Giovanni Pontano (1426–1505) eine Akzentuierung des affektbewegenden, rhetorischen ›movere‹ gegenüber dem ›docere‹ (belehren) und ›delectare‹ (erfreuen) ankündigt[50], beginnt die neu gewichtete kunsttheoretische Auseinandersetzung mit dem Affektbegriff erst im Cinquecento im Zuge der zahlreichen Kommentare zur *Poetik* des Aristoteles und der Auseinandersetzung zwischen Aristotelikern, Platonikern und Neustoikern. Im Zusammenhang mit der Auslegung des Aristotelischen Katharsis-Begriffes avancieren die tragischen Affekte ἔλεος und φόβος (Jammer/Rührung und Schrecken/

III. 15.–16. Jahrhundert

Aufgrund der stetigen Präsenz affektbezogener Kunsttheorie im gesamten Mittelalter wäre es falsch, von einem grundsätzlichen Neuansatz im humanistischen Denken des 15. und 16. Jh. zu sprechen. Andererseits dokumentieren viele anthropologische, theologische, poetologische und rhetorische Traktate sowie Kunstwerke von Rang insbesondere seit dem 16. Jh. eine deutliche Aufwertung des Affektbegriffs. In einflußreichen Werken wie Juan Luis Vives' *De anima et vita* (1538) werden Affekte als stimulierender Anreiz der Seele behandelt. Und Gerhard Johann Vossius kann später sogar emphatisch die Herrlichkeit nicht nur der Affekte preisen, die dem vernünftigen Denken gehorchen, sondern Affekte überhaupt auch als Tugend ansprechen, »die für sich besteht«: »Jam quàm

46 Vgl. JOHANNES AFFLIGEMENSIS, De musica cum Tonario 18, hg. v. J. Smits van Waesberghe (Rom 1950), 117; FRITZ RECKOW, Zwischen Ontologie und Rhetorik. Die Idee des ›movere animos‹ und der Übergang vom Spätmittelalter zur frühen Neuzeit in der Musikgeschichte, in: W. Haug/B. Wachinger (Hg.), Traditionswandel und Traditionsverhalten (Tübingen 1991), 152 ff.
47 Vgl. JOHN STEVENS, Words and Music in the Middle Ages: Song, Narrative, Dance and Drama, 1050–1350 (Cambridge u. a. 1986), 361, 365.
48 AILRED VON RIEVAULX, Speculum charitatis 2, 13, in: MIGNE (PL), Bd. 195 (1855), 571.
49 GERHARD JOHANN VOSSIUS, De theologia gentili, et physiologia Christiana (1641), in: Vossius, Opera, Bd. 5 (Amsterdam 1700), 334; vgl. ERWIN ROTERMUND, Affekt und Artistik. Studien zur Leidenschaftsdarstellung und zum Argumentationsverfahren bei Hofmann von Hofmannswaldau (München 1972), 13 ff.
50 Vgl. HERMANN WIEGMANN, Geschichte der Poetik. Ein Abriß (Tübingen 1977), 31.

Schauder) zu Leitbegriffen der italienischen Dichtungslehren, wobei die künstlerische Induktion der tragischen Affekte entweder in aristotelischer Tradition als Möglichkeit ihrer Reduktion auf ein mittleres Maß oder mit eher stoischem Anspruch als Prinzip der vollständigen Reinigung (purgatio) von lasterhaften und negativen Affekten (Zorn, Wollust, Mitleid, Furcht) diskutiert wird.[51]

Als besonders einflußreich für die weitere Diskussion um die rhetorische Wirkungsmacht der Dichtung erwies sich auch die 1561 erschienene Poetik des Franzosen Julius Caesar Scaliger. Durch die engere Bindung von dramatischer Handlung und Affekt, die höchste seelische Erregungen zur inneren Ursache der Handlung werden läßt, zeichnet sich erstmalig die Konzeption eines Leidenschaftsdramas ab, in dem die Leid bringenden Katastrophen nicht – wie in der antiken Tragödie – Konsequenz eines von außen verhängten Schicksals, sondern Folge von Affekthandlungen sind, weswegen der Dichter gleichsam über die Wirkung guter und schlechter Leidenschaften belehrt (»Docet affectus poeta per actiones«)[52]. Die Tragödie wird »palaestra affectuum«[53] (Schule der Affekte), wie es fünfzig Jahre später bei Daniel Heinsius heißt. Rhetorisches docere und movere sind damit auf neue Weise vor allem als affektbezogene Kategorien gefaßt: »Die Handlung ist also zum Mittel geworden, das den Menschen über ihre gestaltgebende Ursache, den Affekt, belehrt. Die Nachahmung guter und die Verwerfung schlechter Passionen ist Grundlage eigenen richtigen Handelns.«[54]

Außerdem geht von Scaligers Betonung der Versform als Kriterium des Poetischen gegenüber der Prosa des Rhetors[55] eine Akzentuierung spezifisch kunstästhetischer Faktoren der Affekterregung aus, die besonders bei Vertretern der englischen Renaissancepoetik als Aspekt der Differenzierung zwischen Rhetorik und Poetik thematisiert wurde.[56]

Der Einfluß der humanistischen Philologie, der die mathematisch-spekulative Betrachtung der Musik zurückdrängte und das Verhältnis von Musik und Text in den Vordergrund der Theoriebildung rückte, so daß Musik an den Universitäten nun den sprachlichen Disziplinen des Triviums zugeordnet wurde, bewirkte zugleich auch eine Intensivierung des musikalischen Affektbewußtseins. Seit der Generation von Josquin Desprez (um 1440–1521) wurden vor allem in den Psalmmotetten und Lamentationen im Zuge einer engeren Bindung von Musik und Text neue Prinzipien der affektiven und bildhaften Textausdeutung entwickelt. Hierzu gehört im motettischen Stil u. a. der durch den Textgehalt motivierte charakteristische Wechsel zwischen polyphon-kontrapunktischem und akkordischem Satz, ornamentalen Melismen und syllabischer Melodik, hohen und tiefen Klangbereichen. Andererseits fand das Affektbewußtsein in der Musik im Zeitalter des Humanismus vor allem im Madrigal seine höchste und innovativste musikalische Form.

Die Musiktheorie reflektierte diese Entwicklung eher zögerlich. Erste Anzeichen einer neuen Qualität des theoretischen Affektbegriffs artikulieren sich bei Johannes Tinctoris, der in seiner Kontrapunktlehre den Dissonanzgebrauch als musikalisch-rhetorischen Ornatus in Parallele zu den grammatischen ›figurae rationabiles‹ aufgefaßt wissen will und in seinem *Complexus effectuum musices* zwanzig zumeist affektiv besetzte Effekte der Musik systematisierend auflistet und erklärt.[57] Dabei wird die im Mittelalter favorisierte Vorstellung der Vereinigung aller Hörer durch einen alle gemein-

---

51 Vgl. FRANCESCO ROBORTELLO, In librum Aristotelis de arte poetica explicationes (1548; München 1968); VINCENZO MAGGI/BARTOLOMEO LOMBARDI, In Aristotelis Librum de poetica communes explicationes (1550; München 1969); MAX KOMMERELL, Lessing und Aristoteles. Untersuchung über die Theorie der Tragödie (1940; Frankfurt a. M. 1984), 268 ff.; WIEGMANN (s. Anm. 50), 33 ff.
52 JULIUS CAESAR SCALIGER, Poetices libri septem (o. O. 1561), 348.
53 DANIEL HEINSIUS, De tragoediae constitutione liber. In quo inter caetera, tota de hac Aristotelis sententia dilucide explicatur (Leiden 1611), 23.
54 ROTERMUND (s. Anm. 49), 25.
55 Vgl. SCALIGER (s. Anm. 52), 3.
56 Vgl. HEINRICH FRANZ PLETT, Rhetorik der Affekte. Englische Wirkungsästhetik im Zeitalter der Renaissance (Tübingen 1975), 155 ff.
57 Vgl. JOHANNES TINCTORIS, Liber de arte contrapuncti (entst. um 1477), in: Tinctoris, Opera theoretica, hg. v. A. Seay, Bd. 2 (Stuttgart 1975), 140; TINCTORIS, Complexus effectuum musices (um 1470), in: ebd., 165–177.

sam ergreifenden Affekt zugunsten einer Differenzierung von Hörtypen aufgegeben. Freude ist nicht mehr gleich Freude. Unterschieden wird nun zwischen einer rein sinnlichen, am äußerlichen Wohlklang orientierten Hörweise mit entsprechender Wirkung und einem Musikgenuß, der sich auf Kunstverstand gründet und sich also an der artifiziellen Innenseite des Werkes delektiert.[58] Bei Heinrich Glarean (*Isagoge in musicen*, 1516) erscheint solche Hörer- und Affekttypologie zugleich als differenzierendes Prinzip zwischen Kunst und Nicht-Kunst, indem den »dumpfen und niederen Affekten«, welche die Musik von Spielleuten hervorruft (stupidos et vulgares [...] affectus), die »wunderbare Freude« gegenübergestellt wird, die Werke der Kunst erregen (mira afficiunt delectatione)[59].

Die historisch neue Priorität des Textes von Vokalmusik als syntaktischer, metrischer und semantischer Ausgangspunkt der Komposition ist es wohl auch, die im Laufe des 16. Jh. zu einer auch begrifflich vollzogenen Differenzierung zwischen affektiven *Wirkungen* von Musik (movere affectus) und der künstlerischen *Darstellung* von Affekten im Sinne eines adäquaten musikalischen Ausdrucks affektiver Textgehalte (exprimere affectus) führt.[60] Affektausdruck wird damit zu einer analytisch greifbaren und kritisierbaren Größe des Kunstwerks, die nach Angemessenheit oder Unangemessenheit der verwendeten musikalischen Mittel befragt und bewertet werden kann.

Eine adäquate theoretische Reflexion der textbezogenen Affektgehalte von Madrigalkompositionen seit 1540 wird vor allem in den Beschreibungen von Lizenzen des musikalischen Satzes gegenüber dem traditionellen Kontrapunkt greifbar, wie sie sich z. B. in den Traktaten von Nicola Vicentino (*L'antica musica ridotta alla moderna prattica*, 1555), Giovanni Maria Artusi (*L'arte del contraponto ridotta in tavole*, 1586) und insbesondere Vincenzo Galilei (*Discorso intorno all'uso delle dissonanze*, entst. 1587/91) finden. Solche Regelverstöße sollten sich durch den Affektgehalt des poetischen Textes legitimieren, so daß man für die reine Instrumentalmusik weniger Dissonanzen und keine Lizenzen erwartete.[61] Andererseits aber liegt die vorerst kaum beweisbare Vermutung nahe, daß affektbetonte Texte nicht nur der Anlaß für außergewöhnliche musikalische Gestaltungsmittel waren, sondern zugleich auch der Vorwand für exklusive, phantasievolle Innovationen des musikalischen Satzes.

Die ästhetische Emanzipation der humanistisch orientierten bildenden Künste im späten 15. und vor allem im 16. Jh. ist ebenfalls im Zusammenhang mit dem verstärkten anthropologischen Interesse an der menschlichen Affektnatur und der Umsetzung von affektrhetorischen Prinzipien der ›actio‹ zu sehen. Die Würde von Malerei und Plastik mißt sich im Selbstverständnis des 16. Jh. an der Horazschen Formel des ›ut pictura poesis‹, mit welcher Malerei und Poesie gleiche Rechte und Möglichkeiten zuerkannt wurden. Die Beherzigung dieses Prinzips verlangte seit Leon Battista Alberti (*Della pittura e della statua*, 1435) und Leonardo da Vinci (*Trattato della pittura*, ersch. 1651) neben der Nachahmung (imitazione) von Natur und bedeutenden Kunstwerken der Antike sowie der originellen Erfindung einer Bildidee auf der Grundlage der überlieferten Stoffe (invenzione) die angemessene Darstellung von Affekten (espressione) durch Körperbewegungen und Mimik im Interesse des delectare. Dabei forderten klassizistische und moralitheoretische Normen freilich die Beachtung von Prinzipien der Wohlgestalt, Anmut und idealen Schönheit und also die Vermeidung von gestalt- wie proportionsdeformierenden Übertreibungen der Affektrepräsentation.[62] Eine Verselbständigung expressiver Darstellung gegenüber dem docere bzw. instruere mit z. T. ekstati-

---

58 Vgl. WILHELM SEIDEL, Die Macht der Musik und das Tonkunstwerk, in: Archiv für Musikwissenschaft 42 (1985), 6.
59 Zit. nach ebd., 6f.
60 Vgl. KLAUS HORTSCHANSKY, Musikwissenschaft und Bedeutungsforschung. Überlegungen zu einer Heuristik im Bereich der Musik der Renaissance, in: Hortschansky (Hg.), Zeichen und Struktur in der Musik der Renaissance (Kassel 1989), 80ff.
61 Vgl. FRIEDER REMPP, Elementar- und Satzlehre von Tinctoris bis Zarlino, in: F. Zaminer (Hg.), Geschichte der Musiktheorie, Bd. 7 (Darmstadt 1989), 178–192.
62 Vgl. RENSSELAER W. LEE, Ut Pictura Poesis. The Humanistic Theory of Painting (New York 1967); JUSTUS MÜLLER-HOFSTEDE, Rubens in Italien (1977), in: Katalog der Ausstellung Peter Paul Rubens 1577–1640, Bd. 1 (Köln 1977), 54.

scher Mimik, dramatisch kontrastiven Bewegungsmustern sowie verzerrten Körperproportionen und -maßen vollzog sich international zuerst im Manierismus der Spätrenaissance.

Den theoretischen Rückhalt für die körperliche Darstellung von Affekten fanden bildende Kunst und Schauspiel zunächst durch die Orientierung an der rhetorischen actio-Lehre (Cicero, Quintilian und die *Rhetorica ad Herennium*), in der die nonverbale Kommunikation behandelt wurde. Dabei ging man nunmehr von der Voraussetzung aus, daß sich in der äußeren Erscheinung des Menschen seine psychische Situation spiegele, und so verliehen die ersten großen Physiognomien, wie etwa Giambattista Della Portas *De humana physiognomia* (1586), der Hoffnung Ausdruck, aus körperlichen Zeichen mit wissenschaftlicher Zuverlässigkeit Rückschlüsse auf die Psyche zu gewinnen.[63] Im Anschluß an entsprechende Gedanken von Cicero und Quintilian[64] erscheint Gestik als der gesamten Menschheit geläufige universelle, natürliche Sprache der Gefühle und Gedanken. Unterschiede in der Gestik und Mimik verschiedener Nationen erklärte man sich z. B. durch die Unterscheidung von ›natürlichen‹ universalen Gesten, die durch Affekte hervorgebracht werden, und solchen, die durch Willensleistungen, bewußtes Lernen, Überlegung und Nachahmung erzeugt werden und dadurch nicht überall gleich sind.[65]

Doch wurde die Vorstellung der untrüglichen Entschlüsselung von Gemütszuständen aus expressiver Gestik in dem Maße fraglich oder zumindest unsicher, wie die Gestaltung des äußeren, körperlichen Erscheinungsbildes von gesellschaftlichen Idealen, Normen und Zwängen überformt wurde. Die Herausbildung der höfischen Aristokratie und die dabei auftretenden Konkurrenzkämpfe in der Profilierung des beherrschten, distinguierten Verhaltens, der geschliffenen Konversation und des guten Geschmacks verstärkten auch den Druck auf die Modellierung von Körperhaltung und Gestik. Der ideale Hofmann, wie ihn Baldassare Castiglione in seinem *Libro del Cortegiano* (1528) beschreibt, ist nach Volker Kapp ein virtuoser Verhaltenskünstler, der im Interesse der Ausstrahlung von Grazie und seelischer Ausgeglichenheit Gestik bewußt als Kommunikationsinstrument einsetzt.[66] Die Leitbilder des Höflings und des Inhabers höherer öffentlicher Ämter produzierten im Konkurrenzkampf um Prestigegewinn und Karriere nicht nur verbale, sondern zusehends auch körperliche Verhaltensformen, von denen bald nicht mehr klar war, ob sie bei ihren Akteuren als Resultat automatisierter Affektdämpfung schon zur zweiten Natur gehörten oder als rein rhetorisch-schauspielerische Leistungen der Verstellung zu gelten hatten.

IV. 17.–18. Jahrhundert

1. Affektwissenschaft als Schlüssel zum Selbst- und Weltverständnis

Gewiß ist die schnurgerade Entwicklungslinie, die Wilhelm Dilthey unter der Voraussetzung eines geschichtsphilosophischen Fortschrittsmodells für die Entfaltung der Anthropologie und mit ihr der Affektwissenschaften vom 16. Jh. bis zur neueren Menschenkunde des 18. und 19. Jh. gezeichnet hat, korrektur- und ergänzungsbedürftig.[67] Was über die Traditionsbindung des humanistischen Denkens – auch gegenüber dem Spätmittelalter – festzustellen war, gilt in verstärktem Maße für das 17. und frühe 18. Jh. So gibt es wohl nur wenige grundsätzliche Positionen in den Kontroversen des 17. Jh. zum Stellenwert der Affekte, die sich nicht schon in älteren Theorien formulieren fänden. Andererseits unterscheiden sich die anthropologischen und kunsttheoretischen Leitbilder des 17. Jh.

---

63 Vgl. VOLKER KAPP, Die Lehre von der actio als Schlüssel zum Verständnis der Kultur der frühen Neuzeit, in: Kapp (Hg.), Die Sprache der Zeichen und Bilder. Rhetorik und nonverbale Kommunikation in der frühen Neuzeit (Marburg 1990), 53 ff.
64 Vgl. CICERO (s. Anm. 1), 3, 223; QUINTILIAN, Inst. 11, 3, 87; 11, 3, 66 f.
65 Vgl. DILWYN KNOX, Late Medieval and Renaissance Ideas on Gesture, in: Kapp (Hg.) (s. Anm. 63), 38.
66 Vgl. KAPP (s. Anm. 63), 44 ff.
67 Vgl. WILHELM DILTHEY, Die Funktion der Anthropologie in der Kultur des 16. und 17. Jahrhunderts (1904), in: DILTHEY, Bd. 2 (1923), 416–492; REINHART MEYER-KALKUS, Wollust und Grausamkeit. Affektenlehre und Affektdarstellung in Lohensteins Dramatik am Beispiel von ›Agrippina‹ (Göttingen 1986), 36 f.

stärker von den richtungsweisenden neuen Konzeptionen im 18. Jh., als Dilthey wahrhaben wollte. Dennoch ist unübersehbar, daß der Affektbegriff im Verlauf des 17. Jh. in der Ethik, Medizin, Staatstheorie und in der nichtsystematischen moralistischen Literatur zu einer geradezu allgegenwärtigen Kategorie avanciert, was wesentlich zu einem neuen Affektbewußtsein in der poetischen Praxis beiträgt, das der Poetik, vor allem der Literaturpoetik, jedoch nur bedingt anzusehen ist, wie Joachim Dycks Studien zeigen.[68]

Sprachlich erscheinen nun neben den italienischen Termini affetto, passio und passione und den französischen passion bzw. passion de l'âme (wobei Descartes in der lateinischen Ausgabe seiner Abhandlung *Les Passions de l'Ame* von 1649 affectus und passio synonym gebraucht) auch vermehrt deutsche Übertragungen für den Affektbegriff. Neben dem erstmals 1526 nachgewiesenen Wort Affect (auch Adfekt) als Übertragung für lat. affectus konkurrieren im deutschen Sprachraum im 17. Jh. noch Wortbildungen, die sich entweder auf motus animi bzw. motus cordis beziehen – wie ›Gemüths-Bewegung‹ (Werckmeister) und ›Gemütsregung‹ (Birken) – oder den Objektbezug bzw. das Strebevermögen affektiver Zustände hervorheben, wie etwa ›Hertzneigung‹ (Schottel), ›Gemüths Neigung‹ (Thomasius) und ›Begierden‹ (Harsdörffer). In Anlehnung an perturbatio erscheint gelegentlich ›Verwirrungen deß Gemütes‹ (Opitz), und die deutsche Neubildung ›Leidenschaft‹ zu frz. passion findet sich erstmals 1647 in Philipp von Zesens Übersetzung der *Histoire africquaine de Cléomède et de Sophonisbe* des François du Soucy.[69]

Die von Kant um 1772 eingeführte Bedeutungsdifferenzierung zwischen ›Affekt‹ als starker, augenblicklicher Regung der Lust oder Unlust und ›Leidenschaft‹ als dominierender habitueller Begierde war durch die früheren Unterscheidungen etwa zwischen frz. passions dominantes und passions fortes oder zwischen engl. passion und ruling passion vorbereitet.[70]

Um die Mitte des 18. Jh. wird der Affektbegriff auch in ästhetischen Kontexten häufig durch den der Empfindung ergänzt. Soweit damit die emotionale Begriffsebene des Wortes gemeint ist und

Kunst als Ausdruck von Empfindungen betrachtet wird, ist seine Bedeutung meist schillernd. In der Tendenz scheint er sich im Unterschied zum Affektbegriff mehr auf die feinfühligen emotionalen Qualitäten wie das ›Liebliche‹, ›Zärtliche‹, ›Sanfte‹ usw. zu beziehen und auf einen stärker individuellen, durch die besondere Natur des Künstlers bestimmten Gefühlsausdruck abzuheben. In der Satzüberschrift ›C. Ph. E. Bachs Empfindungen‹, die Carl Philipp Emanuel Bach für seine *Clavier-Fantasie* (Wq 80, 1787) wählte, wäre es deshalb wohl undenkbar gewesen, ›Empfindungen‹ durch ›Affekte‹ zu ersetzen.

Der neue Stellenwert des Affektbegriffs für Werkstruktur, Inhalt und Wirkungsintention in allen künstlerischen Gattungen empfängt seine innovativen Impulse vor allem aus der Moralistik, aus höfischen Klugheitslehren und Staatstheorien. Der Druck des aufziehenden höfischen Absolutismus, der vom Höfling eine bisher ungeahnte verstandesmäßige Überformung seiner Affekte[71] und insbesondere die Bindung des Liebesaffektes an poli-

---

68 Vgl. JOACHIM DYCK, Ticht-Kunst. Deutsche Barockpoetik und rhetorische Tradition (Bad Homburg 1966); WIEGMANN (s. Anm. 50), 44–55.
69 Vgl. GRIMM, Bd. 6 (1885), 670–672; KLUGE ([17]1957), 8, 432; ANDREAS WERCKMEISTER, D. A. Steffani [...] Send-Schreiben / darinn enthalten wie grosse Gewißheit die Music Aus ihren Principiis, und Grund-Sätzen habe [...] (Quedlinburg/Aschersleben 1699), 60; SIEGMUND VON BIRKEN, Teutsche Rede-bind und Dicht-Kunst [...] (Nürnberg 1679), 307; JUSTUS GEORG SCHOTTEL, Ethica. Die Sittenkunst oder Wollebenskunst (Wolfenbüttel 1669), 105; CHRISTIAN THOMASIUS, [Rez.] Daniel Caspers von Lohenstein Großmüthiger Feld-Herr Arminius oder Hermann [...], in: Thomasius, Freymüthiger Jedoch Vernunfft- und Gesetzmäßiger Gedanken / Über allerhand / fürnemlich aber Neue Bücher. Augustus des 1689. Jahrs (Halle 1689), 660; GEORG PHILIPP HARSDÖRFFER, Frauenzimmer Gesprechspiele, Bd. 1 (Nürnberg [2]1644), 237; MARTIN OPITZ, L. Annaei Senecae Trojanerinnen / Deutsch vbersetzt vnd erkläret [Vorrede ›An den Leser‹] (1625), in: Opitz, Weltliche Poemata, Bd. 1 (Frankfurt [4]1644), 314; PHILIPP VON ZESEN, Die Afrikanische Sofonisbe, Bd. 1 (Amsterdam 1647), 128.
70 Vgl. J. LANZ, ›Affekt‹ II, in: RITTER, Bd. 1 (1971), 93 f.
71 Vgl. ELIAS (s. Anm. 33), 115–121.

tische Interessen erforderte[72], aber auch die Zwänge zur Kultivierung der Ratio im Interesse einer langfristig kalkulierbaren materiellen und moralischen Behauptung des Erwerbsbürgers haben der Diskussion um die menschliche Affektnatur im 17. und beginnenden 18. Jh. eine Emphase verliehen, die man ohne Übertreibung als ihren historischen Höhepunkt bezeichnen kann. Die genaue Analyse der Affektnatur erscheint dem Menschen des 17. Jh. nun als geradezu universaler Schlüssel zum Weltverständnis und zur würdigen Lebensführung. »Von den Leidenschaften allein hängt alles Gute und Übel in diesem Leben ab« (Que c'est d'elles seules que depend tout le bien & le mal de cette vie)[73], lautet die Conclusio von Descartes' epochaler Abhandlung *Les Passions de l'Ame*. Und in dem von Christian Thomasius am Ende des 17. Jh. skizzierten Leistungsprofil der Affektenlehre sind es unter anderem hermeneutische, moraldidaktische, rhetorische, medizinisch-therapeutische sowie ethische Funktionen, die das Affektwissen als eine »für das gemeine Wesen höchstnötige Wissenschaft« erscheinen lassen, so »daß ein Mensche ohne dieselbige ohnmöglich in der Welt fortkommen kann«[74]. »Ohne die Lehre von den Gemüths-Neigungen kan man keinen autorem recht *verstehen* / andere rechtschaffen *unterweisen* / oder sie zu etwas *bereden* / weder sich selbst noch andere *erkennen* / nichts rechtschaffenes und fruchtbares *in Heilung derer Kranckheiten* ausrichten / ja in *geistlichen Dingen* weder in Bestraffung noch Trost geschickt und weißlich verfahren; andern Nutzen anitzo zugeschweigen.«[75]

In Descartes' und Spinozas großangelegten Abhandlungen über die Affekte erfüllt sich dann erstmals die schon von Bacon geforderte allseitige Definition der Affekte[76], die nun in der Wechselwirkung zwischen naturwissenschaftlich-mechanischen, psychologischen und moralisch wertenden Erklärungsansätzen definiert und geordnet werden, »als wenn die Untersuchung es mit Linien, Flächen und Körpern zu tun hätte« (& humanas actiones, atque appetitûs considerabo perinde, ac si Quaestio de lineis, planis, aut de corporibus esset)[77]. Dabei wird, obgleich gelegentlich Motive stoisch-heroischer Überwindung von Leidenschaften als Bedingung innerer Seelenruhe anklingen[78], in aristotelisch-peripatetischer Tradition und im Vertrauen auf die Macht des Verstandes zwischen dem Nutzen gemäßigter und dem Übel ungezügelter Leidenschaften differenziert. Das menschliche Seelenleben erscheint als ein Kampfplatz, auf dem Verstand und Leidenschaften um die Vorherrschaft ringen. Die daraus abgeleiteten möglichen Resultate: die rationale Funktionalisierung der Affekte im Dienste von Selbst- und Gotteserkenntnis, emotionaler Verstärkung und Stabilisierung tugendhaften Handelns und Denkens, die heroische Überwindung gewaltig andrängender, schädlicher Leidenschaften oder aber die Tyrannei der Affekte über Verstand und Vernunft, sind das theoretische Gegenstück zu den ungezählten Entwürfen erhabener Generosität, grausamer Tyrannei, von Helden und ihren Widersachern in Oper und Drama der Zeit.

Zeichnete sich in den Verhaltensnormen für den Höfling des 16. Jh. schon deutlich das Bild eines Rollenverhaltens ab, bei dem die stete Kontrolle über den Affekthaushalt als unabdingbare Voraussetzung im Kampf um Prestige und Distanz gegenüber den Konkurrenten fungierte, so gehört die Vorstellung und Erfahrung des gesellschaftlichen

---

72 Vgl. GÜNTHER MÜLLER, Höfische Kultur in der Barockzeit, in: H. Naumann/Müller, Höfische Kultur (Halle 1929), 132–135.
73 RENÉ DESCARTES, Les Passions de l'Ame (1649), in: DESCARTES, Bd. 11 (1909), 488; dt.: Über die Leidenschaften der Seele, hg. u. übers. v. A. Buchenau (Leipzig 1911), 110.
74 CHRISTIAN THOMASIUS, Die neue Erfindung einer wohlgegründeten und für das gemeine Wesen höchstnötigen Wissenschaft Das Verborgene des Herzens anderer Menschen auch wider ihren Willen aus der täglichen Konversation zu erkennen (1692), in: Deutsche Literatur. Sammlung literarischer Kunst- und Kulturdenkmäler in Entwicklungsreihen. Reihe Aufklärung, hg. v. F. Brüggemann, Bd. 1 (Leipzig 1938), 70.
75 THOMASIUS, Von der Artzeney Wider die unvernünfftige Liebe oder der zuvorher nöthigen Erkäntnüß Sein Selbst. Oder: Ausübung der SittenLehre (Halle 1696), 39.
76 Vgl. FRANCIS BACON, The Advancement of Learning (1605), hg. v. G. W. Kitchin (Toronto/Toronto/New York o. J. [1954]), 172.
77 BARUCH DE SPINOZA, Ethica (1677), in: SPINOZA, Bd. 2 (1925), 138; dt.: Die Ethik, übers. v. O. Baensch (Hamburg 1989), 109.
78 Vgl. DESCARTES (s. Anm. 73), 441 f., 447 f.

Rollenspiels zum grundsätzlichen Weltverständnis des Menschen im 17. und 18. Jh., das in der alten Metapher des ›Welttheaters‹ (teatrum mundi) seinen Topos fand.[79] Dabei gilt die höfische Verhaltenspraxis als Modell und hohe Schule des gesellschaftlichen Rollenspiels: »Kein Leben aber stellt mehr Spiel und Schauplatz dar / Als derer / die den Hof fürs Element erkohren.«[80] Das Spiel beherrscht aber das gesamte irdische Treiben von Tier, Mensch und Natur, wie Lohenstein in seiner Vorrede zu *Sophonisbe* deutlich macht, so daß »All the world's a stage / And all the men and women merely players«[81].

In Pedro Calderón de la Barcas sakralem Drama *El gran teatro del mundo* (*Das große Welttheater*, ersch. 1655) tritt dann Gott als Autor, Regisseur, Zuschauer und Richter eines Schauspiels auf, in dem die Menschen aller Stände als Schauspieler agieren und die Welt als Kulisse fungiert. Mit Ausnahme des Bettlers und der Weisheit spielen alle ihre Rolle mangelhaft bis schlecht. Statt der Nächstenliebe prägen negative Leidenschaften wie Hochmut und Geiz ihr Verhalten. So ruft Gott am Ende des Spiels, das gleichsam das Lebensende der Akteure bedeutet, den Bettler und die Weisheit unmittelbar zu sich in den Himmel. Der König, die Schönheit und der Bauer werden ins Fegefeuer geschickt, und dem uneinsichtigen Reichen bleibt nur noch die Hölle.

Als entscheidend für den Erfolg und die innere Glückseligkeit eines jeden aber gilt grundsätzlich, ob die Rollen mit Vernunft, Verstand und Gottvertrauen oder aber mit gefährlichen, ungezügelten Affekten gespielt werden. Im Kampf zwischen Vernunft und Leidenschaft, Pflicht und affektiver Neigung, der sich je nach politischem, sozialem oder moralischem Blickwinkel als Gefecht von Staatsraison, Ehrenkodex oder allgemeinem Tugendideal auf der einen und verderblichen Affekten auf der anderen Seite erweist, hat man stets vor sich selbst und vor der List der anderen auf der Hut zu sein. Die Erkenntnis der eigenen inneren Affektantriebe des Handelns und das scharfsichtige Durchschauen der oft verborgenen, durch Verstellung (Dissimulation) maskierten Gemütsbewegungen der anderen gilt nun als wichtige Voraussetzung der moralischen, sozialen und politischen Selbstbehauptung. Denn das Maskieren der inneren Antriebe, auch das Simulieren von positiven Affekten, gehört zum ›Spiel‹ – im Leben wie auf der Bühne. Es kann in egoistischen bis heimtückischen Motiven begründet sein, aber auch aus Notsituationen entspringen und mitunter sogar politischer Tugend dienen. »Ja Tugend muß oft selbst nur in der Larve gelten.«[82] So differenziert die in der Barockpoetik besonders einflußreiche höfische Klugheitslehre der Spanier zwischen moralisch legitimer dissimulación (Verstellung), d. h. der Vorspiegelung von Affekten nach Maßgaben der Klugheit, und betrügerischer simulación (Heuchelei).[83]

Durch Affektwissen und Affektanalyse unterscheidet sich der weltweise Höfling und Bürger

---

79 Vgl. JEAN JACQUOT, ›Le théâtre du monde‹ de Shakespeare à Calderón, in: Revue de Littérature comparée 31 (1957), 341–372; RICHARD ALEWYN/ KARL SÄLZLE, Das große Welttheater. Die Epoche der höfischen Feste in Dokument und Deutung (Berlin ²1985); HEINZ OTTO BURGER, Dasein heißt eine Rolle spielen. Studien zur deutschen Literaturgeschichte, in: K. May/W. Höllerer, Literatur als Kunst (München 1963), 75–93; URSULA GEITNER, Die Sprache der Verstellung. Studien zum rhetorischen und anthropologischen Wissen im 17. und 18. Jahrhundert (Tübingen 1992); HELMAR SCHRAMM, Karneval des Denkens. Theatralität im Spiegel philosophischer Texte des 16. und 17. Jahrhunderts (Berlin 1996); CHRIS RAUSEO, Murs et maximes. Personnification, représentation et moralisation théâtrales, du ›Gran teatro del mundo‹ au ›Malade imaginaire‹ (Heidelberg 1998).

80 DANIEL CASPER VON LOHENSTEIN, Sophonisbe (1680) [Vorrede], in: Lohenstein, Afrikanische Trauerspiele, hg. v. K. G. Just (Stuttgart 1957), 249.

81 WILLIAM SHAKESPEARE, As You Like It (um 1600), 2. Akt, 7. Sz., V. 139f.; vgl. auch HEINZ KINDERMANN, Theatergeschichte Europas, Bd. 3 (Salzburg 1959), 13f.

82 LOHENSTEIN (s. Anm. 80), 245.

83 Vgl. KARL ALFRED BLÜHER, Seneca in Spanien. Untersuchungen zur Geschichte der Seneca-Rezeption in Spanien vom 13. bis 17. Jahrhundert (München 1969), 381–443; GERHART SCHRÖDER, Gracián und die spanische Moralistik, in: K. v. See u. a. (Hg.), Neues Handbuch der Literaturwissenschaft, Bd. 10 (Frankfurt a. M. 1972), 263; KARL-HEINZ MULAGK, Phänomene des politischen Menschen im 17. Jahrhundert. Propädeutische Studien zum Werk Lohensteins unter besonderer Berücksichtigung Diego Saavedra Fajardos und Baltasar Graciáns (Berlin 1973), 99 ff., 136.

vom gemeinen Menschen. Insonderheit aber wird vom umsichtigen und gerechten politischen Herrscher souveräne Affektkontrolle gefordert sowie die Fähigkeit zur Demaskierung der geheimsten Regungen seiner Untertanen und Gegner.[84] In den Affekt-Porträts von Herrschern, die zwischen heroischer Selbstüberwindung und tyrannischem Ausleben von Leidenschaften pendeln und in allen literarischen Gattungen barocker Kunst wie in staatstheoretischen Traktaten, Lobreden und Ethiken entworfen werden, artikulieren sich Apologie des Ancien régime und politische Kritik. Die Tyrannen-Figuren des barocken Theaters und Romans agieren als Sinnbild der Tyrannei der Affekte, die geeignet erscheinen, den Staat ins Verderben zu stürzen und den Aufstand des Volkes zu provozieren. Und ähnlich sind es in den staats- und sozialtheoretischen Schriften von Thomas Hobbes, John Locke oder Pierre Bayle vor allem Wollust, Neid, Rache, Ehrsucht, Habgier, Geiz und Haß, die prinzipiell das Gemeinwesen gefährden, in Verbindung mit absoluter Macht jedoch zu despotischer Tyrannei führen und von daher eine für alle Mitglieder der Gesellschaft verbindliche Gesetzgebung erheischen.[85] Überhaupt treten nun in den moralistischen und staatstheoretischen Schriften verwerfliche Eigenschaften wie Geldgeiz, Wollust, Ehrsucht, Eifersucht usw. in den Vordergrund, die sowohl den Höfling als auch den Erwerbsbürger charakterisieren, andererseits aber auch eine sozialtypologische Differenzierung herausfordern: »Der *Nehrstand* leidet das meiste von der *Wollust* / der *Wehrstand* von dem *Ehrgeitz* / und der *Lehrstand* von dem *Geldgeitz*.«[86]

---

84 Vgl. REINHART MEYER-KALKUS (s. Anm. 67), 73–78, 153–163.
85 Vgl. HOBBES (LEV), 202, 205, 237f.; JOHN LOCKE, Two Treatises of Government (1689), hg. v. P. Laslett (Cambridge u.a. 1988), 398f., 418, 420f.; PIERRE BAYLE, Pensées diverses sur la comète (1682), hg. v. A. Prat, Bd. 2 (Paris 1939), 252, 259f., 272f.
86 THOMASIUS (s. Anm. 75), 163f.
87 OPITZ, Buch von der Deutschen Poeterey (1624), hg. v. R. Alewyn (Tübingen 1963), 20.
88 OPITZ (s. Anm. 69), 316.

2. Drama und Dramentheorie

Im Rekurs auf die Poetiken des Cinquecento und im direkten Rückgriff auf antike und mittelalterliche Quellen konstituieren sich in der Barockpoetik verschiedene Konzepte der künstlerischen Affektdarstellung und -erregung, wobei in der weiterhin engen Bindung von Rhetorik und Poetik das rhetorische ›movere‹ und damit wirkungsstrategische Überlegungen eine neue Gewichtung erfahren. Denn auf die Wirkung beziehen sich fast alle weiteren essentiellen poetologischen Aspekte, wie die Wahl der stilistischen Mittel, die Charakteristik der Helden und der Handlungsverlauf. So resultiert die Entwicklung eines barocken Trauerspiels nicht aus der Entwicklung seiner Figuren, sondern aus der schrittweisen Zuspitzung des Konfliktes zwischen ungehemmter Leidenschaft und standhafter Vernunft oder aus der exzessiven Aufwallung von Affekten, die ins Verderben führen. Und der plötzliche Wandel von Situationen entspringt dem Wandel der Affekte ihrer unsteten Helden. Die dramatis personae der barocken Bühne sind versinnbildlichte Affekt-Typen, nicht individuelle Personen.

Auf äußerste Erregung der Affekte zielten im 17. Jh. vor allem die beiden konkurrierenden Konzepte der jesuitischen Schreckenstragödie und des Märtyrerdramas. Das Konzept der Schreckenstragödie, für die vor allem die Tyrannendramen von Jakob Bidermann, Andreas Gryphius, Jacob Masen und Lohenstein stehen, entspricht einer Schocktherapie, die als Abhärtung gegenüber den ›Mißlichkeiten deß Menschlichen Lebens‹ (Martin Opitz) im irdischen Jammertal gedacht ist. Ihr christlich-moralisches Wirkungsziel setzt auf die Häufung von Katastrophen und Greueltaten, die sich unter Preisgabe des Dezenzgebotes zum Teil auf offener Bühne vollziehen. Martin Opitz führt »Todtschlägen / verzweiffelungen / Kinder- und Vätermörden / brande / blutschanden / kriege und auffruhr / klagen / heulen / seuffzen und dergleichen«[87] als Themen des Trauerspiels an. Mit direktem Verweis auf »jetzige Zeiten«, da es angesichts des Horrors der Religions- und Bürgerkriege »von nöthen seyn will / daß man das Gemüte mit beständigen Exempeln verwahre«[88], führt die Schreckenstragödie in monströser Konzentration das Trauerspiel der Welt auf. Sie hofft – in der Tradition der Katharsis-Interpretation von Robortello und Heinsius –, durch die permanente Erregung von Mitleid und Schrecken die Seelen ihrer Adressaten an eben diese Affekte zu gewöhnen, um sie so gegen die unabänderlichen Schrecknisse des Lebens mit Beständigkeit zu wappnen und zu religiöser Einkehr zu führen. Auf diese Weise gerät das Schauspiel tatsächlich »zu einer Art Schule der menschlichen Affekte«, wie es bei Heinsius heißt (affectuum humanorum quaedam quasi est palaestra)[89]. Im Geist des Aristotelischen Ideals der mediocritas wird die Dämpfung der Affekte durch Gewöhnung, nicht ihre Austreibung angestrebt. Wie Hans-Jürgen Schings überzeugend dargetan hat, gerät damit der tragische Affekt des Mitleids gegenüber dem des Schreckens in den Hintergrund.[90] Zugleich wird das Katharsisprinzip, die Erregung und Dämpfung bzw. Reinigung von Mitleid und Schrecken, nun von einem neuen Wirkungsziel, wo nicht ersetzt, so doch ergänzt und überformt: Die Darstellung grausamer Schicksalsschläge (fortuna) und der Nichtigkeit des irdischen Lebens (vanitas) auf der Bühne soll zu Beständigkeit, Geduld, Furchtlosigkeit und Tapferkeit (constantia, fortitudo) in der Konfrontation mit den Katastrophen des Lebens konditionieren und trostvoll den Blick auf die ewige Glückseligkeit lenken.[91] Hier wird der Einfluß neustoisch-christlicher Verhaltenslehren deutlich, die dem 17. Jh. vor allem durch die Abhandlung *De Constantia* (1584) von Justus Lipsius vermittelt wurden.

Das moralische Wirkungsziel der Märtyrertragödien von Gryphius, Nicolaus Causinus, Joost van den Vondel, Johann Christian Hallmann und August Adolph von Haugwitz ist hingegen vor allem durch die Tradition der Aristoteles-Interpretationen von Alexander Donatus, Vincenzo Maggi/ Bartolomeo Lombardi und Giovanni Antonio Viperano geprägt. Die Helden des Märtyrerdramas demonstrieren stoische Unerschrockenheit gegenüber jeder Art von Grausamkeit und liefern damit nacheifernswerte Beispiele vollkommener Tugend. Ihre Überzeugungskraft verhält sich proportional zum Grad der abstoßenden Lasterhaftigkeit ihrer Peiniger. Provoziert die Marter, die ihnen zugefügt wird, zunächst höchste Stufen des Schreckens, so scheint ihre durch nichts zu erschütternde Standhaftigkeit geeignet, die Belanglosigkeit aller irdischen Furcht zu lehren und deren Überwindung zu befördern. Im Wechselspiel zwischen der Abschreckung, die von den stets bestraften Lastern ausgeht, und der Identifikation mit mustergültiger Tapferkeit und Gefaßtheit, die künftiger Seligkeit versichert sein darf, kommt dem tragischen Affekt des Mitleids somit auch hier nur eine untergeordnete Funktion zu. Märtyrer dieses Zuschnitts haben Mitleid kaum nötig, da sie den Tod als Erlösung aus dem durch Vergänglichkeit, Nichtigkeit und eitel Treiben gekennzeichneten Welttheater betrachten.

Die Verdrängung des Mitleids als tragischer Affekt gilt auch für das klassische französische Drama, dessen politisch-erotische Konfliktstruktur typisch für die europäische Entwicklung von Literatur und Oper seit der 2. Hälfte des 17. Jh. ist. Ihre Helden haben sich im Spannungsfeld zwischen den Tugenden der politischen Vernunft (Staatsräson), der Ehre ihres Standes sowie heroischen Idealen auf der einen Seite und ihren natürlichen Gefühlen oder gar aufbrausenden Leidenschaften (emportements de la passion) auf der anderen zu bewähren. Die zentralen Werte, die sie im Kampf gegen den Ansturm ihrer eigenen Affekte und gegen die heimtückischen Intrigen ihrer tyrannischen Feinde vermitteln, sind gloire (Ehre, Ruhm) und générosité (Großmut, Großzügigkeit im Umgang mit besiegten Feinden). Es kommt fast immer zu einem durch freie Willensentscheidung errungenen Triumph der Kühnheit und der Bezwingung der Liebesleidenschaft. Noch für den nach 1725 bis in die 2. Jahrhunderthälfte international maßgeblichen Libretto-Dichter Pietro Metastasio, der die Handlungsstruktur und Personencharakteristik der italienischen Opera seria vor allem nach dem Vorbild der klassischen französischen Tragödie reformiert, gilt der Streit zwischen Affekt und Vernunft (passione e raziocinio) als allgemeines Prinzip menschlichen Handelns (»contrasto di questi due universali

---

89 HEINSIUS (s. Anm. 53), 23.
90 Vgl. HANS-JÜRGEN SCHINGS, Consolatio Tragoediae. Zur Theorie des barocken Trauerspiels, in: R. Grimm (Hg.), Deutsche Dramentheorien, Bd. 1 (Wiesbaden 1971), 11 f.
91 Vgl. ebd., 12 f.

principii delle operazioni umane, passione e raziocinio«)[92]. Er wird in seinen Libretti – ähnlich wie im französischen Drama – stets mit dem Triumph der Vernunft gelöst. Der Heros des klassizistischen französischen Dramas evoziert kaum Mitleid (compassion) und Furcht, sondern Bewunderung (admiration) für die Kraft der heroischen Selbstüberwindung und seine ethische Handlungsweise.

Von hier aus entwickelt insbesondere die französische Tragödientheorie (Pierre Corneille, Nicolas Boileau-Despréaux, Charles Saint-Évremond) nach ersten Ansätzen bei Antonio Minturno den Affekt der Bewunderung als eigenständigen tragischen Affekt.[93] Sie kann sich dabei auf Descartes' hierarchische Systematik der Affekte berufen. Descartes hatte die ›Bewunderung‹ (admiration) außerordentlicher Gegenstände an die Spitze von sechs ursprünglichen Affekten (Bewunderung, Liebe, Haß, Begehren, Freude, Traurigkeit) gestellt.[94] Die Bewunderung bzw. Achtung für außerordentliche Gegenstände ist nach Descartes durch den Vergleich mit der eigenen Person dazu geeignet, Selbstachtung oder Selbstverachtung hervorzurufen und mit ihr die Tugend der »Humilité« (Demut)[95].

Erst im Zuge der verstärkten Ausrichtung der Aufklärungsästhetik auf Kunst als eine ›disciplina popolare‹ (Pietro Calepio) wird die Bewunderung als tragischer Affekt aus mehreren, z. T. unterschiedlichen Gründen fragwürdig. Von Theoretikern wie Calepio, zeitweise auch Johann Jakob Bodmer, wird sie verworfen, weil das einfache Volk kaum fähig sei, erhabene Entschlüsse und Gedanken von Helden zu erkennen und nachzuvollziehen, während sich jedermann in Schrecken und Mitleiden versetzen lassen kann. Andererseits erscheint die künstlerische Überredung des Publikums zur nacheifernden Bewunderung von Helden, die lieber ihr Leben als ihre Ehre verlieren, als unmenschlich. Sie steht dem natürlichen Selbsterhaltungstrieb und den auf ihm aufbauenden Möglichkeiten zu humaner Verständigung, Kompromißbereitschaft und Versöhnung in Konfliktsituationen entgegen. Der anthropologischen und sozialpsychologischen Ausrichtung der Aufklärungsästhetik gemäß erscheint die Bewunderung als Feind der Mitleidsfähigkeit. Denn die Bewunderung von erhabenen Heroen ist wegen deren »Unempfindlichkeit«[96] ein untheatralischer Affekt[97], der durch die Unerreichbarkeit des dargestellten Ideals eher Distanz zum Helden schafft als einfühlendes Mitleid mit ihm. Im Mitleid aber erkannte die Aufklärungsästhetik von Rousseau bis Lessing ein allgemeinmenschliches und zugleich soziales Affektpotential, das »zu allen gesellschaftlichen Tugenden, zu allen Arten der Großmuth«[98] beizutragen vermag. So kehrt sich das Verhältnis von Mitleid und Bewunderung in Lessings Dramaturgie gegenüber der kritisierten klassischen französischen Tragödie um. Das Mitleid wird zum tragischen Hauptaffekt, während die Bewunderung von vollkommenen Eigenschaften des Helden eher als rezeptionspsychologisch begründetes notwendiges Übel fungiert, das dramaturgisch genau kalkuliert werden muß, um emotionale Ruhepunkte zu schaffen: »Wir können nicht lange in einem starken Affekte bleiben; also können wir auch ein starkes Mitleiden nicht lange aushalten […] Der wahre Dichter vertheilt das Mitleiden durch sein ganzes Trauerspiel […]. Weil aber das ganze Stück kein beständiger Zusammenhang solcher Stellen seyn kann, so untermischt er sie mit Stellen, die von den Vollkommenheiten seines Helden allein handeln, und in diesen Stellen hat die Bewunderung, als Bewunderung, Statt. Was sind aber diese Stellen anders, als gleichsam Ruhepunkte, wo sich der Zuschauer zu neuem Mitleiden erholen soll?«[99]

---

92 PIETRO METASTASIO an Giuseppe Bottinelli (10. 6. 1747), in: Metastasio, Tutte le opere, hg. v. B. Brunelli, Bd. 3 (Milano 1951), 307.
93 Vgl. WOLFGANG MATZAT, Dramenstruktur und Zuschauerrolle. Theater in der französischen Klassik (München 1982), 72 ff.
94 Vgl. DESCARTES (s. Anm. 73), 373–376, 380–382.
95 Ebd., 373; dt. 32.
96 GOTTHOLD EPHRAIM LESSING an Mendelssohn (28. 11. 1756), in: LESSING (LACHMANN), Bd. 17 (1904), 73.
97 Vgl. LESSING an Mendelssohn (18. 12. 1756), in: ebd., 79; vgl. FRIEDRICH NICOLAI an Lessing (14. 5. 1757), in: LESSING (LACHMANN), Bd. 19 (1904), 84.
98 LESSING an Nicolai (13. 11. 1756), in: LESSING (LACHMANN), Bd. 17 (1904), 66.
99 LESSING an Mendelssohn (18. 12. 1756), in: ebd., 80 f.

3. Gattungs- und Stilbewußtsein

Die Konzentration der ästhetischen Affekttheorien auf die dramatischen Gattungen der Literatur und Musik entspricht zum einen der Tradition klassizistischer Dichtungslehre, ›niedere‹ Gattungen wie den Roman aus der Diskussion auszuschließen. Dies vor allem aufgrund seines geringen Normierungsgrades von Form und Stil sowie seiner Neigung zu abenteuerlicher Erotik, aus der nicht selten eine ganz besonders tabulose Drastik des affektiven Ausdrucks resultierte. Nicht zufällig stürzte sich die rigorose, von platonischer Skepsis getriebene Kritik Gotthard Heideggers an künstlerischer Affekterregung auf den Roman: »Denn die Romans setzen das Gemüth mit ihren gemachen Revolutionen / freyen Vorstellungen / feurigen Außdruckungen / und andren bunden Händeln in Sehnen / Unruh / Lüsternheit und Brunst«.[100] So lag am Beginn des 17. Jh. kaum eine einflußreiche eigenständige Romantheorie vor, und die Apologeten des Romans sahen sich auch im Hinblick auf die Affektenlehre genötigt, die diesbezüglichen Positionen aus der Tragödientheorie zu übernehmen.[101]

Andererseits hatten die dramatischen Genres gegenüber anderen Gattungen den Vorteil, lebendige Intonation und Geste sowie die zeitliche Struktur ihrer Darbietung für die Differenzierung, Variation und Steigerung des jeweiligen Grundaffekts im Sinne einer wirkungsbedachten actio und pronuntio zu nutzen. Auch die üppigen Dekorationen und der Einsatz raffiniertester Bühnentechnik mit Feuer-, Wasser- und Flugmaschinen, die in erster Linie die barocke Neigung zu sinnenfreudigem Spektakel zu bedienen hatte, sind in ihrer Unterstützung der affektiven Gehalte der Bühnenhandlung einschließlich der tragischen Affekte der Furcht und des Schreckens nicht zu unterschätzen. Der wohl phantasiereichste Meister barocker Bühnentechnik, Lorenzo Bernini, versetzte das Publikum in Angst und Grauen, indem er z.B. gewaltige Wassermassen aufs Parkett zuströmen ließ, die erst kurz vor der ersten Reihe haltmachten.[102]

Angesichts des hohen Stellenwerts der Affektdarstellung und -erregung für die moralische, psychische, politische und religiöse Funktionalisierung der Künste ist das barocke Stilbewußtsein ganz wesentlich an der Ausschöpfung aller affektwirksamen Stilmittel orientiert. Dabei bleibt in der poetischen Theorie einerseits die Bindung an die traditionellen rhetorischen Stilarten (genera dicendi) mit entsprechender Zuordnung der Ausdrucksformen zur hierarchischen Gliederung der Gegenstände und Personen verpflichtend.[103] Der hohe, pathetische Stil (genus grave), der mit reichen affekthaltigen Tropen und Figuren auf emotionale Erschütterung zielt (movere), und so »durch die Hertzen schneiden«, »zu Zorn anfüren« und »zu den Grimm erbittern«[104] kann, wird gemäß der Ständeklausel hohen Personen, Themen und Gegenständen zugeordnet (Gott, Könige, Fürsten, Krieg, Katastrophen aller Art). Im literarischen Gattungsbewußtsein des Barock bleibt er traditionell der Tragödie und dem höfischen Roman vorbehalten. Die weniger scharf getrennten genera des mittleren (temperatum) und niederen (humile) Stils hingegen beziehen sich auf demgemäß geringere Sachen und Personen.[105] Von ihnen wird der Ausschluß erhabener Versmaße (etwa des Alexandriners) und ein sparsamer, das Alltägliche kaum überschreitender Gebrauch des Ornatus erwartet, wobei pathoshaltige und auffällige Figuren wie Exclamatio, Anapher, Oxymoron oder Hyppallage ausgespart bleiben sollen.[106] Ihr gattungspoetischer Ort ist die Komödie oder das Pastoraldrama für die niedrige Stillage und z.B. Liebeslyrik

---

100 GOTTHARD HEIDEGGER, Mythoscopia Romantica oder Discours von den so benanten Romans (Zürich 1698), 70.
101 Vgl. WIEGMANN, Palaestra affectuum. Untersuchungen zum Einfluß der Tragödienlehre der Renaissancepoetik auf die Romantheorie des Barock, in: Germanisch-Romanische Monatsschrift, N. F. 27 (1977), 18–25.
102 Vgl. EGON FRIEDELL, Kulturgeschichte der Neuzeit (1927–1931; München 1979), 473.
103 Vgl. DYCK (s. Anm. 68), 91–112.
104 GEORG PHILIPP HARSDÖRFFER, Prob und Lob der Teutschen Wolredenheit. Das ist: deß Poetischen Trichters Dritter Theil (Nürnberg 1653), 34.
105 Vgl. OPITZ (s. Anm. 87), 20.
106 Vgl. JOHANN MATTHÄUS MEYFART, Teutsche Rhetorica oder Redekunst (Coburg 1634), 205 f., 359; KASPAR STIELER, Teutsche SekretariatKunst. Was sie sey? Wovon sie handele? […], Bd. 2 (Nürnberg 1673), 334.

oder dialogfreie komische ›Geschichten‹ für die mittlere.

Andererseits zeichnen sich in der poetischen Praxis des Barock Stiltendenzen ab, die den Rahmen klassizistischer Ausgewogenheit zwischen behandeltem Gegenstand, Stil und Wirkungsabsicht deutlich sprengen. Hier sind es zuerst wiederum vor allem die Schreckens- und Märtyrerdramen, die sich im Interesse einer höchstmöglichen Affekterregung der Zuhörer (»ad sublimes affectus in Spectatorum animis excitandos«) selbstbewußt aus dem »Kerker der Regeln« (carceribus legum)[107] befreien. Der gehäufte Einsatz von exklusiven rhetorischen Figuren und Tropen, scharfsinnigen Gedankenspielen und minutiösen metaphorischen Beschreibungen pathoshaltiger Ereignisse durchkreuzt das Gebot der ausgewogenen Relation zwischen Sachverhalt und sprachlicher Darstellung zugunsten einer suggestiv-emotionalen Affektsteuerung in Richtung auf die angestrebte moralisch-christliche Konditionierung des Auditoriums. Dem korrespondieren krasse Verstöße gegen die Einheit der Zeit, eine partielle Aufhebung des alexandrinischen Versmaßes, ein schneller Wechsel zwischen reflektierendem Monolog, epischem Bericht und knappem Dialog und schließlich ein effektvoller Einsatz von Musik und raffiniertester Bühnentechnik.

Solche Preisgabe klassizistischer Stilideale hatte am Anfang des 17. Jh. in der manieristischen italienischen Lyrik ihr Vorbild und fand in der 2. Jahrhunderthälfte bei den zumeist jesuitischen Autoren der italienischen und spanischen Acutezza-Rhetorik, vor allem bei Emanuele Tesauro (*Il Cannocchiale Aristotelico*, 1654) und Baltasar Gracián (*Agudeza y Arte de Ingenio*, 1648), weitere Anregungen.

Der deutschen poetischen Theorie ist dieser Bruch mit der humanistischen Tradition in der poetischen Praxis kaum anzumerken. Er deutet sich in der Emphase an, mit der Autoren wie Titz, Schottel, Kempen, Meyfart und Buchner der Dichtung gegenüber der Forderung nach sachlicher Richtigkeit poetische Lizenzen und einen gesteigerten Gebrauch rhetorischer Figuren zugestehen und ihr im Vergleich zur Kunst der Rede eine Stilhöhe einräumen, die alles »höher / kühner / verblümter / [...] neu / ungewohnt«[108] ausspricht. Auch Versuche, mit systematischer Akribie einzelne Figuren, Gesten und Tonfälle vor allem auf bestimmte Affektbereiche festzulegen, die durch sie »gar leicht moviret«[109] werden können, weisen in diese Richtung. Vor dem Hintergrund einer rationalistisch beflügelten mechanistischen Psychologie, die darauf setzt, daß Affekte durch einen methodisch ausgerüsteten Verstand kontrollierbar sind, vertraut man auch auf die Möglichkeit der Umkehrung des Verhältnisses: die Möglichkeit, Affekte durch gezielt ausgewählte Stilmittel und Argumentationsstrategien hervorzubringen. Schließlich deutet die Drastik, mit der die expressiv durchschlagende persuasive Gewalt des hohen Stils in manieristisch inspirierten Rhetoriken charakterisiert wird, auf die Entbindung des affektorientierten Stils vom strengen Sachbezug hin: »Die durchleuchtige / donnernde / durchdringende / töhnende / herrliche / ergießende / und prallende Schreibart [...] mit durchdringenden / gewaltigen und prächtigen Worten [...] donnert gleichsam mit Nachdruck daher / und ist / die Gemüther herzgreiflich zu bewegen / und mit Gewalt auf ihre Meynung zu reißen bemühet.«[110]

4. Malerei

Pathoshaltigen Darstellungen in den bildenden Künsten traute man im 17. Jh. eine keineswegs geringere Wirkungsmacht zu als denen der Musik und Literatur. Tatsächlich hatte insbesondere die Malerei z. B. mit Werken von Rubens einen Grad affektiver Besetzung erreicht, der in den folgenden Epochen kaum noch zu überbieten war. Jagdszenen, Heldenporträts und biblische Motive zeigen Situationen höchster Gefahr und blutiges Gemetzel in greller Farbigkeit. Schreckensbleiche,

---

107 JAKOB BIDERMANN, Ludi theatrales sacri. Sive Opera comica posthuma, Bd. 1 (München 1666), [nicht pag. ›Praemonitio ad lectorem‹ der Hg.], Bl. 2f., 6.
108 AUGUST BUCHNER, Anleitung zur Deutschen Poeterey (Wittenberg 1665), 16; vgl. JUSTUS GEORG SCHOTTEL, Ausführliche Arbeit Von der Teutschen HaubtSprache (Braunschweig 1663), 117.
109 JOHANN CHRISTOPH MÄNNLING, Expediter Redner Oder Deutliche Anweisung zur galanten Deutschen Wohlredenheit (Frankfurt/Leipzig 1718), 276f.; vgl. MEYFART (s. Anm. 106), 26–33.
110 STIELER (s. Anm. 106), 341.

schmerzverzerrte Gesichter, extrem kontrastierende Bewegungsabläufe ohne ausgleichende, harmonisierende Gegenkräfte schließen sich häufig zu einer Bildaussage mit unaufgelöster Dramatik zusammen. Blutrünstige Themen wie die Geschichte von Tereus und Prokne und gewalttätige Affekthandlungen werden in grausiger Schärfe in den Bildvordergrund gerückt, und die Szene wird so »auch zum Betrachter hin«[111] aufgebrochen. Dabei bezeugen die Bildaussagen im Wechselspiel zwischen der Darstellung unbeherrschter Affekte und wohltätiger Milde wie auch heldenhafter, großmütiger Haltungen die Rezeption der aktuellen moralistischen Affektdiskussion. In der Kunsttheorie bemühten sich vor allem die praxisorientierten Traktate um eine differenzierte Reflexion der Darstellungsweisen von Mimik und Gebärdensprache im Dienste des Affektausdrucks, die durch intensive physiologische Studien und durch Studien antiker pathoshaltiger Plastiken – wie der Laokoon-Gruppe – fundiert wurden.[112] Die wichtigsten theoretischen Bezugspunkte blieben die Schriften von Leon Battista Alberti, Leonardo da Vinci und vor allem von Giovanni Paolo Lomazzo (*Trattato dell'arte de la pittura*, 1584).

Als besonders einflußreich und von Beginn an umstritten erwiesen sich die Vorträge über den Ausdruck in der Malerei, die Charles Le Brun 1668–1678 an der Pariser Akademie hielt (*Méthode pour apprendre à dessiner les passions*, 1698 postum ersch.). Le Brun entsprach damit dem Anliegen der Akademie, möglichst exakte Vorschriften für eine eindeutige Ausdruckssprache der Bildkünste zu entwickeln, die sich als Grundlage eines lehrfähigen Konzeptes verwenden ließen. Unter Berufung auf Descartes formulierte Le Brun eine systematische Theorie über die Gesetze des Gesichtsausdrucks und benutzte dazu ein eigenes Liniensystem für die Gestaltung von Mund, Nase, Augenbrauen und Augen. Insbesondere die Form der Augenbrauen betrachtete er als untrügliches Symptom unterschiedlicher affektiver Gemütsverfassungen.[113] Die zahlreichen Illustrationen zu einzelnen Affekten, die der veröffentlichten Fassung beigegeben wurden, bestehen aus teils detailliert ausgearbeiteten, teils schematisch linearen Zeichnungen von Köpfen, die sich nach der treffenden Bemerkung Kapps wie Momentaufnahmen affektiver Mimik ausnehmen, die zu Masken erstarrt sind.[114]

5. Musik und Musiktheorie

Die auffällige Häufung von Affekttheorien in musikalischen Traktaten des 17. und 18. Jh. signalisiert zunächst kaum eine Nobilitierung der Musik als besonders intensive Affekt-Kunst, sondern nach wie vor das Bestreben, Musik nach dem Vorbild der Literaturpoetik als Affekte darstellende und erregende Kunst zu entwickeln. Als folgenreichster Schritt für die Weiterentwicklung des musikalischen Affektdenkens erwies sich der an der Wende zum 17. Jh. eingeführte Generalbaß-Satz. Durch die Zusammenfassung der harmonischen Grundlage des Satzes in den Generalbaßinstrumenten ermöglichte er den vokalen oder instrumentalen Oberstimmen eine optimale, von harmonischen Aufgaben entbundene melodische Profilierung und legte so neue Möglichkeiten musikalischer Ausdruckskraft frei, die in den monodischen Gesängen von Giulio Caccini, Iacopo Peri und dann vor allem von Claudio Monteverdi ihren ersten Höhepunkt fanden. Generalbaßbegleitete, rezitativische Sologesänge, die »mit Leidenschaft zu singen« sind (cantar con affetto)[115], ahmen in enger Anlehnung an Struktur und Inhalt des Textes eine theatralisch-pathetische Sprechweise nach und prägen im fließenden Wechsel zwischen betont deklamierenden und melodisch-arios verdichteten Partien größerer musikalischer Formen aus. Dabei dokumentieren die im Interesse des Affektausdrucks eingesetzten zahlreichen dissonanten Ab-

---

111 MÜLLER-HOFSTEDE (s. Anm. 62), 141; vgl. WILLEHAD PAUL ECKERT O. P., Die Darstellung der Affekte im Werk des Peter Paul Rubens, in: Craemer-Ruegenberg (s. Anm. 7), 103–129.
112 Vgl. LEE (s. Anm. 62), 23–31; GERARD LECOAT, The Rhetoric of The Arts, 1550–1650 (Bern/Frankfurt a. M. 1975), 92–124.
113 Vgl. JENNIFER MONTAGU, The Expression of the Passions. The Origin and Influence of Charles Le Brun's ›Conférence sur l'expression générale et particulière‹ (New Haven/Toronto 1994).
114 Vgl. KAPP (s. Anm. 63), 58.
115 Vgl. GIULIO CACCINI, Nuove musiche e nuova maniera di scriverle (1614), hg. v. H. Wiley Hitchcock (Madison, Wis. 1970), XXXII.

weichungen gegenüber den älteren Regeln des strengen Kontrapunktes ein neues, nicht mehr vom intervallischen, sondern vom akkordischen Zusammenklang ausgehendes harmonisches Denken in der neuen italienischen kompositorischen Praxis.[116] Der Generalbaß-Satz bildete dann im 17. Jh. sowohl für die Oper als auch für alle anderen vokalen und instrumentalen Gattungen der europäischen Musik die Grundlage.

Mit der Herausbildung der Oper, die aufgrund ihrer Nähe zum höfischen Festspiel als die zentrale Gattung barocker Kunst überhaupt gelten kann, war im 17. Jh. eine musikdramatische Gattung mit einer dem zeitgenössischen Drama vergleichbaren Grundstruktur entstanden. Denn ähnlich dem Drama konstituierte sie sich aus dem engen Wechselspiel zwischen Tugend und Leidenschaft und damit aus der wirkungsvoll abgestuften und dramaturgisch zugespitzten Folge unterschiedlicher Affektporträts ihrer Helden. Ein gewichtiger Unterschied resultierte jedoch schon um die Jahrhundertmitte aus der in der italienischen Oper vollzogenen klaren Trennung zwischen Rezitativ (freien Versen) und Arie (gereimten Versen), die mit Ausnahme der französischen Oper (Tragédie lyrique) für ganz Europa vorbildlich wurde. Trotz einiger seltener expressiver Rezitative (exklusive Harmonik und Deklamation, Taktfreiheit) verlagerte sich damit die musikalische Affektdarstellung auf die Arien, während die Rezitative eine eher nüchtern deklamatorische Stilnorm ausbildeten, die zur Vertonung der Dialoge, für Botenberichte und für erzählende Passagen eingesetzt wurde. Damit konzentrierte sich in der Oper die Affektdarstellung und -erregung im Unterschied zum Drama auf affektbesetzte Reflexionen, Betrachtungen und Kommentare zu Handlungen. Die affektgezeugte Handlung, Handlung überhaupt, tritt in den Hintergrund des kompositorischen Interesses. Diese Tendenz wird durch die Kürzung der Rezitative im Zuge der von dem maßgeblichen Librettisten Pietro Metastasio ausgehenden Reform der Opera seria nach 1730 eher noch verstärkt. Durch die ebenfalls in diesen Zeitraum fallende Aufwertung des recitativo accompagnato (Rezitativ mit ausgearbeitetem Orchestersatz) wurde der Arie an dramatischen Höhepunkten der Oper eine Form an die Seite gestellt, die bei Komponisten ersten Ranges wie Johann Adolf Hasse, Carl Heinrich Graun und vor allem Georg Friedrich Händel zur musikalisch adäquaten Darstellung höchster affektiver Erregung, insbesondere auch für Situationen extremer Gefühlsschwankungen und Wahnsinnsanfälle, genutzt wurde. Namentlich in den Opern Händels weiten sie sich gelegentlich zur großen, monologischen Szene mit freier Kombination unterschiedlicher Formtypen (Rezitativ, Arioso, Arie). In ihrer extremen Expressivität erinnern sie an die Exzesse des frühen barocken Schreckenstheaters. Musikgeschichtlich gehören die Accompagnati jedoch durch den in ihnen realisierten schnellen Affektwechsel innerhalb kürzester Abschnitte zu den wichtigsten Impulsen der Umwandlung barocker Ästhetik in die musikalische ›Empfindsamkeit‹. Das Accompagnato-Rezitativ charakterisiert in der italienischen Opera seria des 18. Jh. den ersten Ausbruch der Leidenschaft, »wenn die Seele in einem Gewühle von entgegengesetzten Affekten schwebt«[117], während sich in der folgenden Arie, welche die Szene abschließt, die emotionale Situation der Figur zu einem eindeutigen Affekt geklärt hat.

Prinzipiell galten Instrumental- und Vokalmusik als gleichermaßen zur Affektdarstellung und -erregung befähigt. Monteverdi hatte das vor allem durch Metrik und Tempo definierte musikalische ›genere concitato‹ als Stil für den Ausdruck erregter Leidenschaft zunächst am Instrumentalsatz entwickelt und erst später auf den Vokalpart übertragen.[118] Und Biagio Marini demonstrierte mit seinen 1617 herausgegebenen *Affetti Musicali* die Ebenbürtigkeit des instrumentalen Affektausdrucks gegenüber der Vokalmusik. Dennoch wurde Instrumentalmusik bis weit in die 2. Hälfte des 18. Jh. auch im Hinblick auf ihre Affektqualitäten eher skeptisch und als zweitrangig betrachtet. Zum einen blieb trotz grob orientierender Satzbezeichnungen und zahlreicher Topoi für musikalische Ausdrucksqualitäten der intendierte Affektgehalt

---
116 Vgl. HANS HEINRICH EGGEBRECHT, Musik im Abendland. Prozesse und Stationen vom Mittelalter bis zur Gegenwart (München/Zürich 1991), 338 ff.
117 JOHANN BAPTIST SCHAUL, Briefe über den Geschmack in der Musik (Carlsruhe 1809), 93.
118 Vgl. CLAUDIO MONTEVERDI, Madrigali Guerrieri, et Amorosi (Venedig 1638), [Vorrede, nicht pag.].

ohne den Bezug auf einen Text häufig mehrdeutig (z. B. Differenzen zwischen Haß, Rache, Zorn). Da Affekte aber als typische und also eindeutige Gattungseigenschaften menschlicher Emotionalität begriffen wurden, postulierte die Poetik idealtypische, unzweideutige Mittel ihrer künstlerischen Repräsentation. Insbesondere Solokonzerte und Sonatensätze, die sich von der Bindung an charakteristische Tanzsätze emanzipierten, entzogen sich oft einer Festlegung auf eindeutige Affektcharaktere. Und in Werken, die mit subtilen kontrapunktischen Techniken vor allem auf strukturelle Komplexität setzten, erschienen affektive Gehalte eher als sekundär oder als völlig unbestimmt. Soweit es sich aber um »ausdrückend gesetzte«[119] Instrumentalmusik handelte, erwartete man von Dirigenten und Interpreten, daß sie »im Gesichte und Gebärde« – als Verständnishilfe für den musikalischen Laien – »die Empfindung der Sätze«[120] merken lassen. »So unanständig und schädlich heßliche Gebärden sind«, schreibt Carl Philipp Emanuel Bach, »so nützlich sind die guten, indem sie unsern Absichten bey den Zuhörern zu Hülfe kommen.«[121]

Im Anschluß an die humanistische italienische Musiktheorie und hier vor allem an Gioseffo Zarlinos *Le istitutioni harmoniche* (1558) entsteht noch im 17. Jh. eine üppige Literatur zur musikalischen Affektenlehre, in der Theoretiker und Komponisten wie Joachim Burmeister, Michael Praetorius, Marin Mersenne, Athanasius Kircher, Giovanni Battista Doni, Christoph Bernhard, Wolfgang Caspar Printz und Andreas Werckmeister mit zum Teil recht umfangreichen Kapiteln zu den wichtigsten Marksteinen gehören. Diese Theorien sind im 18. Jh. u. a. durch Johann Mattheson, Johann David Heinichen, Johann Adolph Scheibe, Friedrich Wilhelm Marpurg, Johann Adam Hiller und Christian Gottfried Krause weiterentwickelt und insbesondere von Carl Philipp Emanuel Bach und Johann Joachim Quantz im Zeichen einer Empfindsamkeitsästhetik umgedeutet worden. Grundsätzlich gilt auch für die Musiktheorie die Voraussetzung, daß Affekte durch entsprechende musikalische Mittel und Techniken treffsicher dargestellt (exprimiert) und beim Hörer erregt werden können. Im Sinne einer mechanisch-kausal gedachten Reaktionsfolge hofft der Komponist und Interpret, sich durch geschickte Auswahl musikalischer Ausdrucksmittel – ganz wie der rhetorisch denkende Dichter und der Maler – der Gemüter seiner Zuhörer »bemeistern«[122] zu können, so daß er »die aufmercksamen Gemüther« zum Beispiel durch Einbeziehung tonleiterfremder Töne (chromatische Intervalle) »gleichsam mit Gewalt und zu einem annehmlichen verliebten oder andächtigen Trauren zwinget«[123].

Für die Erklärung des Wirkungsmechanismus griff man mit der Annahme eines natürlich gegebenen Resonierens zwischen den Schwingungsverhältnissen der Intervalle und der Seele auf die traditionelle pythagoreische Proportionslehre zurück, nutzte aber – wie schon Kircher 1650 – seit der Mitte des 17. Jh. vor allem die von Descartes entwickelte Theorie über den Zusammenhang zwischen den Leidenschaften der Seele und den externen wie internen physischen Vorgängen des Körpers. Danach realisieren charakteristische Tonbewegungen (motus harmonici) über die Vermittlung des Trommelfells und der Gehörnerven eine sympathetische Bewegung der vom Blut her im Körper aufsteigenden ›Lebensgeister‹ (spiritus animales). Diese rufen (über die Zirbeldrüse) in der Seele einen ihrer Bewegungsqualität entsprechenden Affekt hervor, welcher wiederum vom Gehirn aus Nerven und Muskeln zu affekttypischen Bewegungen affiziert.[124] Als grobe Formel gilt: Je schneller und dichter sich die Lebensgeister durch die motus harmonici bewegen, desto freudiger und erregter der daraus resultierende Affekt, während umgekehrt die Kontraktion der Lebensgeister

---

119 CARL PHILIPP EMANUEL BACH, Versuch über die wahre Art das Clavier zu spielen (Berlin 1753), 122.
120 CASPAR RUETZ, Wiederlegte Vorurtheile von der Wirkung der Kirchenmusic (Rostock/Wismar 1753), 117.
121 BACH (s. Anm. 119), 123.
122 Ebd., 122.
123 WOLFGANG CASPAR PRINTZ, Phrynis Mytilenaeus oder Satyrischer Componist. Erster Theil (Quedlinburg 1676), 91.
124 Vgl. ATHANASIUS KIRCHER, Musurgia Universalis, Bd. 1 (Rom 1650), 549–555, Bd. 2 (Rom 1650), 211 f.; ROLF DAMMANN, Der Musikbegriff im deutschen Barock (Köln 1967), 241 ff.; ULRICH THIEME, Die Affektenlehre im philosophischen und musikalischen Denken des Barock. Vorgeschichte, Ästhetik, Physiologie (Celle 1984), 15–24.

durch enge Intervalle eine traurige Gemütsverfassung bewirkt.»Da bey dem Schrecken, das Geblüt und die Lebensgeister zurück treten und sich zusammenziehen, der Mund eine Zeitlang sprachlos und der Ton hernach gebrochen wird [...] so lässet sich auch der Schrecken in der Musik ausdrükken«[125], schreibt Christian Gottfried Krause noch 1753. Unterschiede in der Stärke der Affektwirkung bei einzelnen Hörern wurden ebenso wie in der Rhetorik durch die Temperamentenlehre erklärt.

Prinzipiell wurden alle musikalischen Elemente (Tonart, Intervalle, Melodik, Rhythmik/Metrik, Tempostufungen, Dynamik, Artikulation, Satztechniken, Instrumentation) auf die Affektdarstellung und -erregung bezogen. Und von Anfang an wird dem Interpreten – als Sänger und Instrumentalisten – eine gewichtige Rolle für die Affektdarstellung zugewiesen.[126] Allerdings konzentrieren sich im 17. Jh. die Ausführungen noch auf Metrik, Tempo, Tonart, Instrumentarium und Intervallehre und werden erst im 18. Jh., vor allem durch Mattheson, Krause und Quantz, zu komplexen Definitionen ausgeweitet.

Grundsätzlich wurden für die positiven Affektbereiche wie Freude und Jubel Dur-Tonarten, schnelleres Tempo, höhere Lagen, konsonante und größere Intervalle gefordert. Für Affekte wie Zorn, Haß oder Raserei galten ein schnelles bis sehr schnelles Tempo, rasante Läufe durch alle Register in schnell wechselnder Bewegungsrichtung und scharfe Dissonanzen als angemessen. Der Bereich von Trauer und Schmerz sollte durch langsame Tempi, Moll-Tonarten, enge Intervalle (Chromatik), häufige Dissonanzen und dunklere Lagen dargestellt werden.

Die Tendenz, musikalische Mittel des Affektausdrucks registerartig aufzulisten und mit der Prätention ihrer allgemeinen Gültigkeit als Kanon zu behandeln, wie dies um die Mitte des 18. Jh. z. B. bei Friedrich Wilhelm Marpurg[127] begegnet, mag noch immer von der rationalistischen Hoffnung auf die Eindeutigkeit künstlerischer Affektdarstellung durch entsprechende Mittel zehren; gegenüber der kompositorischen Praxis von Rang nimmt sie sich aber eher als Kompensation von Verunsicherung aus: Der fortschreitenden, irritierenden Individualisierung des musikalischen Ausdrucks wird mit pedantischem Regelwerk begegnet, um so eine möglichst unkomplizierte Kommunikation zwischen Hörer, Interpret und Komponist zu retten.

Die Ausarbeitung einer umfassenden musikalischen Figurenlehre nach dem Vorbild der Rhetorik mit zahlreichen Figuren, die besonders pathoshaltigen Inhalten zugedacht waren (z. B. Pathopoiia, Parrhesia, passus duriusculus, saltus duriusculus usw.), beginnt 1599 mit der Kompositionslehre Joachim Burmeisters. Sie blieb bis in ihrer Auflösung in der 2. Hälfte des 18. Jh. vornehmlich eine deutsche Spezialität, deren Aussagekraft für die kompositorische Praxis der Zeit einstweilen noch umstritten bleibt.[128] Die Figurenlehre setzt z. B. im Bereich der Dissonanzbehandlung als ›Normalsprache‹ den intervallisch begründeten strengen kontrapunktischen Satz voraus, der aber im neuen Generalbaß-Satz zunehmend durch ein akkordisches Denken verdrängt wird, für das es allerdings bis zu Antonio Filippo Bruschis *Regole per il contrapunto* (1711) und Jean-Philippe Rameaus *Traité de l'harmonie* (1722) noch keine Theorie gibt. Damit gerät die Figurenlehre in Verdacht, z. B. unregelmäßige Dissonanzen zu rhetorischen Ausnahmen zu erklären, die im akkordischen Satz schon zur Regel gehörten.

Den fließenden Übergang von barockem zu empfindsamem rhetorischem Denken in der Musik signalisiert neben der Flötenschule von Johann Joachim Quantz (1752) vor allem Carl Philipp Emanuel Bachs Klavierschule von 1753. Bach

---

125 CHRISTIAN GOTTFRIED KRAUSE, Von der musikalischen Poesie (Berlin 1753), 94.
126 Vgl. MICHAEL PRAETORIUS, Syntagma Musicum, Bd. 3 (Wolfenbüttel 1619), 229 f.
127 Vgl. FRIEDRICH WILHELM MARPURG, Kritische Briefe über die Tonkunst, Bd. 2 (Berlin 1763), 273–276.
128 Vgl. z. B. CARL DAHLHAUS, Die Musiktheorie im 18. und 19. Jahrhundert. Zweiter Teil: Deutschland, in: F. Zaminer/T. Ertelt (Hg.), Geschichte der Musiktheorie, Bd. 11 (Darmstadt 1989), 140–145; WERNER BRAUN, Deutsche Musiktheorie des 15. bis 17. Jahrhunderts. Zweiter Teil: Von Calvisius bis Mattheson, in: Zaminer/Ertelt (Hg.), Geschichte der Musiktheorie, Bd. 8/2 (Darmstadt 1994), 332–337; HANS HEINRICH EGGEBRECHT, Heinrich Schütz. Musicus Poeticus (Heinrichshoven 1984), 80–102.

übertrug das für die barocke Ästhetik zum locus classicus gewordene Postulat der Autoaffektion des Künstlers im Dienste der Affekterregung des Rezipienten auf den Komponisten wie den Interpreten, wobei der permanente terminologische Wechsel zwischen ›Rührung‹, ›Empfindung‹ und ›Affekt‹ schon auf die neue historische Situation hinweisen mag:»Indem ein Musickus nicht anders rühren kan, er sey dann selbst gerührt; so muß er nothwendig sich selbst in alle Affeckten setzen können, welche er bey seinen Zuhörern erregen will; er giebt ihnen seine Empfindungen zu verstehen und bewegt sie solchergestalt am besten zur Mit-Empfindung. Bey matten und traurigen Stücken wird er matt und traurig. Man sieht und hört es ihm an. Dieses geschieht ebenfals bey heftigen, lustigen, und andern Arten von Gedancken, wo er sich alsdenn in diese Affeckten setzet.« Entscheidend für das neue Affekt-Denken aber ist die Vorstellung des schnellen Affektwechsels in einem Satz. Gegen die noch bis in die fünfziger Jahre wiederholte Forderung eines Einheitsaffektes für einen Satz oder mindestens einen größeren musikalischen Abschnitt insistiert Bach insgesamt auf der expressiven Betonung des musikalischen Details und auf dem hurtigen Wechsel zwischen verschiedenen Affekten:»Kaum, daß er einen stillt, so erregt er einen andern, folglich wechselt er beständig mit Leidenschaften ab.«[129] Bach hat dieses expressionistische Prinzip insbesondere in seiner Ästhetik der Improvisation innerhalb der Klavierschule näher begründet und in vielen seiner Klavierkompositionen für die Zeitgenossen mustergültig realisiert.[130] Der klassizistischen ›Schönheit der Ordnung‹ (Baumgarten) setzte er damit – auch expressis verbis – seine Ästhetik des »Schönen der Mannigfaltigkeit«[131] entgegen.

6. ›Natürliche‹ Zeichen der Leidenschaften

Eine wichtige Zäsur in der Affekttheorie des 18. Jh. verband sich mit der Systematisierung der Künste nach semiotischen Gesichtspunkten. Die dabei besonders von der französischen Nachahmungstheorie bevorzugte Klassifizierung nach ›natürlichen‹ und ›willkürlichen Zeichen‹ ordnete Dichtung und Rhetorik den willkürlichen Zeichen zu, Musik, bildende Kunst, Tanz und Architektur dagegen der Klasse der natürlichen Zeichen. Im Unterschied zu den arbiträr gesetzten Zeichen der Dichtung (signes arbitraires), die einem hohen Grad historisch gebundener Konventionierung unterliegen, galten die natürlichen Zeichen, zu denen man alle gestischen, mimischen und lautlichen Ausdrucksbekundungen rechnete, als anthropologische Konstanten menschlichen Ausdrucksverhaltens, als eine Sprache»de la simple nature […] que nous savons tous en naissant«[132]. Und unter dem Gesichtspunkt der affektiven Anmutung schienen natürliche Zeichen und die auf sie sich gründenden Künste den Vorteil eines lernunabhängigen, intuitiv-emotionalen Verständnisses zu bieten, während der emotionale Effekt der Verbalsprache auf stärker rational-begrifflicher Vermittlung beruhte. Damit avancierten die Künste der natürlichen Zeichen und allen voran die Musik in der sensualistischen Ästhetik zum Paradigma einer ›natürlichen‹, unmittelbar rührenden Kunst. Musik war so freilich wesentlich auf die künstlerische Qualifizierung von affektbezogenen symptomatischen Lautäußerungen (Interjektionen) und sprachlichen Intonationsmustern festgelegt und hatte sich komplizierter kontrapunktischer Veranstaltungen zu enthalten.

7. Affekte in abstracto und die Ästhetisierung unangenehmer Affekte

Im Zuge des sensualistischen Emotionalismus des 18. Jh. vollzog sich im Rahmen der Diskussion um die tragischen Affekte Furcht, Schrecken und Mitleid eine allmähliche Trennung der durch Kunst erregten Leidenschaften von moraldidaktischen Zwecksetzungen. Voraussetzung dafür war erstens, daß nun Affekte ohne einen direkten Gegenstandsbezug als positiver Erlebniswert betrachtet wurden, und zweitens die klare Trennung zwischen künstlerischer Darstellung und realem Leben. D. h., un-

---

129 BACH (s. Anm. 119), 122.
130 Vgl. HARTMUT GRIMM, Theorie und Praxis der ›freyen Fantasie‹ C. Ph. E. Bachs, in: Carl-Philipp-Emanuel-Bach-Konzepte, Bd. 4 (Frankfurt a. d. O. o. J. [1991]), 50–57.
131 BACH, Versuch über die wahre Art das Clavier zu spielen. Zweyter Theil (Berlin 1762), 336.
132 BATTEUX (1773), 338.

ter sensualistischen Prämissen wird die rezeptive Emotionalität zum Erlebnis sui generis umgedeutet, das zwar in den bildenden Künsten und in der Literatur von einem bestimmten Gegenstand erregt wird, dann aber getrennt davon als Eigenwert erlebt werden kann. »Nothing but Passion, in effect, can please us, which every one may know by Experience«[133], heißt es diesbezüglich bei John Dennis. Und Lessing hofft sich mit Moses Mendelssohn darin einig, »daß wir uns bey jeder heftigen Begierde oder Verabscheuung, eines größern Grads unsrer Realität bewußt sind, und daß dieses Bewußtseyn nicht anders als angenehm seyn kann? Folglich sind alle Leidenschaften, auch die allerunangenehmsten, als Leidenschaften angenehm.«[134] Georg Friedrich Meier hatte schon 1744 ganz Ähnliches formuliert.[135] Kann diese »Lust, die mit der stärkern Bestimmung unsrer Kraft verbunden ist«[136], für Lessing durch die Unlust verdeckt werden, die von der Stärke der unangenehmen Eigenschaften der sie verursachenden Gegenstände ausgeht, so entfällt dieses Unlustempfinden in der (Instrumental-)Musik, da ihr konkrete Gegenstandsbezüge fehlen. Musik sagt nicht, wer oder was worüber zornig, traurig usw. ist. Und Lessing schreibt im Hinblick auf Mendelssohns Fragestellung, warum unangenehme Affekte in der künstlerischen Nachahmung gefallen, verallgemeinernd und wohl doch vor allem auf Musik bezogen: »Die unangenehmen Affekten in der Nachahmung gefallen deswegen, weil sie in uns ähnliche Affekten erwecken, die auf keinen gewissen Gegenstand gehen. Der Musikus macht mich betrübt; und diese Betrübniß ist mir angenehm, weil ich diese Betrübniß bloß als Affekt empfinde, und jeder Affekt angenehm ist. Denn setzten Sie den Fall, daß ich während dieser musikalischen Betrübniß wirklich an etwas Betrübtes denke, so fällt das Angenehme gewiß weg.«[137] Lessing skizziert hier, auf Musik bezogen, im Vorübergehen eine erste Theorie der Affekte ›in abstracto‹, die sich unter seinen ansonsten wenig spektakulären Äußerungen zur Musik recht exklusiv ausnimmt und in den späteren Schriften – etwa im *Laokoon* (1766) – ohne weitere Konsequenzen geblieben ist.

Ängstliche Moralisten wie Marpurg und Krause sahen im fehlenden deutlichen Gegenstandsbezug der Instrumentalmusik einen gravierenden Mangel, welcher der Aufklärung des Verstandes entgegenstand. Denn mit dem vermißten Gegenstand fehlte den rationalistischen Theoretikern in der Tradition Christian Wolffs auch die Möglichkeit der Erkenntnis der guten und bösen Ursachen der Affekte. So drängen Theoretiker wie Krause auf die Darstellung sanfter und positiver Affektbereiche in der Musik, um mit dem Hinweis auf die besänftigende Wirkung temperierter Affekte auf die Seele des Hörers wenigstens die kathartische Wirkung von Instrumentalmusik zu retten, wenn ihr schon die Aufklärung des Verstandes abgehe: »Bis auf die einzeln Umstände eines jeden Affects und dessen, der ihn hat, wird der Tonkünstler in seinen Tönen sich nicht herablassen können. Wenn die Musik also gleich durch wiederholte sanfte Empfindungen die Wildheit des Gemüths ausrottet, und solchermaßen die Leidenschaften reinigt, so kan sie dennoch den Verstand nicht bessern, wenn dis Wort die deutliche Einsicht der Sachen, oder die Erweiterung unserer Erkänntniß bezeichnen soll.«[138] So vermochte sich Instrumentalmusik unter aufklärerisch-rationalistischen Prämissen nicht von dem Verdacht zu befreien, »mehr Genuß als Cultur« zu bieten, da sie »nicht wie die Poesie etwas zum Nachdenken übrig bleiben läßt«[139].

Die Frage, warum die Erregung unangenehmer Affekte wie Schrecken, Schauer und Furcht auch in den Künsten Genuß bereiten kann, die im Unterschied zur Instrumentalmusik die pathoshaltigen Gegenstände darstellen oder benennen, wird im

---

133 JOHN DENNIS, The Usefulness of the Stage, to the Happiness of Mankind, to Government, and to Religion. Occasioned by a Late Book, Written by Jeremy Collier, M. A. (1698), in: Dennis, The Critical Works, hg. v. E. Niles Hooker, Bd. 1 (Baltimore 1939), 149.
134 LESSING an Mendelssohn (2. 2. 1757), in: Lessing (s. Anm. 96), 90.
135 Vgl. GEORG FRIEDRICH MEIER, Theoretische Lehre von den Gemüthsbewegungen überhaupt (Halle 1744), 124 f.; vgl. CARSTEN ZELLE, Angenehmes Grauen. Literarhistorische Beiträge zur Ästhetik des Schrecklichen im achtzehnten Jahrhundert (Hamburg 1987), 302 f.
136 LESSING (s. Anm. 134), 90.
137 Ebd., 91.
138 KRAUSE (s. Anm. 125), 39.
139 IMMANUEL KANT, Kritik der Urteilskraft (1790), in: KANT (AA), Bd. 5 (1908), 328.

18. Jh., wie Carsten Zelle gezeigt hat, vor allem mit dem Verweis auf die Differenz von Kunst und Leben diskutiert.[140] Bewirkt nach Batteux die evokative Macht der künstlerischen Darstellung schrecklicher Geschehnisse (Illusion) die Erregung unangenehmer Affekte, so sorgt die desillusionierende Realisierung des Fiktionalen durch Bewußtwerdung des eigenen Nichtgefährdetseins für das Vergnügen an diesen unangenehmen Leidenschaften »sans aucun mélange désagréable«. Das Resultat ist eine »terreur agréable«[141], die man in der englischen Theorie als »mixt passion«[142] und in Deutschland, etwa bei Moses Mendelssohn, als ›vermischte Empfindung‹ beschrieb. Mendelssohn ergänzte den Gedanken der angenehmen Desillusionierung unangenehmer Affekte mit dem Verweis auf den artifiziellen Wert des Kunstwerkes, während die französische und englische Theorie fast ausschließlich der emotionale Effekt des ›plaisir de la terreur & de la pitié‹ interessierte. Nach Mendelssohn verbindet sich mit dem Modus der rezeptiven Desillusionierung künstlerischer Fiktionalität das Vergnügen an der Geschicklichkeit des Künstlers, wodurch die normalerweise unangenehmen Affekte geläutert und zu einer insgesamt angenehmen Wirkung gebracht werden.[143] Der Hinweis auf die artifizielle Leistung als Grund für die angenehme Anmutung unangenehmer Affekte oder moralisch problematischer und häßlicher Handlungen gehört allerdings, wie Erwin Rotermund nachgewiesen hat, schon zu den Argumenten der deutschen Barockpoetik. Jacobus Pontanus verweist 1594 in diesem Zusammenhang auf die ›excellens imitatio‹, und Georg Philipp Harsdörffer spricht in ähnlichem Kontext von der ›kunstschiklichen Nachahmung‹. Christian Hofmann von Hofmannswaldau berichtet gar, daß er eine »Blut-traurige Geschichte« in seine *Heldenbriefe* eingefügt habe, um »desto mehr Gelegenheit zuhaben auf unterschiede Arten meine Gedancken und Erfindungen zuverändern«[144]. Wichtig an Mendelssohns Auffassung ist jedoch, daß er – noch im Rahmen der Nachahmungslehre – die artifizielle Seite der künstlerischen Gestaltung zu einem übergreifenden, entscheidenden Wertkriterium aller künstlerischen Darstellung aufwertet, das im Ausdruck häßlicher oder negativer Affekte besonders offenkundig werde.[145]

Wie Carsten Zelle überzeugend dargetan hat, bedeuten die Erklärungen für das Vergnügen an der künstlerischen Darstellung schrecklicher Ereignisse, so unterschiedlich sie im einzelnen ausfallen, eine Absage an moralisch-didaktische Konzepte der Schreckensästhetik des 17. Jh. Der Affekt des Schreckens fungiert nicht mehr als Prinzip der moralischen Abschreckung oder der Einübung von Tapferkeit, sondern »als eigenständiger ästhetischer Wert«[146]. Die tragischen Affekte dienen jetzt dem Vergnügen, dem individuellen Selbstgenuß. Man kann hinzufügen, daß durch Theoretiker wie Mendelssohn mit der Nobilitierung unangenehmer Affektbereiche zum Prüfstein des Künstlerisch-Artifiziellen auch der Blick für den ästhetischen Eigenwert von Kunstwerken frei wird.

Die neuerliche Lust am Schauerlich-Schönen oder am angenehmen Grauen, die im 18. Jh. bevorzugt im Rahmen der Ästhetik des Erhabenen behandelt wurde, ist unter anderem als Folge der fortschreitenden Domestizierung von Natur durch Technik erklärt worden – etwa als Absterben der Angst vor Naturkatastrophen im Zuge der durchgreifenden Zivilisierung im Zeitalter der Aufklärung: »Was aus dem Leben vertrieben war, rettete sich in die Literatur.«[147] Auch eine als ursprünglich vorgestellte Lust am Leiden und an Grausamkeiten, die durch Kunst kompensiert wird, ist als Ursache in Erwägung gezogen worden.[148] Als fundamentale

---

140 Vgl. ZELLE (s. Anm. 135), 295–412.
141 BATTEUX (1773), 119, 121.
142 BURKE, 34.
143 Vgl. MOSES MENDELSSOHN, Von der Herrschaft über die Neigungen (1756), in: MENDELSSOHN, Bd. 2 (1972), 154 f.
144 Zit. nach ROTERMUND (s. Anm. 49), 67.
145 Vgl. HARTMUT GRIMM, Moses Mendelssohns Beitrag zur Berliner Musikästhetik und Carl Philipp Emanuel Bachs Phantasie-Prinzip, in: A. Gerhard (Hg.), Musik und Ästhetik im Berlin Moses Mendelssohns (Tübingen 1999), 165–186.
146 ZELLE (s. Anm. 135), 76.
147 RICHARD ALEWYN, Die Lust an der Angst, in: Alewyn, Probleme und Gestalten. Essays (Frankfurt a. M. 1974), 315.
148 Vgl. HERBERT DIECKMANN, Das Abscheuliche und das Schreckliche in der Kunsttheorie des 18. Jahrhunderts, in: H. R. Jauß (Hg.), Die nicht mehr schönen Künste. Grenzphänomene des Ästhetischen (München 1968), 290.

Ursache ist aber wohl doch das Motiv der Langeweile anzunehmen, auf das Du Bos ausdrücklich und ausführlich als Motiv seiner Ästhetik verweist.

Die Menschen (les hommes), schreibt er – und gemeint sind offenbar Hofadel, Amtsaristokratie und Großbourgeoisie –, verstricken sich in so viele Beschäftigungen und liefern sich unheilvollen Leidenschaften aus, nur um die Martern der Langeweile zu vertreiben.»Les passions qui leur donnent les joies les plus vives, leur causent aussi des peines durables & douloureuses; mais les hommes craignent encore plus l'ennui qui suit l'inaction, & ils trouvent dans le mouvement des affaires & dans l'yvresse des passions une émotion qui les tient occupés.«[149] Die durch Kunst erregten Leidenschaften hätten überdies den Vorteil, daß sie als Reaktion auf nachgeahmte Gegenstände nur »künstliche Leidenschaften« (des passions artificielles)[150] seien und als solche die unangenehmen Folgen von Leidenschaften im realen Leben aussparten.

Die klassische ästhetische Theorie Schillers strebt eine neue Synthese von Ethos und Pathos an. Im kritischen Reflex auf die Affektausbrüche und jähen Affektwechsel in der Kunst des Sturm und Drang auf der einen und rührseliger Literatur auf der anderen Seite soll sich leidenschaftliches Handeln und die Darstellung des Leidens (Pathos) mit individuell charakteristischer Beharrlichkeit, Anmut und Würde verbinden. »Der Affekt, als Affekt« gilt nun ästhetisch als »etwas gleichgültiges«, sofern ihm nicht »moralischer Widerstand«[151] entgegengesetzt wird, durch den sich das Prinzip der menschlichen Freiheit bewährt. Affektdarstellung im allgemeinen und die Darstellung des »tief und heftig«[152] leidenden Menschen im besonderen (Pathos) fungiert für Schiller hauptsächlich als Mittel der Demonstration von sittlich unabhängigem Handeln, wodurch Pathos mit Erhabenheit geadelt wird.

Im Zuge der Konfrontation des ästhetischen Denkens mit dem Geniebegriff und der Vorstellung der freien Selbstbestimmung eines autonomen Subjekts, die schließlich an jeglichem poetischen Regelwerk zweifeln läßt, verliert der Affektbegriff um die Wende zum 19. Jh. zunehmend an Gewicht. Seine theoretische Preisgabe korrespondiert mit der Reduktion von Gattungsstilen und automatisierten rhetorischen Formeln in der künstlerischen Praxis.

V. 19.–20. Jahrhundert

Entsprechend dem Postulat der Originalität und dem Insistieren künstlerischer Produktion auf individuellem Selbstausdruck des Künstlers seit der 2. Hälfte des 18. Jh. wandelte sich Ästhetik, die im 19. und 20. Jh. die emotionale Situation von Kunst reflektiert, zur Gefühls- oder Stimmungsästhetik. Dabei werden Gefühle im Unterschied zu Affekten, wie etwa in Friedrich Theodor Vischers großangelegter *Aesthetik* (1846/58), als das »Subjektivste im Subjekt«[153] definiert. In der Welt des ›reinen‹ Gefühls, so Vischer, ist die Welt der äußeren Objekte negiert. Diese geht nur in ihrer summarischen Wirkung auf die jeweils subjektiven Lebensbedingungen als Ursache der inneren Gestimmtheit in das Gefühl ein.[154] Reine Gefühle kreisen ohne Begehren, Wollen und Handeln in sich selbst. Demgegenüber erscheinen Affekte nicht nur als höherer Erregungsgrad, sondern auch als handlungsorientiert und zur Willensbekundung wie zur bewußten Unterscheidung zwischen Ich und äußerem Objekt drängend.[155]

Obwohl es auch in der Kunst des 19. und 20. Jh. an Beispielen der Anwendung grundsätzlicher Prinzipien der Affektdarstellung nicht mangelt, blieb die Aversion gegen systematisierbare Regeln des künstlerischen Ausdrucks, an die der Affektbegriff traditionell gebunden war, bestimmend. Der Affektbegriff verschwand zwar nicht völlig aus der ästhetischen Diskussion und überlebte vor allem in der deskriptiv-analytischen Kunstbetrachtung, wurde aber kaum noch in seinem Verhältnis zu künstlerischen Techniken und Verfahrensweisen theoretisch reflektiert.

Zu den wenigen Ausnahmen gehört Arthur

---

149 DU BOS, Bd. 1 (1770), 10.
150 Ebd., 26.
151 Vgl. FRIEDRICH SCHILLER, Ueber das Pathetische (1793), in: SCHILLER (NA), Bd. 20 (1962), 199.
152 Ebd., 196.
153 VISCHER, Bd. 5 (1923), 6.
154 Vgl. ebd., 7–15.
155 Vgl. ebd., 24–29.

Schopenhauers Metaphysik des Schönen. Die zentrale Kategorie des Willens in seiner Philosophie bildet dafür den Grund. Der Wille des Menschen, der als Objektivation des Willens ›an sich‹ auch sein Wesen begründet, ist nach Schopenhauer strebender, durch individuelle Zwecke, Wünsche und Motive bewegter Wille. Und das Glück und Wohlbefinden des Menschen besteht darin, »daß jener Uebergang vom Wunsch zur Befriedigung und von dieser zum neuen Wunsch rasch vorwärts geht, da das Ausbleiben der Befriedigung Leiden, das des neuen Wunsches leeres Sehnen, *languor*, Langeweile ist«[156]. Affekte gehören also aufgrund des begehrlichen Strebens seines Willens zum Wesen des Menschen. Sie sind bewegter, aus der Ruhe gebrachter und gesteigerter Wille.[157] Und da der Zweck jeglicher Kunst laut Schopenhauer darin besteht, durch adäquate Abbildungen von Ideen der Welt das wahre Wesen der Dinge, des Lebens, des Daseins zu erfassen, ist Kunst (insbesondere Malerei, Dichtung und Musik) wesentlich auch als Abbild der affektiven Bewegungen des menschlichen Willens gefaßt. Allerdings darf Kunstrezeption nach Schopenhauer selbst nicht affektiv besetzt sein. Denn sie drängt auf Erkenntnis der durch sie anschaulich vermittelten Ideen, und dies ist nach den Voraussetzungen seiner Philosophie nur für ein ›reines‹, das heißt von allen Regungen des Willens befreites Subjekt möglich. Schopenhauers Metaphysik der Musik ist gleichsam eine Metaphysik der Affekte und Gefühle. Dabei hat Schopenhauer keine substantielle Trennung zwischen Gefühl und Affekt zugelassen. Beide seien der Gegensatz zur abstrakten, begrifflichen Erkenntnis der Vernunft und auf begehrende oder verabscheuende Affektionen des Willens zurückzuführen. Gefühle, Leidenschaften und Affekte sind also Attribut des gehemmten, losgelassenen, befriedigten oder unbefriedigten Willens.[158] Unterschiede bestehen für Schopenhauer offenbar nur darin, daß Affekte – in deutlicher Anlehnung an stoisch-platonische Traditionen – als »Perturbation des *Willens*«[159] für die Grundtypen der momentanen und starken Erregungen stehen, während den Gefühlen der Lust und Unlust eine »große Mannigfaltigkeit von Graden und Arten«[160] testiert wird.

Mit seinem Wort, daß Musik als »die mächtigste«[161] Kunst Gefühle, Leidenschaften und Affekte ›in abstracto‹, nur ihrer bloßen Form nach, ›ohne den Stoff‹ abbildet, ist keine Abstraktheit im Sinne von ungenau oder unsinnlich gemeint, sondern ein Abstrahieren von konkreten Motiven und Objekten, auf die sie sich im Leben normalerweise beziehen.[162] Als unmittelbare Objektivation des Willens selbst stehen die durch Musik abgebildeten Affekte und Gefühle auf der gleichen Stufe wie Platonische Ideen. So gefaßt, sind es Ur-Bilder der affektgetriebenen Regungen des menschlichen Willens im Übergang zwischen Wunsch und Befriedigung, die Schopenhauer in der spannungsvollen Bewegung zwischen Konsonanz und Dissonanz, im Verhältnis zwischen Melodik und Metrik oder in der Entfernung der melodischen Bewegung vom Grundton und ihrer schließlichen Rückführung durch Musik zur Anschauung gebracht sieht. So sprechen aus einer Symphonie Beethovens neben dem »heftigsten Kampf, der sich im nächsten Augenblick zur schönsten Eintracht gestaltet«, auch »alle menschlichen Leidenschaften und Affekte: die Freude, die Trauer, die Liebe, der Haß, der Schrecken, die Hoffnung u. s. w. in zahllosen Nüancen, jedoch alle gleichsam nur *in abstracto* und ohne alle Besonderung: es ist ihre bloße Form, ohne den Stoff, wie eine bloße Geisterwelt, ohne Materie«[163]. Da die abstrakten »bloßen Formen« der Affekte, die Musik dem Hörer bietet, wie geometrische Figuren auf »alle möglichen Objekte der Erfahrung«[164] anwendbar sind, neigt der Hörer nach Schopenhauer dazu, diese möglichen Objekte und Motive im Rezeptionsakt selbst zu

---

156 ARTHUR SCHOPENHAUER, Die Welt als Wille und Vorstellung (1819), in: SCHOPENHAUER, Bd. 2 (²1949), 307.
157 Vgl. ebd., in: SCHOPENHAUER, Bd. 3 (²1949), 242.
158 Vgl. SCHOPENHAUER, Die beiden Grundprobleme der Ethik (1841), in: SCHOPENHAUER, Bd. 4 (²1950), 11; SCHOPENHAUER, Ueber die vierfache Wurzel des Satzes vom zureichenden Grunde (1813), in: SCHOPENHAUER, Bd. 1 (²1948), 143.
159 SCHOPENHAUER (s. Anm. 157), 242.
160 SCHOPENHAUER, Grundprobleme (s. Anm. 158), 11.
161 SCHOPENHAUER (s. Anm. 157), 512.
162 Vgl. SCHOPENHAUER (s. Anm. 156), 308 f.; SCHOPENHAUER (s. Anm. 157), 514.
163 SCHOPENHAUER (s. Anm. 157), 514.
164 SCHOPENHAUER (s. Anm. 156), 310.

realisieren, Musik also »mit Fleisch und Bein zu bekleiden und allerhand Scenen des Lebens und der Natur darin zu sehn«[165]. Einem solchen, womöglich affektiv erregten, phantasievollen Musikhören mochte Schopenhauer allerdings nicht das Wort reden. Denn wie Kunstrezeption überhaupt sollte der Musikgenuß als Schule der intellektuellkontemplativen Überwindung der nur Leid, das heißt Unzufriedenheit, Zwietracht und Unheil schaffenden Strebungen des Willens fungieren. Auch in dezidiert gefühlsästhetischen Theorien des 19. Jh. werden Aspekte der älteren Affekttheorien unter dem Begriff des Gefühls tradiert und modifiziert. Das gilt u. a. für die Katharsislehre, die z. B. Vischer wiederum vor allem in Hinblick auf die emotionale Wirkungsmacht der Musik auf ästhetisch vermittelte Gefühle übertragen und erweitert hat. In deutlicher Anlehnung an die von Schiller als Form- und Stofftrieb bezeichneten Prinzipien betrachtet er die ästhetisch bewirkte Katharsis als Verbindung einer rein sinnlich-elementar hervorgerufenen Entladung der »in der Strenge des Lebens« tabuisierten und also angestauten Gefühle mit einer Läuterung derselben durch die idealisierende »Wohlordnung« der künstlerischen Form. Wenn man entgegen dem diesbezüglich einseitig stofflich-pathologisch ausgerichteten Interesse der »Alten« am »Standpunkt des reinen ästhetischen Scheines« festhalte, könne man auf die Musik »ganz das Wort des Aristoteles von der Tragödie anwenden, daß sie die Leidenschaften reinige, indem sie dieselben erweckt. In der Strenge des Lebens hält der Mensch seine Empfindungen mit jener Scham zurück, welche das Innerste, Weichste wie eine Nacktheit der Seele verhüllt. Es

muß einen Ort geben, wo es erlaubt ist, dieser hinschmelzenden Auflösung, diesen stürmischen Aufregungen, diesen rückhaltslosen Geständnissen jeder schönen Schwäche sich ganz hinzugeben, sie recht zu erschöpfen und im Erschöpfen, durch die Wohlordnung der Form zum freien Schein, zum reinen *Bilde* einer harmonischen Welt umzugestalten.«[166]

Mit Herbert Spencers Buch *The Origin and Function of Music* (1858) erhielt die sensualistische Theorie der Musik als Kunst der ›natürlichen Zeichen‹ von Leidenschaften eine evolutionstheoretische Begründung, die Friedrich von Hausegger mit Bezug auf Darwins Buch *The Expression of the Emotions in Man and Animals* (1872) weiterführte und durch kulturhistorische Motive gleichsam relativierte.[167] Die ›unmittelbare‹ emotionale Anmutung, die Musik schon Batteux als eine natürliche Sprache der Leidenschaften erscheinen ließ[168], erklärte man sich damit, daß selbst in hoch organisierter Musik biologisch konstante Lautmuster überdauern. Deren Ursprung vermutete man in expressiv besetzten Formen der Lautdifferenzierung bei Tieren, wie sie sich etwa in ›Lock-‹ oder ›Scheuch-Signalen‹ zur Arterhaltung und im ›Kampf ums Dasein‹ ausprägten. Die Geschichte der Musik erscheint dann als Prozeß der »idealization of the natural language of passion«[169]. Hausegger, im Unterschied zur biologischen funktionalen Begründung der Differenzierung des Lautausdrucks bei Tieren, durch das menschliche Bedürfnis nach Mitteilung, Verständnis, Selbstgenuß und Bestätigung in der Gemeinschaft begründet sah. Die Entwicklung von Musik als Kunst des Ausdrucks von Gemütsbewegungen deutete Hausegger als Kehrseite bzw. Kompensation eines historisch akzelerierenden Prozesses der gesellschaftlich erzwungenen Verkümmerung von freiem menschlichem Ausdrucksverhalten. So habe die Knechtung des Körpers durch Arbeit, die entstellende Verkleidung durch Mode und die Funktionalisierung der Wortsprache als Mittel rein zweckgerichteter Kommunikation zur Verarmung des Körpergestik und des ihr korrespondierenden Lautausdrucks geführt.[170] Als kritische Gegeninstanz zur erbarmungslos rationalen Zweckorientierung »abnormer Gesellschaftsverhältnisse«[171] realisiere sich in den künstlerisch vermittelten Aus-

---

165 SCHOPENHAUER (s. Anm. 157), 514.
166 VISCHER, Bd. 5 (1923), 61.
167 Vgl. HARTMUT GRIMM, Musik und Natur – Musikalische Ausdrucksästhetik im 19. Jahrhundert, in: H.-W. Heister/K. Heister-Grech/G. Scheit (Hg.), Zwischen Aufklärung und Kulturindustrie (Hamburg 1993), 109 f.
168 Vgl. BATTEUX (s. Anm. 132).
169 HERBERT SPENCER, The Origin and Function of Music (Toronto 1858), 223.
170 Vgl. FRIEDRICH VON HAUSEGGER, Die Musik als Ausdruck (1885; Wien ²1887), 92–101.
171 HAUSEGGER, Gedanken eines Schauenden (München 1903), 276.

drucksformen der Gemütsbewegungen menschlicher Selbstzweck im Sinne von Selbstgenuß und Selbstfindung.[172] Hauseggers Ausdrucksästhetik verstand sich als Alternative zu Eduard Hanslicks formtheoretisch begründeter Disqualifizierung von musikalischen Gefühls- und Affektinhalten als wesentlich subjektives Phänomen laienhaften Musikhörens, das eher vom ästhetisch Spezifischen der Musik ablenke und sich wissenschaftlich nicht objektivieren lasse.[173] Tatsächlich aber war mit der Differenzierung zwischen anthropologisch konstanten Mustern der Artikulation affektiver Regungen und ihrer historisch-genetischen Qualifizierung zu künstlerischem Ausdruck ein theoretischer Ansatz formuliert, der im Begriff der Ausdrucksform zur Synthese von Form- und Ausdrucksästhetik drängte. Hier setzte um die Jahrhundertwende Hermann Kretzschmars Versuch der Restitution des Affektbegriffs als Grundlage einer wissenschaftlich begründeten musikalischen Hermeneutik an. Sein Versuch, den Affektbegriff als generelle Kategorie von Musikanalyse wiederzugewinnen, war von der Überzeugung getragen, daß auch neuzeitliche Musik als Synthese von allgemeinen emotionalen ›Hauptzügen‹ (Affekten) und deren Modifikation im je spezifischen Formprozeß zu einer besonderen Werkidee auf den Begriff zu bringen sei.[174]

Solche vereinzelten Bestrebungen der Rehabilitierung des Affektbegriffs als systematische kunsttheoretische Kategorie blieben im 20. Jh. zunächst faktisch wirkungslos. Erst seit den späten 70er Jahren ist der Affektbegriff in verschiedenen Beiträgen zur postmodernen Kunstdebatte wieder mit Vehemenz vorgetragen worden, vor allem im Umfeld von Film- und Musikästhetik. Die Voraussetzung dafür war die Zurücknahme oder Relativierung der Vorstellung eines autonomen Subjekts der Kunstproduktion und -rezeption und im Zusammenhang damit die Zurücknahme der namentlich durch die Hegelsche Ästhetik vollzogenen radikalen Trennung zwischen Kunst- und Naturprozessen. Beides war unter anderem in den evolutionstheoretisch und ethologisch begründeten Ausdrucksästhetiken des 19. Jhs. vorbereitet worden. Das Künstliche erscheint nun wieder ganz und gar als Teil der Natur: »L'artifice fait complètement partie de la Nature, puisque toute chose, sur le plan immanent de la Nature, se définit par des agencements de mouvements et d'affects dans lesquels elle entre, que ces agencements soient artificiels ou naturels.«[175] Für den Komponisten Wolfgang Rihm muß es ein Zustand von Natur selbst sein, aus dem Kunst ins Entstehen drängt.[176] Die Übernahme von traditionellen Funktionen des Dramas im Film einerseits[177] und die technischen Möglichkeiten der Veränderung von Geschwindigkeitsverhältnissen zwischen Objekten, Gebärden und Aussagen andererseits ließen den Film oder z.B. auch das Theater von Carmelo Bene – ähnlich wie verschiedene Musikkonzepte – als »subordination de la forme à la vitesse, […] subordination du sujet à l'intensité ou à l'affect«[178] erscheinen.

In der Musikanschauung gehört der Affektbegriff seit den späten 70er Jahren wieder zum ästhetischen Selbstverständnis von Komponisten, die sich von den Materialzwängen der Avantgardebewegungen der 50er und 60er Jahre (serielle Musik, Aleatorik, Minimal usw.) demonstrativ abgrenzen. Den Systemzwängen und Materialexperimenten

---

172 Vgl. HAUSEGGER (s. Anm. 170), 53 ff., 220.
173 Vgl. EDUARD HANSLICK, Vom Musikalisch-Schönen. Ein Beitrag zur Revision der Aesthetik der Tonkunst (Leipzig 1854).
174 Vgl. HERMANN KRETZSCHMAR, Anregungen zur Förderung musikalischer Hermeneutik (1902), in: Kretzschmar, Gesammelte Aufsätze über Musik, Bd. 2 (Leipzig 1911), 168–192; KRETZSCHMAR, Allgemeines und Besonderes zur Affektenlehre, in: Jahrbuch der Musikbibliothek Peters 18 (1911), 63–77, ebd. 19 (1912), 65–78; HARTMUT GRIMM, Hermann Kretzschmar: Restitution der Affektenlehre als wissenschaftliche Grundlegung musikalischer Hermeneutik, in: A. Gerhard (Hg.), Musikwissenschaft – eine verspätete Disziplin? (Stuttgart/Weimar 1999).
175 GILLES DELEUZE, Spinoza et nous (1978), in: Deleuze, Spinoza. Philosophie pratique (Paris 1981), 167.
176 Vgl. RUDOLF FRISIUS/WOLFGANG RIHM, ... zu wissen. Ein Gespräch, in: D. Rexroth (Hg.), Der Komponist Wolfgang Rihm (Mainz u.a. 1985), 48.
177 Vgl. KLAUS KANZOG, Der Film als philologische Aufgabe, in: U. Weisstein (Hg.), Literatur und bildende Kunst (Berlin 1992), 227f.
178 DELEUZE, Un manifeste de moins, in: C. Bene/Deleuze, Superpositions (Paris 1979), 114.

der ehemaligen Avantgarde setzen sie die Besinnung auf einen Ausdruckswillen entgegen, der keine vorkompositorischen Materialentscheidungen kennt.[179] Insbesondere in den Reden und Schriften Wolfgang Rihms steht der Affektbegriff für eine natürliche musikalische Rhetorik, die »Bewegung als Anfang von Komposition« und »Bewegtheit als ihre Folge«[180] anstrebt. Komposition beginne im Idealfall mit einer Art ›Urknall‹ und lasse die ihm innewohnenden Verlaufsrichtungen ohne Strategie und Reglement klangliche Gestalt werden. Sie schaffe damit affektiv besetzte Strukturen, die eindeutig sind und sich unmittelbar verständlich mitteilen. So sei Musik eigentlich gar keine Kunst, sondern ein Aufenthalt oder Agieren im Naturzustand von Phantasie und Denkbarkeit. Im Rekurs auf den Affektbegriff erscheint Musik wieder – ganz ähnlich wie bei Deleuze Kunst überhaupt – als »Teil von Natur«[181], in dem sich Prinzipien des Kreatürlichen und Vegetativen verwirklichen.

Hartmut Grimm

Literatur

ALEWYN, RICHARD, Die Lust an der Angst, in: Alewyn, Probleme und Gestalten. Essays (Frankfurt a. M. 1974), 307–330; AUERBACH, ERICH, Passio als Leidenschaft, in: Auerbach, Gesammelte Aufsätze zur romanischen Philologie (Berlin/München 1967), 161–175; BEHRENS, RUDOLF, Problematische Rhetorik. Studien zur französischen Theoriebildung der Affektrhetorik zwischen Cartesianismus und Frühaufklärung (München 1982); BERNECKER, KARL, Kritische Darstellung der Geschichte des Affektbegriffes (Berlin 1915); BODEI, REMO, Geometria delle passioni. Paura, speranza, felicità: filosofia e uso politico (Mailand 1991); BUELOW, GEORGE J., Music, Rhetoric, and the Concept of the Affections: A Selective Bibliography, in: Notes: The Quaterly Journal of the Music Library Association 30 (1973/74), 250–259; CAMPE, RÜDIGER, Affekt und Ausdruck. Zur Umwandlung der literarischen Rede im 17. und 18. Jahrhundert (Tübingen 1990); CRAEMER-RUEGENBERG, INGRID (Hg.), Pathos, Affekt, Gefühl. Philosophische Beiträge (Freiburg/München 1981); DIECKMANN, HERBERT, Das Abscheuliche und das Schreckliche in der Kunsttheorie des 18. Jahrhunderts, in: H. R. Jauß (Hg.), Die nicht mehr schönen Künste. Grenzphänomene des Ästhetischen (München 1968), 271–317; FINK-EITEL, HINRICH, Affekte. Versuch einer philosophischen Bestandsaufnahme, in: Zeitschr. f. philos. Forschung 40 (1986), 520–542; GRIMM, HARTMUT, Musik und Natur – Musikalische Ausdrucksästhetik im 19. Jahrhundert, in: H.-W. Heister/K. Heister-Grech/G. Scheit (Hg.), Zwischen Aufklärung und Kulturindustrie (Hamburg 1993), 105–113; GURMÉNDEZ, CARLOS, Tratado de las pasiones (Mexiko/Madrid 1985); GURMÉNDEZ, CARLOS, Crítica de la pasión pura (Mexiko/Madrid 1989/1993); GURMÉNDEZ, CARLOS, Ontología de la pasión (Mexiko/Madrid 1996); KAPP, VOLKER (Hg.), Die Sprache der Zeichen und Bilder. Rhetorik und nonverbale Kommunikation in der frühen Neuzeit (Marburg 1990); KIRCHNER, THOMAS, ›L'expression des passions‹. Ausdruck als Darstellungsproblem in der französischen Kunst und Kunsttheorie des 17. und 18. Jahrhunderts (Mainz 1991); KOCH, GERTRUD (Hg.), Auge und Affekt. Wahrnehmung und Interaktion (Frankfurt a. M. 1995); LECOAT, GERARD, The Rhetoric of The Arts, 1550–1650 (Bern/Frankfurt a. M. 1975); LEE, RENSSELAER W., Ut Pictura Poesis. The Humanistic Theory of Painting (New York 1967); LEVI, ANTHONY, French Moralists: The Theory of the Passions 1585 to 1649 (Oxford 1964); LUSERKE, MATTHIAS (Hg.), Die Bändigung der wilden Seele. Literatur und Leidenschaft in der Aufklärung (Stuttgart 1995); MATZAT, WOLFGANG, Diskursgeschichte der Leidenschaft. Zur Affektgestaltung im französischen Roman von Rousseau bis Balzac (Tübingen 1990); MÜHLEN, KARL-HEINZ ZUR, Die Affektenlehre im Spätmittelalter und in der Reformationszeit, in: Archiv für Begriffsgeschichte 35 (1992), 93–114; PLETT, HEINRICH FRANZ, Rhetorik der Affekte. Englische Wirkungsästhetik im Zeitalter der Renaissance (Tübingen 1975); RABBOW, PAUL, Seelenführung. Methodik der Exerzitien in der Antike (München 1954); RECKOW, FRITZ, Zwischen Ontologie und Rhetorik. Die des ›movere animos‹ und der Übergang vom Spätmittelalter zur frühen Neuzeit in der Musikgeschichte, in: W. Haug/B. Wachinger (Hg.), Traditionswandel und Traditionsverhalten (Tübingen 1991), 145–169; SCHINGS, HANS-JÜRGEN, Consolatio Tragoediae. Zur Theorie des barocken Trauerspiels, in: R. Grimm (Hg.), Deutsche Dramentheorien, Bd. 1 (Wiesbaden 1971), 1–44; SOLOMON, ROBERT C., The Passions (Garden City, N. Y. 1976); STEVENS, JOHN, Words and Music in the Middle Ages: Song, Narrative, Dance and Drama, 1050–1350 (Cambridge u. a. 1986); THIEME, ULRICH, Die Affektenlehre im philosophischen und musikalischen Denken des Barock. Vorgeschichte, Ästhetik, Physiologie (Celle 1984); WEYL, MARTIN, Passion for Reason and Reason of Passion: Seventeenth-Century Art and Theory in France, 1648–1683 (New York u. a. 1989); WIEG-

---

179 Vgl. MARTIN CZEMBOR, Affekt als Aspekt des ästhetischen Selbstverständnisses bei Wolfgang Rihm (Dipl.-Arb. Hochsch. f. Musik ›Hanns Eisler‹ Berlin 1992).
180 RIHM, Der geschockte Komponist, in: Darmstädter Beiträge zur Neuen Musik, hg. v. E. Thomas, Bd. 17 (Mainz 1978), 46.
181 RIHM, Verständlichkeit und Popularität – künstlerische Ziele? in: Darmstädter Beiträge zur Neuen Musik, hg. v. E. Thomas, Bd. 18 (Mainz 1980), 60.

MANN, HERMANN, Palaestra affectuum. Untersuchungen zum Einfluß der Tragödienlehre der Renaissancepoetik auf die Romantheorie des Barock, in: Germanisch-Romanische Monatsschrift, N. F. 27 (1977), 18–25; WIEGMANN, HERMANN (Hg.), Die ästhetische Leidenschaft. Texte zur Affektenlehre im 17. und 18. Jahrhundert (Hildesheim/Zürich/New York 1987); ZELLE, CARSTEN, Angenehmes Grauen. Literaturhistorische Beiträge zur Ästhetik des Schrecklichen im achtzehnten Jahrhundert (Hamburg 1987); ZOLTAI, DÉNES, Ethos und Affekt. Geschichte der philosophischen Musikästhetik von den Anfängen bis zu Hegel (Berlin u. a. 1970).

Allegorie

(griech. ἀλληγορία; lat. allegoria; engl. allegory; frz. allégorie; span. alegoría; russ. аллегория)

Einleitung; 1. Vorbemerkung: Drei Begriffe; 2. Die Aktualität der Allegorie; **I. Rhetorik und Hermeneutik; II. Allegorie als Figur;** 1. Metaphora continua (Cicero, Quintilian); 2. Allegoria in verbis und allegoria in factis (Augustinus, Beda, Thomas von Aquin, Dante); 3. Four master tropes (Ramus, Vossius, Vico, Baumgarten); 4. Copia vs. rhétorique restreinte (Erasmus, Pascal, Dumarsais, Fontanier); **III. Aesthetica;** 1. Barock; 2. Klassik; 3. Romantik; 4. Moderne; **IV. Postmoderne Allegorie;** 1. Allegorie nach der Subjektphilosophie; 2. Allegorie der Geschlechterdifferenz

Einleitung

1. Vorbemerkung: Drei Begriffe

Der Bezeichnung ›Allegorie‹ entsprechen drei Begriffe. Der folgende Artikel beschränkt sich auf den grundlegenden rhetorischen Begriff, der mit Quintilians Definition der Allegorie als fortgesetzter Metapher (metaphora continua) kanonisch geworden ist. Die ›Personifikation‹, eine der selbständigen Quellen des rhetorischen Begriffs, die schon im rhetorischen Wortgebrauch getrennt steht (fictio personae und prosopopoiia), wäre eigens zu behandeln. Dasselbe gilt für ›Figur‹ (Typologie) und mehrfachen Schriftsinn (Allegorie, Tropologie,

Anagogie), die ihrerseits unterschiedliche Quellen haben, aber in der mittelalterlichen Exegese in ein enges Verhältnis zueinander getreten und in diesem Verhältnis für die Geschichte der Ästhetik wichtig geworden sind. In Personifikation und der Allegorese nach dem mehrfachen Schriftsinn tritt der rhetorische Begriff der Allegorie auseinander in Anteile einer syntagmatischen, grammatisch-rhetorischen Substitutionstheorie und einer textorientierten, exegetisch-hermeneutischen Auslegungslehre. Die neuzeitliche Beschränkung der Allegorie auf Personifikation und religiös-moralische Auslegung haben die weitgehende Obsoletheit des Begriffs seit der Aufklärung zur Folge gehabt und außerhalb der doktrinalen Sphären an der Stelle des Allegoriebegriffs Nachfolgebegriffe wie die des ästhetischen Symbols, des symbolischen Leitmotivs und der literarischen Metapher motiviert.[1]

2. Die Aktualität der Allegorie

Die neuere Aktualität der Allegorie ist jüngeren Datums und in einem Wörterbuch der Ästhetik immer noch der eigenen Rede wert. Als Hans-Georg Gadamer 1960 in seinem hermeneutischen Hauptwerk *Wahrheit und Methode* von der »Rehabilitierung der Allegorie« gegenüber der »Erlebniskunst«[2] sprach und durchblicken ließ, daß die Allegorie keine schlechtere Weise des Ins-Benehmen-Setzens von Wahrheit mit Methode sei, war das Ausmaß der Rehabilitierung allenfalls ex negativo, im Ausmaß erneuter Verkennung zu ahnen. Die hermeneutisch halbierte Allegorie verdeckt die andere, rhetorisch-poetische Hälfte zur Gänze. Erst die langwierige Wiedergewinnung des in Walter Benjamins Trauerspielbuch gewonnenen

---

1 Vgl. WERNER KRAUSS, Symbol und Allegorie (1976), in: Krauss, Sprachwissenschaft und Wortgeschichte, hg. v. B. Henschel (Berlin 1997), 363–371; OSKAR WALZEL, Gehalt und Gestalt im Kunstwerk des Dichters (1923; Konstanz 1929), 360–364.
2 HANS-GEORG GADAMER, Wahrheit und Methode. Grundzüge einer philosophischen Hermeneutik (1960), in: GADAMER, Bd. 1 (1986), 76; vgl. GADAMER, Symbol und Allegorie, in: Archivio di filosofia 28 (1958), 23–28; CHRISTEL MEIER, Überlegungen zum gegenwärtigen Stand der Allegorie-Forschung, in: Frühmittelalterliche Studien 10 (1976), 2.

Niveaus in den 70er Jahren hat die Rede von der Rehabilitierung der Allegorie über ein erneutes historisches Interesse hinaus auch zu einer neuen Aktualität der Allegorie gebracht.[3] Nach einer erst im Rückblick deutlichen Latenzphase, zu deren allegorieträchtigen Entwürfen um 1960 Hans Blumenbergs *Metaphorologie* und 1970 Theodor W. Adornos *Ästhetische Theorie* gehören, fand sie 1979 in Paul de Mans *Allegories of Reading* ihren neuen Standard. In einem bahnbrechenden Aufsatz, der Allegorie und Ironie auf den gemeinsamen Nenner der ›Rhetoric of Temporality‹ brachte, hatte de Man den Stand der Rehabilitierung auf den Chiasmus der Namen Ernst Robert Curtius, Erich Auerbach, Benjamin und Gadamer gebracht (auch Gadamer hatte sich auf Curtius berufen): »After such otherwise divergent studies«, schreibt de Man, »we can no longer consider the supremacy of the symbol as a ›solution‹ to the problem of metaphorical diction.«[4]

In der Klammer der von Curtius beförderten Rhetorik und der von Gadamer betriebenen Hermeneutik liegen Auerbachs Figura und Benjamins Allegorie als historische Schnittmengen einer im ästhetischen Symbol überwundenen (überwunden geglaubten) Epoche. So verlief der Sonderweg der deutschen Klassik – Moritz' und Goethes Symbol – mitsamt den Spuren, die diese in der englischen Romantik namentlich bei Coleridge hinterlassen haben, gegen die Allegorie. Die Metapher als Maß aller Dinge – ›diction‹ ist der stilkritische Vorgänger des strukturalistischen Diskursbegriffs – war im Symbol nur einseitig und zeitweilig auf einen Nenner gebracht, der ästhetisch zählte. Jakobsons Zweiachsentheorie und Lacans Signifikantenkette teilen in den Begriff der Überlagerung von Metapher und Metonymie bzw. der Kollision beider diese Präferenz noch. Die Alternative von Allegorie und Symbol ist insofern die einer denkbar schlecht angesehenen metaphora continua (in Quintilians Verstand der Allegorie) und einer ästhetisch hochgeschätzten metaphora condensata (im Sinne der Metapher Jakobsons oder Lacans).[5] Wie Jakobsons zu Recht berühmte Anknüpfung an die rhetorischen Restbestände des 19. Jh. zeigt und seine unverhohlene Bewunderung für Goethes Symbol nicht mindert, ist die eine ohne die andere nicht zu denken. In der einen wie der anderen Metapher, der in der Allegorie quantitativ erweiterten Metapher wie dem durch ›superimposition‹ gesteigerten Symbol, findet sich in den neuen, linguistischen Termini rationalisiert, weiter- oder fortgeschrieben, was in der alten Rhetorik einer anderen Logik zugeschrieben wurde, die in Vicos »Logik der Phantasie« und der von ihr beherrschten »univoken Allegorie«[6] erneut manifest geworden war.

Entsprechend läßt Alexander Gottlieb Baumgartens Postulat schöner Evidenz, genauer deren schöner Eröffnung, »bella parhesia evidentiae«[7], die Rhetorik der Figuren nicht etwa hinter sich; im Gegenteil entwickelt Baumgarten die sinnliche Evidenz, für die seine Ästhetik bekannt ist, aus der »figura [...] cryptica«[8] der Allegorie. Bis heute verkannt, schließt schon die Gründungsschrift der

---

3 Vgl. WALTER BENJAMIN, Ursprung des deutschen Trauerspiels (1928), in: BENJAMIN, Bd. I/1 (1974), 203–430; BETTINE MENKE, Sprachfiguren. Name, Allegorie, Bild nach Benjamin (München 1991), 161–228; WILLEM VAN REIJEN (Hg.), Allegorie und Melancholie (Frankfurt a. M. 1992).
4 PAUL DE MAN, The Rhetoric of Temporality (1969), in: de Man, Blindness and Insight (Minneapolis ²1983), 191; vgl. DE MAN, Allegories of Reading. Figural Language in Rousseau, Nietzsche, Rilke, and Proust (New Haven/London 1979), 81; ANSELM HAVERKAMP, Allegorie, Ironie und Wiederholung. Zur zweiten Lektüre, in: M. Fuhrmann u. a. (Hg.), Text and Applikation. Theologie, Jurisprudenz und Literaturwissenschaft im hermeneutischen Gespräch (München 1981), 561–565.
5 Vgl. HAVERKAMP, Einleitung in die Theorie der Metapher, in: Haverkamp (Hg.), Theorie der Metapher (Darmstadt 1983), 15–17; CLAUS VON BORMANN, Unglückliche Begegnungen. Gadamers philosophische Hermeneutik und Lacans psychoanalytische Theorie der Deutung, in: Dilthey-Jahrbuch 8 (1993), 46–48.
6 FERDINAND FELLMANN, Das Vico-Axiom (Freiburg 1976), 39; vgl. GIUSEPPE MAZZOTTA, The New Map of the World. The Poetic Philosophy of Giambattista Vico (Princeton 1999), 95.
7 BAUMGARTEN, Bd. 2 (1758), 624.
8 BAUMGARTEN, Bd. 2 (1758), 533; vgl. HAVERKAMP, Metaphora dis/continua. Figure in de/construction. Mit einem Kommentar zur Begriffsgeschichte von Quintilian bis Baumgarten (1996), in: E. Horn/M. Weinberg (Hg.), Allegorie. Konfiguration von Text, Bild und Lektüre (Opladen 1998), 42–45; RÜDIGER CAMPE, Vor Augen Stellen. Über den Rahmen rhetorischer Bildgebung, in: G. Neumann (Hg.), Poststrukturalismus. Herausforderung an die Literaturwissenschaft (Stuttgart 1997), 208–225.

neuen Disziplin der Ästhetik, Baumgartens *Aesthetica* von 1750, in ihrem zweiten Teil von 1758 unter dem Titel ›Lux aesthetica‹ die Lücke zur Rhetorik, die sie eben erst aufgerissen hatte, in deren höchst eigenen Termini (lumina heißen konventionell die Ornamente). Die Diskontinuität der Rhetorik in der Ästhetik ist selbst noch eine Implikation von Rhetorik; es ist die Fähigkeit zur Diskontinuität, die es nötig macht, *vor* jeder Geschichte der Rhetorik die ihr implizite »rhetoric of history«[9] zu klären. Es ist dies nicht Sache einer ›Metahistory‹ von Geschichtsschreibung, die das von Hegel verkündete Ende der Kunst kompensieren könnte, sondern einer historischen »Metakinetik«[10] der zugrundeliegenden rhetorischen Strukturen. In ihr hätten die geistes- und ideologiegeschichtlichen Bewegungen ihr historisches, Geschichte produzierendes Apriori. Noch das Symbol als Inbegriff der neuen Auffassung des Ästhetischen verdankt die (scheinbare) Diskontinuität, die es von der Allegorie trennt, der (immer anders verdeckten) Kontinuität der metaphora continua genannten Allegorie, und es steht zu erwarten, daß die Ästhetik nicht die einzige und erste Revolution in der Substruktur rhetorischer Termini war.

turwüchsige Hermeneutik der Homerallegorese ›strukturalistisch‹ unterfangen worden zu sein und die Interpretation von der Divination oder Manipulation weiter- oder tiefergehender Bedeutungen älterer Texte und Mythen zu einer grammatisch-rhetorischen Analyse fortgeschritten zu sein. Die Allegorie ist von diesen Anfängen an keine primäre Figur, sondern seit ihrer rhetorischen Rationalisierung eine sekundäre, die aus der Metapher hervorgeht. Was immer es mit der Unterstellung der Priorität der Metapher als der zugrundeliegenden Figur auf sich haben mag, der rhetorische Allegoriebegriff setzt diese Priorität voraus, braucht sie, ja kreiert sie allererst. Die alltägliche Natur der Metapher, auf die man seit Aristoteles Wert gelegt hat[13], hindert nicht daran, ihre »technische Erklärung durch einen der ›natürlichen‹ Herkunft entgegengesetzten ›künstlichen‹ Ersetzungsakt zu definieren«[14]. Das heißt: Die Iteration immer neuer Substitutionen, welche die Substituierbarkeit der Tropen als solcher ausmacht, läßt deren alltägliche Herkunft so hinter sich wie die Rhetorik die Mythen. Genese und Mythos werden im rhetorischen Begriff der Allegorie funktional äquivalent, aber die in der rhetorischen Äquivalenz beider aufgehobene Ursprungsparadoxie der Metapher bleibt im fortgesetzten Ersetzungsakt der Allegorie als ›Mythos‹ latent wirksam; sie macht die Allegorie zur Figur der Latenz schlechthin. In der Moderne

I. Rhetorik und Hermeneutik

Die poetologische Bedeutung der Allegorie für den Begriff der Ästhetik kann deshalb gar nicht unterschätzt werden, sei es, man nimmt die Allegorie für die implizite Vorgeschichte der ästhetischen Phänomene oder die Ästhetik als eine tiefergelegte Phänomenologie der rhetorisch produzierten Effekte. Rhetorisch wie dann auch ästhetisch (seit Baumgarten) ist die Allegorie als Struktur entscheidend: ein grundlegender Strukturalismus, der den Allegoriebegriff auszeichnet, seit er (Plutarch ist der Zeuge) das griechische hyponoia (ὑπόνοια) ersetzte und die damit gemeinte Divination einer ›tieferen Bedeutung‹ als Moment von Darstellung auffaßte.[11] Es ist diese frühe »Rücksicht auf Darstellbarkeit«[12], welche schon die vorchristliche Allegorese mit Freuds weitreichender Revision rhetorischer Verfahren verbindet. Sehr früh in der Begriffsgeschichte der Allegorie scheint die na-

---

9 DE MAN, Epistemology of Metaphor (1978), in: de Man, Aesthetic Ideology, hg. v. A. Warminski (Minneapolis 1996), 50.
10 HANS BLUMENBERG, Paradigmen zu einer Metaphorologie, in: Archiv für Begriffsgeschichte 6 (1960), 11; vgl. HAYDEN WHITE, Metahistory. The Historical Imagination in Nineteenth-century Europe (Baltimore 1973), 31–38.
11 Vgl. JEAN PÉPIN, Mythe et allégorie. Les origines grecques et les contestations judéo-chrétiennes (1958; Paris 1976), 85–92.
12 SIGMUND FREUD, Die Traumdeutung (1900), in: FREUD (GW), Bd. 2–3 (1942), 344; vgl. JOEL FINEMAN, The Structure of Allegorical Desire (1981), in: S. J. Greenblatt (Hg.), Allegory and Representation (Baltimore 1981), 27.
13 Vgl. ARISTOTELES, Rhet. 3, 2; QUINTILIAN, Inst. 8, 6, 4.
14 CAMPE, Affekt und Ausdruck. Zur Umwandlung der literarischen Rede im 17. und 18. Jahrhundert (Tübingen 1990), 543.

wird sie an der Stelle der rhetorisch behaupteten (übernommenen, unterstellten, manipulierten) Mythen diesen äquivalente mythische Analoga hervorrufen.

Die entmythisierende Tendenz der griechischen und römischen Allegorese, deren ältester Ausgangspunkt Homers Epen sind und deren späteste, höchste und wirkungsmächtigste Blüte die *Metamorphosen* Ovids darstellen, läuft dem jüdischen wie dem christlichen Auslegungsinteresse zuwider, das die heidnische Technik zwar in ihren Termini übernimmt, aber den mythischen Charakter der Heiligen Schrift vehement verneinen muß. Die auch mit der endgültigen Historisierung oder Entmythisierung des Christentums nicht erledigte oder zu ästhetisierende Frage ist die der strukturellen, linguistischen Spezifität oder Originalität der neuen christlichen Allegorese, und zwar bis hin zur Vorläuferrolle für Freuds Psychoanalyse, auf die Paul Ricœur hingewiesen hat.[15] Die patristische ›Unterwerfung‹ der Rhetorik ist nur die eine, selbst wieder rhetorische Seite; sie darf nicht darüber hinwegtäuschen, daß die behauptete Differenz zur Rhetorik im Interesse der eigenen Traditionsbildung liegt.[16] Das über Rhetorik hinausgehende mystische Erkenntnisinteresse dieser Tradition kann nicht anders, als die gelehrten Motive der heidnischen Interpreten in einem ›limbo‹

historischer Verschattungen zurückzulassen, wie ihn Dante dem *Inferno* vorordnete: als ›umbra‹ im Unterschied zur ›figura‹ der alttestamentarischen Prophezeihungen, deren schattenhaftes Analogon Augustinus demselben Vergil zubilligte, der Dante als Führer dienen sollte.[17]

Die Konversion des Augustinus und die *Metamorphosen* Ovids bleiben konkurrierende poetologische Modelle weit über die spätere Antike und das Mittelalter hinaus, von denen das erste die mittelalterliche Hermeneutik beherrscht, das zweite aber weiterlebt und der dogmatischen Seite, sei es ›e contrario‹, als ›poetics of exegesis‹ die poetische Waage hält.[18] Es überlebt im Windschatten der Bibelallegorese, bevor es in der Renaissance eine erneute, poetische Hochkonjunktur erfährt. Denn die Antike ist nicht trotz des Mittelalters, sondern durch das Mittelalter überliefert worden. Der dort ausgetragene Konflikt der Interpretationen von Poetik und Hermeneutik, strukturaler Allegorese der Mythen und heilsgeschichtlicher Allegorese der Offenbarung, bleibt in der Geschichte der Allegorie allgegenwärtig – ein Vexierbild historischer Inkonsistenzen nicht zuletzt deshalb, weil der moderne Geschichtsbegriff ein Effekt dieses Konflikts ist und die Literaturgeschichte tief in ihn verwickelt.

Als Modell für die Historisierung von Heilsschichte und deren aufgeschobene Erfüllung hat die Doppelstruktur der Allegorie den modernen Begriff von Geschichte vorbereitet und den Grund für ihr politisches Interesse im Mittelalter gelegt.[19] Dagegen scheint die mythische Variations- und Refigurationsgeschichte der *Metamorphosen* Ovids seit der Renaissance eher literarischer Art und war doch nicht ohne polithermeneutische Provokationen, die in Salman Rushdies Roman *Satanic Verses* (1988) ein jüngstes Skandalon produzierten, wobei natürlich der Umstand, daß es sich um ein Stück Ovidrezeption handelt, die geringste Rolle spielte. Ovids Einfluß ist ein breiter, weniger im Mittelalter als in den neueren nachreformatorischen Literaturen gebremster Strom, und noch den narrative Depotenzierung des Korans bei Rushdie ist ohne ihn nicht zu denken. Hans Jonas und der von ihm zitierte Oswald Spengler haben die vom notorischen ›spät-griechischen Geist‹ ins Werk gesetzte »zeitige allegorische Freisetzung der Gehalte« als

---

15 Vgl. PAUL RICŒUR, De l'interprétation. Essai sur Freud (Paris 1965), 35; TZVETAN TODOROV, On Linguistic Symbolism, in: New Literary History 6 (1974), 111–134.
16 Vgl. BLUMENBERG (s. Anm. 10), 15; BLUMENBERG, Kritik und Rezeption antiker Philosophie in der Patristik (1959), in: V. Bohn (Hg.), Typologie. Internationale Beiträge zur Poetik (Frankfurt a.M. 1988), 160.
17 Vgl. JOHN FRECCERO, Dante. The Poetics of Conversion (Cambridge, Mass. 1986), 54; MAZZOTTA, Dante, Poet of the Desert. History and Allegory in the Divine Comedy (Princeton 1979), 195, 221, 233.
18 Vgl. CATHERINE BROWN, Contrary Things. Exegesis, Dialectic, and the Poetics of Didacticism (Stanford 1998), 33, 91.
19 Vgl. HAVERKAMP, Typik und Politik im Annolied. Zum ›Konflikt der Interpretationen‹ im Mittelalter (Stuttgart 1979); ERNST H. KANTOROWICZ, The King's Two Bodies. A Study in Medieval Political Theology (Princeton 1957).

gnostische »Pseudomorphose«[20] denunziert und über den hermeneutischen Verlusten im Kampf der Weltanschauungen den mytho-poetischen Gewinn negiert.[21] An dieser Art Gnosis-Vorwurf leidet die hermeneutische Einschätzung der Allegorie bis heute: Als Aufweichung aller Gehalte und Ausverkauf aller Werte soll sie Kern der rhetorischen Korrumpiertheit aller dichterischen Werke sein.

Interessanterweise entspricht die Reihe der literarischen Epochenbegriffe den Phasen der poetisch-rhetorischen oder hermeneutischen Vorherrschaft. Die Renaissance der Antike bedeutet unter anderem die Wiederkehr der neutralisierten poetischen Seite der im Mittelalter in hermeneutischen Diensten stehenden rhetorischen Termini und Techniken. Dante und Geoffrey Chaucer waren zwar Anlaß genug, diese Periodisierung zu unterlaufen und entweder die Renaissance ins Mittelalter zu versetzen oder in diesem den Konflikt der Interpretationen als tiefergehende Bedingung anzuerkennen. Allegorieforschung fällt deshalb lange Zeit auseinander in mittelalterliche Allegorese auf der einen und ahistorische Mythenforschung auf der anderen Seite. Gadamers Rehabilitierung etablierte insofern ein neues Niveau, als die nachreformatorische Hermeneutik »geradewegs aus einer Rhetorik hervorgehen« ließ, »die im Grunde schon immer Hermeneutik war«[22]. Das trifft die Geschichte der Allegorie wie keine andere. Die kopernikanische Wende, die Gadamers Hermeneutik vollzieht, ermächtigt dazu, die rhetorische Tradition nachträglich als eine implizit hermeneutische zu ›verstehen‹, und das heißt: als eine solche zu re-konstruieren. In der Erasmus verpflichteten humanistischen Tradition liberalisiert eine verstärkte historische Kontrolle die theologischen Auflagen der dogmatischen Typologie. Sie hebt das theologische Differential der Allegorese in einer Art von Historismus auf, der die Flexibilität der alten Allegorese heuristisch weiternutzt und sogar darangeht, wie Calvin, exegetische Terminologie in rhetorische zurückzuübersetzen.[23] Es ist nicht zuletzt die neue exegetische Aufladung, die in der modernen Ästhetik durchschlägt.

Hat sich die nachreformatorische Hermeneutik die Rhetorik mitsamt der ihr eigenen Reaktionsbildung, der Ästhetik, unterworfen, so hat es sich die postkatholische Aufklärung (vornehmlich der romanischen Literaturen) nicht nehmen lassen, den rhetorischen Modus vivendi der mittelalterlichen Exegese als semiologische Vorgabe für einen symbolischen Universalismus zu rekuperieren, der von Marshall McLuhan und Northrop Frye bis zu Henri de Lubac und Ricœur in die unmittelbare Vorgeschichte des französischen Strukturalismus reicht.[24] Während in der deutschen Philologie Friedrich Ohly und seine Schule Gadamers und Habermas' Universalisierung der Hermeneutik mit deren eigenen Waffen der Historisierung widersprachen, bekam es die strukturalistische Semiologie mit den substantialistischen Rückständen und undurchschauten ontologischen Voraussetzungen der rhetorischen Termini zu tun, deren Krise, nicht deren Höhepunkt, Umberto Eco in den nachträglich hermeneutisch präokkupierten mittelalterlichen Diskursen sah: die ›chaosmische‹ Befreiung vom strukturellen Substrat der rhetorischen Termini in die Virtualität einer von Thomas von Aquin auf Joyce gekommenen (neoplatonischen) Anti-Struktur (struttura assente) ästhetisch ›offener Werke‹.[25] Was Eco an Thomas' Allegoriebegriff als Ästhetik avant la lettre wahrnahm, trifft sich in den modernistischen rezeptionsästhetischen Konsequenz mit Hans Robert Jauß' »Hinter- und Über-

---

20 HANS JONAS, Gnosis und spätantiker Geist, Bd. 1 (Göttingen 1934), 38, 43.
21 Vgl. BLUMENBERG, Epochenschwelle und Rezeption, in: Philosophische Rundschau 6 (1958), 94–120.
22 CAMPE, Melanchthons Allegorie zwischen Rhetorik und Hermeneutik, in: Horn/Weinberg (s. Anm. 8), 48.
23 Vgl. KATHY EDEN, Hermeneutics and the Rhetorical Tradition (New Haven 1997), 71; DEBORA KULLER SHUGER, The Renaissance Bible. Scholarship, Sacrifice, and Subjectivity (Berkeley 1994), 23.
24 Vgl. JEAN GREISCH, Hermeneutik und Metaphysik. Eine Problemgeschichte (München 1993), 87–109; MICHEL VAN ESBROECK, Herméneutique, structuralisme et exégèse. Essai du logique kérygmatique (Paris 1968).
25 Vgl. UMBERTO ECO, Opera aperta (Mailand 1962), 81–85; dt: Das offene Kunstwerk, übers. v. G. Memmert (Frankfurt a. M. 1977), 85–89; ECO, La struttura assente (Mailand 1968); dt.: Einführung in die Semiotik, übers. v. J. Trabant (München 1972).

welt des Unsichtbaren«[26], die Blumenberg dem mittelalterlichen Wirklichkeitsbegriff unterstellt hatte und die Jauß als historische Implikation der mittelalterlichen Allegorie auffaßte. Sowohl die hermeneutische (Gadamer, Ohly) als auch die ästhetische Deduktion des Allegoriebegriffs (Eco, Jauß) spielt den rhetorischen Anteil systematisch herunter: auf der einen, hermeneutischen Seite zugunsten der christlichen Originalität der mittelalterlichen Intentionen oder der modernen hermeneutischen Kontrolle; auf der anderen, ästhetischen Seite aufgrund der modernen ästhetischen Möglichkeiten schon der mittelalterlichen Allegorie.

Die technische Bestimmung der fortgeführten Metaphorik (metaphora continua) gilt dabei als narrativ wirkungsvolle, aber oberflächliche Lizenz, während die ästhetische Wertschätzung ganz auf die metaphorische Verdichtung (metaphora condensata) gerichtet ist und tiefergehende theologische oder psychoanalytische, utopische oder emanzipatorische Motive in sich bergen soll. Die ästhetische Aufhebung oder Freisetzung dieser Motive unterstellt eine historische Schwelle von ähnlicher Rigorosität, wie sie die Originalität der christlichen Allegorese gegenüber der rhetorischen Formation behauptet hatte und wie sie diese selbst auf den Plan gerufen hatte als nachmythische, nachnarrative, mythenkritische Operation. Tatsächlich ist die zweite, im Symbol verdichtete Allegorie als Effekt der ersten, in Narration nicht zu erschöpfenden Allegorie de-konstruierbar. Hatte der Strukturalismus an Typologien, Taxinomien und Narrativen gearbeitet, so fand der Poststrukturalismus in der Allegorie den Inbegriff eines nachstrukturalistischen Paradigmas; in ihm stehen sich rhetorische Struktur und hermeneutische Funktion einander gegenüber und sind irreduzibel. Man kann deshalb sagen: In der Allegorie treffen die beiden Aspekte der Rhetorik aufeinander, deren wechselseitige ›Destruktion‹ de Man in Nietzsches Dekonstruktion der Rhetorik an der Rhetorik insgesamt ins Werk gesetzt fand und gegen Hegels Ästhetik und Geschichtsphilosophie in toto gewendet wissen wollte.[27]

Die aporetische Darstellungsstruktur der Allegorie, die eine entsprechend radikalisierte Hermeneutik nach sich zog, bevor sie ihres dekonstruktiven Schicksals überführbar wurde, war in Blumenbergs *Metaphorologie* bis zu der krassen begriffsgeschichtlichen Provokation gediehen, daß die ›absolute Metapher‹ zur wichtigeren Quelle von Philosophiegeschichte wurde, als es deren begriffliche Substrate sein konnten.[28] In Anlehnung an Hugo Friedrichs *Struktur der modernen Lyrik* (1956), dessen These auch Adorno intrigierte, unterstreicht Blumenberg mit der Absolutheit der Metapher die Nichtrückführbarkeit der Übertragungen, in denen nicht allein die Sprache der Lyrik an ihre Grenze käme.[29] Als ›absolute‹ entsprechen sie dem Begriff der Allegorie als einer radikal fortentwickelten Metaphorik, auf der langfristig die Entwürfe und Bewegungen der Wissens- und Wissenschaftsgeschichte beruhen. In der Absolutheit der Übertragungen, die bis zur Unhintergehbarkeit von Rätseln geht, sind die Paradoxie der rhetorischen Struktur Allegorie und die supplementäre Aporetik ihrer hermeneutischen Funktionen als metakinetisches Moment dessen enthalten, was im post-histoire der Nachmoderne als Geschichte und Geschichten produzierende Agentur erscheint. In ihr hätte die Allegorie einen ästhetischen Ort, der weit gründlicher wäre und weiter zurückreichte als die Ästhetik der Moderne.

---

26 HANS ROBERT JAUSS, Entstehung und Strukturwandel der allegorischen Dichtung, in: Jauß (Hg.), Grundriß der romanischen Literaturen des Mittelalters, Bd. 6/1 (Heidelberg 1968), 147; vgl. JAUSS, Alterität und Modernität der mittelalterlichen Literatur (München 1977), 155.
27 Vgl. DE MAN, Allegories of Reading (s. Anm. 4), 131; HAVERKAMP, Figura cryptica. Paul de Man und die Poetik nach Nietzsche, in: J. Kopperschmidt/H. Schanze (Hg.), Nietzsche oder ›Die Sprache ist Rhetorik‹ (München 1994), 241–247; JACQUES DERRIDA, Mémoires. For Paul de Man (New York 1986), 76 f.
28 Vgl. BLUMENBERG (s. Anm. 10), 9–11; BLUMENBERG, Ausblick auf eine Theorie der Unbegrifflichkeit (1979), in: Haverkamp (s. Anm. 5), 438–454; JOACHIM RITTER, Vorwort, in: RITTER, Bd. 1 (1971), 9.
29 Vgl. HUGO FRIEDRICH, Die Struktur der modernen Lyrik (Hamburg 1956), 152; BLUMENBERG, [Diskussionsbeitrag], in: W. Iser (Hg.), Immanente Ästhetik. Ästhetische Reflexion (München 1966), 492.

II. Allegorie als Figur

Der (vermutliche) Vorgänger und zeitweilige Konkurrent des Allegoriebegriffs, die griechische hyponoia (ὑπόνοια) oder ›Tiefenbedeutung‹, hatte den eher gelehrten, esoterischen Charakter der Allegorese unterstrichen. Die Zusammensetzung von allos (ἄλλος) und agoreuein (ἀγορεύειν) in allēgoria (ἀλληγορία) nennt dagegen eine öffentlich-politische Doppelsprachigkeit, in der ›anderes reden‹ ein ›anderes verhandeln‹ impliziert, und zwar sowohl eines ›geheimen‹ Unterverständnisses des Gesagten wie auch eines darin enthaltenen ›elitären‹ Wissens.[30] Beide Bedeutungen treffen auf das Verständnis figürlich-metaphorischer Rede insgesamt zu, so daß Aristoteles, der das Wort Allegorie selbst nicht kennt, Metaphorik generell ein ›städtisches‹ Sprachverhalten mit einem Zug zu prägnanter Kürze nennt.[31] In der städtischen Gewitztheit des metaphorischen Sprachgebrauchs ist die überlegene Handhabung des sprachlichen Ausdrucks naturwüchsig rhetorisch. Allegorische Kompetenz geht darüber hinaus; sie ist an schriftlich vorgefertigten Texten gewonnen, wobei in der hermeneutischen Tradition die Ausbeute an ›tieferer Bedeutung‹ von exegetischen Zwecken geleitet ist. Im Unterschied dazu wird in der poetischen Praxis die intertextuelle Bezugnahme auf vorliegende, ihrerseits allegorisch vor-verfaßte und überlieferte Motive und Topoi maßgeblich. Harold Bloom hat deshalb den gesamten literarischen Kanon durch zugrundeliegende generalisierte Figuren eines allegorischen ›retroping‹ definiert, die nicht in dogmatischer Sinnproduktion kulminieren, sondern Teil eines kulturellen, kulturschaffenden und traditionsbildenden Prozesses des fortgesetzten ›misreading‹ sind, dessen Figuren »in clearly discernible schemes of re-arrangement«[32] bestehen.

1. Metaphora continua (Cicero, Quintilian)

Die rhetorische Theorie der compositio beschreibt solche ›re-arrangements‹ und ihre Schemata, und die Allegorie ist deren zentraler, paradigmabildender Begriff. Was ihn (im strengen, grammatischen Sinne) paradigmatisch macht, ist auch seine Crux: die doppelte Rolle der Allegorie als Trope und Figur, deren säuberliche Trennung in Handbüchern (nicht zuletzt auch dem Quintilians) als mehr oder minder fließend und folglich mißlungen gilt. De facto ist sie ein von der Praxis diktierter Kompromiß, der die prinzipielle Doppelung nicht beseitigen, sondern lernbar und handhabbar machen soll. So soll in der stark theorieorientierten vor- und pseudociceronianischen *Rhetorica ad Herennium* die maßgebliche, aber singuläre Bestimmung der permutatio den Sachverhalt der Allegorie in seiner ganzen Breite, über die problematische Grenze von Tropen und Figuren hinweg abdecken.[33] Cicero, der den griechischen Terminus vorzog und als erster im Lateinischen brauchte, sprach von einer Serie fortgesetzter ›tra[ns]lationes‹, was Quintilian, der sich durchgehend auf Cicero bezieht, die Herennius-Rhetorik aber nicht erwähnt, zu der berühmten Formel von der continua metaphora gebracht hat.[34] Sie befindet sich in einer durch Cicero keineswegs vermittelten Spannung zu der Bestimmung der permutatio, die mindestens bis Augustinus virulent bleibt und erst danach mehr oder minder in Quintilians Entscheidung, die Allegorie als Tropus und als Figur doppelt zu führen, untergeht.

Es scheint, die Herennius-Rhetorik gibt die allgemeinere, theoretisch klarere Version dessen, was Quintilian in einen komplexen, in späteren Zeiten immer weniger durchschauten Übergang ausdifferenziert. Das maßgebliche, in der Praxis schwierige Kriterium, auf das es Quintilian ankommt, ist selbst einfach: »Der Tropus hat es […] mit dem einzelnen Wort zu thun, an dessen Stelle ein anderes gesetzt wird, die Figur dagegen mit der inneren Verbindung der Wörter unter einander, welche verändert wird, ohne dass die ursprüngliche Be-

---

30 Vgl. JON WHITMAN, Allegory. The Dynamics of an Ancient and Medieval Technique (Oxford 1987), 263.
31 Vgl. JOHANNES SINNREICH, Die aristotelische Theorie der Metapher. Ein Versuch ihrer Rekonstruktion (München 1969), 272.
32 HAROLD BLOOM, The Breaking of Form, in: Bloom u. a. (Hg.), Deconstruction and Criticism (New York 1979), 7; BLOOM, A Map of Misreading (New York 1975), 105.
33 Vgl. Rhet. Her. 4, 34, 46; ›permutatio‹, in: Oxford Latin Dictionary, hg. v. P. G. W. Glare (Oxford 1982), 1347.
34 Vgl. CICERO, De or. 3, 41, 166; CICERO, Or. 27, 94; QUINTILIAN, Inst. 9, 2, 46.

deutung der Wörter verändert würde.«[35] Die syntaktische, ›innere Verbindung der Wörter‹ ändert die Bedeutung der in sie eingegangenen Wörter nicht zusätzlich, denn die permutatio liegt ihr voraus; sie geht gegebenenfalls sogar als ganze in die syntaktische Verbindung ein und wird in ihr verstärkt. Es scheint geradezu die semantische Pointe des Begriffs der permutatio sein, den griechischen Begriff so zu interpretieren, daß er im Hinblick auf deren syntaktische Kombinierbarkeit und Entfaltungsmöglichkeit eine Änderung von ›Bedeutung‹ bedeutet.

Anstelle des späteren Vorurteils, daß die wortsemantische Änderung, die in der Metapher der Allegorie vorausliegt, in der Entfaltung zur Gedankenfigur nichts als ›Gedanken‹ zum Inhalt hätte, steht bei Quintilian ein protosyntaktisches Bündel von Bestimmungen, die den semantischen Begriff der über die Tropen geleisteten mutatio modifizieren. Da eine genaue Analyse des 6. Kapitels (8. Buch) über die Tropen und des anschließenden 1. Kapitels (9. Buch) über die Figuren in der *Institutio oratoria* aussteht (vom Ort dieser beiden Kapitel und ihrem Bezug aufeinander im Kontext des ganzen Werks zu schweigen), ist für den Allegoriebegriff nur tentativ festzuhalten, daß er im Trend der schrittweisen Entfaltung der mutatio liegt, mit deren terminologisch beziehungsreicher, aber weitgehend ungeklärter Einführung das Tropenkapitel einsetzt.[36] Der Begriff der mutatio, heißt es dort, ist selbst schon translatio, und sei es auch nur in der logisch simplen Form einer suppositio simplex, in der mutatio das griechische Wort τροπή (tropē)

---

35 RICHARD VOLKMANN, Die Rhetorik der Griechen und Römer in systematischer Übersicht (1872; Stuttgart ²1885), 460.
36 Vgl. QUINTILIAN, Inst. 8, 6, 1–3.
37 Vgl. CORNELIA VISMANN, Wort für Wort. Übersetzung und Gesetz, in: Haverkamp (Hg.), Die Sprache der Anderen. Übersetzungspolitik zwischen den Kulturen (Frankfurt a. M. 1997), 156.
38 Vgl. AUGUSTINUS, De doctrina christiana 3, 29, 40.
39 Vgl. JAN PINBORG, Logik und Semantik im Mittelalter (Stuttgart-Bad Cannstatt 1972), 31, 59; LAMBERTUS MARIE DE RIJK, Logica modernorum, Bd. 2/1 (Assen 1967), 493.
40 Vgl. ›metaphora‹, ›tropē‹, in: HENRY GEORGE LIDDELL/ROBERT SCOTT, A Greek-English Lexicon (1846; Oxford 1996), 1118, 1896.

in sein lateinisches Äquivalent übersetzt. Es ist dieselbe Übertragung, mit der diese translatio das griechische Wort μεταφορά (metaphora) übersetzt; und die lateinische Übersetzung des griechischen Wortes für ›Übersetzung‹ ist nach Quintilian am juristischen Standard des verbum pro verbo zu bemessen: d. h. der größtmöglichen Wörtlichkeit in der Übersetzung des im Gesetz Gesetzten.[37] Die grundlegende Bedeutung des Übersetzungsbegriffs für den Begriff der mutatio, wie er an der Übersetzung der griechischen Termini ins Lateinische gewonnen ist, ist aus der Anlage der Tropenlehre nicht wegzudenken. Noch Augustinus läßt die stehende Formel vom griechischen Namen der Tropen, die man Quintilian gerade noch abnimmt, nicht aus.[38]

Es ist unklar, wieviel und welche Logik aus dem Corpus der *Logica vetus*, welche stoischen Reste für die Darstellung Quintilians von Einfluß waren. Immerhin lassen eine Reihe suppositionstheoretischer Unterscheidungen der späteren scholastischen *Logica moderna* einige Rückschlüsse zu. Faßt man nämlich die erste, simple Supposition der mutatio als allgemeinste Form der ›suppositio impropria‹ auf, für welche die ›translatio poetica‹ der Metapher exemplarisch ist, dann setzt sich diese Entsprechung in der fortgesetzten translatio der metaphora continua zur Allegorie fort.[39] An dem Tropus der Allegorie zeigt sich diese Entsprechung darin, daß sie beides sein kann, Tropus und Figur: Sie ist eine Trope wie die Metapher und diejenige Figur, die als Fortführung der Metapher zum Tragen kommt. Daß sie *wie* eine Metapher funktioniert, heißt nicht, daß sie selbst eine ist, sondern daß sie wie alle Tropen an der Übertragungsleistung der Metapher qua translatio partizipiert. Sie besitzt die Flexibilität der Tropen, die in der Übertragungsleistung der Metapher ihr akkreditiertes Modell hat. Das ist alles andere als unproblematisch, denn es täuscht über ein wesentliches Moment hinweg: griech. tropē (engl. ›turn, turning‹) ist nicht dasselbe wie griech. metaphora (engl. ›transference‹).[40] Friedrich Wilhelm Riemer (Goethes Riemer), der in seinem Lexikon poetologische Interessen verfolgt, verzeichnet deshalb unter ›metaphora‹: »auch was wir Allegorie oder allegorisch nennen«. Unter ›tropos‹ (τρόπος) führt er aber zusätzlich zu der Standardübersetzung ›Wendung‹ die grammatisch-syntaktische ›Stellung‹ an, welche die tropologische Voraussetzung dafür ist, daß es von der Metapher zur Allegorie kommt.[41] Riemers Zeitgenosse Georg Ludwig Spalding, der letzte bedeutende Quintilian-Kommentator, unterstreicht (in seinem Kommentar zu 8, 6, 2 ff.[42]) anläßlich des oft mißverstandenen Unterschieds von proprium und translatum den syntaktischen Ort, locus, an dem ein proprium fehlt oder ein translatum besser (im Sinne von angebracht, vertretbar, erhellend) scheint: Er ist die Voraussetzung dafür, daß keiner Sache der Name, das grammatische nomen, abgeht, daß dann aber auf der Grundlage der eingetretenen Tropen neue aufsitzen können. Nietzsches rhetorische Hauptquelle, Gustav Gerber, wie schon in Ansätzen vor ihm August Friedrich Bernhardi in seiner *Sprachlehre* (1801/ 1803), hat die letzte verständliche Darstellung des Zusammenhangs gegeben: »Im Leben der Sprache gibt der *usus* den Bedeutungen einen gewissen Halt, und diese erhalten dadurch ein Anrecht als die *eigentlichen* (κύρια καὶ κοινὰ ὀνόματα) zu gelten, wogegen, wenn die dem Lautgebilde eigene Natur des τρόπος in einer Umwandlung der Bedeutung wieder hervortritt, dieses Neue als das *Uneigentliche* (ἄκυρον) erscheint.«[43] Gerbers Begriff der ›ästhetischen Figuren‹ ruht auf der Relativität dieses retroping; seine wie Bernhardis Spekulationen über eine ›primäre Bildlichkeit‹ haben darin ihr relatives Recht, daß die nach Quintilian beschriebene Metaphorizität eher eine primäre als eine sekundäre, konventionelle Qualität ist, und als solche soll sie die ästhetische Qualifikation von Sprache ausmachen.

Für die Allegorie, die (wie beispielsweise noch bei Riemer) eine direkte Konsequenz der grundsätzlichen Metaphorik aller Tropen ist, bedeutet das, daß die außersprachliche Referenz, auf die jeder Usus ein jedes proprium festlegt, in der Allegorie aus der metaphorischen Virtualität der Worte vom Bereich der facta in den der ficta überspringt. Mit anderen Worten: In der Abstimmung der tropischen Wendung auf die Übertragungsrichtung der Metapher, die in der (Entwicklung der) Allegorie stattfindet, exemplifiziert die Metapher die Semantik der Tropen, während die Allegorie als Figur die Semiotik fortschreitender Komplexionen

auf der syntaktischen Ebene möglicher Erweiterungen exemplifiziert. Das entspricht dem, was William Empson an der semantischen Ambiguität literarischer Texte als Komplexität von Worten beschrieben hat, die semantisch nicht (mehr) reduzierbar sind.[44] Semantisch reduzierbar ist die von Empson auf den Stand der modernen Poetik gebrachte Komplexion der Worte zum wenigsten auf referentielle Momente, was nicht ausschließt, im Gegenteil ermöglicht, daß eine mimetische oder realistische Modellierung der res zum Teil oder Zweck der allegorischen Darstellung wird, wobei der Begriff des factum zur szenisch gesteigerten Bedeutung eines poetologischen double plot kommt.

Die Allegorie ist mehr als die Summe ihrer Teile; selbst wo sie nicht tota allegoria ist, sondern aufgrund der Mischung zur permixta allegoria ein punktueller Rückgriff auf das metaphorische Substrat naheliegt, ist es nicht die Metapher, sondern der allegorische Nexus der Vermischung, der entscheidend ist.[45] Daraus ergeben sich zwei Extremfälle der Allegorie, die beide riskant und im Normalfall nicht zu empfehlen sind: Verrätselung in der Totalität der tota allegoria und Ironisierung in der Kontingenz der (aus diesem Grund auch ›apertis‹ genannten) permixta allegoria. Aenigma und ironia sind bei Quintilian allerdings nicht gleichgewichtig; das aenigma tut er als Sackgasse ab, die Ironie wertet er als gegenläufiges Moment zum totalisierenden Ausbau von ›Allegorieräumen‹ auf,

---

41 Vgl. ›metaphora‹, ›tropos‹, in: FRIEDRICH WILHELM RIEMER, Griechisch-Deutsches Hand-Wörterbuch, Bd. 2 (Jena/Leipzig 1820), 113, 907.
42 Vgl. GEORG LUDWIG SPALDING, [Kommentar], in: QUINTILIAN, De institutione oratoria, hg. v. G. L. Spalding, Bd. 3 (Leipzig 1808), 303 f.
43 GUSTAV GERBER, Die Sprache als Kunst, Bd. 2 (1871; Berlin ³1885), 19; vgl. CAMPE, Rhetorik-Forschungen (und Rhetorik), in: Modern Language Notes 109 (1994), 531.
44 Vgl. WILLIAM EMPSON, The Structure of Complex Words, hg. v. J. Culler (1951; Cambridge, Mass. 1987); DE MAN, The Dead End of Formalist Criticism (1956), in: de Man, Blindness and Insight (s. Anm. 4), 235–244.
45 Vgl. QUINTILIAN, Inst. 8, 6, 47.

und Lausberg folgt ihm darin.⁴⁶ Kann der esoterische Hang von Dichtung und Theologie zum aenigma auf sich beruhen bleiben, so verlangt die politische Erfordernis der dissimilatio, ein vitium, das von der Not zur rhetorischen Tugend zu führen ist, nach Bearbeitung. Nicht das Rätsel des aenigma, das für Augustinus die irreduzible semiotische Herausforderung wird, sondern die politische inversio und mit ihr das Mittel der Ironie ist für Quintilian wie zuvor Cicero das grundlegende Muster. Die inversio ruft die Formel des »aliud verbis aliud sensu«⁴⁷ (das eine in Worten, das andere in Sinnen) auf den Plan und mit ihr den politischen, epischen, romanhaften Ausbau möglicher Referenzen. Quintilian führt an erster Stelle die emblematisch gewordene Staatsschiff-Allegorie des Horaz an, die als Beispiel den Vorteil hat, den Begriff der Referenz im Bild der Naturgewalt mit zu reduzieren.

Das Anderssagen der Allegorie tendiert zur Verkehrung, die das Andere als ein contrarium der Ironie zuspielt.⁴⁸ Sind im Tropus der Ironie nur die Worte divers, so wird in der Figur der Ironie der Konflikt total und die Ironie zur Figur des Widerspruchs. Geht es Quintilian mit Cicero in erster Linie darum, den performativen Effekt in Termini von dissimulatio und illusio hervorzuheben, läßt er über die Antithese von verba und causae, die sich darunter verbirgt, doch nicht im unklaren.⁴⁹ Aus der konträren Relation der Ironie eher als aus der bloßen metaphorischen Relation der Übertragung, die durch die philosophische quaestio principii belastet ist, kommt es zu der Parallelität, in der die Allegorie ›aliud verbis aliud sensu‹ zur Darstellung bringen und als fortgeführte translatio effektiv werden kann. In der Alternative ›aut aliud verbis aliud sensu aut etiam interim contrarium‹ wird mit der Möglichkeit des Gegenteils die Metapher als Kriterium fraglich, und ein zweites genus der Allegorie tritt auf, das sine translatione, allein aufgrund der Markierung eines Eigennamens, wie auf ein Ironiesignal hin durchgehend funktioniert.⁵⁰

Beim kontinuierlichen Anderssagen der Allegorie kommt es, nicht anders als bei der Ironie, auf die Erkennbarkeit an, die im allgemeinen durch konsistente Übertragung gewährleistet und durch Rückübertragung aufschlüsselbar ist statt durch vorherige Kenntnis der Intention. Horaz gelinge es, sagt Walther Killy, »die Metapher Schiff, die den Zusammenhang des Ganzen begründet, in ihren Teilen so anwendbar zu machen, daß er sie nie verlassen muß. Nicht zuletzt daher entspringt die Einheit des Gedichts.«⁵¹ Nicht zuletzt daraus resultiert die Einheit des Gegenstands, der als Referent unsicher sein mag wie ein den Stürmen ausgesetztes Schiff und in ständigem Zurückgeworfen- und Zurückverwiesensein an sein Element der odischen Anrede entspricht, die ihm Horaz widmet: »O navis, referent in mare te novi fluctus!«⁵² (Wirft dich von neuem, o Schiff, ins Meer zurück die Flut.)

Man könnte sagen, die Rolle der Ironie in Quintilians Design der Tropen ist pragmatistisch, denn sie vermittelt zwischen historischer Kontingenz und politischer Funktion.⁵³ Für Quintilians Ausarbeitung ist die Ironie entscheidend, weil sie den Usus der Metapher, der von der Allegorie zum aenigma führt und in der philosophischen Begründung der Metapher latent ist, vermeidet.⁵⁴ Statt dessen übernimmt und verlängert die Ironie die technische Tugend der Metapher, brevior similitudo, der Kürze wegen, nicht der similitudo wegen, die in der Entfaltung der Allegorie zum unguten Usus wird.⁵⁵ Gegen diesen pragmatischen Zug der Rhetorik Quintilians besteht die Wende des Augustinus in der Verlagerung von der Ironie als Grundfigur der tropologischen Mutationen

---

46 Vgl. HEINRICH LAUSBERG, Handbuch der literarischen Rhetorik, Bd. 1 (1960; München ²1973), 441; LAUSBERG, Elemente der literarischen Rhetorik (München 1963), 139.
47 QUINTILIAN, Inst. 8, 6, 44.
48 Vgl. ebd., 8, 6, 54.
49 Vgl. ebd., 9, 2, 44–46.
50 Vgl. ebd., 8, 6, 46–47.
51 WALTHER KILLY, Allegorie sowie Personifikation, in: Killy, Elemente der Lyrik (München 1972), 96; vgl. JACQUES DUBOIS u.a., Rhétorique générale (1970; Paris 1982), 137.
52 HORAZ, Oden 1, 14, 1–2, in: Horaz, Oden und Epoden, hg. v. A. Kiessling/R. Heinze, Bd. 1 (Berlin ⁷1930), 72, MICHÈLE LOWRIE, A Parade of Lyric Predecessors. Horace C. 1. 12–1. 18, in: Phoenix 49 (1995), 33–48.
53 Vgl. RICHARD RORTY, Contingency, Irony, and Solidarity (Cambridge 1986).
54 Vgl. QUINTILIAN, Inst. 8, 6, 14.
55 Vgl. ebd., 8, 6, 8.

zum aenigma als deren gesteigerter, die antike ›Erkenntnispragmatik‹ übersteigender Leistungsfähigkeit.[56] Sie findet nicht gegen, sondern auf dem Boden der klassischen Begriffe statt. Das setzt allerdings die Einsicht voraus, daß schon bei Quintilian die Metapher ob ihrer philosophischen Vornotierung von zweifelhaftem Wert ist und die entscheidende Leistung der Allegorie für den Übergang von den Tropen zu den Figuren durch die philosophische Besetzung eher verstellt als erhellt wird. Quintilians Figurenkapitel ist kein prekär erweitertes Tropenlexikon, es etabliert in der Unterscheidung der Tropen eine protosyntaktische Voraussetzungslehre. Diese erstellt den formalen Ersetzungs- und Umbesetzungsrahmen, innerhalb dessen Änderungskategorien in einem ontologischen Sinne nicht erfaßt und abgebildet, sondern allererst artikulierbar werden. Aber das ist nicht mehr Sache der Rhetorik.

2. *Allegoria in verbis und allegoria in factis (Augustinus, Beda, Thomas von Aquin, Dante)*

Augustinus braucht die Rhetorik nicht zu ändern; er kann sie für seine Zwecke optimieren. Die Allegorie spielt dabei dieselbe entscheidende Rolle wie bei Quintilian. Augustinus kann die bei Quintilian umgangene, ihm später imputierte ontologische Unterstellung der Metapher als eine Art von heidnischer ›Uroffenbarung‹ erübrigen, denn die semiotische Struktur der Sprache hat in der verborgenen Ordnung der Dinge, dem ordo occultus der geschaffenen Welt, ihren Gegenstand und in den semantischen Gegebenheiten der Heiligen Schrift, ihrer allegorisch-tropologischen Struktur, den Schlüssel dazu.[57] Aufgrund dieser Offenbartheit braucht Augustinus keine metaphorologischen oder etymologischen Spekulationen. Er kann im Gegenteil von der möglichen Ambiguität jedes gegebenen Wortlauts der Schrift ausgehen und an deren Offenbarung die tropologische Analyse zu ganz ungeahnten Möglichkeiten führen.[58] Er geht soweit, der allgemeinen Präferenz für den Literalsinn den rhetorischen Vorrang des Figuralsinns als übergeordnete Option entgegenzuhalten. Dazu gehört in besonderer Weise das Verständnis der signa translata, die durch den Text der Bibel selbst autorisiert sind.[59] Als Metaphern mit Offenbarungscharakter entsprechen sie semantisch den rhetorischen Metaphern (minus deren philosophisches Über-Investment, das schon Quintilian herunterzuspielen versucht hatte). Das heißt: Als eine Art »konventionalisierter Metaphorik« impliziert diese neue, durch Offenbarung angeleitete Besetzung der Metaphorik kein »neues Verständnis«[60] gegenüber dem rhetorischen, wie neuere Autoren gemeint haben. Sie geben dem Verständnis des Mittelalters aber Anlaß zu ausgiebigen Allegorismen (einer Tendenz, die Quintilian, wie gesagt, zuwider war).

Schon Cicero, der bei Augustinus immer im Hintergrund steht, hatte eine semiologische Implikation der Allegorie, die im Mittelalter als ›zweite Sprache‹ oder ›Sprache der Dinge‹ aufgefaßt wird und sich nach Ohly zur ›Dingbedeutungskunde‹ auswächst, als einen selbstverständlich rhetorischen Sachverhalt behandelt.[61] Er hat sie sogar als besonders brillante, effektive Pointe der in der Allegorie aus einem einzelnen Wort entwickelten Metapher dargestellt.[62] Die biblische Hermeneutik bedeutet demgegenüber fast eine Einschränkung, denn die Konsistenzbildung beruht hier hauptsächlich auf der Menge der einschlägigen Schriftstellen und nicht allein, wie Cicero es meinte, auf der metaphorischen Kompetenz zur einfallsreichen Assoziation der bekannten Eigenschaften einfälliger res. Den entscheidenden Sonderfall einer eigenständigen Semiotik der res, der hermeneutisch zu Buche schlägt, stellt erst die Rolle der heilsrelevanten facta dar, deren Zeichencharakter Augustinus in

---

56 Vgl. BLUMENBERG (s. Anm. 10), 25.
57 Vgl. JOSEF KOPPERSCHMIDT, Rhetorik und Theodizee. Studie zur hermeneutischen Funktionalität der Rhetorik bei Augustin (1971), in: Kopperschmidt (Hg.), Rhetorik als Texttheorie (Darmstadt 1990), 339, 361.
58 Vgl. AUGUSTINUS, De doctrina christiana 2, 12, 18; 3, 29, 40.
59 Vgl. ebd., 2, 10, 15.
60 Vgl. ULRICH KREWITT, Metapher und tropische Rede in der Auffassung des Mittelalters (Ratingen u. a. 1971), 123; vgl. ANDREAS KABLITZ, Rhetorik vs. Hermeneutik?, in: Ars Semeiotica 10 (1987), 125.
61 Vgl. FRIEDRICH OHLY, Vom geistigen Sinn des Wortes im Mittelalter (1958/1959), in: Ohly, Schriften zur mittelalterlichen Bedeutungsforschung (Darmstadt 1977), 7.
62 Vgl. CICERO, De or. 3, 41, 166.

De doctrina christiana nach den Regeln des Tychonius (rhetorisch) behandelt, in *De trinitate* aber anhand der ersten Verwendung des Allegoriebegriffs in Paulus' Galaterbrief 4, 22 schon ins rechte Licht gerückt hatte: Dessen Satz ›quod non dictum, sed etiam factum‹ hat, kommentiert Augustinus, die Funktion der zusätzlichen Markierung, die im intertextuellen Bezug der beiden Testamente liegt.⁶³ Die Allegorie ist also von gesteigerter, semiotischer Effizienz, sobald es sich um intertextuelle Bezüge zwischen Texten und in der Tradition von Texten handelt. Diese Implikation des rhetorischen Begriffs bringt die Exegese des Mittelalters heraus und führt sie auch an kanonischen Werken der Antike wie Vergil und Ovid fort.

Die prägnante Unterscheidung von allegoria in verbis und allegoria in factis, die in der kurzen Abhandlung des Beda Venerabilis über die Tropen und Figuren enthalten ist, knüpft an Augustinus an und demonstriert einen immer noch ungebrochenen Bezug zu den rhetorischen Begriffen. Man kann nicht sagen, er nivelliere die Ökonomie, die Augustinus zwischen rhetorischer Deskription und den christlichen Auslegungsinteressen ermöglicht hatte.⁶⁴ Im Gegenteil zeigt sie sie in fest etablierten Grundzügen, die über Thomas von Aquin bis in die Reformation hinein funktionieren. Beda führt in konziser Kürze die stufenweise Entfaltung vor, die vom rhetorischen Begriff der Allegorie über die allegoria in verbis und in factis zur Lehre vom mehrfachen Schriftsinn führt und diesen als ursprüngliche Einfaltung, Implikation der Rhetorik

---

63 Vgl. AUGUSTINUS, De trinitate 15, 9, 15.
64 Vgl. JOHAN CHYDENIUS, The Theory of Medieval Symbolism (Helsinki 1960), 18.
65 Vgl. BEDA VENERABILIS, De schematibus et tropis [sacrae Scripturae], in: Rhetores latini minores, hg. v. C. Halm (Leipzig 1863), 617.
66 ARMAND STRUBEL, ›Allegoria in factis‹ et ›Allegoria in verbis‹, in: Poétique 6 (1974), 352.
67 Vgl. TODOROV, Recherches sur le symbolisme linguistique I, in: Poétique 6 (1974), 215-235; TODOROV (s. Anm. 15), 114.
68 Vgl. ECO, Arte e bellezza nell'estetica medievale (1987; Mailand 1994), 95-98; ECO, Il problema estetico in Tommaso d'Aquino (1956; Mailand 1972).
69 Vgl. THOMAS VON AQUIN, Quaestiones quodlibetales 7, 6, 15 f.
70 THOMAS VON AQUIN, Summa theologica 1, q. 1, a. 10, ad 3.

geradezu beweist.⁶⁵ Aus der Mittellage und Scharnierfunktion ergibt sich einerseits und grundsätzlich: »l'étagement des sens [im mehrfachen Schriftsinn – d. Verf.] n'est possible qu'à l'interieur de *l'allegoria in factis*«⁶⁶. Es ergibt sich daraus andererseits aber auch die permanente Fehlerquelle, die Beda selbst exemplifiziert und Armand Strubel, dem die erste gründliche Untersuchung zu Beda zu danken ist, als dessen eigene Konfusion ankreidet, daß sich eine Menge der Exegesen des mehrfachen Schriftsinns de facto von der darunterliegenden rhetorischen allegoria in verbis nicht lösen, ja nicht einmal zu lösen brauchen. Sie brauchen es nicht, denn die Grenze verläuft schon innerhalb der rhetorischen allegoria in verbis, als deren Explikation die allegoria in factis zu verstehen ist. Der eindrucksvolle Versuch Tzvetan Todorovs, an dieser Doppelung des Allegoriebegriffs zwei grundlegende Typen von Symbolik festzumachen, einen ›symbolisme propositionnel‹ und einen ›symbolisme lexical‹ oder ›symbolisme prédicatif‹, leidet darunter, daß er die Entfaltung der einen Symbolismus aus dem anderen, so wie sie rhetorisch praktiziert wird, verkennt und verwirft.⁶⁷

Noch die Unterscheidung des profan parabolischen Sinns von den geistigen Schriftsinnen, die Thomas von Aquin in der *Summa theologica* (1267–1273) festhält, wahrt diese Impliziertheit. Sie ist da die Grundlage des Literalsinns in den mehrfachen Sinn der Schrift eingegangen, als Einbettung, worin der eine Sinn am anderen partizipiert. Thomas spricht vom Literalsinn nicht, wie Eco unterstreicht, denotativ als einer Art von (referentieller) Bedeutung, sondern (quasi performativ) als göttlicher Aussageabsicht, welche im präfigurativen Diskurs der alttestamentarischen Prophezeiungen verborgen liegt und diese zu Anzeichen des faktisch Neuen im überlieferten Alten macht.⁶⁸ Deshalb kann es eine allegoria in factis allein in der Heilsgeschichte geben, während die profane Wissenschaft und Geschichte des Faktischen offen zutage liegen.⁶⁹ Mit Wissenschaft und Geschichte teilt das Neue Testament die allegoria in verbis; denn es ist buchstäbliche literale Erfüllung: »id quod est figuratum«⁷⁰ (was figurativ vorgegeben ist). Thomas legt Wert darauf, daß der parabolische Sinn sich auf der Ebene des Literalsinns bewegt, und das heißt in einer ›parabolischen‹ Parallele zur Aussageabsicht des Schöpfers, in welcher die rhetorische Metapher in verbis zur Wortschöpfung der Katachrese wird. Ecos Initiative läuft darauf hinaus (und sieht an Joyce exemplarisch gemacht), daß nach Thomas alle moderne Fiktion den Literalisierungsmodus des Neuen Testaments gegenüber dem Alten nachvollzieht.[71] In ihm wird die klassische abusio in verbis, die Katachrese, zum verdeckten Muster: zum Gebrauch einer allegoria in verbis, die mißbräuchlich vom Literalsinn der allegoria in factis profitiert. Die gängige moderne Fehlidentifikation des Literalsinns als referentielle Bedeutung bestätigt das Ausmaß der späteren Konfusion.

Produktiven Gebrauch von der figura der allegoria in factis macht die ›sakramentale Konstruktion‹ der Eucharistie, deren zeichentheoretische Grundlage Thomas festgeschrieben hat. Die griffige Definition der *Sentenzen* (1148–1151) des Petrus Lombardus lautete: »sacramentum id efficit quod figurat«[72]; der Rechtshistoriker Pierre Legendre, dem es um die institutionelle, institutionenbegründende Signifikanz dieser rituellen, theatralischen Definition geht, mit der Thomas die scholastische und die kanonistische Tradition verbindet, übersetzt: »the sacrament *performs* what it figures«[73]. Die sakramentale Festschreibung ist die eine Seite, auf deren anderer die Allegorie als bloßes Instrument zurückbleibt. Allerdings kündigt sich bei Thomas an, daß sich in der Reformation die Übertragungsrichtung vollends umkehren wird von der rhetorisch gestützten Erkenntnisfunktion der Allegorie bei Augustinus zur bloßen glaubensdienlichen Funktion ›ad recte credendum‹; die Ausgeglichenheit »propter necessitatem, et utilitatem«[74] (weil es sowohl notwendig, aber auch nützlich ist) verlagert sich auf die bloße convenientia. In derselben Terminologie hatte Anselm von Canterbury die »necessitas« der »picturae rationabiles« von den nichts als »convenienter«[75] überlieferten Allegorien der Exegese zu unterscheiden gesucht. Augustinus hatte dem, was die antike Erkenntnispragmatik als aenigma zurückstellte und die Rhetorik als schlechten Usus abgewiesen hatte, einen Sinn gegeben, den in der Heilsverwaltung durch die Kirche erneut auf Pragmatik zurückgeschnitten wird. Die aussagenlogische Reduktion der allegoria in factis, die Todorov vornimmt, rechtfertigt

diesen Schritt und ruft Fragen von »Autorität und Autorisierung«[76] auf den Plan, die mit der Reformation zentral werden.

In den Ausprägungen des mehrfachen Schriftsinns hatte, sieht man von seiner theologisch-dogmatischen Entwicklung ab, die doppelte Allegorie in verbis und in factis unterschiedliches Gewicht. Der Witz der Unterscheidung selbst ist rhetorischer Art, und es ist deshalb keineswegs so, daß die rhetorische Zuständigkeit auf die allegoria in verbis beschränkt wäre. Das Mißverständnis ist im Mittelalter selbst verbreitet und darum nicht geringer (Beda hat es geahnt). Strukturell ist ›in factis‹ von ›in verbis‹ nicht zu trennen; allein das gibt dem Literalsinn seine fundierende Bedeutung, nicht daß er, wie man diese Bedeutung de facto nahm, historisch ist. Der historische ist im Gegenteil erst der allegorischen, geistigen Sinne, was zur Folge hat, daß fromme Geschichtsforschung in der Exegese den allegorischen Sinn literalisierte und so politische Anwendbarkeit erzeugte.[77] Anthony Nemetz hat, leider ohne großes Echo, die Frage nach der zeichenpolitischen Besetzung des Literalsinns

---

71 Vgl. ECO, Arte e bellezza (s. Anm. 68), 121–123; ECO, Le poetiche di Joyce (1962; Mailand 1987); dt.: Die Poetiken von Joyce. Von der ›Summa‹ zu ›Finnegans Wake‹, in: Eco, Das offene Kunstwerk (s. Anm. 25), 313–328.
72 PETRUS LOMBARDUS, Sententiarum libri quatuor 4, 3, 1; vgl. THOMAS VON AQUIN, Scriptum super sententiis Petri Lombardi IV (Paris 1947).
73 PIERRE LEGENDRE, Id Efficit, Quod Figurat (It is the Symbol which Produces Effects). The Social Constitution of Speech and the Development of the Normative Role of Images, in: Legal Studies Forum 20 (1996), 250 f; vgl. IRÈNE ROSIER, Signes et sacrements. Thomas d'Aquin la grammaire spéculative, in: Revue des Sciences Philosophiques et Théologiques 74 (1990), 396.
74 THOMAS VON AQUIN, Summa theologica 1, q. 1, a. 9.
75 ANSELM VON CANTERBURY, Cur Deus homo 1, 4; 2, 8; lat.-dt., hg. v. F. S. Schmitt (München 1956), 16, 108.
76 CAMPE (s. Anm. 22), 56f.; vgl. TODOROV, Recherches (s. Anm. 67).
77 Vgl. HAVERKAMP (s. Anm. 19), 54–59; FREDERICK P. PICKERING, Irrwege der mittelalterlichen Geschichtsschreibung (Rupert von Deutz, Joachim von Fiore), in: Zeitschrift für deutsches Altertum 100 (1971), 270–296.

aufgeworfen und das Trivium für die unterschiedliche ›epistemologische Emphase‹ in Erwägung gezogen, die ein unterschiedliches Erkenntnisinteresse in der Anwendung des mehrfachen Sinns begründet hätte.[78] Strukturell sind facta und ficta ebenbürtig, was seit Prudentius die Macht der Personifikationen ausmacht.[79] Erst wo deren Stelle in der Allegorie faktisch besetzt wird, wie das bei Paulus geschehen ist, scheint es umgekehrt; das faktische Defizit der Fiktion tritt als solches hervor, und sie wird (zunächst, in der christlichen Allegorese) zum allegorischen »Ornament der typologischen Konstruktion«[80]. Während der typologische Bezug der beiden Testamente den mehrfachen Schriftsinn als einen doppelten rahmt, bleibt der parabolische Sinn ohne heilsgeschichtliche Bindung frei. Was nicht heißt, daß die beiden Sinne wechselseitig zitierbar und aufeinander projizierbar sind, von ihrem wildwüchsigen Gebrauch in der allegoria permixta nicht zu reden. Es entstehen »meta-allegories of reading«[81] in dem genauen Sinne, daß die weltliche Allegorie die geistige Allegorese für ihre Zwecke umliest. Daß auf diese Weise jede praktische, auch tagespolitische Anwendung Sache des geistlichen Sinns der allegoria in factis war und nicht der bloßen Worte, führt nicht zuletzt zum figuralen Syndrom der politischen Theologie, deren metaphorische Konstruktion keine pur rhetorische ist, sondern mit der Involviertheit der allegoria in factis rechnet.[82]

Dantes Bedeutung liegt nicht zuletzt in der exemplarischen Verbindung der beiden allegorischen Sphären, wenn auch die Menge der Interpreten Dantes darüber streitet, welcher er sich verschrieben habe, der Allegorie der Dichter oder der Allegorie der Theologen.[83] Die poetische Pointe der *Divina commedia* (1313/1321) liegt darin, daß sie beide zur Spiegelung bringt und damit die thomistische Einfaltung des parabolischen Sinns nicht nur voraussetzt, sondern umkehrt.[84] Die *Commedia* hebt die allegoria in factis in einer Meta-Allegorie auf: Nicht daß es (und ob es) sich um eine poetische Allegorie handelt, sondern daß sie die rhetorische Konstruktion der ›theologischen‹ Allegorie offenlegt, macht die *Commedia* zur poetischen Unternehmung.[85] Dante läßt die Allegorie der Dichter im ›limbo‹, der weltlichen Vorhölle der Rhetorik, hinter sich, wie er seinen Führer Vergil zurückläßt. Das *Convivio* zitiert für die Allegorie der Dichter die Orpheus-Metamorphose Ovids, deren Bedeutung Dante tropologisch wendet, indem die antike Allegorie des movere als Allegorie des vernünftigen Lebens in Kunst und Wissenschaft liest.[86] Das spricht nicht für Theologie. Dante verläßt sich lieber auf die philosophische Allegorese des ›integumentum‹, die Bernard Silvestris

---

78 Vgl. ANTHONY NEMETZ, Literalness and the Sensus Litteralis, in: Speculum 34 (1959), 81–89.
79 Vgl. REINHART HERZOG, Die allegorische Dichtkunst des Prudentius (München 1966), 112.
80 HERZOG, Metapher – Exegese – Mythos. Interpretationen zur Entstehung eines biblischen Mythos in der Literatur der Spätantike, in: M. Fuhrmann (Hg.), Terror und Spiel. Probleme der Mythenrezeption (München 1971), 175.
81 BROWN (s. Anm. 18), 129; vgl. WALTER HAUG, Literaturtheorie im deutschen Mittelalter von den Anfängen bis zum Ende des 13. Jahrhunderts (1985; Darmstadt ²1992), 46, 66.
82 Vgl. BLUMENBERG, Säkularisierung und Selbstbehauptung (Frankfurt a. M. 1974), 113; HAVERKAMP, Stranger than Paradise. Dantes irdisches Paradies als Antidot politischer Theologie, in: W. Ernst/C. Vismann (Hg.), Geschichtskörper. Zur Aktualität von Ernst H. Kantorowicz (München 1997), 93–103.
83 Vgl. CHARLES S. SINGLETON, Two Kinds of Allegory (1954), in: Singleton, Commedia. Elements of Structure (Cambridge, Mass. 1957), 84–98; RICHARD HAMILTON GREEN, Dante's Allegory of Poets and the Medieval Theory of Poetic Fiction, in: Comparative Literature 9 (1957), 118–128; ROBERT HOLLANDER, Allegory in Dante's Commedia (Princeton 1969); PÉPIN, La tradition de l'allégorie de Philon d'Alexandrie à Dante (Paris 1987), 279–285.
84 Vgl. ECO, L'Epistola XIII e l'allegorismo medievale, in: Carte Semiotiche 0 (1984), 28–29; MARIA CORTI, La cooperazione di tre strutture semiotiche. Allegoria in factis, speculum e modello sociale triadico, in: F. Alessio u. a. (Hg.), In ricordo di Cesare Angelini. Studi di letteratura e filologia (Mailand 1979), 1–9.
85 Vgl. HAVERKAMP, Leo in nubibus. Dantes Allegorie der Dichter zu Zeiten politischer Theologie, in: B. J. Dotzler/H. Schramm (Hg.), Cachaça. Fragmente zur Geschichte von Poesie und Imagination (Berlin 1996), 108–110; ZYGMUNT G. BARÁNSKI, La lezione di Inferno I. Allegoria, storia e letteratura nella Commedia, in: M. Picone (Hg.), Dante e le forme dell'allegoresi (Ravenna 1987), 79–97.
86 Vgl. DANTE ALIGHIERI, Convivio (entst. 1303–1308; ersch. 1490), in: Dante, Philosophische Werke, ital.-dt., hg. v. R. Imbach, übers. v. T. Ricklin, Bd. 4 (Hamburg 1996), 8 f.

Vergil gewidmet hat, als auf den mehrfachen Sinn, bei dem es ihm, nach dem berühmten Brief an Cangrande von Verona zu urteilen, allein auf die Doppelung des »alienum‹ sive ›diversum‹«[87] der Allegorie im griechischen Wortsinn ankommt, nicht auf die Weiterdifferenzierung der geistigen Sinne. Bernhard hatte das »integumentum« als »genus demonstrationis veritatis«, eine Erzählgattung zur Demonstration von Wahrheit, eingeführt, die in fabelhafter Erzählung (»sub fabulosa narratione«) Bedeutung involviert (»involvens intellectum«) und also Schleier (»involucrum«[88]) heißt. Die rhetorische Verfassung der Sprache als Schleier dessen, was der geistige Sinn des Wortes in derselben Sprache offenbart, ist Quintessenz einer Poetik der Exegese *nach dem*, und das heißt hier: *unter Voraussetzung* des mehrfachen Schriftsinns, die dessen theologische Pertinenz zum Ausgang für das poetisch Mögliche macht.[89] Der mehrfache Sinn, der rhetorischer Doppelsinn ist, ist genauer noch ein »repli«, in dem es – Georges Didi-Huberman nimmt Fra Angelico als unübertroffenes Beispiel – möglich wurde, »à la fois de préserver la transcendance du *mystère* et de faire jouer, constamment, l'immanence et la *visualité* des figures«[90]. Weniger die täuschende Referenz der Dinge und ihrer Ähnlichkeitsbeziehungen als die Ungesagtheit der Bezüge: die Qualitäten und Farben eher denn die Dinge selbst werden die Medien der Darstellung, auf deren gegenständlicher Oberfläche der Literalsinn der gesta nur vordergründig vorherrscht. Dantes Desinteresse an scholastischen Detailfragen zeigt, wie wenig es ästhetisch auf die Selbständigkeit der Sinnträger und ihre Gattungen (nach Hugo von St. Victor sechs[91]) ankommt, wieviel statt dessen an der Herausarbeitung des allegorischen Raums liegt, wofür die nach Christel Meier so genannte »Qualitätenallegorese«[92] das rhetorisch entscheidende Mittel in verbis ist. Das Augustinische Konzept überbietend, gelingt Fra Angelico, was Dantes poetisches Projekt entwirft, *im* Bild: die rhetorische Rückseite der Dinge, als Sphäre des Übergangs aus dieser Welt heraus, zu entwerfen.

Die poetologischen Auswirkungen der Verhüllungstechniken reichen bis in die Lyrik des John Donne und haben ihr letztes großes allegorisches Monument in Edmund Spensers *Faerie Queen*, die 1594 kein zeitgemäßes Werk mehr ist, sondern was man »The End of Allegory« genannt hat: Allegory »might be the ›chief ringleader and captain of all other figures‹, as it was in Sherry, and Puttenham can praise it for its courtliness […], but in all cases allegory has ceased to be synonymous with poetry«[93]. Mit anderen Worten: Der Allegoriebegriff der Zeit hat von der allegorischen Praxis des Mittelalters keine Ahnung mehr und wollte um so weniger damit zu tun haben, als der theologische Begriff diskreditiert war. Der Verlust, den die zitierten Poetiken von George Puttenham, Richard Sherry, Abraham Fraunce nicht aufzuwiegen vermögen, lautet deshalb auf ›Neoplatonismus‹, und dafür gibt es einschließlich Bernard Silvestris gute Gründe. Der strukturelle Befund ist damit allerdings nicht gut getroffen, denn die philosophische Allegorese hat, wie Dantes Werk bezeugt, den gesamten rhetorischen und exegetischen Apparat der Allegorie im Rücken; der hielt vor bis Spenser, enthielt dort aber schon den Kern späterer Entwicklungen und Verallgemeinerungen, die Edwin Honig, Angus Fletcher, Harold Bloom großräumig, von Milton bis Joyce, ausgeführt haben.[94]

Dante und Spenser beweisen, wie unsinnig es ist (unter Vernachlässigung der Allegorie), von »medi-

---

87 DANTE, Epistola 13 (ca. 1319), in: Dante, Philosophische Werke, ebd., Bd. 1 (Hamburg 1993), 10 f.
88 BERNARDUS SILVESTRIS, Commentum super sex libros Eneidos Virgilii, hg. v. W. Riedel (Greifswald 1924), 9.
89 Vgl. BROWN (s. Anm. 18), 129; MAZZOTTA (s. Anm. 17), 155; RITA COPELAND, Rhetoric, Hermeneutics and Translation in the Middle Ages (Cambridge 1991), 81 f.
90 GEORGES DIDI-HUBERMAN, Fra Angelico. Dissemblance et Figuration (Paris 1990), 230, 58; vgl. DANIEL ARASSE, Anonciation/Enonciation. Remarques sur un énoncé pictural au Quattrocento, in: Versus. Quaderni di studi semiotici 37 (1984), 3–18.
91 Vgl. HUGO VON ST. VICTOR, De scripturis et scriptoribus sacris, in: MIGNE (PL), Bd. 175 (1857), 21 A.
92 MEIER, Das Problem der Qualitätenallegorese, in: Frühmittelalterliche Studien 8 (1974), 430.
93 MICHAEL MURRIN, The Veil of Allegory. Some Notes Toward a Theory of Allegorical Rhetoric in the English Renaissance (Chicago 1969), 176.
94 Vgl. ANGUS FLETCHER, Allegory. The Theory of a Symbolic Mode (Ithaca 1964); EDWIN HONIG, Dark Conceit. The Making of Allegory (Evanston 1959).

eval fragmentation« und »distortion«[95] zu reden. Dazu kam es erst mit der oberflächlichen Rezeption der ramistischen Reform (Pierre de la Ramée) im 16. Jh., aus der die Allegorie zunächst verschwand. In der ramistischen Fragmentierung der Tropen gab es aber genug Reste, die auf Rekonfiguration drängten, am prominentesten die den metaphorischen Konstruktionen der alten Allegorie querliegende Metalepsis. Ihre Rolle in der nachmittelalterlichen Nachfolge der Allegorie ist bei Beda schon spürbar und hat insofern noch Anteil an der allegoria in factis, als die sie Beda der allegoria in verbis quasi in nuce einschreibt.[96] Unter Puttenhams originellen Neubenennungen der Tropen ist sie eine der treffendsten: »the far-fet«[97] (farfetcher). Was Beda als typologisches Minimum der Metalepsis zeigt und als deren tropologische Eignung zur Allegorie darstellt, kommt bei Puttenham weit hergeholt, ›out of context‹ ins Spiel; sie markiert im Text eine quasi typologische Projektion, die ihre Richtung in der Projektion verliert. Als Antidot zu orthodoxer Metaphorik und heilsgeschichtlichen Konstrukten hat die Metalepsis den großen Bogen der allegorischen récits von Dante bis Milton unterlaufen und aufgesprengt,

die Aufsprengung aber in den Begriff der Allegorie mit eingetragen.

Der Renaissancebegriff selbst nennt den double plot, der allegorisch die Antike durch die Neuzeit verdoppelt und diese Neugeburt von Shakespeares *Hamlet* (1601) bis Goethes *Werther* (1774) mehr oder minder blasphemisch die Geburt an der christlichen Zeitenwende parodieren läßt. ›Dramatic irony‹, destabilisiert bis zur ununterscheidbaren ›dramatic ambiguity‹, produziert eine postallegorische Komplexität des dramatischen Designs, die sich von punktuellen tropischen Irritationen zu kompletter Gegenläufigkeit der Motive auswächst. Sie begründet das, was Empson als postallegorischen double plot beschrieben und als Komplexität im Design behandelt hat, die wohl noch auf solche Irritationen zurückgeht, aber nur in ›ambiguities‹, semantischen Verunsicherungen, anzeigt, wo allegorische oder typologische Verbindlichkeiten vorlagen und zugrunde lagen.[98] Geoffrey Hartman hat, u. a. im Blick auf vorromantische ›allegories of reading‹, die »hidden presence« der von weither einbrechenden Textbefunde »reponsible for the contrapuntal effects of the inserted fable«, des double plot, gemacht und deshalb von »counterplots«[99] gesprochen. Virtuose des allegorischen double plot ist Miltons Satan und Inbegriff seiner allegorischen Kompetenz Machiavelli: »Like a Machiavellian prince, the allegorical hero can act free of the usual moral restraints.«[100] Schon für Puttenham hieß Allegorie deshalb eindeutig »false semblant«[101] und beruhte auf Gewalt und Betrug als jeder dissimulatio zwangsläufig inhärenten Voraussetzungen (den vitia, die von alters zu meiden waren). Bodmers epochemachende Einschätzung der Leistung Miltons für das deutsche 18. Jh., die Empsons und Hartmans Beurteilung seiner Leistung für die Nachgeschichte der englischen Romantik entspricht, hat das gegenläufige Moment des verborgenen Kontrapunkts ganz konsequent (und noch ohne Kenntnis der figura cryptica Baumgartens) auf den Nenner der Ironie, der »heimlichen Ironie«[102] gebracht, in dieser Ironie den dämonischen Mißbrauch aber immerhin als historisch aufklärbar gesehen.

---

95 BRIAN VICKERS, In Defense of Rhetoric (Oxford 1988), 214, 245.
96 Vgl. BEDA (s. Anm. 65); 612; LAUSBERG, Handbuch (s. Anm. 46), Bd. 1, 294.
97 GEORGE PUTTENHAM, The Arte of English Poesie (London 1589), 193 f.
98 Vgl. EMPSON, Some Versions of Pastoral (1935; London 1966), 29 ff.; EMPSON, Seven Types of Ambiguity (London 1930); CLEANTH BROOKS, The Well Wrought Urn. Studies in the Structure of Poetry (New York 1947), 31 ff.
99 GEOFFREY HARTMAN, Milton's Counterplot (1958), in: Hartman, Beyond Formalism (New Haven 1970), 114; vgl. HAVERKAMP, Milton's Counterplot. Dekonstruktion und Trauerarbeit 1637. ›Lycidas‹, in: Deutsche Vierteljahrsschrift für Literaturwissenschaft und Geistesgeschichte 63 (1989), 613.
100 FLETCHER (s. Anm. 94), 68; vgl. VICTORIA KAHN, Machiavellian Rhetoric. From the Counter-Reformation to Milton (Princeton 1994), 215–224.
101 PUTTENHAM (s. Anm. 97), 197.
102 JOHANN JACOB BODMER, Critische Abhandlung von dem Wunderbaren in der Poesie und dessen Verbindung mit dem Wahrscheinlichen (1740), hg. v. W. Bender (Stuttgart 1966), 213.

3. Four master tropes (Ramus, Vossius, Vico, Baumgarten)

Das Ensemble der von Kenneth Burke so genannten, von Vicos *Scienza nuova* (1725) aus dem Dornröschenschlaf geweckten master tropes von Metapher, Metonymie, Synekdoche und Ironie ist älter als diese jüngste Konjunktur.[103] Sie stehen in keinem ungefähren Verhältnis zum Allegoriebegriff, denn über sie verläuft untergründig die Rezeption seit der Rhetorikreform des Pierre de la Ramée.

Daß die vier Haupttropen auf Ramus zurückgehen, ist kaum bekannt, der Zusammenhang mit der Allegorie völlig übersehen oder als Schwundstufe bagatellisiert worden.[104] Richtig ist allerdings, daß bei Ramus die Allegorie in den vier Haupttropen verschwindet und dabei zum verborgenen Inbegriff dessen wird, was in Baumgartens Anknüpfung an Ramus »figura [...] cryptica«[105] heißt. Ramus selbst handelt von einer Form der dissimulatio, die jenseits des von ihm propagierten Methodenbegriffs den Dichtern vorbehalten ist und in der Adaption von Miltons *Art of Logic* (1672) als »crypsis of method«[106] zu englischer Prominenz kommt. Die selbst-subversive Natur der Tropen für jede Methode, die Ramus' selbst-ironischer Diskurs miteinverleibt, täuscht mit Fleiß über die tropologischen Implikationen des Unternehmens hinweg, die seinen Anhängern nicht, am wenigsten Milton, verborgen geblieben und dichtungstheoretisch wirkungsvoll geworden sind.

Ramus' kurze, pointierte Stelle mit dieser Wirkung steht in der Trias der animadversiones, quaestiones und distinctiones an die Adresse (respektive) Aristoteles', Ciceros, Quintilians in dem Quintilian gewidmeten Teil von 1549, der unter dem Titel *Distinctiones* den scholastischen Schriftbezug der Exegese noch durchscheinen läßt. Gegen die Konfusion, die Ramus bei Quintilian unter den Tropen angerichtet findet, benennt er als nötige genera, die an die Stelle der bei Quintilian kumulierten Nichtigkeiten treten sollen, nur noch Metonymie, Ironie, Metapher, Synekdoche (in dieser Reihenfolge).[107] Die Allegorie findet er als Tropus redundant; er erkennt in ihr aber, was in der Schriftexegese, auf die der Titel anspielt, die Praxis bestimmte und in die Differenzierungen mehrfachen Sinns weitergeführt worden war: die

Möglichkeit, ja Zwangsläufigkeit zur Tropenmischung in der continuatio der Metaphorik. Die unterschiedliche Fortsetzbarkeit und Mischbarkeit der vier Tropen in der Allegorie ist bei Ramus bis auf die qua crypsis virtuelle Identität von Allegorie und Ironie nicht ausgeführt. Rückblickend artikuliert Ramus' Kritik an Quintilian in gewisser Hinsicht das, was in der Rezeption desselben Quintilian, der Exegese nach Augustinus und Beda, hervorgetreten war und in der Entfaltung der Differenz der Tropen und Figuren eine eigentümliche Doppelung des Allegoriebegriffs verursacht hatte (mit einem ganz eigengesetzlichen Apparat der Schriftsinne), sich bei Ramus nun aber als crypsis von Methode ausgegrenzt findet.

Ramus sieht das Übel in Quintilians eklatanter Unfähigkeit zum Syllogismus, dessen Unterscheidungen er seinerseits als das geeignete Mittel gegen die Konfusion empfiehlt – ein relatives Mittel, hält man die Polemik des jungen Kant von 1762 dagegen, daß »doch immer nur die erste Figur, die durch versteckte Folgerungen in einem Vernunftschlusse verborgen liegt, die Schlußkraft enthält«[108]. Das Problem, so wird bei Kant erbarmungslos klar, liegt in der Unkontrollierbarkeit der Figur, ihrer durch alle versteckten Folgerungen hindurch verborgen wirksamen Kraft. In dieser Analogie der Figuren hatte Baumgarten im zweiten Teil der *Aesthetica* von 1758 die Lehre von den Tropen definiert: »Omnis tropus, quem definiui, est *figura*, sed *cryptica*, cuius genuina forma non statim apparet, quoniam est figura contracta per sub-

---

103 Vgl. KENNETH BURKE, Four Master Tropes (1941), in: Burke, A Grammar of Motives (New York 1945), 503–517; WHITE (s. Anm. 10), 31–38.
104 Vgl. WIEBKE FREYTAG, ›Allegorie/Allegorese‹, in: UEDING, Bd. 1 (1992), 351, 374.
105 BAUMGARTEN, Bd. 2 (1758), 533.
106 JOHN MILTON, Artis Logicae Plenior Institutio ad Petri Rami Methodum concinnata (1672), in: Milton, Complete Prose Works, hg. v. D. M. Wolfe, Bd. 8 (New Haven 1982), 395; vgl. WALTER JACKSON ONG, Ramus. Method and the Decay of Dialogue (1958; Cambridge, Mass. 1983), 254, 281.
107 Vgl. PETRUS RAMUS, Rhetoricae Distinctiones in Quintilianum (1549), hg. v. J. J. Murphy (Dekalb 1986), 211–213.
108 IMMANUEL KANT, Die falsche Spitzfindigkeit der vier syllogistischen Figuren (1762), in: KANT (AA), Bd. 2 (1905), 58.

stitutionem«[109]. (Jeder Tropus, wie ich ihn definiert habe, ist eine Figur, aber eine versteckte [Bodmer setzte eine ›heimliche Ironie‹ – d. Verf.], deren angestammte Form nicht gleich in Erscheinung tritt, weil es sich um eine durch Substitution herbeigeführte Figur handelt.) Baumgarten beruft sich durchgehend auf Quintilian, und es ist anzunehmen, daß er an dieser Stelle die den Tropen innewohnende Latenz zur Figur meint und zur ästhetischen Konsequenz geführt hat.[110] Aber er tut es über Ramus und dessen genera der vier Haupttropen, die er in der Reihenfolge Metapher, Synekdoche, Ironie, Metonymie aufzählt und als contracta auffaßt, in denen die Latenz der Figur qua crypsis angelegt ist. Das heißt, die vier Tropen Metapher, Synekdoche, Ironie, Metonymie sind latente Allegorien, deren Substituierbarkeit nach Typen von contracta qua Substitution logisch begrenzt ist. Baumgartens ältere *Meditationes* von 1735, die Gerhard Johannes Vossius neben Julius Cäsar Scaliger als Vorläufer auf dem Gebiet der Poetik sowohl würdigen als distanzieren, hatten neben der Metapher die Synekdoche erwähnt, bevor sie zur Allegorie kamen, und dabei blieb es dort, was die Figuren als ›termini improprii‹ angeht.[111] Die Bestimmung der Allegorie als »metaphorarum connexarum [...] series« (Reihe verbundener Metaphern) kündigt über den assoziativen (metonymischen) Konnex hinaus die spätere Theorie der contracta an, denn der allegorische Nexus heißt ein »major nexus, quam ubi heterogeneae confluunt metaphorae« (größere Verknüpfung als wenn verschiedenartige Metaphern lediglich zusammenfließen)[112]. Die bloße tropische Klitterung (›mixed metaphors‹) ergibt für Baumgarten folglich keine ästhetisch akzeptable Figur; diese erwächst erst aus der crypsis der im allegorischen Nexus der Figur zusammengezogenen Tropen.

In Vossius' Rhetorikkommentar, der zwischen Ramus, Vico und Baumgarten das entscheidende Werk ist, lag die Konstruktion der Sache nach ausgefeilt vor, bis auf eine Modifikation, die Baumgarten terminologisch einen Schritt weiter (oder auch zurück) bringt. Vossius hält Ramus für notorisch überzogen und seine dialektische Kritik für aufgesetzt, den Anlaß aber für berechtigt. Ohne weitere Erwähnung von Ramus, aber nicht ohne eigene Kritik an den allzu losen, im Blick auf eine lange Praxis überholten Bestimmungen Quintilians empfiehlt er anstelle des schwer durchschaubaren fließenden Übergangs der Tropen zu den Figuren eine geregeltere, weniger kryptische Handhabung. Die Allegorie führt auch er als continuatio der Haupttropen ein und wie bei Ramus unter Ausnahme der Ironie: »Allegoria est continuatio eorum, quae per metaphoram, metonymiam, aut synekdochen dicuntur.«[113] Die Ironie schließt er von dieser Beschreibung explizit (gegen die bestehende, berechtigte Erwartung) aus, obwohl er sie als vierten Haupttropus mit eingeführt hatte. Ähnlich wie Ramus versucht Vossius den allzu losen Quintilianischen Übergang der Ironie von den Tropen zu den Figuren zu kappen. Die Ironie bleibt bei ihm auf die Tropen beschränkt; sie zeigt sich nicht wie die drei anderen zur Allegorie tauglich, sondern sieht sich auf ihr oppositionelles Talent qua Tropus verwiesen.[114] In der Tat war es ja schon die bei Quintilian offengebliebene Frage, inwieweit die Ironie der continuatio syntaktisch entgegensteht, indem sie semantisch punktuelle Zäsuren setzt.

Im Gegenzug dazu tritt Vico die Flucht nach vorne an; totalisiert die Ironie in Richtung des ›ricorso‹, denn die ›poetische Logik‹, die in der Abfolge der tropologischen Konstruktionen von der Metapher über Metonymie, Synekdoche zur Ironie verläuft, wird erst in der Ironie reflexiv

---

[109] BAUMGARTEN, Bd. 2 (1758), 533.
[110] Vgl. MARIE LUISE LINN, A. G. Baumgartens ›Aesthetica‹ und die antike Rhetorik (1967), in: H. Schanze (Hg.), Rhetorik. Beiträge zu ihrer Geschichte in Deutschland vom 16.–20. Jahrhundert (Frankfurt a. M. 1974), 123.
[111] Vgl. BAUMGARTEN, Meditationes philosophicae de nonnullis ad poema pertinentibus (1735), lat.-dt., hg. u. übers. v. H. Paetzold (Hamburg 1983), 66; dt. 67.
[112] Ebd., 68; dt. 69.
[113] GERHARD JOHANNES VOSSIUS, Commentariorum rhetoricorum sive oratoriarum institutionum libri sex, Bd. 2 (Leiden 1630), 192.
[114] Vgl. ebd., Bd. 2, 154–160; VOSSIUS, Rhétorique de l'ironie, übers. v. C. Magnien-Simonin, in: Poétique 9 (1978), 495–508.

überschaubar.¹¹⁵ Die Totalität der tota allegoria Quintilians wird zur univoken Allegorie von ›diversiloquia‹, in denen jede Figur einen »kleinen Mythos« (picciola favoletta)¹¹⁶ begründet. Entsprechend hatte Vico in der Rhetorikvorlesung von 1711 die Allegorie mit der Katachrese unter der Überschrift »De troporum affectionibus«¹¹⁷ parallelgeführt. Pierre Fontaniers spätere Verdoppelung der Tropologie um die katachrestische Variante jeder Figur wird diesen Gedanken verlängern; wie bei Vico entsteht sie bei Fontanier aus der grundlegenden Rolle der Katachrese am figuralen Ursprung der Sprache.¹¹⁸ Wie Vico bleibt Fontanier dabei in Vossius' Rahmen der Haupttropen von Metonymie, Synekdoche und Metapher (in dieser Reihenfolge).¹¹⁹ Alternativ kommt für ihn dieselbe Reihe für die Mischfigur der Syllepsis in Frage, die als ein doppelter Tropus eine (Noch-)Nicht-Figur ist wie die Katachrese.¹²⁰ Vor diesem Hintergrund, der ausführlicherer Klärung bedarf, gewinnt die Entscheidung Baumgartens für Quintilian ihr aufgeklärtes Moment. Dieses besteht nicht, wie Wilhelm Schmidt-Biggemann wiederholt, im »ästhetischen Ende«¹²¹ der rhetorischen Tradition. Wie es die Ironie der Geschichte will, ist es gerade als ›ästhetisches‹ durch und durch allegorischer Art.

4. Copia vs. rhétorique restreinte
(Erasmus, Pascal, Dumarsais, Fontanier)

Die rationalisierende Zurückschneidung, mit Gérard Genette zu reden, des ›Verstümmelung‹ des hochartifiziellen Apparats der Figuren, darunter an prominenter Stelle der Allegorie, ist Ramus allein nicht anzulasten.¹²² Vor allem vom Ausfall der Allegorie kann nicht die Rede sein, allerdings von einer gründlichen Verschiebung in der Figurenbildung, in der die Allegorie weiterhin, aber untergründig dominant bleibt. Die Rekonfiguration kommt unter den neuen zeichentheoretischen Bedingungen zustande, die in Foucaults *Les mots et les choses* (1966) ihre Diagnose gefunden haben und dieser zufolge den ›Strukturalismus‹ als postrhetorische ›Episteme‹ nach sich zogen. Am Beginn der strukturalistischen Abmagerung des Repertoires der Tropen auf das Paar Metapher und Metonymie steht eine andere Alternative, die neben der entgrenzten copia verborum der Renaissance-Poetik

ken eine radikal-semiotische Konzentration auf die Eucharistie zur Ursache hat und in der Theologie des Dieu caché in Port-Royal allegorische Termini vergessen läßt. Wenn irgendwo in der Geschichte der Rhetorik, in einem der zahlreichen Brüche oder Spaltungen des technischen Vokabulars ein (relatives) Ende der rhetorischen Formation zu verzeichnen wäre, hätte es hier gelegen; aber selbst Foucault, dessen Titel die rhetorische Schwachstelle, die Duplizität der Wörter und Sachen, beim rhetorischen Namen nennt, setzt im Postulat der ›Transkriptionen‹ der Terminologie, die über den Epistemenbruch der Zeichen hinwegführen, das rhetorische Sub-Stratum voraus, legt es allenfalls tiefer.¹²³

Foucaults Nachruf auf die mittelalterliche Formation (»Tout serait immédiat et évident si l'herméneutique de la ressemblance et la sémiologie des signatures coïncidaient sans la moindre oscillation«¹²⁴) benennt eine prekäre Balance, die an ihr

---

115 Vgl. GIAMBATTISTA VICO, La scienza nuova (1725; ²1744) 404–408, hg. v. F. Nicolini, Bd. 1 (Rom/Bari 1974), 191–194; dt.: Die neue Wissenschaft über die gemeinschaftliche Natur der Völker, übers. v. E. Auerbach (1924; Hamburg 1966), 78–81.
116 Ebd., 210; dt. 112; vgl. FELLMANN (s. Anm. 6), 39; KARL-OTTO APEL, Die Idee in der Tradition des Humanismus von Dante bis Vico, in: Archiv für Begriffsgeschichte 8 (1963), 346.
117 VICO, Institutiones oratoriae (1711), hg. v. G. Crifò (Neapel 1989), 328.
118 Vgl. PATRICIA PARKER, Metaphor and Catachresis, in: J. Bender/D. E. Wellbery (Hg.), The Ends of Rhetoric (Stanford 1990), 64; SAMUEL R. LEVIN, Catachresis. Vico and Joyce, in: Philosophy and Rhetoric 20 (1987), 100.
119 Vgl. PIERRE FONTANIER, Les figures du discours (1830), hg. v. G. Genette (Paris 1977), 213.
120 Vgl. ebd., 105; DERRIDA, La double séance (1970), in: Derrida, La dissémination (Paris 1971), 210.
121 WILHELM SCHMIDT-BIGGEMANN, Topica universalis. Eine Modellgeschichte humanistischer und barocker Wissenschaft (Hamburg 1983), 299.
122 Vgl. GÉRARD GENETTE, La rhétorique restreinte (1970), in: Genette, Figures 3 (Paris 1972), 21–40; dt.: Die restringierte Rhetorik, in: Haverkamp (Hg.), Theorie der Metapher (s. Anm. 5), 229–252.
123 Vgl. HAVERKAMP, Paradigma ›Metapher‹/Metapher ›Paradigma‹ (1987), in: Haverkamp (Hg.), Die paradoxe Metapher (Frankfurt a. M. 1998), 276.
124 MICHEL FOUCAULT, Les mots et les choses. Une archéologie des sciences humaines (Paris 1966), 45.

Ende kommt. Das bedeutendste Zeugnis diskutiert de Man in seinem Essay *Pascal's Allegory of Persuasion*, der in den *Pensées* (entst. 1654–1662, ersch. 1904) Pascals die logischen Operationen der Logik von Port-Royal nicht nur reflektiert und ausgestellt, sondern auf ihre allegorische Rücksicht auf Darstellbarkeit perspektiviert findet: »a substitutive relationship that has to posit a meaning whose existence cannot be verified, but that confers upon the sign an unavoidable signifying function«[125]. Mit dem Zerfall der mittelalterlichen ›analogia entis‹ ist nur dies eine geblieben: eine Barriere von Zeichen, die außer der Zeichenfunktion selbst nichts zu erkennen geben und in dieser minimalen Selbstreferenz der Offenbarung über sich hinaus bedürfen. In der Eucharistie ist ihre paradoxe semiotische Funktion ausgestellt, in einem Zeichen, das nichts als den Moment seiner Einsetzung im Ritus verkörpert: »What the sign shows is what it conceals«: »the semiological paradox of the hidden secret of the sacrament revealed by the institution of the Eucharist«[126]. Augustinus zu Ende gedacht, bleibt bei Pascal nur die blinde Illusion übrig von ›choses figurées‹, die in ›choses figurantes‹ an der ›Wendung‹ wahrnehmbar sind, Allegorie pur.[127] Was die Tropen als Wendezeichen erkennbar macht, ist nur der allegorische Konnex der Weltverfallenheit.

Gegenüber diesem Aufgehen der Allegorie in der Aporetik des Zeichenbegriffs konnte die Infragestellung der Allegorese durch die Reformation durchaus auch von belebender Wirkung sein. Erasmus' Gebrauch der Allegorie, gegen das mehr oder minder gründliche Verdikt der Reformatoren gerichtet, ist charakteristisch; er ist neu, konzentriert aber das Neue nicht im Begriff der Allegorie. Die epochemachende Schrift *De copia*, zuerst 1512, erweitert und kommentiert in den folgenden Jahrzehnten, favorisiert einen anderen Begriff, der ohne Allegorie nicht leistete, was er soll: die copia, und zwar in der Duplizität von Worten und Sachen.[128] Die Ausgangslage bei Quintilian und Augustinus ist eine stets präsente Voraussetzung, deren Einschlägigkeit in der Neuveranlagung durch Erasmus überraschend neue Aspekte zeitigt. Die Fülle der Dinge hängt an der Fülle der Worte, sie ist eine Implikation der sprachlichen Produktivität, deren Relais die Allegorie ist: »Res do not emerge from the mind as spontaneous ›ideas‹; they are already there embedded in language, forming the materials of a writing exercise.«[129] In der Sprache, die das Element der Einbettung ist, verschiebt die Proliferation der copia den Sinn unendlich, hält ihn unendlich verschiebbar und hebt ihn immer neu in sich auf. Die rhetorische Kapazität der copia hat deshalb in der Allegorie nicht so sehr Kontrolle und Begrenzung nötig als technische Beherrschung; Erasmus führt sie 1515 und öfter exemplarisch in einer ›Enarratio allegorica‹ des Ps. 1 vor. Was die unerhörte Qualität der Bibel ausmacht, schreibt er in der Einleitung zur zweiten Ausgabe seiner Edition des Neuen Testaments von 1516, ist ihre nachgerade ›proteische‹ Vielfalt, eine mythische Qualifikation, in der Erasmus ausdrücklich den theologischen Gehalt der Heiligen Schrift über ein Stück heidnischer Rhetorizität befördert, geradezu mitoffenbart sieht.[130]

Das ist nicht einfach ein »adapting pagan eloquence to a Christian purpose«[131], wie Lisa Jardine die überwiegende Meinung der Forschung wiedergibt. Es ist eine Aussage über die sprachliche Erschlossenheit der Welt in der Offenbarung. Sie ermöglicht guten Gewissens einen ästhetischen ›Synkretismus‹, in dem der klassische Text als rhe-

---

125 DE MAN, Pascal's Allegory of Persuasion (1981), in: de Man, Aesthetic Ideology (s. Anm. 9), 56; dt.: Pascals Allegorie der Überzeugung, übers. v. R. Campe, in: Haverkamp (Hg.), Die paradoxe Metapher (s. Anm. 123), 84.
126 BARBARA VINKEN, The Concept of Passion and the Danger of the Theatre. Une esthétique avant la lettre: Augustine and Port-Royal, in: Romanic Review 83 (1992), 50.
127 Vgl. LOUIS MARIN, La parole mangée et autres essais théologico-politiques (Paris 1986), 35.
128 Vgl. ERASMUS VON ROTTERDAM, De duplici copia verborum ac rerum commentarius primus (1512), in: Desiderii Erasmi Roterodami opera omnia, hg. v. J. Le Clerc, Bd. 1 (Leiden 1703), 18F-19A.
129 TERENCE CAVE, The Cornucopian Text. Problems of Writing in the French Renaissance (Oxford 1979), 19, vgl. 111.
130 Vgl. ERASMUS, Ratio seu methodus compendio perveniendi ad veram theologiam (1519), in: Opera (s. Anm. 128), Bd. 5 (Leiden 1704), 94.
131 LISA JARDINE, Ghosting the Reform of Dialectic. Erasmus and Agricola Again, in: P. Mack (Hg.), Renaissance Rhetoric (London 1994), 40.

torisch gleichursprüngliche ›cornucopia‹ kanonisch wird, ohne daß der Heiligen Schrift die methodische Priorität bestritten ist.[132] Rabelais' postallegorische Libertinage des Schreibens hebt die Allegorese in pluralen Mehrfach-Sinnen auf und verkörpert in *Gargantua* (1532) ungebrochen, was den Roman als ästhetischen sowohl vorbereitet als auch seine Verdammung als spezifisch ästhetische Gefahr auf den Plan ruft. Die Antagonisten sind Richardson und Rousseau auf der einen, de Sade und Laclos auf der anderen Seite, wobei Augustinus' ›curiositas‹ als Hintergrundfigur der allegorischen Ausschweifung bestimmend bleibt.[133]

Pascals Formel »Figure porte absence et présence«[134] setzt dem Anteil von verba und res an der Figur ein neues Licht auf, dessen optimistischere Lesart seine Sache nicht war. Die liegt eher in Erasmus' copia und hat nicht zuletzt darin ihre tiefere Pointe, daß sie unter dem Mantel der Allegorie der beiden Testamente auch das Verhältnis der Moderne zur Antike mitzuerfassen erlaubt und es schon im Mittelalter zu tun beginnt. Indem die copia der Rede verba und res in ein virtuelles Verhältnis von Absenz und Präsenz bringt, ruft sie die Menge der tropischen Erscheinungen zurück auf den Plan, macht sie diese aber auch allen möglichen psychologischen Mechanismen zugänglich, die nun als Effekt der neuen ›Ordnung der Dinge‹ auftreten. Der Komplex der Transkriptionen, der hier auf Bearbeitung wartet, ist weitaus komplizierter als Genettes Verstümmelungsthese zugibt. Er führt bei César Dumarsais und schon Bernard Lamy dazu, die substitutionstheoretischen Bedingungen, die bei Vossius auf den neuesten Stand gebracht sind, nach Kriterien neu zu besetzen, die assoziationspsychologischen Prinzipien vorgreifen; Genette hat sie als ›tropologische Reduktionen‹ auf Freud, Jakobson und Lacan verlängert.[135] Die als ›Gedankenfiguren‹ endgültig entschärften figurae sententiae Quintilians werden ihres protosyntaktischen Stellenwerts entledigt und zu Gefühlsoder Wahrnehmungsfiguren mit pathetischer Funktion. So hat Rüdiger Campe an der ›figura ingeniosa‹ Emanuele Tesauros die Herkunft moderner Sprechakte aus dem Geist der barocken Rhetorik zeigen können, denn: »Die pathetische Figur sagt, was die ingeniöse macht.«[136] Das gilt exemplarisch für die ingeniöse Metapher, wird aber in der Reihe der ›metafore continuate‹, die den acht Metaphernarten bei Tesauro parallel gebildet sind, bestätigt und zur ›arguten‹ Beschreibung kategorialer Gegebenheiten als Quasi-›Substanzen‹ geführt.[137]

Wandern jetzt in das protosyntaktische Stellengerüst der Figuren außersprachliche (psychologische, anthropologische) ›Kategorien‹ ein, so kündigt sich darin auch Ästhetik mit an, nicht zuletzt in der Auffassung der Allegorie als ›image‹, ein Bild, für das der ›erste Ausdruck‹ maßgeblich ist, der zum Eindruck des vollständigen Bildes fortentwickelt wird. So Dumarsais' Essay *Des Tropes* von 1730, der die von Vossius übernommenen vier Haupttropen nach ›rapports‹ unterscheidet, und das sind bei ihm (wie bei Quintilian und Vossius) der ›rapport‹ der ›Ähnlichkeit‹ für die Metapher im Unterschied zu dem des ›Kontrasts‹ in der Ironie und einer eigentümlichen ›liaison‹, in der Dumarsais Metonymie und Synekdoche zusammenrücken läßt. Entscheidend ist dabei, wie Françoise Douay-Soublin in ihrem Kommentar unterstreicht, daß ›image‹ bei Dumarsais an die Stelle tritt, an der bei Lamy die ›choses‹ standen.[138] Lamys *Art de parler* (1675) führt die Allegorie gleich hinter der Metapher als deren Fortführung, ohne auf die Differenz von Tropen und Figuren Wert zu legen.[139] Sein großer Erfolg, der in Deutschland vor allem bei Gottsched zu Buche schlägt, liegt in

---

132 Vgl. CAVE (s. Anm. 129), 177, 332; MICHEL BEAUJOUR, Le jeu de Rabelais (Paris 1969).
133 Vgl. VINKEN, Unentrinnbare Neugierde. Die Weltverfallenheit des Romans. Richardsons ›Clarissa‹, Laclos' ›Liaisons dangereuses‹ (Freiburg 1991), 233.
134 BLAISE PASCAL, Pensées (1670), in: Pascal, Œuvres complètes, hg. v. L. Lafuma (Paris 1963), Nr. 265; vgl. MARIN, La critique du discours. Sur la ›Logique de Port-Royal‹ et les ›Pensées‹ de Pascal (Paris 1975).
135 Vgl. GENETTE (s. Anm. 122), 25 ff.; dt. 232 ff.
136 CAMPE, Pathos cum Figura – Frage: Sprechakt (1990), in: Haverkamp (Hg.), Die paradoxe Metapher (s. Anm. 123), 310.
137 Vgl. EMANUELE TESAURO, Il cannocchiale aristotelico (1654), hg. v. A. Buck (Bad Homburg u. a. 1968), 481–486.
138 Vgl. CÉSAR CHENEAU DUMARSAIS, Des tropes ou des différents sens (1730), hg. F. Douay-Soublin (Paris 1988), 146 f.
139 Vgl. BERNARD LAMY, De l'art de parler (1675), hg. v. E. Ruhe (München 1980), 101.

anthropologisch-moralischen Verallgemeinerungen, nicht der elokutionären Ausarbeitung über das Repertoire der Tropen hinaus.

Die entscheidende Neubearbeitung des Materials, das er in Dumarsais' behutsamer Modernisierung vorfand, nimmt Fontanier im 19. Jh. vor, damals kaum zeitgemäß, wie es schien, den Errungenschaften des Strukturalismus, die sich zum Ende des Jahrhunderts mehren, aber gleichwohl vorgreifend. Abermals ist es nicht die Allegorie, sondern diesmal die Katachrese, auf die hin sich die Problematik der Figuren verschiebt; Fontanier behandelt die Katachresen als »Supplément à la théorie des Tropes«[140]. Das geschieht allerdings nicht, ohne eine wichtige Folgeerscheinung im Begriff der Allegorie zu zeitigen. Fontanier restituiert im Unterschied zu Dumarsais nicht weniger als den ›double sens‹ der Allegorie, den er im eindimensionalen Allegorismus der fortgeführten Metapher nicht gewährleistet sieht. Was die Allegorie bei ihm als Doppelsinn auszeichnet, ist ein Bild, das mit der Leistung der Katachrese verwandt ist und die Allegorie zur Urszene der Katachrese geeignet macht: »une pensée sous l'image d'une autre pensée, propre à la rendre et plus frappante que si elle était présentée directement et sans aucune espèce de voile«[141]. Die Nähe zu dem, was in der deutschen Ästhetik unter dem Symbol verhandelt wird, liegt auf der Hand und ist in vermittelnden Versuchen zwischen Bernhardi und Gerber auch manifest geworden, so in Rudolph Gottschalls Versuch einer »gründlichen Reform« der Poetik, der Bilder und Figuren unterscheidet und das Bild »sachlich« nennt im Unterschied zur Figur, die »nur sprachlich«[142] sei; was den Begriff der Allegorie fast völlig erübrigt und nur die ›allegorische‹ Unterart der Personifikation läßt. Entgegen der Trägerfunktion der Sprache für die Sache soll das dichterische Medium des Bildes der Sprache nun entbehren können. Die Flut der nachallegorischen Titel über Bild und Bildlichkeit in der Literaturwissenschaft hält lange an[143]; sie wird erst mit der fortschreitenden Rehabilitierung der Allegorie in den 70er Jahren des 20. Jh. gebremst oder doch vorsichtiger im Gebrauch des Wortes Bild.

Anselm Haverkamp

III. Aesthetica

Die Perspektive auf die Allegorie kann nur noch eine nachträgliche, durch die – die Ästhetik des 18. Jh. formulierende – Verwerfung der Allegorie perspektivierte, sein. Diese Nachträglichkeit hat Benjamin bestimmt als den einsprechenden *Vorgriff* der Allegorie des Barock auf das Konzept der Klassik als auch deren romantischen Gegenhalt; die Allegorie setzte er ins Recht als die ausgeführte und ausführende Gegenthese zum »plastischen Symbol« und dessen verfehlten Programm: »Als symbolisches Gebilde soll das Schöne bruchlos ins Göttliche übergehen« im »Bild des schönen Individuums«[144], das zur Gestalt der Wahrheit sollte werden können.

1. Barock

In selbstverständlicher Übernahme der Terminologie der Ästhetik, die sich als Verwerfung des Barock formulierte, und der Goetheschen Allegorie-Symbol-Entgegensetzung zieht die germanistische Barockforschung der Allegorie die (Rede von der) Emblematik vor[145]; denn sie zieht vor, diese Ba-

---

140 FONTANIER (s. Anm. 119), 209; vgl. DERRIDA, La mythologie blanche. La métaphore dans le texte philosophique (1971), in: Derrida, Marges. De la philosophie (Paris 1972), 304.
141 FONTANIER (s. Anm. 119), 114; vgl. MICHEL CHARLES, Rhétorique de la lecture (Paris 1977), 146.
142 RUDOLPH GOTTSCHALL, Poetik. Die Dichtkunst und ihre Technik (Breslau 1858), 150.
143 Vgl. HERMANN PONGS, Das Bild der Dichtung (Marburg 1926); GERHARD FRICKE, Die Bildlichkeit in der Dichtung des Andreas Gryphius (Berlin 1933); DIETRICH WALTER JÖNS, Das ›Sinnen-Bild‹. Studien zur allegorischen Bildlichkeit bei Andreas Gryphius (Stuttgart 1966); MANFRED WINDFUHR, Die barocke Bildlichkeit und ihre Kritiker. Stilhaltungen in der deutschen Literatur des 17. und 18. Jahrhunderts (Stuttgart 1966); PETER-ANDRÉ ALT, Begriffsbilder. Studien zur literarischen Allegorie zwischen Opitz und Schiller (Tübingen 1995).
144 BENJAMIN (s. Anm. 3), 336f.
145 Vgl. ARTHUR HENKEL/ALBRECHT SCHÖNE, Emblemata. Handbuch der Sinnbildkunst des 16. und 17. Jahrhunderts (1967; Stuttgart ²1976).

rockform in der Nachfolge mittelalterlicher Lehre zu fassen und von Renaissance-Hieroglyphik und Rhetorik (der Bildlichkeit) abzusetzen. Die Akzentuierung des Emblems, in dem das Barock an die Gewißheiten des Mittelalters rückbindbar sein soll, streicht nicht nur die Personifikation aus dem Allegorie-Konzept des Barock[146] und verstellt das Operieren des Emblems ebenso wie die ›Neuheit‹ in der barocken Poesie, sondern verkürzt auch die mittelalterliche Poesie um deren Tradition allegorischer Fiktion. In komparatistischer Perspektive nimmt sich die Lage anders aus, wird eine andere Situierung des Emblems in der Tradition der Hieroglyphe und Imprese der Renaissance und der allegorischen Bildlichkeit (nach der Bildkonzeption des Humanismus) auch im Rahmen concettistischer Rhetorik unumgänglich.[147] Zwar liefert »die Praxis der mittelalterlichen Allegorese« (als Typologie und mittelalterliche Lehre vom vierfachen Schriftsinn) »vor allem durch die reichhaltige exegetische Literatur, besonders aber auch durch Bestiarien, Herbarien etc. und allegorische Lexika, vielfältiges Quellenmaterial für die emblematische Bildlichkeit«[148], aber nur als eine unter vielen und vielfältig sich überlagernden, heterogenen Fontes für die »Wortbestandteile« »in mittelalterlichen Tituli, Impresen-Motti der Renaissance« (gelehrter Zitatenschatz der Antike, römisch-griechische Epigrammatik, moralische Schriften Ciceros und Senecas), für die »Picturae neben mittelalterlicher exegetischer Literatur und ihren Sinnbildzeichen vor allem in der Renaissance-Hieroglyphik, die ihrerseits auf hermetischen Traditionen der Antike fußt«[149]. Daher wird die Emblematik nicht als die ›gefüllte‹ – »wieder mit dem mittelalterlichen Geist der Allegorie durchdrungen«[150] – den kunstfertigeren, rhetorischeren, spitzfindigeren oder spielerischeren Formen der Impresen und Epigramme oder den dunkleren der Hieroglyphen entgegengesetzt werden dürfen. Die sog. ›Kontinuitätsthese‹ von der versichernden »Nachwirkung mittelalterlicher Vorstellungen für die geistige Konzeption des Emblems« (statt der »durch das humanistische, archäologisierende Interesse belebten ägyptisch-antiken Vorbilder«[151]) genügt nicht der komplizierteren Konstellation von Mittelalter, Renaissance und Barock und dem allegorisch organisierten ›Nachleben‹ der Antike nicht.[152] Die bildliterarische Kunstform des Emblems »entstand im Zusammenwirken«[153] von Renaissance und Barock aus dem lateinischen Epigramm und der rhetorischen Figur der Allegorie und aus dem humanistischen ›Mißverständnis‹ der Hieroglyphik (nach den *Hieroglyphica* des Horapollo, 1505, lat. 1517, Joannes Pierio Valerianos *Hieroglyphica*, ca. 1567, Sammlungen von aus der Spätantike stammenden sog. änigmatischen Hieroglyphen mit Auslegungen in christlich-biblischer Tradition, die *Hypnerotomachia Poliphili*, 1499, des Francesco Colonna), ein neoplatonische Weisheitslehre und christliche Symbolik verbindendes Konzept, das auf antike Münzen und

---

146 Vgl. ALT (s. Anm. 143), 162 ff., 183 ff.
147 Vgl. AUGUST BUCK, Die Emblematik, in: K. von See (Hg.), Neues Handbuch der Literaturwissenschaft, Bd. 10 (Frankfurt a. M. u. a. 1972), 328–333; DIETER SULZER, Literaturbericht. Emblematik und Komparatistik, in: Arcadia 9 (1974), 60–62; REINHOLD GRIMM, Bild und Bildlichkeit im Barock (Zu einigen neueren Arbeiten), in: Germanisch-romanische Monatsschrift 50 (1969), 381 ff.
148 SABINE MÖDERSHEIM, Materiale und mediale Aspekte der Emblematik, in: Horn/Weinberg (s. Anm. 8), 202.
149 SIBYLLE PENKERT, Zur Emblemforschung (1972), in: Penkert (Hg.), Emblem und Emblemrezeption. Vergleichende Studien zur Wirkungsgeschichte vom 16. bis 20. Jahrhundert (Darmstadt 1978), 3; vgl. BUCK (s. Anm. 147), 330–333; WILLIAM S. HECKSCHER/KARL AUGUST WIRTH, ›Emblem, Emblembuch‹, in: O. Schmitt (Hg.), Reallexikon zur deutschen Kunstgeschichte, Bd. 5 (Stuttgart 1967), 116–129, 151.
150 OHLY (s. Anm. 61), 28.
151 HENKEL/SCHÖNE (s. Anm. 145), XV f.; vgl. SCHÖNE, Emblematik und Drama im Zeitalter des Barock (1964; München ²1968), 44 f.; JÖNS (s. Anm. 143), 29–58; ALEXANDER VON BORMANN, Emblem und Allegorie. Vorschlag zu ihrer historisch-semantischen Differenzierung (am Beispiel des Reyens im humanistischen und barocken Drama), in: W. Haug (Hg.), Formen und Funktionen der Allegorie. Symposion Wolfenbüttel 1978 (Stuttgart 1979), 535; PETER M. DALY, Emblem Theory. Recent German Contributions to the Characterization of the Emblem Genre (Nendeln 1979); WOLFGANG HARMS, The Authority of the Emblem, in: Emblematica 5 (1991), 3–29.
152 Vgl. BENJAMIN (s. Anm. 3), 394 f.; BUCK (s. Anm. 147), 339; D. SULZER (s. Anm. 147), 61 ff.
153 BUCK (s. Anm. 147), 328; vgl. HESSEL MIEDEMA, The term ›emblema‹ in Alciati, in: Journal of the Warburg and Courtauld Institutes 31 (1968), 242.

Gemmen, Statuen, die Tiere des *Physiologus*, die mittelalterlichen Tier-, Stein- und Pflanzenbücher ausgeweitet wurde (nach den Untersuchungen Karl Giehlows, Ludwig Volkmanns und überhaupt der in der germanistischen Forschung lange vernachlässigten Warburgschule, Erwin Panofsky, Jean Seznec, Frances A. Yates, William S. Heckscher/ Karl August Wirth, Edgar Wind u. a., deren Intentionen in der Ikonologie der Kunstgeschichte und der Toposforschung der Literaturwissenschaft aufgegriffen wurden).[154] Im Anschluß an die zweiteilige Imprese (eine ›ägyptische‹ Hieroglyphe »mit einer rhetorischen Formel eines antiken Autors vereint im Zeichen einer auf die christliche Eschatologie bezogenen Deutung«[155]) wird das Emblem nach Alciatus' *Emblematum Liber* (1531) mit seinem »neuen Element« des »sowohl Motto wie Bild interpretierenden *Epigramms*« als dreiteilige »selbständige bildliterarische Form«[156] (aus inscriptio, pictura, subscriptio) herausgebildet, die in Emblemtraktaten und in Vorworten zu Emblembüchern theoretisch formuliert wurde. Diese Heterogenität wird ausgetragen in den umstrittenen Begriffen Allegorie und Emblem in der vergleichenden Literaturwissenschaft, zwischen ihr und der Kunstgeschichte, deren Renaissance- und Ba-

rock-Begriffen sowie ihren Auffassungen als tradierter Bestand (Topoi) zum einen oder als (zitierende) Struktur zum andern.

Soll die Kontinuität zur (typologischen) Allegorese des Mittelalters der Gewißheit des Bedeutens (für das Barock) als eines nicht-willkürlichen versichern, so bekommt ein allegorisches ›Bild‹ im barocken Emblem »eine mehr ethische Richtung«[157], kann zitiert (d. h. umgeschrieben) werden in sinnbildlichen Darstellungen moralischer und politischer Art, in »ethisch-politischen Emblemata«[158]: Der im antiken *Physiologus* im Schlafen wachende Löwe, der mittelalterlich anagogisch auf den stets wachenden Gott gedeutet wurde, kann – vor der Landschafts-Vignette des Heidelberger Schlosses – die Vorschrift der weltlichen Wachsamkeit für den Fürsten geben. Der Bezugsrahmen der barocken Allegorie ist ein doppelt negativer: herausgesetzt aus der typologischen Verweisungsstruktur des Mittelalters wie aus dem System der Ähnlichkeiten, das Dinge und Schriften im 16. Jh. organisierte. Der Ausfall der Typologie, dessen Schema (die Figuraldeutung) in seinen Trümmern verräumlicht übrigbleibt, macht die Organisation des barocken Bildgedächtnisses und deren Bezogenheit in ›überspannter Transzendenz‹ auf ein Wunder aus, das seine Auslöschung wäre.[159]

Albrecht Schönes (nicht deskriptive, sondern klassifikatorische) Bestimmung der Embleme sucht Rhetorik und Sprache zu hintergehen nicht nur in eine (nicht historische) »Priorität des Bildes«, sondern damit auch der Wirklichkeit: »Gegenüber dem, was vom Autor des Bildepigramms ›Schriften als gemahlet beschrieben‹ ist, besitzt die emblematische *pictura* einen wesentlich veränderten Realitätsgrad: Sie und erst sie repräsentiert ganz unmittelbar, nämlich auf anschauare Weise ein Stück Wirklichkeit, das [...] [im Bild – d. Verf.] dargestellt und durch die *subscriptio* dann ausgelegt wird, indem diese die in der *pictura* beschlossene, über die *res picta* hinausweisende *significatio* offenbar macht.«[160] Indessen, die Fundorte der emblematischen Bilder, der ›picta poesis‹, sind nicht auf Spaziergängen abgeschrittene Feldraine, sondern Texte, memoriale thesauri oder rhetorische Topiken (mnemotechnische loci und imagines).[161] (Die Frage der Priorität des Bildes oder des Realismus der Darstellungen, Allegorie oder descrip-

154 Vgl. LUDWIG VOLKMANN, Bilderschriften der Renaissance. Hieroglyphik und Emblematik in ihren Beziehungen und Fortwirkungen (Leipzig 1929).
155 BUCK (s. Anm. 147), 333.
156 PENKERT (s. Anm. 149), 3; HECKSCHER/WIRTH (s. Anm. 149), 103 ff.; D. SULZER (s. Anm. 147), 60 ff.
157 BENJAMIN (s. Anm. 3), 344 f.
158 JULIUS WILHELM ZINCGREF, Hundert Ethisch-Politische Embleme (Emblematum Ethico-Politicorum Centuria). Mit den Kupferstichen des Matthaeus Merian (1664; Heidelberg 1986); BALTASAR GRACIÁN, El criticón (1631–1657), hg. v. S. Alonso (Madrid 1980), Kap. 7 u. 8; KARL-LUDWIG SELIG, La teoria dell'emblema in Ispagna, in: Modern Language Notes 70 (1955), 599–701.
159 Vgl. BENJAMIN (s. Anm. 3), 246, 354, 405–408.
160 SCHÖNE (s. Anm. 151), 25 f.
161 Vgl. WOLFGANG NEUBER, Imago und Pictura. Zur Topik des Sinn-Bilds im Spannungsfeld von Ars Memorativa und Emblematik (am Paradigma des ›Indianers‹), in: W. Harms (Hg.), Text und Bild, Bild und Text. DFG-Symposium 1988 (Stuttgart 1988), 245–261; STEFAN RIEGER, Speichern und Merken. Die künstlichen Intelligenzen des Barock (München 1997).

tio[162], führt kunsthistorisch auf die Auseinandersetzung um »disguised symbolism«[163] und die Reichweite der Ikonographie.) Die Grenze der Definition des Emblems, die Schöne zieht (die sich in Auswahl und Vernachlässigungen der *Emblemata* niederschlug), zeigt die seines Definitionsversuchs an: »wo die Frage des Emblematikers oder seines Lesers nach dem faktischen Wahrheitsgehalt der pictura am Wirklichkeitscharakter des Gebildes als solchem vorbeilenkt und auf den Tatbestand des bloß Ausgedachten und Erfundenen stößt«, werde »das Emblem im strengen Sinne aufgehoben und eine allegorische Randform ausgebildet«[164]. Was hier am Rande gehalten werden muß – ein »wirres Konglomerat«, »ein dunkles Gemisch«[165], nicht zu reden von den späten, verspielten, veräußerlichten Ausläufern der emblematischen Mode –, sind zentrale Momente der allegorischen Bilder (auch der Emblematik) absehbar, zum einen Erfindung (inventio) und Fiktion, zum andern auch die ›konventionelle‹, topisch-rhetorische Vorgegebenheit, in deren Zitation die ›Bilder‹ als bedeutende gegeben sind.

Die dreiteilige Organisation von inscriptio (Motto, Lemma), pictura (icon, imago, symbolon), subscriptio, die Embleme ausmacht und Techniken des Buchdrucks und der durch ihn revolutionierten Graphik voraussetzt, führt eine Relation von Bild und Bedeutung vor, die nicht in der Einheit von Abbilden und Auslegen zusammenfällt (und auch in der subscriptio nicht erläuternd gestillt wird). Dies zeigen etwa jene (mehrsprachigen) Ausgaben, die keineswegs Übersetzungen, sondern nebeneinander ganz heterogene Ausdeutungen bieten (wie Georgette de Montenays *Livre d'armoiries en signe de fraternité*, 1619). Die Spannung zwischen pictura und ihrer Leseanweisung im Motto wird ausgespielt im änigmatischen oder Rätselcharakter der Embleme (den Benjamin hervorhob und Schöne abwehrt)[166], wie die Humanistenemblematik sie konzipierte und anlegte, so daß »die Beziehung zwischen Signifikant und Signifikat nur schwer zu durchschauen ist«, »nur mit großem Aufwand« und Kenntnissen sowohl der »bedeutungstragenden Eigenschaften« als auch (auch das ist Teil der Topik) zur »Klassifizierung von Gegenständen gemäß solcher Ordnungen«[167] zu verstehen war und sie selbst als überraschende zum Gegenstand des Blicks auf das Emblem werden konnte. Harsdörffer bestimmte Embleme, gestützt auf italienische und spanische Traktatisten, als jene Gemälde, die »ein anders«[168] bedeuten, als sie vorstellen. In Emblemen wird offensichtlich, daß allegorische Bildlichkeit ›Sichtbarkeit‹ und ›Lesbarkeit‹ auseinandertreten läßt – und die Unab›sehbar‹keit letzterer. Um der Lesbarkeit willen exponiert das emblematische Bild die allegorische Relation von Vorstellen und Bedeuten sinnfällig als eine Unverträglichkeit; als Rebus, der durch Hieroglyphen auch in Emblembüchern belegt ist, widerstreitet es seiner Anschaulichkeit.[169] Es ist »auf die Distanz« »zwischen Sagen oder Zeigen und Abbilden und [...] Sinn angelegt«[170]. Diese systematischere Spannung, die zuweilen (in Renaissance-Impresen, esoterischen, hermetischen, alchemistischen Emblemen) als Rätsel oder im Effekt des verblüffend Ungewöhnlichen exponiert, zuweilen (didaktisierend) eingezogen wurde, wird im Sprach- und

---

162 Vgl. KONRAD HOFFMANN, Alciati und die geschichtliche Stellung der Emblematik, in: Haug (s. Anm. 151), 516–519; CHRISTINE BUCI-GLUCKSMANN, Der beschreibende Blick und die Allegorie, in: Buci-Glucksmann, Der kartographische Blick der Kunst, übers. v. A. Hiepko (Berlin 1997), 73–83, 86 ff.
163 ERWIN PANOFSKY, Early Netherlandish Paintings. Its Origins and Character (entst. 1947–1948), Bd. I (Cambridge, Mass. ²1958), 142; vgl. SVETLANA ALPERS, The Art of Describing. Dutch Art in the Seventeenth Century (London 1983).
164 SCHÖNE (s. Anm. 151), 27; HENKEL/SCHÖNE (s. Anm. 145), XXI f., XIV.
165 SCHÖNE (s. Anm. 151), 35 f.
166 Vgl. SCHÖNE (s. Anm. 151), 20 f., 35; HENKEL/SCHÖNE (s. Anm. 145), XXII; BENJAMIN (s. Anm. 3), 349, 356; D. SULZER, Zu einer Geschichte der Emblemtheorien, in: Euphorion 64 (1970), 40 f.
167 MÖDERSHEIM (s. Anm. 148), 204–206.
168 GEORG PHILIPP HARSDÖRFFER, Poetischer Trichter, Bd. 3 (Nürnberg 1653), 102; vgl. WINDFUHR (s. Anm. 143), 95.
169 Vgl. HENKEL/SCHÖNE (s. Anm. 145), 1293; BUCK (s. Anm. 147), 335.
170 MÖDERSHEIM (s. Anm. 148), 205 f.

Gedankenspiel des concetto ausgespielt[171]; und sie wird als Willkür der gelehrt, bedeutend herangezogenen Bilder bemerkt und abgewehrt werden. Nach Tesauros Rede vom Emblem (»it has its Soul outside its Body – having the signifier perceptible on the shield and the signified intelligible in the mind«)[172] ist die barocke Allegorie – gerade im Modus des Emblems – angeschlossen an die Rhetorik des concetto (mit Tesauro und Gracián, der die agudeza anhand von Beispielen aus Alciati erläutert[173]), die als Spitzfindigkeit und »übertriebener Witz«[174] pejorativ fortleben wird. (Germanistische Vorbehalte gegen diese werden durch die Lektüre der ›trattatisti‹ als Vorurteile kenntlich.)

Mit der Formel von der ›Leiche als Emblem‹ gewann Benjamin den »Greuel- und Marterszenen,

---

171 Vgl. BUCK (s. Anm. 147), 335; MARIO PRAZ, Studies in Seventeenth Century Imagery (1934; Rom ²1964), 31; FRANCES A. YATES, The Emblematic Conceit in Giordano Bruno's ›De gli Eroici Furori‹ and the Elisabethan Sonnet Sequences, in: Journal of the Warburg and Courtauld Institutes 6 (1943), 101–121; WINDFUHR (s. Anm. 143), 261–281.
172 GINEVRA BOMPIANI, The Chimera Herself, in: M. Feher (Hg.), Fragments for a History of the Human Body, Bd. 3 (New York 1989), 394.
173 Vgl. GRACIÁN, Agudeza y arte de ingenio (1648); SELIG, Gracián und Alciatos ›Emblemata‹ (1956), in: Penkert (s. Anm. 149), 122–139.
174 CHRISTIAN LUDWIG VON HAGEDORN, Betrachtungen über die Mahlerey, Bd. 1 (Leipzig 1762), 465 f.
175 BENJAMIN (s. Anm. 3), 390 f.
176 DANIEL CASPER VON LOHENSTEIN, Sophonisbe (entst. 1669; Breslau 1680), 4, 568–571.
177 BENJAMIN (s. Anm. 3), 357.
178 Vgl. Das Fragment. Der Körper in Stücken [Ausst.-Kat.] (Bern 1990), 43–45; HECKSCHER/WIRTH (s. Anm. 149), 144.
179 Vgl. DANIEL CRAMER, Emblemata Sacra (Frankfurt 1674), 1. Teil, Nr. 1, 6, 12; MÖDERSHEIM, Herzemblematik bei Daniel Cramer, in: B. F. Scholz u.a. (Hg.), The European Emblem. Selected Papers from the Glasgow Conference (Leiden/New York 1990), 90 ff., 95, 97; HARSDÖRFFER, Frauenzimmer Gesprechspiele, Bd. 4 (Nürnberg 1644).
180 BENJAMIN (s. Anm. 3), 357; vgl. SEBASTIAN NEUMEISTER, Die Verbindung von Allegorie und Geschichte im spanischen Fronleichnamsspiel des 17. Jahrhunderts, in: Haug (s. Anm. 151), 293; ALT (s. Anm. 143), 205; FRIEDRICH VON BEZOLD, Das Fortleben der antiken Götter im mittelalterlichen Humanismus (1922; Aalen 1962), 3–7; JEAN SEZNEC, La survivance des dieux antiques (Paris 1980).

---

in denen die barocken Dramen schwelgen«, die Struktur der Allegorie ab. Das »Martyrium« rüste »den Körper des Lebendigen [...] emblematisch zu«[175], zerlegt, wie die Allegorie dies tut, was bedeutent werden soll. »Nicht anders konnte der orthodoxe Emblematiker denken: der menschliche Körper durfte keine Ausnahme von dem Gebote machen, das das Organische zerschlagen hieß, um in seinen Scherben die wahre, die fixierte und schriftgemäße Bedeutung aufzulesen. Ja, wo konnte dieses Gesetz triumphierender dargestellt werden als am Menschen, der seine konventionelle, mit Bewußtsein staffierte Physis im Stich läßt, um an die vielfachen Regionen der Bedeutung sie auszuteilen.« (391)

Eine »bedeutende Aufteilung eines Lebendigen in die disiecta membra der Allegorie« (374) wird vollzogen, wenn im Reyen zum 4. Akt von Lohensteins Sophonisbe (entst. 1669, ersch. 1680) die Tugend über die von ihr entkleidete Wollust sagt: »Schaut: ist ein Schwein besudelter zu schauen? / [...] / Der Wollust Kopf ist Schwan / der Leib ein Schwein. / So wandeln sich in Koth der Wollust Lilgen« – und Herkules der »Tugend Distelbahn«[176] als Thronweg entdeckt. Die allegorische Lektüre zerfällt topographierend organische Ganzheit in bedeutende Details entlang der Regionen der Bedeutung, denen sie zufallen. Allegorische Bedeutung tritt auf als »Ansiedlung des Wissens«[177] in den Gegenständen; dies konstituiert sie als allegorische, d.h. als »fixierendes Zeichen« und zugleich »fixiertes Bild« (359) (das zitiert und zitierend tradiert wird). Embleme sind Fälle des Fragments, und in Emblemen tritt der Körper auf ›in Stücken‹[178], die »separat und überdimensioniert«, aus der Körperganzheit ausgesondert, als ein Bedeutendes indiziert werden:[179] ein »Gegenstand des Wissens«[180], im »Rang erhoben« (351), in die »allegorische Heimat« (392) eingegangen. Die Zerfällung, die das allegorische Lesen vollzieht, wird als »Mortifikation des Leibes« (396) drastisch thematisch. Diese ist fromme »emblematische Bewältigung« (395) des Leibes, nicht zuletzt der Heidengötter der Antike (und Renaissance), und diese »die sachliche Verwandtschaft« »zwischen der barocken und mittelalterlichen Christenheit« in beider »Triumph der Allegorie« (394) (als Modus des Nachlebens der Antike). Zugleich weisen die Körperstücke in emblematischen Bildern die bedeutende Detaillierung aus und – das ist ihr Gestisches[181] (als unwirkliche Hände, die Attribute des Bedeutens tragen) – Lektüren an[182], weil und insofern sie deren Diskrepanz zum Vorgestellten zeigen. Die Heterogenität der allegorischen Bilder, ihre katachrestische Fügung stellt (wenn in Anlehnung an Hieroglyphen Augen aus einer Hand oder der Erde blicken) bildlich groteske Körper/Gegenstände vor[183], die, wie die Merkwürdigkeit als mnemotechnische Qualität[184], die Unverträglichkeit von »bildlichem Sein und Bedeuten« aufweisen. Allegorien bedeuten etwas anderes, als sie vorstellen, mehr noch bedeuten sie »genau das Nichtsein«[185] dessen, was sie vorstellen. Aber – so Benjamins entschiedene Akzentuierung – allegorisch bedeutend wird keineswegs das Vorgestellte der Bedeutung so unterstellt, daß es in dieser ausgelöscht wäre (zu dieser Beschreibung neigt die pejorative klassizistische Bestimmung der barocken Allegorie durch den Vorrang der Abstrakta). Vielmehr treten in allegorischer Lektüre Vorgestelltes und Bedeuten gegeneinander (an). Was als bloße Konventionalität des Ausdrucks der Allegorie (seit dem 18. Jh.) abgetan wird, manifestierte sich als »die vielfachen Dunkelheiten des Zusammenhanges zwischen Bedeutung und Zeichen«[186] (so Giehlows *Hieroglyphenkunde des Humanismus in der Allegorie der Renaissance*, 1915, die Benjamin zitiert). Am Beginn des 17. Jh. endet die Ordnung der Ähnlichkeit (das Netz der aufeinander verweisenden Signaturen): »partout se dessinent les chimères de la similitude, mais on sait que ce sont des chimères [...]; c'est le temps où les métaphores, les comparaisons et les allégories définissent l'espace poétique du langage. Et par le fait même le savoir du XVIe siècle laisse le souvenir déformé d'une connaissance mêlée et sans règle où toutes les choses du monde pouvaient se rapprocher au hasard des expériences, des traditions ou des crédulités.«[187] Der »Raum barocken Wissens«[188] ist die »Fund=Grube, woraus die Erfindung zu nehmen«[189] ist, deren Reichtum Johann Christoph Männling nur in einer heterogenen Aufzählung präsentieren kann. Wenn das »Bildgedächtnis« (das die Renaissance belebte) für die neu erwachte »Bilderspekulation«[190] »zum unbeschränkten Fundus der anschaulichen Requisiten«

(349) wird, so bleibt der allegorische Ausdruck »undurchdringlich« (348). Die »Krise der Ähnlichkeit« wird concettistisch ausgetragen: »Die barocke Dichtung inszeniert die Ähnlichkeit als eine in die Krise geratene Form des Erkennens und des Darstellens. [...] In der barock concettistischen Poetologie erscheint die Ähnlichkeitskrise in der Hypertrophie und Verkehrung von Ähnlichkeit. [...] Die Traktate führen eine ästhetische und intellektuelle Faszination durch eine aus der Unähnlichkeit entwickelte Ähnlichkeit oder aus der Ähnlichkeit entwickelte Unähnlichkeit vor. [...] Das accumen wird zum Raum der fiktiven allegorischen Similarität, der Erschriftung der Ähnlichkeit, ihrer Erfindung und nicht ihrer Bestätigung.«[191] »Die vielfachen Dunkelheiten des Zusammenhanges zwischen Bedeutung und Zeichen [...] schreckten

181 Vgl. GUSTAV RENÉ HOCKE, Manierismus in der Literatur. Sprach-Alchimie und esoterische Kombinationskunst. Beiträge zur vergleichenden europäischen Literaturgeschichte (Hamburg 1959), 20.
182 Vgl. ZINCGREF (s. Anm. 158), XIII, LIX, LXVI, LXXXIV.
183 Vgl. ebd., 88; JOHANN MANNICH, Sacra Emblemata LXXVI [...] (Nürnberg 1624), 16; HENKEL/ SCHÖNE (s. Anm. 145), 1359; MÖDERSHEIM (s. Anm. 179), 100; GRACIÁN (s. Anm. 147), Kap. 9.
184 Vgl. RIEGER (s. Anm. 161); YATES, The Art of Memory (London 1966).
185 BENJAMIN (s. Anm. 3), 406.
186 KARL GIEHLOW, Hieroglyphenkunde des Humanismus in der Allegorie der Renaissance, besonders der Ehrenpforte Kaisers Maximilian I. Ein Versuch (Wien/Leipzig 1915), 127; vgl. BENJAMIN (s. Anm. 3), 350.
187 Vgl. FOUCAULT (s. Anm. 124), 65; vgl. JULIA KRISTEVA, Sēmeiōtikē. Recherches pour une sémanalyse (Paris 1969), 113–142; BLUMENBERG, Die Lesbarkeit der Welt (Frankfurt a. M. 1986), 108 f.; ALT (s. Anm. 143), 282.
188 Vgl. RIEGER (s. Anm. 161), 23; vgl. BUCK (s. Anm. 147), 339.
189 JOHANN CHRISTOPH MÄNNLING, Expediter Redner oder deutliche Anweisung zur galanten Deutschen Wohlredenheit [...] (Frankfurt a. M./Leipzig 1718), 11.
190 BENJAMIN (s. Anm. 3), 395; YATES (s. Anm. 184), 82 ff.
191 RENATE LACHMANN, Die ›problematische Ähnlichkeit‹. Sarbiewskis Traktat ›De acuto et arguto‹ im Kontext concettistischer Theorie des 17. Jahrhunderts, in: Lachmann (Hg.), Slavische Barockliteratur, Bd. 2 (München 1983), 87 f.; vgl. 113, 109 f.

nicht ab sondern reizten vielmehr dazu, immer entfernter liegende Eigenschaften des darstellenden Gegenstandes zu Sinnbildern zu verwerthen, um durch neue Klügeleien sogar die Ägypter zu übertreffen.«[192] Es gibt keine Beschränkung der Bildlichkeit und der Bildermengen ›von innen‹. Gesetz ihrer Findung und Fügung ist das Kombinieren und Re-Kombinieren der entlegenen Topoi, »Realien, Redeblumen, Regeln«[193], einer ars inveniendi, die concettistisch zugespitzt werden konnte. Die »ingeniöse Signifikation« des concetto stellt »das vocabulo significante und cosa significata einander gegenüber«, indem es sie gegeneinander ausspielt, dissoziert Wort und Ding und stellt die »Repräsentation« (des »binär verstandenen Zeichens«) selbst »durch die Erfindung neuer Signifikationen«[194], die sie irritieren und aufschieben, im Moment der Verblüffung (die das ingenio des Operateurs belegt) aus. Im kunstfertigen Gestus, der zu verblüffen wußte, zeigt sich das allegorische Bedeuten nicht allein als »spielerische Bildertechnik«[195], als die die Allegorie im 18. Jh. denunziert wird, sondern stellt sie sich als »schnellfertige Technik« (351) im metaleptischen, weithergeholten Einfall, in der »stolzen Kraßheit« (405) des allegorischen Kunstgriffs selbst dar und wird zum Ausdruck (der exponierten Distanz) und Gegenstand des Divertissements. Das »Bestürzende«, als das das Bedeuten auftritt, macht die »pure Repräsentation zum Vergnügen«[196] und exponiert diese als solche, als »Repräsentation«. »Sein Kombinieren darf der Dichter nicht vertuschen, wenn anders nicht sowohl das bloße Ganze, denn dessen offenbare Konstruktion das Zentrum aller intentionierten Wirkungen war.«[197] – Die barocke Bildlichkeit folgt dem »Schema des Emblems«, »aus welchem mittels eines Kunstgriffs, der stets von neuem überwältigen mußte, sinnfällig das Bedeutete hervorspringt. [...] [Dabei] ist es an stolzer Kraßheit nicht zu überbieten, wenn Hallmann ›wann der Politische Himmel blitzet‹ eine Harfe sich ins ›Mordbeil‹ wandeln läßt« (405). In solcher Nutzung der Requisiten des Bedeutens (»Unermüdlich verwandelnd, deutend und vertiefend« die »Bilder miteinander« [404] vertauschend) progredieren die Argumentationen der Rededuelle etwa in Lohensteins ›Afrikanischen Trauerspielen‹ im ständigen Kippen der sich vervielfachenden aufgeführten Bilder – »Hochmuths-Flügel«, Icarus, Sonne, »Comete«, »Glückszweig«, ›giftiger Schatten«[198] – mit der Tendenz zu »ungeheuerlichen Sprachgebilden«[199], Kombinationskatachresen, grotesken allegorischen Verwendungen. Undurchdringlich wird der allegorische Ausdruck durch die Heterogenisierung der Modi allegorischer Bedeutungsbildung – zwischen Abhandlung und Reyen: wenn Herkules am Scheideweg Vorbild gibt sowohl für Masanissa von Numidien als auch für Leopold I. (dessen Ehe mit der spanischen Infantin Margarite Anlaß zur *Sophonisbe* gab)[200], in den vielfachen Heterogenisierungen des Personals: wenn im Reyen zu Abhandlung II der *Sophonisbe* die Allegoresen von Göttern (»der Regiersucht unter der Person des Jupiters«) und mythologischen Figuren (»der Tugend / unter der Person des Hercules«) und Personifikationen (»der Liebe, des Himmels, Des Abgrunds«[201] das Buchstabenmaterial ihrer Namen zur Verfügung stellen, aus dem in anagrammatischer Operation (der Liebesgötter) die Namen der zu Verehelichenden gebildet werden. »In einer komplizierten Konfiguration setzt sich der Sinn von seiner [des Trauerspiels – d. Verf.] Handlung wie Lettern im Monogramm durch.«[202]

Den barocken Raum des Wissens und der Poesie macht das »Dunkel allegorischer Verschlingung« aus, in dem allein die Sentenz »grell [auf]blitzt« (373). Die Faszination am Unähnlich-Ähnlichen konnte Góngora im überspannten Rätselbild (ver-

---

192 GIEHLOW (s. Anm. 186), 127; vgl. BENJAMIN (s. Anm. 3), 350.
193 BENJAMIN (s. Anm. 3), 354.
194 LACHMANN (s. Anm. 191), 109–111, 93, 91.
195 BENJAMIN (s. Anm. 3), 339.
196 LACHMANN (s. Anm. 191), 109.
197 BENJAMIN (s. Anm. 3), 355.
198 LOHENSTEIN (s. Anm. 176), 3, 6 ff.; 3, 46 ff.; LOHENSTEIN, Cleopatra (1661), 2, 524 ff.; 2, 539 ff.
199 BENJAMIN (s. Anm. 3), 375; vgl. GERD HILLEN, Allegorie im Kontext. Zur Bestimmung von Form und Funktion der Allegorie in literarischen Texten des 17. Jahrhunderts, in: Haug (s. Anm. 151), 597 ff.
200 Vgl. SCHÖNE (s. Anm. 151), 171 f.; NEUMEISTER (s. Anm. 180), 302 ff.
201 LOHENSTEIN (s. Anm. 176), 2, 522 ff.
202 BENJAMIN (s. Anm. 3), 371.

rätselter Einsicht) inszenieren, in dem in einer ›nur den Gebildeten faßlichen Rätselschrift‹ ein Gegenstand (etwa der Kompaß) Dignität gewinnt (auch im wörtlichen Schrift-Bild).[203] Das Wissen, das entziffernd aufzuwenden ist, wird zum Bürgen des Geheimnisses, das verschlossen sein soll in den Dingen; dieses und seine Autorität (seiner Tradiertheit) wird in allem allegorischen Bedeuten mitgelesen. In der (exponierten) Willkür des Operierens, des gewaltsames Eingriffs der Zitation und der Kombination des Zitierten bekundet sich drastisch die »Macht des Wissens«[204], an der der Operateur zitierend teilhat. Im allegorischen Bedeuten wird »für jeden Einfall« der »Augenblick des Ausdrucks« zur »wahren Bilderuption, als deren Niederschlag die Menge der Metaphern chaotisch ausgestreut liegt« (349); ihr Ausdrucksmoment ist die Fassungslosigkeit der überbordenden Details und Bildelemente. Die Allegorie manifestiert sich im deutschen Barock weniger in der concettistischen Kunst (ars), das Weitentfernte in der verblüffenden Kombination, im Oxymoron unähnlicher Ähnlichkeit zu organisieren, als vielmehr in der Kombinatorik, der Häufung, im »materialischen Aufwand« (376).[205]

In den Rhetoriken des 17. u. 18. Jh. figuriert die Emblematik in der Lehre nicht nur vom Ausdruck (elocutio), sondern auch von der Erfindung (inventio), der ars inveniendi, der eigenen Wissenschaft, die der »Erfindung von Wissen«[206] gewidmet ist, die sich im Barock auch an die Logik der Signifikanten, der Worte und Lettern heftet. In der Topik (Quellen und Orte der Argumente) steht die Emblematik, stehen Emblemzusammenstellungen (Picinelis *Mundus Symbolicus*, 1687), Typotius' *Symbola Divina et Humana*, 1601–1603) und -bücher nach den klassischen loci als Fundgrube für die Dichter.[207] Das allegorische Bedeuten (das den allegorischen Gegenstand konstituiert) ist Zitation (die »Suchstrategien für die allegorische Dichtkunst des 17. Jahrhunderts«[208] einübt und realisiert), ein Bezug auf vorangehende Zeichen, auf ein Wissen, das sich zitierend fixiert und das sie tradiert (das witzig Zugespitzte »muß unvergessen bleiben«[209]). Das »Auffinden von Daten«, die »Datenaufbereitung für die Bereiche *res* und *verba*« ist Sache von Topik und ars combinatoria wie einer »Exzerpierlehre für die Realia«[210] (dies nähert die inventio der Mnemotechnik). Wie die Emblembücher als thesauri, so stehen auch wiederum die Trauerspiele oder Lohensteins *Großmüthiger Feldherr Arminius* (1689–1690) mit ihrem gelehrten Anmerkungsapparat der weiteren verdoppelnden und kompilierenden Ausschrift von Wissen offen.[211] Wo aber das (den Emblembüchern wie den ausgeschriebenen Werken) »eingeschriebene Wissen nicht hierarchisch organisiert und alle Wissenspartikel gleichberechtigt sind«, wird das »Auffinden von Argumenten«[212] und bleibt »jeder Versuch einer Selektion« beliebig oder kontingent. Der Exzerpist, der, was »im Rahmen des europäischen Concettismus« »in der Metaphorik von Fülle und Acumen« konzipiert wird, »auf eine weitere Form des Zitats« (38) reduziert, »wird zum Inbegriff stupider Thesaurierung und bloßer Abrufbarkeit« (44) – wenn die »Verfahren der Datenrelationierung« (67) (die auf die copia der Fundgruben abgebildeten »Relationen von Ähnlichkeit, Unähnlichkeit oder Kontrast« [38 f.]) selbst nicht theoretisch gedacht werden, »wie das etwa in den Traktaten zum Concettismus oder in den rhetorischen Anleitungen zur Topik geschieht«. In den »Proklamationen totaler Beziehbarkeit« ist barocke Bildlichkeit »poetologisch wie datentechnisch verankert«, »und so wird auch das Feld der Tropen zur Wissensvermittlung herangezogen« (63 f): »Daten und Denken [fallen] zusammen« in den »externen Speicher der Schrift« (42 f.), Speicher auch für Operationen möglicher Relationierungen. »Barocke Speicher sind räumlich organisiert. Davon handeln auch die

---

203 Vgl. LUIS DE GÓNGORA Y ARGOTE, Soledades (entst. 1613–1614, ersch. 1636), span.-dt. (Leipzig 1982), V. 379 ff., V. 602 ff.; KARLHEINZ BARCK, Nachwort, in: ebd., 200; BENJAMIN (s. Anm. 3), 356, 349.
204 BENJAMIN (s. Anm. 3), 360.
205 Vgl. RIEGER (s. Anm. 161), 24–28.
206 RIEGER, ebd., 45.
207 Vgl. MÖDERSHEIM, ›Emblem, Emblematik‹, in: UEDING, Bd. I (1992), 1102 f.; SCHÖNE (s. Anm. 151), 56.
208 ALT (s. Anm. 143), 182.
209 HARSDÖRFFER, Der große Schauplatz jämmerlicher Mord-Geschichte (Hamburg 1656), 36.
210 RIEGER (s. Anm. 161), 65 f.
211 Vgl. RIEGER, ebd., 25–32; MÖDERSHEIM (s. Anm. 148), 206.
212 RIEGER, ebd., 66.

Metaphern zum Ruhm ihrer Größe [...], wie sie etwa für Lohenstein zum Inbegriff seiner copia rerum werden.« (70 f.) – Das Ideal des Wissens, auf das als Fundus der allegorisch funktionablen Details das allegorische Bedeuten zugreift und das dieses organisiert, sind die Schatzkammern (thesauri), die konstitutive Unabgeschlossenheit der An-Sammlung, der Listen oder An-Häufungen in Bibliothek und Magazin. Die Ordnung der Dinge (mit mnemotechnischer Funktion) wird – im Ausgang des Barock – zum Vorwand der Digression, der Zerstreuung. Wie das Wissen, das sich bekundet in der allegorischen Verschwendung, gegen die sich die Verdikte des 18. Jh. über die barocke Allegorie richten, wird die barocke fassungslose Fülle (der Bildlichkeit und der Bilder) – nach dem Maße der Wahrscheinlichkeit und der Natur – im Reiche der Poesie nicht mehr geduldet.[213]

Wird die Rede vom Emblem auf die Texte übertragen (als Einfluß der Emblematik oder »Kontinuität der emblematischen Bildtradition«[214] bei Shakespeare, Gracián, Francisco de Quevedo, Giordano Bruno, Andreas Gryphius und Lohenstein), so ist zum einen meist der zitierte und zitierend tradierte Bildinhalt gemeint, wäre aber zum andern die allegorische Struktur zu lesen, die die Tradierung als Zitation selbst ist, die zitierende Bezugnahme, die Bilder als bedeutende generiert, die Wiederholung, die (auch dann, wenn das Zitat die Autorität des ›Originals‹ beruft) ihre Differenz ausmacht. (Beides prägt sich insbesondere in den romantischen Operationen aus – vgl. Eichendorffs Übersetzung 1846 von Calderóns *Gran teatro del mundo*.[215])

Die Ostentation der Faktur eröffnete im manieristischen Barock ein Spiel der Selbstinszenierung. Im deutschen Trauerspiel verrate, so Benjamin, ihr Ungenügen im »Spiel«[216] die Allegorie an die Schwere bloßer Stofflichkeit, der bruchstückhaften Details, die bleiben, während Calderóns selbstreflexive Durchführungen der Theatermetapher zum Paradigma eines anderen Ausgangs, als er dem deutschen Trauerspiel möglich war, würde: Das Spiel der Reflexion – nach dem Schema der Volute ins Unendliche sich wiederholend und ins Unabsehbare den »Kreis«, den sie umschließt« (262), verkleinernd – läßt in Calderóns *La vida es sueño* (1636), wenn das, was Leben schien, als Täuschung oder Traum ent-täuscht wurde, nicht mehr entscheiden zwischen Traum und Leben, Lüge und Wahrheit und das Leben als Täuschung vor einem anderen Leben (und dessen Wahrheit) seinen letzten Ernst verlieren. Wenn das »Drama an der Grenze der Transzendenz innehalten mußte, sucht es auf Umwegen, spielhaft, ihrer sich zu vergewissern«[217] (etwa in *Gran teatro del mundo*, entst. 1641, ersch. 1655[218]): im Spiel mit einem »marionettenhaften [...] Einschluß der Transzendenz«[219]. Die »Absichtlichkeit« »zerstreut im idealen romantischen Trauerspiel des Calderon die Trauer. Denn in der Machination hat die neue Bühne den Gott.« (261)

Die barocke Bildlichkeit präsentiert sich als nicht abgeschlossene; indem sie verschmäht, den »Widerstreit zwischen dem Unendlichen und dem Endlichen« durch die »Läuterung des Bildlichen einerseits, und aus der freiwilligen Verzichtleistung auf das Unermeßliche andrerseits« (341) aufzulösen, versagt sie (sich) die Schließung des Schönen (und der Ästhetik). Sie verweist vielmehr die Ästhetik begrenzt auf einen von dieser nicht ein-

---

213 Vgl. GOTTSCHED (DICHTKUNST), 198–224; BENJAMIN (s. Anm. 3), 352, 360, 376; RIEGER (s. Anm. 161), 38, 52–54; WINDFUHR (s. Anm. 143), 438 ff., 456 ff.
214 BUCK (s. Anm. 147), 342; vgl. SCHÖNE (s. Anm. 151), 56 ff.; PENKERT (s. Anm. 149), 15–18; HELMUT ROSENFELD, ›Emblemliteratur‹, in: O. Schmitt (Hg.), Reallexikon zur deutschen Kunstgeschichte, Bd. 2 (Stuttgart 1958), 335; HILLEN (s. Anm. 199), 592 ff.; WILHELM VOSSKAMP, Emblematisches Zitat und emblematische Struktur in Schillers Gedichten, in: Jahrbuch der deutschen Schillergesellschaft 18 (1974), 390 f, 401 f.
215 Vgl. JOSEPH VON EICHENDORFF, Geistliche Schauspiele (Stuttgart u. a. 1846); EICHENDORFF, Zur Geschichte des Dramas (Leipzig 1854); A. VON BORMANN, Natura loquitur. Naturpoesie und emblematische Formel bei Joseph von Eichendorff (Tübingen 1968); ANSGAR HILLACH, Eichendorffs romantische Emblematik als poetologisches Modell und geschichtlicher Entwurf (1978), in: Penkert (s. Anm. 149), 414–435.
216 BENJAMIN (s. Anm. 3), 261.
217 Ebd., 260.
218 Vgl. HILLACH, Sakramentale Emblematik bei Calderón (1978), in: Penkert (s. Anm. 149), 204 f; ALEXANDER A. PARKER, The Allegorical Drama of Calderón (London/Oxford 1943).
219 BENJAMIN (s. Anm. 3), 260.

holbaren Bereich, den theologischen (so Benjamin, über den in germanistischer Literatur noch zu lesen ist, daß er »–zufolge seiner jüdischen Herkunft – konstant die eschatologische und messianische Bindung der Geschichte in der Pictura leugnete«[220]). Die Spannweite von Immanenz und Transzendenz ermißt die exaltierte barocke Formgebung; die unregierte verschwendende Häufung (das barocke Konzept des Erhabenen), deren Modell der Schauplatz starrender Bruchstücke stellt, ist Teil der ›Heilsökonomie‹ der barocken Werke, die aufs »Eingreifen Gottes ins Kunstwerk«[221] setzen. Die barocke Allegorie verweigert, ein Bild der Ganzheit zu geben, für das der Ästhetik des Symbols, in Verstellung der sprachlichen Operationen und Selbstbeschränkung der Bilder von ›innen‹, in der zur ›menschlichen Gestalt‹ geläuterten Physis ein Naturbegriff gestalthafter Totalität einstehen wird.

2. Klassik

Die Annahme, das einzelne Werk sei unter dem Gesichtspunkt von Ausdruck und Gehalt aus sich selbst zu verstehen, wurde in der Perspektive der Ästhetik (der zweiten Hälfte des 18. Jh.) dem Wissen von mythologischen, poetischen, kunsthistorischen Zusammenhängen und dessen Tradierung entgegengehalten, die jedes allegorische Lesen eines Bildes voraussetzt und fortschreibt. So simuliert Goethe (*Über die Gegenstände der bildenden Kunst*, entst. 1797) eine vollständige Sichtbarkeit des Dargestellten, und so sieht er die Laokoon-Gruppe als eine »tragische Idylle«[222]. Mit dem Traditionszusammenhang, innerhalb dessen ihr Funktionieren einmal abgesichert erschien und Dignität erhielt, sollte – so die Ästhetik um 1800 – die Allegorie, die es nur in Bezug eines Zeichens auf ein anderes, vorausgehendes Zeichen gibt[223], obsolet oder bloß willkürlich geworden sein. Dies geschieht in Funktion der Autonomie der ästhetischen Werke, einer ästhetisch in der vorgestellten Gestalt erschlossenen und ein- und abgeschlossenen Totalität.

Und es ist Teil der Auseinandersetzung der ›redenden‹ und der ›bildenden‹ Künste. War der Terminus Allegorie spät erst auf die bildende Kunst übertragen worden, so wird umgekehrt im 18. Jh.

zunächst vor allem »an bildende Kunst gedacht, wenn von Allegorie die Rede ist, und die Befreiung der Poesie von der Allegorie, wie sie Lessing vertritt, meint in erster Linie ihre Befreiung vom Vorbild der bildenden Künste«[224]. Umgekehrt aber wird die Allegorie als ›Redart‹ gerade für das dauernde Bild problematisch[225] – und zwar als dessen textuelle Beigabe. Am kunsthistorischen Gemeinplatz wird dementsprechend das ›Ende der Allegorie‹ (oder Ikonographie) für die Durchsetzung der künstlerischen Moderne, weil des autonomen Werks genommen. Vom ›Ende der Ikonographie‹ sei als einer historischen Erfahrung des »Verlustes der äußeren Zeichenhaftigkeit, der Textualität des Bildes«, der fortschreitenden Zersetzung des alten ikonographischen Vokabulars und seiner Syntax auszugehen, die in den Kunsttheorien um 1800 in den aufeinander bezogenen Konzeptionen der Allegorie und des Symbols (in der »komplementären Entfaltung [des] autonomen Formgesetzes«[226]) zu

---

[220] PENKERT (s. Anm. 149), 20.
[221] BENJAMIN (s. Anm. 3), 408; vgl. MENKE, Sprachfiguren (s. Anm. 3), 200 ff., 225 ff.
[222] JOHANN WOLFGANG GOETHE, Über Laokoon (1798), in: GOETHE (WA), Abt. 1, Bd. 47 (1896), 106.
[223] Vgl. DE MAN, The Rhetoric of Temporality (s. Anm. 4), 207.
[224] GADAMER, Wahrheit und Methode (s. Anm. 2), 80.
[225] Vgl. JOHANN GOTTFRIED HERDER, Plastik. Einige Wahrnehmungen über Form und Gestalt aus Pygmalions bildendem Traume (1778), in: HERDER, Bd. 8 (1892), 1–87.
[226] BERNHARD FISCHER, Kunstautonomie und Ende der Ikonographie. Zur historischen Problematik von ›Allegorie‹ und ›Symbol‹ in Winckelmanns, Moritz' und Goethes Kunsttheorie, in: Deutsche Vierteljahrsschrift für Literaturwissenschaft und Geistesgeschichte 64 (1990), H. 2, 247; vgl. SILKE WENK, Versteinerte Weiblichkeit. Allegorien der Skulptur der Moderne (Köln u. a. 1996), 20; HEINZ-TONI WAPPENSCHMIDT, Allegorie, Symbol und Historienbild im späten 19. Jahrhundert. Zum Problem von Schein und Sein (München 1984); MONIKA WAGNER, Allegorie und Geschichte. Ausstattungsprogramme öffentlicher Gebäude des 19. Jahrhunderts in Deutschland (Tübingen 1989); WERNER BUSCH, Die notwendige Arabeske. Wirklichkeitsaneignung und Stilisierung in der deutschen Kunst des 19. Jahrhunderts (Berlin 1985), 13–42; RONALD PAULSON, Emblem and Expression. Meaning in English Art of the Eighteenth Century (London 1975).

bewältigen gewesen seien. Die Absage an die Textvorlage wird für die Malerei des 19. Jh. als Absage an die Allegorie ausgeprägt.[227] Demnach lassen sich zwei Versionen von Bildlichkeit oder Bildtypen entgegensetzen, die Barbara Johnson auf die Formel bringt: »To read the painting ›symbolically‹ was to assume that it was what it looked like, that its meaning was readable from its face. To read the painting ›allegorically‹ was to uncover both the historical ancestors and the linguistic determinations of the image.« »Symbol‹ is the temptation of immediate readability, which turns out to be a denial of the structure of representation«. »Allegory‹ is the recognition of the difference between signifier and signified, of the relation between any use of language and its linguistic or cultural past, and of the difference between self and other.«[228]

Das Schöne schließt die Allegorie aus – und ist gerade dadurch als autonomes bestimmt, wenn schön, so Karl Philipp Moritz, allein eine Figur ist, insofern sie »sprechend«, »bedeutend ist«, aber die »Figur, in so fern sie schön ist, soll nichts bedeuten, und von nichts sprechen, was außer ihr ist, sondern sie soll nur von sich selber, von ihrem innern Wesen durch ihre äußere Oberfläche gleichsam sprechen, soll durch sich selbst bedeutend werden«[229]. Allegorien aber müssen »noch etwas außer sich selbst anzeigen und bedeuten«, so daß ein solches Werk »alsdann nicht mehr seinen Zweck bloß in sich selbst, sondern schon mehr nach außen zu« habe. Wenn das »wahre Schöne« ausmache, »daß eine Sache bloß sich selbst bedeute, sich selbst bezeichne, sich selbst umfasse, ein in sich vollendetes Ganze sei« (113), »so ist nichts dem wahren Begriff des Schönen mehr widersprechend, als dergleichen Allegorien« (114) – wie die »Buchstaben, womit wir schreiben«, die »bedeuten, etwas nach außen zu, das sie nicht selber sind, und erhalten bloß durch diese Bedeutung ihren Werth« (112). Demnach macht die Allegorie dies bloß Äußerliche ihrer Bedeutung aus (das durch Verstand, Begriff und Unselbständigkeit des Bildes diesem gegenüber gekennzeichnet ist). Die Nicht-Unmittelbarkeit des Bedeutens (von innen) ist bloße Willkür der Allegorie. Sie gibt den Inbegriff der Rhetorik, der rhetorischen technē, Kunstfertigkeit und Erfindung ab und wird mit ihr verworfen.[230] Denn sie stellt für das »wahre Schöne«, das »ein in sich vollendetes Ganzes«[231] sei, die Heteronomie des Bedeutens dar, die dieses ausschließen (und zugleich in der Allegorie sich entgegensetzen) muß. Und daher muß der Bezug von Figur und Attributen, jenen Beigaben, denen Goethes Abwehr und Winckelmanns Regulierung galt, weil nicht von innen gestützt, »bloß maschinenmäßig« heißen; »widrig« (114) ist sie jenen Konzept einer Totalität, die im darstellend beseelten Körper gegeben sein soll.

Seit dem 18. Jh. wird der Allegorie die Drastik und die Grellheit ihrer Effekte, die die darstellend totalisierende Verkörperbarkeit von Wahrheit für illusorisch erklärten, entweder verwerfend bescheinigt, oder aber sie wird durch Kataloge von Vorschriften abzumildern versucht (Winckelmann). Entsprechend drastisch begegnete Herder die allegorische Bildung, die »ein Wort, eine abstrakte Redart hervorbrachte«, als »Grimasse« und als »unnatürlicher, kraller oder aufgelöster Zustand«[232] dessen, was darstellend Form gewinnen müßte. Winckelmanns *Versuch einer Allegorie besonders für die Kunst* (1766) bringt jene Vorbehalte, die sich in der Oppositionsbildung Symbol – Allegorie niederschlagen werden, in die Form des Katalogs von Regeln und Listen zulässiger »brauchbarer Allegorien«[233]; die Kriterien heißen »Einfalt« (30)

---

227 Vgl. EVERT VAN UITERT, Die Allegorie in der französischen Malerei des 19. Jahrhunderts, in: van Reijen (s. Anm. 3), 184; CRAIG OWENS, The Allegorical Impuls. Toward a Theory of Postmodernism, in: October, H. 12 (1980), 67–86; H. 13 (1980), 59–80.
228 BARBARA JOHNSON, Women and Allegory, in: Johnson, The Wake of Deconstruction (Cambridge, Mass. 1994), 67, 63.
229 KARL PHILIPP MORITZ, Über die Allegorie (1789), in: Moritz, Schriften zur Ästhetik und Poetik. Kritische Ausgabe, hg. v. H. J. Schrimpf (Tübingen 1962), 112 f.; vgl. WILHELM HEINSE, Von der italienischen Reise (1780–1783), in: Heinse, Sämmtliche Werke, hg. v. C. Schüddekopf, Bd. 8/1 (Leipzig 1924), 461, 379.
230 Vgl. JOHN BENDER/DAVID E. WELLBERY, On the Modernist Return of Rhetoric, in: Bender/Wellbery (s. Anm. 118), 3–39; GADAMER, Wahrheit und Methode (s. Anm. 2), 77.
231 MORITZ (s. Anm. 229), 113.
232 HERDER (s. Anm. 225), 83.
233 JOHANN JOACHIM WINCKELMANN, Versuch einer Allegorie besonders für die Kunst (Dresden 1766), 135.

und »Deutlichkeit« (2) von »Bildern, die nichts unanständiges, häßliches und fürchterliches haben« (30) sollen. In Absetzung sowohl von Emblematik (angewiesen auf die inscriptio), ›Hieroglyphe‹ (als Ausdruck esoterischen Wissens) und Personifikation (angewiesen auf den Namen) sollen sie »durch sich selbst verständlich seyn [können], und keiner Beyschrift vonnöthen haben« (2), die die innere Logik des in sich geschlossenen Bildes stören würde.[234] Denn das »Hülfsmittel beigesetzter Schrift« belegte die Angewiesenheit des Bildes und seiner Deutlichkeit auf »bloß die Sprache«[235] und damit die ›Unvollkommenheit‹ des Bildes. Herder hält die Notwendigkeit einer Beischrift, die die Nicht-Geschlossenheit des (allegorischen) Bildes indiziert, jenen ›allegorischen Wesen‹ (Personifikationen) vor, Ausgeburten der Worte, »eine abstrakte Redart«[236], die sich nicht bildend zu verkörpern vermag, deren Stoff ausdruckslos bleibt und um der Bedeutung willen von darunter angebrachten oder darüber fliegenden Schrifttafeln begleitet werden muß. Wo es keine Verkörperung des Gehalts und kein ›Gesicht‹ für die Verständlichkeit (von innen) gibt, werde Bedeutung von außen hinzugefügt, als jenes »poetische und mythologische Beiwesen«[237] angebracht, dessen Goethes Blick die Gegenstände der bildenden Kunst zu entkleiden suchte. Wenn Stoff und Gehalt nicht (verkörpernd) übereinkommen, so steht (der Bedeutung gegenüber) die »ganze Figur [...] überladen und [...] von sich selbst erdrückt, wie eine todte Masse da«[238].

Statt weit Winckelmann die bildliche Erfindung zu Allegorien zu regulieren, weist Moritz den Allegorien die Randzone ästhetischer Darstellung an. Dort sollen sie das »schöne Ganze« (115) dessen, was sie rahmen – »gleichsam eine Unterschrift unter das Hauptgemälde« und »eine Art von erklärender Sprache«[239] –, supplementieren, »untergeordnet« und in »ihren bescheidenen Grenzen«[240] nicht tangierend oder störend. Was das (autonome) Kunstwerk bedroht, das gleichsam zur »Nebensache« würde, wenn es »bloß deswegen da seyn [solle], damit etwas außer sich andeute«[241], stellt die Allegorie – am Rande angebracht – dar. Dekretiert wird: »sie ist nur Zierrath«. »Die allegorischen Vorstellungen sollen das Ganze nur umgaukeln; nur gleichsam an seinem äußersten Rande

spielen – nie aber das innere Heiligthum der Kunst einnehmen«[242]. Dieses muß gesichert werden, indem die Allegorien ausgeschlossen und/oder – ihre Heteronomie darstellend – bloß untergeordnet auf dem Rahmen (parergon zum Werk) zugelassen werden.

Was affirmativen Beschreibungen als die Begründung eines neuen Bildtyps in der Ästhetik um 1800 gilt[243], läßt eine Bedrohung gerade in deren Abwehr lesbar werden. Die Bedrohtheit durch »bloße allegorische Figuren« heißt zumindest Zerstreuung, Ablenkung von der »Hauptsache«[244] eines Innenraums, dessen Ganzheit und autonome Geschlossenheit gesichert werden soll, und Zerstreutheit ihrer Lektüren, die sich als Aufzählung und Beschreibung den Werken hinzufügen und diese nicht (bloß) ergänzen, sondern – überflüssig – als Ganzes stören und zerlegen. Wenn die »Winckelmannsche Beschreibung aus dem Apollo eine Komposition aus Bruchstücken«[245] macht, so eröffnet sich »the scene of allegorical anxiety [...] as the subject's anxiety of dismemberment, a phan-

---

234 Vgl. FISCHER (s. Anm. 226), 254.
235 HEINRICH MEYER, Anmerkungen und Zusätze zu Winckelmanns Versuch einer Allegorie (1808), zit. nach Bengt Algot Sørensen (Hg.), Allegorie und Symbol. Texte zur Theorie des dichterischen Bildes im 18. und frühen 19. Jahrhundert (Frankfurt a. M. 1972), 146.
236 HERDER (s. Anm. 225), 83.
237 GOETHE (s. Anm. 222), 106; vgl. CHRISTIAN LENZ, Goethes Kunstbeschreibung. Erläutert an dem Aufsatz ›Über Laokoon‹, in: G. Boehm/H. Pfotenhauer (Hg.), Beschreibungskunst – Kunstbeschreibung. Ekphrasis von der Antike bis zur Gegenwart (München 1995), 341–355.
238 MORITZ (s. Anm. 229), 114.
239 MORITZ, Reisen eines Deutschen in Italien (1792–1793), in: MORITZ, Bd. 2, 451; vgl. G. W. F. HEGEL, Vorlesungen über die Ästhetik (1835–1838), in: HEGEL (TWA), Bd. 13 (1970), 514.
240 MORITZ (s. Anm. 229), 114.
241 MORITZ (s. Anm. 239), 384.
242 MORITZ (s. Anm. 229), 114.
243 Vgl. SØRENSEN, Nachwort, in: Sørensen (s. Anm. 235), 261–266.
244 MORITZ (s. Anm. 239), 384.
245 MORITZ, Die Signatur des Schönen. In wie fern Kunstwerke beschrieben werden können? (1788), in: MORITZ, Bd. 2, 588; vgl. JEAN PAUL, Vorschule der Ästhetik (1804), in: JEAN PAUL (HKA), Abt. 1, Bd. 5 (1935), 188 f.

tasy of the dismembered body«, die mit Begriff und zergliederndem Verstand verbunden wird. In ihr wird »the dissolution of the speculative synthesis of subject and object«[246] sichtbar, die die Allegorie darstellt.

Verfehlt werde das »auf einmal« des Anblicks »alles Schönen, was man sehen kann«, das »doch nur ein einziges vollkommenes Ganze ausmacht« in jener Zerlegung, die dem Bild (der bildenden und der redenden Kunst) in der Sprache – Beiwerk, nicht nur als bedeutende Unterschrift, sondern auch in der sich hinzufügenden Lektüre – zustoße. Das »auf einmal« des Sehens, des selbstvergessenen Betrachtens, in dem »der Begriff der Zeit verschwindet, und alles [...] sich in einen Moment zusammen[drängt], der immer dauern könnte«[247] – damit dieses selbst und das Konstitutive der Rezeption verschwindet –, wird zerlegt im Lesen und der Zeit des Lesens, in der Zeitlichkeit (als zerstreuender Ausdehnung) der Allegorie. (Im ›fruchtbaren Augenblick‹, aus welchem das Vorhergehende und das Folgende gleichermaßen begreiflich würden, sollte – so Lessing – die bildende Kunst ihre Nicht-Zeitlichkeit kompensieren.) Dem ›auf einmal‹ des Schönen für das Sehen und

dem ›Nu‹ des Symbols steht das (Aufzählen des) Lesens wie das narrative Moment der Allegorie entgegen. Während das Symbol – so Friedrich Creuzer – »momentane Totalität« eröffne im »imposanten Moment, der im kurzen bildlichen Wort erscheint«, wird in der Allegorie »der ganze Fortschritt [...] in allen anschaulichen Momenten sichtbar«, oder mehr noch: Sie organisiert als »Fortschritt in einer Reihe von Momenten«[248] Zeit.

Dem konventionellen Codes unterliegenden Allegorischen wird das natürliche Zeichen[249] entgegengehalten, das vermeintlich außerhalb jedweden Codes existiere, das Winckelmann durch »ein nahes Verhältnis«[250] zum Bezeichneten kennzeichnete und Coleridge (für das der Allegorie entgegengesetzte Symbol) rhetorischer als Synekdoche[251]. Gedacht wird eine Zeichenproduktion, die im Sich-selbst-Bedeuten des Bildes eben die Zeichenhaftigkeit aufheben könne: »Das schöne Werk ist seine Bedeutung«[252] – und kann daher »zugleich sinnlich, organisch, expressiv und bedeutungsvoll«[253] sein. (Aber zugleich geht eben hier eine Spannung zwischen ›Pinsel‹ und ›Idee‹[254], zwischen »unbedingter Autonomie des Werks« und »der Forderung der ›natürlichen‹ Bedeutung«[255] auf.)

Den Gemeinplatz gibt de Man (nach Gadamer, im Gedanken an Goethe, Schiller und Schelling) als folgenreiches Vorurteil an: »Allegory appears as dryly rational and dogmatic in its reference to meaning that is not itself constitute, whereas the symbol is founded on an intimate unity between the image that rises up before the senses and the supersensory totality that the image suggests.«[256] Die Formel: bildliches Sein im Symbol statt Bedeuten durch die Allegorie – »Schema und A[llegorie] bedeuten, während das S[ymbol] ist, was es bedeutet«, die Allegorie bedeutet, »was sie selbst nicht darstellt, während die S[ymbol] zugleich darstellt, was es bedeutet«[257] – macht das Konstrukt der Ästhetik der Goethezeit (bzw. des Idealismus) aus. Diese Konstruktion (strukturiert durch zwei weitere Ordnungen: die der Kunstformen und der historischen Phasen[258]) macht umgekehrt die Einheit der Goethezeit wie deren Begrenztheit aus: als Verhandlung »zweier oppositioneller Klassen der Bedeutungskonstruktion in Kunst: bei der ersten, ›zeichenhaften‹ [der Allego-

---

246 RAINER NÄGELE, The Allegorical Caesura. Actuality and History of Allegory, in: Nägele, Theater, Theory, Speculations. Walter Benjamin and the Scenes of Modernity (Baltimore/London 1991), 92.
247 MORITZ (s. Anm. 239), 414; vgl. FISCHER (s. Anm. 226), 265.
248 FRIEDRICH CREUZER, Symbolik und Mythologie der alten Völker, besonders der Griechen (1810– 1812), Bd. 4 (Leipzig/Darmstadt ³1842), 561; vgl. BENJAMIN (s. Anm. 3), 341.
249 Vgl. WINCKELMANN (s. Anm. 233), 3.
250 Ebd., 19.
251 Vgl. DE MAN, The Rhetoric of Temporality (s. Anm. 4), 191 ff.
252 FISCHER (s. Anm. 226), 266.
253 SØRENSEN (s. Anm. 243), 263.
254 Vgl. MORITZ (s. Anm. 229), 115.
255 FISCHER (s. Anm 226), 248.
256 DE MAN, The Rhetoric of Temporality (s. Anm. 4), 189; vgl. CHARLES HAYES, Symbol and Allegory. A Problem in Literary Theory, in: The Germanic Review 44 (1969), H. 4, 273–288.
257 MICHAEL TITZMANN, Allegorie und Symbol im Denksystem der Goethezeit, in: Haug (s. Anm. 151), 651.
258 Vgl. ebd., 645.

rie – d. Verf.], steht dem Bedeutungsträger [...] die Bedeutung als ein von ihm Verschiedenes gegenüber, bei der zweiten, nicht ›zeichenhaften‹, sind Bedeutungsträger und Bedeutung als identisch postuliert« (651). Hier bestehe zwischen Signifikant und Signifikat »eine als ›natürlich‹ erachtete Relation« (654) in einer »von Allegorie wesensverschiedenen Art des Bildes, das durch den Zusammenfall und durch die innere Einheit von Bild und Bedeutung gekennzeichnet ist«[259]. Das paradoxe Konstrukt einer Einheit von Anschauung und Begriff, eines Zusammenfalls des Besonderen und des Allgemeinen, muß verhindern, daß »die produzierende Tätigkeit im Produkt noch fühlbar« (sondern vielmehr »ganz in ihm aufgegangen«) ist und daß »der Term auf etwas außerhalb seiner verweist«[260].

Das, was diesen Konzepten das bloß Äußerliche der allegorischen Bedeutung heißt, war die Bindung der Allegorie (als Modus der Auslegung) an den tradierten Text (den sie als autoritativen behauptet, insofern sie ihn umschreibt). Das bekannte Goethesche Verdikt aus den *Maximen und Reflexionen*, zum abstrakten Allgemeinen suche die Allegorie ein ihr gleichgültiges Detail[261], wiederholt (umgekehrt) das Verdikt gegen die allegorische Auslegung, sie sei willkürlich, d. h. von außen, durch Verstand, Begriff, Tradition oder Wissen bestimmt und daher beliebig. Die theoretischen und poetischen Entwürfe, die gegen die Allegorie das Besondere, das Biographische, Historische usw. anführen, meinen damit nicht das einzelne mit dessen Recht auf Kontingenz und seine kontingente Resistenz gegen die Überführung in eine allgemeine Ordnung der Bedeutsamkeit, sondern einen Zusammenhang des Sinns, der sich im einzelnen je schon (von selbst, unmittelbar, natürlich) darstellen soll. Dieser muß sich in den Zusammenhängen des Ästhetischen erst erstellen *und* dargestellt immer schon gesichert sein. Das Symbol ist das Konzept, das diese Ordnung des Sinns zu besiegeln hat; denn in ihm soll die totalisierende Einschließung einer Bedeutungsrelation als möglich vorgestellt sein. Dafür steht das Postulat der inneren Natur des Zusammenhanges und die Ganzheit seiner Verkörperung, der ›individuellen Physis‹ (Benjamin) als sich abschließende ›menschliche‹ Gestalt, die das Paradigma der ästhetischen Integration von Erscheinung und Wesen und die mise en abyme des totalisierenden (und motivierenden) Einschlusses aller Bezüge, aller Bedeutungen ins Innere abzugeben hat. Die Verwerfung der Allegorie insbesondere als Personifikation (von Herder, Moritz und dann Hegel[262]) formuliert diese imaginäre Ganzheit der menschlichen ›Gestalt‹ und ihre Funktion.

Nach dem ästhetischen Modell der bildenden Verkörperung können – so Herder zur Plastik – die Figuren der Sprache oder »Redarten« (die Allegorien sind) allenfalls dessen Entstellungen hervorbringen. Denn »Bloßen Witz, eine feine Beziehung zwischen zwei Begriffen, oder das Abstraktum eines fliegenden Dufts und eines verfliegenden Schmetterlings in den Stein zu senken [...]; dazu ist der Stein zu schwer [...]; die *Statue* ist dazu zu *wahr*, zu *ganz*, zu sehr *Eins*, zu *heilig*.« Daher behält Herder die Allegorie andererseits »andern, *leichtern* Künsten und Wißenschaften«[263] vor und gibt allen »Allegorieen der Dichtkunst und Rede« das aus dem natürlichen »Ursprung der Sprachallegorie« folgende Gesetz vor: »*leicht müßen sie schweben: denn sie sind ätherischer Art*. Geschöpfe der Phantasie und des personificirenden Verstandes, aus einem Hauch der Sprache genommen, in einem Hauch gebildet, müßen sie der Einbildungskraft leicht vortreten, sich lieblich anmelden und das was sie seyn wollen, durch sich selbst bewähren. Erliegen sie unter der Last fremder, drükkender Attribute; wären diese auch Attribute der Kunst; wir kommen durch sie ganz um die süßen Wahn des *geistigen Daseyns* jener Verstandesgeschöpfe.«[264] Sie können und dürfen nicht (äußeres) Bild werden, in dem sie überdauern, und nicht zu lang ausgeführt beharren, wodurch ihr Konflikt mit dem Gebot der Wahrscheinlichkeit, ihr phantastischer Charakter unübersehbar würde (dies er-

---

259 SØRENSEN (s. Anm. 243), 263.
260 TITZMANN (s. Anm. 257), 652.
261 Vgl. GOETHE, Maximen und Reflexionen über Literatur und Ethik, in: GOETHE (WA), Abt. I, Bd. 42/2 (1907), 146.
262 Vgl. HEGEL (s. Anm. 239), 511 ff.
263 HERDER (s. Anm. 225), 80.
264 HERDER, Früchte aus den sogenannt-goldnen Zeiten des achtzehnten Jahrhunderts, in: Herder (Hg.), Adrastea. Viertes Stück (1801), in: HERDER, Bd. 23 (1885), 321.

innert die Nähe der Allegorien zum Wunderbaren bei Bodmer).[265] Durch die Einbildungskraft, der Bilder von selbst leicht vortreten, wird die allegorische Invention (›Wahl‹ und ›Stellung‹ der Bilder) verdrängt; sie und ihre Kombinatorik wird als »Scharfsinn« oder »Witz« (pejorativ: Herder, Winckelmann) erinnert, als »Mittel«, die allegorischen Bilder »aus diesen Quellen [allen Bereichen des Wissens – d. Verf.] zu schöpfen«[266]. Und erinnert wird damit der in Allegorien gegebene (konstitutive) Bezug auf andere Zeichen, Topoi (Curtius), die zitiert werden und zitierend wiederholend Zeit als Differenz organisieren (de Man[267]), den Gadamers Rehabilitation der Allegorie bloß als Interesse an der Tradition artikuliert[268]. Mit ›Witz‹ wird die sprachliche Begründung von Relationen (von Worten und von Dingen) aufgerufen – und verdrängt durch Einbildungskraft und Phantasie. Die Ambivalenzen an dieser Stelle belegt Jean Pauls *Vorschule der Ästhetik* (1804) über unbildlichen und bildlichen Witz, dessen »leichteste Gattung« die Allegorie ebenso sei »wie die gefährlichste der bildlichen Phantasie«[269]. Statt »blos Witz einer Vergleichung«, das Operieren mit der Sprache, Prozeduren (die, so Tieck, die »täuschende Kraft nicht haben«[270]) und deren ›Willkür‹ ist jene Wahrheit gemeint, die in der Natur vorzufinden sei[271], imagination (so die englischen Romantiker Coleridge und Wordsworth) statt fancy. Die Bestimmung der Allegorie durch den Witz, als »Kunstwerke, die durch Verstand, Witz, Galanterie brilliren«, kennzeichnet diese als Operation und Erfindung von Ähnlichkeiten; diese zerstören »das Interesse an der Darstellung selbst«, weil sie »den Geist gleichsam in sich selbst zurücktreiben und seinen Augen das, was wirklich dargestellt ist, entziehen«[272], während das Symbol ausmache, daß »die Idee im Bild immer unendlich wirksam und unerreichbar«[273] bleibe. In dessen postulierter Ganzheit sind alle Prozesse und Prozeduren sowohl der Produktion als der Rezeption verschwunden.

Die Suspendierung des ›Lesens‹ und der sprachlichen Operationen vollzieht sich als »*Semiotisierung des Natürlichen* und [...] *Naturalisierung des Semiotischen*«[274]. (Titzmann macht in ihr die Formation der Goethezeit aus, deren Name ›Symbol‹ wurde.) »Dem erstrebten natürlichen Zeichen, das mit S[ymbol] gefunden wird, entsprechen die Zeichen der Natur« (661); damit wird implizit eine Konzeption von Sprache mitgeschrieben, für die Semiotik ebenso unzuständig ist (»die syntaktische Dimension« eines textexternen oder textinternen Kontextes [spielt] keine Rolle« [655]) wie Rhetorik und Deutungspraktiken. Das ›Symbol‹ ist die Verstellung des Lesens. Der ›Willkürlichkeit‹ von Allegorie und Rhetorik wird als ›Symbol‹ das ideale Kunstprodukt als Synthese aus Freiheit und Notwendigkeit entgegengesetzt. Damit »im S[ymbol] das Dargestellte und das von diesem Bedeutete zusammenfallen können«, muß die Realität selbst schon Bedeutung haben«; dies macht »die Rolle der menschlichen Gestalt oder des Mythos in den idealistischen Ästhetiken« aus. Und umgekehrt »repräsentiert wiederum das S[ymbol]« die »Identität von dargestellter Realität und mittels ihrer ausgedrückter Bedeutung«[275] oder die verwechselnde, täuschende Einheit von »the representative and the

---

265 Vgl. GOTTSCHED (DICHTKUNST), 170f., 180ff., 187; BODMER, Critische Briefe (Zürich 1746), 100f.
266 ›Allegorie‹, in: SULZER, Bd. 1 (1792), 77.
267 Vgl. DE MAN, The Rhetoric of Temporality (s. Anm. 4), 206–208; DE MAN, Lyric and Modernity (1969), in: de Man, Blindness and Insight (s. Anm. 4), 186.
268 Vgl. GADAMER, Wahrheit und Methode (s. Anm. 2), 85.
269 JEAN PAUL (s. Anm. 245), 187; vgl. BURKHARDT LINDNER, Satire und Allegorie in Jean Pauls Werk. Zur Konstitution des Allegorischen, in: Jahrbuch der Jean-Paul-Gesellschaft 5 (1970), 54; KURT WÖLFEL, Ein Echo, das sich selber in das Unendliche nachhallt, in: Wölfel, Jean-Paul-Studien (Frankfurt a. M. 1989), 297ff.
270 LUDWIG TIECK, Shakespeares Behandlung des Wunderbaren (1793), in: Tieck, Kritische Schriften, Bd. 1 (Leipzig 1848), 42.
271 Vgl. FRANZ VON BAADER, [Tagebucheintrag (19. 7. 1786)], in: Baader, Sämmtliche Werke, Bd. 11 (Leipzig 1850), 60.
272 GOETHE/H. MEYER, Über die Gegenstände der bildenden Kunst (entst. 1797), in: GOETHE (WA), Abt. 1, Bd. 47 (1896), 95.
273 GOETHE, Maximen und Reflexionen über Kunst, in: GOETHE (WA), Abt. 1, Bd. 48 (1897), 206.
274 TITZMANN, (s. Anm. 257), 660.
275 Ebd., 658; vgl. SORENSEN, Die ›zarte Differenz‹. Symbol und Allegorie in der ästhetischen Diskussion zwischen Schiller und Goethe, in: Haug (s. Anm. 151), 633.

semantic function of language«[276]. Die »Selbstverständlichkeit dieser Voraussetzungen« (durch die für uns das »Jahrhundert Goethes«[277] bezeichnet werde) ist Konstruktion, die sich selbst verstellt. Der Symbolbegriff dient nicht der Beschreibung, sondern er hat die Funktion, »die Welt als einheitliche Ordnung denken zu können«[278].

Die Verabschiedung der Allegorie in der Ästhetik (um 1800), die ihre dogmatische und vor allem die Germanistik prägende Formel in der Goetheschen Entgegensetzung des Symbols zur Allegorie fand, kann zum einen in ihrem Funktionieren entziffert werden, in der die Allegorie einen (negativ) konstitutiven Platz erhält. Gadamer bezeichnete als »beherrschendes Anliegen der deutschen Klassik« eine »Abwertung der Allegorie«, die »ganz notwendig«, »aus der Befreiung der Kunst aus den Fesseln des Rationalismus und aus der Auszeichnung des Geniebegriffs«[279], sich ergeben habe; Benjamin aber bestimmte den Ort der Allegorie als den »finsteren Fond [...], gegen den die Welt des Symbols hell sich abheben sollte«[280]. Eben dieses funktionalen Zusammenhanges – und dessen Asymmetrie[281] – wegen ist aber zum andern das mehr oder weniger heimliche Fortleben der Allegorie nachzulesen, sind die allegorischen Züge in den poetischen Texten (sowohl der Klassik wie der Romantik und nach ihr) zu lesen. Dieses Fortleben und neue Auftreten der Allegorien ist nicht zuletzt in den Texten des Kronzeugen für das Modell des Symbols gelesen worden, in den Texten Goethes, unter dessen Namen die Entgegensetzung von Symbol und Allegorie in der deutschen Ästhetik besonders wirkungsmächtig und auch (mit dem Relais Coleridge) in der englischen Romantik aufgenommen wurde. Diese Lektüren sind Auseinandersetzungen mit dem Konzept »Erlebniskunst« (»daß die Kunst *aus* dem Erlebnis stammt und Ausdruck des Erlebnisses ist«), mit dessen Begriff (der »Erfahrung eines unendlichen Ganzen«[282] als dem Pendant des Symbolbegriffs) Gadamer den Grund sowohl wie die historische Beschränktheit der Abweisung der Allegorie auswies. Das ergibt einen »mindestens ›doppelten‹ Goethe«, also neben dem »Goethe, der unverändert unter ›Klassik‹- und ›Symbol‹-Druck steht und [,] aller Zugeständnisse ans allegorische Detail ungeachtet, den ›Erlebnis‹ verschrieben bleiben muß«, »denjenigen, der unbefangen als der

große Allegoriker der frühen Moderne betrachtet werden darf«[283]. Absehbar wird damit, wie wenig homogen das ist, was Klassik oder Goethezeit genannt (und als homogen gerade erst im Signum der Symbol-Begründung und ihrer klassifikatorischen und prekär reintegrativen Funktion konstruierbar) wird, und wie wenig kontinuierlich die Relation von poetologischen Programmen oder Verdikten und poetischen Texten. Was mit Goethe eine »zarte Differenz«[284] zu Schiller genannt wurde, die am Ursprung des Goetheschen Symbolbegriffs steht und in dessen dogmatischer Formel aus den *Maximen und Reflexionen* remarkiert ist, bot die Möglichkeit, Schiller als Allegoriker zu beschreiben und, darüber hinaus, die Allegorie als ›Schema‹ der »sentimentalischen Perspektive«[285] zu kennzeichnen. Als dem »Maßstab der Erlebtheit«, der im 19. Jh. »zum leitenden Wertbegriff« geworden war, auch Goethes Werk (normativ) unterworfen wurde, wurde seine Alterspoesie »als allegorisch ›überladen‹ hintangesetzt«. »Die feste Vorfindlichkeit des Begriffsgegensatzes ›das organisch gewachsene Symbol – die kalte verstandesmäßige Allegorie‹«[286], die den *Maximen und Reflexionen* entnehmbar zu sein schien, selbst steht lesend in Frage. Die Begründung des Schönen schließt das Lesen als allegorisches aus, weil es die Bedeutungsbildung im Bezug auf andere Zeichen als die unabweisbare

---

276 JOHNSON (s. Anm. 228), 61 f.; DE MAN, The Rhetoric of Temporality (s. Anm. 4), 207.
277 GADAMER, Wahrheit und Methode (s. Anm. 2), 76.
278 TITZMANN (s. Anm. 257), 662.
279 GADAMER, Wahrheit und Methode (s. Anm. 2), 85.
280 BENJAMIN (s. Anm. 3), 337.
281 Vgl. SØRENSEN (s. Anm. 275), 633.
282 GADAMER, Wahrheit und Methode (s. Anm. 2), 76.
283 GERHART VON GRAEVENITZ, Gewendete Allegorie. Das Ende der ›Erlebnislyrik‹ und die Vorbereitung einer Poetik der modernen Lyrik in Goethes Sonett-Zyklus von 1815/1827, in: Horn/Weinberg (s. Anm. 8), 97.
284 GOETHE (s. Anm. 261), 146.
285 ALT (s. Anm. 143), 614; vgl. KILLY (s. Anm. 51), 112 ff.; GÜNTHER HESS, Allegorie und Historismus. Zum ›Bildgedächtnis‹ des späten 19. Jahrhunderts, in: H. Fromm (Hg.), Verbum et Signum. Festschrift für Friedrich Ohly (München 1975), 563.
286 GADAMER, Wahrheit und Methode (s. Anm. 2), 85, 86; vgl. GRAEVENITZ (s. Anm. 283), 99 ff.

Heteronomie sprachlicher Figuration (gegenüber dem schönen Ganzen) vergessen machen muß. Allegorien exponieren den Lektürevorgang als Konstruktion oder Erfindung von Ähnlichkeiten (das hieß ihr ›Witz‹). Der Begriff des Symbols steht – als *der* ästhetische – für die substantialisierende Sicherung, das ist aber die Verstellung der an die Sprache und ihr Operieren gebundenen Bedeutungsrelation, der Differenz des Lesens. Aufweisen läßt sich dies für jene berühmte Stelle in Goethes Brief an Schiller vom 16./17. August 1797, an der die Geburt des Symbols aus der Abwehr der »Hydra der Empirie«[287] lesbar wird. Unterm Begriff des Symbols postuliert er die unmittelbare Teilhabe der Darstellung am Dargestellten in der Möglichkeit, das Allgemeine im Besonderen zu schauen; »wer nun dieses Besondere lebendig faßt, erhält zugleich das Allgemeine mit«, mit dem Vorbehalt und Aufschub der unmittelbaren Gegebenheit des Dargestellten: »ohne es gewahr zu werden, oder erst spät«[288]. »Der Status des Symbols schwankt zwischen Unmittelbarkeit und Vermittlung; es umspielt die Grenze zwischen Präsenz und Repräsentation«[289], um das unmittelbare Anschauen im Symbolverstehen als möglich zu denken. In Goethes erstem Versuch, das Symbol zu konzipieren, indem er das ehemalige Anwesen seines Großvaters in Frankfurt als ›symbolischen Gegenstand‹ zu profilieren versuchte, kann aber »nur *gegen* alle Anschauung richtig sein«[290], daß das Anwesen als »Schutthaufen«[291] doppelt so viel wert ist wie das intakte großväterliche Anwesen; dies muß im Rekurs auf nichtanschauliche ökonomische und historische Zusammenhänge lesbar gemacht werden. Daher ist der »Gegenstand [...], entgegen der Behauptung Goethes, allegorisch, nicht symbolisch«[292]. Der Verdacht liegt nahe, daß alle ›symbolischen Gegenstände‹ angewiesen sind aufs allegorische Lesen. Es zeichnet sich ab, daß die Symbolbegriff Symptom so sehr wie Abwehr und Euphemismus eines Lektüreproblems ist, das als ›Hydra der Empirie‹ dem reisenden Goethe sich aufdrängte. Denn »daß sie eigentlich symbolisch sind«, »heißt, wie ich kaum zu sagen brauche [...], es sind eminente Fälle, die, in einer charakteristischen Mannigfaltigkeit, als Repräsentanten von vielen anderen dastehen, eine gewisse Totalität in sich schließen, eine gewisse Reihe fordern, ähnliches und fremdes in meinem Geiste aufregen und so von außen wie von innen an eine gewisse Einheit und Allheit Anspruch machen«[293]. Die »Sammlung«, die die Poesie »gebietet«[294], die einer Zerstreuung abzugewinnen ist (als jenes »Ganze, das dem einzelnen seine Stelle und damit seinen Sinn zuweist«[295]), hat einerseits technische Voraussetzungen, in denen Goethe sich übte (schriftliche Verzeichnung, Aufzählung und Ansammlung), und kann andererseits als Zusammenfassung, die sichtbar mache[296], oder als Konzentration jener Goetheschen ›Reihe‹ (der Kette der Signifikanten in einem Signifikat) gedacht werden. Diese bedarf der Unterbrechung (jenes Einbruchs, den die Bombardierung der Stadt verursacht und darstellt), indem sie das großväterliche Anwesen markiert und als Ruine fixiert.

Werde die Bedeutung des Symbols, die allein als unabgeschlossene Wirkung der »Idee im Bild«[297] gegeben sei, sich unmittelbar und unvermerkt mitteile, nicht bewußt – oder erst spät –, so bedroht die Allegorie, weil sie das »in jedem Wahrnehmungsvorgang verborgenen Akt der Entzifferung«[298] exponiert, jene Einheit (die im ›Sehen‹ vorgestellte Kompatibilität von Sichtbarkeit und Erkenntnis), die das souveräne Subjekt seiner Erkenntnis und deren Darstellung gleichermaßen

---

287 GOETHE an Friedrich Schiller (16./17. 8. 1797), in: GOETHE (WA), Abt. 4, Bd. 12 (1893), 247.
288 GOETHE (s. Anm. 261), 146.
289 CHRISTIAN MOSER, Sichtbare Schrift, lesbare Gestalten. Symbol und Allegorie bei Goethe, Coleridge und Wordsworth, in: Horn/Weinberg (s. Anm. 8), 120
290 HEINZ SCHLAFFER, Faust Zweiter Teil. Die Allegorie des 19. Jahrhunderts (Stuttgart 1981), 18 f.; vgl. WOLFGANG BRENN, Hermetik, geschichtliche Erfahrung, Allegorie. Die konstitutive Funktion von Goethes hermetisch beeinflußter Naturphilosophie für die allegorische Struktur des Faust II (Frankfurt a. M. 1981).
291 GOETHE (s. Anm. 287), 246.
292 MOSER (s. Anm. 289), 122.
293 GOETHE (s. Anm. 287), 244.
294 GOETHE an Schiller (9. 8. 1797), in: GOETHE (WA), Abt. 4, Bd. 12 (1893), 217.
295 MOSER (s. Anm. 289), 123.
296 Vgl. SULZER (s. Anm. 266), 101.
297 GOETHE (s. Anm. 273), 206.
298 MOSER (s. Anm. 289), 121; vgl. WENK (s. Anm. 226), 23.

versichern muß.[299] Die Allegorie macht die Dissoziation zwischen Sehen und Lesen (also die der Wahrnehmung selbst) unabweisbar, indem sie diese – wiederholend – ausstellt. Der Euphemismus, der das Symbol ist und den es voraussetzt, macht seine Unhaltbarkeit aus: Es muß den es erst hervorbringenden Akt der Entzifferung je schon vergessen gemacht haben.

3. Romantik

Die Goethesche Entgegensetzung von Symbol und Allegorie, von Coleridge in die englische Romantik übersetzt[300], wird dort ausgetragen als Konfrontation von organischer Form und Mechanik. Sie wird bei Coleridge lesbar als eine sehr viel rhetorischer grundierte als vermeint.[301] Die Abwehr der Allegorie erfolgt (bei Wordsworth) in Funktion einer Vergeistigung, Beseelung und Wiederbelebung von ›toter Masse‹, der toten Sprache und Figur, durch und als »voice« und »character«[302]. (Thematisch wird dies in der englischen Romantik als Absetzung von der Personifikation.[303]) Entsteht die Allegorie durch »disjunction of the sense from the symbol«[304], so ist die allegorische Form (in dieser Entgegensetzung) »an immaterial shape that represents a sheer phantom, devoid of shape and substance«[305], ein »Gespenst«[306]. Gegen Allegorien als »empty echoes which the *fancy* arbitrarily associates with apparitions of matter«[307] wird die Erfülltheit der imagination gesetzt. Aber die (von Wordsworth) gesuchte »›symbolic‹ *identification* of the imagination«[308] mit (Gegenständen der) Natur kann sein eigener Text nicht sichern und stabilisieren, nur auf- und verschieben in einer Kette von Zeichen. Und Coleridges »expanded synecdochic definition of symbol« in *The Statesman's Manual* (1816) erweist sich als »corrupt precisely where its rhetoric is impure«[309]; »Coleridge's great rhetorical opposition [...] of analogy versus metaphor [in *Aids to Reflection*, 1825 – d. Verf.], ultimately resolves into a common figure«: »metaphor« (290). »[The] wish for a metaphysical continuity that is involved in his promotion of the symbol is [...] breached by a discourse that divulges the obdurate discontinuities of signification«, »by a discursive allegory«[310]. – Mit der durch die Vormachtstellung des Symbols vorgegebenen Fragestellung einer Synthese oder ›Dialektik‹ von Subjekt und Objekt wird (auch in deren zeitlicher Fassung) schon das ›romantische Bild‹ (romantic image) nicht mehr erreicht; das Postulat der in ihr gesuchten »fundamental unity that encompasses both mind and object«[311] verfange sich, so de Man, aporetisch im Widerspruch zwischen einer absoluten Priorität des Subjekts und der der Natur. Was das Natürliche, Beobachtung und Ausdruck eines persönlichen Seelenzustandes zu sein scheint, ist nichts davon, sondern eine einfache Allegorie (so de Mans Lektüre Rousseaus, auf den die französische Romantik zurückzudatieren ist), »purely mechanical« (191), ein intertextueller Effekt (der Zitation aus dem *Roman de la rose*, entst. 1230–1280). Was Beschreibungen zu sein scheinen, sind allegorische Figuren, aber nicht als dekorative und konservie-

---

299 Vgl. DE MAN, Autobiography as De-facement, in: Modern Language Notes 94 (1979), H. 5, 919–930; DE MAN, Shelley Disfigured, in: Bloom, Deconstruction and Criticism (s. Anm. 32), 39–73.
300 Vgl. HAYES (s. Anm. 256), 272; FLETCHER (s. Anm. 94), 13–23; HONIG (s. Anm. 94), 8.
301 Vgl. DE MAN, The Rhetoric of Temporality (s. Anm. 4), 191 ff.
302 HARTMAN, Wordsworth and Goethe, in: Hartman, The Fate of Reading (Chicago/London 1975), 195 f.
303 Vgl. JOHNSON, Strange Fits. Poe and Wordsworth on the Nature of Poetic Language, in: Johnson, A World of Difference (Baltimore 1987), 92 ff.; STEVEN KNAPP, Personification and the Sublime. Milton to Coleridge (Cambridge, Mass. 1985), 8 ff., 32 ff. 98 ff.
304 SAMUEL TAYLOR COLERIDGE, Lectures on European Literature (1818), in: COLERIDGE, Bd. 5/2 (1987), 102.
305 DE MAN, The Rhetoric of Temporality (s. Anm. 4), 191 f.
306 HERDER (s. Anm. 225), 80 f.
307 COLERIDGE, The Statesman's Manual (1816), in: COLERIDGE, Bd. 6 (1972), 29 f.
308 HARTMAN, Via Naturaliter Negativa, in: Hartman, Wordsworth's Poetry (Cambridge/London 1987), 65; vgl. DE MAN, The Rhetoric of Temporality (s. Anm. 4), 207.
309 JOHN A. HODGSON, Transcendental Tropes. Coleridge's Rhetoric of Allegory and Symbol, in: M. W. Bloomfield (Hg.), Allegory, Myth, and Symbol (Cambridge/London 1981), 282.
310 JEROME C. CHRISTENSEN, The Symbol's Errant Allegory. Coleridge and His Critics: in ELH 45 (1978), 644.
311 DE MAN, The Rhetoric of Temporality (s. Anm. 4), 194.

rende Übernahmen, sondern »they appear at the most original and profound moments in the works, when an authentic voice becomes audible« (205).

Werden in Gemeinplätzen der Entgegensetzung: »spontaneous overflow versus calculation, emotion versus rigid consequence, feelings versus letters of the alphabet«[312], Naturalität und Menschlichkeit der Sprache supponiert, so stellt sich diesen Unterstellungen die mechanische, leere Wiederholung als Gesetz der Poesie entgegen (wie sich Poe gegen Wordsworth lesen läßt). Sie widerstreitet (den Figuren) der Wiederbelebung der toten Sprache (und Figur); sie widerstreitet nämlich jenem »speaking face«[313], mit dem die Natur dem, der zum Dichter werden wird, begegne, dem ›Gesicht‹, das den Dichter einsetze, insofern es erlaube, nach dem Vorbild der Natur die Dinge als Bestandteile eines integralen Zusammenhanges aufzufassen und die bloß zerstreute Mannigfaltigkeit zu kontrollieren. Es ist das ›Gesicht‹ für eine unmittelbare Zugänglichkeit, nicht allein von Natur, sondern auch der Sprache, da in ihm sich die Naturalität der Sprache darstellt. In »the developing opposition between what can be seen and what can be read«[314] in Wordsworths The Prelude (entst. 1799–1805, ersch. 1850), Buch 7, drängen aber die Schriftzeichen durch und vor das Bild des Gesichts: Die Rhetorizität dieses Gesichts (als Maske, die verliehen wird, prosopopoiia) erweist dieses als Sprachfigur und verweist es an seine Sprachlichkeit zurück: Es spricht nicht, sondern muß gelesen werden. Durch die Modelle der Erfülltheit selbst prägen sich die Buchstaben durch – und diese *ihr* Gesetz, das ist ihre leere Mechanik als Inbegriff der Technik (technē), aus.

In dieser Spanne situiert Gerhart von Graevenitz' Lektüre auch Texte Goethes: In Auseinandersetzung mit der Vorgabe des »Maßstabs der Erlebtheit«[315], von allegorischer Ähnlichkeit und Differenz mit der symbolischen Identität, die jene verstellt[316], wird die Technizität absehbar, mit der die Ähnlichkeit organisiert ist. Wie in *Faust II* (1832) weder nur die alte Allegorie konserviert[317] noch einfach zu ihr zurückgekehrt wird, sondern diese »neue Allegorie« »der Allegoriekritik ebenso viel [schuldet] wie der Allegorietradition«[318], so zeichnet sich in Goethes »in poetologischer Hinsicht durch und durch programmatischem Sonett-Zyklus« die moderne Allegorie ab: »Er reformuliert das Lyrik-Paradigma, das im Zeichen des symbolischen Immanentismus stand, unter Kategorien des Allegorischen, und er reformuliert diese Kategorien des Allegorischen unter den Bedingungen eines ganz neuen semiotischen Materialismus und Konstruktivismus.«[319] Die in Zitat und Selbstzitat organisierte »neuerliche Wendung zu einem artistischen Begriff von Lyrik« wendet »das ›Symbolische‹ der natürlichen Ausdrucks-Kunst« (101) ins Allegorische. Als »poetische Wahrheit der Dichtung« wird eine »nicht mehr an ›Symbol‹ und ›Erlebnis‹ ausgerichtete Eigengesetzlichkeit von Dichtung« (105) lesbar: die »Produktivität« der Differenz, der »allegorischen« Ruptur« (103) und des »allegorischen ›Staus‹« (112) (das war Benjamins »Hemmung«[320] des Ausdrucks. Für diese treten die Struktur, Schrift und Rhetorizität der Dichtung ein.

Der allegorische ›Stau‹ und Bruch wird reformuliert durch das Wortspiel, durch Charade und Kalauer.[321] In Goethes »Wortgroteske« (111) »Lacrimassen«[322] ist mit der ›Grimasse‹, die Herder zufolge die (A-)Physiognomie der Allegorie ausmachte, die Zumutung lesbar, als die die Allegorie, nach Maßgabe des ästhetischen Prinzips des Aus-

---

312 JOHNSON (s. Anm. 303), 91 f.
313 WILLIAM WORDSWORTH, The Prelude 5, 12 (entst. 1799–1805; ersch. 1850), hg. v. J. C. Maxwell (Harmondsworth 1971), 168; vgl. DE MAN, Autobiography as De-facement (s. Anm. 299); DE MAN, Shelley Disfigured (s. Anm. 299); DE MAN, Hypogram and Inscription (1981), in: de Man, Resistance to Theory (Minneapolis 1986), 27–53.
314 NEIL HERTZ, The Notion of Blockage in the Literature of the Sublime (1978), in: Hertz, The End of the Line. Essays on Psychoanalysis and the Sublime (New York 1985), 57; vgl. MOSER (s. Anm. 289), 129–132.
315 GADAMER, Wahrheit und Methode (s. Anm. 2), 85.
316 Vgl. GRAEVENITZ (s. Anm. 283), 98, 102.
317 Vgl. FRIEDRICH SENGLE, Biedermeierzeit. Deutsche Literatur im Spannungsfeld zwischen Restauration und Revolution 1815–1848, Bd. 1 (Stuttgart 1971), 336.
318 SCHLAFFER (s. Anm. 290), 39.
319 GRAEVENITZ (s. Anm. 283), 99.
320 BENJAMIN (s. Anm. 3), 384.
321 Vgl. GRAEVENITZ (s. Anm. 283), 112 ff.
322 GOETHE, Nemesis (1815), in: GOETHE (WA), Abt. I, Bd. 2 (1888), 13.

drucks, der bildenden Verkörperung des Gehalts begegnet. »Nicht im Natursymbol, sondern in einem Symbolik und Rhetorik *unter*bietenden Wortspiel zeigt Dichtung ihre produktive Vereinigungskraft«[323], die Produktivkraft der Sprache (und diese als Quelle der dichterischen Imagination), die das Wortspiel im Effekt, der sich stets wieder an seine Faktur und den arbiträren Zusammenhang preisgibt, vorstellt. Die witzige Effektivität der buchstäblichen Kombinationen dupliziert den allegorischen Kontrast innerhalb der scheinbaren Ähnlichkeit des Witzes in deren doppelter Lesbarkeit von ›alles bedeutet‹ und ›nichts bedeutet‹. Dies zeigt Jean Pauls Dichtung (sie ist – im Anschluß an Benjamins *Ursprung des deutschen Trauerspiels*[324] – allegorisch und er »ein Allegoriker prekärer Art«[325] genannt worden) durch ihre Unentschiedenheit zwischen dem »Ideal einer totalen metaphysischen Zeichenhaftigkeit aller Wirklichkeitsgegenstände« und der »totalen Kontingenz alles Faktischen«, wenn Wirklichkeit »zum Material komischer Kontraste zerfällt«[326]. Goethes Charaden und Anagramme halten die »Verbindung zum manieristischen und concettistischen Konzept der dichterischen *phantasia*«[327], einer Kombinatorik, die die Romantik als Witz reformuliert. Die Anagrammatik, die im Barock »Teil der allegorischen Praxis« (115) sein konnte, reformuliert die Exposition der Faktur, die die Allegorie ausmacht. Von Allegorien bleiben die verselbständigten Elemente der Sprache[328]; »Allegory is material or materialistic«; denn die Buchstaben fallen nicht – synthetisierend – zusammen mit den Bedeutungseffekten, die sie nach ihren eigenen Gesetzen hervorbringen; dies gilt für Allegorien wie für Witze. Der ›Witz‹ der Worte ist ein Modus ihrer Lektüre, die diese – allegorische – Divergenz ausführt: »its dependence on the letter, on the literalism of the letter, cuts it off sharply from symbolic and aesthetic synthesis«. »The opposition is not between nature and consciousness (or subject) [wie in bloßer Fortschreibung der Begriffskonstellation der idealistischen Ästhetik unterstellt wird – d. Verf.] but between what exists as language and what does not.«[329] In der anagrammatisch ›gewendeten Allegorie‹ des Goetheschen Sonett-Zyklus (1815) und nach der ›Poetik der Arabeske‹ des *West-östlichen Divans* (1819) wird der

Selbstpräsentation der Sprache zum Gesetz der Dichtung.[330]

Die Zweifel an der These vom Ende der Allegorie artikulieren sich in zwei Versionen. Die zunächst historische Frage, ob die Geschichte der Allegorie (und Allegorese) einen Einschnitt erfahren habe, der als Verabschiedung der Allegorie durch eine Ästhetik des Symbols zu kennzeichnen wäre, hat – so zeigt sich – theoretische Implikationen. Benjamin setzte dem verfehlten »plastischen Symbol«, das, wie Creuzer geschrieben hatte, den »Widerstreit zwischen dem Unendlichen und dem Endlichen« dadurch auflöse, »dass jenes, sich selbst begränzend, ein Menschliches ward«[331], die Allegorie entgegen (»kein härterer Gegensatz« als dies »amorphe Bruchstück«[332], das das allegorische Bild war und das es übrigblieb) und damit ins Recht. Das Privileg des Symbols wird weitreichender in Frage gestellt durch de Mans Vermutung der unvermeidlichen allegorischen Verfaßtheit (auch) der vermeintlich symbolischen Sprachverwendungen. Allegorisch heißt eine Gegenlektüre, die das Konzept des Symbols an die dieses ebenso erst ermöglichende wie diesem widersprechende Produktivität der Sprache verweist.

In der Romantik (und nach ihr) hat die Allegorie ein Nachleben, das ihre Leerung und Auflösung ist (in dem sich aber, Benjamin folgend, die Zeitlichkeit der Allegorie realisierte).[333] Es hat sowohl theoretische Spuren hinterlassen, die aufzuweisen sind im Zusammenhang von Allegorie –

---

323 GRAEVENITZ (s. Anm. 283), 113.
324 Vgl. BENJAMIN (s. Anm. 3), 364; GÜNTHER VOIGT, Die humoristische Figur bei Jean Paul (Halle 1934).
325 WÖLFEL (s. Anm. 269), 254.
326 LINDNER (s. Anm. 269), 57.
327 GRAEVENITZ (s. Anm. 283), 114.
328 BENJAMIN (s. Anm. 3), 361 ff.
329 DE MAN, Reading and History (1982), in: de Man, The Resistance to Theory (s. Anm. 313), 68.
330 Vgl. GRAEVENITZ (s. Anm. 283); GRAEVENITZ, Das Ornament des Blicks. Über die Grundlagen des neuzeitlichen Sehens, die Poetik der Arabeske und Goethes ›West-östlichen Divan‹ (Stuttgart/Weimar 1994), 226–235.
331 CREUZER (s. Anm. 248), 535; vgl. BENJAMIN (s. Anm. 3), 341.
332 BENJAMIN (s. Anm. 3), 351.
333 Vgl. ebd., 405.

Witz – Ironie[334] sowie der Hieroglyphe oder Arabeske[335], wie es auch in seinen literarischen Manifestationen zu kennzeichnen ist, aber nicht so sehr bloß als museale Übernahmen von Mittelalterlichem in altdeutschen Allegorien oder als versichernde Embleme (Eichendorff)[336], sondern in der Entgegensetzung der romantischen ›Figur‹ zur Integrität der ›Gestalt‹ und deren Ausprägung zur Groteske (E. T. A. Hoffmann u. a.).[337] Der Allegoriebegriff taugt, mit den Begriffen Witz und Fragment, um die Frühromantik vom ›Idealismus‹ abzusetzen und einen anderen als konservativen und konservierenden Zug der Romantik[338] auszuprägen. Allegorie und Witz rücken (in Manfred Franks Lektüre) frühromantisch als die streng komplementären Momente der (romantischen) Ironie nebeneinander. Sie formulieren, was

334 Vgl. DE MAN, The Rhetoric of Temporality (s. Anm. 4), 187ff., 209, 214; MANFRED FRANK, Allegorie, Witz, Fragment, Ironie. Friedrich Schlegel und die Idee des zerrissenen Selbst (1989), in: van Reijen (s. Anm. 3), 124–146.
335 Vgl. JOSEPH GÖRRES, Die Zeiten. Vier Blätter, nach Zeichnungen von Ph. O. Runge (1808), in: Görres, Gesammelte Schriften, Bd. 4 (Köln 1955), 7.
336 Vgl. TIECK, Briefe über Shakespeare (1800), in: Tieck, Kritische Schriften, Bd. 1 (Leipzig 1848), 161f.; HILLACH (s. Anm. 215), 414–435; ELISABETH STOPP, Brentano's ›O Stern und Blume‹. Its Poetic and Emblematic Context, in: Modern Language Review 67 (1972), 95–117; SENGLE (s. Anm. 317), 293, 295.
337 Vgl. HORST MEIXNER, Denkstein und Bildersaal in Clemens Brentanos ›Godwi‹, in: Jahrbuch der deutschen Schillergesellschaft 11 (1967), 435–468; MEIXNER, Romantischer Figuralismus. Kritische Studien zu Romanen von Arnim, Eichendorff und Hoffmann (Frankfurt a.M. 1971), 240f.
338 Vgl. FRANK (s. Anm. 334), 125f.; SENGLE (s. Anm. 317), 292ff.
339 Vgl. FRANK (s. Anm. 334), 127.
340 Vgl. FRIEDRICH SCHLEGEL, Philosophische Lehrjahre (1798–1801), in: SCHLEGEL (KFSA), Bd. 18 (1963), 347; SCHLEGEL, Gespräch über die Poesie (1800), in: SCHLEGEL (KFSA), Bd. 2 (1967), 324; SCHLEGEL, [Abschluß des Lessing-Aufsatzes] (1801), in: SCHLEGEL (KFSA), Bd. 2 (1967), 414.
341 ERNST BEHLER, Einleitung, in: SCHLEGEL (KFSA), Bd. 18 (1963), XVIII.
342 SCHLEGEL, Philosophische Lehrjahre (1796–1798), in: SCHLEGEL (KFSA), Bd. 18 (1963), 102.
343 SCHLEGEL, Lyceums-Fragment 109 (1797), in: SCHLEGEL (KFSA), Bd. 2 (1967), 169.

Schelling als Alternative (im Verfehlen des Absoluten) vorgibt: »wer das Absolute nicht im Nu und vollständig ergreife, sehe sich auf einen ›unendlichen Progressus‹ verwiesen, der in der Zeit vergeblich, nämlich unendlich, die Ewigkeit antizipiert«[339]. »Die merkwürdige Transzendenz des Absoluten gegenüber der Reihe, der Schlegel bald ›unendliche Fülle‹, bald ›Chaotik‹ zuspricht«, lasse sich an Allegorie und Witz alternativ erläutern. Denn benenne die Allegorie »die Tendenz aufs Absolute im Endlichen selbst«, so lasse »als Witz das Unendliche punktuell jene Einheit aufscheinen […], die dem Ganzen der Reihe sich entzieht« (129). Die »Allegorie sei die Synthesis von ›unendlicher Einheit‹ und ›unendlicher Fülle‹ […] mit der Tendenz aufs Unendliche«, die die Allegorie als Reihe der Momente entwickelt; »während das punktuelle Zünden des Witzes diese selbe Synthesis unter dem Übergewicht der Einheit darstellt« (130) und damit, in dieser punktierenden Verdichtung, eine Kontrafaktur jenes ›Nu‹ abgibt, das als symbolisches gedacht wurde.

Friedrich Schlegels ›Allegorisches‹ ist »ein künstlerisches Verfahren, welches das endlich Dargestellte als das nicht Gemeinte auslöscht und so den Blick auf das lenkt, was von dieser einzelnen Synthesis nicht erfaßt war. Die Allegorie (als pars pro toto für alle künstlerischen Ausdrucksformen) ist also notwendiges Manifest der Undarstellbarkeit des Unendlichen« (131f.) – und derart, negativ, sich als Positivität zurücknehmend und dissoziativ, ›Andeutung des Unendlichen‹. Dies – nicht aber bloßes »Mehr-Sagen«, »wenn die Kunst über das hinaus, was sie darstellt (und das ist in bezug aufs Absolute stets zu wenig, auch das noch ›anzudeuten‹ vermag, was zu sagen ihr nicht gelingt« (131) – nennt Schlegel (wie Novalis, Tieck u.a.) Allegorie und das Allegorische der Poesie.[340] Allegorie, die auf »Vernichtung des Einzelnen qua eines Einzelnen« geht, und Witz, der sich umgekehrt »auf die Vereinheitlichung der Fülle«[341] in »fragment[arischer] Genialität«[342] richtet, sind also das »Blickund Wendepunkte der Reflexion, die aber nie zugleich bezogen werden können: Im Witz [in dem der Geist «schärfste Richtung auf Einen Punkt»[343] nimmt – d. Verf.] stellt sich die Tendenz zur Einheit ohne die auf Fülle, in der Allegorie stellt sich die Tendenz auf die Unendlichkeit, abgelöst von der auf die Einheit dar«[344], im »Streben über alle Grenzen hinaus ins Grenzenlose« (140). Beide formulieren Aspekte des Fragments; in seinem Effekt suspendiert der Witz den Anspruch (seiner Setzung) auf Ganzheit, und die Allegorie ist Stückwerk und ist in Bruchstücken übriggeblieben.[345] Darin wird sie Novalis paradigmatisch für Poesie: »wie lauter Bruchstücke aus den verschiedenartigsten Dingen«, »jedoch mit Association«, und daher die Natur »rein poëtisch«, »und so die Stube eines Zauberers – eines Physikers – eine Kinderstube – eine Polter und Vorrathskammer«[346]. Jede Darstellung, die sich vollenden wollte, muß Abbruch sein und ist (dies macht das pars pro toto der Allegorie für alle Darstellung) abgebrochene Figur für eine Nicht-Totalität, »traurige Denksäulen verlorener Göttlichkeit«[347]. Die Allegorien (die »wie Findlinge« »auf etwas Früheres hinweisen«[348]) sind angewiesen auf Deutungen, die sie nicht innen (totalisierend) eingeschlossen haben. Die allegorischen Kunstwerke oder Gebilde (Statuen und Bilder) sollen im romantischen Text »gerade aus der Äußerlichkeit und aus der Starre des bildhaften Verweisens« gelöst werden; dies geschieht (in Brentanos Godwi, 1801) »in den Deutungen der Gespräche, Canzonen und Sonette«. Indem »das Bild in Sprache übersetzt« wird, lösen sich auch auf in »schrankenlose Dynamik« durch die »Betonung der Übergänge, die Versenkung ins Werden. […] die Bewegung überbordet« selbst Bild und Grammatik. Die »Poetisierung der allegorischen Bilder« (465 f.), die sich im Gewebe des romantischen Textes in einer unabschließbaren metamorphotischen Bewegung vollzieht, sperrt sich gegen die Reintegration des Werdens in metaphorischer Totalisierung, so können gerade durch die Intention aufs Unendliche die Artefakte, die sich abschließend begrenzen müssen, nur eine »letzte Unangemessenheit zwischen Darstellung und Dargestelltem« erweisen und – ironisch – »der romantischen Allegorie ihre Berechtigung« (453) geben.[349] Die Undarstellbarkeit, die aller Darstellung angehört, wird durch die ironische Selbstdementierung der sich selbst begrenzenden Form artikuliert. Alle besonderen Setzungen (Fragmente) widerstreiten ebenso einander, wie deren Gesamtheit »als mißlungener Ausdruck des Absoluten« »im Widerspruch zur Idee des Absoluten« steht; das »unendliche negative Sich-

hinweg-Setzen über alle selbst gesetzten Schranken nennt Schlegel Ironie«[350]. Die ironische »Aufhebung des Gesetzten: dessen Überschreitung auf das hin, was es nicht ist«, wird aber als »Überstieg« der besonderen Setzung erneut »zur Allegorie des Unbegrenzten« (141), wie sie, als Allegorie, doch stets »Vorläufigkeit und Unvollständigkeit« (128) vorführen wird. (Wenn Frank, mit einem gebräuchlichen Vorschlag, dies einen »Typ von symbolischer Repräsentation« nennt, der »der Frühromantik in polemischer Absetzung vom klassizistischen Wortgebrauch Allegorie« heiße, so würden die Romantiker erneut zum Beleg für »Symbolismus«[351]). Allegorie bezeichnet (durch die die allegorische Bedeutung konstituierende »repetition […] of a previous sign with which it can never coincide«) »a distance in relation to its own origin, and […] it establishes its language in the void of this temporal difference«[352]. Dies teilt die Allegorie mit der Ironie: »in both cases, the relationship between sign and meaning is discontinuous […]. In both cases, the sign points to something that differs from its literal meaning and has for its function the thematization of this difference.« (209) Die Ironie erhält diese Differenz, denn sie führt die »dialectic of self-destruction and self-invention« in einem endlosen Prozeß aus, »that leads to no synthesis« (220).

Die romantische Allegorie ist Reflexion auf die Kunst; weniger aber bestätigt sie die »Kunst«, die

---
344 FRANK (s. Anm. 334), 134.
345 Vgl. SCHLEGEL, Lyceums-Fragment 103 (1797), in: SCHLEGEL (KFSA), Bd. 2 (1967), 159.
346 NOVALIS, Das Allgemeine Brouillon (1798/1799), in: NOVALIS, Bd. 3 (²1960), 572; vgl. BENJAMIN (s. Anm. 3), 363 f.
347 CLEMENS BRENTANO, Godwi oder Das steinerne Bild der Mutter (1801), in: Brentano, Werke, hg. v. F. Kemp, Bd. 2 (München 1963), 96.
348 MEIXNER, Denkstein und Bildersaal (s. Anm. 337), 441.
349 Vgl. SCHLEGEL, Athenäums-Fragment 116 (1798), in: SCHLEGEL (KFSA), Bd. 2 (1967), 182 f.
350 FRANK (s. Anm. 334), 140 f., 128; vgl. DE MAN, The Rhetoric of Temporality (s. Anm. 4), 209, 217 f.; DE MAN, The Concept of Irony (entst. 1977), in: de Man, Aesthetic Ideology (s. Anm. 9), 163–184.
351 FRANK (s. Anm. 334), 125; vgl. MEIXNER, Romantischer Figuralismus (s. Anm. 337), 237.
352 DE MAN, The Rhetoric of Temporality (s. Anm. 4), 207.

die »Undarstellbarkeit des Absoluten mittelbar ›anzudeuten‹«[353] vermöge, als daß sie – wie Benjamin über die barocke und anläßlich dieser in Perspektive auf die romantische Allegorie formuliert hat – eine »gründliche Ahnung von der Problematik der Kunst«[354] als solcher zeigt. Denn sie beschränkt den Anspruch des Ästhetischen, spricht dem ästhetischen Gebilde ab, Totalität vorstellen und in sich einschließen zu können, und verweist es (barock) an einen diese begrenzenden ›Bereich‹ oder (romantisch) einen uneinholbaren Prozeß.

Im vorgestellten Szenario von ›Klassik und Romantik‹ sind zwei Deutungen der modernen Allegorie (und der Deutung, die die Allegorie *ist*) gegeben: als die negative Bedeutung des Unendlichen und im ›Materialismus‹ der Allegorie und der geistfernen Lettern. Danach zeichnen sich die Alternativen der modernen Allegorie ab. Ihre Fassungen und Auffassungen reichen von der sog. »modernen Bewußtseinspoesie«, der »Gedankenlyrik«[355] Schillers, die als allegorische genauer bestimmt wäre und mit dieser als *sentimentalische* Allegorie jener Dualität, die in der Tradition des Idealismus die von Sinnlichkeit und Verstand oder von Erscheinung und Idee heißt[356], zur (Selbst-) Reflexion der Dissonanz, die der Witz artikuliert und die deren (drastisches) Gegenstück aufführt: das leere Material oder den Materialismus der Allegorie.

Hölderlin, der zunächst und dessen Frühwerk vor allem im Sinne der ›Gedankenlyrik‹ als Allegoriker benannt wurde[357], könnte als exemplarischer Fall dieser Verschiebung der Perspektiven gelesen werden. Seine Texte werden dann nicht mehr insofern als Allegorien aufgefaßt, als sie einen theoretischen Gehalt zu lesen geben[358], sondern insofern sie Dichtung und Denken so aufeinander beziehen[359], daß diese sich gegeneinander absetzen – als »division or barrier between the two ›halves‹ of life‹: the subjective and the objective, the earthly and the heavenly, the human and the divine«[360]. In dieser Trennung verharrt die Lyrik zuletzt melancholisch, sondern sie wird im eigenen Material (der Sprache) diesseitig.[361] In den Namen (als Gedächtnis der Antike), in den Worten, die bleiben (›wie Blumen‹, ›wie Steine‹, so nach Hölderlin de Man, de Schutter, Haverkamp), wird die Dichtung ›körnig‹[362]. Nach der Romantik, mit der die »moderne Poesie« beginne, wird es Allegorie und Personifikation nur noch als »klassizistischen Aufguß« geben oder aber als »Repräsentation des Nichtzusammenhangs, an dessen Stelle derjenige der Kunst tritt«, jedoch als »Spiel von Wiederholungen, Abwandlungen, Klängen und Bildern«, »in dem die Worte für nichts anderes als sich selbst [ihre Zusammenhänge und ihre Logik – d. Verf.] stehen«[363]. Genauer aber endet die allegorische Struktur (bei Mallarmé) in »installing the *fact* of division, the functioning of rhythm [of pure difference – d. Verf.]«, und das (nicht das, was jenseits des allegorischen Abstands läge) wäre das von ihr Gemeinte: »the ultimate referent of the allegorical trip-tease«[364].

---

353 FRANK (s. Anm. 334), 131.
354 BENJAMIN (s. Anm. 3), 352.
355 HELMUT KOOPMANN, Denken in Bildern. Zu Schillers philosophischem Stil, in: Jahrbuch der Deutschen Schillergesellschaft 30 (1986), 247; vgl. ALT (s. Anm. 143), 614–622; VOSSKAMP (s. Anm. 214), 390 ff., 405 f.
356 Vgl. ALT (s. Anm. 143), 611–614.
357 Vgl. WINDFUHR, Allegorie und Mythos in Hölderlins Lyrik, in: Hölderlin-Jahrbuch 10 (1957), 164, 174.
358 Vgl. DE MAN, The Riddle of Hölderlin (1970), in: de Man, Critical Writings 1953–1978, hg. v. L. Waters (Minneapolis 1989), 202, 212 f.
359 Vgl. THEODOR W. ADORNO, Parataxis. Zur späten Lyrik Hölderlins (1964), in: ADORNO, Bd. 11 (1974), 450.
360 CYRUS HAMLIN, ›Stimmen des Geschiks‹. The Hermeneutics of Unreadability (Thoughts on Hölderlin's ›Griechenland‹), in: C. Jamme/O. Pöggeler (Hg.), Jenseits des Idealismus. Hölderlins letzte Homburger Jahre (1804–1806)(Bonn 1988), 257 f.
361 Vgl. HAVERKAMP, Laub voll Trauer. Hölderlins späte Allegorie (München 1991), 10 ff., 56–59, 62–70.
362 Vgl. ADORNO, Aufzeichnungen zu Kafka (entst. 1942–1953, ersch. 1953), in: ADORNO, Bd. 10/1 (1977), 255; HAMLIN (s. Anm. 360), 272 ff.; DE MAN, The Intentional Structure of the Romantic Image (frz. 1960; 1970), in: de Man, The Rhetoric of Romanticism (New York 1984), 4; DIRK DE SCHUTTER, Words like Stones, in: L. Herman/K. Humbeck (Hg.), Discontinuities. Essays on Paul de Man (Amsterdam 1990), 99 f., 106.
363 KILLY (s. Anm. 51), 109.
364 JOHNSON, Allegory's Trip-Tease. The White Waterlily, in: Johnson, The Critical Difference. Essays in the Contemporary Rhetoric of Reading (Baltimore 1980), 18, 20.

4. Moderne

Die Modernität der Allegorie zeigt sich als grell sich exponierende Dissoziation eines Dichtens, das von »leerer Idealität«, aber eben darum von »glühender Geistigkeit«[365] und deren ›Ursprung‹ die Form und deren Logik die Sprache sei. Adorno bemerkt diese für Kafka: »Jeder Satz steht buchstäblich, und jeder bedeutet. Beides ist nicht, wie das Symbol es möchte, verschmolzen, sondern klafft auseinander, und aus dem Abgrund blendet der grelle Strahl der Faszination. Kafkas Prosa hält es [...] auch darin mit dem Verfemten, daß sie eher der Allegorie nacheifert.«[366]

Die Alternativen der ›modernen Allegorie‹ fallen auseinander und schlagen ineinander um entlang jener Dissoziation, als deren Artikulation sie sich dem ›Kunstsymbol‹ gegenüber behauptet. (An der Stelle dieser Disjunktion, die die Allegorie melancholisch vertieft, ist sie situiert in der Konstellation ihrer Formen und Grenzbegriffe Rätsel und Witz, Erhabenes[367] und Ironie.) Es sind Alternativen der jeweiligen Ausgaben jenes Dualismus, der in der Allegorie ausgetragen wird: als Dualismus von Sinnlichkeit und Verstand oder von Erscheinung und Idee (Schiller)[368], als Dualität der Welten im »Dualismus von poetischer und wirklicher Welt«[369] (Romantik), als »Differenz zwischen den verschiedenen sprachlichen Interpretationsebenen im Text selbst«[370] (Hölderlin) oder aber als eine der Sprache selbst angehörende und als solche unhintergehbare Dissoziation. Diese zeigt de Man mit Hegels Rede von der Allegorie (als Personifikation) auf als die Inkompatibilität von (grammatischem) Subjekt und allen seinen Prädikaten, von allem Sagen und Meinen.[371]

Die Texte richten gegen Ende des 19. Jh. die Aufmerksamkeit in »modernistischer Privilegierung des Dichtens« weg »vom Effekt der mimetischen Simulation, weg vom Effekt der Symbolisierung des Subjektiven und lenk[en] [...] hin zu den materialen Bedingungen und zur Konstruktion dieser Effekte«[372]. »The alternative to mimesis would be, one assumes, allegory [...]. Allegory names the rhetorical process by which the literary text moves from phenomenal, world oriented to a grammatical, language oriented direction.«[373] Aber allegorisch ist nicht der definitive »Abschied der Poesie von der Mimesis«[374]; vielmehr macht den Anti-Mimetismus der Allegorie[375] gerade die Doppelung aus, die sie anweist: in (bildliches) Vorstellen und Bedeuten, und das Gegeneinanderstehen zweier miteinander inkompatibler Bedeutungen, das nicht historisch reformuliert werden kann als Ablösung einer Sprache der mimetischen Darstellung (»a language of representation«) durchs Allegorische (»an allegorical figural language«). De Man besteht (gegen Jauß) auf der Permanenz der »thematic meaning«[376] und damit einer anderen Reichweite des Allegorischen: »All representational poetry is always also allegorical, whether it be aware of it or not [was als Hinweis für Lektüren ›realistischer‹ Texte zu nehmen ist – d. Verf.], and the allegorical power of the language undermines and obscures the specific literal meaning of a representation open to understanding. But all allegorical poetry must contain a representational element that invites and allows for understanding, only to discover that the understanding it reaches is necessary in error«[377].

Die Poetik der Darstellung und die des Allegorischen können einander nicht dialektisch integrieren; aber ›allegorisch‹ kann das Aufrechterhalten

---

365 FRIEDRICH (s. Anm. 29), 35.
366 ADORNO (s. Anm. 362), 255; vgl. MENKE, Kafka-Lektüren. Über das Lesen und dessen Allegorie, in: Ästhetik und Kommunikation 21 (1992), H. 79, 79–94.
367 Vgl. HERTZ (s. Anm. 314), 53.
368 Vgl. ALT (s. Anm. 143), 212 ff.
369 MEIXNER, Romantischer Figuralismus (s. Anm. 337), 240 f.
370 RENATE BÖSCHENSTEIN, Hölderlins allegorische Ausdrucksform, untersucht an der Hymne ›An die Madonna‹, in: Jamme/Pöggeler (s. Anm. 360), 185.
371 Vgl. DE MAN, Sign and Symbol in Hegel's ›Aesthetics‹, in: Critical Inquiry 8 (1982), H. 4, 761–775.
372 GRAEVENITZ, Das Ornament des Blicks (s. Anm. 330), 229.
373 DE MAN (s. Anm. 329), 68.
374 GRAEVENITZ (s. Anm. 372), 228.
375 DE MAN (s. Anm. 373), 67 f.; BENJAMIN (s. Anm. 3), 406.
376 DE MAN, Lyric and Modernity (s. Anm. 267), 182.
377 Ebd., 185; vgl. HUBERTUS VON AMELUNXEN, Allegorie und Photographie. Untersuchungen zur französischen Literatur des 19. Jahrhunderts (Diss. Mannheim 1992), 58 ff.; OWENS (s. Anm. 227), H. 13 (1980), 76–80.

dieser Doppelung und damit der Einspruch gegen die ästhetische Integration, gegen die Unterstellung der Integrierbarkeit der konfligierenden Lektüren heißen: das Zulassen der Nicht-Integrierbarkeit.[378] Die (moderne) Allegorie wird absehbar als Allegorie der Moderne in Baudelaires Lyrik – in Benjamins Lektüren.[379] Die Allegorie ist das Schema einer Doppelbewegung (»Das von der allegorischen Intention Betroffene wird aus den Zusammenhängen des Lebens ausgesondert: es wird zerschlagen und konserviert zugleich«[380]), die auch die Konstellation von ›Allegorie und Historismus‹, das ›Bildgedächtnis des späten 19. Jahrhunderts‹[381] (eine ›Trivialisierung‹ der Allegorie, wie auch schon die barocke Emblemmode hieß), bestimmt – jene Doppelung, die man meinte polar auseinanderhalten zu können als allegorischen Bilderkult (der Restauration und der katholisch-romantischen Mythologie) und protestantische Bilderstürmer (Hegel und seine Schüler)[382] und die doch der Spannung zwischen tradierten Bildern (oder Topoi) und Struktur der Tradierung selbst eignet. Insofern ist die von Killy angegebene Alternative für die »moderne Poesie« (von Allegorie »als klassizistischem Aufguß« »oder aber als Repräsentation des Nichtzusammenhangs, an dessen Stelle« »die Worte für nichts anderes stehen als sich selbst stehen«[383]) als Alternative nicht ganz zutreffend oder anläßlich Baudelaires zu schärfen. Den »Beispielen eines rudimentär konservierten Bedeutungsdenkens, das Struktur und Semantik kanonisierter Bildtraditionen in ein völlig verändertes und neues System von Bezügen transponiert«[384], der Übernahme von Bildbeständen oder mehr noch in deren Zitation in Anspruch genommenen Kontexte (Bedeutungshorizonte) konfrontiert sich der allegorische Gedächtnisraum Baudelaires präzise.[385] Denn Baudelaires allegorische Zitation der Antike in die Moderne ›widerruft‹ (in Le cygne, 1860) die typologische Ordnung, die im Figuralschema (das »allen translationes zugrunde liegt«[386]) zeitlich gehaltene Wiederholung – und bleibt »im Widerruf […] als Gedicht« (231). Sie schreibt ein Doppel ›heraus‹, das »immer wieder dasselbe ist« und »unheimlich«, weil es das Original und die »im Figuralschema angelegte« Zeitordnung von Original und Doppel (die »Aufhebung im Abbild«) lädiert. Es »tritt als Differenz und nicht als Erfüllung auf« (243); in der zitierenden Wiederholung entsteht ein »Choc« (236) des Ausfalls (der Fülle, die erwartet wird). Dies »ist die ›Erfahrung‹ der Moderne im Werk Baudelaires« (245); »im Lebendigen das Tote zu sehen, ist neue, heroische Signum der Moderne« (246). (Daher gewinnt die Photographie allegorische Bedeutung für das 19. Jh.[387] »Die Allegorie selbst bedeutet den Tod einer auf Erlösung angelegten Zeit, deren metonymische Inszenierung die Photographie ist.« Die Melancholie der Photographie ist ihre Vergeblichkeit; sie wendet das Geschehen in seine vollendete Zukunft ab, »die Begegnung mit dem Anderen als dem posthumen Selbst«[388].) »Der heroische Tenor der Baudelaireschen Inspiration stellt sich darin dar, daß bei ihm die Erinnerung zu gunsten des Andenkens ganz zurücktritt.«[389] Das Andenken ist die »Schlüsselfigur der späten Allegorie« – wie der frühen »die Leiche« –, es ist »das Schema der Verwandlung der Ware zum Objekt des Sammlers« (689). (Der Sammler stellt für den Allegoriker eine nicht-totalisie-

---

378 Vgl. DE MAN, Allegories of Reading (s. Anm. 4), 57–78.
379 Vgl. BENJAMIN, Charles Baudelaire. Ein Lyriker im Zeitalter des Hochkapitalismus (entst. 1938–1940, ersch. 1969), in: BENJAMIN, Bd. 1/2 (1974), 509–690; BENJAMIN, Das Passagen-Werk (entst. 1927–1940, ersch. 1982), in: BENJAMIN, Bd. 5/1 (1982), 584–593.
380 BENJAMIN, Baudelaire (s. Anm. 379), 666.
381 Vgl. HESS (s. Anm. 285).
382 Vgl. SENGLE (s. Anm. 317), 292–298.
383 KILLY (s. Anm. 51), 109.
384 HESS (s. Anm. 285), 558.
385 Vgl. ebd., 559; HANS JOST FREY, Über die Erinnerung bei Baudelaire, in: Symposium 33 (1979), 313–330; MENKE, Das Nach-Leben im Zitat. Benjamins Gedächtnis de Texte, in: A. Haverkamp/R. Lachmann (Hg.), Gedächtniskunst. Raum – Bild – Schrift. Studien zur Mnemotechnik (Frankfurt a. M. 1991), 74–110.
386 VINKEN, Zeichenspur, Wortlaut. Paris als Gedächtnisraum. Hugos ›A l'Arc de Triomphe‹, Baudelaires ›Le Cygne‹, in: Haverkamp/Lachmann (s. Anm. 385), 242; vgl. BENJAMIN, Baudelaire (s. Anm. 379), 586.
387 Vgl. JEAN STAROBINSKI, La mélancolie au miroir. Trois Lectures de Baudelaire (Paris 1989), 22; BENJAMIN, Baudelaire (s. Anm. 379), 630.
388 AMELUNXEN (s. Anm. 377), 97, 79f.
389 BENJAMIN, Baudelaire (s. Anm. 379), 690.

rende Organisation von Wissen dar, die Zerstreuung stets wieder wird und bleibt.[390])»Die Allegorie hält an den Trümmern fest. Sie bietet das Bild der erstarrten Unruhe.«[391] Mit dem Stichwort der »Sprödigkeit der Allegorie«, Sprödigkeit der Relikte allegorischen Operierens, die ihre »Autorität«[392] mache, setzt Benjamin die Allegorie Baudelaires vom »Genre«[393] als scheinlebendig gewordener Allegorie ab; darin ist sie scheinlos[394]. Der »typologische Zusammenhalt der Symbole stürzt zusammen in die Fülle leerer Zeichen, [...] Zeichen aber nicht der ›geglückten Erfahrung‹ [die erinnert würde – d. Verf.], sondern von deren Unmöglichkeit, deren Leere, Zeichen, in denen des Vergessens gedacht ist«[395], durch intertextuelle Referenzen im Gedicht markiert. »Die diachrone Achse stürzt in Spiegelungen zusammen, Wiederholungen, Echos, Doppelungen. Baudelaire selbst spricht von Ironie [...], der das Original nicht mehr als der Grund, sondern als Funktion der Sehnsucht erscheint.«[396] »Der Sinn des *Cygne* ist das Zerbrechen des Sinns, das diesen Mangel besiegelt. / Anders aber als Benjamins Analyse es will, bleibt *Le Cygne* der allegorisch-melancholischen Struktur nicht verhaftet«, sondern schreibt »eine neue Poetik der Erinnerung im Zeichen des Wortlauts. [...] Was das Zeichen in solcher Freiheit bezeichnet, ist das Aufbrechen von Wort und Sinn, von Geist und Buchstaben: die Präsenz einer Leere«. Was im Text erinnert werden kann, ist »nun nicht mehr seine Bedeutung«[397], die vielmehr aus-geschrieben, zersetzt werden muß, um die Materialität der Zeichen auftreten zu lassen, eine Fülle der Zeichen, die immer schon leer sind, im anagrammatischen Spiel (mit dem Namen ›Ovide‹, signe und Leere/copia), »destruktiv der Struktur der Sinngebung selbst gegenüber; aber auch verspielter, einfallsreicher in ihrer Aussichtslosigkeit« (257).

Dieses andere Leer-Ausgehen der Allegorie (nach dem der barocken in Benjamins *Ursprung des deutschen Trauerspiels*) realisiert jene »*repetition* [...] of a previous sign with which it [das allegorische Zeichen – d. Verf.] can never coincide«, in der die »meaning constituted by the allegorical sign«[398] besteht. Nicht in Termini der Übernahme von Bildbeständen und deren vorausgesetzten ›Bedeutungshorizonten‹ ist die Allegorie oder die allegorische

Tradition (in) der Moderne aufzuweisen[399] (und auch umgekehrt nicht, periodisierend, das sog. postmoderne Spiel mit der literarischen Tradition als Allegorie zu verbuchen[400]), sondern sie ist als Modus der Zitation zu lesen, als eine Wiederholung, die die wiederholend eröffnete Distanz aushält oder ausspielt und derart die verwechselnde Identifikation des Ich mit der Produktivität der Sprache ent-täuscht.

Bettine Menke

390 Vgl. BENJAMIN, Passagen-Werk (s. Anm. 379), 279 f.
391 BENJAMIN, Baudelaire (s. Anm. 379), 666.
392 BENJAMIN, Passagen-Werk (s. Anm. 379), Bd. 5/1 (1982), 473.
393 BENJAMIN, Baudelaire (s. Anm. 379), 661; vgl. BENJAMIN, Passagen-Werk (s. Anm. 379), Bd. 5/2 (1982), 688.
394 Vgl. BENJAMIN, Baudelaire (s. Anm. 379), 670.
395 VINKEN (s. Anm. 386), 252; vgl. JAUSS, Baudelaires Rückgriff auf die Allegorie, in: Haug (s. Anm. 151), 686–700.
396 VINKEN (s. Anm. 386), 243; vgl. DE MAN, The Rhetoric of Temporality (s. Anm. 4), 213–217.
397 VINKEN (s. Anm. 386), 236.
398 DE MAN, The Rhetoric of Temporality (s. Anm. 4), 207.
399 Vgl. HESS (s. Anm. 381), 564; GUNTER REISS, ›Allegorisierung‹ und moderne Erzählkunst (München 1970); SVEIN EIRIK FAUSKEVÅG, Allégorie et tradition. Etude sur la technique allégorique et la structure mythique dans le Roi des Aulnes de Michel Tournier (Oslo/Paris 1993); PAUL H. SMITH, The Will to Allegory in Postmodernism, in: Dalhousie Review 62 (1982), 105–122; ISOLDE SCHIFFERMÜLLER, Untergang und Metamorphosen. Allegorische Bilder in Christoph Ransmayrs Ovid-Roman ›Die letzte Welt‹, in: Quaderni di Lingue e Letterature 15 (1990), 235–250; DEBORAH L. MADSEN, The Postmodernist Allegories of Thomas Pynchon (New York 1991), 7 ff., 114 ff.
400 Vgl. CHRISTA BÜRGER u. a. (Hg.), Postmoderne. Alltag, Allegorie und Avantgarde (Frankfurt a. M. 1987), 196; AMELUNXEN (s. Anm. 377), 11–27; OWENS (s. Anm. 227), 75–80.

IV. Postmoderne Allegorie

1. Allegorie nach der Subjektphilosophie

Die von Hegel abgefertigte Allegorie ist die von Benjamin rehabilitierte. Die Rede von der postmodernen Allegorie und von der Postmoderne ist eine nach Hegel und nicht zuletzt nach Hegels These vom ›Ende der Kunst‹.[401] Die einschlägigen Passagen, die Hegels *Ästhetik* der zeitgenössischen Abwertung der Allegorie widmet, sprechen von der »Abstraktion« (auch »Frostigkeit«) der Allegorie, die der »mittelaltrigen romantischen Kunst« zugehörig ist, weil sie dort dafür zu sorgen hatte, daß »die Wahrheit als *allgemeine* Wahrheit gewußt und geglaubt werde«[402]. Hegel kann dieselbe Allgemeinheit im selben Atemzug Friedrich Schlegels Allegorie vorhalten, der dafürhielt: »Das Höchste kann man eben weil es unaussprechlich ist, nur allegorisch sagen.«[403] So locker Schlegels und anderer Romantiker Verwendung des Wortes Allegorie ist, so präzise reagiert Hegels Einspruch und zu so genaueren Bestimmungen kommt er, die mit der These vom Ende der Kunst Hand in Hand gehen. Wie Heinz Schlaffer gezeigt hat, zeigen sie die Allegorie in größter Nähe zur Moderne: »Überwiegen philosophischer Allgemeinheit, Herrschaft gesellschaftlicher Abstraktion, Vorrang des Wissens, Reflektiertheit, Entfremdung gegenüber dem Sinnlichen, Einschränkung der Subjektivität,

Randstellung des Ästhetischen, Ordnung der Kunst durch Begriffe«[404]. Indem Hegel gegen die »bestimmte Äußerlichkeit« der Allegorie einwendet, daß sie »nur ein Zeichen [ist], das für sich genommen keine Bedeutung mehr hat«[405], unterstreicht er vor allem den indexikalischen Charakter, den Augustinus als wesentliches Merkmal herausgestellt hatte und Charles S. Peirce nicht ohne Kenntnis des Augustinus für die Semiotik wiederentdeckte.[406] Benjamin wird eben darin den Ausgangspunkt für die Hegel entgegengesetzte, positive Einschätzung der Allegorie finden.

Nach ihrer Dominanz im Mittelalter lag das theoretische Schicksal der Allegorie in der Ausdifferenzierung der Tropen in neue Typen allegorischer contracta (oder continuationes) und der Aufsplitterung zur cornucopia rerum et verborum, deren disseminativen Charakter man als einen signifikanten, nach-allegorischen Effekt auffassen kann. Außerhalb der four master tropes hatte sich die Allegorie kaum halten können in Reduktions- und Umwidmungsprozeß der copia zum heuristischen Material assoziativer Prozesse; das trifft auf das Schicksal der elocutio als ganze zu. Im Jahrhundert nach Hegel wird die Allegorie kaum anders als mit der Einschränkung zur bloßen Allegorie oder bloß allegorischen Erscheinungen gebraucht. Sie ist der Inbegriff alles Nicht-Ästhetischen oder Vor-Ästhetischen, der Zeuge voraufgeklärter Epochen, mit der Personifikation als charakteristischem Stand ihrer Kunst.[407] Erst Jakobsons ›Überlagerungstheorie‹ der ›superimposition‹ von Metapher und Metonymie gewinnt das in der Vereinzelung der Tropen verlorene Terrain der Figuren begrenzt zurück. Auch wo Jakobson auf Goethes Symbol aus ist, enthält die Zweiachsentheorie eine verkappte Allegorietheorie, die aus der syntaktischen Funktion der continuatio bei Quintilian die Konsequenz der syntagmatischen Funktion der Metonymie macht und über deren synekdochische Rolle und Implikation (die Dumarsais' Intuition war) das Symbol ermöglicht.[408] Wie häufig in Quintilians Rezeptionsgeschichte ist man geneigt, diese Wiedergewinnung rhetorischen Terrains als Innovation, diesmal Jakobsons und des Strukturalismus, zu sehen, und tatsächlich erhellt sich von Jakobsons Ergebnis her auch de Mans rhetorische Zurückschreibung des Symbols

---

401 Vgl. WERNER HAMACHER, The End of Art (with the Mask), in: S. Barnett (Hg.), Hegel after Derrida (London 1998), 105–130; STEPHEN W. MELVILLE, Philosophy Beside Itself. On Deconstruction and Modernism (Minneapolis 1986).
402 HEGEL (ÄSTH), 393, 395.
403 F. SCHLEGEL, Gespräch über die Poesie (s. Anm. 340), 324; vgl. FRANK (s. Anm. 334), 132.
404 SCHLAFFER (s. Anm. 290), 43.
405 HEGEL (ÄSTH), 394.
406 Vgl. AUGUSTINUS, De doctrina christiana 2, 1, 1; APEL, Einführung, in: Charles Sanders Peirce, Schriften, übers. v. G. Wartenberg, Bd. 1 (Frankfurt a. M. 1967), 47.
407 Vgl. HEBENSTREIT, 32 f.
408 Vgl. ROMAN JAKOBSON, Linguistics and Poetics. Closing Statement, in: T. A. Sebeok (Hg.), Style in Language (Cambridge, Mass. 1960), 370.

in die Allegorie.[409] Sie ist Ausgangspunkt (nicht Ergebnis) der Reformulierung des Allegoriebegriffs in den *Allegories of Reading* (1979).

Selbst von de Man kann man so einfach nicht sagen, daß er über Quintilian hinausginge; im Unterschied zu Jakobson, der das rhetorische Problem der Figuren linguistisch reformuliert und reduziert, vertieft de Man es. Was er die ›Grammatisierung der Rhetorik‹ nennt, die für Jakobson, Genette und den Strukturalismus insgesamt charakteristisch ist und eine lange rhetorische Tradition hat, wird in de Mans eigener Pointierung des Allegoriebegriffs auf die nicht (und nie vollständig) grammatisierte rhetorische Ausgangslage zurückbeziehbar, und das ist keine andere als die Quintilians. De Man kommt von dieser Ausgangslage dazu (gegenläufig zur Absicht der institutio der Rhetorik durch Quintilian), die Allegorie zur Crux der Vergeblichkeit aller Konstruktionen des Bedeutens zu erklären, mit der Ironie als ihrem Gegenstück und Gegengift, das am Ende aller Allegorien des Lesens das nichtige Resultat der Bedeutung vertagt.[410]

Die Allegorie ist nicht nur ein Beispiel für die Figuration, sie ist der Schauplatz, auf dem sie als Trope zerbricht oder unkontrollierbare Kreise zieht, und es ist dieses Moment negativer Darstellung und negativen Wissens, das die Allegorie bei Benjamin und de Man datiert und sistiert auf den von Foucault und Louis Marin analysierten Bruch in der Ordnung der Dinge des 16. und 17. Jh., der die Ästhetik im 18. Jh. provoziert hat und im Jahrhundert Hegels auch schon überholt sein läßt. Benjamins Barock und de Mans Romantik machen die Allegorie zum prä-postmodernen Index dessen, was Begriff und Entwicklung der modernen Ästhetik an aesthetica übergangen und unterschätzt haben. Sie stellen die philosophische, aber auch die heruntergekommene kunstwissenschaftliche Rolle der Allegorie für die Ästhetik auf eine neue, in der Verengung auf die ›bloße‹ Personifikation ungedachte Grundlage, die im chronischen, neuzeitlichen Syndrom der Melancholie ihren ersten Schauplatz, aber nicht ihre letzte Perspektive hat. In der Geschichte der Malerei ist das destruktive allegorische Potential, das Marin an Poussin und Caravaggio oder Christiane Hertel mit Hilfe Benjamins an Vermeer aufweist, so offensichtlich wie in der Literatur, wenn auch erst marginal erschlossen.[411]

Die Vereinzelung der Personifikationen ist die der Tropen ohne allegorische Rahmung. Die postmoderne Konjunktur der Allegorie geht deshalb mit der erneuerten Präferenz für ein anderes rhetorisches Register einher, das Erhabene, das der leeren Offenheit der Allegorie die Gestalt der Hyperbel gibt: einem »reciprocal play« Raum macht »between figurative language und hypsos«[412]. Immer noch verhält sich die Trope der Hyperbel zum beigezogenen Erhabenen wie die Metapher zur Figur der Allegorie; ihre Bestimmung ist die einer ent-parabolisierten Allegorie, und sofern Allegorie als Sammelbegriff für alles ›figurative Spiel‹ fungiert, ist kein Begriff besser geeignet, die besondere Logik und spezielle Grammatik zu bearbeiten, denen die ästhetischen Phänomene jenseits der strukturalistischen Analysemuster unterliegen. Als ein *in* der Allegorie »verfehltes Erhabenes«, nach Benjamins Radikalisierung der barocken Allegorie mit dem Auseinandertreten von Dargestelltem und Darstellung zu tun hat, ist sie geeignet, das Symbol in Hegels Ästhetik vollends zu bagatellisieren.[413] Ohne der rhetorischen Substruktur der Allegorie ist die dem Symbol zugemutete Leistung nicht einmal ex negativo denkbar.

Man könnte deshalb sagen, im Begriff der Allegorie ist Rhetorik die Gedankenfigur ihrer selbst und Ästhetik deren Selbstvernichtung oder auch, mit einem Begriff des späteren Derrida, deren

409 Vgl. DE MAN, The Rhetoric of Temporality (s. Anm. 4), 192; BETTINA STIX, Rhetorische Aufmerksamkeit. Formalistische und strukturalistische Vorgaben in Paul de Mans Methode der Literaturwissenschaft (München 1997), 119.
410 Vgl. DE MAN, Allegories of Reading (s. Anm. 4), 300f.; CAROL JACOBS, Allegories of Reading Paul de Man, in: L. Waters/W. Godzich (Hg.), Reading de Man Reading (Minneapolis 1989), 112; JACOBS, Telling Time (Baltimore 1993), 151.
411 Vgl. MARIN, Détruire la peinture (Paris 1977), 28f.; CHRISTIANE HERTEL, Vermeer. Reception and Interpretation (Cambridge 1996), 229.
412 HERTZ, A Reading of Longinus (1973), in: Hertz, The End of the Line (s. Anm. 4), 17.
413 MENKE, Sprachfiguren (s. Anm. 3), 225; vgl. DE MAN, Hegel on the Sublime (1983), in: de Man, Aesthetic Ideology (s. Anm. 9), 116.

›Auto-Dekonstruktion‹[414]. Nicht von ungefähr hat Derrida diesen an sich selbst gesteigerten Begriff von Dekonstruktion in Reaktion auf die Aporie des Kritikbegriffs entwickelt, die Benjamin in seiner *Kritik der Gewalt* (1921) aufgeworfen hatte und Derrida anhand der (von ihm selbst *nicht* so genannten) Allegorie der Gerechtigkeit beschreibt.[415] Denn die Iustitia, wie die Fortuna ein Muster an schlechter allegorischer Personifikation, ist auch der Inbegriff allen Allegoriebedarfs: der gleichzeitigen Notwendigkeit wie auch Unmöglichkeit der sichtbaren Repräsentation des nicht Repräsentierten und nicht Repräsentierbaren. Das klassische theatrum veritatis et iustitiae, das Pierre Legendre

---

414 Vgl. DERRIDA, Force de loi. Le fondement mystique de l'autorité/Force of Law. The Mystical Foundation of Authority, in: Cardozo Law Review 11 (1990), H. 5/6, 924, 997.
415 Vgl. BENJAMIN, Zur Kritik der Gewalt (1920–1921), in: BENJAMIN, Bd. 2/1 (1977), 179–203; RODOLPHE GASCHÉ, Über Kritik, Hyperkritik und Dekonstruktion (1991), in: A. Haverkamp (Hg.), Gewalt und Gerechtigkeit. Derrida – Benjamin (Frankfurt a. M. 1994), 199.
416 PETER GOODRICH, Psychoanalysis and Law, in: P. Goodrich (Hg.), Law and the Unconscious. A Legendre Reader (London 1997), 16; vgl. LEGENDRE, Dieu au miroir. Etude sur l'institution des images (Paris 1994); GOODRICH, Oedipus Lex (Berkeley 1995).
417 Vgl. MENKE, Benjamin vor dem Gesetz. Die Kritik der Gewalt in der Lektüre Derridas, in: Haverkamp (s. Anm. 415), 234, 240; JANE MALMO, The Forgotten but Unforgettable Desire of Justice, in: A. Haverkamp (Hg.), Memory Inc. ANY-15 [Architecture New York 15] (1996), 32–35.
418 Vgl. ADORNO, Kierkegaard. Konstruktion des Ästhetischen (1933), in: ADORNO, Bd. 2 (1973), 86; ADORNO, Ästhetische Theorie (1970), in: ADORNO, Bd. 7 (1972), 188–195; HAVERKAMP, Notes on the Dialectical Image (How Deconstructive is it?), in: Diacritics 22 (1992), H. 3–4, 74.
419 Vgl. MELVILLE, Notes on the Reemergence of Allegory, the Forgetting of Modernism, the Necessity of Rhetoric, and the Conditions of Publicity in Art and Criticism, in: October (1981), H. 19, 55–92; JOHN FEKETE (Hg.), The Structural Allegory. Reconstructive Encounters with the New French Thought (Minneapolis 1984).
420 Vgl. JACQUES LACAN, Le séminaire sur ›La Lettre volée‹ (1957), in: Lacan, Ecrits (Paris 1966), 11–61.
421 DERRIDA, Le facteur de la vérité (1975), in: Derrida, La carte postale de Socrate à Freud et au-delà (Paris 1980), 447.

---

und Peter Goodrich wiederentdeckt haben, »conceals another history, a latent history or positive unconscious of the legal tradition which contains law's failures, its lapses, its shattered dreams, as it also harbours its desires, its enjoyments, its reverie of a comprehensive system and perfect order of rational rule«[416]. Den abgelebten emblematischen Insignien der Iustitia eingedenk, liegt in der Sphäre des Rechts wie in der Ästhetik die selbstreflexive Auto-Dekonstruktion einer Rhetorik offen, die in Benjamins Kritik als permanente Krise von Darstellung erfaßt wird.[417] Es ist die von Benjamin an der barocken Allegorie nachvollzogene Struktur, die *nach* Benjamin und in Konkurrenz zu dessen Begriff des ›dialektischen Bildes‹ in Adornos Rede vom ›Rätselbild‹ und ›Rätselcharakter‹ der Kunst ein neues, über den alten Allegoriebegriff hinausweisendes Verständnis ankündigt.[418] Tatsächlich setzt die von Adorno den Hegelschen Gemeinplätzen der Allegorie abgerungene Bestimmung des ›Rätselhaften‹ nicht nur die Kunst, sondern die Allegorie wieder in ihr älteres Recht, bestimmt sie doch die Kunst in einer radikaleren, durch die Aporie des Erhabenen hindurchgegangenen Hinsicht als ein allegorisches Paradox: die Allegorie *als* Paradox.

Die Struktur des Paradoxes Allegorie eignet Allegorie zur Allegorie von Struktur selbst, und es ist diese structural allegory, in der die poststrukturalistische Theorie beides, Theorie und Struktur, thematisiert.[419] Noch die Thematisierung trägt allegorische Züge, Züge der allegorischen Selbstthematisierung. Die von Derrida begonnene Diskussion des Lacan-Seminars über Poes Erzählung *The Purloined Letter* (1844) ist das beste Beispiel.[420] Lacans Interpretation eröffnet den kanonische Sammlung seiner Schriften und ist schon insofern bemerkenswert, wie Derrida hervorhebt, als sie ›Literatur‹ zum Ort der (psychoanalytischen) Wahrheit erklärt: »Une ›littérature‹ peut donc produire, mettre en scène et en avant quelque chose comme la vérité. Elle est donc plus puissante que la vérité dont elle est capable. Une telle ›littérature‹ laisse-t-elle lire, interroger, voire déchiffrer à partir de schèmes psychanalytiques qui ressortiraient à ce qu'elle produit elle-même?«[421] Shoshana Felman hat, in Variation von de Mans Terminus ›allegory of reading‹, die emblematische Rolle von Lacans

IV. Postmoderne Allegorie 99

Poe-Seminar für die *Ecrits* (1966)»no less than an *allegory of psychoanalysis*«[422] genannt, als Allegorie dessen also, was sie andernorts ›reading otherwise‹[423] nennt. In Derridas Titel *Le facteur de la verité* (1975) ist das allegorische Anders-Lesen auf eine mediale Pointe gebracht: den Träger Brief, der als Vehikel der Wahrheit ihr ureigenster Faktor ist und anders, als Lacans Analyse suggerieren mag, in ihrer »eigenen Rhetorik und ihren Konsequenzen«[424], als Allegorie, einem ›notwendigen Verkennen‹ aufsitzt, es verrät.

Barbara Johnson hat die Notwendigkeit der Verkennung an der Analyse Derridas festgestellt, einer exemplarischen Analyse, deren Exemplarität aber an der Verkennung notwendig Anteil hat und nehmen muß:»at the very moment Lacan is reading the story as an allegory of the signifier, he is being blind to the disseminating power of the signifier in the *text* of the allegory in what Derrida calls the ›scene of writing‹.«[425] Die Szene, der Lacans emblematische Lektüre sich unterwirft, ist eine, deren Offenlegung Derrida sich nicht entziehen kann und darf. Poststrukturalistische ›Einsicht‹ entkommt der ›Blindheit‹ nicht, die sie selbst, als Einsicht, in einem authentisiert und durchkreuzt.[426] Die Allegorie ist die ureigenste Figur dieser Einsicht, eine Figur, die den alten ontologischen Versprechungen der in ihr unabsehbar fortgesetzten Metaphern Hohn spricht. Nicht die geringste, die aktuellste darunter und vielleicht die tiefstsitzende ist die Allegorie der Geschlechter, die der dekonstruktive Feminismus in ihrer Verkennungsstruktur aufzudecken unternommen und auch nach ihren tropologischen Voraussetzungen benannt hat. Die »objektive Ironie, die der Dekonstruierbarkeit des auktorial festgeschriebenen, figuralen Verhältnisses der Geschlechter innewohnt«[427], hat in der psychoanalytischen Allegorie der Geschlechterverhältnisse ihre Vor-Struktur; Felman hat sie nach Jakobsons Überlagerungsschema von Metapher und Metonymie analysiert[428], Johnson hat sie in der Apostrophe beschrieben[429], Naomi Schor im Detail der Synekdoche[430], Judith Butler in der Metalepsis nach Nietzsches und de Man[431].

Für das ›second degree deconstruction‹ der Allegorien des Lesens ist die Subjekt-Metapher der Lacanschen Analyse der Geschlechterdifferenz der wichtigste Ausgangspunkt.[432] Das »rhetorical deconstruction of psycholinguistics«[433], wie de Man tentativ sagt, hat sie für Butler die Pointe,»that language posits itself in a series of distinct acts, and that its primary function might be understood as this kind of periodic acting«[434]. Als buchstäblich periodische, epochenspezifische und epochenbildende Funktion bringt die Allegorie in ihrer postmodernen Konjunktur die hyperbolische Öffnung aller metaphorologischen Unterstellungsformationen auf einen neuen alten Nenner, und keinen ungefähren. Auch das ist allegorisch thematisierbar und darstellbar. Der hochmoderne Umschlagspunkt in die Postmoderne, Mallarmés *Mimique* (1886), trägt offen allegorische Züge, die Derrida

422 SHOSHANA FELMAN, The Case if Poe. Applications. Implications of Psychoanalysis (1980), in: Felman, Jacques Lacan and the Adventure of Insight. Psychoanalysis in Contemporary Culture (Cambridge, Mass. 1987), 43.
423 Vgl. FELMAN, To Open the Question, in: Felman (Hg.), Literature and Psychoanalysis. The Question of Reading: Otherwise, Yale French Studies 55/56 (1977), 5–10.
424 SAMUEL WEBER, Rückkehr zu Freud. Jacques Lacans Ent-stellung der Psychoanalyse (Frankfurt a. M. u. a. 1978), 144; vgl. DERRIDA, Résistances de la psychanalyse (Paris 1996), 37.
425 JOHNSON, The Frame of Reference. Poe, Lacan, Derrida, in: G. H. Hartman (Hg.), Psychoanalysis and the Question of the Text (Baltimore 1978), 154; vgl. IRENE HARVEY, Structures of Exemplarity in Poe, Freud, Lacan, and Derrida, in: J. P. Muller/ W. J. Richardson (Hg.), The Purloined Poe. Lacan, Derrida and Psychoanalytic Reading (Baltimore 1988), 264.
426 Vgl. DE MAN, Blindness and Insight (s. Anm. 4).
427 VINKEN, Dekonstruktiver Feminismus. Eine Einleitung, in: Vinken (Hg.), Dekonstruktiver Feminismus. Literaturwissenschaft in Amerika (Frankfurt a. M. 1992), 25.
428 Vgl. FELMAN, Rereading Femininity, in: Yale French Studies 62 (1981), 25.
429 Vgl. JOHNSON, Apostrophe, Animation, and Abortion, in: Johnson, A World of Difference (Baltimore 1987), 184–199.
430 Vgl. NAOMI SCHOR, Reading in Detail. Aesthetics and the Feminine (New York 1987).
431 Vgl. JUDITH BUTLER, Burning Acts. Injurious Speech, in: A. Haverkamp (Hg.), Deconstruction is/ in America (New York 1995), 155.
432 Vgl. LACAN, La métaphore du sujet (1960), in: Lacan (s. Anm. 420), 889–892.
433 DE MAN, Allegories of Reading (s. Anm. 4), 19.
434 BUTLER (s. Anm. 431), 150.

im zweiten Teil der *Double séance* (1970) programmatisch in der Allegorie vom Würfelwurf ausgespielt hat: einer ›allégorie littérale‹, in der die ›dissémination‹ aller hermeneutischen Bedeutungskonstitutionen zum ›excès conceptuelle‹ wird.[435] Tatsächlich bietet Mallarmé eine Allegorie des im Würfelwurf übers Papier gegangenen Tanzes, denn dem zweiten Teil der *Mimique* liegt eine Besprechung der Tanzkunst Loïe Fullers zugrunde (der Name ist in der späteren Fassung entfallen).[436] Als ›absolute Metapher‹ von poésie pure ist der Tanz bei Mallarmé die allegorische Katachrese für Poesie; Valéry wird von einer »substance noble et vivante«[437] sprechen und die pure figurale Flüchtigkeit in die allegorische Leerform eines ›Nach-bilds‹ bringen.[438] Der postmoderne ›Exzeß‹ bezieht seinen Raum nicht aus der etablierten Bedeutungsfülle; seine Allegorie ist ein ›hasard‹, der in der Ana-Grammatik der Artikulationen, vor jeder Bedeutungsfestsetzung liegt. Die Göttin Fortuna hält mit Sturm und Wind, die ihre etymologische Mitgift sind, den Wirbel der Würfel wie des Tanzes in unabsehbarer Bewegung.[439]

Anselm Haverkamp

2. Allegorie der Geschlechterdifferenz

In kunstwissenschaftlicher Perspektive wird unter dem Titel Allegorie und Geschlechterdifferenz vorrangig von weiblichen Personifikationen gehandelt. Die »Personifizierung, Verkörperung von Begriffen und [...] Ideen, Körperschaften, Institutionen, Städten und Nationen« sei »in der abendländischen künstlerischen Tradition der Körperdarstellung nahezu zum Synonym für die Allegorie« geworden. »Durch die verbreitete Assoziierung von Weiblichkeit und Natur aber« diene »die Repräsentation von Kunst-, Staats- oder Gemeinschaftsidealen durch vorwiegend *weibliche* Körperbilder der *Naturalisierung* der jeweiligen Konstruktion« und legitimiere »sie also als naturoder gottgegeben«. Allerdings ist ›Naturalisierung‹ genau das Modell, das in Absetzung von der Personifikations-Allegorie profiliert wurde, so daß diese zum nicht nur paradigmatischen, sondern für die ästhetische Debatte seit der zweiten Hälfte des 18. Jh. auch symptomatischen Fall von Allegorie wurde. Jede Allegorie muß – um ihrer Bedeutung willen – die Dissoziation von Vorgestelltem und dem durch dieses Bedeuteten in der Nicht-Geschlossenheit ihres ›Bildes‹ aufweisen. Wenn also unterstellt wird, daß Personifikationen als »Körperbilder«, »über die Darstellung von Körpern – und d. h. von weiblichen oder männlichen Körpern« – funktionieren, so daß »immer auch Konzepte von Männlichkeit und Weiblichkeit mittransportiert«[440] werden, so wird damit – statt einer allegorischen – eine symbolische Lektüre der Körper Personifizierungen vorgestellt, die voraussetzt, daß vorgestellt und zu sehen ist, was gemeint ist. Anläßlich einer weiblichen Personifikation der *Theoria* (1779) von Joshua Reynolds hat Johnson diese beiden Lesarten und ihre impliziten Bildtheorien unterschieden und vorgeführt. Der ›Symbol‹ genannten »temptation of immediate readability« auch des weiblichen Geschlechts der Personifikation, die die Struktur der Darstellung verneint, konfrontiert sich das allegorische Lesen als »the recognition of the difference between signifier and signified« »and of the difference between self and other«[441]. Ein ›Bild der Frau‹ geben Personifikationen durch Naturalisierung der Verkörperung einer (Sprach-) Figur und des Geschlechts der ›persona ficta‹ – in einer symbolischen Lektüre der ent-attribuierten Personifikationen, die ent-rhetorisierend auf Anschaulichkeit des Ganzen im einzelnen als dessen Erscheinung setzt und auf Ähnlichkeit, die dies sichert. Dieser die allegorische Lektüre entgegenzuhalten (»Their gendered embodiment thus arises out of a non-referential, intralinguistic aspect of

---

435 Vgl. DERRIDA, La double séance (s. Anm. 120), 333.
436 Vgl. GABRIELE BRANDSTETTER, Tanz-Lektüren. Körperbilder und Raumfiguren der Avantgarde (Frankfurt a. M. 1995), 338 f.
437 PAUL VALÉRY, Poésie pure (1928), in: VALÉRY, Bd. 1 (1957), 1456.
438 Vgl. HAVERKAMP, Valéry in zweiter Lektüre. Poetische Konstruktion und hermeneutische Tradition im ›Cimetière marin‹, in: Fuhrmann (s. Anm. 4), 347, 353.
439 Vgl. HOWARD R. PATCH, The Goddess Fortuna in Medieval Literature (Cambridge, Mass. 1927), 107.
440 SIGRID SCHADE/MONIKA WAGNER/SIGRID WEIGEL, Allegorien und Geschlechterdifferenz. Zur Einführung, in: Schade/Wagner/Weigel (Hg.), Allegorien und Geschlechterdifferenz (Köln/Weimar/Wien 1994), 2; vgl. WENK (s. Anm. 226), 42 ff.
441 JOHNSON (s. Anm. 228), 67, 63.

language«) meint nicht, daß »the fact that Theory is a woman has no significance for the role of gender in culture« (67), sondern akzentuiert die irreduzible Dublizität der Lektüren, die einander widerstreiten und die nicht ineinander zu überführen sind. Nach dem Modell dessen, was Goethe, Creuzer und andere Symbol nannten, nämlich eine »Verkörperung«, deren Strategie »das ›Überspringen‹« der Zeichenrelation in der »Identifizierung des Zeichens und der körperlichen Erscheinung als sinnliche Wahrnehmung«[442] sei, vollzog sich die Naturalisierung der hierarchischen Opposition der Ordnung der Geschlechter, die auf die zweite Hälfte des 18. Jh. datiert werden kann. In »der nun als Polarität definierten« und als natürliche Polarität abgesicherten »sozialen Geschlechterdifferenz, die das Weibliche dem Privaten und das Männliche der Öffentlichkeit zuordnete«, wird die »Repräsentation des Konstrukts Leib=Natur an den ›privatisierten‹ Körper der Frau und seine *Imago*«[443] delegiert. In dieser wird das Bild für die Natürlichkeit der Geschlechterordnung (der polaren und hierarchischen Opposition) gegeben: Die ›Frau‹ fungiert als Bild und Inbegriff der Natur und gibt damit die ›imago‹ der Natürlichkeit der Geschlechterordnung, die die polare Opposition der Geschlechter auseinanderhält, organisiert und bildlich befestigt, insofern sie das Bild des ausgeschlossenen Anderen abgibt. Wenn »das Wirkende im männlicher Gestalt und das Leidende weiblich eingekleidet«[444] werde, so ist dieser Gemeinplatz der Geschlechterordnung und -politik um 1800 keine Allegorie. Die Allegorie liegt als Redefigur, die ihr Operieren exponiert, im Widerstreit mit jener Naturalisierung, die diese Geschlechterpolitik ausmacht, nicht nur weil sie als Figur der Sprache nicht natürlich ist, sondern weil sie die Nicht-Natürlichkeit der von ihr erzeugten Bezüge exponiert und mit der ›Sichtbarkeit‹ des inneren Gehalts die ›Gestalt‹ des Paradigmas der Naturalität der Darstellung in Frage stellt. Die ›imago‹, die die Frau ist, hat die Funktion, die imaginäre männliche Selbstidentität und Integrität (Ganzheit) des Mannes (der Geschichte und der Nationen) zu produzieren und zu konsolidieren; sie fungiert als deckende Verdrängung der unsituierbaren, jede Identität bedrohenden Differenz, der unheimlichen Differenz des Anderen im Sel-

ben.[445] Die ›imago‹ der Frau ist Bild und Fetisch an dieser Stelle für das Ausgeschlossene, Repräsentation für und anstelle eines Ausschlusses, die verdrängte und verstellte Ambivalenz.[446] Der Naturalisierung der asymmetrischen Ordnung der Geschlechter seit dem 18. Jh. widerstreitet jenes Lesen, dessen Schema die Allegorie ist. Soll die »ganze Gestalt« »bedeutend« durch sich und für sich »sprechen«[447], so steht dieser Naturalisierung in der Anschaulichkeit des Sinns (ein Anthropomorphismus der Gestalt, die ihr Bild in der (natürlichen) Natur der Frau finden muß, das allegorische Bedeuten entgegen, das auf die Willkürlichkeit eines Zeichenzusammenhangs verwiesen ist und verweist. Allegorien tragen den Widerstreit von wörtlicher und figurativer Lektüre aus. Daher fällt die Allegorie nicht mit dem Bild, das als Fetisch fungiert, zusammen, oder aber der Fetisch ist wie die Allegorie eine »uncanny trope«[448].

Weiblichkeit als Allegorie des Anderen zu denken reicht (zum einen) nicht weit genug. Wird die Frau Andere konstruiert, so, um Angst außerhalb des Selbst und außerhalb der Gemeinschaft zu externalisieren, als statische Allegorie der Differenz, das das Selbstbild stütze, das sie kraft ihrer Differenz gefährdet: »either by using an allegorising gaze to turn it into a reflection and completion of the self [...] or by turning it into an allegorical figure of Otherness, drawing a solid boundary between the self and difference, which is externalised in the process.« (228) Durch den Tod der Frau werde diese Konstruktion bildlich und in ein Sinnbild der Andersheit übersetzt, das, auch wenn es

---

442 SCHADE/WAGNER/WEIGEL (s. Anm. 440), 5.
443 KATHARINA SYKORA, Ver-Körperungen. Weiblichkeit – Natur – Artefakt, in: J. Huber/A. M. Müller (Hg.), Raum und Verfahren (Basel u. a. 1993), 93, 89.
444 WINCKELMANN (s. Anm. 233), 3.
445 Vgl. FELMAN (s. Anm. 428), 42f.; MENKE, Verstellt – der Ort der ›Frau‹. Ein Nachwort, in: Vinken (s. Anm. 427), 440, 463.
446 Vgl. MARY JACOBUS, Judith, Holofernes, the Phallic Woman, in: Jacobus, Reading Woman (New York 1986), 110–136.
447 HERDER (s. Anm. 264), 315.
448 ELISABETH BRONFEN, Over her Dead Body. Death, Femininity and the Aesthetic (Manchester 1992), 230.

Differenz bezeichnet, dies auf stabile Art und Weise tut, »with her death engendering its stability« (241 f.), um Andersheit, die dauernde Unstetigkeit, als sexuelle Differenz und als Gegenwart des Todes im Leben wäre, zu kontrollieren. Der allegorische Blick aber konstituiert (anders, als Bronfen weiß) gerade *nicht* »a reassuring stability of the image« (244) anstelle der diskrepanten Ambivalenz eines für das Selbstbild des Betrachters so bedrohlichen konkreten Körpers, sondern trifft auf eine Nicht-Ganzheit im Bild, das sich selbst (angewiesen auf die Unterschrift) als nicht vollständiges deklariert. Das allegorische Bedeuten dementiert und dissoziiert das bildlich Vorgestellte, verweist das Bild auf das, was es nicht ist, Zeichen(verwendungen), die ihm vorausgehen und die es hervorgebracht haben. Die schematisierende Fixiertheit allegorischer Bilder exponiert den Tod, der sie produziert, von dem das Symbol nichts wissen will (und so fungiert die «Frau bei Baudelaire»[449]). Darum kann das allegorische Bild Benjamin scheinlos heißen; denn es dementiert die phantasmatische Schließung einer Darstellung, die ihr Modell an der imaginären Ganzheit der Gestalt des Körpers fand.

Zum andern wird mit Weiblichkeit als Allegorie (der Andersheit) das Andere anders, nämlich nicht als das »reassuring canny *opposite*« des Männlichen, nicht als Sicherung der Opposition von dem Selben und dem Anderen gedacht, sondern als »its [der männlichen Identität – d. Verf.] uncanny *difference from itself*«[450]. Ist ›Weiblichkeit‹ allegorisch, so nicht als *Bild* der Andersheit, sondern als Allegorie jener Dissoziation, die die Allegorie vollzieht. Im »Abstand zwischen Text und Bedeutung«, der nicht durch ein kohärentes Wissenssystem dauerhaft abzusichern sei, konstituiert sich »die ›andere

---

449 BENJAMIN, Baudelaire (s. Anm. 379), 667.
450 FELMAN (s. Anm. 428), 41.
451 WEIGEL, Von der ›anderen Rede‹ zur Rede des Anderen. Zur Vorgeschichte der Allegorie der Moderne im Barock, in: Schade/Wagner/Weigel (s. Anm. 440), 165; vgl. MANFRED SCHNEIDER, Die Allegorie der Hysterie und das Tête-à-tête der Wahrheit, in: Schade/Wagner/Weigel (s. Anm. 440), 151, 155.
452 JOHNSON (s. Anm. 228), 60.
453 VINKEN (s. Anm. 427), 20.

Rede‹«[451]. In der Vor- und Ausführung der Disjunktion zwischen Vorgestelltem und Bedeutetem artikuliert die Allegorie »the otherness of the other«[452]. Nach Barbara Vinkens Vorschlag ist das Weibliche dann die »*paradoxe Allegorie* einer selbst nicht repräsentierbaren Differenz, Allegorie des Lesens«, und sie ist dies »im doppelten Sinne, weil Personifikation der allegorischen Paradoxie der Darstellung«[453]. Denn die Allegorie gibt nicht das Bild einer (nicht positiven) Differenz, sondern artikuliert sie in jener Dissoziation, die sie vollzieht. Deren Allegorie wird stets auch etwas anderes sagen, als sie vorstellt. Sie stellt die Blockade (vor und dar) gegen ein Resultieren des Lesens, dessen wirkungsmächtige Versicherung die ›imago‹ der Frau abzugeben hat.

Bettine Menke

Literatur

AUERBACH, ERICH, Figura (1939), in: Auerbach, Gesammelte Aufsätze zur romanischen Philologie, hg. v. F. Schalk (Bern/München 1967), 55–92; BLANCK, WALTER, Die deutsche Minneallegorie (Stuttgart 1970); BLOOMFIELD, MORTON W., Symbolism in Medieval Literature (1958), in: Bloomfield, Essays and Explorations. Studies in Ideas, Language, and Literature (Cambridge, Mass. 1970), 83–95; BRINKMANN, HENNIG, Mittelalterliche Hermeneutik (Darmstadt 1980); CAMPE, RÜDIGER, Melanchthons Allegorie zwischen Rhetorik und Hermeneutik, in: E. Horn/M. Weinberg (Hg.), Allegorie. Konfiguration von Text, Bild und Lektüre (Opladen 1998), 46–58; CHASE, CYNTHIA, Decomposing Figures. Rhetorical Readings in the Romantic Tradition (Baltimore 1986); CHRISTIANSEN, IRMGARD, Die Technik der allegorischen Auslegungswissenschaft bei Philon von Alexandrien (Tübingen 1969); CHYDENIUS, JOHAN, The Theory of Medieval Symbolism (Helsinki 1960); DE MAN, PAUL, The Rhetoric of Temporality (1969), in: de Man, Blindness and Insight. Essays in the Rhetoric of Contemporary Criticism (Minneapolis 1983), 187–228; DE MAN, PAUL, Allegories of Reading (New Haven 1979); DE MAN, PAUL, Pascal's Allegory of Persuasion (1981), in: de Man, Aesthetic Ideology, hg. v. A. Warminski (Minneapolis 1996), 51–69; DERRIDA, JACQUES, Le facteur de la vérité (1975), in: Derrida, La carte postale de Socrate à Freud et au-delà (Paris 1980), 441–524; DIDI-HUBERMAN, GEORGES, Fra Angelico. Dissemblance et figuration (Paris 1990); ECO, UMBERTO, L'Epistola XIII, l'allegorismo medievale, il simbolismo moderno (1984), in: Eco, Sugli specchi e altre saggi (Mailand 1985), 13–31; ECO, UMBERTO, Arte e bellezza nell'estetica medievale (Mailand 1987); FINEMAN, JOEL, The Structure of Allegorical Desire (1981), in: Fineman, The Subjectivity Effect in Western Literary Tradition (Cambridge, Mass. 1991), 3–31; FLETCHER, ANGUS, Allegory. The Theory of a Symbolic Mode (Ithaca 1964); FRANK, MANFRED, Einführung in die frühromantische Ästhetik (Frankfurt a. M. 1992); FRANK, MANFRED, Allegorie, Witz, Fragment, Ironie. Friedrich Schlegel und die Idee des zerrissenen Selbst, in: W. van Reijen (Hg.), Allegorie und Melancholie (Frankfurt a. M. 1992), 124–146; FRECCERO, JOHN, Dante. The Poetics of Conversion (Cambridge, Mass. 1986); FREYTAG, HARTMUT, Quae sunt per allegoriam dicta. Das theologische Verständnis der Allegorie in der frühchristlichen und mittelalterlichen Exegese von Gal. 4, 21–31, in: H. Fromm/W. Harms/U. Ruberg (Hg.), Verbum et Signum. Beiträge zur mediävistischen Bedeutungsforschung, Bd. 1 (München 1975), 27–43; GRAEVENITZ, GERHART VON, Gewendete Allegorie. Das Ende der Erlebnislyrik und die Vorbereitung einer Poetik der modernen Lyrik in Goethes Sonett-Zyklus von 1815/1827, in: E. Horn/M. Weinberg (Hg.), Allegorie. Konfiguration von Text, Bild und Lektüre (Opladen 1998), 97–117; GREENBLATT, STEPHEN J. (Hg.), Allegory and Representation (Baltimore 1981); GRIMM, REINHOLD R., Paradisus coelestis – Paradisus terrestris. Zur Auslegungsgeschichte des Paradieses im Abendland bis 1200 (München 1977); HAMACHER, WERNER, Pleroma. Zu Genesis und Struktur einer dialektischen Hermeneutik bei Hegel, in: Hegel, Der Geist des Christentums. Schriften 1796–1800, hg. v. W. Hamacher (Frankfurt a. M./Berlin/Wien 1978), 7–333; HANSON, PATRICK C., Allegory and Event (London 1959); HARMS, WOLFGANG, Homo viator in bivio. Studien zur Bildlichkeit des Weges (München 1970); HARTMAN, GEOFFREY H., Wordsworth's Poetry (New Haven 1964); HASELSTEIN, ULLA, Arabeske/Allegorie. Zum Verhältnis von Bild und Text in Edgar Allan Poes Erzählung The Oval Portrait, in: Poetica 30 (1998), 435–452; HAUG, WALTER (Hg.), Formen und Funktionen der Allegorie (Stuttgart 1979); HAVERKAMP, ANSELM, Allegorie, Ironie und Wiederholung, in: Poetik und Hermeneutik 9 (1979), 561–565; HAVERKAMP, ANSELM, Laub voll Trauer. Hölderlins späte Allegorie (München 1991); HAVERKAMP, ANSELM, Metaphora dis/continua: Figure in de/construction. Mit einem Kommentar zur Begriffsgeschichte von Quintilian bis Baumgarten, in: E. Horn/M. Weinberg (Hg.), Allegorie. Konfiguration von Text, Bild und Lektüre (Opladen 1998), 29–45; HELLGARDT, ERNST, Erkenntnistheoretisch-ontologische Probleme uneigentlicher Sprache in Rhetorik und Allegorese, in: W. Haug (Hg.), Formen und Funktionen der Allegorie (Stuttgart 1979), 25–37; HERTEL, CHRISTIANE, Vermeer. Reception and Interpretation (Cambridge, Mass. u. a. 1996); HERZOG, REINHART, Die allegorische Dichtkunst des Prudentius (München 1966); HERZOG, REINHART, Metapher. Exegese. Mythos, in: M. Fuhrmann (Hg.), Terror und Spiel. Probleme der Mythenrezeption (München 1971), 157–187; HODGSON, JOHN A., Transcendental Tropes. Coleridge's Rhetoric of Allegory and Symbol, in: M. W. Bloomfield (Hg.), Allegory, Myth, and Symbol (Cambridge, Mass. 1981), 273–292; HOLLANDER, ROBERT, Allegory in Dante's Commedia (Princeton 1969); HONIG, EDWIN, Dark Conceit. The Making of Allegory (Hanover 1959); HORN, EVA, Ehrenzeichen und zärtliche Euphemismen. Allegorien des Todes, in: E. Horn/M. Weinberg (Hg.), Allegorie. Konfiguration von Text, Bild und Lektüre (Opladen 1998), 133–147; ISER, WOLFGANG, Bunyans Pilgrim's Progress. Die kalvinistische Heilsgewißheit und die Form des Romans (1960), in: Iser, Der implizite Leser (München 1972), 13–56; JAUSS, HANS ROBERT, Form und Auffassung der Allegorie in der Tradition der Psychomachia, in: Jauß (Hg.), Medium aevum vivum. Festschrift für Walther Bulst (Heidelberg 1960), 179–206; JAUSS, HANS ROBERT, Alterität und Modernität der mittelalterlichen Literatur (München 1977); JEAUNEAU, ÉDOUARD, Lectio philosophorum, in: Jeauneau, Recherches sur l'Ecole de Chartres (Amsterdam 1973), 5–130; JOHNSON, BARBARA, Allegory's Trip-Tease. The White Waterlily, in: Johnson, The Critical Difference. Essays in the Contemporary Rhetoric of Reading (Baltimore 1980), 13–20; JOHNSON, BARBARA, Women and Allegory, in: Johnson, The Wake of Deconstruction (Cambridge, Mass. 1994), 52–75; KABLITZ, ANDREAS, Rhetorik vs. Hermeneutik. Anmerkungen zum Allegorie-Verständnis in Augustinus' De doctrina christiana, in: Kodikas/Code. Ars Semeiotica 10 (1978), 119–135; KITTSTEINER, HEINZ-DIETER, Die geschichtsphilosophische Allegorie des 19. Jahrhunderts, in: W. van Reijen (Hg.), Allegorie und Melancholie (Frankfurt a. M. 1992), 147–171; KNAPP, STEVEN, Personification and the Sublime (Cambridge, Mass. 1985); KREWITT, ULRICH, Metapher und tropische Rede in der Auffassung des Mittelalters (Ratingen 1971); KURZ, GERHARD, Metapher, Allegorie, Symbol (Göttingen 1982); LANGE, KLAUS, Geistliche Speise, in: Zeitschrift für deutsches Altertum 95 (1966), 81–122; LEWIS, CLIVE STAPLES, The Allegory of Love (Oxford 1936); LUBAC, HENRI DE, Exégèse médiévale, 4 Bde. (Paris 1959–1964); MARIN, LOUIS, Détruire la peinture (Paris 1977); MAZZOTTA, GIUSEPPE, Dante, Poet of the Desert. History and Allegory in the Divine Comedy (Princeton 1979); MEIER, CHRISTEL, Das Problem der Qualitätenallegorese, in: Frühmittelalterliche Studien 8 (1974), 385–435; MEIER, CHRISTEL, Gemma spiritalis. Methode und Gebrauch der Edelsteinallegorese vom frühen Christentum bis ins 18. Jahrhundert (München 1976); MEIER, CHRISTEL, Überlegungen zum gegenwärtigen Stand der Allegorieforschung, in: Frühmittelalterliche Studien 10 (1976), 1–69; MENKE, BETTINE, Sprachfiguren. Name, Allegorie, Bild nach Walter Benjamin (München 1991); MENKE, BETTINE, De Mans Prosopopoie der Lektüre. Die Entleerung des Monuments, in: K. H. Bohrer (Hg.), Ästhetik und Rhetorik. Lektüren zu Paul de Man (Frankfurt a. M. 1993), 34–78; MENKE, BETTINE, Allegorie, Personifikation, Prosopopoie. Steine und Gespenster, in: E. Horn/M. Weinberg (Hg.), Allegorie. Konfiguration von Text, Bild und Lektüre (Opladen 1998), 59–73; MENKE, BETTINE, Prosopopoia (München 1999); MURRIN, MICHAEL, The Veil of Allegory. Some Notes Towards a Theory of Allegorical

Rhetoric in the English Renaissance (Chicago 1969); NÄGELE, RAINER, Theater, Theory, Speculations. Walter Benjamin and the Scenes of Modernity (Baltimore 1991); NEMETZ, ANTHONY, Literalness and the sensus litteralis, in: Speculum 34 (1959), 76–89; NUTTAL, ANTHONY D., Two Concepts of Allegory. A Study of Shakespeare's The Tempest and the Logic of Allegorical Expression (London 1967); OHLY, FRIEDRICH, Hohelied-Studien. Grundzüge zu einer Geschichte der Hohelied-Auslegung des Abendlandes bis um 1200 (Wiesbaden 1958); OHLY, FRIEDRICH, Schriften zur mittelalterlichen Bedeutungsforschung (Darmstadt 1977); PÉPIN, JEAN, Mythe et allégorie. Les origines grecques et les contestations judéo-chrétinnes (Paris 1958); PÉPIN, JEAN, La tradition d'allégorie de Philon d'Alexandrie à Dante (Paris 1987); PICKERING, FREDERIC P., Das gotische Christusbild. Zu den Quellen mittelalterlicher Passionsdarstellungen, in: Euphorion 47 (1953), 16–37; PICKERING, FREDERIC P., Literatur und darstellende Kunst im Mittelalter (Berlin 1966); QUILLIGAN, MAUREEN, The Language of Allegory. Defining the Genre (Ithaca 1979); RICŒUR, PAUL, De l'interprétation. Essai sur Freud (Paris 1965); RICŒUR, PAUL, Le conflit de interprétations. Essai d'herméneutique (Paris 1969); SCHADE, SIGRID/WAGNER, MONIKA/ WEIGEL, SIGRID (Hg.), Allegorien und Geschlechterdifferenz (Köln/Weimar/Wien 1994); SCHLAFFER, HEINZ, Faust Zweiter Teil. Die Allegorie des 19. Jahrhunderts (Stuttgart 1981); SINGLETON, CHARLES S., Two Kinds of Allegory (1950), in: Singleton, Dante's ›Commedia‹. Elements of Structure (Cambridge, Mass. 1957), 84–98; SPITZ, HANS-JÖRG, Die Metaphorik des geistigen Schriftsinns. Ein Beitrag zur allegorischen Bibelauslegung des ersten christlichen Jahrtausends (München 1972); STRUBEL, ARMAND, Allegoria in factis et allegoria in verbis, in: Poétique 6 (1975), 342–357; TODOROV, TZVETAN, On Linguistic Symbolism, in: New Literary History 6 (1974/75), 111–134; TUVE, ROSEMOND, Elizabethan and Metaphysical Imagery. Renaissance Poetic and 20th-Century Critic (Chicago 1947); WARNING, RAINER, Funktion und Struktur. Die Ambivalenzen des geistlichen Spiels (München 1974); WHITMAN, JON, Allegory. The Dynamics of an Ancient and Medieval Technique (Oxford 1987); WIND, EDGAR, Pagan Mysteries in the Renaissance (New York 1958).

1 THEODOR W. ADORNO, Ästhetische Theorie, in: ADORNO, Bd. 7 (1970), 27, 32.

Alltäglich/Alltag

(engl. everyday life; frz. quotidien, quotidienneté; ital. quotidiano, quotidianità; span. cotidiano, cotidianidad; russ. бытовое, быт)

Einleitung; I. Wortgeschichte; II. Alltag und Sonntag; 1. Entdeckung des Alltags durch die Geschichtsschreibung; 2. Alltag im Sonntag und Sonntag im Alltag: Dialektik von Ästhetik und Anästhetik; 3. Anonyme Geschichte und Geschichte des Sehens; III. Alltag als Ort ästhetischer Gestaltungen; 1. Das avantgardistische Programm: Rückführung von Kunst in Lebenspraxis; 2. Die ›nicht mehr schönen Künste‹; 3. Kulturindustrie, Warenästhetik und Modellierung der Sinnlichkeit; 4. Bruch mit dem Entfremdungsparadigma: kulturelle Produktion; **IV. Alltag als Gegenstand ästhetischer Gestaltungen;** 1. ›Über die ernste Nachahmung des Alltäglichen‹: Erich Auerbachs Stilkritik; 2. Die widersprüchliche Dignifizierung des Alltags im modernen Roman

Einleitung

»Der Bürger wünscht die Kunst üppig und das Leben asketisch; umgekehrt wäre es besser.« Die Disjunktion von Kunst und Leben in der bürgerlichen Gesellschaft, die Theodor W. Adorno zugleich kritisiert und festhält, scheint durch eine Entwicklung, die sich im Schlagwort von der ›Ästhetisierung des Alltagslebens‹ kundgibt, obsolet geworden zu sein. Dabei ist es bezeichnend, daß dieses Schlagwort dieselbe Disparatheit von Objekten umfaßt, wie sie im 16. Jh. in der fürstlichen Kunstkammer als ›Kunst‹ auftauchten, in die Skelette und ausgestopfte Krokodile ebenso wie Gemälde mit Sujets der Heilsgeschichte Eingang fanden. Mit Grausen hatte Adorno die »Entkunstung der Kunst«[1] durch die Einebnung der Differenz von Kunst und Leben konstatiert. In Berlin erlebte man 1996 einen ›Tanz der Kräne‹; Barenboim dirigierte zu Ehren der Bauarbeiter am Potsdamer Platz, der größten Baustelle Europas am Ende des Jahrtausends; die Arbeitsbedingungen blieben unangetastet. Bei den Filmfestspielen von Cannes gibt es längst einen Wettbewerb für Werbefilme. »Werbung wird als Bestandteil der Alltagskultur akzeptiert, denn etwas, das besser, schöner, wahrer wäre, haben wir nicht«², verlautet aus einer Frankfurter Werbeagentur. Das gelungene ›event‹ ist der Sonntag der Werbeindustrie, seine Herstellung ihr Alltag. »Frühere Zeiten«, kommentiert Mark Siemons, »hatten die Werbung einmal als Gegenstück zu Kritik und Aufklärung, zur Welt der Künste und der Gedanken, begriffen. Diese Zeiten sind vorbei.«³ Grausamer ließe sich kaum belegen, daß dem Guten, Wahren, Schönen – an dessen Entmischung Kant in der *Kritik der Urteilskraft* (1790) in emanzipatorischer Absicht gearbeitet hat – keine feste Bedeutung innewohnt. Hatte Kant ›das Schöne‹ radikal abgesetzt vom Zweckmäßigen und Nützlichen – aber auch vom Angenehmen, womit ein »großer Teil der alltäglichen aisthetischen Erlebnisse des Menschen bis hin zum Essen und Trinken«⁴ aus dem Paradies des ›Schönen‹ verjagt wurde –, so ist es gerade diese Verbindung, auf die es in der Welt der Profitmaximierung ankommt: ›Das Schöne‹ ist das Vehikel, um den Kunden das Geld aus der Tasche zu ziehen. Und umgekehrt ist für jeden einzelnen im Heer der angestellten Verkäufer/innen die Gestaltung des eigenen äußeren Erscheinungsbildes unmittelbares Element der Berufsfunktion: »aus Angst, als Altware aus dem Gebrauch zurückgezogen zu werden«⁵.

Die Exklusion der ästhetischen Alltagsphänomene, der Adorno mit seiner *Ästhetischen Theorie* das moderne Brevier geschrieben hat, bezieht ihre Evidenz aus der Funktionalisierung des Ästhetischen durch die seit dem Ende des 2. Weltkriegs gigantisch angewachsenen Illusions- und Zerstreuungsindustrien. Das Kapitel über ›Kulturindustrie‹ in Horkheimers und Adornos *Dialektik der Aufklärung* (1947) oder die Fernseh- und Rundfunkkritik von Günther Anders in *Die Antiquiertheit des Menschen* (1956) sind Gründungsdokumente der kritischen Philosophie und Sozialwissenschaften nach 1945, denen alle folgende Beschäftigung mit Massenkultur Anregungen verdankt. Die problematische Seite dieser Konstruktionen wird indes erkennbar, sobald die Eigentätigkeit der Individuen, ihr aktives Sich-Hineinarbeiten in die Verhältnisse und damit auch die Ansatzpunkte, von denen aus diese Verhältnisse zu überwinden wären – und sei es zunächst auch nur in der Form ästhetischen Probehandelns –, zum Gegenstand des Interesses gemacht wird. Begreift man die ästhetischen Grundbegriffe weniger als Problem einer theoretisch-systematischen Definition denn als historisch-kritisch zu rekonstruierende Problemlagen, deren Wahrnehmung sich an den heutigen Entwicklungen und Alltagserfahrungen schärft, rückt dieses Interesse an wirklicher Praxis in den Vordergrund. Sein natürlicher Bündnispartner ist der weite Begriff des Ästhetischen, verstanden als »Thematisierung von Wahrnehmungen *aller Art*, sinnenhaften ebenso wie geistigen, alltäglichen wie sublimen, lebensweltlichen wie künstlerischen«⁶ – um so mehr, als in der jüngsten Entwicklung der Künste sich das ›Ästhetische‹ selbst in die Position des ›Grenzphänomens‹ versetzt sieht.⁷ Das Stichwort Alltag kann so zum Nenner werden, auf dem sich die kritischen Einwände gegen exklusive Auffassungen des Schönen verrechnen lassen. Sobald es weniger um die Explikation einer philosophischen Lehre als um die alltagspraktische Relevanz des Ästhetischen geht, um die Erweiterung ästhetischer Handlungsfähigkeit, werden etwa Arbeiten wie die Sigfried Giedions zur ›anonymen Geschichte‹ wichtig⁸, zum großen Komplex dessen, was als selbstverständlicher Unter- und Hintergrund der Lebensweisen fungiert, selbst aber der Wahrnehmung in der Regel entzogen bleibt. Wie Freud in der *Psychopathologie des Alltagslebens* (1904) sich für einen Typus von ›Fehlleistungen‹ interessierte, die jeder wie selbstverständlich produziert und die deshalb gar nicht als solche auffallen – im Unterschied zu den in der Institution formell erfaßten ›Psycho-

---

2 Zit. nach MARK SIEMONS, Machen wir uns etwas vor. Wie die Rhetorik der Simulation den Alltag erobert, in: Frankfurter Allgemeine Zeitung (17. 9. 1988), Beilage.
3 Ebd.
4 DIETER KLICHE, Ästhetik und Aisthesis, in: Weimarer Beiträge 44 (1998), H. 4, 496.
5 SIEGFRIED KRACAUER, Die Angestellten (1929), in: KRACAUER, Bd. 1 (1971), 224.
6 WOLFGANG WELSCH, Ästhetisches Denken (Stuttgart 1990), 9f.
7 Vgl. HANS ROBERT JAUSS (Hg.), Die nicht mehr schönen Künste. Grenzphänomene des Ästhetischen (München 1968).
8 Vgl. SIGFRIED GIEDION, Mechanization Takes Command. A Contribution to Anonymous History (New York 1948); dt.: Die Herrschaft der Mechanisierung. Ein Beitrag zur anonymen Geschichte, hg. v. H. Ritter (1982; Hamburg ²1994).

pathen‹ –, so will Giedion die bestimmenden Kraftlinien einer Epoche aus der Anordnung der »Eisenfeilspäne«[9], d. h. der anscheinend bedeutungslosen Teilchen entziffern. Seine Fragestellung macht die unkenntlich gewordene Monopolisierung des Ästhetischen durch ein normativ aufgefaßtes Schönes – sei es die Orientierung am organischen Kunstwerk wie bei Lukács, seien es die von Adorno bevorzugten stilbildenden Muster der Avantgarde – wieder sichtbar und bahnt die Einsicht an, daß es eine Vielzahl von nicht aufeinander reduzierbaren Feldern gibt, auf denen um Emanzipation gerungen und das ›kritische Potential ästhetischer Bildung‹ mobilisiert werden muß.[10]

Der Anspruch der historischen Avantgardebewegungen, das Kunstwerk »als lebensveränderndes Potential in den Alltag entlassen zu wollen«[11], zeugt einerseits von der Mächtigkeit der Grenzziehung, die seit der Aufrichtung eines Reichs der autonomen Kunst in der Mitte des 18. Jh. zwischen einem ins große Kunstwerk gebannten Ästhetischen und dem Alltag verläuft. Andererseits machen diese Angriffe sichtbar, daß der Grenzverlauf nicht feststeht. Schon bei Thomas Mann erscheint die »Rauschfunktion der Kunst«[12], der Felix Krull sich im Theater hingibt (»Ich sah die schwerfällige Ordnung und Gesetzlichkeit des Alltags aufgehoben«[13]), ironisch gebrochen: Der Doppelname des gefeierten Schauspielers – Müller-Rosé – könnte die Ambivalenz des theatralen Entweichens aus dem Alltag nicht besser verdeutlichen. Brechts Philosoph im *Messingkauf* (entst. 1937–1951) benutzt den Begriff ›Thaeter‹[14], um zu signalisieren, »daß es dabei nicht nur um andere Inhalte, sondern um einen anderen Einbau des Spiels ins Ensemble der gesellschaftlichen Praxen geht«[15]; analog prägt er das Wort ›Misuk‹, um dem Wunsch nach einer Musik Ausdruck zu geben, nicht »von berühmten Herren, die einen Frack tragen, zeremoniert«[16] werden kann. Hanns Eisler artikuliert damit den Klassengegensatz und dessen Einbettung in die Geschlechterverhältnisse. Peter Weiss hat in der *Ästhetik des Widerstands* (1975–1981) den Zusammenhang von Kunst und Alltagsleben vom Standpunkt der Unterdrückten gestaltet und damit die Aneignung der Werke der Kunst ›von unten‹ – im Medium der ›hohen Kultur‹ selbst – als unumgängliche Notwendigkeit in den Prozeß gesellschaftlicher Emanzipation eingeschrieben.

Alltag ist kein ästhetischer Begriff sui generis, sondern ›der Ort‹ einer Vielzahl ästhetischer Phänomene und Praxen, die weder einen Kausalzusammenhang noch eine genau definierte Menge bilden. So verbietet sich von vornherein eine Analyse im Stil einer Suche nach den Anfängen, einem Aufzeigens fortschreitender Verfeinerung; die Begriffsgeschichte von Alltag verlangt, wie der von Georges Canguilhem inspirierte Foucault für die Begriffsgeschichte überhaupt folgerte, die Besichtigung der »divers champs de constitution et de validité« sowie der »milieux théoriques multiples où s'est poursuivie et achevée son élaboration«[17]. Liegt in der Tatsache, daß dieser Begriff überhaupt durch die Aufnahme in ein ästhetisches Wörterbuch dignifiziert wird, ein Symptom für die Triftigkeit der Adornoschen These, daß als »Gestalt aktueller Ästhetik« einzig die »Auflösung der gängigen ästhetischen Kategorien«[18] übrig geblieben ist? Das betrifft den ›Autor‹ – seit langem als »le moment fort de l'individualisation dans l'histoire des idées, des connaissances, des littératures«[19] erkannt, so daß Umberto Eco sich nicht scheute zu schreiben, der

---

9 GIEDION, Die Herrschaft der Mechanisierung (Hamburg ²1994), 21.
10 Vgl. JAUSS, Das kritische Potential ästhetischer Bildung, in: J. Rüsen/E. Lämmert/P. Glotz (Hg.), Die Zukunft der Aufklärung (Frankfurt a. M. 1988), 221–232.
11 PETER BÜRGER, Vorbemerkung, in: C. u. P. Bürger (Hg.), Postmoderne: Alltag, Allegorie und Avantgarde (Frankfurt a. M. 1987), 10f.
12 BRECHT, Über Bühnenbau und Musik des epischen Theaters (entst. 1935–1942), in: BRECHT, Bd. 15 (1967), 490.
13 THOMAS MANN, Bekenntnisse des Hochstaplers Felix Krull (Berlin 1956), 48.
14 Vgl. BRECHT, Der Messingkauf (entst. 1937–1951), in: BRECHT, Bd. 16 (1967), 508.
15 WOLFGANG FRITZ HAUG, ›Dummheit in der Musik‹, in: HAUG, Bd. 2 (1995), 875.
16 HANNS EISLER, Bertolt Brecht und die Musik (1957), in: Eisler, Materialien zu einer Dialektik der Musik, hg. v. M. Grabs (Leipzig 1972), 236.
17 MICHEL FOUCAULT, L'archéologie du savoir (Paris 1969), 11.
18 ADORNO (s. Anm. 1), 507.
19 FOUCAULT, Qu'est-ce qu'un auteur? (1969), in: Foucault, Dits et écrits 1954–1988, Bd. 1 (Paris 1994), 792.

Autor müßte nach Abschluß des Werkes sterben, »per non disturbare il cammino del testo«[20] (um den Text auf seinem Weg nicht zu stören) – ebenso wie das ›Werk‹, das keine letzte Einheit mehr bildet, sondern in Gestalt intertextueller Bezüge und diskursiver Praxen nur mehr ein aufgelöstes Dasein fristet. Literaturhistoriker ersetzten dementsprechend die traditionelle Anordnung des Materials nach Epochen oder Schulen durch ein rein chronologisches Schema, das auf jeden mimetischen Bezug zum Dargestellten programmatisch verzichtet.[21]

Die »disparaten Möglichkeiten der Lebensführung«, die sich in Deutschland massenhaft erstmals in den 20er Jahren – unter dem Druck von durch Krieg und Inflation radikal entwerteten Biographien und Lebensgewohnheiten – aufgetan haben, belasteten die einzelnen mit der Notwendigkeit individueller »Kohärenzkonstruktionen«[22]: ein euphemistischer Ausdruck, der als ›Freiheit‹ artikuliert, was tatsächlich ein Sich-passend-Machen für die entsprechend den Notwendigkeiten eines standardisierten Produktions- und Verteilungsprozesses geschaffenen Stellen ist. »Die ohne Substanz tun sich leichter«, meint Kracauer auf seiner »Expedition« in die »Exotik des Alltags«[23] der Angestellten des Jahres 1929. Nur derjenige ist ein glücklicher Schmied seines Glückes, der die Imperative dieser unterm Druck der Verhältnisse sich vollziehenden »Zuchtwahl« zu bedienen vermag und sein Negativkonto nicht von vornherein durch »Runzeln« oder »angegraute Haare« (223 f.) belastet sieht. Die Sicherung der Subsistenz ist ein Terrain voller Fallen, das die Bewältigung des Alltags zu einem kaum kalkulierbaren Abenteuer werden läßt. Seine Beobachtungen der kapitalistischen Umbrüche am Symptom der Angestellten-Existenz bringen Kracauer zu der Forderung: »Man entledige sich doch des Wahns, daß es auch nur in der Hauptsache die großen Geschehnisse seien, die den Menschen bestimmen. Tiefer und dauernder beeinflussen ihn die winzigen Katastrophen, aus denen der Alltag besteht, und gewiß ist sein Schicksal vorwiegend an die Folge dieser Miniaturereignisse geknüpft.« (252) Eine Beobachtung, die nach dem 2. Weltkrieg, angetrieben vor allem durch das kapitalisierbare Interesse an der Erkundung von Konsumgewohnheiten, zu einer regelrechten ›Soziologie des Alltags‹ ausgebaut werden sollte, welche die Evidenz ihrer Problemstellung eben aus der unleugbaren Tatsache bezog, daß der Tapetenwechsel im eigenen Wohnzimmer oft als entscheidender wahrgenommen wurde als eine Kriegserklärung. In Kafkas *Tagebuch* heißt es unter dem 2. August 1914: »Deutschland hat Rußland den Krieg erklärt. – Nachmittag Schwimmschule.«[24]

Aufs Alltägliche zu achten kann nur heißen, die Kunst nicht »strikt ästhetisch« zu betrachten. Denn: »Einzig wo das Andere der Kunst mitgefühlt wird als eine der ersten Schichten der Erfahrung von ihr«, läßt sich verhindern, »daß das Fürsichsein der Kunst zu einem Gleichgültigen würde«[25]. Der Krug, der zum Brunnen getragen wird; die Heugabel, mit der man die Kühe füttert; der Büchsenöffner, der freilich einen bestimmten Grad der ›Mechanisierung‹ des Haushalts und der Eßkultur voraussetzt[26] – jeder Gegenstand des alltäglichen Gebrauchs hat stets eine ›ästhetische‹, d. h. eine unter dem Gesichtspunkt der Gestaltung (und nicht der zweckrationalen Logik allein) zu betrachtende Dimension. ›Design‹ ist nur der moderne Ausdruck einer Sache, die so alt ist wie die Menschheit; es hatte immer auch politische Funktionen (im deutschen Faschismus gab es ein ›Amt für die Schönheit der Arbeit‹[27]). Die Baukunst betrifft das alltägliche Wohnen ebenso wie Formen gebauter Herrschaft, die als öffentlich wahrnehmbare, ihre Zeichen dem Alltag der Unterworfenen aufprägen. Die Kategorie des Stils, ursprünglich entwickelt im Bereich der kunstwissenschaftlichen Periodenbil-

---

20 UMBERTO ECO, Postille a ›Il nome della rosa‹ (Mailand 1984), 10.
21 Vgl. DENIS HOLLIER (Hg.), A New History of French Literature (Cambridge, Mass./London 1989).
22 MICHAEL MAKROPOULOS, Haltlose Souveränität. Benjamin, Schmitt und die Klassische Moderne in Deutschland, in: M. Gangl/G. Raulet (Hg.), Intellektuellendiskurse in der Weimarer Republik (Frankfurt a. M. u. a. 1994), 198.
23 KRACAUER (s. Anm. 5), 261, 215, 212.
24 FRANZ KAFKA, Tagebücher, in: Kafka, Schriften, Tagebücher, Briefe. Kritische Ausgabe, hg. v. J. Born u. a. (Frankfurt a. M. 1990), 543.
25 ADORNO (s. Anm. 1), 17.
26 Vgl. GIEDION (s. Anm. 8).
27 Vgl. CHUP FRIEMERT, Produktionsästhetik im Faschismus. Das Amt ›Schönheit der Arbeit‹ von 1933 bis 1939 (München 1980).

dung, hat sich mit dem Alltagsleben und den es modelnden ideologischen Mächten zum ›Lebensstil‹ bzw. ›Lifestyle‹ verbunden. Die Körperpflege, d. h. die selbsttätige Gestaltung der äußeren Erscheinung, ist zu einem seiner bevorzugten Gebiete geworden, auf dem der Kampf um die feinen Unterschiede täglich neu zum Austrag kommt. Die Not praktischer Orientierung in Verhältnissen, die nach Gestaltung verlangen und sich als ein undurchsichtiges, widersprüchliches Ineinander von Ermöglichung und Verhinderung darstellen, ist der Einsatz, um den es beim Alltag geht; in der Perspektive der Ausbildung kritischer ästhetischer Handlungsfähigkeit wird der Alltag zentral. Damit sind einige der Aspekte umrissen, die im folgenden genauer entfaltet werden sollen.

I. Wortgeschichte

In den westeuropäischen Sprachen ist die Differenz zwischen dem Adjektiv ›alltäglich‹, das von frühester Zeit her bezeugt ist, und dem Substantiv ›Alltag‹, das erst im Laufe des 19. Jh. geläufig wird, unübersehbar. Ein Substantiv ›Alltag‹ sei »nicht üblich«[28], heißt es in Grimms *Wörterbuch* (1854); auch Adelungs *Grammatisch-kritisches Wörterbuch* (1793) verzeichnet neben »Alltäglichkeit« – z. B. »bürgerliche Alltäglichkeit« – ausschließlich Zusammensetzungen wie »Alltagskleid« oder »Alltagsspeise«[29]. Schon in seinem *Versuch eines vollständigen grammatisch-kritischen Wörterbuches der hochdeutschen Mundart* (1774) war Adelung das Substantiv unbekannt

gewesen; er führte nur das Adjektiv an, mit der Bemerkung, daß es »fast nur in der Benennung des alltägigen oder alltäglichen Fiebers«[30] gebraucht werde. Werner Jung meint dagegen, daß ›Alltag‹ erstmals um 1760 in deutschen Wörterbüchern auftaucht – leider sagt er nicht, in welchen.[31] Aufs Adjektiv bezogen, präzisiert Grimm, daß ›alltägig‹ zwar dem lat. ›quotidianus‹ entspreche, ›alltäglich‹ aber (unter Hinweis auf Schiller, Wieland u. a. m.) geläufiger sei.[32] Allein Theodor Heinsius' *Volksthümliches Wörterbuch der deutschen Sprache* von 1818 führt den ›Alltag‹, und zwar als Synonym für ›Werktag‹ (so auch Gerhard Wahrig, *Das große deutsche Wörterbuch*, 1966). Dudens *Großes Wörterbuch der deutschen Sprache* (1976) schließlich hält Alltag für eine Rückbildung aus Komposita, etwa Alltagskleid; für ein Synonym mit ›Werktag‹ im Gegensatz zum ›Sonntag‹, so wie dem Adverb ›alltags‹ die Bedeutung von ›werktags, wochentags‹ zugewiesen wird (Grimm hatte die Tendenz zu Komposita aus den adverbial gebrauchten Akkusativ-Formen ›allentags‹ und ›alletage‹ erklärt[33]). Entsprechend dominiert das Bedeutungsfeld des Gewöhnlichen, Durchschnittlichen, Banalen, Trivialen im Gegensatz zum Außergewöhnlichen, Unüblichen, Hervorragenden. Die Tendenz zu Komposita bleibt, auch nachdem sich der Singular Alltag durchgesetzt hat: Alltagsmensch = ›Durchschnittsmensch‹, Alltagskost = ›durchschnittliche‹ Kost. ›Alltagsverstand‹, bereits bei Adelung mit abwertender Konnotation verzeichnet, behält diese bei, wie Grimm mit Goethe belegt: »wenn man mich von den Forderungen des Alltagsverstandes peinigte«[34]. Schopenhauer stand der soziale Unterbau dieser komplementären Anordnung von Sonntag und Alltag klar vor Augen: »Wie die Noth die beständige Geißel des Volkes ist, so die Langeweile die der vornehmen Welt. Im bürgerlichen Leben ist sie durch den Sonntag, wie die Noth durch die sechs Wochentage repräsentirt.«[35]

Das russische ›быт‹ hingegen hat mit dem Trivialen nichts gemein, sondern bedeutet zunächst ›Lebensweise‹ (уклад жизни) bzw. die für ein Volk, eine Klasse (пролетарский быт) oder gesellschaftliche Gruppe charakteristischen Gewohnheiten; бытописатель ist der Geschichtsschreiber – nicht im Sinne des im Dienste eines Potentaten schreibenden Historikers, sondern im Sinne eines

---

28 ›Alltags‹, in: GRIMM, Bd. 1 (1854), 239.
29 ADELUNG, Bd. 1 (²1793), 219.
30 JOHANN CHRISTOPH ADELUNG, Versuch eines vollständigen grammatisch-kritischen Wörterbuchs der hochdeutschen Mundart, Bd. 1 (Leipzig 1774), 191.
31 Vgl. WERNER JUNG, Schauderhaft Banales. Über Literatur und Alltag (Opladen 1994), 24.
32 Vgl. GRIMM, Bd. 1 (1854), 239.
33 Vgl. ebd., 240.
34 JOHANN WOLFGANG GOETHE, Aus meinem Leben. Dichtung und Wahrheit, 3. Teil (1814), in: GOETHE (WA), Abt. 1, Bd. 28 (1890), 284.
35 ARTHUR SCHOPENHAUER, Die Welt als Wille und Vorstellung (1819), in: SCHOPENHAUER, Bd. 2 (²1949), 370.

Beschreibers der Sitten und Bräuche; der бытовик (seit Ende des 19. Jh.) ist der Künstler oder Schriftsteller, der übers Alltagsleben schreibt.[36] Wenn Montesquieu etwa bemerkt: »J'aime les maisons où je puis me tirer d'affaire avec mon esprit de tous les jours« (in der deutschen Übersetzung wiedergegeben mit ›Alltagsverstand‹)[37], so kommuniziert er mit der seit Descartes in der gebildeten Welt in Frankreich üblich gewordenen positiven Wertung des ›bon sens‹ als einer allen Menschen in gleicher Weise zukommenden Urteilsfähigkeit, synonym mit ›raison‹.[38] Das spanische Sprichwort »la ciencia es locura si buen seso no la cura« (die Wissenschaft ist Narrenwissen, läßt sie den gesunden Verstand vermissen)[39] bezeugt dieselbe positive Haltung gegenüber einer auf Erfahrungswissen basierenden Urteilskraft, indem es den ›gesunden Verstand‹ als das notwendige Korrektiv gegenüber der formell als ›Wissenschaft‹ konstituierten Form von Wissen ins Spiel bringt. Im Vorfeld des philosophischen Idealismus findet sich im deutschen Sprachraum noch dieselbe Wertschätzung genauen Hinsehens als Erkenntnismodus eigenen Rechts, etwa bei Franz Ludwig Posselt, der in seiner *Apodemik oder die Kunst zu reisen* (1795) dem ›reisenden Philosophen‹ die Empfehlung mit auf den Weg gibt: »Er verachte nicht das Alltägliche und Gemeine. Das Gemeine ist theils der Regel nach praktisch wichtiger, theils auch gemeiniglich ungekannter und dunkler, als das Ungemeine und Seltene. Es fordert aber einen schärfern Blick und tiefern Sinn, in den Alltagserscheinungen, welche Tausende wahrnehmen, Dinge zu entdecken, welche jene Tausende von Alltagsbeobachtern nicht entdeckt, oder auch nicht darin gesucht hatten.«[40] Die bekannte Abwertung Hegels, der den »gesunden Menschenverstand« als eine »Rhetorik trivialer Wahrheiten« verwirft, ist dieser Position völlig fremd. Um der »Form der Wissenschaft« näherzukommen, um »wirkliches Wissen« werden zu können, müsse die Philosophie sich aus der »Unmittelbarkeit des substantiellen Lebens«[41] herausarbeiten, meint Hegel – eine Redeweise, deren Nähe zum Bedeutungsfeld von Alltag evident ist. Zugleich zeigt sich bei Hegel ex negativo eine weitere Bedeutungsfacette: das Alltägliche im Gegensatz zu herausgehobenen Lebensbereichen wie Kunst und Wissenschaft (so

auch bei Goethe: »Der Schulmann, indem er Lateinisch zu schreiben und zu sprechen versucht, kommt sich höher und vornehmer vor, als er sich in seinem Alltagsleben dünken darf«[42]) – ein dialektisches Verhältnis, das Lukács in der *Eigenart des Ästhetischen* (1963) ausarbeitet: »Widerspiegelung im Alltagsleben, in Wissenschaft und Kunst« bezieht sich zwar stets auf »dieselbe Wirklichkeit«, aber doch jeweils auf radikal verschiedene Weise; Wissenschaft und Kunst sind die beiden immer wieder auftauchenden Modi, die erst durch ihre »Loslösung«[43] vom Alltagsleben ihre Spezifik entfalten können. Tatsächlich ist, was bei Lukács als ein Wirkungszusammenhang gedacht wird, oft einseitig zugunsten der ›Wissenschaft‹ aufgelöst worden. Wenn etwa Marianne Weber »die Kulturbedeutung geistiger Frauenarbeit« nicht auf die »Förderung des objektiven Kosmos des *Wissens*« beziffert, sondern die Rolle der Frauen darauf festlegt, »das vom schöpferischen Genius entzündete Feuer von einsamer Höhe hinab in das ver-

---

36 Vgl. Slovar' Akademii Rossijskoj, hg. v. d. Imperatorskaja Akademija Nauk, Bd. 1 (St. Petersburg 1789), 397.
37 CHARLES DE MONTESQUIEU, Mes pensées (entst. 1716–1755, ersch. 1899/1901), in: Montesquieu, Œuvres complètes, hg. v. R. Caillois, Bd. 1 (Paris 1949), 982; dt.: Tagebuchaufzeichnungen, übers. v. K. Heinrich, in: Sinn und Form 1 (1949), H. 6, 57.
38 Vgl. RENÉ DESCARTES, Discours de la méthode (1637), in: DESCARTES, Bd. 6 (1902), 1; DENIS DIDEROT, ›Bon sens‹, in: DIDEROT (ENCYCLOPÉDIE), Bd. 2 (1751), 328f.
39 Zit. nach WERNER KRAUSS, Die Welt im spanischen Sprichwort (Leipzig 1988), 79.
40 Zit. nach JOACHIM REES/WINFRIED SIEBERS, Die Kunst der Beobachtung. Anmerkungen zum Wandel der Künstlerreise 1770–1780, in: H. Beck/P. C. Bol/M. Bückling (Hg.), Mehr Licht. Europa um 1770. Die bildende Kunst der Aufklärung (Berlin 1999), 420.
41 G. W. F. HEGEL, Vorrede zur ›Phänomenologie des Geistes‹ (1807), in: HEGEL (TWA), Bd. 3 (1972), 64, 13f.
42 GOETHE, Maximen und Reflexionen über Literatur und Ethik (1829–1833), in: GOETHE (WA), Abt. 1, Bd. 42/2 (1907), 190f.
43 GEORG LUKÁCS, Die Eigenart des Ästhetischen, in: LUKÁCS, Bd. 11 (1963), 35, 207.

schleierte Tal des Lebens [zu] tragen«[44], dann wird
– noch in der Selbstbeschränkung auf die sekundäre Rolle an den Rändern der Bildungswelt –
deutlich, daß in der Entgegensetzung von Alltag
und Wissenschaft zugleich eine geschlechtsspezifische Ordnung der Dinge verfügt ist. Die Frauen
sind fürs ›Leben‹, für die Nähe, die Unmittelbarkeit, die Männer für den ›objektiven Kosmos‹, den
hegelschen ›Ernst des Begriffs‹ zuständig.

Erich Auerbach gibt Beispiele für den Wortgebrauch von ›alltäglich‹ aus dem Lateinischen: Neben ›sermo humilis‹, der nach der antiken Stillehre
die für niedere Gegenstände allein angemessene
Redeweise bezeichnet, findet sich auch schon
›sermo quotidianus‹, wobei ›quotidianus‹ in einer
großen Menge anderer Bezeichnungen mitschwimmt (darunter ›communis‹, ›abiectus‹, ›trivialis‹, ›rusticus‹, ›vilis‹, ›sordidus‹).[45] Edmond Huguets *Dictionnaire de la langue française du seizième
siècle* (1925–1967) ebenso wie Antoine Furetières
Dictionnaire universel (1690) und viel später noch
Paul Robert (*Le grand Robert de la langue française*,
1974) kennen nur das Adjektiv ›quotidien‹, wobei
in dem knappen Eintrag bei Furetière das Wort
kaum zufällig mit der christlichen Bitte um das
›pain quotidien‹ illustriert wird. ›Und gib uns unser
tägliches Brot‹ – nichts könnte sinnfälliger machen
als diese über Jahrhunderte hinweg von zahllosen
Lippen geformten Worte, daß die christlichen Jenseitshoffnungen von jeher ihren Sitz in den Notwendigkeiten alltäglicher Lebensbewältigung hatten. Das Substantiv ›quotidienneté‹ findet sich erstmals bei Émile Littré (*Dictionnaire de la langue
française*, 1863–1872) und seit 1875 regelmäßig
auch in den Enzyklopädien von Larousse, ist aber
erst durch die Bücher Henri Lefebvres einem gelehrten Publikum geläufig geworden.[46] Der *Trésor
de la langue française* (1990), die neueste und bei
weitem umfassendste Sammlung des modernen
französischen Wortschatzes, nennt als frühesten
Beleg zwar bereits eine Stelle aus Proudhons *Révolution sociale* von 1852 (»un gouvernement [...] réduit à la quotidienneté de l'impuissance«[47]), dennoch ist die Feststellung zutreffend, daß Adverb
(quotidiennement) und Substantiv »assez littéraires
ou didactiques«[48] seien. Auch der *Trésor* greift bei
Beispielen aus dem 20. Jh. auf Werke Henri Lefebvres zurück.

Das *Diccionario de la lengua castellana* bzw. *Diccionario de Autoridades* (1726–1739) verzeichnet neben
dem Adjektiv ›quotidiano‹ das Substantiv ›quotidie‹, allerdings in ausschließlich scherzhafter Bedeutung (»es voz jocosa«[49]), und belegt dies mit
einem Beispiel aus Quevedo. Die im Jahr 1950 erschienene spanische Übersetzung von Auerbachs
Mimesis (1946) zeigt eine seltsame Unentschiedenheit gegenüber dem zentralen Begriff des ›Alltäglichen‹: Sie schwankt zwischen ›lo cotidiano‹ (was
das allein Angemessene wäre), ›vida diaria‹, ›ordinario‹ und ›vulgar‹.[50]

Die Wortgeschichte entspannt sich im wesentlichen zwischen zwei Polen: einerseits einem Alltäglichen, gewürdigt als das alle Tage Notwendige
– Essen, Wohnung, Kleidung –, bei dessen praktischer Bewältigung sich die Diesseitigkeit des Denkens beweisen muß und das deshalb oft einhergeht
mit einem positiven Begriff von ›sens commun‹
oder ›bon sens‹ – ›gesundem Menschenverstand‹,
der sich von den auf ›Höheres‹ gerichteten Philosophien nicht ohne weiteres imponieren läßt (noch
in den Lebenslehren eines Gracián, Giovanni della
Casa oder Nicolas Faret, denen es um die Ertüchtigung männlicher Subjekte für Herrschaftsaufgaben
geht und die solcher Alltagssorge selbstredend enthoben sind), schwingt stets ein gegen Metaphysik
und Spekulation gerichteter Ton mit; anderseits
einem als banal, monoton, repetitiv abgewerteten
Alltag, dem jede Würde abgesprochen und der als

---

44 MARIANNE WEBER, Die Beteiligung der Frau an der
   Wissenschaft (1904), zit. nach Barbara Hahn, Einleitung, in: Hahn (Hg.), Frauen in den Kulturwissenschaften. Von Lou Andreas-Salomé bis Hannah
   Arendt (München 1994), 19.
45 Vgl. ERICH AUERBACH, Literatursprache und Publikum in der lateinischen Spätantike und im Mittelalter
   (Bern 1958), 34, 42.
46 Vgl. HENRI LEFEBVRE, Critique de la vie quotidienne,
   3 Bde. (Paris 1968–1981).
47 Zit. nach Trésor de la langue française, hg. v. Centre
   National de la Recherche Scientifique, Bd. 14 (Paris
   1990), 189.
48 Dictionnaire historique de la langue française, hg. v.
   A. Rey u. a., Bd. 2 (Paris 1992), 1694.
49 Diccionario de la lengua castellana, hg. v. d. Real
   Academia Española, Bd. 3 (Madrid 1737), 476.
50 Vgl. AUERBACH, Mimesis. La representación de la
   realidad en la literatura occidental, übers. v. I. Villanueva/E. Imaz (Mexiko/Buenos Aires 1950).

die Sphäre ›uneigentlicher‹ Existenz zu verstehen gegeben wird. Roberts *Dictionnaire historique* (1992) präzisiert, daß diese letztere Bedeutung dem Wort zwar bereits im Lateinischen anhaftete, sich aber insbesondere seit dem 19. Jh. entwickelt habe. Daß der abstrakte Singular Alltag in den deutschen Wörterbüchern ebenfalls erst im Laufe des 19. Jh. gebräuchlich zu werden beginnt, scheint ein weiteres Indiz dafür, daß Erfahrungen von Monotonie und Banalität erst im Zusammenhang mit der kapitalistischen Entmischung von Produktions- und Lebenswelt, Arbeits- und Freizeit sich sprunghaft verbreiten und zu ›Alltags‹-Erfahrungen par excellence werden. Rabelais konnte Bruder Jean noch sagen lassen: »Jamais je ne me assubjectis à heures: les heures sont faictez pour l'homme, et non l'homme pour les heures.«[51] Nicht zu wissen, wann man Besuche macht – mangelndes Zeitbewußtsein also –, wird in der zweiten Hälfte des 18. Jh. zum Merkmal, an dem man in Paris den Provinzler erkennt.[52] Die Durchsetzung des allgemeinen Gebrauchs von Uhren am Ende des 18. Jh. kommt der Ersetzung einer vor allem zyklischen Zeitauffassung durch eine lineare entgegen[53] – inzwischen fürs Computerzeitalter perfektioniert durch die Erfindung eines Schweizer Uhrenfabrikanten, der einen Zeitmesser entwickelt hat, der in einem stur mathematischen Ablauf von fünfhundert ›beats‹ pro Tag im ort- und zeitlosen Cyberspace tickt.[54] Kracauer bemerkt scharfsichtig, daß das »Weekend« – das den traditionellen Sonntag mit Kirchgang und Verwandtenbesuch verdrängt – allein dort »große Mode« werden kann, »wo die Bindungen an Herkunft und Scholle« zurückgedrängt sind; das Weekend füllt sich mit den Orten der »farbenprächtigen Welt« – den Sportplätzen und »Pläsierkasernen« –, die der genaue »Gegenschlag gegen die Büromaschine«[55] ist. Die in dieser bestimmten Form durch Technik und Industrie hervorgerufene Beschleunigung des Wandels (Übergang von der Postkutsche zur Eisenbahn usw.) bewirkt eine Zeiterfahrung, die Fortschritt zum Erlebnis eines »eine homogene und leere Zeit durchlaufenden Fortgangs«[56] macht. ›Métro, boulot, dodo‹ – kein Slogan hätte den im Alltag selbst ansetzenden Veränderungswillen der Pariser 68er-Bewegung besser auf den Begriff bringen können als die in diese drei Worte zusammengezogene Erfahrungswelt der großen Mehrheit. Die Monotonie des entfremdeten Alltagslebens wird sichtbar gemacht, d.h. ihrem ›anästhetischen‹ Aggregatzustand entrissen.[57] Die Geschichte des modernen Romans ist die Geschichte von Versuchen, diesen Zustand aufzubrechen; *Madame Bovary* ist erst im 19. Jh. möglich. Und es sind dieselben Erfahrungen von Monotonie und Banalität, die den Avantgardebewegungen den Ausgangspunkt liefern und deren Kritik entweder dem Faschismus den Weg bereitet, indem sie zwischen Gleichheit und Gleichmacherei nicht zu unterscheiden vermag (Marinetti etwa spricht von einem »quotidianismo uguagliatore«[58]), oder im Rahmen eines emanzipatorischen Gesellschaftsprojektes artikuliert wird.

Halten wir fest: Ähnlich wie ›das Heilige‹ nichts wäre ohne sein Gegenteil, ›das Profane‹, so beim ›Alltag‹, der seine Bedeutung aus der Opposition zum ›Nichtalltag‹ gewinnt – so sehr, daß das von Albert Camus in *L'étranger* (1957) angewandte erzählerische Verfahren, das sich der Unterscheidung von Alltäglichem und Außergewöhnlichem bewußt verweigert, als »groteske Komik«[59] erscheinen mußte. Der Einfachheit halber lassen sich drei Gesichtspunkte unterscheiden, die allerdings nicht trennscharf sind: der Gegensatz a) zum ›Sonntag‹ und damit zu Ort und Zeit des Feierns, des

---

51 FRANÇOIS RABELAIS, La vie très horrificque du grand Gargantua, père de Pantagruel (1534), in: Rabelais, Œuvres complètes, hg. v. E. Scheler (Paris 1955), 121.
52 Vgl. WOLF LEPENIES, Das Ende der Naturgeschichte. Wandel kultureller Selbstverständlichkeiten in den Wissenschaften des 18. und 19. Jahrhunderts (München 1976), 203.
53 Vgl. KLAUS LAERMANN, Alltags-Zeit, in: Kursbuch 41 (1975), 87–105.
54 Vgl. DIRK SCHÜMER, Von der Sehnsucht, die Uhr zu besiegen, in: Frankfurter Allgemeine Zeitung (2. 1. 1999), Beilage.
55 KRACAUER (s. Anm. 5), 215, 286f.
56 WALTER BENJAMIN, Über den Begriff der Geschichte (1942), in: BENJAMIN, Bd. 1/2 (1974), 701.
57 Vgl. WELSCH (s. Anm. 6), 13ff.
58 FILIPPO TOMMASO MARINETTI, Ad ogni uomo, ogni giorno un mestiere diverso! Inegualismo e artecrazia (1922), in: Marinetti, Teoria e invenzione futurista, hg. v. L. De Maria (Mailand 1968), 482.
59 Vgl. VOLKER ROLOFF, Der Mörder als Erzähler: Existentialismus und Intertextualität bei Sartre, Camus, Cela und Sábato, in: Romanistische Zeitschrift für Literaturgeschichte 10 (1986), 207.

Fleischessens (Karneval), der Umkehrung der gewöhnlichen Ordnung, des Ausnahmezustandes, kurz zu einem in ästhetischer Hinsicht allemal privilegierten Zeitabschnitt; b) zum Besonderen, Auffälligen, Ungewöhnlichen, Unüblichen – dem, was in die Augen springt, verblüfft oder schockiert, also wiederum Sinnen und Wahrnehmungsfähigkeit besondere Reize liefert; c) zu Kunst, Wissenschaft, Politik, allgemein zu allen Arten höheren Tuns als einem Tun der Höheren – wobei Wolf Lepenies gezeigt hat, daß erst im 19. Jh. die Naturwissenschaften »langweilig [...] und vom Alltag distanziert« betrieben werden, während »die Vor-Wissenschaft [...] im täglichen Leben verwurzelt und weitgehend Zeitvertreib«[60] ist.»Pour saisir pleinement le quotidien dans le monde moderne, il faut l'opposer à ce qui n'est pas lui, à ce qui lui échappe, à ce qui le nie«[61], schreibt Catherine Régulier und unterscheidet ebenfalls drei Gesichtspunkte: a) Armut und Ausbeutung als verantwortlich dafür, daß viele – Gruppen, Klassen, Völker – die ›Stufe des Alltags‹ gar nicht erst erreichen (also ein sozialkritischer Begriff von Alltag), b) das dazu komplementäre ›Über-Alltägliche‹ (Verschwendung aufgrund von Reichtum und Macht), c) das ›Außer-Alltägliche‹ (Fest, Spiel, Risiko, Abenteuer usw.).

---

60 LEPENIES (s. Anm. 52), 206.
61 CATHERINE RÉGULIER, ›Quotidienneté‹, in: G. Labica/G. Bensussan (Hg.), Dictionnaire critique du marxisme (Paris 1982), 949; dt.: ›Alltag‹, übers. v. P. J. Jehle, in: W.F. Haug (Hg.), Kritisches Wörterbuch des Marxismus, Bd. 8 (Hamburg 1989).
62 BRECHT, Svendborger Gedichte (1939), in: BRECHT, Bd. 9 (1967), 656.
63 JEAN DE LA BRUYÈRE, Les caractères ou les mœrs de ce siècle (1688), in: La Bruyère, Œuvres complètes, hg. v. J. Benda (Paris 1951), 333.
64 VALERIE WALKERDINE, Psychologie, Postmoderne und Popularkultur, übers. v. B. Hipfl, in: Das Argument, H. 223 (1997), 775.
65 EDUARD FUETER, Geschichte der neueren Historiographie (Berlin/München 1911), 337.
66 REINHART KOSELLECK, [Diskussionsbeitrag], in: H.R. Jauß (Hg.), Nachahmung und Illusion (München 1964), 194.
67 VOLTAIRE an René-Louis d'Argenson (26. 1. 1740), in: Voltaire, Œuvres complètes, hg. v. T. Besterman, Bd. 91 (Genf 1970), 85.

II. Alltag und Sonntag

»Wohin gingen an dem Abend, wo die Chinesische Mauer fertig war, die Maurer?«[62] Brechts lesender Arbeiter stellt einfache Fragen, denn in den Berichten von den Taten der großen Männer und den großen Ereignissen erfährt man nichts von den Köchinnen, den Maurern und Eselstreibern, nichts über den Sonntag der Einfachen und nichts über den Alltag der Großen. La Bruyère hat in den *Caractères* die Mühen des herrschaftlichen Blicks, arbeitende Menschen überhaupt als Menschen zu identifizieren, unübertroffen dargestellt: Es ist der Blick aus der über Land fahrenden Kutsche, die arbeitenden Bauern zunächst als »animaux farouches« erscheinen, als »des mâles et des femelles [...] attachés à la terre qu'ils fouillent«; erst beim Näherkommen vernimmt man so etwas wie menschliche Laute; »et quand ils se lèvent sur leurs pieds, ils montrent une face humaine« – aber sind es tatsächlich Menschen? Noch etwas näher, und es stellt sich Gewißheit ein: »en effet ils sont des hommes«[63]. Im übrigen ist dieser Blick von oben keineswegs auf die Aristokratenkaste beschränkt: Das Blumenmädchen in *My Fair Lady* (1956) wird, bevor ihr Bildungsprozeß zur Prinzessin beginnt, als schmutziges Tier verleumdet, wobei gesehen wurde, daß die Phantasie einer »animalischen Arbeiterklasse«[64] in die Abwehrhaltungen der Unterdrückten selbst eingeschrieben ist. Die französischen Aufklärer sind sodann, nach dem Urteil Eduard Fueters, die ersten, »die die Geschichte vom Standpunkte der Untertanen [...] aus beurteilten«[65] und damit Begebenheiten der Aufzeichnung für würdig erachteten, die es bislang nicht waren: Geschichte des Handels, der Industrie und der Kultur. Reinhart Koselleck bemerkte, daß die Hinwendung zum Alltäglichen im 18. Jh. mehr noch in der Geschichtsschreibung in der »Unmenge der Reisebeschreibungen«[66] vollzogen wird.»On n'a fait que l'histoire des rois, mais on n'a point fait celle de la nation. Il semble que, pendant 400 ans il n'y ait eu dans les Gaules que des rois, des ministres et des généraux; mais nos mœurs, nos lois, nos coutumes, notre esprit, ne sont donc rien?«[67], schreibt Voltaire am 26. 1. 1740 an d'Argenson. Von Louis Sébastien Mercier wurde gesagt, daß er vom Keller und von der

Dachkammer berichte und den Salon vergessen habe.[68] Friedrich Engels verbindet mit seiner *Lage der arbeitenden Klasse in England* (1845) das Selbstverständnis, als Anwalt dieser Klasse zu agieren, und seine Entdeckung – »ich fand, daß ihr mehr seid als nur Engländer, Angehörige einer einzelnen, isolierten Nation; ich fand, daß ihr *Menschen* seid, Angehörige der großen und internationalen Familie der *Menschheit*«[69] – liest sich wie eine Replik auf den erstaunten La Bruyère, mit dem Unterschied, daß jetzt die durch die Bourgeoisie usurpierte ›Nation‹ und nicht mehr die Tierhaftigkeit die zu überwindende Position bezeichnet. Sigfried Giedion schließlich valorisiert die Patentzeichnungen des 19. Jh. als regelrechte »Volkskunst«[70], die kaum namhaft zu machen ist, weil die Akteure im Resultat ihrer revolutionierenden Erfindungen (Stichwort: Mechanisierung) und deren Selbstverständlichwerden im Alltag weitgehend verschwunden sind.

1. Entdeckung des Alltags durch die Geschichtsschreibung

»Wie soll der Alltag sich wandeln, wenn auch die ihn unbeachtet lassen, die dazu berufen wären, ihn aufzurühren?« Während Kracauer seine Beobachtungen in der Perspektive formulierte, linke Politik handlungsfähiger zu machen – seine Kritik galt einer »radikalen Intelligenz«, deren Protest sich nur an den extremen Fällen entzündete und der darüber »die Folge der kleinen Ereignisse«[71] vergaß –, galt bei Alfred Schütz, dem Schulhaupt der phänomenologischen Soziologie, die »alltägliche Lebenswelt« als die Wirklichkeitsregion par excellence, in der die »natürliche Einstellung« sich im Vertrauen darauf konstituiert, »daß die Welt, so wie sie mir bisher bekannt ist, weiter so bleiben wird«[72]. Daß der Mensch ›die Welt‹ verändern könnte, gilt als ebenso lächerlich wie unnötig. Die Perspektive, in der fraglich Gewordenes interessiert, ist diejenige der Herstellung neuer Fraglosigkeit. Dieser Variante von Alltagsforschung, in deren ›natürlicher Einstellung‹ die Unterscheidung horizontaler und vertikaler Formen der Vergesellschaftung ›entnannt‹[73] ist, setzt sich eine kritische entgegen, der es um die Vermittlungen von sozioökonomischer Lage mit Klassen- und Geschlechtererfahrungen

geht. Die Wiederentdeckung des Alltagsbewußtseins in den 70er Jahren – die nicht zuletzt deshalb nötig geworden war, weil ihre wichtigsten Vordenker aus Deutschland vertrieben worden waren – ist die verlegene Antwort auf die Krise des Klassenbewußtseins, nachdem die herkömmlichen begrifflichen Werkzeuge zur Erfassung der großen Zusammenhänge und der besonders in Deutschland stets bevorzugte staatsorientierte Ansatz in der Geschichtsschreibung sich als stumpf erwiesen hatten. Zwar hat es bereits 1937 bei der Weltausstellung erstmals eine Abteilung ›Kunst des Feierns und der Feste‹ gegeben, aber die Konjunktur der ›Alltagsgeschichte‹, der Mentalitätengeschichte, des Interesses an nichtakkreditierten Formen von Kultur (Trivialliteratur, Popmusik, Kneipenkultur usw.) entsteht erst in der Konstellation der 70er Jahre. Jetzt wird das Alltagsleben als »relativ selbständige Sphäre der Erfahrung und Aktivität [...], mit ›eigener‹ Geschichte, eigenen Traditionen und historischen Sprüngen«[74] ernstgenommen. Ein neuer Kontinent bisher verdrängter Geschichte und Kultur tauchte auf.

Die politische Geschichte oder Ereignisgeschichte, die sich stets nur um die ›Sonntage‹ der Geschichte – im Fest- oder Trauergewand – und die Sonntagskinder gekümmert hat, hat damit ihre beherrschende Stellung verloren; die Entmachtung der ›großen Männer‹ durch die französischen Historiker um die Zeitschrift *Annales* machte den Weg frei zur Entdeckung geschichtsbildender Kräfte jenseits der politischen Zäsuren – Impulse, die in einer ›histoire des mentalités‹ vielfältig fortgeführt wurden, von denen sich manche ihrer Vertreterinnen und Vertreter inzwischen auch nur noch

---

68 Vgl. GIEDION (s. Anm. 8), 75.
69 FRIEDRICH ENGELS, Die Lage der arbeitenden Klasse in England (1845), in: MEW, Bd. 2 (1970), 230.
70 GIEDION (s. Anm. 8), 62.
71 KRACAUER (s. Anm. 5), 298.
72 ALFRED SCHÜTZ/THOMAS LUCKMANN, Strukturen der Lebenswelt, Bd. 1 (Frankfurt a. M. 1979), 29.
73 Vgl. ROLAND BARTHES, Mythologies (1957), in: Barthes, Œuvres complètes, hg. v. E. Marty, Bd. 1 (Paris 1993), 704.
74 HERMANN ROTERMUND, Alltagskultur. Kritische Literaturhinweise, in: W. F. Haug/K. Maase (Hg.), Materialistische Kulturtheorie und Alltagskultur (Berlin 1980), 123.

ironisch auf den sozialgeschichtlichen ›Imperialismus‹ des Wiegens, Messens und Abzählens der Vorgänger beziehen.[75] Eine Geschichtsschreibung, die den ›Standpunkt der Sieger‹ als den einzig legitimen in Frage stellen wollte, mußte ein neues Objekt »aus dem Kontinuum der Geschichte heraussprengen«[76]. Fernand Braudels Werk über die Entwicklung des Kapitalismus vom 15.–18. Jh. beginnt folgerichtig mit den ›structures du quotidien‹, jener »zone d'opacité« der Produktion der »vie matérielle«, die unterhalb der über den Markt vermittelten Ökonomie angesiedelt ist und die für 90 Prozent der Bevölkerung der Erde die bis ins 18. Jh. bestimmende Realität ist. Dieser Alltag ist der Ort einer »infra-économie«, unabhängig von der kleinen Schicht großer Kaufleute, die weiträumig Handel treiben mit Repräsentanten von Indien bis ins spanisch besetzte Amerika – »le domaine par excellence du capitalisme«[77]. So erweist sich die ökonomische Basis als ein dreigliedriges System aus alltäglicher Subsistenzproduktion, Warenproduktion für den Markt und globalem Handelskapitalismus. All dies erfährt der Leser auf einer imaginären Reise, mit Aufenthalten bei Korallenfischern, Hirten, Landarbeitern, dem Duft des Rosmarins und des frisch gebackenen Brots. Diese ›Poetik‹ – die jedem Leser die Freiheit läßt, das Buch mit eigenen Bildern und Erinnerungen anzureichern[78] – hat wohl nicht unwesentlich zum

Erfolg des Ansatzes beigetragen. Auch Jürgen Kuczynski stellt seine *Geschichte des Alltags des deutschen Volkes* ausdrücklich in den Zusammenhang mit Braudels Unternehmen[79], von dem aus die Fixierung der traditionellen Arbeitergeschichtsschreibung auf die Sonntage des Proletariats, die »großen Schlachten«, erkennbar wird: »Es ist gewissermaßen nur von den Fest- oder Trauertagen der Unterdrückten die Rede, von großen Klassenkämpfen. Der Alltag des Klassenkämpfers wird ungenügend beachtet.«[80] Freilich sei dies ein unfreiwilliges Abbild der wirklichen Verhältnisse: »es bewegt sich in der Regel die Führung, und an Festtagen und Trauertagen bewegt sich die Masse der Arbeiter, und damit hat es sich«[81].

Robert Mandrou begann sein inzwischen zum Klassiker der neueren Kulturgeschichtsschreibung gewordenes Buch *Introduction à la France moderne* (1961) mit Themen wie Nahrung, Kleidung, Wohnen, Krankheiten usw. – hierin allein Engels' *Lage der arbeitenden Klasse in England* vergleichbar. Mandrou war es auch, der das Interesse an der Festkultur des Volkes entzündete. Der Karneval wurde in der Folge eines der bevorzugten Objekte. So artikulierte sich in der Geschichtsschreibung eine Aufwertung ästhetischer Problemstellungen, die nicht Fragen nach der ideologischen und symbolisch-expressiven Reproduktion der gesellschaftlichen Verhältnisse verbanden; dies überrascht kaum, wenn man bedenkt, daß es in Praxen des Feierns immer um Stiftung sozialer Kohäsion geht, um die symbolische Produktion eines ›Volkes‹, das als gottesfürchtiges Staatsvolk, aber auch als Aufstandsbewegung in Erscheinung treten kann. Der Mai 68 = »la grande fête pseudo-révolutionnaire«[82] hatte seinen Anteil an diesem Interesse. Es kam in der Folge zu vielfältigen Versuchen der Wiedererweckung und Neuorganisation von Festen: sei es auf dem Land, sei es in den Städten in Gestalt von Stadtteil- oder Straßenfesten – Kontrapunkten zum Disneyland-Kommerz. Die historische Volkskulturforschung konnte zeigen, wie aus dem komplementären Zuordnung von Alltag und Fest die Obrigkeit einen Teil des ideologischen Zements gewinnt, den sie für die Sicherung ihrer Herrschaftsposition braucht. Die öffentlichen Plätze – nach Bachtin ›exterritoriale‹ Gebiete der offiziellen Welt der obrigkeitlichen Ordnung[83]

---

75 Vgl. ARLETTE FARGE, La vie fragile. Violence, pouvoirs et solidarités à Paris au XVIIIe siècle (Paris 1986), 8.
76 BENJAMIN (s. Anm. 56), 701.
77 FERNAND BRAUDEL, Civilisation matérielle, économie et capitalisme, Bd. 1 (1967; Paris 1979), 8.
78 Vgl. ebd., 493.
79 Vgl. JÜRGEN KUCZYNSKI, Geschichte des Alltags des deutschen Volkes, Bd. 1 (Berlin 1980), 14f.
80 Ebd., 13.
81 KUCZYNSKI, [Gesprächsbeitrag], in: F. Deppe u.a. (Hg.), Ein Gespräch mit Jürgen Kuczynski über Arbeiterklasse, Alltag, Geschichte, Kultur und vor allem über Krieg und Frieden (Marburg 1984), 73.
82 MICHEL VOVELLE, Idéologies et mentalités (1982; Paris 1992), 204; vgl. auch 199–210.
83 Vgl. MICHAIL BACHTIN, Tvorčestvo Fransua Rable i narodnaja kul'tura srednevekov'ja i Renessansa (Moskau 1965), 166; dt.: Rabelais und seine Welt. Volkskultur als Gegenkultur, übers. v. G. Leupold (1987; Frankfurt a.M. 1995), 194.

– sind die Orte einer popularen Gegenordnung und zugleich Orte, an denen der Souverän sein Schreckenstheater inszeniert, in dem Verbrecher und Henker die Hauptrollen spielen, das Volk aber als zuschauende Menge an der Wiederherstellung der Ordnung imaginär beteiligt ist.[84] Wie der Karneval – die Zeit der fleischlichen Lüste – ein von oben kontrolliertes Über-die-Stränge-Schlagen ist, das der Kontrolle entgleiten und in die Aneignung realer Herrschaftskompetenzen (und nicht nur deren symbolischer Formen in Gestalt selbstgebastelter Bischofsmützen oder Königskronen) umschlagen kann, so das Schreckenstheater: An Tagen, an denen Hinrichtungen stattfinden, wird nicht gearbeitet, die Schenken sind voll, man schimpft auf die Obrigkeiten; der gewöhnliche Gang der Dinge ist unterbrochen. Der soziale Sinn des Außeralltäglichen, ob es nun auf dem Blutgerüst oder den Brettern des Volkstheaters zum Ereignis wird, auf denen der Narr die Menge zum Lachen bringt, steht nie von vornherein fest; beides ist möglich – Festigung oder Untergrabung der herrschenden Ordnung.

»Feiertage«, so Walter Benjamin, sind »Tage des Eingedenkens«, also Unterbrechungen des Alltags, der im »Kontinuum der Geschichte« dahintreibt und dem aufzubrechen dem Bewußtsein der ›revolutionären Klassen im Augenblick ihrer Aktion«[85] eigen ist. Das Organ der deutschen Sozialdemokratie nannte sich einst *Die Neue Zeit*. Mit den neuen Kalender, den die Französische Revolution einführte, setzte ein Kampf um die »Beherrschung des Alltags«[86] ein, der sich zwar – anders als Maße und Gewichte – in kein Dezimalsystem zwingen ließ, langfristig aber einen Rationalisierungsschub bewirkte, in dessen Ergebnis eine striktere Trennung von Arbeits- und Ruhezeiten verfügt war. Fortschritt, vom Standpunkt der abhängig Arbeitenden, stellte sich nunmehr stets als Verlängerung der Freizeit bzw. Verkürzung der Arbeitszeit dar. Die französische Volksfrontregierung hatte 1936 die Vierzigstundenwoche und den zweiwöchigen bezahlten Urlaub durchgesetzt und so die Voraussetzung geschaffen, daß erstmals Arbeiter an den Stränden der feinen Welt aufgetaucht waren und am ›Sonntag‹ der Oberklassen partizipiert hatten; freilich hatten diese keine Mühe, den verlorengangenen ›Unterschied‹ in neuer Form zu reproduzieren.

Max Weber schließlich knüpft am Gegensatz von Gewöhnlichem/Außergewöhnlichem an, wenn er »Alltags-Formen der Herrschaft« von »außeralltäglichen« unterscheidet: rationale (bürokratische) wie traditionale (patriarchale, ständische u. a.) Formen seien der »charismatischen« »schroff entgegengesetzt«. Während erstere an »diskursiv analysierbare Regeln« bzw. an die »Präzedenzien der Vergangenheit« gebunden sind, gilt ihm letzteres als bestimmt durch »Regelfremdheit«, ein Führer-Gefolgschafts-Verhältnis, das »jede Verflechtung in den Alltag« und jede »rationale Alltagswirtschaft«, die auf kontinuierlichen wirtschaftlichen Erwerb aus ist, ablehnt. Um sich auf Dauer zu stellen, muß sie ihren Charakter allerdings ändern: »sie wird traditionalisiert oder rationalisiert (legalisiert)«, kurz, »veralltäglicht«[87] und ist dann als charismatische Herrschaft nicht mehr wahrnehmbar. In Webers Perspektive erscheint folglich Veralltäglichung von Herrschaft als Ausweis geglückter ›Vergesellschaftung-von-oben‹.[88]

Walter Bruno Berg, der 1976 eine Studie zum literarischen Sonntag als ›Beitrag zur Kritik der bürgerlichen Ideologie‹ konzipiert hatte[89], schlägt in einer neueren Arbeit vor, die Verengung der ideologiekritischen Perspektive auf Literatur als Dokument sozialer Problemlagen durch das Konzept des »kulturellen Gedächtnisses« zu überwinden. Literatur müsse als spezifische »Praxis des kulturellen Gedächtnisses«, als »Arbeit am Text der Kultur« selbst ernstgenommen werden. Statt – wie die alte, sozialgeschichtliche Interpretation – den

---

84 Vgl. FOUCAULT, Surveiller et punir. Naissance de la prison (Paris 1975), 64.
85 BENJAMIN: s. Anm. 56), 701.
86 MICHAEL MEINZER, Der französische Revolutionskalender (1792–1805) (München 1992), 74.
87 MAX WEBER, Wirtschaft und Gesellschaft (1921/1922; Tübingen ⁵1980), 140ff.
88 Vgl. Projekt Ideologie-Theorie [MANFRED BEHRENS u. a.], Theorien über Ideologie (Berlin 1979), 181; W. F. HAUG, Umrisse zu einer Theorie des Ideologischen, in: Haug, Elemente einer Theorie des Ideologischen (Hamburg 1993), 46–76.
89 Vgl. WALTER BRUNO BERG, Der literarische Sonntag. Ein Beitrag zur Kritik der bürgerlichen Ideologie (Heidelberg 1976).

literarischen Sonntag lediglich als »Indikator« bürgerlicher Entfremdung, als bloß kritisch zu beleuchtende Bilder der »Transzendenz des Diesseits« zu begreifen, müsse dessen Funktion als »Glücksmotiv transzendentaler Diesseitigkeit«[90] betont werden. Noch in Jorge Semprúns Schilderung seiner KZ-Erfahrungen (*Quel beau dimanche!*, 1980), im Moment vollständiger Suspension der gängigen Koordinaten von Sonntag und Alltag in der KZ-Welt, blitzt jene in der »Institution Sonntag« gespeicherte Glückserfahrung auf, die – im Langzeitgedächtnis der jüdisch-christlichen Tradition offensichtlich jederzeit »abrufbar« – als »Widerstandskraft gegen Totalitarismen aller Art«[91] aktualisiert wird. Was Berg ›kulturelles Gedächtnis‹ nennt, ließe sich freilich in einer mehr herrschaftskritischen Sprache reformulieren, ohne die passivierenden Effekte der bloß ideologiekritischen mitzuschleppen: Das kulturelle Gedächtnis wäre dann das Reservoir dessen, was die Menschen selbst als sinnvoll definieren, als erfüllten Augenblick, den sie sich nicht nehmen lassen, im Sinne je aktualisierte Erinnerung an das wirkliche Gemeinwesen als einer »Assoziation, worin die freie Entwicklung eines jeden die Bedingung für die freie Entwicklung aller ist«[92].

2. Alltag im Sonntag und Sonntag im Alltag: Dialektik von Ästhetik und Anästhetik

Daß es in der feudalen Welt »überhaupt keinen Ort für das Andere, das Auffällige, Abweichende, Spektakuläre, für den Zufall und seine Möglichkeiten«[93] gegeben habe, wie Werner Jung meint, scheint anachronistisch: spontan vom Standpunkt moderner Zerstreuungserfahrungen gesprochen. Die nicht abreißende Kette von Katastrophen –

Seuchen, Hungersnöten und Kriegen – machte den Ausnahmezustand zum ›Alltag‹ und den Alltag der Produktion des materiellen Lebens zum ›Sonntag‹, der den Dank der Gläubigen verdiente: ›Gib uns unser tägliches Brot‹. Ernst Jüngers ›Ästhetik des Schreckens‹, die mit ihrem Kult des ›abenteuerlichen Herzens‹ den Krieg – Inbegriff der Suspension des Alltagslebens – zum Glücksfall männlicher Bewährung erklärt[94], ist gegen die Erkenntnis der Dialektik des Alltäglichen konstruiert: daß mitten im Ausnahmezustand die äußerste Banalisierung ihren Ort hat, nämlich die Banalisierung des Menschenlebens, das im Granathagel zu Dreck wird. Jüngers Valorisierung des ekstatischen Augenblicks, der in der ›friedlichen‹ Bundesrepublik zum Kult bewußtseinserweiternder Drogen mutierte, ist eben der Kult eines narkotischen Zustands: Empfindungslosigkeit für die bestimmte Negation eines Alltagslebens, das die einzelnen von tätiger Realisierung eines für sie selbst erfüllten Daseins getrennt hält. Kein Zufall, daß jede weiter ausgreifende Reformbewegung stets auch ästhetische Bewegung war: Sensibilisierung für den Kampf um eine neue Produktions- *und* Lebensweise. So bringt Rosa Montero die Spezifik der ›Kulturrevolution von 1968‹ auf die Formel: »Se quería amar de manera distinta, vivir de manera distinta, *ver* la realidad de manera distinta.«[95] (Man wollte anders lieben, anders leben, die Wirklichkeit anders sehen.) Darin steckte auch die Erkenntnis, daß sich die Wirklichkeit nur dann ›klar‹ (distinta) auffassen ließ, wenn sie zugleich ›anders‹ (distinta) aufgefaßt wurde.

Versonntäglichung des Alltags und Veralltäglichung des Sonntags – diese Dialektik scheint der von Ästhetik und Anästhetik homolog. Am Beispiel der Einkaufszonen der großen Städte, die den Warenbesitzern alltäglich (bei zunehmender Ausdehnung der Öffnungszeiten) das sonntägliche Erlebnis des gelungenen ›Salto mortale‹ ihrer Ware in die Geldform verschaffen sollen, läßt sich der Umschlag von Ästhetisierung in Anästhetisierung – so Wolfgang Welsch – exemplarisch studieren. »Die gestalterischen Elemente sollen gar nicht als solche wahrgenommen werden, sondern sollen eine Stimmungslage erzeugen, der sie als Spotlights einer aufgedrehten Atmosphäre der Stimulation zu schönem Leben und Konsum wirken.« Die in den

---

90 BERG, Literarischer Sonntag und kulturelles Gedächtnis, in: Romanische Forschungen 110 (1998), 460, 468.
91 Ebd., 477, 474.
92 KARL MARX, Manifest der Kommunistischen Partei (1848), in: MEW, Bd. 4 (1969), 482.
93 JUNG (s. Anm. 31), 28.
94 Vgl. ERNST JÜNGER, Das abenteuerliche Herz (Hamburg 1928).
95 ROSA MONTERO, Los años niños, in: El país semanal (3. 5. 1998), 10.

Dienst der Kulturindustrie sich stellende Ästhetisierung erfolge als Anästhetisierung: »als Narkose – im doppelten Sinn von Berauschung wie Betäubung« –, die zugleich mit einer »sozialen Anästhetisierung« verbunden ist: »einer zunehmenden Desensibilisierung für die gesellschaftlichen Kehrseiten einer ästhetisch narkotisierten Zweidrittel-Gesellschaft«[96]. Vor diesem Hintergrund gewinnt eine Arbeit von Bruce Nauman, *Concrete Tape Recorder Piece* (1968), exemplarische Bedeutung: Auf einem Endlosband werden die Schreie eines Gefolterten abgespielt, die freilich nicht zu hören sind, denn Band und Abspielgerät sind in einen Betonklotz eingelassen, der keinen Ton nach außen dringen läßt. Man ›weiß‹, was passiert, nimmt es aber nicht wahr.[97]

Freilich lassen sich die Koordinaten solch struktureller Getrenntheit von der unmittelbar sinnlichen Erfahrung des Realobjekts nicht allein im Paradigma der An-/Ästhetik entziffern. Während Welsch das »ästhetische Denken« als eine »Schule der Andersheit« propagiert, deren Götter »Blitz, Störung, Sprengung, Fremdheit«[98] heißen, begreift Peter Weiss seine *Ästhetik des Widerstands* (1975–1981) als »Versuch zur Überwindung einer klassenbedingten Aussperrung von den ästhetischen Gütern«[99]. Die Sprengung wird nicht in die Kunst selbst verbannt, sondern als Umbau der Verhältnisse, in denen diese Aussperrung verfügt ist, konzipiert. Wo Welsch eine einseitig auf »Aneignung ausgerichtete Ästhetisierung«[100] verwirft, entdeckt Weiss, daß es zuallererst um die Aneignung des alltäglich Getanen gehen muß: Die Sensibilisierung für das Wie – »wie einer das gehackte Holz aufschichtet, die Sense schleift, das Netz flickt, die Balken zum Dachstuhl zusammenfügt, die Kolben der Maschine poliert«[101] – ist die Voraussetzung für die Ausbildung ästhetischer Handlungsfähigkeit derjenigen, die von den ›ästhetischen Gütern‹ und in eins damit von der Verfügung über die Verwirklichungsbedingungen ihrer Arbeit ausgeschlossen sind.

Auch die Geschichte des modernen Romans läßt sich unter dem Aspekt von Sonntag und Alltag betrachten. Ernst Robert Curtius beobachtete an Prousts Schreibweise, daß jedes beliebige Alltägliche – »ein Lufthauch, eine Begegnung, ein flüchtiger Sinneseindruck«[102] – zum Gegenstand künstlerischer Bearbeitung und, im Falle des Gelingens, besonderen ästhetischen Genusses werden kann; ›Kunst‹ beziffert sich folglich auf den Umschlag des Alltäglichen in den Sonntag gelungener Verewigung in der Form. Dabei geht es gerade nicht mehr darum, durch Routine betäubte Verhältnisse sichtbar zu machen. Peter Bürger hat darauf hingewiesen, daß Prousts Bilder keineswegs etwas verdeutlichen wollen: dem Bild werde weniger Erkenntniswert als Suggestionskraft zugesprochen. Bei Proust werde die Alltagswirklichkeit zum »Objekt einer Sehweise, die sie verwandelt«; sein Verfahren ziele auf die Herstellung einer neuen künstlerischen Wirklichkeit, die den Alltag als das, wovon sie sich distanziert, gerade voraussetzt. Der Alltag werde zum »Schauspiel«, zur Bühne einer Inszenierung, die jedes praktische Eingreifen ausschließt. Der »Ästhet« ist der für »das Einmalige einer Erfahrung« Empfängliche. Dieses ist notwendig exklusiv: es braucht »die andern«[103] als dem Alltag Verhaftete, d. h. als dieser bestimmten Empfänglichkeit Verschlossene. Kurz, Ästhetik/Anästhetik erweist sich als herrschaftlich kodiert: Die Empfänglichen sind der neue Adel, dem die Massen den Rohstoff zur weiteren ästhetischen Bearbeitung liefern.

Eine neue Wendung gewinnt die Dialektik von Sonntag und Alltag bei Antonio Gramsci. Die »razionalizzazione coercitiva dell'esistenza« (aufgezwungene Rationalisierung der Existenz) in fordisierten Produktionsverhältnissen ist nach Gramsci keineswegs mit der üblicherweise konstatierten Banalisierung und Routinisierung des Alltagslebens verknüpft, die seit Lukács' *Geschichte und Klassenbe-*

---

96 WELSCH (s. Anm. 6), 13ff.
97 Vgl. ebd., 66.
98 Ebd., 39.
99 PETER WEISS, Notizbücher. 1971–1980, Bd. 1 (Frankfurt a. M. 1981), 419.
100 WELSCH (s. Anm. 6), 39.
101 WEISS, Die Ästhetik des Widerstands, Bd. 1 (Frankfurt a. M. 1975), 353.
102 ERNST ROBERT CURTIUS, Marcel Proust, in: Curtius, Französischer Geist im zwanzigsten Jahrhundert (Bern 1960), 289.
103 P. BÜRGER, Ästhetisierende Wirklichkeitsdarstellung bei Proust, Valéry und Sartre, in: Bürger, Aktualität und Geschichtlichkeit (Frankfurt a. M. 1977), 167, 169.

wußtsein (1923) im Begriff der Verdinglichung ihre handliche Formel gefunden hat – im Gegenteil: »Ma il più notevole è che accanto a Don Chisciotte esiste Sancho Panza, che non vuole ›avventure‹, ma certezza di vita e che il gran numero degli uomini è tormentato proprio dall'ossessione della non ›prevedibilità del domani‹, dalla precarietà della propria vita quotidiana, cioè da un eccesso di ›avventure‹ probabili. [...] quindi si aspira all'avventura ›bella‹ e interessante, perché dovuta alla propria iniziativa libera, contro l'avventura ›brutta‹ e rivoltante, perché dovuta alle condizioni imposte da altri e non proposte.« (Aber das Bemerkenswerteste ist, dass es neben Don Quijote Sancho Pansa gibt, der keine ›Abenteuer‹ will, sondern Lebenssicherheit, und dass die Mehrzahl der Menschen von eben der Zwangsvorstellung der Nicht-›Vorhersehbarkeit des Morgen‹, von der Ungewissheit des eigenen täglichen Lebens gepeinigt wird, das heißt von einem Übermaß an wahrscheinlichen ›Abenteuern‹. [...] folglich strebt man nach dem ›schönen‹ und interessanten, weil der eigenen freien Initiative geschuldeten Abenteuer, gegen das Abenteuer, das ›hässlich‹ und widerwärtig ist, weil den Bedingungen geschuldet, die von anderen auferlegt und nicht selbst vorgeschlagen sind.)[104] Indem Gramsci die Diskussion mit der Frage selbstbestimmter Lebensverhältnisse verknüpft, bricht er den Bann jener ungeheuren Anästhetisierung, welche die Abenteuerlichkeit des Alltagslebens im Kapitalismus als hinzunehmendes ›Massenschicksal‹ und folglich als bewußter Gestaltung notwendig entzogen präsentierte, um das eigentliche ›Abenteuer‹ in Regionen zu verlegen, die ›das Schöne‹ für sich vereinnahmten. Es gehört zu den Stabilitätsbedingungen der herrschenden Produktionsverhältnisse, daß das ›Abenteuer‹, welches die Bewältigung des Alltagslebens für die große Mehrheit der Bevölkerung darstellt, unsichtbar geworden ist. Der wohlfeile Ratschlag, daß das Abenteuer doch ›gleich um die Ecke‹[105] zu finden sei, hat eben die Taub- und Blindheit für die wirklichen Lebensbedingungen der großen Mehrheit der Menschen zur Voraussetzung. Peter Weiss' *Ästhetik des Widerstands* liegt auf der Linie Gramscis: Nicht um die Monotonie ihres Alltagsdaseins betäuben zu wollen, gehen die jungen Arbeiter am Sonntag ins Museum; indem sie lernen, im Medium der großen Kunst die Würdigung des eigenen entfremdeten Tätigseins zu entziffern, rückt der ›Sonntag‹ eines Tätigseins in der Sache selbst willen ins Blickfeld.

3. Anonyme Geschichte und Geschichte des Sehens

»Auch in einem Kaffeelöffel spiegelt sich die Sonne.«[106] – Victor Klemperer notiert begeistert den »Genuß des ungeheuren Blicks«, der ihm auf einer Autofahrt von Granada nach Málaga auf einer abschüssigen, kurvenreichen Straße zuteil wird – »das Gewaltigste der zwei Granadatage«, bei weitem gewaltiger als die steinernen Zeugen der arabischen Kultur. »Man fuhr, wie man im Granatfeuer steht«[107], in einer gefährlichen Spannung gehalten. Die Befreiung der Fortbewegung von den Fesseln der organischen Natur – schon von Marinetti begeistert begrüßt, der ein aufheulendes Auto schöner fand als die Nike von Samothrake[108] –, durch die neue Technik für die besitzenden Schichten individuell verfügbar gemacht, wird Anlaß einer Unmenge triumphalistischer Berichte von Autofahrten.[109]

Für die Geschichte des Sehens ist Sigfried Giedions ›anonyme Geschichte‹ grundlegend. Sie läßt sich als ein großangelegter Versuch der Sichtbarmachung von ins Anästhetische abgesunkenen Alltagsgegenständen und Produktionsprozessen lesen – Türschlösser und Möbel, Arbeits- und Wohnformen oder, in neuerer Zeit, die mechanische Kälteerzeugung, welche die Vorratshaltung revolutioniert: alles »äußerlich bescheidene Dinge«, die in-

---

104 ANTONIO GRAMSCI, Quaderni dal carcere (entst. 1929–1936), hg. v. V. Gerratana, Bd. 3 (Turin ²1977), 2133; dt.: Gefängnishefte, hg. u. übers. v. K. Bochmann u. a., Bd. 8 (Hamburg 1998), 2057f.
105 Vgl. PASCAL BRUCKNER/ALAIN FINKIELKRAUT, Au coin de la rue, l'aventure (Paris 1979); dt.: Das Abenteuer gleich um die Ecke, übers. v. H. Kober (München 1981).
106 GIEDION (s. Anm. 8), 19.
107 VICTOR KLEMPERER, Leben sammeln, nicht fragen wozu und warum. Tagebücher 1925–1932 (Berlin 1996), 223.
108 Vgl. MARINETTI, Manifesto del futurismo (1909), in: Marinetti (s. Anm. 58), 10.
109 Vgl. WOLFGANG SACHS, Die Liebe zum Automobil. Ein Rückblick in die Geschichte unserer Wünsche (Reinbek 1984).

des als »Ausdruck grundsätzlicher Einstellungen zur Welt«[110] vorgeführt werden. Erst die Fragestellung konstituiert die Aussagekraft des ›Dokuments‹. Dieser Pionier hatte eine gigantische Sammelarbeit zu leisten, waren doch die hier interessierenden Dinge oder Prozesse allzuoft Opfer ihrer eigenen Perfektionierung geworden: Vom Gebrauchswertstandpunkt des vollkommeneren Produkts erscheint die primitivere Vorform stets als Plunder. Um die in der Anonymität verschwundenen Dinge ihrem Dornröschendasein zu entreißen – mehr noch: die in den Augen einer auf große Männer erpichten Wissenschaft anscheinend wertlosen Dokumente vor Vernichtung zu bewahren –, bedarf es, so Giedion, zuallererst der »unverbrauchten Augen der Zeitgenossen«; nur durch die Sichtbarmachung der spezifischen »Konstellation in der Zeit« lasse sich ihr »Sinn« (20) bestimmen. Kurz, das Sichtbarmachen gerade der Dinge des täglichen Lebens liefert einem neuen Verständnis von ›Sinn‹ die Basis: Sinn nicht als Ausdruck des immer schon fertigen ›Wesens‹ der Dinge, sondern als Resultat einer Aneignung von Welt, die allein in dieser spezifischen Konstellation möglich geworden ist. Giedions ›Ästhetisierung‹ – im weiten Sinn von Wahrnehmbarmachen – ist der doppelten Abstraktion der Geistesgeschichte konträr: der der ›großen Kunstwerke‹ und deren Einschließung in ein »Pantheon unverbindlicher Bildung«[111]. Sie rückt die enge Verbindung von moderner Kunst und Technik ins Bewußtsein, eine Verbindung, die in Formen einer nicht-autonomen Ästhetik, dem *art social* und *art industriel*, welche »die Konkurrenz mit der stürmischen Entwicklung der Industrialisierung und Demokratisierung aufnehmen mußten«[112], zum Ausdruck kommt. Das *Passagen-Werk*, das seinem Autor zufolge nichts zu sagen, sondern nur zu »zeigen« gehabt hätte, nämlich »die Lumpen, den Abfall«, um »in der Analyse des kleinen Einzelmoments den Kristall des Totalgeschehens zu entdecken«, ist dem Giedionschen Projekt, das ausgehend von den – und hier zitiert Benjamin Giedion – »verpönten, alltäglichen«[113] Konstruktionen die Signatur der Zeit zu entschlüsseln suchte, eng verwandt.

Giedions ›anonyme Geschichte‹ ist nicht nur Sichtbarmachung von automatisierter Wahrnehmung verfallenden Gegenständen und hierin einem Hauptimpuls der klassischen Avantgarde verbunden. Giedion erzählt diese Geschichte selbst als eine Geschichte von Sichtbarmachungen: etwa der Bewegung in Gestalt graphischer Aufzeichnungssysteme oder – bei Frank Gilbreth, dem Vordenker der »wissenschaftlichen Betriebsführung« – als Ablösung von Bewegung von ihrem menschlichen Träger und deren präziser »Sichtbarmachung in Raum und Zeit«[114], die, übertragen auf Arbeitsvorgänge, die Revolutionierung der als Fordismus bekannt gewordenen Produktionsweise mit bewirkt hat. Das Sichtbarmachen von Bewegung ist das Terrain, auf dem eine vom herrschenden Geschmack sich absetzende künstlerische Avantgarde sich mit technischer Phantasie trifft und so die Abspaltung der Kunst von der Technik, die sich in der zweiten Hälfte des 18. Jh. durchgesetzt hat, zurücknimmt. Giedion macht dieses für die moderne Kunst charakteristische Angezogensein durch die Technik bewußt, indem er entsprechende Abbildungen nebeneinander stellt: das photographische Bewegungsbild eines Krähenflügels von Étienne Jules Marey (um 1885) steht neben Kandinskys *Rosa Quadrat* (1923).[115] Henning Ritter macht darauf aufmerksam, daß solche Herstellung von ›Simultaneität‹ eben ein Verfahren der Sichtbarmachung ist, das bereits von den Surrealisten praktiziert und in Gestalt der parallelen Dia-Projektion von Heinrich Wölfflin, Giedions Lehrer, in die Kunstgeschichte eingeführt worden war.[116]

Nach wie vor grundlegend in diesem Zusammenhang sind die Analysen von Benjamin, insbesondere der Aufsatz *Das Kunstwerk im Zeitalter seiner technischen Reproduzierbarkeit* (entst. 1935). Der Film, heißt es da, habe »Dinge isoliert und zugleich analysierbar gemacht, die vordem unbemerkt im

110 GIEDION (s. Anm. 8), 19f.
111 ADORNO, Engagement (1962), in: ADORNO, Bd. 11 (1974), 409.
112 JAUSS, Rückschau auf das Kolloquium: Art social und Art industriel (1987), in: Jauß, Studien zum Epochenwandel der ästhetischen Moderne (Frankfurt a. M. 1989), 157.
113 BENJAMIN, Das Passagen-Werk (entst. 1927–1940), in: BENJAMIN, Bd. 5/1 (1982), 574f., 569.
114 GIEDION (s. Anm. 8), 44.
115 Vgl. ebd., 48f.
116 Vgl. HENNING RITTER, Die Schicksalslinie der Erscheinungen: Giedion (s. Anm. 8), XIIff.

breiten Strom des Wahrgenommenen mitschwammen«. Wie die Psychoanalyse das »Triebhaft-Unbewußte« analysiert, so die Kamera das »Optisch-Unbewußte«, in das sie mit »ihrem Stürzen und Steigen, ihrem Unterbrechen und Isolieren, ihrem Dehnen und Raffen des Ablaufs, ihrem Vergrößern und ihrem Verkleinern«[117] eingreift. Was vom Standpunkt der alten Kunstreligion, welche die kontemplative Versenkung des einzelnen ins Kunstwerk zur unbedingten Norm seiner Rezeption erhoben hatte, nur als »Zeitvertreib für Heloten«[118] erscheint, begrüßt Benjamin in seiner Widersprüchlichkeit: die Tendenz zur »gegenseitigen Durchdringung von Kunst und Wissenschaft«; Mobilisierung eines Massenpublikums durch den Film, der die kultische Haltung aufgrund der »Chockwirkung« sich ständig verändernder, nicht in Ruhe fixierbarer Einstellungen verunmöglicht; Beförderung der »revolutionären Kritik der überkommenen Vorstellungen von Kunst«[119]. (Es ist interessant zu sehen, daß Picassos deformierender Figurenstil dadurch zustande kommt, daß die filmische Möglichkeit sukzessiver Darstellung von Bewegungsabläufen in die in der Malerei herrschende Simultaneität der Bewegungsdarstellung einmontiert wird.[120]) Andererseits die doppelte Fesselung des neuen Mediums durch die Bindung ans Filmkapital und die Indienstnahme durch die faschistische »Ästhetisierung des politischen Lebens«, der die neue Reproduktionstechnik das wirksamste Mittel zur Inszenierung der ›Volksgemeinschaft‹ in Gestalt von »Massenveranstaltungen« liefert. Der »Star und der Diktator« gehen aus der Auslese vor der Apparatur als »Sieger« hervor. Zwar ist in Deutschland der Diktator verschwunden – was Benjamin bekanntlich nicht mehr erlebt hat –, die Beobachtung, daß die »Rezeption in der Zerstreuung«[121] zu einem dominanten Modus der Anteilnahme geworden ist, gilt aber unverändert, auch wenn die satelliten- und computergestützte hochtechnologische Produktionsweise neue Fragen nach der subjektiven Aneignung der mit ihr verbundenen Möglichkeiten der Produktion und Rezeption von Texten und Bildern aufgeworfen hat.

III. Alltag als Ort ästhetischer Gestaltungen

1. Das avantgardistische Programm: Rückführung von Kunst in Lebenspraxis

Gegenüber der wohl »eigentümlichsten literarischen Leistung des XIX. Jahrh.«, nämlich »den Menschen in der ganzen Breite seiner alltäglichen Wirklichkeit darzustellen«, seien – so Auerbach – die in der zweiten Hälfte des Jh. entstandenen »Werke der freien Phantasie und des lyrischen Genies volksfremd und sogar publikumsfremd«[122] geblieben. Ähnlich sah es Ortega y Gasset, der »la música nueva, la nueva pintura, la nueva poesía, el nuevo teatro« (die neue Musik, die neue Malerei, die neue Literatur und das neue Theater) durchweg für »impopular por esencia« (wesentlich volksfremd), »ja »antipopular« (volksfeindlich) hielt – eine Entwicklung, die er begrüßte, erhoffte er von ihr doch die Beförderung der notwendigen Dissoziation der Gesellschaft in »los hombres egregios y [...] los hombres vulgares« (Auserlesene und Gewöhnliche)[123].

Noch Pierre Bourdieu schließt hier an, freilich mit kritischem Vorzeichen: »Eine Kunst, die wie z. B. alle postimpressionistische Malerei aus einer den Primat der Darstellung über das Dargestellte postulierenden künstlerischen Intention hervorgeht«, fordere kategorisch »die ausschließliche Aufmerksamkeit für die Form«; die so konstituierte »ästhetische Einstellung« bewirke einen »Bruch mit

---

117 BENJAMIN, Das Kunstwerk im Zeitalter seiner technischen Reproduzierbarkeit (entst. 1935), in: BENJAMIN, Bd. 1/2 (1974), 498, 500.
118 GEORGES DUHAMEL, zit. nach Benjamin (s. Anm. 117), 504.
119 BENJAMIN (s. Anm. 117), 499, 505, 492.
120 Vgl. MAX IMDAHL, Vier Aspekte der Grenzüberschreitung in der Bildenden Kunst, in: Jauß (s. Anm. 7), 501.
121 BENJAMIN (s. Anm. 117), 506, 492, 505.
122 AUERBACH, Romantik und Realismus, in: Neue Jahrbücher für Wissenschaft und Jugendbildung 9 (1933), 143.
123 JOSÉ ORTEGA Y GASSET, La deshumanización del arte (1925); in: Ortega y Gasset, Obras completas, Bd. 3 (Madrid 1947), 354, 356; dt.: Die Vertreibung des Menschen aus der Kunst, hg. u. übers. v. U. Weber/H. Weyl, in: Ortega y Gasset, Gesammelte Werke, Bd. 2 (Stuttgart 1978), 230f., 232.

dem alltäglichen Verhalten zur Welt«, der »zugleich einen gesellschaftlichen Bruch darstellt«. Komplementär hierzu erscheint »populäre« Ästhetik auf den »Zusammenhang von Kunst und Leben«[124] fixiert, in dem die Darstellung dem Dargestellten untergeordnet bleibt. Kritisch zeigt Bourdieu, wie die ›ästhetische Einstellung‹ an die Existenzweise der herrschenden Schichten gebunden ist, die ihren ständigen Bedarf an »Distinktionsgewinnen« aus der reichhaltigen Beute bestreiten, die gerade das Alltagsleben bietet. Kein Bereich, der sich der »Stilisierung«, also der Durchsetzung des Vorrangs der Form gegenüber der Funktion entziehen könnte: »Nichts hebt stärker ab [...] als die Fähigkeit, in den gewöhnlichsten Entscheidungen des Alltags – dort, wo es um Küche, Kleidung oder Inneneinrichtung geht – und in vollkommener Umkehrung der populären Einstellung die Prinzipien einer ›reinen‹ Ästhetik spielen zu lassen.«[125] Wenn einer der beiden jungen Maler in François-Olivier Rousseaus Roman *La gare de Wannsee* (1988), noch auf der Suche nach einer »mystique du sujet noble«, feststellt: »Comme spectateur, la laideur et la vulgarité du quotidien pouvaient me captiver, mais comme peintre je n'imaginais pas qu'il fût possible d'en tirer autre chose qu'un effet de laideur et de vulgarité, précisément«[126] – dann wird zu verstehen gegeben, daß allein die Kunst, aus dem Alltäglichen Kunst zu machen, Kunst ist.

Bourdieus duale Ordnung von elitärem und populärem Geschmack hat allerdings die Festigkeit eines Naturverhältnisses. Die Perspektive einer *populären* Ästhetik, die gleichermaßen kritisch gegenüber der elitären wie der ›populären‹, auf die unteren Schichten korporativ beschränkten Ästhetik wäre, zeichnet sich nirgends ab. Daß es darauf ankommt, die »Laien mit der Vorhut«[127] in Fühlung zu bringen, wie Benjamin meinte, ist Bourdieu fremd. Seine Auffassung, die Brechtsche Verfremdungstechnik sei antipopulär, weil sie Einfühlung verweigert, ist ihrerseits im ästhetischen Code der Oberschichten befangen, denn sie unterstellt Einfühlung als quasi natürliche Rezeptionsform der Ungebildeten. Brechts Frontstellung gegen einen »Kult des Schönen«, der mit der »Abneigung gegen das Lernen und [...] Verachtung des Nützlichen«[128] einhergeht, liegt quer zu den traditionellen Auffassung, die die Gebildeten oben und die Ungebildeten unten vermutet. »Beim Anhören von Versen / Des todessüchtigen Benn / Habe ich auf Arbeitergesichtern einen Ausdruck gesehen / Der nicht dem Versbau galt und kostbarer war / Als das Lächeln der Mona Lisa.«[129]

Die Form-Inhalt-Dialektik künstlerischer Gebilde hat sich, wie oft bemerkt worden ist, im Laufe des 19. Jh. zugunsten der Form verschoben; der Zugang zu moderner Literatur erschließt sich eher über die Wirkung und weniger über die Darstellung. Die Voraussetzung dieser Entwicklung liegt in der grundlegenden »Arbeits- und Kompetenzenteilung [...] zwischen Erkenntnisrationalität, Verhaltensmoral und Sinnlichkeit«[130], die Kant in der *Kritik der Urteilskraft* durchgeführt hat und die dem autonomen Status der ›Institution Kunst‹[131] in der bürgerlichen Gesellschaft den Bauplan liefert. Diese Entmischung erst bewirkt, daß ›Kunst‹ als ein unterschiedliche Teilbereiche zusammenfassender allgemeiner Terminus gebräuchlich wird. Zwar können sich in diesem Rahmen die künstlerischen Verfahren gewissermaßen rein entfalten, so Bürger, koppeln sich aber mehr und mehr von allen lebenspraktischen Bezügen ab. Die Kunst ist zwar autonom (wo das ästhetische Urteil regiert, sollte das moralische schweigen – die Immoralismusprozesse im 19. Jh. zeigen die progressive Seite dieses Konzepts ex negativo), zugleich aber politisch relativ folgenlos; die Trennung von Kunst und Politik

---

124 PIERRE BOURDIEU, Einleitung, in: Bourdieu, Die feinen Unterschiede. Kritik der gesellschaftlichen Urteilskraft, übers. v. B. Schwibs/A. Russer (Frankfurt a. M. 1987), 21, 23; vgl. BOURDIEU, La distinction. Critique social du jugement (Paris 1979), 32.
125 Ebd., 20, 25; vgl. frz., 41.
126 FRANÇOIS-OLIVIER ROUSSEAU, La gare de Wannsee (Paris 1988), 41.
127 BENJAMIN, Volkstümlichkeit als Problem (1935), in: BENJAMIN, Bd. 3 (1972), 451.
128 BRECHT, Kleines Organon für das Theater (1948), in: BRECHT, Bd. 16 (1967), 661.
129 BRECHT, Buckower Elegien (1953), in: BRECHT, Bd. 10 (1967), 1018.
130 W. F. HAUG, Die Einräumung des Ästhetischen im Gefüge von Arbeitsteilung, Klassenherrschaft und Staat, in: Haug, Pluraler Marxismus, Bd. 2 (Berlin 1987), 105.
131 Vgl. P. BÜRGER, ›Institution Kunst‹ als literatursoziologische Kategorie; in: Bürger, Vermittlung – Rezeption – Funktion (Frankfurt a. M. 1979), 173–199.

legitimiert eine Konstruktion des Alltagslebens, in dem belohnt wird, wer nur eine Moral kennt: die des Geschäftemachens. Stehen bei Bourdieu die Avantgardebewegungen von vornherein unterm Zeichen einer Dominanz des Ästhetischen, die sich immer zugunsten der Distinktionsbedürfnisse der Herrschenden ausmünzt, so kann Bürger der Avantgarde eine (alltags-)kritische Dimension abgewinnen: Der avantgardistische Bruch mit den alltäglichen Wahrnehmungsweisen innerhalb einer zweckrational geordneten Gesellschaft – Benjamin sprach von einer »rücksichtslosen Vernichtung der Aura«, indem den Hervorbringungen »mit den Mitteln der Produktion das Brandmal einer Reproduktion«[132] aufgedrückt werde – beanspruche eben die Rückführung der im ›Ästhetizismus‹ radikal selbstgenügsam gewordenen Kunst in Lebenspraxis. Die damit postulierte Konzeption des Intellektuellen als eines Akteurs gesellschaftlicher Veränderung hat stets die Reaktion der konservativen Kulturkritiker hervorgerufen, denen zufolge der Angriff auf die Autonomie der Kunst nur die Aufhebung von Kunst und Leben im totalitären Spektakel – dem faschistischen wie dem sozialistischen gleichermaßen – bewirkt hat, als hätten die Avantgardisten selbst die Krise hervorgerufen und nicht die kapitalistische Entwicklung, auf die jene reagierten. Solche Vereindeutigung kaschierte den Widerspruch, daß genau die Gesellschaftsordnung verteidigt wurde, die eben die Zerstörung der Werte, die vielstimmig beklagte, betrieb. Akzeptabel erschienen jene Werte nur, solange die Gefährlichkeit des in ihnen enthaltenen kritischen Potentials durch die Verbannung ins autonome Kunstwerk neutralisiert war. Die Denunziation der Avantgarde als totalitär galt deren Versuch der Verwirklichung dessen, was bislang stets nur versprochen worden war: liberté, égalité, fraternité.[133] Der antiaufklärerische Impuls der konservativen Denunziation lag offen zutage, als die avantgardistische Rückführung von Kunst in Lebenspraxis der bedeutsamsten gesellschaftlichen Emanzipationsbewegung in der zweiten Hälfte des 20. Jh. eines ihrer Stichworte lieferte: ›L'art est mort. Créons notre vie quotidienne‹, war 1968 auf Pariser Hauswänden zu lesen.

2. Die ›nicht mehr schönen Künste‹

›Kunst‹ wurde in toto verworfen, weil ihr gesellschaftlicher Ort mit dem Establishment identifiziert, ihre Funktion unverrückbar auf Herrschaftssicherung und Flucht aus der Wirklichkeit festgelegt schien. Die »Singularisierung der Künste zur einen, autonomen Kunst«[134] und deren Einpassung ins System bürgerlicher Herrschaft erschien als Prozeß, dem noch in der Gestalt abstrakter Negation der Stempel der Unumkehrbarkeit aufgedrückt wurde. Die Entdeckung der ›nicht mehr schönen Künste‹ durch die Forschungsgruppe *Poetik und Hermeneutik* fiel nicht zufällig in die zweite Hälfte der 60er Jahre – ein Unternehmen, das sich einerseits mit der radikalen Kunstkritik verbündete, insofern es gegen die Verfechter eines traditionellen Begriffs des Ästhetischen, der »aus dem Schein seiner normativen Selbstverständlichkeit« gelöst werden sollte, Stellung bezog. Andererseits ging es, indem die im »überkommenen Begriff der Ästhetik liegende Begrenzung des ›Ästhetischen«[135] zum Gegenstand der Befragung gemacht wurde, nicht um ein ›Die-Kunst-ist-tot‹-Manifest, sondern um die Legitimierung der bislang aus dem Kanon des Schönen ausgeschlossenen oder an den Rand verwiesenen Kunst, mithin die Freisetzung eines neuen, nicht mehr exklusiven ästhetischen Bewußtseins: »daß Kunst aus und gegen Kunst entsteht«, daß sie immer auch »Reflexionsmedium von ›Außerästhetischem«[136] ist – ein Standpunkt, den Wolfgang Preisendanz an Heines Schreibweise exemplarisch veranschaulichte. So wurden Brücken gebaut über den Abgrund, den der autonome Kunstbegriff zur Kultur des Alltags hin, zu Politik, Belehrung, Unterhaltung, Geselligkeit usw. aufgerissen hatte.[137]
Dem starren Blick auf die eine, autonome Kunst blieb die Dialektik verborgen, die sich nicht ein-

---

132 BENJAMIN (s. Anm. 117), 502.
133 Vgl. RUSSELL A. BERMAN, Konsumgesellschaft. Das Erbe der Avantgarde und die falsche Aufhebung der ästhetischen Autonomie, übers. v. B. Diefenbach, in: C. u. P. Bürger (s. Anm. 11), 62.
134 JAUSS (s. Anm. 112), 158.
135 JAUSS, Vorwort, in: Jauß (s. Anm. 7), [nicht pag.].
136 WOLFGANG PREISENDANZ, [Diskussionsbeitrag], in: Jauß (s. Anm. 7), 708.
137 Vgl. JAUSS (s. Anm. 10), 221f.

fach auf den »Verlust an sozialer Wirkung« beziffern ließ, sondern eine »neue Polyfunktionalität der Kunst in der Lebenswelt des 19. Jahrhunderts«[138] hervorgebracht hatte. Im 19. Jh. wird die Technik/Industrie zur Alltagskunst par excellence. Gustave Flauberts ästhetische Utopie, ein »livre sur rien« zu schreiben, das seinen Daseinsgrund allein in der »force interne de son style«, in der Ermöglichung einer »manière absolue de voir les choses«[139] findet, wird von Benjamin einerseits als Protest gegen die Auslieferung der Kunst an den Markt verstanden, andererseits als der Versuch, »die Kunst gegen die Entwicklung der Technik abzudichten«[140] – um den Preis, daß die ›Dinge‹ der Technik überlassen wurden, damit sich im Gegenzug die Kunst die exklusive Zuständigkeit für die ›Sehweise‹ sichern konnte. Das *Passagen-Werk*, »formal ein Anti-Werk«[141], ist nicht zuletzt ein Versuch, die Signatur der heraufziehenden kapitalistischen Moderne im Horizont einer Alltagsästhetik zu begreifen, in der die Relativität der am Muster der autonomen Kunst gebildeten Maßstäbe greifbar wird: Daß sie ihr Terrain verteidigen muß, offenbart gerade ihre prekär gewordene Stellung. Der Streit zwischen Malerei und Photographie im Laufe des 19. Jh. um den Kunstwert ihrer Produkte, so Benjamin, habe die andere, wichtigere Frage verdeckt, »ob nicht durch die Erfindung der Photographie der Gesamtcharakter der Kunst sich verändert habe«, indem durch die Loslösung der Kunst von ihrem kultischen Fundament »der Schein ihrer Autonomie«[142] auf immer erloschen sei. Die Vertreter der ›Pop-art‹ werden ihren ästhetischen Führungsanspruch gerade darauf gründen, daß ihre Kunst unmittelbar »expression of our industrialized mass-production society«[143] sei; indem sie beliebige Dinge des täglichen Gebrauchs in einem »Akt der Isolation«[144] ergreifen (man denke an die fulminante Karriere der Bierdose), stellt sich Benjamins Frage nach dem »Gesamtcharakter der Kunst« auf neue Weise: Daß es mit dem Schein der Autonomie endgültig vorbei ist, zeigt sich in der ›Pop-art‹ gerade daran, daß sie nicht mehr unter die Kategorie eines »Grenzphänomens des Ästhetischen« subsumierbar ist, eben weil die Phänomene des täglichen Lebens ihr unmittelbares Medium bilden und damit alles, »was man früher einmal Kunst nannte«, in eine »Grenzsituation«[145] versetzt wird. So konnte gesagt werden, daß die »kulturhistorisch bedeutendste Folge der Avantgarde die Ästhetisierung des Alltagslebens«[146] ist. Im 19. Jh. entfaltet der normative ästhetische Kanon noch genügend Prestige, um den öffentlichen Inszenierungen dessen, was unmittelbar das Alltagsleben bestimmt, die erprobten expressiven Formen zu bieten: Die Straßenzüge, die Baron Georges Eugène Haussmann durchs alte Paris schlagen ließ, wurden »vor ihrer Fertigstellung mit einem Zelttuch verhangen und wie Denkmäler enthüllt«[147]. Kein Genie, ein Sammler (und als solcher in einem anderen Sinne genial) ist es, der die disparatesten Elemente zusammenträgt, die nur das eine gemeinsam zu haben scheinen, daß ihnen im Reich der autonomen Kunst kein Bürgerrecht zukommt – Eisenkonstruktionen, Mode, Langeweile, Warenhäuser, Prostitution, Marx[148] usw. So wird – durch das Fragmentarische des *Passagen-Werks* hindurch – die neue Zeit als bestimmter Wirkungszusammenhang von Produktions- und Lebensweise faßbar. Daher auch Benjamins Interesse für Eduard Fuchs, den Sammler, der die Dinge in ihrem Umfeld, »in ihrem meist dürftigen Werkeltagskleid« präsentieren möchte so dem Ancien régime des jeweils individuell namhaft zu machenden Glanzstücks das Ende bereitet. Auch das schöne Kunstwerk hat vom Standpunkt solcher Sammeltätigkeit den Vorteil: Es soll ihm sein »Dasein in der Gesellschaft« zurückgegeben werden, womit es freilich seine Widersprüchlichkeit bekennen muß: »ein Dokument der Kultur« und »zugleich ein sol-

---

138 JAUSS (s. Anm. 112), 159.
139 GUSTAVE FLAUBERT an Louise Colet (16. 1. 1852), in: Flaubert, Correspondance, hg. v. J. Bruneau, Bd. 2 (Paris 1980), 31.
140 BENJAMIN (s. Anm. 113), 56.
141 W. F. HAUG [Vorwort], in: Gramsci, Gefängnishefte, hg. v. K. Bochmann u. a., Bd. 1 (Hamburg 1991), 8.
142 BENJAMIN (s. Anm. 117), 486.
143 JOHN RUBLOWSKY, Pop Art (New York 1965), 13; vgl. JÜRGEN WISSMANN, Pop Art oder die Realität als Kunstwerk, in: Jauß (s. Anm. 7), 509f.
144 IMDAHL, [Diskussionsbeitrag], in: Jauß (s. Anm. 7), 703.
145 CLEMENS HESELHAUS, [Diskussionsbeitrag], in: Jauß (s. Anm. 7), 704.
146 BERMAN (s. Anm. 133), 62.
147 BENJAMIN (s. Anm. 113), 56.
148 Vgl. ebd., 81.

ches der Barbarei zu sein«[149]. Der bekannte Satz schärft ein, daß die kulturellen Objektivationen nicht die Fixsterne am ideologischen Himmel des zeitlos Guten, Wahren und Schönen sind und sich nicht nur den »großen Genien« verdanken, »sondern in mehr oder minderem Grade auch der namenlosen Fron ihrer Zeitgenossen« (476).

3. Kulturindustrie, Warenästhetik und Modellierung der Sinnlichkeit

Kunst, die in den »Dienst des Kaufmanns« tritt, und die Verwendung von Materialien aus den avanciertesten Produktionstechniken – Glas, Gußeisen und Gasbeleuchtung – bilden eine Konstellation, in der das »circensische und schaustückhafte Element des Handels« sich »ganz außerordentlich«[150] steigert. Was Benjamin in seinen Anfängen beobachtet, hat sich für Horkheimer und Adorno zum geschlossenen Entfremdungszusammenhang der »Kulturindustrie« verdichtet, die »alles mit Ähnlichkeit« schlägt und in der jede ästhetische Manifestation nur mehr »das Lob des stählernen Rhythmus« verkündet. Wo die kulturellen Produkte »nichts sind als Geschäft«, brauchen sich Kino und Rundfunk »nicht mehr als Kunst auszugeben«[151]. Wo Auerbach den Produkten und Formen einer massenhaft verbreiteten Alltagsästhetik noch ein zivilisierendes Moment zuerkennt (das er der Politik abspricht) – im »Ästhetischen üben wir unsere Anpassung an verschiedene Kulturformen [...] zuweilen sogar im Kino, beim Durchblättern

einer illustrierten Zeitschrift oder selbst beim Anblick der Reklameschriften von Reiseagenturen«[152] –, vermögen Horkheimer und Adorno nur noch die »Verkümmerung der Vorstellungskraft und Spontaneität des Kulturkonsumenten«[153] zu konstatieren. Roland Barthes hingegen verdächtigte in seinen *Mythologies* (1957) die Phänomene der Alltagskultur nicht von vornherein als Vorboten eines unabwendbaren Verhängnisses: Die falsche Natürlichkeit der bürgerlichen Gesellschaft sollte gerade an den Orten ihrer größten Selbstverständlichkeit aufgespürt und gebrochen werden. Indem er aus dem ungeheuren Stoff des Alltäglichen metonymische Details herausschneidet – Beefsteak mit Pommes frites, den Schriftsteller in den Ferien, den neuen Citroën –, demonstriert er den Produktionsprozeß jener falschen Natürlichkeit mittels eines Verfahrens, das als Benennung/Entnennung (frz. ›dénomination‹ erlaubt dieses Wortspiel) identifiziert wird: Die bürgerliche Gesellschaft ist ›société anonyme‹ (frz. Aktiengesellschaft), also eine Gesellschaft, die sich benennt, indem sie sich zugleich entnennt, d. h. anonym bleibt.[154] Barthes wurde so zum Stichwortgeber eines neuen Denkstils: Indem er seine Phänomene als ›Sprache‹ analysierte, brach er mit der traditionellen Fixierung auf ›hohe Kultur‹ und deren privilegierte sprachlich-literarische Erscheinungsformen und zog die Saussuresche Semiologie aufs Gebiet ideologiekritischer Analyse.

Der von Wolfgang Fritz Haug eingeführte Begriff der Warenästhetik zielt auf ein Denken des Funktionszusammenhangs von Kunst/Kultur/kapitalistischer Produktion, das mit der theoretischen Grammatik von ›Kulturindustrie‹ nicht kompatibel ist. Das Kernstück der von Haug vorgelegten »Sozioanalyse des Schicksals der Sinnlichkeit und Entwicklung der Bedürfnisse im Kapitalismus«[155] betrifft die Ableitung des warenästhetischen Funktionszusammenhangs aus dem Widerspruch im Tauschverhältnis und damit dessen Fundierung in den Verkehrsformen der bürgerlichen Gesellschaft, die dadurch zur Kenntlichkeit verändern: Während für den Käufer das Produkt allein unterm Gesichtspunkt seines Gebrauchswerts relevant ist, interessiert den Verkäufer einzig die Realisierung des Tauschwerts, von dessen Standpunkt der Gebrauchswert wiederum nur der Köder – schon der

---

149 BENJAMIN, Eduard Fuchs, der Sammler und der Historiker (1937), in: BENJAMIN, Bd. 2/2 (1977), 502f., 477.
150 BENJAMIN (s. Anm. 113), 45, 93.
151 MAX HORKHEIMER/THEODOR W. ADORNO, Dialektik der Aufklärung (1947), in: ADORNO, Bd. 3 (1981), 141f.
152 AUERBACH (s. Anm. 45), 13.
153 HORKHEIMER/ADORNO (s. Anm. 151), 148.
154 Vgl. BARTHES (s. Anm. 73), 704; THOMAS LAUGSTIEN, ›Diskursanalyse‹, in: HAUG, Bd. 2 (1995), 737.
155 W. F. HAUG, Kritik der Warenästhetik (Frankfurt a. M. 1971), 7.

junge Marx verwendet diese Metapher[156] – ist, der den Griff zur Brieftasche auslösen soll. »Dem einen gilt die Ware als Lebensmittel, dem andern das Leben als Verwertungsmittel.« Daher der besondere Akzent, der auf der »Erscheinung des Gebrauchswerts« liegt, dem »Gebrauchswertversprechen«, dessen Produktion sich von der des Gebrauchswerts ablöst und als »ästhetische Abstraktion« (Oberfläche, Verpackung, sexueller Schein) Gegenstand einer eigenen Industrie wird. »Sinnlichkeit und Sinn der Sache«[157] werden getrennt verfügbar. Die gängig gewordene Rede etwa vom »ästhetisch ambitionierten Design des französischen Denkens« zeigt nur, daß die Produkte des Denkens sich längst am Markt bewähren müssen und nach derselben Logik der Produktion des ästhetischen Gebrauchswertversprechens funktionieren. Die ursprünglich im Kreis von *Poetik und Hermeneutik* diskutierte Frage, »wie die verschiedensten Medien [...] an uns appellieren«, stachelte den Ehrgeiz an, einen »Werbetext für das amerikanische Fernsehen zu verfassen« – ein Unterfangen, bei dem die Forschungsarbeit sich daran bewährte, daß das semiotisch professionell hergestellte Gebrauchswertversprechen – Wolfgang Iser konstatiert dies nicht ohne Stolz – teilweise zu »hohen Verkaufsquoten«[158] geführt hat.

Der Begriff der Ästhetisierung bekommt im Zusammenhang der Warenästhetik eine scharfe sozioanalytische Kontur: Ästhetisierung wird erkennbar als Abstraktion des Ausdrucks vom Bedürfnis, so daß die Massen, wie Benjamin für den deutschen Faschismus bemerkte, zwar zu ihrem Ausdruck, nicht aber zu ihrem Recht kommen.[159] Die »Politikhülle«, die nach der Zerschlagung der Arbeiterbewegung, der Gewerkschaften, der parlamentarischen Formen usw. geblieben war, wurde sorgfältig mit einem »ästhetischen Abzug« der Arbeiterbewegung drapiert und »nach neuesten Einsichten und unter Verwendung markt- und industrieerprobter Sozialtechniken, nicht zuletzt made in USA«[160], gestaltet.

Erschien Reklame zunächst als ein »Grenzphänomen des Ästhetischen«[161], so wird vom Standpunkt der Warenästhetik, die einen integralen Funktionszusammenhang zum Thema macht, das Ästhetische als Modellierung der Sinnlichkeit greifbar und nicht länger als ein dem eigentlichen Ästhetischen untergeordneter Funktionskreis marginalisiert. Die Klage über kulturelle Entfremdung – der Boden, auf dem die modernen Lebenslehren gedeihen und die heutigen ›Moralisten‹ unterschiedlichster Couleur sich ein Stelldichein geben – wird durch die Untersuchung warenästhetischer Modellierung der Sinnlichkeit perspektiviert auf die »Entwicklung kultureller Handlungsfähigkeit von unten«[162]. Damit wird das seit der *Dialektik der Aufklärung* auf diesem Feld dominierende Entfremdungsparadigma, in dem die Reproduktion des Gegebenen als bloßer Effekt der »objektiven Beschaffenheit«[163] der Kulturwaren selbst erschien, in eine Konzeption überführt, in der das Verhältnis von Subjekten und Struktur dynamisiert und als aktives aufgefaßt wird.

4. Bruch mit dem Entfremdungsparadigma: kulturelle Produktion

Die Eigentätigkeit der Individuen, ihre widersprüchliche Einlassung in die entfremdeten Verhältnisse und damit auch Ansatzpunkte, von denen aus diese Verhältnisse zu überwinden wären, waren in der Optik Horkheimers und Adornos verschüttet. Was ›tun‹ die Verbraucher mit den erworbenen Produkten? Daß hier überhaupt eine kritische Frage sich auftun kann, ist nicht zuletzt das Verdienst Michel de Certeaus, der jeden Konsumtionsakt als Produktionsakt »production silencieuse«, »quasi invisible«, »rusée« und »dispersée« – begreift. Was landläufig »consommation« heißt, erweist sich als eine »*autre* pro-

---

156 Vgl. MARX, Ökonomisch-philosophische Manuskripte (1844), in: MEW, Ergänzungsband 1 (Berlin 1981), 547.
157 HAUG (s. Anm. 155), 16, 17, 60.
158 WOLFGANG ISER/ELLEN SPIELMANN [Gespräch], Neu starten, Spurenwechsel: Poetik und Hermeneutik, in Exportprodukt, in: Weimarer Beiträge 44 (1998), 93f.
159 Vgl. BENJAMIN (s. Anm. 117), 506.
160 HAUG (s. Anm. 155), 171.
161 KARLHEINZ STIERLE, [Diskussionsbeitrag], in: Jauß (s. Anm. 7), 696.
162 HAUG, Warenästhetik und kapitalistische Massenkultur, Bd. 1 (Berlin 1980), 10.
163 HORKHEIMER/ADORNO (s. Anm. 151), 148.

duction«[164], die sich nicht durch ihre Produkte äußert, sondern durch die Umgangsweise, den Gebrauch, der von den industriell verfertigten Produkten gemacht wird. Wie schon für die Indígenas und deren aktiven Umgang mit der durch die Kolonisatoren aufgezwungenen Kultur gelte auch für die modernen ›Konsumenten‹ in den entwickelten kapitalistischen Zentren, daß »la force de leur différence« in den »procédures de ›consommation‹« (12) liegt. De Certeau ist unerschöpflich im Auffinden solcher Differenzen – »coins d'ombres et de ruses […] dans l'univers de la transparence technocratique« (60). Freilich läßt sich fragen, wie weit die Frontstellung gegen die *Dialektik der Aufklärung* tatsächlich reicht, scheint doch die Herrschaft von »rationalités nivelatrices« (35) eine aller »production silencieuse« (24) vorausgesetzte Selbstverständlichkeit zu sein. Indem alle Gegen-Kunst nur als »art d'utiliser« (15), als Kunst des Ausnützens von Gelegenheiten erscheint, die man nicht ›machen‹ kann, haftet de Certeaus Begriff der kulturellen Produktion etwas von der Ohnmacht der dem ›stählernen Rhythmus‹ Unterworfenen an. Die überall und pausenlos sprießenden Aktivitäten der »producteurs méconnus« (19) – ihr ›Wildern‹ in Büchern, im Film, in der Sprache –, alle diese »incongruités de l'autre« (338) gewinnen nie die Kohärenz, welche die Voraussetzung wäre für den Bruch mit dem herrschenden Produktivismus: lauter Eulenspiegel, die sich gekonnt in den Ware-

Geld-Beziehungen bewegen[165] und die ihre Intelligenz auf Bauernschläue reduziert haben – erpicht auf Erfolg in der Subalternität.

De Certeaus Lob der Differenzen ist blind für die Dialektik, mit der die Bedingungen des eigenen Unterworfenseins in den unzähligen von ihm beschriebenen Formen alltäglichen Widerstands reproduziert werden. Genau das ist der Gegenstand der Untersuchungen von Paul Willis zur Kultur englischer Arbeiterjugendlicher[166]: Sie sind mit allen Wassern gewaschen, kennen alle Schliche und Finten, und es sind ebendiese Widerstandsformen gegen die herrschende Kultur, welche die Jugendlichen auf die unteren sozialen Plätze festnageln. Bei de Certeau spielen die Kategorien Klasse, Rasse, Geschlecht keine Rolle; Willis zeigt, wie in der Gegenkultur männlicher weißer Arbeiterjugendlicher Elemente von ›Durchdringung‹ der herrschenden Existenzbedingungen – sie lassen sich nichts vormachen – mit Anti-Intellektualismus, Sexismus und Rassismus auf eine Weise verknüpft sind, welche eben die Trennungen reproduziert, auf denen die Stärke der herrschenden Klassen beruht. Willis' Begriff von kultureller Produktion meint – ähnlich wie der de Certeaus – die aktive Erkundung und Verwendung der materiellen Existenzbedingungen, die nicht einfach gegeben sind und passiv den in ihnen Handelnden auferlegen, sondern deren Sinnhaftigkeit zuallererst produziert werden muß.[167] ›Symbolische Kreativität‹ ist folglich kein luxurierender Überschuß, der zum eigentlichen Alltagshandeln bloß hinzukommt, sondern »integral part of necessary work«[168] selbst, d.h. der Arbeit, die zur Sicherung der alltäglichen Produktion und Reproduktion menschlicher Existenz wesentlich ist.

Kleidung, Musik, Fernsehen, Zeitschriften, Schlafzimmerdekoration, Liebesrituale[169] – um den Alltag als Gegenstand ästhetischer Gestaltungen ernst nehmen zu können, bedurfte es des Bruchs mit dem Entfremdungsparadigma, das ›Kunst‹ und – deren subjektive Seite – ›Geschmack‹ spontan dem kulturellen Kode der Oberschichten identifiziert und den Alltag als Kulturwüste erscheinen läßt, der durch die große Kunst zuallererst missioniert werden muß. Valerie Walkerdine ist davon überzeugt, daß die in den 50er Jahren der Popularkultur – besonders in Filmen

---

164 MICHEL DE CERTEAU, L'invention du quotidien, Bd. 1 (Paris 1980), 24, 11; dt.: Kunst des Handelns, übers. v. R. Vouillé (Berlin 1988).
165 Vgl. HAUG, Die Einübung bürgerlicher Verkehrsformen bei Eulenspiegel, in: Otto A. Böhmer u. a., Vom Faustus bis Karl Valentin. Der Bürger in Geschichte und Literatur (Berlin 1976), 4–27.
166 Vgl. PAUL WILLIS, Learning to Labour. How Working Class Kids Get Working Class Jobs (Farnborough 1977); dt.: Spaß am Widerstand, übers. v. N. T. Lindquist (Frankfurt a. M. 1979).
167 Vgl. WILLIS, Erziehung als Spannungsfeld zwischen Reproduktion und kultureller Produktion, übers. v. R. Nemitz, in: Das Argument 179 (1990), 13.
168 WILLIS, Common Culture: Symbolic Work at Play in the Everyday Cultures of the Young (Milton Keynes 1990), 9; dt.: Jugend-Stile. Zur Ästhetik der gemeinsamen Kultur, übers. v. T. Laugstien (Hamburg 1991).
169 Vgl. ebd., 2.

– verbreiteten Erzählungen vom sozialen Aufstieg mittels Bildung ihr »in weit größerem Maße« zur späteren Professur verholfen haben als die kulturellen Angebote der Schule. Damit soll allerdings nicht einfach das Gegenteil behauptet werden, daß die Popularkultur etwas an sich ›Gutes‹ sei, sondern es geht um die »Rolle, die das Populare in der Konstruktion unterdrückter Subjekte einnimmt«[170]. Indem Willis das ästhetische Handeln an seine ursprünglichen Quellen im Alltagshandeln zurückbindet, erneuert er zugleich die Frage nach der Gesellschaftlichkeit des Individuums, das weder als bloßer Struktureffekt des Ökonomischen noch in idealer Unabhängigkeit von den Notwendigkeiten alltäglicher Existenzsicherung konzipiert wird.

»High art« erscheint folglich als ein historisch später Spezialfall eines Allgemeinen: symbolischer und kommunikativer Alltagsarbeit, in der wir »remake the world for ourselves«[171] und umgekehrt, kurz, uns vergesellschaften. Wie im 18. Jh. das Denken entschieden im Horizont seiner praktischen Relevanz interessierte, so daß ein Muratori dem Erfinder der Strumpffabrikationsmaschine den Titel ›Philosoph‹ zusprechen konnte[172], so haben im 20. Jh. Kommerz und Konsum zu einer »profane explosion of everyday symbolic life and activity«[173] beigetragen, in dessen Horizont alle Menschen ›Künstler‹ sind.

IV. Alltag als Gegenstand ästhetischer Gestaltungen

1. ›Über die ernste Nachahmung des Alltäglichen‹: Erich Auerbachs Stilkritik

»Alltägliche Wirklichkeit ist der privilegierte Gegenstand der Kunst seit ihrem Heraustreten aus religiösen bzw. aristokratisch bestimmten Lebensordnungen.«[174] Alle Kunst, sobald sie ihren Autonomiestatus im 18. Jh. erobert hat, läßt sich infolgedessen nach dem Muster von Nähe/Ferne zu den Konventionen alltäglicher Erfahrung gruppieren; der klassische realistische Roman unterscheidet sich dann nur mehr graduell von hermetischer Lyrik. Auch Auerbach hat den Alltag – genauer: die ernste Nachahmung des Alltäglichen – zum Bezugspunkt einer Geschichte der abendländischen Literatur gemacht, allerdings ohne das 18. Jh. zur Wasserscheide zwischen einer der alltäglichen Wirklichkeit abgewandten und einer wesentlich auf diese bezogenen Kunst zu erklären. Gerade die fraglose Gültigkeit der christlichen Weltverhältnisse, so Auerbach, nimmt etwa der mittelalterlichen Bühnenkunst jede »Scheu vor dem Alltäglichen, Niedrigen und Komischen innerhalb des Ernsten und Tragischen«[175]; sie ist, wenn man so will, stets aufs neue Inszenierung der Menschwerdung Gottes, der ›eines Knechts Gestalt‹ annimmt (wie es in einem populären Kirchenlied heißt) und so das Erhabene und Niedrige, Herrschende und Beherrschte gleichermaßen zur Nachfolge aufrufend, in eins inkarniert. Die Wirklichkeitsdarstellung in der Heiligen Schrift wird Auerbach als einen ›Stil‹ fassen, in dem – im Gegensatz zur antiken Poetik – ›sermo gravis‹ und ›sermo humilis‹ verschmelzen und so der ›Alltäglichkeit‹ ein Heimatrecht geben, das ihr in der Antike verwehrt war.

In dem 1937 im Istanbuler Exil veröffentlichten Aufsatz *Über die ernste Nachahmung des Alltäglichen* wird dieser neue Modus der Wirklichkeitsdarstellung noch allein an Beispielen der klassischen realistischen Literatur von Stendhal, Balzac und Flaubert entfaltet. In ihr, so die These, hat sich erstmals die »Einsicht in das innergeschichtlich-problematische Wesen der Alltäglichkeit«[176] durchgesetzt. In den älteren Farcen, Satiren, Grotesken, Genrebildern usw. habe man zwar allerhand über das »frühere Dasein im Alltag« erfahren, ohne jenes »innere Verstehen« (274) und jenen Ernst jedoch,

---

170 WALKERDINE (s. Anm. 64), 772, 774.
171 WILLIS (s. Anm. 168), I, II.
172 Vgl. KRAUSS, Der komparatistische Aspekt der Aufklärungsliteratur (1972), in: Krauss, Das wissenschaftliche Werk, Bd. 7 (Berlin 1996), 530f.
173 WILLIS (s. Anm. 168), 27.
174 HANS SANDERS, Postmoderne. Alltäglichkeit als Utopie, in: C. u. P. Bürger (s. Anm. 11), 76.
175 AUERBACH, Das französische Publikum des 17. Jahrhunderts (München 1933), 27.
176 AUERBACH, Über die ernste Nachahmung des Alltäglichen, in: Romanoloji Semineri Dergisi (Travaux du séminaire de philologie romane), Bd. 1 (Istanbul 1937), 292.

deren Voraussetzung »die Einsicht in die Geschichtlichkeit des Menschen und der Gesellschaft ist« – eine Erkenntnis, um derentwillen die vorliegende Untersuchung »vorzüglich« (282) geschrieben worden sei, wie Auerbach verrät. Auch wenn Auerbach mit dieser Konstruktion dem verbreiteten Vorurteil anhängt, der Aufklärung fehle es an »Einsicht in die Geschichtlichkeit« – wichtiger ist, daß er mit der Entdeckung des Alltäglichen eine »Wendung in der Geschichte der menschlichen Selbstanschauung« herausstellen kann, deren Provokation gerade darin besteht, daß sie jeden einzelnen einer ernsten Nachahmung für würdig hält – ungeachtet seiner Herkunft, seines Ranges, seines Geschlechts –, ausschließlich deshalb, »weil er ein Mensch ist und ein menschliches Schicksal hat« (292). Was wir an einem Werk »verstehen und lieben«, wird Auerbach 20 Jahre später gegen Ende seines Lebens schreiben, ist »das Dasein eines Menschen, eine Möglichkeit von uns selbst«[177].

Der Gegensatz zu Heideggers Begriff der »Alltäglichkeit des Daseins«, der das philosophische Bewußtsein bis heute dominiert (vgl. den Eintrag ›Alltäglichkeit‹ im *Historischen Wörterbuch der Philosophie*, der sich in einer bloßen Zitatkollage aus Heideggers *Sein und Zeit* erschöpft), könnte nicht größer sein. Wo Auerbach einen geschichtlich bestimmten Begriff von Alltäglichkeit konstruiert, der unlösbar mit den Ideen von 1789 verknüpft ist, bezeichnet er bei Heidegger einen »positiven phänomenalen Charakter« alles Seienden: die Sphäre der »Entfremdung«, der »Uneigentlichkeit«, des »Man«, »wo das lauteste Gerede und die findigste Neugier den ›Betrieb‹ im Gang halten«, kurz, einen defizienten Seinsmodus, der »den Mut vor der Angst vor dem Tode nicht aufkommen« läßt, weil sich das Dasein »im Modus des Besorgens einer unbehelligten Gleichgültigkeit gegen die äußerste Möglichkeit seiner Existenz«[178] bewegt. Die so gefaßte »durchschnittliche Alltäglichkeit« (43 u. 254) impliziere keine »negative Bewertung« (175), betont Heidegger immer, aber die in die Wortwahl gesteckte Botschaft, die kaum hermeneutische Anstrengung verlangt, um verstanden zu werden, dementiert die ausdrückliche Rede. Der Auerbachsche ›Mensch‹ in seiner ›Würde‹ wird bei Heidegger zum Frontsoldaten, der den unausgewiesenen Fluchtpunkt seiner Analyse der Alltäglichkeit bildet und der nichts so nötig hat wie den »Mut vor der Angst vor dem Tode« (254) und der diesen Mut findet, nicht im bloßen »Mitsein mit Anderen« (263), sondern in der Bewährung in der »äußersten Möglichkeit seiner Existenz« (255), dem »Sein zum Tode« (262 f.).

Der Heidegger-Schüler Karl Löwith – wie Auerbach ein nach 1933 ins Exil Getriebener, der auf die Freundlichkeit seiner Gastgeber angewiesen ist – wird genau an dieser radikalen Vereinzelung des Heideggerschen Daseins ansetzen, um es in Richtung des »Miteinanderseins« auszuarbeiten, denn das Dasein ist »wesentlich ein mit andern kommunizierendes Dasein im Mit-sein und kein bloßes Nebeneinander«[179]. Während Heidegger in einer Welt allseitiger Bedrohung des bewegenden Individuen das Sich-Einrichten in der schützenden Hülle eines alltäglichen Miteinanderseins gerade zu verlegen trachtet (»alles Große steht im Sturm«[180], so artikuliert Heidegger – im Sprachmaterial Platons – in seiner *Rektoratsrede* 1933 den Moment der Machteinsetzung der Nazis), spricht Auerbach bescheiden von der »Aufgabe, sich ohne feste Stützpunkte in der Existenz Wohnlichkeit zu schaffen«. Diese Aufgabe sieht er erstmals bei Montaigne formuliert, dessen »Abneigung gegen die schulmäßigen Systeme der Moralphilosophie« ihren Antrieb in dem Wunsch hat, das »alltägliche, gewöhnliche und spontane Verhalten der Menschen zu erfahren«[181]. Unter dem Eindruck der Lektüre von Werner Krauss' in den Todeszellen der Nazis entstandenen Roman *PLN* (1946) bekennt Auerbach, daß er sich nicht vorstellen könne, »wie man von dieser Grundlage zu einer nur halbwegs stabilen und wenig entspannten Alltäglichkeit des Le-

---

177 AUERBACH (s. Anm. 45), 14.
178 MARTIN HEIDEGGER, Sein und Zeit (1927; Tübingen 1993), 43, 174, 254f.
179 KARL LÖWITH, Das Individuum in der Rolle des Mitmenschen, in: Löwith, Mensch und Menschenwelt, hg. v. K. Stichweh (Stuttgart 1981), 187; vgl. auch 96.
180 HEIDEGGER, Die Selbstbehauptung der deutschen Universität (Breslau 1933), 22.
181 AUERBACH, Mimesis. Dargestellte Wirklichkeit in der abendländischen Literatur (1946; Bern 1977), 296, 289, 287.

bens zurückkehren kann«[182]. ›Wohnlichkeit‹ und nicht die Heideggersche ›authentische Existenz‹, die ihre ›Eigentlichkeit‹ allein im Horizont soldatischer Opferbereitschaft gewinnt, verbindet sich bei Auerbach mit dem Begriff der Alltäglichkeit (Gumbrecht verwischt diesen fundamentalen Gegensatz, wenn er meint, die Heideggersche »Authentizität« sei zu einem »Leitmotiv in Auerbachs Leben«[183] geworden).

Die ernste Nachahmung des Alltäglichen ist der rote Faden, mit dem Auerbach in der Folge die abendländische Literatur von Homer bis Virginia Woolf – jenseits nationalphilologischer Bornierungen – in einer zugleich offenen und kohärenten Struktur darstellen kann (vgl. *Mimesis. Dargestellte Wirklichkeit in der abendländischen Literatur*, 1946). Offen, weil diese jederzeit erweiterbar bleibt: Er selbst hat anläßlich der spanischen Übersetzung ein Cervantes-Kapitel hinzugefügt, und die in dem Band *Literatursprache und Publikum in der lateinischen Spätantike und im Mittelalter* (1958) veröffentlichten »Fragmente« versteht er ausdrücklich als »Ergänzungen zu Mimesis«[184]; kohärent, weil eine Literaturgeschichtsschreibung praktiziert wird, »die an die Stelle der üblichen Daten-, Namen-, Schulen- und Titelreihung die Einheit der Fragestellung setzte«[185]. Im Vergleich zu 1937 bedeutet dies eine ungeheure Ausweitung, die es erlaubt, die »Einheit des Europäischen«[186] zu betonen.

Zwei komplementäre Grundbegriffe geben der Fragestellung das Gerüst: Stiltrennung/Stilmischung. Dabei geht es um Gegenstand und Methode literarischer oder rhetorischer Darstellung, die sich gemäß der antiken Lehre von den drei Höhenlagen des Stils in einer Abstufung hoher (gravis), mittlerer (mediocris) und niederer (humilis) Dichtungs- und Redearten kristallisiert. Der Abstufung des Ausdrucks entspricht die Abstufung der Gegenstände. Entsprechend bekommen die Gattungen und rhetorischen Vorschriften Filterfunktion. Stiltrennung folgt dieser Logik hierarchisch angeordneter Gegenstände und bewirkt die radikale Entmischung von Hohem und Niederem, Tragischem und Komischem. Personen und Ereignisse von höchstem Rang und Wert geraten in die alleinige Zuständigkeit der Tragödie, »aus deren Umkreis die Alltäglichkeit so streng ausgeschlossen wurde, daß der tragische Held nicht einmal ein Taschentuch erwähnen oder nach der Zeit fragen durfte«[187]. Die Komödie schwankt zwischen Darstellungen des »bürgerlichen Alltags« und solchen, in denen ein zwielichtiges Personal auftritt, zu dem »geizige Greise, Parasiten, Dirnen, Sklaven, Hurenwirte usw.«[188] gehören. Diese Gattungs- und Stillehre wird zum Gemeingut aller auf Aristoteles sich berufenden Theoretiker. Die Komödie, faßt René Bray die Entwicklung zusammen, bringt Personen »de basse condition« auf die Bühne und bezieht ihre Handlungen aus der »vie quotidienne«[189], einem Alltäglichen freilich, dem – mit Auerbach zu sprechen – jede ›Würde‹ fehlt, weil ›ernste Nachahmung‹ allein den der Tragödie zugeordneten Gegenständen vorbehalten bleibt. Die klassische Stillehre, deren »ständische Umdeutung«[190] sich seit der Jahrtausendwende beobachten läßt, ist zugleich eine Gesellschaftslehre, in der die Zersetzung des Gemeinwesens entlang der Stände und Klassen naturalisiert ist (»Item sunt tres stili secundum tres status hominum«[191], heißt es im 13. Jh. bei Johannes von Garlandia; eine solche Stillehre gewinnt mit ihrer humanistischen Wiederentdeckung neue Anziehungskraft und behauptet sich in Frankreich in Gestalt der ›doctrine clas-

---

182 AUERBACH an Krauss (6. 3. 1947), in: Beiträge zur Romanischen Philologie 26 (1987), 324.
183 HANS ULRICH GUMBRECHT, ›Pathos des irdischen Verlaufs‹. Erich Auerbachs Alltag, in: P. Boden/H. Dainat (Hg.), Atta Troll tanzt noch. Selbstbesichtigungen der literaturwissenschaftlichen Germanistik im 20. Jahrhundert (Berlin 1997), 142.
184 AUERBACH (s. Anm. 45), 22.
185 HANS-JÖRG NEUSCHÄFER, Sermo humilis. Oder: was wir mit Erich Auerbach vertrieben haben, in: H.-H. Christmann/F.-R. Hausmann (Hg.), Deutsche und österreichische Romanisten als Verfolgte des Nationalsozialismus (Tübingen 1989), 91.
186 AUERBACH (s. Anm. 45), 23.
187 AUERBACH (s. Anm. 122), 145.
188 CURTIUS, Europäische Literatur und lateinisches Mittelalter (1948; Bern/München 1984), 390, Anm. 3.
189 RENÉ BRAY, La formation de la doctrine classique en France (Paris 1931), 333.
190 ERICH KÖHLER, Zum ›trobar clus‹ der Trobadors (1952), in: Köhler, Trobadorlyrik und höfischer Roman (Berlin 1962), 133.
191 JOHANNES VON GARLANDIA, Parisiana poetria de arte prosaica, metrica, et rithmica (um 1230), hg. v. T. Lawler (New Haven 1974), 86.

sique‹ bis zur Französischen Revolution.[192] »Le Comique ennemi des soupirs et des pleurs, / N'admet point en ses vers de tragiques douleurs«[193], lauten die berühmten, gegen Molière gerichteten Verse Boileaus. Die binäre Struktur dieser Lehre liefert der Artikulation literarischer Wertförmigkeit ein ideales Muster. Das Literarische gewinnt eine relativ autonome Bewegungsform, deren Konstitution sich exemplarisch an der *Querelle du Cid* (1637) studieren läßt[194], und qualifiziert sich dadurch zum vorzüglichen Ausdrucksmittel dessen, was als ›bienséant‹, als schicklich gilt. Die Entmischung von Hohem und Niederem funktioniert zugleich als eine von Gutem und Schlechtem. Ästhetische Gründe sind immer auch politische. Im übrigen gilt die Lehre von der Stiltrennung auch für die Malerei, deren Klassifizierungsprinzip sich ebenfalls von den dargestellten Gegenständen herleitet; der Holländer Samuel van Hoogstraten scheint einer der ersten, der dem Alltäglichen in der zweiten Hälfte des 17. Jh. immerhin einen mittleren Status einräumt.[195]

»Alltägliche Dinge aufs Geratewohl zu Papier oder zu Pergament zu bringen, hätte ein Mann wie Dante sich gescheut. Wir aber haben diese Ehrfurcht vor der unbeschriebenen weißen Fläche weitgehend verloren.«[196] Diese Äußerung, mit der Karl Vossler das Alltägliche mit dem Kunstlosen gleichsetzt und damit den gewissermaßen alltagsverständigen Begriff von Alltag voraussetzt, gibt Gelegenheit, Spezifik und Stärke von Auerbachs stilkritischem Begriff von Alltag genauer zu fassen.

---

192 Vgl. KÖHLER, Über die Möglichkeiten historisch-soziologischer Interpretation (aufgezeigt an französischen Werken verschiedener Epochen), in: Köhler, Esprit und arkadische Freiheit (Frankfurt a. M./ Bonn 1966), 83–103.
193 NICOLAS BOILEAU-DESPRÉAUX, L'art poétique (1674), in: BOILEAU, 178.
194 Vgl. PETER JEHLE, Zur Herausbildung des Staatstheaters in Frankreich, in: Projekt Ideologie-Theorie [HERBERT BOSCH u.a.], Der innere Staat des Bürgertums (Berlin 1987), 7–40.
195 Vgl. TZVETAN TODOROV, Éloge du quotidien. Essai sur la peinture hollandaise du XVIIe siècle (Paris 1997), 13.
196 KARL VOSSLER, Dante lesen – heute. In: Vossler, Aus der romanischen Welt, Bd. 1 (Leipzig 1940), 61.
197 AUERBACH (s. Anm. 181), 176, 177.

Dem stilkritischen Blick, der zunächst mehr aufs Wie als aufs Was achtet, zeigt sich bei Dante ein Nebeneinander »umgangssprachlicher Wendungen« und »Formungen von höchstem Pathos«[197]. Aber auch die Gegenstände sind »in einer nach antikischem Maß ungeheuerlichen Weise aus Erhabenem und Niedrigem gemischt«. Ja, Dante kenne, »wie jeder Leser weiß, keine Schranken in der genauen und unumschriebenen Nachahmung des Alltäglichen, des Grotesken und des Widrigen«. Kurz, nirgends werde »das Widereinander der beiden Traditionen, der antik stiltrennenden und der christlich stilmischenden, so deutlich« (177). Während Vossler sich für den hohen Ton Dantes nur abstrakt interessiert – losgelöst von der ›Welt‹, die in ihm zum Ausdruck kommt –, um ihn einer in ›alltäglicher‹ Gier auf Neuigkeiten befangenen Öffentlichkeit entgegenzuhalten, interessiert Auerbach die Spezifik jenes Realismus, der durch die Einführung des hohen Stils in die Darstellung einer christlich durchstrahlten geschichtlich-irdischen Welt entsteht. Es sei ein »figuraler Realismus«, in dem »jede irdische Erscheinung«, durch eine Fülle vertikaler Verbindungen, unmittelbar auf den Heilsplan der Vorsehung bezogen« (186) ist. Die Seelen, denen der Jenseits-Wanderer begegnet, gewinnen erst im Jenseits, durch das Urteil Gottes, »die wahre Wirklichkeit ihrer Gestalt; ihr Auftreten auf Erden war nur die Figur dieser Erfüllung«. Das Jenseits ist zwar ewig, zugleich aber, als Ort der Erfüllung der irdischen Figura, »erfüllt von Geschichte« (188 f.). So erfahre man, weit genauer als in der antiken Dichtung, »im zeitlosen Sein das innergeschichtliche Werden« (194). Noch die Schatten, denen Dante begegnet, sind so voll geschichtlichen Lebens, daß man Farinata bewundern und mit Cavalcante weinen muß.

2. Die widersprüchliche Dignifizierung des Alltags im modernen Roman

Zu Beginn seines zwischen 1938 und 1945 niedergeschriebenen *Curriculum vitae* stellt sich Victor Klemperer die bange Frage, ob er, der nur »Mittleres« geleistet habe, mit einer Lebensbeschreibung überhaupt auf Beachtung hoffen dürfe – aber nur, um die Bedenken sogleich zu zerstreuen mit der Überlegung, »daß gerade das Durchschnittliche ein

IV. Alltag als Gegenstand ästhetischer Gestaltungen

besonderes Recht auf Beachtung hat, weil es ja das Schicksal der allermeisten ist, zum Durchschnitt zu gehören, und daß eine der wesentlichen Entwicklungslinien des Literarischen vom Außergewöhnlichen und Romanhaften zu Alltag und Durchschnitt hin führt«[198]. Solche Dignifizierung des Alltäglichen außerhalb seiner Einbindung in die christliche Weltauffassung, wie in Kenntnis der Auerbachschen Studien präzisiert werden muß, gewinnt erstmals in den englischen Romanen des 18. Jh. Kontur (wobei diese, wie Wolfgang Iser meinte, ihre Wurzeln in der Seelentagebuchführung der schreibenden Puritaner haben[199]). Wie in der holländischen Genremalerei bereits im 17. Jh. sich die Darstellung von Alltagsszenen aus der Einbindung in eine religiöse Erzählung befreit und autonomen Status gewinnt, so im ›realistischen‹ Roman des 18. Jh., der seinen Ehrgeiz nicht mehr darein setzt, ein den Zuschauern oder Lesern bereits bekanntes Thema lediglich auf neue Weise in Szene zu setzen, sondern neue Gegenstände erschließt: Signatur der neuen Epoche, die den »Standpunkt des vereinzelten Einzelnen« erzeugt und sich gerade darin als »die der bisher entwickeltsten gesellschaftlichen […] Verhältnisse«[200] bekundet. Richardson schreibe für den »homme tranquille et solitaire«, beobachtet Diderot, nicht für den »homme frivole et dissipé«, der unempfänglich sei für die »caractères […] du milieu de la société« und für die Reize dessen, was »tous les jours«[201] passiert. Dasselbe gilt fürs Theater: Nach Diderot soll der Schauspieler keine legendären Helden mehr, sondern »Menschen aus der gegenwärtigen Gesellschaft« darstellen – eine Welt, »die uns im Alltag umgibt«[202]. Daß die Darstellung alltäglicher Szenen gerade in der niederländischen Malerei zuerst durchbricht, bringt Tzvetan Todorov mit der handelskapitalistischen Verfassung des Landes in Zusammenhang, das vom Kommerz alles, vom Krieg und den mit ihm verbundenen heroischen Wertetafeln nichts zu gewärtigen hatte.[203] Die neue Ästhetik des Alltags ist die des Dritten Standes. Werner Krauss bemerkte, daß erst »auf dem Boden der bürgerlichen Gesellschaft […] der Roman auch theoretisch als Gattung und zwar als die höchste unter allen poetischen Formen, faßbar«[204] wird. Der Grund ist, daß die Trennung des Privaten und Öffentlichen erst für die Lebensweise des Dritten Standes und damit für den Konstruktionsplan der bürgerlichen Gesellschaft konstitutiv wird; der Roman ist die Gattung, die sich die ästhetische Transposition dieser Trennung zur Hauptaufgabe macht – »transposition sur le plan littéraire de la vie quotidienne dans la société individualiste pour le marché«[205].

Jauß hat darauf aufmerksam gemacht, daß Diderots Dignifizierung der ›vérités de détail‹ – Voltaire wollte sie aus der Geschichtsschreibung ganz ausschließen – auf die Herstellung einer vollkommenen Illusion zielt, so daß der Leser vergißt, daß es sich lediglich um eine gelungene Nachahmung handelt. Allein die Wahrheit der Details verbürgt die Möglichkeit vollkommener Einfühlung, und lange vor dem avantgardistischen Projekt der Durchbrechung automatisierter Wahrnehmungsweisen ist für Diderot der vollkommene Romancier derjenige, der die gegebene Welt nicht einfach nachahmt, sondern zuallererst sichtbar macht, »was uns im alltäglichen Anblick der Dinge gemeinhin verborgen bleibt«[206]. So ist dem aufklärerischen Impuls, dem es um die Erfassung einer von heilsgeschichtlichen Erzählungen emanzipierten Wirklichkeit geht, von Anfang an das Wissen um die Notwendigkeit der Transformation des Gegebenen – auf daß es überhaupt wahrnehmbar werde – eingeschrieben. Der Roman verschiebt die klassische Norm der Naturnachahmung zunächst zu einem

---

198 KLEMPERER, Curriculum vitae. Jugend um 1900, Bd. 1 (Berlin 1989), 8.
199 Vgl. WOLFGANG ISER, [Diskussionsbeitrag], in: Jauß (s. Anm. 66), 190.
200 MARX, Grundrisse der Kritik der politischen Ökonomie (1857–1858; Berlin 1974), 6.
201 DIDEROT, Éloge de Richardson (1760), in: Diderot, Œuvres esthétiques, hg. v. P. Vernière (Paris 1959), 34, 31, 35.
202 HERBERT DIECKMANN, Das Thema des Schauspielers bei Diderot, in: Sinn und Form 13 (1961), 446.
203 Vgl. TODOROV (s. Anm. 195), 28.
204 KRAUSS, Zur französischen Romantheorie des 18. Jahrhunderts, in: Jauß (s. Anm. 66), 69.
205 LUCIEN GOLDMANN, Pour une sociologie du roman (Paris 1964), 36.
206 JAUSS, Nachahmungsprinzip und Wirklichkeitsbegriff in der Theorie des Romans von Diderot bis Stendhal, in: Jauß (s. Anm. 66), 162.

»découvrir ce qui est«[207], schließlich, bei Flaubert, vergleichgültigt sich der Gegenstand der Nachahmung selbst; die ›Helden‹ sind zu durchschnittlichen Privatleuten veralltäglicht, deren Perspektive auf das Geschehen durch keinen kommentierenden Erzähler mehr kontrapunktiert wird. Daß man auch von einem Kohlkopf ein schönes Foto machen[208], daß mithin jeder noch so triviale Gegenstand Anlaß einer genuinen ästhetischen Erfahrung werden könne – diese Überzeugung ist dem 20. Jh. vorbehalten, liegt aber auf der Linie der im Roman seit langem praktizierten Vergleichgültigung des Gegenstandes.

Es scheint, daß genau diese Vergleichgültigung des Inhalts einer Aufwertung der Form, einer Virtuosität von Darstellungs- und Erzählstrategien den Weg bereitet hat, so daß vom Eindringen des Lyrischen in die Prosa gesprochen werden konnte[209], ja von einer Offenheit, die noch jede Art von Experiment erträgt. Verwandelte Don Quijotes Wahn »das Alltägliche [...] zum bedeutsamen Ereignis« und probte so den »Aufstand gegen ein totenähnliches Regime des Lebens«[210], so praktizierte Camilo José Cela in *La colmena* (1951) eine »épica de lo cotidiano«[211] (Epik des Alltäglichen), dem jede Würde abgeht: Die Sympathien Celestinos – eines ehemaligen Anarchisten, der heimlich, unterm Tresen, Nietzsche liest – für die »sabiduría del pue-

blo« (Weisheit des Volkes) kommentiert der Erzähler als bloße »monsergas«[212] – dummes Gequatsche. Auf derselben Linie lag Louis-Ferdinand Célines Erfolgsroman von 1932, *Voyage au bout de la nuit*, in dem erstmals die Umgangssprache in allen ihren Nuancen literarisch geadelt wurde. Wenn für den Erfolg des Krimis die Auflehnung gegen die Standardisierung des modernen Lebens geltend gemacht wurde, so fand umgekehrt die Inszenierung solcher Standardisierung nicht weniger begeisterte Leser: Was könnte banaler sein – aber aufgrund der Eindringlichkeit dessen, der uns dies recht zu schildern weiß, deshalb nicht weniger suggestiv – als die Leiden eines französischen leitenden Angestellten, der mit seiner Tätigkeit bei einem italienischen Schreibmaschinenhersteller nichts anderes als die Hoffnung auf die Festigung der Stellung oder eine Gehaltserhöhung verbindet, um das Leben der Frau, die er nicht liebt, und der Kinder, die er kaum kennt, zu verbessern?[213] »Die Banalität des Alltags wird [...] zur epischen Würde emporgesteigert«[214], bemerkte Krauss in bezug auf Joyces' *Ulysses* (1922), wobei es weniger um die Darstellung eines bestimmten Alltags geht – es gibt keinen eindeutig definierbaren Realitätsbereich mit Namen ›Alltag‹ mehr – als vielmehr darum, »identische Vorkommnisse aus vielen, einander gänzlich widerstreitenden Blickpunkten« vorzuführen, die den Leser mit der Aufgabe einer eigenen »Konsistenzbildung«[215] belasten.

Auerbach hat an den modernen Schreibverfahren beobachtet, daß an die Stelle einer »objektiven Wirklichkeit« der »traumgleiche Reichtum einer ganze Lebenswelt durchfliegenden Bewußtseinsvorgänge« getreten ist. Der Zufälligkeit und Beliebigkeit des Anlasses, der die dargestellten Bewußtseinsvorgänge auslöst, entspreche eine »Verlagerung des Vertrauens« weg von den großen äußeren Wendepunkten und Schicksalsschlägen hin zu »Synthesen, die durch Ausschöpfung eines alltäglichen Vorgangs gewonnen werden«. Und Auerbach vermutet bereits, lange vor Virilios Geschwindigkeitsphilosophie, daß solche Konjunktur der Hinwendung zum »alltäglichen Vorgang« ihren Hauptgrund in der »gewaltigen Beschleunigung«[216] hat, mit sich der die Horizonte verschieben, so daß ständig neue Deutungsversuche erzeugt und zugleich wieder über den Haufen gerannt werden.

---

207 MADAME DE STAËL, Essai sur les fictions (1795), in: Madame de Staël, Œuvres complètes, Bd. 1 (Paris 1861), 65.
208 Vgl. BOURDIEU, La distinction. Critique social du jugement (Paris 1979), 37.
209 Vgl. WALTER PABST, Einführung, in: Pabst (Hg.), Der moderne französische Roman (Berlin 1968), 11.
210 KRAUSS, Miguel de Cervantes. Leben und Werk (1966), in: Krauss, Das wissenschaftliche Werk, Bd. 2 (Berlin 1990), 105.
211 EDUARDO ALONSO, Introducción, in: Camilo José Cela, La colmena (1951; Madrid 1997), 30.
212 CAMILO JOSÉ CELA (s. Anm. 211), 273.
213 Vgl. MICHEL BUTOR, La modification (Paris 1957).
214 KRAUSS, Revolution des Romans? Bemerkungen zum ›nouveau roman‹ (1966), in: Krauss, Das wissenschaftliche Werk, Bd. 4 (Berlin 1997), 499.
215 ISER, Die Appellstruktur der Texte. Unbestimmtheit als Wirkungsbedingung literarischer Prosa (Konstanz 1970), 28f.
216 AUERBACH (s. Anm. 181), 500, 509, 511.

Mit der paradoxen Formel »Realismus aus Realitätsverlust« versuchte Adorno die Aporie des modernen Romans zu fassen, der die Welt mit »exaggerierter Genauigkeit«[217] beschreiben muß, eben weil sie fremd geworden ist. Das Verschwinden des allwissenden Erzählers, dessen Stelle Figuren einnehmen, die von ihrer »oberen Dimension, von der Möglichkeit der Charakter- und Persönlichkeitsentwicklung, abgeschnitten wurden«[218], ist Symptom dieser Fremdheit. Die Konstatierung von Fremdheit ist freilich nicht das letzte Wort. Hans Robert Jauß rechnet mit ästhetischer Erfahrung als unverzichtbarer Ressource von Zivilität: »Ästhetische Erfahrung wird angesichts des unverkennbaren Verlustes an allgemeinverbindlicher, exemplarischer Erfahrung in der Lebenswelt des Alltags zur Instanz der Vermittlung des Heteronomen, das Imaginäre zum Horizont der entfremdeten Welt, der die sich trennenden Sinnbereiche der Lebenspraxis übergreift und ihre wachsende Fremdheit aufnimmt, indem er sie kommunizierbar macht.«[219] Der ›wachsenden Fremdheit‹ – ein Prozeß, der unvermeidlich scheint – hat diese in Anlehnung an Habermas formulierte Funktionsbestimmung ästhetischer Erfahrung freilich nur die Wette auf ihre kommunikative Regulierbarkeit entgegenzusetzen. Es ist ein Grenzschutzkonzept, das darauf vertraut, daß die Lebenswelt sich schon gegen die Übergriffe des ›Heteronomen‹ zur Wehr setzen wird.

Peter Jehle

Literatur
BERG, WALTER BRUNO, Literarischer Sonntag und kulturelles Gedächtnis, in: Romanische Forschungen 110 (1998), 456–77; BRAUDEL, FERNAND, Civilisation matérielle, économie et capitalisme, Bd. 1 (1967; Paris 1979); BOURDIEU, PIERRE, La distinction. Critique social du jugement (Paris 1979); BÜRGER, CHRISTA/BÜRGER, PETER (Hg.), Postmoderne: Alltag, Allegorie und Avantgarde (Frankfurt a. M. 1987); CERTEAU, MICHEL DE, L'invention du quotidien (Paris 1980); GIEDION, SIGFRIED, Die Herrschaft der Mechanisierung. Ein Beitrag zur anonymen Geschichte (1948), hg. u. mit einem Essay v. H. Ritter. Mit einem Nachwort v. S. von Moos (Hamburg 1994); HAUG, WOLFGANG FRITZ, Kritik der Warenästhetik (Frankfurt a. M. 1971); HAUG, WOLFGANG FRITZ, Die Einräumung des Ästhetischen im Gefüge von Arbeitsteilung, Klassenherrschaft und Staat, in: Haug, Pluraler Marxismus, Bd. 2 (Berlin 1987), 101–115; HELLER, AGNES, Das Alltagsleben, mit einer Einleitung v. H. Joas (Frankfurt a. M. 1978); KUCZYNSKI, JÜRGEN, Geschichte des Alltags des deutschen Volkes, 5 Bde. (Berlin 1980); LEFEBVRE, HENRI, Critique de la vie quotidienne, 3 Bde. (Paris 1968–1981); LÜDTKE, ALF (Hg.), Alltagsgeschichte. Theorien zur Rekonstruktion historischer Erfahrungen und Lebensweisen (Frankfurt a. M./New York 1989); MCCRACKEN, JANET, The Domestic Aesthetic, in: K. M. Higgins (Hg.), Aesthetics in Perspective (Fort Worth 1996), 634–638; OSBORNE, PETER, The Politics of Time. Modernity and Avant-Garde (London/New York 1995); WILLIS, PAUL, Common Culture: Symbolic Work at Play in the Everyday Cultures of the Young (Milton Keynes 1990); dt.: Jugend-Stile. Zur Ästhetik der gemeinsamen Kultur, übers. v. T. Laugstien (Hamburg 1991).

Anagramm

(engl. anagram; frz. anagramme; ital. anagramma; span. anagrama; russ. анаграмма)

Einleitung: Die strukturalistische Entdeckung; I. Definition und Umfang der Begriffe: Gramma, Anagramm, Hypogramm, Paragramm; II. Historische Epochen: Anagrammatik als implizite Poetik; 1. Ironie vs. Etymologie; 2. Paronomasie vs. Syllepse; 3. Symbol vs. Kryptonymie; 4. Paläonymie vs. Makulatur; III. Exemplarische Entwürfe: Ambiguität, Parataxis, Dissemination, Anasemie, Inschrift; IV. Text und Geschichte im posthistoire

Einleitung:
Die strukturalistische Entdeckung

Anagramme (Paragramme, Hypogramme, Kryptogramme, Kryptonyme, Akrosticha) und anagrammatische Phänomene (Alliteration, Paronomasie, Antonomasie, Syllepsis, Palindrom, Echo, pun) gehören zu den ältesten literarischen Techniken, sind aber erst nach einer langen Periode der Vergessenheit und Unterschätzung von der strukturalisti-

---

217 ADORNO, Balzac-Lektüre (1961), in: ADORNO, Bd. 11 (1974), 148.
218 KRAUSS (s. Anm. 214), 509.
219 JAUSS (s. Anm. 112), 159.

schen Literaturwissenschaft für die Poetik wiederentdeckt worden. Für den nach-romantischen Phänomenalismus (Realismus, Impressionismus, Expressionismus, Surrealismus) sind sie bestenfalls Grenzfälle des Ästhetischen, die in ornamentaler, rhetorisch stützender oder steigernder Funktion auftreten. Für die poststrukturale Avantgarde dagegen sind sie urtümliches Indiz für eine andere Ästhetik: eine nicht nur anders codierte, sondern anders sensibilisierte, nicht-phänomenale, materiale Ästhetik. Ihre sinnliche Seite hätte es allein mit der Materialität von Lettern als Trägern von Lauten zu tun und fände in Anagrammen ein poetisches Prinzip am Werk, das Literatur ganz allgemein zugrunde liegt, in deren semantischen Beschreibungen aber übersehen und – besonders kraß in der Verkennung des historischen Bestands der anagrammatischen Phänomene – abgewertet wird.

Die Wiederentdeckung der Anagramme hatte deshalb ungeachtet der Tatsache, daß das Phänomen bekannt war, den Charakter einer wissenschaftlichen Sensation. Tatsächlich gab ihr Entdecker Ferdinand de Saussure, der Begründer der strukturalen Linguistik, seine Forschungen zur lateinischen Anagrammatik als unbefriedigend auf und ließ sie unveröffentlicht. Erst auf dem Höhepunkt des Strukturalismus wurden sie in seinem Nachlaß wiederentdeckt. Jean Starobinski, selbst prominenter Vertreter eines tiefenhermeneutischen Strukturalismus, nutzte die Gunst der Stunde und rekonstruierte aus Saussures Fragmenten die hermeneutische Aporie des Strukturalismus an der Schwelle zum Poststrukturalismus.[1] »Saussure découvre la *dissémination*«[2], feierte Julia Kristeva in der Zeitschrift *Tel Quel* die von Starobinski im selben Heft unter dem Titel *Le texte dans le texte* vorgestellte Entdeckung und belehnte sie mit dem Inbegriff der neueren Texttheorie, dem Stein des Anstoßes aller älteren Hermeneutik: Derridas eben erst geprägten Begriff der ›dissémination‹. Es ist, heben Kristeva und Starobinski gleichermaßen hervor, eine ›découverte‹ wie die Freuds; denn was sie zu enthüllen verspricht, ist das Unbewußte der Sprache, wenn nicht die Sprache als das Unbewußte.

In die Zeit der Vorpublikationen von Starobinskis *Les mots sous les mots*, zwischen 1964 und 1970, fallen die maßgeblichen Werke des Poststrukturalismus: Jacques Lacans *Écrits* 1966, Michel Foucaults *Les mots et les choses* 1966, Derridas *De la grammatologie* 1967, gefolgt von Julia Kristevas *Sēmeiōtikē* 1969, Roland Barthes' *S/Z* 1970, Derridas *Dissémination* 1972. Starobinskis Titel bringt die Latenz der literarischen Tiefenstrukturen auf das Schema: Worten unterliegen Worte, nicht Sachen. Derrida erhebt die Grundlage dieses Sachverhalts zum Programm: Was den Worten in Worten unterliegt, in ihnen insistiert, sind Lettern, noch bevor sie zu Zeichen werden. Diese letzte Qualifikation des ›noch bevor‹ ist entscheidend. Der Vorgabe in Lacans *Écrits* war die ›Insistenz‹ des Buchstabens im Unbewußten gewesen. Sie hatte Jakobsons phänomenologischen Strukturalismus im ›Gleiten‹ des Signifikanten unabsehbar vertieft und aufgehoben.[3] In der linguistischen ›découverte‹ der Anagramme Saussures sieht Lacan deshalb eine Bestätigung der eigenen These, daß das Unbewußte die ›condition‹ von Sprache sei, und er nimmt Saussures Scheitern als zusätzlichen Beweis, daß die Erforschung von Sprache dieser ihrer ›condition‹ nicht Herr werden, sondern sie allenfalls symptomatisch machen kann.[4]

Kristeva spricht in ihrer Präsentation von dem »significant-se-produisant en texte« und postuliert Saussures Anagramme als Beweis für eine tiefer als alle Intentionen liegende Latenz der Textproduktion, aus der heraus eine »fonction signifiante précise«[5], die das Anagramm darstellt, das gesamte signifikante Material eines Textes beherrsche. Ihr Interesse gilt allerdings der allgemeineren Theorie und Unterscheidung eines ›Genotexts‹ vom ›Phä-

---

1 Vgl. JEAN STAROBINSKI, Les mots sous les mots. Les anagrammes de Ferdinand de Saussure (Paris 1971); dt.: Wörter unter Wörtern. Die Anagramme von Ferdinand de Saussure, übers. v. H. Beese (Frankfurt a. M./Berlin/Wien 1980).
2 JULIA KRISTEVA, L'engendrement de la formule, in: Tel Quel 37 (1969), 44; vgl. JACQUES DERRIDA, La dissémination, in: Critique 261 (1969), 99–139, u. 262 (1969), 215–249; DERRIDA, La double séance, in: Tel Quel 41 (1970), 3–43, u. 42 (1970), 3–45; DERRIDA, Dissémination (Paris 1972).
3 Vgl. JACQUES LACAN, L'instance de la lettre dans l'inconscient (1957), in: Lacan, Écrits (Paris 1966), 502.
4 Vgl. LACAN, Radiophonie, in: Scilicet 2/3 (1970), 62.
5 KRISTEVA (s. Anm. 2), 44; vgl. JONATHAN CULLER, Structuralist Poetics (Ithaca, N. Y. 1975), 249.

notext‹, hinter der das materiale anagrammatische Symptombild bald zurücktreten muß; während der postulierte Genotext in Jakobsons Rede von ›subliminal patterns‹ bei einer ebenso ungefähren Intuition stehenblieb.[6] Die Entdeckung der Anagramme durch Saussure und ihre Lancierung durch Starobinski war selbst von hoher Latenz; in ihnen fand ein älteres Interesse an poetischen Tiefenstrukturen vor jeder rhetorisch-literarischen Bearbeitung einen methodisch neuen Anhalt. Saussures Interesse an den vedischen Anagrammen schien geeignet, an den ältesten indoeuropäischen Texten einen Begriff von Literatur nachzuweisen, der alle späteren Literaturen in sich aufnehmen konnte: »a triumphant, though largely unrecognized, archi-anagramme«[7]. Anagramme von der Saussureschen Art gleichen den Archetypen der strukturalen Poetik, deren textarchäologisches, prähistorisches Interesse in Werken wie Vladimir Propps *Morfologija skazki* 1928 und André Jolles' *Einfachen Formen* 1930 die bedeutendsten Vorläufer hat. Anagramme sind wie einfache Formen und Verfahren vor jeder historischen Ausprägung von Poetik vorhanden, und das heißt vor allem vor deren Übernahme und Ausnutzung durch Rhetorik, in deren Repertoire man Anagramme allenfalls noch als »geistreiche Spielerei«[8] mitgeführt, aber abgetan findet.

Gleichzeitig mit Saussures Anagramm-Studien sind Untersuchungen aus denselben Jahren von Michail Bachtin (*Problemy poétiki Dostoevskogo*, 1929) und Valentin Vološinov (*Marksizm i filosofija jazyka*, 1929) über den Status der ›Rede in der Rede‹ wiederentdeckt worden und von Julia Kristeva, Renate Lachmann und Samuel Weber mit den anagrammatischen Grundbedingungen von Texten zusammengebracht worden.[9] Allerdings verlegte Saussures Experiment die Ursprungsfrage auf eine systematische, semiologische Ebene und erledigte dadurch alle prekären zusätzlichen Spekulationen. Anagramme sind, in der Terminologie seines ebenfalls erst posthum herausgegebenen Genfer Vorlesungszyklus von 1914–1917, des *Cours de linguistique générale*, der paradigmatische Fall des Ein- und Aufgehens von ›Diachronie‹ in ›Synchronie‹: des Aufgehobenseins von Sprachgeschichte im je einzelnen aktuellen Sprachzustand. Die Theorie der Anagramme bereitet damit zunächst der isolierten

Behandlung von Wortgeschichte ein Ende, der Etymologie. Diese reduziert sich, in ihrer wissenschaftlichen wie schon ihrer vorwissenschaftlichen Rolle, auf eine Art kollektiver ›Deckerinnerungen‹, in denen die Spuren des verspürten semantischen Wandels zu mythenähnlichen ›short stories‹ verarbeitet erscheinen.[10] Unterhalb der Wortgrenze verwirft Saussure auch den rhetorisch-literarischen Befund der Alliteration oder Paronomasie, der für ihn zum unwesentlichen Rest »d'un phénomène plus général, ou plutôt *absolument total*«[11] wird.

Die Abweisung der bloßen Buchstabenbindung als Kriterium der Alliteration ruft eine Wissenschaft auf den Plan, die der Markierung der Laute vor ihrer grammatischen Festlegung gerecht werden muß: eine ›Grammatologie‹, die in der Wiederaufnahme Saussures durch Derrida den Voraussetzungen der Zeichengenese – der Grenze und Bedingung ihrer Möglichkeit – *in* (d. i.: im Moment) der Markierung nachgeht. Jean Baudrillard bringt diesen Sachverhalt auf die Formel einer

---

6 Vgl. KRISTEVA, ebd., 38 f., u. KRISTEVA, La révolution du langage poétique (Paris 1974); ROMAN JAKOBSON, Subliminal Verbal Patterning in Poetry, in: Jakobson/S. Kawamoto (Hg.), Studies in General and Oriental Linguistics (Tokio 1970), 302–308; dt.: Unterbewußte sprachliche Gestaltung in der Dichtung, übers. v. W. Klein, in: Poetik. Ausgewählte Aufsätze 1921–1971, hg. v. E. Holenstein/T. Schelbert (Frankfurt a. M. 1979), 311–325.
7 DAVID SHEPHEARD, Saussure's Vedic Anagrams, in: The Modern Language Review 77 (1982), 523.
8 W. SECKER, ›Anagramm‹, in: UEDING, Bd. 1 (1992), 480.
9 Vgl. KRISTEVA, Le mot, le dialogue et le roman (1966), in: Kristeva, Sēmeiōtikē. Recherches pour une sémanalyse (Paris 1969), 143–173; RENATE LACHMANN, Gedächtnis und Literatur. Intertextualität in der russischen Moderne (Frankfurt a. M. 1990), 126–199; SAMUEL M. WEBER, Der Einschnitt. Zur Aktualität Vološinovs [Einleitung], in: Valentin N. Vološinov, Marxismus und Sprachphilosophie, hg. v. S. M. Weber, übers. v. R. Horlemann (Frankfurt a. M./ Berlin/Wien 1975), 9–45.
10 Vgl. DEREK ATTRIDGE, Language as History/History as Language. Saussure and the Romance of Etymology (1987), in: Attridge, Peculiar Language. Literature as Difference from the Renaissance to James Joyce (Ithaca, N. Y. 1988), 110.
11 FERDINAND DE SAUSSURE, [Briefentwurf] (30. 7. 1906), zit. nach: Starobinski (s. Anm. 1), 21.

»opération *symbolique* du langage«, die keine Form einer »opération structurale de représentation par les signes, mais juste à l'inverse de déconstruction du signe et de la représentation«[12] sei.

Das von Saussure aufgegebene, in Angriff genommene, aber liegengelassene Rätsel der Anagramme erwartet einerseits, sprachtheoretisch, eine Theorie des grammatologischen Befundes der ›dissémination‹; andererseits, literaturtheoretisch, eine Theorie der sekundären Bearbeitung des primär vorgegebenen, in der rhetorisch-literarischen Tradition überspielten sprachlichen Materials. Der von Kristeva projektierte revolutionäre Entwurf eines anagrammatischen Raumes der Texte als eines von Grammatik und Rhetorik freien, nichtlinearen Raums mit querlaufenden Codes und diskontinuierlichen Sinneffekten entspricht der avantgardistischen Attraktion der Saussureschen ›découverte‹. Er verspricht unter anderem eine eigengesetzliche Ästhetik der Schrift und des Schriftbildes, deren vormoderne, barocke Szene Walter Benjamin schon einmal in Erinnerung gebracht und im Blick auf Mallarmé und Valéry, die erklärten Vorbilder von *Tel Quel*, weitergedacht hatte.[13] In der ersten Hinsicht haben Saussures Anagramme einen Literaturbegriff beflügelt, der anagrammatische Phänomene privilegiert und historisch rehabilitiert. In der zweiten Hinsicht der sekundären rhetorischen oder literarischen Bearbeitungen und deren Verhältnis zu historisch gegebenen Poetiken hat der Anagrammbegriff dagegen die von Saussure selbst geltend gemachten und von Starobinski unterstrichenen Vorbehalte nicht so schnell überwinden können. Der exemplarische Status von Anagrammen für die rhetorisch-poetische Analyse einer Literatur, die auf grammatischer Grundlage kanonisch geworden ist und ihren anagrammatischen Untergrund nicht preisgibt, bleibt erst noch wiederzufinden. Mit Recht hat man in Saussures Bedenken den hermeneutischen Zirkel erkannt, der bei der Entzifferung die gesuchte Regel vom Ergebnis abhängig macht; er hatte sich Saussure experimentell aufgedrängt, aber zu keinem schlüssigen Ergebnis geführt.

Daß Saussures Hypothese in keiner ihrer Varianten zu einer eindeutigen Regel, aber immerhin zu einem Überfluß an Anagrammen geführt hat, ist deshalb ein zweischneidiger Befund. Die Geschichte der Metrik, die Saussure das naheliegende Muster lieferte, kennt komplizierte Vergleichsfälle. Bevor das Versmaß der sogenannten ›freien Rhythmen‹ Pindars ermittelt wurde, galten diese als idiosynkratischer Ausdruck, dessen Rhythmus, so spürbar er war, sich Regeln entzog. Verdeckte Metrik entzieht sich, solange sie verdeckt bleibt, einer regelmäßigen Beschreibung, ganz wie es die verdeckte Anagrammatik tut; Saussures allgemeinere Hypothese verdeckter anagrammatischer Strukturen ist durch die mangelnde Schlüssigkeit der von ihm untersuchten Merkmale also nicht widerlegt.[14] Sie bedarf aber einer Ergänzung, die wie im Fall der Metrik nicht an der Möglichkeit eindeutiger Markierungen hängt, sondern am Verhältnis der offenen und verdeckten Momente zueinander: Die Verdecktheit muß nicht als solche eindeutig aufschlüsselbar sein; im Gegenteil, sie soll es nicht sein, aber sie muß im Horizont der Rede *als verdeckte* möglich sein. »Description, it appears, was a device to conceal inscription«[15], formuliert Paul de Man die allgemeinste Voraussetzung der Anagrammatik, unter der die anagrammatische ›Inschrift‹ der Beschreibung entgeht. Nicht die Auffindbarkeit, sondern die ›phänomenale‹ Unkenntlichkeit der Inschrift ist, was hier zählt: Sie besiegelt die Latenz der Namen als Platzhalter für dasjenige Moment in ›Schrift‹, was *an der Stelle* von Referenz in den Text hereinragt, ursprünglich auch sein Anlaß gewesen sein mag, längst jedoch aus ihm verbannt ist und, in die bloße Funktion der Benennung gebannt, sich der Erscheinung entzieht mitsamt der für jedes In-Erscheinung-Treten nötigen Rahmung und Markierung.[16]

---

12 JEAN BAUDRILLARD, L'échange symbolique et la mort (Paris 1976), 285; dt.: Der symbolische Tausch und der Tod, übers. v. G. Bergfleth (München 1980).
13 Vgl. BETTINE MENKE, Sprachfiguren. Name – Allegorie – Bild nach Walter Benjamin (München 1991), 302–332.
14 Vgl. LUBOMIR DOLEZEL, Occidental Poetics. Tradition and Progress (Lincoln, Nebr. 1990), 119–123.
15 PAUL DE MAN, Hypogram and Inscription (1981), in: De Man, The Resistance to Theory (Minneapolis, Minn. 1986), 51.
16 Vgl. ANSELM HAVERKAMP, Anagramm und Trauma, in: S. Kotzinger/G. Rippl (Hg.), Zeichen zwischen Klartext und Arabeske (Amsterdam 1994), 171, 173.

I. Definition und Umfang der Begriffe: Gramma, Anagramm, Hypogramm, Paragramm

Wie das Gros der rhetorischen, aber anders als die grammatischen Termini, zu denen beiden die anagrammatischen Phänomene *nicht* gehören, zu denen sie aber in wechselnde Verhältnisse treten können, gibt es Anagramme in engerer und weiterer, übertragener Definition. Anagramme im strengen Sinne entstehen durch Verteilung der Buchstaben eines Wortes auf ein ausgedehnteres Text- oder Redestück, und zwar ohne Rest. Anagrammatisch im weiteren Sinne heißen alle ähnlichen Umstellungen, durch die ein Wort in ein anderes oder mehrere andere Wörter verwandelt oder über den weiteren Kontext, mit mehr oder weniger Rücksicht auf Reste und Verdoppelungen, verteilt ist. Im weitestgehenden Sinne heißen anagrammatisch dann auch die Textstücke, die jeden Text, markiert oder unmarkiert, erkannt oder unerkannt, durchziehen und intertextuell mit den Texten, die ihn auf diese Weise zitieren und repräsentieren, in Verbindung bringen und halten.

Es ist charakteristisch für die Überlieferung des Bestandes an vorfindlichen anagrammatischen Befunden, daß sie in den Handbüchern der Rhetorik nicht als solche thematisch werden (ja kaum einmal erwähnt werden), sondern sich über ein unklares Feld der Alliteration, Paronomasie, Antonomasie, Syllepsis verteilen, während sie in Poetiken unter gattungsähnlichen Kleinformen wie Lipogramm, Palindrom, Echo und pun auftauchen. Erst eine nach-saussuresche, linguistisch verallgemeinernde Rhetorik wie die *Rhétorique générale* der Lütticher *Groupe μ* kann das Anagramm als eine »variété plus poussée de permutation«[17] problemlos eingliedern. Das heißt, für die Dauer der rhetorisch-poetischen Tradition erscheinen Anagramme, mehr schlecht als recht rationalisiert, dem Überbau der Figuren unterlegt, sind ihnen eingeschrieben oder sitzen ihnen auf, vergleichbar am ehesten der Metrik, mit der sie die phonetische Unmarkiertheit teilen.

In ihrer ›literalen‹ Bestimmtheit, ihrer Buchstaben-Abhängigkeit, gehören Anagramme weder zur Syntax noch zur Semantik, sondern zum Feld jener grammato-logischen Wissenschaft, die Derrida als Paradigmawechsel über das Saussuresche Projekt der strukturalen Linguistik hinaus postuliert hat.[18] Als Wissenschaft von den grammata hätte Grammatologie die ›ursprüngliche‹ Überschneidung von Stimme und Schrift – die ›Urspur‹ Schrift für die Artikulation von Stimme – zum Gegenstand. Als Buchstaben sind grammata immer schon Teil einer Phänomenologie von Schrift (»γράμμα: [...] I. that which is drawn; [...] II. written character, letter; [...] III. in pl. set of written letters«[19]). Grammata positivieren in Schrift, schreiben in Buchstaben fest, was als Differential der Laute der Markierung fähig und bedürftig ist. Diese Rolle der Buchstaben an der Schnittstelle von Schrift und Laut ist die Crux jeder Bestimmung anagrammatischer Phänomene, sofern Laute in Buchstaben von der Notation der jeweiligen Schrift abhängig geworden und es geblieben sind.

Die Verallgemeinerung der möglichen anagrammatischen Zerlegungen des signifikanten Materials hat deshalb in den meisten anagrammatischen Operationen dekomponierenden Charakter: Sie durchkreuzen bestimmte, gegebene syntaktische oder semantische Funktionen, deren Strukturen (narrative, figurale) sie voraussetzen und als Voraussetzungen zersetzen. Anagramme im strengen Sinne gehen *vor* solche Voraussetzungen zurück. Sie schreiben sich ›gegen den Strich‹ (griech. ana-) der syntaktischen Verknüpfungen und semantischen Sinnbildungen in das gegebene signifikante Material ein und reduzieren es damit: führen es zurück auf eine Materialität *vor* jeder Signifikation, die im Text als ein bloßes »Phonempolster«[20] fungiert. Die semantische Oberfläche von story und

---

17 GROUPE μ [JACQUES DUBOIS u. a.], Rhétorique générale (1970; Paris 1982), 63; dt.: Allgemeine Rhetorik, übers. v. A. Schütz (München 1974), 103.
18 Vgl. DERRIDA, De la grammatologie (Paris 1967), 74; dt.: Grammatologie, übers. v. H.-J. Rheinberger/H. Zischler (Frankfurt a. M. 1974); HAVERKAMP, Paradigma Metapher, Metapher Paradigma, in: R. Herzog/R. Koselleck (Hg.), Epochenschwelle und Epochenbewußtsein (München 1987), 547–560.
19 ›Gramma‹, in: HENRY GEORGE LIDELL/ROBERT SCOTT, A Greek-English Lexicon, Bd. 1 (1846; Oxford 1996), 358.
20 PETER WUNDERLI, Ferdinand de Saussure und die Anagramme (Tübingen 1972), 14.

plot wird damit zum Horizont, die syntaktische Struktur zur Perspektive für das, was Saussure das ›thematische Wort‹ genannt und versuchsweise dem rhetorischen Schema von Thema und Rhema angeglichen hatte. Das heißt, Saussure selbst interpretierte Anagramme als Hypogramme, er zog aber Paragramme als allgemeineren Nenner mit in Betracht.[21] Kristeva hat diesen allgemeinsten, paragrammatischen Horizont für die Semiologie unterstrichen, während Michael Riffaterre den Begriff des Hypogramms vorgezogen und für eine operationale Grundlegung intertextueller Analysen genutzt hat.[22] Die paragrammatische Anordnung der Anagramme etabliert für Riffaterre ein (parasyntaktisches) Ausgangsniveau für »les transformations lexicales d'une donnée sémantique«[23], das als Hypogramm der Entfaltung eines poetischen Textes zugrunde liegt. Während die semantische ›Matrix‹ des Hypogramms im Text nicht auftaucht (nicht aufzutauchen braucht), bedeutet die paragrammatische Anordnung die nötige Verschiebbarkeit oder Variabilität.[24]

Historisch gesehen waren es wohl Götternamen und mit Göttergeschichten assoziierte Ortsnamen, die das thematische Substrat von Anagrammen abgegeben haben, auf dem Saussure den umgebenden Text ›konstruiert‹ und ›entfaltet‹ findet.[25] Grammatologisch impliziert diese Ausgangsüberlegung keine Ursprungsunterstellung, sondern die umgekehrte Konsequenz, die Inschrift der Namen im signifikanten Material eines Textes als poetische Produktion aus diesem Material oder auf seiner

---

21 Vgl. STAROBINSKI (s. Anm. 1), 23–36.
22 Vgl. KRISTEVA, Pour une sémiologie des paragrammes (1966), in: Kristeva (s. Anm. 9), 174–207; dt.: Zu einer Semiologie der Paragramme, übers. v. M. Korinman/H. Stück, in: H. Gallas (Hg.), Strukturalismus als interpretatives Verfahren (Darmstadt/Neuwied 1972), 163–200; MICHAEL RIFFATERRE, Semiotics of Poetry (Bloomington, Ia. 1978).
23 RIFFATERRE, La production du texte (Paris 1979), 76.
24 Vgl. RIFFATERRE (s. Anm. 22), 12; DE MAN (s. Anm. 15), 52.
25 Vgl. STAROBINSKI (s. Anm. 1), 64 f.; DE MAN (s. Anm. 15), 44.
26 STAROBINSKI (s. Anm. 1), 152.
27 Vgl. DE MAN (s. Anm. 15), 44; DE MAN, Anthropomorphism and Trope in the Lyric, in: De Man, The Rhetoric of Romanticism (New York 1984), 262.

Grundlage zu bestimmen. Starobinski unterstreicht: »Non que [...] Saussure aille jusqu'à effacer le rôle de la subjectivité de l'artiste: il lui semble toutefois qu'elle ne peut produire son texte qu'après passage par un *pré-texte*.«[26] Indem Riffaterre auf der Vorgabe dieser ›donnée sémantique‹ eine Semiotik der Dichtung aufbaut, in welcher sich die ›Verdichtung‹ von Dichtung aus diesem Durchgang erklärt, historisiert er Saussure im minimalen Schema der Refiguration eines immer schon gegebenen tropologischen Bestands an literarischer Tradition, bei Riffaterre wie bei Saussure vorzugsweise der lateinischen Antike. Der verborgene Name fungiert als zugrundeliegende (vorzugsweise klassische) Matrix, die in Gestalt des ›thematischen Wortes‹ zwar benennbar ist, aber nicht notwendig als ein solches identifiziert werden muß, um der Funktion der Thematisierung aus der Latenz heraus nachzukommen.

Riffaterres Modell einer hypogrammatisch funktionierenden Intertextualität erlöst die anagrammatische Vorgabe aus der disseminativen Latenz und erhebt sie zu einer paragrammatischen Gegebenheit. In dieser lösungsfreundlichen Rolle, aber auch in der skeptischeren Variante de Mans, der in der Verdichtung der Dichtung derartige Festlegungen flugs verdampfen sieht oder im Paradox der Festschreibung re-virtualisiert findet, ist die intertextuelle Anagrammatik zu einer schwierigen, aber vielfältigen Methode der Textanalyse geworden, die den prekären Sachverhalt der Latenz immer neu zu gewärtigen hat, ohne ihn interpretativ zu neutralisieren. Zwischen der Scylla der sicheren Rätsellösungen Riffaterres und der Charybdis des permanenten Entzugs der in Namen herbeizitierten Geister liegt das Feld der figuralen Vorgaben und tropologischen Vermittlungen, durch die hindurch sich die Katachrese der anagrammatisch vorfindlichen ›Namen‹ als historisch spezifische Fixierung durchhalten (können) muß.

De Mans Interesse gilt dem ›nicht-anthropomorphen‹ Moment der anagrammatisch fixierten Namen: den Namen von Göttern, wohlgemerkt, als urtümlichen Platzhaltern vor-menschlicher Verursachungen, katachrestischen Setzungen in anthropomorpher Gestalt.[27] Es ist die Frage, ob oder wie sich diese Voraus-Setzung (quasi) ›transzendentalisieren‹ läßt; schlicht ›säkularisieren‹ läßt sie sich offenbar nicht. Im Gegenteil scheint das Anagramm ein historischer Einschluß, der sich der Historisierung ebenso widersetzt, wie er auch der bloßen Ästhetisierung entgeht. Die psychoanalytische Überformung der modernen Beschreibungsmuster (die Rede von ›Symptom‹, ›Latenz‹) ist ein eigentümlicher Befund von der Qualität eines ›mythischen Analogons‹. In der Perspektive von Claude Lévi-Strauss' ›Struktur der Mythen‹ könnte die Struktur der Anagramme die Matrix sein, welche die Freudsche Latenz neu interpretierbar macht. Nicht von ungefähr insistiert Lévi-Strauss auf der Notwendigkeit, »de n'omettre aucune des variantes qui ont été receuillies«[28]. Sie reflektiert die Notwendigkeit, nach welcher Regel auch immer, der Extension des Namens buchstabengenau gerecht werden zu müssen.

Symptom und mögliche Probe aufs Exempel der latenten Namen ist deshalb der Restbestand dessen geblieben, was zur Matrix nicht taugt und an Buchstaben nicht aufgeht in der Thematik des Benannten. »Le reste, c'est la valeur«, kommentiert Baudrillard: »Tout ce qui n'a pas été ressaisi par l'opération symbolique du langage, par l'extermination symbolique«[29]. Was an Buchstaben die Schrift überschießt, markiert unter dem Strich, was ihr an Repräsentation entgeht und am Ende fehlt. Das mag selbst wieder einen Sinn ergeben oder darin, daß (und wie) es ihn *nicht* ergibt, Sinn machen, sei es auch, im postmodernen Extremfall (für Baudrillard), den des Nichts, das den Wert-Rest negiert. Zuvor macht der Rest sich geltend als das, was dem Namen (Gottes und der Götter) systematisch ›über‹ ist: über den Kopf gewachsen in der Diachronie der Sprache.

II. Historische Epochen:
Anagrammatik als implizite Poetik

Die Epochen der Literaturgeschichte unterscheiden und überschneiden sich nicht zuletzt in den ihnen zugrundeliegenden impliziten Poetiken und immanenten Ästhetiken. Anagrammatik ist für die Weisen der Implikation und die Tiefe der Immanenz der womöglich sicherste, aber auch der unzu-

gänglichste Indikator. Der neuzeitliche Darstellungsbegriff hat diese untergründige Rolle vollends zu verleugnen oder marginalisieren erlaubt; erst die psychoanalytische Vermutung unbewußter Vorgänge hat sie wieder wahrnehmbar gemacht. Saussures Verlegenheit, für die Existenz der Anagramme ein umfassendes, quasi unbewußt funktionierendes »secret de fabrication«[30] ganzer Epochen annehmen zu müssen, scheint auf Kosten historischer Bestimmtheit zu gehen. Wenn Anagramme wie Freuds Witze dem Unbewußten (der Texte) auf die Sprünge helfen sollten, so müßten sie das immer neu und immer anders tun. Tatsächlich durchziehen anagrammatische Befunde die Geschichte der Literatur als mehr oder minder bewußte Möglichkeit impliziter oder immanenter Poetiken, an der die jeweilige historische ›Sprachsituation‹ ablesbar ist.[31]

Wie grammatische und rhetorische Termini haben anagrammatische Begriffe keine Begriffsgeschichte, sondern ihre Anwendungsgeschichte; sie sind der unthematisierte Teil einer Praxis und schlagen sich in begleitenden Reflexionen kaum nieder. Es gibt Anagramme und deren Varianten zu bestimmten Zeiten, oder es gibt sie nicht; sie sind bekannt, mehr oder weniger geschätzt oder unentdeckt und unterschätzt. Ihr bloßes positives Vorkommen sagt wenig über ihr Funktionieren und noch weniger über ihren ästhetischen Wert, zumal ihre rhetorische Funktion systematisch verdeckt ist. Die Reihe der möglichen Beispiele ist deshalb beim Stand der Forschung in jeder Hinsicht kontingent, ihre Anordnung nach möglichen Trends und ihre Korrelation mit Gattungspoetiken zufällig, der Grad ihrer Erforschtheit unterschiedlich.

Die zitierte Ausgangsunterstellung des anagrammatischen Raums der Texte als eines grammatikfreien, nicht-linearen Raums querlaufender Codes und diskontinuierlicher Sinneffekte ist allerdings

---

28 CLAUDE LÉVI-STRAUSS, Anthropologie structurale (Paris 1958), 242; dt.: Strukturale Anthropologie, übers. v. H. Naumann (Frankfurt a. M. 1967).
29 BAUDRILLARD (s. Anm. 12), 292.
30 STAROBINSKI (s. Anm. 1), 59.
31 Vgl. HANS BLUMENBERG, Sprachsituation und immanente Poetik, in: W. Iser (Hg.), Immanente Ästhetik (München 1966), 145–155.

nicht in völliger Leere zu denken; dieser Raum existiert nicht isoliert von grammatischen oder tropischen Konstellationen, deren anagrammatische Einlagen vor ihren allfälligen sekundären gattungssystemischen Bearbeitungen analysierbar sein müssen. Aus der Art solcher systemischer Bearbeitungen ergeben sich eine Reihe von Übergangsphänomenen, unter denen die Proliferation sekundärer, hermeneutischer Rationalisierungen wie Etymologien und Kryptonymien besonders auffällt. Das heißt, die Funktionsgeschichte der Anagrammatik hat sich begriffsgeschichtlich nicht niedergeschlagen, weil sie weithin kryptisch verlaufen ist. Sie ist mehr oder minder parasitär auf rhetorischen Strukturen gewachsen, die sie tendenziell eher durchkreuzt als festigt. Sie ist deshalb aber auch anfällig für sekundäre Erklärungen, die sie gegen den Strich der anagrammatischen Subversion entschärfen und rhetorisieren. Beim Stand der Forschung ist nicht viel mehr als eine Typologie des historischen Materials denkbar, deren weit zurückweisende Muster nicht nur das Bild der herrschenden Literaturgeschichten unterlaufen, sondern deren formierende Grundlagen, die in ihnen praktizierte ›Rhetorik der Geschichte‹ aufdecken.[32] Sie variieren im Verhältnis zur Rhetorik und ihren Sekundärformationen und sind nur darüber mit den gewohnten Epocheneinteilungen zu verbinden.

1. Ironie vs. Etymologie

Schon die griechische Literatur ist voll der mehr oder minder übersehenen, bekannten, aber ratlos unterschätzten anagrammatischen Befunde. So gebiert in Hesiods Theogonie die Göttin Mnēmosynē (Μνημοσύνη; Eingedenken) die Musen zum Zweck der lēsmosynē (λησμοσύνη; Vergessen) aller Übel und Ängste. Das Gedächtnis Mnēmosynē bringt die Mittel eines Vergessens hervor, das als Echo zu diesem auftritt, die Anagrammatik der Namen aber bereits in der Brechung des Echo-Effekts ironisiert.[33] Der Nachklang von Mnēmosynē im Vergessen der lēsmosynē zeigt das Vergessen bereits am Werk und die täuschende Phänomenalität der Laute bereits in der Oberhand über die durcheinander geratenen Lettern, die sie repräsentieren. Das heißt, schon für Hesiod sind Anagramme Zitate, die eine vor-rhetorische Praxis rhetorisch, und zwar vorwiegend ironisch ausnutzen. Mit Hesiod verbunden, seinen Namen und seine Praxis weiterzitierend, wird Aratos, hellenistischer Verfasser eines Lehrgedichts über die *Phainomena*, vorzüglich Himmelserscheinungen, die Etymologie des eigenen Namens (ἄρρητος; ›ungesprochen‹) als Umkehrung des Namens Hesiod (eine Zusammensetzung aus ἵημι und αὐδή zu ›Sprache hervorbringen‹) benutzen und in der komplizierten anagrammatischen Form eines Akrostichon verarbeiten.[34] Dessen Pointe hat die Form einer esoterischen Einschreibung, die über den Lehrinhalt des Texts hinausgeht. Ganz überschüssig in das raffinierte ›design‹ der Buchstabenanordnung installiert, betrifft sie das Verhältnis von Ursprung und ›design‹ selbst: »the moment when design, trembling, just emerges from chaos«[35].

Kallimachos und Vergil sind die wichtigsten Zeugen dieses Akrostichon, der erste ein Zeitgenosse des Aratos, der zweite sein später römischer Antipode. Das Zusammenspiel ihrer Bezugnahmen zeigt Anagrammatik als ein von Homer und Hesiod herrührendes Kunstmittel, das als eine ein für alle Mal abgetane, prähistorische Praktik weiteren, sekundären Bearbeitungen unterworfen wird. Etymologien stellen die gelehrten Eselsbrücken dar, über die der Echoeffekt benennbar, das Zitat des Namens herleitbar und mythisch erzählbar wird. Die Etymologie fungiert als der (falsche) Deckname für den von Saussure gesuchten ›Fabrikationsgeheimnis‹, und in dieser Funktion springen anagrammatische Momente in Hülle und Fülle ins Auge, deren dichterische Funktion weniger Auf-

---

32 Vgl. DE MAN, Epistemology of Metaphor, in: Critical Inquiry 5 (1978), 12–30; dt.: Epistemologie der Metapher, übers. v. W. Hamacher, in: A. Haverkamp (Hg.), Theorie der Metapher (Darmstadt 1983), 414–437.
33 Vgl. HESIOD, Theog. 55; M. L. West (Hg.), Hesiod. Theogony (Oxford 1966), 175; HAVERKAMP, Die Gerechtigkeit der Texte, in: Haverkamp/R. Lachmann (Hg.), Memoria. Vergessen und erinnern (München 1993), 19.
34 Vgl. ARATOS, Phainomena 2; KALLIMACHOS, Epigrammata 29; PETER BING, Aratus and his Audience, in: Materiali e discussioni per l'analisi dei testi classici 31 (1993), 105 f.
35 WILLIAM LEVITAN, Plexed Artistry. Aratean Acrostics, in: Glyph 5 (1979), 60.

II. Historische Epochen: Anagrammatik als implizite Poetik

merksamkeit gefunden hat als ihr topischer Wert für die den Griechen, den Römern, dem Mittelalter unterstellte Welt- und Lebensanschauung. So gibt der Name des Ödipus nicht die pseudoetymologische Kurzfassung seines dramatischen Schicksals zum besten; sondern umgekehrt trägt Ödipus diesen Namen statt des psychologisch motivierten, modernen Charakters, den Freuds Psychoanalyse aus ihm bezogen hat: als ein Skript, dessen etymologisch nachvollziehbare anagrammatische Vor-Schrift im Drama ›entwickelt‹ wird.[36] Einer ebenso literarischen Herkunft ist Martin Heideggers vielfältiger Gebrauch der Etymologie von ἀλήθεια (alētheia; Wahrheit) als Unverborgenheit.[37] Statt sich bei der fragwürdigen sprachwissenschaftlichen Herleitung aufzuhalten, sollte man der anagrammatischen Spur nachgehen, die sich darunter verbirgt; statt der ›Verborgenheit des Seins‹ wäre es die einer vor-rhetorischen Inschrift, deren spätere literarische Projektion alētheia als »a mythic doublet of Mnēmosynē, memory«[38] kennt: durchzogen von Lethe, dem Fluß des Vergessens, der der fraglichen Wahrheit die Seinsvergessenheit als eine Mitgift mitgibt. Es ist bemerkenswert, daß die Alētheia-Struktur, die Heideggers Ontologie begründet, der anagrammatischen Substruktur von Rhetorik abgelesen ist, die sie auf diese Weise aufdeckt.

Die römische Anagrammatik, wie sie von Saussure exemplarisch untersucht (und aufgegeben) worden ist, ist von Frederick Ahl in ihrem unerschöpflichen Beziehungsreichtum ausgebreitet und in ihrer grundlegenden Rolle für die Traditionsbildung der Latinität an Ovid und Vergil wohl auch überzeugend gemacht worden. Er kommt zu dem folgenden, von ihm selbst in seiner Reichweite nicht recht gewürdigten Eindruck:»If Quintilianic irony is the least demonstrable but most acceptable figure of speech [...], the anagram is without doubt the most demonstrable and least acceptable.«[39] Während das ironische Verhältnis von Verborgenheit und Wirkung das prototypisch ästhetische im Sinne der ›figura cryptica‹ Baumgartens ist, wäre das anagrammatische Verhältnis dessen introvertierte Vorlage und Ästhetik deren späte, unausgewiesene Explikation.[40] In der Archäologie der Figuren wird man dieser Gegenläufigkeit von Ironie und Anagramm einmal nachgehen müssen.

Über die interpretative Ausbeutbarkeit, die Signifikanz der Befunde über den überwältigenden Eindruck der Wort- und Lautspielerei hinaus, mit dem Ahl es bewenden läßt, wird man erst aus dem Gegenspiel zum Überbau der rhetorischen Strukturen Aufschlüsse gewinnen können.

Saussures Musterfall, das *Vaticinium* ›*Aquam Albanam*‹, ein delphisches Orakel, das der Historiker Livius in seiner Geschichte Roms überliefert, bringt alle Komplikationen einer solchen Überlieferung (der Übersetzung und Repräsentation des griechischen Originals in lateinischen Versen) mit sich; es hat aber den Vorteil, mit der Quelle des Orakels schon einen Grund für den ›kryptographischen‹ Charakter der Anagramme zur Hand zu haben.[41] Der Übergang des Orakels zur Form der Poesie erscheint anagrammatisch vorgeformt. Ahls Paradebeispiel, die Einführung des Namens Latium in der *Aeneis* aus Saturns Präferenz (*maluit*) für die Verstecktheit des Orts (*latuisset*), ist vordergründig perfekt, weil es Gründungsmythos und Etymologie zur Deckung bringt. Das ist aber nur das inhaltliche Befund, nicht schon die anagrammatische Pointe, die im Ensemble der aufgewendeten rhetorischen Figuren hervortritt. Der Name Latium ist ein restloses Anagramm das *maluit*, dessen Vorliebe sich der Ort Latium erfreut, dessen Vorliebe darüber hinaus aber auch noch den Vor-zug beweist, im Verborgenen zu liegen (*latuisset*). Eben dies ist die Existenzweise des Gottes Saturn, seine verborgene Anwesenheit in Latium, in der in der Verborgenheit des Anagramms lautliche Gestalt an-

---

36 Vgl. FREDERICK AHL, Sophocles' Oedipus. Evidence and Self-Conviction (Ithaca, N. Y. 1991), 26.
37 Vgl. HILDEGARD FEICK, Index zu Heideggers ›Sein und Zeit‹ (Tübingen 1961), 1.
38 WILLIAM G. THALMANN, Conventions of Form and Thought in Early Greek Epic Poetry (Baltimore/London 1984), 147; vgl. MARCEL DETIENNE, Les maîtres de vérité dans la Grèce archaïque (Paris 1967), 57–77.
39 AHL, Ars est caelare artem (Art in Puns and Anagrams Engraved), in: J. Culler (Hg.), On Puns. The Foundation of Letters (Oxford 1988), 26.
40 Vgl. BAUMGARTEN, Bd. 2 (1758), 533; HAVERKAMP, Metaphora dis/continua, in: Haverkamp (Hg.), Die paradoxe Metapher (Frankfurt a. M. 1997), 358–372.
41 Vgl. STAROBINSKI (s. Anm. 1), 69.

nimmt, ohne aus der Verbergung wie aus einem Hinterhalt herauszutreten.

Man sieht, Etymologie steht an dieser Stelle nicht primär für die Begründung, die sie vordergründig liefert; sie verbirgt sie vielmehr in der ihr eigenen Art der etymologischen Verbergung, und sie illustriert ihre Funktion damit auf implizite Weise. In dieser Gestalt des in und aus der Verbergung heraus Offenbarens ist das anagrammatische Manöver in einem profunden Sinne ›ironisch‹ und qua Ironie in unterschiedliche Konfigurationen umsetzbar. Im Gegenzug zu der positiven, mythischen Neusetzung der *Aeneis*, die in der Etymologie von ›Latium‹ belegt und festgeschrieben ist, wird Ovid zum Meister abgründig grundloser Vorführungen und restloser Rezitierungen; Anagramme werden bei ihm zum Relais »von Mythendekonstruktion durch Festhalten an der Mythenüberlieferung selbst«[42]. In Ovids anagrammatischer Praxis verwandelt sich die Endlosigkeit der Metamorphosen in die endlose Schreibfläche eines ›eau vide‹, dessen Leere Baudelaire im Anruf des Namens ›O-vide‹ aus der anagrammatischen Verbergung ent-decken und ihm explizit zuschreiben wird.[43] Etymologie als Eselsbrücke entfällt; die Tiefe der Jahre trägt sich selbst.

Die Bewältigung der akustischen Materie, darauf legt Ahl mit Quintilian Wert, hängt am Vorrang, den in der Beherrschung der Sprache die Silben vor den Buchstaben beanspruchen. Denn allein über die minimale mitgehörte Einbettung ist das Differential eines jeden Lauts mitzulernen. Die anagrammatische Vorgabe eines Textes ist nur über die Silbenränder wahrzunehmen und über die bloßen in Buchstaben abgebildeten Laute allein nicht

zu identifizieren. Die meist didaktisch motivierten, fiktiven ›Kurzgeschichten‹ der Etymologien liefern das Lernmaterial; daß sie auswendig zu lernen sind, kann dem lautlichen Differentialtraining nur nutzen. Der Funktionswandel der Etymologie von dem durch Quintilian und Varro repräsentierten Stand zur geistlichen Exegese des Mittelalters nach Augustinus und Isidor von Sevilla kann dadurch natürlich nicht mehr präjudiziert sein. Das Verhältnis von Anagramm und Etymologie kehrt sich um; das Anagramm wird ornamental, die Etymologie dagegen konstruktiv. Wie die fundamentale Aufarbeitung der mittelalterlichen Etymologie durch Roswitha Klinck zeigt, schlägt die theologische Kritik an der tropischen Konstruiertheit der etymologischen Derivate um in die exegetische Brauchbarkeit ebensolcher Figuren für die mystische Exposition ›geistigen Sinns‹.[44] Keine wie auch immer vor-historisch motivierte Inschrift ist lesbar oder hörbar im Text der Heilsgeschichte, sondern die Handschrift des Schöpfergottes, wie sie sich im ›Buch der Natur‹ manifestiert.

Varros heidnische Etymologie für caelum, Himmel, von caelare und celare, einschreiben *und* verbergen, hatte das Doppel von Verbergen und Offenbaren registriert, nicht ohne den Himmel als Derivation des In-schrift-Charakters zu erwägen, welcher den Himmel wie Tag und Nacht zwischen Sichtbarkeit und Verborgenheit wechseln läßt. Was mithin die rhetorische Maxime ›ars est caelare/celare artem‹ an Anagrammen exemplarisch macht, wenn nicht gar zur impliziten poetischen Vorgabe von Rhetorik erklärt, wird bei Cassiodor, Beda und ihren weniger klassisch aufgelegten Nachfolgern zum Prinzip von Offenbarung.[45] In Ovids radikaler Interpretation des Pygmalion-Mythos lautet diese Maxime genauer noch: »ars adeo latet arte sua«[46] (Es verbirgt sich [und droht aus der Verbergung] die Kunst aus eigener Kunst). Die Sprengkraft der Metamorphosen Ovids liegt deshalb weniger in ihrem heidnischen Inhalt (der sich ›moralisieren‹ ließ) als in der strukturellen Zumutung der Anagrammatik, der hermeneutischen Offenbarungsstruktur der Schrift widersprach. Heidnische und mittelalterlich-christliche Etymologie kommen darin überein, daß Anagramme als Indizes von Wissen fungieren, nicht als Botschaften von und mit Vergangenheit. Die Wissenspolitik

---

42 REINHARD HERZOG, Vom Aufhören. Darstellungsformen menschlicher Dauer im Ende, in: K. Stierle/R. Warning (Hg.), Das Ende. Figuren einer Denkform (München 1996), 321.
43 Vgl. STAROBINSKI, Les Rimes du vide. Une Lecture de Baudelaire, in: Nouvelle Revue de Psychanalyse 11 (1975), 143.
44 Vgl. ROSWITHA KLINCK, Die lateinische Etymologie des Mittelalters (München 1970), 68, 185; FRIEDRICH OHLY, Vom geistigen Sinn des Wortes im Mittelalter, in: Zeitschrift für deutsches Altertum und deutsche Literatur, Bd. 89 (1958/1959), 1–25.
45 Vgl. AHL (s. Anm. 39), 39; KLINCK (s. Anm. 44), 87.
46 OVID, Met. 10, 252.

etymologischer Enzyklopädien etabliert ein erstes *post-histoire*; die Gedächtnistheater der Renaissance werden es ausbauen.

2. Paronomasie vs. Syllepse

Bevor es dazu kam, gab es im Vorfeld der Entstehung der modernen Literaturen – von Literatur als Agentur von Moderne – Anlaß genug, den Spielraum der Inschriften zu nutzen. Er reicht von dem Palindrom Roma/amor als Emblem dessen, was die Welt regiert und auf den Punkt bringt, bis zu Athanasius Kirchers abnehmendem Echo von *clamore, amore, more, re*, das den akustischen Perspektivpunkt des Hörensagens von der Sache zum Lärm um Nichts als Umkehrungseffekt darstellt.[47] ›Letternwechsel‹ heißen Anagramme treffend bei Johann Hemeling, Justus Georg Schottel, Georg Philipp Harsdörffer.[48] An ihnen partizipiert alles, was an Wortspielereien bis zum Ende des Barock ergötzen kann und den nachromantischen Literaturgeschichtsschreibern des 19. Jh. über den Verstand geht.[49] Man könnte versucht sein, die ganze Epoche anagrammatisch zu nennen nach dem überwältigenden Eindruck der verselbständigten Letternmaterie, die durch die Möglichkeiten des mechanischen Drucks noch stärker hervortritt.[50] Im 16. bis 18. Jh. kommen Anagrammatismen aller Art – Akrosticha, Lipogramme, Logographe – zu einer ›Hochblüte‹, deren wildwüchsige Differenzierungen alles andere als eindeutig sind und deren ›gattungskonstituierende Funktion‹ deshalb auch alles andere als durchsichtig ist.[51] In Doppel- und Mehrfachbesetzungen des Druckraums führt die Letternästhetik zu einer Nivellierung, in der die alten anagrammatischen Pointen um ihre Pointierung gebracht werden. Sie überleben anderswo, haben mit diesen Spielereien wenig zu tun und entwickeln andere Konjunkturen als diese; noch die Romantik selbst dürfte, angemessen versteckt, dazu gehören.

Petrarcas Laura ist das Markenzeichen der ersten Konjunktur einer solchen anderen Einschreibungspraxis, die Kryptonymien Villons und Rabelais' deren Alternative. Sie führt zu musikalischen Motiven auf der einen und detektivischen Motiven auf der entgegengesetzten Seite. Anagrammatisch ist Petrarcas Laura, weil der Name innerhalb des *Can-*

zoniere (ersch. 1470) nicht direkt, sondern nur als paronomastische In- und Umschrift lautähnlicher Wörter auftritt: Ihr Name ist unausgesetzt anwesend in Anklang und Nachklang, ohne daß er ausgesprochen würde. So ist Laura im Palimpsest der lyrischen Landschaftsausschnitte gegenwärtig, ohne daß diese anagrammatische Gegenwart die tatsächlich dargestellte, beklagte Abwesenheit übertrumpfen könnte. Hugo Friedrich hat den rhetorischen Befund der Paronomasie im Unterschied zu einer bloßen allegorischen Identifizierungsleistung als ›symbolisch‹ bezeichnet, und tatsächlich ist das Schema der rein akustischen Abschattungen fiktiv fruchtbar auf Kosten (und nicht aufgrund) des bedeutungstragenden Materials.[52] Die Paronomasien l'aura, l'auro, lauro, l'oro, aureo sind das Gegenteil eines etymologisch zu erklärenden Sachverhalts; sie sind symbolische Anmutungsqualitäten des Namens. Als solche können sie quasi etymologische allegorische Zusammenhänge stiften oder herauskehren wie den von Laura und Lorbeer der doppelten Vorzugsgestalt dichterischen Begehrens.

Im Unterschied zum Letternwechsel der Buchstabendichtung ist die Paronomasie primär klanglich organisiert, als ein »Spiel mit der Geringfügigkeit der lautlichen Änderung«[53]. Wird im Fall der

---

47 Vgl. ATHANASIUS KIRCHER, Neue Hall- und Thonkunst (Nördlingen 1684), 38; BETTINE MENKE, Prosopopeia – Stimme und Text (München 2000), 312ff.
48 Vgl. JOHANN HEMELING, Arithmetische Letter- und BuchstabWechslung (Hannover 1653).
49 Vgl. KARL BORINSKI, Die Poetik der Renaissance und die Anfänge der literarischen Kritik in Deutschland (Berlin 1886), 168.
50 Vgl. STEFAN RIEGER, Speichern/Merken. Die künstlichen Intelligenzen des Barock (München 1997), 45–48.
51 Vgl. ELISABETH KUHS, Buchstabendichtung. Zur gattungskonstituierenden Funktion von Buchstabenformationen in der französischen Literatur vom Mittelalter bis zum Ende des 19. Jahrhunderts (Heidelberg 1982).
52 Vgl HUGO FRIEDRICH, Epochen der italienischen Lyrik (Frankfurt a.M. 1964), 196–207; HAVERKAMP, Lauras Metamorphosen, in: Deutsche Vierteljahrsschrift für Literaturwissenschaft und Geistesgeschichte 58 (1984), 343–368.
53 HEINRICH LAUSBERG, Handbuch der literarischen Rhetorik, Bd. 1 (München 1960), 322.

Buchstabendichtung der Name zum Suchobjekt, so in dem der Paronomasie zu einer Art von musikalischem Motiv. Das heißt, Anklänge, Umschreibungen, Nachklänge durchziehen motivartig die Komposition; es heißt dagegen nicht, daß diese sich dem Ohr aufdrängten. Im Gegenteil, so wie im ersten Fall die Buchstabenkonstellation unmarkiert ist, bleibt es im zweiten Fall die lautliche Umschreibung. Was im Buchstabenbild durch Markierung erkennbar zu machen ist, muß in Paronomasien klanglich vergegenwärtigt werden. Die manieristische ›alchimie du verbe‹, von der Gustav René Hocke spricht, kann nur die geheimnisvolle Wirkung beschreiben, verdunkelt aber die strukturellen Voraussetzungen. Sie hat zwar den Vorzug, den hybriden Wildwuchs zwischen Laut und Schrift zu würdigen und jede Anmaßung von Systematik abzuweisen.[54] Mit der Annahme anagrammatischer Tiefenstrukturen, und sei es auch nur in der untergründigen Kurvatur des rhetorischen Raums der Tropen, hat ein solcher ›Stilwille‹ aber nichts zu tun. Was hier als Konjunktur des Anagrammatischen auftritt, tendiert zu einem ganz anderen Begriff: einer Proliferation von Schrift ganz ohne Inschrift und Namen.

Tristan Tzara hat in seinen monumentalen, in den 50er Jahren begonnenen, aber ebenfalls nie abgeschlossenen Studien zu Villon ein diametral entgegengesetztes Programm strengster Dechifrierarbeit durchgespielt.[55] William und Elizabeth Friedman, professionelle Kryptologen im amerikanischen Geheimdienst, haben sich die Mühe gemacht, die Fruchtlosigkeit solcher Forschungen zu erweisen. Der krasse Widerspruch zwischen dem Überfluß des anagrammatisch Möglichen und den Beschränkungen der Entschlüsselung — exemplarisch der Bacon-Anagramme im Werk Shakespeares — macht auf ein tiefes Mißverständnis nicht erst der Entzifferer, sondern ihrer neuzeitlichen Objekte aufmerksam, die sich in ein Labyrinth begaben ohne Garantie einer Rückkehr.[56] Hier wird das Interesse an der anagrammatischen Inschrift ein kriminalistisches an Geheimhaltung. Auch angesichts der späten Signatur Hölderlins, Scardanelli, wird man ein »Motiv der Geheimhaltung«[57] ausfindig machen, das hinter der anagrammatischen Verstellung des Wahnsinnigen stehen soll. Das Spiel der Rabelais, Villon, Chaucer sah anders aus; es geht in solchen Verbergungsspielen so wenig auf wie die späte Lyrik Hölderlins. Von ihnen herkommend, zieht eine anagrammatische Strömung durch die Literatur der frühen bis zur spätesten Moderne, deren rhetorische Voraussetzungen noch weithin unaufgeklärt liegen, deren anagrammatischer Gegenhalt folglich nur mehr Anhalte findet; diese allerdings so gut wie überall.[58]

In der Inszenierung petrarkesker Paronomasien gewinnen anagrammatische Mittel bei Shakespeare eine weitere, theatralische Dimension. Rhetorisch gesehen wird die dramatisierte Paronomasie sylleptisch: ein anagrammatisch produzierter ›double plot‹, der sich im lautlichen Feld eines Namens oder auch einer leitmotivischen Chiffre entwickelt.[59] George Puttenhams *Arte of English Poesie* führt die Syllepse als »double supplie«[60]. Angesichts des offen ausagierten doppelten ›investments‹ sylleptischer Strukturen erscheinen die Anagramme bei Puttenham selbst als von Aberglauben gefährdete, oberflächliche Beschäftigungen, die unvermutet in höchste emblematische Bedeutsamkeit von nachgerade prophetischer Qualität umschlagen können.[61] Das Konglomerat von abergläubischen Abwehrgebärden und politisch-theologischer Begeisterung, durchmischt und befördert von kabbalistischen und neuplatonischen Trends, ist in der Forschung erst kürzlich vom Stadium des Nachweises literarischer Einflußnahmen in eine

---

54 Vgl. GUSTAV RENÉ HOCKE, Manierismus in der Literatur. Sprach-Alchemie und esoterische Kombinationskunst (Hamburg 1959), 20.
55 Vgl. TRISTAN TZARA, Le secret de Villon, in: Tzara, Œuvres complètes, hg. v. H. Béhar, Bd. 6 (Paris 1991).
56 Vgl. WILLIAM F. FRIEDMAN/ELIZABETH S. FRIEDMAN, The Shakespearean Ciphers Examined (Cambridge 1958), 112.
57 MICHAEL FRANZ, Annäherung an Hölderlins Verrücktheit, in: Hölderlin-Jahrbuch 22 (1981/1982), 285.
58 Vgl. MICHEL BEAUJOUR, Le jeu de Rabelais (Paris 1976); CULLER (s. Anm. 39); RICHARD ALLEN SHOAF, Dante, Chaucer, and the Currency of the Word (Norman, Okla. 1983).
59 Vgl. WILLIAM EMPSON, Some Versions of Pastoral (1935; London ²1950), 27 ff.
60 GEORGE PUTTENHAM, Arte of English Poesie (1589), hg. v. E. Arber (London 1906), 175.
61 Vgl. ebd., 126 ff.

II. Historische Epochen: Anagrammatik als implizite Poetik

Phase intertextueller Untersuchungen übergegangen. In der Intertextualität die anagrammatische Vorstruktur – den Markierungscharakter der Inschriften – aufzusuchen erfordert offenbar mehr, als über die ›manieristische‹ Sprachsituation des Barock bislang bekannt ist. Die anagrammatischen Phänomene des Barock werden heute verlegenheitshalber als ornamentale Flausen gehandelt, deren bloße Aufzählung schon in den Kuriositätensammlungen des 19. Jh. ad absurdum geführt worden war.

Andererseits zeigen Einzelbefunde deutlich genug, wie tief die anagrammatische Organisation des Materials bei aller Unterschiedlichkeit der Motive reichen kann. John Donne, der in einem frühen Gedicht *The Anagram* Anagramme mit den petrarkistischen Zerlegungsoperationen assoziiert und persifliert hatte (»She has yet an anagram of a good face«[62]), behält aus dieser Tradition die Umwertung von Oberfläche (hier der ›Häßlichkeit‹ der Geliebten) und anagrammatischer Tiefe (ihrer versteckten ›Schönheit‹) zurück. Sein Gedicht *A Valediction of my Name, in the Window* macht die implizite Poetik der anagrammatischen Inschrift als poetisches Prinzip besonders eindrucksvoll sichtbar. Es erhebt das Einschreiben des Namens ins Fensterglas der Geliebten aus Anlaß des Abschieds vor einer Reise (»My name engraved herein«) zum Bild des Gedichts und des in ihm eingegrabenen Selbst, dessen Durchsichtigkeit (»throughshine as I«) den Blick nach draußen freigibt, in der Inschrift aber den Namen noch in dem Übersehen, in dem der Blick über den eingegrabenen Namen hinweg und durch ihn hindurch geht und ihn vergessen läßt, festhält (»in forgetting thou remembrest right«)[63]. Der anagrammatisch begründete Untergrund, der unberührt von der darüber grammatisch (an der semantischen Oberfläche von story und plot) entwickelten Geschichte bestehen bleibt und über diese Geschichte hinausgeht, ist Schrift auf Glas (bei Donne ›pane‹ und ›pen‹[64]). Die auf die story transparente, im plot fokussierte Sprache des Gedichts trägt den Namen in Schrift, als Eingrabung eines Grabs (als engraved grave); der Name ist ein anagrammatisches Grab, das unter dem Text wie die Krypta unter einer Kirche liegt. Der Tod des Autors (im Fall des Namens Donne

persiflierbar als ›I'm done‹) ist seinem Text eingegraben.[65]

Die anagrammatische Inschrift mag am Ende nur ex negativo wirksam werden und dann des Eintrags in die Oberfläche ganz entbehren können. Albrecht von Hallers um den Tod Marianes kreisende Gedichte verbieten sich Anklänge, durchstreichen intertextuelle Vorbilder und führen das Zitat tatsächlicher Inschriften (Marianes Grabstein) nur in der Durchkreuzung durch einen Gedankenstrich mit.[66] Klopstocks Namen fingieren referentielle Bestimmtheit, indem er sie nur in der Abkürzung auftreten und als Buchstaben, ungewollt wie zwangsläufig, durch den Text geistern läßt.[67] Hölderlins Anagrammatik gibt sich demgegenüber vordergründig faßbarer; sie ist folglich schnell bemerkt worden und gilt als ›philologisch gesichert‹. Immerhin ist das Ausmaß auch hier nicht so offensichtlich, in dem sich (manche) Texte der *Hyperion* um den Namen Diotima drehen:»O das ist ja meine [Anagramm für Diotima – d. Verf.] lezte Freude«[68]. Das mögen Spuren-Elemente einer Krypta sein, für die der Name Diotima eine Chiffre ist, so wie Laura eine für den Ruhm Petrarcas war.

---

62 JOHN DONNE, Elegy 2: The Anagram (1633), in: Donne, The Complete English Poems, hg. v. A. J. Smith (Harmondsworth 1971), 96f.
63 DONNE, A Valediction of my Name, in the Window (1633), in: ebd., 87–89.
64 Vgl. ebd, 88.
65 Vgl. HAVERKAMP, Die Schrift im Glas. A Valediction by John Donne, in: C. Brinker/N. Largier (Hg.), Homo Medietas. Festschrift für Alois M. Haas (Zürich 1998), 113–125.
66 Vgl. ALBRECHT VON HALLER, Ueber ebendieselbe (1737), in: Haller, Gedichte, hg. v. L. Hirzel (Frauenfeld 1882), 164; HAVERKAMP, Laub voll Trauer. Hölderlins späte Allegorie (München 1991), 47f.
67 Vgl. HAVERKAMP, Fest/Schrift: Festschreibung unbeschreiblicher Feste in Klopstocks ›Ode von der Fahrt auf der Zürchersee‹, in: W. Haug/R. Warning (Hg.), Das Fest (München 1989), 295f.
68 HÖLDERLIN, Hyperion oder Der Eremit in Griechenland (1797/1799), in: HÖLDERLIN (GSA), Bd. 3 (1957), 121; vgl. ROMAN JAKOBSON/GRETE LÜBBE-GROTHUES, Ein Blick auf die ›Aussicht‹ von Hölderlin, in: Jakobson, Hölderlin, Klee, Brecht. Zur Wortkunst dreier Gedichte (Frankfurt a. M. 1976), 85.

3. Symbol vs. Kryptonymie

Hugo Friedrichs Entscheidung, von »Laura-Symbolik«[69] statt von bloßer Paronomasie zu sprechen, macht auf eine mögliche anagrammatische Qualifikation noch des Symbolbegriffs selbst aufmerksam, die im synekdochischen Charakter des Symbols impliziert sein mag. Paul de Man hat die symbolische Durchsichtigkeit – in Coleridges Beschreibung ›translucence‹ – zuerst als Synekdoche erkannt: »translucence of the special in the individual, or of the general in the special, or of the universal in the general; [...] above all by the translucence of the eternal through and in the temporal«[70]. Nimmt man den Vorschlag Tzvetan Todorovs und der *Rhétorique générale* hinzu, bestimmte Fälle ›referentieller‹ Bildlichkeit aus einer Verdoppelung von Synekdochen zu erklären, dann müßte die Transparenz des Symbols aus einer in der Verdoppelung gelöschten synekdochischen Einschreibung resultieren.[71] Die referentielle Illusion entstünde geradezu aus der Transparenz der anagrammatischen Inschrift, welche in der allegorischen Konstruktion des Symbols als die ›ursprüngliche‹, erste Synekdoche durchsichtig geworden wäre. Der allegorische Sachverhalt, der bei Donne als ein anagrammatisch fundierter thematisch gemacht ist (und als ein solcher über den Befund des Manierismus hinaus erst noch untersucht werden muß), trifft im Symbolbegriff auf neuere, bis heute virulente Beschreibungszusammenhänge.

Die anagrammatische Praxis der *Wahlverwandt-*

---

69 FRIEDRICH (s. Anm. 52), 196.
70 DE MAN, The Rhetoric of Temporality, in: C. Singleton (Hg.), Interpretation. Theory and Practice (Baltimore, Md. 1969), 177.
71 Vgl. TZVETAN TODOROV, Synecdoques, in: Communications 16 (1970), 30; GROUPE μ (s. Anm. 17), 109.
72 HEINZ SCHLAFFER, Namen und Buchstaben in Goethes Wahlverwandtschaften, in: Jahrbuch der Jean-Paul-Gesellschaft 7 (1972), 87; vgl. WOLF KITTLER, Goethes Wahlverwandtschaften. Soziale Verhältnisse symbolisch dargestellt, in: N. Bolz (Hg.), Goethes Wahlverwandtschaften (Hildesheim 1981), 230–259.
73 JOHANN WOLFGANG GOETHE, Wilhelm Meisters Wanderjahre (1821), in: GOETHE (WA), Abt. I, Bd. 24 (1894), 99 f.
74 Vgl. VLADIMIR NABOKOV, Ada or Ardor. A Family Chronicle (London 1969), 581.

schaften Goethes (1809) enthüllt diese Transparenz als Implikation des klassischen Symbols. Nicht völlig falsch hat man diese Offenlegung als allegorisch aufgefaßt; es wäre die Allegorie des Symbolischen in seinen anagrammatischen Grundzügen. Otto, das Palindrom, das Charlotte und Ottilie verbindet, ist dem Wahlnamen Eduards in keiner Weise verwandt oder eingeschrieben (etymologisch oder anagrammatisch); die Wahl des Namens Eduard, der der Verfasser im ersten Satz auktorial autorisiert, läßt einen »hübschen, lakonischen Namen«[72] zurück, der als Natur aber nicht ›rückgängig‹ zu machen ist wie das Palindrom. In Charlotte und Ottilie tritt er als anagrammatische Vorgabe wie naturwüchsig, schicksalshaft an den Tag. »Inschriften« und »lakonische Worte«, empfiehlt in *Wilhelm Meisters Wanderjahren* Juliette, »umschriebe« man am besten, es werde »der Sinn alsobald hervorleuchten«[73]. Das ›Umschreiben‹ lakonischer Kürze meint keine Paraphrase, sondern das Ausschreiben der lakonischen Lettern. Die Kürze des Buchstabens provoziert die Superstruktur Allegorie, er wird um- und ausgeschrieben als anagrammatische Vorgabe, die, wo immer sie durchschlägt, symbolisch wird.

Vladimir Nabokovs Romantitel *Ada or Ardor. A Family Chronicle* (1969) zeichnet den Prozeß der Umschreibung in nuce vor: von dem Palindrom des Namens Ada über die Struktur der allegorischen Personifikation bis zur Entfaltung von Familien-Geschichte qua Wahlverwandtschaft (und sie endet auch nicht, ohne den unheilvollen Namen ›Mittler‹ aus Goethes Roman auf einer der letzten Seiten sinister anzubringen[74]). Nabokovs Buchstabenspiele sind mit allen Wassern der gnostischen Tradition Rußlands gewaschen. In ihrem Lichte ist das Amalgam der opak gewordenen barocken Formationen der Buchstabenästhetik am ehesten lesbar gemacht. Die darin verborgene anagrammatische Kontinuität von Barock und Moderne scheint der exemplarische Beitrag der russischen Literaturgeschichte, wie sie die Literaturtheorie des 20. Jh. von Jakobson bis Lachmann geprägt hat. Das kryptische Moment eines Schriftsinns, der als Doppelsinn auftritt, in Szene gesetzt wird, scheint nirgends konstitutiver gewesen zu sein als für die russische Moderne, deren letzter großer Virtuose Nabokov ist. Das Buchstabenspiel Scrabble, das in

II. Historische Epochen: Anagrammatik als implizite Poetik

Ada gespielt wird, ist das ironische amerikanische Nachspiel zu kabbalistischen Vorbildern, das »die Matrix des Alphabets in der Verfügungsgewalt des Schreibers« vorführt; man sieht ihn bei Nabokov »wie den Schöpfergott und Schrifterfinder der Kabbalah« die Welt »entfalten und zusammenfalten«[75]. Charakteristischer für die archaistische Poetik der russischen Avantgarde, die Nabokovs Modernismus schneidend distanziert, ist allerdings der ›poetische Kannibalismus‹ Velemir Chlebnikovs; Anagrammatik wird dort nach organologischen Metaphern der Verinnerung oder Introjektion praktiziert, und der Begriff des Namens, Inbegriff des thematischen Substrats der Anagramme, wird zur Metapher für die »archaischen, vorkulturellen, präsemiotischen ›Dinge‹«, die die »physische Seite des Schreibens«[76] ausmachen sollen.

Die postromantische Allegorie Baudelaires, von Benjamin und de Man restituiert, restituierte selbst nicht, was sie zitierend zersetzte. Reimt sich ›Ovide‹ auf ›avide‹, haben beide etymologisch nichts miteinander gemein außer dem Reim, dessen Lautgestalt als Inschrift eines Dichters namens Ovid die Reihe allegorischer Bezugnahmen auf Null bringt: eine »zu wahrer Leere leergeschriebene Antike«[77]. Der Schwan, das probate Symbol barocker Dichter, kehrt in Baudelaires Gedicht *Le Cygne* (1860) mit der Geste der Anrede (»Andromaque, je pense à vous!«) die anagrammatische Struktur der Anrede heraus (»eau, quand donc pleuvras-tu?«[78]). Kurz: »When it seeks something other than itself (eau), it finds only itself (O), which may also be nothing (o).«[79] Das O, leeres O des O-vide, klingt nach in beau, nouveau, tombeau und zieht ein Netz über den Text, der die Ruine Allegorie überwuchert und, höchst künstlich, re-naturalisiert in Spiegelungen von cygne und signe, von roc und cor.[80] Schon daß der Name des Autors die Zeiten überlebt, macht die Moderne Baudelaires zu einer rückwärtsgewandten Angelegenheit. In dieser rückwärtigen Ansicht modelliert Anagrammatik die rhetorische figura der Zeitenwenden einschließlich der Moderne; es ist eine Anagrammatik der Rhetorik, aus der die Moderne eine über-rhetorische Markierung zurückbehält, um sie auf sich zu beziehen und sich zu historisieren.

4. Paläonymie vs. Makulatur

James Joyce' *Finnegans Wake* (1939) macht eine andere, unmythisch witzige Gegenrechnung auf, in der sich jedes Wort auf seine mögliche Vergangenheit hin öffnet und sich als Komplex irregegangener Kompetenz, illusionärer grammatischer Kontrolle und damit auch der irrigen präsemiotischen, physischen Bindungen herausstellt: »The *Wake* merely heightens a process that operates in all language, in spite of the Saussurean enterprise of separating with great strictness synchrony and diachrony«[81], hebt Derek Attridge, seinerseits untertreibend, die exemplarische Erhellung des anagrammatischen Saussure durch Joyce hervor. Insofern wäre Joyce der Autor, an dem die ›ästhetische‹ Seite von Anagrammatik am deutlichsten hervorträte. Durch das ostentative Heraustreiben dessen, was der Sprache anagrammatisch als Geschichte vorausliegt, wäre es eher eine post-grammatische denn eine anagrammatische Ästhetik, wenn nicht – weitreichender – der Beweis der Unmöglichkeit üblicher Ästhetik unter anagrammatischen Vorzeichen. Deren Blöße bestünde, ästhetisch genommen, in der Unfähigkeit, die grammatische (narrative, expressive) Oberfläche der rhetorischen Formationen aufzubrechen oder transparent zu machen.[82] John Cage rühmt Joyces Leistung – »to have kept the old structures (›sintalks‹ [i. e. syntax]) in which he put the new words« – und macht sie

---

75 LACHMANN (s. Anm. 9), 446.
76 AAGE A. HANSEN-LÖVE, Velemir Chlebnikovs poetischer Kannibalismus, in: Poetica 19 (1987), 122.
77 BARBARA VINKEN, Zeichenspur, Wortlaut. Paris als Gedächtnisraum, in: A. Haverkamp/R. Lachmann (Hg.), Gedächtniskunst. Raum – Bild – Schrift. Studien zur Mnemotechnik (Frankfurt a. M. 1991), 255.
78 CHARLES BAUDELAIRE, Le Cygne (1860), in: BAUDELAIRE, Bd. 1 (1975), 85 f.
79 CULLER, The Pursuit of Signs. Semiotics, Literature, Deconstruction (Ithaca, N. Y. 1981), 144.
80 Vgl. STAROBINSKI, La mélancolie au miroir. Trois lectures de Baudelaire (Paris 1989), 70 ff., 75, 78.
81 ATTRIDGE, Unpacking the Portmanteau, or Who is Afraid of Finnegans Wake? (1988), in: Culler (s. Anm. 39), 152.
82 Vgl. DERRIDA, Ulysses Gramophone: Hear Say Yes in Joyce (1987), übers. v. T. Kendall/S. Benstock, in: Attridge (Hg.), Jacques Derrida. Acts of Literature (New York 1992), 274, 282.

zum ›pretext‹ seiner ›mesostics‹ (»not acrostics: row down the middle, not down the edge«)[83]. In auf den Namen Joyce zentrierten, vom Rand auf die Mitte verlagerten Akrosticha restituiert Cage die Anagrammatik, die bei Joyce an die Oberfläche getreten ist, musikalisch.

Dagegen stellt Mallarmés *Coup de dés* (1897) als das Resultat der absoluten anagrammatischen ›dissémination‹ das Jenseits von Anagrammatik aus, in dem kein Name mehr Platz hat oder erinnerbar wäre und kein thematisches Wort mehr einzufangen ist, es sei denn als ›Mnemofetisch‹ der ausgebreiteten materialen Worthülsen. Die von diesen repräsentierte Differentialität von Sprache findet im Raum purer Schrift, schwarz auf weiß, statt. Sie kann in dieser Modalität selbst das Modell von Darstellung sein. Claude Simons Roman *Leçon de choses* (1975) thematisiert nach Art eines ›Anschauungsunterrichts‹ dieses letzte, auf der Repräsentationsform des buchstäblichen Schwarz auf Weiß beruhende Modell einer disseminativen Darstellung.[84] Die in anagrammatischen Fetzen vernetzten Motivreste funktionieren intertextuell, anamorphotisch, dekonstruktiv; in Dantes Motiv der Medusa zitieren sie eine letzte, idolatrische Abwehrfigur.[85] Nicht umsonst hat man gesagt, mit Simon habe der Strukturalismus den Nobelpreis gewonnen. In seinem Werk kommen alle strukturalistischen Analysefiguren zum Zug; für diese grundlegend und über den Strukturalismus hinaus die Anagrammatik. In der flachsten, minimalen Variante schreibt Georges Perec, leidenschaftlicher ›lipogrammatiste‹ und bekanntester Vertreter von OuLiPo (Ouvroir de Littérature Potentielle) den Pseudoroman *Quel petit vélo à guidon chromé au fond de la cour?* (1966), zu dessen grammatischer Oberfläche er einen »Index des fleurs et ornements rhétoriques«[86] mitgibt, die nach nichts als Seitenzahlen lokalisiert sind. Rhetorik ist selbst zum Gegenstand von Anagrammatik geworden, eingeschrieben in einen Text, den sie nicht mehr beherrscht.

III. Exemplarische Entwürfe: Ambiguität, Parataxis, Dissemination, Anasemie, Inschrift

Kristevas erste Zuordnung der Anagramme Saussures zu Derridas ›dissémination‹ nimmt eine Umwidmung der von Starobinski herausgearbeiteten hermeneutischen Problematik in das post-strukturalistische Feld post-hermeneutischer Fragen vor. Diese haben Vorläufer im sprachanalytischen Formalismus William Empsons, in der subjektkritischen Philosophie Theodor Adornos sowie dann vor allem im engeren Umfeld strukturalistischer Operationen. Empsons *Seven Types of Ambiguity* (1930), unübertroffenes Muster einer Poetik der Moderne, bringt auf den Nenner ›Ambiguität‹ Typen jedweder Auffälligkeit vor jeder semantischen Qualifikation, und diese bieten insofern einen ersten Indikator für Anagrammatismen jeglicher Art. Adornos Hölderlin-Aufsatz *Parataxis* (1964) konzentriert sich auf einen solchen Befund, wiewohl unter der irrigen Hypothese des fortschreitenden Wahnsinns, als Formsymptom a- oder anti-syntaktischer ›Assoziation‹.[87] Im Rückblick auf das von Hölderlin erstrebte pindarische ›Maß‹ wird die anagrammatische Substruktur erahnbar.

Auf der Gegenseite solcher Beobachtungen, die meist mit der Unterstellung unbewußter Beweggründe oder einer Nachwirkung tiefsitzender Formzwänge einhergehen, steht die Aufdeckung höchst bewußter Verdeckungsstrategien, am eindrucksvollsten in den am Modell der Anamorphose erläuterten Verfahren, die in den Bänden von Jurgis Baltrusaitis auf die strukturalistische Avantgarde Eindruck gemacht haben.[88] Die prä-

---

83 JOHN CAGE, Writing for the Second Time through Finnegans Wake, in: Cage, Empty Words. Writings 1973–78 (London 1978), 133–136.
84 Vgl. CLAUDE SIMON, Leçon de choses (Paris 1975); dt.: Anschauungsunterricht, übers. v. C. Stemmermann (Hamburg 1986).
85 Vgl. VINKEN, Makulatur. Oder: Von der Schwierigkeit zu lesen, in: Poetica 21 (1989), 423–428.
86 GEORGES PEREC, Quel petit vélo à guidon chromé au fond de la cour? (1966; Paris 1982), 92; vgl. PEREC, Histoire du lipogramme, in: OULIPO, La littérature potentielle. Créations, re-créations, récréations (Paris 1973), 77–93.
87 Vgl. THEODOR W. ADORNO, Parataxis (1964), in: ADORNO, Bd. 11 (1974), 479.
88 Vgl. z. B. JURGIS BALTRUSAITIS, Anamorphoses ou magie artificielle des effets merveilleux (Paris 1969).

zise, bis ins Detail hinein nachkonstruierbare, reversible Verschlüsselung eines perspektivisch gegebenen Gegenstands durch eine regel-geleitete, mechanische Verzerrung des Mediums ›Perspektive‹ gleicht in der Tat der metrischen wie der anagrammatischen Gegebenheitsweise, mit der spezifisch neuzeitlichen Zugabe des Transports nicht allein von ›Namen‹, sondern der Gegebenheit von ›Repräsentation‹.[89] In dieser Gegebenheit wird die Anamorphose zur ›curious perspective‹ des Barock, in welcher die ingeniös metaphorische Konstruktion, exemplarisch in Tesauros *Cannocchiale Aristotelico* (1654), einer anagrammatischen De-präsentation oder Dekonstruktion unterworfen wird.[90]

Derridas Begriff der dissémination ist der erste, der einen Zusammenhang herstellt zwischen der anagrammatischen Materie und dem paradoxen Resultat der vor- oder parasemantischen Ambiguitäten, der parataktischen Assoziationen und der anamorphotischen Repräsentationen: eine Theorie der Literatur als des Verschwindens der Eigennamen im Text der Schrift. Der anagrammatisch verteilte, zerstreute Name *mimt* die Urteilung, die der Text überwindet, indem er sie fortschreibt.

Auch Namen sind nicht der Urstoff der Dichtung, sondern ihre Restitution; ihr Gedächtnis in Texten setzt ›mimetisch‹ – in der leeren Geste fehlgehender Mimesis – zusammen, was sie zerstreut, so wie sie es einmal vorfand. Die Syntax, die von der Parataxis, und die Repräsentation, die von der Anamorphose vorausgesetzt wird, wiederholen sich als Fiktionen mimetischer Ziele, als phantasmatische Gestalten der Vor-Vorstellung von Literatur.

Handelt Derrida von der Unterstellung platonischer Mimesis, auf deren Grundlage die Dissemination allein (sprachlich) zerstreuen kann, so setzt Anasemie als unbewußt-vorsprachliches Relais jene »Rücksicht auf Darstellbarkeit«[91] voraus, die Freuds *Traumdeutung* unübertrefflich entwickelt hat. Im exemplarischen Fall des Wolfsmanns, den Nicolas Abraham und Maria Torok verfolgt haben, ist es eine Kryptonymie und folglich die Rücksicht auf effektive Versteckbarkeit, die einen ›ana-semischen‹ Raum strukturiert. In ihm wird der Name zum Eigen-Namen für die Urszene des Zerbrechens allen Benennens und, in einem, der Entstehung des von Anfang an gebrochenen ›Wort-Dings‹, das der Name zu repräsentieren verspricht.

Abrahams und Toroks *Cryptonymie* postuliert an der Stelle von Anagrammatik ein anasemisches Netzwerk, dessen Verwinkelung durch reimähnliche Wiederholungs- und Wiedererkennungseffekte gekennzeichnet ist.[92] Außer (und außerhalb) der Struktur der Krypta weist sie auf eine »fétichisation« des Namen-Wortes im Unbewußten hin: »un autre destin«[93] des kryptischen Wortes, wie Derrida unterstreicht (zitiert). Der Fetisch der Wortgestalt, die der Name bleiben muß, zeigt den anagrammatisch gegliederten Raum als lautlich rhythmisiertes Feld vor-rhetorischer, vor-semantischer Vor-Zeichen.

»Out of the deceptive clarity of false appearances« indizieren Anagramme, was Saussure als »a system of pure values«[94] zwischen Bedeutung und Laut im Auge hatte. Die Konvergenz, oder Kongenialität, von Saussures Anagrammen und der linguistisch interessierten Psychoanalyse nach Lacan liegt in der Latenz, wobei es weniger der psychoanalytische Begriff ist, den der linguistischen Befund erläutern könnte, als umgekehrt die linguistische Struktur, die das Doppel von Drohung und Verbergung in der lat. latere mit der Apparatur des szenischen Auftritts versorgt; in dieser szenischen Eigenart wurde es schon in der Mnemotechnik der *Herennius-Rhetorik* vor- und aufgeführt.[95] Die Symptomatik des Andrängens aus dem Verborgenen kann unterschiedlich gelesen werden. So auf der Rückseite dessen, was Starobinski als ostenta-

---

89 Vgl. JEAN-FRANÇOIS LYOTARD, Discours, figure (Paris 1971), 376–379; MICHEL FOUCAULT, Les mots et les choses (Paris 1966), 112.
90 Vgl. ERNEST B. GILMAN, The Curious Perspective. Literary and Pictorial Wit in the 17th Century (New Haven, Conn. 1975), 67–87.
91 SIGMUND FREUD, Die Traumdeutung (1900), in: FREUD (GW), Bd. 2/3 (1942), 344.
92 Vgl. NICOLAS ABRAHAM/MARIA TOROK, Cryptonymie. Le verbier de l'homme aux loups (Paris 1976), 235; dt.: Kryptonymie. Das Verbarium des Wolfsmanns, übers. v. W. Hamacher (Frankfurt a. M./Berlin/Wien 1979).
93 DERRIDA, Fors [Einleitung], in: Abraham/Torok (s. Anm. 92), 64.
94 SAMUEL WEBER, Saussure and the Apparition of Language, in: Modern Language Notes 91 (1976), 922.
95 Vgl. HAVERKAMP, Auswendigkeit. Das Gedächtnis der Rhetorik, in: Haverkamp/Lachmann (s. Anm. 77), 46–48.

tive Embleme der Vernunft in Bildern der französischen Revolution vorstellt: die diesen eingeschriebene ›verbale Latenz‹ der Ereignisse des Jahres 1789 und die diesen hypogrammatisch unterliegende Lesbarkeit.[96] Entsprechend psychoanalytisch informiert ist die photographische Pointe des ›punctum‹, mit der Roland Barthes seine Analysen eines widerspenstigen, verschlossen ›obtusen‹ Schreibens auf den Punkt bringt[97]: Töricht wie der reine Tor, ist ›l'obtus‹ das Pendant einer natürlichen Spiritualität, des ›obvie‹ (in der Theologie ist ›l'obvie‹ dasjenige, »qui se présente avec évidence, tout naturellement, à l'esprit«[98]). Das Begriffspaar ›l'obvie et l'obtus‹ bringt die sprachliche Qualität der Anagramme – ihre absolut natürliche Eingängigkeit bei totaler Verschlossenheit der Oberfläche – auf den denkbar prägnanten Gegensatz eines ›dritten Sinnes‹.[99] Das ›punctum‹ ist die traumatische ›Spur‹ einer Referenz, die im photographischen Bild der (re-)markierenden Identifizierung so bedarf wie das Anagramm der Namen im Text der Dichter.[100] Der anagrammatische Sinn liegt in der Inschrift der Namen so offen-verborgen wie die ›Ähnlichkeit‹ in der Photographie oder auch, wie der brillante Vergleich des amerikanischen Philosophen Ted Cohen nahelegt, die korrekte Stimmung eines mechanischen Instruments wie des Klaviers.[101]

Die vom Reiz der Mechanik faszinierte Avantgarde hat die implikative Form des mechanisch vorweg ›Gestimmtseins‹ vor allem im Film genutzt. So daß man sagen könnte, der Film zitiert die von ihm mechanisch (und also nicht wirklich) abgebildete ›Wirklichkeit‹ anagrammatisch; er hat sie ›mit im Spiel‹, wie die von Saussure untersuchten Lateiner die Namen der Götter. Anagrammatikalität ist zum Modus einer von Saussure umwegig erschlossenen sekundären Modellierung geworden, die ihre konsequenteste technische Ausformung im avantgardistischen Film gefunden hat. In ihm kann man – in den ältesten Termini, denen der Anagrammatik – den ›realistischen‹ Zug aller Kunst auf den technisch neuesten Stand gebracht finden: »cinema is an anagram of the real«[102].

Die ›Anagrammatikalität‹ dieser Art ist gezeichnet von einem Modus der puren Wiederholbarkeit, den Derrida durch das Kunstwort der ›Iterabilität‹ gekennzeichnet hat.[103] Die »rhetoric of anagrammaticality«, mit der Peter Brunette und David Wills das Anagramm als »figure for a cinema to be read as writing«[104] beschreiben, hebt deshalb den mechanischen Moment der auf Dauer gestellten sekundären Modellierung hervor. In der Spannweite zwischen dem Autornamen, der den Autor fortschreibt, und der Apparatur, in deren Mechanik diese Fortschrift als Inschrift fortwirkt, liegt die posthistorische ›Zukunft‹ der Iterabilität, deren anagrammatische Vorschrift mit prähistorischer Gebärde daherkommt. Wie die Rolle Hegels in Derridas *Glas* anzeigt, eines »nom [...] si étrange«[105] – Hegel, Adlerauge der Geschichte (aigle) –, induziert die anagrammatische Iterabilität eine (Art von) ›Aufhebung‹ der hegelschen Prognose vom ›Ende der Kunst‹.

IV. Text und Geschichte im posthistoire

Das Anagramm bezeichnet sowohl die Grenze der ästhetischen Avantgarde als auch das Jenseits der modernen Begriffe von Ästhetik, denen eben diese Avantgarde widersprach, indem sie sie überschritten.

---

96 Vgl. STAROBINSKI, 1789. Les emblèmes de la raison (Mailand/Paris 1973); dt.: 1789. Die Embleme der Vernunft, übers. v. G. Göbel (Paderborn 1981); HAVERKAMP, Oublier Foucault? in: Arbitrium 8 (1990), 68, 70.
97 Vgl. ROLAND BARTHES, La chambre claire. Note sur la photographie (Paris 1980), 49.
98 Le grand Robert de la langue française, Bd. 6 (Paris ²1992), 872.
99 Vgl. BARTHES, Le troisième sens (1970), in: Barthes, L'obvie et l'obtus (Paris 1982), 45.
100 Vgl. DERRIDA, Les morts de Roland Barthes, in: Poétique 47 (1981), 269–292.
101 Vgl. TED COHEN, What's Special About Photography? in: The Monist 71 (1988), 301.
102 PETER BRUNETTE/DAVID WILLS, Screen/Play. Derrida and Film Theory (Princeton, N.J. 1989), 88; vgl. CLAIRE-MARIE ROPARS, Le text divisé (Paris 1981), 150–161.
103 Vgl. DERRIDA, Signature événement contexte, in: Derrida, Marges de la philosophie (Paris 1972), 375; DERRIDA, Limited Inc, a b c (1977), in: Derrida, Limited Inc (Evanston, Ill. 1988), 98–102.
104 BRUNETTE/WILLS (s. Anm. 102), 88.
105 DERRIDA, Glas (Paris 1974), 7.

IV. Text und Geschichte im posthistoire   151

Sosehr die Entdeckung der Anagramme durch Saussure auch einem prähistorischen, archetypischen oder textarchäologischen Interesse entsprach, sowenig läuft sie auf einen neuen Historismus, sei es auch einen intertextualistisch raffinierteren Historizismus hinaus. Im Gegenteil verbinden sich im Interesse an der anagrammatischen Substruktur des Literarischen das moderne Motiv eines ›art pour l'art‹ mit dem posthistoire einer sprachlich ›immer schon‹ freien, sogar von der Sprache freigesetzten und in solcher Freiheit auch von der in Sprache sedimentierten Geschichte befreiten Technik der Kunst. Benjamins Begriff der Lektüre von Konstellationen, der Lesen am bestirnten Himmel beginnen läßt, kommt von dem übers All verstreuten Namen Gottes zum Wohlgefallen am lautlosen »Gestöber der Lettern«[106]. Es ist ein posthistorisches Phänomen, das auf der Oberfläche moderner Textualität jene endlos leere Fläche, die Baudelaire unter dem Namen ›Ovide‹ aufrief, zum Würfelwurf anbietet: »eine bewegliche Schriftlichkeit vor und nach der Lesbarkeit einer Bedeutung«[107].

»Daß die Sprache sprechbar ist«, brachten die Studien von Gershom Scholem in Erinnerung, »verdankte sie nach der Meinung der Kabbalisten dem Namen, der in ihr gegenwärtig ist.« Scholem fährt, die postmoderne Kondition vom anderen Ende aufrollend, fort: »Was die Würde der Sprache sein wird, aus der sich Gott zurückgezogen haben wird, ist die Frage, die sich die vorlegen müssen, die noch in der Immanenz der Welt den Nachhall des verschwundenen Schöpfungswortes zu vernehmen glauben.«[108] Der Nachhall des Namens Gottes geht unter im Hall bloßer Namen. »Tout ce«, in Baudrillards Worten, »qui n'a pas été ressaisi par l'opération symbolique du langage«, liegt nicht mehr in der Geschichte, so genau es allen Geschichten vorausgelegen haben mag, ihnen am Ende aber nur unterlegen gewesen sein konnte. »L'extermination du nom de Dieux« in der Sprache, die auf dessen andauernde Latenz in der Verbergung der Sprache die Antwort gewesen sein mag, schlägt um in den »vertige de la résolution parfaite, qui laisse parfaitement vide la place du signifié, du référent, qui fait l'intensité du poétique« (oder diese doch nach sich zöge). Wozu Baudrillard aber noch im selben Zug anmerkt, daß diese Räumung des Platzes Gottes keinesfalls poetisch hinreichen könne, sondern der »liquidation du signifié« die »résolution anagrammatique du signifiant«[109] an die Seite treten müsse.

Dadurch wäre das signifikante Material ›Sprache‹ aber wieder nicht nichts, noch auch könnte es nur es selbst bleiben; es stünde als ein Raum offen, in welchen nicht gut ›gar nichts‹ einfließen kann, in dem es also bei bloßem Nichts durchaus nicht bleiben kann. Die rückwärts gewandte Prophezeihung Kristevas, »Saussure découvre la dissémination«[110], reklamierte diesen Nicht-Ort, der – wie der absolute Raum Newtons in der Kurvatur Einsteins – überflüssig würde. In ihm wäre der Name der Anagramme lesbar als eine markierte Differenz, die in der Bewegung der ›dissémination‹ wechselnde Gestalten annimmt. Jeder Autor schreibt den Namen fort, den er hat und mit dem er unterschreibt, was er schreibt: »C'est donc dans l'abîme du propre que nous allons tenter de reconnaître l'idiome impossible d'une signature«[111], unterzeichnet, selber schreibend und unterschreibend, Derrida das Projekt, das den Namen des Dichters Ponge trägt. Die Anagrammatik des Autornamens ist das in der Moderne geläufigste, aber auch verkannteste Phänomen. Es kommt als rein ornamentale Ummalung der auctoritas daher, als Spiel, das den Ernst des Offensichtlichen nicht gefährden kann.

Die Differenz- und Einschreibungsgestalt jenseits der Figur des Autors, seiner modernen Selbstbehauptung wie seiner modernen Selbstaufgabe, der hier eine exemplarische Rolle zuwächst, ist die der Geschlechterdifferenz. In ihr verschärft sich die in der Schrift anagrammatisch gewärtigte Differenz; aus dieser heraus wird sie – neben der Histo-

---

106 WALTER BENJAMIN, Berliner Kindheit um Neunzehnhundert (entst. 1932 ff.; ersch. 1950), in: BENJAMIN, Bd. 4/1 (1972), 275.
107 MENKE, Ornament, Konstellation, Gestöber, in: S. Kotzinger/G. Rippl (s. Anm. 16), 326.
108 GERSHOM SCHOLEM, Der Name Gottes und die Sprachtheorie der Kabbala (1970), in: Scholem, Judaica, Bd. 3 (Frankfurt a. M. 1973), 69, 70.
109 BAUDRILLARD (s. Anm. 12), 292, 283, 303.
110 KRISTEVA (s. Anm. 2).
111 DERRIDA, Signéponge/Signsponge (1976; New York 1984), 29.

rizität der Moderne und in Konkurrenz zu ihr – ›wiederlesbar‹. Auch sie entspricht einer Inschrift quasi prähistorischer Qualität, die in Freuds analytischem Text »im Stande ihrer neuzeitlichen Verdrängtheit«[112] erst wieder nachlesbar geworden ist. Wenn es richtig ist, wie Shoshana Felman behauptet, daß »literature [...] the unconscious of psychoanalysis«[113] ist und folglich das Organon eines jeden ›reading otherwise‹, dann wäre die Differenz der Geschlechter die tiefstliegende der (in diesem Sinne) literarischen Inschriften. Der Name des Anderen, dem diese andere Lektüre gilt, ist nach Felman eine durchaus rhetorisch verfaßte Gestalt, die aber als Vermeidungsfigur einer anagrammatischen Inschrift von Differenz aufträte, deren rhetorischer Name ›Frau‹ wäre; Felman selbst spricht von einem ›cover up‹ unterschiedlicher ›screens‹.[114]

In den der Rhetorik geläufigen, in der selbstmächtigen Moderne vergessenen Termini hieß der vor-rhetorische Vorraum der Anagrammatik einmal memoria. Die These vom Text als Mnemotechnik macht sich die anagrammatische ›Einbettung‹ zunutze, welche die Texte sind. Sie sind in dieser ihrer anagrammatischen Vor-Struktur das Relais zwischen dem Raum der memoria und der intertextuellen ›Geschichte‹ des in Texten verdichtet Eingelagerten, Geschichteten. Das Gedächtnis in den Texten besteht als eine Art ›embedded intelligence‹ in der Einbettung »innertextlicher Gedächtnisräume«[115]. In sie eingeschrieben wären alle anderen Texte und in der Form des Eingeschriebenseins von Inschriften auch ›aufgehoben‹. Insofern nimmt die rhetorische memoria die Stelle einer post-historischen ›Theorie‹ ein, mit der ein post-theologischer, von Göttern wie von Geistern heimgesuchter ›sens obvie‹ das stille Fortleben im Zitat, das Drängen im Verdrängten zu meistern sucht. Man mag diesen Sinn ›ästhetisch‹ nennen nach dem in ihm Nicht-Verdrängten, in obtuser Sinnlichkeit Präsent-Vergessenen. Ästhetik als sinnen-analoge Oberfläche des Vergessens hat in den Inschriften der Anagramme ihr ganz vergessenes Anderes.

Anselm Haverkamp

Literatur

ABRAHAM, NICOLAS/TOROK, MARIA, Cryptonymie. Le verbier de l'homme aux loups (Paris 1976); AHL, FREDERICK, Metaformations. Soundplay and Wordplay in Ovid and Other Classical Poets (Ithaca, N. Y. 1985); ATTRIDGE, DEREK, Peculiar Language. Literature as Difference from the Renaissance to James Joyce (Ithaca, N. Y. 1988); BAUDRILLARD, JEAN, L'échange symbolique et la mort (Paris 1976); CULLER, JONATHAN, On Puns. The Foundation of Letters (Oxford 1988); DE MAN, PAUL, The Resistance to Theory (Minneapolis, Minn. 1986); DERRIDA, JACQUES, Dissémination (Paris 1972); DOLEZEL, LUBOMIR, Occidental Poetics. Tradition and Progress (Lincoln, Nebr. 1990); ECO, UMBERTO, Le poetiche di Joyce (Mailand 1966); GUIRAUD, PIERRE, Les Jeux de mots (Paris 1976); HAVERKAMP, ANSELM, Die vergessene Markierung. Vorbemerkungen zu einer Theorie der implikativen Kompetenz, in: B. Dotzler/E. Müller (Hg.), Wahrnehmung und Geschichte (Berlin 1995), 199–210; HOCKE, GUSTAV RENÉ, Manierismus in der Literatur. Sprach-Alchemie und esoterische Kombinationskunst (Hamburg 1959); JAKOBSON, ROMAN, Subliminal Verbal Patterning in Poetry, in: Jakobson/S. Kawamoto (Hg.), Studies in General and Oriental Linguistics (Tokio 1970), 302–308; dt.: Unterbewußte sprachliche Gestaltung in der Dichtung, übers. v. W. Klein, in: Poetik. Ausgewählte Aufsätze 1921–1971, hg. v. E. Holenstein/T. Schelbert (Frankfurt a. M. 1979), 311–325; JOHNSON, ANTHONY, Anagrammatism in Poetry. Theoretical Preliminaries, in: PTL. Journal for Descriptive Poetics and Theory of Literature 2 (1977), 89–118; KRISTEVA, JULIA, Sēmeiōtikē. Recherches pour une sémanalyse (Paris 1969); KUHS, ELISABETH, Buchstabendichtung. Zur gattungskonstituierenden Funktion von Buchstabenformationen in der französischen Literatur vom Mittelalter bis zum Ende des 19. Jahrhunderts (Heidelberg 1982); LACHMANN, RENATE, Gedächtnis und Literatur (Frankfurt a. M. 1990); LEVITAN, WILLIAM, Plexed Artistry. Aratean Acrostics, in: Glyph 5 (1979), 55–68; LOTRINGER, SYLVÈRE, The Game of the Name: in: Diacritics 3, H. 2 (1973), 2–9; RIFFATERRE, MICHAEL, Semiotics of Poetry (Bloomington 1978); RIFFATERRE, MICHAEL, La syllepse intertextuelle, in: Poétique 40 (1979), 496–501; ROPARS, CLAIRE-MARIE, Le texte divisé (Paris 1981); SCHESTAG,

---

112 VINKEN, Dekonstruktiver Feminismus. Eine Einleitung, in: Vinken (Hg.), Dekonstruktiver Feminismus. Literaturwissenschaft in Amerika (Frankfurt a. M. 1992), 16.
113 SHOSHANA FELMAN, To Open the Question, in: Yale French Studies 55/56 (1977), 10.
114 Vgl. FELMAN, Rereading Feminity, in: Yale French Studies 62 (1981), 42.
115 HAVERKAMP, Ghostmachine or Embedded Intelligence? Architexture and Mnemotechnique, in: ANY [Architecture New York], H. 15 (1996), 10; vgl. LACHMANN (s. Anm. 9), 35, u. HAVERKAMP/ LACHMANN, Text als Mnemotechnik. Panorama einer Diskussion. Einleitung, in: Haverkamp/Lachmann (s. Anm. 77), 12, 19.

THOMAS, para-. Titus Lucretius Carus, Johann Peter Hebel, Francis Ponge (München 1991); SCHOLEM, GERSHOM, Der Name Gottes und die Sprachtheorie der Kabbala, in: Scholem, Judaica, Bd. 3 (Frankfurt a.M. 1965), 7–70; SHEPHEARD, DAVID, Saussure's Vedic Anagrams, in: The Modern Language Review 77 (1982), 513–523; STAROBINSKI, JEAN, Les mots sous les mots. Les anagrammes de Ferdinand de Saussure (Paris 1971); TOPOROV, VLADIMIR, Das Anagramm in Rätseln, übers. v. P. Grybek, in: W. Eismann/P. Grzybek (Hg.), Semiotische Studien zum Rätsel (Bochum 1987), 181–190; VINKEN, BARBARA, Makulatur. Oder: Von der Schwierigkeit zu lesen, in: Poetica 21 (1989), 403–428; WUNDERLI, PETER, Ferdinand de Saussure und die Anagramme (Tübingen 1972).

Aneignung

(griech. οἰκείωσις; lat. acquisitio, applicatio; engl. appropriation; frz. appropriation; ital. appropriazione; span. apropiación; russ. присвоение)

Einleitung; I. Das oikeiōsis-Modell der Stoa; II. Das Applikationsmodell der Aneignung: Die pietistische Hermeneutik; III. Das Arbeitsmodell der Aneignung: John Locke; IV. Die Konzeption der ›natürlichen Neigungen‹ – eine Alternative zum Arbeitsmodell der Aneignung: Shaftesburys Ethik und Ästhetik; V. Bildung als Aneignung: Herder; VI. Zur Rezeptionsgeschichte des Locke5schen Arbeitsmodells der Aneignung: Rousseau und Fichte; VII. Zusammenhang von Aneignung und Triebtheorie: Schiller und Fichte; VIII. Das physiologische Aneignungsmodell: Novalis; IX. Aneignung als Arbeit der Umgestaltung: Hegel; X. Schleiermachers Ethik der Aneignung; XI. Ansatzpunkte zu einer Ästhetik der Aneignung: Marx; XII. Subjektivität und Aneignung: Kierkegaard; XIII. Aneignung und Ästhetisierung des Daseins: Heidegger; XIV. Revisionen des Aneignungsbegriffs: Gadamer, Marcuse; XV. Der Aneignungsansatz innerhalb der marxistischen Ästhetik

Einleitung

Aneignung (gr. oikeiōsis) ist ein philosophischer Grundbegriff stoischer Herkunft, der aber auch als ein ästhetischer Grundbegriff zu betrachten ist:

Die oikeiōsis-Theorie hat bei der Herausbildung der stoischen Ästhetik eine entscheidende Rolle gespielt, und auch die Rezeptionsgeschichte der durch Panaitios und Poseidonios geprägten Stoa ließ ästhetische Implikationen (bei Shaftesbury, aber auch bei Marx) erkennen. Im Marxismus ist Aneignung auch explizit zu einem ästhetischen Grundbegriff geworden, bezogen auf eine spezifische Aktivität der Sinne und auf die Kennzeichnung künstlerischer Produktion als einer spezifischen geistigen Aneignungsweise.

Die Begriffsgeschichte von Aneignung ist auch ein Kapitel der Stoa-Rezeption in der Moderne, worauf Wilhelm Dilthey[1] als erster aufmerksam gemacht hat. Dilthey betrachtete den pantheistischen Monismus von Giordano Bruno, Spinoza und Shaftesbury als ein konstitutives Element der Moderne und fragte nach seinen Quellen. Über Diltheys These ist eine lebhafte Debatte geführt worden, die durch die erneute philosophische Konzeptualisierung des Begriffs der Selbsterhaltung durch Robert Spaemann[2] und Dieter Henrich[3] ausgelöst wurde. Hans Blumenberg[4] kritisierte, Dilthey habe versäumt, den historischen Wandel des Erhaltungsbegriffs vom stoischen Selbsterhaltungstrieb bis zu Newtons ateleologischem Beharrungsprinzip zu untersuchen; Stufen dieser Wandlung ließen sich innerhalb der Stoa-Rezeption selbst bis hin zu Spinoza verfolgen. Henrich verteidigte Diltheys Fragerichtung und hob die im pantheistischen Monismus verankerte

---

1 Vgl. WILHELM DILTHEY, Die Autonomie des Denkens, der konstruktive Rationalismus und der pantheistische Monismus nach ihrem Zusammenhang im 17. Jahrhundert (1893), in: DILTHEY, Bd. 2 (1914), 246–296.
2 Vgl. ROBERT SPAEMANN, Der Ursprung der Soziologie aus dem Geist der Restauration. Studien über L. G. A. de Bonald (München 1959); SPAEMANN, Reflexion und Spontaneität. Studien über Fénelon (Stuttgart 1963).
3 Vgl. DIETER HENRICH, Der Begriff der sittlichen Einsicht und Kants Lehre vom Faktum der Vernunft, in: Henrich u. a. (Hg.), Die Gegenwart der Griechen im neueren Denken. Festschrift für H.-G. Gadamer zum 60. Geburtstag (Tübingen 1960), 77–115.
4 Vgl. HANS BLUMENBERG, Selbsterhaltung und Beharrung. Zur Konstitution der neuzeitlichen Rationalität (1969), in: H. Ebeling (Hg.), Subjektivität und Selbsterhaltung. Beiträge zur Diagnose der Moderne (Frankfurt a.M. 1976), 144–207.

»Vernunftstruktur der Selbstbeziehung« hervor, auch wenn die stoische Tradition nicht stark genug gewesen sei, »eine auf Reflexivität gestellte Lebensform und Theoriebegründung heraufzuführen«[5]. Doch mit ihrer Kritik am Intellektualismus und der Rehabilitation der Affekte gegenüber Chrysipp befreiten Panaitios und Poseidonios den stoischen Pantheismus von rigoristischen Inkonsequenzen, und gerade dieses ist in der Traditionslinie wirksam geworden, die Dilthey hervorhebt.

Für die Entwicklung der modernen Ästhetik war die triebfundierte Ethik der Stoa und ihr Konzept der natürlichen Neigungen von größerer Bedeutung als der Begriff der Selbsterhaltung, der sich schon bei Thomas Hobbes von seinen stoischen Voraussetzungen gelöst hatte. Panajotis Kondylis hat einen Grund für das Wiederaufleben stoischer Lehren vom 16. bis zum 18. Jh. darin gesehen, daß sie in verschiedenen Fragen, vor allem im Verhältnis zu den Affekten und zur Sinnlichkeit überhaupt, einen gangbaren, jeweils nach beiden Seiten hin offenen Mittelweg anzubieten schienen. Die Positionen polarisierten sich immer dann, wenn die anstehenden Fragen Entscheidungen erzwangen: »Die taktisch sehr nützliche Plastizität der stoischen Auffassung tritt darin in Erscheinung, daß aus ihr zwei – allerdings nur idealtypisch unterscheidbare – Grundströmungen hervorgegangen sind, deren eine die Trennung von christlicher und weltlicher Moral fördert […], während die andere in der Nähe christlicher Moral bleibt, indem sie auf der Unterwerfung der Affekte unter den Intellekt stricto sensu beharrt.«[6]

Aktualität hat der Aneignungsbegriff in den späten 80er und frühen 90er Jahren unseres Jh. in der Debatte über ›cultural appropriation‹ in Kanada gewonnen. Hierbei haben diejenigen, die sich als deren Opfer verstehen, den Begriff eindeutig negativ besetzt. Die Ojibway-Amerindianerin Lenore Keeshig-Tobias schrieb: »Cultural appropriation is understood to be taking – from a culture that is not one's own – intellectual property, cultural expressions and artifacts, history and ways of knowledge, and profiting at the expense of the people of that culture.«[7] Cultural appropriation ist zu einem Etikett geworden, das erlaubt, die verschiedenartigsten Ausgrenzungserfahrungen unter einem aggregierten Symbol zu versammeln. Walter Moser zeigt die Grundkonstellation der Debatte: »Zwei Identitäten stehen einander gegenüber, eine ›eigene‹ und eine ›fremde‹, deren Rollenzuteilung nach dem symmetrischen Prinzip des Perspektivenwechsels eigentlich umkehrbar sein sollte.«[8] Der stärkste Vorbehalt gegen den Begriff der Aneignung war der Verdacht, sie sei eine einseitige Beziehung, die grundsätzlich jede Bereitschaft und Fähigkeit zum Perspektivenwechsel ausschließt. Aneignung wurde kritisiert als Wiederverwendung kulturell bereits markierter Materialien in andersartigen Kontexten. »Man nimmt den Platz eines Anderen ein, man versetzt sich – ungerechtfertigterweise – an dessen Platz und behauptet dann, wie er, für ihn und selbst in seinem Namen zu sprechen.« (331) Hierfür wurde der Ausdruck ›appropriation of voice‹ geprägt. Den Verfechtern der kulturellen Aneignung wurden verschiedene – epistemologische bis politische – Delikte unterstellt, doch deren Kriterien erwiesen sich vielfach als aporetisch. Wurde z. B. jede nicht endogen produzierte kulturelle Darstellung als ›misrepresentation‹ bewertet, so mußte »die *Möglichkeit* einer voll adäquaten und demnach ontologisch wahren Repräsentation« (335) vorausgesetzt werden. Das Wahrheitsproblem wurde durch die Frage nach der Wahrhaftigkeit, nach dem Ideal expressiver Authentizität ersetzt. Konsequent zu Ende gedacht, mußte eine solche Argumentation zum kulturellen Solipsismus führen. Die politische Forderung, jeder Aneigner müsse bei der betroffenen kulturellen Minderheit eine Erlaubnis einholen, hätte die Freiheit der Rede und des Ausdrucks eingeschränkt, »ohne aber denjenigen einen besseren Zugang zu Produktions- und Vertriebsmitteln zu geben, denen dieser Zugang verwehrt ist« (342). Als Alternative zum Antrag eines Komitees für Rassenminderheiten, ein generelles Verbot der cultural appropriation zu fordern, beschloß The Writers' Union

---

5 HENRICH, Die Grundstruktur der modernen Philosophie. Mit einer Nachschrift: Über Selbstbewußtsein und Selbsterhaltung, in: Ebeling (s. Anm. 4), 128.
6 PANAJOTIS KONDYLIS, Die Aufklärung im Rahmen des neuzeitlichen Rationalismus (München 1986), 133.
7 LENORE KEESHIG-TOBIAS, zit. nach: Walter Moser, Kulturelle Aneignung. Eine kulturpolitische Debatte in Kanada, in: Weimarer Beiträge 41 (1995), 325.
8 MOSER (s. Anm. 7), 330.

of Canada im Juni 1992, zwischen appropriation und misappropriation zu unterscheiden.

In anderer Weise hat Stephen Greenblatt den Aneignungsbegriff neuerlich zur Geltung gebracht, den er offenbar von Robert Weimann übernommen hat. »At the beginning of the modern period of discursive *Aneignung* in representational form assumes a highly dynamic and unpredictable quality; being less predetermined by the given state of communal property – the givenness of cultural materials, literary conventions, and traditions – the act of representation emerges under conditions where writers are facted with the growing need to appropriate for themselves the means and forms of literary production«[9]. Aneignung beginnt zu einem modernen Problem zu werden, wenn die Mittel und Formen literarischer Produktion nicht mehr als kollektives, vom einzelnen selbstverständlich geteiltes Eigentum quasi naturwüchsig gegeben sind. Wenn die tradierten Voraussetzungen ihrerseits als produziert erkannt werden, nehmen sie den Charakter der Fremdheit an und behalten diesen so lange, wie sie nicht durch spezifische Arbeit persönlich zu eigen gemacht werden. Greenblatt sieht die kulturellen Voraussetzungen literarischer Produktion als gespeicherte Praktiken. Er betrachtet die Aneignungsbeziehung nicht als eine einseitige Beziehung des Nehmens, sondern als reziproke Beziehung des Nehmens und Gebens, als einen Modus des Austauschs; hierbei spielt sich in Aushandelungsprozessen (negotiations) eine Art kultureller Äquivalenzform ein: »The work of art is the product of a negotiation between a creator [...] and the institutions and practices of society. In order to achieve the negotiation, artists need to create a currency that is valid for a meaningful, mutually profitable exchange. It is important to emphasize that the process involves not simply appropriation but exchange, since the existence of art always implies a return, a return normally measured in pleasure and interest.«[10] Bei Greenblatt ist der Aneignungsbegriff in ein Zirkulationsmodell integriert, und er differenziert sich in eine Aneignung frei verfügbarer Materialien (appropriation), Kauf (purchase) und eine auf Gegenleistung beruhende symbolische Aneignung kultureller Praktiken (»symbolic acquisition«[11]). Es zirkuliert nicht eine Gesamtheit kultureller Waren, sondern soziale Energie, verstanden als ein in der sozialen Wechselwirkung produziertes Potential, kollektive Empfindungen hervorzurufen und zu organisieren.

Greenblatt differenziert zwischen ›to appropriate‹ und ›to take possession of‹. In *Marvelous Possessions* (1991) geht es nicht um appropriation, sondern um Besitznahme etwa der Neuen Welt durch Kolumbus. ›Rituals of possession‹ treten an die Stelle von ›negotiated contracts‹. Entscheidend ist die Rolle sprachlicher Aneignung (›linguistic appropriation‹): Kolumbus vollzieht eine Reihe von Sprechakten, die in der Tradition des römischen Rechts für die Okkupation herrenlosen Landes vorgeschrieben und durch die Autorität des spanischen Königs sanktioniert sind: declaring, witnessing, recording. Er exekutiert einen juristischen Formalismus, der letztlich an die europäischen Staaten adressiert ist. Die linguistic appropriation erweist sich durchaus als ein performativer Modus des taking possession. Grundsätzlich unterscheidet Greenblatt zwei Wege der Aneignung anderer Kulturen:»One path leads to [...] some form of acceptance of the other in the self and the self in the other. The movement is from radical alterity [...] to a self-recognition that is also a mode of self-estrangement: you *are* the other and the other is you. The alternative path leads to [...] articulations of the radical differences that make renaming, transformation, and appropriation possible. The movement here must pass through identification to complete estrangement: for a moment you find yourself confounded with the other, but then you make the other become an alien object, a thing, that you can destroy or incorporate at will.«[12]

9 ROBERT WEIMANN, Text, Author-Function, and Appropriation in Modern Narrative. Toward a Sociology of Representation, in: Critical Inquiry 14 (1988), 435.
10 STEPHEN J. GREENBLATT, Towards a Poetics of Culture, in: Greenblatt, Learning to Curse. Essays in Early Modern Culture (New York/London 1990), 158.
11 GREENBLATT, Shakespearean Negotiations. The Circulation of Social Energy in Renaissance England (Berkeley/Los Angeles 1988), 10.
12 GREENBLATT, Marvelous Possessions. The Wonder of the New World (Chicago/Oxford 1991), 135.

I. Das oikeiōsis-Modell der Stoa

Locus classicus der traditionellen Okkupationstheorie der Eigentumsgründung ist Ciceros *De officiis*, zugleich die Hauptquelle der Stoiker Panaitios und Poseidonios. »Sunt autem privata nulla natura, sed aut vetere occupatione, ut qui quondam in vacua venerunt, aut victoria, ut qui bello potiti sunt, aut lege, pactione, condicione, sorte.« (Es gibt aber von Natur keinerlei Privateigentum, sondern entweder aufgrund weit zurückliegender Inbesitznahme – so bei denen, die einstmals in herrenloses Gut gekommen sind – oder aufgrund eines Sieges – wie bei Leuten, die im Krieg Macht erlangt haben über etwas – oder durch Gesetz, Vertrag, Übereinkunft oder Los.)[13] Oikeiōsis vs. allotriōsis (Zueignung vs. Entfremdung) ist eine Opposition, die Chrysipp im Bemühen, die Ethik biosozial und triebtheoretisch zu fundieren, eingeführt hat. Ausgangspunkt war die naturgemäße Zueignung der Lebewesen zu sich selbst; hieraus wurde als erster Trieb die Selbsterhaltung abgeleitet. Diogenes Laertius zitiert aus Chrysipp, *Peri telōn*: »πρῶτον, οἰκεῖον λέγων εἶναι παντὶ ζῴῳ τὴν αὑτοῦ σύστασιν καὶ τὴν ταύτης συνείδησιν· οὔτε γὰρ ἀλλοτριῶσαι εἰκὸς ἦν αὐτὸ τὸ ζῷον, οὔτε ποιήσασαν αὐτό, μήτ' ἀλλοτριῶσαι μήτ' οὐκ οἰκειῶσαι. ἀπολείπεται τοίνυν λέγειν συστησαμένην αὐτὸ οἰκειῶσαι πρὸς ἑαυτό· οὕτω γὰρ τά τε βλάπτοντα διωθεῖται καὶ τὰ οἰκεῖα προσίεται.« (Für jedes lebende Wesen sei seine erste ihm von selbst zugewiesene Angelegenheit sein eigenes Bestehen sowie das Bewußtsein davon. Denn es war doch nicht zu erwarten, daß die Natur das lebende Wesen sich selbst entfremde, oder auch, daß sie, nachdem das Geschöpf einmal hervorgebracht, sich weder die Selbstentfremdung noch die Selbstbefreundung habe angelegen sein

---

13 CICERO, Off. 1, 7, 21; dt.: De Officiis. Vom pflichtgemäßen Handeln, lat. u. dt., hg. u. übers. v. H. Gunermann (Stuttgart 1992), 23.
14 DIOGENES LAERTIUS, De vitis, dogmatis et apophtegmatis clarorum philosophorum 7, 85; dt.: Leben und Meinungen berühmter Philosophen, übers. von O. Apelt, Bd. 2 (Berlin 1955), 47f.
15 POSEIDONIOS, Fr. 416, in: Poseidonios, Die Fragmente, hg. von W. Theiler, Bd. 1 (Berlin/New York 1982), 335.

lassen. Es bleibt also nur übrig zu sagen, daß sie nach vollzogener Schöpfung es mit sich selbst befreundet habe. Denn so wehrt es alles Schädliche ab und verschafft allem, was seiner Eigenart dienlich ist, freien Zutritt.)[14] Gegenüber einseitig intellektualistischen Auffassungen der oikeiōsis-Lehre betonte Poseidonios: »τριῶν οὖν τούτων ἡμῖν οἰκειώσεων ὑπαρχουσῶν φύσει, καθ' ἕκαστον τῶν μορίων τῆς ψυχῆς εἶδος, πρὸς μὲν τὴν ἡδονὴν διὰ τὸ ἐπιθυμητικόν, πρὸς δὲ τὴν νίκην διὰ τὸ θυμοειδές, πρός δὲ τὸ καλὸν διὰ τὸ λογιστικόν, Ἐπίκουρος μὲν τοῦ χειρίστου μορίου τῆς ψυχῆς οἰκείωσιν ἐθεάσατο μόνην, ὁ δὲ Χρύσιππος τὴν τοῦ βελτίστου«[15] (Uns stehen von Natur aus diese drei Arten der Aneignung zu Gebote, die jeweils einer Beschaffenheit der Seelenteile entsprechen: zur Lust durch das Begehren, zum Sieg durch den Mut, zum sittlich Schönen durch das Vernünftige. Epikur nahm nur die Art der Aneignung zur Kenntnis, die zum schlechtesten Seelenteil gehört, Chrysipp dagegen diejenige, die zum besten gehört). Die oikeiōsis-Lehre ist zugleich die Grundlage der stoischen Axiologie: Die naturwüchsige Zueignung der Lebewesen zu sich selbst äußert sich in einer elementaren Bewertungsinstanz, die die Natur ihnen eingepflanzt hat, sie meiden alles Schädliche und präferieren alles für ihre Selbsterhaltung und -entfaltung Geeignete. Sie zeigen, wie die moderne Verhaltensbiologie formuliert, Appetenz oder Aversion. Daraus ergeben sich drei für die oikeiōsis-Lehre wichtige Momente:

(1) Die Zueignung zu sich selbst muß vom Lebewesen erst realisiert werden. Dies kompliziert sich beim Menschen, den die Natur nur begonnen hat. Das den Menschen von der Natur verliehene gattungsspezifische Vernunftpotential kann nur durch Verhaltenserprobung und -modifizierung angeeignet werden. Alle körperlichen und seelischen Dispositionen zum tugendhaften Handeln und dem Tugendziel angemessenen Gegenstände müssen aktiv selber angeeignet werden. Wer sich hiervon ablenken läßt, setzt sich der Gefahr aus, von der Natur (einschließlich den eigenen kognitiven Dispositionen) zu entfremden.

(2) Selbstaneignung geht in Weltaneignung über. Das gilt bereits für die Assimilation als physiologischen Grundvorgang tierischer Aneig-

nungsverhaltens und setzt sich im Nahrungserwerb, in der Nachwuchspflege, in tierischen Bautätigkeiten usw. fort. Die Aneignung der äußeren Natur durch den Menschen blieb der Selbstaneignung ethischer Dispositionen untergeordnet, die als Bestandteil des Vernunftpotentials begriffen wurden. Eine grenzenlose materielle Naturaneignung durch eine entfesselte Produktivkraftentwicklung hätte der Stoa niemals zum Telos werden können. Als höchste Form der Naturaneignung galt die Naturphilosophie, die zugleich als Leitfaden der Lebenspraxis fungieren sollte. So lautete die Telosformel des Poseidonios: »τὸ ζῆν θεωροῦντα τὴν τῶν ὅλων ἀλήθειαν καὶ τάξιν καὶ συγκατασκευάζοντα αὐτὴν κατὰ τὸ δυνατόν, κατὰ μυδὲν ἀγόμενον ὑπὸ τοῦ ἀλόγου μέρους τῆς ψυχῆς«[16] (ein Leben, in dem man die Wahrheit und Ordnung des Alls betrachtend erkenne und sie nach Kräften mitverwirkliche, indem man in nichts sich von dem Unvernünftigen der Seele treiben lasse). Zugleich hat sich Poseidonios eingehend mit menschlichen Arbeitsverfahren als Mimesis tierischer Aneignungsoperationen beschäftigt. Als Schranke der Naturaneignung war eine durch Vernunft regulierte Bedürfnisbefriedigung und Daseinsvorsorge gesetzt. So finden sich bei ihm auch erste Ansätze zu einer Kritik der Bedürfnisse. Maßlosigkeit, Habsucht, Luxusstreben waren in seinen Augen Verfallssymptome und förderten Grausamkeit (eine entfremdete Gestalt der Lust), die er als ein wichtiges auslösendes Moment der Sklavenkriege analysiert hat.

(3) Aneignungsverhalten wurde von den Stoikern auf einen Trieb zurückgeführt. Der grundlegend auf Selbsterhaltung gerichtete Aneignungstrieb, der in der Selbstliebe seinen motivationalen Ausdruck fand, sollte auch einen Gemeinschaftstrieb einschließen. Die Selbstliebe sollte nicht an der Grenze der eigenen Person enden, sondern sich in konzentrischen Kreisen (Familie, Nachbarn, Polisgemeinschaft, Landsleute, fremde Völker, Erdbewohner) erweitern. Es ist bereits in der Antike kontrovers diskutiert worden, wie weit sich eine solche Verringerung der Distanz zum Fremden aus einer natürlichen Triebgrundlage ableiten lasse. In der Praxis erwiesen sich soziale Aneignungsbeziehungen im Regelfall keineswegs als distanzverringerndes Wohlwollen und kosmopoliti-

sche Gleichberechtigung. Stoischer Philanthropie wurde das Dilemma der Schiffbrüchigen entgegengehalten: Wer seine Planke gegen einen anderen verteidigt, eignet sich das Lebensrecht eines anderen an, um selbst zu überleben.[17] Auf der einen Seite ließ sich zwar nackter Egoismus durch die stoische Entfremdungstheorie erklären, andererseits gehörte die Bildungsfähigkeit nach stoischer Auffassung ebenso zur Eigenart des Aneignungstriebes: »τεχνίτης γὰρ οὗτος [λόγος] ἐπιγίνεται τῆς ὁρμῆς« (Die Vernunft wird zur eigentlichen Bildnerin des Triebes)[18].

II. Das Applikationsmodell der Aneignung: Die pietistische Hermeneutik

Ein spezifisches Aneignungsproblem tritt in Deutschland zuerst im Pietismus auf. Es ergibt sich aus dem von Philipp Jakob Spener formulierten Grundansatz, »daß es mit dem wissen in dem Christentum durchauß nicht gnug seye / sondern daß es vielmehr in der praxi bestehe«[19]. Explizit wird der Begriff der Zueignung als bibelhermeneutischer Begriff eingeführt, als deutsche Fassung von ›applicatio‹, einem Schlüsselbegriff in August Hermann Franckes hermeneutischen Schriften. Francke gibt Anweisungen, wie ein jeder die biblischen Bücher »zur Gründung und Stärckung seines Glaubens und zur Besserung des Lebens anwenden soll«[20]. Er differenziert die Bibellektüre in verschiedene Stufen (lectio historica, grammatica, analytica, exegetica, dogmatica, porismatica), die zuletzt zur lectio practica hinführen. »Lectio practica Scripturae S. est summe necessaria, maximeque utilis

---

16 POSEIDONIOS, Fr. 428, in: Poseidonios (s. Anm. 15), 346.
17 Vgl. [Komm.] Platon, Tht., in: A. A. Long/D. N. Sedley (Hg.), The Hellenistic Philosophers, Bd. 2 (Cambridge 1987), 348 f.
18 DIOGENES LAERTIUS (s. Anm. 14) 7, 86.
19 PHILIPP JAKOB SPENER, Pia Desideria (1680), in: Spener, Schriften, hg. v. E. Beyreuther, Bd. 1 (Hildesheim/New York 1979), 256.
20 AUGUST HERMANN FRANCKE, Einleitung zur Lesung der H. Schrift, insonderheit des Neuen Testaments (1694), in: Francke, Werke, hg. v. E. Peschke (Berlin 1969), 221 f.

Scripturae tractatio, in qua de Scriptura ad fidem & vitam applicanda solliciti sumus.«²¹ (Die praktische Lektüre der Heiligen Schrift ist äußerst notwendig, und höchst nützlich ist die Übersetzung der Schrift, in der wir angeleitet werden, sie auf den Glauben und das Leben anzuwenden.) Entscheidend für die glaubens- und lebenswirksame Applikation ist der persönliche Vollzug duch den einzelnen selbst. Entsprechend sei die lectio practica auch nicht gleichbedeutend mit der Deduktion praktischer Lehrsätze und Folgerungen aus der Schrift. Die pietistische Applikation ist ein unabgeschlossener, nur durch die Lebenszeit des einzelnen begrenzter Prozeß. Francke gebraucht in seinen deutschen Schriften Applikation als Fremdwort, das er vereinzelt mit ›anwenden‹ übersetzt.»*DAß Christus der Kern sey der gantzen heiligen Schrifft* / bekenet jederman: Aber *wenige* verstehen / was die Rede bedeute; *noch wenigere* bemühen sich diesen Kern zu finden / noch wissen die Weise / wie sie ihn recht suchen sollen; *die allerwenigste* kommen dahin / daß sie diesen Kern wahrhafftig essen / und zur Nahrung und Erhaltung des inwendigen Menschen recht anwenden.«²² ›Anwenden‹ leistet freilich keine Abgrenzung von medizinischer oder auch juristischer Applikation (Konkretisierung des Gesetzes), doch Francke hat keinerlei Bedenken, sich metaphorisch auf die medizinische Applikation zu beziehen, wenn er die Gläubigen auffordert, das eigene Leben am Schrifttext zu überprüfen, Fehlverhalten zu diagnostizieren und nach Heilmitteln zu suchen. Spezifischer als ›Anwendung‹ erscheint der von Joachim Lange gewählte Terminus ›Zueignung‹; er verweist stärker auf den persönlich-eigentümlichen Charakter der Applikation, wird aber zunächst in einer unerwarteten, nichtreflexiven Perspektive eingeführt:»Die Heilige Schrift eignet die wahre Erleuchtung oder die wahre Erkenntnis Gottes allein den Gläubigen und

21 FRANCKE, Manuductio ad lectionem Scripturae Sacrae, (Halle o. J. [1693]), 132.
22 FRANCKE, Oeffentliches Zeugniß vom Werck / Wort und Dienst GOttes, Bd. 2 (Halle 1702), 104 f.
23 JOACHIM LANGE, Der richtigen Mittel=Straße zwischen den Irrthümern und Abwegen Anderer Theil (Halle 1712), 108.
24 JOHANN CHRISTOPH ADELUNG, ›Zueignen‹, in: ADELUNG, Bd. 4 (1801), 1747.

frommen Kindern Gottes zu.«²³ Die Intensität, mit der die Pietisten die Bibel sich anzueignen suchen, läßt sie zugleich empfinden, die biblischen Wahrheiten seien ihnen zugeeignet. Ebenso wird verdeutlicht, in welchem Maße die persönliche Applikation von der individuellen Erfahrung des Heiligen Geistes abhängt. So entsteht ein doppelseitiges Zueignungsverhältnis: Die Gläubigen eignen sich zu, was ihnen von Gott zugeeignet ist. Beide Perspektiven werden erst später durch die Differenzierung in ›Aneignung‹ und ›Zueignung‹ terminologisch unterschieden. ›Aneignung‹, das sich seit den 90er Jahren des 18. Jh. durchsetzt (Schiller, Schelling, Novalis, Schleiermacher, Goethe u. a.), wird vor allem im Hinblick auf denjenigen Vorgang verwendet, in dem sich jemand selber etwas zueignet (zugleich bleibt ›Zueignung‹ in beiden Perspektiven gebräuchlich, so z. B. bei Fichte). Diesen Dominanzwechsel vom Geben zum Nehmen hebt auch Johann Christoph Adelung unter dem ersten Bedeutungsaspekt von ›Zueignen‹ hervor:»Eigentlich, eigen machen, als ein Eigenthum in Besitz nehmen, oder geben, doch häufiger von dem nehmen, als geben. Sich etwas Zueignen.«²⁴ Von ›Zueignen‹ im Sinne von »als ein Eigenthum in Besitz [...] geben« bleibt zuletzt das »Widmen, dediciren, von Schriften. Daher die Zueignung, die Dedication, und die Zueignungsschrift, die Schrift, worin solches geschiehet.« (Ebd.) Ins Allgemeine löst sich das ›Zueignen‹ in der dritten Bedeutung »als ein Prädicat beylegen, etwas von jemandem prädiciren« auf; dafür seien jedoch, wie Adelung anmerkt,»beylegen und zuschreiben« üblich geworden. Die Grundbedeutung ist noch erkennbar, wenn als Beispiel gegeben wird:»Einem ein Buch Zueignen, behaupten, daß er es geschrieben habe; besser, beylegen.« (Ebd.) Erst im vierten Bedeutungsaspekt nennt Adelung die Applikation:»auf etwas anwenden, in der Redekunst; in welcher Bedeutung doch nur noch das Substantivum, die Zueignung, üblich ist, denjenigen Theil einer Rede zu bezeichnen, in welchem der vorhergehende Vortrag auf den Zustand der Hörer angewendet wird« (ebd.). Offenbar hatte bei Abfassung dieses Stichworts die pietistische Applikation bereits erheblich an Gewicht verloren.

Francke gliedert die Predigt *Vom rechtschaffenen Wachstum des Glaubens* (1691) in Textus, Tractatio und Applicatio, um Hinweise zu geben, wie wir das in der Predigt Auseinandergelegte »auff uns ziehen« und je nach individueller Disposition »zu nutze machen«[25] können. Lange führt in seiner Lektüre des 1. Psalms die Applikation an und sucht zu zeigen, wie biblische Gleichnisrede häufig so beschaffen sei, daß die Worte »die Zueignung schon mit sich halten«[26]. Während das Bild des Baumes die tätige Erweisung des Glaubens evoziert, bezieht Lange die Wasserbäche, die seine Blätter nicht welken lassen, auf die kräftige »Wirckung des Heiligen Geistes zur Zueignung aller von Christo erworbenen Heils=Güter« (ebd.).

Immanuel Jacob Pyra, einer der frühesten und entschiedensten Mitstreiter von Bodmer und Breitinger in Deutschland, hat in Auseinandersetzung mit den Gottschedianern dagegen polemisiert, »eine dichtermäßige Vorstellung wie einen theologischen oder philosophischen Aufsatz zu richten, da sie durch gantz verschiedne Gemüthskräfte, folglich nach ganz verschiednen Regeln gemacht sind«[27]. Eine wesentliche Differenzqualität sah er in der Art und Weise, wie einem Gegenstand jeweils etwas ›zugeeignet‹ wird, je nachdem, ob Kriterien der Wahrheit oder der Richtigkeit herangezogen werden. Dies führt er in dem Fragment gebliebenen Manuskript *Über das Erhabene* (entst. 1738–1742) auch zu Spezifizierung und Verteidigung erhabener Schreibweisen in der Poesie aus. Als Pointe ergibt sich hierbei eine Unterscheidung von »Nachgemälde« und Zueignung. Pyra differenziert wie folgt zwischen wahr und richtig: »Wahr nennt man beßer was seinen grund hat richtig aber was [...] mit seiner Vorschrift übereinstimmet.«[28] Wahr sei demzufolge ein poetischer Gedanke, »wann ich in einem Algemeinen Begriffe einen hinlängl: Grund ersehe, warum ich ihn einen Andern zueigne. Es kan also ein Gedanke wahr od[er] doch wenigstens wahrscheinl: [sein] wann er gleich in dieser würklichen Reiche der Dinge seinen Gegenstand nicht antreffen solte.« (Ebd.) Daraus folgt für die Bestimmung des Erhabenen: »Wären alle Gedanken blos Bilder der Sachen, so müßten alle einerlei sein und wollen. [...] Wan ich nun [...] einem Dinge solche Eigenschaften oder Vorzüge nicht zueigne die bey den gewöhnlichen Vorwürfen uns entweder gar nicht [...] oder doch nicht in einem so ho-

hen Grade aufstoßen so wird die Seele dadurch [...] in ihrer Gleichgültigkeit gestöhret. Es entstehen in ihr ungewöhnliche Veränderungen. Verwunderung Erstaunen Schrecken.« (66)

III. Das Arbeitsmodell der Aneignung: John Locke

John Lockes Konzeption von privater Aneignung durch Arbeit ist historisch neu; sie löst die traditionelle, von Cicero begründete Okkupationstheorie der Eigentumsgründung ab. Bereits 1718 hat, ohne daß Adelung es aufgenommen hätte, der anonyme deutsche Übersetzer des *Second Treatise of Government* (1690) den Ausdruck ›Zueignung‹ verwendet, um Lockes Begriff der ›appropriation‹ wiederzugeben. Locke hat den Terminus nicht neu gebildet, sondern ihn auf neue Weise gebraucht, was sich als überaus folgenreich erweisen sollte. Auf der Suche nach einer naturrechtlich begründbaren Erklärung der Entstehung, Akkumulation und ungleichen Verteilung von Privateigentum vornehmlich an Grund und Boden hat Locke appropriation als spezifisch menschliches, auf Arbeit fundiertes Naturverhältnis definiert: »Though the Earth, and all inferior Creatures be common to all Men, yet every Man has a *Property* in his own *Person*. This no Body has any Right to but himself. The *Labour* of his Body, and the *Work* of his Hands, we may say, are properly his. Whatsoever then he removes out of the State that Nature hath provided, and left it in, he hath mixed his *Labour* with, and joyned to it something that is his own, and thereby makes it his

---

25 FRANCKE, Vom rechtschaffenen Wachstum des Glaubens (1691), in: Francke (s. Anm. 20), 285.
26 LANGE, Davidisch=Salomonisches Licht und Recht oder Richtige und Erbauliche Erklärung der geistreichen Psalmen Davids (Halle 1737), 18.
27 IMMANUEL JACOB PYRA, Erweis, daß die G*ttsch*dianische Sekte den Geschmack verderbe. Ueber der Hällischen Bemühungen zur Aufnahme der Critik (Hamburg/Leipzig 1743), 43.
28 PYRA, Über das Erhabene (entst. 1738–1742), hg. v. C. Zelle (Frankfurt a. M. u. a. 1991), 65.

Property.«[29] Noch argumentiert Locke im übergreifenden theologischen Begründungszusammenhang der protestantisch-puritanischen Tradition.»The Law Man was under, was rather for *appropriating.* God Commanded, and his Wants forced him to *labour.* That was his *Property* which could not be taken from him where-ever he had fixed it. And hence subduing or cultivating the Earth, and having Dominion, we see are joyned together. The one gave Title to the other. So that God, by commanding to subdue, gave Authority so far to *appropriate*. And the Condition of Human Life, which requires Labour and Materials to work on, necessarily introduces *private Possessions*.« (292) Doch Locke eröffnet zugleich eine tendenziell hedonistische Perspektive: Die Arbeit diene der größtmöglichen Annehmlichkeit des Lebens, die durch ›invention‹ and ›arts‹ immer weiter gesteigert werden könne.

In dem von Locke formulierten Aneignungsrecht, der göttlichen Vollmacht zur Appropriation der Natur durch den Menschen als »Master of himself, and *Proprietor of his own Person*, and the Actions or *Labour* of it« (298), falle Aneignung durch Arbeit und Verfügungsgewalt über Arbeitsmittel und Produkte im wesentlichen zusammen. Doch bereits zu Lockes Lebzeiten traten beide Aneignungsbeziehungen immer weiter auseinander. Während Locke schrieb:»'Tis true, in *Land* that is *common* in *England*, or any other Country, where there is Plenty of People under Government who have Money and Commerce, no one can inclose or appropriate any part, without the consent of all his Fellow-Commoners« (292), war die ursprüngliche Akkumulation des Kapitals als ein historischer »Expropriationsprozeß der Ackerbauer [!] von Grund und Boden«[30] bereits vorangeschritten. Das Gemeindeland wurde im Verlaufe des 18. Jh. auf der Grundlage der Bills for Inclosures of Commons privatisiert.»Während an die Stelle der unabhängigen Yeomen tenants at-will traten, kleinere Pächter auf einjährige Kündigung, eine servile und von der Willkür der Landlords abhängige Rotte, half, neben dem Raub der Staatsdomänen, namentlich der systematisch betriebne Diebstahl des Gemeindeeigentums jene großen Pachten anschwellen, die man im 18. Jahrhundert Kapital-Pachten oder Kaufmanns-Pachten nannte, und das Landvolk als Proletariat für die Industrie ›freisetzen‹.« (753).

Locke hat sich darauf beschränkt, historische Wurzeln der Akkumulation und Ungleichverteilung des Privateigentums darzustellen. Erst die Erfindung des Geldes habe die systematische Erzeugung eines Mehrprodukts zur Daseinsvorsorge für die wachsende Bevölkerung über den Warentausch ermöglicht und einen Anreiz zur Akkumulation von Privateigentum geschaffen; zugleich habe sich das Land verknappt und dadurch an Wert gewonnen. Dieser Prozeß habe dazu geführt, Staaten zu bilden:»The several *Communities* settled the Bounds of their distinct Territories, and by Laws within themselves, regulated the Properties of the private Men of their Society, and so, *by Compact and Agreement*, *settled the Property* which Labour and Industry began«[31]. Als Zirkulationsmittel habe vor allem das Geld den Umkreis der auf persönliche Arbeit gegründeten Aneignungsbeziehung erweitert. Doch während im *Second Treatise* die Schatzbildung noch als übergreifendes Ziel erscheint, wird das Geld als Zirkulationsmittel in vollem Umfang historisch erst in dem Maße freigesetzt, wie es sich in Kapital verwandelt und Verwertungsfunktion zur ökonomischen Dominante avanciert.

Locke, der Ciceros *De officiis* als eine Schlüsselschrift ethischer Erziehung empfohlen hat, übernahm dessen Gedanken von der gesetzlichen Regelung des privaten Eigentums als einer Grundfunktion der frühen staatlichen Gemeinschaften. Doch er hat sich nicht der occupatio-Theorie der Entstehung des Privateigentums angeschlossen, sondern, vermittelt über den Arbeitsbegriff, Eigentumsgründung und Aneignung (im stoischen Sinne der Selbstkonstitution) zusammengedacht und damit das Privateigentum auch ethisch legitimiert: Es ist in Lockes Sicht kein Adiaphoron, ein im axiologischen Sinne indifferenter Gegenstand mehr. Entscheidend ist die Bezugnahme auf das

---

29 JOHN LOCKE, The Second Treatise of Government, in: Locke, Two Treatises of Government (1689/90), hg. v. P. Laslett (Cambridge 1988), 287f.
30 KARL MARX, Das Kapital, Bd. 1, in: MEW, Bd. 23 (1972), 756.
31 LOCKE (s. Anm. 29), 299.

Eigentum des einzelnen an seiner Person. Hier ergeben sich Verbindungen zum Konzept der persönlichen Identität, das Locke im *Essay concerning Human Understanding* (1700) entwickelt hat. Locke unterscheidet Identität des physischen Einzelmenschen und Identität der Person. Erstere bestehe »in nothing but a participation of the same continued Life, by constantly fleeting Particles of Matter, in succession vitally united to the same organized Body«[32]. Die körperlich fundierte Identität ist eine, wenn auch nicht die allein konstitutive Voraussetzung der Identität der Person. »Person [...] is a Forensick Term appropriating Actions and their Merit; and so belongs only to intelligent Agents capable of a Law, and Happiness and Misery. This personality extends itself beyond present Existence to what is past, only by consciousness whereby it becomes concerned and accountable [...]. And therefore whatever past Actions it cannot reconcile or appropriate to that present it *self* by consciousness, it can be no more concerned in, than if they had never been done« (346). Auch hier verwendet Locke den Begriff der appropriation. Dieser bezieht sich in diesem Falle aber nicht auf die körperliche Ausführung von Handlungen, sondern darauf, wie weit sich das Individuum seine vergangenen Taten ebensogut wie seine gegenwärtigen als dem motivierten und verantwortlichen Akteur zurechnen kann; dies gilt Locke als Konstitutionsverfahren des individuellen Selbst. Erst die Zueignung des Werks der eigenen Hände als Eigentum aber realisiert die Identität der Person, die sich auf alles erstreckt, was sich der einzelne bewußt und begründet zurechnen kann. Allerdings ist daraus keine bestimmte historisch-konkrete Form des Eigentums zu folgern. Ebensowenig war die Entwicklung kapitalistischer Eigentumsformen durch das Maß der persönlichen Arbeit zu beschränken.

Lockes eigentumsrechtliche Problemstellung bezieht sich auf das Material, dessen die Arbeit bedarf, um sich mit ihm verzehrend und formend unauflöslich zu verbinden. Freilich setzt Locke im *Second Treatise* einen Zustand voraus, in dem es kaum fremdes Material gibt, das okkupiert werden mußte. Lockes Ausgangspunkt ist die körperliche Arbeit, doch nicht nur als bloße Verausgabung menschlicher Arbeitskraft im physiologischen Sinn (abstrakte menschliche Arbeit), sondern als Arbeitsleistung in besonderer zweckbestimmter Form, d. h. als konkrete Arbeit, die sich in einem Produkt mit einem spezifischen Gebrauchswert vergegenständlicht. Locke folgend schrieb Marx: »Der Mensch kann in seiner Produktion nur verfahren, wie die Natur selbst, d. h. nur die Formen der Stoffe ändern« und begriff Gebrauchswerte als »Verbindungen von zwei Elementen, Naturstoff und Arbeit«[33]. Dem absoluten Vorrang der Form hätte bereits Lockes Verständnis von Formideen widersprochen, die nicht voraussetzungslos im Kopf entspringen; auch angeborene Ideen ließ er nicht gelten. Arbeit ist für Locke niemals Schöpfung. Von Schöpfung spricht Locke nur in einem Falle: »When the thing is wholly made new, so that no part thereof did ever exist before; as when a new Particle of Matter doth begin to exist, *in rerum natura*, which had before no Being, and this we call *Creation*.«[34] Arbeit ist ein Machen (making), das durch sinnlich wahrnehmbare Trennung oder Nebeneinanderstellung unterscheidbarer Teile künstliche Dinge erzeugt. Zugleich kann dieses Machen Veränderung (alteration) bewirken, »when any new sensible Quality, or simple *Idea*, is produced in either of them, which was not there before« (ebd.). Hat Locke nicht ausdrücklich betont, der Geist könne keine einfachen Ideen schaffen? Die einfache Idee schafft auch nicht der Geist, sondern das Machen, das durch Formveränderung des Naturstoffs neue Qualitäten erzeugt, oder auch die Entdeckung neuer natürlicher Körper und ihrer Eigenschaften. Auch wenn Lockes Arbeitsbegriff in spezieller Weise gegen die Annahme angeborener Ideen gerichtet ist, läßt er mit großer Selbstverständlichkeit konstruktive Formideen gelten: »So he that first invented Printing, or Etching, had an *Idea* of it in his Mind, before it ever existed.« (292) Doch bei Erfindung (invention) handelt es sich nach Locke um einen Weg, durch verschiedene Kombination einfacher Ideen komplexe Ideen gemischter Modi zu erzeugen, die im Ergebnis, in sinnlich wahrnehmbaren Modell oder Standard einer neuen Produktform, dann wiederum einfache

---

32 LOCKE (ESSAY), 331 f.
33 MARX (s. Anm. 30), 57.
34 LOCKE (ESSAY), 325.

Ideen neuer Qualitäten bzw. neue Modi einfacher Ideen hervorrufen können. Was Arbeit im technologischen Fortschritt leisten kann, zeigt die Maschine als »a fit Organization, or Construction of Parts, to a certain end, which, when a sufficient force is added to it, it is capable to attain« (331). Als Erzeugung und Verbesserung von Gebrauchswerten gewinnt die Arbeit eine innovative Dynamik, die den Zivilisationsprozeß prägt.

Als folgenreich erwies sich Lockes Erweiterung und Verallgemeinerung des auf konkrete, nicht auf abstrakte Arbeit gegründeten Arbeitsbegriffs: Er leitete damit eine Tradition ein, die in Marx' Verständnis von Arbeit – außerhalb einer äußeren Nützlichkeitsbeziehung betrachtet – als Selbsterzeugungsprozeß des gesellschaftlichen Menschen seinen Abschluß fand. Aneignung durch Arbeit avancierte bei Locke in der Auseinandersetzung mit dem Postulat der angeborenen Ideen zum Muster der Selbstbetätigung. »God having endued Man with those Faculties of knowing which he hath, was no more obliged by his Goodness, to implant those innate Notions in his Mind, than that having given him Reason, Hands, and Materials, he should build him Bridges, or Houses« (91). Wenn manche Völker gleichwohl keine Brücken und Häuser bauen, so nicht, weil sie keine angeborenen Ideen davon haben, sondern weil sie ihre Dispositionen und Potentiale nicht in einer solchen Weise betätigt haben, was wiederum Gründe in ihren Lebensformen und Umständen hat. Ideen und Begriffe werden ebensowenig mit uns geboren wie Künste und Wissenschaften: »God having fitted Men with faculties and means, to discover, receive, and retain Truths, accordingly as they are employ'd« (99).

Das gilt auch für die wissenschaftliche Erkenntnis. »In the Sciences, every one has so much, as he really knows and comprehends: What he believes only, and takes upon trust, are but shreads; which however well in the whole piece, make no considerable addition to his stock, who gathers them. Such borrowed Wealth, like Fairy-money, though it were Gold in the hand from which he received it, will be but Leaves and Dust when it comes to use.« (101) Locke hat versucht, eine Analogie zwischen Arbeits- und Erkenntnisprozeß herzustellen. »This shews Man's Power and its way of Operation to be muchwhat the same in the Material and Intellectual World. For the Materials in both being such as he has no power over, either to make or destroy, all that Man can do is either to unite them together, or to set them by one another, or wholly seperate them« (163 f.). Gemeinsam ist die Aktivitätsstruktur: Das Denken findet sein Material in einfachen Ideen, hervorgerufen entweder durch äußere Objekte oder durch Betätigung der eigenen operationalen Dispositionen. Sind diese Operationen erst einmal durch Selbstreflexion bewußt geworden, werden sie fortan methodisch angewendet: Unterscheiden – Kombinieren – Beziehungen herstellen – Abstrahieren. Gemeinsam ist auch die Motivationsstruktur von Arbeit und Erkenntnis: Locke unterscheidet eine dritte Gruppe einfacher Ideen, die zugleich von äußeren und inneren Quellen hervorgerufen werden: Emotionen als Modifikationen von Lust und Unlust sowie Ideen der Existenz, der Einheit und der Kraft. Der motivationale Zusammenhang ist entscheidend, alle Operationen sind in ihn eingebunden. Unbehagen gilt als wichtigste Triebfeder menschlichen Fleißes und menschlicher Arbeit. Noch der Wille ist dem einzelnen nicht bewußt, letztlich durch das Begehren bestimmt. Freiheit, die in der Macht kulminiert, Gewolltes auch zu realisieren, schließt die Frage ein, ob der Mensch die Freiheit habe zu wollen, und bestimmt sich zuletzt als Kraft, innezuhalten und das Objekt des Begehrens zu prüfen; als vorübergehende Hemmung des Begehrens. Dies läßt sich auch auf die Arbeit beziehen, die als aktive Vorsorge zwischen akuten Bedürfnisdruck und unmittelbare Befriedigung tritt.

IV. Die Konzeption der ›natürlichen Neigungen‹ – eine Alternative zum Arbeitsmodell der Aneignung: Shaftesburys Ethik und Ästhetik

Der Aneignungsgedanke ist auch in einer anderen Form rezipiert worden, die bei Locke eine geringere Rolle spielt, nämlich in der Konzeption der natürlichen Neigungen, die über Thomas von

Aquin[35] auf die stoische Differenzierung des Aneignungstriebes in verschiedene Aneignungsbeziehungen bzw. verschiedene Arten der Hinneigung zurückgeht. Thomas gliederte die inclinationes naturales (natürlichen Neigungen) in 1) Selbsterhaltung, 2) Verbindung des Männlichen und Weiblichen zur Fortpflanzung, Nachwuchspflege, gegenseitige Unterstützung und gemeinsame Daseinsvorsorge sowie 3) Streben nach Erkenntnis, nach sozialer Gemeinschaft, nach Kommunikation. Was diesen Rezeptionsstrang betrifft, so ist an erster Stelle Shaftesbury zu nennen, der seine philosophische Gesamtkonzeption nicht nur in Beschäftigung mit der Stoa, sondern auch angeregt durch Ralph Cudworth und den Cambridger Platonismus und in der Auseinandersetzung mit Locke entwickelt hat. Aus dem oikeiōsis-Gedanken, »that every Creature has a private Good and Interest of his own« und »that there is in reality a right and a wrong State of every Creature; and that his rightone is by Nature forwarded, and by Himself affectionately sought«[36], folgert Shaftesbury, alle Neigungen eines Lebewesens seien auf den optimalen Zustand seiner Naturbeschaffenheit bezogen und müßten nach diesem Maßstab differenziert und bewertet werden. Ausgehend davon, »that no Animal can be said properly *to act*, otherwise than thro Affections or Passions, such as are proper to an Animal«, unterscheidet Shaftesbury die Neigungen in drei Gruppen: »1. The *natural Affections*, which lead to the Good of *The Publick*. / 2. Or the *Self-Affections*, which lead only to the Good of *The Private*. / 3. Or such as are neither of these; nor tending either to any Good of *The Publick* or *Private*, but contrary-wise; and which may therefore be justly stil'd *unnatural Affections*.« (156) Als Gegenposition zu Hobbes begriff Shaftesbury sein Konzept der social affections, die er prononciert zu natürlichen Neigungen erklärte, während er – im Gegensatz zur Stoa – die Selbsterhaltung hiervon ausnahm. Daraus folgt keine grundsätzliche Abwertung des Selbsterhaltungstriebs, nur wird dieser zur kollektiven Selbsterhaltung einer Art in Beziehung gesetzt. Shaftesbury sucht aus dem Aneignungstrieb einen ›moral sense‹ abzuleiten; so wird er zum Begründer der Moral-sense-Theorien der englischen Moralphilosophie von Hutcheson bis Hume.

Shaftesbury konnte weder den von Hobbes idealtypisch vorausgesetzten gesellschaftlichen Naturzustand des Krieges aller gegen alle akzeptieren, der lediglich durch einen institutionalisierten Vertragszustand aufgehoben wird, noch konnte er Locke folgen, der drei Arten moralischer Regeln unterschied, das göttliche Gesetz, das Zivilrecht und »the *Law of Opinion or Reputation*«[37]. Shaftesbury unterschlug Lockes Rekurs auf das göttliche Gesetz; er wollte die Regelung der Moralität von der Religion unabhängig machen, konnte sich aber mit Lockes These von der kulturellen Relativität und der Konventionalität vieler moralischer Normen nicht abfinden, da sie indirekt Hobbes bestätigte. Für Shaftesbury stand jedoch fest, daß eine nicht in natürlichen Neigungen fundierte Moralität keinen Bestand haben könne.

Zugleich beruft sich Shaftesbury auf einen Grundgedanken von Locke, die allseitige Verbindung und Abhängigkeit der Dinge in ihrer gegenseitigen Beeinflussung und Wechselwirkung im Universum: »Things, however absolute and entire they seem in themselves, are but Retainers to other parts of Nature [...]. Their observable Qualities, Actions, and Powers, are owing to something without them; and there is not so complete and perfect part, that we know, of Nature, which does not owe the Being it has, and the Excellencies of it, to its Neighbours« (587). Locke begründet damit die Relativität aller abgrenzenden Substantialisierung von Eigenschaftskomplexen und folgert, daß wir kein vollkommenes, klares und umfassendes Wissen über die Dinge erlangen können. In *The Moralists* (1711) schließt sich Shaftesbury dieser Folgerung an: »Since each Particular has relation to all in general, it can know no perfect or true Relation of any Thing, in a World not perfectly and

---

35 Vgl. THOMAS VON AQUIN, Summa theologiae, 1–2, q. 94, a. 2. Vgl. MAXIMILIAN FORSCHNER, Über natürliche Neigungen. Die Stoa als Inspirationsquelle der Aufklärung, in: R. Bubner u. a. (Hg.), Die Trennung von Natur und Geist (München 1990), 105.
36 ANTHONY ASHLEY COOPER SHAFTESBURY, An Inquiry concerning Virtue, or Merit (1699), in: SHAFTESBURY, Abt. 2, Bd. 2 (1984), 44.
37 LOCKE (ESSAY), 353.

fully known.«[38] Doch anders als Locke gibt Shaftesbury, ohne den hiermit verbundenen Erkenntnisanspruch einzuschränken, eine system- und regelungsorientierte Erklärung der wechselseitigen Abhängigkeit der Dinge. Danach gliedern sich alle Einzelwesen in besondere Natursysteme, die Art- und Ökosysteme umfassen, und diese bilden insgesamt »the *Universal System*, and coherent Scheme of Things« (ebd.). Hierbei knüpft Shaftesbury ebenso an die stoische Naturteleologie wie an Lockes Organisationsprinzip der Identität an. Von einer »Cohesion of Particles of Matter anyhow united« unterschied Locke eine solche Anordnung materieller Partikel, in welcher diese als Teile eines Gefüges konstituiert sind. Das bedeutet etwa für das pflanzliche Leben: »That being then one Plant, which has such an Organization of Parts in one coherent Body, partaking of one Common Life, it continues to be the same Plant, as long as it partakes of the same Life, though that Life be communicated to new Particles of Matter vitally united to the living Plant, in a like continued Organization, conformable to that sort of Plants.«[39] Shaftesbury interpretiert Lockes Denkansatz, körperliche Identität in einem invarianten Organisationsprinzip zu fundieren, als »Sympathizing of Parts«[40]. Diese Sympathie begreift er als energisches, effektives, operatives und in diesem Sinne als geistiges Prinzip und extrapoliert es zum »*original Self* (the *Great-one* of the World)« (264), zu dem alle besonderen Natursysteme in Beziehung stehen. So wird der Lockesche Gedanke naturteleologisch umgeformt. Das universelle geistige Prinzip ist der im gesamten Naturprozeß wirksame und sich individuierende regelnde Teil (governing Part) des Universums. Systembegriff und Organisationsprinzip dynamisiert Shaftesbury in seinem Begriff der Ökonomie, der nicht nur die Haushaltung der Natur nach einem dem epikureischen Atomismus entgegengesetzten Sparsamkeitsprinzip bezeichnet, sondern vor allem ein dynamisches Ausgleichsprinzip, Harmonie aus Gegensätzen, Wiederherstellung gestörten Gleichgewichts, Wiedervergeltung im Sinne distributiver Gerechtigkeit. Shaftesburys Ökonomie ist zugleich eine Theodizee. »Unable to declare the Use or Service of all things in this Universe, we are yet assur'd of the Perfection of *all*, and of the Justice of that *Oeconomy*, to which all things are subservient, and in respect of which, Things seemingly deform'd are amiable; Disorder becomes regular; Corruption wholesom; and Poisons (such as these we have seen) prove healing and beneficial.« (308)

Dieser Ansatz funktioniert nur dann, wenn die monistisch-pantheistische Naturteleologie vom Anthropozentrismus abgegrenzt wird. Die ganze Ordnung des Universums ginge zu Bruch, würden wir alle Dinge auf uns selbst beziehen: »If *Nature* her-self be not for *Man*, but *Man* for *Nature*; then must *Man*, by this good leave, submit to *the Elements of Nature*, and not *the Elements* to him.« (186) So wird in *The Moralists* der übergreifende Kontext expliziert, in den die Charakteristik der sozialen Triebe eingebunden ist. »So that we cannot say of any Being, that it is *wholly* and *absolutely ill*, unless we can positively shew and ascertain, that *what* we call *Ill* is no where *Good* besides, in any other System, or with respect to any other Order or Oeconomy whatsoever.«[41] Hätte der Mensch beispielsweise keine sozialen Neigungen, so wäre er im Sinne der Arterhaltung dysfunktional, ein Störfaktor im universal system. Die Ökonomie des besonderen Einzelwesens ist jeweils auch Lebensgrund und Bezugssystem für die Ökonomie der Leidenschaften. Shaftesbury verwirft den Gedanken an eine absolute Opposition zwischen sozialen Neigungen und Selbstneigungen; die einen beziehen sich auf die gemeinschaftliche Natur oder das System der Art, die anderen auf »*the private Nature*, or *Self-System*« (146). Zu den Selbstneigungen zählen »those Home-Affections, which relate to the private Interest or seperate Oeconomy of the Creature: such as *Love of Life*; – *Resentment of Injury*; – *Pleasure, or Appetite towards Nourishment and the Means of Generation*; – *Interest, or Desire* of those *Conveniences*, by which we are well *provided for*, and *maintain'd*; – *Emulation*, or *Love of Praise and Honour*; – *Indolence*, or *Love of Ease and Rest*.« (242 ff.) Diese Neigungen faßt Shaftesbury als Interessiertheit oder Selbstliebe zusammen. Natürliche Nei-

---

38 SHAFTESBURY, The Moralists. A Philosophical Rhapsody (1711), in: SHAFTESBURY, Abt. 2, Bd. 1 (1987), 168.
39 LOCKE (ESSAY), 331.
40 SHAFTESBURY (s. Anm. 38), 252.
41 SHAFTESBURY (s. Anm. 36), 52.

gungen sind love, complacency, good-will und sympathy with the kind or species. Entscheidend sei die Balance zwischen beiden Gruppen von Neigungen, »their mutual Relation and Dependency, the Connexion and Frame of those Passions which constitute the Soul or Temper« (152). Exzessive Neigungen stehen in Disproportion zu allen übrigen und stören daher das Gleichgewicht, »they must of course be the occasion of Inequality in the Conduct, and incline the Party to a wrong moral Practice« (164). Es liege nicht im Interesse der Gesellschaft, wenn die Individuen ihre Selbsterhaltung nicht aktiv selber betreiben, umgekehrt können auch soziale Neigungen durch Partikularisation und Ausschluß aller anderen deformiert werden. Auch überspannte Religiosität könne Verheerendes anrichten. Die Ökonomie der Leidenschaften müsse für die verschiedenen Systeme organisierter Natur in Relation zu ihrer Umwelt jeweils spezifiziert werden. Dauerhafte Störungen der Balance der Leidenschaften würden durch unnatürliche Neigungen wie Grausamkeit, Aggressivität und Destruktivität bewirkt, die Shaftesbury in der Tradition des stoischen Entfremdungsbegriffs als »perverse Inclinations and bitter Aversions, rais'd from a constant ill Humour, Sourness, and Disquiet« (150) bezeichnet.

Im Gegenzug zu Hobbes legt Shaftesbury großen Wert auf den Nachweis, daß sozial-kooperatives Verhalten nicht erzwungen ist, sondern per se genußvoll sein kann. Aus zwei Quellen – »Community or Participation in the Pleasures of others, and Belief of meriting well from others« (198) – sieht Shaftesbury neun Zehntel all dessen entspringen, was insgesamt ausmacht, das Leben zu genießen. In *The Moralists* wird die Auszeichnung sozialer Dispositionen als natürlicher Neigungen vor allem im Tier-Mensch-Vergleich entwickelt. Wie in der Stoa wird dem Hinweis auf das biologische Mängelwesen Mensch mit der Frage begegnet: »A *human Infant* is of all the most helpless, weak, infirm. And wherefore shou'd it not have been thus order'd? Where is the loss in such a Species? Or what is *Man* the worse for this Defect, amidst such large Supplys? Does not this *Defect* engage him the more strongly to Society, and force him to own that he is purposely, and not by Accident, made rational and *sociable*, and can no otherwise increase or subsist, than in that *social* Intercourse and Community which is his *Natural State*?«[42] Die Diskussion über den Naturzustand des Menschen unterläuft Shaftesbury dadurch, daß er die Frage problematisiert. Entweder müßten hundert verschiedene Naturzustände angenommen werden, oder, falls nur einer, könnte dies nur derjenige sein, in dem die spezifisch menschliche Natur als ausgebildet und ihre Entstehung als relativ abgeschlossen gelten könne. Doch wie wird die Relation zu gemeinschaftlichen Systemen zu einer sozialen Neigung? Dies leitet Shaftesbury aus der Tatsache ab, daß Menschen ihre unmittelbaren – sowohl außengerichteten als auch inneren – Neigungen reflektieren können: »So that, by means of this reflected Sense, there arises another kind of Affection towards those very Affections themselves, which have been already felt, and are now become the Subject of a new Liking or Dislike.«[43] In den reflektierten Neigungen bildet sich »the *natural* and *just* Sense of Right and Wrong« (86) heraus. Shaftesbury empfand Lockes Polemik gegen die angeborenen Ideen als ein Scheingefecht mit der fatalen Konsequenz, daß moralische Ideen keine einfachen Ideen sein konnten. Aus diesem Dilemma konnte der Rückgriff auf den epikureischen Begriff der prolepsis (›preconception‹) hinausführen. Solche Vorbegriffe moralischer Werte nahm auch Shaftesbury an und hielt sich damit zugleich die Möglichkeit offen, von einer weiteren begrifflichkonzeptionellen Ausformung und Differenzierung ethischer Prolepsen im historischen Kulturprozeß zu sprechen.

Shaftesbury bezog die sozialen Neigungen auch einen Form- oder Schönheitstrieb ein. Er übertrug strukturell fundierte Formwerte wie Proportion, Kohärenz, Balance nicht nur von natürlichen Körpern und Artefakten auf ›action‹, life or operation‹, sondern auch auf die Ökonomie der Neigungen und Leidenschaften. Der Schönheitstrieb ist ebenfalls nicht angeborene Idee, sondern instinct: »call *Instinct*, that which *Nature* teaches, exclusive of *Art, Culture* or *Discipline*«[44], der sich in »*Preconceptions*, of a higher degree« (342) äußert.

---

42 SHAFTESBURY (s. Anm. 38), 196.
43 SHAFTESBURY (s. Anm. 36), 66.
44 SHAFTESBURY (s. Anm. 38), 340.

Historisch, kulturell und individuell widerstreitende Schönheitsvorstellungen zerstören nicht die Übereinstimmung im Hinblick auf die Eigenart der Schönheitswertung als einem Präferenzverhalten gegenüber der Form. Die Formwahrnehmung und -wertung ist zugleich in den Formcharakteren und Strukturprinzipien der vielgestaltigen Phänomene und ihrer Gefüge im universal system der Natur ontologisch fundiert. Nach dem Kriterium ›govern or regulate itself‹ verkörpert nicht jede Form auch selber eine forming power. Entsprechend ergeben sich aus der Formenvielfalt der Natur drei Arten von Schönheit: ›dead formes‹, »which bear a Fashion, and are form'd, whether by Man, or Nature; but have no forming Power, no Action, or Intelligence«; ›forming forms‹ oder »*Forms which form*; that is, which have Intelligence, Action, and Operation« (334) – in diesem Falle differenziert Shaftesbury zwischen ›mere Body‹ und ›inward Form‹. Schließlich nennt er eine dritte »Order of Beauty, which forms not only such as we call mere Forms, but even *the Forms which form*«. Darunter fällt das Naturvermögen der menschlichen Form, selber ›living forms‹ hervorzurufen, nur bedingt; »but that which fashions even Minds themselves, contains in it-self all the Beautys fashion'd by those Minds; and is consequently the Principle, Source, and Fountain of all *Beauty*« (336).

So ergibt sich aus der Differenzierung des oikeiōsis-Gedankens in verschiedene Aneignungstriebe und spezifische (rationale, affektive und motivationale) Aneignungsbeziehungen ein anderer Formbegriff als der im Arbeitsmodell enthaltene. Nicht das Arbeits-, sondern das Zeugungsmodell nach Zenons Lehre von den logoi spermatikoi prägt Shaftesburys oikeiōsis-Konzeption. Menschliches Hervorbringen ist keine selbstherrliche Formgebung, sondern Mimesis des schöpferischen Naturprozesses. Der Mensch formt inmitten eines unbegrenzten Formbildungs- und Formwandlungs-, Formauflösungs- und Formneubildungsprozesses, in den er selber als körperliches Wesen einbezogen ist.

V. Bildung als Aneignung: Herder

In der ersten deutschen Übersetzung von Shaftesburys *Soliloquy* (1710; dt.: Magdeburg/Leipzig 1738) wird ›to form‹ und ›formation‹ durchgehend mit ›bilden‹ und ›Bildung‹ übersetzt. Dieser auf Shaftesbury zurückgehende Bildungsbegriff ist auch für Herders Aneignungsmodell der Bildung prägend geworden. Herder begriff die Natur als formbildende Wirksamkeit organischer Kräfte. »Was indes jeder Stein- und Erdart verliehen ist: ist gewiß ein allgemeines Gesetz aller Geschöpfe unsrer Erde; dieses ist *Bildung*, bestimmte *Gestalt*, eignes *Dasein*. Keinem Wesen kann dies genommen werden: denn alle seine Eigenschaften und Wirkungen sind darauf gegründet. Die unermeßliche Kette reicht vom Schöpfer hinab bis zum Keim eines Sandkörnchens, da auch dieses seine bestimmte Gestalt hat, in der sich oft der schönsten Krystallisation nähert.«[45] Den natürlichen Formbildungs- und -auflösungsprozessen schrieb Herder grundlegende gesetzmäßige Tendenzen zu: »Fortrücken aus dem Chaos zur Ordnung«[46]; »Kontrarietät«[47] als Kombination und gemäßigte Wirkung divergenter, einander entgegengesetzter Kräfte; Streben jeder Organisation nach optimalen Beharrungszuständen, Zerstörung und Verwandlung von Kräften als ewige »Palingenesie«[48]; das »Gesetz der Wiedervergeltung«[49] als Wiederherstellung des Gleichgewichts widerstrebender Kräfte. Kennzeichnend für Herder ist der Versuch, ›the great chain of being‹ (Arthur O. Lovejoy) als Stufenfolge verschiedener Organisationen bzw. Natursysteme zu temporalisieren. In diese verzeitlichte Kette der Natursysteme ist auch der Mensch einbezogen: Als letztes Glied nimmt er zugleich eine Sonderstellung ein. Noch steht Herders Entwicklungsdenken jeder Dezendenzgedanke fern. Die Sonderstellung des

---

45 JOHANN GOTTFRIED HERDER, Ideen zur Philosophie der Geschichte der Menschheit (1784–1791), in: Herder, Werke, hg. v. M. Bollacher u. a., Bd. 6 (Frankfurt a. M. 1989), 55.
46 HERDER, Gott. Einige Gespräche (1787), in: Herder (s. Anm. 45), Bd. 4 (1994), 790.
47 HERDER, Über die dem Menschen angeborene Lüge (entst. 1777; 1814), in: Herder (s. Anm. 45), Bd. 4 (1994), 398 f.
48 Vgl. HERDER (s. Anm. 46), 790.
49 HERDER (s. Anm. 45), 601.

Menschen hat biologische Voraussetzungen: aufrechter Gang und freigewordene Hand. Selbsterhaltung und Teilnehmung oder Mitteilung an andere (der auch der Geschlechtstrieb zugerechnet wird) sind die beiden Grundtriebe; »das organische Gebäude des Menschen gibt, wenn eine höhere Leitung dazu kommt, diesen Neigungen die erlesenste Ordnung« (154). Demzufolge bestimmt Herder das »Reich der Menschenorganisation« als ein »System geistiger Kräfte« (180). Doch dieses System der geistigen Kräfte entwickelt sich erst in der künstlichen Bildung unserer Ideen von Kindheit auf als ein Aneignungsprozeß, dem Herder das physiologische Modell der Assimilation zugrunde legt: »Wie der Leib durch Speise zunimmt, nimmt unser Geist durch Ideen zu, ja wir bemerken bei ihm eben die Gesetze der *Assimilation*, des *Wachstums* und der *Hervorbringung*, nur nicht auf eine körperliche, sondern ihm eigne Weise. Auch Er kann sich mit Nahrung überfüllen, daß er sich dieselbe nicht zuzueignen und in sich zu verwandeln vermag: auch Er hat eine Symmetrie seiner geistigen Kräfte, von welcher jede Abweichung Krankheit, entweder Schwachheit oder Fieber, d. i. Verrückung wird: auch Er endlich treibet dieses Geschäft seines innern Lebens mit einer genialischen Kraft, in welcher sich Liebe und Haß, Abneigung gegen das mit ihm Ungleichartige, Zuneigung zu dem, was seiner Natur ist, wie beim irdischen Leben äußert.« (182f.) Ziel des Bildungsprozesses des »*inneren geistigen Menschen*« ist es, »*inwendige Gestalt, Form der Humanität* zu gewinnen« (185). Doch im Gebrauch seiner geistigen Kräfte ist der Mensch kein Selbstgeborener: Die Selbstaneignung der genetischen Dispositionen setzt einen historischen Kulturprozeß voraus. »Empfinge der Mensch alles aus sich und entwickelte es abgetrennt von äußern Gegenständen: so wäre zwar eine Geschichte *des* Menschen, aber nicht *der* Menschen [...] möglich. Da nun aber unser spezifische Charakter eben darin liegt, daß wir, beinah ohne Instinkt geboren, nur durch eine Lebenslange Übung zur Menschheit gebildet werden, und sowohl die Perfektibilität als die Korruptibilität unsres Geschlechts hierauf beruhet: so wird eben damit auch die Geschichte der Menschheit notwendig ein Ganzes, d. i. eine Kette der Geselligkeit und bildenden Tradition« (337). Diese Kette hätte

ohne Sprache und Schrift nicht gebildet werden können. Sprache wird als das wesentliche, die menschlichen Affekte kultivierende Aneignungmittel begriffen: »Sobald der Mensch [...] auf den Weg gebracht war, eine Sache als Merkmal sich zuzueignen, und dem gefundnen Merkmal ein willkürliches Zeichen zu substituieren [...], sofort war er auf dem Wege zu allen Wissenschaften und Künsten.« (356) Auf der Grundlage verhaltensrelevanter Merkmale werden Klassen gebildet und in sprachlichen Zeichen fixiert. Erst in Zeichen artikuliert und gespeichert, können Gedanken zirkulieren und ihrerseits angeeignet werden. Auf dieser Grundlage vollziehen sich individuelle Aneignungsprozesse im Wechselverhältnis von Tradition und organischen Kräften. Der durch Erziehung Angeleitete müsse seinerseits Kräfte haben, »das Mitgeteilte und Mitteilbare aufzunehmen und es, wie die Speise, durch die er lebt, in seine Natur zu verwandeln. Von wem er also? was und wie viel er aufnehme? wie ers sich zueigne, nutze und anwende? das kann nur durch seine, des Aufnehmenden, Kräfte bestimmt werden« (339). Das Wie der Aneignung ist entscheidend. Dies betrifft nicht nur die Frage, wieweit der einzelne dem Anzueignenden jeweils gewachsen ist und ob er daraus wirklich dein Eigenes zu machen vermag; das Anzueignende kann auch in einer solchen Weise verwandelt werden, daß es nicht nur seine Fremdartigkeit verliert, sondern auch Eigenart und Eigenwert verliert.

So suchte Herder bereits in dem großen Entwurf *Auch eine Philosophie der Geschichte zur Bildung der Menschheit* (1774) »»den ewigen Streit über die *Originalität der Griechen* oder ihre *Nachahmung fremder Nationen* etwas zu entwirren«. Auch die Griechen seien in ihrer Originalität nicht rein ursprünglich, unabhängig von anderen Kulturen und der Verarbeitung fremder Formen gewesen, doch sie hätten mit den von Ägyptern und Phöniziern Erhaltenen eine »ganz *neue Natur angeschaffen*«[50]. Hierbei wird zugleich der selektive Charakter der Aneignung deutlich: »Der Grieche macht sich so

---

50 HERDER, Auch eine Philosophie der Geschichte zur Bildung der Menschheit (1774), in: Herder (s. Anm. 45), Bd. 4 (1994), 29.

viel vom Aegypter, der Römer vom Griechen zu eigen, als er für sich braucht« (39). Daraus kann in der kunsthistorischen Analyse und Bewertung z.B. der ägyptischen Kunst ein Problem entstehen, das Herder an Winckelmann aufweist: »Der beste Geschichtsschreiber der Kunst des Altertums, *Winckelmann*, hat über die Kunstwerke der Aegypter offenbar nur nach griechischem Maßstabe geurteilt, sie also *verneinend* sehr gut, aber nach *eigner Natur und Art* [...] wenig geschildert« (23). Doch nicht nur die Fortbildung und Umformung von Traditionen bilden einen Aneignungszusammenhang, sondern auch der Traditionsbruch, der im Wechselverhältnis von Tradition und organischen Kräften fundiert ist. Kant hat in seiner Rezension der *Ideen* erhebliche Einwände geltend gemacht. Die Stufenfolge des Organischen wäre nur unter einer Voraussetzung (nämlich der Dezendenz) gedanklich durchzuführen: »Nur eine *Verwandtschaft* unter ihnen, da entweder eine Gattung aus der andern und alle aus einer einzigen Originalgattung oder etwa aus einem einzigen erzeugenden Mutterschoße entsprungen wären, würde auf Ideen führen, die aber so ungeheuer sind, daß die Vernunft vor ihnen zurückbebt«[51]. Um so weniger vermochte Kant dem Ansatz zu folgen, »die geistige Natur der menschlichen Seele, ihre Beharrlichkeit und Fortschritte [...] aus der Analogie mit den Naturbildungen der Materie vornehmlich in ihrer Organisation« (186) erweisen zu wollen. Entsprechend befremdete ihn auch Herders Erklärung der Ausbildung geistiger Kräfte nach dem physiologischen Modell von Assimilation, Wachstum und Hervorbringung. Die Gefahren einer solchen Orientierung glaubte er in Herders eigener Praxis beobachten zu können: »Es ist, als ob sein Genie nicht etwa bloß die Ideen aus dem weiten Felde der Wissenschaften und Künste sammelte, um sie mit andern der Mitteilung fähigen zu vermehren, sondern als verwandelte er sie (um ihm den Ausdruck abzuborgen) nach einem gewissen Gesetze der *Assimilation* auf eine ihm eigene Weise in seine spezifische Denkungsart, wodurch sie [...] der Mitteilung weniger fähig werden.« (179)

VI. Zur Rezeptionsgeschichte des Lockeschen Arbeitsmodells der Aneignung: Rousseau und Fichte

Die Arbeitstheorie des Eigentums ist in Deutschland vornehmlich in der Gestalt rezipiert worden, die ihr Rousseau gab, obwohl seit 1718 eine (höchstwahrscheinlich auf eine französische Übersetzung zurückgehende oder wenigstens durch diese angeregte) deutsche Übersetzung von Lockes *Second Treatise* vorlag, die den Terminus Zueignung als Entsprechung zu Lockes appropriation einführte. Erstaunlich genug, daß Lockes revolutionierende Gedanken so früh auf deutsch nachzulesen waren, so ist doch über die Rezeptionsgeschichte dieser zuverlässigen Übersetzung wenig bekannt, auch wurde ihr Verfasser bislang nicht ermittelt.

Im Gegensatz zu Locke hat Rousseau bekanntlich nach einer Alternative zu der auf Warenproduktion und Zirkulation gegründeten Tauschgesellschaft gesucht; er hielt eine wirtschaftlich autarke, gebrauchswertorientierte Gesellschaft für möglich, soweit die Bedürfnisse auf die natürlichen Ressourcen abgestimmt wurden, welche die Herstellung von Gebrauchswerten gleichzeitig ermöglichten und begrenzten. In *Emile ou de l'éducation* (1762), das auch eine kritisch-produktive Auseinandersetzung mit Lockes Erziehungskonzeption darstellt, wird Lockes Arbeitsmodell der Selbst- und Weltaneignung durchaus mit ihren eigentumstheoretischen Konsequenzen adaptiert. Insgesamt hat Rousseau jedoch sehr viel stärker die Ambivalenz des Privateigentums herausgearbeitet, insbesondere im *Discours sur l'inégalité* (1755). Zunächst schließt er sich Locke an: »De la culture des terres s'ensuivit nécessairement leur partage; et de la propriété une fois reconnue les premières régles de justice«, worunter eine distributive Tauschgerechtigkeit zu verstehen ist. »Cette origine est d'autant plus naturelle qu'il est impossible de concevoir l'idée de la propriété naissante d'ailleurs que de la main d'œuvre; car on ne voit pas ce que, pour s'ap-

---

[51] IMMANUEL KANT, [Rez.] Johann Gottfried Herder, Ideen zur Philosophie der Geschichte der Menschheit (1785), in: Kant, Werke, hg. v. E. Cassirer, Bd. 4 (Berlin 1913), 188 f.

proprier les choses qu'il n'a point faites, l'homme y peut mettre de plus que son travail.«[52] Doch schon aufgrund der natürlichen Ungleichheit der Talente mußte die private Eigentumsgründung durch Arbeit gesellschaftliche Ungleichheit schaffen. Andere Faktoren kommen hinzu: »concurrence et rivalité d'une part, de l'autre opposition d'intérêt, et toujours le désir caché de faire son profit aux depends d'autrui; Tous ces maux sont le premier effet de la propriété et le cortége inséparable de l'inégalité naissante.« (175) So ist es für Rousseau völlig undenkbar, daß sich die private Eigentumsgründung durch Arbeit als ein homogener, friedlicher, konfliktloser Prozeß vollzogen haben konnte, der auf das Maß der persönlichen Arbeit beschränkt blieb. »Il s'élevoit entre le droit du plus fort et le droit du premier occupant un conflict perpetuel qui ne se terminoit que par des combats et des meurtres.« (176) Angesichts einer nicht abreißenden Kette von Laster, Krieg, Mord, Elend müßten sich selbst die arbeitenden Eigentumsgründer von den Nachgeborenen fragen lassen: »Et en vertu de quoi prétendez vous être payé à nos dépends d'un travail que nous ne vous avons point imposé?« (ebd.) Es ist dies eine Frage, die der Arbeitstheorie des Eigentums vielfach entgegengehalten wurde. So fragte August Wilhelm Rehberg 1793: »Aber das Recht, die Gegenstände die mir nicht gehören zu bearbeiten: Ausschließlich zu bearbeiten: Woher schreibt sich dieses?«[53] Nach Rousseau hat erst der (als Strategie der Reichen im Werk gesetzte) contrat social das private Eigentum sanktioniert und dadurch die gesellschaftliche Ungleichheit verewigt. In der Konsequenz fordert Rousseau zu einer historischen Kritik der Privateigentums auf. Dem scheint zu widersprechen, daß Rousseau sich noch im 1755 publizierten Encyclopédie-Artikel Discours sur l'économie politique ohne kritischen Vorbehalt auf Lockes Second Treatise berufen und »le droit de propriété« als »le plus sacré de tous les droits des citoyens« bezeichnet hat. Doch in diesem Text geht es nicht um historische Kritik, sondern um Regulative einer sozial ausgleichenden staatlichen Wirtschaftspolitik. In diesem Zusammenhang behandelt Rousseau das Privateigentum vor allem als »le vrai garant des engagemens des citoyens: car si les biens ne répondoient pas des personnes, rien ne seroit si facile que d'éluder ses devoirs et de se moquer des lois. D'un autre côté, il n'est pas moins sûr que le maintien de l'état et du gouvernement exige des frais et de la dépense; et comme quiconque accorde la fin ne peut refuser les moyens, il s'ensuit que les membres de la société doivent contribuer de leurs biens à son entretien.«[54]

Zu den wichtigsten Rezipienten der Arbeitstheorie des Eigentums in Deutschland gehört Johann Gottlieb Fichte, der im öffentlichen Streit um die Französische Revolution den Anspruch des bürgerlichen Produzenteneigentums gegen das feudalistische Grundeigentum nachdrücklich geltend gemacht hat. Fichte geht aus von der Selbsteignerschaft des Menschen (»Welches Wesen dürfte uns sich zueignen?«[55]) und dehnt diese auf unsere bildenden Kräfte und ihr Produkt aus: »Diese Bildung der Dinge durch eigne Kraft (Formation), ist der wahre Rechtsgrund des Eigentums; aber auch der einzige naturrechtliche.« (83) Fichte setzt sich in der Eigentumsproblematik mit Rehbergs These auseinander: »Man leitet die Rechtmäßigkeit des Eigentums aus dem unstreitigen und unleugbaren Eigentume der Kräfte ab, die daran verwandt worden sind. [...] Aber diese Kräfte können nie schaffen, [...] sondern nur bearbeiten. An der Form der Dinge läßt sich also ein Eigentum beweisen: aber niemals an der Materie«[56]. Fichte bestreitet nicht, daß die »Formation« einer konkreten Materie bedürfe, und trifft folgende Unterscheidung: »Auf die rohe Materie haben wir das *Zueignungsrecht*, auf die durch uns modifizierte das *Eigentumsrecht*.«[57] Das Problem der modernen Gesellschaft sei jedoch: »Unsere Kräfte sind also entwickelt; wir

---

52 JEAN JACQUES ROUSSEAU, Discours sur l'origine, et les fondemens de l'inégalité parmi les hommes (1755), in: ROUSSEAU, Bd. 3 (1964), 173.
53 AUGUST WILHELM REHBERG, Untersuchungen über die Französische Revolution nebst kritischen Nachrichten von den merkwürdigsten Schriften welche darüber in Frankreich erschienen sind, Bd. 1 (Hannover/Osnabrück 1793), 12.
54 ROUSSEAU, Discours sur l'économie politique (1755), in: ROUSSEAU, Bd. 3 (1964), 263.
55 JOHANN GOTTLIEB FICHTE, Beitrag zur Berichtigung der Urtheile des Publicums über die Französische Revolution (1793), in: Fichte, Sämmtliche Werke, hg. v. I. H. Fichte, Bd. 6 (Berlin 1845), 117.
56 REHBERG (s. Anm. 53), 13.
57 FICHTE (s. Anm. 55), 120.

wollen uns etwas zueignen, richten unsere Augen rund um uns herum und alles hat seinen Eigentümer, außer Luft und Licht. [...] Wir dürften die Erde umwandern, ohne etwas zu finden, worauf wir unser Zueignungsrecht, das auf alle rohe Materie sich erstreckt, geltend machen könnten.« (90) So bliebe uns, falls wir nicht rechtlich eingesetzte Erben seien, nur die Möglichkeit, Rohmaterial weiterzubearbeiten, wenn wir einen Vertrag mit dem Eigentümer der jeweils »letzten Form« schließen. »Trägt uns dieser die weitere Bearbeitung des Dings, gegen eine Entschädigung für unsre verwendete Kraft, die ursprünglich unser Eigentum ist, auf; so wird das, was er von seinem Eigentume an uns abtritt, unser, durch Vertrag und Arbeit.« (92 f.) Die Selbsteignerschaft konkretisiert sich in der bürgerlichen Gesellschaft als Eigentum an der persönlichen Arbeitskraft. Daraus wird drei Jahre später die Konsequenz gezogen: »Jederman soll von seiner Arbeit leben können.«[58] In diesem dringend gebotenen Grundsatz einer jeden Staatsverfassung findet auch das der Arbeitstheorie des Eigentums vorgelagerte Problem, was überhaupt zur Arbeit berechtigt (von Locke noch ganz selbstverständlich auf Gottes Gebot zurückgeführt), eine der bürgerlichen Gesellschaft gemäße Lösung. Fichte beruft sich auf den Selbsterhaltungstrieb. Die nachdrücklichste Form erhält diese Bezugnahme im System der Rechtslehre von 1812: »Jeder hat das Recht der Selbsterhaltung. Die Natur aber hat dieselbe bedingt durch die Thätigkeit. [...] Wer das Recht zum Bedingten hat, hat es auch zur Bedingung. Jeder hat darum als Recht eine Sphäre der Thätigkeit, als Eigenthum«[59]. Selbsterhaltung ist ihrerseits unverzichtbare Bedingung freier Selbsttätigkeit. Dies hat bereits 1800 zu einer wesentlichen Korrektur an der Formationstheorie des Eigentums geführt, die etwa Kant als naturalistisch abgelehnt hatte. Im Geschlossenen Handelsstaat (1800) beschreibt Fichte das Eigentumsrecht »als das auschliessende Recht auf Handlungen, keineswegs auf Sachen. [...] Ein Eigenthum auf den Gegenstand der freien Handlung fliesst erst, und ist abgeleitet aus dem ausschliessenden Rechte auf die freie Handlung.«[60] Alle unmittelbaren Produzenten, die Rohmaterial verarbeiten, nennt Fichte Künstler in der weitesten Bedeutung des Wortes. Sie gliedern sich in »solche, die bloß ihre Arbeit aufwenden, denen aber der Stoff nicht zu eigen gehört (operarii), und solche, deren Eigentum der Stoff ist (opifices)«[61]. Denen, die nur das Eigentum an ihrer Arbeitskraft besitzen, muß es möglich sein, durch deren zeitweilige Veräußerung so viele Produkte zu erwerben, »um während der Zeit der Verfertigung zu leben« (234). Das Recht auf Eigentum modifiziert sich zum Recht auf Arbeit. Mit der durch Arbeit zu gewährleistenden Selbsterhaltung ist aber noch nicht die Freiheit gesichert, die nach Fichte in erster Linie Muße als Bewegungsspielraum für Tätigkeiten voraussetzt, die nicht unter dem Druck der Selbsterhaltung stehen. Die Einsparung notwendiger Arbeit durch Arbeitsteilung und vorteilhafteste Anwendung der Arbeit hat letztlich auch dem Zugewinn an Muße zu dienen.

Fichte empfiehlt, »einen Preis auszusetzen auf die Beantwortung der Frage: wie denn eigentlich der Intelligenz der Stoff gegeben werde und was es bestimmt heissen möge: der Stoff wird gegeben«[62]. Wenn es aber nur das in der Tathandlung des Ich erzeugte Material des Denkens gibt, dann ist keine Aneignung denkbar, die nicht in letzter Instanz Selbstaneignung des Ich in seinem imaginativen und operationalen Potential ist. Die klassischen logischen Sprachregeln der Identität und der Negation begreift Fichte als Operationen, in deren Vollzug ein transzendentales Ich sich als Tathandlung setzt und zugleich ein Nicht-Ich entgegensetzt und beides in sich als dem absoluten Ich vereinigt. Die hierin liegende kontradiktorische Widersprüchlichkeit wird dialektisch aufgelöst und praktisch gemacht. Der dadurch legitimierte Widerstreit wird durch Beziehungswechsel und Zeitlichkeit in seinen gegensätzlichen (zentrifugalen und

---

58 FICHTE, Grundlage des Naturrechts nach Principien der Wissenschaftslehre. Zweiter Theil oder Angewandtes Naturrecht (1797), in: Fichte (s. Anm. 55), Bd. 3 (Berlin 1845), 212.
59 FICHTE, Das System der Rechtslehre (1812), in: Fichte, Nachgelassene Werke, hg. v. I. H. Fichte, Bd. 2 (Bonn 1834), 531.
60 FICHTE, Der geschlossene Handelsstaat (1800), in: Fichte (s. Anm. 55), Bd. 3 (Berlin 1845), 401.
61 FICHTE (s. Anm. 58), 233.
62 FICHTE, Annalen des philosophischen Tons, in: Fichte (s. Anm. 55), Bd. 2 (Berlin 1846), 483.

zentripetalen) Bewegungsrichtungen entfaltet und durch Begriffe der praktischen Philosophie wie Streben, Trieb und Gefühl inhaltlich interpretiert. Das Problem der ganzen dialektischen Konstruktion besteht darin, daß sich das Ich letztlich nichts anzueignen vermag, was außerhalb seiner Sphäre liegt. Zwar schreibt Fichte: »Der letzte Grund aller Wirklichkeit für das Ich ist demnach nach der Wissenschaftslehre eine ursprüngliche Wechselwirkung zwischen dem Ich und irgendeinem Etwas ausser demselben, von welchem sich weiter nichts sagen läßt, als daß es dem Ich völlig entgegengesetzt seyn muss.« Doch im nächsten Satz wird sogleich betont: »In dieser Wechselwirkung wird in das Ich nichts gebracht, nichts fremdartiges hineingetragen; alles was je bis in die Unendlichkeit hinaus in ihm sich entwickelt, entwickelt sich lediglich aus ihm selbst nach seinen eigenen Gesetzen; das Ich wird durch jenes Entgegengesetzte in Bewegung gesetzt, um zu handeln«[63].

VII. Zusammenhang von Aneignung und Triebtheorie: Schiller und Fichte

Selbst Fichte hat im *Versuch einer Kritik aller Offenbarung* (1792) den sinnlichen Trieb in seine, wenn auch eingeschränkten, Rechte eingesetzt: »Es muß nemlich ein *Medium* seyn, welches von der einen Seite durch die Vorstellung, gegen welche das Subjekt sich bloss leidend verhält, von der anderen durch Spontaneität, deren Bewußtsein der ausschließende Charakter alles Wollens ist, bestimmbar sey; und dieses Medium nennen wir den *Trieb*.«[64] Der Trieb steht unter den Bedingungen der Sinnlichkeit, soweit der Stoff bzw. die Materie der Sinnesempfindungen das Begehrungsvermögen empirisch affiziert, und unter den Bedingungen der Spontaneität, soweit die Sinnesempfindung ihre Form aus der Selbsttätigkeit des Gemüts empfängt. Soweit die Form der empirischen Anschauung sinnlich faßbar ist, gilt sie Fichte als Gegenstand des Gefühls des Schönen. Die absolute Spontaneität dagegen, die keinen anderen Stoff habe, als die durch sie selbst hervorgebrachte Form, stehe zum sinnlichen Trieb im einzig möglichen Verhältnis der negativen Affektion, die sich als

Niederdrückung und Einschränkung des sinnlichen Triebes durch sittliches Interesse äußere. Als Schiller in den *Briefen über die ästhetische Erziehung des Menschen* (1794/95) zwei menschliche Grundtriebe, den sinnlichen Trieb (Sachtrieb, Stofftrieb) und den Formtrieb einführte, konnte er nicht nur an eigene frühe Überlegungen aus seinen medizinischen Dissertationen anknüpfen, er verarbeitete auch Anregungen Fichtes. Wie ihn die bedingte Anerkennung des sinnlichen Triebs im *Versuch einer Kritik aller Offenbarung* bestärkt haben dürfte, so hat er sich auch ausdrücklich auf Fichtes Begriff der Wechselwirkung berufen, um zwischen beiden Grundtrieben ein Verhältnis zu postulieren, in dem der sinnliche Trieb dem vernünftigen nicht unbedingt unterzuordnen ist, sondern beide einander zugleich subordiniert und koordiniert sind. Schillers Formtrieb ist gegenüber der sensiblen, rezeptiven, bedürftigen, aber auch begehrlichen Natur des sinnlichen Triebes nicht nur durch Aktivität ausgezeichnet, sondern auch durch Streben nach Invarianz, Ausschluß alles Zufälligen, Ideen-Einheit. Er bezieht sich weder auf die Formveränderung der Naturgegebenen, in der sich der Mensch wie in der Arbeit selber als eine Naturmacht betätigt, noch auf eine Formalisierung von Zeichenoperationen (wie sie Leibniz und Lambert im Kalkül hatten), sondern auf Formgebung als Gesetzgebung, die sich gegenüber aller Materialität als Formalität bestimmt. In dieser Charakteristik sind schon Gefahren signalisiert, die auch erkennen lassen, wie sehr der so gefaßte Begriff des Formtriebs durch das Bestreben der Transzendentalphilosophie, »die Form von allem Inhalt zu befreyen, und das Nothwendige von allem Zufälligen rein zu erhalten«[65], veranlaßt worden sein dürfte. Eine solche Gefahr bestünde darin, das Materielle bloß als Hindernis zu denken. Auf die Erziehung und Selbsterziehung der Individuen angewandt,

---

63 FICHTE, Grundlage der gesamten Wissenschaftslehre, als Handschrift für seine Zuhörer (1794), in: Fichte (s. Anm. 55), Bd. 1 (Berlin 1845), 279.
64 FICHTE, Versuch einer Kritik aller Offenbarung (1792), in: Fichte (s. Anm. 55), Bd. 5 (Berlin 1845), 17.
65 FRIEDRICH SCHILLER, Ueber die ästhetische Erziehung des Menschen in einer Reihe von Briefen (1794/95), in: SCHILLER, Bd. 20 (1962), 348.

liefe dies auf die Anstrengung hinaus, »durch Abstumpfung der Gefühle den Charakter sicher zu stellen«: »In dieser Operation besteht dann auch größtentheils das, was man *einen Menschen formieren* nennt; und zwar im beßten Sinne des Worts, wo es Bearbeitung des innern, nicht blos des äussern Menschen bedeutet. Ein so formierter Mensch wird freylich davor gesichert seyn, rohe Natur zu seyn und als solche zu erscheinen; er wird aber zugleich gegen alle Empfindungen der Natur durch Grundsätze geharnischt seyn« (351). Der formierte Mensch genießt mitnichten Schillers Sympathie. Er habe alle Offenheit des Sinnes eingebüßt; damit verliere er zugleich eine nach außen gerichtete Aneigungsfähigkeit, die dem Fremden das Fremdartige nimmt, ohne ihm die Eigenart zu nehmen. »Wie können wir bey noch so lobenswürdigen Maximen, billig, gütig und menschlich gegen andere seyn, wenn uns das Vermögen fehlt, fremde Natur treu und wahr in uns aufzunehmen, fremde Situationen uns anzueignen, fremde Gefühle zu den unsrigen zu machen?« (350) Mit abgestumpften Sinnen und Gefühlen kann in Schillers Sicht nichts angeeignet werden; so ist der sinnliche Trieb unter Voraussetzung und nach Maßgabe seiner Rezeptivität und Weltoffenheit auch ein unverzichtbares Organ der Aneignung. Latente Aggressivität des sinnlichen Triebes, die in Schillers Erschrecken vor anarchischer Triebentfesselung im Verlaufe der Französischen Revolution signalisiert wird, wird im späteren Zusammenhang nicht angesprochen.

Schiller nahm Fichtes Aufsatz *Ueber Geist und Buchstab in der Philosophie. In einer Reihe von Briefen* (1794) nicht zur Veröffentlichung in den *Horen* an. Dabei mag Fichtes grundsätzlicher Vorbehalt gegenüber Schillers »Idee, durch ästhetische Erziehung die Menschen zur Würdigkeit der Freiheit, und mit ihr zur Freiheit selbst zu erheben«[66] eine Rolle gespielt haben. Abgesehen davon, ist Schillers Kritik an dem in Fichtes Aufsatz vorgefundenen

---

66 FICHTE, Ueber Geist und Buchstab in der Philosophie. In einer Reihe von Briefen (1794), in: Fichte (s. Anm. 55), Bd. 8 (Berlin 1846), 287.
67 SCHILLER an Fichte (24. 6. 1795), in: SCHILLER, Bd. 27 (1958), 202.
68 SCHILLER (s. Anm. 65), 406.

Einteilung der Triebe folgerichtig. »Der Trieb nach Existenz oder Stoff (der sinnliche Trieb) hat gar keine Stelle darinn [...]. Aus dem practischen Triebe, so wie Sie diesen definieren, läßt er sich ohne die gewaltsamste Operation nicht herausbringen. Da die zwey ersten Triebe nicht rein unterschieden sind, so konnte auch der dritte daraus abzuleitende aesthetische Trieb nicht anders als schielend und unsicher ausfallen.«[67] Schiller hat keinen speziellen ästhetischen Trieb eingeführt; ein solcher kann auch nicht mit dem Formtrieb gleichgesetzt werden. Der entscheidende Neuansatz ist die Einführung des Spieltriebs als Vermittlungsform der Wechselwirkung zwischen sinnlichem Trieb und Formtrieb. Im Spieltrieb lösen sich Neigung und Selbsttätigkeit, Leben und Gestaltung vom Druck jeglicher Nötigung. Ohne den Spieltrieb wirklich ableiten zu können, erklärte ihn Schiller zum Postulat der Vernunft. Gleichwohl warf er – analog zu Herders Ausgangspunkt der tierischen Kunsttriebe und zugleich darüber hinausgehend – die Frage nach biologischen Vorformen und Voraussetzungen auf, indem er erste Überlegungen zu einem tierischen Spielverhalten anstellte.»Das Thier *arbeitet*, wenn ein Mangel die Triebfeder seiner Thätigkeit ist, und es *spielt*, wenn der Reichthum der Kraft diese Triebfeder ist, wenn das überflüssige Leben sich selbst zur Thätigkeit stachelt.«[68] Durch den Spieltrieb wird die doppelte Natur des Menschen (die bei Vorherrschaft des einen oder des anderen Grundtriebes doppelten Zwang bedeutet) als gemischte Natur wirksam. Dadurch wird auch Schillers Freiheitsbegriff modifiziert. Nicht mehr transzendentalphilosophisch gefaßt, wird er auf die gemischte Natur des Menschen gegründet. An die Stelle eines speziellen ästhetischen Triebes tritt der durch Vermittlung des Spieltriebs herbeigeführte ästhetische Zustand, den Schiller im Schönheitsbegriff seiner Versöhnungsutopie der ästhetischen Erziehung zugrunde legt; deren Aporien kommen in der Problematik des Erhabenen zur Sprache. Wenn Schiller schreibt, darin also bestehe »das eigentliche Kunstgeheimniß des Meisters, *daß er den Stoff durch die Form vertilgt*« (382), so ist das keine Formationstheorie im transzendentalphilosophischen Sinne, weil es sich hierbei um einen anderen Formbegriff handelt: Dieser ist durch die vom Spieltrieb vermittelte Wechselwirkung von Formtrieb und sinnlichem Trieb geprägt. Ein Effekt des Spielerischen ist die Distanz, die dem Rezipienten ermöglicht wird. Zum andern entspricht die Formel Schillers Aufforderung an den Künstler, den Gegenstand von der subjektiven Begeisterung loszuwickeln. Zur gleichen Zeit bemühte sich Fichte, die »Pflichten des ästhetischen Künstlers« im *System der Sittenlehre* (1798) ohne Subordination unter den praktischen Trieb zu fassen. Fichtes These, die schöne Kunst bilde nicht, »wie der Gelehrte, nur den Verstand, oder wie der moralische Volkslehrer, nur das Herz«, sondern sie bilde »den ganzen vereinigten Menschen«[69], ist 1798 bereits ein Topos. Sein spezifisches Verständnis von Kunst artikuliert der Transzendentalphilosoph in der Bestimmung: »Auf dem transzendentalen Gesichtspuncte wird die Welt gemacht, auf dem gemeinen ist sie gegeben: aber nur nach der Ansicht, wie sie gemacht ist.« (353 f.) Eine Vermittlung von Gegebenheit und Gemachtheit, die dem Philosophen versagt ist, sofern er sich nicht selber den ästhetischen Gesichtspunkt aneignet. Die avancierte These geht weit über alles hinaus, was Fichte hierzu zu entwickeln vermochte. Insgesamt geht es letztlich doch nur um den Triumph des Sittengesetzes als Formgebung aller menschlichen Lebensäußerungen durch »Befreiung aus den Banden der Sinnlichkeit« (355), welches Werk die Kunst bereits halb vollenden könne. Wenn in der *Wissenschaftslehre* vom Trieb die Rede ist, so ist dieser Triebbegriff losgelöst von jeglicher physiologischen und biosozialen Basis. Eine solche nichtdeduzierbare Voraussetzung menschlichen Handelns konnte im Konstruktionszusammenhang der *Wissenschaftslehre* keinen Ort finden. Das heißt aber nicht, daß in Fichtes praktischer Philosophie der ›Naturtrieb‹ keine Rolle spielt. »Du sollst dich selbst und deine sinnliche Kraft erhalten, üben, stärken, denn es ist im Plane der Vernunft auf diese Kraft mitgerechnet. Aber du kannst sie nur erhalten durch zweckmäßigen, durch einen den eigenen inneren Gesetzen dieser Sachen angemessenen Gebrauch. Und ausser dir sind noch mehrere deines Gleichen, auf deren Kraft gerechnet ist, wie auf die deinige, die lediglich auf die gleiche Weise wie die deinige, erhalten werden kann. Verstatte ihnen denselben Gebrauch an ihre Theile, der dir an dem deinigen

geboten ist.«[70] Das gilt grundlegend für den Selbsterhaltungstrieb, den zu befriedigen Pflicht ist, sofern er sich nicht verselbständigt. Darüber hinaus unterscheidet Fichte den sympathetischen Trieb, der sich in einzelnen als »Genie zur Tugend«[71] äußern kann; an diesen Trieb kann die Ethik anknüpfen, sich aber nicht darauf gründen. Schließlich rechnet Fichte zur Sphäre des Naturtriebs den blinden und gesetzlosen Trieb nach absoluter Selbständigkeit, der nicht allein aus dem Lustprinzip zu erklären sei und einen unmoralischen Charakter hervorbringen könne, wenn er blindwirkend und gesetzlos bleibe (vgl. 191). Im *System der Sittenlehre* gibt Fichte der Erörterung des Naturtriebs breiten Raum, und es könnte auch auf Schillers kritische Anregungen verweisen, wenn Fichte den sittlichen Trieb in eine Wechselwirkung mit dem Naturtrieb bringt und als gemischten Trieb begreift. Doch es bleibt letztlich beim Dualismus von Materie (Naturtrieb) und Form (dem rein geistigen Trieb); auch als gemischter Trieb ginge der sittliche Trieb »absolut nicht auf irgend einen Genuss aus, von welcher Art er auch seyn möge« (152).

VIII. Das physiologische Aneignungsmodell: Novalis

Novalis entwickelte sein Aneignungsmodell nicht zuletzt in kritischer Auseinandersetzung mit Fichtes *Wissenschaftslehre*. Auf der einen Seite war er fasziniert vom geschlossenen Wirkungskreis der Wechselbestimmung, in dem sich die Tathandlung des unbedingten Setzens des Ich und des dadurch bedingten Entgegensetzens des Nicht-Ich in rekursiven Operationen entfaltet. Andererseits vermerkt Novalis das Fehlen aller empirischen Anfangsbedingungen: »Was dem Ich nicht gegeben ist, das kann es nicht aus sich deduciren [...]. Was ihm gegeben ist, ist für Ewigkeit sein – denn Ich

---

69 FICHTE, Das System der Sittenlehre nach den Principien der Wissenschaftslehre (1798), in: Fichte (s. Anm. 55), Bd. 4 (Berlin 1845), 353.
70 FICHTE, Die Bestimmung des Menschen (1800), in: Fichte (s. Anm. 55), Bd. 2 (Berlin 1846), 260 f.
71 FICHTE (s. Anm. 69), 185.

ist nichts als das Princip der Vereigenthümlichung. Alles ist sein, was in seine Sfäre tritt – denn in diesem Aneignen besteht das Wesen seines Seyns. Zueignung ist die ursprüngliche Thätigkeit seiner Natur«[72]. So wird die Wechselwirkung von Setzen und Entgegensetzen auf das Wechselverhältnis von Setzung und Voraussetzung zurückgeführt.

Ausgehend vom physiologischen Lebensprozeß, entwirft Novalis eine Lebenskunstlehre, die gleichermaßen eine Ökonomie und eine Genußlehre einbegreift. Letztere verlangt, seinen Sinn fürs Leben künstlerisch auszubilden, als Interesse an der Disharmonie. Die Relationen von Stärke und Schwäche, Gesundheit und Krankheit, Leben und Tod bilden in Novalis' Lebenslehre ein konzeptionell wirksames Beziehungsgefüge, das er als ein Netz von Hypothesen immer weiter ausspannt. Hierbei verarbeitet er nicht nur eines der einflußreichsten und umstrittensten medizinischen Systeme seiner Zeit, die Erregungstheorie John Browns, sondern auch neue Konzepte und Forschungsrichtungen der Chemie und Physik (z.B. Entdeckung des Sauerstoffs, Entwicklung einer antiphlogistischen Chemie, Galvanismus). Wie ein Vorgriff auf spätere Spekulationen und Debatten über einen Todestrieb des organischen Lebens erscheint Browns Prämisse, »daß das Leben kein natürlicher, sondern ein erzwungener Zustand ist, daß die Thiere sich jeden Augenblick zur Auflösung hinneigen, und daß sie vor derselben nicht durch innere, sondern bloß durch fremde Kräfte bewahrt werden und auch das nur mit Schwürigkeit und für kurze Zeit«. (Ex omnibus, quae hactenus relata sunt, vitam coactum statam esse, animantes omni tempori puncto in interitum niti, ab hoc alienis potestatibus aegre, ac paulisper tantum, arceri, dein, fati necessitate, morti concedere, constat.)[73] Die Aufgabe des Arztes ist es, das lebende System erneut zur Autoregulation seiner Erregungen zu befähigen, deren Grundtendenz dahin geht, das Leben, aber auf eine gezwungene Art, zu erhalten und den Tod von selbst herbeizuführen.

Diese These hat Novalis ebenso fasziniert, wie ihn die einseitige Betrachtungsweise zum Widerspruch herausgefordert hat. Anklänge an Browns Formel vom erzwungenen Leben finden sich bis in Formulierungen hinein: »Der Trieb unsrer Elemente geht auf Desoxyd[ation]. Das Leben ist eine erzwungne Oxydation.«[74] Auf der einen Seite knüpft er an Brown an, wenn er den Tod als Unterbrechung des Wechsels zwischen inneren und äußeren Reizen, zwischen Seele und Welt bezeichnet. »Der Körper ist das Product und zugleich das Modificans der Erregung – eine Function von Seele und Welt – diese Function hat ein Maximum und Minimum, ist dies erreicht, so hört der Wechsel auf.«[75] Auf der anderen Seite verweist er auf die Veränderlichkeit dieser Funktion im Ganzen. Während dies die Medizin nur bedingt beeinflussen kann, richtet sich darauf die Lebensordnungslehre. »*Das Maas der Constitution* ist der Erweiterung oder der Verengerung fähig. Der Tod läßt sich also in unbestimmte Fernen hinaussetzen. Die Lebensordnungslehre im strengern Sinn enthält eigentlich die Kunst der ConstitutionsBildung und Verbesserung. Die eigentliche Heilkunst blos die Vorschriften zur Erhaltung und Restauration des speciellen Verhältnisses und Wechsels der Reitze oder der Factoren.« (549 f.) Als »Raum und Zeiterfüllungs- und Gliedrungsproceß« bestimme der Lebensprozeß die Individualität zu einer »Natur*historischen* […] Reihe« (569); zugleich sei der individuelle über viele Vermittlungen in den universellen Lebensprozeß einbezogen. So betrachtet, sei Leben ein Erneuerungsprozeß, der einseitig als Vernichtungsprozeß erscheint.[76] Nach dem Maßstab eines in Gott gesetzten absoluten Lebens müsse der Tod wiederum als dessen Konsequenz begriffen werden: »daher die *unaufhörliche Zerstörung* alles Unvollkommen Lebens – diese fortwährende Verdauung[,] dieses unaufhörliche Bilden *neuer Freßpuncte* – neuer Mägen – dieses beständige Fressen und *machen*«[77].

---

72 NOVALIS, Fichte-Studien (1795/96), in: Novalis, Werke, Tagebücher und Briefe, hg. v. H.-J. Mähl/R. Samuel, Bd. 2 (München/Wien 1978), 185.
73 JOHN BROWN, Elementa medicinae (1780), Bd. 1 (Edinburgh 1784), 34; dt.: System der Heilkunde, übers. v. C. H. Pfaff (1796; Kopenhagen ³1804), 52.
74 NOVALIS, Fragmente und Studien (1799/1800), in: Novalis (s. Anm. 72), 841.
75 NOVALIS, Das Allgemeine Brouillon (1798/99), in: Novalis (s. Anm. 72), 549.
76 Vgl. NOVALIS, Poëticismen (1798), in: Novalis (s. Anm. 72), 345.
77 NOVALIS, Freiberger Naturwissenschaftliche Studien (1798/99), in: Novalis (s. Anm. 72), 446.

Novalis kritisiert Browns »Neigung zur Mechanik«, die er aus der »Opposition gegen das *herrschende System*«[78] der traditionellen chemischen Orientierung erklärt. Nach Novalis kann der Streit zwischen Humoral- und Nervenpathologie jedoch nur durch den Versuch, beide Systeme miteinander zu vermitteln, geschlichtet werden. Als eine höhere Mechanik, angewandt auf den menschlichen Körper, verhandele die Brownsche Theorie den menschlichen Körper zugleich als ein einfaches Abstraktum und vernachlässige darüber, daß die meisten Krankheiten individuell ausgeprägt seien. Je nach Disposition fände auch die Erregbarkeit in der unterschiedlich verteilten Kapazität ein individuelles Maß. »Jedes Individuum hat *sein bestimmtes* Maas – oder Gesundheitsverhältniß – Unter oder über diesen Maaß sind seine Krankheiten.« (542) Schließlich habe Brown auch Sthenie und Asthenie zu einseitig unter pathologischen Aspekten betrachtet. »Die allgemeinen Krankheiten, welche von übermäßiger Erregung herrühren, sollen sthenische, diejenigen, die aus mangelnder Erregung entspringen, asthenische genannt werden«, hatte Brown geschrieben. (Nati immodica incitatione morbi communes phlogistici nominantur: Quos deficiens creat, antiphlogistici seu asthenici vocandi.)[79] Reize stören und polarisieren und schwächen daher auch, aber nur Störungen rufen die Erregbarkeit ab; ein störungsfreies Leben wäre kein organisches Leben mehr. Individuelle Natursysteme seien keine vollständigen Systeme, in denen alle Tätigkeit vollkommen sei, ohne Bedürfnis, ohne Unruhe – »ein Glied greift ins Andre und in sich selbst beschlossen rollt das System seine unveränderliche, gesezmäßige, selbstständige Bahn um ein höheres System herum, wenn es eins giebt, mit welchem es zu Einem Zweck (Lauf) in gleicher Dignitaet verbunden ein neues größeres System ausmacht.«[80] Auf die Unvollständigkeit individueller Natursysteme (die ihr Unbefriedigtsein und die Schrankenlosigkeit ihres Fortstrebens einschließt), läßt sich auch eine spätere Formulierung beziehen: »Die Gesundheit wird durch einen Conflict von mannichfachen specifischen Reitzen und Schwächungen unterhalten.«[81] Dies gilt freilich nur, solange die Polarität von Sthenie und Asthenie in ihrer Relativität transitorisch bleibt und sich keine Disharmonie bildet, die nicht anders als in der Tendenz zur Aufhebung des Lebens aufgelöst werden kann.

Was Novalis an Brown vor allem vermißt, ist ein innerer Regulator, der die Reizbarkeit zu stimmen und Eindrücke zu modifizieren vermag. Ein solcher Regulator sei bereits die Aufmerksamkeit (die Novalis mit der Abstraktionsfähigkeit verbindet): Sie individualisiere das Organ und mache die Reize dadurch spezifisch oder individuell. Nicht minder bedeutsam als die »locale temporelle und individuelle Summe äußrer Reitze« sei in der regelmäßigen Kurve, welche die Lebensfunktionen beschreibe, die »*Oeconomie* damit – ihre *Vertheilung* bestimmt die Länge des Lebens. Koncentrirtes, und verdünntes Leben. Das verdünnteste Leben ist das längste Leben. Die langen Lebensjahre der Patriarchen sind daraus a priori zu erweisen.« Auch Sensibilität sei ein »*vertheilendes* Vermögen«[82]. Es geht Novalis jedoch nicht nur um Reize, die das lebende System empfängt, sondern auch um solche, die es selber setzt. »Alles zu beleben ist der Zweck des Lebens.«[83] Die Selbsttätigkeit des Individuums in seiner Umwelt, die Interaktion mit anderen individuellen Natursystemen komme in Browns Mechanik der Erregung zu kurz. Wird der Reiz nur unter dem Aspekt der Sollicitation betrachtet, so erscheint der geistbegabte »physiologische Mensch«[84] als ein passives Wesen; doch er ist aktiv und erfährt den Reiz, wie Novalis in Anlehnung an Fichte formuliert, auch als Widerstand; »der Reitz ist reflectirend – der Extension entgegenstrebend«[85]. Umgekehrt sucht das Individuum in der Umwelt auch bestimmte Reize.

Novalis beschreibt den menschlichen Lebensprozeß mehrfach und unter unterschiedlichen Aspekten als Aneignungs- und Entäußerungsprozeß. Davon ausgehend, daß alles Leben immer auch Belebung ist (und auch die Funktion des Geistes als Oxygene des Körpers in der Animation besteht), schreibt er: »Die Belebung selbst be-

---

78 NOVALIS (s. Anm. 75), 647.
79 BROWN (s. Anm. 73), 30; dt.: 45.
80 NOVALIS (s. Anm. 75), 570.
81 NOVALIS (s. Anm. 74), 818.
82 NOVALIS (s. Anm. 75), 557.
83 NOVALIS (s. Anm. 76), 350.
84 NOVALIS (s. Anm. 75), 713.
85 NOVALIS (s. Anm. 74), 819.

treffend, so ist sie nichts anders, als eine Zueignung, eine Identification. Ich kann etwas nur erfahren, in so fern ich es in mir aufnehme; es ist also eine Alienation meiner selbst und eine Zueignung oder Verwandlung einer andern Substanz in die meinige zugleich: das neue Product ist von den beyden Factoren verschieden, es ist aus beyden gemischt. Ich vernehme nun jede Veränderung der zugeeigneten Substanz als die meinige und eine fremde zugleich«[86]. Die ›Selbstfremdmachung‹ entspricht der Extension, der gegenständlich gerichteten Wendung nach außen, während die Zueignung eine Mischung des Heterogenen zum Produkt hat. Novalis lag daran, die erregungstheoretisch bzw. neurophysiologisch ausgerichtete Betrachtungsweise in eine Gesamtsicht physiologischer und biochemischer Prozesse zu integrieren. Dementsprechend spielen auch Metabolismus und Sexualität eine entscheidende Rolle. Das wird deutlich in seinem Konzept der ›körperlichen Aneignung‹, die zugleich als Modell geistiger Aneignung eingeführt wird. Von zentraler Bedeutung hierfür ist eine Betrachtung in den *Teplitzer Fragmenten* (1798):»Alles Genießen, zueignen, und assimiliren ist Essen, oder Essen ist vielmehr nichts, als eine Zueignung.« Gewiß wird körperliche Aneignung der seelischen substituiert; Novalis bewegt sich hierbei nicht nur im christlichen Motivzusammenhang der Transsubstantiation, sondern auch im Umkreis pietistisch-herrnhutischer Motive erotisch gefärbter Jenseitsvorstellungen. Und doch wird körperliche Aneignung nicht in religiöse Symbolik aufgelöst, sondern behält zugleich ihren Eigenwert: »Die körperliche Aneignung ist geheimnißvoll genug, um ein schönes Bild der Geistigen *Meinung* zu seyn – und sind denn Blut und Fleisch in der That etwas so widriges und unedles? [...] die Zeit ist nicht mehr fern, wo man höhere Begriffe vom

organischen Körper haben wird.«[87] So wie es im Essen um die Einheit des seelennährenden und körpererhaltenden Mahls geht, so ist auch die sexuelle Vereinigung nicht nur eine Metapher: »Seele und K[örper] berühren sich im Act – *chemisch* – oder galvanisch – oder electrisch – oder *feurig* – Die Seele ißt den K[örper] (und verdaut ihn?) *instantant* – der Körper empfängt die Seele – (und gebiert sie?) instantant.«[88]

Novalis dehnt das Assimilationsmodell der Aneignung auf das Denken aus:»Ist Denken auch Absondern – ? Dann ist vielleicht empfinden Fressen. Selbstdenken ist vielleicht ein Lebensproceß – Freß und Absonderungsproceß zugleich.« (522) Doch das Assimilationsmodell der geistigen Aneignung ist nicht einfach als Reduktionismus abzutun.»Die Frage nach dem *Grunde*, dem Gesetze einer Erscheinung etc. ist eine abstracte, d.h. von dem Gegenstand weg, dem Geiste zu gerichtete Frage. Sie geht auf *Zueignung*, Assimilation des Gegenstandes.«[89] Und er fundiert seine Auffassung von Erkenntnis auch erregungstheoretisch:»Der Geist strebt den Reitz zu absorbiren. Ihn reizt das Fremdartige. Verwandlung des *Fremden* in ein *Eignes*, Zueignung ist also das unaufhörliche Geschäft des Geistes. Einst soll kein *Reitz* und nichts *Fremdes* mehr seyn – der Geist soll sich selbst fremd und Reitzend seyn« (419). Beim Assimilationsmodell geistiger Aneignung geht es Novalis um eine »Physik d[er] geistigen Thätigk[eit]«[90].

Wird die regulierende Funktion der Sinne und der geistigen Tätigkeit insgesamt berücksichtigt, so kann der menschliche Lebensprozeß als ein Organisationsprozeß betrachtet werden, der dem Trieb folgt,»alles in Werckzeug und Mittel zu verwandeln«[91]. Werden die lebenspraktischen Aneignungs- und Entäußerungsprozesse als Rückkopplungsprozesse begriffen, so kann der Lebensprozeß auch als ein Regelkreis modelliert werden, ohne daß Novalis gesucht hätte, als »höchstes Problem, ein *Perpetuum mobile* zu construiren«[92]. Der menschliche Organismus reguliert sich durch eine »Kette v[on] Sinnen – die einander *Suppliren* und *Verstärken*«[93]. Zum Vergleich zieht Novalis technologische Modelle heran wie in Gruben betriebene Schöpfräder mit selbsttätigen Ventilen oder durch Schließung oder Öffnung regulierte galvanische bzw. elektrische Ketten. Wenn Novalis über »*signa-*

---

86 NOVALIS (s. Anm. 76), 340 f.
87 NOVALIS, Teplitzer Fragmente (1798), in: Novalis (s. Anm. 72), 409.
88 NOVALIS (s. Anm. 75), 497.
89 NOVALIS (s. Anm. 76), 418 f.
90 NOVALIS (s. Anm. 75), 520.
91 NOVALIS (s. Anm. 76), 418.
92 NOVALIS (s. Anm. 75), 530.
93 NOVALIS (s. Anm. 76), 342.

lisirende Werckzeuge«[94] und autoregulative indirekte Wirkungen nachdenkt, bewegt er sich in einer Richtung, in der sich Ansätze zu technologischen Rückkopplungsmechanismen und technischen Medien im modernen Sinne abzeichnen. Dem entspricht die vorgreifende Bestimmung des Werkzeugs als Instrument: »Jedes Instrument hat *3 Theile* – den arbeitenden Theil – den Theil *des Steuers* – und den Übergangs oder Verknüpfungstheil.« (631) Novalis hat Fichtes Grundgedanken, das Entgegensetzen des Nicht-Ich im Setzen des Ich, als notwendige »Handlung [der] Alienation und resp[ectiven] Production«[95] des Ich interpretiert und diesen Gedanken zum Wechselverhältnis von Aneignung und Alienation seiner selbst weiterentwickelt: Aneignung ist ohne Entäußerung nicht möglich. »Wir verstehn natürlich alles Fremde nur durch Selbst*fremdmachung* – *Selbstveränderung* – Selbstbeobachtung.«[96] Alienation ist Aneignung nicht schlechthin entgegengesetzt, sondern ein zwar Gegensätzliches, aber zugleich reflexives und daher konstitutives Moment. Novalis' Formel für »höhere Originalität« – das Fremde sich zuzueignen und das Eigene fremd zu machen – ist auch eine poetische Operation, die sich jedoch mit einer zweiten Operation, der Verfremdung des Gegenstandes als einer anderen Form der Alienation, verbindet und erst in dieser Verbindung ihre Spezifik gewinnt: »Die Kunst, auf eine *angenehme* Art zu *befremden*, einen Gegenstand fremd zu machen und doch bekannt und anziehend, das ist die romantische Poëtik.«[97]

IX. Aneignung als Arbeit der Umgestaltung: Hegel

Das Werkzeug als Medium der Aneignung findet erstmalig einen systematischen Ort in Hegels *Wissenschaft der Logik* (1812). Dies enspricht seiner Aufwertung und Umformung des Arbeitsmodells der Aneignung zu einem Zentralbegriff in der *Phänomenologie des Geistes* (1807). Darin untersucht Hegel die Arbeit des »allgemeinen Individuums«, d. h. des »selbstbewußten Geistes« an seiner Bildung und Umgestaltung und analysiert die »Bildungsstufen des allgemeinen Geistes«[98], die auch der einzelne durchlaufen muß, als Stufen in einem historisch-gesellschaftlichen Prozeß. Hegel distanziert sich von willkürlichen Vorstellungen »von dem Erkennen als einem Werkzeuge, des Absoluten habhaft zu werden, oder als einem Medium, durch das hindurch wir die Wahrheit erblicken usf.« (70). In solchen Redensarten werde das Absolute nicht nur enthistorisiert, sondern zugleich auch vom Erkennen getrennt, als könne es diesem gegenüber eine selbständige Stellung behaupten und werde nicht vielmehr erst im historischen Erkenntnisprozeß konstituiert. Grundlegend für die *Phänomenologie* ist der Abschnitt ›Selbständigkeit und Unselbständigkeit des Selbstbewußtseins; Herrschaft und Knechtschaft‹, in dem das Anerkennungsproblem als ein Problem auf Leben und Tod entfaltet wird. Scheute der spätere Knecht vor der letzten Konsequenz zurück, so kann der Herr nicht die Anerkennung durch einen von ihm Anerkannten finden. Überläßt sich der Herr dem durch den Knecht aufbereiteten »Gegenstand der Begierde«, so ist die Arbeit »gehemmte Begierde«. Dafür arbeitet sich das knechtische Bewußtsein zur Gegenständlichkeit heraus und kommt »zur Anschauung des selbständigen Seins *als seiner selbst*« (154); im knechtischen Bewußtsein als solchem fallen beide Momente jedoch auseinander. Hiermit ist der entscheidende Ausgangspunkt aller weiteren Bildungsprozesse des selbstbewußten Geistes gewonnen.

Der Arbeitsprozeß hat in seiner historischen Dynamik zugleich die Tendenz, ein System von Bedürfnisse zu schaffen, das auf dem Austausch von Privatarbeiten beruht. »Die *Arbeit* des Individuums für seine Bedürfnisse ist ebensosehr eine Befriedigung der Bedürfnisse der anderen als seiner eigenen, und die Befriedigung der seinigen erreicht sie nur duch die Arbeit der anderen.« (265) So vollbringe der einzelne in seiner einzelnen Arbeit bewußtlos eine allgemeine Arbeit, die als Ar-

---

94 NOVALIS (s. Anm. 75), 705.
95 NOVALIS (s. Anm. 72), 11.
96 NOVALIS (s. Anm. 75), 670.
97 NOVALIS (s. Anm. 74), 839.
98 GEORG WILHELM FRIEDRICH HEGEL, Phänomenologie des Geistes (1807), in: HEGEL (TWA), Bd. 3 (1970), 32.

beit für das gesellschaftliche Ganze bewußt werde; in diesem Bewußtwerden konstituiere sich das »allgemeine Individuum«, dessen Bildungsprozeß über viele Stufen dahin tendiert, daß »das anerkannte Selbstbewußtsein [...] in dem anderen freien Selbstbewußtsein die Gewißheit seiner selbst« (264) finde. Der Geist müsse sich jedoch in seinen verdinglichten Mächten – Herrschaft und Reichtum – durch die eigene Entäußerung erst vollständig entfremdet haben, bevor die Wiederaneignung des entfremdeten Geistes in Gang kommen könne, dessen historische Auflösungsgestalten – Aufklärung und Revolution – in ihrer reinen Negativität in neue Aporien hineinführen mußten. Im Kampf gegen den Glauben verkenne die Aufklärung in ihrer These vom Pfaffenbetrug, daß sie eben das, »was sie als ein dem Bewußtsein Fremdes aussagt, als das Eigenste desselben« (407) ausspricht. Die Revolution lasse von den alten Gestalten gegenständlicher Mächte nur mehr einen »leeren Schein von Gegenständlichkeit übrig«, den die absolute Freiheit okkupiere, indem sie ein Regime des Schreckens errichte. »Kein positives Werk noch Tat kann also die allgemeine Freiheit hervorbringen; es bleibt ihr nur das *negative Tun*; sie ist nur die *Furie* des Verschwindens.« (435 f.)

Unter der Aufhebung des Gegenständlichen der Form der Dingheit verstand Hegel freilich nicht, wie Marx in seiner Kritik an der *Phänomenologie* unterstellte, der menschlichen Lebenstätigkeit die gegenständliche Bedingtheit und Gerichtetheit zu nehmen, ihr – als Objekt, Mittel und Produkt – die Gegenstände zu entziehen. Sonst hätten seine Überlegungen zu Rolle des Werkzeugs keinen Sinn. In der *Wissenschaft der Logik* wird der Aneignungsbegriff – unabhängig vom Arbeitsbegriff – ausgehend vom Lebensprozeß des lebendigen Individuums eingeführt, das sich in seinem Bedürfnis gezielt auf das Äußerliche bezieht »und damit selbst Äußerliches oder Werkzeug ist«, das »*Gewalt* über das Objekt« ausübt. Das Äußerliche an diesem Ver-

hältnis sei der Prozeß der Objektivität überhaupt, »Mechanismus und Chemismus«[99].

»Mit der Bemächtigung des Objekts geht daher der mechanische Prozeß in den inneren über, durch welchen das Individuum sich das Objekt so *aneignet*, daß es ihm die eigentümliche Beschaffenheit benimmt, es zu seinem Mittel macht und seine Subjektivität ihm zur Substanz gibt.« (483) Indem das aneignende Individuum dem Objekt die eigentümliche Beschaffenheit nimmt, es zu seinem Mittel macht und seine Subjektivität ihm zur Substanz gibt, hebt es, als lebendes System betrachtet, gewissermaßen seine Rand- und Anfangsbedingungen in sich auf: »Diese Assimilation tritt damit in eins zusammen mit dem [...] Reproduktionsprozeß des Individuums«, was Hegel so erläutert: Die Verwandlung des angeeigneten Objekts »in die lebendige Individualität macht die Rückkehr dieser letzteren in sich selbst aus, so daß die Produktion, welche als solche das Übergehen in ein Anderes sein würde, zur Reproduktion wird, in der das Lebendige *für sich* identisch mit sich setzt« (ebd.). Man kann in diesem Falle die Umwelt des lebenden Systems als Medium interpretieren, in dem sich das System reproduziert. Wird das Medium nur unter dem Aspekt betrachtet, daß es mechanisch auf das lebende System einwirkt, so »wirkt es nicht als auf ein Lebendiges; insofern es sich zu diesem verhält, wirkt es nicht als Ursache, sondern *erregt* es. Weil das Lebendige Trieb ist, kommt die Äußerlichkeit an und in dasselbe, nur insofern sie schon an und für sich *in ihm* ist; die Einwirkung auf das Subjekt besteht daher nur darin, daß dieses sich darbietende Äußerlichkeit *entsprechend findet*«. Dies vorausgesetzt, kann gesagt werden: »Das System ist so unabhängig vom Medium geworden, in dem es das Medium (die Randbedingungen) zwar *voraussetzt*, aber ebenso *produziert*.«[100] Erst wenn die Teleologie als Manifestation der Selbstbestimmung dem Mechanismus entgegengestellt wird, kommt das Mittel als Werkzeug zur Sprache. Während in der unmittelbaren Nützlichkeitsbeziehung zwischen Bedürfnis und Zielobjekt ein gewaltförmiges Moment liegt, sieht Hegel diese Unmittelbarkeit darin aufgehoben, daß zwischen Bedürfnis und Zielobjekt ein zweites Objekt eingeschoben wird, das als Mittel fungiert. Im Werkzeug erblickt Hegel die ›List der Vernunft‹, die aber nicht nur in-

---

99 HEGEL, Wissenschaft der Logik (1812), in: HEGEL (TWA), Bd. 6 (1969), 482.
100 AXEL ZIEMKE/KONRAD STÖBER, System und Subjekt, in: S. J. Schmidt (Hg.), Kognition und Gesellschaft. Der Diskurs des Radikalen Konstruktivismus. Bd. 2 (Frankfurt a. M. 1992), 58.

strumenteller Natur ist; zugleich wird die Subsumtion des Mittels unter den beschränkten Zweck überlistet, was dem Subjekt überhaupt nicht zu Bewußtsein kommen muß, denn das Mittel gewinne gegenüber den endlichen Zwecken der äußeren Zweckmäßigkeit relative Selbständigkeit und eigene Objektivität. Im Vergehen und Vergessenwerden der unmittelbaren Genüsse sei das Werkzeug das Bleibende, solange es sich zu erhalten vermag.

In dieser Zweck-Mittel-Verschiebung liegt ein Ansatzpunkt der historischen Entwicklung der ästhetischen Beziehung[101], die Hegel auch – Kant folgend – vom theoretischen wie vom praktischen Verhältnis unterscheidet. So höre das Individuum in der Beziehung auf das Objekt einerseits auf, »nur die Abstraktion des Aufmerkens, sinnlichen Anschauens, Beobachtens und des Auflösens der einzelnen Anschauungen und Beobachtungen in abstrakte Gedanken zu sein«. Und »in betreff des praktischen Verhältnisses« werde in der ästhetischen Beziehung die Begierde zurückgestellt: »Das Subjekt hebt seine Zwecke gegen das Objekt auf und betrachtet dasselbe als selbständig in sich, als Selbstzweck.«[102] In den *Vorlesungen über die Ästhetik* (1835) überträgt Hegel das Arbeitsmodell der Aneignung auch auf die Kunst, wenn er das Kunstwerk als »Produkt menschlicher Tätigkeit« (44) bezeichnet. Als »*bewußtes* Produzieren eines Äußerlichen«, das zugleich eine »Weise der Produktion seiner selbst in den Außendingen« (51) darstellt, sei die künstlerische Produktion jedoch nicht »formelle Tätigkeit nach gegebenen Bestimmtheiten«, sondern müsse »als geistige Tätigkeit aus sich selbst arbeiten« (45). Doch spezifische Werkzeuge und Techniken der ästhetischen Formierung sinnlichen Materials spielen hierbei kaum eine Rolle. Vielmehr läßt Hegel im systematischen Ausbau seiner Ästhetik das Medium der Gestaltung ›verschwinden‹; in der Pyramide der Kunstgattungen, die Hegel errichtet, verflüchtigt sich das sinnliche Material in steigendem Grade von der Architektur bis zur Poesie.

Im 18. Jh. entwickelt sich auch insofern eine Kultur der Aneignung, als alles Insistieren auf Originalität, Ursprünglichkeit und Genie nur die Kehrseite des historischen Bewußtseins der Abhängigkeit von kulturellen Prägungen, der Vermitteltheit der eigenen Kultur noch im Traditionsbruch war. Daß die Umgestaltung des Geistes auch im Umkreis der Französischen Revolution so radikal nicht war, hat Hegel in der *Phänomenologie* ausgesprochen. »Es ist übrigens nicht schwer zu sehen, daß unsere Zeit eine Zeit der Geburt und des Übergangs zu einer neuen Periode ist. Der Geist hat mit der bisherigen Welt seines Daseins und Vorstellens gebrochen und steht im Begriffe, es in die Vergangenheit hinabzuversenken, und in der Arbeit seiner Umgestaltung.«[103] Doch diesen Prozeß beschreibt Hegel als »allmähliches Zerbröckeln«, in das Blitze einschlagen, bis ein unvollkommenes Neues hervortritt.

Nach Hegel arbeitet sich der Geist nur so lange an seinen Gegenständen ab, »solange noch ein Geheimes, Nichtoffenbares darin ist«. Dies sei der Fall, »solange der Stoff noch identisch mit uns ist«, worunter zu verstehen ist, daß Stoffwahl und Verarbeitung sowie die Rezeption des gestalteten Stoffs sich im historisch konkreten Rahmen einer Weltanschauung bewegen, die in eine bestimmte Zeit ihren prägnanten Ausdruck findet. Sei die Kunst »diesen jedesmal für ein besonderes Volk, eine besondere Zeit bestimmten Gehalt losgeworden«, werde dieser allein in dem Bedürfnis wieder aufgenommen, »sich *gegen* den bisher allein gültigen Gehalt zu kehren«[104]. Ende der zwanziger Jahre des 19. Jh. konstatierte Hegel jedoch in Übereinstimmung mit seiner These vom Ende der Kunst die Ausbreitung einer freien kritischen Reflexion auch unter Künstlern. »Das Gebundensein an einen besonderen Gehalt und eine nur für diesen Stoff passende Art der Darstellung ist für die heutigen Künstler etwas Vergangenes und die Kunst dadurch ein freies Instrument geworden« (235). Jeder Stoff dürfe ihm gleichgültig sein, sofern dieser dem selbstgegebenen »formellen Gesetz« des Künstlers nicht widerspricht. »Es gibt heutigentags keinen Stoff, der an und für sich über dieser Relativität stände«. Damit ändert sich auch

---

101 Vgl. MICHAEL FRANZ u.a. (Hg.), Ästhetik heute (Berlin 1978), 225 f.
102 HEGEL, Vorlesungen über die Ästhetik (1835–1838), in: HEGEL (TWA), Bd 13 (1970), 155.
103 HEGEL (s. Anm. 98), 18.
104 HEGEL (s. Anm. 102), Bd. 14 (1970), 234.

das Verhältnis zur Tradition. Der Künstler gebrauche zur eigenen freien Verfügung »seinen Vorrat von Bildern, Gestaltungsweisen, früheren Kunstformen, die ihm, für sich genommen, gleichgültig sind und nur wichtig werden, wenn sie ihm gerade für diesen oder jenen Stoff als die passendsten erscheinen« (235 f.). In einem solchen Umgang mit der Kunst-, Literatur- und Kulturgeschichte zeigen sich für Hegel aber auch Grenzen der Aneignung bzw. des Aneigenbaren, sofern der Begriff nunmehr nicht rein technisch gebraucht wird. So sei es kein Ausweg – weil letztlich unmöglich –, »sich vergangene Weltanschauungen wieder, sozusagen substantiell, aneignen, d. i. sich in eine dieser Anschauungsweisen fest hineinmachen zu wollen«. Es helfe beispielsweise nichts, wenn Künstler um der Kunst willen zum Katholizismus übergetreten seien, »um ihr Gemüt zu fixieren und die bestimmte Begrenzung ihrer Darstellung für sich selbst zu etwas Anundfürsichseiendem werden zu lassen« (236). Der Künstler habe nunmehr seinen Inhalt lediglich an sich selber und sei »der wirklich sich selbst bestimmende, die Unendlichkeit seiner Gefühle und Situationen betrachtende, ersinnende und ausdrückende Menschengeist, dem nichts mehr fremd ist, was in der Menschenbrust lebendig werden kann« (238). Er bezieht seinen Inhalt allein aus Selbstaneignung, die, soweit sie sich zugleich in den Gegenstand vertieft, einen »gleichsam *objektiven* Humor« (240) hervorbringen könne.

X. Schleiermachers Ethik der Aneignung

Eine Reaktion auf den zunehmenden Einfluß von Zirkulationsprozessen, auf die Rolle des Geldes als zirkulierendes Medium an der Schwelle zur kapitalistischen Verwertungsökonomie, auf die Mobilisierung und Zirkulation der Zeichen in neuartigen technologischen Übertragungsprozessen ist Schleiermachers Ethik der Aneignung. Als Bildungsprin-

zip persönlicher Eigentümlichkeit wird Aneignung dem Prinzip der Übertragbarkeit entgegengesetzt. Das Hauptkennzeichen persönlicher Aneignung und der dadurch gebildeten Eigentümlichkeit ist ihre Nichtübertragbarkeit. Dies ist mit zirkulativen Aneignungsmodellen nicht vereinbar. Und doch vermag Schleiermacher persönliche Aneignung nicht aus jeder sozialen Bedingtheit und Verpflichtung herauszulösen; er kann schon allein von dem fundamentalen Tatbestand nicht absehen, daß jede Gedankenentwicklung und -verknüpfung ein gemeinschaftliches Zeichensystem, die Sprache, voraussetzt. Daher geht Sprache in Schleiermachers Sicht in der Funktion eines zirkulierenden Mediums auch nicht auf.

Man kann Schleiermacher nicht vorwerfen, es handle sich bei seiner Aneignungskonzeption um eine Verinnerlichung von Aneignung, in diese weltlos werde und ihren praktischen Grundcharakter verliere. Der Grundbegriff von Schleiermachers Ethik ist Tätigkeit. Ethik sei »wissenschaftliche Darstellung des menschlichen Handelns« und stehe daher nicht nur mit Physik, sondern auch mit Politik und Ökonomie in Verbindung. »Dies sind wirkliche Theorien. Allein eben so hängt [...] jede Theorie eines Producirens mit der Ethik zusammen«[105]. Gewiß sei Tätigkeit in Schleiermachers Sicht überwiegend und dominant »Handeln der Vernunft« (13), die sich alle natürlichen Anlagen als Organe ihres Handelns bildet. Doch um Tätigkeit in ihrem vollen Umfang aufzufassen, erweitert Schleiermacher den Begriff des Organs »nicht nur durch die Identität des Physischen und Psychischen, sondern auch des Unmittelbaren und Erworbenen« (28). Die organisierende Funktion der Vernunft präge sich aus und differenziere sich daher als Gymnastik, Mechanik und Agrikultur: »Die Vernunftbildung der unmittelbaren Sinne und Talente [...] ist *Gymnastik* im weitesten Sinne. [...] Die Bildung der anorganischen Natur zum Werkzeug des Sinnes und Talentes ist *Mechanik* im weitesten Sinne des Wortes. [...] Die Bildung der niederen organischen Natur zum dienstbaren Verhältniß gegen die höhere läßt sich bezeichnen durch das allgemeinste Element *Agrikultur*.«[106]

Schleiermacher geht von der Selbstaneignung der Gattungspotenzen und individuellen Disposi-

---

[105] FRIEDRICH DANIEL ERNST SCHLEIERMACHER, Brouillon zur Ethik (1805/06), hg. v. H.-J. Birkner (Hamburg 1981), 10.
[106] SCHLEIERMACHER, Ethik (1812/13), hg. v. H.-J. Birkner (Hamburg 1990), 36.

tionen durch den einzelnen aus. Zentrales Aneignungsorgan ist die Vernunft. Durch den beseelenden Reiz der Vernunft werde der physiologische Lebenszusammenhang sittlich gebildet. Die vernunftgeleiteten Lebensfunktionen werden in erkennende und organische Funktion differenziert, die sich jeweils individuell und gemeinschaftlich ausprägen. So äußere sich die erkennende Funktion auf der einen Seite in der Identität von Denken und Sprechen unter der Voraussetzung eines objektiven Geltungsanspruchs des Erkannten, auf der anderen Seite in der Nichtübertragbarkeit des Erkennens als Gefühl, dessen Äußerlichwerden nicht den Charakter der Sprache haben könne. Seine Organe sind Ton, Geste, Mimik. Hierin sieht Schleiermacher ein Element musikalischer, mimischer und plastischer Kunstformen. Insgesamt erblickt er in der Übertragbarkeit des Nichtübertragbaren ein Paradoxon der Kunst, was sich auch darin zeige, daß die Poesie die Sprache zum Element habe und diese doch nicht das Äußerlichwerden des Gefühls sei.

Die Vernunft eigne sich auch die außermenschliche Natur an, indem sie das Chaos der Einzelheiten erst zur Welt strukturiere, auch hierbei stünden organisierende und erkennende Tätigkeit in Wechselbeziehung. »Die Welt wird auch wieder erst dadurch, daß sie erkannt wird, aneignungsfähig.«[107] Organisierte Produkte und spezifische Vermögen der Aneignung können als Waren und Dienstleistungen vermittels der Medien Geld und Sprache übertragen werden. Die Übertragbarkeitsschwelle sinkt jedoch in dem Maße, wie natürliche Aneignungsdispositionen zu ausgebildeten Organen der Individualität werden, d. h. ein für keinen anderen anwendbares Grundverhältnis der Person ausdrücken. Hierin gewinnt die Aneignung absondernden, ausschließenden und damit absoluten Charakter; erst dadurch bilde sich Eigentum, das nicht am Geld haften könne, sondern nur am Dauerhaften, Substantiellen, wie der eigenen, immer auch körperlich fundierten Handlungsfähigkeit, vor allem aber am Grund und Boden. »Ein Mensch, der sich kein festes Eigenthum bildet, hat auch keine persönliche Individualität.« (45) Dem Fluktuierenden abgetrotzt, könne persönliches Eigentum auch nicht veräußert werden, ohne der Charakter der Eigentümlichkeit zu verlieren. Wird soziale Synthesis durch Geld als zirkulierendes Medium vermittelt, treten Eigentümlichkeit und Gemeinschaftlichkeit auseinander: »Das Geld macht […] die Uebertragung der Producte möglich ohne irgend eine andere Gemeinschaft.« (38) Demgegenüber wertet Schleiermacher traditionelle Gemeinschaftsformen auf; der Tendenz nach sucht er zu erkunden, wieweit sie überhaupt noch als Alternative zur sozialen Synthesis durch das Geld fungieren können.

In der *Ethik* von 1812/13 wird die persönliche Aneignung als absondernde, ausschließende, absolute problematisiert: »Im isolirten Aneignen geht der reinmenschliche Charakter verloren unter der Form der Gewaltthätigkeit, d. h. des Nicht-Anerkennens der Persönlichkeit außer sich«[108]. Innerhalb der Zirkulation verhalten sich die Individuen als Individuen gleichgültig gegeneinander, sie unterhalten nicht persönliche, sondern sachliche Beziehungen, was aber auch eine Befreiung von gewaltförmigen Feudalbanden ist. Die Isolierung individuellen Aneignungsverhaltens kann nach Schleiermacher »für den Aneignenden selbst aufgehoben« werden »durch das begleitende Bewußtsein, daß er immer im Arbeiten für die Gemeinschaft begriffen ist« (28). Das isolierte Hingeben an die Gemeinschaft sei jedoch keine Alternative zum isolierten Aneignen, denn es verzichte darauf, die eigene Persönlichkeit zu setzen. Arbeitsteilung und Tausch werden immerhin als Rahmenbedingungen anerkannt, außerhalb derer in der modernen Gesellschaft persönliche Eigentümlichkeit nicht mehr gebildet werden kann. Dennoch wird das Eintreten in moderne Übertragungsprozesse, die sich im ökonomischen Feld als Äquivalenzbeziehungen, im politischen Feld als funktionale Rhetorik (Überredung) ausprägen, als Verringerung der Persönlichkeit gewertet. Unter diesen Bedingungen kann Schleiermacher die angestrebte Harmonie von Eigentümlichkeit und Gemeinschaftlichkeit nur mehr als ein labiles Gleichgewicht konzipieren, wie er es am Verhältnis von Aneignung und Mitteilung erläutert. Da sich Aneignung auf die Bildung einer persönlichen Sphäre bezieht, Individualität aber als nichtübertragbare Eigentüm-

---

107 SCHLEIERMACHER (s. Anm. 105), 28.
108 SCHLEIERMACHER (s. Anm. 106), 29.

lichkeit gilt, muß stets die »Spannung des Gegensatzes zwischen Aneignung und Mittheilung« berücksichtigt werden, die sich am ehesten in der Sphäre freier Geselligkeit löse; in dieser verbinde sich gegenseitige Mitteilung mit der wechselseitigen Anerkennung des Nichtübertragbar-Eigentümlichen. Zugleich konstruiert Schleiermacher einen Stufenprozeß der Gemeinschaftsbildung nach dem Kriterium gemeinschaftlicher Eigentümlichkeit, der sich zugleich in konzentrischen Kreisen erweitert: Familie, Stamm, Nation, Staat, Kirche. An der Schwelle zu Modernisierungsprozessen auch in Deutschland haben die Formeln der Schleiermacherschen Pflichtenlehre zugleich zeitdiagnostischen Gehalt: »Tritt in jede Gemeinschaft so, daß dein Eintreten zugleich ein Aneignen sei« (173), und in umgekehrter Blickrichtung: »Eigne überall so an, daß dein Aneignen zugleich ein in-Gemeinschaft-Treten sei.« (177) Alle Aneignung müsse sich letztlich als (vermittelte) Selbstaneignung erweisen, innere Anregung und äußere Aufforderung müßten zusammenfallen. Letztlich sei der Vorbehalt der Individualität entscheidend: »Ein Staat, welcher individuelle Ausbildung der Person und individuelle Aneignung der Dinge hindern will, ist despotisch, wie Sparta, gesezt auch er wäre ganz republicanisch.« (309)

XI. Ansatzpunkte zu einer Ästhetik der Aneignung: Marx

Ungeachtet fundamentaler Differenzen in der ökonomisch-philosophischen Argumentation und ihren Ausgangspunkten – dem Arbeitsmodell der Aneignung, der Kritik des Privateigentums, der Bestimmungen der entfremdeten Arbeit – erinnert der in den *Pariser Manuskripten* (1844) entwickelte Aneignungsbegriff als ethischer und ästhetischer Wertbegriff in manchen Bestimmungen überraschenderweise an Schleiermacher. Auch bei Marx bezeichnet Aneignung vornehmlich den Bildungsprozeß persönlicher Eigentümlichkeit in Korrelation mit Gemeinschaftlichkeit, doch in strikter Abgrenzung von Aneignung durch Geld, welches immer nur das Übertragbare zirkulieren läßt. An Schleiermacher erinnert auch das differenzierte Verständnis von Gemeinschaftlichkeit; diese sei nicht nur in direkter, sondern auch in indirekter Form wirksam, indem sie eine immanente Voraussetzung individueller Tätigkeit bilde. Allerdings tendiert Marx unter dem Einfluß von Feuerbach dazu, die Immanenz des Gesellschaftlichen im Individuellen idealtypisch zu verabsolutieren, indem er beides kurzschließt; demgemäß müssen alle Widersprüche im Charakter des individuellen Lebens »als Äußerung und Bestätigung des gesellschaftlichen Lebens« unter dem Aspekt der Entfremdung erscheinen. Ein solches utopisches Harmoniemodell findet sich bei Schleiermacher nicht. An diesen erinnert wiederum bis in die Wortwahl hinein das allseitige Verständnis von Aneignung (»Der Mensch eignet sich sein allseitiges Wesen auf eine allseitige Art an, also auch ein totaler Mensch«), demzufolge Marx jedes der »*menschlichen* Verhältnisse zur Welt, Sehn, Hören, Riechen, Schmecken, Fühlen, Denken, Anschauen, Empfinden, Wollen, Tätigsein, Lieben« als »Organe seiner Individualität«[109] begreift. Bei Marx ist nicht alles auf der Vernunft als höchstes Aneignungsorgan zugeschnitten, das als alle anderen individuellen ›Wesenskräfte‹ als ihre besonderen Organe aneignet. Vielmehr hat die ›sinnliche Aneignung‹ bei Marx durchaus Eigenwert; das ist auch die Grundlage für die in den *Pariser Manuskripten* skizzierten Aesthetica in nuce. An Schleiermacher erinnert schließlich die kulturkritische Perspektive, in der die Aneignungsmöglichkeiten durch das Geld bewertet werden; erst in dem Maße, wie Marx sich auf konkrete ökonomische Untersuchungen eingelassen hat, hat er das Geld in seiner Funktion als zirkulierendes Medium nüchtern analysiert.

Marx kritisiert an Feuerbach, dem er in wesentlichen anthropologischen Ausgangspunkten verpflichtet ist, die Zurücknahme der aktiven Seite und die Betonung des ›passiven Prinzips‹. Allerdings war Feuerbachs Satz »Nur was *leiden* kann, verdient zu existieren«[110] auch ein Einspruch gegen

---

109 MARX, Ökonomisch-philosophische Manuskripte (1844), in: MEW, Ergänzungsband, Schriften bis 1844, Erster Teil (1968), 539.
110 LUDWIG FEUERBACH, Vorläufige Thesen zur Reformation der Philosophie (1842), in: FEUERBACH, Bd. 9 (1955), 253.

XI. Ansatzpunkte zu einer Ästhetik der Aneignung: Marx

gewaltförmigen Aktivismus. Wenn Feuerbach den rezeptiven Charakter von Sinnlichkeit hervorhebt, so leitet ihn weniger ein epistemologisches als ein ethisches Interesse. Es ist nur äußerliche Übereinstimmung, wenn Marx schreibt: »Sinnlich sein ist leidend sein.«[111] Ihm gilt Sinnlichkeit weniger als rezeptives denn als aktives Vermögen, das sich vor allem in der Leidenschaft als energisches Streben nach dem Gegenstand des Begehrens äußert. In kulturell geprägter Form ist Sinnlichkeit durch praktische Tätigkeit vermittelt, als deren Grundform Marx die Arbeit begreift. Entscheidend hierfür ist jedoch, daß Arbeit erstens qualitativ, als konkrete Arbeit gefaßt wird, und daß sie zweitens außerhalb einer äußeren Nützlichkeitsbeziehung betrachtet wird: Was interessiert, ist der Anteil der Arbeit am kulturellen Bildungsprozeß der Organe der Individualität; diese können sich nach Marx nicht anders entwickeln und differenzieren als dadurch, daß die Individuen immer differenziertere Gegenstände erzeugen. Hiermit knüpft Marx an Feuerbachs Philosophie der Gegenständlichkeit an: »Der Mensch ist *nichts ohne Gegenstand*«[112], an seinen Gegenständen werde er sich seiner selbst bewußt, da das Verhältnis zum Gegenstand nichts anderes sei als die gegenständlich vermittelte Beziehung zu sich. Marx modifiziert diesen Gedanken, indem er ihn ins Aktiv-Praktische wendet. Feuerbach hat den Aneignungsbegriff kaum verwendet. Er zitiert einmal aus Luthers Bibelübersetzung: »Solche Beschreibungen, wo die Schrift von Gott redet als von einem Menschen und ihm zueignen alles, was menschlich ist, sein sehr lieblich und tröstlich« (102). Doch gerade in der Zueignung menschlicher Tugenden an Gott erblickt Feuerbach den Mechanismus der religiösen Selbstentfremdung des Menschen, die ihr menschliches Wesen aus sich heraus- und in absoluter Übersteigerung in Gott setzen. Das ist nun nicht als einfache Rückaneignung umkehrbar; die wiederangeeigneten menschlichen Wesenskräften müsse auch die Form des Absoluten genommen werden, an der in Feuerbachs Sicht offenbar auch der Gestus der Aneignung teilhat.

Marx interessiert sich für Gegenstände nicht so sehr soweit sie sinnlicher Wahrnehmung und dem Begehren vorausgesetzt oder durch ideelle Selbsttätigkeit gesetzt sind, als vielmehr, soweit sie durch praktische Tätigkeit geschaffen werden. Erst durch Vergegenständlichung körperlicher, sinnesspezifischer und kognitiv-operationaler Dispositionen und Potentiale werden praktische, technische, ästhetische Gegenstände konstituiert und konstruiert. In diesem Sinne verweist Marx auf »die Geschichte der *Industrie* und das gewordne *gegenständliche* Dasein der Industrie« als »das *aufgeschlagne* Buch der *menschlichen Wesenskräfte*, die sinnlich vorliegende menschliche *Psychologie*«[113].

In den *Pariser Manuskripten* wird menschliches Weltverhalten generell als Aneignung bestimmt, und zwar in allen individuellen Lebensäußerungen; in dieser Komplexität ist das individuelle Subjekt der Aneignung zugleich ästhetisch akzentuiert. Worin liegen die ästhetischen Implikationen des Marxschen Aneignungsansatzes im einzelnen?

(1) Marx greift den stoischen Tier-Mensch-Vergleich auf, um die Spezifik menschlicher Lebenstätigkeit zu bestimmen. Der Mensch produziere nicht nur, so sein Ergebnis, unabhängig vom unmittelbaren Bedürfnisdruck, sondern »selbst frei vom physischen Bedürfnis« (517) und formiere, ohne auf Maßverhältnisse und Bedürfnislage der eigenen Spezies fixiert zu sein.

(2) Marx überführt das Arbeitsmodell der Aneignung in den Forschungsansatz einer Kulturgeschichte der Sinne. Diese schließt transinstrumental-ästhetische Entwicklungslinien sinnlicher Aneignung ein, die sich als ästhetische Aneignungsweisen zusammenfassen lassen – ein »musikalisches Ohr, ein Auge für die Schönheit der Form« (541), eine Genußfähigkeit, die nicht nur Befreiung vom unmittelbaren Druck der Notdurft voraussetzt, sondern auch jenseits des übermächtigen »Sinns des *Habens*« (540) liegt.

(3) Ästhetische Aneignung im affirmativen Sinne ist unvereinbar mit der Reduktion des Individuums auf »die *abstrakte* Existenz des Menschen als eines bloßen *Arbeitsmenschen*, der daher täglich aus seinem erfüllten Nichts in das absolute Nichts, sein gesellschaftliches und darum sein wirkliches Nichtdasein hinabstürzen kann« wie mit der der »Pro-

---

111 MARX (s. Anm. 109), 579.
112 FEUERBACH, Das Wesen des Christentums (1841), in: FEUERBACH, Bd. 5 (1973), 33.
113 MARX (s. Anm. 109), 542.

duktion des Gegenstandes der menschlichen Tätigkeit als *Kapital*, worin alle natürliche und gesellschaftliche Bestimmtheit des Gegenstandes ausgelöscht« (524 f.) sei. Hierin kommt der Gegensatz von Aneignung und Entfremdung zur Geltung, den Marx in den Bestimmungen der entfremdeten Arbeit entwickelt, ohne den fundamentalen Aneignungscharakter von Arbeit aufzuheben. Diese Bestimmungen (Entfremdung vom Produkt, von menschlicher Selbsttätigkeit, vom anderen Menschen und von der Natur) beziehen sich auf die Trennung von Arbeit und Eigentum, den Antagonismus von Kapital und Arbeit, den Verlust an individueller Selbstbestimmung, die tendenzielle Verkehrung von Naturaneignung in Naturzerstörung.

(4) In der *Deutschen Ideologie* (1845/46; veröff. 1932) skizziert Marx seine ästhetische Utopie: das Ende der Unterwerfung des Individuums unter die gesellschaftliche Arbeitsteilung: »In einer kommunistischen Gesellschaft gibt es keine Maler, sondern höchstens Menschen, die unter Anderm auch malen.«[114] Diese Utopie nimmt in den späteren Werken konkrete Formen an, aber sie wird niemals preisgegeben. In den *Grundrissen* (1857/58) bestimmt die Arbeit als »travail attractif, Selbstverwirklichung des Individuums«[115] die Perspektive: Ihr Modell ist künstlerische Arbeit. Im Hinblick auf die materielle Produktion erhofft er sich die Selbstverwirklichung der Individuen von der Übertragung schematischer (körperlicher und geistiger Arbeiten) auf Maschinensysteme. Arbeit müsse in dieser Beziehung zur »Experimentalwissenschaft« werden. Das »Entwickeln von power, von Fähigkeiten zur Produktion« interessiert Marx auch und vor allem unter dem Aspekt, wieweit hierbei Fähigkeiten und Mittel des Genusses entwickelt werden, und er bemerkt, daß die »freie Entwicklung der Individualitäten« nicht nur innerhalb der Arbeitssphäre stattfinden kann. Voraussetzung sei vielmehr die »Schöpfung von viel disposable time« (603), die sowohl als Mußezeit wie als »Zeit für höhre Tätigkeit« (607), für »künstlerische, wissenschaftliche etc. Ausbildung der Individuen« (601) genutzt werden könne. Im dritten Band des *Kapital* schließlich kommt es zum scharfen Schnitt zwischen dem »Reich der Notwendigkeit« und dem »Reich der Freiheit«. Das Äußerste, was im Hinblick auf den materiellen Produktionsprozeß erreicht werden könne, sei, »ihn mit dem geringsten Kraftaufwand und unter den ihrer menschlichen Natur würdigsten und adäquatesten Bedingungen [zu] vollziehn. Aber es bleibt dies immer ein Reich der Notwendigkeit. Jenseits desselben beginnt die menschliche Kraftentwicklung, die sich als Selbstzweck gilt«[116].

(5) In den *Grundrissen* betrachtet Marx die Kunst als spezifische geistige Aneignungsweise. Sie wird von der gedanklich-begrifflichen Aneignung des Sinnlich-Konkreten als ein geistiges Konkretum abgegrenzt. »Das Ganze, wie es im Kopfe als Gedankenganzes erscheint, ist ein Produkt des denkenden Kopfes, der sich die Welt in der ihm einzig möglichen Weise aneignet«, einer Weise, die verschieden ist von der künstlerisch-, religiös-, praktisch-geistigen Aneignung dieser Welt.«[117] Unbestreitbar kann mit Marx im Hinblick auf Kunst ein praktisches Moment geltend gemacht werden, soweit es sich in den Künsten nicht nur um geistige, sondern auch um sinnliche Aneignung handelt, Sinnlichkeit von Marx aber immer auch als praktisch begriffen wird, soweit sie sich aktiv äußert und produktiv wird. Das ist in den Künsten in spezifischer Weise der Fall; Marx hat niemals davon abstrahiert, daß Künstler jeweils in einem eigenwertigen sinnlichen Material arbeiten. Ebensowenig wie in der Religion verhält sich der Kopf in der Kunst ›nur spekulativ, nur theoretisch‹. Das schließt nicht aus, daß Kunst nicht geistige Konkreta eigener Art produziert. Es ist viel zu wenig beachtet worden, wie dicht Marx Religion und Kunst aneinanderrückt. Zunächst einmal ist es erstaunlich, daß Religion, in den Frühschriften in Anknüpfung an Feuerbachs Religionskritik stets als Form der menschlichen Selbstentfremdung eingestuft, in den *Grundrissen* gewissermaßen wertfrei als spezifische geistige Aneignungsweise anerkannt wird. Freilich hat Marx weniger das Christentum

---

114 KARL MARX/FRIEDRICH ENGELS, Die deutsche Ideologie (1845/46; 1932), in: MEW, Bd. 3 (1978), 379.
115 MARX, Grundrisse der Kritik der politischen Ökonomie (1857/58), in: MEW, Bd. 42 (1983), 512.
116 MARX, Das Kapital, Bd. 3, in: MEW, Bd. 25 (1981), 828.
117 MARX (s. Anm. 115), 36.

als den Polytheismus der griechischen Mythologie im Auge:»Die griechische Kunst setzt die griechische Mythologie voraus, d. h., die Natur und die gesellschaftlichen Formen selbst schon in einer unbewußt künstlerischen Weise verarbeitet durch die Volksphantasie. Das ist ihr Material.« Ein solches Material habe nicht jede Mythologie bereitgehalten; jedenfalls sei eine Mythologie Boden und Mutterschoß griechischer Kunst gewesen.»Also keineswegs eine Gesellschaftsentwicklung, die alles mythologische Verhältnis zur Natur ausschließt, alles mythologisierende Verhältnis zu ihr; also vom Künstler eine von Mythologie unabhängige Phantasie verlangt.« (44) Zugleich betont Marx, daß ein solches Verhältnis nicht wiederholbar, zumal in modernen Zeiten undenkbar sei. Cornelius Castoriadis[118] hat darauf hingewiesen, daß Marx hier ein einziges Mal die kulturschöpferische Funktion des radikalen Imaginären erkannt hätte, das sich in seinen historischen Formen durchaus ändert.

Michael Franz

XII. Subjektivität und Aneignung: Kierkegaard

Erst bei Kierkegaard wird die Doppelbödigkeit des Aneignungsbegriffs deutlich, sobald er in Hinblick auf die Ästhetik benutzt wird. Kierkegaard spricht von Aneignung zunächst in Opposition zum objektiven Denken. Aneignung markiert das Subjektive, das, was sich durch nichts Äußerliches mehr bestimmen läßt. Schillernd und doppelbödig wird Kierkegaards Rede von der Aneignung als der ›Hauptsache‹ deshalb, weil er mit ihr einerseits einen radikalen Subjektivismus, und zwar einen Subjektivismus des einzelnen umschreiben will, andererseits sich damit gegen die Macht des reinen Denkens wendet, gegen das also, was bislang als Ausdruck gerade der Subjektivität gilt. Wie Marx wendet auch Kierkegaard den Begriff der Aneignung gegen den Hegelschen Idealismus, indem er die Aufmerksamkeit auf das wahre Dasein, die Existenz des Menschen als eine rückt, die nicht in Begriffen einer objektiven Vernunft aufzulösen sei. Kierkegaard spricht nicht in dem emphatischen

Weise wie Marx von Natur, entfremdetem Dasein, der Arbeit und Gattungsgeschichte, um zu benennen, was in der Hegelschen Vernunft nicht wirklich begriffen sei. Im Gegenteil: Kierkegaard wendet sich gegen alle romantische Verklärung der Natur und der menschlichen Gemeinschaft wie der Sinne; das wirkliche Dasein, die wahre Existenz des einzelnen sollen nur im ›Sprung‹ aus solcher äußerlichen, natur- und sinnenverhafteten Existenz gewonnen werden. Gegen Hegel insistiert auch Kierkegaard auf einer wirklichen Veränderung, die, nun nicht materialistisch formuliert, für die objektive Vernunft nur als ›Geheimnis‹ dargestellt werden kann. Kierkegaards Protest gegen die idealistische ›Mediatisierung‹ des wirklichen Daseins verbleibt in anderer Weise als der Marxsche im Rahmen des Idealismus. Um so schärfer kann Kierkegaard die Differenz deutlich machen, die mit dem Begriff der Aneignung als subjektiver, existenzieller Veränderung gegenüber einem ›reinen‹, objektiven Denken gemeint ist. Was Marx noch objektiv als revolutionäre Praxis der Gattung und des Proletariats umschreibt, wird von Kierkegaard in immer neuen paradoxen Formulierungen unmittelbar als Schwierigkeit eines zureichenden Begreifens im Rahmen eines rationalen Diskurses dargestellt.»Die gewöhnliche Mitteilung, das objektive Denken hat keine Geheimnisse. [...] Daß die Erkenntnis nicht direkt ausgesagt werden kann, weil das Wesentliche an ihr gerade die Aneignung ist, bewirkt, daß sie für jeden ein Geheimnis bleibt, der nicht auf dieselbe Weise bei sich selbst doppeltreflektiert ist; daß aber das die wesentliche Form der Wahrheit ist, bewirkt, daß diese auf keine andere Weise gesagt werden kann.«[119]

Indem Subjektivität als Kern, Voraussetzung und Ziel von Aneignung hervorgehoben ist, bestimmt Kierkegaard gleichzeitig das paradoxe Gewicht und die Bedeutung, die sinnliche Wahrnehmung, Mitteilung und Kunst gewinnen. Einesteils ist alle sinnliche, äußerliche Wahrnehmung wie al-

---

118 Vgl. CORNELIUS CASTORIADIS, L'institution imaginaire de la société (Paris 1975), 184.
119 SØREN KIERKEGAARD, Abschließende unwissenschaftliche Nachschrift zu den Philosophischen Brocken (1846), in: KIERKEGAARD, Abt. 16, Teil 1 (1957), 71.

les objektive Denken belanglos. Die Subjektivität, um die es im Prozeß der Aneignung einzig gehe, ist als ›objektlose Innerlichkeit‹ bestimmt. Jedes Verlassen auf sinnliche Anschauung und objektive, materielle Anhaltspunkte käme einer Einschränkung der Subjektivität gleich. Auf der anderen Seite bleibt aber die Frage, worin denn solche Subjektivität selbst sich darstellen und mitteilen kann. Kierkegaards Antwort liegt in einer zweiten, nun paradoxen, der ersten ganz entgegengesetzten, emphatischen Aufwertung der äußerlichen Form jeder Mitteilung und aller Kunst. »Überall, wo in der Erkenntnis das Subjektive von Wichtigkeit ist, wo also die Aneignung die Hauptsache ist, da ist die Mitteilung ein Kunstwerk, sie ist doppeltreflektiert, und ihre erste Form besteht gerade in dem Ränkevollen, daß die Subjektivitäten gottesfürchtig auseinandergehalten werden müssen und nicht gerinnend in Objektivität zusammenlaufen. Dies ist das Abschiedswort der Objektivität an die Subjektivität.« (Ebd.)

Das Widersprüchliche an Kierkegaards Auffassung über das Ästhetische ist nirgends deutlicher als an seinen Texten selbst zu erkennen. Sie sind voller Bilder, Metaphern und dichterischer Erzählungen, weshalb Kierkegaard vielfach eher als Schriftsteller denn als Philosoph gilt. Und doch erscheint alles Ästhetische darin ganz belanglos für die Entwicklung der jeweiligen Ideen und Kierkegaards Denken. »Kierkegaards ästhetische Figuren sind einzig Illustrationen seiner philosophischen Kategorien, die sie fibelhaft verdeutlichen, ehe sie begrifflich zureichend artikuliert sind. Ihnen allen haftet, vorm heutigen Beschauer, der eigentümliche Charakter von Schein an, der vielen Illustrationen aus der ersten Hälfte des 19. Jahrhunderts eignet.«[120] Der Grund ist in Kierkegaards eigentümlich traditioneller Trennung zwischen Inhalt und Form des Ästhetischen zu sehen. Die behauptete Subjektivität, die an nichts Äußerlichem mehr hängt, für die in Hinblick auf alles sinnlich Wahrgenommene und Geschaffene nur gilt, daß »die Aneignung die Hauptsache« sei, hat zur Entsprechung, daß alles Ästhetische entleert und ohne Bedeutung für die Entwicklung der Subjektivität bleibt. Eine auffallende Starrheit charakterisiert dabei beides. Adorno resümiert: »Für Kierkegaard hat das Ästhetische, als Kunst wie als Haltung, ›mit dem Innerlichen nichts zu tun‹. Das erst prägt vollends die skurile Form seiner Ästhetik. Wenn autonome, auswählende Subjektivität das Recht der Gegenstände bricht, muß sie sich selber als Preis dafür zahlen. Sie darf sich nicht in ihrer Konkretheit als künstlerischer Gegenstand formen: in den Gegenständen findet sie sich bloß als Schema vorgegebener und überkommener Ideen wieder, die so wenig ihr entspringen, wie sie nun wahrhaft an ihnen sich erprobt.« (36f.)

Ist Kierkegaards paradoxe ›Konstruktion des Ästhetischen‹ (Adorno) mit der Theorie der Aneignung und der absoluten Subjektivität eng verknüpft, so nicht notwendig mit deren individualistischer Fassung, d. h. einem existenzphilosophischen und existentialistischen Verständnis von Subjektivität im engeren Sinne. Von Kierkegaards aporetischer Ästhetik der Aneignung aus läßt sich fragen, ob nicht manche parallele Schwierigkeiten in der Ästhetik auftauchen, wenn Aneignung nicht ausschließlich als die des einzelnen gedacht wird, sondern als eine kollektive, eine der Gattung, der entfremdeten Menschheit oder auch einer sozialen Klasse. Sobald Subjektivität, und sei sie als kollektive vorgestellt, zusammen mit Aneignung als der Hauptsache vorm gegenständlichen, sinnlichen Dasein und allem Ästhetischen abgetrennt wird, werden diese, zu Formfragen verkürzt, für die Subjektivität selbst am Ende bedeutungslos. Dem zu entkommen reicht der Rekurs auf Arbeit und deren Bedeutung als Kern von Aneignung solange nicht aus, wie Arbeit wiederum, herrschaftlich, als bloßes Medium der Subjektivität des (Gattungs-) Menschen gegenüber der eigenen, äußeren und inneren Natur gedacht ist. Als paradoxe Kehrseite von Aneignung bleibt: äußerste Entfremdung der Welt und aller ästhetischen Erfahrung.

XIII. Aneignung und Ästhetisierung des Daseins: Heidegger

Erst nachdem auch die geschichtsphilosophische Transformation des Idealismus fragwürdig gewor-

---

120 THEODOR W. ADORNO, Kierkegaard. Konstruktion des Ästhetischen (entst. 1929/30; 1933; Frankfurt a. M. ³1966), 16.

XIII. Aneignung und Ästhetisierung des Daseins: Heidegger

den ist, taucht der Begriff der Aneignung als zentraler Begriff auf, um die Frage nach dem Ursprung von (neuem) Denken und Welt anders als historisch oder metaphysisch zu beantworten. Heidegger versucht ein mit der Tradition der Metaphysik brechendes Denken zu begründen und greift dabei, in expliziter Anknüpfung an Kierkegaard, den Begriff der Aneignung wieder auf. Wenn Heidegger später kaum mehr von Aneignung und statt dessen von ›Da-Sein‹ und ›Er-eignis‹ spricht, so zeigt sich noch daran die Verwendung des Aneignungsbegriffs als Mittel zu einer gleichzeitigen Verallgemeinerung und Verkürzung von Ästhetik im Sinne der Ästhetisierung von Denken und Leben.

Heidegger greift Kierkegaards Vorwurf gegen die Philosophie auf, daß diese die Existenz nur äußerlich, betrachtend behandelte, um Aneignung gegen Husserls Begriff der Intentionalität, des ›reinen Ich‹ und der phänomenologischen Reduktion zu wenden. Aneignung wird dabei zu einer mehrdeutigen Formel, die sowohl Protest wie Überbietung darstellen kann: »Die faktische Lebenserfahrung selbst, in der ich mich in verschiedener Weise haben kann, ist aber nicht so etwas wie eine Region, in der ich stehe [...], sondern ein sich selbst so erfahrendes vollzugsgeschichtliches Phänomen. [...] Das Existenzphänomen erschließt sich also nur einem [...] selbst bekümmerten Erfahrungsvollzug.«[121] An die Stelle der phänomenologischen Reduktion soll nun eine Bewegung der »bekümmerten Selbstaneignung« (35) als ein existenzieller Prozeß treten; an die Stelle der Intentionalität aller Bewußtseinsakte die existentielle Selbstbekümmerung und ›Sorge‹ um das eigene Sein; und an Stelle des transzendentalen ›reinen Ich‹ das Selbst, das ›vollzugsgeschichtlich‹ allererst zu sich kommen und selbst aneignen muß.

Die Verwendung des Aneignungsbegriffs markiert zugleich, daß die Probleme des Denkens zu existentiellen werden, und ebenso, daß die Existenz zu einer Frage der (Denk-) Haltung und Sprachregelung eingeschränkt, ästhetisiert und um ihre sinnlich zu erfahrenden Konflikte verkürzt wird. Heidegger spricht von Aneignung der Verstehenssituation als existentieller Tat und zugleich einem Definitionsakt, der alle empirischen Fähigkeiten überschreitet: »Das Erste ist also die Aneignung der Verstehenssituation; die volle, konkrete Aneignung selbst ist eine Aufgabe, die vielleicht die Kraft der heutigen Generation aufbraucht. [...] Philosophie ist intendiert als etwas, was wir ursprünglich aneignen.«[122]

Wenn Heidegger den Begriff der Aneignung später kaum noch explizit verwendet, so läßt sich darin nicht nur eine Absage, sondern auch eine Radikalisierung des Gemeinten erkennen. Der Appell, den die Rede über (Selbst-) Aneignung charakterisiert, wird nicht mehr als gesonderter formuliert, sondern er soll durch die Schlüsselbegriffe wie ›Da-sein‹ und ›Er-eignis‹ unmittelbar wirken. Der Begriff der Aneignung verfällt gleichsam dem eigenen Verdikt über alles Äußerliche, auch gerade eine äußerliche Sprache. Wie schon bei Kierkegaard taucht dabei jedoch auf, daß die Forderung nur auf eine äußerst künstliche Weise einzulösen ist. Heideggers Texte sind durch ein Netz von Kunstwörtern geprägt, in dem die Differenz zwischen Begriff, Erzählung und magischem Bild eingeebnet erscheint. Kann darin einerseits eine wirkliche Veränderung des Horizontes in Richtung auf Ästhetik in einem umfassenden Sinn gesehen werden, so ist die Wendung gegen alles Äußerliche gleichzeitig eine Wendung, bei der in gewisser Weise die ganze Tradition der Ästhetik in Dienst genommen und gegen diese selbst gewandt wird. Heideggers Ästhetisierung des Denkens markiert damit vor allem einen Bruch mit der (und in der) kulturellen und ästhetischen Tradition. Neben der Nähe zur künstlerischen Avantgarde (z. B. Dada) ist die Entfernung jedoch offenkundig. Die philosophischen ready-mades sollen ›herrschaftliches Wissen‹ und ›Haltung‹ gegenüber aller flüchtigen Sinnlichkeit und diesseitigen Leben sichern. Das gilt für die Rede über das ›Da-sein‹ ebenso wie bei der späteren Assoziation von an-eignen und er-eignen: »Das Zusammengehören von Mensch und Sein [...] bringt uns bestürzend nä-

---

121 MARTIN HEIDEGGER, Anmerkungen zu Karl Jaspers ›Psychologie der Weltanschauungen‹ (1919/21), in: Heidegger, Wegmarken (Frankfurt a. M. 1967), 32f.
122 HEIDEGGER, Phänomenologische Interpretationen zu Aristoteles. Einführung in die phänomenologische Forschung (1921/22), in: HEIDEGGER, Bd. 61 (1985), 41.

her, daß und wie der Mensch dem Sein vereignet, das Sein aber dem Menschen zugeeignet ist. [...] Es gilt, [...] einzukehren in [...] das *Ereignis* [...]. Er-eignen heißt ursprünglich: eräugen, d. h. erblicken, im Blicken zu sich rufen, an-eignen.«[123] Was Heidegger das Ereignis nennt, hat er am Beispiel des Kunstwerks am deutlichsten dargestellt; an diese Darstellung wird später, besonders in der Hermeneutik, angeknüpft.

XIV. Revisionen des Aneignungsbegriffs: Gadamer, Marcuse

Die Erörterung über den ›Ursprung des Kunstwerkes‹ als dem »Ins-Werk-Setzen«[124] oder »Sichereignen der Wahrheit« (85) ist von Heidegger gegen die subjektivistische Ästhetik verfaßt worden, die in der Nachfolge Kants das Erlebnis in den Vordergrund rückt: »das Erlebnis [ist] das Element, in dem die Kunst stirbt« (83). Der um das Erleben zentrierten Ästhetik wird vorgeworfen, daß die Kunst unverbindlich werde und (nach Hegels Diktum) keine »für unser geschichtliches Dasein entscheidende Wahrheit« (84) mehr darstelle. Heidegger setzt dem nicht mehr eine werk-, form- oder stoffzentrierte Ästhetik im bisherigen Sinn entgegen, wissend, daß ein Rückgang hinter das subjektivistische Erleben nicht mehr ohne weiteres möglich sei, ohne in einen noch stärkeren Ästhetizismus zu geraten. Er überbietet beides mit dem Begriff des Ereignisses, das Aneignung erzwinge und als subjektiven Akt zugleich unmöglich mache. Zum Entscheidenden am Kunstwerk soll dessen ins Werk gesetzte ›Gestalt‹ werden, d. h. das Ereignis, das schockhaft erscheinen lasse, daß ›etwas ist und nicht vielmehr nichts ist‹: »Je einsamer das Werk [...] in sich steht, je reiner es alle Bezüge zu den Menschen zu lösen scheint, um so einfacher tritt der Stoß, daß solches Werk ist, ins Offene, um so wesentlicher ist das Ungeheure aufgestoßen und das bislang geheuer Erscheinende umgestoßen. [...] Dieser Verrückung folgen, heißt: die gewohnten Bezüge zur Welt und zur Erde verwandeln [...], um in der im Werk geschehenen Wahrheit zu verweilen.« Das Kunstwerk im engeren Sinn steht dabei nur als Beispiel für Kunstwerke in einem viel weiteren Sinn, die jedoch nicht mehr als solche bezeichnet werden: von der »staatsgründenden Tat« über das »wesentliche Opfer« bis zum »Denken des Seins« (67). Im totalitär gemeinten Ereignis des Kunstwerks geschieht Aneignung nur mehr als Überantwortung des Subjekts an das ›Ins-Werk-Gesetzte‹: Statt »jener nur geschmäcklerischen Kennerschaft des Formalen am Werk, seiner Qualität und Reize an sich« gehe es um »das Innestehen in dem Streit, den das Werk [...] gefügt hat« (69), nicht um »die dezidierte Aktion eines Subjekts, sondern die Eröffnung des Daseins aus der Befangenheit im Seienden« (68).

Das Totalitäre an Heideggers Erörterung der Kunst ist von Hans-Georg Gadamer eingeschränkt worden. Statt an Kierkegaards Existenzdenken knüpft Gadamer an die Hermeneutik der Pietisten und vor allem Schleiermachers an, statt Aneignung im existentiellen Sinne einer Verwirklichung der Subjektivität hebt er die »applicatio« im Sinne der »Anwendung« der Tradition »auf die gegenwärtige Situation«[125] hervor und verbindet damit, im Unterschied zu Heidegger, Öffentlichkeit und Moral in einem herkömmlicheren juristischen und theologischen Sinn. Daran kann anschließend kritisch die »Rezeptionsästhetik als literaturwissenschaftliche Pragmatik«[126] anknüpfen.

Heidegger hat nach Gadamer nicht nur, im Anschluß an Husserl, den »Horizont« und die »Verschmelzung der Horizonte«[127], die bei allem Verstehen wirksam würden, erst begreifbar gemacht; sondern er hat auch die Differenz zwischen hermeneutischem Verstehen und handwerklicher Aneignung in den Vordergrund gerückt. Der Begriff der Aneignung selbst ist für Gadamer vor allem mit der Assoziation der Vergegenständlichung technischer Fähigkeiten verbunden und insofern negativ besetzt. »Die Hermeneutik [...] ist überhaupt nicht

---

123 HEIDEGGER, Identität und Differenz (Stuttgart 1957), 24 f.
124 HEIDEGGER, Der Ursprung des Kunstwerkes (1935; Stuttgart 1960), 73.
125 HANS-GEORG GADAMER, Wahrheit und Methode. Grundzüge einer philosophischen Hermeneutik (Tübingen 1960), 313.
126 RAINER WARNING, Rezeptionsästhetik. Theorie und Praxis (München 1975), 19.
127 GADAMER (s. Anm. 125), 311.

›Herrschaftswissen‹, d. h. Aneignung als Besitzergreifung, sondern ordnet sich selbst dem beherrschenden Anspruch des Textes unter« (316), schreibt Gadamer; aber auch: »Nicht nur die literarische Überlieferung ist entfremdeter und neuer, lebendiger Aneignung bedürftiger Geist.« (170) Zu fragen ist, was sich hinter der Abgrenzung gegen die Aneignung des Handwerkers und der Technik im Gegensatz zum hermeneutischen Verstehen verbirgt. Wie schon bei Heidegger erscheint bei Gadamer Technik nur als das Äußerliche und Fremde. Technik und Aneignung im handwerklichen Sinne stehen für das, was das phänomenologische, innerliche Verstehen ›einklammert‹. Als ein alternativer Zugang bietet sich damit aber einer an, der mit einem medienorientierten und technologischen Aneignungsbegriff verknüpft erscheint, wenngleich solcher Zugang zunächst nur als Komplement einer phänomenologisch begrenzten Hermeneutik erscheint. So erscheint der Begriff der Aneignung auch erst in Verbindung mit dem Aufgreifen anderer Traditionen, namentlich der soziologisch-marxistischen, im Sinne einer erweiterten Ästhetik als fruchtbar.

Herbert Marcuse liest schon in den 20er Jahren Heideggers *Sein und Zeit* (1927) unter der Perspektive von Georg Lukács' *Geschichte und Klassenbewußtsein* (1923) und will beides miteinander verbinden. Er verwendet dabei den Begriff der Aneignung anders, als es Heidegger vorschlägt: »Gehört zum Sinn der Wahrheit ihre Aneignung durch menschliches Dasein und erfüllt sich diese Aneignung als Wissen und Haben im Existieren des Daseins selbst, so muß die Wahrheit im Existieren auch wirksam sein. Das Existieren des menschlichen Daseins ist aber in jedem Augenblick sein Verhalten zur Welt: Aktion und Reaktion. Die Wahrheit muß also in dieser eigentlichen Sphäre des Existierens eingreifen: das Dasein muß sich in seinem Verhalten nach der Wahrheit richten können. Jede Wahrheit hat den existentiellen Sinn, daß der Mensch durch ihre Aneignung wahr existieren kann.«[128] Marcuse versucht, dem Begriff der Aneignung die Bedeutung der reinen Verinnerlichung zu nehmen und ihn marxistisch zum Entwurf einer ›konkreten Philosophie‹ mit praktisch gesellschaftlicher Wirkung zu wenden. Deshalb bleibe zu fragen: »Muß nicht echtes Philosophieren sich darin erweisen, daß die Aneignung seiner Wahrheit existentiell eine eminent notwendige ist? Ist die Frage nach einer ›Fruchtbarkeit‹ der Philosophie vielleicht doch nicht so ›unphilosophisch‹ wie gemacht wird?« (Ebd.) Marcuse spricht über die Welt der Fabrik und der Maschinen und erklärt gegen die Fundamentalontologie gewendet und gleichzeitig von ihr fasziniert: »Steht dieses Dasein in einer Situation, die durch ihre geschichtliche Struktur (die Weise der konkreten Daseinserhaltung und -gestaltung als soziales Faktum) die Aneignung solcher Wahrheiten unmöglich macht, dann ist es Aufgabe der Philosophie, das Dasein in dieser Situation aufzusuchen und zu versuchen, *aus ihr heraus* ›in die Wahrheit zu bringen‹.« (166) Das Kriterium konkreter Philosophie sollte nach Marcuse ihr ›Öffentlichwerden‹ sein. Indem Marcuse diese mit dem buchstäblichen Schritt des Philosophen in die Öffentlichkeit gleichsetzt und als Beispiel neben Sokrates den späteren Kierkegaard nennt, hat er Widersprüchliches an der Aneignung als des Öffentlichwerdens zumindest angedeutet. Die Unbestimmtheit von Aneignung rührt dabei zum nicht geringen Teil daher, daß Marcuse den einzelnen allzu unvermittelt mit der Gesellschaft bzw. Klasse identifiziert, wie es Lukács nahegelegt hat. Erst in den 70er Jahren prägen marxistisch orientierte Philosophen, Medientheoretiker und Literaturwissenschaftler, zum Teil in direkter Kritik an Lukács, einen haltbareren Begriff von Aneignung, bei dem der Widerspruch nicht übergangen wird; und zwar nun auch als einen explizit ästhetischen Grundbegriff. Gemeinsam ist ihnen, daß sie, wie Alexander Kluge und Oskar Negt in *Öffentlichkeit und Erfahrung* (1972) und *Geschichte und Eigensinn* (1981), von konkreten geschichtlichen Formen der Arbeit und Technik, Öffentlichkeit und Erziehung ausgehen, um nach der Herausbildung von individuellen und kollektiven Wahrnehmungsweisen und deren Widersprüchen zu fragen.

Eckhard Tramsen

---

[128] HERBERT MARCUSE, Konkrete Philosophie, in: Archiv für Sozialwissenschaften und Sozialpolitik 62 (1929), 147.

XV. Der Aneignungsansatz innerhalb der marxistischen Ästhetik

Die Karriere des Aneignungsbegriffs innerhalb der marxistischen Ästhetik begann mit der Erstveröffentlichung der *Pariser Manuskripte* 1932. Die Machtergreifung des Faschismus vereitelte zunächst ihre Rezeption in Deutschland; diese setzte zuerst im Umkreis der emigrierten Frankfurter Schule (Herbert Marcuse, Alfred Sohn-Rethel), unter deutschen Kommunisten in Moskau (Alfred Kurella) und innerhalb der sowjetischen Ästhetik-Diskussion ein (Michail Lifschitz). Die sowjetische Rezeption des Aneignungsgedankens wurde durch die polemische Stoßrichtung gegen die künstlerische Avantgarde und die Theoretiker der »производственное искусство« (Produktionskunst)[129] wesentlich beeinträchtigt. Nicht die Verfechter einer operationalen Ästhetik der Organisation kollektiver Erfahrung griffen den Aneignungsansatz auf, um mit seiner Hilfe ein technikfeindliches Kunstverständnis zu überwinden und die ungefochtene Gipfelstellung der Kunst an der Spitze der traditionellen Pyramide ästhetischer Gestaltungsbereiche in Frage zu stellen, sondern die Gegner der Avantgarde, die Anhänger der ›Widerspiegelungskunst‹, die Verteidiger klassischer Kunsttraditionen. Marx' Aneignungsbegriff wurde zur Abwehr der ›Vulgärsoziologie‹ bemüht; die Polemik richtete sich aber nicht nur gegen eine einseitige ›Klassenanalyse‹ ohne Rücksicht auf die Eigengesetzlichkeit der Kunst, sondern gegen soziologische Forschung überhaupt, gegen eine sozial-funktionale Kunstauffassung, in deren ideologiekritische Blickrichtung auch der sich etablierende Stalinismus geriet. Michail Lifschitz' Auslegung der ästhetischen Formierung der Gegenstände im Rahmen der Marxschen Aneignungskonzeption wurde zum Programm einer objektivistischen Ontologisierung der Ästhetik, in der jede Tendenz zur Veränderung des Gegebenen stillgestellt wurde: »Die künstlerische Bearbeitung der Gegenstände ist [...] eines der Mittel, sich die Welt *anzueignen*. [...] Aber zum Unterschied von der unmittelbaren groben Form der Aneignung des Gegenstandes fängt die Kunst erst dort an, wo der schöpferischen Tätigkeit das universelle Maß zugrunde liegt oder, anders gesagt, wo die Gegenstände und auch ihre Darstellung im menschlichen Kopf nicht durch Einmischung tangentialer Kräfte (einer willkürlichen Tendenz, einer abstrakten Idee) verstümmelt und entstellt werden, sondern wo der Künstler das bearbeitete Material seine eigene Sprache sprechen läßt und die ihm innewohnende Wahrheit offenbart.«[130] Aus der Auffassung vom inhärenten Maß der Gegenstände als Kriterium ästhetisch akzentuierter Formgebung wurden Theorien von objektiven Gesetzmäßigkeiten des Schönen abgeleitet; in einem naturalistischen Fehlschluß wurden ästhetische Werteigenschaften in Dingeigenschaften verkehrt.

Die Wirksamkeit der *Pariser Manuskripte* setzte in der DDR – auf der Grundlage der Neuausgabe von 1953 – verstärkt nach dem 20. Parteitag der KPdSU ein. Die Studien von Marx wurden als dringend benötigtes Korrektiv gegenüber dogmatischer Enge und Erstarrung begrüßt. Auf solche Regungen antworteten die Dogmatiker (inzwischen auch Alfred Kurella) mit dem Versuch, sich die Ambivalenz in Marx' Sprachgebrauch und Begrifflichkeit zunutze zu machen. Als utopisch aufgeladener Wertbegriff – Inbegriff der Aufhebung aller Entfremdung – konnte der Aneignungsbegriff sowohl als kritischer Maßstab gegenüber der sozialistischen Wirklichkeit als auch zu deren idealistischer Verklärung gebraucht werden. In den Hintergrund trat hierbei der nichtemphatische, operationale Aneignungsbegriff, den Marx vor allem in konkreten Analysen verwendet; wäre dieser stärker wirksam geworden, hätte beispielsweise irritieren müssen, daß Marx der entfremdeten Arbeit keineswegs schlechthin den Aneignungscharakter abspricht, daß er Religion als eine spezifische geistige Aneignungsweise betrachtet, daß er Max Stirners paradoxes Aneignungsmodell der radikalen Verweigerung gegenüber der gesellschaftlichen Vereinnahmung des einzelnen im Namen des abstrakten Menschen ad absurdum führt, aber eben

---

129 Vgl. BORIS ARVATOV, Ob agitacionnom i proizvodstvennom iskusstve (Moskva 1930); dt.: Thesen zur bürgerlichen Kunst und proletarischen Produktionskunst, in: Arvatov, Kunst und Produktion, hg. u. übers. v. H. Günther/K. Hielscher (München 1972), 7–10.
130 MICHAIL LIFSCHITZ, Karl Marx und die Ästhetik (1933; Dresden 1960), 120.

doch als ein – wenn auch inkonsequentes und nicht praktikables – Aneignungsmodell diskutiert.

Wolfgang Heise sah im Aneignungsansatz den Hebel dafür,»die mechanistische Auffassung der Abbildung zu überwinden und den Gedanken der im Kunstprozeß realisierten Einheit von gesellschaftlicher Abbildung und Aktion, Information und Bewegungsvermittlung, spezifischer Abstraktion und Sinnfälligkeit zu konkretisieren. Denn der ästhetischen Aneignung der gesellschaftlichen Wirklichkeit ist nicht bloß in bezug auf die subjektive Gesinnung, sondern als objektives Strukturmoment diese Tendenz auf Veränderung immanent, wie ihr vom Gestaltungsprozeß her das Moment der schöpferischen Selbstbetätigung innewohnt.«[131]

Im Verlaufe der sechziger Jahre wurde der Aneignungsbegriff in der DDR auch als Rahmen semiotischer Untersuchungen gesetzt, so von Günter Mayer:»Nicht zuletzt unter dem Einfluß der Semiotik werden auch Kunstwerke als spezifische Zeichenkomplexe verstanden, deren Anordnung nicht nur nach *semantischen* und *pragmatischen* Gesichtspunkten erfolgt (d. h. im Hinblick darauf, was mit welcher Haltung wozu abgebildet wird), sondern nicht minder von *syntaktischen* Gesichtspunkten bestimmt wird, der Frage also, worin und wie die künstlerische Aneignung der gesellschaftlichen Totalität erfolgt.«[132] Mayer knüpfte ebenso an die Unterscheidung zwischen dem operativen und dem eidetischen Sinn von Zeichen an, wie er auf eine weitere wesentliche Besonderheit ästhetischer Zeichen hinweis:»Schließlich ist in der Kunst vermittelnde Gegenständlichkeit, die materielle Beschaffenheit des künstlerischen Zeichens, die von seiner besonderen Bedeutung nicht zu isolieren ist, selbst Gegenstand der praktisch-geistigen schöpferischen Tätigkeit, und zwar wesentlich als *Objekt des sinnlichen Genusses*, der sinnlichen Aneignung der Wirklichkeit auf seiten des Produzenten wie des Rezipienten.« (1368) In solchen Ansätzen wird vom emphatischen, utopisch aufgeladenen Aneignungsbegriff allmählich Abschied genommen. Allerdings blieb Aneignung eine Rahmenformel, wie Heise konstatiert:»Daß Kunst Aneignung der Wirklichkeit sei, ist eine grundlegende These, die aus der dialektisch-materialistischen Gesamtauffassung, der vorangegangenen Geschichte des ästhetischen Denkens und eigener Kunsterfahrung gewonnen wurde. Doch eine Theorie wird erst bildbar, wenn diese These als Arbeitsprogramm verstanden und am Stoff der Künste historisch und systematisch durchgeführt und verifiziert wird«, auch und vor allem »in bezug auf die sinnlichen und kommunikativen Medien, Formen und Funktionen«[133].

Lothar Kühne hat den paradox anmutenden Versuch unternommen, den utopisch aufgeladenen Aneignungsbegriff in der Kritik staatssozialistischer Architektur- und Designpolitik zu operationalisieren. Für Kühne war die kommunistische Perspektive weder die Vision eines gesellschaftlichen Endzustands noch die ideale Verlängerung der bestehenden Zustände; er verstand sie vielmehr als eine regulative Idee. Er hat versucht, den aneignungstheoretischen Ansatz einer nicht mehr kunstzentrierten Basisästhetik konsequent durchzuführen.»Erst wenn die faktische Gleichsetzung von Künstlerischem und Ästhetischem als unantastbare Weiheformel aufgegeben ist, wird die nüchterne Erörterung der Beziehung von Architektur, praktischen und technischen Gegenständen und Kunst möglich.«[134] Kühne hat Aneignung nicht nur als formgebende Tätigkeit, sondern auch als spezifischen individuellen Gebrauch von Gegenständen erörtert. Hierbei richtete sich seine Kritik gegen die ›Vermodung‹ der Gebrauchsformen der Gegenstände, die er als ›Zusammenhang von Aneignung und Enteignung‹ begriff. Vermodung sei dadurch definiert, daß zuerst durch die gestaltwirksame Faszination der Drang zur Aneignung des Gegenstandes erweckt wird; zugleich wird dessen moralischer Verschleiß beschleunigt und ein ästhetischer Defekt des Gegenstandes erzeugt,»der die faktische Selbstenteignung des Nutzers erzwingt. [...]

---

131 WOLFGANG HEISE, Hegel und das Komische, in: Sinn und Form 16 (1964), H. 6, 830.
132 GÜNTER MAYER, Zur Dialektik des musikalischen Materials, in: Deutsche Zeitschrift für Philosophie 11 (1966), 1367.
133 JÜRGEN KUCZYNSKI/WOLFGANG HEISE, Bild und Begriff. Studien über die Beziehungen zwischen Kunst und Wissenschaft (Berlin/Weimar 1975), 425.
134 LOTHAR KÜHNE, Ornament. ›Poesie der Erinnerung‹ und Ästhetik kommunistischer Praxis (1977), in: Kühne, Haus und Landschaft. Aufsätze (Dresden 1985), 70.

Die letzte Figur der Selbstenteignung des Individuums ist das Werfen des noch gebrauchswertigen Gegenstandes als Müll«[135]. Diese Kritik war ebenso auf die kapitalistische Warenästhetik gemünzt wie auf die kitschige Bemäntelung mangelnder Gebrauchseigenschaften praktischer und technischer Gegenstände im real existierenden Sozialismus. Beiden Extremen stellte Kühne den Aneignungsmodus der ›Behutsamkeit‹ gegenüber. Kühne hat sich von anderen Projekten einer nicht mehr kunstzentrierten Basisästhetik wie *Ästhetik heute* (1978) distanziert. Nach seiner Formel »Die wesentlichste, werthöchste Form des ästhetischen Genusses praktischer Lebensbedingungen ist der Genuß des durch diese vermittelten Gebrauchs, der Genuß der praktischen Lebenstätigkeit selbst« (75) konnte er keinen Ansatz unterstützen, nach dem die ästhetische Wertigkeit als Zweck-Mittel-Verschiebung und spezifischer Widerspruch von Gebrauchswert und Gestaltwert verstanden wurde; in *Ästhetik heute* war die ästhetische Beziehung als ein »von der Dominanz unmittelbaren, instrumentalen Gebrauchs relativ freies Verhältnis der Individuen zu Gegenständen und Ereignissen, zu sich und zueinander«[136] konzipiert worden.

Innerhalb der Literaturwissenschaft hat vor allem Robert Weimann den Aneignungsbegriff zur Geltung gebracht. Weimann stützt sich demonstrativ auf den nichtemphatischen, operationalen Aneignungsbegriff, den Marx insbesondere im Exkurs zu ›Formen, die der kapitalistischen Produktion vorhergehen‹ in den *Grundrissen* verwendet; darin unterscheidet Marx zwischen Aneignungs- und Eigentumsformen unter naturgegebenen gegenständlichen Bedingungen und unter solchen Voraussetzungen an Material und Arbeitsmitteln, die ihrerseits Produkt von Arbeit sind. Hiervon ausgehend, nahm Weimann im Projekt *Realismus in der Renaissance. Aneignung der Welt in der erzählenden*

---

[135] KÜHNE, Gegenstand und Raum. Über die Historizität des Ästhetischen (Dresden 1981), 216.
[136] FRANZ (s. Anm. 101) 32.
[137] WEIMANN, Einleitung, in: Weimann (Hg.), Realismus in der Renaissance. Aneignung der Welt in der erzählenden Prosa (Berlin/Weimar 1977), 126.
[138] MICHEL FOUCAULT, L'archéologie du savoir (Paris 1969), 90.

Prosa (1977) die Renaissance als entscheidende aneignungsgeschichtliche Zäsur, die alle Aneignungsweisen erfaßte: »Die Aneignung der Welt revolutioniert sich [...] in dem Augenblick, wo die Reproduktion des gesellschaftlichen und individuellen Lebens über die *vorausgesetzten* Verhältnisse und die *vorbestimmten* Formen hinausgreift.«[137] Dies bedeutete eine neuartige Entfaltung individueller Selbsttätigkeit, die auch die Erkenntnislust, Phantasie und Originalität der Rezipienten freisetzte. Die Renaissance war ein besonders ergiebiges Untersuchungsfeld, um historische Veränderungen von Aneignungspraktiken im Konstitutionsprozeß der Moderne zu untersuchen. Dies hat auch dazu geführt, die vermeintliche Homogenität von Aneignungsweisen aufzubrechen, Ambivalenzen und Widersprüche aufzuzeigen, das gewaltförmige Moment in unterschiedlichen Aneignungspraktiken freizulegen und insgesamt die Machtdimension von Aneignung ins Blickfeld zu rücken.

Die Erkundung der Machtdimension von Aneignung ist im internationalen Kontext bereits Ende der 60er Jahre von Michel Foucault in *L'archéologie du savoir* (1969) thematisiert worden. Foucault hat aufgrund seiner historischen Analysen darauf insistiert, daß sich Aneignungsbeziehungen immer als konkrete Machtbeziehungen realisieren. Dies öffnet den Blick für die Widerstände und Reibungen, in deren Erfahrung individuelle Aneignung getätigt wird. Vor der Aneignung von Diskurspotentialen liegt die Aneignung eines spezifischen gesellschaftlichen Status, der jeweils das Recht einräumt, einen bestimmten Diskurs hervorzubringen, oder ihn mit bestimmten Kompetenzen zu rezipieren. Dieser gesellschaftliche Status wird durch institutionelle Plätze und vielfältige Situationen modifiziert, in denen sich verschiedenartige sozial umkämpfte und funktional differenzierte Subjektpositionen herauskristallisieren, die jeweils individuell besetzt und dargestellt werden müssen. In strategischer Hinsicht werden Diskurse durch die Funktion bestimmt, die sie in einem Feld nichtdiskursiver Praktiken ausüben. In diesem Zusammenhang führt Foucault den Begriff der Aneignung ein. Die Funktion bestimmt sich vor allem durch »*le régime et les processus d'appropriation* du discours: car dans nos sociétés (et dans beaucoup d'autres sans doute) la propriété du discours – entendue à la fois comme droit à parler, compétence à comprendre, accés licite et immédiat au corpus des énoncés déjà formulés, capacité enfin à investir ce discours dans des décisions, des institutions ou des pratiques – est réservée en fait (parfois même sur le mode réglementaire) à un groupe déterminé d'individus; dans les sociétés bourgeoises qu'on a connues depuis le XVIe siècle, le discours économique n'a jamais été un discours commun (pas plus que le discours médical, ou le discours littéraire, quoique sur un autre mode).«[138]

Die historischen und aktuellen Erkundungen der Machtdimension von Aneignung lassen einen emphatischen, utopisch aufgeladenen Begriffsgebrauch nicht mehr zu. Soweit Aneignung als Wertbegriff gebraucht wurde, war bereits die antike Stoa in Schwierigkeiten geraten, wenn sie sich auf Konfliktstrukturen und pragmatischen Paradoxien konkreten Aneignungsverhaltens verwiesen sah. Den Aneignungsbegriff nur noch pejorativ oder gar nicht mehr zu gebrauchen hätte freilich noch immer Versöhnungsutopien zum Maßstab und wäre im Hinblick auf das komplexe widersprüchliche Beziehungsgefüge, das der Aneignungsbegriff in seinen gegensätzlichen Momenten zusammenfaßt, kein neuer Ansatz, sondern eine Form der Problemabweisung.

Michael Franz

Literatur
CONZE, WERNER, ›Arbeit‹, in: KOSELLECK, Bd. 1 (1972), 154–215; EBELING, HANS (Hg.), Subjektivität und Selbsterhaltung. Beiträge zur Diagnose der Moderne (1976; Frankfurt a. M. 1996); FEIST, PETER, Die Kunstausstellung, in: Weimarer Beiträge 35 (1989), 67–75; FLIERL, THOMAS, Ästhetik der Aneignung. Studie zu weltanschaulich-methodologischen Grundproblemen der marxistisch-leninistischen Ästhetik (Berlin 1985); FRANZ, MICHAEL, Aneignungsfunktion und Sinnfrage, in: Weimarer Beiträge 35 (1989), 32–53; MOSER, WALTER, Kulturelle Aneignung. Eine kulturpolitische Debatte in Kanada, in: Weimarer Beiträge 41 (1995), 325–354; RÖHR, WERNER, Aneignung und Persönlichkeit. Studie über die theoretisch-methodologische Bedeutung der marxistisch-leninistischen Aneignungsauffassung für die philosophische Persönlichkeitstheorie (Berlin 1979); SCHNEIDER, FRANK, Aneignung als Gestaltung, in: Weimarer Beiträge (1989), 54–66; SLADEK, ISABELLA, Zur topischen Aneignungsmethode des Graphic Design, in: Weimarer Beiträge 35 (1989), 75–89; WEIMANN, ROBERT, History, Appropriation, and the Uses of Representation in Modern Narrative, in: M. Krieger (Hg.), The Aimes of Representation. Subject, Text, History (New York 1987), 175–215; WEIMANN, ROBERT, Text, Author-Function, and Appropriation in Modern Narrative. Toward a Sociology of Representation, in: Critical Inquiry 14 (1988), 431–447.

Anmut/Grazie

(griech. χάρις; lat. gratia, venustas; engl. grace; frz. grâce; ital. grazia; span. gracia; russ. грация)

Einleitung: Zeitlose Ewigkeit oder Zitat?; I. Vorgeschichte: Von Göttinnen der Gaben zur göttlichen Gnade; II. Ästhetische Versöhnung (18. Jahrhundert); 1. Sozioökonomische Aporie; 2. Begriffliche Dichotomie und psychische Spaltung; 3. Transkulturelle Sprache der Sinnlichkeit; 4. ›Une expression vuide de sens‹ und andere Strategien der Ratio; 5. Sozialisationstheorie; **III. Von Kleists Dezentralisierung zum säkularen Verblassen (19. Jahrhundert); IV. Residua und die Frage einer Dialektik des Zerfalls (20. Jahrhundert)**

Einleitung: Zeitlose Ewigkeit oder Zitat?

Anmut, der dissonanten Moderne als »Ausströmen einer inneren Harmonie«[1] überliefert, hatte in der Kunst der klassischen Moderne ein nur fragmentarisches Überleben und asynchrones Schicksal. Nach dem Impressionismus und dem Traditionsbruch der Avantgarden hat kein restauratives Neoklassizismus, weder in Musik noch Malerei, das spezifische Humanum heiter beschwingter Pastoralen und Idyllen zu bewahren vermocht, denen die sentimentalische Sehnsucht nach naiver Anmut eingeschrieben war. Die futuristische Faszination durch beschleunigte Bewegung nimmt – als operativ stimulierter Rausch gegenüber der klassischen Schönheit der Bewegung auf Artefakte abhebend

1 MARIE VON EBNER-ESCHENBACH, Aphorismen (1880), in: Ebner-Eschenbach, Werke, hg. v. J. Klein, Bd. 1 (München 1956), 866.

– die zentrifugale Entsinnlichung des Jahrhunderts der Abstraktion in künstlerischem wie realprozeßhaftem Szientismus vorweg. Doch sind Picassos nachkubistische Frauen, Braques Tauben und Matisse' arkadische Dekors oder Henry Moores und Henri Laurens' in Proportion und Anatomie verdrehte Weiber auch nach der Zerstörung des traditionellen Formenkanons nicht ohne jene »serpentine line«[2], die schon archaische Muttergottheitsidole ornamental schmückte.[3]

Die Lösung archaischer, erhabener Starre ins human Bewegte[4] führte auf die Regel des Kontrapost, die harmonische Entgegensetzung der Glieder, die Einheit von Bewegung und Ruhe in der menschlichen Gestalt. In der Plastik des 5. Jh. v. Chr. wurde die im Gegensatz zu ethnokulturellen Schönheitsidealen weitgehend transkulturelle Anmut konstitutiv auch für die Darstellung abendländischer Schönheit. Die überlebende Anmut der Moderne findet ihr spätes Refugium nicht fern in der apollinischen Klarheit mediterraner Linie und triumphiert derart noch, freilich verrückt, im verspielten Anarchismus eines Julio González, Salvador Dalì oder Jean Tinguely als gleichsam versprengte Welle eines ewigen Mare Nostrum inmitten montierter, weithin technoider ›Tagesreste‹ (Sigmund Freud).

Das Bauhaus hat, entsprechend Adolf Loos' Verdikt über das Ornament, das Verbrechen sei[5], Fundamente des modernen Sozialbaus geschaffen und der Funktion zum universellen Siegeszug verholfen. Mary Wigman »polemisiert – wie alle anderen Protagonisten des ›neuen‹, des ›Ausdruckstanzes‹ auch – gegen das klassisch-akademische Ballett«[6] und wird für die Abkehr von der oberflächlichen Leichtigkeit balletteuser Anmut, trotz ihrer ehrgeizig-blinden Kollaboration mit den Nazis, am Ende als ›entartet‹ fallengelassen.[7] Kubismus, industrielles Design, Zwölfton- und serielle Musik, écriture automatique und Dada verbindet der Bruch mit der Vergangenheit. Explizit politisch oder implizit revolutionär, galt der moderne Refus Tradition als Repräsentationsform vergangener Herrschaft. Wenn die demokratische schließlich pur, ohne Repräsentation und Ideologie auskommt, kann sie, wenn auch nicht mehr zum Skandal und kaum mehr zur Provokation gereichend, die jahrtausendealte Legitimation der ›Schönen Künste‹ nicht mehr vorweisen.[8] Nach Thomas Manns bzw. Theodor W. Adornos Diagnose vom Ende traditioneller Spielelemente, ihrer obsoleten geschichtsphilosophischen Identität von Besonderem und Allgemeinem – »Es ist aus damit«[9] –, insistierte der schon auf Spiele ohne Bedeutung, endspezialisierte Dichter der Moderne in zunehmend fragmentarisch reduzierten und zugleich musikalisch komponierten Texten: »raconte-moi encore finis de me raconter invocation«[10]. Samuel Becketts Werk kennzeichnen bereits, als progredierendes Formgesetz, Verlöschen und Sprödigkeit der Gegenwartskunst.[11]

Eine architektonisch zwischen Pomp und Archaismen spielende – und in beidem Repräsentation und Macht zugeneigte – Postmoderne hat sich auch theoretisch dem traditionellen Gegenbegriff zur Anmut, dem Erhabenen, zugewandt. »Statt mit der Lebensveränderung, dem großen Ziel der architektonischen Moderne, arbeitet sie

---

2 WILLIAM HOGARTH, The Analysis of Beauty (1753), hg. v. J. Burke (Oxford 1955), 55; dt.: Analyse der Schönheit, übers. v. J. Heininger (Dresden 1995).
3 Vgl. PENELOPE A. MOUNTJOY, Orchomenos V. Mycenaean Pottery from Orchomenos, Eutresis and other Boeotian Sites (München 1983), Taf. 5, Abb. 327 u. 328.
4 Vgl. G. W. F. HEGEL, Vorlesungen über die Ästhetik (1835–1838), in: HEGEL (GLOCKNER), Bd. 13 (1928), 98 f., 248 f.
5 Vgl. ADOLF LOOS, Ornament und Verbrechen (1908), in: Loos, Sämtl. Schriften, hg. v. F. Glück, Bd. 2 (Wien/München 1962), 276–288.
6 DIETRICH STEINBECK, ›Den inneren Zustand Gestalt werden lassen‹. Intuition und Formgebung im choreographischen Werk Mary Wigmans, in: Mary Wigmans Choreographisches Skizzenbuch 1930–1961, hg. v. D. Steinbeck (Berlin 1987), 282.
7 Vgl. HEDWIG MÜLLER, Mary Wigman. Leben und Werk der großen Tänzerin (Weinheim/Berlin 1986), 205–272.
8 Vgl. WALTER GRASSKAMP, Die unästhetische Demokratie. Kunst in der Marktgesellschaft (München 1992).
9 THOMAS MANN, Doktor Faustus (1947; Frankfurt a. M. 1975), 242.
10 SAMUEL BECKETT, Comment c'est (Paris 1961), 9; dt.: Wie es ist, übers. v. E. Tophoven (Frankfurt a. M. 1969).
11 Vgl. BECKETT, imagination morte imaginez (Paris 1965); dt.: ausgeträumt träumen, in: Residua, übers. v. E. Tophoven (Frankfurt a. M. 1970), 65–76.

I. Vorgeschichte: Von Göttinnen der Gaben zur göttlichen Gnade

mit der Bewußtseinsverrückung.«[12] Wenn Eklektizismus, Manierismus und Rehabilitierung von Ornament und Dekor als Reaktion auf universelle Funktion sich nun den architektonischen Fundus der Kunstgeschichte insgesamt fungibel machen, ist auch Anmut als Zitat denkbar. Als solches ist ihr Nachleben aber insgesamt, vom Feuilleton bis zur andalusischen Reisewerbung oder der für Dessous und Parfums, gekennzeichnet. Das mehr oder weniger kitschige, museale Fortleben des subventionierten klassischen Balletts zahlt für die fehlende historische Vermittlung mit belangloser Aktualitätslosigkeit. In den Zentren der Zivilisation sind weder Leben noch Künste mehr anmutig. Die zuweilen nippeshaft aufbereiteten Idyllen postmoderner Wohnblocks inszenieren das Verschwundene als humanitäres Remake. Der Spanier Andreu Alfaro schickte, Hans Arps *Trois Grâces* (1961) in Material und Größe variierend, drei abstrahierte, blendend schöne Grazien aus seinem sexualmythologischen, einmal mehr um fundamentalistische Essenz bemühten Œuvre, insgesamt Marmor, auf die Biennale '95 nach Venedig. Gleichzeitig werben Raffaels Grazien, mit Lederbällen statt Tugendäpfeln, für die Fußballweltmeisterschaft 1990 in Italien und Botticellis, Rucksack und Gürteltasche swingend, für ALITALIA. Wolf Vostells *Drei Grazien auf dem Weg zum Fest am Ende des 20. Jahrhunderts* (1996) bedienen sich – wie schon René Magrittes *Les Grâces naturelles* (1960), Man Rays *Target* (1935), Francis Picabias *Les trois grâces* (1924– 1927) oder George Grosz' *Mißachtung eines Meisterwerks von Botticelli* (1920) – des Mythos als Folie, vor der sich deformiert Realität abhebt. Die reale ästhetische Zurüstung und alltägliche Barbarei lassen so untrüglich wie scheinbar das humanistische Credo einer ewigen Aktualität des Mythos – zeitloser Verbürgtheit von Anmut – bröckeln. Denn nicht nur partizipiert noch das Zitatenspiel an seinem Ewigkeitsanspruch, evoziert ihn noch seine Demontage. Sondern die mythologische Kehrseite der Chariten –»zwei Seiten derselben Sache«[13] – heißt Rache: Furien, Erinnyen, erhabene Verfolgerinnen einer matriarchalen Rechtsordnung. Im dualistischen Charakter des Mythos liegt seine zeitgenössische Aktualität und der Garant seiner überzeitlichen Gültigkeit begründet.

I. Vorgeschichte: Von Göttinnen der Gaben zur göttlichen Gnade

Das ikonographische, im Laufe der Kunstgeschichte unzähligemal variierte Motiv der nackten drei Grazien ist hellenistisch. Vorolympischen Vegetationsdämonen folgte zunächst eine erhabene Göttin, die erst später humanisiert und noch gegürtet in der mythischen Dreizahl agrikultureller Göttinnen der Gaben erscheint. Soviel darauf hindeutet, daß ihre chthonische Herkunft sie auf immer an agrikulturelle Bedingungen bindet – Blumen, Frühling, Wasser: Idylle –, so früh haben sie den reinen Naturbereich den Horen überlassen und sind zu Begriffen ästhetischen, politischen und ethischen Rangs geworden.»Die schönsten Werke der Kunst heißen Werke der Chariten.«[14] In Antike und Neuzeit ist das ästhetische Ideal, nach seiner matriarchalen Genese, zunächst aristokratisch. Als bürgerliches handelt es sich immer schon um abgesunkenes, neuformuliertes Kulturgut.

In Aischylos' *Orestie*, dem schlichtenden Verfahren des ruchlosesten Muttermords als patriarchalem Stiftungsakt, ist Charis allpräsent im erschütterten sozialen Regelwerk, seinen Verletzungen und Sanktionen.[15] Auf dem Marktplatz von Athen mahnt ihr Denkmal in den Griechischen gegebene, unübersetzbare Einheit von χαρίεις (anmutig, lieblich), χαρίζεσθαι (sich freundlich zeigen, angenehm sein), χάριν εἰδέναι, ἀποδιδόναι (Dank wissen, Dank abstatten)[16] an: mehr als bloßen Tausch- und Mehrwert. Bei Verstößen droht ihre dualistische Nachtseite, in Gestalt matriarchaler Rachegeister, der Erinnyen, mit Rache und Verderben.

---

12 KLAUS HEINRICH, Zur Geistlosigkeit der Universität heute (Oldenburg 1987), 16.
13 LEOPOLD SCHMIDT, Die Ethik der alten Griechen, Bd. I (Berlin 1882), 309; vgl. SIGMUND FREUD, Über den Gegensinn der Urworte (1910), in: FREUD (SA), Bd. 4 (1970), 227–234.
14 WILHELM HEINRICH ROSCHER, ›Chariten‹, in: ROSCHER, Bd. I (1884–1886), 876.
15 Vgl. BONNIE MACLACHLAN, The Age of Grace: ›Charis‹ in Early Greek Poetry (Princeton 1993), 124– 146.
16 Vgl. ULRICH VON WILAMOWITZ-MOELLENDORF, Pindaros (Berlin 1922), 152.

Die entmythologisierende Philosophie von Aristoteles[17] bis Seneca[18] erklärte Charis allegorisch und moralphilosophisch als Geben und Nehmen, Schenken und Danken, weniger als göttliche Gnadenfülle denn zunehmend im krämerischen Kleingeist der Spätzeit. Der Apostel Paulus enthebt die einst chthonisch-matriarchale Charis in die patriarchal-monotheistische Transzendenz göttlicher Gnade.[19] Für die verbreitete Forschungsmeinung, die für die mittelalterliche Kunst und die Literatur der Renaissance das Fehlen des mythologischen Motivs behauptet – und folglich auch angesichts manch holder Madonna und aller expliziten Rede des Manierismus von der Figura serpentinata kurzsichtig blieb – zeichnet sich eine Revision ab.[20] Dem Neuplatonismus der Renaissance hieß die Charis »des Antlitzes [...] ein Nachklang, eine Widerspiegelung der Gnade Gottes, die in der Seele sich befindet«[21].

Die Wortgeschichte ist in den romanischen Ländern, die den Begriff z. T. noch im Sinne von ›Dank‹ alltäglich gebrauchen, selbstverständlicher als in Deutschland. In den frz. Ausdrücken grâce oder grâce à sind ebenso wie in den ital. grazia, grazie oder den span. grácia, grácias neben der mythologisch-ästhetischen ihre moralphilosophische und religiöse Bedeutung als Dank bzw. Gnade enthalten. Das Englische kennt die ästhetische und mythologische bzw. religiöse als grace. Anmut ist dagegen ein nur deutsches Wort, das durch eine elsässische Rechtsquelle von 1338 zum ersten Mal belegt ist.[22] Bis ins 17. Jh. sollte es die – oft unter negativem, christlich-verteufelndem Akzent stehende – Bedeutung von »affectus, appetitus, die Begierde, Lust«[23] behalten. Dann erst setzte der Bedeutungswandel ein zur Schönheit, die Verlangen und Wohlgefallen weckt. Die subjektivistische Formel begleitet damit paradox die objektivistische Wende in der Begriffsbedeutung neuzeitlicher Anmut von ›Lust auf‹ zur ›Schönheit der Bewegung‹.[24]

II. Ästhetische Versöhnung (18. Jahrhundert)

1. Sozioökonomische Aporie

Die Antike hat sich gegenüber Deutungen der ästhetischen Gestalt der Anmut weise abstinent verhalten.[25] So haben also die Kommunikationsstrategien der Rhetorik ihrer göttlichen, nicht machbaren Natur seit der Renaissance Genüge getan, indem die simulatio (von Leichtigkeit) und dissimulatio (von Anstrengung und Arbeit) rhetorischer Anmut mit Neologismen wie ital. sprezzatura, leggiadria, span. despejo und frz. désinvolture, agrément von göttlicher gratia unterschieden wurden.[26] Die Zugehörigkeit der Peitho zu den Chariten – als Göttin der Überredung noch Kronzeugin des problematischen Aktualisierungsversuchs Christian Meiers[27] – beruft sich auf eine schmale, kaum verbindliche Überlieferung[28] und ist demnach auch kontrovers.[29] Selbst Baldassare Castiglione, der Lehrmeister der höfischen Kultur, der es doch immerfort um die Mühe des Scheins ging, stellt fest, daß »la grazia non s'impari« (Anmut nicht gelernt werden kann)[30], wenn nicht

---

17 Vgl. ARISTOTELES, Eth. Nic. 1132b-1133a, 1168a.
18 Vgl. SENECA, Benef., in: Seneca, Philosophische Schriften, lt. u. dt., hg. v. M. Rosenbach, Bd. 5 (Darmstadt 1989), 95–593.
19 Vgl. HEINRICH DÖRRIE, ›Gnade‹, in: RAC, Bd. 11 (1981), 315 ff.; ERKINGER SCHWARZENBERG, Die Grazien (Bonn 1966), 79.
20 Vgl. GERD KLEINER, Die verschwundene Anmut (Frankfurt a. M. 1994) 289 f., Anm. 3; EDGAR WIND, Pagan Mysteries in the Renaissance (London 1968), 44 f.; dt.: Heidnische Mysterien in der Renaissance, übers. v. C. Münstermann u. a. (Frankfurt a. M. 1981); KARL-HEINZ GÖTTERT, ›Anmut‹, in: UEDING, Bd. 1 (1992), 614 ff.
21 SCHWARZENBERG (s. Anm. 19), 79.
22 Vgl. ›Anmut‹, in: GRIMM, Bd. 1 (1854), 409.
23 Ebd.
24 Vgl. KLEINER (s. Anm. 20), 72; WILLIAM GUILD HOWARD, Reiz ist Schönheit der Bewegung, in: Publications of the Modern Language Association of America, hg. v. C. H. Grandgent, Bd. 17 (Baltimore 1909), 286–293.
25 Vgl. SCHWARZENBERG (s. Anm. 19), 73, 76.
26 Vgl. JANINA KNAB, Ästhetik der Anmut (Frankfurt a. M. 1996), 64 ff.
27 Vgl. CHRISTIAN MEIER, Politik und Anmut (Berlin 1985), 11 ff.; KLEINER (s. Anm. 20), 55 ff.
28 Vgl. LUDWIG PRELLER, Griechische Mythologie, Bd. 1 (1854; Berlin ⁴1984), 508 f.
29 Vgl. JOHANN HEINRICH KRAUSE, Die Musen, Grazien, Horen und Nymphen (Halle 1871), 86.

durch Anlage und frühe feudale Sozialisation begünstigt. Die Blüte der Anmut in Kunst, Literatur und Theorie des 18. Jh. vollzieht sich als allerorten deklarierter Rückgriff auf die Antike. Indem sie sich im Namen des authentischen Individuums und seiner Natürlichkeit artikuliert, schreibt sie sich der antifeudalistischen Entstehung des bürgerlichen Selbstbewußtseins ein. Dabei werden die Zwänge der aristokratischen Etiquette nicht, wohl aber die Bedeutung der feudalen Grazie des Edelmanns allgemein verdrängt. Die Ausnahme bildet auch hier Goethe, der das Motiv analytisch ins Zentrum der klassenspezifischen Thematik seines – nicht zufällig einem Künstler gewidmeten – Bildungsromans *Wilhelm Meisters Lehrjahre* (1795/1796) stellt. Seine sozioökonomische Analyse gilt für das gesamte Jahrhundert, dessen Darstellung sie hier eröffnen soll. Den Aristokraten kleide »eine gewisse feierliche Grazie bei gewöhnlichen Dingen, eine Art von leichtsinniger Zierlichkeit bei ernsthaften«, während der Bürger »einzelne Fähigkeiten ausbilden [soll], um brauchbar zu werden, und es wird schon vorausgesetzt, daß in seinem Wesen keine Harmonie sei, noch sein dürfe, weil er, um sich auf eine Weise brauchbar zu machen, alles Übrige vernachlässigen muß. An diesem Unterschiede ist nicht etwa die Anmaßung der Edelleute und die Nachgiebigkeit der Bürger, sondern die Verfassung der Gesellschaft selbst Schuld«[31]. Der große Naive, im übrigen libertär genug, seinem Gebrauch des Begriffs konsequent jeden subjektivistischen und sensualistischen Freiraum zu öffnen[32], läßt dem ästhetischen Ideal der Anmut wenig Raum in den arbeitsteiligen »mechanischen Quälereien« des Zeitalters. Beneidet wird die Freiheit des Edelmanns, dessen Grazie doch schonungslos als Simulation enthüllt wird: »Er sei kalt, aber verständig; verstellt, aber klug. Wenn er sich äußerlich in jedem Moment seines Lebens zu beherrschen weiß, so hat niemand eine weitere Forderung an ihn zu machen«.[33]

Die authentische bürgerliche Anmut des 18. Jh. wird gemeinhin als Natürlichkeit feudaler Ziererei gegenübergestellt; auch die negativen Abgrenzungen des Affektierten und Läppischen erinnern den Klassenfeind. Die sinnlichen Freiheiten der Anakreontik und der galanten Dichtung, ›les poètes voluptueux‹, an deren unschuldig-libertären Miniaturen sich eine dekadente Spätzeit erfreuen konnte, stellten einen frevelhaften Höhepunkt in der deutschen Literaturgeschichte dar. Ihre spielerischen Anzüglichkeiten wird bürgerlicher Geist verpönen.[34] Wenn aber gerade Anmut in Literatur, Malerei und Musik die Signatur eines bukolisch, arkadisch oder elysisch bestimmten Reichs der Freiheit abgibt, sucht die bürgerliche Utopie ihr Vorbild unweit vom aristokratischen Alltag. Dem Rückgriff auf die Antike entspricht die bürgerliche Entmachtung der Frau, die sich nach ihrer partiellen Organisation im spätmittelalterlichen Zunftwesen der 18. Jh. entstehenden Trennung von weiblicher Haus- und männlicher Berufsarbeit zu fügen hat.[35] Lottes Anmut in den *Leiden des jungen Werther* (1774) entfaltet sich in einem lückenlosen häuslichen Arbeitsalltag. Erotische Posen der Kunst müssen in die gesellschaftsferne Idylle ausgebürgert und in mythologischem Gewand bzw. Nacktheit stilisiert werden. Der Prozeß der Zivilisation greift über die neue bürgerliche Moral auch in den musikalischen Ausdruck und Formenkanon. Barocke Leidenschaft und Libertinage des Rokoko werden zum geziemenden Ausdruck bürgerlicher Frauenzimmer: »artig, fein, naiv‹ heißen die neuen Wertkriterien«[36]. Nur als Furie, Femme fatale oder Medea erhebt die vorbürgerliche Heroine zuweilen noch ihr scheußliches Haupt im bürgerlichen Trauerspiel.

»Auf den Brettern erscheint der gebildete

---

30 BALDASSARE CASTIGLIONE, Il libro del cortegiano (1528), hg. v. V. Cian (Firenze ⁴1947), 61; dt.: Der Hofmann, übers. v. A. Wesselski (München/Leipzig 1907), 65.
31 JOHANN WOLFGANG GOETHE, Wilhelm Meisters Lehrjahre (1795/1796), in: GOETHE (WA), Abt. I, Bd. 22 (1899), 149f., 151.
32 Vgl. Goethe-Wörterbuch, hg. v. d. Deutschen Akademie der Wissenschaften der DDR, Bd. 1 (Stuttgart u.a. 1978), 620–626.
33 GOETHE (s. Anm. 31), 152, 150.
34 Vgl. CHRISTOPH PERELS, Studien zur Aufnahme und Kritik der Rokokolyrik zwischen 1740 und 1760 (Göttingen 1974).
35 Vgl. GÜNTER HÄNTZSCHEL, Bildung und Kultur bürgerlicher Frauen 1850–1918 (Tübingen 1986), 6f.
36 PERELS (s. Anm. 34), 152; vgl. KURT BINNEBERG, Lektürehilfen Liebeslyrik. Epochen- und gattungsspezifische Aspekte (Stuttgart 1989), 13f.

Mensch so gut persönlich in seinem Glanz als in den obern Classen; Geist und Körper müssen bei jeder Bemühung gleichen Schritt gehen«[37], lautet Wilhelms biographische Legitimation als (un-) bürgerlicher Künstler, die den Abschied vom feudalen, rhetorischen Ideal in eins mit seiner Rettung in künstlerische Rhetorik formuliert. Denn die bürgerliche Emanzipation von feudalem Schein und Zwang im Namen von Natürlichkeit und Authentizität zeitigt selbstverständlich den ästhetischen Schein eines utopischen Ideals inmitten neuer Zwänge. »Anmut haßt den Zwang« (Χάριτος στυγέει δύστλητον Άνάγκην)[38], wußte die Antike.

2. Begriffliche Dichotomie und psychische Spaltung

Die Ausbildung des Systems der ›Schönen Künste‹ im 18. Jh. besaß so an der sanften Anmut ein vielfach paradoxes[39], in seiner konstitutiven Leib-Seele-Einheit abendländischer Begrifflichkeit zudem grundsätzlich verstelltes, widerspenstiges Schönheitsideal. Der theoretische Vorreiter der bürgerlichen Reaktionsbildung gegen Etiquette, Strategie und Libertinage der Aristokratie stammt auch diesmal aus dem früh industrialisierten England. Shaftesburys *Soliloquy, or Advice to an Author* begründet 1711 mit dem Konzept einer gebildeten ›moral grace‹ aus gutem Haus das Paradigma bürgerlicher Anmut. »Verinnerlichung der Liebe«[40] heißt ihr epochales Programm. Der Künstler kenne

ihr geheimnisvolles Wirken, das das einer Göttin sei. »'Tis the like moral grace and Venus which, discovering itself in the turns of character and the variety of human affection, is copied by the writing artist. If he knows not this Venus, these graces, nor was ever struck with the beauty, the decorum of this inward kind, he can neither paint advantageously after the life nor in a feigned subject where he has full scope.«[41] Die Rede ist von der Venus Urania, unterschieden von der anderen, Pandemos, nach der Logik einer Spaltung, die Freud aus dem frühkindlichen psychosexuellen Schicksal des Mannes ableitete und unter den Namen der Madonna und der Hure populär machte.[42] Die bürgerliche Anmut komponiert sich, gebetsmühlenhaft ungezählte Male wiederholt, aus der Idealisierung der ersteren und der Abwertung der letzteren. Auf ihrer konstitutiven Spaltung fußt die bürgerliche Moral, ihre Tugendphase und Abwertung der Sinnlichkeit zur »niederen lust«, »zügellos statt keusch, wild-lustig statt gemässigt-fröhlich«: »keine zweiteilung, sondern die wahre, sittliche Grazie der falschen gegenüber«[43].

John Donaldsons *Elements of Beauty* von 1780 führen aus, »that every thing which is graceful in outward appearance, is only as it were the trappings and ornaments of that heavenly love of the soul, by the ancients ascribed to the *Venus Urania*, or celestial; in opposition to what is attributed to the other *Venus*, worshipped by them as the earthly and vulgar«[44].

»Die religionsgeschichtliche Bedeutung der Pandemos wurde früher meist in ihrem Gegensatz zur Urania entwickelt, und zwar wurde sie entweder als eine ethisch vorgeschrittene, hellenisch gemäßigte Göttin der ausschweifenden Asiatin entgegengesetzt [...]; oder es wurde die Pandemos als eine niedrige Göttin aufgefaßt, die im Unterschied von der ehrwürdigeren einheimischen Urania mit der fremden sinnlichen Göttin gleichen Namens verschmolzen wurde [...]. Aber abgesehen von der Künstlichkeit des Versuchs, durch die Annahme von zwei Uranien das nationale Ethos der Griechen zu retten, läßt sich der erotische Gegensatz im Wesen der beiden Aphroditen keineswegs als ursprünglich erweisen. Er ist vielmehr, wie die literargeschichtliche Entwicklung gezeigt hat, das Erzeugnis einer späten, den Inhalt der Begriffe

---

37 GOETHE (s. Anm. 31), 152.
38 EMPEDOKLES, Fragment 116, in: Die Fragmente der Vorsokratiker, hg. u. übers. v. H. Diels/W. Kranz, Bd. 1 (1903; Berlin ⁸1956), 358.
39 Vgl. KNAB (s. Anm. 26), 21–50.
40 FRANZ POMEZNY, Grazie und Grazien in der deutschen Literatur des 18. Jahrhunderts (Hamburg/Leipzig 1900), 127.
41 ANTHONY ASHLEY COOPER SHAFTESBURY, Soliloquy, or Advice to an Author (1711), in: Shaftesbury, Characteristics of Men, Manners, Opinions, Times, hg. v. J. M. Robertson, Bd. 1 (London 1900), 217.
42 Vgl. FREUD, Über die allgemeinste Erniedrigung des Liebeslebens (1912), in: FREUD (SA), Bd. 5 (1972), 197–210; PLATON, Symp. 180c-182a.
43 POMEZNY (s. Anm. 40), 131, 236.
44 JOHN DONALDSON, The Elements of Beauty. Also, Reflections on the Harmony of Sensibility and Reason (Edinburgh 1780), 65 f.

ethisch umformenden Reflexion und hat [...] im Kult nie Wurzel geschlagen.« Noch im Horizont der fachwissenschaftlichen Diskussion Roschers wird »das Vorurteil wiederholt, daß bei einer Urania anmutige Haltung unbedingt ausgeschlossen sei«[45].

Der Anmuttheorie ist so einmal die gesamte theoretische Last der Formulierung – und Formulierbarkeit – eines nachdescartesschen commercium mentis et corporis aufgegeben. Zum anderen trägt die Anmut des 18. Jh., für Winckelmann »das Sinnlichste«[46] der Kunst, die traumatische Geschichte der christlichen Sinnlichkeit im folgenreichen Augenblick der explosiven Entstehung einer dequalifizierenden und entzaubernden, d. h. operationalisierenden Naturwissenschaft. Die artige Sinnlichkeit einer geziemenden Schönheit der Bewegung hatte stets ihre Abwertung im Namen des höheren, seelischen Primats zu gewärtigen. Denn die Totalität des Tauschprinzips bestimmt nicht nur das Credo des bürgerlichen Kontors: »Wenn man mir den kostbarsten Edelstein schenken wollte, mit der Bedingung ihn täglich am Finger zu tragen, ich würde ihn nicht annehmen; denn wie läßt sich bei einem todten Capital nur irgend eine Freude denken? Das also ist mein lustiges Glaubensbekenntniß: seine Geschäfte verrichtet, Geld geschafft, sich mit den Seinigen lustig gemacht, und um die übrige Welt sich nicht mehr bekümmert, als in sofern man sie nutzen kann.«[47]

3. Transkulturelle Sprache der Sinnlichkeit

Der Künstler William Hogarth leitet in der Mitte des Jahrhunderts die berühmte »serpentine line« seiner *Analysis of Beauty* (1753) anatomisch, quasi positivistisch aus Knochenbau und Muskelbildung ab. Seine Schlangenlinie, »super-adding grace to beauty«, besteht einfach aus einer dritten »waving line«.»Divest these of there serpentine twinings and they immediately lose all grace, and return to the poor gothic taste they were in an hundred years ago.«[48] Jede Lockerung in Haltung und Faltenwurf der Madonnen zeitigte stets schon jene ›Schlangenlinie‹, ein transkulturelle Mythologeme[49] evozierender und leicht zum Konkretismus verführender Begriff, der vom Kontrapost über die Figura serpentinata bis zu den Girlanden des Jugendstils

erstaunliche Gültigkeit über die abendländische Kunstgeschichte hinaus erworben hat: Ihm entspricht die indische ›tribhanga‹, dreifache Beugung[50], die sich über die grazile thailändische Spielart bis zu den devot sich schlängelnden Geishas durch Asien verfolgen läßt[51]; der abbildlose, arabeske Islam gilt als Inbegriff des Zaubers in Architektur, Gartenkunst und Kalligraphie, er kennt den Schleiertanz. Die auffällige Schönheit der Bewegung Schwarzer hat ihre subversive Kraft in der weißen Zivilisation, Erinnerung eigener vitaler Einbußen als aufreizender Triumph des Sklaven über den Herrn[52], vielfach manifestiert.

»*Gracefulness* is an idea not very different from beauty; it consists in much the same things. Gracefulness is an idea belonging to *posture* and *motion*. In both these, to be graceful, it is requisite that there be no appearance of difficulty; there is required a small inflexion of the body; and a composure of the parts, in such a manner, as not to incumber each other, nor to appear divided by sharp and sudden angles. In this ease, this roundness, this delicacy of attitude and motion, it is that all the magic of grace consists, and what is called its *je ne sais quoi*; as may be obvious to any observer who considers attentively the Venus de Medicis, the Antinous, or any statue generally allowed to be graceful in high degree.«[53] Burkes *Philosophical Enquiry into the Origin of our Ideas of the Sublime and Beautiful* von 1756 beschreibt die Schlangenlinie nicht ohne Anspruch auf ›all the magic of grace‹.

---

45 ROSCHER, ›Pandemos‹, in: ROSCHER, Bd. 3/1 (1897–1902), 1511 f.
46 JOHANN JOACHIM WINCKELMANN, Von der Gratie in Werken der Kunst (1759), in: WINCKELMANN, Bd. 1 (1825), 218; vgl. HERMANN J. WEBER, Grazie bei Winckelmann, in: Zeitschrift für deutsche Wortforschung, Bd. 9 (1907), 141–152.
47 GOETHE (s. Anm. 31), 144.
48 HOGARTH (s. Anm. 2), 55, 71.
49 Vgl. HANS EGLI, Das Schlangensymbol, Geschichte – Märchen – Mythos (Olten 1982).
50 Vgl. HEINZ MODE, Die Frau in der indischen Kunst (Leipzig 1970), 43.
51 Vgl. I-Ging. Das Buch der Wandlungen, übers. v. R. Wilhelm (Düsseldorf u. a. 1960), 446 f.
52 Vgl. THEODOR W. ADORNO / MAX HORKHEIMER, Dialektik der Aufklärung (1947; Frankfurt a. M. 1981), 207.
53 BURKE, 119.

Winckelmanns *Von der Gratie in Werken der Kunst* von 1759 beobachtet an der Anmut der antiken Plastik: »In der Einfalt und in der Stille der Seele wirket sie, und wird durch ein wildes Feuer und in aufgebrachten Neigungen verdunkelt.« Das bürgerliche Tabu über weiblicher Leidenschaft ist für die Anmut des 18. Jh. common sense. »Man merke, daß die Rede von dem Hohen, oder Heroischen und Tragischen der Kunst, nicht von dem komischen Theile derselben ist.« Daher wird Anmut für Winckelmann »das eigentümliche Verhältniß der handelnden Personen zur Handlung: denn sie ist wie Wasser, welches desto vollkommener ist, je weniger es Geschmak hat«. Im Fall tragischen Untergangs – »übertäubet, der Unempfindlichkeit nahe«[54] – muß Anmut sich mit Würde den Ausdruck des Leidens verbieten.

Auch Henry Homes *Elements of Criticism* (1762) bemühen seit der 3. Aufl. von 1765 die gesellschaftliche Kontrollinstanz der Würde für eine Sprache der Sinnlichkeit: »grace may be defined, that agreeable appearance which arises from elegance of motion and from a countenance expressive of dignity. Expressions of other mental qualities, are not essential to that appearance, but they heighten it greatly.«[55]

»Ein andrer Weg, auf welchem die Poesie die Kunst in Schilderung körperlicher Schönheit wiederum einholet, ist dieser, daß sie Schönheit in Reiz verwandelt. Reiz ist Schönheit in Bewegung, und eben darum dem Maler weniger bequem als dem Dichter. Der Maler kann die Bewegung nur erraten lassen, in der Tat aber sind seine Figuren ohne Bewegung. Folglich wird der Reiz bei ihm zur Grimasse. Aber in der Poesie bleibt er was er ist; ein transitorisches Schönes, das wir wiederholt zu sehen wünschen. Es kömmt und geht; und da wir uns überhaupt einer Bewegung leichter und lebhafter erinnern können, als bloßer Formen oder Farben: so muß der Reiz in dem nämlichen Verhältnisse stärker auf uns wirken, als die Schönheit«[56], analysiert der Autor des *Laokoon* 1766 mit anakreontischer Begrifflichkeit.

Anderen ist das personifizierte Transitorische zu nackt und zu müßig: »Denn unser Jüngling hat recht: Drei unbekleidete, weibliche Körper in Einerlei Stellung, in welcher kaum die Hände bedeutend sind, können am Ende zu nichts, als zum müßigen Zierrath dienen; daher wir für den Charakter, den diese Grazien ausdrücken sollen, unstreitig lieber die Kindheit wählen würden. [...] Wenn also von Vorstellungen der Kunst die Rede ist, so muß man durchaus Grazie (χαρις), als eine Eigenschaft oder Charakter, von den drei nackten Grazien des neuern Styls unterscheiden. Jener, die Grazie, ist ein so umfassender, hoher und reicher Begrif, daß er durch drei nackte Mädchen, die sich einander die Hände reichen, weder ausgedrückt werden konnte, noch sollte. [...] Es wäre zu wünschen, daß dieser Unterschied von allen bemerkt wäre, die über Grazie und die Grazien schrieben«, belehrt Herders gutorganisierte Tugendveranstaltung *Das Fest der Grazien* 1766. »Künstler von gutem Geschmack trugen Sorge, ihren Grazien etwas zu thun zu geben, um sie ihrem Handumschlingenden Müssiggange zu entreissen.«[57] Herder moralisiert das hellenistische Zerfallsprodukt der Kunst und fordert dagegen die späte mythologische Gestalt der eins selbständigen Göttinnen als Adjutantinnen vor allem Aphrodites. Unbemerkt bleibt, daß ihre Teilnahme an menschlichen Veranstaltungen sich immer schon auf Feste beschränkte, wie auch die Entsprechung ihrer hellenistischen Nacktheit zur initiatorischen der Mysterien.

Wolfgang Moneckes Studie zur Bedeutung des Themas bei Wieland stellt die spezifischste Untersuchung eines einzelnen Werks der deutschen Literaturgeschichte dar. Wielands Anmut wird, »am Fuß der hohen Denkgebäude, deren Schatten sie überdeckt«[58], nicht nur als bewußter, noch in einer harmonischen Natur verbürgter Begriff gefaßt, sondern ebenso als Medium der Individualisierung des Ausdrucks und neuzeitlicher Subjektivierung. Die teleologische Grazienphilosophie Wielands zielt auf eine gesellige, tolerante, urbane Kultur. Der Grazendichter par excellence, dessen triebge-

---
54 WINCKELMANN (s. Anm. 46), 217, 219, 218, 220.
55 HOME, Bd. 1 (⁶1785), 364.
56 GOTTHOLD EPHRAIM LESSING, Laokoon oder über die Grenzen der Malerei (1766), in: Lessing, Werke, hg. v. K. Wölfel, Bd. 3 (Frankfurt a.M. 1967), 124.
57 JOHANN GOTTFRIED HERDER, Das Fest der Grazien (1766), in: HERDER, Bd. 18 (1883), 481 f.
58 WOLFGANG MONECKE, Wieland und Horaz (Köln/Graz 1964), 147.

schichtlicher Wandel sich in dem des Motivs dokumentiert[59], befreit zeitweilig von deutscher Schwere mit *Musarion oder die Philosophie der Grazien* (1769). Emil Staiger führt mit Hinweis auf eine von Luther und Kant geprägte deutsche Geistesgeschichte ex negativo die Einmaligkeit der Wielandschen Leichtigkeit vor:»Von diesen Schlägen hat sich die Philosophie der Grazien und damit Wielands Ruhm bis heute noch nicht erholt. Selbst Goethe findet mit seinem Lob von Wielands Heiterkeit kein Gehör.«[60]

»Die regelmäßigsten, gelehrtesten, und so zu sagen, die tiefsinnigsten Werke, welche mit dem größesten Fleiß ausgearbeitet sind, haben ohne Zweifel ihren Werth in sich selbst. Allein sie haben nicht allezeit das Glück, wohl zu gefallen; besonders, wenn sie von jenem göttlichen Reize entblößet sind, welchen man die Anmuth, oder die Grace nennt, und welche, da sie die Schönheit beynahe selbst verschönert, das Herz weit eher, als eben diese Schönheit den Verstand einnimmt«[61], wissen Köremons *Natur und Kunst in Gemälden, Bildhauereyen, Gebäuden und Kupferstichen* von 1770. Auch für die Gelehrsamkeit des 18. Jh. gilt in alter rhetorischer Tradition:»La nécessité des graces dans un ouvrage d'esprit, est donc incontestable«, damit auch:»L'imagination & le cœur: [...] Voilà les deux sources naturelles des agréments du Discours.«[62] Davon ist auch die Geometrie nicht ausgenommen.

Dem verinnerlichten anglo-sächsischen Tugendmodell steht in Frankreich eine spielerische, sinnliche grâce avec esprit gegenüber, deren Intellekt wie Erotik auch deutscher Natürlichkeit widersprachen. Antoine de Marcenay nennt das commercium mentis et corporis meisterhaft »expression du mouvement; ce rapport exact entre la pensée & les signes représentatifs«. Der wohlproportionierten Schönheit der antiken Plastik fehle zuweilen Anmut:»c'est que la grace est indépendante des belles proportions; un être réellement distinct de la Beauté«[63].

4. ›*Une expression vuide de sens*‹ *und andere Strategien der Ratio*

Zum naturwissenschaftlichen Anspruch von de Marcenays *Essai sur la Beauté* (1770), Anmut aus einem Descartesschen Maschinenkörper, seinen Nerven und Muskeln abzuleiten, gehört eine seit Shaftesbury der Theorie des 18. Jh. eigene Intention:»substituons enfin au je-ne-sais-quoi, des idées dont l'exactitude puisse en faire connoître l'origine«[64]. Zumal dem wissenschaftlichen Geist des Zeitalters fiel es schwer, das libertäre ›Je ne sais quoi‹ einer beeindruckenden Tradition[65], aber besiegten Epoche zu akzeptieren. Noch Père Andrés *Discours sur les Graces* von 1763 zieht aus den Anstrengungen von Kunst, Literatur und Philosophie das Resümee:»les plus belles descriptions du monde, pour nous en faire sentir le pouvoir; mais pas une seule définition, pour nous en expliquer la nature.«[66] Für den cartesisch vertieften Leib-Seele-Dualismus, der in Deutschland einen rigiden Moralismus, d.h. eine »erotisierung bürgerlicher werte und pflichten«[67] ausprägt, gilt das Schema:»Pour y procéder avec ordre, nous examinerons: 1°. La nature des Graces du corps, qui sont les premières dont l'éclat sensible nous a pu touchés; 2°. La nature des Graces de l'esprit, que nous n'avons connues que long-temps après, mais avec un plaisir de raison beaucoup plus satisfaisant.«[68] Weil die philosophische Crux der Anmut in der grundsätzlichen abendländischen Begrifflichkeit, ihrem Leib-Seele-Schisma fußt, wird kaum ein theoretischer Versuch das ›Je ne sais quoi‹, etwa in der Formulierung La Rochefoucaulds von 1665, endgültig beiseite räumen:»On peut dire de l'agrément séparé de la beauté que c'est une symétrie dont on ne sait point

---

59 Vgl. KLEINER (s. Anm. 20), 206 f.; POMEZNY (s. Anm. 40), 147–212.
60 EMIL STAIGER, Wieland: Musarion, in: Staiger, Die Kunst der Interpretation (Zürich 1955), 98.
61 KÖREMON [FRANZ CHRISTOPH VON SCHEYB], Natur und Kunst in Gemälden, Bildhauereyen, Gebäuden und Kupferstichen, zum Unterricht der Schüler, und Vergnügen der Kenner (Leipzig/Wien 1770), 150.
62 YVES-MARIE ANDRÉ, Discours sur les Graces (1763), in: [A.-G. Meusnier de Querlou (Hg.)], Les Graces (Paris 1769), 300, 310.
63 ANTOINE DE MARCENAY DE GHUY, Essai sur la Beauté (Paris 1770), 30.
64 Ebd., 25.
65 Vgl. ERICH KÖHLER, ›Je ne sais quoi‹, in: RITTER, Bd. 4 (1976), 640–644.
66 ANDRÉ (s. Anm. 62), 275.
67 POMEZNY (s. Anm. 40), 46.
68 ANDRÉ (s. Anm. 62), 282.

les règles, et un rapport secret des traits ensemble, et des traits avec les couleurs et avec l'air de la personne.«[69] Noch bei ihren Widerlegungsversuchen des ›Je ne sais quoi‹ zitiert die Ästhetik des 18. Jh. »geradezu topoihaft das Versagen der Sprache im Angesicht der Anmut«[70]. Das Zeitalter der Empfindsamkeit beansprucht einen eigenen Index des Seelischen. »Je crois que la Beauté, comme je l'ai dit, consiste dans une conformation parfaitement relative aux mouvemens qui nous sont propres. La Grace consiste dans l'accord de ces mouvemens avec ceux de l'ame.«[71] Die kunsthistorische These von der Beseelung der Anmut im 18. Jh.[72], hier aus Watelets *Art de Peindre* von 1760, ist jedoch zu korrigieren um die unverminderte Kontinuität tradierter klassischer, nun in Empfindsamkeit gekleideter Posen; die literaturgeschichtliche von der Verinnerlichung der Liebe um die immanente Dialektik von Idealisierung und Abwertung, Madonna und Hure, die unselige Hierarchie der Spaltung. »Au reste, cet accord des mouvemens simples de l'ame avec ceux du corps, éprouve une infinité de modifications, & produit des effets très-variés. C'est de-là que vient sans-doute l'obscurité avec laquelle on en parle communément, & ce *Je ne sais quoi*, expression vuide de sens qu'on a si souvent répétée, comme signifiant quelque chose.«[73]

»So gehören zu einer dieser drey Gattungen alle gute Schriftsteller, alle gute Künstler mit ihren Werken; und jedes gute Werk der Kunst hat entweder blos gemeine untadelhafte Schönheit, oder diese mit Reiz verbunden, oder endlich Hoheit und Größe. Tiefere Geheimnisse habe ich in dem, was man von der Würkung der Grazie sagt, nicht entdeken können«[74], bekundet 1794 Johann Georg Sulzers *Allgemeine Theorie der schönen Künste*.

Die Höhen der Theorie, d. h. ihr »Reichthum […] in Zeichen der Begriffe«, stehen in auffälliger Korrespondenz mit ihrer literarischen Qualität »in Namen der Sachen«[75]. Das gilt für die Meisterschaft von Moses Mendelssohns *Über die Empfindungen* (1755) und *Über das Erhabene und Naive* (1771) wie für die Vollendung des Jahrhunderts in Schillers *Über Anmuth und Würde* (1793). »Die Grazie, oder die hohe Schönheit in der Bewegung ist gleichfalls mit dem Naiven verbunden, da die Bewegungen der Reizenden natürlich, leicht-fließend und sanft auf einander hinweg gleiten, und ohne Vorsatz und Bewußtseyn zu erkennen geben, daß die Triebfedern der Seele, die Regungen des Herzens, aus welcher diese freywilligen Bewegungen fließen, eben so ungezwungen spielen, eben so sanft übereinstimmen, und eben so kunstlos sich entwickeln. Daher ist auch allezeit die Idee der Unschuld und der sittlichen Einfalt mit der hohen Grazie verbunden.«[76] Die herausragende Formulierung bewegt sich mimetisch auf dem physischen Terrain der Anmut und macht deren kulturelle Konnotationen erst dadurch so beredt.

Mit der Unterscheidung willkürlicher und unwillkürlicher Bewegungen hat Schiller in *Über Anmuth und Würde* der naiven Anmut den elaboriertesten philosophischen Entwurf des Zeitalters gewidmet. Schon seine medizinischen Dissertationen im Gefolge der anthropologischen Ärzte des 18. Jh.[77] galten dem commercium mentis et corporis, niederer res externa und hoher res interna. »Der Antheil nun, den der Empfindungszustand der Person an einer willkührlichen Bewegung hat, ist das Unwillkührliche an derselben, und ist auch das, worinn man die Grazie zu suchen hat. […] Die willkührliche Bewegung ist mit der ihr vorangehenden Gesinnung zufällig, die begleitende hingegen nothwendig damit verbunden.

---

69 FRANÇOIS LA ROCHEFOUCAULD, Maximes (1665; Paris 1967), 62.
70 KNAB (s. Anm. 26), 84.
71 CLAUDE-HENRI WATELET, L'Art de Peindre. Poême, avec des Réflexions sur les Différentes Parties de la Peinture (1760; Amsterdam 1761), 111.
72 Vgl. ELLEN SPICKERNAGEL, Zur Anmut erzogen – Weibliche Körpersprache im 18. Jahrhundert, in: I. Brehmer u. a. (Hg.), Frauen in der Geschichte, Bd. 4 (Düsseldorf 1983), 318.
73 WATELET (s. Anm. 71), 114.
74 JOHANN GEORG SULZER, ›Reiz‹, in: SULZER, Bd. 4 (²1794), 89.
75 HERDER, Über die neuere Deutsche Litteratur (1767), in: HERDER, Bd. 1 (1877), 230.
76 MOSES MENDELSSOHN, Über das Erhabene und Naive (1771), in: Mendelssohn, Ästhetische Schriften in Auswahl, hg. v. O. F. Best (Darmstadt 1974), 240.
77 Vgl. WOLFGANG RIEDEL, Die Anthropologie des jungen Schiller. Zur Ideengeschichte der medizinischen Schriften und der ›Philosophischen Briefe‹ (Würzburg 1985).

Jene verhält sich zum Gemüth wie das conventionelle Sprachzeichen zu dem Gedanken, den es ausdrückt; die sympathetische oder begleitende hingegen wie der leidenschaftliche Laut zu der Leidenschaft.«[78] Kant insistierte dagegen 1794 in *Die Religion innerhalb der Grenzen der bloßen Vernunft* auf realen Grenzen des Sozialisationsideals: »Nur nach bezwungenen Ungeheuern wird Herkules Musaget, vor welcher Arbeit jene gute Schwestern zurück beben«, d. h., »Ich gestehe gern: daß ich dem Pflichtbegriffe, gerade um seiner Würde willen, keine Anmut beigesellen kann.«[79] Den berühmten Streit erklärt Manfred Brelange als Mißverständnis, in dessen Zentrum die christliche Unterscheidung des Menschen sub lege bzw. sub gratia stehe.[80] Wilhelm von Humboldt vertritt dazu 1795 in *Über männliche und weibliche Form*[81] die biologistische Variante der jahrtausendealten europäischen Geschlechterlehre.[82]

Aber Schillers Versöhnungskonstruktion von Sinnlichkeit und Sittlichkeit, Natur und Gesellschaft, Eros und Ratio impliziert schließlich doch im Begriff der Würde Repression von Natur[83] und somit eine normative Wendung der Heils- zur Opferkategorie. Anmut ist zur Leistung der Freiheit des Subjekts geworden, das seine natürliche Bedingtheit grundsätzlich, um des Ideals moralischer Freiheit willen, abwertet, und wird paradox vom gänzlichen Entronnensein aus ihrer Naturbedingtheit abhängig gemacht – und also für den Menschen reserviert: Das Urbild des Naturschönen soll Schönheit nur mehr durch Freiheit von Natur, lediglich durch ihre sympathetische Begleitung erlangen: »und er, im höchsten Gefühl der Freiheit und Selbstbestimmung, war undankbar gegen die große Mutter, die ihn gewiß nicht stiefmütterlich behandelte. Anstatt sie als selbstständig, lebendig vom Tiefsten bis zum Höchsten gesetzlich hervorbringend zu betrachten, nahm er sie von der Seite einiger empirischen menschlichen Natürlichkeiten«[84], lautet Goethes Urteil.

5. Sozialisationstheorie

Die Anmut des 18. Jh. nur als ästhetischen Begriff abzuhandeln wäre somit nicht bloß einseitig, sondern ginge fehl. Die Faszination, von der das allpräsente Motiv zeugt, ist der säkularisierte Nachkomme ihrer numinosen Gestalt, die noch im ›Je ne sais quoi‹ wirkt. Für die Dichter, ihre Denker und Schulen von der Anakreontik bis zu Kleist war Anmut, wie für bildende Kunst und Musik, kein Begriff bloß der Schönen Künste, sondern eine kulturphilosophische Heilskategorie, mit der das 18. Jh. den christlichen Zentralbegriff göttlicher Gnade säkularisierte. Gerade deshalb gilt es der Spur der rationalistischen Deutungen zu folgen, denen mit der Intuition eines Numinosen die erotische Dimension insgesamt fehlt. Die Theorie der Anmut im 18. Jh. ist wesentlich Sozialisationstheorie, in der das sinnlich-ästhetische Moment zurückgedrängt wird. Die Abstraktion wehrt die Attraktion ab, vor der sie zeugt; sie fordert der Sinnlichkeit, die sie permanent entwertet, Zucht ab; und sie verspricht sich das Heil wieder von der rechten Erziehung höherer Töchter, denen sie tugendhafte Anmut predigt. Die säkularisierte Heilslehre formuliert sich als machbares Programm ›im Namen des Vaters‹. Erziehung zur Anmut impliziert bereits Shaftesburys *Soliloquy, or Advice to an Author* (1711) mit seiner klassenspezifischen »liberal education [...] between [...] pedantry and schoollearning [...] or that of the fashionable illiterate world«[85], ferner Winckelmanns *Von der Gratie in Werken der Kunst* (1759), *Émile ou de l'éducation*

---

78 FRIEDRICH SCHILLER, Über Anmuth und Würde (1793), in: SCHILLER, Bd. 20 (1962), 267, 268.
79 IMMANUEL KANT, Die Religion innerhalb der Grenzen der bloßen Vernunft (²1794), in: KANT (WA), Bd. 8 (1977), 670, 669.
80 Vgl. MANFRED BRELANGE, Studien zur Transzendentalphilosophie (Berlin 1965), 240.
81 Vgl. WILHELM VON HUMBOLDT, Über männliche und weibliche Form (1795), in: HUMBOLDT, Bd. 1 (1903), 335-369.
82 Vgl. BRITA RANG, Zur Geschichte des dualistischen Denkens über Mann und Frau. Kritische Anmerkungen zu den Thesen von Karin Hausen zur Herausbildung der Geschlechtscharaktere im 18. und 19. Jahrhundert, in: A. Kuhn (Hg.), Frauenmacht und Geschichte (Düsseldorf 1986), 194-203; ANNEMARIE ALLEMANN-TSCHOPP, Geschlechtsrollen. Versuch einer interdisziplinären Synthese (Bern 1979), 149ff.
83 Vgl. KENNETH PARMELEE WILCOX, Anmut und Würde. Die Dialektik der menschlichen Vollendung bei Schiller (1977; Bern 1981), 65ff.
84 GOETHE, Tag- und Jahreshefte (1825), in: GOETHE (WA), Abt. 1, Bd. 36 (1893), 249.

(1762) von Rousseau, der mit der ganzen Person für die Problematik steht, ein Teil der Anakreontiker wie Johann Georg Jacobi oder Johann Peter Uz, der die Anakreontik von ihrer »üblen bedeutung«[86] zu befreien hilft, Herders *Fest der Grazien* (1766) sowie schließlich Schillers *Über Anmuth und Würde* (1793), in dem der denkwürdige Begriff einer »bloßen Natur«[87] die Hybris und tiefste Entwertung des Jahrhunderts bezeichnet.

In der Bildenden Kunst entspricht dem die Wandlung des Motivs vom Rokoko zum Klassizismus, vom malerisch-dionysischen Unendlichen zur linear-apollinischen Ruhe und Ordnung: von der flirrenden Verzückung François Bouchers (*Les trois Graces*, 1768), deren preziöse Formen sich in jauchzende Materie aufzulösen scheinen, zum statuarischen Anstand der keuschen Jungfrauen Berte Thorvaldsens (*Drei-Grazien-Gruppe*, 1817/1819), der »nicht etwa matriarchalische Energie [gewinnt]«[88].

Von der Aufklärung beflügelte bürgerliche Machbarkeitsillusionen prägten den Glauben an die Wissenschaft der Neuzeit und bestimmten ebenso – in ironischer Paraphrase kommender Psychotechniken – den gnadenvollen Stand der authentischen Anmut als Sozialisationstheorie und Erziehungsideal. »Vor allen Dingen aber, meine jungen Schönen, vergessen Sie die goldene Regel nicht: erst schön denken und empfinden zu lernen, ehe Sie durch äußere Schönheit, Anmuth und Grazie gefallen wollen«[89], gibt Christian Gottfried Flittner 1797 in *Anmuth und Schönheit aus den Misterien der Natur und Kunst* an die Hand. »Alles tändelnd graziöse ist verflogen, aus idealer ferne ist die grazie eingeführt in das deutsche alltagsleben und versüsst hier als anmutiger schmuck den lohn der arbeit. Noch einen schritt weiter – da begegnet Werthers Lotte, Fausts Gretchen, beide in enger häuslichkeit für die jüngeren geschwister mit mütterlicher anmut sorgend.«[90]

Der rationalistische Sachverhalt ist Zeitgenossen nicht entgangen: Shaftesbury beobachtet die Anmut der »good rustics« »taught by nature only«, seine »moral grace« ist »reflection«[91], die zum Konstitutionsprozeß des bürgerlichen Selbstbewußtseins zählt und folglich in einer expliziten Klassenanalyse wurzelt. Watelet wird die Diskussion des Rationalisierungsprozesses bis in Wendungen vorantreiben, die zentrale Gedankenfiguren Kleists vorwegnehmen: »Plus la raison s'affermit & s'éclaire, plus l'expérience s'acquiert, & moins on laisse aux mouvemens intérieurs cet empire qu'ils auroient naturellement sur les traits, sur les gestes & sur les actions.«[92]

III. Von Kleists Dezentralisierung zum säkularen Verblassen (19. Jahrhundert)

Es brauchte ein veritables enfant terrible – das »gar wohl wüßte, welche Unordnungen, in der natürlichen Grazie des Menschen, das Bewußtsein anrichtet«[93] –, um die Anmut aus der klassizistischen Lehranstalt zu befreien. Am Beginn des 19. Jh. verabschiedet Kleists *Über das Marionettentheater* die paradox im Begriff der Naivität *und* im Sozialisationsideal bewußtseinsphilosophisch begründete, von der okzidentalen Idee der Machbarkeit beherrschte Anmutkonzeption, deren säkulare Heilsbotschaft idealistisch und affirmativ – dabei von einer traditionellen biologistischen Geschlechterlehre flankiert – den Mythos des moralisch zu Leistenden und Leistbaren ergab. Die verqueren Auswüchse der rationalistischen Illusionen stehen im *Marionettentheater* mit dem Begriff der Reflexion selbst zur Diskussion: »Wir sehen, daß in dem Maße, als, in der organischen Welt, die Reflexion dunkler und schwächer wird, die Grazie darin immer strahlender und herrschender hervortritt.« Kleist bestimmt nicht positiv, was Anmut sei. Ihre plebiszitäre Dezentralisierung – »Nur ein

---

85 SHAFTESBURY (s. Anm. 41), 215.
86 POMEZNY (s. Anm. 40), 2.
87 SCHILLER (s. Anm. 78), 255.
88 FRIEDRICH GROSS, Drei Frauen, in: W. Hofmann (Hg.), Eva und die Zukunft. Das Bild der Frau seit der Französischen Revolution (München 1986), 284.
89 OEHMIGKE DER JÜNGERE [CHRISTIAN GOTTFRIED FLITTNER], Anmuth und Schönheit aus den Misterien der Natur und Kunst für ledige und verheiratete Frauenzimmer (Berlin 1797), 202.
90 POMEZNY (s. Anm. 40), 237.
91 SHAFTESBURY (s. Anm. 41), 124 f., 217.
92 WATELET (s. Anm. 71), 113.
93 HEINRICH VON KLEIST, Über das Marionettentheater (1810), in: KLEIST, Bd. 2 ([7]1984), 343.

III. Von Kleists Dezentralisierung zum säkularen Verblassen (19. Jahrhundert)

Gott könne sich, auf diesem Felde, mit der Materie messen« – durch den »ersten Tänzer der Oper« findet im »Winter 1801« auf dem sozial stigmatisierten Jahrmarkt, beim »Haufen« und »Pöbel«[94], statt. Der areflexive Kleistsche ›Schwerpunkt‹ entzieht sich – wie schon in Watelets soziologischer Betrachtung vorweggenommen – nicht nur hybrider Reflexion, der er verlustig gegangen ist. Gipfelte die bürgerliche Rationalisierung der Anmut – den Prozeß der Zivilisation als ethische Verinnerlichung abbildend – in Schillers moralischer Freiheit des Subjekts, aus der endgültig alle ›bloße Natur‹ verbannt ist, so hält Kleists *Marionettentheater* dem Rationalismus des Zeitalters und seiner Philosophie der vollkommenen menschlichen Schönheit einen dezentralisierenden Spiegel vor. Kleists negative, sprachferne[95] Konstruktion des ›Schwerpunkts‹ umschreibt erneut ein Numinosum, das die neuzeitliche Geschichte des Begriffs verschlingt.

Das 19. Jh. hat den bei Kleist expliziten Auftrag, über die Erlösungsdimension des veraltenden, vom 18. Jh. zum Humanitätsideal erhobenen[96] anmutigen Weiblichkeitsideals sein Heil zu suchen, d. h. »die Reise um die Welt [zu] machen, und [zu] sehen, ob es [das Paradies] vielleicht von hinten irgendwo wieder offen ist«[97], nicht übernommen. Nach Kleist wird die säkularisierte Anmut – soweit nicht, wie in Herbert Spencers »economical motion«[98], der szientistischen Beweislast futuristischer Begeisterungen vorgearbeitet wird oder der alles verschlingende Jugendstil sie sich einverleibt und ein letztes Mal, auch in Gestalt »marokkanisierender, byzantinisierender, japanisierender Ornamente«[99], in sein organisches Formprinzip einschmilzt – zum marginalen Sujet. Die szientistische Variante bildet mit Spencers *Gracefulness* von 1852, Paul Souriaus *Esthétique du mouvement* von 1889 und seiner Befruchtung von Raymond Bayers *Esthétique de la Grâce* (1933) die Fortsetzung naturwissenschaftlicher Ansätze des 18. Jh., von traditioneller Begrifflichkeit durch hybride Neologismen, zuweilen samt Messungen und Kurven, unterschieden. Die Erfahrung industrieller Bewegung und Geschwindigkeit ergibt mit wissenschaftlicher, moderner Terminologie einen neuen Zuschnitt der alten Anmut. Ihre Faszination als Heilskategorie klingt währenddessen aus. Das 19. Jh. streift das Sujet »in den großen Systemen der idealistischen Philosophie [...] nur noch am Rande«[100] (Schopenhauer, Bergson, Nietzsche), in mythologischen Erinnerungen (Jean Marie Guyau, Félix Ravaisson) oder einem ersten begriffsgeschichtlichen Abriß (Friedrich Braitmaier). Allein Hegels, Winckelmanns Periodisierung folgende Konstruktion der antiken Anmut als Humanisierung des archaischen Erhabenen ragt literarisch heraus, und seine Dialektik befruchtete zudem, nicht zufällig, das ausformulierteste ganzheitliche Modell der Anmut in ihrer Theoriegeschichte. Der Hegelianer Friedrich Theodor Vischer löst 1846 das kastrierte Innerlichkeitsmodell des Tugendideals ein erstes Mal dialektisch auf; einem suchenden Subjekt käme eine schöne Welt schon immer entgegen: »Dieses Herüber und Hinüber ist die Anmut.«[101] Die scheinbar unbeholfene Formulierung umschreibt doch die Gestalt der drei Grazien, das antike moralphilosophische Erbe vom Geben und Nehmen, die göttliche Gnadenfülle des Menschen *sub gratia*. Sie fragt nicht mehr nach einer Monade als ästhetischem Lustobjekt interesselosen Wohlgefallens oder als ›bloßer Natur‹ der Pädagogen. War doch nicht erst die neuzeitliche Anmut immer schon weitgehend, wenn nicht im *locus amoenus* selbst, in zahllosen Pastoralen und Arkadien von Kunst, Musik und Literatur eine delikate Figur befriedeter Gesellschaftsferne: weder öffentlich, noch gar dramatisch, sondern idyllisch.

Parallel zur beginnenden Industrialisierung des 19. Jh. zerfiel die Theorie der Anmut daher in eine

---

94 Ebd., 345, 342, 338 ff.
95 Vgl. BENNO VON WIESE, Das verlorene und wieder zu findende Paradies. Eine Studie über den Begriff der Anmut bei Goethe, Kleist und Schiller, in: H. Sembdner (Hg.), Kleists Aufsatz über das Marionettentheater. Studien und Interpretationen (Berlin 1967), 216.
96 Vgl. KNAB (s. Anm. 26), 14, 64.
97 KLEIST (s. Anm. 93), 342.
98 HERBERT SPENCER, Gracefulness (1852), in: Spencer, The Works, Bd. 14 (1891; Osnabrück 1966), 384.
99 DOMINIK JOST, Literarischer Jugendstil (Stuttgart 1969), 6.
100 GÖTTERT (s. Anm. 20), 631.
101 VISCHER, Bd. 1 (1922), 197.

wissenschaftsgläubige, Fortschritt zitierende Sprache und in remythisierende Zitate. Nach Kleist entstand kein weiterer vergleichsweise kraftvoller und ernsthafter Ansatz zur philosophischen Formulierung des Begriffs, dessen literarische Parodie, wie am Hirtenmotiv[102], zur Kenntnis zu nehmen die Theorie ausnahmslos mied. Heute gilt das Vergessen einem ebenso augenfällig Verschwundenen.

IV. Residua und die Frage einer Dialektik des Zerfalls (20. Jahrhundert)

Anmut, weder ein kunstgeschichtlicher noch -wissenschaftlicher Begriff, ist auch ohne Bedeutung für die gegenwärtige ästhetische Theorie. Benjamins Aurabegriff galt einem Verschwindenden, der »gesellschaftlichen Bedingtheit des gegenwärtigen Verfalls«[103]; Adorno, dem das Naturschöne »eine Wunde« markierte, nannte es hinsichtlich der künstlerischen Produktion der Gegenwart »zopfig, ledern, antiquiert«[104]. Raymond Bayers so monumentale wie ahistorische *Esthétique de la Grâce* von 1933, die teilweise geniale, bei weitem breiteste Abhandlung des Themas in seiner gesamten Geschichte, steht auch für dessen Schicksal im 20. Jh.,

indem sie in Deutschland nicht mehr rezipiert und nie übersetzt wurde. Einem Positivisten namens Karl Pomezny wäre 1900 die erste und letzte germanistische Buchveröffentlichung zum Thema zu danken gewesen, hätte der Biologe Herbert Plügge nach einer eigenen naturwissenschaftlich-ganzheitlichen Interpretation (*Grazie und Anmut. Ein biologischer Exkurs über das Marionettentheater von Heinrich v. Kleist*, 1947) nicht einen germanistischen Sammelband zu Kleist angeregt, in dem sich auch Benno von Wieses einmaliger Hinweis auf das Verschwinden der Anmut findet.[105]

»Einer weder durch Menschenhand verbesserten noch durch Menschenvernunft interpretierten Natur«[106] sind reale Grenzen gezogen; die ewigen Ressourcen werden zum bedrohten Naturschutz, zu Kitsch oder Zynismus. Mit pseudonaturgesetzlicher Unabwendbarkeit und globaler Tendenz schränkt der zivilisatorische Fortschritt jene idyllische Dimension heiterer Naturerfahrung ein, die Botticellis *Primavera* mythologisch darstellte und die Grosz' *Mißachtung eines Meisterwerks von Botticelli* krude durch ein Kreuz aus Heftpflastern über dem geziert-gelösten Reigen der elegischen Frühlingsgöttinnen verneinte. Denn »la grâce est composée du triple souvenir de la nature, des jeux et de l'enfance«. Was Raymond Bayer mit einem Satz dem Vergessen entreißt und George Grosz als affirmative Feier eines höchsten Kulturbegriffs sowohl hervorhebt als auch ächtet − Erinnerung: Natur, Spiel, Kindheit −, stellt vielleicht die wunderbarste Formel für die alte Versöhnungs- und Heilskategorie dar: »la réalisation complète d'un songe idyllique de la vie. La grâce, en ses mouvements, n'est que ce parti d'idylle. Elle a la beauté sobre de toute harmonie concertée.«[107]

In der Moderne bis heute theoretisches Anathema, ist die Krise nicht nur der Anmutideale, sondern realer Anmut fast ausschließlich von der Kunst wahrgenommen, vielfach direkt − und im Bruch mit den traditionellen Formen indirekt − thematisch. Lyotards Lesart der modernen Kunst, ihrer ›nostalgischen‹ Ästhetik des Erhabenen, impliziert insofern eine Revision des Begriffs regressiver Ursprungssehnsucht[108], als Kunst ihren »accent [...] sur la nostalgie de la présence qu'éprouve le sujet humain, sur l'obscure et vaine volonté qui l'anime malgré tout« legt. ›Melancolia‹ oder ›nova-

---

102 Vgl. WOLFGANG KOHLSCHMIDT/WOLFGANG MOHR (Hg.), Reallexikon der deutschen Literaturgeschichte, Bd. 3 (Berlin/New York 1977), 624f.; HELMUT J. SCHNEIDER, Die sanfte Utopie. Zu einer bürgerlichen Tradition literarischer Glücksbilder, in: Schneider (Hg.), Idyllen der Deutschen (Frankfurt a. M. 1978), 380.
103 WALTER BENJAMIN, Das Kunstwerk im Zeitalter seiner technischen Reproduzierbarkeit (1936), in: BENJAMIN, Bd. 1/2 (1974), 479.
104 THEODOR W. ADORNO, Ästhetische Theorie, in: ADORNO, Bd. 7 (1970), 98.
105 Vgl. VON WIESE (s. Anm. 95), 196.
106 SCHWARZENBERG (s. Anm. 19), 76.
107 RAYMOND BAYER, Esthétique de la Grâce (Paris 1933), 414, 25.
108 Vgl. HORST KURNITZKY, Sog. Zur aktuellen Mythenfaszination. Interview mit Klaus Heinrich, in: Niemandsland 1 (1987), H. 3, 84–93; ERNST KRIS, Psychoanalytic Explorations in Art (1952; New York ³1971), 317f.; dt.: Die ästhetische Illusion. Phänomene der Kunst in der Sicht der Psychoanalyse, übers. v. P. Schütze (Frankfurt a. M. 1977), 194.

tio‹ antworteten auf »le retrait de réel« in der Moderne – »de l'un [coté], Chirico et de l'autre, Duchamp. La nuance qui distingue ces deux modes peut être infime, ils coexistent souvent dans la même œuvre, presque indiscernables, et pourtant ils attestent d'un différend dans lequel se joue depuis longtemps et se jouera le sort de la pensée, entre le regret et l'essai.«[109] In gewandelten Sozialisationsbedingungen artikulieren vermehrt weibliche Stimmen »im Dunkel maskuliner Verklärung [...] den Standard weiblicher Deformierung«. Statt einer kompensatorischen ästhetischen Idealsphäre fordern sie »eine feminine Körpersprache, die den Gesetzen der Werbung und der klassischen Grazien nicht mehr gehorcht«[110]. Selbst in Picassos klassizistischer Phase der frühen 20er Jahre entstehen Grazien als mächtige Weiber (*Les Trois Graces II*, 1922/1923, und *Les trois amies*, 1927): Die starke Frau in der bildenden Kunst demontiert als Gegenstück zum literarischen Antihelden einen Topos des Hohen Stils. Während die Konstellation fortwährt, trösten mittlerweile reaktiv modische Zitate des kulturfeindlichen Macho, Ganoven, Querelle und seiner anarchistischen Kumpanin romantisch, d. h. zivilisationsfeindlich über den beschädigten Ruf des ratlos geschwächten Mannes hinweg. Der dekompensierte Fortschrittsglaube rehabilitiert ästhetisch den kompensatorischen Schein des Nichtvergesellschafteten.

Die antike Tradition der Entmachtung weiblicher Gottheiten reicht bis in die Aktualität des dualistischen Mythos von freiem Spiel und seiner matriarchalen Rachegeister, d. h. in die Schadensbilanz des zivilisatorischen Fortschritts. »Was die Menschen von der Natur lernen wollen, ist, sie anzuwenden, um sie und die Menschen vollends zu beherrschen. Nichts anderes gilt.«[111] Entsprechend lautet Lyotards »argument [...] que le projet moderne (de réalisation de l'universalité) n'a pas été abandonné, oublié, mais détruit, ›liquidé‹.« Denn »la victoire de la technoscience capitaliste sur les autres candidats à la finalité universelle de l'histoire humaine est une autre manière de détruire le projet moderne en ayant l'air de le réaliser«[112].

In massierter Bühnenpräsenz der Erinnyen und der theoretischen Renaissance des Erhabenen wurde die andere Seite der Anmut zum Gegenwartsdiskurs. Die traditionelle Versöhnungskonstruktion bzw. der kalkulierte Appeal ihrer Posen dienen währenddessen mitsamt utopischem Schein einer schlauen Werbewelt. Die entzauberte ästhetische Totale des Fortschritts drängt die chthonische Anmut in die ökonomische Rückständigkeit der sogenannten Dritten Welt, deren traurige Folklore sie importiert und, nicht anders als die Differenz von Black Aesthetics, der Kulturindustrie überantwortet. Das ›Fundament‹ des Mythos, historisch Erzähltes, nicht Ursprung, tritt christlicher wie säkularer Hoffnung mit dem beruhigenden Blankoscheck der Ewigkeit zur Seite, während die Frage einer Dialektik des Zerfalls gesellschaftlicher Praxis gälte.

Gerd Kleiner

Literatur

BAYER, RAYMOND, L'Esthétique de la Grâce (Paris 1933); DE MAN, PAUL, Aesthetic Formalization: Kleist's ›Über das Marionettentheater‹, in: De Man, The Rhetoric of Romanticism (New York 1984), 263–290; dt.: Ästhetische Formalisierung. Kleists ›Über das Marionettentheater‹, in: De Man, Allegorien des Lesens, übers. v. W. Hamacher/P. Krumme (Frankfurt a. M. 1988), 205–233; GROSS, FRIEDRICH, Drei Frauen, in: W. Hofmann (Hg.), Eva und die Zukunft. Das Bild der Frau seit der Französischen Revolution (München 1986), 283–301; KLEINER, GERD, Die verschwundene Anmut (Frankfurt a. M. 1994); KNAB, JANINA, Ästhetik der Anmut (Frankfurt a. M. 1996); KOSENINA, ALEXANDER, Anthropologie und Schauspielkunst. Studien zur ›eloquentia corporis‹ im 18. Jahrhundert (Tübingen 1995); MACLACHLAN, BONNIE, The Age of Grace: ›Charis‹ in Early Greek Poetry (Princeton 1993); MEIER, CHRISTIAN, Politik und Anmut (Berlin 1985); MONECKE, WOLFGANG, Wieland und Horaz (Köln/Graz 1964); SCHNEIDER, HELMUT J., Die sanfte Utopie. Zu einer bürgerlichen Tradition literarischer Glücksbilder, in: Schneider (Hg.), Idyllen der Deutschen. Texte und Illustrationen (Frankfurt a. M.)

109 JEAN-FRANÇOIS LYOTARD, Réponse à la Question: qu'est-ce que le postmoderne? (1982), in: Lyotard, Le Postmoderne expliqué aux enfants. Correspondance 1982–1985 (1986; Paris 1988), 28 f.; dt.: Postmoderne für Kinder. Briefe aus den Jahren 1982–1985, übers. v. D. Schmidt (Wien 1987), 11–31.
110 VALIE EXPORT, Feministischer Aktionismus. Aspekte, in: G. Nabakowski/H. Sander/P. Gorsen (Hg.), Frauen in der Kunst, Bd. 1 (Frankfurt a. M. 1980), 163.
111 ADORNO/HORKHEIMER (s. Anm. 52), 20.
112 LYOTARD, Apostille aux récits (1984), in: Lyotard (s. Anm. 109), 36; dt. 32–37.

1978), 353-423; SCHROTT, RAOUL, Die Musen. Fragmente einer Sprache der Dichtung (München 1997); SCHWARZENBERG, ERKINGER, Die Grazien (Bonn 1966); SEMBDNER, HELMUT (Hg.), Kleists Aufsatz über das Marionettentheater. Studien und Interpretationen (Berlin 1967); SPICKERNAGEL, ELLEN, Zur Anmut erzogen - Weibliche Körpersprache im 18. Jahrhundert, in: I. Brehmer u. a. (Hg.), Frauen in der Geschichte, Bd. 4 (Düsseldorf 1983); WILCOX, KENNETH PARMELEE, Anmut und Würde. Die Dialektik der menschlichen Vollendung bei Schiller (1977; Bern 1981); WIND, EDGAR, Pagan Mysteries in the Renaissance (London 1968); dt.: Heidnische Mysterien in der Renaissance, übers. v. C. Münstermann u. a. (Frankfurt a. M. 1981).

Anschauung

(griech. θεωρία, αἴσθησις; lat. visio, intuitio, evidentia, contemplatio; engl. conception, intuition; frz. intuition; ital. intuizione; span. intuición; russ. созерцание)

Einleitung: Anschauung im Licht der neuen Bilder; I. Versuch einer historischen Typologie; II. Aufklärung von Rousseau bis Kant; 1. Pädagogik der Anschauung; 2. Anschauung und Erkenntnistheorie; 3. Anschauung in der Ästhetik; **III. Das phänomenologische Paradigma des deutschen Idealismus;** 1. Goethe; 2. Hegel; 3. Modifikationen nach Hegel; **IV. Romantische Varianten;** 1. Strukturelle Ambivalenzen; 2. Schelling; **V. Das phänomenologische Paradigma;** 1. Fortsetzung; 2. Ausgang in der Hermeneutik

Einleitung: Anschauung im Licht der neuen Bilder

Anschauung ist ein mehrdeutiger philosophischästhetischer Begriff, der viele Epochen durchquert hat. Ein Bedeutungsstrang, der sich von Parmenides und Platon über den Neuplatonismus, die mittelalterliche Mystik, den deutschen Idealismus bis zur neueren Phänomenologie und Lebensphilosophie erstreckt, hat sich als besonders lebenskräftig erwiesen. Die hier ausgebildeten Varianten weisen

[1] Vgl. THOMAS ASSHEUER, Der Schnee von gestern, in: Die Zeit (13. 8. 1998), 36f.

eine Familienähnlichkeit auf: Ob es sich nun um die unmittelbare Offenbarung des Seins, der Wahrheit oder Gottes handelte oder um das vermittelte Erblicken des Logos im Phänomen, des Urbilds im Abbild, des Ursprungs im Abkünftigen, des Ganzen im Partikulären, der Lebenskraft im einzelnen Lebendigen usw. - alle derartigen Reden und Gedanken über Anschauung setzten auf Erhellung von etwas gnoseologisch, ontologisch oder ethisch Höherwertigem. Nicht selten wurde Anschauung als exklusiver Weg zu jenem Höchsten gepriesen, das am Himmel der Ideen, in der Tiefe des Seins, im Zentrum des Verschiedenen oder im authentischen Subjekt situiert wurde.

Diese Emphase mußte in unserer nachmetaphysischen Kultur einer allgemeinen Ernüchterung weichen. Der Zweifel an der Übermittlung eines transzendenten Signifikats durch Signifikanten ist unüberhörbar, der Glaube an Essenz- oder Existenzerhellung durch Zeichen schwach geworden. Ein tiefgreifender Mentalitätswandel à longue durée ließ die ontologische Frage nach dem einzigen Sein des vielen Seienden oder die phänomenologische Wesensschau ähnlich obsolet werden wie die Suche nach dem präkulturellen bzw. biologischen Begriff des Menschen hinter der kulturellen, sozialen oder ethnischen Vielfalt. Gewitzt durch die Erfahrungen mit Aufklärung und Moderne, scheuen wir uns die Reduktion der heterogenen Erscheinungen auf ein einheitliches Wesen; wir neigen dazu, die Irreduzibilität des Vielen als gleichgültige Modi von etwas Undarstellbarem zu achten und mißtrauen jeglichem Anspruch auf den Besitz des ›Eigentlichen‹ jenseits der Phänomene. Anstatt die Signifikanten auf den subalternen Dienst an einem transzendenten oder ideellen Referenten zu verpflichten, konzedieren wir ihnen aisthetischen und selbstreferentiellen Eigen-Sinn. Dieser Einstellungswandel und die Umstellung auf die ›Oberfläche‹ der Zeichen und Bilder wurde von der postmodernen Philosophie befördert und dürfte auch vom Ende der Postmoderne als Mode[1] nicht revidiert werden. Denn er reflektiert eine tiefgreifende Transformation unserer gesamten Alltagskultur, zu der nicht zuletzt die Medialisierung unserer Lebenswelt gehört.

Die technischen Medien ließen das Reich der Zeichen dick, fast opak werden; durch intermediale Vervielfältigung erwuchs den Zeichen ein multiples sensorisches Dasein. Es schwand die Transparenz auf den Gedanken, die im Zeitalter des Buches und der Buchstäblichkeit ungleich klarer gewesen ist.[2] Das Mündigwerden der Zeichen in unserer Kultur und das Erwachen ihrer Sinnlichkeit – des Lautes am Phonem, des Haptischen, Farbigen und Graphischen an Schrift und Leuchtschrift – haben nicht nur den Sinn entthront, der aus der ontologischen Tiefe oder vom Himmel des Essentiellen herab den Zeichen Gehorsam abforderte; auch den Real-Referenten tangierte die Unbotmäßigkeit der Signifikanten. Hinter den Produkten der technischen Prothesen der Einbildungskraft, unter dem horizontalen Verweisungsgeflecht der Bilder und Symbole, den mehrstufigen Codierungen, den Kopien der Kopien oder den Zitaten zweiter und dritter Stufe verblaßte die originäre Basis. Das Unmittelbare ist ans Ende einer schier unabsehbaren Kette von Vermittlungen gerückt; das Codierte wird unter der Übercodierung verdeckt; das Gezeichnete läßt sich in der Überzeichnung nur noch mit Mühe wiederfinden. Die Video-Präsentation fördert unser »Unempfindlichwerden für den Unterschied zwischen Simulation und Original«[3]; und die Präsenz der Bilder macht dem Gegenstand seinen einstigen Status streitig, der nun nicht selten seinerseits das Bild von sich zu repräsentieren scheint. »Die Bilder sind außer Rand und Band geraten; sie sind ohne Rand und Bindung, nicht mehr gehalten und eingesäumt von dem, was ihnen ehemals als originäre Wahrheit und Wirklichkeit vorausgeschickt werden konnte. Aus diesem Grund wird gegenwärtig vielfach von der Inflation des Bildes, von einer Bildflut gesprochen. Den einen ist sie bedeutsames [...] Zeichen einer Krise entfesselter Bildtechniken, der es Einhalt zu gebieten gilt, den anderen die ungeduldig erwartete Auflösung einer lästig gewordenen Unterscheidung zwischen Sein und Schein, die es affirmativ zu befeiern gilt.«[4]

In dieser Situation entfachte sich ein semiophilosophischer Streit, der sich auf die Formel »referentielle Repräsentation versus Selbstreferentialität«[5] verkürzen läßt. Auf seiten der Selbstreferenz-Behauptung häuften sich die – zweifellos übertriebenen – Befunde, nach denen »das Reale durch Zeichen des Realen substituiert« worden sei, »die nun eigene Wege gehen«[6]. Es wurde behauptet, daß »es keine Wirklichkeit vor den Bildern«[7] gebe. Aus Roland Barthes' den Signifikanten freisetzender Theorie, wie er sie anhand einer Balzac-Lektüre in S/Z (1970) entwickelte, wurde eine »Emanzipation der Zeichen vom Sinn«[8]. Man konstatierte: Die Zeichen verweisen nur noch auf sich selbst oder ihre textuellen, intertextuellen und intermedialen Geschwister. Entsprechend wurde unserem wichtigsten Zeichensystem, dem Geld, aller Bezug auf Ware und Gebrauchswert abgesprochen: »La valeur référentielle est anéantie au profit du seul jeu structural de la valeur. La dimension structurale s'autonomise à l'exclusion de la dimension référentielle, elle s'institue sur la mort de celle-ci.«[9]

Das kulturelle Erstarken der Zeichendimension reflektierte sich auch in der mikro- und makroökonomischen Umverteilung der Energien in den Kulturwissenschaften. Sukzessive verlagerten sich die Interessen vom Was des Ausdrucks auf dessen Wie, vom Sinn der skripturalen oder bildlichen Texte auf deren Figuralität. In der Literaturwissenschaft kam es zu einer Verdrängung der Hermeneutik durch das Wiederanknüpfen an rhetorische Traditionen. Intermediale und intersensorielle Beziehungen wie die zwischen Schrift und Bild, Hören und Sehen zogen mehr Interesse auf sich als die Fragen nach poetischem Sinn, nach Bedeutung oder Existenzerhellung. Das Schwinden der Durchsichtigkeit der Zeichen auf die Botschaft

2 Vgl. FRIEDRICH A. KITTLER, Aufschreibesysteme 1800/1900 (München 1985), 236.
3 WOLFGANG WELSCH, Ästhetik – Fokus einer erweiterten Ästhetik, in: W. Zacharias (Hg.), Schöne Aussichten. Ästhetische Bildung in einer technisch-medialen Welt (Essen 1991), 87.
4 IRIS DÄRMANN, Husserls Extrablatt: Bild special, in: M. Wetzel/H. Wolf (Hg.), Der Entzug der Bilder. Visuelle Realitäten (München 1994), 67.
5 MARTIN JAY, Mimesis und Mimetologie: Adorno und Lacoue-Labarthe, übers. v. A. Hamilton, in: G. Koch (Hg.), Auge und Affekt. Wahrnehmung und Interaktion (Frankfurt a. M. 1995), 193.
6 DIETMAR KAMPER, Zur Soziologie der Imagination (München/Wien 1986), 151.
7 MICHAEL WETZEL/HERTA WOLF, Vorwort, in: Wetzel/Wolf (s. Anm. 4), 7.
8 KAMPER (s. Anm. 6), 150.
9 JEAN BAUDRILLARD, L'échange symbolique et la mort (Paris 1976), 18.

ließ Jacques Derridas Schriftbegriff, der darauf hinweist, »daß die Sprache kein transparentes Medium ihr vorgängiger Gedanken oder Gefühle ist«[10], zu einem beliebten Methodikum werden. Auch in der Kunstgeschichte verlagerte sich die Fragerichtung von der Abbildfunktion auf das Sich-selbst-Zeigen der Malerei. So konstatierte Wolfgang Kemp mit Blick auf Svetlana Alpers' *The Art of Describing* (1983) und ihre Orientierung auf die holländische ›beschreibende‹ Kunst, von welcher der »Eigensinn des Bildes enorm gestärkt« worden sei: »Man könnte sagen, die funktionale Sicht auf das Zeichen [...] wird durch eine ersetzt, die es selbst, seine spezifische Eigenart würdigt«[11].

All diese – hier nur andeutbaren – Veränderungen waren von einem Wandel der ästhetischen Theorie begleitet. In deren Fokus rückte anstelle jenes Höheren, als dessen wahrnehmbare Übermittlung sie ihre Gegenstände einst auffaßte, deren aisthetische, rhetorische oder selbstreferentielle Dimension. Das zog die Um- oder Abwertung solcher Begriffe nach sich, die auf Sinnstiftung und Wahrheitserhellung durch Kunst oder Kunstwerke abgehoben hatten. Merklich vollzog sich eine Distanzierung von jenem Anschauungsbegriff, der auf das direkte oder indirekte Gewahrwerden eines transzendenten oder realen Signifikats setzte. Anders als zu Zeiten, da diese Disziplin noch aus der »ontologischen Differenz« heraus verstanden wurde und in ihren Objekten nach Verdeutlichung des »geistigen und vor allem des göttlich Schönen

allein vom sinnlich Wahrnehmbaren her«[12] fahndete, konnotiert der ästhetische Gebrauch von Anschauung heute kein Entbergen des kostbaren verborgenen Seins mehr, das noch Heidegger an van Goghs Schuhbildern wahrnahm.[13] Allmählich wurde der ›vertikale‹ und elevatorische Begriff von Anschauung durch einen ›horizontalen‹ verdrängt. So wie in der Alltagskultur die ›subscriptio‹ einer ›pictura‹ zwar als anderer Text, aber nicht unbedingt als besseres Wissen fungiert, geht es auch beim Reden und Denken über Anschauung immer weniger um eine gnoseologische Hierarchie zwischen dem Bild und dem von ihm Visualisierten. Statt dessen wird an das Übersetzen des zeitlich und räumlich Entfernten bzw. den intermedialen oder intersensorischen Übertrag von etwas gedacht, das nicht etwa ›mehr wert‹ ist. Es wird kein Gewinn an einem hermeneutischen Sinnverstehen erwartet, sondern Nähe, Deutlichkeit oder Dabeisein.

Die Krise des alten, elevatorisch-emphatischen Anschauungsbegriffs wurde 1980 in den *Neuen Heften für Philosophie* reflektiert, deren Themenschwerpunkt Programm war für den Versuch, ›Anschauung als ästhetische Kategorie‹ zu retten. Zwei Rettungsversuche, mit den Namen Hans-Georg Gadamer und Manfred Frank verbunden, standen hier nebeneinander. Unbeirrt von Zumutungen, Kunst als ›bloße Veranschaulichung‹ aufzufassen, beharrte Gadamer auf dem überkommenen Anschauungsparadigma: »Es ist vielmehr das wahrhaft Auszeichnende der Kunst, Anschauung, und zwar Welt-›Anschauung‹ zu sein. Das meint [...] auch, daß die hier spielende ›innere Anschauung‹ die Welt – und nicht nur Gegenständliches in ihr – zur Anschauung bringt.« Es gehe um »das Ganze des Inderweltseins«[14] – also um eine Art Doppelepiphanie von objektivem Logos und subjektiver Existenz, deren Zusammenfallen das Kunstwerk zu verstehen oder zu erleben geben soll. Manfred Frank dagegen, der die »Aufhebung der Anschauung im Spiel der Metapher« in den Blick nahm, sah, daß die poetologisch-ästhetische Kategorie der Anschauung, sofern sie traditionell »an den Gedanken der vollen Präsenz ihres Objekts gebunden«[15] war, von der Postmoderne, besonders von Derrida, erfolgreich erschüttert worden war. Und er akzeptierte die autogenerative Kraft des Signifi-

---

10 BETTINE MENKE, Dekonstruktion – Lektüre. Derrida literaturtheoretisch, in: K. M. Bogdal (Hg.), Neue Literaturtheorien. Eine Einführung (Opladen 1990), 237.
11 WOLFGANG KEMP, Vorwort, in: S. Alpers, Kunst als Beschreibung. Holländische Malerei des 17. Jahrhunderts (Köln 1985), 16, 17.
12 JOHANNES BAPTIST LOTZ, Ästhetik aus der ontologischen Differenz. Das An-Wesen des Unsichtbaren im Sichtbaren (München 1984), 15.
13 Vgl. MARTIN HEIDEGGER, Der Ursprung des Kunstwerkes (entst. 1935/1936), in: Heidegger, Holzwege (Frankfurt a.M. 1957), 22 ff.; JACQUES DERRIDA, La vérité en peinture (Paris 1978), 377.
14 HANS-GEORG GADAMER, Anschauung und Anschaulichkeit, in: Neue Hefte für Philosophie 18/19 (1980), 7 f.
15 MANFRED FRANK, Die Aufhebung der Anschauung im Spiel der Metapher, in: ebd., 76.

kanten durchaus. Doch just an der Stelle, wo die Autonomisierung der Metapher und ihre Entlassung aus dem Dienst an einem höheren Sinn vollendet sei, erblickte er auch die Chance, Anschauung im tradierten Sinne wiederzugewinnen. Die absolute Metapher gerät ihm zu einem »unendlichen Mangel an Sinn«, der eine Art ›horror vacui‹ erzeuge und somit die »Auferstehung des Paradigmas der Anschauung« (77) nach sich ziehe. Die Hoffnung klingt an, daß die elevatorische und emphatische Anschauung vom langen Marsch durch die entfremdeten Bilder und sinnfreien Metaphern zu ihrer ursprünglichen Leistung, darunter die Selbstanschauung des Ich, zurückfinden möge.

Bislang ist von der Rückkehr des alten Anschauungsparadigmas allerdings noch nicht viel zu spüren. Zunächst ist die »Skepsis« gegenüber ersuchen, Anschauung »ins Zentrum einer gegenwärtigen Ästhetik zu stellen«[16], weiter angewachsen – und zwar nicht zuletzt durch unangenehme Erinnerungen an deren tradierten idealistischen Kontext, von dem sie nicht so einfach abzulösen war. Der Prozeß der terminologischen Umordnung innerhalb der ästhetischen Theorie setzte sich fort und führte dazu, daß neben dem Anschauungsbegriff auch jene Begriffe abgedrängt oder umgeschrieben wurden, die zu seinem (emphatischen) Paradigma gehörten. So ist der Symbolbegriff von seinem auf Goethe fußenden klassischen Verständnis als Erscheinung eines urphänomenalen Wesens befreit und durch rhetorische Begriffe wie Allegorie, Metapher, Metonymie ersetzt worden. Und der Schönheitsbegriff, der über weite Strecken seiner Geschichte mit dem platonisch-neuplatonischen Gedanken vom sinnlichen Erscheinen des übersinnlichen Logos verquickt war, erhielt Konkurrenz u. a. durch das ›Erhabene‹. Jean-François Lyotard stellte das (säkularisierte) Erhabene als Signum eines neuen Verhältnisses von Zeichen und Welt heraus.[17] Seine *Leçons sur l'analytique du sublime* (1991) verstärkten die Krise von Anschauung als einer ästhetischen Kategorie, die auf positive Darstellung einer wie auch immer aufgefaßten metaphysischen Entität pocht, anstatt sich mit der negativen Darstellung eines Inkommensurablen zu bescheiden.

Die marginale Rolle, welche die Kategorie Anschauung im ästhetischen Kontext heute spielt, wird nur zum geringeren Teil noch von dem elevatorischen Begriff bestritten. Die ›Aufstiegs‹-Anschauung fristet vor allem in hermeneutischen und phänomenologischen Ausläufern der ästhetischen Theorie ein Restdasein. Noch wird da hartnäckig von »säkularisierter, religiöser Epiphanie« gesprochen, deren Bilder uns »gleichsam das Licht der Welt von neuem erblicken« lassen: »Die Sache der Kunst ist Offenbarung der Welt.«[18] Den vergleichsweise größeren Part beim Reden über Anschauung hat ein ›abgeflachter‹, auf ebenerdige Vermittlungen und intermediale oder intersensorische Übersetzungen bedachter Begriff übernommen, der auch in der terminologischen Gestalt von ›Anschaulichkeit‹ auftritt.[19] Darunter verstand Gadamer eine »besondere Qualität des Beschreibens und Erzählens, so daß man das, was man nicht selbst sieht [...], sozusagen vor sich sieht«[20], die ihm allerdings für die Würde der Kunst nicht hinreichend war. In unserer posthermeneutischen Zeit findet gerade diese ästhetische Qualität um so mehr Akzeptanz. Es war kein Zufall, daß Carlo Ginzburg den ›ausgestorbenen‹ rhetorischen Begriff der ›enargeia‹ wiederentdeckte, der auf das Vor-Augen-Führen, Lebendigmachen oder Nahebringen zielte.[21] Die Aufmerksamkeit für ›bloße‹ Anschaulichkeit gilt zugleich einer Bedeutung von Anschauung, die über weite Strecken der Geschichte unter dem elevatorisch-emphatischen Typus des Anschauungsbegriffs begraben lag.

16 CHRISTA BÜRGER, Schüchterner Versuch, einige Zweifel an der Brauchbarkeit der Kategorie Anschauung für eine gegenwärtige Ästhetik durch einen Blick in die Geschichte zu erregen, in: W. Oelmüller (Hg.), Kolloquium Kunst und Philosophie, Bd. 1 (Paderborn u. a. 1981), 29.
17 Vgl. JEAN-FRANÇOIS LYOTARD, Das Erhabene und die Avantgarde, übers. v. H. Rutke/C.-C. Härle, in: Merkur 424 (1984), 151–164.
18 GÜNTHER WOHLFAHRT, Das Schweigen des Bildes, in: G. Boehm (Hg.), Was ist ein Bild? (München 1994), 182.
19 Vgl. GOTTFRIED WILLEMS, Anschaulichkeit. Zu Theorie und Geschichte der Wort-Bild-Beziehungen und des literarischen Darstellungsstils (Tübingen 1989), 48.
20 GADAMER (s. Anm. 14), 2.
21 Vgl. CARLO GINZBURG, Ekphrasis and Quotation, in: Tijdschrift voor Filosofie 50 (1988), 3–19.

I. Versuch einer historischen Typologie

Der Begriff Anschauung ist eine typisch deutsche Schöpfung. Im Englischen und in den romanischen Sprachen gibt es dafür keinen adäquaten Ausdruck. Daher resultierten beispielsweise die Schwierigkeiten von englischen und französischen Übersetzern Kants, die seine ›Anschauung‹ mit ›intuition‹ wiedergaben – vielleicht mit Berufung auf eine Bemerkung Kants selbst, er habe »das Intuitive der Erkenntnis« dem Diskursiven entgegengesetzt und darunter Demonstration und Symbol verstanden, also jene zwei »Darstellungen«, die er auch »sinnliche Anschauung« oder »Versinnlichung«[22] nannte. Doch alle Lehnworte der lateinischen ›intuitio‹, die deutsche ›Intuition‹ eingeschlossen, führen zugleich spezifische semantische Engführungen mit sich, die der deutsche Begriff Anschauung – auch bei Kant – immer wieder überschreitet.

Im Englischen und in den romanischen Sprachen haben wir statt des Ausdrucks Anschauung ein Wortfeld, das sich etymologisch aus vier lateinischen Ausdrücken herleitet: visio, intuitio, evidentia, contemplatio. Da aber schon die lateinischen Ausdrücke selbst nicht eindeutig sind (so bezieht sich beispielsweise visio nicht nur auf das Sehen, sondern auch auf das ideelle oder phantastische Vorstellen), ist es nicht verwunderlich, daß auch in den Ableitungen eine Bedeutungsstreuung auftritt: Das französische vision, wie die *Encyclopédie* behandelt, betrifft die »imagination« der inneren Sinne («sens intérieurs»); die Erscheinungen («apparitions») der äußeren Sinne («sens extérieurs») und die »action d'appercevoir les objets extérieurs par l'organe de la vue«; aber es bezieht sich nicht zuletzt auch auf vision in theologischen Sinne von »prophétie« oder »révélation«[23]. Ähnlich streut der Ausdruck im Englischen. So hatte etwa George Berkeley in seinem *Essay Towards a New Theory of Vision* (1709) mit vision das physikalisch-optische Sehen im Sinn; William Butler Yeats hingegen dachte bei *A Vision* (1925) an eine Art symbolische Weltordnung.

Keiner der einzelnen im Englischen oder in den romanischen Sprachen aus einer der vier lateinischen Wurzeln hergeleiteten Ausdrücke erreichte die Bedeutungsbreite und -vielfalt des deutschen Begriffs Anschauung. Diesem wurden im Laufe seiner Geschichte die verschiedensten Aspekte angelagert und – je nach Kontext und Problemstellung – aktualisiert oder unterdrückt. Mit den Aktualisierungen wurde eine Bedeutung hervorgehoben, die sich auf einer der vier lateinischen Ausdrücke bezog: auf visio im Sinne von Sehen oder Erscheinung; auf intuitio im Sinne des unmittelbaren Erfassens eines geistigen Wesens; auf contemplatio im Sinne eines ruhig-beharrlichen, meist passiven Empfangens; auf evidentia, worunter im Deutschen weniger ein physikalisches Sehen oder – wie bei der rhetorischen evidentia – eine Verlebendigung verstanden wurde, sondern eher eine einleuchtende Gewißheit. So definierte Moses Mendelssohn Evidenz als Einheit von »Gewißheit« und »Faßlichkeit«[24] und verstand darunter eine Qualität z.B. von (mathematisch-geometrischen) Lehrsätzen oder eine logische Unabweisbarkeit, wie sie der Satz des Widerspruchs habe[25]. Mit Anschauung konnte aber auch eine Kombination mehrerer derartiger Bedeutungen intendiert sein, die zu einer ganz neuen Bedeutung amalgamiert wurden.

Da der deutsche Anschauungsbegriff sukzessive die meisten Bedeutungen angelagert und dadurch eine große Anzahl miteinander streitender oder verwandter Varianten ausgebildet hat, wird von einer synoptischen Zusammenfassung seiner diachronisch entstandenen Bedeutungen ausgegangen, um sich der Begriffsgeschichte, die in unserem Falle keine Terminus-Geschichte sein kann, zu nähern. In dieser Perspektive zeigt sich, daß der deutsche Anschauungsbegriff eine bewegliche Gemengelage verschiedener Typen von Begriffen ist[26], die wiederum individuelle Varianten umschließen. In einem historischen Prozeß ständiger Territorialisierung und Deterritorialisierung haben

---

22 IMMANUEL KANT, Kritik der Urteilskraft (1790), in: KANT (WA), Bd. 10 (1974), 295.
23 LOUIS DE JAUCOURT, ›Vision‹, in: DIDEROT (ENCYCLOPÉDIE), Bd. 17 (1765), 343, 347.
24 MOSES MENDELSSOHN, Abhandlung über die Evidenz in Metaphysischen Wissenschaften (1763), in: MENDELSSOHN, Bd. 2 (1972), 271.
25 Vgl. MENDELSSOHN, Morgenstunden oder Vorlesungen über das Daseyn Gottes (1785), in: MENDELSSOHN, Bd. 3/2 (1974), 12.

einige Typen phasenweise dominiert. Um diesen Kampf zu verfolgen, ist eine Typologie unverzichtbar, die das Wiedererkennen ermöglicht. Diese Typologie beabsichtigt nicht, die mit Anschauung augenfällig verbundene »Begriffsverwirrung rückgängig zu machen«[27]; vielmehr soll versucht werden, sich auf diese Verwirrung als eine konstitutive Eigenschaft von Begriffsgeschichte einzulassen und die typisierende Identifikation zu benutzen, um das Nach- und Nebeneinander von Heterogenem sichtbar zu machen. Dabei sind auch terminologische Grenzen zu überschreiten, um Problemlagen zu erkennen, die über Sinn und Bedeutung von Anschauung entscheiden, ohne den Ausdruck selbst zu benutzen.

Mit dem Kriterium des axiologischen Status dessen, was in der Anschauung gewonnen wird, läßt sich der ›elevatorisch-emphatische‹ Anschauungsbegriff isolieren. Dieser Typus schaltet zwischen das anschauende Subjekt und dasjenige, was zur Anschauung gebracht werden soll, einen ontologisch, gnoseologisch oder ethisch definierten Qualitätssprung ein. Er war nicht selten privilegistisch, insofern er der Anschauung eine Tiefe oder Höhe an Einsicht zusprach, die den anderen Vermögen des Menschen nicht zugänglich sei. Damit tendierte er zur Exklusion und schloß zum Beispiel rational-diskursive Prozeduren vom Zugang zum höherwertigen Erkenntnisziel aus: Anschauung als »Ereignis der Schauung unsagbarer Bilder«[28] oder als Selbstfindung des Ich, die weder dem rationalen Begriff noch der sinnlichen Wahrnehmung, sondern nur der beides überspringenden ›Intuition‹ gelinge[29].

Der emphatisch-elevatorische Typus hat amediale und mediale Varianten ausgefällt. Die amedialen Varianten zielten auf das unmittelbare Erschauen eines Geistigen oder einer Idee durch ein Subjekt, wobei der sinnliche Repräsentant entweder nicht benötigt, im Akt der Anschauung vernachlässigt bzw. als okkasionelles Durchgangsstadium nachträglich ausgeschlossen wird. Diese Begriffsvariante intendierte ein mystisches Einswerden des Schauenden mit dem Ziel der Anschauung, das kontextuell verschieden definiert wurde: als Gott, Universum, ursprüngliche Lebenskraft, als ›Sein des Seienden‹ usw. Diese Varianten waren im spätantiken Neuplatonismus, in der mittelalterlichen Mystik und im Pietismus verbreitet. Für die amediale Anschauung wurden vorzugsweise Ableitungen aus der lateinischen ›intuitio‹ verwendet. Ein lebensphilosophischer Ausläufer findet sich in Henri Bergsons *Essai sur les données immédiates de la conscience* (1889) und in dessen Vorstellung einer durch Introspektion zu gewinnenden Koinzidenz des vergänglichen, endlichen Bewußtseins mit dem unendlichen Ewigen. Mit Bezug auf Bergson stellte Roman Ingarden fest: »Im *weiteren* Sinne bedeutet die Intuition *jede schlechthin unmittelbare Erkenntnis*«, die im speziellen, engeren Sinne bei Bergson zur »Intuition des Lebens im Gegensatz zur intellektuellen Erkenntnis«[30] geworden sei. Auch Maurice Merleau-Ponty bezeichnete Bergsons unmittelbare Anschauung mit ›intuition‹. Jedoch distanzierte er sich vom damit verbundenen kommunikativen Nihilismus: »Ce n'est pas seulement la communication aux autres hommes des intuitions philosophiques qui devenait difficile […], mais le philosophe lui-même ne pouvait pas se rendre compte de ce qu'il voyait dans l'instant […]. L'immédiat était donc une vie solitaire, aveugle et muette.« Merleau-Ponty seinerseits ging es um die »expérience des phénomènes«; und das sei keine »introspection ou une intuition au sens de Bergson«[31]. Einen anderen aus einer langen Reihe möglicher Belege für die Amedialität der ›intuition‹ liefert uns Thomas Reid, der in den *Essays on the Intellectual Powers of Man* (1785) den Begriff intuition zur Bezeichnung der ›self-evident truths‹ allgemeinster, eingeborener Prinzipien des common sense verwendete.[32]

---

26 Vgl. WERNER FLACH, ›Anschauung‹, in: H. Krings/ H. M. Baumgartner/C. Wild (Hg.), Handbuch philosophischer Grundbegriffe, Bd. 1 (München 1973), 100 f.
27 HELMUT SCHNELLE, Sprache, Anschauung, Sinnesdaten, in: Neue Hefte für Philosophie 18/19 (1980), 36.
28 LUDWIG KLAGES, Vom kosmogonischen Eros (1922; Bonn 1981), 100.
29 Vgl. WILHELM REESE, Die Selbstfindung des Ich in der inneren Anschauung (Freiburg/München 1990), 24.
30 ROMAN INGARDEN, Intuition und Intellekt bei Henri Bergson, in: Jahrbuch für Philosophie und phänomenologische Forschung, Bd. 5 (Halle 1922), 376.
31 MAURICE MERLEAU-PONTY, Phénoménologie de la perception (Paris 1945), 70.

Für die amedialen Varianten des elevatorischen Begriffstypus konnte aber auch der Ausdruck contemplatio(n) benutzt werden. Während intuitio(n) mehrheitlich ein aktives, plötzliches Ergreifen implizierte, gelangte contemplatio(n) vor allem dann zum Einsatz, wenn auf das ruhige, passive Empfangen gesetzt wurde: So bezeichnete die *Encyclopédie* mit ›contemplation‹ »une prière de silence & de repos« bzw. »une paix ou une souplesse infinie«[33], einen Zustand also, der zur ›vie active‹ geradezu im Gegensatz stand.

Da in den amedialen Varianten des elevatorischen Anschauungsbegriffs das Gewahrwerden des ›geistigen‹ Ziels direkt war, wurde das (aktiv-intuitive oder passiv-kontemplative) Organ dieser Schau in der Regel ebenfalls vergeistigt: »Contemplatio veritatis ad intellectum speculativum pertinet.« (Die Schau der Wahrheit gehört in den Bereich des schauenden Verstandes.)[34] Beim Sehen ohne körperliche Sinnlichkeit oder in der nichtphysischen, rein seelischen Empfindung war Schauen also eine metaphorische Übertragung von Physischem auf Geistiges. In der katholischen Tradition – darauf verwiesen u. a. die Enzyklopädisten – ereignet sich die »vision intuitive de Dieu«[35] im außerirdischen Raum, dem Himmel, wo die Glückseligen Gott von Angesicht zu Angesicht erblicken. Spielarten dieser Entsinnlichung von Anschauung finden sich in Plotins ›visio‹[36] und in der ›visio dei‹ des Cusanus, für den die sichtbaren Zeichen Gottes in der Natur das ›Letzte‹ (»vero ultimum«[37]) waren.

Die direkte Vergegenwärtigung der (göttlichen) Präsenz konnte aber durchaus auch in die Kompetenz der körperlichen Sinnlichkeit fallen. Varianten, in denen die unmittelbare Vereinigung des schauenden Subjekts mit dem geschauten Göttlichen als physischer Kontakt gedacht war, finden sich in der heidnischen Theophagie, im christlichen Kult des Abendmahls und in der Metaphorik des Pietismus, die mit der biblischen Honigmetapher verwandt ist. Wie Ps. 119, 103: »Dein Wort ist meinem Munde süßer denn Honig«, so formulierte Gerhard Tersteegen: »Gott schmäcket gut und süß«[38]; und Carl Heinrich von Bogatzky wünschte von Gott: »Laß deine Freundlichkeit mir stets recht schmackhaft seyn«[39]. Nochmals begegnen wir dem unmittelbaren Verschmelzen mit Gott in physisch-sinnlichen Akten bei den deutschen Romantikern.

Die medialen Varianten des elevatorischen Anschauungsbegriffs schalten vor das Ziel der Anschauung ein Zwischenglied ein, das den Zugang zum Höheren vermittelt. Das vermittelnde Phänomen oder das repräsentative Symbol verschwinden nicht im Akt der Schau, sondern bleiben als deren Conditio sine qua non bestehen. In dem Sinne unterschied Leibniz zwischen ›intuitiver‹ und ›symbolischer‹ Erkenntnis.[40] Das Medium zwischen dem noblen Ziel und dem anschauenden Subjekt wurde als physisches Phänomen oder als etwas seelisch Empfindbares bestimmt. Das Empfangsorgan war dann entweder ein Sinnesorgan (meistens das Auge, häufig das Ohr, seltener ein ›niederes‹ Sinnesorgan); es konnte aber auch das seelische Gefühlsvermögen oder ein ›innerer Sinn‹ sein, der als ›veredelnder‹ Reflexions- oder Metasinn dem äußeren Sensorium zu Hilfe kam. Durch die zeitliche, genetische bzw. kausale Verbindung zwischen dem Sehen des Höheren (Idee) und dem physischen Vorgang wurde der Hiatus zwischen ›aisthēsis‹ als sinnlicher und ›noēsis‹ als geistiger Wahrnehmung überbrückt; Schauen war bei diesen Varianten eher eine metonymische als eine me-

---

32 Vgl. THOMAS REID, Essays on the Intellectual Powers of Man (1785), hg. v. A. D. Woozley (London 1941), XXXII.
33 EDME MALLET, ›Contemplation‹, in: DIDEROT (ENCYCLOPÉDIE), Bd. 4 (1754), 111.
34 THOMAS VON AQUIN, Summa theologica (1267–1273) 1–2, q. 38, a. 4; dt.: Summa theologica, lat.-dt., hg. v. d. Albertus-Magnus-Akademie, Bd. 10 (Heidelberg u. a. 1955), 282.
35 JAUCOURT (s. Anm. 23), 348.
36 Vgl. PLOTIN, Enneades 1, 6, 4; 4, 9, 4.
37 NIKOLAUS VON KUES, Compendium (1488)/Kompendium. Kurze Darstellung der philosophisch-theologischen Lehren, lat.-dt., hg. u. übers. v. B. Decker/ K. Bormann (Hamburg 1970), 32.
38 GERHARD TERSTEEGEN, Geistliches Blumengärtlein inniger Seelen […] (1727; Elberfeld 1826), 63.
39 CARL HEINRICH VON BOGATZKY, Die Übung der Gottseligkeit in allerley Geistlichen Liedern […] (Halle 1750), 169.
40 Vgl. GOTTFRIED WILHELM LEIBNIZ, Meditationes de Cognitione, Veritate et Ideis (1684), in: Leibniz, Die philosophischen Schriften, hg. v. C. J. Gerhardt, Bd. 4 (Berlin 1880), 423; vgl. FRIEDRICH KAULBACH, ›Anschauung‹, in: RITTER, Bd. 1 (1971), 341.

taphorische Übertragung von Physischem auf Logisches. Historisch gesehen hatte die Herausbildung der medialen Varianten zur ontologischen Voraussetzung, daß die ›universalia‹ nicht mehr ›ante rem‹, sondern ›in re‹ angesiedelt wurden. Obwohl bei diesen Begriffsvarianten das ›Urbild‹, die ›Form‹ oder ›Idee‹, ontisch ausgezeichnet waren, hat sich der ontologische (und gnoseologische) Dualismus zur vermittelbaren ontologischen (und gnoseologischen) Differenz abgeschwächt. Das lag schon in der Intention der Aristotelischen Kritik an Platons Ideenlehre. Während es die Platonische Trennung von ›mundus intelligibilis‹ und ›mundus sensibilis‹ fast notwendig mit sich brachte, daß sinnlich-körperliche Wahrnehmung verächtlich bis feindlich behandelt wurde, führte die Situierung der Ideen innerhalb der Phänomene, des Gesetzes in der Erscheinung, des Allgemeinen im Einzelnen oder der Form im Stoff fast ebenso zwangsläufig zur Indienstnahme der Sinnlichkeit für die Erschließung des immanent Logischen und damit zu ihrer Aufwertung. So war für Aristoteles die Wahrnehmung selbst logisch-noetisch. Ein amedial-intuitives Moment hatte sein Wahrnehmungskonzept allerdings insofern, als die Sinnlichkeit durch einen »Einsichtssprung«[41] überschritten werden sollte.

Die medialen Varianten des elevatorischen Typus lassen sich in zwei Klassen unterteilen, deren Trennung mit der schon im antiken Denken unterschiedlich gefällten ontologisch-gnoseologischen Vorentscheidung darüber zusammenhängt, ob das göttliche Licht der Wahrheit (oder des Seins) im teilhabenden Abbild leuchte oder sich im entfremdeten Zerrbild verdunkle.[42] Erstens haben wir die (im weitesten Sinne) ›phänomenologische‹ Auffassung, wonach das ›Bild‹ das ›Urbild‹, das ›Phänomen‹ den ›Logos‹ oder das ›Seiende‹ das ›Sein‹ vollständig repräsentiert. Hier war – wie in Goethes Begriffen des ›Symbols‹ oder ›Urphänomens‹ – das Geistige in einem ausgezeichneten Medium unverkürzt zu schauen. Goethe sprach ja davon, daß er die Ideen »mit Augen sehe«[43]. Eine subjektive Spielart, die auf eine kontinuierliche Konstitution des (ganzen) Wesens durch das schauende Ich setzte, haben wir in Husserls »ideierender phänomenologischer Wesenserschauung«[44].

Zweitens haben wir die Vorstellung, daß die Bilder und Zeichen eine nur unvollständige Repräsentation von Sinn, Wesen oder Idee seien und lediglich Verweise, Indizien, Symptome, Ahnungen, Anspielungen oder Spuren geben könnten. Bei diesen ›indikatorischen‹ Varianten war eine große Bandbreite von anschauenden Einstellungen möglich: Humor, Ironie, allusiver Bezug auf das Höhere oder ein sinnlicher Beginn, in dem sich die Nichtpräsenz des Geistes schmerzlich fühlbar macht. Mit Heidegger könnte man die ›indikatorischen‹ von den ›phänomenologischen‹ Varianten dadurch unterscheiden, daß erstere nur auf die ›Erscheinung‹, die zweiten hingegen auf das ›phainomenon‹ bezogen werden. Heidegger prävaluierte das Phänomen als ein ›Offenbaren‹, in dem das Sein *scheine*, während er den Erscheinungen nur eine Ähnlichkeit, einen ›Verweisungsbezug‹ zum Essentiellen zusprach, das sich in ihnen *verberge*.[45]

Da bei allen ›mittelbar-elevatorischen‹ Varianten von Anschauung, gleichgültig ob sie auf vollständige oder partielle Präsenz des Geistes oder der Idee eingestellt waren, in der Regel ein ›aisthēton‹ die Vermittlungsfunktion ausübte, ist es verständlich, daß jene im Diskurs von Ästhetik und Kunsttheorie eine ungleich größere Rolle spielten als die amedialen Varianten, die mit den Implikationen von ›unio mystica‹ und Begriffsevidenz vorzüglich in religiöser, theologischer und philosophisch-kognitionstheoretischer Hinsicht relevant waren. Wenn nun die medial-elevatorischen Varianten zugleich unterstellten, daß das Erstrebte nicht auch über den Verstand oder die Vernunft, sondern ausschließlich über das einen inneren oder äußeren Sinn Wahrnehmbares (z. B. das Schöne) erreichbar sei, so war der ästhetische Kontext meistens der einer ›Autonomie-Ästhetik‹.

Das Kriterium des axiologischen Status des Ziels

---

41 WOLFGANG WELSCH, Aisthesis. Grundzüge und Perspektiven der Aristotelischen Sinneslehre (Stuttgart 1987), 38.
42 Vgl. HANS BLUMENBERG, Licht als Metapher der Wahrheit, in: Studium Generale 10 (1957), H. 7, 438 f.
43 JOHANN WOLFGANG GOETHE, Glückliches Ereignis (1817), in: GOETHE (WA), Abt. 2, Bd. 11 (1893), 18.
44 EDMUND HUSSERL, Logische Untersuchungen (1900/1901), Bd. 2/1 (Halle 1928), 439.
45 Vgl. HEIDEGGER, Sein und Zeit (1927); Tübingen ¹⁷1993), 28–31.

der Anschauung erlaubt es, vom Typus des ›elevatorisch-emphatischen‹ Anschauungsbegriffs einen vergleichsweise ›nüchternen‹ Typus zu unterscheiden, der sich ebenfalls in weitgestreuten historischen Variationen niedergeschlagen hat. Auch dieser Begriff konnte zwei- oder dreigliedrig auftreten: einmal in der profanen Bedeutung einer »durch den äußern oder innern Sinn gewonnenen Vorstellung einer Sache, oder unmittelbaren Vorstellung von einem Gegenstande«[46]. Wie in Kants *Kritik der reinen Vernunft* (1781) ist damit nichts weiter als das unmittelbare Gegebensein eines ›phainomenon‹ für das ›phainomenon‹ Mensch gemeint. Ein Extremfall des unemphatisch-zweidimensionalen Begriffs liegt in Berkeleys *New Theory of Vision* (1709) vor, wo ›Sehen‹ auf das bloße Gegebensein von Licht und Farbe reduziert und von allen ›höheren‹ Funktionen einschließlich der sekundären Wahrnehmung von intersensorischen Gemeinsamkeiten befreit wurde. Diese sinnestheoretische Nüchternheit mußte freilich Gott in Anspruch nehmen, um nicht bei der Arbitrarität von synästhetischen Übertragungen (z. B. von Visuellem auf Taktiles) stehenzubleiben. Zum anderen konnte aber auch an die Vermittlung eines Anderen über ein Anderes gedacht sein; aber ohne elevatorische Emphase. Der Empfänger kann dann das Entfernte im unmittelbaren Medium zwar besser, lebendiger sehen; doch ist er nicht genötigt, dabei einen existentiellen, ethischen, religiösen oder gnoseologischen Qualitätssprung zu vollziehen. Bei diesem ›nicht-emphatischen‹, ›flachen‹ Begriffstypus, der sich gegenwärtig einer gewissen Renaissance erfreut, ist bloß an eine ›horizontale‹ Erweiterung der Reichweite des Sehens gedacht; die Relationsglieder befinden sich nicht in einem hierarchischen Verhältnis, sondern in einem gleichrangiger Alterität. Nicht Elevation, sondern Übersetzung aus einem anderen Raum, einer anderen Zeit oder einem anderen Medium wäre das Ziel. Das Übersetzte kann einer ferneren, dem Betrachter abgewandten Seite der Realität entstammen oder einer anderen Sprache; es kann aber auch aus einer anderen kognitiven Sphäre übertragen werden. Der Transport kann aus der abstrakten Sprache des Begriffs oder aus einem unanschaulichen Allgemeinen erfolgen, das demonstriert oder exemplifiziert werden soll. In diesem Sinne spielte Anschauung eine Rolle bei Luther, dem es auf anschauliche Belehrung durch einfache Beispiele ankam.[47] Da aber – zumal in der deutschen Aufklärung – das Rationale, das vor Augen gebracht werden sollte, oft höher bewertet wurde als die Sinnlichkeit, konnotierte auch der demonstrative Aufklärungsbegriff nicht selten einen Aufstieg oder den pädagogischen Gedanken sittlicher Läuterung. Wenn aber das Übermittelte bloß durch Ferne, Undeutlichkeit, Unbekanntheit oder perspektivische Unzugänglichkeit, nicht aber durch Dignität von dem unmittelbar Gesehenen geschieden war, blieb dieser Anschauungstypus deiktisch und stand der Anschaulichkeit, Veranschaulichung oder dem rhetorischen Begriff der ›evidentia‹ nahe, mit dem Quintilian seine Forderung an den Redner unterstrich, das (zeitlich) Entfernte lebendig vor Augen zu führen.[48]

Für den nicht-elevatorischen, vergleichsweise ›nüchternen‹ Begriff insgesamt war die Unterscheidung zwischen voller und partikulärer Repräsentation nicht annähernd so wichtig wie für den elevatorischen. Exklusiv war dieser Typus in der Regel nicht, da der Zugang zu dem Bereich, aus dem etwas ins Anschauliche übertragen wird, auch auf anderen Wegen für möglich gehalten wurde. Gleichberechtigung der Perspektiven lag hier näher als die Auszeichnung eines bestimmten Zugangs als eigentlich oder wahr. Zu diesem Paradigma paßt auch der Gedanke der Komplementarität und Kooperation von Anschauung und Begriff, die Kant im Sinn hatte, als er seine berühmte, auf die Versöhnung von Empirismus und Rationalismus zielende Feststellung formulierte: »Gedanken ohne Inhalt sind leer, Anschauungen ohne Begriffe sind blind.«[49]

Als Begriff der ästhetischen Theorie konnotierte der nicht-elevatorische, ›nüchterne‹ Anschauungsbegriff kein ›An-Wesen‹ des Unsichtbaren im

---

46 IGNAZ JEITTELES, ›Anschauung‹, in: JEITTELES, Bd. 1 (1835), 46.
47 Vgl. SIEGBERT ERNST MERKLE, Die historische Dimension des Prinzips der Anschauung (Frankfurt a. M./Bern 1983), 41 ff.
48 Vgl. QUINTILIAN, Inst. 8, 3, 61; dt.: Institutionis oratoriae libri 12. Ausbildung des Redners. Zwölf Bücher, hg. u. übers. v. H. Rahn, Bd. 1 (Darmstadt 1975), 176/177.

Sichtbaren‹ (J. B. Lotz). Nicht um Wunder war es zu tun, die auf das Unerforschliche verweisen, sondern um Darstellung von bereits Erforschtem oder zumindest Erforschlichem. Wo der an Anschaulichkeit angenäherte Begriff ästhetisch zum Tragen kam, galten Handwerk und Regeln mehr als die Intuition des Genies. Der ästhetische Kontext tendierte hier zur ›Heteronomie-Ästhetik‹: zur Indienstnahme der Kunst für seelisch-sinnliche Vergnügen oder für den gnoseologisch-didaktischen Zweck der Belehrung. Die auf anderem Weg auch erkennbare sittliche Maxime zu malen, die Wahrheit im Bild zu geben, die Vernunft in die Sinne fallen zu lassen und das Angenehme mit dem Nützlichen zu verbinden – das waren ästhetischpoetologische Leitsätze der Aufklärung, die ungeachtet aller sonstigen Differenzen von Breitinger, Gottsched, Gellert, Rousseau u. a. beherzigt wurden. Eine historisch späte ästhetische Verwendung dieses Anschauungsbegriffs findet sich in der Widerspiegelungstheorie des Sozialistischen Realismus, die postulierte, das in der Geschichte waltende, der wissenden Avantgarde bekannte Gesetz zur Erscheinung zu bringen oder so zu demonstrieren, daß der Rezipient zu ihm oder zumindest zu einem dessen Verlauf fördernden, ›fortschrittlichen‹ Verhalten hingeführt werde.

II. Aufklärung von Rousseau bis Kant

1. Pädagogik der Anschauung

In der Aufklärung des 18. Jh. gewann die nichtelevatorische, nüchterne Anschauung vorübergehend an Terrain. In Rousseaus *Emile* (1762), das so wenig strenge Systematik aufweist wie die anderen Werke Rousseaus, finden wir zwar keinen theoretisch definierten Anschauungsbegriff; dennoch trägt eine bestimmte Variante dieses Typus sein gesamtes Erziehungsprogramm – speziell dasjenige, das dem Kind gilt. Anschauung nähert sich der Bedeutung von unmittelbarer sinnlicher Erfahrung, die sich im Gebrauch der Worte ›observer‹, ›voir‹, ›montrer‹, ›expérience‹, ›sensation‹, ›impression‹, ›apparence‹ usw. manifestiert. Nicht intuition und vision im theologischen Sinne, sondern Zeigen

und Gegebensein waren gemeint. Rousseau fordert vom Erzieher selbst vorurteilslose Betrachtung seines Zöglings als eines Besonderen: »Homme prudent, épiez longtems la nature, observez bien vôtre éléve avant de lui dire le prémier mot; laissez d'abord le germe de son caractére en pleine liberté de se montrer«[50]. Und er verweist auf die Notwendigkeit, auch den Zögling auf die unmittelbare Beobachtung hinzuleiten: »Rendez vôtre éléve attentif aux phénoménes de la nature« (430). Anstelle von Worten und Lehren soll der Erzieher sich selbst zum Beispiel geben: »Il faut trouver en soi l'exemple qu'il se doit proposer.« (325). Die Forderung des Vor-Augen- Führens und der unmittelbaren, auch taktilen Berührung mit den Sachen (vgl. 283) durchzieht den ganzen Text. Das Kind soll die direkte Auswirkung der Dinge spüren: »Maintenez l'enfant dans la seule dépendance des choses [...]. L'expérience ou l'impuissance doivent seules lui tenir lieu de loi.« (311) Nur diejenigen Worte sollen gelehrt werden, für die das Kind eine korrespondierende Wahrnehmung hat. »Je voudrois [...] que les mots [...] ne se rapportassent qu'à des objets sensibles qu'on put d'abord montrer à l'enfant.« (293)

Rousseaus Pädagogik der Anschauung war mit einer Zeichentheorie verknüpft, welche die Kopie gegenüber dem Original, die Imitation gegenüber der Natur, die Repräsentation gegenüber der Präsenz, den Signifikanten gegenüber dem Sinn oder das Supplement gegenüber dem Supplementierten abwertet und trotzdem auf diese Zeichen – im weitesten Wortsinn – weder verzichten kann noch will. Derrida verwies auf den pejorativen Akzent, der auf Rousseaus Begriff des ›Supplements‹ liegt und ihn unter Schrift, Amme, Kultur usw. als ›verfälschenden‹ Ersatz für Stimme, Mutter oder Natur ansehen läßt – als einen Ersatz allerdings, der zugleich einem Mangel abhilft.[51] Derrida betonte, daß die gleiche Ambiguität auch den Status des Zeichens bei Rousseau kennzeichne (vgl. 290), die dieser sowohl denunziert als auch ob der Fähigkeit gelobt hat, dem Bezeichneten aus Eigenem etwas

---

49 KANT, Kritik der reinen Vernunft (1781), in: KANT (WA), Bd. 3 (1974), 98.
50 ROUSSEAU, Emile ou de l'éducation (1762), in: ROUSSEAU, Bd. 4 (1969), 324.

Fehlendes hinzuzufügen. Rousseaus Aversion gegen Sinnerzeugung innerhalb der textuellen und intertextuellen Selbstreferentialität der Zeichen war also verbunden mit deren bedingter Anerkennung – namentlich, wenn es sich um Zeichen der Kunst handelte. Dennoch überwiegt bei aller Ambivalenz die negative Deszendenztheorie, nach der die Gefahr der Entfremdung wächst, je weiter sich das Zeichen von seinem Ursprung entfernt. »La différence […] doit être presque nulle: celle qui sépare l'imitation de ce qu'elle imite.« (282) Folgerichtig mußte vor allem das Meta-Zeichen (das Bild nach dem Bild oder das aus Worten und Büchern gespeiste Nach-Sprechen) abgewehrt und die Unmittelbarkeit des Gegenstandes gesucht werden. Rousseaus Ruf »Les choses, les choses!«[52] war gegen den Diskurs und die Übermacht der Worte gerichtet; sein »Je hais les livres« (454) entsprach der Überzeugung von der funktionalen Überlegenheit der direkten Anschauung gegenüber dem vermittelnden Begriff, der theoretischen Lehre oder dem abstrakten Gedanken. Die abbildenden Imitationen des Kindes sollten sich auf das Unmittelbare richten: »Les enfans, grands imitateurs, essayent tous de dessiner; […] je veux qu'il n'ait d'autre maitre que la nature ni d'autre modéle que les objets. Je veux qu'il ait sous les yeux l'original même et non pas le papier qui le répresente, qu'il crayonne une maison sur une maison, un arbre sur un arbre, un homme sur un homme afin qu'il s'accoutume à bien observer les corps et leurs apparences« (397).

Obwohl Rousseau von der genetischen Priorität der Anschauung ausging und das induktive, langsame Fortgehen von einer »idée sensible« (433) zur nächsten bis hin zum rationalen Kalkül betonte, war er kein naiver Empirist. Komplementarität und Kooperativität von Anschauung und Verstand ist auch seinem Anschauungsbegriff – aber noch nicht so entschieden wie bei Kant – eingeschrieben: Der Lehrer hat natürlich Begriffe, die nicht nur über die Anschauung seines Zöglings, sondern auch über seine eigene wachen und diese anleiten. Obwohl Rousseau immer wieder betont, daß die

---

51 Vgl. DERRIDA, De la Grammatologie (Paris 1967), 203 ff.
52 ROUSSEAU (s. Anm. 50), 447.

Kinder nicht räsonieren sollen (vgl. 317), daß sie statt Worten Erfahrungen sammeln sollen und daß die Wahrnehmung der Sache wichtiger sei als ihr Zeichen, gestattet er doch auch die Verwendung von Zeichen – allerdings nur, wenn die sachliche Anschauung nicht möglich ist: »En général ne substituez jamais le signe à la chose que quand il vous est impossible de la montrer. Car le signe absorbe l'attention de l'enfant, et lui fait oublier la chose réprésentée.« (434)

Zur ausdrücklich ›negativen Pädagogik‹ Rousseaus gehört ein Anschauungsbegriff, der nicht Aktion, sondern Kontemplation als ruhiges, passives Empfangen konnotiert. Die Haltung des Subjekts ist nicht die einer konstruktiv-imaginierenden Konstituierung des Bildes, sondern die Attitüde der Aufmerksamkeit (›attentif‹, ›attention‹). Ein weiterer Aspekt von Rousseaus negativ-pädagogischem Anschauungsbegriff ist seine Zurückhaltung gegenüber einer ›positiven‹ Darstellung all dessen, was die Philosophie geistig oder gar transzendent zu nennen beliebte – angefangen bei moralischen Prinzipien über die letzten Ursachen und Zwecke der Welt bis hin zu Gott. Den Geist der Moral scheint Rousseau ähnlich wie später auch Kant für indemonstrabel gehalten zu haben. Daher wies er, als moralische Begriffe wie das Gute nur negativ, als Vermeidung oder Verbot des Bösen darzustellen: »Les plus sublimes vertus sont négatives: elles sont aussi les plus difficiles, parce qu'elles sont sans ostentation« (340). Und was die Transzendenz betrifft, so war Rousseau von der Existenz eines höheren Zwecks oder Gottes – wie speziell die Profession de foi du vicaire savoyard (1762) belegt – durchaus überzeugt. Doch den Besitz der ›Eigentlichen‹ beanspruchte er nicht. Die Verpflichtung auf die ›erste‹ Natur der Naturzeichen, die für Rousseau etwas Höheres war als die ›zweite‹ Natur der Kunstzeichen, war nicht mit der Erwartung verknüpft, daß nun auf dem Weg der genauen Imitation der Naturwirklichkeit so etwas wie die ganze Wahrheit ins Bild käme, um sich dort in voller Präsenz der Anschauung zu offenbaren. Seine Meinung war, daß man sich auch in Ansehung der Natur den letzten Ursachen – und zwar besser mit dem Gefühl (›sentiment‹) als mit dem Verstand (›raison‹) – nur nähern könne (›approcher‹; vgl. 573). Was durch Erfahrung und Beobachtung zu

›sehen‹ ist, sind nur die »loix du mouvement, ces loix déterminent les effets sans montrer les causes« (575). »Plus je multiplie les forces particuliéres, plus j'ai de nouvelles causes à expliquer, sans jamais trouver aucun agent commun qui les dirige. [...] Je comprends que le mécanisme du monde peut n'être pas intelligible à l'esprit humain« (578). Da die Natur ihre eigenen Wirkursachen oder – wenn man so will – ihr eigenes Selbst verberge, traf Rousseaus Argwohn speziell solche Zeichen, die Wissen um die wahre Identität der Welt prätendierten. Deshalb traf vor allem die »idées générales et abstraites« der Metaphysik und deren »grands mots« (577) seine Zurückweisung. Er verglich Gott als Schöpfer und Zwecksetzer der Welt mit einem Uhrmacher, den man in seinem Werk wohl bewundern, selbst aber nicht wahrnehmen könne: »Je suis comme un homme qui verroit [...] une montre ouverte et qui ne laisseroit pas d'en admirer l'ouvrage, quoiqu'il ne connût pas l'usage de la machine [...]. Je ne sais [...] à quoi le tout est bon, mais je vois que chaque piéce est faite pour les autres, j'admire l'ouvrier dans le détail de son ouvrage, et je suis bien sûr que tous ces rouages ne marchent ainsi de concert que pour une fin commune qu'il m'est impossible d'appercevoir.« (578)

Typologisch gesehen, tritt neben Rousseaus nüchtern-profanen Anschauungsbegriff, der auf das Vor-Augen-Führen, Vor-die-Sinne-Bringen oder Fühlbarmachen setzte, eine indikatorische Variante des medialen, elevatorischen Begriffs. Diese Begriffsvariante gewinnt in jenem Teil seines pädagogischen Diskurses an Raum, der sich mit der Erziehung des Jugendlichen zwischen 15 und 20 Jahren befaßt. Zusammen mit der hier stattfindenden tendenziellen Verdrängung der negativen durch eine positive Pädagogik, die nun stärker auf Autorität und belehrende Worte des Erziehers als auf die unmittelbare Wirkung der Dinge setzt, wird auch Anschauung umgeschrieben. Sie wird nun zu einer Art Instrument, das als Hinweis auf die göttliche Ordnung den das Gebot der Sittlichkeit vermittelnden Lehrer stützt. Die sichtbare Welt wird aber dennoch nicht zum Beweis; die Scheidelinie zur logischen Demonstration wird ebensowenig überschritten wie die Grenze zur medialen (phänomenologisch-symbolischen) Anschauung und vollen Repräsentation der Präsenz.

Rousseaus Ruf nach den ›choses‹ ist von jener Wesensschau unterschieden, die sich später in Husserls Ruf nach den ›Sachen selbst‹ ausdrücken wird. Vor allem bleibt die Abgrenzung zur amedialen, mystischen Intuition bestehen; der im *Emile* benutzte Ausdruck ›vision‹ hat nichts gemein mit jener theologischen Gottesschau, von der sich die Enzyklopädisten distanzierten. Zwar hat das Festhalten an der Existenz der vollständigen Präsenz, die – obwohl nicht wiß- und sichtbar – in einer Art Glaubensakt gesetzt wurde, Rousseaus antimetaphysische Verve wieder gemildert und sein Verständnis von Anschauung vor deren Abflachung zu bloßer Anschaulichkeit ›bewahrt‹. An diesem Rest logozentristischer Metaphysik hat Derridas *Grammatologie* angesetzt. Doch das elevatorische Moment im Rousseauschen Anschauungsbegriff, nach dem die Phänomene auf das Höhere (nur) verweisen, zieht nicht jenen Grad von Emphase nach sich, die dem Versprechen des unvermittelten und vermittelten Erscheinen eines Transzendenten eignet. Diese Zurückhaltung gehört zu den kulturgeschichtlichen Merkmalen der Aufklärung insgesamt.

Rousseaus Pädagogik der Anschauung erfuhr eine weitwirkende Rezeption unter anderem im deutschen Philanthropismus, als dessen Gründungsvater Johannes Bernhard Basedow gilt. In dessen Pädagogik begegnet uns allerdings eine rationalistisch verkürzte Funktionalisierung des Begriffs: »Für ihn ist Anschauen vor allem ein Mittel zum Zweck. Er benützt es, damit die Kinder eine Vorstellung von den Begriffen erhalten.«[53] Auch auf Johann Heinrich Pestalozzi übte der *Emile* einen signifikanten Einfluß aus. Bei allen konzeptionellen Differenzen, zu denen nicht zuletzt Pestalozzis politischer Platonismus und die pädagogische Transformation des ›suum cuique‹ in die von affirmativen Pädagogen gelobte standesgerechte Erziehung des »Armen zur Armut«[54] gehörte, hatte bei ihm ebenso wie bei Rousseau Anschauung das pädagogische Primat. Er hat »die

---

[53] DIETER KORMANN, *Der Anschauungsbegriff bei Comenius, Basedow und Hartwig im Blick auf die anschauungsbezogenen methodischen Anforderungen im heutigen Fach Kunst* (Frankfurt a. M. u. a. 1992), 66.

Grundsätze der indirekten Erziehung, des Lernens mehr an den Sachen als durch Worte berücksichtigt« und »der sinnlichen Anschauung bei der Entwicklung der Erkenntnis des Kindes eine grundlegende Bedeutung«[55] zugewiesen. Entgegen dem »rasenden Zutrauen auf leere Worte, das unser Zeitalter entmannt«, strebte er danach, »der Anschauung das jenige Übergewicht [...] wieder herzustellen, welches ihr vor Wort und Schall so sichtbar zugehört«[56].

Während bei Rousseau Anschauung nur implizit, als paraphrasierter Begriff oder als eine über den Gebrauch anderer Worte beschlossene Bedeutung programmatisch war, haben Pestalozzi und seine deutschen Schüler nicht zuletzt unter dem Einfluß der Kantischen Philosophie aus Anschauung einen expliziten Terminus gemacht. Allerdings schlugen sich die konzeptionellen Differenzen zwischen Rousseau und Pestalozzi auch in diesem Terminus nieder, der hybrid wie die gesamte Konfession Pestalozzis war. In ihm vermischte sich die auf bloßes Nahebringen zielende, dem »Gesetz der Nähe«[57] verpflichtete Intention mit der platonisch-phänomenologischen Auffassung des im Typischen erscheinenden Urbildes und der Kantischen Unterordnung der Anschauung unter den strukturierenden Begriff. Nicht zuletzt wegen Pestalozzis kantianisch anmutenden Anschauungsformen

---

54 RICHARD WICKERT, Geschichte der Pädagogik (Leipzig 1916), 122.
55 FRITZ-PETER HAGER, Pestalozzi und Rousseau (Bern/Stuttgart 1975), 36.
56 JOHANN HEINRICH PESTALOZZI, Wie Gertrud ihre Kinder lehrt (1801), in: Pestalozzi, Sämtliche Werke, hg. v. L. W. Seyffarth, Bd. 9 (Liegnitz 1901), 128.
57 Vgl. IRMTRAUD ROEDER, Das Problem der Anschauung in der Pädagogik Pestalozzis (Weinheim/Berlin/Basel 1970), 18 f.
58 Vgl. PAUL NATORP, Allgemeine Grundlagen der Erziehungslehre Pestalozzis, in: Natorp, Herbart, Pestalozzi und die heutigen Aufgaben der Erziehungslehre (Stuttgart 1899), 90–110; NATORP, Pestalozzis Prinzip der Anschauung, in: Natorp, Gesammelte Abhandlungen zur Sozialpädagogik (1907), Bd. 1 (Stuttgart ²1922), 162.
59 NATORP, Pestalozzi. Sein Leben und seine Ideen (1908; Leipzig/Berlin ²1912), 63.
60 PESTALOZZI (s. Anm. 56), 127.
61 NATORP (s. Anm. 59), 62.
62 Vgl. ROEDER (s. Anm. 57), 40–49.

(Zahl, Linie, Quadrat) und seiner Rede von vorausgesetzten Allgemeinbegriffen, mit denen die Einheit der Form von Naturgegenständen gebildet werde, hat Paul Natorp aus Pestalozzi eine Art ›Kant der Pädagogik‹ gemacht.[58] Für ihn bedeutete Pestalozzis Anschauung »hinschauende Gestaltung des Gegenstandes«[59]. Doch Pestalozzi könnte auch als (deutscher) ›Rousseau der Pädagogik‹ gelten, denn die Ähnlichkeiten mit dessen Lehre sind unverkennbar. Wie der Franzose gegen Worte und Bücher, so polemisierte Pestalozzi gegen »die Unnatürlichkeit unseres Mönchsunterrichts und alle Elendigkeit seiner isolierten Brockenlehren«, die »mit dem Zauber einer Sprache blendeten, die wir redeten, ohne von den Begriffen, die wir durch den Mund laufen ließen, irgend eine anschauliche Erkenntnis zu haben«[60]. Er forderte, in der pädagogischen Ontogenese die phylogenetische Sprachentwicklung zu wiederholen, die vom Anschauen zum Benennen und von da aus weiter zur freien Entfaltung der Sprachkunst fortgehe: »Die Natur brauchte Jahrtausende, unser Geschlecht zur vollendeten Sprachkunst zu erheben, und wir lernen jetzt dieses Kunststück [...] in wenigen Monaten; aber dennoch müssen wir [...] eben den Weg gehen, den die Natur mit dem Menschengeschlecht ging. Und sie ging unstreitig [...] von der Anschauung aus.« (125) Wie bei Rousseau stand die pädagogische Prävaluierung der Anschauung mit einer Anthropologie des »guten Menschennatur« (97) in Verbindung. Und rousseauistisch ist auch die Dominanz des deiktischen, auf Zeigen und Anschaulichkeit zielenden Begriffstypus in Pestalozzis gemischter Lehre von der Anschauung. Diese läßt zum einen an das Konstituieren der Anschauung durch apriorische Formen oder das Konstruieren ihrer Gegenstände durch rationale Kategorien denken; das hatte Natorp im Sinn, als er den »Thatcharakter«[61] von Pestalozzis Anschauung betonte. Aber zugleich war auch der Gewinn der Formen aus der Anschauung und bloße Veranschaulichung oder intermediale Übersetzung aus dem Medium des Begriffs gemeint.[62] Obgleich Pestalozzis Rede mitunter an platonisch interpretierbare Urbilder erinnert, die in den Dingen als deren Typisches sichtbar seien, so bleibt er doch – auch hierin Rousseau ähnlich – entfernt von aller amedialen Intuition. Wer von Pestalozzis mystischer

Anschauung[63] sprach, verkannte, daß auch Pestalozzi an der Zurückhaltung der Aufklärung partizipierte, die von der unmittelbaren Schau eines Essentiellen oder des göttlich-universalen Zusammenhangs Abstand nahm. Als Terminus oder Begriff in Pestalozzis Sinne spielte Anschauung auch bei Adolph Diesterweg oder im englischen Pestalozzianismus, etwa bei Elisabeth Mayo, eine zentrale Rolle.[64] Johann Friedrich Herbart entwickelte aus Pestalozzis Idee eines *ABC der Anschauung* (1803) eigene Ideen, die ungeachtet der Differenz mit Pestalozzi ebenfalls die Anschauung zum ersten pädagogischen Prinzip erhoben, diese aber noch konsequenter zur Quelle aller ›höheren‹ Begriffe machten. Dem entsprach seine Skepsis gegenüber der Freiheit des Willens, der vor allem durch Bereitstellung von (oder den Zwang zu) unmittelbaren Erfahrungen zu beeinflussen sei.

2. Anschauung und Erkenntnistheorie

Auch unter erkenntnistheoretischem Aspekt erweist sich, daß der nicht elevatorisch-emphatische, auf das ›bloße‹ sinnliche Gegebensein orientierte Begriff von Anschauung in der Aufklärung eine wichtige Rolle spielte. Mit Ausnahme ihrer strikt materialistisch-atheistischen Protagonisten neigte die Aufklärung dazu, einen transzendenten Sinn des Ganzen oder Gott als dessen Inbegriff nicht zu negieren, sondern diesen in seinen ›Werken‹ zu verehren. Von diesem Ausdruck des Göttlichen oder Unsichtbaren in der sichtbaren Ordnung der Natur wurde keine vollständige, die Präsenz präsentierende Repräsentation erwartet. Grosso modo glaubten die Aufklärer nicht, daß sich die Weltvernunft bzw. der Logos in ganzem Umfang wahrnehmen oder sehen ließe: weder unmittelbar in einer mystischen ›communio‹ noch vermittelt über sinnliche Phänomene, die mehr als bloße Hinweise auf die göttliche Vollkommenheit gäben. Für die Anschauung hatte das zur Folge, daß sie einerseits bescheiden – oder eben ›aufgeklärt‹ – daherkam, daß aber andererseits die Zurückhaltung gegenüber dem Höchsten dessen verborgene Existenz geradezu voraussetzte. Das Bewußtsein der Relativität der Wahrnehmung impliziert das Absolute als eine Art regulative Idee; die Bescheidung des

Sehens auf das Positive war Pendant des erfüllten Glaubens; die unvollständige Repräsentation ermaß sich an der vollständigen Präsenz.

Wenn mit dem Denken der Aufklärung die amediale ›intuitio‹ und der phänomenologische Anschauungsbegriff nur schwer vereinbar waren, so gilt dasselbe auch für eine ›intellektuelle Anschauung‹, die ein nicht-abstraktives Sehen des üblicherweise nur in ideeller Abstraktion Denkbaren prätendiert und dem Sehen (der konkreten Unendlichkeit des Mannigfaltigen, der universellen Totalität usw.) übersinnliche Potenzen verleiht. Der Anschauungsbegriff, den die deutsche Aufklärung in der Nachfolge von Leibniz und im Kontext der Wolff-Schule ausbildete, war bei jedem ihrer Vertreter durch eine spezifisch modifizierte, aber dennoch typische Zurückhaltung gegenüber dieser ›intellektuellen Anschauung‹ geprägt, die bedeutet hätte, das Universum genauso wie Gott betrachten zu können. Ob es menschliche Vorstellungen gebe, in denen letzte Zwecke und Ursachen der Welt sichtbar würden oder ob die ›klare‹ und ›unmittelbare‹ Anschauung einer nicht-abstraktiven Vielfalt mit dem ›distinkten‹ und ›vermittelnden‹ Denken zusammenfiele – das war eine Frage, die in unterschiedlicher Terminologie gestellt wurde. Ähnlich Leibniz, für eine absolut identische ›präsentatio mundi‹ nur Gott selbst ansprach, lauteten die verschieden formulierten Antworten in der Tendenz einhellig: Eine Anschauung, die per se unmittelbar, konkret-mannigfaltig und unbezweifelbar ist und zugleich den universalen Zusammenhang ›schaut‹, ist dem Menschen verwehrt; nur für begrenzte Bereiche ist ihm die Einsicht in Gründe und Zwecke, Mögliches und Unmögliches gegeben. So war es für Mendelssohn, der von »unmittelbarer, anschauender Erkenntniß« sprach, die in sich keinen Zweifel dulde, ein »allgemein erkannter philosophischer Grundsatz«, daß das »ganze Gebiet [...] der Realität« von uns »nicht anschauend erkannt werden«[65] könne.

---

63 Vgl. FRIEDRICH DELEKAT, Johann Heinrich Pestalozzi. Der Mensch, der Philosoph und der Erzieher (Leipzig 1926).
64 Vgl. TOSHIKO ITO, Die Kategorie der Anschauung in der Pädagogik Pestalozzis. Theorie und Rezeption im Japan des 19. Jahrhunderts (Frankfurt a. M. u. a. 1995), 71–81.

Die Skepsis der Aufklärung gegenüber der ›intellektuellen Anschauung‹ wurde von Kant zugespitzt: »Ein Verstand, in welchem […] zugleich alles Mannigfaltige gegeben würde, würde *anschauen*; der unsere kann nur *denken* und muß in den Sinnen die Anschauung suchen.«[66] Kant verband Anschauung unlösbar mit dem Prädikat sinnlich; ihm waren »alle unsere Anschauungen sinnlich« (157). Und als zur Sinnlichkeit gehörig, konnte Anschauung für ihn nur ›passiv‹ und ›rezeptiv‹ sein. Im Unterschied zur (aktiven) ›Spontaneität‹ des Verstandes vermöge sie nicht, die einzelnen Eindrücke zu einem Gegenstandsbild zusammenzufassen. Erst die logische Funktion der Begriffe soll diese Mannigfaltigkeit zu dem Bild eines Gegenstandes synthetisieren dürfen, das uns »verständlich« (98) ist. Wir haben also einen Anschauungsbegriff, der auf nichts als das bloße Empfangen von Sinneseindrücken zielt; dieser Insuffizienz wegen läßt Kant die Anschauung Hilfe von den ›höheren‹ Erkenntnisvermögen herbeirufen.

Für Kant war das Material, das die Anschauung liefert, jedoch nicht völlig ungeformt, sondern durch die ihr selbst eigenen Formen von Raum und Zeit geprägt. Raum ist die Form der äußeren, Zeit die Form der inneren Anschauung. Diese Anschauungsformen sind a priori. Die von den konkreten Sinnesempfindungen abstrahierte ›transzendentale‹ Anschauung erfüllt zwei Funktionen: erstens den Empfang der ›äußeren‹ Gegenstände im Raum und – zweitens – die ›innere‹ Anschauung dieses unseres Affiziertseins in der Zeit. Die erste Funktion realisiert sich nur in und vermittels der zweiten; sie ist die »Art, uns selbst innerlich anzuschauen, und vermittelst dieser Anschauung auch alle äußere Anschauungen in der Vorstellungs-Kraft zu befassen«. Daher ist die Zeit als Form der inneren Anschauung »eine Bedingung a priori von aller Erscheinung überhaupt, und zwar die unmittelbare Bedingung der inneren (unserer Seelen) und eben dadurch mittelbar auch der äußern Erscheinungen« (81). Trotz ihrer raum-zeitlichen Struktur ist die Leistung der Anschauung nicht hinreichend, um aus dem Nebeneinander oder der Sukzession eine Erfahrung zu machen;

das geschieht – wie gesagt – erst durch den Verstand. Die hierzu erforderliche ›Gegenstandssynthese‹ vollbringe der Verstand aber nicht durch unmittelbaren Eingriff in die sinnlichen Anschauungen, sondern vermittels der Einbildungskraft. Die Einbildungskraft war für Kant ein mittleres Vermögen, das sowohl zur Sinnlichkeit als auch zum Verstand gehöre. Sie füge die Eindrücke so zusammen, daß zwischen Anschauung und Verstand Korrespondenzen entstehen können; sie sei es, die aus dem Verstreuten ein »Bild« (176) forme. Zugleich vollziehe sie die Verbindung des ›perzipierten‹ Gegenstandes mit dem Ich zur ›Apperzeption‹, das heißt: zum Bewußtsein dessen, daß es sich um meine Erfahrungen handelt. Für das Wissen, daß ich es bin, dem die Erfahrung widerfährt, sorge das Selbstbewußtsein. »Das: *Ich denke*, muß alle meine Vorstellungen begleiten *können*;« es »ist ein Actus der *Spontaneität*« und »kann nicht als zur Sinnlichkeit gehörig angesehen werden« (136). Und für sein ›verständige‹ Bild erhält die Einbildungskraft Anleitung von den Verstandeskategorien: »Auf ihnen gründet sich […] alle formale Einheit in der Synthesis der Einbildungskraft, und vermittelst dieser auch alles empirischen Gebrauchs derselben […] bis herunter zu den Erscheinungen« (179).

Diese ihre ›Doppelleistung‹ verdankt die Einbildungskraft also den ›höheren‹ Erkenntnisvermögen, an die sie angeschlossen ist. Kant hat seinen Dualismus von Anschauung und Begriff in die Einbildungskraft hineingetragen, anstatt ihn als mittlere« Vermögen in ein niederes und höheres zerschnitten, anstatt es als Überwindung des Dualismus zu denken. Er ist außerstande, eine Einheit von Anschauung und Begriff zu sehen, weil er sich dagegen verwahrt, die Anschauung zu intellektualisieren (vgl. 92). Die Trennung von ›passiver Anschauung‹ und ›aktivem Intellekt‹ produziere eine Reihe von Widersprüchen und Problemen, zu denen u. a. gehört, daß Kant der Einbildungskraft – obgleich sie nur unter der Leitung der Kategorien und des Selbstbewußtseins synthetisieren können soll – dennoch Syntheseleistungen sui generis konzedieren muß: Die Einbildungskraft gebe »Synthesis«, die »jederzeit sinnlich« ist, »weil sie das Mannigfaltige nur so verbindet, wie es in der Anschauung *erscheint*« (178). Ähnliche Widersprüche finden sich in Kants Behandlung der ›äußeren‹ und

---

65 MENDELSSOHN (s. Anm. 25), 39, 120.
66 KANT (s. Anm. 49), 138.

›inneren‹ Anschauung. Auch diese sollte ja von sich aus keine Verbindung des Mannigfaltigen schaffen können. Da aber ›Raum‹ und ›Zeit‹ als Formen der Anschauung jeweils nur eines sind und sein müssen, wäre es durchaus denkbar, daß sich in ihnen das Mannigfaltige zu einer formalen Einheit verbindet. In der Tat mußte Kant zugeben, daß die Anschauung mit den Kategorien nicht ›korrespondieren‹ könnte, wenn ihre Elemente »getrennt«, »isoliert« oder untereinander »ganz fremd« wären; daher konzedierte er dem Mannigfaltigen der Anschauung selbst eine »Synopsis« (161). Zwar waren für Kant die Verbindungen des in der Anschauung Gegebenen »bloße Verhältnisse«; doch auch »Verhältnisvorstellungen« (92) sind nicht bloß chaotische Wolken. Nolens volens gelangte Kant also zu zwei Arten von Syntheseleistung. Er unterscheidet die anschauliche ›Synopsis‹ von der intelligiblen ›Synthesis‹; diesem Unterschied entspricht auch der zwischen »synthesis speciosa« und »synthesis intellectualis« (148). Der hiermit zutage tretende Widerspruch zu der Feststellung, daß die »*Verbindung* (coniunctio), eines Mannigfaltigen überhaupt, [...] niemals durch die Sinne in uns kommen«, ja nicht einmal »in der reinen Form der sinnlichen Anschauung zugleich mit enthalten sein« (134 f.) könne, kehrt zugespitzt wieder, wenn er auf die ›formalen Anschauungen‹ der Mathematik, die hier nicht erörtert werden können, zu sprechen kommt. Spätestens hier offenbart sich, daß Kant »eine Anschauung, die bereits Synthesis enthält, benötigt«[67]. Doch ein derartiges Zugeständnis konfligiert mit seiner Vorentscheidung, Begriff und Anschauung getrennt zu halten, die letztlich in der aufgeklärten Überzeugung gründeten, daß ›Noumena‹, Ideen und Gott nicht sichtbar seien.

Kants radikale Delogifizierung der Anschauung ließ das Problem der Vermittlung des einzelnen Phänomens mit dem allgemeinen Begriff hervortreten, die das Hauptthema seiner *Kritik der Urteilskraft* (1790) bildet. Diese Frage wäre – zumindest in der Kantischen Fassung – nicht auf die Tagesordnung gelangt, wenn der sinnlichen Anschauung der Bezug auf das Logisch-Allgemeine inhäriert worden wäre. Über Kants Problem des Urteils sagte Schelling richtig, hier werde »nicht etwa Begriff mit Begriff, sondern es werden Begriffe mit Anschauungen verglichen«[68]. Schelling bemerkte auch, daß die gesamte Vermittlungsproblematik der Kantischen *Urteilskraft* auf einer widernatürlichen Trennung des ursprünglichen Zusammenhangs von Anschauung und Begriff basiere: ein künstliches Problem also, das die abstraktiv geschaffene »begrifflose Anschauung« mit dem »anschauungslosen Begriff« (513) – nach Schelling übrigens vergeblich – zu verbinden strebe.

Was Schelling im Sinn hatte und selbst verfolgte, war die von Fichte initiierte Identifizierung von Anschauung und Begriff: »Begriff[f] und Anschauung, sie fallen in Eins zusammen«[69]. In Fichtes ›intellektueller Anschauung‹[70] vereinen sich Aktivität mit Passivität, Subjekt mit Objekt, Sehen mit Gesehenwerden, Selbstsetzung mit Gesetztwerden. »*Eine Anschauung* ist also das *Ding selbst*. Anschauung und Ding sind *Eins*.«[71] Um diese doppelte Funktion der Anschauung ohne unendlichen Regressus plausibel zu machen, ging Fichte von einer absoluten Tätigkeit des Ich aus, innerhalb deren sich Ruhe als Tätigkeit, Bestimmtsein als Selbstbestimmung, Gesetztsein als Selbstsetzung wechselseitig reflektieren. In dieser Reflexion wird das Sehen zum Gesehenen; es verwandelt sich in eine Art Spiegel, der selbst Auge ist: »*Durch sein eigenes Sehen wird das Auge* (die *Intelligenz*) *sich selbst zum Bilde*« (49). Der Anschauungsbegriff Fichtes impliziert die Setzung des *Nicht-Ich* in tätiger Selbstanschauung, die sich das von ihr Gesetzte unmittelbar wiederaneignen kann. Da dieses Schauen zugleich Begreifen ist, können Subjekt und Objekt in ihrer

---

67 ANDREAS ECKL, Kategorien der Anschauung. Zur transzendentalphilosophischen Bedeutung von Heinrich Wölfflins ›Kunstgeschichtlichen Grundbegriffen‹ (München 1996), 92.
68 F. W. J. SCHELLING, System des transscendentalen Idealismus (1800), in: SCHELLING (SW), Abt. I, Bd. 3 (1858), 507 f.
69 JOHANN GOTTLIEB FICHTE, Wissenschaftslehre nach den Vorlesungen von Hr. Pr. Fichte (ca. 1796–1799), in: Fichte, Gesamtausgabe, Abt. 4, Bd. 2, hg. v. R. Lauth/H. Gliwitzky (Stuttgart-Bad Cannstatt 1978), 32.
70 Vgl. JÜRGEN STOLZENBERG, Fichtes Begriff der intellektuellen Anschauung. Die Entwicklung in den Wissenschaftslehren von 1793/94 bis 1801/02 (Stuttgart 1986).
71 FICHTE (s. Anm. 69), 75.

beidseitigen intelligiblen Dimension innerhalb des »subjektiven Subjekt-Objekts«[72] miteinander verschmelzen. Die inneren Schwierigkeiten des erkenntnistheoretischen Anschauungsbegriffs von Kant, die im dualistischen Fundament seiner ganzen Philosophie gründen, waren damit gelöst. Der Preis, den Fichte für die Bereinigung der Kantischen Aporien zahlte, war aber nichts Geringeres als eine metaphysische Revision der Aufklärung – und zwar auch in puncto Anschauung. Fichtes Anschauung wurde von Schelling aus dem Kontext subjektiver, das Ich verabsolutierender Identitätsphilosophie gelöst und auf die Natur ausgeweitet. An beidem haben die Romantiker mit ihrem Sinnlichkeit und Begriff, ›passio‹ und ›actio‹ verbindenden Anschauungsbegriff angesetzt und diesen in Richtung auf eine amediale, mystische Schau bewegt.

3. *Anschauung in der Ästhetik*

Der ästhetische Anschauungsbegriff der Aufklärung war eng mit dem Gebot der ›imitatio naturae‹ verbunden. Damit waren zunächst nur zwei Glieder korreliert: die artifiziellen Bilder der Kunst und die Erscheinungen der Natur, zu denen auch die geschichtliche und menschliche Wirklichkeit bis hin zu den Affekten und Aktionen des Individuums gerechnet werden muß. In diesem Verhältnis war die Intention primär auf schlichte Übertragung aus dem natürlichen in das künstliche Medium gerichtet. Sofern es um Verdeutlichung, Vor-Augen-Führen eines Enfernten ging, bleibt der Anschauungsbegriff ›flach‹ und nähert sich dem Prinzip der Anschaulichkeit; er gewinnt aber schon in dieser zweigliedrigen Relation eine elevatorische Note, wenn die veranschaulichte Natur – ontisch – als Original gegenüber der Kopie oder – ethisch – als Inkarnation des Guten aufgewertet und das ›imitatio-Gebot‹ durch diese hierarchische Präjudikation motiviert wurde.

In Diderots *Salons* (1759–1781) und dem *Essai sur la peinture* (1765) hat sich als erster (heteronomer) Zweck und oberstes ästhetisches Wertkriterium die gelungene Wiedergabe geltend gemacht. Begeistert von einer naturgetreuen Malerei und der täuschenden Illusion des ›trompe-l'œil‹, nennt Diderot ein Bild von Jean-Baptiste Greuze »très belle«, weil es eine Szene wiedergebe, wie sie sich wirklich abgespielt haben könnte (»c'est la chose comme elle a dû se passer«[73]). Gelungene Nachahmung ist sein Schönheitskriterium par excellence, das sich auch dann noch erfüllt, wenn das Nachgeahmte häßlich ist: »De toute beauté« (517) ist für ihn ein Portrait von Greuze, das Augen, welkes Fleisch, kurz: alle Details des Alters genau wiedergibt. Diderot ist von der Vorstellung entzückt, die dargestellte Frau des Malers, deren Hund er wirklich bellen zu hören vermeint, zu streicheln (vgl. 530). Er empfindet höchsten ästhetischen Genuß, wenn von einem Bild, das ein über seinen toten Vogel weinendes Mädchen zeigt, dazu angeregt wird, dieses tröstend anzusprechen (vgl. 533 f.). An Joseph Vernet hebt er hervor, daß man auf einem Bild eines Schiffbruchs das Getöse der Wellen hört (vgl. 569). »Voilà la belle peinture, voilà la véritable imitation de la nature« (692), ruft er angesichts einer Malerei aus, bei der die Details wie in der Wirklichkeit in der Nähe deutlich und bei Entfernung vom Bild undeutlich werden.

Der zweigliedrige Anschauungsbegriff der Ästhetik der Aufklärung wurde nicht selten um ein drittes Relationsglied bereichert – und zwar besonders dann, wenn auf Belehrung und sittliche Läuterung gesetzt wurde. Das war speziell bei der rationalistisch orientierten Ästhetik in Deutschland der Fall, z.B. bei Gottsched: »Ein Gedicht, oder eine Fabel muß eine Nachahmung einer menschlichen Handlung seyn, dadurch eine gewisse moralische Lehre bestätiget wird.«[74] Gottsched war zum einen auf Übersetzung, Veranschaulichung, Lebendigmachen, Spürenlassen zielenden, ›flachen‹ Anschauungsbegriff verpflichtet. Indem er jedoch die Nachbilder der Natur als Mittel zum Zweck, als Demonstration, Exemplifizierung oder Illustration vernünftiger (sittlicher oder rationaler) Grundsätze und Lehren funktionalisierte, verstärkte sich der latente elevatorische Zug des Anschauungsbegriffs. Wenn sich auch kein Konflikt

---

72 G. W. F. HEGEL, Differenz des Fichteschen und Schellingschen Systems der Philosophie (1801), in: HEGEL (TWA), Bd. 2 (1970), 11.
73 DENIS DIDEROT, Essai sur la peinture (1765), in: Diderot, Œuvres esthétiques, hg. v. P. Vernière (Paris 1959), 519.
74 GOTTSCHED (DICHTKUNST), 739.

zwischen den zwei heteronomen Zwecken, der Abbildung der Natur und der Erziehung zur Vernunft durch ihr Beispiel, entfaltete, so wurde Anschauung doch von der naturalistischen Wiedergabe entbunden und das imitatio-Gebot erweitert. Denn wenn das natürliche Beispiel effizient läutern und erziehen sollte, mußte es aus wirkungsästhetischen Gründen von der Faktologie abweichen.

Daher hat Gottsched das Wunderbare in der Kunst immerhin bis zu jener Grenze zugelassen, wo sich sittlich effizient ›Schrecken‹ und ›Mitleyden‹ einstellt. Auch die rhetorische Dimension der Poesie wurde von ihm zumindest soweit geachtet, wie sie der Moral nicht schadet, sondern nutzt.[75] Seine »reduzierte Rhetorik« war eine Funktionalisierung zum Zweck der »effizienten wahren Rede«[76]. Aber die ›horizontale‹ Übertragung der Natur ins Kunstbild blieb schon deshalb bestimmend, weil erstere Ausdruck jener göttlichen Weisheit war, die nahegebracht werden sollte. So sah auch Johann Jacob Bodmer in seinen *Critischen Betrachtungen über die Poetischen Gemählde Der Dichter* (1741) den Nutzen der erscheinenden Naturschönheiten darin, daß sie die »Betrachtung auf denjenigen lencken, der alle Dinge so schön gemachet hat«[77].

Gottsched hat die Bilder der Kunst einschließlich der poetischen Figurationen auf den denotativen Dienst am Realreferenten eingeschworen, der zwar auf das Real-Mögliche und Wahrscheinliche erweitert wurde[78]; aber alles, was die Signifikanten auf der Ebene der rhetorisch-textuellen Selbstreferenz oder in Entfaltung ihrer materialen Sinnlichkeit an Eigen-Sinn generieren könnten, hat er rigoros beschnitten. Daher seine Ablehnung der »Zaubereyen« (625) und die restriktive Haltung gegenüber dem Phantastischen und Wunderbaren, das Gottsched nur so weit zulassen wollte, als es »die Wunder der Natur nachahmet« (195). Daher auch die Ablehnung der Oper, die keine »geschickte Nachahmung menschlicher Handlungen« (741) sei und von deren ›Dehnen‹, ›Erheben‹ und ›Vertiefen‹ der Töne Entfernung vom (Wort-)Sinn oder gar sinnlicher Widerspruch befürchtet wurde. Die Herrschaft des Realreferenten, von dem Gottsched zudem eine äußerst eingeschränkte Vorstellung hatte, begegnet uns allenthalben in seiner Poetologie: Die Charaktere sollen keine inneren Widersprüche haben, denn ein »widersprechender

Charakter ist ein Ungeheuer, das in der Natur nicht vorkömmt« (619). Die Kleidung des Signifikanten darf das Signifikat nicht verdecken; sie muß es – in historisch und regional getreuen Bühnenkostümen – genau wiedergeben.

Wenngleich das Anschauungskonzept der deutschsprachigen Aufklärer den über die Unmittelbarkeit des Bildes vermittelten Aufstieg zu Höherem nicht ausgeschlossen hat, so wurde doch dieser Weg nicht exklusiv, sondern nur als ein anderer Aufstieg verstanden. Illustration, Exemplum, Sinnbild, Allegorie, Metapher, Fabel usw. galten nur als ein bequemerer Umweg zu dem, was dem Vernünftigen, Weltweisen oder dem gebildeten Künstler im Medium des Begriffs zugänglich sei. Insbesondere Kindern, Frauen oder dem ›Pöbel‹ wurde der Weg über logisch-diskursive Prozeduren, den die Wissenden und Weisen kennen, nicht zugemutet. Die rationalistisch orientierte Ästhetik Gottscheds war eine ästhetische Transformation der Metaphysik Christian Wolffs und teilte mit diesem die Auffassung, daß die affektiv-emotionalen Begleiteffekte des anschaulichen Exempels bei den ungebildeten ›Vielen‹ erkenntnisfördernd wirke: »Weil [...] die anschauende Erkäntnis aber bey vielen einen grösseren Eindruck machet, als die Vernunfft, absonderlich wenn Lust und Unlust nebst hefftigen Affecten daraus entstehen, so richtet man mit Exempeln hier öfters mehr aus, als mit weitläufftigen Vorstellungen, wenn sie auch noch so vernünfftig sind. [...] In Exempeln siehet man die Gewißheit augenblicklich, wenn man sie recht erwäget: hingegen wenn man durch Gründe überführet werden soll, muß man ihnen [...] erst bekandt werden, und vorher eine gewisse Geschicklichkeit besitzen, die von Seiten dessen erfordert wird, der sich durch Beweiß soll überführen lassen.«[79] In dem Sinne sprach auch Johann Jacob

---

75 Vgl. ANGELIKA WETTERER, *Publikumsbezug und Wahrheitsanspruch. Der Widerspruch zwischen rhetorischem Ansatz und philosophischem Anspruch bei Gottsched und den Schweizern* (Tübingen 1981), 64.
76 RÜDIGER CAMPE, *Affekt und Ausdruck. Zur Umwandlung der literarischen Rede im 17. und 18. Jahrhundert* (Tübingen 1990), 19f.
77 BODMER, 145.
78 Vgl. GOTTSCHED (DICHTKUNST), 153.

Breitinger in der *Critischen Dichtkunst* (1740) von der »dogmatischen und schliessenden Lehrart«, die »für den grösten Haufen der Menschen gantz dunckel und unvernehmlich gefunden ward«, wie alle von den »Sinnen abgekehrte tiefe Einsicht«: »Daher ist es sich nicht zu verwundern, daß die Rede- und die Dicht-Kunst zu allen Zeiten vor allgemeine Dollmetscherinnen der Weißheit und vor Lehrerinnen der Tugend angesehen und geehret worden, weil sie die klugen und heilsamen Lehren des Verstandes auf eine so angenehme [...] Weise dem Gemüthe des Menschen einspielen«[80]. Für Breitinger war das sichtbare Kleid oder der »Cörper« der Erzählung »alleine um der Lehre willen erfunden, selbige gantz sichtbar, und auch den Sinnen und der Einbildung vernehmlich zu machen« (169 f.). Dazu stand allerdings jener Satz seiner Fabeltheorie in Widerspruch, der vom ›Verdecken‹ der Lehre in den dargestellten Exempeln sprach (vgl. 166 ff.). Das nun war aber durchaus nicht im Sinne Lessings, der meinte, die dargestellte Handlung solle »die moralische Lehre« weder verstecken noch verkleiden, denn diese solle »durch sie der anschauenden Erkenntnis fähig gemacht werden«[81].

Auch Diderot hatte die Anschauung der Kunst und ihrer Bilder mit sittlichen Absichten verknüpft. Er hatte von einer »peinture morale« gesprochen und von Poesie und Malerei gefordert, »que toutes deux elles doivent être bene moratae; il faut qu'elles aient des murs«[82]. Auch bei ihm führte die Spannung zwischen den zwei heteronomen Kunstzwecken (Nachahmung der Natur und sittliche Wirkung) zur Modifizierung des imitatio-Gebots. In den Spalt zwischen den beiden Zwecken drängte sich die künstlerische Subjektivität; über die wirkungsästhetische Absicht von Vergnügen und Rührung zwecks sittlicher Effekte kam die Erlaubnis, ja Notwendigkeit für den Künstler ins Spiel, von der Naturvorlage abzuweichen und die faktologische Isometrie zu verlassen: zu komponieren, zu verdichten, zu überspitzen und sich passende Gegenstände auszuwählen. Wie im *Encyclopédie*-Aufsatz ›Imitation‹, wo der (historische) Kopist vom (poetischen) Genie unterschieden wird[83], trennte Diderot auch in den *Essais* den »simple imitateur, copiste d'une nature commune« vom »créateur d'une nature idéale et poetique«. Er forderte vom Künstler: »Il faut encore que ton idée ait été juste et conséquente«[84].

Diderots Postulat einer Idealisierung der Natur schlug sich in Wendungen wie ›modèle‹, ›idéal‹, ›prototype‹ nieder. In den *Essais* sprach er von der »idée forte et grande« (721), die von der Kunst zur Anschauung gebracht werden sollte. Doch waren damit keine Platonischen Ideen noch Goethesche Urphänomene gemeint. Bei seinen Modellen ging es nicht um ideale Vollkommenheit oder den wahren Begriff des Menschen, nicht um Beseitigung der Defekte der Natur, sondern eher sogar um deren Verstärkung. Man könnte den Unterschied zwischen Diderots Modellen und jenen Urbildern, die der klassische Goethe zu veranschaulichen forderte, als mit den Begriffen des Charakteristischen und Typischen markieren. Die Differenz entspricht zwei verschiedenen ästhetischen Strategien: Für Diderot waren die Modelle der Kunst konkrete soziale Individuen, die das Besondere ihres Alters oder Berufes zeigen: kein ewiges anthropologisches ›Urbild‹, sondern mannigfaltige und veränderliche Vorbilder. »Chaque état de la vie a son caractère propre et son expression [...]. Dans la société, chaque ordre de citoyens a son caractère et son expression« (699). Auf diesen eigentümlichen Ausdruck des Verschiedenen verwies er die Lehrlinge der Malerei, von denen er wünschte, sie mögen sich aus der Akademie und von dem immergleichen einen Modell entfernen, um vielen Berufen, Ständen, Altersgruppen oder individuellen Erfahrungen zu begegnen (vgl. 671 ff.). Das Besondere im Individuellen zu zeigen ist aber ein ganz anderes ästhetisches Programm als jenes von Goethe verfolgte, der »im Besondern das Allgemeine«[85] schaute. Diderots Art der Idealisierung stand der

---

79 CHRISTIAN WOLFF, Vernünfftige Gedanken von der Menschen Thun und Lassen, zu Beförderung ihrer Glückseeligkeit (Deutsche Ethik) (1720), in: WOLFF, Abt. 1, Bd. 4 (1976), 292.
80 BREITINGER, Bd. 1, 8 f.
81 GOTTHOLD EPHRAIM LESSING, Abhandlungen über die Fabel (1759), in: Lessing, Ges. Werke, hg. v. P. Rilla, Bd. 4 (Berlin 1955), 29.
82 DIDEROT (s. Anm. 73), 524, 717.
83 Vgl. JAUCOURT, ›Imitation‹, in: DIDEROT (ENCYCLOPÉDIE), Bd. 8 (1765), 567–569.
84 DIDEROT (s. Anm. 73), 722, 721.

von Goethe abgewiesenen einfachen Nachahmung der Natur weit näher als dessen »Stil«, der auf dem »Wesen der Dinge« ruhe, »in so fern uns erlaubt ist es in sichtbaren und greiflichen Gestalten zu erkennen«[86]. Insoweit wußte Goethe, wovon er sprach, als er Diderot einen »Gegner«[87] nannte. Dessen unemphatisches Genügen an der Empirie und deren charakteristischen Differenzen war mit Goethes klassischem Interesse an den ›reinsten Verhältnissen‹ der wahren Menschennatur, in deren Darstellung er alle großen Künstler sich einander nähern sah (vgl. 310), in der Tat inkompatibel. Wer daher Diderots Konzept des »Sichtbarmachens«[88] mit Goethes ästhetischer Konzeption für vereinbar hält, verkennt den typologischen Unterschied zwischen den Anschauungsbegriffen von Aufklärung und deutscher Klassik, der auf verschiedenen philosophischen Prämissen beruht.

Kants Kritik der Urteilskraft (1790) stellt dem erkenntnistheoretischen Anschauungsbegriff der ersten Kritik einen ästhetischen zur Seite; die dritte Kritik bildet den Übergang des ästhetischen Paradigmas der Aufklärung — mit den heteronomen Zwecken: Nachahmung der Natur, Belehrung und Vergnügen — zur Autonomieästhetik des klassischen deutschen Idealismus. Signifikant für diese Zwischenstellung ist Kants Kategorie der Heautonomie. Die Kategorie besagt, daß Schönes und Erhabenes zu den rationalen Begriffen und vernünftigen Ideen in einer Beziehung stehen, die beider Freiheit und Indeterminiertheit nicht aufhebt. Für ästhetische Anschauung ist damit impliziert, daß das sinnlich Dargestellte, das immer auch Individuelles und Einzelnes ist, nicht im Allgemeinen des Verstandes oder der Vernunft aufgehen oder ihm untergeordnet werden darf — wie auch umgekehrt Begriff und Idee ein Mehr gegenüber der sinnlichen Darstellung haben. Die zwei Seiten, sinnliche Anschauung und Begriff bzw. Idee, behalten ihr Irreduzibles. Für den subjektiven Rezeptionsvorgang, der Kant vordringlich interessiert, heißt das, ein Gegenstand wird dann zu Recht als schön betrachtet, wenn sich Einbildungskraft und Verstand im Verhältnis eines freien Spiels und einer unaufhörlichen, wechselseitigen Herausforderung und Belebung befinden. Während — wie wir sahen — im theoretischen Verhältnis die Anschauung auf den Begriff angewiesen war und die Einbildungskraft ohne Hilfe der Kategorien blind und bildlos blieb, ist im ästhetischen Verhältnis die »Einbildungskraft, als Vermögen der Anschauung«[89] relativ »frei« (253). Und in der ›erhabenen‹ Gemütsstimmung leite das Bild auf eine ›Vernunftidee‹, die sich aber — da ›indemonstrabel‹ (vgl. 285) oder ein »Noumenon, welches selbst keine Anschauung verstattet« (177) — der Darstellung entziehe; andererseits bleibe auch die Darstellung frei und lasse sich in ihrem eigenen, genuinen Reichtum auf keinen Begriff reduzieren.

Laut Kant konnte das Verhältnis von Bild (Naturerscheinung oder künstlerische Darstellung) und Begriff zwei Formen annehmen: Entweder wird das Bild oder der sinnlich wahrnehmbare Gegenstand dem Begriff subsumiert, so daß die Urteilskraft, vom Begriff oder Gesetz ausgehend, den Gegenstand *bestimmt*. Oder die Urteilskraft hat »keinen Begriff für die gegebene Anschauung bereit« und muß von der Anschauung ausgehend nach einem passenden Begriff suchen. Dann ist sie »bloß reflektierend« (37). Während das erste Verhältnis immer ›logisch‹ ist (und in den Bereich der Erkenntnistheorie fällt), kann das zweite ›ästhetisch‹ sein (vgl. ebd.). Kant benutzte die Begriffe der ›symbolischen Hypotypose‹ und ›ästhetischen Idee‹, um das Eigenart der ästhetischen Anschauung (des Schönen oder Erhabenen) im Unterschied zum logischen Verhältnis zwischen Bild und Begriff zu charakterisieren. Eine Hypotypose

---

85 GOETHE, Maximen und Reflexionen über Literatur und Ethik, in: GOETHE (WA), Abt. 1, Bd. 42/2 (1907), 146.
86 GOETHE, Einfache Nachahmung der Natur, Manier, Stil (1789), in: GOETHE (WA), Abt. 1, Bd. 47 (1896), 80.
87 GOETHE, Diderot's Versuch über die Mahlerei (1799), in: GOETHE (WA), Abt. 1, Bd. 45 (1900), 249.
88 GREGOR SAUERWALD, Die Aporie der Diderot'schen Ästhetik 1745–1781. Ein Beitrag zur Untersuchung des Natur- und Kunstschönen als ein Beitrag zur Analyse des neuzeitlichen Wirklichkeitsbegriffs (Frankfurt a. M. 1975), 132.
89 KANT (s. Anm. 22), 224.

gleich »Darstellung, subiecto sub adspectum« kann »schematisch« (295) sein; dann dient sie der Darstellung von Begriffen; in diesem Dienst geht sie auf und unter. Sie kann aber auch eine ›symbolische‹ Darstellung sein; dann gibt sie die Anschauung eines Gegenstandes, zu dem ein Begriff gesucht wird, der nicht der eigene Gattungsbegriff ist, sondern eine moralische, also ›indemonstrable‹ Idee. Das Bild oder der wahrnehmbare Gegenstand dienen »bloß [als] ein Symbol für die Reflexion« (296). Dabei vollbringe die Reflexion ein ›doppeltes Geschäft‹: Sie reflektiere zunächst auf den Gattungsbegriff und dann auf die Art dieser ihrer Reflexion und gelange durch Analogiebildung zu dem Verweis auf die indirekt dargestellte Idee. So lasse z. B. eine Handmühle auf ihren (Gattungs-) Begriff ähnlich reflektieren wie auf den Begriff der Despotie (oder Unfreiheit) – wodurch sie sich als deren Symbol erweise (vgl. 296). Die Handmühle demonstriert also nicht, sondern bringt die Idee der Unfreiheit nur ›reflexiv‹ vor Augen. In ihrer individuellen Gegenständlichkeit aber hat sie noch ganz andere Bestimmungen.

Auch die ›ästhetische Idee‹, die keine Vernunftidee, sondern eine »Anschauung (der Einbildungskraft)« ist, läßt sich nicht auf Ratio und/oder Vernunft reduzieren. Sie ist inexponibel: »Da nun eine Vorstellung der Einbildungskraft auf Begriffe bringen so viel heißt, als sie exponieren: so kann die ästhetische Idee eine inexponible Vorstellung derselben [...] genannt werden.« (285) ›Inexponibel‹ bedeutet, daß zu einer Anschauung kein passender Begriff gefunden werden kann, in dem sie aufund untergeht; es ist der Gegenbegriff zu ›indemonstrabel‹, der auf die Unmöglichkeit eines Begriffs zielt, sich veranschaulichen zu lassen (vgl. 283 f.). Die ›ästhetische Idee‹ ist eine (innere) Anschauung, »die viel zu denken veranlaßt, ohne daß ihr doch irgend ein bestimmter [...] Begriff adäquat sein kann« (249 f.). Sie verkörpert das Paradoxon einer dienenden Souveränität, indem sie die Allgemeinbegriffe »auf unbegrenzte Art ästhetisch erweitert« (251). Sie ist in sich so reich, daß sie von keinem »Ausdruck, welcher einem bestimmten Begriffe angemessen ist, völlig erreicht« (253) werden kann.

Kants ästhetischer Anschauungsbegriff konnotiert keinen kognitiven Aufstieg. Werden Natur oder Kunst ›ästhetisch‹ betrachtet, so hat diese Anschauung keinerlei Erkenntniszweck. In sittlicher Hinsicht aber, und zwar vor allem bei der Anschauung des Erhabenen, das auf sittliche Ideen verweise, erwartet Kant eine Elevation durchaus. Diese vollziehe sich aber nicht dadurch, daß Gott, das absolut Große, die Idee der Freiheit usw. sinnlich-anschaulich repräsentiert würden; der Aufstieg erfolge dadurch, daß wir im Scheitern des Versuchs, das Absolute darzustellen oder anzuschauen, fühlen, daß es etwas Undarstellbares und der Sinnlichkeit Unerreichbares gibt. Wir erfahren in uns ein »Vermögen des Gemüts [...], das jeden Maßstab der Sinne übertrifft« (172): eine »Erweiterung des Gemüts« (177) oder im »Seele« in der »bloß negativen Darstellung« des »Unendlichen« (201). Die hiermit verbundene Emphase ist weit entfernt von der mystischen Einstellung, »über alle Grenze der Sinnlichkeit hinaus etwas sehen, d. i. nach Grundsätzen träumen (mit Vernunft rasen) zu wollen« (202).

Kants ästhetischer Anschauungsbegriff prätendiert also keine volle Präsenz des Sinns. Anschauung ist weder beim ›Schönen‹ noch beim ›Erhabenen‹ eine Offenbarung des Geistes; das ›ästhetische Verhältnis‹ der Phänomene zum ›Noumenon‹ ist allusiv beim Schönen und indikatorisch beim Erhabenen.

III. Das phänomenologische Paradigma des deutschen Idealismus

1. Goethe

Goethe steht für jenen typologischen Wandel des Anschauungsbegriffs, den der klassische deutsche Idealismus an dem Aufklärung vornahm. Er begnügte sich nicht mit der Anspielung oder dem indirekten Verweis des Angeschauten auf die Idee. Bezeichnend für den Paradigmenwechsel ist Goethes Reaktion auf Kants *Kritik der Urteilskraft*. Wie gesagt, war für Kant die menschliche Anschauung nur sinnlich; er verwahrte sich gegen die Anmaßung, das ›Ding an sich‹, Gott, die Totalität, die moralischen Ideen, die ›Weltursache‹, aber auch das ›Urbild‹⁹⁰ der Genera anschaulich erkennen zu wollen. Insofern war er rigoroser als Leibniz, dessen ›praesentationes mundi‹ in gradueller Steigerung zu einer Verbindung der (klaren und unmittelbaren) Wahrnehmung mit dem (distinkten und deutlichen) Begriff gelangen konnten. Sowohl einem Leibniz, der die Erscheinungen »intellektuiert«, als auch einem Locke, der die Begriffe »sensifiziert« habe, hatte Kant seine zu »nichts als Gedankenformen« oder »bloßer logischer Form ohne Inhalt«⁹¹ entleerten Kategorien entgegengesetzt. Trotzdem faßte Kant im § 77 der dritten *Kritik* einen Verstand ins Auge, der in sich die Trennung von Anschauung und Begriff überwunden hat. Dieser Verstand wäre also nicht länger auf eine ›Urteilskraft‹ angewiesen, die zwischen einzelnem Bild und allgemeinem Begriff (bestimmend oder reflektierend) vermittelt. Kant spricht von »einer völligen Spontaneität der Anschauung« oder – vice versa – von einem »anschauenden Verstand«⁹² und unterscheidet diesen »intuitiven (urbildlichen)« (361) Verstand als »intellectus archetypus« von dem diskursiven, der äußeren Anschauung und ihrer Bilder ›bedürftigen‹ »intellectus ectypus« (362). Zugleich bleibt er aber sich (und dem ›aufgeklärten Typus‹ von Anschauung) treu, indem er den intuitiven Verstand dem Menschen abspricht; er sieht in ihm kein ›konstitutives‹, sondern nur ein ›regulatives‹ Prinzip der Erkenntnis, das man allerdings ›widerspruchsfrei‹ denken könne.

Diesen Gedanken ergriff Goethe wie eine ausgestreckte Hand. Sich selbst, der sich dem »geistreichen Wort« Johann Christian August Heinroths, daß sein »Anschauen selbst ein Denken« und sein »Denken ein Anschauen«⁹³ sei, treffend charakterisiert fand, hielt er durchaus für fähig, dieses Kantische »Abenteuer der Vernunft […] muthig zu bestehen«⁹⁴.

Goethes Anschauungsbegriff war elevatorisch und emphatisch im höchsten Maße; er prätendierte volle Präsenz und adäquate Repräsentation des Allgemeinen im Einzelnen, des Logos im Phänomen: »Was man Idee nennt: das, was immer zur Erscheinung kommt und daher als Gesetz aller Erscheinungen uns entgegentritt«⁹⁵. Goethe suchte eine Gestalt, in der das allgemeine Muster als Individuum (›Urorgan‹, ›Urpflanze‹ oder ›Urphänomen‹) sichtbar werde. Speziell im Begriff ›Urphänomen‹, der für Kant undenkbar gewesen wäre, spitzte sich der Gegensatz zu dessen ›aufgeklärtem‹ Anschauungskonzept zu. Für Kant waren derartige Begriffe höchstens als operative Hypothesen zulässig, die man mit größter Vorsicht benutzen solle.⁹⁶ Goethe hingegen meinte, das ›Urphänomen‹ würde die »höheren Regeln und Gesetze« nicht »durch Worte und Hypothesen dem Verstande, sondern gleichfalls durch Phänomene dem Anschauen offenbaren«⁹⁷. Daß die ›Urpflanze‹ wirklich anschaulich sei, äußerte er auch im Gespräch mit Schiller, das im Juli 1794 die Freundschaft beider einläutete. Während Schiller, noch unter dem Eindruck seiner Kantstudien, die ›Urpflanze‹ mit Kant eher für eine (indemonstrable) Idee hielt, betonte Goethe deren phänomenal-visuellen Status: »Das kann mir sehr lieb sein, daß ich Ideen habe […] und sie sogar mit Augen sehe«⁹⁸.

Eine weitere Differenz zwischen den Anschauungsbegriffen Goethes und Kants, die ebenfalls in den unterschiedlichen philosophischen Fundamenten beider ankert, liegt im Unterschied von Kants statisch-transzendentaler und Goethes dynamischer Auffassung: »Jeder neue Gegenstand, wohl beschaut, schließt ein neues Organ in uns auf«⁹⁹. Diesem Chiasmus von Angeschautem und Anschauendem, Gesehenem und Sehendem gilt auch die über Plotin vermittelte Anspielung auf Platons *Timaios* in der Einleitung zur *Farbenlehre*.¹⁰⁰

Für Goethe war das Urphänomen, auch »Haupterscheinung« genannt, die »Grenze des Schauens« und damit überhaupt der menschlichen

---

90 Vgl. ebd., 373–377.
91 KANT (s. Anm. 49), 293, 276, 305.
92 Vgl. KANT (s. Anm. 22), 360.
93 GOETHE, Bedeutende Förderniß durch ein einziges geistreiches Wort (1823), in: GOETHE (WA), Abt. 2, Bd. 11 (1893), 58.
94 GOETHE, Anschauende Urtheilskraft (1820), in: ebd., 55.
95 GOETHE, Maximen und Reflexionen über Kunst, Natur und Wissenschaft, in: GOETHE (WA), Abt. 1, Bd. 42/2 (1907), 256.
96 Vgl. KANT (s. Anm. 22), 375.
97 GOETHE, Zur Farbenlehre. Didaktischer Theil (1807), in: GOETHE (WA), Abt. 2, Bd. 1 (1890), 72.
98 GOETHE (s. Anm. 43), 17 f.
99 GOETHE (s. Anm. 93), 59.
100 Vgl. GOETHE (s. Anm. 97), XXXI.

Erkenntnis; er verbot sich, »hinter ihm und über ihm noch etwas Weiteres« (72 f.) aufzusuchen. Sein ›Platonismus‹ reichte also nicht so weit, eine unsichtbare Transzendenz jenseits der Erscheinungswelt anzunehmen oder ein entsinnlichtes, ›rein geistiges‹ Schauen zu postulieren. Zwar sollten die Sinne ›veredelt‹ werden; aber sie der Leiblichkeit zu entwinden und nur noch metaphorisch von ›Schauen‹ zu sprechen, lag nicht auf der Linie der deutschen Klassik. Programm war vielmehr die Versöhnung von Sinnlichkeit und Vernunft, die sich in Goethes Begriff von Anschauung manifestierte.

Die Transzendenz in die Immanenz zu verlegen und damit Gott in der Natur und sonst nirgends zu suchen – diese pantheistische Ansicht muß gleichsam eine frühkindliche Prägung Goethes gewesen sein. Schon als Knabe sei er unfähig gewesen, den »großen Gott der Natur«[101] irgendwo anders als in seinen Werken aufzusuchen. Seine angeborene »Anschauungsweise«, die ihn »Gott in der Natur, die Natur in Gott zu sehen unverbrüchlich gelehrt hatte«[102], schied ihn auch von Friedrich Heinrich Jacobi: »Jacobi wußte und wollte gar nichts von

101 GOETHE, Dichtung und Wahrheit. Erster Theil (1811), in: GOETHE (WA), Abt. 1, Bd. 26 (1889), 63 f.
102 GOETHE, Tag- und Jahres-Hefte als Ergänzung meiner sonstigen Bekenntnisse, in: GOETHE (WA), Abt. 1, Bd. 36 (1893), 72.
103 GOETHE, Friedrich Heinrich Jacobi's auserlesener Briefwechsel (1833), in: GOETHE (WA), Abt. 1, Bd. 42/2 (1907), 85.
104 GOETHE an F. H. Jacobi (5. 5. 1786), in: GOETHE (WA), Abt. 4, Bd. 7 (1891), 214.
105 Vgl. GÜNTHER BAUM, Über das Verhältnis von Erkenntnisgewißheit und Anschauungsgewißheit in F. H. Jacobis Interpretation der Vernunft, in: K. Hammacher (Hg.), Friedrich Heinrich Jacobi. Philosoph und Literat der Goethezeit (Frankfurt a. M. 1970), 15.
106 GOETHE an Sulpiz Boisserée (22. 3. 1831), in: GOETHE (WA), Abt. 4, Bd. 48 (1909), 154.
107 GOETHE (s. Anm. 85), 180.
108 GOETHE, Über Naturwissenschaft im Allgemeinen, einzelne Betrachtungen und Aphorismen, in: GOETHE (WA), Abt. 2, Bd. 11 (1893), 161.
109 GOETHE, [Erfahrung und Wissenschaft] (entst. 1798), in: GOETHE (WA), Abt. 2, Bd. 11 (1893), 40.
110 GOETHE, Tagebücher. Italien 1786 (1841), in: GOETHE (WA), Abt. 3, Bd. 1 (1887), 229.

der Natur, ja er sprach deutlich aus: sie verberge ihm seinen Gott […]; als wenn die Außenwelt dem, der Augen hat, nicht überall die geheimsten Gesetze täglich und nächtlich offenbarte!«[103] Den Dissenz addressierte er an Jacobi direkt: »Wenn du sagst man könne an Gott nur *glauben* […], so sage ich dir, ich halte viel aufs *schauen*, und wenn Spinoza von der Scientia intuitiva spricht, […] so geben mir diese wenigen Worte Muth, mein ganzes Leben der Betrachtung der Dinge zu widmen die ich reichen und von deren essentia formali ich mir eine adäquate Idee zu bilden hoffen kann«[104].

Typologisch trennte Goethes Anschauung von der Jacobis das Insistieren auf dem sinnlich-gegenständlichen Medium, während Jacobi zu einer amedial-mystischen, direkten Schau Gottes tendierte, die sich über den inneren Sinn oder das Gefühl des Herzens vollziehen sollte. Diese entkörperlichte Schau zielte auf Exklusivität; nach Jacobi konnte nur in dieser Anschauung volle Gottesgewißheit erlangt werden, die aller diskursiven Erkenntnis vorausgehen müsse[105]. Zwar hatte auch Goethes Anschauungsbegriff exklusive, zumindest privilegistische Züge. Er war überzeugt, daß sich das ›Höhere‹, das er mit ›Typus‹, ›Idee‹, ›Muster‹, ›Form‹, ›Urbild‹ oder ›Gesetz‹ bezeichnete, vorzüglich über die Anschauung erschließe. Geradezu als sein Lebensmotto kann der Satz angesehen werden: »Das unmittelbare Anschauen der Dinge ist mir alles, Worte sind mir weniger als je«[106]. Natürlich hat Goethe, insbesonders als Naturforscher, rationale Kategorien, Statistik und (andere) induktive Verfahren als Hilfsmittel zugelassen; aber das »reine Anschauen«, das sich vom »gewöhnlichen Anschauen« unterscheide und »sehr selten«[107] sei, entstehe nicht auf dem methodisch geregelten Weg der empirischen Wissenschaft: »Empirie: Unbegränzte Vermehrung derselben. Verzweiflung an Vollständigkeit.«[108] Deshalb müsse das »empirisch Wankende« und »Unreine« ausgesondert werden. Im Aufsatz *Erfahrung und Wissenschaft* unterschied Goethe das »reine Phänomen« vom »empirischen Phänomen«, das jeder Mensch in der Natur gewahr wird«[109]. Das ›reine Phänomen‹ ergebe sich aus dem Bezug der Gegenstände auf bedeutende Haupt- und Grundbegriffe. Goethe sprach auch von »Grundideen«, denen die Erscheinungen ›entgegenwachsen‹.[110]

Goethes – nach der Rückkehr aus Italien forciert ausgebildete – positive ästhetische Wertbegriffe wie ›Schönheit‹, ›Stil‹ oder ›Symbol‹ sind verschiedene Facetten seiner Einstellung auf die Anschauung des Ideellen im Sinnlichen. ›Schönheit‹ war für ihn identisch mit dem »Gesetz, das in die Erscheinung tritt«[111]. Sie war ranggleich mit dem Symbolischen, das ihm als lebendige Repräsentation des Allgemeinen im Besonderen galt.[112] Nicht immer gelang es ihm, das Individuelle und das Logisch-Allgemeine in ›gerechter‹ Balance zu halten und die Reduktion des Vielen auf Eines zu vermeiden. Goethes Zurückführung der mannigfaltigen Erscheinungen auf ein Allgemeines, das er im Unterschied zu Kants nur ›negativem‹, unanschaulichem ›Noumenon‹ als ein positives Bild oder eine ausgezeichnete Anschauung auffaßte, zog in den ästhetischen Reflexionen eine Vereinheitlichungstendenz nach sich. Diese Tendenz ist uns schon in seiner Polemik gegen Diderot begegnet. Im klassizistischen Programm der mit Johann Heinrich Meyers Hilfe von 1799 bis 1805 durchgeführten Weimarischen Kunstausstellungen verstärkte sich diese Neigung – mit geradezu restriktiven Folgen. Unter der Voraussetzung eines einheitlichen Wesens des Menschen, einer Menschennatur, die bei Homer und in der »Kunst der Alten« optimal zur Anschauung gelange, stellte Goethe die griechische Kunst als »Muster« auf und forderte die bildenden Künstler seiner Zeit auf, »Gegenstände« aus Homers Epen darzustellen, weil sie hier »bereits halbgethane Arbeit«[113] fänden.

2. Hegel

Das Konzept der Versöhnung von sinnlicher Anschauung und Idee, das nicht nur Goethes, sondern auch Schillers klassischem Schönheitsbegriff zugrunde lag, fundierte auch Hegels Auffassung der Kunstschönheit. In dessen *Ästhetik* (1835–1838) wird das phänomenologische Paradigma von ›Anschauung‹ als »das sinnliche *Scheinen* der Idee«, in der die Sinnlichkeit »vergeistigt« und das Geistige »versinnlicht«[114] sei, zur Norm für alle Kunst. Wie Goethe, so orientierte auch Hegel auf restloses Erscheinen der innerhalb der Wirklichkeit (nicht jenseits von ihr) angesiedelten Vernunft.

Wenn allerdings für Goethe das Anschauen der Idee überhaupt das Höchste war, so begrenzte Hegel diese Norm auf den Bereich der Kunst. Als Stufe der Selbstbewußtwerdung des absoluten Geistes steht Kunst nicht zuletzt deshalb unter Philosophie und Religion, weil sie auch in ihren besten Gestalten das Wahre nur zur Erscheinung und nicht – wie jene – zu subjektivem Bewußtsein oder objektivem Wissen bringe.

Nach Hegel wird »Anschauung des Geistigen« (138) als gemeinsames Ziel aller Kunst in drei hierarchisch angeordneten Kunstformen unterschiedlich realisiert. In der ersten, der ›symbolischen Kunstform‹ oder dem ›Symbol‹, »standen Bedeutung und Gestalt nur im Verhältnis bloßer Verwandtschaft und Andeutung« (418). Noch befanden sich ›Geist‹ oder ›Bedeutung‹ nicht in völliger Harmonie mit dem sinnlichen Material oder der ›erscheinenden Gestalt‹. Hegels Begriff vom »bloß andeutenden Symbol« (652) impliziert keine adäquate sinnliche Repräsentation des Geistes wie das ›Symbol‹ Goethes; er steht dem Kantischen Symbolbegriff näher. Das bloße Suchen nach »vollendeter Einheit der inneren Bedeutung und äußeren Gestalt« (311) in der symbolischen Kunstform wird zum Finden in der nächsten, der ›klassischen Kunstform‹. Hier ist die ›Schönheit‹ der Zentralbegriff, der sich mit Goethes Symbolbegriff deckt. In der Schönheit hat die sinnliche Einzelheit selbst die geistigen Signaturen der Allgemeinheit und Logizität. Sie ist eine »dem Auge und dem Geiste sichtbare Gestalt« (465). Anschauung erreicht ihr Ziel in der sinnlichen Wahrnehmung der Idee; äußerer Ausdruck und innerer Geist sind bis zur Identität versöhnt. Die »Identität von Bedeutung und Körperlichkeit« (422) hat auf seiten des Geistes zur Voraussetzung, daß er »sich weiß«, damit er »sich weist« (418); auf der anderen Seite muß »das sinnliche Material [...] sich schon aller Sprödigkeit und Härte entäußert haben [...], damit der Inhalt [...] frei und ungehindert auch durch diese äußere

---

111 GOETHE (s. Anm. 108), 154.
112 Vgl. GOETHE (s. Anm. 85), 151 f.
113 GOETHE, Nachricht an den Künstler und Preisaufgabe (1799), in: GOETHE (WA), Abt. 1, Bd. 48 (1897), 4.
114 HEGEL (ÄSTH), 146, 82.

Leiblichkeit hindurchscheinen könne« (429). Das Schönste des Schönen sei die griechische Skulptur, die »den in die Körperlichkeit eingesenkten Geist vor die Anschauung bringt« (653).

Schönheit qua ›Kunstideal‹, ›Ideal der Kunst‹ und ›Gegenstand ästhetischer Anschauung‹ ist bei Hegel aber kein unvermitteltes, amediales Erscheinen des Geistes, wie mitunter zu lesen ist.[115] So weit hat sich Hegels *Ästhetik* nicht von seiner *Phänomenologie des Geistes* entfernt, daß er Sinnlichkeit – und sei es die der Kunst – zum unmittelbaren Haben des Geistes erhoben hätte. Sinnlichkeit bleibt »Mitte und Mittel«[116]: »Der Geist an und für sich ist als Geist nicht unmittelbar Gegenstand der Kunst«[117]. Wie bei Goethe ist das »Vermittlungsorgan [...] vor allem das Auge«[118].

In Hegels logischer und historischer Stufenfolge der Kunstformen und Künste stehen die ›romantischen‹ Künste an dritter und letzter Stelle. Hier tritt Anschauung als Erblicken des Geistes in einer ihm adäquaten ›äußeren‹ Gestalt zurück. Der Geist hat nun andere, an die Seele oder den inneren Sinn appellierende Ausdrucksformen. Damit verläßt er den sinnlichen Ausdruck zwar nicht ganz; er zeigt sich in idealisierter, tendenziell vergeistigter und entkörperlichter Sinnlichkeit dem ›inneren Anschauen‹ in Vorstellungen der Einbildungskraft, in Gefühlen und Emotionen. In der ersten der (wiederum drei) romantischen Kunstformen, der Malerei, beginne die »Idealität der Materie« als Licht- und Farbwerdung; die Idealisierung des Sinnlichen steigere sich in der Musik, die sich an den inneren Sinn der Zeit richte, und vollende sich in der Poesie, der höchsten, weil »geistigsten Darstellung der romantischen Kunstform«, die das sinnliche Element dem Geist »unterwirft«[119]. Im Zuge der fortschreitenden ›Befreiung‹ vom Sinnlichen drängen die romantischen Künste das Körperauge und das natürliche Licht sukzessive hinter die inneren Sinne (»Empfindung«, »Gemüt«, »Innerlichkeit«; 502) und hinter das »geistige Licht« (498) zurück. Damit nähern sie sich der Religion und – über diese vermittelt – der Philosophie.

Für den prinzipischen Diskurs der Ästhetik als Lehre des Kunstschönen (vgl. 49) ist die ›äußere‹ Anschauung‹ von sichtbaren Gegenständen durch das Auge am wichtigsten. Diese auch ›sinnlich‹ genannte Anschauung ist für die Rezeption des Schönen als Kunstideal zuständig: »Die Form der *sinnlichen Anschauung* nun gehört der Kunst an, so daß die Kunst es ist, welche die Wahrheit in Weise sinnlicher Gestaltung für das Bewußtsein hinstellt, und zwar einer sinnlichen Gestaltung, welche in dieser ihrer Erscheinung selbst einen höheren, tieferen Sinn und Bedeutung hat, ohne jedoch durch das sinnliche Medium hindurch den Begriff als solchen in seiner Allgemeinheit erfaßbar machen zu wollen; denn gerade die *Einheit* desselben mit der individuellen Erscheinung ist das Wesen des Schönen und dessen Produktion durch die Kunst.« (138) Die ›innere Anschauung‹ hingegen (auch ›Vorstellung‹ genannt), das romantische Sich-selbst-Anschauen des Menschen in der Empfindung seiner selbst als absolute Subjektivität, ist nicht zentral für die Ästhetik selbst. Sie nähert sich – wie die romantische Kunstform und die entsprechenden Künste – schon dem religiösen Gefühl; innere Anschauung beginnt, wie die romantischen Künste auch, den Bereich der Kunst zu verlassen. Im Zuge der Entfernung aus dem Zentrum der Ästhetik rückt sie allerdings dem Geist und Denken nahe und wird nach der dem Kunst fremden, außerästhetischen Maßstab, d. h. nach dem Kriterium der Philosophie, zur ›höheren‹ Form der Anschauung

Der ästhetische Anschauungsbegriff Hegels gleicht dem Goethes in der platonisch-neuplatonischen Intention, die auf Sichtbarkeit der Idee im Schönen setzt. Aber Goethe tendierte dazu, die ästhetische Anschauung zu extrapolieren und sie – in dieser Verallgemeinerung – für die höchste Form der Erkenntnis überhaupt zu halten. Das verband ihn mit der Romantik, zumindest aber mit Schelling, in dessen Anschauungslehre Ernst Cassirer nichts als den Versuch sah, Goethes Verfahren »in allgemeinen methodischen Begriffen auszuspre-

---

115 Vgl. HEINZ PAETZOLD, Ästhetik des deutschen Idealismus. Zur Idee ästhetischer Rationalität bei Baumgarten, Kant, Schelling, Hegel und Schopenhauer (Wiesbaden 1983), 192.
116 JEANNOT SIMMEN, Kunst-Ideal oder Augenschein. Systematik, Sprache, Malerei. Ein Versuch zu Hegels ›Ästhetik‹ (Berlin 1980), 71.
117 HEGEL (ÄSTH), 513.
118 SIMMEN (s. Anm. 116), 29.
119 HEGEL (ÄSTH), 123.

chen«[120]. Bei Hegel hingegen ist Anschauung der Wahrheit vermittels sinnlicher Gestalten der Kunst nur eine historische und logische Stufe, die zu übersteigen sei. »Unser Knie beugen wir doch nicht mehr« vor dem Schönen, sagte Hegel im Namen seines von ihm als philosophisches verstandenen Zeitalters, denn seine »Form hat aufgehört, das höchste Bedürfnis des Geistes zu sein«[121]. Zwar gehören die Anschauungsbegriffe Hegels und Goethes zum phänomenologischen Paradigma im weitesten Sinne; doch anders als für Goethe war für Hegel Anschauung, sogar die des Schönen, kein exklusiver Zugang zum Höchsten. Dieses könne auch – und zwar besser – von der (eigenen) Philosophie erlangt werden.

3. Modifikationen nach Hegel

Hegels Anschauungskonzept mitsamt den zugehörigen Implikationen und Konnotationen hat die deutsche Ästhetik des gesamten 19. Jh. und darüber hinaus auf kaum zu überschätzende Weise geprägt. Gleichwohl finden sich Modifikationen, die vor allem da unerläßlich wurden, wo sich im Umkreis der 48er Revolution sozialkritische Geister zur ›Vollendung‹ der Hegelschen Ästhetik anschickten. So wurde das dem Hegelschen Schönheitskonzept zugrundeliegende Paradigma der Versöhnung von Sinnlichkeit und Vernunft, das eine affirmative Auslegung zuläßt, von Friedrich Theodor Vischer (*Aesthetik oder Wissenschaft des Schönen*, 1846–1858) modifiziert. Typisch hegelianisch denkend, war für ihn Schönheit die höchste ästhetische Norm; er hat sie als »Bild« (individuelles ›Gebilde‹) aufgefaßt, in dem die Idee erscheine: Das »Einzelwesen als ihr Bild«[122] sei schön, wenn die Idee in ihm ihre ganze Wirklichkeit habe. Vischer ordnete dem Schönen die Momente des Erhabenen und Komischen zu und dachte hegelianisch auch insofern, als er beides als ›innere Differenzen‹ der zu sich kommenden Schönheit auffaßte.

Vischers ›schöne‹ »Harmonie der Idee mit der Wirklichkeit«, welche »zur vollendeten Erscheinung [...] im Einzelnen« (157) heraustrete, kann als Übereinstimmung zwischen Signifikant und Signifikat angesehen werden, in der keine Seite ein Mehr hat. Entsprechend können wir in seinem ›Erhabenen‹ eine Übermacht des Sinnes über die darstellenden Zeichen erkennen. Hier stelle sich das »ideelle Moment« in ein »negatives Verhältnis zum Sinnlichen« (233). Und im Komischen, das Vischer ähnlich wie Jean Paul als das »umgekehrte Erhabene«[123] bestimmte, sah er eine Übermacht des Bildes, der Sprache oder – allgemein – der Signifikanten über den Sinn. Nun ist es das Sinnliche, das negativ der Idee gegenübertritt und übermächtig wird. Ähnlich sprach Jean Paul von »Allmacht« oder »Gewalt sinnlicher Anschaulichkeit« (98) beim Komischen. Erhabenes und Komisches sind also zwei Arten der Inkongruenz von Darstellung und Idee, mit dem Unterschied, daß sich einmal die Idee dem Bild, zum andern das Bild sich der Idee verweigert. Vischer betonte, es sei das Schöne selbst, das »Genugtuung für das verkürzte Recht des Bilds« fordere und daher das Erhabene zum Komischen weitertreibe, wo sich das Bild »der Durchdringung mit der Idee widersetzt«[124]. Wir sehen in Vischers Komischem die Sprache eigenmächtig werden und sich über den Referenten erheben, anstatt ihm zu dienen: Die »das Komische erzeugende Subjektivität bedient sich [...] wesentlich der Sprache. [...] Mit diesem Mittel [...] stellt sie sich über ihren Gegenstand, spricht ihn aus, holt aber aus der unendlichen Welt des Vorstellbaren [...] eine Vorstellung aus einem ganz entlegenen Kreise herbei und wirft sie mit der des vorliegenden Gegenstandes plötzlich in einen Gedankenzusammenhang« (453).

Obwohl Vischer das Schöne die zwei Formen der Disharmonie von Signifikat und Signifikant ›aufheben‹ läßt, behält doch in seinem gesamten System insbesondere das Komische eine eigene Bedeutung. Für eine gewisse Resistenz der zwei ›Momente‹ des Erhabenen und Komischen gegenüber dem umfassenden Schönen spricht auch, daß er die beiden Seiten nicht als ›Gegensätze‹ bezeichnet – mit jenem Hegelschen Terminus, der Versöhnung in einer Synthese impliziert –, sondern mit

---

[120] ERNST CASSIRER, Goethes Pandora (1918), in: Cassirer, Idee und Gestalt. Goethe, Schiller, Hölderlin, Kleist (Darmstadt 1971), 16.
[121] HEGEL (ÄSTH.), 140, 139.
[122] VISCHER, Bd. 1 (1922), 94, 120.
[123] JEAN PAUL, Vorschule der Aesthetik (1804), in: JEAN PAUL (HKA), Abt. 1, Bd. 11 (1935), 116.
[124] VISCHER, Bd. 1 (1922), 358.

dem Kantischen Begriff »Widerstreit« (226). Das Komische als selbständiges Objekt ästhetischer Anschauung aber impliziert ein sensuelles Sehen, das auf der Oberfläche der Bilder und Zeichen verweilt, sich an deren Eigen-Sinn erfreut und nicht an Aufstieg zur Vernunft denkt. Hierin liegt Vischers Modifikation der Hegelschen Vernunft-Emphase. Als »angeschauter Unverstand«[125] desintellektualisierte auch bei Jean Paul das Komische die Anschauung.

Der Anschauungsbegriff muß um so mehr an elevatorischer Emphase verlieren, je stärker sich in ihm das Bewußtsein manifestiert, daß die sinnlichen Zeichen den Geist eher verdecken als erhellen. Auf Komisches bezogen, impliziert er Skepsis gegenüber der Identität von Wirklichkeit und Vernunft, die für Hegel noch gültig war und für ihn wie auch für Goethe den tieferen Grund des Schönheitskultes bildete. Es ist sicher kein Zufall, daß die politische Desillusionierung vor oder nach dem März 1848 mit wachsendem ästhetischem Interesse an komischen – aber auch häßlichen – Abweichungen vom Schönen einherging. So gewann bei dem Junghegelianer Arnold Ruge das Komische eine zentrale Position. In seiner *Neuen Vorschule der Aesthetik* (1836) fungierte das Komische als Erscheinen des Geistes als ›Endlichkeit‹. Er führte die endlichen Erscheinungen des Komischen auf die Idee zurück und setzte die »humoristische Anschauung« mit dem »poetischen Blick« gleich, »womit auf dem Grunde der Dinge oder der Erscheinungen des Geistes seine substanzielle Wahrheit geschaut wird«[126]. Damit schwindet die Differenz von Schönem und Komischem. »Auf der anderen Seite jedoch wird der Gegenstand von der Idealschönheit als solcher unterschieden« (221) – und zwar dadurch, daß Ruge bei letzterem die endlichen (sinnlichen, bezeichnenden) Erscheinungen gegenüber dem unendlichen (geistigen,

bezeichneten) Sinn in ihrer Eigenart aufwertet. Gerade ihre ›Nichtigkeit‹ und Unangemessenheit gegenüber der Idee oder dem Kunstideal, das diese Angemessenheit repräsentiert, bewirke die Heiterkeit des Betrachters.

Nicht nur eine Modifikation, sondern eher eine Inversion Hegels haben wir bei Feuerbach, dessen junghegelianische Transformation bis zur Umkehrung von Idealismus in Materialismus weiterging. Feuerbach holte das Wesen des Menschen, dessen entfremdete Gestalt von der christlichen Religion im Himmel ›angeschaut‹ werde[127], auf die Erde zurück. Hier aber hat er es erneut vergöttlicht, zumindest idealisiert; damit lebte auch das phänomenologische Paradigma weiter, das eine einheitliche Essenz des Menschen in den verschiedenen menschlichen Erscheinungen erblickt. Marx und Engels bemerkten die Ambivalenz in Feuerbachs Anschauungsbegriff, die der paradoxalen Zwittergestalt seines idealistischen Materialismus entspricht. Sie sahen Feuerbachs »doppelte Anschauung«, bestehend aus einer »profanen, die nur das ›auf platter Hand Liegende‹, und einer höheren philosophischen, die das ›wahre Wesen‹ der Dinge erschaut«. Sie favorisierten die Seite der ›profanen‹ Anschauung und die Auflösung der philosophischen Wesenheiten in empirische Fakten. Deren Anschauung aber sollte die sinnlichen Gegenstände nicht länger als etwas Gegebenes nehmen, sondern ihre praktische und geschichtliche Hervorbringung mit anschauen.[128] Daher die Kritik an Feuerbach, er habe (›sinnliche‹) Anschauung nicht als »praktische menschlich-sinnliche Tätigkeit«[129] gefaßt.

IV. Romantische Varianten

1. Strukturelle Ambivalenzen

Die Intentionen von Anschauung in reflektierenden und poetischen Texten der Romantik weisen in und trotz ihrer Vielfalt eine gewisse Struktur auf. Sie gleichen einer Gruppe beweglicher Punkte in einem Koordinatensystem, auf dessen zwei Achsen sich primäre und sekundäre Merkmale des phänomenologischen und des amedial-mystischen Begriffstypus in gradueller Steigerung befinden.

---

125 JEAN PAUL (s. Anm. 123), 98.
126 RUGE, 220.
127 Vgl. LUDWIG FEUERBACH, Das Wesen des Christentums (1841), in: FEUERBACH, Bd. 5 (1973), 48 f.
128 Vgl. KARL MARX/FRIEDRICH ENGELS, Die deutsche Ideologie (entst. 1845/46; veröff. 1932), in: MEW, Bd. 3 (1958), 43.
129 MARX, Thesen über Feuerbach (entst. 1845; veröff. 1888), in: MEW, Bd. 3 (1958), 6.

Der äußerste Einheitswert auf der Ordinate wäre der Anspruch auf volle Repräsentanz des ›Höheren‹ in einem ausgezeichneten Phänomen eines ebenso ausgezeichneten Mediums, dem ein besonders ›edler‹ Körpersinn entspricht. Der ist so wenig verzichtbar wie die physische Erscheinung als Vermittlung des Ideellen. Es besteht Balance zwischen Subjekt und Objekt, dem inneren und dem äußeren (z. B. optischen) Bild: Die Erscheinungen ›wachsen‹ – wie Goethe sagte – dem Subjekt entgegen, das auch ihnen entgegengeht.

Wenn nun am Grenzpunkt der Abszisse die Bestimmungen des amedialen Begriffes gedacht werden, zeigt sich, daß sich die romantischen Auffassungen von Anschauung innerhalb des entstandenen Quadranten wie Irrlichter von einem Punkt zum anderen bewegen. Die Zuversicht, das Unbedingte zu schauen, ist gebrochen; doch daß »der Verzicht aufs Absolute als positiven Besitz nicht dazu führt, die Orientierung an ihm einfach preiszugeben«[130], ist eine Struktureigentümlichkeit der romantischen Haltung. Damit bleibt auch der Bezug auf das phänomenologische Paradigma erhalten, das mit der Privilegierung von Anschauung gegenüber diskursiven und rationalen Verfahren verknüpft ist:»Das Universum kann man weder erklären noch begreifen, nur anschauen und offenbaren.«[131] Der sehnsüchtige Wunsch und die Hoffnung wurden artikuliert, das Universum, die Unendlichkeit oder Gott in einem dafür besonders qualifizierten Wahrnehmbaren zu erreichen: im Freund oder der Geliebten, in der Kunst, in Traum- oder Naturbildern wie der sternklaren Mondnacht Eichendorffs, die der Seele das Gefühl gibt,»als flöge sie nach Haus«[132]. Für Friedrich Schlegel war Freundschaft »eine anschauende Freude über die Schönheit des Menschen, der ewig bleibt, während die einzelnen schwinden«[133]. Er nannte es »schön, wenn ein schöner Geist sich selbst anlächelt, und der Augenblick, in welchem eine große Natur sich mit Ruhe und Ernst betrachtet, ist ein erhabener Augenblick. Aber das Höchste ist, wenn zwei Freunde zugleich ihr Heiligstes in der Seele des andern klar und vollständig erblicken. [...] Es ist die intellektuale Anschauung der Freundschaft.«[134] In der *Lucinde* (1799) war Liebe Anschauung des Unendlichen. Novalis ähnlich, der in der Geliebten eine »Abbreviatur des Universums«[135] sah, sagte Schlegel über die Liebenden:»Sie waren einer dem andern das Universum.«[136] In ihrem Liebes- und Freundschaftskult hatte die Romantik ein Präventiv gegen die z. B. von Hegel kritisierte Nichtkommunizierbarkeit und vorgebliche Unreflektiertheit von ›Anschauung‹ und ›Gefühl‹. Das im Du angeschaute ›Universum‹ hat nämlich die Fähigkeit, einverständlich zurückzublicken; der Wechselblick ist transsubjektive Kommunion und intersubjektive Kommunikation zugleich.

Doch der romantische Glaube an eine vollgültige Repräsentation in irgendeinem Wahrnehmbaren war zugleich durchsetzt mit Zweifel; die Zuversicht, das Göttliche wirklich zu schauen, wurde überlagert von der bescheideneren Einstellung auf bloße Spuren oder rätselhafte Hinweise, die das Unendliche nur ahnen lassen. Die romantische Anschauung tendierte zum indikatorischen Begriff und konnotierte unstillbare Sehnsucht, das Verrätselte trotz alledem zu enthüllen, oder aber zu resignativer Akzeptanz des Defizitären der endlichen Bilder und Zeichen. Das Sich-Nichtzeigen des Geistigen in den Bildern der Welt wurde lustvoll betrauert wie in Percy Bysshe Shelleys *Hymn to Intellectual Beauty* (1816) oder gewollt hingenommen wie in seinem Sonett *Lift not the painted veil which those who live / Call Life* (entst. 1818; 1824). Dieses Pendeln zwischen Hoffnung auf volle Präsenz des Göttlich-Universalen im sinnlich Wahrnehmbaren und der Entsagung, die nur Hinweise auf ein Unbestimmbares erwartet, die das Rätsel nicht lösen, wohl aber Ahnungen wecken, ist ein Grund für

---

130 FRANK, Einführung in die frühromantische Ästhetik. Vorlesungen (Frankfurt a. M. 1989), 244.
131 FRIEDRICH SCHLEGEL, Ideen (1800), in: SCHLEGEL (KFSA), Abt. 1, Bd. 2 (1967), 271.
132 JOSEPH VON EICHENDORFF, Mondnacht (1837), in: Eichendorff, Werke, hg. v. R. Dietze, Bd. 1 (Leipzig/Wien 1891), 282.
133 SCHLEGEL, Lucinde (1799), in: SCHLEGEL (KFSA), Abt. 1, Bd. 5 (1962), 57 f.
134 SCHLEGEL, Fragmente (1798), in: SCHLEGEL (KFSA), Abt. 1, Bd. 2 (1967), 226.
135 NOVALIS, Glauben und Liebe oder der König und die Königin (1798), in: Novalis, Werke, Tagebücher und Briefe, hg. v. H.-J. Mähl/R. Samuel, Bd. 2 (München 1978), 290 f.
136 SCHLEGEL (s. Anm. 133), 67.

die Spannweite der romantischen Literatur zwischen emphatischer Vergöttlichung des Natur- oder Kunstschönen und bewußtem ›understatement‹. So war zum einen für F. Schlegel in der Poesie das, was »sonst das Bewußtsein ewig flieht«, »sinnlich geistig zu schauen, und festgehalten«; sie galt ihm als »milder Widerschein der Gottheit im Menschen«[137]. Zum anderen aber zog er mit seinem ›Ironie-Konzept‹ die formalästhetische Konsequenz des Verzichts, das Unendliche mit der endlichen Darstellung zu versöhnen: Ironie »enthält und erregt ein Gefühl von dem unauflöslichen Widerstreit des Unbedingten und des Bedingten, der Unmöglichkeit und Notwendigkeit einer vollständigen Mitteilung«[138].

In Schleiermachers Reden *Über die Religion* (1799) führte die begründete Absage an das Erfassen des Unendlichen dazu, alles »Anschauen des Universums«, das »die allgemeinste und höchste Formel der Religion«[139] sei, für gleichberechtigt zu erklären. »So viel sieht jeder leicht, daß niemand die Religion ganz haben kann; denn der Mensch ist endlich, und die Religion ist unendlich.« Der Wunsch, daß es nur eine Religion geben solle, sei eitel; daher solle man den »Widerwillen gegen die Mehrheit [Vielheit – d. Verf.] ablegen« (176 f.). Die Heterogenität der Perspektiven wird konstitutiv und notwendig. Sie ist keine vorübergehende Verlegenheit, aus der letztendlich doch die Einheit befreit. Der ›Fortschritt‹, den Schleiermacher unterstellt, ist kein Aufstieg zu einem höchsten, die endlich-partikulären Anschauungen ›aufhebenden‹ System. Er ist in erster Linie ein quantitativer Progreß in die ›horizontale‹ Vielheit: »Auf alle Weise werde das Universum angeschaut und angebetet. Unzählige Gestalten der Religion sind möglich; und wenn es notwendig ist, daß jede zu irgendeiner Zeit wirklich werde, so wäre wenigstens zu wünschen, daß viele zu jeder Zeit könnten geahndet werden.« (213) Obwohl bei

---

137 SCHLEGEL, Gespräch über die Poesie (1800), in: SCHLEGEL (KFSA), Abt. I, Bd. 2 (1967), 318.
138 SCHLEGEL, Kritische Fragmente (1797), in: ebd., 160.
139 F. D. E. SCHLEIERMACHER, Über die Religion. Reden an die Gebildeten unter ihren Verächtern (1799), in: Schleiermacher, Theologische Schriften, hg. v. K. Nowak (Berlin 1983), 80.

Schleiermacher jede einzelne Anschauung unverwechselbar und irreduzibel ist, können und sollen sie sich doch – qua Individuen – wechselseitig zur Mitteilung bringen (vgl. 176). Diese Kommunikation aber ist nur möglich, weil sie alle eine Grundanschauung, nämlich des Unendlichen in irgendeinem Endlichen (vgl. 199), beinhalten. Schleiermachers ›wahre Kirche‹, die also keine bestimmte oder bestimmbare positive Konfession sein kann, besteht aus vielen, weder ineinander übersetzbaren noch auf Momente eines Systems reduziblen Anschauungs-Individualitäten. Ihre Vergleichbarkeit liegt darin, daß sie partikuläre Ansichten des Gleichen aus einer unverwechselbaren, spezifischen Perspektive sind.

Schleiermachers Toleranzkonzept war kein bequemes Laisser-faire; es war eine Konsequenz von fast mathematisch-logischer Stringenz, die aus den anthropologischen Prämissen der Aufklärung mit ihrer Einsicht in die Beschränktheit der menschlichen Vermögen resultierte. Gemessen an der Unendlichkeit Gottes ist jede Endlichkeit gleich endlich. Und wenn Gott in seiner Gänze prinzipiell nicht angeschaut werden kann, fällt der Vergleichsmaßstab der vollen Präsenz weg, mit dem Näherungsgrade bestimmt und die partikulären Repräsentationen hierarchisiert werden können. Die einzige Stufenfolge, die Schleiermacher konstruiert, ergibt sich aus dem sensualistischen Kriterium der Gefühlsintensität: »So wie die besondere Art, wie das Universum sich in Euren Augen darstellt, das Eigentümliche Eurer Religion ausmacht, so bestimmt die Stärke dieser Gefühle den Grad der Religiosität.« (87)

Wenn der freudige Pluralisierung der ›Anschauungen des Universums‹, Schleiermachers ›Jemehr-desto-besser‹, in einem indikatorischen Anschauungskonzept wurzelte, so war die unter den romantischen Anschauungsvarianten ebenfalls zu findende Verzweiflung an der defizitären Repräsentation eine Auswirkung der Sehnsucht nach vollständiger Repräsentation. Wenn die Sehnsucht überstark wurde oder die Verzweiflung an den Bildern, Medien oder der Welt der Erscheinungen überwog, näherte sich das romantische Anschauungskonzept dem typologischen Grenzwert der mystisch-amedialen Schau. Verzweiflung an jeglicher Vermittlung schlug um in Weltflucht oder den Glauben, daß bei Abwesenheit von Licht und Leben, in Tod und Nacht, das unmittelbare Einswerden mit Gott erfolge. Für das Schwanken zwischen Medialität und Amedialität zeugt Novalis. Er hält zum einen an einer repräsentativen Vermittlungsinstanz zwischen Gott und Mensch fest: »Nichts ist zur wahren Religiosität unentbehrlicher als ein Mittelglied, das uns mit der Gottheit verbindet. Unmittelbar kann der Mensch schlechterdings nicht mit derselben in Verhältniß stehn.«[140] – »Es ist ein Götzendienst [...], wenn ich diesen Mittler in der That für Gott selbst ansehe.« (259) Andererseits erachtet er die vermittelnden Medien, speziell das Tageslicht, als regelrecht störend. In den *Hymnen an die Nacht* (1800) wird der mit ›Tod‹ symbolisierte Wegfall des Lichtes und der Bilder zum Hypermedium einer ›unio mystica‹: »Hinunter in der Erde Schooß, / Weg aus des Lichtes Reichen!«[141] Das erscheint ihm als Weg zur »süßen Braut« und »Jesus dem Geliebten« – ein Weg, der zugleich zur »Vorzeit« (177) zurückführt, in der »des Vaters Hand und Angesicht die Menschen noch erkannten« (175).

Die romantische Skepsis gegenüber der Repräsentationsmacht äußerer Bilder hing auch mit der zunehmenden Gewichtung des Subjektiven zusammen. Der Chiasmus von Objekt und Subjekt wurde in den Binnenraum des Ich verlagert; das ›Höhere‹ sollte sich nicht in der Sinnenwelt, sondern im Inneren finden lassen. »Nach Innen geht der geheimnißvolle Weg. In uns, oder nirgends ist die Ewigkeit mit ihren Welten, die Vergangenheit und Zukunft. Die Außenwelt ist die Schattenwelt, sie wirft ihren Schatten in das Lichtreich.«[142] Diese Einstellung war von Fichtes Wendung auf die aktive Selbstanschauung des Ich befördert worden. Es schien vor allem auf die subjektive Einstellung anzukommen, die in jedem Medium, jedem noch so profanen Gegenstand das Ideelle sehen kann. Die Romantisierung des Profanen ist eine abgeschwächte Modifikation der amedialen Anschauung, denn sie macht alle Medien gleich-gültig. Wenn gilt: »Jeder Gegenstand kann dem Religiösen ein Tempel [...] seyn« (259), so ist alles von der subjektiven »Offenbarungsfähigkeit« (237), nichts dagegen von der Qualität der Vermittlungen abhängig. »Der Mensch vermag in jedem Augenblicke ein übersinnliches Wesen zu seyn«; er könne bei jeder Gelegenheit »ächte Offenbarungen des Geistes« (235) haben. Diese Ubiquität der Anlässe für die Anschauung des Höheren zieht eine Abwertung ihres ›objektiven‹ Eigenwerts nach sich. Jeder Weg ist Irrweg und führt doch zum Ziel.[143]

Novalis' Credo »Alles kann zum Zauberwerckzeug werden«[144] bedeutet auch, daß jeder Sinn zum Organ der Schau des Übersinnlichen werden kann. Damit war eine Dehierarchisierung der tradierten Ordnung der Sinne verbunden, die zum einen ein synästhetisches Anschauungskonzept implizierte, wonach sich alle Sinne zur »unmittelbaren Gewißheit« und »Ansicht meines wahrhaftesten, eigensten Lebens«[145] verbinden. Zum anderen wurde Anschauung devisualisiert und verleiblicht. So erhob Novalis die ›niederen‹ Leibsinne zu Verschmelzungsorganen mit der Gottheit. In seiner theophagischen Hymne der *Geistlichen Lieder* (1802) wird Gott gegessen und getrunken. Damit stärkte er in der seit dem Mittelalter den christlichen Kultus durchziehenden Konkurrenz zwischen der Monstranz, die das Heilige sehen läßt, und der Hostie, mit der es einverleibt wird, die zweite Seite. Auch in außerkultischem Zusammenhang betonte Novalis »des irdischen Leibes hohen Sinn«[146]; er interpretierte das Mahl als »geheimnisvolles Mittel einer Verklärung und Vergötterung auf Erden – eines belebenden Umgangs mit dem Absolut Lebendigen«[147]. Die Erhebung der distanzlosen Nahsinne zu Organen der Schau des Göttlichen drängte ebenfalls zur unvermittelten Verschmelzung. Der Mittler wird zum bloßen Einstieg, der im Aufsteigen zum Höheren vernachläs-

---

140 NOVALIS, Vermischte Bemerkungen/Blüthenstaub (1798), in: Novalis (s. Anm. 135), 257.
141 NOVALIS, Hymnen an die Nacht (1800), in: Novalis (s. Anm. 135), Bd. 1 (München 1978), 175.
142 NOVALIS (s. Anm. 140), 233.
143 Vgl. WILHELM MÜLLER, Das Irrlicht (1823), in: Müller, Gedichte, hg. von J. T. Hatfield (Berlin 1906), 120.
144 NOVALIS, Vorarbeiten zu verschiedenen Fragmentsammlungen (1798), in: Novalis (s. Anm. 135), 354.
145 NOVALIS (s. Anm. 140), 235.
146 NOVALIS, Geistliche Lieder (1802), in: Novalis (s. Anm. 135), Bd. 1, 189.
147 NOVALIS, Teplitzer Fragmente (1798), Novalis (s. Anm. 135), 410.

sigt und im wahrsten Sinne des Wortes ›aufgezehrt‹ wird.

2. Schelling

Die vielen Facetten des romantischen Anschauungsbegriffs, die von der klassischen Repräsentation bis zum bloßen Verweis, von der aktiven Selbstanschauung des Universums im eigenen Inneren bis zur mystischen Verschmelzung in der Unmittelbarkeit des seelischen oder physischen Kontakts reichen, verteilen sich über verschiedene Personen; man findet sie aber auch als Mischung innerhalb eines œuvre, mitunter sogar in einer einzigen Textpassage. In den Lehrlingen zu Saïs (1802) schreibt Novalis: »Um die Natur zu begreifen, muß man die Natur innerlich in ihrer ganzen Folge entstehen lassen. Bey dieser Unternehmung muß man sich bloß von der göttlichen Sehnsucht nach Wesen, die uns gleich sind [...], bestimmen lassen, denn [...] die ganze Natur ist nur als Werkzeug und Medium des Einverständnisses vernünftiger Wesen begreiflich. Der denkende Mensch kehrt zur ursprünglichen Function seines Daseyns, zur schaffenden Betrachtung [...] zurück, wo Hervorbringen und Wissen in der wundervollsten Wechselverbindung standen, zu jenem schöpferischen Moment des eigentlichen Genusses, des innern Selbstempfängnisses. Wenn er nun ganz in die Beschauung dieser Urerscheinung versinkt, so entfaltet sich vor ihm [...] wie ein unermeßliches Schauspiel die Erzeugungsgeschichte der Natur, und jeder feste Punkt, der sich in der unendlichen Flüssigkeit ansetzt, wird ihm eine neue Offenbarung des Genius der Liebe, ein neues Band des Du und des Ich. Die sorgfältige Beschreibung dieser

---

148 NOVALIS, Die Lehrlinge zu Saïs (1802), in: Novalis (s. Anm. 135), Bd. 1, 224 f.
149 HEGEL (s. Anm. 72), 94.
150 SAMUEL TAYLOR COLERIDGE, Biographia Literaria or Biographical Sketches of my Literary Life and Opinions (1817), hg. v. J. Shawcross, Bd. 1 (Oxford 1907), 102.
151 Vgl. FRIEDRICH A. UEHLEIN, Die Manifestation des Selbstbewußtseins im konkreten ›Ich bin‹. Endliches und Unendliches Ich im Denken S. T. Coleridges (Hamburg 1982).
152 SCHELLING (s. Anm. 68), 450.

innern Weltgeschichte ist die wahre Theorie der Natur; durch den Zusammenhang seiner Gedankenwelt in sich, und ihre Harmonie mit dem Universum, bildet sich von selbst ein Gedankensystem zur getreuen Abbildung und Formel des Universums. Aber die Kunst des ruhigen Beschauens, der schöpferischen Weltbetrachtung ist schwer, [...] und die Belohnung wird [...] eine innigere Berührung des Universums seyn.«[148]

In diesem ›Schmelztiegel‹ unterschiedlichster philosophischer Ingredienzen stechen die Zutaten Schellings hervor. Schelling hatte versucht, Fichtes »subjektives Subjekt-Objekt« nicht einfach nur umzukehren in ein »objektives Subjekt-Objekt«[149], sondern den Gegensatz zwischen beidem – so Hegel – auf einem »höheren Standpunkt« (101) verschwinden zu lassen. Für Anschauung hieß das, die Natur oder Fichtes ›Nicht-Ich‹ nicht länger nur als passives Erzeugnis der Selbstanschauung des produktiven ›Ich‹ anzusehen; das Subjekt muß in gleicher Weise als Ergebnis der produktiven Selbstanschauung der Natur oder Gottes genommen werden. Dieses Anschauungskonzept entwickelte Schelling im System des transzendentalen Idealismus (1800). Es wurde für die deutsche Romantik insgesamt prägend und erstreckte seinen Einfluß bis zur englischen Romantik. Als Coleridge Schellings System um 1801 begegnete, fand er »congeniale und fruchtbare Übereinstimmung« und »kräftige Unterstützung für das, was noch vor mir lag«[150]. Coleridge hat den gesamten Gang von Schellings System nachvollzogen, mit Modifikationen, die andernorts untersucht wurden.[151]

Bei Schelling ist Anschauung zunächst intellektuelle Tätigkeit in dem allgemeinen Sinn des transzendentalen Idealismus, daß sie sich im Selbstbewußtsein vollzog: »Die Transcendental-Philosophie ist nichts anderes als ein beständiges Potenziren des Ichs, ihre ganze Methode besteht darin, das Ich von einer Stufe der Selbstanschauung zur andern dahin zu führen, wo es mit allen den Bestimmungen gesetzt wird, die im freien und bewußten Akt des Selbstbewußtseyns enthalten sind.«[152] Sie hatte als wichtigstes Prädikat ›Produktivität‹. Der Ausdruck ›produktive Anschauung‹ taucht bei Coleridge wieder auf als »realizing intuition which exists by and in the act that affirms its existence, which is known, because it is, and is because it is known«¹⁵³.

Schellings ›produktive Anschauung‹ schafft aus ›streitenden‹ und ›widerstreitenden‹ Gegensätzen ein neues Produkt.¹⁵⁴ Dieses Produkt mit den Spuren des Versöhnten gerät in einen erneuten Gegensatz, der von einer Anschauung höherer Stufe wiederum synthetisiert wird. Im Zuge dieser dialektischen Prozessualität potenzieren sich die Anschauungsarten. Die von der produktiven Anschauung in sukzessiver Steigerung aus Gegensätzen gebildeten Synthesen ›versöhnen‹ auf jeder ihrer Stufen Subjekt und Objekt, Aktivität und Passivität, Unbegrenztheit und Begrenzung, Bewußtsein und Unbewußtes. Schon auf der Stufe der »ursprünglichen Empfindung« (412), wo das Ich für einen Moment passiv, unfrei und ganz leidende Empfindung war (vgl. 411), vollzieht sich der Übergang zur aktiven Selbstanschauung des eigenen passiven Objektseins; das Ich wird in Anschauung seiner objektiven Begrenztheit zugleich subjektiv unbegrenzt (vgl. 413); es ist »ideell und reell« (420). Auf dieser ersten Versöhnung baut sich ein neuer Konflikt auf: Nun betrachtet sich das Ich als in produktiver Anschauung tätiges absolut-unendliches Subjekt, das aber Objekt äußerer Natureinflüsse oder das Bedingte eines anderen Absoluten ist. Auf dieser Stufe der produktiven Anschauung kommt der ›Widerstreit‹ ins Spiel, der sich zwischen den zwei unbedingten Absoluta entspinnt: dem Subjekt und der Natur. Wenn aber die Natur absolut und unendlich ist, erwächst das Problem ihrer Anschauung, das Schelling durch den Begriff der Organisation zu lösen suchte: »Die Organisation im allgemeinen ist […] nichts anderes als das verkleinerte und gleichsam zusammengezogene Bild des Universums.« (492) In seiner Selbstanschauung als ›lebendiger Organisation‹ erblicke der Mensch gleichsam in sich selbst die gesamte evolutionäre Sukzession. In dem Sinne sagte auch F. Schlegel: »Der Mensch ist ein schaffender Rückblick der Natur auf sich selbst.«¹⁵⁵

Aber diese Anschauung bleibt dennoch begrenzt; sie sei keine ›absolute Synthese‹, denn sie erfaßt den Weltzusammenhang nur bis zu jenem Punkt der ›lebendigen Organisation‹, die der Mensch selbst ist. Das Ganze bleibt also in einem uns »unbekannten Licht«¹⁵⁶. Schelling war zu sehr

Kantianer, um an eine intellektuelle Anschauung der ›Totalität‹ durch den Menschen zu denken. Im Hinblick hierauf sprach Xavier Tilliette mit Recht von einem »interdit proféré sur l'intuition intellectuelle«¹⁵⁷. Der aufgeklärte Rest in Schellings Denken behütete ihn vor allzugroßer Emphase und ließ ihn die volle Präsenz des Universums von der produktiven Anschauung des Menschen nicht erwarten. Was sich also auf der höchsten Stufe der produktiven Anschauung realiter ereignen müßte, jene Überwindung der einseitigen, nur subjektiven Anschauung Fichtes und ihre Überführung in das, was Hegel die »Anschauung des sich selbst in vollendeter Totalität objektiv werdenden Absoluten«¹⁵⁸ nannte, eine Art Selbstanschauung eines pantheistischen Deus, mutete Schelling dem menschlichen Blick letztlich dennoch nicht zu. ›Intellektuelle Anschauung‹ in diesem höchst emphatischen Sinn ist dem Menschen nicht gegeben, höchstens aufgegeben. Die regulative Funktion dieser Art von intellektueller Anschauung dürfte F. Schlegel im Auge gehabt haben, als er sagte: »Die intellektuale Anschauung ist der kategorische Imperativ der Theorie.«¹⁵⁹

Allerdings sah Schelling einen Weg, auf dem sich der Mensch dem aus der Negation einseitiger Anschauungskonzepte entwickelten Regulativ einer universalen intellektuellen Anschauung nähern könne; und das war auf das »Kunstprodukt« gerichtete »ästhetische Anschauung« oder die »Kunstanschauung«¹⁶⁰. Er meinte, wenn es eine Anschauung gäbe, welche das »absolut Identische, an sich weder Sub- noch Objektive zum Objekt hat, und wenn man sich wegen dieser Anschauung, welche nur eine intellektuelle seyn kann, auf die unmittelbare Erfahrung beriefe«, so benötige man ein real erfahrbares Objekt. Diese »Objektivität der intellektuellen Anschauung ist die Kunst selbst. Denn

---

153 COLERIDGE (s. Anm. 150), 173.
154 Vgl. SCHELLING (s. Anm. 68), 393 f., 398.
155 SCHLEGEL (s. Anm. 131), 258.
156 SCHELLING (s. Anm. 68), 494.
157 XAVIER TILLIETTE, Vision Plotinienne et intuition Schellingienne, in: Tilliette, L'absolu et la philosophie. Essais sur Schelling (Paris 1987), 64.
158 HEGEL (s. Anm. 72), 112.
159 SCHLEGEL (s. Anm. 134), 176.
160 SCHELLING (s. Anm. 68), 619, 621, 611.

die ästhetische Anschauung eben ist die objektiv gewordene intellektuelle. Das Kunstwerk nur reflektirt mir, was sonst durch nichts reflektirt wird, jenes absolut Identische, was selbst im Ich schon sich getrennt hat; was also der Philosoph schon im ersten Akt des Bewußtseyns sich trennen läßt, wird, sonst für jede Anschauung unzugänglich, durch das Wunder der Kunst aus ihren Produkten zurückgestrahlt.« (625) Schellings ästhetischer Anschauungsbegriff war so wenig eindeutig wie der seiner frühromantischen Freunde; auch er bewegte sich auf der Skala zwischen dem bloß andeutenden Symbol im Kantischen Sinne und jenem Symbolbegriff, der – wie der Goethes – volle Präsenz beansprucht. Der Gedanke an eine vollständige Repräsentation, in der »wir unmittelbar das Ewige gleichsam in sichtbarer Gestalt schauen«[161], verstärkte sich in Schellings *Philosophie der Kunst* (entst. 1802–1803). Er wird normative Grundlage für ein ganzes Begriffssystem. Ob er nun von der »vollendeten Einbildung des Unendlichen in das Endliche« als Spezifikum von »Poesie« im Unterschied zur »Einbildung des Endlichen ins Unendliche« spricht, das Merkmal der »Kunst« (461) und des schaffenden Künstlers sei, oder in analoger Weise das Erhabene vom Schönen, das Symbol von der Allegorie unterscheidet: Stets erscheint als höchster ästhetischer Wert die Indifferenz von Besonderem und Allgemeinem, von Endlichem und Unendlichem, Mensch und Gott. Wenn Schelling im *System* sagte, daß im Unterschied zu den Naturprodukten von der Kunst in »jedem einzelnen Produkt [...] die Unendlichkeit dargestellt« werde, behandelte er das Kunstprodukt fast wie eine Demonstration oder einen Beweis für Gott; das Zurückstrahlen des universalen Geistes aus der Kunst überschreitet den bloßen Verweis. Doch hier läßt Schelling noch ein Moment aufklärerischer Bescheidenheit erkennen: »Es ist nichts ein Kunstwerk, was nicht ein Unendliches unmittelbar oder wenigstens im Reflex darstellt.«[162] Damit blieb ästhetische Anschauung zumindest mit einem Fuß noch in der Nähe von Kants symbolischer Hypotypose, die das Absolute nicht darstellt, sondern lediglich die Reflexion darauf lenkt.

Ähnlich wie Schelling hatte auch Hölderlin dem Begriff der intellektuellen Anschauung normativen ästhetischen Rang verliehen. Er nannte die für ihn höchste, die tragische Kunst »Metapher Einer intellektuellen Anschauung«[163]. Und auch er schwankte zwischen adäquater Versinnlichung und bloß annähernder Anschauung des Universums in einem sinnlich-endlichen Bild – damit ebenfalls die von Kant gezogene Grenzlinie anerkennend.[164]

V. Das phänomenologische Paradigma

1. Fortsetzung

Während Goethes und Hegels Anschauungsbegriffe phänomenologisch im weitesten (theoretisch-allgemeinen) Sinn des Wortes waren, bereitete Schopenhauer das Anschauungskonzept der Phänomenologie im engeren (historisch-nominalen) Wortsinn vor. Dieser bei Husserl und Heidegger kulminierende Anschauungsbegriff hatte mit dem der Phänomenologie avant la lettre gemein, daß auch er auf vollständige Vermittlung der Idee durch ein Medium setzte und von dessen Anschauen eine Elevation erwartete, die weder vom diskursiven Denken der Wissenschaft noch von mathematischer und logischer Evidenz übertroffen werden könne. Die Zielvorstellung einer Art Schau mit (säkularisierter) Offenbarungsqualität streute über die gesamte phänomenologisch und lebensphilosophisch inspirierte Ästhetik in Deutschland bis zur Gegenwart aus. In der französischen Linie der Phänomenologie, wo die aufgeklärte Vorsicht gegenüber fundamentalistischen Prätentionen kräftiger weitergelebt zu haben scheint, schwächte sich das Postulat, das Tiefste oder Höchste – Sein, Leben oder Geist – ganz zu erhellen, merklich ab. Signifikant hierfür ist Maurice Merleau-Ponty, der den Anspruch auf An-

---

161 SCHELLING, Philosophie der Kunst (entst. 1802–1803), in: SCHELLING (SW), Abt. 1, Bd. 5 (1859), 364.
162 SCHELLING (s. Anm. 68), 627.
163 HÖLDERLIN, Über den Unterschied der Dichtarten (entst. 1797–1799), in: HÖLDERLIN (GSA), Bd. 4 (1962), 277.
164 Vgl. WOLFGANG HEISE, Hölderlin. Schönheit und Geschichte (Berlin 1988), 429.

V. Das phänomenologische Paradigma

schauung des ganzen Sinns in ein Konzept von partieller Sichtbarkeit umgewandelt hat. Er forderte nicht, das Unsichtbare sichtbar zu machen, womit es zugleich vernichtet wäre; vielmehr wird es als notwendiges Pendant des Sichtbaren behandelt. In *Le visible et l'invisible* (1964) ist das Sichtbare eine Art Schneise, die wir in das Unsichtbare schlagen, das zum Sichtbaren gehöre wie die Tiefe des Fleisches zur Oberfläche der Haut. »Le sens est *invisible*, mais l'invisible n'est pas le contradictoire du visible: le visible a lui-même une membrure d'invisible, et l'in-visible est la contrepartie secrète du visible [...], il est le *Nichturpräsentierbar*[e] qui m'est présenté comme tel dans le monde – [...] il est *dans la ligne* du visible, il en est le foyer virtuel, il s'inscrit en lui (en filigrane)«[165].

Ein Spezifikum der deutschen Phänomenologie ist die sich steigernde Entsinnlichung der Anschauung. Gegenüber Goethe, der das Sinnlich-Sensuelle nur ›veredeln‹, nicht aber abstreifen wollte, auch gegenüber Hegel, der (zumindest bei der ästhetischen Anschauung des Schönen) Balance hielt zwischen sinnlicher und geistiger Wahrnehmung, wurde der Akzent auf dem geistigen Antlitz der Phänomene verstärkt und die sinnlich-gegenständliche ›Hülle‹ einem Abstraktionsprozeß unterworfen. Die Intellektualisierung oder Vergeistigung führte zu einer Zwittergestalt von medialer und amedialer Anschauung und nähert sich damit der (eingangs beschriebenen) ›intuitio‹.

Der Prozeß begann mit Schopenhauer, bei dem Anschauung in Absehung vom Individuellen direkt auf das geistige Allgemeine des Gattungsbegriffs zielte. Schopenhauers Anschauung ist ›contemplatio‹: ein »willenloses Anschauen«, das seitens des Subjekts eine Entindividualisierung mit sich bringe und damit zugleich auch das erscheinende Objekt dem principium individuationis entwinde: »In solcher Kontemplation nun wird mit einem Schlage das einzelne Ding zur Idee seiner Gattung«. In dieser Begegnung verlören sich die Grenzen zwischen Subjekt und Objekt, so daß man »nicht mehr den Anschauenden von der Anschauung trennen kann«[166].

Schopenhauer hielt – darin der romantischen Idealisierung des Profanen verwandt – jeden beliebigen Gegenstand für geeignet, als Erscheinung seiner Gattungsidee betrachtet zu werden. Diese

Einstellung vollzog sich für ihn in der ästhetischen Anschauung, die hinterrücks die von Kant abgewiesene Erkenntnisfunktion zurückgewinnt: »Indem wir einen Gegenstand *schön* nennen, sprechen wir dadurch aus, daß er Objekt unserer ästhetischen Betrachtung ist, welches [...] in sich schließt, [...] daß wir im Gegenstande nicht das einzelne Ding, sondern eine Idee erkennen« (245). Obwohl »auch das Unbedeutendste« sozusagen ›schöngesehen‹ werden könne, gebe es Dinge, die ›jene rein objektive Betrachtung erleichtern« (246); und das seien vor allem Kunstwerke. Kunst wiederhole die durch »reine Kontemplation aufgefaßten Ideen« (219) in anschaulichen Gestalten. Diese ›anschaulichen Gestalten‹ aber haben keinen Eigen-Sinn, mit dem sie – auch – ihre irreduzible Individualität repräsentieren. Sie stehen restlos im Dienst der Gattungsbegriffe oder Objektivationsstufen des ›Wille‹ genannten Weltgeistes, die als platonische eidòla aufgefaßt sind. Vollends total wird ästhetische Anschauung in bezug auf Musik. Diese höchste aller Künste unterscheide sich von den anderen dadurch, daß sie den ganzen Willen unter Umgehung der einzelnen Gattungsbegriffe unmittelbar präsentiert. Sie sei »unmittelbar Abbild des Willens selbst« (302) – oder die ganze Welt als Vorstellung. Daher war für Schopenhauer die ästhetische ›Anschauung‹ der Musik das Nonplusultra. Nach ihm können wir »die erscheinende Welt [...] und die Musik als zwei verschiedene Ausdrücke derselben Sache [des Willens – d. Verf.] ansehen« (301). Von Schopenhauers Vernehmen der Welt als musikalischer Vorstellung ist es nur ein Schritt zu Nietzsches Betrachtung der Welt als ›ästhetisches Phänomen‹. In Nietzsches *Geburt der Tragödie* (1872) wandelte sich Schopenhauers ›unmittelbares Abbild des Willens‹ in der Musik zur amedialen Anschauung, die der »dionysische Künstler« erlebt. Dieser sei »gänzlich mit dem Ur-Einen [...] eins geworden und producirt das Abbild dieses Ur-Ei-

---

165 MAURICE MERLEAU-PONTY, Le visible et l'invisible (Paris 1964), 269.
166 ARTHUR SCHOPENHAUER, Die Welt als Wille und Vorstellung (1819), in: Schopenhauer, Sämtl. Werke, hg. v. M. Frischeisen-Köhler, Bd. 2 (Berlin o. J.), 213.

nen als Musik«. Indes der ›apollinische Künstler‹ oder der ›Plastiker‹ »in das reine Anschauen der Bilder« versinke, sei der ›dionysische Künstler‹ »ohne jedes Bild völlig nur selbst Urschmerz und Urwiederklang desselben«[167]. Bei Nietzsche verschmilzt der dionysische »Genius im Actus der künstlerischen Zeugung mit jenem Urkünstler der Welt« (43 f.); diese ästhetische unio mystica vollzieht aber kein erkenntnistheoretisch definiertes »reines Subjekt der Erkenntnis«[168] wie bei Schopenhauer, sondern ein bereits lebensphilosophisch aufgefaßtes Seiendes mit dem Sein.

Schopenhauers Anschauungsbegriff mit der impliziten Forderung, von allen empirischen Kontingenzen – sowohl des Gegenstandes als auch des subjektiven Befindens – abzusehen, lebte, transformiert, in Husserls »ideierender Abstraktion«[169] weiter, die von den psychischen Zuständen und physischen oder sozialen Bedingtheiten des Subjekts ebenso absieht wie von der sinnlichen Realität des Gegenstandes. In den Logischen Untersuchungen (1900/1901) unterschied Husserl eine »kategorial geformte und sich [...] dem Denken vollkommen anmessende Anschauung«[170] als »gedankliches Vorstellen« von einer »bloßen Anschauung des äußeren oder inneren Sinnes« (171) bzw. »irgendwelchen anschaulichen (sinnlichen) Vorstellungen« (172). Letztere dürfen die gedankliche Vorstellung zwar begleiten, auch exemplifizieren; aber sie müssen sich der »gedanklichen Intention«, die bei Husserl nicht nur auf Gattungsbegriffe, sondern auch auf den Einzelgegenstand konstitutiv bezogen war, unbedingt anpassen und unterordnen. Husserl machte unmißverständlich klar, daß in dem komplexen Akt der gedanklichen Vorstellung oder beim Vor-Augen-Stellen dessen, »was eigentlich gemeint ist«, die sinnliche Anschauung zurückzutreten habe. Sein »neuer Anschauungsbegriff« (173 f.) läßt die sinnliche Anschauung in ihrer empirisch-psychologischen Tatsächlichkeit nur noch als gewisse Grundlage »für die neuartigen, auf sie gebauten Akte des gedanklichen Vorstellens« gelten, die schnellstens verlassen wird, da »die sinnlich-anschauliche Intention in den Inhalt des Gedankens« nicht eintrete (171). Husserls »intuitive Vergegenwärtigung in adäquater Ideation«[171] gibt die vorgemeinten Bedeutungen in reiner Form und gehört wie auch seine ›kategoriale Anschauung‹[172] zu dem von uns isolierten Typus der unmittelbaren geistigen Schau; davon muß die ›erfüllende Anschauung‹ unterschieden werden, in der das Wesen als ein Gegenstand erscheint und die zum medial-phänomenologischen Typus von Anschauung gehört. Die Rückwirkung der so wahrgenommenen gegenständlichen Erscheinungen auf die kategorial disponierte Intention des Subjekts, diese Quasi-Dialektik von actio und passio, Perzeption und Antizipation im Prozeß der ›kontinuierlichen Synthese‹ von Wahrnehmung, hat Husserl später näher zu bestimmen gesucht.

Bevor Husserl mit seiner Ausschaltung alles Psychisch-Realen aus der reinen oder der ›kategorialen Anschauung‹ in Deutschland durchdrang, hatte Eduard von Hartmann mit seiner Philosophie des Schönen (1887) einen »konkreten phänomenologischen Idealismus«[173] vorgelegt, der historisch und systematisch Verbindung hielt zu der in der zweiten Hälfte des 19. Jh. entstandenen, physiologisch und psychologisch orientierten empirischen Ästhetik ›von unten‹. Hartmann ersetzte die Kategorie Anschauung durch den Ausdruck »ästhetischer Schein« (21 f.), den er mit »konkretem Sinnenschein«, »sinnlichem Schein« (24) oder »idealer Phänomenalität« (25) usw. paraphrasierte. Ein Grund für diese Ersetzung war, daß Anschauung die »Gefühlshaftigkeit« der ästhetischen Wahrnehmung ausgrenze: »Die Anschauung [...] ist gefühllos [...] und insofern völlig kalt.« (22 f.) Sein wichtigster Einwand aber betraf die mit Anschauung konnotierte Intellektualität ästhetischer Erfahrung. Er wies sie als zentrale ästhetische Kategorie ab, weil sie per definitionem nicht gebiete, »das Suchen von dem Sitz des wahrhaften höchsten Schönen in einer intuitiven übersinnlichen Idee als

---

167 FRIEDRICH NIETZSCHE, Die Geburt der Tragödie aus dem Geiste der Musik (1872), in: NIETZSCHE (KGA), Abt. 3, Bd. 1 (1972), 39 f.
168 SCHOPENHAUER (s. Anm. 166), 233.
169 HUSSERL (s. Anm. 44), Bd. 1 (Halle 1928), 5.
170 Ebd., Bd. 2/1, 168.
171 Ebd., Bd. 1, 244.
172 Vgl. THOMAS M. SEEBOHM, Kategoriale Anschauung, in: Phänomenologische Forschungen 23 (1990), 9–47.
173 EDUARD VON HARTMANN, Philosophie des Schönen (1887), hg. v. R. Müller-Freienfels (Berlin 1924), 25.

etwas prinzipiell Verkehrtes zu brandmarken. [...] Es würde dann das Gebiet der Anschauung eine sinnliche und eine übersinnliche Provinz umspannen, und der Gedanke läge nicht so fern, daß die übersinnliche Anschauung als Anschauung ebensoviel Recht habe wie die sinnliche, Träger des Schönen zu sein.« (23) Hartmann spürte die Nähe des zu Entsinnlichung tendierenden Anschauungsbegriffs zur intuitio und verbannte ihn, um jegliche Verwechslung mit der s. E. unverzichtbar gefühlshaltig-sinnlichen ästhetischen Wahrnehmung auszuschalten. Sachlich war er aber trotz seiner gefühlsästhetischen Affinitäten insofern in Einklang mit Husserl, als sich die Sinnlichkeit der gedanklichen Intention unterzuordnen habe. Wenngleich seine ›Schein-Wahrnehmung‹ bei realen physischen und psychischen Vorgängen anhob, so sollten diese doch gegenüber ›höheren‹ Gefühlen zurücktreten. Der ›ästhetische Schein‹ sollte keine Realität geben, weder im Sinne der Abbild- oder ›imitatio-Theorie‹ noch als lust- oder unlusterzeugendes Angenehmes oder Unangenehmes. Daher galten ihm nur Auge, Ohr sowie der für den »Phantasieschein« zuständige (innere) Sinn als ästhetische Sinne. Die »niederen Sinne« schloß er aus, denn sie »bleiben mit ihren Wahrnehmungen der Realität der Erregungsursachen unentrinnbar verhaftet« (69). Die ästhetischen »Scheingefühle« (37) sollten den sinnlichen Reiz (etwa sexueller Art) ausschließen: »Das sinnlich Angenehme und Unangenehme erweckt reale Lust- und Unlustgefühle und steht insofern außerhalb des ästhetischen Gebiets« (68). Es ging Hartmann aber nicht um Auschaltung des Sinnlichen, sondern um »Aufhebung des sinnlich Angenehmen ins Schöne« (78) oder um seine »ästhetische Verwertung« (88).

2. *Ausgang in der Hermeneutik*

Auch Heidegger, der direkt an Husserl angeschlossen hatte, prätendierte mit seinem Anschauungsbegriff volle Präsenz: nun des Seins in einer Sinnerhellung durch reines Anschauen. Heidegger ging es um die Erschlossenheit des Daseins auf das Sein hin, die nicht ohne Sicht und Sehen, nicht ohne Lichtung des Daseins möglich sei: »Sein ist, was im reinen anschauenden Vernehmen sich zeigt, und nur dieses Sehen entdeckt das Sein. Ursprüngliche

und echte Wahrheit liegt in der reinen Anschauung.« Diese auf Parmenides zurückgehende These, die Heidegger zum »Fundament der abendländischen Philosophie«[174] erklärte, war auch sein Motto. In seiner Philosophie verschränkten sich Phänomenologie und Hermeneutik über das Ineinanderschalten von Sehen und Vernehmen, Anschauen und Verstehen.

Heideggers ontologischer Schichtung mit den Ebenen des Seins, des Seienden und des Daseins entsprechen die gnoseologischen Stufen des Sinns, des Phänomens und der Erscheinung, denen wiederum verschiedene personale, kulturelle oder sprachliche Korrelate analog sind. So wie im ontologischen Bereich das Sein dem Seienden per Differenz vermittelt ist, ist auch im Erkenntnisbereich der Sinn mit dem Phänomen vermittelt. Und so wie sich das Seiende im verfallenen Dasein (des Man) verliert oder im erschlossenen Dasein (des Selbst) erschließen läßt, kann auch das Phänomen sich wiederum in den Erscheinungen verbergen oder dort gewinnen lassen. Heidegger unterteilte das Wahrnehmbare in die profane Erscheinung im Sinne und in das Phänomen, das es zu sichern gelte und aus dem dann – im Bezug auf das Sein – der Sinn zu rekonstruieren sei. Für die »phänomenologische‹ Sicherung des exemplarisch Seienden‹ genüge die »Naivität eines zufälligen, ›unmittelbaren‹ und unbedachten ›Schauens‹« (37) nicht. Das Sehen des sich zeigenden »Seins des Seienden« (35) muß aus der Erscheinung das Phänomen herausstillieren.

Mit sprachlich Verfaßtem verfährt Heidegger ähnlich. Hier ist phänomenologisches Verstehen erst möglich, wenn aus dem bloß erscheinenden »Gerede« bzw. »Geschreibe«, das zum alltäglichen Dasein des Man mitsamt dessen unruhigem »Spähen« und seiner »Neugier« gehöre, eine »Rede« herauspräpariert wird, die dem erschlossenen Dasein des Selbst und seiner »Sicht« und »Umsicht« eigne (166–173). Den Sinn der gereinigten Phänomen analogen Rede zu »verstehen« entspricht einem Sehen, das durch die Erscheinung hindurch die Phänomenalität erblickt und von dort zum »bewundernden Betrachten des Seien-

---

[174] HEIDEGGER (s. Anm. 45), 171.

den« (172) weitergeht. Die Sicherung der Rede innerhalb des Geredes und Geschreibes war für Heidegger eine kritische Destruktion.[175] Damit konnte er zu einem Anreger Derridas werden, der allerdings Heideggers zwei Schritte – die Destruktion des Geredes und die anschließende Rekonstruktion des Sinns – zur De-Konstruktion vereinte. Damit hat er das ›Verstehen‹ auf das – wenn man so will – Gerede und Geschreibe ausgeweitet.

Das bedeutet, auch die sinnenfällige Figuration oder die Materialität des Signifikanten ernst zu nehmen und nicht als bloße Erscheinung abzuschütteln.

Für Heidegger waren Kunstwerke Seinserhellungen im Sinne seines Phänomenbegriffs. Er sah im Kunstwerk »das sichverbergende Sein gelichtet. Das so geartete Lichte fügt sein Scheinen ins Werk. Das ins Werk gefügte Scheinen ist das Schöne.«[176] Das Sichtbarmachen des Eigentlichen durch Kunst war der Tenor, auf den die meisten Stimmen im Chor der deutschen Ästhetik bis etwa zur Mitte des 20. Jh. gestimmt waren. Zwar variierte die Terminologie in diesem ›Jargon der Eigentlichkeit‹ (Adorno); dem Sein rückte das Leben oder – wie etwa bei Georg Simmel – die überindividuelle Seele des Autors zur Seite, die im Kunstwerk erscheine.[177] Doch der emphatisch-elevatorische Anschauungsbegriff, der die sinnliche Wahrnehmung in den Dienst eines Höheren stellte, war bis zum Veto von Kritischer Theorie und Postmoderne nachgerade konstitutiv. Das exemplifiziert auch Nicolai Hartmanns *Ästhetik* (1953): »Ästhetische Schau ist nur zur Hälfte sinnliche Schau. Es erhebt sich über dieser ein Schauen zweiter Ordnung,

vermittelt durch den Sinneseindruck, aber nicht aufgehend in ihm und aktmäßig in deutlicher Selbständigkeit gegen ihn. Dieses andere Schauen ist nicht etwa Wesensschau […], nicht Intuition im Sinne einer höheren Erkenntnisstufe. Es bleibt vielmehr durchaus dem Einzelgegenstande in seiner Einmaligkeit und Individualität zugewandt, aber sieht an ihm das, was die Sinne direkt nicht fassen«[178]. »Die Wahrnehmung transzendiert sich selbst, sie wird *offenbarend*. Und wenn die Offenbarung […] das im Leben Erkennbare oder sonstwie Zugängliche fühlbar übersteigt, die Grenzen des Begreifens schlagartig durchbricht und so den Charakter der *Erscheinung* im ungewöhnlichen Sinne annimmt, so empfinden wir sie […] als Schönheit« (54).

Ähnlich deutlich wurde Hans-Georg Gadamer. Er hob auf das »Scheinen der Idee selbst«[179] im Kunstwerk ab und sah im Schönen die »Erscheinungsweise des Guten überhaupt, des Seienden, wie es sein soll« (486). Für ihn war die Ästhetik »eine Geschichte der Weltanschauungen«, d. h. eine »Geschichte der Wahrheit, wie sie im Spiegel der Kunst sichtbar wird« (103). Die perspektivische Relativität dieser ›Weltanschauungen‹ betonte er durchaus – damit bewußt an Schleiermacher und den Historismus anknüpfend. Im Sinne Rankes hatte Wilhelm Dilthey betont: »Dieses unermeßliche, unfaßliche, unergründliche Universum spiegelt sich mannigfach in religiösen Sehern, in Dichtern und in Philosophen. Sie stehen alle unter der Macht des Ortes und der Stunde. Jede Weltanschauung ist historisch bedingt, sonach begrenzt, relativ […]. Diese Typen der Weltanschauung behaupten sich nebeneinander im Laufe der Jahrhunderte.« Sie seien »gegründet in der Natur des Universums und dem Verhältnis des endlichen auffassenden Geistes zu de[m]selben. So drückt jede derselben […] eine Seite des Universums aus. Jede ist hierin wahr. Jede aber ist einseitig. Es ist uns versagt, diese Seiten zusammenzuschauen.«[180] Dem stimmte Gadamer zu, zugleich bemerkend, daß Dilthey im Bestreben, die ›anarchische Gefahr‹ überbordender Pluralität zu bannen und Ordnung in die Vielheit zu bringen, den eigenen Standpunkt als Anschauer der Weltanschauung gleichsam Beobachter zweiter Ordnung – verabsolutierte. Er sah in der »Erhebung über die eigene

---

175 Vgl. HEIDEGGER, Phänomenologie der Anschauung und des Ausdrucks (1920), in: HEIDEGGER, Bd. 59 (1993), 29.
176 HEIDEGGER (s. Anm. 13), 44.
177 Vgl. GEORG SIMMEL, Stefan George. Eine kunstphilosophische Betrachtung (1898), in: Simmel, Zur Philosophie der Kunst. Philosophische und kunstphilosophische Aufsätze, hg. v. G. Simmel (Potsdam 1922), 29–45.
178 NICOLAI HARTMANN, Ästhetik (Berlin 1953), 17.
179 HANS-GEORG GADAMER, Wahrheit und Methode. Grundzüge einer philosophischen Hermeneutik (1960), in: GADAMER, Bd. 1 (1990), 149.
180 WILHELM DILTHEY, Zur Weltanschauungslehre, in: DILTHEY, Bd. 8 (1931), 222.

Relativität«, die Diltheys ›historischem Bewußtsein‹ zugrunde liege, einen seiner »fragwürdigsten Punkte«[181]. Auch bemerkte er die methodische Ähnlichkeit mit Hegel, gegen den sich Dilthey zwar gewandt habe; dennoch sei er in seinem Fortgang von Relativität zu Relativität »immer schon unterwegs zum Absoluten« (241) gewesen.

Das von Dilthey beanspruchte Privileg des Betrachters der Weltanschauungen, der zu ihrer Beurteilung und Analyse auf die höhere Ordnung des Lebens rekurriert, damit gleichsam einen Sinn sehend, den die angeschauten Anschauungen selbst nicht sahen, lehnte Gadamer also ab. Der ›Verstehende‹ sollte ebenso perspektivisch sehend konzipiert sein wie das zu Verstehende: ein Sich-Entgegensehen, in dem sich zwei gleichberechtigte Horizonte in Frage und Antwort begegnen.

Doch der Fragende gewinnt bei Gadamer ein Übergewicht. Sein Sinnverstehen ist – wie nach Husserl und Heidegger nicht anders denkbar – ein Akt der Sinnkonstitution durch das Subjekt. Der Sinn scheint nicht, ohne aktiv zur Erscheinung gebracht zu werden – und diese Aufgabe obliegt dem fragenden Ausleger. Wenngleich Gadamer beabsichtigte, Diltheys fixen point of view zu relativieren und daher die historische Verfaßtheit des fragenden Vorverständnisses betonte – unter den subjektphilosophischen Vorzeichen seiner Hermeneutik hat der Verstehende dennoch deutlichen Vorrang. Dessen lebensweltlich-determiniertes Vorverständnis oder Vor-Urteil, in dem sich »die geschichtliche Wirklichkeit« (281) des Urteilenden zur Geltung bringe, dominiert über das, was verstanden werden soll. Gadamers ›Horizont-Verschmelzung‹ vollzieht sich nach dem Muster des Sokratischen Dialogs, in dem der Fragende nach dem fragt, was er wissen will. Für Gadamer bestimmte die Frage die »Richtung, in der die Antwort allein erfolgen kann« (368); der ›Fragehorizont‹ »täuscht« (369) Offenheit nur vor. Die Gleichberechtigung der Horizonte geht demnach nicht so weit, den Befragten so kräftig zurückfragen zu lassen, daß der Frager – mitsamt seiner lebensweltlichen und historischen Situierung – wirklich in Frage gestellt wäre. Was dem Fragenden von Gadamer statt dessen zugesichert wird, ist Aneignung des Fremden oder Bereicherung des eigenen Horizonts durch das Fremde; Verstehen ist definiert als »Sichverstehen« (265). Es ist strukturähnlich einem elevatorischen Anschauungskonzept, nach dem die Anschauung des Fremden die eigene Selbstanschauung bereichert und das Subjekt durch Anschauung der Anschauungen emporhebt. »Im Fremden das Eigene zu erkennen, in ihm heimisch zu werden, ist die Grundbewegung des Geistes, dessen Sein nur Rückkehr zu sich selbst aus dem Anderssein ist.« (19 f.) In diesem kulturellen Kolonialismus lebte eine Variante des emphatisch-elevatorischen Anschauungsbegriffs als Mischung aus phänomenologischen und romantischen Intentionen fort und hat mit der Hermeneutik ihr – zumindest vorläufiges – Ende gefunden.

Waltraud Naumann-Beyer

Literatur

›Anschauung als ästhetische Kategorie‹ [Themenheft], in: Neue Hefte für Philosophie 18/19 (1980); ARNHEIM, RUDOLF, Visual Thinking (Berkeley 1969); BARION, JAKOB, Die intellektuale Anschauung bei J. G. Fichte und Schelling und ihre religionsphilosophische Bedeutung (Würzburg 1929); BÜRGER, PETER, Zur Geschichtlichkeit von Anschauung/Anschaulichkeit, in: W. Oelmüller (Hg.), Kolloquium Kunst und Philosophie, Bd. 1 (Paderborn 1981), 41–49; COBABUS, NORBERT, Objektivität oder Kulturgebundenheit – Anschaulichkeit und Unanschaulichkeit. Eine kulturanthropologische Betrachtung über wissenschaftliche Ansichten, Denkweisen, Methodiken und Konzeptionen (Aachen 1997); FELBINGER, WOLFGANG, Anschauung und Denken bei Kant (München 1980); FRANK, MANFRED, ›Intellektuale Anschauung‹. Drei Stellungnahmen zu einem Deutungsversuch von Selbstbewußtsein: Kant, Fichte, Hölderlin/Novalis, in: E. Behler/J. Hörisch (Hg.), Die Aktualität der Frühromantik (Paderborn 1987), 96–126; HARLANDER, KLAUS, Absolute Subjektivität und kategoriale Anschauung. Eine Untersuchung der Systemstruktur bei Hegel (Meisenheim 1969); HELLER, EDMUND, Kant und J. S. Beck über Anschauung und Begriff, in: Philosophisches Jahrbuch 100 (1993), 72–95; IMDAHL, MAX, Ikonik, Bilder und ihre Anschauung, in: G. Boehm (Hg.), Was ist ein Bild? (München 1994), 300–324; KATO, YOSHIMITSU, Begriff und Verfahren der eidetischen Anschauung bei Goethe. Untersuchung über die Auswirkungen der eidetischen Anschauung in Goethes Naturforschung, Kunstauffassung und Dichtung (Tokio 1995); KÖSSER, UTA, Wenn die Welt-Anschauung in die Brüche geht, ist es besser, sich die Welt anzuschauen, in: Weimarer Beiträge 39 (1993), H. 2, 190–207; LASSEN, HARALD, Beiträge zur Phänomenologie und Psychologie der

181 GADAMER (s. Anm. 179), 237 f.

Anschauung (Würzburg-Aumühle 1939); MANTHEY, JÜRGEN, Wenn Blicke zeugen könnten. Eine psychohistorische Studie über das Sehen in Literatur und Philosophie (München 1983); MENGEL, MARTIN, Vom Auge zum Ohr. Über Anschauung und Anhörung in der Philosophie Immanuel Kants, mit Hinweisen zu einer Soziologie des Hörens (Diss. FU Berlin 1992); MERKLE, SIEGBERT ERNST, Die historische Dimension des Prinzips der Anschauung. Historische Fundierung und Klärung terminologischer Tendenzen des didaktischen Prinzips der Anschauung von Aristoteles bis Pestalozzi (Frankfurt a.M. u.a. 1983); MESSERER, WILHELM, Vom Anschaulichen ausgehen. Schriften zu Grundfragen der Kunstgeschichte, hg. v. S. Koja u.a. (Wien u.a. 1992); NEUBAUER, JOHN, Intellektuelle, intellektuale und ästhetische Anschauung. Zur Entstehung der romantischen Kunstauffassung, in: Deutsche Vierteljahrsschrift für Literaturwissenschaft und Geistesgeschichte 46 (1972), H. 2, 294–319; PREDEL, KARSTEN, Idealanschauung und Wesenserfahrung. Schopenhauers Metaphysik des Schönen (Aachen 1998); REESE, WILHELM, Die innere Anschauung. Versuch einer phänomenologischen Darstellung (Freiburg/München 1984); REIDEMEISTER, KURT, Anschauung als Erkenntnisquelle, in: Zeitschrift für philosophische Forschung 1 (1946), 197–210; SOLBACH, ANDREAS, Evidentia und Erzähltheorie. Die Rhetorik anschaulichen Erzählens in der Frühmoderne und ihre antiken Quellen (München 1994); STIERLE, KARLHEINZ, Die Wiederkehr des Endes. Zur Anthropologie der Anschauungsformen, in: K. Stierle/R. Warning (Hg.), Das Ende. Figuren einer Denkform (München 1996), 578–599; TILLIETTE, XAVIER, Recherches sur l'intuition intellectuelle de Kant à Hegel (Paris 1995); TURUNEN, PANU, Der unbefangene Blick. Mach, Husserl und die ursprüngliche Anschauung (Joensuu 1993); WIEDMANN, FRANZ, Anschauliche Wirklichkeit. Bilder und Sprachen (Würzburg 1988); WILLEMS, GOTTFRIED, Anschaulichkeit. Zu Theorie und Geschichte der Wort-Bild-Beziehungen und des literarischen Darstellungsstils (Tübingen 1989).

Apollinisch – dionysisch

(engl. apolline, apollonian, apollonic – dionysiac, dionysian, dionysic; frz. apollinien – dionysiaque; ital. apollineo – dionisiaco; span. apolíneo – dionisíaco; russ. аполлинийское, аполлиническое, аполлоновское – дионисийское, дионисическое, дионисовское)

I. Deutscher Sprachraum; 1. Vor Nietzsche; 2. Nietzsche; 3. Nach Nietzsche; **II. Französischer Sprachraum;** 1. Historischer Abriß: Auftreten und Wortgebrauch im französischen Sprachschatz; 2. Die Interpretation der Mythen; 3. Nach Nietzsche; **III. Englischer Sprachraum;** 1. Wortgeschichte; 2. Exkurs zur Mythosrezeption; 3. Geschichte des Begriffs nach Nietzsche; **IV. Russischer Sprachraum;** 1. Zur Wortgeschichte und Vorgeschichte des Begriffs; 2. Zur Geschichte des Begriffs seit Nietzsche

I. Deutscher Sprachraum

Das antithetische Begriffspaar apollinisch – dionysisch hat seine wirkungsmächtigste Prägung durch Friedrich Nietzsche erfahren. Die Geschichte dieser Begriffsbildung schreibt ein Stück Antikerezeption fort, die Begriffe selbst sind jedoch nicht antik belegt. Es handelt sich um moderne Ableitungen von den antiken Götternamen Apollon und Dionysos bzw. den mit ihnen verbundenen kultischen und mythischen Überlieferungen. Gegenüber dem historischen Konkretum, das ihre genetische Wurzel bildet, gewinnen die Adjektivbildungen apollinisch und dionysisch, zumal in ihrer substantivierten Form ›das Apollinische‹ und ›das Dionysische‹, an Abstraktionskraft und damit zugleich auch an Bedeutungsvarianz. Sie kommen in den unterschiedlichsten Referenzrahmen zur Anwendung, seien diese religions- und kulturwissenschaftlicher, ästhetischer, philosophischer oder psychologischer Provenienz.

Von der Kunstgeschichte (Winckelmann) wandert die Opposition in die Literaturgeschichte (F. Schlegel), in die Mythologie und Religionswissenschaft (Creuzer, Bachofen, Welcker) und in die Philosophie (Schelling). Nach ihrer Bedeutungsausweitung durch Nietzsche wird die Begriffsopposition in die Kunst- und Kulturwissenschaft (Warburg), in die Psychologie (Jung), in philosophische und gesellschaftskritische Entwürfe (Bloch, Kofler), in poetologische Programme (Benn) und medienästhetische Analysen (Deleuze) übernommen. Offenbar spricht das Begriffspaar trotz oder aufgrund seiner terminologischen Unschärfe einen in den unterschiedlichsten Disziplinen verbreiteten Bedarf an dual(istisch)en Theoriemodellen an.

1. Vor Nietzsche

Bevor das antithetische Begriffspaar durch Nietzsche spezifische Popularität erlangt, haben sowohl die Begriffe des Apollinischen und des Dionysischen als auch das Muster ihrer gegensätzlichen Verknüpfung bereits Tradition.

Den Grund für die Typisierung der antiken Götter zu Stilbegriffen legt Johann Joachim Winckelmann in seiner *Geschichte der Kunst des Altertums* (1764). Er verknüpft mit Apollon und Dionysos die beiden Idealtypen männlicher Schönheit in der griechischen Kunst. Apollon repräsentiert für ihn den rein-männlichen, jugendlichen Idealtyp, Dionysos hingegen ist der (homoerotisch gefärbte) Archetyp der doppelgeschlechtlichen Schönheit, »von verschnittenen Naturen genommen«, »allezeit mit feinen und rundlichen Gliedern und mit völligen und ausschweifenden Hüften des weiblichen Geschlechts«[1]. Noch ist Dionysos allerdings ein harmlos-heiterer, sinnlich-weicher Bacchus – eine ruhige Fröhlichkeit prägt seine Züge. Als rauschhaft-ekstatischen, wilden Gott und damit als eigentlichen Gegenpol zu Apollon, der den ästhetischen Kanon der klassizistischen Ästhetik repräsentierte, hat ihn erst die Romantik entdeckt.[2] Die Geschichte des antithetisch verknüpften Begriffspaars apollinisch – dionysisch bestimmt sich vor allem durch die Aspektverschiebungen, die das Bild des Dionysos erfährt, während dasjenige Apollons erstaunlich konstant geblieben ist.

Friedrich Schlegel beschreibt Dionysos als den »Gott der unsterblichen Freude, der wunderbaren Fülle und ewigen Befreiung«[3] und formuliert damit die wesentlichen Momente, durch die er zum Symbol, zur Chiffre, zum Mythologem eines antik inspirierten, gegenchristlich-religiösen und geschichtsphilosophischen Erneuerungsdenkens werden sollte, wie es etwa Hölderlins Dichtungen trägt.[4] In diesen Konzeptionen spielt Apollon keine bedeutende Rolle. Andernorts in seinen literarhistorischen Studien weist Schlegel jedoch auf die mentale Polarität zwischen der »leisen Besonnenheit« des Apollon und der »göttlichen Trunkenheit« des Dionysos hin. Eine Polarität, die in der Entwicklung der griechischen Poesie wirksam geworden und in der Tragödie des Sophokles zum Ausgleich gekommen sei: »im Gemüte des Sophokles« nämlich sei dieser Gegensatz gleichmäßig verschmolzen«[5] und bezeuge so das Genie des Tragikers. Der von Schlegel formulierte Polaritätsgedanke nimmt einiges von Nietzsches Konzeption vorweg. Die Konnotation der beiden Pole selbst bleibt noch im klassizistischen Bedeutungsspektrum.

Die entscheidende Aspektverschiebung im Bild des Dionysos findet in der romantischen Wissenschaft der Mythologie statt. Friedrich Creuzer ergänzt das Bild des Dionysos als Gott des Weins, des Frühlings und der Freude durch das des Dionysos Zagreus, des zerrissenen, zerstückelten und wiedergeborenen Gottes der Mysterien. In seiner einflußreichen Darstellung *Symbolik und Mythologie der alten Völker* (1810–1812) konstruiert Creuzer einen

---

1 JOHANN JOACHIM WINCKELMANN, Geschichte der Kunst des Altertums (1764), hg. v. W. Senff (Weimar 1964), 139.
2 Vgl. HANS ZELLER, Winckelmanns Beschreibung des Apollo im Belvedere (Zürich 1955); MAX L. BAEUMER, Winckelmanns Formulierung der klassischen Schönheit, in: Monatshefte 65 (1973), 61–75.
3 FRIEDRICH SCHLEGEL, Vom ästhetischen Werte der griechischen Komödie (1794), in: SCHLEGEL (KFSA), Abt. I, Bd. I (1979), 20 f.
4 Vgl. MARIA BEHRE, ›Des dunkeln Lichtes voll‹. Hölderlins Mythoskonzept Dionysos (München 1987); BAEUMER, Die zeitgeschichtliche Funktion des dionysischen Topos in der romantischen Dichtung, in: H. Kreuzer/K. Hamburger (Hg.), Gegenstand und Gesellschaftsgeschichte. Literatur-, kunst- und musikwissenschaftliche Studien (Stuttgart 1969), 265–283.
5 SCHLEGEL, Über das Studium der griechischen Poesie (1795/96), in: SCHLEGEL (KFSA), Abt. I, Bd. I (1979), 298; vgl. ERNST BEHLER, Die Auffassung des Dionysischen durch die Brüder Schlegel und Friedrich Nietzsche, in: Nietzsche-Studien 12 (1983), 335–354.

ursprünglichen Gegensatz der Apollo- und Bacchusreligion, dem in den späteren »Orphischen Schulen«[6] die »Versöhnung« (34) gefolgt sei. Diese Gegensatzkonstruktion wird von der idealistischen Philosophie der Mythologie ebenso aufgegriffen wie von der wissenschaftlichen Geschichtsschreibung der griechischen Religion.

Friedrich Wilhelm Joseph Schelling formuliert in seiner frühen Naturphilosophie das »Gesetz der Polarität« als »allgemeines Weltgesetz und universales Entwicklungsprinzip«. Polarität wird von ihm gedacht als Zweiheit unterschiedlicher, aber komplementär aufeinander bezogener Kräfte. »Wo Erscheinungen sind, sind schon entgegengesetzte Kräfte. Die Naturlehre also setzt als unmittelbares Prinzip eine allgemeine Duplicität [...] voraus.« Nur als »allgemeiner Conflict negativer Principien mit positiven« ist die Naturentwicklung zu erklären, »ohne entgegengesetzte Kräfte ist keine lebendige Bewegung möglich«[7]. In seinen 1841/42 und 1844/45 in Berlin gehaltenen Vorlesungen über die *Philosophie der Offenbarung* entwickelt er die göttlicher wie menschlicher »Schöpfungskraft« inhärente Spannung zwischen einer »blinden, [...] schrankenlosen Produktionskraft« und einer, dieser entgegenstehenden, »besonnenen, sie beschränkenden und bildenden [...] Kraft«, und er benennt diese beiden Kräfte als apollinisch resp. dionysisch. »Nicht in verschiedenen Augenblicken, sondern in demselben Augenblick zugleich trunken und nüchtern zu seyn, dieß ist das Geheimnis der wahren Poesie. Dadurch unterscheidet sich die apollinische Begeisterung von der bloß dionysischen«[8].

Der protestantische Theologe Ferdinand Christian Baur tradiert in seiner Darstellung der *Naturreligion des Alterthums* (1824–1825) den Gegensatz zwischen der durch Apollon verkörperten »Klarheit des Bewusstseyns« und der »trunkenen Ekstase«[9] des Dionysos.

Der klassische Philologe Friedrich Gottlieb Welcker mißt dem Gegensatz beider Götter und den mit ihrem Kult verbundenen Institutionen in seiner *Griechischen Götterlehre* (1857–1863) eine ähnlich fundamentale Bedeutung für die Entwicklung der Kunst zu wie später Nietzsche. »Die Hauptsitze des Dionysos sind Schulen der Kunst und der Poesie geworden. Man könnte sagen, Apollon und die Musen haben das Epos eigen, Dionysos habe zugleich für die lyrische Poesie den Kitharöden Apollo begleitet und ergänzt, das Drama aber erzogen. In das Lyrische griff er ein durch die gesteigerte, in Lust und Trauer erschöpfende Empfindung«[10]. Insbesondere zwischen apollinischer und dionysischer Musik, von der die antike Poesie nicht zu trennen ist, sieht man in der Altertumswissenschaft auch vor Nietzsche vielfach einen scharfen Gegensatz[11] und leitet aus ihm entgegengesetzte religiöse und auch soziale Haltungen ab, so etwa Karl Otfried Müller[12] oder Friedrich Ritschl[13].

Der Basler Historiker und Religionsforscher Johann Jakob Bachofen verwendet die Begriffe apollinisch und dionysisch entsprechend den Denkmustern der romantischen Religionswissenschaft, vor allem in der Tradition von Friedrich Creuzer und K. O. Müller. Er verstärkt ihre auch bei Nietzsche wirksamen biologistischen Konnotationen durch die Verknüpfung mit der männlich-weiblichen Geschlechterpolarität, wie vor allem Joseph Görres in seinen naturphilosophischen Schriften ausgebildet hat. In seinem 1861 erschienenen *Mutterrecht* arbeitet er durchgängig mit der apollinisch-dionysischen Opposition. Die von ihm in der Al-

---

6 FRIEDRICH CREUZER, Symbolik und Mythologie der alten Völker, besonders der Griechen (1810–1812), Bd. 4 (Leipzig/Darmstadt ³1843), 35; vgl. MARTIN VOGEL, Apollinisch und Dionysisch. Geschichte eines genialen Irrtums (Regensburg 1966), 97.
7 FRIEDRICH WILHELM JOSEPH SCHELLING, Über das Verhältnis des Realen und Idealen (1798), in: SCHELLING (SW), Abt. 1, Bd. 2 (1857), 390, 397.
8 SCHELLING, Philosophie der Offenbarung (1841/42), in: SCHELLING (SW), Abt. 2, Bd. 4 (1858), 25; vgl. OTTO KEIN, Das Apollinische und Dionysische bei Nietzsche und Schelling (Berlin 1935).
9 FERDINAND CHRISTIAN BAUR, Symbolik und Mythologie oder die Naturreligion des Alterthums, Bd. 2/2 (Stuttgart 1825), 140.
10 FRIEDRICH GOTTLIEB WELCKER, Griechische Götterlehre, Bd. 2 (Göttingen 1860), 576; vgl. WILLIAM MUSGRAVE CALDER (Hg.), Friedrich Gottlieb Welcker. Werk und Wirkung (Wiesbaden 1986).
11 Vgl. RUDOLF WESTPHAL, Geschichte der alten und mittelalterlichen Musik (Breslau 1865).
12 Vgl. KARL OTFRIED MÜLLER, Die Dorier, Bd. 1 (1824; Breslau ²1844), 351.
13 Vgl. FRIEDRICH RITSCHL, Olympus der Aulet, in: Ritschl, Kleine philologische Schriften, Bd. 1 (1832; Leipzig 1866), 258–270.

ten Welt überall als ursprünglich angesetzte dionysische Gynaikokratie stellt er gegen die durch das apollinische Vaterrecht geprägte Kulturstufe. Auch das Paternitätsprinzip durchlief jeweils eine dionysische und eine apollinische ›Stufe‹. Bachofen unterscheidet »das leibliche, auf Begattung beruhende Vatertum« als dionysisch und das »geistige«[14] Vatertum als apollinisch. Die »dionysische Paternität« sei »die körperlich zeugende, die apollinische die höhere geistige des νοῦς« (600). In seiner Abhandlung über die *Unsterblichkeitslehre der orphischen Theologie* (1867) ordnet er Apollon und Dionysos in sein dualistisches Religionssystem ein: Dionysos als Herrscher der tellurischen Sphäre, Apollon steht über der uranischen Welthälfte. Die Gegensätze intendieren in diesem System allerdings Vermittlung und Ausgleich der Extreme. »Apollo wird Dionysos' Ergänzung nach oben, Dionysos Apollons Fortsetzung nach unten. Ein bacchischer Apoll, ein apollinischer Dionysos gehen aus dieser Verknüpfung hervor und stellen in zwiefacher Verkörperung die Einheit des Lichtprinzips wieder her«[15].

In seinem 1857 erschienenen Werk über *Die Gräbersymbolik der Alten* gibt Bachofen eine Darstellung des Dionysos, die derjenigen Nietzsches vielfach entspricht: Dionysos ist der Gott der Freiheit und Gleichheit, der die staatlich zivilen Schranken überwindet und alles zur philia des ursprünglichen Lebens zurückführt.[16] Walter Benjamin hat darauf hingewiesen, daß sich unter den frühen Theoretikern des Sozialismus (Elisée Reclus, Paul Lafargue) eine durch die Bachofen-Lektüre angeregte Diskussion über das Dionysische als weibliches und demokratisches Prinzip entwikkelte.[17]

2. Nietzsche

Systematischen Stellenwert erhält das Begriffspaar apollinisch – dionysisch zuerst in der Kunstphilosophie Friedrich Nietzsches. In seiner 1872 erschienenen Schrift *Die Geburt der Tragödie aus dem Geiste der Musik* entwickelt Nietzsche eine systematisch an Schopenhauer orientierte Ästhetik, deren programmatischer Gehalt von den kunst- und kulturreformerischen Ideen Wagners angeregt war. Für die Begriffsgeschichte können die verschiedenen Vorstudien, Entwürfe und vorausgehenden Abhandlungen Nietzsches, etwa *Die dionysische Weltanschauung* (1870), hier übergangen werden, da sie unpubliziert blieben und die Wirkung des Begriffspaares vor allem von der Tragödienschrift ausging. Nietzsche will die Entwicklungsgesetze der Kunst historisch begründen und aus der historischen Erklärung eine allgemeine Theorie ableiten. Das historische Modell fand er in der griechischen Antike. An die beiden »Kunstgottheiten« der Griechen, Apollon und Dionysos, knüpft er seine Erkenntnis eines die Kunstentwicklung bestimmenden Gegensatzes zweier »nach Ursprung und Zielen«[18] verschiedener Kunstprinzipien, -strukturen resp. -triebe. Apollinisch ist die bildbezogene, mit klar begrenzten Formen arbeitende, an den psychologischen Gesetzen der Individuation orientierte Kunst, dionysisch die die Subjekt-Objekt-Trennung aufhebende, Ich-entgrenzende und formnegierende, unbildliche Kunst.

Mit dieser dualistischen Konzeption zielt Nietzsche auf eine Produktionsästhetik, die das traditionelle, medial orientierte Gattungsschema der Ästhetik ersetzt, das zwischen Poesie, bildender Kunst und Musik unterschied. Er sucht diese Produktionsästhetik anthropologisch zu begründen, indem er den Gegensatz zwischen bildlicher und unbildlicher Kunst als Gegensatz zweier Bewußtseinszustände beschreibt, die anthropologisch verallgemeinerbar die psychologische Voraussetzung für Hervorbringung und Rezeption der verschiedenen Kunstarten bilden. Die »physiologischen Erscheinungen« (22) von Traum und Rausch seien als

---

14 JOHANN JAKOB BACHOFEN, Das Mutterrecht (1861), in: Bachofen, Gesammelte Werke, hg. v. K. Meuli, Bd. 3 (Basel 1948), 614.
15 BACHOFEN, Unsterblichkeitslehre der orphischen Theologie (1867), in: Bachofen (s. Anm. 14), Bd. 7 (Basel 1958), 111.
16 Vgl. BACHOFEN, Die Gräbersymbolik der Alten (1857), in: Bachofen (s. Anm. 14), Bd. 4 (Basel 1954), 33; VOGEL (s. Anm. 6), 98; ALFRED BAEUMLER, Das mythische Weltalter. Bachofens romantische Deutung des Altertums (München 1965), 195 ff.
17 Vgl. WALTER BENJAMIN, Johann Jakob Bachofen (1934), in: BENJAMIN, Bd. 2/1 (1977), 230 ff.
18 FRIEDRICH NIETZSCHE, Die Geburt der Tragödie aus dem Geiste der Musik (1872), in: NIETZSCHE (KGA) Abt. 3, Bd. 1 (1972), 21.

»Kunstzustände der Natur« (26) zu begreifen, in denen »jeder Mensch voller Künstler« (22) sei.

Den philosophischen Bezugspunkt für die antik-mythologisch benannten ästhetischen Kategorien des Apollinischen und des Dionysischen bildet Schopenhauers Erklärung der Welt als Wille und Vorstellung. Apollon ist für Nietzsche das Götterbild des Schopenhauerschen »principium individuationis« (24). So bezeichnet Schopenhauer das Prinzip, nach dem sich die Welt dem Verstand des Menschen mittels der Anschauungsformen »Zeit, Raum und Causalität« (35) als eine Vielheit abgegrenzter Einzelerscheinungen zur Vorstellung bringt. Diese Vorstellung ist jedoch in metaphysischer Relation nur Bild, Erscheinung, Schein. Die Welt ›an-sich‹, bei Schopenhauer bestimmt als ›Wille‹, ist der Verstandeserkenntnis unzugänglich. Sie erschließt sich jedoch, zumindest zeitweise, der rauschhaften Erfahrung, für die Nietzsche Dionysos als Chiffre setzt. In ihr ist der nach dem principium individuationis organisierte Wirklichkeitsbezug aufgehoben, an seine Stelle tritt die mit »Grausen« und »Verzückung« (24) verbundene Erfahrung der Depersonalisierung, das Hinschwinden des Subjektiven »zu völliger Selbstvergessenheit« (25), verbunden mit gesteigerter Vitalität und der Erfahrung einer transpersonalen Einheit zwischen Mensch und Natur. Das »Ur-Eine« offenbart sich in der »Kunstgewalt der ganzen Natur« (26), im Rausch wird der Mensch selbst zum Kunstwerk, die Entfremdung zwischen Mensch und Natur ist ebenso aufgehoben wie alle zwischenmenschlichen, gesellschaftskonstitutiven Herrschaftsverhältnisse.

Nietzsche stellt seine beiden Fundamentalprinzipien in einen Wirkungszusammenhang, aus dem er die Gesetzmäßigkeit aller Kunstentwicklung und darüber hinaus ein gesamtkulturelles Entwicklungsgesetz ableitet. Apollinisch und dionysisch sind komplementär aufeinander bezogen, sie stehen zueinander in einem Duplizitätsbezug »in ähnlicher Weise, wie die Generation von der Zweiheit der Geschlechter, bei fortwährendem Kampfe und nur periodisch eintretender Versöhnung, abhängt« (21). Für diese Analogie beruft sich Nietzsche auf Kant[19], an den auch die romantische Naturphilosophie, v. a. Schelling, anknüpfte. Apollinische und dionysische Kunst stehen in einem Verhältnis gegenseitiger Abhängigkeit, gegenseitiger Herausforderung und gegenseitiger Bedingtheit. Die zunächst nur innerhalb der Kunst postulierte Gegensatzstruktur wird im Verlauf der Tragödienschrift als psychologische, religiöse, kulturgeschichtliche Struktur aufgewiesen. Dabei ist die Gegenseitigkeit keine ausgeglichene. Der von Nietzsche behauptete Duplizitätsbezug schneidet sich in der Argumentation der Tragödienschrift mit der Analogie zu dem von Schopenhauer entwickelten metaphysischen Begründungsverhältnis zwischen der Welt als ›Wille‹ und als ›Vorstellung‹. Die apollinische Kultur und die Erzeugnisse ihres »Schönheitstriebs«[20] sind nur verklärende »Spiegelbilder« (34), durch die temporär die »Schrecken und Entsetzlichkeiten des Daseins« (31) »verhüllt« (32), nicht aber überwunden werden. Der »Untergrund des Leidens« wird immer wieder »aufgedeckt« (36) durch das Dionysische. Das Dionysische wiederum ist in Nietzsches historischem Modell, der griechischen Kultur, ›rein‹ gar nicht vorhanden. Im Unterschied zu seinen Erscheinungsformen im Orient, wo es als barbarischer Orgiasmus auftritt, ist es bei den Griechen immer schon »künstlerisches Phänomen« (29). Es ist in seinen »symbolischen Fähigkeiten« immer schon apollinisch geformt und abgefangen. Die »thematische Prominenz« des Dionysischen kann die »dramaturgische Vormacht des Apollinischen nicht leugnen«[21].

Nietzsches ästhetische Kategorien apollinisch und dionysisch lassen sich nicht systematisch zur Deckung bringen mit ihren Transpositionen auf die kulturhistorische oder religionspsychologische Bedeutungsebene, die der Text vielfach nicht deduktiv, sondern als Assoziationsgeflecht entwikkelt.[22] Festzuhalten bleibt, daß der Antike abgewonnene Begriffspaar Teil der generell kultur- und modernitätskritischen Disposition ist, der

---

19 Vgl. NIETZSCHE, Nachgelassene Fragmente (1869–1872), in: NIETZSCHE (KGA), Abt. 3, Bd. 3 (1978), 157, 187.
20 NIETZSCHE (s. Anm. 18), 32.
21 PETER SLOTERDIJK, Der Denker auf der Bühne. Nietzsches Materialismus (Frankfurt a. M. 1986), 59.
22 Vgl. BARBARA VON REIBNITZ, Ein Kommentar zu Friedrich Nietzsche, ›Die Geburt der Tragödie aus dem Geiste der Musik‹, Kap. 1–12 (Stuttgart 1992).

Nietzsche zu dieser Zeit seine Antikeinterpretation unterstellt.[23]

3. Nach Nietzsche

Von Nietzsche ausgehend, gewinnt das Begriffspaar frappierend breit gestreute Anwendungsbereiche, ohne daß sich seinem Bedeutungsspektrum grundlegend neue Aspekte beifügen. Es findet Anwendung in Religionswissenschaft und Ethnologie, in Kunstwissenschaft, Psychologie, Kulturphilosophie und Literaturwissenschaft. Auffällig ist die Ablösung der bei Nietzsche noch präsenten metaphysischen Bedeutungsebene. Häufig erscheint auch die Komplementärbindung der Begriffe aufgelöst und entweder das Apollinische oder das Dionysische isoliert rezipiert. Insbesondere das Dionysische hat auf Künstlerästhetiken und Künstlerprogramme, auf Theaterkonzepte u. a. m. bedeutenden Einfluß gehabt. Die Geschichte dieses Einflusses ist noch zu schreiben. Im folgenden werden nur Verweise auf die Rezeption des Begriffspaares apollinisch – dionysisch gegeben, nicht auf die der isolierten Bestandteile apollinisch oder dionysisch.

In seinen Untersuchungen zum Nachleben der Antike in der Kultur der Renaissance findet Aby Warburg das eigentliche Movens der Kulturentwicklung in der zum Ausgleich strebenden Polarität antik-paganer und mittelalterlich-christlicher Tendenzen. Der Ausgleich der entgegengesetzten Kräfte habe allerdings nur einen prekären, nicht auf Dauer haltbaren Kompromiß dargestellt, um den immer wieder gerungen worden sei. Diesen durch Nietzsche vermittelten Polaritätsgedanken wendet Warburg auch auf die Antike selbst an und fordert, in Nietzschescher Terminologie, man müsse das Altertum »gleichsam im Symbol einer Doppelherme von Apollo-Dionysos«[24] begreifen. Schon 1900 notiert er über Böcklin und Hildebrand: »In Böcklin und Hildebrand lebt die Antike weiter in ihren beiden Bewegungsakzenten: dionysisch, steigernd, B. Umriß in Farbe; apollinisch, mäßigend, H. Façade.«[25]

Während für Freud der Gegensatz apollinisch – dionysisch zumindest terminologisch keine Rolle spielt und überhaupt eine explizite Auseinandersetzung mit Nietzsche in seinen Werken nicht zu finden ist[26], ist der Einfluß Nietzsches auf die Theoriebildung Carl Gustav Jungs unbestritten. Jung hat sich mit Nietzsche, vor allem auch mit der *Geburt der Tragödie*, intensiv auseinandergesetzt. Bereits in seinem frühen Aufsatz *Zur Frage der psychologischen Typen* von 1913 übersetzt er die Begriffe apollinisch und dionysisch in psychologische Terminologie, apollinisch als introvertiert, dionysisch als extravertiert. In der Abhandlung *Psychologische Typen* von 1921 widmet er der Diskussion der apollinisch-dionysischen Opposition ein eigenes Kapitel und erarbeitet daraus den Gegensatz von »Intuition« und »Empfindung«: »Das Apollinische ist eine innere Wahrnehmung, eine Intuition der Ideenwelt«, »das dionysische Gefühl hat den durchaus archaischen Charakter der affektiven Empfindung«[27]. Nietzsches »kompensatorische Formel« (148) einer Versöhnung von Apollon und Dionysos will Jung nicht akzeptieren. Sie sei illusionär. Jungs Kritik an Nietzsches »Ästhetismus« (149), der die wesentlich religiöse Bedeutung des Konfliktes zwischen Apollon und Dionysos ausblende, muß hier übergangen werden.[28] Wichtiger wurde für Jung in der Folge die der Opposition apollinisch – dionysisch abgelöste Auseinandersetzung mit Nietzsches Dionysos.

In der Philosophie Ernst Blochs ist das Begriffspaar apollinisch – dionysisch konstant präsent. In seiner ersten Veröffentlichung *Über das Problem Nietzsches* (1906) interpretiert Bloch den Gegensatz apollinisch – dionysisch kulturphilosophisch als Signatur der zerrissenen Moderne, zerrissen im »Wi-

---

23 Vgl. HUBERT CANCIK, Nietzsches Antike. Vorlesung (Stuttgart/Weimar 1995).
24 ABY WARBURG, Der Eintritt des antikisierenden Idealstils in die Malerei der Frührenaissance (1914), in: Warburg, Ges. Schriften, hg. v. G. Bing, Bd. 1 (Leipzig/Berlin 1932), 176.
25 Zit. nach ERNST H. GOMBRICH, Aby Warburg. Eine intellektuelle Biographie (Frankfurt a. M. 1981), 244.
26 Vgl. ARNOLD ZWEIG, Apollon bewältigt Dionysos. Zum achtzigsten Geburtstag Sigmund Freuds, 6. Mai 1936, in: Das Neue Tage-Buch 4 (1936), H. 18, 425–428; ALDO VENTURELLI, Nietzsche in der Berggasse 19, in: Nietzsche-Studien 13 (1984), 448–480.
27 CARL GUSTAV JUNG, Psychologische Typen (1921), in: JUNG, Bd. 6 (1960), 153.
28 Vgl. PAUL BISHOP, The Dionysian Self. C. G. Jung's Reception of Friedrich Nietzsche (Berlin/New York 1995), 124–155.

derstreit der Werte des geistigen Lebens und der Sinnlichkeit, [...] zwischen dem stillen Erfassen der Kulturgüter und dem brennenden Verlangen nach leidenschaftlichem Leben«. Dieser Widerstreit ist für Bloch zugleich derjenige zwischen Orient und Okzident: »Im Dionysischen liegt der Geist des Morgenlandes, die Stimmung, die in Farben, Freude, Tanz, Rausch lebt. Dionysos ist der mystische Gott dieses Rausches, der narkotischen Verschmelzung des einzelnen Menschen mit den Dingen. Er zerstört die Individualität, indem er sie in die Welt auflöst. Apollo dagegen ist der Gott des Abendlandes. Er drängt auf Ordnung, Maß, Arbeit, Zucht hin. Er nimmt die Welt in das Individuum hinein, unterwirft dem Subjekt die Dinge und bringt dadurch die höchste Steigerung des persönlichen Lebens.« Entsprechend läßt sich für Bloch auch das gegensätzliche Weiblichkeitsbild in Orient und Okzident in den Kategorien apollinisch und dionysisch beschreiben: »Im Dionysischen liegt jene morgenländische Stimmung, die vom Weibe nur den Leib verlangt [...]. Im Apollinischen lebt der abendländische Wunsch nach der geistigen Bedeutung der Frau.«[29] In *Geist der Utopie* (1918) entwickelt Bloch eine stark von Wilhelm Worringer beeinflußte Kunstphilosophie. Er postuliert drei Idealtypen der Kunstgeschichte, die griechische, die ägyptische und die gotische Kunst. Die griechische in ihrem bloßen Schönheitswollen sei »apollinisch«, mit negativer Konnotation: »Hier ist alles gedämpft, aus Pflanzlichem und Starrendem so apollinisch gemischt, daß das ruhige Wetter bloßer Schönheit entstehen konnte, gestalthafte Fassade.«[30] Einen explizit dionysisch benannten Gegentyp gibt es nicht, aber Blochs Charakterisierung der gotischen Kunst ist offensichtlich dionysisch konnotiert.[31]

In kritischer Auseinandersetzung mit Nietzsche

---

29 ERNST BLOCH, Über das Problem Nietzsches (1906), in: K. Weigand (Hg.), Bloch-Almanach, Bd. 3 (Baden-Baden 1983), 79.
30 BLOCH, Geist der Utopie (1918), in: BLOCH, Bd. 3 (1985), 31.
31 Vgl. HANNA GEKLE, Die Tränen des Apoll. Zur Bedeutung des Dionysos in der Philosophie Ernst Blochs (Tübingen 1990), 34.
32 BLOCH, Das Prinzip Hoffnung (entst. 1938–47; 1954–1959), in: BLOCH, Bd. 5 (1959), 1117.

figuriert das Gegensatzpaar apollinisch – dionysisch in *Das Prinzip Hoffnung* (entst. 1938–47; 1954–1959). In Teil 5, ›Identität‹, versucht Bloch die ›Figur einer Versöhnung‹ (Gekle) des Dionysischen und des Apollinischen als der Opposition Fleisch – Geist, Sinnenglück – Seelenfrieden etc. zu beschreiben, die Nietzsches »völlig undialektisch gehaltenen Gegensatz« überwindet: Die beiden gegensätzlichen Prinzipien müßten »prozeßhaftutopisch«[32] begriffen werden. Erst in ihrer dialektischen Vermittlung werde die uneingelöste Wahrheit des Menschen als ein qualitativ Neues denkbar. »Derart intendiert gerade die am Unaufgeschlossenen, an Dionysos selber genährte Utopie Apollos auf das Dritte über dem öden Paar Sinnlichkeit – Sittlichkeit [...]. Dionysos gilt auf dem Weg zu diesem erst annähernden Dritten, nämlich des unverzerrten Beiunsseins, nicht anders denn als Statthalter des im Menschen Brennenden und Ungelösten; er bleibt das dunkle Feuer im Abgrund. Apollo gilt nicht anders denn als fortschreitende Bestimmung des dionysisch bezeichneten Gärungsmaterials; er bleibt der Abgrund in der Höhe [...]. Beide sind unerledigt, wie menschliche Inhalt, den sie meinen und zu dem sie [...] unterwegs sind. Der Mensch ist noch nicht gefunden [...], ja sein Inkognito ist noch so groß, daß das dionysische wie das apollinische Lied und Wunschbild vor ihm so recht wie unrecht haben. Triebwille und Geist oszillieren, und was sie wechselseitig bilden, in dialektischer Ganzheit, wird selber nur einen einzigen Namen haben. Es ist der letzte Apollos, aber auch der erste des Dionysos; wonach beide Alternativen verschwinden.« (1118)

Gesellschafts- und utopietheoretisch verwendet Leo Kofler in ausdrücklichem Anschluß an Nietzsche – möglicherweise vermittelt durch Bloch – die Begriffe apollinisch und dionysisch. Die Entwicklung des »anthropologischen« und »soziologischen« Gegensatzes zwischen beiden ursprünglich realidentischen »Lebensprinzipien« sei durch die Entwicklung der antagonistischen Klassengesellschaft bedingt. Im historischen Prozeß wurden die Lebensprinzipien zu »›Funktionen‹ degradiert und verwandelten sich [...] in Kräfte der Entfremdung. Aus dem, dem Genuß zum Gleichmaß zwingenden und der Heiterkeit ergebenen Apollinischen wird ein Prinzip des düster-repressiven Arbeitszwanges;

aus dem Schöpferisch-Genießerischen des Dionysischen, das die zur kühlen Ordnung tendierenden apollinischen Neigungen in den Strom des Ungebundenen riß und befruchtete, wurde das Genießerisch-Eigensüchtige, Anarchische und Trunken-Kriegerische«[33]. Die herrschende Klasse »monopolisiert das dionysische Lebensprinzip, »wenngleich in einer entfremdeten Form«, auch den unteren Klassen bleiben »gewisse Zugänge zu ihm als Ventile offen« – aber beherrschend ist das »Repressiv-Apollinische« (569). Der gesellschaftliche Antagonismus fordert wiederum die Utopie seiner Überwindung heraus. »Die Utopie ist [...] als nichts anderes zu verstehen, denn als die spekulative Verwirklichung der niemals erlöschenden Sehnsucht des Menschengeschlechts nach Wiederherstellung der, entweder einst wirklichen oder für wirklich gehaltenen, verloren gegangenen Einheit von Apollinischem und Dionysischem.« (557) Trägerin utopischen Bewußtseins ist u. a. die Kunst, die »die Einheit von Apollinischem und Dionysischem durch ihr Wesen bejaht« und dadurch, wenngleich nur abstrakt, »das Wesen des Menschen überhaupt« (586).

Gottfried Benn hat sich immer wieder zu Nietzsches kunstphilosophischen Theoremen, insbesondere zur ›Artistenmetaphysik‹ der *Geburt der Tragödie*, als der Grundlage seines eigenen künstlerischen Selbstverständnisses bekannt. Obwohl das Begriffspaar apollinisch – dionysisch als solches bei ihm explizit keine Rolle spielt, ist doch das von Nietzsche bezeichnete Spannungsverhältnis von rauschhafter Entgrenzung und Bändigung durch Form und Maß sein eigentliches ästhetisches Credo. Dieses neigt sich in seinem Insistieren auf der Form als dem bestimmenden Prinzip seiner ›Artistik‹ und in der leitmotivischen Rede vom ›Olymp des Scheins‹ mehr zum Apollinischen als zum Dionysischen.[34]

Joseph Beuys benutzte gelegentlich, ohne systematischen Anspruch, die Nietzscheschen Begriffe apollinisch und dionysisch, um das Ziel künstlerischen Arbeitens zu beschreiben: Aquarell *Mai hinter Schloß Belvedere (Weimar)* (1941), darauf Text, mit Bleistift geschrieben: »der Mensch kann was er will durch sein Genie und seinen fanatischen Willen das dionysische ins apollinische / Apollo mit Dionysus / nordische Mythologie«[35].

1961 versammelt eine in Recklinghausen und im Stedelijk Museum Amsterdam gezeigte Ausstellung unter dem Titel *Polarität – das Apollinische und das Dionysische* 260 Kunstwerke aus 2500 Jahren. Für die Ausstellungsmacher ist es »nicht zu leugnen, daß die elementaren Pole menschlichen und künstlerischen Schaffens durch die Jahrhunderte hindurch, insbesondere in unserer Zeit, rauschhafte, leidenschaftliche, triebhafte Vitalität einerseits oder maßvolle, distanzierte Schönheit und Abgeklärtheit andererseits sind«. Sie verstehen Nietzsches Konzeption apollinisch – dionysisch als »Polarität«, als »klare Gegensätzlichkeit« und wollen mit der Ausstellung vor allem »diese Polarität in der Kunst unserer eigenen Zeit [...] der letzten 150 Jahre aufdecken und darlegen«. Sie stellen entsprechende Künstleroppositionen vor: »die einen maßvoll beherrscht, die anderen rauschhaft entfesselt«. So etwa Delacroix gegen Ingres: Bei Delacroix »bricht die heftige, leidenschaftliche Ekstase durch alle Formen hindurch. [...] Farben, Pinselschläge, Bewegung, alles quillt in entfesselter Erregung aus dem Gemüt des Malers hervor«, während Ingres »Vollendung, die alle Spontaneität des Einzelnen hinter sich läßt«, zugeschrieben wird: »Regel und Maß herrschen in diesen Bildern.« Entsprechend wird van Gogh gegen Cézanne gestellt bis hin zu Mark Rothko gegen Sam Francis. Dennoch muß man einschränken: »Wir zogen aus, um einen ›apollinischen Raffael‹ zu erobern, und mußten dann erstaunend sehen, wie häufig seine Zeichnungen geradezu dionysisch-erregt niedergeschrieben waren; dasselbe bei Dürer, bei Poussin, ja selbst bei Ingres.«[36]

Ohne neue Konnotationen zu gewinnen, wird

---

[33] LEO KOFLER, *Das Apollinische und das Dionysische in der utopischen und antagonistischen Gesellschaft*, in: F. Benseler (Hg.), Festschrift zum achtzigsten Geburtstag von Georg Lukács (Darmstadt 1965), 557.

[34] Vgl. BRUNO HILLEBRAND, *Gottfried Benn und Friedrich Nietzsche*, in: Hillebrand (Hg.), Nietzsche und die deutsche Literatur, Bd. 2 (Tübingen 1978), 185–210.

[35] Zit. nach THEO MEIER, *Nietzsche und die Kunst* (Tübingen/Basel 1993), 316.

[36] THOMAS GROCHOWIAK/ANNELIESE SCHRÖDER, [Vorw.], in: Polarität – das Apollinische und das Dionysische [Ausst.-Kat.] (Recklinghausen 1961), [nicht pag.].

das Begriffspaar apollinisch – dionysisch auch in der amerikanischen Zivilisations- und Kulturkritik der 60er Jahre verwendet. Tom Wolfe stellt einen apollinischen Mondrian-Autotyp gegen den phallisch-dionysischen Stromlinientyp: »Look down from an airplane at all the cars parked on an shopping-center apron, [...] what have you got? A Mondrian painting. The Mondrian principle [...] is very tight, very Apollonian. The streamline principle, [...] which curves around and swoops and flows just for the thrill of it, is very free Dionysian.«³⁷ In die Filmtheorie hat Gilles Deleuze die Begriffe apollinisch und dionysisch übernommen. In *L'image-temps* (1985) entwickelt er eine »solution nietzschéenne« des Problems der Filmmusik (Abschnitt ›Les composantes de l'image‹, Unterabschnitt ›Le continuum sonore‹). Er wendet Nietzsches Kategorien des Apollinischen und des Dionysischen auf das Verhältnis von Filmbild und Filmton an: Die Leistung des Tonfilms bestehe darin, »le tout« (des Filmkunstwerks) auf zwei inkommensurable, nicht-korrespondierende Weisen (akustisch und visuell) auszudrücken. Das visuelle Bild entspreche in seiner Relation zum Ganzen dem Apollinischen, es repräsentiere dieses Ganze indirekt, während die Musik das Ganze dionysisch »immédiat« darstelle, »plus proche d'un vouloir sans fond que d'un mouvement«. »C'est que les images-mouvement, les images visuelles en mouvement expriment un tout qui change, mais elles expriment indirectement, si bien que le changement comme propriété du tout ne coïncide régulièrement avec aucun mouvement relatif des personnes ou des choses. [...] il s'exprime directement dans la musique, mais en contraste ou même en conflit, en disparité avec le mouvement des images visuelles.«³⁸

Barbara von Reibnitz

---

37 TOM WOLFE, The Kandy-Kolored Tangerine-Flake Streamline Baby (1965; New York 1987), 85 f.
38 GILLES DELEUZE, L'image-temps, in: Deleuze, Cinéma, Bd. 2 (Paris 1985), 311 f.
39 Vgl. EDMOND HUGUET, Dictionnaire de la langue française du seizième siècle, Bd. 1 (Paris 1925), 239.
40 ›Bacchus‹, in: FURETIÈRE, Bd. 1 (1690), [unpag.]

II. Französischer Sprachraum

1. *Historischer Abriß: Auftreten und Wortgebrauch im französischen Sprachschatz*

Der *Dictionnaire de la langue française du seizième siècle* verzeichnet weder unter dem Namen der Gottheiten noch unter den Adjektiven apollinien oder dionysiaque einen Eintrag; zu finden ist allein das Adjektiv apollinée³⁹ in der Bedeutung von ›zu Apollon gehörig‹, doch ist sein Gebrauch rein poetisch. Dagegen existiert eine ganze Anzahl Wörter, die ausgehend von ›Bacchus‹ gebildet werden: bacchanal, bacchanalisant, bacchanaliser, bacchide, bac[c]hanaler bezeichnen alle eine durch den Wein bestimmte Ehrbezeigung des Gottes. Im 17. und 18. Jh. erscheint Apollon in der Bestimmung als antiker Gott der Wahrsagung, der Poesie und der Musik häufig in dichterischen Werken. Dionysos erscheint in der latinisierten Bezeichnung Dionysius oder noch häufiger unter seinem lateinischen Namen Bacchus und wird vom *Dictionnaire de Furetière* (1690) als »Dieu des Payens [...] invoqué par les débauchés, à cause qu'on le croyoit inventeur du vin« bestimmt. Das Adjektiv dionysiaque tritt, zur gleichen Zeit wie das Adjektiv apollinaire, nicht vor der zweiten Hälfte des 18. Jh. im Französischen auf. Die Aufspaltung zwischen dem poetischen Gebrauch der auf Apollon bezogenen Wörter und der Verbannung der von ›Bacchus‹ her gebildeten Termini in den vulgären oder prosaischen Bereich erscheint ganz deutlich in der Bedeutung von bacchique, das in einem weiten Rahmen alles zum Wein Gehörige benennt, ebenso in derjenigen der Bacchanales als »une réjouissance ou une mascarade qu'on fait au Carnaval«⁴⁰.

Im 19. Jh. ändern sich allmählich die Bedeutungen von apollinisch und dionysisch und werden zu Gegensätzen. Die Ursache dieses Wandels ist unmittelbar mit dem Eindringen der Philosophie Nietzsches in Frankreich verbunden. Das gegen 1893 auftretende Adjektiv apollinien ist die wörtliche Übersetzung des deutschen apollinisch und setzt sich langsam gegen das seit dem 18. Jh. gebräuchliche apollonien durch. Apollinisch und dionysisch werden seitdem in ihrer substantivierten Form, l'apollinien und le dionysiaque, gebraucht, noch bevor im 20. Jh. die Wörter apollinisme und dionysisme erscheinen. Apollinisch und dionysisch haben also seit dem 19. Jh. eine sichtbare Bedeutungsänderung in Richtung einer größeren Abstraktion erfahren: Apollinisch, dessen Bedeutung sich bereits metonymisch bis zur Bezeichnung eines jungen Mannes von idealischer Schönheit, eines ›Apolls‹, oder eines vollendeten Künstlers ausgeweitet hatte, steht nun für die Ordnung, das Maß, für innere Ruhe und Selbstbeherrschung und setzt sich symmetrisch dionysisch entgegen, das den Enthusiasmus, die Ekstase, die Maßlosigkeit bezeichnet.

Durch den Einfluß Nietzsches begründete der Gegensatz apollinisch – dionysisch schließlich eine dualistische Konzeption, deren Anwendung den ausschließlichen Rahmen der Philosophie überschreitet. Sie bezieht sich auf den gesamten Bereich der Literatur und ist auf dem Gebiet der Ästhetik durchweg geläufig.

2. Die Interpretation der Mythen

An der Interpretation der Gottheiten Apollon und Dionysos läßt sich ausgezeichnet erfassen, wie sich in Frankreich eine ausgesprochene Methode zum Verständnis der Mythen herausbildet, doch die Geschichte der Erhebung der Mythologie zur Wissenschaft gewinnt erst ab dem 19. Jh. in der Interpretation der Figuren Apollon und Dionysos Gestalt, genauer gesagt, seit der Rezeption von Friedrich Creuzers *Symbolik und Mythologie der alten Völker* (1810–1812) in der Übersetzung durch J.-D. Guigniaut unter dem veränderten Titel *Religions de l'antiquité considérées principalement dans leurs formes symboliques et mythologiques* (1825–1851). Das während des ganzen 19. Jh. beklagte Fehlen einer Altertumswissenschaft in Frankreich trug dazu bei, daß die französischen Gelehrten sich einzig an die deutschen Philologen halten konnten.[41] Die Bedeutung der Arbeit Creuzers besaß einen noch nie dagewesenen Einfluß und löste eine regelrechte Kontroverse aus, die den von seiner *Symbolik* in Deutschland bereits hervorgerufenen Auseinandersetzungen folgte. Auf der einen Seite stimmt Benjamin Constant den Gegnern Creuzers und Gottfried Hermann zu, die einem historischen Verständnis der Mythologie, obzwar ›in Übereinstimmung mit der Vernunft‹, anhängen; auf der anderen Seite greift Edgar Quinet, Schüler von Creuzer und Guigniaut, heftig die *Anti-Symbolik* (1824/26) von Johann Heinrich Voß an[42], während Ernest Renan, wiewohl er das Werk Creuzers in seiner Bedeutung begrüßt, den Kritikern von K. O. Müller nahesteht und einer echten Wissenschaft der Mythen den Weg zu ebnen sucht, die zu dem, was er die »velléités mystiques« der Anhänger Creuzers nennt, sowie den positivistischen »préjugés antireligieux«[43] seiner Gegner im gleichen Verhältnis stünde. Die Übertragung des deutschen ›Kampfplatzes‹ nach Frankreich läßt sich reformulieren in den Begriffen eines Wissenschaftsstreits zwischen den »orientalistes«[44], die Griechenland in die indoeuropäische Welt, in der es seinen Ursprung habe, wiedereingliedern und häufig als romantische oder gar mystische Philosophen kritisiert werden, und den anti-mystischen Rationalisten, die auf der Grundlage eines klassisch-humanistischen Ideals die nicht zu hinterfragende Originalität Griechenlands verteidigen. Renan will zwischen den Orientalisten und der Schule, die »trop exclusivement« hellénique«[45] sei, eine dritte Position einnehmen; dadurch versucht er die Spannung aufzulösen, die von der *historischen* Untersuchung der hellenischen *Einzigartigkeit* herrührt, welche für den Ansatz der französischen ›historischen Schule‹ (Michel Bréal, Louis-Ferdinand-Alfred Maury, Claude Fauriel, Jean-Jacques-Antoine Ampère) charakteristisch ist. Die Übertragung der deutschen Auseinandersetzung nach Frankreich konzentriert sich bezeichnenderweise

---

41 Vgl. RENÉ CANAT, La renaissance de la Grèce ancienne. 1820–1850 (Paris 1911), 86–91; PIERRE JUDET DE LA COMBE, La querelle philologique du mythe. Les termes du débat en Allemagne et en France au début du siècle dernier, in: Revue Germanique internationale 4 (1995), 55–67.
42 Vgl. EDGAR QUINET, Poètes allemands, in: Revue des deux mondes (14. 2. 1834), 353–369.
43 ERNEST RENAN, Les religions de l'antiquité (1853), in: Renan, Etudes d'histoire religieuse (1857), in: Renan, Œuvres complètes, Bd. 7, hg. v. H. Psichari (Paris 1955), 58.
44 KARL HILLEBRAND, Etude sur Otfried Müller et son école (1883), in: O. Müller, Histoire de la littérature grecque jusqu'à Alexandre le Grand, übers. v. K. Hillebrand (1864; Paris ³1883), 57.
45 RENAN (s. Anm. 43), 59.

auf die Mytheninterpretation zu Apollon und Dionysos. Constant schließt sich der Hypothese einer sich mit dem Gang der Geschichte entwickelnden Ursprünglichkeit des hellenischen Volkes an, die jedoch unbeeinflußt von jedem orientalischen und barbarischen Element zu betrachten sei.[46] Demnach ist Apollon die Verkörperung des dorischen Geschlechts, wohingegen Dionysos mit Osiris verschmilzt – Constant bezieht sich hier auf die These des Baron de Sainte-Croix[47] – und ein ›heterogenes‹ Element ist, dessen ›nach Griechenland getragener‹ Kult den Griechen stets »odieux et suspect« geblieben sei. Die Geschichte hat keine Macht über den Ur-Hellenen, den Apollon verkörpert, welcher sich allein auf ein vom anfänglichen Naturalismus in der Darstellung der Götter geschiedenes Ideal anthropomorpher Darstellung hin entwickeln kann. Apollon und Dionysos sind entgegengesetzt, wie sich das rein Hellenische (das Dorische) dem Nicht-Hellenischen entgegensetzt, und diese Entgegensetzung vergleicht Constant, der sich ein weiteres Mal auf den Baron de Sainte-Croix bezieht, mit einer »guerre religieuse«[48].

Umgekehrt reagieren die französischen Creuzer-Anhänger, insbesondere Quinet, auf eine lange Tradition allegorischer Mytheninterpretation, die die Gottheiten letztlich auf änigmatische Weise reduziert hatte (»Apollon c'est le soleil«, schrieb Toussaint Bernard Emeric-David[49]). Sie schlagen weniger eine neue Interpretation der Mythen vor, als daß sie den Ursprung der Gottheiten genau zu bestimmen versuchen. Während sich Chateaubriand in *Voyage de la Grèce* (1811) darin gefällt, ein Heidnisch-Wunderbares als Dekor wiederaufleben zu lassen, versucht Quinet, wie später Nerval, im mythischen Symbolismus die religiöse Erfahrung der Menschheit nachzuvollziehen, wie sie sich im Lauf der Zeiten zum Ausdruck gebracht hat. Abgeleitet von der kosmogonischen Vorstellung einer umfassenden Wanderungsbewegung von Tieren und Völkern aus Kaschmir hin zum Okzident, einer Vorstellung, deren Quelle sich in Joseph Görres' *Mythengeschichte der asiatischen Welt* (1810) findet, verbindet Quinets Deutung einen Gang zurück im Orient angesiedelten Ursprung der Zeiten, wo man Dionysos als Verkörperung der ›Weltseele‹ und »résumant en lui-même les migrations du genre humain«[50] findet, mit einem progressiven Gang hin zum Ursprung einer Metaphysik des Selbst, wo Apollon erscheint, der die kosmische Harmonie[51] und den Fortschritt der Individuation darstellt. Unablösbar vom Bilde einer »chaîne de montagnes«, die alle griechischen Völker auf den »hauteurs centrales de l'Olympe«[52] versammelt hat, bringen für Quinet – inspiriert von der Schellingschen Identitätsphilosophie – Apollon und Dionysos die Untrennbarkeit von Natur und Geschichte zum Ausdruck.

Renan und die Parteigänger Müllers versuchen einer »véritable mythologie scientifique«[53] den Weg zu ebnen. Von den *Etudes d'histoire religieuse* (1857) bis zu den *Nouvelles études d'histoire religieuse* (1884) schenkt Renan den Untersuchungen der Vergleichenden Mythologie immer stärkere Aufmerksamkeit, die ihn dazu bringen, die Hypothese Creuzers neu zu überdenken. 1853 verkörpert Apollon das dorische Schönheitsideal, er unterscheidet sich von den »dieux pélasgiques, à peine dégagés de l'univers, couverts de suie et de fumée« (60) und vom »élément barbare« (61), das das Schicksal des Dionysos ausmacht, welcher »comparé au dieu par excellence [...], Apollon, [...] est encore un étranger qui, malgré son long séjour en Grèce n'a pas perdu son air asiatique« (47). Sowohl 1879 in *La méthode expérimentale en religion* als auch schon 1857 als Echo auf den ersten Band der *Histoire des religions de la Grèce antique* Louis-Ferdinand-Alfred Maurys untersucht Renan Dionysos und die für die Pelasger charakteristischen chtonischen Gottheiten mit neuem Interesse und verkündet, der ›Schlüssel‹ zu jeder Interpretation die-

---

46 Vgl. BENJAMIN CONSTANT, De la religion considérée dans sa source, ses formes et ses développements, Bd. 1 (Paris 1824), 161.
47 Vgl. GUILLAUME-EMMANUEL-JOSEPH DE SAINTE-CROIX, Recherches historiques et critiques sur les mystères du paganisme, Bd. 1 (Paris 1784), 208 f.
48 CONSTANT (s. Anm. 46), Bd. 2 (Paris 1825), 421.
49 TOUSSAINT BERNARD ÉMERIC-DAVID, Essai sur l'esprit de la religion grecque (Paris 1833), 107; vgl. RENAN (s. Anm. 43), 41.
50 QUINET, De l'origine des dieux, in: Quinet, Œuvres complètes, Bd. 1 (Paris 1857), 425.
51 Vgl. ebd., 423.
52 QUINET (s. Anm. 50), 423.
53 RENAN (s. Anm. 43), 58.

ser Götter liege nunmehr im Studium des vedischen Sanskrit.

Erwin Rohdes *Psyche. Seelenkult und Unsterblichkeitsglaube der Griechen* (1890–94) schürt den Konflikt, indem es präzise Kenntnisse aus der Vergleichenden Ethnographie dazu beisteuert. Rohdes Verbindung der sich in der Untersuchung von dionysischem Rausch und Ekstase offenbarenden monströsen Unmenschlichkeit mit der am göttlichen Leben teilnehmenden und mit dem apollinischen Gut der Wahrsagung begnadeten Übermenschlichkeit stützt die These A. Bouché-Leclerqs, dessen *Histoire de la divination* (1880) die apollinische Mantik mit dionysischem Einfluß erklärt, und gibt auch den Untersuchungen Paul F. Foucarts Nahrung, die dahin gehen, verschiedene Gestalten des Dionysos je nach den Orten zu unterscheiden, von denen er angeblich herstammt. Wiewohl die anhaltende Auseinandersetzung zum Gegenstand zuweilen sehr eng geführter archäologischer Debatten[54] wird, zeugt sie doch von einem methodischen Fortschritt: Von einem Apollon und Dionysos charakterisierenden ›universellen Symbolismus‹ ist man zu einem System differenzierter Interpretation übergegangen, das für eine bestimmte Kultur, die Griechenlands, charakteristisch sein soll.

Henri Jeanmaires Buch *Dionysos. Histoire du culte de Bacchus* (1951) sieht nicht wie Rohde in Thrakien, sondern in Asien das Verbreitungszentrum des orgiastischen Kults und steht, nach der Einschätzung einer Zusammenfassung Louis Gernets[55], ›in der Nachfolge‹ von Rohdes *Psyche*, insofern es den Dionysoskult weder als ein zeitloses Phänomen noch als ein Störungselement des apollinischen Hellenentums, sondern als eine religiöse Praxis untersucht, die sich durch Gegensätze bestimmt, in denen Apollon und Dionysos, von der Geographie und ethnographischen Parallelen ausgehend, ein gleiches Gewicht zukommt. Gernet, der sich besonders für den Übergang einer Frühgeschichte Griechenlands zu einer Zivilisation des Stadtstaates interessiert, weist den christlichen Universalismus zurück, der die Verteidigung durch die Apollon-Figur verkörperten hellenischen Reinheit beförderte, und besteht auf der Notwendigkeit einer historisch arbeitenden Anthropologie und Psychologie, um die Irrtümer des traditionellen Humanismus zu überwinden. Die Untersuchung des Dionysoskults steht im Zentrum dieser wissenschaftlichen Neubetrachtung des Ursprungsbestands des asiatischen Griechenland. Als Erben Gernets geht es Jean-Pierre Vernant und Marcel Detienne darum, die Verwobenheit und das gleichzeitige Bestehen von Altem (Vorlogischem, Archaischem) und Neuem (dem Hellenenkult selbst) in Griechenland zu verstehen. Dieser Ansatz, der noch die (von Renan und der Cambridger Schule der Ritualisten vertretenen) viktorianischen Versionen des griechischen Wunders bekämpft, legt die Problematik der Ambiguität offen, die die Grenzen des Erkennens von Verwandlung und Neuerung ankündigt: Der im griechischen Götterhimmel die Figur des Anderen verkörpernde Dionysos versteht sich vor der gesellschaftlichen Funktion des Theaters her und läßt sich als eine griechische Lektion in Toleranz deuten[56]. Der Status des Fremden, der die Persönlichkeit Dionysos' tiefgründig prägt, läßt sich zugleich über die von ihm favorisierte Art der Beziehung (das Heilige, Aufhebung der Trennungen) wie von seiner Bestimmung, das maskiert zu offenbaren (anwesend – abwesend), her verstehen. Der fundamentalen Ambiguität der griechischen Götterwelt entgeht auch Apollon nicht: Zugleich strahlend und obskur, wahrsprechend wie trügerisch, wird auch er als zuvor klar bestimmter Gott von den Abschattungen eines Doppelsinns erfaßt, der der Dualität des Menschlichen entspricht.[57]

Unter dem Einfluß des komparatistischen Zugangs von Georges Dumézil und strukturalistischen von Claude Lévi-Strauss verwischt sich das Gegensatzpaar apollinisch – dionysisch und zerschmilzt in einer Transformation der allgemeinen

---

54 Vgl. PIERRE AMANDRY, La mantique apollinienne à Delphes. Essai sur le fonctionnement de l'oracle (Paris 1950).
55 Vgl. LOUIS GERNET, Dionysos et la religion dionysiaque. Eléments hérités et traits originaux (1953), in: Gernet, Anthropologie de la Grèce antique (Paris 1968), 79.
56 Vgl. JEAN-PIERRE VERNANT, Le Dionysos masqué des ›Bacchantes‹ d'Euripide, in: L'Homme 93 (1985), 31–58.
57 Vgl. MARCEL DETIENNE, Les maîtres de vérité dans la Grèce archaïque (Paris 1967), 75.

Vergleichs der Gottheiten im Dienst der Interpretation. In *Apollon sonore* (1982) vergleicht Dumézil die Attribute des delischen Apollons mit Charakteristika der vedischen Sprache (Orakel, Leier, Bogen), aber er zeigt auch, wie eine Gottheit sich nur in einem Beziehungsnetz bestimmen läßt, das sie mit anderen Gottheiten zusammen betrachtet und diesen gegenüberstellt – innerhalb ein und desselben »système polythéiste« (74).

3. Nach Nietzsche

Erst 1901 lag eine Übersetzung der *Geburt der Tragödie* (1872) vor. Der Einfluß von Nietzsches Gegensatzpaar apollinisch – dionysisch macht sich noch langsamer bemerkbar und ist in einer entscheidenden Bedeutung nicht vor den 60er Jahren zu verzeichnen – mit Ausnahme des Werkes von Georges Bataille, der die Dionysosfigur der des Apollon vorzieht und Dionysos als »dieu de la raison troublée«[58], als »dieu de la transgression et de la fête«[59] und vor allem als »dieu de la transgression religieuse« (610), »de l'extase et de la folie« (611) bestimmt. Für Bataille steht die rituelle zyklische Wiederholung der dionysischen Opferhandlung, »où tout est victime«[60], wo nichts erhöht oder in einen Sinnhorizont investiert wird, im Gegensatz zur opferhaften Vernichtung des christlichen Gottes, die aus dem Negativen ein Mittel macht und sich als dialektisch erweist, da in ihr der Tod sich offenbart und zum Bedeutungsträger wird. »*Je suis, moi, Dionysos, je suis le crucifié*« (180): So wieder-

holt Bataille, vertraut mit der Erfahrung einer Wiederkehr, in der sich Begründung und Sinn einsenken, Nietzsche, der seinerseits Christus wiederholt, wie dieser Dionysos wiederholte. Auf der Suche nach einer ursprünglichen Kraft, die in der Lage wäre, den Riß zwischen der rationellen, disziplinierten Arbeitswelt und der ›verfluchten‹ Welt der Vernunft zu schließen, findet Bataille in den ästhetischen Merkmalen des Dionysoskults (Spiel, Tanz, Trunkenheit, im Fest wie in den Grenzerfahrungen von rituellem Opfer und Geschlechtsakt) den Weg einer Rückkehr zum Göttlichen und die Grundelemente einer Soziologie des Heiligen, die den Prinzipien der westlichen Vernunft und ihrer Welt entgegengesetzt wäre.

Zur Deutung des Orgiasmus verfolgt Michel Maffesoli einen soziologischen Ansatz, dem er zugleich eine andere Wendung gibt als Bataille, um den bereits von Vilfredo Pareto so genannten ›Tugendmythos‹ gesellschaftlichen Funktionierens ins Visier zu nehmen und zu zeigen, wie Dionysos die für die apollinische Statik der Gesellschaft notwendige Dynamik und »puissance mystique«[61] herstellt.

In einem Bataille gewidmeten Aufsatz feiert Michel Foucault[62] in dessen Dionysiertum die Einführung in ein nicht-dialektisches Denken der Bejahung und erkennt in dessen Werk implizit ein vom Hegelianismus befreites Denken. Pierre Klossowski hat die sich von Hegel zu Nietzsche vollziehende Verschiebung wie folgt erläutert: Dionysos ist die heilige, zerstörerische, weil gebende Macht, deren Negativität im Verhältnis zur Bejahung sekundär ist.[63] Beim Colloque de Royaumont rief Henri Birault dies in Anlehnung an Gilles Deleuze wieder in Erinnerung. »Nous penserions plutôt que toute négation se fait à partir et en fonction d'une affirmation. Donc, que l'affirmation n'est pas la négation de la négation, mais que c'est à partir et en fonction d'une affirmation essentielle que doit être pensé ce qui est résolument destructeur chez Nietzsche.«[64] Für Klossowski hat die dionysische Verflüssigung des apollinischen Identitätsprinzips, die Nietzsches Negation eines Ursprungs zugrunde liegt, zur Folge, daß die Erscheinungen von Identität oder Regelmäßigkeit, mit denen wir konfrontiert werden, Masken sind: Die Identität wird simuliert; Nietzsche stellt dem Identitätsprinzip die Erscheinung eines Prinzips gegenüber.[65]

---

58 GEORGES BATAILLE, La Mère-Tragédie (1937), in: Bataille, Œuvres complètes, Bd. 1 (Paris 1970), 493.
59 BATAILLE, Les larmes d'Eros (1961), in: ebd., Bd. 10 (Paris 1987), 609.
60 BATAILLE, L'expérience intérieure (1943), in: ebd., Bd. 5 (Paris 1973), 175.
61 MICHEL MAFFESOLI, L'ombre de Dionysos. Contribution à une sociologie de l'orgie (Paris 1982), 122 f.
62 Vgl. MICHEL FOUCAULT, Préface à la transgression, in: Critique 195/196 (1963), 751–769.
63 Vgl. PIERRE KLOSSOWSKI, Nietzsche et le cercle vicieux (Paris 1969), 32.
64 HENRI BIRAULT, De la béatitude chez Nietzsche. Discussion, in: Nietzsche. Cahiers de Royaumont (Paris 1967), 37.
65 Vgl. KLOSSOWSKI, Un si funeste désir (Paris 1963), 226; KLOSSOWSKI (s. Anm. 63), 322.

Deleuze schreibt: »La différence et la répétition ont pris la place de l'identique et du négatif, de l'identité et de la contradiction«[66]. Das Begriffspaar apollinisch – dionysisch ist also im Kontext der poststrukturalistischen Philosophie der 60er Jahre zu verstehen. In *Nietzsche et la philosophie* (1962) versucht Deleuze zu zeigen, daß das Denken Nietzsches von einer Bejahung getragen wird, die die Negation womöglich entbehren kann und so der Dialektik entginge. Indem er den Gegensatz apollinisch – dionysisch in den Hintergrund rückt – »Dionysos est comme le fond sur lequel Apollon brode la belle apparence; mais sous Apollon, c'est Dionysos qui gronde. L'antithèse elle-même a donc besoin d'être résolue, transformée en unité«[67] –, gibt er dem wahren Gegensatz von Apollon und Dionysos als einer Einheit gegenüber Sokrates den Vorzug, bevor er diesen dann durch die mysteriöse Komplementarität von Dionysos und Ariadne ersetzt. Deleuze stellt Dionysos als den bejahenden Gott und Gott der Bejahung vor: »Il ne se contente pas de résoudre la douleur en un plaisir supérieur et supra-personnel, il affirme la douleur. [...] C'est pourquoi Dionysos se métamorphose lui-même en affirmations multiples plus qu'il ne se résout dans l'être originaire ou ne résorbe le multiple dans un fond primitif.« (14) In seiner Verkörperung einer »logique de la pure affirmation« führt Dionysos in ein Denken ein, »qui expulse enfin tout le négatif« (41), und macht verständlich, warum die Essenz des Tragischen sich als pluralistische Bejahung begreifen läßt. Die vielgestaltige Persönlichkeit des Dionysos geht hin bis zur Unpersönlichkeit (vgl. 14 f.), wo sich reine Bejahung und Bejahung des Chaos vereinen. Die eigenwillige Vorstellung Deleuzes läge in einer vollständigen Tilgung der negativen Anteile in einer Mannigfaltigkeit, die ihre Verschiedenheit auskostet. Über Apollon und Dionysos zerspaltet sich die Bejahung und verdoppelt sich dann, um zu ihrer höchsten Kraft zu gelangen. So setzt Deleuze die Negativität des Positiven (vgl. 207) der berühmten Positivität des Negativen entgegen.
 In *Force et signification* (1963) bezieht sich Jacques Derrida auf Nietzsches Figuren Apollon und Dionysos, um zu zeigen, daß der sie als einen Gegensatz begreifende Konflikt als eine Dionysos eigene Binnendifferenz zu verstehen sei und sich als ein Widerstreit »entre l'élan et la structure« deuten lasse. Bestimmt im Gegensatz zur ontologischen Differenz Martin Heideggers, ist die Differenz Derridas, deren Metapher Dionysos ist, nicht als sich in der Geschichte ereignend zu begreifen, sondern als etwas, das Geschichte selbst erst begründet und eröffnet. Verstanden als »structure originaire«[68] oder Architstruktur, deren Bedeutung im Anschluß an strukturale Linguistik und Lacansche Psychoanalyse erarbeitet wird, unterstützt die Differenz, mit der Dionysos ›durchgearbeitet‹ wird, ein Denken des Seins, das nicht länger von der Fülle der Präsenz, von Beständigkeit und Einheitlichkeit, sondern durch Bruch und Mangel gekennzeichnet ist. Diese Interpretation der Dionysosfigur und seines (weder allegorischen noch symbolischen) Namens wurde von den Nietzsche-Spezialisten, die sich alle mehr oder weniger explizit auf Derrida berufen (Bernard Pautrat, Jean Michel Rey, Sarah Kofman, Philippe Lacoue-Labarthe[69]), aufgegriffen und weiterentwickelt und diente als Indiz dafür, daß – durch den jungen Nietzsche – eine neue Art und Weise des Diskurses auf den Weg gebracht worden war, der in der Lage war, sich der für die metaphysische Redeweise charakteristischen Repräsentativität zu entziehen. Der Differenzbegriff Derridas, dessen Bedeutung auf einer 1968 abgehaltenen Konferenz durch die Variante ›différance‹ fixiert wurde[70], hat, ausgehend von Nietzsche, eine Dekonstruktion des Textes der Metaphysik in Gang gesetzt, um aufzuweisen, daß die ihn tragenden Gegensatzpaare lediglich Differenzen sind, die nicht durch einen wie

---

66 DELEUZE, Différence et répétition (Paris 1968), 1.
67 DELEUZE, Nietzsche et la philosophie (Paris 1962), 13.
68 JACQUES DERRIDA, Force et signification, in: Derrida, L'écriture et la différence (Paris 1967), 47.
69 Vgl. BERNARD PAUTRAT, Versions du soleil. Figures et système de Nietzsche (Paris 1971); JEAN MICHEL REY, L'enjeu des signes. Lecture de Nietzsche (Paris 1971); SARAH KOFMAN, Nietzsche et la métaphore (Paris 1972); KOFMAN, Nietzsche et la scène philosophique (Paris 1979); PHILIPPE LACOUE-LABARTHE, L'imitation des modernes. Typographies II (Paris 1986).
70 Vgl. DERRIDA, La différance (1968), in: Derrida, Marges de la philosophie (Paris 1972), 1–30.

immer brüchigen Ursprung, sondern vermöge einer nach dem Verfahren des Würfelwurfs zu denkenden Entscheidung gegeben sind, wobei die Differenz als solche nicht zur Entscheidung steht.

Nach dem Wirbel der 60er Jahre hält der Bezug auf das Gegensatzpaar apollinisch – dionysisch zwar an, aber es wurde seines Sinns entleert und zu einer rigiden Kategorie erhoben, die bloß noch zur Anführung eines verkürzten Denkens auftaucht, und dies sowohl in den Schriften Deleuzes (*L'image-temps*, 1985) als auch Jean Clairs (*Méduse. Contribution à une anthropologie des arts du visuel*, 1989). Die zeitgenössische philosophische Analyse hat Nietzsches Gegensatz von apollinisch – dionysisch aufgegeben, um seiner Bedeutung bei Hölderlin[71] und Schelling[72] nachzugehen.

Michèle Cohen-Halimi
(Übers. v. Carsten Feldmann)

III. Englischer Sprachraum

1. Wortgeschichte

Das aktuelle *Oxford English Dictionary* führt apolline und apollonian mit Erstbelegen aus dem 17. Jh. an, das seltene apollonic mit einem Erstbeleg aus dem 19. Jh. sowie dionysian mit einem Erstbeleg aus dem 16. Jh., das ebenfalls geläufige dionysiac und das seltene dionysic mit Erstbelegen

---

71 Vgl. FRANÇOISE DASTUR, Hölderlin. Le retournement natal. Tragédie et modernité & nature et poésie (La Versanne 1997); JEAN-FRANÇOIS COURTINE, Tragédie et sublimité, in: J.-L. Nancy (Hg.), Du sublime (Paris 1988), 211–236.
72 Vgl. COURTINE, L'extase de la raison (Paris 1991).
73 Vgl. OED, Bd. 1 (1989), 553; Bd. 4 (1989), 688.
74 ›Bacchanalian‹, in: SAMUEL JOHNSON, A Dictionary of the English Language [...], Bd. 1 (London 1755), [nicht pag.].
75 ›Bacchanalian‹, in: NOAH WEBSTER, A Dictionary of the English Language, Bd. 1 (London 1832), [nicht pag.].
76 NORTHROP FRYE u. a., The Harper Handbook to Literature (New York 1985), 44, 145.

---

aus dem 19. Jh.[73] Diese Adjektive bezeichnen Eigenschaften von bzw. Zugehörigkeit zu den jeweiligen Göttern und ihren Kulten. Eigenschaften wie Klarheit, Ordnung, Schönheit u. a. lassen sich aus der Apollo-Mythologie ableiten; Maßlosigkeit, Unbeherrschtheit, Aufsässigkeit u. a. aus dem orgiastischen Dionysoskult. Einen Hinweis auf Nietzsche gibt das *Oxford English Dictionary* nicht. Auch die substantivierten Formen der Adjektive, die ausschließlich auf Nietzsches Wortgebrauch zurückgehen, sind nicht verzeichnet.

Samuel Johnsons *Dictionary of the English Language* (1755) nennt nur das Substantiv bacchanalian: »A riotous person; a drunkard«[74]; ähnlich definiert Webster's Dictionary von 1832 dieses Adjektiv: »Reveling in intemperate drinking, riotous; noisy.«[75]

Mit Nietzsches Innovation gewinnen die Begriffe neues Leben, ohne jedoch ausschließlich in dessen Sinne gebraucht zu werden. Die alten Verwendungen bleiben bestehen. Im Falle einer expliziten Nietzsche-Rezeption bekommt keine der möglichen Übersetzungen von apollinisch – dionysisch eindeutig den Vorzug. Literaturwissenschaftliche Fachlexika führen das Begriffspaar mit ausdrücklichem Hinweis auf Nietzsche an, folgen jedoch nur ungenau dessen Innovationen, sondern eher älteren bildungssprachlichen Verwendungen: »Apollonian: Serene, harmonious, restrained«; »Dionysian: Sensous, irrational, ecstatic«[76].

2. Exkurs zur Mythosrezeption

Zur Vorgeschichte des Begriffspaares gehört im angelsächsischen Raum wie in Deutschland die Mythosrezeption, die besonders in der Romantik und im Ästhetizismus/Symbolismus der zweiten Jahrhunderthälfte Konjunktur hatte. Während die deutschen romantischen Mythologen eher von Dionysos, dem ›Neuen Gott‹, fasziniert waren (bei Hölderlin wird er entgegen der Mythologie statt Apollo zum Gott der Dichter), halten sich die englischen Romantiker eher an Apollon, ohne daß dieser jedoch eine symptomatische Bedeutung gewinnt wie Dionysos in Deutschland. Für Keats ist Apollo der Gott des Sonnenlichts und zugleich der Dichtung: »That I should never hear Apollo's song, / Though feathery clouds were floating all along / The purple West, and two bright Streaks between,

/ The golden Lyre itself were faintly seen«[77]. Bei Shelley steht Apollo für den inneren Zusammenhalt der Welt: »I am the eye with which the Universe / Beholds itself and knows itself divine; / All harmony of instrument or verse, / All prophecy, all medicine is mine, / All light of art or nature«[78].

Man hält sich im allgemeinen an die Mythologie: Apollo steht für Licht, Klarheit, Ordnung, Rationalität, Moralität, Aufklärung sowie für Musik und Dichtung; Dionysos für Unmoral, Ausschweifung, Unvernunft und Aufruhr.

So bilden Apollo und Dionysos implizit ein Gegensatzpaar, selten explizit wie in einer Vorlesung Coleridges über *The Origin of Drama* (1808): Bacchus werde in den Mysterien verehrt »as representative of the organic energies of the universe, that work by passion and joy without apparent distinct consciousness [...] and thus he was distinguished from Apollo and Minerva, under which they [die Griechen – d. Verf.] personified the causative and preordaining intellect manifested throughout nature. From this cause [...] Bacchus was honoured as the presiding genius of the heroic temperament and character, this being considered not as an acquisition of art or discipline, but something inate and divine, a felicity above and beyond prudence; and hence, too, the connection with the same deity of all the vehement and awful passions and the events and actions proceeding from such passions.«[79] Ähnlich wie Nietzsche sieht Coleridge einen Zusammenhang zwischen Kult und Mythologie des Dionysos und der Ästhetik des Dramas (Tragödie und Komödie). Von einem Widerstreit zwischen einem Apollinischen (»art or discipline«) und einem Dionysischen (»vehement and awful passions«) ist die Rede, allerdings nicht von einer ›Versöhnung‹. Für Coleridge bleiben die Götter religiös-kulturelle Phänomene und werden nicht – wie bei Nietzsche – metaphysische ›Kunstmächte‹.

Auch Ralph Waldo Emerson stellt beide Gottheiten einander gegenüber: »Bacchus the vinum mundi: Apollo conscious intellect.«[80] Bei Emerson ist auch erstmals die privilegierte Beziehung Apollos zur Poesie zugunsten des Dionysos korrigiert und die Nähe der Dichtung zum Wahnsinn eingestanden. »Wine which Music is, – / Music and wine are one«, heißt es in dem Gedicht *Bacchus*, wo die Gottheit als »Blood of the world«[81] zum al-

les Sein durchdringenden universalen metaphysischen Prinzip erklärt wird.

Dennoch scheint insgesamt die romantische Mythenrezeption im angelsächsischen Raum bescheiden zu bleiben. Sie verzichtet auf die Belastung mit metaphysischen Ansprüchen und auf die Forderung einer ›Neuen Mythologie‹. Der Mythos dient als Reservoir für Zitate und Motive; die Götter sind kaum mehr als Allegorien. Das ändert sich erst in der zweiten Jahrhunderthälfte.

Beim späten Ruskin sind Mythos, Natur und Ethik zu einer mythologischen Metaphysik verbunden: »Apollo is first, physically, the sun contending with darkness; but morally, the power of divine life contending with corruption.«[82] Apollo sei »the spirit of Light, moral and physical«[83], Dionysos »the Spirit of pure human life and gladness. Master of wholesome vital passion; and physically, Lord of the Vine« (65). Im Namen und in der Person der Gottheit ist die Trennung zwischen physischer und moralischer Welt aufgehoben. Ruskin will die Mythologie ernsthaft für eine Erneuerung der Lebensgestaltung wiedergewinnen. Er plädiert für eine Überwindung der Trennung zwischen den Lebensbereichen (hier: Ethik und Natur) durch eine Überwindung der Allegorie und eine Rückkehr zu einer authentischen Mythologie.

In den Essays Walter Paters glaubte man zuweilen Nietzsches Konzept des Dualismus von Apolli-

---

77 JOHN KEATS an George Keats (August 1816), in: Keats, The Letters 1814–1821, hg. v. H. E. Rollins, Bd. 1 (Cambridge 1958), 105.
78 PERCY BYSSHE SHELLEY, Hymn of Apollo (1820), in: Shelley, Poetical Works, hg. v. T. Hutchinson (Oxford 1970), 613.
79 SAMUEL TAYLOR COLERIDGE, The Origin of Drama (1808), in: Coleridge, Shakespearean Criticism, hg. v. T. M. Raysor, Bd. 1 (New York 1960), 165.
80 RALPH WALDO EMERSON, Notebook F No. 1 (1836–1840), in: Emerson, The Journals and Miscellaneous Notebooks, Bd. 12, hg. v. L. Allardt (Cambridge, Mass. 1976), 88.
81 EMERSON, Bacchus (1847), in: Emerson, The Complete Works. Riverside Edition, Bd. 9 (Boston/New York 1884), 112, 111.
82 JOHN RUSKIN, The Ethics of the Dust (1865), in: Ruskin, The Works, hg. v. E. T. Cook/A. Wedderburn, Bd. 18 (London 1905), 348.
83 RUSKIN, The Cestus of Aglaia (1865/66), in: Ruskin (s. Anm. 82), Bd. 19 (London 1905), 64.

nischem und Dionysischem wiederzufinden: »The Dorian worship of Apollo, rational, chastened, debonair, with his unbroken daylight, always opposed to the sad Chtonian divinities, is the aspiring element, by force and spring of which Greek religion sublimes itself.«[84] Pater interpretiert den Aufstieg Apollos als Folge einer Selektion, die die dunkle Seite der griechischen Kultur vergessen machte. Die griechische Kunst sei aus einer Sublimierung des Religiösen zum Ideal aus dem Kult Apollos entstanden, ihr Paradigma sei die Skulptur. Nietzsches Argument, die Griechen hätten die zerstörerischen Einsichten, die das Dionysische in der Tragödie bereitete, nur mit Hilfe der apollinischen Traumwelt ertragen können, ist in überraschender Weise umgekehrt: In der Tragödie werde ein durchaus nicht heiterer und harmonischer, sondern vielmehr trauriger und verzweifelter Konflikt »with serenity« behandelt. Das scheint Nietzsche zwar noch zu entsprechen, nicht aber die Begründung: Der »ennui«, den Harmonie und Vollendung bewirkten, sollte durch die »sharper note« (236) der Tragödie aufgehoben werden. Pater, für den ›serenity‹, ›blitheness‹ und ›repose‹ die Dominanten griechischer Kultur sind, steht eher in der Nachfolge Winckelmanns und Hegels als in der Nähe Nietzsches, auch wenn er das untergründige Wirken dunkler, irrationaler, chtonischer Mächte zugibt. Auch in *A Study of Dionysos* (1876) stellte Pater einen Gegensatz in der griechischen Kultur fest zwischen der »teeming, still fluid world of old belief« und »that limiting, controlling tendency, identified with the Dorian influence in history of the Greek mind, the spirit of a severe and wholly self-conscious intelligence, [...] ending in the entirely humanised religion of Apollo. [...] These two tendencies, then, met and struggled and were harmonised in the supreme imagination, of Pheidias, in sculpture – of Aeschylos, in the drama.«[85] Die Mythologie und der Kult des Dionysos sind für Pater Ausdruck einer chtonischen, naturverbundenen, mystischen Religiosität, zu der der Apollokult weniger in einem systematischen Verhältnis steht als in dem zivilisationsgeschichtlichen der Ablösung und Sublimierung. Während die bäuerliche Dionysos-Religion alle Lebensbereiche des naturverbundenen Menschen umfaßt, entspricht die sich aus dem Apollokult entwickelnde Kultur der Polis mit ihrer Trennung der Lebensbereiche und dem Gewinn an individueller Freiheit der Lebensgestaltung. Pater ist allerdings weit davon entfernt, diese Entwicklung zur ›Individuation‹ zu bedauern.

Bei Nietzsche sind mit apollinisch – dionysisch überhistorische Mächte bezeichnet, die unmittelbar im Wesen der Welt ihren Grund finden. Die Entsprechungen bei Pater sind dagegen kulturelle Tendenzen, deren zeitübergreifende Wirksamkeit nur durch Überlieferung gesichert ist wie im Falle der von Winckelmann beförderten apollinischen, individualistischen Tradition, von der Pater dann auch am ehesten eine heilsame Wirkung für seine Gegenwart erhofft (während Nietzsche in dieser Hinsicht eher aufs Dionysische und die Gemeinschaft setzte). In der Moderne habe der Konflikt, die Verzweiflung und Verwirrung, das Auseinanderfallen der Einheit des Ichs eine solche Übermacht gewonnen, daß eine Rückbesinnung auf das Ideal von Harmonie und Vollendung geboten erscheint.[86] Während Nietzsches mit dem Dualismus apollinisch – dionysisch verknüpfter Ästhetizismus metaphysische Qualität hat, setzt Pater auf die Verabschiedung der Metaphysik zugunsten artistischer Perfektion (vgl. 243).

3. Geschichte des Begriffs nach Nietzsche

Nietzsche wurde um 1900 durch Auswahlbände, Zeitungsartikel, persönliche Mitteilungen und Übersetzungen (auch französische) im englischsprachigen Raum bekannt. *Die Geburt der Tragödie*, erstmals 1909 übersetzt, spielte aber nur eine geringe Rolle. Im Vordergrund der Rezeption standen der ›Übermensch‹ und ›Wille zur Macht‹ sowie die Kritik an Moral und Christentum.

Vom Dionysischen ging offenbar die größere Faszination aus, so daß es von seinem Gegenstück isoliert wurde.[87] Eine Ausnahme macht Yeats, der 1903 in Briefen auf Nietzsches Gegensatzpaar Be-

---

84 WALTER PATER, Winckelmann (1867), in: Pater, The Renaissance (London/New York 1893), 216.
85 PATER, A Study of Dionysos (1876), in: Pater, Greek Studies (London 1910), 34 f.
86 Vgl. PATER (s. Anm. 84), 241.
87 Vgl. ALFRED R. ORAGE, Friedrich Nietzsche. The Dionysian Spirit of the Age (London 1906).

zug nimmt: »I feel about me and in me an impulse to create form, to carry the realization of beauty as far as possible. The Greeks said that the Dionysiac enthusiasm preceded the Apollonic and that the Dionysiac was sad and desirous, but that the Apollonic was joyful and self sufficient.«[88] »I have always felt that the soul has two movements primarly: one to transcend forms, and the other to create forms. Nietzsche [...] calls these the Dionysiac and the Apollonic, respectively. I think I have to some extent got weary of that wild God Dionysus, and I am hoping that the Far-Darter [d. i. Apollo – d. Verf.] will come in his place.«[89] Bei Yeats ist deutlich der Einfluß Paters zu spüren, der von einem »melancholy and sorrowing Dionysos«[90] sprach. Überdies erhofft Yeats einen persönlichen und dichterischen Neubeginn nicht von einer ›Versöhnung‹, sondern Paters Deutung entsprechend von einer Überwindung und Sublimierung des Dionysischen durchs Apollinische. In formaler Hinsicht folgt aus Yeats' Interpretation des Apollinischen eine Hinwendung zur strengen Form und der Ausschluß expressiver Subjektivität.

Typisch für die Rezeptionsgeschichte von apollinisch – dionysisch ist die psychologische Inanspruchnahme statt oder neben der ästhetischen. Eine Folge dieser Psychologisierung ist die Nutzung des Begriffspaars zur Gestaltung literarischer Figuren und Themenkonstellationen.

Auch für John Cowper Powys dient apollinisch – dionysisch der psychologischen Selbstbestimmung wie der ästhetischen Orientierung: In Sevilla habe er beim Anblick der Tabakfabrik aus *Carmen* (1875) eine Vision gehabt: »What really I did see as I stared at those factory-walls, was the Apollonian cult of Goethe and Nietzsche, struggling not so much against Wagner, who was the inspired medium, as against my own Cymric Imagination, which was the real Dionysos, and of whom Wagner's Parsifal was merely the Holy Bacchanal.«[91] Powys setzt hier fälschlich voraus, daß der späte Nietzsche, Bizets *Carmen* gegen Wagner ausspielend, das Apollinische gegen das Dionysische antreten läßt. D. H. Lawrence erwartet vom Dionysischen eine Erneuerung des Lebens und der Kultur. Die zu bewußt denkenden und lebenden Nordeuropäer seien versucht, »like Nietzsche to return back to the old pagan Infinite«[92]. Die Italiener dagegen seien immer noch bemüht, den Grenzen des rein instinktgeleiteten Lebens zu entkommen: »When Northern Europe [...] is crying out for the Dionysic ecstasy, practising on itself the Dionysic ecstasy, Southern Europe is breaking free from Dionysos.«[93] Viele der Helden und Heldinnen in den Romanen von Lawrence versuchen entsprechend den Zwängen des Bewußtseins, der Rationalität und der Moral durch Hinwendung zu rauschhaften, irrationalen und exzentrischen Lebenserfahrungen zu entkommen.

Andere Autoren mißtrauen dem Dionysischen. So Wyndham Lewis, der es in etwas konfuser Weise mit der dunklen Dynamik moderner, die Individualität gefährdender Massenbewegungen in Zusammenhang bringt. »The dynamical – or what Nietzsche called the Dionysiac, and which he professed – is a relation, a something that happens, between two ore more opposites, when they meet in their pyrrhic encounters. The intellect works alone. But it is precisely this solitaireness of thought, this prime condition for intellectual success, that is threatened by mystical mass-doctrines.«[94]

In den klassischen Altertumswissenschaften gilt Nietzsche im allgemeinen als nicht zitierfähig. »There is no solid evidence for tragedy ever having been Dionysiac in any sense except that it was originally and regularly presented at the City Dionysia in Athens.«[95] Auch für Eric Robertson Dodds beruht der Dualismus apollinisch – dionysisch auf ei-

---

88 WILLIAM BUTLER YEATS an George Russell (14. 5. 1903), in: Yeats, The Letters, hg. v. A. Wade (London 1954), 402.
89 YEATS an John Quinn (15. 5. 1903), in: Yeats (s. Anm. 88), 403.
90 PATER (s. Anm. 85), 42.
91 JOHN COWPER POWYS, Autobiography (1934; London 1967), 431.
92 DAVID H. LAWRENCE, The Theatre (1913), in: Lawrence, Twighlight in Italy (London 1956), 80.
93 LAWRENCE, Italians in Exile (1913), in: Lawrence (s. Anm. 92), 142 f.
94 WYNDHAM LEWIS, The Revolutionary Simpleton, in: The Enemy. A Review of Art and Literature 1 (1927), 45.
95 GERALD ELSE, The Origin and Early Form of Greek Tragedy (Cambridge 1965), 7.

ner mißverständlichen Interpretation der griechischen Kultur.[96] Einen gewissen Einfluß hatte Nietzsche auf die anthropologisch ausgerichtete Cambridge Schule der Philologie. Jane Ellen Harrison entwickelt eine Urgeschichte der griechischen Religiosität aus einem Dualismus, der dem Nietzsches ähnelt: »The Greeks themselves in classical times recognized two forms of ritual, Olympian and Chtonic.«[97] Francis Cornford unterscheidet zwei kulturelle und psychologische Impulse, die er »scientific« and »mystical«[98] nennt.

George Saintsbury hielt die *Geburt der Tragödie* vom Standpunkt der Literaturkritik für irrelevant und das Begriffspaar apollinisch – dionysisch für »entirely philosophic (or philomoric)«[99]. Ihm folgt der große Teil der angelsächsischen Literaturwissenschaft bis heute. Zu den bedeutenden Ausnahmen zählt Northrop Frye, bei dem Nietzsches Vorwurf allerdings kaum wiederzuerkennen ist: »Tragic Stories, when they apply to divine beings, may be called Dionysiac. These are stories of dying gods.« – »The theme of the comic is the integration of society, which usually takes the form of incorporating a central character into it. The mythical comedy corresponding to the death of the Dionysiac god is Apollonian, the story of how a hero is accepted by a society of gods.«[100] Davon

96 Vgl. ERIC ROBERTSON DODDS, The Greeks and the Irrational (Berkeley/Los Angeles 1951), 68 f.
97 JANE ELLEN HARRISON, Prolegomena to the Study of Greek Religion (Cambridge 1903), VIII.
98 FRANCIS CORNFORD, From Religion to Philosophy (London 1912), VIII.
99 GEORGE SAINTSBURY, A History of Criticism and Literary Taste in Europe, Bd. 3 (1904; Edinburgh/London 1949), 581 f.
100 FRYE, Anatomy of Criticism. Four Essays (Princeton 1957), 35 f., 43.
101 FRYE, Fools of Time. Studies in Shakespearean Tragedy (Toronto 1967), 10, 13.
102 MURRAY KRIEGER, The Tragic Vision. Variation on a Theme in Literary Interpretation (Chicago/London 1960), 10.
103 SUSANNE KATHARINA LANGER, Feeling and Form. A Theory of Art (London 1953), 17.
104 Vgl. WALTER KAUFMANN, Nietzsche. Philosopher, Psychologist, Antichrist (Princeton 1950), 127–131.
105 ARTHUR C. DANTO, Nietzsche as Philosopher (New York/London 1965), 50.

wiederum abweichend, aber ebenso eigenwillig ist Fryes Verwendung von »Nietzsche's Apollonian-Dionysian distinction [as] one of the most central insights into critical theory that critics must sooner or later come to terms with« in einem Buch über die Tragödien Shakespeares. Diese bauten auf dem Widerstreit zweier organisierender Konzepte auf, »the order of nature and the wheel of fortune«[101], die dem Apollinischen bzw. dem Dionysischen entsprächen.

Murray Krieger deutet seinen Begriff der für die moderne Situation symptomatischen »tragic vision« als das Dionysische ohne das Apollinische: »Here we would have life unalleviated, endlessly and unendurable dangerous, finally destructive and self-destructive.«[102] In der philosophischen Ästhetik, wo es eigentlich hingehört, hatte Nietzsches Begriffspaar noch weniger Erfolg als anderswo. Susanne K. Langer stellt es in eine Reihe von Dualismen, unter die sie auch ihren eigenen von »Feeling and Form« eingereiht wissen will: »Emotion – reason, freedom – restraint, personality – tradition, instinct – intellect, and so on«[103].

Walter Kaufmann versucht in seinem Nietzsche-Buch zu zeigen, daß Nietzsche das Dionysische für schädlich hielt und zugunsten des Apollinischen ablehnte.[104] Kaufmanns apologetische Argumentation bestätigt ex negativo, daß das Dionysische zusammen mit Nietzsches übrigem Werk in die Nähe des Faschistischen gerückt war.

Arthur C. Danto liest Nietzsche genauer und kann ein Mißverständnis korrigieren, das beinahe die gesamte angelsächsische Nietzsche-Rezeption kultivierte, die Gleichsetzung des Apollinischen mit der Rationalität: »Dreaming is, after all, no more a rational activity than is dancing. [...] rationality in art is opposed to both the Nietzschean types.«[105]

Darüber hinaus fand apollinisch – dionysisch, meist ohne nachhaltige Wirkung, in verschiedene Wissensbereiche Eingang. Der Psychologe William MacDougall entwickelte die Theorie der wechselweisen Vorherrschaft des apollinischen bzw. dionysischen Menschenbilds in der Geschichte. Seit der Renaissance habe ein rationalistisches, mechanistisches, apollinisches Verständnis vom Menschen vorgeherrscht, das noch im Behaviourismus als Karikatur weiterlebe. Daneben gab es aber auch immer eine zunächst verdrängte dionysische Tradition. Sie führte von Jakob Böhme über die Romantik bis zur Psychoanalyse und behauptet die Naturnähe und Ganzheit des Menschen.[106] Ruth Benedict führte apollinisch – dionysisch in ihren einflußreichen *Patterns of Culture* (1934) in die Ethnologie ein. Die Apollinier versuchten im Alltag und im Ritus Maß zu halten und verzichteten im Gegensatz zu den Dionysiern darauf, ihre soziale und psychologische Verfassung in Rauscherfahrungen zu überschreiten. Der Literatur- und Kunstkritiker Herbert Read sieht in seinem Buch *Icon and Idea. The Function of Art in the Development of Human Consciousness* (1955) in der Kunst zwei Prinzipien, ›beauty‹ und ›vitality‹ (das älter, archaischer ist) am Werk und rückt dieses Paar sodann in die Nähe von apollinisch – dionysisch.[107] Joseph Paul Hodin stellt apollinisch – dionysisch in folgende Reihe:»Expressionist and Formalist art«,»romantic and classic«,»dynamic and static temperaments« sowie (nach Jung)»introvert and extrovert types«[108].

Im Kontext des antiautoritären Aufbruchs der 60er Jahre wurden sexuelle Freizügigkeit, Tanz, Rausch und Wahn die privilegierten Erfahrungsformen einer rebellischen Jugend. Zur kulturphilosophischen Begründung berief man sich auf das Dionysische Nietzsches. Das politische Establishment oder die übersichtliche, melodische Musik der Beatles firmierten unter apollinisch, das rebellische Antiestablishment und der wilde Rock der Rolling Stones unter dionysisch.[109]

Jochen Zwick

IV. Russischer Sprachraum

1. Zur Wortgeschichte und Vorgeschichte des Begriffs

In altslawischen kyrillischen Schriftdenkmälern tauchen die Namen Apollon und Dionysos bereits im *Codex suprasliensis* (10. Jh.) auf; die russische Lexikographie registriert den Namen Dionysos (in den Formen Dionis, Dionisij, Dionizij) seit dem 17. Jh., den Namen Apollon (auch in den Formen Apollo, Apollin) seit dem 18. Jh.[110]; bis hin zum Ende des 19. Jh. ist Dionysos der russischen Kultur jedoch vor allem unter dem Namen und in der Hypostase des Bacchus bekannt. Die Bildung abstrakter Begriffe durch eine Substantivierung von Adjektiven ist für die russische Sprache wenig charakteristisch, was einen der Gründe dafür darstellt, daß die Verwendung substantivierter Adjektivformen, die den Begriffen des Apollinischen und Dionysischen im Deutschen entsprechen, auf die Periode der Nietzsche-Rezeption beschränkt bleibt; und während dieser lassen sich miteinander konkurrierende Varianten fixieren wie auch der parallele Gebrauch der Substantive ›apollinizm‹ (Apollinismus), ›dionisizm‹ (Dionysismus) und ähnliche.

Die Verwendung der Namen Apollon und Dionysos erfolgte bis zum Ende des 19. Jh. fast ausschließlich in der schönen Literatur, vor allem in der Dichtung des Klassizismus und der Romantik, wobei die Figuren mit den gleichen Attributen ausgestattet wurden wie solche in entsprechenden poetischen Traditionen des Westens. Ein erster Versuch, das assoziative Potential des Bildes von Apollon für die ästhetische Terminologie zu nutzen, kam Vasilij Trediakovskij zu. 1735 verwendete er in einem Traktat die Neologismen »аполлинствование« (ungefähr übersetzt: Apollinisierertum) und »аполлиноватый«[111] (ungefähr übersetzt: apollonenhaft) in der Bedeutung von poeti-

---

106 Vgl. WILLIAM MACDOUGALL, The Apollonian and Dionysian Theories of Man (1930), in: MacDougall, Religion and the Science of Life (London 1934), 36–50.
107 Vgl. HERBERT READ, Icon and Idea. The Function of Art in the Development of Human Consciousness (Cambridge, Mass. 1955), 51.
108 JOSEPH PAUL HODIN, The Dilemma of Being Modern. Essays on Art and Literature (London 1956), 59.
109 Vgl. BAEUMER, Das moderne Phänomen des Dionysischen und seine ›Entdeckung‹ durch Nietzsche, in: Nietzsche-Studien 6 (1977), 125; WOLFE (s. Anm. 37), 206.
110 Vgl. PAMVO BERYNDA, Leksikon slavenorosskij i imen tolkovanie (Kiew 1627); FEDOR POLIKARPOV, Leksikon trejazyčnyj, síreč rečenij slavjanskich, ėllinogrečeskich i latinskich sokrovišče (Moskau 1704).
111 VASILIJ TREDIAKOVSKIJ, Novyj i kratkij sposob k složeniju rossijskich stichov (Sankt Petersburg 1735), 35 f.

scher Erhabenheit und Unverständlichkeit der Rede: Den Dichtern wurde vorgeschrieben, sich im ›Apollinisierertum‹ zu mäßigen, d. h. in der Verwendung eines ›apollonenhaften‹ (mit Kirchenslawismen überladenen) Stils. Wahrscheinlich folgte Trediakovskij hier Boileau, der im *Dialogue des héros de roman* (1688) die Autoren kritisierte, die auf eine schwülstige und hochtrabende Weise (»Phébus«[112]) schrieben, d. h. Phoebus und nicht Apollon verehrten.[113] Trediakovskijs Neologismen fanden jedoch keinen Eingang in die russische Sprache.

Als antithetisches Paar wurden Apollon und Dionysos erstmalig vermutlich von Aleksandr Puškin dargestellt. In seinem Gedicht *V načale žizni školu pomnju ja* von 1830 beschrieb er zwei namenlose ›Idole‹, von denen sich eines eindeutig als Apollon identifizieren läßt (»Дельфийский идол«; delphisches Idol); im anderen, dem »женообразный« (weibartigen), »сладострастный« (wollüstigen), »лживый«[114] (verlogenen) Wesen sieht man üblicherweise Dionysos. Das häufige Zitieren dieser Beschreibung während der Periode, in der die Lehre Nietzsches rezipiert wurde, entsprach der in Rußland einflußreichen Vorstellung, daß sich die russische Kultur nicht so sehr westliche Gedankenkonstruktionen zu eigen mache, als vielmehr darin ihre eigenen Intuitionen wiederfinde: So schrieb Dmitrij Merežkovskij 1900, daß das Jugendbuch Nietzsches den Russen die Zeilen Puškins – »русский певец Аполлона и Диониса«[115] (des russischen Sängers von Apollon und Dionysos) – in Erinnerung gebracht habe. (Im übrigen wurde auch die Meinung vertreten, daß es sich beim zweiten von Puškin beschriebenen ›Idol‹ nicht um Dionysos, sondern um Venus handle.[116])

2. Zur Geschichte des Begriffs seit Nietzsche

Die Rezeption der Lehre von apollinisch – dionysisch währte im russischsprachigen Raum nicht lange, sie fiel jedoch in die Zeit eines außerordentlich reichen intellektuell-geistigen Lebens – in die Epoche der Moderne. 1896 erschien eine erste ausführliche Darlegung der *Geburt der Tragödie*[117], 1899 die erste Übersetzung des Buches. Während etwas mehr als eines Jahrzehnts wurden vier Übersetzungen in sieben Ausgaben verlegt, d. h. die Nachfrage ging weit über den (im damaligen Rußland nicht kleinen) Kreis derer, die es im Original lesen konnten, hinaus. Die Geschwindigkeit und das Ausmaß, mit dem man sich das Begriffspaar apollinisch – dionysisch aneignete, waren von Neigung des russischen Denkens zu binären Konstruktionen wie auch vom besonderen Status der griechischen Antike in der russischen Kultur bestimmt – gleichviel, ob diese als den europäischen Kulturen verwandt oder der gemeinsamen Wiege des ›klassischen Altertums‹ verbunden verstanden wurde oder als einzige gesetzmäßige Erbfolgerin der hellenischen Weisheiten und deren Beschützerin gegen die lateinisch-katholischen Verzerrungen. In Nietzsche selber sah man einen Lehrer nicht westlichen, sondern östlichen Typs, d. h. keinen sich in wohlgeordneten Zuständen befindenden Träger einer systematisierten Gelehrsamkeit, sondern einen Verkünder von Lebenswahrheiten, die durch die persönlichen seelischen Qualen und den Mangel an offizieller Anerkennung bestätigt wurden. Mit anderen Worten wurde die Lehre des Apollinischen und Dionysischen als eine ›eigene‹ aufgefaßt – der Methode (Binarismus), dem Gegenstand (das Hellenische) und der Autorenpersönlichkeit (ein verstoßener Prophet) nach.

Gleichzeitig entzog sich die russische Publikum nicht den Argumentationen westlicher Kritiker der *Geburt der Tragödie*. Man stellte fest, daß Nietzsche seine Lehre nicht mit streng wissenschaftlichen Be-

---

112 NICOLAS BOILEAU-DESPRÉAUX, Dialogue des héros de roman (1688), in: BOILEAU, 485.
113 Vgl. BORIS USPENSKIJ, Iz istorii russkogo literaturnogo jazyka 17 – načala 19 veka (Moskau 1985), 92 f.
114 ALEKSANDR PUŠKIN, V načale žizni školu pomnju ja (1830), in: Puškin, Polnoe sobranie sočinenij, Bd. 3 (Moskau 1948), 255.
115 DMITRIJ MEREŽKOVSKIJ, L. Tolstoj i Dostoevskij (1900), in: Merežkovskij, Polnoe sobranie sočinenij, Bd. 9 (Moskau 1914), IX.
116 Vgl. VJAČESLAV IVANOV, Marginalia, in: Trudy i dni, H. 4/5 (1912), 40–43; ROMAN JAKOBSON, Socha v symbolice Puškinově, in: Slovo a slovesnost 3 (1937), 11.
117 Vgl. AKIM VOLYNSKIJ, Literaturnye zametki: Apollon i Dionis, in: Severnyj Vestnik 11 (1896), 232–255.

weisen belegt[118] und daß er in historischen Fakten bestenfalls Material für seine philosophischen Spekulationen gesehen habe[119]. All dies wog er jedoch in den Augen seiner russischen Anhänger durch die Ausdruckskraft seiner Sprache vollständig auf; 1911 heißt es: »Отчеканенные им с восхитительной меткостью и изяществом термины стали уже давно общим достоянием.«[120] (Seine mit einer hinreißenden Geschicklichkeit und Vortrefflichkeit geprägten Ausdrücke sind schon lange Allgemeingut geworden.)

Die Relevanz dieser These zeigt sich vor allem, wenn man sich der Mythopoetik des russischen Symbolismus zuwendet: Die große Ähnlichkeit, die den Reflexionen der Antinomie apollinisch – dionysisch im Weltbild der Literaten, vor allem der Dichter, verschiedener Generationen eigen ist, erlaubt es, diese Reflexionen in Form einer standardisierten Zusammenstellung polarer Kategorien und Eigenschaften zu verallgemeinern: Maß, Harmonie, Zentriertheit des Apollinischen – Maßlosigkeit, Disharmonie, Exzentrizität des Dionysischen; Geschlossenheit, Homogenität – Offenheit, Heterogenität; Strukturiertheit – Amorphik; Diskretheit – Kontinuität; Linearität – Zirkularität, Spiralik; Verinnerlichung – Veräußerung; Kultur, Künstlichkeit – Natur, Organik; Mittelbarkeit, Bedingtheit, sekundär – Unmittelbarkeit, Ursprünglichkeit, primär; Fiktionalität – Imaginativität; Kontemplation – Kreation; Werkästhetik – Performanzästhetik; Animus – Anima; maskuline, heroische Bewußtseinsintegration – feminine, duldende Bewußtseinsdesintegration; Erlösung im Jenseits – Erlösung im Diesseits; Zeugung von ›oben‹ – Gebären von ›unten‹; Befreiung vom Fleisch – Befreiung durch das Fleisch.[121]

Das Hauptverdienst dabei, die Lehre des Apollinischen und Dionysischen zu reinterpretieren und in den intellektuellen Kontext der russischen Moderne zu integrieren, kam Vjačeslav Ivanov zu. Wenngleich er den stimulierenden Charakter des Gedankengebäudes Nietzsches hoch einschätzte, hielt er doch einige seiner Schlüsselbehauptungen für unzureichend und wies in seinen Arbeiten *Ėllinskaja religija stradajuščego boga* (1904–1905), *Dionis i Pradionisijstvo* (1923) u. a. nach, daß das dionysische Prinzip nicht ein ästhetisches par excellence sei, sondern ein religiöses, und daß der Dionysos-

kult in seiner hellenischen Variante das Christentum präfiguriert habe und wie dieses eine demokratische Religion gewesen sei. Die Beschäftigung mit der Genealogie und Phänomenologie des Dionysoskults verband Ivanov mit einer energischen Propaganda, auf der Theaterbühne und in der Alltagskultur durch Vertreter der Kunst die dionysischen Mysterien – das Vorbild für ideale gesellschaftliche Beziehungen – wiederzubeleben. Davon leitet sich die Aufmerksamkeit ab, die Ivanov und sein Umkreis der Theaterproblematik entgegenbrachten, sowie die Versuche, im eigenen Verhalten Normen eines mystisch-erotischen Kollektivismus auszuarbeiten und zu realisieren – Versuche, die eine trügerische Ähnlichkeit mit der à l'antique stilisierten Libertinage der europäischen Moderne trugen. Das Apollinische interessierte Ivanov viel weniger, aber auch wenn er es nicht erwähnte, war es in seinen Erörterungen als Hintergrund präsent, worauf das bei ihm häufige Prädizieren des Dionysischen durch Verneinungen (das unpersönliche, unfreie, unvollständige, unzeitgemäße Dionysische usw.) verweist.

Ivanov reicherte die Antinomie apollinisch – dionysisch mit Konzepten der Pythagoräer, Hegels, Bachofens u. a. an und lehrte, daß das Apollinische das Prinzip der Einheit bezeichne, sein Wesen sei die Monade, das Männliche; das Dionysische aber bezeichne das Prinzip der Vielheit, sein Wesen sei die Dyade, das Weibliche. Die Tragödie sei die Kunst der dionysischen Dyade, ihr Ziel bestehe darin, These und Antithese in Verkörperung zu zeigen. Im Epos stelle sich die Dyade anders – aus der Perspektive der bereits erreichten Synthese – dar; insofern sei dies die Kunst des apollinischen

---

118 Vgl. ALEKSANDR KOPTJAEV, Muzykal'noe mirosozercanie Nicše, in: Ežemesjačnye sočinenija 4 (1900), 192.

119 Vgl. GRIGORIJ RAČINSKIJ, Tragedija Nicše. Opyt psichologii ličnosti (1900), in: I. T. Vojskaja (Hg.), Fridrich Nicše i russkaja religioznaja filosofija. Perevody, issledovanija, ėsse filosofov ›serebrjanogo veka‹, Bd. 2 (Minsk 1996), 25.

120 Vgl. FADDEJ ZELINSKIJ, Fridrich Nicše i antičnost', in: Vseobščij ežemesjačnik 12 (1911), 26.

121 Vgl. AAGE A. HANSEN-LÖVE, Der russische Symbolismus, Bd. 3 [Manuskript] (Wien 1984), 479f.

Monade. Was die Lyrik betrifft, so gebe es dionysische und apollinische Gedichte: Erstere seien nach dem Prinzip der Dyade aufgebaut, ihre Lösung werde erst durch den Leser hinzugedacht, in letzteren werde die harmonisierende Idee nicht hinzugedacht, sondern sie sei von Anfang an anwesend.[122] Das klassische Paar des Erhabenen und Schönen ergänzte Ivanov durch die Kategorie des Chaotischen (dem Korrelat der psychologischen Kategorie des Wahnsinns) und stellte Entsprechungen her zwischen dem Erhabenen und der Idee des Überpersönlichen, dem Schönen und der des Außerpersönlichen, dem Chaotischen und der des Unpersönlichen, was er durch Apollon (das Männliche), Aphrodite (das Weibliche) und Dionysos (Zweigeschlechtlichkeit) symbolisiert sah.[123]

Ivanov schlug eine mit der Dialektik des Aufsteigens als Anhäufung der Kräfte und Absteigens als deren Ausströmen verbundene Antinomie apollinisch – dionysisch als Grundlage für eine Konzeption des Schaffensprozesses vor. Diesen unterteilte er in die Phasen der Empfängnis und der Geburt eines Kunstwerkes, wobei die Empfängnis vom Prinzip des Aufsteigens bestimmt sei und aus den Stadien der dionysischen Ekstase, der dionysischen Epiphanie (dem intuitiven Schauen oder Erreichen von höheren Realitäten) und der kathartischen Beruhigung bestehe, die Geburt aber werde vom Prinzip des Absteigens bestimmt und umfasse Wiederholungen der Zustände der dionysischen Erregung, den apollinischen Traum (die als Schau des eigenen künstlerischen Ideals durchlebte Erinnerung an die Epiphanie) und die endgültige künstlerische Verkörperung – die Synthese vom Apollinischen und Dionysischen.[124] Zur Beschreibung des kreativen Prozesses bedienten sich dieser Begriffe auch andere Autoren. So definierte Vladimir Ėrn das Schöpfertum als eine Überwindung der Beharrlichkeit des Materials durch die Form (die Schaffensidee): »восторг дионисийского вдохновения« (die Begeisterung der dionysischen Inspiration) lasse das träge Material in eine fließende, plastische Materie schmelzen, der die »аполлиническое видение«[125] (die apollinische Schau) die Form gebe, d. h. das Dionysische schaffe die Voraussetzung für den schöpferischen Aufbruch, das Apollinische sichere seinen kathartischen Ausgang.

In die Sphäre der Ethnopsychologie extrapoliert, drückt das Begriffspaar apollinisch – dionysisch, nach Ivanov, die grundlegende Gegensätzlichkeit der europäischen Nationen aus: Das Geistes- und Gefühlsleben der germanischen und romanischen Völker, die um den Preis äußeren Zwangs und innerer Selbstbeschränkung eine Rechtsordnung gewannen, beruhe auf den Ideen Apollons, während die Slawen immer Anhänger von Dionysos gewesen seien und darum dessen Opferschicksal geteilt hätten und noch teilten. Das zu Selbstdisziplin, Kooperation und sozialer Reglementierung unfähige Slawentum bewahre jedoch in seinem Geist das Geheimnis »хорового согласия« (der chorischen Eintracht) und »непринудительного общения между людьми«[126] (des ungezwungenen menschlichen Austausches) – das Modell einer zukünftigen universalen Lebensorganisation. Die Gegenüberstellung des Westeuropäischen (vor allem des Deutschen) als Apollinisches mit dem Slawischen (vor allem dem Russischen) als Dionysischem wurde in der philosophischen Publizistik der russischen Moderne zu einem Gemeinplatz. So bemerkte Nikolaj Berdjaev: »Бог Аполлон, бог мужественной формы, не сходил в дионисическую Россию«[127] (Gott Apollon, der Gott der mutigen Form, stieg nicht in das dionysische Rußland herab). Den Vorzug des ›Dionysismus‹ sah Berdjaev darin, daß die russische Seele danach strebe, die ontologische Unteilbarkeit von Subjekt und Objekt zu erhalten, und es ihr deswegen fremd sei, eine Kultur westlichen Typs, eine »буржуазно-

---

122 Vgl. IVANOV, O suščestve tragedii, O liričeskoj teme (1912), in: Ivanov, Sobranie sočinenij, Bd. 2 (Brüssel 1974), 191 f., 203 f.
123 Vgl. IVANOV, Simvolika ėstetičeskich načal (1905), in: Ivanov, Sobranie sočinenij, Bd. 1 (Brüssel 1971), 828 f.
124 Vgl. IVANOV, O granicach iskusstva (1913), in: Ivanov, Sobranie sočinenij, Bd. 2 (Brüssel 1974), 630 f.
125 VLADIMIR ĖRN, Na puti k logizmu (1911), in: Ėrn, Sočinenija (Moskau 1991), 281.
126 IVANOV, Duchovnyj lik slavjanstva (1917), in: Ivanov, Sobranie sočinenij, Bd. 4 (Brüssel 1987), 670.
127 NIKOLAJ BERDJAEV, Duša Rossii (1915), in: Berdjaev, Sud'ba Rossii (Moskau 1990), 23.

срединную культуру«[128] (bourgeois-mittelmäßige Kultur), zu schaffen.

Als Beispiel für die Rezeption des Gedankenmodells Nietzsches in der schönen Literatur mag der Roman *Peterburg* (1913) von Andrej Belyj dienen. Die Antinomie apollinisch – dionysisch findet hier eine Verkörperung im Kampf des ›Prospektes‹, d. h. der europäischen Planimetrie in der imperialen Hauptstadt und der äußeren Reglementierung des Lebens, mit dem ›Chaos‹ – der unbezwungenen Naturgewalt und dem asiatischen Element des russischen Unterbewußten. Auf der Ereignisebene entfaltet sich die Handlung im Umkreis des Versuches einiger Terroristen, einen hohen Beamten zu liquidieren, der den Namen Apollon Apollonovič trägt und sich zu allem Numerierten, Alphabetisierten und Rechteckigen hingezogen fühlt. Das Dionysische erhält im Roman keine so eindeutige Personifikation, ist aber in der Beschreibung einiger Figuren, z. B. der den Beamten verlassenden Gattin, beteiligt. Der Antagonismus des Ehepaars wird als Konfrontation von Musik und Skulptur und von Veränderlichem und Stabilem präsentiert; ihr Sohn (ein ins Groteske verzerrtes Alter ego des Autors) erscheint entweder als Apollon oder als Dionysos-Zagreus.[129] In der Vorstellung Aleksandr Bloks sind Kultur und Intelligenzija als Verkörperung des Apollinischen – »Цвет интеллигенции, цвет культуры пребывает в вечном аполлиническом сне«[130] (Die Blüte der Intelligenzija, die Blüte der Kultur befindet sich in einem ewigen apollinischen Traum) – der depsychologisierten Elementarkraft der Natur und des Volkes gegenübergestellt.[131]
Die dionysischen Ideen Ivanovs, die im damaligen russischsprachigen Kulturraum (Polen und Georgien eingeschlossen[132]) auf eine durchaus große Resonanz stießen, wurden nicht selten nur oberflächlich verarbeitet – in diesem Sinne bewertete man z. B. das Manifest von Nikolaj Vaškevič *Dionisovo dejstvo sovremennosti* (1905) und die Tätigkeit seines *Teatr Dionisa* (1906). Die Gefahr, daß strebsame Epigonen die symbolistischen Utopien profanisierten, wurde zum Anlaß für eine langwährende Diskussion, die die Führer des Symbolismus in Gang setzten, die in ihm weder ein rein ästhetische und keine religiös-gesellschaftliche Erscheinung sahen. Die Konfrontation der Ästheten und

›Apollinisten‹ mit den Propagandisten des ›Dionysismus‹, die eine neue Runde im für die russische Kultur der Petersburger Periode fundamentalen Streit über das Verhältnis der Kunst zu Religion und Gesellschaftspraxis darstellte, führte zu einer Desintegration innerhalb der symbolistischen Bewegung. Sprachrohr der Bestrebung, das Apollinische zu rehabilitieren, wurde die Zeitschrift *Apollon* (1909–1918), deren Autoren sich für die Idee einer nichtengagierten Kunst einsetzten und das Bild vom Dichter als eines Meisters anstelle des von ihnen abgelehnten vom Dichter als Propheten kultivierten. Die Aufgabe, eine Reintegration innerhalb der Bewegung herbeizuführen, übernahm der Verlag *Musaget* (1910–1917): Seine Ideologen legten die Dichotomie apollinisch – dionysisch einer Konzeption der Kultur als Spannungsfeld zwischen den gleichwertigen wissenschaftlich-philosophischen und religiös-mystischen Polen zugrunde, oder – berücksichtigt man die personellen Orientierungen der ›Musaget‹-Mitarbeiter – zwischen dem Neukantianismus und der Anthroposophie.
Bereits 1909 warnte Ivanov, daß »Дионис в России опасен: ему легко явиться у нас ги-

---

[128] BERDJAEV, Smysl tvorčestva (1916), in: Berdjaev, Filosofija svobody. Smysl tvorčestva (Moskau 1989), 523.
[129] Vgl. ANDREA ZINK, Andrej Belyjs Rezeption der Philosophie Kants, Nietzsches und der Neukantianer (München 1998), 182–214 [Lit.-Überblick]; ROBERT MANN, Andrej Bely's ›Peterburg‹ and the Cult of Dionysus (Lawrence 1986).
[130] ALEXANDR BLOK, Stichija i kul'tura (1908), in: Blok, Sobranie sočinenij, Bd. 5 (Moskau/Leningrad 1962), 354.
[131] Vgl. VLADIMIR PAPERNYJ, Blok i Nicše, in: Tartu Ülikooli Toimetised 491 (1979), 84–106; ROLF-DIETER KLUGE, Zur Theorie des russischen Symbolismus. A. Blok und F. Nietzsche: Zum Stand der Diskussion, in: E. Reißner (Hg.), Literatur- und Sprachentwicklung in Osteuropa im 20. Jahrhundert (Berlin 1982), 79–88.
[132] Vgl. MARIA CYMBORSKA-LEBODA, Estetičeskaja mysl' Vjačeslava Ivanova v kontekste teorii i antropologii teatra 20 veka, in: Studia Slavica 41 (1996), 279–289; TAT'JANA NIKOL'SKAJA, Recepcija idej Vjač. Ivanova v Gruzii, in: Studia Slavica 41 (1996), 193–197.

бельною силою, неистовством только разрушительным«[133] (Dionysos gefährlich in Rußland ist: Es ist leicht für ihn, bei uns als Verderben bringende Kraft, als nur zerstörerische Raserei zu erscheinen). In den auf den Oktober 1917 folgenden Ereignissen sahen Vertreter der russischen Moderne einen Zusammenbruch der Utopie von der ›chorischen Eintracht‹. »Явилась Цирцея, превратившая в свиней дионисийствующих граждан«[134] (Es erschien Circe, die die dionysierenden Bürger in Schweine verwandelte), bemerkte Sergej Bulgakov ironisch, und Berdjaev stellte in seiner *Filosofija neravenstva* (1923) den apollinischen, aristokratischen Hierarchismus als Ausdruck einer organischen Weltordnung dem dionysischen Egalitarismus als destruktivem, unkultiviertem und inhumanem Prinzip gegenüber.

Unter den sehr wenigen nicht zur Moderne gehörenden Autoren, die sich der Antinomie apollinisch – dionysisch zuwandten, verdient die Arbeit von Vikentij Veresaev *Apollon i Dionis* (1913–1914) erwähnt zu werden: Hier wurde die Wirkungssphäre von apollinisch – dionysisch deanthropologisiert und auf die gesamte organische Welt ausgeweitet; Apollon erscheint als Symbol für eine gesunde Fülle an Lebenskräften, Dionysos aber als deren krankhafter und zum Wahnsinn führender Überfluß.

Das seit den 1890er Jahren bekannte und seit etwa der Mitte der 1900er Jahre in Gebrauch gekommene Begriffspaar apollinisch – dionysisch verschwand ab der zweiten Hälfte der 1910er Jahre allmählich (teilweise als Folge dessen, daß die deutsche Kultur ihre Autorität der Vorkriegszeit einbüßte) und blieb im weiteren nur mehr als Attribut individueller Stile von Autoren der Emigration existent – z. B. von Berdjaev und Vladimir Il'in[135].

Läßt sich im sowjetischen intellektuellen Raum eine erneute Beschäftigung mit dem Paradigma feststellen? Von Zeit zu Zeit werden Versuche unternommen, seinen Konturen auf der Grundlage verschiedener Konzeptionen der 1920er und der 1930er Jahre nachzuspüren, so z. B. in Arbeiten der formalistischen Literaturwissenschaftler und von Michail Bachtin.[136] Das Fehlen von entsprechenden Hinweisen auf einen Einfluß Nietzsches oder selbst einer Erwähnung seines Namens erklärt man gewöhnlicherweise damit, daß »in the Soviet Union, consideration of Nietzsche has been actively suppressed since the 1920s«[137]. Diese sehr verbreitete Auffassung scheint, auch wenn man den zeitlichen Beginn der ›aktiven Unterdrückung‹ präzisiert (»Political control of culture tightened after 1925; its ultimate consequence was [...] the proscription of non-Marxist thinkers, including Nietzsche«[138]), dennoch den realen Tatbestand etwas zu vereinfachen: So wurden in Moskau 1924 und 1929 Neuauflagen der erwähnten Arbeit von Veresaev herausgegeben, und 1930 erschienen die *Očerki antičnogo simvolizma i mifologii* von Aleksej Losev, in denen er das Konzept von apollinisch – dionysisch ausführlich und mit einem hohen Maß an Sympathie darlegte. Auch wenn man diese und ähnliche Fakten als marginal ignorieren, muß man doch der Hypothese davon, daß die sowjetischen Intellektuellen insgeheim der Lehre Nietzsches die Treue hielten, aufgrund unzureichender Überprüfungsmöglichkeiten den Status der Wissenschaftlichkeit absprechen. Gleichzeitig macht der Umstand, daß die Hypothese immer wieder angeführt wird, deutlich, daß für ein Nachdenken über Phänomene der russischen Kultur die Antinomie apollinisch – dionysisch nach wie vor als effektiver kognitiver Stimulus und geeigneter Deskriptionscode dient.

Michail Bezrodnyj
(Übers. v. Renata von Maydell)

---

133 IVANOV, Sporady (1909), in: Ivanov, Sobranie sočinenij, Bd. 3 (Brüssel 1979), 126.
134 SERGEJ BULGAKOV, Na piru bogov (1918), in: Bulgakov, Izbrannye stat'i, Bd. 2 (Moskau 1993), 565.
135 Vgl. VLADIMIR IL'IN, Apollon i Dionis v tvorčestve Puškina (1938), in: Vozroždenie 200 (1968), 29–46; IL'IN, Apollon Grigor'ev. Stražduščij russkij Dionis, in: Vozroždenie 151 (1964), 74–93; Vozroždenie 152 (1964), 101–115.
136 Vgl. LENA SZILÁRD, A karneválelmélet. Vjacseszlav Ivanovtól Mihail Bahtying (Budapest 1989); DRAGAN KUJUNDŽIĆ, The Returns of History. Russian Nietzscheans after Modernity (New York 1997).
137 BERNICE ROSENTHAL, Introduction, in: Rosenthal (Hg.), Nietzsche in Russia (Princeton 1986), 4.
138 ROSENTHAL, Introduction, in: Rosenthal (Hg.), Nietzsche and Soviet Culture (Cambridge 1994), 19 f.

Literatur

BAEUMER, MAX L., Das moderne Phänomen des Dionysischen und seine ›Entdeckung‹ durch Nietzsche, in: Nietzsche-Studien 6 (1977), 123–153; BEHLER, ERNST, Die Auffassung des Dionysischen durch die Brüder Schlegel und Friedrich Nietzsche, in: Nietzsche-Studien 12 (1983), 335–354; BEHLER, ERNST, Derrida – Nietzsche, Nietzsche – Derrida (München 1988); BEHRE, MARIA, ›Des dunkeln Lichtes voll‹. Hölderlins Mythoskonzept Dionysos (München 1987); BISHOP, PAUL, The Dionysian Self. C. G. Jung's Reception of Friedrich Nietzsche (Berlin/New York 1995); BÖNING, THOMAS, Metaphysik, Kunst und Sprache beim frühen Nietzsche (Berlin/New York 1988); CANCIK, HUBERT, Nietzsches Antike. Vorlesung (Stuttgart/Weimar 1995); CLAIR, JEAN, Méduse. Contribution à une anthropologie des arts du visuel (Paris 1989); CYMBORSKA-LEBODA, MARIA, Dramat pod znakiem Dionizosa. Myśl estetyczna a poetyka gatunków symbolistów rosyjskich (Lublin 1992); DAVIDSON, PAMELA, Viacheslav Ivanov. A Reference Guide (New York 1996); DELEUZE, GILLES, Nietzsche et la philosophie (Paris 1962); DEPPERMANN, MARIA, Nietzsche in Rußland, in: Nietzsche-Studien 21 (1992), 211–252; DESCOMBES, VINCENT, Le même et l'autre (Paris 1979); DETIENNE, MARCEL, Dionysos mis à mort (Paris 1977); DETIENNE, MARCEL, Les chemins de la déviance. Orphisme, dionysisme et pytagorisme, in: Orfismo in Magna Grecia. Atti del quattordicesimo convegno di studi sulla Magna Grecia (Neapel 1979), 49–79; DETIENNE, MARCEL, Dionysos à ciel ouvert (Paris 1986); DETIENNE, MARCEL, Apollon le couteau à la main (Paris 1998); DODDS, ERIC ROBERTSON, The Greeks and the Irrational (Berkeley/Los Angeles 1951); DUMÉZIL, GEORGES, Apollon sonore et autres essais. Esquisses de mythologie (Paris 1982); FOUCART, PAUL FRANÇOIS, Le culte de Dionysos en Attique (Paris 1904); FOUCART, PAUL FRANÇOIS, Les Mystères d'Eleusis (Paris 1914); GEKLE, HANNA, Die Tränen des Apoll. Zur Bedeutung des Dionysos in der Philosophie Ernst Blochs (Tübingen 1990); GERNET, LOUIS, Anthropologie de la Grèce antique (Paris 1968); HAMACHER, WERNER (Hg.), Nietzsche aus Frankreich (Frankfurt/Berlin 1986); ISLER-KERÉNYI, CORNELIA, Apollo e Dioniso, in: S. Settis (Hg.), I Greci. Storia, cultura, arte e società, Bd. 3 (Turin 2000); JEAN-MAIRE, HENRI, Dionysos. Histoire du culte de Bacchus (Paris 1951); KEIN, OTTO, Das Apollinische und Dionysische bei Nietzsche und Schelling (Berlin 1935); KLOSSOWSKI, PIERRE, Un si funeste désir (Paris 1963); KLOSSOWSKI, PIERRE, Nietzsche et le cercle vicieux (Paris 1969); KORENEVA, MARINA, D. S. Merežkovskij und die deutsche Kultur (Nietzsche und Goethe), in: Zeitschrift für Slawistik 37 (1992), H. 4, 512–537; LANE, ANN, Nietzsche in Russian Thought. 1890–1917 (Madison 1976); MACDOUGALL, WILLIAM, The Apollonian and Dionysian Theories of Man (1930), in: MacDougall, Religion and the Science of Life (London 1934), 36–50; MAFFESOLI, MICHEL, L'ombre de Dionysos. Contribution à une sociologie de l'orgie (Paris 1982); MEIER,

THEO, Nietzsche und die Kunst (Tübingen/Basel 1993); Polarität – das Apollinische und das Dionysische [Ausst.-Kat.] (Recklinghausen 1961); REIBNITZ, BARBARA VON, Ein Kommentar zu Friedrich Nietzsche, ›Die Geburt der Tragödie aus dem Geiste der Musik‹, Kap. 1–12 (Stuttgart 1992); ROSENTHAL, BERNICE (Hg.), Nietzsche in Russia (Princeton 1986); ROSENTHAL, BERNICE (Hg.), Nietzsche and Soviet Culture (Cambridge 1994); SILK, MICHAEL STEPHEN/STERN, JOSEPH PETER, Nietzsche on Tragedy (Cambridge 1981); SLOTERDIJK, PETER, Der Denker auf der Bühne. Nietzsches Materialismus (Frankfurt a.M. 1986); THATCHER, DAVID S., Nietzsche in England 1890–1914 (Toronto/Buffalo 1970); VATTIMO, GIANNI, Nietzsche heute?, in: Philosophische Rundschau (1977), JEAN-PIERRE, La mort dans les yeux. Figures de l'autre en Grèce ancienne (Paris 1985); VERNANT, JEAN-PIERRE, Le Dionysos masqué des ›Bacchantes‹ d'Euripide, in: L'Homme 93 (1985), 31–58; VERNANT, JEAN-PIERRE/FRONTISI-DUCROUX, FRANÇOISE, Figures du masque en Grèce ancienne, in: Journal de Psychologie (1983), 53–69; VOGEL, MARTIN, Apollinisch und Dionysisch. Geschichte eines genialen Irrtums (Regensburg 1966).

Arabeske

(engl. arabesque; frz. arabesque; ital. arabesco; span. arabesco; russ. арабескa)

Einleitung; I. **Der Aufstieg der Arabeske zu einer alle Künste betreffenden Kategorie;** 1. Arabeskenmode um 1780; 2. Archäologische Entdeckungen und ihre Folgen; 3. Lizenzen in den Kunsttheorien; 4. Genese einer Ästhetik des ›Ungefähren‹, des Leichten und Schwebenden; 5. Der Medienwechsel der Arabeske zur Poesie; **II. Die Herausbildung der Arabeske zum ästhetischen Grundbegriff;** 1. Kants Bestimmung der ›freien Schönheit‹ und ihre Folgen für die Arabeske in bildender Kunst, Musik und Tanz; 2. Die Arabeske in der Romantik; a) Reaktualisierung der Doppelorientierung der Arabeske; b) Die poetologische Konstellation um 1800: Theoretisierung und Historisierung; c) Die romantische Arabeske als Neueinsatz von Kunst; d) Die Arabeske als Leitreferenz aller Künste; e) Die Eingrenzung der Angst vor der Arabeske; f) Die Arabeske und das Gotische; g) Die Arabeske und die Randzeichnungen; 3. Spätromantik, Spätklassizismus und das Junge Deutschland; **III. Die Arabeske im europäischen Kontext; IV. Wissenschaft und Arabeske; V. Die Arabeske im Fin de siècle; Schluß**

Einleitung

Unter dem Begriff Arabeske wird gegenwärtig in einem engeren Sinn das geschwungene und lineare Ornament der islamischen Kunst gefaßt; in einem weiteren Sinn versteht man darunter im europäischen Kontext einen Motivkomplex aus dem Bereich des Kunsthandwerks; seit dem 18. Jh. gilt die Arabeske außerdem als kunsttheoretische Kategorie. Als solche ist die Arabeske ein Grenzphänomen der Ornamentästhetik, das mit verschiedenen ›Bildlogiken‹ (z.b. der Fläche und der Tiefe, ornamentalem Rand und plastischem Zentrum) artistisch-anmutig spielt, Asymmetrien innerhalb symmetrischer Anordnungen bevorzugt und ins Phantastische ausgreift, indem *ein* Gesetz (z.B. die Schwerkraft) ausgesetzt wird. Die Eigenschaft der Arabeske, als zierliches und anspruchsloses Spiel der freien Phantasie gesetz- und regellos zu erscheinen, gleichwohl aber nach einer verborgenen Ordnung zu funktionieren, macht sie über die bildende Kunst, die Garten- und Bühnenkunst hinaus für alle Künste attraktiv, bleibt allerdings auch in Kunstkritik und Ästhetik umstritten.

Der Terminus Arabeske geht zurück auf ital. ›arabesco‹, d.h. Arabisches. Die Konkurrenz zu ›arabis‹ und ›arabicant‹ führt im französischen Sprachraum Ende des 16. Jh. dazu, daß Arabeske zum Spezialterminus der Architekten, Maler und Ornamentstecher ausdifferenziert wird. Im 18. Jh. weitet sich der Wortgebrauch auf das Phantastische der Literatur aus, zunächst vor allem der Märchen, dann des Romans; schließlich wird die Arabeske um 1800 zu einer ästhetischen Grundkategorie, die auch in der bildenden Kunst, z.B. der Landschaftsmalerei, zu neuen Gesichtspunkten führt; im 19. Jh. wird der Begriff von Thomas Carlyle in England eingeführt. Die Arabeske wird nun auf die Musik (Robert Schumann, Claude Debussy u.a.), die Musiktheorie (Eduard Hanslick), den Tanz und das Feuilleton übertragen. Mit den arabesken ›Randzeichnungen‹ entsteht eine historisch ausgerichtete Schrift-Bild-Korrespondenz von internationaler Bedeutung.

Die Arabeske ist von der Groteske durch Anmut und Grazie, Bewegung und Leichtigkeit, von der organisch gedachten Metamorphose durch Künstlichkeit und von der Hieroglyphe durch die ludistische Bedeutungsentlastung abzugrenzen. Von der Maureske unterscheidet sie die Arabeske dadurch, daß sie – entgegen ihrer etymologischen Implikation – nicht dem islamischen Abbildungsverbot unterliegt und sowohl körperlich-figürliche als auch tektonische Elemente hat, die sie mit der maurischen geometrisch-flächigen Ornamentstruktur verspannt.

Das gegenwärtige Interesse an der Arabeske hängt einerseits mit der postmodernen Aufmerksamkeit auf Zeichentheorie und Ornament zusammen, andererseits damit, daß die Arabeske als Grenzphänomen von Sinn thematisierbar wird, schließlich an dem erwachenden kulturwissenschaftlichen Interesse für Text-Bild-Schrift-Korrespondenzen.

I. Der Aufstieg der Arabeske zu einer alle Künste betreffenden Kategorie

1. Arabeskenmode um 1780

Der im letzten Drittel des 18. Jh. rekonstruierbare Aufstieg der Arabeske von einer bislang randständigen Form der Wand-, Bühnen- und Gartendekoration zu einem alle Künste betreffenden, ästhetischen Grundbegriff um 1800 dürfte sich nicht von einer europaweit bemerkbaren Arabeskenmode trennen lassen. An ihrer Konjunktur wird augenfällig, daß die Arabeske in der Lage ist, die zentralen Begriffe der Aufklärungsästhetik wie Naturnachahmung, Wahrscheinlichkeit, Klarheit, Schicklichkeit und Simplizität in Frage zu stellen. Die Arabeske wird damit, wenn auch zunächst nur in polemischer Absicht, anschlußfähig für damalige Theorieansätze. Kulminationspunkt dieser Argumentation wird sein, daß die Arabeske sich als Inversionsfigur des »ächten Geschmacks« herausstellen wird, in der »die Mannichfaltigkeit über die Einheit« herrscht und nicht, wie klassizistisch geboten, »die Mannichfaltigkeit der Einheit untergeordnet«[1] ist. Zugleich wächst ihr mit dieser Theoretisierungsfähigkeit eine Subsumptionsmöglichkeit zu: Andere zeitgenössische Kunstformen und -trends wie solche »à la Chinoise, à la Grec, Grotesque und en gout baroque«[2] partizipieren an der zunehmenden Faszination der Arabeske.

Die Konjunktur der Arabeskenmode und die von ihr ausgelösten Kontroversen machen verständlich, warum Clemens Brentano die Arabeske zum Seismographen epochaler Kunstvorstellung avancieren läßt: »man könnte aus den Arabesken und ihrem innern Zusammenhang sehr treffende Schlüsse auf die Kunstansicht jeder Zeit ziehen.«[3] Damit nimmt Brentano eine Entwicklung vorweg, die tatsächlich ab Mitte des 19. Jh. zu beobachten ist.

2. Archäologische Entdeckungen und ihre Folgen

Die Arabeskenmode empfing wesentliche Impulse durch die archäologischen Wandmalereien, die bei den bedeutenden Ausgrabungen in Pompeji und Herculaneum seit 1740 zu Tage kamen.[4] Internationale Verbreitung finden sie durch die seit 1755 publizierten Stichwerke *Antichità di Ercolano esposte*, denen 1789 die *Arabesques antiques des bains de Livie et de la Ville adrienne* von Nicolas Ponce folgen. In Wilhelm Zahns ab 1828 erschienenem, von Goethe besprochenem Werk *Die schönsten Ornamente und merkwürdigsten Gemälde aus Pompeji, Herculaneum und Stabiae* erreichen sie ihren zeitgenössischen reproduktionstechnischen Höhepunkt.[5] Solche modeauslösenden und modebegleitenden quasi-archäologischen Publikationen der Wanddekorationen wurden unmittelbar nach ihrem Ersterscheinen z.b. von dem berühmten Altertumswissenschaftler Caylus despektierlich charakterisiert als »des arabesques des plus mauvais, et qu'on ne peut regarder que comme des operations chinoises«[6]. Die Kunstkritik z.b. von Friedrich August Krubsacius mit dem Titel *Kurze Untersuchung des Ursprungs der Verzierungen, der Veränderung und des Wachstums derselben* (1759) kann auf die Renaissancekontroverse zurückgreifen.[7] Im Zentrum steht Vitruvs

---

1 KARL PHILIPP MORITZ, Vorbegriffe zu einer Theorie der Ornamente (1793), in: Moritz, Schriften zur Ästhetik und Poetik, hg. v. H. J. Schrimpf (Tübingen 1962), 212.

2 KÖREMON [FRANZ CHRISTOPH VON SCHEYB], Natur und Kunst in Gemälden, Bildhauereyen, Gebäuden und Kupferstichen zum Unterricht der Schüler und Vergnügen der Kenner, Bd. 2 (Leipzig/Wien 1770), 465.

3 CLEMENS BRENTANO an Philipp Otto Runge (21. 1. 1810), in: Brentano, Sämtliche Werke und Briefe, hg. v. J. Behrens u.a., Bd. 32 (Stuttgart u.a. 1996), 203.

4 Vgl. WILLIAM HAMILTON/CHRISTOPH GOTTLIEB VON MURR, Nachrichten von den neuesten Entdeckungen in der im J. C. 79 am 24. August durch den Ausbruch des Vesuvs verschütteten Stadt Pompeji (Nürnberg 1780), 11.

5 Vgl. WILHELM ZAHN, Die schönsten Ornamente und merkwürdigsten Gemälde aus Pompeji, Herculaneum und Stabiae nebst einigen Grundrissen und Ansichten nach den an Ort und Stelle gemachten Originalzeichnungen (1828–1856; Berlin 1928–1930).

6 ANNE CLAUDE PHILIPPE DE TUBIÈRE COMTE DE CAYLUS an Paciaudi (5. 3. 1759), in: Caylus, Correspondence inédite, Bd. 1 (Paris 1877), 42 f.

7 Vgl. [FRIEDRICH AUGUST KRUBSACIUS], Kurze Untersuchung des Ursprungs der Verzierungen, der Veränderung und des Wachsthums derselben, bis zu ihrem itzigen Verfalle; nebst einigen wohlgemeynten Vorschlägen zur Verbesserung und Richtschnur aller Zierrathen, in: Das Neueste aus der anmuthigen Gelehrsamkeit 9 (1759), 34 ff.

»in dem fünften Kapitel seines siebenten Buches« von der *Baukunst* vorgetragene »Philippika gegen die Verkehrtheit«[8] und Dekadenz dieser ins Unwahrscheinliche ausgreifenden phantastischen Architekturmalerei. Die Polemik ruft zugleich Gegenstimmen auf den Plan, die sich unausgesprochen auf Giorgio Vasaris Apologie der Renaissance-Arabeske mit ihrer Ästhetik der Neuheit, Abwechslung und Überraschung stützen. Die Renaissance-Arabesken, insbesondere die berühmten ›ornemens arabesques‹ der Loggien des Vatikan von Raffael und Giovanni Battista da Udine, waren nun ihrerseits durch verbesserte Reproduktionstechnik europaweit verbreitet.[9] Der Aufstieg der Arabeske zu einer ästhetischen Grundkategorie beginnt Ende der 1750er Jahre mit einer radikalisierten und nun europaweit geführten Wiederholung einer Kontroverse, die mit der Entdeckung der Titusthermen in Rom (1490) und der dadurch inspirierten Ausmalungen der Loggien des Vatikan begonnen hatte.

8 GOTTFRIED SEMPER, Der Stil in den technischen und tektonischen Künsten oder Praktische Ästhetik, Bd. 1 (1860; München ²1878), 460.
9 Vgl. JOHANN JACOB VOLKMANN, Historisch-kritische Nachrichten von Italien, Bd. 2 (1771; Leipzig 1777), 114.
10 ANDREAS RIEM, Ueber die Arabeske, in: Monats-Schrift der Akademie der Künste und mechanischen Wissenschaften zu Berlin, Bd. 1, 6. Stück (1788), 277.
11 Ebd., Bd. 2, 3. Stück (1788), 133.
12 KÖREMON (s. Anm. 2), 463.
13 Vgl. ›Arabesque‹, in: WATELET, Bd. 1 (1792), 91.
14 Vgl. CHRISTIAN HEINRICH ROST, Ideen zu einem kleinen Neben-Zimmer, Kabinett oder Solitude, in: Journal des Luxus und der Moden 1 (1786), 424 ff.; JOSEPH FRIEDRICH RACKNITZ, Arabesker Geschmack (1796), in: Racknitz, Darstellung und Geschichte des Geschmacks der vorzüglichsten Völker in Bezug auf die innere Auszierung der Zimmer und auf die Baukunst (Leipzig 1796), 1–19; CHRISTIAN LUDWIG STIEGLITZ, Versuch über den Geschmack in der Baukunst (Leipzig 1788), 36.
15 Vgl. JOHANN WOLFGANG GOETHE, Von Arabesken (1789), in: GOETHE (WA), Abt. 1, Bd. 47 (1896), 239.
16 Vgl. JOHANN CHRISTOPH FRISCH, Über Arabesken und ihre Anwendung, in: Berlinisches Archiv der Zeit und ihres Geschmacks, Bd. 1 (1795), H. 4, 264.
17 KURT CASSIRER, Die ästhetischen Hauptbegriffe der französischen Architekturtheoretiker von 1650–1780 (Berlin 1909), 58.

3. Lizenzen in den Kunsttheorien

Im letzten Drittel des 18. Jh. zeichnen sich zwei Stellungnahmen zur Arabeske ab:
– eine von den Zeitgenossen als »Krieg«[10] rezipierte scharfe Ablehnung der Arabeske als »nonsensicalische«[11] Darstellung von »Hirngespinsten, Träumen, unmöglichen Dingen«[12];
– eine differenzierte Betrachtungsweise, die hinsichtlich der verpönten Arabeske unter bestimmten funktionalen Gesichtspunkten für Ausnahmen und Lizenzen plädiert. Dazu zählte man zunächst die den Arabeskenmalern eingeräumte Möglichkeit, sich aus dem tradierten poetischen, meist mythologischen kollektiven Imaginationsschatz wie Sirenen, Sphinxen, Faunen, Genien zu bedienen.[13] Innovativ hingegen ist die genutzte Argumentationsmöglichkeit, die der Zierleiste ursprünglich zugebilligte Lizenz für phantasiegeleitete Darstellungen nun auf die jeweils angemessene Räumlichkeit zu übertragen. Danach wird in nicht repräsentativen Räumen, in Gartenpavillons, Galerien und Solituden eine Wandverzierung zugelassen, die dem launigen Spiel der Einbildungskraft frönt.[14] Interessant an derartigen lizenzheischenden Überlegungen zugunsten einer durch das Naturnachahmungspostulat nicht gedeckten Arabeskenproduktion ist der zunehmend beobachtbare Wechsel der Perspektive von einer außerästhetischen, etwa auf Repräsentation achtenden, zu einer innerästhetischen bzw. wahrnehmungsästhetischen Argumentationsweise. Die Funktion der am Rand plazierten Arabeske wird entweder in der Blicklenkung auf das Bildmitte gesehen[15], oder der Arabeskenrand wird verpflichtet, zwischen dem Kunstraum des Bildes und dem Betrachterraum und seiner alltäglichen Außenwelt zu vermitteln.[16] Aus solchen Überlegungen entwickelt sich eine Unterscheidungssensibilität für konzentriertes Sehen in bestimmten Räumlichkeiten mit Verweildauer, das sich von einem arabesken zerstreuten Sehen beim »Vorübergehen« (563) unterscheiden läßt. Derartige Überlegungen sind Anzeichen für eine wahrnehmungsästhetische Umorientierung: »an Stelle eines Systems, das Last und Träger vortäuschte« treten »Rahmen und das Gerahmte«[17], »an die Stelle der barocken Galli-Bibiena'schen starren Durchblicke durch Hallen und Säle treten

die zarten Einblicke, szenisch bedingt durch Lauschszenen und Versteckspiel«[18].

Eine weitere Lizenzmöglichkeit für die Arabeskenproduktion findet sich im Rekurs auf »accidens heureux« und Launen der lebenden und unbelebten Natur, wie sie bei der der Freude gewidmeten »célébration des jeux & des fêtes«[19] zeitalterüberschreitend üblich und legitim seien und wie sie generationell bei der Jugend vorzukommen pflegen. Unterstützt wird diese Lizenz für Arabesken durch die Interpretation »jenes lebensfrohen« antiken »Volkes«, dessen Art, sich mit den »heiteren Gebilden« der Arabeske auch im Alltag zu umgeben, ein Indiz für die enthierarchisierte, göttergleich »geflügelte«, von »Spielen heiterer Phantasie« getragene Welthaltung der Römer ist: »Jenen Menschen« war »alles bedeutend«, »das eine groß und kräftig, ein anderes wieder mild und lieblich. Eine Idee erzeugte bei ihnen eine neue«[20]. In gleicher Weise gebraucht Goethe in seinem in Wielands *Merkur* 1789 veröffentlichten Essay *Von Arabesken* das anthropologisch gestützte Argument gegen die Verächter der Arabeske: »Fröhlichkeit, Leichtsinn, Lust zum Schmuck scheinen die Arabesken erfunden und verbreitet zu haben, und in diesem Sinn mag man sie gerne zulassen, besonders wenn sie, wie hier, der bessern Kunst gleichsam zum Rahmen dienen, sie nicht ausschließen, sie nicht verdrängen, sondern sie nur noch allgemeiner, den Besitz guter Kunstwerke möglicher machen.«[21]

Im Schutz ›subordinierter Kunst‹ und im Rekurs auf soziale Zeichen der Freude und des Spiels entfaltet sich eine ästhetisch legitime Arabeske als Teil einer Ästhetik der Grazie und Anmut, der Leichtigkeit und Ungezwungenheit. Ihr ist der latente Übergang von kindlicher Naivität[22] zu erotisch eingefärbter Inszenierung zu eigen, etwa im Umfeld einer filigranen, verschiedenartigste Durchblicke ermöglichenden Festchoreographie im Stile Watteaus. Als Beispiel wird aus der Literatur Alcine genannt, wie sie Roger zu Ehren ein Fest anordnet, mit Zelten, Pavillons, bedeckten Gängen, Balkons aus Palästen oder kleinen Lustwäldern als Zierelementen.[23] Die sich anbahnende, bis ins 19. Jh. fortsetzende Alternative zwischen Bejahung der antiken Wandgemälde und Ablehnung der mit der »grillenhaften Kunst« und den »sinnlosen Figuren« der »arabischen Bilder [...] vermengten«[24] Renaissance-Arabesken umgeht Goethe in meisterhafter Diplomatie. Er arbeitet zwar den Unterschied der auf »Ersparniß der Kunst« angelegten antiken Arabesken zu den auf »verschwenderischen« »Reichthum« und »Fülle«[25] ausgerichteten Ausmalungen der Loggien des Vatikans heraus; allein statt einer Kritik an den letzteren im Tone Riems[26] verweist er auf deren angemessenen Ort in der Moderne: »Am meisten im Sinne der Alten dünken mich die Arabesken in einem Zimmerchen der Villa, welche Raffael mit seiner Geliebten bewohnte.« Mit seinem Hinweis auf ein »geheimnißvoll allegorisches Bild, wahrscheinlich die Gewalt der Begierden vorstellend«[27] erinnert Goethe nicht nur an die Herkunft der antiken Arabesken aus dem Dionysoskult, sondern auch an eine in der Moderne notwendige Verfahrensweise des arabesken Verhüllens und Enthüllens, an eine Technik der Anspielung und des Versteckens hinter zufälligem und willkürlichem Zierat, die bis zur Camouflage und verdeckenden Schreibweise reichen kann. Goethe dürfte sich mit dieser Interpretation unausgesprochen an eine »Entdeckung« des »Gesandten Hamiltons in Neapel« angeschlossen haben. Hamilton hatte nämlich, wie Tischbein berichtet, die antiken Arabesken, diesen »ins Unendliche verschlungenen Bildergang« nicht wie üblich mit »dem vielfach gewundenen Mäander« in Zusammenhang gebracht, sondern auf das »Labyrinth«[28] zurückgeführt.

18 GUSTAV ZECHMEISTER, Die Wiener Theater nächst der Burg und nächst dem Kärntnerthor von 1747 bis 1776 (Wien 1971), 39.
19 ›Arabesque‹, in: WATELET, Bd. 1 (1792), 92, 91.
20 JOHANN HEINRICH WILHELM TISCHBEIN/HENRIETTE HERMES, Die Eselsgeschichte oder der Schwachmatikus und seine vier Brüder, der Sanguinikus, Cholerikus, Melanchlikus und Phlegmatikus nebst zwölf Vorstellungen vom Esel (1812; Kiel 1987), 190.
21 GOETHE (s. Anm. 15), 238f.
22 Vgl. ›Arabesque‹, in: WATELET, Bd. 1 (1792), 94.
23 Vgl. ebd., 91.
24 TISCHBEIN, Aus meinem Leben (1861), hg. v. L. Brieger (Berlin 1922), 235f.
25 GOETHE (s. Anm. 15), 237, 240.
26 Vgl. RIEM (s. Anm. 10), Bd. 2, 1. Stück (1788), 26f.
27 GOETHE (s. Anm. 15), 240.
28 TISCHBEIN/HERMES (s. Anm. 20), 191.

4. Genese einer Ästhetik des ›Ungefähren‹, des Leichten und Schwebenden

Der allmähliche Aufstieg der Arabeske von einer randständigen Dekorationsform zu einer universellen Kategorie des Ästhetischen um 1800 geht die Entdeckung einer Grazie, Anmut und Naivität zusammenfassenden Ästhetik des ›Ungefähren‹ voraus. Auch wird ihr universeller Charakter ausdrücklich betont: »Il faut qu'en les [die Arabesken – d.Verf.] voyant, on imagine qu'un hasard, un vent léger […] ont courbé, enlassé, guirlandé les jeunes branches des arbisseaux & les fleurs que vous employez. […] On le voit, on le sent dans l'expression, dans le discours, dans le geste, dans l'action & dans tout ce qui est susceptible d'aisance, de naturel & de grace.«[29] Der Entdeckung des Ungefähren korrespondiert eine alle Künste übergreifende Wertschätzung des Schwebens.[30] Die Überwindung der »Schwerfälligkeit in der Behandlung des wandelnden und bewegten Lebens«[31] wird ein Programmpunkt der Arabeske in der Romantik werden. Strukturanalog zu den »premiers & secrets principes de l'ordre moral qui lui est si nécessaire« verwirklicht sich in der Arabeske eine verborgene »symmétrie & un balancement dans la disposition des objets qui satisfasse le regard«[32].

Die Favorisierung des Leichten, Ungezwungenen, Spielerischen, Flächigen und Farbigen dürfte der Grund dafür sein, daß sich im letzten Drittel des 18. Jh. trotz des gleichbleibenden Bezugs zu den Arabesken der Antike und der Renaissance eine Begriffsverschiebung von dem bislang dominanten Grotesken zum Arabesken abzeichnet. Seit der Wiederentdeckung der verschütteten spätantiken Wanddekorationen im 16. Jh. und ihrer innovatorischen Erweiterung der Renaissance wurden derartige Verzierungen unter dem Begriff Groteske subsumiert. Obgleich in allen Kunsttheorien und kontroversen Diskussionen seit 1750 die Differenz zwischen der vegetabilisch ausgerichteten, aus dem Arabischen stammenden Arabeske mit ihrer Kombinatorik von verschiedenen Bildlogiken und Raumsystemen einerseits und der sich der Darstellung ›chimärischer‹ Mischwesen aus Mensch und Tier widmenden Groteske andererseits präzis notiert wird[33], hat diese Differenzierungsbemühung keinen Einfluß auf die prinzipielle begriffliche Dominanzverlagerung vom Grotesken zum Arabesken. Abgedrängt wird das körperlich und leiblich erfahrbare ›Ungestaltige‹, das raumgreifende Monströse der Groteske. Es erhält seinen separierten Aktionsraum im Bereich des Groteskkomischen.[34] Durch die Abspaltung der problematischen »songes de malades« wird die Akzeptanz einer angenehmen Schwärmerei als freies Spiel der Einbildungskraft erkauft: »La raison & le goût exigent qu'ils ne soient pas des songes de malades, mais des rêveries […]. Ces chimères pittoresques ressemblent encore à celles que se forme la jeunesse, dans les heureux momens où […] elle ne reçoit que des idées agréables & gaies de tout ce que lui présente la Nature.«[35] Von hier aus ist es kein weiter Schritt mehr, als Hintergrundmodell die Arabeske den Traum mit seiner ganz eigenen imaginären Ordnung und seiner zwischen Schrecken und Ergötzen ambivalenten Wirkweise zu wählen. Der Traum »bindet sich an keine Bedingungen des Raumes, keine Einengung der Zeit, nicht an den verständigen Gang der Geschäfte, nicht an Form und Gestalt und die Verknüpfung nach Grund und Folge; und ist es nicht derjenige, der auftreten und sagen kann: Er habe im Traume nicht vor diesen Phantasmen gezittert, nicht sich im Traum von den bunten Spielen der Einbildung ergötzt, sei nicht entzückt worden von den Arabes-

---

29 ›Arabesque‹, in: WATELET, Bd. 1 (1792), 94.
30 Vgl. ALEXANDER VON RENNENKAMP, Über Tischbeins neueste Gemählde, in: Oldenburgische Blätter (Januar-März 1821), Abschn. 16.
31 NOVALIS an F. Schlegel (18. 6. 1800), in: NOVALIS, Bd. 4 (1975), 333.
32 ›Arabesque‹, in: WATELET, Bd. 1 (1792), 95.
33 Vgl. [J. J. VOLKMANN], [Anmerkung des Übersetzers], in: Anton Joseph Dezallier d'Argensville, Leben der berühmtesten Maler, nebst einigen Anmerkungen über ihren Character, übers. v. J. J. Volkmann, Bd. 1 (Leipzig 1767), 384; CHRISTIAN LUDWIG STIEGLITZ, Über den Gebrauch der Grotesken und Arabesken, in: Allgemeines Magazin für die bürgerliche Baukunst (Leipzig 1790), 34; STIEGLITZ, Enzyklopädie der bürgerlichen Baukunst, Bd. 1 (Leipzig 1792), 37; OWEN JONES, Grammatik der Ornamente (1856; Stuttgart 1987), 126.
34 Vgl. JUSTUS MÖSER, Harlekin oder Vertheidigung des Groteske-Komischen (1761; Bad Homburg 1968).
35 ›Arabesque‹, in: WATELET, Bd. 1 (1792), 91.

ken der Phantasie?«[36] Konsequent heißt es in einer zeitgenössischen Ästhetik: »Arabesken sind Darstellungen eines schönen urfreien Traumes; darin sind alle Wesen, die die Welt hegt, in bunter Reihe, frei in Raum und Zeit und Bewegung, ein Gliedbau.«[37]

5. Der Medienwechsel der Arabeske zur Poesie

Zu dem Zeitpunkt, an dem die Autonomie der schaffenden Einbildungskraft in der Arabeske ihre universelle Form findet, läßt sich der Medienwechsel der Arabeske zunächst zur Poesie, bald darauf auch zur Musik ausmachen. Eine Produktionsästhetik, die im »Wettstreit [...] mit der Natur [...] in unserer Seele nie gehabte Ideen« erweckt, erlaubt eine Analogie zwischen malerischen Arabesken und dem Märchen herzustellen: »dann nämlich erheben sich diese wunderbaren Geschöpfe der Phantasie zu einem Gegenstande des Geschmacks und treten den Feenmärchen der Dichtkunst an die Seite.«[38] Im Blick auf Anton Gallands 1704 erschienene Übersetzung *Les milles et une nuits* lag es nahe, den Medienwechsel von der Malerei zur Poesie bei derjenigen literarischen Gattung zu beginnen, bei der Arabisches und Phantastisches immer schon zusammenzugehören schienen. Der Weimarer Verleger Friedrich Justin Bertuch hat schon vor der Romantik 1790 im Vorwort seiner Märchensammlung mit dem Titel *Blaue Bibliothek aller Nationen* die »Sammlung aller Wundermärchen und Sagen und abenteuerlichen Erzählungen und Romane, aller Völker« als »Arabesken und Grotesken aller bekannten Literaturen«[39] gekennzeichnet. Im folgenden Band vergleicht er schließlich eines der Märchen mit den »berühmten Arabesken in den Logen des Vatikan«[40].

Die Wertschätzung des formalen Spiels der Einbildungskraft gibt das Naturnachahmungspostulat auf allen Ebenen der hohen und niederen Künste preis. So heißt es im *Journal des Luxus und der Moden* im Blick auf die Vorbilder von Raffael und Giovanni Battista da Udine bis Watteau: »Sie sind und bleiben immer angenehme Spiele der Phantasie mit Kunst gepaart, die sich bey ihrer bald muthwilligen, bald tändelnden, bald komischen, bald fratzenhaften Composition, an keine

Natur und kein Gesetz bindet, und im eigentlichsten Verstande nichts als geschmackvoll spielen will. Regeln laßen sich also dazu gar nicht geben.«[41]

II. Die Herausbildung der Arabeske zum ästhetischen Grundbegriff

1. Kants Bestimmung der ›freien Schönheit‹ und ihre Folgen für die Arabeske in bildender Kunst, Musik und Tanz

Mit der Beschreibung arabesker »phantasierreicher Compositionen« unter der Rubrik »Zimmer-Tapezierung«[42] in dem *Journal des Luxus und der Moden* ist der Kontext angegeben, auf den sich 1790 Kant in der *Kritik der Urteilskraft* bezieht, um die »freie Schönheit«, die »für sich« gefällt, in Absetzung von der »bloß anhängenden Schönheit« zu charakterisieren: »So bedeuten die Zeichnungen à la grecque, das Laubwerk zu Einfassungen oder auf Papiertapeten usw. für sich nichts; sie stellen nichts vor, kein Objekt unter einem bestimmten Begriffe, und sind freie Schönheiten. Man kann auch, das was man in der Musik Phantasieren (ohne Thema) nennt, ja die ganze Musik ohne Text zu derselben Art zählen.«[43] Kant benutzt bei seinen Erörterun-

---

36 AUGUST FERDINAND BERNHARDI, Wissenschaft und Kunst (Berlin 1802), 56.
37 KARL CHRISTIAN FRIEDRICH KRAUSE, System der Ästhetik oder der Philosophie des Schönen und der schönen Kunst, hg. v. P. Hohlfeld u. A. Wünsche (Leipzig 1882), 299.
38 WILHELM JOHANN GEORG CLEINOW, Über Arabesken und Grotesken, in: J.G. Meusel (Hg.), Neue Miscellaneen artistischen Inhalts für Künstler und Kunstliebhaber (Leipzig 1795), 16 f.
39 FRIEDRICH JUSTIN BERTUCH, Vorwort, in: Bertuch (Hg.), Die Blaue Bibliothek aller Nationen, Bd. 1 (Gotha 1790), 4.
40 BERTUCH, Vorwort, in: ebd., Bd. 2 (Gotha 1790), IX.
41 [BERTUCH/G. M. KRAUS], Ameublement. Ueber Zimmer-Tapezierung. Arabesken-Malerey auf Gips oder Leinwand, in: Journal des Luxus und der Moden 2 (1787), 428.
42 Ebd., 427.
43 IMMANUEL KANT, Kritik der Urteilskraft (1790), hg. v. K. Vorländer (Hamburg 1963), 70.

gen zur ›freien Schönheit‹ noch nicht den Begriff der Arabeske, wohl aber seine Rezipienten. Während Moritz im zusammenfassenden Schlußsatz seines 1793 publizierten Arabeske-Artikels noch das im Begriff der Laune vorformulierte autonome Formspiel ohne Beziehung auf Konträres herausstellt (»Es ist das Wesen der Zierde selbst, die sich an kein Gesetz bindet, weil sie keinen Zweck hat, als den, zu vergnügen«[44]), wird Friedrich Schiller gleichzeitig – nun allerdings mit Verwendung des Begriffs Arabeske – Kants Unterscheidung zwischen »freier Schönheit« und »anhängender Schönheit« einführen. Sein Befremden, »daß also eine Arabeske und was ihr ähnlich ist, als Schönheit betrachtet, reiner sei als die höchste Schönheit des Menschen«[45], wird von Johann Joseph Görres und Friedrich Ast als Kriterium genutzt, verschiedene Gattungen der Malerei zu scheiden. Die Arabeske als »Form ohne Gegenstand«[46], als »gleichsam die logische Construction, das inhaltlose Spiel des Schönen«[47] wird vom gehalts- und gegenstandsbezogenen Porträt und Stilleben unterschieden.

Es lag nahe, dieses autonome Linienspiel, wie schon von Kant selbst angedeutet, auf die ›schönen Formen‹ der Musik zu übertragen. Novalis zielt mit folgender Notiz in diese Richtung: »Die eigentliche sichtbare Musik sind die Arabesken, Muster, Ornamente etc.«[48] Eduard Hanslick baut diesen Gedanken aus, indem er die Arabeske analog zu ihrer Verwendung in der bildenden Kunst zum

44 MORITZ (s. Anm. 1), 211.
45 FRIEDRICH SCHILLER, Kallias oder über die Schönheit (1793), in: Schiller, Werke, hg. v. G. Fricke/H. G. Göpfert, Bd. 2 (München 1966), 353.
46 JOHANN JOSEPH GÖRRES, Aphorismen über die Kunst (1802), in: Görres, Gesammelte Schriften, hg. v. R. Stein (Köln 1932), 86.
47 AST, 87.
48 NOVALIS, Fragmente und Studien (1799), in: NOVALIS, Bd. 3 (1983), 559.
49 EDUARD HANSLICK, Vom Musikalisch-Schönen. Ein Beitrag zur Revision der Ästhetik in der Tonkunst (1854; Mainz u. a. 1990), 75.
50 THEODOR HENTSCHKE, Allgemeine Tanzkunst (1836; Leipzig 1986), 89.
51 FRIEDRICH THEODOR VISCHER, Kritik meiner Ästhetik (1866), in: Vischer, Kritische Gänge, hg. v. R. Vischer, Bd. 4 (München 1922), 263.
52 Vgl. HENRY VAN DE VELDE, Essays (Leipzig 1908).

Modell erklärt, »in welcher Weise uns die Musik schöne Formen ohne den Inhalt eines bestimmten Affektes bringen kann«[49].

Schumann, Nils Gade, Debussy, Max Reger und Jean Sibelius nehmen in diesem Sinne auf die Arabeske Bezug (Schumann: Arabeske in C-Dur op. 18 von 1839; Debussy: Deux Arabesques, 1888; Reger: Arabeske, in: Aus meinem Tagebuche op. 82, H. 4; Dibelius bezieht den Titel seiner Komposition auf die Dichtung von Jens Peter Jacobson).

Im Klassizismus, etwa bei Wilhelm von Humboldt, wird die Tanzkunst das Modell für die Darstellung reiner, freier, schöner Formen. Den Begriff Arabeske wird dann Theodor Hentschke für bestimmte Attitüden der Tanzkunst einführen.[50] Die Akzeptanz der reinen autonomen Form in speziellen Kunstbereichen wie dem Stilleben, dem Tanz und der Musik korrespondiert freilich im 19. Jh. mit der Abwertung der Arabeske als bloßes Spiel bedeutungsloser Formen. In diesen Argumenten u. a. des Ästhetikers Friedrich Theodor Vischer gegen die harmlosen Märchenarabesken Eduard Mörikes schwingt der seit dem Ende des 18. Jh. ausgesprochene Gegensatz von erhabenem Historienbild bzw. heroischer Tragödie einerseits und den bloßen Tändeleien der Arabeske andererseits mit. Noch am Ende idealistischer Ästhetik wird die Arabeske als Gegenmodell figurieren. Selbst im Widerruf seiner spätidealistischen Ästhetik wird Vischer die Auseinandersetzung mit der formalistischen Ästhetik Herbartscher und Zimmermannscher Provenienz in Beziehung zur bloßen Form der Arabeske bringen: »Arabesken, lineare und farbige Ornamente werden nun für wirklich und wahrhaft Schönes erklärt werden und der Dekorationsmaler wird ein reinerer Künstler sein als z.B. der Historienmaler.«[51] Eine derartige polemische Aussage läßt sich als hellsichtige Prognose der zukünftigen Entwicklung der Arabeske im Jugendstil etwa im Blick auf Henry van de Velde lesen.[52]

2. Die Arabeske in der Romantik

a) Reaktualisierung der Doppelorientierung der Arabeske

Die Romantik greift sowohl die seit dem Rokoko gängige Arabeskenbestimmung der »witzigen Spielgemälde«[53] als auch das seit Kant präsente Formmodell reiner freier Schönheit auf, um die Arabeske im Rückgriff auf den Orient von jeglicher Beziehung zu »leerem und eitlem Schmuck« oder »überflüssigem und beschwerlichem Zierrat« (320) zu befreien. Sie gibt diesen formalästhetischen Ansätzen aber eine neue Richtung, indem sie die Arabeske als Grenzphänomen des Ornaments und die damit einhergehende Doppelcodierung reaktualisiert. Die seit der Renaissance-Arabeske gepflegte Kombination und Überlagerung zweier Bildlogiken (ornamentaler flächiger Rand – plastisches Zentrum) überträgt sie in ihrem Kontrapost von Spiel und Bedeutung auf die Poesie. In der Romantik wird Arabeske zur Strukturmetapher für den bislang inkriminierten Gegensatzzusammenhang von »anspruchslosester Zierlichkeit« und »tief verfolgter Bedeutsamkeit«[54].

Ludwig Tieck wird später denselben Gegensatzzusammenhang als Übergang von der »phantastisch spielenden Arabeske zu einem philosophischen, religiösen Kunstausdruck«[55] zu beschreiben versuchen. Die Arabeske tritt damit aus der verzierenden Randfunktion ins Zentrum künstlerischer Theorie und Poesie. Die Romantik verbindet um 1800 die in den 1790er Jahren gemachten ersten Versuche des Medienwechsels der Arabeske von der bildenden Kunst zur Poesie einerseits im Märchen, andererseits in der durch kunstvolle Reime konstituierten »angenehmen Conversationspoesie«, die man nach Johann Gottfried Herders Meinung »Arabeske nennen« sollte, »denn eben auch den Arabern galt der Reim für ein Siegel des vollendeten Ausdrucks«[56]. Was in der Gattungskonstellation zwischen Märchen und ›Conversationspoesie‹ angelegt ist, die Verbindung von dem bis ans Archaische heranreichenden Spiel der Phantasie mit dem hochartifiziellen, fast ornamental zu nennenden Reimspiel (man denke nur an die Hochschätzung Ariosts durch die Romantiker), mußte nur noch in den Horizont einer Philosophie (die von der antiken Theoria bis zur Transzendental- und Naturphilosophie reichte) und einer Poetik der Destruktion und Konstruktion (Ironie, Parodie, Satire, Witz) gebracht werden, um in der Potenzierung der Formen und »unendlichen Fülle«[57] das romantische Spiel der Arabeske zu begründen.

b) Die poetologische Konstellation um 1800: Theoretisierung und Historisierung

Betrachtet man den Eintritt der romantischen Arabeskentheorie um 1800 aus der historiographischen Vogelperspektive, so kann man ihre Genese präzis an der Schnittstelle zwischen Theoretisierung, Ästhetisierung und Historisierung ausmachen. 1790 waren die für die Entwicklung des Begriffs der Arabeske weitreichende *Kritik der Urteilskraft* Kants sowie Goethes *Versuch die Metamorphose der Pflanzen zu erklären* entstanden. Gleichzeitig konzentriert sich im Umfeld der Arabeske ein Diskussionszusammenhang (Johann Dominicus Fiorillo, Stieglitz, Carl August Böttiger), der die Baukunst, Malerei, Kunstgeschichte, Archäologie, Dichtung und Ästhetik zusammenführt. Die Folge dieser interdisziplinären Verwissenschaftlichung ist zunächst die Mehrfachentkräftung der Vitruvschen Polemik gegen die Arabeske.[58] Der Dekadenzvorwurf gegen die Arabeske wird gleichsam umgekehrt, indem zunächst eine ägyptische, schließlich eine frühe, orientalische Herkunft der Arabeske behauptet wird. Die Einwände gegen die Statik verletzende, schwebende Arabeskverzierungen werden schließlich durch die Gattungsdifferenzierung in Architektur und Architekturmalerei entkräftet. Schließlich ist ein deutlicher Zuwachs an historischen Kenntnissen über die Geschichte der Arabeske zu verzeichnen. So werden sowohl Zu-

---

53 FRIEDRICH SCHLEGEL, Gespräch über die Poesie (1800), in: SCHLEGEL (KFSA), Bd. 2 (1967), 330 f.
54 BRENTANO (s. Anm. 3), 202.
55 LUDWIG TIECK, Eine Sommerreise (1834), in: Tieck, Schriften, Bd. 23 (Berlin 1853), 18.
56 JOHANN GOTTFRIED HERDER, Briefe zur Beförderung der Humanität (1796), in: HERDER, Bd. 18 (1883), 43.
57 F. SCHLEGEL, Fragment 407 (1798), in: Schlegel, Literary Notebooks 1797–1801, hg. v. H. Eichner (London 1957), 56.
58 Vgl. STIEGLITZ, Archaeologie der Baukunst der Griechen und Römer (Weimar 1801).

sammenhänge mit den griechischen Mysterien[59] als auch Verbindungen zur Hermetik und zum Hieroglypheneinsatz in der Renaissance, insbesondere bei Lomazzo und in Francesco Colonnas *Hypnerotomachia Poliphili* (1499), hergestellt.[60] Hinweise über die Arabeske in Spanien fehlen genausowenig wie Überlegungen zur Herkunft der Arabeske aus orientalischen Stickereien.[61] Der Weimarer Archäologe Böttiger führt 1798 vier Entstehungsmöglichkeiten der Arabeske auf. Neben der »orientalischen Tapetenwirkerei«, den »Verzierungen der Architekten auf den Friesen und Zacken der alten Tempel« sei der Anteil der Poesie, die »üppige Phantasie der Metamorphosendichter besonders der Alexandrinischen Künstler«[62] nicht zu unterschätzen. Schließlich verweist Böttiger lange vor Goethes »römischem Kunstfreund«[63] Tischbein auf die Möglichkeit, daß die in Goethes *Versuch die Metamorphose der Pflanzen zu erklären* vorgestellten »durchgewachsenen Rosen und Nelken« »unsern Mahlern allerdings zuerst die Idee dieser Blumenarabesken an die Hand«[64] gegeben hätten.

c) Die romantische Arabeske als Neueinsatz von Kunst

Zahlreiche dieser am Ende des 18. Jh. sich an der Arabeske auskristallisierenden Denkansätze greift Friedrich Schlegel auf, um sie für eine moderne

---

59 Vgl. CARL AUGUST BÖTTIGER, Griechische Vasengemälde, Bd. 1 (Weimar 1797).
60 Vgl. JOHANN DOMINICUS FIORILLO, Geschichte der zeichnenden Künste von ihrer Wiederauflebung bis auf die neuesten Zeiten, Bd. 3 (Göttingen 1803), 173.
61 Vgl. FIORILLO, Über das Groteske. Einladungsblätter zu Vorlesungen über die Geschichte und Theorie der bildenden Künste (Göttingen 1791), 9, 12.
62 BÖTTIGER (s. Anm. 59), 92 f.
63 GOETHE, Zur Morphologie, Bd. 1 (1817), in: GOETHE (WA), Abt. 2, Bd. 6 (1891), 138.
64 BÖTTIGER (s. Anm. 59), 95.
65 Vgl. ›Groteske‹, in: SULZER, Bd. 2 (1792), 448; BÖTTIGER (s. Anm. 59), 98 f.
66 BÖTTIGER (s. Anm. 59), 99.
67 F. SCHLEGEL (s. Anm. 53), 319.
68 PHILIPP OTTO RUNGE an Brentano (27. 12. 1809), zit. nach Jörg Traeger, Philipp Otto Runge und sein Werk (München 1975), 116.
69 F. SCHLEGEL (s. Anm. 53), 318.
70 RUNGE (s. Anm. 68).

Produktionsästhetik und eine ins Universelle gelenkte romantische Gattungstheorie zu verwenden. Schlegel bezieht sich auf die aktuellste archäologische Spekulation zur Entstehung der Arabeske, wenn er behauptet, sie sei nicht, wie Johann Georg Sulzer vermutet[65], aus der ägyptischen Hieroglyphe, sondern u. a. aus den griechischen Metamorphosen herzuleiten, diesen, wie es bei Böttiger heißt, »bekannten Sagen aus den Umwandlungen schöner Knaben und Mädchen in Pflanzen und Blumen«[66].

Im Rückgriff auf eine Arabeske, verstanden als »älteste und ursprüngliche Form der menschlichen Fantasie«[67], entwickelt F. Schlegel eine Methode »neuer Mythologie« (312). Sie ist in der Lage, die Vielzahl zur Verfügung stehender, historisch ausgebildeter Kunstformen nicht nur durch »Beziehung und Verwandlung« oder »Anbilden und Umbilden« (318) neu zu gestalten, sondern sie vermag darüber hinaus, in ironischer Brechung die den hochkomplexen Formen zugrundeliegenden, einfachen, ursprünglichen Formen in ihrer ursprünglichen Sonderbarkeit und Einfalt »durchschimmern« (319) zu lassen. Das künstlerische »Hauptstreben«, mit Philipp Otto Runge gesprochen, »die lustigen und zierlichen Gestaltungen der lebendigen Natur an die ersten und einfachsten Verhältnisse unseres »Gemüts«[68] und unserer Wahrnehmung zurückzubinden, löst die Arabeske aus ihrer bisherigen produktionsästhetischen Definition, nur »einzelne Einfälle« darzustellen. In der Romantik wird die Arabeske zu »jenem großen Witz der romantischen Poesie« und d.h. zum Energiezentrum der »Konstruktion des Ganzen«[69].

Konsequenterweise werden die sich isolierenden Untergattungen der bildenden Kunst (Architektur, Plastik, Malerei, Relief, Miniatur) durch Rückbezug auf ihre ursprüngliche Zusammengehörigkeit, auf »ihr einfaches Fundament«[70] wieder aufgelöst. Der aus dem Zeitenumbruch diagnostizierte Neueinsatz der Kunst bindet in der Arabeske das Archaische und das Zukünftige, das Abstrakte und das Konkrete, Genese und Geltung zusammen. Die Arabeskenkunst ist, d.h. von den einfachsten Formen wie z.B. Scherenschnitten kommt es zur höchsten Abstraktion und sogar, wie Runge meint, zum großen Stil fähig. An die Stelle des Historienbildes tritt die bislang in der

II. Die Herausbildung der Arabeske zum ästhetischen Grundbegriff

Gattungshierarchie abgewertete Landschaft. Sie kann »ganz ohne Figuren«, als »absolute fantastische Malerei«[71], gedacht werden. Runge prognostiziert, daß sie »für jetzt« am ehesten aus der »Arabeske und Hieroglyphe«[72] hervorgehen könne. Indem Schlegel die bisherige Liaison von Arabeske und Märchen erweitert und auch in der Poesie die einzelnen separierten Gattungen in dem als Arabeske konzipierten Roman (der ja ebenfalls bislang nur als ›Halbbruder der Poesie‹ gegolten hatte) aufhebt, bestätigt er auch hier eine der bildenden Kunst vergleichbare Universalisierungstendenz.[73]

d) Die Arabeske als Leitreferenz aller Künste
Die Arabeske eignet sich zur Leitreferenz der Romantik, weil sie durch ihre herkunftsbestimmte Doppelcodierung (ursprünglich als flächiger Bildrahmen und plastisches Zentrum) nun in übertragenem Sinne die Gegensatzzusammenhänge von natürlich und künstlich, naiv und geistreich, symmetrisch und willkürlich, »zart allegorisch« bzw. »individuell«[74], gemein volkstümlich und hoch artifiziell, abstrakt und konkret zu kombinieren in der Lage ist. Durch die unterstellte Strukturanalogie von Natur- und Kunstmetamorphose vermag sie zugleich die transzendental-philosophisch inspirierte Beobachtung in der Beobachtung und Verschachtelung (Bühne in der Bühne) an die elementarsten Wahrnehmungsweisen und handwerklichen Formen anzuschließen. Dabei wird an der Charakterisierung und Deutung eines der prominenten Beispiele, Runges vier *Tageszeiten* (1802/1803), der Grenzwert zwischen noch gerade verständlicher Arabeske und hermetisch dunkler Hieroglyphe zum innerromantischen Problem: Man vergleiche Brentanos und Görres These, Runge habe zuerst gezeigt, »daß die Arabeske eine Hieroglyphe«[75] sei, mit den Vorbehalten, die zunächst Henrich Steffens und dann der alte Schlegel vorgetragen haben. Am Beispiel eines »so glücklichen Talentes« wie Runge könne man, so meint der späte Schlegel, »sehen, wohin es führt, wenn man bloße Natur-Hieroglyphen malen will, losgerissen von aller geschichtlichen und geheiligten Überlieferung, welche nun einmal für den Künstler, den festen, mütterlichen Boden bildet, den er nie ohne Gefahr und ohne unersetzlichen Nachteil verlassen darf«[76].

e) Die Eingrenzung der Angst vor der Arabeske
Die kontinuierlich geäußerte Angst der Aufklärer[77] vor der »ungeregelten Phantasie« der »Arabesken-Schriftsteller«, die (wie Johann Heinrich Voß beispielsweise über seinen Heidelberger Kollegen Görres urteilt) derartige Leute »noch einmal ins Narrenhaus bringen«[78] werde, nehmen die romantischen Künstler ernst.[79] Die Bestürzung Tiecks, als er die zeichnerischen Arabesken Runges anschaut[80], die angstvolle Reaktion des Malers Tischbein, als er von der ausschließlichen Beschäftigung Runges mit Arabesken hört[81], beantwortet Runge mit dem Eingeständnis, daß »nichts leichter und nichts gefährlicher [sei], als sich in diesen Ideen und Phantasien« »ohne äußeren Stoff oder Geschichte« zu »vertiefen«, die »nie zu Ende kommen« — aber, fügt er hinzu, »gerade da sitzt das Große und Schöne davon« (34). Die Angst läßt sich nach Runge auf zweierlei Weise eindämmen: innerhalb der Arabeske finde man eine feste Stütze in der »strengen Regularität«, außerhalb nütze ein Halt in der »Christlichen Religion« (35).

f) Die Arabeske und das Gotische
Die unterstellte Affinität der künstlerischen Arabeske zu der mathematischen Gesetzmäßigkeit botanischer Formen legte einen Zusammenhang von

---

71 F. SCHLEGEL, Fragment 977 (1798), in: Schlegel (s. Anm. 57), 107.
72 RUNGE an Tieck (1. 12. 1802), in: Runge, Hinterlassene Schriften, Bd. 1 (1840; Göttingen 1965), 27.
73 Vgl. F. SCHLEGEL (s. Anm. 53), 337.
74 F. SCHLEGEL, Fragment 2066 (1800), in: Schlegel (s. Anm. 57), 204.
75 BRENTANO, Andenken eines trefflichen deutschen Mannes und tiefsinnigen Künstlers (1810), in: Brentano, Werke, hg. v. W. Frühwald/B. Gajek/F. Kemp, Bd. 2 (München 1963), 1039.
76 F. SCHLEGEL, Ansichten und Ideen von der christlichen Kunst (1823), in: SCHLEGEL (KFSA), Bd. 4 (1959), 151.
77 Vgl. RIEM (s. Anm. 10), Bd. 2, 1. Stück (1788), 27ff.
78 JOHANN HEINRICH VOSS an Charlotte v. Schiller (28. 8. 1807), in: L. von Urlichs, Charlotte von Schiller und ihre Freunde, Bd. 3 (Stuttgart 1865), 227.
79 Vgl. CHRISTIAN BEGEMANN, Furcht und Angst im Prozeß der Aufklärung (Frankfurt a. M. 1987), 257.
80 Vgl. RUNGE an Daniel Runge (23. 3. 1803), in: Runge (s. Anm. 72), 36.
81 Vgl. RUNGE an Daniel Runge (13. 2. 1803), in: ebd., 33.

Arabeske und gotischem Ornament nahe. Um 1800 wurde schon darüber spekuliert, ob die sich ins Ungeregelte steigernde Mode, die mit ›à la greque‹ noch bescheiden begann und sich aktuell mit der Arabeskenmode präsentierte, mit der aus England kommenden Gotikmode ihren Höhepunkt an bizarrer Intransparenz erreichen werde.[82] 1805 stellt F. Schlegel den Zusammenhang zwischen Gotik und Arabeske in seiner Reisebeschreibung *Briefe auf einer Reise durch die Niederlande, Rheingegenden, die Schweiz und einen Teil von Frankreich* her.[83] Ernst Moritz Arndt wird in der gotischen Arabeske nicht nur den christlichen, transzendenten Charakter im Unterschied zu den antiken Formen feststellen, sondern darin auch eine Alternative zu den erotisch inspirierten Arabesken des Spätbarock und Rokoko sehen.[84]

g) Die Arabeske und die Randzeichnungen
In der pflanzenhaft organischen Deutung der Gotik als Arabeske tritt die das 19. Jh. bestimmende Doppeltendenz der Historisierung und Enthistorisierung hervor. Ähnliches gilt für die wiederentdeckten und 1808 mit der neuartigen Reproduktionstechnik der Lithographie verbreiteten *Randzeichnungen Dürers zum Gebetbuch Kaiser Maximilians I*. Die Randzeichnungen lösen eine zunächst deutsche, dann europäisch sich verbreitende Bild-Schrift-Korrespondenz aus, in der sich im Rückgriff auf die spätgotische Buchkunst und Re-

naissanceornamentik spätklassizistische und spätromantische Konzeptionen erproben, abgrenzen und kombinieren. Die positive und schnelle Reaktion der ›Weimarer Kunstfreunde‹ auf die Neuerscheinungen der von Johann Nepomuk Strixner lithographierten *Randzeichnungen* versucht Goethes 1789 explizierten Ansatz einer Eingrenzung der Arabeske durch präzise Funktionszuweisung produktiv fortzuschreiben. An Dürers *Randzeichnungen* wird die Fähigkeit gepriesen, im Rahmen »einer bloßen Verzierung« bleiben zu können und zugleich eine »ganze Welt der Kunst [...] von Figuren der Gottheit bis zu den Kunstzügen des Schreibemeisters«[85] vor uns entstehen zu lassen. Die moderne Adaption der *Randzeichnungen* erhält die Funktion, wie sie Peter von Cornelius in der Ausmalung der Glyptothek praktiziert, zwischen heroischen Bildern eine arabeske Welt anzudeuten.

3. *Spätromantik, Spätklassizismus und das Junge Deutschland*

In der Spätromantik und im Spätklassizismus setzen sich schließlich drei Bestimmungen der Arabeske durch: Arabesken werden erstens als ein melodisch fließender, Monotonie vermeidender, nachgebildeter Schwung definiert. Im Anschluß an den morphologisch gesehene ›gesetzliche Umbildungen der Natur‹ wird zweitens der »heitere Wechsel«[86] der Arabeske zwar als überraschend, aber doch naturangemessen angesehen. Schließlich wird drittens das romantische arabeske Romanprojekt von den Jungdeutschen insofern fortgeschrieben, als der Roman als Integrationsmedium für alle anderen Gattungen gilt; freilich mit einer signifikanten Akzentverschiebung: Die Arabeske im Roman ist nun nicht mehr romantisches Energiezentrum des Ganzen, sondern sich auf Aktualität beziehendes Beiwerk: »Um das Ganze herum sieht man gern die Arabesken einer zeitgemäßen Beziehung hereinranken; man verlangt reflektive Basreliefs, ja wohl eine tendenziöse Idee als Postament des Ganzen.«[87] Als aktuelles Inzitament wie als konversationelle Möglichkeit, gleichsam ornamental über nichts zu plaudern, wirkt die Arabeske im Feuilleton weiter. Als komplexe Beziehungsstiftung ohne dialektischen oder kausalen Vermittlungsanspruch wird sie sowohl narrativ im Roman

---

82 Vgl. JOHANN GEORG BUSCH, Praktische Darstellung der Bauwissenschaft, Bd. 1 (Bad Homburg 1800), 554.
83 Vgl. F. SCHLEGEL, Briefe auf einer Reise durch die Niederlande, Rheingegenden, die Schweiz und einen Teil von Frankreich (1806), in: SCHLEGEL (KFSA), Bd. 4 (1959), 153–207.
84 Vgl. ERNST MORITZ ARNDT, Fantasien zur Berichtigung der Urtheile über künftige deutsche Verfassungen (1815), in: Arndt, Schriften für und an seine lieben Deutschen, Bd. 2 (Leipzig 1845), 386–390.
85 [J. H. MEYER/GOETHE], [Rez.] Nepomuk Strixner, Albrecht Dürers christlich-mythologische Handzeichnungen (19. 3. 1808), in: Goethe, Sämtliche Werke, Briefe, Tagebücher und Gespräche, hg. v. F. Apel u. a., Bd. 19 (Frankfurt a. M. 1998), 379.
86 FRIEDRICH LUDWIG BÜHRLEN, Was ist Schönheit?, in: Kunstblatt 20 (7. 11. 1839), Nr. 90, 358.
87 KARL GUTZKOW, Säkularbilder, Bd. 10 (Frankfurt a. M. 1846), 278.

(z.B. in Karl Leberecht Immermanns *Münchhausen* [1838/1839]) als auch in der Kulturgeschichtsschreibung gepflegt. Jacob Burckhardt schreibt, daß sich die Kunst »oft nur als Arabeske« um die »ernste Zeit« herumschlinge wie »eine Weinrebe um den Granitpfeiler«[88].

III. Die Arabeske im europäischen Kontext

Die Fähigkeit der Arabeske, Artismus und Philosophie, Poesie und Publizistik, aktuelle Anspielung und die phantastische Kombinatorik verschiedener Zeiten und Räume zu verbinden, macht sie als Literaturform über den Kreis der Romantiker hinaus auch für den jungen Arthur Schopenhauer, für Friedrich Hebbel sowie für Hans Christian Andersen, Nikolaj Vasilevič Gogol und Edgar Allan Poe attraktiv. Poe hat den Begriff wahrscheinlich aus Walter Scotts Kritik an E. T. A. Hoffmann[89] übernommen und wählt ihn schließlich als Titel seiner 1840 erschienenen Erzählungen (*Tales of Grotesque and Arabesques*). Die Bedeutung, die Charles Baudelaire der Arabeske zuspricht, »Le dessin arabesque est le plus idéal de tous«[90], bezieht sich sowohl auf die Malerei Delacroix' als auch auf die Literatur eines E. T. A. Hoffmann, Théophile Gautier und Poe. Schließlich wird Victor Hugo als Zeichner Arabesken herstellen und dabei demonstrieren, daß Dilettantismus in Avantgarde übergehen kann.[91]

IV. Wissenschaft und Arabeske

Parallel zur Internationalisierung der romantischen und klassizistischen Arabeske tritt ihre wissenschaftliche Erforschung. Dabei ist einmal eine Aufwertung des Ornamentalen und der Arabeske als textiler ›Urkunst‹ zu beobachten, verbunden mit der Würdigung der antiken Arabeske »als neue Kunstrichtung, die [...] die einzigen namhaften echt römischen Künstler hervorrief«[92], zum anderen läßt sich eine zunehmende Aufmerksamkeit für die Arabeske des Orients feststellen. Als Grund wird angegeben, daß sich »an Arabischen oder Alt-

Italienischen Mustern« »die drei bildenden Künste in schönster Harmonie zu einer im Ganzen architektonischen Wirkung vereinigt«[93] hätten. Neben dem Versuch einer präzisen Formbeschreibung der orientalischen Arabeske als einer »ins Unendliche« ausgreifenden »bunten anmutigen Verwirrung«[94], die trotz aller Verschachtelung von »Ornament auf Ornament und Ornament in Ornament« die Harmonie der »Totalwirkung zu sichern«[95] weiß, tritt das Bemühen, die religiösen, mentalen und sozialen Bedingungen der Entstehung der orientalischen Arabesken zu erklären. Die orientalischen Arabesken erinnern an die milieubedingte Herkunft der Araber aus der Wüste und dem Leben im Zelt[96]; das artifizielle Wechselspiel von Ornament und Kalligraphie wird hingegen auf die religiöse Wertschätzung der Schrift zurückgeführt, die »versteckten Rätsel« und »doppelsinnigen Äußerungen« hingegen verweisen auf die kulturelle Sozialisation der Araber, die auf die gleichzeitige »Steigerung und Verfeinerung« des »sinnlichen und intellektuellen Genusses«[97] ausgerichtet sei; schließlich wird sogar die Struktur der Arabeske,

---

88 JACOB BURCKHARDT, Vorrede zu Beginn des 2. Zyklus der ›Vorträge über die Geschichte der Malerei‹ (1844–1846), zit. nach: Irmgard Siebert, Jacob Burckhardt. Studien zur Kunst- und Kulturgeschichtsschreibung (Basel 1991), 57.
89 Vgl. WALTER SCOTT, On the Supernatural in Fictious Composition (1827), in: Scott, On Novelists and Fiction, hg. v. I. Williams (London 1968), 335.
90 CHARLES BAUDELAIRE, Journaux intimes (1887), in: BAUDELAIRE, Bd. 1 (1975), 652.
91 Vgl. THOMAS BREMER/GÜNTER OESTERLE, Arabeske und Schrift. Victor Hugos ›Kritzeleien‹ als Vorschule des Surrealismus, in: S. Kotzinger/G. Rippl (Hg.), Zeichen zwischen Klartext und Arabeske (Konstanz 1994), 187–219.
92 SEMPER, Vorläufige Bemerkungen über bemalte Architektur und Plastik bei den Alten (1834), in: Semper, Kleine Schriften, hg. v. M. u. H. Semper (Berlin/Stuttgart 1884), 256.
93 FRIEDRICH MAXIMILIAN HESSEMER, Arabische und Alt-Italienische Bau-Verzierungen (Berlin 1842), 2.
94 CARL SCHNAASE, Geschichte der bildenden Künste im Mittelalter, Bd. 1 (Düsseldorf 1844), 429 f.
95 JAKOB FALKE, Die arabische Kunst (Berlin 1866), 98.
96 Vgl. ebd., 99; ADOLF FRIEDRICH VON SCHACK, Poesie und Kunst der Araber in Spanien und Sizilien, Bd. 2 (o. O. 1865), 346.
97 HESSEMER (s. Anm. 93), 11 f.

das herrschende Motiv des »Musters« und das dienende Motiv des »Grundes«[98], auf das soziale Ordnungssystem der islamischen Gesellschaft bezogen. Die Karriere von Arabeske und Ornament in der zweiten Hälfte des 19. Jh. ist auf die Forschungsthese zurückzuführen, daß in den Erzeugnissen der Ornamentik das ›Kunstwollen‹ eines Volkes am ungetrübtesten zum Ausdruck komme. Die kunsthistorische Erfassung des »Grundcharakters dieser bedeutsamen Ornamentgattung« Arabeske steht im Dienst einer Stilgeschichtsschreibung und damit des Versuchs, genetische Zusammenhänge zwischen Kulturen zu rekonstruieren. So läßt sich nach Riegl z.B. das hellenische Ornament mit seiner »naturalisierenden Tendenz« von der »entgegengesetzten Grundtendenz« der sarazenischen Arabeske mit ihrer »Schematisierung, Geometrisierung, Abstraktion« (267) deutlich unterscheiden. An diese Unterscheidung Riegls schließt Wilhelm Worringer direkt an, indem er die Arabeske als vom Geist der Abstraktion geprägte Ornamentform des mittelalterlichen Orients von der durch Figürlichkeit geprägten griechischen Ranke abhebt. Neu ins Blickfeld rückt aber die gotische Ornamentik, die Worringer unter dem Stichwort Arabeske als Sonderform höchster Abstraktion bei gleichzeitig gesteigerter Emotionalität begründet. Bekanntlich leitet die aus der Rückprojektion auf die scheinbar »innere Disharmonie« nordischer Völker gewonnene Kategorie »expressive Abstraktion«[99] zugleich vorwärtsweisend den Beginn expressionistischer Moderne ein. Mit dieser Öffnung zur Moderne endet freilich die kunsttheoretische Karriere des Begriffs Arabeske.

98 ALOIS RIEGL, Stilfragen. Grundlegungen zu einer Geschichte der Ornamentik (1893; München/Mittenwald 1977), 299.
99 WILHELM WORRINGER, Abstraktion und Einfühlung (1907; München 1911), 117, 127.
100 HENRI MATISSE, Notes d'un peintre sur son dessin (1939), in: Matisse, Écrits et propos sur l'art, hg. v. D. Fourcade (Paris 1972), 142.
101 MATISSE, Entretien avec Dorothy Dudley (1934), in: Matisse (s. Anm. 100), 142.
102 Vgl. GABRIELE BRANDSTETTER/BRYGIDA MARIA OCHAIM, Loïe Fuller. Tanz. Licht-Spiel. Art Nouveau (Freiburg 1989), 145.

V. Die Arabeske im Fin de siècle

Die Konjunktur der Arabeske in der Kunst des Fin de siècle bezieht ihre vielschichtigen Möglichkeiten aus der Tatsache ihrer Nähe und kritischen Distanz zum Ornament. Matisse versucht, die in der zweiten Hälfte des 19. Jh. in die Dekoration zurückgekehrte Arabeske erneut als bildnerisches Strukturprinzip zu rehabilitieren. Er experimentiert in immer stärkeren zeichnerischen Reduktionen und Abstraktionen mit der Unentschiedenheit zwischen Körperlichkeit und Schriftzeichen. Für ihn ist die Arabeske »le moyen le plus synthétique pour s'exprimer sur toutes ses phases«[100]. »Elle a une véritable fonction. Là encore elle traduit avec un signe l'ensemble des choses, elle ne fait qu'une phrase de toutes les phrases. Et là encore c'est la proportion des choses qui fait la principale expression.«[101] Sie nähert sich damit freilich mehr der romantischen Vorstellung eines hieroglyphischen Schrift- bzw. Naturzeichens, da sie evokativ vom Betrachter fordert, das Zeichen (meist den weiblichen Akt) zu verkörpern. Figurale Plausibilität und flächenbezogene Linie spannungsvoll in der Schwebe zu halten, erlaubt der Arabeske um 1900 der dreifache Bezug auf die europäische, die islamische und die japanische Arabeskenpraxis. Wie um 1800 findet sich um 1900 eine hochartistische Korrespondenz der Künste im Medium der Arabeske. Der berühmt gewordene Serpentinatanz der Louis Fuller, der mit Hilfe des bewegten Stofformaments die körperliche Nacktheit zugunsten einer suggestiven, luftigen, plastischen Raumbewegung tilgt, steht in Korrespondenz zu Stéphane Mallarmés ›absoluter Arabeske‹. Mallarmés Textidee versucht den Autor zu löschen, um sich ohne referentiellen Bezug um ein verborgenes, jedoch leeres, bedeutungsloses Zentrum im stetigen Werden und rhythmischer Bewegung fortzuranken.[102] Da sich die Arabeske auf der Grenze zwischen Kunst und Trivialität, Urbild und Plagiat, Unikat und Serie, unendlicher Fortbewegung und frech oder plump gesetztem pointiertem Ende bewegt, eignet sie sich als Grenzphänomen des Ornaments zur Kritik des Ästhetizismus durch Anwendung des Ästhetizismus bis zur Absurdität. In diesem Sinne läßt sich Paul Ernsts Behauptung lesen, das

»Stilprinzip« der »relativistischen Richtung des modernen Geistes«[103] sei die Arabeske.

In der Zeitschrift Aktion findet sich 1911 ein Drogenmärchen als Persiflage des Jugendstilornaments. Die dabei ironisierten Männerphantasien werden in ihrer Brutalität in Hermann Conradis Großstadtroman *Adam Mensch* (1889) vorgeführt: Die Arabeske aktualisiert sich unter traumatisierten großstädtischen Wahrnehmungsbedingungen als Grenzphänomen des Wahnsinns.

Schließlich zelebriert Paul Scheerbart mit seinem ›Varietéstil‹ die vexierhaften Möglichkeiten der Arabeske, die Runge einst zwischen Tragik und Ironie, zwischen Komik und Ernst aufgespannt sah, noch einmal, wenn er feststellt: »Die Kaleidoskopornamentik übertrumpfte die symbolische, und die kecke Linienornamentik übertrumpfte die kaleidoskopische!«[104] Die Tendenz der Arabeske zur Form an sich, aber auch ihre Fähigkeit zur Ironie der Form begründet ihre Faszination beim frühen Georg Lukács wie bei Oswald Spengler. Die Arabeske ist für Spengler »antiplastisch bis zum Äußersten, dem Bilde wie dem Körperhaften gleich feindlich, das eigentliche magische Motiv«[105].

Schluß

Die ästhetische Kategorie der Arabeske konturiert sich zunächst in der Abwehr praktischer Arabeskenkonjunktur. Im Anschluß an Vitruvs spätantike Polemik macht die klassizistische, auf Gattungstrennung ausgerichtete Kunstkritik die mit Gattungsgrenzen spielende Arabeskenmode als Intimfeind ausfindig.

Weniger schroff wird die Arabeske von Goethe als subordinierte Kunst marginalisiert oder an die ›gesetzlichen Umbildungen‹ der Natur im Sinne seiner morphologischen Naturbetrachtung angeschlossen. Die Arabeske gewinnt seit Kants Bestimmung der freien Schönheiten Modellfunktion für die autonome, reine Form, einerseits in der Instrumentalmusik und ihrer Theorie (Hanslick), andererseits in der Literatur und Ästhetik (Ast, Vischer). Die Tendenz zur Reduzierung der Arabeske auf das Ornamentale, Dekorative wehrt die Romantik ab. Sie reaktualisiert die phantasievolle Kombination und Überlagerung zweier Bildlogiken (ornamentaler Rand und plastisches Zentrum) und überträgt sie als Strukturmetapher auf andere Künste. Mit der Aufwertung des Ornaments in der nachidealistischen ästhetischen Theorie bei Carl Schnaase, Semper, Riegl, Worringer als Seismograph des ›Kunstwollens‹ einer Epoche oder Kultur wächst auch das Interesse an der wissenschaftlichen Erforschung der Arabeske als Stil. Eine Archäologie, bildende Kunst, Literatur und Dichtung, Musik, Garten- sowie Bühnenkunst, Tanz und ästhetische Theorie gleichermaßen umfassende Studie fehlt bislang.

Günter Oesterle

Literatur

BEHNKE, KERSTIN, Romantische Arabesken: Lineatur ohne Figur und Grund zwischen Ornament-Schrift und (Text)gewebe, in: H.U. Gumbrecht/K.L. Pfeiffer (Hg.), Schrift (München 1993), 101–123; BUSCH, WERNER, Die notwendige Arabeske. Wirklichkeitsaneignung und Stilisierung in der deutschen Kunst des 19. Jahrhunderts (Berlin 1985); BREMER, THOMAS/OESTERLE, GÜNTER, Arabeske und Schrift. Victor Hugos ›Kritzeleien‹ als Vorschule des Surrealismus, in: S. Kotzinger/G. Rippl (Hg.), Zeichen zwischen Klartext und Arabeske (Konstanz 1994), 187–219; ERNST, JUTTA, Edgar Allan Poe und die Poetik der Arabesken (Würzburg 1944); FRÜHWALD, WOLFGANG, Die Arabeske als Formprinzip, in: Literaturwissensch. Jahrbuch, N.F. 3 (1962), 129–141; GOMBRICH, ERNST, The Sense of Order: A Study in the Psychology of Decorative Art (Oxford 1979); dt.: Kunst und Ornament. Schmucktrieb und Ordnungssinn in der Psychologie des dekorativen Schaffens, übers. v. A. Joseph (Stuttgart 1982); GRAEVENITZ, GERHARD VON, Das Ornament des Blicks. Über die Grundlagen des neuzeitlichen Sehens, in: Poetik der Arabeske und Goethes ›West-östlichen Divan‹ (Stuttgart/Weimar 1994); KAYSER, WOLFGANG, Das Groteske. Seine Gestaltung in Malerei und Dichtung (Oldenburg/Hamburg 1957); KEDVEŠ, ALEXANDRA M., ›Ich vernähte den Himmel mit dem Straßenstück vor dem Haus‹. Die Arabeske als thematische Form bei Peter Waterhouse, in: Text und Kritik, Nr. 137

103 PAUL ERNST, Zum Handwerk der Novelle (1901), in: Ernst, Der Weg zur Form. Ästhetische Abhandlungen vornehmlich zur Tragödie und Novelle (Berlin 1906), 61.
104 PAUL SCHEERBART, Münchhausen und Clarissa. Ein Berliner Roman (Berlin 1906), 29.
105 OSWALD SPENGLER, Der Untergang des Abendlandes. Umrisse einer Morphologie der Weltgeschichte (1918; München 1983), 279f.

(1998), 31–40; KERSTING-BLEYL, HANNELORE, Arabesken, in: Jean Watteau. Einschiffung nach Cythera. L'île de Cythère [Ausst.-Kat.] (Frankfurt a. M. 1982); KNAUER, BETTINA, Allegorische Texturen. Studien zum Prosawerk Clemens Brentanos (Tübingen 1995); KROLL, FRANK LOTHAR, Das Ornament in der Kunsttheorie des 19. Jahrhunderts (Hildesheim/Zürich/New York 1987); LÉVY, CLAIRE, Arabesque, in: Le Français moderne 18 (1960), 181–195; MENNINGHAUS, WINFRIED, Lob des Unsinns. Über Kant, Tieck und Blaubart (Frankfurt a. M. 1995); OESTERLE, GÜNTER, ›Vorbegriffe zu einer Theorie der Ornamente‹. Kontroverse Formprobleme zwischen Aufklärung, Klassizismus und Romantik am Beispiel der Arabeske, in: H. Beck u. a. (Hg.), Ideal und Wirklichkeit der bildenden Kunst im späten 18. Jahrhundert (Berlin 1984), 119–139; OESTERLE, GÜNTER, Arabeske und Roman. Eine poetikgeschichtliche Rekonstruktion von Friedrich Schlegels ›Brief über den Roman‹, in: D. Grathoff (Hg.), Studien zur Ästhetik und Literaturgeschichte der Kunstperiode (Frankfurt a. M. 1985), 233–292; OESTERLE, GÜNTER, Arabeske und Zeitgeist. Immermanns Roman ›Münchhausen‹, in: B. Spies (Hg.), Ideologie und Utopie in der deutschen Literatur der Neuzeit (Würzburg 1995); PFOTENHAUER, HELMUT, Klassizismus als Anfang der Moderne? Überlegungen zu Karl Philipp Moritz und seiner Ornamenttheorie, in: V. von Flemming/S. Schütze (Hg.), Ars naturam adiuvans. Festschrift für Matthias Winner zum 65. Geburtstag (Mainz 1996), 583–597; POLHEIM, KONRAD, Die Arabeske. Ansichten und Ideen aus Friedrich Schlegels Poetik (München 1966); SCHNEIDER, SABINE M., Das Ornament als Reflexionsfigur einer Kunsttheorie am Beginn der Moderne. Karl Philipp Moritz' ›Vorbegriffe zu einer Theorie der Ornamente‹, in: H. Tausch (Hg.), Historismus und Moderne (Würzburg 1996), 19–40.

Architektur

(griech. ἀρχιτεκτονική τέχνη; lat. architectura; engl. architecture; frz. architecture; ital. architettura; span. arquitectura; russ. архитектура)

Einleitung; I. Revision des akademischen Architekturbegriffs im 17. und 18. Jahrhundert; 1. Subjektivierung und Ausdifferenzierung der Idee des Schönen; 2. Wider die Willkür architektonischer Gestaltung; II. Absetzung vom akademischen Architekturbegriff im 19. und 20. Jahrhundert; 1. Fitness for use, respect for materials; 2. Die Idee der Einheit von Kunst und Technik – Architektur als Körper- und Raumgestaltung; 3. Programm eines radikalen Funktionalismus; III. Wider den der modernen Architektur impliziten Rationalismus: Der strukturalistische Ansatz; Exkurs: Selbstbestimmung im Bauen; IV. Nach der für gescheitert erklärten Moderne; 1. Die typologische Architekturkonzeption; 2. Trennung der künstlerischen Gestaltung vom instrumentell Notwendigen: Der ›dekorierte Schuppen‹; 3. Provokative Durchkreuzung der funktionalistischen Doktrin in der Form

Einleitung

Das Wort Architektur bezieht sich in einem allgemeinen Sinn auf das Bauen generell, also auf die Errichtung von Gebäuden und Bauwerken anderer Art, evtl. auch auf den Städtebau, als dessen Bausteine oder Kompositionselemente die einzelnen Gebäude angesehen werden. Seit dem 18./19. Jh. ist allerdings der Ingenieurbau ausgenommen. In einem spezielleren Sinn meint das Wort ein gestalterisch ausgezeichnetes Bauen im Gegensatz zum schlichten, unprätentiösen Bauen. In diesem Sinn wurde in der Antike in Absetzung von der bloßen Kunstfertigkeit des Hausbaus (οἰκοδομική τέχνη, oikodomikē technē) der Begriff der Architektur geprägt: griech. ἀρχιτεκτονική (τέχνη) (architektonikē [technē]), lat. architectura. Das griech. Wort ist abgeleitet von griech. ἀρχιτέκτων (architektōn), das seinerseits zusammengesetzt ist aus τέκτων (tektōn; Baumeister) und ἀρχή (archē; Anfang, oberster Befehl, Prinzip) und den leitenden Baumeister meint, den, den Platon an einer Stelle beschreibt als ›nicht selbst werktätig, sondern den Werkleuten gebietend‹ (»οὐκ αὐτὸς ἐργατικὸς

Einleitung

ἀλλ' ἐργατῶν ἄρχων«[1]). Architektur bedeutet also, etymologisch gesehen, nicht, wie hie und da behauptet, ›Erz-Baukunst‹ oder gar »uranfänglich reines Schaffen«[2], sondern die Baukunst, die eines Architekten bedarf, seiner umfassenden Kenntnisse, seiner Fähigkeit der Erstellung von Zeichnungen. Mit dem Übergang zur bürgerlichen Gesellschaft wollte zunehmend alles Bauen Architektur sein, also »höhere Baukunst«, wie es im Titel eines Traktats aus dem 19. Jh. heißt[3] – bis dann in der Moderne die Architektur in diesem Sinn generell in Frage gestellt wurde und die betreffenden Architekten bezogen auf die von ihnen eingeschlagene Richtung weithin ausdrücklich das Wort ›bauen‹ oder ›neues bauen‹ (Hugo Häring) gebrauchten, nach Möglichkeit klein geschrieben. Der alte Adel der Architektur, der vor allem im vergangenen Jh. degenerierte, wurde für unsere Zeit als unangemessen empfunden. An seine Stelle trat die Idee der Sachlichkeit. Dies war dann seinerseits für einige Architekten der Anstoß, die Wichtigkeit des gestalterischen Hinausgehens über das Instrumentelle zu betonen und von neuem in emphatischem Sinn von ›Architektur‹ zu sprechen, so insbesondere Le Corbusier in seinem Artikel *Défence de l'Architecture*[4] – was dann in der sog. Postmoderne in verschiedener Weise, teils im Rückgang zur bekannten ›Sprache der Architektur‹, teils in einer Art Überbietung der Moderne, zur dominanten Linie geworden ist. In dieser Auseinandersetzung geht es nicht mehr um Absetzung eines speziellen Bereichs des Bauens gegenüber dem gemeinen Bauen, sondern um das Selbstverständnis der Architektur/des Bauens insgesamt und speziell im Verhältnis zur Kunst.

Bevor die Kunst das wurde, was wir heute darunter verstehen, war nicht nur die Architektur, sondern auch das Bauen selbstverständlich ›Kunst‹ – das Wort verstanden im vorneuzeitlichen Sinn (τέχνη, ars). Dieses Wort bedeutete soviel wie die Beherrschung eines Metiers im Interesse vorgegebener gesellschaftlicher Aufgaben. In diesem Verständnis wurde als Kunst so Verschiedenes begriffen wie die Dichtkunst, die Redekunst, die Kunst des Rechnens, die Heilkunst, die Kunst des Hausbaus und anderes mehr. In der Neuzeit bezeichnet der Terminus zunehmend nur noch die ›schönen Künste‹[5], die ihrerseits dabei sind, sich den mit ihnen gesellschaftlichen Aufgaben verbundenen Normen zu widersetzen und sich schließlich ganz diesen Aufgaben zu entziehen, die also autonom werden, während andere Künste in das übergehen, was wir die Technik[6] nennen. Seither ist die Zuordnung der Architektur bzw. die Auffassung, was Architektur sei, umstritten. Der in der oben skizzierten Auseinandersetzung innerhalb der Moderne und dann im Übergang zur Postmoderne eingenommene Standpunkt hängt aufs engste damit zusammen, ob die Architektur der Kunst zugeordnet wird oder nicht – oder, in der älteren, weniger scharfen Diktion, ob als ›freie‹ oder als ›unfreie‹ Kunst betrachtet wird.

Weithin geschieht das erstere – im allgemeinen, ohne daß man sich darüber im klaren ist, was das heißt. Es heißt nämlich, genaugenommen, die Architektur zugleich als zweckgebundene *und* als freie Kunst zu bestimmen. Wie macht man das? Schelling postuliert, daß die Architektur darin zur freien Kunst sich erhebe, daß sie die »Formen der rohen Baukunst nachahmt« und zum »Bild des Universums und des Absoluten«[7] macht. Zu Beginn unseres Jahrhunderts hat es Peter Behrens da schon schwerer. Aber er weiß sich zu helfen mit dem Argument, daß technische Konstrukte durch funktionale Überlegungen nicht vollständig determiniert seien, daß der Entwurf in der Regel die Wahl zwischen alternativen Lösungen einschließe, daß hier ästhetische Präferenzen, also, wenn man so will, künstlerische Gestaltung mit ins Spiel komme[8] – als ob dies das einzig Ästhetische an

---

1 PLATON, Polit. 259e.
2 AUGUST SCHMARSOW, Das Wesen der architektonischen Schöpfung (Leipzig 1894), 3.
3 KARL MARCEL HEIGELIN, Lehrbuch der höheren Baukunst für Deutsche (Leipzig 1832).
4 Vgl. LE CORBUSIER, Défence de l'Architecture, in: L'Architecture d'aujourd'hui 4 (1933), H. 10, 38–61.
5 Vgl. PAUL OSKAR KRISTELLER, The Modern System of the Fine Arts, in: Journal of the History of Ideas 12 (1951), 496–527; 13 (1952), 17–46.
6 Vgl. JOHANNES ERICH HEYDE, Zur Geschichte des Wortes ›Technik‹, in: Humanismus und Technik 9 (1963), 25–43.
7 F. W. J. SCHELLING, Philosophie der Kunst (entst. 1802–1803; Darmstadt 1976), 223, 221.
8 Vgl. PETER BEHRENS, Kunst und Technik, in: Der Industriebau 1 (1910), 177–180.

technischem Konstruieren wäre oder als ob die Künstler-Architekten mit ihren ganz anderen ästhetischen Ambitionen je daran dächten, sich bei ihren Gestaltungen auf diesen Spielraum zu beschränken. Auf der Gegenseite finden wir im 18. Jh. Charles Batteux, der die Architektur als unfreie Kunst mit der Redekunst vergleicht: beide seien nicht um des Vergnügens willen da, sondern ein Dienst.[9] Ähnlich, allerdings schwankend, ist die Auffassung von Diderot und D'Alembert, die das Argument hinzufügen, daß bei der Architektur die Idee der Nachahmung kaum Platz habe.[10] Im 19. Jh. folgen Gottfried Semper und Eduard von Hartmann, der sich ausführlich mit den verschiedenen Ansätzen, der Architektur im System der Künste einen Platz zuzuweisen, befaßt[11]; im 20. Jh. Adolf Loos, Hermann Muthesius (ambivalent) und dann, als Reaktion auf die in der modernen Architektur über das Paradigma der reinen Form erfolgte tiefere Verstrickung in der Kunst, Hans Schmidt, die holländische Gruppe ›De 8‹, Karel Teige, Hannes Meyer und später, an der Hochschule für Gestaltung in Ulm, vor allem Otl Aicher. Hier hat man ein Gespür für die Unverträglichkeit der instrumentellen Bestimmung von technischen Konstrukten mit den Ambitionen der autonomen Kunst, für den grundsätzlichen Unterschied dessen, was Form im Kunstwerk und was sie im technischen Konstrukt ist. Aber dies ist nicht konkretisiert, der Unterschied nicht herausgearbeitet worden.

Die ganze Auseinandersetzung, die seit der Aufklärung nicht recht von der Stelle kommt, ist ideologisch belastet durch das humanistische Erbe einer gewissen Blasiertheit gegenüber der Technik, von deren Konstrukten man zwar fasziniert ist, die aber als etwas Niederes angesehen wird, unterhalb dessen stehend, was als ›Kultur‹ gilt.[12] Hinzu kommt der Einfluß der neuzeitlichen Ästhetik, die sich fast ausschließlich mit der Kunst befaßt – bei gelegent-

---

9 Vgl. BATTEUX (1773), 24 ff.
10 Vgl. KEVIN HARRINGTON, Changing Ideas on Architecture in the Encyclopédie 1750–1776 (Ann Arbor 1984), 24 ff.
11 Vgl. EDUARD VON HARTMANN, Die deutsche Ästhetik seit Kant (1886), in: Hartmann, Ausgewählte Werke, Bd. 3 (Leipzig 1886), 461 ff.
12 Vgl. BEHRENS (s. Anm. 8).

lichen Seitenblicken auf die Natur, mit welcher die Kunst lange Zeit durch die Idee der Nachahmung verbunden war –, der das Schöne der Kunst, wenn nicht als das Schöne schlechthin, so als das Schöne par excellence erscheint, und die technischen Konstrukte, wenn überhaupt auf sie Bezug genommen wird, als negative Beispiele. So hält man auf der einen Seite bei technischen Konstrukten künstlerische Gestaltung für unverzichtbar, um nämlich das technische Konstrukt in die Sphäre der Kultur hinaufzuheben; auf der anderen Seite verwirft Hannes Meyer in seiner Lehre am Bauhaus mit der künstlerischen Gestaltung gleich jegliches ästhetische Interesse. Man macht sich nicht klar, daß das Schöne der Kunst ein ganz spezielles ist, geprägt durch die Funktion der Kunst als Medium der Auseinandersetzung mit dem eigenen Selbst- und Weltverständnis – die Idee des Schönen kann hier alles Mögliche beinhalten, das Häßliche nicht ausgenommen –, und daß die außerkünstlerische Wirklichkeit ihr eigenes Schönes hat, das von ganz anderer Art ist: das Schöne der Natur, das gemessen am Schönen der Kunst weithin nur mehr als Kitsch erscheint, und das Schöne technischer Konstrukte. Ernst Cassirer hat in *Form und Technik* (1930), einem Versuch, die Technik, die seit dem 18. Jh. in unserem Leben eine so große Rolle spielt, auch geistig zu begreifen, auf diesen Gegensatz zwischen dem Kunstschönen und dem Schönen technischer Konstrukte hingewiesen. Aber seine Anregung ist nicht aufgenommen worden.

Es fehlt eine eigene Ästhetik des Technischen. In ihr wäre das Schöne nicht in der radikalen Trennung von der Idee des Guten, von jedem außerkünstlerischen Interesse (Kant) zu fassen, sondern als etwas, das mit der Wahrnehmung solcher Interessen aufs engste verbunden ist. Entscheidend für ein positives ästhetisches Urteil ist aber nicht die Nützlichkeit oder Tauglichkeit für den Gebrauch, wie einige Verfechter der sog. Funktionalismus meinen – es genügt nicht, daß das Konstrukt irgendwie seine Funktion erfüllt –, sondern die Ingeniosität der Konstruktion und in der Architektur auch die Umsicht im Eingehen auf die besondere Situation.

Diese Ästhetik hätte von einer anderen Ausrichtung der Wahrnehmung auszugehen, von einer Ausrichtung nämlich nicht auf die Form, sondern auf die Dinge. Man sieht, einem Haus gegenüberstehend, nicht eine ebene Fläche mit einzelnen rechteckigen durchsichtigen Feldern, sondern eine Wand mit Fenstern. Man sieht, wie Nicolai Hartmann sagt[13], durch die Form hindurch, um das Begegnende wahrzunehmen als das, was es ist: ein bestimmtes Tier, ein Baum, ein Haus usw. Man erblickt nicht Formen, sondern Dinge. Und dieser Bezug auf den Gegenstand wird auch in der ästhetischen Reflexion, wenn diese auf die Form zurückgeht, sich genauer mit ihr befaßt, beibehalten. Man wird die Form nicht für sich betrachten, sondern mit Bezug auf das verwendete Material und das ganze Konstrukt mit Bezug auf dessen instrumentelle Aufgabe.

Erst im Zusammenhang mit der Erarbeitung einer eigenen Ästhetik wäre es möglich, das ganze Ausmaß der Verstrickung der Architektur in der Kunst zu erkennen und sich von ihr zu befreien. Das betrifft nicht nur die von der Kunst bewußt oder unbewußt (über den sog. guten Geschmack) übernommenen ästhetischen Werte, sondern auch die Erhebung der abstrakten Begriffe des Körpers und des Raums zu Grundbegriffen der Architektur.

Es ergäbe sich dann die Alternative einer Architektur, die mit Kunst im neuzeitlichen Verständnis nichts zu tun hätte, die aber auch nicht krampfhaft bemüht sein muß, sich auf pure Rationalität zurückzuziehen gemäß der berühmten Formel, wonach die Form der Funktion ›folgt‹. Abgesehen davon, daß es nicht nur um die Form geht, sondern auch um die materiellen Bestimmungen – beides liegt auf einer anderen Ebene als die Funktion, kann nur in einem kreativen Sprung erreicht werden. Architektur wäre vielmehr eine Kunst im vorneuzeitlichen Verständnis.

Voraussetzung dafür ist, daß man weiß, worum es auf der instrumentellen Ebene geht. Dieses Wissen ist nach jahrhundertelanger Präokkupation mit der Form verdeckt. Der Begriff der Funktion hätte helfen können, hier Klarheit zu schaffen. Er wurde nicht genutzt.

Der ständige Gebrauch der Worte Funktion, Funktionalismus täuscht in dieser Hinsicht. Er hatte nur ideologischen, keinen operationalen Charakter. Der Begriff selbst, wie er seit Jahrhunderten außerhalb des Bereichs der Architektur ge-

bräuchlich war[14], wie er vermutlich auch dem Franziskanermönch Carlo Lodoli, der den Begriff im 18. Jh. in den architekturtheoretischen Diskurs eingeführt hat, noch geläufig war – er findet sich damals gerade auch im klerikalen Bereich bezogen auf die Ausübung des Priesteramts –, wird nicht mehr recht verstanden. Bei Louis Sullivan um die Wende vom 19. zum 20. Jh. ist der Terminus nur ein neues Wort für das, was früher als das Wesen einer Sache bezeichnet wurde. Seine Formel »form follows function«[15], wieder und wieder als das Credo der Moderne zitiert, ist genau besehen nichts anderes als die Wiederholung der alten Auffassung, daß das Wesen einer Sache sich in ihrer Gestalt zeige – wo es doch gerade darum gegangen wäre, diesen von metaphysischem Erbe geprägten und insbesondere für technische Konstrukte ungeeigneten Begriff des Wesens durch einen operationalen, nähere Bestimmungen ermöglichenden Begriff, wie der Funktionsbegriff es ist, zu ersetzen. Im allgemeinen wird der Terminus ein neues Wort zur Bezeichnung dessen, was in dem Gebäude stattfinden und wovon der Entwurf ausgehen soll, also für die Tätigkeiten oder Lebensprozesse. Es wäre mit dem Begriff der Funktion aber zu fassen, was das Gebäude im Bezug auf die Durchführung der Tätigkeiten zu leisten hat. Dies ist den Architekten keineswegs unbekannt, aber es wird nicht thematisiert. Es wird nicht auf einen generellen Begriff gebracht, wird im Entwurf nicht führend – es wird in der abstrakten Auffassung der Architektur als Körper- und Raumgestaltung nur in einem seiner Aspekte gesehen und im übrigen vernachlässigt. Es geht nicht, wie schon das sog. Raumprogramm suggeriert, um die Bereitstellung von Räumen und deren optimale Zuordnung. Es geht um selektive Abschirmung im Raum, genauer, Abschirmung eines Bereichs der Umwelt gegenüber der Umwelt im weiteren Sinn, meist auch mehrerer Bereiche gegeneinander, so daß diese

---

13 Vgl. NICOLAI HARTMANN, Ästhetik (Berlin 1953), 42 ff.
14 Vgl. ›Function‹, in: GRIMM, Bd. 4/1/1 (1878), 527–528; REINHARD HEEDE, ›Funktion‹, T. 3, in: RITTER, Bd. 2 (1972), 1141–1142.
15 LOUIS SULLIVAN, Kindergarden Chats (1918), in: Sullivan, Kindergarden Chats and other Writings (New York 1947), 208; vgl. 42 ff.

Bereiche für die Durchführung der betreffenden Tätigkeiten geeignet sind, nämlich unliebsame Störungen vermieden werden, aber der notwendige Zusammenhang erhalten bleibt. Es soll z. B. Regen und Wind abgehalten, aber Licht hereingelassen und der Blick nach draußen ermöglicht werden; es soll Sommersonne abgeschirmt, aber Wintersonne hereingelassen werden; es soll Ein- und Ausgang ermöglicht, aber unliebsame Gäste sollen ausgeschlossen werden usw. Es geht um Lärmschutz, Wärmeschutz und vieles andere mehr.[16] Impliziert in dieser Aufgabe ist die genaue Lokalisierung der Bereiche, also ihre Zuordnung zueinander und zu den äußeren Gegebenheiten, eben unter dem Gesichtspunkt der jeweiligen Trennungs- und Zusammenhangsbedürfnisse, sowie ihre Bemessung. Dieser Funktion des Gebäudes untergeordnet ist die konstruktive Funktion, sei es der Abschirmungselemente selbst, sei es besonderer konstruktiver Elemente.

Die genuin funktionale Betrachtung situiert das Gebäude in der Beziehung zwischen Mensch und Umwelt, wie es ja für die Technik ganz allgemein gilt. Sie begreift die Architektur nicht als Körper- und Raumgestaltung, sondern, mit Reyner Banham gesprochen, als »environmental management«[17], als eine die Beziehung zur Umwelt regelnde/kontrollierende Technik, wobei es nicht nur, wie bei Banham, um die Beziehung zur natürlichen Umwelt geht, sondern auch um die Beziehung zur ›Mitwelt‹, speziell auch um die Beziehung zwischen privaten Bereichen und öffentlichem Bereich.

Der architektonische Entwurf führt dann weder zu durch und durch einzigartigen Gebilden wie in

der Kunst im neuzeitlichen Verständnis noch zu reinen Typen wie in der Werkzeugtechnik. Wir haben es im wesentlichen zu tun mit immer wieder neuen Kombinationen derselben Teile, die je auf ihre besondere Teilfunktion hin entwickelt und in der Regel zueinander heterogen sind; die im jeweils vor uns stehenden Bau in einer spezifischen Weise ausgebildet und kombiniert sind, nämlich entsprechend einerseits den jeweiligen Anforderungen und Wünschen von Seiten der Nutzung, andererseits den lokalen Gegebenheiten: mit Wänden, Türen, Fenstern, Decken, Dach usw; mit bekannten Elementen, hinter denen eine bis in die Anfänge des Bauens zurückreichende Geschichte steht – an denen sich auch die dichterische Phantasie entzündet hat und Bilder des glücklichen Wohnens entwarf, wie sie Gaston Bachelard zusammengetragen hat.[18]

Als Ende der 60er, Anfang der 70er Jahre das Debakel der modernen Architektur verkündet wird, verschiebt sich der architekturtheoretische Diskurs. In der irregehenden Meinung, daß die Moderne auf der instrumentellen Ebene getan hätte, was zu tun gewesen wäre, daß die Resultate aber gezeigt hätten, daß dies der falsche Ansatz war, verabschiedet man sich vom »funktionalistischen Statut«[19], gibt den Künstlerischen jetzt eindeutiges Primat und mit dem Topos der ›Sprache‹ der Architektur‹ einen neuen Auftrag. Man spürt das Fragwürdige der reinen Form, sucht nach dem Architekturspezifischen, an das man aber, da der Blick auf das Äußerliche, auf die Form fixiert bleibt, nicht wirklich herankommt. Man meint, mit dem Topos der Sprache der Architektur endlich das Entscheidende thematisiert zu haben. In Wirklichkeit eröffnet man nur ein neues Kapitel architekturtheoretischer Begriffsverwirrung. Zum Teil ist die Rede von der Sprache der Architektur nur metaphorisch, sprich also die Architektur, wie von einigen Autoren des 18. und 19. Jh.[20], zur Sprache in Analogie gesetzt, und zwar darin, daß das Gebäude nach bestimmten Regeln aus Elementen zusammengesetzt ist wie die Rede aus Worten. In diesem Sinn untersucht z. B. John Summerson die ›Grammatik‹ der klassischen Architektur.[21] Weithin aber wird die Rede von der Sprache der Architektur wenn nicht wörtlich, so doch in dem Sinn genommen, daß die Ar-

---

16 Vgl. CHRISTOPH FELDTKELLER, Der architektonische Raum: eine Fiktion. Annäherung an eine funktionale Betrachtung (Braunschweig 1989), 83–94.
17 REYNER BANHAM, The Architecture of the Well-tempered Environment (London 1969), 18.
18 Vgl. GASTON BACHELARD, La poétique de l'espace (Paris 1958).
19 PAOLO PORTOGHESI, Ausklang der modernen Architektur. Von der Verödung zur neuen Sensibilität, übers. v. H. Jürissen (Zürich/München 1982), 12.
20 Vgl. PETER COLLINS, Changing Ideals in Modern Architecture 1750–1950 (London 1965), Kap. 17.
21 Vgl. JOHN SUMMERSON, The Classical Language of Architecture (1964; London 1980).

chitektur als ein Zeichensystem verstanden wird, dessen Elemente ›Bedeutung‹ haben und das der Kommunikation dient.[22] (Das begann in der Zeit, als die Semiotik, die allgemeine Lehre von den Zeichen, neues Steckenpferd der Intellektuellen geworden war.) Diese Auffassung der Architektur als Sprache bezieht sich vor allem auf die anvisierte postmoderne Gestaltung. Aber man steht nicht an, ihre Gültigkeit auch für die moderne Architektur und selbst für das bloße Bauen zu behaupten. Man könne dem Zeichenhaften gar nicht entgehen.

Gewissermaßen als Nullpunkt des Zeichenhaften in der Architektur wird angeführt, daß bauliche Elemente, wenn nicht anders, so wenigstens darin Zeichen seien, daß sie auf ihre Funktion hinwiesen. Die Elemente seien indexikalische Zeichen.[23] Sie sind, was man früher ›Anzeichen‹ nannte. Und das ist etwas ganz anderes als ein Zeichen. Daß die Dinge als Anzeichen etwas anzeigen, resultiert aus der Erfahrung im Umgang mit den Dingen. Es hat nichts mit Konventionen der Bedeutung von Zeichen, nichts mit Kommunikation zu tun.

Die moderne Architektur war, insbesondere was die Gesamterscheinung der Gebäude betrifft, geradezu dazu geschaffen, den erfahrungsmäßigen Zugang zu blockieren. Wenn aber ein Gebäude nicht der allgemeinen Idee entspricht, die einer von einem Gebäude oder von einer bestimmten Art von Gebäuden hat, wird er versuchen, es zu etwas anderem, ihm Bekanntem in Beziehung zu setzen, dessen Bezeichnung dann oft zum Kosenamen oder Schimpfwort für die betreffende Architektur wird. Charles Jencks spricht diesbezüglich fälschlich von Metaphern.[24] Dann wäre die Weißenhofsiedlung (1927) in Stuttgart eine Metapher für ›Araberdorf‹ (mit welcher Bezeichnung die Nazis das ›Undeutsche‹ an ihr brandmarkten); und die Kapelle von Ronchamp wäre eine Metapher für ›Schweizerkäse‹. Richtig verstanden ist die Metapher ein Kunstgriff, um etwas in indirekter Weise zur Sprache zu bringen, z. B. weil es in direkter Weise zu abstrakt, zu wenig greifbar wäre. Im vorliegenden Fall aber von seiten des Gestalters nichts Derartiges intendiert. Es handelt sich um (nachträgliche) Assoziationen von seiten des Betrachters, oft ohne tieferen Sinn, evtl. aber ideologisch geprägt. Solche Assoziationen ergeben sich nicht, wie Jencks es von der von ihm unterstellten Metaphorik der Architektur behauptet, in jedem Fall. Bei der modernen Architektur haben sie ihren Grund in der von den Architekten angestrebten radikalen Absetzung vom Gewohnten. Eine Architektur, die im Kontinuum der Geschichte wäre, die die herkömmlichen Typen variierte und weiterentwickelte, die der jeweiligen Aufgabe entspräche und bei der niemand etwas Besonderes finden würde – weshalb sollte sie zu derartigen weit hergeholten Assoziationen führen? Führte etwa das alte Bauernhaus oder altes Werkzeug zu solchen Assoziationen?

Die moderne Architektur war – worüber Jencks allzu schnell hinweggeht – bedeutsam zunächst einmal darin, daß die Gebäude von der gewohnten Erscheinung so sehr abwichen, daß der normale Betrachter, der nicht wie der ästhetizistisch »verbogene«[25] die Formen für sich nach irgendwelchen rein formalen Idealen beurteilt, der vielmehr in ihrer Erscheinung die Dinge zu erkennen sucht, sich vor den Kopf gestoßen fühlt. Diese Unvergleichlichkeit war Programm. Die neue Architektur sollte um jeden Preis modern erscheinen. Wir haben es hier wiederum nicht mit Zeichen zu tun, sondern mit Symbolik. Auch diese für die Architektur wichtigste Art der Bedeutsamkeit läßt sich im konzeptionellen Rahmen der Semantik nicht recht verstehen. Man muß, wie Dan Sperber es für die Symbolik archaischer Gesellschaften gezeigt hat[26], den konzeptionellen Rahmen der Semantik verlassen, man muß von der Idee der Bedeutung übergehen zu der der Zuordnung in einem System (wenigstens einem Paar) homologer Gegensätze. Um symbolisch zu wirken, muß eine Form sich von gewöhnlichen abheben; und es muß dieser Gegensatz einem Gegensatz im Leben der Menschen korrespondieren – so wie es früher bei der Architektur in ihrem Gegensatz zum gemeinen

---

22 Vgl. CHARLES JENCKS/GEORGE BAIRD (Hg.), Meaning in Architecture (London 1969).
23 Vgl. JENCKS, The Language of Post-Modern Architecture (London 1977), 60.
24 Vgl. ebd., 40 ff.
25 ADOLF LOOS, Architektur (1910), in: Loos, Sämtliche Schriften, hg. v. F. Glück, Bd. 1 (Wien 1962), 306.
26 Vgl. DAN SPERBER, Le symbolisme en général (Paris 1974).

Bauen der Fall war, welcher sich auf den Gegensatz zwischen dem Sakralen und dem Profanen bzw. auf den Gegensatz zwischen der gesellschaftlichen Führungsschicht und dem Volk beziehen ließ. Die Symbole ›bedeuten‹ nicht; sie ordnen zu. In diesem Sinn war die Architektur – während es in den Augen der Architekten um irgendwelche Ideale der ›höheren‹ Gestaltung ging – Manifestation der Struktur der Gesellschaft. Die moderne Architektur wollte gemäß dem allgemeinen »Abbau der alten symbolischen Wirklichkeit«[27] nicht mehr Repräsentations-Architektur in diesem Sinn sein. Aber in der provokativen Absetzung von der herkömmlichen Architektur, in dem daraus sich ergebenden neuen Formalismus war sie doch wieder symbolisch, allerdings weniger im Sinn der Repräsentation gesellschaftlicher Schichtung als im Sinn der Demonstration des Fortschrittsgeistes gegenüber dem Konservativen – wenn man sie denn so zu sehen gewillt ist.

Indem die moderne Architektur sich von der herkömmlichen absetzt, kann sie auch eine Dialektik in Gang setzen, in der das Ältere vom Neuen her einen neuen symbolischen Wert bekommt. Der Gegensatz des herkömmlichen Bauens zum kubischen Bauen der Moderne läßt sich in Beziehung setzen zum Gegensatz zwischen dem früheren, vermeintlich heilen Leben und dem zunehmend entfremdeten Leben heute, zum angeblichen ›Verlust der Mitte‹ (Hans Sedlmayr). Das geneigte Dach ›bedeutet‹ nicht »home«[28], wie man bei Jencks lesen kann; es kann in dem genannten Gegensatz evtl. Moment einer entsprechenden Symbolik sein, ebenso der Naturstein-Kamin, der Erker usw. Man sieht, wie im Lauf der Zeit Formen symbolisch wirksam werden können, die es ursprünglich nicht waren, oder wie Änderungen der symbolischen Zuordnung sich ergeben können, sei es, daß Gewohntes mit Neuem konfrontiert wird, sei es, daß Neues zum Gewohnten wird – Änderungen, auf die Jencks verschiedentlich zu sprechen kommt, die aber in seiner semantischen Betrachtung unerklärlich bleiben. Mit Gegensätzen dieser Art arbeitet die sog. postmoderne Architektur, etwa mit dem Gegensatz von elaborierten Formen (den Formen der klassischen und der modernen Architektur) und vulgären Formen aus der Welt des Kommerzes. Weithin ist sie freilich, da ohne Bezug zu entsprechenden Gegensätzen im gesellschaftlichen Leben, ohne Symbolkraft; nur mehr Selbstbespiegelung narzistisch gewordener Architektur.

Abschließend ein Wort zur metaphorischen Verwendung des Begriffs Architektur. Sie beinhaltet im allgemeinen wohl eine Anspielung auf den geordneten, gewissen Regeln oder Gesetzen folgenden Aufbau oder auf die innere Kohärenz, evtl. auch auf den Aspekt des Intrikaten, nicht ohne weiteres Durchschaubaren. So in der Rede von der ›Architektur der Pflanzen‹ (die den Gegensatz von Gebautem und Gewachsenem negiert), von der ›Architektur eines Bildes‹, von der ›Architektur der Sprache‹, von der ›Gesamtarchitektur‹ der psychologischen Konzepte Freuds und selbst noch in der Wendung ›the architecture of complexity‹. Es ist offensichtlich – und es würde noch deutlicher, wenn man das Wort ›Architektur‹ ausgesprochen hörte –, daß auch hier die Distanz zum gemeinen Begriff des Baus oder Aufbaus mit von Bedeutung ist, daß auch hier die Aura des Großartigen, des genannten Adels der Architektur mit im Spiel ist – was auch der Grund sein dürfte dafür, daß wir beim metaphorischen Gebrauch nur selten die adjektivische Form finden.

I. Revision des akademischen Architekturbegriffs im 17. und 18. Jahrhundert

Wenn man versucht, im Überblick über die theoretischen Abhandlungen zur Architektur von Vitruv bis zur Renaissance den diesen Abhandlungen zugrundeliegenden Begriff der Architektur herauszuziehen, so sind aus der Perspektive der weiteren Entwicklung drei Aspekte wesentlich. Der zentrale Aspekt (a) wurde schon genannt: die Erhebung über das gemeine Bauen. Er ist bei Vitruv und in

---

27 DIETER CLAESSENS, Der Abbau der alten symbolischen Wirklichkeit und das Dilemma der Architektur im Wandel der Gesellschaft, in: J. P. Kleihues (Hg.), Das Abenteuer der Ideen. Architektur und Philosophie seit der industriellen Revolution (Berlin 1984), 119–130.
28 JENCKS (s. Anm. 23), 62.

I. Revision des akademischen Architekturbegriffs im 17. und 18. Jahrhundert

der Folge (in Überspielung des terminologischen Sprungs) dargestellt als Ergebnis zunehmender Elaborierung und Umsichtigkeit ausgehend von den primitiven Hütten der frühen Menschheit.[29] Architektur zeichnet sich aus durch besonders sorgfältige Planung, Ausführung, Gestaltung. Dies führt dazu, daß zeichnerische Pläne, mit denen die anvisierte Gestaltung vorgestellt, anhand derer sie erörtert werden kann, eine zunehmende Rolle spielen. Mit diesen besonderen gestalterischen Bemühungen verbunden ist (b) eine Art theoretischer Überbau: das Wissen der Gründe für dieses und jenes. Dazu gehört für die klassische Architektur der Bezug auf die metaphysischen ›Ideen‹, insbesondere die Spekulation über eine in Zahlen und Zahlenverhältnissen begründete kosmische Harmonie, die man sich auch in der Architektur zum Vorbild nehmen soll. An die Stelle der im ›primitiven‹ Bauen anzutreffenden symbolischen Zuordnung von Haus und Welt tritt jetzt die idealistische Vorstellung eines Hervorbringens nach demselben abstrakten Ordnungsprinzip: der ›Symmetrie‹ oder Proportionalität, konzipiert nach den in den musikalischen Harmonien und angeblich im menschlichen Körper zu findenden Zahlenverhältnissen. Das Werk der Architektur entsteht nicht mehr im Bewußtsein des Eingebettetseins in der Natur, sondern im stolzen Selbstverständnis des Menschen (des Architekten) als eines anderen Schöpfers. Für Platon und Aristoteles ergibt sich aus solchem Bezug auf die Welt der metaphysischen ›Ideen‹, daß die Architektur über der bildenden Kunst steht. Sie galt ihnen nicht als nachahmende, sondern als hervorbringende Kunst. Indem sie sich in ihrer proportionalen Ordnung unmittelbar auf die ewigen ›Ideen‹ bezieht, ist sie nicht nur vermittelte Widerspiegelung des Schönen, sie hat vielmehr an ihrem Sein teil. Als dritter Aspekt (c) sei schließlich die Tendenz der Kanonisierung genannt, wie sie sich insbesondere in den architektonischen ›Ordnungen‹ niederschlägt, sowie der Rückbezug auf die Vorbilder der eigenen Geschichte, in denen sich die Architektur über das gemeine Bauen erhoben hat.

In allen genannten Aspekten wird der skizzierte akademische Architekturbegriff revidiert werden. Ein erster Schub solcher Revision erfolgt im 17. und 18. Jh.

1. Subjektivierung und Ausdifferenzierung der Idee des Schönen

In der Epoche der Aufklärung führt das Ernstnehmen der Erfahrung gegenüber der Autorität der Alten und der Sinne neben dem Verstand zu einer Kritik der bisherigen Gestaltungsideale (b) und zu einer gewissen Distanzierung vom Vorbild der Alten (c).

Wichtigste Manifestation davon ist im 17. Jh. die ›Querelle des anciens et des modernes‹, die sich in einer Sitzung der Académie française an einem Gedicht von Charles Perrault entzündete, in dem die Autorität der Antike in Frage gestellt wurde. Gegen diejenigen, denen die Werke der Antike als vollkommen galten, so daß man sie in jeder Hinsicht zum Vorbild nehmen müsse, wird auf der Seite der ›Modernes‹ kritische Überprüfung der alten Doktrinen für notwendig erachtet. (Es war diese Auseinandersetzung mit der Position der ›Anciens‹, die wesentlich mit zur Entwicklung eines geschichtlichen Selbstverständnisses beitrug.)

Im Bereich der Architektur wird die Sache der ›Modernes‹ vor allem von Claude Perrault vertreten. Er weist darauf hin, daß sich die bevorzugten Proportionen in Architektur im Lauf der Zeit verschoben haben und daß die Schönheit eines Gebäudes, wie die des menschlichen Körpers, weniger aus der Einhaltung bestimmter Proportionen resultiert als aus der Grazie der Form, die oft ein Abgehen von vorgegebenen Proportionsregeln erfordert. Als Physiologe, der er von Hauptberuf war, verwirft er die Analogie zu den Proportionen der musikalischen Harmonien: Das Ohr verhilft dem Geist dazu, von den aus den Proportionen zweier Saiten resultierenden Wohlklang berührt zu werden, ohne eine Kenntnis dieser Proportionen zu haben. Das Auge dagegen vermag uns zu solcher Kenntnis zu verhelfen (wenn auch oft nur mit Hilfe eines Maßstabs), aber nicht zu einer entsprechenden Empfindung – es sei denn über die Kenntnis der Proportionen. Die Proportionen der Architektur, so Perrault, bestimmen sich nicht nach vorgegebenen Gesetzen, sondern

---

29 Vgl. VITRUV, De architectura libri decem/Zehn Bücher über Architektur, hg. u. übers. v. C. Fensterbusch (Darmstadt 1964), 78–87.

»par un consentement des architectes«, d. h. durch den »bon goût«[30], der sich eben im Lauf der Zeit wandele, während der Eindruck der Schönheit beim gemeinen Betrachter mit der Gewohnheit zusammenhänge. Die Abhängigkeit vom guten Geschmack bzw. der Gewohnheit betrifft nach Perrault aber nicht die architektonische Schönheit insgesamt. Sozusagen unterhalb dessen, worüber nur der gute Geschmack befindet, gibt es Aspekte, deren Beitrag zur Schönheit unstrittig ist, wie die Großartigkeit einer Anlage, die Kostbarkeit des Materials, die Gediegenheit der Ausführung oder die Symmetrie im neuzeitlichen Verständnis. Er unterscheidet demgemäß zwischen einer »beauté positive« und einer »beauté arbitraire«[31]. Als Grundlage der ersteren nennt er »la convenance raisonable & l'aptitude que chaque partie a pour l'usage auquel elle est destinée«[32]. Dies ist nicht, wie es in Hanno-Walter Krufts *Geschichte der Architekturtheorie* geschieht[33], im Sinn einer vorweggenommenen funktionalistischen Ästhetik zu interpretieren. Denn »l'usage« meint bei Perrault nicht die ›Nutzung‹ des Gebäudes oder Gebäudeteils (oder seine ›Funktion‹, wie Kruft gemäß dem üblichen Architekten-Latein übersetzt), sondern die ›Verwendung‹ eines Teils in einem bestimmten Zusammenhang, z. B. einer Säulen-Ordnung bei einem Portiko. Auch der gesamte Kontext läßt nicht darauf schließen, daß Perrault hier von der bisherigen Lehre abweicht.

Perraults Auffassung des Schönen der Architektur entspricht also wenigstens teilweise der Linie,

---

30 CLAUDE PERRAULT, Ordonnance des cinq espèces de colonnes selon la méthode des anciens (1683), Préface, zit. nach: WALTER KAMBARTEL, Symmetrie und Schönheit (München 1972), 93.
31 PERRAULT, Les dix livres d'Architecture de Vitruve corrigés et traduits nouvellement en François, avec des Notes & des Figurés (Paris 1673), 12, 214.
32 Ebd., 12.
33 Vgl. HANNO-WALTER KRUFT, Geschichte der Architekturtheorie (München 1985), 151.
34 Vgl. NIKOLAUS PEVSNER, The Picturesque in Architecture, in: Journal of the Royal Institute of British Architects 55 (1947), 55–61.
35 GERMAIN BOFFRAND, Livre d'architecture (Paris 1745), 26.
36 NICOLAS LE CAMUS DE MÉZIÈRES, Le génie de l'architecture ou l'analogie de cet art avec nos sensations (Paris 1780), 1.

auf der sich im 18. Jh. die neuzeitliche Ästhetik entwickeln wird, der gemäß das Schöne nicht dem Gegenstand an sich inhärent ist, sondern sich erst mit der Wahrnehmung, als Eindruck im betrachtenden Subjekt ergibt. Mit dieser Subjektivierung einhergehend kommen für ästhetische Empfindungen neue Begriffe ins Spiel, die z. T. unter den Begriff des Schönen nicht mehr subsumierbar sind, ihm sogar gegensätzlich sein können. Zwei der neuen Begriffe werden auch für die Architektur relevant. Zum einen das ›Malerische‹, das mit seinen Konnotationen des Unregelmäßigen, des Rauhen, des plötzlichen (überraschenden) Wechsels zunächst ein Ideal der Landschaftsgestaltung ist, dann aber in die Architektur Eingang findet[34], etwa bei John Vanbrugh – von dem Joshua Reynolds sagt, daß er komponiere wie ein Maler –, und das eine wichtige Rolle spielt für das ästhetische Interesse an alten, gewachsenen (vom Zufall mitgeprägten) Dörfern und Städten wie auch beim Gothic Revival. Es wird später weiterhin, obwohl nicht mehr thematisiert, ein Grundzug der modernen Architektur. Zum anderen das ›Erhabene‹, dem unter den Architekten insbesondere Etienne-Louis Boullée verpflichtet ist, und das dann in der Postmoderne wieder zu Ehren kommt.

Eine der Architektur in ihrer gesellschaftlichen Aufgabe etwas gemäßere Wendung erfährt diese Entwicklung in der Lehre vom ›Charakter‹ des Gebäudes, der gemäß die künstlerische Gestaltung sich in der Wahl der ästhetischen Werte vom Charakter des Bauherrn oder von der jeweiligen Zweckbestimmung des Gebäudes leiten lassen soll. Germain Boffrand, der diese Lehre entwickelt, erhebt ihre Befolgung für den Architekten sogleich zu einer Conditio sine qua non: »un homme qui ne connoît pas ces différents caractères & qui ne les fait pas sentir dans ses ouvrages, n'est pas Architecte.«[35] Jacques-François Blondel belehrt uns darüber, welche Charaktere für die verschiedenen Gebäudetypen die passenden sind. Geradezu ein Spezialist auf diesem Gebiet wird Nicolas Le Camus de Mézières. Er macht sich daran, die Stimmungswirkungen, »affections de l'âme«[36], zu studieren und Gestaltungsprinzipien aufzustellen für die Erzeugung solcher Stimmungen wie der Traurigkeit oder der Fröhlichkeit, der Zerstreuung oder der

I. Revision des akademischen Architekturbegriffs im 17. und 18. Jahrhundert

Sammlung, des Majestätischen, der Wonne, der Ruhe, des Gewaltigen u. a. m. Sie betreffen die Wahl der architektonischen ›Ordnung‹, die Verteilung der körperlichen Massen, die Verteilung von Licht und Schatten, Ausblick, Farbe, Textur der Oberflächen sowie schließlich das Ornament, das ›Salz im Ragout‹ (vgl. 52). Bezüglich der Gestaltung des dem Bad zugeordneten Ruheraums in einem Hôtel de ville rät Le Camus: »ne craignez pas d'y placer quelques glaces, elles imitent une belle pièce d'eau, dont la tranquillité semble appeler & fixer le sommeil; dans tout l'ensemble faites régner la monotonie, elle engourdit & captive les sens; elle fait bâiller, ou s'endort.« (147)

2. Wider die Willkür architektonischer Gestaltung

Mit der skizzierten Annäherung der Architekturtheorie an die Linie der neuzeitlichen Ästhetik schien der Willkür, dem Kapriziösen architektonischer Gestaltung, wie sie sich schon in der architektonischen Praxis des Barock und des Rokoko zeigte, vollends Tür und Tor geöffnet. So finden sich zugleich, sozusagen zur Kompensation des verlorenen Halts in den Vorbildern der Alten und in der Kosmologie, Versuche der Neubegründung der Architektur auf rationale Prinzipien. Zu nennen ist insbesondere die Lehre des Franziskanermönchs Carlo Lodoli und die des Jesuitenpaters Marc-Antoine Laugier. Trotz der Gemeinsamkeit in Hinsicht der Skizzierten stehen ihre Ansätze in einem krassen Gegensatz zueinander, den man ohne weiteres in Parallele setzen kann zu dem Gegensatz in unserem Jh. zwischen der modernen und der postmodernen Architekturauffassung – die freilich zu unterscheiden sind von der Wirklichkeit der modernen bzw. der postmodernen Architektur.

Lodoli zieht die Konsequenz aus dem Übergang vom metaphysischen zum naturwissenschaftlichen Weltbild, in dem die Form der Dinge nicht mehr etwas Vorgegebenes ist, sondern Ergebnis bestimmter physischer Kräfte und Bedingungen. Die Form in der Architektur kann nicht mehr wie bisher für sich gesehen werden; sie muß vielmehr im Zusammenhang gesehen werden mit der jeweiligen instrumentellen Wirklichkeit. Die Schönheit besteht wesentlich darin, daß die Form der instru-

mentellen Wirklichkeit des Gebäudes bzw. Gebäudeteils entspricht. »Nessuna cosa si dee mettere *in rappresentazione* (queste sono originalissime parole lodoliane) che non sia anche veramente in funzione«[37]. (Nichts darf zur Darstellung gebracht werden […], was nicht auch in der Funktion vorhanden ist.) So der Kern seiner Lehre, wie er sie in privaten Vorlesungen Ende der 1. Hälfte des 18. Jh. in Venedig entwickelte, wiedergegeben von Francesco Algarotti und zitiert von Andrea Memmo, der vielfach Algarottis Darlegungen widerspricht, der aber die beiden entscheidenden Termini ausdrücklich als diejenigen Lodolis kennzeichnet. Diese Maxime ist noch nicht die des Funktionalismus. Lodoli hat z. B. nichts gegen das Ornament einzuwenden, solange es sich aus dem Verhältnis von instrumenteller Wirklichkeit und Erscheinung gewissermaßen heraushält, die anvisierte Einheit nicht beeinträchtigt. (Dasselbe gilt für die Lehre von Jean-Nicolas-Louis Durand[38], der gegen Ende des Jahrhunderts bereits in positivem Sinn formuliert: Wenn man nur konsequent von der Bestimmung des Gebäudes ausgeht – die Methode dafür zu entwickeln war sein zentrales Thema –, wird dieses wie von selbst den ihm eigenen Charakter bekommen, also in ästhetischer Hinsicht befriedigend werden. Die Bestimmung des Gebäudes aber kann Dekoration verlangen.)

Dieser Ansatz impliziert eine entschiedene Abkehr von der Idee der Nachahmung, die in ihrer äußerlichen Ausrichtung auf die Erscheinung eine Kontinuität in der Form postuliert, unabhängig von einem evtl. notwendig werdenden Wechsel im Material – was zu konstruktiv höchst problematischen Ergebnissen und evtl. zu schweren Bauschä-

---

37 ANDREA MEMMO, Elementi dell'architettura Lodoliana e sia l'arte del fabbricare con solidità scientifica & con eleganza non capricciosa (1786), Bd. 2 (Zara 1834), 16; vgl. EDGAR KAUFMANN, Memmo's Lodoli, in: The Art Bulletin 46 (1964), 159–175; JOSEPH RYKWERT, The First Moderns. The Architects of the Eighteenth Century (Cambridge, Mass. 1980), Kap. 8.

38 JEAN-NICOLAS-LOUIS DURAND, Précis de leçons d'architecture données à l'École Royal Polytechnique (1802–1805), Bd. 1 (Paris ²1817), 19.

den führen kann. Lodoli war daran gelegen, die Form jeweils aus der instrumentellen Aufgabe zu entwickeln. Wie ein Ingenieur hat er an funktionalen Verbesserungen gearbeitet und dementsprechend die Formen verändert – wie an einem kleinen Gebäude in Venedig zu sehen. Er hat die steinerne Türschwelle dreigeteilt und den mittleren Teil zwischen den Pfosten den Biegemomenten entsprechend zur Mitte des Felds hin verstärkt, wo sie sonst leicht bricht; er hat über den Fenstern kleine Vordächer angebracht, so daß man die Fenster auch bei Regen geöffnet lassen kann.

Lodolis Lehre, von der wir nur durch zwei seiner Schüler wissen, hatte kaum Breitenwirkung oder gar Auswirkung auf das Bauen seiner Zeit. (Möglicherweise gibt es einen Einfluß auf Horatio Greenough und Ralph Waldo Emerson, die sich beide in Italien aufhielten, als 1833 die Neuauflage von Memmos Werk erschien, der ein Jahr später der wiedergefundene zweite Band folgte. Vielleicht ist auf diesem Weg der Terminus der ›Funktion‹ auf Louis Sullivan und die Architekten der Moderne gekommen.) Das 18. Jh. und die erste Hälfte des 19. Jh. bleiben im allgemeinen fixiert auf die große Architektur der Vergangenheit, an der man festhalten bzw. zu der man zurückkehren möchte.

Der *Essay sur l'architecture* (1753) des Abbé Laugier entspricht dem aufs beste und fand dementsprechend weite Verbreitung. Prinzip der Vernunft – das hieß für ihn nicht technische Rationalität, sondern, wie bei Rousseau, Rückbezug auf die Natur. Die Natur, in deren Nachahmung die Architektur wieder zu sich finden könnte, sollte in diesem Fall die erste vom Menschen quasi naturwüchsig errichtete Hütte sein, auf die schon Vitruv Bezug genommen hatte. (Erst in der deutschen Übersetzung findet sich dafür das treffende Wort: die ›Urhütte‹.) Sie ist nun nicht mehr nur

dasjenige, von dem sich die Architektur absetzt, sondern wird gewissermaßen als Autorität beschworen bei der Bestimmung dessen, was die Architektur ihrem Wesen nach ist und worin die Prinzipien für alle spätere Architektur enthalten sind.[39] Was ist das für eine Vernunft, die die ersten Versuche des Bauens als das Maßgebende nimmt, aus dem die Prinzipien für alles spätere Bauen abgeleitet werden? Aber Laugiers Urhütte war nur die Rückprojektion des griechischen Tempels bzw. dessen, was an ihm wesentlich schien, auf eine fiktive Urform, um sie mit neuer Legitimation zum allgemeinen Prinzip zu erheben. So kommt es, daß z. B. die Wand in Laugiers Theorie nicht zu den »parties essentielles« gehört, sondern nur zu jenen Teilen, »qui n'y sont introduites que par besoin«[40].

Bald wird die sich etablierende Ethnologie die Architekten mit den wirklichen Urhütten, nämlich dem Bauen der ›Primitiven‹ bekannt machen. Quatremère de Quincy wird Ende des 18. Jh. gegen Laugier gewendet darauf hinweisen, daß die Baukunst je nach Klima, verfügbarem Material und Lebensgewohnheiten (er unterscheidet zwischen Jägern, Hirten und Ackerbauern) sich von Anfang an ganz unterschiedlich entwickelt.[41] Eugène Emmanuel Viollet-Le-Duc wird 1875 seine *Histoire de l'habitation humaine* veröffentlichen mit vielen Beispielen solchen Bauens der ›Primitiven‹ aus allen Teilen der Welt. Auf der Weltausstellung 1851 zu London, also in Joseph Paxtons Kristallpalast, zwischen dekadentem Kunstgewerbe und neuesten technischen Entwicklungen, wird ein Haus einer solchen frühen Entwicklungsstufe ausgestellt, eine Hütte aus der Karibik: »kein Phantasiebild, sondern ein höchst realistisches Exemplar einer Holzkonstruktion, aus der Ethnologie entlehnt«. Gottfried Semper, den seine Erklärungsbemühungen der Form-Merkmale der Baustile in der akademischen Architektur von der Notwendigkeit des Rückgangs zu den »Keimen und Wurzeln« überzeugt hatten, studiert sie genau. Er wird gewahr, daß sie mit der antiken Architektur mehr gemein hat als Laugiers Urhütte. »An ihr treten alle Elemente der antiken Baukunst in höchst ursprünglicher Weise und unvermischt hervor: der Herd als Mittelpunkt, die durch Pfahlwerk umschränkte Erderhöhung als Terrasse, das säulengetragene Dach und die Mattenumhegung als

---

39 Vgl. WOLFGANG HERRMANN, Laugier and Eighteenth Century French Theory (London 1962), 48.
40 MARC-ANTOINE LAUGIER, Essay sur l'architecture (1753; Paris ²1755), 10.
41 Vgl. ANTOINE-CHRYSOSTÔME QUATREMÈRE DE QUINCY, ›Architecture‹, in: Quatremère de Quincy, Dictionnaire d'Architecture, Bd. 1 (Paris 1789), 109.

Raumabschluss oder Wand.«[42] Bemerkenswert ist besonders die Gegenüberstellung der letzten beiden Elemente und die Hervorhebung des Primats des Raumabschlusses gegenüber der Tragstruktur, auf welche zuvor immer das Hauptaugenmerk gerichtet war – und weithin immer noch gerichtet ist. Wie für Goethe[43] in seiner Kritik an Laugier nicht die Säule, sondern die vier den Raum umschließenden Mauern das Wesentliche sind, so ist es bei Semper, allgemeiner gefaßt, der »Raumabschluss«. Er ist das Mittel, »das ›home‹, das Innenleben, von dem Aussenleben zu trennen«[44] – nach den Seiten hin zunächst Gewebe, deren Ornamentik später auf den gemauerten Wänden der hohen Baukunst als »Bekleidung« (220) wiederkehrt.

II. Absetzung vom akademischen Architekturbegriff im 19. und 20. Jahrhundert

1. Fitness for use, respect for materials

In der zweiten Hälfte des 19. Jh. erfolgte in England ein neuer Vorstoß in Richtung eines vom Formalismus der akademischen Architektur befreiten Bauens, und zwar auf etwas breiterer Ebene.[45] Dieser Vorstoß, parallel zum *Arts and Crafts Movement*, das ähnliches auf dem Gebiet der Inneneinrichtung betrieb, ist weniger theoretischer (rational-analytischer) als praktischer Art. Wegweisend war dabei der u. a. durch das Gothic Revival bzw. durch dessen Kritik geschärfte Blick auf das alte, vorakademische Bauen, das sozusagen unterhalb des (schmalen) Tätigkeitsbereichs des Architekten in England noch weit bis in die Neuzeit hinein in der Hand von Bauunternehmen fortgeführt wurde, wenngleich auch zunehmend durch das Vorbild der akademischen Architektur geprägt. Man sah die Möglichkeit, an diesem auf das Praktische ausgerichteten und vergleichsweise unprätentiösen Bauen anzuknüpfen, mit Vorliebe dem der Zeit von Queen Anne. Statt um ›design‹ ging es hier vor allem um »mastership in the building craft«[46]; statt um Stil ging es um Berücksichtigung der lokalen Bauweise; statt um Herausbildung

des Gebäudes um Eingehen auf die jeweilige landschaftliche bzw. bauliche Umgebung. All das bedeutet im Grunde nicht weniger als die vollständige Revision des Selbstverständnisses der akademischen Architektur, das gerade in der Absetzung von der gemeinen Baukunst begründet war. Philip Webb, der für William Morris das sog. Red House entwarf, betonte: »I never begin to be satisfied until my work looks commonplace« (136).

Radikaler als die Bemühungen der Architekten waren z. T. die Gedanken von Morris, der mit 22 Jahren in einem Architekturbüro eine Lehre begann und dort Webb kennenlernte, dessen eigene künstlerische Praxis sich später auf das Kunsthandwerk beschränkt, der aber in vielen Vorträgen auch zur Architektur Stellung nimmt. Er gibt seiner Verachtung der damaligen Architektur Ausdruck – »an imitation of an imitation of an imitation«[47] – und entwickelt die Vision einer lebendigen Baukunst, die Teil wäre dessen, was er die ›arts of life‹ nannte: eine neue Weise der Gestaltung der Dinge der häuslichen und städtischen Umwelt. An die Stelle der Ausrichtung auf eine vorgegebene architektonische Ordnung soll die Bemühung um Gebrauchstauglichkeit bei Respektierung des Materials treten, und zwar beim Bauen für die Wohlhabenden genauso wie beim Bauen für die ärmeren Schichten. Voraussetzung dafür sei die Überwindung der Trennung von Handarbeit und Kopfarbeit, also von Ausführung und Entwurf; genauso aber eine Änderung unserer inneren Lebenshaltung. »Simplicity of life, begetting simplicity of taste, that is, a love for sweet and lofty

---

42 GOTTFRIED SEMPER, Der Stil in den technischen und tektonischen Künsten oder: Praktische Ästhetik. Ein Handbuch für Techniker, Künstler und Kunstfreunde, Bd. 2 (München 1863), 276.
43 Vgl. JOHANN WOLFGANG GOETHE, Von Deutscher Baukunst. D. M. Ervini a Steinbach (1772), in: GOETHE (HA), Bd. 12 (1953), 9f.
44 SEMPER (s. Anm. 42), Bd. 1 (Frankfurt a. M. 1860), 228.
45 Vgl. PETER DAVEY, Architecture of the Arts and Crafts Movement (London 1980).
46 PHILIP WEBB, zit. nach William Lethaby, Philip Webb and his work (1935; London ²1979), 122.
47 WILLIAM MORRIS, Gothic Architecture (1889), in: M. Morris (Hg.), William Morris. Artist, Writer, Socialist, Bd. 1 (New York 1966), 283.

things, is of all matters most necessary for the birth of the new and better art we crave for; simplicity everywhere, in the palace as well as in the cottage.«[48]

Morris' Vorbilder im Bereich der Architektur sind einige zu seiner Zeit noch gegenwärtige Reste mittelalterlicher Baukunst: eine steinerne Zehnt-Scheuer aus dem 13. Jh. in Great Coxwell, Berkshire, die damals etwa 200 Jahre alten Bauernhäuser in den Dörfern von Cotswold oder Kelmscott Manor in Oxfordshire aus Elisabethanischer Zeit, das er als eigenen Landsitz erworben hatte. Diese Beispiele sind für ihn Zeugnisse einer Baukunst, wie sie ihm selbst vorschwebt, ausgerichtet auf die Aufgaben der eigenen Zeit und doch darin mit der Geschichte verbunden – nicht in äußerlicher Weise, sondern weil man gar nicht anders kann, als an dem Vorangegangenen anzuknüpfen, weil es unmöglich ist, etwas ganz und gar Neues zu machen.

Durch seine eigene künstlerische Arbeit, die Zeit seines Lebens dem Ornament galt, kommt er selbst dazu, eine Gestaltung anzuvisieren, die nicht mehr unbedingt der Dekoration bedarf, eine Schönheit von Gebrauchsgegenständen, die sich gewissermaßen von selbst ergibt: »natural and reasonable always: beautiful also, but more because they [die gestalteten Gegenstände – d. Verf.] are natural and reasonable, than because we have set about to make them beautiful«[49].

Die Bestrebungen in England werden peu à peu, vermittelt vor allem durch Robert Dohmes Publikation *Das englische Haus* von 1888 sowie durch Hermann Muthesius' zweibändiges Werk gleichnamigen Titels von 1904, auch auf dem Kontinent fruchtbar im Bauen etwa von Muthesius selbst, von Hendrick Petrus Berlage, Heinrich Tessenow oder Paul Schmitthenner; und, was den sozialen Aspekt betrifft, in der späteren Arbeit der kommunalen und gewerkschaftlichen Wohnungsbaugesellschaften, die sich des Problems der Massenwohnungsbaus annehmen. Es ergibt sich aber bald jene für die weitere Entwicklung so unglückliche Spaltung zwischen den Traditionalisten, deren Architektur zunehmend steril wird – sie selbst z. T. dann auch anfällig für die Blut-und-Boden-Ideologie der Nazis –, und denen, die partout modern sein wollen und in Anlehnung an die bildende Kunst und ihre Abstraktionstendenz auch die Architektur abstrakt, in rein formalen Kategorien angehen, die einen neuen Stil kreieren. Es ist sicherlich zu einfach, wenn Nikolaus Pevsner in der englischen Bewegung den Beginn des Modern Movement sieht, dessen spätere Phase sich von den englischen Anfängen nur in der Stellung zur großindustriellen Produktion unterscheide.[50]

2. Die Idee der Einheit von Kunst und Technik – Architektur als Körper- und Raumgestaltung

Stellte sich die englische Bewegung, vor allem das *Arts and Crafts Movement*, dem damals im Kunsthandwerk stattfindenden Übergang zur großindustriellen Produktion entgegen – mit dem Ergebnis, daß die eigene Arbeit entgegen dem bekundeten Ziel sich auf die Gestaltung von Produkten für einige wenige reiche Leute beschränkte –, so finden wir auf dem Kontinent zu Beginn des 20. Jh. unter den Künstlern und Architekten zunehmend eine positive Einstellung zur industriellen Revolution. Zu nennen sind hier insbesondere die Franzosen Auguste Perret und Tony Garnier, die – in der Formgebung eher akademisch – konsequent die Möglichkeit des Betonbaus nutzen, die Futuristen Italiens, in Österreich Adolf Loos mit seiner Geißelung des hinter der technischen und zivilisatorischen Entwicklung zurückbleibenden ›Kunstgewerbes‹. In Deutschland wird der *Deutsche Werkbund* das Forum der Auseinandersetzung und der Absetzung von den Traditionalisten – so wie später noch einmal das *Bauhaus* unter Walter Gropius im Übergang von der ersten zur zweiten Phase.

Mit der positiven Einstellung zur industriellen Revolution und zur großindustriellen Produktion sind die Weichen gestellt für eine Industrialisierung auch des Bauens, die aber trotz einer gewissen Thematisierung der Notwendigkeit der Standardi-

---

48 MORRIS, The Lesser Arts (1877), in: Morris, Collected Works, hg. v. M. Morris, Bd. 22 (London 1914), 24.
49 MORRIS, Textile Fabrics (1884), in: Morris, Collected Works, Bd. 22 (London 1914), 295.
50 Vgl. NIKOLAUS PEVSNER, Pioneers of the Modern Movement (London 1936); dt.: Wegbereiter moderner Formgebung, übers. v. E. Knemth (Reinbek 1957).

II. Absetzung vom akademischen Architekturbegriff im 19. und 20. Jahrhundert

sierung, der Vorfabrikation, der Flexibilität, der modularen Koordination nicht recht vorankommt und erst in den 60er Jahren breiteres Interesse auf sich ziehen wird. Wichtiger als ein wirklicher Anschluß an die moderne Technik ist den Architekten ein entsprechendes Image. Es kommt zu einem neuen Stil, bei dessen Ausprägung das Vorbild der Kunst im neuzeitlichen Verständnis eine entscheidende Rolle spielt.

Die Architekten sind z. T. von den Ingenieurkonstruktionen fasziniert: von den Getreidesilos, den amerikanischen Beton-Skelettbauten, auf die Gropius im Jahrbuch des *Deutschen Werkbundes* (Nr. 2, 1913) aufmerksam macht, von den Ozeandampfern, den Autos, den Flugzeugen, wie sie in Le Corbusiers *Vers une architecture* (1923) abgebildet sind. Aber sie sind weit davon entfernt, an ihre eigene Arbeit wie die Ingenieure an die ihrige heranzugehen. Sie sehen in den Ingenieurkonstruktionen vielmehr einen neuen, der industriellen Produktion entsprechenden, vom Ornament befreiten Formenkanon, der ihnen aufs beste zusammenzugehen scheint mit der Tendenz der bildenden Kunst hin zur abstrakten, reinen Form. (Hans Sedlmayr[51] hat diese Tendenz sehr schön analysiert, allerdings ohne die notwendige Differenzierung im Hinblick einerseits auf die Kunst, die damit, was er völlig verkennt, neue Potentiale der Reflexion gewinnt, andererseits auf die Architektur, bei der der Übergang zur reinen Form zum Debakel führt.) »Die Industrie bemüht sich seit einiger Zeit, schöpferische Kräfte [...] zu gewinnen, die die Formen ihrer Erzeugnisse entwickeln sollen. [...] Auf der anderen Seite beginnt die Auseinandersetzung der jungen Künstler mit den Erscheinungen der Industrie u. der Maschine. Sie gehen auf die Gestaltung – ich möchte sagen: – der ›zwecklosen‹ Maschine aus (Arbeiten von Picasso, Braque, Ozenfant, Jeanneret, die neuen Russen und Ungarn, Schlemmer, Muche, Klee usw.); also eine Annäherung jener beiden Gestaltungsvorgänge!«[52] – »Kunst und Technik eine neue Einheit!«[53]

Die Architektur büßt bei dieser Annäherung an die Kunst die aus ihrer instrumentellen Aufgabe und der Konstruktion sich ergebende Eigenart ein. Das Gebäude erscheint nicht mehr aufgebaut aus Stützen und Trägern, aus Wänden mit Tür und Fenster, Decken, Dach, Treppe usw.; es wird abstraktes Formengebilde. Oder anders ausgedrückt: Wände, Tür, Fenster usw. sind nur noch die Gegenstände der borniert technischen Sicht, die die künstlerische Gestaltung hinter sich läßt, wenn sie sich aufschwingt in die lichten Gefilde der reinen Form, der Körper- und Raumgestaltung. Diese Auffassung der Architektur ist schon von Kunsthistorikern Ende des 19. Jh. vorbereitet, insbesondere von Heinrich Wölfflin, der die Architektur als die Kunst körperlicher Massen bestimmte[54], und von August Schmarsow, der die Architektur als »Raumgestalterin«[55] bezeichnete. Dabei war die tektonische Sicht zunächst nur überlagert durch eine Betrachtung vom eigenen Körper her. Der architektonische Raum wurde gedacht als vom menschlichen Körper aus sich heraus entworfen, als Projektion der Grenze dieses Körpers nach außen, bis dieser dem notwendigen Spielraum hat als »Tastraum«, »Gehraum«, »Sehraum«[56], und zwar entsprechend dem mit den drei Hauptrichtungspaaren des eigenen Körpers verbundenen menschlichen Anschauungsform des Raums.

Jetzt werden Körper und Raum abstrakt; reine, schwerelose und vom menschlichen Körper unabhängige, kaum mehr auf ihn bezogene Formen, wobei die Thematisierung des architektonischen Körpers evtl. nach dem Vorbild der bekannten Kippfiguren umschlägt in die Thematisierung des Raums, der gerade in seiner nur indirekten visuellen Zugänglichkeit fasziniert: »the miracle of ineffable space«[57]. Diese abstrakte Betrachtung erfordert, daß die der technischen Struktur eigene Charakteristik des in sich Heterogenen, die sich durch

---

51 Vgl. HANS SEDLMAYR, Die Revolution der modernen Kunst (Reinbek 1955).
52 WALTER GROPIUS, Die Tragfähigkeit der Bauhaus-Idee (1922), in: H. Wingler (Hg.), Das Bauhaus (1962; Bramsche ²1968), 62.
53 GROPIUS, Brevier für Bauhäusler (1924), in: Wingler (s. Anm. 52), 90.
54 Vgl. HEINRICH WÖLFFLIN, Prolegomena zu einer Psychologie der Architektur (München 1866).
55 SCHMARSOW (s. Anm. 2), 10f.
56 SCHMARSOW, Raumgestaltung als Wesen der architektonischen Schöpfung, in: Zeitschr. f. Ästhetik u. allg. Kunstwiss. 9 (1914), 72.
57 LE CORBUSIER, New World of Space (New York 1948), 8.

die funktional-konstruktive Differenzierung bzw. die Zusammensetzung des Konstrukts aus verschiedenen, je auf ihre besondere Teilfunktion hin entwickelten Teilen ergibt, ausgemerzt oder wenigstens durch formale Tricks gemildert wird.[58] Das zeigt sich in der Verwandlung des Dachs, in den Versuchen seiner Integrierung in eine kubische Struktur; ebenso in der Verwandlung des herkömmlichen Fensters, das in der neuen Betrachtung nun als »destructeur de forme«[59] erscheint, in solcher Weise, daß es zu einer Artikulierung der Form im künstlerischen Formverständnis wird: Die notwendigen Öffnungen ergeben sich nicht mehr als Durchbrechungen der Wand im Interesse der geforderten Selektivität der Abschirmung, sondern als Resultat eines Aufbrechens des architektonischen Körpers.

Der Raum soll nicht mehr geschlossener Raum sein; er soll offen sein, in andere Räume und in den Außenraum übergehend: Er verliert jede spezifische Bestimmung, ist nicht mehr Zimmer, Halle, Hof, Garten, Platz usw.; er ist überall dasselbe, Teil des einen abstrakten Raums.

Die Auffassung der Architektur als Raumgestaltung gilt manchen Architekten als Überwindung aller bisherigen Architektur. Die Kunsthistoriker dagegen projizieren sie fleißig zurück auf die Architektur früherer Epochen, etwa auf die Architektur der Renaissance; oder sie sehen die Gestaltungen der verschiedenen Epochen, und zwar die Gestaltungen der Architektur wie der bildenden Künste, als Stufen auf dem Weg der »Emanzipation des Raums«[60], die so zum tiefsten Sinn der Kunst wird. Sigfried Giedion spricht von der Entwicklung der »space conception«[61], welche im 20. Jh.

schließlich in der Konzeption der »space-time« (362; dt. 278 f.) münde. Er bezieht sich dabei, was die Architektur betrifft, auf den Übergang von der axialen Komposition zu einer Anordnung und Gestaltung der Räume, die, um sie zu begreifen, die eigene Bewegung erfordert.

3. Programm eines radikalen Funktionalismus

Künstlerische Gestaltung wurde für notwendig erachtet im Interesse einer Humanisierung des technischen Konstrukts, seiner Integration in den im idealistischen Weltbild erst oberhalb der Technik beginnenden Bereich der ›Kultur‹. Die Architekten der funktionalistischen Linie wollten eine Architektur/ein Bauen auf der Grundlage eines materialistischen Weltbilds nach dem Vorbild technischer Rationalität: »alle dinge dieser welt sind ein produkt der formel: (funktion mal ökonomie).«[62] Diese Architekten sahen im Bereich des Bauens und der Gebrauchsgegenstände keinen Platz für »Affektleistung«; keinen Platz für formale Spiele, wie sie auch im Bauhaus anfänglich betrieben worden sind. Hannes Meyer: »Der Würfel war Trumpf, und seine Seiten waren gelb, rot, blau, weiß, grau, schwarz. Diesen Bauhaus-Würfel gab man dem Kind zum Spiel und dem Bauhaus-Snob zur Spielerei […]. Man saß und schlief auf der farbigen Geometrie der Möbel. Man bewohnte die gefärbten Plastiken der Häuser. Auf deren Fußböden lagen als Teppiche die seelischen Komplexe junger Mädchen. Überall erdrosselte die Kunst das Leben. So entstand eine tragikomische Situation: Als Bauhausleiter bekämpfte ich den Bauhausstil.«[63]

Die adäquate Form, so Meyer, ergebe sich, indem man das Gebäude von der Funktion her entwickele, sozusagen von selbst. Das war der Kerngedanke. Aber man hat die Funktion des Gebäudes nicht richtig erfaßt. Man verwendete den Terminus, wie gesagt, als ein neues Wort für das, was in dem Gebäude/in der Stadt stattfinden würde: für die Tätigkeiten. Von ihnen sollte der Entwurf ausgehen. Aber das, wofür er zu sorgen hatte, das, was das Gebäude bzw. die Stadt im Hinblick auf die Durchführung der Tätigkeiten zu leisten hätte – das ist es, was in technischem Verständnis seine/ihre Funktion ist –, wurde nicht thematisiert. Man

---

58 Vgl. FELDTKELLER (s. Anm. 16), 44 f.
59 LE CORBUSIER, Vers une architecture (1923; Paris 1977), 27; dt.: Kommende Baukunst, übers. v. H. Hildebrandt (Berlin/Leipzig 1926), 27.
60 ALOIS RIEGL, Die spätrömische Kunstindustrie (1901; Wien ²1907), IX.
61 SIGFRIED GIEDION, Space, Time and Architecture (1941; Cambridge, Mass. 1949), 23; dt.: Raum, Zeit und Architektur, übers. v. S. Giedion (Ravensburg 1965), 45.
62 HANNES MEYER, bauen (1928), in: C. Schnaidt, Hannes Meyer (Stuttgart 1965), 94 f.
63 MEYER, Mein Hinauswurf aus dem Bauhaus (1930), in: Schnaidt (s. Anm. 62), 100 ff.

ging davon aus, daß es beim Entwurf in instrumenteller Hinsicht um die Erfüllung des Raumprogramms ging, daß man im Entwurf für den reibungslosen Ablauf der betreffenden Tätigkeiten, für das ›Funktionieren‹ des Betriebs zu sorgen hätte.[64] So ist man von der eigentlichen Aufgabe der Bemühung um Funktionalität des Gebäudes im Dienst des Lebens gemäß der allgemeinen Tendenz sowohl im Kapitalismus wie im real existierenden Sozialismus abgeglitten zur Rationalisierung des Lebens.»Organisierung des Lebens«, »Gestaltung des Lebensprozesses«[65] – so oder ähnlich wurde die Aufgabe von Architektur und Städtebau formuliert und mißverstanden, sei es, daß man sich damit von der Kunst verabschiedete, sei es, daß man diese in die Kunst der technischen bzw. organisatorischen Bewältigung des Lebens überführen wollte wie die Konstruktivisten.

III. Wider den der modernen Architektur impliziten Rationalismus: Der strukturalistische Ansatz

Ohne den Mangel einer genuin funktionalen Betrachtung wahrzunehmen, hat die sog. Funktionalismuskritik immerhin die skizzierte Tendenz zur Rationalisierung des Lebens gesehen, die ja nicht nur der angeblich funktionalistischen Architektur, sondern auf der instrumentellen Ebene einem Großteil der modernen Architektur eigen war. Es kam zu einem gewissen Umdenken in der modernen Architektur, was sich zuerst auf dem CIAM-Kongreß 1959 in Otterlo zeigte, auf dem der Name CIAM (Congrès International d'Architecture Moderne) offiziell aufgegeben wurde. In Anlehnung an Reflexionen von Kenzo Tange, der dem bisherigen analytischen oder – wie er meint – funktionalen Denken das strukturelle Denken entgegengestellt hat, spricht Arnulf Lüchinger im Hinblick auf diese zweite Phase vom »Strukturalismus«[66], dabei unterscheidend zwischen einer technizistisch-utopistischen Richtung und einer Richtung, in der die Beziehungen zwischen sozialen und technischen Strukturen thematisiert werden und in der es auch Bezüge gibt zum anthropologischen und linguistischen Strukturalismus. Zur ersten Richtung zählt Lüchinger die Arbeiten der ›Metabolisten‹ Japans, der Gruppe ›Archigramm‹, der europäischen Raumstadt-Konstrukteure wie Yona Friedman; zur zweiten die Arbeiten von Louis Kahn, Alice und Peter Smithson, Georges Candilis, vor allem aber der holländischen Architekten um Aldo van Eyck und Hermann Hertzberger, die die Zeitschrift *Forum* als Plattform nutzen. Nur auf diese letztere Richtung soll hier eingegangen werden.

In dem zum Kongreß in Otterlo erscheinenden Heft des *Forum* steht auf der letzten Seite, neben Abbildungen von dem berühmten Pueblo in New Mexico, in großen Lettern »Vers une ›casbah‹ organisée«[67]. Im abendländisch-islamischen Sprachgebrauch meint ›casbah‹ den ältesten, ›gewachsenen‹ Teil der Stadt. Der Ausdruck »›casbah‹ organisée« ist also ein Oxymoron. Gemeint ist damit die unter Beibehaltung des Moments der Rationalität anvisierte Wiedereinführung des von ihr Verdrängten: der Unordnung oder scheinbaren Unordnung, die dem Leben Entfaltungsmöglichkeiten bietet, des Dichtgedrängten, des Ineinanders des Verschiedenen, insbesondere von privaten und öffentlichen Bereichen. Gemeint ist aber auch im Widerrufen oder wenigstens eine Relativierung des für die vorausgegangene Moderne und noch für den technizistischen Strukturalismus charakteristischen Bruchs mit der Vergangenheit – der ja nur die andere Seite war der Idee, das Leben nach rationalen Gesichtspunkten neu zu organisieren. Van Eyck verfällt in seinen Ausführungen auf dem Kongreß allerdings, wenn er sich auf die ewigen Grundsätze menschlichen Daseins beruft, zunächst in einen entgegengesetzten Radikalismus. Umsichtiger formuliert er später in seinem Aufsatz *The Interior of Time*: »As the past is gathered into the present and the gathering body of experience finds a home in the mind, the present acquires temporal depth – loses its acrid instantaneity, its razorblade quality.

---

64 Vgl. ADOLF MAX VOGT, Woher kommt Funktionalismus?, in: Werk/Archithese 64 (1977), H. 3, 23–30.
65 THILO HILPERT, Die funktionelle Stadt (Braunschweig 1978), 81, 89.
66 ARNULF LÜCHINGER, Strukturalismus in Architektur und Städtebau (Stuttgart 1981).
67 Forum (NL) 14 (1959), 248.

One might call this the interiorization of time, or time rendered transparent. / It seems to me that past, present, and future must be active in the mind's interior as a continuum. If they are not, the artifacts we make will be without temporal depth or associative perspective. [...] / Man, after all, has been accomodating himself physically in this world for thousands of years. [...] It is obvious that the full scope of this enormous environmental experience cannot be contained in the present unless we telescope the past, i. e. the entire human effort, into it. This is not historic indulgence in a limited sense, not a question of travelling back, but merely of being aware of what ›exists‹ in the present – what has travelled into it: the projection of the past into the future via the created present – Anna was, Livia is, Plurabelle's to be (who knows, Anna Livia Plurabelle may yet preside over architecture!).«[68] [im Schluß Anspielung auf Joyces *Finnegans Wake* – d. Verf.]

Es ist insbesondere das Beispiel des archaischen Bauens und Lebens, von dem Van Eyck sich Anregung holt. Er reist zu den Dogon in Westafrika, deren Leben er zusammen mit den Ethnologen Paul Parin und Fritz Morgenthaler studiert.[69] Er ist fasziniert von der Kontinuität des Lebens, dem Gleichbleibenden über Vergangenheit und Gegenwart, von dem Eingebettetsein des Individuellen in den kollektiven Strukturen und von der strukturellen Vergleichbarkeit von Haus und Dorf, ersteres begriffen wie ein kleines Dorf, letzteres wie ein großes Haus.

Hermann Hertzberger greift später die seit dem 18. Jh. verschiedentlich begegnende Analogie zur Sprache auf, in der er ein brauchbares Modell für das Verhältnis von Individuellem und Kollektivem in der Architektur sieht.[70] Er bezieht sich dabei auf die auf Ferdinand de Saussure zurückgehende Unterscheidung zwischen ›langue‹ und ›parole‹, zwischen Sprache und Rede, also zwischen der kollektiv entwickelten Struktur und dem individuellen Gebrauch. Entsprechend postuliert er in der Architektur einen geschichtlich entwickelten (und allgemein bekannten) Schatz von Formen – von ›patterns‹, wie Christopher Alexander sagen wird[71] –, die er ›Archeformen‹ nennt, ein ›musée imaginaire‹, von dem der Architekt im Blick auf die jeweilige Situation, im Blick auch auf die Leute, für die er baut, Gebrauch machen könne.

Die Form der anvisierten Architektur soll, anders als die auf bestimmte Tätigkeiten zugeschnittene Paßform des sog. Funktionalismus, polyvalent sein (nicht neutral, wie später verschiedentlich gefordert, was genau besehen aber eine Unmöglichkeit ist); ihre Teile also sollen verschieden besetzt werden können. Sie soll ferner, statt sich von der Vergangenheit abzusetzen, mit Geschichte aufgeladen sein, soll die Möglichkeit der Veränderung mit Kontinuität verbinden. Sie soll kleinteilig sein und ›wachsen‹ können, ohne aus der Form zu geraten. Es ergibt sich evtl. die Idee eines Bauens, in der zwischen ›Struktur‹ und ›Einfüllung‹ differenziert wird: zwischen einer durchgehenden, eher permanenten Struktur und der variablen Einfüllung, die die durch die Struktur eröffneten/begrenzten Spielräume im Interesse der verschiedenen Nutzungen individuell weiter bearbeitet, besetzt. Um horizontal in allen Richtungen wachsen zu können, muß die Struktur im Prinzip die Struktur eines ›Teppichs‹ aus inneren und äußeren Räumen haben, wobei die letzteren bezogen auf das Ganze selbst ›innere‹ Räume sind, zugleich geschlossen und offen: identifizierbare Orte, Plätze. Angesprochen ist hier die Einheit von Architektur und Städtebau, aber auch die Möglichkeit, den baulichen Komplex großer Institutionen wie eine kleine Stadt zu konzipieren, wie es van Eyck paradigmatisch in seinem Waisenhaus in Amsterdam gezeigt hat.

Man bemerke, daß hier die Analogie zum anthropologischen und linguistischen Strukturalismus problematisch wird: Im Begriffspaar von Struktur und Einfüllung ist die erstere nicht, wie man in der genannten Analogie denken sollte, etwas Ideelles, selbst in Entwicklung Befindliches, das man evtl. auch unterlaufen kann, sondern als Teil der architektonischen Konstruktion etwas auf Dauer Festgelegtes, das u. U. sehr hinderlich werden kann.

---

68 ALDO VAN EYCK, The Interior of Time (1966), in: Jencks/Baird (s. Anm. 22), 171.
69 Vgl. VAN EYCK, A Miracle of Moderation (1967), in: Jencks/Baird (s. Anm. 22), 173–213.
70 Vgl. HERMANN HERTZBERGER, Huiswerk voor meer herbergzame vorm, in: Forum (NL) 28 (1973), H. 3.
71 Vgl. CHRISTOPHER ALEXANDER/SARA ISHIKAWA/MURRAY SILVERSTEIN, A Pattern Language (New York 1977).

Exkurs: Selbstbestimmung im Bauen

Als besonderes Problem stellte sich zunehmend der Massenwohnungsbau dar. Die moderne Architektur und der moderne Städtebau (der in Wirklichkeit Demontage der Stadt betrieb) haben selbst zu diesem Problem beigetragen. Genannt sei hier nur die Doktrin der Trennung der ›Funktionen‹, die zu den reinen Wohnbau-Siedlungen führte, sowie die Nicht-Thematisierung des öffentlichen Raums, dann beim Wohnungsbau der Übergang zur Zeilenbauweise, die im Interesse der Besonnung alle Wohnungen gleichschaltete, und schließlich, was das Formale betrifft, die Behandlung des Gebäudes als abstrakt-formales Gebilde. All das wurde zunächst nicht gesehen. Von den Betroffenen wie von kritischen Beobachtern als die Würde des Menschen verletzend empfunden wurde aber die so unvermeidlicherweise sich ergebende Uniformität (und Ortlosigkeit) in den Wohnbaukomplexen. Ihr suchte man entgegenzuwirken, indem man den späteren Nutzern mit ihren unterschiedlichen Bedürfnissen und Interessen Möglichkeiten der Mitgestaltung einräumte. Eine Beteiligung an der Planung insgesamt war allerdings nur möglich in den seltenen Fällen, in denen die späteren Nutzer bekannt waren. Interessanter – auch im Hinblick auf Veränderungen der Bedürfnisse oder den Wechsel der Nutzer in einem Gebäude – schien das Konzept der Flexibilität, und zwar insbesondere in der radikalisierten Version, wie sie von John Habraken vorgeschlagen und von der Gruppe ›Stichting Architecten Research‹ (S. A. R.) weiterverfolgt worden ist.[72] Habraken war damit führend an der Entwicklung des bereits erwähnten Konzepts der Differenzierung zwischen ›Struktur‹ und ›Einfüllung‹ beteiligt. Die Differenzierung hat im Wohnungsbau den Sinn, daß in einer vom Architekten geplanten und von einem Bauträger erstellten ›support structure‹ Bereiche individueller Planung und Bauaktivität freigehalten werden, daß so dem Individuellen, das bisher beim Massenwohnungsbau auf die Auswahl der Tapete und die Möblierung beschränkt war, größerer Spielraum gegeben wird. Zur support structure gehört all das, was gewissermaßen zwischen den Wohnungen liegt, was die Wohnungen miteinander teilen: die Geschoßdecken mit Stützen, Treppenhaus, evtl. die Wohnungstrennwände oder Teile davon und die zentrale Installation. Zum individuell Erstellten, den ›detachable units‹ gehören die Zimmertrennwände, evtl. Teile der Wohnungstrennwände, die die Wohnung nach außen abgrenzenden Wände sowie Naßzellen und Kücheneinrichtung. Kommunale Belange (dichte Bebauung) und industrielle Massenproduktion schließen individuelle Planung und Bauaktivität der Nutzer nicht aus, sondern ermöglichen sie in dem durch die kollektiven Belange gebildeten Rahmen. Erforderlich dafür ist zusammen mit der skizzierten Differenzierung ein System maßlicher Koordination, nach dem sowohl die support structure wie die industriell produzierten Bauelemente der detachable units bemessen sind, außerdem Umsicht beim Entwurf der ersteren, so daß diese tatsächlich eine Vielfalt brauchbarer Unterteilungen in den individuellen Bereichen ermöglicht.

Architektur ist hier nicht mehr Sache allein des Fachmanns: des Architekten, sondern zugleich Sache des Laien: des Nutzers, der sich seine Wohnung schafft. Für Habraken gehört, wie für Heidegger, das Bauen wesentlich mit zum Wohnen. Entsprechendes gilt auch für das Ästhetische. Es ist nicht mehr das eines (künstlerischen) ›Werks‹ (das dann in der Regel unvermittelt neben anderen Werken steht), sondern das einer Art Collage des individuell unterschiedlich Bestimmten, Eigensinnigen in einem übergreifenden Gerüst.

IV. Nach der für gescheitert erklärten Moderne

Die im strukturalistischen Ansatz enthaltene Revision der modernen Architektur wird, noch bevor sie im architekturtheoretischen Diskurs recht wahrgenommen wird, überschattet durch die immer weitere Kreise ziehende sog. Funktionalismuskritik und die dadurch ausgelösten oder legitimierten Entwicklungen der sog. Postmoderne.

---

72 Vgl. JOHN HABRAKEN, Supports. An Alternative to Mass Housing (1961; London 1972); HABRAKEN u. a., Variations. The Systematic Design of Supports (Cambridge, Mass. 1976).

Diese Funktionalismuskritik erschöpft sich weithin in der bloßen Ablehnung des sog. Funktionalismus, der seinerseits verstanden wird als Ablehnung der künstlerischen Gestaltung, als Versuch, die Form allein von der Funktion, dem Material und dem Herstellungsprozeß her zu entwickeln. Dabei wird dann auch gern unterschlagen, daß es sich nur um eine minoritäre Strömung handelte, daß die Moderne selbst schon von dieser Auseinandersetzung geprägt war. Ich erinnere nur an den sog. Funktionalismusstreit von 1929 zwischen Karel Teige, der die »Liquidierung der ›Kunst‹«[73] verkündete, und Le Corbusier, nach dessen Auffassung in der Architektur das Technische sich mit dem Künstlerischen verbinden muß. Zum Teil wird der sog. Funktionalismus in seiner rationalistischen Tendenz kritisiert. Es wird aber nicht herausgearbeitet, daß er sich in dieser Tendenz erschöpft, daß man nicht wirklich begriffen hat, was die Bemühung um Funktionalität eigentlich beinhaltete. Es entsteht so oder so ein verkehrtes Bild der eigenen Geschichte, das seither im Hintergrund den gesamten architekturtheoretischen Diskurs mitbestimmt.

Wie soll vollends ein Laie auf dem Gebiet der Architektur da noch die Wirklichkeit erkennen? Theodor W. Adorno sieht sich in seiner Auseinandersetzung mit dem sog. Funktionalismus mit einem Widerspruch konfrontiert. An sich wäre doch gegen eine ganz auf Gebrauchstauglichkeit ausgerichtete Architektur nichts einzuwenden. Aber das Ergebnis solchen Bemühens scheint sich irgendwie in das Gegenteil zu verkehren. Eine diabolische Dialektik scheint am Werk:»das Unpraktische des erbarmungslos Praktischen«. Adorno erwähnt »spitze Kanten, karg kalkulierte Zimmer«, die den Bewohnern »sadistische Stöße«[74] versetzen. Er hat als Laie ein richtiges Gespür; aber er durchbricht nicht das Selbst-Mißverständnis des sog. Funktionalismus:»alles Nützliche ist in der Gesellschaft entstellt, verhext« (392). Adorno, der mit Max Horkheimer einst das Dominantwerden der instrumentellen Vernunft als das Grundübel der bürgerlichen Gesellschaft diagnostizierte, bringt hier marxistische Argumente ins Spiel: das Profitstreben, das Zurechtstutzen der Bedürfnisse – Argumente, die bezogen auf die industrielle Produktion im Kapitalismus eine gewisse Logik haben, aber nicht erklären können, weshalb es ›freien‹ Architekten, die z. T. ja auch in unmittelbarem Auftrag des späteren Nutzers arbeiten, nicht gelingt, in instrumenteller Hinsicht befriedigende Gebäude zu entwerfen, ja – was nicht zu erkären wäre – weshalb sie nicht in der Lage sind, eine vernünftige Konzeption von der instrumentellen Aufgabe des Gebäudes zu entwickeln.

Anstatt der Sache auf den Grund zu gehen, flüchtet Adorno in eine Vision:»Das Nützliche wäre *ein Höchstes, das menschlich gewordene Ding*, die *Versöhnung mit den Objekten*, die nicht länger gegen die Menschen sich vermauern, und denen diese *keine Schande mehr antun*. Die Wahrnehmung technischer Dinge in der Kindheit, der sie als Bilder eines Nahen und Helfenden, rein vom Profitinteresse vor Augen stehen, verspricht einen solchen Zustand, seine Konzeption war der Sozialutopien nicht fremd. Als Fluchtpunkt der Entwicklung ließe sich denken, daß die ganz nützlich gewordenen Dinge ihre Kälte verlören« (392; Hervorhebungen d. Verf.). Meint Adorno in höchstem Maß gebrauchstaugliche technische Konstrukte, oder hat er die Vision einer Technik ohne Entfremdung des Menschen, einer Technik, die eins wäre mit der Natur? Damit überstiege diese Vision nicht nur die bestehenden Verhältnisse, sondern die conditio humana überhaupt.

Die Legende vom Funktionalismus der modernen Architektur verbindet sich selbstverständlich mit der erneuten Forderung nach künstlerischer Gestaltung, die sich jetzt im allgemeinen ganz bewußt von der instrumentellen Aufgabe unabhängig macht und in der es nicht mehr um die ›gute Form‹ geht, sondern darum, in der Architektur etwas zur Sprache zu bringen, und sei es nur der Architektur selbst. Oswald M. Ungers:»Thema und Inhalt der Architektur kann nur die Architektur selbst sein.«[75]

---

73 KAREL TEIGE, Der Konstruktivismus und die Liquidierung der ›Kunst‹ (1925), in: Teige, Liquidierung der ›Kunst‹. Analysen, Manifeste, übers. v. P. Kruntorad (Frankfurt a. M. 1968), 54.
74 THEODOR W. ADORNO, Funktionalismus heute (1966), in: ADORNO, Bd. 10/1 (1984), 381.
75 OSWALD M. UNGERS, Thematisierung der Architektur (Stuttgart 1983), 9.

1. Die typologische Architekturkonzeption

Zum Teil geht es der postmodernen Architektur darum, die verschiedenen Arten von Gebäuden in der Stadt als solche erkennbar, die Stadt wieder lesbar zu machen, und beiden eine geschichtliche Dimension zurückzugewinnen. In diesem Interesse greift Aldo Rossi[76] den Begriff des Typus auf, der schon im 18. Jh. eine Rolle spielte[77]. Es wird darunter eine aus der Ähnlichkeit der Bauaufgaben sich ergebende Strukturgleichheit der betreffenden Gebäude verstanden, die Konstanten der Form. Der Begriff des Typus ist für Rossi ein Grundbegriff der Architektur, so wie es zuvor – bei allem Unverständnis – der Begriff der Funktion war. Es muß ihm dabei freilich, um dem Wandel des Lebens und der Bauaufgaben gerecht zu werden, die Charakteristik eines Chamäleons unterstellt werden als zugleich wandelbar und unveränderlich. Rossi will wie die Strukturalisten das Leben nicht durch funktional determinierte Gebäude einschränken. Er faßt die Architektur auf als einen leeren Spiegel, der sich durch die auf ihm erscheinenden Bilder beleben wird und seine Kälte verliert. Aber de facto gibt er dem Leben in der Herausarbeitung des angeblich der Aufgabe entsprechenden Typus einen rigiden, die betreffende Institution repräsentierenden Rahmen vor. Seine Konzeption steht also in extremem Gegensatz zur Konzeption der strukturalistischen Richtung, zu dem etwa von Frank van Klingeren verfolgten Ziel der Entgrenzung der Institutionen, wofür 't Karregat in Eindhoven ein schönes Beispiel ist, wo ein Supermarkt, mehrere Geschäfte, eine Schule, eine Bibliothek und kommunale Einrichtungen sich in einer polyvalenten Struktur nebeneinander einrichten und in der Nutzung einander ergänzen.[78] Rossis Architektur ist univalent und in gesellschaftlicher Hinsicht konservativ. Außerdem bekommt sie dadurch, daß die Teile nicht funktional und tektonisch bestimmt erscheinen, sondern als abstrakt geometrische Figuren (die Säule wird zum Zylinder, der Giebel zum Prisma, das Fenster zum gekreuzten Quadrat, der Schornstein zum Pyramidenstumpf usw.), etwas Monströses: Sie ist nicht monumental, wie manchmal behauptet wird; sie ist wie aus einem ins Riesenhafte vergrößerten Spiel-Baukasten.

2. Trennung der künstlerischen Gestaltung vom instrumentell Notwendigen: Der ›dekorierte Schuppen‹

Besser in Übereinstimmung mit der instrumentellen Aufgabe und flexibler in der symbolischen Bezugnahme auf Geschichte oder auf die nutzerspezifische Subkultur ist eine künstlerische Gestaltung auf der Grundlage einer prinzipiellen Trennung vom instrumentell Notwendigen, wie Robert Venturi sie befürwortet.

1966 erschien *Complexity and Contradiction in Architecture*, ein reich mit Beispielen aus der Geschichte der Architektur (einschließlich der modernen) belegtes Plädoyer gegen die Tendenz der modernen Architektur zu formaler Einfachheit und Einheitlichkeit. ›Less is more‹, hatte Mies van der Rohe gesagt.»More is not less«[79], sagt Venturi. Seine Studie beschäftigte sich mit der Form. Ihr folgte in *Learning from Las Vegas*, zusammen mit Denise Scott Brown und Steven Izenour, die Auseinandersetzung mit dem Zeichenhaften bzw. Symbolischen in der Architektur, von dem die moderne Architektur, wiewohl sie selbst nicht umhinkonnte, symbolisch zu sein, nichts wissen wollte.

Es werden zwei Prinzipien einander gegenübergestellt:»1. Where the architectural systems of space, structure, and program are submerged and distorted by an overall symbolic form. This kind of building-becoming-sculpture we call the ›duck‹ in honor of the duckshaped drive-in, ›The Long Island Duckling‹, illustrated in Gods Own Junkyard by Peter Blake.

2. Where systems of space and structure are directly at the services of program, and ornament is

---

76 Vgl. ALDO ROSSI, Das Konzept des Typus (1965), übers. v. N. Kuhnert/M. Peterek, in: Arch+, H. 37 (1978), 39 f.
77 Vgl. ANTHONY VIDLER, The Idea of Type. The Transformation of the Academic Ideal 1750–1830, in: Oppositions (1977), H. 8, 95–115.
78 Vgl. 't Karregat in Eindhoven, in: Bauwelt 65 (1974), 478–485.
79 ROBERT VENTURI, Complexity and Contradiction in Architecture (New York 1966), 23.

applied independently of them. This we call the ›decorated shed‹.«[80] Die Bezeichnung ›Ente‹ für die erste Art der Gestaltung ist irreführend. Denn die Architektur, die hier ins Visier genommen wird, ist nicht die ›architecture parlante‹ des genannten Imbißlokals, sondern die expressiv gestaltete moderne Architektur. Dieser wird eine andere Art der Gestaltung entgegengestellt, bei der das instrumentell Notwendige nur äußerlich überlagert wird durch Dekoration, wie in der klassischen und eklektizistischen Architektur – und wie in der Architektur in Las Vegas, bei der die Dekoration, der Aspekt der Präsentation sich evtl. von den Gebäuden, den Casinos ganz ablöst und von riesigen Werbetafeln unmittelbar am Highway übernommen wird.

Es gibt hier im Prinzip zwei Schichten der Form: die des instrumentell Notwendigen und die der Dekoration. In den Arbeiten des Büros Venturi (mit wechselnden Partnern) bleibt der Schuppen immer als solcher durch die Dekoration hindurch sichtbar. Die Dekoration ist nur punktuell eingesetzt, sei es als die Aufmerksamkeit lenkende Elemente, sei es als symbolisch wirkende Elemente, sei es als Zeichen. Im Beispiel des Guild House, einem Altenwohnheim, einem recht gewöhnlichen Backsteinbau mit gewöhnlichen Schiebefenstern, Ventilationsöffnungen usw., gibt es da die weiß lasierten Steine (statt der roten) im unteren mittleren Bereich um den Eingang und darüber das Wort ›Guild House‹, groß wie kommerzielle Reklame; dann die Reihe der weiß lasierten Steine in der Höhe des 5. Geschosses, die zusammen mit der weißen Wand unten das sechsgeschossige Gebäude mit der klassischen Dreiteilung überlagert; im obersten Geschoß das große Rundbogenfenster, sich beziehend auf den dahinterliegenden Gemeinschaftsraum; und ganz oben die zentral postierte vergoldete Fernsehantenne als Anspielung auf die große Bedeutung des Fernsehens für die Bewohner.

Gegen das Reine, das Elitäre und das Heroische der modernen Architektur wird das Vermischte gesetzt, das Banale und das Gewöhnliche, zu letz-

---

80 VENTURI/DENISE SCOTT BROWN/STEVEN IZENOUR, Learning from Las Vegas (1972; Cambridge, Mass. ²1978), 87.

terem gehörend der Schuppen selbst, der in der Gegenüberstellung zu den außergewöhnlichen Formen der modernen Architektur ebenfalls symbolisch wird. Wie in der Geschichte der großen Architektur seit je wird aber auch hier unterstellt, das instrumentell Notwendige/der Schuppen sei eine triviale und ohne Dekoration eine ästhetisch uninteressante Sache.

3. Provokative Durchkreuzung der funktionalistischen Doktrin in der Form

Einen ganz anderen Weg geht Peter Eisenman und der sog. Dekonstruktivismus. Eisenman bleibt in seinen frühen Entwürfen der reinen Form der modernen Architektur treu, verwickelt diese aber mit sich selbst. Vielfach sieht es so aus, als ließe er die einfache Form eine zweite gebären, die sich, gegenüber der ersten verdreht, in ihr ausbreitet, sie in irritierender Weise durchdringt. Eisenman bricht mit dem Ideal der formalen Einheit, aber auch mit der Bezogenheit der architektonischen Gestaltung auf die Funktion und die Konstruktion. Ein Sprung geht durch die Decke; etwas, das aussieht wie ein Pfeiler, hört irgendwo in der Luft auf; etwas sieht aus wie eine Treppe, ist aber keine. Bei manchen Architekten scheint alles außer Rand und Band. Stützen in der Schräglage oder durch ein Ensemble von Stelzen ersetzt; ›fliegende Balken‹, schwebende Kästen.

Es wird nicht mehr die Einheit von Kunst und Technik beschworen (die es freilich auch in der modernen Architektur nicht wirklich gab); das Künstlerische setzt sich ostentativ über das Technische hinweg.

Eisenmans Bauten, bezeichnet nicht wie sonst üblich nach dem Namen des Bauherrn, sondern als ›Haus I‹, ›Haus II‹ usw., also wie Kunstwerke mit Opus-Zahlen, sind Manifestationen gegen die Vernunftgläubigkeit der Moderne und zugleich gegen das anthropozentrische Weltbild, das, so Eisenman, obwohl es in der Moderne durch Nietzsche, Freud und Heidegger in Frage gestellt worden sei, in der Architektur noch immer bestimmend sei. Wenn die Architektur zunächst die Aufgabe habe, dem Menschen »shelter«, Schutz und Umfriedung, zu bieten, so müsse sie heute zugleich die existenzielle Unbehaustheit des Menschen zum Thema haben. »Thus, architecture faces a difficult task: to dislocate what it locates. This is the paradox of architecture.«[81] Eisenman will in der Architektur, wo es zunächst darum geht, sich auf der Welt ein wenig einzurichten, das heutige durch Metaphysikkritik geprägte Verständnis vom In-der-Welt-Sein des Menschen überhaupt zur Geltung bringen. Aber er tut dies nicht, indem er etwa anthropozentrische Überhöhungen abbaut oder rationalistische Entgleisungen vermeidet und indem er fragt, was denn das Bauen im Rahmen des In-der-Welt-Seins des Menschen eigentlich ist. Eisenman, der nicht erst die Architektur, sondern schon die erste Hütte metaphysisch bestimmt sieht, für den schon auf der instrumentellen Ebene der Architektur (er faßt sie als ›Schutz und Umfriedung‹ auch zu simpel) Anthropozentrik am Werk ist, sieht sich genötigt, selbst auf dieser Ebene störend einzugreifen – in Wirklichkeit ist es nicht das funktionale Bauen, sondern das bereits künstlerisch verfremdete Bauen der Moderne, das er noch einmal verfremdet. Das ist seine Version der ›Dekonstruktion‹, seine Auffassung der Architektur als »Text«[82], d. h. als eine Art Aussage-Geflecht, in dem sich mehrere Schichten mit verschiedenen, evtl. sogar gegensätzlichen Aussagen oder Interpretationsmöglichkeiten überlagern.

Offenbar entgeht es Eisenman, daß er – wie alle Künstler-Architekten – dabei dem tatsächlichen metaphysischen Erbe der Architektur verhaftet bleibt, nämlich der auf die platonische Ideenlehre zurückgehenden Betrachtung der Form als etwas für sich, die zwar in der Kunst, insofern diese sich als Welt des Scheins versteht, eine neue Legitimität gefunden hat, in der Architektur aber in unmittelbaren Widerstreit gerät zu dem Nicht-für-sich-Sein der Form in der physischen Realität.

Man könnte verleitet sein zu sagen, die Architektur sei in ihrer künstlerischen Gestaltung endlich auf die Höhe der Zeit gekommen. Aber gerade darin, daß sie sich immer noch als Kunst versteht, daß sie der in der Neuzeit erfolgten gesellschaftlichen Ausdifferenzierung der Kunst, also auch der Trennung zwischen Kunst und Technik, dem unterschiedlichen Status der Form hier und dort nicht Rechnung trägt, ist sie es nicht.

Christoph Feldtkeller

Literatur

Neben der im Text genannten Literatur sind vielleicht folgende Titel von Interesse: CONRADS, ULRICH (Hg.), Programme und Manifeste zur Architektur des 20. Jahrhunderts (Berlin 1964); GLEICHMANN, PETER REINHART, Architektur und Zivilisation, in: Archithese 17 (1987), H. 2, 40–46; HAYS, K. MICHAEL (Hg.), Architecture/Theory/Since 1968 [Reader] (Cambridge, Mass. 1998); POSENER, JULIUS, Vorlesungen zur Geschichte der neueren Architektur (1750–1933), in: Arch+, H. 48 (1979), Arch+, H. 53 (1980), Arch+, H. 59 (1981), Arch+, H. 63/64 (1982), Arch+, H. 69/70 (1983); RICKEN, HERBERT, Der Architekt. Geschichte eines Berufs (Berlin 1977); RYKWERT, JOSEPH, Organisch, mechanisch, funktionell – Terminologie oder Ideologie?, übers. v. C. Büttner, in: J. P. Kleihues (Hg.), Das Abenteuer der Ideen. Architektur und Philosophie seit der industriellen Revolution (Berlin 1984), 107–118; SUMMERSON, JOHN, A Case for a Theory of Modern Architecture, in: Journal of the Royal Institute of British Architects 64 (1957), 307–313; TZONIS, ALEXANDER, Towards a Non-oppressive Environment (Boston 1972).

---

81 PETER EISENMAN, Blue Line Text, in: Architectural Design 58 (1988), 7; dt.: Die blaue Linie, in: Eisenman, Aura und Exzeß. Zur Überwindung der Metaphysik der Architektur, hg. v. U. Schwarz, übers. v. M. Kögl/U. Schwarz (Wien 1995), 145–150.
82 EISENMAN, Architektur als eine zweite Sprache: die Texte des Dazwischen (engl. 1989), in: Eisenman, Aura (s. Anm. 81), 151.

Ästhetik/ästhetisch

(engl. aesthetics, aesthetic, aesthetical; frz. esthétique; ital. estetica, estetico; span. estética, estético; russ. эстетика, эстетическое)

Einleitung: Zur Aktualität des Ästhetischen; 1. Wandel der Ästhetik; 2. Selbstreflexion der Ästhetik; a) Erfahrung contra Wahrnehmung; b) Ethik und Ästhetik; 3. Ästhetisierung; **I. Der europäische Kontext einer deutschen Gründung; II. Die Institutionalisierung der Ästhetik;** 1. Der Weg zu Baumgartens ›Aesthetica‹; 2. Ästhetik als Lebenskunst: Der felix aestheticus bei Baumgarten; 3. ›Ästhetik‹ und die ›Theorien der schönen Wissenschaften und Künste‹; 4. Ästhetische Pathologie; 5. Der Streit um die neue Wissenschaft; **III. Kant: Transzendentale Ästhetik und Kritik des Geschmacks; IV. Ästhetik als Philosophie der schönen Kunst;** 1. Die romantische Kritik der Ästhetik; 2. Hegels Ästhetikbegriff; **V. Der europäische Begriffstransfer;** 1. Frankreich; a) Esthétique – ›cette science d'importation‹. Von der ›théorie des sensations‹ zur ›science du beau‹ und ›philosophie des beaux-arts‹; b) Zwischen Künstlerästhetik und wissenschaftlicher Ästhetik; 2. England; a) Barrieren der Rezeption; b) Aesthetics zwischen ›Aesthetic Movement‹ und ›Physiological Aesthetics‹; c) Englischsprachige Ästhetik zwischen 1900 und 1960: Semiotic Aesthetics, New Criticism und Analytical Aesthetics; **VI. Ästhetik des Schönen/Ästhetik des Häßlichen. Akademisierung und Neuansätze im 19. Jahrhundert;** 1. Schleiermachers Produktionsästhetik; 2. Mit Hegel über Hegel hinaus; a) Politisierung und Kritik der Ästhetik im Vormärz; b) Ästhetiken des Häßlichen und Komischen; 3. Ästhetik und das Paradigma der exakten Wissenschaften; a) Ästhetik von unten; b) Einfühlungsästhetik als psychologische Ästhetik; c) Die Differenzierung von Ästhetik und allgemeiner Kunstwissenschaft; d) Kritik der psychologischen Ästhetik; 4. Ästhetiken der Existenz: Schopenhauer, Kierkegaard und Nietzsche; **VII. Differenzierungen im Ästhetikbegriff (Transformationen idealistischer Ästhetik);** 1. Der ›ästhetische Mensch‹; 2. ›Lebenskunst‹ und ›physiologische Ästhetik‹ bei Nietzsche; 3. Ästhetik versus Kunstwissenschaft; 4. Ästhesiologie; 5. Esthésique/Aisthesis – Umschalten auf Wahrnehmung; 6. Spuren der Diffusion eines Begriffs

---

1 JACQUES DERRIDA, La vérité en peinture (Paris 1978), 52.
2 VIRGIL NEMOIANU, A Theory of the Secondary: Literature, Progress, and Reaction (Baltimore/London 1989), 76.
3 Vgl. WOLFGANG WELSCH, Zur Aktualität ästhetischen Denkens (1989), in: Welsch, Ästhetisches Denken (Stuttgart 1990), 68–71.

Einleitung: Zur Aktualität des Ästhetischen

Der Begriff ›Ästhetik‹, im zweiten Drittel des 18. Jh. von Alexander Gottlieb Baumgarten geprägt, um die als niedere Erkenntnisvermögen diskriminierten Sinne philosophisch zu legitimieren, hat in Deutschland Karriere gemacht. Bevor er sich auch außerhalb seines Ursprungslandes durchsetzen konnte, hat es fast anderthalb Jahrhunderte gebraucht. Nach weiteren hundert Jahren ist nun der Begriff Ästhetik weltweit ebenso allgemein wie von seinem ursprünglichen Bedeutungsumfang entfernt. Daran mußte erinnert werden. »Pourquoi appeler *esthétique* un jugement de goût? [...] Le jugement de goût n'est pas un jugement de connaissance, il n'est pas ›logique‹ mais subjectif et donc esthétique: rapport à l'affect (*aisthesis*).«[1] Man hat von einer »aesthetic world-view« gesprochen und Ästhetik sogar eine »guiding science in a general epistemology of the modern age« genannt, die notwendig sei als »response to the growing complexity of the systems of knowledge in the last fifty years«[2]. In Debatten und Diskursen erscheint ›Ästhetik‹ in verschiedenen Theorie-Kontexten in jeweils unterschiedlicher Bedeutung und Akzentuierung. Pluralität des Begriffs und seines Umfangs wurde sogar zum Kern der Debatte erklärt.[3] Ein Trend zu Pan-Ästhetik oder Pan-Ästhetisierung ist an die Stelle eines philosophischen Alleinvertretungsanspruchs getreten. Gibt es überhaupt noch einen hinreichend eindeutigen Begriff von Ästhetik? Oder entzieht sie sich vielleicht gerade jeder begrifflichen Bestimmung, wäre ein strenger *Begriff* von Ästhetik in gewisser Hinsicht eine contradictio in adiecto? Die Diffundierung und die Pluralität dessen, was man auch ›ästhetisches Denken‹ genannt hat, hat den Begriff gespalten und zur Erörterung der Ästhetik als einem offenen Konzept geführt. Mindestens zwei gegensätzliche Begriffe von Ästhetik und Ästhetischem stehen einander gegenüber. »There are actually two enormously different notions of the aesthetic: a rational, compartmentalized, and disciplined domain embodying communicative reason for the pleasures of order (the classic aesthetic of modernism), and a wildly antirational aesthetic, embodying the ideals of radical freedom, transgression, and lawless originality, which is more characteristically postmodern. The significance and threatening challenge of the postmodern turn toward the aesthetic relates to this second sense of aesthetic which Nietzsche introduced to oppose reason.«[4]

1. Wandel der Ästhetik

Der bis in die 70er Jahre relativ unangefochten geltenden Standardbestimmung von Ästhetik als einer ›wissenschaftlichen Disziplin‹ zufolge hat sich das »Wort ›Ästhetik‹ als Titel des Zweiges der Philosophie eingebürgert, in dem sie sich den Künsten und dem Schönen in der Allgemeinheit zuwendet, daß die Künste in der gegenwärtigen Gestalt und in ihrer europäischen und außereuropäischen Geschichte gleicherweise als ästhetischer Gegenstand und die sie begleitenden Theorien Platons und Plotins, des Mittelalters oder Kants, Schellings und Hegels als ästhetische Theorien gelten«[5]. Diese in Handbüchern, Lexika und Enzyklopädien noch immer kursierende Auffassung wurde inzwischen der Kritik und Revision unterzogen, wobei die Begriffsgeschichte von Baumgartens Begründung der Ästhetik an selbst zum Medium von Debatten wurde. Die Ausrichtung der um eine Neubewertung von Ästhetik bemühten Revisionen wird dabei von einer doppelten Perspektive der Entgrenzung traditioneller Bestimmungen motiviert: durch die an der Etymologie des Terminus Ästhetik orientierte Erinnerung an die ursprüngliche griechische Bedeutung von αἴσθησις (aisthēsis, sinnlich vermittelte Wahrnehmung) und durch eine mit dem Begriff ›Ästhetisierung‹ angezeigte Öffnung des Geltungsbereichs der Ästhetik über Kunst und Künste hinaus für andere Bereiche von Wissen, Alltag, Politik, Ökonomie und Natur. Aus dieser Perspektive beschreibt die Begriffsgeschichte von Ästhetik zwischen Schließung und Öffnung, Engführung und Erweiterung eine diskursive Bewegung, in deren Verlauf die Arbeit am Begriff zu einer Selbstbesinnung, zur Selbstreflexion und zur Transformation des begrifflichen Instrumentariums von Ästhetik geführt hat. Ob Ästhetik sich als Disziplin mit streng definierbarem Gegenstand bestimmen läßt, steht heute in Frage. »Eine interessante Sache ist die Vorstellung, die die Menschen von einer Art Wissenschaft der Ästhetik haben. Ich würde lieber davon reden, was mit Ästhetik gemeint sein könnte.«[6] Die Neuformierung der Semantik des Begriffs Ästhetik ist eine Folge und ein Indiz einschneidender sozialer, ökonomischer, politischer und kultureller Veränderungen.

Die geschichtliche Entwicklung des Begriffs Ästhetik verlief im 18. Jh. von der aisthēsis zur Ästhetik, führte »von der Sinneswahrnehmung im allgemeinen zur Kunst im besonderen«[7]. Im 19. Jh. dominieren die systematischen Fixierungen ästhetischer Theorie als allgemeiner Kunsttheorie, auf die die Künstler mit eigenen ästhetischen Reflexionen in Form von Künstlerästhetiken reagieren. Die Spannung zwischen kunstästhetischem Systemdenken und ästhetischer Selbstbestimmung wird zur Unruhe ästhetischen Denkens. »Die Entwicklung der Ästhetik im 19. Jahrhundert hat die Sterilität einer derartigen (systematisierenden) Vorgangsweise zur Genüge erwiesen; eine der Konsequenzen war der Exodus der Kunst-, Musik- und Literaturwissenschaften aus der Philosophie, eine andere die Verarmung der Ästhetik, die im Nichtverstehen fortschrittlicher Kunstproduktionen und im Rückgang auf akademisches Denken ihren Ausdruck fand.«[8]

Im kritischen Blick auf eine überalterte Tradition philosophischer Ästhetik hatte Adorno in seiner *Ästhetischen Theorie* (1970) ein Dilemma diagnostiziert: »Ästhetik präsentiert der Philosophie die Rechnung dafür, daß der akademische Betrieb

---

4 RICHARD SHUSTERMAN, Postmodernism and the Aesthetic Turn, in: Poetics Today 10 (1989), 611.
5 JOACHIM RITTER, ›Ästhetik, ästhetisch‹, in: RITTER, Bd. 1 (1971), 555.
6 LUDWIG WITTGENSTEIN, Lectures on Aesthetics (gehalten 1938), in: Wittgenstein, Lectures & Conversations on Aesthetics, Psychology and Religious Belief, hg. v. C. Barrett (Oxford 1966); dt.: Vorlesungen über Ästhetik, in: Wittgenstein, Vorlesungen und Gespräche über Ästhetik, Psychoanalyse und religiösen Glauben, hg. v. C. Barrett, übers. v. R. Funke (Düsseldorf/Bonn 1994), 23.
7 RUDOLF ARNHEIM, Visual Thinking (Berkeley, Cal. u.a. 1969); dt.: Anschauliches Denken, übers. v. Arnheim (Köln 1985), 9.
8 THOMAS H. MACHO/MANFRED MOSER/CHRISTOF ŠUBIK, Zur Einführung, in: Macho/Moser/Šubik (Hg.), Arbeitstexte für den Unterricht. Ästhetik (Stuttgart 1986), 9.

sie zur Branche degradierte. Sie verlangt von Philosophie, was sie versäumt: daß sie die Phänomene aus ihrem puren Dasein herausnimmt und zur Selbstbesinnung verhält, Reflexion des in den Wissenschaften Versteinerten, nicht eine eigene Wissenschaft jenseits von jenem.«[9] Adornos Fazit war die Öffnung der Ästhetik und ihrer Kategorien für die Bewegung der Geschichte: »Geschichte ist der ästhetischen Theorie inhärent. Ihre Kategorien sind radikal geschichtlich«[10]. Es ist ein Merkmal solcher Diagnosen und Prognosen, daß der Begriff Ästhetik als ein transversaler, verschiedene Bereiche des Wissens und der (nicht nur künstlerischen) Praxis prägender, thematisiert und als ›neues ästhetisches Paradigma‹ – ›Le nouveau paradigme esthétique‹ heißt das 6. Kapitel von Félix Guattaris Buch *Chaosmose*[11] – perspektiviert wird. Ästhetik ›betrifft‹ diese Bereiche und ihre Gegenstände grundsätzlich reflexiv, durch ein besonderes Verhältnis der Reflexion. Ihr Modus ist einer des subjektiven Verhaltens, der Einstellung und der Option, des Geschmacks und des Urteils: »the aesthetic, like the historical, cannot be taken for granted«[12]. Man beobachtet, wie der französische Soziologe und Indologe Louis Dumont, eine »croissance considérable de la catégorie esthétique«[13].

Man kann die verschiedenen Bemühungen um eine Neubestimmung der Ästhetik (und ihres Begriffs) als Bestandteil einer epistemologischen Epochenkonstellation verstehen, an deren Horizont evolutionäre Erkenntnistheorie und konstruktivistische Wissenschaftstheorien sich mit experimentellen Künsten in der Suche nach Korrespondenzen zwischen Denken/Erkennen und Fühlen/ Handeln begegnen und das Objektivitätsideal des positivistischen Zeitalters als nicht länger zeitgemäß verabschieden. »The twentieth century has shown this belief to be illusory. Whatever the stuff is that we call knowledge, it can no longer be considered a picture or representation of an experiencer-independent world. [...] It was Kant [...] who made the analysis of reason a major objective. He methodically and logically dissociated the activity of knowing from the notion of discovering a preexisting reality.«[14] Die Promotion des Adjektivs ›ästhetisch‹ zum Substantiv ›das Ästhetische‹ signalisiert in solcher Transgression der Ästhetik hin zum Ästhetischen eine ›Ästhetik des Wandels‹.[15]

Diese semantische Verschiebung legt begriffsgeschichtlich einen *Wandel der Ästhetik* nahe, den Heinz von Foerster, der Erfinder der ›Second Order Cybernetics‹, als einen reflexiven Denkstil und Modus der Wahrnehmung beschrieben hat. »Ästhetik« ist in dieser Sicht ein Faktor der »neuesten Ideen über selbstbezügliche Logik, zirkuläre Kausalität, rekursive Funktionstheorie und andere wichtige Bestandteile der heutigen Version einer Kybernetik, die auf sich selbst angewandt werden kann: einer Kybernetik der Kybernetik«[16]. Diese Transformation und Erweiterung des Begriffs Ästhetik gibt den begriffsgeschichtlichen Rückblick auch einen Bedeutungsaspekt frei, der infolge der Engführung im Rahmen philosophischer Theorie der Kunst verdrängt worden ist: den Zusammenhang von Ästhetik und Therapeutik, an den der Philosoph Odo Marquard 1963 erinnert hat und den er als den Vollzug eines Wachwechsels »innerhalb der Philosophie des neunzehnten Jahrhun-

---

9 THEODOR W. ADORNO, Ästhetische Theorie (1970), in: ADORNO, Bd. 7 (1972), 391.
10 Ebd., 532.
11 Vgl. FÉLIX GUATTARI, Chaosmose (Paris 1992), 137– 163.
12 DAVID CARROLL, Introduction: The States of ›Theory‹ and the Future of History and Art, in: Carroll (Hg.), The States of ›Theory‹: History, Art, and Critical Discourse (New York/Oxford 1990), 14.
13 LOUIS DUMONT, Homo aequalis, Bd. 1 (1977; Paris 1985), 247; vgl. DUMONT, Homo aequalis, Bd. 2 (Paris 1991).
14 ERNST VON GLASERSFELD, Farewell to Objectivity, in: Systems Research 13 (1996), 279, 281.
15 Vgl. BRADFORD P. KEENEY, Aesthetics of Change (New York 1983); dt.: Ästhetik des Wandels, übers. v. H. Eckert (Hamburg 1987).
16 HEINZ VON FOERSTER, Vorwort, in: KEENEY (s. Anm. 15), 7; vgl. FOERSTER, On Constructing a Reality, in: W. F. E. Preiser (Hg.), Environmental Design Research, Bd. 2 (Stroudsburg 1973), 35–46; dt.: Über das Konstruieren von Wirklichkeiten, in: Foerster, Sicht und Einsicht. Versuche zu einer operativen Erkenntnistheorie, übers. v. W. K. Köck (Braunschweig/Wiesbaden 1985), 25–41; FOERSTER, Wahrnehmung wahrnehmen, in: K. Barck u. a. (Hg.), Aisthesis. Wahrnehmung heute oder Perspektiven einer anderen Ästhetik (Leipzig 1990), 434–443.

derts« auf dem »Weg von Schelling zu Freud«[17] beschrieb: »der Wachwechsel zwischen Ästhetik und Therapeutik setzt ihre Funktionsverwandtschaft voraus«[18].

Die aus kybernetischer Sicht prognostizierten Perspektiven einer ›Ästhetik des Wandels‹ haben die Geschichte des Begriffs in ein neues Licht gerückt. Das gilt z. B. für die Hinwendung zur Antike in verschiedenen Wissenschaften. »Heute ist gerade im Bereich innovativen Denkens eine verstärkte Zuwendung zur Antike festzustellen. Korrekturpotentiale – in einem prospektiven, nicht retrograden – Sinn werden dort vermutet und gesucht.«[19] Aus solcher aktuellen Perspektive wird die moderne Geschichte des Begriffs Ästhetik seit dem 18. Jh. gewissermaßen einer archäologischen Tiefenperspektive unterworfen. So läßt sich formulieren, »daß an den Rändern einer neuen Ästhetik etwas wie eine Vision, wenn auch nur bruchstückhaft, erscheint, die den Beginn des nächsten Jahrtausends vorwegnimmt«[20]. Der Begriff hat sich verschoben vom Reflexionshorizont einer Ästhetik genannten philosophischen Teildisziplin zum Horizont von Interrelationen zwischen verschiedenen Wissens- und Lebensbereichen.

In den unterschiedlichen Diagnosen von Zusammenhängen zwischen technischen Entwicklungen und den Modi unserer Empfindungen, Erfahrungen, Wahrnehmungen vermittelt Ästhetik in bestimmter Hinsicht. Ästhetik wird seit den 80er Jahren deutlich als Theorie von Wahrnehmungsweisen – als *aisthēsis* – aktualisiert. Sie wird selbstreflexiv: *Ästhetik der Ästhetik*.

2. Selbstreflexion der Ästhetik

Die seit den 80er Jahren virulente Debatte über die sog. Postmoderne und eine neue ›Krise der Kultur‹[21] stiftete auch einen Rahmen für die Diskussion über den Ort und den Status von Ästhetik. Die Thematisierung von Ästhetik und dem Ästhetischen stand von Anfang an theorie- und begriffsgeschichtlich im Zeichen einer Kant-Rezeption, in der eine Neu-Lektüre der *Kritik der Urteilskraft* (1790) mit dem besonderen Interesse an der von Kant entwickelten *ästhetischen Form kritischer Urteile* verbunden wird. »The past decade has witnessed an extraordinary resurgence of interest in Kant's writings on aesthetics, politics, and history. On the Continent much of this interest has centered on the debate between modernism and postmodernism. Both sides of the debate are in agreement that Kant's differentiation of cognitive, practical, and aesthetic domains of rationality anticipated the fragmentation of modern society into competing if not, as Weber assumed, opposed lifestyles, activities, and value spheres, and this has generated a crisis of *judgment*.«[22]

Vermittelt wurde die Aufmerksamkeit für die ›Krise des Urteils‹ durch die Annahme (oder Vermutung), daß vorurteilsloses Urteilen nach dem Zerfall teleologischer und geschichtsphilosophischer Universalkonzepte zu einem Maßstab der Orientierung in der ›Krise der Kultur‹ werden könnte. Jean-François Lyotard hat diese Annahme seiner Analyse von Paradoxien zugrunde gelegt, die den ›Widerstreit‹ von inkommensurablen sprachlichen und diskursiven ›Zeichen-Regimes‹ prägen.[23] Ästhetisch wäre das vorurteilslose Urteil in diesem Verständnis Lyotards insofern, als es das prinzipiell Inkommensurable – Geschmack/Gefühl/Wahrnehmung –, d. h. die Nicht-Übertragbarkeit ins Moralische, Politische, Rechtliche, als solches markiert. »On détermine le critique en général comme réflexif. Il ne relève pas d'une faculté, mais d'une quasi-faculté ou ›comme si‹ faculté (la faculté de juger, le sentiment) pour autant que sa règle de détermination des univers pertinents pour

---

[17] ODO MARQUARD, Über einige Beziehungen zwischen Ästhetik und Therapeutik in der Philosophie des neunzehnten Jahrhunderts (1963), in: Marquard, Schwierigkeiten mit der Geschichtsphilosophie (Frankfurt a. M. 1973), 103.
[18] Ebd., 104.
[19] WELSCH, Aisthesis. Grundzüge und Perspektiven der aristotelischen Sinneslehre (Stuttgart 1987), 455.
[20] JÜRGEN CLAUS, Das elektronische Bauhaus. Gestaltung mit Umwelt (Zürich 1987), 100.
[21] Vgl. HANNAH ARENDT, The Crisis in Culture: Its Social and Its Political Significance (1961), in: Arendt, Between Past and Future (New York 1961), 197–226.
[22] DAVID INGRAM, The Postmodern Kantianism of Arendt and Lyotard, in: The Review of Metaphysics 42 (1988), 51; vgl. DERRIDA u. a., La Faculté de juger (Paris 1985).
[23] Vgl. JEAN-FRANÇOIS LYOTARD, Le différend (Paris 1983).

elle comporte de l'indéterminé (libre jeu des facultés entre elles).«[24]

In der von Lyotard beschriebenen Form ästhetisch reflexiver Urteile als einem Paradigma jeder nicht-präskriptiven Kritik zeigt sich die auto-reflexive Transformation des Ästhetikbegriffs. Sie wird auch terminologisch unterstrichen durch die Ersetzung des Substantivs als des Namens einer bestimmten ›eigenständigen‹ Disziplin durch das substantivierte Adjektiv ›das Ästhetische‹ als Bezeichnung für ein unbestimmtes Feld, einen Bereich oder ein Ereignis ›begriffsloser Reflexion‹.

»The ›aesthetic‹ could be said to be privileged in Lyotard for the same reasons it is in Kant: because the problem of judgment is most radically articulated in terms of it, because it demands a form of judgment that judges without knowing or presuming to know its objects and in the absence of determined rules. [...] The aesthetic is not, however, for Lyotard (and not for Kant) a privileged domain or territory unto itself that has no relation to political or ethical questions, as it seems to be for many so-called kantian and neo-kantian formalists; it is rather an unchartable, open field where a particular kind of critical judgment is necessary, given that beauty is not a quality of the object itself, and cannot therefore be determined.«[25] Mit der von Lyotard u. a. vorgetragenen, begrifflich nicht ein-

zuholenden ›Aktualität des Ästhetischen‹[26] – denn »la saisie esthétique de formes n'est possible que si l'on renonce à toute prétention de maîtriser le temps par une synthèse conceptuelle«[27] – werden wesentliche Differenzen in der jüngeren Geschichte des Begriffs Ästhetik markiert.

Zwei Gesichtspunkte lassen sich aus der aktuellen Ästhetikdebatte für eine Konturierung der Begriffsgeschichte entnehmen. Zum einen die Unterscheidung von Wahrnehmung und Erfahrung und zum anderen das Verhältnis von Ethik und Ästhetik.

a) Erfahrung contra Wahrnehmung

Mit der im Begriff der Ästhetik von Anfang an nahegelegten Unterscheidung von Wahrnehmung und Erfahrung wurden Regellosigkeit und Ereignisorientiertheit als spezifischer Modus der Reflexion im Unterschied zu Denkmodellen betont, die auf Rationalität und normierte Ordnung setzen.[28] In der Unbestimmtheit ästhetischen Denkens und Handelns wird eine Alternative zu der »grossière séparation des sciences et des arts que proscrit la culture occidentale«[29] erkannt und eröffnet. Vom real Ereignishaften und von der Wahrnehmungsabhängigkeit ästhetischer Reflexion, die heute von den elektronischen Medientechniken geprägt ist und vorgeformt wird, fällt im Rückblick auf die Geschichte der Ästhetik auch auf die Unterscheidung zwischen Wahrnehmung und Erfahrung ein helleres Licht. *Erfahrung als ästhetische*, in den 70er Jahren Thema und Modell einer hermeneutischen Neuprofilierung in den Geisteswissenschaften, blieb wesentlich an die Bedingung gebunden, daß sie erst durch Interpretation und Auslegung sprachlich und begrifflich eingeholt und zu sich selbst gebracht werden kann.[30] Die Übersetzbarkeit von Erfahrung in die Sprache der Begriffe unterliegt immer der Gefahr einer Subreptio, einer Erschleichung. Denn sie bleibt dem Ursache-Wirkung-Prinzip und damit einer teleologischen Beziehung zwischen Vergangenheit und Gegenwart verhaftet. So hat etwa Jürgen Habermas den »Eigensinn des Ästhetischen« am Beispiel von Peter Weiss' *Ästhetik des Widerstands* (1975–1981) als erfüllt und sich erfüllend in einer »Aneignung der Expertenkultur aus dem Blickwinkel der Lebenswelt«[31] beschrieben. In der deutschen Tradition

---

24 LYOTARD, L'enthousiasme. La critique kantienne de l'histoire (Paris 1986), 12.
25 CARROLL, Rephrasing the Political with Kant and Lyotard: From Aesthetic to Political Judgments, in: Diacritics 14 (Herbst 1984), 81; vgl. BILL READINGS, Introducing Lyotard: Art and Politics (London/New York 1991).
26 Vgl. WELSCH, Das Ästhetische – eine Schlüsselkategorie unserer Zeit?, in: Welsch (Hg.), Die Aktualität des Ästhetischen (München 1993), 13–47.
27 LYOTARD, L'inhumain. Causeries sur le temps (Paris 1989), 41.
28 Vgl. JÜRGEN LINK, Versuch über den Normalismus. Wie Normalität produziert wird (Opladen 1997).
29 LYOTARD (s. Anm. 27), 85.
30 Vgl. HANS ULRICH GUMBRECHT, Wahrnehmung versus Erfahrung, in: B. Recki/L. Wiesing (Hg.), Bild und Reflexion. Paradigmen und Perspektiven gegenwärtiger Ästhetik (München 1997), 160–179.
31 JÜRGEN HABERMAS, Die Moderne – ein unvollendetes Projekt (1981), in: Habermas, Kleine politische Schriften (I-IV) (Frankfurt a. M. 1981), 462.

der Hermeneutik galt ein Begriff des ›ästhetischen Bewußtseins‹[32] und die Tendenz zur ›Absolutheit des Ästhetischen‹ als geschichtsphilosophischer Rahmen ästhetischer Erfahrung, die Hans-Georg Gadamer zufolge als »ästhetische Kritik« gegenüber der »Erfahrung der Kunst« immer »sekundär«[33] ist. Die von Hans Robert Jauß in kritischer Korrespondenz zu Gadamer seit den 70er Jahren entwikkelte Theorie ästhetischer Erfahrung als breit angelegte Historik ästhetischer Erfahrung hatte zwar die vormoderne Tradition von Aisthesis erinnert, diese aber nicht zu einer Perspektive erweitern können, in der Kunst als privilegiertes Modell ästhetischer Erfahrung mit anderen Modi von Alltagserfahrungen konfrontiert und relativiert würde. Ob solche Konfrontation nur um den Preis der Konfusion ästhetischer Beziehungen in Gestalt einer universalen Ästhetisierung, wie man sie der sog. Postmoderne unterstellt hat, zu haben ist und damit die ästhetische Kompensation destruktiver Modernisierung im Zentrum steht, ist eine umstrittene Frage.[34]

Das ereignisorientierte *Modell ästhetischer Wahrnehmung* scheint demgegenüber riskanter (risikoorientierter) und weniger elitär und deterministisch zu sein. Es geht davon aus, daß sich sinnliche (durch die Körpersinne wie auch durch deren technische ›Exteriorisierungen‹[35] vermittelte) Wahrnehmungen als kontingent beobachten und beschreiben, aber nicht in eine begriffliche Wissenschaftssprache übersetzen lassen. »Un événement ne peut, par définition, être déduit d'une loi déterministe: il implique, d'une manière ou d'une autre, que ce qui s'est produit ›aurait pu‹ ne pas se produire.«[36]

b) Ethik und Ästhetik
Dieser Gesichtspunkt konvergiert mit dem wahrnehmungsorientierten in einer ›Logik der Unschärfe‹ (Michel Serres), in der Sensibilisierung unserer Wahrnehmung für Formen der Wahrnehmungskontrolle und für Entäußerungen von Wahrnehmungsfähigkeiten in Maschinen mit intelligenten Sensorien, die zuerst in der Waffentechnik erprobt worden sind.[37] »Die Ethik des Ästhetischen liegt nicht in der moralischen Kontrolle von Kunst und Literatur, sondern in der Möglichkeit des Ästhetischen, für die Rätselhaftigkeit der Welt und des Anderen zu sensibilisieren.«[38] Hinter solchen Formulierungen steht weniger ein vordergründig technik- und zivilisationskritischer Affekt (den es auch gibt) als die Bemühung um Sicherung von Spuren eines alternativen Modells zur Ausdifferenzierung des Wissens. Denn die unter der Prämisse ästhetischer Reflexion vorgenommene Unterscheidung von Wahrnehmung und Erfahrung wird unter explizit ethischen Prämissen durch eine kritische Prüfung der als irreversibel (und darum immer bedrohlich) angenommenen Mensch-Maschine-Modelle und der fortschreitenden ›Exteriorisierung‹ biologischer und kognitiver Funktionen in Maschinen ergänzt.[39] Scheint die Evolution der Techno-Logiken den cartesianischen Dualismus von Körper und Geist nicht nur vollzogen, sondern auf die Spitze getrieben zu haben und mit der völligen »Formalisierung der symbolischen Darstellung, d. h. daß nichts jenseits der Sprache als existent gedacht werden kann«, auch die »formale Äquivalenz von Begriff und Sinnlichkeit, von Erkenntnis und Imagination«[40] zu stiften, so werden

---

32 Vgl. HANS-GEORG GADAMER, Wahrheit und Methode (1960), in: GADAMER, Bd. 1 (1986), 91–94.
33 GADAMER, Zur Fragwürdigkeit des ästhetischen Bewußtseins (1958), in: GADAMER, Bd. 8 (1993), 17.
34 Vgl. MARQUARD, Kompensationstheorien des Ästhetischen, in: D. Grathoff (Hg.), Studien zur Ästhetik und Literaturgeschichte der Kunstperiode (Frankfurt a. M./Bern/New York 1985), 103–120; HAUKE BRUNKHORST, Ansichten des Intellektuellen. Vom deutschen Mandarin zur Ästhetik der Existenz, in: J. Huber/A. M. Müller (Hg.), Raum und Verfahren (Basel/Zürich 1993), 43–64.
35 Vgl. MARSHALL MCLUHAN, Understanding Media: The Extensions of Man (New York 1964); PAVEL FLORENSKIJ, Organprojektion (1922), in: Florenskij, An den Wasserscheiden des Denkens, hg. u. übers. v. S. u. F. Mierau (Berlin 1994), 183–186.
36 ILYA PRIGOGINE/ISABELLE STENGERS, Entre le temps et l'éternité (Paris 1988), 46.
37 Vgl. PAUL VIRILIO, Guerre et cinéma, Bd. 1: Logistique de la perception (1984; Paris ²1991).
38 Vgl. CHRISTOPH WULF/DIETMAR KAMPER/HANS ULRICH GUMBRECHT, Einleitung, in: Wulf/Kamper/Gumbrecht (Hg.), Ethik der Ästhetik (Berlin 1994), XI.
39 Vgl. ANDRÉ LEROI-GOURHAN, Le geste et la parole (Paris 1964/1965); LEROI-GOURHAN, Milieu et techniques (Paris 1945).
40 MARIE-ANNE BERR, Technologie und Imagination. Zur Rematerialisierung des Immateriellen, in: Wulf/Kamper/Gumbrecht (s. Anm. 38), 174.

gegen solche apokalyptischen Aussichten doch Einwände vorgebracht und Einsprüche geltend gemacht.

In ihrem Kern handelt es sich bei den Bemühungen, Ästhetik und Ethik miteinander zu vermitteln und beide Konzepte von der Bindung an universal gültige Maßstäbe zu lösen, um ein Problem von Entscheidungen und der Behauptung individueller Souveränität. Es wurde als *ästhetisches Verhalten* umschrieben und von dem französischen Paläontologen André Leroi-Gourhan als eine anthropologische Konstante der Kulturgeschichte der Menschheit aufgefaßt[41] oder von dem Kunstkritiker Jean-Marie Schaeffer als Weg zur Überwindung eines kunstzentrierten ›mythe de l'attitude esthétique‹ vorgeschlagen: »comme la grammaire d'une langue, la conduite esthétique n'a pas besoin d'être explicitée par une théorie pour exister: si on tient à parler d'illusion ethnocentrique, l'expression devrait plutôt s'appliquer à l'idée selon laquelle une activité humaine n'existe que dès lors qu'elle donne lieu à une reconnaissance réflexive.«[42] Ob das »Interesse für die individuelle *Form* des Lebensstils, die die allgemeine *Norm* des Lebensstandards abzulösen verspricht«[43], lediglich Indiz einer Lifestyle-Ästhetik neoliberaler Marktgesellschaften und ihrer Technokultur ist, bleibt zu prüfen.

Gewichtiger scheint der politische Akzent zu sein, den z. B. Heinz von Foerster geltend gemacht hat, wenn die Verbindung ethischer Verhaltensmaximen mit ästhetischen Wahrnehmungsmustern als ein Problem der Herstellung souveräner und demokratisch organisierter Entscheidungskompetenz verstanden wird. In diesem Sinne lautet Foerster zufolge der »*ethische Imperativ*: Handle stets so, daß die Anzahl der Wahlmöglichkeiten größer wird«, und der »*ästhetische Imperativ*: Willst du sehen, so lerne zu handeln«[44]. In einer erläuternden Bemerkung Foersters kann man begriffsgeschichtlich die Spur des ›sensus communis aestheticus‹ der dritten Kantschen *Kritik* erkennen, an der sich noch einmal die Diffusion des Ästhetischen als bestimmende Signatur seiner Aktualität erweist: »In jedem Augenblick unseres Lebens sind wir frei, auf *die* Zukunft hin zu handeln, die *wir* uns wünschen. / Mit anderen Worten, die Zukunft wird so sein, wie wir sie sehen und erstreben. Dies kann nur für diejenigen ein Schock sein, die ihr Denken von dem Prinzip leiten lassen, daß für die Zukunft nur die Regeln gelten sollen, die in der Vergangenheit befolgt wurden. Für diese Menschen ist die Vorstellung einer ›Veränderung‹ unbegreiflich, denn Veränderung ist der Prozeß, der die Regeln der Vergangenheit auslöscht.«[45]

Das Problem ist nicht ohne politischen Zündstoff, seit man in Faschismus und Stalinismus die Erfahrung machen mußte, daß gerade der Bereich der Ästhetik unter politische und moralische Wahrheitsansprüche gestellt wurde. Darauf reagiert eine wache Kritik mit der Betonung einer unüberbrückbaren Kluft zwischen Ästhetik und Pflichtmoral, wie sie durch Kants Unterscheidung zwischen bestimmenden (kognitiven) und reflektierenden (ästhetischen) Urteilen etabliert worden war. Die ästhetische Idee im Sinne Kants bürge insofern auch einen ethischen Anspruch, als sie unsere Aufmerksamkeit für kurzschlüssige Vermittlungen von Ästhetik und Ethik schärft.[46]

3. Ästhetisierung

›Ästhetisierung‹ ist kein reflexiver, sondern ein deskriptiver Begriff, der gebraucht wird, um Wirklichkeiten nach Kriterien jeweils unterschiedlicher Konzepte von Ästhetik und Ästhetischem zu charakterisieren oder auch präskriptiv Wege und Formen der Realisierung dieser Konzepte anzugeben. Man spricht dann z. B. von ›Ästhetisierung der Le-

---

41 Vgl. LEROI-GOURHAN, Le geste et la parole, Bd. 2 (Paris 1965), 82–89.
42 JEAN-MARIE SCHAEFFER, Les célibataires de l'art. Pour une esthétique sans mythes (Paris 1996), 138.
43 WILHELM SCHMID, ›Alle Widersprüche finden sich in mir‹. Lebenskunst als ›Ethik‹ der Selbsterfindung bei Montaigne, in: Dt. Ztschr. f. Philos. 40 (1992), 1023.
44 FOERSTER, Über das Konstruieren von Wirklichkeiten (s. Anm. 16), 41.
45 FOERSTER, Perception of the Future and the Future of Perception, in: Instructional Science 1 (1972), 31–43; dt.: Zukunft der Wahrnehmung: Wahrnehmung der Zukunft, in: Foerster, Sicht und Einsicht (s. Anm. 16), 10.
46 Vgl. AVITAL RONELL, Formen des Widerstreits, in: E. Weber/C. Tholen (Hg.), Das Vergessen(e). Anamnesen des Undarstellbaren (Wien 1997), 51–70.

benswelt«.⁴⁷ Der Begriff ist im 19. Jh. im Kontext der L'art-pour-l'art-Ästhetik als Umschreibung der emblematischen Figur des Elfenbeinturms (tour d'ivoire) entstanden und wurde von Nietzsche in *Die Geburt der Tragödie* dahingehend verallgemeinert, »dass nur als ästhetisches Phänomen das Dasein der Welt *gerechtfertigt* ist«⁴⁸. Nietzsche wurde mit dieser Position als Stichwortgeber eines elitären Ästhetizismus und Pate »ideologischer Verblendung im Epochenbewußtsein der ästhetischen Avantgarden«⁴⁹ kritisiert. Die politische Grundlegung des Begriffs stammt von Carl Schmitt, der in *Politische Romantik* im Rahmen eines Freund-Feind-Gegensatzes die von der Romantik ausgehende »allgemeine Ästhetisierung« der »Gebiete des geistigen Lebens«⁵⁰ als geschichtliches Übel der ›Entpolitisierung‹ beschrieb, die durch ›Totalität des Politischen‹ überwunden werden müsse. In den 30er Jahren kennzeichnete Walter Benjamin die faschistische suggestive Massenindoktrination als »Ästhetisierung der Politik« und setzte ihr eine »Politisierung der Kunst«⁵¹ entgegen. Die Implikationen und Folgen solcher als ideologische Verblendung oder als Manipulation und Maskierung von politischen Interessen bezeichneten Ästhetisierung wurden in der neueren Ästhetikdebatte differenziert. ›Ästhetisierung‹ wird nicht nur gebraucht zur Kennzeichnung von Phänomenen der ›Warenästhetik‹⁵² als einer neuen Qualität der »Ausstattung der Wirklichkeit mit ästhetischen Elementen«⁵³, sondern auch als Gegenbegriff zu ›Ästhetizismus‹ und ein Weg zu dessen populärer und populistischer Verallgemeinerung. Der französische Soziologe Jean Baudrillard hat in seinen Analysen der durch die elektronischen Massenmedien produzierten sog. ›hyperréalité de l'image‹ sogar von ›obszöner‹ Ästhetisierung der Kultur gesprochen, die er als ›transästhetisch‹ bezeichnet. In diesem Sog habe die zeitgenössische Kunst ihre in den Epochen der Moderne noch wirksame »illusion esthétique« gänzlich aufgegeben. »Ainsi de l'art, qui lui aussi a perdu le désir de l'illusion, au profit d'une élévation de toutes choses à la banalité esthétique, et qui donc est devenu transesthétique.«⁵⁴

Ein anderer, eher positiv konnotierter Begriff von ›Ästhetisierung‹ wurde im Rahmen einer ökologischen Ästhetik begründet. Der Germanist Gernot Böhme sieht im Begriff ›Atmosphäre‹ den Grundbegriff einer »entstehenden neuen Ästhetik«⁵⁵ und das bestimmende Merkmal einer ubiquitären Ästhetisierung. Eine »Ästhetik der Atmosphären« (39) habe ihr Zentrum nicht mehr vorrangig und ausschließlich in der Kunst und im Kunstwerk, sondern in einem ökologischen Verhältnis zur Natur. Diese ökologische Ästhetik antwortet auf »die progressive Ästhetisierung der Realität, d. h. des Alltags, der Politik, der Ökonomie, und [...] die durch das Umweltproblem erzwungene Frage nach einem anderen Verhältnis zur Natur, dem sie zu entsprechen versucht«. Statt sich wie Adorno auf Kunstästhetik oder wie Kant auf »Beurteilungsästhetik« zu beschränken, würde sich eine »neue Ästhetik« »die gezielte Ausarbeitung eines begrifflichen Instrumentariums für eine Kritik der ästhetischen Ökonomie und eine ästhetische Theorie der Natur« (7) zum Ziel setzen, von der es heißt, daß sie »zuallererst das ist, was ihr Name sagt, nämlich eine allgemeine Theorie der Wahrnehmung«⁵⁶. ›Aisthesis‹ wird auch hier als der reflexive Rahmen einer ökologisch orientierten Differenzierung im Begriff Ästhetik aufgerufen. ›Ästhetisierung‹ als prozeßorientierter Begriff

47 Vgl. RÜDIGER BUBNER, Ästhetisierung der Lebenswelt, in: W. Haug/R. Warning, Das Fest (München 1989), 651–662.
48 FRIEDRICH NIETZSCHE, Die Geburt der Tragödie (1872), in: NIETZSCHE (KGA), Abt. 3, Bd. 1 (1972), 11.
49 HANS ROBERT JAUSS, Die Epochenschwelle von 1912. Guillaume Apollinaire: ›Zone‹ und ›Lundi Rue Christine‹ (Heidelberg 1986), 42.
50 CARL SCHMITT, Politische Romantik (1919; Berlin 1998), 17.
51 ENJAMIN, Das Kunstwerk im Zeitalter seiner technischen Reproduzierbarkeit (2. Fassung, entst. 1935/1936), in: BENJAMIN, Bd. 7/1 (1989), 384.
52 Vgl. WOLFGANG F. HAUG, Kritik der Warenästhetik (Frankfurt a. M. 1971).
53 WELSCH, Ästhetisierungsprozesse. Phänomene, Unterscheidungen, Perspektiven, in: Dt. Ztschr. f. Philos. 41 (1993), 8.
54 JEAN BAUDRILLARD, Le complot de l'art (Paris 1997), 9; vgl. BAUDRILLARD, Agonie des Realen, übers. v. L. Kurzawa/V. Schäfer (Berlin 1978).
55 GERNOT BÖHME, Atmosphäre (Frankfurt a. M. 1995), 7.
56 BÖHME, Atmosphäre als Grundbegriff einer neuen Ästhetik, in: Kunstforum international 120 (1992), 255.

und als Indikator von Anwendungsbereichen des Ästhetischen und Faktor in darauf beziehbaren Diskursen wurde im Interesse der Kennzeichnung unterschiedlicher Formen von Ästhetisierung in dem tautologischen Begriff ›Ästhetisierungsprozesse‹ ausgedrückt. Der Philosoph Wolfgang Welsch zog aus seiner Beobachtung einer von Kant vorbereiteten und von Nietzsche fortgeführten »epistemologischen Ästhetisierung«, deren Nenner die Kritik der konventionellen Gleichsetzung von Ästhetik und Kunst gewesen sei, weitreichende Konsequenzen. »Wahrheit, Wissen und Wirklichkeit haben in den letzten zweihundert Jahren zunehmend ästhetische Konturen angenommen. Erstens zeigte sich, daß ästhetische Anteile für unser Erkennen und unsere Wirklichkeit grundlegend sind. Das begann mit Kants transzendentaler Ästhetik und reicht bis zur Selbstreflexion der gegenwärtigen Naturwissenschaften. Zweitens setzte sich zunehmend die Einsicht durch, daß Erkennen und Wirklichkeit ihrer Seinsart nach ästhetisch sind. Das war Nietzsches Entdeckung, die seither auch von anderen unter Rückgriff vorwiegend auf nautische Metaphern zum Ausdruck gebracht wurde und bis zum Konstruktivismus unserer Tage reicht. Wirklichkeit ist keine erkenntnisunabhängige, fest vorgegebene Größe, sondern Gegenstand einer Konstruktion. / Hatte man früher gemeint, Ästhetik habe es mit sekundären, nachträglichen Realitäten zu tun, so erkennen wir heute, daß das Ästhetische schon zur Grundschicht von Erkenntnis und Wirklichkeit gehört.«[57] Aus der Unterscheidung einer »Tiefenästhetisierung« von einer »Oberflächenästhetisierung« (7) in den Formen von »Verhübschung, Animation, Erlebnis« (8) ergibt sich als das zeitgemäße Gebot praxisorientierter Ästhetik eine »Sensibilität für Differenzen« als »Realbedingung von Toleranz« (28). »Ästhetische Reflexion wird sich nicht zum Agenten einer Ästhetisierung machen lassen, die in Wahrheit auf Anästhetisierung hinausläuft – auf die Erzeugung von Unempfindlichkeit, auf Betäubung durch ständige ästhetische Überdrehtheit. Ästhetisches Denken opponiert dem Ästhetisierungstrend und der Pseudo-Sensibilität der Erlebnisgesellschaft.« (27) Freilich ist vor einer Überschätzung der Ästhetisierung, vor dem »ästhetischen Fundamentalismus«[58] einer »Entgrenzung der Ästhetik«, einer »Aufhebung der Grenze zur Aisthetik«[59] auch gewarnt worden.

Wurde der Ästhetik seit Kierkegaard immer wieder der Vorwurf gemacht, einer Entfremdung zwischen der Politik und den wirklichen Problemen der Menschheit Vorschub zu leisten, einen im Kern affirmativen Bezirk der Kompensation zu bedienen, so ist die aktuelle Debatte eher von der Suche nach einem anderen Begriff von Ästhetik und von der Einsicht bestimmt, daß die ästhetisch legitimierte »Selbstbefriedigung«[60] des Geistes anachronistisch geworden ist. Insofern ist diese offene Debatte auch Indiz einer Grundlagenkrise der Geisteswissenschaften, die im tendenziellen ›Entzug der Gefühlsgemeinschaft‹ eine ihrer Ursachen hat. Darauf hat Lyotard mit seiner kritischen Hypothese über die sog. Postmoderne aufmerksam gemacht. »Meine Hypothese über die Postmoderne ist, daß die Ästhetik, d. h. die Empfänglichkeit für die Gebung des Anderen nach räumlichen und zeitlichen Formen, die für die Grundlage für die kritische und romantische Moderne abgibt, sich zurückgedrängt, geschwächt und zum Widerstand gegen die tatsächliche Vorherrschaft der wissenschaftlich-technischen und pragmatischen Vereinnahmung des Zeit-Raums gezwungen sieht.« Die entscheidende Frage wäre dann die »nach der Grundlage der ›Postmoderne‹ dem Mangel an ästhetischer Grundlage oder aus ›Unempfindsamkeit‹. Die ›neue Technologie‹ ist bekanntlich, wenigstens was die ›Grundlagenkrise‹ anbetrifft, nicht diejenige, die sich mit dem Namen der Atomphysik erfassen ließe als die die empirische Herrschaft durch die Bedrohung ihrer Zerstörung belastete. Sie ist der Logizismen, deren Wirkung auf die Vermögen, den Verstand, die spekulative und praktische Vernunft, die Empfindsamkeit und die Ein-

---

57 WELSCH (s. Anm. 53), 25.
58 MARTIN SEEL, Ästhetik und Aisthetik. Über einige Besonderheiten ästhetischer Wahrnehmung – mit einem Anhang über den Zeitraum der Landschaft, in: Seel, Ethisch-ästhetische Studien (Frankfurt a. M. 1996), 37.
59 Ebd., 39.
60 Vgl. GEORG WILHELM FRIEDRICH HEGEL, Phänomenologie des Geistes (1807), in: HEGEL (TWA), Bd. 3 (1970), 134; IMMANUEL KANT, Kritik der reinen Vernunft (1781), in: KANT (AA), Bd. 3 (1904), 407.

bildungskraft, von transzendentaler Reichweite ist. Es ist nicht die Vernichtung der Spezies, die in dieser Hinsicht in Betracht kommt, sondern die Vorherrschaft des Kalküls und der verallgemeinerten Simulation in den Geistestätigkeiten.«[61]

Karlheinz Barck

I. Der europäische Kontext einer deutschen Gründung

Die deutsche Gründung der Ästhetik stellt den Versuch einer Systematisierung im Kontinuum des europäischen Selbstbewußtseins im Zeitalter der Aufklärung dar. So ist es aufschlußreich, die zwei Jahrzehnte um das Jahr 1750 (das Erscheinungsjahr des 1. Bandes von Baumgartens *Aesthetica*) hinsichtlich der Veröffentlichung der für die Begriffsbildung der Ästhetik zentralen Schriften zu rekapitulieren: Im Todesjahr von Giambattista Vico erschien 1744 die 2. Ausgabe von *La Scienza Nuova*, mit der Vico, nach dem Urteil Benedetto Croces[62], zu den Begründern der modernen Ästhetik gehört. 1739/40 erschien Humes *A Treatise of Human Nature*, 1748 sein *An Enquiry Concerning Human Understanding*[63], 1746 Charles Batteus' *Les beaux Arts réduits à un même Principe*, 1751 Diderots die Relativität des Schönheitsbegriffs betonender *Encyclopédie*-Artikel *Beau*, 1753 Hogarth' *The Analysis of Beauty*, 1754 Condillacs *Traité des sensations*, 1757 Burkes *A Philosophical Enquiry into the Origins of Our Ideas of the Sublime and Beautiful*, 1759 der stark von Burke beeinflußte 1. Band von Diderots *Salons*. Am Ausgang der Gründungsepoche steht schließlich die ›Ästhetik‹ von Henry Home, die *Elements of Criticism* (1762).

Für den europäischen Kontext der deutschen Gründung kann mit Hermann Schmitz[64] festgehalten werden, daß es zwei Proto-Ästhetiken gibt, deren Wurzeln bis in die Antike zurückreichen: Zum einen eine kallistische Ästhetik, die sich seit Platon am Kernbegriff des Schönen orientierte, wobei die Verbindung zwischen Schönheit und Kunstwerk erst ein relativ spätes historisches Produkt ist. In dieser Tradition stehen bildende Kunst und Naturschönheit im Zentrum. Zum anderen eine auf Aristoteles zurückgehende rhetorisch argumentierende Ästhetik. Hier stehen Dichtung und Musik im Zentrum, und es geht, wie in der Rhetorik, um die Verwaltung der Affekte, z. B. um die Katharsis und das Erhabene. Die Suggestionskraft der Dichtung wird dort gegen ihre Schönheit ausgespielt. Diese beiden Tendenzen prägen die europäische Vorgeschichte der Gründung der Institution Ästhetik nachhaltig. Ähnliches beobachtet Alfred Baeumler, wenn er seine Darstellung der Ästhetik in zwei große Abschnitte gliedert und den einen (›Die Idee des Schönen‹) mit Platon beginnen läßt, den anderen (›Der Begriff der Kunst‹) dagegen mit Aristoteles.[65]

Gesamteuropäisch betrachtet, hat die ästhetische Reflexion seit dem Ende des 17. Jh. ihren Schwerpunkt zunächst in Frankreich[66], dann in England[67] und ab 1750 zunehmend in Deutschland. Die auf der Geschmacksträgerschaft von ›la cour et la ville‹ (Erich Auerbach) basierende doctrine classique wurde vom Regelkanon des Schönen beherrscht, den man aus den als Vorbild aufgefaßten Meisterwerken der Vergangenheit ableitete. Jede einzelne Dichtung hatte in diesem Sinne die Aufgabe, das Schöne zu repräsentieren. Die ›Querelle des anciens et des modernes‹ am Ausgang des 17. Jh. pro-

---

61 LYOTARD, Grundlagenkrise, übers. v. J. Wagner, in: Neue Hefte für Philosophie, H. 26 (1986), 24, 31; vgl. LYOTARD, Essays zu einer affirmativen Ästhetik, übers. v. E. Kienle/J. Kranz (Berlin 1982).
62 Vgl. BENEDETTO CROCE, Estetica come scienza dell'espressione e linguistica generale. Teoria e storia (1902; Bari 1950), 242.
63 Vgl. PETER JONES, Hume and the Beginnings of Modern Aesthetics, in: Jones (Hg.), The ›Science of Man‹ in the Scottish Enlightenment (Edinburgh 1989), 54–67.
64 Vgl. HERMANN SCHMITZ, Herkunft und Schicksal der Ästhetik, in: H. Lützeler (Hg.), Kulturwissenschaften. Festgabe für Wilhelm Perpeet zum 65. Geburtstag (Bonn 1980), 388–413.
65 Vgl. ALFRED BAEUMLER, Ästhetik (1934; Darmstadt 1972), 3–43, 43–84.
66 Vgl. PETER-ECKHARD KNABE, Schlüsselbegriffe des kunsttheoretischen Denkens in Frankreich von der Spätklassik bis zum Ende der Aufklärung (Düsseldorf 1972); CARSTEN ZELLE, Die doppelte Ästhetik der Moderne. Revisionen des Schönen von Boileau bis Nietzsche (Stuttgart/Weimar 1995).
67 Vgl. BERNARD BOSANQUET, A History of Aesthetic (1892; New York 1957), 202–210.

blematisierte diesen repräsentativen Schönheitsbegriff, was mit der Unterscheidung von ›beau absolu‹ und ›beau relatif‹ begriffsgeschichtlich angezeigt wird.[68] Die Kritik der Modernen richtet sich gegen die Zeitlosigkeit und ewige Gültigkeit des antiken Schönheitsbegriffs. In diesem Zusammenhang erhält der Geschmack (goût, taste) als subjektives Beurteilungsvermögen des individuellen Menschen eine immer größere Bedeutung. Man kann in der Durchsetzung des subjektiven und individuellen Urteilskriteriums ›Geschmack‹ sogar den entscheidenden Antrieb für die Ausbildung des »ästhetischen Subjekts«[69] und der Ästhetik sehen. In diesem Zusammenhang erfährt auch der Naturbegriff eine grundlegende Veränderung: Natur wird einerseits Gegenstand der Naturwissenschaften und dabei in ihren meß- und klassifizierbaren Elementen betrachtet. Andererseits bleibt sie unmeßbarer, maßloser und unendlicher, nicht klassifizierbarer Bereich des Großen, Gewaltigen, Nicht-Rationalen. Diese wirkungsästhetische Differenzierung deutet auf die beiden zentralen Kategorien des Schönen und des Erhabenen hin. Der Beitrag der englischen und schottischen Philosophen von John Locke bis zu Henry Home, Alexander Gerard und Archibald Alison zur ästhetischen Diskussion des 18. Jh. liegt vorzugsweise in der empirisch orientierten Analyse der psychophysiologischen Grundlagen ästhetischer Erfahrung.

Der ›vor-ästhetische‹ Dualismus zwischen Rhetorik und Kallistik, die Aufwertung des Geschmacksbegriffs und die psycho-physiologische Aufklärung ästhetischer Erfahrung kreuzen sich mit anderen europaweit debattierten Problemstellungen, die zur Entstehung der modernen Ästhetik beitragen:

Durch die spezifisch moderne Erfahrung des Erhabenen (sublime), das nach der Wiederentdeckung durch Boileau in Frankreich und England ins Zentrum der ästhetischen Reflexionen rückte, wurde der alte ontologische Schönheitsbegriff der doctrine classique grundlegend problematisiert. Damit baute sich zwischen ›schön‹ und ›erhaben‹ ein Spannungsverhältnis auf, das ein Bedürfnis nach einer neuen, differenzierteren Theorie der menschlichen Erfahrung weckte. Hier lag der Ansatzpunkt einer ›doppelten Ästhetik‹ der Moderne, die sich paradigmatisch im gleichzeitigen Erscheinen von Boileaus *Art poétique* und *Traité du sublime* im Jahre 1674 ankündigte. Die Schriften stehen als Ikone des Klassizismus und als deren Subversion unvermittelt nebeneinander.[70] Die mit Boileau beginnende »Querelle du Sublime‹ verändert die Einrichtung im Haus der normativen Ästhetik so sehr, daß es am Ende völlig umgebaut erscheinen mußte«[71]. Burke beschreibt den Gegensatz von Schönem und Erhabenem auf der Grundlage sensualistischer und empirischer (oder, wie Kant in der *Kritik der Urteilskraft* sagen wird: ›physiologischer‹) Beobachtung: »Sublime objects are vast in their dimensions, beautiful ones comparatively small; beauty should be smooth, and polished; the great, rugged and negligent«[72].

Mit der Nobilitierung und neuen Relevanz der Affekte erfuhren Anschauung, Einbildungskraft, Sinne, Sinnlichkeit und sinnliche Wahrnehmung im Rahmen der Begründung bürgerlicher Daseinsordnung und im Fahrwasser des Sensualismus und Empirismus eine immense Aufwertung. Den erkenntnistheoretischen Ausgangspunkt bildete Locke, der gegen den Cartesianismus betonte, daß alle Vorstellungen und Materialien des Denkens dem Menschen nicht eingeboren, keine ideae innatae sind, wie dies noch Leibniz vertrat, sondern aus der Erfahrung stammen, die wiederum aus der sinnlichen Wahrnehmung gespeist wird. Der Erkenntnisvorgang bestand für Locke in der Wahrnehmung entweder von Übereinstimmung und Verbindung oder von Trennung und Widerstreit der Vorstellungen, wobei unmerkliche, nahezu unbewußte Urteile als Dispositive der Wahrnehmung mitwirken. Aus der Perspektive einer empirisch

---

68 Vgl. HERBERT DIECKMANN, Die Wandlung des Nachahmungsbegriffes in der französischen Ästhetik des 18. Jahrhunderts, in: H. R. Jauß (Hg.), Nachahmung und Illusion (München 1964), 28–59.
69 BAEUMLER, Das Irrationalitätsproblem in der Ästhetik und Logik des 18. Jahrhunderts (1923; Darmstadt 1967), 2.
70 Vgl. ZELLE (s. Anm. 66), 112.
71 WINFRIED WEHLE, Vom Erhabenen oder über die Kreativität des Kreatürlichen, in: S. Neumeister (Hg.), Frühaufklärung (München 1994), 200.
72 BURKE, 124.

Psychologie betonte er die primäre erkenntnistheoretische Bedeutung der Sinne – im Geiste der älteren These: Nihil est in intellectu, quod non antea fuerit in sensu. Für die ästhetische Erfahrung folgte daraus die Verabschiedung des metaphysisch und ontologisch bestimmten Schönheitsbegriffs der platonischen Tradition. In Frankreich wirkte Lockes Sensualismus v. a. auf Jean-Baptiste Du Bos und Étienne Bonnot de Condillac und gewann über beide entscheidenden Einfluß auf die Ausbildung der französischen Aufklärungsästhetik. Du Bos distanzierte sich von der rationalistisch-klassizistischen Literaturkritik und verlagerte die Fähigkeit zur angemessenen Beurteilung eines Kunstwerks vom Kunstrichter auf das mit dem Geschmack als angeborenem sechsten Sinn ausgestattete Publikum. Damit war die Mündigkeit des Publikums als ästhetisches Subjekt theoretisch beglaubigt. Für das künstlerische Schaffen ist die Erregung künstlicher Leidenschaften und Gefühle eine der Haupttriebkräfte. In der Rezeption kann sie wirkliche Leiden und Affekte kompensieren.[73] Dieser psychophysische Grundansatz wird (wie auch schon bei Shaftesbury[74]) mit dem Geniebegriff verbunden. Genie ist eine göttliche Gabe und Besessenheit, die ihre physiologische Begründung in einer bestimmten Anordnung der Hirnorgane und ihre mental-soziale Begründung in den Bedingungen eines bestimmten Milieus oder einer bestimmten Epoche findet.[75] Condillac entwickelte die sensualistische Erkenntnistheorie weiter, indem er die sinnliche Wahrnehmung zur einzigen Quelle aller Erkenntnis auf dem Wege der Umbildung der Sinneswahrnehmungen in Vorstellungen erklärte. Er betonte den Werkzeugcharakter der sinnlichen Wahrnehmung. Durch die Verarbeitung der Wahrnehmung verändere der Mensch fortwährend seinen inneren Zustand. Sein Ich bestehe geradezu aus dieser dauernden Integration sinnlicher Erfahrung in Gedächtnis und Erinnerung.[76]

Wegen des starken Einflusses der sensualistischen Erkenntnistheorie in England und Frankreich war nach Ausbildung der Ästhetik als Disziplin die Bereitschaft zur Rezeption und zur Übernahme des Wissenschaftsnamens gering. Was die deutsche Ästhetik seit der Mitte des 18. Jh. unter diesem Lemma verhandelte, hatten die sensualistische Erkenntnistheorie und die psycho-physiologische Analyse ästhetischer Erfahrung bereits lange vor der Gründung dieses Wissenschaftszweiges ›Ästhetik‹ thematisiert. Es bestand für die französische und englische Wissenschaft deshalb zunächst kein Grund, den Weg der eigenen nationalen Reflexionstraditionen zu verlassen.

Die einzelnen Künste treten als System auch erstmals theoretisch in Erscheinung, wobei die Vergleichbarkeit der Einzelkünste in den Vordergrund rückt. Maßgebend dafür ist vor allem die Begriffsbildung der ›schönen Künste‹ (beaux arts) in Frankreich geworden. Die Grenze, an der dies geschieht, läßt sich ziemlich genau zwischen Du Bos und Voltaire markieren. Unter der Überschrift ›arts et sciences‹ faßte Voltaire zusammen: Philosophie, Beredsamkeit, Poesie, Kritik; weiterhin Malerei, Bildhauerei, Musik, Goldschmiedekunst, Teppichwirkerei, Spiegelschleiferei, Goldbrokatweberei und Uhrmacherkunst.[77] Hier sind noch sowohl der alte Kunstbegriff (im Sinne von ›technē‹) als auch die Klassifikation der artes liberales (Arithmetik, Astronomie, Musik, Geometrie: das ›Quadrivium‹; Grammatik, Rhetorik, Dialektik: das ›Trivium‹) gegenwärtig.[78] Die einzelnen Künste, die Voltaire nennt, bilden noch keinen eigenen systematischen Zusammenhang. Anders bei Du Bos, der nicht nur den englischen Sensualismus in die französische Diskussion einbringt. »He did not invent the term *beaux-arts*, nor was he the first to apply it to other than the visual arts, but he certainly popularized the notion that poetry was one

---

73 Vgl. DU BOS, Bd. 1, 25–44; KLAUS DIRSCHERL, ›Von der Herrschaft der Schönheit über unsere Gefühle‹ – Elemente einer sich formierenden Ästhetik der ›sensibilité‹ (Fénelon, Crousaz, Dubos), in: Neumeister (s. Anm. 71), 400–411.
74 Vgl. SHAFTESBURY, A Letter Concerning Enthusiasm (1708), in: Shaftesbury, Characteristics of Men, Manners, Opinions, Times, etc., hg. v. J. M. Robertson, Bd. 1 (London 1900), 37–39.
75 Vgl. DU BOS, Bd. 2, 14–24, 320–335.
76 Vgl. ÉTIENNE BONNOT DE CONDILLAC, Traité des sensations (1754), in: CONDILLAC, Bd. 1 (1947), 219–319.
77 Vgl. VOLTAIRE an Du Bos (30. 10. 1738), in: Voltaire, Les Œuvres complètes, hg. v. T. Besterman u.a., Bd. 89 (Toronto/Buffalo 1969), 345.
78 Vgl. GEORG PICHT, Kunst und Mythos (Stuttgart 1986), 81–84.

of the *beaux-arts*. [...] he repeatedly has occasion to speak also of the other visual arts as linked with painting«[79].

Schließlich war es Batteux' auch in Deutschland außerordentlich einflußreiche Schrift *Les beaux Arts réduits à un même Principe* (1746; die erste deutsche Übersetzung erschien schon 1751), die fast zeitgleich mit Baumgarten die Grundlagen zu einer Theorie des Ästhetischen legte. Batteux trennte die ›nützlichen‹ mechanischen Künste (v. a. hat er Rhetorik und Architektur im Auge) von jenen ab, die dem ›Genuß‹ dienen: Musik, Dichtung, Malerei und Tanz. Diese schönen Künste gründen sich, so Batteux, auf das gemeinsame Prinzip der Naturnachmung: »Les Régles de la Poësie, de la Peinture, de la Musique & de la Danse, sont renfermées dans l'imitation de la belle Nature.«[80] Nicht dieses Prinzip aber ist traditionsstiftend geworden — es wurde ja im Gegenteil bald durch die Ästhetik desavouiert und durch andere Zentralkategorien ersetzt —, sondern die Zusammenführung der bislang getrennt konzeptualisierten Einzelkünste unter dem Oberbegriff der *schönen* Künste: »Il y a le beau, le parfait idéal de la Poësie, de la Peinture, de tous les autres Arts.«[81] Batteux näherte sich damit dem Singular *›die Kunst‹*. Erst dieser Kollektivsingular forderte die ästhetische Reflexion heraus, weil es hier um die Bestimmung eines den einzelnen Künsten gemeinsamen und übergeordneten Prinzips ging: ›Les beaux Arts réduits à un même Principe‹. Wie sehr die Zusammenfassung der einzelnen Künste und ihre Reflexion unter zentralen, vereinheitlichenden ›ästhetischen‹ Gesichtspunkten bereits seit der Mitte des 17. Jh. in der Luft lag, belegt der schon

60 Jahre vor Batteux' Schrift erschienene *Cours d'Architecture* (1675–1683) von François Blondel. Architektur, Bildhauerkunst und Malerei werden hier mit Rhetorik, Poesie, Musik und Tanz zu einem System zusammengebracht. Der aus diesen und anderen Gattungen gezogene Genuß (plaisir) »est partout fondé sur le même principe«. Obwohl Blondel der Begriff ›schöne Künste‹ (beaux arts) noch nicht zur Verfügung stand, nannte er als einheitliche Prinzipien seiner Zusammenfassung: »unité d'harmonie« und »plaisir«[82].

Bernard Bosanquet hielt 1892 fest: »The beautiful is of interest to metaphysic as the tangible meeting point of reason and feeling, and to criticism as the expression of human life in its changing phases and conditions. The combination of these two interests, after a protracted separate development, is the true genesis of modern aesthetic.«[83] In England entwickelte sich seit Beginn des 18. Jh. critic/criticism als Kunst- und Kulturkritik im Zusammenhang mit der Institutionalisierung bürgerlicher Öffentlichkeit in einer solchen Richtung, daß man von einer parallelen Institutionalisierung zu derjenigen der Ästhetik sprechen kann.

›Critic‹ und ›criticism‹ werden als kulturelles Wissen und Vermögen bestimmt. Seit Alexander Popes *Essay on Criticism* (1711) läßt sich criticism – vor dem Hintergrund einer im Vergleich zu anderen europäischen Staaten frühen Institutionalisierung von bürgerlicher Öffentlichkeit – als eine kommunikative Ästhetik beschreiben. Verwies der Terminus am Anfang seiner Entwicklung v. a. auf die Dichtkunst, so wurde er, mit Shaftesbury beginnend, zu einem Begriff, der sich, rezeptionsästhetisch orientiert und an ›taste‹ bzw. ›Standard of Taste‹ gebunden, auf die Natur, die Künste und das weite Feld der sinnlichen Wahrnehmung bezog. Indem Shaftesbury das Schöne vom Seienden trennte und das Urteil über das Schöne aus einem dialogischen Prozeß hervorgehen ließ, wurde auch die Rolle des ›criticism‹ stark aufgewertet: »A legitimate and just taste can neither be begotten, made, conceived, or produced without the antecedent labour and pains of criticism.«[84] Bei Hume wurde criticism ein fester Bestandteil derjenigen Wissenschaften, die Gegenstände der Reflexion und soziale Tätigkeitsbereiche beschreiben.[85] Die *Elements of Criticism* (1762) von Henry Home bil-

---

79 PAUL OSKAR KRISTELLER, The Modern System of the Arts, in: Journal of the History of Ideas 13 (1952), 18 f.
80 BATTEUX (1746), 133 f.
81 Ebd., 110.
82 Zit. nach WŁADYSŁAW TATARKIEWICZ, A Note on the Modern System of the Arts, in: Journal of the History of Ideas 24 (1963), 422.
83 BOSANQUET (s. Anm. 67), 166.
84 SHAFTESBURY, Miscellaneous Reflections (1711), in: Shaftesbury, Characteristics (s. Anm. 74), Bd. 2 (London 1900), 257.
85 Vgl. DAVID HUME, A Treatise of Human Nature (1739–1740), in: HUME, Bd. 1 (1874), 307.

den die Zusammenfassung der bis dahin vorliegenden englischen Geschmacksästhetik. Home ordnete seine Ästhetik in den Kontext der zeitgenössischen Gesellschaftstheorien ein und begriff sie als einen die Theorie ergänzenden Beitrag. »The science of criticism tends to improve the heart not less than the understanding.«[86] Der Gegenstand dieser Wissenschaft ist das mit dem Prozeß der Wahrnehmung verbundene Gefühlsleben des Publikums. Der Kritiker begreift sich als Sprecher der Rezipienten, der den empirisch gegebenen Standard of Taste theoretisch verankert und die Öffentlichkeit dazu befähigt, sachkundig über Kunst zu urteilen. Home beklagt einen egoistischen Zug der Zeit: »A flourishing commerce begets opulence; and opulence, inflaming our appetite for pleasure, is commonly vented on luxury and on every sensual gratification: Selfishness rears its head; becomes fashionable«. Die Beschäftigung mit den »fine arts«[87] könne dem entgegenwirken. Denn die Künste besitzen für Home eine spezifische, durch den Kritiker vermittelte sozialisierende Wirkung. Sie sind ein Gegenstand sozialer Selbstverständigung auf der Ebene der Ausbildung und Erziehung der Gefühle. Homes monumentales Werk wurde unmittelbar nach dem Erscheinen auch ins Deutsche übertragen.[88] Sowohl Friedrich Justus Riedels *Theorie der schönen Künste und Wissenschaften* (1767) als auch Johann Georg Sulzers *Allgemeine Theorie der schönen Künste* (1771–1774) entstanden unter dem Einfluß der Homeschen *Elements*, und auch Kant hat sich mit Home mehrfach auseinandergesetzt.[89]

II. Die Institutionalisierung der Ästhetik

Hermann Lotze schrieb 1868: »Es ist niemals ein bedeutungsloses Ereigniß in der Geschichte der Wissenschaft, wenn Fragen, welche einzeln längst die Aufmerksamkeit beschäftigt hatten, zum ersten Mal unter gemeinsamem Namen vereinigt und als bestimmtes Glied in den Zusammenhang menschlicher Untersuchungen eingereiht werden.« Das ›Ereigniß‹ der Ästhetik bestehe darin, daß »das noch dunkle Gebiet unverlierbar in den Gesichtskreis der Wissenschaft gerückt«[90] sei. Die Ausbildung der Ästhetik als wissenschaftliche Disziplin ist Teil eines kulturellen Wandels in der Mitte des 18. Jh., »a reorganization of the culture, a transformation of its patterns of sign production and use«[91]. Als Versuch, die menschliche Natur einschließlich ihrer bekannten oder neuentdeckten dunklen Seiten in ein rationales Verstehensmuster zu bringen, stellt die Ästhetik einen Gegendiskurs zum neuzeitlichen Rationalismus und eine Vermehrung anthropologischen Wissens dar. So beschreibt Herder die Rolle des Ästhetikers Baumgarten als die des Spezialisten für die menschlichen Gefühle, Affekte und Empfindungen.[92]

Die theoretischen Anstrengungen der europäischen Aufklärung im Hinblick auf Geschmack, Genie, Einbildungskraft/Imagination, die Konzeptualisierungen des ›criticism of taste‹, des Erhabenen sowie die fortgesetzte Reflexion der alten Formel des ›je ne sais quoi‹[93] bilden das Hinterland der Ästhetik-Gründung, sind jedoch noch nicht diese selbst. Die Gründung der Ästhetik stellt eine »Sonderentwicklung der deutschen Aufklärung«[94] dar, deren Ursprung in der Entwicklung der Erkenntnistheorie und in der Schule von Leibniz und Wolff zu suchen ist.

---

86 HOME, Bd. 1, 11.
87 Ebd., V.
88 Vgl. HEINRICH HOME, Grundsätze der Kritik, übers. v. J. N. Meinhard (Leipzig 1763).
89 Vgl. WILHELM NEUMANN, Die Bedeutung Home's für die Aesthetik und sein Einfluss auf die deutschen Aesthetiker (Diss. Halle 1894).
90 HERMANN LOTZE, Geschichte der Aesthetik in Deutschland (München 1868), 3.
91 DAVID E. WELLBERY, Lessing's ›Laocoon‹: Semiotics and Aesthetics in the Age of Reason (Cambridge u. a. 1984), 6.
92 Vgl. JOHANN GOTTFRIED HERDER, Von Baumgartens Denkart in seinen Schriften (1767), in: HERDER, Bd. 32 (1899), 186.
93 Vgl. ERICH KÖHLER, ›Je ne sais quoi‹. Ein Kapitel aus der Begriffsgeschichte des Unbegreiflichen, in: Romanistisches Jahrbuch 6 (1953/54), 21–59.
94 MANFRED FRANK/VÉRONIQUE ZANETTI, Kommentar, in: I. Kant, Schriften zur Ästhetik und Naturphilosophie, hg. v. Frank/Zanetti (Frankfurt a. M. 1996), 921.

1. Der Weg zu Baumgartens ›Aesthetica‹

Der im 17. Jh. ausgebildete neuzeitliche Erkenntnis- und Wissenschaftsbegriff, wie er am nachhaltigsten von Descartes vertreten wurde, hob sich von allen ästhetisch werthaften Phänomenen strikt ab, indem er der sinnlichen Wahrnehmung mit äußerstem Mißtrauen begegnete und allein auf das denkende Ich setzte.[95] Dies bedeutete zwar den strikten Bruch mit der scholastischen Denktradition, indem die Frage, wie der Mensch zu Erkenntnissen und zu sicherem Wissen gelangt, in den Mittelpunkt rückte. Die Kehrseite dieses Rationalismus aber war, daß die sinnliche Erkenntnis entschieden abgewertet wurde. Aus der Unterscheidung von denkender und ausgedehnter Substanz (res cogitans und res extensa)[96] entstand eine Zwei-Substanzen-Lehre, in der sich Verstand und Sinnlichkeit, rationale und sinnlich-emotionale Seite des Menschen als zwei verschiedene Welten gegenüberstanden. Man kann deshalb mit gutem Recht vom »anaisthetischen Charakter des Cartesianismus«[97] sprechen. Während mit den Verstandesurteilen etwas »klar und deutlich« (clare & distincte) erkannt wird, ist das »sinnliche Wahrnehmen in vielen Fällen recht dunkel und verworren« (sensuum comprehensio in multis valde obscura est & confusa)[98].

Der cartesianische Logozentrismus hatte nun aber auch zur Folge, daß Schönheit und sinnliche Wahrnehmung des Schönen aus der traditionellen ontologischen Verankerung herausfielen. Erst als sich Wissenschaft und Erkenntnis radikal über den Verstand definierten, entstand überhaupt das Bedürfnis nach einer eigenen Wissenschaft, die sich mit sinnlichen Wahrnehmungsproblemen befaßt. Während in England und Schottland die sensualistische Erkenntnislehre, mit Locke beginnend, Probleme der sinnlichen Wahrnehmung auf empirischer Grundlage systematisch ausarbeitete, bildete sich die Ästhetik in Deutschland über eine kritische Anknüpfung an den Cartesianismus heraus. Die Schlüsselfigur war Leibniz, der auf die Überwindung der cartesianischen Zwei-Substanzen-Theorie drängte.[99] Die Aufwertung der sinnlichen Erkenntnis erfolgte dadurch, daß nun nicht mehr ein kategorialer Unterschied zwischen Verstand und Sinnlichkeit, sondern ein stufenweiser Unterschied verschiedener Erkenntnis*formen* gesetzt wurde. Ernst Bloch hat diesen Leibnizschen Ansatz auf interessante Weise mit dessen mathematischen Erkenntnissen in Zusammenhang gebracht. Der epochemachende Fortschritt der Leibnizschen Psychologie über die Descartessche hinaus bestehe darin, daß, wie in der Infinitesimalrechnung, nach dem Prinzip der Kontinuität verfahren werde, »wonach sich alle Zustände der Welt, also auch die seelischen, stetig zunehmend aus den kleinsten, schwächsten, dunkelsten ohne Sprung entwickeln«[100]. Dies bedeute die »Unterkellerung des Verstands mit unbewußten Vorstellungen« und die Anerkennung der »Gewalt intuitiver Sinnlichkeit (›diffusa conceptio‹) in den Ursprüngen und organischen Tiefen des Lebens« (96). Leibniz habe damit zugleich auf völlig neue Weise die »Aristotelische Lehre von der leidenden Vernunft verwendet, diese erste Andeutung eines relativ Unbewußten unterhalb des vorhandenen Bewußtseins« (91).

Leibniz unterscheidet 1. ein dunkles und undeutliches Perzipieren, in dem sich keine Eindrücke differenzieren lassen, 2. eine Perzeption, die klar, aber undeutlich/verworren ist (cognitio clara et confusa). Klar ist diese Erkenntnis, weil sie es möglich macht, eine Sache wiederzuerkennen, sie ist aber ›konfus‹, weil es unmöglich ist, die Merkmale einzeln aufzuzählen, um die Sache von anderen zu unterscheiden. Es gibt 3. die wissenschaftliche Perzeption, die klares und deutliches (clara et distincta) Wissen liefert. Ästhetische Wahrnehmung und Erfahrung ist auf Stufe 2 zu su-

---

95 Vgl. RENÉ DESCARTES, Meditationes de Prima Philosophia (1641), in: DESCARTES, Bd. 7 (1904), 24.
96 Vgl. ebd., 27, 78 f.
97 BRIGITTE SCHEER, Einführung in die philosophische Ästhetik (Darmstadt 1997), 44.
98 DESCARTES (s. Anm. 95), 80; dt.: Meditationen über die Grundlagen der Philosophie, hg. u. übers. v. A. Buchenau (Leipzig 1915), 68.
99 Vgl. GOTTFRIED WILHELM LEIBNIZ, [ohne Titel] (1702), in: Leibniz. Die philosophischen Schriften, hg. v. C. J. Gerhardt, Bd. 4 (Berlin 1880), 393–400; dt.: Gegen Descartes, in: Leibniz, Hauptschriften zur Grundlegung der Philosophie, hg. v. E. Cassirer, übers. v. A. Buchenau, Bd. 1 (Leipzig 1904), 329–334.
100 ERNST BLOCH, Aus der Begriffsgeschichte des (doppelsinnig) ›Unbewußten‹, in: BLOCH, Bd. 10 (1969), 91.

chen, also der klaren, aber ›verworrenen‹, ›konfusen‹ Erkenntnis: »ita colores, odores, sapores aliaque peculiaria sensuum objecta satis clare quidem agnoscimus et a se invicem discernimus, sed simplici sensuum testimonio, non vero notis enuntiabilibus; ideo nec caeco explicare possumus, quid sit rubrum, nec aliis declarare talia possumus, nisi eos in rem praesentem ducendo, atque ut idem videant, olfaciant aut gustent efficiendo« (So vermögen wir Farben, Gerüche, Geschmäcke und andere besondere Sinnesobjekte zwar mit hinlänglicher Klarheit zu erkennen und voneinander zu unterscheiden, doch geschieht dies auf das einfache Zeugnis der Sinne hin, nicht aber durch angebbare Merkmale. Darum können wir auch einem Blinden nicht erklären, was ›rot‹ ist, und auch andere derartige Inhalte nur dadurch bezeichnen, daß wir sie zu der Sache selbst hinführen, sie den Gegenstand selbst wirklich sehen, riechen oder schmekken lassen)[101].

Der Schritt, den Baumgarten nun seinerseits über Leibniz hinaus ging, wird durch die Aufwertung des Begriffes der cognitio sensitiva deutlich, die einen systematisch eigenen Platz gegenüber der logischen Erkenntnis zugesprochen bekam. Die rationalistische Metaphysik mit ihren logisch-ontologischen Prinzipien in Christian Wolffs *Deutscher Metaphysik* (1720), die bis zu Baumgarten verbindlich war und dem traditionellen Kunstbegriff (τέχνη [technē], ars) verpflichtet blieb, lieferte den Rahmen für die Würdigung des ›unteren Erkenntnisvermögens‹. Die cognitio sensitiva funktioniert analog zu den oberen begrifflichen Erkenntnisvermögen (›analogon rationis‹). Im Zentrum stand der Begriff der rationalistisch interpretierten Vollkommenheit, der seinerseits vom Ordnungsbegriff abgeleitet wurde.[102]

War die sinnliche Erkenntnis soweit in ihrer Eigenständigkeit begriffen und als eine ›andere‹ Logik anerkannt, lag die Forderung nach einer eigenständigen disziplinären Behandlung der Formen und Arten der cognitio sensitiva nahe. Nach Baumgartens eigenem Urteil war der Wolffianer Georg Bernhard Bilfinger der erste, der der Sache nach eine Ästhetik als eigenständige Wissenschaft gefordert habe, und zwar bereits 1725.[103] In seinem Lehrbuch der Wolffschen Metaphysik hatte Bilfin-

ger einen neuen Aristoteles für das Gebiet des ›Fühlens‹ herbeigewünscht.[104] Von Descartes' Spätwerk *Les Passions de l'Ame* (1649) gingen für die Herausbildung der Ästhetik Impulse aus, die den anästhetischen Charakter seiner Erkenntnistheorie relativierten. In diesem Werk brach Descartes mit der Aristotelischen Seelenlehre der Entelechie, indem er einräumte, daß sich das denkende Subjekt nicht nur durch Akte des Zweifelns, sondern auch im Modus des Fühlens sowie über Vorstellungen und Imaginationen konstituiert. Dieser Ansatz wurde in Christian Wolffs *Psychologia empirica* (1732) aufgenommen und ist über Wolff und Bilfinger dann auch Baumgarten vermittelt worden.[105]

Baumgarten selbst spricht zum ersten Mal in seiner Dissertation von 1735 von einer ›Ästhetik‹. Am Ende dieser Schrift gibt er eine kurze Skizze der auszuarbeitenden Wissenschaft. Der Begriff wird durch die Unterscheidung von αἰσθητά (aisthēta) und νοητά (noēta) definiert: »Schon die griechischen Philosophen und die Kirchenväter haben immer sorgfältig unterschieden zwischen den αἰσθητά und den νοητά. Und ganz offensichtlich ist, daß sie die αἰσθητά nicht allein mit den Sinneswahrnehmungen gleichsetzen, da auch die in Abwesenheit sinnlich Erkannte, nämlich die Einbildung, mit diesem Namen beehrt wird. Es seien

---

101 LEIBNIZ, Meditationes de Cognitione, Veritate et Ideis (1684), in: Leibniz, Die philosophischen Schriften, Bd. 4 (s. Anm. 99), 422; dt.: Betrachtungen über die Erkenntnis, die Wahrheit und die Ideen, in: Leibniz, Hauptschriften (s. Anm. 99), 23.
102 Vgl. CHRISTIAN WOLFF, Vernünfftige Gedancken von Gott, der Welt und der Seele des Menschen, auch allen Dingen überhaupt (1720; Halle ¹¹1741), 449.
103 Vgl. ALEXANDER GOTTLIEB BAUMGARTEN, Kollegium über die Ästhetik [Kollegnachschrift] (1749), in: BERNHARD POPPE, Alexander Gottlieb Baumgarten [...]. Nebst Veröffentlichung einer bisher unbekannten Handschrift der Ästhetik Baumgartens (Borna/Leipzig 1907), 70.
104 Vgl. GEORG BERNHARD BILFINGER, Dilucidationes philosophicae de Deo, anima humana, mundo, et generalibus rerum affectionibus (Tübingen 1725), 255.
105 Vgl. FRIEDHELM SOLMS, Disciplina aesthetica. Zur Frühgeschichte der ästhetischen Theorie bei Baumgarten und Herder (Stuttgart 1990), 97.

also die νοητά – das, was durch das höhere Vermögen erkannt werden kann – Gegenstand der Logik, die αἰσθητά dagegen seien Gegenstand der ἐπιστήμη αἰσθητικῆ (= der ästhetischen Wissenschaft) oder der *Ästhetik*.« (Graeci iam philosophi et patres inter αἰσθητά et νοητά sedulo semper distinxerunt, satisque apparet αἰσθητά iis non solis aequipollere sensualibus, quum absentia etiam sensa [ergo phantasmata] hoc nomine honorentur. Sint ergo νοητά cognoscenda facultate superiore obiectum Logices; αἰσθητά, ἐπιστήμης αἰσθητικῆς sive *Aestheticae*.)[106] Die Schrift hatte eine relativ breite Wirkung. In einer Rezension aus Greifswald wurde angemerkt, daß Baumgarten die Dichtkunst mit der Philosophie verbunden habe. »*Die philosophische Dichtkunst* ist die Wissenschaft von den Regeln, nach welchen ein Gedicht, oder eine vollkommene sinnliche Rede einzurichten ist.«[107] Verwunderung zeigt der Rezensent aber über den neu eingeführten Namen ›Ästhetik‹ für die von der philosophischen Dichtkunst vorausgesetzte Wissenschaft: Diejenige Wissenschaft, »welche unsere Fürstellungskraft in Ordnung hält« (600), nenne Baumgarten »die ästhetische«. »Dieses ist die erste neue Wissenschaft, deren Erfindung uns von dem Herrn *Verfasser* anbefohlen wird.« (601)

Auch in seiner *Metaphysica* von 1739 kam Baumgarten mehrfach auf ›Ästhetik‹ als eine neue, noch auszuarbeitende Wissenschaft zu sprechen. Er definierte: »Scientia sensitiue cognoscendi et proponendi est *Aesthetica*, meditationis et orationis sensitiue vel minorem intendens perfectionem, *Rhetorica*, vel maiorem *Poetica vniuersalis*.«[108] (Die Wissenschaft der sinnlichen Erkenntnis und Darstellung ist die *Ästhetik*, und zwar, wenn es um die geringere Vollendung der sinnlichen Vorübung und Redekunst geht, die *Rhetorik*, oder, wenn es um höhere Vollendung geht, die *Allgemeine Poetik*.) Er verstand die Ästhetik mithin als Wissenschaft der sinnlichen Erkenntnis und ganz in der Tradition der Poetik und Rhetorik, in der Tradition des antiken Kunstbegriffes einer Einheit von Einsicht und Anwendung: technē und ars als Darstellung dieser sinnlichen Erkenntnis. Weiterhin bildete Baumgarten vom selben Stamm des griechischen aisthēsis den Begriff der Aestheteria, der Sinnesorgane: »Partes corporis, quorum conuenienti motui sensatio externa sunt *Aestheteria* (organa sensuum). Per ea habeo facultatem sentiendi 1) quoduis corpus contingens meum, *Tactum* 2) lucem, *Visum* 3) sonum, *Auditum* 4) effluuia corporum in nasum adscendentia, *Olfactum* 5) resoluta per internas oris partes salia, *Gustum*.« (Diejenigen Teile des Körpers, mit deren passender Bewegung zusammen die äußere Empfindung auftritt, sind die Sinnesorgane. Durch sie habe ich die Fähigkeit zu empfinden, und zwar 1) jeden Körper, den der meinigen berührt: diese Fähigkeit nennen wir Tastsinn, 2) das Licht: also den Gesichtssinn, 3) den Schall: also das Gehör, 4) die Ausdünstungen der Körper, die in die Nase steigen: also den Geruchsinn, 5) die Salze, die durch die innern Teile des Mundes aufgelöst werden: also den Geschmacksinn.)[109] So erschien 1739 die neue Wissenschaft, die noch gar nicht ausgearbeitet war, auch schon untergliedert, indem verschiedene Bezirke der Ästhetik benannt wurden: u. a. die »ars mnemonica« als »pars aestheticae« (141) (Gedächtniskunst als Teil der Ästhetik) oder die »Pathologia aesthetica«, die im Verein mit der psychologischen und praktischen Pathologie die Affekte zum Gegenstand hat und die Grundsätze der Erweckung, Bändigung und Bezeichnung der Affekte umfaßt (»eorum excitandorum, compescendorum, significandorumque regulas continens« [178]). In den späteren, nach Erscheinen der *Aesthetica* gedruckten Auflagen der *Metaphysica* wurde die Ästhetik weiter untergliedert, u. a. in »Aesthetica [...] empirica«, »Aesthetica mythica« und »Aesthetica characteristica«[110]. Die *Metaphysica*, weitverbreitetes Lehrbuch an deutschen Universitäten (die 4. Auflage von 1757 diente Kant als

---

106 BAUMGARTEN, Meditationes philosophicae de nonnullis ad poema pertinentibus (1735), lat.-dt., hg. u. übers. v. H. Paetzold (Hamburg 1983), 85–87/84–86.
107 [ANONYMUS], [Rez.] M. Alexandri Gottliebii Baumgarten Meditationes philosophicae de nonnullis ad poema pertinentibus (Halle 1735), in: [Anonymus], Critischer Versuch zur Aufnahme der Deutschen Sprache, 6. Stück (Greifswald 1742), 599.
108 BAUMGARTEN, Metaphysica (Halle 1739), 124.
109 Ebd., 125; dt. in: BAUMGARTEN, Texte zur Grundlegung der Ästhetik, lat.-dt., hg. u. übers. v. H. R. Schweizer (Hamburg 1983), 17–19.
110 BAUMGARTEN, Metaphysica (Halle ⁷1779), 192, 213, 227.

Grundlage für seine Metaphysik-Vorlesungen), konnte an den Gebrauch des Begriffs ›Ästhetik‹ gewöhnen.

1741 veröffentlichte Baumgarten unter dem Pseudonym Aletheophilus eine Art moralische Wochenschrift in deutscher Sprache zur Verbreitung der Wolffschen Philosophie. Im 2. Schreiben betrieb er Eigenwerbung, indem er neuerlich eine Lanze für die Erweiterung der Logik und den Ästhetikbegriff brach, u. a. mit der Behauptung, daß dieser Begriff »schon in einigen gedrukten akademischen Schrifften«[111] aufgetaucht sei. Das betraf aber nur ihn selbst, nämlich die *Meditationes* und die *Metaphysica*. Baumgarten spricht vom »Schatten-Riß« einer »philosophischen Encyclopädie«, die Johann Heinrich Alsteds *Encyclopaedia* (1630) verbessern und ergänzen müßte, und unterschied in diesem Rahmen wiederum die Logik (»die Wissenschaft der Verbeßerung des Erkenntnißes«), die »zur deutlichen Einsicht in die Warheiten« (6) führt, von der besonderen, neuen Wissenschaft der Ästhetik, deren Gegenstand die »Gesetze der sinnlichen und lebhafften Erkenntnis« sind. Die Wissenschaft von der Verbesserung der bloß sinnlichen Erfahrung nannte er die »Aesthetische Empirik« (7). In einem 36. Schreiben, das nur in einer bisher nicht nachzuweisenden Hallenser Druckfassung zu finden ist, erläutert Baumgarten, warum er diese Wissenschaft »Aesthetik« nennen will, wonach die Adressaten des Schreibens wohl gefragt hatten: »Ein jeder, der der griechischen Sprache auch nur mäßig kundig ist, siehet leicht, daß sie von den Namen von dem bekannten Worte der Griechen entliehen, welches sowohl das, so durch die Sinnen und überhaupt sinnlich erkannt wird, als auch den, der dergleichen Erkenntnis hat, zu bezeichnen pflegte. Wie also die Wissenschaft von dem Erkenntnis des Verstandes und der Vernunft von dieser letztern schon vor vielen tausend Jahren die Logik genannt worden, so wird wohl die Wissenschaft von dem sinnlichen Erkenntnis nicht gänzlich unbequem Aesthetik benamt werden können.«[112]

Die Pläne zu einer wissenschaftlichen Ästhetik werden ab 1737 in die akademische Lehre umgesetzt. Vermutlich in diesem Jahr hielt Baumgarten an der Universität Halle die erste Vorlesung über Ästhetik.[113] Als er 1740 als ordentlicher Professor der Philosophie an die Viadrina nach Frankfurt/Oder berufen wurde, kündigte er in seiner Antrittsvorlesung an, er werde die »Historie der Philosophie, eine Einleitung in ihre Theile, und allgemeine Gesetze der Aesthetik, Rhetorik, Poetik, und Hermenevtik«[114] lesen. Diese Vorlesung hat Baumgarten 1742 zum ersten Mal und 1749 zum zweiten Mal[115] gehalten. 1745 empfing sein in Halle verbliebener Schüler Georg Friedrich Meier das Kollegheft von Baumgarten (es muß sich demnach um die Vorlesung von 1742 handeln) und hielt auf dieser Grundlage seinerseits 1745/46 zum ersten Mal an der Hallenser Universität eine Vorlesung über Ästhetik. Von 1748 bis 1750 veröffentlichte seine *Anfangsgründe aller schönen Wissenschaften* – die erste breit angelegte Darstellung der neuen Wissenschaft, die zur Etablierung des Disziplinennamens ›Ästhetik‹ entscheidend beigetragen hat. Auf Drängen Meiers veröffentlichte Baumgarten schließlich seine *Aesthetica*, und zwar in lateinischer Sprache, den 1. Teil 1750, den 2., ebenfalls bereits 1750 entstandenen Teil 1758. Baumgarten erkrankte 1751 und hat sich bis zu seinem Tode 1762 nicht mehr mit Ästhetik befaßt.

2. Ästhetik als Lebenskunst: Der felix aestheticus bei Baumgarten

Die systematische Intervention, die Baumgartens Entwurf der Ästhetik in der Epistemologie der

---

111 [ALETHEOPHILUS, d. i.] BAUMGARTEN, Philosophische Brieffe (Frankfurt a. d. O./Leipzig 1741), 7.
112 [ALETHEOPHILUS, d. i.] BAUMGARTEN, Philosophische Brieffe, 109 f., zit. nach der maschinenschriftlichen Abschrift: 27. Stück, 36. Schreiben. Von der Aesthetik nach Hamburg [Werner-Krauss-Archiv, Forschungszentrum Europäische Aufklärung, Potsdam], 1.
113 Vgl. CARL GÜNTHER LUDOVICI, Neueste Merckwürdigkeiten der Leibnitz-Wolffischen Weltweisheit (Frankfurt a. d. O./Leipzig 1738), 360.
114 BAUMGARTEN, Gedancken vom vernünfftigen Beyfall auf Academien (1740; Halle ²1741), 36.
115 Vgl. ERNST BERGMANN, Die Begründung der deutschen Ästhetik durch Alex. Gottlieb Baumgarten und Georg Friedrich Meier (Leipzig 1911), 20, 23; vgl. LOUIS DE BEAUSOBRE an Jean-Henri-Samuel Formey (26. 8. 1749) [unveröff. Brief im Nachlaß Formey der Deutschen Staatsbibliothek Preußischer Kulturbesitz, Berlin].

deutschen Aufklärung Mitte des 18. Jh. bedeutete, läßt sich am deutlichsten im Zusammenhang von Rhetorik/Poetik und Anthropologie fassen. Es ist die Figur des in die Tradition der ›Verhaltenskunst‹ des 16. und 17. Jh.[116] gehörenden felix aestheticus, der im Kreuzungspunkt von (alter) Rhetorik/Poetik und (neuer) Ästhetik spezielle Aufmerksamkeit verdient, weil Baumgarten in diese Figur eine Synthese von Kultur der Vernunft und Kultur der Sinne projiziert. Darüber geben die ›Prolegomena‹ der *Aesthetica* Auskunft, in denen die leitende Definition geboten wird: »Die Ästhetik [...] ist die Wissenschaft der sinnlichen Erkenntnis« (Aesthetica [...] est scientia cognitionis sensitiuae). In Klammern fügt Baumgarten andere Bezeichnungen ein: »Theorie der freien Künste« (theoria liberalium artium), »untere Erkenntnislehre« (gnoseologia inferior), »Kunst des schönen Denkens« (ars pulcre cogitandi) und »Kunst des der Vernunft analogen Denkens« (ars analogi rationis)[117]. Die deutsche Vorlesungsnachschrift fügt hinzu: »Metaphysik des Schönen« oder mit Dominique Bouhours »la logique sans épines«[118].

Ein Teil der Mißverständnisse, die in der Lektüre der Baumgartenschen Ästhetik auftreten, beruht auf der Annahme, es gehe hier um Begriffsäquivalenzen. Der Baumgartensche Ästhetikbegriff erscheint damit als hybride oder widersprüchlich. Er läßt sich jedoch wohl adäquater erfassen, wenn man seine Strukturierung beachtet, die sich aus dem Gesamtzusammenhang der *Aesthetica* erschließt. Dann fallen aus den scheinbar parataktisch-synonymen Bestimmungen zunächst ›Theorie der freien Künste‹ und ›untere Erkenntnislehre‹ heraus. Diese Bezeichnungen, die später kaum noch auftauchen, gibt Baumgarten wohl nur, um seinen Zuhörern die neue Wissenschaft durch Assoziationen zu Vertrautem näherzubringen. Die Bezeichnung ars analogi rationis dagegen zeigt Baumgarten in der Tradition der Leibniz-Wolffschen Schule, was aber sofort auch relativiert wird, wenn in der deutschen Kollegnachschrift die sinnliche Erkenntnis nicht als analogon rationis aufgefaßt wird, sondern sogar als *Verbesserung* der Logik. Die Ästhetik sei aus folgendem Grunde als Wissenschaft notwendig: »Wir wissen jetzt, daß die sinnliche Erkenntnis der Grund der deutlichen ist; soll also der ganze Verstand gebessert werden, so muß die Ästhetik der Logik zu Hilfe kommen.«[119] Es bleiben also die Kernbestimmungen: Die Ästhetik ist die Wissenschaft der sinnlichen Erkenntnis und die Kunst, schön zu denken (ars pulcre cogitandi). Zusammen ergeben beide Bestimmungen die Einheit von Erkenntnis, Ausdruck und Darstellung. Auch die ständige Präsenz der rhetorischen Sprache verweist darauf, daß für Baumgarten diese Einheit im Zentrum steht.[120]

Vor diesem Hintergrund erhält das Leitbild des felix aestheticus im Abschnitt über die ›natürliche Ästhetik‹ (aesthetica naturalis) seine Konturen. Es ist der mit guten natürlichen Anlagen, mit Wahrnehmungs- und Empfindungsfähigkeit, mit Talenten ausgestattete Mensch, der in Rezeption und Produktion seine Sinnlichkeit und Wahrnehmungsfähigkeit im Sinne kultivierter Gesellschaftlichkeit und Kommunikation übt und zum schönen Geist (ingenium venustum) weiter ausbildet.[121] Dabei ist die sinnliche Wahrnehmung und der davon abgeleitete sensitive Erkenntnisbegriff so weit gefaßt, daß das Ästhetische in keiner Weise isoliert erscheint. Alle ästhetischen Möglichkeiten sind als Erkenntnis in gleichem Maße ernst zu nehmen, auch der Traum und die flüchtige Impression, derer wir uns kaum bewußt werden. Und nicht erst in der Kunst beginnt die ästhetische Aktivität. Jeder Akt des Sehens und Hörens vermittelt Erkenntnis und hat einen bestimmten Ausdrucksgehalt. »Daher ist der ›felix aestheticus‹, der im ganzen Werk ständig belehrt und angeregt wird, Mensch überhaupt.«[122]

Neben dem Begriff der ›aesthetica naturalis‹ verwendete Baumgarten den komplementären Begriff der ›aesthetica artificialis‹.[123] Die deutsche Überset-

---

116 Vgl. URSULA GLEITNER, Die Sprache der Verstellung. Studien zum rhetorischen und anthropologischen Wissen im 17. und 18. Jahrhundert (Tübingen 1992), 51 f.
117 BAUMGARTEN, Aesthetica, Bd. 1 (Frankfurt a. d. O. 1750), 1; dt. in: BAUMGARTEN (DT), 2.
118 BAUMGARTEN (s. Anm. 103), 66.
119 Ebd.
120 Vgl. HANS RUDOLF SCHWEIZER, Ästhetik als Philosophie der sinnlichen Erkenntnis (Basel/Stuttgart 1973), 73 f.
121 Vgl. BAUMGARTEN (s. Anm. 117), 11–19; dt. 17–29.
122 SCHWEIZER (s. Anm. 120), 95.
123 Vgl. BAUMGARTEN (s. Anm. 117), 1.

zung ›Kunstlehre‹ darf allerdings nicht davon abstrahieren, daß Baumgartens Kunstbegriff noch ganz den traditionellen Bedeutungen von ars und technē verbunden ist und mit dem modernen, ›ästhetischen‹ Begriff ›*die* Kunst‹ noch wenig zu tun hat.[124] Die breiten Ausführungen Baumgartens, die sich der traditionellen rhetorischen Sprache bedienen, sind ›Kunstlehre‹ in diesem überkommenen Sinn. In den ›Prolegomena‹, in denen Baumgarten auch die Einwände gegen die neue Wissenschaft prüfte, stellte er sich dem Vorwurf, Ästhetiker könne man nicht werden, sondern dazu werde man wie die Dichter geboren, und vertrat vehement die Lern- und Lehrbarkeit der Ästhetik.[125] Und auf den Vorwurf, die Ästhetik sei eine Kunst (ars) und keine Wissenschaft (scientia), antwortete er, Kunst und Wissenschaft seien »nicht entgegengesetzte Fertigkeiten« (oppositi habitus)[126]. So ist auch der felix aestheticus noch mehr homo faber als homo ludens. Gerade wenn man Baumgarten nicht zu modern nimmt, ihn nicht aus der Tradition der Rhetorik herauslöst und seinen noch vormodernen Kunstbegriff nicht eskamotiert, zeigt sich sein moderner Ansatz um so prägnanter. Indem Baumgarten die sinnlichen Apperzeptionsmodi als wesentliche Voraussetzung eines ausgeglichenen, auf der Höhe der Zeit stehenden Menschenbildes ansieht, bleibt er nicht mehr im Rahmen der Rhetorik oder im Schema der ›Theorie der schönen Wissenschaften‹, sondern überschreitet die Schwelle zu einer neuen Wissenschaft vom Menschen, deren Namen und Gegenstände er auf den vollen Bedeutungsumfang der griechischen aisthēsis gründet.

Auch der Schönheitsbegriff, der, wie der Begriff der Kunst, nicht im Mittelpunkt seiner Ästhetik steht, läßt sich funktional auf den felix aestheticus beziehen: Die Kunst des schönen Denkens (ars pulcre cogitandi) aus der Kernbestimmung der Ästhetik in § 1 ist unter der Voraussetzung, daß es sich nicht um den modernen ›ästhetischen‹ Kunstbegriff handelt, als Fertigkeit zu verstehen, zu der man zwar natürliche Anlagen mitbringen muß, die aber in Richtung auf ihre Vervollkommnung ausbildbar ist. So auch läßt sich der dunkle § 14 der *Aesthetica* lesen: »Das Ziel der Ästhetik ist die Vollkommenheit (Vervollkommnung) der sinnlichen Erkenntnis als solcher. Damit aber ist die Schönheit gemeint.« (Aesthetices finis est perfectio cognitionis sensitiuae, qua talis […]. Haec autem est pulcritudo.)[127] Schönheit ist Zielvorstellung und Bildungsideal für den mit guten sinnlichen und verstandesmäßigen Anlagen ausgestatteten, gut ausgebildeten felix aestheticus. Die Ästhetik stellt die Instrumentalwissenschaft dafür dar.

Diese Funktionalisierung für den felix aestheticus impliziert, daß die Ästhetik als lehr- und lernbares Vermögen die diätetische Führung und Lenkung der sinnlichen Wahrnehmung und Erkenntnis übernimmt. So bestimmt Johann August Eberhard, ganz in der Tradition Baumgartens und nahezu zeitgleich mit Kants diametral entgegengesetzter angelegter *Kritik der Urteilskraft*, den »Nutzen der Aesthetik« folgendermaßen: »Da 1. die Aesthetik die Grundsätze zur Verbesserung der untern Erkenntnißvermögen enthält: so ist sie zur Bildung des Geistes nützlich; und weil 2. die Erkenntnißvermögen auf den Willen einfliessen, zur Verbesserung des Willens und zur Beförderung der Tugend. Diese letztere Nützlichkeit giebt ihr auch 3. die Bildung des Genies und Geschmackes, wodurch das Begehrungsvermögen empfindlicher, feiner und richtiger für das sittliche Schöne wird, 4. die Besänftigung der Leidenschaften, und 5. die Vermehrung unserer edlern Vergnügen, wozu sie beiträgt. Um dieser Ursach willen ist sie auch der Psychologie, Sittenlehre und Religion nützlich.«[128]

3. ›Ästhetik‹ und die ›Theorien der schönen Wissenschaften und Künste‹

Trotz Baumgartens *Aesthetica* steht der Disziplinenname noch lange in Konkurrenz zu dem einer Theorie/Philosophie der schönen Künste und Wissenschaften. Meier nannte seine Fortschreibung der Baumgartenschen Ästhetik *Anfangsgründe aller schönen Wissenschaften*. Der Göttinger Philoso-

---

124 Vgl. HORST-MICHAEL SCHMIDT, Sinnlichkeit und Verstand. Zur philosophischen Begründung von Erfahrung und Urteil in der deutschen Aufklärung (München 1982), 181.
125 Vgl. BAUMGARTEN (s. Anm. 117), 4f.
126 Ebd., 4; dt. 7.
127 Ebd., 6; dt. 11.
128 JOHANN AUGUST EBERHARD, Theorie der schönen Wissenschaften (Halle 1783), 33f.

phie-Ordinarius Christoph Meiners definierte noch 1787: »Ich verstehe unter *Aesthetik*, eine Theorie der schönen Wissenschafften, nämlich der Dicht-Kunst, und der Wohlredenheit, mit einer kurzen kritischen Geschichte dieser Wissenschafften verbunden.«[129]

Die hybride, weitverbreitete Zusammenfassung ›schöne Wissenschaften und Künste‹[130] hat für die Begriffsentwicklung des Ästhetischen hohen symptomatischen Wert. Sie steht bis ins 19. Jh. hinein in Konkurrenz zu ›Ästhetik‹ bzw. subordiniert sie sich, so wenn Johann Joachim Eschenburgs *Entwurf einer Theorie und Literatur der schönen Wissenschaften* (1783) aus drei Teilen (Ästhetik, Poetik, Rhetorik) besteht und die Ästhetik als der allgemeine, theoretische Teil Poetik und Rhetorik vorangestellt wird.

In der Konkurrenz des Begriffs ›schöne Wissenschaften und Künste‹ zum Begriff ›Ästhetik‹ kommt zum einen die zählebige Tradition der Spitzenstellung der ›redenden Künste‹ (Poesie und Beredsamkeit) auch im neuen System der schönen Künste zum Ausdruck. Sie zeigt sich u. a. darin, daß die Poesie auch noch in den avanciertesten Ästhetiken des 18. und 19. Jh., so bei Kant (vgl. die ›ästhetische Idee‹ in der *Kritik der Urteilskraft*) und bei Hegel, im Zentrum ästhetischer Theoriebildung steht. Zum anderen wirkt in dieser Zusammenfassung der ›schönen Künste und Wissenschaften‹ auch die noch ungebrochene Mächtigkeit der Verallgemeinerung ›beaux arts‹, die ja eine Zwischenstufe zwischen ›den schönen Künsten‹ und der ästhetischen Verallgemeinerung ›die Kunst‹ mit dem Kriterium der Schönheit besetzte. Erst die Verallgemeinerung ›die schöne Kunst‹ aber forderte die ästhetische Reflexion im Sinne eines neuen epistemologischen Paradigmas heraus.

---

129 CHRISTOPH MEINERS, Grundriß der Theorie und Geschichte der schönen Wissenschafften (Lemgo 1787), 2.
130 Vgl. WERNER STRUBE, Die Geschichte des Begriffs ›Schöne Wissenschaften‹, in: Archiv für Begriffsgeschichte 23 (1990), 136–216.
131 Vgl. DIDEROT (ENCYCLOPÉDIE), Bd. I (1751), [Tafel nach S. LII].
132 MARTIN FONTIUS, Ein begriffsgeschichtlicher Rückblick, in: Fontius/W. Schneiders (Hg.), Die Philosophie und die Belles-Lettres (Berlin 1997), 172.

Hybrid ist die Zusammenfassung ›schöne Künste und Wissenschaften‹ auch deshalb, weil Poesie und Beredsamkeit einerseits zu den schönen Künsten gezählt werden, andererseits allein oder im Zirkel der Humaniora (studia humaniora) den Bezirk der ›schönen Wissenschaften‹ ausmachen. Diese Spannung bzw. Konkurrenz zwischen ›Ästhetik‹ und ›schönen Wissenschaften‹ hat ihre Vorgeschichte in den Klassifikationen der beaux arts und der belles lettres beispielsweise in der *Encyclopédie*. Auch dort zeigt sich die starke Tradition der Spitzenstellung der redenden Künste Poesie und Beredsamkeit. So rechneten die Enzyklopädisten Poesie (im späteren Sinn von Literatur) einmal dem Kernbereich der belles lettres zu, zum anderen auch den beaux arts. Im ›Système figuré connoissances humaines‹ der *Encyclopédie* ist denn auch die Poesie durch einen auffälligen senkrechten Strich von den anderen beaux arts (Musik, Malerei, Skulptur, Architektur, Graphik) getrennt, was ihre herausgehobene Stellung deutlich markiert.[131]

In Frankreich behält der Begriff belles lettres ohne die Konkurrenz von ›Ästhetik‹ noch lange Gültigkeit. Davon zeugen Charles Nodiers *Cours de belles lettres* von 1808/09, aber auch die Bezeichnung ihrer *Académie des Sciences, Belles-Lettres et Arts* (1802) und, ein Jh. später, der Name der Akademie von Toulouse: *Académie des Sciences, Inscriptions et Belles-Lettres* (1912). Selbst heute noch werden an den französischen Universitäten die Gebiete Literatur, Philosophie und Geschichte in der *Faculté des Lettres* zusammengefaßt. Man kann deshalb folgern: »die Resistenzkraft der ›Schönen Wissenschaften‹ in Frankreich ist nur ein anderer Ausdruck für den Sachverhalt, daß die Franzosen lange Zeit keine Neigung verspürten, sich des längst vorhandenen und auch bekannten Begriffs ›Ästhetik‹ zu bedienen«[132].

Eine andere Funktion hatte die Verteidigung des Paradigmas ›Schöne Wissenschaften‹ bei Herder. In seiner weit ausholenden Polemik gegen Kants *Kritik der Urteilskraft* führte er in der *Kalligone* den anthropologischen Ansatz des Baumgartenschen *felix aestheticus* weiter, indem er das Paradigma ›schöne Künste und Wissenschaften‹ verteidigte und mit dem Bildungsbegriff verband. »Da unsre Seelenkräfte nur durch lehrhafte Muster und

Uebungen cultivirt werden können: so sind der *Einbildungskraft* sowohl, als dem *Verstande*, ja der *Vernunft* selbst schöne, d. i. bildende Wissenschaften und Künste unentbehrlich.«[133] Dahinter stand, mit Blick auf die Ereignisse der Französischen Revolution, die anthropologisch orientierte Frage: »wie bildet und mißbildet sich eine menschliche Gesellschaft?«[134]

4. Ästhetische Pathologie

Eine interessante begriffliche Kombination im Umkreis der sich herausbildenden Begrifflichkeit von Ästhetik/ästhetisch leitet sich aus der bereits erwähnten Pathologia aesthetica ab, die sich in Baumgartens *Metaphysica* als Versuch der Untergliederung des ästhetischen Gesamtgebietes findet.[135] ›Pathologia‹, die traditionelle Bezeichnung für die Lehre von den starken Affekten in der medizinischen Pathologie und in der Rhetorik[136], bezeichnete dort in einer Reformulierung der rhetorischen Lehre vom Pathos die Wissenschaft von »Gemütsbewegungen, Beunruhigungen, Leidenschaften«: »(Stärkere) Strebungen und Abneigungen aus unklarer Erkenntnis sind Affekte (Leidenschaften, Gemütsbewegungen, Verwirrungen des Geistes), und die Wissenschaft von ihnen ist die *Pathologie*« (Appetitiones auersationesque [fortiores] ex confusa cognitione sunt *Affectus* [passiones, affectiones, perturbationes animi], eorumque scientia *Pathologia*[137]). Baumgarten unterschied dann zwischen Pathologia psychologica als Theorie der Gemütsbewegungen, Pathologia aesthetica, in der die Regeln beschrieben werden, nach denen Gemütsbewegungen in der Rede hervorgerufen, rhetorisch gelenkt und poetisch verwendet werden (»*Pathologia* [...] *aesthetica*, eorum excitandorum, compescendorum, significandorumque regulas continens, quo pertinet pathologia oratoria, rhetorica, poëtica« [258 f.]), und Pathologia practica, in der es um die Verpflichtungen des Menschen in Rücksicht auf die Affekte geht (»obligationes hominis respectu affectuum exhibens« [259]).

Meiers Ableitung der ›ästhetischen Pathologie‹ knüpft daran an: »Diejenigen schönen Gedanken, welche in einem höhern Grade rühren, sind *bewegende oder bewegliche Gedanken* (cogitatio movens) und wenn sie in dem Grade bewegen, daß dadurch Leidenschaften entstehen, so sind sie *pathetisch* (cogitatio pathetica). Die Aesthetik, oder der Theil derselben, welcher von dem Pathetischen der Erkenntnis handelt, heißt die *ästhetische Pathologie* (pathologia aesthetica).«[138] Bereits 1744 führte Meier den Baumgartenschen Ansatz einer ›ästhetischen Pathologie‹ aus[139] und gab dazu auch Vorlesungen an der Halleschen Universität. Diese ästhetisch motivierte Beschäftigung mit den Körper-Affekten veranlaßte wiederum den gleichfalls in Halle lehrenden Mediziner Johann Christian Bolten, der in die Tradition der philosophischen Ärzte[140] zu stellen ist, zu seinem Buch über ›psychologische Curen‹. Mit direktem Bezug auf Meier heißt es dort: »Die Aestetick, nach der Erklärung, welche *der berühmte Herr Prof. Meier in seinen Anfangsgründen aller schönen Wissenschaften*, davon gegeben, ist eine Wissenschaft von der sinnlichen Erkenntnis und der Bezeichnung derselben überhaupt. Etwas nach den untern Erkenntniskräften einsehen ist einerlei mit dem, etwas sinnlich erkennen. Die Aestetick wird uns also die Gesezze und Regeln der untern oder sinnlichen Erkenntniskräfte genauer und weitläuftiger anführen und erklären, als es in der Psychologie geschehen kan. Man mus also die Aestetick inne haben, um psychologische Curen verrichten zu lernen.«[141]

Am Ende des Jh. gab es von Heinrich Zschokke eine weitere Wortmeldung zur ›ästhetischen Pathologie‹, vielleicht nicht zufällig aus Frankfurt/Oder, wo er von 1789–1792 Theologie,

---

133 HERDER, Kalligone (1800), in: HERDER, Bd. 22 (1880), 311.
134 Ebd., 315.
135 Vgl. BAUMGARTEN (s. Anm. 108), 178.
136 Vgl. VALENTIN THILO, Pathologia oratoria [...] (1647; Magdeburg 1665), 15 ff.; JOHANN HEINRICH ALSTED, ›Pathologia‹, in: Alsted, Encyclopaedia, Bd. 7 (Herborn 1630), 2360–2371.
137 BAUMGARTEN (s. Anm. 110), 258.
138 MEIER, Bd. 1 (1754), 421.
139 Vgl. GEORG FRIEDRICH MEIER, Theoretische Lehre von den Gemüthsbewegungen überhaupt (Halle 1744).
140 Vgl. HANS-JÜRGEN SCHINGS, Melancholie und Aufklärung. Melancholiker und ihre Kritiker in Erfahrungsseelenkunde und Literatur des 18. Jahrhunderts (Stuttgart 1977), 11–40.
141 JOHANN CHRISTIAN BOLTEN, Gedanken von psychologischen Curen (Halle 1751), 59 f.

Philosophie und Geschichte studierte. Gegen Kants transzendentale Ästhetik gerichtet, wollte er Beiträge zu einer Ästhetik liefern, die sich wieder für die psychologische Seite oder für das Angenehme öffnet[142] – Bereiche also, die Kant ausgeschlossen hatte. Zschokke versuchte auch eine neue Ableitung des Namens der Disziplin. Er berief sich auf einen Hinweis aus Ernst Platners *Philosophischen Aphorismen* (1776/1782): »Was wir in der Sprache der modernen Philosophie Empfindung nennen, das heißt bei den Alten nicht αἴσθησις, sondern παθος, wie denn auch selbst *Cartes* und andre vor *Leibnitzen* das Wort Passio noch in dieser weitern Bedeutung nehmen. Αισθησις heißt auch eigentlich nicht einmal die sinnliche Vorstellung, sondern nur die körperliche Rührung der Organen.«[143] Demzufolge machte Zschokke aus der Ästhetik eine Theorie der Empfindungen, die er (pleonastisch) ›ästhetische Pathologie‹ nannte.[144]

Bemerkenswert sind diese Verbindungen von ›ästhetisch‹ und ›pathologisch‹, weil sie den rhetorischen Grundsatz der Erregung und Mäßigung der Affekte in die neue, anthropologisch motivierte Ästhetik der Baumgartenschen Provenienz mitnehmen und dabei auch die enge Verbindung von rhetorischer und medizinischer Pathologie[145] erhalten bleibt bzw. neu geknüpft wird. Hier kommt eine anthropologische Perspektive zur Geltung, die die englische und schottische Schule der Ästhetik mit ihren psycho-physiologischen Ansätzen – etwa in Burkes Analyse des Erhabenen –, aber auch die französische Ästhetik – beispielsweise in der bei Diderot zu beobachtenden Zirkulation zwischen ästhetischem und medizinischem Wissen – von Haus aus hatten, die aber im Zuge der Eingrenzung der Ästhetik auf eine Metaphysik des Schönen bzw. eine Philosophie der schönen Künste zurückgedrängt wurde oder ganz verlorenging. Dies beginnt bei Kant und seinem Begriff ›pathologisch‹ (d.h. auf Sinnlichkeit beruhend), der zum Gegenbegriff von ›moralisch‹ oder ›praktisch‹ wird: »Diejenige Lust (oder Unlust), die nothwendig *vor dem Gesetz* vorhergehen muß, damit die That geschehe, ist *pathologisch*; diejenige aber, *vor welcher*, damit diese geschehe, *das Gesetz* nothwendig vorhergehen muß, ist *moralisch*. Jene hat empirische Principien [...], diese ein reines Princip a priori zum Grunde«[146]. Darauf beruht auch Kants Unterscheidung zwischen dem »eigentlichen, selbständigen Schönen« und dem Angenehmen, »das lediglich in der Empfindung durch Reiz oder Rührung gefällt, um deswillen auch nur den Grund eines bloßen Privat-Wohlgefallens sein kann«. Das Reizende und das Rührende beziehen sich nur auf die »Materie der Sinnlichkeit«[147]. ›Empfindung‹ ist in diesem Zusammenhang für Kant eine rein empirische Sinneserfahrung und insofern ›pathologisch‹. Hier setzt der schleifende Doppelsinn des Begriffs ›pathologisch‹ im Rahmen der ästhetischen Diskussionen des deutschen Idealismus ein. So wird in der klassizistischen Kunstkritik ›pathologisch‹ dann zu einem Verdikt-Wort der Autonomie-Ästhetik, bei dessen Gebrauch die rhetorisch-anthropologische Seite des Begriffs völlig verblaßt ist. Über Caspar David Friedrichs Altarbild *Das Kreuz im Gebirge* (1808) urteilte Friedrich Wilhelm Basilius von Ramdohr 1809: »Es kann zweifelhaft seyn, ob der nachbildende Künstler losarbeiten solle auf *pathologische Rührung*, das heißt, auf die Erregung eines affektvollen Zustandes in dem Beschauer [...]. *Aesthetische Rührung* ist von der pathologischen ganz verschieden. Diese treibt nur ein Spiel mit unsern Affekten«[148].

Auch Friedrich Schiller griff die Kantsche Entgegensetzung zwischen ›pathologisch‹ und ›moralisch‹ auf und transformierte sie in seinem Begriff des Pa-

---

142 Vgl. HEINRICH ZSCHOKKE, Ideen zur psychologischen Aesthetik (Berlin/Frankfurt a. d. O. 1793), IX-XXIII.
143 Ebd., 229.
144 Vgl. ebd., 229-396.
145 Vgl. RÜDIGER CAMPE, Affekt und Ausdruck. Zur Umwandlung der literarischen Rede im 17. und 18. Jahrhundert (Tübingen 1990), 129.
146 KANT, Von einem neuerdings erhobenen vornehmen Ton in der Philosophie (1796), in: KANT (AA), Bd. 8 (1912), 395.
147 KANT, Logik. Ein Handbuch zu Vorlesungen (1800), in: KANT (AA), Bd. 9 (1923), 37.
148 FRIEDRICH WILHELM BASILIUS VON RAMDOHR, Ueber ein zum Altarblatte bestimmtes Landschaftsgemälde von Herrn Friedrich in Dresden, und über Landschaftsmalerei, Allegorie und Mysticismus überhaupt, in: Zeitung für die elegante Welt (21. 1. 1809), 113; vgl. HILMAR FRANK, Der Ramdohrstreit. Caspar David Friedrichs ›Kreuz im Gebirge‹, in: K. Möseneder (Hg.), Streit um Bilder. Von Byzanz bis Duchamp (Berlin 1997), 143 f.

thetischen. »Das Pathetische ist nur ästhetisch, in so fern es erhaben ist.«[149] Das von Vernunft und Moral geleitete Erhaben-Pathetische steht im Gegensatz zum »Gemeinen« (201), das alles das umfaßt, »was bloß die sinnliche Natur« angeht: die »schmelzenden Affekte, die bloß zärtlichen Rührungen« und das weite »Gebiet des Angenehmen« (199).

5. Der Streit um die neue Wissenschaft

Bereits unmittelbar nach dem Erscheinen von Meiers *Anfangsgründen aller schönen Wissenschaften* und Baumgartens *Aesthetica* begann der »ästhetische Krieg«[150] als Auseinandersetzung um die neue Wissenschaft und ihre theoretischen Grundlagen. Auf dem Kampfplatz Ästhetik stießen dabei jeweils unterschiedliche epistemologische Konzepte aufeinander.

Obwohl seine *Metaphysik* mit zum Hintergrund der Ästhetik-Gründung gehörte, distanzierte sich Christian Wolff sofort von der wissenschaftlichen Neugründung. 1750 bereits erklärte er einem seiner Besucher in Halle: »die Baumgartensche Aesthetick sowol als die Meiersche sey elendes Zeug«; »man verderbe die Jugend«, und »es gehe mit den ästhetischen Sachen jetzo so weit, daß der Adjunkt Nicolai sogar die Bibel ästhetisch erklären wolle«[151]. Wolffs Kritik richtete sich gegen den Neologismus überhaupt und gegen die schnell ausufernde Verwendung des Wortes.

In der Kritik Gottscheds und seiner Schule lautete der Vorwurf, daß sich die neue Wissenschaft, im engen Bündnis mit den Schweizern Bodmer und Breitinger und der Empfindungspoesie Albrecht von Hallers und Klopstocks, auf die ›dunklen‹ Elemente ›Ausdruck‹, ›Sinnlichkeit‹ und ›Einbildungskraft‹ einlasse. Gottsched warnte vor »einigen Neueren«, die »ihre düstre ästhetische Schreibart […] auf den Thron zu erheben gesuchet«[152]. 1760 heißt es in seinem *Handlexicon* unter dem Stichwort ›Aesthetisch‹: »Ist ein neumodisches Kunstwort, womit man den schwülstigen, oder wie die Liebhaber der hochtrabenden Schreibart reden, den sinnlichen Ausdruck, anzeigen will.«[153] Der Gottschedianer Theodor Johann Quistorp verfaßte 1750 eine Schrift, in der er die Ästhetik als »Galimatias«[154] persiflierte. Christoph Otto von Schönaich kritisierte den Neologismus wegen der religiösen und sprachlichen Heterodoxie, die er bei Bodmer, Haller und Klopstock zu erkennen glaubte. ›Ästhetik‹ ist hier wie bei Gottsched Schimpfwort für den lyrischen Ausdruck des Individuums. ›Ästhetik‹ steht unter Kritik, weil sie als neue Wissenschaft eine neue Gefühls- und Empfindungskultur theoretisch sanktioniert.[155]

Gegen die Ästhetik wird das alte Kunstprinzip der Nachahmung der Natur mobilisiert und Batteux als Streitgenosse aktiviert. So veröffentlichte Gottsched 1754 eine Übersetzung von Auszügen aus Batteux' *Les beaux Arts réduits à un même Principe* und nannte in der Selbstanzeige die Motive dieser Übersetzung: Batteux, der »auf der richtigen Spur der Alten einhergeht, und den vom Aristoteles […] festgesetzten Grundsatz der Nachahmung der schönen Natur, durchgehends einschärfet«, könne helfen, »den Strom irriger Lehren zu hemmen, welche die Natur der Dichtkunst nicht in der Nachahmung, sondern bloß in einem wilden Ausdrucke einer regellosen Einbildungskraft, den sie *ästhetisch* nennen, suchen wollen«[156]. Meier, der zu den herabsetzenden Umtrieben der Gottschedianer lange geschwiegen hatte, antwortete 1754 mit einer Verteidigung der Ästhetik. Zwar würden »manche Freunde der Aesthetic das Wort *aesthe-*

---

149 FRIEDRICH SCHILLER, Ueber das Pathetische (1793), in: SCHILLER, Bd. 20 (1962), 200.
150 BERGMANN (s. Anm. 115), 200.
151 J. C. C. OELRICH, Tagebuch einer gelehrten Reise 1750, durch einen Theil von Ober- und Nieder-Sachsen, in: J. Bernoulli (Hg.), Sammlung kurzer Reisebeschreibungen, Bd. 5 (Berlin/Dessau 1782), 62 f.
152 GOTTSCHED (DICHTKUNST), 93.
153 GOTTSCHED, 50.
154 THEODOR JOHANN QUISTORP, Gespräch im Traume, mit dem Hrn. v. Canitz (*), über die neumodische hieroglyphische Schreibart, in: Neuer Büchersaal der schönen Wissenschaften und freyen Künste 9 (1750), 318.
155 Vgl. [ANONYMUS, d.i.] CHRISTOPH OTTO VON SCHÖNAICH, Die ganze Aesthetik in einer Nuß, oder Neologisches Wörterbuch (o. O. 1754), 76, 154, 170, 352, 376.
156 JOHANN CHRISTOPH GOTTSCHED, [Selbstanzeige] Auszug aus des Herrn Batteux […] schönen Künsten, aus einem einzigen Grundsatze der Nachahmung hergeleitet (Leipzig 1754), in: Das Neueste aus der anmuthigen Gelehrsamkeit (Juni 1754), 464.

tisch, so ofte und so seltsam im Munde führen, daß ein solcher Gebrauch dieses Worts lächerlich und pedantisch ist«[157]. Das aber stelle nicht die Ästhetik als Wissenschaft in Frage. Der wahre Grund von Gottscheds Diatriben sei, daß das Prinzip der Naturnachahmung in der Ästhetik aufgehoben werde. Dieses Prinzip sei aber als Fundament einer Theorie der Ästhetik ungeeignet.[158]

Anthropologisch motiviert war Hamanns und Herders Kritik der jungen Wissenschaft. Hamann spielte im Titel einer Schrift von 1762 zwar auf Schönaich an, wendete den Begriff der Ästhetik (obwohl er im weiteren Text nicht einmal genannt wird) aber sofort ins Positive, indem er einen weiten Umkreis der Themen aufmachte, von denen Ästhetik zu sprechen hätte: über die Poesie, die Sprache, die Kommunikation bis zur Natur und zum Menschen, seinen Sinnen, seiner Sinnlichkeit und seinen Leidenschaften.[159] Hamann ging von einem anderen Erkenntnismodell aus als die Ästhetik der Zeit und betonte, auf Sturm und Drang sowie Romantik vorausweisend, die Intuition gegenüber der ratio. Seine *Metakritik über den Purismus* (1784) machte ihn dann auch zum Gegner der kritisch-analytischen Methode Kants, was auch auf Herder seine Wirkungen hatte.

Im ersten der *Kritischen Wälder* (1769) wird deutlich, wie sehr Herder bei der weiterführenden Erörterung von Lessings *Laokoon* und bei der Betrachtung des Häßlichen und Schrecklichen, des Widrigen und des Ekels an der sensuellen, ja sinnesphysiologischen Seite der Ästhetik interessiert ist. Im *Vierten Wäldchen,* das eigentlich der kritischen Exekution von Friedrich Justus Riedels *Theorie der schönen Künste und Wissenschaften* (1767) dienen sollte, setzte sich Herder, die anthropologischen Ansätze Baumgartens verstärkend, von dessen Begriff der Ästhetik ab, obwohl er Baumgarten selbst als einen neuen Aristoteles würdigte, dessen »Psychologie eine reiche Schatzkammer der Menschlichen Seele«[160] sei. Dennoch bleibe Baumgarten noch zu nahe an der traditionellen Rhetorik und Poetik. Ästhetik als »ein schwerer Theil der Anthropologie, der Menschenkänntniß« (25) umfaßt dagegen nach Herders Begriff weit mehr: »Man setze die Kräfte unsrer Seele, das Schöne zu empfinden, und die Produkte der Schönheit, die sie hervor gebracht, als Gegenstand der Untersuchung: siehe da eine große Philosophie, eine Theorie des Gefühls der Sinne, eine Logik der Einbildungskraft und Dichtung, eine Erforscherin des Witzes und Scharfsinns, des sinnlichen Urtheils und des Gedächtnißes; eine Zergliederin des Schönen, wo es sich findet, in Kunst und Wißenschaft, in Körpern und Seelen, das ist Aesthetik« (22 f.).

In der Streitschrift gegen Kants Ästhetik ging dann Herders Ablehnung eines ästhetischen (d. h. autonomen) Schönheitsbegriffs und die rigorose Ablehnung der Kantschen *Kritik der Urteilskraft* mit der Reformulierung des Begriffs ›schöne Wissenschaften und Künste‹ einher. Auch hier spielte der anthropologisch eingefärbte Begriff der Bildung (des Menschengeschlechts) die entscheidende Rolle.[161] Auch dort, wo Herder Kants Grenzziehung zwischen dem Schönen und Angenehmen kritisierte und ›Reiz‹, ›Rührung‹, ›Anmut‹ sowie die ›niederen Sinne‹ Geruch, Geschmack und Tastsinn in ihrer ästhetischen Relevanz verteidigte[162], waren seine anthropologischen Gesichtspunkte im Spiel.

Kritik an der Vorrangstellung von Poetik und Rhetorik in der Ästhetik Baumgartens kam auch von Sulzers *Allgemeiner Theorie der Schönen Künste* (1771–1774). Dort wurde an der *Aesthetica* moniert, daß Baumgarten wegen seiner »eingeschränkten Kenntnis der Künste [...] bey weitem nicht alle Gestalten des Schönen beschrieben« habe. Die Ästhetik müsse man deswegen »unter die noch wenig ausgearbeiteten philosophischen

---

157 MEIER, Vorstellung der Ursachen, warum es unmöglich zu seyn scheint, mit Herrn Profeßor Gottsched eine nützliche und vernünftige Streitigkeit zu führen (Halle 1754), 11.
158 Vgl. ebd., 26–28.
159 Vgl. JOHANN GEORG HAMANN, Aesthetica in nuce. Eine Rhapsodie in Kabbalistischer Prose (1762), in: Hamann, Sämtl. Werke, hg. v. J. Nadler, Bd. 2 (Wien 1950), 195–217.
160 HERDER, Kritische Wälder. Oder Betrachtungen über die Wißenschaft und Kunst des Schönen. Viertes Wäldchen (entst. 1769, ersch. 1846), in: HERDER, Bd. 4 (1878), 15.
161 Vgl. HERDER (s. Anm. 133), 308 f.
162 Vgl. ebd., 96–101.

Wissenschaften zählen«[163]. Sulzer versteht unter Ästhetik eine »Wissenschaft, welche dem Künstler in der Erfindung, Anordnung und Ausführung seines Werks nützlich zu Hülfe kommen, den Liebhaber in seiner Beurtheilung leiten, und zugleich fähiger machen kann, allen Nutzen, auf den die Werke der Kunst abzielen, aus ihrem Genuß zu ziehen. Ein Nutzen, der die Absichten der Weltweisheit und der Sittenlehre vollendet.«[164] Nachdem Ästhetik am Ausgang des 18. Jh. zum festen Bestandteil des Lehrbetriebs aller deutschen Hochschulen geworden war, begann bereits in dieser Gründungsepoche der Wissenschaft die bis zur Gegenwart nicht mehr abreißende Kritik an ihrer akademischen Ausprägung. So beklagte schon 1789 der Leipziger Ästhetiker Karl Heinrich Heydenreich »das Schicksal der Aesthetik, die schon verachtet genug in den Hörsälen herumschleicht«[165]. Diese Wendung gegen die zur Kathederwissenschaft erstarrende Ästhetik wird zum Topos und zugleich zum Impuls für die immer erneuten Anläufe zur Revitalisierung ihrer aisthetischen Ansätze.

III. Kant: Transzendentale Ästhetik und Kritik des Geschmacks

Anfang der 80er Jahre versuchte Kant den schon gängigen Gebrauch von ›Ästhetik‹ zurückzudrängen. In einer Fußnote der *Kritik der reinen Vernunft* (1781) heißt es: »Die Deutschen sind die einzige, welche sich jetzt des Worts Ästhetik bedienen, um dadurch das zu bezeichnen, was andre Kritik des Geschmacks heißen. Es liegt hier eine verfehlte Hoffnung zum Grunde, die der vortreffliche Analyst *Baumgarten* faßte, die kritische Beurtheilung des Schönen unter Vernunftprincipien zu bringen und die Regeln derselben zur Wissenschaft zu erheben. Allein diese Bemühung ist vergeblich. Denn gedachte Regeln oder Kriterien sind ihren Quellen nach blos empirisch und können also niemals zu Gesetzen a priori dienen, wornach sich unser Geschmacksurteil richten müßte; vielmehr macht das letztere den eigentlichen Probirstein der Richtigkeit der ersteren aus. Um deswillen ist es rathsam, diese Benennung wiederum eingehen zu lassen und sie derjenigen Lehre aufzubehalten, die wahre Wissenschaft ist, wodurch man auch der Sprache und dem Sinne der Alten näher treten würde, bei denen die Einteilung der Erkenntniß in αισθητα και νοητα sehr berühmt war.«[166] Die ›transzendentale Ästhetik‹ als Teil der Erkenntnistheorie beschäftigt sich dann in hochgradiger Abstraktion nur mit den beiden apriorischen Grundbedingungen aller Wahrnehmung: Raum und Zeit.

Die *Kritik der Urteilskraft* (1790) dagegen enthält sich des Gebrauchs des Substantivs ›Ästhetik‹ und macht dafür vom Adjektiv ›ästhetisch‹ regen Gebrauch. Wie Kant das Adjektiv in diesen Zusammenhang einführt, dazu gibt es ausführliche Hinweise in der *Ersten Einleitung in die Kritik der Urteilskraft*, die im Vergleich mit der gedruckten Einleitung noch Züge der begrifflichen Selbstverständigung Kants über seinen Gegenstand enthält. Im zentralen 8. Abschnitt der *Ersten Einleitung*, den Kant ›Von der Ästhetik des Beurtheilungsvermögens‹ überschreibt, kommt er auf die ›transzendentale Ästhetik‹ der *Kritik der reinen Vernunft* zurück und bekräftigt die Exaktheit dieses Begriffs. »Seit geraumer Zeit aber ist es Gewohnheit geworden, eine Vorstellungsart ästhetisch, d. i. sinnlich, auch in der Bedeutung zu heißen, daß darunter die Beziehung einer Vorstellung nicht aufs Erkenntnißvermögen, sondern aufs Gefühl der Lust und Unlust gemeynet wird.«[167] Wegen der subjektiven Orientiertheit dieser Gefühle kann das für Kant gar nichts mit der ›transzendentalen Ästhetik‹ zu tun haben. Um die Äquivokation zu vermeiden, bindet Kant das Adjektiv ästhetisch an die »Urtheilskraft« (222). Der Bestimmungsgrund der ›ästhetischen Urtheilskraft‹ ist die ›Empfindung‹, aber

---

163 SULZER, Bd. 1 (1792), 48.
164 Ebd., 49.
165 KARL HEINRICH HEYDENREICH, Ueber die Principien der Aesthetik, oder über den Ursprung der Allgemeingültigkeit der Vollkommenheitsgesetze für Werke der Empfindung und Phantasie, in: Amalthea 1 (1789), 2. Stück, 9 f.
166 KANT, Kritik der reinen Vernunft (1781), in: KANT (AA), Bd. 4 (1903), 30.
167 KANT, Erste Einleitung in die Kritik der Urteilskraft, in: KANT (AA), Bd. 20 (1942), 222.

nur jene, die das Gefühl der Lust bzw. der Unlust betrifft. Hierauf gründet sich wiederum die Unterscheidung von »ästhetischem Sinnesurtheil« und »ästhetischem Reflexionsurtheil« (224), worin die rigide Abgrenzung des Angenehmen vom Schönen impliziert ist.

Kant versuchte als erster die ästhetische Differenz zu denken und auf ein einheitliches Prinzip zu beziehen. Er verstand diese Rückführung als Bedingung einer wissenschaftlichen (nicht physiologischen bzw. psychologischen oder empirischen) Behandlung der Urteilskraft. Was diesen Begriff des Ästhetischen in seinem Kern ausmacht, läßt sich an seinem Konzept der ›ästhetischen Idee‹ ablesen, unter der er »diejenige Vorstellung der Einbildungskraft« verstand, »die viel zu denken veranlaßt, ohne daß ihr doch irgend ein bestimmter Gedanke, d. i. *Begriff*, adäquat sein kann, die folglich keine Sprache völlig erreicht und verständlich machen kann. – Man sieht leicht, daß sie das Gegenstück (Pendant) von einer *Vernunftidee* sei, welche umgekehrt ein Begriff ist, dem keine *Anschauung* (Vorstellung der Einbildungskraft) adäquat sein kann.«[168] In der Verbindung der ›ästhetischen Idee‹ mit der ›reflektierenden Urteilskraft‹ wird der Bezug auf die Vernunft hergestellt, und hierin liegt das Unendliche und Unabschließbare des Ästhetischen. Die reflektierende Urteilskraft tendiert von der Anschauung zurück auf den Begriff, der ihre Deutung leisten würde, aber nicht zu finden ist. Die Sinnsuche wird tendenziell unendlich, denn der Sinnreichtum des Schönen ist unausschöpflich. Die Kommunizierbarkeit ästhetischer Erfahrung ist durch ein demokratisch legitimiertes Prinzip möglich, bei dem das ästhetische Urteil dem anderen nicht oktroyiert, sondern nur angesonnen und seiner Beistimmung anheimgestellt wird.

Die Trennung von (erkenntnistheoretischer) transzendentaler Ästhetik und (ästhetischer) Kritik des Geschmacks, die im Verlauf der Entwicklung von der ersten zur dritten *Kritik* vollzogen wird, ist bedeutsam und folgenreich. Indem Kant das Theoriemodell des Leibniz-Wolffschen Rationalismus, das Baumgartens *Aesthetica* zugrunde lag, grundsätzlich aufgibt, sind Sinnlichkeit und Verstand keine kontinuierlichen Vermögen mehr, sondern wachsen auf je anderem Holze, während die Leibniz-Wolffsche Theorie ja implizierte, daß Schönheit prinzipiell begrifflich-theoretisch kommensurabel gemacht werden könne. Dieser durch Kant verkörperte epistemologische Umbruch kann als der eigentliche Durchbruch der Ästhetik als Wissenschaft gelesen werden: »Erst ein radikaler Bruch mit dem zugrundeliegenden Modell der Re-präsentation einer ursprünglichen und idealen Präsenz sowie des zugehörigen Wahrheitsmodells […] hat den ästhetischen Ausdruck aus der philosophischen Bevormundung befreit.«[169] Kants transzendentalphilosophische Wende hat aber auch zur Folge, daß auf dem Hauptweg der Entwicklung der Ästhetik als Disziplin – der dann zur (identitätsphilosophischen) Philosophie der Kunst hinführt – der in der Wolff-Schule eingeführte Begriff einer qua aisthēsis begründeten Ästhetik durchweg abgelehnt wird.[170] Mit der Methode der transzendentalen Kritik wird die komplexe aisthēsis in ›Empfindung‹ und ›Gefühl‹ aufgespalten, womit die Trennung von sinnlicher Wahrnehmung als äußerer Wahrnehmung, äußerer Empfindung (sensualis) und innerer Empfindung, Gefühl (sensitivus) eingeleitet wird, die Kant bei Johann Nicolaus Tetens vorgebildet fand.[171]

Die Trennung von empirisch-psychologisch zu betrachtender Empfindung und reflexivem Gefühl, die zwar die erkenntnistheoretische Naivität des Rationalismus und der Popularphilosophie durchbrach, hatte freilich, auf die weitere Geschichte der Ästhetik hin gesehen, ihren Preis. Die Gestehungskosten zeigen sich deutlich z. B. in Kants Trennung des Schönen vom Angenehmen: »Angenehm ist das, was den Sinnen in der Empfindung gefällt.«[172] Somit fällt die Empfindung des Angenehmen (dahinter verbirgt sich ein großer Teil der alltäglichen

---

168 KANT, Kritik der Urtheilskraft (1790), in: KANT (AA), Bd. 5 (1908), 314.
169 FRANK/ZANETTI (s. Anm. 94), 922.
170 Vgl. FERDINAND FELLMANN, Der Geltungsanspruch des ästhetischen Urteils, in: Ztschr. f. Ästhetik u. allg. Kunstwiss. 34 (1989), 155–173; SCHWEIZER, Einführung, in: BAUMGARTEN (DT), VII; WELSCH, Ästhet/hik. Ethische Implikationen und Konsequenzen der Ästhetik, in: Wulf/Kamper/Gumbrecht (Hg.) (s. Anm. 38), 12.
171 Vgl. JOHANN NICOLAUS TETENS, Philosophische Versuche über die menschliche Natur und ihre Entwickelung, Bd. 1 (Leipzig 1777), 166–169.
172 KANT (s. Anm. 168), 205.

aisthetischen Erlebnisse des Menschen bis hin zum Essen und Trinken) zwar nicht aus dem Bereich des Ästhetischen heraus, ist aber im Sinne ästhetischer Differenz strikt kategorial unterschieden vom interesselosen Wohlgefallen am Schönen, weil es ein unreines Geschmacksurteil ist und somit auch im Range unter dem eigentlichen Ästhetischen steht. Dies führt zur tendenziellen Trennung von Ästhetik und Anthropologie. Die sinnliche und affektive Seite des Menschen leugnet Kant nicht. Doch weil sie nur psychologisch und empirisch zu behandeln sei, wird sie aus dem systematischen Gebäude der kritischen Philosophie verbannt und der Anthropologie, die empirische Wissenschaft ist, zugewiesen.[173] In den vorkritischen *Beobachtungen über das Gefühl des Schönen und Erhabenen* (1764), die ganz in der Tradition des englischen Empirismus (Burke) standen, war dieser Zusammenhang noch in einem Argumentationsstrang verbunden.

Auch an anderen Kernbegriffen ist der Sprung von Baumgarten zu Kant nachzuvollziehen. So wird, um die Intersubjektivität des Geschmacks zu sichern, die ästhetische Lust auf das Wohlgefallen an der Form reduziert: »Im *Geschmack* (der Auswahl) aber, d. i. in der ästhetischen Urtheilskraft, ist es nicht unmittelbar die *Empfindung* (das Materiale der Vorstellung des Gegenstandes), sondern wie es die freie (productive) Einbildungskraft durch Dichtung zusammenpaart, d. i. die *Form*, was das Wohlgefallen an demselben hervorbringt: denn nur die Form ist es, was des Anspruchs auf eine allgemeine Regel für das Gefühl der Lust fähig ist. Von der Sinnenempfindung, die nach Verschiedenheit der Sinnesfähigkeit der Subjecte sehr verschieden sein kann, darf man eine solche allgemeine Regel nicht erwarten.«[174] Hier wird der Geschmack zugleich zum reinen Geschmack, zum Geschmack a priori, der wiederum weite Bereiche ästhetischer Lust ausschließt: »So sagt man von jemanden, der seine Gäste mit Annehmlichkeiten (des Genusses durch alle Sinne) so zu unterhalten weiß, daß es ihnen insgesammt gefällt: er habe Geschmack.«[175] Aber diesem auf die ›Gesellligkeit‹ bezogenen Geschmack fehle die apriorische Allgemeinheit, weil die Allgemeinheit hier nur komparativ hergestellt werde.

Der (gesellige) Geschmack verliert im Laufe des 18. Jh. in dem Maße an Bedeutung, in dem die Kunst und der Begriff des Genies ins Zentrum der Ästhetik treten. Auch dieser Wandel des ästhetischen Menschenbildes vom felix aestheticus zum Genie ist im Kontrast Baumgarten/Kant aufschlußreich zu beobachten. War der felix aestheticus bei Baumgarten das mit guten natürlichen Anlagen ausgestattete Individuum, das im Prozeß ästhetischer Erziehung und der Bildung und Übung seiner Sinne zum ingenium venustum, zum schönen Geist/Schöngeist werden kann, so wird das Genie als absoluter und unbewußter Ursprung der ästhetischen Regel zum exorbitanten Ausnahmefall des Künstlers: »*Genie* ist die angeborne Gemüthsanlage (ingenium), *durch welche* die Natur der Kunst die Regel giebt.« Und »die schöne Kunst ist nur als Product des Genies möglich«[176].

Im Jahrzehnt bis zur Jahrhundertwende entfaltete die *Kritik der Urteilskraft* eine immense Wirkung und wurde, gegen die Intention Kants, bald zu einer ›Ästhetik‹. Während Georg Samuel Albert Mellin im ersten Kantwörterbuch (1797–1804) noch ganz im Sinne Kants genau zwischen der transzendentalen Ästhetik und der Kritik des Geschmacks unterschied[177], wurde die Kantsche Schrift von den Kant-Nachfolgern und -Interpreten in einer Fülle von Werken bald ganz selbstverständlich als ›Ästhetik‹ bezeichnet.[178] Wilhelm Traugott Krug, einer der Nachfolger Kants auf dem Königsberger Philosophie-Lehrstuhl, hob die

---

173 Vgl. REINHARD BRANDT, Ausgewählte Probleme der Kantischen Anthropologie, in: H.-J. Schings (Hg.), Der ganze Mensch. Anthropologie und Literatur im 18. Jahrhundert (Stuttgart/Weimar 1994), 14–32.
174 KANT, Anthropologie in pragmatischer Hinsicht (1798), in: KANT (AA), Bd 7 (1907), 240 f.
175 KANT (s. Anm. 168), 213.
176 Ebd., 307.
177 Vgl. GEORG SAMUEL ALBERT MELLIN, ›Aesthetik‹, in: Mellin, Encyclopädisches Wörterbuch der kritischen Philosophie, Bd. 1 (Züllichau/Leipzig 1797), 77–85.
178 Vgl. CHRISTIAN FRIEDRICH MICHAELIS, Entwurf der Aesthetik als Leitfaden bei akademischen Vorlesungen über Kant's Kritik der aesthetischen Urtheilskraft (Augsburg 1796); JOHANN HEINRICH GOTTLIEB HEUSINGER, Handbuch der Aesthetik (Gotha 1797).

strikte Kantsche Trennung von transzendentaler Ästhetik und Kritik des Geschmacks auf und kehrte die Kantsche Terminologie um, als er die Ästhetik als philosophische Disziplin dem allgemeinen Sprachgebrauch folgend bestimmte: »Es ist [...] nicht die Wahrnehmung oder Empfindung als Erkenntniselement, sondern die Wahrnehmung oder Empfindung des Schönen und Erhabnen an den Erkenntnisobjekten, wodurch sie Geschmacksobjekte werden, und die darauf gegründete Beurtheilung derselben, wovon in dieser Wissenschaft die Rede seyn wird«[179]. Man kann daraus folgern, daß nach dem Erscheinen der *Kritik der Urteilskraft* das Wort und die Vorstellung von der Ästhetik als einer etablierten Wissenschaft in der deutschen Sprache fest verankert sind. Kant selbst hat diesem lässigeren Gebrauch des Begriffs offensichtlich vorgearbeitet, indem er in der Ausgabe der *Kritik der reinen Vernunft* von 1787 an das Ende der zitierten Fußnote den Zusatz stellte: »oder sich in die Benennung mit der speculativen Philosophie zu theilen und die Ästhetik teils im transscendentalen Sinne, theils in psychologischer Bedeutung zu nehmen«[180].

Schiller dagegen bleibt dem Kantschen Gebrauch der ästhetischen Begrifflichkeit eng verbunden. Wenngleich er das Substantiv ›Ästhetik‹ gelegentlich benutzt, liegt das Schwergewicht, wie bei Kant, in der attributiven Qualifizierung eines umfassenderen Begriffs durch den Zusatz ›ästhetisch‹. Als Christian Garve dieses Epitheton in Fügungen wie dem »aesthetischen Umgange«[181] als künstlich und mißverständlich monierte, erwiderte Schiller, er halte dieses »Kunstwort« für geeignet, in Umlauf gebracht zu werden, »weil dadurch die Bestimmtheit im Denken nothwendig befördert werden« müsse. Es gebe kein Wort in der deutschen Sprache, »welches die Beziehung eines Gegenstandes auf das feinere Empfindungs Vermögen, bezeichnet, da schön, erhaben angenehm u. s. f. bloße Arten davon sind. Da nun die Ausdrücke moralisch und physisch ohne Bedenken von der Erziehung gebraucht werden, und durch diese beyden Begriffe diejenige Erziehungsart, die sich mit der Ausbildung eines feineren Gefühlsvermögens beschäftiget, noch keineswegs ausgedrückt ist, so hielt ich für erlaubt, ja, für nöthig, einer *aesthetischen* Erziehung zu erwähnen.«[182]

Es geht Schiller mithin nicht um eine systematische Wissenschaft vom Schönen oder von der Kunst. Angesichts der terreur in der Französischen Revolution und auf der Grundlage der utopischen Anthropologie eines ganzheitlichen Menschen favorisiert er als Remedium eine bestimmte Art von Erziehung, die über die Sensibilisierung des Geschmacks und die Schönheitssinns Sinnlichkeit und Vernunft, Natur und Freiheit miteinander versöhnt: »es giebt keinen andern Weg, den sinnlichen Menschen vernünftig zu machen, als daß man denselben zuvor ästhetisch macht«[183].

IV. Ästhetik als Philosophie der schönen Kunst

1. Die romantische Kritik der Ästhetik

Kants Ästhetik hatte ihr Zentrum in der Erfahrung des Naturschönen. Die schöne Kunst war zwar etwas, das »zugleich Natur zu sein scheint«[184], stand aber als etwas vom Menschen Gemachtes an Dignität hinter der Naturschönheit zurück. Dies änderte sich in der auf Kant folgenden Ästhetik grundsätzlich. Es bildete sich eine philosophisch-historisch argumentierende Ästhetik heraus, in deren Zentrum der Kunst die Aufgabe zuwuchs, die Idee der Einheit von Natur und sittlicher Welt in anschaulicher und utopischer Gestalt bewußt zu halten. Der locus classicus für diese Verbindung ist das aus dem Freundeskreis Hölderlin-Schelling-Hegel stammende *Älteste Systemprogramm des deutschen Idealismus*, in dem es heißt: »Ich bin nun überzeugt, daß der höchste Akt der Vernunft, der,

---

179 WILHELM TRAUGOTT KRUG, System der theoretischen Philosophie, Bd. 3: Geschmackslehre oder Ästhetik (Königsberg 1810), 9.
180 KANT, Kritik der reinen Vernunft (²1787), in: KANT (AA), Bd. 3 (1904), 51.
181 CHRISTIAN GARVE an Schiller (17. 10. 1794), in: SCHILLER, Bd. 35 (1964), 72.
182 SCHILLER an Garve (25. 1. 1795), in: SCHILLER, Bd. 27 (1958), 126.
183 SCHILLER, Ueber die ästhetische Erziehung des Menschen (1795), in: SCHILLER, Bd. 20 (1962), 383.
184 KANT (s. Anm. 168), 306.

indem sie alle Ideen umfast, ein ästhetischer Akt ist, und daß *Wahrheit und Güte, nur in der Schönheit* verschwistert sind – Der Philosoph muß eben so viel ästhetische Kraft besizen, als der Dichter. die Menschen ohne ästhetischen Sinn sind unsre BuchstabenPhilosophen. Die Philosophie des Geistes ist eine ästhetische Philos[ophie][.] Man kan in nichts geistreich sein selbst über Geschichte kan man nicht geistreich raisonnieren – ohne ästhetischen Sinn.«[185] Eine ähnliche philosophische Aufwertung erfuhr die Ästhetik/das Ästhetische bei Isaak von Sinclair, der in den 90er Jahren dem Tübinger und Jenenser Hölderlin-Kreis zugehörte. An Fichtesche Gedankengänge anknüpfend, setzte Sinclair den Terminus ›Aesthetik‹, den er bei einer späteren Korrektur in ›Athesis‹ umwandelte, in Gegensatz zu ›Theorie‹. Unter dem Gesichtspunkt von ›Praxis‹ gehören Theorie und Ästhetik zusammen und bilden eine Einheit: »Man kann nur durch die Theorie und *Aesthetik* ((Athesis)) auf Praxis kommen und Theorie und *Aesthetik* ((Athesis)) sind nur da, insofern Praxis da ist.«[186]

In der deutschen Romantik erfuhr die von Kant herkommende transzendentale Einbildungskraft eine ästhetische Formbestimmung und wurde ein Modus der Erkenntnis. Auch dabei wird der Kunst höchster integraler Charakter zugesprochen, und Ästhetik wird, in Verengung ihrer ursprünglichen breiten Reflexionsansätze, zur Philosophie der schönen Kunst. Als solche erhebt sie aber zugleich Totalitätsanspruch: Ästhetik ist nicht mehr eine philosophische Teildisziplin, sondern wird als Philosophie der Kunst das zentrale Medium einer neuartigen Weltbetrachtung, sie wird die Philosophie selbst. So ist Schelling, zentrale Figur der »transzendental-philosophisch organisierten Wende zur Ästhetik«[187], der Kant in der *Kritik der Urteilskraft* vorgearbeitet hat[188], der »merkwürdige Fall eines Denkers mit maximaler Ästhetik-Intention und minimaler Ästhetik-Durchführung«[189]. Schelling betrachtend, kann man verallgemeinern: »je mehr Geschichtsphilosophie, um so weniger ästhetische Theorie«[190]. Schelling bestimmte die Wirklichkeit des Menschen exemplarisch von der Kunst und vom Künstler aus. Im *System des transscendentalen Idealismus* heißt es: »Wenn die ästhetische Anschauung nur die objektiv gewordene transscendentale ist, so versteht sich von selbst, daß die

Kunst das einzige wahre und ewige Organon zugleich und Document der Philosophie sey, welches immer und fortwährend aufs neue beurkundet, was die Philosophie äußerlich nicht darstellen kann [...]. Die Kunst ist eben deßwegen dem Philosophen das Höchste, weil sie ihm das Allerheiligste gleichsam öffnet, wo in ewiger und ursprünglicher Vereinigung gleichsam in Einer Flamme brennt, was in der Natur und Geschichte gesondert ist«[191].

Bei Schelling wird weiterhin offensichtlich, daß sich der Kollektivsingular ›die Kunst‹ als zentraler Reflexionspunkt der Ästhetik bzw. der Philosophie der Kunst endgültig durchgesetzt hat: »Ich construire demnach in der Philosophie der Kunst zunächst nicht die Kunst als Kunst, als dieses *Besondere*, sondern ich *construire das Universum in der Gestalt der Kunst*«[192]. Dem entspricht, daß sich im Rahmen dieser Kunstphilosophie auch die Einzelkünste/Gattungen nicht mehr denken lassen. Weil die Verbindung zwischen Natur und Geist eigentlich abstrakt und pure Deklaration blieb, suchte Schelling nach einem Zeugnis dieser Einheit, die er im Kunstwerk und seiner Verbindung von Ab-

---

185 [ANONYMUS], Das ›älteste Systemprogramm des deutschen Idealismus‹ (entst. 1796–1797), in: C. Jamme/H. Schneider (Hg.), Mythologie der Vernunft (Frankfurt a.M. 1984), 12 f.
186 ISAAK VON SINCLAIR, Philosophische Raisonnements (entst. 1795–1796), in: HANNELORE HEGEL, Isaak von Sinclair zwischen Fichte, Hölderlin und Hegel (Frankfurt a.M. 1971), 251.
187 STEFFEN DIETZSCH, Das Kunstwerk als Werkzeug: Schellings Aufhebung des Systems des transzendentalen Idealismus, in: F. W. J. Schelling, System des transzendentalen Idealismus, hg. v. Dietzsch (Leipzig 1979), 363.
188 Vgl. ODO MARQUARD, Kant und die Wende zur Ästhetik, in: Ztschr. f. philos. Forschung 16 (1962), 231–243, 363–374.
189 MARQUARD, Über einige Beziehungen zwischen Ästhetik und Therapeutik in der Philosophie des neunzehnten Jahrhunderts, in: H. J. Schrimpf (Hg.), Literatur und Gesellschaft vom neunzehnten ins zwanzigste Jahrhundert (Bonn 1963), 40.
190 KARL HEINZ BOHRER, Die Ästhetik am Ausgang ihrer Unmündigkeit, in: Merkur 44 (1990), 852.
191 FRIEDRICH WILHELM JOSEPH SCHELLING, System des transscendentalen Idealismus (1800), in: SCHELLING (SW), Abt. 1, Bd. 3 (1858), 627 f.
192 SCHELLING, Philosophie der Kunst (entst. 1802–1803), in: SCHELLING (SW), Abt. 1, Bd. 5 (1859), 368.

sicht und Absichtslosigkeit zu finden glaubte: »so gibt es eigentlich auch nur Ein absolutes Kunstwerk, welches zwar in ganz verschiedenen Exemplaren existiren kann, aber doch nur Eines ist«[193]. Mit dieser Hyperkategorie des absoluten Kunstwerks und des absoluten Schönen wird auch die Spannung zwischen Schönem und Erhabenem hinfällig: »wo Schönheit ist«, ist »der unendliche Widerspruch im Objekt selbst aufgehoben«[194].

Gleichfalls im *Ältesten Systemprogramm* treffen wir auf die Hypostasierung der Poesie als höchste der Künste, die für die romantische, bei Hegel sich fortsetzende Kritik der Ästhetik die Grundlage bildete: »Die Poësie bekömmt [...] [ein]e höhere Würde, sie wird am Ende wieder, was sie am Anfang war – *Lehrerin der Menschheit*; denn es gibt keine Philosophie, keine Geschichte mehr, die dichtkunst allein wird alle übrigen Wissenschaften u[nd] Künste überleben.«[195] Ganz ähnlich erhob Hölderlin für die Poesie den Anspruch, im Bunde mit Religion und Philosophie die dem unendlichen Leben einzig gemäße Bewußtseins- und Darstellungsform zu sein.[196] ›Poesie‹ wird zur Trägerin einer Totalitätsidee pantheistischer All-Einheit, zum »lebendigen tausendfach gegliederten innigen Ganzen«[197]. Insofern läßt sich in Hölderlins ›transzendentaler Poiesis‹ der Übergang von der aisthēsis zur poiēsis beobachten.[198] Die Utopie der Poe-

193 SCHELLING (s. Anm. 191), 627.
194 Ebd., 621.
195 Das ›älteste Systemprogramm‹ (s. Anm. 185), 13.
196 Vgl. FRIEDRICH HÖLDERLIN, Hyperion (1797/1799), in: HÖLDERLIN (GSA), Bd. 3 (1957), 81; HÖLDERLIN, Über Religion (1796–1797?), in: ebd., Bd. 4/1 (1961), 281.
197 HÖLDERLIN an Karl Gok (1. 1. 1799), in: ebd., Bd. 6/1 (1954), 306.
198 Vgl. GERT HOFMANN, Dionysos Archemythos. Hölderlins transzendentale Poiesis (Tübingen/Basel 1996), 40–87.
199 HANS FREIER, Ästhetik und Autonomie. Ein Beitrag zur idealistischen Entfremdungskritik, in: Bernd Lutz (Hg.), Literaturwissenschaft und Sozialwissenschaften 3 (Stuttgart 1974), 345.
200 SCHMITZ (s. Anm. 64), 390.
201 SCHELLING (s. Anm. 192), 362, 358.
202 AUGUST WILHELM SCHLEGEL, Vorlesungen über schöne Literatur und Kunst (1801–1804), in: Schlegel, Kritische Ausgabe der Vorlesungen, hg. v. E. Behler/F. Jolles, Bd. 1 (Paderborn u.a. 1989), 182.

sie verbindet sich im *Ältesten Systemprogramm* mit dem Begriff einer ›neuen Mythologie‹ und ersetzt die Begriffe ›ästhetisch‹ und ›Ästhetisches‹. Diese Bedeutungserweiterung der Poesie/des Poetischen in der Romantik erhält auch durch Fichtes in der *Wissenschaftslehre* versteckte ›transzendentale Poesis‹ weitere Schubkraft. Poesie wird dort zum »Sonderfall einer transzendentalen Poesis«[199], womit ein allen Kunstarten gemeinsames Element gemeint ist, das auch in den politischen und gesellschaftlichen Bereich ausstrahlt.

Somit ergibt sich der paradoxe Befund, daß die identitätsphilosophische Ästhetik, die beide Proto-Ästhetiken, die kallistische und die rhetorische, verschmilzt und damit als die »Eingangspforte zur Ästhetik als einheitlicher Wissenschaft vom Schönen«[200] im deutschen Idealismus gelten kann, sich zugleich des Wissenschaftsnamens ›Ästhetik‹ enthält. Schelling lehnte diesen Namen ab, weil er bereits von seiner Etymologie her zu nahe an der empirisch-psychologischen Betrachtung des englischen und französischen Sensualismus und der Wolff-Baumgartenschen Schule liege. »Man suchte das Schöne aus der empirischen Psychologie zu erklären, und behandelte überhaupt die Wunder der Kunst ohngefähr ebenso aufklärend und wegerklärend wie zu derselben Zeit die Gespenstergeschichten und andern Aberglauben.« Es sei rohes und unkultiviertes Herangehen an Kunst, wie bloß sinnlichen Rührungen, sinnlichen Affekter, oder sinnliches Wohlgefallen, welche Kunstwerke erwecken, für Wirkungen der Kunst als solche zu halten«[201]. August Wilhelm Schlegel monierte mit Blick auf Baumgartens *Aesthetica*, Ästhetik könne nach Ableitung und Bedeutung des Wortes (»Lehre von den sinnlichen Wahrnehmungen«) »also bloß physiologisch seyn, in so fern sie auf die Werkzeuge der Sinne gienge, und physikalisch, in so fern sie die Phänomene der verschiednen Sinne aus Naturgesetzen erklärte«. Solche Wissenschaften gebe es ja, beispielsweise Akustik und Optik, aber Baumgarten habe darunter etwas ganz anderes verstanden: »eine Analyse des untern (sinnlichen) Erkenntnißvermögens, als Gegenstück zu der oberen oder der Logik«[202]. Das aber beruhe auf dem Mißverständnis der Sinnlichkeit im Wolffschen System. Daraus folgert Schlegel: »Es wäre Zeit diesen unschicklichen Ausdruck ganz abzuschaffen, der nach Kant auch in den Schriften philosophischer Selbstdenker immer noch wieder vorkommt, wiewohl man häufig seine Widersinnigkeit anerkannt hat. Unstreitig hat er großen Schaden gestiftet: das Aesthetische ist eine wahre qualitas occulta geworden, und hinter dem unverständlichen Wort hat sich so manche nichtssagende Behauptung, so mancher Zirkel im Beweisen verstecken können, der sonst in seiner Blöße aufgefallen seyn würde.«[203] Friedrich Schlegel schließlich, der in seinem 1794 begonnenen *Studium*-Aufsatz noch den Begriff »ästhetische Revolution« prägte, »durch welche das Objektive in der ästhetischen Bildung der Modernen herrschend werden könnte«[204], äußerte wenig später den Verdacht, daß die Verwendung des Wortes ästhetisch »eine gleich vollendete Unkenntnis der bezeichneten Sache und der bezeichnenden Sprache verrät«[205].

Das Paradox, daß bei der eigentlichen (identitätsphilosophischen) Begründung der Ästhetik der Name der von Baumgarten inaugurierten Disziplin für unwesentlich erachtet wird, löst sich, wenn man sieht, was die identitätsphilosophische und die romantische Ästhetik unter dem Lemma ›das Poetische‹ verhandeln. So setzt August Wilhelm Schlegel an Stelle von ›Ästhetik‹ den Begriff »philosophische Theorie der schönen Künste« gleich »Kunstlehre« gleich »Poetik«, »da man einverstanden ist, daß es in allen schönen Künsten […] einen poetischen Theil gebe; d.h. es wird eine freye schaffende Wirksamkeit der Fantasie (ποίησις) in ihnen erkannt. Poesie heißt dann im allgemeineren Sinne das allen Künsten gemeinsame, was sich nur nach der besondern Sphäre ihrer Darstellungen modifizirt.«[206] Indem die Poesie als allgemeinste unter den Künsten gilt, wird deutlich, wie die Begriffe ›das Poetische‹ und ›die Kunst‹ tendenziell identisch werden und den Begriff des Ästhetischen substituieren. Der Begriff des Poetischen wird dabei zum einen von einer hochgradigen Substantialisierung im Sinne eines ästhetischen Wesens bestimmt, zum anderen zeigt sich in der Begriffsbildung aber auch der Versuch, zu einer Konkretion ästhetischer Theorie zu kommen. Die Grenze zwischen Substantialisierung und Konkretion im Begriff des Poetischen/Ästhetischen ist zwischen Schelling und Friedrich Schlegel zu beobachten. Indem Schelling in der Kunst

(bzw. im Kunstwerk) eine geschichtsphilosophisch untersetzte philosophische Utopie suchte, substantialisierte sich das Poetische/Ästhetische in der Gestalt der Kunst schlechthin bzw. in der des absoluten Kunstwerks. Dagegen: »Schlegels Übergang von einer ›Philosophie der Kunst‹ zu einer ›Ästhetischen Theorie‹ lag nun gerade darin, daß er die ästhetische Reduktion auf den Gegenstandsbereich, auf das Besondere, wagte«[207] – so im *Gespräch über die Poesie* (1800). Ein ähnlicher Konkretisierungswunsch, vielleicht mit einem Seitenblick auf die Frühromantik, deutet sich in einem Brief Schillers an Goethe an: »Ueberhaupt frage ich Sie bei dieser Gelegenheit ob die Neigung so vieler talentvoller Künstler neuerer Zeiten *zum Poetisieren in der Kunst* nicht daraus zu erklären ist, daß in einer Zeit wie die unsrige es keinen Durchgang zum Aesthetischen giebt als durch das Poetische«[208]. Freilich wirkte auch in Friedrich Schlegels Generalisierung der Poesie/des Poetischen der utopische Wunsch, durch den Philosophen, Poesie und Religion analogisiert werden: »Doch gesteht und erkennet die Philosophie schon, daß sie nur mit Religion anfangen und sich selbst vollenden könne, und die Poesie will nur nach dem Unendlichen streben und verachtet weltliche Nützlichkeit und Kultur, welches die eigentlichen Gegensätze der Religion sind.« »Jede Beziehung des Menschen aufs Unendliche ist Religion, nämlich des Menschen in der ganzen Fülle seiner Menschheit.«[209]

Im Programm romantischer ›Universalpoesie‹ verschmolz die Poesie mit der Philosophie zu einer ›neuen Mythologie‹. »Das ›Universum‹ gewinnt poetische Analogiestruktur«[210]. In diesem Poesiekonzept ist jedoch insofern moderne ästhetische

---

203 Ebd., 182 f.
204 FRIEDRICH SCHLEGEL, Über das Studium der Griechischen Poesie (1797), in: SCHLEGEL (KFSA), Bd. 1 (1979), 269.
205 FRIEDRICH SCHLEGEL, Kritische Fragmente (1797), in: ebd., Bd. 2 (1967), 151.
206 AUGUST WILHELM SCHLEGEL (s. Anm. 202), 186.
207 BOHRER (s. Anm. 190), 856.
208 SCHILLER an Goethe (14. 9. 1797), in: SCHILLER, Bd. 29 (1977), 130.
209 FRIEDRICH SCHLEGEL, Ideen (1800), in: SCHLEGEL (KFSA), Bd. 2 (1967), 260, 263.
210 WOLFGANG HEISE, Hölderlin (Berlin/Weimar 1988), 492.

Erfahrung aufgehoben, als die klassische Einheit des Werks zugunsten des Fragmentarischen aufgegeben wird.

Jean Pauls Kritik der Ästhetik richtete sich gegen den Systemgeist der Philosophen wie gegen die künstlerischen Prinzipien der Weimarer Klassik. Er warnte vor zwei Wegen, in der Ästhetik nichts zu sagen: Der erste ist der des »Parallelismus«[211], wo durch induktive Verallgemeinerungen Aussagen über ästhetische Gesetze versucht werden. Schärfer kritisierte er aber eine von Höhen der Abstraktion herabsteigende spekulative Ästhetik, die dem Dichter/Künstler Vorschriften machen will. Die »rechte Ästhetik« sei nur von dem zu erwarten, der »Dichter und Philosoph zugleich« (24) zu sein vermag. Seine Kritik der zeitgenössischen, akademisch werdenden Ästhetik verbirgt sich auch im Titel *Vorschule der Ästhetik*. Auf die Vorhaltungen seiner Kritiker, seine Ästhetik sei gar keine, sondern allenfalls eine Poetik, replizierte er in der Vorrede der 2. Auflage (1813) unter Rückbezug auf die mittelalterliche Bedeutung von ›Vorschule‹: Das Proscholium war »ein Platz, welchen ein Vorhang von dem eigentlichen Hörsaale abschied, und wo der Vorschulmeister (Proscholus) die Zöglinge in Anstand, Anzug und Antritt für den verhangnen Lehrer zuschnitt und vorbereitete. [...] Daher glaubt' ich aber auch meiner Konduitenmeister-Pflicht genug getan zu haben, wenn ich als Proscholus die Kunst-Zöglinge durch Anregen, Schönziehen, Geradehalten und andere Kallipädie so weit brächte, daß sie alle mit Augen und Ohren fertig dastünden, wenn der Vorhang in die Höhe ginge und sich ihnen nun die vielen eigentlichen verhangenen Lehrer auf einem einzigen Lehrstuhle, nämlich dem ästhetischen, beisammen lehrend zeigten«. (15 f.) Diese ironische Intervention geht hinter Kant zurück und sucht die Berührung mit der diätetischen Funktion der Baumgartenschen Ästhetik.

2. Hegels Ästhetikbegriff

Für die Begriffsgeschichte der Ästhetik sind an Hegels Philosophie der schönen Kunst zwei Zusammenhänge von Interesse: Wie expliziert Hegel seinen Begriff der Ästhetik, und welche Geschichte gibt er seiner Auffassung von Ästhetik?

Wie schon bei Schelling wird Ästhetik rigide auf eine ›Philosophie der Kunst‹ eingegrenzt. Darin liegt das philosophische Programm Hegels: Von der Kunst nicht abgedeckte ästhetische Phänomene werden der philosophischen Betrachtung nicht für würdig erachtet. »Diese Vorlesungen sind der *Ästhetik* gewidmet; ihr Gegenstand ist das weite *Reich des Schönen*, und näher ist die *Kunst*, und zwar die *schöne Kunst* ihr Gebiet.«[212] Die Eingrenzung liegt im systematischen Ansatz von Hegels gesamter Philosophie begründet, indem die Realisierung der Idee im Sinnlichen und Wirklichen nur durch die Schönheit möglich ist, und Schönheit wiederum realisiert sich historisch im Verlaufe der Kunstgeschichte und der Entwicklung der einzelnen Kunstgattungen. Es ist deshalb nicht zufällig, daß sich in Deutschland innerhalb der Hegel-Schule die Disziplinen Kunstgeschichte und Literaturgeschichte herausbilden.[213] Hegels *Ästhetik* ist durch ihre Orientierung auf die Kunst und die Kunstgattungen auch eine Kunstgeschichte und in dieser Eigenschaft eine ›Inhaltsästhetik‹ – im Unterschied etwa zur ›Formästhetik‹ Kants und Johann Friedrich Herbarts, der sich in der Tradition Kants sah und der Ästhetik die Aufgabe der »Aufstellung *ästhetischer Principien*« zuwies, die, wie etwa der Generalbaß in der Musik, »einfache Verhältnisse« beinhalten, »die beym vollendeten Vorstellen Beyfall und Misfallen erzeugen«[214].

Ausgegrenzt aus der Philosophie der schönen Kunst sind das Naturschöne und das Erhabene – das Naturschöne deshalb, weil ihm Subjektivität als Träger von Geist und damit Teilhabe an den Figuren des absoluten Geistes abgeht. Gerade weil das Naturschöne sinnlich begrenzt ist, stellte Hegel ja die Kunst (als begeistete Form) ins Zentrum seiner *Ästhetik*.[215] Das Erhabene wird aus der Ästhetik ausgeschlossen, weil in ihm die Gefahr religiöser

---

211 JEAN PAUL, Vorschule der Ästhetik (1804), in: JEAN PAUL (MILLER), Abt. 1, Bd. 5 (1963), 22.
212 HEGEL (ÄSTH), 49.
213 Vgl. CARL SCHNAASE, Geschichte der bildenden Künste (Düsseldorf 1843–1864); GEORG GOTTFRIED GERVINUS, Geschichte der poetischen National-Literatur der Deutschen (Leipzig 1835–1842).
214 JOHANN FRIEDRICH HERBART, Allgemeine practische Philosophie (Göttingen 1808), 42 f.
215 Vgl. HEGEL (ÄSTH), 49–51.

IV. Ästhetik als Philosophie der schönen Kunst

Transzendenz lauert: »Das Erhabene überhaupt ist der Versuch, das Unendliche auszudrücken, ohne in dem Bereich der Erscheinungen einen Gegenstand zu finden, welcher sich für diese Darstellung passend erwiese.« (363) Es wird der vorklassischen symbolischen Kunstform zugeordnet.

Hegel ist sich der Eingrenzung, welche die Konzentration der Ästhetik auf die Philosophie der schönen Kunst bedeutet, natürlich voll bewußt. Er weist deshalb auch den Namen ›Ästhetik‹ als nicht passend ab, weil Ästhetik ja eigentlich Wissenschaft der Sinne und des Empfindens bedeute. Der Name stamme aus der Wolffschen Schule, »als man in Deutschland die Kunstwerke mit Rücksicht auf die Empfindungen betrachtete, welche sie hervorbringen sollten, wie z.B. die Empfindungen des Angenehmen, der Bewunderung, der Furcht, des Mitleidens usf.« (49) Wie kritisch dieser Verweis auf die im Etymon von Ästhetik versteckten ›Empfindungen‹ zu nehmen ist, zeigt das geharnischte Verdikt, das Hegel unter der Überschrift ›Das Kunstwerk als für den Sinn des Menschen dem Sinnlichen entnommen‹ über die »leere Form der subjektiven Affektion« (77) ausspricht. Die Empfindung »ist die unbestimmte dumpfe Region des Geistes« (76). Statt »sich in die Sache, das Kunstwerk zu versenken und zu vertiefen und darüber die bloße Subjektivität und deren Zustände fahrenzulassen«, »fühlen die Menschen so gern« (77). Mit dieser massiven Kritik der Empfindung wird – unbeschadet dessen, daß Hegel hier durchaus Züge des Sentimentalismus und des modernen Kitsch-Genusses trifft – die Ästhetik nicht nur der Baumgartenschen Art, sondern die gesamte sensualistische Ästhetik der europäischen Aufklärung in ihrem Kern, der aisthēsis, getroffen. Daß es überhaupt bei dem Namen ›Ästhetik‹ bleibt, ist für Hegel nunmehr rein usuell: »Wir wollen es deshalb bei dem Namen Ästhetik bewenden lassen, weil er als bloßer Name für uns gleichgültig und außerdem einstweilen so in die gemeine Sprache übergegangen ist, daß er als Name kann beibehalten werden.« (49)

Für den Status, den Hegel der Ästhetik als Wissenschaft und Philosophie der schönen Kunst beimißt, ist sein Theorem vom Ende der Kunst maßgebend. Als zeitgemäßer Reflexionsmodus der Kunst ist Ästhetik ein Spätling der Moderne. Das Ende der Kunst ist der Anfang der Ästhetik, indem der »Gedanke und die Reflexion [...] die schöne Kunst überflügelt« (57). »Die *Wissenschaft* der Kunst ist darum in unserer Zeit noch viel mehr Bedürfnis als zu den Zeiten, in welchen die Kunst für sich als Kunst schon volle Befriedigung gewährte. Die Kunst ladet uns zur denkenden Betrachtung ein, und zwar nicht zu dem Zwecke, Kunst wieder hervorzurufen, sondern, was die Kunst sei, wissenschaftlich zu erkennen.« (58)

Einen zentralen Abschnitt seiner Einleitung in die Ästhetik nannte Hegel ›Historische Deduktion des wahren Begriffs der Kunst‹. Dieser ›wahre Begriff der Kunst‹ hat zur Grundlage, »daß das Kunstschöne als eine der Mitten erkannt worden ist, welche jenen Gegensatz und Widerspruch des in sich abstrakt beruhenden Geistes und der Natur – sowohl der äußerlich erscheinenden als auch der innerlichen der subjektiven Gefühls und Gemüts – auflösen und zur Einheit zurückführen«. Wie dieser Standpunkt sich durchsetzte, das mache die »Wiedererweckung der Wissenschaft der Kunst« aus, »ja dieser Wiedererweckung verdankt eigentlich die Ästhetik als Wissenschaft erst ihre wahrhafte Entstehung und die Kunst ihre höhere Würdigung« (97). Interessant sind die Positionen, in denen Hegel in seiner kurzen Geschichte der Ästhetik umreißt: Erstens habe Kant zwar den Begriff der Autonomie eingeführt, aber nur in der Form der Subjektiven. Diese Mängel seien zweitens durch Schiller, Winckelmann und Schelling überwunden worden, und Schiller komme das Verdienst zu, über die Kantsche Subjektivität und Abstraktion hinausgedacht zu haben. Schelling mache die »*Idee selbst* zum Prinzip der Erkenntnis und des Daseins« (102). Mit der »Wiedererweckung der philosophischen Idee« (103) erringe die Wissenschaft der Ästhetik bei Schelling ihren absoluten Standpunkt. Dem sei bei Winckelmann durch »die Anschauung der Ideale der Alten« (102) vorgearbeitet worden. Drittens schließlich geht Hegel unter der zunächst befremdlichen Überschrift ›Die Ironie‹ auf die Romantiker August Wilhelm und Friedrich Schlegel ein. Mit Kant sei die Wissenschaft der Ästhetik *noch nicht* auf ihrem absoluten Standpunkt, so ist sie es mit den Schlegels, die von philosophischen Idee des Kunstschönen so viel annehmen, »als ihre sonst eben nicht philosophischen, sondern wesentlich *kritischen* Naturen aufzunehmen fähig waren« (103), *nicht mehr.* Der Grund lag in der Ironie, in der das sich selbst absolut setzende Ich keinen Ernst mehr kennt. Wie also die ›romantische Kunstform‹ das Ende der Kunst (nach ihrer höchsten Bestimmung) ist, so bedeutet auch die romantische Ironie die Auflösung der Ästhetik nach ihrer höchsten Bestimmung als Wissenschaft von der philosophischen Idee der Kunst. Ästhetik geht, so Hegels Diagnose, in die (subjektive) Kritik über.

Dieter Kliche

V. Der europäische Begriffstransfer

Deutschland bleibt im 19. Jh. Zentrum und Bezugspunkt des europäischen ästhetischen Denkens. Dabei wird der Begriff in den verschiedenen nationalen Diskursen zögernd aufgegriffen. Man kann sogar von einer Blockade gegenüber der deutschen Tradition sprechen, vor allem was ihre durch Kant

und Hegel bestimmte Richtung betrifft. Bis Mitte des 19. Jh. wird Ästhetik als Schönheitslehre unter dem Dach von Philosophie diskutiert.

Von Nikolaj M. Karamzin, der 1789 Deutschland bereist, stammt der russische Erstbeleg des Terminus. Karamzin berichtet in seinen zuerst im *Moskovskij Žurnal* gedruckten Reisenotizen von einem Besuch der Ästhetikvorlesungen Ernst Platners und stellt lediglich Baumgarten vor, dessen *Aesthetica* er so zusammenfaßt:»die Ästhetik lehrt das Schöne erfühlen und genießen« (Эстетика учит чувствовать изящное и наслаждаться им)[216]. In sehr verschwommener Weise wird Ästhetik in Rußland dann 1841 von Vissarion G. Belinskij und danach von Nikolaj G. Černyševskij als Erfahrung des »Schönen in der Wirklichkeit« (прекрасное в действительности)[217] bestimmt. In einer Anmerkung zu seiner Bestimmung der Kunst als »*unmittelbare* Schau der Wahrheit oder Denken in *Bildern*« (непосредственное созерцание истины, или мышление в *образах*) nennt Belinskij Ästhetik in einem Atemzug mit Poetik und Literaturtheorie: »Diese Definition wird hier zum erstenmal in russischer Sprache ausgesprochen, und sie ist in keiner russischen Ästhetik, Poetik oder einer sogenannten Theorie der Literatur zu finden« (Это определение еще в первый раз произносится на русском языке, и его нельзя найти ни в одной русской эстетике, пиитике, или так называемой теории словесности)[218]. Černyševskijs Dissertation, eine Quelle marxistischer Widerspiegelungstheorien, ist kritisch an Hegels und Friedrich Theodor Vischers *Ästhetik* orientiert und »ein Versuch, die Ideen Feuerbachs auf die Beantwortung der Grundfragen der Ästhetik anzuwenden« (попытка применить идеи Фейербаха к разрешению основных вопросов эстетики)[219]. Černyševskij stellt das Naturschöne materialistisch über das Kunstschöne. Er schreibt, »daß die wahre, höchste Schönheit eben gerade die Schönheit ist, die der Mensch in der Welt der Wirklichkeit antrifft, und nicht die Schönheit, die durch die Kunst geschaffen wird« (что истинная, высочайшая красота есть именно красота, встречаемая человеком в мире действительности, а не красота, создаваемая искусством)[220]. In einem Aufsatz aus dem Jahre 1854 definiert er Ästhetik als »Wissen-

---

216 NIKOLAJ KARAMZIN, Pis'ma russkogo putešestvennika (1791–1792; Leningrad 1984), 63; vgl. ebd., 416; dt.: Briefe eines russischen Reisenden, übers. v. J. Richter (Berlin 1959), 107 [in der Übers. steht versehentlich »erfüllen« statt »erfühlen«].
217 NIKOLAJ G. ČERNYŠEVSKIJ, Estetičeskie otnošenija iskusstva k dejstvitel'nosti (1855), in: Černyševskij, Polnoe sobranie sočinenij v pjatnadcati tomach, Bd. 2 (Moskau 1949), 31; dt.: Die ästhetischen Beziehungen der Kunst zur Wirklichkeit, in: Černyševskij, Ausgewählte philosophische Schriften, übers. v. A. Kurella (Moskau 1953), 403.
218 VISSARION G. BELINSKIJ, Ideja iskusstva (entst. 1841), in: Belinskij, Polnoe sobranie sočinenij, Bd. 4 (Moskau 1954), 585; dt.: Die Idee der Kunst, in: Belinskij, Ausgewählte philosophische Schriften, übers. v. A. Kurella (Moskau 1950), 191.
219 ČERNYŠEVSKIJ, Estetičeskie otnošenija iskusstva k dejstvitel'nosti (Predislovie k tret'emu izdaniju) (entst. 1888), in: Černyševskij (s. Anm. 217), 121; dt.: Die ästhetischen Beziehungen der Kunst zur Wirklichkeit (Vorwort zur dritten Auflage), in: Černyševskij (s. Anm. 217), 537.
220 ČERNYŠEVSKIJ (s. Anm. 217), 14; dt. 376.

schaft vom Schönen« (наука о прекрасном)[221]. Aufgrund seiner Nähe zur französischen L'art-pour-l'art-Doktrin verfällt der Begriff Ästhetik 1865 dem Verdikt Dmitrij I. Pisarevs und bleibt auch noch für Lev N. Tolstoj negativ besetzt. Pisarev bindet im Namen des Realismus Ästhetik an die Nachahmungstheorie zurück.[222] Den Bruch mit dieser Tradition vollbringen erst die russischen Formalisten und Bachtins formgeschichtliches Konzept einer ›Ästhetik des Wortes‹[223].

Auch in Spanien als einem anderen Land an der Peripherie der deutschen Ästhetik kann bis zum *krausismo*[224] von einer eigenständigen Entwicklung ästhetischen Denkens keine Rede sein. Das gilt auch für die monumentale geschichtliche Darstellung der Poetiken unter dem Namen Ästhetik durch den Traditionalisten Marcelino Menéndez y Pelayo. Dessen *Historia de las ideas estéticas en España* (1883) ist eher Chronologie als Historik und verfügt über keine tragende Idee: »si bien se mira, sólo el nombre de *Estética* es moderno: la ciencia ha existido (aunque a la verdad en estado rudimentario) desde que hay arte en el mundo«[225]. (Genaugenommen ist nur der Name *Ästhetik* modern; die Wissenschaft [freilich in rudimentärem Zustand] gibt es, seit es Kunst in der Welt gibt.)

Bis zu Benedetto Croce ist die italienische Begriffsgeschichte wesentlich Kompilation vorkantianischer Bestimmungen. Croce erneuert im Anschluß an Hegel noch einmal den Begriff der Ästhetik als normative klassizistische Ausdruckslehre und bestimmt als Zweck einer modernen Ästhetik »la restaurazione e difesa della *classicità* contro il *romanticismo*, del momento sintetico e formale e teoretico, in cui è il proprio dell'arte, contro quello affettivo, che l'arte ha per istituto di risolvere in sé«[226] (die Wiederherstellung und Verteidigung der *Klassik* gegen die *Romantik*, des sowohl formalen als auch theoretischen synthetischen Moments, das die Eigenart der Kunst ausmacht, gegen das Gefühlsmoment, welches in sich aufzulösen der Kunst aufgegeben ist). Croce hat einen italienischen Erstbeleg des Terminus identifiziert »nel libercolo di un tedesco italianizzato, di un frate Gaudenzio Jagemann, agostiniano; il quale, nel 1771, pubblicò a Firenze un *Saggio sul buon gusto nelle belle arti ove si spiegano gli elementi dell'Estetica*«[227] (in dem Büchlein eines italienisierten Deutschen, eines Augustiners namens Gaudenzio Jagemann; dieser veröffentlichte 1771 in Florenz einen *Essai über den guten Geschmack in den schönen Künsten, in dem die Grundlagen der Ästhetik erklärt werden*). Als »Disciplina del sentir la Bellezza negli oggetti delle Arti Belle« (Disziplin des Empfindens der Schönheit in den Gegenständen der schönen Künste) bestimmte Giovanni Battista Talia den Begriff durch eine auffällige Unterscheidung zwischen höheren und niederen Sinnen: »L'Estetica fa de' sensi una separazione. Perchè il Gusto, l'Odorato, ed il Tatto gli tiene apportatori d'ignobil diletto. Ristringesi quindi a' due della vista, e dell'udito, i quali scorge recare all'animo una dilettazione pura, franca da materia, ed esser degni ministri de sì alto signore.«[228] (Die Ästhetik unterteilt die Sinne. Denn den Geschmacks-, den Geruchs- und den Tastsinn hält sie für Überbringer gemeiner Vergnügung. Sie beschränkt sich mithin auf die beiden Sinne Gesicht und Gehör, von denen sie meint, daß sie dem Geist ein reines, vom Stofflichen freies Vergnügen bescheren und würdige Diener eines so hohen Herrn sind.)

Das Gewicht einer langen Tradition der Kunsttheorie in Italien seit der Renaissance bildete bis ins 19. Jh. eine feste diskursive Formation, in die

---

221 ČERNYŠEVSKIJ, Kritičeskij vzgljad na sovremennye èstetičeskie ponjatija (1854), in: Černyševskij (s. Anm. 217), 128.
222 Vgl. DMITRIJ I. PISAREV, Razrušenie èstetiki (1865), in: Pisarev, Sočinenija v četyrech tomach, Bd. 3 (Moskau 1956), 418–435.
223 Vgl. RAINER GRÜBEL, Zur Ästhetik des Wortes bei Michail M. Bachtin, in: M. Bachtin, Die Ästhetik des Wortes, hg. v. Grübel, übers. v. Grübel/ S. Reese, (Frankfurt a. M. 1979), 21–88.
224 Vgl. WERNER KRAUSS, Spaniens Weg am Abgrund. Über die geistigen Grundlagen des modernen Spaniens (entst. 1947), in: Krauss, Das wissenschaftliche Werk, Bd. 4 (Berlin/New York 1997), 446–462.
225 MARCELINO MENÉNDEZ Y PELAYO, »Historia de las ideas estéticas en España (1883–1891), Bd. 1 (Madrid 1974), 4.
226 BENEDETTO CROCE, Estetica in nuce (1928), in: Croce, Ultimi saggi (Bari 1935), 28.
227 CROCE, Estetici italiani della seconda metà del Settecento (entst. 1902), in: Croce, Problemi di estetica e contributi alla storia dell'estetica italiana (Bari 1910), 387f.
228 GIOVANNI BATTISTA TALIA, Saggio di Estetica (Venedig 1822), XIV, XII.

344 Ästhetik/ästhetisch

Ästhetik als ein neuer Begriff umstandslos integriert wurde. Den Tenor gab Vincenzo Gioberti in einem Essay über das Schöne: »La scienza che tratta del *Bello*, detta da alcuni *Callologia*, meno propriamente, ma più comunemente, per usanza introdotta dagli Alemanni, chiamasi *Estetica*.«[229] (Die Wissenschaft, die vom Schönen handelt und von einigen *Kallologie* genannt wird, bezeichnet man weniger treffend, aber aufgrund des durch die Deutschen eingeführten Gebrauchs häufiger als *Ästhetik*.)

Für die Problematik des europäischen Begriffstransfers ist die französische und die englische Begriffsgeschichte symptomatisch, weil sie erklären kann, warum dann im 20. Jh. gerade von diesen Ländern eine grundsätzliche Erneuerung und Revalorisierung der Ästhetik und ihres Begriffs ausgehen wird.

1. Frankreich

Die in Frankreich wie in England gegenüber Deutschland verspätete Rezeption des Begriffs Ästhetik erklärt sich vor allem aus der Wirkung und Verankerung des Sensualismus in der Philosophie und Kunsttheorie beider Länder. »Du côté français, les résistances à son adoption ont été grandes et, s'il est vrai qu'elles ont pu correspondre au sentiment de son inutilité (les critiques pensaient disposer d'expressions équivalentes), elles pouvaient aussi être dictées par le refus du contenu auquel correspondait véritablement l'urgence d'user de ce nouveau terme.«[230]

Die erwähnte zentrale Stellung Lockes im englischen Denken seit 1700 ließ hier für eine Rezeption des in Deutschland aufgebrachten Begriffs offenbar keinen Freiraum. In Frankreich, wo Du Bos 1719 avant la lettre eine ›Wendung zur sensualistischen Ästhetik‹ einleitete, die er mit der Kompetenz und Souveränität des Publikumsurteils begründete, die das humanistische Bildungsideal immer bestritten hatte[231], bestand kein Bedarf für einen Begriff, den die Deutschen unterschiedlich bald als ›Wissenschaft der Empfindungen‹ (Sulzer), bald als ›Theorie der sinnlichen Erkenntnis‹ (Baumgarten) definiert hatten. Bis 1789 bildete aber vor allem der vorherrschende Klassizismus der französischen Aufklärung eine Rezeptionssperre gegenüber der deutschen Ästhetikdebatte. »L'esthétique, même si le mot n'existe pas avant 1750, est un des domaines où la distinction entre culture française et culture allemande se marque le plus nettement, même si les modèles de référence et les concepts mis en œuvre pouvaient suggérer, au départ, d'assez fortes analogies, qu'il s'agisse de la fonction morale de l'art ou du prestige de l'antiquité.« Und: »l'esthétique française du XVIIIe siècle se voudra rationaliste et essentialiste, dans une philosophie où le Beau correspond à l'ordre nécessaire des essences«[232].

Noch in den von den germanophilen Charles de Villers und Louis-Sébastien Mercier angeregten Debatten über die Philosophie Kants im Institut National zwischen 1799 und 1802 wird die ›clarté française‹ gegen die metaphysische ›obscurité germanique‹ mit Berufung auf diese Tradition mobilisiert. In der *Décade philosophique, littéraire et politique* polemisierte Amaury Duval am 17. 9. 1801 gegen die Kantsche Ästhetik, die Villers in seinem Buch *Philosophie de Kant, ou principes fondamentaux de la philosophie transcendentale* (1801) referiert hatte: »Plaignons ce pauvre abbé Dubos qui a fait trois gros volumes pour enseigner un système que la massue de Kant vient de réduire en poussière.«[233] Während Mercier als einziger in seinen *Mémoires* über die Philosophie Kants (wohl ohne Kenntnis der *Kritik der Urteilskraft* und auch ohne explizit

---

229 VINCENZO GIOBERTI, Del Bello (1841), in: Gioberti, Opere, Bd. 7 (Lausanne 1846), 7.
230 ANNIE BECQ, Genèse de l'esthétique française moderne. De la Raison classique à l'Imagination créatrice, 1680–1814, Bd. 1 (Pisa 1984), 5.
231 Vgl. KRAUSS, Cartaud de La Villatte und die Entstehung des geschichtlichen Weltbildes in der Frühaufklärung (1960), in: Krauss, Das wissenschaftliche Werk, Bd. 5 (Berlin/Weimar 1991), 100–103.
232 ROLAND MORTIER, Esthétique française et esthétique allemande au XVIIIe siècle, in: W. Schneiders (Hg.), Aufklärung als Mission. Akzeptanzprobleme und Kommunikationsdefizite/La mission des Lumières. Accueil réciproque et difficultés de communication (Marburg 1993), 251, 253.
233 AMAURY DUVAL, Découverte du vrai principe du Beau dans les arts, in: La décade philosophique, littéraire et politique (17. 9. 1801), zit. nach FRANÇOIS AZOUVI/DOMINIQUE BOUREL, De Königsberg à Paris. La Réception de Kant en France (1788–1804) (Paris 1991), 157.

den Begriff Ästhetik zu thematisieren) deren Überwindung des Sensualismus betonte –»que la loi de la causalité n'est pas dans les choses observées, qu'elle est dans l'observateur«[234] –, sah Antoine Destutt de Tracy, der ›Erfinder‹ des Begriffs ›Idéologue‹, in einer ausführlichen Mémoire keine mögliche Brücke zwischen der ›théorie de la sensibilité‹ der Ideologen und der Kants.[235] Mit dieser impliziten und durch die frühe rudimentäre französische Kant-Rezeption vermittelten Reaktion auf die deutsche Ästhetikdebatte in der Phase nach Baumgarten, deren Kennzeichen der Widerstreit und die Verständnisblockade zwischen zwei unterschiedlichen philosophischen Traditionen war, kontrastiert die seit den 20er Jahren in der Epoche der Restauration bis zur Julirevolution 1830 einsetzende eigentliche Rezeption deutscher Ästhetik (und deren Begriffsrepertoires) als einer »science d'importation«[236]. Victor Basch, der erste Inhaber des 1921 an der Sorbonne eingerichteten Lehrstuhls für Ästhetik, hat 1896 in der Einleitung zu seiner Dissertation den europäischen Transfer zwischen England, Frankreich und Deutschland als die Grundkonstellation einer Geschichte ästhetischen Denkens erkannt, an der sich auch die Darstellung der französischen Begriffsentwicklung orientieren muß, und damit am Ende des Jh. die französische Reflexion an die Kantsche Revolution der Denkart angeschlossen: »l'Allemagne […] constitue comme un immense réservoir vers lequel confluent tous les courants de la pensée anglaise et française, comme un énorme entrepôt, où s'emmagasinent toutes les idées esthétiques de l'Europe. [...] A partir de Kant, c'est l'Allemagne qui prend la direction de tout le mouvement et qui le garde, d'une façon incontestée, jusqu'au premier tiers de ce siècle, où s'écroule le vaste édifice hégélien et où commence un travail de désagrégation des théories esthétiques, au milieu duquel nous vivons encore.«[237]

a) Esthétique – ›cette science d'importation‹. Von der ›théorie des sensations‹ zur ›science du beau‹ und ›philosophie des beaux-arts‹
Der französische Erstbeleg des Terminus esthétique als Substantiv in einem Kapitel der *Dissertation philosophiques* des franco-berlinischen Hugenottensprößlings Louis de Beausobre von 1753 reproduziert in verengender Weise den Baumgartenschen Begriff im Sinne der Wolffschen Schulphilosophie als »Métaphysique du beau« und bezieht ihn auf den theoretischen Status der Künste als Wissenschaften:»Cette science en général pourroit être appellée *Métaphysique du beau*, & le mot d'*Æsthétique* me semble bien expliquer cette idée. Elle peut se subdiviser en poësie, en éloquence, en peinture, en sculpture, en gravure, &c. qui ne sont des arts que par rapport à l'exécution, mais qui sont de véritables sciences par rapport à la théorie. Un Poëte sans Philosophie n'est qu'un versificateur; un Peintre sans *principes*, n'est jamais certain si ce qu'il fait est vraiment beau.«[238] Beausobre hatte an der Viadrina in Frankfurt/Oder Baumgartens Ästhetikvorlesungen gehört.»Depuis 7 jusqu'à 8 du matin il [Baumgarten] lit à présent l'esthétique ou les règles sur les beaux-arts [...]. Quant à l'esthétique, il est lui-même auteur d'un petit livre qui va paraître incessamment par feuilles, sur lequel il lit.«[239] Beausobre gliederte die so verstandene Ästhetik als neues Teilgebiet der »sciences, qui regardent l'esprit en particulier«[240], in sein System der

234 LOUIS-SÉBASTIEN MERCIER, Sur la philosophie de Kant, referiert in: P.-C. LEVESQUE, Notice des travaux de la classe des sciences morales et politiques pendant le premier trimestre de l'an 10, in: Magasin encyclopédique 41 (1801), 250–252, zit. nach AZOUVI/BOUREL (s. Anm. 233), 178; vgl. MERCIER, De l'acte du moi, referiert in: P.-L. GINGUENÉ, Notice des travaux de la classe des sciences morales et politiques pendant le troisième trimestre de l'an 10, in: Magasin encyclopédique 44 (1802), 79–83, abgedruckt in: AZOUVI/BOUREL (s. Anm. 233), 181–183.
235 Vgl. ANTOINE DESTUTT DE TRACY, De la métaphysique de Kant, ou Observations sur un ouvrage intitulé ›Essai d'une exposition succincte de la critique de la raison pure‹, par J. Kinker […], à Amsterdam, 1801, in: Mémoires de l'Institut national des Sciences et des Arts. Sciences morales et politiques (Paris 1802), in Auszügen abgedruckt in: AZOUVI/BOUREL (s. Anm. 233), 185–208.
236 HENRI TRONCHON, Romantisme et préromantisme (Paris 1930), 116.
237 VICTOR BASCH, Essai critique sur l'esthétique de Kant (Paris 1896), XIV.
238 LOUIS DE BEAUSOBRE, Dissertation sur les différentes parties de la philosophie, in: Beausobre, Dissertations philosophiques (Berlin 1753), 163 f.
239 BEAUSOBRE (s. Anm. 115).
240 BEAUSOBRE (s. Anm. 238), 164.

›différentes parties de la philosophie‹ ein. Diese dem deutschen Kontext zugehörige Stellungnahme blieb in Frankreich ohne Wirkung.

Auch der nächste Beleg, die Übersetzung des einschlägigen Artikels von 1771 aus Johann Georg Sulzers *Allgemeiner Theorie der schönen Künste* (1771–1774) in der Schweizer *Encyclopédie d'Yverdon* und in der Diderotschen *Encyclopédie*[241], übernimmt mit dem Verweis auf die beaux arts die Bestimmung als Philosophie (oder Theorie) der schönen Künste, bezieht aber deren sensualistische Wende durch Du Bos ein: »*Aesthétique*, [...] philosophie des beaux arts, ou science qui tire, tant la théorie générale que les regles des beaux-arts, de la nature du goût. Cette dénomination a été nouvellement introduite par les philosophes d'Allemagne; elle signifie, suivant son étymologie, *la science des sentimens, du grec* Αἴσθησις. Le but principal des beaux arts est d'exciter le sentiment vif du vrai & du bon: ainsi il faut que sa théorie soit fondée sur celle des notions confuses & des sentimens.«[242]

In seinem Repertorium über *La Prusse littéraire sous Frédéric II* zitiert Carlo Denina 1790 zum »mot *æsthétique*, qui est très en vogue présentement dans la littérature allemande«[243], aus einer französischen Übersetzung von Johann Joachim Eschenburgs *Entwurf einer Theorie und Literatur der schönen Wissenschaften* von 1783: »*Æsthétique*, dit-il, dans son sens le plus général, est la parfaite connoissance théorique des belles lettres & des beaux arts, qui embrasse non-seulement leurs fondemens communs, mais aussi les préceptes particuliers de chaque science ou genre de littérature, & de chaque art. Il paroît que c'est Alexandre Baumgarten [...] qui a mis en vogue ce mot vers l'an 1750«[244]. Denina ergänzt: »Le mot *æsthétique* tiré du grec αἰσϑανεσϑαι, *sentir*, signifie à peu près sentimental.«[245] Er beobachtet Anzeichen eines Diskurswechsels vom Verstand zum Gefühl, als deren Träger er eine neue »Klasse ästhetischer Philosophen« nennt, die eine auf die Minderung des Unglücks im Leben der Menschen gerichtete Tendenz moderner (aufgeklärter) Philosophie verkörpern. »On a de plus renchéri sur la métaphysique de Locke. On avoit d'abord parlé beaucoup de l'entendement; les métaphysiciens plus modernes ne parlent depuis quelques années que de sentiment: la classe des philosophes æsthétiques s'est formée de nos jours.«[246] Allerdings kann Denina die Konfusion zwischen Ästhetik und klassischer Poetik nicht auflösen, wenn er an anderer Stelle mit Blick auf die deutsche Literatur Ästhetik als ein Hindernis bei der Reform des Bildungswesens kritisiert. Denina unterstellt Ästhetik als schon seit der Antike bekannt und betont Imagination als ihren Gegenbegriff, weil kreativ und produktivitätsfördernd: »L'*æsthétique* connue des philosophes anciens a fait de grands progrès depuis le milieu du siècle. A-t-elle contribué à former des poëtes & des orateurs, des historiens? Les Wieland, les Gœthe, les Schiller, les Ifland, les Babo, j'ajouterai volontiers les Hermes, les Muller, les Nicolaï, ont-ils appris à faire des drames qui soutiennent la représentation, & des romans qui soutiennent la lecture par des théories æsthétiques? J'ose dire que cette science, si c'en est une, est pour les Allemands plus nuisible qu'utile, puisqu'elle est contraire à l'essor de l'imagination qui chez eux ne passe pas pour être transcendante.«[247]

Die Stelle markiert eine Spaltung des Begriffs, die auf romantische Positionen vorausweist. Denina versteht Ästhetik als normative Poetik, die er als geschichtlich überholt kennzeichnet, ohne freilich den Kantschen Begriff der Ästhetik als einen Faktor der Ab- und Auflösung der Regelpoetik zu begreifen: »Nous ne saurions oublier à l'égard de ces théories que les grands poëtes, les artistes les plus célèbres ont partout précédé la théorie de l'art. Je dirais plus, conformément à l'observation que je viens de faire: jamais les livres æsthétiques n'animeront ni poëte, ni peintre, ni sculpteur autant que la

---

241 Vgl. ›Aesthetique‹, in: Encyclopédie, ou Dictionnaire universel raisonné des connoissances humaines, hg. v. F. B. de Felice, Supplément, Bd. 1 (Yverdon 1775), 128–131; JOHANN GEORG SULZER, ›Esthétique‹, in: DIDEROT (ENCYCLOPÉDIE), Supplément, Bd. 2 (1776), 872 f.
242 ›Aesthétique‹ (s. Anm. 241), 128.
243 CARLO DENINA, La Prusse littéraire sous Frédéric II, Bd. 2 (Berlin 1790), 186.
244 Ebd.; vgl. JOHANN JOACHIM ESCHENBURG, Entwurf einer Theorie und Literatur der schönen Wissenschaften (Berlin/Stettin 1783), 3.
245 DENINA (s. Anm. 243), 186.
246 DENINA (s. Anm. 243), Bd. 1 (Berlin 1790), 105.
247 DENINA (s. Anm. 243), Bd. 3 (Berlin 1791), 29 f. [Supplément].

lecture de l'histoire du vieux & du nouveau Testament, les vies des saints & des héros du christianisme du vieux temps. Et cela est si vrai, que les poëtes les moins crédules ont dû emprunter du christianisme, même du catholicisme tout ce qu'on lit de plus touchant dans leurs écrits: témoins Shakespeare, Milton, Pope, Voltaire, Gesner, Klopstock.«[248] Die hier erkennbare Konfusion in der Auslegung des Begriffs bestimmte auch die nachfolgende Diskussion in Frankreich.

Seit den 90er Jahren bemühten sich die Repräsentanten der sog. ›école allemande‹ und des um Mme de Staël gruppierten Coppet-Kreises (Charles de Villers, Albert Stapfer, Charles de Vanderbourg), Ästhetik in Frankreich einzubürgern. Der Begriff wurde zunächst als mögliche Ergänzung des Sensualismus, als Kritik und Theorie der Gefühle verstanden, d. h. als ein Weg zur Überwindung der Fundierung der Künste im Prinzip der Nachahmung, wie es von Batteux noch einmal begründet worden war. Um den Begriff den Franzosen verständlich zu machen, prägte die *Décade philosophique, littéraire et politique* den Neologismus *sentimentaire* und wollte Ästhetik damit von sentimental und der sensualistischen Tradition unterscheiden. Dieser Neologismus setzte sich jedoch nicht durch. Nach Sulzers *Encyclopédie*-Artikel und vor dem Erscheinen von Anton Keils Aufsatz *Notice sur la philosophie et les ouvrages de M. Kant* (1796) und Charles de Villers' für die französische Rezeption einflußreichem Kant-Buch *Philosophie de Kant, ou principes fondamentaux de la philosophie transcendentale* (1801) – den beiden Texten, die zum ersten Mal auch Gedanken der *Kritik der Urteilskraft* in die französische Ästhetikdebatte einbrachten –, wurde der Ästhetikbegriff auf semantisch diffuse und schillernde Weise als Theorie der Gefühle und/oder der schönen Künste diskutiert und in die entsprechenden anglo-französischen Traditionen des Sensualismus, aber auch der Rhetorik und Poetik eingefügt. Die Sammlung *Recueil des pièces intéressantes* definierte 1789 »ce terme, reçu par tous les savans d'Allemagne«, in diesem Sinne: »À proprement parler, *esthétique* signifie la *théorie des sensations*, lesquelles sont nommées αἴσθησις en grec«. Baumgarten war »le premier qui enseigna la philosophie des beaux-arts, qu'il appela *Esthétique*, d'après un système fondé sur des principes philosophiques«[249]. Wilhelm von Humboldt, der in der Pariser Szene zu Hause war, hatte wohl bewußt auch seine französische Kurzfassung der Abhandlung *Ueber Goethe's Herrmann und Dorothea*, die im Herbst 1799 im *Magasin Encyclopédique* erschien, unter den Titel *Essais æsthétiques* gestellt. Im Text kommt der Terminus sonst nicht vor. Für Wilhelm von Humboldt, der darüber an Goethe schrieb, »wie man laviren muß, wenn man in deutscher Richtung mit französischem Winde segeln will«[250], ist Ästhetik mit »imagination poétique«[251] identisch. Als »die erste Formulierung der kantischen Lehre vom interesselosen Wohlgefallen am Schönen sowie der mit ihr verbundenen Auffassung von der Autonomie der Kunst in französischer Sprache«[252] wurde der Essay kaum wahrgenommen.

Villers klagte: »il est évident que nous n'avons point encore d'*Esthétique*, et que le mot ne pouvait rester là où la chose manquoit«[253]. Die Ästhetik Kants verstand er als ›Critique du goût‹: »la partie rationnelle de la critique littéraire est devenue formellement une science sous le nom d'*Esthétique*«[254]. An wieder anderer Stelle schreibt er: »il signifie *qui appartient au sentiment* ou à la sensibilité. L'Esthétique est chez les Allemands la science des règles, ou la théorie qui doit servir de base aux arts dont le but est de toucher. C'est la *Critique du Goût*.

248 Ebd., 30 [Supplément].
249 [Anm. des nicht genannten Übers. eines Textes von Johann Jakob Engel], in: Recueil des pièces intéressantes concernant les Antiquités, les Beaux-arts, les Belles-lettres, & la philosophie, Bd. 5 (Paris/Straßburg/Den Haag 1789), 184, 185.
250 WILHELM VON HUMBOLDT an Goethe (30. 5. 1800), in: Goethes Briefwechsel mit Wilhelm und Alexander von Humboldt, hg. v. L. Geiger (Berlin 1909), 125.
251 HUMBOLDT, Selbstanzeige der Schrift über ›Hermann und Dorothea‹ (1899), in: HUMBOLDT, Bd. 3 (1904), 4.
252 KURT MÜLLER-VOLLMER, Poesie und Einbildungskraft. Zur Dichtungstheorie Wilhelm von Humboldts (Stuttgart 1967), 223.
253 [ANONYMUS, d. i.] CHARLES DE VILLERS, Considérations sur l'état actuel de la littérature allemande, par un Français, in: Le Spectateur du Nord 12 (1799), 42.
254 VILLERS, Essai sur l'esprit et l'influence de la Réformation de Luther (1802; Paris ³1808), 266.

Quand on dit d'un produit de l'art qu'il est *esthétique* [dies ist einer der ersten adjektivischen Einträge – d. Verf.], cela veut dire qu'il est conforme aux règles de la théorie la plus parfaite de cet art. Une bonne *Esthétique* bien systématique et bien complète est encore un ouvrage à faire en français.«[255] Zwischen diesen beiden Polen – ›Kritik des Geschmacks‹ und ›Philosophie der schönen Künste‹ – oszilliert der Begriff im Verständnis verschiedener Autoren, ohne daß die Konsequenz des jugement esthétique aus der *Kritik der Urteilskraft*, d. h. die von Kant begründete Unmöglichkeit einer Wissenschaft des Schönen, als die eigentliche ›Wende zur Ästhetik‹ verstanden worden wäre. Man muß freilich in Rechnung stellen, daß der Text der *Kritik der Urteilskraft* vor dem Erscheinen der französischen Übersetzung durch Jules-Romain Barni im Jahre 1846 kaum bekannt war.

Der kunsttheoretische Klassizismus war im französischen Gedächtnis (wie auch in der nach-revolutionären Praxis) so fest verankert, daß der Begriff Ästhetik nicht im Sinne Kants als Fundierung der Unterscheidung zwischen allgemeiner (nicht nur

255 [ANONYMUS, d. i.] VILLERS, [Anm. zu einem ins Frz. übers. Fragment Humboldts], in: Le Spectateur du Nord 13 (1800), 382; vgl. TRONCHON (s. Anm. 236), 120 f.
256 [ANONYMUS, d. i.] CHARLES DE VANDERBOURG, [Anm. d. Übers. zu einem Text von Friedrich Schiller], in: Archives littéraires de l'Europe 2 (1804), 255; vgl. TRONCHON (s. Anm. 236), 121 f.
257 [ANONYMUS], Gazette littéraire, in: Archives littéraires de l'Europe 7 (1805), LXIX.
258 Vgl. VICTOR COUSIN, Cours de philosophie professé à la Faculté des Lettres pendant l'année 1818 [...] sur le fondement des idées absolues du vrai, du beau et du bien, hg. v. A. Garnier (Paris 1836); THÉODORE JOUFFROY, Cours d'esthétique [...] suivi de la thèse [...] sur le sentiment du beau et de deux fragments inédits (Paris 1843).
259 COUSIN, Cours de l'histoire de la philosophie (Cours de 1829), Bd. 1 (Paris 1829), 28.
260 Vgl. CHARLES LÉVÊQUE, Études sur la science du beau (Paris 1861).
261 [ANONYMUS], [Rez.] Johann Christoph Schwabe, Abhandlung über die Preisfrage von dem Einfluß der Nachahmung fremder Werke auf den vaterländischen Geschmack (Berlin 1789), in: Bibliothèque germanique, Bd. 1 (Paris 1800), 227.
262 Ebd., 248.

auf Kunst begrenzter) ästhetischer Kritik (bzw. Urteilskraft) und Metaphysik des Schönen und der Kunst wahrgenommen werden konnte. Das zeigt ein aufschlußreiches Beispiel. Als Charles Vanderbourg, der zur *école allemande* gehörte, 1804 in einer Übersetzeranmerkung zu einem Text von Schiller in den von ihm herausgegebenen *Archives littéraires de l'Europe* die Schwierigkeit notierte, den deutschen Begriff jugement esthétique dem französischen Publikum verständlich zu machen, zog er den Schluß: »Si je me suis fait entendre sans le secours de ce mot, et si je n'ai pas trop délayé mon original, ce sera une nouvelle preuve que le néologisme n'est pas aussi nécessaire qu'il le paraît à quelques littérateurs.«[256] Dieselbe Zeitschrift gab dafür an anderer Stelle diese Erklärung: »L'*Æsthétique* est une science fort peu connue parmi nous, du moins sous le nom qu'elle porte en Allemagne; car nous possédons d'ailleurs assez de poétiques, de rhétoriques, de théories des arts et d'essais sur le goût, sur le beau et sur le sublime.«[257]

Dieser Bruch zwischen jugement esthétique und métaphysique de l'art ist auch das Merkmal der Vorlesungen *Du vrai, du beau et du bien*, die der Philosoph des Eklektizismus Victor Cousin 1818 an der Sorbonne hielt, dessen Ideen auch der *Cours d'esthétique* seines Schülers Théodore Jouffroy popularisierte, der dieser 1826 für ein privates Publikum in Paris hielt.[258] Cousin konstatierte zwar nach seiner Deutschlandreise: »C'est le dix-huitième siècle qui a mis au monde la haute critique, l'æsthétique, comme dit l'Allemagne, qui, après l'avoir inventée, l'a portée si loin.«[259] Doch verstand er diese ›haute critique‹ nur als Ergänzung der Philosophie und Moral durch eine ›science du beau‹.[260] Ästhetik blieb in Frankreich noch immer ein Fremdwort, ein Importartikel aus Deutschland ohne präzisen begrifflichen Status. Man verwandte den Terminus im allgemeinen lediglich zur Unterscheidung zwischen französischer und deutscher Literatur und Kunst. Die *Bibliothèque Germanique* etwa nannte 1792 das »nouveau mot *æsthétique*« einen Terminus, mit dem »on désigne aujourd'hui en Allemagne« »le beau idéal et sensible«[261], einen Terminus, mit dem Werke charakterisiert würden, »que nous eût jamais donnés l'imitation, et que la nouveauté de ce genre nous fait désigner par le nouveau mot *Æsthétique*«[262]. Ironisch fügte derselbe anonyme Autor in einer anderen Besprechung hinzu, die französische Sprache sei offenbar »étrangère encore aux beautés æsthétiques«[263]. Die Konjunktion ›beautés æsthétiques‹ in dem Text ist ein Indiz dafür, daß das Adjektiv esthétique im wesentlichen (wie oft) synonym mit poétique/poetisch verwendet wurde.[264] Allerdings wird diese Normierung früh relativiert durch eine Übertragung der Geschmackstheorien auf die Produktion und Zirkulation der Waren im Übergang von der Manufaktur- zur Industrieperiode. Die Probleme der »influence de la consommation et du goût sur la production, et réciproquement«, weist der Autor eines Plan de technonomie (1819) dem Aufgabenbereich einer esthétique industrielle als einer am Geschmack der Konsumenten orientierten und ihn regulierenden ›Warenästhetik‹ zu: »il y a d'autant plus d'instabilité dans les goûts que l'industrie est moins perfectionnée; et ce n'est que lorsqu'elle est arrivée à un assez haut degré d'avancement, qu'elle réagit puissamment sur la consommation, et qu'elle s'exerce à régler le goût sans l'asservir, en mettant de l'ordre et une sage réserve dans l'art de varier les formes de ses produits. Ceci est le principal objet de ce qu'on peut appeler l'esthétique industrielle.«[265]

Einen neuen begriffsgeschichtlichen Akzent brachte der germanophile und utopisch-sozialistische Globe seit seinem Erscheinen 1825 in die an der deutsch-französischen Differenz der Literatur- und Kunstkritik orientierte und interessierte Debatte. Ende der 20er Jahre wird esthétique damit auch im Zusammenhang der französischen querelle romantique als ein Kriterium zur Erklärung der Begriffe classique und romantique gebraucht, wie ein anonymer Autor in einer Studie über Victor Hugo 1833 im Europe littéraire anmerkte. Anders als in Frankreich hätten die Begriffe ›klassisch‹ und ›romantisch‹ in Deutschland eine präzise Konnotation, »parce que c'est en Allemagne que la discussion entre l'esthétique ancienne et l'esthétique moderne a commencé sous son véritable point de vue«[266]. Charles Magnin, der mit Heine befreundete Kritiker des Globe, hatte 1829 mit der Forderung, Poetik und Ästhetik endlich einmal klar und streng zu unterscheiden (»établir une prompte et complète séparation«), neue Perspektiven für ein den Begriff esthétique eröffnendes Fazit aus den bisherigen französischen Debatten gezogen. Die esthétique sei von den »faits contingents« zu unterscheiden, mit denen sich die Poetiken als ›Anweisungspoetiken‹ (Preisendanz) befassen. Die Domäne der esthétique seien demgegenüber die »faits nécessaires et naturels«[267]. Mit dieser Unterscheidung zwischen Poetik und Ästhetik war es möglich, die Tradition des Sensualismus mit der Kantschen Kritik zu vermitteln. Alfred Michiels, Autor einer Histoire des idées littéraires en France au XIXe siècle (1842), plädierte 1840 für ein Verständnis von Ästhetik als Kritik des Geschmacks, um »appuyer la critique sur une base solide«[268]. Die schon damals science littéraire genannte Literaturwissenschaft, die er vor allem im Auge hatte, könne nur mit Hilfe einer Ästhetik aus dem »bavardage impertinent«[269] herauskommen: »Il faut cependant crier sans relâche: on ne tirera la science littéraire du banc de sable où elle git engravée depuis si longtemps, qu'au moyen de l'esthétique.«[270] Allerdings blieben diese Präzisierungen des Begriffs durch seine Unterscheidung von der traditionellen Poetik immer mit dem Anspruch gekoppelt, Ästhetik als eine selbständige Wissensdisziplin im Sinne von science du beau in der Ordnung des Wissens und der Wissenschaften zu verankern. Das ist um 1840 kein reines ›Mißverständnis‹ ihres in Deutschland etablierten (auch dort nicht einheitlichen) Begriffs, sondern entspricht ziemlich genau der post-kantianischen Konstellation, in der die Analyse des jugement esthétique oder der faculté

263 [ANONYMUS], [Rez.] Zeichnungen auf einer Reise von Wien über Triest nach Venedig (Berlin 1800), in: ebd., 253.
264 Vgl. KARLHEINZ BARCK, Poesie und Imagination. Studien zu ihrer Reflexionsgeschichte zwischen Aufklärung und Moderne (Stuttgart/Weimar 1993).
265 GÉRARD-JOSEPH CHRISTIAN, Vues sur le système général des opérations industrielles, ou Plan de technonomie (Paris 1819), 142, 146.
266 [ANONYMUS], Traveaux littéraires de M. Victor Hugo, in: L'Europe littéraire. Journal de la littérature nationale et étrangère 2 (1833), 67.
267 CHARLES MAGNIN, [Rez.] Emmanuel Nicolas Viollet-Leduc, Précis d'un traité de poéthique et de versification (1), in: Le Globe 7 (1829), 637.
268 ALFRED MICHIELS, Études sur l'Allemagne, refermant una histoire de la peinture allemande, Bd. 1 (Paris 1840), VI.
269 Ebd., Bd. 2 (Paris ²1850), 192.
270 Ebd., Bd. 1, VI.

de juger zugunsten der systematisch orientierten Kunstphilosophie verdrängt worden war. Schopenhauer repräsentiert diese Wende zur Metaphysik des Schönen durch seine Überwindung ihres Kantschen Begriffs. Kant »geht immer nur von den Aussagen Anderer aus, vom Urtheil über das Schöne, nicht vom Schönen selbst.«[271] Esthétique bleibt bis etwa Mitte des Jh. in Frankreich eher Name als Begriff für eine neue (anti-rhetorische) Kritik, die dann später unter der Bezeichnung wissenschaftliche Ästhetik einen eigenständigen begrifflichen Status bekommen wird. Was ein Schweizer Autor, Adolphe Peschier, 1836 in seiner *Histoire de la littérature allemande* schrieb, war eher Wunschdenken aus deutscher Sicht als französische Realität: »la science de l'esthétique acquiert chaque jour en France plus d'étendue et de profondeur«. Gleichwohl: »Le mot même d'esthétique était à peine connu en France, que l'Allemagne citait avec orgueil les théories de Kant, de Herder, de Schiller, de Goethe, de Jean Paul, […] une vocation toute spéciale pour discuter, commenter, analyser ce que créa le génie«[272].

Man sieht, daß die Kantschen Bestimmungen des ästhetischen Urteils als ›regellos‹ nicht rezipiert (oder nicht begriffen) werden, weil sie besonders für den Unterricht als zu schwierig gelten. Selbst ein dem *Globe* und dem socialisme romantique so eng verbundener Kritiker wie Charles de Rémusat hielt noch 1842 an dem Anspruch fest, Ästhetik als Wissenschaft der schönen Künste (wenn auch

271 ARTHUR SCHOPENHAUER, Die Welt als Wille und Vorstellung (1819), in: SCHOPENHAUER, Bd. 2 (²1949), 629; vgl. SCHOPENHAUER, Parerga und Paralipomena (1851), in: ebd., Bd. 6 (²1947), 442–481.
272 ADOLPHE PESCHIER, Histoire de la littérature allemande, Bd. 1 (Paris/Genf 1836), 18, 21.
273 CHARLES DE RÉMUSAT, De la philosophie de Kant, in: Rémusat, Essais de philosophie, Bd. 1 (Paris 1842), 280.
274 AMABLE TASTU, Tableau de la littérature allemande depuis l'établissement du christianisme jusqu'à nos jours (Tours 1843), 94 f.
275 ABEL-FRANÇOIS VILLEMAIN, Rapports sur les concours [de l'Académie française] de 1852 (19 août 1852), in: Villemain, Choix d'études sur la littérature contemporaine (Paris 1857), 103.
276 CHARLES BÉNARD, Hegel, Philosophie de l'art. Essai analytique et critique (Paris 1852), 506.

nicht mehr in der Tradition von Batteux) zu begründen und mit wahrnehmungspsychologischen Phänomenen zu vermitteln: »La sensation est l'*æsthesis* des Grecs. L'*esthétique* sera le nom de la science de la sensibilité«. »Les Allemands donnent aussi ce nom d'*esthétique* à la science du beau, à la théorie des arts. Ce nom vient de la maxime *le beau se sent*; il signifie la science du sentiment du beau; et sous cette signification il est presque admis en français. Kant l'a repris dans le sens pur et général que lui donne l'étymologie.«[273] Eine andere Autorin, Amable Tastu, identifizierte in einem *Tableau* über die deutsche Literatur Ästhetik als »critique générale appelée *esthétique* (science du beau), c'est-à-dire celle qui, au lieu de se borner à l'examen des œuvres d'art, en établit la théorie et en pose les règles d'après les lois des convenances générales. Cette critique est à l'autre ce que l'algèbre, qui opère sur des quantités abstraites, est à l'arithmétique, qui procède avec des nombres positifs.«[274] Rémusats Urteil ist auch insofern aufschlußreich, als die französische Akademie 1852 Charles Bénards Übersetzung von Hegels *Ästhetik* (*Cours d'esthétique*, 1840–1852) prämiert hatte, nicht ohne Zweifel anzumelden, wie der Berichterstatter Abel-François Villemain bemerkte: »On doutait qu'il fût séant et exemplaire d'admettre, même à discussion, une *théorie* des arts inaugurée sous les auspices d'une philosophie qui passait pour avoir inquiété la morale et méconnu la Divinité.«[275] Bénard hatte seinen Kommentar der Hegelschen *Ästhetik* in einem eigenen Buch von 500 Seiten als Band 5 seiner Übersetzung folgen lassen. Es war die bis dahin gründlichste Darstellung der Ästhetik als Philosophie der Kunst in Frankreich, deren Text noch für die Hegelrezeption der Surrealisten maßgebend war. Bénards Beschluß, der die Konfusion im Verständnis von Ästhetik nun in Hegels Bahnen kanalisierte, lautete: »L'ouvrage de Hegel […] nous paraît le mieux représenter jusqu'ici cette branche intéressante du savoir humain qui s'appelle l'esthétique, ou la philosophie de l'art. On lui a reproché d'être presque entièrement conçu en dehors de la métaphysique de l'auteur. C'est probablement ce qui le fera vivre plus longtemps que le système.«[276] Um 1850 war in Frankreich der Terminus esthétique als Bezeichnung für eine Theorie des Schönen nahezu inflationär geworden. Das von dem

V. Der europäische Begriffstransfer   351

Abbé Esprit-Gustave Jouve im Rahmen der *Troisième et dernière Encyclopédie théologique* (1855–1866) von Jacques-Paul Migne 1856 veröffentlichte *Dictionnaire d'esthétique chrétienne* präsentierte sich z. B. dem Publikum als eine Enzyklopädie »de l'esthétique sacrée«, die das Konzept der ›poétique chrétienne‹ (Chateaubriand) unter dem neuen Namen als Kriterium der Unterscheidung von »beau idéal divin« und »beau idéal humain«[277] applizierte. Zwischen 1790 und 1850/60 signalisiert esthétique in einer diffusen begrifflichen Verwendung das allgemeine Bestreben, »à rajeunir la critique générale«[278]. Wie Alfred Maury 1864 rückblickend feststellte, schärften die deutschen Ideen zur Ästhetik »notre critique, sans pourtant se naturaliser beaucoup parmi nous«[279].

Esthétique im Sinne des Kantschen Begriffs der Ästhetik, dem zufolge das ästhetische Urteil eine Funktion der Auflösung der alten Ordnung des Wissens wahrnehmen könnte, blieb in Frankreich zunächst Utopie. Charles Lévêque, renommierter Repräsentant der akademischen Ästhetik in Paris um die Jahrhundertmitte, hat diese für Frankreich unüberschreitbare Grenze im Kant-Kapitel seiner *Études sur la science du beau* deutlich benannt, indem er den Grundsatz der *Kritik der Urteilskraft* als unannehmbar zurückwies: »La conclusion de la Critique du jugement esthétique, c'est qu'il ne peut y avoir de science du beau.«[280] Flaubert hat das Buch sarkastisch als akademisches Geschwätz kommentiert: »Je lis maintenant l'esthétique du sieur Lévesque, professeur au Collège de France! Quel crétin! Brave homme du reste, et plein des meilleures intentions. Mais qu'ils sont drôles, les universitaires, du moment qu'ils se mêlent de l'Art!«[281]

In den Wörterbüchern und Enzyklopädien des 19. Jh. ist die unterschiedliche Begriffsentwicklung in gleichsam versteinerter Form eingetragen. So etwa im repräsentativen *Grand dictionnaire universel du XIXe siècle* (1866–1888) von Pierre Larousse, das esthétique als neuen Zweig der Philosophie fixiert, deren Gegenstandsbereich das Schöne sei: »L'*esthétique* est cette branche des sciences philosophiques qui a pour objet le vaste empire du beau; c'est tout à la fois la science du beau et la philosophie de l'art ou des beaux-arts. Les questions générales dont s'occupe l'*esthétique* sont ordinairement rangées sous les chefs suivants: 1° du sentiment et de l'idée du beau; 2° du beau dans la nature; 3° du beau dans l'art; 4° de la nature de l'art; 5° du but de l'art. On peut les réduire à deux grandes théories: théorie du beau considéré d'une manière générale, et théorie de l'art.«[282]

b) Zwischen Künstlerästhetik und wissenschaftlicher Ästhetik

Seit der Romantik verliert die traditionelle Verbindung von Theorie des Schönen und normativer Kunstdoktrin gewissermaßen unterschwellig (d. h. außerhalb der kanonisierten akademischen Philosophie) an Geltung. Sie bleibt als eine Sparte der Philosophie im akademischen Betrieb zwar weiter bestehen, doch gewinnt der Gebrauch des Terminus esthétique unter Künstlern der Moderne nach und nach den Status eines Gegenbegriffs zur normativen klassizistischen Poetik, womit sich die von Charles Magnin im *Globe* geforderte Trennung von Poetik und Ästhetik durchsetzt. Derselbe Terminus esthétique bezeichnet dabei mindestens zwei gegensätzliche Begriffe, die sich durch gegensätzliche Bestimmungen des Schönen unterscheiden, was eine Folge seiner Vereinnahmung durch die akademische Philosophie ist.

Baudelaire historisierte (wie zuvor schon Edgar Allan Poe, den Théophile Gautier mit dem neuen Personalsubstantiv »un esthéticien de première force«[283] bedachte) 1863 den Begriff des Schönen im Sinne des beau relatif »en opposition avec la théorie du beau unique et absolu«[284]. Kontext dieses Kontrastes war seine Reflexion über die Mode und über das »plaisir que nous retirons de la repré-

---

[277] ESPRIT-GUSTAVE JOUVE, Dictionnaire d'esthétique chrétienne, ou Théorie du beau dans l'art chrétien, l'architecture, la musique, la peinture, la sculpture et leurs dérivés (Paris 1856), 3.
[278] TRONCHON (s. Anm. 236), 164.
[279] ALFRED MAURY, L'ancienne Académie des inscriptions et belles-lettres (Paris 1864), 379.
[280] LÉVÊQUE (s. Anm. 260), 519.
[281] GUSTAVE FLAUBERT an Edma Roger des Genettes (18. 6. 1873), in: Flaubert, Correspondance, hg. v. J. Bruneau, Bd. 4 (Paris 1998), 677.
[282] ›Esthétique‹, in: LAROUSSE, Bd. 7 (1870), 967.
[283] THÉOPHILE GAUTIER, Charles Baudelaire (1867), in: Gautier, Portraits contemporains (Paris 1881), 161.
[284] CHARLES BAUDELAIRE, Le Peintre de la vie moderne (1863), in: BAUDELAIRE, Bd. 2 (1976), 685.

sentation du présent«, worin die Moral aus einer zeitgebundenen Ästhetik hervorgehe: »c'est la morale et l'esthétique du temps«[285]. Mit dem Schritt zu einer ›Ästhetik der Zeit‹ bekommt der »Zeitbezug [...] seine eigene Ästhetik, die freilich nicht eine Ästhetik des Schönen, sondern eine Ästhetik des Interessanten ist, mit der Baudelaire an die anti-klassizistische Ästhetik des Interessanten in der Spätaufklärung anknüpft«[286]. Im Essay über Gautier (1859) attestierte Baudelaire diesem im Gegensatz zu dem auf der Pariser Industrieausstellung von 1855 versammelten »concile esthétique«, daß er einer der ersten gewesen sei, der in seinen Salons und Reiseberichten die Relativität verschiedener nationaler Schönheitskonzepte erkannt und unterschieden habe: »le beau asiatique, le beau grec, le beau romain, le beau espagnol, le beau flamand, le beau hollandais et le beau anglais«[287]. E. T. A. Hoffmanns Erzählung *Prinzessin Brambilla* erschien Baudelaire 1855 »comme un catéchisme de haute esthétique«[288]. Die Tradition einer modernen Ästhetik, die seit Walter Benjamin mit dem Namen Baudelaire auch begriffsgeschichtlich verknüpft ist und die mit der »fameuse doctrine de l'indissolubilité du Beau, du Vrai et du Bien« als einer »invention de la philosophaillerie moderne« gebrochen hat, sah Baudelaire verkörpert durch drei Instanzen: Rousseau und die Romantik, Poe und den Satanismus, denen es gelungen war, die »schönen Strahlen der ästhetischen Sonne« aufzufangen: »Des hérésies étranges se sont glissées dans la critique littéraire. Je ne sais quelle lourde nuée, venue de Genève, de Boston ou de l'enfer, a intercepté les beaux rayons du soleil de l'esthétique.«[289]

Wenn Baudelaire schließlich im *Salon de 1859*

ein Grundprinzip (s)einer Ästhetik der Modernität als eine »Formel echter Ästhetik« charakterisiert, dann kann man diese Selbstreflexion auf die eigene künstlerische Praxis (und auf die kongeniale anderer Künstler) als semantisches Indiz einer individuellen Künstlerästhetik verstehen, die nun einlöst, was Denina prognostiziert hatte: die Fundierung der Ästhetik im Begriff der Imagination: »la formule principale, où est [...] contenu tout le formulaire de la véritable esthétique, et qui peut être exprimé ainsi: Tout l'univers visible n'est qu'un magasin d'images et de signes auxquels l'imagination donnera une place et une valeur relative; c'est une espèce de pâture que l'imagination doit digérer et transformer.«[290]

Solche Konnotationen des Begriffs esthétique bleiben auch im Œuvre Baudelaires noch vereinzelt. Sie sind jedoch auf einen theoriegeschichtlichen Kontext zu beziehen, der seit den 40er Jahren durch die Publikation mehrerer Standardwerke zur Ästhetik und durch die Übersetzung deutscher Ästhetiken gekennzeichnet ist: 1843 erschien Théodore Jouffroys *Cours d'esthétique*; 1842 Schellings *Système de l'idéalisme transcendental* in der Übersetzung von Paul Grimblot; 1846 Jules-Romain Barnis Übersetzung von Kants *Critique du jugement*; 1847 Charles Bénards Übersetzung von Schellings *Ecrits philosophiques*; 1840-1852 von demselben die Übersetzung von Hegels *Cours d'esthétique* in 5 Bänden; 1856 Adolphe Pictets *Du beau dans la nature, l'art et la poésie. Études esthétiques*. Heines *De l'Allemagne*, 1835 in 1. und 1855 in 2. Auflage erschienen, war in Pariser Künstler- und Kritikerkreisen bekannt und spielte in den Debatten über Ästhetik eine Rolle. In einem 1823 erstmals gedruckten Gedicht aus dem *Buch der Lieder* (»Sie saßen und tranken am Theetisch, / Und sprachen von Liebe viel. / Die Herren, die waren ästhetisch, / Die Damen von zartem Gefühl.«) gebrauchte Heine das Adjektiv ästhetisch als Persiflage auf das deutsche ästhetische Geschwätz. Gérard de Nerval schuf eine holprige französische Prosaversion, in der durch die Übertragung des Adjektivs ins Substantiv der Pfiff verlorenging: »Assis autour d'une table de thé, ils parlaient beaucoup de l'amour. Les hommes faisaient de l'esthétique, les dames faisaient du sentiment.«[291]

Wie Baudelaire hat auch Flaubert die meisten

---

285 Ebd., 684.
286 KARLHEINZ STIERLE, Der Mythos von Paris. Zeichen und Bewußtsein der Stadt (München/Wien 1993), 719.
287 BAUDELAIRE, Théophile Gautier [I] (1859), in: BAUDELAIRE, Bd. 2, 123.
288 BAUDELAIRE, De l'essence du rire (1855), in: ebd., 542.
289 BAUDELAIRE (s. Anm. 287), 111.
290 BAUDELAIRE, Salon de 1859, in: ebd., 627.
291 HEINRICH HEINE, Buch der Lieder (1827), in: HEINE (HSA), Bd. 1 (1979), 83; frz. v. G. de Nerval, in: ebd., Bd. 13 (1978), 86.

dieser Schriften zur Kenntnis genommen, wie wir aus den *Carnets de travail* wissen. Marcel Proust besuchte in den 80er/90er Jahren Gabriel Séailles von Schelling inspirierte Ästhetikvorlesungen im privaten Kreise. Zwischen 1810 und 1870 wurden in Frankreich etwa 30 Thèses zu ästhetischen Themen (vor allem über die deutsche Tradition) veröffentlicht.[292] Man kann also davon ausgehen, daß in der 2. Hälfte des 19. Jh. Ästhetik als Thema und als diffuser Begriff in Frankreich verbreitet war.

Das kann man Flauberts Fragment gebliebenem Roman *Bouvard et Pécuchet* entnehmen, an dem der Autor seit Mitte der 70er Jahre arbeitete. Die Diskussion der beiden Protagonisten über Ästhetik belegt jene Verbreitung wie auch Flauberts eigene reserviert-ironisierende Haltung gegenüber der ›qualité occulte‹ der neuen Wissenschaft in ihren akademischen Formen. Die Stelle im Roman zeigt aber auch (wie schon Baudelaire), daß mit der Pluralisierung von Schönheitskonzepten die von der akademischen Philosophie traktierten ästhetischen Allgemeinbegriffe obsolet geworden waren. Unentschieden über die Form des von den Protagonisten geplanten Romans – »Pécuchet était pour le sentiment et l'idée, Bouvard pour l'image et la couleur«[293] – befragen sie die Ästhetik:

»La science qu'on nomme esthétique trancherait peut-être leurs différends. Un ami de Dumouchel, professeur de philosophie, leur envoya une liste d'ouvrages sur la matière. [...]

D'abord, qu'est-ce que le Beau?

Pour Schelling, c'est l'infini s'exprimant par le fini; pour Reid, une qualité occulte; pour Jouffroy, un fait indécomposable; pour De Maistre, ce qui plaît à la vertu; pour le P. André, ce qui convient à la raison.

Et il existe plusieurs sortes de Beau: un beau dans les sciences, la géométrie est belle; un beau dans les mœurs, on ne peut nier que la mort de Socrate ne soit belle; un beau dans le règne animal; la beauté du chien consiste dans son odorat. Un cochon ne saurait être beau, vu ses habitudes immondes; un serpent non plus, car il éveille en nous des idées de bassesse.

Les fleurs, les papillons, les oiseaux peuvent être beaux. Enfin la condition première du Beau, c'est l'unité dans la variété, voilà le principe.

– Cependant, dit Bouvard, deux yeux louches sont plus variés que deux yeux droits et produisent moins bon effet, ordinairement.

Ils abordèrent la question du Sublime. [...]

Ils se perdaient ainsi dans les raisonnements. Bouvard, de moins en moins, croyait à l'esthétique.«[294]

War in den Künstlerästhetiken die Historisierung der Schönheitskonzepte das Ergebnis einer Kritik an normativer Poetik und Rhetorik, die sich mit Argumenten der deutschen Ästhetikdebatte ausrüstete und begrifflich diffus blieb, so kam es in der 2. Jahrhunderthälfte zu einer Profilierung der Ästhetik (und ihres Begriffs) im Rahmen einer neuen epistemologischen Konstellation. Diese Konstellation stand im Zeichen einer interdisziplinären Orientierung in den Wissenschaften, die von der jungen Experimentalpsychologie ausging, wie sie in Deutschland Gustav Theodor Fechner begründet hatte und die als Psychophysik einen »psychophysical turn of events in the 1860s and 1870s«[295] einleitete. Die Psychophysik wurde verstanden als »a science whose object of study is the nature of sense experience«[296]. Als solche befaßte sie sich unter wahrnehmungspsychologischen Gesichtspunkten mit den Künsten und ihrer aisthetischen Funktion. Lessings *Laokoon* weiterführend, wurden die Künste nicht nur nach ihren Mitteln voneinander unterschieden, sondern auch nach Kriterien psychischer und sinnesphysiologischer Reaktionen auf seiten der Individuen. Der Begriff, so könnte man sagen, wurde aisthetisch bestimmt, und die Künste wurden medial differenziert. Mit der sinnesphysiologischen Fundierung der Ästhetik wird deren Begriff auch nach den einzelnen Künsten unterschieden. In einer musiktheoretischen Schrift, die er *Esthétique musicale* nannte, hatte Ca-

---

292 Vgl. ANNE HENRY, Marcel Proust. Théories pour une esthétique (Paris 1983), 83.
293 FLAUBERT, Bouvard et Pécuchet (1881), in: Flaubert, Œuvres, hg. v. A. Thibaudet/R. Dumesnil, Bd. 2 (Paris 1952), 839.
294 Ebd., 840 f.
295 JOSÉ A. ARGÜELLES, Charles Henry and the Formation of a Psychophysical Aesthetic (Chicago/London 1972), 20.
296 Ebd., 28.

mille Durutte 1855 als erster den Begriff Ästhetik auf eine partikulare Kunst bezogen.[297] Mit dem Entwurf einer wissenschaftlichen Ästhetik, die der englische Mathematiker und Physiologe Charles Henry 1885 in Frankreich in der *Revue contemporaine* skizziert und begründet hat, sollte Ästhetik als Gegenbegriff zur philosophischen Ästhetik auf naturwissenschaftliche Grundlagen gestellt werden. Die in 26 Punkten erläuterten »Principes d'Esthétique mathématique et expérimentale«[298] modellieren die Wahrnehmung im ›Konzert der Sinne‹ – z.B. synästhetische Phänomene wie die audition colorée, das Farbklavier, rhythmische Frequenzen. Die »Esthétique des choses« (466) genannten dynamisch-energetischen Eigenschaften sinnlicher Kontaktzonen beschreibt Henry als je eigene Reaktionsformen, die er »esthétique des couleurs«, »esthétique des lignes« (454) oder generell »Esthétique des formes« (445) nannte. Wissenschaftliche Ästhetik ist keine ›science du beau‹, weil sie keine Kriterien zur Unterscheidung des Schönen in verschiedenen Realisierungen an die Hand gibt. »Le sentiment de la beauté se résout dans la perception d'un nombre infini de rhythmes avec le moindre effort possible, c'est-à-dire dans l'infiniment petit de temps.« (467) Henrys Begriff wissenschaftlicher Ästhetik als »Esthétique des formes« (445) – »autre chose est la vérité métaphysique et autre chose la vérité scientifique« (442) – vermittelt zwischen der künstlerischen Moderne – »combien l'art d'Edgar Poé et de Charles Baudelaire a exalté la Science« (444) – und den Forschungen über die Sinnesempfindungen:

»En somme, ce qui a fatalement retardé l'avènement de la méthode scientifique est la complexité même du problème. On ne pouvait étudier l'impression subjective des mouvements, des couleurs, des sons musicaux et articulés lorsque la philosophie naturelle n'avait encore distingué, classé, formulé ces objets« (444 f.). Henry, der sich fürs Radfahren begeisterte und eine Artikelserie zum ›cyclisme‹ verfaßte[299], war nicht nur der wichtigste Theoretiker des Impressionismus und des Symbolismus, er hat mit dem Gesetz des geringsten Aufwandes als einer auch ästhetischen Einstellung ebenfalls den Weg für Entwicklungen geebnet, die dann unter dem Namen und dem Begriff einer esthétique industrielle im 20. Jh. eine Rolle spielen werden. In einem Interview mit Jules Huret erläuterte er diese Perspektiven in einem auch politischen Zusammenhang wie folgt: »Je ne crois pas à l'avenir du psychologisme ou du naturalisme, ni, en général, de toute école réaliste. Je crois au contraire à l'avènement plus ou moins prochain d'un art très idéaliste, mystique même, fondé sur des techniques absolument nouvelles. Je le crois parce que nous assistons à un développement et à une diffusion de plus en plus grandes des méthodes scientifiques et des efforts industriels; l'avenir économique des nations y est engagé et les questions sociales nous y forcent, car, en somme, le problème de la vie progressive des peuples se résume ainsi: ›fabriquer beaucoup, à bon marché et en très peu de temps.‹«[300]

Die Konfusion über den Begriff der Ästhetik in Frankreich löst sich am Ende des Jh. auf in der Unterscheidung einer normativen philosophischen Ästhetik – »on peut et doit entendre sous ce mot toute réflexion plus ou moins philosophique sur l'art«[301] – von einer jede Bindung an einen normativen Schönheitsbegriff unterlaufenden Künstlerästhetik. Benjamin Fondane hat in einem *Faux Traité d'esthétique* (1938) »la contemplation«, »le beau« und die Ästhetik als Wissenschaft vom Schönen als »choses absolument périmées« bezeichnet, welche »l'humanité, assoiffée de justice, ne peut plus se permettre«[302]. Das war auch ein Nekrolog auf ein ›projet d'esthétique spiritualiste‹[303], das nach dem Deutsch-Französischen Krieg Ästhetik als gallozentrische Kunstreligion instrumentalisierte, als »partie formidable entre le génie du Nord et celui

---

297 Vgl. CAMILLE DURUTTE, Esthétique musicale, ou lois générales du système harmonique (Paris 1855).
298 CHARLES HENRY, Introduction à une Esthétique scientifique, in: La Revue contemporaine littéraire, politique et philosophique 2 (1885), 453.
299 Vgl. ARGÜELLES (s. Anm. 295), 92.
300 HENRY, [Interview], in: JULES HURET, Enquête sur l'évolution littéraire (Paris 1891), 414.
301 CHARLES LALO/ÉTIENNE SOURIAU/RAYMOND BAYER, Que sera la ›Revue d'Esthétique‹?, in: Revue d'Esthétique 1 (1948), 1.
302 BENJAMIN FONDANE, Faux Traité d'esthétique (1938; Paris 1998), 123.
303 Vgl. GEORGES SIMON, Pour un Projet d'Esthétique Spiritualiste, in: La Rénovation esthétique 1 (1905), 314–321.

du Midi. L'enjeu n'est rien moins que l'hégémonie intellectuelle de l'Occident.« »Il faut donc repousser la méthode allemande comme une contradiction de nos facultés.«[304] Die ›suprématie du goût français‹[305] war auch das Programm der von Émile Bernard redigierten Kunst- und Literaturzeitschrift *La Rénovation esthétique*. *Revue de l'Art le meilleur*, die 1905–1910 in 10 Bänden erschien: »Il est donc exact que l'œuvre d'art est un acte de foi et que l'esthétique est la foi même qui le dicte.«[306] Und Rémy de Gourmont forderte im Namen von Ästhetik als einer kosmetischen Schönheitslehre einen radikalen Sprachpurismus des Französischen: »Esthétique de la langue française, cela veut dire: examen des conditions dans lesquelles la langue française doit évoluer pour maintenir sa beauté, c'est-à-dire sa pureté originelle.«[307]

Die Überwindung solcher nationalistischer Instrumentalisierungen wurde erst möglich durch eine Wendung der ästhetischen Reflexion von der Spekulation über das Schöne zu Analysen von Modi der Anschauung und Wahrnehmung, in denen Urteile über Schönheit als geschichtlich relative thematisiert werden. Dieser Übergang vollzog sich in Frankreich am Ende des Jh. im Rahmen der Kant-Rezeption, die Positionen der ›Querelle des anciens et des modernes‹ aktualisierte. Zwei Beispiele sollen das abschließend illustrieren.

Der Physiologe Charles Féré veröffentlichte 1887 eine Schrift über Zusammenhänge zwischen Sinnesempfindung und Bewegung, die das Konzept eines (von Nietzsche mit Interesse registrierten) ›ästhetischen Dynamometers‹ als Klarifizierung der Kantschen Ästhetik vorstellte: »Les sensations agréables s'accompagnent d'une augmentation de l'énergie, tandis que les désagréables s'accompagnent d'une diminution. La sensation de plaisir est résout donc dans une sensation de puissance; la sensation de déplaisir dans une sensation d'impuissance. Nous en sommes donc arrivés à la démonstration matérielle des idées théoriques émises avec plus ou moins de clarté par Kant, par Bain, par Darwin, par Dumont, sur le plaisir et la douleur«[308].

Victor Basch, den die Gestapo 1944 als 82-jährigen in Lyon ermordete, hatte sich bereits in seiner Dissertation *Essai critique sur l'esthétique de Kant* (1896) gelegentlich zum Zusammenhang der verschiedenen »formes esthétiques« oder »catégories esthétiques«[309] geäußert und daraus später die Idee entwickelt, die europäischen geschichtlichen Zusammenhänge der Ästhetik seit der Aufklärung »dans le vocabulaire international de l'esthétique«[310] darzustellen. Damit war Basch der erste, der eine Geschichte der Ästhetik als Geschichte ästhetischer Begriffe in internationalem epochengeschichtlichem Vergleich konzipierte. Die Geschichte ästhetischer Kategorien wurde für ihn wie für seine Mitarbeiter und Nachfolger bei der Erarbeitung eines ästhetischen Wörterbuchs[311], Charles Lalo, Étienne Souriau, Raymond Bayer und Anne Souriau, ein anti-normativistisches Unternehmen, für das sich sagen läßt: »Chaque catégorie se situe [...] dans un réseau d'interrelations complexes et toujours extensibles, qui offre un champ d'action infini à l'invention de l'artiste et à la réflexion de l'esthéticien.«[312]

Karlheinz Barck

2. *England*

a) Barrieren der Rezeption

Aesthetics, die heute mehrheitlich verwendete Schreibweise, bezog sich am Anfang der Begriffsentwicklung in England als ein Kollektivsingular in der Tradition des Empirismus und Sensualismus

304 JOSÉPHIN PÉLADAN, Introduction à l'esthétique (Paris 1907), 31, 60.
305 Vgl. PIERRE HAUTEFEUILLE, De la Suprématie du Goût Français, in: La Rénovation esthétique 1 (1905), 290–302.
306 ÉMILE BERNARD, L'Esthétique et les Esthétiques, in: La Rénovation esthétique 2 (1905/06), 146.
307 RÉMY DE GOURMONT, Esthétique de la langue française (Paris 1899), 7.
308 CHARLES FÉRÉ, Sensation et mouvement. Études expérimentales de psycho-mécanique (Paris 1887), 61; vgl. HANS ERICH LAMPL, Vivre et mourir – debout. Texte zu Friedrich Nietzsche (Cuxhaven 1993), 63.
309 BASCH (s. Anm. 237), 593; vgl. ebd., 557, 603 f.
310 ANNE SOURIAU, Les catégories esthétiques (1968), in: Encyclopaedia universalis, Bd. 6 (Paris [8]1975), 567; vgl. ÉTIENNE SOURIAU, [Vorbemerkung], in: Vocabulaire d'esthétique, in: Revue d'esthétique 16 (1963), 167 f.
311 Vgl. ÉTIENNE SOURIAU/ANNE SOURIAU (Hg.), Vocabulaire d'Esthétique (Paris 1990).
312 ANNE SOURIAU (s. Anm. 310), 569.

auf ›senses‹, ›sentiments‹ und ›emotions‹. Aesthetic (oder auch ›esthetic‹) hat grundsätzlich keine davon abweichende Bedeutung. Der Singular, dies verweist auf die Anfänge des Begriffstransfers, ist entstanden aus der ›engen‹ Übertragung von Ästhetik und esthétique. Im Unterschied zur Entwicklung in Frankreich wird der Terminus aesthetics (bzw. die Ableitungen aesthetic und aesthetical) weder in der philosophischen oder kunsttheoretischen Reflexion des 18. Jh. zur Kenntnis genommen, noch findet er in den ersten Jahrzehnten des 19. Jh. Eingang in Debatten zur Kunst- oder Wahrnehmungstheorie. Die Einführung des Terminus erfolgt zögerlich um und nach 1800 im Zuge der Kant-Rezeption, die anfänglich sowohl auf direkter Vermittlung als auch auf französischen Quellen beruht. Von einem Begriffstransfer im engeren Sinne kann in der 1. Hälfte des 19. Jh. noch nicht gesprochen werden, eher von einem allmählichen Einsickern des Terminus in den Sprachgebrauch, da auf diesen für den englischen Kontext neuen Terminus mit einem bloßen Zur-Kenntnis-Nehmen, Unverständnis, Ablehnung oder auch in Form des ironischen Verweises reagiert wird.

Die Rezeption des Terminus ist in den ersten Jahrzehnten des 19. Jh. geprägt von dem Beharrungsvermögen eigenständiger Tradition. Dabei lassen sich entsprechend der Begriffsbildung in Deutschland zwei Ebenen unterscheiden: 1. Aesthetics als ein eher unscharfer Begriff der Kunsttheorie. Der Begriff wird als eine Art Name für eine vor allem in Deutschland gebräuchliche Metasprache der Kunsttheorie, die Lehre vom Schönen, begriffen. »*Aesthetics* (Aesthetik) is the designation given by German writers to a branch of philosophical inquiry, the object of which is a philosophical theory of the beautiful, or, more definitely expressed, a philosophy of poetry and the fine arts, which has by them been raised to the rank of a separate science.«[313] 2. Daneben wird auf den Kantschen Begriff im Sinne der ›transzendentalen Ästhetik‹ als einen Terminus verwiesen, der die Bedingungen sinnlicher Erkenntnis beschreibt. Beide Ebenen betonen den deutschen Ursprung und ein gewisses Unverständnis für dieses ›Kunst-

wort‹ vor dem Hintergrund der eigenen Tradition: zum einen derjenigen der kunstkritischen Öffentlichkeit mit den zentralen Begriffen critic/criticism und taste, zum anderen der des Sensualismus. Es ergibt aus Sicht dieser Tradition wenig Sinn, einen Namen zu erfinden, hinter dem sich offenbar nicht mehr verbirgt als das, was man seit langem in Praxis und Theorie bietet: die an konkreten Prozessen und Werken geschulte Kunstkritik sowie die Reflexion der Grundlagen sinnlicher Erkenntnis seit Locke. Verunklart wird das Problem für den englischen Rezipienten zusätzlich dadurch, daß der Begriff auf beiden Ebenen auftaucht, ein Phänomen, das nicht nur in England, sondern auch in Deutschland durch die nachkantische Engführung des Ästhetischen für Verwirrung sorgt; d. h., die zögerliche Aufnahme des Begriffs in England ist auch bedingt durch die unscharfe Begriffsentwicklung in Deutschland selbst. »*Tasty*, as Mr Coleridge has observed, is a word which milliners only can venture upon; and yet, as right and wrong depend upon *moral* principles, so beautiful and ugly depend on principles of taste, which it would be very convenient to designate by an adjective. Baumgarten, and since him many German and some English writers, have adopted the term *esthetical*. This has not however yet become an established English word; and we may express a doubt whether it deserves to be so. There are considerable objections to it on the ground of its etymological signification. Perception in general is something very different from that peculiar and complex modification of it which takes cognizance of the beauties of poetry and art. *Esthetics* would naturally designate the doctrine of perception in general, and might be wanted as a technical term for that purpose. By the Kantian school, indeed, *esthetic* is thus used to denote that branch of metaphysics which contains the laws of perception: their transcendental *esthetic* is the doctrine of the regulative laws of time and space to which all perceptions are subject. Usage no doubt might restrict *esthetic* to a particular class of perceptions, as the same authority has transferred *taste* from bodily to mental impressions. But it appears to be both unphilosophical and presumptuous for an individual author, writing systematically, and bound to guide himself by the best and simplest analogies, to introduce a

---

313 The Penny Cyclopaedia, Bd. 1 (London 1833), 156.

word in a sense so arbitrary. [...] As an additional reason for hesitating before we adopt *esthetic*, it may be noticed that even in Germany it is not yet established beyond contest.«[314] Dem englischen Kontext erscheint das ›Kunstwort‹ aesthetic abstrakt und für das Verständnis von Prozessen der Kunstrezeption bzw. der sinnlichen Erkenntnis wenig hilfreich. Der Begriff verunklare mehr, als daß er ein wirksames Instrument im Rahmen dieser Prozesse sein könnte. Spürbar ist in der Polemik auch eine deutliche Ablehnung der deutschen philosophischen Spekulation. Dieser »silly pedantic term«, so Joseph Gwilt, ist »one of the metaphysical and useless additions to nomenclature in the arts, in which the German writers abound«[315]. Bis zur Mitte des Jh. bleibt die Überzeugung bestimmend, daß aesthetic/aesthetics in England ein Fremdkörper sei, der weder zur Kunsttheorie noch zu einer Theorie der Wahrnehmung einen wesentlichen Beitrag geleistet habe.[316] Charakteristisch für diese Phase ist die punktuelle Erwähnung oder auch der vereinzelte Versuch, das Problemfeld näher zu beschreiben, der aber die vom bestimmten Interesse des jeweiligen Autors gesetzten Grenzen in Richtung einer breiteren Öffentlichkeit nicht überschreitet.

Die englischen Erstbelege von aesthetics finden sich 1798 in einer Rezension der französischen Übersetzung von Kants *Beobachtungen über das Schöne und Erhabene* (»Of the author we cannot but suspect his empirical acquaintance with works of taste is not comprehensive; his receptivity for aesthetic gratification not delicate«[317]) und den *Elements of the Critical Philosophy* des Philosophen Anthony Florian Madinger Willich. Willich stellt dem englischen Leser im Rahmen eines Gesamtüberblicks über die kritische Philosophie erstmalig nicht nur die *Kritik der Urteilskraft* vor, sondern benennt auch die Doppeldeutigkeit des Begriffs Ästhetik innerhalb der kritischen Philosophie bzw. der deutschen Ästhetik allgemein, ohne allerdings diese Ambiguität näher zu erklären. Im Glossar heißt es, bezogen auf den deutschen Kontext: »*Aesthetic* commonly signifies the Critique of Taste, but with Kant, the science containing the rules of sensation«. Im Abschnitt zur *Kritik der Urteilskraft* bezeichnet Willich als Geschmacksurteile »those judgments, which are called *aesthetical*, which relate to the Beautiful and the Sublime«[318]. Anders als in Frankreich bleibt die Vorstellung der kritischen Philosophie ohne Folgen. Es kommt zu keiner weiterführenden Auseinandersetzung mit dem von aesthetic bezeichneten Problemfeld, die den Terminus in einen produktiven Umlauf hätte bringen können. Im Gegenteil, eine Besprechung des Kant-Buches von Charles de Villers konstatiert mit ironischem Unterton die französischen Anstrengungen, die Abstraktionen der reinen Vernunft in Frankreich heimisch werden zu lassen: »and though we will not say with the commentator of Kant, that it is as difficult for *any good book*, as for the whole Austrian army, to effect the passage of the Rhine, a *system of metaphysics*, we will readily allow, is of almost as difficult transportation: nor would it have surprised us more, had the headquarters of the Archduke Charles been fixed at Paris, than if, in persevering attendance on the sage of Königsberg, the experimentalists of the Institute had abandoned their physics, and the gayer literary assemblies their romances and their epigrams, for the study of *transcendental aesthetics*, and all the refinements and abstractions of *pure reason*.«[319]

Obgleich mit Ausnahme der *Kritik der Urteilskraft* die Übersetzung der Hauptwerke Kants bereits in den 30er Jahren einsetzt, ist die Tonlage der Rezension typisch für die weitverbreitete Haltung der englischen Öffentlichkeit gegenüber der Kantschen Philosophie bis weit ins 19. Jh. hinein. Coleridge, einer der wenigen, der Kant im Original

---

314 W. [ANONYMUS], On English Adjectives, in: The Philological Museum 1 (1832), 369.
315 JOSEPH GWILT, An Encyclopaedia of Architecture, Historical, Theoretical, and Practical (London 1842), 673 f.
316 Vgl. ›Aesthetics‹, in: ENCYCLOPAEDIA BRITANNICA, Bd. 2 (⁸1853), 188.
317 [ANONYMUS, d. i.] WILLIAM TAYLOR, [Rez.] Immanuel Kant, Observations sur le sentiment du beau et du sublime, übers. v. H. Peyer-Imhoff (Paris 1796), in: The Monthly Review, Enlarged 25 (1798), 585.
318 ANTHONY FLORIAN MADINGER WILLICH, Elements of the Critical Philosophy (London 1798), 139, 104.
319 [ANONYMUS], [Rez.] Charles Villers, Philosophie de Kant, ou Principes fondamentaux de la philosophie transcendentale (Metz 1801), in: The Edinburgh Review, H. 2 (Januar 1803), 253.

kannte und sich in seinen Reflexionen auf dessen Methode und Begriffswelt berief, stieß in dieser Frage wiederholt auf Unverständnis und Ablehnung. Kant wurde im besten Fall als ein Nachfolger des Skeptizismus Humes gesehen; verbreiteter war ›Kantism‹ ein Gegenstand des Spottes, Kant galt als mystisch, atheistisch, absurd.[320] Selbst Henry Crabb Robinson nannte Kants System »mystical in its fundamental principles«[321]. Crabb Robinson, neben Coleridge und Carlyle der bedeutendste Kenner und Vermittler deutscher literarischer und philosophischer Entwicklungen in der 1. Hälfte des 19. Jh., veranschaulicht auch, wie gering das Interesse an der *Kritik der Urteilskraft* und dem neuen Terminus in England war. In Artikeln und einer umfangreichen Korrespondenz charakterisiert Crabb Robinson an mehreren Stellen die Kantsche Verwendung von ästhetisch:»It is not my intention now to weary you by a statement of Kant's Aestheti[k] or Philosophy of Taste. The ›Criticism of the Judgement‹ in which this theory together with another which has a reference to the natural world, is developed, is considered as the most profound of Kant's ›Criticism's‹. [...] 1. The judgement of taste is ästhetisch aesthetical. You already know the import of the word aesthetical in K.'s general Philosophy which is not changed in this position, which introduces the work and gives title to one half of the volume ›Criticism of aesthetical judgement‹«[322]. Aber die Vermittlungsversuche Crabb Robinsons in bezug auf Kants 3. *Kritik* werden so gut wie überhaupt nicht zur Kenntnis genommen.

Coleridge verweist lediglich einmal ausführli-

cher auf den Terminus aesthetic, und zwar im dritten Brief seiner *Literary Correspondence* (1821), und vereinzelt in seinen fragmentarischen Reflexionen zur Kunst- und Wahrnehmungstheorie im Zusammenhang mit Kant und Schelling. Der Bezugspunkt sind hier in erster Linie die Schönen Künste: »Art (sc. aesthetic)«[323]; »aesthetic = fine Arts«[324]. Kunst repräsentiert die Wahrnehmung des Schönen in der Natur. Daneben läßt der genannte Brief eine darüber hinausgehende Bedeutung als eine spezifische Form allgemeinerer Wahrnehmung erkennen, die von ethischen Interessen geleitet wird. Er charakterisiert die Zeitschrift *Edinburgh Magazine* »as a Philosophical, Philological, and Aesthetic Miscellany«. »Aesthetic« ist dabei mit einer Anmerkung versehen, die mit der Feststellung beginnt: »I wish I could find a more familiar word than aesthetic, for works of taste and criticism. It is, however, in all respects better, and of more reputable origin, than belletristic. To be sure, there is *tasty*; but that has been long ago emasculated for all unworthy uses by milliners, tailors, and the androgynous correlatives of both, formerly called *its*, and now yclept dandies.« Coleridge bezieht aesthetic zurück auf die beiden griechischen Wörter φιλοκαλία (philokalia) und αίσθητικόν (aisthētikon), ersteres im Sinne von Wahrnehmung, Liebe des Schönen, das zweite im Sinne von Wahrnehmung allgemein, und erklärt aufgrund des griechischen Rückbezugs, daß aesthetic prägnanter als die gebräuchlichen englischen Begriffe die Struktur des Wahrnehmungsprozesses, die Relationen zwischen Wahrnehmungsgegenstand, äußerer und innerer Wahrnehmung sowie der damit verbundenen intellektuellen Anstrengung beschreibt: »As our language, therefore, contains no other *useable* adjective, to express that coincidence of form, feeling, and intellect, that something, which, confirming the inner and the outward senses, becomes a new sense in itself, to be tried by laws of its own, and acknowledging the laws of the understanding so far only as not to contradict them; that faculty which, when possessed in a high degree, the Greeks termed φιλοκαλια, but when spoken of generally, or in kind only, το αισθητικον; and for which even our substantive, Taste, is a – not inappropriate – but very inadequate metaphor; there is reason to hope, that the term *aesthetic*, will be

---

320 Vgl. ROSEMARY ASHTON, The German Idea: Four English Writers and the Reception of German Thought, 1800–1860 (Cambridge u. a. 1980), 36 ff.
321 HENRY CRABB ROBINSON an Thomas Crabb Robinson (4. 1. 1801), in: E. J. Morley (Hg.), Crabb Robinson in Germany, 1800–1805: Extracts from His Correspondence (London 1929), 48.
322 CRABB ROBINSON, Letters on German Literature: Kant's Analysis of Beauty (1803) [unveröff. Ms. in der Dr. Williams Library, London, Gordon Square].
323 SAMUEL TAYLOR COLERIDGE, On Aesthetic Problems (entst. um 1813–1815), in: COLERIDGE, Bd. 11 (1995), 347.
324 COLERIDGE, Contributions to a Course of Lectures Given by J. H. Green (entst. 1828), in: ebd., 1402.

brought into common use as soon as distinct thoughts and definite expressions shall once more become the requisite accomplishment of a gentleman.«[325] Anfang der 40er Jahre unternahm George Henry Lewes einen erneuten Anlauf, deutsche Ästhetik in England einzuführen. Auch Lewes' Haltung gegenüber dem ›deutschen Gegenstand‹ ist einerseits gekennzeichnet durch ein Verspotten deutscher Tiefsinnigkeit, des deutschen Hangs zu »symbols of the infinite«, der deutschen »Aesthetic spectacles«[326], durch die Überzeugung, daß Kants transzendentaler Idealismus nicht zu begreifen sei[327], und andererseits durch den Versuch, deutsche Philosophie und Ästhetik dem englischen Publikum zu vermitteln. In seiner Sammelbesprechung von Hegels und Solgers Vorlesungen zur Aesthetik, von Jean Pauls Vorschule der Ästhetik sowie zweier Schriften von Quatremère de Quincey konzentriert er sich fast ausschließlich auf Hegel, dessen Bestimmung des Poesiebegriffs, und stellt Hegel damit in den Kontext einer englischen Debatte, die mit Wordsworth und Coleridge beginnt und bis zu John Stuart Mill (What is Poetry?, 1833) führt. Die einleitende Passage benennt den für Lewes übergreifenden Zusammenhang, in dem deutsche kunsttheoretische Reflexion für den englischen Leser interessant sein könnte: »Art may not with us be a ›revelation of the Infinite,‹ but it is a very positive branch of trade, and subject to all the fluctuations of market and fashion, in common with every other produce of refined civilization. [...] How far this commercial theory may be true we know not; at the same time we are happy in the knowledge that such is not the universal belief, that other nations regard Art as something far transcending any commerce yet invented, and that many even here in Britain share the same opinion; to these then we address ourselves in the hope of calling their attention to the aesthetical systems of German philosophers«[328]. Der Begriff Ästhetik spielt im Text, abgesehen von seiner Funktion als Name für deutsche Kunsttheorie, keine Rolle: Ästhetik ist die Lehre vom Schönen in der Kunst, die im Sinne des Positivismus von Comte als Wissenschaft den praktizierten criticism auf eine höhere Stufe heben soll: »to attain something more complete insight into Art, to produce something higher than

acute fragmentary criticism, we must go back to Germany and obtain some idea of it as a science«[329]. Dieser erste Versuch einer Hegel-Rezeption und der Etablierung einer ›wissenschaftlichen Ästhetik‹ ist zu dieser Zeit weder von Lewes noch von anderen weiter verfolgt worden. Erst in Verbindung mit dem in den 60er Jahren entstehenden Hegelianism werden auch die *Vorlesungen über die Ästhetik* und damit die System-Ästhetik verstärkt zur Kenntnis genommen.

b) Aesthetics zwischen ›Aesthetic Movement‹ und ›Physiological Aesthetics‹
Wenn William Hamilton in den postum erschienenen *Lectures on Metaphysics* feststellt, daß der Begriff aesthetic nunmehr nicht nur in Deutschland, sondern auch in den anderen Ländern Europas als eine Bezeichnung für das Feld akzeptiert wird, »which we vaguely and periphrastically denominate the Philosophy of Taste, the theory of the Fine Arts, the science of the Beautiful and Sublime, &c.«[330], so beschreibt er damit die gängige Praxis vor allem in Deutschland und Frankreich, Ästhetik als eine systematisierte Theorie des Schönen aufzufassen, und vermerkt zugleich mit einigem Bedauern, daß sich die international übliche Bezeichnung in England bislang nicht durchsetzen konnte. Diese Situation ändert sich in den 60er und 70er Jahren. Aesthetic erscheint den englischen Ästhetikern zunehmend als eine griffige Formel, die vor dem Hintergrund der empfundenen Krisenphänome in bezug auf das eigene traditionelle

---

325 COLERIDGE, Selection from Mr Coleridge's Literary Correspondence (1821), in: ebd., 938.
326 GEORGE HENRY LEWES, Aesthetical Considerations on the World-Drama, Revealed in the Popular Poem of ›The Milkmaid's Courtship‹, in: The British Miscellany 1 (1841), 185, 188; vgl. LEWES, Prospectus of an Intended Course of Lectures on the Philosophy of Humbug, in: Bentley's Miscellany 6 (1839), 599–612.
327 Vgl. ASHTON (s. Anm. 320), 126–128.
328 LEWES, [Rez.] G. W. F. Hegel, Vorlesungen über die Ästhetik (Berlin 1835–1838) [u. a.], in: The British and Foreign Review 13 (1842), 1 f.
329 Ebd., 4.
330 WILLIAM HAMILTON, Lectures on Metaphysics, in: Hamilton, Lectures on Metaphysics and Logic, hg. v. H. L. Mansel/J. Veitch, Bd. 1 (Edinburgh/London 1859), 124.

Konzept des criticism Kunst und Kunstrezeption neu verkoppelt. So wird auch in England, z. T. beeinflußt durch die amerikanische Rezeption europäischer Ästhetik, die von der System-Ästhetik und Versatzstücken des Comteschen Positivismus geprägte Vorstellung, Ästhetik als eine Wissenschaft zu bestimmen, populär und zu einem Instrument in der Auseinandersetzung mit der entstehenden ästhetischen Moderne. Mit aesthetics ist hier die zumeist quasireligiös verankerte Lehre vom Schönen gemeint.[331] Weiterhin trägt zur Etablierung des Begriffs der in den 60er Jahren entstehende englische Hegelianismus bei, der mit Darstellungen und Übersetzungen die Hegelsche Kunstphilosophie in England einführt[332] und mit Bernard Bosanquets *A History of Aesthetic* (1892) einen ersten Höhepunkt erlebt.

Daneben etabliert sich auch in England einerseits eine Schule physiologischer und experimentell-psychologischer Ästhetik, anderseits eine nachromantische Moderne, für die ähnlich wie in Frankreich aesthetic zu einem Gegenbegriff zur etablierten Kunstkritik und -theorie wird.

Theoretiker wie Alexander Bain, James Sully, Herbert Spencer oder Grant Allen[333] vermittelten den durch John Stuart Mill vorgegebenen Ansatz einer empirisch-psychologischen Orientierung in der Philosophie mit einer Physiologie der Sinne und Empfindungen.[334] Eine zusammenfassende Darstellung dieser Entwicklungslinie bietet ein in London erschienenes Buch des Amerikaners Henry Rutgers Marshall, in dem es heißt: »aesthetics may with propriety be considered as a branch of hedonics; as being dependent directly upon pleasure laws and indirectly therefore upon the laws of pain«[335]. In diesem Sinne beschreibt der Text die physischen bzw. psychologischen Grundlagen der Gefühlskomplexe pleasure und pain und deren Wechselspiel. »That object is to be considered beautiful which produces a psychosis that is permanently pleasurable in revival. Each pleasure may form an element of impression in an aesthetic complex; but only those pleasures are judged to be aesthetic which (relatively speaking) are permanently pleasurable in memory: the non-aesthetic, so-called, pleasures of memory being merely pleasures in name, psychoses non-pleasurable in themselves in revival, but to which, for one reason or another, the word ›pleasure‹ still clings.«[336] Das Ästhetische bezeichnet innerhalb dieser Entwicklungslinie vor allem eine herausgehobene, entwicklungsgeschichtlich bestimmte Form der Wahrnehmung und ihrer gefühlsmäßigen Verarbeitung. Diese Wahrnehmungsform, gekennzeichnet mit ›aesthetic emotions‹, ›aesthetic sensations‹, ›aesthetic feelings‹, ist an sog. höhere Sinne, insbesondere den des Sehens, gebunden. Das Ästhetische ist eine Art Spielwiese überschüssiger Energien. »The aesthetically beautiful is that which affords the Maximum of Stimulation with the Minimum of Fatigue or Waste, in processes not directly connected with vital functions.«[337]

Das Modell für diese Bestimmung des Ästhetischen hatte Spencer vorgegeben, der erklärte, daß geistige wie körperliche Organe, die nicht aus-

---

331 Vgl. JOHN BASCOM, Aesthetics; or the Science of Beauty (Boston 1867); [J. B. SELKIRK, d. i.] JAMES BROWN, Ethics and Aesthetics of Modern Poetry (London 1878).
332 Vgl. JAMES HUTCHISON STIRLING, The Secret of Hegel: Being the Hegelian System in Origin, Principle, Form, and Matter (London 1865); EDWARD CAIRD, Hegel (Edinburgh/London 1883); WILLIAM HASTIE, Preface: Introductory to the Translation, in: G. W. F. Hegel/C. L. Michelet, The Philosophy of Art: An Introduction to the Scientific Study of Aesthetics, übers. v. Hastie (Edinburgh/London 1886), I-XV; BERNARD BOSANQUET, Prefatory Essay by the Translator: On the True Conception of Another World, in: Hegel, The Introduction to Hegel's Philosophy of Fine Art, übers. v. Bosanquet (London 1886), XIII-XXXIII.
333 Vgl. ALEXANDER BAIN, The Senses and the Intellect (London 1855); BAIN, The Emotions and the Will (London 1859); JAMES SULLY, Sensation and Intuition: Studies in Psychology and Aesthetics (London 1874); HERBERT SPENCER, The Principles of Psychology (London 1855/1872); GRANT ALLEN, Physiological Aesthetics (London 1877).
334 Vgl. CHRISTIAN G. ALLESCH, Geschichte der psychologischen Ästhetik (Göttingen/Toronto/Zürich 1987), 279-281.
335 HENRY RUTGERS MARSHALL, Pain, Pleasure, and Aesthetics (London/New York 1894), 299; vgl. MARSHALL, Aesthetic Principles (New York/London 1895); MARSHALL, The Relation of Aesthetics to Psychology and Philosophy, in: H. J. Rogers (Hg.), Congress of Arts and Science, Bd. 1 (Boston/New York 1905), 417-433.
336 MARSHALL, Pain (s. Anm. 335), 110.
337 ALLEN (s. Anm. 333), 39.

schließlich durch ihre lebenserhaltende Funktion belegt sind, stellvertretende Aktivitäten entfalten, die zum ästhetischen Vergnügen führen. Diese Vergnügen sind gleichsam das Resultat optimaler, weder über- noch untertriebener Anforderungen an den Wahrnehmungsapparat. Dem entspricht ein optimaler Grad inneren ästhetischen Erlebens. Emotionale Kräfte werden angeregt, ohne daß die Grenze des Erträglichen überschritten wird: »the highest aesthetic feeling is one having the greatest volume, produced by due exercise of the greatest number of powers without undue exercise of any. [...] the highest aesthetic feeling is one resulting from the full but not excessive exercise of the most complex emotional faculty«[338].

Bei Kritikern der etablierten englischen Tradition des criticism wie Walter Pater oder Oscar Wilde wird aesthetic u. a. als Adjektiv in der Kombination mit critic oder poetry oder auch in Form des von aesthetic abgeleiteten Terminus aesthete zu einer Bezeichnung, die als Provokation und Unterscheidungsmerkmal in der englischen L'art-pour-l'art-Bewegung (art for art's sake) eingesetzt wird. So bemerkt Walter Pater: »The ›aesthetic‹ poetry is neither a mere reproduction of Greek or medieval poetry, nor only an idealisation of modern life and sentiment.«[339] Mit aesthetic poetry ist eine Poesie gemeint, deren Ziel darin besteht, auf seiten des Lesers eine zwischen Mittelalter, Antike und modernem Leben changierende Atmosphäre zu erzeugen, ohne auf objektivierende Weise dieser bestimmten Gegenständlichkeit verpflichtet zu sein. Sie ist ein impressionistisches Spiel von Licht, Farben, Eindrücken. Dieser Anspruch, das Atmosphärische einer Epoche oder eines konkreten Kunstwerks zu beschreiben, bestimmt Paters Definition von aesthetics: »To define beauty, not in the most abstract but in the most concrete terms possible, to find, not a universal formula for it, but the formula which expresses most adequately this or that special manifestation of it, is the aim of the true student of aesthetics.«[340] Abgelehnt wird jegliche Form einer vom konkreten Gegenstand abstrahierenden Philosophie oder System-Ästhetik »To see the object as in itself it really is,‹ has been justly said to be the aim of all true criticism whatever; and in aesthetic criticism the first step towards seeing one's object as it really is, is to know one's own impression as it really is, to discriminate it, to realise it distinctly.«[341] Im Mittelpunkt ästhetischer Reflexion steht das aus der eigenen Tradition herkommende genaue Sehen, Hinsehen, Beobachten, Beschreiben, ein Umstand, der bei aller Verschiedenheit des ästhetischen Konzepts sowohl für Pater als auch für John Ruskin gilt: »the more I think of it I find this conclusion more impressed upon me, that the greatest thing a human soul ever does in this world is to *see* something, and tell what it *saw* in a plain way. Hundreds of people can talk for one who can think, but thousands can think for one who can see. To see clearly is poetry, prophecy, and religion – all in one.«[342] Den aesthetic critic interessiert an seinen Gegenständen – Musik, Poesie, künstlerische und als vollkommen wahrgenommene Formen des menschlichen Lebens – nicht das Schöne an sich, sondern die vielfältige Ausformung des Schönen in konkreten einzelnen Gegenständen, abgehoben von der Frage nach Wahrheit, moralischer oder metaphysischer Bedeutung. »The aesthetic critic, then, regards all the objects with which he has to do, all works of art, and the fairer forms of nature and human life, as powers or forces producing pleasurable sensations, each of a more or less peculiar or unique kind.«[343]

Deutlicher noch als Pater hat Wilde die Aufkündigung der traditionellen Verbindung von Ethik und Ästhetik auf den Begriff gebracht. Für ihn beschreibt aesthetics eine spezifische Wahrnehmungsweise, die eine spezifische Lebensform hervorbringt. Sein Credo in The Critic as Artist lautet: »Aesthetics are higher than ethics. They belong to a more spiritual sphere. To discern the beauty of a thing is the finest point to which we can arrive.

---

338 HERBERT SPENCER, The Principles of Psychology (1855/1872), Bd. 2 (London/Edinburgh 1890), 643 f.
339 WALTER PATER, Aesthetic Poetry (1868), in: Pater, Appreciations (London/Edinburgh 1889), 213; vgl. WOLFGANG ISER, Walter Pater. Die Autonomie des Ästhetischen (Tübingen 1960), 38–94.
340 PATER, The Renaissance: Studies in Art and Poetry (1873; London ²1877), VII f.
341 Ebd., VIII.
342 JOHN RUSKIN, Modern Painters (1843–1860), in: Ruskin, The Works, hg. v. E. T. Cook/A. Wedderburn, Bd. 5 (London/New York 1904), 333.
343 PATER (s. Anm. 340), IX.

Even a colour sense is more important, in the development of the individual, than a sense of right and wrong. Aesthetics, in fact, are to Ethics, in the sphere of conscious civilisation, what, in the sphere of the external world, sexual is to natural selection. Ethics, like natural selection, make existence possible. Aesthetics, like sexual selection, make life lovely and wonderful, fill it with new forms, and give it progress, and variety and change.«[344]

Wilde verwendet aesthetics/aesthetic im Sinne Paters als einen Kampfbegriff gegen die mit dem Namen Ruskin verbundene Ausrichtung ästhetischer Reflexion sowie gegen die gängige Kunstkritik, die sich als Vermittler zwischen Kunstpublikum und Kunstpraxis verstand und im Namen der Wertvorstellungen dieses Publikums Kunst beurteilte und wertete. Für Wilde ist Kritik der Ausdruck einer individuellen Haltung, die der einzelne Kritiker zu verantworten hat und die sich mit der Betrachtungsebene und dem Gegenstand verändert. »Not that I agree with everything that I have said in this essay. There is much with which I entirely disagree. The essay simply represents an artistic standpoint, and in aesthetic criticism attitude is everything.«[345] Kritik als aesthetic criticism ist selbst eine Kunst, die weder an die Kunstpraxis betreffenden allgemeinen Normen noch an allgemein akzeptierten moralischen Wertungen interessiert ist. »The critic occupies the same relation to the work of art that he criticises as the artist does to the visible world of form and colour, or the unseen world of passion and of thought.«[346]

Walter Hamiltons *Aesthetic Movement* bildet den ersten Versuch, Beginn, Entwicklung und Resultate der englischen Moderne seit den 40er Jahren von den Pre-Raphaelites über Ruskin bis Wilde in ihren Verzweigungen und z. T. mit ihren europäischen, vor allem französischen Bezugspunkten zu beschreiben. Hamilton verteidigt die Vertreter des aesthetic movement gegen die satirische Verspottung als ästhetisierende Schöngeister ohne tiefere Gedanken, wie sie u. a. in William S. Gilberts und Arthur Sullivans Operette *Patience* oder den Cartoons von George Du Maurier aus den 70er und 80er Jahren im *Punch* begegnet. »But let it be borne in mind that that higher Aestheticism has nothing in common with the affected and superficial Aestheticism which has been forced into a hot house existence by caricaturists, and fostered by those who mistake artistic slang, and stained-glass attitudes, for culture and high art.«[347] Der Text würdigt die Leistungen der frühen Avantgarde in Design, Literatur, Poesie und Malerei und hebt die Anregungen dieser Bewegung für die Geschmacksbildung im Kunsthandwerk bzw. in den angewandten Künsten wie auch in der Kunstkritik und Poesie hervor. Die Stichworte sind ›aesthetic culture‹, ›aesthetic school‹, ›aesthete‹, ›persons of aesthetic‹, ›aesthetic art‹ und ›aestheticism‹.

Der Erstbeleg von aestheticism findet sich in einem Essay George Brimleys, der damit einen Kult der Schönheit, der poetischen Sprache um ihrer selbst willen jenseits aller moralischen oder sozialen Bezüge charakterisierte: »*The Lotos Eaters* carries Tennyson's tendency to pure aestheticism to an extreme point. It is picture and music, nothing more.«[348] Bei Hamilton fungiert aestheticism als Ober- oder Leitbegriff. Sein Gewährsmann ist Ruskin, wenn er die Wende zur Moderne in Malerei und Poesie im »Pre-Raphaelism« als »pure Aestheticism« bezeichnet: ›It was through the writings of Ruskin that thousands became acquainted with the works of those, who, seceding from the dreary routine of the conventional art schools, determined henceforth to follow Nature alone‹[349]. Davon unterscheidet er eine Art angewandten Ästhetizismus, »higher Aestheticism«, der nicht mit einem »pseudo-Aestheticism« zu verwechseln sei, sondern seit seinen Anfängen und in enger Berührung mit dem »pure Aestheticism«[350] in nahezu allen Bereichen des gesellschaftlichen Lebens zu einer Hebung des Geschmacks beigetragen habe. Diese Wertschätzung des aestheticism zieht hinsichtlich der praktischen Implikationen

---

344 OSCAR WILDE, The Critic as Artist (1890), in: Wilde, The Works, Bd. 10 (New York 1972), 234 f.
345 WILDE, The Truth of Masks (1891), in: ebd., Bd. 9 (New York 1972), 238.
346 WILDE (s. Anm. 344), 152.
347 WALTER HAMILTON, The Aesthetic Movement in England (1882; London ³1882), 142.
348 GEORGE BRIMLEY, Tennyson's Poems (1855), in: Brimley, Essays, hg. v. W. G. Clark (Cambridge/London 1858), 25.
349 HAMILTON (s. Anm. 347), 142.
350 Ebd.

die positive Bilanz einer Entwicklung, die in das Jahr der Londoner Weltausstellung von 1851 zurückführt. Die Weltausstellung hatte die industrielle Vormachtstellung Englands gegenüber dem Kontinent eindrucksvoll demonstriert und zugleich gezeigt, daß England auf dem Gebiet des Designs, der Warenästhetik, der Mode den kontinentalen Konkurrenten hinterherhinkte. Vor diesem Hintergrund enstand ein staatlich organisiertes Netz von Schools of Art und Schools of Design. »Kunstpädagogik wird zur nationalen Schicksalsfrage erhoben«[351]. Neben Henry Cole waren Ruskin und William Morris die zentralen Vertreter dieser kunstpädagogischen Bewegung.

Ruskins relativ frühe Bestimmung von aesthetic im zweiten Band der *Modern Painters* (1846) als »aesthesis« versus »theoretic faculty«[352] nimmt die späteren Differenzpunkte seiner Polemik gegen die »aesthetic cliques«[353] vorweg und skizziert die Grundlagen einer Ästhetik, die den Terminus konsequent an das Problemfeld der sinnlichen Wahrnehmung bindet und sich zugleich an einem religiös begründeten, platonischen Schönheitsbegriff und einer damit verbundenen spezifischen gesamtsozialen Funktion der Kunst orientiert. »Now the mere animal consciousness of the pleasantness I call Aesthesis; but the exulting, reverent, and grateful perception of it I call Theoria. For this, and this only, is the full comprehension and contemplation of the Beautiful as a gift of God; a gift not necessary to our being, but added to, and elevating it, and twofold: first of the desire, and secondly of the thing desired.«[354]

Mit ›aesthetic cliques‹ meint Ruskin die Akteure des ›aesthetic movement‹, der ihm als eine ästhetisierende Bewegung in der Kunst und den angewandten Künsten ohne ernsthaften Hintergrund erscheint. Ruskin wendet sich gegen das ästhetische Konzept von Pater u. a., weil es ihm auf der Grundlage einer Kritik der kulturellen und sozialen Folgen der industriellen Revolution um eine Form praktischer Lebensgestaltung geht, um eine sozial engagierte, auf die ästhetische Erziehung zielende Aisthesis. Nach dem *Modern Painters* wird der Terminus von Ruskin kaum noch verwendet, und wenn, dann abwertend oder im Verweis auf die Begriffsbestimmung von 1846.[355] Der Grund dafür liegt zum einen in seiner Ablehnung des aesthetic movement, zum anderen in der strikten Beschränkung der Bedeutung des Terminus auf sinnliche Wahrnehmung und die dabei ins Spiel kommenden physischen Voraussetzungen. In diesem Sinne bedeutet aesthetic für Ruskin – ausgehend vom griechischen Ursprungswort – nichts anderes als sensation. Um sich von der zeitgenössischen Verwendung des Terminus abzugrenzen, ersetzte er aesthetic in *Modern Painters* durch den Platonisch-Aristotelischen Begriff θεωρία (theōria) und führte den Begriff aesthesis ein, der der Kantschen Bestimmung von Ästhetik in der *Kritik der reinen Vernunft* in seiner Begrenzung auf die sinnliche Wahrnehmung nahekommt. Theorie bezeichnet für Ruskin die Fähigkeit des Menschen zur geistigen Wahrnehmung des Schönen, die dessen moralische Wertung einschließt. In einer Bemerkung um 1880, die sich offensichtlich auf Entwicklungen in der experimentellen Psychologie bezieht[356] und seine Begriffsbestimmung noch einmal prägnant zusammenfaßt, heißt es: »The reader should know, preparatorily, that for what is now called ›aesthesis,‹ I always used, and still use, the English word ›sensation‹ – as, for instance, the sensation of cold or heat, and of their differences; – of the flavour of mutton and beef, and their differences; – of a peacock's and a lark's cry, and their differences; – of the redness in a blush, and in rouge, and their differences; – of the whiteness in snow, and in almond-paste, and their differences; – of the blackness and brightness of night and day, or of smoke and gaslight, and their differences, etc. But for the Perception of Beauty, I always used Plato's word, which is the proper word in Greek, and the only possible *single* word that can be used in any other language by any man who understands the

---

351 WOLFGANG KEMP, John Ruskin (München/Wien 1983), 205; vgl. ebd., 204 ff.
352 RUSKIN, Modern Painters, in: Ruskin (s. Anm. 342), Bd. 4 (London/New York 1903), 42.
353 RUSKIN, Preface to the Re-Arranged Edition [von Bd. 2 der ›Modern Painters‹] (1883), in: ebd., 8.
354 RUSKIN (s. Anm. 352), 47.
355 Vgl. RUSKIN an E. D. Girdlestone (21. 7. 1879), in: Ruskin (s. Anm. 342), Bd. 37 (London/New York 1909), 293; RUSKIN (s. Anm. 352), 35 f.
356 Vgl. LEWES, The Study of Psychology (London 1879), 87.

subject, – ›Theoria,‹ – the Germans only having a term parallel to it, ›Anschauung‹«[357].

c) Englischsprachige Ästhetik zwischen 1900 und 1960: Semiotic Aesthetics, New Criticism und Analytical Aesthetics
Drei Konzepte prägten die Entwicklung des Begriffs Ästhetik in der englischsprachigen Ästhetik nach 1930: die Formulierung einer semiotischen Ästhetik (auch symbolic theory in aesthetics) bzw. einer pragmatisch orientierten semiotischen Ästhetik als ein Ausgangspunkt gegenwärtiger Zeichentheorie bei Charles S. Peirce und Charles W. Morris, der New Criticism sowie nach 1945 die sprachanalytische Ästhetik. »Since at least the 1950s analytic aesthetics has been and remains the dominant form of aesthetic inquiry for professional philosophers in the English-speaking world.«[358]

Der New Criticism, die in den 30er bis 50er Jahren in den USA vorherrschende Theorie in Literatur und Literaturkritik, erhielt durch Monroe C. Beardsley eine allgemeinere Grundlegung und wurde zu einer über die Literatur hinausgehenden Kunsttheorie ausgebaut. »Aesthetics can be thought of, then, as the philosophy of criticism, or *metacriticism*.«[359] Bei seiner Grundlegung orientierte sich Beardsley an strukturellen Vorgaben tra-

ditioneller philosophischer Kunsttheorie. So faßte er das Kunstwerk als organische Einheit, die durch Vollständigkeit und Kohärenz charakterisiert sei, und bestimmte das Verhältnis des Ganzen eines Kunstwerks zu seinen Teilen als das zentrale Feld ästhetisch beschreibender Reflexion. Beardsleys Ansatz ist eine spezifische Form der Rezeptionsästhetik, die dem kritischen Rezipienten objektive Kriterien zur Bewertung von Kunstwerken zur Verfügung stellen will. »The question, What makes the artist create? is a psychological question, in my view, not a philosophical one. And it is, I think, useful to make a distinction between *psychological aesthetics*, which deals with questions about the causes and effects of works of art, and *philosophical aesthetics*, which deals with questions about the meaning and truth of critical statements. ›Aesthetics‹ in this book is an abbreviation for ›philosophical aesthetics.‹«[360]

Vor und neben jenen drei schulbildenden Strömungen lassen sich zahlreiche Ästhetiker nennen, die weder der analytischen oder pragmatischen Ästhetik noch dem New Criticism zuzuordnen sind, z. T. kontinentaleuropäische Bewegungsrichtungen und Problemstellungen ästhetischen Denkens des 19. und 20. Jh. fortführten und mit ihren Arbeiten nach 1900 eine Art akademische Ebene des Begriffs Ästhetik in England und in den USA etablierten. Dies betrifft z. B. die verschiedenen Konzepte einer ›wissenschaftlichen‹ Ästhetik mit ihrem Zentralbegriff der ›aesthetic attitude‹ bei Edward Bullough, Herbert S. Langfeld oder David Prall, die an die Orientierungen der physiologischen Psychologie anknüpften.[361] Aber auch Bernard Bosanquet verwendete den Begriff ›aesthetic attitude‹ in seinen *Three Lectures on Aesthetic* (1915), die die akademische Tradition der Hegelschen philosophischen Ästhetik fortschrieben. Gemeinsam ist diesen Ansätzen, daß sie an den überkommenen europäischen Fragestellungen festhielten, Ästhetik als die Lehre vom Schönen und Häßlichen, als Lehre von der Wahrnehmung des Schönen und Häßlichen bestimmten und daß der Begriff ›aesthetic attitude‹ eine Haltung der Distanznahme von praktischen und sozialen Zwecken beschreibt. Auch Robin G. Collingwood griff mit seinen bis in die Gegenwart rezipierten *Principles of Art* (1938)[362] auf kontinentaleuropäische Traditionen

---

357 RUSKIN, Love's Meinie (1873–1881), in: Ruskin (s. Anm. 342), Bd. 25 (London/New York 1906), 123.
358 RICHARD SHUSTERMAN, On Analysing Analytic Aesthetics, in: The British Journal of Aesthetics 34 (1994), 389.
359 MONROE C. BEARDSLEY, Aesthetics: Problems in the Philosophy of Criticism (New York 1958), 4.
360 Ebd., 6 f.
361 Vgl. EDWARD BULLOUGH, ›Psychical Distance‹ as a Factor in Art and an Aesthetic Principle, in: The British Journal of Psychology 5 (1912/13), 87–118; HERBERT S. LANGFELD, The Aesthetic Attitude (New York 1920); DAVID PRALL, Aesthetic Judgment (New York 1929).
362 Vgl. JOHN GRANT, On Reading Collingwood's ›Principles of Art‹, in: The Journal of Aesthetics and Art Criticism 46 (1987/88), 239–248; DOUGLAS R. ANDERSON/CARL R. HAUSMAN, The Role of Aesthetic Emotion in R. G. Collingwood's Conception of Creative Activity, in: The Journal of Aesthetics and Art Criticism 50 (1992), 299–305; AARON RIDLEY, Not Ideal: Collingwood's Expression Theory, in: The Journal of Aesthetics and Art Criticism 55 (1997), 263–272.

zurück. Er berief sich in seiner Kunst als Gefühlsausdruck interpretierenden ›Theory of Expression‹ auf Croces Idealtheorie der Kunst (Croce-Collingwood-Theorie) und suchte vor diesem Hintergrund mit seiner Kunst-Ästhetik – »The business of this book is to answer the question: What is art?«[363] – zwischen philosophischer Ästhetik und Künstlerästhetik zu vermitteln.

Von besonderer Bedeutung für die Etablierung der Ästhetik als einer eigenständigen Disziplin in den USA bis in die 40er Jahre war Max Dessoirs Programmatik einer nichtspekulativen, auf die Künste gerichteten praktischen Ästhetik[364], die um 1900 Kunsttheorie, experimentelle und psychologische Ästhetik zu vermitteln suchte. Diese Orientierung wurde von Thomas Munro (*Scientific Method in Aesthetics*, 1928) aufgegriffen, der wesentlich zur Popularisierung und Institutionalisierung der Ästhetik als einer wissenschaftlichen Disziplin in den USA beitrug und 1941 das *Journal of Aesthetics and Art Criticism* nach dem Vorbild der *Zeitschrift für Ästhetik und allgemeine Kunstwissenschaft* begründete.[365] Für weite Teile der Öffentlichkeit artikulierte das *Journal* das Selbstverständnis der neuen wissenschaftlichen Disziplin aesthetics. Munros inhaltliche Bestimmung des Ästhetikbegriffs bietet einen empirischen Nachvollzug des thematischen Spektrums, das den Hauptstrom der europäischen Debatte in den 20er und 30er Jahren kennzeichnete: »Recent aesthetics has become, on the whole, a rather highly generalized kind of art criticism […]. Its methods have been literary, along lines of informal exposition and argument, rather than attempts at quantitative or even strictly logical demonstration. […] It deals with questions of value, sometimes to analyze the philosophical or psychological nature of aesthetic value; sometimes to discuss alleged ›art principles‹ or laws and standards of value in art. […] Another main element in recent aesthetics has been the psychology of creation and appreciation; of the artist's processes and of aesthetic experience. […] It is the study of art as an activity, and also of the contemplation, use and enjoyment of works of art.«[366]

Eine gewisse Sonderstellung in der amerikanischen Debatte nimmt George Santayana (*Reason in Art*, 1905–1906, und *The Sense of Beauty*, 1896) ein, der nicht dem Pragmatismus zuzurechnen ist, aber ausgehend von William James' empirisch-experimenteller Psychologie Themen pragmatischer Ästhetik vorbereitet. Ausgehend von der Dominanz der äußeren Erfahrung, sind Santayanas Themen das Verhältnis von ›schönen‹ und ›nützlichen‹ Künsten, die Aufhebung ihrer strikten Trennung, ästhetische Wahrnehmung als eine besondere Form universeller Wahrnehmung, Ästhetik als eine Theorie der Werte, das Wechselspiel von physiologischen und psychologischen Wahrnehmungsprozessen. Ästhetik wird von ihm methodisch als eine Kritik der Wahrnehmung des Schönen bestimmt. Er kombiniert den traditionellen Begriff criticism mit dem Begriff aesthetics. Wenn criticism zu stark »the element of deliberate judgment and of comparison with standards« betont – damit verweist Santayana auf ein Problemfeld der englischen Ästhetik im 19. Jh. –, so ist aesthetics die Bezeichnung einer zu allgemeinen Wahrnehmungstheorie. »If criticism is too narrow a word, pointing exclusively to our more artificial judgments, aesthetics seems to be too broad and to include within its sphere all pleasures and pains, if not all perceptions whatsoever. […] If we combine, however, the etymological meaning of criticism with that of aesthetics, we shall unite two essential qualities of the theory of beauty. Criticism implies judgment, and aesthetics perception.«[367] Das Schöne als zentraler Begriff ästhetischer Reflexion wird aber von Santayana nicht im Sinne metaphysischer System-Ästhetik des 19. Jh. verwendet, sondern als ein pluralistischer, individueller Wertungsbegriff. »Every-

---

363 ROBIN G. COLLINGWOOD, The Principles of Art (Oxford 1938), 1.
364 Vgl. MAX DESSOIR, The Fundamental Questions of Contemporary Aesthetics, übers. v. E. D. Puffer, in: H. J. Rogers (Hg.), Congress of Arts and Science, Bd. 1 (Boston/New York 1905), 434–447; DESSOIR, Aesthetics and the Philosophy of Art in Contemporary Germany, in: The Monist 36 (1926), 299–310.
365 Vgl. THOMAS MUNRO, Aesthetics as Science: Its Development in America, in: The Journal of Aesthetics and Art Criticism 9 (1950/51), 161–207.
366 MUNRO, Knowledge and Control in the Field of Aesthetics, in: The Journal of Aesthetics and Art Criticism 1 (1941/42), 6f.
367 GEORGE SANTAYANA, The Sense of Beauty: Being the Outlines of Aesthetic Theory (1896; New York 1936), 14.

thing is beautiful because everything is capable in some degree of interesting and charming our attention; but things differ immensely in this capacity to please us in the contemplation of them, and therefore they differ immensely in beauty.« (98) Santayana entwirft im Kern auf spezifische Weise eine demokratische Ästhetik, eine Ästhetik der Liberalität und Toleranz, der Betonung des Individuellen in Erscheinung und Wahrnehmung gegenüber dem abstrakt Allgmeinen. »In the leading political and moral idea of our time, in the idea of democracy, I think there is a strong aesthetic ingredient, and the power of the idea of democracy over the imagination is an illustration of that effect of multiplicity in uniformity« (84). »Such aesthetic love of uniformity, however, is usually disguised under some moral label: we call it the love of justice, perhaps because we have not considered that the value of justice also, in so far as it is not derivative and utilitarian, must be intrinsic, or, what is practically the same thing, aesthetic.« (85)

Ausgehend von John Deweys *Experience and Nature* (1925), skizzierte George Herbert Mead in dem Aufsatz *The Nature of Aesthetic Experience* (1925) erstmalig explizit Umrisse eines pragmatischen, handlungsorientierten Begriffs des Ästhetischen, indem er die rationalisierte, zweckgebunden segmentierende Wahrnehmungsweise und Praxis der Wissenschaften zum komplexen sozialen Leben in seiner politischen oder auch religiösen Verfaßtheit ins Verhältnis setzte; bei Mead wird »aesthetic attitude«[368] zu einem kommunikativen Prozeß, zu einer sozialkritischen Haltung, die nach der Angemessenheit politischer und sozialer Rahmenbedin-

gungen fragt. Ästhetik, vor allem begriffen als ästhetische Erfahrung, ist »a part of the attempt to interpret complex social life in terms of the goals toward which our efforts run«[369].

Mit Deweys *Art as Experience* (1934) – und auch mit Stephen C. Peppers *Aesthetic Quality* (1937) – erhielt der Pragmatismus eine auf die moderne Gesellschaft zugeschnittene ästhetische Fundierung, die im Zuge der analytischen Wende kaum noch rezipiert wurde und erst neuerdings wieder als eine Beschreibungsmöglichkeit kultureller Phänomene ins Blickfeld gerät.[370] Ästhetik basiert für Dewey auf den elementaren physischen Voraussetzungen, den »basic vital functions«, den »biological commonplaces«[371], die jegliche ästhetische Erfahrung erst ermöglichen, und der Kantschen Charakterisierung des ästhetischen Urteils, wonach es auf Erfahrung beruhe und im Unterschied zur rationalen Erkenntnis ein Urteilen ohne Begriff sei. Ästhetische Erfahrung ist für Dewey eine spezifische nicht-spezifische Erfahrung von Ganzheitlichkeit, von das Ganze betreffenden Zusammenhängen; darin liege ein wesentlicher Unterschied zur Wissenschaft, zur eingeschränkten und einschränkenden rationalen Erfahrung, und daraus ergibt sich für Dewey die dienende Funktion wissenschaftlicher Erkenntnis: »It would [...] be seen that science is an art, that art is practice, and that the only distinction worth drawing is not between practice and theory, but between those modes of practice that are not intelligent, not inherently and immediately enjoyable, and those which are full of enjoyed meanings. When this perception dawns, it will be a commonplace that art – the mode of activity that is charged with meanings capable of immediately enjoyed possession – is the complete culmination of nature, and that ›science‹ is properly a handmaiden that conducts natural events to this happy issue. Thus would disappear the separations that trouble present thinking: division of everything into nature *and* experience, of experience into practice *and* theory, art *and* science, of art into useful *and* fine, menial *and* free.«[372]

Für Dewey stellt Ästhetik eine Art Sozialwissenschaft dar, deren Erfahrungsbereich und Gegenstand neben der Kunst vor allem die in sich differenzierte Gesamtheit der sozialen Lebenswelt ist. In *Art as Experience* erhält Ästhetik eine ethische

---

[368] GEORGE HERBERT MEAD, The Nature of Aesthetic Experience, in: The International Journal of Ethics 36 (1925/26), 386.
[369] Ebd., 384 f.
[370] Vgl. THOMAS M. ALEXANDER, John Dewey's Theory of Art, Experience and Nature: The Horizons of Feeling (Albany, N. Y. 1987); SHUSTERMAN, Pragmatist Aesthetics: Living Beauty, Rethinking Art (Oxford/Cambridge, Mass. 1992).
[371] JOHN DEWEY, Art as Experience (1934), in: Dewey, The Later Works, Bd. 10 (Carbondale/Edwardsville 1987), 19, 20.
[372] DEWEY, Experience and Nature (1925), in: Dewey, The Later Works, Bd. 1 (Carbondale/Edwardsville 1981), 268 f.

und demokratische Fundierung im praktischen Leben. Jede Erfahrung, auch die theoretisch-wissenschaftliche Reflexion, beinhalte eine ästhetische Dimension. Der fundamentale Trugschluß westlicher Philosophie bestehe in der Annahme, daß Erfahrung früher oder später auf eine Form rationaler, begrifflicher Erkenntnis hinauslaufe. Die Absicht, diesen Trugschluß aufzulösen, seine Unhaltbarkeit aufzuzeigen, dieser bereits in *Experience and Nature* entwickelte Ansatz bestimmt Deweys Konzept ästhetischer Erfahrung und seinen Begriff von Ästhetik. Das Ziel der auf Erfahrung bezogenen Reflexion ist die Freilegung ihrer ästhetischen Dimension als einer Art Brennpunktes menschlicher Vermögen, der diese unter dem Aspekt praktischer Lebensgestaltung versammelt. Ästhetik wird so zum Zweck, zum Orientierungsrahmen theoretisch-philosophischer Anstrengung.[373] Die so bestimmte Ästhetik artikuliert keinen utopischen Anspruch, sondern verweist darauf, daß allein die Ästhetik als eine besondere und zugleich allgemeine Form der Erfahrung den vielfältigen Aspekten des Erfahrungsgegenstandes und den differenzierten Ebenen subjektiver Erfahrung gerecht werden kann. »To esthetic experience, then, the philosopher must go to understand what experience is. / For this reason, [...] the theory of esthetics put forth by a philosopher [...] is a test of the capacity of the system he puts forth to grasp the nature of experience itself. There is no test that so surely reveals the one-sidedness of a philosophy as its treatment of art and esthetic experience.«[374]

Die semiotische Begründung ästhetischer Theorie, die auf diese Weise vorgenommene konzeptuelle Beschreibung des Ästhetischen, vollzieht sich in den USA fast zeitgleich auf zwei verschiedenen Ebenen: zum einen bei Charles W. Morris (*Esthetics and the Theory of Signs*, 1939), zum anderen bei Susanne K. Langer (*Philosophy in a New Key*, 1942).[375] »There are sufficient reasons for dealing with the semantic theory of art in America. In the first place, it is perhaps more deeply rooted in American intellectual soil than other theory of art current in this country. [...] Second, it is in its present form an American product – almost completely unknown in Europe. Third, it is a genuine contribution to aesthetic theory. [...] it is – what is – which is rare in aesthetics – an empirical and scientific approach to art, and can be understood without reference to any metaphysical theory.«[376]

Während Langer insbesondere an Ernst Cassirers *Philosophie der symbolischen Formen* (1923–1929) und *Sprache und Mythos* (1925) sowie Ludwig Wittgensteins Sprachphilosophie anknüpfte und das Ästhetische als eine Sprache von Symbolen, als ein Netzwerk symbolischer Zeichen beschrieb, ging es Morris um eine Zusammenführung des Logischen Empirismus des Wiener Kreises, des Pragmatismus – insbesondere der von Dewey und Mead formulierten ›Theory of Value‹ –, und amerikanisch-englischer Semiotik – zum einen in der Tradition von Peirce[377], zum anderen im Anschluß an die frühen Basistexte semiotischer Theorie von Charles K. Ogden und Ivor A. Richards.[378] In dem Aufsatz *Esthetics and the Theory of Signs* umreißt Morris unter dem Zeichen einer ›semiotischen Ästhetik‹[379] die metatheoretische Programmatik einer ›unity of science‹, die die verschiedenen und in sich differenzierten Diskurse, den ästhetischen, wissenschaftlichen und technologischen, auf eine gemeinsame semiotische Grundlage stellt. Mit diesem übergreifenden, kommunikativen, die einzelnen Diskurse vermittelnden Ansatz formulierte Morris die Grundlagen moderner Zeichentheorie,

---

373 Vgl. ALEXANDER (s. Anm. 370); SHUSTERMAN (s. Anm. 370).
374 DEWEY (s. Anm. 371), 278.
375 Vgl. CHARLES W. MORRIS, Science, Art and Technology, in: The Kenyon Review 1 (1939), 409–423; MORRIS, Signs, Language and Behavior (New York 1946); SUSANNE K. LANGER, An Introduction to Symbolic Logic (Boston/New York 1937); LANGER, Feeling and Form: A Theory of Art (New York 1953).
376 MAX RIESER, The Semantic Theory of Art in America, in: The Journal of Aesthetics and Art Criticism 15 (1956/57), 12.
377 Vgl. VINCENT M. COLAPIETRO/THOMAS M. OLSHEWSKY (Hg.), Peirce's Doctrine of Signs: Theory, Applications, and Connections (Berlin/New York 1996), 237–325.
378 Vgl. CHARLES K. OGDEN/IVOR A. RICHARDS, The Meaning of Meaning (New York u.a. 1923); RICHARDS, Principles of Literary Criticism (1924; London 1959).
379 Vgl. ACHIM ESCHBACH, Charles W. Morris' dreidimensionale Semiotik und die Texttheorie, in: Morris, Zeichen, Wert, Ästhetik, hg. u. übers. v. Eschbach (Frankfurt a.M. 1975), 58–68.

die u. a. von Roland Barthes, Umberto Eco oder Pierre Bourdieu aufgegriffen wurden.»Nevertheless, esthetics, as the theory of esthetic discourse, falls within the same field as the theory of scientific or technological discourse; that is, esthetics, as part of the theory of signs, is one field of science, and has whatever place in the system of science which is ascribed to semiotic itself. The approach to esthetics in terms of the theory of signs, is thus not merely significant for art, esthetics, and semiotic, but for the whole program of unified science.«[380] Die analytische Ästhetik, die methodisch-analytische Verfahren George E. Moores (Principia ethica, 1903) und Bertrand Russells oder Wittgensteins aufgriff, wurde nach dem 2. Weltkrieg in den USA zur dominierenden Form ästhetischer Reflexion.[381] Sie begriff sich als eine Art metathoretischen Ansatz, der die Hierarchie und Gültigkeit überkommener Begrifflichkeit in Ästhetik und Kunstkritik in Frage stellte.»Aesthetic theory – all of it – is wrong in principle in thinking that a correct theory is possible because it radically misconstrues the logic of the concept of art.« »The problem with which we must begin is not ›What is art?‹ but ›What sort of concept is ›art‹?‹ Indeed, the root problem of philosophy itself is to explain the relation between the employment of certain kinds of concepts and the conditions under which they can be correctly applied.«[382] Eine Grundorientierung der analytischen Ästhetik lag darin, ästhetische Begriffe nicht in ihrem theoretischen, spekulativen Gebrauch zu beschreiben, sondern, gleichsam als eine diesen Gebrauch unterlaufende Gegenbewegung, in ihrer alltäglichen, situationsgebundenen, unscharfen Verwendung. Nachhaltig geprägt wurde die sprachanalytische Ästhetik dabei durch Frank N. Sibleys Unterscheidung von ästhetischen und nicht-ästhetischen Begriffen und Termini, die Bestimmung ihrer jeweiligen Geltungsbereiche und deren Vermittlung.[383]

Mit der analytischen Ästhetik vollzog die amerikanische Ästhetik vor dem Hintergrund der Kunstmoderne nach 1945 in den USA in Methode und Gegenstand einen Bruch mit der kontinentaleuropäischen Tradition.[384] Sie verstand sich als eine grundlegende Kritik an der ›traditionellen Ästhetik‹ – gemeint waren damit vor allem Harald Osborne (Aesthetics and Criticism, 1955) und Monroe C. Beardsley –, insbesondere an deren »›Generalisierungen‹ bezüglich der Eigenschaften und Qualitäten von Kunstwerken«[385], an der traditionellen Unterscheidung zwischen Kunst und Nicht-Kunst, der Bestimmung, was ein Kunstwerk sei und was nicht[386], der bislang gültigen Besonderheit von Kunstwerken gegenüber anderen Dingen. Faktisch könnten diese Fragen auf einer generalisierenden Ebene nicht beantwortet werden, sondern es seien eher Probleme des jeweils gewählten Beschreibungsmodus, des jeweiligen Kontexts. »I have tried to show [...] that the search for essences in aesthetics is a mistake, arising from the failure to appreciate the complex but not mysterious logic of such words and phrases as ›art‹, ›beauty‹, ›the aesthetic experience‹, and so on. [...] Traditional aesthetics mistakenly supposes that responsible criticism is impossible without a set of rules, canons, or standards applicable to all works of art.«[387]

Jörg Heininger

---

380 MORRIS, Estetics and the Theory of Signs (1939), in: Morris, Writings on the General Theory of Signs (Den Haag/Paris 1971), 433.
381 Vgl. SHUSTERMAN, Introduction: Analysing Analytic Aesthetics, in: Shusterman (Hg.), Analytic Aesthetics (Oxford 1989), 1–19.
382 MORRIS WEITZ, The Role of Theory in Aesthetics, in: The Journal of Aesthetics and Art Criticism 15 (1956/57), 27 f., 30.
383 Vgl. FRANK N. SIBLEY, Aesthetic Concepts, in: The Philosophical Review 68 (1959), 421–450; SIBLEY, Aesthetic and Non-Aesthetic, in: The Philosophical Review 74 (1965), 135–159.
384 Vgl. WILLIAM ELTON (Hg.), Aesthetics and Language (Oxford 1954); CYRIL BARRETT (Hg.), Collected Papers on Aesthetics (Oxford 1965); JOSEPH MARGOLIS (Hg.), Philosophy Looks at the Arts (New York 1962); RÜDIGER BITTNER/PETER PFAFF (Hg.), Das ästhetische Urteil (Köln 1977).
385 KARLHEINZ LÜDEKING, Der Kunstbegriff in der analytischen Philosophie (Diss. FU Berlin 1985), 57.
386 Vgl. PAUL ZIFF, The Task of Defining a Work of Art, in: The Philosophical Review 62 (1953), 58–78.
387 WILLIAM E. KENNICK, Does Traditional Aesthetics Rest on a Mistake?, in: Mind 67 (1958), 334.

VI. Ästhetik des Schönen/Ästhetik des Häßlichen. Akademisierung und Neuansätze im 19. Jahrhundert

Friedrich Theodor Vischers *Aesthetik oder Wissenschaft des Schönen* (1846–1858) ist der monumentale, im 19. Jh. einflußreichste Ästhetikentwurf im Geiste Hegels, der die Vorstellung und den Begriff ›akademischer Ästhetik‹ prägte. Daneben muß die Masse popularisierter, trivialisierter und seichter Ästhetiken gesehen werden, in denen quer durch das ganze Jh. mit sozialpädagogischer Verve ein kitschiger Kult des Schönen und der Kunst getrieben wurde. Auch dieser Typus prägte den allgemeinen Begriff der Ästhetik des 19. Jh. nachhaltig. Gottlob Benjamin Gerlach, preußischer Feldprediger im Regiment von Katte, stellte am Beginn des 19. Jh. die Frage:»inwiefern erleichtert und begünstigt der gegenwärtige Zustand der schönen Künste das Streben unserer Zeitgenossen, vorzüglich der mindergebildeten Stände, zu einer höheren sittlichen und ästhetischen Kultur?«[388] Seine Ästhetik kann als Prototyp jener Spezies gelten, auf die Joseph Anton Koch in einer Satire reagierte: So»tun die Hülfsvereine alles, was sie tun können, um neues, der siechen Ästhetik geweihtes Volk zu erzeugen«[389].

Im Hauptstrang der Entwicklung der deutschen Ästhetik des 19. Jh. wird Ästhetik eingegrenzt auf Philosophie der Kunst, die von den Systematikern des Faches Philosophie bis in die Gegenwart hinein damit begründet wird, daß dies den Versuch darstelle, den Gegenstandsbereich der Ästhetik zu objektivieren. Hier sind die der akademischen, als idealistische Kunstphilosophie verstandenen Ästhetik widerstrebenden Ansätze zu verfolgen, die auf den ursprünglichen Sinn von Ästhetik zurückgehen und sich eines *aisthetischen Ausgangspunktes* versichern. Dieser Fokus trägt der Tatsache Rechnung, daß die aisthetischen Argumentationen quer durch das 19. Jh. nicht abreißen, ja sich sogar fortlaufend verstärken. Auch Vischer mußte dieser Entwicklung seinen Tribut zollen und sah sich knapp ein Jahrzehnt nach Abschluß seiner *Aesthetik* genötigt, selbstkritisch auf sein opus magnum zurückzukommen: Dessen wesentliches Defizit sei die unzureichende Behandlung der Probleme sinnlicher Wahrnehmung.[390]

1. Schleiermachers Produktionsästhetik

1819/1820 halten Hegel und Schleiermacher, parallel und beide zum ersten Mal, an der Berliner Universität Vorlesungen zur Ästhetik. Der Gegensatz der Ansätze könnte größer nicht sein. In der späten Ästhetikvorlesung von 1832/33 kommt Schleiermacher dann auch ausdrücklich und kritisch auf Hegel zu sprechen.[391] Schleiermacher läßt das Hegelsche (und Schellingsche) System hinter sich, indem er sich als Philosoph *und* Künstler versteht und der sinnlichen Wahrnehmung einen bedeutenden Platz einräumt:»Denn in der Kunst soll überhaupt der Unterschied zwischen Vernunft und Sinnlichkeit ganz verschwinden, und alles nur sinnlich gewordene Vernunft sein«[392].

Daß Schleiermacher diese Aussage auf die Kunst bezieht, bedeutet nicht, daß er Ästhetik wie Schelling und Hegel als Philosophie der Kunst versteht. Er geht vielmehr von einem sich an der Tradition von und technē orientierenden Kunstbegriff aus, der zum Paradigma von Arbeit und schöpferischer Tätigkeit wird und den Gegenstand der Ästhetik aus Produktion *und* Rezeption, aus poiēsis *und* aisthēsis konstruiert. Schleiermacher reduziert das Wohlgefallen am Schonen nicht auf das kontemplative Empfinden, das er auch mit dem griechischen πάθημα (pathēma) (die überwältigenden, Affekte auslösenden Wirkungen einer Rede beispielsweise) bezeichnet, sondern will es zugleich als aktiven Vorgang verstanden wissen, für den der Kunstbegriff im Sinne von poiēsis steht:»Ist [...] das Schöne freie menschliche Production, so muß man es nicht in der Form des πάθημα, sondern

---

[388] GOTTLOB BENJAMIN GERLACH, Philosophie, Gesetzgebung und Aesthetik in ihren jetzigen Verhältnissen zur sittlichen und ästhetischen Bildung der Deutschen (Posen/Leipzig 1804), XIV.
[389] JOSEPH ANTON KOCH, Moderne Kunstchronik (1834), hg. v. H. Frank (Leipzig/Weimar 1984), 66.
[390] Vgl. FRIEDRICH THEODOR VISCHER, Kritik meiner Aesthetik, in: Vischer, Kritische Gänge, Neue Folge, Heft 5 (Stuttgart 1866), 135f., 148–156.
[391] Vgl. FRIEDRICH SCHLEIERMACHER, Vorlesungen über die Aesthetik (gehalten 1832/33), hg. v. C. Lommatzsch, in: Schleiermacher, Sämmtl. Werke, Abt. 3, Bd. 7 (Berlin 1842), 16f.
[392] SCHLEIERMACHER, Ästhetik (gehalten 1819, 1825), hg. v. R. Odebrecht (Berlin/Leipzig 1931), 148.

der Handlung aufsuchen, und also nach der Theorie der Kunst fragen.«[393] Ähnlich leitet er auch in den späten Vorlesungen den Disziplinnamen Ästhetik ab: »Die Aesthetik gehört zu denjenigen Disciplinen, die man gewöhnlich durch den Ausdrukk *Theorie* zu bezeichnen pflegt, die Griechen τέχνη, die Römer nach ihnen übersezend *ars* nannten; sie verstehen darunter eine mit Gründen belegte Anweisung, wie etwas auf die richtige Art hervorzubringen sei. Daraus geht hervor, daß die Praxis immer etwas früheres gewesen ist, als die Theorie«[394].

Diese sich an dem alten, weiten Kunstbegriff orientierende Ästhetik stellt nur scheinbar einen Rückgang auf Poetik/Rhetorik bzw. auf das Muster der ›schönen Wissenschaften‹ dar, in denen ja auch gelehrt wurde, ›wie etwas auf die richtige Art hervorzubringen sei‹. Hier öffnet der nicht-autonome Kunstbegriff den Weg für eine Produktionsästhetik, in der die wirkende Seite einbegriffen ist. So wird das Schöne ein Relatives, und Schleiermacher beginnt auch nicht mit dem Begriff des Schönen, sondern versteht die Schönheit als etwas, das erst hervorgebracht wird. Dies läßt sich am deutlichsten an seiner Kritik Kants und Hegels nachvollziehen. Darüber, ob man die Schönheit aus der Natur oder aus der Kunst ableiten soll, sei in der neueren Ästhetik ein grundlegender Streit entbrannt: »Geht man von dem Gedanken aus, und behandelt die Aesthetik als Anweisung der Kunstthätigkeit, so faßt man den Menschen in einer ursprünglichen Thätigkeit; geht man dagegen von der Empfindung aus, und behandelt sie als Theorie der Empfindung, so faßt man den Menschen in einem leidenden Zustande auf.« (8) Für Kant nun »existirt die Antwort auf diese Frage nicht, wie kommt der Mensch dazu, daß er das Schöne nicht nur empfinde, sondern auch Gegenstände hervorbringe, wovon Andre es empfinden. Darum theilt also die Kantische Philosophie den Mangel des nur pathematisch Betrachtenden, und so bleibt Kant bei dem Eindrukk stehen, d. i. dem Geschmakk, nicht aber bei dem, was wir Kunst nennen.« (10) Für Hegel, der als Schlußpunkt der Geschichte der

modernen Ästhetik gesehen wird, habe, so räumt Schleiermacher ein, »dieses Schwanken der Herleitung des pathematischen Zustands aus der Natur und Kunst« aufgehört, weil Hegel einen absoluten, nicht auf technē gehenden Begriff von Kunst habe. Der Preis dessen sei jedoch, daß die Kunst (wie Religion und Philosophie) von Hegel »nur als ein Product der Thätigkeit des menschlichen Geistes aufgestellt ist, und dafür die Natur bei Seite gesezt wird, also auch der Eindrukk, der von ihr herkommt, und somit der pathematische Zustand«. (17) Folglich genügen weder Kant noch Hegel Schleiermachers Ästhetik-Ansatz, weil sie beide den pathematischen Zustand (d. h. das sinnliche Wahrnehmen, Empfinden: die aisthēsis) nicht richtig situieren. Während Kant auf die Empfindung setze und die Produktion darüber vernachlässige, berücksichtige Hegel zwar die durch Fichte eingeführte »thätige Seite« (11) in der Ästhetik, lasse dabei aber die Natur außer acht und schließe somit den pathematischen Zustand ganz aus. Schleiermacher folgert aus diesem Widerspruch von Natur und Kunst: »Es bleibt also nur übrig, daß wir darauf ausgehen, die beiden Standpunkte, den pathematischen und productiven, [...] in eins zusammenzufassen, um zu einem allgemeinen Begriffe zu gelangen« (30).

Der Zusammenhang von Produktion und Rezeption, von aisthēsis und poiēsis, von Wahrnehmung und Erkennen, von Anschauung und Phantasie organisiert sich bei Schleiermacher über den Begriff des Gefühls, der in seiner Ästhetik, wie in seiner Religionsphilosophie, eine zentrale Stelle besetzt. »Das Affiziertwerden beruht [...] auf einem freien Sich-Hingeben und Affiziert-seinWollen. Das freie Öffnen des Sinnes ist immer die innere Tätigkeit [...]. Es ist ein Affiziertwerden notwendig, und dieses ist das Gefühl. Indem es aber ein Sich-Hingeben ist, ist es auch freie Tätigkeit, die aber zugleich das Eigentümliche des einzelnen Lebens in sich schließt. Dort wollen wir affiziert werden, wie die Welt ist; hier, wie wir sind. Wir wollen den Abdruck unseres eigentümlichen Daseins haben.«[395]

Auch dies kann als eine Formulierung des Kunstbegriffs Schleiermachers gelten, aus der zugleich die Bedeutung seiner Ästhetik für das 19. Jh. deutlich wird, die Benedetto Croce am Beginn des

---

393 Ebd., 5.
394 SCHLEIERMACHER (s. Anm. 391), 1.
395 SCHLEIERMACHER (s. Anm. 392), 51.

20. Jh. als erster erkannte und gegen abschätzige Charakterisierungen in der deutschen Ästhetikgeschichtsschreibung (vor allem bei Robert Zimmermann und Eduard von Hartmann) verteidigte[396]: Sie gehört zum neuen Typus der Künstlerästhetiken, in denen die ästhetischen Belange von poiēsis und aisthēsis den Metaphysikern und Systemtheoretikern aus der Hand genommen werden und die Kunst im umfassenden Sinne die Gesetze der Ästhetik bestimmt. Dies durchzusetzen, bedarf es aber der Symbiose von Philosoph und Künstler.[397]

2. Mit Hegel über Hegel hinaus

a) Politisierung und Kritik der Ästhetik im Vormärz

Wie unmittelbar nach der Gründung durch Baumgarten wurde die Ästhetik in den 30er und 40er Jahren des 19. Jh. erneut zu einer vielgeschmähten Disziplin. Die Kritik kam diesmal von den Liberalen und Sozialisten des Vormärz, die in der Ästhetik eine Form verknöcherten, antiquierten Wissens, eine vom Leben, von der Realität wie von der modernen Kunst abgeschirmte Kathederwissenschaft sahen. Ludolf Wienbarg nannte seine Vorlesungen in Abgrenzung von aller akademischen Ästhetik *Aesthetische Feldzüge* und widmete sie enthusiastisch dem ›Jungen Deutschland‹.[398] Einer der Rezensenten hatte deren Gestus genau getroffen:»Wienbarg ist gar nicht der Mann dazu, eine wissenschaftliche Theorie schreiben zu wollen, er schreibt seine Aesthetik offenbar auf der Flucht vor aller Aesthetik als Wissenschaftslehre, er begehrt keine Theorie, er begehrt die Praxis, statt der Kunstlehre das Kunstwerk selbst, überhaupt die schöne That«[399]. Theodor Mundt stellte gleich zu Beginn seiner *Aesthetik* die Frage,»ob es dem Genius unserer Zeit entsprechen kann, sich in unsern Tagen noch mit *Aesthetik* abzugeben«[400]. Das Dasein der Ästhetik als Fakultätswissenschaft sei »ohnehin dürftig und zweifelhaft. Sie lebte [...] bis jetzt von den Brosamen, welche ihr von den Tische der systematischen Philosophie mitleidig zugeworfen wurden, und sie hat, schon halbtodt geboren aus der Wolfischen Philosophie, mit der Nothtaufe eines wunderlichen Namens belegt, bis auf Hegel nur den Vorzug genossen, als eine bloße Consequenz des jedesmal herrschenden philosophischen Systems mitgeschleppt zu werden.«[401] Bei Robert Prutz wurde ›Ästhetik‹ zum durchgehenden Schimpfwort für die ›oligarchische, ästhetisch-aristokratische‹ Literaturgeschichtsschreibung und für die klassisch-romantische Ästhetik. Die ›Ästhetiker‹ wurden verdächtigt, im Bunde mit Staat und Polizei zu sein, wenn es um die Unterdrückung demokratischer Bestrebungen und deren politischer Poesie gehe.[402] Seine *Vorlesungen über die deutsche Literatur der Gegenwart* eröffnete er mit der Befürchtung, daß sich»Aesthetik und Kritik und [...] die Polizei« gegen ihn verbünden werden, weil er sich der Gegenwartsliteratur nähere.»Wohlan denn: so wollen wir die Systeme ganz beiseite lassen! so wollen wir absehen von der Aesthetik überhaupt«[403]. Für Heine – und ganz ähnlich für Karl Marx[404] – wurde die Abgehobenheit der Ästhetik vom Leben und von der alltäglichen Sinnlichkeit zum Kritikpunkt, was sich bei Heine im Topos der ›ästhetischen Teegesellschaft‹ verdichtete.[405]

Im Zeichen der Bemühungen um eine neue politische Wirklichkeit und nicht zuletzt unter dem Einfluß des Saint-Simonismus ging es hier um eine sinnliche, auf das Leben bezogene Regeneration der Ästhetik. Unter dem Banner einer Tat- und Aktivitätsphilosophie wurden die Kunst und das Schöne als Verheißung künftiger demokratischer

---

396 Vgl. BENEDETTO CROCE, Estetica come scienza dell'espressione e linguistica generale. Teoria e storia (1902; Bari ⁹1950), 347–360.
397 Vgl. SCHLEIERMACHER, Ueber den Umfang des Begriffs der Kunst in Bezug auf die Theorie derselben (entst. 1831/1832), in: Schleiermacher, Sämmtl. Werke, Abt. 3, Bd. 3, (Berlin 1835), 182.
398 Vgl. LUDOLF WIENBARG, Aesthetische Feldzüge (Hamburg 1834), V-VII.
399 Vgl. HERMANN MARGGRAFF, Deutschland's jüngste Literatur- und Culturepoche (Leipzig 1839), 307.
400 THEODOR MUNDT, Aesthetik, die Idee der Schönheit und des Kunstwerks im Lichte unserer Zeit (Berlin 1845), 1.
401 Ebd., 9f.
402 Vgl. ROBERT EDUARD PRUTZ, Die politische Poesie der Deutschen (1843), in: Prutz, Zur Theorie und Geschichte der Literatur, v. I. Pepperle (Berlin 1981), 61–76.
403 PRUTZ, Vorlesungen über die deutsche Literatur der Gegenwart (1847), in: ebd., 239, 246.
404 Vgl. JÖRG HEININGER, ›Ästhetische Theorie‹, in: HAUG, Bd. 1 (1994), 676f.
405 Vgl. HEINE (s. Anm. 291).

und republikanischer Verhältnisse und einer entwickelten Kultur und Bildung des Individuums verstanden. Theodor Mundt verwies auf die 20er Jahre des Jh., die eine »faule nichtsnutzige ästhetische Zeit«[406] gewesen seien. Wir »laufen Gefahr, wenn unser öffentliches Leben nicht durch einen neuen großen Wellenschlag wieder gehoben wird, in diese Aesthetik der Restaurationszeiten wieder zurückzuversinken« (27f.). Als Prinzip einer neuen, von Hegel sich abgrenzenden Ästhetik verteidigte er eine »Weltansicht« der »Immanenz« gegen das »transcendente Ideal der frühern Zeiten« (16), wobei immanente Weltsicht die Verbindung bzw. Versöhnung von Geist und Tat, Kunst und Leben, Idee und Sinnlichkeit, Volk und Staat, Gesinnung und Tat, Kunst und Philosphie usw. bedeutete. Im Sinne der liberalen jungdeutschen Doktrin ist Schönheit nicht etwas, was man schon hat, sondern etwas, was erst durch Nationwerdung und politische Bildung errungen werden muß: »Nationalgefühl, muß dem Gefühl fürs Schöne, politische Bildung der ästhetischen vorausgehen.«[407] Darin zeigt sich die Umkehrung der Schillerschen ästhetischen Utopie in die politische Utopie des jungen Liberalismus. Kunst und Schönheit sind ein Vorgriff auf eine bessere Zukunft, sie sind (religiös gedacht) eine Verheißung. Ästhetik hat diese Verheißung bewußt zu halten. Trotz dieses eschatologischen Spiritualismus wird mit der jungdeutschen ›Emanzipation des Fleisches‹ in der Ästhetik der Anspruch auf Wiederein-

---

406 MUNDT (s. Anm. 400), 27.
407 WIENBARG (s. Anm. 398), 9.
408 KARL BIEDERMANN, Die junge Literatur und ihr Princip in der Reform des Geschlechtsverhältnisses (1838), in: A. Estermann (Hg.), Politische Avantgarde 1830–1840, Bd. 1 (Frankfurt a. M. 1972), 283.
409 HEINRICH EBERHARD GOTTLOB PAULUS, Rechtfertigungsrede, welche von Dr. Karl Gutzkow […] gehalten werden könnte. Entworfen von Einem Unpartheyischen, in: Paulus (Hg.), Des Großherzogl. Badischen Hofgerichts zu Mannheim vollständig motivirtes Urtheil über die in dem Roman: ›Wally, die Zweiflerin‹, angeklagten Preßvergehen […] (Heidelberg 1836), 76.
410 Vgl. DIRK KÜLOW, Wer war der Verfasser des Beitrages ›Aesthetics‹? [Typoskript] (1988).
411 KARL MARX, Ökonomisch-philosophische Manuskripte (1844), in: MEW, Ergänzungsbd. 1 (1968), 541f.

setzung der Sinnlichkeit in ihre Rechte verteidigt. Das nannte Karl Biedermann 1838 eine »ästhetische Lebensanschauung«[408]: Ästhetik als Verfeinerung der Sinnlichkeit und Beitrag zur Kultur, oder wie es einer der Verteidiger Karl Gutzkows gegen den Vorwurf der Unsittlichkeit dem Verteidigten in den Mund legte: »Ich wollte nur gerne andeuten, wie durch Aesthetik oder durch das in der verfeinerten Sinnlichkeit erweckte Schönheitsgefühl Cultur, und durch Cultur die Sitte sich vor unserer neueren Zeit verbessert zeigte.«[409]

Im Unterschied zu den meisten Protagonisten des Vormärz hat Marx keine Ästhetik geschrieben. Auch der Artikel *Aesthetics* in der von George Ripley und Charles A. Dana herausgegebenen *New American Cyclopaedia* (1858), der ihm oft zugeschrieben wurde, stammt der neueren Marx-Forschung zufolge[410] mit großer Wahrscheinlichkeit nicht aus seiner Feder. Ein ästhetisches Konzept ist aber seinen sozialpolitischen und ökonomischen Schriften, so vor allem den *Ökonomisch-philosophischen Manuskripten*, eingeschrieben. Gegen den Spiritualismus der Ästhetiker des Vormärz brachte Marx ein Konzept des Ästhetischen ein, das sich in einer strikten materialistischen Wendung auf die Rolle der menschlichen Arbeit gründet. Die Bildungsgeschichte der Sinne müsse als »eine Arbeit der ganzen bisherigen Weltgeschichte«[411] verstanden werden. Damit verbindet sich eine avancierte Wahrnehmungs- und Sinnlichkeitstheorie, die im Verlaufe des 20. Jh. zum Anknüpfungspunkt jener modernen Ästhetik-Entwürfe wurde, die den Forschungsansatz einer Kulturgeschichte der Sinne weiter verfolgten.

In der Marxschen Sozialphilosophie finden sich auch ästhetische Utopie-Elemente, so im Entfremdungs- und Aneignungskonzept, in der Auffassung des Proletariats als geschichtliches Subjekt oder in der Emphase, mit der eine nachrevolutionäre kommunistische Gesellschaft als eine Gemeinschaft gleichrangiger, nicht von Arbeitsteilung betroffener Individuen verstanden wird. Insofern ist auch Marx in den »German quest for an aesthetic state« einzuordnen. Entscheidend für sein ästhetisches Konzept ist aber der Realismus des Grundsatzes: »Marx reminds us both that the aesthetic dimension cannot do without the daily labor reproducing the human as bodily being, and that the aesthetic is the sole category that encompasses the mundane life of humans without loss of their spiritual aspirations. Thanks to Marx's thought, the two aspects of human existence have since found a potentially common home in the category of daily productive activity.«[412] Dieser ›Realismus‹ rückte Heines und Marx' Ästhetik eng zusammen und durchbrach den Horizont der Hegelschen und der junghegelianischen Ästhetik wie auch den des Feuerbachschen kontemplativen Sensualismus.

b) Ästhetiken des Häßlichen und Komischen
In der identitätsphilosophischen Ästhetik wurde die Negativität des Erhabenen entschärft, und das Erhabene wurde zu einer Subkategorie des Schönen. Gleichzeitig büßte auch das Komische die Schärfe der Negation ein. Hegel setzte es an den Ausgang der ›romantischen Kunstform‹ und ließ es als »freie Heiterkeit«, »unendliche Wohlgemutheit und Zuversicht«, als »Seligkeit und Wohligkeit der Subjektivität«[413] in den Humor hinüberspielen, dem er »vertieftere Fülle und Innerlichkeit«[414] zusprach. Diese ›Verschönung‹ des Erhabenen und des Komischen ging mit einem Verlust der wirkungsästhetischen und ästhetischen Grundelemente der Ästhetik einher. Angesichts ihrer Wirklichkeitserfahrungen mußten sich die Hegel-Nachfolger aber, wenn sie Hegels Theorem vom ›Ende der Kunst nach ihrer höchsten Bestimmung‹ nicht teilten, mit den Negationskategorien des Schönen erneut befassen. Während das Erhabene seine negative Kraft (vorerst) nicht zurückerlangte und eine Subspezies des Schönen blieb, rückten im Zirkel der zentralen Begrifflichkeit der Ästhetik das Häßliche und das Komische eng zusammen, so daß man für die Mitte des 19. Jh. von einer Veränderung des ästhetischen Basis-Paradigmas Schön-Erhaben zur Konstellation Schön-Häßlich/Komisch sprechen kann. Es ist aufschlußreich, daß von den Hegel-Schülern zwar Ästhetiken des Komischen und des Häßlichen geschrieben werden[415], aber keine Ästhetik des Erhabenen. Obwohl in diesen Ästhetiken über weite Strecken die Begriffsdialektik aufwendig, doch relativ unfruchtbar mit der Zielstellung bewegt wird, das Häßliche durch Komische objektivierend zu überwinden, ist in der empirischen Bestandsaufnahme des Häßlichen und Komischen eine bemerkenswerte Revitalisierung aisthetischer Ansätze zu beobachten.

Zum wichtigen Bezugspunkt für die Behandlung des Komischen wird Jean Paul, in dessen Ästhetik Humor und Witz im Zentrum standen und der am Komischen die »Allmacht und Schnelle der sinnlichen Anschauung« oder die »Gewalt sinnlicher Anschaulichkeit«[416] hervorhob. Die Sinnlichkeit ist konstitutives Merkmal des Komischen: Das Komische ist »Exponent der angewandten Endlichkeit«. »Die überfließende Darstellung, sowohl durch die Bilder und Kontraste des Witzes als der Phantasie, d. h. durch Gruppen und durch Farben, soll mit der Sinnlichkeit die Seele füllen und mit jenem Dithyrambus sie entflammen, welcher die im Hohlspiegel eckig und lang auseinandergehende Sinnenwelt gegen die Idee aufrichtet und sie ihr entgegenhält.«[417] An Jean Paul knüpfte z. B. Ruge an und nannte seine Ästhetik *Neue Vorschule der Aesthetik* (1836).

Der Einbau des Häßlichen in die Ästhetik wird – nach dem Vorspiel, das Friedrich Schlegel in seiner »Theorie des Häßlichen« als ästhetischen Kriminalkodexes«[418] gegeben hatte – 1830 von dem Hegelianer Christian Hermann Weisse im *System der Aesthetik als Wissenschaft von der Idee des Schönheit* vorgenommen. Weisses Standpunkt ist strikt antiempirisch und antipsychologisch. Der wissenschaftsgeschichtliche Hintergrund, die Frage, weshalb Ästhetik als Disziplin ins Leben gerufen wurde, ist nicht mehr von Interesse. Es erfolgt auch keinerlei Reflexion mehr auf den Namen der

---

412 JOSEF CHYTRY, The Aesthetic State: A Quest in Modern German Thought (Berkeley/Los Angeles/London 1989), 232, 267.
413 HEGEL (ÄSTH), 1075.
414 Ebd., 1104.
415 Vgl. ARNOLD RUGE, Neue Vorschule der Aesthetik. Das Komische mit einem komischen Anhange (Halle 1836); WILHELM AUGUST BOHTZ, Über das Komische und die Komödie (Göttingen 1844); KARL ROSENKRANZ, Ästhetik des Häßlichen (1853), hg. v. D. Kliche (Leipzig ²1996).
416 JEAN PAUL, Vorschule der Ästhetik (1804), in: JEAN PAUL (MILLER), Abt. I, Bd. 5 (1963), 111.
417 Ebd., 139.
418 FRIEDRICH SCHLEGEL, Über das Studium der griechischen Poesie (1797), in: SCHLEGEL (KFSA), Bd. 1 (1979), 315.

Disziplin: Der aisthetische Gesichtspunkt ist im Gefolge Hegels völlig ausgeblendet. Bei der Behandlung des Häßlichen aber reißt dieser strikte Antiempirismus auf. Der systematische Grund liegt darin, daß das Erhabene als Teil des Schönen und das Häßliche als Negation des Erhaben-Schönen aufgefaßt wird. Als Negation des Schönen und Erhabenen ist das Häßliche gleichsam doppelte Negation: Es hat dadurch nicht mehr teil an der Idee und muß in der empirischen Endlichkeit aufgesucht werden. Ruge, der in diesem Punkt getreu an Weisse anknüpfte, erklärte, die Erhabenheit sei »nicht in der Natur und unvermittelten Erscheinung zu suchen und zu finden, sondern in den Erscheinungen des Geistes selbst«[419]. Beim Häßlichen dagegen verliert die Idee sich selbst, fällt sie von sich selbst ab in Bosheit und Häßlichkeit. Es hat demzufolge im Gegensatz zum Erhabenen empirisches und sinnliches Dasein.[420] Hat das Häßliche aber nur empirische Existenz, so kann es auch nur dort aufgesucht und beschrieben werden. Auf dieses Postulat stützte Karl Rosenkranz seine *Ästhetik des Häßlichen*, eine kenntnisreiche Phänomenologie des Häßlichen, die im offensichtlichen Gegensatz zur strengen Systematik der Hegelschen Begriffslogik steht. Hier zeigt sich die Faszination des Häßlichen, seine »sirenenartig anziehende und fesselnde Kraft«, angesichts derer die Ästhetiker sich Rechenschaft geben müssen, warum es »auf einen beträchtlichen Theil unserer Zeitgenossen eine mächtigere Zauberkraft ausübt, als die göttliche Harmonie und Wahrheit der Schönheit selbst«[421]. Rosenkranz begriff sich als Pathologe im Reich der Ästhetik, der es mehr aus Pflicht denn aus Neigung auf sich nahm, in die »Hölle des Schönen«[422] hinabzusteigen.

Die Öffnung der Hegelschen Begriffsdialektik für das Häßliche war aber nur das philosophische Vehikel. Das eigentliche Motiv für die Entstehung einer eigenen Ästhetik des Häßlichen Mitte des 19. Jh. ergibt sich aus den ästhetischen Erfahrungen von Urbanisierung, beginnender Industrialisierung, Proletarisierung und Pauperisierung sowie aus der Rezeption von Realismus und Naturalismus.

Wird auch die empirische Existenz des Häßlichen anerkannt, so mühen sich die Hegelianer doch gleichzeitig um die ästhetische Heilung des Häßlichen im Komischen. Weisse sieht im Komischen ein Häßliches, »welchem die bösartigen Eigenschaften oder der Stachel der Häßlichkeit fehlt, also in Wahrheit ein Häßliches, das nicht häßlich mehr ist«. Über den »Begriff der Häßlichkeit« schreibt er, »daß seine Wahrheit die Komik ist«[423]. Jenseits dieser begriffsdialektischen Umwertungen aber setzten sich auch bei der empirischen Betrachtung des Komischen aesthetische Momente durch. In dem Maße, in dem Weisse sich der Wirkung des Komischen, dem Lachen nähert, kommen physiologische, psychologische und somatische Sachverhalte ins Spiel. Das Lachen ist »ein allgemeines Erzittern und Wechselthätigkeit aller organischen Systeme, in welcher das Individuum sich seiner sinnlichen Lebendigkeit empfindend und genießend bewußt wird«[424].

3. Ästhetik und das Paradigma der exakten Wissenschaften

Auf dem internationalen Congress of Arts and Science (1905) resümierte der amerikanische Architekt und Autor des Buches *Aesthetic Principles*, Henry Rutgers Marshall, die Entwicklung der Ästhetik im 19. Jh.: »If conventional divisions of time are to serve as means by which we mark the movement of thought as it develops, we may well say that the nineteenth century saw a real awakening in relation to aesthetics among those who concern themselves with accurate thinking, – a coming to consciousness, as it were, of the importance to the philosophy of life of the existence of beauty in the world, and of the sense of beauty in man.«[425] In Abgrenzung von der spekulativen und metaphysischen Ästhetik des deutschen Idealismus entstehen in der 2. Hälfte des 19. Jh. eine ganze Reihe von Konzepten des Ästhetischen, die sich am Muster

---

419 RUGE, 77.
420 Vgl. ebd., 98.
421 CRISTIAN HERMANN WEISSE, System der Aesthetik als Wissenschaft von der Idee der Schönheit, Bd. 1 (Leipzig 1830), 180, 182.
422 ROSENKRANZ (s. Anm. 415), 11.
423 WEISSE (s. Anm. 421), 209, 210.
424 Ebd., 221.
425 MARSHALL, The Relation of Aesthetics (s. Anm. 335), 417.

der exakten Wissenschaften orientierten, um die Ästhetik in den Rang der Wissenschaftlichkeit zu erheben. So kam es am Beginn des 20. Jh. dann auch zu dem Versuch, eine strenge ›Wissenschaftslehre der Ästhetik‹ aufzustellen.[426] Anders als die philosophische Ästhetik des deutschen Idealismus, die in den anderen europäischen Hauptländern nur widerstrebend aufgenommen worden war, wurden viele dieser Ansätze auch international rezipiert oder standen bereits bei ihrer Ausarbeitung in einem internationalen wissenschaftlichen Bezugsfeld.

a) Ästhetik von unten

Gustav Theodor Fechners »Aesthetik von Unten«, die sich gegen die metaphysische Ästhetik des deutschen Idealismus (»Aesthetik von Oben«[427]) wendet, verstand sich keineswegs als Ersatz philosophischer Ästhetik. Wohl aber wandte sich Fechner gegen die Einseitigkeit und Überbetonung der philosophischen Ästhetik. Ihm schienen »alle unsre Systeme philosophischer Aesthetik Riesen mit thönernen Füssen«. Er wollte eine empirisch-psychologisch arbeitende Ästhetik als Pendant und Ergänzung einer »philosophischen Aesthetik höheren Stils« (4) und erstrebte die »Erklärung der ästhetischen Thatsachen aus Gesetzen«, während die ›Ästhetik von oben‹ vorzugsweise eine »Klarstellung der Begriffe, welchen sich die ästhetischen Thatsachen und Verhältnisse unterordnen« (5), im Auge gehabt habe. Unter Gesetz versteht er eine bei allen Menschen weitgehend gleichartige Reaktion auf eine sinnliche Konfrontation mit formal bestimmbaren Reizen.

Fechner bestimmt seinen Begriff des Ästhetischen und der Ästhetik, indem er strikt von der Etymologie ausgeht und als ästhetisch alles »sinnlich Wahrnehmbare oder Formen der sinnlichen Wahrnehmung überhaupt ohne Rücksicht auf Wohlgefälligkeit und Missfälligkeit« bezeichnet. Ästhetik ist demzufolge die »Lehre von der sinnlichen Wahrnehmung« (32). Fechner resümiert, daß Ästhetik in dieser weiten Bedeutung bislang nie ausgeführt worden sei. Er verweist auf Kant, bei dem der breite Ansatz in der transzendentalen Ästhetik der *Kritik der reinen Vernunft* vorhanden gewesen, dann in der *Kritik der Urteilskraft* aber verengt worden sei.[428] Diese weite Fassung des Begriffs des Ästhetischen (die »ganzen Verhältnisse der sinnlichen Wahrnehmung mit der kaum davon abtrennbaren Beziehung derselben zu physiologischen und physikalischen Verhältnissen« [33]) verlange aber nach Eingrenzung, die Baumgarten durch Konzentration auf ›das Schöne‹, Kant durch den Bezug auf Gefallen und Mißfallen bzw. durch den Ausschluß des Angenehmen vorgenommen habe.[429] Diesen Begrenzungen folgt Fechner ausdrücklich nicht, sondern er versucht auf der Grundlage des nun einmal eingeführten und geläufigen Gebrauchs von ästhetisch und Ästhetik eine nicht beschränkende, sondern öffnende Definition: Unter ästhetisch sei das zu verstehen, »was sich auf Verhältnisse unmittelbaren Gefallens und Missfallens an dem bezieht, was durch die Sinne in uns eintritt, ohne aber blos die rein sinnliche Seite davon im Auge zu haben«. Die rein sinnliche Wahrnehmung wird über die »Associationsvorstellungen« (33) erweitert. Der Hedonismus der unmittelbaren sinnlichen Wahrnehmung verbindet sich so mit der Ethik.[430]

Durch sechs Prinzipien, die das ästhetische Empfinden bestimmen, modelliert Fechner schließlich seinen Begriff der ästhetischen Wahrnehmung: Grundlage ist das »Princip der ästhetischen Schwelle«, die objektiv (Reizstärke) wie subjektiv (Reizempfindlichkeit) überschritten werden muß, damit eine Einwirkung überhaupt »für unser Bewußtsein spürbar wird« (49). Das 2. Prinzip ist das der »ästhetischen Hülfe oder Steigerung« (50) durch das Zusammenstimmen mehrerer Elemente des ästhetischen Gegenstands. Es folgen als die »drei obersten Formalprincipe« (46) das der »einheitlichen Verknüpfung des Mannichfaltigen« (53), das der »Widerspruchslosigkeit, Einheitlichkeit oder Wahrheit« (80) sowie das der »Klarheit« (84). Das 6. Prinzip, das »ästhetische Associationsprincip« (86), nimmt eine Sonderstellung ein, weil Fechner zwischen einem »directen« (94) und einem indirekten Faktor der Schönheitsempfindung

---

426 Vgl. KASIMIR FILIP WIZE, Abriss einer Wissenschaftslehre der Ästhetik (Berlin 1909).
427 GUSTAV THEODOR FECHNER, Vorschule der Aesthetik (1876), Bd. 1 (Leipzig ³1925), 3.
428 Vgl. ebd., 32.
429 Vgl. ebd., 33 f.
430 Vgl. ebd., 38 f.

unterscheidet. Die direkte Empfindung des Schönen ist Wirkung der einfachen Formverhältnisse des ästhetischen Gegenstands. In der assoziativen Schönheitsempfindung dagegen bestimmt Funktionalität rückwirkend disponierend die Wahrnehmung. Ästhetische Wirkung ist nun die komplizierte Mischung dieser direkten und assoziativen Faktoren. Damit lag ein avanciertes Modell ästhetischer Wahrnehmung vor, in dem die subjektivobjektiven somatischen Dispositionen sich mit den Formqualitäten des ästhetischen Gegenstands verbanden.

Bereits 1871 hatte Fechner eine »exacte Untersuchung« der Ästhetik in Aussicht gestellt, die, als Teil der Psychophysik, sich »mit den Massbeziehungen zwischen Reiz und Empfindung oder allgemeiner zwischen äusseren körperlichen Anregungen und innern psychischen Folgen zu beschäftigen hat«[431]. Auch die physiologische Forschung entwickelte sich im 19. Jh. rapide (vgl. die

in den 80er Jahren gegründete *Zeitschrift für Psychologie und Physiologie der Sinnesorgane*), wobei man sich der Beobachtung und dem Experiment zuwandte.[432] Darauf baute die ›experimentelle Ästhetik‹ auf, die vor allem von Oswald Külpe und Karl Groos weiter verfolgt worden ist.[433] Über den Forschungsstand der experimentellen Ästhetik und über die Untersuchung der ästhetischen Wirkungen von Rhythmus und Reim, Konsonanz und Dissonanz, Figuren und Farben, die seit Fechner besonders in den USA einen beträchtlichen Aufschwung genommen habe, referierte Külpe 1906 auf dem 2. Kongreß für experimentelle Psychologie unter dem Motto, daß »Fechners Saat aufgegangen«[434] sei. Fechners anti-spekulative Bestimmung der Funktion der Ästhetik gab dem ästhetischen Diskurs in Deutschland eine Richtung, die auch in Frankreich oder in England verfolgt wurde[435] und der Ablösung ästhetischen Denkens vom deutschen Idealismus entscheidende Impulse vermittelte.

Einig sind sich die Vertreter der ›Ästhetik von unten‹, zu denen auch Wilhelm Wundt mit seiner den weiten, komplexen Sinn von aisthēsis betonenden Theorie der ›ästhetischen Elementargefühle‹ zu rechnen ist[436], darin, daß die Ästhetik als Wissenschaft vom ästhetischen Verhalten entwickelt werden muß. Daraus folgt, daß der Bereich des Ästhetischen zu erweitern ist. So macht Külpe gegen Kant geltend, daß die als außerästhetisch deklarierten Reizungen und Rührungen des Angenehmen in den Bereich ästhetischen Verhaltens einbezogen werden müssen.[437] Wie in diesem Zusammenhang der sensualistische Komponenten des ästhetischen Verhaltens nun wieder stark betont werden, zeigen die Arbeiten von Carl Lange und Karl Groos. »Die Aesthetik der Zukunft wird sensualistisch sein, wie die Langes, oder sie wird so unwissenschaftlich und nebelhaft bleiben, wie bisher.«[438] Unter der Überschrift ›Die Physiologie des Genusses und der Kunstgenuß‹ spricht Lange ausführlich von den Affekten (Freude, Zorn, Angst, Spannung, Trauer, Ekstase, Bewunderung, Enttäuschung) als »Genussmitteln«[439]. Die starken Affekte/Emotionen führen zur Ekstase. Sie ist »die reinste, uncomplicirteste Zustand des Genusses an sich«. Die »Innervation der Blutgefässe« bildet ihre »vasomotorische Grundlage«[440]. Auf dieser psy-

---

431 FECHNER, Zur experimentalen Aesthetik, in: Abh. d. Kgl. Sächs. Gesellsch. d. Wiss. 14 (1871), 557.
432 Vgl. KARL EDUARD ROTSCHUH, Ursprünge und Wandlungen der physiologischen Denkweisen im 19. Jahrhundert, in: W. Treue/K. Mauel (Hg.), Naturwissenschaft, Technik und Wirtschaft im 19. Jahrhundert (Göttingen 1976), 135–160.
433 Vgl. OSWALD KÜLPE, Über den associativen Faktor des ästhetischen Eindrucks, in: Vierteljahrsschrift für wissenschaftliche Philosophie 23 (1899), 145–183; KARL GROOS, Das ästhetische Miterleben und die Empfindungen aus dem Körperinnern, in: Ztschr. f. Ästhetik u. allg. Kunstwiss. 4 (1909), 161–182.
434 KÜLPE, Der gegenwärtige Stand der experimentellen Ästhetik, in: F. Schumann (Hg.), Bericht über den II. Kongreß für experimentelle Psychologie in Würzburg vom 18. bis 21. April 1906 (Leipzig 1907), 55.
435 Vgl. CHRISTIAN G. ALLESCH, Geschichte der psychologischen Ästhetik (Göttingen/Toronto/Zürich 1987), 274–282.
436 Vgl. WILHELM WUNDT, Grundzüge der physiologischen Psychologie (1874), Bd. 3 (Leipzig ⁶1911), 115–187.
437 Vgl. KÜLPE, Immanuel Kant (1907; Leipzig ³1912), 129f.
438 HANS KURELLA, Vorwort des Herausgebers, in: CARL LANGE, Sinnesgenüsse und Kunstgenuss. Beiträge zu einer sensualistischen Kunstlehre (Wiesbaden 1903), VIII.
439 LANGE (s. Anm. 438), 8.
440 Ebd., 19.

cho-physiologischen Grundlage wird auch die Kunstwirkung erklärt. Sie basiert auf dem Selbstgenuß der Affekte des Lachens, der Freude, des Mitleids usw.[441] Von den Vertretern der Schulästhetik sind Langes sensualistische Positionen mit dem Vorwurf der Inkompetenz aufs schärfste kritisiert worden. Ein neukantianischer Berichterstatter stellte die ganze Borniertheit der Fächerabschottung unter Beweis, die ja durch eine ›Ästhetik von unten‹ im Sinne der Verwissenschaftlichung des Faches gerade aufgebrochen werden sollte: Bei Lange zeige sich die »rein sensualistische Auffassung des Schönen in ihrer derbsten Gestalt. [...] Es gereicht der jüngsten Ästhetik nicht zur Ehre, daß Männer wie Lange und Kurella in ihr eine solche Sprache führen dürfen, ja daß sie sich überhaupt hervorwagen.«[442]

Eine biologisch-sensualistische Grundauffassung vertritt auch Karl Groos, der das Ästhetische mit dem Kernbegriff des Sinnlich-Angenehmen definiert.[443] In Fühlung mit den zeitgenössischen Kunstentwicklung des Naturalismus ist Groos derjenige, der die Gleichung ›ästhetisch gleich schön‹ energisch aufbricht, wenn er schreibt, »dass der Begriff des Schönen nicht den gleichen Umfang wie der des aesthetisch Wirksamen überhaupt habe, sondern nur eine genau zu umgrenzende Provinz – allerdings die wichtigste – in dem ungeheuren Gebiete des aesthetisch Wirksamen einnehme«[444]. Diese wichtige, gegen die philosophische Ästhetik des Idealismus neu errungene Differenzierung, die den späteren Differenzierungen der ›allgemeinen Kunstwissenschaft‹ vorarbeitet, ist überhaupt ein Kennzeichen der ›Ästhetik von unten‹ (wie aller sensualistischen Ästhetik), weil ja die primäre Orientierung auf die verschiedenen Formen der sinnlichen Wahrnehmung die kontemplative bzw. somatisch ruhige Reaktion auf das Schöne zu einer ästhetischen Affektion *unter anderen* macht. Groos plädiert deshalb dafür, den falschen Weg der Ästhetik nach Kant nicht weiter zu beschreiten, auf dem bei der Suche nach einer ästhetischen Zentralkategorie das Schöne begrifflich immer weiter ausgedehnt worden sei. Es komme dagegen darauf an, den Begriff des Schönen eng zu halten.[445] Mit dem Begriff der ›inneren Nachahmung‹ nimmt Groos dann für das nunmehr entgrenzte Gebiet des Ästhetischen eine Unterscheidung der ästhetischen Wahrnehmung von der ›Wahrnehmung überhaupt‹ vor: »Unter der inneren Nachahmung ist keine bloß zentrale ›Tätigkeit‹ zu verstehen, sondern *eine Tätigkeit im gewöhnlichen Sinne*, bei der es sich um *wirkliche motorische Vorgänge* handelt, nämlich um sehr mannigfaltige Bewegungen unseres Körpers, deren imitatorischer Charakter nur für andere nicht wahrnehmbar ist.«[446] Diese ›Bewegungen‹ hält Groos für das Zentrum des ästhetischen, inneren Miterlebens, mit dem einerseits die Nachwirkung vergangener Erfahrungen, andererseits die sinnlich gegebene Wahrnehmung des Augenblicks verschmelze.

b) Einfühlungsästhetik als psychologische Ästhetik

Groos' ›innere Nachahmung‹ steht in enger Nachbarschaft zur *Einfühlungsästhetik*, zu der Theodor Lipps und Johannes Volkelt[447], aber auch die Kunsthistoriker Wilhelm Worringer, August Schmarsow und Heinrich Wölfflin zu rechnen sind. Von der ›Ästhetik von unten‹ ist die Einfühlungsästhetik insofern abzugrenzen, als sie sich an einem anderen Modell der ›Verwissenschaftlichung‹ der Ästhetik orientierte. Ging es bei der ›Ästhetik von unten‹ vor allem um den experimentell-empirischen Ansatz, so handelte es sich bei der Einfühlungsästhetik um eine psychologische Ästhetik im engeren Sinne. Hier war das Paradigma der Psychologie als Wissenschaft maßgebend, die sich in der 2. Hälfte des 19. Jh. zu einer selbständigen Wissenschaft – als »geistige Naturwissen-

---

441 Vgl. ebd., 21–47.
442 PAUL MOOS, Die deutsche Ästhetik der Gegenwart (Berlin o.J. [1919]), 85.
443 Vgl. GROOS, Einleitung in die Aesthetik (Gießen 1892), 7.
444 GROOS, Aesthetisch und schön, in: Philosophische Monatshefte 29 (1893), 531.
445 Vgl. ebd., 580f.
446 GROOS, Die Spiele der Menschen (Jena 1899), 423.
447 Vgl. THEODOR LIPPS, Ästhetik (Hamburg/Leipzig 1903/1906); LIPPS, Ästhetik, in: P. Hinneberg (Hg.), Die Kultur der Gegenwart, Teil 1, Abt. 6: Systematische Philosophie (Leipzig 1907), 349–388; JOHANNES VOLKELT, System der Ästhetik (1905–1914; München ²1925–1927).

schaft«[448], wie das kritisch referiert wurde – entwickelte. Die Einfühlungsästhetik nahm Grundsatzprobleme der psychologischen Wahrnehmungslehre auf, und auch ihre Protagonisten verstanden sich in erster Linie als Psychologen. Lipps z. B. gründete in den 90er Jahren in München ein psychologisches Institut.

Auch Volkelt betonte die »psychologische Natur der ästhetischen Werte«[449]. »Der ästhetische Gegenstand, mag er der Natur oder Kunst angehören, kommt in seiner ästhetischen Eigentümlichkeit erst durch Wahrnehmung, Gefühl, Phantasie des aufnehmenden Subjektes zustande. Das Außending als solches ist niemals schon ein ästhetischer Gegenstand. Das Transsubjektive in seinem transsubjektiven Sein ist in allen Fällen ästhetisch eine Null.« (5) »Die ästhetischen Gegenstände fallen [...] nicht bloß nach ihrer Wahrnehmungsgrundlage in das Gebiet der Psychologie, sondern sind vermöge ihres Zusammenhanges mit der Tätigkeit des Beziehens, Unterscheidens, Verknüpfens in noch viel tieferer und feinerer Weise in das seelische Getriebe hineingerückt.« (7)

Robert Vischer wurde von seinem Vater Friedrich Theodor Vischer dazu angeregt, auf den Begriff der ›Einfühlung‹ zurückzugreifen, dessen Vorgeschichte ins 18. Jh. zurückreicht (vgl. z. B. den englischen Begriff ›sympathy‹).[450] Für Lipps ist die Einfühlung Quelle des Wissens über andere. Durch motorischen Mitvollzug fremder Ausdrucksbewegungen würden im Wahrnehmenden Gefühlsbewegungen erzeugt, die dann objektiviert dem anderen als seine Bestrebungen zugerechnet werden könnten.[451] Die ästhetische Einfühlung beruhe darauf, daß sich in der Apperzeption, die im Unterschied zur einfachen Perzeption ein aktiver, bewußter Vorgang sei, der wahrzunehmende Gegenstand und das wahrnehmende Subjekt entgegenkämen und füreinander ›offen‹ seien.[452]

Volkelt, der sich 1920 veranlaßt sah, die Einfühlungsästhetik gegen die verschiedensten Kritiken (vor allem aus neukantianisch-werttheoretischer und aus phänomenologischer Richtung) zu verteidigen, stellte sich zwar dem Anspruch, Ästhetik als »Kulturwissenschaft«[453] zu fassen und der ästhetischen Gegenständlichkeit des Kunstwerkes größere Bedeutung einzuräumen. Er beharrte jedoch: »Die Untersuchung der ästhetischen Gegenständlichkeit fällt in den Bereich der psychologisch-ästhetischen Methode. Freilich muß nun diese Methode eine wesentliche Ergänzung erfahren: sie muß durch normative, werttheoretische und schließlich durch metaphysische Erwägungen über sich hinausgeführt werden.«[454] Damit war aber das Paradigma der psychologischen Ästhetik im engeren Sinne verlassen und die Einfühlung, in kritischer Abgrenzung von Lipps[455], als ein ästhetischer Faktor unter anderen relativiert.

c) Die Differenzierung von Ästhetik und allgemeiner Kunstwissenschaft

Um die Jahrhundertwende hatte sich das methodische und theoretische Selbstbewußtsein der einzelnen Kunstwissenschaften (Poetik, Musikwissenschaft, Kunstgeschichte/Kunstwissenschaft) so weit entwickelt, daß der Gebietsanspruch der philosophischen Ästhetik, auch Philosophie der Kunst zu sein, auf Widerstand stieß und der Singular-Begriff der allgemeinen Kunstwissenschaft bzw. Kunsttheorie oder Kunstphilosophie gebildet werden konnte. Mit dieser Absetzung der allgemeinen Kunstwissenschaft von der Ästhetik, vertreten vor allem von Max Dessoir, Richard Hamann und Emil Utitz, verbindet sich ein weiteres Modell der Verwissenschaftlichung von Ästhetik. Die Unterscheidung zwischen Ästhetik und (allgemeiner) Kunstwissenschaft war dabei nicht als ausschließendes Konkurrenzverhältnis gedacht, sondern als ein Differenzierungsversuch, in dem jede der beteiligten Wissenschaften aufgefordert ist, ihr Arbeitsfeld

---
448 WILHELM WINDELBAND, Geschichte und Naturwissenschaft (1894), in: Windelband, Präludien, Bd. 2 (Tübingen 1921), 143.
449 VOLKELT (s. Anm. 447), Bd. 1 (München ²1927), 7.
450 Vgl. ROBERT VISCHER, Über das optische Formgefühl. Ein Beitrag zur Ästhetik (1872), in: R. Vischer, Drei Schriften zum ästhetischen Formproblem (Halle 1927), 1 f.
451 Vgl. LIPPS, Leitfaden der Psychologie (1903; Leipzig ²1906), 36.
452 Vgl. LIPPS, Zur Einfühlung, in: Lipps (Hg.), Psychologische Untersuchungen, Bd. 2, H. 2/3 (Leipzig 1913), 174.
453 Vgl. VOLKELT, Das ästhetische Bewußtsein (München 1920), 1.
454 Ebd., 42.
455 Vgl. ebd., 60–63.

VI. Ästhetik des Schönen/Ästhetik des Häßlichen

genau zu bestimmen, was wiederum wissenschaftsmethodische Voraussetzung für die arbeitsteilige Kooperation der Wissenschaften sein soll. Der »allgemeinen Kunstwissenschaft« wird die Aufgabe zugewiesen, die »Voraussetzungen, Methoden und Ziele« der »besonderen systematischen Wissenschaften, die man Poetik, Musiktheorie und Kunstwissenschaft zu nennen pflegt«, »erkenntnistheoretisch zu prüfen« und sich mit den Problemen zu beschäftigen, »die das künstlerische Schaffen und der Ursprung der Kunst, die Einteilung und die Funktion der Künste dem Nachdenken stellen, Gebiete, die sonst keine Stätte finden könnten. Und vorläufig wenigstens ist der Philosoph berufen, sie zu verwalten.«[456] Die allgemeine Kunstwissenschaft soll dabei keineswegs unphilosophisch oder empirisch verfahren. So grenzt sich Dessoir strikt von der ›Ästhetik von unten‹ ab und mokiert sich: »wenn es so weit gekommen ist, dass Zoologen und Physiker als die berufensten Forscher in Sachen der Aesthetik erscheinen, so heisst das doch den Hauptpunkt: *unser künstlerisches* Schaffen und Verstehen ausser Augen lassen«[457]. Utitz, der nach den Hindernissen fragt, die dem Ausbau einer allgemeinen Kunstwissenschaft im Wege stehen, kommt zu dem Schluß: »Es ist der im Laufe des neunzehnten Jahrhunderts geradezu dogmatisch erstarrte Glaube, die Kunst könne in ihrer Gesamtheit unter ästhetischem Gesichtspunkt verstanden und gewürdigt werden, oder wenigstens: was an der Kunst wahrhaft Kunst sei, erschließe sich der ästhetischen Forschung. Dadurch wurden alle Kunstprobleme rein ästhetische Probleme. Dabei ist es nun eigentlich gleichgültig, ob man vom allgemein Ästhetischen ausgehend – und dies ist der ungleich häufigere Fall – die Kunst als einen Sonderfall des Ästhetischen betrachtet und sich damit den Weg zum wahrhaften Verständnis der Kunst verschließt, oder ob man die Kunst an die Spitze stellt und auf diese Weise das Ästhetische zersetzt und auflöst.«[458]

Hinsichtlich des Verhältnisses von Ästhetik und Kunstwissenschaft kann man also die Positionen von Dessoir, Utitz und auch Hamann[459] so zusammenfassen: Ästhetik und Kunsttheorie fallen nicht zusammen. Der Bereich der Ästhetik ist weiter als der der Kunst. Die Kunst bildet keinen Teilbestand des Ästhetischen. Deshalb muß die Ästhetik das Wesen der Kunst verfehlen. Phänomene wie Tendenzkunst, primitive Kunst, religiöse Kunst zeigen, daß die Gestaltungen der Kunst nicht immer durch die Prinzipien der Ästhetik abgedeckt sind. Andererseits sind aber auch das Kunstwerk und der Zusammenhang der Kunstwerke auf verschiedenen Ebenen stets mehr als der ästhetische Gegenstand.[460]

d) Kritik der psychologischen Ästhetik
Mit der scharfen Kritik der psychologischen Ästhetik, worunter jetzt alle Spielarten sensualistischer, empirischer Ästhetik zusammengefaßt werden, vollzog sich nach der Jahrhundertwende ein Paradigmenwechsel, der ebenfalls der Tendenz zur ›Verwissenschaftlichung‹ der Ästhetik zugehört. Wie gravierend dieser Wechsel war, läßt sich an den Urteilen über Kants Beitrag zur Ästhetik anschaulich demonstrieren. Robert Sommers Geschichte der Ästhetik von 1892 war noch ganz selbstverständlich als Geschichte der psychologischen Ästhetik geschrieben worden. Kant wurde hier als verkappter Cartesianer kritisiert: »Kant verläßt also das Princip der von Leibniz angeregten Aesthetik, dass die Kunst Ausdruck der von Gefühlen bewegten menschlichen Seele ist und schaltet Reiz und Rührung als erdigen Bodensatz aus der Wahrnehmung des Schönen aus.«[461] In der 1.

---

456 DESSOIR, Ästhetik und allgemeine Kunstwissenschaft (1906; Stuttgart ²1923), 4.
457 DESSOIR, Beiträge zur Aesthetik III: Vom Zusammenhang zwischen Wissenschaft und Kunst, in: Archiv für systematische Philosophie 5 (1899), 69.
458 EMIL UTITZ, Grundlegung der allgemeinen Kunstwissenschaft, Bd. 1 (Stuttgart 1914), 2.
459 Vgl. RICHARD HAMANN, Ästhetik (Leipzig 1911); HAMANN, Allgemeine Kunstwissenschaft und Ästhetik, in: Kongreß für Ästhetik und allgemeine Kunstwissenschaft, Berlin 7.–9. Oktober 1913 (Stuttgart 1914), 107–113.
460 Vgl. STEPHAN NACHTSHEIM, Kunstphilosophie und empirische Kunstforschung 1870–1920 (Berlin 1984), 44f.; RUDOLF HEINZ, Zum Begriff der philosophischen Kunstwissenschaft im 19. Jahrhundert, in: A. Diemer (Hg.), Der Wissenschaftsbegriff (Meisenheim am Glan 1970), 202–237.
461 ROBERT SOMMER, Grundzüge einer Geschichte der deutschen Psychologie und Aesthetik von Wolff-Baumgarten bis Kant-Schiller (Würzburg 1892), 348.

und 2. Auflage des Bandes *Systematische Philosophie* (1907 und 1908) aus Paul Hinnebergs Sammelwerk *Die Kultur der Gegenwart* stammte der Aufsatz zur Ästhetik vom Hauptvertreter der psychologischen Ästhetik, Theodor Lipps. Für die 3. Auflage von 1921 schrieb diesen Aufsatz dann der Begründer der phänomenologischen Ästhetik, Moritz Geiger. Kants Beitrag zur Ästhetik erfuhr nun eine Neubewertung: »Erst wenn – wie für die psychologische Ästhetik seit dem 18. Jahrhundert – die Schönheit eines Objekts in seiner Fähigkeit besteht, Leidenschaften zu erregen (Dubos), zu ergötzen, zu gefallen, dann ist jegliche Spur von Erkenntnisfunktion aus dem Ästhetischen verbannt.« Dagegen setzte Geiger das Verdienst der Kantschen *Kritik der Urteilskraft*, »die Autonomie des ästhetischen Gebietes […] philosophisch begründet und sichergestellt zu haben«[462].

Geiger, der selbst aus der Lipps-Schule kam und noch ganz der Psychologie verpflichtet war[463], definierte die Ästhetik als »autonome Einzelwissenschaft«[464]. Die phänomenologische Methode hebe sich strikt von der psychologischen Ästhetik ab, indem sie vom ästhetischen Objekt ausgehe und nicht von den ausgelösten Empfindungen.[465] Zwischen der philosophischen Ästhetik (Ästhetik von oben) und der psychologischen Ästhetik (Ästhetik von unten) suche sich die phänomenologische Ästhetik ihren Weg, indem sie das ästhetische Objekt durch Intuition »heraussehen« (37) lerne und »am einzelnen Beispiel das allgemeine Wesen, die allgemeine Gesetzmäßigkeit erschaut« (34).

Das Pendant zum Postulat der allgemeinen Kunstwissenschaft bildet die Forderung nach einer wissenschaftlichen Ästhetik als Wertwissenschaft, die von den Neukantianern erhoben wird. Jonas Cohn fordert von der Ästhetik, »die besondere Art von Werten zu untersuchen […], die im Schönen und der Kunst herrschen«[466]. In diesem Sinne seien das ästhetische, das ethische und das logische Wertgebiet zu unterscheiden. Die psychologische Ästhetik (Fechner) und die soziologische Ästhetik (Ernst Grosse) würden den zentralen Wertgesichtspunkt der Ästhetik verkennen.[467] Friedrich Kreis plädiert unter Rückgriff auf Kant für eine »wissenschaftliche Theorie des Ästhetischen«, deren Aufgabe es sei, »das, was wir bereits unvermittelt verstanden haben, in das Medium begrifflich-theoretischer Vermittlung überzuleiten«[468].

Helmuth Plessners am Beginn der 20er Jahre ausformuliertes Konzept einer ›Ästhesiologie des Geistes‹ als ›Kritik der Sinne‹[469] versucht die Gegensätze im Verhältnis von ästhetischer Werttheorie und psychologischer Ästhetik durch eine Radikalisierung der phänomenologischen Fragestellung zu vermitteln.[470] Der zentrale kritische Ansatz seiner Ästhesiologie richtet sich gegen eine Erkenntnistheorie, die unter dem »herrschenden Formalismus Kants zu einer Verarmung der Philosophie an Inhalten des unmittelbaren Lebens führen mußte und tatsächlich auch zu einer ungeheuren Mutlosigkeit der Philosophie vor der Wirklichkeit geführt hat«[471].

4. *Ästhetiken der Existenz: Schopenhauer, Kierkegaard und Nietzsche*

Die Cholera, die Hegel 1831 erlag, vertrieb auch Schopenhauer aus Berlin. Damit begann »der Auszug des originären, noch heute unmittelbar wirk-

---

462 MORITZ GEIGER, Ästhetik, in: P. Hinneberg (Hg.), Die Kultur der Gegenwart, Teil 1, Abt. 6: Systematische Philosophie (Berlin/Leipzig ³1921), 317.
463 Vgl. GEIGER, Beiträge zur Phänomenologie des ästhetischen Genusses (1913), in: Jahrbuch für Philosophie und phänomenologische Forschung, hg. v. E. Husserl, Bd. 1 (Halle 1913), 567–684; GEORG BENSCH, Vom Kunstwerk zum ästhetischen Objekt. Zur Geschichte der phänomenologischen Ästhetik (München 1994), 13–35.
464 GEIGER, Phänomenologische Ästhetik, in: Zeitschrift für Ästhetik und allgemeine Kunstwissenschaft 19 (1925), 30.
465 Vgl. ebd., 32.
466 JONAS COHN, Allgemeine Ästhetik (Leipzig 1901), 7.
467 Vgl. ebd., 9–12.
468 FRIEDRICH KREIS, Über die Möglichkeiten einer Ästhetik vom Standpunkt der Wertphilosophie, in: Zeitschrift für Ästhetik und allgemeine Kunstwissenschaft 19 (1925), 44.
469 Vgl. HELMUTH PLESSNER, Die Einheit der Sinne. Grundlinien einer Ästhesiologie des Geistes (1923), in: Plessner, Ges. Schriften, Bd. 3 (Frankfurt a. M. 1980), 7–315.
470 Vgl. PLESSNER, [Mitbericht auf dem 2. Kongreß für Ästhetik und allgemeine Kunstwissenschaft, Berlin 1924], in: Zeitschrift für Ästhetik und allgemeine Kunstwissenschaft 19 (1925), 53–56.
471 PLESSNER (s. Anm. 469), 14.

VI. Ästhetik des Schönen/Ästhetik des Häßlichen

samen philosophischen Denkens jener Zeit aus der Universität. Ludwig Feuerbach, Marx, Engels, Kierkegaard, Nietzsche – sie waren keine Philosophieprofessoren mehr wie Kant, Fichte, Schelling und Hegel.«[472] Dieser Gesichtspunkt ist zu betonen, weil die ästhetischen Positionen der ›Verächter Hegels‹ Schopenhauer, Kierkegaard und Nietzsche zwar im einzelnen stark differieren, doch dem gemeinsamen Typus *Ästhetik der Existenz* zugehören. Von einem entschieden nachmetaphysischen Denken aus, das von der Anerkennung der Pluralität der Vernunftformen, der Kategorien ›Differenziertheit‹ oder ›Sensibilität‹ und dem Beharren auf dem Sinnlichen gegenüber dem Spirituellen geprägt ist, erfolgt die Kritik der Philosophie, wobei sich ›Philosophie‹ zugleich neu als Kritik oder als existentielles Denken unter Verstärkung ästhetischer Komponenten etabliert.[473] Auch dies zeigt den veränderten Status der Ästhetik an: Das Ziel sind nicht mehr systematische Ästhetiken, sondern das Philosophieren selbst – in oft fragmentarischer Form – wird in ästhetischer Hinsicht belangvoll. Das Verhältnis von Philosophie und Ästhetik kehrt sich gegenüber der Hegelschule um: Es geht nicht mehr um philosophische Ästhetik, sondern um ästhetische Philosophie, d. h. Philosophie, die mit ästhetischen Mitteln verallgemeinert, mithin »ästhetisches Denken«[474]. Hier rücken anthropologische Gesichtspunkte in den Vordergrund. »Wenn die Welt nicht mehr als sinnhafter Prozeß erscheint, dann fällt es nach diesen Denkern [Schopenhauer und Nietzsche – d. Verf.] der Kunst zu, Möglichkeiten zu finden, mit der negativ gesehenen Welt ›zu Rande zu kommen‹ und sich von ihrem Druck zu entlasten.«[475] Damit öffnet sich die Ästhetik der ›Lebenswelt‹, womit auch ihre Eingrenzung auf eine Philosophie der Kunst hinfällig wird. Gleichwohl spielt ›Kunst‹ als Paradigma des Handelns und Vergegenständlichens (poiēsis) eine zentrale Rolle. Diese Ästhetikentwürfe stellen Selbsttechniken dar: Lebensbewältigung durch Betonung und Ästhetisierung der Existenz, der Kontemplation oder des Willens.[476] Gemeinsam ist Schopenhauer und Nietzsche auch die Kritik von Geschichte und Geschichtsphilosophie, die bei Schopenhauer aus Gründen der Bewahrung der Individualität im Namen der Philosophie und der Kunst erfolgt, bei Nietzsche unter Berufung auf

das ›Leben‹ und seine als primär zu setzenden Belange.[477]

Schopenhauers Konzept des ›ästhetischen Genusses‹ leitet sich ab aus dem Grundgefühl des Pessimismus: Alle Schmerzen, alles Leid, alle Qualen der menschlichen Existenz haben ihre Ursache darin, daß der Mensch vor allem Leib und damit Natur ist. Alles in der Natur wiederum ist seinem Wesen nach Wille, rastloses Begehren, d. h. das Geistfremde. Das Schöne und die ästhetische Kontemplation können für Augenblicke von diesem ewigen Leiden erlösen:»Da nun alles Leiden aus dem Willen, der das eigentliche Selbst ausmacht, hervorgeht; so ist, mit dem Zurücktreten dieser Seite des Bewußtseyns, zugleich alle Möglichkeit des Leidens aufgehoben, wodurch der Zustand der reinen Objektivität der Anschauung ein durchaus beglückender wird; daher ich in ihm den einen der zwei Bestandtheile des ästhetischen Genusses nachgewiesen habe. Sobald hingegen das Bewußtseyn des eigenen Selbst, also die Subjektivität, d. i. der Wille, wieder das Uebergewicht erhält, tritt auch ein demselben angemessener Grad von Unbehagen oder Unruhe ein: von Unbehagen, sofern die Leiblichkeit (der Organismus, welcher an sich Wille ist) wieder fühlbar wird, von Unruhe, sofern der Wille, auf geistigem Wege, durch Wünsche, Affekte, Leidenschaften, Sorgen, das Bewußtseyn wieder erfüllt.«[478] Schopenhauer strebt über Kants Schönheitsbegriff hinaus, indem er ihm »Objektivität« geben will: Kant gehe nicht »vom Schönen

---

[472] HERBERT SCHNÄDELBACH, Philosophie in Deutschland 1831–1933 (Frankfurt a. M. 1983), 15.
[473] Vgl. JOSEF FRÜCHTL, Ästhetische Erfahrung und moralisches Urteil. Eine Rehabilitierung (Frankfurt a. M. 1996), 17.
[474] Vgl. WELSCH, Ästhetisches Denken (Stuttgart 1990).
[475] WALTER SCHULZ, Metaphysik des Schwebens. Untersuchungen zur Geschichte der Ästhetik (Pfullingen 1985), 35.
[476] Vgl. MICHEL FOUCAULT, Histoire de la sexualité, Bd. 2 (Paris 1984), 16 f.; WERNER JUNG, Von der Mimesis zur Simulation. Eine Einführung in die Geschichte der Ästhetik (Hamburg 1995), 109.
[477] Vgl. SCHOPENHAUER, Die Welt als Wille und Vorstellung (1819), in: SCHOPENHAUER, Bd. 3 (²1949), 501–510; NIETZSCHE, Vom Nutzen und Nachtheil der Historie für das Leben (1874), in: NIETZSCHE (KGA), Abt. 3, Bd. 1 (1972), 239–330.
[478] SCHOPENHAUER (s. Anm. 477), 420 f.

selbst, vom anschaulichen, unmittelbaren Schönen aus, sondern vom *Urtheil* über das Schöne, dem sehr häßlich sogenannten Geschmacksurtheil. Dieses ist ihm sein Problem. Besonders erregt seine Aufmerksamkeit der Umstand, daß ein solches Urtheil offenbar die Aussage eines Vorgangs im Subjekt ist, dabei aber doch so allgemein gültig, als beträfe es eine Eigenschaft des Objekts. Dies hat ihn frappirt, nicht das Schöne selbst. Er geht immer nur von den Aussagen Anderer aus, vom Urtheil über das Schöne, nicht vom Schönen selbst. Es ist daher, als ob er es ganz und gar nur von Hörensagen, nicht unmittelbar kennte.«[479] Schopenhauers »Lösung« ist der Rückzug auf die platonische Idee: Das »willensreine Subjekt des Erkennens«, die »reine Intelligenz ohne Absichten und Zwecke« schaut »im Schönen allemal die wesentlichen und ursprünglichen Gestalten der belebten und unbelebten Natur«[480]. Das Schöne verkörpert die platonische Idee: »Deshalb giebt jedes Gemälde, schon dadurch, daß es den flüchtigen Augenblick für immer fixirt und so aus der Zeit herausreißt, nicht das Individuelle, sondern die *Idee*, das Dauernde in allem Wechsel.« (444) Aus dieser platonischen Schönheitsauffassung folgt die Radikalität des Formbegriffs: »Es ist also dem Kunstwerke *wesentlich*, die Form allein, ohne die Materie, zu geben, und zwar Dies offenbar und augenfällig zu thun.« (449) Aus diesem Formbegriff wiederum leitet sich die Spitzenstellung der Musik ab: Sie ist »die wahre allgemeine Sprache, die man überall versteht« (457). Die »Musik überhaupt ist die Melodie, zu der die Welt der Text ist« (458).

Søren Kierkegaards Ästhetik ist implizit in seinem Hauptwerk *Entweder/Oder* angelegt, das in seinem verschachtelten und verästelten Aufbau die Reaktionsweise Kierkegaards auf den modernen Kontingenzschock klar erkennen läßt. Es ist selbst ein Kunstwerk (vgl. den Untertitel *Ein Lebensfragment*), in dem der Autor hinter einem fiktiven Herausgeber verschwindet und seine Identität in drei Figurationen (den Ästhetiker, den Ethiker, den Ironiker) auflöst, zwischen denen eine Art Rollenspiel stattfindet, in dessen Verlauf der existenzphilosophisch gefaßte Konflikt zwischen Ethik und Ästhetik ausgetragen wird. Primär ist die ästhetische Existenz: »Das Ästhetische in einem Menschen ist das, dadurch er unmittelbar das ist, was er ist.«[481] Durch sein biologisches Erbe wird der Mensch in dieses ästhetische Stadium hineingeboren. Hier macht das Individuum seine Wahrnehmungen, reagiert auf seine Umgebung und folgt seinen Trieben und Affekten. Das Kind lebt ausschließlich in diesem ästhetischen Dasein. Mit dem Phänomen der ›Wahl‹ aber öffnet sich das Gebiet des Ethischen: »Indem die Persönlichkeit sich selbst wählt, wählt sie sich selbst ethisch und schließt in absoluter Rücksicht das Aesthetische aus; da aber der Mensch sich selbst wählt, und durch die Wahl seiner selbst nicht etwa ein andres Wesen wird, sondern er selbst wird, so kehrt das gesamte Aesthetische wieder in seiner Relativität.«[482] Diese Aporie ist zugleich die große Frage von *Entweder/Oder*: Wie ist die ästhetische Existenz mit einem Ethos zu verbinden? Dabei spielt die ›Grenzexistenz‹ des Ironikers[483] eine vermittelnde Rolle. Der duale Aufbau A (ästhetischer Diskurs) und B (ethischer Diskurs) von *Entweder/Oder* ist nicht so zu verstehen, als ob hier Lebensentwürfe in parataktischer Anordnung gegeben würden. Vielmehr handelt es sich um die Analytik der Möglichkeiten existentiellen Verhaltens in den drei Sphären des Ästhetischen, des Ethischen und des Religiösen in *einem* Zusammenhang, in dem es freilich die problemreichen Grenzdialektiken zwischen Ästhetik/Ethik, Ethik und Religiosität gibt. Zu solcher Grenzdialektik gehört auch, daß in der Sphäre B, dem Ethik-Diskurs von *Entweder/Oder*, ästhetische Figuren und Kategorien zu entdecken sind (›Genuß‹, ›Stimmung‹, ›Augenblick‹, ›Verzweiflung‹, ›Angst‹ u. a.), die dazu beitragen, Kierkegaards Ethik sich von einer Sollens-Ethik (die Frage, was soll ich tun) zu einer Wollens-Ethik (wer, was für ein Mensch will ich sein) wandelte. An dieser Wollensethik arbeitet dann auch die Ironie wieder kräftig mit. Ironie (als ›Witz‹, intellek-

---

479 SCHOPENHAUER (s. Anm. 477), Bd. 2 (²1949), 629.
480 SCHOPENHAUER, Parerga und Paralipomena (1851), in: SCHOPENHAUER, Bd. 6 (²1947), 442.
481 SØREN KIERKEGAARD, Entweder/Oder (1843), übers. v. E. Hirsch, in: KIERKEGAARD, Abt. 2/3 (1957), 190.
482 Ebd., 189.
483 Vgl. KIERKEGAARD, Über den Begriff der Ironie mit ständiger Rücksicht auf Sokrates (1841), übers. v. E. u. R. Hirsch, in: KIERKEGAARD, Abt. 31 (1961).

tuelle Schärfe und kritisches [Selbst-]Bewußtsein, im Gegensatz zum Humor) wird gewissermaßen zu einer Methode indirekter Kommunikation, mit der die Verdinglichungstendenzen der abstrakten Vergesellschaftung so aufgebrochen werden, daß sie weiterhin eine ihnen nicht vollkommen ausgelieferte Individualität zulassen. Ironie ermöglicht die Negation abstrakter Intersubjektivität, das Geltenlassen des Anderen und die Selbstbehauptung des Sprechenden und Mitteilenden.[484] Auch Nietzsches physiologische Ästhetik kann in diesem Zusammenhang als Philosophie der Lebensbewältigung bezeichnet werden. Zum Typus seiner Ästhetik der Existenz gehört neben dem physiologischen, wirkungsästhetischen Gesichtspunkt auch der poietische der Kunst. Über diesen vermittelt sich die aisthetische Sensibilität mit der lebensphilosophischen Betonung von gestaltender Kraft und Lebensorganisation als Selbstbehauptung des Individuums. So heißt es: »*Eins ist Noth.* – Seinem Charakter ›Stil geben‹ – eine grosse und seltene Kunst! Sie übt Der, welcher Alles übersieht, was seine Natur an Kräften und Schwächen bietet, und es dann einem künstlerischen Plane einfügt, bis ein Jedes als Kunst und Vernunft erscheint und auch die Schwäche noch das Auge entzückt. Hier ist eine grosse Masse zweiter Natur hinzugetragen worden, dort ein Stück erster Natur abgetragen: – beidemal mit langer Uebung und täglicher Arbeit daran. Hier ist das Hässliche, welches sich nicht abtragen liess, versteckt, dort ist es in's Erhabene umgedeutet.«[485] Im Zentrum steht hier die These: Kunst ist jedes Werk, das sein eigenes Gesetz ausbildet.[486] Analog wird für das autonome Individuum gefordert, aus seiner Individualität und seinem Leben ein ›Werk‹ zu machen.

Dieter Kliche

VII. Differenzierungen im Ästhetikbegriff (Transformationen idealistischer Ästhetik)

1. Der ›ästhetische Mensch‹

Hegels Bestimmung der Ästhetik als philosophische Reflexionstheorie der Kunst auf der Grundlage der Normativität der griechischen Antike wurde im 19. Jh. in Deutschland im Zuge der Institutionalisierung von Ästhetik als einem der Philosophie zu- und untergeordneten Fach selbst zu einer Norm akademischer Lehre.[487] Eine Folge war, daß die Doppelbedeutung im Namen der Ästhetik, bei Baumgarten und bei Kant noch gegenwärtig als eine Lehre vom Schönen und eine Lehre vom Sinnlichen, verlorenging bzw. daß das »Sinnliche der Kunst« von Hegel auf die »beiden *theoretischen* Sinne des *Gesichts* und *Gehörs*« begrenzt wurde, »während Geruch, Geschmack und Gefühl vom Kunstgenuß ausgeschlossen bleiben. Denn Geruch, Geschmack und Gefühl haben es mit dem Materiellen als solchem und den unmittelbar sinnlichen Qualitäten desselben zu tun«[488]. Ästhetik als Begriff der Reflexion über Kunst grenzte diese nicht nur von Einflüssen sinnlicher Materialität ab, wie Hegel in der *Ästhetik* schrieb: »In dieser formellen Idealität nun aber der Kunst ist es nicht der Inhalt selbst, was uns vornehmlich in Anspruch nimmt, sondern die Satisfaktion des geistigen Hervorbringens. Die Darstellung muß hier natürlich erscheinen, doch nicht das Natürliche daran als solches, sondern jenes Machen, das Vertilgtwerden gerade der sinnlichen Materialität und der äußeren Bedingungen ist das Poetische und Ideale im formellen Sinne.«[489] Durch solche Idealisierung konnte der Begriff auf eine gleichsam religiöse

---

484 Vgl. MARKUS LILIENTHAL, Entweder-Oder? Zur Dialektik von Ethik und Ästhetik bei Kierkegaard, in: G. Gamm/G. Kimmerle (Hg.), Ethik und Ästhetik. Nachmetaphysische Perspektiven (Tübingen 1990), 161 ff.
485 NIETZSCHE, Die fröhliche Wissenschaft (1882), in: NIETZSCHE (KGA), Abt. 5, Bd. 2 (1973), 210.
486 Vgl. FRÜCHTL (s. Anm. 473), 160.
487 Vgl. KLAUS WEIMAR, Geschichte der deutschen Literaturwissenschaft bis zum Ende des 19. Jahrhunderts (München 1989).
488 HEGEL (ÄSTH), 82.
489 Ebd., 190.

Weise aufgeladen und (wie bei Schiller in den *Briefen über die ästhetische Erziehung des Menschen*) zum Modell ›ästhetischer Kultur‹[490] werden. Paul de Man hat darin Kerngedanken einer folgenreichen und spezifisch deutschen ›ästhetischen Ideologie‹ gesehen, die im 19. Jh. einen Oberton des ästhetischen Diskurses ausmachte. »Out of a text like Schiller's *Letters on Aesthetic Education* [...] a whole tradition in Germany – in Germany and elsewhere – has been born: a way of emphasizing, of revalorizing the aesthetic, a way of setting up the aesthetic as exemplary, as an exemplary category, as a unifying category, or as a model for education, as a model even for the state.«[491]

Als Epochensignatur der Kunstperiode in Deutschland wurde Ästhetik zum Merkmal eines ›ästhetischen Menschen‹ stilisiert, eine Prägung Wilhelm Diltheys, der diesen Begriff als emblematischen Typ der deutschen Klassik in seinem Nachruf auf den Literarhistoriker Julian Schmidt charakterisierte: »Der ästhetische Mensch sucht in sich und andern Gleichgewicht und Harmonie der Gefühle zu verwirklichen; von diesem Bedürfnis aus gestaltet er sein Gefühl des Lebens und seine Anschauungen der Welt, und seine Schätzung der Wirklichkeit ist davon abhängig, wiefern dieselbe die Bedingungen für ein solches Dasein gewähre.«[492] Der ›ästhetische Mensch‹ (oder der ›Ästhet‹), zu dessen Genealogie Kierkegaards kritische Darstellung der Verkörperung einer »aesthetischen Lebensanschauung«, einer »aesthetischen Existenz« im dem Selbstgenuß ausgelieferten »aesthetischen Individuum«[493] ebenso gehört wie Oscar Wildes *The Picture of Dorian Gray* (1891), der Marquis des Esseintes in Joris-Karl Huysmans' Roman *À rebours*

(1884) oder Thomas Manns bilanzierende Beschreibung des »ästhetizistischen Renaissance-Nietzscheanismus«[494] um 1900. In den *Betrachtungen eines Unpolitischen* (1918) ist der Ästhet der personifizierte Inbegriff eines ungenau bestimmten Ästhetischen, das in dieser Form die romantischen Vorstellungen einer Kunstreligion ablöst. Das Ästhetische wird zum Begriff von Lebenskunst.

Der von Kierkegaard zuerst in seinem Verdikt gegen den Immobilismus des Ästhetischen ausgesprochene Verdacht, ein ›ästhetisches Leben‹ sei amoralisch und irreligiös, wurde in den Fin-de-siècle-Auseinandersetzungen um die Formen eines künstlerischen Ästhetizismus verstärkt. Ästhetik als Lebensmaxime wurde zum Inbegriff politischer Verantwortungslosigkeit und zu einem Kampfbegriff. Die im Begriff des ›ästhetischen Menschen‹ ausgedrückte Verallgemeinerung hat dann der Leipziger Literaturwissenschaftler Karl Justus Obenauer in seinem Buch *Die Problematik des ästhetischen Menschen in der deutschen Literatur* (1933) als einer Untersuchung über den »historischen *Gestaltwandel des ästhetischen Typus*« und über die »möglichen Formen ästhetischer *Weltschau* überhaupt«[495] analysiert. Das im Geiste überzeugten Bekenntnisses zur »Erhebung des Frühjahrs 1933« (V) geschriebene Buch verabschiedet die ›ästhetische Lebensidee‹ als gefahrvolle Tendenz, die eine von der Autonomie der Kunst getragene individualistische Vergangenheit verlängert sei. »Niemand wünscht im unklaren darüber gelassen zu werden, wo die *Grenzen der ästhetischen Lebensidee* liegen. Diese ins Bewußtsein zu erheben, ist heute die Aufgabe. Wir haben nur noch geringe Sympathien für diesen Typus, wir können selbst Kierkegaard zustimmen, der den ästhetisch Lebenden in nihilistischer Schwermut enden läßt. Zugleich schließt all dies nicht aus, daß selbst unsere, dem Künstlichen scheinbar so abgeneigte Welt des Sports, der Technik, der alles verschlingenden Sozial- und Wirtschaftssorgen von den Nachwirkungen sehr problematischer ästhetischer Tendenzen in Weltschau und Lebensform keineswegs frei ist, und daß wir uns von diesen nur dann wirklich völlig loslösen, wenn wir sie ganz durchschauen.« (2f.) Die »Epoche des neu-romantischen Ästhetizismus« (404) markiert Obenauer zufolge das Ende des ›ästhetischen Typus« (1), dem der Autor in ei-

---

490 Vgl. GEORG LUKÁCS, Esztétikai kultúra (Budapest 1912).
491 PAUL DE MAN, Kant and Schiller, in: de Man, Aesthetic Ideology (Minneapolis/London 1996), 130.
492 WILHELM DILTHEY, Julian Schmidt (1887), in: DILTHEY, Bd. 11 (1936), 232.
493 KIERKEGAARD (s. Anm. 481), 203, 245, 277.
494 THOMAS MANN, Betrachtungen eines Unpolitischen (1918), in: Mann, Aufsätze, Reden, Essays, hg. v. H. Matter, Bd. 2 (Berlin 1983), 706.
495 KARL JUSTUS OBENAUER, Die Problematik des ästhetischen Menschen in der deutschen Literatur (München 1933), 1.

VII. Differenzierungen im Ästhetikbegriff (Transformationen idealistischer Ästhetik)

ner von Max Nordaus Buch *Entartung* (1892) beeinflußten sozialdarwinistischen Wendung pathologische Züge bescheinigt. »Die politische, d. i. die national-soziale, nicht die ästhetische Erziehung steht heute im Vordergrund; ihr kommt der Primat zu, und indem sie das Hauptgewicht auf sittliche Werte, auf das neue Ethos der Arbeit, auf Charakterbildung und intelligente Willensschulung legt, die allein ein härteres, zu heroischen Opfern bereites Geschlecht ermöglichen, wird auch die Pathologie der ästhetischen Typen mehr und mehr verschwinden, diese Kulturkrankheit, die aus einer Überbildung entwurzelt-subjektiver Phantasie, passiven Einfühlungsvermögens und verfeinerter Sinnlichkeit entstand.« (404)

Was das Wesensideal eines ›ästhetischen Menschen‹ zu einem Stein des Anstoßes werden ließ, war ein Begriff von Souveränität des Individuums und Willensfreiheit. Als Bedrohung der ›Gemeinschaft‹ im Faschismus oder des ›Kollektivs‹ im Stalinismus wurde Ästhetik in diesem idealistischen Sinn immer auch zu einem Gegenbegriff von Politik. Carl Schmitt hatte in seiner Schrift *Politische Romantik* (1919) dafür den Bewegungsbegriff ›Ästhetisierung‹ geprägt und eine »anspruchsvolle Expansion des Ästhetischen« als das Merkmal einer Privatisierung aller Bereiche der Gesellschaft seit der Romantik diagnostiziert. »Die allgemeine Ästhetisierung diente, soziologisch betrachtet, nur dazu, auf dem Wege über das Ästhetische auch die andern Gebiete des geistigen Lebens zu privatisieren.«[496] Ästhetisierung als Bewegung der Privatisierung erzeugt Carl Schmitt zufolge Politisierung als Gegenbewegung, eine diskursive Opposition, die, im Kontext der deutschen konservativen Revolution entstanden, den Ästhetikbegriff des deutschen Idealismus pejorativ besetzte. Noch Walter Benjamins Kontrastformel von faschistischer »Ästhetisierung der Politik« versus kommunistischer »Politisierung der Kunst«[497] steht ganz im Bann dieser begriffsgeschichtlichen Konstellation, die mit der militanten Maschinen- und Kriegsästhetik des italienischen Futurismus[498] ebenso bestimmte wie die Ideologie des deutschen Faschismus.

Alfred Rosenberg forderte dann in seinem *Mythus des 20. Jahrhunderts* (1930) die Überwindung der »abendländischen ›Aesthetik‹ einer ›menschheitlichen‹ Spätzeit«[499] durch einen rassistisch fundierten »aesthetischen Willen« (405). »Es ist beschämend und doch Tatsache, daß, während es unzählige ›Aesthetiken‹ gibt, die unerläßliche Voraussetzung einer Aesthetik überhaupt: die Darstellung der Entwicklung der rassischen Schönheitsideale, bis auf heute nicht geschrieben ist.« (293) Gegen Kants Bestimmung des sensus communis als des Ortes freiheitlicher und unvoreingenommener Verständigung setzte Rosenberg dessen totalitäre Pervertierung durch einen jedes reflektierende Urteil ausschaltenden Absolutheitsanspruch faschistischer Ideologie. Mit dem ästhetischen Gemeinsinn habe »Kant das Suchen am kritischen Punkt in verhängnisvoller Richtung abgebogen. Unbewußt zweckmäßig wirkt auf uns die Schönheit der Venus von Giorgione; so wirkt aber auch jede andere echte rassisch, d. h. organisch-seelisch bedingte Schönheit. Aus der Kantschen ersten Erkenntnis ergibt sich für uns heute als Schlußfolgerung: *der Anspruch auf ›Allgemeingültigkeit‹ eines Geschmacksurteils folgt nur aus einem rassisch-völkischen Schönheitsideal und erstreckt sich auch nur auf jene Kreise, die, bewußt oder unbewußt, die gleiche Idee von Schönheit im Herzen tragen.*« (303)

Standen diese Transformationen idealistischer Ästhetik ins Totalitäre im Zeichen der Zerstörung von Subjektivität, so wurden zu Beginn der 90er Jahre Idee und Begriff des ›ästhetischen Menschen‹ als einer Leitfigur der Moderne zur Verteidigung von Subjektivität gegen die pathologischen und faschistischen Bestimmungen revalorisiert. Als Sinnbild einer Geschichte der Subjektivität – »L'histoire de l'esthétique comme histoire de la subjectivité« – begriff der französische Philosoph Luc Ferry Ästhetik im Sinne ihres aufklärerischen Begriffs geradezu als »prototype de la culture mo-

---

[496] CARL SCHMITT, Politische Romantik (1919; Berlin 1998), 166, 17.
[497] WALTER BENJAMIN (s. Anm. 51), 384.
[498] Vgl. FILIPPO TOMMASO MARINETTI, Nascita di un'estetica futurista (1921), in: Marinetti, Teoria e invenzione futurista, hg. v. L. De Maria (Mailand 1983), 314–318; MARINETTI, Il paesaggio e l'estetica futurista della macchina (1931), in: ebd., 625–636.
[499] ALFRED ROSENBERG, Der Mythus des 20. Jahrhunderts (1930; München 1936), 289.

derne«[500]. Der ›Homo Aestheticus‹ repräsentiere das ästhetische Urbild einer anderen Geschichte, »le négatif d'une autre histoire« (16), die den Prozeß der Subjektwerdung des modernen Individuums als eine »histoire de l'individualisme démocratique ou de la subjectivité moderne« (9) beschreibe: »l'esthétique est, par excellence, le champ au sein duquel les problèmes soulevés par la subjectivisation du monde caractéristique des Temps modernes peuvent être observés pour ainsi dire à l'état chimiquement pur.« (14)

1990 publizierte auch der französische Soziologe Michel Maffesoli ein Buch, das die Problemstellung Kierkegaards, die Vermittlung von Ethik und Ästhetik, aktualisiert. Den Begriff einer den Bereich der Künste in »la vie quotidienne«[501] überschreitenden ›esthétique généralisée‹[502] gründet Maffesoli auf eine Unterscheidung zwischen Ethik und Moral. »Je montrerai que l'esthétique s'est diffractée dans l'ensemble de l'existence. Plus rien n'en est indemne. Elle a contaminé le politique, la vie de l'entreprise, la communication, la publicité, la consommation, et bien sûr la vie quotidienne.«[503] Dem Zerfall universeller und verbindlicher Moralprinzipien antwortet eine partikulare, dem konkreten und lokalen Leben der Menschen entsprechende Ethik ökologischen Zuschnitts: »un *éthos* qui vient d'en bas. Morale *versus* éthique.« (25) Die Beobachtung einer »esthétisation galopante« (14) unter dem Postulat einer Lebenskunst (»C'est toute la vie quotidienne qui peut être considérée comme une œuvre d'art.« [26]) und die eines »zerbrochenen Subjekts« als Ausgangspunkte einer neuen Ästhetik (»le sujet brisé et l'avènement de l'esthétique contemporaine«[504]) stellen die Neubestimmung des ›ästhetischen Menschen‹ zu Nietzsches Konzeption der Ästhetik in Beziehung, die das Problematische und Fragwürdige dieser Idee und dieses subjektzentrierten Begriffs von Ästhetik erklärt und in einer anderen Perspektive zeigt. Das tat auch schon Joseph Brodsky, als er in seiner Nobelpreisrede (1987) – wie schon Wittgenstein in seinen *Lectures on Aesthetics* von 1938 – Ästhetik als Quelle von Ethik thematisierte: »Jede neue ästhetische Realität präzisiert die ethische. Denn die Ästhetik ist die Mutter der Ethik. Die Begriffe ›Schön‹ und ›Nicht-Schön‹ sind zunächst ästhetische Begriffe, welche den Kategorien ›Gut‹ und ›Böse‹ vorausgehen.«[505]

2. ›Lebenskunst‹ und ›physiologische Ästhetik‹ bei Nietzsche

Nietzsche hat zuerst die in der Idee eines ›ästhetischen Menschen‹ ausgedrückte Tendenz, Kunst und Leben zu verbinden, auf einen neuen ästhetischen Begriff gebracht, der dieses »Gewächs des 19. Jahrhunderts«[506] dekonstruiert. *Die Geburt der Tragödie* (1872) begründet »die Duplizität des *Apollinischen* und des *Dionysischen*« als Leitdifferenz »aesthetischer Wissenschaft«[507]. Der leitmotivische und »anzügliche Satz«, wie Nietzsche im Bewußtsein des Provokativen seiner Aussage schreibt, »dass nur als ästhetisches Phänomen das Dasein der Welt *gerechtfertigt* ist«[508], visiert einen »ästhetischen Zustand« (43) an, in dem die Beziehungen von Kunst und Moral, Wissenschaft und Kunst, Subjektivem und Objektivem neu geordnet werden. Gegen den »ästhetischen Sokratismus« (81) und den »Typus des *theoretischen Menschen*« (94) setzt Nietzsche als Prinzip seiner Ästhetik, »die Wissenschaft unter der Optik des Künstlers zu sehn, die Kunst aber unter der des Lebens« (8). Ist *Die Geburt der Tragödie* historisch eine »ästhetische Theorie am Paradigma

---

500 LUC FERRY, Homo Aestheticus. L'invention du goût à l'âge démocratique (Paris 1990), 42, 37.
501 MICHEL MAFFESOLI, Aux creux des apparences. Pour une éthique de l'esthétique (Paris 1990), 26.
502 Vgl. ROGER CAILLOIS, Esthétique généralisée (Paris 1962).
503 MAFFESOLI (s. Anm. 501), 13 f.
504 FERRY (s. Anm. 500), 209.
505 JOSEPH BRODSKY, Der Staat, die Sprache und der Dichter (1987) in: T. Gut (Hg.), Das sichtbar Unsichtbare. Kunst zwischen Tradition und Freiheit. Texte zur Philosophie der Kunst (Ostfildern 1994), 56; vgl. WITTGENSTEIN, Lectures on Aesthetics (gehalten 1938), in: Wittgenstein, Lectures & Conversations on Aesthetics, Psychology and Religious Belief, hg. v. C. Barrett (Oxford 1966); dt.: Vorlesungen über Ästhetik, in: Wittgenstein, Vorlesungen und Gespräche über Ästhetik, Psychoanalyse und religiösen Glauben, hg. v. C. Barrett, übers. v. R. Funke (Düsseldorf/Bonn 1994), 9–62.
506 MARTIN HEIDEGGER, Nietzsche, Bd. I (Pfullingen 1961), 107.
507 NIETZSCHE (s. Anm. 48), 21.
508 Ebd., 11; vgl. ebd., 43, 148.

der Tragödie«[509], so markiert sie doch »über die Phraseologie unserer üblichen Aesthetik hinaus«[510] eine deutliche Grenze zur Idee des künstlerischen Subjekts als dem Ursprung der Kunst und als Instanz der Moral, jenen Grundbegriffen idealistischen ästhetischen Denkens im 19. Jh.»Wir behaupten vielmehr, dass der ganze Gegensatz, nach dem wie nach einem Werthmesser auch noch Schopenhauer die Künste eintheilt, der des Subjectiven und des Objectiven, überhaupt in der Aesthetik ungehörig ist, da das Subject, das wollende und seine egoistischen Zwecke fördernde Individuum nur als Gegner, nicht als Ursprung der Kunst gedacht werden kann.«[511]

Nietzsches Einführung des Dionysischen in die Kunsttheorie hat ihr Zentrum im Rausch als einem Inbegriff des ›ästhetischen Zustands‹. Im Begriff des Rauschs bringt Nietzsche die aisthetische Dimension als Steigerung des »gesammten Affekt-Systems«[512] zum Tragen. Dessen »physiologische Vorbedingung« (110) läßt die Grenze der ästhetischen Psychologie und ihrer Verkörperung durch den ›ästhetischen Menschen‹ erkennen, wie Heidegger in seinem Nietzsche-Buch dargestellt hat. Nietzsches Frage »Was bedeutet der von mir in die Aesthetik eingeführte Gegensatz-Begriff apollinisch und dionysisch, beide als Arten des Rausches begriffen?« (111) wurde von Heidegger als dessen »›extremste‹ Ästhetik« charakterisiert, »weil sie auf den Zustand des Schaffens und Genießens blickt«[513]. Von der Musik und Wagners ›Gesamtkunstwerk‹ her denkend, schreibt Nietzsche weiter:»Damit es Kunst giebt, damit es irgend ein ästhetisches Thun und Schauen giebt, dazu ist eine physiologische Vorbedingung unumgänglich: der Rausch. Der Rausch muss erst die Erregbarkeit der ganzen Maschine gesteigert haben: eher kommt es zu keiner Kunst.«[514] Man hat darin eine »dionysische Politologie der Passionen«[515] sehen wollen, auch eine Rehabilitierung rhetorischer Körpertechniken, die die Sinne dem traditionellen Diktat durch das auf Schrift fixierte Sehen/Gesicht als den theoretischen Führungssinn par exellence entzieht und an dessen Stelle eine Konzeption setzt, die »am Leitfaden des Leibes«[516] die Philosophie in Physiologie transformiert.

Nietzsches anti-platonistische ›physiologische Ästhetik‹ (»der Instinkt Plato's, dieses grössten Kunstfeindes, den Europa bisher hervorgebracht hat«[517].»Meine Philosophie umgedrehter Platonismus: je weiter ab vom wahrhaft Seienden, um so reiner schöner besser ist es. Das Leben im Schein als Ziel.«[518]) wurde in ihrer Radikalität von Heidegger nicht geteilt, weil für ihn Ästhetik letzten Endes (und im Unterschied zu Nietzsche) Kunstästhetik blieb.[519] »Die Kunst der Physiologie ausliefern, das sieht so aus wie: die Kunst auf die Ebene des Funktionierens der Magensäfte herabsetzen. [...] Die Kunst als Gegenbewegung zum Nihilismus und die Kunst als Gegenstand der Physiologie, dies heißt: Feuer und Wasser mischen wollen.«[520]

Nietzsche kündigte an, auf die »Probleme der bisher so unberührten, so unaufgeschlossenen Physiologie der Ästhetik«[521] zurückzukommen. Er notierte:»Aesthetik hat nur Sinn als Naturwissenschaft«[522]. Und an anderer Stelle heißt es: »Ästhetik ist ja nichts als eine angewandte Physiologie.«[523] In seiner Wagner-Kritik hat Nietzsche seinen Begriff einer physiologischen Ästhetik an den ›physiologischen Notständen‹ in Wagners Musik auf eine

---

509 HEINRICH NIEHUES-PRÖBSTING, Ästhetik und Rhetorik in der ›Geburt der Tragödie‹, in: J. Kopperschmidt/H. Schanze (Hg.), Nietzsche oder ›Die Sprache ist Rhetorik‹ (München 1994), 99.
510 NIETZSCHE (s. Anm. 48), 100.
511 Ebd., 43.
512 NIETZSCHE, Götzen-Dämmerung (1889), in: NIETZSCHE (KGA), Abt. 6, Bd. 3 (1969), 111.
513 HEIDEGGER (s. Anm. 506), 152.
514 NIETZSCHE (s. Anm. 512), 110.
515 PETER SLOTERDIJK, Der Denker auf der Bühne. Nietzsches Materialismus (Frankfurt a.M. 1986), 158.
516 FRIEDRICH A. KITTLER, Nietzsche (1844–1900), in: H. Turk (Hg.), Klassiker der Literaturtheorie (München 1979), 194.
517 NIETZSCHE, Zur Genealogie der Moral (1887), in: NIETZSCHE (KGA), Abt. 6, Bd. 2 (1968), 420.
518 NIETZSCHE, Nachgelassene Fragmente. Herbst 1869 bis Herbst 1872, in: NIETZSCHE (KGA), Abt. 3, Bd. 3 (1978), 207; vgl. GILLES DELEUZE, Renverser le platonisme (les simulacres), in: Revue de métaphysique et de morale 71 (1966), 426–428.
519 Vgl. DERRIDA (s. Anm. 1), 299.
520 HEIDEGGER (s. Anm. 506), 110 f.
521 NIETZSCHE (s. Anm. 517), 374.
522 NIETZSCHE (s. Anm. 518), 421.
523 NIETZSCHE, Nietzsche contra Wagner (entst. 1888–1889), in: NIETZSCHE (KGA), Abt. 6, Bd. 3 (1969), 416.

Weise entfaltet, die physiologische Ästhetik nicht als ein Ideal oder als eine Anweisung zur Kunstübung ausweist, sondern als ein diagnostisches und analytisches Prinzip. »Die schädliche Wirkung der W<agnerschen> Kunst *beweist* deren tiefe organische Gebrechlichkeit, deren *Corruption*. Das Vollkommene macht gesund; das Kranke macht krank. Die physiologischen Nothstände, in die Wagner seine Hörer versetzt (unregelmäßiges Athmen, Störung des Blutumlaufs, extreme Irritabilität mit plötzlichem Coma) enthalten eine *Widerlegung* seiner Kunst / Mit diesen zwei Formeln ist nur die Folgerung jenes allgemeinen Satzes gezogen, der für mich das Fundament aller Aesthetik abgibt: daß die aesthetischen Werthe auf biologischen Werthen ruhen, daß die aesthetischen Wohlgefühle biologische Wohlgefühle sind.«[524]

Schon Heidegger hat zu Recht davor gewarnt, Nietzsches Ästhetik wegen solcher Sätze biologistisch oder sozialdarwinistisch mißzuverstehen.[525] Die von Nietzsche vollzogene Umwendung der Begrifflichkeit philosophischer Ästhetik, die Einführung neuer Begriffe überhaupt, ergibt sich aus einem Wechsel der Perspektive von einer Zuschauer- oder Betrachterästhetik zu einer Künstlerästhetik, der Nietzsche als erster im 19. Jh. begriffliche Konturen gegeben hat: »dass Kant, gleich allen Philosophen, statt von den Erfahrungen des Künstlers (des Schaffenden) aus das ästhetische Problem zu visiren, allein vom ›Zuschauer‹ aus über die Kunst und das Schöne nachgedacht und dabei unvermerkt den ›Zuschauer‹ selber in den Begriff ›schön‹ hinein bekommen hat«[526], war ihm ein Fehlgriff. Kant habe nicht verstanden, daß es für den Künstler kein Schönes gibt, »was *ohne Interesse* gefällt« (365). Aus der Perspektive des Künstlers, bei dem Nietzsche in diesem Zusammenhang Stendhal vor Augen hat, und aus seiner eigenen eines Denkers am Abgrund ist das Interesse am Schönen das »des Torturirten, der von seiner Tortur« (367) loskommen will, ist es eine promesse de bonheur, eine Hoffnung und ein Glücksversprechen. Und in jedem Fall führt diese an der Erfahrung des Künstlers orientierte physiologisch-ästhetische Perspektive nicht zurück auf eine Werkästhetik, sondern sie weist in ihrer Begrifflichkeit auf eine zeitgemäße Affektenlehre voraus.

Nietzsche hat damit eine Tradition fortgeführt und aufgehoben, die im 19. Jh. durch die Spaltung der Ästhetik in »naturwissenschaftlich arbeitende Psychologie«[527] und in die Metaphysik der Schönheitslehren gekennzeichnet war. Dieser Ästhetikbegriff Nietzsches ist einer Tradition verpflichtet, an deren Anfang noch bewußt war, was später verdrängt wurde: »Aesthetik als die Lehre von der sinnlichen Vorstellung zerfällt ihrem Inhalte nach in die physiologische und die transzendentale.«[528]

In dem zu Lebzeiten nicht publizierten Essay *Ueber Wahrheit und Lüge im aussermoralischen Sinne* (entst. 1873) hat Nietzsche dann Ästhetik mit jenem Begriff definiert, den man einen *ökologischen* nennen könnte, weil er keinen Begriff für Determinationszusammenhänge darstellt, »sondern eine Art Suche nach Abhängigkeiten (›codependence‹ ist der buddhistische Fachterminus dafür), auf die man sich verlassen können muß, um sich in einer Situation halten zu können«[529]. Ästhetik als Suchbegriff in diesem Sinne nennt Nietzsche ›ästhetisches Verhalten‹: »Ueberhaupt aber scheint mir die richtige Perception – das würde heissen der adäquate Ausdruck eines Objekts im Subjekt – ein widerspruchsvolles Unding: denn zwischen zwei absolut verschiedenen Sphären wie zwischen Subjekt und Objekt giebt es keine Causalität, keine Richtigkeit, keinen Ausdruck, sondern höchstens ein *ästhetisches* Verhalten, ich meine eine andeutende Uebertragung, eine nachstammelnde Uebersetzung in eine ganz fremde Sprache. Wozu es aber jedenfalls einer frei dichtenden und frei erfindenden Mittel-Sphäre und Mittelkraft bedarf.«[530]

---

524 NIETZSCHE, Nachgelassene Fragmente. Anfang 1888 bis Anfang Januar 1889, in: NIETZSCHE (KGA), Abt. 8, Bd. 3 (1972), 307.
525 HEIDEGGER (s. Anm. 506), 149.
526 NIETZSCHE (s. Anm. 517), 364.
527 HEIDEGGER (s. Anm. 506), 107.
528 CASPAR THEOBALD TOURTUAL, Die Sinne des Menschen in den wechselseitigen Beziehungen ihres psychischen und organischen Lebens. Ein Beitrag zur physiologischen Aesthetik (Münster 1827), V.
529 DIRK BAECKER, Der Mensch als Barbar [Ms. 1999].
530 NIETZSCHE, Ueber Wahrheit und Lüge im aussermoralischen Sinne (entst. 1873), in: NIETZSCHE (KGA), Abt. 3, Bd. 2 (1973), 387.

3. Ästhetik versus Kunstwissenschaft

Am Anfang des 20. Jh. bilanzierte dagegen Theodor Lipps als ein fait accompli: »Die Ästhetik ist also eine psychologische Disziplin.«[531] Erinnerte die Betonung des Psychologischen auch an eine vergessene Dimension im Begriff der Ästhetik, so waren es vor allem die Ergebnisse sinnesphysiologischer Experimente und Forschungen, die dazu beitrugen, Ästhetik und ihren Begriff von identitätsphilosophischen Spekulationen abzulösen. Hermann von Helmholtz hatte diese Differenz zwischen der »Identitätshypothese«[532] und einer »Physiologie der Sinnesorgane« (107) noch vor Fechner in ihrer Bedeutung für die Ästhetik erkannt. Die durch Hegel klassisch repräsentierte »Identitätsphilosophie [...] ging von der Hypothese aus, daß auch die wirkliche Welt, die Natur und das Menschenleben das Resultat des Denkens eines schöpferischen Geistes sei, welcher Geist seinem Wesen nach als dem menschlichen gleichartig betrachtet wurde« (83). Die durch ein gewisses Mißtrauen gegen den sinnlichen Schein motivierten sinnesphysiologischen Erkenntnisse wiesen Helmholtz zufolge die Ästhetik als Fach auf einen anderen Weg. »Ist es mir erlaubt, eigener neuester Arbeit hier zu gedenken, so will ich noch erwähnen, daß es möglich ist, durch die Physik des Schalles und die Physiologie der Tonempfindungen die Elemente der Konstruktion unseres musikalischen Systems zu begründen, eine Aufgabe, die wesentlich in das Fach der Ästhetik hineingehört. Die Physiologie der Sinnesorgane überhaupt tritt in engste Verbindung mit der Psychologie. Sie weist in den Sinneswahrnehmungen die Resultate psychischer Prozesse nach, welche nicht in den Bereich des auf sich selbst reflektierenden Bewußtseins fallen und welche deshalb notwendig der psychologischen Selbstbeobachtung verborgen bleiben mußten.« (107)

Diese sinnesphysiologische Perspektive auf die Ästhetik markiert die erste eigentlich moderne *aisthetische* Transformation ihres Begriffs. Helmholtz bilanzierte (wie dann auch Fechner und Charles Henry) die durch den Biologen Johannes Müller in den 30er Jahren publizierten Ergebnisse seiner Forschungen zur physiologischen Optik, die in dem mehrbändigen *Handbuch der Physiologie des Menschen* (1833–1840) zusammenhängend dargestellt worden waren.[533] Müllers zum ersten Mal in der Arbeit *Zur vergleichenden Physiologie des Gesichtssinns der Menschen und der Thiere* (1826) vorgestelltes Prinzip der ›Reizspezifität‹, der ›spezifischen Sinnesenergie‹, basierte auf der Entdeckung, »daß die Nerven verschiedener Sinnesorgane physiologisch verschieden sind, d. h. daß spezifische Nerven nur für eine bestimmte Art von Sinneswahrnehmung geeignet sind und sich auf die Art der Sinneswahrnehmung anderer Organe nicht übertragen lassen«[534]. Die Untersuchung und Beschreibung einer »zutiefst arbiträren Beziehung zwischen Reiz und Empfindung«[535] durch Johannes Müller wurde durch Helmholtz' eigene Entdeckung einer nicht wahrnehmbaren (aber meßbaren) Zeitverschiebung zwischen Nervenreizung und Wahrnehmung bestätigt.[536]

Diese durch Messung und Instrumentenwahrnehmung ermöglichten Einblicke in neurophysiologische Strukturen und Funktionen der Wahr-

531 LIPPS, Ästhetik, Bd. 1 (Hamburg/Leipzig 1903), 1.
532 HERMANN VON HELMHOLTZ, Über das Verhältnis der Naturwissenschaften zur Gesamtheit der Wissenschaften (entst. 1862), in: Helmholtz, Philosophische Vorträge und Aufsätze, hg. v. H. Hörz/S. Wollgast (Berlin 1971), 84.
533 Vgl. GOTTFRIED KÖLLER, Das Leben des Biologen Johannes Müller (Stuttgart 1958); EDWIN CLARKE/CHARLES DONALD O'MALLEY, The Human Brain and Spinal Cord (Berkeley, Cal. 1968); JONATHAN CRARY, Techniques of the Observer: On Vision and Modernity in the Nineteenth Century (Cambridge, Mass. 1990); dt.: Techniken des Betrachters. Sehen und Moderne im 19. Jahrhundert, übers. v. A. Vonderstein (Dresden 1996), 75–102; FRANCISCO VARELA, Living Ways of Sense-Making: A Middle Path of Neuroscience, in: P. Livingstone (Hg.), Disorder and Order: Proceedings of the Stanford International Symposion, September 14–16, 1981 (Stanford 1984), 208–224.
534 CRARY (s. Anm. 533), 94.
535 Ebd., 96.
536 Vgl. HELMHOLTZ, Ueber die Fortpflanzungsschwindigkeit der Nervenreizung, in: Monatsberichte der Akademie der Wissenschaften zu Berlin, 21. 1. 1850 (Berlin 1850), 14 f.; vgl. OTTO-JOACHIM GRÜSSER, Hermann von Helmholtz und die Physiologie des Sehvorganges, in: W. U. Eckart/K. Volkert (Hg.), Hermann von Helmholtz. Vorträge eines Heidelberger Symposiums anläßlich des einhundertsten Todestages (Pfaffenweiler 1996), 119–176.

nehmung erschütterten nicht nur den Status der Wahrnehmung – konzipiert als bestimmt durch »die zentrirende Kraft« der »Aufmercksamkeit«[537] – durch das, was man ›kaleidoskopische Aufmerksamkeit‹ nennen könnte. Im davon beeinflußten ästhetischen Diskurs des 19. Jh. steht dafür Name und Begriff der ›Synästhesie‹ als Reflexion der Möglichkeiten, wie verschiedene Sinnesmodalitäten ineinander übersetzbar oder übertragbar sind. Was Poeten wie Baudelaire (in dem berühmten Sonnett *Correspondances* von 1861) oder Rimbaud (im Gedicht *Voyelles* von 1871) als den Beginn einer »esthétique nouvelle«[538] ahnten, wurde dann von Künstlern, die mit neuen technischen Mitteln wie Photographie und Phonographie experimentierten, erprobt und bewiesen. So etwa durch den Erfinder der Chronophotographie Étienne-Jules Marey, der als französischer Helmholtz-Schüler galt und ein Pionier des frühen Films war. Sein Buch *La machine animale. Locomotion terrestre et aérienne* (1873), eine Analyse von Bewegungsabläufen, zeigte am Beispiel der Illusion bewegter Bilder, daß Synästhesie (wie unsere Wahrnehmung überhaupt) kein statischer Vorgang ist, sondern mobil und bewegungsabhängig.[539] Die synästhetische Frage »wie ist denn das Erlebnis einer bunten, klingenden, duftenden Welt möglich, wenn die ›Signale‹ von dieser Welt für alle Sinne ein einförmiges, ununterscheidbares ›Grau‹ liefern?« ließ sich nur hinreichend beantworten, wenn man das Problem der Wahrnehmung in eine neue Perspektive rückte: »es sind die durch Bewegung hervorgebrachten *Veränderungen* des Wahrgenommenen, die wir wahrnehmen. Wie der Biologe Humberto Maturana sagt: ›Wir sehen mit unseren Beinen.‹ Man braucht nur unserer Sprache zuhören: ›wahrnehmen‹, ›be-greifen‹, ›ver-stehen‹! Das Sensorische der Alltagsbedeutung verschmilzt mit dem Motorischen des Wortursprungs.«[540]

Das im Begriff der Synästhesie ausgedrückte Problem physiologischer Ästhetik war nicht zuletzt eine Folge der Ausschaltung der Kontrolle des Subjekts über seine Handlungen und Empfindungen. Synästhesie und Hypnose korrespondieren einander. Wie wären die einzelnen Sinne als Organe der Wahrnehmung voneinander zu unterscheiden bzw. aufeinander zu beziehen? Den unterschiedlichen Antworten auf diese Frage ist gemeinsam, daß Ästhetik nicht länger und vorrangig als »Reflexionstheorie des Kunstsystems«[541] thematisiert, nicht mehr in erster Linie als Beschreibung von Urteilen über Kunstwerke begriffen wird, sondern als Kriterium der Unterscheidung von Kunst und Alltag.

Auf dem 1904 von Hugo Münsterberg im Rahmen der Weltausstellung in St. Louis konzipierten und organisierten *Congress of Arts and Science* stellte Max Dessoir zum ersten Mal sein Programm einer von allgemeiner Kunsttheorie strikt zu unterscheidenden ›ästhetischen Wissenschaft‹ vor. ›Ästhetisches Leben‹ als deren Gegenstandsbereich sei von den Aufgaben der Kunstwissenschaft deswegen zu unterscheiden, weil Schönheit, Ästhetisches und Kunst nicht länger als miteinander identisch und kommensurabel gelten könnten, weil der Bereich des Ästhetischen umfassender sei als der der Künste. »The critical thought of the present day is, however, beginning to question whether the beautiful, the aesthetic, and art stand to one another in a relation that can be termed almost an identity.«[542] Und er betont: »it is […] clear that the circle of the aesthetic is wider than the field of art« (435). Das »aesthetic life« (437) erklärte Dessoir zum Inbegriff einer ästhetischen Dimension des Alltags, die sich in rhythmischen Strukturen körperabhängiger »aesthetic experience« (438) ausdrücke als »a coöperation of general bodily feelings« (442).

Dessoir war einer der ersten, der aus der körperbetonten Sinnlichkeit von »aesthetic complication-feelings« die Forderung nach einer Historisierung ästhetischer Begriffe und ihrer Vermittlung mit einer je aktuellen Konstellation ableitete. »This en-

---

537 NOVALIS, Logologische Fragmente (entst. 1798), in: NOVALIS, Bd. 2 (^{3}1981), 522.
538 GUILLAUME APOLLINAIRE, Méditations esthétiques (1913), in: Apollinaire, Œuvres complètes, hg. v. M. Décaudin, Bd. 4 (Paris 1966), 23.
539 Vgl. THOMAS SCHESTAG, Piedestal/Souterrain, in: Honoré de Balzac, Theorie des Gehens (Lana/ Wien/Zürich 1997), 7–67.
540 FOERSTER, Wahrnehmen (s. Anm. 16), 439f., 440.
541 NIKLAS LUHMANN, Die Kunst der Gesellschaft (Frankfurt a.M. 1995), 389.
542 DESSOIR, The Fundamental Questions of Contemporary Aesthetics, in: H.J. Rogers (Hg.), Congress of Arts and Science, Bd. 1 (Boston/New York 1905), 434.

tire fabric of experience [...] can now take on various shadings. These we refer to as the aesthetic moods, or by a less psychological name, as the aesthetic categories. The ideally beautiful and the sublime, the tragic and the ugly, the comic and the graceful, are the best known among them. Modern science has shown most interest in the study of the comic and the tragic. [...] The tragic mood is understood no longer as arising in fear and pity, but in pathos and wonder. Its objective correlate should not be forced to the standard of a narrow ethics. The demand for guilt and expiation is being given up by progressive thinkers in aesthetics; but the constituents of tragedy remain fast bound to the realm of harshness, cruelty, and dissonance.« (443)

Etwa zur selben Zeit betonten Naturwissenschaftler und Mathematiker, die an einem neuen Weltbild arbeiteten, Intuition als einen Modus der Erkenntnis. So z. B. der Mathematiker Henri Poincaré, der »ästhetischer Sensibilität« eine wichtige Vermittlungsrolle im Akt der Wahrnehmung zuschrieb: »Aesthetic Sensibility plays the part of the delicate sieve.«[543] Diese Überlegungen wurden jedoch kaum wahrgenommen. Ebensowenig eine Position, wie sie Ernst Bloch außerhalb des akademischen Bereichs entwickelte, die im Zusammenhang mit den Künstlerästhetiken des deutschen Expressionismus zu sehen ist. Die expressionistischen Entwürfe eines ›neuen Menschen‹ waren auch ein ästhetisches Programm, das Nietzsches Impulse und die Dimension des Alltäglichen aufgriff und miteinander verband. Blochs früher Entwurf eines ausdrücklich an ›Aisthesis‹ orientierten Programms in seinem Buch *Geist der Utopie* (1918) ist dafür repräsentativ. Es reagiert auf die Ausdifferenzierung der Ästhetik im Kontext der Kunstwissenschaften mit einem Angebot zur Entdifferenzierung. Die »Grundlage der Ästhetik überhaupt«[544], schrieb Bloch, ist ihre Fundierung auf Wahrnehmung und deren »adäquate Erfüllung« in den Künsten, besonders in der Musik: »wie in der schweigenden Muschel die Perle ringt, so haben das primitive und auch gotische Kunstwollen und die gesamte Musik mit dem Wollen der Kunst als eines beabsichtigten Wirkungsbegriffs, als des kleinen, wesenlosen Ausschnitts einer Welt ohne Enttäuschung nicht das Geringste gemein. Es handelt sich dabei durchaus nicht um die objektiven oder auch normativen Bedingungen des ästhetischen ›Gefallens‹, das die unwichtigste Sache von der Welt ist, sofern allein schon der Begriff ›Aisthesis‹ nicht gefühlsbetonte Empfindung, sondern durchaus dasselbe wie Wahrnehmung, adäquate Erfüllung bedeutet.« (182) Die expressionistische Ästhetik des Buches *Geist der Utopie* war in Deutschland der erste Versuch, die von Nietzsche, Bergson und Freud ausgehenden Impulse der Befreiung von den »alten Konfektionskleidern der Begriffe und Symbole« (249) zu integrieren, »völlig erfüllt vom Kampf gegen den kalten, undionysischen, unmystischen Menschen, gegen das Daseinsrecht und die Wahrheit der wissenschaftlichen Wahrheit überhaupt, ohne Subjekt und ohne Traum« (269).

4. Ästhesiologie

Ästhetische Begriffe als Stimmungsbarometer (aesthetic moods) einer geschichtlichen und kulturellen Konfiguration haben in solcher Sicht eine Vermittlungsfunktion erhalten. Sie bringen, wie Hugo Münsterberg in seiner Adresse an den Kongress in St. Louis formulierte, die zwischen Künsten, Wissenschaften und Lebensformen wirkenden »energies of our time into inner relations«[545]. Die Thematisierung von Ästhetik als einer solchen Instanz der Vermittlung löst ihren Begriff definitiv vom Stereotyp einer Theorie des zeitlos Schönen. Der Terminus ›das Ästhetische‹ bekommt seine begrifflichen Konturen durch die Betonung der Sinnesfunktionen als anthropologischer Grundlagen ästhetischer Erfahrung.

Helmuth Plessner hat diesen Begriffswandel in seiner Schrift *Die Einheit der Sinne* (1923) durch den Neologismus ›Ästhesiologie‹ repräsentiert und dargestellt. Mit der ›Ästhesiologie des Geistes‹ wollte Plessner für Gesicht und Gehör eine hermeneutische »Brücke zwischen Psychischem und Physischem«[546] bauen. Er betonte die ›Einheit der

---

[543] HENRI POINCARÉ, The Value of Science (1905; New York 1958), 19.
[544] ERNST BLOCH, Geist der Utopie (München/Leipzig 1918), 178.
[545] HUGO MÜNSTERBERG, The Scientific Plan of the Congress, in: Rogers (s. Anm. 542), 91.
[546] PLESSNER (s. Anm. 469), 301.

Sinne‹ als in der Einheit *des* Sinns begründet. »Ästhesiologie nennen wir jene Disziplin, Wahrnehmungs- oder Empfindungslehre, doch ausdrücklich mit dem eben gerechtfertigten Zusatz: des Geistes, die scharfe Trennungslinie zwischen der neuen und der psychophysiologischen Fragestellung betonend« (32). Als »Wissenschaft von den Arten der Versinnlichung der geistigen Gehalte und ihren Gründen« (278) hielt Plessner die Ästhesiologie des Geistes im Rahmen von Körper-Geist-Beziehungen – »Sinne als Modi der Verbindung von Körper und Geist« (293) – für ein Hilfsmittel zur »Differenzierung der Sinnlichkeit« (275).

Musik und Geometrie sind ihm zufolge paradigmatische Versinnlichungen des Gehörs und des Gesichts, umgreifen diese als verhaltensbestimmende ›ästhetische Wertgebiete‹: »Musikalischer Ausdruck wendet sich, wie man sagt, an das Gefühl, geometrischer Ausdruck an den Verstand. Beiden Gestaltungen entsprechen also verschiedene Werte verschiedener Verhaltensweisen. Das ästhetische Wertgebiet wendet sich an eine andere Art des Verhaltens der Person als das theoretische Wertgebiet, um seinen spezifischen Geltungssinn verständlich zu machen.« (296)

In einer kulturanthropologischen Perspektive hat Plessner eine der ersten Funktionsbestimmungen des Begriffs *aisthēsis* gegeben; allerdings um den Preis der Ausgrenzung der Kontaktsinne: »Eine Ästhesiologie des Geistes darf nicht ausschließlich wie Physiologie, Biologie und Psychologie an der physischen Sinnesorganisation orientiert sein, sondern ihrem Ziel gemäß, die Arten der Versinnlichung geistigen Wesensgehaltes zu verstehen, muß sie da haltmachen, wo es keine Versinnlichung des Geistes mehr gibt. Dabei hat sie in Kauf zu nehmen, daß eine ganze Anzahl besonderer sinnlicher Funktionen, Geschmack und Geruch, Getast und Schmerz, Temperatursinn, Gleichgewichtssinn und Wollust ihr unzugänglich bleibt. Sie muß auf ihre Deutung verzichten, da eine spezifische Sinngebung sich mit ihnen nicht verbindet. Denn wo kein Sinn erscheint, ist die Ästhesiologie des Geistes zu Ende.« (267f.) Diese selektive Auffassung ist sogleich von Erich M. von Hornbostel kritisiert worden.[547]

5. *Esthésique/Aisthesis* – Umschalten auf Wahrnehmung

Deutlich wird an dem von Plessner eingeführten anthropologischen Begriff Ästhesiologie die Profilierung des Ästhetischen zu einem Begriff operativer Kopplung und Verschaltung. (Plessner verwendet selbst häufig Begriffe der Elektrotechnik, so »Hintereinanderschaltung« [300], »Zwischenschaltung« [301] in Diskursen verschiedener Bereiche.) Paul Valéry, in dessen Werk sich künstlerische Praxis und theoretische Reflexion auf hohem Niveau die Waage halten, hat eine solche Kopplungsfunktion des Ästhetischen prägnant begründet und durch einen eigenen Namen, »Esthésique«[548], bezeichnet, der eine Station in der Geschichte der Begriffe Ästhetik und ästhetisch markiert.

Bereits Proudhon hatte den aus der Medizin in die Ästhetik übertragenen Begriff »esthésie«[549], eine Analogiebildung zu anesthésie (Anästhesie)[550], geprägt, der in der Halluzinationsforschung der 80er Jahre in Frankreich eine Rolle spielte und z.B. als ›hyperesthésie‹ noch gesteigert wurde.

In dem Essay über Leonardo da Vinci als emblematische Figur eines ganz modernen Künstlerphilosophen, *Léonard et les philosophes* (1929), verabschiedet Valéry die Positionen der klassischen philosophischen Ästhetik als kunstfremd und kunstfeindlich.[551] Allen Versuchen einer »Esthétique dogmatique«[552] entzieht sich die den »valeurs de choc«[553] verpflichtete Reflexion und Praxis des modernen Künstlers. »Ce qui sépare le plus manifestement l'esthétique philosophique de la ré-

---

547 Vgl. ERICH M. VON HORNBOSTEL, Die Einheit der Sinne, in: Melos. Zeitschrift für Musik 4 (1925), 290–297.
548 PAUL VALÉRY, Discours sur l'esthétique (1937), in: VALÉRY, Bd. 1 (1957), 1311.
549 PIERRE-JOSEPH PROUDHON, Du principe de l'art et de sa destination sociale (Paris 1865), 166.
550 Vgl. KLAUS HERDING, Einführung in Proudhons Kunsttheorie, in: Proudhon, Von den Grundlagen und der sozialen Bestimmung der Kunst, hg. u. übers. v. Herding (Berlin 1988), 40.
551 Vgl. JAUSS, Ästhetische Erfahrung und literarische Hermeneutik (Frankfurt a. M. 1982), 505–533.
552 VALÉRY (s. Anm. 548), 1308.
553 VALÉRY, Léonard et les philosophes (1929), in: VALÉRY, Bd. 1 (1957), 1240.

flexion de l'artiste, c'est qu'elle procède d'une pensée qui se croit étrangère aux arts et qui se sent d'une autre essence qu'une pensée de poète ou de musicien« (1243). Valéry schreibt weiter: »si l'esthétique [als philosophische – d. Verf.] pouvait être, les arts s'évanouiraient devant elle, c'est-à-dire – *devant leur essence*« (1245). Valérys Unterscheidung zweier Traditionen im Begriff Ästhetik ist als eine deutliche Kritik an Importen der deutschen Tradition zu lesen, etwa durch den latenten Hegelianismus im französischen Surrealismus.

In seiner berühmten Rede auf dem Deuxième Congrès International d'Esthétique et de Science de l'Art in Paris am 8. August 1937, während der Pariser Weltausstellung, hat Valéry sein ›esthésique‹ genanntes Konzept einer »étude de la sensation«[554] als Überwindung jeder ›Science du Beau‹ erläutert. Die »Idée du Beau« (1300) als Grundbegriff aller »Esthétique Métaphysique« (1302) »portait en elle le vice originel et inévitable« (1301), weil sie sich dem »mystère du plaisir« (1300) als dem Bereich der Erfahrung und Wahrnehmung, der sich nicht in Normen und Standards übermitteln und übersetzen läßt, versagt hat. »Le plaisir, enfin, n'existe que dans l'instant, et rien de plus individuel, de plus incertain, de plus incommunicable.« (1301) Mit deutlichem Bezug auf die durch das damals neue physikalische Weltbild der Relativitätstheorie und der Quantenmechanik erschütterten Positionen der Erkenntnistheorie des Positivismus prognostizierte Valéry eine interdiskursive, transversale[555] Funktion für die »naissante Esthétique«: »Le plaisir, comme la douleur [...] ce sont des éléments toujours bien gênants dans une construction intellectuelle. Ils sont indéfinissables, incommensurables, incomparables de toute façon. Ils offrent le type même de cette confusion ou de cette dépendance réciproque de l'observateur et de la chose observée, qui est en train de faire le désespoir de la physique théorique.«[556] Die Philosophie müßte sich der Physik versichern wie diese der ›esthésique‹ als Aisthesis. »La Physique devrait revenir à l'étude de la sensation et de ses organes. / Mais tout ceci, n'est-ce point de l'*Esthésique*? Et si dans l'*Esthésique* nous introduisons enfin certaines inégalités et certaines relations, ne serons-nous pas très voisins de notre indéfinissable *Esthétique*?« (1313 f.) Ästhetik bleibt in Frankreich – wie schon anfangs – noch immer undefinierbar! Obwohl Valéry der esthésique den Status einer Wissenschaft mit der Aufgabe einer »étude de la sensation« (1313) zuschrieb, ist damit doch keine Sonderstellung emotiver sinnlicher Zustände (plaisir, douleur usw.) im Rahmen eines begrenzten Gegenstandsbereichs gemeint, der mit Hilfe eines Begriffssystems zu erschließen wäre. Esthésique als ›étude de la sensation‹ versteht Valéry als Opposition zu allen Hoffnungen, Ästhetik doch noch irgendwie zu einer Wissenschaft des Schönen zu promovieren. »La Beauté est une sorte de morte«[557], heißt es unmißverständlich, womit Valéry Grundpositionen der historischen Avantgarden ratifiziert. Mit esthésique ist daher bei Valéry – ganz in Übereinstimmung mit dem ursprünglichen (aristotelischen) Wortsinn von aisthēsis – eine Lehre (aber keine Wissenschaft) von der sinnlichen Wahrnehmung gemeint.

Ein neues, aisthetisches Verständnis von Ästhetik hatte sich auch schon bei Henri Bergson angekündigt, als er die Gleichsetzung von »émotion esthétique« mit einem allgemeingültigen ›sentiment du beau‹ kritisierte: »Il résulte de cette analyse que le sentiment du beau n'est pas un sentiment spécial, mais que tout sentiment éprouvé par nous revêtira un caractère esthétique, pourvu qu'il ait été suggéré, et non pas causé.«[558]

Die begriffliche Differenzierung der Ästhetik in eine Lehre von der Wahrnehmung nach dem Vorgang der Physiologie und Psychophysik des 19. Jh. und eine philosophische Ästhetik hatte vor allem zwei Folgen. Sie ermöglichte eine Historisierung der Ästhetik und ihrer Begriffe und eröffnete neue Perspektiven der Verbindung zwischen unterschiedlichen Bereichen der gesellschaftlichen Kultur. Neben den philosophischen tritt ein naturwissenschaftlich fundierter Begriff von Ästhetik, dem in Deutschland später Max Benses Konzept

---

554 VALÉRY (s. Anm. 548), 1313.
555 Vgl. GUATTARI, Psychanalyse et transversalité (Paris 1972).
556 VALÉRY (s. Anm. 548), 1298.
557 VALÉRY (s. Anm. 553), 1240.
558 HENRI BERGSON, Essai sur les données immédiates de la conscience (1889), in: Bergson, Œuvres, hg. v. A. Robinet (Paris 1959), 15.

einer zeichentheoretischen Informationsästhetik Gestalt verlieh.[559] Zeitgleich mit Valéry, dem er wesentliche Impulse verdankte, hatte Walter Benjamin seinen Essay über eine materialistische Kunsttheorie im Rahmen einer Theorie und Geschichte von Wahrnehmungsweisen konzipiert. Am Beispiel des Films als eines »Symptoms von tiefgreifenden Veränderungen der Apperzeption« notierte er expressis verbis diesen Begriffswandel. »So erweist er sich auch von hier aus als der derzeitig wichtigste Gegenstand jener Lehre von der Wahrnehmung, die bei den Griechen Ästhetik hieß.«[560] Jan Mukařovský, Mitbegründer des Prager Strukturalismus, entwickelte ebenfalls zur selben Zeit einen funktionalen Begriff von Ästhetik, der die Grenze zwischen Kunst und alltagsästhetischen Bereichen als geschichtlich bewegliche analysierte: »Da [...] die Grenzen, die den ganzen Bereich der Kunst von den außerkünstlerischen ästhetischen Erscheinungen trennen, entwicklungsbedingt veränderlich sind, war es weiterhin unerläßlich, sich mit dem Verhältnis zu den außerkünstlerischen ästhetischen Erscheinungen zu befassen.« »Die Grenzen des ästhetischen Bereichs sind also nicht durch die Realität selbst gegeben und sehr veränderlich.«[561]

6. *Spuren der Diffusion eines Begriffs*

Die in den 20er und 30er Jahren von verschiedenen Seiten und in unterschiedlichen Kontexten prognostizierte und erprobte Transformation der Ästhetik und ihres Begriffs wurde in ihrer kultur- und wissenschaftsgeschichtlichen Tragweite erst spät begriffen. Ein seit dem positivistischen Zeitalter fest verankertes hierarchisches Kulturverständnis und ein spezialistisches wissenschaftliches Ordnungsdenken hat die meisten sogenannten Geisteswissenschaften mit einem ›feudalen‹ Denkstil ausgerüstet, der erst überwunden werden mußte, um einem zeitgemäßen Ästhetikverständnis Geltung zu verschaffen. »J'ai toujours été surpris par ce caractère ›féodal‹ de la majeure partie des sciences humaines«[562], bemerkte der französische Mathematiker und Philosoph René Thom. Die ressorthafte Aufspaltung gesellschaftlicher Praxis in unverbundene Abteilungen hat in einer Welt elektronischer Vernetzungen ausgespielt. In der Begriffsgeschichte der nach-idealistischen Zeit sind Schlüsselbegriffe wie Korrelation, Assoziation und Wahrnehmung ausgebildet worden, die nicht mehr die von Klassik und Romantik geprägten statischen sind, sondern kaleidoskopische Bewegungsbegriffe. Die Reflexionen über eine Historisierung der 250-jährigen Geschichte ästhetischen Denkens, in die sich dieses Wörterbuch ästhetischer Grundbegriffe einschreibt, haben zu der Frage geführt, ob das durch Hegels *Ästhetik* begründete Paradigma, dessen Strahlungen bis zu Adorno und Lukács reichen, sich erschöpft hat und durch ein anderes abgelöst werden kann. Nach der eher skeptischen Meinung von Marc Sherringham, der Anfang der 90er Jahre drei Modelle in der Geschichte der Ästhetik unterschieden hat – ein modèle classique, ein modèle critique und ein modèle romantique –, steht diese Aufgabe noch vor uns: »Il semble bien qu'on puisse considérer la situation actuelle de l'esthétique philosophique comme une période de crise et d'affaiblissement d'un paradigme dominant, sans qu'y apparaissent pour autant les prémices d'un nouveau modèle. [...] L'alternative pourrait se résumer ainsi: assiste-t-on à la fin de la philosophie esthétique ou à la fin d'un paradigme de l'esthétique?«[563]

Die Aufmerksamkeit richtet sich zunehmend auf die Aufklärung der Beziehungen zwischen physiologischen und bewußten Prozessen. Wenn dabei Ästhetik als ein Modus der Erkenntnis eine vermittelnde und verbindende Rolle spielt, dann zeigt das im Rückblick auf die Geschichte den Abstand zur Lage um 1800. Es geht um »die Selbstüberschreitung einer spezifisch modernen Diszi-

---

559 Vgl. MAX BENSE, Zusammenfassende Grundlegung moderner Ästhetik (1965), in: H. Kreuzer/R. Gunzenhäuser (Hg.), Mathematik und Dichtung. Versuche zur Frage einer exakten Literaturwissenschaft (1965; München ³1969), 313–332.
560 BENJAMIN (s. Anm. 51), 381.
561 JAN MUKAŘOVSKÝ, Estetická funkce, norma a hodnota jako sociální fakty (Prag 1936); dt.: Ästhetische Funktion, Norm und ästhetischer Wert als soziale Fakten, in: Mukařovský, Kapitel aus der Ästhetik (Frankfurt a. M. 1970), 9, 14.
562 RENÉ THOM, Paraboles et catastrophes (Paris 1980), 136.
563 MARC SHERRINGHAM, Introduction à la philosophie esthétique (Paris 1992), 271.

plin, die ihren eigenen Begriff verengt hatte«[564], bzw. um den disziplinären Status von Ästhetik überhaupt. »In den Zeiten um 1800 meinten die Philosophen, die Natur links liegen lassen zu können, wenn sie sich mit Fragen der Ästhetik befassen, wobei die Verwendung dieses Wortes sich immer mehr von der griechischen Wurzel *aisthesis* (›Wahrnehmung‹) entfernt.«[565] Die kaum noch ernsthaft in Frage gestellte Auffassung, daß »Ästhetik die Theorie der Wahrnehmung ist«[566], schließt ein, daß es wenig Sinn hat, Ästhetik als Wissenschaft (oder als System) nach einem traditionellen (objektivistischen) Verständnis ihres Begriffs zu entfalten. Insofern ist die Rede von einem Begriff der Ästhetik bzw. von ästhetischen Grundbegriffen eigentlich widersinnig und muß als paradoxe verstanden werden. Als *Theorie der Vermittlung*, die im Rückblick auf die Geschichte den Dualismus einer doppelten Logik (oder einer ›doppelten Ästhetik‹[567]) durchschaut, hätte Ästhetik eine konstitutive Funktion für alle Handlungsbereiche. Darin hat ihr der Philosoph und Kunsthistoriker Bazon Brock die Rolle einer »Avantgarde jeder Wissenschaft« zuerkannt. »Ästhetik ist keine eigenständige wissenschaftliche Fachdisziplin, sondern Praxis der Vermittlung oder Praxis der Aneignung.«[568]

Stand die Debatte über Funktionen der Ästhetik und des Ästhetischen zwischen 1900 und 1930 im Zeichen einer arbeitsteiligen Differenzierung, so wird sie seit den 60er Jahren von Entdifferenzierungen bestimmt. In den 50er und 60er Jahren wird Ästhetik an verschiedenen Orten und von verschiedenen Seiten als ein Indikator und ein Faktor des »breakdown of determinism in science«[569] diskutiert. Die seit Mitte der 50er Jahre vom Vergleich (und Gegensatz) zweier Kulturen[570] und von der Entwicklung der Informations- und Neurowissenschaften nach dem 2. Weltkrieg bewegte internationale Diskussion über eine neue Ordnung des Wissens und der Wissenschaften stand, wie Jürgen Rüsch und Gregory Bateson im ›Vorwort zur Ausgabe 1968‹ ihres Buches *Communication* (1951) rückblickend feststellten, unter der Prämisse, »daß das Zeitalter des Individuums der Vergangenheit angehörte. [...] Der psychologische Mensch war tot, und der soziale Mensch hatte seinen Platz eingenommen.«[571] In Frage standen die vom Subjekt-Objekt-Gegensatz geprägten Ratio-

nalitätskonzepte der Moderne und die Zweck-Mittel-Relation als ihre spezifische Grundgestalt. Von seiten der sog. evolutionären Erkenntnistheorie und des radikalen Konstruktivismus wurde diese Logik als eine Form von Herrschaftsdenken prinzipiell in Frage gestellt. Die chilenischen Biologen Humberto Maturana und Francisco Varela, die die Funktionsweise lebender Systeme als ›autopoietische‹, selbstregulierende beschrieben haben, als eine im Sozialen durch mitweltliche und mitmenschliche Koexistenz bestimmte, eröffnen eine Perspektive, »einen Existenzbereich, in dem beide Parteien in der Hervorbringung einer gemeinsamen Welt zusammenfinden«[572]. Maturana hat diese Perspektive als eine auch ästhetische, als ›biology of the aesthetic experience‹, beschrieben, die nun

564 WILHELM MIKLENITSCH, Die Sinne denken, in: Merkur 46 (1992), 69.
565 ERNST PETER FISCHER, Das Schöne und das Biest. Ästhetische Momente in der Wissenschaft (München/Zürich 1997), 73.
566 OLAF BREIDBACH, Neuronale Ästhetik. Skizze eines Programms (Wien/New York 1997), 4.
567 Vgl. ZELLE (s. Anm. 66).
568 BAZON BROCK, Ästhetik als Vermittlung. Arbeitsbiographie eines Generalisten, hg. v. K. Fohrbeck (Köln 1977), 6; vgl. DERS., Die Re-Dekade. Kunst und Kultur der 80er Jahre (München 1990); MARTIN HELLER/HANS ULRICH RECK (Hg.), ›Ästhetik‹ nach der Aktualität des Ästhetischen (Zürich 1997).
569 STEPHEN G. BRUSH, Irreversibility and Indeterminism: Fourier to Heisenberg, in: Journal of the History of Ideas 37 (1976), 605; vgl. ILYA PRIGOGINE/ISABELLE STENGERS, La nouvelle alliance. Métamorphose de la science (1979; Paris ²1986); FRANCISCO VARELA/EVAN THOMPSON/ELEANOR ROSCH, The Embodied Mind: Cognitive Science and Human Experience (Cambridge, Mass. 1991).
570 Vgl. HELMUT KREUZER (Hg.), Die zwei Kulturen. Literarische und naturwissenschaftliche Intelligenz. C. P. Snows These in der Diskussion (München 1987); WOLF LEPENIES, Die drei Kulturen. Soziologie zwischen Literatur und Wissenschaft (München 1985).
571 JÜRGEN RUESCH/GREGORY BATESON, Communication: The Social Matrix of Psychiatry (1951; New York 1987); dt: Kommunikation. Die soziale Matrix der Psychiatrie, übers. v. C. Rech-Simon (Heidelberg 1995), 11.
572 HUMBERTO MATURANA/FRANCISCO VARELA, El árbol del conocimiento (1985); dt.: Der Baum der Erkenntnis, übers. v. K. Ludewig (Bern/München/Wien 1987), 264.

Schönheit, befreit von aller Metaphysik, wieder einführt: »I consider that the natural biological manner of living is constitutively aesthetic and effortless, and that we have become culturally blind to this condition. In this blindness we have made of beauty a commodity, creating ugliness in all dimensions of our living, and through that ugliness, more blindness in the loss of our capacity to see, to hear, to smell, to touch and to understand the interconnectedness of the biosphere to which we belong. We have transformed aesthetics into art, health into medicine, science into technology, human beings into public ... and in this way we have lost the poetic look that permitted us to live our daily life as an aesthetic experience. Finally, in that loss, wisdom is lost. Which is the cure? The creation of the desire to live again, as a natural feature of our biosphere, the effortlessness of a multidimensional human living in a daily life of aesthetic experience.«[573]

Diese Nietzsches Konzept ästhetischen Verhaltens aktualisierende Vision korrespondiert in ihrer ökologischen Zuspitzung mit einer anderen, die André Leroi-Gourhan in den 60er Jahren im Rahmen einer historischen Anthropologie vorgetragen hatte: ›ästhetisches Verhalten‹ als eine dritte Dimension der Kulturgeschichte der Menschheit. Er vertrat die These, »que technique et langage n'étant que deux aspects du même phénomène, l'esthétique pourrait en être un troisième«[574]. Leroi-Gourhans Konzept einer »triple esthétique:

---

[573] MATURANA, Biology of the Aesthetic Experience [Vortrag auf dem Internationalen Kongreß ›Die Aktualität des Ästhetischen‹, Hannover, 2.–5. 9. 1992, Typoskript], 14 f.
[574] LEROI-GOURHAN, Le geste et la parole, Bd. 2 (Paris 1965), 88.
[575] BERNARD STIEGLER, La technique et le temps, Bd. 2: La désorientation (Paris 1996), 88, 102.
[576] ARNOLD GEHLEN, Über instinktives Ansprechen auf Wahrnehmungen (1961), in: Gehlen, Gesamtausgabe, Bd. 4 (Frankfurt a. M. 1983), 196, 197, 199; vgl. GEHLEN, Urmensch und Spätkultur (Bonn 1956).
[577] GLASERSFELD, Zuerst muss man zu zweit sein. Rationale Gedanken zur Liebe, in: Glasersfeld, Über Grenzen des Begreifens (Bern 1996), 39.
[578] GLASERSFELD, Reconstructing the Concept of Knowledge, in: Archives de Psychologie 53 (1985), 94.

---

physiologique, fonctionelle et figurative«, einer »esthétique fonctionelle soumise à la tendance technique«[575], kontrastiert im ästhetischen Diskurs der Zeit mit einer anderen anthropologischen Position, der Arnold Gehlens, der das ›Folgenlose‹ als Merkmal des Ästhetischen bestimmte und damit auch die Perspektive Nietzsches zurücknahm. »Eine ›Physiologie der Kunst‹ würde ein kurzes, aber wichtiges Kapitel der Anthropologie abgeben und nur die instinktnahen Schichten im ästhetischen Erscheinungsbereich angehen.« »Der ästhetische Genuß, die Freude an Farben und Gestalten hat diesen eigenartigen Zug des Kontemplativen, er ist handlungslos, und man könnte in Abänderung eines Wortes von Kant sagen: ›schön ist, was folgenlos gefällt‹.« »Aus demselben Grunde übrigens, aus dem das ästhetische Verhalten handlungslos und verpflichtungslos ist, kommt ihm auch keine soziale Gestaltungskraft zu.«[576]

Die Verabschiedung von allen Konzepten einer metaphysischen Ästhetik führte auch zu einer Neulektüre der Kantschen Kritik der Urteilskraft, an deren Unterscheidung bestimmender von reflektierenden Urteilen Wissenschaftler verschiedener Disziplinen anknüpften, die an der Überwindung der Abspaltung rationaler von intuitiven Erkenntnisweisen arbeiteten. Kant hatte der »realistischen Weltanschauung sozusagen den Rest des Bodens weggenommen, indem er darlegte, dass Raum und Zeit, so wie wir sie begreifen, nicht der Welt als solcher angehören, sondern unserem ›Erkenntnisapparat‹. Beide Begriffe sind Eigenschaften unseres Erlebens, etwa so, wie die optischen Eigenschaften einer Kamera der Linse angehören und nicht der Landschaft, die fotografiert wird.«[577] Ernst von Glasersfeld, einer der Begründer des von ihm ›radikaler Konstruktivismus‹ benannten Erkenntnistheorie, hat mit Bezug auf Giambattista Vico als einen ihrer Vorläufer betont: »The aesthetic notion of constructing pleasing relations among experiental elements and compositions did not and does not seem to provide sufficient motivation.«[578] In diesem Sinne wäre Ästhetik als ein eigentlich paradoxer ›Begriff‹ des Intuitiven, als ein Suchbegriff auf dem Wege durch unbekanntes und ungeschütztes Gelände zu verstehen.

In einem in den 70er Jahren am Massachusetts Institute of Technology begründeten Forschungs-

VII. Differenzierungen im Ästhetikbegriff (Transformationen idealistischer Ästhetik)

projekt über *Aesthetics in Science and Technology* spielte Ästhetik in solchem Verständnis gewissermaßen die Rolle des Störenfrieds, eines Indikators von »substantial links between the arts and humanities and the sciences«[579]. Der vor allem von Naturwissenschaftlern angeregte »focus [...] on aesthetics in the processes of doing science«[580] orientierte sich ganz kantianisch an der Urteilsbildung und der Unterscheidung von Wahrnehmungsbildern. »Aesthetic is discussed [...] not as a systematic discipline in philosophy, but as a mode of discrimination and response – a guideline for the *appropriateness* of a scientific expression. [...] The question is raised, How do aesthetic considerations affect the form, development, and efficacy of models?«[581] Hinter dieser Frage nach Möglichkeiten, Ästhetik als ›guide‹, sogar als ›an aesthetic worldview‹ zu verstehen und zu begründen, erscheinen sowohl Kant als auch Nietzsche als *Figuren* eines neuen Ästhetikbegriffs: »we discover a Kantian (even Schillerian) vision of the aesthetic force as a great mediating, unifying, centralizing social function«[582].

Hier erweist sich die Produktivität des von Gaston Bachelard analysierten »nouvel esprit scientifique«, dessen psychoanalytisch fundierter Wissenschaftsbegriff ästhetisch orientiert ist: »la science est l'esthétique de l'intelligence«[583].

Am konsequentesten wurde ein solcher Suchbegriff des Ästhetischen von dem anglo-amerikanischen Verhaltensbiologen und Anthropologen Gregory Bateson erörtert und als ein Programm skizziert. In seinem klassischen Buch *Steps to an Ecology of Mind* (1972), das eine erste Theorie der Differenz begründete[584], prognostizierte Bateson für die Ästhetik eine Überprüfung ihrer ganzen bisherigen Grundlagen, weil in der idealistischen Bestimmung ihres Begriffs ein entscheidendes Problem ausgeblendet worden sei: das Problem der pattern recognition, der Mustererkennung.[585] Als »Aufmerksamkeit für *das Muster, das verbindet*«[586], spielt es eine zentrale Rolle in einem weiteren Buch, das nach den Verbindungen zwischen einer von Unterscheidungen bestimmten ›Welt der Lebendigen‹ und einer von Kräften und Wirkungen bewegten unbelebten Welt fragt. ›Ästhetisch‹ ist Bateson zufolge die Fähigkeit eines Systems, in anderen Systemen Muster (oder Charakteristika) wahrzunehmen und zu erkennen, die auch ihm selbst eigen sind. »Welches Muster verbindet den Krebs mit dem Hummer und die Orchidee mit der Primel und alle diese vier mit mir? Und mich mit Ihnen? Und uns alle sechs mit den Amöben in einer Richtung und mit dem eingeschüchterten Schizophrenen in einer anderen?« (15) Die offene Frage, von der eine Theorie der Ästhetik (keine Wissenschaft) auszugehen hätte, wäre, »auf welche Oberfläche man eine *Theorie* der Ästhetik abbilden sollte« (258). »Ich meine etwa folgendes: Sowohl ›Bewußtsein‹ als auch ›Ästhetik‹ (was immer diese Worte bedeuten mögen) sind entweder Charakteristika, die sich in jedem *Geist* (wie in diesem Buch definiert) finden, oder sie sind Ausgeburten – späte Phantasieprodukte dieses Geistes. Jedenfalls ist die primäre Definition des Geistes, die sich den Theorien der Ästhetik und des Bewußtseins angleichen muß.« (259)

Auf diese alternative Frage läßt sich eine begriffsgeschichtliche Antwort geben. Ästhetik verhandelt seit dem 18. Jh. die von ihr entdeckten Probleme mit einem universalen, allgemeingültigen ›natürlichen‹ Anspruch. Ihre eigene Geschichtlichkeit als ›spätes Phantasieprodukt‹, ihre relative Geltung in Abhängigkeit von unterschiedlichen kulturellen Bedingungen und Kontexten ist die Unruhe eines Diskurses, der erst als solche in die Bestimmung des Begriffs eingegangen ist. Indiz dafür sind die mit den Termini Ästhetik und ästhetisch im Alltagsbewußtsein verknüpften Vorstellungen, deren Merkmal Unbestimmtheit und Vagheit

---

579 JUDITH WECHSLER, Preface, in: Wechsler (Hg.), On Aesthetics in Science (Cambridge, Mass./London 1978), IX.
580 Ebd., X.
581 WECHSLER, Introduction, in: ebd., 3.
582 NEMOIANU (s. Anm. 2), 75.
583 GASTON BACHELARD, La formation de l'esprit scientifique. Contribution à une psychanalyse de la connaissance objective (1938; Paris 1975), 7, 10.
584 Vgl. BAECKER, Die Freiheit des Gegenstandes: Von der Identität zur Differenz. Perspektivenwechsel in den Wissenschaften, in: Delfin 5 (1985), 76–88.
585 Vgl. GREGORY BATESON, Form, Substance, and Difference (1970), in: Bateson, Steps to an Ecology of Mind (1972; Northvale, N. J./London 1987), 455f.
586 BATESON, Mind and Nature: A Nessecary Unity (New York 1979); dt.: Geist und Natur. Eine notwendige Einheit, übers. v. H. G. Holl (Frankfurt a. M. 1987), 16.

sind. ›Ästhetisch‹ konnotiert im euro-amerikanischen (westlichen) Kulturbewußtsein auf dem Hintergrund von ›unästhetisch‹ als seinem Gegensatz eine Wahrnehmung von Harmonie, Wohlgeformtheit, Stimmigkeit bis hin zur kosmetischen Körperpflege und Präsentation eines individuellen Outfits, dem sich Schönheitssalons, Fitneß- und Ästhetikstudios widmen. Vielleicht tradiert aber gerade die diffuse Unbestimmtheit solcher Alltagsästhetik in gesunkener Gestalt ein wesentliches Merkmal des Begriffs. Die Tatsache nämlich, »daß der Begriff des Ästhetischen (historisch oder evolutionär) eine Leerstelle besetzt, die der Aufklärungsdiskurs einem Subjekt hinterlassen hat, das im Aufklärungswissen nicht aufgeht. Im ästhetischen Urteil, so Kant, bestimmt das Subjekt sich selbst. Es bestimmt sich, so muß man wohl hinzufügen, als unbestimmbar, als nur dem eigenen Gefühl und Geschmack verpflichtet. Ästhetik ist der Versuch, die Unbestimmbarkeit des nur durch sich selbst bestimmbaren Subjekts festzuhalten. Insofern tritt sie an die Stelle der Theologie, denn sie substituiert einen unplausibel gewordenen Gott durch ein Subjekt, das die kulturell wie sozial nach wie vor gebrauchte Stelle der Paradoxie bestimmbarer Unbestimmtheit besetzt und gleichzeitig als Ausgangspunkt einer Individualisierung dienen kann, die für eine hochdifferenzierte Moderne unverzichtbar ist. Ästhetik als Philosophie (oder als Theorie) war und ist die Ausbeutung der Paradoxie der bestimmbaren Unbestimmtheit des Subjekts.«[587]

Hier kommt eine gesellschaftspolitische Dimension zum Vorschein, wie sie auch Michel Foucaults Konzept einer ›esthétique de l'existence‹ aufweist, die den kulturgeschichtlichen Einschnitt durch das Christentum als ›le problème de la purification‹, als folgenreiche und verheerende sinnenfeindliche Disziplinierung, beschreibt. Die ›esthétique de l'existence‹ widerstreitet in Foucaults Analyse jeder christlichen (oder fundamentalistischen) Hörigkeitsmoral:»si je me suis intéressé à l'Antiquité, c'est que, pour toute une série de raisons, l'idée d'une morale comme obéissance à un code de règles est en train, maintenant, de disparaître, a déjà disparu. Et à cette absence de morale, doit répondre une recherche qui est celle d'une esthétique de l'existence.«[588]

Der Begriff Ästhetik, so läßt sich zusammenfassen, verändert sich in solcher Perspektive und wird selbst Faktor und Medium gewandelter kultureller und wissenschaftlicher Perspektiven. Ästhetik »als gesellschaftliche Erfahrung vom Umgang mit den Künsten«[589] wird als kompensatorische Engführung ihres Begriffs kritisiert. Neben diesem Verständnis von Ästhetik tritt seit den 90er Jahren ein ›neues ästhetisches Paradigma‹ in den Vordergrund, das, wie bei dem französischen Psychiater Félix Guattari, eine ›transversale‹ Konzeption der Produktion von Subjektivität ins Auge faßt, um »faire transiter les sciences humaines et les sciences sociales des paradigmes scientistes vers des paradigmes éthico-esthétiques«[590]. Deren Leitbegriff ist ›Denaturalisierung‹, d. h. Historisierung von Subjektivitäten. »On cree de nouvelles modalités de subjectivation au même titre qu'un plasticien crée de nouvelles formes à partir de la palette dont il dispose.«[591]

Die Diffusion eines Begriffs, für den sich sagen läßt:»ce qui était enjeu philosophique est également devenu enjeu scientifique«[592], hat in solchem Übergang jene analytische und diagnostische ›Kraft‹ erneuert, die Kant im Begriff des sensus communis aestheticus ausdrückte, nicht als ein *Programm* der Verständigung, sondern als eine *unabschließbare Aufgabe*. Wahrnehmung (*aisthēsis*) ist deren eine, Freiheit des Urteilens und der Wahl/der Entscheidung deren *ethische* andere. Es ist darum nur konsequent, wenn im Zuge solchen Bedeutungswandels auch der Bewegungsbegriff ›Ästhetisierung‹ neu bestimmt wird. »Ästhetisieren heißt:

---

587 BAECKER, Das Programm der Kultur, die Richtigkeit der Gesellschaft, in: Heller/Reck (s. Anm. 568), 122.
588 FOUCAULT, Une esthétique de l'existence [Interview] (1984) in: Foucault, Dits et Ecrits, Bd. 4 (Paris 1994), 732; vgl. WILHELM SCHMID, Philosophie der Lebenskunst. Eine Grundlegung (Frankfurt a. M. 1998).
589 JAUSS, Das kritische Potential ästhetischer Bildung, in: J. Rüsen/E. Lämmert/P. Glotz (Hg.), Die Zukunft der Aufklärung (Frankfurt a. M. 1988), 221.
590 GUATTARI (s. Anm. 11), 24.
591 Ebd., 19.
592 MONY ELKAÏM/ISABELLE STENGERS, Du mariage des hétérogènes, in: Chimères, H. 21 (Winter 1994), 148.

VII. Differenzierungen im Ästhetikbegriff (Transformationen idealistischer Ästhetik) 399

wahrnehmbar und fühlbar machen. Ästhetisieren heißt auch: Erfindung eines Gefühlstrainings, das eine deutliche Antistreßrichtung hat, in dem das, was die Griechen ›pathos‹ nannten, ersetzt wird durch das, was die Griechen ›ethos‹, moderiertes Gefühl nannten.«[593]

Karlheinz Barck

Literatur

ALLESCH, CHRISTIAN G., Geschichte der psychologischen Ästhetik (Göttingen/Toronto/Zürich 1987); BACHMANN-MEDICK, DORIS, Die ästhetische Ordnung des Handelns. Moralphilosophie und Ästhetik in der Popularphilosophie des 18. Jahrhunderts (Stuttgart 1989); BARCK, KARLHEINZ/FONTIUS, MARTIN/THIERSE, WOLFGANG (Hg.), Ästhetische Grundbegriffe. Studien zu einem historischen Wörterbuch (Berlin 1990); BARCK, KARLHEINZ u. a. (Hg.), Aisthesis. Wahrnehmung heute oder Perspektiven einer anderen Ästhetik (1990; Leipzig [6]1998); BENSE, MAX, Aesthetica. Einführung in die neue Ästhetik (1954–1960; Baden-Baden 1982); BERMAN, MORRIS, The Reenchantment of the World (Ithaca/London 1981); BÖHME, GERNOT, Für eine ökologische Naturästhetik (Frankfurt a. M. 1989); BOHRER, KARL HEINZ, Die Grenzen des Ästhetischen (München/Wien 1998); BREIDBACH, OLAF (Hg.), Natur der Ästhetik – Ästhetik der Natur (Wien/New York 1997); BUBNER, RÜDIGER, Ästhetische Erfahrung (Frankfurt a. M. 1989); DE MAN, PAUL, Aesthetic Ideology (Minneapolis/London 1996); DUFRENNE, MIKEL, Phénoménologie de l'expérience esthétique (Paris 1953); EAGLETON, TERRY, The Ideology of the Aesthetic (Oxford/Cambridge, Mass. 1990); FELLMANN, FERDINAND, Phänomenologie als ästhetische Theorie (Freiburg 1989); FERRY, LUC, Homo Aestheticus. L'invention du goût à l'âge démocratique (Paris 1990); FRÜCHTL, JOSEF, Ästhetische Erfahrung und moralisches Urteil. Eine Rehabilitierung (Frankfurt a. M. 1996); GAMM, GERHARD/KIMMERLE, GERD (Hg.), Ethik und Ästhetik. Nachmetaphysische Perspektiven (Tübingen 1990); GENETTE, GÉRARD, L'œuvre de l'art, Bd. 2: La relation esthétique (Paris 1997); GLEISSNER, ROMAN, Die Entstehung der ästhetischen Humanitätsidee in Deutschland (Stuttgart 1988); GUATTARI, FÉLIX, Chaosmose (Paris 1992), 137–163 (Kap. 6: ›Le nouveau paradigme esthétique‹); HENCKMANN, WOLFHART/LOTTER, KONRAD (Hg.), Lexikon der Ästhetik (München 1992); HENRICH, DIETER, Geruchsprofil und Geschmack. Eine protoästhetische Betrachtung, in: F. Mielke (Hg.), Kaleidoskop. Eine Festschrift für Fritz Baumgart zum 75. Geburtstag (Berlin 1977), 304–322; HOFFMANN, GERHARD/HORNUNG, ALFRED (Hg.), Ethics and Aesthetics: The Moral Turn of Postmodernism (Heidelberg 1996); JAUSS, HANS ROBERT, Ästhetische Erfahrung und literarische Hermeneu-

tik (Frankfurt a. M. 1982); KAMPER, DIETMAR, After Modernism: Outlines of an Aesthetics of Posthistory, in: Theory, Culture & Society 7 (1990), H. 1, 107–118; KELLY, MICHAEL (Hg.), Encyclopedia of Aesthetics (New York/Oxford 1998); KNODT, REINHARD, Ästhetische Korrespondenzen. Denken im technischen Raum (Stuttgart 1994); KOPPE, FRANZ, Grundbegriffe der Ästhetik (Frankfurt a. M. 1983); LEVINE, GEORGE (Hg.), Aesthetics and Ideology (New Brunswick 1994); MERRILL, ROBERT (Hg.), Ethics/Aesthetics: Post-Modern Positions (Washington 1988); MOLLENHAUER, KLAUS/WULF, CHRISTOPH (Hg.), Aisthesis/Ästhetik. Zwischen Wahrnehmung und Bewußtsein (Weinheim 1996); PAETZOLD, HEINZ, Neomarxistische Ästhetik (Düsseldorf 1974); PAETZOLD, HEINZ, Ästhetik der neueren Moderne. Sinnlichkeit und Reflexion in der konzeptionellen Kunst der Gegenwart (Stuttgart 1990); PAPE, WALTER/BURWICK, FREDERICK (Hg.), Reflecting Senses: Perception and Appearance in Literature, Culture, and the Arts (Berlin/New York 1995); RUPP, GERHARD (Hg.), Ästhetik im Prozeß (Opladen/Wiesbaden 1998); SCHMIDT, VOLKER, Ästhetisches Verhalten. Anthropologische Studien zu einem Grundbegriff philosophischer Ästhetik (Stuttgart 1997); SCHMITZ, HERMANN, Herkunft und Schicksal der Ästhetik, in: H. Lützeler (Hg.), Kulturwissenschaften (Bonn 1980), 388–413; SCHÜMMER, FRIEDRICH, Die Entwicklung des Geschmacksbegriffes in der Philosophie des 17. und 18. Jahrhunderts, in: Archiv für Begriffsgeschichte 1 (1955), 120–141; SCRUTON, ROGER, Modern philosophy and the Neglect of Aesthetics, in: The Times Literary Supplement (5. 6. 1987), 604, 616–617; SEEL, MARTIN, Ästhetik und Aisthetik. Über einige Besonderheiten ästhetischer Wahrnehmung – mit einem Anhang über den Zeitraum der Landschaft, in: Seel, Ethisch-ästhetische Studien (Frankfurt a. M. 1996), 36–69; SINGER, ALAN, Aesthetic Community: Recognition as an Other Sense of Sensus Communis, in: Boundary 2, Bd. 24 (1997), 205–236; SOURIAU, ÉTIENNE/SOURIAU, ANNE (Hg.), Vocabulaire d'esthétique (Paris 1990); STRUBE, WERNER, Sprachanalytische Ästhetik (München 1981); SVAGELSKI, JEAN, L'idée de compensation en France, 1750–1850 (Lyon 1981); TATARKIEWICZ, WŁADYSŁAW, Historia Estetyki (Warschau 1962–1967); dt.: Geschichte der Ästhetik, übers. v. A. Loepfe (Basel 1979–1987); VIRILIO, PAUL, Esthétique de la disparition (Paris 1980); WELSCH, WOLFGANG, Aisthesis. Grundzüge und Perspektiven der Aristotelischen Sinneslehre (Stuttgart 1987); WELSCH, WOLFGANG (Hg.), Die Aktualität des Ästhetischen (München 1993); WIELAND, WOLFGANG, Die Erfahrung des Urteils. Warum Kant keine Ästhetik begründet hat, in: Deutsche Vierteljahrsschrift für Literaturwissenschaft und Geistesgeschichte 64 (1990), 604–623; WULF, CHRI-

---

[593] HEINER MÜHLMANN, Die Natur der Kulturen. Entwurf einer kulturgenetischen Theorie (Wien/New York 1996), 137.

STOPH/KAMPER, DIETMAR/GUMBRECHT, HANS ULRICH (Hg.), Ethik der Ästhetik (Berlin 1994); ZIMMERMANN, JÖRG, ›Ästhetik‹, in: U. Ricklefs (Hg.), Das Fischer Lexikon Literatur, Bd. 1 (Frankfurt a.M. 1996), 107–143; ZUR LIPPE, RUDOLF, Sinnenbewußtsein. Grundlegung einer anthropologischen Ästhetik (Reinbek 1987).

Aura

(griech. αὔρα; lat. aura; engl. aura; frz. aura; ital. aura; span. aura; russ. aypa)

I. Allgemeine Sinnbildungsleistungen des Aurabegriffs; 1. Der Status der fremd- und selbstreferentiellen Aura aus der Sicht moderner Erkenntnistheorie; **II. Wort- und Bedeutungsgeschichte; III. Der Aurabegriff in der Ästhetik- und Medientheorie Benjamins;** 1. Benjamins doppelte Herleitung der Aura: Subjektive Erfahrung und ontische Qualität; 2. Aura als Erfahrungskategorie: Klages' Urbildtheorie und Prousts ›mémoire involontaire‹; 3. Aura als Objekteigenschaft; **IV. Verlust der Aura und technische Reproduktion; V. Die Kritik Adornos und Horkheimers am Aurakonzept Benjamins; VI. Auratische und nichtauratische Selbstbeschreibungen der modernen Kunst; VII. Auratisierungen in der Mediengesellschaft und die Aura der Medien**

I. Allgemeine Sinnbildungsleistungen des Aurabegriffs

Der Begriff der Aura wird im gegenwärtigen Sprachgebrauch im Sinne eines konnotativen Sinnbildungsschemas verwendet, das in erster Linie in Verbindung mit Personen (z.B. Schauspieler, Models, Politiker), aber auch mit natürlichen und artifiziellen Objekten der Erfahrung (z.B. Landschaften, Medienangeboten, Architektur[1]) sowie zur Charakterisierung von Kommunikationssituationen oder Erlebnisumgebungen (z.B. Popkonzerte, Freizeitparks) angewandt wird. Alltagssprachlich bezeichnet Aura eine diffuse, im naturwissenschaftlichen Sinne nicht objektivierbare, oft jedoch intensiv empfundene physisch-materielle ›Ausstrahlung‹, die einen Wahrnehmungsgegenstand zu umgeben scheint. Der vormoderne Aurabegriff gehörte einer religiös-metaphysischen Weltsicht an, in der die sensuell-auratische Wahrnehmung die transzendental legitimierte Autorität von Personen bzw. Gottheiten verbürgte. In der modernen Begriffsverwendung ist diese Sinnbildungsleistung zugunsten von Identifikationseffekten (z.B. mit Rockstars oder Sportlern) in den Hintergrund getreten. Ablesen läßt sich diese Entwicklung u. a. an Begriffen wie Charisma[2] und Atmosphäre, die als

---

1 Vgl. PETER EISENMAN, Unfolding Events: Frankfurt Rebstock and the Possibility of a New Urbanism, in: Eisenman/John Rajchman, Unfolding Frankfurt (Berlin 1991), 8–17.
2 Vgl. MAX WEBER, Wirtschaft und Gesellschaft (1921; Tübingen ⁵1976), 140–148.

partielle und säkularisierte Synonyme des Aurabegriffs anzusehen sind.

Das Sinnbildungsschema der Aura operiert auf der Grundlage einer *sensuellen Erfahrung*, der unmittelbar eine Bedeutung zuerkannt wird.[3] Die Wahrnehmung der Aura unterscheidet nicht nur auratische von nicht-auratischen Objekten, sondern sie bezeichnet zugleich eine Wertpräferenz, da sie die Bedeutsamkeit eines auratischen Erfahrungsgegenstandes gegenüber dessen lebensweltlicher Normalität hervorhebt. Der Zusammenhang von Aura-Erlebnis (sensueller Wahrnehmung) und der Semantisierung der Aura wird dabei nicht als Sinnbildungsleistung des Wahrnehmenden, sondern als Resultat einer *intuitiven Erkenntnis* der ontologischen Struktur des Erfahrungsgegenstandes angesehen. Diese Vorstellung ist auch in der neuzeitlichen Verwendung des Aurabegriffs noch präsent, wenn sich in der Aura die sensuelle Erfahrung von abstrakten Konzepten wie Sexualität oder Macht manifestiert. In diesem Sinne kann von der Aura der Sinnlichkeit gesprochen werden, die eine Schauspielerin umgibt, oder von der Aura der Macht, die den Äußerungen des Präsidenten einer Weltmacht eigen ist.

1. Der Status der fremd- und selbstreferentiellen Aura aus der Sicht moderner Erkenntnistheorie

Die vormoderne Normalform der *fremdreferentiellen* Aura läßt eine Eigenschaft X eines Objektes Y erkennbar werden. Sie ist – wie das Beispiel der Machtaura zeigt – nicht im Objekt selbst angelegt, sondern sie wird ihm von einer anderen – gesellschaftlichen, früher vornehmlich transzendenten – Instanz verliehen, oder sie entsteht durch den situativen Rahmen und aufgrund der sozialen Rolle, in die das auratische Objekt eingebettet ist. So können etwa Nachrichtensprecher, Moderatoren und sonstige anchor-persons im Laufe ihrer dauerhaften Medienpräsenz das Ansehen der medialen Inszenierung, in der sie tätig sind, auf sich selbst übertragen und so in ihrer Funktion z. B. eine Aura der Glaubwürdigkeit erwerben. Diese Aura ist in andere Kommunikationskontexte übertragbar und kann dort vermehrt oder beschädigt werden.

Für moderne Kommunikationskontexte ist die *selbstreferentielle* Aura eines Erfahrungsgegenstandes charakteristisch, durch die sich ein Objekt aufgrund der ihm eigentümlichen Konfiguration als Individualtyp auszeichnet. Die Bedeutung, die dieser Auragestalt zukommt, entsteht durch die epistemologisch moderne Verknüpfung von Singularität, Individualität und Authentizität. Selbstreferentielle Aura-Erfahrungen artikulieren eine inkommunikable Differenz zwischen Wahrnehmung und Kommunikation[4] und erzeugen damit ein Sinnbildungsmuster, das sowohl im Rahmen der modernen Kunst als auch in medienvermittelten Kommunikations- und Wahrnehmungsumgebungen eine wichtige Rolle spielt. Mischformen der fremd- und selbstreferentiellen Aura lassen sich etwa bei Medienpersönlichkeiten beobachten, die ihre Aura teils aufgrund ihrer sozialen Rolle – Serienhelden, Tennisspieler, Kandidaten im Wahlkampf –, teils aufgrund ihrer persönlichen telegenen Ausstrahlung erworben haben.

Da Singularität ihrerseits als – paradoxer – Strukturtyp und Kommunikationsintention von Artefakten und Medienprodukten in der modernen Gesellschaft erwartet werden kann, verlieren die jeweiligen Gestaltungen der selbstreferentiellen Aura – nicht jedoch der Strukturtyp selbst – im Laufe der Zeit ihren Aufmerksamkeitswert. Trends, Moden und Stilrichtungen[5] sind deshalb in einer Gesellschaft, deren Kommunikations- und Wahrnehmungsangebote einer hohen Aufmerksamkeitskonkurrenz[6] unterliegen, einem ständigen Innovationsdruck ausgesetzt, um die Aura ihrer attraktiven Gestalthaftigkeit immer wieder zu erneuern.

Aus der Sicht einer modernen, kontextsensitiven und beobachterorientierten Erkenntnistheo-

---

3 Vgl. GUY HOCQUENGHEM/RENÉ SCHÉRER, Formen und Metamorphosen der Aura, in: D. Kamper/C. Wulf (Hg.), Das Schwinden der Sinne (Frankfurt a. M. 1984), 75–78.
4 Vgl. NIKLAS LUHMANN, Die Kunst der Gesellschaft (Frankfurt a. M. 1995), 82–91.
5 Vgl. KARL LUDWIG PFEIFFER, Produktive Labilität. Funktionen des Stilbegriffs, in: H. U. Gumbrecht/ Pfeiffer (Hg.), Stil. Geschichten und Funktionen eines kulturwissenschaftlichen Diskurselements (Frankfurt a. M. 1986), 685–725.
6 Vgl. SIEGFRIED J. SCHMIDT, Kognitive Autonomie und soziale Orientierung (Frankfurt a. M. 1994), 297–319.

rie[7] verfolgen jedoch beide Aurakonzepte ein letztlich unerreichbares Ziel: die gleichzeitige Erfahrung und Kommunikation einer ontologischen Strukturgewißheit bzw. von Authentizität, Singularität und Echtheit im medialen Umfeld eines Überangebots von um individuelle und soziale Aufmerksamkeit der Individuen konkurrierenden audiovisuellen Kommunikationen und Wahrnehmungen. Unerreichbar oder zumindest sehr zweifelhaft ist das Kommunikationsziel der Aura zum einen, weil die Vorstellung einer intuitiven Einsicht in stabile, transzendentale und subjektunabhängige Strukturen der modernen Erfahrungsprämisse widerspricht, daß die Individuen ebenso wie die Gesellschaft – und ihre medialen Selbsterfahrungsmöglichkeiten – einem ständigen Wandel unterworfen sind; des weiteren, weil die Vorstellung der Selbstorganisation im Sinne der Emergenz einer kognitiv wie kommunikativ operierenden Wirklichkeitskonstruktion die Sichtweise einer erkenntnisfähigen, subjektexternen Welt abgelöst hat; und schließlich, weil eine subjektive, auf sensueller Wahrnehmung beruhende Evidenzerfahrung nur als *Erfahrungsresultat,* nicht aber als *Erfahrungsprozeß* kommuniziert werden kann.

Aura-Erfahrungen mögen deshalb für das Einzelindividuum in unüberbietbarer Weise authentisch und unwiderlegbar evident sein – was sie in die Nähe von mystischen Erlebnissen des Christentums oder des Zen-Buddhismus rückt – und bleiben doch gerade aufgrund ihrer Singularität inkommunikabel. Darüber hinaus schließen sich in einer modernen Gesellschaft, die von der Sinnbildungsprämisse ausgeht, daß Authentizität und Singularität (Individualität) eng miteinander verbunden sind, die routinemäßige Reproduktion von hochgradig strukturähnlichen Medienangeboten und die intendierte Authentizität einer durch sie vermittelten Erfahrung wechselseitig weitgehend aus. Die Unwahrscheinlichkeit authentischer Medienkommunikationen steht dabei in einem paradoxen Verhältnis zur gleichzeitigen Erwartbarkeit medial vermittelter Authentizität, die sich unter anderem dann einstellen kann, wenn das Sinnbildungsmodell der Aura bei einem Mediennutzer greift.

Der Verlust der Aura tritt in der Moderne jedoch nicht nur durch Reproduzierbarkeit von Artefakten ein. Er kann sich auch dann einstellen, wenn das Sinnbildungsmuster der Aura selbst als ein Stereotyp begriffen, erwartet und vorausgesetzt werden kann. Diese Art des selbstreflexiven Auraverlustes ist ihrerseits wiederum charakteristisch für die moderne Gesellschaft[8] und vollzieht sich in exemplarischer Form in den Avantgardebewegungen der Kunst. Nachdem jedoch die singuläre Aura-Inszenierung als typisches Verfahren der Gestaltung von Artefakten erkannt und dadurch unter Innovationsdruck gesetzt worden ist, kann die implizite Wertpräferenz des Aurakonzeptes – das auratische Objekt erscheint sensuell wie kognitiv wertvoller als das nicht-auratische – freigegeben werden. Zunächst ist eine gezielt nicht-auratische – avantgardistische – Kunst, die ihre Identität ständig in einem parallel laufenden Diskurs thematisieren und bestimmen muß, das Ergebnis dieser gesteigerten Selbstreflexivität. Die Freigabe des Aurakonzeptes von vielen möglichen Formen der Selbstbeschreibung von Kunst[9] führt dann in der Postmoderne wiederum dazu, daß nun auratisch-ontologische Kunstdefinitionen erneut vertreten werden können.

---

7 Vgl. FRANCISCO J. VARELA, Kognitionswissenschaft – Kognitionstechnik. Eine Skizze aktueller Perspektiven, übers. v. W. K. Köck (Frankfurt a. M. 1990), 88–117.
8 Vgl. ANSGAR HILLACH, Man muß die Aura feiern, wenn sie fällt. Überlegungen zu Walter Benjamins anarchistischem Konservatismus, in: R. Faber (Hg.), Konservatismus in Geschichte und Gegenwart (Würzburg 1991), 167–182.
9 Vgl. PETER WEIBEL, Transformationen der Techno-Ästhetik, in: F. Rötzer (Hg.), Digitaler Schein. Ästhetik der elektronischen Medien (Frankfurt a. M. 1991), 205–246.

II. Wort- und Bedeutungsgeschichte

Für die Bedeutungsgeschichte des Aurabegriffs ist sowohl die Semantik des Begriffs selbst als auch die Wortgeschichte des Begriffs ›Nimbus‹ zu berücksichtigen. Das griech. Wort αὔρα hat die Bedeutung: leichtes Lüftchen, Hauch, sanfter Wind. Dieser Wortsinn wird im Lateinischen (aura) aufgegriffen und durch Zusammensetzungen wie aura maris (Meeresbrise) oder aura nocturna (Nachtwind) spezifiziert. Metaphorisch wird aura auch in der Bedeutung Himmel oder Höhe bzw. Lebensluft, Atem verwendet. Ovid benutzt aura als poetische Metapher für Welt, Oberwelt; bei Vergil findet sich die Bedeutung von Tageslicht und Öffentlichkeit (aliquod ferre sub auras, etwas bekanntmachen). Weitere Komposita sind: aura divina (die unsterbliche Seele) und aura popularis (die [wechselhafte] Volksgunst). Die letztere Bedeutung findet sich noch in einigen romanischen Sprachen. Zusammensetzungen mit verbaler Bedeutung wie auris vitalibus vesci (leben), auras captare (atmen) sind nur im Lateinischen nachgewiesen.[10]

Der lat. Ausdruck ›nimbus‹ hat die denotative Bedeutung von Wolke bzw. Gewölk. Er bezeichnet gleichzeitig die Feuer-, Licht- oder Nebelhülle, die die Erscheinung von antiken Göttern begleitet.[11] In Darstellungen der griechischen bildenden Kunst wird ein strahlenförmig gestalteter Nimbus zunächst nur Lichtgottheiten beigegeben. Die vor allem von Christusdarstellungen, Heiligen und Engeln auf christlichen Kultbildern bekannte scheibenförmige Gestalt des Nimbus über dem oder um den Kopf der repräsentierten Person etablierte sich erst in römischer Zeit. In dieser Epoche erscheint der Nimbus als ein allgemeines Symbol für die überirdische Macht und Autorität von Gottheiten sowie auf Kaiserdarstellungen.

Die Bedeutung, die dieser Symbolik zugemessen wurde, läßt sich u. a. daran erkennen, daß älteren Bildnissen teilweise nachträglich ein Nimbus hinzugefügt wurde. Seit dem Ende des 4. Jh. findet sich der Nimbus zunächst auf Christusbildnissen und erst später auch auf Darstellungen des Gottvaters, der Engel und der Heiligen. Die oft kreuzförmige Gestalt des Nimbus kann durch eine Taube als Symbol des Heiligen Geistes ergänzt werden.[12] Neben runden, blauen und zunächst nur seltenen goldenen Nimbusdarstellungen[13] gibt es zahlreiche und heute kaum mehr bekannte Sonderformen wie z. B. den schwarzen Nimbus des Judas Ischariot.

Die christliche Heiligenverehrung des Mittelalters ging von der Vorstellung aus, daß der Heilige nach seinem Tod sowohl im Himmel (seine Seele) wie auf der Erde (seine Reliquien) präsent sei.

Dieser besondere Status des Heiligen, der durch den unmittelbaren Kontakt zur Transzendenz dazu prädestiniert ist, Fürbitte für die Gläubigen einzulegen, manifestiert sich nach seinem Tod in sichtbarer Weise durch den Nimbus, der im allgemeinen als Lichterscheinung dargestellt wird. Neben dieser Licht- oder Feuererscheinung[14] wird den Körperreliquien der Heiligen oft eine Duftaura (Blumengeruch) zugesprochen, die von der mittelalterlichen Theologie mit der Anwesenheit der Heiligen im Garten Eden begründet wird.[15]

Die Vorstellung einer fragilen, räumlich diffusen materiellen Ausstrahlung und der ihr anhaftenden Bedeutsamkeit ermöglicht einen weiten Bedeutungshorizont des Aurabegriffs. Die esoterisch-okkultistische Auffassung, daß jedem lebendigen Körper eine geistige Substanz (Fluidum, Äther-, Astralleib) innewohnt, die sich in der Ausstrahlung der Aura manifestiert und von entsprechend sensiblen Wesen (Medien) wahrgenommen werden kann, war bis ins 20. Jh. weit verbreitet und wird z. T. noch heute vertreten. Auch die Verwendung des Aurabegriffs in der medizinischen Fachsprache knüpft an derartige vorwissenschaftliche Emanationstheorien an.

Der bereits in der antiken Medizin geläufige Begriff der Aura bezeichnete die Gesamtheit der Symptome – Angst- und Beklemmungsgefühle, Wahrnehmungshalluzinationen –, die einem epileptischen oder hysterischen Anfall vorausgehen können bzw. ihn anzeigen. Im 19. Jh. versuchte der positivistische Psychiater Hippolyte Baraduc, die dem bloßen Auge unsichtbare Aura von Perso-

---

10 Vgl. KARL ERNST GEORGES, Ausführliches lateinischdeutsches Handwörterbuch, Bd. 1 (Hannover/Leipzig [8]1913), 732 f.
11 Vgl. ebd., Bd. 2 (Hannover/Leipzig [8]1918), 1161 f.; vgl. HOMER, Il. 18, 205–227.
12 Vgl. WALTER HATTO GROSS, ›Nimbus‹, in: PAULY (KL), Bd. 4 (1972), 131–133.
13 Vgl. JOSEF ENGEMANN, ›Nimbus‹, in: Lexikon des Mittelalters, hg. v. R.-H. Bautier u. a., Bd. 6 (München/Zürich 1993), 1194.
14 Vgl. KLAUS HEDWIG, ›Licht, Lichtmetapher‹, in: ebd., Bd. 5 (München/Zürich 1991), 1959–1962.
15 Vgl. ARNOLD ANGENENDT, Heilige und Reliquien. Die Geschichte ihres Kultes vom frühen Christentum bis zur Gegenwart (München 1994), 115–122.

nen durch fotografische Aufnahmen zu objektivieren.[16] Die Verknüpfung von Emanationsvorstellungen, religiösen und ästhetischen Sinnhorizonten ermöglicht die konnotativen Bedeutungen der Begriffe Heiligenschein, Nimbus und Aura. Eine derartige Überschneidung manifestiert sich in engelhaften Frauendarstellungen, wie sie z.B. Balzac in seiner mystisch-religiösen Erzählung *Séraphita* (1835) präsentiert. Eine weitere im Frz. geläufige Verbindung besteht zwischen den Begriffen aura und auréole, die sowohl Heiligenschein als auch Dichterkrone bedeuten können. Baudelaire beschreibt in einem Prosagedicht ihren Verlust wie den eines archaischen und bereits funktionslos gewordenen materiellen Gegenstandes im Großstadtgetümmel:

»Mon cher, vous connaissez ma terreur des chevaux et des voitures. Tout à l'heure, comme je traversais le boulevard, en grande hâte, et que je sautillais dans la boue, à travers ce chaos mouvant où la mort arrive au galop de tous les côtés à la fois, mon auréole, dans un mouvement brusque, a glissé de ma tête dans la fange du macadam. Je n'ai pas eu le courage de la ramasser. J'ai jugé moins désagréable de perdre mes insignes que de me faire rompre les os. Et puis, me suis-je dit, à quelque chose malheur est bon. Je puis maintenant me promener incognito, faire des actions basses, et me livrer à la crapule, comme les simples mortels.«[17]

Im Tagebuch Baudelaires[18] wird diese Vision weniger souverän präsentiert. Zwar gelingt es dem Dichter dort, die beim Überqueren der bedrohlichen Straße verlorene Dichterkrone wieder aufzuheben, doch löst die Vision Unruhe und Ängste aus. Walter Benjamin interpretiert das Prosagedicht im Kontext des Passagenwerks als Beleg für seine eigene Theorie des Auraverlustes durch die Schockerlebnisse der modernen Großstadt.[19]

III. Der Aurabegriff in der Ästhetik- und Medientheorie Benjamins

Als Reflexionskategorie des Ästhetikdiskurses wird der Begriff der Aura erst von Walter Benjamin aufgegriffen und in seinem berühmten Aufsatz *Das Kunstwerk im Zeitalter seiner technischen Reproduzierbarkeit* (entst. 1935) zur Unterscheidung einer auratisch-bürgerlichen von einer nicht-auratischen medientechnologischen Kunst[20] angewandt. Seine Definitionsvorschläge und Beobachtungen zur Aura gruppieren sich um drei wesentliche Themenkreise: (1) die Beschreibung einer allgemeinen Erlebnisstilart der Aura, die er als paradoxe Erfahrung der Anwesenheit des Abwesenden beschreibt; (2) die Aura als Ausdruck einer historisch-sozialen Verbindung von Kunstproduktion und Rezeptionspraxis; (3) den Verlust der Aura von Kunstwerken aufgrund der medientechnischen Entwicklung der Moderne. Unberücksichtigt bleibt die erkenntnistheoretische Frage, ob die Aura ein Erfahrungsmodus des Subjekts ist, der durch bestimmte Objekte - z.B. im Sinne der ›mémoire involontaire‹ - auf vorbewußte Weise ausgelöst wird oder ob die Aura als Eigenschaftskonfiguration den Objekten inhärent ist.[21]

Eine zentrale Schwierigkeit der Benjaminschen Annäherungen an den Aurabegriff besteht darin, daß er versucht, nicht nur unterschiedliche wissenschaftliche Theorietraditionen - u.a. Kunstgeschichte, Ästhetiktheorie, materialistische Dialektik, Psychoanalyse und Lebensphilosophie -, sondern auch mythisch-religiöse Denkansätze und rauschhaft-vorbewußte Erlebniszustände zu integrieren.[22] Solche vorkommunikativen Erfahrungsmomente und Beobachtungen spielen in der ersten überlieferten Bemerkung Benjamins zur Aura eine Rolle. Die Bemerkung steht im Kontext seiner

---

16 Vgl. GEORGES DIDI-HUBERMAN, Invention de l'hystérie. Charcot et l'iconographie photographique de la Salpêtrière (Paris 1982), 97.
17 CHARLES BAUDELAIRE, Perte d'auréole (1869), in: BAUDELAIRE, Bd. 1 (1975), 352.
18 Vgl. BAUDELAIRE, Fusées (1855–1862), in: ebd., 659.
19 Vgl. WALTER BENJAMIN, Das Passagen-Werk (entst. 1927–1940), in: BENJAMIN, Bd. 5/1 (1982), 474f.
20 Vgl. MICHAEL WETZEL, Die Enden des Buches oder die Wiederkehr der Schrift (Weinheim 1991), 174–182.
21 Vgl. ROLF TIEDEMANN, Studien zur Philosophie Walter Benjamins (Frankfurt a.M. 1965), 3–12.
22 Vgl. SVEN FRIEDRICH, Das auratische Kunstwerk. Zur Ästhetik von Richard Wagners Musiktheaterutopie (Tübingen 1996), 23–34.

III. Der Aurabegriff in der Ästhetik- und Medientheorie Benjamins

Selbstversuche mit Haschisch. Die darin enthaltene Polemik gegen theosophische und spiritualistische Vulgarisierungen des Aurabegriffs[23] belegt, daß Aura nicht als ästhetischer Terminus eingeführt war und eher mit einem pseudo-wissenschaftlichen Kontext assoziiert wurde.

»Erstens erscheint die echte Aura an allen Dingen. Nicht nur an bestimmten, wie die Leute [d. h. die Theosophen – d. Verf.] sich einbilden. Zweitens ändert sich die Aura durchaus und von Grund auf mit jeder Bewegung, die das Ding macht, dessen Aura sie ist. Drittens kann die echte Aura auf keine Weise als der geleckte spiritualistische Strahlenzauber gedacht werden, als den die vulgären mystischen Bücher sie abbilden und beschreiben. Vielmehr ist das Auszeichnende der echten Aura: das Ornament, eine ornamentale Umzirkung in der das Ding oder Wesen fest wie in einem Futteral eingesenkt liegt. Nichts gibt vielleicht von der echten Aura einen so richtigen Begriff wie die späten Bilder van Goghs, wo allen Dingen – so könnte man diese Bilder beschreiben – die Aura mit gemalt ist.«[24]

Die Erfahrungs- und Erkenntnisqualität, die zugleich die identitätsstiftende Organisationsform autonomer Kunstwerke aus der Sicht der idealistischen Ästhetik ausmacht, bildet einen weiteren Aspekt, den Benjamin mit dem Begriff der Aura verbindet. Die Einheitlichkeit und Homogenität von ästhetischen Erfahrungsgegenständen des Produktions- und Rezeptionszusammenhangs der bürgerlichen Kunst[25] ist für ihn zwar noch problemlos erfahrbar, doch zeichnet sich die eigene Gegenwart durch die Erfahrung des Verlusts dieses Auratyps aus. Den Grund für diesen Auraverlust sieht Benjamin in der medientechnischen Entwicklung und vor allem im Erfolg des Films als des für ihn beherrschenden populär-ästhetischen Mediums des 20. Jh.

Die Suche nach einer massenwirksamen normativen Ästhetik führt Benjamin dazu, den Verlust der Aura nicht nostalgisch zu beklagen, sondern als Chance für die Entwicklung einer antifaschistischen Ästhetik des Films zu propagieren. Mit dieser politisch-parteilichen und in ihrem Grundverständnis rationalen Ästhetik sollte der emotionalen Ästhetisierung der Politik, der der Faschismus mit seinen Aufmärschen und Großveranstaltungen betrieb, entgegengetreten werden. Das unmittelbar drängende, biographische Motiv für die Entwicklung der Theorie der nicht-auratischen Kunst ist die isolierte und sich zur Zeit der Abfassung des *Kunstwerk*-Aufsatzes weiter verschlechternde Situation Benjamins im französischen Exil.[26] Deshalb bestand die vordringliche Funktion des Textes nicht in einer ausführlichen und historisch detaillierten Analyse, sondern darin, »der Ästhetisierung der Politik, welche der Faschismus betreibt«, ein schnell umsetzbares ästhetisches Programm »der Politisierung der Kunst«[27] entgegenzustellen. Benjamin betont diese normative Intention seines Textes u. a. im Briefwechsel mit Horkheimer, dem er über den *Kunstwerk*-Aufsatz schreibt: »Diese Überlegungen machen den Versuch, den Fragen der Kunsttheorie eine wahrhaft gegenwärtige Gestalt zu geben: und zwar von innen her, unter Vermeidung aller *unvermittelten* Beziehung auf Politik.«[28]

1. Benjamins doppelte Herleitung der Aura: Subjektive Erfahrung und ontische Qualität

Um die recht heterogenen Beschreibungen des Benjaminschen Aurakonzepts zu strukturieren, müssen zumindest zwei divergierende Definitionsebenen unterschieden werden. Eine Beobachtungsrichtung ergibt sich daraus, daß Benjamin versucht, die Aura zunächst introspektiv und phänomenologisch als ein basales, ganzheitliches Erfahrungsmuster zu plausibilisieren, das auf histo-

---

23 Vgl. WERNER FULD, Die Aura, in: Akzente 26 (1979), 359.
24 BENJAMIN, Haschisch Anfang März 1930, in: BENJAMIN, Bd. 6 (1985), 588.
25 Vgl. JÜRGEN HABERMAS, Bewußtmachende oder rettende Kritik – die Aktualität Walter Benjamins, in: S. Unseld (Hg.), Zur Aktualität Walter Benjamins (Frankfurt a. M. 1972), 193.
26 Vgl. BERND WITTE, Walter Benjamin (Reinbek 1985), 106 ff.; MOMME BRODERSEN, Spinne im eigenen Netz. Walter Benjamin. Leben und Werk (Darmstadt 1990), 231–269.
27 BENJAMIN, Das Kunstwerk im Zeitalter seiner technischen Reproduzierbarkeit (1. Fassung, entst. 1935), in: BENJAMIN, Bd. 1/2 (1974), 469.
28 BENJAMIN an Max Horkheimer (16. 10. 1935), in: BENJAMIN, Ges. Briefe, Bd. 5 (Frankfurt a. M. 1999), 179.

risch-ästhetische Wahrnehmungsgegenstände – Kunstwerke – übertragen werden kann; die andere ergibt sich aus der Definition von Aura als objektinhärenter Qualität, die diese Kunstwerke auszeichnet und bei der Beschäftigung mit ihnen wirksam wird.[29]

Die doppelte Ausrichtung des Aurabegriffs an subjektiver Erfahrung und ontischem Wesen des Kunstwerks ermöglicht es Benjamin einerseits, ästhetische Erfahrung einem Subjekt zuzuschreiben, während andererseits die Erlebnisqualität des auratischen Kunstwerks die Grundlage für jene Singularität des Erfahrungsgegenstandes bildet, die sich in der Rezeption weder gänzlich ausschöpfen noch in Kommunikation überführen läßt.[30]

2. Aura als Erfahrungskategorie: Klages' Urbildtheorie und Prousts ›mémoire involontaire‹

Der ganzheitliche Charakter der phänomenologischen Aura-Erfahrung manifestiert sich in der Form einer zusammengesetzten Einheit: als Kopräsenz einer Differenz von zunächst räumlicher Nähe und Ferne, die später argumentativ auf die historisch-dialektische Beschreibung – so die Intention Benjamins – von sensuell-materieller Präsenz und dem durch sie evozierten Traditionszusammenhang eines auratischen Kunstwerks übertragen werden kann: »Was ist eigentlich Aura? Ein sonderbares Gespinst aus Raum und Zeit: einmalige Erscheinung einer Ferne, so nah sie sein mag. An einem Sommernachmittag ruhend einem Gebirgszug am Horizont oder einem Zweig folgen, der seinen Schatten auf den Ruhenden wirft – das heißt die Aura dieser Berge, dieses Zweiges atmen.«[31]

Für diese Theorie der Kopräsenz von Nähe und Ferne lassen sich zumindest zwei Quellen angeben. Sie findet sich zum einen als Metapher und als Sinnbildungsschema in Texten von Marcel Proust, während als zweite Quelle die lebensphilosophische Urbildtheorie von Ludwig Klages herangezogen werden kann. Benjamin kannte den kurze Zeit zum George-Kreis gehörenden Philosophen Ludwig Klages zumindest seit 1914[32], und trotz aller politischen und philosophischen Vorbehalte äußerte Benjamin sich mehrfach positiv über dessen Analysen und Beschreibungen, durch die er sich in eigenen Gedankengängen bestätigt fühlte. Daß Klages' Urbildtheorie zum Repertoire des Benjaminschen Denkens gehört, war auch Adorno bekannt, der in den Exposés des *Passagen-Werks* eine Denkfigur von Klages erkennt und sie in einem Kommentar kritisiert, obwohl Klages weder im *Passagen-Werk* noch im *Kunstwerk*-Aufsatz namentlich zitiert wird.[33] Klages rückt die Differenz von Nähe und Ferne in mystische Dimensionen, wenn er von der »Ferneempfänglichkeit [...] im Hier des lebendigen Wesens« spricht und von der »Gabe der Schauung« sowie vom »Wirken der Ferne selbst oder vom Zusammenhang der Seele des Eigenwesens mit dem Leben des Kosmos oder endlich von der Anwesenheit der Ferne im Seelenträger«[34].

Bei Klages findet sich auch ein ähnliches Bild zur Verdeutlichung der aktuellen Erfahrungspräsenz eines äußerst fernen Wahrnehmungsgegenstandes wie bei Benjamin. Hier tritt an die Stelle des Gebirgszuges eine maritime Horizonterfahrung: »das zergehende Rauchwölkchen eines schon entschwundenen Dampfers«[35]. Klages erkennt darin das Abbild eines Urbildes, das den »Nimbus der Ferne«[36] ausmacht, der sowohl räum-

---

29 Vgl. BURKHARDT LINDNER, Benjamins Aurakonzeption: Anthropologie und Technik, Bild und Text, in: U. Steiner (Hg.), Walter Benjamin, 1892–1940, zum 100. Geburtstag (Bern u. a. 1992), 223 f.
30 Vgl. MARLEEN STOESSEL, Aura. Das vergessene Menschliche (München/Wien 1983), 43–46.
31 BENJAMIN (s. Anm. 27), 440.
32 Vgl. HILLACH, ›Ästhetisierung des politischen Lebens‹. Benjamins faschismustheoretischer Ansatz – eine Rekonstruktion, in: B. Lindner (Hg.), Walter Benjamin im Kontext (1978; Königstein/Ts. ²1985), 151–154; FULD, Walter Benjamin. Zwischen den Stühlen (München/Wien 1979), 70 ff.; GERHARD PLUMPE, Die Entdeckung der Vorwelt. Erläuterungen zu Benjamins Bachofenlektüre, in: Text und Kritik 31/32 (1971), 24; BENJAMIN, Johann Jakob Bachofen (entst. 1934/35), in: BENJAMIN, Bd. 2/1 (1977), 229 f.
33 Vgl. THEODOR W. ADORNO an Benjamin (2.–4. u. 5. 8. 1935), in: Adorno/Benjamin, Briefwechsel 1928–1940 (Frankfurt a. M. 1994), 138–152.
34 LUDWIG KLAGES, Der Geist als Widersacher der Seele (1929–1933), in: Klages, Sämtl. Werke, Bd. 2 (Bonn 1966), 830.
35 KLAGES, Vom kosmogonischen Eros (1922), in: Klages, Sämtl. Werke, Bd. 3 (Bonn 1974), 432.
36 KLAGES (s. Anm. 34), 838.

lich wie zeitlich im »in der Nahzeit noch Gegenwärtigen« evoziert werden kann. Mit »Sterngefunkel zieht ewig abschiednehmend ewig die Vorzeit vorüber«[37], wie es in der pathetisch-hohlen Sprache des Philosophen heißt.

Die stilistische und argumentative Distanz zwischen Klages und Benjamin ist für zeitgenössische wie für heutige Leser ebenso markant wie die Tatsache, daß Benjamin im Kontext der Aura immer wieder auf Beobachtungen der Koinzidenz von Nähe und Ferne[38], von psychischer Unnahbarkeit von Wahrnehmungsgegenständen zurückkommt. Ob er die Aura-Erfahrung, die ein Betrachter anhand ›natürlicher‹ Wahrnehmungsgegenstände machen kann, als eine relationale, *beobachterabhängige* Erfahrung versteht oder ob die sensuelle Aktivierung eines mythischen Urbildes, sein Abbild im Rahmen aktueller, individueller Erfahrung, im Vordergrund steht[39], wird von Benjamin nicht erörtert.

Der zweite Kontext, durch den er sich in seinen Aurabeobachtungen bestärkt fühlt[40], sind die Schriften von Marcel Proust. In dem Teil *Le côté de Guermantes* (1920/21), den Benjamin zusammen mit Franz Hessel ins Deutsche übertragen hatte[41], beschreibt Proust die überraschend auftauchende Erfahrung der Anwesenheit einer Abwesenheit: »En attendant je ne pouvais voir qu'une maigre colline, dressant tout contre le quartier son dos déjà dépouillé d'ombre, grêle et rugueux. À travers les rideaux ajourés de givre, je ne quittais pas des yeux cette étrangère qui me regardait pour la première fois. Mais quand j'eus pris l'habitude de venir au quartier, la conscience que la colline était là, plus réelle par conséquent, même quand je ne la voyais pas, que l'hôtel de Balbec, que notre maison de Paris auquels je pensais comme à des absents, comme à des morts, c'est-à-dire sans plus guère croire à leur existence, fit que, même sans que je m'en rendisse compte, sa forme réverbérée se profila toujours sur les moindres impressions que j'eus à Doncières«.[42]

Es kann mit ausreichender Sicherheit angenommen werden, daß diese und ähnliche Passagen den intensiven und langjährigen Proust-Leser Benjamin[43] in seinen Auravorstellungen beeinflußt haben. Zum Umfeld von Benjamins Beschäftigung mit Proust und dem Aurakonzept gehört auch seine Lektüre der Schriften von Léon Daudet.[44] Der Sohn von Alphonse Daudet und Mitbegründer der monarchistisch und nationalkonservativ ausgerichteten Zeitschrift *L'Action française*, Léon Daudet, hatte maßgeblichen Anteil daran, daß der noch weitgehend unbekannte Marcel Proust 1919 den bedeutenden französischen Literaturpreis, den *Prix Goncourt*, für den Roman *À l'ombre des jeunes filles en fleurs* (1918) erhielt.

Benjamins Interesse an Proust richtet sich jedoch nicht nur darauf, eine Beziehung zwischen der ›mémoire involontaire‹ (unwillentliche/unwillkürliche Erinnerung) und dem Aurabegriff herzustellen[45], sondern er schlägt darüber hinausgehend eine Brücke zur Medientechnologie, die er als ein nicht-auratisches Gedächtnisdispositiv beschreibt. Da es für Benjamin nicht mit einer individuellen Erfahrungsfülle oder einem gesellschaftlichen Traditionszusammenhang verbunden ist, fehlt ihm der sinnhafte und sinnstiftende Kontext der Kunst.

»Wenn man die Vorstellungen, die, in der mémoire involontaire beheimatet, sich um einen Gegenstand der Anschauung zu gruppieren streben,

---

37 KLAGES (s. Anm. 35), 433.
38 Vgl. DIETRICH THIERKOPF, Nähe und Ferne. Kommentare zu Benjamins Denkverfahren, in: Text und Kritik 31/32 (1971), 3–18; NORBERT BOLZ, Einleitung. Links schreiben, in: Bolz/R. Faber (Hg.), Walter Benjamin. Profane Erleuchtung und rettende Kritik (Würzburg 1985), 22–25.
39 Vgl. KARL HEINZ BOHRER, Der Abschied. Theorie der Trauer: Baudelaire, Goethe, Nietzsche, Benjamin (Frankfurt a. M. 1996), 511 f.; DIDI-HUBERMAN, Ce que nous voyons, ce qui nous regarde (Paris 1992), 103–123.
40 Vgl. BENJAMIN, Charles Baudelaire. Ein Lyriker im Zeitalter des Hochkapitalismus (entst. 1938–1940), in: BENJAMIN, Bd. I/2 (1974), 647; BIRGIT RECKI, Aura und Autonomie (Würzburg 1988), 31–43.
41 Vgl. BRODERSEN (s. Anm. 26), 178–188.
42 MARCEL PROUST, À la recherche du temps perdu (1913–1927), hg. v. J.-Y. Tadié, Bd. 2 (Paris 1988), 380.
43 Vgl. URSULA LINK-HEER, Benjamin liest Proust (Köln 1997), 35–64.
44 Vgl. GIORGIO AGAMBEN, Stanze. La parola e il fantasma nella cultura occidentale (1977; Turin 1993), 8, 53; LÉON DAUDET, Le monde des images (1919), in: Daudet, Œuvre philosophique (Paris 1925), 236–263.
45 Vgl. BENJAMIN, Proust-Papiere (entst. 1925–1929), in: BENJAMIN, Bd. 2/3 (1977), 1053.

dessen Aura nennt, so entspricht die Aura am Gegenstand einer Anschauung eben der Erfahrung, die sich an einem Gegenstand des Gebrauchs als Übung absetzt. Die auf der Kamera und den späteren entsprechenden Apparaturen aufgebauten Verfahren erweitern den Umfang der mémoire volontaire; sie machen es möglich, ein Geschehen nach Bild und Laut jederzeit durch die Apparatur festzuhalten. Sie werden damit zu wesentlichen Errungenschaften einer Gesellschaft, in der die Übung schrumpft.«[46]

Der Unterschied zwischen der spontanen Einmaligkeit der ›mémoire involontaire‹ und der individuell-stereotypen bzw. technologisch-reproduktiven ›mémoire volontaire‹ (bewußte Gedächtnisleistung) bildet für Benjamin den Unterschied zwischen Aura und Verlust der Aura ab. Aus dieser Unterscheidung entwickelt er dann seine wohl umstrittenste Definition der Aura, in der der zurückgeworfene Blick eines Betrachters und der dadurch erzeugte beseelte Blick eines Objekts zusammenfallen:

»Soweit die Kunst auf das Schöne ausgeht und es, wenn auch noch so schlicht, ›wiedergibt‹, holt sie es (wie Faust die Helena) aus der Tiefe der Zeit herauf. Das findet in der technischen Reproduktion nicht mehr statt. (In ihr hat das Schöne keine Stelle.) In dem Zusammenhange, da Proust die Dürftigkeit und den Mangel an Tiefe in den Bildern beanstandet, die ihm die mémoire volontaire von Venedig vorlegt, schreibt er, beim bloßen Wort ›Venedig‹ sei ihm dieser Bilderschatz ebenso abgeschmackt wie eine Ausstellung von Photographien vorgekommen. Wenn man das Unterscheidende an den Bildern, die aus der mémoire involontaire auftauchen, darin sieht, daß sie eine Aura haben, so hat die Photographie an dem Phänomen eines ›Verfalls der Aura‹ entscheidend teil. Was an der Daguerrotypie als das Unmenschliche, man könnte sagen Tödliche mußte empfunden werden, war das (übrigens anhaltende) Hereinblicken in den Apparat, da doch der Apparat das Bild des Menschen aufnimmt, ohne ihm dessen Blick zurückzugeben. Dem Blick wohnt aber die Erwartung inne, von dem erwidert zu werden, dem er sich schenkt. Wo diese Erwartung erwidert wird (die ebensowohl im Denken, an einen intentionalen Blick der Aufmerksamkeit sich heften kann wie an einen Blick im schlichten Wortsinn), da fällt ihm die Erfahrung der Aura in ihrer Fülle zu. [...] Die Erfahrung der Aura beruht also auf der Übertragung einer in der menschlichen Gesellschaft geläufigen Reaktionsform auf das Verhältnis des Unbelebten oder der Natur zum Menschen. Der Angesehene oder angesehen sich Glaubende schlägt den Blick auf. Die Aura einer Erscheinung erfahren, heißt sie mit dem Vermögen belehnen, den Blick aufzuschlagen. Die Funde der mémoire involontaire entsprechen dem.«[47]

Die damit einem Objekt halluzinatorisch zugeschriebene Subjektivität[48] ist für Benjamin sowohl Erfahrungsinhalt der Aura als auch Auslöser einer produktiven ästhetischen Haltung. Diese Überlegungen gipfeln dann in der These, daß die kreative Fähigkeit des Betrachters, eine Erscheinung mit jenem Vermögen auszustatten, »den Blick aufzuschlagen«, als »Quellpunkt der Poesie« angesehen werden kann. Aus dieser Sicht sind es die auratischen Objekte, die zu Akteuren oder zumindest zu Stimulatoren poetischer Gestaltungen werden: »Der Blick der dergestalt erweckten Natur träumt und zieht den Dichtenden seinem Traume nach.«[49] Es ist genau dieser eher mit den religiösen Wurzeln des Benjaminschen Denkens als mit einer materialistischen Ästhetik[50] vereinbare Definitionsansatz von Aura, der jene vehemente Kritik Bertolt Brechts hervorruft, die er in seinem *Arbeitsjournal* während eines Besuchs von Benjamin in Dänemark festhält:

»25. 7. 38 [...] benjamin ist hier. er schreibt an einem essay über baudelaire. da ist gutes, er weist nach, wie die vorstellung von einer bevorstehenden geschichtslosen epoche nach 48 die literatur verbog. der versailler sieg der bourgeoisie über die kommune wurde vorauseskomptiert. man richtete sich mit dem bösen ein. es bekam blumenform. das ist nützlich zu lesen. merkwürdigerweise er-

---

46 Vgl. BENJAMIN (s. Anm. 40), 644.
47 Ebd., 646f.
48 Vgl. LINK-HEER, Aura hysterica oder das Blick-Aufschlagen des Objekts, in: Kaleidoskopien (1996), H. 1, 85.
49 BENJAMIN (s. Anm. 40), 647.
50 Vgl. GERSHOM SCHOLEM, Walter Benjamin – die Geschichte einer Freundschaft (Frankfurt a.M. 1975), 247–292.

möglicht ein spleen benjamin, das zu schreiben. er geht von etwas aus, was er *aura* nennt, was mit dem träumen zusammenhängt (dem wachträumen). er sagt: wenn man einen blick auf sich gerichtet fühlt, auch im rücken, erwidert man ihn (!). die erwartung, daß, was man anblickt, einen selbst anblickt, verschafft die aura. diese soll in letzter zeit im zerfall sein, zusammen mit dem kultischen. b[enjamin] hat das bei der analyse des films entdeckt, wo aura zerfällt durch die reproduzierbarkeit von kunstwerken. alles mystik, bei einer haltung gegen mystik. in solcher form wird die materialistische geschichtsauffassung adaptiert! es ist ziemlich grauenhaft.«[51]

3. Aura als Objekteigenschaft

Wie problematisch es ist, den Aurabegriff im Sinne einer Rezeptionsästhetik zu verwenden[52], wird anhand der Unterscheidung zwischen auratischen Kunstwerken und nicht-auratischen Reproduktionen deutlich. Benjamin entwickelt hierbei eine Argumentationskette, die darauf hinausläuft, die Aura eines Kunstwerks ausschließlich als kopräsente Eigenschaft eines singulären, physisch anwesenden Objekts zu definieren, auch wenn er zugeben muß, daß handwerkliche – kunstsystemimmanente – Reproduktionstechniken die Kunstproduktion stets begleitet haben.[53] In dieser Argumentationskette werden die Materialität, die Authentizität und die Traditionskontinuität eines Kunstwerks durch den Begriff der Aura zusammengeführt.

»Die Echtheit einer Sache ist der Inbegriff alles von Ursprung her an ihr Tradierbaren, von ihrer materiellen Dauer bis zu ihrer geschichtlichen Zeugenschaft. Da die letztere auf der ersteren fundiert ist, so gerät in der Reproduktion, wo die erstere sich dem Menschen entzogen hat, auch die letztere: die historische Zeugenschaft der Sache ins Wanken. Freilich nur diese; was aber dergestalt ins Wanken gerät, das ist die Autorität der Sache, ihr traditionelles Gewicht.

Man kann diese Merkmale im Begriff der Aura zusammenfassen und sagen: Was im Zeitalter der technischen Reproduzierbarkeit des Kunstwerks verkümmert, das ist seine Aura. Dieser Vorgang ist symptomatisch; seine Bedeutung weist über den Bereich der Kunst weit hinaus. *Die Reproduktionstechnik, so läßt sich allgemein formulieren, löst das Reproduzierte aus dem Bereiche der Tradition ab.* Indem sie die Reproduktion vervielfältigt, setzt sie an die Stelle eines einmaligen Vorkommens sein massenweises. Und indem sie der Reproduktion erlaubt, dem Beschauer in seiner jeweiligen Situation entgegenzukommen, aktualisiert sie das Reproduzierte. Diese beiden Prozesse führen zu einer gewaltigen Erschütterung des Tradierten – einer Erschütterung der Tradition, die die Kehrseite der gegenwärtigen Krise und Erneuerung der Menschheit ist. Sie stehen im engsten Zusammenhang mit den Massenbewegungen unserer Tage. Ihr gewaltigster Agent ist der Film. Seine gesellschaftliche Bedeutung ist auch in ihrer positivsten Gestalt, und gerade in ihr, nicht ohne diese seine destruktive, seine kathartische Seite denkbar: die Liquidierung des Traditionswertes am Kulturerbe.«[54]

Die Erschütterung der Aura des autonomen, singulären Kunstwerks stellt somit zugleich ihren ontologischen Status in Frage. Diese Beobachtung hat für Benjamin grundlegende Bedeutung, denn in ihr manifestiert sich der Zusammenhang zwischen Reproduktionstechnologien und Entfremdungserfahrungen der modernen Gesellschaft[55], die in der Massengesellschaft der Metropolen gesteigert und gebündelt werden[56]. Dieser Entfremdung versuchten schon seine früheren Rundfunkgeschichten entgegenzuarbeiten[57], und er kommt auf das Thema der Verknüpfung von sozialer Ent-

---

[51] BERTOLT BRECHT, Arbeitsjournal (entst. 1938–1955), Bd. 1 (Frankfurt a. M. 1973), 16.
[52] Vgl. HANS ROBERT JAUSS, Spur und Aura, in: H. Pfeiffer/Jauss/F. Gaillard (Hg.), Art social und art industriel (München 1987), 24–27.
[53] Vgl. BENJAMIN (s. Anm. 27), 436.
[54] Ebd., 438 f.
[55] Vgl. MICHAEL MAKROPOULOS, Modernität als ontologischer Ausnahmezustand? Walter Benjamins Theorie der Moderne (München 1989), 84–90.
[56] Vgl. BENJAMIN (s. Anm. 40), 605–637; WILLI BOLLE, Physiognomik der modernen Metropole. Geschichtsdarstellung bei Benjamin (Köln/Weimar/Wien 1994), 264–388.
[57] Vgl. BENJAMIN, Rundfunkgeschichten für Kinder (entst. 1929–1932), in: BENJAMIN, Bd. 7/1 (1989), 68–249.

fremdung und Auraverlust immer wieder in seinen analytischen Arbeiten über ›Paris, die Hauptstadt des XIX. Jahrhunderts‹[58] und zu Baudelaire zurück.

Der Verlust des Traditions- und damit des Sinnzusammenhangs der Kunst hat nicht nur den Verlust eines kunstimmanenten rezeptionsrelevanten Vorwissens zur Folge, sondern, und hier argumentiert Benjamin genealogisch, er löst die historische Kontinuität zwischen Kunst und religiösem Ritual auf. »Die Einzigkeit des Kunstwerks ist identisch mit seinem Eingebettetsein in den Zusammenhang der Tradition. [...] *Der einzigartige Wert des ›echten‹ Kunstwerks hat seine Fundierung im Ritual, in dem es seinen originären und ersten Gebrauchswert hatte.* Diese mag so vermittelt sein wie sie will, sie ist auch noch in den profansten Formen des Schönheitsdienstes als säkularisiertes Ritual erkennbar.«[59]

Mit Hilfe dieser Rückbindung der Kunst an das Ritual kann Benjamin nun zwischen dem *Ausstellungswert* und dem *Kultwert* eines Kunstwerks unterscheiden. Reproduktionstechnologien und an ihrem Anfang die Fotografie drängen nach Benjamin den Kultwert zugunsten des Ausstellungswertes in den Hintergrund. Als letztes technisches Residuum des Kultwertes und der mit ihm verknüpften Aura läßt Benjamin die Portraits früher Daguerreotypien[60] gelten. Ihnen kommt noch einmal die halluzinatorisch-auratische Macht zu, den Blick mit einer Intensität aufzuschlagen, die bei den Betrachtern in der Frühzeit der Fotografie[61] – aufgrund der ungewohnten Präzision des Abgebildeten – noch unheimliche Gefühle auslöste. »Diese Bilder sind in Räumen entstanden, in denen jedem Kunden im Photographen vorab ein Techniker nach der neusten Schule entgegentrat, dem Photographen aber in jedem Kunden der Angehörige einer im Aufstieg befindlichen Klasse mit einer Aura, die bis in die Falten des Bürgerrocks oder der Lavallière sich eingenistet hatte. Denn das bloße Erzeugnis einer primitiven Kamera ist jene Aura ja nicht. Vielmehr entsprechen sich in jener Frühzeit Objekt und Technik genau so scharf, wie sie in der anschließenden Verfallsperiode auseinandertreten.«[62]

Nach Benjamin bestand also die Faszination des neuen Mediums darin, die Differenz zwischen dem Objekt der Abbildung und der Daguerreotypie aufrechtzuerhalten[63], und es ist zu fragen, ob er damit eine medienhistorische Grundstruktur beschrieben hat, die es einem Publikum erst dann erlaubt, reflexive Distanz zu den eigenen Mediendispositiven zu gewinnen und ihre vergangene Aura zu erfahren, wenn diese durch neue technologische Entwicklungen überholt sind.

»Die Erfindung der Photographie offenbarte, daß die Malerei so bezaubernd ist, weil die Leinwand nicht die Wirklichkeit zeigt; die Einführung des Films offenbarte, daß das Photo seine Schönheit der mangelnden Bewegung entlehnt; der Tonfilm offenbarte, daß der Stummfilm erschüttert, weil er kein Geräusch macht. Und die Farbfilmer waren die führenden Köpfe der Ästhetik des ›Film Noir‹. Daraufhin machte das Fernsehen klar, daß all jene Filmformen ihre Attraktivität dem Schwarzen zwischen den Bildern entliehen. Und jetzt lehrt *High Vision*, daß das Video etwas geboten hat, im Moment verlorengeht: die Ästhetik der Rasterzeile. Im Cyberspace werden wir uns bewußt werden, daß die Kraft der distanzierten Medien unsere Abstinenz auf dem Schirm war. *Simstim* zeigt uns anschließend, daß Cyberspace so angenehm war, weil es außerhalb unseres Nervensystems stattfand. Und ach, und so weiter, und so fort.«[64]

---

58 Vgl. BENJAMIN (s. Anm. 19), 48–59.
59 BENJAMIN, Das Kunstwerk im Zeitalter seiner technischen Reproduzierbarkeit (3. Fassung, entst. 1936–1939), in: BENJAMIN, Bd. 1/2 (1974), 480f.
60 Vgl. ebd., 482–485; ROLF H. KRAUSS, Walter Benjamin und der neue Blick auf die Photographie (Ostfildern 1998), 20–34.
61 Vgl. SUSAN BUCK-MORSS, Dialektik des Sehens. Walter Benjamin und das Passagen-Werk (Frankfurt a. M. 1993), 167–171.
62 BENJAMIN, Kleine Geschichte der Photographie (1931), in: BENJAMIN, Bd. 2/1 (1977), 376.
63 Vgl. ebd., 372; BENJAMIN (s. Anm. 40), 646f.
64 AGENTUR BILWET, Medien-Archiv (1992), übers. v. G. Boer (Bensheim/Düsseldorf 1993), 27.

IV. Verlust der Aura und technische Reproduktion

Das aktuelle und wirkungsmächtige Paradigma eines aurazerstörenden technischen Reproduktionsverfahrens ist für Benjamin der Film. Die apparativen Aufzeichnungen werden als reine Reproduktion verstanden, und ein »Kunstwerk entsteht hier im besten Fall erst auf Grund der Montage«[65]. Natürlich waren Benjamin die russischen Montagetheorien bekannt, doch es geht ihm nicht um eine Weiterentwicklung der Filmtheorie oder um ihre Aufarbeitung[66], sondern um die Gründe für die veränderte Rezeptionshaltung des Publikums[67]. Der raumzeitlichen Kontinuität der Theateraufführung wird deshalb die diskontinuierlich-arbeitsteilige Produktionsweise des Films gegenübergestellt, und die ganzheitliche Erfahrung der Aura von Kunstwerken wird mit der distanzbewahrenden Haltung des Kinopublikums verglichen, das die Leistung der Schauspieler und der Apparatur testet.

Einfühlung ist allenfalls in die Apparatur, nicht aber in die verkörperte Rolle des Darstellers oder in den Film insgesamt möglich.[68] Daß die mediale Ausstrahlung des Films, die um den Filmstar erzeugt wird, auf der Aufhebung der Differenz zwischen medial-inszenierten und privaten Rollen im Leben des Darstellers beruht, bleibt bei Benjamin ebenso unberücksichtigt wie die medienhistorische Erfahrung, daß die Identifikation des Zuschauers mit dem Filmstar auf der Differenz zwischen Erfahrungspräsenz bzw. -intensität im Kino und der unerreichbaren Ferne des begehrten Körpers auf der Leinwand aufbauen kann.[69] Für Benjamin gibt es keine Vermittlung zwischen der Kino- und der Theatersituation[70], die die Aura-Erfahrungen der Zuschauer durch die Präsenz der Schauspielerkörper im Hier und Jetzt der Aufführung erzeugt.[71]

Es ist hervorzuheben, daß er beim Vergleich zwischen Theater und Film eine Aufführungssituation einem Medienprodukt gegenüberstellt und sich zudem hauptsächlich auf die Analyse und Wirkung des Produktionsapparates dieses Medienproduktes[72] konzentriert. Auch später spricht er im *Kunstwerk*-Aufsatz zwar über die Haltung des Publikums gegenüber dem Film, doch entwickelt

er keine Kinotheorie, die die Rezeptionssituation mit einbezieht. Trotz aller Versuche, die distanzierte und unromantische Rezeptionshaltung des testenden Zuschauers, die sich an Brechts Konzeption des epischen Theaters anlehnt[73], im Sinne einer fortschrittlichen Haltung des Massenpublikums umzuwerten, wird bei der Lektüre gleichzeitig deutlich, wie wenig Benjamin dieser Haltung für sich selbst abgewinnen kann.

Ein Indiz dafür ist nicht nur, daß Benjamin sich trotz der zunehmend bedrohlicher werdenden Lebensumstände im Exil nicht von seiner obsessiven Beschäftigung mit der Kunst des 19. Jh.[74] losreißen kann, sondern auch die Tatsache, daß er mit seinen Überlegungen zum Film eine Diskussion aufgreift, deren intensive Phase lange zurücklag und der er inhaltlich und programmatisch – berücksichtigt man den Stand der expressionistischen, der surrealistischen oder der russischen Filmästhetik – kaum Neues hinzufügt. Auffällig ist ebenfalls, daß in seiner Theorie der nicht-auratischen Kunst das in den 30er Jahren massensuggestiv wirkende ›Reproduktionsmedium‹ des Rundfunks, mit dem Benjamin intensive praktische Erfahrungen gemacht hatte[75], keine Rolle spielt.

---

65 Vgl. BENJAMIN (s. Anm. 27), 449.
66 Vgl. EVA GEULEN, Zeit zur Darstellung. Walter Benjamins ›Das Kunstwerk im Zeitalter seiner technischen Reproduzierbarkeit‹, in: Modern Language Notes 107 (1992), 581–583; FULD (s. Anm. 32), 256–260.
67 Vgl. BENJAMIN (s. Anm. 59), 505.
68 Vgl. ebd., 488.
69 Vgl. HANS ULRICH GUMBRECHT, ›Dabei Sein Ist Alles‹ – Über die Geschichte von Medien, Sport, Publikum, in: Arete 4 (1986/87), H. 1, 27–40.
70 Vgl. GÉRARD RAULET, Le caractère destructeur. Esthétique, théologie et politique chez Walter Benjamin (Paris 1997), 55–65.
71 Vgl. BENJAMIN (s. Anm. 59), 488–495.
72 Vgl. GERTRUD KOCH, Kosmos im Film. Zum Raumkonzept von Benjamins ›Kunstwerk‹-Essay, in: S. Weigel (Hg.), Leib- und Bildraum. Lektüren nach Benjamin (Köln/Weimar 1992), 43–48.
73 Vgl. BENJAMIN (s. Anm. 59), 484.
74 Vgl. KARLHEINZ STIERLE, Aura, Spur und Benjamins Vergegenwärtigung des 19. Jahrhunderts, in: Pfeiffer/Jauss/Gaillard (s. Anm. 52), 39–47.
75 Vgl. SABINE SCHILLER-LERG, Walter Benjamin und der Rundfunk. Programmarbeit zwischen Theorie und Praxis (München u. a. 1984), 397–421.

Gerade vor dem Hintergrund der leicht zu kritisierenden Äußerungen zum Film ist es jedoch wesentlich, nochmals an die Intention des *Kunstwerk*-Aufsatzes und an die historische Kommunikationssituation zu erinnern. Es geht dem in der Gesellschaft zunehmend fremd gewordenen Benjamin, so muß man entgegen der Titelformulierung des *Kunstwerk*-Aufsatzes festhalten, nicht um die Reproduktion von Kunstwerken, sondern um ihren Sinn- und Auraverlust in einer entfremdeten Gesellschaft und um eine letzte Hoffnung, die er in massenwirksame, nicht-auratische Kommunikationsformen setzt. Ihren Kunstcharakter zu diskutieren ist für ihn in der politischen Situation Mitte der 30er Jahre zweitrangig. Seine kritischen Leser jenseits des Atlantiks, die Leiter des Instituts für Sozialforschung, Theodor W. Adorno und Max Horkheimer, rezipieren Benjamins Aufsatz jedoch vor dem Hintergrund ihrer Analysen zur Massenkultur[76] und sind an einer kategorialen Unterscheidung zwischen emanzipatorischer großer Kunst und Kulturindustrie interessiert.

V. Die Kritik Adornos und Horkheimers am Aurakonzept Benjamins

Die komplizierte Entstehungs- und Editionsgeschichte der verschiedenen deutschen Fassungen und der französischen Version des für die *Zeitschrift für Sozialforschung* verfaßten Kunstwerk-Aufsatzes[77] ist Indiz für die unterschiedlichen Auffassungen

über die Funktion populärkultureller Massenkommunikation und über den Status der Kunst in der Moderne, die die Positionen von Benjamin einerseits und von Adorno und Horkheimer andererseits trotz einer gemeinsamen Theoriebasis voneinander trennen. Die programmatisch pointierte Wirkungshypothese einer revolutionär-emanzipatorischen – in der Terminologie Adornos – und technisch-massenmedialen Filmkunst als Konvergenzpunkt einer Theorie der nicht-auratischen Kunstproduktion konnte ebensowenig wie die historische These des Endes der auratisch-singulären, autonomen Kunstwerke die Zustimmung der Vertreter der Kritischen Theorie finden. In ihrer bekanntesten Schrift, *Dialektik der Aufklärung*, die 1947 in Amsterdam erscheint – der Copyright-Vermerk, 1944 New York, verweist auf einen früheren Entstehungszeitpunkt[78] –, kritisieren Horkheimer und Adorno implizit Benjamins Aurakonzeption[79], ohne ihn namentlich zu erwähnen.

Horkheimers und Adornos Position läßt sich im wesentlichen in zwei Argumentationszusammenhängen resümieren. Zum einen gehören Medienprodukte der Massenkommunikation, mag man ihnen den Status der Aura zuschreiben oder nicht, für sie unstrittig zum entfremdeten Bereich der affirmativen, kommerziellen Kulturindustrie. Sie fungieren als Warenangebote, denen keine emanzipatorische Wirkung zuzuschreiben ist. Zum anderen kann aus der Entwicklung der Produktionsmittel der Kulturindustrie – den technischen Reproduktions- und Verteilungsmedien – nicht undialektisch-linear auf den Zustand der gesellschaftlichen Produktionsverhältnisse geschlossen werden. Außerdem beobachtet Adorno eine technisch veränderte, reduzierte Aura auch bei avantgardistisch-emanzipatorischen Kunstwerken, die weiterhin parallel zur Kulturindustrie entstehen.[80]

Adorno folgt dieser Argumentationslinie, indem er den Reproduktionsaspekt – die *Produktionsmittel* – von Benjamins Aurabegriff abtrennt und die Aura auf einen allgemeineren Technikbegriff – überdeterminiert durch die gesellschaftlichen *Produktionsverhältnisse* – reduziert. Damit kann er Benjamins Unterscheidung zwischen authentisch-auratischer und technisch reproduzierter Kunst durch

---

76 Vgl. MARTIN JAY, Massenkultur und deutsche intellektuelle Emigration. Der Fall Max Horkheimer und Siegfried Kracauer, in: I. Srubar (Hg.), Exil, Wissenschaft, Identität. Die Emigration deutscher Sozialwissenschaftler 1933–1945 (Frankfurt a.M. 1988), 227–251.
77 Vgl. TIEDEMANN/HERMANN SCHWEPPENHÄUSER, Anmerkungen der Herausgeber, in: BENJAMIN, Bd. 1/3 (1974), 982–1063.
78 Vgl. FRIEDRICH KITTLER, Copyright 1944 by Social Studies Association, Inc., in: S. Weigel (Hg.), Flaschenpost und Postkarte (Köln/Weimar/Wien 1995), 185–193.
79 Vgl. MAX HORKHEIMER/ADORNO, Dialektik der Aufklärung (Amsterdam 1947), 144–198.
80 Vgl. RECKI (s. Anm. 40), 70–78.

die Unterscheidung zwischen Allegorie[81] und Symbol ersetzen, was es ihm erlaubt, Aura nun wieder als generalisierbare ästhetische Kategorie zu verwenden: »die Scheidung der Allegorie vom (in der neuen Terminologie ›auratischen‹) Symbol«. Anhand dieser Unterscheidung, d. h. mit einem umdefinierten Aurabegriff, formuliert er den Einwand: »Es ist schließlich kaum Zufall, wenn *die* moderne Kunst, die Sie als auratisch der technischen gegenüberstellen, solche von immanent so fraglicher Qualität ist wie Vlaminck und Rilke. [...] Aber gäbe es die Namen, sagen wir, Kafka und Schönberg stattdessen, so wäre das Problem schon anders gestellt. Gewiß ist Schönbergs Musik *nicht* auratisch. [...] Sie unterschätzen die Technizität der autonomen Kunst und überschätzen die der abhängigen; das wäre vielleicht in runden Worten mein Haupteinwand.«[82]

Die Authentizität von Kunst wird von Adorno zwar durchaus in einen produktionsästhetischen Zusammenhang, der sich seit 1850 radikal gewandelt hat, gestellt, jedoch hat dies für ihn nicht automatisch einen Verlust der Authentizität großer Kunstwerke zur Folge.[83] Das von Benjamin positiv gewertete Lachen des Filmpublikums über die Chaplin-Figur des Tramps erscheint Adorno demgegenüber »des schlechtesten bürgerlichen Sadismus voll«[84]. Durch einige Änderungen in der dritten Fassung des *Kunstwerk*-Aufsatzes berücksichtigt Benjamin die Einwände Adornos, indem er z. B. seine Aussagen zum Starkult differenziert. Die grundlegenden Aussagen zur Aura sind davon jedoch nicht betroffen. »Der Film antwortet auf das Einschrumpfen der Aura mit einem künstlichen Aufbau der ›personality‹ außerhalb des Ateliers. Der vom Filmkapital geförderte Starkultus konserviert jenen Zauber der Persönlichkeit, der schon längst nur noch im fauligen Zauber ihres Warencharakters besteht.«[85]

Für Horkheimer und Adorno verläuft also die maßgebliche analytische Unterscheidung zwischen emanzipatorischen und kulturindustriellen Artefakten und nicht zwischen auratischen und nichtauratischen Kunstwerken. Damit ist die kulturpessimistische Position der Frankfurter Schule zur Massenkommunikation artikuliert, die auch von anderen Autoren bestätigt und erst angesichts der unübersehbaren gesellschaftlichen Präsenz der Massenmedien leicht revidiert wird.[86] Dieser Sichtweise, die ausgehend von der Unterscheidung zwischen großer emanzipatorisch wirkender Kunst und Kulturindustrie[87] alle medienästhetischen Differenzierungen relativiert, steht die später von anderen Medienanalytikern noch pointierter vorgetragene Auffassung Benjamins gegenüber, nach der die medientechnologische Organisation von Kommunikation ihre ästhetisch-politische Funktionalisierung determiniert.

VI. Auratische und nicht-auratische Selbstbeschreibungen der modernen Kunst

Seit Beginn des 20. Jh. propagieren avantgardistische Kunstbewegungen – wie z. B. Futurismus und Surrealismus – eine radikale Infragestellung der Kunstpraxis und stellen damit natürlich auch deren idealistisch-auratisches Selbstverständnis in Frage.[88] Da es jedoch der avantgardistischen Kunst nicht gelingt, ihre Programme zur Aufhebung der Grenze zwischen Kunst und anderen gesellschaftlichen Praxisbereichen umzusetzen und damit die Differenzierung der Gesellschaft in Politik, Wissenschaft usw. aufzuheben, münden diese Programme schließlich wieder in den Binnendifferenzierung der Kunst. Die innovativen avantgardistischen Selbstbeschreibungsmodelle erzeugen dabei Kunstformen, die dezidiert nicht im Sinne der

---

81 Vgl. HUBERTUS VON AMELUNXEN, D'un état mélancolique en photographie. Walter Benjamin et la conception de l'allégorie, in: Revue des sciences humaines 210 (1988), 9–23.
82 ADORNO an Benjamin (18. 3. 1936), in: Adorno/ Benjamin (s. Anm. 33), 168 f., 172 f.
83 Vgl. FRIEDEMANN GRENZ, Adornos Philosophie in Grundbegriffen (Frankfurt a. M. 1974), 193–199.
84 ADORNO (s. Anm. 82), 171 f.
85 BENJAMIN (s. Anm. 59), 492.
86 Vgl. HABERMAS, Vorwort zur Neuauflage 1990, in: Habermas, Strukturwandel der Öffentlichkeit (1962; Frankfurt a. M. 1990), 48–50.
87 Vgl. MICHAEL KAUSCH, Kulturindustrie und Populärkultur. Kritische Theorie und Massenmedien (Frankfurt a. M. 1988), 79–134.
88 Vgl. BOLZ, Walter Benjamins Ästhetik, in: Steiner (s. Anm. 29), 20–25.

Gestaltung eines ›schönen Scheins‹ wahrgenommen werden wollen und die in einem nicht-auratischen Gestus konzipiert werden. Die Anwendung der Unterscheidung von auratischen und nicht-auratischen Artefakten zur *Binnendifferenzierung* der Kunst wird zu einem von vielen möglichen Distinktionsmerkmalen, mit dem sich die Kunst der Moderne von vorhergehenden Kunstformen abgrenzen kann.

Die selbstreflexiven Kunstprogramme der Moderne erlauben es mithin nicht mehr, die Identität der Kunst durch eine generelle Differenzqualität ihrer Artefakte zu bestimmen und damit eine durchgehend stabile *Außengrenze* des Kunstsystems zu definieren. Nicht-auratische Gebrauchsgegenstände wie etwa Duchamps Ready-mades, die in radikaler Weise Kunstwerke und ihre Schöpfergenies problematisieren, erzeugen durch die Thematisierung der Unterscheidungen zwischen Kunst, Nicht-Kunst und Anti-Kunst eine Situation, in der auratische Kunstwerke bestenfalls als eine von vielen möglichen Formen der Gestaltbildung[89] angesehen werden können.

»Es ist der Avantgarde nicht gelungen, die Aura abzuwerfen [...]. Aber gelungen ist ihr zweifellos, die Aura von Kunstwerken, ihren Heiligenschein, ihre Atmosphäre, ihren Nimbus zu thematisieren.

Damit wurde klar, daß, was ein Werk zum Kunstwerk macht, nicht durch seine gegenständlichen Eigenschaften allein erfaßt werden kann. Aber was darüber hinausgeht, dieses *Mehr*, die Aura, blieb dadurch noch völlig unbestimmt. *Aura* bezeichnet gewissermaßen Atmosphäre überhaupt, die leere charakterlose Hülle seiner Anwesenheit.«[90]

Im Gegensatz zu den selbstreflexiven Kunsttheorien und Artefakten der avantgardistischen Kunst kehrt die offizielle Staatskunst des Faschismus zu einem emphatischen Kunstprogramm[91] und zur auratischen Ästhetik eines rassistisch und metahistorisch ausgerichteten Schönheitskultes zurück.[92] Die pathetische Aura dieser mythologisierenden Kunst orientiert sich an völkisch-rassistischen Idealtypen, denen z.B. Künstler wie Arno Breker Ausdruck verleihen.[93] Dieser Gestus kann zwar ohne Mühe als die gezielte Inszenierung eines politisch-ästhetischen Weltbildes erkannt werden, das seine Ideologie – erfolgreich – hinter dem Anschein quasi-natürlicher Überzeitlichkeit versteckt. Dennoch ist die Kritik dieses Auratyps nur auf der Ebene einer kritisch-rationalen Argumentation einsichtig, während die kognitiv-sensuell so einfach und folgerichtig erscheinende Verbindung von idealtypischer Schönheit und wesensgemäßer ›Wahrheit‹, die lange Zeit die Erfahrungsvoraussetzung der vormodernen Ästhetik bildete[94], wesentlich schwieriger zu problematisieren ist.

Die ebenfalls in den 30er Jahren entstandene ontologische Kunsttheorie Martin Heideggers unternimmt noch einmal den Versuch, Kunstwerke auf der Grundlage ihres besonderen Erkenntniswertes aufzuwerten. Nach Heidegger wird durch die künstlerische Gestaltung von alltagsweltlich zweckbestimmten Objekten – Dinge, Zeuge in seiner Terminologie – eine tiefenstrukturelle Wahrheit – »das Sein des Seienden«[95] – erfahrbar. Obwohl Heidegger den Begriff der Aura für die Verknüpfung von ästhetischer Erfahrung und ontologischer Erkenntnis nicht verwendet, entspricht seine Argumentationslogik exakt der kognitiv-sensuellen Semantik auratischer Erfahrungsbildung, die eine durch Kommunikation unerreichbare Wirklichkeitsdimension erschließen soll.[96]

---

89 Vgl. MARKUS BRÜDERLIN, Beitrag zu einer Ästhetik des Diskursiven. Die ästhetische Sinn- und Erfahrungsstruktur postmoderner Kunst, in: J. Stöhr (Hg.), Ästhetische Erfahrung heute (Köln 1996), 286–291.
90 GERNOT BÖHME, Atmosphäre. Essays zur neuen Ästhetik (Frankfurt a.M. 1995), 26.
91 Vgl. ALFRED ROSENBERG, Der Mythus des 20. Jahrhunderts (1930; München 1935), 275–450.
92 Vgl. PETER ULRICH HEIN, Die Brücke ins Geisterreich (Reinbek 1992), 245–274; BERTHOLD HINZ, Bild und Lichtbild im Medienverbund, in: W. Abramowski u.a. (Hg.), Kunst, Hochschule, Faschismus (Berlin 1984), 17–30.
93 Vgl. VOLKER PROBST, Der Bildhauer Arno Breker (Bonn/Paris 1978), 23–49.
94 Vgl. WLAD GODZICH, Vom Paradox der Sprache zur Dissonanz des Bildes, in: Gumbrecht/Pfeiffer (Hg.), Paradoxien, Dissonanzen, Zusammenbrüche (Frankfurt a.M. 1991), 748–754.
95 MARTIN HEIDEGGER, Der Ursprung des Kunstwerkes (entst. 1935/36), in: HEIDEGGER, Bd. 5 (1977), 21.
96 Vgl. WETZEL, Ästhetik der Wiedergabe. Heideggers Ursprungstheorie des Kunstwerkes und ihre Dekonstruktion, in: J. Stöhr (s. Anm. 89), 86–125.

VII. Auratisierungen in der Mediengesellschaft und die Aura der Medien

Für die dominant massenmedial vermittelte Selbsterfahrung der modernen Gesellschaft[97] spielen Verfahren der Auratisierung, die darauf abzielen, die Wirksamkeit und Intensität von Medienangeboten zu steigern und ihnen dadurch Aufmerksamkeit zu verschaffen, in allen Kommunikationsbereichen eine wesentliche Rolle. Die Verfahren der Medien- und Produktgestaltung, die Stilelemente der Erlebniskulturen und Lebenstile[98], die hier unter der generellen Perspektive der Auratisierung zusammengefaßt werden, figurieren jedoch nicht unter dem Begriff der Aura, sondern verlangen nach Bezeichnungen – cool, hyper, cyber, sexy –, die selbst auratische Qualität ausstrahlen. Besonders in der Jugendkultur, die als Trendindikator für innovativ-auratische Erfahrungsbereiche und Mediengestaltungen herangezogen wird, geht es dabei immer wieder um die Erfahrung und vor allem um das Problem medial vermittelter Kommunikation von Authentizität.[99] Experimentierfelder und Faszinationsattraktoren für auratische Intensitätssteigerungen individuellen Erlebens sind derzeit vor allem medien-maschinelle Ausweitungen des Körpers in virtuellen Umgebungen[100] und der gezielte Einsatz des eigenen Körpers – Cyberspace, Extremsportarten – als Erlebnismedium.

Das Ziel dieser vor allem aus dem Marketing, dem Public-Relations-Sektor, dem Showbusiness und von Sportveranstaltungen bekannten, aber auch im Infotainment, bei seriösen Informationspräsentationen und in der Politik[101] unverzichtbaren Auratisierungen ist die Erzeugung und Gestaltung von sensuell attraktiven Wahrnehmungsangeboten, die mit den jeweiligen Kommunikationsabsichten assoziiert und zu einer unverwechselbaren Einheit verbunden werden sollen. Aura-Inszenierungen profitieren dabei von vorhandenen Attraktivitätsvorgaben und versuchen sie weiter zu verstärken bzw. von ihnen im Rahmen einer Verbundvermarktung zu profitieren. Als Beispiel für derartige Optimierung kann die neuerliche Verfilmung der Biographie Evita Peróns (1996) angeführt werden. Die Hauptdarstellerin – der Popstar Madonna – stellte diesem nach den Regeln der Videoclip-Ästhetik gefertigten Film ihre eigene erotische Aura zur Verfügung, während sie selbst von der Aura des tragischen Schicksals der historischen Persönlichkeit und der Aura des zuvor bereits erfolgreichen Musicals von Andrew Lloyd Webber und Tim Rice profitierte.

Die massenmedialen Verfahren der Auratisierung haben die Gesellschaft, ihr Selbstbild und ihre Umwelterfahrung durch ihren Einsatz in der analogen audiovisuellen Massenkommunikation und neuerdings in den digitalen Interaktionsmedien nachhaltig beeinflußt. Die Intensität dieser Veränderung der Selbsterfahrungsprämissen der Gesellschaft läßt sich unter anderem daran ermessen, daß sich audiovisuelle Kommunikationen mittlerweile von schriftmedialen durch eine Aura – inszenierter oder ›realer‹ – Unmittelbarkeit unterscheiden und daß diese medienhistorische Differenz ihrerseits zur Selbstbeschreibung der Gesellschaft[102] herangezogen wird.

In der Postmoderne gehört somit die bewußte Inszenierung von ästhetischen Erfahrungsgegenständen und Kommunikationssituationen zu den ebenso wirksamen wie legitimen Gestaltungsmitteln von Medienangeboten. Obwohl in der postmodernen Ästhetik der Begriff der Aura kaum Verwendung findet, thematisieren Begriffe wie Hyperrealität, Simulation, Simulakrum genau die faszinierend gestaltete und zugleich beängstigende

---

97 Vgl. LUHMANN, Die Realität der Massenmedien (Opladen 1996), 9–15.
98 Vgl. GERHARD SCHULZE, Die Erlebnisgesellschaft. Kultursoziologie der Gegenwart (Frankfurt a.M./ New York 1992), 93–123, 417–457.
99 Vgl. WERNER HELSPER, Das ›Echte‹, das ›Extreme‹ und die Symbolik des Bösen. Zur Heavy Metal-Kultur, in: Kursbuch Jugendkultur. Stile, Szenen und Identitäten vor der Jahrtausendwende, hg. v. d. Arbeitsgruppe für Symbolische Politik, Kultur und Kommunikation (Mannheim 1997), 118–133.
100 Vgl. MARK DERY, Cyber. Die Kultur der Zukunft (Berlin 1996), 207–361.
101 Vgl. SIEGFRIED J. SCHMIDT/BRIGITTE SPIESS, Die Kommerzialisierung der Kommunikation. Fernsehwerbung und sozialer Wandel 1956–1989 (Frankfurt a.M. 1997), 350–354.
102 Vgl. LUHMANN, Die Gesellschaft der Gesellschaft, Bd. 2 (Frankfurt a.M. 1997), 1096–1109.

Ununterscheidbarkeit, die die Mediennutzer zwischen medial vermittelten Authentizitätserfahrungen und einem allgemeinen Inszenierungsbewußtsein hin- und herpendeln läßt. Dabei geht es gar nicht um den Fortbestand der Unterscheidung zwischen der, so man will, ›primären‹ Wirklichkeitsebene der materiellen Lebenswelt und den ›sekundären‹ Wirklichkeiten der Hyperrealität, des Cyberspace usw., sondern darum, daß diese noch nicht ernsthaft bedrohte Grenze durch virtuelle und auratisch aufgeladene – aber deshalb gesellschaftlich nicht weniger relevante – Simulationswirklichkeiten ihre zentrale Bedeutung zu verlieren beginnt.

Peter M. Spangenberg

Literatur
AUEROCHS, BERND, Aura, Film, Reklame. Zu Walter Benjamins Aufsatz ›Das Kunstwerk im Zeitalter seiner technischen Reproduzierbarkeit‹, in: T. Elm/H. H. Hiebel (Hg.), Medien und Maschinen. Literatur im technischen Zeitalter (Freiburg 1991), 107–127; BOLZ, NORBERT, Walter Benjamins Ästhetik, in: U. Steiner (Hg.), Walter Benjamin, 1892–1940, zum 100. Geburtstag (Bern u.a. 1992), 11–32; FULD, WERNER, Die Aura. Zur Geschichte eines Begriffs bei Benjamin, in: Akzente 26 (1979), 352–370; GEULEN, EVA, Zeit zur Darstellung. Walter Benjamin ›Das Kunstwerk im Zeitalter seiner technischen Reproduzierbarkeit‹, in: Modern Language Notes 107 (1992), 580–605; HILLACH, ANSGAR, Man muß die Aura feiern, wenn sie fällt, in: R. Faber (Hg.), Konservatismus in Geschichte und Gegenwart (Würzburg 1991), 167–182; HOCQUENGHEM, GUY/SCHÉRER, RENÉ, Formen und Metamorphosen der Aura, in: D. Kamper/C. Wulf (Hg.), Das Schwinden der Sinne (Frankfurt a. M. 1984), 75–86; KOCH, GERTRUD, Kosmos im Film. Zum Raumkonzept von Benjamins ›Kunstwerk‹-Essay, in: S. Weigel (Hg.), Leib- und Bildraum. Lektüren nach Benjamin (Köln/Weimar 1992), 35–48; LINDNER, BURKHARDT, Benjamins Aurakonzeption: Anthropologie und Technik, Bild und Text, in: U. Steiner (Hg.), Walter Benjamin, 1892–1940, zum 100. Geburtstag (Bern u. a. 1992), 217–248; LINK-HEER, URSULA, Aura hysterica oder das Blick-Aufschlagen des Objekts, in: Kaleidoskopien (1996), H. 1, 78–87; LINK-HEER, URSULA, Benjamin liest Proust (Köln 1997); MAKROPOULOS, MICHAEL, Modernität als ontologischer Ausnahmezustand? Walter Benjamins Theorie der Moderne (München 1989); OPITZ, MICHAEL/WIZISLA, ERDMUT (Hg.), Benjamins Begriffe (Frankfurt a. M. 2000); RAULET, GÉRARD, Le caractère destructeur. Esthétique, théologie et politique chez Walter Benjamin (Paris 1997); RECKI, BIRGIT, Aura und Autonomie. Zur Subjektivität der Kunst bei Walter Benjamin und Theodor W. Adorno (Würzburg 1988); STOESSEL, MARLEEN, Aura. Das vergessene Menschliche. Zu Sprache und Erfahrung bei Walter Benjamin (München/Wien 1983); THIERKOPF, DIETRICH, Nähe und Ferne. Kommentare zu Benjamins Denkverfahren, in: Text und Kritik 31/32 (1971), 3–18.

Ausdruck

(lat. expressio; engl. expression; frz. expression; ital. espressione; span. expresión; russ. выражение)

Historisch-semantischer Rahmen; I. Ausdruck als Gegenstandsbezug: Leibniz, Spinoza; II. Ausdruck von Gefühlen, Ausdruck und Medien: ›Encyclopédie‹, Kant, Lessing; III. Ausdruck als unwillkürlicher Akt: Hegel, Darwin; IV. Triumph und Trivialisierung des Ausdrucksbegriffs: Croce, Husserl, Benn

Historisch-semantischer Rahmen

Die Geschichte des Begriffs Ausdruck (einschließlich seiner morphologischen Varianten und seiner in den meisten europäischen Sprachen existierenden Äquivalente) ist eine Geschichte mit extremen Konturen. Dieser Befund mag daher rühren, daß sich im Begriff Ausdruck zwei zugleich konvergierende und divergierende Bedeutungsebenen überlagern. Auf der einen Ebene gibt es kaum einen kommunikativen Akt, den man – zumindest in unseren heutigen Alltagssprachen – nicht Ausdruck nennen könnte: Das gilt für jegliche produktiven Akte der Äußerung (›sie drückt sich immer so klar aus‹, ›er gab unwillentlich seinem Unbehagen Ausdruck‹) ebenso wie für bestimmte Effekte, die sich – obwohl sie syntaktisch nicht-belebten Agenten zugewiesen werden – aus Akten der Rezeption und Deutung ergeben (›seine Kleidung drückte eleganten Geschmack aus‹, ›Dantes Dichtung ist der frühe Ausdruck einer kosmologischen Krise‹). Auf der anderen – der spezifischeren – Ebene rückt die ursprüngliche metaphorische Bedeutung von Ausdruck eine kommunikativ handelnde Person in den Blick, und zwar eine Person, die mit so erheblichen Schwierigkeiten und Widerständen zu kämpfen hat, um einen gegebenen Bewußtseinsinhalt in einem bestimmten Medium zu objektivieren (›sie versuchte, ihre ambivalenten Gefühle in einem Gedicht auszudrücken‹, ›wie sollte man so starke Gefühle zum Ausdruck bringen?‹), daß man zu dem Eindruck gelangt, dieser Bewußtseinsinhalt sperre sich der Objektivierung oder das zur Verfügung stehende Medium verweigere sich ihm. Das Überlappen der beiden Bedeutungen von Ausdruck jedenfalls – das Überlappen der allgemeinen Bedeutung und der spezifischeren, ursprünglich metaphorischen Bedeutung – macht das Wort einerseits zu einem potentiellen Universalbegriff und erklärt andererseits seine intensiven Affinitäten zu spezifischen historischen und kulturellen Situationen.

Im Altgriechischen gibt es z.b. keinen die spezifisch metaphorische Bedeutungskomponente von Ausdruck einschließenden Begriff. Das Lateinische verwendet ›expressio‹ nur ab und an (und erst seit dem 4. nachchristlichen Jh. in steigender Frequenz) als ein Synonym für bestimmte rhetorische Kernkonzepte (enuntiatio, significatio), während in der mittelalterlichen Kultur offenbar nicht einmal die Autoren der Mystik (für deren diskursive Selbstinszenierung doch das Ausspielen subjektzentrierter Aporien des Mitteilens konstitutiv war) sich einen Begriff des Ausdrucks zu eigen machten.[1] (Dagegen spricht Hans-Georg Gadamer in seinem Exkurs ›Zum Begriff des Ausdrucks‹ in *Wahrheit und Methode* (1960) von einer »ersten frühen Geschichte [des Begriffs Ausdruck – d.Verf.] im Sprachgebrauch der Mystik«[2].) Erst seit dem 14. und 15. Jh. steigt dann die Verwendung des Wortes – wohl im Zuge der Zentrierung des dominanten Weltbilds auf den Menschen in Subjekt-Position – so deutlich an, daß sein metaphorischer Ursprung und die damit verbundene spezifische Bedeutung zunächst in den Hintergrund treten. Bezieht sich jedoch Ausdruck im 17. Jh. zunächst fast ausschließlich auf die (nach dem Selbstverständnis der Zeit: problemlose) Darstellung von als ›wirklich‹ angesehenen Sachverhalten in verschiedenen Medien, so reaktivieren zahlreiche Autoren seit der zweiten Hälfte des 18. Jh. die metaphorische Bedeutung des Wortes, indem sie es mit der Objektivierung komplexer ›innerer‹ Gefühle und den damit verbundenen Schwierigkeiten assoziieren: Durch diese Konstellation wird Ausdruck erstens langfristig ein Zentralbegriff in der sich formierenden philosophischen Ästhetik, und hier scheint sich zweitens auch jener (bereits erwähnte) Wortgebrauch einzuspielen, welcher von Subjekten erbrachte Deutungsleistungen den Objekten der Deutung als Ausdruck zuschreibt (›seine Kleidung drückte guten Geschmack aus‹). War das späte 18. Jh. vor allem fasziniert von jenen Modalitäten des Ausdrückens, in denen das Objektivierte niemals mehr als ein Fragment des auszudrückenden Gefühls sein kann, so verschiebt sich die intellektuelle Energie im 19. Jh. auf eine Unterscheidung, die – erstaunlicherweise vielleicht – vorher nie thematisch geworden war: auf die Unterscheidung zwischen willkürlichen und unwillkürlichen (nicht-intendierten) Akten des Ausdrückens, eine Unterscheidung, die nicht selten in latenter Parallelität mit der zuvor dominierenden Unterscheidung zwischen vollständigem und fragmentarischem Ausdruck (der Gefühle) erscheint. Durch diese Umstellung wird das 19. Jh. zu jener historischen Periode, in welcher der Begriff und das Phänomen des Ausdrucks aus dem diskursiven Feld der Ästhetik in jenes der Psychologie übergehen. Die Geisteswissenschaften des 20. Jh. hingegen haben aus der Unterscheidung von willkürlichem und unwillkürlichem Ausdrücken eine Abgrenzung des ›Kultur‹ von Natur (und Nicht-Kultur) entwickelt. Wo die Fähigkeit zum intendierten Ausdruck aber – wie in unserer Gegenwart – mit Kultur und sogar mit dem Menschsein gleichgesetzt wird, hat der Begriff seinen Zenit (aber auch das Stadium einer kaum mehr rückgängig zu machenden Trivialisierung) erreicht. In weniger als zweieinhalb Jahrhunderten ist Ausdruck von einem kaum gebrauchten Wort zu einem esoterischen Begriff und von einem solchen zu einem der gängigsten Konzepte unserer Alltagssprachen geworden.

---

[1] Vgl. ›Ausdruck‹, in: GRIMM, Bd. 1 (1854), 846f.; BERND FICHTNER, ›Ausdruck‹, in: RITTER, Bd. 1 (1971), 653–662.
[2] HANS-GEORG GADAMER, Wahrheit und Methode. Grundzüge einer philosophischen Hermeneutik (1960), in: GADAMER, Bd. 2 (1993), 384.

I. Ausdruck als Gegenstandsbezug: Leibniz, Spinoza

Lassen sich historisch relevante Einsichten aus dem linguistischen Sachverhalt gewinnen, daß die uns bekannten altgriechischen Texte kein Äquivalent für den Begriff Ausdruck aufweisen und daß sein Vorkommen im Lateinischen der Antike wie des Mittelalters marginal und unspezifisch bleibt? Man wird zwar nicht soweit gehen, die Existenz von Varianten jener mentalen Struktur, die wir Subjektivität nennen, eineindeutig an das Vorkommen des Begriffs Ausdruck zu binden. Aber es läßt sich doch wohl vermuten, daß die untergeordnete Rolle, welche der Begriff Ausdruck bis hin zur frühen Neuzeit gespielt hat, ein Indiz für die ebenfalls untergeordnete Rolle ist, welche der Subjektivität bis dahin im Denken über das Verhältnis zwischen Welt und Sprache zukam. Dafür spricht auch der Sachverhalt, daß das Wort bis zum 17. Jh. vornehmlich in Kontexten auftaucht, welche aus je besonderen Gründen die Aufmerksamkeit auf die Performanz eines Sprechers richten – so in der Rhetorik des Quintilian. (Das muß der Grund für den Entschluß Karl Bühlers gewesen sein, dem Buch *Ausdruckstheorie. Das System an der Geschichte aufgezeigt* (1933) im Anhang eine deutsche Übersetzung einschlägiger Passagen aus Quintilians Rhetorik beizugeben.) Der 1854 erschienene erste Band des *Deutschen Wörterbuchs* der Brüder Grimm umschreibt Ausdruck zunächst mit seinen häufiger benutzten lateinischen Synonyma, um dann zu betonen, wie erstaunlich jung dieses Wort in der deutschen Sprache sei: »*Ausdruck*, m. enuntiatio, significatio, ein heute sehr gangbares, doch erst im 18 jh. entsprungnes wort, dem auch kein mnl. uitdruk entspricht.«[3] Unter den zitierten Erstbelegen erscheinen mehrfach Traktate und Übersetzungen von Martin Luther, was – mutatis mutandis – der Auskunft der historischen Wörterbücher für die Geschichte des Französischen entspricht (sie datieren das Aufkommen von ›expression‹ auf das späte 14. und auf das 15. Jh.).

Im Zentrum des Eintrags ›Ausdruck‹ bei den Brüdern Grimm steht freilich die Ästhetik-Debatte des späten 18. Jh., aus der Goethe, Winckelmann und Lessing zitiert werden. Ganz im Sinne der Vermutung, daß das extreme Ansteigen der Belege für Ausdruck mit der Institutionalisierung eines anthropozentrischen (und mithin auf den Subjektbegriff zentrierten) Weltbildes zu tun habe, nimmt das 17. Jh. in dieser Geschichte eine Zwischenstellung ein. Bei Leibniz etwa taucht das lateinische Äquivalent im Zusammenhang einer Erklärung des Konzepts ›Charakter‹ auf: »Characteres sunt res quaedam, quibus aliarum rerum inter se relationes exprimuntur, et quarum facilior est quam illarum tractatio.«[4] (Charaktere sind gewisse Dinge, durch welche die Beziehungen anderer Gegenstände ausgedrückt werden und deren Handhabung leichter ist als die jener Gegenstände selbst.) Es geht Leibniz in diesem Zusammenhang vor allem um die von ihm eingeführte Notation für die Differentialrechnung, die zu einem Beispiel für seine Verwendung des Begriffs Charakter wird. Diese Notation ist für ihn mitnichten arbiträr. Vielmehr faßt er sie, so Friedrich Kaulbach, als eine »Spiegelung« des »abgebildeten Gegenstandes« auf, die dazu dient, »den abgebildeten Gegenstand erst überhaupt zur Erscheinung zu bringen und seine innere Gliederung zu durchschauen und zu überschauen«. In der Tat wirken Leibniz' Konzept des Charakters und der davon abhängende Begriff Ausdruck wie eine Illustration von Michel Foucaults Formel der im europäischen 17. und 18. Jh. dominierenden ›klassischen epistēmē‹. Das Nachdenken über den Zusammenhang zwischen ›Wirklichkeit‹ und ›Darstellung‹ beruht auf durchaus ontologischen Prämissen, für die das Subjekt zunächst nicht konstitutiv ist. Aufgabe des Subjekts (und möglicherweise Grund für das Erscheinen des Begriffs Ausdruck) ist – erst sekundär sozusagen – die Optimierung der Darstellung und ihrer Effizienz. In bezug auf Leibniz ist das so beschrieben worden: »Das Wort ›Ausdruck‹ bezeichnet die Sichtbarmachung des gedanklichen Weges der Herstellung der Wahrheit des Gegenstandes: Dieses Wort hat hier nur mittelbar mit der Sache zu tun, von der etwa die heutige Ausdruckspsychologie handelt. In Zusam-

---

3 ›Ausdruck‹, in: GRIMM (s. Anm. 1), 846f.
4 GOTTFRIED WILHELM LEIBNIZ, Characteristica geometrica (1679), in: Leibniz, Mathematische Schriften, hg. v. C. I. Gerhardt, Bd. 5 (Hildesheim/New York 1971), 141; vgl. FRIEDRICH KAULBACH, Der Begriff des Charakters in der Philosophie von Leibniz, in: Kant-Studien 57 (1966), 126.

menhang mit Charakter und Symbol gebracht, spielt das Wesen des Ausdrucks eine erkenntnistheoretische und ontologische Rolle: Ausdruck ist danach das Aufweisen und Zur-Erscheinung-Bringen derjenigen Bewegung, in der sich der Gegenstand aus seinen Momenten zu einem einigen Ganzen zusammenschließt.«[5]

Spinozas universalistische – und man ist versucht zu sagen: obsessive – Verwendung des Ausdrucksbegriffs in der *Ethik* (1677) konvergiert mit diesen Beobachtungen zu Leibniz. Gilles Deleuze, der dem bei Spinoza zu höchster Komplexität getriebenen Ausdrucksbegriff ein umfangreiches Buch gewidmet hat, stellt Spinozas drei Ebenen der Wortverwendung vor. Erstens: »chaque attribut exprime *une certaine essence* éternelle et infinie«; zweitens: »chaque attribut exprime *l'essence* de la substance, son être ou sa réalité«; und drittens: »chaque attribut exprime l'infinité et la nécessité de *l'existence* substantielle, c'est-à-dire l'éternité«[6]. Ein jedes Attribut der Natur drückt »die Realität oder das Sein der Substanz« aus (realitatem sive esse substantiae exprimit); je mehr Realität ein Wesen habe, um so mehr Attribute müsse es haben, »welche sowohl die Notwendigkeit oder Ewigkeit als auch die Unendlichkeit ausdrücken« (eo plura attributa, quae et necessitatem, sive aeternitatem, et infinitatem exprimunt); ein absolut unendliches Wesen müsse aus unendlich vielen Attributen bestehen, »deren jedes eine gewisse ewige und unendliche Wesenheit ausdrückt« (quorum unumquodque aeternam et infinitam certam essentiam exprimit).[7] Wie das Verhältnis zwischen ›Charakter‹ und Wirklichkeit bei Leibniz, so beruht das Verhältnis von Attributen und Substanz bei Spinoza auf im vollsten Sinn ontologischen Voraussetzungen. Nach der Beschreibung von Deleuze: »Ainsi la multiplicité des attributs est strictement égale à l'unité de la substance: par cette stricte égalité, nous devons entendre que les attributs sont *formellement* ce que la substance est *ontologiquement*.« Wie die Entwicklung der Charaktere bei Leibniz, so dient auch Spinozas Theorie des Ausdrucks dem Erkennen einer Eindeutigkeitsbeziehung. »Chez Spinoza *toute la théorie de l'expression est au service de l'univocité*; et tout son sens est d'arracher l'Etre univoque à son état d'indifférence ou de neutralité, pour en faire l'objet d'une affirmation

pure, effectivement réalisée dans le panthéisme ou l'immanence expressive.«[8] Erneut beobachten wir, wie das Ausdrucksverhältnis primär als ein Verhältnis zwischen Wirklichkeit (›Substanz‹) und ihrer Darstellung oder Erscheinung (›Attribute‹) gedacht wird. Der Mensch kann optimierend (Leibniz) oder affirmierend (Spinoza) dieses Verhältnisses teilhaftig werden, aber das Verhältnis von Wirklichkeit und Erscheinung ist ganz unabhängig von solchen Interventionen.

II. Ausdruck von Gefühlen, Ausdruck und Medien: ›Encyclopédie‹, Kant, Lessing

Diese Voraussetzung wandelt sich entscheidend – und offenbar auf breitester Basis – während der Jahrzehnte, die Leibniz und Spinoza von der Mitte des 18. Jh. trennen. Die erste Definition im Artikel ›Expression‹ von d'Alemberts und Diderots *Encyclopédie* steht noch in einem Verhältnis der Metonymie zu Leibniz' Wortgebrauch: »On appelle en Algebre *expression* d'une quantité, la valeur de cette quantité exprimée ou représentée sous une forme algébrique.«[9] Die folgenden neun Spalten des Artikels aber setzen sich mit der Komplexität der neuen Bedeutungen auseinander, welche das Wort inzwischen im aufkommenden Diskurs der Ästhetik entfaltet hat. Dabei geht es nicht mehr um ein Verhältnis zwischen Wirklichkeit und Repräsentation, das der Mensch bloß beobachten – und in seltenen Fällen – optimieren kann. Seit der Mitte des 18. Jh. wird die Struktur der Subjektivität konstitutiv für die Semantik des Wortes Ausdruck, denn es soll sich nun vor allem auf die – stets spannungsreiche – Beziehung zwischen der Innen-

---

5 KAULBACH (s. Anm. 4), 127, 129.
6 GILLES DELEUZE, Spinoza et le problème de l'expression (Paris 1968), 9.
7 BENEDICT DE SPINOZA, Ethica ordine geometrico demonstrata (1677), hg. v. J. van Vloten/J. P. N. Land (Den Haag 1905), 6; dt.: Die Ethik, übers. v. C. Vogl (Leipzig 1929), 8.
8 DELEUZE (s. Anm. 6), 309f.
9 EDME-FRANÇOIS MALLET, ›Expression‹, in: DIDEROT (ENCYCLOPÉDIE), Bd. 6 (1756), 315.

sphäre eines Subjekts und ihren Objektivierungen richten. (Gadamer ist überzeugt, daß bei dieser Umpolung der Ästhetik vom Nachahmungs- auf den Ausdrucksbegriff zunächst »der Ausdruck eines Inneren, etwa eines Erlebnisses« noch ferngelegen habe: »Ausdruck ist nicht primär als Ausdruck der eigenen Empfindungen zu verstehen, sondern als Ausdruck, der Empfindungen erregt.«[10] Allerdings entdeckt Gadamer dann Belege für den »Ausdruck eines Inneren«, für den »Übergang von der rhetorischen Tradition zur Erlebnispsychologie« bereits in den 60er Jahren des 18. Jh. Von wenigen Ausnahmen abgesehen (und die prominenteste dieser Ausnahmen ist Hegels *Ästhetik*, 1835–1838), geht man in diesem Zuammenhang davon aus, daß die Objektivierungen des Ausdrucks den Gedanken und vor allem den Gefühlen des Subjekts nur annäherungsweise entsprechen können. Im Kontext dieser Gedankenkonfiguration wird nun die metaphorische Bedeutungskomponente des Begriffs Ausdruck aktiviert, weil ja die Nicht-Kongruenz von Gefühlen und ihren Objektivierungen eine Assoziation mit der Vorstellung von Widerständen (›Aus-Druck‹) im Umsetzungsakt des Ausdrucks nahelegt. Dieselbe Annahme einer Nicht-Kongruenz von Gefühl und Objektivierung scheint aber auch eine wahrhaft obsessive Lust am Interpretieren ins Werk gesetzt zu haben, von der die westliche Kultur seither nicht mehr ablassen kann. Denn Interpretation wird ja erst da zu einer Kunst – zu einer Kunst der Divination, könnte man sagen –, wo als Prämisse gilt, daß die Objektivierungen, auf die sie sich bezieht, notwendig hinter dem zurückbleiben, was sie objektivieren. In diesem Sinne stünde hinter jener intensiven Faszination, welche die Physiognomik im 18. Jh. auslöste, nicht einfach die – durchaus traditionelle – Überzeugung, daß sich der Charakter von Personen in ihren Gesichtern manifestiert, sondern eine Komplexifizierung des Verhältnisses von Charakter und Gesicht: Das Gesicht verweist auf den Charakter, aber es bedarf der inspirierten Interpretation, um den Verweis in Gewißheit zu überführen.

Der Grad der Übereinstimmung zwischen Gefühlsgehalt und Ausdruck wird jetzt gleichgesetzt mit dem Grad künstlerischer Vollkommenheit und Genialität: »Lulli a presqu'atteint à la perfection dans un des points principaux de ce genre. Le chant de déclamation, qu'il a adapté si heureusement aux poêmes inimitables de Quinaut, a toûjours été le modele de l'*expression* dans notre musique de récitatif. […] Lulli qui a quelquefois excellé dans l'*expression* de son récitatif, mais qui fort souvent aussi l'a manquée, a été très-fort au-dessous de lui même dans l'*expression* de presque toutes les autres parties de sa musique.« Von Beginn an ist im Diskurs der Ästhetik der gewandelte, subjektzentrierte Gebrauch des Begriffs Ausdruck gekoppelt an die Frage, welche verschiedenen Möglichkeiten verschiedene Medien dem Ausdruck der Gefühle bieten. Die *Encyclopédie* unterscheidet in diesem Zusammenhang zwischen Musik, Poesie und Malerei – und gelangt noch kaum über die bloße Formulierung des Problems hinaus: »La Musique est une imitation, & l'imitation n'est & ne peut être que l'*expression* véritable du sentiment qu'on veut peindre. La Poésie exprime par les paroles, la Peinture par les couleurs, la Musique par les chants; & les paroles, les couleurs, les chants doivent être propres à *exprimer* ce qu'on veut dire, peindre ou chanter.«[11] Obwohl der Artikel ›Expression‹ der Malerei nur eine vergleichsweise kurze (und der Poesie keine unabhängige) Reflexion widmet, wird gerade anhand dieser Abschnitte deutlich, aus welcher semantischen Struktur sich die enorme semantische Produktivität des gewandelten Begriffs speist: In der Darstellung von Menschen interferiert der in ihren Körpern und Gesichtern ›objektivierte‹ Ausdruck mit dem Ausdruck der Gefühle des Malers selbst. Zwei verschiedene subjektzentrierte Dimensionen von Ausdruck beginnen hier, sich zu überlagern und zu konvergieren – der Ausdruck des dargestellten Subjekts und der Ausdruck des darstellenden Subjekts. Zunächst dominiert freilich noch die Tendenz, das Gelingen des Malers und die ›Wahrheit‹ seines Bildes vor allem als eine Funktion der Genauigkeit seiner Beobachtungen zu bewerten: »il y a donc dans tous les mouvemens du corps & de l'ame une double progression dépendante l'une de l'autre; & l'artiste obsérvateur attaché à examiner ces différens rapports, pourra, dans les mouvemens du corps, suivre les impressi-

---

10 GADAMER (s. Anm. 2), 475.
11 LOUIS DE CAHUSAC, ›Expression‹, in: DIDEROT (ENCYCLOPÉDIE), Bd. 6 (1756), 315, 316.

ons de l'ame. C'est-là l'étude que doit faire le peintre qui aspire à la partie de l'expression«[12].

Im Übergang zu einer solchen – doppelt – subjektzentrierten Ästhetik des Ausdrucks treten überkommene Kriterien des Urteils in den Hintergrund. Das betrifft zunächst die verschiedenen Dimensionen der Angemessenheit, innerhalb deren Ausdruck bis dahin in der Rhetorik bewertet wurde.[13] Aber auch der galante Stil, den Prädikate wie »zierlich, gefällig, leicht (faßlich), deutlich, ungezwungen, natürlich, reizend, angenehm, glänzend, schmeichelnd«[14] umschrieben hatten, verliert nun an Attraktivität. Wie sich schon in dem einschlägigen Artikel der *Encyclopédie* abzeichnete, trifft das zuerst und vor allem für die Musik zu. »Ich mußte mittheilen, oder bersten«[15], schreibt C. F. D. Schubart um 1780; und auf diesem Weg zu einem ästhetischen Gefühlsbegriff »wird das Postulat nach Bestimmtheit und Deutlichkeit des Ausdrucks verdrängt durch die Anerkennung der Unbestimmtheit: die Musik kann nur das Allgemeine von Empfindungen angeben; sie vermittelt dem Verstande nichts Bestimmtes«[16]. Schließlich legt die neue Reflexion über das Medium der Musik auch die Einsicht nahe, daß Nachahmung und Ausdruck zwei unvereinbare Paradigmen seien. In dieser Hinsicht ist die Deutlichkeit von Charles Avisons 1753 erschienenem *Essay on Musical Expression* kaum zu überbieten: »as the Composer [...] is culpable, who, for the Sake of some low and trifling *Imitation*, deserts the Beauties of *Expression*: So, that *Performer* is still more culpable, who is industrious to reduce a good Instrument to the State of a bad one, by endeavouring to make it subservient to a still more trifling *Mimickry*.«[17] Es ist eben dieser Typus des Musikerlebens und die in ihm wachsende Identifizierung des »Inneren der Subjektivität« mit einem »metaphysischen Grund«, welcher im 19. Jh. durch Schopenhauers These von der Musik als Medium der Offenbarung des Weltwillens[18] über Richard Wagners ›Gesamtkunstwerk‹ bis hin zu Nietzsches Begriff des Dionysischen eine wirkungsmächtige Fortsetzung finden wird.

Doch schon weit eher wird die neue Ästhetik des Ausdrucks auch für die Literatur bestimmend. Klopstock beschreibt Dichtung als »genau wahren Ausdruck der Leidenschaft«[19]. Moses Mendelssohn räsoniert über die Unterschiede beim Ausdruck der Leidenschaften durch natürliche und durch willkürliche Zeichen: »Der Ausdruck der Leidenschaften durch natürliche Zeichen erreget ähnliche Bewegungen in den Gliedmaßen der Sinne, und dunkle und unbestimmte Begriffe in der Seele. Der Ausdruck der Leidenschaften durch willkührliche Zeichen erreget klare Vorstellungen in der Seele und vermittelst dieser auch Bewegungen in den Gliedmaßen der Sinne, die aber nicht so stark sind, als diejenige, welche durch natürliche Zeichen erregt werden.«[20] Kein anderer diesem historischen Kontext zugehöriger Traktat hat jedoch auf Zeitgenossen und Nachwelt eine ähnliche Faszination ausgeübt wie Lessings 1766 veröffentlichter *Laokoon*. Lessings Reflexion nimmt ihren Ausgang von Winckelmanns schon damals berühmter, auf das Jahr 1755 zurückgehender Kennzeichnung »der griechischen Meisterstücke in der Malerei und Bildhauerkunst«: »So wie die Tiefe des Meeres [...] allezeit ruhig bleibt, die Oberfläche mag auch noch so wüten, eben so zeiget der Ausdruck in den Figuren der Griechen bei allen Leidenschaften

12 CLAUDE-HENRI WATELET, ›Expression‹, in: DIDEROT (ENCYCLOPÉDIE), Bd. 6 (1756), 319.
13 Vgl. RÜDIGER CAMPE, Affekt und Ausdruck. Zur Umwandlung der literarischen Rede im 17. und 18. Jahrhundert (Tübingen 1990), 169 f.
14 HANS HEINRICH EGGEBRECHT, Das Ausdrucks-Prinzip im musikalischen Sturm und Drang (1955), in: Eggebrecht, Musikalisches Denken. Aufsätze zur Theorie und Ästhetik der Musik (Wilhelmshaven 1977), 77.
15 CHRISTIAN FRIEDRICH DANIEL SCHUBART, Leben und Gesinnungen. Von ihm selbst im Kerker aufgesetzt. Zweiter Theil (1793), in: Schubart, Ges. Schriften und Schicksale, Bd. 1 (Stuttgart 1839), 239.
16 EGGEBRECHT (s. Anm. 14), 88.
17 CHARLES AVISON, Essay on Musical Expression (London 1753), 108.
18 ARTHUR SCHOPENHAUER, Die Welt als Wille und Vorstellung (1819), in: SCHOPENHAUER, Bd. 2 (³1972), 304.
19 FRIEDRICH GOTTLIEB KLOPSTOCK, Von der Darstellung (1779), in: Klopstock, Sämmtliche Werke, Bd. 10 (Leipzig 1855), 197.
20 MOSES MENDELSSOHN, Gedanken vom Ausdrucke der Leidenschaften (ca. 1762/63), in: Mendelssohn, Ästhetische Schriften in Auswahl, hg. v. O. F. Best (Darmstadt 1974), 203.

eine große und gesetzte Seele.«[21] Exemplarisch zeigt Winckelmanns Formulierung, wie sich seit der Mitte des 18. Jh. zwei Dimensionen des Ausdrückens im Diskurs der Ästhetik treffen können.

Das von einem Betrachter zu imaginierende Verhältnis zwischen dem Ausdruck der Figuren und den von diesem Ausdruck als Illusion suggerierten Gefühlen wird zum Anlaß, um über die Gefühle der Künstler, die sie schufen – ja sogar über die ›Gefühle‹ der klassischen griechischen Kultur insgesamt –, nachzudenken. In dieser Hinsicht ist die Formel von der ›großen und gesetzten Seele‹ ambivalent: Sie kann sich ebenso auf die von den Figuren bewirkte Illusion einer ›Seele‹ beziehen wie auf die ›Seele‹ der Künstler.

Ausgehend von dieser komplexen Sachlage gelangt auch Lessing – wie schon (auf weniger anspruchsvollem Niveau) der Artikel ›Expression‹ in d'Alemberts und Diderots *Encyclopédie* – zu einer Differenzierung in der Abschätzung der Ausdrucksmöglichkeiten verschiedener Medien. Die Dimension der Medialität erreicht er über die historisch zutreffende Feststellung, daß innerhalb der griechischen Kultur eine hyperbolische Intensität der Ausdrucksgebärde (wie sie im *Laokoon* eben nicht gegeben ist) durchaus mit Seelengröße hatte einhergehen können: »Wenn es wahr ist, daß das Schreien bei Empfindung körperlichen Schmerzes, besonders nach der alten griechischen Denkungsart, gar wohl mit einer großen Seele bestehen kann: so kann der Ausdruck einer solchen Seele die Ursache nicht sein, warum dem ohngeachtet der Künstler in seinem Marmor dieses Schreien nicht nachahmen wollen; sondern es muß einen andern Grund haben, warum er hier von seinem Nebenbuhler, dem Dichter, abgehet, der dieses Geschrei mit bestem Vorsatze ausdrücket.« (21 f.) Lessings Antwort auf die selbstgestellte Frage nach den Gründen für die Dämpfung der Ausdrucksgebärde postuliert eine Unvereinbarkeit zwischen den spezifischen Ausdrucksmöglichkeiten der Skulptur und einem in seiner eigenen Zeit vorherrschenden (aber von ihm nicht historisierten) Begriff der Schönheit. Aus ästhetischen Gründen sei es vorzuziehen, nicht stets die volle Intensität der Ausdrucksmöglichkeiten der Skulptur zu nutzen: »Ich will bei dem Ausdrucke stehen bleiben. Es gibt Leidenschaften und Grade von Leidenschaften, die sich in dem Gesichte durch die häßlichsten Verzerrungen äußern, und den ganzen Körper in so gewaltsame Stellungen setzen, daß alle die schönen Linien, die ihn in einem ruhigern Stande umschreiben, verloren gehen. Dieser enthielten sich also die alten Künstler entweder ganz und gar, oder setzten sie auf geringere Grade herunter, in welchen sie eines Maßes von Schönheit fähig sind.« (26) Es ist ein selten bemerktes Paradox, daß Lessing am Ende seiner Reflexion, die mit der neuen Ästhetik des subjektzentrierten Ausdrucks einsetzte, zu traditionellen Fragen der Angemessenheit – zu Fragen der Angemessenheit zwischen Medium und Gegenstand der Darstellung – zurückkehrt: »Bewegungen können durch Worte lebhafter ausgedrückt werden, als Farben und Figuren; folglich wird der Dichter seine körperlichen Gegenstände mehr durch jene als durch diese sinnlich zu machen suchen.«[22] Obwohl gerade solche Passagen in Lessings *Laokoon* viele Medientheoretiker unserer Gegenwart zu einer intensiven Auseinandersetzung mit diesem Text motiviert haben, lassen sich in der Tat die zwei Ebenen von Lessings Auseinandersetzung mit dem Begriff Ausdruck als ein Phänomen der Gleichzeitigkeit des Ungleichzeitigen beschreiben: Die Frage nach der ›Angemessenheit‹ von Medien und Inhalten gehört zu jener Rhetorik, welche der Ausdrucksästhetik des 18. Jh. vorausgeht.

Aus ähnlicher Perspektive haben Kant-Analysen der vergangenen Jahrzehnte zwei verschiedene – offenbar aus unterschiedlichen diskursiven Kontexten geschöpfte – Begriffe des Schönen in der *Kritik der Urteilskraft* (1790) ausgemacht.[23] Kants Beispiele zur Beschreibung des zuerst besprochenen, ›formalen‹ Begriffs der Schönheit sind be-

---

21 JOHANN JOACHIM WINCKELMANN, zit. nach G. E. Lessing, Laokoon: oder über die Grenzen der Malerei und Poesie (1766), in: Lessing, Werke und Briefe, hg. v. W. Barner, Bd. 5/2 (Frankfurt a. M. 1990), 17.
22 LESSING, Paralipomena zum ›Laokoon‹, in: ebd., 211.
23 Vgl. DILMAN WALTER GOTSHALK, Form and Expression in Kant's Aesthetics, in: The British Journal of Aesthetics 7 (1967), 250–260; SALIM KEMAL, Systematic Ideas in Aesthetics (II): Expression and Idealism in Kant's Aesthetics, in: The British Journal of Aesthetics 16 (1976), 68–79; PAUL D. GUYER, Formalism and the Theory of Expression in Kant's Aesthetics, in: Kant-Studien 68 (1977), 46–70.

rühmt-berüchtigt: »die Zeichnungen à la grecque, das Laubwerk zu Einfassungen, oder auf Papiertapeten u. s. w. [...]: sie stellen nichts vor, kein Objekt unter einem bestimmten Begriffe, und sind freie Schönheiten.« Diesem ganz mit dem Geschmack des Galanten konvergierenden Konzept steht – erstaunlich unvermittelt – ein (im Kontext des 18. Jh. jüngerer) Begriff des Ausdrucksschönen gegenüber: »Man kann überhaupt Schönheit (sie mag Natur- oder Kunstschönheit sein) den *Ausdruck* ästhetischer Ideen nennen: nur daß in der schönen Kunst diese Idee durch einen Begriff vom Objekte veranlaßt werden muß, in der schönen Natur aber die bloße Reflexion über eine gegebene Anschauung, ohne Begriff von dem, was der Gegenstand sein soll, zur Erweckung und Mitteilung der Idee, von *welcher* jenes Objekt als der *Ausdruck* betrachtet wird, hinreichend ist«[24]. Was immer die Bedingungen sein mögen, unter denen ›ästhetische Ideen‹ im Bewußtsein eines Menschen entstehen, entscheidend ist für Kant, daß sie – im Gegensatz zu den Vernunftideen – nicht auf Konzepte gebracht werden können.[25] Damit nähert sich Kants zweiter Schönheitsbegriff der in der Ausdrucksästhetik seiner Zeit so zentralen Struktur einer Nicht-Kongruenz von Auszudrückendem und Ausgedrücktem, und folgerichtig bestimmt er auch als zentrales ›Talent‹ des Genies die Fähigkeit, ästhetische Ideen – trotz ihrer Inkommensurabilität mit den Begriffen – zum Ausdruck zu bringen: Künstler seien imstande, »das Unnennbare in dem Gemütszustande bei einer gewissen Vorstellung auszudrücken und allgemein mitteilbar zu machen, der Ausdruck mag nun in Sprache, oder Malerei, oder Plastik bestehen«[26]. Am Ende bleibt unklar, ob jenes ›Unnennbare‹ durch den vom Genie gefundenen Ausdruck zur vollständigen Objektivierung gelangt – oder ob sich ein Residuum an Unnennbarem selbst der Ausdrucksfähigkeit des Genies entzieht. Klar ist jedoch, daß Schiller in dieser Frage dem Vernunftbegriff und vor allem der Artikulierbarkeit des Bewußtseinsinhalts mehr Raum konzediert als Kant. Wenn Schiller die Schönheit der menschlichen Gestalt als »sinnlichsten Ausdruck eines Vernunftbegriffes«[27] definiert, dann ist Schönheit zwar mit Sinnlichkeit assoziiert – nicht aber mit dem Widerstand, der sich einem Bewußtseinsinhalt im Zuge seiner Objektivierung als Ausdruck entgegenstellen kann.

III. Ausdruck als unwillkürlicher Akt: Hegel, Darwin

Hier ist aber, wenigstens was den Begriff Ausdruck angeht, eine Affinität zwischen der Ästhetik Schillers und der Ästhetik Hegels angelegt, eine Affinität, die den privilegierten Status verständlich macht, welchen Schiller als literarischer Autor in Hegels *Ästhetik* genießt. Denn Hegel läßt keinen Zweifel daran, daß für ihn das Sinnliche auf der Objektivierungsebene des Kunstwerks, das Sinnliche des Ausdrucks, nur dann eine Legitimität habe, wenn es sich wieder in Geistiges zurücktransponieren lasse (was genau Schillers Formulierung von der Schönheit der menschlichen Gestalt als Ausdruck einer Vernunftidee entspricht): »Denn das Sinnliche des Kunstwerks soll nur Dasein haben, insofern es für den Geist des Menschen, nicht aber insofern es selbst als Sinnliches für sich selber existiert.«[28] Komplementär zu diesem Postulat und mit schneidender Strenge dekretiert Hegel dann, daß die Dichter »die Pflicht« haben, »von Anfang an alle ihre Vorstellungen so einzurichten, daß sich auch durch die Mittel, welche der Sprache zu Gebote stehen, vollständig kundgeben lassen. Überhaupt ist das Poetische erst dichterisch im engeren Sinne, wenn es sich zu Wörtern wirklich verkörpert und ausrundet.«[29] Beide Vorgaben Hegels, die von der absoluten Transformierbarkeit des Sinnlichen in Geistiges und die von der absoluten Anpassung der Vorstellungen an das Medium der Sprache, führen aber zu einer Absage an jene Ästhetik des Ausdrucks, die – wie es Kant formu-

---

24 IMMANUEL KANT, Kritik der Urteilskraft (1790), in: KANT (WA), Bd. 10 (1974), 146, 257 f.
25 Vgl. KEMAL (s. Anm. 23), 71.
26 KANT (s. Anm. 24), 254.
27 FRIEDRICH SCHILLER, Über Anmuth und Würde (1793), in: SCHILLER, Bd. 20 (1962), 264.
28 G. W. F. HEGEL, Vorlesungen über die Ästhetik (1835–1838), in: HEGEL (TWA), Bd. 13 (1970), 57.
29 Ebd., Bd. 15 (1970), 283.

lierte – vom ›Unnennbaren‹ fasziniert war: »Was aber überhaupt dieser ganzen Art der Objektivität abgeht, ist das wirkliche, klare Heraustreten der Empfindung und Leidenschaft, welche in der echten Kunst nicht jene verschlossene Tiefe bleiben darf, die nur leise anklingend sich durch das Äußere hindurchzieht, sondern sich vollständig entweder für sich herauskehren oder das Äußere, in welches sie sich hineinlegt, hell und ganz durchscheinen muß.« Dies ist der Kontext für Hegels Apotheose von Schillers Dichtung: »Schiller z.B. ist bei seinem Pathos mit der ganzen Seele dabei, aber mit einer großen Seele, welche sich in das Wesen der Sache einlebt und deren Tiefen zugleich aufs freieste und glänzendste in der Fülle des Reichtums und Wohlklanges auszusprechen vermag.«[30] Hegel ist also bemüht, den Begriff des Ausdrucks von jener Komponente zu reinigen, welche die Kunstreflexion des 18. Jh. entdeckt und sich zu eigen gemacht hatte, d.h. von jener Komponente, die er selbst als den exzessiven Subjektivismus empfindsamer und romantischer Poetik identifiziert. Anders als in der ›klassischen epistēmē‹ erscheint aber selbst bei Hegel der Dichter – der Künstler, der Mensch – als Subjekt des Ausdrucks, anders gesagt: als jene Instanz, welche die Inhalte eines Bewußtseins zur Objektivierung bringt. Kein Weg führt zurück zu jenem Paradigma der ›Nachahmung‹, in dem der Begriff Ausdruck auf die Polarität von Wirklichkeit und Darstellung konzentriert war – und das dem Subjekt eine bloße Beobachterposition zuwies.

Doch nicht einmal Hegels Insistieren auf Transparenz und Subjektkontrolle der Ausdruckshandlungen konnte die – im 18. Jh. entdeckte – Faszination für das, was sich dieser Kontrolle entzog, gänzlich eliminieren. Deshalb hinterließ seine *Ästhetik* – deshalb hinterließ Hegels kritische Retrospektive auf die Ästhetik der Empfindsamkeit und Romantik – die Aufgabe, zwischen willkürlichen und unwillkürlichen Elementen des Ausdrucksaktes, zwischen willkürlichen und unwillkürlichen Formen des Ausdrucks zu unterscheiden. Damit aber trat die Geschichte des Begriffs Ausdruck aus ihrer vom Diskurs der Ästhetik dominierten Phase in eine Phase intensiver Psychologisierung ein – denn die Trennung zwischen willkürlichen und unwillkürlichen Zeichen kann ja nur über Annahmen hinsichtlich psychischer Vorgänge getroffen werden. Charles Darwins 1872 veröffentlichtes Buch *The Expression of the Emotions in Man and Animals* ist ein komplexes Resultat dieser Perspektivenumpolung. Darwin setzt ein mit einer Referenz auf das leidenschaftliche Interesse des 18. und frühen 19. Jh. am Thema der Physiognomie, um deutlich zu machen, daß jene Tradition die für ihn zentrale Frage zum Thema Ausdruck nie gestellt hat: »In 1807 M. Moreau edited an edition of Lavater on Physiognomy, in which he incorporated several of his own essays, containing excellent descriptions of the movements of the facial muscles, together with many valuable remarks. He throws, however, very little light on the philosophy of the subject.« Worauf aber bezieht sich Darwin genau, wenn er von der ›Philosophie‹ des Gegenstands ›Ausdruck‹ spricht? Seine erste Antwort hilft kaum weiter: »remarks of this kind throw light [...] on the meaning or origin of the different expressions.«[31] Denn über die folgenden 350 Seiten seines Buches wird deutlich, daß Darwin an den ›Bedeutungen verschiedener Ausdrücke‹, an ihrer Semiotik und Interpretation – wenn überhaupt – nur marginal interessiert ist. Worum es ihm geht, ist die Unterscheidung von ›angeborenen‹ und ›erlernten‹ (also auch kulturell vermittelten) Formen des Ausdrucks, welche wir als eine evolutionstheoretische Permutation der Unterscheidung zwischen unwillkürlichem und willkürlichem Ausdrücken auffassen können. Dieses (nach seiner eigenen Formulierung) ›philosophische‹ Interesse führt ihn nun nicht zu einer klassifikatorischen Aufspaltung der Ausdrucksakte in zwei Grundtypen; es führt ihn vor allem zu dem Versuch, das Zusammenspiel von angeborenen und erlernten Elementen in einzelnen Ausdrucksakten freizulegen. Bei der Durchführung solcher Analysen klingt immer dann ein beinah triumphierender Ton an, wenn Darwin die Gelegenheit sieht, allzu glatte Unterscheidungen zwischen angeborenen und erlernten Elementen des Ausdrucks zu problematisieren: »Certain [...] gestures, which seem to us so natural that we might easily imagine that they

---

30 Ebd., Bd. 13 (1970), 375.
31 CHARLES DARWIN, The Expression of the Emotions in Man and Animals (London 1872), 3, 4.

were innate, apparently have been learnt like the words of a language. This seems to be the case with the joining of the uplifted hands, and the turning up of the eyes, in prayer. So it is with kissing as a mark of affection; but this is innate, in so far as it depends on the pleasure derived from contact with the beloved person. The evidence with respect to the inheritance of nodding and shaking the head, as signs of affirmation and negation, is doubtful; for they are not universal, yet seem too general to have been independently acquired by all the individuals of so many races.« (353) Auf seinen letzten Seiten aber bleibt Darwins eindrucksvolles Buch überraschend unentschlossen. Natürlich unterläßt er es nicht zu bemerken, daß der entfaltete Gesamtbefund die übergreifende Doxa seiner Forschung eher bestätigt: »We have seen that the study of the theory of expression confirms to a certain limited extent the conclusion that man is derived from some lower animal form, and supports the belief of the specific or subspecific unity of the several races.« Dieser Bestätigung jedoch, fügt er in einer unerwarteten selbstreflexiven Bewegung hinzu, hätte seine Arbeit eigentlich gar nicht bedurft: »but as far as my judgment serves, such confirmation was hardly needed.« So endet *The Expression of the Emotions in Man and Animals* in einer eigenartigen Tautologie. Ohne dafür einen externen Grund angegeben zu haben, stellt Darwin fest, daß sein Buch die Bedeutung des thematisierten Gegenstands (»the philosophy of our subject«) bestätige: »From these several causes, we may conclude that the philosophy of our subject has well deserved the attention which it has already received from several excellent observers, and that it deserves still further attention.« (367)

Die Beobachtungs- und Reflexionsbewegung, die wir bei Darwin verfolgt haben, bestätigt wohl einfach die Faszination an der Psychologisierung des Ausdrucksbegriffs im 19. Jh. Ausgehend von dem immer wieder neu gestellten Ziel, eine Kompetenz der Unterscheidung zwischen unwillkürlichem und willkürlichem Sich-Ausdrücken zu entwickeln, gelangen die einschlägigen Werke regelmäßig zu weit komplexeren Konzeptionen von der Phänomenologie des Ausdrucks, zu Konzeptionen, welche sich gegen jegliche scharfe Abtrennung der willkürlichen von den unwillkürlichen Ausdruckselementen sperren. So versucht der weit über die akademische Leserschaft hinaus rezipierte Wilhelm Wundt, im ersten Band seiner *Völkerpsychologie* (1900) komplementär zu einer Taxonomie ›elementarer Gefühle‹ die Morphologie einer ›Sprache‹ ihnen entsprechender ›Gebärden‹ zu entwickeln. Noch ganz in derselben Tradition wie Darwin und Wundt stehend, entwickelt Ludwig Klages, der nicht zufällig als ein Begründer der Graphologie in die Geistesgeschichte eingegangen ist, eine *Ausdruckslehre und Charakterkunde* (1926), in der das überkommene Komplementärschema vom körperlichen Ausdruck der Bewußtseinsinhalte bis hin zum Postulat einer Einheit von Körper und ›Seele‹ getrieben wird. In der Handschrift soll nach Klages die Seele des Schreibenden zum Ausdruck kommen – und diese Objektivierung wird offenbar als jenseits der Unterscheidung zwischen willkürlichem und unwillkürlichem Ausdruck gedacht. So steht am Ende der Psychologisierung des Ausdrucksbegriffs, die weit in das 20. Jh. hineinragt, ein veritables Menschenbild von – typologisch gesehen – romantischen Dimensionen; ein Menschenbild, in dem angeborene und erlernte, unwillkürliche und willkürliche, körperliche, seelische und geistige Elemente ununterscheidbar sein sollen.

IV. Triumph und Trivialisierung des Ausdrucksbegriffs: Croce, Husserl, Benn

Jahrzehnte bevor Ludwig Klages' *Ausdruckslehre* ihre volle Entfaltung erreichte, hatte Benedetto Croce mit seinem 1902 publizierten Werk *Estetica come scienza dell'espressione e linguistica generale* ein neues Kapitel in der Geschichte des Begriffs Ausdruck eröffnet. Diese Eröffnung einer Zukunft ist freilich zugleich eine bewußte Rückkehr zum Begriffsgebrauch Hegels, insbesondere was dessen Postulat angeht, nur solche Bewußtseinsinhalte zu Objektivierung zu bringen, für die man über Begriffe und andere Anschauungsformen verfüge. Bei Croce wird aus der Forderung der Einheit von Bewußtseinsinhalt und Begriff eine Feststellung. Was immer sich der Einheit von Bewußtseinsinhalt und Ausdruck nicht füge, heißt es, müsse ›Gefühl und Natur‹ zugerechnet werden: »Ogni vera intuizione o rappresentazione è, insieme, espressione. Ciò che non si oggettiva in una espressione non è intuizione o rappresentazione, ma sensazione e naturalità. Lo spirito non intuisce se non facendo, formando, esprimendo. Chi separa intuizione da espressione, non riesce mai più a congiungerle.« (Jede wahre Intuition oder Vorstellung ist zugleich Ausdruck [Expression]. Alles das, was nicht in einem Ausdruck objektiviert wird, ist weder Intuition noch Vorstellung, es ist Empfindung und gehört dem Reich der Natur an. Der Geist erkennt nur dadurch intuitiv, daß er schöpferisch tätig ist, daß er ausdrückt. Wer die Intuition vom Ausdruck trennt, dem gelingt es nie, sie wieder mit ihm zu vereinigen.)[32] Croces Verhältnis zur Ausdruckspsychologie des 19. und frühen 20. Jh. ähnelt dem Verhältnis Hegels zur empfindsamen und romantischen Ausdrucksästhetik.

Croce wie Hegel scheiden eine – zuvor faszinierende – Zone des ›Unnennbaren‹ (Kant) vom Begriff des Ausdrucks ab. Im 20. Jh. wird diese Trennung zum Auftakt für die geisteswissenschaftliche – und später wohl auch: die kulturanthropologische – Phase in der Begriffsgeschichte von Ausdruck. Denn nach der Isolierung vom Numinosen ist natürlich jeder Ausdruck und jeder Ausdrucksinhalt fähig, Konsensus zu bilden und mithin Kultur. Als Edmund Husserl (ein Jahr vor Croces *Estetica*) seine *Logischen Untersuchungen* vorlegt, scheint er nicht zuletzt motiviert vom Projekt einer Kritik an der psychologischen Sprachauffassung.[33] In diesem Sinn schlägt Husserl eine Unterscheidung von ›Ausdruck‹ und ›Anzeichen‹ (ebendiese Unterscheidung wird mehr als ein halbes Jahrhundert später zu einem der Hauptansatzpunkte in der Husserl-Reflexion[34]) vor, deren Pole beide auf der Seite von Kultur liegen, auf der Seite des Institutionalisierten und des Intentionalen. Was Ausdruck und Anzeichen gemeinsam haben, schlägt Husserl vor, soll dann in einem Oberbegriff des ›Zeichens‹ gefaßt werden: »Die Termini *Ausdruck* und *Zeichen* werden nicht selten wie gleichbedeutende behandelt. Es ist aber nicht unnütz zu beachten, daß sie sich in allgemein üblicher Rede keineswegs überall decken. Jedes Zeichen ist Zeichen für etwas, aber nicht jedes hat eine ›*Bedeutung*‹, einen ›Sinn‹, der mit dem Zeichen ›*ausgedrückt*‹ ist.« Für das, was ›Zeichen‹, aber nicht Ausdruck genannt werden soll, schlägt Husserl das Wort ›Anzeichen‹ vor – und er läßt in der Tat keinen Zweifel daran, daß der von ihm bezeichnete Begriff von dem Bereich des ›Unnennbaren‹ und ›Unwillkürlichen‹ abzusetzen ist: »Von den beiden dem Worte *Zeichen* anhängenden Begriffen betrachten wir vorerst den des *Anzeichens*. Das hier obwaltende Verhältnis nennen wir *Anzeige*. In diesem Sinne ist das Stigma Zeichen für den Sklaven, die Flagge Zeichen der Nation. Hierher gehören überhaupt die ›Merkmale‹ im ursprünglichen Wortsinn als ›charakteristische‹ Beschaffenheiten, geschickt die Objekte, denen sie anhaften, kenntlich zu machen.«[35]

Die geisteswissenschaftliche Version des Ausdrucksbegriffs ist nicht allein durch ihre Tendenz zum Abscheiden des Unnennbaren gekennzeichnet. Komplementär dazu gibt es eine Bemühung, Erfahrungen und Erlebnisse so umfassend als möglich in den Bereich der Kommunikation hineinzuholen. In seiner (wie Husserls *Logische Untersuchungen* 1901 erschienenen) *Allgemeinen Ästhetik* stellt Jonas Cohn die – für die Konstitution der Geisteswissenschaften entscheidende – Frage, wie Wahrnehmungen, Erlebnisse, Anschauungen ›Forderungswert‹ gewinnen können, d.h. unter welchen Voraussetzungen Konsensus über Wahrnehmungen, Erlebnisse und Anschauungen möglich wird. Cohns Antwort liest sich wie ein Vorgriff auf Wilhelm Diltheys Erlebnishermeneutik: »die Anschauung kann Forderungswert erhalten, indem sie als Ausdruck eines inneren Lebens gefaßt wird. Was das bedeutet, und wie sehr dadurch die Anschauung selbst für uns geändert wird, ergibt sich

---

32 BENEDETTO CROCE, Estetica come scienza dell'espressione e linguistica generale. Teoria e storia (1902), hg. v. G. Galasso (Mailand 1990), 12; dt.: Aesthetik als Wissenschaft vom Ausdruck und allgemeine Sprachwissenschaft, übers. v. H. Feist/R. Peters (Tübingen 1930), 10.
33 Vgl. EDMUND HUSSERL, ›Untersuchungen zur Phänomenologie und Theorie der Erkenntnis‹, in: Husserl, Logische Untersuchungen (1900/01), Bd. 2/1 (Tübingen 1980), 333–342.
34 Vgl. JACQUES DERRIDA, La voix et le phénomène (Paris 1967).
35 HUSSERL (s. Anm. 33), 22, 24.

leicht, wenn man sich neben einander einen regelmäßigen grünen Fleck und einen Baum, oder die Schwingung eines Uhrpendels und die winkende Bewegung einer Menschenhand vorstellt. Es ist auch leicht begreiflich, daß eine Anschauung für uns einen höheren, ja einen prinzipiell anderen Wert enthält, wenn sie als ›Ausdruck‹ angesehen wird. Uns Menschen ist fremdes Innenleben überhaupt nur dadurch zugänglich, daß wir angeschaute Bewegungen oder andere sinnlich wahrnehmbare Vorgänge als Ausdruck auffassen und mit ihrer Hilfe das Ausgedrückte miterleben. In diesem Miterleben liegt für uns die einzige Möglichkeit, aus der Enge unserer Eigenheit herauszutreten, unsere Persönlichkeit über ihre Schranken hinaus zu erweitern.«[36]

Hier erreicht der Ausdrucksbegriff seine maximale semantische Extension, denn die Welt als Ausdruck aufzufassen wird zu einem methodologischen und existentiellen Prinzip – Ausdruck ist nicht als eine nur gegenüber bestimmten Erfahrungsgegenständen adäquate Einstellung bestimmt. Im Verhältnis zu dieser Position erscheint in dem Kapitel ›Das Leben und die Geisteswissenschaften‹ von Diltheys *Aufbau der geschichtlichen Welt in den Geisteswissenschaften* vor allem der Begriff des ›Erlebnisses‹ in dem Kompositum ›Erlebnisausdruck‹ spezifiziert. Im Gegensatz zu der Klarheit und Konturenschärfe, welche Handlungen als ›Ausdruck eines Geistigen‹ kennzeichnen, suggeriert Dilthey, daß gerade die Unschärfe des Erlebnisses – jedenfalls die Unschärfe des Erlebnisses gegenüber der Reflexion des Erlebenden – dem Interpreten (und mithin den zu begründenden Geisteswissenschaften) eine außergewöhnlich wichtige Rolle zuweist: »Ganz anders der Erlebnisausdruck! Eine besondere Beziehung besteht zwischen ihm, dem Leben, aus dem er hervorgeht, und dem Verstehen, das er erwirkt. Der Ausdruck kann nämlich vom seelischen Zusammenhang mehr enthalten, als jede Introspektion gewahren kann. Er hebt es aus Tiefen, die das Bewußtsein nicht erhellt.«[37] In diesem intellektuellen Umfeld knüpfen sich an den Ausdrucksbegriff fast beliebige epistemologische Konstitutionshoffnungen, die er – mangels semantischer Spezifität – wohl kaum je erfüllt hat. In dem ›Organonmodell‹ des Linguisten Karl Bühler z. B. ist Sprache an die drei Funktionen ›Darstel-

lung‹, ›Appell‹ und ›Ausdruck‹ gebunden[38], und noch vor seiner *Sprachtheorie* hatte Bühler 1933 eine *Ausdruckstheorie* veröffentlicht, deren Untertitel *Das System an der Geschichte aufgezeigt* noch von der Hoffnung des Autors zeugt, neue semantische Komplexitäten für diesen Grundbegriff zu erschließen. Schon zuvor hatte Ernst Cassirer in der Einleitung zur *Philosophie der symbolischen Formen* – wahrhaft maximalistisch – das Programm der Geisteswissenschaften mit einer Schau der Welt als Ausdruck gleichgesetzt: »Die verschiedenen Erzeugnisse der geistigen Kultur, die Sprache, die wissenschaftliche Erkenntnis, der Mythos, die Kunst, die Religion werden so, bei all ihrer inneren Verschiedenheit, zu Gliedern eines einzigen großen Problemzusammenhangs, – zu mannigfaltigen Ansätzen, die alle auf das eine Ziel bezogen sind, die passive Welt der bloßen *Eindrücke*, in denen der Geist zunächst befangen scheint, zu einer Welt des reinen geistigen *Ausdrucks* umzubilden.«[39]

Gottfried Benn hat in den Jahren nach dem 2. Weltkrieg einen inhaltlich sehr ähnlichen Begriff von Ausdruck in den Komposita ›Ausdruckskunst‹ und ›Ausdruckswelt‹ verwendet. Doch der gegenüber Cassirer – und gegenüber Dilthey gleich zweimal – so dramatisch gewandelte historische und politische Kontext gab dem Wort ein neues Pathos. Was für Dilthey und Cassirer eine vielleicht immer schon zu glatt aufgehende Einstellung der Welterschließung war, verweist für Benn nur noch auf eine Grundfähigkeit des Menschen, welche sich – als Geste zumindest – dem unausweichbaren Sog des Nihilismus entgegenstellen läßt: »Was hier Ausdruckswelt genannt wird, ist also ein Hinweis auf die Reste jener Objektivierungsgewalt der Ursprungsrasse, die in Arbeiten mit künstlichen Stoffen (Töpfern, Weben, Flechten, Fahren, Züchten) innerhalb des fünften Jahrtausends vor Christi Geburt begann, dann Sprache

36 JONAS COHN, Allgemeine Ästhetik (Leipzig 1901), 49.
37 WILHELM DILTHEY, Der Aufbau der geschichtlichen Welt in den Geisteswissenschaften (1910), in: DILTHEY, Bd. 7 (1927), 206.
38 Vgl. KARL BÜHLER, Sprachtheorie (1934; Stuttgart ²1965), 23–33.
39 ERNST CASSIRER, Philosophie der symbolischen Formen (1923; Darmstadt ⁷1977), 12.

und Begriffe mutativ ans Licht brachte, um in einer künstlichen Stufung des Lebens, in einer geistigen Organisation des Lebens über dem Blut zu enden. Es handelt sich also um das anthropologische Gesetz, das uns bestimmte, eine antinaturalistische Natur zur Geltung zu bringen, eine Wirklichkeit aus Hirnrinde zu erschaffen, ein proviziertes Leben aus Traum und Reiz und Stoff in Ansätzen und Vollendung zu erleben.«[40]

Obwohl sich Benn nie in die ›Bewegung‹ des Expressionismus einreihte, klingen in dem existentiellen Minimalismus dieser Sätze gewiß expressionistische Konnotationen an. Aber vielleicht macht es auch gerade die historische und die ästhetische Identität des Expressionismus aus, nie in einem Programm konvergiert und immer über Konnotationen erkennbar gewesen zu sein. Zu dieser These paßt die zur Erfindung des Worts ›Expressionismus‹ überlieferte Anekdote. Um die Jahrhundertwende habe in Berlin ein Kunstkritiker vor einem Bild des Malers Max Pechstein die Frage gestellt, ob das noch Impressionismus sei, und Pechstein habe schlagfertig geantwortet, nein, das sei Expressionismus.[41] Wenn es auch uns Kunsthistorikern und Kulturhistorikern offenbar nicht gelungen ist, einen brauchbaren Begriff oder Typus expressionistischer Kunst zu entwickeln, kann man wohl behaupten, daß ›expressionistisch‹ genannte Werke sich immer als starke individualistische Gesten gegen herrschende Konventionen und Geschmacksformen inszeniert haben. Als Motivationen für ihren Willen zum Bruch mit dem Bestehenden haben expressionistische Autoren und Künstler wohl ungefähr alle Namen und Begriffe angeführt, welche die intellektuelle Welt Europas zu Jahrhundertbeginn transformierten: Nietzsche, Bergson und Freud, die Großstadt, die Massenmedien, den Weltkrieg und die Traumarbeit. Benn hat hinter den expressionistischen Gesten der Diskontinuität deshalb eine beinahe philosophische Frage entdecken wollen: »Die Frage, mit der Kant hundertfünfzig Jahre früher eine Epoche der Philosophie beendet und eine neue eingeleitet hatte: wie ist Erfahrung möglich, war hier im Ästhetischen aufgenommen und hieß: wie ist Gestaltung möglich? Gestaltung, das war kein artistischer Begriff, sondern hieß: was für ein Rätsel, was für ein Geheimnis, daß der Mensch Kunst macht, daß er der Kunst bedürftig ist, was für ein einziges Erlebnis innerhalb des europäischen Nihilismus!«[42] Zeitgleich mit der so unvergleichlich erfolgreichen Karriere des Ausdrucksbegriffs innerhalb der Geisteswissenschaften wird vom Expressionismus – in einem recht fernen kulturellen Kontext – die Struktur des empfindsamen und romantischen Ausdruckskonzepts aktiviert. Doch diese subjektzentrierte Version des Ausdrucksbegriffs kommt nicht zurück ohne semantische Umpolung. Galt im 18. und frühen 19. Jh. die Faszination der Leser und Beobachter dem ›Innenleben‹, das sich im Ausdruck objektivierte, so setzt zwar auch expressionistische Kunst die Existenz eines solchen Innenlebens voraus, aber sie ordnet es den Akten des Ausdrückens und ihren Ergebnissen nach. Eben deshalb hat der Name ›abstrakter Expressionismus‹ – Expressionismus ohne Objektivierung eines Innenlebens – dieselbe Referenz wie der Name ›Action Painting‹.

Zusammengenommen bewirken beide Bewegungen – die geisteswissenschaftliche Institutionalisierung und die künstlerisch-literarische Re-Institutionalisierung des Ausdrucksbegriffs –, daß das Konzept spätestens seit den 30er Jahren des 20. Jh. in den westlichen Kulturen eine geradezu überwältigende Präsenz erreicht, eine Präsenz, von der es keine intellektuelle Befreiung mehr zu geben scheint, eine Präsenz aber auch, die sich keinesfalls auf prägnante Wortbedeutungen oder Wortverwendungen festlegen läßt. Diese überwältigend unkontrollierbare Stärke des Ausdruckssyndroms scheint einen Ton der Resignation über die einschlägigen Reflexionen in unserer Zeit verhängt zu haben. So erschien 1950 eine sprachanalytische Studie von Oets K. Bouwsma über die Konvention, Kunstwerke, vor allem musikalische Kunstwerke, als Ausdruck von Gefühlen aufzufassen. Ganz im intellektuellen Stil des – zeitgenössischen – ›späten‹ Ludwig Wittgenstein argumentiert Bouwsma, daß die in der Formulierung vom ›Aus-

---

40 GOTTFRIED BENN, Ausdruckswelt (1949), in: Benn, Gesammelte Werke, hg. v. D. Wellershoff, Bd. 7 (Wiesbaden 1968), 1860.
41 Vgl. UMBRO APOLLONIO, ›Die Brücke‹ e la cultura dell'espressionismo (Venedig 1952), 5.
42 BENN, Expressionismus (1933), in: Benn (s. Anm. 40), Bd. 3 (Wiesbaden 1968), 809f.

druck der Gefühle‹ gemachte Versprechung einer Objektivierung innerer Erfahrungen mitnichten vom Medium der Musik einzulösen sei. Er erklärt aber auch, wie der Eindruck entstehen konnte, daß dies möglich sei: »Sad music has some of the characteristics of people who are sad. It will be slow, not tripping: it will be low, not tinkling. People who are sad move more slowly, and when they speak, they speak softly and low.« Obwohl Bouwsma also plausibel machen kann, warum bestimmte musikalische Werke mit bestimmten Gefühlen assoziiert werden, besteht er doch darauf, daß die je spezifischen Attributionen letztlich belanglos sind. Musik könne nie ›wirklich‹ der Ausdruck von Gefühlen sein. Auf der anderen Seite aber betont er – und dies wirkt in der Tat wie eine Geste der Resignation gegenüber dem allgegenwärtigen Ausdruckssyndrom –, daß die Annahme, Musik sei ›Ausdruck von Charakter‹, für das Hören von Musik von Belang sei: »What I have in mind is that the identification of music as the expressive, as character, is crucial. That the expressive is sad serves now only to tag the music.«[43]

Eine ähnliche Einstellung – die Einstellung, das Ausdruckssyndrom als unausweichliche Realität hinzunehmen – kommt zum Vorschein in Arthur Dantos Zurückweisung der beiden in der Kunst der vergangenen Jahrzehnte immer wieder bezogenen Extrempositionen ›Konzeptkunst‹ und ›Aktionskunst‹ (dominierende Konzentration auf Bewußtseinsinhalte / dominierende Konzentration auf Objektivierungen). Das Ausdrucksparadigma, betont Danto – und präsentiert sich so als ein erstaunlich verantwortungsvoller Geisteswissenschaftler – könne und solle niemals eliminiert werden. Versuche des Ausbrechens seien nur dazu verdammt, komisch zu wirken: »Art is a function of expression and idea, and the recent history of the subject is a comedy in which artists have sought to reduce, in a spirit of purity, one or the other argument of this function to zero.«[44] Rudolf Arnheim postuliert, daß – phänomenologisch gesehen – der Auffassung der Welt als Ausdruck eine Priorität zukomme, die von den modernen, oft naturwissenschaftlichen, vor allem auf Beschreibung ausgerichteten Sichtweisen immer nur temporär ersetzt werden könne: »expression can be described as the primary content of vision. We have been trained to think of perception as the recording of shapes, distances, hues, motions. The awareness of these measurable characteristics is really a fairly late accomplishment of the human mind. Even in the Western man of the twentieth century it presupposes special conditions. It is the attitude of the scientist and the engineer or of the salesman who estimates the size of a customer's waist, the shade of a lipstick, the weight of a suitcase. But if I sit in front of a fireplace and watch the flames, I do not normally register certain shades of red, various degrees of brigtness, geometrically defined shapes moving at such and such a speed. I see the graceful play of aggressive tongues, flexible striving, lively color. The face of a person is more readily perceived and remembered as being alert, tense, concentrated rather than as being triangularly shaped, having slanted eyebrows, straight lips, and so on.«[45]

Eine bequeme – oder doch zumindest: die wenig belastende – Weise, mit dem zu leben, was man als unvermeidlich erkannt hat, ist manchmal die Apotheose dieses Unvermeidlichen. Aufklärerische Kritik hat in solchen Bewegungen milder Selbsttäuschung den Ursprung der Religion sehen wollen – und im Sinne dieses Wortgebrauchs ist es kaum übertrieben, Ansätze zu einer ›Ausdrucksreligion‹ in der Kultur unserer weiter gefaßten Gegenwart zu entdecken. Agnes Heller z.B. hat den empfindsam-romantischen Begriff von Ausdruck, jenen Begriff eines Objektivierungsbegehrens, das um die Unmöglichkeit seiner Erfüllung weiß, auf die apotheotische Ebene einer Definition des Menschseins erhoben: »Our need to express ourselves ›completely‹, and to understand the Other ›completely‹, is a positive value. That this need can never be ›completely‹ satisfied, is not ›our limitation‹. After all, we can never ›completely‹ satisfy a single one of our qualitative (proper) human needs (thus the one directed at knowledge, at beauty, at free activity etc.). The complete (total) satisfaction

---

43 OETS K. BOUWSMA, The Expression Theory of Art (1954), in: M. Philipson/P. J. Gudel (Hg.), Aesthetics Today (New York ²1980), 266.

44 ARTHUR DANTO, [Vorwort], in: Alan Tormey, Expression. A Study in Philosophical Psychology and Aesthetics (Princeton 1971), XI.

45 RUDOLF ARNHEIM, Expression (1957), in: M. Philipson (Hg.), Aesthetics Today (New York 1961), 194.

of our qualitative needs would terminate our being; would terminate our involvement in the extension of our Ego. And is it ›bad‹ to be human?«[46] Es hat den Anschein, als sei Hans-Georg Gadamers sanft apokalyptische Mahnung, die empfahl, man solle »den Begriff des Ausdrucks von seiner modernen subjektivistischen Tönung« reinigen »und auf seinen ursprünglichen grammatisch-rhetorischen Sinn«[47] zurückbeziehen, längst ungehört verhallt. In einer Werbekampagne unter dem Slogan ›For every expression, there's a Toyota‹ hat sich im Jahr 1999 die gegenläufige kulturelle Tendenz machtvoll zum Ausdruck gebracht. Auf Plakaten und auf ganzseitigen Anzeigen sind neben dem Slogan und dem Firmenemblem von Toyota eine Vielzahl Gesichter von Personen verschiedenen Geschlechts, verschiedenen Alters und verschiedener ethnischer Zugehörigkeit zu sehen. Trotz des Konformismus des all diesen Personen auferlegten Lächelns soll das Arrangement zweifellos als ein Manifest des Alltags-Individualismus aufgefaßt werden (am unteren Rand ist der Ausdrucksslogan denn auch durch die zwei Wörter ›Toyota everyday‹ ergänzt). Eingestreut zwischen die Gesichter entdeckt man mehrere Photographien von verschiedenen Toyota-Fahrzeugen in verschiedenen Farben – und von verschiedenen Perspektiven aus gesehen. Die Bandbreite der Fahrzeuge, wird der erfahrene Konsument schließen, ist so differenziert, daß das Modell der eigenen Wahl ohne weiteres an das (kaum stillbare) Bedürfnis nach dem Ausdruck der eigenen Individualität angepaßt werden kann. Das ist der Schritt von der Ausdrucksreligion zum Ausdrucksshopping, noch eine extreme Kontur in der Geschichte des Begriffs Ausdruck. Warum nicht?

Hans Ulrich Gumbrecht

Literatur

ABRAHAM, NICOLAS, Esquisse d'une phénoménologie de l'expression poétique, in: N. Rand/M. Torok (Hg.), Rythmes. De l'œuvre, de la traduction et de la psychanalyse (Paris 1985), 9–72; ADORNO, THEODOR W., ›Schein und Ausdruck‹, in: Adorno, Ästhetische Theorie, hg. v. G. Adorno/R. Tiedemann (Frankfurt a. M. 1970), 154–

46 AGNES HELLER, A Theory of Feelings (Assen 1978), 58.
47 GADAMER (s. Anm. 2), 384.

179; ATHANASIADOU, ANGELIKI (Hg.), Speaking of Emotions. Conceptualisation and Expression (Berlin 1998); BARASCH, MOSHE, Der Ausdruck in der italienischen Kunsttheorie der Renaissance, in: Zeitschrift für Ästhetik und allgemeine Kunstwissenschaft 12 (1967), H. 1, 33–69; BOUVEROT, DANIELLE, Le mot ›expression‹ de 1750 à 1850 d'après la base textuelle Frantext, in: Cahiers de Lexicologie 51 (1987), 49–71; BUSHUVEN, SIEGFRIED, Ausdruck und Objekt. Wilhelm Wundts Theorie der Sprache und seine philosophische Konzeption ursprünglicher Erfahrung (Münster 1993); COLLI, GIORGIO, Filosofia dell'espressione (Mailand ⁵1996); DAVIES, STEPHEN, Musical Meaning and Expression (Ithaca 1994); ESPENSCHIED, RICHARD, Das Ausdrucksbild der Emotionen (München 1985); FIGUEIREDO, FIDELINO DE, A luta pela expressão. Prolegómenos para uma filosofia da literatura (Coimbra 1944); GAO, JIANPING, The Expressive Act in Chinese Art (Uppsala 1997); GOMBRICH, ERNST H., Four Theories of Artistic Expression (1980), in: R. Woodfield (Hg.), Gombrich on Art and Psychology (Manchester 1996), 141–155; GRIMM, HARTMUT, Musik und Natur. Musikalische Ausdrucksästhetik im 19. Jahrhundert, in: H.-W. Heister u. a. (Hg.), Zwischen Aufklärung & Kulturindustrie. Festschrift für G. Knepler zum 85. Geburtstag (Hamburg 1993), 105–113; GUYER, PAUL D., Formalism and the Theory of Expression in Kant's Aesthetics, in: Kant-Studien 68 (1977), 46–70; HECK, MARGARETE, Autonomie und Ausdrucksgestalt. Vier Fallrekonstruktionen zeitgenössischer Maler zu einer Theorie künstlerischen Handelns, 2 Bde. (Diss. Frankfurt a. M. 1995); HEIZ, ANDRÉ VLADIMIR, Medium – eine Welt dazwischen. Eindruck und Ausdruck als empirische Grundlage erkenntnistheoretischer Forschung, Vergegenwärtigung, Ansätze und Fragen (Zürich 1998); HJORT, METTE/LAVER, SUE (Hg.), Emotion in the Arts (Oxford 1997); HOBUSS, STEFFI, Wittgenstein über Expressivität. Der Ausdruck in Körpersprache und Kunst (Hannover 1998); IKNAYAN, MARGUERITE, The Concave Mirror. From Imitation to Expression in French Esthetic Theory 1800–1830 (Saratoga 1983); JONES, EDWIN, Reading the Book of Nature. A Phenomenological Study of Creative Expression in Science and Painting (Athen 1989); KIRCHNER, THOMAS, ›L'expression des passions‹. Ausdruck als Darstellungsproblem in der französischen Kunst und Kunsttheorie des 17. und 18. Jahrhunderts (Mainz 1991); KUHLMANN, ANDREAS, Souverän im Ausdruck. Helmuth Plessner und die ›Neue Anthropologie‹, in: Merkur 509 (1991), 691–702; MALETIC, VERA, Body, Space, Expression. The Development of Rudolf Laban's Movement and Dance Concepts (Berlin 1987); MANHEIM, RON, Expressionismus. Zur Entstehung eines kunsthistorischen Stil- und Periodenbegriffs, in: Zeitschrift für Kunstgeschichte (1986), H. 1, 73–91; MONTAGU, JENNIFER, The Expression of the Passions. The Origin and Influence of Charles Le Brun's ›Conférence sur l'expression générale et particulière‹ (New Haven/London 1994); ›Musikalischer Ausdruck‹ (Göttingen u. a. 1998); PALÉZIEUX, NIKOLAUS DE, Die Lehre vom

Ausdruck in der englischen Musikästhetik des 18. Jahrhunderts (Hamburg 1981); PHILIPP, BEATE, Grete von Zieritz und der Schreker-Kreis. Die Kunst des unbedingten Ausdrucks (Wilhelmshaven 1993); REISSNER, ULRICH, Physiognomik und Ausdruckstheorie der Renaissance. Der Einfluß charakteriologischer Lehren auf Kunst und Kunsttheorie des 15. und 16. Jahrhunderts (München 1998); SCHRÖDER, SEVERIN, Das Privatsprachen-Argument. Wittgenstein über Empfindung und Ausdruck (Paderborn u.a. 1998); SOTO, M. JESUS, Expresión. Esbozo para la historia de una idea (Pamplona 1994); TORMEY, ALAN, The Concept of Expression. A Study in Philosophical Psychology and Aesthetics (Princeton 1971); VANDERBEKE, DIRK, Worüber man nicht sprechen kann. Aspekte der Undarstellbarkeit in Philosophie, Naturwissenschaft und Literatur (Stuttgart 1995); VIETTA, SILVIO/KEMPER, HANS-GEORG (Hg.), Expressionismus (München 1975); VOWINCKEL, GERHARD, Von politischen Köpfen und schönen Seelen. Ein soziologischer Versuch über die Zivilisationsformen der Affekte und ihres Ausdrucks (München 1983); ZWIEFKA, HANS JÜRGEN, Pantomime, Ausdruck, Bewegung (Moers 1987).

Autonomie

(griech. αὐτονομία; lat. autonomia; engl. autonomy; frz. autonomie; ital. autonomia; span. autonomía; russ. автономия)

Einführung; 1. Problematische Begriffsgeschichte; 2. Aktualität des Autonomiebegriffs; **I. Zur Vorgeschichte der Autonomievorstellung**; 1. Vom Spätmittelalter zur Aufklärung; 2. Shaftesbury und die ›moral philosophy‹; 3. Ausgrenzung des Ästhetischen bei Baumgarten und Batteux; 4. Kunst und Kontemplation bei Moritz, Schelling und Schopenhauer; **II. Autonomie in der deutschen ›Kunstperiode‹**; 1. Der Autonomiebegriff bei Kant; 2. Die Entwicklung des Autonomiegedankens bei Schiller; 3. Frühe Romantik; **III. Infragestellung und Rezeption der Autonomieästhetik von der Romantik bis zum Vormärz**; 1. Die deutsche Entwicklung bis Heine; 2. ›Freiheit‹ der Kunst in Frankreich und Italien zwischen Spätaufklärung und Romantik; **IV. Die Anfänge des Autonomisierungsprozesses nach 1830**; 1. Überblick: Autonomie als Kunstlehre im 19. Jahrhundert; 2. Autonomie in der französischen Romantik nach 1830; 3. L'art pour l'art; 4. Nietzsches Haltung zum L'art pour l'art; 5. Autonomie in der englischen Romantik und im Viktorianismus; 6. Absolute Musik; **V. Institutionalisierung einer autonomen Literatur in Frankreich**; 1. Zweckfreie Schönheit; 2. Gegenkonzept zu Utilitarismus und Fortschrittsglauben; 3. Abwendung vom Publikum; 4. Der Roman als ›art pur‹; **VI. Literarische Erneuerung und Ausbreitung der Autonomieästhetik**; 1. Parnasse, Décadence, Symbolismus; 2. Poésie pure; 3. Autonomie im Spätviktorianismus; 4. Die europäische Ausbreitung des Ästhetizismus

Einführung

1. Problematische Begriffsgeschichte

Autonomie (griech. αὐτονομία, lat. autonomia = Selbstbestimmung, Selbstgesetzgebung, Eigengesetzlichkeit) ist ursprünglich ein politischer, seit dem 17. Jh. auch juristischer, erst seit Kant ein zentraler philosophischer Begriff, der in neuerer Zeit in Theologie, Soziologie und Pädagogik Eingang gefunden hat.[1] In dem politisch-juristischen

---

1 Vgl. ROSEMARIE POHLMANN, ›Autonomie‹, in: RITTER, Bd. 1 (1971), 702–719; ERNST FEIL, Antithetik neuzeitlicher Vernunft. ›Autonomie – Heteronomie‹ und ›rational – irrational‹ (Göttingen 1987), 25 ff.

Sinn findet der Begriff, der im Mittelalter nicht nachzuweisen ist, zu Beginn der Neuzeit (Hugo Grotius, Johannes Althusius, Heinrich von Cocceji) wieder vereinzelt Verwendung und gewinnt vor allem in der Staatsrechtslehre des späten 18. Jh. an Bedeutung[2], wo Autonomie weitgehend synonym mit ›Souveränität‹ verwendet wird. Die gelegentliche wörtliche Verwendung des Begriffs auch im ethischen und ästhetischen Sinn in der griechischen Literatur hat nichts mit seiner Emphatisierung im deutschen Idealismus zu tun. Die Übernahme des Begriffs Autonomie aus dem rechtspolitischen Bereich in die Kantsche Philosophie (erstmals 1785 in der *Grundlegung zur Metaphysik der Sitten*) und deren Postulat einer Selbstgesetzgebung der theoretischen Vernunft des Subjekts ist so offensichtlich gebunden an die Entstehung des modernen Subjekt- und Individualitätsbegriffs, die konkomitante Genie-Vorstellung und die Ablösung der Kunst vom klassisch-humanistischen, heteronomischen Verständnis, welches eine – Funktionslosigkeit einschließende – Freiheit nicht kennt. In Analogie zur Übertragung der ursprünglich Gott vorbehaltenen Eigenschaft absoluter Freiheit auf das menschliche Subjekt bezeichnet die Anwendung des Begriffs auf die Kunst überdies die definitive Lösung von religiösen Vorgaben, ist also an die Entstehung des neuzeitlich säkularen Kunstbegriffs geknüpft:»Le Moyen Age ne concevait pas plus l'idée que nous exprimons par le mot art, que la Grèce ou l'Egypte, qui n'avaient pas de mot pour l'exprimer. Pour que cette idée pût naître, il fallut que les œuvres fussent séparées de leur fonction. […] La métamorphose la plus profonde commença lorsque l'art n'eut plus d'autre fin que lui-même.«[3] Auf der poetologischen Ebene entspricht diesem Vorgang die in der ›Querelle des Anciens et des Modernes‹ sich ankündigende Krise der imitatio (Autonomisierung gegenüber der Tradition), die Ende des 19. Jh. in die noch einschneidendere Krise der Mimesis (Autonomisierung gegenüber der Natur) mündet.

Der begriffsgeschichtliche Befund ist daher paradox. Eine Geschichte des künstlerischen Autonomiebegriffs vor Kant kann es nicht geben, obwohl gerade die Ausdifferenzierung des Teilsystems Kunst und die Einführung des Ästhetikbegriffs im 18. Jh. die Voraussetzungen für die Autonomievorstellung schafft. Der ästhetische Begriff Autonomie bleibt auf den engen Bereich der deutschen ›Kunstperiode‹ zwischen Weimarer Klassik und früher Romantik beschränkt und tritt selbst da nur bei Kant, Schiller, Schelling und August Wilhelm Schlegel auf. Schon die nationalpolitische Wende der deutschen Romantik[4] steht dem Autonomiegedanken ebenso reserviert gegenüber wie später das Junge Deutschland. Der Kampfbegriff der Klassik wird in dem Augenblick obsolet, da die Autonomie in institutioneller Hinsicht gegeben ist, aber von neuen ästhetischen Tendenzen überlagert wird. Das Zeitalter der Widerspiegelungsästhetik nähert sich autonomen Positionen erst, als diese selbst (wie bei Flaubert) in die Krise gerät. Ein Karl Wilhelm Ferdinand Solger zum Beispiel hat in seinen *Vorlesungen über Ästhetik* (1828) ebensowenig Verwendung für den Begriff wie Friedrich Theodor Vischer in seiner *Aesthetik oder Wissenschaft des Schönen* (1846–1858). In Frankreich – und mit Verzögerung in England und Spanien – überlagert die Formel des L'art pour l'art in Fortführung des Begriffsbereichs der Zwecklosigkeit den Begriff der Autonomie, der als solcher nur zweimal bei Théophile Gautier auftaucht.

Ideologiegeschichtlich aber muß diese Formel als Spiegelung eines objektiven Funktionsverlusts und als Widerstand gegen Tendenzen der Vermarktung interpretiert werden. Dementsprechend entwickelt sich die Formel des L'art pour l'art zumindest in Frankreich in zwei Phasen: Richtet sich die vor allem von Gautier proklamierte Kunstautonomie gegen Nützlichkeitspostulate der Sozialromantik, so situiert sich die spätere Entwicklung in dem von Roland Barthes beschriebenen Prozeß (*Le degré zéro de l'écriture*, 1953) reflexiver Bewußtwerdung der Kunst/Literatur und ihrer Emanzipation von institutionellen Vorgaben. In dieser Funktion benützen noch Paul Valéry und André Gide

---

2 Vgl. FEIL, ebd., 32–43.
3 ANDRÉ MALRAUX, Les voix du silence (Paris 1951), 51 f.
4 Vgl. ERNST RIBBAT, Die Romantik: Wirkungen der Revolution und neue Formen literarischer Autonomie, in: V. Žmegač (Hg.), Geschichte der deutschen Literatur vom 18. Jahrhundert bis zur Gegenwart, Bd. 1/2 (Königstein 1978), 92–142.

die Formel.[5] Eine erneute Aktualität erlangt der Autonomiebegriff ausgerechnet im 20. Jh., als er einerseits durch die Avantgardebewegungen und andererseits durch die marxistische Ästhetik[6], welche Autonomisierung lediglich historisch – um mit Georg Lukács zu sprechen – als ›Befreiungskampf‹ der Kunst auf dem Weg zu ›objektiver‹ Widerspiegelung der Wirklichkeit begreift[7], bekämpft wird. Eine partielle Ausnahme bildet hier der Versuch einer marxistisch-materialistischen Ontologie der Kunst bei Hans Heinz Holz, der im Rekurs auf die klassische Ästhetik noch einmal die Eigenart des Ästhetischen aus der materialen Bildhaftigkeit begründet.[8] Ungeachtet solcher, z. T. verspäteter Ansätze prägt der Autonomiebegriff aber von jetzt an weniger die ästhetische Theoriebildung selbst als die Diskussion in der Sekundärliteratur, die den Autonomiebegriff als Oberbegriff einer historischen Problematik benützt.

Überdies ist die Verwendung des Begriffs in den einzelnen Künsten nicht kongruent. In der bildenden Kunst und Malerei ist Autonomie zwar seit langem als metahistorischer Begriff geläufig und bezeichnet ähnlich wie in der Literatur die Ablösung von religiösen und höfischen Vorgaben[9]; der Begriff steht hier aber nicht für eine bestimmte Richtung oder Ästhetik und hat keine eigene Geschichte. Gerade da, wo man ihn vermuten könnte, nämlich in bezug auf die gegenstandslose Malerei bzw. die Vorläufer in Kubismus, Futurismus usw., wird er nicht verwendet. Guillaume Apollinaire spricht 1911 in einer Kunstrezension in Anlehnung an den bereits geläufigen Terminus poésie pure von ›art pur‹.[10] In der Musiktheorie setzt sich die Bezeichnung autonome Musik erst im 20. Jh. durch, wobei hier sowohl die Freiheit von einer bestimmten Funktion (im Gegensatz zur funktionalen Musik) als auch die stilistische Unabhängigkeit des Künstlers gemeint ist. Für die parallel zur Literatur sich vollziehende Ablösung von der noch im 18. Jh. geläufigen Nachahmungslehre, welche die Musik in Analogie zur Malerei betrachtet, wird seit Herder und der deutschen Romantik (Ludwig Tieck, Wilhelm Heinrich Wackenroder, Jean Paul, E. T. A. Hoffmann) das Adjektiv ›absolut‹ geläufig, das um die Mitte des 19. Jh. in der Musikästhetik von Eduard Hanslick[11] seinen Höhepunkt erlebt. In dieser Perspektive ist die ›absolute Tonkunst‹ der Programm-Musik und der Konzeption des Gesamtkunstwerks entgegengesetzt und nimmt die Vorstellung der ›absoluten Poesie‹ im europäischen Symbolismus vorweg. Grundlegend ist dabei wie in den autonomen Literarästhetiken die Berufung auf die ›reine Form‹ und einen mathematisch und strukturell verstandenen Objektivitätsbegriff, der dann freilich auch dazu dient, gerade die vorromantische Musiktradition neu zu bestimmen.[12] Die Geschichte der formalistischen Musikkonzeption von Johann Friedrich Herbart, Hans-Georg Nägeli, Eduard Hanslick über Moritz Lazarus, Hermann Helmholtz, Robert Zimmermann bis Hermann Siebeck, Gustav Theodor Fechner, Ottokar Hostinsky und Edmund Gurney hat Edward Lippman verfolgt.[13] Dieser formale ›Absolutismus‹ steht etwa bei Hanslick in programmatischem Gegensatz zu gefühls- oder gemütsbetonten und orgiastisch-dionysischen Vorstellungen und definiert Musik in offensichtlicher Nähe zu zeitgenössischen L'art-pour-l'art-Tendenzen als selbstzweckhafte Form.

Der philosophische Ursprung des Terminus Au-

---

5 Vgl. ANDRÉ GIDE, Journal 1889–1939 (Paris 1950), 46.
6 Vgl. WINFRIED SCHRÖDER, Ist eine »marxistische Theorie der ›Autonomie der Kunst‹« denkbar?, in: Weimarer Beiträge 28 (1982), H. 1, 149–164.
7 Vgl. GEORG LUKÁCS, Ästhetik, Teil 1: Die Eigenart des Ästhetischen, in: LUKÁCS, Bd. 12 (1963), 675 ff.
8 Vgl. HANS HEINZ HOLZ, Philosophische Theorie der bildenden Künste (Bielefeld 1996/1997).
9 Vgl. WERNER BUSCH, Die Autonomie der Kunst, in: Busch (Hg.), Funkkolleg Kunst. Eine Geschichte der Kunst im Wandel ihrer Funktionen, Bd. 1 (München/Zürich 1987), 230–256; STEFAN GERMER, Historizität und Autonomie. Studien zu Wandbildern im Frankreich des 19. Jahrhunderts. Ingres, Chassériau, Chenavard und Puvis de Chavannes (Hildesheim 1988).
10 Vgl. HAJO DÜCHTING (Hg.), Apollinaire zur Kunst. Texte und Kritiken 1905–1918 (Köln 1989), 191, 194.
11 Vgl. EDUARD HANSLICK, Vom Musikalisch-Schönen. Ein Beitrag zur Revision der Ästhetik der Tonkunst (1854), hg. v. D. Strauß, Bd. 1 (Mainz 1990), 17, 52, 127 ff.; CARL DAHLHAUS, Die Idee der absoluten Musik (Kassel 1978).
12 Vgl. WALTER WIORA, ›Absolute Musik‹, in: MGG, Bd. 1 (1949/1951), 46–56; ROGER SCUTON, ›Absolute Music‹, in: GROVE, Bd. 1 (1980), 26–27.
13 Vgl. EDWARD LIPPMAN, A History of Western Musical Aesthetics (Lincoln/London 1992), 291–319.

tonomie erklärt wahrscheinlich dessen Problematik im Spannungsfeld des nachklassischen Literatur- und Kunstsystems und die Tatsache, daß der Autonomiebegriff nur in den Fällen funktional wurde, wo von einer Berührung mit Philosophie und Ästhetik die Rede sein kann. Eher Terminus technicus als ästhetischer Grundbegriff, umschreibt Autonomie alle Formen der Verselbständigung, Selbstsetzung und Unabhängigkeit künstlerischer Phänomene und weist einen breiten Konnotationsbereich mit einer Fülle begrifflicher Äquivalente oder Teiläquivalente auf (Vollkommenheit, Reinheit, Absolutheit, Freiheit, Selbstzweck, Nutzlosigkeit, L'art pour l'art usw.). Diese onomasiologische Ausfächerung des Begriffsfeldes, die vor allem in der Kunsttheorie der romanischen Länder und des angelsächsischen Raums zu finden ist, wirft umgekehrt auch ein Licht auf die jeweilige Füllung des abstrakten Autonomiebegriffs und hilft, die epochenspezifische Färbung der Autonomievorstellung genauer zu umschreiben. Ist mithin eine Begriffsgeschichte von Autonomie und insbesondere eine europäische Begriffsgeschichte im strengen Wortsinn nicht möglich, so erscheint umgekehrt eine Geschichte des onomasiologisch differenzierten Begriffsfeldes von Autonomie ausgesprochen lohnend, kann in diesem Rahmen freilich nur ansatzweise geleistet werden.

2. Aktualität des Autonomiebegriffs

In historischer und moderner Perspektive wäre zunächst zu unterscheiden zwischen 1) einem systemtheoretischen, institutionellen und 2) einem künstlerisch-poetologischen Autonomiebegriff.

Im ersten Fall stehen Freiheit und Unabhängigkeit künstlerischer Aussagen von jeder Form ideologischer Vorgabe (Staat, Gesellschaft, Kirche, Partei, Mission usw.) im Vordergrund und umschreiben ein seit der Aufklärung rekurrentes, spezifisch neuzeitliches Problem der Befreiung der Kunst/ des Künstlers von nicht-kunstspezifischen Zwecken. Die Kehrseite dieses ideologischen Emanzipationsprozesses ist freilich die wachsende Abhängigkeit des Künstlers vom Markt, der in paradoxer Weise Autonomie zugleich ermöglicht und bedroht.[14] Emile Zola hat in seinem Artikel L'argent dans la littérature (1879/80) als einer der ersten diese »Dialektik des Autonomiestatus [...] auf dem Umweg über die Vermittlungsinstanzen«[15] des Marktes positiv gewertet und damit die romantische Auratisierung der Kunst als Ideologie der Verdrängung gekennzeichnet. Die ›Krise des Autonomiestatus der Kunst‹[16] im Zeitalter der Massenmedien hat demgegenüber Walter Benjamin erstmals herausgearbeitet. Geschichte und Vorgeschichte der Autonomie sind so gesehen auch eine Geschichte der realen ›Verdinglichung‹ und der ideologischen Instrumentalisierung des Autonomiebegriffs angesichts der wachsenden Unterwerfung der Kunst unter die Zwänge der Zweckrationalität der bürgerlichen Gesellschaft. Der institutionelle Autonomiebegriff trägt diesem Sachverhalt insofern Rechnung, als er das Gewicht auf den soziologischen Status der ›Institution Kunst‹[17] legt und den Literatur- und Kunstbetrieb als historisch gewachsenes und relativ autonomes ›symbolisches System‹ oder künstlerisches ›Feld‹[18] begreift (nachdem bereits Ernst Cassirer die »Freiheit der Auffassung« in den »symbolischen Formen«[19] ästhetischer Gebilde nahegelegt hatte). Die systemtheoretische Begründung dieser institutionellen Autonomie, die aus der wachsenden Ausgrenzung der Teilsysteme gesellschaftlichen Handelns resultiert und insofern

---

14 Vgl. BERND JÜRGEN WARNEKEN, Autonomie und Indienstnahme. Zu ihrer Beziehung in der Literatur der bürgerlichen Gesellschaft, in: Rhetorik, Ästhetik, Ideologie. Aspekte einer kritischen Kulturwissenschaft (Stuttgart 1973), 79–115.
15 HANS-JÖRG NEUSCHÄFER, Das Autonomiestreben und die Bedingungen des Literaturmarktes. Zur Stellung des ›freien Schriftstellers‹ im 19. Jahrhundert, in: B. Cerquiglini/H. U. Gumbrecht (Hg.), Der Diskurs der Literatur- und Sprachhistorie. Wissenschaftsgeschichte als Innovationsvorgabe (Frankfurt a. M. 1983), 80.
16 Vgl. PETER BÜRGER (Hg.), Seminar: Literatur- und Kunstsoziologie (Frankfurt a. M. 1978), 9 ff.
17 Vgl. BÜRGER, Institution Kunst als literatursoziologische Kategorie, in: Romanistische Zeitschrift für Literaturgeschichte 1 (1977), 50–76.
18 Vgl. PIERRE BOURDIEU, Les règles de l'art. Genèse et structure du champ littéraire (Paris 1992).
19 ERNST CASSIRER, Der Begriff der symbolischen Form im Aufbau der Geisteswissenschaften (1922), in: Cassirer, Wesen und Wirkung des Symbolbegriffs (Darmstadt 1956), 190.

auch nicht kunstspezifisch ist, hat Niklas Luhmann geliefert.[20] Im Prozeß der Ersetzung traditionaler ›stratifikatorischer Differenzierung‹ durch horizontale Ausgliederung der Teilbereiche ist Autonomie an der ›Selbstproduktion‹ dieser Teilbereiche erkennbar. In künstlerisch-poetologischer Perspektive betrifft Autonomie einmal die zunehmende Autonomisierung der Kunst gegenüber poetologischen Vorgaben, dann auch die wachsende Emanzipation von ihrer ursprünglichen Abbildungsfunktion. Ist erstere Entwicklung an die Entstehung des Geniebegriffs gebunden, so setzt letztere in Frankreich bereits in der Generation Flauberts und Baudelaires ein, radikalisiert sich bei Mallarmé und im Symbolismus und gipfelt in der gegenstandslosen Selbstreferentialität von Kunst/Literatur in der Moderne. Der Abschied von der Mimesis und die malerische und sprachliche Unabhängigkeitserklärung experimenteller Kunst und Literatur seit dem Kubismus demonstrieren eine radikalisierte Autonomie sowohl gegenüber der Wirklichkeit als auch gegenüber dem Künstler/Autor selbst. Die »Verselbständigung der Kunstwerke« erscheint – mit Theodor W. Adorno – als Überholung der Dingwelt und als epiphanieähnliche »artifizielle Objektivation« in »der vollendeten Zweckferne eines durch und durch Ephemeren«[21]. Um dieser spezifisch modernen Dialektik von radikalisierter Autonomie und deren Gegenbewegungen in der versuchten Wiederannäherung von Kunst und Leben gerecht zu werden, hat Peter Bürger vorgeschlagen, zwischen Moderne (Beharren auf der Reinheit des Ästhetischen) und Avantgarde (Ziel der Veränderung der Lebenspraxis durch Kunst) zu unterscheiden.[22] Erst die programmatische Einebnung des Unterschieds zwischen autonomer Kunst und Massenkunst, negativer Ästhetik des Widerstands und kommerzieller Angleichung, formelhaft: zwischen U und E, wie sie die postmoderne Theorie (z. B. Leslie Fiedler und Umberto Eco[23]) fordert, überholt theoretisch die genannte Dichotomie. Darüber hinaus zeigt die Postmoderne auch im Hinblick auf die Funktionsbestimmung der Kunst und deren Verhältnis zur Tradition eine Tendenz zur Problematisierung des Autonomiekonzepts. Mit Peter Koslowski: »Wenn jedes Individuum sich selbst die Gesetze seiner kulturellen Identität gibt, kommt keine gemeinsame kulturelle Identität zustande. Wenn ich absolut autonom bin, bin ich nicht einmal mehr mit mir selbst identisch […]. Selbstbestimmung ist nur in der Vermittlung von Gewordensein, Außenwelterfahrung und Selbstgestaltung möglich.«[24] Ferenc Fehér spricht denn auch von einem ›Pyrrhussieg der Kunst im Kampf um ihre Befreiung‹.[25]

Geht man von der Unterscheidung zwischen einem institutionellen Autonomiebegriff und innersystemischen poetologischen Positionen aus, so erscheint die heutige Situation also offensichtlich durch die paradoxe Tatsache geprägt, daß der bislang maximalen Autonomie des Teilsystems Kunst gerade nicht ein autonomes Selbstverständnis von Kunst entspricht. Nach einer letzten Emphatisierung des Autonomiedenkens im europäischen Ästhetizismus ist die künstlerische Moderne seit Futurismus, Dadaismus und Surrealismus bekanntlich bestrebt gewesen, markante Positionen der Autonomieästhetik aufzugeben und die permanente künstlerische Revolution als Teil eines allgemeinen Bewußtseinswandels in der Wiederannäherung

20 Vgl. NIKLAS LUHMANN, Soziale Systeme. Grundriß einer allgemeinen Theorie (Frankfurt a. M. 1984); LUHMANN, Die Kunst der Gesellschaft (Frankfurt a. M. 1995).
21 THEODOR W. ADORNO, Ästhetische Theorie, in: ADORNO, Bd. 7 (1970), 125 f.
22 Vgl. BÜRGER, Ende der Avantgarde?, in: Neue Rundschau 106 (1995), H. 4, 20–27.
23 Vgl. LESLIE FIEDLER, Überquert die Grenze, schließt den Graben (1984), in: W. Welsch (Hg.), Wege aus der Moderne. Schlüsseltexte der Postmoderne-Diskussion (Weinheim 1988), 57–74; UMBERTO ECO, Cultura come spettacolo (1980), in: Eco, Sette anni di desiderio (Mailand 1983); dt.: Kultur als Spektakel, in: Eco, Gott und die Welt. Essays und Glossen, übers. v. B. Kroeber (München/Wien 1985), 179–185; ECO, Apocalittici e integrati (Mailand 1964); dt.: Apokalyptiker und Integrierte. Zur kritischen Kritik der Massenkultur, übers. v. M. Looser (Frankfurt a. M. 1984).
24 PETER KOSLOWSKI, Die postmoderne Kultur. Gesellschaftlich-kulturelle Konsequenzen der technischen Entwicklung (München 1987), 80.
25 Vgl. FERENC FEHÉR, Der Pyrrhussieg der Kunst im Kampf um ihre Befreiung. Bemerkungen zum postmodernen Intermezzo, in: C. Bürger/P. Bürger (Hg.), Postmoderne: Alltag, Allegorie und Avantgarde (Frankfurt a. M. 1987), 13–33.

von Kunst und Leben zu begreifen. Die Definition der Aura als ›Ferne, so nah sie sein mag‹ bezeichnet bei Benjamin den Charakter vergangener Kunst und steht im Gegensatz zur technischen Reproduzierbarkeit des Kunstwerks, die im Zeitalter der Computerkunst ihren bislang unüberholbaren Höhepunkt erreicht hat. Die poetologische Autonomieposition bleibt demgegenüber auf individuelle Künstlerästhetiken beschränkt, welche die bereits im L'art pour l'art deutliche Funktion der Kunst als Widerstand in die Moderne hinein verlängern. Diese Widerständigkeit (gegenüber vorschneller inhaltlicher und ästhetischer Vereinnahmung und insbesondere gegen den modernen Kunstkonsum) prägt noch zu Beginn des 20. Jh. die von Henri Bremond ausgelöste und von Benedetto Croce vorbereitete ›Querelle de la poésie pure‹, deren Hintergrund der Versuch bildet, die traditionelle Autonomieposition durch die Preisgabe der Subjektivität und die Betonung der Selbstreflexivität von Kunst zu retten.[26] Autonomie bedeutet in dieser Perspektive zuallererst Autonomie des Werks vom Autor bzw. – nach der Auflösung des Werkbegriffs – Autonomie des Ästhetischen vom Subjekt. Diese radikalisierte Stufe gipfelt – nach der Vertreibung des Subjekts – in der mythisierten Vorstellung einer Selbstbewegung der écriture im Rahmen experimenteller Literatur- und Kunstkonzepte der späten Moderne oder Postmoderne.[27]

Die Krise der Mimesis im Ausgang des 19. Jh. leistet offensichtlich der Tendenz Vorschub, in wachsender Distanz zu kallistischen Postulaten der L'art-pour-l'art-Bewegung Kunst als autonome Form der Wahrnehmung, eventuell auch als Widerstand gegen das Bestehende zu begreifen. Dies gilt in Deutschland bereits für die philosophische Ästhetik eines Konrad Fiedler, der im Rekurs auf Baumgarten Ästhetik als Wahrnehmungstheorie definiert, oder auch für den Neukantianer Heinrich Riedel, der Kunst im Rahmen einer Philosophie der kulturellen ›Sinngebilde‹ und Werte als Ausdruck individueller Vollendung (›voll-endliche Partikularität‹) begreift.[28] In Italien hat vor allem Luigi Pareyson diese gestaltphilosophische Tendenz auf der Basis von Croce zu einer Theorie ästhetischer Erfahrung und ›formatività‹ weiterentwickelt[29], die auf der formalen Autonomiethese fußt: »formare per formare, formare perseguendo unicamente la forma per sé stessa« mit keinem anderen Ziel als der »bellezza«[30]. Die gegenwärtig behauptete ›Aktualität von Kants Ästhetik‹[31] gründet sich auf das Argument einer anthropologischen und erkenntnistheoretischen Eigenwertigkeit von Kunst, deren Funktion auf keine andere Weise geleistet und mithin nicht ersetzt werden kann. Dieses Postulat, das etwa von Wolfgang Iser, Rüdiger Bubner, Wolfram Hogrebe oder Dieter Henrich vertreten wurde und auch der Theorie ›ästhetischer Erfahrung‹ bei Hans Robert Jauß[32] zugrunde liegt, steht der Neuinterpretation der Aristotelischen Aisthesis-Theorie durch Wolfgang Welsch[33] nicht fern. Sei es als Form der Erkenntnis, sei es im Hinblick auf eine spezifische Wirkung oder Bedürfnisbefriedigung: Der ästhetische Wert (und der implizit daran geknüpfte Autonomiegedanke) hat auch die moderne Krise der Kunst überlebt, so daß heute vielleicht eher von einer Autonomie des Ästhetischen im anthropologischen Sinn als von einer Autonomie der Kunst die Rede sein sollte. »So, if art is an end in itself, as I believe it is, it is connected to our needs. [...] Art is not created ›for art's sake‹ [...] but for our

---

26 Vgl. JAMES A. ARNOLD, La querelle de la poésie pure: Une mise au point, in: Revue d'histoire littéraire de la France 70 (1970), 445–454.
27 Vgl. FRIEDRICH WOLFZETTEL, Ecriture als ›Maschine‹: Zur Kontinuität einer Metaphorik der Prozeßhaftigkeit, in: B. Winklehner (Hg.), Literatur und Wissenschaft (Tübingen 1987), 221–230.
28 Vgl. FRIEDRICH KREIS, Die Autonomie des Ästhetischen in der neueren Philosophie (Tübingen 1922), 79 ff.
29 Vgl. HARTWIG ZANDER, Ästhetische Universalität und künstlerische Autonomie. Eine Untersuchung der ästhetischen Grundbegriffe Luigi Pareysons, in: Zeitschrift für Ästhetik und allgemeine Kunstwissenschaft 17 (1972), 232–261.
30 LUIGI PAREYSON, Estetica. Teoria della formatività (Turin 1934), 102.
31 Vgl. ANDREA ESSER (Hg.), Autonomie der Kunst. Zur Aktualität von Kants Ästhetik (Berlin 1995).
32 Vgl. HANS ROBERT JAUSS, Ästhetische Erfahrung und literarische Hermeneutik (Frankfurt a. M. 1982).
33 Vgl. WOLFGANG WELSCH, Aisthesis. Grundzüge und Perspektiven der Aristotelischen Sinneslehre (Stuttgart 1987).

sake and if so, it must fulfill some need.«³⁴ Wo es nicht um die Restaurierung kallistischer Positionen³⁵ im Kantschen Sinn geht, kann die breite psychologische Ästhetikforschung als Bestätigung einer zumindest relativen Autonomie des Ästhetischen gewertet werden.³⁶ Die auf den L'art-pour-l'art-Begriff zurückgehende Vorstellung des Ästhetischen als Widerstand, die freilich bereits in der utopischen Umdeutung der Kantschen Ästhetik durch Schiller und Friedrich Schlegel angedeutet ist, wird von der negativen Ästhetik Adornos vertreten und stellt bis zu Peter Weiss (*Ästhetik des Widerstands*, 1981) ohne Zweifel die bislang exponierteste Weiterentwicklung der Autonomieposition dar, eine Position, die in der Postmodernetheorie von Koslowski mit der Funktionsbestimmung der Kunst, »Widerlager der Technik«³⁷ zu sein, fortgeführt wird. Anders als die genannten Autoren nähert sich der Vertreter der Kritischen Theorie der negativen Ontologie eines Maurice Blanchot, etwa in *La part du feu* (1949), insofern er die Autonomie von Kunst mit deren unaufhebbarer Negativität verknüpft: »Einzig durch ihre gesellschaftliche Resistenzkraft erhält Kunst sich am Leben [...]. Gesellschaftlich an der Kunst ist ihre immanente Bewegung gegen die Gesellschaft [...]. Soweit von Kunstwerken eine gesellschaftliche Funktion sich präzisieren läßt, ist es ihre Funktionslosigkeit.«³⁸ Diese Negativität begründet aber auch – wiederum ähnlich wie bei Blanchot – die paradoxe Positivität autonomer Kunst, insofern diese »die Negativität am Vorrang des Objekts, sein Unversöhntes, Heteronomes demonstriert, das sie noch durch den Schein der Versöhntheit ihrer Gebilde hervortreten läßt«, und Kunst als »Anamnesis des Unterlegenen, Verdrängten, vielleicht Möglichen«³⁹ ausweist. Interessant scheint eine gewisse Parallele zu der Auffassung von Georges Bataille, der in *La part maudite* (1967) die Kunst als verdrängten Aspekt der menschlichen Gesellschaft versteht und ihre Funktion zugleich anthropologisch und historisch als verschwenderische Gegenbewegung gegen das Gesetz der Produktivität und Nützlichkeit definiert; die Nähe wiederum zu Nietzsches Konzeption einer von der Moral emanzipierten Kunst ›jenseits von Gut und Böse‹ ist offensichtlich. Ungeachtet ihrer philosophischen Aporien kann die Ästhetik Adornos als bündiger Ausdruck der Unüberwindbarkeit der historisch gewachsenen Autonomieposition im 20. Jh. gewertet werden. Noch die vielfältigen Destruktionsversuche – sinnfreie Artifizialität als Entlarvung ästhetizistischer Ideologie⁴⁰, Entfesselung der Sprache, ironische Erhebung eines beliebigen objet trouvé in den Rang eines Kunstwerks, Collage und Montage, Happening-Kunst usw. – bestätigen ungewollt eine Autonomie, die im Protest gegen alle Formen der Auratisierung negiert wird, in dieser Negation aber noch immer die institutionelle Autonomie als Bedingung der Möglichkeit des Ästhetischen affirmiert.

I. Zur Vorgeschichte der Autonomievorstellung

1. Vom Spätmittelalter zur Aufklärung

Eine wesentliche Voraussetzung des Autonomiegedankens dürfte in dem neuzeitlichen Formbegriff zu sehen sein, der sich gegenüber der sinnbildlichen Kunstauffassung des Mittelalters erst mit den ›artistischen‹ Theorien der Renaissance durchsetzt. Deutlich wird der Übergang durch Francesco Petrarca markiert, in dessen *Canzoniere* (entst. 1327ff.) die allegorische Literaturkonzeption des Mittelalters einer selbstreferentiellen, tendenziell autonomen Zeichenstruktur weicht.⁴¹ Möglicherweise wären hier aber auch schon die formalisti-

---

34 RUTH LORAND, The Purity of Aesthetic Value, in: The Journal of Aesthetics and Art Criticism 50 (1992), 19.
35 Vgl. MARY MOTHERSILL, Beauty Restored (Oxford 1984).
36 Vgl. KENNETH DORTER, Conceptual Truth and Aesthetic Truth, in: The Journal of Aesthetics and Art Criticism 48 (1990), 37–51.
37 KOSLOWSKI (s. Anm. 24), 167.
38 ADORNO (s. Anm. 21), 335f.
39 Ebd., 384; vgl. BIRGIT RECKI, Aura und Autonomie. Zur Subjektivität der Kunst bei Walter Benjamin und Theodor W. Adorno (Würzburg 1988), 129ff.
40 Vgl. CLÉMENT ROSSET, L'anti-nature (1973; Paris ²1986), 89ff.
41 Vgl. JOHN FRECCERO, The Fig and the Laurel. Petrarch's Poetics, in: D. Quint (Hg.), Literary Theory/ Renaissance Texts (Baltimore 1986), 20–32.

schen Schulen der französischen *Seconde Rhétorique* und der *Grands Rhétoriqueurs*[42] und – in Italien – die sizilianische Dichterschule[43] zu nennen. Die Theorie des disegno als Ausdruck der »Verneinung der Materialität des Kunstwerks und der vorausgehenden Produktion« im Sinne der »Verdeckung der Arbeit« und »Freisetzung der Kunst aus dem Bereich der Verwendbarkeit«[44] und als »Experimentierfeld des Geistes«[45] ist in dieser Richtung interpretiert worden. Die Rangerhöhung des Künstlers im Zeichen der virtù (Cristoforo Landino, *De vera nobilitate*, um 1440, und Giorgio Vasari, *Le vite de' più eccellenti Pittori, Scultori e Architetti italiani*, 1550) bzw. die Selbsterhöhung des humanistischen Dichters (Petrarca, Giovanni Boccaccio) bilden nach Luhmann das institutionelle Äquivalent dieses Vorgangs.[46] Diese Rangerhöhung setzt die Entstehung eines neuen Typus »freischwebender Humanistenintelligenzen«[47] und – in Ansätzen der – wohl auch die Herausbildung eines freien Marktes voraus. Sinnfälliger Ausdruck der Nobilitierung zunächst des Dichters, dann in wachsendem Maße auch des bildenden Künstlers ist die Vorstellung des schöpferischen Menschen als eines ›zweiten Gottes‹, wie sie, ausgehend von hermetischen und neuplatonischen Strömungen, in Italien bereits im 14. Jh. (Boccaccio) nachgewiesen werden kann und im 15. Jh. (Leon Battista Alberti) geradezu topisch wird.[48] Buch XIV der *Genealogia deorum gentilium* (1350–1360) Boccaccios leitet aus der Vorstellung des religiösen Ursprungs der Dichtkunst erstmals die These der Gleichberechtigung von Fiktion/Literatur und Theologie ab.[49] Die neuplatonische Umdeutung des Platonischen *Ion* durch Marsilio Ficino impliziert die Gleichsetzung des Schönen mit dem Guten und die Rangerhöhung des von göttlicher Inspiration geleiteten Künstlers. Die Inspirationslehre und insbesondere die platonische Vorstellung einer inneren Form (endon eidos) begründen die neuzeitliche Geschichte des Eigenwerts der Kunst als Form. Das ›Wunder Mensch‹, der bei Pico della Mirandola als »tui ipsius quasi […] plastes et fictor«[50], als Gestalter und Bildner seiner selbst definiert wird, macht überdies sinnfällig, wie der Autonomiegedanke aus der Übertragung des göttlichen Autonomieattributs des artifex auf den Künstler hervorgegangen ist. Das Bild vom Dichter als einem ›zweiten Gott‹, der über die Natur verfügt und mit der Dichtung gleichsam eine neue Natur schafft, wird in den *Poetices libri septem* (1561) von Iulius Caesar Scaliger wiederaufgenommen[51] und am Anfang des 18. Jh. durch Shaftesbury für den späteren prometheischen Geniekult der Romantik aufbereitet. Das berühmte Selbstbildnis Dürers von 1500 in der ikonographischen Tradition der Christusbildnisse veranschaulicht diese neue Analogie zwischen dem artifex Deus und dem artifex homo, die in der Leibnizschen Lehre der schöpferischen Freiheit der Monade ihre letzte Steigerung erfuhr und von hier in die Kunstauffassung Herders, Moritz' und Goethes ausstrahlte.[52]

Die absolutistische, posttridentinische Epoche impliziert hier wie in anderen Bereichen eine erneute Disziplinierung der Künste im Zeichen ari-

---

42 Vgl. WOLFZETTEL, Abundante Rhetorik: Selbstverständnis und historische Funktion der lyrischen Sprache von Machaut zu den Grands Rhétoriqueurs, in: W.-D. Stempel (Hg.), Musique naturelle. Interpretationen zur Lyrik des Spätmittelalters (München 1995), 75–104.
43 Vgl. SEBASTIAN NEUMEISTER, Die ›Literarisierung‹ der höfischen Liebe in der sizilianischen Dichterschule des 13. Jahrhunderts, in: Neumeister, Literarische Interessenbildung im Mittelalter, hg. v. J. Heinzle (Stuttgart 1993), 385–400.
44 MICHAEL MÜLLER u. a., Autonomie der Kunst. Zur Genese und Kritik einer bürgerlichen Kategorie (Frankfurt a. M. 1972), 59, 63.
45 BUSCH (s. Anm. 9), 241.
46 Vgl. LUHMANN, Die Kunst der Gesellschaft (s. Anm. 20), 215–300.
47 Vgl. ALFRED VON MARTIN, Soziologie der Renaissance (1932; Stuttgart 1974), 58; vgl. auch 65 ff.
48 Vgl. VINZENZ RÜFNER, Homo secundus Deus. Eine geistesgeschichtliche Studie zum menschlichen Schöpfertum, in: Philosophisches Jahrbuch der Görres-Gesellschaft, Bd. 63/2, 1954 (Freiburg 1955), 248–291.
49 Vgl. NEUMEISTER, Boccaccios Literaturbegriff (›Genealogia deorum gentilium‹, XIV), in: U. Ecker/C. Zintzen (Hg.), Saeculum tamquam aureum (Hildesheim 1997), 233–243.
50 PICO DELLA MIRANDOLA, Oratio de hominis dignitate (1496), hg. v. E. Garin (Florenz 1942), 106.
51 Vgl. IULIUS CAESAR SCALIGER, Poetices libri septem/ Sieben Bücher über die Dichtkunst (1561), hg. u. übers. v. L. Deitz, Bd. 1 (Stuttgart-Bad Cannstatt 1994), 70 f.
52 Vgl. KURT HILDEBRANDT, Leibniz und das Reich der Gnade (Den Haag 1953), 402–417.

stotelischer Regelpoetiken, ihre Wiedereinbindung in das höfisch-klerikale Repräsentationsnetz und das höfisch-humanistische System der Künste und Wissenschaften, während Autonomietendenzen vielleicht am ehesten in dem subjektiven ingenio-Begriff zu sehen sind. Die erneute Thematisierung von Autonomievorstellungen in der Aufklärung geht z. T. mit der erneuten Rezeption der neuplatonischen Tradition Hand in Hand. Die Aufwertung des schöpferischen Individuums findet ihr institutionelles Pendant in der wachsenden Privatisierung der Kunstproduktion und -rezeption, die im Zuge des Funktionsverlusts der höfischen Zentren die Entstehung eines modernen Kunstmarkts voraussetzt. Nicht zufällig knüpft in England, wo sich neuplatonisches Gedankengut durch den Einfluß der Cambridge Platonists früher als in den anderen europäischen Ländern durchsetzt, die neue leisure class einer bürgerlich-adligen gentry bewußt an die Renaissancetradition an; Palladianismus und spielerischer Synkretismus in der Landhausarchitektur, die Entstehung der pittoresken Gärten und das Ideal eines kunstsinnigen Dilettantismus (Bildungsreise!) indizieren einen Ästhetizismus, dessen ästhetikgeschichtliches Pendant in Frankreich in der sensualistischen und subjektiven Geschmacksästhetik (Charles Du Bos) zu sehen ist, was bei Charles Batteux zu einer kategorialen Trennung des Nützlichen vom ästhetischen Vergnügen führt. Gemeinsamer Nenner der Entwicklung ist der »Vorgang der semantischen Rangminderung des ›Nutzens‹«[53], d. h. die Vorstellung eines ›interesselosen Wohlgefallens‹, das nur mehr der inneren Vervollkommnung (›Moralisierung‹) des Individuums dient und die gesellschaftliche Funktionslosigkeit durch die emphatische Betonung des Eigenwertes auffängt. Dabei verlagert sich seit Shaftesbury im Rekurs auf die neuplatonische Tradition das Gewicht immer mehr vom Autor/Künstler auf das Werk und dessen ›innere Form‹, ein Vorgang, der schließlich auch die ästhetische Theorie der deutschen Kunstperiode prägen wird. An die Stelle adliger Selbstvervollkommnung tritt am Ende des 18. Jh. bei Moritz der bürgerliche Rückzug in eine nur der Kontemplation zugängliche, kompensatorische Sphäre des Absoluten.

2. *Shaftesbury und die ›moral philosophy‹*

Der entscheidende Ansatz zu einer idealistischen Sakralisierung der Kunst bei Shaftesbury steht ganz im Zeichen der genannten neuplatonischen Dichtungslehre, welche die englische Kunst-Diskussion über ein Jahrhundert geprägt hat und wahrscheinlich auch erklärt, warum sich der Autonomiebegriff in England selbst noch in der romantischen Theorie nicht durchsetzen konnte. Coleridge wird sich nicht zufällig, trotz genauer Kenntnis der Schriften Kants, auf Schelling berufen[54]; Shelley, Keats u. a. bleiben ebenfalls in dieser Tradition. Sichtlich beeinflußt von Scaliger, unterscheidet Shaftesbury erstmals zwischen einer bloß nachahmenden Gesellschaftskunst und der genialen Einzelschöpfung jener Künstler, »who study the graces and perfections of minds«; und wie Scaliger den Dichter als ›alterum Deum‹ bezeichnet, so nennt Shaftesbury ihn »a second Maker: a just *Prometheus*, under *Jove*«. Der »moral artist« ist vergleichbar dem göttlichen Schöpfer und der »universal Plastick Nature«[55], insofern die Natur »the Source and Principle of all Beauty and Perfection«[56] ist. Die aus dieser idealistischen Naturästhetik resultierende Betonung einer autonomen ›inneren Form‹ des organisch verstandenen Kunstwerks stellt wahrscheinlich den wichtigsten Schritt dar, der von der objektiven Proportionslehre der klassizistischen Ästhetik und ihrer imitatio-Lehre zur Vorstellung eines besonderen, inneren Gesetzes des Kunstwerks bzw. des individuellen Künstlers führt. In der Verbindung von »true judgment«, »ingenuity«, »harmony« und »honesty« bildet sich das vollkommene Kunstwerk, »a Whole, coherent and proportion'd in itself, with due Subjection and Subordi-

---

53 KURT WÖLFEL, Zur Geschichtlichkeit des Autonomiebegriffs, in: W. Müller-Seidel u. a. (Hg.), Historizität in Sprach- und Literaturwissenschaft. Vorträge und Berichte der Stuttgarter Germanistentagung 1972 (München 1974), 571.
54 Vgl. SAMUEL TAYLOR COLERIDGE, Biographia literaria (1817), hg. v. W. J. Engell/W. J. Bate, Bd. 1 (London/Princeton 1983), 160.
55 ANTHONY ASHLEY COOPER SHAFTESBURY, Soliloquy, or Advice to an Author (1710), in: SHAFTESBURY, Abt. 1, Bd. 1 (1981), 108, 110.
56 SHAFTESBURY, The Moralists (1711), in: SHAFTESBURY, Abt. 2, Bd. 1 (1987), 246.

nacy of constituent Parts«[57]. Die Unabhängigkeit von gesellschaftlichen Vorgaben verbindet sich mit der Eigengesetzlichkeit des schöpferischen geistigen Akts. Die Klammer zwischen dem Werk, dem Künstler und dem Rezipienten bildet daher der Harmonie-Begriff, der als zentrales Konstituens der platonischen ›physicotheology‹ das Kunstwerk in Analogie zur göttlichen Schöpfung als eigengesetzliche Schöpfung des Genies definiert.[58] Kunstgenuß und »self-enjoyment«[59] sind so aufeinander bezogen und bilden die Grundlage eines Ideals ausgeglichener Gestimmtheit, die als vereinbar mit »inspiration«, »divine« oder »noble enthusiasm«[60] angesehen wird. Den moralischen Anspruch hat Shaftesbury dabei nicht aufgegeben, sondern in dem Sinn verinnerlicht, daß nicht die lehrhafte Botschaft, wohl aber die moralisierende Wirkung des Kunstschönen an sich – gleichsam als Widerschein ewiger Ideen – den Künstler und wohl auch den Rezipienten vervollkommnet (»improved, and amended in their [der Künstler] better part«[61]). Wie eng Kunst und moralische Zielsetzung noch miteinander verbunden sind, zeigt die fast gleichlaufende Definition der Tugend als »a certain just Disposition or proportionable Affection of a rational Creature towards the Moral Objects of Right or Wrong«[62]. Von hierher ergibt sich die Assoziation der ›virtuous actions‹ und der ›moral beauty‹ des begierdelosen oder interesselosen Guten, das in der Moralphilosophie von Francis Hutcheson, ausgehend von der Identität des interesselos Guten und Schönen, in der unabhängigen Instanz des ›moral sense‹ verankert wird.[63]

3. Ausgrenzung des Ästhetischen bei Baumgarten und Batteux

Die Freiheit von praktischen Zwecken wird von jetzt an zum Kriterium eines kontemplativ erfahrenen ästhetischen Vergnügens, das aus der ›theoria‹ der antiken Philosophie abgeleitet ist, weshalb Shaftesbury erstmals keinen Unterschied mehr zwischen Kunst- und Naturschönheit zu machen braucht.[64] Shaftesbury bereitet so den ganzheitlichen und rezeptionsästhetisch fundierten Ästhetikbegriff Baumgartens vor. Die Leistung der *Aesthetica* (1750/58) des deutschen Philosophen Alexander Gottlieb Baumgarten – benützt wird der Begriff bereits in dessen *Meditationes* (1735) – liegt in der Aufwertung der sinnlichen Erkenntnis bei Gottfried Wilhelm Leibniz und Christian Wolff bzw. in der Verknüpfung des Sensualismus (Du Bos) mit der klassischen Rhetorik und der platonischen Vorstellung der Vollkommenheit zu einer philosophischen Ästhetik oder genauer: einer Philosophie des ästhetischen Vermögens. Ihr Ziel wird definiert als »perfectio cognitionis sensitivae, qua talis. Haec autem est pulchritudo« und als »ars pulchre cogitandi«. Erstmals werden so die mit Bild, Sprache und Musik verbundenen Künste als eigenständiger Theoriebereich zusammengefaßt, und künstlerische Schönheit wird, ausgehend von der Vervollkommnung der sinnlichen Erkenntnis, als Gegenstand einer »scientia«[65] begriffen. Ähnlich wie in der Rezeptionstheorie Batteux' ist noch die implizite Vorstellung eines Eigenwerts des Ästhetischen weniger mit dem Gegenstand selbst als mit der Art der geistigen Aneignung dieses Gegenstandes verknüpft, ein Vorgang, der wie bei Shaftesbury selbstverständlich auch die moralisierende Funktion des Schönen einschließt. So schreibt noch Johann Georg Sulzer, freilich ohne den Ästhetikbegriff zu benützen, die »Sinnlichkeit« der Künste bestehe »in einer verfeinerten innern Empfindsamkeit, die den Menschen für das sittliche Leben wirksam macht«.[66] Die Kunsttheorie der deutschen Klassik und die Ästhetik des deutschen Idealismus werden sich demgegenüber durch die

---

57 SHAFTESBURY (s. Anm. 55), 110.
58 Vgl. RUTH GROH/DIETER GROH, Weltbild und Naturaneignung. Zur Kulturgeschichte der Natur (Frankfurt a. M. 1991), 98.
59 SHAFTESBURY, An Inquiry Concerning Virtue or Merit (1711), in: SHAFTESBURY, Abt. 2, Bd. 2 (1984), 222.
60 SHAFTESBURY, A Letter Concerning Enthusiasm (1711), in: SHAFTESBURY, Abt. 1, Bd. 1 (1981), 372f.
61 SHAFTESBURY (s. Anm. 55), 108.
62 SHAFTESBURY (s. Anm. 59), 86.
63 Vgl. FRANCIS HUTCHESON, An Inquiry into the Original of our Ideas of Beauty and Virtue (London 1725), 125 ff.; dt.: Über den Ursprung unserer Ideen von Schönheit und Tugend, übers. u. eingel. v. W. Leidhold (Hamburg 1986).
64 Vgl. GROH (s. Anm. 58), 131 f.
65 BAUMGARTEN, Bd. 1 (1750), 6, 1 f.
66 SULZER, Bd. 3 (1793), 78.

I. Zur Vorgeschichte der Autonomievorstellung 441

Verengung des Gegenstandsbereichs und seine Ontologisierung auszeichnen. Unabhängig von diesen rezeptionsästhetischen Vorgaben liegt die Bedeutung der *Aesthetica* im Aufweis einer autonomen Sphäre künstlerischer Erfahrung, deren eigentliche Fundierung erst in der Kantschen *Kritik der Urteilskraft* (1790) erfolgen wird. Dieser theoretische Autonomisierungsprozeß vollzieht sich in offensichtlichem Zusammenhang mit dem institutionellen bzw. epistemologischen Prozeß der Ausgrenzung der ›schönen Künste‹ (beaux-arts) und der ›schönen Wissenschaften‹ (belles lettres) aus dem einheitlichen klassisch-humanistischen System der ›Künste und Wissenschaften‹ (arts et lettres). Die Trennung des Nützlichen vom Schönen, deren selbstverständliche Verbindung seit der Antike in den Horazischen Formeln des ›utile et dulce‹ bzw. ›prodesse et delectare‹ ihren Ausdruck fand, wird so institutionalisiert. Vor dem Hintergrund der zunehmenden Aufwertung des ›self-interest‹ bzw. ›amour-propre‹ in der Moralistik und Gesellschaftsphilosophie des 18. Jh. (Bernard de Mandeville, Adam Smith) rücken Kunst und Literatur überdies in eine Gegenposition zu bürgerlichem Erwerbsstreben und den Triebfedern gesellschaftlicher Wohlfahrt. Interesselosigkeit, d. h. Selbstlosigkeit und Nutzlosigkeit bedingen einander und entziehen das Kunstwerk idealiter dem Markt, der soziologisch den Zerfall des höfisch-mäzenatischen Kunstsystems auffängt bzw. bedingt. So setzt sich das organische, gleichsam naturhafte Kunstwerk dem industriellen Produkt, mithin allen Formen des Handels und der industriellen Produktion, entgegen.[67] Der Unabhängigkeit des Künstlers, die schon Shaftesbury sowohl poetologisch als auch politisch versteht, entspricht die Freiheit von Kunst selbst, eine Vorstellung, die in der zweiten Hälfte des 18. Jh. offensichtlich den Rang eines Gemeinplatzes einnehmen wird. Edmund Burke, der die Shaftesburysche Kategorie der Vollkommenheit aufgibt, definiert demnach sowohl das Schöne als auch und besonders das Erhabene durch Nutzlosigkeit (»without any reference to use«[68]) und belegt damit die Gegenbildlichkeit des Ästhetischen zur gesellschaftlichen Sphäre. Erstmals trägt damit der Konnotationsbereich des künstlerischen Eigenwerts defensive Züge.

Fast gleichzeitig mit Baumgarten legt Batteux in Frankreich die Grundlagen zu einer ästhetischen Theorie. In seiner zugleich historisch und systematisch verfahrenden Schrift *Les Beaux-Arts réduits à un même principe* (1746) unterscheidet er zwischen den praktischen ›Künsten der Notwendigkeit‹ (›utilité‹) und dem ästhetischen Gegenbereich des ›agrément‹ sowie des ›plaisir‹ und löst die durch ihren Scheincharakter definierte Kunst (›artificiel‹, ›apparence‹, ›mimesis‹, ›imagination‹) von jeder inhaltlichen Beschränkung. Als Objekte »parfaits en eux-mêmes« haben die »choses imaginaires« nur mehr die Aufgabe, zu »plaire à l'esprit sans intérêt« und im ästhetischen Vergnügen (»plaisir de l'émotion«[69]) – auf Kants Philosophie des Erhabenen vorausweisend – ein Moment der Freiheit (›élévation‹, ›liberté‹) geltend zu machen. Im Gegensatz zu den affektiven Kräften des Herzens, welches »n'est touché des objets que selon le rapport qu'ils [les objets] ont avec son avantage propre«, ist der Kunstgenuß als geistiges Vergnügen (›esprit‹) an – dem pragmatischen Kontext entzogenen – ›belle nature‹ definiert und dem Geschmacksbegriff zugeordnet: »Pour que les objets plaisent à notre esprit, il suffit qu'ils soient parfaits en eux-mêmes. Il les envisage sans intérêt.«[70] Batteux nähert sich mit dieser Bestimmung des Künstlerischen, die entscheidend auch die deutsche Kunsttheorie des späten 18. Jh., z. B. Johann Joachim Winckelmanns Bestimmung der Schönheit (»der höchste Endzweck« und »der Mittelpunkt der Kunst«[71]) jenseits der Notwendigkeit, beeinflussen sollte, dem Singular ›*die* Kunst‹ und dem Phänomen des Ästhetischen, wie es begrifflich bei Baumgarten eingeführt wird.

---

67 Vgl. MARTIN FONTIUS, Produktivkraftentfaltung und Autonomie der Kunst. Zur Ablösung ständischer Voraussetzungen in der Literaturtheorie, in: G. Klotz/W. Schröder (Hg.), Literatur im Epochenumbruch (Berlin 1977), 409–529.
68 BURKE, 112.
69 BATTEUX (1773), 119.
70 Ebd., 118.
71 JOHANN JOACHIM WINCKELMANN, Geschichte der Kunst des Altertums (1764; Darmstadt 1982), 139, 25.

Für die – an die deutsche Batteux-Rezeption[72] anschließende – Autonomiediskussion in Deutschland bildet die Kunstlehre von Karl Philipp Moritz eine wesentliche Vorstufe der Vermittlung englischer und französischer Ansätze. Zum erstenmal nämlich theoretisiert Moritz den ›Selbstzweck‹ der Kunst und steigert deren Funktion darüber hinaus – den deutschen Idealismus vorwegnehmend – zu der eines Korrektivs der schlechten Realität. Die Formel Shaftesburys ›complete in itself‹ und die Batteuxsche Formel ›parfaits en eux-mêmes‹ werden in dem berühmten Brief an Moses Mendelssohn von 1785 zum Begriff »des in sich selbst Vollendeten« weiterentwickelt, und die »innere Zweckmäßigkeit«[73] des Kunstwerks wird dem Begriffsbereich des Nützlichen gegenübergestellt: »Bei der Betrachtung des Schönen aber wälze ich den Zweck aus mir in den Gegenstand selbst zurück: ich betrachte ihn, als etwas, nicht in mir, sondern *in sich selbst Vollendetes*, das also in sich ein Ganzes ausmacht, und mir *um sein selbst willen* Vergnügen gewährt« (543). Eine Einschränkung der damit angedeuteten Autonomie der Kunst könnte man freilich in dem – die sensualistische Tradition spiegelnden – Gedanken sehen, daß die Kunstwerke »als solche, nicht wohl ohne unsre Betrachtung bestehen« und wir sie »um ihrer selbst willen« betrachten, »um ihnen durch unsere Betrachtung gleichsam erst ihr wahres volles Dasein zu geben« (544). Freilich geht der Autor insofern über die noch von Mendelssohn vertretene sensualistische Auffassung hinaus, als er nicht die Auslösung, sondern gerade umgekehrt die kontemplative Befreiung von Affekten geltend macht. In seinem Essay *Über die bildende Nachahmung des Schönen* von 1788 nimmt Moritz die Klassifikation Batteux' wieder auf, wenn er verschiedene Grade der Durchmischung des Nützlichen und des Schönen bestimmt, zugleich aber feststellt, daß »das Schöne der bildenden Künste in jeder Art, bloß um sein selbst und seiner Schönheit willen« besteht, weil der Begriff der Schönheit selbst schon »jede Rücksicht auf Nutzen oder Schaden, seiner Natur nach, ausschließt«[74]. Gleichzeitig wird das Erhabene jetzt, über Burke hinausgehend, als höchste Form der Schönheit begriffen, weil das Erhabene die höchste Form der Unabhängigkeit vom Nutzen darstellt. Schön wird eine Sache »dadurch, daß sie nicht nützlich zu sein *braucht*« (557).

Schelling wird Moritz mit dem Satz folgen: »Das Erhabene in seiner Absolutheit begreift das Schöne, wie das Schöne in seiner Absolutheit Erhabene begreift.«[75] In dieser begrifflichen Annäherung des Schönen und eines Erhabenen, das als Steigerung des Schönen begriffen wird, deutet sich die Vorstellung des Absoluten bei Schelling an. Tatsächlich treffen sich die Kunsttheorie des pietistisch geprägten Autors und diejenige Schellings vor allem insofern mit dem Ansatz Shaftesburys und gehen über diesen hinaus, als hier erstmals die romantische Kunstreligion anzuklingen scheint, ›göttliche Inspiration‹ und ›ästhetische Einbildungskraft‹ aufeinander bezogen sind.[76] In der *Philosophie der Kunst* (entst. 1802/1803) wird Schelling, Schönheit und Wahrheit in eines setzend, das Universum als »absolutes Kunstwerk« Gottes und die Aufgabe der Kunst als die »Darstellung ihrer Formen als Formen der Dinge, wie sie an sich, oder wie sie im Absoluten sind«[77] definieren. Nicht anders sieht ja auch Moritz in jedem »schönen Ganzen« den »Abdruck des höchsten Schönen im großen Ganzen der Natur«[78]. Die Vorstellung eines Eigenwerts der Kunst wird im göttlichen Absoluten verankert, innerweltlich affirmiert und religiös zugleich zurückgenommen. Moritz bedient sich denn auch der Sprache der Mystik, um das »süße Staunen«, das »angenehme Vergessen unsrer selbst«[79] bei der Betrachtung eines Kunstwerkes in den Rang einer religiösen Kontemplation zu erhe-

---

72 Vgl. CHARLES BATTEUX, Die schönen Künste, aus einem Grundsatz hergeleitet, übers. v. P. E. Bertram (Gotha 1751); BATTEUX, Einschränkung der schönen Künste auf einen einzigen Grundsatz, übers. v. J. A. Schlegel (1751; Leipzig ³1770).
73 KARL PHILIPP MORITZ, Über den Begriff des in sich selbst Vollendeten (1785), in: MORITZ, Bd. 2 (1981), 546.
74 MORITZ, Über die bildende Nachahmung des Schönen (1788), in: ebd., 572.
75 F. W. J. SCHELLING, Philosophie der Kunst (entst. 1802/1803; Darmstadt 1974), 112.
76 Vgl. BERNHARD BARTH, Schellings Philosophie der Kunst. Göttliche Imagination und ästhetische Einbildungskraft (Freiburg 1991).
77 SCHELLING (s. Anm. 75), 30.
78 MORITZ (s. Anm. 74), 560.
79 MORITZ (s. Anm. 73), 545.

ben.[80] Kunstgenuß »ist der höchste Grad des reinen und uneigennützigen Vergnügens, welches uns das Schöne gewährt«, und nähert sich so »immer mehr der uneigennützigen Liebe«[81], die an den Begriff des amour pur bei Fénelon und die Tradition des Pietismus erinnert. Die »Momente der stillen Beschauung« transzendieren den Wirklichkeitsbezug und die »unruhige Wirksamkeit«[82] des realen Lebens. Die hier skizzierte Entwicklung von Shaftesbury bis Moritz bzw. Schelling basiert auf einer – neuplatonisch beeinflußten – Konzeption der Kunstanschauung als Kontemplation.[83] Die transzendentalphilosophische Kunsttheorie Kants und Schillers wird daran nur indirekt anknüpfen. Eine direkte Entwicklungslinie scheint aber von Moritz zur platonischen Ästhetik Schopenhauers zu führen[84], wie sie im dritten Buch von Die Welt als Wille und Vorstellung (1819) abgehandelt wird. Die Betonung liegt auch bei Schopenhauer auf der ästhetischen Anschauung, weshalb »das ästhetische Wohlgefallen« durch »ein Werk der Kunst, oder unmittelbar durch die Anschauung der Natur und des Lebens«[85] hervorgerufen werden kann. Ästhetische Betrachtung wird definiert als die kontemplative »Betrachtungsart der Dinge unabhängig vom Satze des Grundes« (218), als reine Betrachtung der Idee und mithin als Befreiung vom Gesetz des Wollens; das Subjekt aber »ist reines, willenloses, schmerzloses, zeitloses Subjekt der Erkenntniß« (210f.). An die Stelle des ontologischen Autonomiebegriffs der deutschen Klassik tritt daher der Begriff der »Objektivität« (218), der Interesselosigkeit mit der Befreiung von Subjektivität verbindet. Die im Zeichen des Subjektbegriffs bei Shaftesbury begründete Eigenwertigkeit des Ästhetischen ist damit in eine Philosophie der Erlösung von Subjektivität gemündet, die für den französischen Symbolismus wichtig werden sollte.

II. Autonomie in der deutschen ›Kunstperiode‹

1. Der Autonomiebegriff bei Kant

Demgegenüber beruht die Kantsche Begründung der Autonomievorstellung auf dem Subjektbegriff. Das Autonomie-Ideal der deutschen Klassik ist daher nur im Zusammenhang mit dem Ideal der autonomen Persönlichkeit und einem neuen Bildungs- und Erziehungsbegriff zu verstehen, der seinerseits auch an das Bildungskonzept Shaftesburys und der Moral-sense-Philosophie anknüpft. Kant legt die erkenntnistheoretischen Grundlagen, auf denen Schiller seine Theorie des ästhetischen Menschen aufbaut. Und was in Goethes Wilhelm Meister (1795/1796) gleichsam experimentell entfaltet wird, findet sein institutionelles Pendant in dem Bildungskonzept Wilhelm von Humboldts. Eine tragende Rolle kommt dabei der Kunst bzw. dem Ästhetischen zu. Die klassisch-romantische Literaturtheorie der sog. deutschen Kunstperiode macht im Anschluß an Kant den Autonomiebegriff erstmals zum Kern einer geschichtsphilosophischen und transzendentalphilosophischen »Reflexion der Bedingungen, Möglichkeiten und Zielsetzungen von Kunst und Literatur«.[86] Erstmals werden Autonomie oder ihre Äquivalente nicht mehr, wie noch bei Moritz, defensiv gegen aufklärerische Instrumentalisierung verteidigt, sondern bestimmen (unter dem Eindruck der Französischen Revolution) den Reflexionspunkt, von dem aus

---

80 Vgl. THOMAS RENTSCH, Der Augenblick des Schönen. Visio beatifica und Geschichte der ästhetischen Idee, in: H. Bachmaier/T. Rentsch (Hg.), Poetische Autonomie? Zur Wechselwirkung von Dichtung und Philosophie in der Epoche Goethes und Hölderlins (Stuttgart 1987), 329–353.
81 MORITZ (s. Anm. 73), 545.
82 MORITZ (s. Anm. 74), 571.
83 Vgl. P. BÜRGER, Zur Kritik der idealistischen Ästhetik (Frankfurt a.M. 1993), 120ff.
84 Vgl. ebd., 122f.
85 ARTHUR SCHOPENHAUER, Die Welt als Wille und Vorstellung (1819), in: SCHOPENHAUER, Bd. 2 (²1949), 229.
86 KARL ROBERT MANDELKOW, Kunst- und Literaturtheorie der Klassik und Romantik, in: K. von See u.a. (Hg.), Neues Handbuch der Literaturwissenschaft, Bd. 14 (Wiesbaden 1982), 51.

die moderne (später von F. Schlegel auch ›romantisch‹ genannte) Begründung der Kunst erfolgt. Freilich gehen die beiden großen Vertreter der Klassik, Schiller und Goethe, grundsätzlich verschiedene Wege. Während Schiller in Anlehnung an Kant Autonomie explizit thematisiert und um eine Vermittlung der idealistischen Position mit aufklärerischen Idealen bemüht ist, bindet Goethe das Schöne, ohne den Begriff Autonomie zu benutzen, an die Gesetze der Natur und situiert sich so in der vorkantischen Tradition: »Kunst, eine andere Natur, auch geheimnisvoll, aber verständlicher; denn sie entspringt aus dem Verstande«, heißt es in den *Maximen und Reflexionen*; denn »das Schöne ist eine Manifestation geheimer Naturgesetze, die uns ohne dessen Erscheinung ewig wären verborgen geblieben«[87]. Bei Schiller mündet der Moritzsche Gegensatz zwischen Kunst und Leben, das Erlebnis der Fragmentarisierung und Entfremdung des Subjekts unter den Bedingungen der Moderne, in eine Kulturtheorie, die – wie in den *Briefen über die ästhetische Erziehung* (1795) – in der Kunst die Heilung der Wunden der Kultur und die Versöhnung einer arbeitsteiligen, antagonistischen Gesellschaft anstrebt. Zu diesen allgemeinen Faktoren kommt freilich das spezifisch deutsche Problem anhaltender politischer Unmündigkeit, was wohl erklärt, warum gerade und einzig im deutschen Kulturraum ein selbständiger Bereich der Kunst als autonom gedachter Gegenbereich postuliert und die verlorene oder erträumte Ganzheit in einer absolut gesetzten ästhetischen Sphäre gesucht wird, die allein die Bedingung der Freiheit erfüllt. An die Stelle der mißratenen bzw. unmöglichen Revolution tritt die Vorstellung »einer völligen Umgestaltung, eines totalen Umschwunges einer Revolution« im Bereich der ästhetischen Bildung und an die Stelle der politischen Freiheit das Postulat der transzendental, nicht politisch definierten Freiheit der Kunst als von allen äußeren Zwecken freigestelltes »Spiel«[88].

Die subjektzentrierte Vorstellung künstlerischer Bildung in der transzendentalen Reflexion von Kunst ist nicht ohne die Rolle Kants zu verstehen, in dessen Bestimmung der Freiheit des Subjekts der Autonomiebegriff erstmals als solcher eine zentrale Stelle als »oberstes Prinzip der Sittlichkeit«[89] überhaupt einnimmt. Die Autonomie ist Ausdruck der Selbstgesetzgebung der theoretischen Vernunft, für die Kant im Opus postumum den Autonomiebegriff einsetzt.[90] In der Perspektive der in Kap. IV skizzierten Geschichte des Homo-secundus-Deus-Topos könnte dieser Subjektbegriff auch als transzendentalphilosophische Säkularisierung der Monadologie von Leibniz verstanden werden; jedenfalls ist die Menschenseele nach Leibniz durch Selbstbestimmung und Selbstherrlichkeit bestimmt und zeichnet sich durch ihre schöpferische Gottähnlichkeit aus.[91] Kant übernimmt diese Vorstellung, zerlegt aber die leibseelische Monade in der psychologischen Tradition der Aufklärung in verschiedene Vermögen. Im Sinne der Dreiteilung des Erkenntnisvermögens in Verstand, Urteilskraft und Vernunft partizipiert auch die »ästhetische Urteilskraft« an dem Autonomiebegriff, insofern ihr Gegenstand nicht die »Gesetzmäßigkeit« ist, sondern die »Zweckmäßigkeit«, d. h. »das Wohlgefallen [...] ohne Begriff«, mit anderen Worten »ein uninteressiertes und *freies* Wohlgefallen«[92]. Die Eigengesetzlichkeit des Schönen impliziert somit den Begriff der *Freiheit*, der in der Freiheit von heteronomischen Zwecken zum Ausdruck kommt. Kant führt diesen zentralen Begriffsbereich weiter aus, indem er auch das »freie Spiel der Vorstellungskräfte« bzw. das »freie Spiel der Erkenntnisvermögen« (132) von Einbildungskraft und Verstand hervorhebt, welche das »reine uninteressierte Wohlgefallen« (weil kontemplativ und nicht auf das »Begehrungsvermögen« (117) gerichtet) im Geschmacksurteile auszeichnen. Die Freiheit des Wohlgefallens ist so Teil der Freiheit, durch die der Mensch »seinem Dasein als der Existenz einer Person« einen *absoluten* Wert gibt« (121), und unterscheidet sich grundsätzlich von allem

---

87 JOHANN WOLFGANG GOETHE, Maximen und Reflexionen, in: GOETHE (HA), Bd. 12 (1973), 467.
88 FRIEDRICH SCHLEGEL, Über das Studium der Griechischen Poesie (1795–1797), in: Schlegel, Kritische Schriften und Fragmente, hg. v. E. Behler/H. Eichner, Bd. 1 (Paderborn u. a. 1988), 93, 79.
89 IMMANUEL KANT, Grundlegung zur Metaphysik der Sitten (1785), in: KANT (WA), Bd. 7 (1974), 74.
90 Vgl. POHLMANN (s. Anm. 1), 707f.
91 Vgl. RÜFNER (s. Anm. 48), 176f.
92 KANT, Kritik der Urteilskraft (1790), in: KANT (WA), Bd. 10 (1974), 136, 123.

zweckbestimmten Handeln, auch im moralischen Sinn. Die genannte Freiheit liegt im Subjekt, nicht im Objekt des ›interesselosen Wohlgefallens‹.

Anders als in der vorkantischen Tradition von Shaftesbury bis Moritz spielt die Kategorie der formalen Vollkommenheit daher keine Rolle mehr: »Also wird durch die Schönheit als *eine formale subjektive* Zweckmäßigkeit, keineswegs eine Vollkommenheit des Gegenstandes, als vorgeblich formale, gleichwohl aber doch objektive Zweckmäßigkeit gedacht.« (144) Freiheit bedeutet weiter die Freiheit des Genies, »welches der Kunst die Regel gibt« (241), weshalb »schöne Kunst [...] nur als Produkt des Genies möglich« (242) und das »Genie dem Nachahmungsgeiste gänzlich entgegen zu setzen« (243) sei. Der Autonomiebegriff impliziert mithin auch die Freiheit der Kunst in dem Sinn, daß diese ›selbstbestimmt‹, vom Nachahmungszwang befreit ist und sich ihr Gesetz selbst gibt. Am sinnfälligsten wird die zentrale Kategorie der Freiheit bei Kant im Zusammenhang mit dem Erhabenen, welches nur scheinbar im Gegenstand begründet ist, in Wahrheit auf »ein Vermögen des Gemüts« hinweist, »das jeden Maßstab der Sinne übertrifft« (172) und uns unsere Freiheit bewußt macht. Diese Autonomisierung des Ästhetischen gegenüber dem Inhalt und die damit verbundene Vorstellung eines je individuellen Formgesetzes bezeichnen wohl die entscheidenden Anstöße für die nachfolgende Geschichte ästhetischer Theorien. Für Schillers Konzept der ›Heautonomie‹ wie für die formalistischen Theorien der Romantik, des L'art pour l'art und des Stilgriffs der Moderne stellt dieser autonome Formbegriff die zentrale Voraussetzung dar.

Die Kantsche Geschmacksästhetik, in vieler Hinsicht noch in der Tradition der Aufklärung stehend, läßt in ihrem klassifikatorischen Duktus Probleme und Aporien, die in der Kantrezeption verschärft hervortreten, kaum sichtbar werden. Ähnlich wie in der Tradition der Moral-sense-Philosophie ist der gesellschaftliche Konnex in der Form der Übereinstimmung des Geschmacks freier Subjekte immer schon mitgedacht. Der bei Moritz auffällige, tendenziell solipsistische »lack of fellow-feeling unparalleled in English letters of the period«[93] würde für Kant und die nachfolgende Klassik demnach gerade nicht gelten. Dennoch bleibt die kategoriale Trennung des Schönen als eines Bereichs der Freiheit und der Vernünftigkeit ohne Begehren vom Nützlichen (Angenehmen) und vom Guten, die beide durch »eine Beziehung auf das Begehrungsvermögen«[94] und Zweckhaftigkeit definiert werden, für die Funktion von Kunst nicht ohne Folgen. Indem Kant in der *Kritik der Urteilskraft* Gesellschaft und Moral von der Ästhetik her denkt, statt umgekehrt das Ästhetische mit einem moralphilosophischen System zu begründen, legt er die Grundlage für den Übergang von der kritischen Öffentlichkeit der Aufklärung zu der »schönen Öffentlichkeit«[95] der Elitekultur der Weimarer Klassik. Auch wenn der Vorwurf Christa Bürgers, die Preisgabe der »Selbstverständigung über die politischen und gesellschaftlichen Normen des gesellschaftlichen Lebens«[96] entspreche einer Autonomievorstellung, die als ideologisches Konstrukt die Spaltung der Kultur begünstige, zu weit gehen dürfte, bleibt die Tatsache bestehen, daß die Koppelung von Schönheit und Freiheit bei Kant – und dann bei Schiller[97] – einem abstrakten Kulturverständnis ›mit dem Rücken zum Publikum‹[98] den Weg bereitet. Die von Wolfgang Wittkowski dagegen geltend gemachte Einheit von ästhetischer Autonomie und ethischer Autonomie[99] ist ja weniger eine Selbstverständlichkeit als ein Programm, wel-

---

93 MARTHA WOODMANSEE, The Interests in Disinterestness. Karl Philipp Moritz and the Emergence of the Theory of Aesthetic Autonomy in Eighteenth Century Germany, in: Modern Language Quarterly 45 (1984), 43.
94 KANT (s. Anm. 92), 122.
95 KLAUS L. BERGHAHN, Mit dem Rücken zum Publikum: Autonomie der Kunst und literarische Öffentlichkeit in der Weimarer Klassik, in: W. Wittkowski (Hg.), Revolution und Autonomie. Deutsche Autonomieästhetik im Zeitalter der französischen Revolution (Tübingen 1990), 229.
96 CHRISTA BÜRGER, Der Ursprung der bürgerlichen Institution Kunst. Literatursoziologische Untersuchungen zum klassischen Goethe (Frankfurt a. M. 1977), 206.
97 Vgl. CATHLEEN MUEHLECK-MÜLLER, Schönheit und Freiheit. Die Vollendung der Moderne in der Kunst. Schiller – Kant (Würzburg 1989).
98 Vgl. BERGHAHN (s. Anm. 95).
99 Vgl. WOLFGANG WITTKOWSKI, Zur Konzeption ästhetischer Autonomie in Deutschland, in: Wittkowski (s. Anm. 95), 23.

ches die Problematik des Kantschen Ansatzes deutlich werden läßt. In der *Kritik der Urteilskraft* stellt Kant eine Verbindung beider Bereiche her, indem er »von der Schönheit als Symbol der Sittlichkeit«[100] spricht: »Der Geschmack macht gleichsam den Übergang vom Sinnenreiz zum habituellen moralischen Interesse, ohne einen zu gewaltsamen Sprung, möglich, indem er die Einbildungskraft auch in ihrer Freiheit als zweckmäßig für den Verstand bestimmbar vorstellt, und sogar an Gegenständen der Sinne auch ohne Sinnenreiz ein freies Wohlgefallen finden lehrt.« (298 f.) Noch stärker in der platonischen Tradition wird F. Schlegel dann das Schöne als »die angenehme Erscheinung des Guten«[101] bezeichnen und die Einheit von moralischer und ästhetischer Bildung annehmen. Andererseits liegt es nach Kant in der Natur der »Humanität«, daß »der Geschmack im Grunde ein Beurteilungsvermögen der Versinnlichung sittlicher Ideen« darstellt, so daß »die wahre Propädeutik zur Gründung des Geschmacks die Entwicklung sittlicher Ideen und die Kultur des moralischen Gefühles«[102] ist.

2. Die Entwicklung des Autonomiegedankens bei Schiller

Die Autonomieästhetik Friedrich Schillers fußt, wie er selbst betont, auf Kant, und die Chronologie der philosophischen Schriften zeigt, daß Schiller die zentralen Kategorien seiner Ästhetik zusammen mit dem Autonomiebegriff erst unter dem

---

100 Vgl. KANT (s. Anm. 92), 294 ff.
101 F. SCHLEGEL (s. Anm. 88), 113.
102 KANT (s. Anm. 92), 301.
103 FRIEDRICH SCHILLER, Über den Grund des Vergnügens an tragischen Gegenständen (1792), in: Schiller, Werke und Briefe, hg. v. O. Dann u. a., Bd. 8 (Frankfurt a. M. 1992), 236, 241.
104 Vgl. SCHILLER, Über das Pathetische (1793), in: ebd., 437.
105 Vgl. SCHILLER, Über Anmut und Würde (1793), in: Schiller (s. Anm. 103), 381 f.
106 Vgl. SCHILLER (s. Anm. 103), 236.
107 Vgl. DIETER HENRICH, Der Begriff des Schönen in Schillers Ästhetik, in: Zeitschrift für philosophische Forschung 11 (1957), 527–548.
108 SCHILLER, Kallias, oder über die Schönheit (1793), in: Schiller (s. Anm. 103), 285.

Einfluß Kants formuliert. So ist etwa das »freie Vergnügen« in der Schrift *Über den Grund des Vergnügens an tragischen Gegenständen* (1792) an das »innre Prinzip unserer autonomischen Vernunft«[103] gebunden. Und in den miteinander verwandten Abhandlungen *Über die tragische Kunst* (1792), *Vom Erhabenen* (1793) oder *Über das Pathetische* (1793) steht jeweils wie bei Kant die als Autonomie bezeichnete Selbstbestimmung der Vernunft[104] im Vordergrund, d. h. der Autonomiebegriff ist hier noch keine ästhetische Kategorie. Eine vermittelnde Stellung kommt der Schrift *Über Anmut und Würde* (1793) zu, die die Würde in der Autonomie des Willens[105] verankert. Die – der Schrift *Über naive und sentimentalische Dichtung* (1795) nahestehende – kleine Studie aus dem Nachlaß *Tragödie und Komödie* (entst. 1792–1793) definiert die Freiheit des Gemüts in der Wirkung der Tragödie als Autonomie.

Anders als Kant mußte es Schiller in den ästhetischen Schriften (ähnlich wie Johann Gottlieb Fichte) darum gehen, den philosophisch-sittlichen mit dem ästhetischen Autonomiebegriff zu verknüpfen und die Idee der freien Selbstbestimmung in der Vorstellung eines ernsten Spiels[106] des ästhetischen Vermögens objektiv zu verankern. Die Verbindung von Ästhetik und Moral[107] bildet die Grundlage einer zugleich anthropologisch und geschichtsphilosophisch weiterentwickelten, transzendentalen Reflexion der Kunst bzw. des Schönen, die dann, gleichsam umgekehrt wie bei Kant, den Subjektbegriff aus dem ästhetischen Vermögen des Menschen ableitet. Die Entwicklungslinie dieser Reflexion von den *Kallias-Briefen* (1793) über die *Ästhetische Erziehung* bis zur Abhandlung *Über naive und sentimentalische Dichtung* ist nicht ungebrochen, so daß man bei den in einem engen Zeitraum entstandenen Schriften eher von konkurrierenden als von sukzessiven Lösungsansätzen für das gemeinsame Autonomieproblem sprechen könnte. Von den frühen Schriften, z. B. *Die Schaubühne als moralische Anstalt* (1784), bis zu dem Essay *Über den moralischen Nutzen ästhetischer Sitten* (1796) steht aber die Moralisierung durch Kunst (in der Nachfolge Lessings) im Zentrum des Schillerschen Denkens. In den *Kallias-Briefen* übernimmt Schiller zunächst die Kantsche Bestimmung von Autonomie als »Freiheit in der Erscheinung«[108] und definiert von daher auch die autonome Schönheit als »eine Form, die *keine Erklärung fodert*, oder auch eine solche, die sich *ohne Begriff erklärt*« (290). Die Argumentation zielt aber auf die Versöhnung von »Moralität« und Schönheit in der »moralischen Schönheit« (292), die ihre Vollendung in der Doppelung von Anmut und Würde, von schöner und erhabener Seele findet. Das Gleichnis von dem Mann, der unter die Räuber gefallen ist, dient daher dazu, auch die moralische Schönheit als interesseloses schönes Handeln zu begreifen. Sie ist dann die zur Natur gewordene Pflicht.[109]

Entscheidende Bedeutung hat demnach die Einführung des Naturbegriffs in die Autonomiediskussion, denn wie von einer schönen Handlung nur dann die Rede sein kann, wenn »die Pflicht zur Natur geworden ist« (296), so kann auch das Kunstschöne als »Natur in der Kunstmäßigkeit« (301), d. h. als zu Natur gewordene *Kunst*, definiert werden. Schönheit ist mithin eine ›Freiheit in der Erscheinung‹[110], die die Bedingung der künstlerischen Technik bzw. der moralischen Pflicht in sich aufgehoben hat. Mit diesem dialektischen Schönheits- und Autonomiebegriff gelingt es Schiller nicht nur, Kunst und Moral aufeinander zu beziehen; der Autor gewinnt so auch einen Maßstab für Naturschönheit und die Form-Inhalt-Dialektik. Denn: »Die Form muß im eigentlichsten Sinn zugleich selbstbestimmend und selbstbestimmt sein, nicht bloße Autonomie, sondern Heautonomie muß da sein.«[111] Letztere bezeichnet das Schöne, »weil an diesem die Form durch das innere Wesen bestimmt ist«. Mit anderen Worten, damit von Heautonomie die Rede sein kann, muß Vollkommenheit, »dargestellt mit Freiheit« (310), zur *Natur* geworden sein. In prononcierter Abweichung von klassischen Vorstellungen der Harmonie und ihren Korollarien Ordnung, Proportion usw., aber auch von den idealistischen Vollkommenheitstheorien (und der »ganzen Schar der Vollkommenheitsmänner« [277]) setzt Schiller neben das Prinzip der Autonomie und Freiheit das innere Prinzip der Heautonomie als einer ästhetischen Freiheit, in der – wie es später heißen wird – der »Stoff durch die Form vertilgt«[112] ist. Die zahlreichen Verweise auf einen Bildbereich der Leichtigkeit, Mühelosigkeit und deren Antonyme Schwere, Anstrengung würden es nahelegen, ›Heautonomie‹ als Neubestimmung der Kantschen Interesselosigkeit im Zeichen der Anmut bzw. als bewußten Rekurs auf die neuplatonische Vorstellung der ›inneren Form‹ seit Shaftesbury zu definieren. Zugleich gewinnt der Autor ein Instrumentarium, das in der Abhandlung *Über naive und sentimentalische Dichtung* historisiert werden konnte.

Zunächst aber, in den *Briefen an den Herzog von Augustenburg* von 1793, erhält der Autonomiegedanke eine widerständig politische Bedeutung, insofern das Kunstschöne von den »wandelbaren Formen eines gefälligen und oft ganz entarteten Zeitgeschmacks« abgekoppelt und »dem Notwendigen und Ewigen der menschlichen Natur«, »den Urgesetzen des Geistes« zugeschlagen werden kann: »Daher kann auch die Kunst, mitten unter einem barbarischen und unwürdigen Jahrhundert, rein wie eine Himmlische wandeln.«[113] Die ›Heautonomie‹ bedingt in dieser Perspektive auch die Absage an den Zeitgeist und die Rückbesinnung auf den klassischen Geist der Griechen. Als Programm umgesetzt wird der Gedanke in den überarbeiteten Briefen *Über die ästhetische Erziehung des Menschen* (1795), die Kunst und Moral in der öffentlichen Sphäre der ›schönen Kultur‹ gipfeln lassen. Die Ästhetisierung des Lebens im Zeichen des Heautonomie-Gedankens bedeutet so Erziehung zur Selbstidentität. Das Horenprogramm von 1794 hatte sich explizit zum Ziel gesetzt, »wahre Humanität zu fördern«, »die Schönheit zur Vermittlerin der Wahrheit zu machen« und alles zu »verbannen«, »was mit einem unreinen Parteigeist gestempelt ist«[114]. Vorweggenommen ist dieser Gedanke in der berühmten Kritik *Über Bürgers Gedichte* (1791). Hier fordert der Autor, die arbeitsteilige,

---

109 Vgl. ebd., 296.
110 Vgl. KARL MENGES, Schönheit als Freiheit in der Erscheinung. Zur semiotischen Transformation des Autonomiegedankens in den ästhetischen Schriften Schillers, in: Wittkowski (Hg.), Friedrich Schiller. Kunst, Humanität und Politik in der späten Aufklärung (Tübingen 1982), 181–199.
111 SCHILLER (s. Anm. 108), 306.
112 SCHILLER, Über die ästhetische Erziehung des Menschen (1795), in: Schiller (s. Anm. 103), 641.
113 SCHILLER, Briefe an den Herzog von Augustenburg (1793), in: Schiller (s. Anm. 103), 506 f.
114 SCHILLER, ›Die Horen‹. Ankündigung (1794), in: ebd., 1002.

spezialistisch entfremdete Gesellschaft durch die Dichtung mit sich selbst zu versöhnen und den ganzen Menschen in uns wiederherzustellen. Autonomie der Kunst und Autonomie des Subjekts bedingen einander und sind als Fluchträume bürgerlicher Entfremdungsangst ausgewiesen.[115] Im Gegensatz zu den *Kallias-Briefen* argumentiert Schiller hier dezidiert politisch, läßt aber gerade in der notwendigen utopischen Verlängerung die Ohnmacht des Autonomiegedankens deutlich werden.[116] Die angenommene Autonomie der Kunst verweist auf das Ideal, auch »den Menschen endlich als Selbstzweck zu ehren, und wahre Freiheit zur Grundlage der politischen Verbindung zu machen«, d. h. ein »mündig gewordenes Volk« zu schaffen und den »Naturstaat in einen sittlichen umzuformen«[117]. Autonome Kunst impliziert in dieser Perspektive eine utopische Versöhnung. Ähnlich wie Novalis zur gleichen Zeit den messianischen Auftrag des Dichter-Priesters zur Wiederherstellung eines goldenen Zeitalters der Totalität entdeckt[118], fordert auch Schiller die Autonomisierung des Ich (»Lebe mit deinem Jahrhundert, aber sei nicht sein Geschöpf«[119]) zur Erfüllung der Aufgabe, »das Notwendige *in uns* zur Wirklichkeit zu bringen« (596) und in der »uninteressierten freien Schätzung des reinen Scheins« (668), d. h. des Ästhetischen, einen »ästhetischen Zustand« (636) herzustellen. Für die geforderte Objektivierung des Schönheitsbegriffs ist die Betonung des herkömmlichen Begriffs des Scheins in Verbindung mit dem postulierten ›ästhetischen Zustand‹ ebenso konstitutiv wie symptomatisch. Der Begriff des Scheins liefert die ontologische Begründung der ästhetischen Autonomie, indem er die erstrebte Ganzheit und »Integrität« (637) aus dem pragmatisch gesellschaftlichen Kontext des »gemeinen Lebens« (639) und der Sinnenwelt in den ganz anderen Bereich der »wahren ästhetischen Freiheit« (639) verlegt, wobei die absolute Unabhängigkeit beider Bereiche voneinander vorausgesetzt wird. Das ›Leichte‹ dieser ästhetischen Sphäre begründet dann zugleich deren spielerischen Charakter, welcher das Ästhetische als einen Bereich des ›Als ob‹ und als »Werk der freien Betrachtung« (653) ausweist: »Die Realität der Dinge ist ihr (der Dinge) Werk; der Schein der Dinge ist des Menschen Werk, und ein Gemüt, das sich am Scheine weidet, ergötzt sich schon nicht mehr an dem, was es empfängt, sondern an dem, was es tut« (656). Der Schein des Ästhetischen begründet erst die Autonomie des Menschen, denn: »Dieses menschliche Herrscherrecht übt er aus in der *Kunst des Scheins* « (658), und erst hier ist das Ideal der »Reinigkeit« (638) verwirklicht. In Fortsetzung dieser Überlegungen fordert Schiller als Ergebnis der ästhetischen Erziehung den »ästhetischen Staat« (674), der in Fortsetzung von Jean-Jacques Rousseau und Fichte den Staat »als die politische Gestalt des Schönheitsideals selbst«[120] repräsentiert, dessen Postulat jedoch mit der Autonomiethese kollidiert bzw. diese aufhebt. Unter ähnlichen Prämissen hatte Friedrich Hölderlin im *Ältesten Systemprogramm des deutschen Idealismus* (entst. 1796/1797) die Abschaffung des Staates gefordert.[121] Die in dieser Abhandlung entwickelte Spieltheorie, die der »Annäherung zu jenem Ideale ästhetischer Reinigkeit«[122] dient und auf die Aufhebung des Inhalts in der Form, des ›Lebens‹ in der ›Gestalt‹[123] hinzielt, will denn auch zu dieser politischen Ästhetik nicht recht passen, wie umgekehrt auch das Beispiel der Juno Ludovisi – »In sich selbst ruhet und wohnt die ganze Gestalt, eine völlig geschlossene Schöpfung« (615) – in seinem

---

115 Vgl. ROLF GRIMMINGER, Die ästhetische Versöhnung. Ideologiekritische Aspekte zum Autonomiebegriff am Beispiel Schillers, in: Müller-Seidel (s. Anm. 53), 579–597.
116 Vgl. GERHARD RICHTER, ›Das reine Produkt der Absonderung‹: Schillers Briefe ›Über die ästhetische Erziehung des Menschen‹ im Kontext der Autonomiethese, in: Germanic Notes and Reviews 24 (1993), H. 2, 57–61.
117 SCHILLER (s. Anm. 112), 568, 562.
118 Vgl. HANS-JOACHIM MÄHL, Die Idee des Goldenen Zeitalters im Werk des Novalis. Studien zur Wesensbestimmung der frühromantischen Utopie und zu ihren ideengeschichtlichen Voraussetzungen (Heidelberg 1965).
119 SCHILLER (s. Anm. 112), 586.
120 HANS-HEINO EWERS, Die schöne Individualität. Zur Genesis des bürgerlichen Kunstideals (Stuttgart 1978), 50.
121 Vgl. FRIEDRICH HÖLDERLIN, Das älteste Systemprogramm des deutschen Idealismus (entst. 1796/1797), in: Hölderlin, Werke und Briefe, hg. v. F. Beißner/J. Schmidt, Bd. 2 (Frankfurt a. M. 1969), 647–649.
122 SCHILLER (s. Anm. 112), 639.
123 Vgl. ebd., 609.

II. Autonomie in der deutschen ›Kunstperiode‹ 449

Anklang an Moritz der dynamischen Intention des Spieltriebs nicht gerecht wird und die Widersprüchlichkeit des vorgestellten und für die Autonomiediskussion in Deutschland folgenreichen Modells deutlich werden läßt.

Über naive und sentimentalische Dichtung, »ein soziopolitisches Engagement zur Aufstellung eines degagierten Poesiebegriffs«[124], verzichtet denn auch auf die politische Utopie und führt die schon in der *Ästhetischen Erziehung* anklingende kulturgeschichtliche These im Sinne einer Klassizismustheorie fort, die in F. Schlegels Schrift *Über das Studium der Griechischen Poesie* wieder aufgenommen wird. Das Autonomiekonzept dient hier der »Wiedergewinnung des Naiven unter den Bedingungen der Reflexion«[125]. D.h., Autonomie, wenngleich als solche nicht genannt, stellt die Voraussetzung dafür dar, daß die vollendete Kunst zur Natur zurückkehrt und eine Versöhnung bewirkt, die eben nur noch außerhalb der Gesellschaft im Bereich der Kunst denkbar erscheint.[126] Denn dem sentimentalischen Dichter hat die Natur »die Macht verliehen oder vielmehr einen lebendigen Trieb eingeprägt, jene Einheit, die durch Abstraktion in ihm aufgehoben worden, aus sich selbst wieder herzustellen, die Menschheit in sich vollständig zu machen, und aus einem beschränkten Zustand in einen unendlichen überzugehen«[127]. Umgekehrt darf der naive Zustand, der als »eine Gunst der Natur« (778) bezeichnet wird, insofern als vorautonom bezeichnet werden, als die Natur dem naiven Dichter ermöglicht, »immer als eine ungeteilte Einheit zu wirken, in jedem Moment ein selbständiges und vollendetes Ganzes zu sein« (776). Autonomie und ›Heautonomie‹ bezeichnen somit historisch die Bedingungen der Kunst unter der für den sentimentalischen Künstler charakteristischen Entfremdung.

3. Frühe Romantik

Den hier behandelten Schriften ist gemeinsam, daß sie – vielleicht mit Ausnahme der frühen *Kallias-Briefe* – nicht eigentlich die Autonomie selbst, sondern mögliche Dimensionen des als selbstverständlich gefaßten Begriffs der Autonomie erörtern. Im Mittelpunkt steht dabei das Kriterium der Form oder Gestalt, welche den Stoff bzw. das Leben in sich aufhebt (tilgt!) und zur idealen Anschauung bringt. Das Streben nach dem »Ideal ästhetischer Reinigkeit«[128] und das Ziel der ästhetischen Vollkommenheit, charakteristisch für die kurze Zeitspanne idealistischer Kunsttheorie, werden in dieser Unbedingtheit erst wieder in der Generation Flauberts, Baudelaires und Mallarmés thematisch werden, wo die ›reine Dichtung‹ den Widerstand gegen die bürgerliche Wirklichkeit indiziert. F. Schlegels Schrift *Über das Studium der Griechischen Poesie* (1795–1797), die Karl Robert Mandelkow zusammen mit der Schillerschen Abhandlung zu den »Gründungsurkunden einer klassisch-romantischen Literaturtheorie«[129] rechnet, situiert sich in dem nämlichen Problemfeld wie die von Schlegel explizit genannte »*Abhandlung über die sentimentalen Dichter*«[130] (sic!), indem es auch hier darum geht, die verlorene »ursprüngliche Natur« (96) und gleichsam noch »natürliche Poesie« (111) der griechischen Kunst und Literatur im zeitgenössischen Horizont der Perfektibilitätstheorie[131] und unter den Bedingungen der Moderne einzuholen. Fast wörtlich nimmt Schlegel die Formel der »endlosen Annäherung« (85) die Schillersche Wendung auf, um die absolute Dimension klassischer Formgebung zu umreißen. Dabei vermeidet er aber offensichtlich und wohl kaum zufällig den Terminus Autonomie und spricht statt dessen von dem Ideal des »Objektiven«, welches »das höchste Schöne, ein Maximum von objektiver ästhetischer Vollkommenheit« (84) meint. Nur in der Schrift *Von der Schönheit in der Dichtkunst* (1796) bezeichnet der Autor die »Einheit des schönen Objekts«, die im Schillerschen Sinn durch »Selbstgenügsamkeit« und »innere Vollständigkeit« defi-

---

124 WÖLFEL (s. Anm. 53), 572.
125 PETER SZONDI, Das Naive und das Sentimentalische, in: Szondi, Lektüren und Lektionen (Frankfurt a. M. 1973), 98.
126 Vgl. EWERS (s. Anm. 120), 112 ff.
127 SCHILLER, Beschluß der Abhandlung ueber naive und sentimentalische Dichtung (1796), in: Schiller (s. Anm. 103), 776 f.
128 SCHILLER (s. Anm. 112), 639.
129 MANDELKOW (s. Anm. 86), 57.
130 F. SCHLEGEL (s. Anm. 88), 64.
131 Vgl. ebd., 102.

niert ist, als »ein Maximum der Autonomie«[132]. Der »divinatorische Charakter«[133], den das Autonomiepostulat in der Romantik annimmt, geht ja insofern über die bloße Autonomie von heteronomischen Zwecken hinaus, als die unter Legitimationsdruck geratene Kunst in paradoxer Inversion »zum absoluten Einheitspunkt aller getrennten Wirklichkeitsbereiche überhöht«[134] wird. Voraussetzung ist auch hier mit Kant »ein uninteressiertes Wohlgefallen, welches von dem Zwange des Bedürfnisses und des Gesetzes gleich unabhängig, frei und dennoch notwendig, ganz zwecklos und dennoch unbedingt zweckmäßig ist«. Ganz im Sinne einer solchen formal bestimmten Autonomie wird daher die »ästhetische Heteronomie« einzig in der »Herrschaft des Interessanten, Charakteristischen und Manirierten«[135] gesehen.

Das in der ›unendlichen Annäherung‹ bereits implizierte Ideal einer ›progressiven Universalpoesie‹, wie es in den *Athenäums-Fragmenten* (1798/1799) und im *Gespräch über Poesie* (1800) entwickelt wird, steht im Zeichen des romantischen Geniebegriffs. Für den Kantschüler Schelling ist Kunst die Selbstgesetzgebung des Genies, denn »das Genie ist autonomisch, nur der fremden Gesetzgebung entzieht es sich, nicht der eigenen, denn es ist nur Genie, insofern es höchste Gesetzgebung ist«[136]. Unter dem Einfluß von Fichtes *Wissenschaftslehre*, welche die Einbildungskraft als transzendentales

Prinzip herausstellt, verweist die absolut gesetzte Kunst überdies auf das Ideal der Einheit von Kunst und Wissenschaft. A. W. Schlegel bezeichnet daher die Kunstgeschichte als »Poesie in der zweiten Potenz«[137]. Seltsamerweise meidet F. Schlegel auch in diesem Zusammenhang den Terminus Autonomie und ersetzt ihn durch die herkömmlichen Kategorien der Zweckfreiheit, Vollendung, der ›Ausübung um ihrer selbst willen‹, ja das Adjektiv ›ästhetisch‹, z. B. in dem *Athenäums-Fragment* 206: »Ein Fragment muß gleich einem kleinen Kunstwerke von der umgebenden Welt ganz abgesondert und in sich selbst vollendet sein wie ein Igel.«[138] Ebenso wird die Aufhebung der Trennwand zwischen Wissenschaft und Dichtung mit der Formel ›um seiner selbst willen‹ begründet: »Jede Kunst und jede Wissenschaft, die durch die Rede wirkt, wenn sie als Kunst um ihrer selbst geübt wird, und wenn sie den höchsten Gipfel erreicht, erscheint als Poesie.« Auch benützt der Autor die Moritzsche Formel des Insichvollendeten als Wertkriterium der Literatur; Schauspiele z. B. sind »nur Mittel zum Zweck; es fehlt ihnen das Selbständige, Insichvollendete«[139]. In ähnlicher Perspektive schreibt Hölderlin im *Ältesten Systemprogramm des deutschen Idealismus*: »Ich bin nun überzeugt, daß der höchste Akt der Vernunft, der, indem sie alle Ideen umfaßt, ein ästhetischer Akt ist, und daß Wahrheit und Güte, nur in der Schönheit verschwistert sind.« Das daraus abgeleitete Postulat der Überwindung der Einzeldisziplinen durch Poesie verleiht dieser eine herausragende, eigentlich autonome Stellung: Poesie wird danach »am Ende wieder, was sie am Anfang war – Lehrerin der Menschheit; denn es gibt keine Philosophie, keine Geschichte mehr, die Dichtkunst allein wird alle übrigen Wissenschaften und Künste überleben.«[140] Anders als F. Schlegel benützt A. W. Schlegel den Autonomiebegriff, entkleidet ihn aber aller progressiven Konnotationen. »Autonomie der Kunst« bezeichnet »die Selbständigkeit des Schönen, seine wesentliche Verschiedenheit und seine Unabhängigkeit vom sittlich Guten, d. h.: »Autonomisch ist sie, wenn die Anlage dazu ihr auch selbst das Gesetz gibt; heteronomisch, wenn sie es von einer fremden Anlage entlehnen muß.«[141] Mit der Autonomie wird hier der allen Künsten gemeinsame Charakter der Kunst defi-

---

132 F. SCHLEGEL, Von der Schönheit in der Dichtkunst (1796), in: Schlegel, Kritische Schriften und Fragmente, hg. v. E. Behler/H. Eichner, Bd. 5 (Paderborn u. a. 1988), 173.
133 F. SCHLEGEL (s. Anm. 88), 66.
134 MANDELKOW (s. Anm. 86), 66.
135 F. SCHLEGEL (s. Anm. 88), 84, 93.
136 SCHELLING, Vorlesung über die Methode des akademischen Studiums (1802–1803), in: SCHELLING, Abt. 1, Bd. 5 (1859), 349.
137 AUGUST WILHELM SCHLEGEL, Die Kunstlehre. Kritische Schriften und Briefe, hg. v. E. Lohner, Bd. 2 (Stuttgart 1963), 23.
138 F. SCHLEGEL, Athenäums-Fragmente (1798/1799), in: Schlegel, Kritische Schriften und Fragmente, hg. v. E. Behler/H. Eichner, Bd. 2 (Paderborn u. a. 1988), 123.
139 F. SCHLEGEL, Gespräch über die Poesie (1800), in: ebd., 198, 208.
140 HÖLDERLIN (s. Anm. 121), 648.
141 A. W. SCHLEGEL (s. Anm. 137), 15.

niert und diese von den nützlichen Künsten unterschieden. Zugleich dient die Definition dazu, Kritik an dem durch Baumgarten eingeführten Ästhetikbegriff zu formulieren.

Eine ›Problematisierung der Kunstautonomie‹[142] impliziert auch die religiös fundierte Kategorie des *Gewissens* bei Novalis. Als Vermittlungsinstanz des göttlichen Willens hat die Kunst hier die Aufgabe, die »Regsamkeit des höchsten eigentümlichsten Daseins« und damit erst Tugendhaftigkeit und volles Menschsein auszubilden: »So kann kein Zweifel sein, daß Novalis hier gegen den Gebotscharakter der Kantischen Ethik Spontaneität und gegen den Primat der Vernunft bei Kant und Fichte den des Gewissens setzt. Zugleich aber hat er in Übereinstimmung mit Schleiermacher, dem zufolge die Religion ›den Menschen Universalität‹ gibt, im ›höchsten‹ Dasein auch den Gedanken der vollendeten Subjektivität festgehalten. Aus diesem Grund wird man das ›höchste eigentümlichste Dasein‹ die theologische Variante oder vielmehr das theologische Gegenstück des klassischen Humanitätsideals nennen können.«[143] Die in den *Athenäums-Fragmenten* (6, 42; 6, 214 und 12, 35 aus den Jahren 1798/1799) sichtbare Auseinandersetzung von Novalis mit der Schillerschen Position macht denn auch deutlich, in welcher problematischen Stellung der ›messianische‹ Literaturbegriff einiger Romantiker zur Autonomievorstellung der Klassik steht. Novalis nimmt hier eine grundlegende Dialektik der europäischen Romantik vorweg. Die Resakralisierung der Kunst – bei Moritz bereits angedeutet und auch in der ›Theokratie des Schönen‹ bei Hölderlin[144] sichtbar – kann als gegenläufiger Prozeß zu der Modernisierung gesehen werden, die mit dem Verlust der magischen und religiösen Funktion der Kunst erkauft wurde. Im Gegensatz zu Hölderlin bleibt die Zielvorstellung der religiösen Erweckung durch Kunst bei Novalis freilich unpolitisch, ja reaktionär. Auch diese der utopischen Zielsetzung entsprechende relative Unabhängigkeit der Kunst ist ganz auf die ›Allfähigkeit der innern Menschheit‹ ausgerichtet und bleibt kompensatorisch. Die im Anschluß an Joachim Ritter von Odo Marquard[145] vertretene ›Kompensationstheorie‹ scheint hier vorgebildet. »Die seelischen Schäden, welche nach Novalis die Ökonomie dem Menschen zufügt, werden von der Dichtung gleichsam kompensiert.«[146] Die in *Die Christenheit oder Europa* (entst. 1799) verkündete Utopie einer künftigen ›Regierung Gottes auf Erden‹, die aus einer neuen ›heiligen Revolution‹ hervorgehen soll, verleiht der Kunst bestenfalls den Status eines provisorischen Korrektivs unter den gegenwärtigen Bedingungen.

Die entscheidende Fortentwicklung des Autonomiekonzepts der Klassik läge dagegen weniger in der Sakralisierung der Kunst als in dem Prinzip der romantischen Ironie und der Vorstellung eines ›absoluten‹, sich selbst reflektierenden Kunstwerks.[147] Ohne daß auch hier von Autonomie explizit die Rede ist, entwirft F. Schlegel in dem berühmten *Athenäums-Fragment* 116 die Konzeption einer »progressiven Universalpoesie«, deren Ziel es ist, nicht nur »alle getrennten Gattungen der Poesie wieder zu vereinigen, und die Poesie mit der Philosophie und Rhetorik in Berührung zu setzen«[148] sowie die Trennung zwischen Kunst, Leben und Gesellschaft, hoher und niederer Kunst zu überwinden; gemeint ist auch eine mit sich selbst spielende, sich selbst reflektierende »autopoïesie«, d. h. »la géréricité, si l'on ose dire, et la générativité de la littérature, se saisissant et se produisant elles-mêmes en une œuvre inédite, infiniment inédite, l'absolu, par conséquent, de la littérature«. Es geht um eine neue Form der Selbstreflexion und Selbstreflexivität, in der die Kunst spielend von allen Einschränkungen, auch denen religiöser oder ästhetischer Art, löst, um sich als autonomes Gebilde zu begreifen. Das »absolu littéraire« ist nach Philippe Lacoue-Labarthe und Jean-Luc Nancy »la théorie elle-même comme littérature« und verkör-

---

142 Vgl. ROLF-PETER JANZ, Autonomie und soziale Funktion der Kunst. Studien zur Ästhetik von Schiller und Novalis (Stuttgart 1973), 67 ff.
143 Ebd., 70.
144 Vgl. EWERS (s. Anm. 120), 66 ff.
145 Vgl. ODO MARQUARD, Aesthetica und Anaesthetica. Philosophische Überlegungen (Paderborn u. a. 1989), 64 ff., 113 ff.
146 JANZ (s. Anm. 142), 115.
147 Vgl. WINFRIED MENNINGHAUS, Unendliche Verdoppelung. Die frühromantische Grundlegung der Kunsttheorie im Begriff absoluter Selbstreflexion (Frankfurt a. M. 1987).
148 F. SCHLEGEL (s. Anm. 138), 114.

pert das »inconscient romantique«[149] der Moderne (und wohl auch der Postmoderne). Die neue Poesie soll, wie F. Schlegel schreibt, »frei von allem realen und idealen Interesse auf den Flügeln der poetischen Reflexion in der Mitte schweben, diese Reflexion immer wieder potenzieren und wie in einer endlosen Reihe von Spiegeln vervielfachen«[150]. Von allen inhaltlichen und normativen Bindungen gelöst, nicht einmal mehr dem Diktat der Vollkommenheit und des Insichvollendeten unterworfen, eröffnet diese Art der Poesie »die Aussicht auf eine grenzenlos wachsende Klassizität«, die »durch keine Theorie erschöpft werden« kann und sich durch *absolute* Freiheit auszeichnet: »Sie allein ist unendlich, wie sie allein frei ist, und das als ihr erstes Gesetz anerkennt, daß die Willkür des Dichters kein Gesetz über sich leide.«[151] Dies entspricht genau der philosophischen Grundlegung des Autonomiebegriffs, der merkwürdigerweise dennoch keine Anwendung findet. Die Vorstellung weist überdies (ohne daß eine konkrete Rezeption nachzuweisen wäre) auf Flaubert, Mallarmé, Nietzsche und Gide voraus, dessen Konzeption des acte gratuit hier erstmals – avant la lettre – autopoietisch verankert scheint.

Die *Athenäums-Fragmente* umschreiben wahrscheinlich die zeitgeschichtlich avancierteste Position, die sich grundlegend von den Versuchen unterscheidet, den Selbstzweck der Kunst rezeptionsästhetisch oder ontologisch zu verankern. Demgegenüber dürfte die Leistung Hegels darin zu sehen sein, daß er die Autonomiedebatte in Fortführung von Ansätzen bei Schiller und F. Schlegel konsequent historisiert und damit zugleich Resakralisierungstendenzen der Romantik bzw. Schellings ebenso überwindet, wie er die Autonomiedebatte gleichsam entauratisiert. Hegel verzichtet auf die explizite Verwendung des Autonomiebegriffs und spricht statt dessen von Verselbständigung und »formeller Selbständigkeit«[152], die sich aus der Dissoziation von Kunst und Religion

in der Moderne ergeben. Zwar spricht der Autor noch von einem speziellen »Kunstinteresse« und grenzt das Kunstschöne im Kantschen Sinn ebenso von dem »praktischen Interesse der Begierde« wie von der Strenge des Gedankens ab, um im Unterschied zur »wissenschaftlichen Intelligenz« das Kunstinteresse auf den »Gegenstand in seiner einzelnen Existenz« (81) einzuschränken. Und Kant folgend definiert er das Schöne als »zweckmäßig in sich selbst, ohne daß Mittel und Zweck sich als verschiedene Seiten getrennt zeigen« (99). Auch die bekannte Definition der Kunst als »das sinnliche Scheinen der Idee« (146) bzw. »Schein des Sinnlichen« (81) und der Hinweis auf »die freie Tätigkeit der Phantasie« (53) scheinen an Schiller anzuknüpfen, dem das Verdienst zugesprochen wird, »die Kantische Subjektivität und Abstraktion des Denkens durchbrochen« (101) zu haben. Doch die dialektische Bestimmung der Kunst als Versöhnung von sinnlicher Anschauung und Idee und die Definition des »Endzwecks«, »die Wahrheit in Form der sinnlichen Kunstgestaltung zu enthüllen« (96), deutet zwar Autonomie an, verleiht der Kunst aber andererseits eine zentrale, zugleich ontische und historische Funktion der Vermittlung, die die Autonomievorstellung historisch relativiert. Als die »erste Lehrerin der Völker« (92) – die Formel stammt noch aus dem *Ältesten Systemprogramm* – und Medium der Selbsterkenntnis des historischen Subjekts ist die Kunst ja zugleich Epiphanie historischer Wahrheit und Parameter der geschichtlichen Entwicklung und als solche von jener auch dialektisch abhängig. Die lehrhafte Funktion im Sinn der klassischen Rhetorik erledigt sich in dieser Perspektive zwar von selbst und wird nicht zufällig zusammen mit den trivialen Formen des »bloßen Spiels der Unterhaltung« (93) als herabsetzend bewertet, der philosophische »Endzweck« der Enthüllung von Wahrheit impliziert aber eine dialektische Beziehung zur Realität, die mit dem Autonomiebegriff kaum mehr adäquat zu erfassen sein dürfte und bekanntlich die methodische Grundlage der späteren marxistischen Kunstauffassung und im weiteren Sinn der Widerspiegelungsästhetik bildet. Denn als Gehaltsästhetik hebt sich die auf die Berliner Vorlesungen der 20er Jahre zurückgehende, mithin späte »Philosophie der Kunst« (573), nach Lukács die »letzte umfassende wissen-

---

149 PHILIPPE LACOUE-LABARTHE/JEAN-LUC NANCY, L'absolu littéraire. Théorie de la littérature du romantisme allemand (Paris 1978), 21 f.
150 F. SCHLEGEL (s. Anm. 138), 114f.
151 Ebd., 115.
152 HEGEL (ÄSTH), 541.

schaftliche, theoretische und geschichtliche Synthese der Kunstphilosophie, zu der die bürgerliche Philosophie gelangen konnte«[153], grundsätzlich von dem formalen Kantschen Ästhetikansatz ab und situiert sich in ihrer historisch-systemtheoretischen Ausrichtung eher in der spätaufklärerischen Tradition, die ursprünglich auch den klassizistischen Ansatz in der *Phänomenologie des Geistes* prägte. Der Romantik und insbesondere Schelling verpflichtet ist der zentrale Nexus von Kunst und Religion, den Hegel in seinem Dreistufenmodell von ›symbolischer‹ Kunst über ›klassische‹ Kunst zur ›romantischen‹ Kunst (im Sinne des Romantikbegriffs der Brüder Schlegel) historisiert; hat die Kunst in allen drei Stufen die Funktion, das Unendliche oder das absolut Göttliche zu spiegeln, so führt die religiöse Krise der Moderne dazu, daß das Unendliche in die Unendlichkeit der menschlichen Subjektivität umschlägt. Hegel weist die erst jetzt gegebene Selbständigkeit der Kunst als Produkt der »Auflösung der romantischen Kunstform«[154] aus, wobei er die moderne Weiterentwicklung der Kunst zum »freien Instrument« (568) nicht ohne negative Konnotationen wie z. B. »Zufälligkeit« (552) definiert. Der Verlust des Göttlichen bzw. dessen Objektivierung im »weltlichen Gehalt der Subjektivität« (569) erscheint zwar als Bedingung der Möglichkeit des autonomen Künstlers: »Hiermit erhält der Künstler seinen Inhalt an ihm selber und ist der wirklich sich selbst bestimmende, die Unendlichkeit seiner Gefühle und Situationen betrachtende, ersinnende und ausdrückende Menschengeist« (570). In der Perspektive der »romantischen« Kunst, die »schon auf eine höhere Form des Bewußtseins, als die Kunst zu geben imstande ist, hindeutet« (427), erscheint Autonomie (sofern man den Begriff substituieren darf) dennoch als Ausdruck eines geschichtsphilosophisch begründeten Funktionsverlusts. Unabhängig davon bleibt dieser Hegelsche Ansatz in seiner abstrakten Allgemeinheit für die folgende Autonomiediskussion offensichtlich weitgehend irrelevant.

III. Infragestellung und Rezeption der Autonomieästhetik von der Romantik bis zum Vormärz

1. Die deutsche Entwicklung bis Heine

Wie die ›Problematisierung der Kunstautonomie‹ bei Novalis[155] bereits gezeigt hat, ist es wahrscheinlich nicht möglich, eine einheitliche Position der deutschen Romantik im Hinblick auf die Autonomiediskussion festzulegen. Für christliche Theoretiker wie Friedrich Heinrich Jacobi, Carl Leonhard Reinhold, den späten F. Schlegel oder Franz von Baader disqualifiziert sich der Autonomiebegriff von vornherein, insofern er die religiöse Abhängigkeit des menschlichen Denkens negiert. So bekämpft Reinhold die transzendentale Begründung der Autonomie als Ausdruck einer »sich selbst verkennenden Selbstsucht«[156] des Ich. In ähnlicher Perspektive verurteilt von Baader die »ganze neue Irrlehre der Autonomie des Menschen und seiner absoluten Selbstbegründung«[157], da die absolute Autonomie nur Gott selbst zukomme und eine ideologische Kopie der Lehre von der Volkssouveränität sei. Die hier deutlich werdenden Vorbehalte gegen den Autonomiebegriff werden für die christlichen Positionen des gesamten 19. Jh. Gültigkeit haben.

Von anderer Seite, aus einer letztlich aufklärerischen Position, kommt die ›antiklassische Opposition‹[158], die ebenfalls den Autonomiegedanken

---

153 LUKÁCS, Hegels Ästhetik (1952), in: LUKÁCS, Bd. 10 (1969), 120.
154 HEGEL (ÄSTH), 558.
155 Vgl. JANZ (s. Anm. 142), 49 ff.
156 CARL LEONHARD REINHOLD, Über die Autonomie als Princip der praktischen Philosophie der Kantischen- und der gesammten Philosophie der Fichtisch-schellingschen Schule (1801), in: Beyträge zur leichtern Übersicht des Zustandes der Philosophie beim Anfange des 19. Jahrhunderts, H. 2 (1801), 138; vgl. FEIL (s. Anm. 1), 82 ff.
157 FRANZ VON BAADER, Über Religion und religiöse Philosophie im Gegensatze sowohl der Religionsunphilosophie als der irreligiösen Philosophie (1831), in: von Baader, Sämmtl. Werke, hg. v. F. Hoffmann, Abt. 1, Bd. 1 (Leipzig 1851), 326.
158 Vgl. PETER SPRENGEL, Antiklassische Opposition. Herder – Jacobi – Jean Paul, in: von See (s. Anm. 86), 249–272.

kreist. Hierzu gehört die Kritik Herders an dem Goetheschen Klassizismus ebenso wie an der Ästhetik des frühen F. Schlegel. Sie gründet in der Ablehnung des transzendentalen Idealismus, die Herder in der *Metakritik der Kritik der reinen Vernunft* (1799) und in der nachfolgenden Kritik der *Kritik der Urteilskraft*, *Kalligone* (1800), darlegt. Kernpunkte sind eine moralistische Kunstauffassung und ein Nützlichkeitspostulat, die sich sowohl gegen die angebliche Interesselosigkeit des ästhetischen Urteils wie gegen den Begriff des freien Spiels bei Schiller richten. Dabei wendet sich die polemische Argumentation vornehmlich gegen das Konzept der Interesselosigkeit, während Autonomie als solche nicht erwähnt wird.[159] In dieselbe Richtung zielt die Geniekritik Jacobis, der in der endgültigen Fassung des *Allswill*-Romans (1792) die moralische Bedenklichkeit des nur sich selbst verpflichteten autonomen Genies herausstellt; Goethes Ode *Prometheus* (um 1774) hat hier die Funktion eines Basistextes. Als Thesenroman »gegen die ästhetisch/artistische und philosophische Trennung des Ichs von der Beschauung«[160] kann endlich Jean Pauls *Titan* (entst. 1792 ff.) gewertet werden. Der Kult der Form erscheint nicht als Perspektive der Versöhnung und Überwindung der zeitgeschichtlichen Krise, sondern als deren eigentlicher Ausdruck, denn »Von nichts wimmelt unsere Zeit so sehr als von Ästhetikern«. Autonomie, als solche wiederum nicht genannt, aber wohl gemeint, erscheint als Symptom »der gesetzlosen Willkür des jetzigen Zeitgeistes – der lieber ichsüchtig die Welt und das All vernichtet, um sich im freien Spiel-Raum im Nichts auszuleeren«[161].

Die noch von der späten Empfindsamkeit geprägte Poetik Jean Pauls steht im deutschen Vormärz für »die Einheit von Kunst und Leben, die man für sich selbst erstrebte und bei Goethe schmählich vernachlässigt fand«[162]. Ludwig Börnes *Denkrede auf Jean Paul* (1825) markiert einen Höhepunkt antiklassischer und antiautonomer Haltung; ähnlich wie die Kritik der Junghegelianer an »Hegels philosophischer Stillstellung der Zeit und vernünftiger Konservierung des Bestehenden«[163] richtet sich die Kritik der Jungdeutschen an Goethe und Schiller gegen zeitferne Ästhetisierung und spielt die Aufklärer gegen die Klassiker aus. Karl Gutzkows Schrift *Zur Philosophie der Geschichte* (1836) betont im aufklärerischen Sinn den ›Zweck der Geschichte‹ und weist der Literatur, besonders Drama und Roman, eine konkrete historische Aufgabe zu. Die dem Jungen Deutschland gewidmeten *Ästhetischen Feldzüge* (1834) von Ludolf Wienbarg fordern dementsprechend vom Schriftsteller, »im Strom der Welt« zu schwimmen und die Kunst mit dem Leben zu verbinden; politische Bildung soll hier der ästhetischen »vorangehen«[164]. Die antizipatorische Kunsttheorie der Jungdeutschen Arnold Ruge und Theodor Wundt betont ebenfalls in Anlehnung an die Hegelsche Dialektik die kritische und aktive Rolle der Kunst. In Wundts *Ästhetik. Die Idee der Schönheit und des Kunstwerks im Lichte unserer Zeit* (1845) spielt der Autonomiebegriff ebensowenig eine Rolle wie in der monumentalen *Ästhetik oder Wissenschaft des Schönen* (1846–1858) von Friedrich Theodor Vischer.

Die schwankende Haltung von Heinrich Heine, dessen Lehrer A. W. Schlegel war, belegen die zwischen 1833/1835 und 1837 entstandenen Schriften *Romantische Schule* und *Über die französische Bühne*. Der Verfasser der *Romantischen Schule*, literaturgeschichtlicher Abriß, Korrektur des von Mme de Staël entworfenen Deutschlandbildes und Klärung des eigenen Standpunkts durch die »Loslösung aus dem romantischen Erbe«[165], spottet über Mittelalternostalgie und romantische Traumwelten und fordert die Verankerung der Literatur in der Wirklichkeit. Als Gewährsmann dient dem Autor hier Schiller, »der sich jener ersten [wirklichen – d. Verf.] Welt viel bestimmter angeschlossen hat als Goethe«; die »Goetheaner« nämlich betrachteten »die Kunst als eine unabhängige zweite Welt« und

---

159 Vgl. JOHANN GOTTFRIED HERDER, Kalligone (1800), in: HERDER, Bd. 22 (1880), 73–114.
160 SPRENGEL (s. Anm. 158), 254.
161 JEAN PAUL, Vorschule der Ästhetik. Kleine Nachschule zur ästhetischen Vorschule (1804), hg. v. N. Miller (München ²1974), 22, 31.
162 SPRENGEL (s. Anm. 158), 267.
163 DIETRICH NAUMANN, Geschichtsphilosophie – Zeitkritik – Szientismus. Philosophische Strömungen der Restaurationsära, in: von See u. a. (s. Anm. 86), Bd. 16 (Wiesbaden 1985), 62.
164 LUDOLF WIENBARG, Ästhetische Feldzüge (1834; Berlin/Weimar 1964), 188.
165 EBERHARD GALLEY, Heinrich Heine (Stuttgart 1967), 37.

»ließen sich dadurch verleiten, die Kunst selbst als das Höchste zu proklamieren, und von den Ansprüchen jener ersten wirklichen Welt, welcher doch der Vorrang gebührt, sich abzuwenden«[166]. Jenseits der Autonomiedebatte der deutschen ›Kunstperiode‹ läßt die verhaltene Kritik Heines an einem ›abgehobenen‹, nicht-engagierten Kunstideal den französischen Hintergrund und die zeitgenössischen Auseinandersetzungen um Art social und L'art pour l'art erkennen.[167] Um Autonomie im institutionellen und ideologischen Sinn geht es – im Zusammenhang mit einer Würdigung Victor Hugos – in den Briefen *Über die französische Bühne*. Gegen den engagierten Kunstanspruch der saintsimonistischen »Kirche« gewendet, bekennt sich Heine hier scheinbar uneingeschränkt zum Ideal der Autonomie: »denn [...] ich bin für die Autonomie der Kunst, weder der Religion, noch der Politik soll sie als Magd dienen, sie ist sich selber letzter Zweck, wie die Welt selbst.« Im Lichte der früheren Stellungnahmen in der *Romantischen Schule* ist es nicht ohne Ironie, daß jetzt Goethe zusammen mit Hugo als Opfer eines moralisierenden, anti-autonomen Kunstideals genannt wird: »Hier begegnen wir denselben einseitigen Vorwürfen, die schon Goethe von unseren Frommen zu ertragen hatte.«[168] Trotzdem wird man nicht von einem Widerspruch sprechen wollen. Mit der Formel der ›Kunst als Magd‹ von Religion oder Politik reduziert Heine den Autonomiebegriff auf die ursprünglichen Konnotationen von Eigengesetzlichkeit und Freiheit, ohne den Anspruch auf die Verbindung von Kunst und Leben in der Auseinandersetzung mit der ›ersten wirklichen Welt‹ aufzugeben. Diese vermittelnde Haltung kann in gewisser Weise als repräsentativ für die deutsche Literarästhetik des 19. Jh. gelten.

freilich gegen engagierte Kunsttheorien wie den Art social immer wieder verteidigt werden mußte. Besonders langsam und halbherzig vollzog sich der Prozeß der Anerkennung daher in Frankreich, das in der Gestalt des aufgeklärten philosophe und homme de lettres bereits im 18. Jh. eine relative Unabhängigkeit der Kunst und Literatur als Bedingung kritischer Positionen durchgesetzt hatte. In geistesgeschichtlicher Perspektive wäre auf die Bedeutung eines autonomen Naturbegriffs zu verweisen, der – gleichsam außerhalb geschichtlicher Bedingtheit – Klassizität verbürgt. Rousseau hat im *Emile* die notwendige Wahl zwischen »la nature« und »les institutions sociales« zur Grundlage seiner These einer naturhaften, und das heißt auch: autonomen, Erziehung gemacht: »l'homme naturel est tout pour lui; il est l'unité numérique, l'entier absolu, qui n'a de rapport qu'à lui-même ou à son semblable.«[169] Daraus folgt auch die Unabhängigkeit einer nur den Gesetzen der Natur verpflichteten Kunst, die sich aus dem herkömmlichen Regelsystem löst und traditionelle Inhalte und Darstellungsformen wie etwa die Mythologie durch das interessante Individuelle ersetzt. In diesem Sinne hat z. B. Stefan Germer die Malerei seit 1750 als eine Form der Autonomisierung begriffen, die aus dem Zerfall der äußeren Referenzsysteme resultiert.[170]

Das eigentliche Stichwort der Kunst- und Literaturtheorie der Spätaufklärung und des romantischen Liberalismus ist daher nicht Autonomie, sondern ein – im Gegensatz zum deutschen Idealismus – durchaus auch politisch gemeintes Konzept der *Freiheit* der Kunst, wie es erstmals programmatisch in der Schrift *Advice to an author* (1710) von Shaftesbury eingeführt[171] und in den Geniekonzepten der Aufklärung und Frühroman-

2. ›Freiheit‹ der Kunst in Frankreich und Italien zwischen Spätaufklärung und Romantik

In seiner Kritik der emphatischen Autonomieposition der Klassik scheint Heine richtig zu sehen, daß die Autonomie zu seiner Zeit – in der Literatur ähnlich wie in den bildenden Künsten – durch den Zerfall des mäzenatischen Systems und der öffentlichen Funktion der Kunst spätestens seit der Französischen Revolution realiter vollzogen war,

---

166 HEINRICH HEINE, Die Romantische Schule (1835), in: Heine, Sämtliche Schriften, hg. v. K. Briegleb, Bd. 3 (München 1971), 393.
167 Vgl. PAUL BÉNICHOU, Le temps des prophètes. Doctrines de l'âge romantique (Paris 1977).
168 HEINE, Über die französische Bühne (1840), in: Heine (s. Anm. 166), 317.
169 JEAN-JACQUES ROUSSEAU, Emile ou de l'éducation (1762), hg. v. F. u. P. Richard (Paris 1961), 9.
170 Vgl. GERMER (s. Anm. 9).
171 Vgl. SHAFTESBURY (s. Anm. 55), 124 ff.

tik weiterentwickelt wird. Noch W. von Humboldt spricht in den *Essais aesthétiques* von 1799 nicht von Autonomie, sondern von der »liberté entière«[172], die die »imagination poétique« auszeichne und sie grundsätzlich von anderen Formen der Einbildungskraft unterscheide: »l'art est le talent de représenter la nature par la seule imagination, libre et indépendante dans son action.«[173] Diese (institutionell verstandene) Freiheit impliziert zwar auch im Sinne Winckelmanns (»Freiheit, die Pflegerin der Künste«[174]), des deutschen Idealismus und besonders der Spieltheorie Schillers die Befreiung von alltäglichen Sachzwängen »dans le cours ordinaire de la vie«, die Enthebung der »existence bornée du moment«[175], bleibt aber grundsätzlich dem aufklärerischen Ideal einer nützlichen Kunst verpflichtet. Die ›Unabhängigkeitserklärung‹ der Literatur wird in Italien bereits 1786 in der programmatischen Schrift *Del principe e delle lettere* von Vittorio Alfieri abgegeben, der damit eine lange Tradition republikanischer Literaturtheorie in Italien begründet. Noch Giacomo Leopardi bezieht sich darauf, wenn er »originalità« und »facoltà creatrice« mit dem »spirito libero« verknüpft und programmatisch feststellt, daß »l'utile non è il fine della poesia«[176] (das Nützliche nicht der Zweck der Dichtung ist). In Frankreich sind es vor allem die Autoren der sog. Gruppe von Coppet, Mme de Staël, Benjamin Constant, Simonde de Sismondi u. a., die von diesem Begriff ausgehen. In der fragmentarischen, nie veröffentlichten Schrift *La littérature et la liberté* (um 1810) bindet Constant der »perfection littéraire« geschichtsphilosophisch an Epochen der Freiheit und definiert Freiheit als Grundbedingung von Literatur: »Tout écrivain de mérite est poussé nécessairement vers l'amour de la liberté.«[177] Die von Antoine Condorcet übernommene und weiterentwickelte Theorie der »perfectibilité« setzt voraus, daß »la liberté [...] est indispensable à tous les progrès de l'esprit humain: elle l'est même aux progrès de la littérature proprement dite«[178]. Nicht anders argumentiert Mme de Staël, wenn sie in *De la littérature* (1800) eine postrevolutionäre Literatur der Freiheit anmahnt und die Frage nach der Möglichkeit einer neuen geistigen Elite und ihrer gesellschaftlichen Verantwortung stellt.

Eine nennenswerte Rezeption der Kantschen Ästhetik-Theorie und der Position des deutschen Idealismus ist in Frankreich nicht nachweisbar, obwohl die erste Übersetzung der *Kritik der Urteilskraft* durch Hercule Peyer-Imhoff unter dem Titel *Observations sur le sentiment du beau et du sublime* schon 1796 erschien (eine weitere Übersetzung unter dem Titel *Critique du jugement* durch J. Barni wurde erst 1846 vorgelegt). Übersetzungen von Schiller (*Mélanges philosophiques, esthétiques et littéraires*, traduits pour la première fois par F. Wege, 1840) oder Schelling (*Ecrits philosophiques et morceaux propres à donner une idée générale de son système*, traduits par C. Bénard, 1847) fallen chronologisch in die Phase der L'art-pour-l'art-Ästhetik und erklären auch, warum erst Gautier den Begriff Autonomie erwähnt. Constant kannte – wohl durch die Vermittlung des Kant-Übersetzers Charles de Villers – das Kantsche Postulat einer zweckfreien Kunst um ihrer selbst willen. In einer Eintragung im *Journal intime* vom 11. Februar 1804 (während eines Winteraufenthalts in Weimar 1803–1804) diskutiert er kurz die Kantsche Position[179], die Erwähnung der Formel L'art pour l'art bleibt jedoch auch hier folgenlos. Die Rezeption und Vermittlung Kants und der klassischen deutschen Position verlaufen dementsprechend gerade nicht über den Autonomiebegriff, sondern über die romantische, von Shaftesbury hergeleitete Theorie des Enthusiasmus, die Madame de Staël in *De l'Allemagne* (1813) abschließend mit dem Ziel entwickelt, auch in Frankreich das neue romantische, in Deutschland bewunderte Dichtungsverständnis heimisch zu machen. Dabei stellt die Autorin die Kantsche Trennung des Schönen vom Nützlichen in den

---

172 WILHELM VON HUMBOLDT, Essais aesthétiques (Braunschweig 1799), 124.
173 Ebd., 164.
174 WINCKELMANN (s. Anm. 71), 88.
175 HUMBOLDT (s. Anm. 172), 134.
176 GIACOMO LEOPARDI, Zibaldone di pensieri, hg. v. A. M. Moroni, Bd. 1 (1937; Mailand 1988), 251, 5.
177 BENJAMIN CONSTANT, La littérature et la liberté (um 1810), in: Constant, Œuvres complètes, hg. v. P. Delbouille, Serie 1, Bd. 3/1 (Tübingen 1995), 510.
178 Ebd., 519.
179 Vgl. CONSTANT, Journaux intimes (1803–1816), in: Constant, Œuvres, hg. v. A. Roulin (Paris 1957), 266.

Mittelpunkt, läßt den Terminus Autonomie aber unerwähnt.[180] In der Vorstellung der Kantschen *Kritik der Urteilskraft,* »son traité sur le sublime et le beau« (134), wie die Autorin sagt, klingt der Autonomiebegriff nicht einmal umschreibend an. Impliziert ist hier die Werterhöhung, nicht eine wie auch immer verstandene Autonomie der Kunst, auch wenn die Autorin charakteristische Kantsche Formeln wie »désinteressement absolu« (224), »noble inutilité« (134) zur Bestimmung der Eigenwertigkeit des Schönen aufführt. Die »images lumineuses et pures d'un monde idéal« sind im Gegenteil ausdrücklich an die parallelen »merveilles de la nature et du génie«[181] gebunden. Hervorgehoben werden »le beau, défini comme la perfection« und der von diesem vollkommenen Schönen genährte Enthusiasmus sowie die Theorie des Erhabenen im Hinblick auf den moralischen Aspekt der »liberté morale«[182]. Diese vermittelnde und moderate Haltung dürfte dem Geist der französischen Frühromantik entsprechen.

Will man überhaupt eine zweite Phase der Kantrezeption und insgesamt der Auseinandersetzung mit dem deutschen Idealismus postulieren, so kommt nur die politische Epoche der Restauration in Betracht, die – vor dem endgültigen Sieg der Romantik kurz vor der Julirevolution – durch einen vermittelnden romantischen Klassizismus geprägt ist. Von Victor Cousin, Quatremère de Quincy und Théophile Jouffroy führt der Weg zu Victor Hugo, dessen *Préface des Orientales* (1829) die Übernahme der Autonomiekonzeption aus der philosophischen Theorie in die ästhetische Praxis markiert. Quatremères *Considérations morales sur la destination des ouvrages de l'art* (1815), ganz im klassizistischen Geist auf den moralischen Nutzen des Schönen ausgerichtet, zeigt indessen noch keinen Einfluß Kants oder des deutschen Idealismus.[183] Diese vermittelnde Rolle wird erst Cousin übernehmen. In der (eklektisch idealistischen) Ästhetik *Du Vrai, du Beau et du Bien* (1818) geht Cousin, wiederum unter Betonung des Nexus zwischen Kunst und Freiheit, von der Trennung der ›artes liberales‹ von den nützlichen Künsten aus, um dann zu statuieren, daß »l'utilité n'a rien à voir avec le beauté« und daß »le seul objet de l'art est le beau«[184]. Von daher kann der Autor, ähnlich wie schon Batteux, Musik und Poesie am höchsten einstufen. Wie Shaftesbury thematisiert Cousin den platonischen Geniebegriff und die damit verbundene Vorstellung des ›enthousiasme‹ und nimmt noch einmal die Topoi vom Künstler als zweitem Gott und von der Kunst als zweiter Schöpfung auf. Das Schöne »élève et échauffe l'âme, et peut la transporter jusqu'à l'enthousiasme« (144). Wie zuvor Mme de Staël begreift Cousin das Erhabene als Steigerung des Schönen und betont die veredelnde und reinigende Funktion von Kunst. Gerade die Autonomisierung der Kunst gegenüber der Religion wird dabei zur Vorbedingung für die fast religiöse Aufwertung der Kunst. Die metaphysische Überhöhung der Kunst erreicht der Autor durch die Anbindung der »beauté parfaite« an Gott als »le principe de la beauté« und »l'artiste suprême« (169). Gott ist zugleich auch der Garant für die Beibehaltung der alten Trias des Schönen, Wahren und Guten bzw. der drei Arten der »beauté physique«, der »beauté intellectuelle« und der »beauté morale«; in der letztgenannten, »le beau par excellence« (170f.), fallen das Schöne und das Erhabene zusammen. So traditionell dies scheint, bildet die genannte Gliederung andererseits doch die Voraussetzung für die Trennung von Kunst und Moral und das Postulat einer an sich veredelnden Wirkung der unabhängig begriffenen Kunst: »Si toute beauté couvre une beauté morale, si l'idéal monte sans cesse vers l'infini, l'art qui exprime la beauté idéale épure l'âme en l'élevant vers l'infini, c'est-à-dire vers Dieu.« Das »pur sentiment du beau et du sublime« erscheint als »sentiment et désintéressé«; die Kategorien der Reinheit und der Interesselosigkeit verleihen dem Kunstschönen »un pouvoir indépendant« und geben ihm den Status eines »sentiment distinct et spécial« (184ff.), dessen moralisierende Wirkung eben nicht mit einem unmittelbaren Zweck gleichgesetzt werden darf. Als Erscheinungsform des Göttlichen ist dann

180 Vgl. MADAME DE STAEL, De l'Allemagne (1813), hg. v. J. de Pange/S. Balayé, Bd. 4 (Paris 1959), 232.
181 Ebd., Bd. 5 (Paris 1960), 220.
182 Ebd., Bd. 4, 137.
183 Vgl. JOHN WILCOX, The Beginnings of l'Art pour l'art, in: Journal of Aesthetics and Art Criticism 11 (1952), 360–377.
184 VICTOR COUSIN, Du Vrai, du Beau et du Bien (1818; Paris 1867), 157, 195.

die Kunst selbst »une sorte de religion«: »Ainsi, l'art est pour lui-même essentiellement moral et religieux.« Ganz im Sinne Mme de Staëls oder Constants konstatiert der Autor daher, daß die Kunst, »en perdant sa liberté«, »perd son charme et son empire« (186 ff.). Die für die Folgeentwicklung entscheidende L'art-pour-l'art-Formel findet sich in einer Nachschrift der Vorlesung von 1818: »Il faut de la religion pour la religion, de la morale pour la morale, comme de l'art pour l'art.«[185]

Friedrich Wolfzettel

IV. Die Anfänge des Autonomisierungsprozesses nach 1830

1. Überblick: Autonomie als Kunstlehre im 19. Jahrhundert

Ästhetische Autonomie wird im 19. Jh. zu einer reinen Kunstlehre. Die mit einer autonomen Kunst verbundenen Vorstellungen sind jedoch auch nach ihrer Ablösung vom idealistischen Autonomiebegriff der deutschen, geschichtsphilosophischen Ästhetik bis zum Ende des Jh. noch einem beträchtlichen Wandel unterworfen. Die Autonomie Hugos gegenüber sozialen Interessengruppen und die Gautiers gegenüber den Marktgesetzen des Literaturbetriebs werden zu einem ästhetizistischen Formkult, der die gesuchte Abschließung in einem elitären Zirkel mit der Haltung des aristokratischen Dandy und einem auf die Spitze getriebenen Formkult verbindet. Diese Entwicklung ist nur denkbar durch einen allmählichen Wandel des allgemeinen Verständnisses von literarischer Qualität im Sinne einer Loslösung der Literatur von jeder direkten gesellschaftlichen Funktionszuweisung. Damit einher geht die Ausbildung eines autonomen Bereichs der Kunst, der seine ei-

genen Produktionsnormen festlegt. In Frankreich wird diese Entwicklung durch die herausragenden Neuerer Baudelaire und Flaubert forciert, während in England trotz eines vergleichbaren technisch-industriellen Wandels das einer autonomen Kunst entgegenstehende viktorianische Moralsystem länger eine starke Wirkkraft behält. Um die Jahrhundertwende haben sich jedoch in ganz Europa diese Wandlungen durchgesetzt und gipfeln überall in ästhetizistischen Gruppierungen. Der absoluten Trennung von Kunst und Leben antwortet dann in den europäischen Avantgardebewegungen das Bedürfnis nach einer Zerschlagung eben dieser Trennung von Kunst und Leben. Diese Wendung verdeutlicht, daß sich in der Zwischenzeit der Begriff der Autonomie allgemein durchgesetzt hat: Nur ein autonomer Standpunkt gestattet die Ästhetisierung der Kunst und des Handelns als Extreme. In dem hier eröffneten Spektrum ist die Gesamtheit der literarischen Manifestationen im 20. Jh. zu situieren.

2. Autonomie in der französischen Romantik nach 1830

Hugo hat in zahlreichen Aufsätzen, Artikeln und Einleitungen zu seinen Werken seine jeweilige Bestimmung des künstlerischen Werks festgehalten. Vom Zeitpunkt unmittelbar vor der Julirevolution bis zu seinem für lange Zeit letzten Gedichtband *Les Rayons et les Ombres* von 1840 versucht er immer wieder neu, seine Rolle als Dichter, der keinem partikularen Interesse verpflichtet ist, festzuschreiben. In der programmatischen Einleitung in *Littérature et philosophie mêlées* von 1834 erreichen diese ästhetischen Reflexionen einen Höhepunkt, insofern Hugo eine Dichtung zugunsten eines bestimmten politischen Ziels grundsätzlich ablehnt: »Il faut, après tout, que l'art soit son propre but à lui même, et qu'il enseigne, qu'il moralise, qu'il civilise ou qu'il édifie chemin faisant, mais sans se détourner, et tout en allant devant lui. Plus il sera impartial et calme, plus il dédaignera le passager de questions politiques quotidiennes, plus il s'adaptera grandement à l'homme de tous les temps et de tous les lieux; plus il aura la forme de tous les temps et de tous les lieux; plus il aura la forme de l'avenir.«[186]

---

185 COUSIN, Cours de philosophie professé à la faculté des lettres pendant l'année 1818, hg. v. A. Garnier (Paris 1836), 224.
186 VICTOR HUGO, Littérature et philosophie mêlées (1834), in: Hugo, Œuvres complètes, hg. v. J. Seebacher, Bd. 11 (Paris 1985), 58.

Die Bestimmung der Kunst als ihr eigenes Ziel kommt der etwa gleichzeitig formulierten Doktrin des ersten L'art pour l'art sehr nahe, man sollte jedoch nicht übersehen, daß Hugo die Kunst auch hier noch einem gesellschaftlichen Fortschritt verpflichtet. Belehrung und Moralisierung der Kunst stellen sich demnach gerade dann unwillkürlich ein, wenn das Kunstwerk nicht im Hinblick auf sie konzipiert wird, sondern rein künstlerische Erwägungen vorherrschen. Denn nur so ist die nötige Distanz und Unparteilichkeit, die man hier als Überparteilichkeit verstehen kann, möglich. Die Autonomie des Künstlers ermöglicht einen Blick auf das Ganze, der nicht von den nebensächlichen Problemen des politischen Tagesgeschäfts verstellt wird, und damit kommt der autonomen Kunst im Sinne einer das Allgemeininteresse vertretenden Kunst eine ideologische Führungsrolle zu. Diese Funktionszuweisung beginnt sich in mehreren Etappen bereits seit dem Vorwort zu dem Gedichtband *Les Orientales* von 1829 abzuzeichnen, in dem Hugo unmittelbar vor dem politischen Umsturz der Julirevolution ausruft: »Que le poète donc aille où il veut en faisant ce qui lui plaît: c'est la loi«, und auf die Frage antwortet, warum er ausgerechnet jetzt gerade den Orient besinge: »Il [le poète] répondra qu'il n'en sait rien, que c'est une idée qui lui a pris; et qui lui a pris d'une façon assez ridicule, l'été passé, en allant voir coucher le soleil.«[187] Der Dichter sagt sich hier nicht nur rechtzeitig vor der Revolution von der Aristokratie als der Trägerschicht der romantischen Dichtung los, sondern erteilt auch bereits dem Nützlichkeitsdenken der Bourgeoisie eine Absage, indem er den romantischen Impuls mit rationalistischem Zweckdenken für inkompatibel erklärt.

In *Les Feuilles d'Automne* von 1831 wendet sich Hugo gegen diejenigen, die nun, nach dem Sieg des Bürgertums, die Lyrik zur Nebensache degradieren wollen: »Sans doute, en un pareil moment, au milieu d'un si orageux conflit de toutes les choses et de tous les hommes, [...] c'est folie de publier un volume de pauvres vers désintéressés. Folie! pourquoi?«[188] Der Dichter läßt sich hier zunächst scheinbar auf die Rationalität des Bourgeois ein, um ihr dann aber eine eigene Wertehierarchie gegenüberzustellen. Gerade die Zweckfreiheit seiner Verse ist nach dieser Logik allein imstande, die drängenden zivilisatorischen Fragen zu lösen. Im Schlußgedicht des Bandes reklamiert Hugo die Richter-Instanz über die in der Julirevolution besiegten Tyrannen für sich: »Alors, oh! je maudis, dans leur cour, dans leur antre, / Ces rois dont les chevaux ont du sang jusqu'au ventre! / Je sens que le poète est leur juge!«[189] Hugo beansprucht somit nun eine Autonomie, die ihn aus der Gesellschaft heraushebt und ihn zugleich zur moralischen Instanz macht. In dem Maße, wie sich in den 1830er Jahren die sozialen Konflikte verschärfen, wird die Position eines unabhängigen, überparteilichen Dichterpropheten immer prekärer. Die angestrebte Unparteilichkeit »au-dessus du tumulte« bei gleichzeitiger Sympathie für die Nöte der Armen befördert schließlich in den *Voix intérieures* von 1837 eine Ästhetisierung der gesellschaftlichen Antagonismen: »Il faut [...] qu'il [le poète – d. Verf.] ait dans le cœur cette sympathique intelligence des révolutions qui implique le dédain de l'émeute, ce grave respect du peuple qui s'allie au mépris de la foule.«[190] Eine solche Haltung ohne die Perspektive einer realen Konkretisierung ist eine künstlerische, die die Realität nach ästhetischen Kriterien ordnet und selbst gesellschaftliche Konflikte unter einem ästhetischen Blickwinkel betrachtet.[191] Als Preis für seine selbst eingeforderte Autonomie tritt nun der Verlust an direkten, gesellschaftlichen Eingriffsmöglichkeiten immer deutlicher zutage.

3. L'art pour l'art

Eine konsensfähige Institutionalisierung des Dichterpropheten wird auch durch die Umwälzungen im Berufsbild des Schriftstellers nach 1830 erschwert. Durch die Entwicklung der Massenpresse nimmt der Journalismus einen rapiden Aufschwung, Schreiben wird erstmalig in größerem

---

187 HUGO, Les Orientales (1829), in: ebd., Bd. 4 (Paris 1985), 411 f.
188 HUGO, Les Feuilles d'Automne (1831), in: ebd., 559.
189 Ebd., 674.
190 HUGO, Voix intérieures (1837), in: ebd., 802.
191 Vgl. JOSÉ-LUIS DIAZ, Politique de l'énonciation poétique: L'exemple du romantisme, in: Romanistische Zeitschrift für Literaturgeschichte 7 (1983), 388.

Maße zu einem Beruf, mit dem Autoren ihren Lebensunterhalt bestreiten können. Das expandierende Verlagswesen wird nach den Marktgesetzen strukturiert und gehorcht dem Prinzip von Angebot und Nachfrage. Ein entscheidendes Kriterium für literarischen Erfolg wird daher der Verkaufserfolg auf diesem neuen Markt. Gute Ausgangsbedingungen haben dabei die schon vor der Julirevolution etablierten romantischen Dichter, die, bedingt durch die Reduzierung der Herstellungskosten für Bücher, nun einen Markt für die massenweise Verbreitung ihrer Werke vorfinden. Daneben bildet sich in den Feuilletonromanen aber eine Konkurrenz aus, die gezielt den Geschmack des schnell anwachsenden Publikums bedient und damit einige Autoren hervorbringt, die ganz beträchtliche Verkaufserfolge erzielen.[192] So verschärft sich die Konkurrenz unter den Schriftstellern, und schon bald wird die Frage nach den Kriterien literarischer Qualität akut. Denn dieser tiefgreifende Wandel bewirkt, daß sich eine so große Anzahl junger Leute nun auch zum Dichter berufen fühlt, daß nur die allerwenigsten von ihren Werken leben können.

Aus diesem Kontext erwächst die Doktrin des L'art pour l'art. Einige jugendliche Literaten und Künstler, die bereits kurz vor der Julirevolution ihren Beitrag zum Gelingen von Hugos romantischer Revolution leisteten, indem sie im Publikum dessen Theaterstück *Hernani* (1830) mit seinen Verstößen gegen die klassischen Theaterregeln unterstützten, finden sich nach dem Zerfall des ›cénacle‹ um Hugo zu einem eigenen ›petit cénacle‹ zusammen, um sich im notdürftigen Atelier eines der beteiligten Künstler gegenseitig in ihren künstlerischen Ambitionen zu bestärken. Wir haben es hier mit einer Ausprägung jener intellektuellen, gesellschaftlichen Randgruppen zu tun, die unter die Boheme zu subsumieren sind. Ihre Ablehnung der literarischen Marktgesetze verbinden diese jungen Literaten mit einer kämpferischen Bürgerschreck-Attitüde.[193] Die maßgeblichen Ausformulierungen der Prinzipien des L'art pour l'art erfolgen zeitlich parallel zu Hugos Konzeption des Dichterpropheten und stammen von Gautier, doch wie seinen Freunden liegt auch ihm die Abfassung einer kohärenten Kunsttheorie fern, seine ästhetischen Äußerungen richten sich vielmehr punktuell gegen die bestehenden Auffassungen. Im Vorwort zu seinem Gedichtband *Albertus* von 1832 formuliert er eine Absage an das bürgerliche Nützlichkeitsdenken:»A quoi cela sert-il? Cela sert à être beau. – N'est-ce pas assez? comme les fleurs, comme les parfums, comme les oiseaux, comme tout ce que l'homme n'a pu détourner et dépraver à son usage.«[194] Wie Hugo, so besteht auch Gautier auf seiner Freiheit, ›interesselose‹ Gedichte zu verfassen. Seine Haltung ist jedoch ungleich radikaler, da er eine gesellschaftliche Verantwortung explizit zurückweist. Schönheit besteht nur als Eigenwert der Dinge, sie geht verloren, sobald die Menschen sie zu einem für sie nützlichen Gegenstand machen wollen. Daher steht der Dichter Gautier auch nicht prophetisch über dem ›gesellschaftlichen Tumult‹, sondern demonstrativ unbeteiligt daneben:»[l'auteur du présent livre] ne s'aperçoit des révolutions que lorsque les balles cassent les vitres.«[195] Dies ist in Zeiten der politischen und sozialen Polarisierung eine provokative Absage an jede gesellschaftliche Beteiligung. Im Vorwort zu seinem Roman *Mademoiselle de Maupin* (1835) führt Gautier seine Ablehnung jeder Vorstellung einer Nützlichkeit der Kunst weiter aus:»Il n'y a de vraiment beau que ce qui ne peut servir à rien; tout ce qui est utile est laid; car c'est l'expression de quelque besoin; et ceux de l'homme sont ignobles et dégoûtants […]. L'endroit le plus utile d'une maison, ce sont les latrines.«[196] In diesem Vorwort richtet sich in erster Linie gegen die Literaturkritik und ihren Anspruch, als Vermittlungsinstanz zwischen Dichter und Publikum zu fungieren. Nach Gautiers Verständnis ist eine solche Vermittlung gar nicht möglich, da die Schönheit der Dichtung allein in der Dichtung selbst liegt. Einer gewissen Tragik entbehrt es sicher nicht, daß Gautier zeit seines Lebens gezwungen sein wird, durch literarische Kritiken seinen Lebensunterhalt zu bestreiten,

---

192 Vgl. NEUSCHÄFER (s. Anm. 15).
193 Vgl. BÉNICHOU, Le sacre de l'écrivain (Paris 1973), 421.
194 THÉOPHILE GAUTIER, Albertus (1832), in: Gautier, Poésies complètes, hg. v. R. Jasinski, Bd. 1 (Paris 1970), 82.
195 Ebd., 81.
196 GAUTIER, La Préface de Mademoiselle de Maupin (1835), hg. v. G. Matoré (Paris 1946), 31 f.

IV. Die Anfänge des Autonomisierungsprozesses nach 1830

da seine autonome Dichtung sich nur an eine eng umgrenzte literarische Elite richtet. Ein entscheidendes Merkmal dieser Radikalisierung der Autonomie gegenüber Hugo ist es nämlich, die aussichtslose Konkurrenz gegen die neuen Formen der industriellen Massenliteratur auf deren Terrain gar nicht erst aufzunehmen, sondern sich geradezu dagegen abzuschotten. Der autonome Dichter kümmert sich nicht um das große Publikum, sondern schreibt für seinesgleichen. In dieser ersten Phase des L'art pour l'art hat er indes noch die Illusion, daß ihm in nicht allzuferner Zukunft auch der Erfolg beim Publikum sicher ist. In diesem Sinne ist Gautiers unbekümmerte Mißachtung des Publikums in dem frühen Gedichtband *Albertus* noch zu verstehen: »Si le livre passe inaperçu, il [l'auteur] ne le regrettera pas encore; ces vers lui auront usé innocemment quelques heures, et l'art est ce qui console le mieux de vivre.«[197] Sein Freund Gérard de Nerval spricht etwa zur gleichen Zeit seinen Anspruch auf allgemeine Anerkennung in einem Brief an Charles Augustin Sainte-Beuve deutlich aus. Der »petit cénacle« stellt für eine Übergangszeit einen Ersatz für den großen Erfolg dar, er bietet seinen Mitgliedern »un public de choix où l'on puisse essayer ses ouvrages d'avance et satisfaire jusqu'à un certain point ce besoin de publication qui fait qu'on éparpille un avenir de gloire en petits triomphes successifs«[198].

Die soziale und politische Polarisierung der 1840er Jahre, die schließlich in die 48er-Revolution mündet, bedeutet das Ende der Romantik und läßt auch die autonomen Postulate der romantischen L'art-pour-l'art-Bewegung als wenig zeitgemäß erscheinen. Auch Gautier macht einen Desillusionierungsprozeß durch, bleibt aber in den wesentlichen Punkten seiner Kunstdoktrin treu. Noch wenige Monate vor Ausbruch der Revolution besteht er auf der Zweckfreiheit der Kunst: »L'art pour l'art signifie, pour les adeptes, un travail dégagé de toute préoccupation autre que celle du beau en lui-même.«[199] Daß er die Autonomie der Kunst systematisch als Gegengewicht zu den aktuellen gesellschaftlichen Entwicklungstendenzen versteht, wird vollends deutlich, als er seine Forderung nach Autonomie unmittelbar vor dem nächsten politischen Umsturz, dem Staatsstreich Louis Bonapartes, der die Zweite Republik beendet, in eine republikanische Analogie kleidet: »nous croyons à la liberté sans laquelle la république des lettres n'est pas plus possible que l'autre. Nous voulons l'anarchie et l'autonomie de l'Art.«[200] Die literarische Republik ist keineswegs mit der politischen Republik gleichzusetzen, sie muß vielmehr dieser gegenüber autonom sein, um ihre eigenen Normen zu behaupten. Kunst ist der Analogie nach nicht ohne Autonomie möglich. Grundsätzlich ist Kunst als autonome nicht an die politische Form der Republik geknüpft, das zitierte Manifest ist das Programm einer literarischen Zeitschrift, die u. a. von Gautier beim Niedergang der Republik gegründet wird. Während L'art pour l'art im Sprachgebrauch Gautiers vorwiegend seine Kunstdoktrin im Gegensatz zu anderen Vorstellungen von Kunst bezeichnet, zielt der Begriff der Autonomie hier auf einen institutionellen Freiraum, der durch die politische Entwicklung in Gefahr gerät: die künstlerische Autonomie als Freiraum für Auseinandersetzungen (Anarchie), die in der dekretierten Ordnung der Diktatur nicht mehr möglich sind. Diese institutionelle Autonomie erweist sich für Gautier dann aber als unsinnvoll, wenn die künstlerische Praxis sich auch tatsächlich nur dem Schönen verpflichtet. In diesem Sinne präzisiert er seinen Autonomiebegriff, als er 1856 die Leitung der Kunstzeitschrift *L'Artiste* übernimmt: »Quant à nos principes, [...] nous croyons à l'autonomie de l'Art; l'Art pour nous n'est pas le moyen mais le but; – tout artiste qui se propose autre chose que le beau n'est pas un artiste à nos yeux.«[201] In literarisch-künstlerischen Zeitschriften, ist dieses Engagement zu verstehen, sieht Gautier mögliche Foren, in denen sich die Künstler über ihre Arbeiten verständigen können, ohne Rücksicht auf das große Publikum nehmen zu müssen.

Es ist vornehmlich die *Haltung* des Dichters, worin sich Gautiers Konzept einer autonomen

---

197 GAUTIER (s. Anm. 194), 84.
198 GÉRARD DE NERVAL an Sainte-Beuve (Sommer 1832), in: Nerval, Œuvres complètes, hg. v. J. Guillaume/C. Pichois, Bd. 1 (Paris 1989), 1285.
199 GAUTIER, Du beau dans l'art, in: Revue des deux Mondes 17 (1847), n. S., Bd. 19, 900.
200 GAUTIER, Liminaire, in: Revue de Paris, H. 1 (Paris 1851), 8.
201 GAUTIER, Prospectus, in: L'Artiste (14. 12. 1856), 2.

Dichtung verändert hat. Die romantische Verbannung jeder Spur von Arbeit[202] ist einer asketischen Haltung gewichen, in der der Dichter, gleich dem Bildhauer, die Sprache bis zur Vollendung bearbeitet. Damit distanziert er sich noch deutlicher vom großen Publikum. Als Ergebnis seiner Bemühungen legt Gautier 1852 ein kleines, lediglich 18 Gedichte umfassendes Bändchen mit dem Titel *Emaux et Camées* vor. Die Sammlung wird eingeleitet durch ein Sonett, dessen programmatischen Charakter der Titel *Préface* ankündigt. Der Dichter hält sich hierin zugute, sich ganz der dichterischen Arbeit verschrieben zu haben, während um ihn herum die gesellschaftlichen Eruptionen der vorangegangenen Jahre stattgefunden hätten.[203] Die demonstrative Abkehr von der Gesellschaft beinhaltet auch eine völlige Abwendung vom Publikum, denn das höchst unübliche Vorwort in Gedichtform gibt keinerlei Erläuterung zum Kompositionsprinzip des Bandes, es stellt nur den Autonomieanspruch des Dichters aus.

Nur wenige Monate später meldet sich mit dem bislang völlig unbekannten Charles Marie Leconte de Lisle ein weiterer autonomer Dichter lautstark zu Wort. Im prätentiösen Vorwort zu seinen *Poëmes antiques* (1852) rechnet er nicht nur mit der gesamten Tradition der französischen Dichtung ab, sondern macht darüber hinaus gleich deutlich, daß er sich seiner unweigerlichen Erfolgslosigkeit beim Publikum bewußt ist: »Ces Poëmes, il faut s'y résigner, seront peu goûtés et peu appréciés.« Leconte de Lisle unternimmt nicht den geringsten Versuch, das Publikum von seinen ästhetischen Vorstellungen zu überzeugen, sein Scheitern beim Publikum ist notwendiger Bestandteil seiner Konzeption. Dazu liefert er auch gleich eine Kurzcha-

---

202 Vgl. CHRISTEL KRAUSS, Le travail maudit. Zur Verdeckung der Arbeit in Gautiers Kunstlehre, in: R. Kloepfer u. a. (Hg.), Bildung und Ausbildung in der Romania, Bd. 1 (München 1979), 279–386.
203 Vgl. GAUTIER, Préface, in: Gautier (s. Anm. 194), Bd. 3 (Paris 1970), 3.
204 CHARLES MARIE LECONTE DE LISLE, Poëmes antiques (1852), in: Leconte de Lisle, Articles – Préfaces – Discours, hg. v. E. Pich (Paris 1971), 121, 108 f.
205 Vgl. MICHAEL EINFALT, Zur Autonomie der Poesie. Literarische Debatten und Dichterstrategien in der ersten Hälfte des Second Empire (Tübingen 1992), 140–149.

rakteristik seines Werks, die das genaue Gegenteil dessen darstellt, was sich der zeitgenössische Leser unter Dichtung vorstellt: »Ce livre est un recueil d'études, un retour réfléchi à des formes négligées ou peu connues. Les émotions personnelles n'y ont laissé que peu de traces; les passions et les faits contemporains n'y apparaissent point.«[204] Leconte de Lisles Autonomie bedeutet ein Zurückgehen hinter die französische Gattungstradition, seine Studien erstrecken sich auf die griechische Antike, die er zu neuem Leben erwecken möchte. Die moderne Entwicklung begreift er lediglich als kontinuierliche Dekadenz. Die Autonomie Leconte de Lisles ist grundsätzlich antimodern. Im Gegensatz zu Gautier verbindet er den autonomen ästhetischen Standpunkt mit seriösen Attributen wie klassische Bildung, Ordnung, Festigkeit, und dies bewirkt, daß er in der Öffentlichkeit trotz seines unbescheidenen Vorworts längst nicht so große Ablehnung erfährt wie dieser.

Die Schärfe nämlich, mit der Gautier von der zeitgenössischen Literaturkritik angefeindet wird, läßt für uns heute erahnen, welche Sprengkraft eine autonome Dichtungskonzeption, die heutzutage allzuleicht als Rückzug in den Elfenbeinturm abqualifiziert wird, tatsächlich hatte. Die künstlerische Bearbeitung der Sprache nach dem Vorbild von Bildhauer und Kunstschmied erscheint den Rezensenten materialistisch und sensualistisch, ein Verstoß gegen die moralischen Werte, die sie der Dichtung abfordern. Die offizielle Literaturkritik unterstützt beinahe geschlossen eine spiritualistische Dichtung, die die Freuden des heimischen Herdes und das provinzielle Idyll preist. Zu Beginn des Zweiten Kaiserreichs entbrennt unter den konservativen Kritikern sogar eine öffentliche Debatte, inwieweit man bei Dichtern dieser Richtung über sprachliche Mängel hinwegzusehen habe, um ihre Position gegenüber der autonomen Dichtung nicht zu schwächen.[205]

4. Nietzsches Haltung zum L'art pour l'art

Nietzsche, der sich an einigen Stellen zum L'art pour l'art äußert, begrüßt die Zurückweisung der Moralforderung und notiert in der *Götzen-Dämmerung* (1889) unter dem Stichwort L'art pour l'art: »Der Kampf gegen den Zweck in der Kunst ist immer der Kampf gegen die *moralisierende* Tendenz in der Kunst, gegen ihre Unterordnung unter die Moral.« Dennoch ist Nietzsches Zustimmung zu dieser Kunstrichtung alles andere als eindeutig, denn gleich anschließend kritisiert er ihre Auffassung von Kunst als »zwecklos, ziellos«. Die Doktrin des L'art pour l'art berücksichtige nicht, daß die Kunst »das große Stimulans zum Leben«[206] sei. In zweierlei Hinsicht stimmt Nietzsche somit mit dem L'art pour l'art überein: in der Ablehnung der moralisierenden Funktion der Kunst und in der Aufwertung der künstlerischen Form vor dem ausgedrückten Inhalt. Dieser zweite Aspekt wird in *Jenseits von Gut und Böse* (1886) zu einem der wenigen Punkte, in denen Frankreich noch eine Überlegenheit in Europa beanspruchen könne und sich speziell der »Germanisierung und Verpöbelung des Geschmacks« entziehe, und zwar durch »die Fähigkeit zu artistischen Leidenschaften, zu Hingebungen an die ›Form‹, für welche das Wort L'art pour l'art [...] erfunden ist«[207]. Seine Kritik setzt aber auch genau an dieser Stelle ein, denn die Leidenschaften im L'art pour l'art sieht er auf den Bereich der Kunst beschränkt, ohne daß sie diesen überschreiten könnten. Damit aber werde die Kunst zum – abzulehnenden – Selbstzweck. Außer an den erwähnten Textstellen verwendet Nietzsche den Begriff L'art pour l'art ausschließlich als abschätziges Synonym für Selbstzweck, ohne direkten Bezug auf die Kunstdoktrin. Gleichwohl sollte Nietzsches Artismus in seinem ambivalenten Verhältnis zum L'art pour l'art noch bis weit ins 20. Jh. in der deutschen Dichtung nachwirken (z. B. noch bei Gottfried Benn).

5. *Autonomie in der englischen Romantik und im Viktorianismus*

In England verläuft der Beginn autonomer Bestrebungen in der Literatur nicht so spektakulär wie in Frankreich, einige Parallelen sind jedoch zu beobachten. Mit dem beginnenden Industrialismus findet wie in Frankreich eine Umwälzung in den technischen Bedingungen des Buchdrucks statt, und eine zunehmende Alphabetisierung der Bevölkerung erschließt der Literatur neue Leserschichten. Die Folge ist auch in England die Ablösung der privaten Förderung der Schriftsteller durch die neuen Regulierungsmechanismen des Marktes. Die wirtschaftliche Prosperität und der technische Fortschritt zu Beginn des viktorianischen Zeitalters fallen im Unterschied zu Frankreich jedoch in eine Phase politischer Stabilität. Der tiefgreifende gesellschaftliche Wandel wird gleichsam kompensiert durch eine Festigung der traditionellen moralischen Wertvorstellungen. Eine Literatur, die sich dem vorherrschenden Nützlichkeitsdenken entzieht, sieht sich dabei zwangsläufig in eine gegen die Gesellschaft gerichtete Haltung abgedrängt. Eine Valorisierung ästhetischer Kriterien kann sich dabei auf eine um die Jahrhundertmitte fast vergessene romantische Traditionslinie berufen, als deren herausragender Vertreter nun Keats erkannt wird.

Zu Beginn des 19. Jh. bringt die Romantik eine neue Konzeption von Kunst hervor, die eine spätere Wendung zum L'art pour l'art erst ermöglicht. Auch wenn dies für seine eigene Dichtung noch folgenlos bleibt, übernimmt Coleridge in seinen ästhetischen Schriften bereits von Kant die Trennung des Ästhetischen von den übrigen Sphären des menschlichen Geistes. Am deutlichsten geschieht dies in den Essays *On the Principles of Genial Criticism Concerning the Fine Arts* (1814), aber auch in den *Lectures of Shakespeare* und in der *Biographia Literaria* (1817), die seinen Haupteinfluß auf die spätere romantische Kritik ausmachen.[208] Seine Schüler Charles Lamb, William Hazlitt und Leigh Hunt gehen noch weiter, indem sie der Moral eine geringere Bedeutung zuerkennen. Hunt bezeichnet in einer Rezension in seiner Zeitschrift *The Examiner* vom Juli 1817 die Dichtung seines jungen Freundes Keats als »poetry for its own sake«[209] und benutzt damit die Entsprechung des L'art-

---

206 FRIEDRICH NIETZSCHE, Götzen-Dämmerung (1889), in: NIETZSCHE (SCHLECHTA), Bd. 2 (1955), 1004.
207 NIETZSCHE, Jenseits von Gut und Böse (1886), in: ebd., 721.
208 Vgl. LOUISE ROSENBLATT, L'idée de l'art pour l'art dans la littérature anglaise pendant la période victorienne (Paris 1931), 65.
209 Zit. nach EDMUND BLUNDEN, Leigh Hunt's ›Examiner‹ Examined. Comprising some Account of that Celebrated Newspaper's Contents, and Selections, by or Concerning Leigh Hunt, Lamb, Keats, Shelley and Byron (1928; London 1967), 132.

pour-l'art-Begriffs lange vor seiner gezielten Verbreitung durch Gautier.

Der im Alter von nur 25 Jahren verstorbene Dichter John Keats reiht sich in die Traditionslinie der englischen Romantiker aus der Schule von William Wordsworth und Coleridge ein, zu denen er auch über Hunt in Kontakt kam. Im Unterschied zu seinen direkten Vorläufern begreift sich Keats jedoch ausschließlich als Dichter und nicht auch noch als Prophet, Philosoph oder Sozialreformer. In seinen Gedichten und Briefen vertritt er ein konsequentes Schönheitsideal: »Beauty is truth, truth beauty, – that is all / Ye know on earth, and all ye need to know.«[210] Doch er geht auch schon über die unmittelbare Gleichsetzung von Schönheit und Wahrheit hinaus, wenn er im Brief an Richard Woodhouse vom 27. 10. 1818 ausführt, daß der Dichter durch künstlerische Bearbeitung der Natur Schönheit auch aus häßlichen Dingen erschaffen kann: »What shocks the virtuous philosopher, delights the camelion Poet.«[211] Kunst ist für ihn dem Leben übergeordnet. Damit finden sich bei Keats schon die wichtigsten Elemente einer autonomen Kunstlehre vor ihrer systematischen Formulierung. Im Zeitalter des aufkommenden Nützlichkeitsdenkens war ihm damit indes kein Publikumserfolg beschieden, und auch sein literarischer Nachruhm setzt erst mit großer Verspätung ein.

Das viktorianische Zeitalter ab 1830 steht ganz im Zeichen von Utilitarismus und materiellem Fortschrittsdenken. Die erste Weltausstellung in London 1851 ist der deutlich sichtbare Höhepunkt dieser Entwicklung. Der Kunstkritiker John Ruskin wendet sich gegen den Materialismus seiner Epoche. Nach seiner Überzeugung ist die viktorianische Gesellschaft seelenlos und ohne Ideale. Ein deutliches Zeichen für den geistigen Niedergang sieht er in den häßlichen Industrieanlagen, die die Großstädte nun prägen. Die ästhetische Kritik ist bei Ruskin der moralischen Kritik untergeordnet, wie in der Architektur ist jedoch auch in der Kunst die künstlerische Qualität ein Indiz für die moralischen Qualitäten des Künstlers. Der Künstler muß demnach zuallererst nach der Wahrheit streben, nicht nach schönen Farben oder Worten: Kunst muß ein didaktisches Ziel haben.[212] Ruskins Berufung auf die Moral ordnet sich bei allem Anti-Utilitarismus dem vorherrschenden Epochenbewußtsein unter. Davon zeugen die zahlreichen literarischen Zeitschriften, die ab Anfang der 1850er Jahre gegründet werden und die die moralischen Qualitäten eines Werks fast ausnahmslos zum entscheidenden Bewertungskriterium erheben. Durch die wechselseitige Bindung von Schönheit und Moral wird Ruskin trotz seiner Fortschrittskritik mit seinem fünfbändigen Hauptwerk *Modern Painters* zum führenden Kunsthistoriker und schart nach seinem Ruf an die Universität Oxford eine Reihe von Schülern um sich, zu denen auch Walter Pater und später Oscar Wilde zählen, die aus Ruskins Lehre allein die ästhetische Seite aufgreifen und später den autonomen Kunstbegriff im Ästhetizismus zu ihrem Höhepunkt führen werden. Ruskin, der mit seiner didaktischen Zielsetzung eine autonome Kunst vehement ablehnt, wird damit paradoxerweise in England zu ihrem Wegbereiter. Der erste Schritt dazu ist bereits in den 1850er Jahren seine anfängliche Unterstützung der Präraffaeliten.

Als künstlerische Gruppierung, die sich aus Malern und Dichtern zusammensetzt, kommt den Präraffaeliten in der viktorianischen Epoche eine Ausnahmestellung zu. Ihr führender Kopf ist Dante Gabriel Rossetti, der Maler und Dichter zugleich ist. Sie schließen sich um 1848 zu einer Gruppe zusammen, die die aktuelle künstlerische Entwicklung ablehnt und eine Rückkehr zu der Kunst vor Raffael propagiert. In dieser Abwendung von der Gegenwart finden sie zunächst die Unterstützung und öffentliche Verteidigung Ruskins, der seine eigenen Grundsätze bei ihnen verwirklicht sieht.[213] Rossetti und seinen Freunden fehlt jedoch jeder moralische Antrieb, sie haben rein ästhetische Ziele und wollen die engen Schranken des zeitgenössischen Akademismus

---

210 JOHN KEATS, Ode on a Grecian Urn (1820), in: Keats, The Poetical Works, hg. v. H. W. Garrod (Oxford ²1958), 262.
211 KEATS an Richard Woodhouse (27. 10. 1818), in: Letters of John Keats, hg. v. R. Gittings (London/ Oxford/New York 1970), 157.
212 Vgl. ALBERT J. FARMER, Le mouvement esthétique et ›décadent‹ en Angleterre (1873–1900; Paris 1931), 11.
213 Vgl. ebd., 16.

überwinden. 1850 gründen sie die künstlerische Zeitschrift *The Germ*, die bei ihrem konsequenten ästhetischen Anspruch nur vier Ausgaben überdauert (die beiden letzten Ausgaben unter dem geänderten Titel *Art and Poetry*). Rossettis ästhetische Haltung ist so kompromißlos, daß er, gekränkt durch die Kritik an seinen Bildern und denen seiner Freunde, ab 1851 über Jahre hinaus eine öffentliche Ausstellung seiner Bilder verweigert. Seinen ersten Gedichtband veröffentlicht er erst 1870, ein deutliches Zeichen für seine Verachtung des Publikums. In ihrer Wendung gegen den Viktorianismus stellt sich die Gruppe in die Traditionslinie des fast in Vergessenheit geratenen Dichters der Schönheit, John Keats, der für sie die Inkarnation der reinen Kunst darstellt.[214] Rossetti, Holman Hunt und John Everett Millais lassen sich in einigen ihrer Bilder von Gedichten Keats' inspirieren, auch die Flucht aus der Gegenwart mit dem Rückgriff auf das Mittelalter verbindet sie mit dem romantischen Dichter. Am folgenreichsten wird diese Traditionslinie jedoch durch Rossettis Kult der Schönheit, der befreit ist von allen ethisch-moralischen Implikationen und ihn für die Jüngeren zur Inkarnation des Ästheten werden läßt. Sein Schüler Algernon Charles Swinburne wird die autonome Traditionslinie seit der englischen Romantik mit der jüngsten französischen Entwicklung bei Baudelaire verbinden.

6. Absolute Musik

In Deutschland wird um die Mitte des 19. Jh. der Gedanke einer Autonomieästhetik vornehmlich im Begriff der ›absoluten Musik‹ wirksam. 1846 spricht Richard Wagner in seinem Kommentar zu Beethovens *Neunter Symphonie* von den »Schranken der absoluten Musik«[215] mit Blick auf die von ihm abgelehnte Verabsolutierung der klassischen Instrumentalmusik, der er eine Entfernung vom wirklichen Leben der Menschen und mithin ihre Künstlichkeit vorwirft. Den als ›absolut‹ kritisierten ›Teilkünsten‹ stellt Wagner in der Folge seine Idee des Gesamtkunstwerks entgegen.[216] Nur wenige Jahre später nimmt Eduard Hanslick den Begriff auf und wendet ihn positiv. In seiner musikästhetischen Grundsatzschrift *Vom Musikalisch-Schönen* von 1854 ist es gerade ihr Kunstcharakter, der die

herausragende Stellung der Instrumentalmusik als »reine, absolute *Tonkunst*«[217] begründet. Am Beispiel der Dichtkunst, deren Wirkung auch niemand anhand der Oper expliziere, leitet Hanslick die entsprechende Notwendigkeit her, sich in der Musikästhetik auf solche Werke zu konzentrieren, die weder auf einem Text noch auf einem Programm beruhen. Allein »in ureigner Schönheitskraft« erreiche Musik »die reine Höhe der Kunst« (56). Damit betont Hanslick einen Eigenwert der Musik, die – den anderen Künsten vergleichbar – eine Idee zur Erscheinung bringen will, dies jedoch in spezifischer, nicht-begrifflicher Weise. Das »Ideelle in der Musik« wird so als »ein *tonliches*« (80) bestimmt. Absolute Musik entspricht damit in wesentlichen Punkten den Merkmalen einer Autonomieästhetik: Sie wird als unabhängig von allem Außermusikalischen verstanden, hat keinen bestimmten gesellschaftlichen Zweck zu erfüllen und entzieht sich der Nützlichkeit. Bei Hanslick ist sie auch noch der idealistischen Geschichtsphilosophie verpflichtet und erstrebt ein Absolutes im Schellingschen Sinne einer Versöhnung von theoretischer und praktischer Vernunft in der Kunst.[218]

In der Tat versteht sich Hanslicks Musikästhetik nicht als originäre Neuschöpfung, sondern als längst überfälliger ›Beitrag zur Revision der Ästhetik der Tonkunst‹, der die reale Entwicklung in Musik begrifflich einholt.[219] In seiner Berufung auf die klassische Instrumentalmusik (v. a. Mozarts) stellt er sich dabei durchaus nicht an die Spitze der musikalischen Entwicklung, sondern richtet sich gegen die zeitgenössische Produktion von Berlioz, Wagner, Liszt und Verdi.[220] Die ›Idee der absoluten Musik‹[221] geht ihrer begrifflichen Formulierung durch Hanslick somit um mehrere Jahrzehnte vor-

---

214 Vgl. ROSENBLATT (s. Anm. 208), 107–114.
215 RICHARD WAGNER, Beethovens Neunte Symphonie. Programm (1846), in: Wagner, Dichtungen und Schriften, hg. v. D. Borchmeyer, Bd. 9 (Frankfurt a. M. 1983), 24.
216 Vgl. DAHLHAUS (s. Anm. 11), 25.
217 HANSLICK (s. Anm. 11), 52.
218 Vgl. WILHELM SEIDEL, ›Absolute Musik‹, in: MGG, Bd. 1 (²1994), 16.
219 Vgl. HANSLICK (s. Anm. 11).
220 Vgl. ebd., 18.
221 Vgl. DAHLHAUS (s. Anm. 11).

aus. Sie mußte sich gegen einen seit der Antike gültigen Musikbegriff durchsetzen, dem Sprache als Ausdruck menschlicher Vernunft und mithin als unverzichtbarer Bestandteil von Musik galt.[222] In Absetzung davon hatte erstmals der Nationalökonom Adam Smith in seiner 1795 postum veröffentlichten *Nature of Imitation* die Autonomie der Instrumentalmusik als »to be complete in itself«[223] bestimmt.

Die Idee der absoluten Musik im engeren Sinne beschränkt sich jedoch auf die deutsche ästhetische Diskussion. Sie wurde im wesentlichen zwischen 1790 und 1810 formuliert und sollte in den folgenden Jahrzehnten eine herausragende Bedeutung erlangen; nach Dahlhaus ist »der Begriff der absoluten Musik die tragende Idee des klassisch-romantischen Zeitalters in der Musikästhetik gewesen«[224].

Zu unterscheiden ist zunächst zwischen einer in philosophischen Kategorien diskutierten klassizistischen Idee (Schiller, Körner, Michaelis), die sich gegen Kants kritische Ausführungen zur Musik in der *Kritik der Urteilskraft* richtet, und einer in poetischer Sprache formulierten romantischen Idee (Wackenroder, Tieck, Jean Paul, E. T. A. Hoffmann). Verwirklicht sehen beide in der Instrumentalmusik von Haydn, Mozart und Beethoven. In der emphatischen Bezeichnung ›Romantische Musik‹ erschafft diese Musik für die Romantiker eine autonome Sphäre, »kategorial geschieden von der prosaischen Welt des bürgerlichen Lebens«[225]. Damit einher geht ein deutliches anti-bourgeoises Element der Kritik des bürgerlichen Nützlichkeitsdenkens, verbunden mit der Eingrenzung der Kunstkenner auf einen kleinen Kreis von Eingeweihten, ähnlich der Entwicklung im L'art pour l'art. Daraus entsteht eine Dichotomisierung in die absolute Musik als hohe Kunst und in die als Nicht-Kunst abgewertete Nachahmungs- und Erbauungsästhetik.[226] Diese ursprünglich anti-bürgerliche Trennung der Kunstsphären wird im Laufe des 19. Jh. in der Entwicklung der absoluten Musik zum bürgerlichen Bildungsgut neutralisiert werden.

Nach Hanslicks Einführung des Begriffs wird die absolute Musik bis in die Mitte des 20. Jh. die deutsche Musikentwicklung dominieren. Anfang des 20. Jh. wird August Halm – und nach ihm auch Ernst Kurth – den Begriff nochmals formal und inhaltlich aufladen und »den emphatischen Formbegriff mit Exkursen ins Metaphysische und sogar Religiöse«[227] verbinden. Auch Schönberg steht mit seiner Zwölftontechnik in der Tradition der absoluten Musik, diese wird aber nach dem 1. Weltkrieg (und dem Auseinanderbrechen des Schönberg-Kreises) ihren paradigmatischen Charakter verlieren, da nun auch artifizielle Musik auf immer vielfältigere Weise funktionalisiert werden wird (vom Ballett über Filmmusik bis zu politischer Agitation).

V. Institutionalisierung einer autonomen Literatur in Frankreich

1. Zweckfreie Schönheit

Etwa zur gleichen Zeit, als Gautier seine Dichtungstheorie präzisiert, formuliert in den USA Edgar Allan Poe einen ästhetischen Standpunkt, der mit Gautiers Vorstellungen in wesentlichen Punkten übereinstimmt. Poe wendet sich ganz entschieden gegen die verbreitete Ansicht, Dichtung müsse auf Wahrheit abzielen. Das alleinige Ziel der Dichtung ist für ihn das Schöne, und am wirkungsvollsten trete die Schönheit in Melancholie und Trauer zutage. Diese grundlegenden Elemente – zu ihnen zählt noch die Regel der Kürze, da die Wirkung in einem epischen Gedicht nicht dauernd durchzuhalten sei – müssen im dichterischen Kunstwerk mit dem zur Verfügung stehenden Repertoire an Techniken in einer präzis geplanten Weise so kombiniert werden, daß stets neue Effekte entstehen. Zum entscheidenden Prinzip wird die Originalität.

---

222 Vgl. ebd., 14.
223 ADAM SMITH, Of the Nature of that Imitation Which Takes Place in What are Called the Imitative Arts (1795), in: Smith, Essays on Philosophical Subjects, hg. v. W. P. D. Wightman/J. C. Bryce (Oxford 1980), 205; vgl. Seidel (s. Anm. 218), 19.
224 DAHLHAUS (s. Anm. 216), 8.
225 SEIDEL (s. Anm. 218), 21.
226 Vgl. BERND SPONHEUER, Musik als Kunst und Nicht-Kunst. Untersuchungen zur Dichotomie von ›hoher‹ und ›niederer‹ Musik im musiktheoretischen Denken zwischen Kant und Hanslick (Kassel 1987).
227 DAHLHAUS (s. Anm. 216), 44.

In seinem Essay *The Philosophy of Composition* (1846), in dem Poe vorgibt, sein genaues Vorgehen beim Entstehen des Gedichts *The Raven* zu rekonstruieren, führt er vor, wie sich diese Prinzipien allein auf der Grundlage ästhetischer Autonomie durchführen lassen. Nach den gattungsmäßigen Vorgaben (Kürze, Schönheit, Trauer) entwickelt er logisch die weiteren formalen Merkmale des Gedichts so weitgehend, daß schließlich das Schlüsselwort des Refrains (›Nevermore‹) allein nach klanglichen Gesichtspunkten festgelegt wird, bevor der engere semantische Kontext auch nur thematisiert wurde. Die Handlung ergibt sich erst ganz zum Schluß mehr oder weniger zwangsläufig. Poe füllt mithin nicht einen festgelegten formalen Rahmen mit einem vorgegebenen Inhalt, die dichterische Arbeit besteht vielmehr umgekehrt in der Erschließung einer neuen Form, die sich dann beinahe von selbst mit Inhalt füllt. Nur so läßt sich ein Werk nach den Gesetzen der Schönheit erschaffen, und dieses Vorgehen schließt die Wahrheit als Ziel aus. Daher ist eine so verstandene Dichtung auch unvereinbar mit der Verkündigung einer Moral. Jede belehrende Absicht unterwirft Poe in *The Poetic Principle* (1850) einem entschiedenen Verdikt, er bezeichnet sie als »heresy of *The Didactic*«. Dagegen stellt er eine genaue Übertragung des L'art-pour-l'art-Gedankens: »that under the sun there neither exists nor *can* exist any work more thoroughly dignified – more supremely noble than this very poem – this poem *per se* – this poem which is a poem and nothing more – this poem written solely for the poem's sake«[228].

2. Gegenkonzept zu Utilitarismus und Fortschrittsglauben

In Frankreich formuliert Baudelaire die Grundprinzipien seiner autonomen Ästhetik nicht zufällig in einem Essay über Poe, dessen Werke er ins Französische überträgt. In den *Notes nouvelles sur Edgar Poe* (1857) beruft er sich explizit auf Poes Bestimmung des autonomen Gedichts als konstruiertes, nicht episches und allein der Schönheit verpflichtetes. Besondere Zustimmung findet Poes Ablehnung von Wahrheit und Moral als Ziel der Dichtung: »La poésie ne peut pas, sous peine de mort ou de défaillance, s'assimiler à la science ou à la morale; elle n'a pas la Vérité pour objet, elle n'a qu'Elle-même.« Auch Baudelaire faßt das Didaktische als Grundmotiv jeder auf Moral und Wahrheit abzielenden Dichtung, er überträgt Poes Formel mit »l'hérésie de *l'enseignement*«. Und genau dieses Element der Belehrung greift er am Schluß seines Essays nochmals auf, um damit einen Angriff gegen die ästhetische Konzeption Hugos zu führen: »Nos [poètes] préférés sont faciles à deviner, et toute âme éprise de poésie pure me comprendra quand je dirai que, parmi notre race antipoétique, Victor Hugo serait moins admiré s'il était parfait, et qu'il n'a pu se faire pardonner tout son génie lyrique qu'en introduisant de force et brutalement dans sa poésie ce qu'Edgar Poe considérait comme l'hérésie moderne capitale, *l'enseignement*.«[229]

In dieser Attacke wird Hugo gleich in mehrfacher Hinsicht aus dem Kreis der autonomen Dichter verstoßen: Neben seiner didaktischen Zielsetzung fällt auch sein Publikumserfolg unter das Verdikt Baudelaires, denn die große Masse (die Literaturkritiker eingeschlossen) ist antipoetisch. Baudelaire wendet sich demgegenüber an die kleine Anzahl der Adepten einer – hier erstmalig so genannten – autonomen ›poésie pure‹.

Baudelaire vertritt in dieser ästhetischen Positionsbestimmung die bereits von Gautier formulierten Prinzipien der autonomen Dichtung, wobei er die eigene Erkenntnisleistung der Kunst noch stärker in den Vordergrund stellt, indem er präzisiert, daß die allein der Schönheit verpflichtete Kunst – jedoch nur diese – zwangsläufig auch Wahrheit zum Ausdruck bringt. Seine scharfe Polemik gegen Hugo ist nicht nur als ein Angriff auf das romantische Dichterdenkmal schlechthin zu verstehen, wie es sich Gautier als direkter Schüler Hugos nicht leisten konnte. Die Verurteilung des prophetischen Anspruchs Hugos zielt nicht zuletzt auf eine neue literarische Richtung, die sich selbst in der Tradition Hugos situiert und gesellschaftlichen Fortschritt durch eine lyrische Verklärung des

---

228 EDGAR ALLAN POE, The Poetic Principle (1850), in: Poe, The Complete Poems and Stories, with Selections of his Critical Writings, hg. v. A. H. Quinn/ E. H. O'Neill, Bd. 2 (New York ³1967), 1025.

229 CHARLES BAUDELAIRE, Notes nouvelles sur Edgar Poe (1857), in: BAUDELAIRE, Bd. 2 (1976), 333, 337.

technischen Fortschritts erzwingen zu können glaubt. Ein solches Konzept spricht der Dichtung jeden autonomen Status ab und propagiert eine nützliche Kunst. Mit der *Revue de Paris* steht dieser Gruppierung auch gleich ein bedeutendes publizistisches Organ zur Verfügung. Ihr führender Vertreter, Maxime Du Camp, hatte 1855, zum Zeitpunkt der ersten Pariser Weltausstellung und somit des ersten Höhepunkts einer technischen Fortschrittseuphorie, seinen Gedichtband *Les Chants modernes* mit einem programmatischen Vorwort veröffentlicht, in dem er sein Konzept einer modernen Maschinenästhetik ausführt. Dieses gegen die Autonomie gerichtete Programm setzt mit einer Thematisierung der modernen Welt an dem Punkt an, den die autonomen Dichter wie Gautier und Leconte de Lisle in ihrer antimodernen Wendung bewußt als Leerstelle unbesetzt lassen zugunsten einer Rückwendung in die Antike. Die urbane, utilitaristische Maschinenästhetik wird um so mehr zum ernstzunehmenden Gegenkonzept zur autonomen Dichtung, als sie in ihrer Polemik gegen die konservativen Stützen des Staates – allen voran die Académie française – durchaus mit einem radikal-republikanischen Impetus auftritt; sie zielt aber nicht auf künstlerische Erneuerung ab, sondern allein auf industriellen Fortschritt. Daher kann sie, trotz ihres dem vorherrschenden nationalistischen Fortschrittsdenken direkt entgegenstehenden kosmopolitischen Gedankens eines Fortschritts der ganzen Menschheit, mit einem relativen Wohlwollen der staatlichen Stellen im Zweiten Kaiserreich rechnen, die den Industrialismus zur Staatsdoktrin erheben. Neben der spiritualistischen Lyrik, die die Verdinglichungstendenzen der Technisierung und Kapitalisierung kompensieren soll, steht der autonomen Dichtung somit nun eine zweite, staatlich geförderte, heteronome Literaturkonzeption gegenüber. Baudelaire ist der einzige der autonomen Dichter, der sich dieser Herausforderung stellt und in das Konzept einer ästhetischen Autonomie die neue Erfahrungswelt der industriellen Moderne integriert, ja sie ihr gleichsam zugrunde legt.

Leconte de Lisle und Louis Ménard vollziehen als Reaktion auf die Herausforderung durch Maschinenästhetik und Fortschrittseuphorie eine radikale Abkehr von der Moderne. Beide Dichter waren glühende Aktivisten der 1848er Revolution und sind aufgrund ihrer politischen Desillusionierung nach deren Niederschlagung zu Verfechtern einer ästhetischen Autonomie geworden. Nun müssen sie erkennen, daß sich ihre frühsozialistischen Hoffnungen nicht nur als Illusion entpuppen, sondern in den staatlichen Industrialisierungsprogrammen des Kaiserreiches zu Werkzeugen der politischen Unterdrückung werden. Und schlimmer noch, sie lassen sich sogar in eine kunstfeindliche Ästhetik integrieren. Beide Dichter weisen Du Camps Angriff auf die Vorbildhaftigkeit der Antike entschieden zurück, und nachdem Leconte de Lisle im Vorwort zu seinen *Poëmes et poésies* (1855) Dampfmaschine und Telegraphie als Themen für Hymnen und Oden abgelehnt hat, kündigt er die Notwendigkeit eines bevorstehenden vollständigen Verzichts auf lyrische Produktion an: »Voici que le moment est proche où [les poètes] devront cesser de produire, sous peine de mort intellectuelle. Et c'est parce que je suis invinciblement convaincu que telle sera bientôt, sans exception possible, la destinée inévitable de tous ceux qui refuseront d'annihiler leur nature au profit de je ne sais quelle alliance monstrueuse de la poésie et de l'industrie, c'est par suite de la répulsion naturelle que nous éprouvons pour ce qui nous tue, que je hais mon temps.«[230]

Die letzte Konsequenz einer Poesie, die sich von der modernen Gesellschaft abwendet und jegliche Kollaboration verweigert, ist ihre Selbstpreisgabe. Diese wird nötig, wenn die Dichtung von der Industrie korrumpiert wird. Während Leconte de Lisle der poesie- und lebensfeindlichen Moderne seinen Haß entgegenschleudert und mit dem Gedichtband erst einmal für einige Jahre sein literarisches Schweigen ankündigt, radikalisiert sein Freund Ménard in seinen *Poëmes* (1855) die autonome Haltung zum unwiderruflichen literarischen Verstummen: »Je publie ce volume, qui ne sera suivi d'aucun autre, comme on élèverait un cénotaphe à sa jeunesse. Qu'il éveille l'attention ou qu'il passe inaperçu, au fond de ma retraite je ne le saurai pas. Engagé dans une voie différente, j'ai quitté la littérature pour n'y jamais revenir, et si,

---

[230] LECONTE DE LISLE, Poëmes et poésies (1855), in: Leconte de Lisle (s. Anm. 204), 127.

contre mon attente, la critique jette les yeux sur mon livre, elle peut à bon droit le considérer comme une œuvre posthume.«[231] Dieser heroische Gestus fällt in eine Situation, in der die Maschinenästhetik zwar einen literarischen Führungsanspruch anmeldet, damit aber nicht allein bei den autonomen Literaten auf Widerspruch stößt. Die Allianz von spiritualistischen Dichtern und konservativer Literaturkritik wendet sich gegen den Angriff auf ihre traditionellen Werte und die Entweihung tradierter literarischer Formen. Die Ästhetisierung häßlicher Reliquien des industriellen Fortschritts und die rapide Zunahme industrieller Massenliteratur veranlassen nun auch professionelle Literaturkritiker, auf den literarischen Eigenwert des Schönen zu verweisen. Damit einher geht bei einigen Kritikern eine implizite Rehabilitierung der autonomen Dichtung Gautiers, die noch wenige Jahre zuvor einhellig verurteilt wurde. Für diese Tendenzwende steht Sainte-Beuve, der einflußreichste zeitgenössische Literaturkritiker, der nun Gautier als legitimen Erben Hugos und Begründer der aktuell bedeutendsten Dichterschule vorstellt:»Et comment oublier [...] celui qui, dans le groupe dont il s'agit [d. i. l'école moderne – d.Verf.], s'est détaché à son tour en maître et qui est aujourd'hui ce que j'appelle un chef de branche, Théophile Gautier, arrivé à la perfection de son faire, excellant à montrer tout ce dont il parle, tant sa plume est fidèle et *ressemble à un pinceau*?« Gerade die hier gepriesenen, an die Malerei erinnernden Beschreibungstechniken Gautiers waren diesem zuvor noch als Verstoß gegen die literarischen und gegen die moralischen Gesetze vorgeworfen worden. Diese implizite Anerkennung der autonomen Dichtung als aktueller Ort literarischer Qualität wird noch deutlicher, wenn Sainte-Beuve nun Théodore de Banville als Schüler Gautiers und der Romantik feiert:»Voilà un poëte, un des premiers élèves des maîtres, un de ceux qui, venus tard et des derniers par l'âge, ont eu l'enthousiasme des commencements, qui ont gardé le scrupule de la forme, qui savent, pour l'avoir appris à forte école, le métier des vers, qui les font de *main d'ouvrier*, c'est-à-dire de bonne main, qui y donnent de la trempe, du ressort, qui savent composer, ciseler, peindre.«[232] Die kunsthandwerkliche Askese, die Gautiers nachromanti-

sche Kunstdoktrin ausmacht, wird nun als Weiterentwicklung der Romantik in der Tradition Hugos von der offiziellen Kritik anerkannt. Diese literarische Aufwertung seitens einiger einflußreicher Vertreter der professionellen Literaturkritik hat zur Folge, daß um die Mitte der 1850er Jahre nun einige der angesehenen literarischen Zeitschriften im Rahmen eines literarischen Pluralismus auch den autonomen Dichtern einen gewissen Raum zur Veröffentlichung ihrer Werke zur Verfügung stellen. Diese Entwicklung ist ein Indiz für ein sich allmählich wandelndes Verständnis von literarischer Qualität im Sinne eines autonomen Literaturverständnisses. Mit der einsetzenden Konsekration beginnt sich im Gegenzug der kritische Impuls der autonomen Dichtung zu nivellieren.

3. Abwendung vom Publikum

Die gerichtliche Verurteilung von Baudelaires *Les Fleurs du mal* (1857) im Jahr ihres Erscheinens wegen Verstoßes gegen religiöses und moralisches Empfinden macht indes deutlich, daß die Öffentlichkeit eine autonome Dichtung nur akzeptieren kann, solange sie ihre Vorstellung von gutem Geschmack nicht verletzt. Baudelaire mobilisiert zu seiner Verteidigung einige befreundete Kritiker, die unter Berufung auf die neue Akzeptanz der ästhetischen Autonomie das Publikum für seine Dichtung ausschließlich in einem ausgewählten Kreis von Lesern sehen und daher die Bewertungsmaßstäbe der Allgemeinheit für ungültig erklären. Der Kritiker Edouard Thierry verknüpft die faktische Aufspaltung des Publikums in die Masse der Feuilletonleser und eine Elite der Rezipienten autonomer Dichtung implizit mit der Befreiung dieser Elite vom Wertesystem der Allgemeinheit:»Le feuilleton parle pour tout le monde. Un livre comme les *Fleurs du mal* ne s'adresse pas à tous ceux qui lisent le feuilleton.«[233] Bereits elf Jahre zu-

---

231 LOUIS MÉNARD, Poëmes (Paris 1855), XXXII.
232 CHARLES-AUGUSTIN SAINTE-BEUVE, Poésies complètes de Théodore de Banville (1857), in: Sainte-Beuve, Causeries du Lundi, Bd. 14 (Paris o. J.), 79f.
233 Zit. nach BAUDELAIRE, Les Fleurs du mal (1857), hg. v. J. Crépet/G. Blin/C. Pichois (Paris 1968), 405.

vor hatte der damals noch gänzlich unbekannte Baudelaire diese Spaltung des Publikums in die kunstfeindliche Öffentlichkeit und die kleine Zahl der Künstler in einem seiner ersten kunstkritischen Essays, dem *Salon de 1846*, leicht verschlüsselt thematisiert, indem er seine Besprechung der staatlichen Kunstausstellung voller Ironie dem Bourgeois, in Kreisen der Boheme das Symbol künstlerischer Ignoranz, zueignete: »C'est donc à vous, bourgeois, que ce livre est naturellement dédié; car tout livre qui ne s'adresse pas à la majorité, – nombre et intelligence, – est un sot livre.«[234]

Bemerkenswert ist in diesem Zusammenhang, daß die ausführlichsten Stellungnahmen Baudelaires zu seinen ästhetischen Prinzipien in seinen Essays zur Malerei verborgen sind, neben den frühen Entwürfen im angesprochenen *Salon de 1846* handelt es sich hierbei vor allem um den *Salon de 1859* und um *Le peintre de la vie moderne* (1863), in dem Baudelaire den unbekannten Künstler Constantin Guys als Geistesverwandten präsentiert. Im Kontext der ästhetischen Autonomie ist dies in mehrerlei Hinsicht aufschlußreich: Die künstlerische Autonomie ist für Baudelaire ein Bereich, in dem sich die verschiedenen Künste treffen, ästhetische Prinzipien sind zwischen den einzelnen Künsten austauschbar. Der autonome Künstler ist zugleich der einzig legitime Kritiker autonomer Werke, wobei der Dichter als Wortkünstler privilegiert ist, auch die anderen Kunstformen in Worte zu fassen. Gerade die Kunstkritik macht deutlich, daß es dem autonomen Kritiker nicht um eine Erklärung für ein großes Publikum geht, sondern um ein kreatives Aufspüren der tieferen Absicht des Künstlers. Die Bedeutung der beiden heutzutage bekanntesten ästhetischen Schriften Baudelaires für die zeitgenössische Institutionalisierung der Autonomie sollte man indes nicht überschätzen. Der *Salon de 1859* wurde in der kleinen *Revue française* veröffentlicht, die ihr Erscheinen mangels Leserschaft mit der letzten Lieferung Baudelaires einstellen mußte. *Le peintre de la vie moderne* entstand zwar im unmittelbaren zeitlichen Kontext des *Salon* (spätestens Anfang 1860), wurde aber von mehreren Zeitschriften abgelehnt und erst Ende 1863 im Feuilleton von *Le Figaro* veröffentlicht (also an der denkbar ungünstigen Stelle, wo gewöhnlich die Fortsetzungsromane für das große Publikum zu finden sind). In diesem Essay über Guys führt Baudelaire auch die Theorie der Modernität aus, die seine ästhetische Praxis von den früheren autonomen Konzeptionen unterscheidet: »La modernité, c'est le transitoire, le fugitif, le contingent, la moitié de l'art, dont l'autre moitié est l'éternel et l'immuable.« Die autonome Kunst besteht nicht allein aus dem Immergleichen, das die Antike noch immer auszeichnet, sondern zu gleichen Teilen aus der Fähigkeit, das vergängliche Element der jeweiligen Modernität einzufangen: »Il s'agit [...] de dégager de la mode ce qu'elle peut contenir de poétique dans l'historique, de tirer l'éternel du transitoire.«[235] Die Autonomie der Kunst äußert sich hier als eigene Erkenntniskraft: Allein dem Künstler ist es vorbehalten, dem Flüchtigen der Gegenwart das in ihr verborgene Element des Ewigen zu entreißen, ihre Poesie. Die Kunst ist damit der Wirklichkeit, die für diese Erkenntnis blind ist, überlegen. Das ist Baudelaires autonome Antwort auf Du Camps Maschinenästhetik, für die modern lediglich ein Synonym für die neuesten technischen Errungenschaften ist.

Wichtiger als die nachträgliche Formulierung dieser Ästhetik sind für die Institutionalisierung der Figur des autonomen Dichters einige literarische Aktivitäten, die einem zielgerichteten Kalkül entspringen. Der wichtigste Punkt ist die Schaffung einer autonomen literarischen Kritik, die nicht auf eine Vermittlung für das große Publikum, sondern auf eine interne künstlerische Kommunikation abzielt. Die beschränkte Öffnung der etablierten Revuen für autonome Dichter und Kritiker genügt dieser Notwendigkeit nicht, denn von einem freien Austausch der autonomen Künstler kann hierbei keine Rede sein. Dies wird spätestens deutlich, als die Verurteilung der *Fleurs du mal* nicht nur den Abdruck zustimmender Rezensionen verhindert, sondern Baudelaires Publikationsmöglichkeiten in diesen Zeitschriften so gut wie zunichte macht. Im unmittelbaren Kontext des Prozesses gegen die *Fleurs du mal* gründen einige junge Literaten die Zeitschrift *Le Présent*, die in ih-

---

234 BAUDELAIRE, Salon de 1846, in: BAUDELAIRE, Bd. 2 (1976), 417.
235 BAUDELAIRE, Le peintre de la vie moderne (1863), in: ebd., 695, 694.

rer kurzen Existenz zu einem solchen Organ einer autonomen Kritik wird und in der Baudelaire, nicht zuletzt aufgrund des Skandals um seine Person, zur Leitfigur der autonomen Dichtung avanciert. Neben einer aktiven Unterstützung der Zeitschrift für Baudelaires Gedichtband ist dieser selbst regelmäßig mit eigenen Beiträgen präsent. Dabei ist die Auswahl seiner Texte keineswegs beliebig, sondern steht für das autonome Streben nach literarischer Erneuerung und Aufwertung verkannter künstlerischer Manifestationen. Es handelt sich u. a. um die erste Auswahl von Prosagedichten sowie Essays über Karikaturisten und das Lachen. Die offizielle Ächtung von Baudelaires Dichtung wird zum Indiz für dessen konsequente Umsetzung des Anspruchs auf literarische Autonomie und trägt somit zum literarischen Ruhm des Dichters bei, womit sich die Kluft zwischen der autonomen Dichtung und der literarischen Öffentlichkeit verschärft; hiervon zeugen zahlreiche haßerfüllte Kommentare der etablierten Literaturkritik zu Baudelaire.

Zum Zeitpunkt der neuen, zweiten Auflage der *Fleurs du mal* (1861) nimmt Baudelaire erneut eine vergleichbare Position bei der *Revue fantaisiste* ein, die ebenfalls von jungen Anhängern der autonomen Dichtung gegründet wurde und aus finanziellen Gründen auch bereits nach neun Monaten ihr Erscheinen einstellen mußte. Neben seiner Rolle als literarischer Kopf der Revue schart Baudelaire hier eine Gruppe junger Literaten um sich und stärkt damit seine interne Anerkennung unter den Dichtern. Für diese symbolische Stellung schlägt Baudelaire lukrativere Angebote zur Mitarbeit bei etablierten Zeitschriften aus. Seine Beiträge erstrecken sich auch hier über das gesamte Spektrum des autonomen Dichters, von den avanciertesten poetischen Formen bis zu Stellungnahmen zu den Großen in Malerei und Dichtung. Vor allem mit seinen Reflexionen über zeitgenössische Dichter wie Hugo, Gautier, Banville und Leconte de Lisle beansprucht er nun eine Position, die ihn noch aus dem Kreis seiner Dichterkollegen heraushebt. Diese Beiträge sind entstanden im Rahmen einer Anthologie zur französischen Dichtung, deren Erscheinen sich verzögert hat und wobei die Edition des zeitgenössischen Bandes von Baudelaire geleitet wird. An dem Band arbeiten fast ausnahmslos Freunde und Schüler Baudelaires mit, so daß er von Baudelaires ästhetischen Vorstellungen geprägt ist. Indem dieser selbst die Beiträge zu den Leitfiguren der autonomen Dichtung verfaßt und für den Artikel zu seiner Person den Altmeister Gautier gewinnen kann, erhebt er sich auch hier in eine dominante Position. Daneben sind diese Würdigungen im Rahmen einer neueren Tendenz zu situieren, wonach sich die autonomen Dichter gegenseitig ihrer Anerkennung versichern: So legt auch Leconte de Lisle großen Wert auf die Veröffentlichung seiner Rezension der *Fleurs du mal* in einer etablierten Zeitschrift.

Einen weiteren wichtigen Schritt zur Institutionalisierung des autonomen Künstlers stellt Baudelaires Eingreifen in die Debatte um die Konzerte Richard Wagners in Paris 1860 und 1861 dar. Diese Konzerte wurden in einer konzertierten Aktion der überwiegenden Mehrzahl der etablierten Musikkritiker vernichtend besprochen. Die Literaten hielten sich aus dieser Debatte nahezu völlig heraus, neben Baudelaire bezog nur noch Champfleury (Jules Husson) Stellung für Wagner. Baudelaire mißt seiner Stellungnahme offenbar größte Bedeutung bei, denn er veröffentlicht sie fast zeitgleich in zwei anerkannten Zeitschriften sowie als eigenständige Broschüre. Er hebt hervor, daß auch die Musik den Gesetzen der künstlerischen Autonomie gehorcht und somit der Malerei und der Literatur vergleichbar sei. Dabei weist er den gegen Wagner ins Feld geführten Kritikpunkt zurück, seine Musik sei Produkt eines theoretischen Konstrukts, denn für Baudelaire liegt dem Werk jedes autonomen Künstlers ein ästhetisches System zugrunde. Damit begründet er auch, daß der Künstler automatisch der einzig legitime Kritiker sei, während umgekehrt dem Berufskritiker alle Qualitäten des Künstlers fehlten und er somit auch in seiner Kritik nicht die innere Absicht des besprochenen Werkes aufdecken könne. Baudelaire fühlt sich als Dichter kompetent zur Besprechung Wagners, der professionellen Musikkritik spricht er diese Fähigkeit indes ab. Die ablehnende Haltung des Publikums nimmt er nun zum Anlaß, für die Musik die Schaffung eines autonomen Bereiches zu fordern, vergleichbar dem der Literatur. Indem nämlich der Bourgeois allein wegen seines Abonnements die Oper besucht, ohne sich für das spezielle Stück zu interessieren, ist die Musik von einem Publikum abhängig, dem jede künstlerische Kompetenz fehlt; das interessierte Publikum hat hingegen keine Möglichkeit, der Aufführung beizuwohnen. Baudelaire fordert daher ein Theater exklusiv für ein Künstlerpublikum; ihre Mätressen unter den Schauspielerinnen könnten die Bourgeois ja behalten: »Gardez votre harem et conservez-en religieusement les traditions; mais faites-nous donner un théâtre où ceux qui ne pensent pas comme vous pourront trouver d'autres plaisirs mieux accommodés à leur goût. Ainsi nous serons débarrassés de vous et vous de nous, et chacun sera content.«[236] Baudelaire macht sich hiermit zum Wortführer im Eintreten für eine künstlerische Autonomie, die sich nicht auf Literatur beschränkt, sondern alle Künste einschließt.

Baudelaires gesamte Aktivitäten zur Institutionalisierung eines autonomen künstlerischen Bereichs, in dem er selbst die herausragende Position einnimmt, sind gekennzeichnet von einer aggressiven Ablehnung heteronomer Konzeptionen, angefangen von der Verurteilung einer lehrhaften und utilitaristischen Dichtung über die Aberkennung der künstlerischen Kompetenz professioneller Literatur- und Kunstkritik bis zur schroffen Ausgrenzung des bürgerlichen Publikums in der Wagner-Debatte. Dagegen steht der Aufbau einer rein künstlerischen Kritik in eigenständigen Publikationsmedien, die Schulenbildung mit einer Gruppe junger Literaten und ein System gegenseitiger Wertschätzung zwischen den Meistern der autonomen Dichtung. Um 1860 hat sich damit ein autonomer Bereich etabliert, der in der Lage ist, seine eigenen ästhetischen Vorstellungen im Kreise derjenigen, die sich diesen Wertvorstellungen unterwerfen, durchzusetzen. Der Einfluß des autonomen Wertesystems auch auf die allgemeinen Kunstvorstellungen beginnt mit der künstlerischen Anerkennung der weniger radikalen Dichter wie Gautier und Banville in Teilen der etablierten Literaturkritik. Da die Autonomie jedoch einer beiderseitigen Abgrenzung bedarf, scheuen die Autonomen keine Demonstration der Unvereinbarkeit der beiden Wertesysteme. Das originellste Beispiel hierfür ist Baudelaires Kandidatur zur offiziellen Institution der Académie française, mit der er praktisch die Bestätigung seiner Anerkennung als führender autonomer Dichter, die ihm im autonomen Bereich zuteil wird, von offizieller Seite einfordert. Dies bedeutete nicht weniger als eine undenkbare Verallgemeinerung des autonomen Wertesystems, weshalb die Kandidatur von vornherein aussichtslos ist. Mit diesem Angriff auf die bestehenden literarischen Institutionen stärkt Baudelaire wiederum seine dominante Stellung im autonomen Bereich und die künstlerische Autonomie als solche.[237]

4. Der Roman als ›art pur‹

Zugleich mit der Institutionalisierung einer autonomen Dichtung bemüht sich Flaubert um die Ausweitung der Autonomie auf den Roman. Seine finanziell gesicherte Lage erlaubt ihm eine kompromißlose Haltung gegenüber dem kommerziellen Literaturbetrieb. Flauberts Ablehnung des Literaturbetriebs geht bis zur empörten Zurückweisung einer regelmäßigen Mitarbeit in einer Literaturzeitschrift: »Mais quant à faire partie *effectivement* de quoi que ce soit en ce bas monde, non! non! et mille fois non! Je ne veux pas plus être membre d'une revue, d'une société, d'un cercle ou d'une académie, que je ne veux être conseiller municipal ou officier de la garde nationale. Et puis il faudrait *juger*, être critique; or je trouve cela ignoble en soi et une besogne qu'il faut laisser faire à ceux qui n'en ont pas d'autre.«[238]

Der Anspruch auf Autonomie äußert sich hier in einer radikalen Ablehnung aller gesellschaftlichen Instanzen, jede Art von Literaturvermittlung eingeschlossen. Nichtsdestoweniger liegen eine Fülle von literaturprogrammatischen Äußerungen aus der Feder Flauberts vor; hierbei handelt es sich um Briefe, in denen er ausgewählten Personen – meist Frauen – seine ästhetischen Überlegungen während der Arbeit an seinen Romanen darlegt. Seine demonstrative Mißachtung des Publikums impliziert eine prinzipielle Unvereinbarkeit von li-

---

236 BAUDELAIRE, Richard Wagner et Tannhäuser à Paris (1861), in: BAUDELAIRE, Bd. 2 (1976), 812.
237 Vgl. BOURDIEU (s. Anm. 18), 95–99.
238 GUSTAVE FLAUBERT an Louise Colet (31. 3. 1853), in: Flaubert, Correspondance, Bd. 2 (Paris 1980), 291.

terarischer Qualität und Erfolg beim großen Publikum: »Plus on met de conscience dans son travail, moins on en tire de profit. [...] Quand on veut gagner de l'argent avec sa plume, il faut faire du journalisme, du feuilleton ou du théâtre.«[239] Marktkonformes Schreiben ist das genaue Gegenteil einer autonomen Literatur, und deshalb ist eine Textproduktion mit finanziellem Interesse die Todsünde für den autonomen Schriftsteller: »[...] je me ferais plutôt pion dans un collège que d'écrire quatre lignes pour de l'argent.«[240]

Diese Ablehnung aller Instanzen, die mit Markt und Publikum zusammenhängen, hat notwendigerweise Auswirkungen auf den literarischen Text. Wie die Dichter Gautier und Baudelaire, so weigert sich auch Flaubert, sich in seinen Romanen an irgendwelche thematischen Vorgaben zu halten. Schönheit ist keine Frage des Gegenstands, sondern der literarischen Bearbeitung, es kommt daher nicht auf das Dargestellte, sondern auf die Darstellung an. Oder mit einer der berühmten Formulierungen Flauberts in den Briefen an Louise Colet zur Zeit der Arbeit an *Madame Bovary* (1857): »C'est pour cela qu'il n'y a ni beaux ni vilains sujets et qu'on pourrait presque établir comme axiome, en se posant au point de vue de l'Art pur, qu'il n'y en a aucun, le style étant à lui tout seul une manière absolue de voir les choses.« Dieses Prinzip ästhetischer Autonomie führt beinahe konsequent zum Prozeß gegen *Madame Bovary* wegen Verstoßes gegen Sitte und Moral, denn das Fehlen einer Erzählerinstanz, die die Handlungen der Protagonisten im Roman kommentiert und gegebenenfalls verurteilt, muß dem großen Publikum als Solidarisierung mit den moralischen Verfehlungen Emma Bovarys erscheinen. Für den autonomen Schriftsteller ist diese Konzentration auf den Stil aber nichts anderes als ein Schritt im Bemühen um einen Roman ohne jegliche Handlung, wie ihn Flaubert in dem gleichen Brief als seinen Wunsch formuliert: »Ce qui me semble beau, ce que je voudrais faire, c'est un livre sur rien, un livre sans attache extérieure, qui se tiendrait de lui-même par la force interne de son style, comme la terre sans être soutenue se tient en l'air, un livre qui n'aurait presque pas de sujet ou du moins où le sujet serait presque invisible, si cela se peut.«[241]

VI. Literarische Erneuerung und Ausbreitung der Autonomieästhetik

1. Parnasse, Décadence, Symbolismus

Im Zuge des stetigen Anwachsens der literarischen Produktion in der zweiten Jahrhunderthälfte und der Schaffung eines begrenzten Publikums für die autonome Literatur vergrößert sich ab den 1860er Jahren auch der Kreis der im autonomen Bereich produktiv tätigen Literaten. Der Eintritt der jungen Literaten ist in der Regel durch ihre Bewunderung für die bereits etablierten autonomen Dichter motiviert, der Altersunterschied begünstigt eine Art Schulenbildung, in der sich die Schüler um einen oder mehrere Meister scharen. Baudelaire ist aufgrund seiner charismatischen Rolle in der *Revue fantaisiste* dafür zunächst prädestiniert; da er jedoch kein Interesse an einer Schulenbildung mit einem verbindlichen ästhetischen Programm zeigt, gewinnen die jungen Mitarbeiter der Zeitschrift um Catulle Mendès schließlich Leconte de Lisle für die vakante Führerrolle. Als Gründungsmanifest des Parnasse dient dabei Leconte de Lisles Abwendung von der Romantik in seinem bereits mehr als zehn Jahre alten Vorwort zu den *Poèmes antiques*. Leconte de Lisle empfängt seine Schüler regelmäßig, und diese folgen den ästhetischen Vorgaben des Meisters sowie den damit zusammenhängenden Tugenden der Askese und des Fleißes. So bildet sich ein fester Kreis autonomer Dichter, in dem bisweilen auch Banville und Gautier verkehren und der sich dem Vorbild der Antike verpflichtet. Als Zeichen ihres Gruppenzusammenhalts veröffentlichen sie unter der Bezeichnung *Parnasse contemporain* gemeinsame Gedichtanthologien. Im Laufe der 1860er Jahre gewinnt dieser Kreis immer größere Dominanz im autonomen Bereich der Literatur, und Attribute wie Fleiß und Ernsthaftigkeit begünstigen auch eine wachsende

---

239 FLAUBERT an René de Maricourt (8. 1. 1867), in: ebd., Bd. 3 (Paris 1991), 585.
240 FLAUBERT an Ernest Feydeau (um den 15. 5. 1859), in: ebd., 22.
241 FLAUBERT an Louise Colet (16. 1. 1852), in: Flaubert (s. Anm. 238), 31.

Akzeptanz im größeren Rahmen des offiziellen Literaturbetriebs.[242]

In einem autonomen Bereich des Literaturbetriebs, der sich über seine Kräfte zur literarischen Erneuerung definiert, kann es mit der Zeit nicht ausbleiben, daß der Konformitätsdruck der dominanten Schule oppositionelle Kräfte freisetzt. Erstes Anzeichen einer Spaltungstendenz ist die Ablehnung der Beiträge Paul Verlaines und Mallarmés für den dritten *Parnasse contemporain* Mitte der 1870er Jahre; beide Dichter waren in den zwei vorangegangenen Anthologien noch vertreten gewesen. Verlaines Boheme-Attitüde und seine Teilnahme an der Pariser Kommune sind nun ebensowenig mit der Haltung eines Parnasse-Dichters in Einklang zu bringen wie der zunehmende Hermetismus Mallarmés. Zum Angriff auf die dominante Stellung des Parnasse im autonomen Bereich kommt es aber erst 1884. In diesem Jahr wird mit François Coppée der erste Parnasse-Dichter in die Académie française gewählt, eine Anerkennung seitens der offiziellen gesellschaftlichen Instanzen, die die Autonomie der Dichtung gegenüber den Werturteilen der Allgemeinheit in Gefahr bringt. Im gleichen Jahr veröffentlicht Verlaine seine Broschüre *Les Poètes maudits*, in der er Tristan Corbière, Arthur Rimbaud und Mallarmé als verkannte ›Poètes Absolus‹ präsentiert und seinen Beitrag zu Mallarmé mit einer scharfen Polemik gegen den Parnasse einleitet.[243] Damit setzt er die verkannten gegen die anerkannten Dichter und stellt die ersteren als einzig authentische Vertreter der ästhetischen Autonomie heraus. Zur gleichen Zeit bekommt dieser Angriff auf den Parnasse Unterstützung durch den Roman *A rebours* (1884) von Joris-Karl Huysmans, der als Abtrünniger vom – im Bereich des Romans dominanten – Naturalismus sich nun auch einer autonomen Literatur verpflichtet. Sein Romanheld, der Ästhet Des Esseintes, liest die Gedichte Verlaines und Mallarmés, und Huysmans macht damit insbesondere den Namen des bislang beinahe gänzlich unbekannten Mallarmé einem größeren Romanpublikum bekannt. Mallarmé erweist sich mit dem äußerst hermetischen Gedicht *Prose pour des Esseintes* (1885) seiner Präsentation im Roman würdig, und daraufhin beginnt sich ein neuer elitärer Zirkel zu formieren, wobei Mallarmés Dienstagsempfänge, die bereits seit 1880 regelmäßig stattfinden, eine entscheidende Rolle spielen und nun eine Reihe neuer Anhänger anziehen. Es bilden sich daraus schon bald zwei Gruppierungen, die zwar die gleichen ästhetischen Überzeugungen vertreten, sich jedoch in ihrer Haltung unterscheiden. Um Verlaine scharen sich die ›décadents‹, die sich eher der Boheme-Tradition verpflichtet fühlen, während die Symbolisten um Mallarmé die Dichtung als sakralen Bereich betrachten, den es vor jeder Profanierung zu schützen gilt. Die Symbolisten erweisen sich schließlich als die radikaleren Neuerer, Mallarmé eignet sich besser zum charismatischen Führer, nicht zuletzt wegen des Bemühens, seinen ästhetischen Hermetismus bis zu einem gewissen Grad in schriftlichen Stellungnahmen zu erläutern. In den 1890er Jahren entstehen eine ganze Reihe symbolistischer Zeitschriften, als deren wichtigste *L'Ermitage* und der *Mercure de France* zu nennen sind.[244]

Mallarmés Hermetismus kündigt sich bereits in seinem allerersten literaturkritischen Beitrag für eine Kunst- und Literaturzeitschrift an, als er 1862 in *L'Artiste* als jugendlicher Bewunderer Baudelaires beklagt, daß aufgrund der allgemein verbreiteten alphabetischen Schrift niemand daran gehindert werden könne, dessen Gedichte zu lesen. Während Malerei und Musik den Spezialisten überlassen werde, halte sich jeder beliebige Mensch für einen Poesie-Kenner.[245] Seine Forderung nach Maßnahmen, die Allgemeinheit von der Poesie-Lektüre auszuschließen, verwirklicht er später dann erfolgreich in einer hermetischen Schreibweise, die eindeutige Sinnzuweisungen nicht mehr gestattet. Er selbst bezeichnet seine Poesie in Briefen an Freunde und Schüler stets als

---

242 Vgl. RÉMY PONTON, Programme esthétique et accumulation de capital symbolique. L'exemple du Parnasse, in: Revue française de Sociologie 14 (1973), H. 2, 202–220.
243 Vgl. PAUL VERLAINE, Les Poètes maudits (1884), in: Verlaine, Œuvres en prose complètes, hg. v. J. Borel (Paris 1972), 657 f.
244 Vgl. JOSEPH JURT, Das literarische Feld. Das Konzept Pierre Bourdieus in Theorie und Praxis (Darmstadt 1995), 161–176.
245 Vgl. STÉPHANE MALLARMÉ, L'Artiste (1862), in: Mallarmé, Œuvres complètes, hg. v. H. Mondor/G. Jean-Aubry (Paris 1945), 257–260.

Fingerübungen für sein ›Grand œuvre‹, welches niemals entstand und über dessen genauen Charakter sich nur Mutmaßungen anstellen lassen.

2. Poésie pure

Eng mit der ästhetischen Konzeption Mallarmés verbunden ist der Begriff der poésie pure. Diese Schlüsselkategorie der literarischen Autonomie wurde systematisch jedoch erst von Paul Valéry eingeführt, der mit ihr die Entwicklung der autonomen Poesie seit Poe und Baudelaire beschreibt. Poésie pure bezeichnet eine Dichtungskonzeption, in der die Poesie jedem außerliterarischen Wert übergeordnet ist. Dabei darf jedoch der Wandel nicht übersehen werden, dem der Begriffsbereich der Reinheit seit der Mitte des 19. Jh. unterliegt. In seinen ästhetischen Schriften spricht Baudelaire nur insgesamt viermal von poésie pure, eine systematische Verwendung liegt dabei indes nicht vor.[246] Am pronenciertesten ist die bereits oben zitierte Stelle aus dem Essay über Poe, an welcher Baudelaire sich unter Berufung auf den amerikanischen Dichter gegen die didaktischen Ziele in der Dichtung Hugos wendet. Hierbei erfährt der Begriff eine leichte Umdeutung, denn Poe selbst benutzt ›pure poetry‹ lediglich zur Erläuterung des Unterschiedes zwischen Poesie und narrativer Prosa. Im Gedicht dürfe im Gegensatz zur Novelle nichts thematisch und inhaltlich Unreines behandelt werden. Baudelaire hingegen knüpft den Begriff an die künstlerische Wahrnehmung und trennt den poetischen vom emotionalen Gehalt. Reine Dichtung, die der Schönheit verpflichtet ist, kann demnach durchaus Häßliches oder Verwerfliches zum Inhalt haben. In Baudelaires Gedichten manifestiert sich die Reinheit in einer zunehmenden Verallgemeinerung, das romantische Dichter-Subjekt mit seinen persönlichen Gefühlsäußerungen in Form einer Ansprache verschwindet aus seiner Dichtung. Diese Tendenz zum Abstrakten wird von Mallarmé aufgegriffen und radikalisiert.

Mallarmé entwickelt in seiner frühen Phase seine Reinheitsvorstellung nach dem Vorbild Baudelaires. Beim Verschmelzen subjektiver und objektiver Elemente tritt die technische, formale Seite immer mehr in den Vordergrund, emotive oder didaktische Inhalte werden ausgeschlossen.

Dieses Streben nach formaler Perfektion findet in *L'après-midi d'un faune* (1865) einen ersten Höhepunkt. Danach durchlebt Mallarmé eine metaphysische Krise, die ihn zu der Gewißheit von der Nicht-Existenz Gottes führt. Die höchste Wahrheit stellt für ihn nun die Poesie dar. Durch seine Beschäftigung mit Hegel sieht er sich in dieser Auffassung bestärkt, er selbst fühlt sich im Brief an einen Freund bereits völlig depersonalisiert und auf der Stufe des Absoluten angekommen.[247] In diesem neuen metaphysischen Verständnis der poésie pure ist die Purifikation somit nicht nur eine der Dichtung, sondern auch eine des Dichters selbst. Er transzendiert gleichsam seine individuellen Persönlichkeitsgrenzen in einen Zustand der Entpersonalisierung. Der reine Dichter wird zu einer Art Gesamtsubjekt, dafür verschwindet er völlig aus der Dichtung selbst: »L'œuvre pure implique la disparition élocutoire du poète, qui cède l'initiative aux mots, par le heurt de leur inégalité mobilisés; ils s'allument de reflets réciproques comme une virtuelle traînée de feux sur des pierreries, remplaçant la respiration perceptible en l'ancien souffle lyrique ou la direction personnelle enthousiaste de la phrase.«[248] Im reinen poetischen Werk stellt sich eine eigene metaphysische Beziehung zwischen den Dingen der äußeren Welt her, die dichterische Erfahrung mündet in Worte, und daher muß die Erfahrung des Lesers mit Worten beginnen. Aus der Dichtung ist jeglicher eindeutige Inhalt eliminiert, die Worte kommunizieren allein durch ihren Klangwert nach dem Vorbild der Musik.

Mehrere Jahrzehnte später wird sich Valéry wiederholt zur poésie pure äußern. Er reagiert damit auf eine Debatte über den Begriff, die Mitte der 20er Jahre durch Bremonds Umdeutung im Sinne einer christlichen Mystik ausgelöst wurde.[249] Valérys Verständnis von reiner Dichtung ist stark von

---

246 Vgl. DERYK JOSEPH MOSSOP, Pure Poetry. Studies in French Poetic Theory and Practice 1746 to 1945 (Oxford 1971), 82.
247 Vgl. ebd., 128–137.
248 MALLARMÉ, Crise de vers (1896), in: Mallarmé (s. Anm. 245), 366.
249 Vgl. HENRY DECKER, Baudelaire and the Valéryan Concept of Pure Poetry, in: Symposium 19 (1965), 155–161.

einer persönlichen Krise in seinem 21. Lebensjahr geprägt, als er sich gegen das Gefühl einer leidenschaftlichen Liebe zu einer Unbekannten sträubt und beschließt, durch intellektuelle Selbstreflexion unkontrollierbare Gefühlszustände zu überwinden. Dieser Unterordnung unter den Intellekt unterliegt auch die Dichtung, der reine Dichter zeichnet sich durch eine hohe Reflektiertheit aus. In seiner Ablehnung unmittelbarer Gefühlsäußerungen in der Dichtung wendet sich Valéry nicht nur gegen die romantische Tradition, er nimmt in den 20er Jahren damit auch eine Gegenposition zum Surrealismus ein.[250] Ein direkter Gefühlsausdruck kann für ihn schon deshalb kein Merkmal für Dichtung sein, weil er keine speziellen Fähigkeiten voraussetzt und damit jedem offensteht. Ein reines Gedicht darf jedoch auch nicht von einem Gedanken ausgehen, am Anfang muß eine Form, ein Rhythmus oder eine Melodie stehen. Vorbild ist auch hier die Musik, die ihrer Natur nach selbstreferentiell ist. Erstrebt wird eine Sprache, in der Klang und Sinn untrennbar sind. Ein solches Gedicht wäre unübersetzbar. Poésie pure steht für ein Ideal, eine vollkommen reine Dichtung wurde nach Valérys Überzeugung noch nicht geschaffen und kann schon aufgrund ihrer sprachlichen Verfaßtheit auch nicht geschaffen werden: »La conception de poésie pure est celle d'un type inaccessible, d'une limite idéale des désirs, des efforts et des puissances du poète«[251]. Am vorgestellten Idealzustand hat sich die reale Dichtung jedoch zu messen.

3. Autonomie im Spätviktorianismus

Der Symbolismus wird zum Ende des 19. Jh. nicht nur zur dominanten Richtung in der autonomen Poesie Frankreichs, er erstreckt sich auch auf die Malerei und beeinflußt zahlreiche ästhetizistische Literaten in anderen europäischen Ländern. Vor allem in England geht der Einfluß der autonomen Kunstdoktrin aber bis auf Baudelaire und Poe zurück. Swinburne rezensiert die zweite Auflage der *Fleurs du mal* und stimmt insbesondere mit der Lehre, die der französische Dichter von Poe übernommen hat, überein, wonach die ›Häresie des Didaktischen‹ abzulehnen sei und jedes große literarische Werk per se eine Moral beinhalte. Auch mit seiner eigenen poetischen Produktion wandelt er auf den Spuren seines französischen Vorbilds. Der Gedichtband *Poems and Ballads* (1866) wird zu einem ähnlichen Skandal wie die *Fleurs du Mal*, man beschuldigt auch Swinburne des Verstoßes gegen Religion und sexueller Moral, da seine Gedichte den – mit dem viktorianischen Wertesystem nicht zu vereinbarenden – Typus einer Frau darstellen, in deren Liebe Lust und Schmerz unauflöslich verbunden sind. Während er auch in seiner Studie über William Blake (1868) die Prinzipien des L'art pour l'art konsequent propagiert, wendet er sich danach mit seiner Begeisterung für den italienischen Freiheitskampf einer Konzeption zu, die das gesellschaftliche Eingreifen des Dichters nicht mehr ausschließt.[252]

Der L'art-pour-l'art-Gedanke wird in England von Walter Pater fortgesetzt und in einer lebensphilosophischen Perspektive zu einer Verabsolutierung des Ästhetischen[253] zugespitzt. In der *Conclusion* seiner *Studies of the History of the Renaissance* (1873) findet sich die prägnanteste Formulierung einer diesseitigen Sinnfindung durch die Kunst: »Great passions may give us this quickened sense of life, ecstasy and sorrow of love, the various forms of enthusiastic activity, disinterested or otherwise, which come naturally to many of us. Only be sure it is passion – that it does yield you this fruit of a quickened, multiplied consciousness. Of such wisdom, the poetic passion, the desire of beauty, the love of art for its own sake, has most. For art comes to you proposing frankly to give nothing but the highest quality to your moments as they pass, and

---

250 Vgl. MOSSOP (s. Anm. 246), 204.
251 PAUL VALÉRY, Poésie pure (1927), in: VALÉRY, Bd. 1 (1957), 1463.
252 Vgl. NORBERT KOHL, ›L'art pour l'art‹ in der Ästhetik des 19. Jahrhunderts, in: Zeitschrift für Literaturwissenschaft und Linguistik 8 (1978), Nr. 30/31, 165 ff.
253 Vgl. WOLFGANG ISER, Die Autonomie des Ästhetischen (Tübingen 1960).

simply for those moments' sake.«[254] Diesen Lebenssinn des erfüllten Augenblicks kann die Kunst nur gewinnen, wenn sie nicht für moralische, religiöse oder politische Zwecke funktionalisiert wird. Paters Ästhetizismus ist somit zugleich eine radikale Abwendung von der moralistisch geprägten viktorianischen Kunstauffassung, und seine Knüpfung ästhetischer Erkenntnis an die Subjektivität des Kritikers richtet sich zugleich gegen den herrschenden Positivismus.

Wie Swinburne und Pater, so wendet sich auch Wilde entschieden gegen die viktorianische Funktionalisierung der Literatur. Im thesenhaften Vorwort zu The Picture of Dorian Gray (1891) lehnt er jede Didaktik in der Literatur ab: »There is no such thing as a moral or an immoral book. Books are well written, or badly written. That is all.«[255] Und in seinem zur gleichen Zeit entstandenen dialogischen Essay The Artist as Critic (1891) nimmt er bereits die Zurückweisung dieser Autonomieforderung durch die Gesellschaft vorweg, wenn er mit seiner Dialogfigur Gilbert ausführt: »All art is immoral. [...] For emotion for the sake of emotion is the aim of art, and emotion for the sake of action is the aim of life, and of that practical organization of life that we call society. [...] Society often forgives the criminal; it never forgives the dreamer.«[256] Wildes vehementes Eintreten für die Autonomie der Kunst nimmt die Form eines extremen Ästhetizismus an, in dem Kunst und Leben radikal voneinander abgetrennt werden.[257] Vollkommenheit und Individualität sind nur im Bereich der Kunst möglich: »It is through Art, and through Art only, that we can realize our perfection; through Art, and through Art only, that we can shield ourselves from the sordid perils of actual existence.«[258] In einer extremen narzißtischen Überhöhung gelingt es Wildes Dorian Gray, die Bereiche von Kunst und Leben auszutauschen, indem sein Porträt als junger Mann altert, während er selbst in die Rolle des Kunstwerks schlüpft und unverändert jung bleibt. Hütete Huysmans Protagonist Des Esseintes in A rebours die Werke von Verlaine und Mallarmé als Schätze, erkennt nun Dorian Gray sich selbst in Huysmans' Roman wieder. Sein Leben als Kunstwerk scheitert jedoch, im Zerschneiden seines gealterten Porträts setzt er seinem Leben schließlich ein Ende.

4. Die europäische Ausbreitung des Ästhetizismus

In Deutschland gründet Stefan George 1892 die Blätter für die Kunst als Publikationsorgan seines Kreises. Vorbild für die Unternehmung ist Mallarmés Dichterschule, die er in Paris kennengelernt hat und die ihn besonders durch die Haltung und die Disziplin ihrer Mitglieder beeindruckt. Seine Kunstdoktrin indes ist stärker noch von Poe als von den Symbolisten beeinflußt. Die Blätter für die Kunst sind nur dem engen Kreis seiner Freunde geöffnet, und George legt sie in seiner Präsentation auf die Grundsätze der ästhetischen Autonomie fest: »Der name dieser veröffentlichung sagt schon zum teil was sie soll: der kunst besonders der dichtung und dem schrifttum dienen, alles staatliche und gesellschaftliche ausscheidend. / [...] sie kann sich auch nicht beschäftigen mit weltverbesserungen und allbeglückungsträumen in denen man gegenwärtig bei uns den keim zu allem neuen sieht, die ja sehr schön sein mögen aber in ein andres gebiet gehören als das der dichtung.«[259] In den Blättern veröffentlicht er neben seinen eigenen Gedichten und denen seiner Freunde auch seine Umdichtungen von Dichtern aus ganz Europa, speziell von französischen Dichtern aus dem Umkreis des Symbolismus. Es geht ihm dabei die Einordnung seines Kreises in eine europäische Dichteraristokratie und speziell um die Schaffung auch einer deutschen Dichtersprache. Das Publikum ist ein ebenso ausgesuchtes wie die Mitarbeiter; die Titelseite jedes Bandes präzisiert, daß die Zeitschrift »einen geschlossenen von den mitgliedern geladenen leserkreis« hat. Und auch Georges Gedicht-

---

[254] WALTER PATER, Studies of the History of the Renaissance (1873), in: Pater, Three major works (›The Renaissance‹, ›Appreciations‹, and ›Imaginary Portraits‹), hg. v. W. E. Buckler (New York/London 1986), 220.
[255] OSCAR WILDE, The Picture of Dorian Gray (1891), in: Wilde, The Artist as Critic. Critical Writings of Oscar Wilde, hg. v. R. Ellmann (London 1970), 235.
[256] WILDE, The Artist as Critic (1891), in: Wilde, ebd., 380f.
[257] Vgl. KOHL (s. Anm. 252), 169f.
[258] WILDE (s. Anm. 256), 380f.
[259] STEFAN GEORGE, Blätter für die Kunst, Bd. 1 (1892; Düsseldorf/München 1967), 1.

sammlungen sind zunächst nur einem engen Kreis
Gleichgesinnter zugänglich; damit möchte er die
Autonomie bei seiner künstlerischen Arbeit gegenüber jeder Lesererwartung bewahren: »Den ersten druck seiner dichtungen die vor einem jahrzehnt zu erscheinen begannen reichte der verfasser
freunden und gönnern als geschenk. so blieb er bis
in einzelheiten der rücksicht auf die lesende menge
enthoben, die damals besonders wenig willens
oder fähig war ein dichtwerk als gebilde zu begrüs-
sen und zu geniessen.«[260] In diesem Vorwort zur
Neuauflage der – erstmals 1890 erschienenen –
Hymnen deutet sich indes bereits die spätere Verschiebung von Georges Autonomieverständnis in
Richtung auf eine über den engen Kreis hinauszie-
lende prophetische Ansprache an die Jugend an.

Folgen die autonomen Bestrebungen um George in Deutschland den französischen und englischen ästhetizistischen Konzeptionen in einem
Abstand von etwa fünf bis zehn Jahren nach, so
verzögert sich diese Entwicklung in Spanien um
nochmals diesen Zeitraum. In der Krise der durch
den Verlust des Kolonialreichs 1898 verursachten
gesellschaftlichen Erschütterungen entsteht im
modernismo dann jedoch auch eine bedeutende
ästhetizistische Strömung. Der Begründer des *modernismo* ist der aus Nicaragua stammende Dichter
Rubén Darío, der nach Aufenthalten in Argenti-
nien und Frankreich nach Spanien kommt und die
französischen Symbolisten in den Madrider Künst-
lerkreisen bekannt macht. In seinen bereits 1896 in
einem kleinen Kreis zirkulierenden *Prosas profanas*
– der Titel der Gedichtsammlung zitiert schon
Mallarmés *Prose pour des Esseintes* – finden sich Einflüsse der französischen Symbolisten, aber auch
Rückgriffe auf Formen der altspanischen Lyrik.
Im Vorwort nimmt er die elitäre Haltung des autonomen Dichters ein, der programmatische Aussagen ablehnt, da es der überwiegenden Mehrzahl
der Leser an der nötigen »elevación mental«[261] er-
mangele. In seinem poetischen Hauptwerk *Cantos*
de vida y esperanza (1905) wird die Autonomie
dann ansatzweise bereits zugunsten der Haltung eines Dichterpropheten zurückgenommen. Einer
seiner ersten Anhänger in Spanien ist Ramón Ma-
ría del Valle-Inclán, der bereits 1894 mit der Gedichtsammlung *Femeninas* hervorgetreten ist und
sich nach dem Vorbild Daríos von der gesellschaftlichen Realität abwendet, um in der Literatur eine
zweckfreie Schönheit zu erschaffen. Der Höhepunkt dieser Phase seines Schaffens sind die *Sonatas*
über die vier Jahreszeiten unter dem Obertitel *Me-*
morias del Marqués de Bradomín (1905). Durch die
Erfahrung des Weltkriegs verabschiedet er sich später dann von seiner autonomen Konzeption. Juan
Ramón Jiménez verkörpert die ästhetizistische
Tradition des Dandys und praktiziert eine autonome Dichtung in seinen *Rimas de sombra* (1902)
und *Arias tristes* (1903). Das Vorbild Antonio
Machados ist Baudelaire, seine *Soledades* (1903)
zeichnen sich durch eine fast parnassische Formen-
strenge aus. Diese spanischen Vertreter einer autonomen Dichtung sind jedoch nicht als einheitliche
literarische Gruppe zu verstehen, sie stehen auch
mit anderen Schriftstellern ihrer Generation im
Austausch und in vielfältiger Beziehung. Diese
späte Ausprägung des Ästhetizismus in Spanien –
wie auch in Italien durch D'Annunzio – zeigt mit
der teilweisen personellen Kontinuität, daß der
Übergang zu den historischen Avantgardebewegungen durchaus einen radikalen Bruch darstellt.
Vom radikalen Ästhetizismus ist es bei einigen Autoren auch zur Ästhetisierung der Politik im Faschismus – und damit zur impliziten Aufgabe der
Autonomieposition – nur ein kleiner Schritt.

Michael Einfalt

Literatur

BACHMAIER, HELMUT/RENTSCH, THOMAS (Hg.), Poetische Autonomie? Zur Wechselwirkung von Dichtung
und Philosophie in der Epoche Goethes und Hölderlins
(Stuttgart 1987); BERMAN, RUSSELL A., Konsumgesellschaft. Das Erbe der Avantgarde und die falsche Aufhebung der ästhetischen Autonomie, in: C. Bürger/P. Bürger (Hg.), Postmoderne. Alltag, Allegorie und Avantgarde (Frankfurt a. M. 1987), 56–71; BOURDIEU, PIERRE,
Les règles de l'art. Genèse et structure du champ littéraire
(Paris 1992); BÜRGER, PETER, Zum Problem der Autonomie der Kunst in der bürgerlichen Gesellschaft, in: Bürger, Theorie der Avantgarde (Frankfurt a. M. 1973), 49–

---

260 GEORGE, Vorrede [der zweiten Ausgabe der Hym-
nen] (1890), in: George, Werke in zwei Bänden, hg.
v. R. Boehringer, Bd. 1 (München/Düsseldorf
1958), 6.
261 RUBÉN DARÍO, Prosas profanas y otros poemas
(1896), hg. v. I. M. Zuleta (Madrid 1983), 85.

73; BÜRGER, PETER, Zur Kritik der idealistischen Ästhetik (Frankfurt a. M. 1993); CASSAGNE, ALBERT, La théorie de l'art pour l'art en France, chez les derniers romantiques et les premiers réalistes (1906; Paris 1959); DAHLHAUS, CARL, Die Idee der absoluten Musik (Kassel 1978); EINFALT, MICHAEL, Zur Autonomie der Poesie. Literarische Debatten und Dichterstrategien in der ersten Hälfte des Second Empire (Tübingen 1992); ESSER, ANDREA (Hg.), Autonomie der Kunst. Zur Aktualität von Kants Ästhetik (Berlin 1995); FEIL, ERNST, Antithetik neuzeitlicher Vernunft. ›Autonomie – Heteronomie‹ und ›rational – irrational‹ (Göttingen 1987); FONTIUS, MARTIN, Produktivkraftentfaltung und Autonomie der Kunst. Zur Ablösung ständischer Voraussetzungen in der Literaturtheorie, in: G. Klotz/W. Schröder (Hg.), Literatur im Epochenumbruch. Funktionen europäischer Literaturen im 18. und beginnenden 19. Jahrhundert (Berlin 1977), 409–529; GERMER, STEFAN, Historizität und Autonomie. Studien zu Wandbildern im Frankreich des 19. Jahrhunderts. Ingres, Chassériau, Chenavard und Puvis de Chavannes (Hildesheim 1988); HORSTMANN, ULRICH, Ästhetizismus und Dekadenz. Zum Paradigmenkonflikt in der englischen Literaturtheorie des späten 19. Jahrhunderts (München 1983); ISER, WOLFGANG, Die Autonomie des Ästhetischen (Tübingen 1960); JANZ, ROLF-PETER, Autonomie und soziale Funktion der Kunst. Studien zur Ästhetik von Schiller und Novalis (Stuttgart 1973); LACOUE-LABARTHE, PHILIPPE/NANCY, JEAN-LUC, L'absolu littéraire. Théorie de la littérature du romantisme allemand (Paris 1978); LÄMMERT, EBERHARD, Dic Entfesselung des Prometheus. Selbstbehauptung und Kritik der Künstlerautonomie von Goethe bis Gide, in: Paderborner Universitätsreden, Bd. 3 (Paderborn 1985), 3–33; LUHMANN, NIKLAS, Die Kunst der Gesellschaft (Frankfurt a. M. 1995); MENKE-EGGERS, CHRISTOPH, Die Autonomie der Kunst (Frankfurt a. M. 1989); MOSSOP, DERYK JOSEPH, Pure Poetry. Studies in French Poetic Theory and Practice 1746 to 1945 (Oxford 1971); MUEHLECK-MÜLLER, CATHLEEN, Schönheit und Freiheit. Die Vollendung der Moderne in der Kunst. Schiller – Kant (Würzburg 1989); MÜLLER, MICHAEL u. a., Autonomie der Kunst. Zur Genese und Kritik einer bürgerlichen Kategorie (Frankfurt a. M. 1972); NEUSCHÄFER, HANS-JÖRG, Das Autonomiestreben und die Bedingungen des Literaturmarktes. Zur Stellung des ›freien Schriftstellers‹ im 19. Jahrhundert, in: B. Cerquiglini/H. U. Gumbrecht (Hg.), Der Diskurs der Literatur- und Sprachhistorie. Wissenschaftsgeschichte als Innovationsvorgabe (Frankfurt a. M. 1983), 556–581; OLECHNOWITZ, HARRY, 'Autonomie der Kunst'. Studien zur Begriffs- und Funktionsbestimmung einer ästhetischen Kategorie (Diss. Freie Universität Berlin 1982); RECKI, BIRGIT, Aura und Autonomie. Zur Subjektivität der Kunst bei Walter Benjamin und Theodor W. Adorno (Würzburg 1988); ROSENBLATT, LOUISE, L'idée de l'art pour l'art dans la littérature anglaise pendant la période victorienne (Paris 1931); SCHNELL, RÜDIGER, Rechtsgeschichte, Mentalitäten und Gattungsgeschichte. Zur literarischen Autonomie im Mittelalter, in: J. Heinzle (Hg.), Literarische Interessenbildung im Mittelalter (Stuttgart 1993), 401–430; TIEDEMANN-BARTELS, HELLA, Versuch über das artistische Gedicht. Baudelaire, Mallarmé, George (München 1971); WETZEL, MICHAEL, Autonomie und Authentizität. Untersuchungen zur Konstitution und Konfiguration von Subjektivität (Frankfurt a. M./Bern/New York 1985); WILCOX, JOHN, The Beginnings of l'Art pour l'art, in: Journal of Aesthetics and Art Criticism 11 (1952), 360–377; WITTKOWSKI, WOLFGANG (Hg.), Revolution und Autonomie. Deutsche Autonomieästhetik im Zeitalter der Französischen Revolution (Tübingen 1990); WÖLFEL, KURT, Zur Geschichtlichkeit des Autonomiebegriffs, in: W. Müller-Seidel u. a. (Hg.), Historizität in Sprach- und Literaturwissenschaft. Vorträge und Berichte der Stuttgarter Germanistentagung 1972 (München 1974), 563–577; WOODMANSEE, MARTHA, The Interests in Disinterestness. Karl Philipp Moritz and the Emergence of the Theory of Aesthetic Autonomy in Eighteenth Century Germany, in: Modern Language Quarterly 45 (1984), 22–47.

Autor/Künstler

(griech. τεχνίτης; lat. auctor, artifex; engl. author, artist; frz. auteur, artiste; ital. autore, artista; span. autor, artista; russ. автор, художник)

I. Semantische Begriffsdimensionen; 1. Etymologische Brüche; 2. Kritik und Krise in der gegenwärtigen Diskussion; 3. Positionen; a) Marxismus; b) Psychoanalyse; c) Existentialhermeneutik und Rezeptionsästhetik; d) Strukturalismus und Semiologie; e) Diskursanalyse und Dekonstruktion; f) Medienanalyse; g) Systemtheorie; h) Feminismus und Gender-Theory; 4. Diskursebenen; a) Ideologische Diskurse; b) Sozial-rechtliche Diskurse; c) Autopoietisch-individuelle Diskurse; **II. Historische Begriffsentwicklung;** 1. Die Geburt aus dem Geiste des Humanismus und der Renaissance; 2. Modernes Bürgertum; a) Nachahmung und Genie in Aufklärung und Klassik; b) Romantische Autorschaft und Künstlerproblematik; c) Zwischen Realismus und Ästhetizismus; 3. Die Krise der Moderne; a) Physiologien der Wahrnehmung um 1900; b) Konstruktivismus, Surrealismus und Neue Sachlichkeit; c) Depotenzierung und Dekonstruktion

I. Semantische Begriffsdimensionen

1. Etymologische Brüche

Die beiden Begriffe Autor und Künstler weisen das typische semantische Profil eines modernen ästhetischen Bewußtseins auf und sind erst mit dem Erwachen der schöpferischen Autonomie des neuzeitlichen Subjekts zu Trägern programmatischer Erwartungen geworden. Dem antiken und mittelalterlichen Denken war ein solches Interesse an den Urhebern literarischer und bildender Kunstwerke noch fremd bzw. galt der Name nur als Indikator des Ausführenden und nicht des Schöpfers. Entsprechend weist die etymologische Herkunft beider Begriffe eine wesentliche Differenz zum modernen bzw. heute gängigen Verständnis auf. Sie läßt sich auch als Wandel von einer Funktionsbestimmung zur Personalisierung beschreiben: Das lateinische Wort auctor leitet sich seiner Bedeutung als Urheber bzw. Verfasser nach von auctoritas her und bezeichnete in diesem Sinne generell einen glaubwürdigen Gewährsmann, ein Vorbild oder einen Leiter, bezog sich also nicht nur auf alle Schrift-Ersteller (und nicht nur poetische, d.h. schaffende), sondern kennzeichnete überhaupt die Beförderung einer Sache als Ratgeber, Anstifter, Veranlasser oder Stifter (was noch in der Nebenbedeutung von frz. auteur als Verantwortlicher einer Handlung semantisch nachwirkt). Erst seit Beginn der Neuzeit gerannen diese nicht zuletzt auch sozial-politischen Funktionen zu Merkmalen einer substantiellen Persönlichkeitsstruktur von Textproduzenten, die den Stellenwert einer inneren Autorisierung übernahmen.

Gleichermaßen bezeichnete sowohl griech. ποιητής (poiētēs) wie lat. artifex das bloße Machen als kunstfertiges Bearbeiten der Materie durch den Künstler bis hin zum künstlich-trügerischen Vortäuschen von Realitätseffekten, bevor mit der Renaissance der Individualkult des kreativ talentierten Genies und damit des aus sich selbst Schöpfenden seinen Anfang nahm. Das antike Problem der ars (griech. τέχνη; technē) war »also zunächst nicht das des Schaffens der ›schönen Künste‹«, bzw. noch die Schönheit der mittelalterlichen Kunst wird an der Materialität des Werkes begriffen »und nicht als der subjektive Ausdruck des ›artifex‹«[1]. Die Frage nach Autor und Künstler stellt sich überhaupt erst im thematischen Zusammenhang Legitimität neuzeitlicher Subjektivität, deren Genese sich im Bedeutungswandel des Ästhetischen – neben den naturrechtlichen Kategorien von Eigentum und Eigenheit sowie den juristischen von Anrecht und Verantwortung – auch an der geistigen Nobilitierung der Künstler als Vertreter der zuerst von den Autoren beanspruchten ›artes liberales‹ ablesen läßt.[2]

Gemeinsam ist beiden modernen Begriffsfeldern von Autor und Künstler eine gewisse Potentialitäts-Semantik: Schon auctor/auctoritas verweist nicht nur auf agere (handeln, ausführen), sondern auch auf augere (mehren, fördern, vergrößern); Künstler stammt bekanntlich von können (im ursprünglichen Sinne der Kunst als Wissen, Weisheit oder Kenntnis) wie artifex von ars auch im Sinne

---

1 ERNESTO GRASSI, Die Theorie des Schönen in der Antike (Köln 1962), 199; vgl. ROSARIO ASSUNTO, Die Theorie des Schönen im Mittelalter (Köln 1963), 30.
2 Vgl. NATHALIE HEINICH, De l'apparition de l'›artiste‹ à l'invention des ›beaux-arts‹, in: Revue d'histoire moderne et contemporaine 37 (1990), 27 f.

eines Geschicks. Dieses von außen her – z.B. durch die Autorität eines Textes – verliehene oder durch Übung – wie in der *Ars poetica* des Horaz – erworbene Vermögen wird im modernen Verständnis von Kreativität zu einer innerlichen Wesensbestimmung der repräsentativen Subjekte als Urheber, die sich im Kunstwerk als authentischer Hervorbringung/Zeugung objektiviert. Daher bürgt der erst seit Beginn der Neuzeit Bedeutung gewinnende Eigenname von Autor und Künstler auch für eine ästhetische Qualität, die für moderne Kunstwerke zweierlei beansprucht: Originalität und Innovation. Damit wird aber auch deutlich, daß die Kategorien von Autor und Künstler ihre Karriere zuerst im Diskurs der Literatur- und Kunst-Kritik bzw. -Theorie beginnen. Die Aufarbeitung der antiken Literaturarchive durch den Frühhumanismus sowie die Künstlerviten der Renaissance bedurften der Namen nicht nur zur Klassifikation der mannigfaltigen Werke, sondern auch zur Erstellung individueller klassischer Vorbilder, in deren Autorität stiftenden Namen die moderne Genealogie ästhetischer Wahrheit fortgeschrieben werden konnte. Aus den Legenden von übernatürlichen Gaben und intuitiven Kräften (Musen, göttliche Inspirationen, Ingenium), die die Würde des herausragenden Einzelschicksale sichern, geht die noch heute und selbst in ihrer immer deutlicher werdenden Krise reformulierte historische bzw. biographische Imago vom Autor und Künstler als Avantgarde kulturellen Fortschritts hervor. Die Neutralität der handwerklichen Funktionsbestimmung verdichtet sich dabei nicht nur zum potenzierten Expertentum individueller Begabung und Berufung, sondern die individualisierenden Totalisierungen von Autorschaft und Künstlertum entrücken zugleich das Dasein der konkreten Subjekte als originäre Urheber von Kunstwerken in die »Virtualität« »transzendentaler Begrifflichkeit«[3].

2. Kritik und Krise in der gegenwärtigen Diskussion

Die gegenwärtige Diskussion ist dagegen durch eine radikale Hinterfragung dieser metaphysischen Position von Autor und Künstler gekennzeichnet, die nicht nur Skepsis gegenüber der Unterstellung autonomer Kreativität anmeldet, sondern – im Sinne einer Desakralisierung bzw. Versachlichung der Analyse – eine umgekehrte semantische Bewegung vom Personenkult und ihrer Erzeugung einer Imago zur Funktionsbeschreibung samt der medienwirksamen Image-Pflege vollzieht.

Für die polemische Diskussion über den vermeintlichen Tod des Autors vor allem auch im sogenannten Bereich der poststrukturalistischen Ästhetik sind zwei Texte fundamental geworden: Roland Barthes' *La mort de l'auteur* (1968) und Michel Foucault *Qu'est-ce qu'un auteur* (1969). Der rhetorisch ins Feld geführte Topos vom ›Tod des Autors‹ versteht sich dabei nicht als grundsätzliche Negation der werkimmanenten Kategorie Autor, sondern als funktionale Relativierung derselben im Gesamtprozeß ästhetischer Sinngebung. Es geht um den Tod der Wertvorstellung Autor im Sinne ihrer Überlebtheit als eine auf bestimmte historische Rahmenbedingungen begrenzte Kategorie: »L'*auteur* est un personnage moderne, produit sans doute par notre société dans la mesure où, au sortir du Moyen Age, avec l'empirisme anglais, le rationalisme français, et la foi personnelle de la Réforme, elle a découvert le prestige de l'individu, ou, comme on dit plus noblement, de la ›personne humaine‹, il est donc logique que, en matière de littérature, ce soit le positivisme, résumé et aboutissement de l'idéologie capitaliste, qui ait accordé le plus grande importance à la ›personne‹ de l'auteur.«[4]

Barthes wirft dem Literaturkritik und -geschichtsschreibung vor, mit ihrem anachronistischen Festhalten am Personenkult des Autorenkonzepts als einem strukturell rückwärtsgewandten, letztlich mortifizierenden Prinzip von Literaturbetrachtung die freie Entfaltung der Schrift einzuschränken. Was sich als Entdeckung einer schöpferischen Quelle präsentiert, erweist sich als Verkennung des Werks, »tyranniquement

---

[3] RAIMAR ZONS, Über den Ursprung des literarischen Werks aus dem Geiste der Autorschaft, in: W. Oelmüller (Hg.) Kolloquium Kunst und Philosophie, Bd. 3 (Das Kunstwerk) (Paderborn 1983), 117; vgl. UWE JAPP, Der Ort des Autors in der Ordnung des Diskurses, in: J. Fohrmann/H. Müller (Hg.), Diskurstheorien und Literaturwissenschaft (Frankfurt a.M. 1988), 228.

[4] ROLAND BARTHES, La mort de l'auteur (1968), in: BARTHES, Œuvres complètes, hg. v. E. Marty, Bd. 2 (Paris 1994), 491.

centrée sur l'auteur, sa personne, son histoire, ses goûts, ses passions«: ein Konzept von »critique«, das ebenso dem Tod preisgegeben ist, wie das des Autors, um die Potentialität des Textes in der Lektüre ihrem Werden (»avenir«) zu überantworten, auf daß »la naissance du lecteur doit se payer de la mort de l'auteur.«[5] Dieser historischen Relativierung des Autorenbegriffs durch Barthes schließt sich Foucault mit einer gleichwohl impliziten Polemik an, indem er ein Ungenügen an der bloßen Konstatierung des Verschwindens des Autors artikuliert und eine genaue Analyse der damit eröffneten Leerstelle fordert: »Ce qu'il faudrait faire, c'est repérer l'espace ainsi laissé vide par la disparition de l'auteur, suivre de l'il la répartition des lacunes et des failles, et guetter les emplacements, les fonctions libres que cette disparition fait apparaître.«[6]

Foucault klammert die bloß sozialhistorische Dimension der Person des Autors als positive Gegebenheit – d. h. seiner Individualisierung, seines Status in unserer Kultur, seiner Verbindung mit den Werten der Authentizität und der Zuschreibung von Eigentum am Werk – aus seiner Analyse der ›fonction classificatoire‹ des Begriffs im ›ensemble de discours‹ aus, um dadurch eine Leerstelle als funktional offenes Dispositiv entstehen zu lassen, das von der écriture als Raum eröffnendem Spiel erfüllt wird. Jene Dimension von Status und Wert ist eher Thema der gleichzeitigen soziologischen Analyse des kulturellen Feldes von Autor und Künstler durch Pierre Bourdieu. In ihnen geht es mehr um die Konfrontation der Künstlernobilitierungsdiskurse mit ökonomischen Argumenten und institutionellen Analysen. Bourdieu verkündet seinerseits implizit den Tod des Künstlers, indem er

---

5 Ebd., 491, 495.
6 MICHEL FOUCAULT, Qu'est-ce qu'un auteur? (1969), in: Foucault, Dits et écrits, hg. v. D. Defert/F. Ewald, Bd. 1 (Paris 1994), 796.
7 PIERRE BOURDIEU, La distinction. Critique sociale du jugement (Paris 1979), 61, 190, 251; vgl. BOURDIEU, Champ intellectuel et projet créateur, in: Les Temps Modernes, H. 246 (1966), 865–906; WOLFGANG RUPPERT, Der moderne Künstler. Zur Sozial- und Kulturgeschichte der kreativen Individualität in der kulturellen Moderne im 19. und 20. Jahrhundert (Frankfurt a. M. 1998), 27 ff.
8 BOURDIEU, Les règles de l'art. Genèse et structure du champ littéraire (1992; Paris 1998), 375; vgl. ebd., 359.

die künstlerische Avantgarde als »attitude«, die »ambition démiurgique de l'artiste« als »habitus« entlarvt, durch den der »style de vie artiste« als »défi lancé au style de vie bourgeois« zum Produkt von Praktiken und Klassifikationssystemen einer »intention de distinction dans laquelle s'affirme l'intérêt propre de l'artiste«[7] wird.

Als distinktiver Habitus wird Künstlertum ebenso wie Autorschaft von Bourdieu auf nur eine metaästhetische Valenz zurückgeführt, die aus einer kulturellen Differenzierung der bürgerlichen Gesellschaft im 19. Jh. entsteht und der sich das die literarische und künstlerische Avantgarde der verfemten und gescheiterten Künstler aufwertende »préjugé favorable« einer unproduktiven Verausgabung verdankt. Für die Bewertung des Kunstwerkes ist dagegen das ganze Netz von Entstehungsfaktoren heranzuziehen: »Le producteur de la *valeur de l'œuvre d'art* n'est pas l'artiste mais le champ de production en tant qu'univers de croyance qui produit la valeur de l'œuvre d'art *comme fétiche* en produisant la croyance dans le pouvoir créateur de l'artiste. [...] Elle doit donc prendre en compte non seulement les producteurs directs de l'œuvre dans sa matérialité (artiste, écrivain, etc.), mais aussi l'ensemble des agents et des institutions qui participent à la production de la valeur de l'œuvre à travers la production de la valeur de la croyance dans la valeur de l'art en général et dans la valeur distinctive de telle ou telle œuvre d'art, critiques, historiens de l'art, éditeurs, directeurs de galeries, marchands, conservateurs de musées, mécènes, collectionneurs, membres des instances de consécration, académies, salons, jurys, etc.«[8]

Als gewisse Spätfolge dieser um 1968 gehaltenen Nachrufe auf Autor und Künstler hat sich in den 90er Jahren vor allem in Frankreich die Debatte um eine generelle Krise der modernen Kunst verschärft, um 1997/1998 einen Höhepunkt zu erreichen. Anlaß war zum einen die von Catherine David kuratierte *Documenta X* mit ihrem radikalen Konzept einer Retrospektive der politischen Avantgarde der modernen Kunst und ihrer medialen Möglichkeiten, zum anderen ein vor allem von Jean Clair in seinem Buch *La responsabilité de l'artiste* geführter Generalangriff auf die Tradition der künstlerischen Avantgarde. Diese Krise der sozialpolitischen Legitimität moderner Kunst, die als

1. Semantische Begriffsdimensionen 483

leer und vulgär diskreditiert wird, betrifft zugleich als Krise der Kunstkritik und -theorie in erster Linie die Rolle von Autor und Künstler: Das konstatierte Ende der avantgardistischen Utopien und der Ikonoklasmus gegenwärtiger Kunstmanifestationen lassen Clair an der Verantwortlichkeit des Künstlers zweifeln, wecken auch bei anderen Kunstkritikern Skepsis gegenüber einer Verbindung von künstlerischer Kreation und gegenwärtiger Gesellschaft sowie gegenüber der Gültigkeit des klassischen Mythos von der schöpferischen Innerlichkeit.[9]

Auch die Kunstsoziologin Nathalie Heinich fordert im Sinne Bourdieus für die gegenwärtige Beurteilung der Kunstkriterien eine kritische Überprüfung der parareligiösen Mechanismen der klassischen Avantgarde, »dès lors que le travail de l'artiste repose sur la transgression des frontières cognitives définissant ce qui peut être perçu ou non comme de l'art«[10], was für den deutschen Kontext von Eduard Beaucamp als Verstrickung des Künstlers in ein verselbständigtes Ausstellungswesen von professionellen Schaustellern, Sammlern und Museumskuratoren beschrieben wird: »Damit ist dem schöpferischen Mythos des selbstherrlichen Künstlers der Boden entzogen. Die Künstler müssen auf verkürzte Rollen sinnen. Die Zeit der Gottsucher und Sinnstifter, der Rebellen und Erneuerer scheint vorbei. Künstler machen heute gesellschaftliche und ökonomische Karrieren; sie sind integriert, auch wenn ihnen die Verfassung ihren Sonderstatus garantiert.«[11]

Der tiefgreifende gesellschaftliche Wandel, ausgelöst durch die industriellen Produktionsweisen und ihre Marktmechanismen sowie durch die technische Revolution der Informations- und Kommunikationsmedien führte schon seit dem Ende des 19. Jh. zu dieser Krise des Selbstverständnisses von Autor und Künstler. Während die beschleunigte Zirkulation der Ware Kunst auf der einen Seite neue ökonomische Stabilisierungen des Berufsbildes nicht zuletzt durch erhöhte Publizität ermöglichte, verschärfte sich auf der anderen Seite der »Widerspruch von Autonomieansprüchen künstlerisch-literarischer Tätigkeit und heteronomen Produktions- und Marktbedingungen« durch »die individualistische ›Urheber‹-Auffassung«[12]. Waren nämlich vor Entstehung des Buch- und Kunstmarktes im 19. Jh. Ausstellung und Publi-

kation außerästhetische Momente der bloßen Distribution von Kunstwerken, so wird jetzt die Konfrontation mit der Öffentlichkeit bzw. dem Publikum zu einem auf das künstlerische Schaffen rückwirkenden Faktor, der darüber hinaus dem entscheidenden Einfluß der medial die öffentliche Präsentation und Rezeption kontrollierenden Kritik unterliegt: »Die Kunst war offensichtlich nur noch unter Preisgabe des Kunstwerkes zu retten, an dessen Stelle die Ausstellung, der visualisierte Zusammenhang, als Form künstlerischer Arbeit trat.«[13]

Walter Benjamin hat als einer der ersten diesen epochalen Bruch problematisiert und darauf hingewiesen, daß in der von technischen Medien beherrschten Kunst mit der Einmaligkeit und Echtheit des Kultwertes auch die Originalität des Künstlers dem Anspruch auf Ausstellbarkeit von Reproduzierbarem weicht und damit auf das zielt, was André Malraux als ›musée imaginaire‹ bezeichnete.[14] Andy Warhols serielle Arbeitsweise mit Zitaten öffentlicher Bilder der Massenmedien hat die Konsequenz aus dieser Einsicht gezogen und einen

---

9 Vgl. JEAN CLAIR, La responsabilité de l'artiste. Les avant-gardes entre terreur et raison (Paris 1997), 16 ff.; CLAIR/PHILIPPE DAGEN/YVES MICHAUS, La guerre de l'art. Regards croisés, in: Le débat H. 98 (1998), 11, 13, 21.
10 NATHALIE HEINICH, Des conflits de valeurs autour de l'art contemporain, in: Le débat (s. Anm. 9), 78.
11 EDUARD BEAUCAMP, Der verstrickte Künstler. Wider die Legende von der unbefleckten Avantgarde (Köln 1998), 13.
12 ROLF BÄUMER, Autor, in: D. Borchmeyer/V. Zmegac (Hg.), Moderne Literatur in Grundbegriffen (Frankfurt a. M. 1987), 29; HELMUT KREUZER, [Einleitung], in: ›Der Autor‹ [Themenheft], in: Zeitschrift für Literaturwissenschaft und Linguistik, H. 42 (1981), 11.
13 HARALD SZEEMANN, Oh Du fröhliche, oh Du selige thematische Ausstellung, in: Szeeman, Museum der Obsessionen (Berlin 1981), 24; vgl. STEFAN GERMER, Alte Medien – neue Aufgaben. Die gesellschaftliche Position des Künstlers im 19. Jahrhundert, in: M. Wagner (Hg.), Moderne Kunst. Das Funkkolleg zum Verständnis der Gegenwartskunst (Hamburg 1991), 98; OSKAR BÄTSCHMANN, Ausstellungskünstler. Kult und Karrieren im modernen Kunstsystem (Köln 1997), 94, 186 ff.
14 Vgl. WALTER BENJAMIN, Das Kunstwerk im Zeitalter seiner technischen Reproduzierbarkeit (1936), in: BENJAMIN, Bd. 1/2 (1974), 471–508; ANDRÉ MALRAUX, Le musée imaginaire (Paris 1947).

neuen, reproduktionsästhetischen Künstlertypus geprägt, in dessen Sinne z. B. Cindy Shermans fiktive *Film Stills* als nachstellende Selbstinszenierung der Künstlerin »implicitly attack auteurism by equating the known artifice of the actress in front of the camera with the supposed authenticity of the director behind it«[15]. Aber auch Gerhard Richters malerischen Reproduktionen photojournalistischer Vorlagen oder sein *Atlas* der Skizzen und Photovorlagen sowie extremer noch die Strategien reinen Kopierens bei den Appropriationisten (z. B. Richard Prince oder Sherrie Levine) repräsentieren einen Typus künstlerischen Arbeitens, der auf Autorschaft als Schöpfertum verzichtet bzw. dessen Autorschaft sich – wie das ›covering‹ in der Pop-Musik – auf die Neuzubereitung eines gegebenen ästhetischen Materials für das Publikum beschränkt.

Was damit deutlich wird, ist die radikale Umorientierung des neueren Autor- und Künstlerbildes vom Urheber zum Organisator ästhetischer Prozesse: Eine »neue Variante der künstlerischen Produktion« begreift die Aufgabe des im Prozeß der Wahrnehmung stehenden Künstlers als quasi-didaktische »Erfahrungsgestaltung« und zielt »nicht

---

15 DOUGLAS CRIMP, On the Museum's Ruins (Cambridge, Mass. 1992), 162; dt.: Über die Ruinen des Museums (Dresden 1996), 151; vgl. ROSALIND KRAUSS, The Originality of the Avant-Garde and Other Modernist Myths (Cambridge, Mass. 1985), 4f., 190f.; KRAUSS, Untitled, in: Cindy Sherman 1975–1993 (New York 1993).
16 BÄTSCHMANN, Der Künstler als Erfahrungsgestalter, in: J. Stöhr (Hg.), Ästhetische Erfahrung heute (Köln 1996), 249, 254f.; vgl. JEAN-CHRISTOPH AMMANN, Das Denken der Gegenwart aus der Sicht des Künstlers, in: J. Kirschenmann/W. Stehr (Hg.), Materialien zur Documenta IX (Stuttgart 1992), 59; SIEGFRIED J. SCHMIDT, Ästhetische Prozesse. Beiträge zu einer Theorie der nicht-mimetischen Kunst und Literatur (Köln 1971), 24, 88ff.
17 PETER BÜRGER, Theorie der Avantgarde (Frankfurt a. M. 1974), 70.
18 JOCHEN GERZ, Der Künstler als Pixel. Von der Abrüstung der Kunst und der Entsorgung der Kultur. Gespräch mit H.-J. Heinrichs, in: Lettre International H. 37 (1997), 95.
19 RÉMY ZAUGG, Gespräche mit Jean-Christophe Ammann. Portrait (Ostfildern 1994), 30f.

auf die Herstellung eines Werks, sondern auf die Auslösung eines Erfahrungsprozesses mittels einer Vorrichtung oder mittels Objekten«[16] zur Aktivierung des Betrachters als Teilnehmers des künstlerischen Prozesses. Seit der Avantgarde der Moderne steht die Ästhetik ganz im Zeichen einer entmystifizierenden Dekonstruktion der traditionellen Werte von Autorschaft und Künstlertum als »radikale Negation der Kategorie der individuellen Produktion«[17].

Das neue Autor-/Künstlerbild wird immer weniger durch das schöpferische Prinzip der poiēsis als vielmehr durch das wahrnehmungsorientierte der aisthēsis bestimmt. Die produktive Funktion des Künstlers konzentriert sich dementsprechend auf seine erkenntnisbildende Funktion »als enorm an der Realität interessierter Mensch«, dessen ästhetische »Übersetzungen dieser Suche, dieses Engagements in bezug auf die Realität«[18] mögliche Verstehens- bzw. Deutungsmodelle von Wirklichkeitswahrnehmung anbietet. Entsprechend hat ein intellektuelles Arbeitsethos im ästhetischen Bereich Geltung gewonnen. Erwartet wird nicht mehr Schöpfung, nicht mehr die Erschaffung eines Werkes, sondern dieses hat selbst nur medialen, vermittelnden Charakter beim Arbeiten an der Wahrnehmung von Welt: »Der Künstler beabsichtigt weder eine Welt zu erschaffen, noch ein Werk zu kreieren, nein er will grundsätzlich die Welt und durch diese sich selber, aber auch sein Verhältnis zur Welt und zu sich selber verstehen. Sein Verstehen-Wollen ist eine Lebensnotwendigkeit, fast ein Schicksal, dessen er sich rühmt. Was gemeinhin als Werk bezeichnet wird, ist in Wahrheit weiter nichts als die Spur seiner Auseinandersetzung mit der Welt und mit sich selber.«[19]

Dieser Prozeß beginnt schon im Postimpressionismus eines Paul Cézanne und seiner Vorstellung von der Verantwortlichkeit des Malers, mit seinen Mitteln die Wahrheit des Sichtbaren wiederzugeben. Der »Maler handelt nicht und zieht keine Verehrung auf seine Person, sondern steht wie ein Organ des Sehens mit seinen Werkzeugen – Auge, Palette, Pinsel etc. – vor dem Betrachter, der zum erstenmal beobachten kann, daß nicht die besondere Kunstfertigkeit und gloriose Begabung und Inszenierung eines Menschen, sondern allein der Gedanke hinter seiner Stirn den Garanten für das

Gelingen des Werkes selbst bildet.«[20] Von hier ist der Schritt nicht weit zum Ideal des nicht mehr schaffenden, sondern rein konzeptuellen Künstlers, der seine Wirkung mehr auf die Inszenierung seiner intellektuellen Aktivität, seiner theoretischen Reflexion des ideologischen, sozialen bzw. politischen Kontextes verlagert. Marcel Duchamp gilt für diesen Typus von Künstler bis heute als Vorbild, hat mit seinem Bekenntnis zur Fin-de-siècle-Tradition der »machines célibataires«[21] auch eine Art steriler Zeugungsverweigerung als ikonoklastische Ablehnung künstlerischer Autorschaft als Schöpfertum bzw. Vaterschaft betont und verweist vielmehr auf den Künstler selbst und dessen Existenz als Kunstwerk zurück.

Die im Sinne des damit auch ins Spiel gebrachten Dilettantismus sich verschärfende Krise von Kriterien für Autorschaft und Künstlertum kulminiert in der aus der Tradition des Künstler-Dandy sich herleitenden und unter dem Vorzeichen künstlerischer Selbstinszenierung neu belebten Vorstellung vom Künstler ohne Werk.[22] Fluxus-Künstler wie Beuys mit seinem Motto ›Jeder ist Künstler‹ sowie die Performance- und Aktionskünstler haben sie in der Gleichsetzung von Daseinsvollzug und Kunst zur Idee des biographischen Gesamtkunstwerks weiterentwickelt.[23] Ihre radikale Ausprägung wie etwa in Yves Kleins Selbstdarstellung als Meister des Leeren und Immateriellen findet eine Parallele in der bloßen Selbstdarstellung des Künstlers als Zeugen von Alltagstrivialitäten wie in den Popart-Photomontagen aus Selbstporträts des englischen Künstlerduos Gilbert & George oder in Jeff Koons Mimikry am massenmedialen Kitsch- und Star-Kult.

Andererseits hat Duchamp mit seiner ironischen Nobilitierung der ›ready-mades‹ neben der Parodierung von künstlerischer Autorschaft auch neue Formen ästhetischer Erfahrung eröffnet, die mit ihrer Betonung der kreativen Rolle des Betrachters schon in Richtung der Rezeptionsästhetik verweisen. Duchamp war es auch, der die Kolportierung derjenigen diskursiven Mechanismen, durch die sich Autorschaft und Künstlertum überhaupt erst artikulieren, ihrerseits zur künstlerischen Arbeit erhoben hat: »Der Künstler wechselt die Seite, er wird vom Schöpfer zum Betrachter, der –

anstatt etwas Neues zu schaffen – eine neue Sichtweise für etwas schon Vorhandenes findet.«[24]

Diese nicht mehr als Objektivierung subjektiver Intentionen, sondern als Re-Präsentation und Neu-Anordnung vorgefundener Formen bzw. auf ihre ästhetischen Formen konzentrierter Materialitäten verstandene künstlerische Tätigkeit, die vom Künstler zugleich eine Reflexion der epistemologischen und sozialen Rahmenbedingungen des Ästhetischen verlangt, bestimmt auch die surrealistischen Collagen und Montagen bis hin zu den ›specific objects‹ des Minimalismus oder die ›ogetti in meno‹ der arte povera. Auch im ›projetto arte‹ des späten Michelangelo Pistoletto geht es um Erfahrungszusammenhänge, die sich der bewußt inszenierten »disappearance of the figure of the author«[25] verdanken. Selbst die von Barnett Newman wiederaufgegriffene Tradition des Erhabenen als Darstellung von Undarstellbarkeit folgt – trotz des entschiedenen Schöpfungspathos – dieser Strategie eines Verschwindens von Autorschaft im Wahrnehmungsakt.

Die gleiche Depotenzierung bestimmt den literarischen Bedeutungswandel von Autorschaft. Sie ist zur bloßen Funktion einer Spracharbeit ohne Ansehung des künstlerischen Niveaus (im traditionellen schöpferischen Sinne) geworden, nicht zuletzt durch die Expansion des schriftstellerischen Tätigkeitsfeldes in den neuen Massenmedien wie Film, Funk, Fernsehen. Durch die neuen Formen von Autorschaft als Collagieren und Montieren von Erlebnisfragmenten vollzieht sich eine Verla-

---

20 SIEGFRIED GOHR, Die Legende vom Verschwinden des Künstlers, in: Gohr (Hg.), Die Geschichte des Künstlers. Jahresring 39 (1992), 16.
21 Vgl. SZEEMANN (Hg.), Machines célibataires /Junggesellenmaschinen (frz./dt.) (Venedig 1975).
22 Vgl. JEAN-YVES JOUANNAIS, Artistes sans œuvres. I would prefer not to (Paris 1997), 56ff., 93, 130.
23 Vgl. SZEEMANN (Hg.), Der Hang zum Gesamtkunstwerk. Europäische Utopien seit 1800 (Aarau 1983), 422ff.
24 DIETER DANIELS, Duchamp und die anderen. Der Modellfall einer künstlerischen Wirkungsgeschichte in der Moderne (Köln 1992), 213.
25 CRAIG OWENS, From Work to Frame, or, Is There Life After ›The Death of the Author‹?, in: Owens, Beyond Recognition. Representation, Power and Culture (Berkeley 1992), 123.

gerung vom Werk auf den Entstehungszusammenhang des Werkes, in dem sich die Funktion eines ›Meta-Autors‹ als Operator der Kopien (statt Originale), Zitate (statt Aussagen), Simulationen (statt Darstellungen) und Pluralitäten (statt Individualitäten) konturiert: »Der Autor im herkömmlichen Sinn wird abgelöst von einem neuen Künstlertypus, der im Film- und Theaterregisseur, im Photographen und im Typographen, im Arrangeur und im Monteur seine ideale Verkörperung findet. Die Herstellung eines Werks, der Vollzug eines Werks wird wichtiger als dieses selbst; das Werk verliert seine zentrale, durch eine fixe Autorenposition determinierte Perspektivik.«[26]

Die anfänglichen Widerstände gegen die Gleichstellung z. B. von Dichtern und Schriftstellern und das Provokante ihrer rein technischen Klassifikation als Verfasser oder Schreiber sind heute zwar durch den Alltagsgebrauch des Wortes Autor überholt, der sich gleichermaßen u. a. auf Lyriker, Essayisten, Romanciers, Journalisten, Unterhaltungsschriftsteller, Drehbuchverfasser oder Fernsehsendungsdramaturgen, ja selbst auf Übersetzer bezieht; die Irritationen über die Gleichsetzung von ernster und unterhaltender Schreibkunst lassen sich aber noch in dem 1971 vom Spiegel in Auftrag gegebenen Autorenreport wiederfinden, dessen betonte Einschränkung auf »die Situation von Wortproduzenten im Hinblick auf ihre Gemeinsamkeiten als Kommunikatoren« und »Verzicht auf traditionell-ästhetische Wertungen und auf Vorstellungen von einer ›Berufung‹«[27] für nicht wenig Aufregung gesorgt hat. Ähnlich wie beim Berufsbild des Künstlers – dem zwei Jahre später ein eigener Report gewidmet wurde[28] – läßt sich auch im literarischen Bereich eine zunehmende, vor allem durch die Kommunikationsmedien gesteigerte Selbstinszenierung beobachten, die im Sinne des von Martin Walser ironisch beschriebenen Images vom »Freizeitgestalter in spätkapitalistischen Gesellschaften« das Werk hinter das öffentliche Auftreten seines Autors als – mit Mc Luhan gesprochen – »die Botschaft« zurücktreten läßt und mit der telematischen Ubiquität des Autors zugleich zu dessen Isolierung führt.[29]

Kollektive Konstellationen von Kontext, Kommunikation und Kritik bestimmen heute die Phänomenologie ästhetischer Produktion als kulturelle Manifestation, die vom Feuilleton und auf der Ebene von gesellschaftlichen Ereignissen wie der Biennale in Venedig, der Documenta in Kassel und anderen ›Orientierungs-‹ oder ›Zeitgeistausstellungen‹ bzw. den Buchmessen und Fernseh-Talk-Shows beherrscht wird. Wolfgang Fausts provokante Feststellung, der Künstler als Leitfigur habe ausgespielt, bezieht sich auf diese Entzauberung des Schöpfungsmythos vom Individuum, das die Signatur seiner Epoche prägt, in der prosaischen Funktionalisierung des Künstlers als eine Art Kulturarbeiter: »Hatte die Kunstproduktion früher ihr Zentrum in der Individualität des Künstlers, stellte sich das Kunstwerk einst als spezifische, autonome Erfahrung dar, so bezieht sich heute die Kunstproduktion immer deutlicher auf den Erwartungshorizont, in dem es sich im Kunstkontext einfügt. [...] Kunst muß die Erkenntnis aufgreifen, daß sie sich in der Gegenwart vor allem auf den Erwartungshorizont der Kunstkonsumenten bezieht.«[30]

In diesem Sinne sind gegenwärtige Debatten wie die über »Kunst als Avantgarde der Ökonomie« zu verstehen, in deren Kontext z. B. von Boris Groys der Künstler von heute sogar als »exklusiver Konsument der anonym produzierten und in unserer Kultur immer schon zirkulierenden Dinge« bestimmt wird, reduziert allein auf seinen »souveränen Blick«, der »nur entscheidet, auswählt

---

26 FELIX PH. INGOLD, Der Autor am Werk. Versuche über literarische Kreativität (München 1992), 72 f.; vgl. ebd. 346 ff.; HANNES SCHWENGER, Literaturproduktion. Zwischen Selbstverwirklichung und Vergesellschaftung (Stuttgart 1979), 43 ff.
27 KARLA FOHRBECK/ANDREAS WIESAND, Der Autorenreport (Reinbek 1972), 21; vgl. RUDOLF AUGSTEIN, [Vorwort], in: ebd., 9 ff.; SCHWENGER (s. Anm. 26), 8.
28 Vgl. FOHRBECK/WIESAND, Der Künstler-Report (München 1975); HENNING RITTER, Der Autor, der nicht schreibt, in: R. Habermas/W. Pehle (Hg.), Der Autor, der nicht schreibt. Versuche über den Büchermacher und das Buch (Frankfurt a. M. 1989), 181 ff.
29 Vgl. MARTIN WALSER, Über die neueste Stimmung im Westen, in: WALSER, Wie und wovon handelt Literatur. Aufsätze und Reden (Frankfurt a. M. 1973), 13, 31.
30 WOLFGANG M. FAUST, Der Künstler als Leitfigur hat ausgespielt, in: Stehr/Kirschenmann (s. Anm. 16), 74; vgl. RAYMONDE MOULIN, L'artiste, l'institution et le marché (Paris 1997), 255 ff.

und kombiniert«[31]. Zugleich erfährt der literarische Begriff von Autorschaft – und zwar im ursprünglichen, unemphatischen, rein funktionalen Sinne einer Förderung und Potenzierung von Verwertungszusammenhängen – neue Geltung in einem erweiterten Künstlerbegriff, der auch die von Harald Szeemann mitbegründete Tradition künstlerischer Ausstellungsarbeit – z.B. als ›Autoren-Documenta‹ – miteinschließt: »Vieles von dem, was den Künstler auszeichnet, von der Autonomie des Werkes, der vermeintlichen Irrationalität seiner Assoziationen in der Rezeption bis zum Utopieanspruch in der Produktion und dadurch das gestörte Verhältnis zur Macht, ist auf den Kunsthallenleiter oder den Ausstellungsorganisator übergegangen.«[32] Nicht zuletzt in der Unterhaltungskunst lebt eine nachträgliche Nobilitierung des Künstlerimages auf, z.B. beim nachträglichen ›Abmischen‹ von Musiktiteln durch den Discjockey als »Kunstform wie andere auch« (die aber nicht schafft, sondern nur verwandelt, »was schon Kunst ist«[33]).

Abgesehen von den Gegenstimmen eines konservativen Traditionalismus, die wie Ernst Jünger auf dem Wert der Autorschaft als »Äußerung schöpferischer Kraft« beharren oder wie George Steiner »die daseinsschaffende Tätigkeit des Dichters, Künstlers« als »*Gegen*schöpfung« fordern, hat sich das supplementäre Konzept von Autor und Künstler als Subjekt des Ausgesagten durchgesetzt, das nicht mehr Herr des Aussagens ist und somit auch für die Autorschaft journalistischen Schreibens den Titel »Verwertungskünstler«[34] verleihen kann. In der Verschiebung vom Entstehungs- zum Wirkungszusammenhang wird zugleich die grundsätzliche Aporie der sogenannten performativen Künste wie Theater, Musik oder Tanz berührt, bei denen die Absenz des kompositorischen Urhebers zugleich mit der realen Präsenz der Interpreten korrespondiert, die dem Kunstwerk erst Dasein verleihen.[35] Damit kommt im Sinne von Luhmanns systemanalytischem Ansatz der Bestimmung von Kunst als »autopoietisches System« ein sich stets erneuerndes Moment künstlerischer Innovation ins Spiel, das die kommunikative Kompetenz von Autor und Künstler als performative Dialektik von Wiederholung und Überraschung bestimmt: »Der Autor ist Agent der Tradition und zugleich Agent der Innovation: Er wird durch diese seine

Rolle in der kulturökonomischen Strategie ausreichend definiert.«[36]

3. Positionen

Für die gegenwärtige Problematisierung bzw. Depotenzierung von Autorschaft und Künstlertum sind folgende ästhetische Ansätze zu unterscheiden:

a) Marxismus
Ausgehend vom ökonomischen Grundmodell des Verhältnisses von Produktionsmitteln und gesellschaftlichen Produktionsverhältnissen fällt die Nobilitierung von Autor und Künstler hier als Fetischisierung des bürgerlichen Individuums unter das Verdikt des ideologischen Überbaus bzw. wird zurückgeführt auf den Basisbegriff der ›künstlerischen Arbeit‹.[37] In letzter Konsequenz wird die Unterscheidung aber mit der Überwindung der Arbeitsteilung überflüssig, die alle Menschen zu

---

[31] BORIS GROYS, Der Künstler konsumiert die Welt, in: Rheinischer Merkur 47 (20. 11. 1998), 19.
[32] Vgl. BÄTSCHMANN (s. Anm. 13), 222; SZEEMANN (s. Anm. 13), 23; DANIEL BUREN, Ausstellung einer Ausstellung, in: Achtung! Texte 1967–1991, hg. v. G. Fietzek/G. Inboden (Dresden 1995), 181 ff.
[33] MAXIMILIAN LENZ, [Interview], in: Zeit-Magazin (1997), 46 (7. 11. 1997), 37.
[34] ERNST JÜNGER, Autor und Autorschaft (Stuttgart 1984), 46; vgl. GEORGE STEINER, Real Presences (London 1989); dt.: Von realer Gegenwart. Hat unser Sprechen Inhalt?, übers. v. J. Trobitius (München 1990), 267; ERIC KLINENBERG, Der Journalist als Verwertungskünstler, in: Le monde diplomatique [dt.] (März 1999), 17.
[35] Vgl. GABRIELE BRANDSTETTER, Inter-Aktionen. Tanz – Theater – Text, in: F. Ph. Ingold/W. Wunderlich (Hg.), Der Autor im Dialog. Beiträge zu Autorität und Autorschaft (St. Gallen 1995), 126f.; LOTTE THALER, Akustisch kann man nicht blättern. Über Probleme der Musikkritik, in: ebd., 120.
[36] GROYS, Über das Neue. Versuch einer Kulturökonomie (München 1992), 162; vgl. NIKLAS LUHMANN, Die Kunst der Gesellschaft (Frankfurt a.M. 1997), 84 f.
[37] Vgl. DIETER HOFFMANN-AXTHELM, Theorie der künstlerischen Arbeit. Eine Untersuchung anhand der Lage der bildenden Kunst in den kapitalistischen Ländern (Frankfurt a.M. 1974).

Autoren und Künstlern macht.[38] Während die orthodoxe Ästhetik von Georg Lukács die Funktion künstlerischer Leistung an der Mimesis sozialer Realität bemißt, versuchen Benjamin und Brecht, für den Autor und Künstler ›als Produzent‹ die fortschrittliche Rolle einer Avantgarde im Kampf gegen die restriktiven Momente des Apparates zu reklamieren, die den Veränderungen des Kunstbegriffs im Zeitalter technischer Reproduktion Rechnung trägt.

Diese Politisierung des Künstlerbegriffs, die als Dialektik gesellschaftlicher Praxis und ästhetischer Negation u. a. von Adorno, Marcuse und Bloch weitergeführt wird, erfährt eine Radikalisierung in Guy Debords *La société du spectacle*, die vom Künstler eine gegen die verdinglichten Bilder der sekundären, spektakulären Warenwelt gerichtete negative Strategie des ›renversement‹ und ›détournement‹ fordert.[39] Dieser situationistische Ansatz hat sich im Konzept der *Documenta X* niedergeschlagen, in dem eine neue Form der Intervention künstlerischer Autorschaft als Trias von »Aktivität-Information-Disput« im öffentlichen Raum, als »Transaktion zwischen Subjektivitäten«[40] gesucht wurde.

b) Psychoanalyse

Nach Freuds Bemerkungen zur Rolle der Phantasie in der Dichtung und vor allem nach seiner Studie zu Leonardo da Vinci hat sich die Psychoanalyse systematisch mit dem Zusammenhang unbewußter Prozesse und künstlerischer Kreativität auseinandergesetzt. Dabei dominiert nicht einfach nur ein grobes Sublimationsmodell, das Autor und Künstler als Marionetten eines Triebschicksals entlarvte, sondern Freud würdigt die kulturelle Leistung des Künstlers als »Rückweg zur Realität«, indem dieser seine Phantasiebildungen durch künstlerische Bearbeitung »für die anderen mitgenießbar werden«[41] läßt. Dennoch haben vor allem die klassischen Arbeiten von Otto Rank und anderen immer wieder auf der dezentrierenden Funktion der sexualpsychologischen Deutung von Autorschaft und Künstlertum insistiert, deren ästhetische Manifestationen gerade von latenten unbewußten Motiven überdeterminiert sind.[42] Von kulturgeschichtlich größerer Tragweite sind die Studien von Ernst Kris zur ästhetischen Illusion, speziell die *Legende vom Künstler* als einem herausragenden Beispiel der Verklärung künstlerischer Produktivität.[43]

Allerdings hat sich bei den einschlägigen Monographien (u. a. Marie Bonapartes über E. A. Poe oder Kurt R. Eisslers über Goethe und Leonardo) selbst ein neuer Künstlermythos eingeschlichen, indem ein biographisches Erklärungsmuster der Auserwähltheit des Künstlers durch dessen Individualpathologie wieder affirmiert wird.[44] Demgegenüber hat die strukturale Psychoanalyse Jacques Lacans im bewußten Anschluß an die ›arts libéraux‹ des Mittelalters ihren Gegenstand als symbolische Ordnung klassifiziert, deren volles Sprechen auf dem anderen Schauplatz des Unbewußten vom Autor und Künstler in Anspruch genommen bzw. entwendet, aber nicht souverän beherrscht werden

---

38 Vgl. WERNER HOFMANN, Kunst und Politik. Über die gesellschaftliche Konsequenz des schöpferischen Handelns (Köln 1969), 10 f.
39 Vgl. GUY DEBORD, La société du spectacle (Paris 1967, 1992), 157 f.; GREIL MARCUS, Lipstick Traces. A Secret History of the Twentieth Century (Cambridge, Mass. 1989); dt.: Lipstick Traces. Von Dada bis Punk – kulturelle Avantgarden und ihre Wege aus dem 20. Jahrhundert, übers. v. H. M. Herzog u. F. Schneider (Hamburg 1992).
40 JEAN-FRANÇOIS CHEVRIER/CATHERINE DAVID, Die Aktualität des Bildes, zwischen den Schönen Künsten und den Medien, in: F. Jolyl (Hg.), Documents/Documenta X (Ostfildern-Ruit 1997), 58; vgl. BENJAMIN BUCHLOH/JEAN-FRANÇOIS CHEVRIER/CATHERINE DAVID, Das politische Potential der Kunst, in: Chevrier/David (Hg.), Poe/li/tics (Ostfildern-Ruit 1997), 387, 643.
41 SIGMUND FREUD, Vorlesungen zur Einführung in die Psychoanalyse (1917), in: FREUD (GW), Bd. 11 (1944), 391.
42 Vgl. OTTO RANK, Der Künstler. Ansätze zu einer Sexualpsychologie (1907; Wien 1925).
43 Vgl. ERNST KRIS/OTTO KURZ, Die Legende vom Künstler. Ein geschichtlicher Versuch (Wien 1934); MECHTHILD CURTIUS, Kreativität und Antizipation. Thomas Mann, Freud und das Schaffen des Künstlers, in: Curtius (Hg.), Theorien der künstlerischen Kreativität (Frankfurt a. M. 1976), 388-425.
44 Vgl. ECKHARD NEUMANN, Künstler-Mythen. Eine psychohistorische Studie über Kreativität (Frankfurt a. M. 1986), 195 ff.

kann.⁴⁵ Lacan steht damit diametral dem Anspruch der ›existentiellen Psychoanalyse‹ Sartres gegenüber, der gerade wieder hinter der künstlerischen Gestaltung eine ursprüngliche freie Wahl der Künstlerindividualität sucht, um im Werk als ›exigence‹ und ›don‹ die auktoriale Verantwortung an den Rezipienten weitergegeben zu sehen.⁴⁶

c) Existenzialhermeneutik und Rezeptionsästhetik
Während Husserl keine Ästhetik entwickelt hat, finden sich entsprechende, den phänomenologischen Ansatz weiterführende Überlegungen in Heideggers Theorie des Kunstwerkes. Sie ist gekennzeichnet durch eine strenge Priorität des Werks gegenüber dem Künstler, der auf ein »Hervorbringenkönnen«, auf ein von der »téchne« als handwerkliches Tun ausgehendes »Aufschließen des Seienden als solchen«, d. h. in seiner Wahrheit als Unverborgenheit (»aletheia«) reduziert wird, ohne daß »der Künstler im Werk sein ›Seelenleben‹ ausdrückt«⁴⁷ oder seine persönliche Sichtweise darin abbildet. Heideggers prominentestes Beispiel ist van Goghs Bild von Bauernschuhen, in denen er die Seinswahrheit von bäuerlichem Werkzeug und Erdbezug offenbart sieht, während Meyer Schapiro in einer durch Derrida legendär gewordenen Kontroverse gegen die assoziative und vor allem projektive Weite der daseinshermeneutischen Auslegung wieder »the artist's presence in the work« einfordert, indem er das Schuhpaar als Eigentum von van Gogh identifiziert und als »a piece of a self-portrait«, »a piece of his own life«⁴⁸ interpretiert.

Gadamer führt dagegen Heideggers transsubjektiven Ansatz eines werkzentrierten Wahrheitsprozesses im Rahmen der hermeneutischen Tradition weiter. Vor dem, was er als wirkungsgeschichtlichen Horizont der Überlieferung von Kunstwerken spezifiziert, ist das individuelle Allgemeine romantischer Autorschaft fragwürdig geworden.⁴⁹ Das Verstehen wird stärker im Kontext seiner eigenen Nachträglichkeit und nicht im Produktionsprozeß des Werkes verankert, wobei der ›Leser‹ bereits im Schreibprozeß eine entscheidende Rolle spielt und das spezifisch Ästhetische sich auf die rezeptive Seite verlagert.⁵⁰ Die Rezeptionsästhetik hat mit ihrer Forderung nach einem Abblenden der Herrschaftsfigur autonomer Autorschaft im zeitgenössischen Begriff von Künstlertum den entsprechenden Paradigmenwechsel vollzogen, der im Horizont der Lektüre bzw. Kunstbetrachtung einen Raum für das Publikum als »geschichtsbildende Energie«⁵¹ eröffnen soll.

d) Strukturalismus und Semiologie
Ausgehend von der rein formalen Beschreibung der Zeichenrelationen, die Ferdinand de Saussure seiner Vorstellung der Sprachwelt zugrunde legt, hat der Strukturalismus alle Phänomene des Kulturellen auf ein bestimmtes Spiel von Signifikanten und Signifikaten zurückgeführt, das den Aktanden dieses Spiels übergeordnet ist. Bereits 1953 formuliert Barthes dementsprechend seinen Begriff der

---

45 Vgl. JACQUES LACAN, Le mythe individuel du névrosé ou ›Poésie et vérité‹ dans la névrose (Paris 1953), 1 f.; LACAN, Le séminaire sur ›La lettre volée‹ (entst. 1956), in: Lacan, Écrits (Paris 1966), 11–61.
46 Vgl. JEAN-PAUL SARTRE, Qu'est-ce que la littérature? (1948; Paris 1985), 68 f.; SARTRE, L'Idiot de la famille. Gustave Flaubert 1821 à 1857 (Paris 1971); JACQUES DERRIDA, ›Il courait mort‹. Salut, salut. Notes pour un courrier aux Temps Modernes, in: Les Temps Modernes H. 587 (1996), 52 ff.
47 MARTIN HEIDEGGER, Nietzsche (1961), Bd. 1 (Pfullingen 1961), 85, 97; HEIDEGGER, Vom Wesen der Wahrheit (entst. 1931/32), in: HEIDEGGER, Bd. 34 (1988), 63.
48 MEYER SCHAPIRO, The Still Life as a Personal Object – A Note on Heidegger and van Gogh, in: M. L. Simmel (Hg.), The Reach of Mind. Essays in Memory of Kurt Goldstein (New York 1968), 206 ff.; vgl. SCHAPIRO, Further Notes on Heidegger and van Gogh, in: Schapiro, Theory and Philosophy of Art. Style, Artist, and Society. Selected Papers, Bd. 4 (New York 1994), 146; HEIDEGGER, Der Ursprung des Kunstwerkes (1935/1936), in: HEIDEGGER, Bd. 5 (1977), 18–25; JACQUES DERRIDA, La vérité en peinture (Paris 1978), 291–436.
49 Vgl. HANS-GEORG GADAMER, Wahrheit und Methode (1960; Tübingen 1965).
50 Vgl. WOLFGANG ISER, Der implizite Leser (München 1972); ISER, Der Akt des Lesens. Theorie ästhetischer Wirkung (München 1976); HANS ROBERT JAUSS, Ästhetische Erfahrung und literarische Hermeneutik (München 1977).
51 JAUSS, Literaturgeschichte als Provokation (Frankfurt a. M. 1970), 169; vgl. ISER (s. Anm. 50), 37; WOLFGANG KEMP, Kunstwissenschaft und Rezeptionsästhetik, in: Kemp (Hg.), Der Betrachter ist im Bild. Kunstwissenschaft und Rezeptionsästhetik (Köln 1985), 7–27.

›écriture‹, in der Sprache als transsubjektive Struktur und auktorialer Stil als geregelte ›Sprachverwendung‹ konvergieren. Barthes' Ansatz versteht sich dabei im expliziten Anschluß an die surrealistische Auflösung der Werkfixiertheit in künstlerische Aktivität als »activité structuraliste«: »On dira donc tout de suite que par rapport à tous ses usagers, le structuralisme est essentiellement une *activité*, c'est-à-dire la succession réglée d'un certain nombre d'opérations mentales: on pourrait parler d'activité structuraliste comme on a parlé d'activité surréaliste (le surréalisme a peut-être, d'ailleurs, produit la première expérience de littérature structurale).« Die beiden hierfür typischen Operationen von »découpage« und »agencement« beschreiben auch die Funktion von Autorschaft, insofern Barthes am Akt der Sinngebung durch den Homo significans weder reale noch logische Zusammenhänge interessieren, sondern allein »le *fonctionnel*, rejoignant ainsi tout un complexe scientifique qui est en train de se développer autour des recherches sur l'information«[52].

An die Stelle des Autors sieht Barthes heute den Schreiber (›scripteur‹) treten, der erst zusammen mit seinem Text auftaucht, ihm also nicht als Urheber vorausgeht und auch nicht über ihn herrscht. Seine Erscheinung ist gebunden an den – wie Barthes unter Berufung auf die Sprechakttheorie formuliert – performativen Akt des Schreibens, während der Autor nur als Vergangenheit im Werk auftaucht. Dieses zwangsläufige Zurücktreten oder Unbewußtwerden des Autors in der Schrift ist noch radikaler als Universalisierung textueller Strukturen von der Gruppe *Tel Quel* um Philippe Sollers beschrieben worden, der es um eine Analyse der realen ökonomischen Bedingungen kultureller Phänomene geht »en supprimant toute fixation à ›l'œuvre‹ ou à ›l'auteur‹ (à la fétichisation culturelle et à la fiction corollaire d'une ›subjectivité créatrice‹)«[53]. Für andere explizit semiotische Ansätze der Gegenwart beschränkt sich Autorschaft auf eine immanente »strategia testuale capace di stabilire correlazioni semantiche« (Textstrategie zur Feststellung semantischer Korrelation bzw. auf eine »ipotesi interpretativa« (Interpretationshypothese)[54] im prinzipiell semantisch offenen Kunstwerk. In diesem Sinne läßt sich das Verschwinden des Autors dann auch als seine restituierende Verwandlung in ein innertextuelles »paper being« lesen: »The author is needed, created by the joy of reading; the author needs a reader, the reader needs the author. It is not as a civil or moral being that the author returns but as a body, details, impulses, images blown in the text like ashes in the wind.«[55] Es vollzieht sich eine Rückkehr des Autors aus der selbst für rezeptionsästhetische Ansätze sich ergebenden Forderung heraus, daß sich eine Identität im Werk »außerhalb der Fiktion«[56] durchhält.

e) Diskursanalyse und Dekonstruktion
Als Weiterentwicklung der strukturalistischen Fragestellung in Richtung einer Konstatierung historischer Positivitäten wird das von Barthes erstmals eindringlich benannte Gewaltmoment einer Beschränkung der ästhetischen Möglichkeiten durch das überlebte Ideal von Urheberschaft auch für Foucault Anlaß einer Neubestimmung der Position des Autors. Schon früh hatte sich ihm ausgehend von Nietzsche und Mallarmé die Frage nach dem Subjekt des literarischen Sprechens gestellt, das er – ähnlich wie in der strukturalen Psychoanalyse Jacques Lacans – nicht mehr als Herrschendes bestätigen konnte, sondern nur noch als eine untergeordnete Figur des Diskurses. Die strikt diskursanalytische Diagnose eines Endes der Macht bezieht sich aber genauso wie die oft mißverstandene Formel, »que l'homme s'effacerait, comme à la limite de la mer un visage de sable«[57], auf die be-

---

52 BARTHES, L'activité structuraliste, in: Barthes, Œuvres complètes, hg. v. E. Marty, Bd. 1 (Paris 1993), 1329, 1331 f.; vgl. JOUANNAIS (s. Anm. 22), 30.
53 PHILIPPE SOLLERS, Programme (1967), in: Sollers, L'écriture et l'expérience des limites (Paris 1968), 13.
54 UMBERTO ECO, Lector in fabula. La cooperazione interpretativa nei testi narrativi (Mailand 1979), 61 f.; dt.: Die Mitarbeit der Interpretation in erzählenden Texten, übers. v. H. G. Holl (München 1987), 76; vgl. ECO, Interpretation and Overinterpretation, hg. v. S. Collins (Cambridge 1992); dt.: Zwischen Autor und Text. Interpretation und Überinterpretation, übers. v. H. G. Holl (München 1994), 75–98.
55 EUGEN SIMION, The Return of the Author (1993), hg. u. übers. v. J. W. Newcomb (Evanston 1996), 109.
56 HARALD WEINRICH, Der Leser braucht den Autor, in: O. Marquard/K. Stierle (Hg.), Identität (München 1979), 723 f.
57 FOUCAULT, Les mots et les choses. Une archéologie des sciences humaines (Paris 1966), 398.

grenzte paradigmatische Relevanz solcher Ordnungsbegriffe wie Subjekt, Mensch oder Autor für eine archäologische Sichtweise.

Foucault drängt nach dem Verschwinden des Autors auf die Analyse derjenigen (rhetorischen, sprachregulativen, institutionellen) Orte, die für die Entstehung des Machtdispositivs der Autorschaft konstitutiv waren. So wird dem Autornamen ebensowenig wie dem Eigennamen eine existentiell entscheidbare Referenz zugestanden, sondern er verdankt sich einer »fonction classificatoire«, in der Foucault nicht nur das Wirken der Kritik sieht, sondern das »l'événement d'un certain ensemble de discours« innerhalb einer Gesellschaft und Kultur. Genauer macht er eine vierfache Klassifikation dieser Diskurseinheit geltend, und zwar nach den Gesichtspunkten der »appropriation« (im Sinne des Eigentumsrechts), der »attribution« (einer Zuverlässigkeit oder Verantwortungsethik), der »projection« (eines dem Werk zugrundeliegenden Vernunftwesens) als wertspezifische, theoretische, stilistische, historische Einheitsgröße) und der innertextuellen Zeichenstruktur der Satzgrammatik. In allen Aspekten bestätigt sich für Foucault die Tatsache, daß der Autor des Textes keine ursprüngliche Begründungsfunktion hat, sondern nur eine variable Größe des Diskurses darstellt: »le principe d'économie dans la prolifération du sens« oder »la figure idéologique par laquelle on conjure la prolifération du sens.«[58]

Sowohl Barthes als auch Foucault beziehen sich mit ihrer Betonung der Produktivität von Text bzw. Diskurs jenseits des Autors implizit auf Maurice Blanchot, der in seinen Studien zur Literaturgeschichte der Moderne nachdrücklich den autonomen Werkcharakter des Buches, der Schrift, der Kunst als Ort der Abwesenheit von Autor und Künstler bestimmt hatte: »L'œuvre exige de l'écrivain qu'il perde toute ›nature‹, tout caractère, et que, cessant de se rapporter aux autres et à lui-même par la décision qui le fait moi, il devienne le lieu vide où s'annonce l'affirmation impersonnelle.«[59] Ausgehend vor allem von Mallarmé betont er dabei gerade die Dialektik, die den Autor als bedeutende Abwesenheit zugleich zur notwendigen Bedingung des Werkes macht: »Le livre est sans auteur, parce qu'il s'écrit à partir de la disparition parlante de l'auteur. Il a besoin de l'écrivain,

en tant que celui-ci est absence et lieu d'absence.«[60]

Im Sinne dieser konstitutiven Abwesenheit sieht auch der von Derrida begründete und vor allem in der angloamerikanischen Literatur- und Kunsttheorie nachhaltig rezipierte Ansatz einer die Präsenz des sprechenden Subjekts in ihrem Verhältnis zur zeichenhaften Repräsentation dekonstruierender Grammatologie das Hervortreten der Schrift an ein Verschwinden des Senders ebenso wie des Empfängers gebunden: »Pour qu'un écrit soit un écrit, il faut qu'il continue à ›agir‹ et être lisible même si ce qu'on appelle l'auteur de l'écrit ne répond plus de ce qu'il a écrit, de ce qu'il semble avoir signé, qu'il soit provisoirement absent, qu'il soit mort ou qu'en général il n'ait pas soutenu de son intention ou attention absolument actuelle et présente, de la plénitude de son vouloir-dire, cela même qui semble s'être écrit ›en son nom‹.«[61] Auch Derrida geht also von der Begrenztheit der Herrschaft humanistischer oder anthropologischer Kategorien wie ›der Mensch‹ oder ›das Subjekt‹ aus, um in genau diesem Ende oder diesem Verschwinden zugleich der Urhebermacht von Autorschaft und Künstlertum den Anfang des in seine Bedeutungsvielfalt entlassenen Kunst-Werkes zu begrüßen.[62]

f) Medienanalyse
Im Zuge der ästhetischen Diskussion medientechnischer Produktion und Reproduktion von Kunstwerken (wie Photographie, Film, Video) setzt sich eine andere Verwendungsweise des Begriffs Autor durch, die die Verantwortung für das Gesamtarrangement von Aufnahmeverfahren, nachträglicher Bearbeitung des Bildmaterials bis hin zu seiner Veröffentlichung (einschließlich der Frage nach

---

58 FOUCAULT (s. Anm. 6), 798, 811; vgl. FRIEDRICH KITTLER, Autorschaft und Liebe, in: Kittler (Hg.), Die Austreibung des Geistes aus den Geisteswissenschaften. Programme des Poststrukturalismus (Paderborn 1980), 142–173.
59 MAURICE BLANCHOT, L'espace littéraire (Paris 1955), 61.
60 BLANCHOT, Le livre à venir (Paris 1959), 310.
61 DERRIDA, Signature événement contexte (1971), in: Derrida, Marges de la philosophie (Paris 1972), 376.
62 Vgl. DERRIDA, Les fins de l'homme (1968), in: ebd., 161.

dem Copyright) meint. Allen voran die Photographen hatten ein berechtigtes Interesse, den künstlerischen Makel als jemand abzustreifen, der »n'invente pas et ne crée pas« und nur »à l'aide de moyens mécaniques«[63] produziert. Durch die Betonung der ästhetischen Verantwortung für die Entscheidung von Material, Moment, Format, Ausschnitt, Kombination der Bilder – wie z. B. in Walker Evans aufwendigem Verfahren des ›editing‹[64] – versucht eine Autorphotographie sich in Anlehnung an literarische Stilelemente gegen die Amateurphotographie abzusetzen als ›echtes‹ Künstlertum gegen den Dilettantismus.

Im gleichen Sinne einer gegen die Arbeitsteilung der großen Filmindustrie und für eine Schreibweise der Regisseure sich einsetzende Vereinigung der Funktionen des Konzipierens, Ausführens und Veröffentlichens des Aufnahmeprozesses in der einen Person des mit der Kamera gewissermaßen schreibenden Regisseurs ist dann auch vom Autoren-Film die Rede, für den gilt, »que le scénariste fasse lui-même ses films. Mieux qu'il n'y ait plus de scénariste, car dans un tel cinéma cette distinction de l'auteur et du réalisateur n'a plus aucun sens«[65]; ja selbst für den Literaturbereich gewinnt dieser neue an der Öffentlichkeitsarbeit orientierte Autorbegriff Bedeutung in Institutionen wie dem Autorenverlag oder der Autorenbuchhandlung.

Dies gilt in besonderem Maße für den diegetischen Aspekt der Intermedialität, d. h. das Aufgreifen von Stoffen oder Motiven aus anderen Medien (wie schon die ›tableaux vivants‹, Photographien nach Malereien und umgekehrt, aber auch Literaturverfilmungen oder Programmusik), bei dem die künstlerische Kreativität sich wesentlich auf die Übersetzung zwischen den Schnittstellen der verschiedenen Medien kapriziert, oder radikaler noch beim Hypertext. Traditionelle Unterscheidungen wie die zwischen Original und Reproduktion, Idee und Werk, Präsenz und Repräsentation, Produktion und Rezeption, Abbildung und Erfindung bzw. Realität und Simulation werden unentscheidbar.[66]

Die entsprechenden neuen Leitbilder von Autor und Künstler reagieren auf die Informationsprozesse des Aufschreibens, Übertragens und Berechnens von Daten durch die avancierten medientechnischen Aufschreibesysteme[67]: An die Stelle des Schöpfers tritt der Autor und Künstler als Sammler, Spurensicherer, bzw. auch als Auswerter und Anwender von Datenströmen. Im engeren Kontext des Umgangs mit digitalen elektronischen Medien (vgl. ›ars electronica‹) nähert sich das neue Künstlerbild auch wieder dem alten Ideal des Technikers (im Sinne des griechischen ›technē‹), des kunstvollen Ingenieurs, der sich mit der Steuerung avancierter »Gestaltechnologie«[68] auseinandersetzt.

g) Systemtheorie
Schon der Begründer des amerikanischen ›practical literary criticism‹ Ivor A. Richards hatte die

---

63 GISÈLE FREUND, La photographie en France au dixneuvième siècle. Essai de sociologie et d'esthétique (Paris 1936), 128 ff.; vgl. FLORIAN FELIX WEYH, Geistiges Eigentum und die Entwicklung der Kommunikationstechniken. Teil 1: Vom Buchdruck zu den Copyright-Industries, in: Leviathan H. 21 (1993), 517–539; Teil 2: Mein und Dein im weißen Rauschen, in: Leviathan H. 22 (1994), 94–114.
64 Vgl. JERRY L. THOMPSON, Walker Evans. Some Notes on His Way of Working, in: Evans, Walker Evans at Work (London 1984), 14 f.
65 ALEXANDRE ASTRUC, La naissance d'une nouvelle avant-garde: la caméra-stylo, in: Ecran français H. 144 (1948), 86; vgl. ALFRED ANDERSCH, Das Kino der Autoren, in: Andersch, Die Blindheit des Kunstwerks und andere Aufsätze (Frankfurt a. M. 1965), 98–121; ANDERSCH, Für ein Fernsehen der Autoren, in: ebd., 122–128.
66 Vgl. JOCHEN MECKE, Death and Rebirth of the Author: On a Specific Case of an Intermedial Chiasmus between Literature and Film, in: W. Nöth (Hg.), Semiotics of the Media (Berlin 1997), 363–377; JUTTA WERMKE, ›Autorschaft‹ unter den Produktionsbedingungen des Fernsehens? Beitrag zu einer Konfliktgeschichte, in: L. Jäger/B. Switaller (Hg.), Germanistik in der Mediengesellschaft (München 1994), 159–195; NORBERT GABRIEL, Kulturwissenschaften und Neue Medien. Wissensvermittlung im digitalen Zeitalter (Darmstadt 1997), 74–81.
67 Vgl. KITTLER, Aufschreibesysteme 1800–1900 (München 1985); KITTLER, Grammophon, Film, Typewriter (Berlin 1986); MANFRED SCHNEIDER, Die erkaltete Herzensschrift. Der autobiographische Text im 20. Jahrhundert (München 1986).
68 JÜRGEN CLAUS, ChippppKunst. Computer – Holographie – Kybernetik – Laser (Frankfurt a. M. 1985), 10.

I. Semantische Begriffsdimensionen 493

Grundintention des Künstlers auch gegen dessen Bewußtsein in der ›Kommunikation‹ gesehen.[69]

Für Niklas Luhmann ist Kunst ein symbolisch generalisiertes Medium der Kommunikation, dessen Spezifikum darin besteht, ein »anderes, nichtnormales, irritierendes Verhältnis von Wahrnehmung und Kommunikation«[70] zu kommunizieren. Dieses Kontingenzbewußtsein verdankt sich der eigenständigen Leistung von Autor und Künstler, ihr künstlicher Einschnitt in das faktische Kommunikationssystem ist aber ohne dessen syntaktische, lexikalische und kognitive Schemata nicht möglich und wird sich andererseits nur über das Werk seiner Intention bewußt. Insofern sind für Luhmann Kategorien wie Autor und Künstler nur »Verdichtungsbegriffe«, »Kondensate des Kommunikationssystems Kunst«, die eine Strukturfunktion erfüllen: »Sie bündeln Erwartungen. Sie sind deshalb gerade nicht so ephemer wie die basalen Ereignisse der Kunstkommunikation. Sie garantieren der ereignishaft operierenden Kommunikation eine Möglichkeit, vor- und zurückzugreifen und doch am Selben zu bleiben.«

Luhmann rezipiert das biologische Konzept der Autopoiesis als evolutionäres Modell für die Selbsttätigkeit des ästhetischen Systems. Autor und Künstler fungieren darin als Beobachter des Entstehens von Kunstwerken als »Maschinen zur Erzeugung von Zufällen«. In dieser Funktion werden sie seit der Ausdifferenzierung des Kunstsystems in der Frühmoderne eingeführt als Indikatoren für eine »Beobachtung zweiter Ordnung«, die gegenüber der gewöhnlichen Beobachtung eine Differenz schafft, von der ausgehend sich das Kunstwerk als Medium der Kommunikation autonom, unter Beteiligung des Künstlers als nur herstellendem Beobachter entwickelt: »Oft greift man zur Erklärung auf eine Herstellungs*absicht* des Künstlers zurück, aber das bleibt trivial, bleibt eine tautologische Erklärung, weil die Absicht fingiert werden muß und ihre psychischen Korrelate unzugänglich bleiben.«[71]

h) Feminismus und Gender-Theory
Eine feministische Sichtweise auf die Bedeutungselemente künstlerischer Autorschaft wie Schöpfung, Vaterschaft, Werkherrschaft, Namensgebung, Souveränität, Identität zeigt sehr schnell, daß sich

hierin typische Probleme männlicher Autoritätsverhältnisse manifestieren. Daher stellt sich die Frage nach alternativen Artikulationen weiblicher Subjektivität in der Kunst bzw. ergibt sich damit zugleich ein Bedürfnis nach historischer Aufarbeitung ihrer Verdrängung.[72] Erste Spiele mit der Auflösung der sozialen Zuschreibungen von Geschlechtsidentität finden sich schon bei den Surrealisten.[73] Die Neuentdeckung weiblicher Autorschaft steht im 19. Jh. noch im Zeichen einer ›anxiety of authorship‹[74], verläßt aber zugleich die Bahnen der klassischen Autorschaft zugunsten avancierter stilistischer Formen wie der Auflösung gattungsspezifischer Grenzen oder der montagehaft modernen Vervielfältigung der Perspektiven im Sinne eines androgynen Gleitens auktorialer Geschlechtsidentität.[75]

Die amerikanische Weiterentwicklung der sogenannten ›gender theory‹ hat mit ihrer spezifischen Verbindung von psychoanalytischen und semiologischen Aspekten vor allem die maskenhaften Strukturen geschlechtlicher Autor- und Künstlerbilder untersucht, wobei die Rolle der Performanz

---

69 Vgl. IVOR ARMSTRONG RICHARDS, Principles of Literary Criticism (London 1924); dt.: Prinzipien der Literaturkritik, übers. v. J. Schlaeger (Frankfurt a. M. 1972), 64 ff.
70 LUHMANN (s. Anm. 36), 42.
71 Ebd., 88, 113; vgl. GERHARD PLUMPE, Literatur als System, in: J. Fohrmann/H. Müller (Hg.), Literaturwissenschaft (Frankfurt a. M. 1988), 103–116.
72 Vgl. GISLIND NABAKOWSKI, Frauen in der Kunst, in: Nabakowski u. a. (Hg.), Frauen in der Kunst, Bd. 1 (Frankfurt a. M. 1980), 185–296.
73 Vgl. AMELIA JONES, Postmodernism and the En-Gendering of Marcel Duchamp (Cambridge 1994), 29 ff., 155 ff.
74 Vgl. SUSANNE OPFERMANN, Diskurs, Geschlecht und Literatur. Amerikanische Autorinnen des 19. Jahrhunderts (Stuttgart 1996), 134 ff.; SUSANNE KORD, Sich einen Namen machen. Anonymität und weibliche Autorschaft 1700–1900 (Stuttgart 1996); BARBARA HAHN, Unter falschem Namen. Von der schwierigen Autorschaft der Frauen (Frankfurt a. M. 1991).
75 Vgl. CLAUDIA KALSCHEUER, ›Ce douloureux métier de femme de lettres [...]‹. Zum Thema der Autorschaft in Renée Viviens ›Une femme m'apparut [...]‹, in: Lendemains 22 (1997), H. 85, 9 ff.

nicht zuletzt in den modernen Medien im Mittelpunkt steht. Aber nicht nur die Rolle des Weiblichen in den visuellen Medien, sondern auch die photographische oder filmische Autorschaft von Frauen ist Gegenstand der Diskussion.[76]

4. Diskursebenen

Die Verbindung sowohl von Autorschaft als auch von Künstlertum mit der neuzeitlichen Vorstellung von Subjektivität ist vermittelt über den Begriff von Autonomie. Zugleich offenbart die ästhetische Inanspruchnahme dieses Werts aber auch alle seine Aporien. So elitär die Kategorien von Autor und Künstler auch gedacht sein mögen, so beziehen sie sich doch immer auf eine Gemeinschaft. Genau hier verstrickt sich das Interesse an Autonomie in Widersprüche zwischen der Definition einer allgemeinen Bestimmung und der individuellen Inanspruchnahme gegen die anderen. Der Künstler, der sich in seiner schöpferischen Autonomie gottgleich wähnt, ist immer auch einem Polytheismus der geschaffenen Welten ausgesetzt, oder wie Harald Szeemann formuliert: »Historiquement, lorsque les grandes structures de commandes se sont effritées – la monarchie, l'Eglise – chaque artiste, comme Wagner l'a dit, est devenu un Dieu qui crée son monde: ce monde pour se distinguer de la vie extérieure nous montre son autonomie. [...] A certains époques, l'artiste cherche le désordre pour trouver une alternative. [...] Il y a des moments où les artistes ne veulent pas l'autonomie, surtout quand ils forment un cercle d'amis. Mais après, ils la recherchent parce qu'elle est le seul moyen de se distinguer.«[77]

Zum Subjektivitätsparadigma von Autonomie

tritt deshalb das der Authentizität hinzu, in dem gewissermaßen die Relation zwischen allgemeinen Prinzipien und individueller Repräsentation geregelt ist. Das kreative Potential künstlerischer Produktion gewinnt dabei in dem Maße Auktorialität, wie das Schaffen sich von stofflichen, institutionellen und stilistischen Autoritäten emanzipiert und diese durch innere Potentialitäten ersetzt.

Alle Bekundungen schöpferischer Autonomie sind mehr oder weniger verbunden mit einer Leugnung bzw. Relativierung des ästhetischen Prinzips der Nachahmung oder Mimesis, an deren Stelle die originell-kreative Bildungs- oder Einbildungskraft tritt. Paradigmatisch im Künstlerideal der Renaissance erbt der schöpferische Bildner als zugleich über die ›idea‹ Verfügender die Omnipotenz des ›altus deus‹. Die historische Voraussetzung dafür ist aber die ästhetische Nobilitierung des Künstlers als geistig Schaffenden in den humanistischen Kreisen der Renaissance-Fürstenhöfe, ebenso wie die urheberrechtliche Kanonisierung des Autors seit Ende des 17. Jh., vor allem im parlamentarischen England, als soziale und ökonomische Anerkennung der Eigentumsrechte von Autor und Künstler an ihren Produkten. Ideologisch überspitzt im Begriff des Genies, wie er in der zweiten Hälfte des 18. Jh. sich ausdifferenziert, werden die transzendentalen Ordnungsgrößen einer göttlichen Schöpferidee, einer Naturschönheit und einer gesellschaftlichen Repräsentativität als angeborene Inspiration der individuellen, originären und autochthonen Autor- bzw. Künstlerpersönlichkeit hypostasiert. Authentizität, die schon etymologisch auf das Eigene, mit eigener Hand Gemachte verweist, ist dann das entsprechende Wahrheitskriterium dieser inneren, selbstreferentiellen Schau oder transzendentalen Autorität des Subjekts.[78]

Damit wird zugleich deutlich, daß sich die Bedeutung von Autor und Künstler nicht isoliert erfassen läßt, sondern immer in Relation zum Werk und seiner Rezeption zu sehen ist. »Autorschaft ist Werkherrschaft«, d. h. sie bemißt sich an den Strategien der Kontrolle von Eigentumsverhältnissen des geschaffenen Werkes, durch die ihr Urheber als Künstler zum »Souverän« wird, auch dort noch, wo eine potenzierte Kreativität sich in die Vorstellung des Autors und Künstlers als reiner Name

---

76 Vgl. PATRICE PETRO, Feminismus und Filmgeschichte, in: Feminismus und Medien. Reihe ›um 9‹, hg. v. P. Lischka (Bern 1991), 195–202.
77 SZEEMANN, A propos de. Entretien. La biennale d'art contemporain de Lyon 1997 (Lyon 1997), 7.
78 Vgl. KLAUS-MICHAEL BOGDAL, Akteure literarischer Kommunikation, in: J. Fohrmann/H. Müller (Hg.), Literaturwissenschaft (München 1995), 277 f.; LIONEL TRILLING, Sincerity and Authenticity (London 1972).

ohne Werk ausspricht.[79] In diesem Sinne wird der Produzent auch zum Rezipienten seines Werkes und konstituiert seine Schöpferautorität gerade erst aus dieser nachträglichen Retrospektive. Aus Kunst Genießenden sollen Kunst Schaffende, aus Lesern Autoren werden, wie sich vor allem zu Beginn des bürgerlichen Zeitalters zeigt, um zugleich das Dilemma der Uneinlösbarkeit von Eigentumsansprüchen an intersubjektiven Kommunikationsprozessen autoritär zu lösen.[80] In diesem Sinne stellt sich die Genese der modernen Begrifflichkeit von Autor und Künstler eigentlich als ein nachträglicher Aneignungsprozeß ästhetischer Autorität als Selbstlegitimierung dar. Jean Starobinski hat drei Stufen dabei unterschieden: diejenige, »auf die sich der Autor beruft, als deren Diener er sich versteht, und als deren Boten oder Beauftragten er sich ausgibt«; die, »die er in seinem eigenen Namen innehat und die sich an sein persönliches Können bindet«; schließlich die, »die weder dem Wort vorausgeht, noch in ihm enthalten ist, sondern bei denen liegt, an die sich die Rede richtet.«[81] Historisch läßt sich diese Entwicklung auch am Mechanismus der Signatur ablesen, die den Eigennamen des Schöpfers dem Werk als Ursprung einschreibt.[82] Durch die Signatur soll die Authentizität als Individualität des Machens (als Attestat der Urheberschaft an dem mit eigener Hand Vollbrachten) objektiv gesichert werden. Im übertragenen Sinne gilt dies auch für die Individualität des Stils, die individuelle Ausprägung einer – literarischen, bildend-darstellenden, kompositorischen oder performativen – Schreibweise als Markierung einer die Vielfalt der ästhetischen Erscheinungen synthetisierenden Herrschaftsform, die in der simultanen Konsolidierung von transzendentalen Kategorien wie Individuum, Subjekt, Mensch u. a. wohl am treffendsten in der Formel Buffons zum Ausdruck kommt: »le style est l'homme même«[83].

Im Anschluß an die Formel des ›ut pictura poesis‹ und den ›Paragone‹ der Rivalität zwischen Malerei und Plastik, aber auch Architektur und Musik, dominiert seit der Romantik die Diskussion des Gesamtkunstwerkes mit seiner Forderung des in Sprache, Bild und Ton gleichermaßen brillierenden Hyperkünstlers, mit dem die klassischen Künste zugleich gegen eine neu eröffnete Front

zusammenrücken: die technischen Medien. Mit dem »Hang zum Gesamtkunstwerk«[84] und seiner Potenzierung des stilistischen Formenreichtums löst sich aber auch schon die Geschlossenheit des Werks auf und mit ihr die Identität des Schaffenden, die mit dem Einsatz technischer Reproduktions- und heutzutage simulativer Hypermedien marginal geworden ist. Die Mannigfaltigkeit der ästhetischen Ausdrucksmittel von Bild, Text, Plastik, Ton, Mimik oder Architektur läßt im Sinne des wechselseitigen Zitats eher an eine Vielzahl von Produzenten denken bzw. an einen Autor oder Künstler als denjenigen, der die vielen Stimmen oder Spuren der anderen nur noch im Sinne einer Montage zusammenfügt. Das Beispiel gerade der Architektur, die z. B. in den avantgardistischen Arbeiten sogenannter postmoderner Künstler wie Peter Eisenman (*Chora L Works*, 1997) oder Daniel Libeskind (*Extension of the Berlin Jewish Museum*, 1992) eine zunehmende Orientierung an textuellen aber auch musikalischen Modellen aufweist,

---

79 Vgl. HEINRICH BOSSE, Autorschaft ist Werkherrschaft. Über die Entstehung des Urheberrechts aus dem Geiste der Goethezeit (Paderborn 1981), 7, 11; ZONS (s. Anm. 3), 109; BURGHART WACHINGER, Autorschaft und Überlieferung, in: W. Haug/B. Wachinger (Hg.), Autorentypen (Tübingen 1991), 1.
80 Vgl. STEVEN RENDALL, Reading Faces (Montaigne), in: M. Frank/A. Haverkamp (Hg.), Individualität (München 1988), 326; PLUMPE, Autor und Publikum, in: H. Brackert/J. Stückrath (Hg.), Literaturwissenschaft. Ein Grundkurs (Hamburg 1996), 381.
81 JEAN STAROBINSKI, Der Autor und die Autorität, übers. v. E. Frey, in: Ingold/Wunderlich (s. Anm. 35), 11.
82 Vgl. DERRIDA, The Spatial Arts [Interview mit Peter Brunette u. David Wills], in: P. Brunette/D. Wills (Hg.), Deconstruction and the Visual Arts. Art, Media, Architecture (Cambridge, Mass. 1994), 18; NOEL CHANTAL (Hg.), Épreuves d'écriture, Centre de création industrielle, Centre Georges Pompidou (Paris 1985), 15; PEGGY KAMUF, Signatures ou l'institution de l'auteur (Paris 1991).
83 GEORGES LOUIS DE BUFFON, Discours sur le style (1753; Castelnau-le-Lez 1992), 30; vgl. MAX J. FRIEDLÄNDER, Über den Wert der Autorbestimmung. Von den objektiven Indizien der Autorschaft, in: Friedländer, Von Kunst und Kennerschaft (Leipzig 1992), 98–104.
84 Vgl. SEEMANN (Hg.) (s. Anm. 23).

zeigt auch, wie die künstlerische Identität von Autor oder Künstler obsolet wird.

Zugleich wird damit deutlich, in welchem Maße die Geschichte beider Begriffe aufeinander bezogen ist und sich wechselseitigen Orientierungen verdankt, die auch im unterschiedlichen sozialen Status begründet sind: einerseits der Autorschaft als intellektueller Habitus ursprünglich des Gelehrten, anderseits des Künstlertums als gelebte Daseinspraxis ursprünglich des Handwerkers. Die Geschichte des ›ut pictura poesis‹ ist unterschwellig auch eine Geschichte des ›ut artifex poeta‹ (und umgekehrt): Die handwerkliche Komponente des Künstlerbegriffs verleiht dem reinen Konzeptualismus des Autors materielle Schöpferkraft, während umgekehrt dessen intellektuelle Abstraktion das bloß Mechanische des Kunsthandwerkers zur ideellen Komposition befreit. Dieses chiasmatische Begründungsverhältnis von Autorschaft und Künstlertum zieht sich von Anfang an durch. Während die geistige Kompetenz des humanistischen Gelehrten historisch die Nobilitierung des Renaissance-Künstlers vorbereitet hat, ist dieser wiederum in seiner emphatischen Übersteigerung Vorbild für die Apotheose des Autors im Geniekult des 18. Jh. Die dabei erfolgende Ablösung des Autorindividuums vom Werk kehrt im 19. Jh. im Bild vom Künstler der Bohème als existenzielle Kategorie wieder, die schließlich in der Vorstellung vom Künstler ohne Werk gipfelt.

In diesem Zusammenhang nimmt seit 1800 vor allem die Musik eine Vorreiterrolle ein, die jedoch schon Ende des Mittelalters mit der ›Ars nova‹ die Fackel des Fortschritts ergriffen hatte. Einerseits eröffnet die Zeitintensität der Musik mit ihrer Verschränkung von geschehender Augenblicklichkeit und darstellender Kontinuität dem künstlerischen Ausdruck eine schöpferische Unendlichkeit, andererseits stellt sich das Problem eines Aufklaffens der Differenz zwischen kompositorischer Notation und performativer Interpretation, die auch den bloß Ausführenden und nicht Urheberschaft beanspruchenden Dirigenten und Solisten den Status von Künstlern zugesteht. Eine ähnliche Spaltung zwischen Autor und Künstler läßt sich auch für den Bereich des Theaters geltend machen, wo die Leistungen des Autors und des Künstlers unabhängig voneinander in bezug auf die Textvorlage und die Inszenierung erlebt werden, ganz zu schweigen vom Unterhaltungsbereich der sogenannten Artistenwelt, wo das Künstlertum gänzlich ohne Rücksicht auf Autorschaft (außer bei nachweisbaren Verletzungen von Urheberrechten) beurteilt wird.

Genaugenommen sind Autor und Künstler meta-ästhetische Kategorien, die nichts über die Eigenschaften des Schönen oder das Kunsterleben aussagen und deshalb auch in den klassischen Ästhetiken nicht vorkommen. Sie versammeln auf der sekundären Ebene einer Genealogie des Kunstwerkes dessen ästhetische Aspekte, weshalb Luhmann hier auch von »Verdichtungsbegriffen«[85] spricht. Die Frage stellt sich vielmehr nach der Historizität und dem Aussagestatus der weniger deskriptiv als vielmehr emphatisch zu verstehenden Werte von Autorschaft und Künstlertum, die sich im konnotativen Kontext ihres kultur- und sozialgeschichtlichen Horizontes abzeichnen. In diesem Sinne gilt es vor allem drei Ebenen des Bedeutungswandels von Autor und Künstler zu unterscheiden:
– die Mythenbildung der Idealbilder;
– die Sozialgeschichte des juristischen und ökonomischen Status;
– und schließlich die Selbstreflexion bzw. -darstellung der Kunstproduzenten ihrerseits.
Entsprechend lassen sich drei Diskurstypen wiederfinden:

a) Ideologische Diskurse
Den breitesten Raum nehmen die ideologischen Diskurse der Kunst- und Literaturgeschichtsschreibung ein. Durch sie werden kulturelle Konnotationen zu biographischen und narrativen »constructions of art and the artist produced by art history and secured by its hegemonic role throughout this network [...] – the production of an *artistic subject for works of art*.«[86] Sie reichen von jenen heroisierenden und apotheotischen Vorstellungen

---
85 LUHMANN (s. Anm. 36), 87, 112.
86 GRISELDA POLLOCK, Artists Mythologies and Media Genius, Madness and Art History, in: Screen (Oxford) 21 (1980), 58; vgl. IRMELA SCHNEIDER, [Einleitung], in: Schneider (Hg.), Die Rolle des Autors. Analysen und Gespräche (Stuttgart 1981), 4 f.

vom Künstlertypus als Schöpfer oder gottgleiches Genie (und in diesem Sinne auch die ursprüngliche, unkontrollierbare Natur verkörpernder Wilder)[87] bis zur humanistischen Vorstellung vom Idealmenschen, vom Sinnstifter, vom Propheten oder gar Revolutionär, der die Welt nicht nur erklärt, sondern auch verändert. Gerade die literatursoziologische Funktionalisierung des Künstlers zum Pendant des Theoretikers, um die gesellschaftliche Wirklichkeit schonungslos darzustellen und »bisher noch ungenannte Ängste und Hoffnungen bloßzulegen«, folgt in ihrer zwar mehr auf die Aussage des Werkes gerichteten, historisch aber auf eine Feier »spezialisierter Denker«[88] hinauslaufenden Sichtweise den Topoi des modernen Erkenntnissubjekts.

Der moderne Individualismus von Autor und Künstler absorbiert in diesem charismatischen Bedeutungskomplex gleichsam die Vorstellungen vom Ursprung der Kunst in kultisch numinosen Riten der Übertretung im Sinne George Batailles. Darüber hinaus setzt schon in der Renaissance eine intellektuelle Nobilitierung als ›Künstler-Philosoph‹ ein, in dem das selbst- und stoffgestaltende Moment der Kunst mit einem Erkennen jenseits des Willens zur Wahrheit als Macht verbunden werden soll.[89] Einen wesentlichen Anteil der Verklärung machen auch die Imagines des körperlich oder seelisch kranken Außenseiters aus, nicht zu vergessen die Misanthropen aus Enttäuschung und voller »Sehnsucht nach dem Unbedingten«[90], des von der Gesellschaft ausgestoßenen oder verkannten Künstlers – samt all den Verfallsformen der Zügellosigkeit, des Verbrechens, der dämonischen und daher genialen Eklektiker oder Epigonen mit den entsprechenden Genealogien ihres Ruhms[91] – bzw. dem alle Gemeinschaft verachtenden, Einsamkeit suchenden Sonderling[92], wozu auch der Bohémien oder Parasit, der Dandy oder Existentialist gehört.

Gerade der dominante Zug des Pathologischen ist dabei tragend für das moderne Verständnis von Künstlertum: »For the modern consciousness, the artist (replacing the saint) is the exemplary sufferer. And among artists, the writer, the man of words, is the person to whom we look to be able best to express his suffering.«[93] In diesem Sinne ist eine Bewegung von der in der Antike dominierenden extrinsischen Kraft der Mania (dem Wahnsinn als Besessenheit durch eine außermenschliche Macht) zur neuzeitlich bestimmenden intrinsischen Macht der Melancholie zu beobachten. Schon Klibansky, Panofsky und Saxl haben in ihrer kulturgeschichtlich umfassenden Studie *Saturn und Melancholie* darauf hingewiesen, daß sich in diesem spezifischen poetischen »Doppelgefühl« eines Genießens der Einsamkeit als trauervolle Freude der radikale moderne Subjektivismus begründet, wie er besonders im Künstlerideal des Musikers zum Ausdruck kommt: »Dieses moderne Melancholiegefühl ist im wesentlichen ein gesteigertes Ich-Gefühl, da das Ich die Achse ist, um die sich jene Kugel von Lust und Wehmut dreht; und es hat auch eine enge Beziehung zur Musik, die nun der Erzeugung subjektiver Gefühle dient.«[94]

Im symptomatischen Zeichen des Saturns zeigt sich zugleich exemplarisch, wie wenig die Frage einem objektiven Zusammenhang von Bild und historischer Wirklichkeit von Autor- und Künstlerexistenz gilt, sondern allein der phantasmatischen Überformung von Wirklichkeit durch my-

---

87 Vgl. FRIEDLÄNDER, Der Künstler, Genie und Talent, in: Friedländer (s. Anm. 83), 81–86; NEUMANN (s. Anm. 44), 52 ff.
88 LEO LÖWENTHAL, Das bürgerliche Bewußtsein in der Literatur, in: Löwenthal, Schriften, Bd. 2, hg. v. H. Dubiel (Frankfurt a. M. 1981), 11.
89 Vgl. JEAN-NOËL VUARNET, Le philosoph-artiste (Paris 1977); dt.: Der Künstler-Philosoph, übers. v. B. Wehinger (Berlin 1986); HANNES BÖHRINGER u. a., Philosophen-Künstler (Berlin 1986).
90 BERNHARD SORG, Der Künstler als Misanthrop. Zur Genealogie einer Vorstellung (Tübingen 1989), 32.
91 Vgl. FRANZ ROH, Der verkannte Künstler. Studien zur Geschichte und Theorie des kulturellen Mißverstehens (Köln 1993), 338 ff.; MARGOT WITTKOWER/RUDOLF WITTKOWER, Künstler – Außenseiter der Gesellschaft (Stuttgart 1989).
92 Vgl. HERMAN MEYER, Der Sonderling in der deutschen Dichtung (Frankfurt a. M. 1984), 100 ff.
93 SUSAN SONTAG, The artist as exemplary sufferer (1962), in: Sontag, Against interpretation and other Essays (New York 1966), 42.
94 RAYMOND KLIBANSKY/ERWIN PANOFSKY/FRITZ SAXL, Saturn and Melancholy (Princeton 1964), dt.: Saturn und Melancholie. Studien zur Geschichte der Naturphilosophie und Medizin, der Religion und der Kunst, übers. v. C. Buschendorf (Frankfurt a. M. 1990), 338.

thopoetische Konstruktionen folgt. Im Gegensatz zu dem aus der gesellschaftlichen Stellung hervorgehenden Status, geht es hier um dessen Konnotationen als Ideal, die sich bestimmten Zuschreibungsmechanismen symbolischer und imaginärer Qualitäten verdanken. Bezüglich der Künstlerviten der Renaissance hat besonders die Arbeit von Ernst Kris und Otto Kurz zur Legende vom Künstler zeigen können, wie wenig diese Biographien um historische Wahrheit bemüht waren und wieviel sie eher Mythen und literarischen Modellen verdankten. Nicht nur die griechischen (Daidalos, Prometheus, Hephaistos, Pygmalion, Orpheus) und christologischen (ecce homo und Kreuzigungs-Ikonographie bis hin zur satanologischen Faustfigur) Vorbilder erhalten typologische Bedeutung für Künstlerbiographien und lassen Stereotypien von magischen Fähigkeiten aber auch von schicksalshaften Bestrafungen für künstlerische Hybris wiederkehren, sondern auch ihr Fortleben in Volksdichtungen und novellistischen Anekdotenschätzen. Die Wiederkehr von Motiven wie der arkadischen Jugend des Künstlers als talentierter Hirte oder seiner magischen Kraft als täuschender Nachahmer der Natur fordern eher »philologische Kritik« und die Aufmerksamkeit für den Zusammenhang von »doxographischen« und »biographischen« Anzeichen heraus, wobei die Autoren in dieser Übersteigerung zugleich die Wurzel für die ambivalente Einstellung dem Künstler gegenüber als böser Zauberer und gewaltiger Schöpfer, als Gott und Wahnsinniger »zwischen Parnaß und Bohème, Heroisierung und Erniedrigung«[95] sehen.

Auch Foucault hat betont, daß die Anfänge der europäischen Künstlergeschichte sich als Heldengeschichte mythologischer Muster bedient und das Genie nicht biographisch entstehen, sondern wie bei den antiken Helden als ursprüngliche Vollendung, als Bruch mit der Zeit bzw. als plötzliche Meisterwerdung des demiurgenhaften Lehrlings, verbunden meist mit einem symbolischen Mord am Meister, aufscheinen läßt: »La renaissance a eu de l'individualité de l'artiste une perception épique où sont venus se confondre les figures archaïsantes du héros médiéval et les thèmes grecs du cycle initiatique [...]. L'artiste n'est sorti de l'anonymat où étaient demeurés pendant des siècles ceux qui avaient chanté les épopées qu'en reprenant à son compte les forces et les sens de ces valorisations épiques.«[96]

Mit der manieristischen Überspitzung des artistischen Heroismus zur Exzentrik des sich verirrenden oder entfremdenden Künstlers diagnostiziert Foucault dann im 16. Jh. einen Übergang zum Wahnsinnsmotiv, mit dem die Moderne die Mythologie durch die Psycho(patho)logie des Künstlers ersetzt. Hier kommen zu Beginn des bürgerlichen Zeitalters Kunst und Literatur einander nah, insofern die neue Gattung des Entwicklungs- oder Bildungsromans gerade von psychologischen bis extrem krankengeschichtlichen Motiven beherrscht ist, die in der psychophysischen Formel von ›Genie und Irrsinn‹ Ende des 19. Jh. dann eine positivistische Festschreibung erfahren.[97]

Hinsichtlich der ideologisierenden Tendenzen des Autor- und Künstlerbildes stehen Literatur und bildende Kunst überhaupt in einem besonders fruchtbaren Verhältnis wechselseitiger Bestätigung. Nicht zuletzt sind es die idealisierenden Porträts oder Büsten, in avancierter Form sogar Standbilder, die der auratischen Verklärung heroischer Autorgrößen den Weg bereiten. Seit dem 17. Jh. als Propagandamedium in Form des Frontispiz üblich, geht diese porträtistische Konstitution eines Autorimage schon auf die Miniaturen der Humanisten zurück – eine ausgiebig von Luther nach Erfindung des Reproduktionsmediums Holzschnitt genutzte Technik der breitenwirksamen Autorisierung seiner Autorschaft durch die Macht des öffentlichen Bildes –, wobei signifikanterweise die von den Künstlerviten etwa eines Vasari übernommene Ikonographie des Künstlerporträts ihren Ur-

---

95 KRIS/KURZ, Die Legende vom Künstler (Frankfurt a. M. 1995), 29, 46, 120; vgl. KRIS, Das Bild vom Künstler, in: Kris, Die ästhetische Illusion (Frankfurt a. M. 1977), 66 ff.; MAX MILNER, L'artiste comme personnage fantastique, in: R. Démoris, L'artiste en représentation (Paris 1993), 93 ff.
96 FOUCAULT, Le ›non‹ du père (1962), in: Foucault (s. Anm. 6), 193.
97 Vgl. NEUMANN (s. Anm. 44), 160 ff.

sprung im Autorbildnis hat.[98] Umgekehrt verdankt sich den Künstlerromanen und -novellen, die das stumme Tun der bildenden Künstler zur Sprache bringen und zugleich durch diese Propaganda das bloß Biographische von Malern, Bildhauern oder Musikern legendär ausschmücken, das paradigmatische, wenngleich »völlig in die Phantasie greifende Künstlerbild« als »Repräsentant eigener Lebensform«[99].

b) Sozial-rechtliche Diskurse
Die sozial-rechtlichen Diskurse versammeln andererseits alle Aspekte, die den gesellschaftlichen, juristischen und ökonomischen Status von Autor und Künstler betreffen und seinen Bedeutungswandel auf entsprechende institutionelle Zäsuren zurückführen. Es geht hierbei um Fragen, wie sie herkömmlich von der Kunst- bzw. Literatursoziologie aufgeworfen werden.[100] Historisch dominieren Themen wie die Entwicklung des Schutzes von Urheberschaft (das Copyright) und die persönliche Verantwortung des Urhebers (gegenüber staatlichen Zensurinstanzen), entsprechend die Geschichte der Institutionalisierungen von Kunstproduktion in bezug auf die bildenden Künste vor allem der Übergang von der höfischen Organisation zur Gründung der Akademien, in bezug auf die Schriftsteller nicht zuletzt seit Erfindung des Buchdrucks das Verhältnis von Verlegern und Autoren sowie generell die Entwicklung des Publikationswesens, aber auch Fragen der Ausbildungsorganisation und der Künstler-Korporation bzw. -Gemeinschaften bis hin zu gewerkschaftlichen Organisationen. Im Sinne neuerer systemtheoretischer Ansätze erweist sich die Fragestellung als Problem der Ausdifferenzierung des literarischen und künstlerischen Schaffens gegenüber anderen sozialen Kommunikationssystemen, die mit ihrer Regelung von Eigentumsverhältnissen gewissermaßen ein juristisches Apriori der Autorfrage jenseits aller ästhetischen Theorieentwicklungen aufrechterhalten, wie sich gerade als Ironie des Schicksals in den erbitterten Prozessen um die Nachlaßrechte der engagierten Todesverkünder des Autors, Barthes, Foucault oder Lacan, zeigte: »Als kulturelles Ereignis mag es den ›Tod des Autors‹ geben – das Recht läßt ihn wiederauferstehen, solange Artefakte als Eigentum in Frage kommen.«[101]

Grundsätzlich geht es dabei um die Professionalisierung von Autorschaft und Künstlertum und ihre Marktbedingungen, die von Auftraggebern, Kunden, Publikumsgeschmack oder Werbemechanismen abhängen und sich in sozialgeschichtlichen Teilaspekten wie Mäzenatentum, privater und staatlicher Patronage, den sogenannten Salons, Museen, im Galerienbetrieb, Buchhandel, aber auch in Kontrollmechanismen der Unterscheidung zwischen Original und Fälschung ausdifferenzieren.[102] Die zentrale Fragestellung gilt dabei den einheitlichen Kriterien eines Berufsbildes, wie sie Raymonde Moulin exemplarisch in den vier Aspekten zusammenfaßt: »l'indépendance économique (vivre de cette profession), l'autodéfinition (se déclarer artiste), la compétence spécifique (être diplômé d'une école d'art), la reconnaissance par le milieu artistique (quelque forme qu'elle prenne et quels que soient les juges)?«[103] Dementsprechend und unter Zugrundelegung der drei Orientierungsgrößen von Korporation, Akademie und Markt sind die historischen Einschnitte des Bedeutungswandels vorrangig bestimmt durch Umstrukturierungen der politischen Systeme.

Martin Warnkes Studie zum Hofkünstler etwa räumt mit dem klassischen Vorurteil von der Re-

---

98 Vgl. ROGER CHARTIER, Figures de l'auteur, in: Chartier, L'ordre des livres. Lecteurs et usages, bibliothèques en Europe entre XIVe et XVIIIe siècle (Aix-en-Provence 1992), 60; MARTIN WARNKE, Cranachs Luther. Entwürfe für ein Image (Frankfurt a. M. 1984); UWE-K. KETELSEN, Nur kein Spaßmacher und Schmarotzer! Zum Verständnis der Rolle des Schriftstellers bei Barthold Heinrich Brockes und seinen Zeitgenossen, in: G. Grimm (Hg.), Metamorphosen des Dichters. Das Rollenverständnis deutscher Schriftsteller vom Barock bis zur Gegenwart (Frankfurt a. M. 1992), 25.
99 ERNST BLOCH, Philosophische Ansicht des Künstlerromans, in: BLOCH, Bd. 9 (1965), 266; vgl. HERBERT MARCUSE, Der deutsche Künstlerroman (Frankfurt a. M. 1978), 10.
100 Vgl. ARNOLD HAUSER, Sozialgeschichte der Kunst und Literatur (München 1953); HAUSER, Kunst und Gesellschaft (München 1988).
101 PLUMPE (s. Anm. 80), 380.
102 Vgl. LUHMANN (s. Anm. 36), 256 ff.; SCHWENGER (s. Anm. 26), 30.
103 RAYMONDE MOULIN, L'artiste, l'institution et le marché (Paris 1997), 249; vgl. SCHWENGER (s. Anm. 26), 1 ff.

naissance als Beginn der Emanzipation des künstlerischen Individuums durch die stadtbürgerliche Kultur Oberitaliens auf und zeigt vielmehr, in welchem Maße die Nobilitierung der Künstler sich schon den rechtlichen und materiellen Gleichsetzungen bzw. Anerkennungen des Künstlers in feudalistischen Herrschaftsstrukturen mit ihren Repräsentationsaufgaben verdankt; Alain Viala führt die Etablierung schriftstellerischer Autonomie im ›klassischen‹ 17. Jh. auf staatliches Mäzenatentum sowie Akademiegründungen mit ihren Privilegien und kanonischen Festschreibungen der Poetik und Sprache zurück. Ausgehend von den demokratischen Gesetzgebungen des Urheberschutzes und der freien Tätigkeit bürgerlicher Künstler gehen die Studien Heinrich Bosses oder Hans Haferkorns mehr von den juristischen und politischen Einschnitten der Anerkennung geistigen Eigentums aus und fokussieren ihr Interesse stärker auf das 18. Jh. bzw. die sogenannte Goethezeit als Ursprung des souveränen Künstlerkultes; im 19. Jh. vollziehen sich dann mit dem von Bätschmann analysierten freien Ausstellungswesen als Geburt des freien Künstlers aus der kapitalistischen Vermarktung von Kunst als Bildungs- oder Kulturgut neue ökonomische Umstrukturierungen, die mit der Revolution der Produktionsmittel durch universale Kopiertechniken, digitale Medien und die neue immaterielle Ware ›Information‹ vor völlig ungeahnte ökonomische und juristische Probleme von Autorschaft, Urheberrecht oder Plagiat gestellt werden.[104]

Umgekehrt spiegeln die legislativen Komplexitätsreduktionen wiederum die ideologischen Wertbilder, wie sich z. B. im modernen Urheberrecht als Schutz der besonderen persönlich-geistigen Schöpfung erweist. Die Schwierigkeit des dabei zugrundegelegten Autor- und Künstlerverständnisses zeigt sich in der Polemik der Streitigkeiten um Plagiat, Diebstahl geistigen Eigentums etc., verschärfter sogar noch in den stärker kommerzialisierten Unterhaltungsmedien. An der Materialität des Kunstwerkes selbst wird die Echtheitsfrage obsolet, die sich vielmehr erst aus seiner Sichtweise als signifikante Manifestation eines abwesenden Täters stellt, wie sie am spektakulärsten vom italienischen Arzt Giovanni Morelli Ende des 19. Jh. in Form seiner an photographischer Anthropometrie und detektivem Spürsinn geschulten indizienhaften Spurensicherung künstlerischer Stilmerkmale in der verborgenen Detailtreue (z. B. der malerischen Gestaltung von Hand- oder Ohrenformen) ausdifferenziert wurde.[105] Das Grundcredo ist auf jeden Fall, daß sich Autor und Künstler über einen Begriff von Arbeit bestimmen, die sich in den Werken als gewissermaßen patentrechtlich geschützte Technik und deren Vermarktung manifestiert: »Die eigene Identität kann, so gesehen, immer nur behauptet werden. Das Identitätsproblem wäre somit weniger intrapsychisch bedingt, als in der gesellschaftlich-geschichtlichen Entwicklung vorgezeichnet.«[106]

c) Autopoietisch-individuelle Diskurse
Demgegenüber koexistieren auf einer dritten Ebene all jene autopoietischen individuellen Diskurse von Autoren und Künstlern selbst, die sich in Form von Autobiographien, Briefen, Tagebüchern, von Selbstbildnissen und Selbstdarstellungen abspielen. Neben der äußeren Biographie (wie Lebensgeschichte und Bildungsgang, soziale und künstlerische Kontakte) sind hier vor allem Dokumente der inneren Biographie relevant, die über die Konstitution des Autorbewußtseins als poetisches bzw. fiktionales Ich auch werkimmanent

---

104 Vgl. WARNKE, Hofkünstler. Zur Vorgeschichte des modernen Künstlers (Köln 1996), 11 ff.; ALAIN VIALA, Naissance de l'écrivain. Sociologie de la littérature à l'âge classique (Paris 1985), 54 ff., 85 ff., 218 ff.; CHARTIER (s. Anm. 98), 49 ff.; HANS J. HAFERKORN, Zur Entstehung der bürgerlich-literarischen Intelligenz und des Schriftstellers in Deutschland zwischen 1750 und 1800, in: B. Lutz (Hg.), Literaturwissenschaft und Sozialwissenschaften, 3. Deutsches Bürgertum und literarische Intelligenz 1750–1800 (Stuttgart 1974), 203 ff.; BOSSE (s. Anm. 79), 8 ff.; BÄTSCHMANN (s. Anm. 13), 58 ff.
105 Vgl. EDGAR WIND, Kunst und Anarchie (Frankfurt a. M. 1979), 40 ff.; CARLO GINZBURG, Spie. Radici di un paradigma indiziario (1979), in: Ginzburg, Miti emblemi spie. Morfologia e storia (Turin 1986), 158–209; dt.: Spurensicherung. Der Jäger entziffert die Fährte, Sherlock Holmes nimmt die Lupe, Freud liest Morelli – die Wissenschaft auf der Suche nach sich selbst, übers. v. G. Bonz, in: Ginzburg, Spurensicherungen. Über verborgene Geschichte, Kunst und soziales Gedächtnis (Berlin 1983), 61–96.
106 I. SCHNEIDER (s. Anm. 86), 8.

I. Semantische Begriffsdimensionen 501

(einschließlich der Entstehungsstufen von Entwürfen, Handschriften, Korrekturfassungen) Aufschluß geben.[107] Sie zeugen von der rekursiven Vernetzung der Elemente des Produktionsprozesses, der auf dieser Ebene eines autobiographischen Selbstgesprächs im autopoietischen System das Werk gewissermaßen durch Werke der Werke aneignet.[108]

Diese selbstbezügliche Ebene der Artikulation ist daher zu unterscheiden vom Autor-/Künstlerbild, wie es durch die Legendenbildungen entsteht, obgleich diese natürlich auch die Selbstdarstellungen motivisch prägen und die Identitätsfindung indirekt zur »Anpassung an die Rollenästhetik des Künstlers«[109] zwingen kann. Die Vermittlungsebene wird auch durch das gebildet, was als Habitus bezeichnet wurde, der sich beim modernen Künstler »in distinktiven Zeichen, Ritualen und standardisierten Codes inszeniert: Der Schriftzug von eigener Hand, die Formen der Kleidersprache und der Haartracht, die Gestaltung des Arbeitsortes, aber auch die Fixierung von Vorstellungen und von Selbstbildern in autobiographischen Texten dienten als Medien zur Stilisierung einer spezifischen Individualität.«[110]

Für die Vorstellung vom bildenden Künstler spielt dabei auch das intermediale Verhältnis von Text und Bild eine entscheidende Rolle – was allerdings umgekehrt auch für den Literaten nicht die Gattungsfrage einer adäquaten Repräsentation seiner Autorschaft durch Künstlertum (vor allem angesichts der seit 1800 sich häufenden ›Doppelbegabungen‹) ausschließt. Die von Vasari – selbst Maler – verfaßten Künstlerviten gehören hier ebenso dazu wie die mit Cellini beginnende Künstlerautobiographie sowie die Traktatliteratur von Renaissancemalern. Aufzeichnungen, Briefe, aber auch publizistische Arbeiten bzw. die von anderen niedergeschriebenen, ein eigenes Genre bildenden (und in ihrer oft neotheologischen Mimikry an den Evangelien auch mehr zu den Legenden gehörenden) Künstler-Gespräche (oder Sammlungen von Künstlerbekenntnissen) zeugen von der Selbstreflexion des eigenen Tuns und der Entstehung des Bewußtseins als Künstler. Kulturgeschichtlich steht der ganze Bereich autobiographischer Selbstvergewisserung von Autorschaft und Künstlertum in der christlichen Tradition der Bekenntnisschriften.

Der in ihnen verinnerlichte Geständniszwang dient bereits dazu, im Medium der Erzählung das Individuum als Urheber zu entdecken, vergleichbar dem Selbstporträt in der Malerei, das – als Spezialfall der Repräsentation von Individualität durch Porträtkunst – ebenfalls eine essentielle Blindheit des Künstlers sich selbst gegenüber zu lichten sucht:»Pas d'autoportrait sans confession, dans la culture chrétienne. L'auteur de l'autoportrait ne se montre pas, il n'apprend rien à Dieu qui sait tout d'avance.«[111]

Für den Autortypus des freien Schriftstellers, wie er Mitte des 18. Jh. entstand, gilt überhaupt, daß er zugleich die Funktionen eines »Tagesschriftstellers, Redakteurs, Herausgebers, Kritikers, Literaturwissenschaftlers und Dramaturgen«[112] wahrnimmt, um sich selbst auf dem freien Markt zu präsentieren, wie auch für den freien, aus dem feudalistischen Mäzenatentum entlassenen Künstler im 19. Jh. wichtig wird. Die seit der Romantik zur hohen Kunst entwickelte literarische Essayistik schafft neben der Rousseau und Goethe perfektionierten Darstellung des Zusammenhangs von Leben und Werk ein öffentliches Forum der Selbsterkundung des eigenen Schöpfungsprozesses, das heute, neben der üblichen Praxis von Künstlerinterviews, in festen Einrichtungen wie Gastprofessuren für Autor und Künstler oder Poetik-Vorlesungen etabliert ist. In diesen Zusammenhang gehören auch solche Beschäftigungen mit dem eigenen kreativen Status, die man als Autorspiele zusammenfassen kann: d. h. die diskursiven Strategien der Tarnung oder Maskierung nomineller Urheberschaft, die Inszenierung von Autorschaft durch Pseudonyme bzw. Künstlernamen, die – nicht zuletzt auch als Schutz gegen die juristische

---

107 Vgl. GUSTAV RENÉ HOCKE, Das europäische Tagebuch (Wiesbaden 1978), 332ff.; MONIKA SALMEN, Das Autorbewußtsein Anette von Droste-Hülshoffs. Eine Voraussetzung für Verständnis und Vermittlung ihres literarischen Werks (Frankfurt a.M. 1985), 20ff.
108 Vgl. LUHMANN (s. Anm. 36), 84ff., 254.
109 NEUMANN (s. Anm. 44), 132.
110 RUPPERT (s. Anm. 7), 304.
111 DERRIDA, Mémoires d'aveugle. L'autoportrait et autres ruines (Paris 1990), 119; vgl. BÄTSCHMANN (s. Anm. 13), 115ff.
112 HAFERKORN (s. Anm. 104), 128.

Heranziehung zur individuellen Verantwortung – gewissermaßen »das Vorhandensein eines Autorenbewußtseins« voraussetzt, »d. h. die Einsicht in die schöpferische Kraft des Individuums, das nicht mehr neutraler Mittler der Überlieferung ist, sondern ein Gestalter literarischer Form. Damit erst tritt die Literatur aus ihrer Anonymität heraus.«[113]

II. Historische Begriffsentwicklung

1. Die Geburt aus dem Geiste des Humanismus und der Renaissance

In der Antike ist die Vorstellung einer individuellen Urheberschaft des Kunstwerkes noch unvorstellbar. Seine ursprüngliche Autorität verdankt sich überirdischen Kräften wie Musen, die Dichter singen machen, und Göttern, die in Malerei und Plastik offenbart sein wollen. Die Mythologie kennt allein Götter, die als Künstler schöpferisch (demiourgos) tätig sind (bzw. Menschen, wie im Pygmalion-Mythos, dazu verhelfen) und als Autor ihre Werke hervorbringen: »Der obligatorische Anruf der Musen ist ein Indiz dafür, daß die Dichtung im Grunde nicht als das Werk eines Subjekts zu gelten hat. Was sie mitteilt, ist vielmehr ein göttliches und darum objektives Wissen, das eine Kultur zu ihrer Orientierung braucht und das die Kenntnisse ihrer einzelnen Mitglieder übersteigt.«[114]

Erst in der Folge, die sich als Säkularisierung des Offenbarungsprozesses zum Gestalterischen der eigentlichen Kunst darstellt, tritt die Zeugenschaft des mythopoetischen Sprechens in den Vordergrund und wird der Mittler selbst als typologisch in der Figur des Orpheus benannter Dolmetscher der göttlichen Wahrheit in seinem phänomenalen Enthusiasmus von Bedeutung: »Ganz allgemein darf man vielleicht behaupten, daß das Bedürfnis, den Schöpfer des Kunstwerkes zu nennen, darauf schließen lasse, daß das Kunstwerk nicht mehr ausschließlich im Dienste religiöser, kultischer oder im weiteren Sinne magischer Aufgaben stehe, daß es nicht mehr allein einem *Zweck* diene, sondern daß sich seine Bewertung schon ein Stück weit von solcher Verknüpfung abgelöst habe.«[115]

Dennoch bleibt noch für Platon die Leistung des Dichters von der ›Begeisterung‹ durch die Musen abhängig als eine nicht durch eigene Kunst, sondern durch göttliche Kraft bewirkte ›Wahnsagekunst‹ (μανικὴ [τέχνη]) im positiven Sinne von gottesbegeisterter Besessenheit.[116] Andererseits ist die Stellung der Schriftkunstproduzenten in dieser Nähe zur Wahrheit privilegierter als die der Maler, Bildhauer oder Baumeister, die aufgrund ihrer vom Handwerk nicht unterschiedenen Nähe zur Materialität dem Banausischen zugerechnet wurden. Während der Dichter als Arbeiter des Wortes, des ›logos‹, der Wahrheit des Ideenreiches Ausdruck verleiht, bewirkt der Künstler in seiner Mimesis nur Nachbilder der irdischen Abbilder der Ideen. Sie sind wie die Schatten der Dinge und trügen die Sinne, wenn sie – wie übrigens auch die Schrift – ›als lebend‹ hingestellt werden vom Maler, der als »Nachbildner« (μιμητής) nicht nur dem göttlichen »Urbildner« (φυτουργός), sondern selbst noch dem Handwerker als »Werkbildner« (δημιουργός) untergeordnet wird: als »Verehrung« des Werks bei gleichzeitiger Verachtung seines Schöpfers«[117].

Bei Aristoteles räumt der Topos der Mimesis dem Dichter, der nicht berichten soll, was geschehen ist, sondern »was geschehen könnte und was möglich wäre« (ἀλλ' οἷα ἂν γένοιτο καὶ τὰ δυνατὰ κατὰ τὸ εἰκὸς ἢ τὸ ἀναγκαῖον), allerdings mehr Freiheit als »Erfinder von Handlungen« (ὅτι τὸν ποιητὴν μᾶλον τῶν μύθων εἶναι)[118] ein, was bei Horaz als Kühnheit Malern und Dichtern zugestanden wird (»pictoribus atque poetis quidlibet

---

[113] GERHARD SÖHN, Literaten hinter Masken. Eine Betrachtung über das Pseudonym in der Literatur (Berlin 1974), 29.
[114] HEINZ SCHLAFFER, Poesie und Wissen. Die Entstehung des ästhetischen Bewußtseins und der philologischen Erkenntnis (Frankfurt a. M. 1990), 27; vgl. DERRIDA, Avances, in: S. Margel (Hg.), Le tombeau du dieu artisan (Paris 1995), 15 ff.
[115] KRIS/KURZ (s. Anm. 95), 24.
[116] Vgl. PLATON, Ion 533e; PLATON, Phaidr. 244c; PLATON, Leg. 682a.
[117] HAUSER (s. Anm. 100), Bd. 1 (München 1953), 119; vgl. PLATON, Phaidr. 275d; PLATON, Rep. 597a-e; KRIS/KURZ (s. Anm. 95), 65.
[118] ARISTOTELES, Poet. 1451b; dt.: Poetik, übers. v. O. Gigon (Stuttgart 1961), 36 f.

audendi semper fuit aequa potestas«[119]) und den über das Ganze und seine Komposition verfügenden ›auctor‹ über den nur im Detail kunstfertigen ›faber‹ erhebt (vgl. V. 32, 45). Mit dem 32. Buch der *Naturkunde* des Plinius entsteht eine bis in die Neuzeit hinein populäre Sammlung von Künstler-Legenden, die in ihren Beispielen — wie dem Wettstreit zwischen Zeuxis und Parrhasios im Malen von Gegenständen, die für wirklich gehalten wurden, der gegenseitigen Überbietung von Appelles und Protogenes beim Ziehen einer immer feineren Linie oder der Erfindung der Malerei durch die Tochter des Butades — genau genommen die Kunstfertigkeit eines handwerklichen Könnens preist.

Auch die ›auctoritas‹ christlich-mittelalterlicher Autorschaft bezieht sich auf die Verfasser von Texten oder Materialien nur als Schreiber (›scriptor‹). Alle schreibende oder bildende Kunsttätigkeit war nur Abschrift oder -bildung der einen soufflierten bzw. illuminierten göttlichen Wahrheit. Das Autoritätsmonopol des dreieinigen Gottes stellte kraft der Doppelseitigkeit seiner Schöpfung, dem gesprochenen Wort und der Handlung in der Genesis sowie der doppelten Offenbarung durch das Buch der Bücher und das Buch der Natur zugleich den Archetypus einer Vereinigung von Autor und Künstler dar, während irdische Autorschaft als bloß emendierende Teilhabe einer gleichsam babylonischen Arbeitsteilung überantwortet blieb. In Konrad von Hirsaus Abhandlung *Dialogus super auctores* z. B. wird die Position des Autors als eine unter vielen der Textproduktion genannt, die bezeichnenderweise neben dem Dichter, dem Geschichtsschreiber, dem Kommentator, dem Seher, dem Prediger oder dem Ausleger sich durch ihr Bemühen um stilistische Aufbereitung des vorgegebenen Stoffs bemüht; und in der ersten deutschsprachigen Verwendung des Autor-Begriffs, nämlich in Heinrich Steinhövels deutscher Bearbeitung von Boccaccios *De claribus mulieribus* von 1473, wird gerade der Übersetzer und nicht der Urheber als Autor bezeichnet.[120]

Andererseits stellt sich die Frage nach dem Autor erst im Übergang von der oralen zur literalen Dichtkunst. Die herumziehenden Troubadoure (abgeleitet von ›trobar‹ = finden) verband kein Urheberrecht mit den performativen Leistungen ihrer auf Unterhaltung abzielenden Gaia sciensa. Die Neubewertung der Autorschaft in bezug auf ein schriftliches Dokument steht dann im Lichte der Autorität der sie stützenden Institutionen, vergleichbar der Nobilitierung des Künstlers gegenüber dem Handwerker (faber) schon durch das höfische System und seine Anforderungen herrschaftlicher Repräsentation.[121] Die Genese des emphatischen Begriffs von künstlerischer Autorschaft ist Teil des allgemeinen Säkularisierungsprozesses und zwar genauer als Aneignung der allegorischen Dimension göttlicher Wahrheit, die den Zusammenhang der Übertragung selbst zu einem schöpferischen werden und den initiierten Dichter oder Künstler am göttlichen Offenbarungsprozeß teilhaben läßt. Bereits bei Dante vollzieht sich der Wandel von der rein ausführenden Funktion (des Sängers, des Handwerkers) zur planenden, konzeptuellen Position des Künstlers als Vermittler der »intenzion dell'arte«, der die »forma« dem »materia sorda« einzubilden hat und als Autor daher Autorität erlangt (weshalb Philippe Sollers für die Epoche konstatiert, »l'auteur est celui, non pas qui chante la chanson, mais celui qui l'a composée«[122]). Wie in der Antike sind es aber die Dichter, die den Weg schöpferischer Befreiung lange vor den bildenden Künstlern und in einer für diese mustergültigen Form bahnen. Wenn Boccaccio im *Decameron* die hohen Talente eines Giotto preist, daß sie an das Urbild der Dinge heranreichen läßt und ihre Werke nicht als im Abbild, sondern als die Sache selbst erschienen wären, so schreibt er sich mit dieser Anspielung auf die optische Täuschung

---

119 HORAZ, Ars, V. 9f., in: Horaz, Ars poetica/Die Dichtkunst, lat.-dt., hg. u. übers. v. E. Schäfer (Stuttgart 1984), 4; dt. 5.
120 JAN-DIRK MÜLLER, Auctor — Actor — Author. Einige Anmerkungen zum Verständnis vom Autor in lateinischen Schriften des frühen und hohen Mittelalters, in: Ingold/Wunderlich (Hg.), Der Autor im Dialog (s. Anm. 35), 18ff.; INGOLD/WUNDERLICH, [Einleitung], in: Ingold/Wunderlich (Hg.), Fragen nach dem Autor (Konstanz 1992), 10.
121 Vgl. WARNKE (s. Anm. 104), 11.
122 DANTE ALIGHIERI, La Divina Commedia (Paradiso, I, 127), hg. v. E. Laaths (Berlin 1983), 333; vgl. PHILIPPE SOLLERS, Dante et la traversée de l'écriture, in: Sollers, L'écriture et l'expérience des limites (Paris 1968), 25.

wirklichkeitsgetreuer Malerei wieder einer literarischen Tradition ein:»Giotto ebbe uno ingegno di tanta eccellenzia, che niuna cosa dà la natura, madre di tutte le cose e operatrice, col continuo girar de' cieli, che egli con lo stile e con la penna o col pennello non dipignesse si simile a quella, che non simile, anzi più tosto dessa paresse, in tanto che molte volte nelle cose da lui fatte si truova che il visivo senso degli uomini vi prese errore, quello credendo esser vero che era dipinto.« (Giotto hatte einen Geist von solcher Erhabenheit, daß unter allen Dingen, die die Mutter Natur erzeugt, nicht ein einziges war, das er nicht mit dem Griffel und der Feder oder dem Pinsel so getreu abgebildet hätte, daß sein Werk nicht das Bild des Gegenstandes, sondern der Gegenstand selbst zu sein schien, so daß es bei seinen Werken sehr oft vorkam, daß der Gesichtssinn der Menschen irrte und das für wirklich hielt, was nur gemalt war.)[123]

In letzter Zeit ist eine Tendenz der Forschung zu beobachten, die Vorgeschichte der typisch neuzeitlichen Konzepte von Autorschaft und Künstlertum immer weiter vorzuverlegen. Laut Roger Chartier zeigt sich, daß die Entstehung der Autorfunktion nicht allein auf Urheber- und Rechenschaftsfragen zu reduzieren ist, sondern vielmehr den Ausdruck darstellt einer »nouvelle perception esthétique qui désigne l'œuvre comme une création originale, reconnaissable à la spécificité de son expression«. Er geht damit aus von einer schon früh einsetzenden »affirmation de la paternité littéraire de l'auteur« und einer »responsabilité de l'auteur […] dans la législation royale qui vise à contrôler l'impression, la circulation et la vente des livres.«[124] Chartier weist in diesem Sinne nicht nur darauf hin, daß der Autorname auch für spätere Generationen von wissenschaftlichen Publikationen von Bedeutung bleibt, sondern daß schon im ausgehenden Mittelalter für die literarische Produktion ein Autorbewußtsein nachzuweisen ist. Es äußert sich – neben der spektakulären Mode des Autorporträts – auch in textimmanenten Strategien einer kompositorischen Spezifizierung »comme une invention individuelle, comme une création originale« (60), für die Chartier Anfänge schon in Petrarcas Vorschlag einer Ersetzung der fehleranfälligen Kopien von Schreibern durch Autographen als »livre d'auteur« (63) erkennt.[125]

Eine Fülle von Beispielen für diese These liefert auch Jacqueline Cerquiglini-Toulets Untersuchung der literarischen Entwicklung des 14. Jh., die sich ihr als langsame Emanzipation des Autors aus seiner Kopistenrolle im Zeichen einer Vaterschaft als mutterlose, d. h. die natürliche Filiation substituierende Erzeugung des Werkes darstellt. Der nur als Aufschreiber der göttlichen Wahrheit verstandene Dichter beginnt, im Akt des Aufschreibens selbst neben dem Werkcharakter auch das epigenetische Machen zu entdecken. Noch unterliegt der Begriff der Schöpfung der theologischen Häresie:»Ecrire, au XIVe siècle, se situe en fait entre deux pôles: la souveraineté de l'artiste, refusée, d'une part, l'artisanat concret, le travail de la main, activité du scribe, dépassée, l'autre. Ces orientations définissent par des valeurs pour lesquelles s'ouvre une longue carrière littéraire, dans leur opposition: le labeur et l'inspiration; l'humilité de l'artisan, l'orgeuil de l'artiste.«[126] Zentral in den poetologischen Reflexionen von Christine de Pizan, die symptomatisch ihr Schreiben als symbolische Nachfolge zum schriftstellernden Vater inszeniert, findet sich erstmals die für den ganzen Prozeß neuzeitlicher Legitimität geltende Säkularisierungsdialektik, d. h. genau genommen eine Selbsterhöhung durch Schwäche oder magnifizierende Verleugnung fremder Autorität – wie sie später auch im Zusammenhang der Autonomie des Sprachursprungs und der authentischen Theodizee wiederauftauchen soll: Das von Menschenhand Text und Bild Gemachte ist von so inferiorer Qualität, daß es sich als Dokument der göttlichen Vollkommenheit und Erhabenheit unwürdig erweist und nur Monument des Geistes seiner materiellen Produzenten sein kann. Ohne an die sakrale, sakro-

---

123 GIOVANNI BOCCACCIO, Decameron, hg. v. C. Segre (Mailand 1984), 393 f.; dt: Das Dekameron, übers. v. A. Wesselski, Bd. 2 (Frankfurt a. M. 1972), 545.
124 CHARTIER (s. Anm. 98), 45, 53, 58.
125 Vgl. WACHINGER (s. Anm. 79), 7 ff.; FRANCESCO PETRARCA, De remediis utriusque fortunae/Heilmittel gegen Glück und Unglück, lat. – dt., hg. v. E. Keßler, übers. v. R. Schottlaender (München 1988), 84 ff.; dt.: 85 ff.; 98; dt.: 127.
126 JACQUELINE CERQUIGLINI-TOULET, La couleur de la mélancolie. La fréquentation des livres au XIVe siècle 1300–1415 (Paris 1993), 39.

sankte Domäne der Kreation zu rühren, beschränkt sich die Erfindung so, im etymologischen Sinne von Finden, auf die ent-deckende Kraft des Benennens und seine klassifikatorischen Möglichkeiten der modernen Formen von Zueignung im performativen Akt von Autorschaft als Wiedererkennung im Spiegel des Werks:»Les termes sont multiples, qui désignent l'auteur: *dicteur* (non pas celui qui dicte, mais celui qui compose), *acteur, facteur, faitistre, collecteur, versifieur, reciteur*.«[127] Auch Julia Kristeva führt – unter Berufung auf den in der romanischen Literatur zu Beginn des 12. Jh. auftauchenden Begriff des Autors – ein weiteres spätmittelalterliches Dokument künstlerischer Emanzipation an, nämlich das romaneske Werk Antoine de La Sales, in dem der Schriftsteller sich über seine Entdeckung als schreibender Akteur zugleich als Autor konstituiert bzw. sich durch seinen Schreibakt als Autor (hier also als Ergebnis und nicht als Ursache verstanden) hervorbringt: »ce qui veut dire qu'il conçoit le texte romanesque en même temps comme pratique (acteur) et produit (auteur), processus (acteur) et effet (auteur), jeu (acteur) et valeur (auteur), sans que les notions d'œuvre (message) et de propriétaire (auteur) déjà imposées aient réussi à vouer à l'oubli le jeu qui les procède.«[128] Die Fragestellung, die gegen Ende des Mittelalters das moderne Bedürfnis nach Autorschaft entstehen läßt, ist also gekennzeichnet von einer Notwendigkeit der Legitimität des Sprechens: »Die Legitimation jedes literarischen Unternehmens, jeder Anspruch auf Wahrheit ist in einer Zeit, die keine subjektive Wahrheit und keine Autonomie des dichterischen Redens gelten lassen kann, prekär. Der Autor bedarf der Entschuldigung, der Absicherung seines Unternehmens.«[129]

Dies gilt erst recht für den epochalen Einschnitt, in dem es mit der technischen Revolution der literarischen Produktion durch den Buchdruck zu einer Differenzierung zwischen Produkt und Produzenten kommt: »The emergence of uniquely distinguished, personally famous artists and authors out of the ranks of more anonymous artisans and minstrels was also related to typographical fixity.«: »Printing presses, however, made it possible to preserve personal ephemera intact.«[130] Der Öffentlichkeitscharakter des Schreibens ermöglicht das neue Genre essayistischer Autobiographie (z.B. Michel de Montaignes *Essais*, 1580), in dem sich prototypisch die Autorfunktion – auch im Zeichen der gleichzeitigen reformatorischen Gesinnungsethik – einem virtuellen Publikum gegenüber als »Verantwortlichkeit des Autors für seine Schriften«[131] konstituiert: als auktoriale Authentizität. Die großen Vorbilder der beginnenden Moderne – auch für die deutsche Literatur bis 1800 – waren hierbei vor allem Rabelais, Shakespeare, Marlowe und Cervantes.[132]

Johann Fischarts *Geschichtsklitterung* von 1575, die sich vorgeblich als Übersetzung des 1534 erschienenen *Gargantua*-Romans von Rabelais präsentiert, kann für diese Authentizität der Moderne als Beispiel dienen. Fischart geht aber noch weiter als Steinhövels Nobilitierung des Übersetzers als Autor, indem er sich durch seine Leistung, den französischen Entwurf von Rabelais »überschrecklich lustig in einem Teutschen Model vergossen« und »in unser MutterLallen über und drunder gesetzt« zu haben, nicht nur als »Author […] gerümet« sieht, weil er wie ein durch Erheiterung heilender Arzt »den nutz mit süß verblümet«[133], sondern auch seine fabulierende Freiheit als »vertiern«

127 Ebd., 42; vgl. EMMANUÈLE BAUMGARTNER, Images de l'artiste, image du moi dans le ›Livre de la Cité des Femmes‹ de Christine de Pizan, in: R. Démoris, L'artiste en représentation (Paris 1993), 18 f.
128 JULIA KRISTEVA, Semiotiké. Recherches pour une sémanalyse (Paris 1969), 63.
129 MAX WEHRLI, Literatur im deutschen Mittelalter. Eine poetologische Einführung (Stuttgart 1984), 74.
130 ELIZABETH EISENSTEIN, Some Conjectures about the Impact of Printing on Western Society and Thought, in: The Journal of Modern History 40 (1968), H. 1, 22; EISENSTEIN, The Printing Revolution in Early Modern Europe (Cambridge 1983), 84.; dt.: Die Druckerpresse. Kulturrevolutionen im frühen Europa, übers. v. H. Freissner (Wien 1997), 78 f.; MICHAEL GIESECKE, Der Buchdruck in der frühen Neuzeit (Frankfurt a.M. 1991), 323 ff.
131 PETER SEIBERT, Der ›dichter‹ und ›poeta‹ am Beginn der Neuzeit. Einige Bemerkungen zum frührefomatorischen Autorentypus, in: ›Der Autor‹ [Themenheft], in: Zeitschrift für Literaturwissenschaft und Linguistik, H. 42 (1981), 17.
132 Vgl. ebd., 26 f.
133 JOHANN FISCHART, Geschichtsklitterung (Gargantua). Text der Ausgabe letzter Hand von 1590, hg. v. U. Nyssen (Darmstadt 1977), 5 f.

(abgeleitet von lat. vertere, wandeln) mit »*Ingenio* und *genio*« oder »*gratiam*« und vor allem gegen das »Dollmetschen [...] wider deß Authors meinung, undeitlich und unteutschlich getractiert« (17), in »Autentischen beschribenen Faßnachtbutzen« (21) und »nach Autentischem unwidersprechlichem Cardinalspruch« (145) absichert.

Wie schon Rabelais selbst, der seine Autorschaft im ironischen, karikierenden Umgang mit der Autorität des spätmittelalterlichen Gelehrtenlatein begründet, tritt hier ein Autor als ›native speaker‹ auf, der – nicht zuletzt vor dem Hintergrund der Sprachrevolution durch Luthers Bibel-Übersetzung – im Namen seiner Muttersprache eine Authentizität des Sprechens auch als Übersetzer beansprucht. Im Sinne einer Verinnerlichung der Autorität, die traditionell nur den ›klassischen‹ Autoren der Antike zugesprochen wurde, findet sich dieser auktoriale Modernitätsgestus schon im *Don Quijote* (1605-15) des Miguel de Cervantes, der in bewußt ironischer Abkehr vom humanistischen Ideal der gelehrten Zitierwut seine Verfasserschaft gegen die Position der ›autores‹ (Autoren) (als später gängiger Topos oft auch einfach nur die ›Alten‹ genannt) begründet und vielmehr behauptet, er sei »naturalmente [...] poltrón y perezoso de andarme buscando autores que digan lo que yo me sé decir sin ellos« (auch von Natur zu bequem und zu träge, um nach Autoren suchen zu gehen, die da sagen sollen, was ich für mich schon ohne sie sagen kann)[134].

Für die Karriere des Künstlerbegriffs lassen sich ebenfalls frühe Zeugnisse anführen, die ein kreatives Selbstbewußtsein schon in der Epoche reiner Handwerklichkeit belegen. Durch Signaturen, Widmungen oder Selbstglorifizierungen artikuliert sich der »self-esteem of a medieval artist even under a controlling patronage«[135], ein früher Individualismus des Künstlers z. B. auch in Form eines dem Werk beigefügten Selbstporträts, das an die Autorschaft erinnern soll. Dies gilt im Hochmittelalter besonders für die Architekten, die – neben den Goldschmieden – als erste ein Selbstbewußtsein als frei schaffende, d. h. im Sinne des mythischen Vorbildes des Erfinders Dädalus als rein konzeptuell von der handwerklichen Praxis befreite Künstlergenies entwickeln, wobei schon die Werkmeister – als klassische Vertreter der ars mechanica – ihre künstlerische Emanzipation durch Zeichen der artes liberales betonen.[136]

Für diesen Befreiungsprozeß ist generell die Idee der Komposition von entscheidender Bedeutung. Alberti nennt sie in seinem Traktat *De pictura* von 1435 zusammen mit den Wertorientierungen von »laudem, gratiam et benevolentiam«, die den Künstler von ökonomischen Interessen seiner Arbeit befreien und ihn dank seines moralischen Wesens (»moribus egregie«) und seiner Humanität (»maxime humanitati«) als Gelehrten (»doctum«) der »artibus liberalibus«[137] würdig erweisen sollen. Zu diesem Zweck wird aber vor allem das Vorbild der Dichter und Redner verpflichtend, an deren Autorschaft sich der Künstler in dem Maße orientieren soll, wie darin die Erfindung zum entscheidenden Faktor wird (»Atque ea quidem hanc habet vim, ut etiam sola inventio sine pictura delectet.«[138]) Schon mit Beginn der Nobilitierung des Künstlers als freier Schöpfer läßt sich so ein ikonoklastischer Zug als konstitutives Element festmachen, das in der weiteren Entwicklung von der Renaissance zum Manierismus noch stärker in den Vordergrund rückt und die Emanzipation an einem Zurückdrängen der materiellen Arbeit des Künstlers »zugunsten der Anerkennung der künstlerischen Arbeit als ideeller Produktion« festmacht:

---

134 MIGUEL DE CERVANTES, El Ingenioso Hidalgo Don Quijote de la Mancha, hg. v. J. G. Álvaro (Madrid 1967), 10; dt.: Der sinnreiche Junker Don Quijote von der Mancha, übers. v. L. Braunfels (München 1972), 9; vgl. LÖWENTHAL (s. Anm. 88), 41 ff., 80 ff.
135 MEYER SCHAPIRO, On the Relation of Patron and Artist, in: Schapiro, Theory and Philosophy of Art: Style, Artist, and Society. Selected Papers, Bd. 4 (New York 1994), 229.
136 Vgl. DIETER KIMPEL, Die Soziogenese des modernen Architektenberufs, in: F. Möbius/H. H. Sciurie (Hg.), Stil und Epoche. Periodisierungsfragen (Dresden 1989), 106, 124 f., 132 ff.; PETER CORNELIUS CLAUSSEN, Nachrichten von den Antipoden oder der mittelalterliche Künstler über sich selbst, in: M. Winner (Hg.), Der Künstler über sich in seinem Werk (Weinheim 1992), 25 ff.
137 LEON BATTISTA ALBERTI, De pictura (1435), hg. v. J. J. Schefer (Paris 1992), 208, 210.
138 Ebd., 212; vgl. BÄTSCHMANN, Leon Battista Alberti über inventum und inventio, in: G. Schröder u. a. (Hg.), Anamorphosen der Rhetorik. Die Wahrheitsspiele der Renaissance (München 1997), 242 ff.

Die im emphatischen Künstlerbegriff vollzogene Ablösung vom Handwerkertum schlägt letztlich um ins Gegenteil einer Proto-Boheme mit ihrem Extrem einer »Leugnung« oder »Verneinung« des materiellen Substrats im Künstler ohne Werk und ihrer »Mystifizierung gesellschaftlicher Vermittlungsfähigkeit«[139].

Das intellektuelle Vorbild des spätmittelalterlichen Humanismus mit seiner Befreiung aus der geistigen Vorherrschaft der literarischen Quellen zum Autorbewußtsein als editorische Autorität leitet den Künstler auf seinem Emanzipationsweg von Zunft und Bauhütte über das philosophische Atelier bis zur Höhe einer gottgleichen öffentlichen Anerkennung, die das Machtpotential der neuzeitlichen Autoren sogar noch übertrifft. Im Renaissancekünstler »verschiebt sich Aufmerksamkeit, Verehrung und Anbetung vom Werk auf den Künstler, von der Leistung auf die Leistungsfähigkeit, vom ausführenden Handwerker auf das göttliche Ingenium des Künstlers«[140]. Eine entscheidende Vermittlerrolle bei der Übertragung des Autorbildes auf die Künstlernobilitierung spielte die am Hofe des Cosimo di Medici von Philosophen wie Marsilio Ficino geleitete neoplatonische Akademie, die den Weg der Autonomisierung im Sinne einer fortschreitenden Vergeistigung des künstlerischen Schaffens bahnte: ›Disegno‹ und ›concetto‹ bzw. ›invenzione‹ werden zu den neuen Kriterien künstlerischer Kreativität, die den bildenden Künstler auf eine gleiche konzeptuelle Stufe mit dem Wissenschaftler bzw. Erfinder stellen und seine Tätigkeit vom inneren Bild eines geistigen Entwurfes als ›Urheber der Regeln‹ her denken.[141]

Im philosophischen Künstlerbild verbindet sich zugleich das philologisch-bibliothekarische Buch-Gelehrtentum humanistischer Autorschaft mit dem naturwissenschaftlich-empirischen Forscher-Typus zu einem kulturellen Ethos. Vom Renaissancekünstler wird nicht nur eine hohe Literalität (Kenntnisse der gesamten antiken und christlichen Mythologie sowie der klassischen Philosophie für seine allegorischen Stoffe) erwartet, als Erforscher der Wahrnehmungsverhältnisse soll er zugleich auf der Höhe des optisch-physikalischen Wissens seiner Zeit stehen. Zum Urtypus dieses schöpferisch-autonomen Künstlers, der als »inventore« (Erfinder) sich von allen Nachahmern und »recitatori« trom-

betti dell'altrui opere« (Nachbetern der Werke anderer)[142] absetzt und sich als ›uomo universale‹ der Renaissance begreift, stilisiert sich prototypisch Leonardo da Vinci. So belebt er den antiken Wettstreit (Paragone) zwischen den Künsten wieder, um nicht zuletzt in dem Simonides zugeschriebenen Wort von der Malerei als stummer Dichtung die Nobilitierung des Künstlers über die des Dichters als blinden Maler zu stellen. In seiner Doppelfunktion eines bildenden Künstlers und Autor wissenschaftlicher Abhandlungen stellt er aber auch der rein wissenschaftlichen Schöpfung durch den Verstand die künstlerische Schöpfung durch die Phantasie gegenüber. Er votiert für die Autonomie des freien Künstlers, der mit seinen Kenntnissen der technischen Naturzusammenhänge die Autorität seiner Wahrnehmung als philosophischen Blick über die Meisterschaft der Handwerkerzunft stellt, und polemisiert dagegen, »come quelli che pigliavano per autore altro che la natura, maestra die maestri, s'afaticavano invano; così voglio dire di queste cose matematiche, che quegli che solamente studiano li autori, e non le opere di natura, sono per arte nipoti e non figlioli d'essa natura, maestra di boni autori« (daß alle, die als Urheber etwas anderes hernahmen als die Natur, die Meisterin aller Meister, sich vergeblich abmühten. So will ich nun von mei-

139 MICHAEL MÜLLER, Künstlerische und materielle Produktion. Zur Autonomie der Kunst in der italienischen Renaissance, in: Müller u. a. (Hg.), Autonomie der Kunst. Zur Genese einer bürgerlichen Kategorie (Frankfurt a. M. 1972), 24, 47, 59 ff.
140 VIOLA ALTRICHTER, Deus in terris. Die kurzweilige Heiligkeit des Künstlers im Cinquecento, in: D. Kamper/C. Wulf (Hg.), Das Heilige. Seine Spur in der Moderne (Frankfurt a. M. 1987), 163; vgl. ALESSANDRO CONTI, Die Entwicklung des Künstlers, in: G. Previtali/F. Zeri (Hg.), Italienische Kunst. Eine neue Sicht auf ihre Geschichte, Bd. 1 (Berlin 1987), übers. v. H.-G. Held, 100 f., 153 f.
141 Vgl. ERWIN PANOFSKY, Idea. Ein Beitrag zur Begriffsgeschichte der älteren Kunsttheorie (1924; Berlin 1993), 37 f., 45 ff.; ALTRICHTER (s. Anm. 140), 165 f.; CONTI (s. Anm. 140), 148.
142 LEONARDO DA VINCI, [Aufzeichnungen aus dem Codex Atlanticus] (entst. ca. 1478–1518), in: Leonardo, The Literary Works, hg. v. J. P. Richter, Bd. 1 (1883; London ³1970), 116; dt. zit. nach Leonardo da Vinci, Sämtliche Gemälde und die Schriften zur Malerei, hg. v. A. Chastel, übers. v. M. Schneider (München 1990), 124.

nen Experimenten her sagen, daß die, die nur die anderen Künstler studieren und nicht die Werke der Natur, in der Kunst Enkel und nicht Kinder der Natur, der Meisterin der guten Künstler, sind.)[143] Im Gegensatz zu dieser autopoietischen Nobilitierung verdanken sich die Charakteristika des Künstlerbildes der Renaissance aber vielmehr der nachträglichen Legendenbildung durch das neue, den Fürsten-, Helden- oder Heiligenviten nachgebildete Genre der Künstlerbiographie, begründet – nach ersten Versuchen z. B. einer von einem Zeitgenossen verfertigten Lebensbeschreibung Brunelleschis – durch Vasaris *Le Vite de' più eccellenti architetti, pittori et scultori italiani da Cimabue insino a' tempi nostri* von 1550. Vasaris *Viten* markieren nicht nur den Beginn der kunstgeschichtlichen Würdigung des schöpferischen Individuums, mit dem zugleich die Frage nach der Festlegung urheberrechtlicher Zuschreibungsregeln zur Bestimmung eines individuellen Stils (durch Signatur, Handschrift, Datierung) aufgeworfen werden, sondern verleihen zugleich den mythologischen Transfigurationen des einsamen, exzentrischen und magischen Künstlers einen festen motivischen Bestand. Auch wenn der Begriff Künstler im Titel ebensowenig auftaucht wie für die Verfasser poetischer, unterhaltender oder gelehrter Schriften zur damaligen Zeit die Bezeichnung Autor üblich war, so führt Vasari ihn dennoch schon in seiner Biographie als Vorstellung einer heilsgeschichtlichen Rettung der menschlichen Geschichte ein, die nur durch Künstler zu bewerkstelligen sei. Ihren Höhepunkt findet diese Nobilitierung dann in der Apotheose der drei exemplarischen Biographien von Leonardo da Vinci, Raffael und besonders Michelangelo, die vom göttlichen und nicht durch menschliche Kunstfertigkeit erworbenen Ingenium

des Künstlers als eine Art ›Gott unter den Sterblichen‹ oder als Mittler zwischen himmlischer Weisheit und irdischer Vollkommenheit handeln: »Egli [Michelangelo – d. Verf.] meritamente debbe esser detto scultore unico, pittore sommo et eccellentissimo architettore, anzi della architettura vero maestro. E ben possiamo certo affermare che e' non errano punto coloro che lo chiamano divino, poi che divinamente ha egli in sé solo raccolto le tre più lodevoli arti e le più ingegnose che si truovino tra' mortali, e con esse ad essempio d'uno Iddio infinitamente ci può giovare.«[144] (Man muß ihn verdientermaßen einen einzigartigen Bildhauer, ausgezeichneten Maler und hervorragenden Architekten, ja einen wahren Meister der Architektur, nennen. Man nennt ihn mit Fug und Recht göttlich, denn auf göttliche Weise hat er in sich die drei lobenswertesten und erfinderischsten Künste versammelt, die man bei den Sterblichen findet, und mit diesen Künsten kann er uns nach dem Beispiel eines Gottes unendlich nützlich sein.)

Vasaris Verklärung der empirischen Künstlerpersönlichkeiten betont zugleich die Verbindung von künstlerischer Begabung mit gelehrter Wissenschaft und Dichtkunst, wie sie bei Michelangelo sich zudem mit der plastischen Schaffenskraft eines ›deus artifex‹ paart, während Leonardo da Vinci zum Repräsentanten einer neoplatonischen Schaffenskrise wird, die aus der Nichtdarstellbarkeit des in der inneren Schau Empfangenen resultiert. Wie hier in Form eines Proto-Konzeptualismus erweist sich generell das Renaissance-Künstlerbild als Produkt eigentlich manieristischer Ästhetik. Sie vertieft sich – auch in Weiterführung der schon bei Vasari bestimmenden astrologischen Konstellationslehre künstlerischer Auserwähltheit nicht durch erworbenes Können, sondern durch Geburt – zum Mythos des saturnischen Künstlers, dessen Inspiration im Geiste der Autorschaft vom furor poeticus getragen ist.[145] Rund hundert Jahre nach Vasari erneuert in diesem Sinne Giovanni Pietro Bellori das Projekt einer Künstlertheorie im Sinne der reinen künstlerischen Idea, die dem alleinigen Kennzeichen des Künstlers als Vollender oder Übertreffer der unvollkommenen Natur verpflichtet ist.[146]

So wie Vasaris *Viten* den Anfang der Künstlerbiographie markieren, kann man die *Vita di Benvenuto Cellini, orifice e scultore fiorentino da lui medesimo*

---

143 Ebd., 372; dt. 214; vgl. M. MÜLLER (s. Anm. 139), 54.
144 GIORGIO VASARI, Le vite de' più eccellenti pittori scultori ed architettori (1550), hg. v. R. Bettarini/P. Barocchi, Bd. 1 (Testo) (Florenz 1966), 27.
145 Vgl. CONTI (s. Anm. 140), 150, 153 ff.
146 Vgl. PANOFSKY (s. Anm. 141), 59; BÄTSCHMANN, Giovan Pietro Belloris Bildbeschreibung, in: G. Boehm/H. Pfotenhauer (Hg.), Beschreibungskunst – Kunstbeschreibung. Ekphrasis von der Antike bis zur Gegenwart (München 1995), 292 f.

scritta (geschrieben 1558 bis 1567, erstmals 1728 in Neapel gedruckt und 1803 von Goethe ins Deutsche übertragen) als Beginn der Künstlerautobiographie ansehen, nachdem Ghiberti einen ersten Versuch in diese Richtung gestartet hat. Sie steht im Zeichen der neuen literarischen Formen von Lebensbekenntnis und Tagebuch, die den modernen Subjektivismus und Individualismus der Autorschaft im Medium der Selbstbeschreibungen einüben.[147] Analoge Gattungsformen wie der Essay als Reflexionsmedium von Autorschaft bestimmen die Neudefinition des Werks als Spiegel seines Urhebers wie in Montaignes absolutistischem Individualismus jenseits funktionaler Bestimmungen: »Les autheurs se communiquent au peuple par quelque marque particuliere et estrangere; moy, le premier, par mon estre universel, comme Michel de Montaigne, non comme grammarien, ou poete, ou jurisconsulte.« Alles Darstellen wird als Selbstdarstellen erlebt, das im Fleisch und Blut des Werkes eigentlich das Leben des Autors bekundet: »Me peignant pour autruy, je mes suis peint en moy de couleurs plus nettes que n'estoyent les miennes premieres. Je n'ay pas plus faict mon livre que mon livre m'a faict, livre consubstantiel à son autheur, d'une occupation propre, membre de ma vie; non d'une occupation et fin tierce et estrangere comme tous autres livres.«[148]

Für die bildende Kunst ist auch das Beispiel Albrecht Dürers signifikant, der in einer Reihe von Selbstporträts ikonographisch eine Selbstinszenierung als Imitatio Christi betreibt und in vielen Bildmotiven das seine künstlerische Inspiration empfangende Subjekt ebenso darstellt wie er in seinem künstlerischen Schaffen über dieses – durch Datierung und Signatur – Rechenschaft ablegt: »Von keinem Künstler kennen wir so viele signierte und datierte Arbeiten, haben wir so viele Handzeichnungen, die ebenfalls zum großen Teil die Künstlerbezeichnung und das Datum ihrer Entstehung tragen. Von keinem anderen Künstler jener Zeit haben wir so viele Selbstbildnisse.«[149]

Gleichwohl spielen die Akademiegründungen als Verankerung der Ausbildung von Autor und Künstler in den artes liberales eine entscheidende Rolle, die im Geist der Gemeinschaft den Freiraum für künstlerische Freiheit gibt[150]: z. B. die *Accademia del Disegno* durch Vasari 1563 gegründet,

gefolgt von der *Accademia di San Luca* in Rom, die *Académie française* für Literatur 1635 durch Richelieu gestiftet, 1648 von Le Bruns Initiative weiterverfolgt und 1661 durch die *Académie Royale de Peinture et de Sculpture* flankiert.

2. *Modernes Bürgertum*

a) Nachahmung und Genie in Aufklärung und Klassik

Mit der Emanzipation von göttlicher Autorität zugunsten individueller Autonomie verlieren Autoren und Künstler aber auch ihre transzendente Lizenz. Hatte die geniehaft verklärte Künstlerfigur der Renaissance noch die traditionellen hagiographischen Topoi verinnerlicht, so kommt es im 17. Jh. zu einer Spaltung zwischen Heiligem und Profanem, die vom Autor und Künstler neue Legitimationsformeln fordert, bevor es erst gegen Ende des 18. Jh. – und zwar jetzt wortführend im literarischen Sektor – zu einer neuen ontotheologischen Transfiguration von Autorschaft und Künstlertum kommt, zur »proclamation du sacerdoce littéraire dans des termes jusque-là inconnus«[151]. Im Zeitalter des Barocks oder – französisch gesprochen – des ›âge classique‹ dagegen ist zwar eine berufliche Konsolidierung des Autors als Schriftsteller zu konstatieren,

---

147 Vgl. PAUL DE MAN, Autobiography as De-facement, in: Modern Language Notes 94 (1979), 919–930; HOCKE (s. Anm. 107), 332 ff.
148 MICHEL DE MONTAIGNE, Essais (1580), in: Montaigne, Œuvres complètes, hg. v. A. Thibaudet/M. Rat (Paris 1962), 782, 648; vgl. SEBASTIAN NEUMEISTER, Montaigne. Von der Anstalt zur schriftstellerischen Autonomie, in: W. Haug/B. Wachinger (Hg.), Autortypen (Tübingen 1991), 169 ff.
149 HERBERT VON EINEM, Goethe und Dürer, in: Goethe-Studien (München 1972), 42; vgl. PANOFSKY (s. Anm. 141), 71; GEORG SATZINGER, Albrecht Dürer – Die Bedeutung von Ruhmgedanke und Gattungswahl auf dem Wege vom ›Handwerker‹ zum Künstler, in: Haug/Wachinger (s. Anm. 79), 104–115; BAZON BROCK, Der Künstler als gnadenloser Konkurrent Gottes, in: J. Herrmann/A. Mertin/E. Valting (Hg.), Die Gegenwart der Kunst. Ästhetische und religiöse Erfahrung heute (München 1998), 219 ff.
150 Vgl. MÜLLER (s. Anm. 139), 63 ff.; CONTI (s. Anm. 140), 173.
151 PAUL BÉNICHOU, Le sacre de l'écrivain 1750–1830. Essai sur l'avènement d'un pouvoir spirituel laïque dans la France moderne (Paris 1996), 17.

sie steht jedoch wesentlich im Zeichen einer handwerklichen oder kommerziellen Ausführung von Auftrags- oder Gelegenheitsarbeiten durch den durchaus im Sinne eines Dienstleistungsunternehmens anerkannten Dichters, dessen Kompetenz eher in den Bereich der Gelehrsamkeit als poeta doctus fällt und – im Zusammenhang auch der überall entstehenden Akademien, Sprach- und Dichtergesellschaften – vielfach ganz real mit einer akademischen Lehrtätigkeit, aber auch mit politisch-diplomatischer Tätigkeit zusammenfällt.[152]

Nicht nur ist das Publikum dabei an der Individualität des Autors als Urheber kaum interessiert, auch dieser selbst begreift seine Tätigkeit vielmehr als Arbeit an der Sprache nach den von Poetik und Rhetorik vorgegebenen Regeln. Boileau stellt in seiner *Art poétique* (1674) einen ganzen solchen Regelkatalog auf, mit Hilfe dessen er streng zwischen dem, was er auch im moralischen Sinne als gute Autorschaft beurteilt, und schriftstellerischer Mediokrität unterscheidet: »bon sens«, »raison«, »utile«, »simple«, »sublime«, »plaire«, »pureté«, »clarté«, »vérité«, das sind die Werte, die einen Autor machen und dafür sorgen, »Qu'en savantes leçons votre muse fertile / Partout joigne au plaisant le solide et l'utile«[153]. Das einzige Ziel des dichterischen Schaffens ist für Boileau »la gloire« und damit die Erfüllung eines poetischen Wahrheitsanspruchs, weshalb ihm die Mediokrität des Berufsschriftstellertums zuwider ist, denn: »Aux plus savants auteurs, comme aux plus grands guerriers, / Apollon ne promet qu'un nom et des lauriers.«[154]

Während Boileau die materielle Existenz von Autor und Künstler noch ganz im Sinne des höfischen Mäzenatentums durch das absolutistische Regime denkt, beginnt in bürgerlich-demokratischen Gesellschaften wie England sich aber eine juristische Reform vor allem des Schriftstellerstatus mit dem Ziel durchzusetzen, seine Rechte als Verfasser gegen die Allmacht der Verleger und Buchhändler zu schützen. Das bürgerliche Autorideal bahnt sich so über einen entscheidenden Wandel der juridisch-ökonomischen Struktur literarischer Öffentlichkeit an. Das Leitbild des freien Schriftstellers entsteht damit in einer doppelten Bewegung bürgerlicher Avantgarde gegen das feudalistische Patronat und gegen die ästhetischen Normen der Poetiken des frühen 18. Jh. und zwar im Namen von »Originalität, Subjektivität und Phantasie«[155] als – mit Knigge gesprochen – »freiwillige Unterredung mit der Lesewelt«[156]. Sozialgeschichtlich basiert dieses neue künstlerische Selbstbewußtsein auch auf der Diskussion des Naturrechts und seiner Konsequenzen für kreative Naturanlagen wie das künstlerische Genie, mit denen zum ersten Mal ein geistiges Eigentum an der materiell investierten Arbeit respektiert und damit gewissermaßen der kreativ-spirituelle Einsatz der sogenannten freien Künste als innere Form gegenüber dem mechanischen Anteil des als Publikation manifesten Inhalts justitiabel wurde.[157]

Die britische Tradition des Kampfes um Autorfreiheit ist alt und findet schon in John Miltons *Areopagitica – A Speech for the Liberty of Unlicensed Printing* von 1644 einen engagierten Fürsprecher. Ausgehend von einem dezidierten Bruch mit dem Dogma vom toten Buchstaben im Gegenargument, daß vielmehr »books are not absolutely dead things, but do contain a potency of life in them to be as active as that soul was whose progeny they are; nay they do preserve as in a vial the purest efficacy and extraction of that living intellect that bred them«, verleiht Milton dem Buch einen heiligen Charakter von »reason itself« als »Image of God« in der übersinnlichen Daseinsweise eines »precious blood of a master-spirit, embalmed and treasured up on purpose to a life beyond life«, um dieses geistige Über-Leben des Urhebers an einem schöpferischen Prozeß als »act of his fidelity and ripeness« festzumachen, der ganz konkret eine Werkherr-

---

152 Vgl. KLAUS GARBER, Der Autor im 17. Jahrhundert, in: Kreuzer (Hg.) (s. Anm. 12), 29, 32 ff.; VIALA (s. Anm. 104).
153 NICOLAS BOILEAU-DESPRÉAUX, L'art poétique (1674), in: Boileau, Œuvres, hg. v. M. Amar (Paris 1865), 216; vgl. BOILEAU, Réflexions critiques sur quelques passages du rhéteur Longin (1694), in: ebd., 434 ff.
154 BOILEAU, L'art poétique (s. Anm. 153), 217, 219.
155 HAFERKORN (s. Anm. 104), 137; vgl. ebd. 115, 128.
156 ADOLPH VON KNIGGE, Ueber Schriftsteller und Schriftstellerey (Hannover 1793), 51.
157 Vgl. WOLFGANG VON UNGERN-STERNBERG, Schriftsteller und literarischer Markt, in: R. Grimminger (Hg.), Deutsche Aufklärung bis zur Französischen Revolution 1680–1789. Hansers Sozialgeschichte der deutschen Literatur vom 16. Jahrhundert bis zur Gegenwart, Bd. 3 (München 1984), 162.

II. Historische Begriffsentwicklung 511

schaft z.B. durch Überarbeitung von Korrekturfahnen nach neuen Einsichten gegen den äußerlichen Dekretismus der Zensur fordert: »or the author lose his accuratest thoughts, and send the book forth worse than he made it, which to a diligent writer is the greatest melancholy and vexation than can befall.«[158]

Im Sinne einer Gottesebenbildlichkeit konzediert Milton damit dem Autor eine ursprüngliche Macht über das von ihm Geschaffene, deren Autorität sowohl gegenüber der staatlichen Zensurkontrolle als auch gegenüber der jeweiligen materiellen Erscheinungsform zu schützen ist. Die theologische Bildlichkeit beherrscht auch Shaftesburys *Soliloquy: Or Advice to an Author* (1710) als Bekenntnis zum genialen »Poet« als »indeed a second *Maker*: a just *Prometheus*, under *Jove*« – der als »Moral Artist« und in Nachahmung jenes »Souvereign Artist or universal Plastick Nature [...] forms a *Whole*, coherent and proportion'd in itself, with due Subjection and Subordinacy of constituent Parts«. Zugleich läuft dieses prometheische Selbstverständnis auf eine entschiedene Unabhängigkeitserklärung gegenüber technischen Reproduktionsmedien hinaus: »And thus am I no-wise more an *Author*, for being *in Print*. I am conscious to myself of no additional Virtue, or dangerous Quality, from having lain at any time under the weight of that alphabetick Engine call'd *Preß*.«[159]

Das Genie wird als individuelle geistige Naturgabe oder -anlage nicht nur zur naturrechtlichen Legitimationsfolie für den empirischen Eigentumsanspruch gegenüber allen objektiven Erscheinungsformen künstlerischer Produktion, sondern garantiert kraft seiner Virtualität aller subjektiven Schöpfung zugleich ästhetische Gültigkeit durch das neue Kriterium der Originalität. Edward Youngs *Conjectures on Original Composition* (1759) vollziehen explizit diese transzendentale Wendung gewissermaßen als Vollendung der seit der Renaissance beherrschenden künstlerischen Emanzipation vom Handwerk und fordern »gegen anerlerntes Wissen und Können und damit gegen fremde Beispiele und Autoritäten eine Selbstachtung der angeborenen »property« (d.h. Eigentum und Eigentümlichkeit), »which property alone can confer the noble title of an author.«[160] Leo Löwenthal erinnert in seiner Studie zur Entstehung der Massen-

medienkultur auch an Samuel Johnsons 1752 in *The lives of the most eminent english poets* proklamiertes ›Zeitalter der Autoren‹, deren Rechtstitel gegen die Verleger eingeklagt wird, zu denen – wie Oliver Goldsmith 1759 klagt – der Autor am Ende des Mäzenatentums seine Zuflucht nimmt, um durch Vielschreiberei den ästhetischen Geschmack der Zeit zu ruinieren.[161]

Das Bewußtsein für geistige Eigentumsverhältnisse verdankte sich zwar der enormen Expansion des literarischen Marktes (bei einer Verdreifachung der Druckerpressen und Vervierfachung ihrer Produktion etwa in London zwischen 1724 und 1757), mußte sich aber im Kampf um die Urheber- bzw. Verwertungsrechte des Ideenguts ökonomisch durchsetzen. Nicht von ungefähr war der erste Erfolgsautor im Sinne moderner Moden, der Freund Youngs, Samuel Richardson, hauptberuflich Drucker. Es geht im Namen der Autorschaft auch eine Kontrolle des Publikationswesens, d.h. des Verhältnisses zwischen Schriftsteller und Öffentlichkeit, das sich in der erstmals von Autor zum Leser geführten Rede etabliert hat und im Zeitalter der massenwirksamen Alphabetisierung nicht nur das Verlags- und Buchhandelswesen,

---

158 JOHN MILTON, ›Areopagitica‹. A Speech of Mr. John Milton for the Liberty of Unlicensed Printing (1644), in: Milton's Prose, hg. v. M. W. Wallace (London 1963), 280, 301 f.

159 ANTHONY ASHLEY SHAFTESBURY, Soliloquy, or Advice to an Author (1710), in: Shaftesbury, Standard Edition, engl./dt., hg. v. G. Hemmerich/W. Benda, Bd. 1/1 (Stuttgart 1981), 110, 230; vgl. PLUMPE (s. Anm. 80), 378.

160 EDWARD YOUNG, Conjecture on Original Composition (London 1759), 54; dt.: Gedanken über die Originalwerke, übers. v. H. E. v. Teubner (Leipzig 1760), 48; vgl. HAFERKORN (s. Anm. 104), 138, 192; MARTIN FONTIUS, Produktivkraftentfaltung und Autonomie der Kunst. Zur Ablösung ständischer Voraussetzungen der Literaturtheorie, in: G. Klotz/W. Schröder/P. Weber (Hg.), Literatur im Epochenumbruch. Funktionen europäischer Literaturen im 18. und beginnenden 19. Jahrhundert (Berlin 1977), 426 f.

161 Vgl. OLIVER GOLDSMITH, An Enquiry into the Present State of Learning in Europe (1759), in: The Works of Oliver Goldsmith, Bd. 2 (New York 1881), 56 f.; LÖWENTHAL, Literatur und Massenkultur, in: LÖWENTHAL (s. Anm. 88), Bd. 1 (1990), 95, 103.

sondern auch die literarische Öffentlichkeit der neu entstehenden Institutionen wie Leihbüchereien, Buchclubs, Lesezirkel, Kaffeehäuser, literarische Gesellschaften umfaßt, die das anwachsende Lesebedürfnis ebenso befriedigen wie natürlich das seit Beginn des 18. Jh. florierende Zeitschriftenwesen mit seinen metaliterarischen Instanzen des Rezensenten oder Kritikers.[162] Die Emanzipation des Autors als juristische Persönlichkeit nimmt mit dieser Kommerzialisierung von Literatur und Kunst überhaupt als Ware ihren Anfang. Die Autorposition steht dabei ebensowenig wie die des Künstlers in einem Verhältnis zum Gebrauchswert des Kunstwerkes, sondern verdankt sich einer Tauschwertabstraktion, die im fetischisierten Eigennamen des Produzenten als ästhetische Originalität des Genies eigentlich den Markterfolg repräsentiert. Damit wird zwar einerseits eine utilitaristische Heteronomie durch Unterhaltung und Belehrung abgewiesen, andererseits aber auch die gesellschaftliche Existenz von Autor und Künstler zur abhängigen Variablen der Marktgesetze: »Der Autor wurde in dem Maße, wie sich der literarische Markt stabilisierte und zu einer re-

gelmäßigen Nachfrage nach literarischen Produkten führte, in die Lage gesetzt, seine persönliche Abhängigkeit von einem Mäzenaten umzuwandeln in die Existenz eines freischaffenden Schriftstellers, der vom Verkauf seiner Werke zu leben versuchte.«[163]

Für den Verfasser oder Schöpfer ist es folglich notwendig, seine Position ökonomisch abzusichern und sein prometheisches Potential auf »Denk- und Preßfreiheit«[164] zu gründen, vor allem gegen den im 18. Jh. üblichen Mißbrauch der anonymen Nachdrucke. Schon Lessing hat sich entschieden gegen eine moralische Verurteilung des Schriftstellers gewandt, »wenn er sich die Geburt seines Kopfes so einträglich zu machen sucht, als nur immer möglich«, und in seinem Projekt zur Gründung eines Selbstverlages und eines Systems der Subskription auf den für die Wahrung der Autorrechte entscheidenden »Unterschied zwischen Eigentum und Benutzung des Eigentums«[165] insistiert. Sprichwörtlich ist auch die Äußerung des Malers Conti in Emilia Galotti (1772), »die Kunst geht nach Brot«, die auch das Problem des künstlerischen Arbeitsbegriffs als qualitatives »viel: ein weniges; aber mit Fleiß«[166] anspricht. Kant hat entsprechend in der Grundlegung der Metaphysik der Sitten (1785) das Verhältnis von »Schriftsteller (Autor)« als desjenigen, der zum Publikum »in seinem eigenen Namen spricht«, zu seinem »Verleger«, »welcher durch eine Schrift im Namen eines anderen (des Autors) öffentlich redet«[167], rechtlich so definiert, daß der Büchernachdruck nur durch Mandat des Autors rechtmäßig sei. Fichte geht in seiner Argumentation gegen die »Unrechtmässigkeit des Büchernachdrucks« noch einen Schritt weiter, indem er die Rechtsansprüche des Autors im modernen Sinne am geistigen Eigentum der kreativen Erfindung als dem »eigenen Ideengang, seine besondere Art, sich Begriffe zu machen und sie miteinander zu verbinden«[168], festmacht.

Goethe sieht folglich das goldene Zeitalter der Autorschaft mit dieser Neueinstellung zum kommerziellen Aspekt des Dichtens heraufziehen und würdigt dementsprechend die Vorreiterrolle Klopstocks und seines bei Herausgabe der Deutschen Gelehrtenrepublik (1774) erstmalig erfolgreich praktizierten Prinzips der Subskription zu einer Zeit, »wo das Dichtergenie sich selbst gewahr würde«,

---

162 Vgl. LÖWENTHAL, ebd., 95f., 110ff.; WERNER KRAUSS, Über den Anteil der Buchgeschichte an der literarischen Entfaltung der Aufklärung, in: Krauss, Studien zur deutschen und französischen Aufklärung (Berlin 1963), 94ff., 147ff.; JÜRGEN HABERMAS, Strukturwandel der Öffentlichkeit. Untersuchungen zu einer Kategorie der bürgerlichen Gesellschaft (Neuwied 1962), 67ff.; UNGERN-STERNBERG (s. Anm. 157), 142ff.
163 FONTIUS (s. Anm. 160), 495; vgl. KRAUSS (s. Anm. 162), 108ff.
164 GOTTFRIED AUGUST BÜRGER, Prometheus (1784), in: Bürgers Gedichte, hg. A. Berger (Leipzig o. J.), 214.
165 GOTTHOLD EPHRAIM LESSING, Leben und Leben Lassen. Ein Projekt für Schriftsteller und Buchhändler (1800), in: LESSING (GÖPFERT), Bd. 5 (1973), 781, 783; vgl. FONTIUS (s. Anm. 160), 498.
166 LESSING, Emilia Galotti (1772), in: LESSING (s. Anm. 165), Bd. 2 (1970), 130; vgl. GUNTER GRIMM, Lessing oder Die Freiheit eines unfreien Schriftstellers, in: Grimm (Hg.), (s. Anm. 98), 57.
167 IMMANUEL KANT, Metaphysik der Sitten (1785), in: KANT (WA), Bd. 8 (1977), 404.
168 JOHANN GOTTLIEB FICHTE, Beweis der Unrechtmässigkeit des Büchernachdrucks (1791), in: Fichte, Werke, hg. v. I. H. Fichte, Bd. 8 (Berlin 1845), 227.

auch hinsichtlich der Wahrung der »Produktion von poetischen Schriften«[169] gegen die Herrschaft der Verleger. Auch für die bildende Kunst vollzieht sich diese Befreiung durch und zugleich vom Markt als durchaus dialektische Bewegung, die anfänglich als Verlust künstlerischer Souveränität erscheint. Die Öffnung der Akademien für das Publikum durch die Ausstellungspraxis der Salons legte zwangsläufig mit ihrer ökonomischen Reduzierung des Kunstwerks auf seinen vom Publikum bewerteten Warencharakter eine Wiederangleichung von Künstler und Handwerker-Künstler nahe, die in der emanzipatorischen Tendenz der Literatur schon überwunden schien.[170]

Du Bos fühlt sich daher in seinen *Réflexions critiques sur la poésie et sur la peinture* (1719) noch zu einer Entschuldigung verpflichtet, wenn er Autor und Künstler unter dem gemeinsamen »nom d'artisan« anspricht, während sich doch gleichzeitig im Zuge der Entstehung des Konzepts der ›Beaux-Arts‹ eine Emanzipation des ›artiste‹ als Prozeß seiner Intellektualisierung vollzieht.[171] Andererseits etabliert sich erst im 18. Jh. der Begriff des Künstlers als Freischaffender im allgemeinen Sprachgebrauch nicht nur gegenüber dem Kunsthandwerker, sondern vor allem als Allgemeinbezeichnung für alle im Bereich der Kunstakademien Ausgebildeten bzw. Tätigen. Und wieder ist es das Modell des Dichters als geistig Schöpfender, das für die ästhetische Begriffsbestimmung des Künstlers zum Vorbild wird. Die Aufklärung bestätigt das Literarische als »Nenner für alle Bestrebungen des geistigen Lebens« in ihrer ästhetischen »Großmachtstellung«, um eine im Gegensatz zum mechanischen Anteil der Künste begründete schöpferische Individualität zugrunde zu legen.[172] In diesem Sinne wird das Künstlerbild dann im Verlauf des 18. Jh. immer weiter gefaßt und von einer Berufsbezeichnung zum »conceptual label used here to designate a broad and unwieldly complex of attitudes, beliefs, and ideas« eines »psychological type«[173].

Während Adelung 1793/1796 für den deutschen Sprachraum noch deutlich den Autor – als »Urheber, Verfasser eines Buches«, »Schriftsteller«, der »aber so wie im Französischen etwas Verächtliches bey sich zu führen anfängt«, – vom Künstler – eingeschränkt auf die »schönen Künste« unter Ausschluß aber von »Dichtern und Rednern« – unterscheidet, wendet Campe 1808 den Begriff Künstler schon auf alle Ausübenden, d. h. Praktiker, der schönen Künste an, »überhaupt Bildner«, auch »Dichter« und nicht zuletzt »Schauspieler und Tänzer, wenn sie ihre Beschäftigung zur Kunst erheben« und nicht zu den »Handkünsten« zählen, »auch Redekünstler, Sprachkünstler, [...] Baukünstler, Tonkünstler«. Zugleich wird die Bezeichnung Autorschaft, »daß Jemand etwas aus sich selbst hervorgebracht habe«, von Campe als funktionale Bestimmung der »Schriftstellerei« – und zwar sowohl nach eigenen als auch fremden Inhalten – eingedeutscht.[174]

Gleichsam als Bindeglied zwischen der juristischen Debatte um die Wahrung des geistigen Eigentums der Autoren und der ästhetischen Programmatik von Künstleridealen ist in der Deutschen Aufklärung auch eine signifikante Konjunktur hermeneutischer Diskurse zu verzeichnen. Während es in Flacius Illyricus' Bibelauslegung von 1567 noch ausdrücklich hieß, daß allein der Heilige Geist Autor und Ausleger der Heiligen Schrift sei (»Spiritus S. est autor simul & explicator Scripturae«[175]), tritt für das 18. Jh. die individuelle Autorfunktion als Schlüssel für das Verstehen von Schriften in den Vordergrund. Der Offenbarungsstreit über die Bibelauslegung als sakrales oder hi-

---

169 JOHANN WOLFGANG GOETHE, Dichtung und Wahrheit (1811–33), in: GOETHE (WA), ABT. 1, Bd. 27 (1889), 296, Bd. 28 (1890), 113.
170 Vgl. BÄTSCHMANN (s. Anm. 13), 12 ff.; FONTIUS (s. Anm. 160), 445.
171 JEAN-BAPTISTE ABBÉ DU BOS, Réflexions critiques sur la poésie et sur la peinture (1719), hg. v. D. Désirat (Paris 1993), 2; vgl. HEINICH (s. Anm. 2), 3 f.; HEINICH, Etre artiste. Les transformations du statut des peintres et des sculpteurs (Paris 1996), 20 f., 26.
172 KRAUSS (s. Anm. 162), 74; vgl. FONTIUS (s. Anm. 160), 429 ff.
173 MOSHE BARASCH, Modern Theories of Art. 1. From Winckelmann to Baudelaire (New York 1990), 284.
174 ADELUNG, Bd. 1 (1793), 674; Bd. 2 (1796), 1834; CAMPE, Bd. 2 (1808), 1090; CAMPE, Wörterbuch zur Erklärung und Verdeutschung der unserer Sprache aufgedrungenen fremden Ausdrücke (Braunschweig 1813), 137 f.
175 MATTHIAS FLACIUS ILLYRICUS, De vera ratione cognoscendi sacras literas (1567). Neudruck aus: Clavis Scripturae Sacrae, lat./dt., hg. v. L. Geldsetzer (Düsseldorf 1969), 30.

storisches Dokument entzündet sich genau an der Frage einer Autorschaft Gottes, die u. a. von Lessing, Reimarius, Herder und Kant zugunsten einer irdischen Wirkungsgeschichte der ›ältesten Urkunde des Menschengeschlechts‹ und damit eines menschlichen Schriftstellertums als ›authentische Theodizee‹ anstelle der verstummten Rede Gottes entschieden wird.[176] Während sich aber für die hermeneutische Sichtweise historischer Texte aus der Spezifizierung des Verfassers ergibt, daß er »an einem gewissen Orte, vor gewisse Personen, und unter gewissen Umständen geschrieben hat«[177], reduziert die Aufklärungs-Kritik z. B. Gottscheds die poetische Autorfunktion auf die ewigen Wahrheiten der natürlichen Dinge, denen gegenüber ein jeder Künstler allein als »geschickter Nachahmer« auftritt.[178]

Dieser Nachahmungsästhetik gegenüber hat sich Georg Friedrich Meier zum Wortführer einer Entdeckung des urheberrechtlichen »Charakters« des Dichters als der innerlich bestimmenden intentionalen Kraft (»ingenium & temperamentum poeticum«) gemacht: »Die hermeneutisch wahre Bedeutung […] ist die Absicht um derentwillen der Urheber des Zeichens dasselbe braucht«, wobei dessen Vollkommenheit neben der »Fruchtbarkeit seines Kopfs«, der »Grösse seines Gemüths«, der »Wahrhaftigkeit«, »Verständlichkeit« und »Gründlichkeit« »mit der Fruchtbarkeit, Grösse, Wahrhaftigkeit des Auslegers u. s. f. am besten übereinstimmen.«[179] Dieser Position einer urheberrechtlichen Verfügung über die Bedeutung von Texten widerspricht Johann Georg Hamanns Aufklärungskritik in radikaler Weise, indem sie gerade unter Bezugnahme auf die »genaueste Localität, Individualität und Personalität« des Ausdrucks Autorschaft als »Maske« ohne »Eigentumsrecht« dekonstruiert, als nachträgliche Aneignung und Artikulation der Botschaft: »Folglich offenbaren oder verrathen sich die Absichten und Gesinnungen eines Schriftstellers, als die typische Bedeutung seiner Autorhandlung durch die Einkleidung und Charakteristik der Gedanken.«[180]

Hamann, der wie sein Vorbild Sokrates »kein Autor« sein will oder sich höchstens den »Autoren in klein Oktav« zurechnet, spielt bewußt die hermeneutische Wahrheit des Textes gegen die metastabile Machtposition des Urhebers aus, eine Dialektik, die sich für ihn schon in der theologischen Umkehrung der Autorapotheose zum »Gott ein Schriftsteller!« abzeichnet.[181] Nicht die divine Autorschaft wird von Hamann bezweifelt, sondern deren Werkherrschaft, und er setzt den als Ur-Autor begriffenen Schöpfer bei seiner Offenbarung prototypisch der Demut bzw. Kondeszendenz einer Entfremdung im Werk aus, die für alle Autoren gilt. Die ästhetische Leistung von Dichtern und Malern besteht demnach in einem »Übersetzen« der selbst schon aus dem Willen Gottes übersetzten Sprache der Natur in eine Sprache der Darstellung, die aber nur in dem Maße der »Analogie des Menschen zum Schöpfer« getreu bleibt, wie in ihr der »Autor […] der beste Ausleger seiner Worte« als leidenschaftliches Bekenntnis zu seinen Sinnen bleibt und die Abstraktion des toten Buchstabens vermeidet.[182] Hamanns Kampf gilt daher der Gelehrsamkeit ebenso wie dem Geniekult, aber auch der »vérité de la nature« des empfindsamen »moi

---

176 Vgl. JOHANN GOTTFRIED HERDER, Aelteste Urkunde des Menschengeschlechts, Bd. 1 (1774), in: HERDER, Bd. 6 (1883), 193–501; HERDER, Aelteste Urkunde des Menschengeschlechts, Bd. 2 (1776), in: HERDER, Bd. 7 (1884), 1–171; KANT, Über das Misslingen aller philosophischen Versuche in der Theodizee (1791), in: KANT (WA), Bd. 11 (1977), 116.
177 JOHANN MARTIN CHLADENIUS, Einleitung zur richtigen Auslegung vernünftiger Reden und Schrifften (Leipzig 1742), 370.
178 JOHANN CHRISTOPH GOTTSCHED, Versuch einer Critischen Dichtkunst (Leipzig 1751), 98.
179 GEORG FRIEDRICH MEIER, Beurtheilung der Gottschedischen Dichtkunst (Halle 1747), 42 f.; MEIER, Versuch einer allgemeinen Auslegungskunst (Halle 1757), 9, 50.
180 JOHANN GEORG HAMANN, Einkleidung und Verklärung. Ein fliegender Brief an Niemand, den Kundbaren (1786), in: Hamann, Sämtl. Werke, hg. v. J. Nadler, Bd. 3 (Wien 1951), 352, 365, 367.
181 Vgl. HAMANN, Sokratische Denkwürdigkeiten (1759), in: Hamann (s. Anm. 180), Bd. 2 (1950), 78; HAMANN, Wolken (1761), in: ebd., 91; HAMANN, Über die Auslegung der heiligen Schrift (entst. 1758; 1821), in: ebd., Bd. 1 (1949), 5; MICHAEL WETZEL, ›Geschmack an Zeichen‹. Johann Georg Hamann als der letzte Denker des Buches und der erste Denker der Schrift, in: Johann Georg Hamann. Autor und Autorschaft, hg. v. B. Gajek (Frankfurt a. M. 1996), 13–24.
182 HAMANN, Aesthetica in nuce (1762), in: Hamann (s. Anm. 180), Bd. 2 (1950), 200, 204, 207.

seul«[183], die Rousseau als die Wurzel seiner Schöpferindividualität vor dem Lesepublikum entfaltet.

Das Autor-Modell des Geniekults von Sturm und Drang bestimmt demgegenüber die Ausprägung einer emphatischen Schöpferposition, die von der Sakralisierung des Dichterberufes zum prophetischen poeta vates vorbereitet wird. Vor allem Klopstock repräsentiert mit seinem Paradigma des Dichters als Priester, Sänger, Seher die neue Autorideologie, mit Hilfe welcher sich der geistige Eigentümer seiner Werke über deren Materialitäten der Produktion, Distribution und Konsumption hinwegsetzt und die Macht einer neuen ›Gelehrtenrepublik‹ beansprucht. MacPhersons fiktive Figur des blinden Sängers Ossian liefert Klopstock zugleich den emblematischen Nährboden einer Legitimität des Populären, auf dem dann Dichter-Kulte wie der 1774 gegründete Göttinger-Hain gegen die Sittenlosigkeit des höfischen Modeautors und die Trivialliteratur des Fabrikautors aufblühen. Der jugendliche Typus des am Prometheus-Mythos orientierten Genies (vor allem beim frühen Goethe) begehrt dann gegen die Tradition des poeta doctus auf, um in die sinnliche Selbstfeier schöpferischer Göttergleichheit umzuschlagen, die im künstlerischen Bereich zu einer neuen Konjunktur des Pygmalion-Stoffes vom plastisch belebenden Künstler führt.[184]

Die moderne Ästhetik steht damit im Zeichen einer Begründung von Autorschaft und Künstlertum als forcierte Mythisierung der künstlerischen Produzentenposition. Deren ideologische Emanzipation vollzieht sich in der zweiten Hälfte des 18. Jh. für den Künstlertypus maßgeblich in drei Figuren eines Rollenwandels: als wissender Künstler oder ›peintre philosophe‹, als schöpferischer Geist oder Genie, schließlich aber als bildender Künstler in dem von der deutschen Klassik geprägten universalen, für Text- und Bildmedien gültigen Sinne. Anders als der Wissenschaftlertypus der Renaissance ist der gelehrte Künstler mehr an einem literarischen Modell von Wissen orientiert. Die mythische Verklärung vor allem des Malers (Poussin wird hier bevorzugtes Beispiel einschlägiger Künstleranekdoten) zum Weisen (›peintre philosophe‹, folgt aber nicht nur attitüdenhaft dem Leitbild des poeta doctus, sondern verrät auch eine Konkurrenz des ästhetischen Mediums in Form des mit dem Pinsel denkenden und dichtenden Künstlers.[185]

Schon bald wird dieses rationalistisch geprägte Ideal aber pejorativ gewertet und im Sinne uninspirierter »Allegoristerei«[186] verworfen. Lessings Grenzziehung der Darstellungsmöglichkeiten von Dichtung und Malerei im Laokoon (1766) hat darin ebenso ihren Ursprung wie Goethes Polemik gegen den ›redenden‹ Künstler: Das Originalitätsmoment künstlerischer Produktion, das schon Charles Perrault im Zusammenhang der ›Querelle des Anciens et des Modernes‹ an der Überschreitung der handwerklichen Regeln kraft des eigentümlichen Genies festmacht, bleibt dennoch in den Schranken dieser Naturgabe auf das Korrektiv dieser äußeren Vorgabe der schönen Natur als Gegenstand fixiert, das vor allem Batteux in seiner Nachahmungsästhetik dem Künstler, »qui est essentiellement observateur«, auch dort vorschreibt, wo er sich der »imitation sage et éclairée« befleißigt, »où on voit la nature, non telle quelle est elle-même, mais telle quelle peut être, et qu'on peut la concevoir par l'esprit.«[187]

Diderot geht in seinen Enzyklopädie-Artikeln ›artisan‹ und ›artiste‹ zwar auch vom Unterschied des Künstlers als Inbegriff des geistig frei Schaffen-

---

183 JEAN-JACQUES ROUSSEAU, Les confessions (1782), hg. v. J. Voisine (Paris 1964), 3.
184 Vgl. HANNELORE SCHLAFFER, Klassik und Romantik 1770–1830. Epochen der deutschen Literatur in Bildern (Stuttgart 1986), 49–58, 114–125; JOCHEN SCHMIDT, Die Geschichte des Genie-Gedankens in der deutschen Literatur, Philosophie und Politik 1750–1945, Bd. 1 (Darmstadt 1985), 63, 230, 276; ROLF SELBMANN, Dichter-Beruf. Zum Selbstverständnis des Schriftstellers von der Aufklärung bis zur Gegenwart (Darmstadt 1994), 25 ff.; BÄTSCHMANN, Pygmalion als Betrachter. Die Rezeption von Plastik und Malerei in der zweiten Hälfte des 18. Jahrhunderts, in: W. Kemp (Hg.), Der Betrachter ist im Bild (Berlin 1992), 237–278.
185 Vgl. TOM HOLERT, Künstlerwissen. Studien zur Semantik künstlerischer Kompetenz im Frankreich des 18. und frühen 19. Jahrhunderts (München 1998), 29, 33 ff.
186 LESSING, Laokoon: oder über die Grenzen der Malerei und der Poesie (1766), in: Lessing (s. Anm. 165), Bd. 6 (1974), 10.
187 CHARLES BATTEUX, Les Beaux-Arts réduits à un même principe (1746), hg. v. J.-R. Mantion (Paris 1989), 96, 91.

den gegenüber der rein mechanischen Arbeit des Handwerkers aus, betont dabei aber zugleich den Bezug ihrer intellektuellen Fähigkeiten auf praktische Realisierung als Besonderheit derjenigen, »qui excellent dans ceux d'entre les arts méchaniques qui supposent l'intelligence; et même à ceux qui, dans certaines sciences moitié pratiques, moitié spéculatives, en entendent très-bien la partie pratique.«[188] Im Sinne dieser Verbindung von Intelligenz und Tatkraft im Namen künstlerischer Freiheit feiert Diderot in seinen ästhetischen Schriften das Künstlerideal als kraftvoll tätigen Genie-Typus, der seine Autonomie nicht zuletzt in seiner Arbeitsweise zum Ausdruck bringt.

Schon Du Bos und Batteux hatten im Begriff des Enthusiasmus die Zusammenkunft von Naturkraft und individuellem Naturell im Künstler betont, bei Diderot wird er paradigmatisch zum leidenschaftlichen Exzentriker: Echte Dichter und Maler, die laut Du Bos »ne peuvent inventer de sang-froid«, werden jetzt zum »pendant d'un lourd et pesant érudit qui a besoin d'un passage, qui monte à son échelle, prend et ouvre son auteur, vient à son bureau, copie la ligne, dont il a besoin, remonte à l'échelle, et remet le livre à sa place. C'est pas là l'allure du génie. Celui qui a le sentiment vif de la couleur, a les yeux attachés sur la toile; sa bouche est entr'ouverte; il halète; sa palette est l'image du chaos. C'est dans ce chaos qu'il trempe son pinceau; et il en tire l'œuvre de la création«.[189] Die Passage, die das Befremden des Übersetzers Goethe angesichts des hechelnden Malers vor der Leinwand provozierte, findet im Musiker-Künstler-Ideal von *Le neveu de Rameau* (1774) ihre Fortsetzung, in dem Diderot den Typus vom Außenseiter mit seiner sich von den gesellschaftlichen Bedingungen und Institutionen lossagenden Vitalität und Radikalität einer einsamen Suche nach vollkommener Wahrheit als »model of the natural, productive, self-fulfilling man«[190] verkörpert.

In Deutschland entwirft Winckelmann vor dem Hintergrund einer idealisierten Antike ein Wunschbild vom Künstler als Weisen, der aufgrund seiner Würde sogar politische Macht beansprucht, frei vom »elenden Geschmacke« oder dem »übelschaffenden Auge eines durch die Schmeichelei und Knechtschaft aufgeworfenen Richters«.[191] Das neue Ideal künstlerischer Freiheit impliziert nicht nur Autorschaft als Werkherrschaft, sondern auch die Anerkennung der Autonomie im gesellschaftlichen Sinne, wie sie hier in der gegen feudalistische Verknechtung und Instrumentalisierung des Künstlers gerichteten Vorstellung griechischer Demokratie zum Ausdruck kommen soll. Originalität fungiert als epigenetische Potenz im Gegensatz zur Auserwähltheitssemiotik barocker Anatomien künstlerischer Begabung. Gleichwohl wird das Genie als innere Natur der Kontrolle und dem Kalkül entgegengesetzt, so daß »der Urheber eines Produkts, welches er seinem Genie verdankt, selbst nicht weiß, wie sich in ihm die Ideen dazu herbei finden, auch es nicht in seiner Gewalt hat, dergleichen nach Belieben oder planmäßig auszudenken«[192].

Zusammen mit der säkularisierenden Theodizee-Deutung als authentische Auslegung der unvollendeten Schöpfung durch das Subjekt kommt hierin die im Sturm und Drang rezipierte spinozistische Dynamisierung der natura naturata als natura naturans in einer Weise zur Geltung, für die »der absolute Vorrang der Autorindividualität vor ihrem Werk« im Ideal des »Künstlers ohne Werk« gipfelt.[193] Die Vorstellung vom melancholisch, in reiner Kontemplation befangenen, untätigen Künstler hat ihren epochalen Ausdruck in der Figur des Werthers gefunden, der sich nie als »größerer Maler« empfindet, als wenn er keinen Strich hervorbringt; eine Referenz auf rein geistiges Schaffen ohne handwerklichen Anteil, wie sie kurz zuvor schon Lessing in der *Emilia Galotti* als Ideal eines ›Raffael ohne Hände‹ gebraucht und gegen

---

188 DENIS DIDEROT, ›Artiste‹, in: DIDEROT (ENCYCLOPÉDIE), Bd. 1 (1751), 745.
189 DIDEROT, Essais sur la peinture (1765), in: Diderot, Œuvres esthétiques, hg. v. P. Vernière (Paris 1959), 674 f.; vgl. DU BOS (s. Anm. 171), 175; BATTEUX (s. Anm. 187), 90.
190 MEYER SCHAPIRO, Diderot on the Artist and Society (1964), in: Schapiro, Theory and Philosophy of Art. Style, Artist, and Society. Selected papers, Bd. 4 (New York 1994), 207.
191 JOHANN JOACHIM WINCKELMANN, Geschichte der Kunst des Altertums, in: Winckelmann, Werke, hg. v. H. Holtzhauer (Berlin 1976), 184 f.
192 KANT, Kritik der Urteilskraft (1790), in: KANT (WA), Bd. 10 (1974), 407.
193 PLUMPE (s. Anm. 80), 382.

die Goethe andererseits in seinem ästhetischen Programm des bildenden Künstlers als Versöhnung von Auge und Hand später in den *Leiden des jungen Werther* (1774) ankämpfen wird. Außerdem gibt Gerhard Sauder zum Geniekult im Sturm und Drang generell zu bedenken, daß es sich bei der Absonderung des prometheischen Genies als autokratischer alter deus keineswegs um die Artikulation eines kollektiv anerkannten Autor- oder Künstlerbewußtseins handelt, sondern vielmehr die begriffliche Feindifferenzierung des ›Genius-Mythologems‹ zu beachten ist als Anrufung einer in ihrer Universalität vom Individuum unterschiedenen allgemeinen schützenden und inspirierenden Gottheit.[194]

In der Herausbildung des klassischen Paradigmas von Autorschaft als Künstlerideal geht es folglich um die Überwindung der Opposition zwischen gelehrter Nachahmungsästhetik und pathologisch überzeichneter genialer Produktionsästhetik. Im Begriff der Bildung, dessen ästhetische Relevanz sich bei Goethe unter dem Einfluß von Karl Philipp Moritz und dessen Entwicklung des Konzepts einer ›bildenden Nachahmung des Schönen‹ mit seiner Ersetzung von ästhetischer Erkenntnis durch Hervorbringung konsolidiert[195], wird auch der Einfluß von Herders kulturgeschichtlicher Verdichtung biologischer, ästhetischer und pädagogischer Aspekte spürbar: Mit Blick auf eine Wiederbelebung des Paragone zwischen bildlichen und plastischen Künsten ist für Goethe der echte Künstler »zugleich Handwerker« und kommt für ihn nicht zur Meisterschaft, »so lang seine Hände nicht plastisch arbeiten«.[196] Paradoxerweise ist es also gerade der Dichter, der ein plastisches Defizit am künstlerischen Schöpfertum einklagt und – schon auf dem Wege zum Konzept eines Gesamtkunstwerks – die Synthese zwischen literarischer Autorschaft und bildendem Künstlertum fordert. Das gleiche Paradox findet sich in der vielzitierten Schlüsselbemerkung Goethes in Rom, er habe sich »als Künstler« wiedergefunden[197], d. h. zu einem Zeitpunkt, der die endgültige Aufgabe einer Malerkarriere markiert.

Goethes Künstlerbegriff ist letztlich durch literarische Autorschaft geprägt, die als allgemein künstlerische Tätigkeit unter Einschluß naturwissenschaftlicher Kenntnisse und Fähigkeiten als Bil-

dungskünstler zum humanistischen Ideal des Universalmenschen erhoben wird.[198] In diesem Sinne ist nicht nur die Abkehr vom Genie-Pathos des prometheischen Dichters, sondern auch die Abkehr von den pygmalionischen Phantasmen der darstellenden Künste zu sehen, die Goethe der poetischen Idealität des allein vom Dichter verantworteten Symbolischen (gegen das sinnliche Scheinen der Allegorie) unterordnet: »Der bildende Künstler soll dichten, aber nicht poetisieren, das heißt nicht wie der Dichter, der bei seinen Arbeiten eigentlich die Einbildungskraft rege machen muß, bei sinnlicher Darstellung auch für die Einbildungskraft arbeiten.«[199] Der geniehafte Subjektivismus weicht bei Goethe so der Forderung nach einer objektiven Ausprägung als Analogie zwischen Kunst und Natur kraft einer organischen Bildungskraft, in der Natur als Stoff umgeformt wird in die höhere, reine Erscheinung eines Artistisch-Artifiziellen: »Indem der Künstler irgendeinen Gegenstand der Natur ergreift, so gehört dieser schon nicht mehr der Natur an, ja man kann sagen, daß der Künstler ihn in diesem Augenblicke erschaffe, indem er ihm das Bedeutende, Charakteristische, Interessante abgewinnt, oder vielmehr erst den höheren Wert hineinlegt.«[200]

Der Künstler soll zugleich natürlich und übernatürlich wirken, den Gegenstand gleichsam ver-

---

194 Vgl. GERHARD SAUDER, Geniekult im Sturm und Drang, in: Grimminger (Hg.) (s. Anm. 157), 329, 332 f.; WENDELIN SCHMIDT-DENGLER, Genius. Zur Wirkungsgeschichte antiker Mythologeme in der Goethezeit (München 1978), 86.
195 Vgl. GOETHE, ›Über die bildende Nachahmung des Schönen‹ von Carl Philipp Moritz (1789), in: GOETHE (WA), Abt. 1, Bd. 47 (1896), 84–90.
196 GOETHE an Johann Gottfried Herder (Juli 1772), in: GOETHE (WA), Abt. 4, Bd. 2 (1887), 17; vgl. HERDER, Plastik (1778), in: HERDER, Bd. 8 (1892), 3–87.
197 GOETHE an Herzog Carl August (17./18. 3. 1788), in: GOETHE (WA), Abt. 4, Bd. 8 (1890), 357.
198 Vgl. GERHARD SAUDER/KARL RICHTER, Vom Genie zum Dichter-Wissenschaftler. Goethes Auffassung vom Dichter; in: Grimm (s. Anm. 98), 84–104.
199 GOETHE, Über die Gegenstände der bildenden Kunst, in: GOETHE (WA), Abt. 1, Bd. 47 (1896), 95; vgl. CHRISTIAN SCHÄRF, Goethes Ästhetik. Eine Genealogie der Schrift (Stuttgart 1994), 241 ff.
200 GOETHE, Einleitung in die Propyläen (1798), in: GOETHE (WA), Abt. 1, Bd. 47 (1896), 17.

edeln, zur Idee erheben: »Die Symbolik verwandelt die Erscheinung in Idee, die Idee in Bild, und so, daß die Idee im Bild immer unendlich wirksam und unerreichbar bleibt und, selbst in allen Sprachen ausgesprochen, doch unaussprechlich bliebe.«[201] Die im klassischen Bildungsroman *Wilhelm Meisters Lehrjahre* (1795/1796) im Sinne einer Ausbildung zum Künstler anklingende Terminologie des Handwerklichen darf dabei nicht als Revokation des artistischen Freiheitsmomentes mißverstanden werden. Der *Wilhelm Meister* gehört – deutlicher noch in der Erstfassung, der *Theatralischen Sendung* – zur Gattung des Künstlerromans: Die Theaterwelt stellt nur den Nährboden zur künstlerischen Emanzipation der Einbildungskraft dar, die sich erst unter der Leitung eines pädagogischen Konzepts zur ästhetischen Autonomie ausbildet. Es geht bei dieser Zielvorstellung von der gebildeten Persönlichkeit auch um das Ideal einer freien Entfaltung bürgerlicher Subjektivität, die sich – wie Habermas anhand der strukturellen Herausbildung der bürgerlichen Gesellschaft gezeigt hat – gegen die repräsentative Öffentlichkeit des Feudalismus absetzt, d. h. nicht ist, was sie repräsentiert, sondern wozu sie sich produktiv macht: wofür die künstlerische Bildungskraft in einer Weise paradigmatisch wird, wie sie in ihrer ästhetischen Leitfunktion auch Schiller mit seinem »pädagogischen und politischen Künstler« der *Ästhetischen Briefe* vorschwebt.[202]

Gegenüber dem Mechanischen des Kunsthandwerks haben sich Schiller und Goethe nicht nur einschränkend geäußert und immer wieder die Bedeutung des ›wahren Künstlers‹ dagegen gestellt: In der gemeinsam geführten Dilettantismus-Debatte wird eine Wertskala von Künstlertypen aufgestellt, die nach strengen Grundsätzen die Fähigkeiten edler und erhabener Kunstproduktion von den Neigungen des Liebhabers bzw. des mehr dem Geschmack des Publikums verpflichteten Sammlers zu unterscheiden erlauben und damit die in der Folge herrschende Kontroverse zwischen schaffendem Künstlertum und rezipierendem Bildungsbürgertum begründen.[203] Als Kehrseite dieser Kanonik künstlerischer Kategorik, die für die Repräsentativität künstlerischer Individualität eine Abstraktion vom empirischen Selbst zugunsten einer »Idealisierung, Veredelung« des inneren Formprinzip fordert[204], entwickelt die Weimarer Klassik eine Pathologie der exzentrischen Tendenzen der Genieästhetik. Das mythische Leitbild des Melancholikers z. B. wird auf Züge eines konkreten Krankheitsbildes der aus wahnhafter Subjektfixiertheit scheiternden, isolierten Kreativität zurückgeführt, so schon in Goethes Figur des Torquato Tasso, radikaler noch – anhand der Musenthematik – am Beispiel der Mignon im *Wilhelm Meister* und ihrem exemplarischen ›Wahnsinn des Mißverhältnisses‹ zwischen poetischem Anspruch und praktischem Vermögen.[205]

Was Schiller demgegenüber in seinen ästhetischen Überlegungen auf den Begriff des Spiels als freier Vermittlung zwischen Idee und Wirklichkeit bringt, wird – wie Hegel später konstatiert – generell als »veränderte Stellung des Künstlers« in der klassischen Kunstform festgeschrieben: »Seine Produktion nämlich zeigt sich als das freie Tun des besonnenen Menschen, der ebenso *weiß*, was er will, als er *kann*, was er will.«[206] Als Norm verdankt sich

---

201 GOETHE, Maximen und Reflexionen über Kunst, in: GOETHE (WA), Abt. I, Bd. 48 (1897), 206.
202 FRIEDRICH SCHILLER, Über die ästhetische Erziehung des Menschen in einer Reihe von Briefen (1795), in: Schiller, Werke, hg. v. H. G. Göpfert, Bd. 2 (München 1966), 451; vgl. LÖWENTHAL (s. Anm. 161), 32 ff.; KRAUSS (s. Anm. 162), 87 ff.; HAFERKORN (s. Anm. 104), 159; vgl. HABERMAS (s. Anm. 162), 26 f.
203 Vgl. GOETHE, Kunst und Handwerk (entst. 1797), in: GOETHE (WA), Abt. I, Bd. 47 (1896), 55–59; GOETHE, Der Sammler und die Seinigen (1799), in: ebd., 119–207; GOETHE/SCHILLER, Über den Dilettantismus (1799), in: ebd., 299–326; vgl. DIETER BORCHMEYER, Weimarer Klassik. Portrait einer Epoche (Weinheim 1994), 354 ff.; HANNELORE SCHLAFFER, Goethe als Muse. Der Autor und die Schriftstellerinnen seiner Zeit, in: Goethe-Jahrbuch 112 (1995), 192 f.
204 SCHILLER, Über Bürgers Gedichte (1791), in: Schiller (s. Anm. 202), 253, Bd. 2 (1966), 628, 633; vgl. SCHILLER, Die Künstler (1789), in: ebd., 676–688.
205 Vgl. SCHMIDT (s. Anm. 184), 336 ff.; GERT UEDING, Klassik und Romantik. Deutsche Literatur im Zeitalter der französischen Revolution 1789–1815. Hansers Sozialgeschichte der deutschen Literatur vom 16. Jahrhundert bis zur Gegenwart, Bd. 4 (München 1988), 207 f.
206 GEORG WILHELM FRIEDRICH HEGEL, Vorlesungen über die Ästhetik (1835–1838), in: HEGEL (TWA), Bd. 14 (1970), 27.

diese klassische Künstlerfigur freilich einem bis dahin nicht gekannten Duumvirat der beiden Dichterheroen Schiller und Goethe, die ihre Auratisierung zu Dichterfürsten (mit der Fixierung auf Weimar als gleichsam bürgerliche Hofkultur) schon systematisch zu Lebzeiten durch diskursive und ikonographische Selbstinszenierungen (in Form u. a. von Zeitschriftenprojekten, Briefwechseln, autobiographischen und essayistischen Publikationen, Kunst- und Kulturpolitik) organisieren, bevor eine idolatrische Rezeption ihre Existenz gänzlich zum nationalen Kunstwerk hypostasiert.[207] Paradoxerweise feiert sich damit gerade paradigmatisch als potenziertester Ausdruck souveräner Autorschaft eine die individuelle Werkherrschaft einschränkende Stilisierung geteilter Autorschaft, einer chiasmatisch vertauschten Individualität der ›Autoren-Helden‹ im gemeinsamen Projekt der Selbstvermittlung im anderen[208], deren selbstreflexive Entgrenzung von Autorschaft auch innerhalb der Texte – wie z. B. der Simulation einer an Dialogizität und Intertextualität orientierten weiblichen Schreibweise in den ›Bekenntnissen einer Schönen Seele‹ im *Wilhelm Meister* – ironischerweise den objektiv aus handwerklichen Gründen abgelehnten Autorinnen der Romantik ihre disseminative Technik aneignender Autorschaft suggeriert.[209]

b) Romantische Autorschaft und Künstlerproblematik
Während die sogenannte Weimarer Klassik mit der Ausdifferenzierung der ›Schönen Literatur‹ und der ›Bildenden Künste‹ gegenüber ständischer Gelehrsamkeit und Unterhaltung dem Autor- und Künstlerbild einen eigenen Funktionsbereich in der bürgerlichen Gesellschaft sichern konnte, spitzt sich in den ästhetischen Reflexionen der Romantik der Gegensatz zwischen der Institutionalisierung von Kunst für ein bürgerlich-philiströses Publikum einerseits und dem Positionsverlust des in seiner Autonomie darstellungslos bleibenden Künstlergenies andererseits als eine »für die Situation der Autor-Künstler am Ende des Jahrhunderts zentrale Dialektik« zu.[210] Sie wird von Hegel als schärfstem Kritiker der Romantik in seinen *Vorlesungen über die Ästhetik* (1835–1838) dann auf den Gegensatz von subjektiver Innerlichkeit des schöpferischen Gemüts und objektiver Darstellung des Kunstwerks gebracht. Auf Goethe verweisend sieht er die Originalität des echten Künstlers – im Gegensatz zum philosophischen Gedankenkünstler – durch »wirkliche äußere Gestaltung« der subjektiven Phantasietätigkeit und das echte Genie durch »die allgemeine Fähigkeit zur wahren Produktion des Kunstwerkes sowie die Energie der Ausbildung und Bestätigung derselben« bestimmt, als »praktische Empfindung, d. h. als Gabe wirklicher Ausführung« jenseits abgeschmackter Äußerlichkeit oder unauslotbarer Tiefe von Autorschaft: denn »Werke sind das Beste des Künstlers und das Wahre; was er ist, das *ist* er, was aber nur im Innern bleibt, das *ist* er nicht.«[211]

Zwei begriffsgeschichtliche Tendenzen eines äs-

---

207 Vgl. EBERHARD LÄMMERT, Der Dichterfürst, in: V. Lange/H. G. Roloff (Hg.), Dichtung, Sprache, Gesellschaft. Akten des 4. Internationalen Germanistik-Kongresses (Frankfurt a. M. 1971), 439; CHRISTA BÜRGER, Der Ursprung der bürgerlichen Institution Kunst. Literatursoziologische Untersuchungen zum klassischen Goethe (Frankfurt a. M. 1977), 85, 88 ff., 94; SCHLAFFER (s. Anm. 184), 125–131.

208 Vgl. JÜRGEN LINK, Die mythische Konvergenz Goethe-Schiller als diskurskonstitutives Prinzip deutscher Literaturgeschichtsschreibung im 19. Jahrhundert, in: B. Cerquiglini/H. U. Gumbrecht (Hg.), Der Diskurs der Literatur- und Sprachhistorie. Wissenschaftsgeschichte als Innovationsvorgabe (Frankfurt a. M. 1983), 225; MICHAEL BÖHLER, Geteilte Autorschaft. Goethe und Schiller. Visionen des Dichters, Realitäten des Schreibens, in: Goethe-Jahrbuch 112 (1995), 168, 180.

209 Vgl. SCHLAFFER (s. Anm. 203), 190; BERNHARD GREINER, Entgrenzung: neue Entwürfe von Autorschaft. Dialogisches Wort als Medium autobiographischer Rede, in: Greiner, Eine Art Wahnsinn (Berlin 1994), 66 f.; GREINER, Echo-Rede und Lesen Ruths. Die Begründung von Autorschaft in Bettina von Arnims Roman ›Goethes Briefwechsel mit einem Kind‹, in: Deutsche Vierteljahrsschrift für Literaturwissenschaft und Geistesgeschichte 70 (1996), 48–66.

210 HERBERT JAUMANN, Emanzipation als Positionsverlust. Ein sozialgeschichtlicher Versuch über die Situation des Autors im 18. Jahrhundert, in: ›Der Autor‹ [Themenheft], in: Zeitschrift für Literaturwissenschaft und Linguistik, H. 42 (1981), 54; vgl. PLUMPE (s. Anm. 80), 381.

211 HEGEL, Vorlesungen über die Ästhetik I (1835–1838), in: HEGEL (TWA), Bd. 13 (1970), 364, 366, 370, 376.

thetischen Eskapismus bestimmen folglich den Wandel der romantischen Autor- und Künstlervorstellung: eine apotheotische Überzeichnung der religiösen Komponenten von künstlerischem Schöpfertum zum Erlöser-/Sehertypus, der seine heilsgeschichtliche Funktion aber zugunsten der säkular-rhetorischen Stilisierung eines romantischen Lebensgefühls verloren hat; und die Suspendierung objektiver Gestaltung im Sinne einer Undarstellbarkeit unendlicher Autorschaft. Die radikale Begründung des Subjektivitätsideals von Autonomie im existenziellen Apriori individueller Authentizität impliziert eine Lesart des Kunstwerks als Allegorie des Autor-/Künstler-Genies als verborgener ›alter deus‹. Die darstellenden Anstrengungen konzentrieren sich folglich auf die Restitution des schöpferischen Actus im Opus.[212] Im theologischen Register werden auch die historisierenden Rückbesinnungen auf das mittelalterliche Ideal des Handwerklichen lesbar, die sich der traditionellen Leitmetaphorik des Demiurgen oder ›deus artifex‹ wieder anschließen, in sozialer Hinsicht aber auf das nostalgische Versöhnungsideal einer zunftmäßig organisierten Gemeinschaft von freien Künstlern und handwerklichen Nichtkünstlern abzielen.

Ausgehend von der radikalen Ablehnung, die Novalis gegenüber Goethes *Wilhelm Meisters Lehrjahre* als Legitimation der ökonomischen Orientierung des Bürgertums artikuliert, wird der Bildungsroman in romantischer Tradition paradigmatisch zum Künstlerroman.[213] Daher die programmatische Betonung des Handwerkmäßigen

»strenger« Kunst in der »Poesiepädagogik«[214], die Novalis seinen Meistersänger Klingsohr im *Heinrich von Ofterdingen* (1802) vertreten läßt und die zugleich für eine produktionsästhetische Interaktion aller Künste einsteht. Im Gegensatz zu Goethe, der entschieden für die Grenzziehung zwischen redendem Autor und bildendem Künstler eintrat, sucht die Romantik die Annäherung bis hin zur wechselseitigen Identifizierung beider im Sinne einer die Idee des Gesamtkunstwerks vorbereitenden Synästhesie, die die Renaissance-Idee eines Paragone der Künste zur Analogie von poesis, pictura und figura sowie – speziell in der Spätromantik – von musica überführt.

Novalis teilt die Geltungsbereiche von Dichtung und bildender Kunst nach dem Gegensatz von innen und außen auf, wobei die »Künstler die äußern Sinne mit angenehmen Empfindungen erfüllen«, während der »Dichter das inwendige Heiligtum des Gemüths mit neuen, wunderbaren und gefälligen Gedanken« erfüllt und damit auch seine Rolle als Seher und Magier: »Er weiß jene geheimen Kräfte in uns nach Belieben zu erregen, und giebt uns durch Worte eine unbekannte herrliche Welt zu vernehmen.«[215] Die beiden Merkmale des Wunderbaren und des Visionären stellen auch die romantische Autor-Nobilitierung in die Tradition des poeta vates, die in mythologischen Beschwörungen antiker Sängerfiguren (wie Orpheus oder Arion) gipfelt. Vor allem in der programmatischen Prosa von Novalis' *Lehrlinge zu Sais* (1802) wird der Künstler genotypisch zum Naturforscher qua Naturmystiker deklariert, der allein die Geheimnisse der Natursprache zu dechiffrieren vermag, während er phänotypisch an das Vorbild der legendär verklärten Renaissance-Künstler anschließt, wobei vom ›Habitus‹ her die zeittypische Ästhetisierung des Jugendlichen jetzt als Verbindung mit Künstlertum forciert wird.[216]

Gleichwohl ist diese Nobilitierung von Autorschaft als Künstlertum nicht in dem Sinne der Vorstellung von Individualität gebunden, wie es die Klassik fordert. Es geht vielmehr um die Bestimmung einer abstrakten und übertragbaren Funktion, die sich als unendliche Aufgabe nur im Fragment konkretisiert. Speziell in der frühromantischen Kritik wird die Person des Urhebers seinem Werk gegenüber auf eine Weise relativiert,

---

212 Vgl. PETER VON MATT, Die Augen der Automaten. E. T. A. Hoffmanns Imaginationslehre als Prinzip seiner Erzählkunst (Tübingen 1971), 30ff.
213 Vgl. MARCUSE (s. Anm. 99), 85ff.
214 SELBMANN (s. Anm. 184), 80.
215 NOVALIS, Heinrich von Ofterdingen (1802), in: NOVALIS, Bd. 1 (1977), 210.
216 Vgl. NOVALIS, Die Lehrlinge zu Sais (1802), in: ebd., 99; WERNER HOFMANN, Der Künstler als Kunstwerk, in: Hofmann, Anhaltspunkte. Studien zur Kunst und Kunsttheorie (Frankfurt a. M. 1989), 91–106; SILVIO VIETTA, Romantik und Renaissance [Einleitung], in: Vietta (Hg.), Romantik und Renaissance. Die Rezeption der italienischen Renaissance in der deutschen Romantik (Stuttgart 1994), 4ff.

die im Zeichen einer kollektiven sowie rezeptionsästhetisch gedachten Autorschaft z.B. vom Leser fordert, er solle »der erweiterte Autor seyn«.[217] Dabei verschränkt sich die Expansion des Autorbegriffs als Romantisierung der Lebenspraxis (»Jeder Mensch sollte Künstler seyn«[218]) mit einem »Erlöschen der Autorschaft in der Darstellung des Gehalts«, wie es Friedrich Schlegel in seinem Programm einer »progressiven Universalpoesie« als Konsequenz der zwischen Dargestelltem und Darstellendem schwebenden Aufgabe der Kritik fordert, »den Geist des Autors vollständig auszudrücken«.[219] Andererseits überträgt sich auf diesen Begriff von Kritik, für die es heißt, »einen Autor besser verstehn als er s[ich] selbst verstanden hat«, die Nobilitierung von Autorschaft und wird der Kritiker selbst Künstler, so wie Schleiermacher dann auch in seiner *Hermeneutik* – seinen Freund Schlegel implizit zitierend – das auslegende Besserverstehen des Urhebers als Kunst bestimmt.[220]

Friedrich Schlegel war es auch, der die mise en abîme romantischer Autorschaft als Darstellung des Undarstellbaren forderte, damit sie »in jeder ihrer Darstellungen sich selbst mit darstellen, und überall zugleich Poesie und Poesie der Poesie sein« soll.[221] Karl Wilhelm Ferdinand Solger weist demgegenüber auf die generelle ontotheologische Aporie des Künstlerbewußtseins hin, das sich als Bewußtsein von Autorschaft erst nach Vollendung des Kunstwerkes bildet, um darin zugleich zugrunde zu gehen und die Reinheit der Idee als freie Schöpfung zu verlieren.[222] In dieser Hinsicht beschwört die nostalgische Versöhnungsfigur des Handwerkerkünstlers gleichsam gegen eine entfremdete Moderne ein romantisch idealisiertes Mittelalter, in dem das individuelle Schöpfertum des Künstlers im Kollektivwillen eines zunftmäßig und damit volksnah versöhnten Gemeinwesens verwurzelt scheint. Gerade für die politische Situation Deutschlands um 1800 mit ihrer Suche nach nationaler Identität in der faktischen Zerstückelung der Machtinteressen kommt damit in signifikanter Weise ein ideologisch verklärter und von altväterlicher Gediegenheit und Bodenständigkeit neben religiöser Frömmigkeit gezeichneter Patriotismus des Künstlers zum Tragen.

In Wilhelm Heinrich Wackenroders *Herzensergießungen eines kunstliebenden Klosterbruders* (1797)

und den zusammen mit Ludwig Tieck geschriebenen *Phantasien über die Kunst* (1799) sind es aber gerade die vergötterten Meister der Renaissance – zu denen auch der als Prototyp des altdeutschen Meisters gefeierte Dürer gerechnet wird –, die für handwerkliche Bescheidenheit, Kunstfertigkeit, Weltweisheit und Gottesfurcht einstehen. Ähnlich wie in Hölderlins lyrischer Feier der ›Hände Geschik‹ als Analogie von dichterischer und ackerbaulicher ›Kulturarbeit‹[223], stehen sich im romantischen Autor-/Künstlerbegriff damit die zwei ganz unterschiedlichen Orientierungen an der Genieästhetik und an einer historisch verklärten mittelalterlichen Bauhüttentradition bzw. vom Volksliedgut getragenen Rhapsodentradition gegenüber, wobei letztere den Romantikern durch Herder souffliert wurde. Gerade für die ideologisch zentrale Idee vom Handwerker-Künstler bleibt aber

---

217 NOVALIS, Blüthenstaub (1798), in: NOVALIS, Bd. 2 (1981), 470; vgl. MAREN JOCHIMSEN, Konstruktion von Welten über Worte. Novalis – der Wortbildner als indirekter Konstrukteur, in: F. Ph. Ingold (Hg.), Fragen nach dem Autor (Konstanz 1992), 238 ff.
218 NOVALIS, Glauben und Liebe (1798), in: NOVALIS, Bd. 2 (1981), 497; vgl. ULRICH STADLER, Friedrich von Hardenberg/Novalis. Ein Autor, der mehr sein möchte als bloß Poet, in: Grimm (Hg.) (s. Anm. 98), 135–150.
219 NORBERT BOLZ, Über romantische Autorschaft, in: F. Kittler/H. Turk (Hg.), Urszenen. Literaturwissenschaft als Diskursanalyse und Diskurskritik (Frankfurt a.M. 1977), 44; FRIEDRICH SCHLEGEL, Athenaeums-Fragmente (1798), in: SCHLEGEL (KFSA), Bd. 2 (1967), 182; vgl. SCHLEGEL, Fragmente zur Poesie und Literatur (entst. 1797), in: SCHLEGEL (KFSA), Bd. 16 (1981), 75, 139.
220 SCHLEGEL, Fragmente zur Poesie und Literatur, in: SCHLEGEL (KFSA), Bd. 16 (1981), 168; FRIEDRICH SCHLEIERMACHER, Hermeneutik und Kritik, hg. v. M. Frank (Frankfurt a.M. 1977), 80 ff., 94; vgl. MANFRED FRANK, Das individuelle Allgemeine. Textstrukturierung und -interpretation nach Schleiermacher (Frankfurt a.M. 1977), 358 ff.
221 SCHLEGEL, Athenaeums-Fragmente, in: SCHLEGEL (KFSA), Bd. 2, 204.
222 Vgl. SOLGER, 115 ff.; vgl. SOLGER, Erwin. Vier Gespräche über das Schöne und die Kunst, hg. v. W. Henckmann (München 1971), 190 ff.
223 Vgl. PETER SZONDI, Hölderlin-Studien (1967), in: Szondi, Schriften, Bd. 1 (Frankfurt a.M. 1978), 365 f.; GERHARD KURZ, Der deutsche Schriftsteller, in: Grimm (Hg.) (s. Anm. 98), 132.

festzustellen, daß sie »nicht unter produktionsästhetischen, sondern allein unter lebensweltlichen Gesichtspunkten« wirksam wurde.²²⁴ Sie betrifft nur den Habitus, nicht die Arbeitsweise des Künstlers, ist ein Gestus oder eine Mode, die sich auch in den Umgangsweisen, ja selbst in der Kleidung etwa romantischer Künstlerkreise (z. B. des Lukasbundes bzw. der Nazarener) niederschlug.

Letztlich gilt auch für Wackenroder »kein höherer, der Anbetung würdigerer Gegenstand als: – ein ursprüngliches Original«, und in Tiecks ›Kultbuch‹ der romantischen Künstlerlegende, *Franz Sternbalds Wanderungen* (1798), zeigt sich hinter der Attitüde des bei Kindern und Bauern die »Einfalt« wahrer Kunst suchenden Dürer-Schülers die typisch romantische, vom Widerstreit zwischen Naturdechiffrierung und Erfindungsdrang zerrissene Künstlerfigur, die schnell dämonische Züge annimmt.²²⁵ Der messianische, ohne Auftrag frei schaffende Künstler ist letztlich ein gesellschaftlicher Außenseiter, er steht aber genau genommen nicht außerhalb einer Gemeinde, »er schafft sich eine Gemeinde«²²⁶, und in dieser Hinsicht prägt die romantische Renaissance des Handwerklichen auch einen künstlerischen Lebensstil alternativer Gemeinschaften, wie er zuerst in den frühromantischen Projekten kollektiver Autorschaft und ›symphilosophischer‹ Gemeinschaften, den Gesprächen (z. B. in Tiecks *Phantasus* [1812], später in Hoffmanns *Serapionsbrüdern*, [1819–1821]) zum Ausdruck kam.

Das wichtigste Motiv ist dabei die Opposition zum Bürgertum. Das bewußt vorbürgerliche Konzept des Handwerker-Künstlers begründet den für das ganze 19. Jh. wirksamen Gegensatz zwischen einem politisch etablierten und konservativen bürgerlichen Stand und dem Autor/Künstler als gesellschaftlichem Außenseiter bzw. Sonderling. Was später den Typus des Bohemien auszeichnet, wird hier schon als unproduktive Verausgabung und opponierende Vermengung der Figuren des ›wandernden Gesellen‹ und der ›fahrenden Gesellschaft‹ zum Gegenstand des Lobs von Müßiggang und Faulheit – z. B. in Friedrich Schlegels *Lucinde* (1799) oder Clemens Brentanos und E. T. A. Hoffmanns exzentrischen Künstler-Figuren bis hin zu Eichendorffs *Taugenichts* (1826) – im Gegensatz zum unkünstlerischen Bürger als Philister. Der Topos vom Genie bestimmt sich jetzt durch seine Gebrochenheit in der Duplizität zwischen der poetischen Welt des Künstlers und derjenigen prosaischer bürgerlicher Geschäfte, die andererseits – zumindest im spätromantischen Autor-/Künstlerbild – seine eigentliche ästhetische Authentizität bestimmt. Die Nobilitierung des künstlerischen Genies baut also auf den Gegensatz zum Philister und die poetische Anerkennung der Zerrissenheit des Daseins gegen die Verleugnung in spießbürgerlicher Harmonie, wobei jetzt affirmativ besetzt wird, was die Weimarer Klassik als krankhaft ausgesondert hatte: »Die Epoche der Außenseiter hat den geselligen Narren und den einsamen Wahnsinnigen hervorgebracht.«²²⁷

Was für die Frühromantik die Kritik als Erweiterung von Autorschaft war, wird für die Mittel- oder Spätromantiker zur »Diagnose ihrer Deformation« bzw. »macht den Autor zum Diagnostiker und läßt ihn das ermittelte Syndrom als einen Ball aufnehmen, mit dem er sich im Spiel (vom Selbstdefizit) zu befreien versucht.«²²⁸ Es ist eine Souveränität des Ausnahmezustands, in deren Zeichen speziell dem spätromantischen Künstlerbegriff gerade durch äußeres Scheitern eine Autorschaft als innere Inspiration (auch ›Begeisterung‹ oder ›Enthusiasmus‹) zugeschrieben wird. E. T. A. Hoffmanns Werk hat all diese Aspekte vom göttlichen bis zum handwerklichen Künstlerideal, vom erha-

---

224 BERNHARD SCHUBERT, Der Künstler als Handwerker. Literaturgeschichte einer romantischen Utopie (Frankfurt a. M. 1986), 18, 21 ff.
225 WILHELM HEINRICH WACKENRODER, Herzensergießungen eines kunstliebenden Klosterbruders, in: Wackenroder, Dichtungen, Schriften, Briefe, hg. v. G. Heinrich (München 1984), 207, vgl. 161; LUDWIG TIECK, Franz Sternbalds Wanderungen, in: Tieck, Frühe Erzählungen und Romane, hg. v. M. Thalmann (München 1963), 716, vgl. 812; VIETTA, Vom Renaissance-Ideal zur deutschen Ideologie. Wilhelm Heinrich Wackenroder und seine Rezeptionsgeschichte, in: Vietta (s. Anm. 216), 144.
226 GADAMER, Die Aktualität des Schönen (Stuttgart 1977), 8; vgl. GADAMER (s. Anm. 49), 83.
227 SCHLAFFER (s. Anm. 184), 139.
228 WOLFGANG RATH, Der Autor als Diagnostiker. Ludwig Tieck und die Epochenwende um 1800, in: Ingold/Wunderlich (Hg.), Fragen nach dem Autor (Konstanz 1992), 114.

benen bis zum abwesenden Werk wirkungsgeschichtlich auf den Begriff gebracht, mit dem echte Autorschaft von bloß simuliertem Künstlertum unterschieden werden soll: Das »Serapionische Prinzip«, benannt nach dem typologisch signifikanten Vorbild des gnostischen Einsiedlers Serapion, verdoppelt jedes objektiv existierende Kunstwerk im präexistierenden Urbild seiner subjektiven Schöpfung, an dem sich jeder Künstler zu vergewissern habe, »ob er auch wirklich das geschaut, was er zu verkünden unternommen, ehe er es wagt, laut damit zu werden«, um »das Bild, das ihm im Innern aufgegangen recht zu erfassen mit allen seinen Gestalten, Farben, Lichtern und Schatten«[229].

Hoffmanns Erzählungen entfalten auf exemplarische Weise alle Aporien, Parodien und Katastrophen ästhetischer Schöpfung. Seine Künstlerfiguren verkörpern den Gestus von Übertretungen und Verletzungen des Innerlichkeitspostulats der Kreativität um den Preis eines dramatischen Autonomieverlustes: In Der Sandmann (1816) wird der Trug der pygmalionischen Schöpfung von Leben drastisch entlarvt, der schon die Erzählung Die Jesuiterkirche in G* (1816) als Spannungsverhältnis zwischen dem unerreichbaren äußeren Original und dem Abbild in seiner artifiziellen Illusorik einer Bannung des lebendigen Modells beherrscht. Die handwerkliche Orientierung des Künstlers wird als heteronome Bindung an einen ökonomischen Utilitarismus der Verwertung des Produkts auf dem bürgerlichen Markt abgelehnt und als Verrat gegenüber dem ästhetischen Ideal einer freien Kunst erlebt, die schon Züge einer l'art pour l'art trägt und z. B. in der Novelle Das Fräulein von Scudery (1819) einen Künstlertypus nobilitiert, der seine Schöpfungen sich durch Mord an seinen Kunden wiederaneignet und somit als genial-asozialer Verbrecher eine Apotheose des »Künstlerzölibats« vollzieht.[230]

Hoffmann setzt sein Künstlerideal auch schon polemisch gegen bildungsbürgerliche Usurpationen eines Dilettantismus ab, durch den der »Pöbel« das ästhetische Ideal am tiefsten kränkt, indem er glaubt, »den Dichter, den Künstler, in seinem innersten Tun und Treiben durchschauen und nach seinem Maß messen zu können.«[231] In den Lebensansichten des Kater Murr (1820–21) hat er den beiden Seiten auf zwei Handlungsebenen derselben Geschichte Ausdruck verliehen: Dem Bildungsphilister Kater Murr, dessen Aufzeichnungen auf gestohlenem Papier und in entwendeten Floskeln erfolgen und nur durch die äußerliche Attitüde von Autorschaft Bedeutung gewinnen, steht der Kapellmeister Kreisler als künstlerisches Leitbild des Musikers gegenüber, der sich an die Figur von Wackenroders Kapellmeister Berglinger anlehnt, jedoch mehr den Typus des romantischen Exzentrikers verkörpert. Sein künstlerisches Kreativitätspotential ist reiner Actus ohne Opus. Die seine Innerlichkeit erfüllende Kraft der Musik erschließt sich einer Notation nur uneigentlich und spricht als »allgemeine Sprache der Natur« nur »in wunderbaren, geheimnisvollen Anklängen«, die sich in keinem Werk repräsentieren lassen, denn »vergeblich ringen wir danach, diese in Zeichen festzubannen, und jenes künstliche Anreihen der Hieroglyphe erhält uns nur die Andeutung dessen, was wir erlauscht.«[232]

Im Sinne dieses konstitutiven Scheiterns auch der Künstlerposition betonen neuere Sichtweisen eher die »doppelt erhabene Künstler-Tragödie«, die vielmehr ein bedrohtes »Künstlerideal« einer angepaßten »Künstlerpraxis« gegenüberstellt und beide Formen als Verbürgerlichung des Künstlertypus begreifen, wobei Kreisler den »Künstler-citoyen«, der das hypertrophe Künstlertum persiflierende Murr aber den »Künstler-bourgeois« dar-

---

229 ERNST THEODOR AMADEUS HOFFMANN, Die Serapions-Brüder (1819–21), hg. v. W. Müller-Seidel/W. Segebrecht (München 1963), 55.
230 KARL LUDWIG SCHNEIDER, Künstlerliebe und Philistertum im Werk E. T. A. Hoffmanns, in: H. Steffen (Hg.), Die deutsche Romantik (Göttingen 1967), 213; vgl. SCHMIDT, Die Geschichte des Genie-Gedankens in der deutschen Literatur, Philosophie und Politik 1750–1945, Bd. 2 (Darmstadt 1985), 33 ff., GÜNTER BLAMBERGER, Das Geheimnis des Schöpferischen oder: Ingenium est ineffabile? Studien zur Literaturgeschichte der Kreativität zwischen Goethezeit und Moderne (Stuttgart 1991), 120 ff.
231 HOFFMANN, Nachricht von den neuesten Schicksalen des Hundes Berganza (1814), in: Hoffmann, Fantasie- und Nachtstücke, hg. v. W. Müller-Seidel (München 1960), 95.
232 HOFFMANN, Kreisleriana (1814), in: ebd., 326.

stellt.[233] Die Auflösung des Gegensatzes zwischen Kunsthandwerker und gefährdetem Genie im Sinne der patriarchal-pygmalionischen Meisterkünstler im Werk Hoffmanns vermittelt nur der Humor, weshalb viele der Gegensätze auch als ironisches Spiel mit ästhetischen Klischees verstanden werden müssen, als »die Reflexion auf das eigene Schreiben, das Zitat, das intertextuelle Spiel«, mit Hilfe dessen Hoffmann die epigonale Depotenzierung spätromantischer Autorschaft überwindet.[234]

c) Zwischen Realismus und Ästhetizismus

Im 19. Jh. erfährt das Autor-/Künstlerbild eine tiefe Spaltung: Einerseits läßt sich eine revolutionäre Potenzierung ästhetischer Autonomie zum Typus des absolutistischen Genies als Urheber des Gesamtkunstwerkes beobachten, andererseits vollzieht sich eine Abwertung künstlerischer Arbeit durch Massenkonsum, Epigonentum und Dekadenz. Ein rasanter Strukturwandel der Öffentlichkeit durch neue Medien der Information und Kommunikation läßt immer mehr außerästhetische Faktoren in die Bestimmung von Autor und Künstler eindringen und konfrontiert diese mit den Anforderungen einer Populärkultur des Massenpublikums. Die Wertvorstellungen des Kunstbereichs vermitteln sich nicht mehr allein über eine autonome ästhetische Debatte, sondern geraten zunehmend in Abhängigkeit von einem Markt, der vorbestimmt ist durch drei Faktoren: die staatlich kontrollierten Institutionen (wie Akademien, Zensurbehörden), das Ausstellungs- bzw. Verlagswesen und die ›Kritik‹ als journalistisches Regulativ des Publikumgeschmacks.[235] Die Verdrängung der handwerklichen Produktion durch Industrieerzeugnisse verengt zudem die gesellschaftliche Funktion des Künstlertums auf eine ästhetische Perspektive und entfremdet seine Domäne dem bürgerlichen Lebenszusammenhang: »Industrialisierung und Massengesellschaft zwingen dem Künstler eine neue Rolle auf; als Spezialist für das Schöne ist er marktabhängig wie andere Spezialisten auch. Nicht nur die Wissenschaft als voll entfaltete Rationalität bedrängt die Kunstwelt, auch die moderne Produktionswelt meldet dem aus dem Mäzenatentum entlassenen Künstler gegenüber ihre Forderung an.«[236]

Schon Goethe, der 1786 angesichts des Venezianischen Arsenals im Tagebuch seiner *Italienischen Reise* gewissermaßen Flaubert das Wort vom Ende der Zeit des Schönen soufflierte, hatte die Gefahren der vor allem in England voranschreitenden fabrikmäßigen Kunstproduktion erkannt und dagegen noch die unersetzbare Formkraft des echten Künstlers gestellt: »Eine Materie erhält durch die Arbeit eines echten Künstlers einen innerlichen, ewig bleibenden Werth, anstatt daß die Form, welche durch einen mechanischen Arbeiter selbst dem kostbarsten Metall gegeben wird, immer in sich bei der besten Arbeit etwas Unbedeutendes und Gleichgültiges hat, das nur so lang erfreuen kann, als es neu ist.«[237] Dieser noch ganz dem Originalitätsdenken von Autorschaft und Künstlertum verpflichtete Wertbegriff wird jetzt zurückgedrängt – bzw. in der Folge abgedrängt in die Außenseiterrolle einer Avantgarde – von technischen Neuerungen der Reproduktionsmittel sowohl von literarischen als auch von bildnerischen Kunstwerken: die Vereinfachung der Papierherstellung und der Drucktechnik durch Stereotypie und Schnellpresse auf Seiten der Druckerzeugnisse, Lithographie und Photographie auf Seiten der visuellen Künste, die durch Expansion und Beschleunigung der Verbreitung für das Entstehen eines kapitalistischen Marktes der Kunst als Ware sorgen und damit auch eine Professionalisierung des Schriftstellertums durch journalistische bzw. allgemein publizistische Arbeitsmöglichkeiten und des Künstlers durch das

---

233 LÄMMERT, Lebens-Ansichten eines Katers. Anomalien eines Künstlerlebens nach 1800, in: J. Fohrmann (Hg.), Lebensläufe um 1800 (Tübingen 1998), 163, 173.
234 HARTMUT STEINECKE, Die Liebe des Künstlers. Männer-Phantasien und Frauen-Bilder bei E. T. A. Hoffmann, in: W. Hinderer (Hg.), Codierung von Liebe in der Kunstperiode (Würzburg 1997), 300.
235 Vgl. BÄTSCHMANN (s. Anm. 13), 58 ff.; HEINICH (s. Anm. 171), 29 ff.
236 RALPH-RAINER WUTHENOW, Muse, Maske, Meduse. Europäischer Ästhetizismus (Frankfurt a. M. 1978), 14.
237 GOETHE, Kunst und Handwerk (s. Anm. 203), 56; vgl. GUSTAVE FLAUBERT an Louise Colet (24. 4. 1852), in: Flaubert, Correspondance, hg. v. J. Bruneau, Bd. 2 (Paris 1980), 76; ANGELIKA THIEKÖTTER/ECKHARD SIEPMANN (Hg.), Packeis und Pressglas. Von der Kunstgewerbebewegung zum Deutschen Werkbund (Giessen 1987).

Maklerwesen von Galeristen und Kunsthändler möglich machen.[238]

Im 19. Jh. kommt es also einerseits zur ökonomischen Konsolidierung des Berufsbildes von Autor und Künstler, andererseits aber zur kompensatorischen Ausdifferenzierung all der Utopien und Apotheosen des 18. Jh., in denen der künstlerisch Schaffende einen gegen die Normalität opponierenden, auf seine Singularität und Innovation beharrenden Ausnahmezustand der exemplarischen Übertretung für sich reklamiert. Daß mit den sozialen und – in der Folge der Absicherung des Copyrights – auch juridischen Anerkennungen ästhetischer Produktion sich der Widerspruch zwischen dichterischer Mission und Marktmechanismen auch verschärfte, hat gerade Heinrich Heine als einer der ersten Berufsschriftsteller Deutschlands erfahren müssen. Seine Relativierung auktorialer Werkherrschaft (»der Pfeil gehört nicht dem Schützen, sobald er von der Sehne des Bogens fortfliegt, und das Wort gehört nicht mehr dem Sprecher, sobald es der Lippe entsprungen und gar durch die Presse vervielfältigt worden«) erfährt durch die Praxis der restauratorischen Zensur eine zynische Bestätigung, durch die Heine nicht nur seine Autorschaft bis zur persönlichen Unvertretbarkeit verstümmelt, sondern »das Schreiben selber verboten« sieht.[239]

»Das 19. Jahrhundert«, meint Walther Rehm zum Niedergang des romantischen Bildes vom poeta vates, »scheint den Dichter verleugnen und vertreiben zu wollen, [...] und ruft an seiner Stelle den Schriftsteller, den Literaten oder den Publizisten zum willig geleisteten Dienst am Alltag.«[240] Daher erklärt sich das gesellschaftlich antipodische Selbstverständnis vieler Schriftsteller des 19. Jh., die in der Ablehnung einer beruflichen bzw. finanziellen Absicherung die Rettung vor der Verflachung durch Anpassung an den Publikumsgeschmack und an populäre Moden sehen: Gegen den Mode-Autor, der im Trivial- bzw. Unterhaltungsbereich des Feuilleton und der Zeitschriften seine auch ökonomisch fruchtbaren Erfolge feiert, steht das Ideal freier Autorschaft, die auch Schopenhauer als »Beruf« – im emphatischen Sinne von Vokation – gegen die unkünstlerisch-ökonomische »Profession« als »Geldverdienen durch Bücherschreiben« abhebt.[241] Das Erbe des Genie-Kultes

erfährt jetzt aber neben der sozialen Marginalisierung auch »die grausamste psychologische Durchleuchtung«, die – z.B. bei Kierkegaard und Nietzsche – »die innere Brüchigkeit und Problematik der Künstler- und Dichtergestalt gerade in ihrer romantischen Verklärung nach[weist]«.[242] Mentalitätsgeschichtlich hat diese widersprüchliche Haltung zur gesellschaftlichen Anerkennung aber »angesichts der unleugbaren Kommerzialisierung (und damit erneuten Heteronomisierung) des Kunstwesens im 19. Jahrhundert, unweigerlich zur Folge, daß man den Schriftsteller dieser Zeit vorzugsweise mit negativen Kategorien beschreiben und ihn in die Rolle des entsagenden Opfers und des sich verweigernden Außenseiters wahrnehmen muß.«[243]

Die französische Literatur reagiert auf die ökonomische Depotenzierung subjektiver Werkherrschaft und die Krise künstlerischen Schöpfertums mit einem artistischen Eskapismus, der die Artikulation souveräner Autorschaft vom Werk auf die existenzielle Ebene des Künstlers selbst verschiebt. Figuren wie Dandy, Flaneur, Bohémien betreiben ein Maskenspiel von Künstlertum, das sich immer

---

238 Vgl. GERHARD HÖHN, Der literarische Markt, in: Höhn (Hg.), Heine-Handbuch. Zeit, Person, Werk (Stuttgart 1997), 18 ff.
239 HEINRICH HEINE, Zur Geschichte der Religion und Philosophie in Deutschland (1835), in: Heine, Werke, v. H. Schanze, Bd. 4 (Frankfurt a.M. 1968), 46; HEINE, Über den Denunzianten (1837), in: ebd., 302.
240 WALTHER REHM, Orpheus. Der Dichter und die Toten. Selbstdeutung und Totenkult bei Novalis, Hölderlin und Rilke (Darmstadt 1948), 380.
241 ARTHUR SCHOPENHAUER, Parerga und Paralipomena (1851), in: Schopenhauer, Sämtliche Werke, hg. v. W. v. Löhneysen, Bd. 5 (Frankfurt a.M. 1965), 590; vgl. MONIKA SALMEN, Das Autorbewußtsein Annette von Droste-Hülshoffs (Frankfurt a.M. 1985), 120; BENJAMIN, Charles Baudelaire. Ein Lyriker im Zeitalter des Hochkapitalismus (entst. 1938; 1969), in: BENJAMIN, Bd. 1/2 (1974), 528 ff.; HEINICH (s. Anm. 171), 35 ff.; vgl. HELMUT KREUZER, Die Boheme. Beiträge zu ihrer Beschreibung (Stuttgart 1968), 246.
242 REHM (s. Anm. 240), 380.
243 HANS-JÖRG NEUSCHÄFER, Das Autonomiestreben und die Bedingungen des Literaturmarktes. Zur Stellung des ›freien Schriftstellers‹ im 19. Jahrhundert, in: ›Der Autor‹ [Themenheft]: Zeitschrift für Literaturwissenschaft und Linguistik, H. 42 (1981), 73.

mehr vom Funktionszusammenhang entfernt und zu einer Ästhetisierung des Daseins führt.[244] Schon früh belebt die französische Romantik z. B. eines Chateaubriand oder Lamartine die Tradition des Autors als Priester wieder und verklärt aus dem grenzenlosen Enthusiasmus einer Sehnsucht nach dem Unendlichen und dem Bedürfnis danach, das menschliche Dasein durch Poesie in den göttlichen Heilsplan zu integrieren, selbst die »malheurs du génie« zur Idee des Dichters als »héros de l'esprit« und des Künstlers als prophetischen »servant du Temple«.[245] Autoren wie Gérard de Nerval und Charles Nodier, die durch ihre Rezeption der deutschen Romantik geprägt sind, begreifen sich profaner als Künstler, als welche sie Dichten, Denken und Dasein verbinden und schon unterwegs sind zum Gesamtkunstwerk poetischer, philosophischer und praktischer Natur.

Als Außenseiter wird der Bohemien zum Inbegriff eines artistischen Potentials in der Tradition einer Genialität qua Berufung, wie sie Balzac in *Un prince de la Bohème* (1840) als Religion der Hoffnung und des Glaubens in einer optimistischen Weiterführung von Goethes *Werther* (1774) feiert oder Henry Murger in seinen einschlägigen *Scènes de la vie de Bohème* (1851) zum Manifest einer – im Gegensatz zu Puccinis tragödienhafter Opernfassung – glückhaften Begeisterung für das antibürgerliche, d. h. außerhalb der Normen aber auch der Sicherheiten stehende exzentrische Leben des Genies werden läßt. Balzac unterscheidet dabei drei Typen der modernen Gesellschaft, den arbeitenden, den denkenden und den nichtstuenden Menschen, wobei der Künstler in seinem gesellschaftlichen Ausnahmezustand den Übergang der letzteren beiden Lebensweisen darstellt: »L'artiste est une exception: son oisiveté est un travail, et son travail un repos; il est élégant et négligé tour à tour; [...] il est toujours l'expression d'une grande pensée et domine la société.«[246]

Legendär geworden ist Balzacs Figur des dämonisch exzentrischen Künstler Frenhofer in der Erzählung *Le chef-d'œuvre inconnu* (1831), der mit seiner radikalen Suche nach künstlerischer Wahrheit im destruktiven Scheitern endet. Man kann darin einen der letzten großen Künstlermythen sehen, der mit seiner Problematisierung des Verhältnisses von eigenständigem Werk und auktorialer Beherrschung desselben durch die Intention eines allmächtigen Schöpfers an das romantische Motiv von der authentischen Reproduktion von Wirklichkeit (z. B. bei E. T. A. Hoffmann oder E. A. Poe) anknüpft: Der Traum vom Umschlagen der Kreativität in Kreation, von der Inkarnation des Ideals, dem Künstler in der mythischen Tradition des Pygmalion göttliche Qualitäten verleiht, gebiert als neue Nobilitierungsform den gescheiterten Künstler, als welcher Balzacs Maler nicht nur für nachfolgende Künstlernovellen oder -romane (u. a. Henry James *Madonna of the Future*, 1873, und Emile Zolas *L'œuvre*, 1886) zum Vorbild wurde, sondern auch zur Identifikationsfigur vieler moderner Künstler (wie Cézanne und Picasso).[247]

Die von Théophile Gautier vertretene Position des l'art pour l'art sieht ihr Künstlerbild in diesem emblematischen Scheitern bestätigt, zeichnet sich der wahre Künstler doch gerade durch eine völlige Autonomie seiner Inspiration gegenüber sowohl einem Vorbild als auch dem Publikum aus und bekundet seine Freiheit gegen die Realität im Namen einer jenseits der Sichtbarkeit sich offenbarenden Welt des Traums, wie der selbst als Maler gescheiterte Gautier bekennt: »On voit ce qu'on a fait, et la réalité toujours sévère vous donne votre mesure, mais on peut rêver ce qu'on aurait fait bien plus beau, bien plus grand, bien plus magnifique; – la page a été noircie, la toile est restée blanche, et rien n'empêche d'y supposer, comme le Frenhofer du *Chef-d'œuvre inconnu* du Balzac, une Vénus près de laquelle les femmes nues du Titien

---

244 Vgl. KREUZER (s. Anm. 241), 1–60; HEINICH (s. Anm. 171), 38–41.
245 BÉNICHOU, Le sacre de l'écrivain 1750–1830. Essai sur l'avènement d'un pouvoir spirituel dans La France moderne (Paris 1996), 332; vgl. 422 ff.; BÉNICHOU, Le temps des prophètes. Doctrines de l'âge romantique (Paris 1977), 292.
246 HONORÉ DE BALZAC, Traité de la vie élégante (1830), in: Balzac, Les Parisiens comme ils sont 1830–1846, hg. v. A. Billy (Genève 1947), 176.
247 Vgl. GEORGES DIDI-HUBERMAN, La peinture incarnée (Paris 1985); BÄTSCHMANN (s. Anm. 13), 98 ff.; HEINICH (s. Anm. 171), 47 ff.; HANS BELTING, Das unsichtbare Kunstwerk. Die modernen Mythen der Kunst (München 1998), 153 ff., 302 ff.

ne seraient que d'informes barbouillages.«[248] Der abgrenzende Gestus gilt hierbei den kunstsoziologischen Ansätzen des Frühsozialismus, der vor allem in der Figur des Avantgarde-Künstlers des Saint-Simonismus den Widerspruch zwischen Ideal und Wirklichkeit als Komplementarität von Wissenschaft, Industrie und Künsten hinsichtlich eines gesellschaftlichen Nutzens zu vermitteln sucht. Proudhon z.B. würdigt die fortschrittliche Rolle der Künstler in diesem Sinne als Herausarbeitung der verborgenen, zukünftigen Wahrheit der Gemeinschaft, in der er sich als gleichsam prophetischer ›artiste-témoin‹ durch sein herausragendes und für andere wegweisendes Gespür für das Ideale auszeichnet bzw. als berufen erweist.[249]

Dem widerspricht schon Delacroix, der als romantischer Gegenspieler zu der von Ingres repräsentierten klassizistischen David-Schule gewissermaßen zu einem ›spiritus rector‹ für Balzacs Künstlernovelle wurde, indem er den Blick des Künstlers nach innen, auf die »imagination« lenkt, die der Ursprung »des tableaux, des images« sei.[250] Er verweist damit zugleich auf die schon von Gautier betonte Orientierung des Künstlerbegriffs an der literarischen Autorfigur, die bei ihm zwar nicht – wie bei seinem jüngeren Zeitgenossen Eugène Fromentin – zu einer Doppelkarriere als Dichter und Maler geführt hat, aber immer wieder Überlegungen zum Verhältnis von Autor und Künstler in den Vordergrund rückt. Baudelaire, für den Delacroix Inbegriff des »peintre-poète« ist, sieht allein in der »imagination«, der »reine des facultés«, das Merkmal echten Künstlertums, wohingegen »la nature extérieure ne fournit à l'artiste qu'une occasion sans cesse renaissante de cultiver ce germe«.[251] Künstler und Autoren sollen im Zeichen ihrer Phantasie als asoziale Kraft der Inspiration gegen den durch Mediokrität und Massenmedien gesunkenen Geschmack des Publikums ankämpfen und sich als Künstler-Philosophen wieder auf ihre intellektuelle, denkerische Nobilitierung durch ein ›Künstlerwissen‹ und eine ›Autor-Funktion‹ zurückbesinnen.[252]

Wogegen Baudelaire also unter dem Stichwort einer philosophischen Kunst polemisiert, ist die naive, ja primitive Vorstellung einer Übersetzung von Wirklichkeit in Abbild und zugleich die darin zum Ausdruck kommende Tendenz einer Belehrung, wie sie auch Théophile Gautier in *L'Art moderne* von 1856 der deutschen Kunst – vor allem den Nazarenern – vorwirft. Baudelaire will dagegen nur einer Göttin dienen, der Phantasie und ihrer Einbildungskraft, die »décompose toute la création, et, avec les matériaux amassés et disposés suivant des règles dont on ne peut trouver l'origine que dans le plus profond de l'âme, elle crée un monde nouveau, elle produit la sensation du neuf.« Der Begriff der Avantgarde bekommt hier einen völlig anderen, sozial dysfunktionalen Sinn der Erschaffung des Neuen: »L'artiste, le vrai artiste, le vrai poète, ne doit peindre que selon qu'il voit et qu'il sent. Il doit être *réellement* fidèle à sa propre nature.«[253] Und diese ganz eigene Natur des Künstlers ist für Baudelaire durchaus künstlich, ganz und gar artistisch und artifiziell, eine andere, der Wirklichkeit entgegengesetzte Welt des Traums, wie sie schon Gautier postuliert hat.

Die französische Ästhetikdiskussion des 19. Jh. spitzt sich im Zeichen der Avantgarde zu auf den Gegensatz zwischen Künstler- und Bürgertum, zwischen einer ›éthique de la rareté« und einer ›éthique de la communauté«: »le génie est valorisé contre la foule et contre la communauté des pairs, l'excentricité contre l'observance des canons, l'innovation contre la reproduction des modèles, la marginalité contre la conformité, l'artiste prophète contre l'artiste mondain, et la postérité contre

---

248 THÉOPHILE GAUTIER, Histoire du romantisme (1872; Paris 1993), 3; vgl. GAUTIER, Du beau dans l'art, in: Gautier, L'art moderne (Paris 1856), 129 ff.
249 Vgl. PIERRE-JOSEPH PROUDHON, Du principe de l'art et de sa destination sociale, in: Proudhon, Œuvres complètes, Bd. 11, hg. v. C. Bouglé u. H. Moysset (Paris 1939); dt.: Von den Grundlagen und der sozialen Bestimmung der Kunst, übers. v. K. Herding (Berlin 1988), 67, 100 f.
250 EUGÈNE DELACROIX, [Tagebucheintrag] (25. 1. 1857), in: Delacroix, Journal, Bd. 3 (Paris 1960), 120.
251 CHARLES BAUDELAIRE, L'œuvre et la vie de Delacroix (1863), in: BAUDELAIRE, Bd. 2 (1976), 751 f.; vgl. ELISABETH HIRSCHBERGER, Dichtung und Malerei im Dialog. Von Baudelaire bis Éluard, von Delacroix bis Max Ernst (Tübingen 1993), 11 ff.
252 Vgl. BAUDELAIRE, Salon de 1859, in: BAUDELAIRE, ebd., 610, 617; HOLERT (s. Anm. 185), 124, 260.
253 BAUDELAIRE, Salon de 1859, in: (s. Anm. 251), 620 f.

l'aveuglement ou le mensonge du temps présent.«[254] Der ästhetische Impuls ist zugleich ein anarchischer, der mit den bourgeoisen Identitäts- und Verantwortungsvorstellungen bricht: ob in der Formulierung Lautréamonts, daß »la poésie doit être faite par tous. Non par un« oder der legendären Worte des Seher-Briefs Rimbauds, daß die Romantiker gezeigt hätten, wie wenig ein Gedicht der »pensée chantée et *comprise* du chanteur« gleiche, daß »Je est un autre« und nur verblendete Egoisten »se proclament auteurs«, statt auf dem Wege eines »dérèglement de tous les sens« sehend zu werden.[255] Daher fordert selbst Zola in seiner Würdigung des »moment artistique« vom Künstler, »de se livrer lui-même, cœur et chair, [...] d'affirmer hautement un esprit puissant et particulier, une nature âpre et forte qui saisisse largement la nature en sa main et la plante tout debout devant nous, telle qu'il la voit.«[256]

Der Appell ergeht damit an eine zwar unbewußte, aber plastische Kraft, im Gegensatz zur anderen Extremform artistischen Außenseitertums in Gestalt des Dandys, der schon bei Baudelaire als Prototyp des Lebenskünstlers mit seiner künstlerischen Schauspielerei an die Grenze des Verrats am echten Künstlertum gerät: »Zweifellos ist der Dandy eine der möglichen Erscheinungsformen des Ästheten; er ist nicht der Künstler, wohl aber ein Verwandter von ihm, und nicht selten hat der Künstler sich dieser Rolle bedient, die eine andere Gestalt des ästhetisch geprägten Widerstands gegen die Gesellschaft ermöglichte.«[257]

Der für das 19. Jh. signifikante Widerspruch zwischen Individuum und Gemeinschaft bestimmt auch die deutsche Debatte des sozialen Status von Autor und Künstler, wobei aber für die literarische Generation nach 1848 signifikant die Opposition einer außerhalb der Normen stehenden Innovation, Individualität marginalisierter artistischer Exzentrizität gegen die philisterhafte Masse ausfällt. Für den frühen Lukács zeichnet sich die Utopie einer ästhetischen Versöhnung von »Bürgerlichkeit und l'art pour l'art« als den »beiden Extremen in einem Menschen« ab, wie es auch Thomas Mann als »bürgerliches Künstlertum« für ein trotz seiner Zwiespältigkeit allein in Deutschland »verwirklichtes Paradoxon« hält.[258] Der Preis für diese gesellschaftliche Anerkennung ist gleichwohl eine Popularisierung qua Vulgarisierung der Autor- und Künstlerqualitäten des 18. Jh. im Traditionszusammenhang eines Bildungsbürgertums. Die konsolidierte bürgerliche Öffentlichkeit, die ganz im Zeichen von Bildung und Kultur die höfische Kunstszene durch ihr System von Literatur- und Kunstvereinen substituiert, erbt gewissermaßen von der Genieästhetik das die Entwicklung der individuellen Fähigkeiten und Anlagen ausgerichtete pädagogische Programm ästhetischer Bildung bzw. Erziehung eines jeden zum Autor/Künstler als Vollendung seiner humanistischen Totalität.

Das bereits von Goethe und Schiller diskutierte Modell des Dilettantismus wird jetzt im durchaus positiven Sinne zum ästhetischen Modell. Eine anwachsende Zahl von kunstliebhabenden Bürgern macht das Autor- bzw. Künstlerideal zur Modeerscheinung in einem doppeldeutigen Sinne (der sich unter der emphatischen Benennung von Laienhaftigkeit selbst noch in Freuds schriftstellerischem Selbstverständnis findet). Einerseits entsteht durch das Bildungsbürgertum eine neue Vermittlungsebene zwischen Künstler und Publikum: »In einem höheren Sinn waren Künstler, Dilettant und Publikum Teil eines individuellen wie gesellschaftlichen Prozesses, der Erziehung des Menschen zur Kultur.«[259] Anderseits vertieft sich durch diese

---

254 HEINICH (s. Anm. 171), 45; vgl., 50.
255 COMTE DE LAUTRÉAMONT, Poésies II (1870), in: Lautréamont, Œuvres complètes d'Isidore Ducasse, hg. v. M. Saillet (Paris 1963), 409; ARTHUR RIMBAUD, Lettres, in: Rimbaud, Œuvres complètes, hg. v. A. Adam (Paris 1976), 250f.
256 ÉMILE ZOLA, Le moment artistique (1866), in: Zola, Salons, hg. v. F. W. J. Hemmings (Genf u.a. 1959), 60f.
257 RALPH-RAINER WUTHENOW, Muse, Maske, Meduse. Europäischer Ästhetizismus (Frankfurt a.M. 1978), 185; vgl. DOLF OEHLER, Pariser Bilder I (1830–1848). Antibourgeoise Ästhetik bei Baudelaire, Daumier und Heine (Frankfurt a.M. 1979), 199; JOUANNAIS (s. Anm. 22), 65.
258 GEORG LUKÁCS, Bürgerlichkeit und l'art pour l'art. Theodor Storm, in: Lukács, Schriften zur Literatursoziologie (Frankfurt a.M. 1985), 297; THOMAS MANN, Betrachtungen eines Unpolitischen (1918; Frankfurt a.M. 1988), 100; vgl. 95 f.
259 ANDREAS SCHULZ, Der Künstler im Bürger. Dilettanten im 19. Jahrhundert, in: D. Hein/A. Schulz (Hg.), Bürgerkultur im 19. Jahrhundert. Bildung, Kunst und Lebenswelt (München 1996), 43.

funktionale Generalisierung doch wieder der Zwiespalt zwischen dem Bürger als philiströser Verflachung des Künstlerideals und dem ›wahren‹ Künstler, der im Namen der Autonomie von Kunst »zwangsläufig als unbürgerlich erscheinen, als ein Außenseiter der bürgerlichen Gesellschaft« betrachtet werden mußte.[260] Im Zeichen der epigonalen Legitimitätskrise wird aber dieses artistische Außenseitertum selbst von der bildungsbürgerlichen Popularisierungswelle erfaßt und verliert auch seinen Stellenwert als politisches Leitbild idealer Humanität: »Nach dem Scheitern der deutschen Demokratiebewegung und dem erzwungenen Rückzug ins Private entstehen keine neuen gesellschaftlich bezogenen Autorenbilder. Historisierende Rückwendung in die Vergangenheit, Beschränkung auf den (Philister-) Alltag oder unverbindliche Causerie sind auch Dokumente eines Sichabfindens nicht nur mit der *conditio humana*, sondern auch mit den politischen Zuständen.«[261] Die von Keller, Stifter und Storm konzipierten Künstlerfiguren sind entsprechend gekennzeichnet durch kompromißbereite Versöhnung der Gegensätze und eine pragmatische Anerkennung von Endlichkeit und Mittelmaß. Insbesondere Keller, der selbst zwischen einer Malerkarriere und seinem Schriftstellertum schwankte und die berufliche Situation dieser beiden künstlerischen Karrieren immer wieder vor dem Hintergrund seiner bürgerlichen Tätigkeit als Stadtschreiber reflektierte, hat mit seinem Bildungs- und Künstlerroman *Der grüne Heinrich* (1854) das Wunschbild des artistischen Außenseiters in der epigonalen Überzeugung desavouiert, es sei »schon alles getan, was in unserem Jahrtausend vielleicht überhaupt erreicht werden konnte, und daß wir einstweilen weder so erfinden und zeichnen werden wie Raffael und Michelangelo, noch so malen wie die Venetianer.«[262] Seine Karikatur der Münchner Boheme deckt zugleich schonungslos die Mechanismen des Marktes und die destruktive Orientierungslosigkeit der zeitgenössischen Kunst im Zeichen fortschreitender Fabrikmäßigkeit auf. »Der herrschende Industrialismus und die Wut der Maler und Dichter, sich im römischen Cäsarismus, in der sogenannten Dekadenz zu baden«, wird auch in *Die Leute von Seldwyla* (1856/

1862, vor allem *Die mißbrauchten Liebesbriefe*) verspottet, wobei er die Auswüchse spießbürgerlichen Dilettantismus bei den »schlechten Scribenten«[263] in allen Einzelheiten karikiert, um eine ästhetische Moral gegenüberzustellen, eine künstlerische Biederkeit, die sich an der Meisterschaft handwerklicher Tradition orientiert.

In ähnlicher Weise ist Stifters gleichfalls von der Doppelperspektive als Maler und Dichter angeregtes Künstlerbild durch die Aufgabe einer adäquaten Wirklichkeitsaneignung bestimmt. In *Der Nachsommer* (1857) wird dem Dichter die Kraft zuerkannt, die innere Welt der Seele zu erschließen, so wie der Maler die äußere Welt der Schöpfung nachempfindet, aber Stifter ist sich stärker der Bedrohung durch die neuen Reproduktionsmedien bewußt. In seiner Erzählung *Nachkommenschaft* (1864) artikuliert er das epigonale Scheitern des künstlerischen Ausdrucks an der authentischen Darstellung des Realen, das sich der Wiedergabe des ästhetischen Ideals verweigert. Der alte Traum des Pygmalion-Mythos, der unter den Bedingungen gesteigerter Reproduktionsmittel wiederkehrt, bedarf der Versöhnung von Stoff und Geist durch die »mit sinnlicher Intuition begabte schöpferische Potenz« des Künstlers, wie sie z. B. Storms Künstlernovelle *Psyche* (1875) in ihrer Versöhnung des empirisch mechanischen Lebens mit dem poetisch ›symbolisierenden Sinnakt‹ des seine Geliebte als

---

260 DIETER HEIN, Bürgerliches Künstlertum. Zum Verhältnis von Künstlern und Bürgern auf dem Weg in die Moderne, in: Hein/Schulz (Hg.) (s. Anm. 259), 102.

261 GRIMM, Zwischen Beruf und Berufung – Aspekte und Aporien des modernen Dichterbildes, in: Grimm (s. Anm. 98), 14.

262 GOTTFRIED KELLER, Der grüne Heinrich (1854/ 1855), in: Keller, Sämtliche Werke und ausgewählte Briefe, hg. v. C. Heselhaus, Bd. 1 (München 1958), 469; vgl. SCHMIDT (s. Anm. 184), 83 ff.

263 KELLER, Autobiographie (entst. 1846; 1897), in: Keller (s. Anm. 262), Bd. 3, (1979), 837; vgl. HERBERT ANTON, ›Stille Grundtrauer‹. Die Schwerkraft der Dichtungen Kellers, in: H. Anton (Hg.), Invaliden des Apoll. Motive und Mythen des Dichterleids (München 1982), 114 f.; SCHUBERT (s. Anm. 224), 105 ff.; SELBMANN (s. Anm. 184), 132 ff.

Plastik zu neuem Leben erweckenden Künstlers zum Programm wird.²⁶⁴

Vermittelt über die Tradition der Nazarener und der Präraffaeliten lebt auch in der Malerei die romantische Idee einer Versöhnung von Handwerk und Kunst weiter. Die »Idee einer lebensweltlichen Differenz zwischen der sozialen ›Obdachlosigkeit‹ des Genies und der ›Behaustheit‹ des älteren Handwerkerkünstlertums«²⁶⁵ wird als historisch gewordene zum Inzitament ihrer Überwindung, wobei die spezifisch deutsche Entwicklung – ganz im Gegensatz zur minoritären der französischen Impressionisten – vor dem Hintergrund der akademischen Machtzentren vom artistischen Außenseitertum zur artifiziellen Aristokratie umspringt: »Auffällig an diesem deutschen Typ von Künstler-Außenseitertum ist, daß er sich in seiner Kunst strengster Zucht unterwarf, seinem Ideal aristokratischer Existenz ein aristokratisch klassisches Kunstideal zugesellte. Dieser aristokratische Anspruch, der bei Künstlern wie Feuerbach oder Marées zum Scheitern führte, ermöglichte in geschickter Darstellung den Malerfürsten des 19. Jahrhunderts wie Lenbach oder Makart überhaupt erst ihre extraordinäre Position.«²⁶⁶

Das entsprechende Künstlerideal ist getragen von der gegen industrielle Produktion gerichteten Wertschätzung der Kunstfertigkeit, in der sich das kreative Vermögen nicht nur als konstruktiv-plastische Kraft, sondern auch als materialangemessen erweist. In nahezu diametraler Entgegensetzung zum Genie- oder Boheme-Künstler, dem keine Erfüllung im Endlichen genügen kann, wird eine Werk- als Bodenständigkeit in einfachen, gediegenen und Nützlichkeit mit Schönheit verbindenden künstlerischen Formen gefordert. Als konservative, von Sentimentalität geprägte Haltung findet sich dieses Handwerksideal schon bei John Ruskin, vor allem aber William Morris' emphatisches Bekenntnis zu den ›Lesser Arts‹ träumt von solch einer Rückbesinnung der freien Künstler auf die fundamentalen und volksnahen Wurzeln in den mechanischen Künsten.²⁶⁷ Hier kündigt sich schon die in der Reformbewegung der Jahrhundertwende dann durchschlagende Übertragbarkeit des Künstlerbegriffs vom Berufsbild zum Lebensideal an, wobei das Handwerksideal mit seiner tradionellen Organisation in Meisterschaft und Lehre (apprenticeship) die Basis bietet für die gegen Ende des Jahrhunderts anwachsende, teils sektenhafte und also religiös hierarchisierte Gruppen- oder Schulbildung von Künstlern (z. B. in Künstlerkolonien).

Entsprechend fordert Friedrich Spielhagen vom Autor subjektive Zurückhaltung bei der Komposition seiner Werke im Sinne einer poetischen Phantasie, die nicht so sehr im Erfinden als vielmehr im Finden handwerkliches Können beweist und sich einem bürgerlichen Arbeitsethos verpflichtet weiß.²⁶⁸ Eine andere Lesart des Handwerklichen als Arbeitsethos propagiert Gustave Flaubert mit seiner Forderung, daß »l'idée seule est éternelle et nécessaire«, und mit seiner Skepsis gegenüber »ces artistes comme autrefois, de ceux dont la vie et l'esprit étaient l'instrument aveugle de l'appétit du beau, organes de Dieu«, um das Ideal eines vielmehr in seinem Werk unsichtbaren Künstlers aufzustellen: »L'artiste doit être dans son œuvre comme Dieu dans la création, invisible et toutpuissant; qu'on le sente partout, mais qu'on ne le voie pas.«²⁶⁹

Auch Richard Wagner ist sich der Ambiguität der modernen Künstlerexistenz durchaus bewußt, die in ihrer Abhängigkeit von den Marktmechanismen der Publikums Autonomie nur um den Preis einer Entfremdung an den Warenwert ihrer

---

264 Vgl. WINFRIED FREUND, Die Versöhnung von Stoff und Sinn. Theodor Storms Programm-Novelle ›Psyche‹ (1875), in: W. Zimorski (Hg.), Theodor Storm. Studien zur Kunst- und Künstlerproblematik (Bonn 1988), 118, 122.
265 SCHUBERT (s. Anm. 224), 19; vgl. 140 ff.
266 WERNER BUSCH, Kunsttheorie und Malerei, in: W. Busch/W. Beyroth (Hg.), Kunsttheorie und Malerei. Kunstwissenschaft (Stuttgart 1982), 237; vgl. HEINICH (s. Anm. 171), 46 f.; RUPPERT (s. Anm. 7), 340 ff.
267 Vgl. WILLIAM MORRIS, The Lesser Arts. Delivered Before the Trade's Guild of Learning, December 4, 1877, in: Morris, Collected Works, Bd. 23 (London 1915); dt.: Die geringeren Künste, in: Kunst und die Schönheit der Erde. Vier Vorträge über Ästhetik, hg. u. übers. v. J. Pätzold (Berlin 1986), 16, 23.
268 Vgl. FRIEDRICH SPIELHAGEN, Beiträge zur Theorie und Technik des Romans (Leipzig 1883).
269 FLAUBERT an Louise Colet (8./9. 8. 1846), in: Flaubert (s. Anm. 237), Bd. 1 (1973), 283; FLAUBERT an Mademoiselle Leroyer de Chantpie (18. 3. 1857), in: ebd., Bd. 2 (1980), 691.

Schöpfungen erhält. Im Künstler als Genie artikuliert sich zwar der »göttliche Trieb zur Mitteilung« als Glaube an seine eigene Stärke: »Er fühlt sich frei, und will nun auch im Leben frei sein: er will mit seiner Not nichts gemein haben; er will getragen sein, leicht und jeder Sorge ledig. Dies darf ihm gelingen, wenn sein Genie allgemein anerkannt ist, und so gilt es, dieses zur Anerkennung zu bringen.«[270] Mit diesem Willen zur Manifestation wird er aber abhängig von der Tauschabstraktion des Geldes als »Anerkennung seines Genies«, die sein Werk zur Ware macht und dem Zerstreuungsanspruch des Publikums in einer Weise ausliefert, die schlimmer ist als die Abhängigkeit von feudalistischem Mäzenatentum.

Als Gegensatz dazu sieht Wagner, der an die romantische Tradition des Tonkünstlers anknüpft und die Reihe der heroischen Musikerfiguren im 19. Jh. fortsetzt – angefangen bei der Goethe vergleichbaren Apotheose Beethovens über Inkarnationen des wahnsinnigen Künstlers wie Robert Schumann bis hin zu Künstleraristokraten wie Franz Liszt –, die Zukunft von Künstler und Kunstwerk in der Erneuerung durch eine quasi monarchistisch geregelte Bildung der Öffentlichkeit zu einer auf Andacht und Sammlung zurückgeführten, religiösen Kunstrezeption. Der Künstler, den Wagner in den *Meistersingern von Nürnberg* (1868) noch der romantisch verklärten Utopie einer handwerklichen Harmonie von Kunst und Leben nachbildet, glänzt in dieser neochristologischen Vermittlerfunktion (im *Parsifal*, 1882, auf höchster Stufe dargestellt) nicht durch sein individuell performatives Virtuosentum, sondern als mit der Gemeinschaft versöhnender Offenbarer des verborgenen kollektiven Schatzes der »künstlerischen Intention«[271]: In seiner individuellen Genialität repräsentiert er vielmehr auf eine, die Einflüsse der frühsozialistischen Utopien offenbarende Weise den Volksgeist als Schöpfungskraft und versöhnt dergestalt die – oft auf Wagner selbst als ein in seinen Fiktionen dilettierender Wahnsinniger projizierte – Subjektivität des Künstlers mit der gestalterischen Kraft des gemeinschaftlich Ganzen, bevor dieses »in der Zukunft«, in der »diese Vereinigung wirklich kommunistisch durch die Genossenschaft zustande kommen« wird, zum kollektiven Erlebnis des Gesamtkunstwerkes werden kann.[272]

Nicht von ungefähr übernimmt diese säkulare Figuration der Versöhnung zwischen künstlerischer Subjektivität und gemeinschaftlicher Objektivität das gattungspezifische Beispiel der Musik: Sie ist Versöhnungsarbeit par excellence für einen Künstlertypus, der in der Subjektivität seines künstlerischen Erfindens, den Fiktionen seiner individuellen Einbildungskraft zugleich beansprucht, Totalität auszuprägen, ein Absolutismus der Phantasie, die die Faszination Wagners – bei aller Gegensätzlichkeit – für Baudelaire oder Mallarmé ausmacht. Schon für Schopenhauer, auf den sich Wagner als einen seiner wichtigsten Vorbilder stützt, nimmt die Musik einen herausragenden Stellenwert ein, insofern sie nicht Abbild der Ideen, sondern Ausdruck des Willens selbst ist, durch das Genie des Künstlers aber als Welt der Vorstellung im Werk objektiviert werden muß, denn:»Nur Objektivität befähigt zum Künstler: sie ist aber allein dadurch möglich, daß der Intellekt, von seiner Wurzel, dem Willen abgelöst, frei schwebend und doch höchst energetisch tätig ist.«[273]

Nietzsche versucht diesen Gegensatz von Subjektivem und Objektivem in einer Weise aufzulösen, die »als *ästhetisches Phänomen*« sowohl Dasein als auch Welt »ewig *gerechtfertigt*« scheinen läßt: denn insofern »das Subjekt Künstler ist, ist es bereits von seinem individuellen Willen erlöst und

---

[270] RICHARD WAGNER, Der Künstler und die Öffentlichkeit (1841), in: Wagner, Gesammelte Schriften und Briefe, hg. v. J. Kapp, Bd. 7 (Leipzig o. J.) 141; vgl. DIETER BORCHMEYER, Das Theater Richard Wagners. Idee – Dichtung – Wirkung (Stuttgart 1982), 20 ff.
[271] WAGNER, Der Virtuose und der Künstler (1840), in: Wagner (s. Anm. 270), 67; vgl. SCHUBERT (s. Anm. 224), 58 ff.
[272] Vgl. WAGNER, Künstlertum der Zukunft (1849), in: Wagner, Ausgewählte Schriften, hg. D. Mack (Frankfurt a. M. 1974) 135; vgl. WAGNER, Religion und Kunst (1880), in: Wagner (s. Anm. 270), Bd. 14, 130 ff.; vgl. ROH (s. Anm. 91), 83 ff.
[273] SCHOPENHAUER, Die Welt als Wille und Vorstellung (1844), in: Schopenhauer (s. Anm. 241), Bd. 2 (1976), 482; vgl. 493; SCHOPENHAUER, Die Welt als Wille und Vorstellung (1819), in: ebd., Bd. 1 (1960), 359.

gleichsam Medium geworden, durch das hindurch das eine wahrhaft seiende Subjekt eine Erlösung im Scheine feiert.«[274] Der Künstler soll nicht aus dem Blickwinkel des Rezipienten betrachten, nicht allein als Produzent des Kunstwerkes in Erscheinung treten, sondern als existentielle Kategorie zur Geltung kommen. In diesem Sinne feiert die »Artisten-Metaphysik« zwar einen »Künstler-Gott«, ist aber mit ihrer Betonung des Scheincharakters seiner Schöpfungen weit davon entfernt, eine Apotheose des Künstler-Genies durch Werkherrschaft zu restituieren, sondern affirmiert die Verlustmomente an subjektiver Autonomie im ästhetischen Bewußtsein der Moderne: »Geht mit der Depotenzierung autonomer Schöpferkraft die Zerstörung ihrer gegenständlichen Manifestationen einher, so gewinnt der Artist aus dem Zerfall der Werkkategorie die Materialien seiner Produktion.«[275]

Entsprechend weit und ambivalent ist der nicht zuletzt an die Tradition der Gaya scienza, der Fröhlichen Wissenschaft wiederanschließende Künstlerbegriff bei Nietzsche. Er reicht vom Scharlatan, der mehr um das »Phantastische, Mythische, Unsi-

chere, Extreme, den Sinn für das Symbolische, die Überschätzung der Person, den Glauben an etwas Wunderartiges im Genius« bekümmert ist, der als »Spieler« auf der Entwicklungsstufe von Kindheit und Jugend stehengeblieben ist bzw. als maskenreicher »Schauspieler« dem philosophischen Willen zur Wahrheit entgegengesetzt ist, bis hin zur Verklärung des kraftvoll Tätigen, stofflich Schaffenden, der wie die großen Vorbilder der Antike seinen »Zeugungsprozeß« dem »unehrwürdigen Begriff der Arbeit, wie jedes banausische Handwerk«, unterwirft und als »Künstler-Philosoph« einem höheren Begriff von Kunst im Sinne stofflicher Vollendung gerecht wird, ja sogar zum »Künstler-Tyrannen« einer Neugestaltung der Menschen durch die »Herren-Rasse« werden kann.[276] Als Grundfigur bleibt jedoch, daß die ästhetische Spezifität des Künstlers in seiner Trennung von der Realität besteht, die zunehmend zum Leiden an der Realität wird, zur Idee der Krankheit als Schärfung der Sinne für die Künstlerexistenz, »*die typische Velleität des Künstlers*«, wie sie der späte Nietzsche an Wagner als verzweifelten Ausbruch in die Wirklichkeit diagnostiziert, um gerade in diesem Ausnahme-Zustand das Schicksal des Künstlers zu besiegeln, »daß es nicht möglich scheint, Künstler zu sein und nicht krank zu sein«[277].

Nietzsches Umwertung eines metaphysischen Pessimismus in das Symptom einer ästhetischen Stärke sollte bei allen Ambivalenzen gegenüber der Décadence-Literatur und dem Nihilismus im Trotz zu einer der für den deutschen Sprachraum wirkungsmächtigsten Theorien des Fin de siècle werden. Das Konzept des heroischen Scheiterns steht dabei im Mittelpunkt und führt bereits bei Nietzsche selbst zur klaren Absage an eine überschätzte Auktorialität künstlerischen Schaffens, zur Forderung eines Flaubert nachempfundenen Schweigens des Autors angesichts der Beredtheit seines Werkes, vor dessen Verwechslung mit dem Autor Nietzsche nachdrücklich warnt.[278] Der frühe Hofmannsthal greift die Idee der ästhetischen Rechtfertigung von Welt angesichts der Sinnlosigkeit des Lebens auf, um in der Künstlerfigur mit Nietzsche den Überwinder, den erkennenden Sinnstifter zu feiern, ohne wie die Antipode Stefan George – oder radikaler noch Julius Langbehn in seinem 1890 erschienenen Kultbuch *Rembrandt als*

---

274 FRIEDRICH NIETZSCHE, Die Geburt der Tragödie oder Griechentum und Pessimismus (1871), in: NIETZSCHE (SCHLECHTA), Bd. 1 (1954), 40.
275 BETTINA ROMMEL, Transformationen des Ästhetizismus, in: F. Kittler/H. Turk (Hg.), Urszenen. Literaturwissenschaft als Diskursanalyse und Diskurskritik (Frankfurt a. M. 1977), 331; vgl. DIANA BEHLER, Nietzsches Versuch einer Artisten-Metaphysik, in: M. Djuric/J. Simon (Hg.), Kunst und Wissenschaft bei Nietzsche (Würzburg 1986), 130–149.
276 Vgl. NIETZSCHE, Menschliches, Allzumenschliches (1876), in: NIETZSCHE (SCHLECHTA), Bd. 1 (1954), 546; NIETZSCHE, Die fröhliche Wissenschaft (1881–82), in: ebd., Bd. 2 (1955), 106; NIETZSCHE, Fünf Vorreden zu fünf ungeschriebenen Büchern, 3. Der griechische Staat (entst. 1872), in: ebd., Bd. 3 (1956), 277; NIETZSCHE, Aus dem Nachlaß der Achtzigerjahre, in: ebd., Bd. 3 (1956), 503, 505; vgl. VUARNET (s. Anm. 89).
277 NIETZSCHE, Zur Genealogie der Moral (1887), in: NIETZSCHE (s. Anm. 274), Bd. 2 (1955), 843; NIETZSCHE, Aus dem Nachlaß der Achtzigerjahre, in: ebd., Bd. 3 (1956), 307; vgl. PETER PÜTZ, Kunst und Künstlerexistenz bei Nietzsche und Thomas Mann. Zum Problem des ästhetischen Perspektivismus in der Moderne (Bonn 1975), 41 ff.
278 Vgl. NIETZSCHE, Menschliches, Allzumenschliches, in: NIETZSCHE (SCHLECHTA), Bd. 1 (1954), 790, 794.

Erzieher – sogleich dem »ästhetischen Fundamentalismus« des Dichters als prophetischen Sängers bzw. des Künstlers als charismatischen Führers ins ›Neue Reich‹ zu verfallen.[279]

Vor allem aber das Werk der Brüder Heinrich und Thomas Mann steht im Zeichen des Künstlerkonzepts von Nietzsche, wobei besonders Thomas Mann in den zahlreichen Künstlerfiguren seiner Erzählungen und Romane die gesteigerte Erkenntnisfähigkeit des artistisch Asthenischen zum Thema macht und zugleich den Widerstreit zwischen Ethik und Ästhetik in seinen essayistischen Reflexionen austrägt. Es ist nicht der Nietzscheanische Übermensch, der für dieses Künstlerbild Pate steht, sondern die psychologische Analyse der Décadence, worauf Thomas Mann sich beruft, wenn er von einem »moralischen Überlegenheitsgefühl des Künstlers über die bürgerliche Gesellschaft« spricht – eine Befähigung zum »Seelenkundigen« und »Sittenrichter« aus »Künstlertum«, die er früher allerdings noch allein dem Literaten als Betrachtenden gegenüber dem praktisch sich anpassenden Schöpfertum des Künstlers zusprechen wollte.[280] Aufgrund dieses Überwiegens des Ethischen fühlt sich Thomas Mann – in Absetzung zu seinem Bruder Heinrich – weniger dem Ästhetizismus verpflichtet als vielmehr einer auf das Artistentum übertragenen bürgerlichen »Handwerkertreue«, die »Arbeit« als »ethisches Lebenssymbol« eines Handwerkerkünstlerideals hochhält und für welche »das Häßliche, die Krankheit, der Verfall« zu Gegenständen literarischer Gestaltung werden, wie sie schon das – neben Keller – verehrte Dichtervorbild Storm beherrschen, denn: »Das Element des Abenteuerlichen, Exzentrischen, Unregelmäßigen, Norm- und Glückswidrigen, das zur künstlerischen Konstitution gehört, ist bei ihm vielleicht fühlbarer als bei dem liebenswürdig korrekten Fontane.«[281]

Bemerkenswerterweise bildet sich gegen Ende des 19. Jh. auch in den deutschsprachigen Metropolen wie Berlin, Wien und München eine Boheme-Bewegung unter der Künstlerschaft aus, die zu einer Spaltung zwischen bürgerlich arrivierten, durch den akademischen Bereich anerkannten und unabhängigen, sezessionistischen Künstlern führt, die mit den künstlerischen Traditionen brechen und ganz auf die ästhetischen Regeln der von ihnen als virtuelle Gegengesellschaft gebildeten

Gemeinschaften setzen.[282] Die Extremform ist der imaginär verklärte Typus des aus der Gesellschaft Ausgestoßenen, der auf die Entfremdungserfahrung in der modernen Zivilisation mit Flucht ins Exotische – wie Gauguin oder Henri Rousseau – oder in den Wahn – wie van Gogh – reagiert, um seinen expliziten Subjektivismus des Ausdrucks als Inkommensurabilität mit traditionellen Symbolsystemen zu retten.[283] Neben die Figur des prophetisch ver- und entrückten Malers tritt die *poète maudit*, in dem noch einmal die Genieattribute des Dämonischen und Krankhaften versammelt und in einer Verschmelzung von Leben und Werk an Gestalten wie Dostojevski, Verlaine oder Strindberg demonstriert wer-

---

279 Vgl. HANS JÜRGEN MEYER-WENDT, Der frühe Hofmannsthal und die Gedankenwelt Nietzsches (Heidelberg 1973); SELBMANN (s. Anm. 184), 150–162; STEFAN BREUER, Ästhetischer Fundamentalismus. Stefan George und der deutsche Antimodernismus (Darmstadt 1995).

280 THOMAS MANN, Der Künstler und die Gesellschaft (1952), in: Mann, Essays, Bd. 2, hg. v. H. Kurzke (Frankfurt a.M. 1977), 329; MANN, Der Künstler und der Literat (1912), in: Mann, Essays, Bd. 1, hg. v. H. Kurzke u. S. Stachorski (Frankfurt a.M. 1993), 161; vgl. PÜTZ, Thomas Mann und Nietzsche, in: B. Hillebrand (Hg.), Nietzsche und die deutsche Literatur. II. Forschungsergebnisse (Tübingen 1978), 121–155.

281 MANN, Betrachtungen eines Unpolitischen (1918) (Frankfurt a.M. 1988), 96f.; MANN, Theodor Storm (1930), in: Mann, Essays, hg. v. M. Mann, Bd. 1 (Frankfurt a.M. 1977), 102; vgl. ECKHARD HEFTRICH, Zauberbergmusik. Über Thomas Mann (Frankfurt a.M. 1975); DAGMAR VON GERSDORFF, Thomas Mann und E. T. A. Hoffmann. Die Funktion des Künstlers und der Kunst in den Romanen ›Doktor Faustus‹ und ›Lebens-Ansichten des Katers Murr‹ (Frankfurt a.M. 1979).

282 Vgl. JULIUS BAB, Die Berliner Bohème, hg. v. M. M. Schardt (Paderborn 1994); JENS MALTE FISCHER, Die Großstädte und die Künstler um die Jahrhundertwende. Berlin, München, Wien, in: H.-M. Körner/K. Weigand (Hg.), Hauptstadt. Historische Perspektiven eines deutschen Themas (München 1995), 191–212.

283 Vgl. UWE M. SCHNEEDE, Vereinzelung des Künstlers – Visionen der neuen Kunst, in: M. Wagner (Hg.), Moderne Kunst. Das Funkkolleg zum Verständnis der Gegenwartskunst (Reinbek 1992), 199–217; vgl. BÄTSCHMANN (s. Anm. 13), 148 ff., 157 ff.; HEINICH (s. Anm. 171), 39.

den.[284] Das für die Zeit typische Interesse an Autor- bzw. Künstlerpathologien oder -pathographien versteht sich dabei im psycho-physischen Sinne des Positivismus auch als Analyse des Verhältnisses von Genie und Wahnsinn, wie sie Cesare Lombroso propagiert und nicht zuletzt Jean Martin Charcots Interesse am Ästhetischen des Anormalen erregt, bevor Max Nordaus Schrift über *Entartung* (1892/1893) zu einer Abrechnung mit der literarischen und künstlerischen Moderne im Zerrbild des Künstlers als asozialen und scheiternden Irren ansetzt.[285] Die um 1900 in ganz Europa verbreitete Vorstellung vom Künstler als Seher oder Prophet nimmt gerade im Zusammenhang von Gruppenbildungen aber auch priesterliche Züge an, die zu einer Wiederbelebung gnostisch-manichäischer Heilslehren (z. B. im Mystizismus eines Sâr Péladan oder den Naturkulten des Monte Verita) führte.

3. Die Krise der Moderne

a) Physiologien der Wahrnehmung um 1900
Nietzsche hat zur Genese des modernen Autorbegriffs vermerkt: »Das 17. Jahrhundert sucht die Spuren des Individuums auszuwischen, damit das Werk dem Leben so ähnlich als möglich sehe. Das 18. sucht durch das Werk *für den Autor zu interessieren.*«[286] Seine Diagnose läßt sich für das 19. Jh. in Richtung eines Positivismus der Moderne verlängern, der den im 18. Jh. intendierten Biographis-

mus in einen Biologismus von künstlerischem Schöpfertum ummünzt. Schon Sainte-Beuve verkündet gegen die romantischen Darstellungsaporien seine protonaturalistische Einheitsformel: ›l'homme et l'œuvre‹, die in der Individualität des Schaffenden die Wurzel für ein Verständnis des Geschaffenen sieht. Das bloße Werk als solches hat zwar die Kraft zur Erweckung eines ästhetischen Genusses, für das reifere Urteil fordert er aber »la connaissance de l'homme même; et je dirais volontiers: tel arbre, tel fruit«, – was nicht zuletzt als spezifisch modernes Phänomen spezifiziert wird: »Avec les Anciens on n'a pas les moyens suffisants d'observation. Revenir à l'homme, l'œuvre à la main, est impossible dans la plupart des cas avec les véritables Anciens, avec ceux dont nous n'avons la statue qu'à demi brisée. On est donc réduit à commenter l'œuvre, à l'admirer, à rêver l'auteur et le poète à travers. [...] Avec les Modernes, c'est tout différent [...]. Connaître et bien connaître un homme de plus, surtout si cet homme est un individu marquant et célèbre, c'est une grande chose et qui ne saurait être à dédaigner.«[287]

Am Ende des Jahrhunderts vollzieht sich im Naturalismus entsprechend die Umkehrung der frühbürgerlichen Emanzipationsformel: Der Künstler ist nicht, was er kann, sondern kann, was er ist. Gerhart Hauptmanns Künstlergestalten z. B. erfahren ihre artistische Bewertung im Spiegel einer »Existenzerfahrung der schaffenden Künstlers«, ihre »Seinsweise« und »Daseinsfunktion« bestimmt auf eine tragische, scheiternde Weise ihr künstlerisches Schaffen.[288] Diese Selbstnobilitierung, diese typologisch an den bildungsbürgerlichen Klassiker-Kult anschließende »Selbsterhebung des Dichters in den Adelsstand«, stellt eigentlich eine Reaktionsweise auf die verschärfte Krise von Literatur und Kunst im Zeitalter der industriellen Moderne dar, das mit seinen Orientierungsgrößen wie Kapital, Masse und Großstadt zwar neue materielle Möglichkeiten für Autoren schafft (u. a. durch das expandierende Zeitschriftenwesen und die damit gegebenen Doppelverwertungen durch Vorabdrucke, aber auch durch den Massenmarkt der Kolportageliteratur), andererseits aber durch Lohnschreiberei und fabrikmäßig betriebene Literaturproduktion zu einer nicht nur sozialen Deklassierung des Autors als Künstler führt.[289]

---

284 Vgl. LÖWENTHAL (s. Anm. 161), 192 ff.; KARL JASPERS, Strindberg und van Gogh. Vergleich einer pathographischen Analyse (München 1977).
285 Vgl. NEUMANN (s. Anm. 44), 160 f.; JEAN-MARTIN CHARCOT/PAUL RICHER, Die Besessenen in der Kunst, hg. v. M. Schneider (Göttingen 1988).
286 NIETZSCHE, Aus dem Nachlaß der Achtzigerjahre, in: NIETZSCHE (SCHLECHTA), Bd. 3 (1956), 509.
287 CHARLES-AUGUSTIN SAINTE-BEUVE, Chateaubriand jugé par un ami intime en 1803, in: Sainte-Beuve, Pour la critique, hg. v. A. Prassoloff/J.-L. Diaz (Paris 1992), 147.
288 KARL S. GUTHKE, Die Gestalt des Künstlers in G. Hauptmanns Dramen, in: Neophilologus 39 (1955), 26.
289 LÄMMERT (s. Anm. 207), 442; vgl. KLAUS-MICHAEL BOGDAL, ›Schaurige Bilder‹. Der Arbeiter im Blick des Bürgers am Beispiel des Naturalismus (Frankfurt a. M. 1978), 38 f.; WALTER FÄHNDERS, Avantgarde und Moderne 1890–1933 (Stuttgart 1998), 51–66.

Im Sinne der naturalistischen Hypostasierung von Autorschaft und Künstlertum differenziert sich auch der hermeneutische Widerstreit der Moderne zwischen naturwissenschaftlichem Erklären und geisteswissenschaftlichem Verstehen von Kunstwerken aus. Einerseits wird für Wilhelm Scherers positivistische Herangehensweise einer empirisch operierenden »Classification« die ästhetische Leistung »im Verhältniß von Production und Consumtion« als wertbestimmte »Waare wie eine andere« kalkulierbar.[290] Entsprechend den drei ökonomischen Faktoren Natur, Kapital und Arbeit standardisieren sich psychische und physiologische Faktoren sogar als »typische Dichterbiographien, welche den biographischen Stoff generalisirten und dadurch vereinfachten« (121). Andererseits sieht Wilhelm Dilthey im individuellen Erleben von Autor und Künstler den Ausdruck einer existenziellen bzw. energetischen Vorprägung künstlerischer Schöpfungskraft: »Das Schaffen des Dichters beruht überall auf der Energie des Erlebens«, dem der in seiner Wahrnehmungs- und Erinnerungsfähigkeit gesteigerte Künstler zugleich »eine freie Gestaltung der Bilder, uneingeschränkt von den Bedingungen der Wirklichkeit«, verleiht.[291]

Dilthey formuliert dieses autonome Autor-/ Künstlerbild aller geisteswissenschaftlichen Verstehenshorizonte zum Trotz vor dem Hintergrund des in seiner Zeit herrschenden naturwissenschaftlichen Paradigmas der Thermodynamik, das gerade für die anthropologischen Erklärungsmodelle des Übergangs von der Biologie zur Psychologie – prominent in Gestalt von Freuds Triebtheorie – beherrschend war. Die Auszeichnung des Künstlers als überdurchschnittliche, »dämonische« Natur mit einem »ganz unwillkürlichen Bautrieb« definiert sich einer »philisterhaften Auffassung gegenüber, welche sich auf biedere Durchschnittsmenschen von dichterischem Handwerk stützt«[292], nicht durch den Gestus avantgardistischer Überschreitung, sondern im Rückgang auf ein lebensphilosophisch verstandenes unergründliches Potential an Phantasie. Dem Instinktiven, das eine solche Sichtweise künstlerischer Kreativität zusprechen will, hat schon Konrad Fiedler mit einer neukantianischen Wendung gegen einen wirkungsorientierten, ästhetischen Standpunkt und in Richtung einer bewußten Wirklichkeitsaneignung als produktiven Willensakt widersprochen. Für ihn ist das den Künstler Auszeichnende, sein Können, sein Vermögen zur Arbeit des Sichtbar-Machens in gestaltenden Hervorbringungen von Welt, die »den dunklen und verworrenen Drang der eigenen Natur zum klaren Schauen entwickeln« und wodurch ein besonderes »Weltbewußtsein [...] in den Werken der Künstler zum Dasein gelangt«[293].

Oscar Wilde führt in The Picture of Dorian Gray (1891) diese Welt ästhetischer Sensibilität vor, macht zugleich aber deutlich, daß ihr Wahrheitsanspruch allein über objektive Kriterien und nicht über persönliche, autobiographische Evidenzen zu vermitteln ist: »An artist should create beautiful things, but should put nothing of his own life into them. We live in an age, when men treat art as if it were meant to be a form of autobiography. We have lost the abstract sense of beauty.«[294] In diesem Sinne ästhetischer Urteilskraft zählt Wilde auch die Tätigkeit des Kunstkritikers zur künstlerischen Kreation, insofern sie als »purest form of personal impression« dem kritisierten Kunstwerk gegenüber dieselbe Haltung einnimmt »as the artist does to the visible world of form and colour, or the unseen world of passion and of thought.«[295] Proust geht in seiner gegen den Positivismus eines Sainte-Beuve gerichteten Absage an die Einheit von Leben und

290 WILHELM SCHERER, Poetik, hg. v. G. Reiss (1888; Tübingen 1977), 50, 85.
291 WILHELM DILTHEY, Die Einbildungskraft des Dichters. Bausteine für eine Poetik (1887), in: Dilthey, Gesammelte Schriften, hg. v. G. Misch, Bd. 6 (Göttingen 1968), 130, 165; vgl. LÄMMERT (s. Anm. 207), 447.
292 DILTHEY, Das Erlebnis und die Dichtung (1905; Göttingen 1970), 133; vgl. 165.
293 KONRAD FIEDLER, Über den Ursprung der künstlerischen Tätigkeit, Schriften zur Kunst I, hg. v. G. Boehm (München 1971), 337; vgl. BUSCH (s. Anm. 266), 254f.; STEFAN MAJETSCHAK, Arbeit an Sichtbarkeit. Zur Einleitung, in: Majetschak (Hg.), Auge und Hand. Konrad Fiedlers Kunsttheorie im Kontext (München 1998), 17.
294 OSCAR WILDE, The Picture of Dorian Gray (1891), in: Wilde, Complete Works, hg. v. V. Holland (London 1966), 25; vgl. WALTER PATER, Coleridge's Writings (1867), in: Pater, Essays on Literature and Art, hg. v. J. Uglow (London 1973) 19; vgl. PATER, Style (1889), in: ebd., 72.
295 WILDE, The Critic as Artist (1890), in: Wilde (s. Anm. 294), 1027.

Werk sogar noch weiter und siedelt die Wurzeln der Inspiration und das Geheimnis des literarischen Arbeitens in einem unsichtbaren Selbst des Künstlers jenseits der Manifestationen seiner Biographie an, das Autor und Künstler gleichsam als innere Objektivität gegenübersteht und von ihnen selbst erst einmal verstanden werden muß: »cette méthode méconnait ce qu'une fréquentation un peu profonde avec nous-même nous apprend: qu'un livre est le produit d'un autre *moi* que celui que nous manifestons dans nos habitudes, dans la société, dans nos vices.«[296]

Der für das 19. Jh. trotz zahlreicher exzentrischer Positionen stillschweigend gehaltene Pakt zwischen Subjekt und Objekt als ein zwischen Autor/Künstler und Werk bestehendes Ausdrucksverhältnis zerbricht um 1900. In der als ästhetische Moderne bezeichneten Epoche werden dabei viele der in der Frühromantik angedachten Depotenzierungen in der Praxis eingelöst: »Die Experimentalästhetik der Moderne zeitigt nämlich zwei Paralleltendenzen: die radikale Autonomisierung des Subjekts beziehungsweise des Künstlers und die radikale Autonomisierung des künstlerischen Materials [...], die natürlich des Künstlers noch als Medium ihrer Realisation bedarf, jedoch nicht mehr als perspektivierendes und im Kunstwerk repräsentiertes Subjekt«, so daß die Rede vom »Tod des Autors« sich bereits ankündigt.[297] Als auslösende Faktoren lassen sich drei, miteinander verwobene Entwicklungen ausmachen: zum einen die gewissermaßen an Hegels These vom Ende der Kunst anschließende Entgrenzung des ästhetischen Gegenstandsbereiches im Sinne der nicht mehr schönen Künste, die durch Integration von außerästhetischen und alltäglichen Faktoren zunehmend die Kompetenz auktorialer oder künstlerischer Entscheidungen in Frage stellt[298]; desweiteren die Erschütterung der anthropologischen Modelle des Neuhumanismus durch die von Ernst Machs *Analyse der Empfindung* (1885) ausgehenden antimetaphysischen Physiologien einer Subjektivität, die sich als psychischer Apparat und nicht als bestimmendes Ich definiert[299]; schließlich die im Zeichenmodell Charles Sanders Peirces vollzogene semiologische Wende, die unter den epistemologischen Rahmenbedingungen der neuen Medientechnologie eine Spurensicherung der subjektiven Handlungen als kriminologische Indizien, stilistische Details und psychopathologische Symptome leistet.[300]

Für die Literatur hat am radikalsten Mallarmé die residuale Funktion einer Autorschaft neu definiert, indem er sie der sich verräumlichenden Materialität des Werks unterordnet, dessen Anordnung als reines Spiel respektiert werden muß, »pour omettre l'auteur«, während »un sujet, fatal, implique, parmi les morceaux ensemble, tel accord quant à la place, dans le volume, qui correspond«, d. h.: »L'œuvre pure implique la disparition élocutoire du poëte, qui cède l'initiative aux mots«[301] Zurück bleibt allenfalls eine ökonomische Bestimmung von Autorschaft, da »les grand auteurs parviennent par les livres, qui se vendent«, zugleich aber als Preisgabe des den avantgardistischen Zug ausmachenden Künstlertums, denn »l'artiste se dédouble et doit rester aristocrate.«[302]

Paul Valéry verfolgt diesen Weg weiter und pointiert das Verhältnis von Autor/Künstler und Werk hinsichtlich der technischen und rationalen

---

296 MARCEL PROUST, Contre Sainte-Beuve (1919; Paris 1954), 127.
297 SILVIO VIETTA/DIRK KEMPER, Einleitung, in: Vietta/Kemper (Hg.), Ästhetische Moderne in Europa. Grundzüge und Problemzusammenhänge seit der Romantik (München 1998), 31.
298 Vgl. ODO MARQUARD, Über einige Beziehungen zwischen Ästhetik und Therapeutik in der Philosophie des neunzehnten Jahrhunderts (1962), in: Marquard, Schwierigkeiten mit der Geschichtsphilosophie (Frankfurt a. M. 1973), 85–106; MARQUARD, Zur Bedeutung der Theorie des Unbewußten für eine Theorie der nicht mehr schönen Künste, in: Jauß, Die nicht mehr schönen Künste. Grenzphänomene des Ästhetischen. Poetik und Hermeneutik, Bd. 3 (München 1968), 375–392.
299 Vgl. HERMANN BAHR, Dialog vom Tragischen (Berlin 1904), 79–101; CHRISTOPH ASENDORF, Ströme und Strahlen. Das langsame Verschwinden der Materie um 1900 (Gießen 1989), 11 ff., 79 ff.
300 Vgl. GINZBURG (s. Anm. 105); FRIEDLÄNDER, Von den objektiven Indizien der Autorschaft, in: Friedländer, Von Kunst und Kennerschaft (Leipzig 1992), 98–104.
301 STÉPHANE MALLARMÉ, Crise de vers (1886–98), in: Mallarmé, Œuvres complètes, hg. v. H. Mondor/G. Jean-Aubry (Paris 1974), 366.
302 MALLARMÉ, La musique et les lettres (1895), in: ebd., 638; MALLARMÉ, L'art pour tous (1862), in: ebd., 259.

II. Historische Begriffsentwicklung

Momente in den Kategorien von ›production‹ und ›producteur‹, wobei er gerade im Anschluß an Mallarmé die in diesem Werkbegriff zum Ausdruck kommende Unendlichkeit betont und den Anteil des Autors als Produzenten auf den zugleich übertragbaren, vom Leser restituierbaren »acte poétique« reduziert: »Ce que l'œuvre nous produit alors est incommensurable avec nos propres facultés de production instantanée. D'ailleurs, certains éléments de l'ouvrage qui sont venus à l'auteur par quelque hasard favorable, seront attribués à une vertu singulière de son esprit. C'est ainsi que le consommateur devient producteur à son tour.«[303] Der Vorteil des Autors, »d'avoir pensé d'avance«, verliert sich gegenüber dem Leser im »duel d'esprits, mais où l'auteur est muet«, wobei Valéry gleichermaßen eine produktions- wie eine rezeptionsästhetische Entscheidbarkeit des Sinns von Kunstwerken zurückweist, denn auch für den Akt des Lesens gilt, was er von der Autorschaft sagt: »Pas d'autorité de l'auteur. Quoi qu'il ait *voulu dire*, il a écrit ce qu'il a écrit. Une fois publié, un texte est comme un appareil dont chacun se peut servir à sa guise et selon ses moyens.«[304]

Damit rückt Valéry »jener unendlich verbreiteten Vorstellung vom Wesen des Kunstwerkes zu leibe, die es, nach dem Muster des Privateigentums, dem gutschreibt, der es hervorgebracht hat«, um – gerade unter Betonung des Widerspruchs künstlerischen Schaffens zu den gesellschaftlichen Bedingungen der Produktion – vom Künstler zu fordern, daß er »sich zum Instrument umschaffen« und durch »technische Selbstbeschränkung« an der »Entfaltung der im Kunstwerk beschlossenen Wahrheit« arbeiten soll.[305] In letzter Konsequenz entwirft er dem antiquierten Bild vom »ouvrier« oder »artisan« gegenüber ein explizit modernes »tableau du laboratoire pictural d'un homme rigoureusement vêtu en blanc, ganté de gomme, obéissant à un horaire tout précis, pourvus d'appareils et d'instruments strictement spécialisés«.[306] Diese Vision vom Techniker-Künstler weist dabei in die eine Richtung der ästhetischen Moderne als Autonomisierung des Subjekts, die sich in Marcel Duchamps Vorstellung vom Künstler als intellektuellen Konzeptualisten programmatisch konsolidiert. Die andere Seite, die den Künstler als »accessoire de son il«, als »organe de visée, de pointage, de réglage, de mise au point«[307] begreift, betont dagegen die Autonomisierung des künstlerischen Materials, wie sie Cézannes Vorstellung der künstlerischen ›réalisation‹ beherrscht.

Die Künstlervorstellungen von Cézanne und Duchamp markieren gewissermaßen die beiden Grundpositionen der Ästhetik des 20. Jh.: die Reduzierung von Autorschaft auf eine objektive Arbeit am ästhetischen Material und die subjektive Intellektualisierung des Künstlers als Autor im Sinne einer Aktivität als Ingenieur des Immateriellen. Cézanne, der zugleich Gegenstand moderner Künstlerlegenden geworden und dessen Ästhetik nur durch quasi-hagiographische Aufzeichnungen von Schülern und Verehrern übermittelt ist, setzt sich klar gegenüber den Abstraktionen des »littérateur« im Namen einer dem Maler eigenen Verantwortung ab, durch seine »sensations« und »perceptions« die Wahrheit des Sichtbaren wiederzugeben, und zwar durch ein Studium der Natur als »travail«, qui fait réaliser un progrès dans son propre métier« und den Künstler als Aufschreibesystem definiert: »L'artiste n'est qu'un réceptacle de sensations, un cerveau, un appareil enregistreur.«[308]

Duchamp dagegen, der schon 1912 nach dem Besuch einer Luftfahrtausstellung beschloß, mit dem Malen aufzuhören, und zum Hohn individuellen Schöpfertums seine ›ready-mades‹ vorgefundene Gebrauchsgegenstände signierte, begreift seine künstlerische Tätigkeit jenseits von dem, was er an visuellen oder retinalen Eindrücken hinterläßt, als intellektuellen ›appétit de com-

---

303 PAUL VALÉRY, Première leçon du cours de poétique (1938), in: VALÉRY, Bd. I (1957), 1344, 1347; VALÉRY, Je disais quelquefois à Stéphane Mallarmé (1927), in: ebd., 653.
304 VALÉRY, Tel quel (1941–43), in: VALÉRY, Bd. 2, (1960), 629; VALÉRY, Au sujet du ›Cimetière Marin‹ (1933), in: VALÉRY, Bd. I (1957), 1507.
305 THEODOR W. ADORNO, Der Artist als Statthalter (1953), in: Adorno, Noten zur Literatur I (Frankfurt a. M. 1958), 188 f., 194.
306 VALÉRY, Degas Danse Dessin (1934), in: VALÉRY, Bd. 2 (1960), 1174.
307 Ebd., 1189.
308 PAUL CÉZANNE, Lettres à Émile Bernard, in: P. M. Doran (Hg.), Conversations avec Cézanne (Paris 1978), 28; JOACHIM GASQUET, ›Ce qu'il m'a dit‹, in: ebd., 109.

préhension‹, den er folglich auch durch Schachspielen befriedigt. Die Fixierung des Blicks auf die Aktivität des Künstlers erfüllt also auch einen ikonoklastischen Zug, der jedoch auch eine Entauratisierung des Künstlers einschließt: Duchamp spielt nicht nur auf entlarvende und aufhebende Weise mit den Mechanismen der Künstlernobilitierung, indem er mit einer Reihe von Pseudonymen signiert, sondern er höhlt auch die patriarchale Ordnung des Vaternamens im künstlerischen Schöpfermythos aus, indem er selbst die geschlechtliche Identität des Künstlers schwanken läßt und z. B. die Doppelgängerin Rose Sélavy erfindet.[309] Zugleich verweist er wie Valéry auf den Rezipienten als Träger des »processus créatif«, der beim Künstler als »être médiumnique« immer in der Spannung zwischen »intention« und »réalisation« bleibt: »l'artiste n'est pas seul à accomplir l'acte de création car le spectateur établit le contact de l'œuvre avec le monde extérieur en déchiffrant et en interprétant ses qualifications profondes et par là ajoute sa propre contribution au processus créatif. Cette contribution est encore plus évidente lorsque la postérité prononce son verdict définitif et réhabilite des artistes oubliés.«[310]

In der deutschen Literatur um 1900 sind es vor allem Hofmannsthal mit seinem *Chandos-Brief* (1901) und Rilkes *Aufzeichnungen des Malte Laurids Brigge* (1910), in denen sich das neue Autorimage ausformt als »Bild eines Zerrissenen, das Bild eines

bis zur Impotenz verurteilten Aktivisten, dessen Handlungsprimat nicht mehr auf das schöpferische Werk gerichtet ist, sondern auf die schöpferische Aktivität als solche.«[311] Für Hofmannsthal stellt gerade das Zerfallen der traditionellen Rhetorik den Ausgangspunkt dafür dar, die Dinge jenseits ihrer begrifflichen Einordnung »in einer unheimlichen Nähe zu sehen: so wie ich einmal in einem Vergrößerungsglas ein Stück von der Haut meines kleinen Fingers gesehen hatte«, als »unscheinbare Form«, als »von niemand beachtetes Daliegen oder -lehnen, dessen stumme Wesenheit zur Quelle jenes rätselhaften, wortlosen, schrankenlosen Entzückens werden kann.«[312] Auch Rilke steht in seinen neue Möglichkeiten des Erzählens erkundenden *Aufzeichnungen* im Kontext dieser Depotenzierungen von Autorschaft, die das Spannungsverhältnis von Visualität und Sprache als auktoriale Aporie einer nicht verfügbaren Innerlichkeit eines »Ich lerne sehen« thematisieren.[313]

Rilke ist zugleich einer der ersten, die auf die Umorientierung des Künstlerbegriffs im Postimpressionismus Cézannes reagieren. In seinen kunsttheoretischen Abhandlungen über die Maler von *Worpswede* (1902) und *Auguste Rodin* (1902) fordert er ebenso wie vom Autor auch vom Künstler das Aufgehen in der Materialität des Werkes. Die künstlerische Leistung besteht in der perzeptiven Spurensicherung von Indizien, Symptomen und Details, die zugleich einer anderen Darstellungsform verpflichtet ist. Repräsentativ für die Wiener Moderne entwickelt auch Peter Altenberg eine ähnliche Form von Autorschaft der literarischen Kleinform, die im Aufschreiben des Erlebten und Gedachten besteht und das Dasein des Autors selbst zum Kunstwerk werden läßt.[314] Radikaler noch macht André Gide aus der Problematisierung von Autorschaft selbst einen ästhetischen Gegenstand und prägt – in Vorwegnahme der postmodernen Selbstreflexion des Darstellens im Dargestellten für diese Kapitulation des auktorialen Autors vor dem salto mortale in den Abgrund textueller Selbstreferenz die Formel der mise-en-abyme als »rétroaction du sujet sur lui-même« wie im »ce procédé du blason qui consiste, dans le premier, à en mettre un second ›en abyme‹.«[315] Die englische Tradition von Virginia Woolf und James Joyce betont demgegenüber mehr den empirischen Aspekt

---

309 Vgl. HEINICH (s. Anm. 171), 59 f.; BÄTSCHMANN (s. Anm. 13), 187 f., JONES (s. Anm. 73), 14 f., 159 f.
310 MARCEL DUCHAMP, Entretien avec James Johnson Sweeney, in: Duchamp du signe. Écrits, hg. v. M. Sanouillet (Paris 1994), 183; DUCHAMP, Le processus créatif, in: ebd., 187 ff.
311 INGOLD (s. Anm. 26), 71.
312 HUGO VON HOFMANNSTHAL, Ein Brief (1901), in: Hofmannsthal, Erzählungen, erfundene Gespräche und Briefe, Reisen, hg. v. B. Schoeller (Frankfurt a. M. 1979), 466, 470; vgl. INGOLD (s. Anm. 26), 71, 367 ff.
313 RAINER MARIA RILKE, Die Aufzeichnungen des Malte Laurids Brigge (1909), in: Rilke, Sämtl. Werke. Werkausgabe, hg. v. Rilke-Archiv, Bd. 11 (Frankfurt a. M. 1975), 710 f.
314 Vgl. IRENE KÖWER, Peter Altenberg als Autor der literarischen Kleinform (Frankfurt a. M. 1987), 20 ff., 192 ff.
315 ANDRÉ GIDE, Journal 1889–1939 (Paris 1951), 41.

eines Autors als Aufzeichnungsmedium: »Let us record the atoms as they fall upon the mind in the order in which they fall, let us trace the pattern, however disconnected and incoherent in appearance, which each sight or incident scores upon the consciousness.«[316]

b) Konstruktivismus, Surrealismus und Neue Sachlichkeit

Ausgehend von den beiden Modellen einer Cézanneschen Werkorientierung und eines Duchampschen Konzeptualismus lassen sich die Entwicklungen des Autor- und Künstlerbegriffs in der ersten Hälfte des 20. Jh. in zwei Grundtendenzen unterteilen: auf der einen Seite die für den Konstruktivismus, das Bauhaus und die Neue Sachlichkeit bestimmende Unterordnung des Autors und Künstlers unter die Produktionsverhältnisse und technischen Evolutionsbedingungen des Materials und auf der anderen Seite die vor allem von Dadaismus und Surrealismus forcierten Strategien der Inszenierung künstlerischer Subjektivität, wobei bei den Künstlern eine Überbetonung von Autorschaft und bei den Autoren ein verstärktes Selbstverständnis als Künstler zu beobachten ist. Überdies bestimmen die avancierten Medientechnologien der Reproduktion und Übertragung wie Photographie, Film und Radio immer mehr die künstlerischen Produktionsweisen und desillusionieren das Wunschbild von der Souveränität des Produzierenden. Allen voran der Futurismus und der Konstruktivismus begeistern sich für das Bild vom Künstler in der Rolle des Ingenieurs oder Monteurs. In der Literatur wird der auktoriale Erzähler ersetzt durch den Reporter, und der Surrealismus propagiert gar als Aufzeichnungsverfahren unbewußter Prozesse eine subjektlose ›écriture automatique‹.

Autor und Künstler erscheinen jetzt vorwiegend eingelassen in das, was in Anlehnung an naturwissenschaftliche Redeweisen als künstlerischer Prozeß bezeichnet wird. Seine Gesetze zu bestimmen, wird die Aufgabe der neuen ästhetischen Programme. Die neue Sachlichkeit versteht sich dabei auch als Abbau des traditionellen Führungsanspruchs von Autor und Künstler, als Demontage des Dichterbildes durch einen neuen intellektuellen Schriftstellertypus, der als Stratege in der Praxis des Lebensalltages steht und im Reportagestil von ihr Rechenschaft ablegt. Radikal fordert Döblin vom Künstler, seine verschlossene Kammer zu verlassen, die »Atelier-Schriftstellerei« mit einem »Kinostil […] höchster Gedrängtheit und Präzision« zu vertauschen und so die »Hegemonie des Autors zu brechen«: »Entselbstung, Entäußerung des Autors, Depersonation.«[317] Die Aufgabe des Autors soll im »Arrangement der im Wortzeichen fixierten Daten der Realität« bestehen, weshalb Döblin im Künstler generell auch »eine besondere Art Wissenschaftler« sieht, ausgezeichnet durch ein »komplexes Sehen und Denken, ein tieferes Einfühlen, ein rascheres Kombinieren.«[318] Benjamin hat diesen Aspekt der Produktionszusammenhänge für die Avantgarde der Neuen Sachlichkeit präzisiert. Seine Überführung der Frage nach dem Stehen der Kunst zu den Produktionsverhältnissen in die Frage, »wie steht sie *in* ihnen«, stellt das technisch Apparative in den Vordergrund, das den Autor und Künstler vor die Entscheidung stellt, entweder zum bloß unterhaltenden Belieferer dieses Produktionsapparates oder aus dem Bewußtsein der Stellung im Produktionsprozeß zu dessen »Ingenieur« zu werden und die technischen Möglichkeiten z.B. der Montage zu einem Umfunktionieren zu nutzen.[319] Mit diesem Begriff beruft sich Benjamin auf Brecht, der die Funktionalisierung der Kunst durch das Eindringen der Apparate als Gefahr einer »Proletarisierung der Produzierenden«, einer »Abwanderung der Produktionsmittel vom Produzierenden« erkennt und besonders im Medium Film eine »Abbauproduktion« am Werke sieht: »Es ist das Schema der Zerfalls des literarischen Produkts, der Einheit von Schöpfer und Werk, Sinn und Fabel und so weiter.

316 VIRGINIA WOOLF, The Common Reader (London 1948), 190.
317 ALFRED DÖBLIN, An Romanautoren und ihre Kritiker. Berliner Programm (1913), in: Döblin, Schriften zur Ästhetik, Poetik und Literatur, hg. v. E. Kleinschmidt (Olten 1989), 121 ff.; vgl. FÄHNDERS (s. Anm. 289), 153, 213.
318 DÖBLIN, Schriftstellerei und Dichtung (entst. 1928; 1963), in: Döblin (s. Anm. 317), 203; DÖBLIN, Der historische Roman und wir (1936), in: ebd., 308.
319 BENJAMIN, Der Autor als Produzent (entst. 1934), in: Benjamin (s. Anm. 14), Bd. 2/2 (1977), 686, 697, 701.

Das Werk kann einen neuen oder mehrere neue Autoren (welche Persönlichkeiten sind) bekommen, ohne daß der ursprüngliche Autor für die Verwertung auf dem Markt ausscheidet.«[320] Brecht spricht hier aus der eigenen Erfahrung der Verweigerung eines Mitspracherechts an der Verfilmung seines *Dreigroschenromans* (1934) und formuliert schon früh die Spannung zwischen Autor und Regisseur, wie sie u. a. Jean Luc Godard in seinem Film *Le Mépris* (1963) thematisiert.

Im Bereich der bildenden Künste erlangt das an die Arts and Craft-Bewegung anknüpfende pädagogische Programm des Bauhauses epochale Bedeutung. Wie zuvor schon Hermann Muthesius, dessen Konzept für den Deutschen Werkbund eine neue Gestaltung in der Verbindung von Kunst und Industrie suchte und den Künstler mehr in der Rolle des Ingenieurs sah, fordert Walter Gropius vom Künstler die Auseinandersetzung mit dem Maschinellen, die auf eine »Arbeitsgemeinschaft zwischen Künstler, Kaufmann und Techniker« hinauslaufen soll.[321] Entscheidend aber ist die Rückbesinnung auf die Tradition der mittelalterlichen Bauhütten und damit die Erziehung des Künstlers zu einer ›Werkgesinnung‹ im Sinne eines gegen das ›Künstlerproletariat‹ der freien Akademien gerichteten handwerklichen Ausbildungsprogramms.[322] Nach der Auflösung der Bauhaus-Schule durch den Nationalsozialismus und der Emigration von Gropius und anderen Lehrern in die USA hat dieses an einer technischen Grundausbildung orientierte Künstlerideal vor allem im amerikanischen Hochschulbereich Breitenwirkung erfahren, verbunden zugleich mit einem intellektualisierenden Wandel von den ›Fine Arts‹ zu den ›Visual Arts‹.[323]

Auch der Futurismus und Dadaismus gehen von einer Destruktion des künstlerischen Bewußtseins als schöpferischer Instanz aus, lenken das Interesse aber mehr auf die außerästhetischen Phänomene der nicht mehr schönen Künste, in denen der Künstler als Inszenator neue Valenz erlangt. Für Hugo Ball ist der »neuere Künstler« eine Art Therapeut, den er als Beschwörer »innerer Konflikte« in die Nähe des Arztes rückt: »Der Künstler sucht das erschütterte Fundament zu sichern, indem er den innersten Phantasienraum abtastet und dabei auf die Grundformen der Anschauung stößt. Das konstituierende Element der Erscheinungen und damit alles Unheimliche der Traumwelt, doch auch ihr Gesetz – das letzte der Imagination erreichbare Gefängnis der Seele – soll erfaßt und sichtbar werden.«[324] Dieses Ziel verfolgen auch die aleatorischen Sprachspiele der surrealistischen ›écriture automatique‹, die den Künstler ebenfalls als Medium unbewußter Sinnprozesse begreifen und in diesem Sinne explizit an die Erschütterung der klassischen Machtposition von Autor und Künstler in der zweiten Hälfte des 19. Jh. anknüpfen.

Die »création artistique« wird als »activité absolument spontanée de l'esprit«[325] gewertet, um für die Bildmedien eine ähnlich unkontrollierte Verfahrensweise des Collagierens und Montierens von Fundstücken der Realität anzunehmen. Max Ernst hat in seiner intensiven Beschäftigung mit der Instanz des Künstlers – u. a. in Gestalt der fiktiven Doppelgängerfigur Loplop als Karikatur des werkbeherrschenden Künstlers – und dem Mechanismus der Inspiration gezeigt, wie diese »Entdeckungsfahrten ins Unbewußte unverfälschte (durch keine Kontrolle verfärbte) Fundgegenstände (›Bilder‹) ans Tageslicht zu fördern« vermögen und zugleich den letzten Aberglauben des abendländischen Schöpfungsmythos als »Märchen vom Schöpfertum des Künstlers« destruieren: »Es gehört zu den ersten revolutionären Akten des Surrealismus, diesen Mythos mit sachlichen Mitteln und in schärfster Form attackiert und wohl auf immer vernichtet zu haben, indem er auf die rein passive Rolle des ›Autors‹ im Mechanismus der poetischen Inspiration mit allem Nachdruck bestand und jede

---

320 BERTOLT BRECHT, Der Dreigroschenprozeß. Ein soziologisches Experiment (1931), in: BRECHT, Bd. 18 (1967), 158, 180.
321 Vgl. RAINER K. WICK, bauhaus Pädagogik (Köln 1994), 23 f., 29.
322 Vgl. ebd., 58 f.; PETER ULRICH HEIN, Die Brücke ins Geisterreich. Künstlerische Avantgarde zwischen Kulturkritik und Faschismus (Hamburg 1992), 174.
323 Vgl. HOWARD SINGERMAN, Art Subjects. Making Artists in the American University (Berkeley/Los Angeles 1999).
324 Vgl. HUGO BALL, Der Künstler und die Zeitkrankheit (Frankfurt a. M. 1972), 116.
325 Vgl. ANDRÉ BRETON, Le message automatique (1933), in: Breton, Point du jour (Paris 1970), 164.

›aktive‹ Kontrolle durch Vernunft, Moral oder ästhetische Erwägungen als inspirationswidrig entlarvte.«[326] Während surrealistische Künstler wie Salvatore Dalí sich dagegen in diesem Identitätsverlust schöpferischer Subjektivität wieder selbst als multiple oder schizoide Künstlerpersönlichkeit narzißtisch bespiegelten, läßt Picasso als die in der Kunstgeschichte der Moderne am meisten verklärte Künstlerfigur diesen persönlichen Mythos aus einem völligen Aufgehen im Bildprozeß des unabschließbaren und sich ablösenden Werkes entstehen, dessen Wahrheit nicht mehr im subjektiven Schöpfungsakt wurzelt, sondern vom Künstler als »Sammelbehälter von Empfindungen, die von überall herkommen: vom Himmel, von der Erde, von einem Fetzen Papier, von einer vorübereilenden Figur oder von einem Spinnweb« in den Dingen entdeckt wird.[327] Für den Künstler bleibt die Rolle des Artisten, des Gauklers, Seiltänzers oder Harlekins, wie ihn Picasso in *Les Saltimbanques* (1914) dargestellt hat.

c) Depotenzierung und Dekonstruktion
Die neueren ästhetischen Positionen stehen vor allem im Zeichen der Vernetzungsstruktur durch informelle Kommunikationssysteme. Die Ersetzung der medientechnischen Möglichkeiten von Reproduktion durch die von Simulation sowie die Beschleunigung der Verschaltung in ›Echtzeit‹ kennzeichnen die Epoche der Postmoderne als Ende der ›großen Erzählung‹. Die ästhetischen Techniken der Darstellung, des Zitats, der Montage etc. geraten zunehmend in einen autoreferentiellen Zirkel historischer Repräsentation: Autorschaft und Künstlertum werden zu Epiphänomenen einer performativen Inszenierung oder Störung informeller Prozesse. Die Problematisierung des Entstehungszusammenhangs von Kunstwerken als mise-en-abyme wird zur stilistischen Grundfigur des Nouveau roman und des sogenannten postmodernen Romans, der entsprechend der Paradigmatik von Datenverarbeitung Autorschaft auf eine Art ›word processing‹ reduziert. Die reale Person des Autors verschwindet dabei hinter der Konfiguration des dokumentarischen Materials, wie z. B. in den Romanen des anonymen, nie

in der Öffentlichkeit auftretenden amerikanischen Autors Thomas Pynchon.

Den entsprechenden Effekt einer performativen Genese von Autorschaft hat für den Bereich des Dramatischen schon Pirandellos Stück *Sei personaggi in cerca d'autore* (1921) exemplarisch vorgeführt, in dem gerade die Abwesenheit des Autors das »mistero della creazione artistica« (Geheimnis des künstlerischen Schaffens)[328] zum Inhalt werden läßt. Weitergeführt wird diese Idee bei Raymond Queneau (z. B. in der vom Leser selbst erst zu komponierenden lyrischen Rohstoffsammlung *Cent Mille Milliards de poèmes* von 1961), bei Italo Calvino (z. B. in *Se una notte d'inverno un viaggiatore* von 1979), Jacques Roubaud (*La belle Hortense* von 1985) und noch radikaler durch das Autorenkollektiv Oulipo.[329] In diesem Zusammenhang gehört auch die bewußt inauthentische Schreibweise Elfriede Jelineks, die – wie der frühe Handke – in ihren Romanen und Theaterstücken sprachliche Versatzstücke aus Werbung, Boulevardpresse oder Fernsehtalkshows montiert und dabei auch die Möglichkeiten serieller Sprachverarbeitung durch den Computer nutzt. Unter den beschleunigten Veränderungen des Schreibens durch die digitalen Medien erfährt die Funktion des Autors überhaupt einen in allen seinen Konsequenzen noch gar nicht abzusehenden Wandel, der z. B. auf den Ebenen des Internet oder des Hypertextes die Rolle von Autor und Leser austauschbar macht und zugleich die Individualität des Autors zugunsten eines –

---

326 MAX ERNST, Was ist Surrealismus?, in: P. Gallissaires (Hg.), Schnabelmax und Nachtigall (Hamburg 1994), 50f.; vgl. WERNER SPIES, Max Ernst – Loplop. Die Selbstdarstellung des Künstlers (Köln 1998).
327 PABLO PICASSO, Über Kunst. Aus Gesprächen zwischen Picasso und seinen Freunden, hg. v. D. Keel (Zürich 1988), 75; vgl. HEINICH (s. Anm. 171), 60ff.; BÄTSCHMANN (s. Anm. 13), 173ff.; BELTING (s. Anm. 247), 283ff.
328 LUIGI PIRANDELLO, Prefazione dell'autore, in: Pirandello, Sei personaggi in cerca d'autore, hg. v. S. Ferrone (1921; Mailand 1993), 60.
329 Vgl. LUCIEN DÄLLENBACH, Le récit spéculaire. Essai sur la mise en abyme (Paris 1977); GRUPPE OULIPO, La littérature potentielle (Créations Re-créations Récréations) (Paris 1973); GRUPPE OULIPO, Atlas de littérature potentielle (Paris 1981).

auch im künstlerischen Bereich versuchten – »kollaborativen Schreibens« aufhebt.[330] Autoren unterschiedlicher stilistischer Richtung stimmen in dem Credo überein, die Geschichten nicht erfunden, sondern gefunden zu haben.[331] Die Artikulation künstlerischer Individualität verlagert sich vom schöpferischen Urhebertum auf die durch das Werk vermittelte Ebene einer Metasprache, in der u. a. Peter Handke sein Dichter-Image als distinktiven Habitus durch die ›Publikumsbeschimpfung‹ und neuerdings durch politische Interventionen formuliert, Botho Strauß sich als charismatischer Zeitgeistkritiker stilisiert oder Rainald Goetz durch seinen spektakulären Auftritt der Selbstverletzung mit einer Rasierklinge bei den Klagenfurter Literaturtagen jenseits seiner Werke bekannt geworden ist. Der Autor löst sich so von seinem Werk, dessen Eigenleben ihn andererseits mit dem Tod bedroht, wie Gilbert Adair es kürzlich in seiner fiktiven Applikation der Literaturtheorie von Barthes auf die Biographie von Paul de Man ausphantasiert hat, um zu zeigen, »wie ein Text seinen Autor schreiben kann«, um ihn auch »wirklich umzubringen«.[332]

Die Forderung nach politischem Engagement dehnt für die Künstler einer Neoavantgarde den Radius der ästhetischen Aktivität weit über die Grenzen der schönen oder bildenden Künste aus und bezieht sich als »sociological mapping« oder »documentary modes towards the geopolitical concerns«[333] immer mehr auf den öffentlichen Raum. Besonders die Bewegung der Spurensicherung erprobt dabei unter Einsatz fingiert wissenschaftlicher Methoden und Medientechniken Möglichkeiten der Kritik an der modernen szientifischen Sachlichkeit des kulturellen Gedächtnisses: »Der Künstler wird zum Ethnologen, er hält Spuren fest, die zur Rekonstruktion eines Zusammenhangs führen können. Er treibt Feldforschung am eigenen Leib, da er sich selbst als Beobachtungsobjekt am nächsten steht.«[334] Die einschlägigen Arbeiten etwa von Hans Haake oder Christian Boltanski demonstrieren zugleich die Neuorientierung des klassischen Präsentations- oder Ausstellungsmodus am Modell der Information, das von concept-art-Künstlern wie Dan Graham oder der Gruppe Art & Language direkt durch die Verlagerung ihrer ästhetischen Aktivität der Dokumentation sozialpolitischer Zusammenhänge auf den öffentlichen Schauplatz der Print-Medien praktiziert wurde.

In der radikalsten Form einer Neubestimmung künstlerischen Schaffens als Kulturarbeit versteht sich Spurensicherung dann als Rekonstruktion des verschwundenen Künstlers, des toten Autors. Die Beispiele von Jean Le Gac, dessen Arbeiten in der Dokumentation seines eigenen Lebens als abwesender Künstler besteht, und vor allem von Marcel Broodthaers, der neben seinen zahlreichen Collagen und Montagen als Inszenator und PR-Manager seines fiktiven ›musée de l'art moderne‹ wirksam geworden ist, zeigen darüber hinaus, wie auch der Bereich der Kunstkritik und Ausstellungspolitik in dem neuen Vorstellungsbereich vom Künstler als Wortführer aktueller kultureller Debatten fällt und gewissermaßen die ultimative Entdeckung des Kurators als Künstler präfiguriert.[335]

Auch bei seinem Schaffen ist der Künstler nur noch Spurensicherer und Inszenator, wie paradig-

---

330 Vgl. CENTRE DE CRÉATION INDUSTRIELLE (CENTRE GEORGES POMPIDOU) (Hg.), Épreuves d'écriture, (Paris 1985), 14–21; TILMAN OSTERWOLD (Hg.), Collaborations. Warhol – Basquiat – Clemente (Kassel 1996); FELIX ZDENEK, ,Kollaboration' als Austausch und Methode, in: ebd., 56–59.
331 Vgl. PETER HANDKE, Ich bin ein Bewohner des Elfenbeinturms (Frankfurt a. M. 1972), 28; GÜNTER GRASS, Rückblick auf die Blechtrommel – oder Der Autor als fragwürdiger Zeuge – Ein Versuch in eigener Sache, in: Grass, Essays, Reden, Briefe, Kommentare, hg. v. D. Hermes (Darmstadt 1987), 624–633.
332 GILBERT ADAIR, The Death of the Author (1992)/ Der Tod des Autors, übers. v. T. Schlachter (Zürich 1997), 74, 103.
333 HAL FOSTER, The Artist as Ethnographer, in: Foster, The Return of the Real (Cambridge, Mass. 1996), 185; vgl. RENÉE GREEN, Der Künstler als Ethnograf? Über Schwierigkeiten beim Beschreiben der Paradigmenverschiebung. Neuere Ansätze und Fragen, in: Text zur Kunst (Sept. 1997), 152–161.
334 GÜNTHER METKEN, Spurensicherung. Kunst als Anthropologie und Selbstforschung. Fiktive Wissenschaften in der heutigen Kunst (Köln 1977), 11; vgl. GINZBURG (s. Anm. 105).
335 Vgl. JEAN LE GAC, Das Echo und sein Maler (Wien 1988); LE GAC, Le peintre fantôme (Der Phantom-Maler) (Karlsruhe 1992); MARCEL BROODTHAERS, Der Adler vom Oligozän bis heute. Museum I und II (Düsseldorf 1972).

matisch der Versuch einer Neubestimmung in der gegenwärtigen Medienkunst durch Bruce Nauman zeigt.[336] Es geht dabei dezidiert um die Wiederkehr des modernen mythischen Künstlerbildes in der Selbstdarstellung Naumans als ›True Artist‹, die angesichts ihres Umschlagens in künstlerische Praxis gerade mit Blick auf die eingesetzten Medien als Produktion einer Präsenz durch Absenz erscheint. Die körperlich eingesetzte Autorschaft des Künstlers dient jetzt der Befragung seiner Autorität als Austragungsort ästhetischer Gestaltung, die mit Figuren der Maskerade, des Entzugs, der Spur buchstäblich, d. h. nur noch zitathaft quellender Schöpferkraft spielt. Wenn Nauman sich als Fountain porträtiert, so stellt er damit auch die potenzierte Form der Schwundstufe künstlerischen Schöpfertums dar, indem er nicht einmal mehr wie Duchamp das vorgefundene Pissoir (engl. fountain) als ›ready-made‹ präsentiert, sondern selbst zu einem solchen wird.

Die Leichtigkeit dieses karikierenden Zitierens der alten Künstlermacht als Quelle entzieht sich auch dem Dilemma der kulturellen Verantwortung, das Jean Clair dem Erbe der modernen Avantgarde aufbürdet und gegen das Martin Warnke erwidert: »Jahrtausendelang waren Künstler Handwerker, bei denen man Bilder bestellte wie einen Schuh beim Schuster. Wenn sie sich damit begnügten, Vertreter eines *Metiers* zu sein, würde ihre Verantwortung abschätzbar und human. Clairs Buch enthält viele Hinweise darauf, daß die Künstler in der Rolle von Welterlösern überfordert waren und überflüssig geworden sind.«[337]

Michael Wetzel

Literatur
ADORNO, THEODOR W., Der Artist als Statthalter, in: Noten zur Literatur I (Frankfurt a. M. 1971), 175–195; ALTRICHTER, VIOLA, Deus in terris. Die kurzweilige Heiligkeit des Künstlers im Cinquecento, in: D. Kamper/ Ch. Wulf (Hg.), Das Heilige. Seine Spur in der Moderne (Frankfurt a. M. 1987), 163–181; ›Der Autor‹ [Themenheft], in: Zeitschrift für Literaturwissenschaft und Linguistik, H. 42 (1981); BARTHES, ROLAND, La mort de l'auteur, in: Barthes, Le bruissement de la langue. Essais critiques IV (Paris 1984), 63–69; BÄTSCHMANN, OSKAR/ GROBLEWSKI, MICHAEL (Hg.), Kultfigur und Mythenbildung. Das Bild vom Künstler und sein Werk in der zeitgenössischen Kunst (Berlin 1993); BÄTSCHMANN, OS-KAR, Ausstellungskünstler. Kult und Karriere im modernen Kunstsystem (Köln 1997); BEAUCAMP, EDUARD, Der verstrickte Künstler. Wider die Legende von der unbefleckten Avantgarde (Köln 1998); BELTING, HANS, Das unsichtbare Kunstwerk. Die modernen Mythen der Kunst (München 1998); BÉNICHOU, PAUL, Le sacre de l'écrivain 1750–1830. Essai sur l'avènement d'un pouvoir spirituel laïque dans la France moderne (Paris 1996); BENJAMIN, WALTER, Der Autor als Produzent, in: Benjamin, Gesammelte Schriften, hg. v. R. Tiedemann und H. Schweppenhäuser, Bd. 2/2, (Frankfurt a. M. 1977), 683–701; BISMARCK, BEATRICE VON, Bruce Nauman. Der wahre Künstler (Ostfildern-Ruit 1998); BLANCHOT, MAURICE, L'espace littéraire (Paris 1955); BLOCH, ERNST, Philosophische Aspekte des Künstlerromans, in: Bloch, Gesamtausgabe der Werke, Bd. 9 (Frankfurt a. M. 1965), 263–276; BOGDAL, KLAUS-MICHAEL, Akteure literarischer Kommunikation, in: J. FOHRMANN/H. MÜLLER (Hg.): Literaturwissenschaft (München 1995), 273–296; BOSSE, HEINRICH, Autorschaft ist Werkherrschaft. Über die Entstehung des Urheberrechts aus dem Geist der Goethezeit (Paderborn 1981); CERQUIGLINI-TOULET, JACQUELINE, La couleur de la mélancolie. La fréquentation des livres au XIVe siècle (Paris 1993); CHARTIER, ROGER, L'ordre des livres. Lecteurs, auteurs, bibliothèques en Europe entre XIVe et XVIIIe siècle (Paris 1992); CLAIR, JEAN, La responsabilité de l'artiste. Les avant-gardes entre terreur et raison (Paris 1997); DÉMORIS, RENÉ (Hg.), L'artiste en représentation (Paris 1993); FOHRBECK, KARLA/WIESAND, ANDREAS, Der Autorenreport (Reinbek 1972); FOHRBECK, KARLA/WIESAND, ANDREAS, Der Künstler-Report (München 1975); FOUCAULT, MICHEL, Qu'est-ce qu'un auteur?, in: Foucault, Dits et écrits, hg. v. D. Defert u. F. Ewald, Bd. 1 (Paris 1974), 789–821; GOHR, SIEGFRIED, Die Legende vom Verschwinden des Künstlers, in: Jahresring 39 (1992), 8–23; GRIMM, GUNTER E. (Hg.): Metamorphosen des Dichters. Das Selbstverständnis deutscher Schriftsteller von der Aufklärung bis zur Gegenwart (Frankfurt a. M. 1992); HAFERKORN, HANS, Zur Entstehung der bürgerlich-literarischen Intelligenz und des Schriftstellers in Deutschland zwischen 1750 und 1800, in: B. Lutz (Hg.), Literaturwissenschaft und Sozialwissenschaften 3. Deutsches Bürgertum und literarische Intelligenz 1750–1800 (Stuttgart 1974), 113–275; HAUG, WALTER/WACHINGER, BURGHART (Hg.), Autortypen (Tübingen 1991); HAUSER, ARNOLD, Die Rolle des Künstlers im Leben der Gesellschaft, in: Hauser, Kunst und Gesellschaft. Soziologie der Kunst (München 1988), 118–241; HEINICH, NATHALIE, Du peintre à l'artiste: artisans et académiens à l'âge classique (Paris 1993); HEINICH, NATHALIE, Etre artiste. Les transformations du statut des peintres et des sculpteurs

---

336 Vgl. BISMARCK, BEATRICE VON, Bruce Nauman. Der wahre Künstler (Ostfildern-Ruit 1998).
337 WARNKE, Der Blitz steht stramm. Jean Clairs Künstlerschelte, in: Frankfurter Allgemeine Zeitung (6. 10. 1998), L 23.

(Paris 1996); HOFMANN, WERNER, Der Künstler als Kunstwerk, in: Hofmann, Anhaltspunkte. Studien zur Kunst und Kunsttheorie (Frankfurt a. M. 1989), 91–106; INGOLD, FELIX PHILIPP, Der Autor am Werk. Versuche über literarische Kreativität (München 1992); INGOLD, FELIX PHILIPP/WUNDERLICH, WERNER (Hg.), Fragen nach dem Autor (Konstanz 1992); INGOLD, FELIX PHILIPP/WUNDERLICH, WERNER (Hg.), Der Autor im Dialog (St. Gallen 1995); JAPP, UWE, Der Ort des Autors in der Ordnung des Diskurses, in: J. Fohrmann/H. Müller (Hg.), Diskurstheorien und Literaturwissenschaft (Frankfurt a. M. 1988), 223–234; KAMUF, PEGGY, Signatures ou l'institution de l'auteur (Paris 1991); KITTLER, FRIEDRICH, Aufschreibesysteme 1800–1900 (München 1985); KRIS, ERNST/KURZ, OTTO, Die Legende vom Künstler. Ein geschichtlicher Versuch (Frankfurt a. M. 1995); MARCUSE, HERBERT, Der deutsche Künstlerroman, in: Marcuse, Der deutsche Künstlerroman. Frühe Aufsätze (Frankfurt a. M. 1978), 7–344; MOULIN, RAYMONDE, L'artiste, l'institution et le marché (Paris 1997); NEUMANN, ECKHARD, Künstler-Mythen. Eine psychohistorische Studie über Kreativität (Frankfurt a. M. 1986); POLLOCK, GRISELDA, Agency and the Avant-Garde. Studies in Authorship and History by the Way of Van Gogh, in: Block 15 (1989), 4–15; ROH, FRANZ, Der verkannte Künstler. Studien zur Geschichte und Theorie des kulturellen Mißverstehens (Köln 1993); RUPPERT, WOLFGANG, Der moderne Künstler. Zur Sozial- und Kulturgeschichte der kreativen Individualität in der kulturellen Moderne im 19. und frühen 20. Jahrhundert (Frankfurt a. M. 1998); SCHABERT, INA/SCHAFF, BARBARA (Hg.), Autorschaft. Genus und Genie in der Zeit um 1800 (Berlin 1994); SCHNEIDER, IRMELA (Hg.), Die Rolle des Autors. Analysen und Gespräche (Stuttgart 1981); SCHUBERT, BERNHARD, Der Künstler als Handwerker. Zur Literaturgeschichte einer romantischen Utopie (Frankfurt a. M. 1986); SELBMANN, ROLF, Dichterberuf. Zum Selbstverständnis des Schriftstellers von der Aufklärung bis zur Gegenwart (Darmstadt 1994); SIMION, EUGEN, The Return of the Author (Evanston 1996); VIALA, ALAIN, Naissance de l'écrivain. Sociologie de la littérature à l'âge classique (Paris 1985); WARNKE, MARTIN, Hofkünstler. Zur Vorgeschichte des modernen Künstlers (Köln 1996); WINNER, MATTHIAS (Hg.), Der Künstler über sich in seinem Werk (Weinheim 1992); ZONS, RAIMAR STEFAN, Über den Ursprung des literarischen Werks aus dem Geiste der Autorschaft, in: Oelmüller, W. (Hg.), Kolloquium Kunst und Philosophie, Bd. 3: Das Kunstwerk (Paderborn 1983), 104–127.

1 Vgl. ÉMILE LITTRÉ, Dictionnaire de la langue française, Bd. 1 (Paris 1956), 766; Trésor de la langue française, Bd. 3 (Paris 1974), 1057.
2 ›Vorhut‹, in: GRIMM, Bd. 12/2 (1951), 1214.

Avantgarde

(engl. vanguard, avant-garde, advance-guard; frz. avantgarde; ital. avanguardia; span. vanguardia; russ. авангард)

Avantgarde – ein paradoxes Zeitverhältnis; I. Avantgarde als Prophetie; II. Poesie als Avantgarde; III. Avantgarde als Experiment und ›neue Ästhetik‹; IV. Artikulationen von ästhetischer und politischer Avantgarde; V. ›Amerika wird Avantgarde‹; VI. Neoavantgarde und Transavantgarde. Das Ende der Avantgarde?

Avantgarde – ein paradoxes Zeitverhältnis

Der als Neologismus aus dem Französischen internationalisierte Terminus Avantgarde verdankt seinen begrifflichen Status der Reflexion über Tendenzen, Richtungen und Orientierungen moderner bürgerlicher Gesellschaften im Europa nach der Französischen Revolution von 1789. Im Rahmen der von der Aufklärung vorgegebenen geschichtsphilosophischen Fortschrittstheorien war diese Reflexion auch eine über die Träger des Fortschritts und seine Handlungsziele. In der ursprünglichen militärischen Bedeutung meint Avantgarde die Elitetruppe der ›Aufklärer‹, die der Hauptarmee die Handlungsraum erschließen und Gefahrenpunkte auf dem Schlachtfeld sondieren. In dieser militärischen Bedeutung ist Avantgarde in Frankreich bereits seit dem Mittelalter belegt.[1] Der Eintrag ›Vorhut‹ im Grimmschen Wörterbuch vermerkt den Terminus unter Berufung auf Adelung (^{2}1793–1801) als veraltet und notiert mit Campe (1807–1811) ein Comeback: »im 19. Jh. wieder allgemein gebräuchlich; nach fr. avantgarde, das in technischen sprache vorgezogen wird.«[2] Geschichtlicher Kontext dieser deutsch-französischen Differenz, ›Vorhut‹ in allgemeiner, Avantgarde in militärisch spezifischer Verwendung, waren der Nachhall der Befreiungskriege und die napoleonische Heeresreform.

Die Übertragung des Terminus Avantgarde auf Künstler und ihre soziale Funktion im Rahmen saint-simonistischer und fourieristischer Sozialutopien leitete seine Karriere als ästhetischer Begriff ein, die in der Verallgemeinerung zu Avantgardis-

mus gipfelt. Lexikalisch wird diese Übertragung und der entsprechende Bedeutungswandel im Eintrag Avantgarde des am Zentralinstitut für Sprachwissenschaft der Akademie der Wissenschaften der DDR entwickelten *Wörterbuchs der deutschen Gegenwartssprache* (1977) kenntlich, der die politische und ästhetische Bedeutung an erster Stelle und die militärische als veraltet angibt: »1. *geh.* die Vorkämpfer für eine politische, künstlerische Bewegung: die Avantgarde des revolutionären Proletariats [...]; dieser Schriftsteller gehört zur literarischen Avantgarde; [...] 2. veralt. Vorhut einer Armee.«[3] Die seit dem Ende des 19. Jh. zunächst in den romanischen Sprachen bemerkbare Akzentverschiebung von einem politisch-ideologischen zu einem kunstexperimentellen Werkstattbegriff notiert die *Grande Enciclopedia Curcio di Cultura Universale* (1964) als eine moderne kulturtypologische Differenz von Statik und Dynamik zwischen Orient und Okzident sowie als eine Folge des Films: »*Arte.* – Correnti modernistiche non sono mai mancate nell'arte dell'Occidente che proprio per le sue improvvise e frequenti svolte stilistiche si distingue da quella, più conservatrice e statica, dell'Estremo Oriente. [...] *Cinema*. In senso lato, ogni esperimento filmico che in qualche modo si distacchi dalla produzione corrente.«[4] (*Kunst.* – In der abendländischen Kunst, die sich gerade wegen ihrer plötzlichen und häufigen stilistischen Wenden von der eher konservativen und statischen des Fernen Ostens unterscheidet, haben modernistische Strömungen nie gefehlt. [...] *Kino.* – Im weiteren Sinne jedes filmische Experiment, das sich in irgendeiner Weise von der geläufigen Machart abhebt.) Als Inbegriff nach-aufklärerischer Bewegungsbegriffe gehört Avantgarde zu jenen Diskursfaktoren, als deren Merkmale Reinhart Koselleck ›Verzeitlichung‹ und ›Bewegung‹ diagnostiziert hat. Die Ismus-Bildungen des 19. Jh. (Republikanismus, Anarchismus, Sozialismus usw.), »Promotoren und Indikatoren eines auf verschiedenen Schichten verschieden schnell vorangetriebenen Prozesses, ohne daß die -ismen diesen Prozeß je zur Gänze erfassen könnten«[5], werden durch die ›Kunstismen‹[6] im 20. Jh. inflationär ergänzt, von denen der Avantgardebegriff ihnen gemeinsame Merkmale und Prinzipien abstrahiert. Nach dem 2. Weltkrieg wurde Avantgarde als auf Künste bezogener ästhetischer Beschleunigungsfaktor – »La época moderna es la de la aceleración del tiempo histórico«[7] (Die moderne Epoche ist eine Epoche der Beschleunigung der geschichtlichen Zeit) – und Bewegungsbegriff von der Theorie und Kritik historisiert. Unterschieden wird eine klassische Epoche sog. ›historischer Avantgarden‹ von epigonalen ›neoavantgardistischen‹ Reprisen oder Umcodierungen seit den 50er/60er Jahren. Mit der Postmoderne seit etwa den 70er Jahren, von amerikanischen Kritikern als ›Endspiel der Avantgarde‹[8] verstanden, wurde der Avantgardebegriff auch als Kriterium und Markierung eines Bruchs mit evolutionären Fortschrittsideologien ausgebaut. Nach der Studentenbewegung der 60er Jahre reflektierte er zudem eine Differenz zwischen Europa und Amerika. »In Europe, 1968 marks not the breakthrough then hoped for, but rather the replayed end of the traditional avantgarde«, während die amerikanische Postmoderne in der »colorful deathmask of a classical avant-garde [...] must be seen as the endgame of the avantgarde and not as the radical breakthrough it often claimed to be«[9]. Das evolutionäre Erklärungsmuster – Avantgarde als neue (Kunst)-Epoche in der Abfolge von Stilepochen seit der Romantik – wurde im postmodernen Diskurs verabschiedet, wobei zugleich archäologische Beziehungen zwischen historischer Avantgarde und Postmoderne signalisiert wurden. Transgressive (grenzüberschreitende) Bestimmungen avantgardistischer Praxis in

---

3 ›Avantgarde‹, in: Wörterbuch der deutschen Gegenwartssprache, hg. v. R. Klappenbach/W. Steinitz, Bd. 1 (Berlin 1977), 400.
4 ›Avanguardia‹, in: Grande Enciclopedia Curcio di Cultura Universale, Bd. 3 (Rom 1964), 194.
5 REINHART KOSELLECK, Einleitung, in: KOSELLECK, Bd. 1 (1978), XVII.
6 Vgl. EL LISSITZKY/HANS ARP (Hg.), Die Kunstismen/Les Ismes de l'art/The Isms of Art (Erlenbach-Zürich/München/Leipzig 1925).
7 OCTAVIO PAZ, Los hijos del limo. Del romanticismo a la vanguardia (Barcelona 1974), 21.
8 Vgl. PAUL MANN, The Theory-Death of the Avant-Garde (Bloomington/Indianapolis 1991), 117.
9 ANDREAS HUYSSEN, The Search for Tradition. Avant-Garde and Postmodernism in the 1970s, in: New German Critique, Nr. 22 (Winter 1981), 29, 31.

den Künsten – das berühmte Programm der ›Verbindung von Kunst und Leben‹ – wurden als von der Postmoderne verwirklicht angenommen oder aber als Beweis für das Scheitern und den Tod der Avantgarde verifiziert. Der renommierte englische Historiker Eric Hobsbawm vertrat diese zweite Sicht in Gestalt einer Art Ghettotheorie der Avantgarde und begründete sie mit dem durch die Avantgarde verlorenen Wettstreit mit der Technik und dem Markt.»If all ›high arts‹ were segregated in ghettos, could the avant-gardes fail to observe that their own sections of the ghetto were tiny and diminishing, as any comparison of the sales of Chopin and Schoenberg confirmed?«[10] In einer Walter-Neurath-Memorial-Lecture in New York über das Thema *The Decline and Fall of the Twentieth-Century Avant-Gardes* (1999) antwortete er auf diese Diagnose: »the history of the visual avant-gardes in the present century is the struggle against technological obsolescence«[11]. Die Blindstelle dieser Ghettotheorie ist ein Avantgardebegriff, der die technische Dimension avantgardistischer Kunstpraxis nicht in Rechnung stellt. »It is impossible to deny that the real revolution in the 20th century arts was achieved not by the avant-gardes of modernism, but outside the range of the area formally recognized as art. It was achieved by the combined logic of technology and the mass market, that is to say the democratization of aesthetic consumption.« (30) Als die Avantgarden sich dieses Dilemmas bewußt werden, blieb ihnen Hobsbawm zufolge nur die Selbstaufgabe. »It took the triumph of modern consumer society in the 1950s to make the avant-gardes recognize this. Once they did so their justification was gone.« (32)

Im Zeichen von Utopieverlust und schwindender Zukunftsgewißheit wurde Avantgarde in den 90er Jahren als ein reflexiver Begriff thematisiert, der Kunst selbst in ihrer Funktion als Medium der Kunst zur Diskussion stellte. Im Rückblick erschien die Avantgarde wie Walter Benjamins Engel der Geschichte mit dem Rücken zur Zukunft stehend. »Das, was sich merkwürdigerweise Avantgarde nennt, hat diese rückblickende Bestimmungsweise ins Extrem getrieben – wie Ruderer, die nur sehen, woher sie kommen, und das Ziel ihrer Fahrt im Rücken haben.«[12] Ob die Auflösung des Avantgardebegriffs in Werbeslogans – Avantgarde ist trendy, Vorgeschmack auf das, was morgen *in* sein wird – oder die durch Institutionalisierung entschärfte Spannung zwischen Erwartung und Erfüllung oder Enttäuschung seine Geschichte nur noch als eine »narrative of failure« erzählbar werden lassen, bleibt zu prüfen. »The death of the avant-garde is the n-state of the recuperation of it's critical potential by a narrative of failure«[13], war 1991 die These des amerikanischen Historikers Paul Mann, der die Begriffsgeschichte der Avantgarde als Tötung der Avantgarde durch die akademische Theorie beschrieb, als *Theory-Death of the Avant-Garde*. Die politische Dimension, die der Avantgardebegriff von Anfang an mit sich führte, wurde als Dilemma seiner Protagonisten, unverschuldet das eine – die Institutionalisierung –, schuldhaft das andere – die Verschwisterung von Utopie und Totalitarismus –, umformuliert. »In the west this death-by-devaluation is also a by-product of the perception that the revolutionary movements with which the avant-garde has historically been linked tend inevitably to end not in utopias but in totalitarianism.« (37) Es scheint, daß der Avantgardebegriff in seinem utopischen Kern auf Dauer diskreditiert ist. Der Regisseur Matthias Langhoff sieht in einem Gespräch mit dem Politiker Gregor Gysi den »Mißbrauch von Kunst durch Politik« als Fatalität jeder Avantgarde, der künstlerischen wie der politischen, als »das gewaltige Mißverständnis dieses Jahrhunderts«: »Einerseits war da die Kunst, das philosophische Denken, mit Drang zum Epochenwechsel, eine überaus gewalttätige Avantgarde in alle Richtungen, und andererseits gab es die Ungeheuerlichkeit der Politik, die sich dieser Avantgarde bediente. Ich sage jetzt vielleicht den schlimmsten Satz meines Lebens: Auschwitz ist ein politisches Verbrechen, aber es ist

---

10 ERIC HOBSBAWM, The Age of Extremes. The Short Twentieth Century 1914–1991 (London 1995), 517.
11 HOBSBAWM, Behind the Times. The Decline and Fall of the Twentieth-Century Avant-Gardes (New York 1999), 12.
12 NIKLAS LUHMANN, Die Kunst der Gesellschaft (Frankfurt a. M. 1995), 199.
13 MANN (s. Anm. 8), 40.

auch ein erschreckender avantgardistischer Gedanke.«[14] In der kulturpolitischen Institutionalisierung – die Avantgarde endet im Museum – sah man die Auflösung und Zersetzung des sozial-utopischen Anspruchs der Avantgarde, des Merkmals ihres durch die Logik der Geschichte sanktionierten Begriffs, als einen irreversiblen Tatbestand. »Depuis quinze ans, les institutions d'Etat sont nettement passées du côté de l'art d'avant-garde, contesté par le sens commun. [...] Mais dès lors que l'avantgarde est perçue comme ›institutionnalisée‹, reconnue par des instances officielles (musées d'Etat, commissions ministérielles, organismes publics), alors l'homologie se défait entre la posture oppositionnelle inhérente à la définition paradigmatique du rôle de l'intellectuel et la position marginalisée aux avant-gardes artistiques dans la modernité.«[15] Eine andere als solche eher kurzschlüssige Sicht auf das Ende avantgardistischer Kunst im Sog ihrer Vereinnahmung durch den Kunstmarkt hatte Jean-François Lyotard 1983 in seinem Berliner Vortrag über *Le sublime et l'avant-garde* skizziert. Im durch die Ästhetik des Erhabenen geprägten Avantgardismus – »L'avant-gardisme est ainsi en germe dans l'esthétique kantienne du sublime« – wollte Lyotard den Stachel im ›Zynismus der Innovation‹ erkennen, der aus geheimem Einverständnis zwischen dem Kapital und der Avantgarde käme. »Dans le cynisme de l'innovation se cache assurément le désespoir qu'il n'arrive plus rien. Mais innover consiste à faire comme s'il arrivait beaucoup de choses, et à les faire arriver. La volonté affirme avec elle son hégémonie sur le temps. Elle se conforme ainsi à la métaphysique du capital qui est une technologie du temps. L'innovation ›marche‹. Le point d'interrogation du *Arrive-t-il?* arrête. Avec l'occurance, la volonté est défaite. La tâche avantgardiste reste de défaire la présomption de l'esprit par rapport au temps. Ce sentiment sublime est le nom de ce dénouement.«[16]

Avanguardia vs. postmodernità war 1997 das Thema eines von der Universität Rom veranstalteten Kolloquiums, das »una nuova visione critica del problema dell'avanguardia«[17] (eine neue kritische Vision des Avantgardeproblems) diskutierte. Der Tenor war bestimmt von der Frage, ob Postmoderne und Avantgarde gleichermaßen durch ein zeitliches Verhältnis zur bisherigen Kunst und Literatur bestimmt werden können. Eine Frage, die nicht nur durch die Selbstbezeichnung der Postmoderne nahegelegt ist, sondern auch durch die in der amerikanischen Diskussion vorherrschende Gleichsetzung von Moderne und Avantgarde. Um solcher Verwirrung zu entgehen, hat der Grazer Romanist Ulrich Schulz-Buschhaus vorgeschlagen, Postmoderne und Postavantgarde zu unterscheiden.[18]

Wurde das Verschwinden der Avantgarde als einer Denkfigur und des emphatischen Avantgardebegriffs als eine Folge »bürokratisierter Formverwaltung« beklagt, weil damit »aus der Moderne das kritische Moment exstirpiert«[19] werde, so verstellte solche eher nostalgische Kulturkritik doch den Blick auf die Brüche und den Wandel im Bedeutungsspektrum des Avantgardebegriffs.

Nach dem Urteil von Sandro Sproccati bedeuten die historischen Avantgarden geradezu den Schwanengesang der Moderne. Seither – und solange der Rahmen kapitalistisch organisierter Gesellschaften nach dem Scheitern sozialistischer Alternativen fortbesteht – bleibt Avantgarde ein permanenter Modus der Kritik an jeglicher Form affirmativer Kunst: »Dalla prima guerra mondiale in avanti, la modernità risulta irreparabilmente in crisi, almeno nella coscienza degli uomini più av-

---

14 GREGOR GYSI/MATTHIAS LANGHOFF, Ein Gespräch über Berlin und den Reiz des Fremden, in: Neues Deutschland (1. 11. 1999), 10.
15 NATHALIE HEINICH, Des conflits de valeurs autour de l'art contemporain, in: Le débat, Nr. 98 (1998), 74, 76.
16 JEAN-FRANÇOIS LYOTARD, Le sublime et l'avantgarde (1983), in: Lyotard, L'inhumain. Causeries sur le temps (Paris 1988), 110, 118.
17 WLADIMIR KRYSINSKI, Il condizionamento postmoderno e le nuove aporie dell'avanguardia, in: Avanguardia vs. postmodernità. Atti del Convegno, Roma 10–11 aprile 1997, hg. v. F. Bettini u. a. (Rom 1998), 103.
18 Vgl. MARIO BARENGHI, Postavanguardismo, non contro-avanguardismo. Intervista a Ulrich Schulz-Buschhaus, in: Tirature 4 (1994), 364.
19 MARTIN WARNKE, Erinnerung an die Avantgarde, in: Kursbuch. Die Zukunft der Moderne, H. 122 (1995), 51.

vertiti, cioè nella coscienza delle avanguardie.«[20] (Seit dem 1. Weltkrieg ist die Moderne unwiderruflich in der Krise, zumindest im Bewußtsein der aufmerksamsten Leute, d. h. im Bewußtsein der Avantgarden.) Wie immer auch die Urteile ausfallen, die erstaunliche Proliferation eines am Beginn des 20. Jh. als Unterscheidungsdispositiv in Selbstbezeichnungen der Künstler virulenten Begriffs[21] an seinem Ende bedarf der Aufklärung.

Als heuristischer Vorgriff auf die nach dem methodischen Prinzip einer »Telescopage der Vergangenheit durch die Gegenwart«[22] zu konstruierenden Geschichte des Avantgardebegriffs kann die Beobachtung dienen, daß dieser Begriff durch ein paradoxes Verhältnis zur Zeit charakterisiert werden kann.»Die Avantgarde beansprucht, der eigenen Zeit voraus zu sein. Da aber auch sie nicht in der Zukunft handeln kann, läuft dies praktisch darauf hinaus, in der gemeinsamen Gegenwart sich zu distanzieren, zu kritisieren, zu polemisieren.«[23] Nach dem Surrealismus galt als Prinzip der Bewegung ›la fuite en avant‹[24]. Ein so genauer Beobachter der Avantgarden wie der amerikanische Kunstkritiker Hal Foster sah demgegenüber im ›return from the future‹ bei den Protagonisten einer Neoavantgarde nach 1968 »a secret continuation of the avant-garde by other means«[25].

20 SANDRO SPROCCATI, Avanguardia, fine delle narrazioni, ›impredicabilità‹ dell'arte, in: Bolletario. Organo dell'Associazione Culturale ›Le Avanguardie‹ 8 (1997), Nr. 22/23, 19.
21 Vgl. HANNES BÖHRINGER, Avantgarde – Geschichten einer Metapher, in: Archiv für Begriffsgeschichte 22 (1978), H. 1, 90–114.
22 WALTER BENJAMIN, Das Passagen-Werk (entst. 1927–1940), in: BENJAMIN, Bd. 5/1 (1982), 588.
23 LUHMANN (s. Anm. 12), 467.
24 Vgl. ROLAND BARTHES, Le plaisir du texte (1973), in: Barthes, Œuvres complètes, hg. v. E. Marty, Bd. 2 (Paris 1994), 1515.
25 HAL FOSTER, The Return of the Real. The Avant-Garde at the End of the Century. An October Book (Cambridge, Mass./London 1996), XIV.
26 Vgl. BENJAMIN, Einbahnstraße (1928), in: BENJAMIN, Bd. 4/1 (1972), 131.
27 FOSTER (s. Anm. 25), 29.
28 ROBERT ESTIVALS/JEAN-CHARLES GAUDY/GABRIELLE VERGEZ, L'avant-Garde. Etude historique et sociologique des publications périodiques ayant pour titre ›L'avant-garde‹ (Paris 1968), 19.

Die Projekte der historischen und der Neoavantgarden müssen demzufolge im ›rechten Abstand‹[26], nicht in epigonaler Beziehung zueinander gesehen werden, sondern in der einer kritisch nachträglichen. »The neo-avantgarde is less *neo* than *nachträglich*; and the avant-garde project in general develops in deferred action. Once repressed in part, the avant-garde did return, and it continues to return, but *it returns from the future*: such is its paradoxical temporality.«[27] Zwischen ›fuite en avant‹ und ›return from the future‹ läßt sich die Geschichte des Avantgardebegriffs in sechs paradigmatischen Stationen und Konstellationen erzählen, die als Stationen einer Diskursformation zwischen den Künsten eine transnationale Vermittlung herstellen. In diesem Sinne ist Avantgarde ein interkultureller Begriff.

I. Avantgarde als Prophetie

Die militärische Vorgeschichte des Avantgardebegriffs zeigt einen auffälligen Zusammenhang zwischen der zumeist enkomiastischen Beschreibung kriegerischer Aktionen und einem öffentlichen Informationsbedürfnis. In ihrer klassischen Darstellung der Geschichte des Avantgardebegriffs in periodischen Publikationen haben Robert Estivals, Jean-Charles Gaudy und Gabrielle Vergez diesen Zusammenhang erläutert. Die erste Wochenzeitung mit einem Avantgarde-Konzept avant la lettre, der ab 1760 in Paris erscheinende *L'avantcoureur, feuille hebdomadaire où sont annoncés les objets particuliers des sciences et des arts*, verpflichtet sich einer schnell wechselnden »curiosité publique, qui n'a jamais été si active, si empressée, si impatiente«[28]. Als Erstbeleg des neueren militärischen Avantdebegriffs haben die Autoren den Titel einer regionalen Tageszeitung ermittelt, *L'Avant-Garde de l'Armée des Pyrénées Orientales*, die als jakobinisches Organ unter einem Motto Robespierres vom Jahre 2 der Französischen Republik bis zum 9. Thermidor erschien. Interessant an diesem Fund ist die Doppelfunktion des Journals, das sich als Organ der revolutionären Armee sowie einer militärischen Avantgarde nach innen wie nach außen, als intellektuelle Avantgarde für die Truppe, verstand. Als militärischer Terminus und Begriff war Avantgarde in Frankreich seit 1789 und dem Empire so en vogue, daß er von Saint-Simon und seinen Schülern in die Theorie der organischen Gesellschaft als diskursive Fundsache übernommen werden konnte. Die Übertragung des militärischen Terminus auf die Künstler als Protagonisten einer saint-simonistischen Avantgarde findet sich als Erstbeleg in einem dem Banquier und Freund Saint-Simons, Olinde Rodriguez, zugeschriebenen Dialog aus dem Jahr 1825, ein Jahr nach der Gründung der von Goethe hoch geschätzten Zeitschrift *Le Globe* (1824), mit der sich der Saint-Simonismus als Bewegung konstituierte. Er ruft in seinem Titel *L'artiste, le savant et l'industriel* die drei Hauptklassen der saint-simonistischen Gesellschaftslehre auf. Der Text definiert den ›artiste‹ als ›poète‹, der die ›sensation‹ als die allen Einzelkünsten gemeinsame Fähigkeit verkörpert und übertragen kann. »Nous entendons par artiste le poëte dans toute l'étendue de ce mot; le mot *artiste* signifie donc *homme à imagination*, et il embrasse à la fois les travaux du peintre, du musicien, du poëte, du littérateur, etc.; en un mot, tout ce qui a pour objet la *Sensation.*«[29] Der locus classicus, in dem die ›artistes‹ gegenüber den ›savants‹ und den ›industriels‹ sich als die Avantgarde bezeichnen, um die Künste an die ›Spitze der Bewegung‹ zu bringen und die anderen mitzureißen, lautet im Tenor einer Rhetorik der Beschleunigung: »Unissons-nous, et, pour parvenir au même but nous avons chacun une tâche différente à remplir. C'est nous, artistes, qui vous servirons d'avant-garde; la puissance des arts est en effet la plus immédiate et la plus rapide. Nous avons des armes de toute espèce: quand nous voulons répandre des idées neuves parmi les hommes, nous les inscrivons sur le marbre ou sur la toile; nous les popularisons par la poésie et le chant; nous employons tour à tour la lyre et le galoubet, l'ode ou la chanson, l'histoire ou le roman; la scène dramatique nous est ouverte, et, c'est là surtout que nous exerçons une influence électrique et victorieuse. Nous nous adressons à l'imagination et aux sentiments de l'homme; nous devons donc exercer toujours l'action la plus vive et la plus décisive; et si aujourd'hui notre rôle paraît une ou au moins très-secondaire, c'est qu'il manquait aux arts ce qui est essentiel à leur énergie et à leur succès, une impulsion commune et une idée générale.« (210f.) Diese ›idée générale‹ ist unmißverständlich die durch die ›Œuvre Saint-Simons verkörperte Utopie einer ›fraternité universelle‹, deren ›mouvement‹ den Egoismus überwinden wird. »On verra ce résultat s'opérer, quand l'égoisme, ce fruit bâtard de la civilisation, aura été refoulé jusque dans ses derniers retranchements; quand la littérature et les beaux-arts se seront mis à la tête du mouvement, et auront enfin passionné pour son bien-être la société, que jusqu'ici on a tant de fois passionné pour son malheur et pour sa ruine.« (215f.) Die Avantgardefunktion der Künstler legitimiert sich moralisch als Religionsersatz – »les artistes charment et honorent l'humanité; ils sont une des nécessités morales du corps social« (229) – und ideologisch als unmißverständliche kapitalistische (›affirmative‹ wird man später sagen) Indoktrinierung der ›classe des industriels‹, zu der nach saint-simonistischer Lehre sowohl die Unternehmer wie die Arbeiter gehören: »il faut mettre en œuvre d'abord les hommes à l'imagination et les savants; car ce n'est qu'à la science et aux beaux-arts qu'il appartient de former et de développer une opinion nouvelle en politique, pour décider l'industriel par la perspective que le nouveau système peut être immédiatement favorable à ses intérêts pécuniaires, et offrir une matière utile à ses combinaisons commerciales. Car un fait qu'il faut avouer sans détour (puisque, loin d'être humiliant, il n'a rien que d'honorable), c'est que la passion dominante des industriels, c'est l'amour de l'argent, ou autrement, du travail productif.« (248f.) Der Text formuliert abschließend als eine Aufgabe der künstlerischen und wissenschaftlichen Avantgarde das anglo-französische Projekt einer Enzyklopädie des 19. Jh., das dann tatsächlich in 8 Bänden realisiert wurde, doch unvollendet (weil unvollendbar) blieb.[30] »Nous tenterons donc de réunir les principaux savants et artistes de France et d'Angleterre pour exécuter une

---

29 OLINDE RODRIGUEZ, L'artiste, le savant et l'industriel (1825), in: Claude Henri de Saint-Simon, Œuvres, Bd. 5 (Paris 1966), 204.
30 Vgl. PIERRE LEROUX/JEAN REYNAUD (Hg.), Encyclopédie nouvelle, ou Dictionnaire philosophique, scientifique, littéraire et industriel, 8 Bde. (Paris 1836–1841).

encyclopédie du XIXe siècle.«[31] Etwa zur selben Zeit hat Heinrich Heine, der die »neue Kirche« des Saint-Simonismus scharfsichtig kritisierte (»Die unsichtbare Kirche der St. Simonisten«, die »die Kunst als ein Priesterthum betrachtet«[32]), dem Avantgardebegriff (ohne den Terminus zu verwenden) eine den Unterschied zwischen sozialer und politischer Revolution betonende Dimension verliehen. So schrieb er 1832 aus Paris im Artikel IX der *Französischen Zustände*: »Der Schriftsteller, welcher eine sociale Revolution befördern will, darf immerhin seiner Zeit um ein Jahrhundert vorauseilen; der Tribun hingegen, welcher eine politische Revolution beabsichtigt, darf sich nicht allzuweit von den Massen entfernen. Ueberhaupt, in der Politik, wie im Leben, muß man nur das Erreichbare wünschen.«[33] Heine war der erste, der im deutschfranzösischen Vergleich der Ereignisse um die Pariser Julirevolution und mit kritischem Blick auf »unsere Kunstzeit« (173) und in der Erklärung der Vergangenheit durch die Gegenwart[34] die Differenz zwischen Kunst und Politik, zwischen Kunst und Leben, als ein geschichtliches und als ein ästhetisches Problem gleichermaßen formuliert hat.

Die geschichtliche Formulierung betrifft »meine alte Prophezeiung von dem Ende der Kunstperiode, die bey der Wiege Goethes anfing und bey seinem Sarge aufhören wird« (49); eine Differenz, die er zum ersten Mal in seiner Rezension von Wolfgang Menzels *Die deutsche Literatur* (1828) formuliert hatte. Dort beschrieb Heine den Aufstand der ›Avantgarde‹ in Gestalt ›nordischer Barbaren‹ gegen ›das civilisierte Goethenthum‹ als Historisierung der »gesammten deutschen Geistesrichtung der vorletzten Dezennien, und die Kunstidee als Mittelpunkt des Ganzen«[35] im Stil eines militärischen Frontberichts in der Morgendämmerung. »Die brütende Stimmung unzufriedener Großen ist ansteckend, und die Luft wird schwül. Das Prinzip der Goetheschen Zeit, die Kunstidee, entweicht, eine neue Zeit mit einem neuen Prinzipe steigt auf, und seltsam! wie das Menzelsche Buch merken läßt, sie beginnt mit Insurrektion gegen Goethe. Vielleicht fühlt Goethe selbst, daß die schöne objektive Welt, die er durch Wort und Beispiel gestiftet hat, nothwendiger Weise zusammensinkt, so wie die Kunstidee allmälig ihre Herrschaft verliert, und daß eine neue frische Geister von der neuen Idee der neuen Zeit hervorgetrieben werden, und gleich nordischen Barbaren, die in den Süden einbrechen, das civilisierte Goethenthum über den Haufen werfen und an dessen Stelle das Reich der wildesten Subjektivität begründen. Daher das Bestreben, eine Goethesche Landmiliz auf die Beine zu bringen. Ueberall Garnisonen und aufmunternde Beförderungen. Die alten Romantiker, die Janitscharen, werden zu regulären Truppen zugestutzt, müssen ihre Kessel abliefern, müssen die Goethesche Uniform anziehen, müssen täglich exerziren. Die Rekruten lärmen und trinken und schreien Vivat; die Trompeter blasen – Wird Kunst und Alterthum im Stande seyn, Natur und Jugend zurückzudrängen?« (248 f.)

Ästhetisch gefaßt wird das Problem in der Prophezeiung einer neuen Technik, wovon bei den französischen Saint-Simonisten und ihrem Avantgardebegriff überhaupt keine Rede war. Heine, »in der Kunst […] Supernaturalist«[36], sieht die »große Revoluzion […], die hier [in Paris – d.Verf.] im Reiche der Kunst statt gefunden« (51), auch als Vorschein einer neuen Technik und akzentuiert den Gegensatz neu/alt als Leitdifferenz der Avantgarde: »Indessen, die neue Zeit wird auch eine neue Kunst gebähren, die mit ihr selbst in begeistertem Einklang seyn wird, die nicht aus der verblichenen Vergangenheit ihre Symbolik zu borgen braucht, und die sogar eine neue Technik, die von der seitherigen verschieden, hervorbringen muß.« (50) Avantgarde als Zukunftsbegriff sozialer Revolution und als poetischer Entwurf – diesen Gedanken Heines hat sich dann Karl Marx im *Achtzehnten Brumaire* (1852) zu eigen gemacht, als er »das Gespenst der alten Revolution« – die französische Februarrevolution von 1848 – mit der künftigen sozialen Revolution konfrontierte. »Die soziale Revolution des neunzehnten Jahrhunderts kann

---

31 RODRIGUEZ (s. Anm. 29), 257.
32 HEINRICH HEINE, Über die französische Bühne (1837), in: HEINE (HSA), Bd. 7 (1970), 260.
33 HEINE, Französische Zustände (1832), in: HEINE (HSA), Bd. 7 (1970), 176.
34 Vgl. ebd., 129.
35 HEINE, [Rez.] ›Die deutsche Literatur‹ von Wolfgang Menzel (1828), in: HEINE (HSA), Bd. 4 (1981), 241.
36 HEINE, Französische Maler (1831–1834), in: HEINE (HSA), Bd. 7 (1970), 29.

ihre Poesie nicht aus der Vergangenheit schöpfen, sondern nur aus der Zukunft.«[37] Der Künstler als Prophet steht auch im Zentrum des Avantgardebegriffs der Fourieristen, allerdings mit einem die saint-simonistische Konzeption erweiternden neuen Akzent. In einem für die fourieristische Avantgardekonzeption einschlägigen Text, der Schrift *De la mission de l'art et du rôle des artistes. Salon de 1845* von Gabriel-Désiré Laverdant, heißt es im Abschnitt über die Leidenschaften und das Fouriersche Basiskonzept des ›travail attrayant‹: »L'Art, expression de la Société, exprime, dans son essor le plus élevé, les tendances sociales les plus avancées; il est précurseur et révélateur. Or pour savoir si l'art remplit dignement son rôle d'initiateur, si l'artiste est bien à l'avant-garde, il est nécessaire de savoir où va l'Humanité, qu'elle est la destinée de l'Espèce. [...] Ainsi, le *travail attrayant*, tel est le problème duquel dépend nécessairement l'avenir de l'art.«[38] Für die Avantgardekünstler, die »l'âme humaine par l'attrait des sens« (7) durchdringen, hat Laverdant zufolge Fourier selbst als Sprachbildner das Vorbild eines »précurseur et révélateur« geschaffen. »Quant aux passions de la sphère intellectuelle dont Fourier a le premier déterminé le rôle capital, et qu'il a nommées de noms caractéristiques, originaux, bizarres si l'on veut (cabaliste, papillonne, composite), les artistes en connaissent les fonctions essentielles appliquées aux œuvres d'art.« (6)

Die von den Künstlern als den »prêtres du culte nouveau« (33) verkörperte Avantgarde war im Frankreich des 19. Jh., zwischen Restauration und Second Empire, Bestandteil eines von den beiden Parteien des utopischen Sozialismus begründeten, unterschiedlich akzentuierten Fortschrittsdiskurses. Die ursprüngliche Führungsrolle der Künstler im Konzert mit den drei gesellschaftlichen Promotoren des Fortschritts – »la science, l'art, l'industrie forment les grandes divisions du travail«[39] – ging schließlich auf die ›Industrie‹ über. Im ökonomischen Konkurrenzkampf zwischen Frankreich und England wurde Frankreich in der durch die Londoner Weltausstellung (1851) ausgelösten europaweiten Kunst-Industrie-Debatte[40] selbst als Avantgardenation in Europa inszeniert. Die nach der Julirevolution 1831 begründete Zeitschrift *L'Artiste. Revue du XIXe siécle. Histoire de l'art contemporain*, deren Chefredakteur seit den 40er Jahren der mit Baudelaire befreundete Verleger Arsène Houssaye war, führte nach 1851, als sie die Kunstpolitik des 2. Kaiserreiches repräsentierte, eine regelmäßige ›chronique industrielle‹ ein, die den ›industrialisme‹ (ein weiterer Ismus des 19. Jh.) und den französischen Führungsanspruch als Bezugspunkt der Avantgarde fixierte. »L'industrie a conquis en France une si grande place, qu'elle est devenue reine à côté de l'art, qui est resté roi. Une alliance superbe s'est faite entre ces deux puissances; et comme dans les contes de fées, les époux furent heureux et ont eu beaucoup d'enfants. [...] D'ailleurs, l'industrialisme, si l'on peut employer ce mot, s'est bien glissé dans la suprême région des beaux-arts.«[41] Solche affirmative Verwendung des Avantgardebegriffs, im kulturellen und politischen Diskurs des 2. Kaiserreichs geradezu modisch, hat den Begriff in den Augen jener Künstler diskreditiert, die später im Spiegel eines veränderten Avantgardebegriffs geradezu als dessen Vorläufer aufgerufen wurden. So z.B. Baudelaire, der in den autobiographischen Skizzen *Mon cœur mis à nu* (1859) den Avantgardebegriff wegen seiner inhärenten Tendenz zu ›Disziplin‹ und ›Konformität‹ abweist: »De l'amour, de la prédilection des Français pour les métaphores militaires. Toute métaphore ici porte des moustaches. [...] À ajouter aux métaphores militaires: les poètes de combat. Les littérateurs d'avant-garde. Ces habitudes de métaphores militaires dénotent des esprits, non pas militants, mais faits pour la discipline, c'est-à-dire pour la conformité, des esprits nés domestiques, des esprits belges, qui ne peuvent penser qu'en société.«[42]

Im Rahmen der saint-simonistischen Triade der

---

37 KARL MARX, Der achtzehnte Brumaire des Louis Bonaparte (1852), in: MEW, Bd. 8 (1960), 117.
38 GABRIEL-DÉSIRÉ LAVERDANT, De la mission de l'art et du rôle des artistes. Salon de 1845 (Paris 1845), 4, 16.
39 HIPPOLYTE COUSIN, L'art et l'industrie, in: L'Artiste 32, N.S., Bd. 1 (1862), 274.
40 Vgl. GEORG MAAG, Kunst und Industrie im Zeitalter der ersten Weltausstellungen. Synchronische Analyse einer Epochenschwelle (München 1986).
41 COUSIN (s. Anm. 39), 252.
42 CHARLES BAUDELAIRE, Mon cœur mis à nu (1859), in: BAUDELAIRE, Bd. 1 (1975), 690f.

Träger eines gesellschaftlichen Fortschritts bezog sich Avantgarde immer auf eine wechselnde Elite, der in dieser ersten prophetischen Konstellation der Begriffsgeschichte immer auch eine nationale und/oder universale Repräsentanz übertragen wird. Man ist Avantgarde in sozusagen höherem Auftrag. Thomas Carlyle, der als erster in England den Terminus vanguard in diesem Sinne gebraucht, nennt Deutschland in dem autobiographischen Text *Sartor Resartus* (1832) die kulturelle Avantgarde der Welt. »At length [...] Germany and Weissnichtwo were where they should be, in the vanguard of the world.«[43] Solche vom Fortschrittspathos der Aufklärung geprägte Vision setzt eine Avantgarde selbst an die Spitze des Zeitalters, wie F. Schlegel 1795 in seiner Rezension zu Condorcets *Esquisse d'un tableau historique des progrès de l'esprit humain* schrieb. »Nur ein Geist, der seinem Zeitalter zuvoreilt, kann [...] ›die gänzliche Vertilgung der Vorurteile, welche die selbst dem begünstigten Teile gefährliche Ungleichheit der Rechte beider Geschlechter begründen, unter die wichtigsten bevorstehenden Fortschritte des menschlichen Geschlechts‹ rechnen.«[44] Als kulturell legitimierter nationaler Führungsanspruch ist der Begriff Avantgarde bis heute insbesondere in Frankreich ein diskursives Ideologem und sogar Bestandteil der Außenpolitik, etwa im Rahmen der EU-Konzepte über die ›Kulturelle Konstruktion Europas‹. Die entsprechenden offiziellen Erklärungen und Texte des französischen Außenministeriums, die Jacques Derrida analysiert hat, zeigen deutlich diesen diskursiven Zusammenhang zwischen Avantgarde und Nationalismus. »Ce même texte [ein Text des Secrétariat d'Etat aux Relations Culturelles Internationales mit dem Titel *La construction européenne* – d.Verf.] rappelle aussi que la France doit ›conserver sa position d'avant-garde‹. ›Avant-garde‹, le mot est toujours aussi ›beau‹, qu'on le soustraie ou non à son code stratégico-militaire (promos) de projectile ou de missile: il capitalise la figure de proue, la figure de la proue, de la pointe phallique avancée comme un bec, comme une plume ou comme un bec de plume, la forme du cap, donc, *et* de la *garde* ou de la mémoire; il ajoute la valeur de l'initiative avancée à celle de la recollection: responsabilité du gardien, vocation du souvenir qui prend sur lui de prendre les devants, surtout s'il s'agit par avance de garder, d'anticiper pour ›conserver‹, comme le texte officiel, une ›position d'avant-garde‹, donc de conserver soi-même comme avant-garde qui s'avance pour conserver ce qui lui revient, à savoir de s'aventurer pour conserver ce qui lui revient encore, à savoir une ›position d'avant-garde‹ – donc.«[45]

Blieb der Avantgardebegriff in solcher geschichtsphilosophisch fundierten prophetischen Gestalt eher unspezifisch hinsichtlich seiner ästhetischen Dimensionen (ausgenommen die Fouriersten, deren von Karl Marx hoch geschätzte Utopie des ›travail attrayant‹ ja ein ausgesprochen ästhetisches Konzept einschließt[46]), so bringt Richard Wagner eine Wendung zum Spezifischen des Begriffs.

Mit Idee und Konzept des ›Gesamtkunstwerks‹ als Modell für *Das Kunstwerk der Zukunft* (1849) wird die »Kunst im Allgemeinen« als »die Kunst der Zukunft in's Besondere«[47] zur Avantgarde, wobei Wagner diesen Terminus nicht verwendet. *Das Kunstwerk der Zukunft*, dessen Titel Feuerbachs *Grundsätze einer Philosophie der Zukunft* (1843) assoziiert wie schon zuvor die Schrift *Die Kunst und die Revolution* (1849), umschreibt nichts anderes als Idee und Begriff einer Künstler-Avantgarde, die utopisch-soziale Motive kunstspezifisch transformiert. »Die Kunst und ihre Institute [...] können somit die Vorläufer und Muster aller künftigen Gemeindeinstitutionen werden.«[48] Das »Gesammtkunstwerk der Zukunft« integriert die einzelnen Künste zu einer »Kulturkunst«, in deren Begriff

---

43 THOMAS CARLYLE, Sartor Resartus. The Life and Opinions of Herr Teufelsdröckh in Three Books (1832; London 1838), 17; vgl. DONALD DREW EGBERT, Social Radicalism and the Arts. Western Europe. A Cultural History from the French Revolution to 1968 (London 1970).
44 FRIEDRICH SCHLEGEL, [Rez.] Condorcets ›Esquisse d'un tableau historique des progrès de l'esprit humain‹ (1795), in: SCHLEGEL (KFSA), Bd. 7 (1966), 9.
45 JACQUES DERRIDA, L'autre cap (Paris 1991), 53 f.
46 Vgl. LEANDRO KONDER, Fourier, o socialismo do prazer (Rio de Janeiro 1998).
47 RICHARD WAGNER, Das Kunstwerk der Zukunft (1849), in: Wagner, Gesammelte Schriften und Dichtungen, Bd. 3 (Leipzig ²1887), 44.
48 WAGNER, Die Kunst und die Revolution (1849), in: ebd., 40.

Wagner die Leitidee der späteren historischen Avantgarden, die Möglichkeit einer Verbindung von Kunst und Leben, präformiert. »Kann die Kulturkunst von ihrem abstrakten Standpunkte aus in das Leben dringen, oder muß nicht vielmehr das Leben in die Kunst dringen, – das Leben aus sich heraus die ihm allein entsprechende Kunst erzeugen, in ihr aufgehen, – statt daß die Kunst (wohlverstanden die Kulturkunst, die außerhalb des Lebens entstandene) aus sich das Leben erzeuge und in ihm aufgehe?«[49] Idee und Praxis des Gesamtkunstwerks sind in der Geschichte des Avantgardebegriffs eine Brücke zwischen utopischem Sozialismus und den ästhetischen Konzepten der historischen Kunstavantgarden. Sie wird gestützt durch die Vision einer Einheit der Künste, einer neuen »synthèse des arts«[50], in der das Prinzip von Lessings *Laokoon* (1766), die medienabhängige Grenzziehung zwischen Poesie und Malerei, aufgehoben und transformiert wäre. Wagners Charakteristik des Musikdramas – »zum Raum wird hier die Zeit«[51] –, die der der Zeit unterworfenen Musik einen Raum öffnet und die bildende Kunst der Zeit unterwirft, hat darum die Symbolisten und die Poeten der Modernität in Frankreich besonders fasziniert. »Tout commence superbement avec Baudelaire, dès 1860«[52], d.h. mit dem großen Essay Baudelaires *Richard Wagner et Tannhäuser à Paris* (1861), der die Reflexion der Kunst und der Künste über sich selbst als Medium behandelt und der reflexive Modernität instituiert: »tous les grands poètes deviennent naturellement, fatalement, critiques.«[53]

II. Poesie als Avantgarde

Den in Frankreich zwischen dem Beginn des 2. Kaiserreichs und Pariser Commune schreibenden Poeten und Schriftstellern hat die Kritik a posteriori eine ›Revolution der poetischen Sprache‹[54], eine »kopernikanische Wende im Bereich der Lyrik«[55] oder eine »radically democratic aesthetic«[56] zugesprochen; bezogen auf Lautréamont, Mallarmé, Rimbaud, Laforgue, Cros, Corbière und Germain Nouveau, war auch von einer ›révolution des sept‹ die Rede.[57] An dieser retrospektiven Konstruktion poetischer Vorläufer einer durch »drei Wellen ästhetischen Avantgardismus«[58] unterschiedenen historischen Avantgarde – vor dem 1. Weltkrieg mit dem italienischen Futurismus als Zentrum, danach mit dem internationalen Dadaismus, französischen Surrealismus, sowjetischen Konstruktivismus als Epizentren und um 1930 eine Kunst und Politik integrierende Welle – zeigt sich schon ein Paradox des Avantgardebegriffs. Die Differenz im Urteil über ästhetische Innovationen – das Neue als Kernbegriff – wird im späteren Selbstverständnis der Zeitgenossen und in der Rückschau der Kritiker deutlich. Kennzeichnend für die Avantgarde ist das ›futur antérieur‹ – so eine Kapitelüberschrift in Julia Kristevas aus Erfahrungen vom Mai '68 konzipierter Darstellung *La révolution du langage poétique*[59] –, weil die virtuelle Bedeutung ihrer Realisationen erst a posteriori und im Lichte spezifischer Erfahrungen erkennbar wird: »L'effet d'avant-garde est toujours déchiffra-

---

49 WAGNER (s. Anm. 47), 156, 161.
50 APOLLINAIRE, L'esprit nouveau et les poètes (1917), in: Apollinaire, Œuvres complètes, hg. v. M. Décaudin, Bd. 3 (Paris 1966), 903.
51 WAGNER, Parsifal. Ein Bühnenweihfestspiel (1882), 1. Aufz., in: Wagner, Gesammelte Schriften und Dichtungen, Bd. 10 (Leipzig ²1888), 339.
52 PIERRE BOULEZ, Le regard français, in: W. Storch (Hg.), Les Symbolistes et Richard Wagner/Die Symbolisten und Richard Wagner (Berlin 1991), 11; vgl. ODO MARQUARD, Gesamtkunstwerk und Identitätssystem, in: H. Szeemann (Hg.), Der Hang zum Gesamtkunstwerk (Aarau/Frankfurt a. M. 1983), 19.
53 BAUDELAIRE, Richard Wagner et Tannhäuser à Paris (1861), in: BAUDELAIRE, Bd. 2 (1976), 793.
54 Vgl. JULIA KRISTEVA, La révolution du langage poétique. L'Avant-Garde à la fin du XIXe siècle. Lautréamont et Mallarmé (Paris 1974).
55 WERNER KRAUSS, Grundprobleme der Literaturwissenschaft (1968), in: Krauss, Das wissenschaftliche Werk, Bd. 1 (Berlin/Weimar 1984), 173.
56 MARSHALL MCLUHAN, Joyce, Mallarmé and the Press (1953), in: Essential McLuhan, hg. v. E. McLuhan/F. Zingrone (Concord 1995), 67.
57 Vgl. PIERRE-OLIVIER WALZER, La révolution des sept (Neuchâtel 1970).
58 HANS ROBERT JAUSS, Die Epochenschwelle von 1912. Guillaume Apollinaire: ›Zone‹ und ›Lundi Rue Christine‹ (Heidelberg 1986), 36f.
59 Vgl. KRISTEVA (s. Anm. 54), 364–368.

ble après coup.«[60] Eugène Ionesco, von der Kritik in den 50er Jahren zusammen mit Beckett und Arthur Adamov als Protagonist einer neuen Theateravantgarde gefeiert und verfemt, hat darum die Avantgarde einen schillernden ästhetischen Begriff genannt, der bestenfalls eine bestimmte ›vision du monde‹, eine Opposition zum jeweiligen Zeitgeist ausdrücke. »On ne peut s'apercevoir qu'il y a eu avant-garde que lorsque l'avant-garde n'existe plus en tant que telle, lorsqu'elle est devenue arrièregarde; lorsqu'elle aura été rejointe et même dépassée par le reste de la troupe. [...] Je préfère définir l'avant-garde en termes d'opposition et de rupture. [...] L'auteur rebelle a conscience d'être contre son temps.«[61] Auf das Selbstverständnis der verschiedenen Vorkriegsavantgarden trifft dieses Urteil nicht zu. Im Unterschied zu dem von Nicht-Künstlern als Prophetie entworfenen Avantgardebegriff ist die von Künstlern selbst reflektierte eigene Praxis als neu und zukunftsorientiert, als Bewegung, selbst wenn der Terminus noch keine Rolle spielt, ein primärer Faktor in der Geschichte und in der Konturierung des Begriffs. Arthur Rimbauds radikales Urteil in den Brouillons zu der poetischen Bekenntnisschrift *Une saison en enfer* (1873), »maintenant je puis dire que l'art est une sottise«[62], eröffnet die prometheische Vision einer avantgardistischen Poesie, die den Elfenbeinturm verlassen hat: »le poète est vraiment voleur de feu. [...] La Poésie ne rythmera plus l'action; elle *sera en avant.*«[63] Was in solchen Äußerungen und den entsprechenden

poetischen Texten reflektiert und als Unterscheidungsmerkmal markiert wird, ist der geschichtliche Anachronismus einer kulturellen Ordnung, in der auch die Künste in disziplinäre Sparten autonomer Gattungen rubriziert werden. Wie Wagners Gesamtkunstwerk von der Musik ausgehend, so haben die Poeten, von einem neuen Begriff der Poesie als »*déréglement de tous les sens*«[64] ausgehend, an der Zersetzung eines Kultur-Raums gearbeitet, in dem »das autonome Kunstwerk in der Isolierung seine notwendige Kehrseite hat«[65]. Entsprechend kehrte Lautréamont mit dem von avantgardistischem Selbstbewußtsein gegenüber den vorgängigen literarischen Richtungen getragenen Satz in der 2. Strophe des 4. Gesangs der *Chants de Maldoror,* »jusqu'à nos temps, la poésie fit une route fausse«[66], das von Hegel präjudizierte Verhältnis von Philosophie und Kunst um, als er in den *Poésies* (1871) eine eigene Logik für die Poesie behauptete, d.h. die Wiedergewinnung der ihr wie der Kunst überhaupt bestrittenen Erkenntnisfunktion. »Une logique existe pour la poésie. Ce n'est pas la même que celle de la philosophie. [...] Les poètes ont le droit de se considérer au-dessus des philosophes.«[67] Die im Vergleich mit der Philosophie für die Poesie reklamierte Erkenntnisfunktion präformiert das Avantgardebewußtsein zu Beginn des 20. Jh. vor allem auch durch intermediale poetische Verbindungen zwischen den Künsten. ›Das Poetische‹ wird zum Merkmal für die Gattungsgrenzen transzendierenden Funktion und unterscheidet ein Avantgardebewußtsein von der Moderne. Im Œuvre Baudelaires, das als ›klassische‹ Form einer Ästhetik der Modernität gilt, ist die Differenz zwischen Moderne und einem Avantgardebegriff avant la lettre vorprogrammiert. So im Entwurf eines Vorworts zur dritten Auflage der *Fleurs du Mal* von 1868, wo Baudelaire nicht nur von Poesie, Musik und Malerei, sondern auch von Mathematik und Gastronomie als ästhetischer »originalité proportionnelle« schreibt. »Comment, par une série d'efforts déterminée, l'artiste peut s'élever à une originalité proportionnelle; comment la poésie touche à la musique par une prosodie dont les racines plongent plus avant dans l'âme humaine que ne l'indique aucune théorie classique; [...] que la phrase poétique peut imiter (et par là elle touche à l'art musical et à la science mathématique) la li-

---

60 DERRIDA [Antwort auf eine Umfrage zur Aktualität der Avantgarde], in: Digraphe, Nr. 28 (1975), 152.
61 EUGÈNE IONESCO, Discours sur l'avant-garde (1950), in: Ionesco, Notes et contre-notes. Pratiques du théâtre (Paris 1962), 26.
62 ARTHUR RIMBAUD, Brouillon d'Une saison en enfer (1914), in: Rimbaud, Œuvres complètes, hg. v. A. Adam (Paris 1972), 171.
63 RIMBAUD an Paul Démeny (15. 5. 1871), in: ebd., 252.
64 Ebd., 251.
65 WERNER HOFMANN, Gesamtkunstwerk Wien, in: Szeemann (s. Anm. 52), 84.
66 LAUTRÉAMONT, Les chants de Maldoror (1869), in: Lautréamont/Germain Nouveau, Œuvres complètes, hg. v. P.-O. Walzer (Paris 1970), 162.
67 LAUTRÉAMONT, Poésies II (1871), in: ebd., 286.

gne horizontale, la ligne droite ascendante, la ligne droite descendante; [...] que la poésie se rattache aux arts de la peinture, de la cuisine et du cosmétique par la possibilité d'exprimer toute sensation de suavité ou d'amertume, de béatitude ou d'horreur par l'accouplement de tel substantif avec tel adjectif, analogue ou contraire.«[68] Poesie als Inbegriff künstlerischer Avantgarde – Zola hat in *Le Docteur Pascal* (1893) die Idee einen Topos genannt. »Les poètes vont en pionniers, à l'avant-garde, et souvent ils découvrent les pays vierges, indiquent les solutions prochaines.«[69] Solche poetischen Visionen der Künstlerästhetiken sind Indiz einer Konfrontation zwischen traditionellen (oder alten) und modernen (oder neuen) Künsten, wie sie besonders durch Fotografie und Film verdeutlicht wird. Guillaume Apollinaire, der in den *Méditations esthétiques* (1912) eine Programmschrift für eine Theorie kubistischer Malerei als Avantgarde entwirft, hat in dem Manifest *L'esprit nouveau et les poètes* (1917) dann ganz im Geiste Baudelaires die Poesie mit dem Film und dem Phonographen auf eine Weise verbunden, die nun Bewegung als technisches Prinzip einer neuen (avantgardistischen) Ästhetik begreift. »C'est que poésie et création ne sont qu'une même chose. [...] On peut être poète dans tous les domaines: il suffit que l'on soit aventureux et que l'on aille à la découverte. [...] Les poètes [...] veulent être les premiers à fournir un lyrisme tout neuf à ces nouveaux moyens d'expression qui ajoutent à l'art le mouvement et qui sont le phonographe et le cinéma.«[70] Die poetische Avantgarde unterscheidet sich – wie die Bewegung der Avantgarde überhaupt – auch von der Boheme wie der Kosmopolit vom Kleingeist. Die Brüder Goncourt haben in ihrem *Journal* (1896) die ästhetische Harmlosigkeit der Bohemiens mit dem literaturrevolutionären Geist der Avantgarde konfrontiert. »On parle de Marias, de Darzens, de Viguier qui a tué Cage, de ce petit monde du bas des lettres, dont le premier est grec, le second russe, le troisième suisse, de ce monde dont chacun traite l'autre de canaille, de ce monde passant toute sa vie dans les salles d'armes, enfin de cette génération nouvelle de bohèmes n'ayant rien de l'inoffensivité des bohèmes de Murger, mais de cette espèce d'avant-garde littéraire des soutenneurs et des escarpes de l'heure présente, cherchant à monter à l'assaut de la littérature par l'assassinat.«[71]

III. Avantgarde als Experiment und ›neue Ästhetik‹

Im Zentrum von Apollinaires frankozentristischem Avantgardebegriff steht die Kategorie des Neuen. Paris, »la capitale de l'art« oder »l'école de Paris« (ein von Apollinaire geprägter Begriff), gilt ihm, wie er in einem Text *La peinture moderne* (1913; zuerst 1908 unter dem Titel *Die moderne Malerei* auf deutsch in Herwarth Waldens *Der Sturm* erschienen) erklärte, seit dem Impressionismus als eine von Künstlern aller Länder getragene »manifestation [...] de la culture universelle«[72]. Der Kubismus als Inbegriff einer Avantgarde verkörpert für Apollinaire zugleich eine ›esthétique nouvelle‹, für die »ce monstre de la beauté n'est pas éternel«. »Cette esthétique nouvelle s'élabora [...] dans l'esprit d'André Derain.« Die aus dem französischen Impressionismus hervorgegangene kubistische Bewegung wird von Apollinaire als unvergleichlich kühn definiert, weil sie das Schöne als transhistorischen ästhetischen Grundbegriff in der Geschichte der Malerei zum ersten Mal prinzipiell in Frage stellt. »L'école moderne de peinture me paraît la plus audacieuse qui ait jamais été. Elle a posé la question du beau en soi.«[73] In einem Artikel über *Musique nouvelle* (1914) präzisierte Apollinaire seinen Modernebegriff, indem er ihn prinzipiell von dem des Neuen unterschied. »Les personnes éduquées dans le vaillant mouvement artistique d'aujourd'hui font une différence très nette entre ces deux adjectifs: *moderne* et *nouveau*; et je me hâte de

---

68 BAUDELAIRE, Projets de préfaces (entst. um 1862), in: BAUDELAIRE, Bd. 1 (1975), 183.
69 ÉMILE ZOLA, Le Docteur Pascal (Paris 1893), 107.
70 APOLLINAIRE (s. Anm. 50), 907, 910.
71 EDMOND DE GONCOURT/CHARLES DE GONCOURT, Journal, Bd. 4 (Paris 1896), 13.
72 APOLLINAIRE, La peinture moderne (1913), in: Apollinaire (s. Anm. 50), Bd. 4 (Paris 1966), 280.
73 APOLLINAIRE, Les Peintres cubistes. Méditations esthétiques (1913), in: ebd., 15, 23, 25.

le dire, ce n'est guère que du second que l'on marque l'artiste qui porte dans son œuvre une audace véritablement nouvelle et de la puissance artistique éclatante.«[74] Der Name der von Amédée Ozenfant und Le Corbusier herausgegebenen Zeitschrift einer urbanistischen Architekturavantgarde – *L'Esprit Nouveau. Revue Internationale illustrée de l'Activité Contemporaine* (1920–1925) – war dann auch ein Bekenntnis zu Apollinaires Verständnis der Avantgarde, für das der italienische Futurismus in der Malerei schon 1912 nur mehr ein Epigone »de nos artistes d'avantgarde«[75] war, wie er in einem Essay über *Les peintres futuristes italiens* erklärte. Wenn in Frankreich im Diskurs über den Kubismus der Terminus Avantgarde »se fixe [...] dans les chroniques que Guillaume Apollinaire consacra à la peinture depuis 1902 et surtout dans ses *Méditations esthétiques* publiées en 1913«, so gilt das auch für den Begriff. Im Diskurs über den Kubismus zwischen 1900 und 1914 wird der »caractère radical de la crise généralisée des valeurs figuratives, introduite par la peinture impressioniste«[76] reflektiert. Der Avantgardebegriff als ein diskursives Medium dieser Reflexion spiegelt die durch die Auflösung der perspektivischen Ordnung und die entsprechende ›neue Koordination der Sinne‹[77] bedingte Krise wie ein Suchbegriff bei der Orientierung eines neuen Zeitbewußtseins und zur Abgrenzung gegen den zu dieser Zeit inflationären Modernebegriff, den in Deutschland der Brockhaus 1902 unspezifisch als »Bezeichnung für den Inbegriff der jüngsten sozialen, literarischen und künstlerischen Richtungen«[78] notiert. So wurde in der ersten Schrift, die den Terminus Avantgarde als kunstkritischen Begriff im Titel führte, Théodore Durets *Critique d'Avant-Garde* (1885), eine Sammlung von Salonberichten über die Impressionisten aus den 70er Jahren, neben dem ›Neuen‹ jene Kategorie zum Kriterium der Avantgarde und ihres Begriffs, die später gerade als ein Dilemma in Frage gestellt wurde: Originalität! »En entreprenant de rendre compte du Salon de 1870, nous devons dire tout d'abord quel sera l'esprit de notre travail. Nous nous attacherons surtout à signaler les productions des nouveaux venus qui nous paraissent avoir le plus d'avenir. Nous laisserons donc en partie de côté les artistes en possession de la renommée, pour nous consacrer aux débutants, à ceux qui sont encore contestés ou incompris. Et maintenant, quel sera notre fil conducteur pour le choix que nous allons faire d'un certain nombre d'artistes au milieu de l'immense armée de peintres qui envahit le Palais de l'Industrie? Ce sera la possession de l'originalité.«[79] Am Ende des Jahrhunderts nannte Victor Basch, erster Inhaber eines neu eingerichteten Ästhetik-Lehrstuhls an der Sorbonne, Originalität *das* Unterscheidungskriterium ›einiger sogenannter Avantgardisten‹: »Cependant l'artiste novateur a intéressé à son œuvre quelques camarades, quelques écrivains dits d'avant-garde.«[80] Als Inbegriff der originellen Avantgardekünstler behandelt Duret Edouard Manet. Vermutlich hat Mallarmé diesen Text gekannt, als er in seinem Londoner Vortrag über *The Impressionists and Edouard Manet* (1876) zur selben Zeit ein anderes Bild von dieser »transition period« und einen anderen Begriff von dem »innovator«[81] Manet entwarf. Nicht Originalität, sondern Authentizität nennt Mallarmé am Beispiel von Manets *Olympia* (1863) das wesentliche Merkmal einer intransigenten, d.h. impressionistischen Malerei: »Intransigeant, which in political language means radical and democratic.« (84) »Rarely has any modern work been more applauded by some few, or more deeply damned by the many, than was that of this innovator. [...] Bye and bye, if he [Manet – d.Verf.] continues to paint long enough, and to educate the public eye – as yet veiled by conventionality – if that public will then consent to see the true beauties of the people.« (71)

---

74 APOLLINAIRE, Musique nouvelle (1914), in: ebd., 405.
75 APOLLINAIRE, Les peintres futuristes italiens (1912), in: ebd., 228; vgl. APOLLINAIRE, Chroniques d'art. Les futuristes (1912), in: ebd., 228–232.
76 MARC LE BOT, Peinture et machinisme (Paris 1973), 131 f.
77 Vgl. CHRISTOPH ASENDORF, Ströme und Strahlen. Das langsame Verschwinden der Materie um 1900 (Gießen 1989); HUBERT DAMISCH, L'origine de la perspective (1987; Paris 1993).
78 ›Moderne‹, in: BROCKHAUS, Bd. 11 (^{14}1902), 952.
79 THÉODORE DURET, Critique d'Avant-Garde (Paris 1885), 5.
80 VICTOR BASCH, Essai critique sur l'esthétique de Kant (Paris 1896), 397.
81 STÉPHANE MALLARMÉ, The Impressionists and Edouard Manet (1876), in: Documents Stéphane Mallarmé, hg. v. C. P. Barbier, Bd. 1 (Paris 1968), 71.

»Such, to those who can see in this the representative art of a period which cannot isolate itself from the equally characteristic politics and industry, must seem the meaning of the manner of painting which we have discussed here, and which although marking a general phase of art has manifested itself particularly in France.« (85)

Mit der Bezeichnung Avantgarde für die Impressionisten in den 70er Jahren beginnt, zunächst in der Diskussion über die Malerei, eine spezifisch ästhetische Konnotation des Begriffs. Der Bezug auf den Impressionismus stiftet sogar ein Traditionsbewußtsein, so daß kubistische und futuristische Malerei auch als Avantgarde in Fortsetzung verstanden werden – deutlich bei Apollinaire, der die kubistischen Maler als »issu de l'impressionisme français« bezeichnet, als Fortsetzer jenes »mouvement qui s'étend maintenant sur toute l'Europe«[82]. In England hat T. S. Eliot 1917 ein Urteil Ezra Pounds über den Futurismus als »accelerated impressionism«[83] überliefert. Fernand Léger nennt in dem frühen Text *Les origines de la peinture et sa valeur représentative* (1914) als zukunftsweisend, also avantgardistisch, die von den Impressionisten markierte Differenz zwischen ›réalisme visuel‹ vs. ›réalisme de conception‹: »Les impressionistes, les premiers, ont rejeté *la valeur absolue du sujet et pour ne plus en considérer que la valeur relative.*«[84]

Was Mallarmé als eine die Trennung der Malerei und der Künste in autonome Gattungen, als ihre Isolierung vom modernen Leben im Elfenbeinturm aufhebende Vision entwirft, wird zum Leitmotiv eines avantgardistischen Selbstverständnisses der Künstler sowie der Beschreibung ihrer Praxis durch die akademische und publizistische Kritik, die dafür die programmatische Formel von der Aufhebung der Trennung der Kunst vom Leben als einer schließlich gescheiterten Idee erfunden hat.[85] Die frühen künstlerästhetischen Selbstbeschreibungen (und auch Stilisierungen) haben das Problem indes nicht mehr wie die utopischen Sozialisten als eine Wunschvorstellung diskutiert, sondern als ein technisches Problem des Experimentierens. So kämpften etwa Fernand Léger und andere Pariser Künstler gegen die Galeristen, damit der *Salon des Indépendants* als eine Institution für Künstler erhalten bliebe und nicht unter dem Einfluß des sich ausbreitenden Kunstmarkts zur reinen Promotion von Werken nach Marktwerten würde. »Le Salon des Indépendants […] est avant tout un Salon de peintres et pour les peintres. […] D'autres personnes ont trouvé critiquable que des peintres d'avantgarde d'hier abandonnent aujourd'hui ce Salon et n'y exposent plus leurs tableaux. […] Ce salon est avant tout un Salon de manifestation artistique. C'est la plus grande du monde entier (et je n'exagère rien en employant de pareils qualificatifs).«[86]

Eine reguläre Arbeit am Begriff kennzeichnet den frühen Avantgardediskurs, bevor der Begriff dann Ende der 20er Jahre zu einer »sorte de vaccine destinée à inoculer un peu de subjectivité, un peu de liberté sous la croûte des valeurs bourgeoises«[87] verkommt und seine analytische Kraft verliert. Eine an Apollinaires Konzept der Avantgarde als neuer Ästhetik anschließende Präzisierung durch eine ›esthétique collective‹, die das von Théodore Duret aufgestellte Kriterium der Originalität als ultra-individualistisch kritisiert, erläuterte 1917 der italienische Maler und Kritiker Gino Severini in einem im *Mercure de France* erschienenen Artikel über *La peinture d'Avant-Garde*, den der Amsterdamer *De Stijl* ebenfalls 1917 in seiner Oktober-Nr. nachdruckte. Hatte Apollinaire die Avantgarde der Maler und sich selbst als Träger eines ›esprit nouveau‹ bezeichnet, so stellte Severini zum ersten Mal eine Beziehung dieses neuen Geistes zu den zeitgenössischen Innovationen in den Naturwissenschaften, vor allem in der Physik her. In drei Abschnitten – ›le machinisme de l'art‹; ›intelligence et sensibilité‹; ›mesuration de l'espace et 4° dimension‹ – diskutiert Severini die kritische Malerei als Ausdruck eines neuen Realismus, der den Kunstbegriff der Autonomieästhetik ersetzt

---

[82] APOLLINAIRE (s. Anm. 73), 25.
[83] T. S. ELIOT, Ezra Pound. His Metric and Poetry (1917), in: Eliot, To Criticize the Critic (New York 1965), 175.
[84] FERNAND LÉGER, Les origines de la peinture et sa valeur représentative (1914), in: Léger, Fonctions de la peinture (Paris 1965), 12.
[85] Vgl. PETER BÜRGER, Theorie der Avantgarde (Frankfurt a. M. 1974).
[86] LÉGER, Les Réalisations Picturales Actuelles (1914), in: Léger (s. Anm. 84), 27f.
[87] BARTHES, A l'avant-garde de quel théâtre? (1956), in: Barthes, Œuvres complètes (s. Anm. 24), Bd. 1 (Paris 1993), 1224.

und die Künstler der Zukunft als Erfinder und Ingenieure, als Konstrukteure versteht. »Tous les efforts des peintres d'avant-garde tendent vers l'expression de ce réalisme nouveau […]. L'inventeur est aussi un créateur, et l'artiste est avant tout un inventeur, mais jusqu'à présent, je pense que les deux créations, quoique analogue, ne peuvent s'identifier. Il y a cependant analogie entre une machine et une œuvre d'art. […] En continuant jusqu'aux extrèmes limites ces raisonnements, il serait facile de créer une esthétique qui, pour être logique, devrait supprimer le mot art (ne signifiant plus rien) et le remplacer par les mots: création scientifique, ou industrie.«[88] Die von Severini diskutierten Begriffe – ›création scientifique‹, ›industrie‹, ›architecte de la sensibilité‹[89] – markieren in der Geschichte des Avantgardebegriffs die Zusammenführung der getrennten Bereiche von Kunst und Technik in Opposition zu der »Abdichtung der Kunst gegen die Entwicklung der Technik«[90] und als Merkmal (und Aufgabe) eines avantgardistischen Kunstbegriffs. Im Rahmen des Avantgardediskurses bedeutet die durch den Kubismus ausgelöste und beförderte Debatte über die nicht-euklidische Geometrie einer 4. Dimension in Malerei und Plastik auch eine Ersetzung (oder Ablösung) der sozialutopischen Prophetien durch eine wissenschaftlich begründete Vision: »art as the prophet of the fourth dimension«[91]. Was den Dichtern die Grammatik, das ist den bildenden Künstlern die Geometrie, hatte Apollinaire formuliert. »L'art des peintres nouveaux prend l'univers infini comme idéal et c'est à la quatrième dimension seule que l'on doit cette nouvelle mesure de la perfection qui permet à l'artiste peintre de donner à l'objet des proportions conformes au degré de plasticité où il souhaite l'amener.«[92] Severini übernahm diese Analogie und erläuterte den von ihm eingeführten Begriff ›hyperespace‹ als Folge der Auflösung der Zentralperspektive, des Zentralismus der Wahrnehmung. »Or, notre but enivrant de pénétrer et donner la réalité nous a appris à déplacer ce point de vue unique, parce que nous sommes au centre du réel et non pas en face, à regarder avec nos deux yeux mobiles, et à considérer parallèlement les déformations horizontales et verticales.«[93] Die Verschiebung der Originalität unter solchen Voraussetzungen einer ›esthétique collective‹ nennt Severini ein Novum, das die Epoche der Ismen (einer der frühesten Belege als eines Komplementärbegriffs zu Avantgarde) und den ihr entsprechenden Ultra-Individualismus überwindet. »Car l'époque des réactions en ›isme‹ *est finie*, et, des œuvres, une sorte d'esthétique collective se dégage graduellement, résultat des efforts combinés de plusieurs artistes. Cela n'implique pas nécessairement la renonciation à la personnalité, car […] l'originalité a pu avoir des bases esthétiques collectives. Mais on confond souvent aujourd'hui l'originalité et la singularité; et on a l'illusion qu'une originalité plus ou moins apparente puisse constituer à elle seule la valeur d'une œuvre d'art.« Die »tendance ultra-individualiste« werde abgelöst durch »l'esthétique collective et anti-individualiste«, die »une époque d'art réalisant enfin l'universalité et le style« (467f.) vorbereite.

Die Prophezeiung eines universalen Stils war in den bildenden Künsten plausibler als in den durch Sprachgrenzen bestimmten Literaturen. (Später wird man in Amerika mit dem abstrakten Expressionismus die Neoavantgarde als Promotor eines internationalen Stils identifizieren.) Daher war der Grundzug der Intermedialität im frühen Avantgardediskurs das vielleicht wichtigste Kriterium des Avantgardebegriffs auch dort, wo, wie in Deutschland, der Terminus kaum vorkam. Ein Urteil wie das von Jean Weisgerber, dem Chefherausgeber der voluminösen Bände zur Literaturavantgarde in der *Histoire Comparée des Littératures de Langues Européennes* (1984) – »ce fâcheux état de choses est assurément troublant: car enfin il n'y a pas de doute que l'avant-garde n'ait existé sous une forme quelconque dans l'art allemand du XIXe siècle et du

---

88 GINO SEVERINI, La peinture d'Avant-Garde, in: Mercure de France, Bd. 121 (1917), 452f.
89 Vgl. ebd., 457.
90 BENJAMIN (s. Anm. 22), Bd. 5/2 (1982), 1247.
91 LINDA DALRYMPLE HENDERSON, The Fourth Dimension and Non-Euclidean Geometry in Modern Art (Princeton 1983), 55; vgl. MICHEL BAUDSON (Hg.), Zeit. Die vierte Dimension in der Kunst (Weinheim 1985).
92 APOLLINAIRE, Méditations esthétiques (1913), in: APOLLINAIRE (s. Anm. 50), Bd. 4 (1966), 288.
93 SEVERINI (s. Anm. 88), 463.

début du XXᵉ siècle«[94] –, ist daher Indiz einer verbreiteten Blindheit gegenüber einem intermedialen Avantgardebegriff. Was Kandinsky in seinem Avantgardemanifest *Über das Geistige in der Kunst* (1912) das ›Ablernen‹ der Künste untereinander nannte, beschreibt diese Intermedialität auf eine das Lessingsche *Laokoon*-Projekt[95] dynamisierende Weise. Die Künste standen, Kandinsky zufolge, trotz der Inkommensurabilität ihrer Gestaltungsmittel, »in den letzten Zeiten nie, als solche, einander näher als in dieser letzten Stunde der geistigen Wendung. […] daher kommt das heutige Suchen in der Malerei nach Rhythmus, nach mathematischer, abstrakter Konstruktion, das heutige Schätzen der Wiederholung des farbigen Tones, der Art, in welcher die Farbe in Bewegung gebracht wird usw. Dieses Vergleichen der Mittel verschiedenster Künste und dieses Ablernen einer Kunst von der anderen kann nur dann erfolg- und siegreich werden, wenn das Ablernen nicht äußerlich, sondern prinzipiell ist.«[96]

IV. Artikulationen von ästhetischer und politischer Avantgarde

Die Kristallisation des Terminus Avantgarde zu einem Begriff künstlerischer Bewegungen und ästhetischer Innovationen, vor dem 1. Weltkrieg hauptsächlich im Selbstverständnis der Künstler repräsentiert, wird danach allgemein. Paris bleibt nach wie vor richtungweisend auch für die internationale Ausstrahlung des Begriffs. Ein Indiz dafür ist, daß zahlreiche Kunstzeitschriften im Untertitel oder im Programm den Terminus als Richtschnur führen oder, geradezu emblematisch, den Geist einer Avantgarde ausdrücken wie die ephemere, 1924 von Paul Dermée gegründete Zeitschrift *Le Mouvement Accéléré. Organe accélérateur de la révolution artistique et littéraire*.[97] Die von Christian Zervos 1926 gegründeten *Cahiers d'Art*, die den Ruhm Picassos popularisierten, nannten sich im Bewußtsein einer avantgardistischen Ökumene *Revue de l'Avant-Garde artistique de tous les pays*. Zeitschriftentitel wie *Comoedia*, *Bulletin de l'effort moderne*, *L'Esprit Nouveau* oder *Cannibale* in Frankreich, *Blust* oder *Vortice* in England, *Der Sturm* und *Die Aktion* in Deutschland, *Hélice*, *Cosmópolis* oder *Cervantes* in Spanien, *Revista de Avance* auf Cuba sind Signale eines verallgemeinerten Avantgardebewußtseins, dessen kleinster gemeinsamer ästhetischer Nenner ein anti-mimetisches (oder anti-repräsentatives) Konzept der Abkehr von Formen eines darstellungsästhetischen Realismus war. Jacques Poisson, Mitarbeiter des im Dezember 1922 an der Sorbonne von dem marxistischen Psychoanalytiker Dr. René Allendy begründeten Arbeitskreises *Groupe d'études philosophiques et scientifiques*, brachte das 1923 in einem Vortrag über *Littérature moderne et psychanalyse*, die Bewegung der Vorkriegsavantgarden bilanzierend, auf den Punkt. »Comme la peinture d'avant-garde, la littérature d'avant-garde […] de ces vingt dernières années, a cessé progressivement la représentation objective. […] l'homme sent et agit d'abord: il pense aprés. […] Les jeunes écrivains de notre époque, sentant la richesse du plan où les avaient conduits leurs grands devanciers, Mallarmé, Rimbaud, Jules Laforgue ont basé toute une esthétique sur l'association sans logique apparente.«[98] Was Anfang des Jahrhunderts ein italienischer Futurist als einen sich in Paris aus verbreitenden ›imperialismo artistico‹ prognostiziert hatte, die transnationale Konvergenz nationaler Kunstentwicklungen in einer analogen (avantgardistischen) Problematik[99], war in den 20er Jahren ein internationaler Konvergenzpunkt in den Kunstdiskursen im Zeichen der Avantgarde. Mit der Reflexion zweier Faktoren kristallisierte sich ein deutlich politisch konturier-

---

94 JEAN WEISGERBER, Mines et contre-mines aux avant-postes, in: Revue de l'Université de Bruxelles, Nr. 1 (1975), 19.
95 Vgl. GUNTER GEBAUER (Hg.), Das Laokoon-Projekt. Pläne einer semiotischen Ästhetik (Stuttgart 1984).
96 WASSILY KANDINSKY, Über das Geistige in der Kunst (1912; Bern 1966), 54 f.
97 Vgl. KARLHEINZ BARCK, Latenter Surrealismus manifest. Manifeste des Surrealismus als Medien seiner Internationalisierung, in: W. Asholt/W. Fähnders (Hg.), ›Die Ganze Welt ist eine Manifestation‹. Die europäische Avantgarde und ihre Manifeste (Darmstadt 1997), 296–309.
98 JACQUES POISSON, Littérature moderne et psychanalyse, in: La Vie des Lettres. Revue d'Art Moderne et de Critique 4 (1923), 23 f.
99 Vgl. MARIO MORASSO, L'imperialismo artistico (Turin 1903), 236 f.

ter Avantgardebegriff heraus. Zum einen war da der Zusammenbruch der bürgerlichen Ordnungen und Fortschrittsideologien auf den Schlachtfeldern des 1. Weltkriegs: »Das 19. Jahrhundert«, formulierte Walter Benjamin, »hat den neuen technischen Möglichkeiten nicht mit einer neuen gesellschaftlichen Ordnung zu entsprechen vermocht«[100]. Zum anderen waren da die neuen technischen und wissenschaftlichen Entwicklungen, die Entstehung integrativer Künste wie des Stummfilms, die direkt auf den Kriegsschauplätzen entstandene Fotomontage (in Form von Feldpostkarten, die mit Bild und Schrift kommentiert wurden) usw. In diesem Spannungsfeld stellt sich künstlerische (oder ästhetische) Avantgarde nicht als Endpunkt oder Klimax einer erfüllten, bei sich selbst angelangten Epoche der Moderne dar, sondern vielmehr als Bifurkation, als Vision einer anderen Bewegungsrichtung, die sich nun immer mehr politisch deklariert. Der Avantgardebegriff bezeichnet darum in dieser Zeit zunächst einen Gegensatz zur Moderne, was Peter Bürger in seiner *Theorie der Avantgarde* (1974) zu Recht betont hat. Die dazu konträre Position, z.b. die von Arnold Gehlen, versteht Avantgarde als Endpunkt einer im Posthistoire auslaufenden Moderne. Gehlens Begriff der Avantgarde als Kristallisation, den er 1963, bezogen auf die Ost-West-Konfrontation, als ›Ankunft im Posthistoire‹ erläutert hat, abstrahiert von einer neuen Konstellation, die in der europäischen Zwischenkriegszeit und nach 1945 in der Epoche des Kalten Krieges den Avantgardebegriff wesentlich prägte. Die avantgardistische Kristallisation in den Künsten, »um das Jahr 1910 herum passiert«, habe sich damit erschöpft und erledigt. »Es ist außerordentlich unwahrscheinlich, daß noch

weitere Grundlagenveränderungen im System sind, und deshalb ist der Begriff Avantgardismus eigentlich etwas komisch, er ist überholt.«[101] Nach dem 1. Weltkrieg wird das durch den Avantgardebegriff repräsentierte Gegenwartsbewußtsein umcodiert. Das diachrone Abfolgeschema *alt/modern* oder *alt/neu*, das Avantgarde als »Erfahrung der Beschleunigung in der Ablösung von Stilarten«[102] konnotierte, wird ersetzt durch einen synchronen politischen Code: *progressiv/konservativ* bzw. *fortschrittlich/reaktionär*, wobei der Avantgardebegriff auf beiden Seiten der Unterscheidung verwendet werden kann, wie z.b. in der Ideologie des spanischen Falangismus oder des italienischen Faschismus. Mit diesem Code wird eine jeweilige Gegenwart nicht mehr in erster Linie von einer als abgeschlossen angenommenen Vergangenheit als einer Epoche unterschieden, sondern verschiedene Typen in einer gemeinsamen Gegenwart (Gegenstände, Personen, Gruppen, Parteien usw.) differieren in ihrem Verhältnis zu (und Orientierung an) Modellen der Vergangenheit oder durch konträre Visionen der Zukunftsgestaltung. Avantgarde meint keine Stilepoche (wie tendenziell noch im Verständnis der Vorkriegsavantgarden), sondern konnotiert militant als Prinzip der Aktualisierung und der Selbstaufhebung in Permanenz. So feiert André Breton im Rückblick auf Picassos kubistische Collagetechnik diese deswegen als avantgardistisches Ereignis, weil die inzwischen vergilbten ›papiers collés‹ gerade die Vergänglichkeit der Bilder ins Werk setzen.»Le périssable et l'éphémère, à rebours de tout ce qui fait généralement l'objet de la délectation et de la vanité artistiques, par lui ont même été recherchées pour eux-mêmes. Les vingt années qui ont passé sur eux ont déjà fait jaunir les bouts de journaux dont l'encre toute fraîche ne contribuait pas peu à l'insolence des magnifiques ›papiers collés‹ de 1913.«[103] Aktualisierung als Moment eigener Vergänglichkeit befreit die künstlerische Avantgarde und ihren Begriff vom Spezialistentum und öffnet sie auf die Bereiche von Wissenschaft und Technik, auf die alltägliche Lebenswelt. Fernand Léger nannte nach dem Vorbild des Films die Projektion von Großaufnahmen der Gegenwart in die Zukunft – »des ›gros plans‹ qui témoigneront de la réalité actuelle dans l'avenir«[104] – das Prinzip einer

---

100 BENJAMIN (s. Anm. 22), Bd. 5/2, 1257.
101 ARNOLD GEHLEN, Über kulturelle Kristallisation (1963), in: W. Welsch (Hg.), Wege aus der Moderne. Schlüsseltexte der Postmoderne-Diskussion (Weinheim 1988), 141.
102 HANS ULRICH GUMBRECHT, ›Modern/Modernität/ Modernismus‹, in: KOSELLECK, Bd. 1 (1972), 127.
103 ANDRÉ BRETON, Picasso dans son élément (1933), in: Breton, Œuvres complètes, hg. v. M. Bonnet, Bd. 2 (Paris 1992), 366.
104 LÉGER, L'esthétique de la machine. L'objet fabriqué, l'artisan et l'artiste (1925), in: Léger (s. Anm. 84), 67.

antispezialistischen Maschinenästhetik par excellence, der in Deutschland die Konzeptionen des Bauhauses analog waren. Im selben Sinne sah Jean Epstein, Filmregisseur und Philosoph, in einer frühen Schrift über die Lage der Poesie im »rapprochement entre l'esthétique et les données physiologiques«[105] das wichtigste Merkmal einer als lebendige Bewegung, ›mouvement de la vie‹, definierten Avantgarde.

Die Unterscheidung von Avantgarde als einem Stilbegriff nach dem Modell eines traditionellen Gattungskanons, wie er von der Kritik gegen die eigentlich grenzüberschreitenden Intentionen gebraucht wurde, ist der Tenor im französischen Surrealismus, der sich selbst als Inbegriff einer Avantgarde sah. So unterscheidet Louis Aragon in seinem surrealistischen Roman Le paysan de Paris (1926) die »bases d'un sentiment esthétique nouveau«, die er ähnlich wie Fernand Léger in einem neuen Mensch-Maschine-Verhältnis sah, von einem ästhetizistischen und modischen Avantgardebegriff. Der Autor-Erzähler im Paysan de Paris empfiehlt die echt moderne Dramaturgie des Pariser Théâtre Moderne ›à tous nos esthètes en mal d'avant-garde«[106]. Die Konzeption einer ›modernen Mythologie‹ auf der Höhe der Zeit – »je me mis à concevoir une mythologie en marche« (211) – ist nicht regressiv gedacht, sondern progressiv. Sie hat an den ›denkenden Maschinen‹ ihre Zukunft. »Mais voici que les raisons profondes de ce sentiment plastique qui s'est élevé en Europe au début du XXe siècle commencent à apparaître, et à se démêler. L'homme a délégué son activité aux machines. Il s'est départi pour elles de la faculté de penser. Et elles pensent, les machines.« (215)

War die Öffnung der einzelnen Künste auf fortgeschrittene Standards in Wissenschaft und Technik die eine Seite der Umcodierung des Avantgardebegriffs, so die Politisierung, die Koordinierung künstlerischer Praxis mit ›fortschrittlichen‹ politischen Bewegungen, Gruppen und Parteien die andere.

In den 20er Jahren verschiebt sich die Semantik des Avantgardebegriffs unter dem Eindruck der politischen Verhältnisse in den europäischen Ländern. Während im faschistischen Italien Marinetti die futuristische Avantgarde politisiert und an ›gli Arditi, avanguardia della Nazione‹[107], assimiliert, ist das Spanien unter der protofaschistischen Diktatur Miguel Primo de Riveras (1923–1932) Schauplatz einer militanten Avantgardedebatte. 1924, im selben Jahr, als in Paris mit dem 1. Manifest des Surrealismus und mit dem Erscheinen der Zeitschrift La Révolution Surréaliste die Bewegung des Surrealismus programmatisch an die Öffentlichkeit trat, veröffentlichte in Madrid der ultraistische Poet und Kritiker Guillermo de Torre, späterer Schwager von Jorge Luis Borges, die erste geschichtliche Darstellung der Avantgarde als europäische literarische Bewegung. Dieses Buch, Literaturas europeas de vanguardia, 1965 erweitert zu einer Historia de las literaturas de vanguardia, war durch seinen Literaturzentrismus eine Verkürzung des Avantgardebegriffs um seine intermedialen Dimensionen. Die Unterscheidung einer abgeschlossenen Vorkriegsavantgarde der Zersetzung von der Avantgarde einer bevorstehenden konstruktiven Phase war aus de Torres spanischer Sicht die Voraussetzung, um eine ›neue Sensibilität‹, getragen von einer ›authentischen Jugend‹, zu befördern. Auf die »etapa de análisis y disgregación« (Etappe einer Analyse und Zersetzung) müsse »otra etapa, más seria y fecunda, de análisis y construcción«[108] (eine seriöse und fruchtbare Etappe der Analyse und der Konstruktion) folgen. Die Avantgarde sei Träger eines »concepto de la juventud auténtica« (80; Konzepts authentischer Jugend). »Una nueva sensibilidad ha nacido con nuestra época y se halla en vías de encontrar su definitiva expresión.« (85; Mit unserer Epoche wurde eine neue Sensibilität geboren, die auf dem Wege ist, ihren endgültigen Ausdruck zu finden.) Der ›Heroismus der Moderne‹ ist Guillermo de Torre zufolge eine Haltung, die durch das substantivierte Adjektiv ›lo vanguardista‹ defi-

---

105 JEAN EPSTEIN, La poésie aujourd'hui. Un nouvel état d'intelligence. Lettre de Blaise Cendrars (Paris 1920), 37 f.
106 LOUIS ARAGON, Le paysan de Paris (1926), in: Aragon, L'œuvre poétique, Bd. 3 (Paris 1974), 203.
107 Vgl. FILIPPO TOMMASO MARINETTI, Gli Arditi, avanguardia della Nazione (1918), in: Marinetti, Teoria e invenzione futurista, hg. v. L. De Maria (Mailand 1968), 465–469.
108 GUILLERMO DE TORRE, Prólogo a la primera edición (1924), in: de Torre, Historia de las literaturas de vanguardia (Madrid 1965), 93.

niert wird. Avantgarde als »movimiento de choque, de ruptura y apertura al mismo tiempo, la vanguardia, el vanguardismo o lo vanguardista, del mismo modo que toda actitud o situación extrema, no aspiraba a ninguna permanencia y menos aún a inmovilidad« (21; gleichermaßen Bewegung des Schocks, des Bruchs und der Öffnung war die Avantgarde, der Avantgardismus oder das Avantgardistische, wie jede extreme Haltung oder Grenzsituation, auf keinerlei Dauer und noch weniger auf Unbeweglichkeit eingestellt). Die ausdrückliche Betonung der Jugendhaftigkeit in Begriffen eines Attentismus und Anarchismus folgte einer in Spanien damals verbreiteten Sicht der Kulturgeschichte als Kampf und Abfolge von Generationen. Internationalismus und Anti-Traditionalismus, Hauptmerkmale dieser Sicht der Avantgarde als Ismus, nennt de Torre »el común denominador de los diversos ismos echados a volar durante estos últimos años« (23; den gemeinsamen Nenner der verschiedenen Ismen, die während der letzten Jahre aufkamen). Avantgarde markiert insofern eine Grenze in der Geschichte des Kunstbegriffs, wie de Torre, Ortega y Gasset zitierend, anmerkt: »Hay que conjugar el vocablo ›arte‹. En presente significa una cosa, y en pretérito otra muy distinta.« (92; Die Vokabel ›Kunst‹ muß konjugiert werden. Im Präsens bedeutet sie eine Sache, im Präteritum etwas ganz anderes.) Das Zitat ist Ortegas Schrift *La deshumanización del arte e ideas sobre la novela* (1925) entnommen, die in Teilen schon 1924 in Madrid zirkulierte. Obwohl Ortega y Gasset den Terminus Avantgarde in dieser Schrift nicht gebraucht, ist der Begriff im Sinne einer experimentellen neuen Kunst sein Thema, so daß die Schrift eigentlich ein Manifest der Avantgarde in Spanien ist. »El arte nuevo es un arte artístico.«[109] (Die neue Kunst ist artistische Kunst.) Der skandalöse Satz in dieser Schrift – »El poeta empieza donde el hombre acaba« (371; Der Dichter beginnt da, wo der Mensch aufhört) –, immer wieder als kryptofaschistisches Bekenntnis gelesen, meint im Kontext der Zeit und der Avantgardedebatte eher den Gegensatz einer von Ortega y Gasset ›reine Kunst‹ (arte puro) genannten unpopulären Kunst, die er am Beispiel Debussys und Mallarmés erläutert, zu den Formen des bürgerlichen Realismus des 19. Jh. Die von »asco a lo humano en el arte« (Ekel vor dem Humanen in der Kunst) beherrschte »nueva sensibilidad« (370; neue Sensibilität) müsse als ein Versprechen auf die Zukunft verstanden werden. Schicksal des Menschen sei es, »vivir su itinerario humano« (seinen menschlichen Weg zu leben), Schicksal des Poeten, »inventar lo que no existe« (371; erfinden, was noch nicht existiert).

Ortega y Gassets Schrift wurde im Spanien der 20er/30er Jahre zum Bezugspunkt einer Debatte über die gesellschaftliche Funktion der Avantgarde, in der der Begriff auf unterschiedliche Weise politisch okkupiert und instrumentalisiert wurde.[110] Die Gegenschrift zu *La deshumanización del arte* veröffentlichte 1930 José Díaz Fernández unter dem programmatischen Titel *El nuevo romanticismo. Polémica de arte, política y literatura*. Die von Ortega y Gasset analysierte neue Kunst wird als ästhetizistische Avantgarde von einer eigentlichen Avantgarde unterschieden, die mit dem um die Jahrhundertwende in der deutschen Geistesgeschichte diskutierten Begriff ›Neuromantik‹ identifiziert wird, von der es heißt, daß sie als fortgeschrittene Avantgarde eine ›Kunst fürs Leben‹ begründe. »Lo que se llamó vanguardia literaria en los últimos años no era sino la postrera etapa de una sensibilidad en liquidación. Los literatos neoclasicistas se han quedado en literatos a secas. La verdadera vanguardia será aquella que ajuste sus formas nuevas de expresión a las nuevas inquietudes del pensamiento. Saludemos al nuevo romanticismo del hombre y la máquina que harán un arte para la vida, no una vida para el arte.«[111] (Was in den letzten Jahren literarische Avantgarde hieß, war nur die letzte Phase einer schwindenden Sensibilität. Die neoklassizistischen Literaten sind Literaten schlechthin geblieben. Die wirkliche Avantgarde wird die sein, die ihre neuen Ausdrucksformen mit der neuen Unruhe des Denkens in Übereinstimmung bringt. Heißen wir die Neuromantik

---

109 JOSÉ ORTEGA Y GASSET, La deshumanización del arte e ideas sobre la novela, in: Ortega y Gasset, Obras completas, Bd. 3 (Madrid ⁴1957), 359.
110 Vgl. MECHTHILD ALBERT, Avantgarde und Faschismus. Spanische Erzählprosa 1925–1940 (Tübingen 1996).
111 JOSÉ DÍAZ FERNÁNDEZ, El nuevo romanticismo (1930), hg. v. J.M. López de Abiada (Madrid 1980), 58.

des Menschen und die Maschine willkommen, die eine Kunst fürs Leben machen und kein Leben für die Kunst.) Der Umfunktionierung einer Diagnose (wie der in Ortega y Gassets Schrift) in eine Anklage widersprach der aus Paris für kubanische Zeitschriften berichtende Romancier und Musikologe Alejo Carpentier, der die von Ortega y Gasset ausgelöste »fanfarría de teorías« (theoretische Prahlerei) kritisierte und ›Enthumanisierung‹ als einen humanistischen Begriff entzifferte. »La gran aventura de la deshumanización pictórica se inició con una fanfarría de teorías que anestesió a los más cuerdos [...] desde que el cubismo nos enseñó a *verlos*, los objetos más humildes que nos rodean parecen estar investidos de una dignidad insospechada, y, continuamente sorprendemos – en un rincón de nuestra mesa, en el alfeizar de una ventana – aspectos y acoplamientos que los ennoblecen. En esto, la escuela de la deshumanización ha sido grandemente humana.«[112] (Das große Abenteuer der Enthumanisierung in der Malerei begann mit einer theoretischen Prahlerei, die noch die Klügsten lähmte. Seit uns der Kubismus lehrte, die Gegenstände ›zu sehen‹, scheinen noch die bescheidensten in unserer Umgebung mit einer unerwarteten Würde ausgestattet, und wir werden dauernd an einer Tischecke, auf einem Fensterbrett durch Aspekte und Verbindungen überrascht, die die Dinge adeln. In dieser Hinsicht war die Schule der Enthumanisierung ganz und gar menschlich.) In einer Analyse des Surrealismus als ›extrema avanzada‹, d.h. als gesteigerter Avantgarde, gebrauchte Carpentier das Verb ›deshumanizar‹ positiv in Verbindung mit dem Begriff ›dignidad‹ sogar als ein Unterscheidungsmerkmal. »Todo el esfuerzo de los intelectuales contemporáneos, tiende a dar mayor dignidad a la concepción estética. En el fondo, quienes acusan a los nuevos de *deshumanizar* el arte, protestan contra la extracción de una broza humana – sensibleria, intriguillas hogareñas, psicología de cocido familiar – que lo inutilizaba para batir verdaderos *records* de alturas.«[113] (Alle Anstrengung der heutigen Intellektuellen ist darauf gerichtet, der ästhetischen Konzeption mehr Würde zu verleihen. Jene, die die Neuen anklagen, die Kunst zu ›enthumanisieren‹, protestieren im Grunde genommen gegen die Förderung von menschlichem Abfall – Rührseligkeiten, häusliche Intrigen, Sup-

pentopfpsychologie –, wodurch die Kunst unfähig würde, echte und gehobene ›records‹ zu bauen.) Auf Cuba, wo die europäische Avantgarde in der *Revista de Avance* (1927–1929) ein eigenes Forum hatte, entstand auch der erste Entwurf zu einer theoretischen Begründung des Begriffs Avantgardismus. Jorge Mañach, kubanischer Philosoph, veröffentlichte 1927 seinen Essay *Vanguardismo* mit der These, daß dieser den ›Neuigkeitswahn‹ der Kunstismen bündelnde Trieb einen dramatischen ›Bürgerkrieg zwischen den Epochen‹ (guerra civil entre épocas) schaffe – eine im Rückblick auf den Spanischen Bürgerkrieg beinahe prophetische Aussage. »*Ismo* vale tanto como decir éxito de una acción, o por lo menos, de un llamamiento. Es el gallardete que se le pone a un intento doctrinal; es lo que da, a ciertas concepciones históricas, dejo de clarín. Protestantes o románticos, por ejemplo, no fueron nada en tanto no lograron formar Protestantismo o Romanticismo, categorías.«[114] (*Ismus* bedeutet so viel wie Erfolg einer Handlung oder wenigstens eines Appells. Es ist die Fahne an einer Doktrin, das, was gewissen Geschichtsauffassungen Signalwert verleiht. Protestanten oder Romantiker waren z.B. nichts, bevor sie sich nicht in Kategorien präsentierten: Protestantismus oder Romantismus [in den romanischen Sprachen heißt Romantik ›romantisme‹ (frz.) bzw. ›romanticismo‹ (ital. u. span.) – d.Verf.].)

Mañach suchte mit dem Begriff ›vanguardismo‹ die Integration zwischen künstlerischer und politischer Avantgarde im Interesse gesellschaftlichen Fortschritts zu orientieren. Zur selben Zeit erklärte in Peru José Carlos Mariátegui in der von ihm gegründeten Zeitschrift *Amauta* (1926–1930) Avantgardisten, Sozialisten und Revolutionäre als gleichermaßen der gesellschaftlichen Erneuerung verpflichtete austauschbare Begriffe. »A los factores de esta renovación se los llama vanguardistas, socialistas, revolucionarios, etc. La historia no los ha

---

112 ALEJO CARPENTIER, Man Ray. Pintor y cineasta (1928), in: Carpentier, Crónicas, Bd. 1 (Havanna 1975), 77.
113 CARPENTIER, En la extrema avanzada. Algunas actitudes del ›surrealismo‹ (1928), in: ebd., 107.
114 JORGE MAÑACH, Vanguardismo (1927), in: Revista de Avance, hg. v. M. Casanovas (Havanna 1972), 60.

bautizado todavía.«[115] (Man nennt die Träger dieser Neuerung Avantgardisten, Sozialisten, Revolutionäre usw. Die Geschichte hat sie noch nicht getauft [beglaubigt].)

Ende der 20er Jahre gerieten die Bemühungen um eine Integration zwischen Kunst und Politik im Zeichen der Avantgarde zunehmend unter Druck durch die sich in Europa formierenden faschistischen Bewegungen, die sich selbst als Avantgarde verstanden, »als eine Vorhut, welche die Gesellschaft in das nachliberale Zeitalter führen wird«[116]. Dadurch wurde der Begriff Avantgarde immer differenzierter. Die Spaltung zwischen einer politischen Avantgarde und einer als dekadent oder entartet ausgegrenzten künstlerischen Avantgarde hatte in Spanien Ernesto Giménez Caballero, Wortführer einer falangistischen Intelligenz, mit einer scharfen Grenzmarkierung und einer Todeserklärung der künstlerischen Avantgarde vertreten. In einer Umfrage der Madrider Zeitschrift *La Gaceta Literaria* im Sommer 1930 ›¿Qué es la vanguardia?‹ behauptete er: »En el mundo literario, del arte y de las letras, [la vanguardia – d.Verf.] ha existido. Ya no existe [...]. En España sólo queda el sector específicamente político, donde la vanguardia (audacia, juventud, subversión) puede aún actuar.«[117] (In der République des lettres gab es die Avantgarde. Sie existiert schon nicht mehr [...]. In Spanien bleibt nur der eigentlich politische Sektor,

wo die Avantgarde – Kühnheit, Jugend, Umsturz – noch handeln kann.)

Die faschistische Politisierung der Avantgarde resümierte Giménez Caballero dann in einem Kommentar über den Skandal bei der Pariser Uraufführung des Films *L'Age d'Or* 1928 gegenüber dem Koautor Salvador Dalí. Die Aufführung war von Sturmtruppen der faschistischen *Camelots du Roi* gestört worden. »Tu relato de la agresión me hace admirar fuertemente a los *camelots du Roi*. Os han montado. Han sido más surrealistas que vosotros y han practicado de veras la acción, la subversión, la violencia, el revólver, el puñetazo. [...] Un surrealista puede empezar en surrealista, y terminar en *camelot*, o, como decimos en España, en camelo.«[118] (Dein Bericht von dem Anschlag läßt mich die *Camelots du Roi* sehr bewundern. Sie haben es euch gezeigt. Sie waren surrealistischer als ihr und haben wirklich die Aktion, den Umsturz, die Gewalt praktiziert – mit dem Revolver und mit Fäusten. [...] Ein Surrealist kann als Surrealist beginnen und als *Camelot* enden, oder, wie wir in Spanien sagen, als Kamel.)

Die Avantgardebilanzen Ende der 20er Jahre in mehreren europäischen Ländern und unter deutschen Schriftstellern im Exil standen mit ihrem Anliegen, »a aclarar el concepto ›vanguardia‹ y a situar este concepto en relación con la literatura y la política actuales«[119] (das Konzept Avantgarde aufzuklären und zur gegenwärtigen Literatur und Politik in Beziehung zu setzen), auch im Zeichen der Entwicklung antifaschistischer Strategien der linken revolutionären Künstler Europas und Amerikas. Die ›Politisierung der Kunst‹, die Walter Benjamin 1936 in seinem *Kunstwerkaufsatz* als Alternative zu einer faschistischen ›Ästhetisierung der Politik‹ proklamiert hatte – eine Alternative, deren Fragwürdigkeit die Kunstpolitik in der Sowjetunion und später in den staatssozialistischen Ländern zeigte[120] –, wurde von den sich als Avantgarde oder Kunstrevolutionäre verstehenden Künstlern als ein Problem der Überwindung der Unpopularität und Schwerverständlichkeit avantgardistischer Kunst diskutiert. So hatte André Breton in seinen Prager Vorträgen im Frühjahr 1935 die Situation der ›linken Künstler‹ als ein Dilemma charakterisiert, soweit sie nicht bereit waren, ihre Arbeit dem konservativen Geschmack des Publi-

---

115 Zit. nach CARLOS RINCÓN, La vanguardia en Latinoamérica: Posiciones y problemas de la crítica, in: H. Wentzlaff-Eggebert (Hg.), Europäische Avantgarde im lateinamerikanischen Kontext (Hamburg 1991), 57.
116 GEORGE L. MOSSE, Faschismus und Avantgarde, in: R. Grimm/J. Hermand (Hg.), Faschismus und Avantgarde (Königstein/Ts. 1980), 133.
117 ERNESTO GIMÉNEZ CABALLERO, [Antwort auf eine Umfrage der Madrider Zeitschrift zur Avantgarde], in: La Gaceta Literaria (Madrid), Nr. 83 (1. 6. 1930), 1.
118 GIMÉNEZ CABALLERO, El escándalo de ›L'Age d'Or‹ en París. Palabras con Salvador Dalí, in: La Gaceta Literaria, Nr. 96 (15. 12. 1930), 3.
119 [GIMÉNEZ CABALLERO/PEDRO SAÍNZ RODRIGUEZ], La vanguardia literaria, in: La Gaceta Literaria, Nr. 82 (15. 5. 1930), 2.
120 Vgl. ANDREW HEWITT, Fascist Modernism. Aesthetics, Politics, and the Avantgarde (Stanford 1993), 161–194.

kums und den Forderungen kommunistischer Parteien zu unterwerfen. »C'est devenu, du reste, un lieu commun de souligner que les milieux politiques de gauche ne savent apprécier en art que les formes consacrées, voire périmées. [...] Que faire? L'art d'avant-garde, pris entre cette incompréhension toute relative et intéressée, ne peut, à mon sens, s'accomoder plus longtemps d'un tel compromis.«[121] Unter der Spannung zwischen »un art de gauche capable de se défendre, je veux dire qui soit en mesure de justifier sa technique avancée« und dem Anspruch, »qu'il est au service d'un état d'esprit de gauche« (419), blieb die Vermittlung zwischen den beiden Polen die Unruhe des in diesem antifaschistischen (oder ›post-revolutionären‹[122]) Kontext präzisierten Avantgardebegriffs. Den von den französischen Surrealisten zum Programm erklärten Satz Lautréamonts, »la poésie doit être faite par tous«[123], aktualisierte Breton zu »la poésie doit être entendue par tous«[124]. Der Avantgardebegriff war diffus geworden. Zwischen progressiver politischer und künstlerischer Position bestand nicht unbedingt Kohärenz, wie Breton am Beispiel Paul Claudels, aus der Sicht der Surrealisten ein reaktionärer Autor mit einigen Innovationen, erläuterte. Karl Marx hatte in seiner Zeit am Beispiel Balzacs und des literarischen Realismus darauf aufmerksam gemacht, daß formale und gesellschaftliche Innovation nicht automatisch zusammenfallen. Die inkommensurablen Ebenen von Weltanschauung und künstlerischer Praxis können nicht kausal kurzgeschlossen werden. Die später von der akademischen Kritik vorgenommene prinzipielle Festschreibung des Avantgardebegriffs und eines »Wesens des Avantgardistischen« als ein »Bündnis zwischen Revolution und Kunst, also die Gleichsetzung von politischem und künstlerischem Fortschritt«[125] verdeckt und ideologisiert diese Widersprüche. So, wenn Jost Hermand in seiner Einleitung zu dem Sammelband *Faschismus und Avantgarde* (1980) mit dem Vorschlag, »vielleicht sollte man sich [...] entschließen, in Zukunft nur noch das als ›Avantgarde‹ zu bezeichnen, worin sich eine Gleichzeitigkeit von politischem *und* künstlerischem Fortschritt abzeichnet«[126], solche Kausalität postuliert.

In der als Dilemma reflektierten zeitgeschichtlichen Situation fungierte der Avantgardebegriff auch als ein das ästhetische Avantgardebewußtsein erweiternder Faktor. So z.b. in der vor allem unter deutschen kommunistischen Künstlern diskutierten Funktion der Reportage als einer neuen Form von Avantgarde. »Die Reportage ist die Avantgarde, der erste Vorstoß einer kommenden Dichtung in ein neues Diesseits«, schrieb der aus dem Expressionismus kommende Poet Johannes R. Becher im Vorwort zu dem als Reportage-›Roman‹ über den Kapp-Putsch (1920) bezeichneten Roman von Karl Grünberg, *Brennende Ruhr* (1928). »Es ist kein Zufall, daß die bedeutendsten Reporter entweder aus dem Proletariat stammen oder ihm nahestehen.«[127] Was an der Wende von den 20er zu den 30er Jahren, die von der späteren akademischen Kritik als Abschluß einer Epoche historischer Avantgarde angenommen wurden, durch die Begriffsgeschichte angezeigt wird, könnte man mit einem Begriff El Lissitzkys die ›Umsteigestationen‹[128] einer künstlerischen Bewegung nennen, die Öffnung auf neue Probleme und Horizonte in veränderter geschichtlicher Lage. An zwei dafür symptomatischen Texten läßt sich das verdeutlichen. Louis Aragon veröffentlichte 1929 in der letzten Nummer der Zeitschrift *La Révolution Surréaliste* unter dem Epochenschwelle anzeigenden lapidaren Titel *Introduction à 1930* eine auf die surrealistische Avantgarde bezogene, aber auch andere Avantgarden einbeziehende kritische Bilanz.

---

121 BRETON, Position politique de l'art d'aujourd'hui (1935), in: Breton (s. Anm. 103), Bd. 2 (Paris 1992), 419.
122 Vgl. ebd., 438.
123 LAUTRÉAMONT (s. Anm. 67), 285.
124 BRETON, Situation surréaliste de l'objet (1935), in: Breton (s. Anm. 103), Bd. 2 (Paris 1992), 479.
125 EDGAR LOHNER, Die Problematik des Begriffs Avantgarde, in: G. Gillespie/E. Lohner (Hg.), Herkommen und Erneuerung (Tübingen 1976), 29.
126 JOST HERMAND, Das Konzept Avantgarde, in: Grimm/Hermand (s. Anm. 116), 15.
127 JOHANNES R. BECHER, Vorwort zu ›Brennende Ruhr‹ von Karl Grünberg (1928), in: Becher, Gesammelte Werke, hg. v. Johannes-R.-Becher-Archiv der Akademie der Künste der DDR, Bd. 15 (Berlin/Weimar 1977), 197.
128 Vgl. EL LISSITZKY, Maler – Architekt – Typograf – Fotograf. Erinnerungen, Briefe, Schriften, hg. v. S. Lissitzky-Küppers (Dresden 1976), 329.

Der Text stellte die Frage, wie der Impuls der Avantgarde vor ihrer modischen Vermarktung bewahrt und mit politischen Aufgaben verbunden werden könnte. Die Unterscheidung des Dadaismus und des Surrealismus von den Vorkriegsavantgarden erkläre, daß dort die Trennung von künstlerischer und politischer Avantgarde gerade erst ein spezifisches Avantgardebewußtsein erzeugt habe, während mit dem wachsenden Bemühen der Nachkriegsavantgarden um eine Verknüpfung beider Dimensionen gerade jenes Avantgardebewußtsein immer fragwürdiger geworden sei. Aragon schlug darum eine weitere Differenzierung vor, indem er den Surrealismus als Ausdruck eines bestimmten ›Modernismus‹ von allen voraufgegangenen Avantgarden unterschied und ihn mit der Mode konfrontierte. Zwischen beiden bestehe seit 1929 ein Verhältnis von modischem Dekor und schöpferischer Modernität, »la différence [...] entre le modernisme et l'avant-garde, cette dernière ayant bien pu contribuer à l'établissement d'un certain *moderne*, mais, créant la *mode*, n'y voit qu'un tremplin qu'il lui appartient de *démoder*. En cela, on peut dire que le surréalisme se distingue de toutes les avant-gardes antérieures, par le fait même qu'il se pose d'avance pour règle de conduite l'abandon de ce qui cesse d'être le paysage de la création, pour n'en être plus que le décor d'un bazar du passé, le gilet rouge d'Hernani ou la blouse jaune de Maiakovski.«[129]

Im Zusammenhang einer der zentralen Debatten im deutschen Exil, der Expressionismusdebatte, veröffentlichen Ernst Bloch und Hanns Eisler in der in Prag erscheinenden Zeitschrift *Die neue Weltbühne* den Dialog-Text *Avantgarde-Kunst und Volksfront* (9. 12. 1937). Dieser Text, eine Replik auf Georg Lukács' polemische Essays, die dieser seit 1934 in der in Moskau publizierten Zeitschrift *Das Wort* veröffentlichte, sollte ursprünglich unter dem Titel *Antwort an Georg Lukács* in derselben Zeitschrift erscheinen, die seine Veröffentlichung aber ablehnte. Die in dem Text diskutierten Probleme und Positionen sind als begriffsgeschichtliche Spätzündung von Interesse, weil sie eine Konstellation beschreiben, die nach 1945 in den sozialistischen Ländern und vor allem in der DDR eine die offizielle Kulturpolitik orientierende und legitimierende Rolle spielten.

Bloch/Eisler reagierten auf die im Juli 1937 in München eröffnete Nazi-Ausstellung *Entartete Kunst*.[130] Gegenstand des Dialogs war ähnlich wie in André Bretons Prager Vorträgen die Unpopularität avantgardistischer Kunst als ein Dilemma angesichts der Kriminalisierung und Verfolgung durch die Nazis. »Kurz, die Avantgarde befindet sich in einer äußerst schwierigen Lage. Von den breiten Massen isoliert, droht der Faschismus sie zu vernichten. Andererseits befürchten sie [die Avantgardekünstler – d.Verf.], von der einzigen Kraft, die imstande ist, Hitler zu schlagen, von der Volksfront, Unverständnis und Senkung ihres Niveaus.«[131] Die Autoren thematisieren Avantgarde als einen Kampfbegriff und führen eine Reihe von Differenzierungen ein: zwischen »echten Avantgardisten« und entfremdet formalistischer Avantgarde; zwischen »geschichtlich erwiesener Avantgarde« und »an der Spitze der rein künstlerischen Entwicklung« (399 f.) marschierenden Avantgarden; zwischen Vorkriegs- und Nachkriegsavantgarde. Zum ersten Mal wird in diesem Text Avantgarde mit der Feststellung, »daß Avantgarde ein historischer Begriff ist«, die Historisierung des Begriffs expressis verbis formuliert und auf die aktuelle geschichtliche Situation bezogen. Nach 1933 müsse der Begriff neu bestimmt werden. Das »neue Material« in den Künsten habe sich an »den neuen Inhalten zu bewähren« und müsse »für die sozialen Aufgaben brauchbar sein« (402). Wie die französischen Surrealisten entwerfen Bloch/Eisler die Idee einer ›Avantgarde des Alltags‹[132] als »Kunst der wahren Avantgarde, [die] sich nicht vom Alltag trennen will«[133]. Die den Text tragende Vision einer avantgardistischen Kunst auf der Höhe der »Entwicklung ihrer Produktivkräfte« (403) in der

---

129 ARAGON [Antwort auf eine Umfrage zur Aktualität der Avantgarde], in: Digraphe, Nr. 28 (1975), 142.
130 Vgl. STEPHANIE BARRON (Hg.), ›Entartete Kunst‹. Das Schicksal der Avantgarde im Nazi-Deutschland (München 1992).
131 ERNST BLOCH/HANNS EISLER, Avantgarde-Kunst und Volksfront (1937), in: Eisler, Gesammelte Werke, hg. v. S. Eisler, Serie 3, Bd. 1 (Leipzig 1973), 398.
132 Vgl. PETER OSBORNE, Avant-Garde and Everyday, in: Osborne, The Politics of Time. Modernity and Avant-Garde (New York 1995), 160–196.
133 BLOCH/EISLER (s. Anm. 131), 402.

kapitalistischen Gesellschaft wurde in den 50er Jahren in Theorien des sozialistischen Realismus und Entwürfen einer marxistischen Ästhetik zurückgenommen und, beeinflußt vom Klima des kalten Krieges, durch einen militanten Anti-Avantgardismus unterlaufen. Georg Lukács lieferte dafür die Stichworte mit seiner 1955 entstandenen Schrift *Die Gegenwartsbedeutung des kritischen Realismus*, die der Hamburger Claasen-Verlag 1958 unter dem Titel *Wider den mißverstandenen Realismus* publizierte. Diese Schrift, die in der DDR wegen Lukács' Kritik an sowjetischer Kulturpolitik und der »prinzipiellen Polemik gegen die sogenannte revolutionäre Romantik«[134] nie veröffentlicht wurde, löste in Westdeutschland eine vehemente Avantgardedebatte aus, die bis Mitte der 60er Jahre dauerte.[135] Lukács aktualisierte in der Schrift sein manichäisches ästhetisches Weltbild[136] durch einen politisch scharf markierten Gegensatz und eine Gleichsetzung von Dekadenz und Avantgarde, um die »Konvergenz der beiden Kontrastpaare: Realismus und Antirealismus (Avantgardeismus, Dekadenz) einerseits und Kampf um Frieden oder Krieg andererseits«[137] aufzulösen. Lukács stellte die »weltanschaulichen Grundlagen des Avantgardeismus« (13) unter ein doppeltes Verdikt: die Zerstörung des Humanismus und das »Bevorzugen des Pathologischen« (29), »eine in ihren letzten Prinzipien kontinuierliche avantgardeistische Entwicklung in der modernen Literatur vom Naturalismus bis heute« (27). In einer geschichtlichen Schleife band Lukács seinen polemischen Avantgardebegriff an die Debatte über Symbol und Allegorie in der deutschen Klassik und erklärte die Allegorie zum Inbegriff des Avantgardismus. »Der Avantgardeismus unserer Zeit« sei »dem Wesen nach allegorisch« (47) und Walter Benjamin »der bedeutendste Kunstdenker des Avantgardeismus« (42).

Diese von ästhetischem Kampfgeist geprägte Charakteristik wurde in den Jahrzehnten des kalten Krieges zu einer Standardfigur im offiziellen kulturpolitischen Diskurs. So, um ein Beispiel zu nennen, schließt der Eintrag ›Avantgardismus‹ in *Meyers Neuem Lexikon* (1971) die Verurteilung der avantgardistischen »spätbürgerlichen Kunstrichtungen« mit dem apodiktischen Satz: »Der Begriff Avantgarde wird von spätbürgerlichen und revisionistischen Theoretikern in bewußt antirealistischem, häufig auch antikommunistischem Sinne verwendet. Die marxistische Ästhetik gebraucht ihn nicht.«[138]

Avantgardismus in solcher Semantik wird zu einer repressiven Diskursfigur zur Unterdrückung einer gesellschaftlichen Utopie.

V. ›Amerika wird Avantgarde‹

»Die Befreiung von Europa: Amerika wird Avantgarde«, überschreibt Werner Spies, Max-Ernst-Spezialist, Direktor des Centre Pompidou und einer der besten Kenner des Surrealismus, in der zweibändigen Sammlung seiner Kritiken die den Malern des abstrakten Expressionismus und seiner »doppelköpfigen Richtung« – Jackson Pollock, Willem de Kooning und Franz Kline auf dem einen, Mark Rothko und Barnett Newman auf dem anderen Flügel – zugeschriebene Tendenz. Werner Spies, der die Kunst der Avantgarde und ihren Begriff als »Reflexionen über Techniken, über die Erweiterung von Techniken und Inspirationsmechanismen«[139] bestimmt, sieht im abstrakten Expressionismus, »von der amerikanischen chauvinistischen Kunstkritik« (69) lanciert, »die erste Avantgarde überhaupt, den ersten in einem antieuropäischen Sinn erlebten Beitrag« (97). 30 Jahre

---

134 GEORG LUKÁCS, Wider den mißverstandenen Realismus (Hamburg 1958), 5.
135 Vgl. THEODOR W. ADORNO, Erpreßte Versöhnung. Zu Georg Lukács' ›Wider den mißverstandenen Realismus‹ (1963), in: ADORNO, Bd. 11 (1974), 251–280; HANS MAGNUS ENZENSBERGER, Die Aporien der Avantgarde (1962), in: Enzensberger, Einzelheiten (Frankfurt a. M. 1962), 290–315.
136 Vgl. WERNER KRAUSS, Literaturgeschichte als geschichtlicher Auftrag (1949), in: Krauss, Das wissenschaftliche Werk, Bd. 1 (Berlin/Weimar 1984), 50.
137 LUKÁCS (s. Anm. 134), 11.
138 ›Avantgardismus‹, in: Meyers Neues Lexikon, Bd. 1 (Leipzig 1971), 673; vgl. ›Avantgardismus‹, in: Kulturpolitisches Wörterbuch, hg. v. H. Bühl u. a. (Berlin 1970), 48 f.; ›Avantgardismus‹, in: Kulturpolitisches Wörterbuch, hg. v. M. Berger u. a. (Berlin 1978), 67 f.
139 WERNER SPIES, Kunstgeschichten. Von Bildern und Künstlern im 20. Jahrhundert, hg. v. H. Ritter, Bd. 2 (Köln 1998), 67.

zuvor galt er in Deutschland lediglich als ein Remake, als »transozeanische Spielart der modernen Malerei«[140]. Einmal abgesehen von dem durch Konkurrenzverhältnisse auf dem internationalen Kunstmarkt zwischen der Ecole de Paris und der New York School geprägten Urteil über den Chauvinismus der amerikanischen Kritik an der europäischen Avantgarde, trifft der Hinweis auf eine euro-amerikanische Differenz im Selbstverständnis amerikanischer Avantgardekünstler und -kritiker seit den 40er Jahren einen wichtigen Punkt: das im Unterschied zu den europäischen, vom Kampf gegen den Faschismus bestimmten Debatten anders akzentuierte Verhältnis zwischen Kunst und Leben, Kunst und Politik. Harold Rosenberg hatte in seinem Aufsatz *The American Action Painters* (1952) dazu konstatiert: »The new painting has broken down every distinction between art and life.«[141] Zuvor schon hatte als erster Clement Greenberg diesen amerikanischen Blickwechsel zum Bezugspunkt einer Um- und Neuorientierung des Avantgardebegriffs gemacht. Sein berühmter Aufsatz *Avant-Garde and Kitsch*, im Herbst 1939 in der trotzkistisch orientierten New Yorker *Partisan Review* erschienen, ist der erste kohärente Entwurf einer Theorie der Avantgarde, die ihren Begriff auf die im Titel genannte Opposition festlegt. Greenberg definierte die Avantgarde als eine Gegenkultur in bürgerlichen Gesellschaften, deren Triebkraft in der Malerei – Greenbergs bevorzugter, aber nicht ausschließlicher Gegenstand – die im abstrakten Expressionismus gipfelnde Tendenz zum Abstrakten sei. Den Gegenbegriff zur Avantgardekultur nennt Greenberg ›Alexandrianismus‹, ihre gegensätzlichen Prinzipien Bewegung und Statik: »the avant-garde moves, while Alexandrianism stands still. [...] In seeking to go beyond Alexandrianism, a part of Western bourgeois society has produced something unheard of heretofore: – avant-garde culture.«[142] Offenbar ohne Kenntnis von Worringers *Abstraktion und Einfühlung* (1908) beschreibt Greenberg in seiner Analyse Avantgarde als »genesis of the ›abstract‹« und als reflexive Wendung auf das Medium der jeweiligen Künste,»the medium they work in« (532). Die Codierung durch den Gegensatz Avantgarde vs. Kitsch hat eine doppelte Konsequenz. Sie aktualisiert die Kritik an der Darstellungsästhetik im Sinne der Realismuskonzepte des 19. Jh., und sie dichtet die Avantgarde im Sinne eines Reinheitsgebots ähnlich wie später die Kulturindustriekonzepte der Frankfurter Schule gegen die Kitsch genannten Epiphänomene einer industriellen Massenkultur ab, von denen die Avantgarde gleichermaßen fasziniert und bedroht sei. »Where there is an avant-garde, generally we also find a rearguard. [...] a second new cultural phenomenon appeared in the industrial West: that thing to which the Germans give the wonderful name of *Kitsch*: popular, commercial art and literature with their chromeotypes, magazine covers, illustrations, ads, slick and pulp fiction, comics, Tin Pan Alley music, tap dancing, Hollywood movies, etc., etc.« (533) »Kitsch's enormous profits are a source of temptation to the avant-garde itself.« (535) Die Abgrenzung von allen Formen von Kitsch sah Greenberg auch insofern als notwendig an, als sowohl in der Sowjetunion – »Kitsch has in the last ten years become the dominant culture in Soviet Russia« (535) – wie auch in Nazi-Deutschland Kitsch als Faktor einer populistischen und demagogischen Kulturpolitik fungierte. »The encouragement of kitsch is merely another of the inexpensive ways in which totalitarian regimes seek to integrate themselves with their subjects.« (539) Greenbergs Avantgardekonzept unterläuft den ursprünglichen sozialutopischen Ansatz insofern, als es die bürgerliche Trennung in ›highbrow‹- und ›lowbrow-culture‹ nicht grundsätzlich in Frage stellt. Die Aussonderung von Kitschelementen aus einer ›reinen Avantgarde‹ brachte Greenberg in einem späteren Aufsatz über *Counter-Avant-Garde* (1971) auf die Differenz von Avantgarde und negativ konnotiertem Avantgardismus. »This issue for art is not merely to extend the limits of what's considered art, but to increase

---

140 HANS-EGON HOLTHUSEN, Kunst und Revolution, in: Avantgarde. Geschichte und Krise einer Idee, hg. v. d. Bayerischen Akademie der Schönen Künste (München 1966), 38.
141 HAROLD ROSENBERG, The American Action Painters (1952), in: C. Harrison/P. Wood (Hg.), Art in Theory 1900–1990. An Anthology of Changing Ideas (Oxford/Cambridge, Mass. 1997), 582.
142 CLEMENT GREENBERG, Avant-Garde and Kitsch (1939), in: Harrison/Wood (s. Anm. 141), 533, 530f.

the store of what's experienced as ›good and better‹ art. This is what extending the ›limits‹ of art meant for the classic counter-avant-garde. The issue remains quality: that is, to endow art with greater capacity to move you.«[143]

Greenberg hat den formalistischen Avantgardebegriff – »this formalist avant-garde sought to *preserve* what the transgressive avant-garde sought to *transform*: the institutional autonomy of art«[144] – durch zwei weitere Aspekte ergänzt, die Apollinaires und der Kubisten Gedanken über eine neue Ästhetik als ›synthèse des arts‹ theoretisch und kulturgeschichtlich fundieren: Kritik am Literaturzentrismus und Mediendifferenz.

In einem ebenfalls in der *Partisan Review* publizierten Essay *Towards a Newer Laokoon* (1940) entwickelte Greenberg, an Lessings Unterscheidung von Poesie und Malerei nach Kriterien ihrer Darstellungsmittel anknüpfend, einen Avantgardebegriff als Überwindung einer Literarisierung, als »revolt against the domination of literature«[145], d.h. einer von der Kritik semantisch aufgeladenen, das Medium (Leinwand, Farbe, Pinselführung usw.) letztes Endes ausblendenden Sicht. Solche Ausblendung der Medialität als eine Folge literarisierender Bedeutungsüberladung, der später die dagegen opponierende Avantgarde selbst zum Opfer fiel[146], haben Greenberg zufolge die Avantgarden kenntlich gemacht und damit eine neue »confusion of the arts«[147] ermöglicht. »The history of avant-garde painting is that of a progressive surrender to the resistance of its medium [...]. The motto of the renaissance artist, *Ars est artem celare*, is exchanged for *Ars est artem demonstrare*.« (307) Die europäische Malerei (Greenberg hatte vor allem den von ihm wegen seiner Figürlichkeit kritisierten Surrealismus im Auge) sei vor dieser Schwelle zur ›pure abstraction‹ stehen geblieben. Man kann daher sagen, daß die beiden Texte Greenbergs Manifeste des amerikanischen abstrakten Expressionismus avant la lettre sind. Mit dem Begriff einer »classic avant-garde, from Manet to Barnett Newman«[148], basierend auf dem, was man »the great Greenbergian shibboleth *quality*«[149] genannt hat, war Avantgarde zu einem Gründungsmythos moderner Kunst promoviert. In Amerika, wo bis heute Avantgarde und Moderne nicht kategorial unterschieden werden[150], war die Avantgarde in Greenbergs Vision Fortsetzung der Autonomie der Kunst mit anderen (abstrakten) Mitteln und zugleich Beginn einer von avantgardistischen Alltagskonzepten in Europa scharf unterschiedenen amerikanischen Identität im Bereich der (v. a. bildenden) Künste. Im kalten Krieg der 40er/50er Jahre wurde Greenbergs Position instrumentalisiert. »Das Interesse des liberalen Amerika konzentrierte sich jetzt auf die Kunst und die Intellektuellen. Sie wurden zum Stoßtrupp in dem von Präsident Dwight D. Eisenhower so benannten ›psychologischen Krieg‹. Die glorifizierte und popularisierte Kunst des Abstrakten Expressionismus wurde als avantgardistischer Keil benutzt, um das europäische Vorurteil zu durchbrechen, Amerikaner könnten nur Kitsch produzieren.«[151] Die Verbindung von Kunst und Politik, Vision des gesellschaftskritischen Avantgardebegriffs von Anfang an, kehrte sich so um in das Gegenteil eines rein affirmativen Begriffs. Die Grundsatzkritik an Greenbergs ontologischer Methode begann 1981 mit Rosalind E. Krauss' Essay *The Originality of the Avant-Garde*.[152] Im Selbstverständnis vieler Künstler und in ihrer Arbeit lebte freilich ein den ursprünglichen Intentionen verpflichtetes Avantgardekonzept weiter. Barnett Newman, aus dem Abstrakten Expressionismus kommend und dann auf dem Höhepunkt der Postmodernedebatte Stichwortgeber für Lyo-

---

143 GREENBERG, Counter-Avant-Garde, in: Art International (Lugano), Bd. 15 (1971), H. 5, 18.
144 FOSTER (s. Anm. 25), 56.
145 GREENBERG, Towards a Newer Laokoon (1940), in: Partisan Review 7 (1940), H. 4, 301.
146 Vgl. SIGRID SCHADE, Zur verdrängten Medialität der modernen und zeitgenössischen Kunst, in: S. Schade/G.C. Tholen (Hg.), Konfigurationen. Zwischen Kunst und Medien (München 1999), 269–291.
147 GREENBERG (s. Anm. 145), 296.
148 GREENBERG (s. Anm. 143), 17.
149 FOSTER (s. Anm. 25), 46.
150 Vgl. HEWITT (s. Anm. 120), 26 ff.
151 SERGE GUILBAUT, How New York Stole the Idea of Modern Art (1983); dt.: Wie New York die Idee der modernen Kunst gestohlen hat. Abstrakter Expressionismus, Freiheit und kalter Krieg, übers. v. U. Biesenkamp (Dresden/Basel 1997), 238 f.
152 Vgl. ROSALIND E. KRAUSS, The Originality of the Avant-Garde and Other Modernist Myths (Cambridge, Mass./London 1991).

tards Aufsatz *Le sublime et l'avant-garde* (1983), bemerkte z.b. 1962 in einem Interview: »Almost fifteen years ago Harold Rosenberg challenged me to explain what one of my paintings could possibly mean to the world. My answer was that if he and others could read it properly it would mean the end of all state capitalism and totalitarianism. That answer still goes.«[153]

In seinem argentinischen Exil veröffentlichte Ramón Gómez de la Serna, als Autor ›Don Ramón‹ Inbegriff einer spanischen Avantgarde seit den 20er Jahren, 1943 eine Beschreibung von 27 Ismen als eine Epochenbilanz, die die Erfinderrolle und die Grenzüberschreitung zwischen den Künsten,»esa mezcla de literatura, pintura y demás música« (diese Mischung aus Literatur, Malerei und auch Musik), als Kriterium einer Avantgarde nennt und noch einmal einen spanisch-lateinamerikanischen Akzent in die internationale Debatte bringt. Die ›permanente Revolution der Kunst‹ (»la revolución del arte es permanente«) wäre in einer telekommunikativ vernetzten (und verengten) Welt Faktor und Korrektiv technischen Fortschritts.»Ya que se contrae el mundo gracias a la telecomunicación, lo tenemos que ensanchar por la invención.«[154] (Da die Welt dank Telekommunikation sich verengt, müssen wir sie durch Erfindung erweitern.) Gómez de la Sernas Avantgardebegriff ist ohne Emphase, aseptisch und von mittlerer Reichweite. Den im Spanischen durch zwei Termini – ›porvenir‹ und ›futuro‹ – bezeichneten semantischen Unterschied nutzend, bekommt der Avantgardebegriff einen eminent gegenwartsbezogenen Akzent. Man kann, so Gómez de la Sernas Vermutung, schon jetzt wissen, was ›vanguardial‹ (ein eigens von ihm erfundenes Adjektiv) ist.»He sido tiroteado en la vanguardia y he dado el pecho y la respuesta siempre como vanguardista, siendo en la actualidad porvenirista, que es situación menos guerrera y

también menos retórica que futurista, pues el futuro es mucho más lejano y engolado que el porvenir.« (14; ich wurde in der Zeit der Avantgarde attackiert und habe immer als Avantgardist dagegen gehalten, denn ich bin im Aktuellen auf Zukunft eingestellt [porvenirista], was eine weniger kriegerische und auch weniger rhetorische Situation ist, als Futurist zu sein, denn das Futurum ist viel weiter entfernt als das Bevorstehende.)

VI. Neoavantgarde und Transavantgarde. Das Ende der Avantgarde?

Die Historisierung der unter einem Leitbegriff Avantgarde subsumierten europäischen Kunstbewegungen zwischen 1910 und 1930 zu historischen Avantgarden artikulierte sich im Bewußtsein einer Krise der sozialutopischen Visionen von einer Verbindung zwischen Avantgarde und politischem Engagement im Begriff der Neoavantgarde. Auslösende Faktoren dieser Krise waren die durch den 20. Parteitag der KPdSU (1956) publik gewordenen Fakten über die stalinistischen Megaverbrechen und die Zerstörung der sozialistischen Grundlagen in zum Kapitalismus alternativen Ordnungen, die repressive Kulturpolitik in den sozialistischen Ländern, die von Nationalismus geprägte Haltung kommunistischer Parteien gegenüber den Befreiungsbewegungen in der seit der Bandungkonferenz (1955) so genannten Dritten Welt. Die von den Surrealisten schon in den 30er Jahren kritisierte Transformation der sowjetischen Rätedemokratie in einen repressiven totalitären Polizeistaat löste unter sich als revolutionär und avantgardistisch verstehenden Künstlern eine Debatte über die Neubewertung des Verhältnisses von Avantgarde und Politik aus, an deren Horizont sich Konzept und Begriff einer Neoavantgarde formte. Sie war besonders virulent in Italien, wo der antifaschistische Widerstand, die Rolle der KPI und das Trauma eines Futuro-Faschismus im Bewußtsein der Intelligenz fest verankert waren. In Italien hatte sich auch zuerst Anfang der 60er Jahre aus der um die Mailänder Zeitschrift *Il Verri* versammelten Schriftstellergruppe *I Novissimi* mit dem im April 1963 in Palermo begründeten *Gruppo '63*

---

[153] BARNETT NEWMAN, Interview with Dorothy Gees Seckler (1962), in: Harrison/Wood (s. Anm. 141), 766; dt.: Grenzüberschreitungen. Interview mit Dorothy Gees Seckler, in: Newman, Schriften und Interviews 1925–1970, übers. v. T. Schelbert (Bern/Berlin 1996), 250.

[154] RAMÓN GÓMEZ DE LA SERNA, Ismos (Buenos Aires 1947), 17.

eine neoavantgardistische Bewegung konstituiert. Sie definierte sich als kritischer Gegenentwurf zum Neokapitalismus, ein damals geläufiger Begriff zur Kennzeichnung der ›Wohlstandsgesellschaften‹. »Con strutture caotiche ed eterogenee mescidanze, con materiali e motivi attinti a tutta la produzione italiana ed europea, più o meno d'avanguardia, più o meno recente, i novissimi mirano a dare un equivalente letterario del disordine spirituale e morale contemporaneo, sentito da essi come condizione patologica nelle tipiche forme dell'isterismo, della paranoia, della schizofrenia.«[155] (Mit chaotischen Strukturen und heterogenen Mischungen, mit aus der gesamten italienischen und europäischen, mehr oder minder avantgardistischen, mehr oder minder neuen Produktion bezogenen Materialien und Motiven wollen die Novissimi eine literarische Entsprechung zur geistigen und moralischen Unordnung ihrer Zeit bieten, zu dem in ihren Augen pathologischen Zustand, der sich in den typischen Formen der Hysterie, der Paranoia und der Schizophrenie äußert.) Der Literaturwissenschaftler Renato Poggioli hatte 1962 eine vom amerikanischen New Criticism beeinflußte phänomenologische *Teoria dell'arte d'avanguardia* veröffentlicht, die der Avantgarde als »estrema reazione anticlassica dello spirito moderno«[156] (extreme anti-klassische Reaktion des modernen Geistes) eine bis auf Sturm und Drang und die Romantik zurückreichende Vorgeschichte konstruierte. Tenor dieser geistesgeschichtlichen Darstellung war ein entpolitisierter Avantgardebegriff, mit dem sich die italienische Debatte über die Unterscheidung zwischen historischer und Neoavantgarde auseinandersetzte. Denn Poggioli postulierte nicht nur die Avantgarde als einen Wesensbegriff, er beschrieb dessen Entwicklung auch als Desintegration von zwei Avantgarden, worunter er die Trennung der politischen von der künstlerischen Avantgarde verstand.

Der Begriff ›avanguardia storica‹ tauchte in dieser italienischen Debatte zum ersten Mal 1963 in der Diskussion über einen Essay des konservativen Kritikers Lienhard Bergel, *Dopo l'avanguardia,* auf, worin dieser die avantgardistischen Bewegungen seit Beginn des Jh. in toto als von der Realität entfremdete Kunst verurteilt hatte. Dazu nahm u. a. Leonardo Cammarano in der Zeitschrift *Elsinore* Stellung, wo er den historischen Avantgarden eine traditionsbildende Funktion zugestand, aber darauf hinwies, daß diese wegen jener »vecchia identificazione della sinistra culturale con l'avanguardia, che fu uno dei grossi equivoci del dopoguerra« (alten Gleichsetzung von kultureller Linken und Avantgarde, die eines der groben Mißverständnisse der Nachkriegszeit war) fragwürdig sei: »L'avanguardia storica [...] non sembra avere molto a che fare né con la critica marxistica né, infine, con la nuova avanguardia.«[157] (Die historische Avantgarde [...] scheint weder mit der marxistischen Kritik noch mit der neuen Avantgarde viel zu tun zu haben.)

Ein Resümee der Debatte zog Pier Paolo Pasolini mit einem großen Essay, das das ›Ende der Avantgarde‹ als Schlußstrich unter eine falsch verstandene Vermischung von politischer Moral und künstlerischer Praxis thematisierte. Ihm galten einige politische Prozesse seiner Gegenwart als absolut vordringlich: »lo stesso ›senso nuovo‹ delle cose del mondo che segna la fine del vecchio impegno, segna anche la fine dell'avanguardia« (derselbe ›neue Sinn‹ in den Dingen der Welt, der das Ende des alten Engagements besiegelt, besiegelt zugleich das Ende der Avantgarde)[158]. Pasolinis Kritik der Avantgarde von links konfrontierte die Neoavantgarde mit dem Problem einer fragwürdigen Kontinuität, die der Terminus der Selbstbezeichnung als Neoavantgarde nahelegte. Dieses Paradox hatte in Frankreich zehn Jahre zuvor Roland Barthes aufgezeigt, als er die von der Kritik zur neuen Theateravantgarde promovierten Stücke Becketts, Ionescos und Adamovs als unumgänglich im Rahmen bürgerlicher Kultur stehend analysierte. Avantgarde sah Barthes in der Rolle eines Zauberers mit kathartischen Konfliktlösungen. »Il est probable que l'avant-garde n'a jamais été pour l'artiste qu'un moyen de résoudre une contradiction historique précise: celle-là même d'une bourgeoi-

---

155 AUGUSTO SIMONINI, Storia dei movimenti estetici nella cultura italiana (Firenze 1968), 221 f.
156 RENATO POGGIOLI, Teoria dell'arte d'avanguardia (Bologna 1962), 256.
157 LEONARDO CAMMARANO, Avanguardia e critica di sinistra, in: Elsinore 1 (1963), H. 1, 69, 66.
158 PIER PAOLO PASOLINI, La fine dell'avanguardia, in: Nuovi Argomenti, N. S., Nr. 3–4 (1966), 28; dt.: Das Ende der Avantgarde, in: Pasolini, Ketzererfahrungen, übers. v. R. Klein (München 1979), 178.

sie démasquée, qui ne pouvait plus prétendre à son universalisme originel que sous la forme d'une protestation violente retournée contre elle-même [...]. L'avant-garde, ce n'est au fond qu'un phénomène cathartique de plus, une sorte de vaccine à inoculer un peu de subjectivité, un peu de liberté sous la croûte des valeurs bourgeoises.«[159] Die Avantgarde als Parasit am Körper der bürgerlichen Gesellschaft und ihrer Kultur – »l'avant-garde est fonctionnellement liée à un conformisme régnant mais non tyrannique«[160] –, diese Analyse Barthes' radikalisierte die Beobachtung Aragons aus dem Jahr 1929 über die Institutionalisierung der Avantgarde als Mode und Reklame. »Au-delà du drame personnel de l'écrivain d'avant-garde [...] il vient toujours un moment où l'Ordre récupère les francs-tireurs. Fait probant, ce n'est jamais la bourgeoisie qui a menacé l'avant-garde [...]. Il semble qu'à peine conquise par l'évidence des tâches révolutionnaires, l'avant-garde renonce à elle-même, accepte de mourir.« Am Beispiel des Theaters in der erwähnten Dreierkonstellation Beckett – Ionesco – Adamov votierte Barthes, der Brecht in Frankreich eingeführt hatte, für eine politische Kunst, die sich von der parasitären Bindung einer Avantgarde an die bürgerliche kulturelle Ordnung befreit: »Et l'on pourrait attendre beaucoup d'un auteur dramatique qui saurait donner au nouvel art politique que l'on souhaite ici, les pouvoirs de *déconditionnement* de l'ancien théâtre d'avant-garde.«[161]

Das Ende des italienischen Gruppo '63 nach seiner Selbstauflösung im Jahre 1969 wurde von Umberto Eco mit ähnlichen Argumenten als unvermeidlicher Selbstmord quittiert, weil die Protagonisten der Gruppe das von Barthes benannte Paradox nicht aufzulösen vermochten. »Neo-capitalist society has accepted the Avantgarde poet. The Avantgarde poet has accepted neo-capitalist society«, zitierte Eco das resignative Urteil Fausto Curis, das Eco durch die Verleihung des Nobelpreises 1969 an Samuel Beckett bestätigt sah. Der Avantgardebegriff, so das Fazit, müsse endlich neu begründet werden. »Now that Samuel Beckett has had the Stockholm treatment, the word Avantgarde can hardly keep its meaning.«[162] Damit revidierte Eco sein Urteil über eine mögliche Verbindung von Avantgarde und Engagement aus dem Jahre 1967.[163]

In Deutschland hatte Enzensberger zehn Jahre zuvor die fehlende Analyse der Avantgarde und ihres Begriffs beklagt. »Der Begriff der Avantgarde bedarf der Aufklärung.«[164] Der Ansatz zu einer Aufklärung der »Aporien der Avantgarde« wurde in diesem Text aber verschenkt durch das ideologiekritische Verdammungsurteil der »Avantgarde als Bluff« (299), womit die Neoavantgarde in toto wegen ihres »Einverständnisses mit der Bewußtseinsindustrie« (305) einer Analyse entzogen wurde. Enzensbergers Text, der sich auch mit Lukács' o. g. Position auseinandersetzte, war symptomatisch für die damalige westdeutsche Debatte über soziales und politisches Engagement der Intellektuellen, über die moralische Legitimation ihrer (angemaßten oder zugeschriebenen) Funktion als Sprecher derer, die keine öffentliche Stimme haben. In der Begriffsgeschichte kommt ihm eine Signalfunktion zu, weil er zwei Katgeorien einführte, die im internationalen Diskurs einen geradezu topischen Stellenwert bekamen: *Scheitern* (bezogen auf die historischen Avantgarden) und *Wiederholung* (bezogen auf die Neoavantgarde).

Auf den Surrealismus bezogen, sah Enzensberger keinen Grund, »sein Scheitern hämisch auszurufen. Jeder Rückblick auf eine Avantgarde, deren Zukunft bekannt ist, hat leichtes Spiel« (314). Die neoavantgardistischen Reprisen oder Rezeptionen sah er als deren Ende »im Ausverkauf der Bewußtseinsindustrie. Jede heutige Avantgarde ist Wiederholung, Betrug oder Selbstbetrug.« (314) Einige Jahre später erinnerte Hans-Egon Holthusen an die ihm zufolge im Begriff der Avantgarde als unauflöslich festgeschriebene Verbindung von Kunst

---

159 BARTHES (s. Anm. 87), 1224.
160 BARTHES, Le théâtre français d'avant-garde (1961), in: Barthes, Œuvres complètes, Bd. 1 (Paris 1993), 915.
161 BARTHES (s. Anm. 87), 1225 f.
162 UMBERTO ECO, The Death of the Gruppo 63, in: Twentieth Century Studies, Nr. 5 (September 1971), 65, 60.
163 Vgl. ECO, Del modo di formare come impegno sulla realtà (1967), in: Eco, Opera aperta (Mailand ³1971), 272; dt.: Form als Engagement, in: Eco, Das offene Kunstwerk, übers. v. G. Memmert (Frankfurt a. M. 1977), 281.
164 ENZENSBERGER (s. Anm. 135), 296.

VI. Neoavantgarde und Transavantgarde. Das Ende der Avantgarde? 573

und Revolution und stellte, weniger radikal und apodiktisch als Enzensberger, die Frage nach der möglichen Aktualisierung dieser Verbindung in Formen einer Neoavantgarde.»Der Gegenbegriff zu ›avantgardistisch‹ heißt nicht ›antik‹, sondern ›reaktionär‹, auch ›konventionell‹ oder ›akademisch‹.« Der Begriff enthalte eine Energie, so daß »die Begriffe ›Avantgardismus‹ und ›Revolution‹ nicht auseinandergerissen werden können«[165].

Mit der unterschiedlichen Bewertung des Verhältnisses von Original und Wiederholung wurde die Neoavantgarde entweder als epigonal oder als Bearbeitung von Impulsen der historischen Avantgarde verstanden.»Are the postwar moments passive repetitions of the prewar moments, or does the neo-avant-garde *act* on the historical avantgarde in ways that we can only now appreciate?«[166]

Peter Bürgers *Theorie der Avantgarde* (1974), nach Renato Poggiolis *Teoria dell'arte d'avanguardia* (1968) *die* international einflußreiche, von der Autonomiekritik der Frankfurter Schule inspirierte Analyse, hat die Begriffe Scheitern und Wiederholung dann in ein finalistisches Folgeverhältnis gebracht, das den Umbau (oder die Umfunktionierung) avantgardistischer Elemente ausschließt. Später hat Bürger diese Sicht relativiert, ohne sie grundsätzlich zu verändern.»Daß die Produkte der Avantgarde, die nicht Kunstwerke sein, sondern das Leben verändern wollten, längst durch das Museum vereinnahmt und damit ihrer sprengenden Wirkung beraubt sind, war bereits eine der Thesen meines Buches *Theorie der Avantgarde*, die mich damals zu einer äußerst kritischen Sicht der Neoavantgarde geführt hat. Die Neoavantgarde, schreibe ich, institutionalisiert die Avantgarde als Kunst und negiert damit die gemein avantgardistischen Intentionen einer Rückführung der Kunst in die Lebenspraxis. Gerade diese These ist damals bei amerikanischen Kritikern auf scharfen Widerstand gestoßen, deren Spuren noch in dem Buch zur documenta X zu finden sind.«[167]

Mit den Konzepten ›Scheitern‹ und ›Wiederholung‹ wurde der Avantgardebegriff (und das ist ein neuer Akzent) auf jene ursprüngliche Kategorie festgelegt, die von seiten der Künstler selbst von Anfang an unter Kritik gestellt worden war: auf ›Originalität‹. Die Feststellung, »the very notion of the avant-garde can be seen as a function of the discourse of originality«[168], gilt darum vor allem für den akademischen Diskurs, dessen Avantgardebegriff von dem der Künstler selbst zu unterscheiden ist. Die Komplementärbegriffe Originalität und Ursprung/›origin‹ fungieren, wie Rosalind E. Krauss zu Recht betont hat, als Motivation auf dem Kunstmarkt und zur Legitimation der zum Verkauf angebotenen oder zur Ausstellung empfohlenen Werke.

›Wiederholung‹ hat aber noch eine andere als rein epigonale Bedeutung, die dem ›ursprünglichen‹ Avantgardebegriff gewissermaßen inhärent ist: die technische Copy-Tendenz oder Reproduzierbarkeit, die Walter Benjamin als Voraussetzung eines geschichtlich neuen Kunstbegriffs analysiert hat. Die im akademischen Avantgardebegriff der Galeristen, Museen und Ausstellungsmacher unterdrückte Kritik und Selbstkritik des Originalitätsdiskurses von seiten der Künstler der Neoavantgarde wurde verschiedentlich durch postmoderne Konzeptionen einer sog. Transavantgarde noch gesteigert, die mit der Originalität auch die traditionellen Begriffe Werk, Autor, Genie in ihrer voravantgardistischen Bedeutung aktualisieren und damit ganz konsequent die von den Avantgarden bestimmte(n) Epoche(n) verabschieden.

Transavantgarde, ein Anfang der 80er Jahre aufkommender Begriff, der die postmoderne Überschreitung aller Avantgarden als eine ihnen pauschal unterstellten ›idealistischen‹ Tradition signalisiert, ist die Proklamation des Endes der Avantgarde und ihrer sozialutopischen Ansprüche im Namen affirmativer Kunstideologien. Achille Bonito Oliva unterstellte in diesem Sinn der Neoavantgarde in einem bekenntnishaften Text über *La Trans-Avanguardia Italiana* (1982) in toto einen ›sprachlichen Darwinismus‹ mit moralisti-

---

165 HOLTHUSEN (s. Anm. 140), 15, 32.
166 FOSTER (s. Anm. 25), 4.
167 BÜRGER, Wo steht die Avantgarde? An Beuys anknüpfen, in: Neue Osnabrücker Zeitung (1. 7. 1999); vgl. BENJAMIN BUCHLOH, Theorizing the Avant-Garde, in: Art in America (Nov. 1984), 19–21; BÜRGER an Jean-François Chevrier (Anf. Nov. 1996), in: documenta und Museum Fridericianum Veranstaltungs-GmbH (Hg.), Politics-Poetics. Das Buch zur documenta X (Kassel 1997), 379 f.
168 R. E. KRAUSS (s. Anm. 152), 157.

schem Beigeschmack. »L'avanguardia, per definizione, ha sempre operato dentro gli schemi culturali di una tradizione idealistica tendente a configurare lo sviluppo dell'arte come una linea continua, progressiva e rettilinea. [...] Fino agli anni settanta, l'arte d'avanguardia ha conservato tale mentalità, operando sempre dentro l'assunto filosofico del *darwinismo linguistico*, di un evoluzionismo culturale rispettoso di ogni genealogia con una puntigliosità puristica e puritana. [...] In definitiva la neo-avanguardia ha inteso salvare la *coscienza felice* dell'artista tutta basata sulla coerenza interna del lavoro [...] contro l'incoerenza negativa del mondo.« (Die Avantgarde hat per definitionem immer innerhalb der kulturellen Muster einer idealistischen Tradition gearbeitet, die darauf aus war, sich die Entwicklung der Kunst als eine stetige, fortschreitende und gerade Linie vorzustellen. [...] Bis in die siebziger Jahre hat die Avantgarde-Kunst eine solche Mentalität bewahrt: sie arbeitete immer mit der philosophischen Annahme des *sprachlichen Darwinismus*, eines kulturellen Evolutionismus, der jeder Genealogie mit einer puristischen und puritanischen Verbohrtheit Respekt erweist. [...] Schließlich hat die Neoavantgarde beabsichtigt, das *glückliche Bewußtsein* des Künstlers zu retten, das ganz auf der inneren Kohärenz der Arbeit basiert [...], gegen die negative Inkohärenz der Welt.)[169] Dieser Text befestigte Grenzen eines Handlungsraums und eines Kunstbegriffs, die in der Praxis seit den historischen Avantgarden tendenziell überschritten

und in Frage gestellt worden waren: »L'arte finalmente ritorna ai suoi motivi interni, alle ragioni costitutive del suo operare, al suo luogo per eccellenza che è il labirinto, inteso come ›lavoro dentro‹, come escavo continuo dentro la sostanza della pittura.« (Die Kunst kehrt endlich zu dem zurück, was sie immer bewegt und was ihr Tun begründet, an ihren eigentlichen Ort, das Labyrinth – verstanden als ›Arbeit im Inneren‹, als fortgesetztes Graben in der Substanz der Malerei.)[170]

Die Geschichte des Avantgardebegriffs läßt sich nicht (wie von Bonito Oliva angenommen) als ein Prozeß der Sättigung oder der Ermüdung beschreiben. Als ein Begriff der Diskriminierung, der seine diskursive Energie aus deren Doppelbedeutung bezieht – ursprünglich ›Trennung, Unterscheidung, Spaltung‹, seit dem 19. Jh. ideologisch aufgeladen als ›Herabwürdigung‹ –, lassen sich diese beiden Bedeutungen nicht mehr voneinander trennen und auf jeweils privilegierte Bereiche und Sachverhalte verteilen. Der heute im Alltagsbewußtsein zum rein Modischen oder vage umschriebenen Rebellischen heruntergekommene Begriff hat vergessen lassen, woran doch zu erinnern ist: seine Funktion »in the final mental assimilation of high art and mass culture prepared by the avantgarde«[171].

Ein Beispiel dafür bietet die von Guy Debord u. a. 1958 begründete Bewegung der *Internationale situationniste*, die sich als ›aktuelle Avantgarde‹ verstanden hat. Zwischen 1958 und 1969 als »un mouvement très particulier, d'une nature différente des avant-gardes artistiques précédentes« arbeitend, organisierte sie in mehreren europäischen Ländern Formen eines »laboratoire de recherches«, die sich an Suchkonzepten orientierten: einem »urbanisme unitaire«[172] als sozialem und ökologischem Städtebau; einer »théorie de la dérive«[173] als »mode de comportement expérimental lié aux conditions de la société urbaine«[174]; und einer das Verhältnis von Arbeit und Freizeit thematisierenden »révolution ludique«[175]. Das situationistische Avantgardeverständnis war daher expressis verbis ein antiästhetizistisches. Die Situationisten »s'inscrivent *en creux* dans l'art moderne, ils sont les organisateurs de l'absence de cette avant-garde esthétique que la critique bourgeoise attend et que, toujours déçue, elle s'apprête à saluer à la première occasion.«[176]

---

169 ACHILLE BONITO OLIVA, La Trans-Avantguardia Italiana (Mailand 1980), 46; dt.: Die italienische Trans-Avantgarde, in: Bonito Oliva, Im Labyrinth der Kunst, übers. v. I. Eckle (Berlin 1982), 55 f.
170 Ebd., 44; dt. 54.
171 MANN (s. Anm. 8), 121.
172 [CONSTANT u. a.], Le détournement comme négation et comme prélude, in: Internationale situationniste, Nr. 3 (1959), 10 f.
173 GUY DEBORD, Théorie de la dérive, in: Internationale situationniste, Nr. 2 (1958), 19.
174 [MOHAMED DAHOU/GIUSEPPE PINOT-GALLIZIO/ MAURICE WYCKAERT], Définitions, in: Internationale situationniste, Nr. 1 (1958), 13.
175 UWE LAUSEN, Répétition et nouveauté dans la situation construite, in: Internationale situationniste, Nr. 8 (1963), 57.
176 Le sens du déperissement de l'art, in: Internationale situationniste, Nr. 3 (1959), 7.

Im Verhältnis zur semantischen Oberstimme im Diskurs, den die Neoavantgarde genannten Kunstpraktiken seit den 50er Jahren ausgelöst hatten, signalisiert das Beispiel der *Internationale situationniste* einen konträren, die Mehrdeutigkeit des Avantgardebegriffs anzeigenden Kontrapunkt.

»It is the custom nowadays to pronounce the avant-garde dead«[177], diagnostizierte Richard Chase Ende der 50er Jahre, und 1999 bilanzierte Henning Ritter die Evolution der Avantgarde innerhalb der modernen Kunst als deren ›Neutralisierung‹, d.h. als Absage an die sozialutopischen und/oder revolutionären Ansprüche. »Dieselben Werke, die einst einen revolutionären Willen verkörperten, waren nun [nach 1945 – d.Verf.] Bekundung des Einverständnisses mit den Verhältnissen, sie vertraten das politische Glaubensbekenntnis der liberalen Demokratie. Als schwieriger Übergang in eine pluralistische Gesellschaft hat sich dieser Vorgang der Neutralisierung nach 1989 in Deutschland und den Ländern Osteuropas noch einmal wiederholt.«[178] Man kann daher für diese ein Ende der Avantgarde behauptende Oberstimme im Avantgardediskurs feststellen, daß »die Blütezeit des Begriffs Avantgarde erst mit dem notorisch verkündeten Tod dieses Phänomens begann«[179]. Was Octavio Paz 1972 in seinen Charles-Eliot-Norton-Lectures an der Harvard University als ›ocaso de la vanguardia‹ (›Untergang der Avantgarde‹, in Anlehnung an Oswald Spenglers *Untergang des Abendlandes*) beschrieben hatte, den Niedergang einer rasanten Beschleunigung im Prozeß der »colonización del futuro« (Kolonisierung der Zukunft) durch die moderne Kunst, in deren Folge ›wir nicht das Ende der Kunst erleben: wir erleben das Ende der Idee der modernen Kunst‹ («no vivimos el fin del arte: vivimos el fin de la idea del arte moderno«[180]); was Luc Ferry 1990 die postmoderne Überwindung des ›déclin des avantgardes‹[181] nannte, sind eher begriffliche Sackgassen eines point of no return. Sie folgen einem Modell, das Roland Barthes die paradoxe Doppelfunktion der Avantgarde und ihres Begriffs genannt hat, die Gratwanderung zwischen ästhetischer Innovation und politischer Affirmation. »L'avant-garde, c'est le langage rétif qui va être récupéré.«[182] »Ce que l'avant-garde ne tolère pas dans la bourgeoisie, c'est son langage, non son statut.«[183] Die mögliche

Fortsetzung einer ästhetischen Avantgarde in veränderter Funktion war damit zur Aufgabe einer Revision ihres Begriffs, d.h. seiner Aktualisierung gestellt. Im Blick auf die Bewegung einer Neoavantgarde wurde die Einsicht gewonnen, daß die Gegenüberstellung von Kunst und Leben bzw. ihre Verbindung eigentlich eine falsche Frage zur Voraussetzung hat. »It was then that the idea that art was not about life but was a form of life itself came to be the predominant view of the avant-garde. This happend, I think, because of a major shift in the artist's attitude toward technology.«[184] Eine Weichenstellung in der Geschichte des Problems und seiner begrifflichen Reflexion war damit angedeutet. Als Gegenstimme im Avantgardediskurs bekam die Frage nach dem Ende der Avantgarde (oder nach ihrem Umbau) eine Perspektive, wie sie im Rückblick auf die 20-jährige Praxis der Pariser Tel-Quel-Gruppe, seit ihrer Gründung 1960 um die gleichnamige Zeitschrift Inbegriff einer revolutionären Avantgarde, einer ihrer Promotoren, Philippe Sollers, 1980 formuliert hatte: »Nous avons revécu une vieille aventure à laquelle sans doute nous avons nous-mêmes mis fin, qui est l'aventure de toutes les avant-gardes occidentales au XXe siècle: la contradiction entre l'art et l'engagement politique. [...] Nous sommes plus révolutionnaires aujourd'hui que lorsque nous étions maoïstes. Parce que nous avons justement abandonné cette division entre d'un côté des proclama-

---

177 RICHARD CHASE, The Fate of the Avant-Garde, in: Partisan Review 3 (Sommer 1957), 363.
178 HENNING RITTER, Vorwort, in: Spies (s. Anm. 139), Bd. 1 (Köln 1998), 11.
179 LUDGER FISCHER, Avantgarde – Die Vorhut der alten Ratten. Versuch einer Begriffsgeschichte, in: H. Holländer/C.W. Thomsen (Hg.), Besichtigung der Moderne: Bildende Kunst, Architektur, Musik, Literatur, Religion. Aspekte und Perspektiven (Köln 1987), 49.
180 PAZ (s. Anm. 7), 195 f.
181 Vgl. LUC FERRY, Homo aestheticus. L'invention du goût à l'âge démocratique (Paris 1990), 269–342.
182 BARTHES (s. Anm. 24), 1522.
183 BARTHES, Le mythe, aujourd'hui (1957), in: ebd., Bd. 1 (Paris 1993), 705.
184 ROBERT W. CORRIGAN, The Transformation of the Avant-Garde, in: The Michigan Quarterly Review (Winter 1974), 36.

tions politiques et, de l'autre, la recherche d'une expérience qui s'y oppose.«[185]

Es war ein Zeichen solchen Umbaus, wenn Joseph Beuys wenige Wochen vor seinem Tod in seiner Dankesrede zur Verleihung des Wilhelm-Lehmbruck-Preises am 12. Januar 1986 in Duisburg noch einmal den fourieristisch getönten Gedanken einer Avantgarde als ›sozialer Plastik‹ – »Plastik ist ein Begriff der Zukunft schlechthin« – als das »Weiterreichen der Flamme in eine Bewegung hinein« erinnerte, »die auch heute viele Menschen wahrnehmen sollten als eine Grundidee zur Erneuerung des sozialen Ganzen, die zur sozialen Skulptur führt«[186].

Karlheinz Barck

Literatur

ASHOLT, WOLFGANG/FÄHNDERS, WALTER (Hg.), Manifeste und Proklamationen der europäischen Avantgarde (1909–1938) (Stuttgart/Weimar 1995); Avantgarde. Revue internationale et interdisciplinaire des arts et littératures du XXᵉ siècle/International and Interdisciplinary Review of the Literatures and Arts of the 20th Century, hg. v. F. Drijkoningen (Amsterdam 1988 ff.); BANES, SALLY, Greenwich Village 1963: Avant-Garde Performance and the Effervescent Body (Durham u. a. 1993); BARCK, KARLHEINZ/SCHLENSTEDT, DIETER/THIERSE, WOLFGANG (Hg.), Künstlerische Avantgarde. Annäherungen an ein unabgeschlossenes Kapitel (Berlin 1979); BERG, HUBERT VAN DER, Avantgarde und Anarchismus. Dada in Zürich und Berlin (Heidelberg 1999); BIERMANN, KARL-HEINRICH, Literarisch-politische Avantgarde in Frankreich: 1830–1870 (Stuttgart 1982); BOIS, YVE-ALAIN/KRAUSS, ROSALIND E. (Hg.), Formless. A User's Guide (New York 1997); BÜRGER, CHRISTA/BÜRGER, PETER (Hg.), Postmoderne: Alltag, Allegorie und Avantgarde (Frankfurt a. M. 1987); BUTLER, CHRISTOPHER, After the Wake. An Essay on the Contemporary Avant-Garde (Oxford 1980); CALINESCU, MATEI, ›Avant-Garde‹. Some Terminological Considerations, in: Yearbook of Comparative and General Literature, Nr. 23 (1974), 67–87; CALINESCU, MATEI, Faces of Modernity: Avant-garde, Decadence, Kitsch (1977; Bloomington 1987); CALVESI, MAURIZIO, Le due avanguardie. Dal futurismo alla pop art (Mailand 1966); CHVATÍK, KVETOSLAV, Strukturalismus und Avantgarde. Aufsätze zur Kunst und Literatur, übers. v. H. Gärtner (München 1970); DREWS, PETER, Die slawischen Avantgarden und der Westen. Die Programme der russsischen, polnischen und tschechischen Avantgarden und ihr europäischer Kontext (München 1983); EGBERT, DONALD DREW, The Idea of ›Avant-Garde‹ in Art and Politics (1967), in: M. Hardt (Hg.), Literarische Avantgarden (Darmstadt 1989), 44–65; EGRI, PÉTER, Avangardism and Modernity (Budapest 1971); FLAKER, ALEKSANDAR, Zur Charakterisierung der russischen Avantgarde als Stilformation, übers. v. M. August, in: K. Barck/D. Schlenstedt/W. Thierse (Hg.), Künstlerische Avantgarde. Annäherungen an ein unabgeschlossenes Kapitel (Berlin 1979), 61–99; FOSTER, HAL, The Anti-Aesthetic: Essays on Postmodern Culture (Washington 1983); GÜNTHER, HANS, Proletarische und avantgardistische Kunst. Die Organisationsästhetik Bogdanows und die LEF-Konzeption der ›lebensbauenden‹ Kunst, in: Ästhetik und Kommunikation 12 (1973), 62–75; HARDT, MANFRED (Hg.), Literarische Avantgarden (Darmstadt 1989); HESSE, EVA, Die Achse Avantgarde – Faschismus. Reflexionen über Filippo T. Marinetti und Ezra Pound (Zürich 1992); HOLLIER, DENIS, La prise de la concorde. Suivi de la vie. Essai sur Georges Bataille (Paris 1993); ILLÉS, LÁSZLÓ, Sozialistische Literatur und Avantgarde, in: Acta Litteraria Academiae Scientiarum Hungaricae 12 (1970), H. 1–2, 53–64; KIEFER, KLAUS K., Diskurswandel im Werk Carl Einsteins. Ein Beitrag zur Theorie und Geschichte der europäischen Avantgarde (Tübingen 1994); KOSTELANETZ, RICHARD, Dictionary of the Avantgardes (Pennington 1993); KRAMER, HILTON, The Age of the Avant-Garde. An Art Chronicle of 1956–1972 (London 1974); KRAPIL, JOSEF, L'avant-garde tchécoslovaque d'entre les deux guerres et l'avant-garde parisienne, in: Philologica Pragensia 11 (1968), H. 3, 129–151; KROHN, CLAUS-DIETER (Hg.), Exil und Avantgarden (München 1998); LIPOVETSKY, GILLES, L'ère du vide. Essais sur l'individualisme contemporain (Paris 1983); dt.: Narziß oder Die Leere. Sechs Kapitel über die unaufhörliche Gegenwart, übers. v. M. Meßner (Hamburg 1995); LOURAU, RENÉ, Autodissolution des avantgardes (Paris 1980); LÜDKE, W. MARTIN (Hg.), ›Theorie der Avantgarde‹. Antworten auf Peter Bürgers Bestimmung von Kunst und bürgerlicher Gesellschaft (Frankfurt a. M. 1976); LYOTARD, JEAN-FRANÇOIS/THÉBAUD, JEAN-LOUIS, Au juste (Paris 1979); MARINO, ADRIAN, Avangarda, in: Dicționar de idei literare (Bukarest 1973), 177–224; MELO E CASTRO, ERNESTO M. DE, Dialéctica das Vanguardas (Lissabon 1976); MURPHY, RICHARD, Theorizing the Avant-Garde. Modernism, Expressionism, and the Problem of Postmodernity (Cambridge 1999); OLSCHOWSKY, HEINRICH (Hg.), Der Mensch in den Dingen. Programmtexte und Gedichte der Krakauer Avantgarde (Leipzig 1986); PAWLOWSKI, GASTON DE, Voyage au pays de la quatrième dimension (1912; Brüssel 1945); PÖRTNER, PAUL (Hg.), Literaturrevolution 1910–1925. Dokumente, Manifeste, Programme (Neuwied 1960); RUSSELL, CHARLES (Hg.), The Avant-Garde Today (Urbana/London 1981); SANGUINETI, EDOARDO, Sociologie de l'avant-garde, in: Littérature et Société. Problèmes de méthodologie en sociologie de la littérature (Brüssel 1967), 11–18; SCHEERBART, PAUL, Glasarchitek-

---

185 PHILIPPE SOLLERS, On n'a encore rien vu, in: Tel Quel, Nr. 85 (1980), 25 f.
186 JOSEPH BEUYS, Dank an Wilhelm Lehmbruck, in: Die Tageszeitung (27. 1. 86), 2.

tur (1914; München 1971); SCHMIDGEN, HENNING (Hg.), Ästhetik und Maschinismus. Texte zu und von Félix Guattari (Berlin 1995); SCHULTE-SASSE, JOCHEN, ›Avant-Garde‹, in: International Encyclopedia of Communication (Oxford 1989), 162–166; SPINAZZOLA, VITTORIO, Dopo l'avanguardia (Bologna 1989); SZABOLCSI, MIKLÓS, L'avant-garde littéraire et artistique comme phénomène international, in: Actes du Ve Congrès de l'Association Internationale de Littérature Comparée (Amsterdam 1969), 317–334; TASHJIAN, DICKRAN, A Boatload of Madmen. Surrealism and the American Avant-Garde 1920–1950 (New York 1995); WARNING, RAINER/WEHLE, WINFRIED (Hg.), Lyrik und Malerei der Avantgarde (München 1982); WEIGHTMAN, JOHN, The Concept of the Avant-Garde. Explorations in Modernism (London 1972).

Barock

(engl. baroque; frz. baroque; ital. barocco;
span. barroco; russ. барочное, барокко)

I. Wortgeschichte; 1. Etymologien; 2. Wort, Wortfamilien und Wortphantasien in verschiedenen Sprachen; 3. Koexistenz von umgangssprachlicher und begrifflicher Verwendung des Wortes; **II. Das Syndrom ›Rückkehr des Barock‹;** 1. Im Kulturschaffen; 2. Im Forschungsbetrieb; **III. Das Begriffsbabel ›Barock‹;** 1. Versuche der Begriffsbestimmung; 2. Das Lamento über die Begriffsverwirrung; 3. Radikallösungen; **IV. Die historische Wirksamkeit des Begriffs;** 1. Umwertung, strategische Inversion und ideologische Ambivalenz; 2. Aspekte und Momente der Begriffsgeschichte; 3. Gegenströmungen; 4. Begriffsübertragungen; 5. Nationale Geschichten; 6. Epochemachende Beiträge zur Barockdebatte; 7. Barock und Retotalisierung; **V. Die Amerikanisierung des Barock;** 1. Barock als Prozeß der Kulturübertragung; 2. Barock als Paradigma der Identitätsbildung; a) José Lezama Lima; b) Alejo Carpentier; c) Haroldo de Campos

I. Wortgeschichte

Das Wort Barock zur Bezeichnung einer Epoche und der aus ihr hervorgehenden ästhetischen und kulturellen Merkmale wurde – im Gegensatz etwa zu Aufklärung oder Romantik – erst nach dem bezeichneten Faktum eingeführt. Diese Konstruktion a posteriori einer historischen Identität war an ein Wort gebunden, dessen Geschichte sich mäandernd durch mehrere Sprachen hindurchzieht und auf eine Mehrzahl von hypothetischen Ursprüngen zurückgeführt wird. Erst die seit einigen Jahrzehnten laufende Debatte um den Barockbegriff hat die das Wort betreffenden philologischen und etymologischen Fragen ernsthaft aufgeworfen, als erhoffe man sich von der Festlegung des Wortes Anhalts-

punkte oder gar Richtlinien für eine schwierige Begriffsbestimmung.

Es liegen heute mehrere Etymologien vor, keine ganz abgesichert, so daß es zu einer Meinungssache wird, welcher die verschiedenen Forscher den Vorrang geben. In den Sachwörterbüchern und Monographien über das Barock wird die Wortgeschichte meistens noch als umstritten oder unentschieden dargestellt. Daraus ergeben sich schematisch drei Verhaltensweisen: gar nicht darauf eingehen, die Verwirrung darstellen, aber nicht entscheiden, oder apodiktisch eine Etymologie als die richtige bzw. wenigstens die wahrscheinlichste ausgeben und sie übernehmen.

1. Etymologien

Vier verschiedene ernstzunehmende Etymologien sind vorgeschlagen worden. Sie werden hier in der Reihenfolge ihrer abnehmenden wissenschaftlichen Akzeptanz aufgeführt.

a) Schmuck: Im Bereich des Schmucks und des Juwelierwesens wird der Begriff barock auf das portugiesische barroco (unregelmäßig gebildete Perle von geringem Wert) zurückgeführt, von wo aus es dann auf ungewissem Umweg über das span. berrueco und das ital. barocco zum frz. baroque wurde. Giovanni Getto spricht von einer Wechselwirkung zwischen dem italienischen und dem französischen Wort.[1] Dieses wiederum wurde zuerst als »barockisch«[2] und erst später als ›barock‹ eingedeutscht.

b) Geologie: Im Bereich der Geologie und Geländeformationen gibt es ein spanisches ›berrueco‹, auch ›barrueco‹[3], das eine vorstehende Geländeform (peñasco) und eine unregelmäßige Gesteinsart bezeichnet. Diese Etymologie ergänzt häufig die vorhergehende, wobei die Unregelmäßigkeit der Oberflächenbeschaffenheit sich sowohl auf die Topographie als auch auf die Perle beziehen kann.

c) Rhetorik bzw. scholastische Mnemotechnik: Im Bereich der scholastischen Logik und Kategorienlehre gibt es ein im 13. Jh. zu mnemotechnischen Zwecken künstlich gebildetes ›baroco‹, das einen Syllogismus bezeichnet (vierter Schlußmodus der zweiten syllogistischen Figur), der besonders spitzfindig sein soll und deshalb später als lächerlich oder gar absurd empfunden wird. Diese

---

1 Vgl. GIOVANNI GETTO, La polemica sul Barocco, in: Letteratura Italiana. Le correnti (Mailand 1974), 417–504.
2 GRIMM, Bd. 1 (1854), 1139.
3 Vgl. JOAN COROMINAS, Diccionario crítico etimológico de la lengua castellana, Bd. 1 (Bern 1954), 415.

Etymologie wird von Benedetto Croce bevorzugt.[4]

d) Geldwesen: Im Bereich der Finanzwelt und des Handels gibt es seit dem 14. Jh. ein ital. barocco (auch baroccolo oder barocchio), das einen illegalen Wucherzins, eine besondere Form von Betrug, bezeichnet.[5] Jede dieser vier Etymologien hat ihre Anhänger. Getto sieht zwei Stränge – span. und frz. ›Perle‹ und ital. ›Syllogismus‹ –, die dann später zusammenlaufen.[6] Bruno Migliorini erkennt einzig in der ersten eine organisch-sprachgeschichtliche Entwicklung, was für ihn die Bedingung für eine seriöse Etymologie ist.[7] Wie dem auch sei, alle vier Möglichkeiten haben gemeinsam, daß sich schon aus dem ursprünglichen Wort eine negative Bewertung der bezeichneten Sache ableiten läßt (unregelmäßige, unschöne Perle, unregelmäßiger Fels, lächerlicher Syllogismus, illegale Gewinne und Betrug). Sind die semantischen Felder und Fachgebiete, denen die Wörter angehören, bedeutsam für die spätere Begriffsentwicklung? Wenn ja, dann doch nur als rückwirkende Projektionen, die verschiedene Forscher im Sinne einer ideologisch geleiteten Sekundärmotivation auf die Wortgeschichte machen: Severo Sarduy gefällt das semantische Feld ›Schmuck‹, weil sich daran die genußreiche Bearbeitung einer Oberfläche ohne Tiefe illustrieren läßt, die im Zentrum seiner Theorie der subversiven Semiotik des Barock steht[8]; Marie-Pierrette Malcuzynski hingegen paßt ›Wucherzins‹ und ›Betrug‹, weil sich daran ihre Idee, daß der neubarocke Künstler die historische Aufgabe der Moderne verrät, festmachen und glaubhaft machen läßt.[9]

2. *Wort, Wortfamilien und Wortphantasien in verschiedenen Sprachen*

Eindrucksvoll sind die vielen sprachlichen Querverbindungen, die von den Philologen nachgezeichnet werden und deren Fährten sich übrigens manchmal widersprechen. Das Wort zirkuliert, eingebunden in ein sprachliches Netz, zumindest im Portugiesischen, Spanischen, Italienischen, Französischen und Deutschen; es nimmt dadurch bereits vor seiner Begriffswerdung transnationale Züge an und qualifiziert sich so für die Bezeichnung eines europäischen und später auch lateinamerikanischen Phänomens.[10]

In den meisten europäischen Sprachen existiert das Wort in Doppelform zugleich als Adjektiv und als Substantiv. Bemerkenswert ist die Tatsache, daß das deutsche Substantiv Barock noch immer eine Genusschwankung (der oder das Barock) aufweist. Die elektronische Datenbank *Frantext* des Institut National de la Langue Française liefert für die Zeit zwischen 1680 und 1980 470 französischsprachige Belege, die in überwältigender Mehrheit adjektivisch sind. In neuester Zeit haben sich aber durch Ableitungen neue Wortbildungen ergeben, die noch kaum in den Wörterbüchern erscheinen (mit Ausnahme von Heinz Küppers 1982 bis 1984 erschienenem achtbändigen *Illustrierten Lexikon der deutschen Umgangssprache*). Helmut Hatzfeld bezeichnet mit ›barroquismo‹ die dekadente Schlußphase des historischen Barock, Alejo Carpentier in Anlehnung an Eugenio D'Ors eher die abstrakte Tendenz im Gegensatz zu den konkreten For-

---

4 Vgl. BENEDETTO CROCE, Storia dell'età barocca in Italia (entst. ab 1923, ersch. 1929; Mailand 1993), 39ff.; dt.: Der Begriff des Barock. Die Gegenreformation. Zwei Essays, übers. v. B. Fenigstein (Zürich/Leipzig/Stuttgart 1925), 6ff.
5 Vgl. FRANCO VENTURI, La parola ›baroccho‹, in: Rivista storica italiana 71 (1959), 128ff.; NICOLA ABBAGNANO, Dizionario di filosofia (Turin ²1971), 97f.
6 Vgl. GETTO (s. Anm. 1), 435.
7 Vgl. BRUNO MIGLIORINI, Etimologia e storia del termine ›barocco‹, in: Manierismo, Barocco, Rococò. Concetti e termini. Convegno internazionale (Rom 1962), 45 f.; dt.: Etymologie und Geschichte des Terminus ›Barock‹, übers. v. L. Sertorius, in: W. Barner (Hg.), Der literarische Barockbegriff (Darmstadt 1975), 413.
8 Vgl. SEVERO SARDUY, Barroco (Paris 1975), 31–40.
9 Vgl. MARIE-PIERRETTE MALCUZYNSKI, Le (néo)baroque: enquête critique sur la transformation et l'application d'un concept notionnel, in: Imprévue (1987), H. 1, 41.
10 Vgl. HERBERT JAUMANN, Die deutsche Barockliteratur, Wertung – Umwertung. Eine wertungsgeschichtliche Studie in systematischer Absicht (Bonn 1975), 315 ff.

men.[11] Im Französischen weist die Wortfamilie ihr größtes Wachstum auf; man registriert da etwa baroquisme, baroquiser, baroquisation, baroquisant, baroqueux, néobaroque, cryptobaroque, pseudobaroque. In der Datenbank *Frantext* ist noch keine dieser Neubildungen erfaßt, was nahelegt, ihr zahlreiches Auftauchen in so kurzer Zeit als ein Indiz für die zeitgenössische Intensivierung der Barockdebatte zu werten.

Als ein weiteres Indiz im selben Sinne kann die Entstehung von Wortphantasien betrachtet werden, die sich in verschiedenen Sprachen auf den Wortkörper barock aufpfropfen. So streut Victor Tapié einige Sprengsel Kratylismus in die Debatte ein, wenn er aus den beiden Vokalen von baroque die Größe und den Glanz der bezeichneten Sache heraushört.[12] Gilbert Durand erfindet eine träumerische Etymologie, indem er baroque aus barque (Kahn) und roc (Fels) entstehen läßt.[13] Sarduy leitet barroco aus barro (Schlamm) ab.[14] Auch der brasilianisch-argentinische Dichter Néstor Perlongher spielt mit dem Wort barro: Er nennt sich einen ›poeta barroso‹, was sein Bekenntnis zu einer barocken Ästhetik mit seiner Zugehörigkeit zum Kulturraum des Río Paraná (der roten Schlamm führt) verbindet.[15] Sarduy schließlich gibt dieser Spielerei einen ernsten Anstrich, indem er sich zuerst gegen den mit der etymologischen Pflichtübung verbundenen Logozentrismus auflehnt (der besagt, Wörter könnten durch ihr Signifikat das Wesen der bezeichneten Sache treffen), um dann eine sekundäre Semantisierung des Lautkörpers barroco vorzunehmen.[16]

Diese phantasierende Arbeit am Wort selbst ist ein weiterer Hinweis auf die Intensität der Barockdebatte und spezifischer noch auf das Bedürfnis ihrer Teilnehmer, einen neuen Zugang zu einer anhaltenden Begriffsdiskussion zu entwickeln.

3. Koexistenz von umgangssprachlicher und begrifflicher Verwendung des Wortes

Die Arbeit am Begriff Barock hat in der Tat schon mehrere Stufen durchlaufen, über die hier zu berichten sein wird. Welches aber auch immer die Ergebnisse dieser Arbeit sind, sie führen nicht dazu, daß das Wort im Begriff aufgehen würde. Das Wort hat sein umgangssprachliches Eigenleben, in dem es weiterhin pejorative Bewertungen und negative Konnotationen vermittelt, wie das übrigens schon Alois Riegl festgestellt hat.[17] Es zeichnet sich allerdings eine Differenzierungstendenz ab, nach der die substantivische Verwendung des Wortes für die Bezeichnung des Begriffs steht, während die adjektivische Verwendung umgangssprachlich weiterleben kann. Dieses Zusammenleben von wissenschaftlicher Begriffsbildung und umgangssprachlichem Gebrauch im gleichen Wortmaterial läuft nicht ohne Kontakte ab, die bei der Begriffsbestimmung mit berücksichtigt werden müssen. Die Transparenz des Begriffs wird dadurch getrübt, wobei er aber auch immer wieder mit neuem semantischem Potential aufgeladen werden und seine diskursive Valenz sich aus dem Sprachgeschehen heraus verändern kann. Carpentier zeichnet diese Koexistenz von umgangssprachlicher und begrifflicher Verwendung an den Wörtern surrealista und barroco nach.[18]

II. Das Syndrom ›Rückkehr des Barock‹

Zweifelsohne befinden wir uns, nachdem die Jahrhundertwende, dann die 20er und später die 60er Jahre Wellen von aktivem Interesse am Barock und von intensivierter Barockrezeption gebracht hatten, heute wiederum in einer Phase reger Auseinandersetzung mit der Frage des Barock, mit der die

---

11 Vgl. HELMUT HATZFELD, Der gegenwärtige Stand der romanistischen Barockforschung (München 1961), 13; ALEJO CARPENTIER, Lo barroco y lo real maravilloso, in: Carpentier, Razón de ser (Caracas 1976), 61–64.
12 Vgl. VICTOR TAPIÉ, Le Baroque (Paris 1961), 9.
13 Vgl. GILBERT DURAND, Beaux arts et archétype (Paris 1989), 67.
14 Vgl. SARDUY, El barroco y el neobarroco, in: C. Fernández Moreno (Hg.), América latina en su literatura (Paris 1972), 167.
15 Vgl. NÉSTOR PERLONGHER, Hule (Buenos Aires 1989), 7 f.
16 Vgl. SARDUY (s. Anm. 8), 31, 35 f.
17 Vgl. ALOIS RIEGL, Die Entstehung der Barockkunst in Rom. Akademische Vorlesungen, hg. v. A. Burda/M. Dvorák (Wien 1908), 9.
18 Vgl. CARPENTIER (s. Anm. 11), 51 ff., 61, 68.

positive Wiederaufnahme einer barocken Ästhetik im Kunstschaffen einhergeht. Es gilt also vorerst, dieses zeitgenössische Syndrom der Rückkehr des Barock nachzuzeichnen, das sich vor allem in Europa und Lateinamerika, mit weniger Beharrlichkeit auch in Nordamerika manifestiert. Es läßt sich gleichzeitig im Kulturschaffen wie in der Forschungstätigkeit beobachten.

1. Im Kulturschaffen

In der Literatur sind Ernst Jandl, Helmut Heißenbüttel, Günter Grass nur einige der Autoren, die sich kürzlich auf die barocke Literatur zurückbesonnen und konkret wieder an eine barocke Formtradition angeknüpft haben.[19] Demgegenüber verstehen sich Werke wie *Concierto barroco* von Carpentier (1974) und *Colibri* von Sarduy (1987) direkt als barocke bzw. neobarocke Schöpfungen. Einen Sonderfall stellt Umberto Ecos Roman *L'Isola del giorno prima* von 1994 dar: Er ist nicht nur in einem barockisierenden Stil geschrieben, sondern spielt auch in der Barockepoche. Vor allem aber setzt er die gesamte barocke Diskurswelt in Szene und verarbeitet die verschiedensten Materialien barocken Wissens. Er stellt somit eine der intensivsten Auseinandersetzungen des ausgehenden 20. Jh. mit der historischen Welt des Barock dar.

In der Musik wird die Barocktradition in zwei äußerst verschiedenen Entwicklungen wieder aktiviert. Einerseits haben sich neue Musikformen wie Barockjazz (z.B. von Jacques Lussier) und Barockrock (gespielt von Gruppen wie Deep Purple, The Nice, Emerson, Lake & Palmer, Procol Harum) herausgebildet. Andererseits findet in der klassischen Musik eine Rückbesinnung auf die historischen Bedingungen barocker Musik statt. Dies hat zur Rekonstruktion von Barockinstrumenten geführt und die Aufführungspraxis sowohl im Konzert als auch in der Oper eingreifend verändert. Nach Philippe Beaussant handelt es sich um eine Hinwendung zur Materialität des Musikwerks durch die Wahl der richtigen Klangträger, der richtigen Orchesterbesetzung und durch ein Neubeleben der barocken Aufführungstechniken, bezogen auf Rhythmus, Gestik, Stimmführung, Verzierungen, Phrasierung.[20] Es geht also weniger um eine archäologische Restaurierung als um eine Neuerfindung barocker Musik im 20. Jh. Der Name berühmter Musikologen, Dirigenten und Sänger ist an diese Neubewertung der Barockmusik gebunden: Nikolaus Harnoncourt, Gustav Leonardt, Beaussant und viele andere.

Im Film stellt man einen vielfältigen Zugang zum Barock fest. Der Filmemacher Paul Leduc hat in einer kubanisch-mexikanischen Koproduktion von 1989 Carpentiers *Concierto barroco* in den Film *Barroco* übertragen. Die Verfilmung von Pascal Quignards Roman *Tous les matins du monde* unter demselben Titel durch Alain Corneau erwies sich 1992 als ein Massenerfolg und hat damit nicht nur die barocke Epoche und ihre Musik einem Millionenpublikum bekannt und beliebt gemacht, sondern auch entscheidend dazu beigetragen, eine Sensibilität für Barockes mit Breitenwirkung zu entwickeln. Des weiteren stellt sich die Frage, ob man in Filmwerken etwa von Alejandro Jodorowsky,[21] Glauber Rocha oder Federico Fellini eine barocke Ästhetik feststellen kann (die Frage wurde 1961 im Heft 1/2, der Spezialnummer *Baroque et cinéma*, von *Etudes cinématographiques* bereits aufgeworfen). Eindeutiger sind die Filme etwa von Raul Ruiz und Manoel de Oliveira, in denen die Kritik nahezu übereinstimmend barocke Züge erkennt. Schließlich haben sich Filmemacher mit Kunstwerken und Künstlern aus der Barockzeit direkt auseinandergesetzt: Derek Jarman in seiner Verfilmung der Biographie von Caravaggio und vor allem Peter Greenaway in seiner Verarbeitung von Shakespeares Stück *The Tempest* (1623) im Film *Prospero's Books* (1990). Greenaway stellt in seinen Werken eine direkte Beziehung zwischen der barocken Bilderkultur und den neuesten Technologien der numerischen Bildsynthese her.

Auch das audiovisuelle Medium Fernsehen wird heute in die Barockdiskussion einbezogen, weil es

---

19 Vgl. EBERHARD MANNACK, Barock in der Moderne. Deutsche Schriftsteller des 20. Jahrhunderts als Rezipienten deutscher Barockliteratur (Frankfurt a. M. 1991).
20 Vgl. PHILIPPE BEAUSSANT, Vous avez dit ›baroque‹? (Paris 1981).
21 Vgl. MICHEL LEROUCHE, Alexandre Jodorowski cinéaste panique (Montréal/Paris 1985), 170 f.

nach Serge Gruzinski vielleicht die direkteste und wirksamste Anwendung der posttridentinischen Bilderkultur darstellt, wenn auch nicht mehr unter der Oberaufsicht der Kirche.[22] In diesem Sinne untersucht Omar Calabrese die überbordende und vielfältige Produktion von Fernsehfilmserien als publikumswirksame Erzeugnisse einer neobarokken Ästhetik.[23]

Zum eigentlichen Kulturschaffen hinzu kommen noch die Veröffentlichungen in publikumswirksamen Medien, die Debatten mit Tiefenwirkung auslösen und beinflussen können. Es sollen hier nur drei Beispiele erwähnt werden, die eine Ahnung vom vielfältigen Spektrum und von der geographischen Ausdehnung des Phänomens geben können: 1987 publizierte der *UNESCO-Kurier* eine Spezialnummer über Barock mit 7 Beiträgen.[24] 1992 veröffentlichte das bekannte Pariser *Magazine littéraire* in seiner 300. Nummer ein thematisches Dossier über *L'âge du baroque*, dessen Titel offenließ, ob es sich auf das 17. oder auf das 20. Jh. bezog, denn behandelt wurden sowohl Fragen zum historischen Barock als auch solche seiner zeitgenössischen Aktualität im Geschmack der Modeschöpfer, Möbelfabrikanten, Designer, aber auch der Kunstschaffenden verschiedenster Sparten. Am 7. Februar 1993 widmete die brasilianische Tageszeitung *Folha de São Paulo* ihre einflußreiche Wochenendbeilage *Mais!* der Frage von Barock und Neobarock.

2. Im Forschungsbetrieb

Seit den 60er Jahren hat eine Reihe epochemachender internationaler Kongresse und Kolloquien über das Barock stattgefunden: 1960 in Rom an der Accademia Nazionale dei Lincei *Manierismo, Barocco, Rococò. Concetti et termini*, 1975 in Madrid am Instituto Internacional de Literatura Iberoamericana *El Barroco en América*, 1976 in Cerisy-la-Salle *Figures du baroque*, 1978 an der University of Chicago *Baroque: Models and Concepts* und 1989 am Centre Culturel Portugais in Paris *Le Baroque littéraire: théorie et pratiques*. In Deutschland organisiert der Internationale Arbeitskreis für Barockliteratur in Wolfenbüttel regelmäßig wichtige wissenschaftliche Begegnungen.

Aus einer dieser Begegnungen ist die von Klaus Garber herausgegebene, 1991 erschienene zweibändige und mehr als 1000 Seiten umfassende Publikation *Europäische Barock-Rezeption* hervorgegangen, ein Zeichen – ganz im Sinne des von Giulio Carlo Argan dem Barock zugeschriebenen Willens zum Monumentalen[25] – intensiver Auseinandersetzung mit der Barockliteratur. Zugleich ist jetzt endlich auch in Deutschland die Rezeption von Walter Benjamins Trauerspielbuch in eine aktive und positive Phase eingetreten[26], nachdem dieser wichtige Beitrag von der germanistischen Barockforschung lange ignoriert worden war, obwohl er international bereits seit einiger Zeit eine aktive und positive Rezeption gekannt hatte.

In Lateinamerika geht die Barockdebatte weiter. Sie war lange Zeit der Suche nach einer kulturellen Identität unterstellt. Wichtige Texte etwa von José Lezama Lima, Carpentier, Carlos Fuentes und Sarduy sind jetzt in guten Ausgaben zugänglich. In Brasilien hat sich eine Debatte an der Dichterfigur des bahianischen 17. Jh.s, Gregório de Matos, entzündet. Sie hat 1989 zu zwei wichtigen Buchveröffentlichungen von Haroldo de Campos und João Adolfo Hansen geführt[27], die sich in der Kritik an Antônio Cândido[28] wohl einig sind, sich dann aber aus zwei extrem verschiedenen Positionen heraus gegenseitig kritisieren: Hansen bindet Gregório de

---

22 Vgl. SERGE GRUZINSKI, La guerre des images. De Christophe Colomb à ›Blade Runner‹ (1492–2019) (Paris 1990).
23 Vgl. OMAR CALABRESE, L'età neobarocca (Bari 1987).
24 Vgl. Unesco-Kurier 29 (1987), H. 9, 4–44.
25 Vgl. GIULIO CARLO ARGAN, L'arte barocca (1964; Genf 1989).
26 Vgl. KLAUS GARBER, Benjamins Bild des Barock, in: Garber, Rezeption und Rettung. Drei Studien über Walter Benjamin (Tübingen 1987), 59–120; UWE STEINER, Allegorie und Allergie. Bemerkungen zur Diskussion um Benjamins Trauerspielbuch in der Barockforschung, in: Daphnis 18 (1989), Nr. 4, 641–701; HARALD STEINHAGEN, Zu Walter Benjamins Begriff der Allegorie, in: W. Haug (Hg.), Formen und Funktionen der Allegorie. Symposium Wolfenbüttel 1978 (Stuttgart 1979), 666–685.
27 Vgl. HAROLDO DE CAMPOS, O seqüestro do barroco na formação da literatura brasileira. O caso Gregório de Matos (Salvador 1989); JOÃO ADOLFO HANSEN, A Sátira e o engenho. Gregório de Matos e a Bahia do século XVII (São Paulo 1989).
28 Vgl. ANTÔNIO CÂNDIDO, Formação da literatura brasileira (São Paulo 1959).

Matos in seinen historischen Kontext ein, de Campos löst ihn davon los, um ihn mit zeitgenössischen formal-experimentellen Schreibweisen in Verbindung zu bringen. In solchen Debatten wie auch in den Arbeiten von Sarduy wird die Barockfrage von der Vereinnahmung durch die kulturelle Identitätsfrage befreit und kann dadurch an neue Problemstellungen wie die der Intertextualität, der Subversion logozentrischer Semiosis und der Materialität der Zeichen angeschlossen werden. Auch in Italien sind neben den mehr historisch ausgerichteten Forschungsbeiträgen (z. B. von Luciano Anceschi in der Begriffsbestimmung oder Argan in der Kunstgeschichte[29]) mehrere deutlich gegenwartsbezogene Bearbeitungen des Barockbegriffs erschienen. Piero Camporesi bereichert die Barockforschung um einen von der historischen Anthropologie herkommenden Zugang, der sich vor allem mit den Vorstellungen und Darstellungen der Alltagskultur beschäftigt. Sein Hauptinteresse gilt der durch die Sinne vermittelten Beziehung zur Welt, so daß er sich der heutigen Hinwendung zum Körper und dem kulturellen Einbezug des Körperlichen annähert.[30] Mario Perniola und Omar Calabrese sprechen beide vom Neobarocken in unserer Kultur[31], in das sie vor allem auch Aspekte der Medien- und Massenkultur einbeziehen, Calabrese gar von einer neobarocken Epoche, deren Ausdrucksmodalitäten er semiotisch analysiert.[32] Perniola baut seine Betrachtung neobarokker Kulturphänomene (Sammlungen von ›trivia‹, ethnische und moralische Bewegungen, ›looks‹ und Simulacra, die alle wohl soziale und politische Wirkung zeigen, aber keine wesensmäßigen Verankerungen haben) in eine Gegenwartsphilosophie ein, die ihm erlauben soll, das zeitgenössische Geschehen positiv, aber ohne Bezug auf metaphysisches oder nihilistisches Denken zu erfassen.

Noch ein Wort zu Frankreich, wo die Barockforschung mit Verspätung eingesetzt hat, jetzt aber – wie von einem Nachholbedürfnis beseelt – um so mehr Vertreter zählt: Germain Bazin, Pierre Charpentrat, Victor L. Tapié, Pierre Francastel, Gisèle Mathieu-Castellani, Benito Pelegrin, Claude-Gilbert Dubois, Pierre Chaunu, Bernard Chédozeau, Didier Souiller u. a. In der publikumswirksamen Reihe *Que sais-je?* wurde nach dem 1961 erschienenen Band *Le Baroque* von Tapié 1994 ein zweiter Titel lanciert: Anne-Laure Angoulvent, *L'Esprit baroque*. Auch hier hat sich eine Behandlung des Barock entwickelt, die nicht nur gegenwartsbezogen ist, sondern geradezu gegen geschichtliches Wissen die Forderung erhebt, daß das Barock erst zu erfinden sei[33] oder durch die Wahl eines operativen Begriffs erst ins Leben gerufen werden müsse (Gilles Deleuze z. B. schlägt den Begriff ›Falte‹ vor)[34]. Man wäre versucht, von einer postmodernen Erfindung des Barock zu sprechen, wenn nicht Scarpetta selbst – übrigens ähnlich wie Calabrese – den als ungenau empfundenen Postmoderne-Begriff verworfen hätte. Dennoch wird diese Rückkehr des Barock mit Fragen der Postmoderne gekoppelt, indem sie als Akt und als Indiz der Überwindung einer unerträglich gewordenen Modernität ausgegeben wird.[35] Dies bestätigt sich auch ästhetisch, wenn die Bejahung der bewußt gemachten Künstlichkeit (artifice) dem Simulacrum-Begriff nahekommt oder der barocken Ästhetik die Implosion von Gegensatzpaaren wie Ornament/Struktur oder Innen/Außen zugeschrieben wird. Von der Analyse der barocken Bildlichkeit kommend sie auf das Bild in den zeitgenössischen Medien projizierend, bestätigt Gruzinski diesen Direktbezug von barocker zu postmoderner Kultur.[36]

Ungewohnte Reihen ›barocker‹ Künstler werden erstellt, denen neben Baltasar Gracián, Rubens und Giovanni Battista Tiepolo auch Picasso, Danilo Kiš, Orson Welles und Luis Buñuel angehören.[37] Die theoretisch von Benjamin und Jacques

---

29 Vgl. LUCIANO ANCESCHI, L'idea del barocco. Studi su un problema estetico (Bologna 1984); ARGAN (s. Anm. 25).
30 Vgl. PIERO CAMPORESI, La casa dell'eternità (Mailand 1987); CAMPORESI, Le officine dei sensi (Mailand 1985).
31 Vgl. MARIO PERNIOLA, Enigmi. Il momento egizio nella società e nell'arte (Genua 1990); CALABRESE, Caos e bellezza. Immagini del neobarocco (Mailand 1991).
32 Vgl. CALABRESE (s. Anm. 23).
33 Vgl. GUY SCARPETTA, L'Impureté (Paris 1985), 358 f.
34 Vgl. GILLES DELEUZE, Le Pli. Leibniz et le baroque (Paris 1988).
35 Vgl. SCARPETTA, L'Artifice (Paris 1988), 22.
36 Vgl. GRUZINSKI (s. Anm. 22).
37 Vgl. SCARPETTA (s. Anm. 33), 358–377; SCARPETTA (s. Anm. 35), 22–28.

Lacan ausgehende Christine Buci-Glucksmann fügt dann noch Namen wie Charles Baudelaire und Gustave Moreau hinzu. Sie konstruiert ihrerseits ein Paradigma ›barocke Vernunft‹, die gewissermaßen innerhalb der Moderne die Kehrseite der Moderne vertritt: den unabwendbaren Blick auf das Andersartige, dessen Ort sie als vom Weiblichen besetzt darstellt.[38] In einer sozio-anthropologischen Bestimmung neuester Tendenzen in unserer Gesellschaft spricht der Soziologe Michel Maffesoli von einer ›Barockisierung der Welt‹.[39] Damit bezeichnet er die Entstehung einer neuen Sensibilität, deren Porträt er in einer Phänomenographie der zeitgenössischen Gesellschaft erstellt und die wiederum die negativen Konturen einer gewissen Modernität ausmacht, als käme das von der Moderne Ausgegrenzte oder gar Verdrängte wieder zurück.

Aus dieser vielseitigen Beschäftigung mit der barocken Kultur hat sich so etwas wie ein neuer kultureller Held herauskristallisiert: Gracián, der im imaginären Museum der Rückkehr des Barock oder im neobarocken Kanon einen Ehrenplatz einnimmt. Er wird als Meister der Scharfsinnigkeit (agudeza) und Genialität (ingenio) sowie als Befürworter einer im gesellschaftlichen wie im politischen Umgang bewußt und lustvoll gespielten Künstlichkeit positiv rezipiert.

Es hilft nicht, dieses komplexe Syndrom der Rückkehr des Barock einer wie auch immer ablaufenden Wende innerhalb einer nationalen Tradition zuzuschreiben, wie das Helga Finter mit einem Fingerzeig nach Frankreich ›hinüber‹ tut: »in Frankreich, wo seit einiger Zeit bei Schriftstellern und Filmemachern, bei Künstlern und Kritikern die Losung *Barock* heißt und wo *postmodern* auch Tod der Avantgarde bedeutet«[40]. Es handelt sich um ein internationales, kontinenteübergreifendes Phänomen, das in seiner Ausdehnung und Einwirkung auf das praktische Leben aber verschieden eingestuft wird. Häufig ist von einer Geschmacksveränderung und vom Auftauchen eines neuen ästhetischen Paradigmas im künstlerischen Bereich die Rede. Vielfach aber, vor allem wenn eine neue Sensibilität im Sinne neuer Wahrnehmungsmodalitäten der Welt konstatiert wird, handelt es sich um Veränderungen im Ästhetischen, die weit über die Kunst im engeren Sinne hinausreichen. ›Barock‹ und ›neobarock‹ bezeichnen dann einen in der Aktualität ablaufenden kulturellen Paradigmawechsel, dem vielleicht mit anthropologischen Typologien beizukommen wäre. Schließlich wird die Rückkehr des Barock auch als ein neuer Lebensstil bezeichnet (aus grundverschiedenen Ausgangspositionen kommen etwa Lezama Lima und Maffesoli zu dieser Bestimmung[41]) und sogar als ein neuer Zeitgeist (Finter) identifiziert.[42]

Ist es möglich, in der Vielgestaltigkeit des Phänomens einige Kraftlinien zu erkennen? Man stellt vorerst als Abwendung von einer modernistisch-avantgardistischen Ästhetik eine positive Bewertung von Komplexität, Heterogenität, von ästhetischen Mischungen und Unreinheiten fest. In Zusammenhang damit werden kumulative, eklektische Vorgehensweisen bejaht; also nicht mehr Ausgrenzung, sondern Einschluß selbst des Widersprüchlichen. Damit geht eine starke Bejahung des Sinnlichen und Sensuellen einher, eine Hinwendung zum Körperlichen, sei es in Formen organischer Vitalität oder technisch vorfabrizierter und reproduzierter Ikonen. Die materielle Komponente der Zeichen wird bewußt gemacht und als solche bearbeitet, und zwar in Ketten von Signifikanten, die nach dem Gesetz der Proliferation und der Substitution ausufern. Dabei wird die Lust am Zeichenkonsum ebenso bejaht wie eine Verausgabung, gar ein Verschleiß von Zeichen, ohne daß dieser in eine Ökonomie des Ertrags und der Kapitalisierung eingebunden wäre. Eine vielfache Abkehr von einer mimetischen Ästhetik ist festzustellen: Zum einen wird Künstlichkeit positiv bewertet und lustvoll gespielt; Sekundärproduktion,

---

38 Vgl. CHRISTINE BUCI-GLUCKSMANN, La Raison baroque. De Baudelaire à Benjamin (Paris 1984); BUCI-GLUCKSMANN, La Folie du voir. De l'esthétique baroque (Paris 1986).
39 Vgl. MICHEL MAFFESOLI, La baroquisation du monde, in: Maffesoli, Au creux des apparences. Pour une éthique de l'esthétique (Paris 1990), 153–185.
40 HELGA FINTER, Neobarock. Zu Postmoderne und Avantgarde in Frankreich, in: Wolkenkratzer Art Journal 3 (1986), Nr. 11, 50.
41 Vgl. JOSÉ LEZAMA LIMA, La curiosidad barroca (1957), in: Lezama Lima, La Expresión americana (1957; Mexiko 1993), 79–106; MAFFESOLI (s. Anm. 39).
42 Vgl. FINTER (s. Anm. 40), 50f.

d. h. das spielerische und respektlose Umgehen mit vorgegebenen kulturellen Materialien, wird zur Norm; Wirklichkeitseffekte werden fabriziert, wenn möglich mit Beihilfe modernster Technologien, was die (neo)barocke Ästhetik an Begriffe wie Simulacrum und Hyperrealität anschließt. Zum anderen ist die ästhetische Zeichenverwendung auf Wirkung bedacht, auf Verführung, Luststeigerung. Schließlich ist eine Hinwendung zur Bildkultur, im sprachlich figürlichen und im pikturalen Sinne des Wortes, festzustellen.

Diese Charakteristika ergeben gewiß kein einheitliches ästhetisches oder kulturelles Paradigma, sehr wohl aber eine Stoßrichtung, in der das gesamte Syndrom wirkt. Der Begriff Barock hat also – wie die mit ihm bezeichneten kulturellen Praktiken – eine praktische Effizienz, ohne daß er mit wissenschaftlicher Genauigkeit bestimmbar wäre.

III. Das Begriffsbabel ›Barock‹

Aus den Konturen der intensiv laufenden Barockdebatte und des diffusen Phänomens der Rückkehr des Barock läßt sich nur mit größter Mühe ein Barockbegriff herauspräparieren. Nichtsdestoweniger wurden mehrmals Versuche unternommen, den Begriff zu bestimmen, um ihn als Grundlage wissenschaftlicher Untersuchungen zu verwenden. Häufiger aber sind Stimmen, die die Diagnose einer Begriffsverwirrung stellen und dann je nach Temperament für eine erneuerte Arbeit am Begriff oder für dessen endgültige Aufgabe plädieren. Hinzu kommt noch eine antagonistische Dimension, die die Auseinandersetzungen um die Frage des Barock zu einer Polemik zuspitzen[43] oder jedenfalls zu einer Kontroverse werden lassen.[44] Die Beobachtung dieses Begriffsbabels legt eine doppelte Schlußfolgerung nahe: auf der negativen Seite, daß keine eindeutige Begriffsbestimmung unbestritten bleiben würde; auf der positiven Seite, daß die ganze Debatte dem Barockbegriff eine erstaunliche kulturhistorische Wirksamkeit attestiert.

1. Versuche der Begriffsbestimmung

Seit Jacob Burckhardts *Cicerone. Eine Anleitung zum Genuß der Kunstwerke Italiens* (1855) und Heinrich Wölfflins *Renaissance und Barock. Eine Untersuchung über Wesen und Entstehung des Barockstils in Italien* (1888), d. h. seit den ersten kunstgeschichtlichen Begriffsfixierungen, sind unzählige Versuche unternommen worden, aus dem Wort Barock einen Begriff abzuleiten, der es erlauben würde, ästhetische und im weiteren Sinne kulturelle Gegenstände und Phänomene erkenntnismäßig zu erfassen. Sie sollen hier ganz schematisch in Erinnerung gerufen werden.

Eine erste Wahl ergibt sich aus der Gegenüberstellung typologischer und historischer Zugänge zum Gegenstand. Typologisch definiert, wird das Barock zu einem konstanten Cluster von Haltungen und Formen, die in verschiedenen sich wiederholenden Situationen in örtlich und zeitlich bedingten Variationen wieder auftreten können. Eugenio D'Ors ist mit seiner Studie *Lo barroco* (1944) der extreme Vertreter dieser Art von Kulturtypologie; er bindet den Barockbegriff an archetypale Tiefenstrukturen. Nachteil dieses Zugangs ist die notwendige Vernachlässigung historischer Unterschiede und die Nähe zu zyklischen Denkschemata. Historisch bestimmt, wird das Barock zu einer einmaligen Epoche der Kunst- oder Kulturgeschichte. José Antonio Maravall (*La Cultura del Barroco*, 1975) ist der profilierteste Vertreter dieser Richtung, wobei sein mentalitätsgeschichtlicher Zugang den Schwierigkeiten der chronologischen und geographischen Begrenzung des Barock nicht entgeht. Auf ganz verschiedene Weise illustriert auch Benjamins *Ursprung des deutschen Trauerspiels* (1928) einen historischen Zugang zum Barock. Der stilistische Ansatz arbeitet meist mit einer Kombination von Stilmerkmalen, die als formale Invarianten gelten. Seine häufigste Verwendung liegt traditionell in der Kunstgeschichte, der auch

---

43 Vgl. GETTO (s. Anm. 1); HORST HARTMANN, Barock oder Manierismus? Eignen sich kunsthistorische Termini für die Kennzeichnung der deutschen Literatur des 17. Jahrhunderts? (1961), in: Barner (s. Anm. 7), 381.

44 Vgl. CLAUDE-GILBERT DUBOIS, Le Maniérisme (Paris 1979), 66f.

ihr bekanntester Vertreter in der Barockdebatte angehört: Heinrich Wölfflin gilt für viele als der Begründer eines wissenschaftlichen Barockbegriffs schlechthin; bei ihm wird der stiltypologische Ansatz noch kombiniert mit einer Stilgeschichte. Die soziologische Bestimmung des Barock versucht diese Kunst- und Kulturform, Produktion wie Rezeption betreffend, von ihrer gesellschaftlichen Trägerschaft her zu definieren. Noch heute trifft man das allerdings nicht unwidersprochene soziologische Erklärungsmuster, das eine höfischaristokratische, von der Elite zum Teil fürs Volk produzierte Barockkunst einer demokratisch-bürgerlichen Kunst, deren Produzenten und Rezipienten im Prinzip identisch sind, gegenüberstellt.[45] Genetisch könnte man einen Ansatz nennen, in dem versucht wird, die Barockkunst aus einem vorgegebenen Inhalt oder aus einer weltanschaulichen Haltung heraus zu erklären, etwa bei Werner Weisbach, der das Barock als die Kunst der Gegenreformation ausgibt, oder bei Hatzfeld, der es aus der spanischen mystischen Tradition hervorgehen läßt.[46] Daraus kann ein essentialistischer Ansatz werden, wenn das Barock zum wesenhaft determinierten Ausdruck eines vorgegebenen Charakteristikums erklärt wird: etwa bei Lezama Lima, der das lateinamerikanische Barock an einen amerikanischen Archetyp des »señor barroco«[47] (barocken Herrn) bindet, oder bei Worringer und Cysarz, die in der barocken Literatur eine in ihrem Wesen deutsche Form sehen.[48] Es ist leicht ersichtlich, daß ein solcher Zugang allen nationalen und nationalistischen Streitigkeiten um das Barock zugrunde liegt. Schließlich kann neuerdings auch ein anthropologischer Zugang zum Barock festgestellt werden, wie ihn etwa Camporesi und zum Teil auch Maravall praktizieren. Das Interesse am kulturellen Selbstverständnis und an der symbolischen Selbstdarstellung der barocken Gesellschaft rückt ihn in Nähe zum mentalitätsgeschichtlichen Ansatz.

Kaum ein Forscher verwendet eine einzelne dieser Begriffsbestimmungen in Reinform. In den konkreten Untersuchungen werden diese Zugänge zum Barock immer kombiniert, wenn auch normalerweise mit einer Dominante, die manchmal militant vertreten wird (so die Typologie bei D'Ors, die Kulturgeschichte bei Maravall und eine essentialistische Verankerung des Barock auf ihrem Kontinent bei verschiedenen lateinamerikanischen Autoren). Alle Ansätze haben ihre Einseitigkeiten, ihre angeborenen Mängel und sind deshalb kritisierbar. Daraus ergibt sich eine gewisse Leichtigkeit, alle vorgeschlagenen Barockdefinitionen wissenschaftlich anzufechten, und eine entsprechende Schwierigkeit, den Begriff für wissenschaftliches Arbeiten solide und eindeutig zu begründen.

Beispielhaft läßt sich die schwierige und häufig unergiebige Arbeit am Begriff an René Welleks Mitte der 40er Jahre unternommenem Versuch zeigen, die Begriffsdebatte zusammenzufassen und darauf aufbauend einen operativen Barockbegriff für die Literaturwissenschaft vorzuschlagen.[49] Wellek unternimmt eine systematische Begriffskritik. Zuerst verwirft er die dichotomischen Formtypologien (Barock – Renaissance, Barock – Klassik), um dann die Möglichkeit zu untersuchen, eine barocke Stilepoche zu bestimmen. Dabei kombiniert er den Stilbegriff mit weltanschaulichen Inhalten: »The two may be combined to show how certain stylistic devices express a definite view of the world.« (96) Aber auch dieser Versuch hält seiner Begriffsskepsis nicht stand, denn auf einzelne als barock vermutete Gegenstände angewandt, erweisen sich alle Definitionen entweder als zu eng oder als zu weit gezogen. Aufgeschreckt durch die begriffskritische Logik seines eigenen Vorgehens, die auf die Aufgabe eines nicht erschöpfend definierbaren Begriffs hinausläuft, schlägt nun Wellek einen neuen Kurs ein, um den Begriff Barock zu retten. Dieser Kurs stellt einen Mittelweg zwischen

---

45 Vgl. NORBERT ELIAS, Das Schicksal der deutschen Barocklyrik. Zwischen höfischer und bürgerlicher Tradition, in: Merkur 460 (1987), 451–468; ALBERTO MARTINO, The Tradition of the Baroque, in: G. Hoffmeister (Hg.), German Baroque Literature. The European Perspective (New York 1983), 357–377.
46 Vgl. WERNER WEISBACH, Der Barock als Kunst der Gegenreformation (Berlin 1921); HATZFELD, Estudios sobre el barroco (Madrid 1964).
47 LEZAMA LIMA (s. Anm. 41), 90.
48 Vgl. WILHELM WORRINGER, Formprobleme der Gotik (München 1911); HERBERT CYSARZ, Deutsche Barockdichtung. Renaissance. Barock. Rokoko (Leipzig 1924).
49 Vgl. RENÉ WELLEK, The Concept of Baroque in Literary Scholarship, in: Wellek, Concepts of Criticism (New Haven 1963), 69–114.

einem realistischen und einem nominalistischen Vorgehen dar: »Period is thus only a regulative concept, not a metaphysical essence [...] nor [...] a purely arbitrary linguistic label.« (93) Dabei plädiert er für empirische Einzeluntersuchungen, die im Horizont eines solchen Regulativs stattfinden. Das führt ihn schließlich zu der paradoxen Position, daß sich der Barockbegriff als theoretisch unhaltbar, aber pragmatisch notwendig erweist: »In spite of the many ambiguities and uncertainties as to the extension, valuation, and precise content of the term, baroque has fulfilled and is still fulfilling an important function.« (113)

2. *Das Lamento über die Begriffsverwirrung*

Dieser 1945 vorgeschlagene pragmatische Kompromiß ist wohl typisch für die Begriffsdebatte, hat sie aber keineswegs zum Verstummen gebracht. Vielmehr begleitet sie jede Welle aktiver Barockrezeption und läßt sich auch im Zusammenhang mit der Rückkehr des Barock im Kontext der Postmoderne wiederum unüberhörbar vernehmen.

Wiederum scheint der Barockbegriff auszuufern, was mit folgender Anekdote veranschaulicht werden kann. Gefragt, ob er sich selbst als einen barocken Künstler bezeichnen würde, soll Fellini geantwortet haben: ›Was ist denn in Sachen Kunst nicht barock?‹[50] Solche und ähnliche Wortverwendungen führen zur kritischen Feststellung, daß der Barockbegriff einer Inflation unterliege und dadurch an Genauigkeit und Brauchbarkeit verliere. Guérin drückt dies mit der Metapher des ›unauffindbaren Archipels‹ aus.[51]

Häufiger noch sind die Klagen über eine begriffliche Verwirrung. Beim Durchgehen des Bandes, den Wilfried Barner 1975 als einen Beitrag zur Bestimmung des literarischen Barockbegriffs zusammenstellte, verdichten sich solche Klagen geradezu zum Leitmotiv: Barock sei ein nebulöser[52] oder ein kontroverser[53] Begriff, gegen den Bedenken angemeldet werden[54] und der immer wieder scharfe und radikale Kritik hervorrufe.[55] Die Debatte über Barock und Barockstil sei zu einer chaotischen Fülle angewachsen[56], so daß ihre präzise Anwendung auf Schwierigkeiten stoße.[57] All diesen Stellungnahmen, die zum Teil mit Vehemenz vorgetragen werden, liegt das meist unausgesprochene Idealpostulat einer ungetrübten und eindeutigen Begriffsbildung zu Grunde.

Die meisten Forscher finden in dieser kontroversen Situation einen Ansporn, sich selbst an der Begriffsdebatte zu beteiligen und dazu beizutragen, den Begriff genauer zu bestimmen, um seine wissenschaftliche Anwendbarkeit sicherzustellen.

3. Radikallösungen

Es gibt aber auch Forscher, die die Situation so gravierend finden, daß sie aus der Unmöglichkeit einer klaren Begriffsbestimmung schließen. Ihnen stehen dann zwei Wege offen: entweder ganz auf den Begriff Barock zu verzichten oder ihn teilweise bzw. ganz durch einen anderen Begriff zu ersetzen. Nur wenige Stimmen äußern sich in diesem Sinne. Ihrer Radikalität wegen können sie aber nicht überhört werden.

Im historischen Bereich ist es der Italiener Delio Cantimori, der für die Abschaffung des Barockbegriffs plädiert, weil er in der Geschichtsschreibung nicht einmal den heuristischen Wert haben könne, den er in der Kunstgeschichte gehabt habe.[58] Im literarischen Bereich hat schon 1932 Hans Pyritz

50 Vgl. JEANYVES GUÉRIN, Errances dans un archipel introuvable. Notes sur les résurgences baroques au xxe siècle, in: J.-M. Benoist (Hg.), Figures du baroque (Paris 1983), 339.
51 Vgl. ebd., 339-359.
52 Vgl. JEAN ROUSSET, Le problème du Baroque littéraire français, in: Studi francesi 7 (1963), Suppl. 21, 49; dt.: Das Problem des literarischen Barock in Frankreich, übers. v. U. Magen, in: Barner (s. Anm. 7), 488-500.
53 Vgl. ELBERT BENTON OP'TEYNDE BORGERHOFF, ›Mannerism‹ and ›Baroque‹: A Simple Plea, in: Comparative Literature 5 (1953), 323; dt.: ›Manierismus‹ und ›Barock‹: ein schlichtes Plädoyer, übers. v. U. Beul, in: Barner (s. Anm. 7), 293-306.
54 Vgl. HARTMANN (s. Anm. 43), 380.
55 Vgl. ebd., 399; MARIAN SZYROCKI, Zur Differenzierung des Barockbegriffs (1966), in: Barner (s. Anm. 7), 514.
56 Vgl. WILFRIED BARNER, Nietzsches literarischer Barockbegriff (1970), in: Barner (s. Anm. 7), 568.
57 Vgl. AUGUST BUCK, Barock und Manierismus: die Anti-Renaissance (1965), in: Barner (s. Anm. 7), 503.
58 Vgl. DELIO CANTIMORI, L'età barocca, in: Manierismo, Barocco, Rococò. Concetti e termini. Convegno internazionale (Rom 1962), 416.

den Begriff fast ganz vermieden[59], während Forscher wie Horst Hartmann und Ernst Robert Curtius – allerdings aus sehr verschiedenen Gründen – sich später aktiv für eine Abschaffung des Begriffs einsetzten.[60] Hartmann argumentierte aus der Sicht einer marxistischen Literaturwissenschaft, Curtius hingegen wollte endlich einen Schlußstrich unter die Begriffsverwirrung ziehen: »Vieles von dem, was wir als Manierismus bezeichnen werden, wird heute als ›Barock‹ gebucht. Mit diesem Wort aber ist so viel Verwirrung angerichtet worden, daß man es besser ausschaltet.«[61]

Damit ist auch schon angezeigt, daß Curtius den Begriff nicht einfach aufgeben will, sondern ihn durch einen anderen ersetzt. Interessanterweise kommt die Frage des Manierismus meistens auf dem Wege der Unzulänglichkeit des Barockbegriffs in die Barockdebatte hinein. Dies ist auch der Fall bei Arnold Hauser[62], der aber eine differenziertere Haltung einnimmt: Wohl entwickelt er den Manierismusbegriff auf Kosten des Barockbegriffs, er behält diesen aber weiterhin bei, wobei er ihm einen viel engeren Anwendungsbereich zuschreibt und die beiden dann historisch, soziologisch und nach ihrem Komplexitätsgrad differenziert. Der Manierismus bezeichnet bei Hauser eine elitäre Kunst, die eine hohe Komplexität aufweist und an eine historische Krisenzeit gebunden ist; das Barock ist eine im Volke wirksame Kunst, die durch die Vereinnahmung durch religiöse und politische Instanzen und Anliegen in ihrer Komplexität reduziert wird. Eine ähnliche Differenzierung nimmt Claude-Gilbert Dubois in seiner neueren Manierismus-Theorie vor, wobei er als wesentliche Bestimmung eine psychische Dimension hinzufügt, nach der das manieristische Künstlersubjekt

schizophren, das barocke hingegen paranoisch strukturiert sei.[63] Hatzfeld schließlich unterscheidet Barock und Manierismus vor allem chronologisch, indem er daraus drei Generationsstile macht, die auf die Renaissance folgen: Manierismus – Barock – Barockismus.[64]

Es sei hier nur darauf hingewiesen, daß der Manierismusbegriff, auch wenn er als Ausweg aus der verwirrten Barockdebatte angeboten und entwickelt wird, in seiner Ausarbeitung meistens wieder auf ähnliche Probleme (z. B. die Alternative zwischen einer typologischen und einer historischen Bestimmung) führt, wie sie der Barockbegriff selbst schon aufgeworfen hat.

Aus der beschriebenen Situation des Begriffsbabels, das die Barockdebatte begleitet, wenn nicht sogar wesentlich ausmacht, ist eine wichtige Schlußfolgerung zu ziehen. Welches auch immer die Schwierigkeiten und Unmöglichkeiten der Bestimmung von Barock in der kurzen Geschichte dieses Begriffs waren und noch sind, so hat er doch unzweifelhaft seine historische Wirksamkeit erwiesen. Diese ist gewissermaßen proportional zur Intensität seiner Problematik und der von ihr ausgelösten anhaltenden Diskussion.

In Anbetracht dieser Tatsache geht es hier nicht darum, den Barockbegriff wieder flottzumachen, ihn wissenschaftlich wohlgeformt zu konstituieren oder ihn gar als wert- und konnotationsfreien Begriff zu retten. Vielmehr soll seine kulturgeschichtliche Effizienz untersucht und dargestellt werden. Somit soll er hier eher als strategischer Begriff, als kulturkritisch wirksamer Kampfbegriff denn als wissenschaftlicher Begriff behandelt werden. Gewiß sind das keine absoluten Gegensätze, deren Positionen sich gegenseitig ausschließen – es dürfte schwerfallen, nicht, wie Wellek, einer heuristischen Brauchbarkeit des Begriffs in der Forschung das Wort zu reden –, aber es soll hier eher die Beweglichkeit und Disponibilität des Begriffs als das Postulat seiner Festlegung ins Auge gefaßt werden.

---

59 Vgl. HANS PYRITZ, Paul Flemings deutsche Liebeslyrik (Leipzig 1932).
60 Vgl. HARTMANN (s. Anm. 43), 380–401; ERNST ROBERT CURTIUS, Mittelalterlicher und barocker Dichtungsstil (1940/1941), in: Barner (s. Anm. 7), 220–229.
61 CURTIUS, Europäische Literatur und lateinisches Mittelalter (Bern 1948), 277.
62 Vgl. ARNOLD HAUSER, Der Manierismus. Die Krise der Renaissance und der Ursprung der modernen Kunst (München 1964).
63 Vgl. DUBOIS (s. Anm. 44), 68.
64 Vgl. HATZFELD (s. Anm. 46), 53–73.

IV. Die historische Wirksamkeit des Begriffs

Barock ist ein verhältnismäßig junger Begriff, er stellt eine Konstruktion a posteriori dar, sofern er sich auf ein historisches Phänomen bezieht. Solche historischen Konstruktionen finden natürlich in der jeweiligen Gegenwart immer ebensoviel Begründung und Motivation, wie sie in ihrem geschichtlichen Gegenstand selbst ihren eigentlichen Grund haben. So ist der Begriff barock ebenso im Jetzt – wo er wirkt und zur Debatte Anlaß gibt – als im Damals – wo sein Objektbezug ist – festgemacht. In diesem Doppelbezug eröffnet sich auch ein Potential von Antagonismus und Aneignung, das sich vom Vorwurf der »unhistorischen Aktualisierung«[65] bis zur nostalgischen Historisierung erstreckt.

So soll denn Barock hier vorwiegend als eine relationale, positionale Sache dargestellt werden, die wohl einen historischen und faktuellen Kern hat, deren praktische Bestimmung aber in erster Linie von ihrem In-Beziehung-Setzen und ihrem Position-Beziehen zu konkreten Situationen und Personen geleistet wird. Diese Mobilität des Begriffs wird hier an verschiedenen Aspekten seiner Geschichte nachgezeichnet.

1. Umwertung, strategische Inversion und ideologische Ambivalenz

Die Arbeit am Barockbegriff wird permanent von einer kräftigen axiologischen Komponente begleitet und, wie es scheint, auch gestört, denn das wissenschaftliche Ideal verlangt nach einem wertfreien Konzept. Barock ist praktisch nie wertfrei. Schon die Geschichte des Wortes bringt die Hypothek einer pejorativen Wertung mit sich; als »Geschmacksvokabel« bezeichnet es etwas »Monströses«, »Wunderliches«, »Seltsames«, »Unnatürliches«, »Bizarres«, »Schwülstiges« (316f.). So ist denn die Geschichte des Begriffs markiert durch einen beständigen Prozeß der Wertveränderung, dessen wichtigste Phase wohl die einer anfänglichen positiven *Umwertung* um die Jahrhundertwende war. Da der Begriff aber weiterhin im selben Wort mit der negativen Geschmacksvokabel zusammenlebt, kann dieser Prozeß nie als ganz abgeschlossen und sein Ergebnis nie als endgültig gesichert betrachtet werden.

In seiner Studie *Die deutsche Barockliteratur. Wertung – Umwertung* hat Herbert Jaumann die axiologische Komponente des Barockbegriffs für den literarischen Bereich historisch und systematisch untersucht. Er zeigt vor allem, daß das »Barockproblem als kulturgeschichtliches Kontrastierungsprogramm der nationalliterarischen Blütezeit« (105) einen »negativen Komplex jederzeit abrufbarer Kontrastnormen« (110) lieferte. Diese Tatsache macht deutlich, wie bedeutsam unter diesen Bedingungen eine positive Umwertung sein mußte und daß sie ein beträchtliches kulturkritisches Potential freisetzte. Es ist daher nur logisch, daß die verschiedenen Wellen aktiver Barockrezeption axiologisch ähnlich verliefen: Im kulturellen Bereich brachten sie eine positive Umwertung, im wissenschaftlichen Bereich das Projekt eines wertneutralen Begriffs. Dabei provozierten sie heftige Reaktionen aus verschiedenen Lagern, in verschiedenen Ländern und zu verschiedenen Zeitpunkten. Solche Reaktionen zeigen an, daß das, was Jaumann für die deutsche Literatur aufgearbeitet hat, über Deutschland und über die Literatur hinaus Geltung hat: Das Wertproblem und seine diskursive Konkretisierung ist ein wichtiges Indiz der kulturkritischen Wirkung des Barock.

In der Fortsetzung der axiologischen Frage kommt eine komplexere Problematik in den Blick, die mit dem historisch-funktionalen Stellenwert der Barockkultur zu tun hat. Es handelt sich um die *strategische Inversion* ihrer kulturgeschichtlichen Bedeutung. Im Zusammenhang mit der (postmodernen) Rückkehr des Barock haben sich gleich mehrere Forscher mit diesem Phänomen beschäftigt, etwa Benito Pelegrin, hier in einer Formulierung Scarpettas: »Face au redoutable sens idéologique véhiculé par un style qui se prétendait universel, le baroque est devenu une valeur refuge, plurielle, de la singularité. Bien sûr, en son temps, le baroque était l'émanation des monarchies centralisées et de la Contre-Réforme. Il était irrationel et ›réactionnaire‹ quand la raison était subversive. Mais la raison, institutionnalisée et déguisée en

---

65 JAUMANN (s. Anm. 10), 109.

Despotisme éclaireé, en Positivisme, en Technocratie ou Science de l'Etat, devient à son tour totalitaire et réactionnaire. Elle appelle alors le renversement de perspective, *baroque*, et c'est alors l'irrationel, l'insensé, la dissidence, qui deviennent subversifs.«[66]

Diese Inversion besagt deutlich, daß das Barock nicht eine feste kulturgeschichtliche Identität hat, sondern daß diese, und damit die geschichtliche Bedeutung und Wirkung der Barockkultur, sich aus der Beziehung zu einer geschichtlichen Situation ergibt. Das heißt, daß sie sich verändert, daß sie sich eben umkehren kann. In bezug auf das revolutionäre Paradigma des aufkommenden bürgerlichen Rationalismus ist die Barockkultur irrational, totalitär, reaktionär. Im Kontext einer zum staatlichen und institutionellen Totalitarismus erstarrten Rationalität wird sie subversiv. Auch Guérin spricht von einer solchen Umkehrung der Positionen. Bei ihm wird noch deutlicher, daß es sich um die Positionen Modernität vs. Barock handelt und daß folglich die neueste ›Rückkehr des Barock‹ in den Kontext der Postmodernität gehört und damit teilhat an Krise und Kritik einer totalitär entarteten Modernität.[67]

Interessant ist Blas Matamoros Version dieser Umkehrung aus lateinamerikanischer Sicht. Indem er methodologisch den historischen und den morphologischen Ansatz kombiniert, kann er zeigen, daß das barocke Formarsenal wieder verwendbar ist und folglich mit verschiedener Bedeutung historisch wieder wirksam werden kann. Für ihn markiert bereits das historische europäische Barock eine erste Krise der Modernität, aber erst die neueste Reaktivierung barocker Formen, vor allem in Lateinamerika, habe dieser Krise zur vollen geschichtlichen Ausbildung verholfen, d.h. zu einer Überwindung der Modernität geführt. So habe erst das Lateinamerika des späten 20. Jh. das volle historische Potential der Barockkultur ausgeprägt.[68]

Wie Matamoro insistiert auch Guérin auf der Wiederverwendbarkeit barocker Kulturmaterialien, von denen er sagt, daß sie sich in ihrer historischen Reprise nicht abnutzen. Immer noch in der Folge der Wertproblematik wird hier ein weiterer Aspekt der Rückkehr des Barock deutlich: ihre *ideologische Ambivalenz*. Schon Scarpetta stellt fest, daß es sich um eine Rückkehr des Barock und nicht um eine Rückkehr zum Barock handelt. Mit einem Wortspiel verdeutlicht Guérin: Es gehe nicht um ein »retour au baroque« sondern um ein »recours au baroque«[69], d.h. um einen Rückgriff auf barocke Materialien. Wie aber können diese Materialien von ihrem ursprünglichen historischen Kontext losgelöst, der Umgang mit ihnen von ihrer historischen Bedeutung abgetrennt werden? Dieses Sich-Aneignen eines historischen Formarsenals ist in der Tat häufig schwer zu unterscheiden von einer Restauration, ja sogar von einer nostalgischen Hinwendung zur Bedeutung ihrer ursprünglichen Verwendung.

Daher einerseits die beunruhigte und berechtigte Frage von Finter, ob diese französische Rückkehr des Barock denn reaktionär sei und gar bis zur Rückkehr zum Katholizismus führen würde.[70] Daher aber anderseits – gewissermaßen als Antwort auf diese Frage – das provokativ unhistorische Umgehen mit barocken Materialien. Diese werden von ihrem historischen Sockel losgelöst – man zeigt ein ostentatives Desinteresse für die Gegenreformation, für die absolutistische Staatsform des 17. Jh. – und werden ohne historische Verankerung gehandhabt: So wird ein historisches Vergessen inszeniert. Die daraus folgende Enthistorisierung wurde von Kritikern des postmodernen Umgangs mit historischen Materialien bereits festgestellt.

Der unhistorische Umgang mit den barocken Materialien ist aber die Bedingung für ihre erneuerte historische Wirksamkeit. Er stellt das negative Moment einer historisch positiven Neubesetzung dar. Er gehört somit einer bewußten Strategie an, die diese Materialien wieder disponibel machen soll für eine neue geschichtliche Verwendung in der Jetztzeit. Daraus kann eine Gesetzmäßigkeit für die Wiederverwendung des historischen Barock abgeleitet werden, die ein klärendes Licht nicht nur auf die beobachteten Umwertungsvorgänge,

---

[66] Zit. nach SCARPETTA (s. Anm. 33), 360.
[67] Vgl. GUÉRIN (s. Anm. 50), 357.
[68] Vgl. BLAS MATAMORO, Una lógica del Barroco, in: Cuadernos Hispanoamericanos. Revista Mensual de Cultura Hispánica 447/478 (1990), 217–234.
[69] GUÉRIN (s. Anm. 50), 357.
[70] Vgl. FINTER (s. Anm. 40), 50f.

sondern auch auf die aufgeworfene Frage der strategischen Inversion zu werfen vermag: Je radikaler die Loslösung der barocken Formelemente von ihrem historischen Sockel erfolgt und ihre ursprüngliche Bedeutung ›vergessen‹ wird, umso mehr Wirkung können diese Elemente in einer neuen historischen Situation erzielen.

2. Aspekte und Momente der Begriffsgeschichte

Der Begriff Barock entsteht erst in der zweiten Hälfte des 19. Jh. Der Begriffsgeschichte geht aber eine längere Wortgeschichte voran. Umgekehrt werden Teile des Objektbereichs schon früh mit anderen Wörtern bezeichnet, dies vor allem im Rahmen einer Abwertung bis hin zur Ausgrenzung barocker Kunst. Diese Negativierung setzt im 18. Jh. ein – im deutschen Bereich ist Gottsched einer der eifrigsten Herabwürdiger der Barockkunst – und arbeitet mit bekanntem Wortmaterial, das sich rasch in Stereotypen kristallierte: Schwulst, gelehrter Schwulst, Bombast. Das Wort barock oder barockisch dient zur Bezeichnung von Gegenständen oder Verhaltensweisen, die als bizarr, verwunderlich, abstrus oder abgelegen empfunden werden.[71] Goethes Aufsatz über *Baukunst* von 1795 behandelt die Barockarchitektur, ohne das Wort zu verwenden. Seine deskriptive Bestimmung des Objekts, in der die Barockarchitektur als Negativfolie zur Erarbeitung des Klassischen dient, nimmt mehrere Elemente vorweg, die fast 100 Jahre später an der Begriffswerdung mitwirken sollten.[72] Die Romantik entwickelt zum Teil eine positivere Haltung zur Barockkultur. Sie beginnt die barocke Kunst historisch zu erfassen, indem sie in ihr volkstümliche Vorstufen einer Nationalkultur erkennt.[73]

Das Wort barock taucht verhältnismäßig spät in Wörterbüchern auf. Es hat vorerst keine spezifisch ästhetische Bedeutung, obwohl auch Beispiele aus dem Bereich der Künste und des ästhetischen Geschmacks als Belege zitiert werden. So zirkulieren etwa in französischen Wörterbüchern die Beispiele von Rousseau, der im *Dictionnaire de la musique* die barocke Musik als »confuse, chargée de Modulations et de Dissonances«[74] definiert und von Antoine Chrysostôme Quatremère de Quincy, der in der *Encyclopédie méthodique* barocke Architektur als »le superlatif du bizarre«[75] bezeichnet. Insgesamt ist die vorbegriffliche Wortverwendung von barock mobil und unbestimmt. Sie gehört verschiedenen semantischen Feldern an und kann sich auf verschiedene Spezialdiskurse beziehen, wovon noch keiner derjenige ist, in dem sich der Begriff später herausbilden wird. Das Wort siedelt sich in mehreren Sprachen zugleich an und entwickelt in allen eine starke Tendenz zum Pejorativen.

Erst in der zweiten Hälfte des 19. Jh. setzt die eigentliche Begriffswerdung ein. Sie geht vom Gebiet der Kunstgeschichte und noch spezieller der Architekturgeschichte aus. 1855 veröffentlicht Jacob Burckhardt seinen *Cicerone*, der eine Art italienischer Reiseführer für Kunstverständige darstellt. Burckhardt bleibt noch ganz einer negativen Wahrnehmung der barocken Kunst verhaftet und reproduziert manche zur Negativfolie erstarrte Diskurselemente wie »barocker Wulst«, »ausgeartete Formen«, »abscheuliches Gebäude«[76]. Er glaubt aber, daß der gebildete Italienreisende es sich nicht leisten kann, die große Masse barocker Kunstwerke zu ignorieren. So macht er es sich zur Pflicht, »an diesen späten Steinmassen einige mögliche Vorzüge zu entdecken« (289). Diese Vorzüge kann er aber nur durch die Brille einer zum Ideal erhobenen klassischen Renaissancekunst erkennen, der gegenüber das Barocke für ihn begrifflich und figürlich nur als Ausartung, Verfall und gar als Pathologie (er spricht von »krankhaftem Leben« [292] und »Wahnsinn« [297]) erfaßbar ist. In diesem Sinne ist seine berühmt gewordene Formulierung zu verstehen: »Die Barockbaukunst spricht dieselbe Sprache wie die Renaissance, aber einen verwilderten Dialekt davon« (291). Demnach ist ›Barock‹ nach und aus ›Klassik‹ entstanden und ableitbar, und zwar als der Durchbruch eines ›wilden‹

---

71 Vgl. JAUMANN (s. Anm. 10), 106.
72 Vgl. JOHANN WOLFGANG GOETHE, Baukunst (1795), in: GOETHE (WA), Abt. 1, Bd. 47 (1896), 67–76.
73 Vgl. JAUMANN (s. Anm. 10), 111 ff.
74 JEAN-JACQUES ROUSSEAU, Dictionnaire de la musique (1767), in: ROUSSEAU, Bd. 5 (1995), 651.
75 ANTOINE CHRYSOSTÔME QUATREMÈRE DE QUINCY, ›Baroque‹, in: Encyclopédie méthodique ou par ordre de matières. Architecture, Bd. 1 (Padua 1800), 224.
76 JACOB BURCKHARDT, Der Cicerone. Eine Anleitung zum Genuß der Kunstwerke Italiens (1855; Wien/Leipzig 1938), 295, 289, 297.

Elementes, das die Klassik zivilisiert oder unterdrückt hatte.
1879 macht Friedrich Nietzsche im Aphorismusstil den Eintrag 144 im 2. Bd. von *Menschliches-Allzumenschliches* mit dem Titel *Vom Barockstile*: knappe zwei Seiten, die aber in der Entstehungsphase des ästhetischen Barockbegriffs von Gewicht sind. Die bei Burckhardt festgestellte Ambivalenz ist noch immer da, sie wird aber radikalisiert und kann nicht mehr einer ungeschickten Darstellungsweise zugeschrieben werden. Nietzsche baut diese Ambivalenz konstitutiv in die Begriffsbildung ein. Dazu kommt, daß er den Begriff viel umfassender denkt (er erwähnt explizit die bildenden Künste Skulptur und Architektur und die musischen Künste Poesie, Prosakunst, Beredsamkeit und Musik) und damit die definitorischen Elemente viel abstrakter formulieren muß.

Nietzsche schreibt gegen eine vorherrschende Meinung an, die sich als eine Geringschätzung äußert: »Nur die Schlechtunterrichteten und Anmaassenden werden übrigens bei diesem Worte [barock – d. Verf.] sogleich eine abschätzige Empfindung haben.«[77] Das heißt, daß er den Barockstil ernst nimmt und ihn begrifflich, nicht nur axiologisch zu erfassen sucht. Zugleich aber wiederholt er selbst traditionelle Elemente der Bestimmung des ästhetischen Barock: »Der Barockstil entsteht jedesmal beim Abblühen jeder grossen Kunst, wenn die Anforderungen in der Kunst des classischen Ausdrucks allzugross geworden sind« (74). Man erkennt hier die Kombination eines binären Paradigmas (klassisch vs. barock) mit einer zyklischen Denkweise, in die sich auf dem Umweg der organischen Figuralität (›Abblühen‹) die hierarchische Bewertung wieder einschleicht: Der klassische bleibt »der reinere und grössere Stil« (75) – wie bei Burckhardt.

Die zyklische Gesetzmäßigkeit, der sie gehorcht, macht die Barockkunst zu einem wiederholbaren Phänomen: »es hat von den griechischen Zeiten ab schon oftmals einen Barockstil gegeben« (74). Neu und originell an Nietzsches Beitrag ist die Tatsache, daß er die zyklische Wiederholung des Barocken in die Gegenwart projiziert: »Gerade jetzt, wo die Musik in diese letzte Epoche übergeht, kann man das Phänomen des Barockstils in einer besonderen Pracht kennen lernen und Vieles durch Vergleichung daraus für frühere Zeiten lernen« (74). Mit diesem zeitgenössischen Barock in der Musik dürfte wohl der ›Fall Wagner‹ gemeint sein, wichtig für die Begriffsbestimmung ist dieser Bezug auf die Kultur der Gegenwart, in der eine barocke Ästhetik in ihrer aktuellen Wirkung beobachtet werden kann, und die Einladung, das historische Barock kognitiv durch ein komparatives Vorgehen zu erfassen.

Wie aber definiert Nietzsche den Barockstil? – Sein Ansatz ist ganz entschieden wirkungsästhetisch. Folgendes Prinzip liegt ihm zugrunde: Wo ein Künstler ein Unvermögen hat, zum Klassiker zu werden, greift er zu »starkgebildeten Formen« (74), um eine intensive Wirkung zu erreichen. Barock ist demnach zugleich durch einen Mangel und einen Exzeß definiert; der Exzeß soll das Mangelnde ersetzen: »Diess gilt auch in den bildenden wie musischen Künsten; wo das Gefühl mangelnder Dialektik oder des Ungenügens im Ausdruck und Erzählung, zusammen mit einem überreichen, drängenden Formentriebe, jene Gattung des Stiles zu Tage fördert, welche man Barockstil nennt.« (73) Es handelt sich um »Ersatzkünste des Ausdrucks und der Erzählung« (74), bei denen die gewohnte Wirkung – letztlich geht es darum, »Gewalt zu gewinnen« (73) – auf einer Verstärkung der eingesetzten ästhetischen Mittel beruht: »Dahin gehört schon die Wahl von Stoffen und Vorwürfen höchster dramatischer Spannung, bei denen auch ohne Kunst das Herz zittert, weil Himmel und Hölle der Empfindung allzunah sind: dann die Beredtsamkeit der starken Affecte und Gebärden, des Hässlich-Erhabenen, der grossen Massen, überhaupt der Quantität an sich« (74). Diese quantitative Intensivierung der Mittel eröffnet die Möglichkeit, die barocke Ästhetik vollends zu instrumentalisieren und manipulatorisch einzusetzen. Dies wird ganz deutlich, wenn er das Bewußtsein des Künstlers über die Künstlichkeit der experimentell eingesetzten Mittel von der Illusion des Laien(publikums) absetzt: »dazu fortwährend neue Wagnisse in Mitteln und Absichten, vom Künstler für die Künstler kräftig unterstrichen,

---

[77] FRIEDRICH NIETZSCHE, Menschliches-Allzumenschliches, Bd. 2 (1879), in: NIETZSCHE (KGA), Abt. 4, Bd. 3 (1967), 73 f.

während der Laie wähnen muss, das beständige unfreiwillige Ueberströmen aller Füllhörner einer ursprünglichen Natur-Kunst zu sehen« (74). Kein Wunder, daß Nietzsche die erzielten Effekte in einer vieldeutigen Dreierformel festhält, in der zugleich die Faszination für die Barockästhetik und eine gewisse Kritik an ihr mitschwingt: »Dämmerungs-, Verklärungs- oder Feuerbrunstlichter auf so starkgebildeten Formen« (74).

Es ist erstaunlich, was Nietzsche in diesen zwei Seiten alles untergebracht und wie entscheidend er damit zur Begriffsbildung beigetragen hat. Dabei ist auch das Resultat wiederum zweideutig, denn einerseits übernimmt er geläufige Elemente des Barockdiskurses seiner Zeit. Andererseits aber nimmt er Elemente späterer Begriffsbildung vorweg, etwa den starken Bezug des historischen Gegenstandes Barock zur kulturellen Gegenwart des Forschers, wie man sie bei Benjamin wiederfinden wird, oder die politisch-instrumentelle Verwendung der Barockkunst, wie sie von Croce abhorresziert und von Maravall systematisch gedacht wird.

Die traditionelleren Elemente von Nietzsches Barockdiskurs findet man beim frühen Wölfflin wieder. In seinem *Renaissance und Barock* von 1888 haben wir es mit dem Versuch zu tun, der Barockkunst eine gewisse Selbständigkeit und Gleichwertigkeit gegenüber der klassischen Kunst zu geben. Thesenartig formuliert: »Der Barock ist aber ein wesentlich Neues, das sich aus dem Vorhergehenden nicht ableiten lässt«[78]. Dieser Versuch wird aber vereitelt, wenn nicht geradezu widerrufen durch die Insistenz, mit der die Verfallsthese sich immer wieder in den Vordergrund drängt. Nach dieser These ist das Barock kein eigenständiges Kulturparadigma, sondern die Verfalls- und Auflösungsphase einer vorangehenden Blütezeit: »Aus der höchsten Blüthe ging er hervor« (12). In der Tat findet man die organische Figur zur Darstellung kultureller Entwicklungen in den verschiedensten Ausbildungen im ganzen Text zerstreut. Sie bringt in die Darstellung der Entstehung einer Barockkultur das Element des naturgegebenen zyklischen Ablaufs. Dabei entspricht der Übergang von Renaissance oder Klassik zu Barock einer absteigenden Bewegung, die als eine evolutive Notwendigkeit verstanden wird und semantisch als Zerfall,

Auflösung, Sinken, Sterben dargestellt wird. Die Barockzeit ist eine Spätzeit.

Schon in diesem Frühwerk entwickelt Wölfflin form-typologische und wirkungsästhetische Charakteristika des Barock. Dieser erste Versuch einer Bestimmung beruht aber insofern auf der Verfallsthese, als die barocken Merkmale so gewählt sind, daß sie aus der Negation oder dem Verlust der klassischen Merkmale hervorgehen. Semantisch gebündelt ergeben sich folgende Gegensatzpaare: im Bereich des Raumes: Begrenzung vs. Grenzenlosigkeit, im Bereich der Zeit: Dauer vs. Augenblicklichkeit, im Bereich des Affekts: ruhig sympathisches Mitempfinden vs. wildes Entzücken, im Bereich des Körperlichen: Idealmaß und Leichtigkeit vs. vollmassige Körper und Schwere, im Bereich der Form: schöne Form vs. Tendenz zum Formlosen. Auf der allgemeinsten Ebene, die Wölfflin im Untertitel mit ›Wesen des Barockstils‹ anspricht, steht »Ruhe des Seins« gegen »Unruhe des Werdens« (68).

Ähnlich wie bei Nietzsche ergibt sich das Barocke aus dem Klassischen zugleich durch einen Verlust (von Ordnung, Maß, Ruhe, Form) und durch einen Zusatz, eine scheinbar für den entstandenen Verlust kompensierende Steigerung (der Massen, der Bewegung, der Erregung, des Affekts). Es ist diese Steigerung, die das Wirkungspotential der barocken Kunst enthält, die aber tendenziös als Übermaß dargestellt wird. Wölfflins Arsenal der beschreibenden Termini kippt immer wieder ins Negative um und enthält dann immer noch die Geste der Verurteilung. So ist etwa die Rede von »Chaos« (48), »Verwilderung« (10), »Wildheit« (88), »Berauschung« (95), von »pathologischer Wirkung (45 u. 95).

In *Kunstgeschichtliche Grundbegriffe* von 1915 ist die Stiltypologie verfeinert und vervollständigt worden. Das Buch ist darauf angelegt, dem Leser zwei ebenbürtige Stiltypen darzustellen, und zwar auf der Ebene der ›Grundformen‹ der Kunst. Wölfflin verwirft jetzt die organologische »Bildanalogie: Knospe – Blüte – Verfall« ebenso wie axiologische Hierarchisierungen: »Das Wort klas-

---

[78] HEINRICH WÖLFFLIN, Renaissance und Barock. Eine Untersuchung über Wesen und Entstehung des Barockstils in Italien (1888; Basel/Stuttgart ⁶1964), 81.

sisch bezeichnet hier kein Werturteil, denn es gibt auch eine Klassizität des Barock. Der Barock ist weder ein Niedergang noch eine Höherführung der klassischen, sondern ist eine generell andere Kunst«[79]. Auf dieser neuen Grundlage entwickelt nun Wölfflin seine dichotomische Stiltypologie in den fünf seither bekannt gewordenen Begriffspaaren, die er auch »Kategorien der Anschauung« (264) nennt: das Lineare vs. das Malerische (in der Malerei: Sehbild vs. Tastbild), das Flächenhafte vs. das Tiefenhafte, die geschlossene vs. die offene Form, das Vielheitliche vs. das Einheitliche und die absolute vs. die relative Klarheit des Gegenständlichen.

Diese Gegenüberstellungen, die dann von der Wölfflin-Rezeption noch verhärtet wurden, werden aber bei Wölfflin durch das Evolutionsargument zum Teil wieder zurückgenommen. Tatsächlich ist für ihn alles Übergang; die Entwicklung verläuft in unmerklichen Übergängen. Es ist erkenntnismäßig schwierig, wenn nicht unmöglich, am empirischen Objekt die kategorialen Begriffe anzuwenden: »Wo hört die Linie auf, wo fängt das Malerische an?« (73) fragt Wölfflin. So ist er denn auch bereit, den heuristischen Wert seiner eigenen Begriffsbildung zu erkennen: »Unsere Absicht geht darauf, Typus mit Typus zu vergleichen, das Fertige mit dem Fertigen. Natürlich gibt es im strengen Sinne kein ›Fertiges‹, alles Geschichtliche ist einer beständigen Wandlung unterworfen, aber man muss sich entschliessen, die Verschiedenheiten an einer fruchtbaren Stelle festzuhalten und als Kontraste gegeneinander sprechen zu lassen, wenn einem nicht die ganze Entwicklung zwischen den Fingern verlaufen soll.« (26) Und im ›Abschluss‹ insistiert er: »Alles ist Übergang, und wer die Geschichte als ein unendliches Fliessen betrachtet, dem ist schwer zu entgegnen. Für uns ist es eine Forderung intellektueller Selbstbehauptung, die Unbegrenztheit des Geschehens nach ein paar Zielpunkten zu ordnen« (264).

Von dieser Abschwächung des typologischen Denkens zur Rückkehr des evolutiven und gar zyklischen Denkens ist der Weg nicht weit. Obwohl letzteres seine Dominanz verloren hat, behält es eine konstitutive Rolle in der Begriffsbildung des Barock bei. Es handelt sich weiterhin für Wölfflin um die »Abwandlung einer klassischen Kunst ins Barocke«, und diese Entwicklung kann nicht in umgekehrter Richtung durchlaufen werden, denn sie läuft nach »offenkundigen Gesetzmässigkeiten« (266) ab, die Wölfflin als psychologische bezeichnet. Von der Wiederholbarkeit dieser gesetzmäßigen Abläufe zur Periodizität des Kulturgeschehens ist es dann nur noch ein Schritt. In der Tat kommt Wölfflin im Schlußteil seiner Arbeit auf diese schon 1888 vorhandene Idee zurück, »dass eine Periodizität der Formabwicklung [...] anzunehmen ist«, der gemäß jeder abendländische Stil seinen Barock habe, oder, anders formuliert, daß es möglich sei, aus jeder Form »die barocken Möglichkeiten herauszulocken« (269).

Soweit Wölfflins Beitrag zur Arbeit am Barockbegriff – ein entscheidender Beitrag, vor allem im kunstgeschichtlichen Bereich, wo er weiterhin rezipiert, zitiert und diskutiert wird. Es dürfte klar geworden sein, daß eine Reduktion auf den stiltypologischen Aspekt, wie sie häufig vorgenommen wird, ihn viel von seiner inneren Spannung verlieren läßt. Die zur Doxa gewordene stiltypologische Dimension Wölfflins ist aber vielleicht die für die Begriffsentwicklung am wenigsten zukunftsträchtige. Es soll hier noch auf einen Aspekt hingewiesen werden, der bei Wölfflin nicht im Vordergrund steht, von dem aber begriffsgeschichtliche Linien zu heutigen Entwicklungen gezogen werden können.

In seiner Einleitung entwickelt Wölfflin den Stilbegriff, indem er ihn vom individuellen Stil zum Volksstil und von diesem zum Zeitstil führt. Auf diesem Weg der Ausweitung und Verallgemeinerung überschreitet er eine wichtige begriffliche Grenze, indem er nämlich von einer Morphologie der Stile allmählich in das Gebiet der Stilgenese hinüberwechselt. Dieser Übergang vom generierten, empirisch gegebenen Gegenstand zum generierenden Prinzip wird von Wölfflin auch als ein Weg ins Abstrakte und in die Tiefe dargestellt: »der stofflich-imitative Gehalt mag an sich noch so verschieden sein, das Entscheidende bleibt, dass der Auffassung da und dort ein anderes ›optisches‹ Schema zugrunde liegt, ein Schema, das aber viel

---

[79] WÖLFFLIN, Kunstgeschichtliche Grundbegriffe. Das Problem der Stilentwickelung in der neueren Kunst (München 1915), 26.

tiefer verankert ist als in den bloss imitativen Entwicklungsproblemen« (26). Die Abstraktion erlaubt es nun, Aussagen zu machen, die auf alle bildenden Künste zutreffen, weil sie die Formgebung vor deren Aufspaltung betreffen. Man dringt hier in eine Zone vor, die Alois Riegl, der sich ebenfalls für die Barockkunst interessierte (z.B. in *Die Entstehung der Barockkunst in Rom*, 1908), als das »Kunstwollen«[80] bezeichnet.

Wölfflins begriffsbildender Weg in die Tiefe führt nun aber auch von der Objektseite des Barockstils zur Subjektseite. Das generative Stilprinzip ist in der Tat im Subjekt, wenn auch unbewußt transindividuell angelegt. Es ist ein »optisches Schema«, das jeder Vertreter einer Gruppe oder einer Zeit in sich herumträgt; es begründet eine Sehkultur. Es geht bei Wölfflin also letztlich um »Arten des Sehens« und um deren historischen Wandel: »es lässt sich in der Stilgeschichte eine untere Schicht von Begriffen aufdecken, die sich auf die Darstellung als solche beziehen, und es lässt sich eine Entwicklungsgeschichte des abendländischen Sehens geben« (25). Hier mündet Wölfflins Stilbegriff, und damit auch sein Barockbegriff, in eine historische Anthropologie ein, und zwar als eine Geschichte des Sehens. Damit erweist sich als ein direkter Vorläufer von Neuentwicklungen in der Kunstgeschichte, wo sich z.B. die britische New Art History im Rahmen der Erforschung der Sehkultur für eine Geschichte des Sehens interessiert.

Damit wird Wölfflin – was kaum bekannt sein dürfte – auch zum Vorläufer für neuere Zugänge zum Barock als einer visuellen Kultur. Zu erwähnen wäre in diesem Zusammenhang etwa die Studie von Martin Jay über *Die Ordnungen des Sehens in der Neuzeit*.[81] Darin unterscheidet der Autor nicht eine, sondern drei Ordnungen des Sehens in der Neuzeit: die kartesianische, die kartographische und die barocke Ordnung. Die kartesianische Ordnung kombiniert die pikturale Zentralperspektive mit dem kartesianischen rationalen Subjekt. Sie setzt ein affektloses Auge in einem geometrischen Raum voraus, das im heideggerschen Sinne eine objektivierende ›Weltsicht‹ zu erlangen hat. Dieses Sehen ist geschichtslos, körperlos und desinteressiert. Die zweite Sehordnung kann aus der ersten abgeleitet werden; sie ist kartographisch und

empirisch. Erst die dritte, d.h. die barocke Ordnung des Sehens, stellt eine wirkliche Alternative zur kartesianisch-perspektivischen Ordnung dar. Jay stützt sich in seiner Darstellung auf das Barockbuch von Christine Buci-Glucksmann mit dem Titel *La folie du voir. De l'esthétique baroque* (1986). Der ›Wahnsinn des Sehens‹ geht von einer Faszination für das Unsichtbare aus. Er inszeniert Unlesbares, Unentzifferbares, das dem Auge widersteht. Die visuelle Repräsentation wird verformt, um das Bewußtsein der Sehmaschine und des Sehvorgangs nicht auszulöschen. Damit richten sich das Visuelle, das Pikturale und das Rhetorische aneinander aus, und zwar in einem Verhältnis der Komplizenschaft, das die Undurchsichtige, das Körperliche und das Leidenschaftliche bejaht. Laut Martin Jay machen sich diese drei Sehordnungen den historischen Raum der Neuzeit streitig; sie koexistieren, aber nicht friedlich: Die barocke Ordnung steht zu den beiden anderen in einem antagonistischen Verhältnis und stellt damit eine Bedrohung für sie dar.

Von Wölfflin kann auch eine direkte Linie zu Serge Gruzinskis Bildtheorie in *La guerre des images* gezogen werden.[82] Gruzinski zeigt darin, wie sich in der Neuen Welt nach der spanischen Eroberung zwei Bildkulturen überlagern und gegenseitig verstärken: die vorkolumbianisch-einheimische Kultur des Bildes (mit dem Nahuatl-Wort ›Ixtipla‹ bezeichnet) als einer effektiven Gegenwart des Göttlichen und die barocke Kultur des rhetorisch wirksamen Bildes der posttridentinischen katholischen Kirche. Laut Gruzinski wäre diese hybride Kultur des Sehens und des Bildes, zusammen mit der Schwäche der Alphabetisierung, im 20. Jh. für die rasante Entwicklung der audiovisuellen Medien in Mexiko mitverantwortlich. Extrem formuliert, wäre demnach die Fernsehkultur eine direkte Fortsetzung der wirksamen barocken Sehkultur.

Aus der reichhaltigen Wölfflin-Rezeption soll hier nur der besonders originelle Beitrag von Mar-

---

80 ALOIS RIEGL, Stilfragen. Grundlegung zu einer Geschichte der Ornamentik (Berlin 1893), VII.
81 Vgl. MARTIN JAY, Die Ordnungen des Sehens in der Neuzeit, übers. v. M. Cahn, in: Tumult. Schriften zur Verkehrswissenschaft, H. 14 (1990), 40–55.
82 Vgl. GRUZINSKI (s. Anm. 22).

shall Brown *The Classic is the Baroque: On the Principles of Wölfflin's Art History* (1982) Erwähnung finden. Brown schlägt zugleich eine Dekonstruktion und eine hegelianische Rettung von Wölfflins Begriffssystem vor. Für ihn ist Wölfflin weniger ein Taxonomist als ein Morphologist im Goetheschen Sinne, d.h. er erkennt hinter seiner phänomenologischen Reduktion der Kunst auf Formkategorien ein tieferes Interesse für die formbildenden Kräfte und für die strukturierenden Prozesse. So sucht er die (barocke) Dynamik der Kunst mit fixen (klassischen) Kategorien zu erfassen. Im antagonistischen Paradigma der *Grundbegriffe* erweisen sich die beiden Stile als total interdependent und ihre kategoriale Bestimmung als eine dichotomische Maschine, die Unterschiede zugleich setzt und wieder aufhebt. So kommt denn Brown auf die provokativen Formulierungen »The classic does not exist« und »The classic *is* the baroque«[83].

Brown projiziert dann diesen kritischen Blick auf Wölfflins Kunstgeschichte, wo in der Tat die Klassik nur eine Art von Ideal und ein ästhetisches Gesetz darstellt, das sich geschichtlich gar nie verwirklicht hat. An diesem Punkte greift er zu Hegels Logik der Idee und deren geschichtlicher Verwirklichung: »And Hegel's logic is precisely that of Wölfflin's art history as well. The baroque is the fulfillment of the classic. But it is a fulfillment in the sense of a crossing over – from essence into existence, from death into life – and hence the absolute negation of the classic.« Es ergibt sich aus dieser Logik, daß jede Epoche sowohl klassisch als auch barock sein kann, je nach dem geschichtlichen Standpunkt des Betrachters: »History is always moving toward the baroque and away from the classic. This means that each age serves as the baroque to some earlier age and as the classic to some later one.« Und dieselbe Logik läßt sich auch auf einzelne Kunstwerke anwenden: »Every artwork is both classic and baroque, classic in its essence and baroque in its existence. Classic in its formal perfection and baroque in its expressivity.« (401) ›Klassisch‹ existiert also nicht, sondern *ist*; in

Existenz übergegangen heißt es ›barock‹. ›Barock‹ wäre demnach nur insofern der Gegenbegriff zu ›Klassik‹, als es deren lebendige Energie, deren Moment der Formwerdung darstellt.

Wie kritisch man gegenüber Wölfflin auch immer sein mag, seine Pionierleistung in der Begriffsbestimmung des Barock darf nicht übersehen werden. Nach seinen *Grundbegriffen* von 1915 setzt eine äußerst aktive Phase der Barockrezeption ein. Diese geht eindeutig vom deutschen Sprachraum aus, springt dann aber auf verschiedene nationale Traditionen über. Sie zeichnet sich vorerst durch eine Vermehrung der Studien aus, vor allem in den unmittelbaren Nachkriegsjahren und den 20er Jahren. Dabei zeichnen sich in den verschiedenen nationalen Geschichtsschreibungen zum Teil ausgeprägte Unterschiede ab. Ein weiterer wichtiger Zug dieser aktiven Phase besteht in der Begriffsübertragung vom Gebiet der Malerei und Architektur auf andere Künste, wie Literatur und Musik.

3. Gegenströmungen

Bevor diese speziellen Aspekte hier etwas ausführlicher behandelt werden, soll noch von einer Gegenströmung die Rede sein. Das mit einer positiven Bewertung einhergehende massive Interesse am Barock hat nämlich zu verschiedenen Zeitpunkten der angedeuteten Bewegung auch negative Reaktionen ausgelöst. Die bekannteste Gegenstimme dürfte diejenige von Benedetto Croce sein. In einem Vortrag von 1925, *Der Begriff des Barock*, und dann auch in seinem Buch über die barocke Epoche von 1929 (*Storia dell'età barocca in Italia*) hat er sich vehement gegen die angelaufene Barockrezeption gewendet. Mehr noch, er hat die barocke Kunst selbst grundsätzlich in Frage gestellt: »Dunque, il barocco è una sorta di brutto artistico, e, come tale, non è niente di artistico, ma anzi, al contrario, qualcosa di diverso dall'arte, di cui ha mentito l'aspetto e il nome, e nel cui luogo si è introdotto o si è sostituito.« (Der Barock ist also eine Art des künstlerisch Häßlichen, und deshalb ist er überhaupt nicht künstlerisch, steht zur Kunst vielmehr im direkten Gegensatz.)[84]

In den 50er Jahren hat auch Pierre Francastel seine Stimme gegen das überbordende Interesse

---

83 MARSHALL BROWN, The Classic is the Baroque. On the Principles of Wölfflin's Art History, in: Critical Inquiry 9 (1982), 397.
84 CROCE (s. Anm. 4), 44; dt. 12.

IV. Die historische Wirksamkeit des Begriffs 597

für die barocke Kultur erhoben. Er kritisiert »le vocable facile de baroque«, findet den Begriff zu allgemein, dadurch zu ungenau und damit nichtssagend. Vor allem aber protestiert er gegen das anhaltend übertriebene Interesse für die Barockkunst und verlangt dann eine ebenso intensive Forschungsanstrengung für das Klassische: »depuis cinquante ans, tout l'effort des chercheurs a consisté à accumuler des arguments pour le Baroque et que le Classique est à découvrir«[85]. Schließlich sei in diesem Zusammenhang auch noch Adorno erwähnt, der sich in seinem Aufsatz *Der mißbrauchte Barock* 1966 ebenfalls vehement gegen die »Barokkisierungswelle«[86] richtet. Obwohl er sich spezifisch gegen die Übertragung des Barockbegriffs auf die Musik durch Friedrich Blume wendet, zielt seine Kritik doch auch ganz allgemein auf die, wie er meint, kritiklose und unhistorische, »heute gängige Barockideologie« ab, die zu einer »Verherrlichung des Barocks als Stil« (406), ja zu einem »Kultus des Barocks« (404) geführt habe. Dabei geht es ihm vor allem um einen durch den »Prestigebegriff Barock« (401) ermöglichten und durch die Kulturindustrie gesteuerten Einbruch eines unhistorischen Barock auf der niedrigsten Ebene des ästhetischen Geschmacks. Er sieht darin die Freisetzung einer gefährlichen »regressiven Sehnsucht« (421).

4. Begriffsübertragungen

Zurück zur positiven Entwicklung der Barockdebatte nach Wölfflin: Sie stand u. a. im Zeichen der Übertragung des Barockbegriffs von den bildenden Künsten auf die Literatur, die übrigens von Wölfflin selbst schon 1888 angeregt wurde. 1917 schlug Oskar Walzel eine solche Übertragung unter dem Schlagwort der ›wechselseitigen Erhellung der Künste‹ vor.[87] Fritz Strich, der den Barockbegriff schon 1916 auf die deutsche Lyrik angewendet hatte, ließ 1956 schließlich noch eine Abhandlung *Die Übertragung des Barockbegriffs von der bildenden Kunst auf die Dichtung* folgen.[88] In der Romanistik ist es Theophil Spoerri, der 1922 die gleiche Frage mit einer Anwendung auf die italienische Literatur wiederaufnimmt.[89]

Diese Übertragung wird von vielen nachfolgenden Autoren schon als gelungen und folglich kaum mehr kritisch betrachtet. Dabei stellen sich doch grundsätzliche Probleme: Damit der Begriff ungeachtet der Verschiedenheit der semiotischen Systeme seine Gültigkeit behalten kann, führt die Übertragung entweder zu einer hohen Metaphorizität in der Begriffsverwendung oder aber zu extremer Abstraktion. Gegen diese Konsequenzen erheben sich jedoch immer wieder warnende, wenn nicht kritische Stimmen. Zu den warnenden Stimmen gehört die Jean Roussets, der in den 50er Jahren die Übertragung selbst, allerdings mit äußerster Vorsicht, erneut vornimmt.[90]

Adorno erhebt in seinem bereits erwähnten Aufsatz, in dem es um die Übertragung von den bildenden Künsten auf die Musik geht, eine viel kritischere Stimme. Für ihn führt Friedrich Blumes Reduktion des Barock auf das Prädikat der Gegensätzlichkeit zu einer »clichéhaften Überdehnung des Begriffs«; die Übertragung verflacht die musikalischen Eigenheiten der Barockepoche so sehr, daß sie auf »objektive Unwahrheiten«[91] hinausläuft.

Komplexer wird die Frage der Begriffsübertragung mit dem Auftauchen von neuen Medien und Kunstformen: Photographie, Film, Video, CD-ROM-Performance, und vor allem mit den multimedialen Möglichkeiten, die uns die digitale Technologie heute anbietet. Dabei stellt sich, auf eine Alternative zugespitzt, folgende Frage: Ist es nicht anachronistisch, eine Ästhetik auf Kunstformen und Medien zu übertragen, die es zur Zeit ihrer

---

85 PIERRE FRANCASTEL, Baroque et classicisme: histoire ou typologie des civilisations, in: Annales Économies, Sociétés, Civilisations 14 (1959), H. 1, 148 f.
86 THEODOR WIESENGRUND ADORNO, Der mißbrauchte Barock (1966), in: ADORNO, Bd. 10/1 (1977), 405.
87 Vgl. OSKAR WALZEL, Wechselseitige Erhellung der Künste. Ein Beitrag zur Würdigung kunstgeschichtlicher Begriffe (Berlin 1917).
88 Vgl. FRITZ STRICH, Der lyrische Stil des 17. Jahrhunderts (1916), in: Barner (s. Anm. 7), 32–71; STRICH, Die Übertragung des Barockbegriffs von der bildenden Kunst auf die Dichtung (1956), in: ebd., 307–328.
89 Vgl. THEOPHIL SPOERRI, Renaissance und Barock bei Ariost und Tasso. Versuch einer Anwendung Wölfflin'scher Kunstbetrachtung (Bern 1922).
90 Vgl. ROUSSET, La littérature de l'âge baroque en France. Circé et le paon (Paris 1954).
91 ADORNO (s. Anm. 86), 406, 408.

Entstehung noch gar nicht gab? Umgekehrt wird argumentiert, daß das Potential einer barocken Ästhetik erst mit den heutigen technologischen Möglichkeiten voll realisiert werden kann. Timothy Murray etwa erkennt in der Barockzeit die historische Entstehung von revolutionären ästhetischen Möglichkeiten (›Komplexitäten‹ bzw. – nach dem bereits bei Deleuze von Leibniz auf eine neobarocke Ästhetik übertragenen Begriff – ›Inkompossibilitäten‹[92]), die gewissermaßen brachliegen mußten, bis in der zweiten Hälfte des 20. Jh. die technologischen Bedingungen zu ihrer vollen Ausbildung entstanden.[93] Was uns heute in die Lage versetzen würde, barocke Kunst als multimediale Kunst der Komplexität voll auszubilden. Beispiele dazu wären etwa die Video-Installationen von Bill Viola (*The Passing*, 1991, *Threshold*, 1992, *The Crossing*, 1996, *The Messenger*, 1996, u. a. m.) oder 1998 die Berliner Inszenierung von Peter Greenaway der Oper *Christophe Colomb* von Darius Milhaud.

5. Nationale Geschichten

Wohl ist die Barockdebatte kontinenteumgreifend, sie verläuft aber, vor allem in der Alten Welt, auch eingebettet in die Tradition der Nationalkulturen mit ihrem obligaten Konfliktpotential: Sei es, daß man sich im positiven Sinne um den Entstehungs- und Ursprungsort der Barockkultur streitet – dabei kommen vor allem Italien und Spanien in Frage –, sei es aber anderseits, daß man sich im negativen Sinne die Barockkultur wie einen Schwarzen Peter gegenseitig zuschieben will. In Frankreich etwa gibt es noch heute Widerstände gegen das Barock, so daß Marc Fumaroli in seiner Einleitung zu Tapiés Barockbuch den Barockbegriff gewissermaßen als eine deutsche Erfindung ins Nachbarland abschiebt, indem er den Ausdruck in seinem französischsprachigen Text deutsch beläßt: »un concept qui, d'année en année depuis son lancement en Allemagne, s'est enflé régulièrement au point d'être aujourd'hui […] crevé ou sur le point de l'être: le Barockbegriff«[94].

Diese Stellungnahme Fumarolis zeigt, daß der Sonderfall Frankreich in der Barockdebatte noch heute nachwirkt. Er geht auf das 17. Jh. zurück, als der französische Klassizismus einen derartigen Hegemoniedruck ausübte, daß die barocken Elemente in der französischen Kultur und in deren Geschichtsschreibung unterdrückt wurden.[95] Anekdotisch kann der Bernini-Besuch in Paris von 1765 verdeutlichen, wie knapp die offizielle französische Kultur dem Barock entgangen ist: Vom französischen König Ludwig XIV. eingeladen, ein Projekt für den zukünftigen Bau des Louvre einzureichen, begab sich Gianlorenzo Bernini in der Tat nach Paris. Dort stieß sein barocker Entwurf aber auf so viele Widerstände, daß der italienische Architekt verärgert nach Rom zurückkreiste, woraufhin sich sein ursprüngliches Projekt unter den Händen französischer Architekten allmählich in ein klassizistisches Gebäude verwandelte.[96] In der Literatur dauerte diese Hegemonie bis in die 50er Jahre unseres Jh. fort, als der Genfer Literaturwissenschaftler Jean Rousset – bezeichnenderweise von der Peripherie der frankophonen Kultur her – mit seinem Buch *La littérature de l'âge baroque en France* (1954), gefolgt von seiner *Anthologie de la poésie baroque en France* (1961), die barocke Literatur Frankreichs gewissermaßen erst entdeckte.

6. Epochemachende Beiträge zur Barockdebatte

Walter Benjamins *Ursprung des deutschen Trauerspiels* ist eine der wichtigsten und einflußreichsten Studien zum Barock geworden. »Entworfen 1916, verfaßt 1925«[97] steht unter dem Titel; hinzuzufügen wäre: erstmals veröffentlicht 1928. Benjamins ›Barockbuch‹, wie es von der Kritik bezeichnet wird, entstand in einer der aktivsten Perioden der deutschen Barockforschung. Es wurde aber zur

---

92 Vgl. DELEUZE (s. Anm. 34), 79–102, 111 f.
93 Vgl. TIMOTHY MURRAY, You are how you read: Baroque Chao-errancy in Greenaway and Deleuze, in: Iris 23 (1997), 87–107; MURRAY, Et in Arcadia Video: Poussin' the Image of Culture With Marin and Kuntzel, in: Modern Language Notes 112 (1997), 431–453.
94 Vgl. MARC FUMAROLI, Préface, in: Victor L. Tapié, Baroque et classicisme (Paris 1980), 10.
95 Vgl. ULRICH SCHULZ-BUSCHHAUS, Der Barockbegriff in der Romania. Notizen zu einem vorläufigen Resümee, in: Zeitschrift für Literaturwissenschaft und Linguistik 98 (1995), 13 ff.
96 Vgl. TAPIÉ (s. Anm. 94), 225–253.
97 WALTER BENJAMIN, Ursprung des deutschen Trauerspiels (1928), in: BENJAMIN, Bd. I/1 (1974), 203.

Zeit seiner Erstveröffentlichung kaum zur Kenntnis genommen und von der deutschen Germanistik lange geradezu abgewiesen. Seine aktive Rezeption setzt erst nach dem Zweiten Weltkrieg ein und läuft zuerst über das Ausland. Klaus Garber und Uwe Steiner betrachten es als eine der wichtigsten Monographien Benjamins und schreiben ihm ein noch unerschöpftes Rezeptionspotential zu.[98]

Benjamin macht eine der Konstanten der Barockrezeption ganz explizit: Das Interesse für die Barockkultur ist immer in der Gegenwart des Historikers oder Kritikers verankert. So etabliert Benjamin eine reflektierte Parallele zum zeitgenössischen Expressionismus und zum avantgardistischen Kunstschaffen seiner Zeit.[99] Letztere ist so deutlich, daß man beim Lesen manchmal Peter Bürgers *Theorie der Avantgarde* von 1974 mitzuhören glaubt. Wovon sich Benjamin hingegen absetzt, ist die sich schon seit 1910 abzeichnende Tendenz, Barock mit Deutschtum und nordischem Geist gleichzusetzen und in eine Evolutionsreihe einzugliedern, die von der Gotik bis zur Romantik läuft. In verschiedenen Varianten und Graden haben dies Wilhelm Worringer, Fritz Strich, Oskar Walzel und Georg Dehio getan. Noch eindeutiger schwimmt Benjamin gegen den Strom der Germanistik seiner Zeit, indem er eine barocke Ästhetik entwickelt, die nicht nur nicht auf die Klassik als ihre teleologische Erfüllung hinausläuft, sondern geradezu eine ästhetische Gegenposition dazu erarbeitet.[100]

Diese Ästhetik wird speziell im Hinblick auf die literarische Gattung des Trauerspiels entwickelt, die Benjamin zuerst von der Tragödie absetzt und im ganz wörtlichen Sinne nimmt: Es wird Trauer gespielt, d.h. zugleich dramatisch in Szene gesetzt und ludisch durchgeführt.[101] Interessant ist die Tatsache, daß diese Beschränkung auf eine literarische Gattung des Barock – es geht u.a. um Texte von Daniel Casper Lohenstein, Andreas Gryphius, Johann Christian Hallmann – keineswegs zur Folge hat, daß Benjamins Studie nur eine beschränkte Bedeutung bekäme. Ganz im Gegenteil wird sein Barockbuch in der Rezeption zu einem der wichtigsten Beiträge zur Erforschung der barocken Epoche schlechthin. Vor allem zwei Begriffe, die Benjamin nicht etwa neu entwickelt, sondern sich im Verlauf einer sorgfältigen Uminterpretation für

seine Bedürfnisse aneignet, erhalten in der Folge eine allgemeine Bedeutung: Melancholie und Allegorie.

Mit Melancholie bezeichnet Benjamin die subjektive Bedingtheit des barocken Subjekts. Er übernimmt den Begriff aus der Mythologie, der Astrologie und der Humoralpathologie und verleiht ihm eine historische Bedeutung. Das Auftreten des melancholischen Subjekts auf der Bühne der Geschichte erklärt sich aus einem theologisch begründeten Geschichtsverständnis: beim Verlust seines transzendentalen Heilshorizontes und seines Gnadenstandes fällt der Mensch seiner eigenen natürlich-materiellen Bedingtheit als Teil der Schöpfung anheim. Gefallenes Subjekt in einer verfallenden Welt, tritt er in die geschichtliche Moderne ein. Hier prägt sich Geschichte als »Vorgang unaufhaltsamen Verfalls« (353) aus.

Die Figuren des barocken melancholischen Subjekts sind der Denker und Wissenschaftler, der Künstler und der Souverän. Immer aber ist der Melancholiker Allegoriker. Sein Modus der Bedeutungsstiftung ist die Allegorie, der zufolge »jede Person, jedwedes Ding, jedes Verhältnis [...] ein beliebiges anderes bedeuten« (350) kann: »Wird der Gegenstand unterm Blick der Melancholie allegorisch, läßt sie das Leben von ihm abfließen, bleibt er als toter, doch in Ewigkeit gesicherter zurück, so liegt er vor dem Allegoriker, auf Gnade und Ungnade ihm überliefert. [...] an Bedeutung kommt ihm das zu, was der Allegoriker ihm verleiht.« (359)

Aus der Logik der Allegorie heraus werden dem Künstler die Ruinen und Fragmente, die aus dem geschichtlichen Verfall hervorgehen, zu unumgänglichen Materialien seiner Sinnstiftung: »Was da in Trümmern abgeschlagen liegt, das hochbe-

---

98 Vgl. GARBER (s. Anm. 26); UWE STEINER, Allegorie und Allergie. Bemerkungen zur Diskussion um Benjamins Trauerspielbuch in der Barockforschung, in: Daphnis 18 (1989), H. 4, 641–701.
99 Vgl. BENJAMIN (s. Anm. 97), 235, 355.
100 Vgl. WILHELM VOSSKAMP, Deutsche Barockforschung in den zwanziger und dreißiger Jahren, in: Garber (Hg.), Europäische Barock-Rezeption, Bd. 1 (Wiesbaden 1991), 683–703.
101 Vgl. BENJAMIN (s. Anm. 97), 260f., 298.

deutende Fragment, das Bruchstück: es ist die edelste Materie der barocken Schöpfung.« (354) Hier schlägt Benjamins anfänglich theologische Bestimmung des Barock in ihr materialistisches Moment um. Allegorisch gehandhabt werden konkrete Materialien, die aus dem Verfall der Natur hervorgehen. Sie werden in einer ersten Bewegung durch die allegorische Sinngebung erhoben, immer aber bedeutet die Allegorie in ihrer zweiten Bewegung auch die Zeitlichkeit des Verfalls, der an ihrer sinntragenden Materialität festgemacht ist. »Demnach wird die profane Welt in allegorischer Betrachtung sowohl im Rang erhoben wie entwertet.« (351) Diese Doppelnatur der Allegorie weist damit auf die dialektische Struktur, die Benjamin dem Barock gesamthaft zuschreibt.[102]

An der zentralen Position der Allegorie verdeutlicht sich Benjamins Widerstand gegen die kulturelle Hegemonie der Klassik. Barock erweist sich als »souveränes Gegenspiel der Klassik«[103]. Als klassische und zum Teil auch romantische figürliche Entsprechung zur Allegorie sieht er das Symbol, eine undialektische Figur, mit der im Ästhetischen die bruchlose Vermittlung von Erscheinung und Idee, von Natur und Transzendenz, von Bruchstück und Totalität geleistet werden kann. Die begriffliche Aufwertung der Allegorie dem Symbol gegenüber hat weitreichende Folgen für die ästhetische Denktradition: Mit seinem Barockbegriff entwickelt Benjamin eine wirkliche ästhetische Alternative zu einer idealistischen Tradition, die in Klassik und Romantik ihren bifokalen Höhepunkt findet. Die Radikalität dieser Alternative kann zum Teil die lange Nicht-Rezeption von Benjamins Barockbuch – vor allem in der Germanistik – erklären. Sie macht umgekehrt aber auch das große Rezeptionspotential und vor allem die zentrale Position verständlich, die dieses Werk in der heutigen Barockdebatte einnimmt.

Seit den 80er Jahren hat in Frankreich Christine Buci-Glucksmann in mehreren Monographien Benjamins Studie zum Barock wieder aufgenommen und sie gewissermaßen durch die beiden anderen von Benjamin privilegierten Momente der Moderne hindurch gelesen: Baudelaires Paris des Hochkapitalismus und die Zeit der historischen Avantgarden, d.h. Benjamins eigene ästhetische Gegenwart. Aus dieser epochenüberschreitenden Sicht wird Barock zur Vokabel für ein weitgespanntes Programm, das sie mit »archéologie de la modernité«[104] überschreibt, ein Programm, das wiederum erst aus der postmodernen Situation heraus voll verständlich, aber auch als eine Aufarbeitung und Verabschiedung der Moderne notwendig wird.

Buci-Glucksmann stützt sich für ihre Begriffsarbeit auf psychoanalytische Elemente und baut auch Lacans Definition des Barock (»la régulation de l'âme par la scopie corporelle«[105]) in ihre *applicatio* Benjamins auf ihre eigene kulturelle Situation ein. Wichtig in diesem Zusammenhang ist ihre etymologisch begründete Uminterpretation der Benjaminschen Allegorie: Als Diskurs des Andern (»discours de l'Autre«[106]) wird die Allegorie Diskurs des Weiblichen und der weibliche Körper eine der zentralen allegorischen Figuren der Moderne. Die Doppelformulierung »pouvoir allégorique du féminin comme Autre« (181) und »allégorisation du féminin« (179) wird dann zur Formel, die das Weibliche zum barocken Ort innerhalb der Moderne macht.

In ihren neuesten Arbeiten versucht Buci-Glucksmann aus dem Gravitationsfeld von Benjamin als Denker eines barocken Kulturparadigmas herauszukommen.[107] Sie tut dies, indem sie ein zweites Barockmodell entwickelt, das den Status einer Alternative – ästhetisch, geschichtlich und philosophisch – erhält. Es handelt sich aber nicht um eine Alternative zum Barock, sondern um eine innerhalb des Barock. Nach dieser Vorstellung würde sich das Barockparadigma heute aufspalten in eine ›schwere‹ Version, deren mythologische Leitfigur Saturn wäre, und eine ›leichte‹, beflügelte Version, mit Ikarus als Leitfigur.

Die ›schwere‹ Version, man könnte sie auch

---

102 Vgl. STEINHAGEN (s. Anm. 26).
103 BENJAMIN (s. Anm. 97), 352.
104 BUCI-GLUCKSMANN, Puissance du Baroque, in: E. M. Bukdahl (Hg.), Puissance du Baroque (Paris 1996), 20.
105 JACQUES LACAN, Du Baroque, in: Lacan, Le Séminaire. Livre 20. Encore (1972–73) (Paris 1975), 105.
106 BUCI-GLUCKSMANN, La Raison baroque. De Baudelaire à Benjamin (Paris 1984), 182.
107 Vgl. BUCI-GLUCKSMANN (s. Anm. 104), 11–25.

schwermütig nennen, hat ihr Denkmodell in Benjamin gefunden. Unter der Voraussetzung einer theologisch erklärten Einbindung des Menschen in seine geschichtliche Situation überläßt sie das menschliche Subjekt dem melancholischen Affekt. Der theologisch oder psychoanalytisch gedachte Verlust einer ursprünglichen Ganzheit bestimmt das Geschichtsdenken und das Kulturschaffen. Geschichtlich bedeutet Barock die Ausarbeitung einer Archäologie der Moderne, die der zeitlichen Logik der Metaerzählungen der Moderne zuwiderläuft. Im ästhetischen Bereich ist die Allegorie die zentrale Figur; sie arbeitet mit den Bruchstücken des (natur)geschichtlichen Verfalls, ohne sich je über deren Materialität zu erheben, ohne die Zeitlichkeit des Verfalls zu überwinden. Heute, da sich Rückkehr des Barock und Ende der Moderne in der Konstellation des Postmodernismus überlagern, geht es wohl nicht mehr so sehr um die transzendentale Obdachlosigkeit als um den Verlust des ganzheitlichen Utopiehorizontes der Moderne. Wenn die Allegorie ästhetisch wieder aufkommt, dann gehört sie einer neuen Art von Trauer-Spiel an: getrauert wird um die verlorenen Hoffnungen der Moderne.

Die ›leichte‹ Version trauert nicht mehr, sie spielt nur noch. Sie begegnet dem Spiel oder Spektakel mit euphorischem Affekt. Es wird weder von einem Verlust noch von einem Fall ausgegangen, dessen Folgen zu Trauer Anlaß geben würden. Vielmehr werden die vielfältigen Möglichkeiten in ihrer vollen Komplexität durchgespielt. Neueste Technologien erweitern diese Möglichkeiten noch, verstärken die Komplexität; sie erschließen uns ein Erfahrungspotential von unerhörter Breite. Keine Tiefe, keine Transzendenz, nur noch Spiel mit Virtualitäten. Allerdings mit Virtualitäten, mit möglichen Welten, deren Vielheit in keiner Harmonie mehr aufgehoben ist. Es geht zum Teil um unvereinbare Möglichkeiten, deren Divergenz und auch Konfliktpotential in keinem zentralen und übergeordneten Fluchtpunkt mehr vermittelt werden.

Buci-Glucksmann verweist auf Deleuze, wenn sie dieser zweiten, neueren Version des Barockparadigmas – in Anlehnung an die Bezeichnung ›postmodern‹ verwendet sie den Ausdruck ›postbarock‹ – einen Denker voranstellen will, wie Benjamin der ersten. In seinem Buch *Le Pli. Leibniz et le Baroque* (1988) verweist Deleuze seinerseits auf Leibniz, womit er eine alternative philosophische Denktradition – etwa zu Kant und Hegel – eröffnet, die es ihm erlaubt, die Barockproblematik heute zu denken und sich selbst in diese Tradition zu stellen. Denn es geht darum, das Barock heute, d.h. die Grenzen der Barockepoche überschreitend, zu denken, wenn nicht geradezu begrifflich zu erfinden:»dans le cas du Baroque il s'agit de savoir si l'on peut inventer un concept capable (ou non) de lui donner existence. [...] Pour nous, en effet, le critère ou le concept opératoire du Baroque est le Pli, dans toute sa compréhension et son extension: pli selon pli. Si l'on peut étendre le Baroque hors des limites historiques précises, il nous semble que c'est toujours en vertu de ce critère.«[108]

Die Falte wird somit für Deleuze zum entscheidenden Arbeitsbegriff. Einer benjaminischen Denkfigur ähnlich, ermöglicht sie es, die Denkarbeit in den vielfältigsten Lebensbereichen immer wieder am Konkreten festzumachen. Vor allem aber erlaubt sie die Doppelbewegung, binäre Oppositionen in ihrer Verwendung selbst aufzuheben: Sie suggeriert ein Tiefenmodell und verweist immer wieder auf die Oberfläche, sie setzt innen von außen ab und macht zugleich deren Unterscheidung unmöglich. Deleuze entfaltet ein Modell von Komplexität und serieller Wiederholung, indem er, ganz im Sinne von Heideggers philosophischem Stil und immer wieder auf Leibniz zurückgreifend, das gesamte Bedeutungspotential der Wortfamilie von ›le pli‹ durchspielt: alle Positionen der Vervielfältigung – Falte auf Falte, Falte nach Falte, Falte in Falte, Falten von Falten –, alle Ableitungen, die im Französischen noch zahlreicher sein dürften als im Deutschen. Verbal: plier, replier, déplier, aber auch déployer, expliquer, impliquer. Nominal: pliage, plissage, pliure, repli, dépli, déploiement, implication, explication. Die Figur findet sich überall: im Organischen, in der Geologie, Geographie, Topologie, Geometrie, in der Architektur, Malerei, Musik; sie erhält Ereigniacharakter, geht über in

---

108 DELEUZE (s. Anm. 34), 47; dt.: Die Falte. Leibniz und der Barock, übers. v. U. J. Schneider (Frankfurt a. M. 1995).

Gewebe, Fluidität; sie erweist sich als konstitutiv für Labyrinth, Fraktale, Chaos.

Buci-Glucksmann stützt sich auf Deleuze-Leibniz, um die ›leichte‹ Variante des Barockparadigmas zu entwickeln: Komplexität, Serialität, Virtualität, das Ereignis des Faltens und Entfaltens mit unendlichem Potential, Vielfalt und Vervielfältigung. Die Operativität der Falte wird zugleich kognitiv und ästhetisch wirksam. Begriffsarbeit und ästhetischer Genuß paaren sich jenseits des melancholischen Affekts und ergeben ästhetische Fülle ohne Fixierung auf eine »erstarrte Urlandschaft«[109].

Wohin aber führt dieser Ikarus-Flug, dessen Leichtigkeit von einem euphorischen Affekt begleitet wird? Ansätze zu einer Antwort finden sich in früheren Stadien der Barockdebatte und führen zu einem epochemachenden Werk der 70er Jahre, zu José Antonio Maravalls La cultura del barroco. Im Verlauf der Barockdebatte war dieser Beitrag in erster Linie die Reaktion eines Kulturhistorikers auf typologische (vor allem D'Ors) und stilistische (Wölfflin) Arbeiten zum Barock. Für Maravall ist Barock ein Epochenbegriff und muß deshalb geschichtlich auf ein genau umschriebenes Chronotop festlegbar sein: die spanische Monarchie zwischen 1605 und 1650.[110] Allerdings zwingt ihn diese Einschränkung dann dazu, im Raum den Blick auf ein europäisches Barock und auf andere nationale Kulturen zu öffnen und in der Zeit Ausblicke auf das 20. Jh. einzubauen. Eine weitere Vorentscheidung Maravalls ist von höchster Wichtigkeit:»Pero creemos [...] que [...], en cualquiera de los campos de los hechos humanos, se puede hablar congruentemente de Barroco en un momento dado. [...] Nuestra tesis es que todos esos campos de la cultura coinciden como factores de una situación histórica, repercuten en ella y unos sobre otros.« (27f.) (Ich glaube, daß man in allen Bereichen menschlichen Tuns zu einer gegebenen Zeit zu Recht von Barock sprechen kann. [...] Meine These ist, daß all diese Bereiche der Kultur als Faktoren in einer historischen Situation wirken und sich gegenseitig beeinflussen.)

Kultur ist für Maravall ein umfassender Sammelbegriff, der ein internes systemisches Funktionieren voraussetzt. ›Spanische Barockkultur‹ bezeichnet für ihn ein System, das in Krise ist. An der Nahtstelle zwischen Kunst und Politik manifestiert sich diese Krise auf zwiespältige Weise. Im Bereich der Kunst und der Kultur im engeren Sinne treten entscheidende Neuerungen auf: Eine Städtekultur entsteht. Maravall geht soweit, von einer Massenkultur zu sprechen. Wichtige Umschichtungen finden statt, so daß sich die kulturellen Produktions- und Rezeptionsbedingungen im Sinne einer Modernisierung radikal wandeln. Im Bereich der Politik ist die Krise als eine Schwächung der Institutionen Monarchie und katholische Kirche zu sehen. Diese beiden Institutionen versuchen – vereint oder konfliktuell –, den Machtverlust wiedergutzumachen, d.h. die Gesellschaft unter ihrer Führung als ein integratives Ganzes zusammenzuhalten, was zu einer restaurativen Haltung führt.

Aus dieser Situation ergibt sich – und dies ist eine der wichtigen Thesen Maravalls – eine instrumentelle Verwendung der Kultur durch die Machthabenden. Kultur wird zu einem Mittel sozialer Repression und Integration: »la cultura del Barroco es un instrumento operativo [...] cuyo objeto es actuar sobre unos hombres« (132) (die Kultur des Barock ist ein strategisches Instrument, das eingesetzt wird, um auf Menschen einzuwirken). Damit steht sie im Dienst reaktionärer Ideologien, die institutionell von Staat und Kirche verkörpert werden: »todo el período del Barroco es una época de ›reacción nobiliaria‹« (85) (das gesamte Barock ist eine Epoche der ›Adelsreaktion‹). Maravall sieht somit die Kultur vollkommen integriert in eine Logik der Machtausübung und Sozialtechnologie: »Sin duda, el sistema militar [...] es una manifestación de la cultura barroca [...]; pero lo es también todo ese conjunto de resortes ideológicos, artísticos, sociales, que se cultivaron especialmente para mantener psicológicamente debajo de la autoridad tantas voluntades de las que se temía hubieran podido ser llevadas a situarse enfrente de aquélla. La monarquía barroca, con su grupo estructurado de señores, burócratas y soldados, con su grupo, más informal, pero no menos eficaz, de poetas, dramaturgos, pintores, etc., puso en juego ambas posibilidades.« (112f.) (Das Militärsystem ist zweifellos Ausdruck der Barockkultur [...], aber auch

---

109 BENJAMIN (s. Anm. 97), 343.
110 Vgl. JOSÉ ANTONIO MARAVALL, La Cultura del Barroco (Barcelona 1975), 24.

die Gesamtheit der ideologischen, künstlerischen und sozialen Kunstgriffe, die entwickelt wurden, speziell um auf psychologischer Ebene all die Begehrlichkeiten unter Kontrolle zu halten, von denen man befürchtete, sie könnten sich ihr entgegenstellen. Die barocke Monarchie mit ihren Herren, Bürokraten und Soldaten und mit der zwar weniger formellen, aber nicht minder effizienten Gruppe von Dichtern, Dramatikern, Malern u. a. brachte beide Möglichkeiten ins Spiel.)

Zugespitzt formuliert, ergibt diese Analyse eine historische Krisensituation, die auf der einen Seite durch eine reaktionäre Ideologie in den Händen restaurativ gesinnter Machthabender und auf der anderen Seite durch die progressiven Kräfte gesellschaftlicher Unruhe bestimmt ist. Von dieser Unruhe erfaßt, wandeln sich die kulturellen Ausdrucksmittel im Sinne einer Modernisierung. Sie explodieren förmlich, so daß ein Kräftefeld und eine morphologische Dynamik entstehen, die erst heute mit unseren technologischen Mitteln eingeholt werden können. Das Potential dieser Modernisierung wird aber im 17. Jh. von Ideologie und Macht erfaßt und instrumental für deren eigene Zwecke eingesetzt. Im Sinne eines technisch zweckrationalen Denkens ist das höchste Gebot die Wirksamkeit. Kunst wird einem streng wirkungsästhetischen Denken unterstellt. Das bedeutet, daß ihre zum Teil irrationalen Inhalte in Hinblick auf nicht ästhetische Zwecke rational manipuliert werden. Unter dem Oberbegriff der kulturellen Technik (»técnicas culturales del Barroco« [114]) bezeichnet Maravall diese Rationalität, der die Kunst nun unterstellt wird, auf vielfältige Weise: »racionalización operativa« (strategische Rationalisierung), »mecanización« (Mechanisierung), »estudiada y táctica adecuación de medios a fines« (überlegte taktische Anpassung von Mitteln an Zwecke) oder »el empleo de los resortes internos del hombre« (Ausnutzung der inneren Möglichkeiten des Menschen) (142).

7. Barock und Retotalisierung

Hat Maravall diese rationale Instrumentalisierung der Barockkultur überzeichnet? Hat er die reaktionäre Komponente der spanischen Barockepoche übertrieben? Wie dem auch sei, begriffsgeschichtlich wichtig ist, daß er auf dem Aspekt insistiert, der hier mit Retotalisierung bezeichnet werden soll. Dank seiner systemischen Integration des Kulturbegriffs, die ihm nicht erlaubt, das ideologischpolitische Moment des Barockbegriffs vom ästhetischen Moment abzukoppeln, hat Maravall unter den Barockspezialisten diesen Aspekt der Retotalisierung innerhalb des Barockparadigmas am schärfsten gedacht. Die Retotalisierung wird im spanischen historischen Barock von institutionellen Subjekten (Monarchie, Kirche) gewünscht, gedacht und geplant und von kollektiven Handlungsträgern (Aristokratie, Bürokratie) ausgeführt. Handelt es sich, übertragen auf eine Benjaminsche Begriffsbildung, um ›Ästhetisierung der Politik‹ oder um ›Politisierung der Kunst‹?

In neueren Studien zum Barock findet man das Moment der Retotalisierung wieder. Erwähnenswert ist vor allem die umfangreiche Monographie von Joachim Küpper mit dem Titel *Diskurs-Renovatio bei Lope de Vega und Calderón* (1990). Auf der Basis von Foucaults Diskurstheorie schlägt er eine Redefinition der Barockepoche vor, in deren Zentrum die Restauration einer vorgegebenen, aber inzwischen in Auflösung geratenen Diskursordnung steht. Ausgehend von einer mittelalterlichen Diskursordnung, durchläuft das Diskurssystem zwei »Auflösungsstufen«: 1. »Die Renaissance ist eine Epoche unbewältigter Vielheit, eine Epoche geistiger Potentialitäten«, und 2. »Im 16. Jahrhundert geht der chaotisierte analogische Diskurs in die zweite Auflösungsstufe über, den Manierismus.«[111] Die barocke Diskurs-Renovatio beabsichtigt die Reintegration dieser Auflösungsformen in eine einheitliche Diskursordnung. Dabei geht es aber, ähnlich wie bei Maravall, nicht darum, die Vielfalt der neuen Formen (auch »Chaotisierungen«[112] genannt) zu negieren, sondern sie einer einheitlichen Ordnung zu unterstellen und damit zu integrieren. Man erkennt das Moment einer barocken Retotalisierung in diskurshistorischem Gewand wieder.

In Lateinamerika wird die Barockdebatte begleitet von einer speziellen Form von Retotalisierung.

---

111 JOACHIM KÜPPER, Diskurs-Renovatio bei Lope de Vega und Calderón (Tübingen 1990), 21.
112 Ebd., 24.

Diese schwingt dort in der fast obsessiven Identitätsproblematik mit, die von der Barockdebatte kaum abzulösen ist, vor allem wenn diese Fragestellung ins Essentialistische abgleitet. Sobald die Barockkultur mit Identitätsstiftung beauftragt wird, ist sie bereits von einem Retotalisierungsprojekt vereinnahmt.

Der Umweg über Maravall führt nun wieder zurück zu Buci-Glucksmann und Deleuze, vom historischen Barock zu seiner Rückkehr heute. Er mündet in eine offene Frage: Gehört das Retotalisierungsmoment wesentlich zum Barockbegriff? Oder gibt es historische Situationen, deren systemische Erfassung es erlauben würde, das Politisch-Ideologische vom Ästhetischen abzukoppeln? Die ›leichte‹ Version des Barockparadigmas, bei Buci-Glucksmann auch ›postbarock‹ genannt, böte in diesem Sinne die Möglichkeit, das ästhetische Potential des Barock euphorisch durch- und auszuspielen, ohne dabei vom retotalisierenden Moment eingeholt zu werden. Negative Antworten auf diese Frage wären etwa bei Guy Debord (*La société du spectacle*, 1971) zu finden, oder im Film *The Truman Show* (1998) von Peter Weir. Allerdings in einer Logik, die Maravall noch nicht erahnte: Die retotalisierende Vereinnahmung des Spektakels oder des *Show Business* geht nicht mehr von einer nicht-ästhetischen Instanz aus und wird nicht mehr von außen im Sinne einer Instrumentalisierung ans Ästhetische herangetragen. Nach der Logik dieser beiden äußerst verschiedenen Werke sondert das Spektakel – oder die *Show* – selbst das retotalisierende Element ab und verbreitet in seiner restlosen Ausdehnung und Verallgemeinerung zum leichten Spiel eine Atmosphäre totaler Gewalt. Das Theatrum Mundi ist keine Metapher mehr, Spektakel und Welt sind koextensiv geworden. Es gibt keinen Ausgang vom Theater in die Welt mehr.

V. Die Amerikanisierung des Barock

Die Tatsache, daß nach 1521, d.h. seit der Eroberung von Tenochtitlán, der heutigen Stadt Mexiko,

---

113 Vgl. WELLEK (s. Anm. 49).

ein lateinamerikanisches Barock eine kulturelle Wirklichkeit darzustellen beginnt, wurde in der europäischen Barockdebatte lange ignoriert. Noch Wellek erwähnt Lateinamerika in seiner Begriffsbestimmung von 1963 mit keinem Wort.[113] Dieser Eurozentrismus der Barockforschung hat sich inzwischen geändert, haben doch einerseits Lateinamerikaforscher vieler Sparten und verschiedenster Herkunft und andrerseits Kulturschaffende in Lateinamerika der Frage eines lateinamerikanischen Barock seit einigen Jahrzehnten in ihren Arbeiten breiten Raum gegeben. Im literarischen Bereich dürfte es gerade eine der Eigenarten des lateinamerikanischen Barock darstellen, daß die Schriftsteller und Dichter an der Debatte um das Barock selbst beteiligt sind. So haben etwa die Kubaner José Lezama Lima und Alejo Carpentier, die Mexikaner Octavio Paz und Carlos Fuentes oder der Brasilianer Haroldo de Campos Wesentliches zur Barockdiskussion beigetragen. Hinzu kommen noch die Namen der Exilkubaner Severo Sarduy und Cabrera Infante, die – in Europa lebend – den Rückbezug auf die europäische Debatte hergestellt haben.

1. Barock als Prozeß der Kulturübertragung

Das lateinamerikanische Barock erweist sich als komplexes Beispiel einer gigantischen Kulturübertragung. Dies jedenfalls, wenn man nicht die Existenz eines autochthonen präkolumbianischen Barock auf dem Subkontinent annimmt, eine These, die noch zur Sprache kommen wird. Geht man davon aus, daß die spanischen und portugiesischen Eroberer das kulturelle Paradigma Barock auf den amerikanischen Kontinent verpflanzt haben, so ergibt sich eine kulturgeschichtliche Fragestellung, die man auf ein Paradox zuspitzen kann: Wie ist es möglich, daß gerade ein ursprünglich europäisches, vom imperialen Eroberer mitgebrachtes und vom Kolonisator auferlegtes kulturelles Paradigma nach den nationalen Unabhängigkeitskämpfen, d. h. in postkolonialer Situation, zum gemeinsamen Nenner einer kulturellen Identitätssuche werden konnte? Wie konnte gerade dieses ursprünglich koloniale Paradigma (span.: el barroco de Indias) zur ästhetischen Verkörperung von Amerikanität werden?

In ihrer Antwort auf diese Frage verweisen die meisten Forscher auf einen langen Übertragungs- und Aneignungsprozeß.[114] Geht man, wie Leonardo Acosta es formuliert, davon aus, das Barock sei »el estilo importado por la monarquía española como parte de una cultura estrechamente ligada a su ideologia imperialista«[115] (ein Stil, der von der spanischen Monarchie als Teil einer eng an ihre imperialistische Ideologie gebundenen Kultur importiert wurde), dann wird es wichtig zu verstehen, wie sich dieser Stil von der kolonialen Ideologie ablösen konnte. Mehrere Forscher haben diesen Prozeß der Ablösung untersucht und speziell die erste Phase der Abweichung vom europäischen Modell unter die Lupe genommen. Je nach Fokussierung auf ein koloniales Subjekt und den entsprechenden Kulturträger ist von Kreolisierung (Moraña) oder von Indianisierung (Theodoro) die Rede. In einer an Gramsci angelehnten Analyse unterscheidet Moraña drei Stufen: In der ersten Phase werden europäische ästhetische Modelle auf Amerika übertragen, dies im Rahmen eines expansionistischen Projektes, das um einen König, einen Gott und eine Sprache herum die imperiale Totalität zu vereinen sucht. Barock ist dabei vor allem das Kommunikationsmodell, durch dessen Kode der imperiale Staat seine Macht in sozial hoch ritualisierten Formen zur Schau stellt. In der zweiten Phase sieht sich der ›criollo‹ (amerikanischer Abkömmling europäischer Kolonisatoren) gezwungen, das hegemonische Barockmodell zu reproduzieren; dabei findet aber eine unmerkliche Abweichung statt, die den Anfang einer amerikanischen Aneignung darstellt und bereits Keime eines Antagonismus zur Ideologie des Mutterlandes enthält. In der dritten Phase entwickelt sich dann ein kreolisches Bewußtsein, das sich politisch manifestiert und bereits die Herausbildung der zukünftigen nationalen Identitäten in Gang setzt. Moraña untersucht diesen Prozeß an drei Einzelbeispielen: Juan de Espinosa Medrano, genannt El Lunarejo (Peru), Carlos Sigüenza y Góngora und Sor Juana Inés de la Cruz (beide Mexiko). Entscheidend an dieser Ablösung des subalternen Subjekts von einem hegemonischen Modell ist die Tatsache, daß das barocke Modell nicht abgelehnt, sondern wiederverwendet und zum kulturellen Material und Träger einer neuen Identitätskonstruktion umfunktioniert wird, die in ihrer Schlußphase die ursprünglichen kolonialen Inhalte und Absichten des Barock vollkommen zurückweist.[116]

Janice Theodoro untersucht den gleichen Prozeß auf das Subjekt ›Indio‹ bezogen und stellt dabei die Frage der Spaltung des kulturellen Gedächtnisses und der daraus hervorgehenden kulturellen Hybridisierung (›miscigenação‹) in den Vordergrund. Der als Vertreter der Kolonialmacht auftretende Europäer bringt sein an die Barockkultur gebundenes Gedächtnis mit, er läuft aber Gefahr, es zu verlieren, wenn er es nicht in konkreten Gebilden – Theodoro meint vor allem sakrale Architektur – spiegeln kann. Er braucht deshalb die Einheimischen, um die barocken Formen zu reproduzieren – was sie zwar lernen können, aber ein entsprechendes kulturelles Gedächtnis haben sie nicht. Sie werden also Formen nachbilden, zu denen ihnen das kulturelle Gedächtnis fehlt, an die sie aber gezwungenermaßen ein ganz anderes kulturelles Gedächtnis herantragen. Sie werden die barocken Formkodes lernen und reproduzieren, sie aber mit fremder Bedeutung und Funktion belegen. Diese Gedächtnisspaltung ist der Ausgangspunkt der Amerikanisierung des Barock und damit auch der Hybridisierung der lateinamerikanischen Kultur.[117] Ähnliches beobachtet Serge Gruzinski in der kulturellen Entwicklung Lateinamerikas, speziell in der Bildkultur.[118] Theodoros These der kulturellen Gedächtnisspaltung ist gekoppelt an eine These der Gedächtnisretotalisierung, die als

---

114 Vgl. JOHN BEVERLEY, Nuevas vacilaciones sobre el barroco, in: Revista de Crítica Literaria Latinoamericana 14 (1988), Nr. 28, 215–227; MABEL MORAÑA, Barroco y conciencia criolla en Hispanoamerica, in: Revista de Crítica Literaria Latinoamericana 14 (1988), Nr. 28, 229–251; MORAÑA (Hg.), Relecturas del Barroco de Indias (Hanover, N. H. 1994); LEONARDO ACOSTA, El barroco de Indias y la ideologia colonista (Havanna 1972); JANICE THEODORO, América Barroca: Tema e Variações (São Paulo/Rio de Janeiro 1992).
115 Zit. nach BEVERLEY (s. Anm. 114), 216.
116 Vgl. MORAÑA, Barroco y conciencia criolla en Hispanoamerica 14 (1988), Nr. 28, 229–251.
117 Vgl. THEODORO (s. Anm. 114).
118 Vgl. GRUZINSKI (s. Anm. 22).

eine Entsprechung zu Küppers These der Diskurs-Renovatio betrachtet werden kann.[119] Die Fragmentierung ruft den kollektiven Wunsch nach einer kommemorativen Kontinuität hervor: Eine als hybride entstandene Kultur wird in der Zukunft ein Bedürfnis für totalisierende Gedächtnisarbeit entwickeln. Diese These könnte zur Erklärung der späteren Vereinnahmung des Barock für die amerikanische Identitätssuche hinzugezogen werden.

Historisch ist mit Morañas und Theodoros Mikroanalysen des frühen Amerikanisierungsprozesses des Barock nur eine erste Loslösung vom europäischen Modell, und dies bei seiner aktiven Reproduktion, erklärt. John Beverley verfolgt diesen Prozeß noch weiter. Er zeigt, wie der im Zusammenhang mit den nationalen Unabhängigkeitsbewegungen und mit den postkolonialen Staatengründungen auftretende aufgeklärte Liberalismus im Prinzip anti-barock ist; wobei er von einem marxistischen Verständnis ausgeht, dem das kulturelle Paradigma des Barock als aristokratisch, feudal und autokratisch gilt. Immerhin eröffnet ihm diese Bewertung der Situation des 19. Jh. die Möglichkeit, im 20. Jh. ideologische Unterscheidungen in der reaktivierenden Aneignung des Barock vorzunehmen: Neoliberal wäre so etwa die Position von Carlos Fuentes und Octavio Paz, sozialistisch, oder jedenfalls sozialisierend, jene von Alejo Carpentier, Severo Sarduy, García Marquez. Beverley selbst kann aber die erneute kulturelle Aktualität der lateinamerikanischen Barockdebatte nur negativ sehen: Die neobarocke Literatur wäre demnach Ausdruck eines sozialen Privilegs wie auch der kulturellen Dekadenz des Bürgertums und als solche zu bekämpfen.[120]

Gruzinskis Analyse derselben kulturgeschichtlichen Phase des lateinamerikanischen Barock ist differenzierter und insgesamt interessanter, schon deshalb, weil sie nicht auf eine Verwerfung des beobachteten Objekts hinausläuft. Seine These besagt, daß der Modernisierungsprozeß in Lateinamerika – wozu das Aktivwerden eines aufgeklärten Liberalismus im 19. Jh. gehört – nie so weit fortschritt, daß er das Barock als kulturellen Gegenpart hätte verdrängen oder wenigstens negativ bewerten können. Ganz im Gegenteil – und damit stimmt er teilweise mit García Canclini überein[121] – zeigt er, wie gerade die Schwäche der lateinamerikanischen Modernisierung für die Barockkultur eine Chance darstellte, bis ins fortgeschrittene 20. Jh. hinein fortzuleben: »on peut se demander si les carences du XIXᵉ siècle [...] ne doivent pas être assimilées à des sortes de courts-circuits, à des ›économies‹ culturelles qui feraient passer sans transition d'un monde baroque prolongé qui n'en finirait plus de s'éteindre tout au long du XIXe et du XXe siècles, au monde néo-baroque de la postmodernité.«[122]

Dies zeigt er in seinem Buch *La guerre des images* (1990) vor allem für die visuelle Kultur auf. In Mexiko hat sich die posttridentinische Politik der wirksamen Bilderverwendung zur Verbreitung des katholischen Glaubens synkretistisch mit präkolumbianischen Bilderkulturen vermischt, so daß eine äußerst aktive barocke Bilderkultur entstand. Im Falle der Virgen de Guadalupe kann nachgewiesen werden, wie diese Bilderkultur eine Wirksamkeit entwickelte, die weit über den religiösen Bereich hinausging und für die nationale Integration funktionalisiert werden konnte. Auf Grund der Schwäche der im 19. Jh. einsetzenden Modernisierung (vor allem der auf der Alphabetisierung beruhenden Schriftkultur) konnte sich die barocke Bildtradition bis ins 20. Jh. hinein als tragender kultureller Faktor halten und eine direkte Brücke zur elektronischen Bildkultur schlagen. Gruzinski glaubt, daß dies ein Element zur Erklärung der äußerst starken Position der Telenovela-Industrie in Mexiko ist. Eine parallele Entwicklung findet man übrigens auch in Brasilien. Es läge deshalb auf der Hand, Omar Calabreses Untersuchung der nordamerikanischen Fernsehserien in ihrer Zugehörigkeit zu einer neobarocken Kultur[123] auch auf die ›telenovelas‹ der *Televisa* (Mexiko) und des *Rede Globo* (Brasilien) anzuwenden.

Wichtig an Gruzinskis Arbeit ist der Nachweis, daß die Barockkultur in Lateinamerika eine kon-

---

119 Vgl. KÜPPER (s. Anm. 111).
120 Vgl. BEVERLEY (s. Anm. 114), 227.
121 Vgl. NÉSTOR GARCÍA CANCLINI, Culturas híbridas: estrategias para entrar y salir de la modernidad (Mexiko 1990).
122 GRUZINSKI, Du baroque au néo-baroque: aux sources coloniales des temps post-modernes (le cas mexicain) [unveröffentl. Vortragsmanuskript, 1991], 20.
123 Vgl. CALABRESE (s. Anm. 23).

V. Die Amerikanisierung des Barock   607

tinuierliche Tradition darstellt, die dank ihrer synkretistischen Natur und dank ihres teilweisen Unterlaufens der Schriftkultur eine ausgesprochen populäre Breitenwirkung erlangte. Diese Tatsache erklärt einerseits ihre Vereinnahmbarkeit als integrierendes Element für politisch-ideologische Zwecke im Rahmen verschiedener nationalstaatlicher Projekte und andrerseits ihre Anschließbarkeit an die elektronische Massenkultur. Lateinamerika hätte demnach das barocke Potential für eine Massenkultur, das schon Maravall in seiner Studie zum europäischen und mehrheitlich spanischen Barock herausstellte, auf breiterer Basis verwirklicht als Europa.

2. Barock als Paradigma der Identitätsbildung

Anschließend sollen einige Momente der lateinamerikanischen Barockdebatte im 20. Jh. nachgezeichnet werden. Stark schematisch gesehen, kann dabei eine essentialistische von einer pragmatisch-strategischen Position unterschieden werden. Essentialistisch wäre die These einer amerikanischen Barocknatur, strategisch-pragmatisch die These verschiedener Modalitäten der Aneignung. Man findet die beiden Haltungen kaum in Reinform, häufig werden sie auf ambivalente und gar widerspruchsvolle Weise kombiniert; ihre analytische Unterscheidung hilft aber, das komplexe Geschehen besser zu erfassen.

Schon die verschiedenen lateinamerikanischen Modernismus-Bewegungen haben sich dem Barock zugewendet. Carpentier erkennt im frühen Rubén Darío bereits barocke Elemente[124], während die brasilianischen Modernisten sich in den 20er und 30er Jahren aktiv für das barocke Kulturerbe des Staates Minas Gerais interessierten, wo sich neben Salvador da Bahia ein eigenständiges Barock vor allem im sakralen Bereich entwickelt hatte. In dieser kolonial-religiösen Kunst erkennt vor allem Mário de Andrade eine eigenständige Tradition künstlerischen Schaffens, die die auf nationale Eigenart ausgerichtete Modernität in sich aufzunehmen habe.[125]

Aber erst gegen die Jahrhundertmitte entwickelte sich eine intensive Neubesinnung auf das Barock und dessen Wiederaneignung im Rahmen der sowohl nationalen wie auch subkontinentalen Identitätssuche. Im Rahmen eines dominanten Diskurses des ›americanismo‹ und der Amerikanität wird Barock zum diskursiven Kristallisationsherd und somit zum kulturellen Identitätsemblem. Barock liefert den Brennpunkt für eine Retotalisierung des kulturellen Gedächtnisses, wie sie von Theodoro als Antwort auf eine durch die Kolonisierung bedingte Fragmentierung gedacht wird. Interessanterweise rückt nun aber gerade die u.a. auch von Gruzinski und García Canclini festgestellte kulturelle Hybridität nicht an den Rand, sondern ins Zentrum des so konstruierten Paradigmas des lateinamerikanischen Barock. Daraus ergibt sich die komplexe und manchmal geradezu paradoxe Situation, daß das Element, das zur Konstitution von Identität herangezogen wird – kulturelle Heterogenität –, selbst ein Potential zur Sprengung von Identität in sich birgt. Diese Spannung findet sich in allen Versuchen des 20. Jh., in Lateinamerika ein identitätsbildendes Barockparadigma zu konstruieren. Sie wird von den verschiedenen Autoren auf unterschiedliche Weise verarbeitet. Dabei ist die Versuchung groß, sie ontologisch kurzzuschließen, indem auf ein vordiskursives, ein vorkulturelles lateinamerikanisches Sein zurückgegriffen wird, dem man dann eine nicht hintergehbare, begründende Funktion für die Identitätsbildung zuschreibt.

In diesem Sinne sollen jetzt drei wichtige Vertreter der lateinamerikanischen Barockdebatte im 20. Jh. zu Wort kommen: die Kubaner José Lezama Lima und Alejo Carpentier und der Brasilianer Haroldo de Campos. Diese Auswahl von Autoren ist verhältnismäßig arbiträr, bietet aber immerhin die Gewähr, die verschiedenen historischen Momente der Debatte, unterschiedliche ideologische Positionen und eine Vielheit von darin vorkommenden Vorgehens- und Verfahrensweisen zu erfassen.

a) José Lezama Lima

José Lezama Limas Text *La curiosidad barroca* wurde 1957 in der Aufsatzsammlung *La expresión americana* publiziert. Geistesgeschichtlich stellt diese Samm-

---

124 Vgl. CARPENTIER (s. Anm. 11), 71.
125 Vgl. PIERRE RIVAS, ›Modernisme et primitivisme‹ in Mário de Andrade, Macounaïma (Paris 1996), 10.

lung eine Replik auf Hegels äußerst knappe und negative Behandlung Amerikas in seinen *Vorlesungen über die Philosophie der Geschichte* (1837) dar; der Amerikaner Lezama Lima mußte diese Behandlung als eine Provokation empfinden. Der Barockaufsatz enthält entsprechend thesenhafte Formulierungen, die Hegel widersprechen und der amerikanischen Ausdruckswelt eine eminente Rolle in der globalen Kulturgeschichte einräumen: »Después del Renacimiento la historia de España pasó a la América« (Nach der Renaissance geht die Geschichte Spaniens nach Amerika hinüber). Hier wird nicht nur eine großräumige Kulturübertragung festgestellt, sondern zugleich auch eine Überlegenheit des neuen Kulturträgers ›Amerika‹ postuliert, denn Lezama fährt fort: »y el barroco americano se alza con la primacía por encima de los trabajos arquitectónicos de José de Churriguera y Narciso Tomé« (und das amerikanische Barock erhebt sich überlegen über die architektonischen Arbeiten von José de Churriguera und Narciso Tomé)[126]. In der Darstellung dieses großräumigen Phänomens dürften auch Echos der in der ersten Hälfte des 20. Jh. einflußreichen Kulturtheorie und -typologie Oswald Spenglers mitschwingen: Die Kultur der Alten Welt hat sich erschöpft, ein neuer Zyklus beginnt; Amerika ist zum Schauplatz eines Neubeginns geworden und vermag alle Elemente des europäischen Barock nicht nur in sich aufzunehmen, sondern auf einer höheren Stufe weiterzuentwickeln oder jedenfalls – dies ist eine starke alternative Thematik – für Europa eine Herausforderung und Anmaßung darzustellen, mit dem europäischen Barock zu wetteifern und sich ihm gleichzusetzen.[127] Das bedeutet, daß die These der Kulturübertragung auch eine antagonistische Pose und das Postulat einer Aneignung enthält. Politisch formuliert, wird es zur berühmten Abwandlung von Weisbachs These, wonach das Barock die Kunst der Gegenreformation war: »Repitiendo la frase de Weisbach, adaptándola a lo americano, podemos decir que entre nosotros el barroco fue un arte de la contraconquista.« (Wenn wir die Formel Weisbachs wiederholen und sie dem Amerikanischen anpassen, können wir sagen, das Barock sei bei uns eine Kunst der Gegenkonquista gewesen.) (80; dt. 46) Dank des Barockparadigmas also vermag Amerika die Alte Welt im kulturellen Bereich zu schlagen, ja zu überflügeln, so daß eine Umkehrung der Kräfteverhältnisse eintreten kann: eine »recíproca influencia americana sobre lo hispánico« (der umgekehrte Einfluß des Amerikanischen auf das Spanische) (95; dt. 59). Das die Aussageposition markierende ›bei uns‹ wird außerdem durch die fast allegorische Figur »nuestro señor barroco« (unser barocker Herr) (81; dt. 46) verstärkt, eine schillernde Figur, die sich, durch den ganzen Text hindurch verwendet und entwickelt, unter dem Einfluß der verschiedenen Züge des lateinamerikanischen Barock immer wieder verwandelt. Die emphatische Wiederholung der amerikanischen Aussageposition durch das Possessivpronomen ›nuestro‹ unterstreicht in der Textpragmatik den Anspruch der kulturellen Aneignung zusätzlich.

Wie setzt Lezama Lima das amerikanische vom europäischen Barock ab? Er geht von frühen Vertretern der europäischen Barockdebatte aus und gewinnt die amerikanische Eigenart durch Umkehrungen und Umwertungen. So wendet er Worringers Bestimmung des Barock als »acumulación sin tensión y asimetría sin plutonismo« (Anhäufung ohne Spannung und Asymmetrie ohne Plutonisches) und als »gótico degenerado« (eine verfallene Gotik) für das amerikanische Barock ins Gegenteil: »Primero, hay una tensión en el barroco; segundo, un plutonismo, fuego originario que rompe los fragmentos y los unifica; tercero, no es un estilo degenerescente, sino plenario« (erstens gibt es eine Spannung im Barock; zweitens Plutonisches, ein ursprüngliches Feuer, das die Fragmente bricht und sie vereint; drittens ist es nicht ein Stil des Verfalls, sondern der Fülle) (79f.; dt. 45f.). Als erstes Definiens ist das Argument der ›plenitud‹, der ›Fülle‹, zugleich ein kulturhistorisches, genauer noch kulturzyklisches – und bedeutet dann Höhepunkt, volle Ausbildung eines Potentials (Lezamas Position steht damit auch in deutlichem Kontrast zum frühen Wölfflin, der das Barock noch als eine Verfallserscheinung der Renaissance sah) – und ein ästhetisches Merkmal: Als

---

126 LEZAMA LIMA (s. Anm. 41), 100; dt.: Die barocke Neugier, in: Lezama Lima, Die amerikanische Ausdruckswelt, übers. v. G. Poppenberg (Frankfurt a.M. 1994), 65.
127 Vgl. ebd., 103 ff.; dt. 68 ff.

solches bezeichnet es den Genuß der Sinne, den barocke Kunstwerke vermitteln. In der Tat bilden die Wörter ›Genuß‹, ›Lust‹, ›genießen‹ – flankiert von ›schmecken‹, ›schwelgen‹, ›verschwenden‹, ›üppig wuchernd‹, ›prächtig‹ – einen der stärksten semantischen Kerne von Lezamas Text. Hier wird nun aber die ästhetische Eigenart barocker Kunst verankert in einer vor-ästhetischen Grundlage auf der Ebene der in der amerikanischen Natur vorgegebenen Materialien: »La plataband mexicana, la madera boliviana, la piedra cuzqueña, los cedrales, las láminas metálicas, alzaban la riqueza de la naturaleza por encima de la riqueza monetaria. De tal manera, que aún dentro de la pobreza hispánica, era la riqueza del material americano, de su propia naturaleza, la que al formar parte de la gran construcción, podía reclamar un estilo, un espléndido estilo surgiendo paradojalmente de una heroica pobreza.« (Die Blumenpracht aus Mexiko, das Holz aus Bolivien, der Stein aus Cuzco, die Zedernwälder, die edlen Metalle erhoben den Reichtum der Natur über den monetären Reichtum. Auf solche Weise konnte unser Barock, auch innerhalb der spanischen Armut, im Reichtum des amerikanischen Materials, seiner eigenen Natur, die ein Bestandteil der großen Konstruktion war, einen Stil beanspruchen, einen prächtigen Stil, der paradoxerweise aus einer heldenhaften Armut hervorging.) (101; dt. 66)

Das amerikanische Barock wird hier auf eine amerikanische Natur zurückgeführt, die seine ästhetischen Merkmale bereits enthält, und zwar in flächendeckender geographischer Verteilung. An dieser Stelle tritt ein Moment essentialistischer Argumentation und Konstruktion des amerikanischen Barock auf. Dieses Moment wird aber zugleich in eine ›Spannung‹ eingebunden, nämlich in den Kontrast zwischen natürlichem Reichtum und wirtschaftlicher Armut. Letztlich erweist sich also nicht die Natur auf direkte Weise als determinierend für die Kulturform, sondern viel komplexer eben diese Spannung zwischen naturgegebenem Reichtum und menschenverschuldeter Armut.

Das zweite definierende Element, der Plutonismus, dem Lezama eine ungebrochen positive Funktion zuschreibt, steht sogar noch eindeutiger im Dienst einer essentialistischen Begründung des lateinamerikanischen Barock: »Vemos por en aña-

didura de esa tensión hay un plutonismo que quema los fragmentos y los empuja, ya metamorfoseados hacia su final.« (Wir sehen, daß es zusätzlich zu dieser Spannung etwas Plutonisches gibt, das die Fragmente verbrennt und sie als bereits verwandelte auf ihren Abschluß zutreibt.« (83; dt. 48) Der Kolonisierungsprozeß mündet in eine kulturgeschichtliche Situation, die von Zersplitterung und Heterogenität gekennzeichnet ist. Der Plutonismus – in semantischer Zusammenarbeit mit ›Assimilation‹ und ›Synthese‹, die im Text ebenso präsent sind[128] – liefert die mythische Energie, um die vielfältigen Fragmente im »horno transmutativo de la asimilación« (Verwandlungsofen der Assimilation) (91; dt. 55) zu amerikanisieren. In der Naturgeschichte sind die Plutonisten diejenigen, die die Erdgeschichte vorwiegend durch Feuereinwirkung erklären. Bei Buffon etwa ist es die Sonnenenergie, die das homogene Urgestein durch einen Schmelzvorgang hervorgebracht hat. Bei Lezama wird auf ein ›fuego originario‹, ein ›ursprüngliches Feuer‹ zurückgegriffen, das dem amerikanischen Kontinent eigen wäre und die Fähigkeit hätte, heterogene Fragmente im Magma einer qualitativen Einheit und Homogenität aufzulösen. In ihrer semantischen Logik enthält die Figur des Plutonismus das Potential einer Identitätsbildung durch Aufhebung aller Unterschiede und damit aller Spannungen. Wiederum tritt hier ein starkes Moment essentialistischer Konstruktion des lateinamerikanischen Barock auf.

Der Plutonismus leistet in Lezamas Text eine ähnliche diskursiv-ideologische Arbeit wie die Figur der Anthropophagie bei den brasilianischen Modernisten. Diese Figur postuliert ebenfalls eine totale Verdauungsfähigkeit alles Fremden. Die Pose der entkolonisierenden Gegenaneignung wird mit dem Anspruch auf totale Assimilation – schmelzen, verdauen – dramatisch verstärkt. Beide Figuren dienen somit der Umkehrung des kulturellen Kräfteverhältnisses zwischen ehemaliger Kolonie und Kolonisator. Dabei steht allerdings im anthropophagischen Manifest von Oswald de Andrade (*Revista antropofágica*, 1928) die Strategie der politischen Provokation im Vordergrund, während Le-

---

[128] Vgl. ebd., 91, 105 f.; dt. 55, 57, 71 f.

zamas mythischer Verweis auf ein identitätsbegründendes ›ursprüngliches Feuer‹ die amerikanische Barockkultur letztlich auf eine vorkulturelle Instanz zurückführt. In einem ansonsten von maximaler Offenheit und nomadischer Beweglichkeit geprägten Text stellt der Plutonismus somit eine reterritorialisierende Gegenbewegung dar.

Auf einer anderen Ebene noch verleiht Lezama seinem Barockbegriff eine maximale Integrationskraft: »un estilo [...] que en España y en la América española representa adquisiciones de lenguaje, tal vez únicas en el mundo, muebles para la vivienda, formas de vida y de curiosidad, misticismo que se ciñe a nuevos módulos para la plegaria, maneras del saboreo y del tratamiento de los manjares, que exhalan un vivir completo, refinado y misterioso, teocrático y ensimismado, errante en la forma y arraigadísimo en sus esencias« (ein Stil [...], der in Spanien und in Spanisch-Amerika für Errungenschaften der Sprache steht, die vielleicht einmalig in der Welt sind, für Möblierung und Wohnraumgestaltung, für Arten des Lebens und der Neugier, für eine Mystik, die ganz neue Formen der Andacht entwickelt, für Weisen des Schmeckens und der Speisenzubereitung, die allesamt eine Lebenshaltung verströmen, die vollendet, verfeinert und geheimnisvoll ist, theokratisch und selbstbezogen, umherschweifend in der Form und fest verwurzelt in ihrem Wesen) (80; dt. 46).

Hier wird der Bogen des Begriffs sehr weit gespannt, weit über den ästhetischen Bereich von Kunstformen hinaus, bis zum Einschluß von Lebensform, Alltäglichkeit, allgemeiner Sensibilität – ähnlich wie man es auf europäischer Seite etwa bei Camporesi oder bei Maffesoli beobachtet.[129] Der Begriff erhält eine anthropologische Dimension.

Lezama verfolgt diese Integrationsstrategie durch seinen ganzen Text hindurch, ganz systematisch. Zeitlich werden die Grenzen maximal ausgedehnt: Der Terminus post quem ist die abgeschlossene Eroberung. »Ese americano señor barroco [...] aparece cuando ya se han alejado del tumulto de la conquista y la parcelación del paisaje del colonizador.« (Dieser amerikanische barocke Herr [...] erscheint, als das Getümmel der Konquista und die Parzellierung der Landschaft durch den Kolonisten bereits fern sind.)[130] Obwohl Lezama vorwiegend mit Beispielen des kolonialen Barock arbeitet, steht der Weiterführung des Barock bis zu seinen Lebzeiten nichts im Wege. Hingegen wird – erstaunlicherweise – der in Europa gesetzte Antagonismus zwischen Barock und Aufklärung aufgehoben: »Ese barroco nuestro [...] se muestra firmemente amistoso de la Ilustración.« (Unser Barock [...] zeigt sich der Aufklärung gegenüber entschieden freundlich.) (84; dt. 49) Die von Hans Blumenberg der Moderne zugerechnete und als ein Movens ihrer wissenschaftlichen Leistungen gesehene ›theoretische Neugierde‹[131] wird von Lezama – hier im Falle von Sor Juana Inés de la Cruz – mit der barocken Art vereint: »todo ello lleva su barroquismo a un afán de conocimiento universal, científico, que la acerca a la Ilustración.« (all das führt ihre barocke Art zu einem universalen wissenschaftlichen Erkenntnisdrang, der sie der Aufklärung annähert.)[132] Integriert werden auch die sozialen Unterschiede: Die lateinamerikanische Barockkultur wird von allen sozialen Schichten getragen – sie ist sowohl aristokratisch (die Formulierung ›nuestro señor barroco‹ weist in diese Richtung) als auch ›volkhaft‹[133] – und erweist sich damit als eine integrierende Kraft in lateinamerikanischen Gesellschaften. Diese Betrachtungsweise widerspricht Beverley, der eine dekadent bürgerliche Kultur ansetzt[134], und wird über Lezama hinaus von der neueren Forschung bestätigt, etwa von Kurnitzky und Echeverría, die von Barock als einer umfassenden Zivilisationsstrategie sprechen, die sich in einer partizipatorischen Lebensform äußere.[135]

Schließlich wird die amerikanische Identitätskonstruktion auf der Grundlage der Barockkultur auch geographisch und ethnisch vollzogen. Diese beiden Dimensionen scheinen direktere ideologische Implikationen zu bergen, jedenfalls werden

---

129 Vgl. CAMPORESI (s. Anm. 30); MAFFESOLI (s. Anm. 39).
130 LEZAMA LIMA (s. Anm. 126), 81 f.; dt. 47.
131 Vgl. HANS BLUMENBERG, Der Prozeß der theoretischen Neugierde (Frankfurt a. M. 1973).
132 LEZAMA LIMA (s. Anm. 126), 84; dt. 49.
133 Vgl. ebd., 99; dt. 63.
134 Vgl. BEVERLEY (s. Anm. 114), 227.
135 Vgl. HORST KURNITZKY/BOLÍVAR ECHEVERRÍA, Conversaciones sobre lo Barroco (Mexiko 1993), 61–65.

V. Die Amerikanisierung des Barock 611

sie von Lezama ausführlicher behandelt. Geographisch ist das Programm durch den Amerika-Begriff gegeben; er wird ausgefüllt durch Reihen von Beispielen aus verschiedenen Ländern und Städten (die Kathedrale von Puno, die Rosario-Basilika von Puebla, das Portal von San Lorenzo in Potosí, der Chapultepec-Palast von Mexiko, die Schule von Cuzco, die Plaza del Zócalo in Mexiko oder die Kathedrale von Havanna, usw.) und durch Künstler verschiedener nationaler Zugehörigkeit (den Kolumbianer Hernando Domínguez Camargo, Kondori von Peru, Aleijadinho von Ouro Preto, usw.). Daraus ergibt sich eine geographische Konkretisierung von ›Amerika‹, die den australen Teil und vor allem ganz Nordamerika ausläßt (mit Ausnahme des Versuchs, den aus den Südstaaten stammenden Faulkner als barocken Autor auszugeben); es schrumpft zu einem tropischen Spanisch-Amerika (mit Ausnahme des brasilianischen Bildhauers Aleijadinho) zusammen.

Ethnisch scheint das zu erfüllende Programm noch obligater, denn in diesem Zusammenhang ist von Einheit und von Synthese die Rede: »Vemos así que el señor barroco americano, a quien hemos llamado auténtico primer instalado en lo nuestro, participa, vigila y cuida, las dos grandes síntesis que están en la ráiz del barroco americano, la hispano incaica y la hispano negroide.« (Wir sehen so, daß der amerikanische barocke Herr, den wir den wahrhaft ersten genannt haben, der sich im Unsrigen angesiedelt hat, an den beiden großen Synthesen, die am Ursprung des amerikanischen Barocks stehen, teilhat und sie wachsam hütet: das ist die hispano-inkaische und die hispano-negroide.)[136] Gewissermaßen zur Beweisführung zieht Lezama ausführlich die legendären Figuren des hispano-inkaischen Indios Kondori und des verkrüppelten Mulatten Aleijadinho heran, dessen Kunst »la culminación del barroco americano« (den Gipfel des amerikanischen Barocks) darstellt, »la unión en una forma grandiosa de lo hispánico con las culturas africanas« (die Einheit des Hispanischen mit den afrikanischen Kulturen in einer großartigen Form) (105 f.; dt. 72). Für die kreolische Ethnie, die Entscheidendes zum Barock beigetragen hat, steht die für Lezama zentrale Figur von Sor Juana Inés de la Cruz. Somit erweist sich die Barockkultur nicht nur im übertragenen, sondern auch im eigentlichen Sinne als ein entscheidender Operator der lateinamerikanischen Rassenmischung.

Wenn bei dieser kulturellen Identitätskonstruktion das barocke Paradigma einerseits sehr weit gefaßt wird — barock wird fast zum Synonym von ›amerikanisch‹ — und andererseits essentialistisch im amerikanischen Boden und Wesen verankert wird, so bleibt das Paradigma doch weit offen, behält fragmentarischen Charakter und interagiert mit den nicht amerikanischen Kulturfragmenten, mit denen es einen regen Dialog führt. So ist erstaunlich, wie viele nicht-amerikanische Beispiele, vor allem europäische, in diesem Text Erwähnung finden. Trotz des differenzabbauenden Postulats, das im Plutonismus enthalten ist, bleibt also doch eine starke Spannung — nach Lezama das dritte Merkmal des amerikanischen Barock — erhalten. Ein Paradebeispiel dafür ist das als ein Bravourstück in den Text eingebaute literarische Bankett.[137] Es handelt sich um eine poetische Zitatencollage, mit kurzen Zwischentexten von Lezama, in der nacheinander europäische und amerikanische Dichter zu Wort kommen. Auf diese Weise ergibt sich ein poetisches Festessen, zugleich ein semantisch vermittelter leiblicher und ein poetisch direkt erlebter Genuß, der aus den erlesensten Speisen zusammengestellt ist. Thematisch wird hier der Prozeß der Einverleibung und der Aneignung des Fremden, von dem Lezamas Text im kulturellen Bereich handelt, in eine Darstellung im eigentlichen Sinn umgesetzt. Dabei behalten die verschiedenen zitierten poetischen Versatzstücke voll und ganz ihre Eigenart und ihre materielle Integrität. Die Spannung zwischen dem Unterschiedlichen bleibt erhalten, es findet keine Verschmelzung statt, obwohl alle Zitate, in ihrer Zweitaussage, aus einheitlicher amerikanischer Aussageposition, d. h. vom kubanischen Barockdichter Lezama Lima vermittelt werden. Was an europäischem Literaturbarock weiterlebt, kommt aus amerikanischem Munde. Denn schließlich wird an diesem eingeschobenen literarischen Bankett deutlich, was für das gesamte Werk von Lezama gilt: Er kann ohne Zweifel selbst als ein barocker Autor betrachtet werden. Wo er über das Barock schreibt,

---
136 LEZAMA LIMA (s. Anm. 126), 106; dt. 72.
137 Vgl. ebd. 90–95; dt. 55–59.

wie in *La curiosidad barroca*, tut er das in einer barokken literarischen Praxis. In seinen literarischen Texten – vor allem in seinem Roman *Paradiso* (1966) - findet man andrerseits immer auch Momente, die zur Theorie des Barocken beitragen, ganz im Sinne dessen, was in der postmodernen Ästhetik mit Metafiktion bezeichnet wird, oder in der Form benjaminischer Denkfiguren. Es wäre deshalb angebracht, von einer durchgehend performativen Haltung in Lezamas Werk zu reden. Diese Haltung bringt es mit sich, daß die Identitätsfrage, wo sie ins Essentialistische abgleitet, immer wieder von der literarischen Praxis her aufgelöst wird.

b) Alejo Carpentier
Bei Alejo Carpentier, einem zweiten wichtigen Theoretiker des lateinamerikanischen Barock, ist eine andere Textökonomie im Spiel. Seine theoretischen Texte sind stärker und eindeutiger ideologisch und enthalten kaum so etwas wie eine selbstkritische Praxis. Sie gehören aber auch einer anderen Phase der Barockdebatte an. Als Beispiel soll hier sein Essay *Lo barroco y lo real maravilloso* betrachtet werden, der, 1976 als Vortrag gehalten, stellvertretend für die intensive Identitätssuche in der lateinamerikanischen Kultur der 60er und 70er Jahre stehen kann.

1975 fand im Iberoamerikanischen Literaturinstitut in Madrid ein Kongreß über *El Barroco en América* statt; als tonangebender gemeinsamer Nenner der abgedruckten Beiträge ergibt sich, extrem formuliert, die Gleichsetzung von Amerika und Barock: »América es barroca desde antes del barroquismo europeo y por mucho tiempo después: lo es y lo seguirá siendo.«[138] (Amerika ist barock schon vor dem europäischen Barock und noch lange danach: Es ist barock und wird es weiterhin sein.) In einer 1981 in Santiago de Chile erschienenen Veröffentlichung wendet sich Bravo Lira in der Einleitung gegen den Ausdruck ›koloniales Barock‹, weil er ein krasses Unwissen über den wahren Ursprung der barocken Kultur enthalte; er bedeute »negar todo lo que este arte representa históricamente como primera gran expresión creadora de los diversos pueblos de Hispanoamérica«[139] (alles zu leugnen, was diese Kunst als der erste große schöpferische Ausdruck der verschiedenen Völker Hispanoamerikas historisch bedeutet). Mit der Rückführung des Barock auf einen präkolumbianischen Ursprung bekommt der Kulturtransfer aus Europa eine sekundäre Bedeutung und wird die Barockkultur endgültig zu einer eigenständigen amerikanischen Pflanze erklärt.

Alejo Carpentiers Aufsatz zum Barock gehört in diesen historischen Kontext der Konstruktion eines autochthonen amerikanischen Barock. Dabei ist in der ganzen ersten Hälfte des Textes von Amerika überhaupt noch nicht die Rede. Carpentier nimmt eine recht traditionelle Begriffsbestimmung vor, deren Eigenart darin besteht, daß sie sich im wesentlichen auf Eugenio D'Ors (1944) stützt. Dies ist eine aus der Sicht des Forschungsstandes der 70er Jahre eher erstaunliche Entscheidung, die wohl strategische Gründe haben dürfte. D'Ors ist nämlich der Barockspezialist, der den Barockbegriff maximal ahistorisch gestaltete. Barock wird bei ihm zu einer Art von kulturgenerierendem Archetyp – D'Ors prägt dafür den Ausdruck ›eón‹ (Äon)[140] –, der sich je nach Bedingungen irgendwo und irgendwann manifestieren kann. Carpentier übernimmt von ihm vor allem die Bestimmungen des Barock als ›menschliche Konstante‹ und als ›barocker Geist‹. Im Gegensatz etwa zu ›gotisch‹ und ›romanisch‹, die historische Stile bezeichnen, bedeutet barock nur eine »pulsión creadora«[141], einen ›schöpferischen Trieb‹, der zu verschiedenen Zeiten zum Durchbruch kommen kann. Dies illustriert Carpentier durch die Erstellung eines barocken Kanons, der sich kunstübergreifend, transhistorisch und international konstituiert. Künstler wie Shakespeare, Rabelais, Ariosto, Wagner, Delacroix, Lautréamont, Proust finden darin ihren Platz.

Wichtig an dieser Begriffsbestimmung ist aber vor allem, daß sie Carpentier erlaubt, den Barock-

---

138 ALFREDO A. ROGGIANO, Acerca de dos barrocos: el de España y el de América, in: El Barroco en América. Décimoséptimo congreso del Instituto Internacional de Literatura Iberoamericana (Madrid 1978), 39.
139 BERNARDINO BRAVO LIRA, [Einleitung], in: Bravo Lira (Hg.), El Barroco en Hispanoamérica (Santiago de Chile 1981), 8.
140 Vgl. EUGENIO D'ORS, Lo barroco (1944; Barcelona 1964), 72 ff.
141 CARPENTIER (s. Anm. 11), 53.

begriff von jedem konkreten Erscheinungskontext loszulösen und ihn vom Sockel jeder bestimmten historischen Situation abzuheben, vor allem von jener des europäischen 17. Jh.: »lo barroco [...] visto como una constante humana y que de ningún modo puede circunscribirse a un movimiento arquitectónico, estético o pictórico nacido en el siglo XVII. [...] el espíritu barroco puede renacer en cualquier momento.« (56 u. 58) (Barock gesehen als eine menschliche Konstante, etwas, das sich keinesfalls auf eine im 17. Jh. entstandene architektonische, künstlerische oder malerische Bewegung einschränken läßt. [...] Barocker Geist kann in jedem Augenblick wiedererstehen.) Das bedeutet, daß Barock nicht nur transferierbar ist, sondern daß es in einer Art Polygenese an verschiedenen Orten autochthon auftauchen kann. Zum Beispiel in Asien oder eben in Lateinamerika.

Soweit die begriffliche Vorbereitung für die Behandlung des lateinamerikanischen Barock. Diese beginnt mit dem berühmt gewordenen Satz: »América, continente de simbiosis, de mutaciones, de vibraciones, de mestizajes, fué barroca desde siempre.« (61) (Amerika, der Kontinent der Symbiosen, Mutationen, Erschütterungen, Rassenmischungen, war schon seit jeher barock) Darauf folgen Beispielreihen – Mythen, Kosmologien, Bildhauerei, Architektur, Poesie usw. –, die ausnahmslos einem vorkolumbianischen Paradigma angehören. Auf der Grundlage augenfälliger Evidenz werden sie alle zu einer autochthonen barocken Kultur amalgamiert. Die Begründung greift nun auf das essentialistische Argument par excellence zurück: »Nuestro mundo es barroco por la arquitectura – eso no hay ni que demostrarlo –: por el enrevesamiento y la complejidad de su naturaleza y su vegetación, por la policromía de cuanto nos circunda, por la pulsión telúrica de los fenómenos a que estamos todavía sometidos.« (69) (Unsere Welt ist barock in der Architektur – das braucht man nicht erst zu beweisen –: in der Mannigfaltigkeit und Vielschichtigkeit ihrer Natur und ihrer Pflanzenwelt, in der Vielfarbigkeit unserer Umgebung, im erdhaften Trieb der Phänomene, dem wir immer noch unterliegen.)

Die lateinamerikanische Kultur ist insgesamt barock, weil die lateinamerikanische Natur und Lebenswelt barock ist. Ein ähnlicher Zirkelschluß erfolgt aber auch auf der Basis historischer Gegebenheiten, wie z. B. der Kreolität: »El espíritu criollo de por sí, es un espíritu barroco.« (64) (Der kreolische Geist an sich ist ein barocker Geist.) Die Argumentationslogik wird vollends zur Tautologie, wenn Figuren, die auf Wandmalereien in Teotihuacán gefunden wurden, folgendermaßen ›verbarockisiert‹ werden: »figuras, que únicamente pueden ser calificadas de barrocas, porque pertenecen al espíritu barroco más auténtico« (62) (Figuren, die allein schon deshalb als barock bezeichnet werden können, weil sie dem echtesten barocken Geist entsprechen).

Schließlich geht Carpentier noch einen Schritt weiter als die Begriffsbildung von D'Ors, indem er über die Theorie der Polygenese hinaus dem Barock dann eben doch eine Wahlheimat zuweist, die natürlich nur Lateinamerika sein kann: »¿Y por qué es América Latina la tierra de elección del Barroco? Porque toda simbiosis, todo mestizaje, engendra un barroquismo. El barroquismo americano se acrece con la criollidad.« (64) (Und weshalb ist Amerika die Wahlheimat des Barock? Weil jede Symbiose, jede Rassenmischung eine barocke Art erzeugt. Die amerikanische barocke Art verstärkt sich mit der Kreolität.)

Wenn Carpentier auf diese autochthone Barockkonstruktion noch die historischen Gegebenheiten und Folgen der Eroberung und Kolonisierung aufpfropft, ergibt sich ein wahrhafter Triumph des Barock in Lateinamerika. Bei der Beschreibung des Kolonisierungsprozesses hat er es mit ähnlichen Tatbeständen wie Theodoro zu tun, seine Darstellung läuft aber nicht auf eine Fragmentierung des kulturellen Gedächtnisses hinaus, sondern auf eine Apotheose des lateinamerikanischen Barock, die gewissermaßen die Retotalisierung bereits in die historische Darstellung einfließen läßt: »llega el plateresco español en las naves de la conquista. ¿Y qué encuentra el alarife que conoce los secretos del plateresco español? Una mano de obra india que de por sí, con su espíritu barroco, añade el barroquismo de sus materiales, barroquismo de su invención, el barroquismo de los motivos zoológicos, de los motivos vegetales, de los motivos florales del nuevo mundo, al plateresco español y de esa manera se llega a lo apoteósico del barroco arquitectónico que es el barroco americano.« (63) (Der spanische Platereskstil kommt auf den Schiffen der Conquista an. Und was findet der Baumeister vor, der die Geheimnisse des spanischen Platereskstils kennt? Indio-Handwerker, die von sich aus, mit ihrem barocken Geist, das Barocke ihrer Materialien, das Barocke ihrer Erfindungskraft, das Barocke der Tiermotive, Pflanzenmotive, Blumenmotive der Neuen Welt an die Stelle des spanischen Platereskstils setzen; und auf diese Weise entsteht das glanzvolle architektonische Barock, das amerikanische Barock) Diese historische ›Aufstockung‹ einer schon vorhandenen natürlichen Art Barock erzeugt gewissermaßen ein Barock zweiter Potenz, ein Super-Barock, das alle anderen Manifestationen des barocken Geistes in den Schatten stellt. Damit ist das ideologische Programm einer kulturellen Identitätsfindung mehr als erfüllt.

Im Schlußteil seines Essays nimmt Carpentier seine Ausführungen zur Ästhetik des ›real maravilloso‹ (wunderbar Wirklichen), die er vor allem in der Einführung zu seinem *El reino de este mundo* (1949) entwickelt hat, wieder auf. Dabei werden unterschwellig Barock und ›real maravilloso‹ fast synonym gesetzt. Vor allem aber kommen jetzt noch Anweisungen an die lateinamerikanischen Künstler zur belastenden Identitätsfrage hinzu. Carpentier leitet aus seiner Bestimmung des Barock so etwas wie eine ästhetische Ethik ab: Nicht nur soll der lateinamerikanische Künstler im Rahmen eines Realismus-Paradigmas die barocke Natur und Lebenswelt getreu abbilden, sondern er soll seine Kunstform dem darzustellenden Objekt auch mimetisch anpassen: »la descripción de un mundo barroco ha de ser necesariamente barroca« (eine barocke Welt muß notwendigerweise barock dargestellt werden). Wenn der Künstler sich diesem Muß beugt, ergibt sich schließlich, und ganz logisch, ein spontaner Barockismus in der lateinamerikanischen Literatur. Die barocke Kultur wird zur zweiten Natur und der Barockbegriff endgültig zum Ideologem: »Tengo que lograr con mis palabras un barroquismo paralelo al barroquismo del paisaje del trópico templado. Y nos encontramos con que eso conduce lógicamente a un barroquismo que se produce espontáneamente en nuestra literatura.« (71) (Ich muß mit meinen Worten eine barocke Art schaffen, die dem barocken Charakter der Landschaft der gemäßigten Tropen entspricht. Dann stellen wir fest, daß dies auf logische Weise zu einer barocken Art führt, die in unserer Literatur spontan entsteht.)

Im ersten Teil seines Textes schlägt Carpentier eine ästhetisch-formale Bestimmung der Barockkunst — hauptsächlich auf visuelle und architektonische Kunst bezogen — vor, die mehr hergibt als die einfache Synonymsetzung von Kreolität oder Rassenmischung mit Barockkultur. Dabei sind zwei Ebenen der Bestimmung zu unterscheiden. Die erste Ebene, die mit den Termini ›barocker Geist‹ (espíritu barroco) und ›Barockismus‹ (barroquismo) bezeichnet wird, bezeichnet das Formprinzip oder — mit dem bereits erwähnten Begriff Riegls — das ›Kunstwollen‹, das den phänomenal gegebenen Formen zugrunde liegt.[142] Logischerweise operiert hier die Bestimmung mit Abstrakta wie transformación, innovación, mutación, expansión (Verwandlung, Erneuerung, Veränderung, Expansion).[143] Und, noch tiefer liegend, d.h. alle vier Bestimmungen begründend: Barock ist eine ›pulsión creadora‹. Welches sind nun aber die besonderen Formen, die dieser Schöpfungstrieb hervorbringt? Carpentier antwortet auf der Ebene der in den Kunstwerken auffindbaren Formen, ganz im Sinne einer Stiltypologie.

Erstens stellt er im barocken Kunstwerk einen ästhetischen Horror vacui fest: Es gibt keinen Leerraum, alle Flächen — konkret in der visuellen Kunst — und Räume — mehr im übertragenen Sinne — werden ausgefüllt, und zwar durch dekorative Elemente. Das ergibt wie bei Lezama das barocke Merkmal der Fülle (plenitud). Zweitens wird diese Fülle durch ein dynamisches Prinzip gespeist, das Prinzip der Proliferation, einer Art von ästhetischer Wucherung, die von einer Mehrzahl von Zentren ausgeht. Diese Zentren nennt Carpentier, auf optische und organologische Analogien zurückgreifend, bald ›focos‹ (Fokusse), bald ›núcleos‹ (Kerne), vor allem aber ›células proliferantes‹ (wuchernde Zellen).[144] Ähnlich wie Lezama, der die Leprakrankheit des Aleijadinho in seine Barockbestimmung miteinbezieht (»Con su

---
142 Vgl. RIEGL (s. Anm. 80).
143 Vgl. CARPENTIER (s. Anm. 11), 61, 56.
144 Vgl. ebd., 57, 56, 63.

gran lepra, que está también en la raíz proliferante de su arte« [Mit seiner großen Lepra, die auch am üppig wuchernden Ursprung seiner Kunst steht])[145], stellt Carpentier die barocke Form als etwas krebshaft Wucherndes dar. Das barocke Kunstwerk als ganzes wäre ohne Zentrum, hätte aber eine Vielzahl von Sekundärzentren, denen je eine selbsttätige ästhetische Wucherung eigen wäre. Drittens erzeugt dieses dynamische Prinzip ein Übermaß. Die Fülle wird zur Überfülle, zum Exzeß, der als sinnlicher Luxus an den Wahrnehmungsapparat appelliert. Räumlich hat die Wucherung die Kraft, alle vorgegebenen Rahmen zu sprengen, sie entgrenzt den Raum und bewirkt damit eine räumliche Öffnung, die bis ins Unendliche weist.

Diese formalästhetische Bestimmung des Barock ist interessant, aber nicht neu, nimmt sie doch mehrere Elemente wieder auf, die schon in der europäischen Diskussion zirkulieren: das raumfüllende und raumentgrenzende Prinzip, das dem Ornament einen wichtigen Platz einräumt; die auf der Materialität des Zeichenträgers beruhende sinnliche Üppigkeit; die strukturelle Dezentrierung mit ihren Folgen der Fragmentierung und Pluralisierung, die in Lateinamerika gerne als heterogene Vielheit interpretiert wird; die Umkategorisierung des Kunstobjekts zum Kunstprozeß auf Grund eines dem Kunstwerk inhärenten dynamischen Prinzips.

An sich enthält diese Bestimmung des barocken Kunstwerks kein totalisierendes oder retotalisierendes Element – ganz im Gegenteil! Dieses Element wird bei Carpentier also von außen an die Ästhetik herangetragen. Es findet eine Vereinnahmung des barocken Formpotentials, und man könnte hinzufügen: des enttotalisierenden Potentials der barokken Form, durch das Programm der kulturellen Identitätssuche statt. Wobei bei Carpentier dieses Programm ganz extrem auf eine essentialistische Verankerung des Barockbegriffs hinausläuft. Man kann sich fragen, welche Art von Kunst und, für den Autor selbst, welche Art von Literatur im speziellen als Durchführung eines solchen Programms überhaupt möglich ist.

Djelal Kadir ist dieser Frage nachgegangen. Carpentier ist der Autor einer großen Zahl literarischer Werke, darunter *Concierto barroco* (1974), das den hier behandelten Begriff im Titel trägt und 1989 auch in einen Film umgesetzt wurde. Andere Werke von ihm wurden von der Kritik einer neobarocken Ästhetik zugerechnet. Kadir untersucht hauptsächlich *El reino de este mundo* (1949) und *El recurso del método* (1974). Er versucht nachzuweisen, wie die ontologisch-nostalgisch belastete Barockbegriff des Theoretikers Carpentier durch den Schriftsteller Carpentier im Versuch seiner Applikation verunmöglicht wird. Carpentiers literarische Werke werden somit zu einem »self-denying enterprise«, denn die diskursive Eigenart der literarischen Textualisierung arbeitet selbsttätig gegen die »illusionary intentions«[146] des Autors. Demnach ergäbe sich bei Carpentier eine ähnliche Selbstauflösung der essentialistisch retotalisierenden Verwendung des Barockbegriffs wie bei Lezama, verwirklicht allerdings erst im Zusammenspiel zweier verschiedener Textsorten, während bei Lezama die beiden Momente performativ im gleichen Text verdichtet werden.

c) Haroldo de Campos

Der Brasilianer Haroldo de Campos hat die lateinamerikanische Barockdebatte sehr aktiv mitgemacht und entscheidend mitbestimmt. Sein wichtigster und publikumswirksamster Eingriff in diese Debatte ist sein 1989 veröffentlichtes Buch *O seqüestro do barroco na formação da literatura brasileira. O caso Gregório de Matos* (eine spanische Kurzform wurde 1991 als Artikel publiziert[147]). De Campos tritt als der von den hispanoamerikanischen Autoren häufig nur marginal behandelten brasilianischen, d. h. lusoamerikanischen Seite in die Diskussion ein. Brasilien hat in der Tat eine Barockkultur, die neben der punktuellen Erwähnung der legendären Figur des Aleijadinho häufig vergessen wird: An Paraguay angrenzend, stehen im Süden Brasiliens (Rio Grande do Sul, Os sete povos)

---

145 LEZAMA LIMA (s. Anm. 126), 106; dt. 72.
146 DJELAL KADIR, Baroque, or the Intenable Ground: Quest as Self-Reminiscence, in: Kadir, Questing Fictions: Latin America's Family Romance (Minneapolis, Minn. 1986), 98.
147 Vgl. DE CAMPOS, El seqüestro del barroco en la formación de la literatura brasileña. El caso de Gregorio de Matos, in: Cuadernos Hispanoamericanos Nr. 490 (1991), 25–48.

noch heute die Ruinen der barocken Jesuitenmissionen; der Staat Minas Gerais, wo Aleijadinho tätig war, hat neben barocken Kleinoden wie der restaurierten Stadt Ouro Preto unzählige und weitverstreute Monumente einer reichen kolonialen Barockkultur; es ist deshalb nicht erstaunlich, daß in Belo Horizonte die Zeitschrift *Barroco* bereits in ihrer 17. Nummer – herausgegeben von Alfonso Avila – erschienen ist. Schließlich hat die Stadt Salvador im Staate Bahia ihre eigene überschwengliche Barockkultur, in der sich christliche und afrikanische Elemente überlagern. Als eigentlicher Pionier der lateinamerikanischen Barockforschung hat Afrânio Coutinho schon 1950 seine Monographie *Aspectos da Literatura Barroca* veröffentlicht, 1994 folgte seine Aufsatzsammlung *Do Barroco*.

Mehr als ein Jahrzehnt nach Carpentiers Essay veröffentlicht, trifft de Campos' Buch auf eine veränderte kulturelle Landschaft in Lateinamerika. Eine hochentwickelte, auf der Globalisierungswelle reitende Städtekultur ist entstanden; Buenos Aires, Mexiko, São Paulo sind nicht Orte einer kulturellen Peripherie, sondern gehören einem Netz von internationalen Zentren an. Es entwickelt sich ein neues Interesse für die Volkskultur – praktisch und theoretisch[148] –, die je länger, je mehr über die audiovisuellen Massenmedien verkauft und konsumiert wird. In diesem neuen Kontext, gekennzeichnet durch eine technologisch vermittelte Massenkultur mit visueller Dominanz, vermag sich das Barockthema in der Kulturdiskussion zu halten. Es wird aber kaum mehr ontologisch durch ein amerikanisches Sein oder gar durch den tropischen Urwald erklärt, sondern eher strategisch verwendet und auf international laufende Diskussionen hin geöffnet. Dadurch wird es von der Identitätsfrage abgekoppelt und bekommt einen anderen Stellenwert.

Die brasilianische Version der Barockdebatte hat ihre Eigenarten: Ihr Prüfstein und Kristallisationskern ist die schillernde Figur des Gregório de Matos, eines luso-brasilianischen Dichters aus dem 17. Jh., ›boca de inferno‹ (Höllenmaul) genannt, dem in dichter Folge mehrere buchlange Monographien, aber auch fiktionale Texte gewidmet wurden.[149] Und sie nimmt leicht einen polemischen Ton an. Die Polemik entzündet sich an der nationalen Literaturgeschichtsschreibung und an den möglichen politischen Implikationen der Rückkehr des Barock.

Wie soll die barocke Literatur in die Geschichte der brasilianischen Literatur aufgenommen werden? Hansen und de Campos kritisieren an Antônio Cândidos bahnbrechendem und einflußreichem Werk *Formação da literatura brasileira* (1959), daß darin das literarische Barock und inbesondere der bahianische Dichter geopfert oder gar unterschlagen worden sei. Diese Kritik wird aber bei beiden Autoren von ganz verschiedenen Erkenntnisinteressen getragen. Hansen will Gregório de Matos einen Platz einräumen, indem er seine Dichtung historisch kontextualisiert und in der rhetorisch-poetischen Tradition seiner Zeit situiert. Ähnlich wie Maravall will er Barock ausschließlich historisch verstanden wissen. Jede Art von Reaktivierung des Barockbegriffs oder gar einer barocken Ästhetik wird von ihm schroff als Anachronismus zurückgewiesen. Im Rahmen der postmodernen Krise der Moderne erkennt er darin eine politische Regression, die sich als eine bis zum Kitsch führende Ästhetisierung äußert.[150]

De Campos nimmt zu dieser Frage eine entgegengesetzte Haltung ein. Für ihn wird der Barockdichter zum Hebel, den er ansetzt, um die Logik einer gewissen Literaturgeschichtsschreibung aus den Angeln zu heben und Barock zu einem Kampfbegriff in der zeitgenössischen Theoriedebatte zu machen. Wenn die Geschichte der Literatur die Bildung und die allmähliche Manifestation eines nationales Geistes nachzuzeichnen hat, so argumentiert er gegen Cândido, wenn sie also wie ein linearer Reifungsprozeß und wie die Herausbildung eines nationalen Seins gedacht wird, dann paßt in der Tat ein Dichter wie Gregório de Matos

---

148 Vgl. JESÚS MARTÍN BARBERO, De los medios a las mediaciones. Comunicación, cultura y hegemonía (Barcelona 1987).
149 Vgl. PEDRO CALMON, Vida espantosa de Gregório de Matos (Rio de Janeiro 1983); JOÃO CARLOS TEIXEIRA GOMES, Gregório de Matos, o boca de brasa: um estudo de plágio e criação intertextual (Petrópolis 1985); ANA MIRANDA, O boca do inferno (São Paulo 1989); HANSEN (s. Anm. 27); DE CAMPOS (s. Anm. 27).
150 Vgl. HANSEN, Pós-moderno e barroco, in: Cadernos do Mestrado/Literatura, Universidade do Estado do Rio de Janeiro 8 (1994), 28–55.

nicht in dieses Schema. Die hohe Komplexität seiner Dichtung entspricht nicht dem organologisch-evolutiven Postulat eines einfachen Beginns, und ihre heterogene Fragmentarität widerspricht dem Programm einer teleologischen Parusie des nationalen Geistes. Also wird sie unterschlagen und der Logik einer modernen Metaerzählung geopfert.

De Campos' Kritik an dieser Logik stützt sich ganz entscheidend auf den Barockdichter ab und räumt dem Barockbegriff als solchem eine kritische Funktion und subversive Kraft ein. Auf diese Weise schließt er den Barockbegriff an die zeitgenössische Theoriedebatte an, und zwar auf der Seite der Ideologiekritik und der Logozentrismuskritik. Damit wird der Barockbegriff, gegen Hansen, ›enthistorisiert‹ und für neue Verwendungen freigemacht. Er wird aber auch ›entnationalisiert‹, indem er einerseits mit Heterogenität aufgeladen wird und andrerseits operational an Begriffe der internationalen Theorieszene wie z. B. die der Einverleibung[151], der Dekonstruktion und des Postmodernismus angebunden wird. Schließlich soll er auch ›entideologisiert‹ werden, vor allem im Hinblick auf die nationale Literaturgeschichtsschreibung, indem eine ideologiekritische Funktion direkt in ihn eingebaut wird. Wurde also bei Carpentier der Barockbegriff noch vereinnahmt, um eine essentialistische Identitätskonstruktion zu legitimieren, wird er nun bei Haroldo de Campos umgekehrt mobilisiert, um eine evolutiv-nationale Identitätskonstruktion aufzulösen. Mit anderen Worten kann bei de Campos ein lateinamerikanischer Fall der ideologischen Inversion des Barockbegriffs[152] beobachtet werden.

Als Künstler hat de Campos diese Arbeit am Begriff von seiner ästhetischen Praxis her verdeutlicht. Ähnlich wie bei Sarduy beruht sie grundsätzlich auf einer verschwenderischen Betonung des semiotischen Materials, die auf sinnlichen Genuß ausgerichtet ist. Beim brasilianischen Dichter wird aber noch stärker das Spielerische und das Experimentelle betont, denen wohl ein subversives Potential zugedacht wird, die aber weiterhin auch im Dienste einer modernen Erforschung der semiotischen Mittel des Dichters stehen. Dies war vor allem in seiner konkreten Poesie der 50er Jahre der Fall, während in *Galaxias* (1984) das wortspielerische Element weiter entwickelt wird und selbständiger zum ästhetischen Genuß beiträgt.

Walter Moser

Literatur

ANCESCHI, LUCIANO, L'idea del barocco. Studi su un problema estetico (Bologna 1984); ANGOULVENT, ANNE-LAURE, L'Esprit baroque (Paris 1994); ARGAN, GIULIO CARLO, Immagine e persuasione. Saggi sul barocco (Rom 1987); BAL, MIEKE, Quoting Caravaggio. Contemporary Art, Preposterous History (Chicago 1999); BARNER, WILFRIED (Hg.), Der literarische Barockbegriff (Darmstadt 1975); BEAUSSANT, PHILIPPE, Vous avez dit ›baroque‹? (Paris 1981); BENOIST, JEAN-MARIE (Hg.), Figures du baroque. Actes du colloque de Cerisy-la-Salle (Paris 1983); BEVERLEY, JOHN, Nuevas vacilaciones sobre el barroco, in: Revista de Crítica Literaria Latinoamericana 14 (1988), Nr. 28, 215–227; BROWN, MARSHALL, The Classic is the Baroque. On the Principles of Wölfflin's Art History, in: Critical Inquiry 9 (1982), 379–404; BUCI-GLUCKSMANN, CHRISTINE, La Raison baroque. De Baudelaire à Benjamin (Paris 1984); BUCI-GLUCKSMANN, CHRISTINE, La Folie du voir. De l'esthétique baroque (Paris 1986); BUKDAHL, ELSE MARIE/JUHL, CARSTEN (Hg.), Puissance du baroque. Les forces, les formes, les rationalités (Paris 1996); CALABRESE, OMAR, L'età neobarocca (Bari 1987); CALABRESE, OMAR, Caos e bellezza. Immagini del neobarocco (Mailand 1991); CALLOWAY, STEPHEN, Baroque: The Culture of Excess (London 1994); CHIAMPI, IRLEMAR, Barroco e Modernidade. Ensaios sobre Literatura latino-americana (São Paulo 1998); DUBOIS, CLAUDE-GILBERT, Le baroque en Europe et en France (Paris 1995); FRANCASTEL, PIERRE, Baroque et classicisme: histoire ou typologie des civilisations, in: Annales Économies, Sociétés, Civilisations 14 (1959), H. 1, 142–151; GARBER, KLAUS (Hg.), Europäische Barock-Rezeption (Wiesbaden 1991); JAUMANN, HERBERT, Die deutsche Barockliteratur, Wertung – Umwertung. Eine wertungsgeschichtliche Studie in systematischer Absicht (Bonn 1975); KÜPPER, JOACHIM/WOLFZETTEL, FRIEDRICH (Hg.), Diskurse des Barock: dezentriete oder rezentrierte Welt? (München 2000); MALCUZYNSKI, MARIE-PIERRETTE, Le (néo)baroque: enquête critique sur la transformation et l'application d'un champ notionnel, in: Imprévue (1987), H. 1, 9–43; MORAÑA, MABEL (Hg.), Relecturas del Barroco de Indias (Hanover, N. H. 1994); PELEGRIN, BENITO, Ethique et esthétique du Baroque (Paris 1985); RINCÓN, CARLOS, Mapas y pliegues: ensayos de cartografía cultural y de lec-

151 Vgl. DE CAMPOS, The Rule of Anthropophagy: Europe under the Sign of Devoration, in: Latin American Literary Review, Nr. 27 (1986), 42–60.
152 Vgl. GUÉRIN (s. Anm. 50), 357; SCARPETTA (s. Anm. 33), 360.

tura de neobarroco (Bogotá 1996); SCHULZ-BUSCH-HAUS, ULRICH, Der Barockbegriff in der Romania. Notizen zu einem vorläufigen Resümee, in: Zeitschrift für Literaturwissenschaft und Linguistik 98 (1995), 6–24; SCHUMM, PETRA (Hg.), Barrocos y Modernos. Nuevos caminos en la investigación del Barroco iberoamericano (Frankfurt a. M. 1998); SOUILLER, DIDIER, La littérature baroque en Europe (Paris 1988); STEINER, UWE, Allegorie und Allergie. Bemerkungen zur Diskussion um Benjamins Trauerspielbuch in der Barockforschung, in: Daphnis 18 (1989), H. 4, 641–701; THEODORO, JANICE, América Barroca: Tema e Variações (São Paulo/Rio de Janeiro 1992).

Bild

(griech. εἰκών, εἴδωλον; lat. imago, icon; engl. image; frz. image; ital. immagine; span. imagen; russ. образ)

Einleitung; **I. Antike und frühes Mittelalter;** 1. Mythen und Legenden; 2. Abwertung der Nachahmung: Platon; 3. Aufwertung der Nachahmung: Aristoteles; 4. Malerei und andere Künste: Von Simonides bis Horaz; 5. Hellenistische und römische Zeit; 6. Bild und Kult; **II. Mittelalter und Übergang zur Neuzeit;** 1. Wunderbare Bilder; 2. Theologie des Bildes: Vom byzantinischen Bilderstreit bis zum Konzil von Trient; 3. Philosophie des Bildes; 4. Optik: Physik und Geometrie des Sehens; **III. Renaissance, Manierismus, Barock; IV. Das 18. Jahrhundert: ›Die Grenzen der Malerei und Poesie‹; V. Moderne;** 1. Bildermassen und Menschenmassen: Vom Panorama zu den Neuen Medien; 2. Reflexion, Reduktion, Abstraktion; **VI. Theorien des Bildes: Ausblick auf die gegenwärtige Diskussion**

Einleitung

Menschen kennzeichnet es – neben anderem –, daß sie Bilder herstellen, mit Bildern etwas darstellen und ausdrücken, Dinge als Bilder sehen, behandeln und verstehen können. Homo sapiens ist, wie Ernst Cassirer betont hat, ein »animal symbolicum«[1] und dabei, wie andere hinzugesetzt haben, insbesondere ein ›homo pictor‹[2]. Die Anfänge solchen Bildermachens und Bildgebrauchs reichen bis in Zeiten zurück, die den neugierigen Blicken des Historikers verschlossen sind. Erhalten sind uns bildhafte Darstellungen aus dem Paläolithikum und Neolithikum.[3] Die Höhlenmalereien und Felszeichnungen scheinen in magische oder religiöse Rituale (Jagdrituale, Initiationsriten u. ä.) eingebunden gewesen zu sein. Danach finden sich Bilder in allen frühen Hochkulturen.

Die Quantität und Qualität der Bilder hat sich im Laufe der Geschichte stark verändert. Nicht nur hat die Zahl der Bilder exponentiell zugenommen; es sind auch immer wieder neue Phänomene hinzugekommen, auf die wir den Begriff des Bildes anwenden. Neue Techniken der Herstellung, Vervielfältigung und Verbreitung von Bildern wurden entwickelt: vom Holzschnitt, Kupferstich und

---

1 ERNST CASSIRER, An Essay on Man. An Introduction to a Philosophy of Human Culture (New Haven 1944), 26; dt.: Versuch über den Menschen. Einführung in eine Philosophie der Kultur, übers. v. R. Kaiser (Frankfurt a. M. 1990), 51.
2 Vgl. HANS JONAS, Homo pictor und die Differentia des Menschen, in: Zeitschrift für philosophische Forschung 15 (1961), 161–176; JONAS, Homo pictor. Von der Freiheit des Bildens (1961), in: G. Boehm (Hg.), Was ist ein Bild? (München 1994), 105–124; HEIKE KÄMPF/RÜDIGER SCHOTT (Hg.), Der Mensch als homo pictor (Bonn 1995).
3 Vgl. WHITNEY DAVIS, Replication and Depiction in Paleolithic Art, in: Representations 19 (1987), 111–147.

der Radierung über den Holzstich und die Lithographie bis hin zu Fotografie, Film und den neuesten digitalen Bildmedien. Inzwischen sind wir im öffentlichen wie im privaten Raum ständig von Bildern umgeben. Alle Lebensbereiche werden zunehmend von bildhaften Zeichen geprägt. Das Bild, das früher selten, kostbar und (mehr oder weniger) an einen Ort gebunden war, ist zu einem inflationären und allanwesenden Gut geworden. Ernst H. Gombrich bemerkt: »Never before has there been an age like ours when the visual image was so cheap in every sense of the word. We are surrounded and assailed by posters and advertisements, by comics and magazine illustrations. We see aspects of reality represented on the television screen and in the movies, on postage stamps and on food packages.« Und er fügt hinzu: »the victory and vulgarization of representational skills create a problem for both the historian and the critic.«[4]

Heute ist denn auch immer häufiger von einer Bilderflut die Rede. Sie wird oft beschrien, aber selten beschrieben oder analysiert. Es handelt sich um komplexe Phänomene der quantitativen und qualitativen Veränderung, die nicht leicht zu überblicken und noch schwerer zu durchschauen sind. Hinter diesen Veränderungen lassen sich mehrere eng miteinander verknüpfte Dynamiken ausmachen: technologische und wirtschaftliche sowie Dynamiken im Rezeptions- und Konsumverhalten.

Werfen wir zunächst einen Blick auf die Dynamiken der technischen Machbarkeit. (1) Viele neuere Arten von Bildern werden als technisch reproduzierbar behandelt. (2) Es gibt heute eine weltweite Distribution von Bildern mit Hilfe zahlreicher Massenmedien. (3) Die bilderzeugenden Apparaturen und bildgebenden Verfahren dringen immer tiefer in Mikro- und Makrobereiche vor. (4) Die Bildmedien werden immer besser miteinander und mit anderen elektronischen Medien vernetzbar und konvertierbar. (5) Die an sich analogen Bilder werden durch sekundäre Digitalisierung digital verfügbar gemacht.

Eine wachsende Anzahl von Medien ermöglicht die Produktion und Reproduktion, Speicherung, Distribution und Rezeption von bildhaften Zeichen: Aufnahme (Fotoapparat, Filmkamera, Scanner); Reproduktion (Holzschnitt, Lithografie und andere Druckverfahren, Negativ-Positiv-Fotografie, Fotokopierer); Speicherung (Negativ, CD-Rom, Festplatte, Videoband, Bildplatte); Vorführung bzw. Fernübertragung (Panorama, Diorama, Kino, Fernsehen, Bildtelegrafie, Bildtelefon).

Eng verzahnt mit den technologischen sind wirtschaftliche Dynamiken: In den vergangenen Jahrhunderten ist ein exponentielles Wachstum der bilderzeugenden, -reproduzierenden, -vorführenden und -übertragenden Einrichtungen unter Bedingungen zunehmender Vermarktung und wirtschaftlicher Konkurrenz festzustellen.

Quantitative und qualitative Veränderungen im Rezeptions- bzw. Konsumverhalten treten hinzu. Seit dem 19. Jh. steigt der Konsum von Bildern rapide an; die Bildmedien werden zu Bildmassenmedien und Massenspektakeln: vom Panorama und Diorama, über die Fotografie und die illustrierten Zeitungen bis hin zu Kino, Fernsehen und Personalcomputer. In der Fotografie und im Kinofilm wurden große Kunstwerke geschaffen; weit überwiegend handelt es sich jedoch um Medien, die der kommerziellen Massenbelustigung, -zerstreuung und -beeinflussung dienen.

Heute sind solche Bildmassenmedien allgegenwärtig; jeder von uns kommt täglich mit ihnen in Berührung. Die meisten Bilder konsumieren wir aus Illustrierten, aus Film und Fernsehen und anderen Bildschirmmedien. Wenn wir einen Film sehen, werden uns 24 Bilder pro Sekunde präsentiert; damit enthält ein Film von 90 Minuten Länge 129.600 Einzelbilder. Die größte Bilderflut ergießt sich aus dem Fernsehen. Seit Anfang der 1990er Jahre pendelt sich der Fernsehkonsum bei Personen über 14 Jahren auf durchschnittlich drei Stunden täglich ein.

Dieser Bildermasse und ihrer wachsenden Macht steht ein auffallender Mangel an praktischer und theoretischer Bildkompetenz gegenüber. Die wenigsten von uns haben gelernt zu zeichnen, zu malen, zu fotografieren, zu filmen. Kaum besser ist es mit unseren Fähigkeiten bestellt, mit Bildern verstehend umzugehen. Auch die theoretische Re-

---

[4] ERNST H. GOMBRICH, Art and Illusion. A Study in the Psychology of Pictorial Representation (Princeton/Oxford 1960), 8.

flexion über Bilder steckt trotz einer Flut von Schriften und einzelnen Einsichten noch in den Anfängen. Im System der Wissenschaften ist die Bildtheorie seltsam ortlos. Die Sprachwissenschaften kümmern sich zumeist nur um die verbalen Zeichen. Die Semiotik ist in der institutionalisierten Wissenschaft noch nicht fest verankert. Die Kunstwissenschaft und Kunstgeschichte schränken sich zumeist auf die künstlerischen Bilder ein, die nur einen kleinen Teil des Gegenstandsbereichs ausmachen. Auch in der Philosophie findet der Bildbegriff keine große Beachtung; am ehesten wird er in der Ästhetik diskutiert, die freilich wiederum nur für einen Teilbereich – die ästhetischen Bilder – zuständig ist.

Das Nachdenken über Bilder, ihre Funktionen und ihre Macht begann nicht in der Ästhetik. Philosophen und Theologen stritten über die Natur, Seinsweise und Wirkung des Bildes, lange bevor die ästhetische Einstellung zum Umgang mit Bildern in den Vordergrund rückte und philosophische Ästhetiken Konturen annahmen. Freilich kann die Geschichte der Ästhetik von der vor- und außerästhetischen Karriere des Bildbegriffs nicht absehen. Grundsätzlich müssen drei Gruppen von Fragen auseinandergehalten werden: Was ist ein Bild? Was ist ein ästhetisches Bild? Was ist ein ästhetisch wertvolles Bild?

Bevor wir uns der Geschichte des Bildbegriffs zuwenden, vergegenwärtigen wir uns seine Hauptbedeutungen:

(1) Der Terminus Bild und seine Entsprechungen in anderen Sprachen bezeichnen heutzutage primär bildhafte Darstellungen wie Gemälde, Zeichnungen und ähnliche Artefakte (Kupferstiche, Holzschnitte, Fotografien usw.). Als eminenter Fall gilt das künstlerisch gestaltete Bild; die große Masse der Bilder stand jedoch seit jeher in außerkünstlerischen Kontexten und diente außerkünstlerischen Zwecken.

Wenn von Bildern die Rede war, waren ursprünglich dreidimensionale Bildwerke, etwa gehauene, gemeißelte, geschnitzte, geknetete oder gegossene plastische Gestaltungen eingeschlossen; oft galt das Standbild (agalma; statua) geradezu als der paradigmatische Fall des Bildes: »Imago, sive picta sive sculpta«[5]. Schon der griechische Terminus eikōn (allgemein soviel wie ›Abbild‹) umfaßt auch Statuen, insbesondere Porträtstatuen. Im Deutschen zeugen Zusammensetzungen wie ›Standbild‹, ›Bildhauer‹, ›Bildschnitzer‹ oder ›Bildgießer‹ noch von der Anwendung des Bildbegriffs auf dreidimensionale Gestaltungen. In der Regel reserviert man das Wort Bild heutzutage jedoch für plane, aus der Fläche nicht oder kaum vortretende bildhafte Darstellungen. Für die dreidimensionalen Gebilde sind inzwischen eher Ausdrücke wie ›Plastik‹ oder ›Skulptur‹ gebräuchlich.

Prägend für die Begriffsgeschichte war zunächst das griechische eikōn (latinisiert: icon, icona). In der lateinischen Tradition dominierte dann imago, das zunächst im Sinne von ›Bildnis eines Verstorbenen‹, dann allgemeiner von ›Porträt‹ und schließlich ganz allgemein von Bild verwendet wurde.[6] Das Substantiv imago soll mit den Verben imaginari (sich vorstellen, sich einbilden) und imitari (nachbilden, nachahmen) verwandt sein. Später diente das lateinische Wort als Etymon zahlreicher Ausdrücke anderer Sprachen, etwa des französischen und englischen image, des italienischen immagine und des spanischen imagen.

(2) Neben den künstlichen Bildern (technei eikones) kannte man von alters her natürliche Bilder (physei eikones). Dazu zählte man insbesondere Spiegelungen, Schatten und Abdrücke.[7] Diese Unterscheidung spielte bis in die Scholastik eine Rolle und sollte auch heute wieder stärker beachtet werden.[8]

Besonders das Spiegelbild wurde immer wieder – in oft problematischer Weise – zum Modell für

---

5 KASPAR VON STIELER, Der Teutschen Sprache Stammbaum und Fortwachs, oder Teutscher Sprachschatz [...] (1691), Bd. 1 (München 1968), 147; vgl. ›Bild‹, in: GRIMM, Bd. 2 (1800), 9; KURT BAUCH, Imago, in: H. Höfling (Hg.), Beiträge zu Philosophie und Wissenschaft. Wilhelm Szilasi zum 70. Geburtstag (München 1960), 9 f.
6 Vgl. RAIMUND DAUT, Imago. Untersuchungen zum Bildbegriff der Römer (Heidelberg 1975).
7 Vgl. PLATON, Soph. 239d.
8 Vgl. DIETRICH SCHLÜTER, ›Bild‹, in: RITTER, Bd. 1 (1971), 913; HEINZ BUDDEMEIER, Das Foto. Geschichte und Theorie der Fotografie als Grundlage eines neuen Urteils (Reinbek 1981), 87; OLIVER ROBERT SCHOLZ, Bild, Darstellung, Zeichen. Philosophische Theorien bildhafter Darstellung (Freiburg/München 1991), 41, 76 ff., 146 ff.

andere Bildphänomene erhoben, insbesondere auch für die erkenntnistheoretischen und metaphysischen Bildbegriffe. – In der wissenschaftlichen Optik beschäftigt sich ein eigener Zweig, die Katoptrik, mit der Reflexion des Lichts im Spiegel (katoptron; speculum) oder anderen spiegelnden Flächen.

(3) Auch innere Bilder wurden früh angenommen oder postuliert, sei es um die Sinneswahrnehmung, sei es um das Denken, die Erinnerung, die Vorstellungstätigkeit (phantasia; imaginatio) oder das Träumen zu beschreiben und zu erklären.

Um Wahrnehmen, Erkennen und Denken zu erklären, entwickelten die antiken Atomisten eine einflußreiche Abbildtheorie des Erkenntnisvorgangs. Nach den Sehtheorien Leukipps, Demokrits und Epikurs lösen sich von der Oberfläche der Dinge häutchenartige, aus Atomgruppen zusammengesetzte Abbilder (eidōla, typoi; simulacra) ab, die, wenn sie auf die Sinne treffen, die Wahrnehmung der betreffenden Gegenstände erzeugen: »Leukippos, Demokrit, Epikur legen fest, Wahrnehmung und Denken erfolgten durch Hinzutritt von Abbildern von außen. Denn niemand werde etwas gewahr, ohne daß etwas auf ihn auftrifft.« (Λεύκιππος Δημόκριτος Ἐπίκουρος τὴν αἴσθησιν καὶ τὴν νόησιν γίνεσθαι εἰδώλων ἔξωθεν προσιόντων. μηδενὶ γὰρ ἐπιβάλλειν μηδετέραν χωρὶς τοῦ προσπίπτοντος εἰδώλου.)[9] Die eidōla sind so fein, daß sie auch durch die geschlossenen Augen eindringen und die Traumbilder verursachen.[10] In anderen Theorien werden die Traumgesichte als phantasmata bezeichnet.[11]

Platon hat die erkenntnisbereite Seele mit einer Wachstafel verglichen, auf der die wahrgenommenen Dinge sich wie mit einem Siegelring einprägen. Nach der Lehre des *Theaitetos* ist ein eidōlon der Abdruck der Wahrnehmung in der Seele, der ein Wiedererkennen ermöglicht.[12] Nach Aristoteles ist Wahrnehmung die Fähigkeit, die wahrnehmbaren Formen ohne den Stoff zu empfangen, wie etwa auch das Wachs das Zeichen oder Bild eines Siegelringes annehmen kann, ohne etwas Gold, aus dem der Ring besteht, in sich aufzunehmen.[13] Bevor der Geist sich einem Erkenntnisgegenstand zuwendet, gleicht er einer noch unbeschriebenen Schreibtafel (vgl. 430a), einer tabula rasa, wie es später bei Albertus Magnus und Thomas von Aquin heißt. Nicht minder einflußreich war Aristoteles' schwer zu deutende Lehre, daß die Seele niemals ohne (Vorstellungs-)Bilder denke.[14]

Seit den Mnemotechniken und Memorialehren der antiken Rhetorik wurde immer wieder geltend gemacht, daß das künstliche Gedächtnis auf »locis et imaginibus«[15], Orten und Bildern, beruhe. Die Gedächtnistheorien blieben bis weit in die Neuzeit hinein Ausgangspunkte für Bildspekulationen.[16] Man kann in diesem Zusammenhang allgemein von psychologischen und gnoseologischen Bildbegriffen sprechen. Sie wurden seit der Antike in den Wahrnehmungs-, Gedächtnis-, Vorstellungs- und Traumtheorien verwendet. In der Erkenntnistheorie führte ihre Verwendung zu Abbild- oder Repräsentationstheorien der Erfahrung und Erkenntnis. In der marxistisch-leninistischen Erkenntnistheorie war unter Heranziehung der Spiegelmetaphorik von ›Widerspiegelungstheorien‹ die Rede. Soweit bei den Abbildern nur Struktureigenschaften erhalten bleiben sollen, kann man von ›Isomorphietheorien‹ sprechen.

Auch in der seit dem 19. Jh. sich etablierenden experimentellen Psychologie blieb der Status der innerpsychischen Bilder umstritten. Nachdem sie

---

9 AETIOS, Frg. 317, in: H. Usener, Epicurea (1887; Stuttgart 1966), 219; dt.: Griechische Atomisten. Texte und Kommentare zum materialistischen Denken der Antike, hg. u. übers. v. F. Jürß/R. Müller/ E. G. Schmidt (1977; Leipzig ³1988), 171; vgl. 171–176, 208 ff., 241 ff., 271 ff.
10 Vgl. LEUKIPP, Frg. 67 A 29–31, in: H. Diels/ W. Kranz (Hg.), Die Fragmente der Vorsokratiker (Reinbek 1964); DEMOKRIT, Frg. 68 A 77, in: ebd.; CICERO, Fin. 1, 21; LUKREZ, De rerum natura 4, 34 ff; JÜRSS/MÜLLER/SCHMIDT (s. Anm. 9), 173, 296.
11 Vgl. ARISTOTELES, De insomniis 458b ff.
12 Vgl. PLATON, Tht. 191d-e; PLATON, Epist. 7, 342a.
13 Vgl. ARISTOTELES, An. 424a.
14 Vgl. ARISTOTELES, An. 431a-b, 432a; ARISTOTELES, De memoria 449b-450a.
15 Rhet. Her. 3, 16; vgl. CICERO, De or. 2, 86 f.; 2, 351–354; 2, 358; QUINTILIAN, Inst. 11, 2, 17–22; HERWIG BLUM, Die antike Mnemotechnik (Hildesheim u.a. 1969).
16 Vgl. FRANCES E. YATES, The Art of Memory (London 1966).

in einigen psychologischen Schulrichtungen (bes. im Behaviorismus) rundweg abgelehnt wurden, gibt es seit den 60er Jahren eine Fülle neuer Theorien der ›mental imagery‹.[17]

Bezeichnenderweise stellt die griechische Sprache für die inneren Bilder eigene Begriffe zur Verfügung, insbesondere eidōlon und phantasma; daneben findet auch eikōn Verwendung. (Im Lateinischen werden eidōlon und phantasma mit simulacrum, seltener mit imago übersetzt; in der Wahrnehmungslehre ist ferner species gebräuchlich.) Auffallend ist, daß das Wort eidōlon tendenziell mit einem negativen Wertakzent versehen wurde; die eidōla sind gleichsam bloße Oberfläche und stehen im Verdacht, schatten- und scheinhaft und damit potentiell trügerisch zu sein. In der jüdischen und christlichen Terminologie der Septuaginta und des Neuen Testaments kann eidōlon (lat. idolum) das Götzenbild bezeichnen; die Verehrung solcher verkehrter Bilder heißt danach Idolatrie. Im Deutschen läßt sich eidōlon in seiner wertenden Verwendung als ›Schattenbild‹, ›Scheinbild‹, ›Trugbild‹ wiedergeben.

(4) Seit Altertum und Mittelalter war eine metaphysische, ontologische oder auch typologische Verwendung des Bildbegriffs verbreitet, derzufolge eine Person, eine Sache oder ein Abstraktum aufgrund eines Dependenzverhältnisses Bild einer anderen Person, Sache oder Entität genannt werden konnte.[18] Die eine Seite kann dann Urbild (paradeigma; paradigma, archetypus, exemplar), die andere Abbild heißen. So konnte beispielsweise vom Sohn als Bild seines Vaters gesprochen werden. In der christlichen Theologie gilt Christus als das Abbild Gottvaters und der Mensch als Ebenbild Gottes. Die metaphysischen Bildbegriffe spielten in den Traditionen des Platonismus und Neuplatonismus eine herausragende Rolle.

(5) Des weiteren fungierten eikōn, imago, Bild und ihre Äquivalente als rhetorische und poetologische Fachausdrücke für verschiedene Formen sprachlicher Veranschaulichung: insbesondere kurze Vergleiche, dann auch Gleichnisse, Parabeln u. ä. So werden schon Homers vielgerühmte Vergleiche als eikones bezeichnet; und Platon charakterisiert seine nicht minder berühmten philosophischen Gleichnisse ebenfalls mit diesem Ausdruck. Zunächst galt nur der Vergleich als sprachlich verfaßtes Bild; erst sehr viel später scheint auch die Metapher als Bild bezeichnet worden zu sein.[19] Mehr und mehr entwickelten sich Bild und Bildlichkeit (im Englischen imagery) zu recht unspezifischen Sammelbezeichnungen für Verfahren der sprachkünstlerischen Veranschaulichung, Verdeutlichung oder Vergegenwärtigung.

Unter Berufung auf Simonides und Horaz wurde die Poesie im 17. und 18. Jh. von vielen Dichtungstheoretikern als malerisch aufgefaßt. Bodmer und Breitinger kennzeichnen die Dichtung geradezu als ›poetische Malerei‹. Für den Begriff einer sprachlich-dichterischen Bildlichkeit war neben dem malerischen besonders der psychologische Bildbegriff von Einfluß. Es geht zum einen darum, es dem Maler mit sprachlichen Mitteln gleichzutun, mit Worten zu malen. Zum anderen sind die Dichter und Redner bestrebt, in den Seelen ihrer Zuhörer Bilder zu erzeugen oder wachzurufen, um so nachhaltig auf sie einzuwirken.[20] Longin sprach in diesem Zusammenhang von εἰδωλοποιΐα[21] (eidōlopoiïa: Bildermachen, Bildererzeugung). Sowohl für die Seite der Produzenten als auch für die Seite der Rezipienten wurde dabei gerne ein spezifisches Seelenvermögen postuliert:

---

17 Vgl. NED BLOCK (Hg.), Imagery (Cambridge, Mass. 1982); ALAN WHITE, The Language of Imagination (Oxford 1990); KLAUS SACHS-HOMBACH (Hg.), Bilder im Geiste. Zur kognitiven und erkenntnistheoretischen Funktion piktorialer Repräsentationen (Amsterdam/Atlanta 1995).
18 Vgl. RICHARD PATTERSON, Image and Reality in Plato's Metaphysics (Indianapolis 1985); STEPHAN OTTO, Die Funktion des Bildbegriffs in der Theologie des 12. Jahrhunderts (Münster 1963); GÜNTER PÖLTNER, Der Begriff des Bildes bei Thomas von Aquin, in: R. Heinrich/H. Vetter (Hg.), Bilder in der Philosophie (München 1991), 176–199.
19 Vgl. BERNHARD ASMUTH, Seit wann gilt die Metapher als Bild? Zur Geschichte der Begriffe ›Bild‹ und ›Bildlichkeit‹ und ihrer gattungspoetischen Verwendung, in: G. Ueding (Hg.), Rhetorik zwischen den Wissenschaften (Tübingen 1991), 303; ASMUTH, ›Bild/Bildlichkeit‹, in: UEDING, Bd. 2 (1994), 11 f.
20 Vgl. QUINTILIAN, Inst. 6, 2, 29; 4, 2, 123; 8, 3, 63 f.; 11, 2, 20 ff.
21 LONGIN, Peri hypsous 15, 1.

die phantasia (lat. imaginatio), d.h. die Vorstellungs- oder Einbildungskraft.[22]
(6) Vor allem in Zusammensetzungen wie ›Vorbild‹ oder ›Leitbild‹ kann der Bildbegriff einen normativen Sinn annehmen.[23] Schon seit ca. 100 v. Chr. konnte ›imago‹ als Variante von paradeigma/exemplum im Sinne der Verkörperung einer Eigenschaft gebraucht werden. Als klassischer Fall gilt Senecas Kennzeichnung von Cato als einem lebenden Bild der Tugenden: »Cato ille, virtutum viva imago«[24]. – Auch der aus der angelsächsischen Sozial- und Wirtschaftspsychologie entlehnte Begriff Image (bzw. social image) weist eine normative Färbung auf, indem er als Bezeichnung für die kollektiv geteilte oder zu teilende Gesamtheit von Vorstellungen, Einstellungen und Wertungen verwendet wird, die eine bestimmte soziale Gruppe von einer Person, Gruppe oder Sache hat bzw. haben sollte. –

Die damit unterschiedenen Verwendungen des Bildbegriffs standen und stehen in komplizierten Wechselbeziehungen zueinander. Begriffsgeschichtlich besonders grundlegend waren der malerisch-zeichnerische Bildbegriff, allgemeiner: der Begriff eines Artefakts, das bildhaft etwas darstellt; der Begriff des natürlichen Bildes und der metaphysische Bildbegriff; bei den anderen Gebrauchsweisen dürfte es sich im wesentlichen um Ausweitungen oder Übertragungen dieser Termini handeln. Ich konzentriere mich im folgenden auf den malerisch-zeichnerischen Bildbegriff.

I. Antike und frühes Mittelalter

1. *Mythen und Legenden*

Über die historischen Ursprünge und Anfänge der Malerei und des Bildes ist nichts Sicheres auszumachen; um so mehr ist darüber spekuliert worden. Eine der einflußreichsten Mutmaßungen überliefert Plinius: »die Griechen [...] sagen, man habe den Schatten eines Menschen mit Linien nachgezogen; deshalb sei die erste Malerei so beschaffen gewesen, die nächste habe nur je eine Farbe verwendet und sei später die einfarbige genannt worden, nachdem eine kunstvollere Malerei erfunden war; in dieser Weise besteht sie auch heute noch.« (Graeci [...] umbra hominis lineis circumducta; itaque primum talem, secundum singulis coloribus et monochromaton dictam, postquam operosior inventa erat; duratque talis etiam nunc.)[25] Nach diesem ›Bericht‹ hätte sich das erste künstliche Bild an einem natürlichen Bild, dem Schatten eines Menschen, orientiert. Aber wozu dienten die Bilder? Zur Beantwortung dieser Frage muß man die Legende über den Ursprung der Plastik hinzuziehen: Ein Töpfer aus Korinth soll die Kunst, Ton ähnliche Bilder (»similitudines«) zu formen, erfunden haben, und zwar »mit Hilfe seiner Tochter, die aus Liebe zu einem jungen Mann, der in die Fremde ging, bei Lampenlicht an der Wand den Schatten seines Gesichtes mit Linien umzog; den Umriß füllte der Vater mit daraufgedrücktem Ton und machte ein Abbild, das er mit dem übrigen Tonzeug im Feuer brannte und ausstellte.« (35, 5, 15; dt. 108f.) Ähnliche Legenden finden sich in den frühen Kulturen der unterschiedlichsten Völker.[26] Die Darlegungen des frühchristlichen Apologeten Athenagoras von Athen zeigen, daß entsprechende Vorstellungen vom Ursprung des Bildes auch im Christentum verbreitet und lebendig waren.[27]

Einem zweiten Typus der Legende vom Ur-

---

22 Vgl. RAY FRAZER, The Origin of the Term ›Image‹, in: English Literary History 27 (1960), 149–161; PHILIP NICHOLAS FURBANK, Reflections on the Word ›Image‹ (London 1970); GERHARD KURZ, ›Bild/Bildlichkeit‹, in: V. Meid (Hg.), Literaturlexikon, Bd. 13 (Gütersloh 1992), 109–115.
23 Vgl. JAKOB STEINBRENNER/ULRICH WINKO (Hg.), Bilder in der Philosophie und in anderen Künsten und Wissenschaften (Paderborn 1997), 34–40.
24 SENECA, De tranquillitate animi 16, 1.
25 PLINIUS, Nat. 35, 5, 15; dt.: Naturalis Historiae. Naturkunde, lat.-dt., Buch 35, hg. u. übers. v. R. König (München 1978), 23.
26 Vgl. CARL ROBERT, Archaeologische Maerchen aus alter und neuer Zeit (Berlin 1886), 131; ERNST KRIS/OTTO KURZ, Die Legende vom Künstler. Ein geschichtlicher Versuch (1934; Frankfurt a.M. 1980), 102f.
27 Vgl. ATHENAGORAS, Supplicatio pro christianis 17, 3–4; JOHANNES ADOLPH OVERBECK, Die antiken Schriftquellen zur Geschichte der bildenden Künste bei den Griechen (Leipzig 1868), Nr. 261; MOSHE BARASCH, Icon. Studies in the History of an Idea (New York 1992), 213.

sprung der Malerei zufolge sollten die ersten Bilder Stellvertreter für einen Verstorbenen sein. Diese Geschichte findet sich in vielen Variationen in der indischen, griechischen und jüdisch-hellenistischen Überlieferung. In späteren, abgeschwächten Fassungen dient das Bild nur mehr der erinnernden Vergegenwärtigung des Toten.[28] Andere Legenden kreisen um die Leistung und Wirkung von Bildern. Der wohl berühmteste kunstliterarische ›Bericht‹ erzählt vom Wettstreit zwischen Zeuxis und Parrhasios: Zeuxis hat Weintrauben so erfolgreich gemalt, daß Sperlinge zu dem ausgestellten Bild fliegen. Daraufhin bittet Parrhasios den Konkurrenten, ihm in seine Malerwerkstatt zu folgen; dort wolle er ihm beweisen, daß er noch besser malen könne. Im Atelier fordert der siegessichere Zeuxis den Parrhasios auf, den Vorhang, der das Bild verdecke, zur Seite zu ziehen: Doch der Vorhang ist gemalt. Zeuxis gesteht die Überlegenheit des Parrhasios zu: Während er selbst nur vernunftlose Tiere getäuscht habe, sei es diesem gelungen, einen Menschen, ja einen Künstler zu täuschen.[29] Die Anekdote ist endlos variiert und wiederholt worden.[30] An sie knüpfen bewußt oder unbewußt die bis in unser Jh. immer wieder verfochtenen Illusionstheorien des Bildes an.

Kaum weniger berühmt ist eine Geschichte, die auf ein anderes Bildverständnis hindeutet. Zeuxis erhält den Auftrag, eine Helena zu malen. Weil er nicht glaubt, daß sich bei einer einzigen Frau alle erforderlichen Vollkommenheiten finden lassen, sucht er die fünf schönsten Frauen als Modelle aus und wählt von diesen die jeweils besten Seiten und Züge aus, um sie in seinem Bild zu etwas noch Schönerem zusammenzusetzen.[31] Auch auf diese Anekdote haben sich Maler und Kunsttheoretiker immer wieder berufen. Besonders in der Renaissance und im Manierismus wurde sie gerne angeführt.[32] So verweist Leon Battista Alberti auf Zeuxis als Vorbild für ein Verfahren, das sich – statt sich auf das eigene Ingenium zu verlassen – an der Natur orientiert: »Desshalb wollen wir stets das, was wir malen, der Natur entnehmen und stets wollen wir die *schönsten* Dinge auswählen.« (Per questo sempre ciò, che vorremo dipigniere, piglieremo dalla natura, et sempre torremo le cose più belle.)[33] Noch bis ins 18. Jh. bleibt die electio-Anekdote von Zeuxis und den krotonischen Jungfrauen lebendig.[34]

2. Abwertung der Nachahmung: Platon

Eine erste zusammenhängende philosophische Bildreflexion findet sich bei Platon und im Platonismus. Die abendländische Ästhetik verdankt Platon wesentliche Anstöße für eine Philosophie des Schönen und eine Theorie der Künste. Während Platon dem Schönen einen hohen metaphysischen Wert beilegt, werden die darstellenden Künste von ihm radikal abgewertet. Platon unterscheidet unter den Künsten hervorbringende, gebrauchende und nachahmende. Zu den mimetischen Künsten gehören neben der Poesie, der Schauspielkunst, der Orchestik und der Musik auch die Malerei und die Bildhauerei.

Im 10. Buch des *Staates* (595a-607a) hat Platon eine wirkmächtige Kritik der nachahmenden Darstellung entfaltet, in der eine Abwertung der Malerei die Vergleichsfolie für die Kritik der nachahmenden Dichtung liefert. Beide, der Dichter und der Maler, dürfen nach Ansicht des Philosophen in einem Staat, der eine gute Verfassung haben soll, nicht geduldet werden.

Theoretischer Hintergrund der Fundamental-

---

28 Vgl. KRIS/KURZ (s. Anm. 26), 103 ff.
29 Vgl. PLINIUS, Nat. 35, 36, 64–66.
30 Vgl. ERWIN PANOFSKY, Idea. Ein Beitrag zur Begriffsgeschichte der älteren Kunsttheorie (1924; Berlin 1982), 7; KRIS/KURZ (s. Anm. 26), 90ff.
31 Vgl. PLINIUS, Nat. 35, 36, 64; CICERO, Inv. 2, 1, 1; OVERBECK (s. Anm. 27), Nr. 1667–1669; PANOFSKY (s. Anm. 30), 7, 24 f.; KRIS/KURZ (s. Anm. 26), 89.
32 Vgl. PANOFSKY, Dürers Kunsttheorie vornehmlich in ihrem Verhältnis zur Kunsttheorie der Italiener (Berlin 1915), 157 f.; PANOFSKY (s. Anm. 30), 24 ff., 90; WILHELM PERPEET, Das Kunstschöne. Sein Ursprung in der italienischen Renaissance (Freiburg/München 1987), 263–270, 371–374.
33 LEONE BATTISTA ALBERTI, Della pictura libri tre (1435)/Drei Bücher über die Malerei, in: Alberti, Kleinere kunsttheoretische Schriften, ital.-dt., hg. u. übers. v. H. Janitschek (Wien 1877), 153; dt. 152.
34 Vgl. ANTON RAPHAEL MENGS, Gedanken über die Schönheit und über den Geschmack in der Malerei (1762), in: G. Boehm/N. Miller (Hg.), Bibliothek der Kunstliteratur, Bd. 2 (Frankfurt a. M. 1995), 207.

kritik im 10. Buch ist Platons reife Metaphysik, die Ideenlehre, die er in den mittleren Büchern (und in anderen Dialogen) entfaltet hat. Ihr zufolge wird für jede Vielheit von Einzeldingen, auf die wir denselben Begriff anwenden, eine transzendente Idee oder Form angenommen. Während die Welt der sinnlich wahrnehmbaren Dinge dem Entstehen und Vergehen unterworfen ist, sind die Ideen ewig und unveränderlich. Um das Verhältnis der Sinnendinge zu den Ideen zu charakterisieren, verwendet Platon neben dem Terminus ›Teilhabe‹ (methexis) den Begriff des Abbilds. Jedes Einzelding in Raum und Zeit ist ein Abbild eines zugrunde liegenden Urbildes. (Das soll für Naturdinge ebenso wie für Artefakte gelten, wobei die Urformen von letzteren für die Ideenlehre freilich besondere Probleme schaffen und in der platonischen Schule umstritten waren.) Nach der Lehre des *Timaios* (29 a ff.) erschafft ein Demiurg die Sinnenwelt der Einzeldinge als Abbilder der ewigen Ideen, die ihrerseits als Vorbilder (paradeigmata) fungieren.

In der Argumentation im *Staat* (596e-598d) unterscheidet Platon drei Betten: das unwandelbare Urbild-Bett, das von einem Gott geschaffen wurde; das sinnlich wahrnehmbare einzelne Bett in Raum und Zeit, das ein Handwerker mit Blick auf das ideale Bett hergestellt hat; drittens das gemalte Bett des Künstlers. Nach Platon ahmt der Künstler nicht die Ideen nach, sondern die Sinnendinge, und zwar so, wie sie uns aus einem bestimmten Blickwinkel erscheinen. Auf diese Weise schafft er Gebilde dritten Grades. Mit der ontologischen Degradierung geht eine epistemologische Abwertung einher. Im Unterschied zum Tischler, der sich bei der Herstellung eines Bettes an dessen Idee und an den Maßgaben der zukünftigen Benutzer orientiert, schafft der Maler seine Nachahmungen, ohne über ein Wissen von den dargestellten Dingen und ihren Funktionen zu verfügen.

Unter allen Äußerungen Platons über Bilder und den Bildbegriff hat diese schroffe Kritik der nachahmenden Darstellung die größte Aufmerksamkeit auf sich gezogen. Man sollte jedoch nicht übersehen, daß es in Platons Werk auch eine Reihe von bildtheoretischen Überlegungen gibt, die andere Bewertungen nahelegen als die berühmten Verdikte aus dem Staat. Eine bildtheoretisch hochinteressante Überlegung findet sich im *Kratylos*. Dort werden an einer prominenten Stelle (430a-433b) Wörter versuchsweise als Nachahmungen aufgefaßt und mit Bildern verglichen: Das Wort ist eine gewisse Nachahmung (mimēma) des Dinges. Ebenso sind die Gemälde Nachahmungen von Dingen. Nun gibt es richtige und falsche Verteilungen der Nachahmungen auf die Dinge – und in diesem Sinne richtige und falsche Bilder und Wörter. Diejenige Verteilung gilt als richtig, »welche jedem das ihm Zukommende und Ähnliche zuteilt«. (Ἣ ἂν ἑκάστῳ οἶμαι τὸ προσῆκόν τε καὶ τὸ ὅμοιον ἀποδιδῷ.)[35] Um ein Bild einer Sache zu sein, darf es gerade nicht alle Eigenschaften des Abzubildenden wiederholen: »bei jeder Art von Bild [...] verbietet es sich, [...] da überhaupt alles wiederzugeben, was das abgebildete Objekt an sich hat, wenn es noch ein Bild sein soll. Kann von zwei verschiedenen Dingen die Rede sein, z. B. von Kratylos und einem Bild des Kratylos für den Fall, daß irgend ein Gott nicht nur deine Farbe und Gestalt nachbildete wie die Maler, sondern auch das ganze Innere genau dem deinigen angleichend darstellte [...], kurz alles, was du hast, gerade so noch einmal neben dich stellte? Wäre das dann Kratylos und dann daneben ein Bild des Kratylos, oder wären es zwei Kratylos?« (τοῦ δὲ ποιοῦ τινος καὶ συμπάσης εἰκόνος μὴ οὐχ αὕτη [ᾖ] ἡ ὀρθότης, ἀλλὰ τὸ ἐναντίον οὐδὲ τὸ παράπαν δέῃ πάντα ἀποδοῦναι οἷόν ἐστιν ᾧ εἰκάζει, εἰ μέλλει εἰκὼν εἶναι. [...] ἆρ' ἂν δύο πράγματα εἴη τοιάδε, οἷον Κρατύλος καὶ Κρατύλου εἰκών, εἴ τις θεῶν μὴ μόνον τὸ σὸν χρῶμα καὶ σχῆμα ἀπεικάσειεν ὥσπερ οἱ ζωγράφοι, ἀλλὰ καὶ τὰ ἐντὸς πάντα τοιαῦτα ποιήσειεν οἷάπερ τὰ σά, καὶ μαλακότητας καὶ θερμότητας τὰς αὐτὰς ἀποδοίη, καὶ κίνησιν καὶ ψυχὴν καὶ φρόνησιν οἵαπερ ἡ παρὰ σοὶ ἐνθείη αὐτοῖς, καὶ ἑνὶ λόγῳ πάντα ἅπερ σὺ ἔχεις, ποιαῦτα ἕτερα καταστήσειεν πλησίον σου; πότερον Κρατύλος ἂν καὶ εἰκὼν Κρατύλου τότ' εἴη τὸ τοιοῦτον, ἢ δύο Κρατύλοι;) (432b-c; dt. 117) Jedes Bild ist also notwendigerweise unvollständig, das bedeutet aber, daß ein Bild dem Abgebildeten zugleich ähnlich und unähnlich sein muß.

---

[35] PLATON, Krat. 430c; dt.: Kratylos, hg. u. übers. v. O. Apelt (Leipzig 1918), 114.

Zu wenig wurde auch beachtet, daß Platons Urteil über die nachahmenden Künste und speziell über die Malerei nicht immer so ungünstig ausfiel wie im *Staat*; dies gilt vor allem für manche Ausführungen in den späten Dialogen. Im *Sophistes*, in dem die Sophistik als trugbildnerische (phantastikē) Kunst eingeordnet wird, wird grundsätzlich auch die Möglichkeit einer ebenbildnerischen (eikastikē) Kunst eingeräumt. Sie bestünde darin, gemäß den Maßverhältnissen des Urbildes in Länge, Breite und Tiefe und durch eine angemessene Farbwiedergabe die Entstehung einer Nachahmung zu bewirken.[36] Freilich bleibt es dabei, daß der Maler bestenfalls die Gegenstände der sinnlich wahrnehmbaren Welt wiedergeben kann. An einer späteren Stelle des *Sophistes* wird auch eine Definition von eidōlon erwogen. Theaitetos hat unterschiedliche Arten von natürlichen und künstlichen Bildern aufgezählt: die Bilder im Wasser und in den Spiegeln, die gemalten und die geformten Bilder. Auf die Belehrung durch den Fremden aus Elea, daß dem Sophisten damit nicht beizukommen sei, folgt die Definition[37], die sich schematisch folgendermaßen wiedergeben ließe: Ein Bild von x ist das einem wahren x ähnlich gemachte andere scheinbare x.

In den *Nomoi* schließlich wird die ägyptische Malerei dafür gelobt, daß sie seit Tausenden von Jahren Bildwerke nach ehernen Gesetzen, die festlegen, was richtig und schön ist, hervorbringt und erhält; Neuerungen einzuführen war verboten.[38] Es werden Regeln für die kunstkritische Beurteilung von Bildern aufgestellt. Jeder, der ein verständiges Urteil über eine bildhafte Darstellung abgibt, muß drei Fragen beantworten: Was stellt das Werk dar? Ist die Darstellung richtig? Ist die Ausführung gut/schön?[39]

---

36 Vgl. PLATON, Soph. 233d-236c; PLATON, Leg. 667e-f, 669a-b.
37 Vgl. PLATON, Soph. 240a-b.
38 Vgl. PLATON, Leg. 656d-e.
39 Vgl. PLATON, Leg. 669a; PLATON, Ion 532, PLATON, Prot. 312b; ALBERT DRESDNER, Die Entstehung der Kunstkritik im Zusammenhang des europäischen Kunstlebens (1915; München 1968), 28.
40 Vgl. PANOFSKY (s. Anm. 30).
41 Vgl. ARISTOTELES, Eth. Nic. 1096a; PLATON, Rep. 595b-c.

Nach Platon zeichnen sich also mindestens zwei Möglichkeiten ab, gute oder doch wenigstens tolerable Bilder hervorzubringen: die Orientierung an mathematischen Maßverhältnissen und Ordnungsprinzipien (Proportion, Symmetrie) und an unveränderlichen Kanones der Malerei, die, von göttlicher Herkunft, vom Staat kodifiziert werden sollten.

Doch haben die kritischen Äußerungen zweifellos den stärksten Eindruck hinterlassen. Wie die weitere Geschichte zeigt, kann man jedoch auch mit Platon zu einer anderen Beschreibung und Bewertung der bildenden Künste kommen. Auch wenn man – partiell wenigstens – an dem begrifflichen und theoretischen Rahmen der Ideenlehre festhält, kann man durch eine veränderte Verortung des Bildes innerhalb dieser Struktur zu einem neuen Verständnis und zu einer höheren Wertschätzung bildhafter Darstellung gelangen. So griffen gerade idealistische Kunsttheorien Elemente aus dem platonischen System auf, um Kunst- und Bildkonzeptionen zu entwickeln, die sich von Platons eigenen erklärten Auffassungen grundlegend unterscheiden.[40] Diese Umwertung des Bildes mit Platon gegen Platon beginnt schon bei Cicero und Plotin und findet sich in den neuplatonistischen Bewegungen wieder.

3. Aufwertung der Nachahmung: Aristoteles

Da Aristoteles die Platonische Metaphysik ablehnt, verlieren die ontologischen Argumentationen gegen die nachahmenden Künste für ihn ihre Überzeugungskraft. Wie Platon gegenüber Homer beruft sich Aristoteles bei seiner Kritik an Platons Metaphysik emphatisch auf die Wahrheit: ›Plato amicus‹, magis amica veritas‹, wie es später auf eine Formel gebracht wird.[41]

Die Annahme transzendenter Ideen läuft nach Aristoteles auf eine überflüssige Verdoppelung der Welt hinaus und verstrickt sich dabei in unüberwindliche Paradoxien und Antinomien. Seine eigene Metaphysik versucht, diese Schwierigkeiten zu vermeiden; zugleich räumt sie den Künsten einen vorteilhafteren Platz ein. Was immer entsteht, sei es natürlich oder künstlich, entsteht durch das Eingehen einer bestimmten Form (morphē, eidos) in einen bestimmten Stoff (hylē). Die Form ist bei

Aristoteles nichts Abgetrenntes und Jenseitiges; sie wohnt vielmehr den einzelnen wahrnehmbaren Dingen als ein einheitsstiftendes Prinzip inne. Die künstlichen Werke unterscheiden sich »von den Erzeugnissen der Natur nur dadurch, daß ihre Form, bevor sie in die Materie eingeht, in der Seele des Menschen ist« (Άπο τέχνης δε γίγνεται, όσων το είδος εν τη ψυχη)[42]. Die Kunst kann dabei entweder etwas produzieren, was die Natur nicht hervorzubringen vermag; oder sie ahmt die Natur bzw. der Natur nach.[43] In der *Poetik* orientiert sich Aristoteles am Begriff der Mimesis. Zu den mimetischen Künsten gehören neben der Dichtung, dem Tanz und gewissen Formen der Musik die Malerei und die Bildhauerei. Nachahmungen können sich in dreifacher Hinsicht voneinander unterscheiden: in den Mitteln, durch die sie nachahmen; in den Gegenständen, die sie nachahmen; in der Art und Weise, wie sie nachahmen. In den Erläuterungen werden zum Vergleich mit der Dichtung Künste erwähnt, die »mit Farben und mit Formen, indem sie Ähnlichkeiten herstellen, vielerlei nachahmen« (καὶ χρώμασι καὶ σχήμασι πολλὰ μιμοῦνταί τινες ἀπεικάζοντες)[44]. Damit wird die Malerei – evtl. unter Einschluß der Plastik – gemeint sein, die in der *Poetik* häufiger zu komparativen Zwecken herangezogen wird.

Gegenstand der Nachahmung ist für Aristoteles der handelnde Mensch; direkt oder indirekt nachzuahmen sind die Handlungen von Personen. Dabei können die Menschen und ihre Taten so dargestellt werden, wie sie wirklich waren bzw. sind, aber auch so, wie sie hätten sein sollen. Dem Nachahmer steht es frei, historisch Vorgefundenes oder Selbsterfundenes darzustellen. Die Mimesis kann realistisch, aber auch idealisierend oder satirisch, d. h. jeweils besser oder schlechter als das Vorbild ausfallen. So verfahren nicht nur die Dichter, sondern auch die Maler: »Die Nachahmenden ahmen handelnde Menschen nach. Diese sind notwendigerweise entweder gut oder schlecht. [...] So halten es auch die Maler: Polygnot hat schönere Menschen abgebildet, Pauson häßlichere, Dionysios ähnliche.« (Ἐπεὶ δὲ μιμοῦνται οἱ μιμούμενοι πράττοντας, ἀνάγκη δέ τούτους ἢ σπουδαίους ἢ φαύλους εἶναι [...], ὥσπερ οἱ γραφεῖς· Πολύγνωτος μὲν γὰρ κρείττους, Παύσων δὲ

χείρους, Διονύσιος δὲ ὁμοίους εἴκαζεν.) (1448a; dt. 7/9) Den Tragödiendichtern, die Menschen darstellen sollen, die besser sind als wir, empfiehlt Aristoteles, ebenso zu verfahren »wie die guten Porträtmaler. Denn auch diese geben die individuellen Züge wieder und bilden sie ähnlich und zugleich schöner ab.« (δεῖ μιμεῖσθαι τοὺς ἀγαθοὺς εἰκονογράφους. καὶ γὰρ ἐκεῖνοι ἀποδιδόντες τὴν ἰδίαν μορφὴν ὁμοίους ποιοῦντες καλλίους γράφουσιν.) (1454b; dt. 49)

Die künstlerische Nachahmung ist philosophischer und ernsthafter als die Geschichtsschreibung; denn sie »teilt mehr das Allgemeine, die Geschichtsschreibung hingegen das Besondere mit«. (ἡ μὲν γὰρ ποίησις μᾶλλον τὰ καθόλου, ἡ δ' ἱστορία τὰ καθ' ἕκαστον λέγει.) (1451b; dt. 29) Dies wird zwar ausdrücklich nur für die Dichtung behauptet, läßt sich aber zwanglos auf die bildenden Künste übertragen. Der darstellende Künstler hat es nicht mit dem zu tun, was wirklich geschehen ist, sondern vielmehr mit dem, was geschehen könnte, d. h. mit dem »nach den Regeln der Wahrscheinlichkeit oder Notwendigkeit Möglichen« (τὰ δυνατὰ κατὰ τὸ εἰκὸς ἢ τὸ ἀταγκαῖον) (1451a; dt. 29). In diesem Möglichen sucht er etwas Allgemeines oder Idealtypisches herauszuarbeiten und zur Darstellung zu bringen.

Nach Aristoteles brauchen die Werke der nachahmenden Künste keineswegs die menschliche Seele zu verderben, wie Platon behauptet hatte. Vielmehr können sie eine heilsame Wirkung ausüben, indem sie den Menschen von Affekten (oder – nach einer anderen Deutung – diese Affekte selbst) reinigen.

Obgleich Aristoteles das Wesen der Malerei wie der Dichtkunst ebenfalls mit Hilfe des Terminus Mimesis zu kennzeichnen sucht, betont er gerade die universalisierenden, idealisierenden und kathartischen Möglichkeiten des Künstlers. – Im Mittelalter stand die alle ›artes‹ betreffende allgemeine Kunsttheorie im Vordergrund, die in der *Metaphysik* und in der *Physik* vorgetragen wurde. Die mit

---

42 ARISTOTELES, Metaph. 1032a; dt. nach PANOFSKY (s. Anm. 30), 9.
43 Vgl. ARISTOTELES, Phys. 199a.
44 ARISTOTELES, Poet. 1447a; dt.: Poetik, griech.-dt., hg. u. übers. v. M. Fuhrmann (Stuttgart 1982), 5.

den Künsten in einem engeren Sinne befaßte *Poetik* entfaltet erst in der Renaissance ihre bis in unser Jh. reichende Wirkung.

4. Malerei und andere Künste: Von Simonides bis Horaz

Schon früh wurden Reflexionen über das Verhältnis der Künste untereinander angestellt, besonders über die bildenden Künste im Vergleich zur Poesie. Dem Lyriker Simonides von Keos wurde der Ausspruch zugeschrieben, »daß die Malerei eine stumme Poesie, die Poesie aber eine redende Malerei sei«. (Πλὴν ὁ Σιμωνίδης τὴν μὲν ζωγραφίαν ποίησιν σιωπῶσαν προσαγορεύει, τὴν δὲ ποίησιν ζωγραφίαν λαλοῦσαν.)[45] In der *Rhetorica ad Herennium* findet sich – als rhetorisches Lehrbeispiel – eine lateinische Variante: »poema loquens pictura, pictura tacitum poema debet esse«[46]. Da wir den Zusammenhang, in dem das Aperçu geäußert wurde, nicht mehr rekonstruieren können, bleibt offen, wie es zu verstehen ist – ob Simonides vorrangig die Darstellungsmittel der beiden Künste oder ihre Wirkungen vor Augen gehabt hat.

In denselben Zusammenhang gehört eine Anekdote, die über Sophokles erzählt wurde. Dieser solle einmal auf einen errötenden Knaben den Vers des Phrynichos angewandt haben: »Von Purpurwangen strahlt das Licht der Liebe.« (λάμπει δ' ἐπὶ πορφυρέαις παρῇσι φῶς ἔρωτος.)[47] Daraufhin habe ein Schulmeister, der dies hörte, geltend gemacht, dies sei kein schöner Vers, denn wenn ein Maler einen Knaben mit purpurnen Wangen male, sehe dies sicherlich alles andere als schön aus. Sophokles wies auf gelungene Epitheta bei Homer hin, etwa ›die rosenfingrige Eos‹, die man auch nicht so malen dürfe. Maler und Dichter können sich also unterschiedlicher Mittel bedienen: »Denn offenbar liegt in seinen Worten der Sinn, daß der Dichter, dessen Bild nur die Phantasie, nicht das Auge erfaßt, sich ganz anderer, stärkerer Züge bedienen darf, als der Maler, zumal die Bilder der Phantasie an Lebhaftigkeit immer hinter denen der sinnlichen Anschauung zurückbleiben, so daß um der Lebhaftigkeit der sinnlichen Anschauung einigermaßen nahe zu kommen, schon mit sehr starken Reizen auf die Phantasie gewirkt werden muß.«[48]

Überaus einflußreich wurden mehrere Sentenzen über das Verhältnis der Künste aus Horaz' *Ars poetica*. Für die Geschichte der bildtheoretischen Reflexion ergab sich so die seltsame Lage, daß die über Jahrhunderte wirkmächtigsten Sätze und Topoi dichtungstheoretischen Schriften entnommen wurden, namentlich der *Poetik* von Aristoteles und der *Ars poetica* von Horaz. Mit der vielzitierten Wendung »pictoribus atque poetis / quidlibet audendi semper fuit aequa potestas« (Und doch hatten Maler und Dichter seit je gleiche Freiheit, zu wagen, was sie nur wollen)[49] wird für Maler und Dichter dieselbe Freiheit beansprucht, in ihren Werken ›etwas zu wagen‹. Dies wurde zumeist als Einforderung derselben Phantasiefreiheit gedeutet; insbesondere dürfen beide Künste in ihren Darstellungen über die Wirklichkeit hinausgehen und fiktive Gestalten schaffen.[50] Auf diese Stelle berufen sich noch der Bischof Durandus von Mende und Cennino Cennini.[51]

Noch ungleich wirkmächtiger wurde die Formel ›ut pictura poesis‹. Die Stelle lautet im Zusammenhang: »ut pictura poesis: erit quae, si propius stes, / te capiat magis, et quaedam, si longius abstes; / haec amat obscurum, volet haec sub luce videri, / iudicis argutum quae non formidat acumen; / haec placuit semel, haec deciens repetita placebit.« (Eine Dichtung ist wie ein Gemälde: es gibt solche, die dich, wenn du näher stehst, mehr fesseln, und solche, wenn du weiter entfernt stehst; dieses liebt das Dunkel, dies will bei Lichte beschaut sein und fürchtet nicht den Scharfsinn des

---

45 PLUTARCH, De gloria Atheniensium 346; vgl. HUGO BLÜMNER, Einleitung, in: Blümner (Hg.), Lessings Laokoon (Berlin ²1880), 4.
46 Rhet. Her. 4, 39.
47 ATHENAIOS, Deipnosophistes 13, 604a, 254; dt.: Das Gelehrtenmahl, übers. v. U. u. K. Treu (Leipzig 1985), 368.
48 BLÜMNER (s. Anm. 45), 4.
49 HORAZ, Ars 9f.; dt.: Ars Poetica. Die Dichtkunst, lat.-dt., übers. v. E. Schäfer (Stuttgart 1984), 5.
50 Vgl. BLÜMNER (s. Anm. 45), 7.
51 Vgl. KARL BORINSKI, Die Antike in Poetik und Kunsttheorie vom Ausgang des klassischen Altertums bis auf Goethe und Wilhelm von Humboldt, Bd. 1 (Leipzig 1914), 96f.; RENSSELAER W. LEE, Ut Pictura Poesis. The Humanistic Theory of Painting, in: The Art Bulletin 22 (1940), 199.

Richters; dieses hat einmal gefallen, doch dieses wird, noch zehnmal betrachtet, gefallen.)[52] Wie der Kontext verdeutlicht, behauptet Horaz hier keineswegs eine durchgehende Analogie oder gar Wesensgleichheit der beiden Künste. Die Parallelisierung ist vielmehr sehr eingeschränkt: In der Malerei wie in der Dichtung gibt es einerseits Werke, die aus der Ferne und im großen Zusammenhang wahrgenommen werden müssen, andererseits solche, die aus der Nähe und im einzelnen betrachtet werden wollen.[53]

Mit den Dikta von Simonides und Horaz konnten später weitere in eine Reihe gestellt werden, etwa das Lukians, nach dem Homer »der beste der Maler« (μᾶλλον δὲ τὸν ἄριστον τῶν γραφέων)[54] sei. Alle diese Aussprüche wurden in der Folge losgelöst von ihrem Ursprung und Kontext tradiert. Unzählige Male zitiert, degenerierten sie zu autoritativen Schlagwörtern, mit denen man sich auf eine vermeintliche Verwandtschaft, wenn nicht Wesensgleichheit der beiden Künste berief.

Aber auch ein Bewußtsein von den Beschränkungen der einzelnen Künste zeigt sich schon recht früh. In der 12. Olympischen Rede kommt Dion Chrysostomos auf Dichtungen und Werke der bildenden Kunst zu sprechen. Während Dichtern wie Homer in der Sprache Ausdrucksmittel nicht nur für die sinnlich wahrnehmbaren Gegenstände, sondern auch für die Seelenzustände zur Verfügung stehen, müssen sich Künstler wie Phidias oder Polygnot in engeren Grenzen bewegen. Insbesondere müssen sich Bildhauer und Maler auf einen Augenblick beschränken, den sie für ihre Darstellungen auswählen.[55]

5. Hellenistische und römische Zeit

In der Kultur der Spätantike blüht ein von gebildeten Kunstkennern wie Dion Chrysostomos und den beiden Philostraten, Großvater und Enkel, getragener Kunstenthusiasmus auf, der sich so weit steigern konnte, daß Schöpfungen der Kunst als heilig bezeichnet werden.[56] Philosophisch orientierte Schriftsteller wie Plutarch oder Lukian halten dagegen. In diesem Spannungsfeld wird auch die Bildreflexion vorangetrieben.

Philostratos der Ältere macht die Rolle der Phantasie für die bildende Kunst geltend. Die Werke der Maler und Bildhauer brauchen ihren Ursprung nicht in der Nachahmung zu haben; sie können auch der Phantasie entspringen. Wie in der *Vita Apollonii* dem Maler in den Mund gelegt wird, ist die Phantasie der Nachahmung überlegen: »Phantasie [...] hat diese Werke geschaffen, eine weisere Schöpferin als Nachahmung. Nachahmung nämlich wird nur schaffen können, was sie gesehen hat, Phantasie aber auch das, was sie nicht gesehen hat, denn sie wird es sich ausdenken nach Maßgabe des Seienden.« (»φαντασία« ἔφη »ταῦτα εἰργάσατο σοφωτέρα μιμήσεως δημιουργός. μίμησις μὲν γὰρ δημιουργήσει, ὃ εἶδεν, φαντασία δὲ καὶ ὃ μὴ εἶδεν, ὑποθήσεται γὰρ αὐτὸ πρὸς τὴν ἀναφορὰν τοῦ ὄντος [...].«)[57] In der feierlichen Erklärung aus den *Eikones* – »Wer die Malerei nicht achtet, beleidigt die Wahrheit, beleidigt auch die Weisheit« (Ὅστις μὴ ἀσπάζεται τὴν ζωγραφίαν, ἀδικεῖ τὴν ἀλήθειαν, ἀδικεῖ δὲ καὶ σοφίαν)[58] – ist der Abstand zu Platons Abwertung der Malerei besonders deutlich.

Wenn man Plinius glauben darf, wurde die Malerei – vorübergehend – sogar in die Reihe der artes liberales, der freien Künste, aufgenommen und nahm dort den ersten Rang ein: »recipereturque ars ea in primum gradum liberalium«[59]. Auf diese

---

52 HORAZ, Ars 361–365; dt. 27; vgl. BLÜMNER (s. Anm. 45), 7f.; LEE (s. Anm. 51), 199f.
53 Vgl. WESLEY TRIMPI, The Meaning of Horace's >ut pictura poesis<, in: Journal of the Warburg and Courtauld Institutes 36 (1973), 1–34; LUCA GIULIANI, Laokoon in der Höhle des Polyphem. Zur einfachen Form des Erzählens in Bild und Text, in: Poetica 28 (1996), 1.
54 LUKIAN, Eikones 8, in: Luciani Samosatensis Opera, hg. v. C. Jacobitz, Bd. 2 (Leipzig ²1907), 243.
55 Vgl. BLÜMNER (s. Anm. 45), 9f.; JOACHIM KRUEGER (Hg.), Ästhetik der Antike (1964; Berlin/Weimar ²1983), 349–363.
56 Vgl. KALLISTRATOS, Ekphraseis 148, 27; DRESDNER (s. Anm. 39), 40.
57 PHILOSTRATOS D. Ä., Vita Apollonii 6, 19; dt. nach KRUEGER (s. Anm. 55), 448; vgl. BLÜMNER (s. Anm. 45); 12; DRESDNER (s. Anm. 39), 41; PANOFSKY (s. Anm. 30), 8; WŁADYSŁAW TATARKIEWICZ, Geschichte der Ästhetik, übers. v. A. Loepfe, Bd. 1 (Basel/Stuttgart 1979), 282f., 332f.
58 PHILOSTRATOS D. Ä., Eikones 3, 762; dt. nach KRUEGER (s. Anm. 55), 450.
59 PLINIUS, Nat. 35, 36, 77.

Stelle konnte man sich jedenfalls in späteren Zeiten wieder berufen.[60]

Die Haltung der Philosophen und Theologen bleibt gespalten. Während viele die Malerei weiterhin gering achten, gibt es auch Anstöße für eine andere Bewertung. Zahlreiche von Platon beeinflußte Denker transformierten die Ideenlehre, was sich auch auf die Kunsttheorie auswirken konnte. Cicero zieht im *Orator* zum Vergleich die Ideen heran. Dabei nimmt er folgenreiche Umdeutungen vor: »sed ego sic statuo nihil esse in ullo genere tam pulchrum, quo non pulchrius id sit, unde illud ut ex ore aliquo quasi imago exprimatur. quod neque oculis neque auribus neque ullo sensu percipi potest; cogitatione tantum et mente complectimur. [...] nec vero ille artifex, cum faceret Iovis formam aut Minervae, contemplabatur aliquem, e quo similitudinem duceret, sed ipsius in mente insidebat species pulchritudinis eximia quaedam, quam intuens in eaque defixus ad illius similitudinem artem, et manum dirigebat. [...] has rerum formas appellat ἰδέας [...] Plato«. (Ich stelle aber fest; auf keinem Gebiet ist etwas so schön, daß nicht jenes noch schöner wäre, dem es – gewissermaßen wie einem Gesicht die Wachsmaske – nachgebildet ist; jenes, das weder mit den Augen noch mit den Ohren noch mit irgendeinem Sinn aufgenommen werden kann, das wir vielmehr allein im Geiste erfassen. [...] Auch hat jener Künstler [Phidias – d. Verf.], als er die Gestalt des Zeus oder der Athene bildete, nicht irgendein Modell betrachtet, von dem er dann die Ähnlichkeit herleitete; ihm schwebte vielmehr im Geiste ein Bild außergewöhnlicher Schönheit vor, das er anschaute und auf das konzentriert er nach diesem Vorbild seine Künstlerhand lenkte. [...] Diese Urbilder der Dinge bezeichnet Platon als ›Ideen‹.)[61] Die Platonischen Ideen sind damit zu Idealbildern im Geiste des Künstlers umgedeutet.

Von den christlichen Mittel- und Neuplatonikern wurden die Ideen im Intellekt des göttlichen Schöpfers angesiedelt. Augustinus erläutert in seiner quaestio 46 ›De ideis‹: »Ideas igitur latine possumus vel formas vel species dicere, ut verbum e verbo transferre videamur. Si autem rationes eas vocemus, ab interpretandi quidem proprietate discedimus; rationes enim graece λόγοι appellantur, non ideae: sed tamen, quisquis hoc vocabulo uti voluerit, a re ipsa non aberrabit. Sunt namque ideae principales formae quaedam, vel rationes rerum, stabiles atque incommutabiles, quae ipsae formatae non sunt, ac per hoc aeternae ac semper eodem modo sese habentes, quae in divina intelligentia continentur. Et cum ipsae neque oriantur, neque intereant; secundum eas tamen formari dicitur omne, quod oriri et interire potest, et omne quod oritur et interit.« (Ideen können wir in der lateinischen Sprache mit *formae*, Gestalten, oder *species*, Arten, ausdrücken; wenn wir zeigen wollen, wie man wörtlich übersetzt. Wenn wir sie aber *rationes*, Denkweisen, nennen, weichen wir von der Eigenart der Übersetzungspraxis bereits ab, denn *rationes* heißen im Griechischen λόγοι, und nicht Ideen. Wenn aber einer diesen Ausdruck vorzieht, tut er der Sache selbst keinen Eintrag. Die Ideen sind tatsächlich Urformen oder feststehende, unverrückbare Sachverhalte, die an sich nicht geformt und daher in ihrer Seinsart – so wie sie sind – ewig und verbleibend im göttlichen Verstand begründet sind. Da die Ideen weder entstehen noch vergehen, erklärt man sie mit vollem Recht als Urbilder für die Formung alles dessen, was entstehen und vergehen kann, sowie für alles, was tatsächlich entsteht und vergeht.)[62]

Während Cicero und Augustinus die Ideen – die Vorbilder, nach denen ein menschlicher oder göttlicher Artifex seine Werke erschafft – im Intellekt des Schöpfers verankern, betont Seneca in einer kunsttheoretisch bedeutsamen Überlegung, daß der Künstler sein Werk sowohl nach einem inneren wie auch nach einem äußeren Modell herstellen kann. Man hat in bezug auf diese Auffassung treffend von einer Äquivalenzthese gesprochen, genauer von der »These von der formalen Äquivalenz des inneren und äußeren Formvorbil-

---

60 Vgl. ROMANO ALBERTI, Trattato della nobiltà della pittura (Rom 1585), 18; PANOFSKY (s. Anm. 30), 75.
61 CICERO, Or. 2, 8 ff., in: Orator, lat.-dt., hg. u. übers. v. B. Kytzler (München/Zürich ³1988), 10/12; dt. 11/13.
62 AUGUSTINUS, Dreiundachtzig verschiedene Fragen. De diversis quaestionibus octoginta tribus, lat.-dt., übers. v. C. J. Perl (Paderborn 1972), 64/66; dt. 65/67.

des«⁶³. Im 65. Brief an Lucilius wendet Seneca – im Sinne des Mottos ›omnis ars naturae imitatio est‹ – die Aristotelische Lehre von den vier Ursachen auf die Entstehung des Kunstwerks an. Im Anschluß heißt es: »His quintam Plato adicit exemplar, quam ipse ideam vocat: hoc est enim, ad quod respiciens artifex id, quod destinabat, effecit.« Entscheidend ist die erläuternde Fortsetzung: »Nihil autem ad rem pertinet, utrum foris habeat exemplar, ad quod referat oculos, an intus, quod ibi ipse concepit et posuit.« (Diesen vier Ursachen fügt Plato noch eine fünfte hinzu, das Vorbild, das er selber Idee nennt: das ist nämlich dasjenige, worauf der Künstler hinblickt, um sein beabsichtigtes Werk auszuführen; es tut aber nichts zur Sache, ob er dieses Vorbild außer sich hat und seine Augen darauf richten kann, oder in sich als eines, das er selbst dort konzipiert und aufgestellt hat.)⁶⁴

Dies unterstreicht auch der 58. Brief, in dem ebenfalls Platon in kunsttheoretisch bedeutsamer Weise interpretiert wird: »Idea est eorum quae natura fiunt, exemplar aeternum.« (58, 19; die Idee ist das ewige Muster der Naturdinge.) Dieser Definition fügt Seneca eine Erläuterung hinzu, die die Verhältnisse deutlich machen soll: »volo imaginem tuam facere. Exemplar picturae te habeo, ex quo capit aliquem habitum mens nostra, quem operi suo imponat: ita illa quae me docet et instruit facies, a qua petitur imitatio, idea est.« (Nimm an, ich will Dein Bildnis malen [...]. Als Vorbild des Gemäldes habe ich Dich, und von Dir nimmt der Geist eine gewisse Erscheinung, die er in seinem Werk zum Ausdruck bringt; also ist jenes Antlitz, das mich belehrt und unterweist, und nach dem die Nachahmung sich richtet, die Idee.) (58, 19; dt. 11) Seneca kommt auf diese Erläuterung anhand der Malerei zurück: »Paulo ante pictoris imagine utebar: ille cum reddere Vergilium coloribus vellet, ipsum intuebatur. Idea erat Vergilii facies, futuri operis exemplar: ex hac quod artifex trahit et operi suo imposuit, idos est. [...] Alterum exemplar est, alterum forma ab exemplari sumpta et operi imposita. Alteram artifex imitatur, alteram facit. Habet aliquam faciem statua; haec est idos. Habet aliquam faciem exemplar ipsum, quod intuens opifex statuam figuravit, haec idea est.« (Vorhin berief ich mich auf den Maler. Wenn dieser ein Bildnis des Virgil malen wollte, so blickte er ihn an. Seine Idee war das Antlitz Virgils, das Vorbild des Kunstwerkes. Was der Künstler von diesem Vorbild übernimmt und in das Werk eingehen läßt, ist das Idos [...]; jenes ist das Vorbild, dieses die Form, die dem Vorbild entnommen wird und in das Werk eingeht. Jenes ahmt der Künstler nach, dieses erschafft er. Ein Antlitz hat die Statue – das ist das Idos; ein Antlitz hat das Naturvorbild, das der Künstler bei der Gestaltung der Statue betrachtete – das ist die Idee. – 58, 20; dt. 11). Die Gestalt oder Form geht in das Werk ein, die Idee, das Urbild, ist außerhalb des Werkes und vor dem Werk: »idos in opere est, idea extra opus, nec tantum extra opus est, sed ante opus.« (58, 21)

Während Seneca die im 10. Buch von Platons *Staat* sich auftuende Kluft zwischen Idee und Kunstwerk dadurch verringert, daß er die Idee auch als natürliches Modell deutet, versuchen andere Denker den Abstand in der umgekehrten Richtung zu verkleinern: durch Erhöhung des Kunstwerks und der künstlerischen Idee.

Obwohl sich Plotin und die sich ihm anschließenden Neuplatoniker vor allem als Ausleger Platons verstanden, gelangten sie doch zu Ansichten, die sich von denen des bewunderten Vorbilds weit entfernen konnten. In der Metaphysik greift Plotin zur Beschreibung des Verhältnisses der Hypostasen auf den Abbildbegriff zurück. Er orientiert sich dabei anders als der platonische Demiurg nicht an den künstlichen Bildern, sondern an einem Typus des natürlichen Bildes, dem Spiegelbild⁶⁵, wobei die Materie den letzten Spiegel darstellt.⁶⁶

Ein noch tiefergehender Unterschied gegenüber Platon zeigt sich in Plotins Auffassung und Bewertung der bildenden Künste und des Bildes: »Wenn einer die Künste verachtet, weil sie als Nachahmerinnen der Natur tätig sind, so ist zunächst einmal zu sagen, daß auch die Naturdinge anderes nachahmen; dann aber muß man wissen, daß sie nicht

---

63 WOLFGANG HÜBENER, Idea extra artificem. Zur Revisionsbedürftigkeit von Erwin Panofskys Deutung der mittelalterlichen Kunsttheorie, in: L. Grisebach/ K. Renger, Festschrift für Otto von Simson zum 65. Geburtstag (Frankfurt a. M. 1977), 33.
64 SENECA, Epist. 65, 7; dt. nach PANOFKSY (s. Anm. 30), 11.
65 Vgl. PLOTIN, Enneades 5, 8, 12–20; 6, 4, 10.
66 Vgl. ebd., 3, 6, 13 f.

einfach das Sichtbare wiedergeben, sondern zurückgehen auf die Prinzipien, in denen die Natur ihrerseits ihren Ursprung hat, und ferner, daß sie vieles von sich aus leisten und hinzufügen, wo etwas [zur Vollkommenheit – d. Verf.] fehlt, denn sie besitzen die Schönheit.« Plotin erläutert diese Auffassung am Beispiel der Zeusstatue von Phidias: »Phidias hat seinen Zeus nach nichts Sichtbarem geschaffen, sondern er machte ihn so, wie Zeus selber erscheinen würde, wenn er sich unserm Auge offenbaren wollte.«[67]

Der Bildnismalerei scheint Plotin freilich ablehnend gegenüber gestanden zu haben; das Porträt blieb für ihn das Schattenbild eines Schattenbildes. Darauf deutet wenigstens der bekannte Bericht des Porphyrios, wonach der verehrte Philosoph es ablehnte, einem Maler Modell zu sitzen, als sein Schüler Amelios ihn darum bat. Als Grund gab Plotin nämlich an: Man solle nicht ein Schattenbild eines Schattenbildes (»εἰδώλου εἴδωλον«[68]) den nachfolgenden Zeiten als etwas Sehenswürdiges hinterlassen. Nichtsdestoweniger soll Plotin die römische Porträtkunst in Richtung auf eine größere ›Spiritualisierung‹ beeinflußt haben.[69]

6. Bild und Kult

In der Geschichte der Religionen finden sich neben anikonischen Symbolen bereits sehr früh auch bildhafte Darstellungen. Das religiöse Bild tritt dabei in diversen Funktionen auf: Es mag das Göttliche oder Heilige sichtbar erscheinen lassen, vergegenwärtigen, die Erinnerung an es wachhalten, über Inhalte der Religion belehren, zur Meditation einladen und vieles mehr. Für niedere Stufen des religiösen Verstehens ist eine vollständige oder zumindest weitgehende Identifikation des Bildes mit dem dargestellten Gott kennzeichnend. Die mehr oder minder bewußte Annahme einer Realpräsenz im Bild hat sich in vielen Kulturen über lange Zeit gehalten. Dies manifestiert sich auch in zahlreichen bildmagischen Praktiken und Ritualen. Neben öffentlichen Kultbildern, die einer großen Zahl von Gläubigen die Nähe zu einem sakralen Bild ermöglichen, gab es meist auch Devotionsbilder, die der privaten Frömmigkeitsausübung dienten.

Der besondere Stellenwert sakraler Bilder wurde oft durch die Verwendung spezifischer Darstellungs- und Ausdrucksmittel hervorgehoben, etwa durch die Größe (Buddha-, Bodhisattva-Statuen), durch die Verwendung edler und kostbarer Materialien oder durch eine ungewöhnliche Farbwahl (z.B. die schwarze Artemis von Ephesus). Zusätzlich konnte der Sonderstatus durch eine Konsekration institutionell gesichert werden.

Gegenüber den Bildern und dem Bildgebrauch kristallisierten sich in der Regel auch Werthaltungen heraus. Bilderfreundliche Einstellungen auf der einen, bilderfeindliche Haltungen auf der anderen Seite lassen sich in vielen Kulturen und Religionen nachweisen. Zwar wird immer wieder behauptet, es habe Religionen und politische Bewegungen gegeben, in denen von Bildern kein Gebrauch gemacht wurde oder in denen Bilder zumindest nicht verehrt wurden. Aber sie stellen – falls sie sich wirklich nachweisen lassen sollten – wohl die Ausnahme dar. Und wo es Bilder und Formen der Bilderverehrung gab, kam es darüber immer wieder zu praktischen und theoretischen Auseinandersetzungen.

Die negative Haltung gegenüber Bildern und Skulpturen kann dabei unterschiedliche Formen annehmen: Sie reichen von theoretischer Abwertung oder Ablehnung bildhafter Darstellungen, über das Verbot ihrer Herstellung und Präsentation bis zu ihrer gewaltsamen Entfernung, Beschädigung oder gar Zerstörung. Bei den Ikonoklasten kann es sich um Einzeltäter oder um Kollektive handeln. Die bilderfeindlichen Motive reichen von individuellen Wahnideen bis zu ausgeklügelten politischen oder religiösen Ideologien. Die zahlreichen Ausprägungen des Ikonoklasmus sind aus vielerlei Gründen auch von theoretischem Interesse. Sie verraten etwas darüber, wofür Bilder gehalten wurden und was man ihnen zutraute. Überdies

---

67 Ebd., 5, 8, 1; dt. nach PANOFSKY (s. Anm. 30), 11 f.; vgl. PLOTIN, Enneades 5, 1, 38; 5, 2, 12.
68 PORPHYRIOS, De vita Plotini 1; vgl. PANOFSKY (s. Anm. 30), 80; ALFRED BAEUMLER, Ästhetik, in: Baeumler (Hg.), Handbuch der Philosophie, Bd. 1 (München 1934), 19; BORINSKI (s. Anm. 51), 92, 272.
69 Vgl. DETLEF RÖSSLER, Die römische Portraitkunst im 3. Viertel des 3. Jahrhunderts u. Z. und die Philosophie Plotins, in: Wissenschaftliche Zeitschrift der Humboldt-Universität zu Berlin 25 (1976), 499–507.

wurden die Bilderstürme und Bilderstreite häufig von Kampf- und Verteidigungsreden und -schriften begleitet, die Lehrstücke und Argumentationen enthalten, welche von bildtheoretischem Interesse sind. Die Pro-und-Contra-Literatur von Ikonodulen und Ikonoklasten ist eine der wichtigsten Quellen der Bildreflexion.

Die Religionen Altägyptens, Mesopotamiens und die Volksreligion der Griechen waren äußerst bilderfreundlich; ähnliches gilt für die meisten Formen des Hinduismus und Buddhismus. Götterbilder gab es ferner bei den Römern, Kelten, Nordgermanen und Slawen. Tendenzen zur Bildlosigkeit und Bilderfeindlichkeit finden sich hingegen in den prophetischen Religionen des Monotheismus. Den Weltreligionen Judentum, Christentum und Islam liegen Heilige Schriften zugrunde, welche die Offenbarung des Einen Gottes in verbindlicher Form enthalten; es handelt sich wesentlich um Buchreligionen. Die Heiligkeit des Wortes und der Schrift stand fest; die Haltung zum Bild war dagegen ein Problem und mußte eigens geregelt werden.

(1) *Judentum*. Für die polytheistischen Religionen waren Kulthandlungen gegenüber Statuen und anderen Bildern kennzeichnend, welche die zahlreichen Götter und Halbgötter repräsentierten. Die jüdische Religion verband mit der Ablehnung solcher Vielgötterei ein Verbot des Gottesbildes und des sich darum rankenden Götzendienstes. Das Gebot der ausschließlichen Verehrung des einzigen Gottes steht in der Thora, den fünf Büchern Mose, in engem Zusammenhang mit den Verboten der bildhaften Darstellung Gottes und der Bilderverehrung (und oft auch mit der Aufforderung, vorhandene Götzenbilder zu zerstören): »Ich bin der Herr, dein Gott, der ich dich aus Ägyptenland, aus dem Diensthause, geführt habe. Du sollst keine anderen Götter neben mir haben. Du sollst dir kein Bildnis machen, weder des, das oben im Himmel, noch des, das unten auf Erden, oder des, das im Wasser unter der Erde ist. Bete sie nicht an und diene ihnen nicht. Denn ich, der Herr, dein Gott, bin ein eifriger [eifersüchtiger – d. Verf.] Gott [...]. Darum sollt ihr nichts neben mir machen; silberne und goldene Götter sollt ihr nicht machen.« (Ex. 20, 2–5 und 23; vgl. Dtn. 5, 6–9) Das im Grundgebot »Du sollst dir kein Bildnis [päsäl] machen« (Ex.

20, 4) verwendete ›päsäl‹ bezeichnet das aus Stein gehauene oder aus Holz geschnitzte, später auch gegossene dreidimensionale Abbild.

Das alttestamentarische Bilderverbot erfuhr von Beginn an engere und weitere Auslegungen. Klar war zunächst nur, daß Jahwe selbst als unvergleichlich und unabbildbar galt. Die Zeloten deuteten Ex. 20, 4b viel allgemeiner: als Verbot jeglicher Menschen- und Tierdarstellung oder gar als Verbot aller gegenständlichen Bilder. In anderen Auslegungstraditionen wurde das 2. Gebot von vornherein nur auf den Götzendienst bezogen, so daß für andersartige Bilder viel Raum blieb.

In der religiösen Praxis kamen denn auch Bilder immer wieder vor. So sind in der mittelalterlichen Buchmalerei, besonders in der den Auszug aus Ägypten erzählenden Pessach-Haggada, in der Estherrolle und in Gebetbüchern neben einer reichen Ornamentik durchaus auch Darstellungen von Mensch und Tier zu finden. Von großer Bedeutung waren überdies die zentralen jüdischen Symbole wie die Menora, ein siebenarmiger Leuchter, der Davidstern oder die Löwen, welche die Gesetzestafeln halten. Diese Symbole wiesen zum einen selbst bildhafte Qualitäten auf, zum anderen waren sie ihrerseits auf zahlreichen Kultgegenständen abgebildet.

(2) *Christentum*. Das Christentum stand zum Begriff des Bildes und zum Bild selbst von Beginn an in einer äußerst komplizierten und infolgedessen oft zwiespältigen oder ambivalenten Beziehung. Auf der einen Seite wollte man sich ebenfalls vom heidnischen Götzendienst absetzen. Andererseits war die Wirkmächtigkeit bildhafter Darstellungen zu evident, als daß man ihr Potential lange ungenutzt lassen konnte. Die bedeutendsten Zusammenhänge, in denen der Bildbegriff im Christentum thematisiert wird, sind neben den Bilderverboten die Trinitätslehre und das Inkarnationsdogma sowie die Lehre von der Gottebenbildlichkeit des Menschen.

Das Alte wie auch das Neue Testament enthalten eine Reihe von Stellen, die als Bilderverbote interpretiert wurden. Wie bereits angedeutet, ließen die Stellen unterschiedliche Auslegungen zu; und die aus solchen Interpretationen abgeleiteten Verbote wurden auch nicht immer gleich streng angewandt. Klar schien zunächst, daß Gott(vater) selbst nicht bildhaft dargestellt werden durfte (vgl. Dtn. 27, 15). Einige Stellen wurden freilich als generelleres Bilderverbot gedeutet (vgl. Ex. 20, 4b; die Wiederholung in Dtn. 5, 8; ferner: Dtn. 4, 9–20, bes. 16; Ez. 8, 5–12). In der religiösen Praxis suchte man sich deutlich von den heidnischen Kulten abzusetzen, die Götterbildern überwiegend freundlich gegenüberstanden. In den hellenistischen Gemeinden wurde das Bild somit zunächst abgelehnt. (Freilich waren stets gewisse Ausnahmen zugelassen; so konnten christliche Symbole an Grabstätten mit bildhaften Darstellungen versehen werden.)

Das Dogma von der Gottebenbildlichkeit Christi und des Menschen führte zu einer christlichen Imago-Lehre, die Bezüge zum metaphysischen Bildbegriff aufweist. Die spärlichen und knappen Formulierungen in der Genesis haben zu unzähligen Ausdeutungen eingeladen. Gemäß Gen. 1, 26f. ist allein der Mensch »als zum Bild und Gleichnis« bzw. »nach dem Bild und der Ähnlichkeit« Gottes geschaffen worden: »Und Gott sprach: Lasset uns Menschen machen, ein Bild, das uns gleich sei [...]. Und Gott schuf den Menschen ihm zum Bilde, zum Bilde Gottes schuf er ihn; und schuf sie einen Mann und ein Weib.« (Vgl. Gen. 5, 1; Gen. 9, 6; 1. Kor. 11, 7; Jak. 3, 9) Nach 2. Kor. 4, 4 ist Christus das Abbild (eikōn) Gottes; er ist sichtbares Abbild des unsichtbaren Vaters.

Mancherlei war hier auslegungsbedürftig: Worin genau soll die Bildhaftigkeit des Menschen und insbesondere des menschgewordenen Gottessohnes bestehen? Dabei war auch zu klären, ob die Doppelung der Begriffe Bild und Ähnlichkeit/Gleichnis (säläm, dmut; eikōn, homoiōsis; imago, similitudo) als stilistische Variation oder als Markierung einer begrifflichen Unterscheidung zu verstehen ist. Alle diese Fragen regten das Nachdenken über den Bildbegriff an.

(3) *Islam.* Auch im Islam gab und gibt es bilderfeindliche Tendenzen. In den kanonischen Texten finden sich zahlreiche Stellen, die als Bilderverbote ausgelegt werden konnten. So wird berichtet, Mohammed, der Gesandte Gottes, habe einmal gesagt, daß die Engel kein Haus betreten, in dem sich ein Hund oder ein Bild befindet. Bilder werden hier somit auf eine Stufe mit Hunden gestellt; beide gelten als im kultischen Sinne unrein. Bilder herzustellen ist ein vergebliches und sinnloses Unterfangen; vor allem aber ist es frevelhaft. Die Verfertiger von Bildern werden verflucht; endlose Qualen erwarten sie. Vergeblich ist das Bildermachen insofern, als es etwas bildet, das ohne Leben, tot, bleibt. Dieser Gedanke erscheint nur sinnvoll, wenn vorausgesetzt ist, daß etwas Gebildetes eigentlich am Leben teilhaben sollte. Frevelhaft ist das Verfertigen von Bildern insofern, als es das Erschaffen Gottes nachahmt. Nur Gott darf Wesen bilden und beleben. Als besonders frevlerisch gilt deshalb die bildhafte Darstellung von Menschen und Tieren. Bäume und alles, was Bäumen gleicht, wurden dagegen wie Schrift und Ornament, wie Muster auf Kleidern oder Teppichen behandelt; ihre malerische Umsetzung war erlaubt.

Im 7. Jh. setzte eine Diskussion um ein Bilderverbot ein, die um 720 zu einem Abschluß kam. Das Verbot wandte sich primär gegen die Herstellung und den Besitz bildhafter Darstellungen von Tieren und Menschen. Die Abbildung von Pflanzen blieb erlaubt. Das Verbot konnte zudem durch allerlei Einschränkungen und Ausnahmen modifiziert werden. So ließ man in einigen Fällen bildhafte Darstellungen an Orten zu, auf die man tritt oder sich aufstützt, etwa Teppiche oder Kissen. Dahinter steht wohl die Idee, daß Dinge, auf die man tritt, nicht zu Götzen taugen.[70] Ohnehin wurde das Bilderverbot nicht in allen Bereichen durchgehalten.[71] So gab es in weltlichen Palästen durchaus Wandgemälde, Mosaiken und Miniaturen, die animalische Wesen darstellen. Im sakralen Bereich – in den Koranhandschriften und in den Moscheen – finden sich jedoch keine solchen Abbildungen; typisch ist hier vielmehr der Einsatz einer reichen Ornamentik.

---

70 Vgl. HUBERT SCHRADE, Einführung in die Kunstgeschichte (Stuttgart 1966), 60–62.
71 Vgl. DAVID FREEDBERG, The Power of Images. Studies in the History and Theory of Response (Chicago 1989), 55.

II. Mittelalter und Übergang zur Neuzeit

1. Wunderbare Bilder

Wie bereits angesprochen, hatte das frühe Christentum zu den Bildern ein gespaltenes Verhältnis. Vor diesem Hintergrund ist es aufschlußreich, daß zwei Arten von Kultbildern auftraten, die das Bild über jeden Zweifel erheben sollten. Da waren zunächst ungemalte Bilder, die entweder durch ein himmlisches Wunder oder durch einen direkten mechanischen Kontakt mit dem Körper entstanden sein sollten. Von daher bürgert sich Acheiropoietos (nicht von Hand gemacht; lat. non manufactum; russ. spas nerukotvorennyj) als Terminus technicus für wunderbare Christus-, später auch Marien- oder Heiligenbilder ein. Der behauptete kausale Konnex mit dem Göttlichen selbst war dazu angetan, diesen Bildern die größtmögliche Beweiskraft und Heiligkeit zu sichern. Sie wurden dadurch gleichsam zu Berührungsreliquien.

Ein anderer Typus des Kultbildes galt dagegen durchaus als Werk eines Malers. Freilich handelte es sich um einen in mehrfacher Hinsicht privilegierten Maler: den Evangelisten Lukas. Nach einer Legende, deren Ursprung ungeklärt ist, soll er Bilder, insbesondere Bilder der Jungfrau Maria mit dem Kind, gemalt haben. Maria, so die Vorstellung, hatte ihm zu Lebzeiten Modell gesessen. Auch diese Entstehungslegende soll die Authentizität und Würde des Bildes verbürgen. Es wird vermutet, daß die Legende im 6. Jh. aufkam. Im frühen 8. Jh. war sie jedenfalls schon so verbreitet, daß sich griechische Theologen in ihrer Argumentation gegen die Bilderfeinde auf ein Lukasbild in Rom beriefen.[72] Später konnte Lukas als Schutzheiliger der Malerzunft firmieren.

Von weitergehendem ästhetischem Interesse ist, daß durch die Lukasbilder das Malen schon früh – im Osten vielleicht schon seit dem 6. Jh. – zu einem eigenen Bildthema wird. Das Sujet kann zur Legitimierung der Malerei, aber auch zur kunst- und bildtheoretischen Selbstreflexion vielfältig eingesetzt werden, wie die berühmten Gemälde von Rogier van der Weyden, Maarten van Heemskerck u. a. belegen.

2. Theologie des Bildes: Vom byzantinischen Bilderstreit bis zum Konzil von Trient

Während sich die frühen Christen durch das (strikt ausgelegte) alttestamentarische Bilderverbot gebunden fühlten, hatte sich die Lage seit dem 4. Jh. grundlegend geändert. Die Theologie des Konzils von Nicäa (325) ließ eine theologische Rechtfertigung des Bildes zu: Der wesensgleiche Sohn gilt als das vollkommene Abbild Gottes, das in seiner Menschwerdung offenbart ist. Was in einem Bild ähnlich ist durch die Form, das ist in der Beziehung zwischen dem Gottmenschen und Gott ähnlich durch die göttliche Natur. Athanasios und Basileios ziehen überdies Parallelen zum Kaiserbild, dessen Verehrung erlaubt war. Sie bedienen sich des Prinzips:»Wer das Bild ehrt, ehrt den Kaiser« (ὥστε τὸν ἐνορῶντα τῇ εἰκόνι ὁρᾶν ἐν αὐτῇ τὸν βασιλέα)[73], oder allgemeiner:»Die Ehre des Bildes geht über auf das Urbild«(διότι ἡ τῆς εἰκόνος τιμὴ ἐπὶ τὸ πρωτότυπον διαβαίνει)[74].

Eine andere Verteidigungsstrategie beruft sich auf den belehrenden und erbaulichen Wert von Bildern. Von nachhaltiger Wirkung ist eine Erklärung Gregors I.:»Idcirco enim pictura in Ecclesiis adhibetur, ut hi qui litteras nesciunt, saltem in parietibus videndo legant, quae legere in Codicibus non valent.«[75] (Die Bilder sollen deshalb in den Kirchen angebracht werden, damit jene, die nicht lesen können, wenigstens durch Betrachten der Wände lesen können, was sie in den Büchern nicht zu lesen verstehen.) Die Bilder sollen deshalb nicht zerstört werden; sie dürfen aber freilich auch nicht selbst angebetet werden.»Aliud est enim, picturam adorare, aliud, per picturae historiam

---

72 Vgl. HANS BELTING, Bild und Kult. Eine Geschichte des Bildes vor dem Zeitalter der Kunst (München 1990), 70ff., 358ff., 382ff.
73 ATHANASIOS, Orationes contra Arianos 3, 5, in: MIGNE (PG), Bd. 26 (1887), 332.
74 BASILEIOS, Liber de spiritu sancto 18, 45, in: MIGNE (PG), Bd. 32 (1886), 149.
75 GREGOR, Register epistolarum 9, 105, in: MIGNE (PL), Bd. 77 (1896), 1027f.

quid sit adorandum, addiscere.«[76] (Eines ist es, ein Bild zu verehren, ein anderes, mit Hilfe eines Bildes eine Geschichte zu erzählen, die zu verehren ist.) Seltener werden ästhetische Aspekte – wie der des Schmuckes – ins Feld geführt.[77] In Byzanz kommt es im 6. und frühen 7. Jh. zu einem veränderten Umgang und einer veränderten Wertung des christlichen Bildes: es wird zur Ikone. Bei der Ikone im engeren Sinne handelt es sich um eine Tafel, die einen Heiligen präsent machen soll. Die Tafeln sind in der Regel transportabel, oft sogar recht handlich. Die Bildgattung macht es so möglich, den Heiligen an beliebigen Orten präsent zu haben. Die Verbindung des Bildes zu dem Dargestellten wird als so eng betrachtet, daß es auf der einen Seite die auf den Heiligen gerichtete Verehrung empfangen, auf der anderen Seite die vom Heiligen erbetene Hilfe vermitteln kann. Eine eigene Ikonenfrömmigkeit breitet sich aus.

Der große Bilderstreit fällt in das 8. und 9. Jh. 726 ordnet Kaiser Leo III. an, das Christusbild am Chalke-Tor des Palastes zu entfernen. 730 folgt ein Dekret, das die Beseitigung und Vernichtung aller Bilder befiehlt. Der bilderfreundliche Patriarch Germanos wird ausgetauscht. Von Seiten der Bilderverehrer antworten der römische Papst Gregor II. und Johannes von Damaskus auf das Edikt des Kaisers. Die Bekämpfung der Bilder verschärft sich in der Regierungszeit Konstantins V. Ein im Jahre 754 einberufenes Konzil verurteilt die Herstellung und Verehrung von Bildern als Ketzerei. Mit dem Tode Konstantins V. läßt die Verfolgung der Ikonodulen, der bilderfreundlichen Mönche, nach. Nach dem Tode Leos IV. 780 lebt die Bilderverehrung unter der Regentschaft seiner Witwe Irene wieder auf. Das 2. Konzil zu Nicäa (787) hebt die Beschlüsse von 754 auf. Lehrsätze über den Umgang mit Bildern wurden festgehalten, auf die man sich in der katholischen Kirche seither immer wieder berufen konnte: »beschließen wir [...] ebenso wie die Darstellung des kostbaren und lebendig-

machenden Kreuzes die ehrwürdigen und heiligen Bilder [...] anzubringen; (dies gilt) für das Bild unseres Herrn und Gottes und Erlösers Jesus Christus, unserer unbefleckten Herrin, der heiligen Gottesgebärerin, der ehrwürdigen Engel und aller heiligen und frommen Menschen. Je häufiger sie nämlich durch eine bildliche Darstellung angeschaut werden, desto häufiger werden auch diejenigen, die diese betrachten, emporgerichtet zur Erinnerung an die Urbilder und zur Sehnsucht nach ihnen [...]. ›Denn die Verehrung des Bildes geht über auf das Urbild‹ [Basileios, *Liber de spiritu sancto* 18, 45 – d. Verf.] und wer das Bild verehrt, verehrt in ihm die Person des darin Abgebildeten.« (ὁρίζομεν [...] παραπλησίως τῷ τύπῳ τοῦ τιμίου καὶ ζωοποιοῦ σταυροῦ ἀνατίθεσθαι τὰς σεπτὰς καὶ ἁγίας εἰκόνας, [...] τῆς τε τοῦ κυρίου καὶ Θεοῦ καὶ σωτῆρος ἡμῶν Ἰησοῦ Χριστοῦ εἰκόνος, καὶ τῆς ἀχράντου δεσποίνης ἡμῶν τῆς ἁγίας Θεοτόκου, τιμίων τε ἀγγέλων, καὶ πάντων ἁγίων καὶ ὁσίων ἀνδρῶν. Ὅσῳ γὰρ συνεχῶς δι' εἰκονικῆς ἀνατυπώσεως ὁρῶνται, τοσοῦτον καὶ οἱ ταύτας θεώμενοι διανίστανται πρὸς τὴν τῶν πρωτοτύπων μνήμην τε καὶ ἐπιπόθησιν [...]. »Ἡ γὰρ τῆς εἰκόνος τιμὴ ἐπὶ τὸ πρωτότυπον διαβαίνει«, καὶ ὁ προσκυνῶν τὴν εἰκόνα προσκυνεῖ ἐν αὐτῇ τοῦ ἐγγραφομένου τὴν ὑπόστασιν.)[78] Unter Leo V., Michael II. und Theophil kommt es zu einer erneuten Verurteilung und Unterdrückung der Bildverehrer. Ein Konzil 815 faßt bilderfeindliche Beschlüsse. In der zweiten Phase des Bilderstreits wird die bilderfreundliche Lehre von Nikephoros, dem Patriarchen von Konstantinopel, und vor allem von dem Mönch Theodoros aus dem Kloster Studion weiterentwickelt. Erst nach dem Tode Theophils setzt unter der Regentschaft seiner Witwe Theodora eine Wende ein, die 843 zur Wiedereinsetzung der Bilder führt.

Von den Ikonoklasten sind keine umfangreicheren Schriften erhalten; ihre Argumente müssen wir aus den Schriften der Bilderverteidiger rekonstruieren. Die Ikonoklasten lehnen die Herstellung, Verwendung und Anbetung von Bildern ab, da diese der Schrift, der Tradition und dem Dogma widersprechen und die Kirche in heidnische oder ketzerische Anschauungen und Praktiken zurückwerfen. Im Verlaufe der Streitigkeiten werden aber

---

76 GREGOR an Bischof Serenus von Marseille (Okt. 600), in: H. Denzinger/P. Hünermann (Hg.), Enchiridion symbolorum definitionum [...]. Kompendium der Glaubensbekenntnisse und kirchlichen Lehrentscheidungen (Freiburg u. a. [37]1991), 217.
77 Vgl. AMBROSIUS, De officiis ministrorum 2, 21.
78 DENZINGER/HÜNERMANN (s. Anm. 76), 276f.

auch subtilere theologische, metaphysische und bildtheoretische Erwägungen ins Spiel gebracht. Die Undarstellbarkeit Gottvaters wird auf beiden Seiten zugestanden. Strittig sind die Christus-Bilder, in zweiter Linie die Darstellungen Marias und der Heiligen. Die Bildergegner berufen sich darauf, daß die Bilder sowohl vom Alten als auch vom Neuen Testament verboten werden. Kaiser Leo III. stützt seine Argumente ebenfalls auf den Schriftbeweis. Auch hätten die frühen Christen Bilder weder gehabt noch nach ihnen verlangt. Man solle sich darum bemühen, den Heiligen in ihren Taten ähnlich zu werden, anstatt den eitlen Versuch zu unternehmen, ihr leibliches Äußeres in Werken der Malerei wiederzugeben.

Was die Christusbilder angeht, so versucht man ihre Anbeter der Häresie zu überführen. Die Doppelnatur Christi kann geglaubt und bekannt, aber nicht in einem Bild nachgebildet werden. Der Versuch, den zugleich göttlichen wie menschlichen Christus in einem gemalten Bild darzustellen, führt entweder in die Häresie der Monophysiten, indem bei der Abbildung des ganzen Christus die göttliche und die menschliche Natur zu einer verschmolzen werden müßte, oder in die Häresie der Nestorianer, wenn mit dem Bild nur beansprucht wird, Christus von seiner menschlichen Seite zu zeigen, was eine Trennung der beiden Naturen bedeuten würde.

Wenden wir uns den Argumenten der Bilderfreunde zu: Germanos, der Patriarch von Konstantinopel, verteidigt die Christusbilder, die Mariendarstellungen und die Heiligenbilder mit dem Hinweis auf ihren Vorbildcharakter: »Die Bilder der Heiligen sind nichts anderes als Verdeutlichungen ihres tugendhaften Lebenswandels und Ansporn, Gott nach ihrem Beispiel zu rühmen. Wie das gehörte Wort so dient auch das geschaute Bild als Anreiz zur Nachahmung«[79].

Eine erste detailliertere Theologie des Bildes entwickelt Johannes von Damaskus. Er trägt sie in der *Expositio accurata fidei orthodoxae* und in den *Pro sacris imaginibus orationes tres*[80] (730) vor. Von dem unsichtbaren, unkörperlichen, gestaltlosen und unumschriebenen Gott(vater) kann und darf es, wie Johannes einräumt, kein gemaltes Abbild geben; daher war nach dem Alten Testament der Gebrauch der Bilder untersagt. Nun ist Gott Mensch geworden; der Fleisch gewordene Christus und seine Taten dürfen und sollen in der Schrift, im Kreuzsymbol und in Bildern zur Erinnerung dargestellt werden. Wenn wir ein Christusbild verehren, beten wir nicht die Materie des Bildes an, sondern den Dargestellten.

Theodoros von Studion knüpft in seinen Argumenten gegen die Bilderfeinde an neuplatonisches und pseudo-dionysisches Gedankengut an. Danach gibt es eine Stufenfolge vom Göttlichen, von der höchsten Idee bis zu deren fernster Emanation in den Sinnendingen. Die jeweils höhere Stufe muß die jeweils niedere hervorbringen; in gewissem Sinne ist die niedere in der höheren enthalten. Angewandt auf die Frage nach dem Status der Bilder bedeutet dies, daß das Abbild mit Notwendigkeit aus dem Prototyp entsteht. Das Göttliche kann also nicht nur abgebildet werden; es verlangt sogar natürlicherweise nach Abbildung.[81]

Papst Hadrian I. stimmt 785 in einem Schreiben an Kaiserin Irene der Rehabilitation der Bilder zu. Doch trifft seine Versicherung, Karl der Große teile seinen Standpunkt, nicht zu. Die nicänischen Akten hatte Karl in einer fehlerhaften lateinischen Übersetzung erhalten und seinen Hoftheologen zur Prüfung vorgelegt. Daraus ging ein Gutachten hervor, für das Karl die Autorschaft übernahm (*Libri Carolini*, ca. 790). Ihm zufolge sollen die Bilder zwar zugelassen, sie dürfen aber nicht verehrt werden. Damit wird weder der Synode von 754 noch der von 787 recht gegeben.

Durch die gesamte Mittelalter zieht sich die Kritik an der mißbräuchlichen Verwendung religiöser Bilder und Reliquien sowie an der zunehmenden Veräußerlichung der Frömmigkeit. Im

---

79 DIETRICH STEIN, Der Beginn des byzantinischen Bilderstreites und seine Entwicklung bis in die 40er Jahre des 8. Jahrhunderts (München 1980), 48; vgl. GERMANOS, Epistola Germani episcopi Constantinopoleos ad Thomam episcopum Claudiopoleos, in: MIGNE (PG), Bd. 98 (1865), 172 f.; BELTING (s. Anm. 72), 559.
80 Vgl. JOHANNES VON DAMASKUS, Expositio accurata fidei orthodoxae, in: MIGNE (PG), Bd. 94 (1864), 790–1228; JOHANNES VON DAMASKUS, Pro sacris imaginibus orationes tres, in: MIGNE (PG), Bd. 94 (1864), 1227–1420.
81 Vgl. THEODOROS, Antirrheticus 3, in: MIGNE (PG), Bd. 99 (1860), cap. 2,5, 419.

15. Jh. mehren sich auch die Stimmen gegen eine Verweltlichung der Kunst, wie sie sich in der Malerei, Bildhauerei und Architektur der Renaissance anbahnt. Durch die Reformatoren gelangt die Bilderkritik in einen neuen politischen und theoretischen Kontext: die Frage nach einer allgemeinen Reform der christlichen Theologie und vor allem der Kirche und der Messe. In diesem Zusammenhang kommt es zu neuen Bilderstürmen, die selbst in den Reihen der Reformatoren unterschiedlich kommentiert und bewertet werden.
Der Bildersturm bricht 1522 in Wittenberg aus. Andreas Bodenstein gen. Karlstadt veröffentlicht seine Schrift *Von abtuhung der Bylder Und das Keyn Betdler unther den Christen seyn soll*, in der er die Entfernung aller Bilder fordert. Dem Abschnitt ›Von abthuhung der Olgotzen‹ stellt er drei Hauptsätze voran: »I. Das wir bilder in Kirchen und gotsheußern haben, ist unrecht und wider das erste gebot: Du solst nicht frombde gotter haben. / II. Das geschnitzte und gemalthe Olgotzen uf den altarien stehnd, ist noch schadelicher und Teufelischer. / III. Drumb ists gut, notlich, loblich und gottlich, das wir sie abthun und ire recht und urteil der schrift geben.«[82] Für Karlstadt ergibt sich das Bilderverbot unmittelbar aus dem im ersten Gebot enthaltenen Verbot der Fremdgötterei: »Derwegen saget got bald darnach (alß er das gebot gab: Du solst nit fromde gotter haben): Du solst kein geschnitzte oder gehauben bild machen.« (15) Zudem polemisiert er gegen die unter anderem von Gregor I. vorgebrachte Verteidigung der Bilder als Bücher für Laien und Analphabeten. Er wittert dahinter eine papistische List, die unwissende Menge bewußt auch weiterhin von dem Studium der Bücher fernzuhalten (vgl. 17f., 650). Während die Bücher uns etwas lehren können, was zu unserer Seligkeit von Nutzen ist, steht für Karlstadt fest, »das der schaffner eines bildes nichts ist, und daz ir allerbestes zu nicht nutz ist« (21). In enger Anlehnung an Jes. 44, 9–20 möchte er die unverständigen Bildermacher und Bilderverehrer der Lächerlichkeit preisgeben: »Der bildmacher macht ein bilde und krümet sich vor ime. Er krümet sich vor ime und betet eß an und saget: Mache mich letig, erlose mich, dan du bist mein got. / Alßo haben sie vergessen, das die augen der bilder nicht sehen und das sie in irem herze nicht verstehnd« (22).[83]

Luther widerspricht Karlstadt und versucht, dem tumultuarischen Bildersturm Einhalt zu gebieten. Bilder seien nur abzulehnen, wenn Mißbrauch mit ihnen getrieben wird. In sich sind Bilder moralisch neutral: »die bilder seindt weder sonst noch so, sie seindt weder gut noch böße, man mag sie han oder nit haben.«[84] Sie sind »unnöttig, sonder frey«[85] und gehören damit unter die Adiaphora. Auch sei das alttestamentarische Bilderverbot von den Juden zu eng gefaßt worden. Gott habe nur die Bilder verboten, die man an seine Stelle setzt.[86]

Im Abschnitt ›Von den Bilderstürmern‹ seiner gegen Karlstadt gerichteten Schrift *Wider die himmlischen Propheten, von den Bildern und Sakrament* (1525) bedient sich Luther zusätzlicher Argumente – nicht zuletzt, um die Illustrationen in den inzwischen erschienenen Ausgaben seiner Bibelübersetzung zu verteidigen. Er hält den Bilderstürmern vor, daß sie ja auch aus seiner »verdeutschten Bibel« lesen, die voller Bilder sei, und fordert gleiches Recht für alle: »So bitten wyr sie nu gar freuntlich, wollten uns doch auch gonnen zu thun, das sie selber thun, Das wyr auch solche bilder mügen an die wende malen umb gedechtnis und besser verstands willen, Syntemal sie an den wenden ia so wenig schaden als ynn den büchern, Es ist yhe besser, man male an die wand, wie Gott die wellt schuff, wie Noe die arca bawet und was mehr guter historien sind, denn das man sonst yrgent welltlich unverschampt ding malet, Ja wollt Gott, ich kund die herrn und die reychen da hyn bereden,

---

82 ANDREAS BODENSTEIN, Von abtuhung der Bylder Und das Keyn Betdler unther den Christen seyn soll (1522), in: G. Boehm/N. Miller (Hg.), Bibliothek der Kunstliteratur, Bd. 1 (Frankfurt a.M. 1995), 11; vgl. BELTING (s. Anm. 72), 606.
83 Vgl. Jes. 44, 17–18.
84 MARTIN LUTHER, Predigten des Jahres 1522, in: Luther, Werke. Kritische Gesamtausgabe, Abt. 1, Bd. 10/3 (Weimar 1905), 35.
85 Ebd., 30; vgl. BELTING (s. Anm. 72), 609.
86 Vgl. LUTHER, Auslegung der zehn Gebote (1528), in: Luther, Werke. Kritische Gesamtausgabe, Abt. 1, Bd. 16 (Weimar 1904), 441; BELTING (s. Anm. 72), 607.

II. Mittelalter und Übergang zur Neuzeit 639

das sie die gantze Bibel ynnwendig und auswendig an den heusern fur ydermans augen malen liessen, das were eyn Christlich werck.« Von besonderem Interesse ist eine weitere Argumentation, in der Luther zu zeigen versucht, daß es gar nicht sinnvoll ist, alle Bilder zu verbieten, da ihr Entstehen in gewisser Hinsicht naturnotwendig ist. Wenn ich etwa die Leidensgeschichte Christi höre oder lese, »so ist myrs unmüglich, das ich nicht ynn meym hertzen sollt bilde davon machen, denn ich wolle, odder wolle nicht, wenn ich Christum hore, so entwirfft sich ynn meym hertzen eyn mans bilde, das am creutze henget, gleich als sich meyn andlitz naturlich entwirfft yns wasser, wenn ich dreyn sehe.« Luther legitimiert die von Menschen gemachten bildhaften Darstellungen also über die ›natürlichen‹, besonders die inneren Bilder: »Ists nu nicht sunde, sondern gut, das ich Christus bilde ym hertzen habe, Warumb sollts sunde seyn, wenn ichs ynn augen habe?«[87]

Auch Albrecht Dürer, dessen Werkstatt die von Karlstadt ausgehenden Bilderstürme unmittelbar zu spüren bekam[88], sah sich genötigt, die Malerei gegen die bilderfeindlichen Tendenzen zu verteidigen. In seiner *Underweysung der messung* aus dem Jahre 1525 gibt er folgendes zu bedenken: »Unangesehen das itzt bei uns und in unseren zeiten die kunst der malerei durch etliche seer veracht und gesagt will werden, die diene zu Abgötterei, dann ein ieglich Christenmensch wirdet durch gemel oder bilnuß als wenig zu einem afterglauben gezogen als ein frumer mann zu einem mord, darumb das er ein waffen an seiner seiten tregt.« Zur Frage der Bilderverehrung fügt er hinzu: »Müst warlich ein unverstendig mensch sein, der gemel, holz oder stein anbeten wölt.«[89]

In Zürich unterbreitet Ulrich Zwingli, dem es vor allem um die Reform der Messe geht, 1524 einen Vorschlag, wie mit den Bildern zu verfahren sei. Er erreicht ihre gewaltlose Entfernung. Gestiftete Bilder konnten an die Stifter zurückgegeben werden. Aber es sollten keine neuen Bilder gemacht oder in Auftrag gegeben werden, die in einer Kirche aufgestellt werden sollten. Einzig der Kruzifixus sollte in der Kirche verbleiben – weil er keine Gottheit, sondern allein die Menschheit bedeute.[90]

Jean Calvin verurteilt in seiner *Unterweisung in der christlichen Religion* (*Institutio Christianae Religionis*; 1536, endgültige Fassung 1559) die Bilderverehrung. In der Folge kommt es in Frankreich und den Niederlanden zu Bilderstürmen ungekannten Ausmaßes. Nach einer Kritik an jeglicher Herstellung und Verehrung von Gottesbildern wirft er die Frage auf, ob andere Bilder zugelassen werden dürfen. Dabei kommt er auf mögliche Funktionen von Bildkunstwerken zu sprechen: »Neque tamen ea superstitione teneor ut nullas prorsus imagines ferendas censeam. Sed quia sculptura et pictura Dei dona sunt, purum et legitimum utiusque usum requiro. [...] Denum effingi visibili specie nefas esse putamus, quia id vetuit ipse, et fieri sine aliqua gloriae eius deformatione non potest. [...] Restat igitur ut ea sola pingantur ac sculpantur quorum sint capaces oculi. [...] In eo genere partim sunt historiae ac res gestae, partim imagines ac formae corporum, sine ulla rerum gestarum notatione. Priores usum in docendo vel admonendo aliquem habent; secundae, quid prater oblectationem afferre possint, non video.« (Gewiß will ich nicht etwa in abergläubischer Scheu behaupten, man dürfe überhaupt keine Bilder haben. Aber weil Bildhauerkunst und Malerei Gottes Geschenke sind, so fordere ich den reinen und rechtmäßigen Gebrauch [...]. Gott in sichtbarer Gestalt abzubilden, halten wir für unrecht, weil er es selbst untersagt hat und weil es nicht ohne Entstellung seiner Herrlichkeit geschehen kann. [...] Es soll also nur das gemalt oder gebildet werden, was unsere Augen fassen können. [...] Zu jener [erlaubten] Art von Bildern gehören Geschichten und Geschehnisse und auch körperliche Bilder und Gestalten ohne Bezug auf alles Geschichtliche. Die ersteren haben zur Belehrung und Ermunterung einen Nutzen. Was die zweite

---

87 LUTHER, Wider die himmlischen Propheten, von den Bildern und Sakrament (1525), in: Luther, Werke. Kritische Gesamtausgabe, Abt. 1, Bd. 18 (Weimar 1908), 82 f.
88 Vgl. THOMAS CRAMER/CHRISTIAN KLEMM, Kommentar, in: Boehm/Miller (s. Anm. 82), 676.
89 ALBRECHT DÜRER, Underweysung der messung mit dem zirckel und richtscheyt [...] (1525), in: Boehm/Miller (s. Anm. 82), 43.
90 Vgl. BELTING (s. Anm. 72), 607 f.

Gruppe außer der Ergötzung noch für Nutzen haben soll, sehe ich nicht.)[91] Erasmus scheint einer der wenigen Theologen gewesen zu sein, die Gesichtspunkte ins Spiel gebracht haben, die sich einer ästhetischen Bewertung annähern. Neben dem materiellen Wert der zerstörten Werke weist er auf die Kunstfertigkeit hin, mit der sie geschaffen worden waren: »Nec pretium nec ars impetrauit ut cuiquam omnio parceretur.« (Weder die Kostbarkeit noch die Kunstfertigkeit bewirkten, daß irgendetwas verschont wurde.)[92]

In Reaktion auf den calvinistischen Bildersturm nahm das Konzil von Trient 1545–1563 nochmals entschieden zur Bilderfrage Stellung. Es wurde festgesetzt: »Ferner soll man die Bilder Christi, der jungfräulichen Gottesgebärerin und anderer Heiliger vor allem in den Kirchen haben und behalten und ihnen die schuldige Ehre und Verehrung erweisen, nicht weil man glaubte, in ihnen sei irgendeine Gottheit oder Kraft, deretwegen sie zu verehren seien, oder weil man von ihnen irgendetwas erbitten könnte, oder weil man Vertrauen in Bilder setzen könnte, wie es einst von Heiden getan wurde, die ihre Hoffnung auf Götzenbilder setzten (vgl. Ps. 135, 15–17): sondern weil die Ehre, die ihnen erwiesen wird, sich auf die Urbilder bezieht«. (Imagines porro Christi, Deiparae Virginis et aliorum Sanctorum, in templis praesertim habendas et retinendas, eisque debitum honorem et venerationem impertiendam, non quod credatur inesse aliqua in iis divinitas vel virtus, propter quam sint colendae, vel quod ab eis sit ali-

---

91 JEAN CALVIN, Institutio Christianae Religionis (1559), in: Calvini Opera, hg. v. G. Baum/E. Cunitz/E. Reuss, Bd. 2 (Frankfurt a.M. 1864), I, 11.12, 83; dt.: Unterricht in der christlichen Religion nach der letzten Ausgabe, übers. v. O. Weber (Neukirchen 1955), 47 f; vgl. BELTING (s. Anm. 72), 613.
92 ERASMUS an Willibald Pirckheimer (9. 5. 1529), in: Opus Epistolarum Des. Erasmi Roterodami, Bd. 8 (Oxford 1934), 162; vgl. BELTING (s. Anm. 72), 608.
93 DENZINGER/HÜNERMANN (s. Anm. 76), 579; vgl. BELTING (s. Anm. 72), 616.
94 DENZINGER/HÜNERMANN (s. Anm. 76), 580; vgl. BELTING (s. Anm. 72), 617.
95 JOSEPH ALBERIGO, Conciliorum oecumenicorum decreta (Bologna 1972), 776; vgl. BELTING (s. Anm. 72), 617.

quid petendum, vel quod fiducia in imaginibus sit figenda, veluti olim fiebat a gentibus, quae in idolis spem suam collocabunt [vgl. Ps. 135, 15–17]: sed quoniam honos, qui eis exhibetur, refertur ad prototypa.)[93] Das sei im übrigen das, was durch das 2. Konzil von Nicäa beschlossen worden sei.

Durch Erzählungen (historiae) in Gestalt von Bildern kann das Volk belehrt werden. Von den heilbringenden Gebräuchen werden Mißbräuche (abusus) unterschieden, die scharf verurteilt werden: »In has autem sanctas et salutares observationes si qui abusus irrepserint: eos prorsus aboleri sancta Synodus vehementer cupit, ita ut nullae falsi dogmatis imagines et rudibus periculosi erroris occasionem praebentes statuantur.« (Sollten sich aber in diese heiligen und heilsamen Beobachtungen irgendwelche Mißbräuche eingeschlichen haben, so wünscht das heilige Konzil nachdrücklich, daß diese völlig abgeschafft werden, so daß keine Bilder einer falschen Lehre oder solche, die den Ungebildeten Gelegenheit zu einem gefährlichen Irrtum geben, aufgestellt werden.)[94] Neben dem Aberglauben muß vor allem jeglicher mangelnde Anstand und Wollustanreiz (lascivia) vermieden werden: »Folglich soll man keine Bilder mehr mit verführerischer Schönheit malen und schmücken.« (ita ut procaci venustate imagines non pingantur nec ornentur.)[95]

In der Folge des Konzils von Trient entstanden umfangreiche ikonographische Traktate, in denen die Tridentinischen Bildervorschriften kommentiert und konkretisiert wurden: Giovanni Andrea Gilio: *Due dialoghi* […], Camerino 1564; Johannes Molanus: *De picturis et imaginibus sacris*, Löwen 1570, 1574, 1590; Johannes Molanus: *De Historia SS. Imaginum et Picturarum, pro vero earum usu contra abusus*, Libri quatuor, Löwen 1594; Gabriele Paleotti, *Discorso intorno alle imagini sacre e profane, diviso in cinque libri*, Bologna 1582; Gabriele Paleotti, *De imaginibus sacris et profanis libri quinque*, Ingolstadt 1594; Fed. Borromaeus: *De pictura sacra libri duo*, Mailand 1634; Gio. Dom. Ottonelli, S.J./Pietro Berettini da Cortona: *Trattato della Pittura e Scultura, uso et abuso loro composto da un Teologo ed un Pittore*, Florenz 1652; Francisco Pacheco: *Arte de la pintura*, Sevilla 1649; Juan Interian de Ayala: *Pictor christianus eruditus sive de erroribus qui passim committuntur circa pingendas atque effingendas sacras imagines*,

Madrid 1730. Da diese Schriften, mit denen ein verbindlicher ikonographischer Kanon für die bildhafte Darstellung von Glaubenslehren festgesetzt werden sollte, in der Regel mehrere Auflagen erlebten und im gesamten katholischen Raum Verbreitung fanden, machten sie zu ihrer Zeit einen wirkmächtigen Anteil an der Kunstliteratur aus.[96] Von besonderem Interesse ist das auf fünf Bände angelegte Werk des Kardinals Paleotti, von dem freilich nur die beiden ersten veröffentlicht wurden.[97]

3. Philosophie des Bildes

Obgleich in dieser Zeit die Grenzen zwischen Theologie und Philosophie nicht scharf zu ziehen sind, läßt sich doch nicht leugnen, daß sich im Mittelalter zunehmend auch eine eigene philosophische Bildtheorie und -spekulation entwickelt. Sie kann von theologischen Fragen ihren Ausgang nehmen, auf sie angewandt werden oder sich auch getrennt davon entfalten.

In Anknüpfung an Kol. 1, 15 (»Er ist das Ebenbild des unsichtbaren Gottes, der Erstgeborene vor aller Schöpfung«) entwickelt Augustinus in seiner quaestio 74 eine auch in anderen Zusammenhängen wieder aufgenommene Unterscheidung zwischen Bild, Gleichheit und Ähnlichkeit: »Imago et aequalitas et similitudo distinguenda sunt. Quia ubi imago, continuo similitudo, non continuo aequalitas: ubi aequalitas, continuo similitudo, non continuo imago: ubi continuo similitudo, non continuo imago, non continuo aequalitas.« (Man hat zu unterscheiden zwischen Ebenbild, Gleichheit und Ähnlichkeit. Wo ein Ebenbild ist, ist unmittelbar Ähnlichkeit vorhanden, aber nicht auch Gleichheit. Wo Gleichheit ist, ergibt sich unmittelbar Ähnlichkeit, aber kein Ebenbild. Wo Ähnlichkeit ist, gibt es unmittelbar weder ein Ebenbild noch eine Gleichheit.) Diese Thesen werden nun nacheinander vorgenommen und an Beispielen erläutert: »Ubi imago, continuo similitudo, non continuo aequalitas: ut in speculo est imago hominis, quia de illo expressa est; est etiam necessario similitudo, non tamen aequalitas, quia multa desunt imagini, quae tamen insunt illi rei de qua expressa est.« (Das Ebenbild geht unmittelbar auf Ähnlichkeit, wenn auch nicht auf Gleichheit zurück. So erscheint auch im Spiegel das Bild des Menschen, der vor ihm steht, und zeigt selbstverständlich Ähnlichkeit, aber trotzdem keine Gleichheit, weil diesem Bilde zuviel fehlt, was dem Objekt, das es spiegelt, innewohnt.) »Ubi aequalitas, continuo similitudo, non continuo imago: velut in duobus ovis paribus, quia inest aequalitas, inest et similitudo; quaecumque enim adsunt uni, adsunt et alteri; imago tamen non est, quia neutrum de altero expressum est.« (Wo Gleichheit ist, da ist unmittelbar Ähnlichkeit vorhanden, aber noch kein Ebenbild. So besteht zwischen zwei Eiern, da Gleichheit da ist, auch Ähnlichkeit, denn was in dem einen ist, findet sich auch in dem andern. Trotzdem ergibt sich kein Bild, weil keines von beiden das andre wiedergibt.) »Ubi similitudo, non continuo imago, non continuo aequalitas: omne quippe ovum omni ovo, in quantum ovum est, simile est; sed ovum perdicis, quamvis in quantum ovum est, simile sit ovo gallinae, nec imago tamen ejus est, quia de illo expressum non est; nec aequale, quia brevius est, et alterius generis animantium.« (Wo Ähnlichkeit ist, ergibt sich unmittelbar weder Bild noch Gleichheit, denn in dem Falle der zwei Eier ist eines dem andern zwar ähnlich, aber das Ei eines Rebhuhns etwa ist als Ei dem Hühnerei wohl ähnlich, aber trotzdem nicht sein Ebenbild, weil es nicht sein Ausdruck ist; und es ist ihm auch nicht gleich, weil es kleiner ist und einer andern Gattung von Lebewesen angehört.)[98]

Thomas von Aquin hat die Unterscheidungen von Augustinus aufgegriffen und mit aristotelischen Grundbegriffen angereichert: »de ratione imaginis est similitudo. Non tamen quaecumque similitudo sufficit ad rationem imaginis, sed similitudo quae est in specie rei, vel saltem in aliquo signo speciei. Signum autem speciei in rebus corporeis maxime videtur esse figura. Videmus enim

---

96 Vgl. JULIUS VON SCHLOSSER, Die Kunstliteratur. Ein Handbuch zur Quellenkunde der neueren Kunstgeschichte (Wien 1924), 378–384, 538–547.
97 Vgl. ebd., 383 f.; THOMAS W. GAEHTGENS/UWE FLECKNER (Hg.), Historienmalerei. Geschichte der klassischen Bildgattungen in Quellentexten und Kommentaren, Bd. 1 (Berlin 1996), 116–124; BELTING (s. Anm. 72), 617 ff.
98 AUGUSTINUS (s. Anm. 62), 226; dt. 227; vgl. SCHOLZ (s. Anm. 8), 20 f.

quod diversorum animalium secundum speciem, sunt diversae figurae; non autem diversi colores.« (Zum Wesen des Bildes gehört die Ähnlichkeit. Doch genügt nicht jedwede Ähnlichkeit, sondern nur jene, die in der Art des Wirklichen liegt oder wenigstens in einem Zeichen der Art. Zeichen der Art im Bereich der körperlichen Dinge aber scheint vornehmlich die Gestalt zu sein; wir sehen nämlich, daß der Art nach verschiedene Tiere verschiedene Gestalt, nicht aber verschiedene Farbe haben.) Dies kann am gemalten Bild verdeutlicht werden:»Unde si depingatur color alicujus rei in pariete, non dicitur esse imago nisi depingatur figura.« (Wenn daher die Farbe eines Dinges auf die Leinwand gebracht wird, so heißt es so lange nicht Bild, als nicht auch die Gestalt gezeichnet ist.) Damit sind, wie Thomas meint, immer noch nicht die Bedingungen zusammen, die für den Bildstatus hinreichend sind:»Sed neque ipsa similitudo speciei sufficit vel figurae; sed requiritur ad rationem imaginis origo; quia, ut Augustinus dicit in libro Octoginta trium Quaest. [q. 74], unum ovum non est imago alterius, quia non est de illo expressum.« (Aber selbst die Ähnlichkeit der Art oder der Gestalt genügt nicht, sondern es ist zum Wesen des Bildes noch der Ursprung verlangt; denn ein Ei ist nicht das Bild des andern, weil es nicht von ihm ausgeprägt ist [Augustinus].) Nun kann Thomas seine Bestimmung des Bildbegriffs zusammenfassen:»Ad hoc ergo quod vere aliquid sit imago, requiritur quod ex alio procedat simile ei in specie, vel saltem in signo speciei.« (Damit also etwas wirklich Bild sei, ist erforderlich, daß es von einem anderen hervorgeht als etwas, das ihm in der Art oder wenigstens in einem Zeichen der Art ähnlich ist.)[99]

Daß die Bilder auch von der Wirkungsseite betrachtet wurden, belegt eine Äußerung des Durandus: »Pictura plus videtur *movere animum* quam scriptura. Per picturam quidem res gesta ante oculos ponitur *quasi in praesenti geri videatur*, sed per scripturam res gesta *quasi per auditum, qui minus animum movet*, (tantum?) *ad memoriam revocatur*. Hinc etiam est quod in ecclesia non tantam reverentiam exhibemus libris quantam imaginibus et picturis.« (Anscheinend wird die Seele mehr durch das Bild als durch die Schrift bewegt. Durch das Bild wird ein historisches Geschehen vor die Augen gestellt, als ob es im gegenwärtigen Augenblick geschehe, aber durch die Schrift wird das historische Geschehen gleichsam durch das Gehör, das die Seele weniger bewegt, in Erinnerung gebracht. Daran liegt es, daß wir in der Kirche den Büchern nicht soviel Reverenz erweisen wie den Standbildern und Gemälden.)[100]

Zunehmend werden die Bilder auch im Kontext der Zeichentheorie thematisiert. Die ausführlichste mittelalterliche Zeichenlehre ist uns durch Roger Bacon in *De signis* (1267) überliefert.[101] Bacon unterscheidet zunächst − im Anschluß an die traditionelle, bei Augustinus terminologisch fixierte Einteilung der Zeichen in ›signa naturalia‹ und ›signa data‹[102] − zwischen natürlichen Zeichen und von der Seele zum Bezeichnen bestimmten Zeichen, den ›signa ordinata ab anima ad significandum‹. In der weiteren Unterteilung geht er über Augustinus hinaus. Für unseren Zusammenhang ist die feinere Untergliederung des natürlichen Zeichens von Interesse. Nach den Gründen, die es als Zeichen konstituieren, wird es in drei Gattungen unterteilt: in Zeichen aufgrund eines Schlusses, Zeichen aufgrund einer Übereinstimmung mit dem Bezeichneten und Zeichen aufgrund einer kausalen Abhängigkeit vom Bezeichneten. Zur zweiten Gattung, den ›signa naturalia propter conformitatem‹, werden von Bacon Bilder und Ähnlichkeiten (imagines, picturae, similitudines) sowie die sinnlichen Erkenntnisbilder (species colorum) gerechnet. Ihnen sei gemeinsam, daß sie in der Übereinstimmung in den Teilen und Eigenschaften einer Sache im Hinblick auf eine andere gegründet seien: ›con-

---

99 THOMAS VON AQUIN, Summa theologica 1, q. 35, a. 1; dt.: Summa theologica, lat.-dt., hg. v. d. Albertus-Magnus-Akademie, Bd. 3 (Salzburg/Leipzig 1939), 153.
100 DURANDUS, Rationale divinorum officiorum 1, 2; dt. nach H. Wenzel, Hören und Sehen, Schrift und Bild. Kultur und Gedächtnis im Mittelalter (München 1995), 298.
101 Vgl. STEPHAN MEIER-OESER, Die Spur des Zeichens. Das Zeichen und seine Funktion in der Philosophie des Mittelalters und der frühen Neuzeit (Berlin u. a. 1997), 50–65.
102 Vgl. AUGUSTINUS, De doctrina christiana 2, 1–2.

formitas et configuratio unius rei ad aliud in partibus et proprietatibus‹.¹⁰³

4. Optik: Physik und Geometrie des Sehens

Die Frage ›Wie sehen wir?‹ beschäftigte die Menschheit schon sehr früh. Ihre philosophische und wissenschaftliche Bearbeitung beginnt in der Antike.¹⁰⁴ Entscheidende Wendepunkte in der Beantwortung dieser Frage liegen im Mittelalter und in der frühen Neuzeit.¹⁰⁵ Die Frage, was ein Bild ist, wird zunehmend mit der Frage, wie wir sehen, verknüpft.

Die optische Theorienbildung der Antike und des Mittelalters erwuchs aus mehreren Motiven. Blindheit, Augenkrankheiten und Sehstörungen erweckten ein medizinisches Interesse, das zu physiologischen Untersuchungen und schon recht früh zur Ausdifferenzierung der Ophthalmologie als eines eigenen Teilbereichs der Medizin führte. Auffällige meteorologische Erscheinungen wie der Regenbogen, die blaue Farbe des Himmels oder die Vergrößerung der in der Nähe der Horizontlinie befindlichen Himmelskörper verlangten nach optischen Erklärungen. Vor allem aber wollte man die Leistungen des Gesichtssinnes verstehen und den Sehvorgang erklären. Bei den Antworten auf die Frage, wie wir sehen, standen teils physikalische, teils erkenntnistheoretische, teils mathematisch-geometrische Interessen im Vordergrund.

Im Frühmittelalter, bis etwa zur Mitte des 11. Jh., dominierte im lateinischen Abendland die Sehtheorie aus Platons *Timaios*: »Umgibt nun des Tages Licht den Strom des Sehens, dann fällt Ähnliches auf Ähnliches, verbindet sich und tritt zu einem einheitlichen, verwandten Körper immer dort zusammen, wo von innen Herausdringende dem sich entgegenstellt, was von den Dingen außen mit ihm zusammentrifft. Nachdem es nun als Ganzes vermöge seiner Ähnlichkeit den gleichen Einwirkungen unterliegt, verbreitet es die Bewegungen desjenigen, womit es gerade was immer ihm je in Berührung kommt, durch den ganzen Körper bis zur Seele und erzeugt diejenige Sinneswahrnehmung, mittels derer wir, wie wir sagen, sehen.« (ὅταν οὖν μεθημερινὸν ᾖ φῶς περὶ τὸ τῆς ὄψεως ῥεῦμα, τότε ἐκπῖπτον ὅμοιον πρὸς ὅμοιον, συμπαγὲς γενόμενον, ἓν σῶμα οἰκειωθὲν

συνέστη κατὰ τὴν τῶν ὀμμάτων εὐθυωρίαν, ὅπηπερ ἂν ἀντερείδῃ τὸ προσπῖπτον ἔνδοθεν πρὸς ὃ τῶν ἔξω συνέπεσεν. ὁμοιοπαθὲς δὴ δι᾽ ὁμοιότητα πᾶν γενόμενον, ὅτου τε ἂν αὐτό ποτε ἐφάπτηται καὶ ὃ ἂν ἄλλο ἐκείνου, τούτων τὰς κινήσεις διαδιδὸν εἰς ἅπαν τὸ σῶμα μέχρι τῆς ψυχῆς αἴσθησιν παρέσχετο ταύτην ᾗ δὴ ὁρᾶν φαμεν.)¹⁰⁶ Da sich Augustinus dieser Auffassung im großen und ganzen angeschlossen hatte, behielt sie bis zur Ausbreitung des scholastischen Aristotelismus Geltung.

Durch die Übersetzung des optischen Traktats des Hunain Ibn Ishaq (Johannitius), die Constantinus Africanus im 11. Jh. anfertigte, lebte die anatomisch-physiologische und pathologische Behandlung der Optik wieder auf. Durch das *Liber de oculis* wurde darüber hinaus eine Theorie des Sehens wiederbelebt und erneut verbreitet, die Galen in Anknüpfung an Platons *Timaios* entwickelt hatte.¹⁰⁷ Galen hatte seine anatomischen Kenntnisse in eine Variante der Emissionstheorie integriert: Vom Gehirn führt ein von einem Nerv umgebener Kanal zum Auge, wo er sich zu einem netzartigen Gewebe abplattet. Das Sehen kommt dadurch zustande, daß das Auge die umgebende Luft, die ›Atmosphäre‹, als Werkzeug benutzt, ähnlich wie das Gehirn den Nerv zu seinem Instrument macht. Ein aus dem Auge ausströmendes Sehpneuma, das zunächst die Säfte des Augapfels sensibilisiert, muß anschließend die umgebende Luft so in ein Werkzeug des Sehens verwandeln, daß sie gleichsam als Verlängerung der optischen

---

¹⁰³ Vgl. ROGER BACON, De signis (1267), in: K. M. Fredborg/L. Nielsen/J. Pinborg (Hg.), An Unedited Part of Roger Bacon's ›Opus maius: De signis‹, in: Traditio 34 (1978), 76–197.
¹⁰⁴ Vgl. GÉRARD SIMON, Le regard, l'être et l'apparence dans l'optique de l'antiquité (Paris 1988).
¹⁰⁵ Vgl. DAVID C. LINDBERG, Theories of Vision from Al-Kindi to Kepler (Chicago 1976); LORIS STURLESE, ›Optik‹, in: Lexikon des Mittelalters, Bd. 6, hg. v. N. Angermann (München/Zürich 1993), 1419–1422; RALF KONERSMANN/CATHERINE WILSON/ASTRID VON DER LÜHE, ›Sehen‹, in: RITTER, Bd. 9 (1995), 121–161.
¹⁰⁶ PLATON, Timaios 45c-d; dt.: Timaios: Platon, Werke, griech.-dt., übers. v. H. Müller, Bd. 7 (Darmstadt 1972), 77.
¹⁰⁷ Vgl. GALEN, De usu partium 10; GALEN, De placitis Hippocratis et Platonis 7, 5.

Nervs die Unterschiede der Gegenstände wahrnehmen kann.

Die Tradition der geometrischen Optik, der es um eine Analyse des Sehens auf mathematischer Grundlage zu tun ist, reicht bis ins 4. Jh. v. Chr. zurück. Man läßt sie in der Regel mit dem Mathematiker Philipp von Opus beginnen, einem Schüler Platons, der bereits gegen 350 v. Chr. das Gesetz der Reflexion formuliert haben soll. Besonders einflußreich wurden die Optiktraktate von Euklid und Klaudios Ptolemaios, die dem Mittelalter ab Mitte des 12. Jh. in lateinischen Übersetzungen zugänglich wurden. Insgesamt blieb das Paradigma der Emissions- oder Sendetheorie mit der Annahme einer vom Auge ausgehenden Emanation, ob nun in Form eines Feuers, eines Sehhauchs oder von Sehstrahlen, zwischen dem 4. Jh. vor und dem 10. oder 11. Jh. n. Chr. dominierend.

Um die Jahrtausendwende erreichte der arabische Wissenschaftler Ibn al-Haitam (Alhazen) eine bahnbrechende Synthese, indem er die geometrischen Lehren von Euklid und Ptolemaios unter Berücksichtigung der Physiologie des Auges in die aristotelische Intramissionstheorie integrierte. Al-Kindi, der darum bemüht war, das antike Wissen in der islamischen Welt zu verbreiten, hatte bereits gelehrt, daß jeder beleuchtete Punkt seiner Oberfläche das Licht in alle Richtungen ausstrahlt. Alhazen formuliert in seinem *Kitab al-Manazir* die Hypothese, daß jeder Punkt des Auges einen Strahl aus jedem Punkt des Gesichtsfeldes empfängt. Die vor dem Auge liegende Welt bildet sich nach Alhazen auf der Vorderseite der Kristallinse ab. Freilich sind nur die senkrecht in das Auge einfallenden Strahlen stark genug, es zu affizieren. Diese senkrecht einfallenden Strahlen bilden einen Kegel – hier kommt die Geometrie ins Spiel –, dessen Spitze in der Augenmitte zu lokalisieren ist. Das Sehbild kann somit als Sektion eines solchen Kegels im Kristallin aufgefaßt werden.

Der Optiktraktat von Alhazen wurde im letzten Drittel des 12. Jh. ins Lateinische übersetzt (*De aspectibus*, auch *Perspectiva*) und entfaltete über die Renaissance hinaus bis ins 17. Jh. hinein eine beträchtliche Wirkung. Im Anschluß an Alhazens Synthese wurde die optische Wissenschaft zumeist unter dem Titel ›scientia perspectivae‹ von Roger Bacon, Johannes Peckham, Witelo und anderen weiterentwickelt.[108]

Erst zu Beginn des 17. Jh. wies Johannes Kepler in seinen *Ad Vitellionem Paralipomena, quibus Astronomiae Pars Optica traditur* (1604) nach, daß die Kristallinse als konvergente Linse funktioniert. Die den Gesetzen des Lichts folgende Phase des Sehens endet dementsprechend nicht an der Kristallinse, sondern reicht bis zur Netzhaut, auf der Punkt für Punkt ein reales farbiges, aber auf dem Kopf stehendes Bild des gesehenen Gegenstandes entsteht: »Visio igitur fit per picturam rei visibilis ad album retinae et cauum parietem«[109]. (Das Sehen kommt also dadurch zustande, daß sich der sichtbare Gegenstand auf die weiße, nach innen gewölbte Wand der Netzhaut abmalt.)

René Descartes hat sich dieser funktionalen Analyse der Anatomie des Auges angeschlossen und sie in eine mechanistische Erklärung des Sehvorgangs zu integrieren versucht. Seit Descartes' *Dioptrique* (1637) ist klar, daß wir drei Phasen in der visuellen Wahrnehmung unterscheiden müssen. Das erste (von den Gesetzen der Lichtausbreitung beherrschte) Stadium betrifft den Weg der Lichtstrahlen bis zur Netzhaut. Die dafür zuständige Wissenschaft muß die physikalische Natur des Lichts und der Farben klären. Daneben führt sie zur Weiterentwicklung der instrumentalen Optik. Eine zweite nervliche Phase hat es mit der Weiterleitung der auf der Netzhaut erfolgten Erregung bis hin zum Gehirn zu tun. Der Anatomie und Physiologie der Nerven und des Zentralnervensystems obliegt es, die Einzelheiten dieser Vorgänge aufzuklären. Schließlich geht es in einem dritten Schritt um die Bildung mentaler Repräsentationen, die dem wahrnehmenden Subjekt bewußt sein können. An diesem Punkt stellt sich die Frage nach den Beziehungen zwischen Körper und Geist.

Descartes kritisiert Bildchentheorien des Sehens, wie sie seit der Antike verteten worden waren und auch in seiner Zeit wieder auflebten: »Il faut, outre cela, prendre garde a ne pas supposer

---

[108] Vgl. LINDBERG (s. Anm. 105).
[109] JOHANNES KEPLER, Ad Vitellionem Paralipomena, quibus Astronomiae Pars Optica traditur (1604), in: Kepler, Gesammelte Werke, Bd. 2, hg. v. F. Hammer (München 1939), 153.

que, pour sentir, l'ame ait besoin de contempler quelques images qui soyent enuoyées par les obiects iusques au cerueau, ainsi que sont communement nos Philosophes; ou, du moins, il faut conceuoir la nature de ces images tout autrement qu'ils ne font. [...] Et ils n'ont eu aucune raison de les supposer, sinon que, voyant que nostre pensée peut facilement estre excitée, par un tableau, a conceuoir l'obiect qui y est peint, [...] au lieu que nous deuons considerer qu'il y a plusieurs autres choses que des images, qui peuuent exciter nostre pensée; comme, par exemple, les signes & les paroles, qui ne resemblent en aucune façon aux choses qu'elles signifient.«

Er betont, »qu'il n'y a aucunes images qui doiuent en tout resembler aux obiets qu'elles representent: car autrement il n'y auroit point de distinction entre l'obiet & son image: mais qu'il suffist qu'elles leur resemblent en peu de choses; & souuent mesme, que leur perfection depend de ce qu'elles ne leur resemblent pas tant qu'elles pourroyent faire.«

Descartes gibt ein aufschlußreiches Beispiel: »Comme vous voyés que les taille-douces, n'estant faites que d'vn peu d'encre posée ça & là sur du papier, nous representent des forets, des villes, des hommes, & mesme des batailles & des tempestes, bien que, d'vne infinité de diuerses qualités qu'elles nous font conceuoir en ces obiets, il n'y en ait aucune que la figure seule dont elles ayent proprement la resemblance; & encores est-ce vne resemblance fort imparfaite, vû que, sur vne superficie toute plate, elles nous representent des cors diuersement releués & enfoncés, & que mesme, suiuant les regles de la perspectiue, souuent elles representent mieux des cercles par des ouales que par d'autres cercles; & des quarrés par des lozanges que par d'autres quarrés; & ainsi de toutes les autres figures: en sorte que souuent« – so die Konsequenz –, »pour estre plus parfaites en qualité d'images, & representer mieux vn obiect, elles doiuent ne luy pas resembler.« Wenn dies allgemein gilt, muß es sich auf jede Art von Bildern anwenden lassen, auch auf die inwendigen: »Or il faut que nous pensions tout le mesme des images qui se forment en nostre cerueau, & que nous remarquions qu'il est seulement question de sçauoir comment elles peuuent donner moyen a l'ame de sentir toutes les diuerses qualités des obiets ausquels elles se raportent, & non point comment elles ont en soy leur resemblance.«[110]

III. Renaissance, Manierismus, Barock

In der Renaissance erfahren die bildenden Künste und auch die sie tragenden Künstler eine beträchtliche Aufwertung. Dabei mehren sich die Versuche, die Legitimität und Würde der Malerei und des Bildes auch mit außertheologischen Gründen zu verteidigen. Die Malerei war lange Zeit als rein manuelle Tätigkeit eingestuft und den minderen oder mechanischen Künsten zugerechnet worden; damit war sie zugleich aus den sieben freien Künsten und aus dem Kanon der Wissenschaften ausgeschlossen. Die Maler galten als Handwerker und waren entsprechend in Zünften organisiert. Der Zunftmeister führte seine Werkstatt, nahm alle möglichen Aufträge an, die sich mit Pinsel oder Stift ausführen lassen, und bildete Lehrlinge aus. Vornehmste Auftraggeberin ist die Kirche, die streng über die Stoffwahl und die Ausführung wacht. Daneben mehren sich die Aufträge von Fürsten und vermögenden Bürgern. In Verträgen wurden Sujets, zu verwendende Materialien sowie der Termin der Ablieferung festgesetzt. Nun war man bestrebt, die Gleichrangigkeit, wenn nicht sogar die besondere Dignität der Malerei zu erweisen. Die Aufwertung der Malerei und des Bildes hatte viele Voraussetzungen und wurde unter Zuhilfenahme unterschiedlicher Strategien flankiert und vorangetrieben.

Mit Cimabue und seinem Schüler Giotto di Bondone beginnt in der Malerei ein neues Zeitalter. Schon Dante huldigt den beiden Meistern; und bei Giorgio Vasari wird Giotto geradezu als Vater der Malerei gefeiert. Von der Höherbewertung der bildenden Künstler zeugt auch eine sich ausbreitende Künstlerbiographik. Schon durch die dabei benutzten literarischen Muster werden die Maler, Bildhauer und Architekten auf eine Stufe

---

110 RENÉ DESCARTES, La dioptrique (1637), in: DESCARTES, Bd. 6 (1902), 112 f.; dt.: Dioptrik, übers. v. G. Leisegang (Meisenheim am Glan 1954), 88 ff.

mit Staatsmännern und anderen Würdenträgern gestellt.

Neben die handwerklich orientierten Anweisungen zur Malerei, wie es sie seit langem gab, treten zunehmend selbstbewußtere kunsttheoretische Abhandlungen. Für die Geschichte des Bildbegriffs und der Bildtheorie sind die zahlreichen Malereitraktate, die in dieser Zeit entstehen, besonders bedeutsam. Die Entwicklung der Malerei- und Bildkonzeptionen läßt sich an drei Schriften exemplarisch aufzeigen: den Malereibüchern Cenninis, Albertis und Leonardos.

Der *Libro dell'arte* (ca. 1390) des Malers Cennino Cennini ist ein Werk des Übergangs: In seiner gesamten Anlage und zahllosen Einzelheiten steht es noch in der Tradition der mittelalterlichen Werkstattbücher, die sich seit dem 8. Jh. nachweisen lassen. Diese Literatur war technischer Natur; sie enthielt im wesentlichen Rezeptsammlungen, in denen die technischen Grundkenntnisse und die sog. Werkstattgeheimnisse weitergegeben wurden. Besonders berühmt war die *Schedula diversarum artium* (ca. 1100) des Theophilus Presbyter, die im 18. Jh. von Lessing wiederentdeckt wurde.

In einigen auffälligen Punkten kündigt sich bei Cennini jedoch ein neues Denken an.[111] So begnügt er sich nicht mit der Aneinanderreihung von Rezepten und manuellen Anweisungen, sondern legt sein Lehrbuch als stufenweisen Lehrgang des Kunstunterrichts an.[112] Dabei preist Cennini das Naturstudium: »Attendi, che la più perfetta guida che possa avere e migliore timone si è la trionfal porta del ritrarre de naturale. E questo avanza tutti gli altri essempi. [...] Continuando, ogni dì no manchi disegnar qualche cosa, che non serà sì poco che non sia assai«. (Bemerke, dass die vollkommenste Führerin, welche man haben kann, das beste Steuer, die Triumphpforte des Zeichnens, das Studium der Natur ist. Es stehet dies vor allen andern Mustern. [...] Ausdauernd ermangle keinen Tag, irgend ein Ding zu zeichnen, welches nie zu gering sein wird, um zu genügen.)[113] In einem späteren Kapitel findet sich ein bemerkenswertes Beispiel für die Hinwendung zu konkreten extramentalen Modellen: »Se vuoi pigliare buona maniera di montagne e che paino naturali, togli di pietre grandi che sieno scogliose e non pulite [...] daendo i lumi e scuro, secondo che la ragione t' acconsente.« (Wenn du Gebirge in einer guten Weise entwerfen willst, welche natürlich scheinen, so nimm grosse Steine, rauh und unpolirt. [...] indem du ihnen Licht und Schatten verleihst, je nachdem es dir die Einsicht erlaubt.)[114]

In der Kunst des Malens (dipignere) verbinden sich Phantasie »mit der Ausführung der Hand« (fantasia e operazione di mano). Aufgrund ihrer Vorzüge nimmt die Malerei die zweite Stufe nach der Wissenschaft (scienza) ein und verdient »die Krone von der Poesie« (coronarla di poesia)[115]. Hier klingt bereits der Rangstreit der Künste an, in dem die Malerei ihre Leistungen von nun an immer höher veranschlagt. In anderen Bereichen hat sich dagegen die mittelalterliche Befangenheit noch erhalten: So zeigt Cennini keinerlei empirische Kenntnis der Anatomie. Auf der Grundlage des biblischen Schöpfungsberichtes lehrt er, daß der Mann eine Rippe weniger hat als die (daraus geschaffene) Frau. Auch schließt die Kunst der Malerei weiterhin alle möglichen handwerklichen und kunstgewerblichen Aufgaben ein: »das Bemalen von Fahnen, Schildern, Truhen, Vorzeichnungen für Sticker und Zeugdrucker, selbst das kunstgerechte Schminken der Damen«[116].

Das sich bei Cennini anbahnende neue Selbstbewußtsein der Kunst der Malerei kommt bei Leon Battista Alberti und Leonardo da Vinci zu voller Entfaltung. Viele Voraussetzungen sind ihnen und anderen Künstlern und Theoretikern der Renaissance gemeinsam. So wird allenthalben das Lob des Auges und des Sehens gesungen. Das Auge ist der edelste, der vornehmste Sinn. Malerei

---

111 Vgl. DRESDNER (s. Anm. 39), 51–53; SCHLOSSER (s. Anm. 96), 77–83; PERPEET (s. Anm. 32), 167–170; RUDOLF KUHN, Cennino Cennini. Sein Verständnis dessen, was die Kunst in der Malerei sei, und seine Lehre vom Entwurfs- und vom Werkprozeß, in: Zeitschrift für Ästhetik und allgemeine Kunstwissenschaft 36 (1991), 104–153.
112 Vgl. DRESDNER (s. Anm. 39), 51; KUHN (s. Anm. 111), 106–110.
113 CENNINO CENNINI, Il libro dell'arte (ca. 1390; Vicenza 1971), 28; dt.: Das Buch von der Kunst oder Tractat der Malerei, übers. v. A. Ilg (Wien 1871), 18.
114 Ebd., 97; dt. 59; vgl. SCHLOSSER (s. Anm. 96), 81; PANOFSKY (s. Anm. 30), 23 f., 88.
115 CENNINI (s. Anm. 113), 4; dt. 4.
116 SCHLOSSER (s. Anm. 96), 83.

und Sehen gehören aufs engste zusammen: »Et dove la pictura studia representare cose vedute, notiamo in che modo le cose si veggano. Principio, vedendo qual cosa«. (Wenn die Malerei darauf ausgeht, sichtbare Dinge darzustellen, so haben wir zuerst zu merken, wie man die Dinge sieht. Der Anfang ist also, dass ich [überhaupt] einen Gegenstand sehe.)[117]

Eine bevorzugte Strategie, die Malerei wirksam aufzuwerten, bestand darin, ihre Wissenschaftlichkeit zu erweisen, und zwar indem man zum einen ihre mathematische Behandelbarkeit und zum anderen ihren beständigen Rückgriff auf die empirische Erfahrung dartat. Die Maler und Bildhauer sollten zum einen gründliche wissenschaftliche Kenntnisse über die darzustellenden Gegenstände besitzen; so betrieben sie umfangreiche anatomische Studien, um den menschlichen Körper angemessen wiedergeben zu können. Zum anderen sollten sie sich mathematisierbarer Darstellungstechniken bedienen; vor diesem Hintergrund erklärt sich das große Gewicht der Perspektiv- und Proportionslehre in den Kunstschriften des 15. und 16. Jh.

Besonders kennzeichnend für die Kunstpraxis und Kunsttheorie der Renaissance sind die Entwicklung und Vervollkommnung der künstlerischen Perspektivetechniken (Linear- bzw. Zentralperspektive, Farbenperspektive, Luftperspektive) und ihre theoretische Durchdringung. Mit dem Terminus Perspektive wurden in der Geschichte mehrere Bedeutungen verbunden. Boethius hatte »perspectivae«[118] als lateinische Entsprechung von optikē technē benutzt. Damit war eine Wissenschaft vom Sehen und Meßkunde gemeint, die der Geometrie subsumiert werden sollte. Das zugrunde liegende Verb perspicere, ›deutlich sehen‹, ›genau sehen‹, hat man aber auch als ›hindurchsehen‹ aufgefaßt. So erläutert Dürer: »Item Perspectiva ist ein lateinisch Wort, bedeutt ein Durchsehung«[119].

Bei den Arabern und in der Scholastik war der Problemkreis Sehen – Auge – Licht intensiv bearbeitet worden. Man interessierte sich für die Natur des Lichts, für allgemeine optische Erscheinungen (Spiegelung, Brechung), für auffällige Phänomene in der Atmosphäre (Regenbogen, Nordlicht) genauso wie für den Aufbau und die Funktionsweise des Auges oder die Ursachen und Folgen optischer Täuschungen, wobei geometrische, physikalische, sinnesphysiologische und psychologische Gesichtspunkte nicht immer deutlich getrennt wurden.[120] Um die mathematisch-naturwissenschaftlichen Untersuchungen konnten sich überdies lichtmetaphysische und lichtästhetische Spekulationen ranken.

Von einer solchen perspectiva naturalis ist die perspectiva artificialis, die auf die künstlerische Praxis bezogene Perspektivenlehre, zu unterscheiden. Bei ihr geht es darum, Regeln anzugeben, die es dem bildenden Künstler ermöglichen, nichtplanare räumliche Verhältnisse naturgetreu wiederzugeben. Einfache Techniken der Darstellung solcher Relationen – wie die Überlappung, bei der der weiter entfernte Gegenstand als teilweise verdeckt gemalt wird, und isolierte Verkürzungen, wie sie für die sog. Körperperspektive kennzeichnend sind – waren den Malern schon lange vertraut. Auch wurde in der Bühnen- und Kulissenmalerei eine sukzessive Raumperspektive angewandt, die sich mit uneinheitlichen Brennpunkten begnügen konnte, da es auf seiten des Publikums ja auch keinen gemeinsamen Augenpunkt gab. Neu war das Bestreben, die verschiedenen Techniken der korrekten Wiedergabe nicht-planarer räumlicher Verhältnisse in ein Verfahren zu integrieren, das eine einheitliche Simultanperspektive und dadurch auch eine einheitliche Gesamtraumwahrnehmung ermöglicht.[121]

Bei Giotto hatte es bereits Ansätze gegeben, die Flächigkeit und Frontalität der byzantinischen Malerei aufzubrechen. Masaccio wandte die Darstellungsform 1425/26 in dem Trinitätsfresko von S. Maria Novella an. Giorgio Vasari schrieb ihm die Leistung zu, die ›Wand durchbrochen‹ zu ha-

---

117 ALBERTI (s. Anm. 33), 99; dt. 98.
118 BOETHIUS, Posteriorum analyticorum Aristotelis interpretatio I, 7, in: MIGNE (PL), Bd. 64 (1847), 721.
119 DÜRER, Schriftlicher Nachlaß, hg. v. K. Lange/F. L. Fuhse (Halle 1893), 319, Nr. 1; vgl. 195, Nr. 15.
120 Vgl. EDUARD JAN DIJKSTERHUIS, Die Mechanisierung des Weltbildes, übers. v. H. Habicht (Berlin u. a. 1956), 163–171; LINDBERG (s. Anm. 105).
121 Vgl. PERPEET (s. Anm. 32), 303, 307ff.

ben.[122] Das praktische und theoretische Hauptinteresse lag somit wohl zunächst bei der Zentralperspektive, die auch als Linear- oder Linienperspektive bezeichnet wird. Gemeinsamer Bezugspunkt der unterschiedlichen Verfahren und theoretischen Rekonstruktionen waren die geometrischen und optischen Schriften Euklids sowie die Traktate, die in der von ihm begründeten Tradition stehen. Von grundlegender Bedeutung ist das Modell eines Sehkegels bzw. einer Sehpyramide, wobei die Spitze in einem Auge des Betrachters und die Basis im gesehenen und darzustellenden Gegenstand zu verorten ist. Dieses geometrische Modell wird in der ersten Hälfte des 15. Jh. von einer Reihe florentinischer Künstler und Kunsttheoretiker herangezogen und angewandt.

Als praktisches Verfahren erprobt und vorgeführt wurde diese Geometrie der Projektion vom Architekten Filippo Brunelleschi in einem berühmten Experiment, über das uns sein Schüler und Biograph Antonio di Tuccio Manetti in seiner *Vita di Filippo Brunelleschi* einen Bericht gegeben hat.[123] Seine erste theoretische Rekonstruktion findet das linearperspektivische Verfahren in Leon Battista Albertis Malereitraktat *De pictura libri tre*. Die Abhandlung wurde 1435 in lateinischer Sprache verfaßt; ein Jahr später übersetzte Alberti sie, um neben den humanistischen Kreisen auch die Lesergruppe der theoretisch interessierten Malerhandwerker selbst zu erreichen. Alberti schloß sich früh dem Kreis um Brunelleschi an. Die drei Bücher behandeln die Voraussetzungen der Malerei in der Wirklichkeit, die Kunst der Malerei und den Maler.

---

122 Vgl. SCHLOSSER (s. Anm. 96), 286; GOTTFRIED BOEHM, Studien zur Perspektivität. Philosophie und Kunst in der Frühen Neuzeit (Heidelberg 1969), 19.
123 Vgl. ANTONIO DI TUCCIO MANETTI, The Life of Brunelleschi, ital.-engl., hg. u. übers. v. H. Saalmann (London 1970), 43–45; SAMUEL Y. EDGERTON, The Renaissance Discovery of Linear Perspective (New York 1975); LINDBERG (s. Anm. 105), 148 f.; PERPEET (s. Anm. 32), 317.
124 ALBERTI (s. Anm. 33), 69/71; dt. 68/70.
125 ALBERTI (s. Anm. 33), 79; dt. 78.
126 KUHN, Albertis Lehre über die *Komposition* als die *Kunst* in der Malerei, in: Archiv für Begriffsgeschichte 28 (1984), 130.
127 ALBERTI (s. Anm. 33), 109; dt. 108.

Der erste Höhepunkt des Traktats wird mit der berühmten neuen Definition der Malerei und damit des (gemalten) Bildes erreicht: »Sara adunque pictura non altro che intersegatione della piramide visiva, secondo data distantia, posto il centro et constituti i lumi in una certa superficie con linee et colori artificioso rappresentata.« (Die Malerei wird also nichts Anderes sein als die auf einer Fläche mittelst Linien und Farben zu Stande gebrachte künstlerische Darstellung eines Quer- [Durch-] schnittes der Sehpyramide gemäss einer bestimmten Entfernung, einem bestimmten Augenpunkte und einer bestimmten Beleuchtung.)[124] Das Bild wird dementsprechend mit einem offenen Fenster, »una fenestra aperta«[125], verglichen, durch das die Betrachter auf die gemalten Gegenstände und Szenen wie auf einen Ausschnitt der sichtbaren Wirklichkeit schauen.

Das von Alberti im Detail beschriebene Konstruktionsverfahren wurde von Piero della Francesca in *De prospectiva pingendi* (entst. ca. 1490) und von Jean Pélerin Viator in *De artificiali perspectiva* (1509) weiterentwickelt und mit mathematischen Mitteln präzisiert. Die vielzitierte Definition aus dem ersten Buch bestimmt die Malerei freilich »ausschließlich im Hinblick auf die Wiedergabe der Wirklichkeit«[126]. Ins Zentrum der Kunst der Malerei rückt bei Alberti die Lehre von der Komposition, die folgendermaßen bestimmt wird: »Compositione è quella ragione di dipigniere con la quale le parti delle cose vedute si porgono insieme in pictura.« (Composition nennt man in der Malerei jenes Verfahren, nach welchem die einzelnen Theile der gesehenen Dinge angeordnet und zusammengestimmt werden.)[127] Besonderer Wertschätzung erfreut sich bei Alberti das Historienbild, d. h. das erzählende Bild (lat. historia; ital. istoria, storia), bei dem sich die Kunst der Komposition in höchster Vollendung verwirklichen kann.

Auch Leonardo da Vinci hatte beabsichtigt, ein umfassendes Lehrbuch der Malerei zu schreiben. In seinen nachgelassenen Schriften finden sich dazu umfangreiche Aufzeichnungen, die später zum *Trattato della pittura* (entst. ca. 1490–1498; veröffentl. 1651) zusammengestellt wurden. Zunächst enthält der Traktat eine Untersuchung der Frage, ob die Malerei eine Wissenschaft ist. Neu ist dabei die wertende Abgrenzung der Malerei von der

Dichtung, der Musik und der Bildhauerei. Frühere Autoren – wie Cennini – hatten diese Fragen bereits berührt, aber nie eingehend erörtert. Eine solche vergleichende und wertende Unterscheidung der Malerei von anderen Künsten erhält später (seit 1817) die Bezeichnung ›paragone‹ (wörtl.: Vergleich, Wettstreit). Leonardo selbst sprach von differenza, comparatione oder equiparatione.[128] Die besondere virtù der Malerei wird dabei stets bestätigt. Ein zentraler Ausgangspunkt ist die Bewertung des Sehens. Das Sehen ist der edelste Sinn[129], besser und würdiger als alle anderen[130]. Und auch seine Gegenstände, die »opere evidenti di natura« (sichtbare Naturwerke) (16; dt. 17), sind würdiger als die Objekte der anderen Sinne. Vor allem sind sie würdiger als die Worte, die unser Gehör vernimmt.[131] Schließlich sind letztere ›Akzidentien‹ und »create da minor autore« (von geringerem Urheber geschaffen) (52; dt. 53). Die sichtbaren Schöpfungswerke sind Werke der Natur und Gottes, die hörbaren dagegen nur Werke des Menschen und damit nur Werke eines Werkes der Natur. Damit steht für Leonardo der Vorrang der Malerei gegenüber der Dichtung fest: Die Malerei ist »Enkelin der Natur«, ja sogar »Gott verwandt« (nipote d'essa natura et parente d'Iddio) (18; dt. 19), die Poesie hingegen nur eine Urenkelin, da sie bloß die Worte eines Menschen wiedergibt.

Auch Leonardo vergleicht – wie schon Alberti – das perspektivische Bild mit einem Blick durch eine durchsichtige Fläche (›pariete di vetro‹): »Es ist mit der Perspektive nicht anders, als wenn man eine Gegend hinter einer ganz durchsichtigen Glasplatte sieht, auf deren Oberfläche alle Gegenstände, die hinter dem Glas sind, aufgezeichnet werden können. Diese Gegenstände können in Pyramiden bis zum Augenpunkt übertragen werden, und diese Pyramiden schneiden das betreffende Glas.«[132] Ebenso vergleicht er das Bild mit einer Spiegelfläche: »et sopra tutto lo specchio si de' pigliare per suo maestro, cioè lo specchio piano, imperoche su la sua superfitie le cose hanno similitudine co'la pittura in molte parti; […] la pittura è una sola superfittie«. (Und man soll vor allem Anderen den Spiegel, und zwar den Flachspiegel, zu seinem Lehrer nehmen, weil sich auf seiner Fläche die Dinge in vielerlei Beziehung ähnlich darstellen,

wie im gemalten Bilde. […] Das Bild ist eine einzige Fläche.)[133] Ausdrücklich wendet er sich gegen die ›verbessernde‹ Nachahmung: »Quella pittura è piu laudabile, la quale ha piu conformita co'la cosa imitata.« (Die Malerei ist am lobenswerthesten, welche am meisten Uebereinstimmung mit dem nachgeahmten Gegenstand hat.) Und er fügt hinzu: »Questo propongo à confusione di quelli pittori, li quali uogliano raconciare le cose di natura«. (Diesen Satz stelle ich auf zur Beschämung derjenigen Maler, welche die Werke der Natur ausbessern wollen.) (402; dt. 403)

In der italienischen Kunst zwischen 1520 und 1600 läßt sich eine Strömung ausmachen, die später die Bezeichnung ›Manierismus‹ erhielt. In der Malerei setzt sie sich schon nach dem Tode Raffaels ein, danach breitet sie sich in der bildenden Kunst auch über die Grenzen Italiens hinaus aus. Später erschienen parallele Strömungen in der Literatur, die eigene Namen erhielten (Concettismo, Marinismus, Gongorismus u. a.). Wenn der Maler Jacopo da Pontormo in einem Brief an den Kunstgelehrten Benedetto Varchi aus dem Jahre 1548 von der Kühnheit des Malers spricht und sie darin sieht, daß er »superare la natura« (die Natur zu übertreffen) sucht, indem er Dinge als besser darstellt, als anders, vorteilhafter anordnet oder sogar Dinge malt, die die Natur nicht erschaffen hat, schließlich »in volere dare spirito a una figura e farla parere viva e farla in piano« (indem er einer Figur Leben einhauchen, sie lebendig erscheinen lassen und auf einer Ebene darstellen will)[134], dann überrascht daran nur die Emphase. Ideengeschichtlich zeigt sich hier nichts Neues. Das Übertreffen der Natur gehörte seit langem zum Programm der

---

128 Vgl. LEONARDO DA VINCI, Libro di pittura. Das Buch von der Malerei (entst. ca. 1490–1498; veröffentl. 1651), ital.-dt., hg. u. übers. v. H. Ludwig, Bd. 1 (Wien 1882), 34–51, 74–79, 88–93.
129 Vgl. ebd., 36–39.
130 Vgl. ebd., 18–25, 30–35, 40–47, 52–57.
131 Vgl. ebd., 8–11, 18–21, 52–57.
132 LEONARDO, Tagebücher und Aufzeichnungen, hg. u. übers. v. T. Lücke (1940; Leipzig ²1952), 770.
133 LEONARDO (s. Anm. 128), 400; dt. 401.
134 JACOPO DA PONTORMO an Benedetto Varchi (18. 2. 1548), in: Pontormo, L'opera completa, hg. v. L. Berti (Mailand 1973), 5; dt. nach TATARKIEWICZ (s. Anm. 57), Bd. 3 (Basel/Stuttgart 1987), 180.

Kunst. Vor allem erfassen seine Schlagwörter nicht die Spezifika der manieristischen Strömung.[135] Ähnliches gilt für Giorgio Vasari: Er malt manieristisch, verbleibt aber in der Theorie in älteren Begriffsschemata.

Der Zeitsignatur nähert sich begrifflich eher ein Philosoph wie Girolamo Cardano. Er bringt mit seiner Abhandlung *De subtilitate* (1550) die Begriffe des Subtilen und der Subtilität in die ästhetische Theorienbildung ein. »Est autem subtilitas, ratio quaedam, qua sensibilia à sensibus, intelligibilia ab intellectu, difficilè comprehenduntur.«[136] (Subtilität ist dasjenige, wodurch Sinnliches für die Sinne, Geistiges für den Geist schwierig zu erfassen ist.) Zu den Künsten, die sich in besonderem Maße durch Subtilität auszeichnen, gehören die Malerei (pictura), die Bildhauerei (sculptura) und die Modellierkunst (plastices). Am höchsten steht die Malerei; sie ist unter allen mechanischen Künsten [sic] die subtilste und edelste.

Die Malereitraktate werden zunehmend abstrakter und spekulativer. Die bedeutendsten stammen von Paolo Lomazzo und Federico Zuccari. Letzterer stellt die Malerei in seiner *L'idea de' pittori, scultori, et architetti* (1607) in den Rahmen einer umfassenden Theorie des Entwerfens.[137] Die grundlegende Unterscheidung zwischen ›disegno interno‹ und ›disegno esterno‹ liefert den Gliederungsgesichtspunkt für das umfangreiche Werk. In einer vorläufigen Definition wird der disegno interno als »il concetto formato nella mente nostra per potere conoscer qual si voglia cosa, & operare di fuori, conforme alla cosa intesa«[138] bestimmt (der in unserem Geist gebildete Begriff, um ein jegliches Ding erkennen und in Übereinstimmung mit dem verstandenen Ding nach außen zu wirken zu können). Nach einer Reihe weiterer Einteilungen kann Zuccari den der künstlerischen Tätigkeit zugrunde liegenden geistigen Entwurf (»causa dell'operationi artificiali«) schließlich als erkenntnismäßiges, praktisch-künstlerisches Prinzip des Menschen bestimmen (»Disegno interno humano intellettivo prattico artificiale«; 1, 10, 19).

Nach Emanuele Tesauro, für den jedem geistvollen Einfall (argutezza) eine übertragene Rede zugrunde liegt[139], sind auch Malerei und Bildhauerei metaphorischer Natur: »Pittura e scultura, son Metafore rappresentanti un'oggetto, per mezzo della Imitation de' colori in tavole, ò delle fattezze in rilievo.«[140] (Malerei und Bildhauerei sind Metaphern, die einen Gegenstand durch Nachahmung der Farben im Bild oder Nachahmung der Gestalt im Relief darstellen.) In dieser Konzeption konnte man ein neues Paradigma für die allgemeine Ästhetik sehen: »Seit der Theorie der Antike und der Renaissance, daß Schönheit in der Anordnung der Teile liegt, und daß Kunst Nachahmung der Natur ist, war Tesauros Theorie der Subtilität und Metapher die erste große und universelle Theorie der Ästhetik.«[141]

In den manieristischen Poetiken nimmt das Concetto einen Ehrenplatz ein. Für seine Konzeption wird das Kombinieren von Vorstellungsbildern angeraten, gerade sofern zwischen ihnen nur sehr entfernte und somit ›gewagte‹ Ähnlichkeiten bestehen.[142]

Das Zeitalter des Barock könnte man mit Herder »beinahe das *emblematische*«[143] nennen. Bei dem Emblem handelt es sich um eine graphisch-literarische Mischgattung, bei der die Bild- und Textele-

---

135 Vgl. TATARKIEWICZ, Wer waren die Theoretiker des Manierismus?, in: Zeitschrift für Ästhetik und allgemeine Kunstwissenschaft 12 (1967), 96.
136 GIROLAMO CARDANO, De subtilitate (Paris 1550), 1; vgl. TATARKIEWICZ (s. Anm. 135), 102; TATARKIEWICZ (s. Anm. 57), Bd. 3, 180.
137 Vgl. SCHLOSSER (s. Anm. 96); PANOFSKY (s. Anm. 30), 48f.; ANTHONY BLUNT, Artistic Theory in Italy 1450–1600 (Oxford 1940); ULRICH PFISTERER, Die Entstehung des Kunstwerks. Federico Zuccaros ›L'idea de' pittori, scultori, et architetti‹, in: Zeitschrift für Ästhetik und allgemeine Kunstwissenschaft 38 (1993), 237–268.
138 FEDERICO ZUCCARO, L'idea de' pittori, scultori, et architetti (1607), in: Zuccaro, Scritti d'arte, hg. v. D. Heikamp (Florenz 1961), 1, 2, 152.
139 Vgl. EMANUELE TESAURO, Il cannocchiale aristotelico (1655), hg. v. A. Buck (Bad Homburg u. a. 1968), 116; TATARKIEWICZ (s. Anm. 57), Bd. 3, 395.
140 TESAURO (s. Anm. 139), 732.
141 TATARKIEWICZ (s. Anm. 135), 101.
142 Vgl. GUSTAV RENÉ HOCKE, Manierismus in der Literatur. Sprach-Alchimie und esoterische Kombinationskunst. Beiträge zur vergleichenden europäischen Literaturgeschichte (Hamburg 1959), 138f.; ASMUTH, ›Bild/Bildlichkeit‹ (s. Anm. 19), 15f.
143 JOHANN GOTTFRIED HERDER, Zerstreute Blätter. Fünfte Sammlung (1793), in: HERDER, Bd. 16 (1887), 230.

mente miteinander verbunden werden und sich wechselseitig auslegen. Diese bimediale Kunstform konnte als praktische Umsetzung der in die Dikta von Simonides und Horaz hineingelesenen Lehre von der Affinität von Dichtung und Malerei aufgefaßt werden.

Die Gattung geht auf Andrea Alciatos *Emblematum Libellus* (1531) zurück und verbreitete sich im 16. und 17. Jh. im gesamten europäischen Raum. Jacob Masen spricht im *Speculum imaginum* (1681) in bezug auf ähnliche bimediale Werke von ›imago figurata‹. Als deutsches Äquivalent für ›Emblem‹ ist seit 1626 ›Sinn(e)(n)bild‹ nachweisbar, wohl angelehnt an die niederländischen Ausdrücke ›zinnebeeld‹ und ›sinnebild‹.[144] Der deutsche Terminus Sinnbild hat sich also wohl zunächst anläßlich der emblematischen Bilder herausgebildet. Erst später gibt es rein sprachliche Sinnbilder. Neben ›Sinnbild‹ werden auch Ausdrücke wie Denkbild, so bei Herder, oder »Gemälpoesy«[145], so bei Mathias Holtzwart, für Embleme verwendet.[146]

Ein Emblem besteht in aller Regel aus drei wesentlichen Bestandteilen: Die inscriptio (Motto, Lemma), die über dem Bild angebracht ist, formuliert knapp und prägnant eine Verhaltensregel oder Lebensweisheit. Die pictura (icon), in der Regel ein Holz- oder Kupferstich, stellt den Sachverhalt, auf den sich das Motto und die subscriptio beziehen, in bildhafter, meist zeichnerischer Form dar.[147]

Während im 16. Jh. eine durch Antike und Renaissance geprägte oft esoterische Kombination von Epigramm und Bild typisch war, entwickelte sich das Emblem im 17. Jh. zu einer populären Gebrauchsgattung, die zu mannigfaltigen didaktischen und katechetischen Zwecken eingesetzt wurde.[148] Großer Beliebtheit erfreuen sich im Barock auch die Bild- oder Figurengedichte, bei denen das typographische Bild in einer engen, oft verstärkenden Beziehung zum Gedichtinhalt steht.

Im 18. Jh. beginnt der Niedergang und fortschreitende Verfall des Emblems und verwandter Gattungen. Die barocken topisch und allegorisch organisierten Ordnungs- und Verweisungssysteme werden allmählich durch andere hermeneutische und ästhetische Konzeptionen ersetzt. So steht für Winckelmann fest: »Diese und alle andere Bilder, welche eine Schrift zur Erklärung nöthig haben, sind von niedrigem Range in ihrer Art.«[149] Obgleich Winckelmann den Malern die Allegorien empfiehlt und zu diesem Zwecke eine Fülle neuer ersinnt, ist doch der Unterschied zum Bildverständnis des Barock deutlich: »Die Allegorie soll [...] durch sich selbst verständlich sein, und keiner Beischrift vonnöthen haben.«[150]

Kurze Zeit später wird der Gebrauch von Allegorien in Malerei wie Dichtung zunehmend beargwöhnt oder sogar grundsätzlich in Frage gestellt. Die Allegorie gilt vielen als zufällig und willkürlich und infolgedessen ästhetisch minderwertig. Zugleich werden andere Formen von Bedeutsamkeit und Bildlichkeit gesucht oder postuliert, für die immer häufiger der vielfältig auslegbare Begriff des Symbols reserviert wird.[151]

---

144 Vgl. HENRI STEGEMEIER, Sub Verbo ›Sinnbild‹, in: W. D. Hand/G. O. Arlt (Hg.), Humaniora. Essays in Literature, Folklore, Bibliography. Honoring Archer Taylor (New York 1960), 115–120; ASMUTH, ›Bild/Bildlichkeit‹ (s. Anm. 19), 16.
145 MATHIAS HOLTZWART, Eikones cum brevissimis descriptionibus duodecim primorum primariorumque, quos scire licet, veteris Germaniae heroum (Straßburg 1573), [unpag.]
146 Vgl. G. KURZ (s. Anm. 22), 111.
147 Vgl. ARTHUR HENKEL/ALBRECHT SCHÖNE, Emblemata. Handbuch zur Sinnbildkunst des 16. und 17. Jahrhunderts (Stuttgart 1976).
148 Vgl. SABINE MÖDERSHEIM, ›Domini doctrina coronat‹. Die geistliche Emblematik Daniel Cramers (1568–1637) (Frankfurt a. M. u. a. 1994), 104 f.; MÖDERSHEIM, ›Emblem/Emblematik‹, in: UEDING, Bd. 2 (1994), 1104 f.
149 JOHANN JOACHIM WINCKELMANN, Erläuterung der Gedanken von der Nachahmung der griechischen Werke in der Malerei und Bildhauerkunst (1755–1756), in: WINCKELMANN, Bd. 1 (1825), 168 f.
150 WINCKELMANN, Versuch einer Allegorie, besonders für die Kunst (1766), in: WINCKELMANN, Bd. 9 (1825), 20.
151 Vgl. BENGT ALGOT SØRENSEN, Symbol und Symbolismus in den ästhetischen Theorien des 18. Jahrhunderts und der deutschen Romantik (Kopenhagen 1963); TZVETAN TODOROV, Théories du symbole (Paris 1977); MICHAEL TITZMANN, Strukturwandel der philosophischen Ästhetik 1800–1880. Der Symbolbegriff als Paradigma (München 1978); SCHOLZ, ›Symbol II‹, in: RITTER, Bd. 10 (1998), 723 ff.

IV. Das 18. Jahrhundert: ›Die Grenzen der Malerei und Poesie‹

Lessings Schrift *Laokoon: oder über die Grenzen der Mahlerey und Poesie* (1766) nimmt in der Geschichte der Kunstreflexion eine Schlüsselstellung ein. Sie stellt den Kulminationspunkt von Debatten dar, die das 17. und 18. Jh. beherrschten. Lessings bei aller Detailversessenheit und Materialfülle systematisch ansetzender Versuch einer Grenzziehung zwischen den Künsten wurde von vielen Zeitgenossen als längst fällige Klärungsarbeit begrüßt. Der alte Goethe erinnert sich in *Dichtung und Wahrheit* dankbar an die befreiende Wirkung, die von der kurzen Schrift ausging: »Man muß Jüngling sein, um sich zu vergegenwärtigen, welche Wirkung Lessings Laokoon auf uns ausübte, indem dieses Werk uns aus der Region eines kümmerlichen Anschauens in die freien Gefilde des Gedankens hinriß. Das so lange mißverstandene: ut pictura poesis, war auf einmal beseitigt, der Unterschied der bildenden und Redekünste klar, die Gipfel beider erschienen nun getrennt, wie nah ihre Basen auch zusammenstoßen mochten.«[152] Lessing war eine Verdichtung und Zuspitzung der Diskussion gelungen, die seinen Beitrag als epochalen Durchbruch wahrnehmen ließen, wenngleich kaum eine der Einzelthesen originell war.

Das Anregungspotential des *Laokoon* hat sich bis heute nicht erschöpft. Bereits kurz nach Erscheinen stieß das Werk auf eine sensationelle Resonanz. Manche Lehren erlangten im 18. und 19. Jh. nahezu kanonische Geltung. Und noch in unserem Jh. wurde immer wieder systematisch an die Schrift angeknüpft, sei es mit dem Akzent, das ›Laokoon-Projekt‹ aufzugreifen und fortzuführen[153], sei es im Sinne der Forderung, einen ›neuen Laokoon‹ an die Stelle des alten zu setzen.[154] In jüngster Zeit hat sich besonders ein semiotisches und medientheoretisches Interesse auf Lessings Werk gerichtet.[155]

Im *Laokoon* kreuzen sich eine ganze Reihe von theoretischen und praktischen Problembereichen, Streitfragen und Diskussionen. Seine Intervention ist zum ersten eine Reaktion auf bestimmte Tendenzen in der Dichtung und bildenden Kunst. Wie in vielen anderen Schriften versteht sich auch hier Lessing vor allem als Kunstrichter, der konsequent ein Programm aufklärerischer Geschmackserziehung verfolgt. Zum anderen geht Lessing den Gründen der künstlerischen Misere auf der Ebene der theoretischen Reflexion nach; dazu wendet er sich kritisch der europäischen Diskussion in den Dichtungs- und Kunsttheorien sowie der seit Alexander Gottlieb Baumgarten auch als akademischen Disziplin etablierten allgemeinen Ästhetik zu. Nicht zuletzt will der Autor in altertumswissenschaftliche und kunstgeschichtliche Spezialdebatten eingreifen, wie sie besonders von Winckelmanns *Erläuterung der Gedanken von der Nachahmung der griechischen Werke in der Malerei und Bildhauerkunst* (1755–1756) und seiner *Geschichte der Kunst des Altertums* (1763) ausgelöst worden waren.

Werfen wir zunächst einen Blick auf die Erscheinungen in den Künsten, die Lessing anprangert. In den bildenden Künsten treibt die Allegorie »ihre üppigsten Blüthen«[156]; man denke nur an Rubens' allegorische Gemälde oder an Berninis Skulpturen als prominente Beispiele. Lessing brandmarkt solche Phänomene bereits in der Vorrede als »Allegoristerei«[157]. In der Poesie waren ›malerische‹, ›schildernde‹ Beschreibungen Mode, die bezeichnenderweise als ›poetische Gemälde‹ angepriesen wurden. So veröffentlicht Johann Ja-

---

152 JOHANN WOLFGANG GOETHE, Dichtung und Wahrheit (1812), in: GOETHE (WA), Abt. 1, Bd. 27 (1889), 164.
153 Vgl. GUNTER GEBAUER (Hg.), Das Laokoon-Projekt (Stuttgart 1984).
154 Vgl. IRVING BABBITT, The New Laocoon. An Essay on the Confusion of the Arts (Boston/New York 1910); CLEMENT GREENBERG, Towards a Newer Laocoon (1940), in: Greenberg, The Collected Essays and Criticism, hg. v. J. O'Brian, Bd. 1 (Chicago/London 1986), 23–38.
155 Vgl. TODOROV (s. Anm. 151); GEBAUER (s. Anm. 153); DAVID E. WELLBERY, Lessing's Laocoon. Semiotics and Aesthetics in the Age of Reason (Cambridge/New York 1984); GIULIANI (s. Anm. 53), 2 ff.
156 BLÜMNER (s. Anm. 45), 17.
157 GOTTHOLD EPHRAIM LESSING, Laokoon: oder über die Grenzen der Malerei und Poesie. Mit beiläufigen Erläuterungen verschiedener Punkte der alten Kunstgeschichte, in: Lessing, Werke und Briefe, hg. v. W. Barner, Bd. 5/2 (Frankfurt a.M. 1990), 15; vgl. 209, 217.

kob Bodmer seine poetologischen Untersuchungen unter dem Titel *Critische Betrachtungen über die Poetischen Gemählde der Dichter* (1741). Überaus erfolgreich waren auf diesem Gebiete die *Seasons* von James Thomson, die im Jahre 1726 erschienen und von England aus Europa eroberten. Ins Deutsche übersetzt wurden sie von dem Hamburger Dichter Barthold Heinrich Brockes, der sich auch selbst in poetischen Naturschilderungen erging. Neben Brockes huldigten etwa Albrecht von Haller, Friedrich von Hagedorn, Ewald Christian von Kleist und Salomon Gessner der ›malenden‹ Richtung. Lessing sieht hier eine geschmackswidrige »Schilderungssucht« am Werke, der eine Verkennung der respektiven Grenzen der Künste zugrunde liegt. Derlei »falschem Geschmacke« und den dahinterstehenden »ungegründeten Urteilen« entgegenzuarbeiten bezeichnet Lessing als »die vornehmste Absicht« seiner »Collectanea« (15). Lessing will aber auch in die europäische Ästhetikdiskussion eingreifen. Natürlich ist er damit vertraut, daß die Künste seit der Antike immer wieder miteinander verglichen worden waren; der größte Teil der vergleichenden Untersuchungen – gerade der neueren – ist aber seiner Ansicht nach an der Oberfläche verblieben, wenn nicht gar nur alte Autoritäten nachgebetet wurden. Wie Lessing klar sieht, waren es nicht Aperçus wie das des Simonides, sondern ihre modernen Überinterpretationen und Verabsolutierungen, die zu schwerwiegenden Irrtümern führten: »Die blendende Antithese des griechischen Voltaire, daß die Malerei eine stumme Poesie, und die Poesie eine redende Malerei sei, stand wohl in keinem Lehrbuche. Es war ein Einfall, wie Simonides mehrere hatte; dessen wahrer Teil so einleuchtend ist, daß man die Unbestimmte und Falsche, welches er mit sich führet, übersehen zu müssen glaubet. / Gleichwohl übersahen es die Alten nicht. Sondern indem sie den Ausspruch des Simonides auf die Wirkung der beiden Künste einschränkten, vergaßen sie nicht einzuschärfen, daß, ohngeachtet der vollkommenen Ähnlichkeit dieser Wirkung, sie dennoch, sowohl in den Gegenständen als in der Art ihrer Nachahmung, (Υλη και τροποις μιμησεως) verschieden wären.« (14; vgl. 734 f.) Plutarchs Diktum aus *Poteron Athenaioi kata polemon e kata sophian endoxoteroi* (*De gloria Atheniensium*; *Waren die Athener berühmter*

in der Kriegsführung oder in der Weisheit?) dient Lessing bezeichnenderweise auch als Motto seiner Schrift: »Υλη και τροποις μιμησεως διαφερουσι«. Wie Lessing schon in den ersten Entwürfen zum *Laokoon* hervorgehoben hatte, kommt es darauf an, anstatt in ungenauen Wendungen die »Ähnlichkeit und Übereinstimmung der Poesie und Malerei« zu beschwören, »die Unähnlichkeit und Abweichung beider in die gehörige Erwägung« (209) zu ziehen. Die Einschätzung Lessings, gerade die neueren Ästhetiker und Kunstkritiker hätten vornehmlich die Verwandtschaft der beiden Künste akzentuiert, trifft im großen und ganzen zu. In England und Frankreich gab es aber zunehmend auch Untersuchungen zu den Unterschieden zwischen den Kunstgattungen, an die Lessing anknüpfen konnte. Zunächst war freilich das ›ut pictura poesis‹ nochmals im Sinne einer durchgängigen Parallelisierung der beiden Künste bekräftigt worden. Charles-Alphonse du Fresnoy gelang sogar das Kunststück, die Dikta von Simonides und Horaz in seinem vielgelesenen Lehrgedicht *De arte graphica liber* (1667) in beredter Form miteinander zu vereinigen: »*Ut pictura poësis erit*; similisque Poësi / sit Pictura; refert par aemula quaeque sororem, / Alternantque vices & nomina; muta Poësis / Dicitur haec, Pictura loquens solet illa vocari. / Quod fuit auditu gratum cecinere Poetae; / Quod pulchrum aspectu Pictores pingere curant; / Quaeque Poëtarum numeris indigna fuere, / Non eadem Pictorum operam studiumque merentur.«[158] Gegenstand des Malers sei, wie du Fresnoy hinzufügt, allein das Schöne in der Natur (vgl. V. 52). Bedeutsam im Hinblick auf den *Laokoon* ist noch der Hinweis, daß der Maler bei der Erfindung den wichtigsten Augenblick einer Handlung zu ihrer Darstellung wählen muß (vgl. V. 83 ff.), eine Lehre, der man auch sonst in dieser Zeit begegnet.

Roger de Piles, dem nachmaligen Verfasser eines *Cours de peinture par principes* (1708), erschien das Gedicht du Fresnoys wichtig genug, um es bereits 1673 in französische Prosa zu übertragen und ausführlich zu kommentieren. Der Passus liest sich bei ihm wie folgt: »La Peinture & la Poësie sont deux sœurs qui se ressemblent si fort en tout choses,

[158] CHARLES-ALPHONSE DU FRESNOY, De arte graphica liber (Paris 1667), V. 1–8.

qu'elles se prestent alter[n]ativement l'une à l'autre leur office & leur nom. On appelle la premiere une Poësie muette & l'autre une Peinture parlante. Les Poëtes n'ont jamais rien dit que ce qui pouvoit flater les oreilles; & les Peintres ont toûjours cherché ce qui pouvoit donner du plaisir aux yeux.«[159]

Im *Cours de peinture*, in dem de Piles die Malerei als die Nachahmung der sichtbaren Gegenstände mit Hilfe der Farben und Formen definiert[160], findet sich auch eine ›Dissertation où l'on examine si la Poesie est préférable à la Peinture‹ (vgl. 420 ff.). Die Formeln des Simonides und des Horaz (vgl. 427) veranlassen ihn dazu, die Gemeinsamkeiten der Schwesterkünste herauszustreichen: Beide haben die Nachahmung zum Ziel, beide halten die »unité de lieu, du temps & et de l'objet« (429) genau ein, und was dergleichen allgemeine Übereinstimmungen mehr sind. Zwei Unterschiede geben den Ausschlag dafür, daß der Malerei dann doch der Vorzug gegeben wird. Zum einen ist sie im Unterschied zu den an Nationalsprachen gebundenen Dichtungen allen Völkern der Erde gleichermaßen verständlich: »En effet, si les Poëtes ont les choix des langues, dès qu'ils se sont déterminés à quelqu'une de ces langues, il n'y a qu'une Nature que les puisse entendre: & les Peintres ont un langage, lequel (s'il m'est permis de le dire, à l'imitation que Dieu donna aux Apotres), se fait entendre de tous les Peuples de la Terre.« (449) Und zum anderen wird uns ein Bild in einem Augenblick klar und deutlich, während eine Dichtung ihre Eindrücke auf uns nach und nach machen muß.

Auch Claude Henri Watelet zeigte sich in seinem Lehrgedicht *L'art de peindre* (1760) ganz im Banne des mißverstandenen ›ut pictura poesis‹, indem er etwa von »artistes éloquents« und »coloristes poetes«[161] spricht. Wenngleich er betont, daß »chaque art a ses moyens, qui reglent son pouvoir«, so führt er als Spezifikum der Malerei lediglich die Beschränkung auf einen Augenblick an: »Le Peintre, moins aidé, dont on exige autant, / Pour parvenir au cœur, n'a jamais qu'un instant.« (41)

Von großer Bedeutung waren die *Réflexions critiques sur la poésie et sur la peinture* (1719) des Abbé Du Bos.[162] Lessing hatte daraus bereits 1755 einen Auszug übersetzt. Das Motto der Schrift ›ut pictura poesis‹ ist nicht einfach als abgegriffenes Zitat, sondern als ein Hinweis auf die Absicht zu verstehen, die Künste miteinander zu vergleichen. Du Bos betont neben Gemeinsamkeiten auch grundlegende Unterschiede. So sind manche Gegenstände für die Malerei geeigneter, andere sind vorteilhafter für die Poesie. Insbesondere kann der Dichter Empfindungen und Gedanken differenzierter zum Ausdruck bringen als der Maler, der bestimmte, sozusagen ›unsichtbare‹ Nuancen kaum erfassen kann und sich überdies in jedem Gemälde auf eine bestimmte Empfindung konzentrieren muß. Ein Bild, das eine Handlung darstellt, muß sich auf die Wiedergabe eines Augenblicks beschränken. Eine Dichtung kann Veränderung und Bewegung darstellen; und sie kann auf schon Gesagtes zurückkommen und es aus einer anderen Perspektive erneut beschreiben.

Auf der anderen Seite vermag die Malerei eine größere Macht über die Menschen auszuüben als die Dichtung: »Je crois que le pouvoir de la Peinture est plus grand sur les hommes, que celui de la Poësie«[163]. Dies hat mehrere Gründe. Zum einen wendet sich die Malerei an den Gesichtssinn. Als ebenso bedeutsam wird ein semiotischer Unterschied angesehen: »La seconde est que la Peinture n'employe pas de signes artificiels, ainsi que le fait la Poësie, mais bien des signes naturels. C'est avec des signes naturels que la Peinture fait ses imitations.« (413 f.)[164] Da sie sich natürlicher Zeichen bedient, kann die Malerei direkter und intensiver auf das Publikum wirken: »Les objets que les tableaux nous présentent agissant en qualité des signes naturels, ils doivent agir plus promptement. L'impression qu'ils font sur nous, doit être plus

---

159 ROGER DE PILES, Dialogue sur le coloris (Paris 1673), [Vorsatz, unpag.]; vgl. PETER-ECKHARD KNABE, ›ut pictura poesis‹, in: Knabe, Schlüsselbegriffe des kunsttheoretischen Denkens in Frankreich von der Spätklassik bis zum Ende der Aufklärung (Düsseldorf 1972), 464.
160 Vgl. DE PILES, Cours de peinture par principes (Paris 1708), 3.
161 CLAUDE HENRI WATELET, L'art de peindre (Paris 1760), 55.
162 Vgl. ALFRED BAEUMLER, Das Irrationalitätsproblem in der Ästhetik und Logik des 18. Jahrhunderts bis zur Kritik der Urteilskraft (Halle 1923), 49–60.
163 DU BOS, Bd. 1 (1770), 413.
164 Vgl. TODOROV (s. Anm. 151), 162.

forte & plus soudaine que celle que les vers peuvent faire.« (416) Du Bos erkennt von vornherein an, daß es Gegenstände gibt, die für den Maler vorteilhafter sind, wie es umgekehrt auch Dinge gibt, die der Dichter besser darstellen kann.»Un Poëte peut nous dire beaucoup de choses qu'un Peintre ne sçauroit nous faire entendre. Un Poëte peut exprimer plusieurs de nos pensées & plusieurs de nos sentiments qu'un Peintre ne sçauroit rendre« (84).

»Comme le tableau qui représente une action, ne nous fait voir qu'un instant de sa durée, le Peintre ne sçauroit atteindre au sublime que les choses qui ont précédé la situation présente, jettent quelquefois dans un sentiment ordinaire.« (87) Von den französischen Ästhetikern und Kunstkritikern dürfte jedoch Diderot den stärksten Einfluß auf Lessing ausgeübt haben.[165] Wenn dieser in seiner *Lettre sur les sourds et muets* (1751) an die Bemerkung,»que chaque art d'imitation avait son hiéroglyphe«, den Wunsch anschließt,»qu'un écrivain instruit et délicat en entreprit la comparaison«[166], mußte Lessing sich geradezu herausgefordert fühlen. (»Tout art d'imitation ayant ses hiéroglyphes particuliers, je voudrais bien que quelque esprit instruit et délicat s'occupat un jour à les comparer entre eux.«[167])

In England leitet Shaftesburys kurzer Traktat *A Notion of the Historical Draught, or Tablature of the Judgment of Hercules* (1713) differenziertere Betrachtungen zum Verhältnis von Malerei und Literatur ein. Als Beispiel dient ihm die Frage, wie die in Xenophons *Memorabilien* (2, 1, 21–33) erzählte Sage von Herkules am Scheidewege am besten in eine »tablature« zu setzen wäre, d. h. in ein historisches Gemälde, das die folgenden Einheits- und Ganzheitspostulate erfüllt: »a single piece, comprehended in one view, and formed according to one single intelligence, meaning, or design; which constitutes a real whole, by a mutual and necessary relation of its parts, the same as of the members in a natural body«[168]. Nach Shaftesbury kommen für die malerische Umsetzung der Herkules-Entscheidung grundsätzlich vier Augenblicke in Frage: »This fable or history may be variously represented, according to the order of time: Either in the instant when the two goddesses (Virtue and Pleasure) accost Hercules; Or when they are entered on their dispute; Or when their dispute is already far advanced, and Virtue seems to gain her cause« oder viertens »as at the time when Hercules is entirely won by Virtue«. Unter diesen Momenten ist der dritte als für die bildhafte Darstellung besonders geeignet zu wählen, da er der einzige ist, »which can well serve to express the grand event, or consequent resolution of Hercules, and the choice he actually made of a life full of toil and hardship, under the conduct of Virtue, for the deliverance of mankind from tyranny and oppression. And it is to such a piece, or tablature, as represents this issue of the balance, in our pondering hero, that we may justly give the title of the Decision or Judgment of Hercules.« (34 f.)

In den Abschnitten 3, 16 und 18 des *Laokoon* stellt Lessing Betrachtungen an, die als Erweiterungen und Vertiefungen der Überlegungen Shaftesburys angesehen werden können. Er entwickelt seine zentrale systematische Argumentation in Abschnitt 16:»Ich schließe so. Wenn es wahr ist, daß die Malerei zu ihren Nachahmungen ganz andere Mittel, oder Zeichen gebrauchet, als die Poesie; jene nämlich Figuren und Farben im Raume, diese aber artikulierte Töne in der Zeit; wenn unstreitig die Zeichen ein bequemes Verhältnis zu dem Bezeichneten haben müssen: so können nebeneinander geordnete Zeichen auch nur Gegenstände, die nebeneinander, oder deren Teile nebeneinander existieren, aufeinanderfolgende Zeichen aber auch nur Gegenstände ausdrücken, die aufeinander, oder deren Teile aufeinander folgen. / Gegenstände, die nebeneinander, oder deren Teile nebeneinander existieren, heißen Körper. Folglich sind Körper mit ihren sichtbaren Eigenschaften die eigentlichen Gegenstände der Malerei. / Gegenstände, die aufeinander, oder deren Teile aufeinander folgen, heißen überhaupt Handlungen. Folglich sind Handlungen der eigentliche Gegenstand

---

165 Vgl. BLÜMNER (s. Anm. 45), 45–49.
166 DENIS DIDEROT, Lettre sur les sourds et muets (1751), in: DIDEROT (ASSÉZAT), Bd. 1 (1875), 391.
167 Ebd., 385.
168 ANTHONY ASHLEY COOPER SHAFTESBURY, A Notion of the Historical Draught, or Tablature of the Judgment of Hercules (1713), in: Shaftesbury, Second Characters or The Language of Forms, hg. v. B. Rand (Cambridge 1914), 32.

der Poesie. / Doch alle Körper existieren nicht allein in dem Raume, sondern auch in der Zeit. Sie dauern fort, und können in jedem Augenblicke ihrer Dauer anders erscheinen, und in anderer Verbindung stehen. Jede dieser augenblicklichen Erscheinungen und Verbindungen ist die Wirkung einer vorhergehenden, und kann die Ursache einer folgenden, und sonach gleichsam das Zentrum einer Handlung sein. Folglich kann die Malerei auch Handlungen nachahmen, aber nur andeutungsweise durch Körper. / Auf der anderen Seite können Handlungen nicht für sich selbst bestehen, sondern müssen gewissen Wesen anhängen. Insofern nun diese Wesen Körper sind, oder als Körper betrachtet werden, schildert die Poesie auch Körper, aber nur andeutungsweise durch Handlungen.«[169]

Aus der zeichentheoretischen Analyse der Darstellungsmöglichkeiten der Malerei ergibt sich für Lessing die ästhetische Forderung der Wahl des fruchtbarsten und prägnantesten Augenblicks: »Kann der Künstler von der immer veränderlichen Natur nie mehr als einen Augenblick, und der Maler insbesondere diesen einzigen Augenblick auch nur aus einem einzigen Gesichtspunkte, brauchen; sind aber ihre Werke gemacht, nicht bloß erblickt, sondern betrachtet zu werden, lange und wiederholter maßen betrachtet zu werden: so ist es gewiß, daß jener einzige Augenblick und einzige Gesichtspunkt dieses einzigen Augenblickes, nicht fruchtbar genug gewählet werden kann.« (32) Ergänzend heißt es dazu in Abschnitt 16: »Die Malerei kann in ihren koexistierenden Kompositionen nur einen einzigen Augenblick nutzen, und muß daher den prägnantesten wählen, aus welchem das Vorhergehende und Folgende am begreiflichsten wird.« (117)

Lessings Thesen gingen rasch in die ästhetischen Lehrbücher ein. So bemerkt Friedrich Justus Riedel schon 1767 – ein Jahr nach Erscheinen des *Laokoon*: »Und würklich es war einmal Zeit, das gewöhnliche Raisonnement dererjenigen in seiner Abgeschmacktheit zu zeigen, die den ganzen Dichter in einen Mahler und den ganzen Mahler in einen Dichter metamorphosiren wollen.«[170]

Freilich bleibt es nicht ohne Ironie, daß Lessing mit seinem *Laokoon* zu einem Klassiker der Bildtheorie wurde. Bei allen klärenden und anregenden Angeboten für eine Theorie der Malerei und des Bildes darf nicht verkannt werden, daß hier ein Dichter und Literaturkritiker die Überlegenheit der Poesie und des Wortes lehrt. Schon in der Vorrede ist (noch eher beiläufig) von den »engern Schranken der Malerei« die Rede, denen »die ganze weite Sphäre der Poesie«[171] gegenübergestellt wird. Daß »die Poesie die weitere Kunst ist« (79), ist eine der Hauptthesen des Buches. Der Laokoon ist so auch ein später Beitrag zum ›paragone‹: »The more one reads the *Laocoon*, the stronger becomes the impression that it is not so much a book about as against the visual arts«[172].

V. Moderne

Das 19. und 20. Jh. sind auf der einen Seite geprägt durch den Siegeszug von Bildmassenmedien, auf der anderen durch künstlerische Revolutionen, die der Malerei ganz neue Möglichkeiten eröffneten, ihre Autonomie vorantrieben und vollendeten. Beide Entwicklungen beeinflußten sich wechselseitig; und beide Tendenzen wirken auf die Bildauffassungen und den Bildbegriff zurück. Die Umbrüche wurden immer stärker von den Künstlern selbst und den immer wichtiger werdenden Kunstkritikern reflektiert und kommentiert; die Analysen der philosophischen Ästhetik traten demgegenüber zurück.

1. Bildermassen und Menschenmassen: Vom Panorama zu den Neuen Medien

Seit dem Ende des 18. Jh. sind einschneidende Veränderungen in den Bildmedien, in der Einstellung zu diesen und im Umgang mit ihnen zu verzeichnen. Erfindungen wie Guckkasten (engl. prospect, peepshow; frz. vue d'optique; ital. mondo nuovo), Kulissenbild, Panorama, Diorama und Stereoskop initiieren neuartige Verbindungen von

---

169 LESSING (s. Anm. 157), 116f.
170 RIEDEL, 24.
171 LESSING (s. Anm. 157), 14; vgl. 60.
172 GOMBRICH, Lessing, in: Proceedings of the British Academy 43 (1957), 140.

Kunst, Wissenschaft, Technik und bildzentrierter Massenbelustigung. Erkenntnisfortschritte in der physikalischen und in der mit den 20er Jahren des 19. Jh. verstärkt einsetzenden physiologischen Optik werden immer rascher durch die angewandte Optik in neue Geräte und Medien umgesetzt, die wiederum in der Regel unverzüglich populären Belehrungs- und Unterhaltungsverwendungen zugeführt werden.[173] Daneben wird an der Perfektionierung rein mechanischer Abbildungs- und Reproduktionstechniken gearbeitet. Aus solchen Bemühungen gehen u. a. der Diagraph und der Physionotyp hervor. Alle diese Errungenschaften werden jedoch in ihrer Wirkung von der Fotografie (mit ihren Folgeerscheinungen) übertroffen, in der bereits viele Zeitgenossen das epochale Ereignis sahen.

Am Anfang der modernen Massenmedien steht das Panorama-Bild. Gegen Ende des 18. Jh. hatte der Porträtmaler Robert Barker illusionistische Ansichten (anfangs von Städten und Landschaften) auf im Halbrund aufgestellte Leinwände, später auf geschlossene Rundgestelle gemalt. Seine 1787 patentierte Erfindung nannte er zunächst ›La nature à coup d'œil‹[174]; kurz darauf bürgerte sich die Bezeichnung Panorama ein (wörtl. All-Sicht, aus griech. pan, alles; horama, Ansicht). Eine am 10. 1. 1792 in der Times erschienene Anzeige preist eines der ersten Panorama-Gemälde als »a view-at-a-glance of the cities of London and Westminster [...], which appears as large and in every respect the same as reality«. Die eigentümliche Leistung des Bildes wird unverblümt als Täuschung der Betrachter charakterisiert: »The observers of this Picture being by painting only deceived as to suppose themselves on the Albion Mills from which the view was taken.«[175] Wie in dem Bericht einer vom Institut de France eingesetzten Kommission im Jahre 1800 festgehalten wurde, zielte die gesamte Anlage, Ausführung und Inszenierung der Panoramabilder darauf ab, in den Betrachtern eine ›illusion complète‹ bzw. ›illusion totale‹ zu erzeugen.[176] Den Besuchern war zu diesem Zwecke in der Mitte der Rotunde eine Empore zugewiesen, die sich auf halber Höhe des riesigen Gemäldes befand; der obere und der untere Rand des Bildes sowie die Deckenöffnung, durch die das Licht einfiel, waren mit Bedacht den Blicken entzogen. Die Zuschauer hatten so, wohin sie auch blickten, die hell erleuchtete, illusionistisch bemalte und durch keinen Rahmen eingegrenzte Leinwand vor sich. Im Hinblick auf die beabsichtigte Wirkung ist auch die Wahl der Sujets aufschlußreich. Neben Stadtansichten und Landschaften wurden zunehmend sensationelle Ereignisse bildlich umgesetzt und dargeboten, die das Publikum emotional bewegen und zu wiederholten Besuchen anreizen sollten: Schlachten, Aufstände, Überschwemmungen, Choleraepidemien und ähnliches.

Die Panoramen von London 1791 und von der russischen Kriegsflotte vor Spithead 1793/94 bedeuteten den Durchbruch und leiteten die Popularisierung ein. In allen größeren Städten Europas entstanden dauerhafte Rotunden mit wechselnden Rundpanorama-Bildern, die große Besuchermassen aus allen Gesellschaftsschichten anzogen. Das Panorama entwickelte sich zum ersten Bildmassenmedium.[177]

Die Panoramen und die sich daran anschließenden Versuche, ihre Wirkung zu vervollkommnen, führen zu einem bemerkenswerten Amoklauf des Illusionismus, dessen ästhetische Fragwürdigkeit nicht unbemerkt blieb. In einem Enzyklopädie-Artikel heißt es: »Da sich jedoch durch die Panoramen wie durch jedes andere Gemälde nur die todte Natur, wenngleich in ihrer ganzen Pracht und Herrlichkeit, in ihren stärksten Massen, edelsten Formen, blendendsten Lichtern, sowie die Werke der Kunst, vorzüglich die Bau- und Bildhauerkunst, Menschen und Thiere aber nur in einzelnen Momenten des Lebens darstellen lassen, so suchte G. Bullock in London diesen Mangel zu ersetzen.

---

173 Vgl. JONATHAN CRARY, Techniques of the Observer. On Vision and Modernity in the Nineteenth Century (Cambridge, Mass./London 1990), 97–136; ULRIKE HICK, Geschichte der optischen Medien (München 1999), Kap. 4 u. 5.
174 Vgl. BUDDEMEIER, Panorama, Diorama, Photographie. Entstehung und Wirkung neuer Medien im 19. Jahrhundert (München 1970), 163 f.
175 Zit. nach STEPHAN OETTERMANN, The Panorama. History of a Mass Medium (dt. 1980; New York 1997), 101.
176 Vgl. BUDDEMEIER (s. Anm. 174), 17, 165, 169.
177 Vgl. RALPH HYDE, Panoramania. The Art and Entertainment of the ›All-Embracing‹ View (London 1988).

Er brachte deshalb vor seinem Panorama des Nordcaps nicht nur eine lappländische Sommer- und Winterwohnung, jene von über unförmliche Holzpfosten ausgespannter Leinwand, diese aus Moos erbaut, an, sondern er ließ auch vor denselben lebende Lappländer, Vater, Mutter und Kind sitzen, umgeben von den bei ihnen gebräuchlichen Haus- und andern Geräthen, als Waffen, Schlitten, Schnee- und Schlittschuhe etc., und damit sich die schaulustigen Engländer ganz nach dem eisigen Norden versetzt glauben möchten, weideten mehre lebendige Rennthiere in ihren Pferchen.« Der Verfasser setzt lakonisch hinzu: »Ob die Kunst ihm dies danken wird, bleibe dahingestellt.«[178]

An das Panorama hängen sich zahlreiche Erfindungen an, die es in der einen oder anderen Hinsicht, vor allem aber im Illusionseffekt und im kommerziellen Publikumserfolg übertreffen wollen. In der *Wissenschaftlich-literarischen Encyclopädie der Aesthetik*, die 1843 in Wien erschien, werden »Diorama, Georama, Kosmorama, Myriorama, Neorama, Panstereorama, Pleorama, Stereorama«[179] aufgezählt und in eigenen Artikeln vorgestellt. Walter Benjamin notiert für sein geplantes ›Passagen-Werk‹: »Es gab Panoramen, Dioramen, Kosmoramen, Diaphanoramen, Navaloramen, Pleoramen [...], Fantoscope, Fantasma-Parastasien, Expériences fantasmagoriques et fantasmaparastatiques, malerische Reisen im Zimmer, Georamen; Optische Pittoresken, Cinéoramen, Phanoramen, Stereoramen, Cykloramen, Panorama dramatique.«[180] Auf dem Gebiete der dreidimensionalen Darstellungen führt der populäre Illusionismus zur Herstellung von lebensgroßen Wachsfiguren und ihrer Zurschaustellung in dafür eingerichteten Kabinetten. In der ästhetischen Kritik werden Panorama und Wachsfigur denn auch häufig zusammen behandelt.[181]

Der erfolgreichste Konkurrent des Panoramas war das Diorama, an dessen Entwicklung der geschäftstüchtige Theatermaler Louis Jacques Mandé Daguerre maßgeblich beteiligt war, der später zu den Pionieren der Fotografie gehören sollte. Es setzte sich zum Ziel, eine Illusion von Bewegung zu erzeugen, deren Fehlen bei den Panoramen beklagt wurde.

Auch wurden neue Techniken der mechanischen Abbildung und Reproduktion entwickelt und perfektioniert. Zeichenmaschinen wie der Diagraph ermöglichen es, die Umrißlinien eines beliebigen Gegenstandes oder einer beliebigen Szene exakt wiederzugeben. Durch den Physionotyp wurde die mechanische Abbildung auch auf Plastiken (vornehmlich auf Büsten) ausgedehnt.[182]

Als die epochale Erfindung muß freilich die Fotografie gelten. Die Geschichte der analogen optischen Medien hatte bereits mit der Entdeckung des Prinzips der Camera obscura (Lochkamera) begonnen (Alhazen, 10./11. Jh.; Kamal Ad-Din, ca. 1300; Levi ben Gerson, 1321; Leonardo, ca. 1490; Erasmus Reinhold, 1540). Bringt man in einem verdunkelten Kasten an einer Wand ein kleines Loch an, so entsteht auf dem Loch gegenüberliegenden Wand oder Mattscheibe ein scharfes, wenngleich seitenverkehrtes und auf dem Kopf stehendes Bild der vor der Camera obscura liegenden Außenwelt. Der Aufbau von Kasten und Loch liegt bis heute den Medien zur Bildaufnahme zugrunde. Bei der Laterna magica, die im 17. Jh. entwickelt wurde (Athanasius Kircher, 1646), ist die Anordnung umgekehrt worden: Ein diaphanes Bild wird vor einer Lichtquelle zur Projektion auf eine Fläche verwendet. Dieses Prinzip liegt bis heute den fotografischen Bildwiedergabemedien der Dia- und Filmprojektion zugrunde. Die grundlegenden optischen Zusammenhänge der Bildaufnahme und Bildprojektion waren, wie diese Hinweise zeigen, seit langem bekannt. Die erzeugten Bilder blieben aber flüchtig oder mußten von Menschenhand nachgezeichnet werden; gesucht wurde ein automatisches Verfahren der dauerhaften Bildfixierung. Der Durchbruch mußte vor allem durch chemische Fortschritte erzielt werden. Die Lichtempfindlichkeit von Silbersalzen war bereits 1727 von Johann Heinrich Schulze entdeckt worden. Als die Erfinder der Fotografie gelten Joseph Nicéphore Niépce, der schon erwähnte Louis Daguerre und William Henry Fox Talbot.

---

178 ERSCH/GRUBER, Abt. 3, Bd. 10 (1838), 421 f.
179 HEBENSTREIT, 533.
180 WALTER BENJAMIN, Das Passagen-Werk (entst. 1927–1940), in: BENJAMIN, Bd. 5/2 (1982), 655.
181 Vgl. EDUARD VON HARTMANN, Aesthetik, Bd. 2 (Leipzig 1887), 643–654; JOHANNES VOLKELT, System der Ästhetik, Bd. 1 (München 1905), 305 f.
182 Vgl. BUDDEMEIER (s. Anm. 8), Kap. 2.

Niépce entwickelte ein Verfahren, das er später anschaulich als Heliographie bezeichnete. Seit 1793 hatte er gemeinsam mit seinem Bruder Claude mit lichtempfindlichen Stoffen experimentiert, deren Reaktion auf eine Lichtbestrahlung er auf einer Platte zu fixieren versuchte. Anfangs ging es Niépce darum, ein durch die Lithographie inspiriertes Druckverfahren zu entwickeln, wobei freilich die zu kopierende Vorlage auf photochemischem Wege auf den Stein übertragen werden sollte. Erst im Jahre 1816 machte sich Niépce klar, daß das eigentliche Potential seiner chemischen Entdeckungen in einer direkten Abbildung der Natur selbst lag. Die Grundidee war einfach: Man brauchte die chemischen Verfahren nur noch mit dem altbekannten optischen Prinzip der Camera obscura zu verbinden. Im Jahre 1826 gelangen Niépce erste Aufnahmen, u. a. ein Blick durch ein Fenster seines Zimmers in Gras bei Chalon-sur-Saône, wofür eine Belichtungszeit von ca. 8 Stunden angesetzt war. Bereits in demselben Jahr wandte sich Daguerre brieflich an Niépce mit dem Vorschlag, in Zukunft Erfahrungen auszutauschen und zusammenzuarbeiten. Nach anfänglichem Mißtrauen willigt Niépce ein – in der Hoffnung, Daguerres Elan und gesellschaftlicher Einfluß könnten die Erfindung voranbringen. In einem 1829 geschlossenen Vertrag findet sich auch eine von Niépce verfaßte Beschreibung des von ihm entdeckten Verfahrens: »La découverte que j'ai faite, et que je désigne sous le nom d'Héliographie, consiste à reproduire spontanément, par l'action de la lumière, avec les dégradations de teintes du noir au blanc, les images reçues dans la chambre obscure.« Zu Beginn des Vertrags hieß es: »M. Niépce, désirant fixer par un moyen nouveau, sans avoir recours à un dessinateur, les vues qu'offre la nature, a fait des recherches à ce sujet: de nombreux essais constatant cette découverte en ont été le résultat.«[183] Nach Niépces Tod entdeckte Louis Daguerre, daß eine nur kurz belichtete Platte das Abbild der Außenweltszene latent bereits enthält und durch Quecksilberdämpfe auch sichtbar gemacht werden kann. Durch das nach ihm benannte Verfahren der Daguerreotypie gewinnt man ein positives, seitenverkehrtes Bild, das eine Szene mittels eines Spektrums von Grautönen wiedergibt. Da es sich um ein direktes Positiv handelt, bleibt es bei dem Unikat.[184] Sofort nach Bekanntwerden wird die Daguerreotypie zur Weltsensation. Mit Hilfe eines von Talbot entwickelten Verfahrens kann man seit 1839 von einem belichteten Negativ im Prinzip beliebig viele Positivabzüge anfertigen. Nachdem George Eastman im Jahre 1888 die handliche und erschwingliche Kodak-Boxkamera auf den Markt gebracht und in Verbindung damit einen Foto-Service aufgebaut hatte, wurde die Fotografie zu einem Bildmedium für alle.

An der Entwicklungsgeschichte der Bildmassenmedien vom Panorama bis zum Cyberspace fällt auf, daß für Fortschritte in einem Bereich zunächst stets Rückschritte in anderen Bereichen in Kauf genommen werden mußten.[185] Den Hauptmangel des Panoramas, keine Veränderungs- und Bewegungsillusionen erzeugen zu können, suchte das Diorama durch aufwendige Beleuchtungseffekte zu beheben. Verloren ging dabei die Totalität der Rundansicht, von der der Panoramabesucher überwältigt werden sollte; der Betrachter des Dioramas verfolgte die Vorführung – wie im Theater, in der Oper oder später im Kino – von einem Sessel aus. Außerdem blieben die Möglichkeiten der Veränderungsillusion sehr stark eingeschränkt; im Diorama bestaunte man, wie die Sonne auf- und unterging, wie die Blätter der Bäume sich bewegen und Fenster auf- und zuschlagen. Komplexere Veränderungen und Bewegungen, die etwa noch mit Ortswechseln verbunden waren, konnten mit diesen Mitteln nicht dargestellt werden. Die Fotografie und die sich an sie anschließenden Entwicklungen ermöglichten die maschinelle Produktion und Projektion von Bildern und Bilderserien; mit Hilfe der Laufbildmedien wurde dann schließlich auch die Darstellung von Ereignisreihen möglich. Zunächst mußten freilich Farbe, Bewegung und Riesenformat wieder preisgegeben werden. Durch die

---

183 LOUIS JACQUES MANDÉ DAGUERRE, Historique et description des procédés du Daguerréotype et du Diorama (Paris 1839), 39; vgl. BUDDEMEIER (s. Anm. 8), 67.
184 Vgl. Comptes rendus de l'Académie des Sciences (7. 1. 1839), Bd. 8 (Paris 1839), 4 ff.
185 Vgl. BUDDEMEIER, Leben in künstlichen Welten. Cyberspace, Videoclips und das tägliche Fernsehen (Stuttgart 1993), 83 ff.

Farbfotografie, mit der bereits 1861 begonnen wurde, die aber erst 1935 ihren Durchbruch erlebt, wurde die Farbwiedergabe zurückgewonnen. Seit 1895 ermöglicht die Kinematographie die systematische Darstellung bzw. Illusion von Bewegung. In den 20er Jahren kommt der Ton, etwas später auch die Farbe (wieder) hinzu. Damit hatte die durch die Fotografie ausgelöste Entwicklungsdynamik einen (vorläufigen) Abschluß erreicht. (Weitere Versuche der Illusionssteigerung von stereoskopischen 3D-Effekten bis zum Geruchskino setzten sich vorerst nicht durch.)

Neben dem Illusionismus fällt an den kommerziellen Bildmassenmedien der Appell an Verfügbarkeits- und Allmachtsphantasien auf. Schon der Panoramabesucher mochte sich auf seiner Empore subjektiv als Herrscher über die dargestellte Wirklichkeit fühlen. Der Fotografie wurde die Fähigkeit nachgerühmt, beliebige Ausschnitte der Wirklichkeit selbst präsent und verfügbar zu machen, indem man etwa die Türme einer Kirche in ein Bild bannen und gleichsam mit nach Hause nehmen konnte.[186] Der Traum von der freien Verfügbarkeit – jederzeit und überall – der Bildmedien selbst wurde von Paul Valéry früh beschrieben: »Comme l'eau, comme le gaz, comme le courant électrique viennent de loin dans nos demeures répondre à nos besoins moyennant un effort quasi nul, ainsi serons-nous alimentés d'images visuelles ou auditives, naissant et s'évanouissant au moindre geste, presque à un signe.«[187] Dieser Traum schien später durch das Fernsehen wahr geworden zu sein: ›Die Welt‹ wurde nun ins Haus, ins Wohnzimmer geliefert, bald schon auch in Farbe. Als Hauptmangel dieses optischen Tele-Mediums wurde nach an-

fänglicher Euphorie die Passivität des Zuschauers empfunden. Die neuesten Medien-Entwicklungen zielen dementsprechend auf die Erzeugung von Aktivitäts- und Interaktionsillusionen; dabei geht es um (den Schein von) Interaktionen teils mit anderen Personen, teils mit der gesamten umgebenden Wirklichkeit, teils mit den Darstellungen des Mediums. Als Gipfelpunkt dieser Entwicklung gilt die Erfindung des Cyberspace. Das Wort war 1984 von dem Science-Fiction-Autor William Gibson in sarkastischer Absicht durch Zusammenziehung von ›cybernetic‹ und ›space‹ gebildet worden.[188] Beim Cyberspace wird mit elektronischen Mitteln ein Raum geschaffen, »mit dem der Betrachter auf dem Wege der Rückkoppelung verbunden ist«[189]. Mit Hilfe eines Datenhelms (›head-mounted display‹), der die Bilder aus kürzester Entfernung in die Augen projiziert, wird ein dreidimensionaler Wirklichkeitseindruck erzeugt, der seine Stärke dadurch gewinnt, daß Vergleichsmöglichkeiten weitaus vollkommener als bei früheren Medien ausgeschaltet sind. Wie sein früher und ›unvollkommener‹ Vorläufer, das Panorama, soll Cyberspace das ›Ideal‹ eines ›all-embracing view‹ verwirklichen – Illusion, wohin auch immer man blickt.

Die Bildmassenmedien und technischen bzw. elektronischen Bildmedien werfen eine Reihe von Fragen für die Bildtheorie und die Ästhetik auf, deren Erörterung längst nicht abgeschlossen ist. Schon die Illusionsmedien des ausgehenden 18. und beginnenden 19. Jh. stießen in der philosophischen Ästhetik früh auf Vorbehalte. So unterzog Johann August Eberhard das Panorama bereits im Jahre 1803 im ersten Band seines *Handbuchs der Aesthetik* einer ästhetisch und psychologisch begründeten Kritik. Kunsttäuschung sei an sich erlaubt, wenn sie die folgende Bedingung der Freiwilligkeit erfüllt: »Wir könnten ihr sogleich entgehen, wenn wir wollten.«[190] Ist dagegen diese Freiheit nicht gewährleistet, d. h.: »Wird uns die Täuschung unauflöslich, kämpfen wir vergeblich gegen ihre Allgewalt, werden wir unwiderstehlich von ihr fortgerissen; so wird sie uns peinlich, zuwider und endlich unerträglich.« (172) Eberhard unterbricht die allgemeinen Betrachtungen zur »aesthetischen Täuschung«, um sie an der »Kunstneuigkeit des Tages« (173), dem Panorama, zu er-

---

186 BUDDEMEIER s. Anm. 174), 81 f; BUDDEMEIER (s. Anm. 8), 46; BUDDEMEIER (s. Anm. 185), 86.
187 PAUL VALÉRY, La conquête de l'ubiquité (1928), in: VALÉRY, Bd. 2 (1960), 1284 f.
188 Vgl. WILLIAM GIBSON, Neuromancer (New York 1984); HORST BREDEKAMP, Politische Theorien des Cyberspace, in: R. Konersmann (Hg.), Kritik des Sehens (Leipzig 1997), 320–339.
189 BUDDEMEIER (s. Anm. 185), 81.
190 JOHANN AUGUST EBERHARD, Handbuch der Aesthetik für gebildete Leser aus allen Ständen, Bd. 1 (1803; Halle ²1807), 167.

proben. Der Zweck »dieser neuen Art von Mahlerey« bestehe, wie der Ästhetiker erläutert, darin zu zeigen, »wie weit die Kunst die Blendwerke der Täuschung treiben kann. Und in der That versichern Alle, die es gesehen haben, daß die Aehnlichkeit einer Nachbildung mit der Naturwahrheit nicht weiter gehen könne.« (174) Eberhard, der selbst noch kein Panorama besucht hat, läßt sich von Freunden berichten, daß es »die täuschendste Wirkung« hervorruft, »die aber [...] bald in hohem Grade peinlich, widerlich und endlich unerträglich wird« (175). Immer wieder kritisiert Eberhard die mit dem Panorama intendierte »Unmöglichkeit, sich der Täuschung zu entziehen« (179).

Bereits in den 40er Jahren des 19. Jh. setzte die ästhetische Diskussion der Fotografie ein. Dabei stand der Vergleich zwischen Malerei und Fotografie im Vordergrund. Zumeist ist der Wunsch leitend, das Daseinsrecht der Malerei gegenüber dem neuen Medium zu verteidigen. So verdeutlicht nach Rodolphe Töpffer (1841) die Fotografie gerade, »que, dans les arts d'imitation, l'imitation est, non pas le but, mais le moyen de l'art«[191].

Zahlreiche traditionelle und moderne Theorien tendierten dazu, Bilder als natürliche Zeichen aufzufassen; sie sollen in natürlichen Beziehungen (der Nachahmung, der Ähnlichkeit, der kausalen Abhängigkeit) zu den dargestellten Gegenständen und Sachverhalten stehen. Nicht wenige Autoren versuchten Bilder sogar als vollkommen informational und perzeptuell transparent darzustellen. Neben bestimmten Formen der Malerei sind Camera obscura und Fotoapparat Kinder dieses Traumes von Transparenz. Einflußreiche Fotografie- und Filmtheoretiker von André Bazin bis Kendall Walton haben die These von einer besonderen Transparenz der Fotografie vertreten. In der Regel betrachten sie diese Durchsichtigkeit als Grundlage des vielbeschworenen Realismus der Fotografie. Sehen durch Fotografien ist gemäß dieser Auffassung buchstäblich eine Form des Sehens: Eine Fotografie von x zu sehen impliziert x zu sehen. Es ist anderen Formen des indirekten oder unterbrochenen Sehens vergleichbar: etwa dem Sehen durch die Linse eines Fernrohrs oder Mikroskops oder dem Sehen vermittels eines Spiegels.

Die Vorstellung von der transparenten, objektiven und unschuldigen Fotografie enthielt immer nur die halbe Wahrheit. Zahlreiche Möglichkeiten des Eingriffs und der Nachbearbeitung haben die natürlichen Aspekte von Fotografien schon immer eingeschränkt bzw. überlagert: Selektivität durch die Wahl des Bildausschnitts, Standpunktgebundenheit, Einsatz von Filtern, Collage, Retuschieren, Konnotationsverfahren.[192] Durch neuere technische Entwicklungen, insbesondere die digitale Nachbearbeitung oder Erzeugung von Bildern, wird es immer problematischer, der Fotografie selbst gesicherte Informationen darüber zu entnehmen, was vor der Kamera vorhanden war und was geschehen ist.[193] Nachbearbeitete und digital erzeugte Fotografien sind weder perzeptuell noch informational transparent. Ohnehin können sich die semantischen und pragmatischen Funktionen von Fotografien von ihrem kausalen Objektbezug lösen. Kausalbeziehungen legen weder die Denotation noch die Konnotation einer Fotografie fest. Fotografien müssen daher in der Regel durchaus gelesen, interpretiert, werden.

Eine genuin ästhetische Untersuchung und Kritik der neuen Bildmedien steckt bemerkenswerterweise immer noch in den Anfängen. Das Feld beherrschen dagegen zum einen Spekulationen über mutmaßliche moralische, soziale und politische Folgen, bei denen auch das gesamte Arsenal der platonischen Einwände mobilisiert wird, zum anderen erkenntnistheoretische und metaphysische Dramatisierungen, in denen Begriffe wie ›Simulation‹, ›virtuelle Welten‹ und dergleichen strapaziert werden.

2. Reflexion, Reduktion, Abstraktion

Im 19. Jh. öffnet sich eine immer weiter auseinandergehende Schere in der Entwicklung des Bildes. Während sich auf der einen Seite die Bildmassenmedien unter den Bedingungen einer Kultur- und Freizeitindustrie fortentwickeln und verbreiten

---

191 RODOLPHE TÖPFFER, zit. nach Buddemeier (s. Anm. 8), 237; vgl. 91.
192 Vgl. ROLAND BARTHES, Rhétorique de l'image, in: Communications 4 (1964), 25–42.
193 Vgl. WILLIAM JOHN MITCHELL, The Reconfigured Eye. Visual Truth in the Post-photographic Era (Cambridge, Mass. 1992).

(Guckkasten, Panorama, Diorama, Fotografie, Stereoskop, Film, Fernsehen usw.), wird in der künstlerischen Moderne das autonome und reine Bild gesucht.

Nach Bekanntwerden der Erfindung der Fotografie verkündete der Maler Paul Delaroche 1839, die Malerei sei tot. Gründlicher hätte sich Delaroche nicht irren können. Was er als Tod beklagen wollte, sollte sich in Wahrheit als eine imposante Wiedergeburt herausstellen. Den Todesstoß versetzte die Fotografie allenfalls bestimmten Richtungen einer naturalistischen Malerei. Die Möglichkeit der fotografischen Abbildung löste in vielen Kreisen einen kurzen heilsamen Schock aus; als man sich davon erholt hatte, wurden ganz neue Formen der Malerei freigesetzt.

Seit Mitte des 19. Jh. wurden die Möglichkeiten des künstlerischen Bildes neu überdacht, ihre Grenzen erprobt und in verschiedenen Richtungen erweitert. Die Künstler der Moderne stellen nun selbst noch einmal radikal die Fragen ›Was ist ein Bild?‹ und ›Wie ist ein Bild möglich?‹.

Die Moderne tritt nicht als Renaissance oder Variation irgendeiner vorbildhaften älteren Epoche auf, sondern als der Versuch einer autonomen Neubegründung. Da sich für eine geschichtsunabhängige Selbstbegründung eine Reihe unterschiedlicher außergeschichtlicher Bezüge anbieten (die einfachen Formen der Geometrie und Stereometrie, das Mineralische, das Organische, das Unbewußte usw.), resultiert daraus naturgemäß ein Pluralismus: »Während das 19. Jahrhundert sich an die Formfixierungen der Kunstgeschichte hielt und allein deren Kleider wechselte, taucht die Moderne auf den Grund hinab und macht sich unterhalb der Geschichte alle Vorgehensweisen und Formpotentiale verfügbar, sucht das Unterste und Erste, das Archaische, ebenso zu ergründen wie die geschichtliche Unbeflecktheit von Bios, Geometrie und Maschine.«[194]

In rascher Folge treten neue Malweisen, neue Bildformen und Bildsysteme auf, die bekannten Ismen, von denen Impressionismus, Expressionismus, Suprematismus, Surrealismus, Kubismus und abstrakter Expressionismus die bekanntesten sind. Hinter diesem Stilpluralismus sind grundlegende Tendenzen auszumachen, die den Bildbegriff selbst angehen. Sie betreffen u. a. die Beziehung von Bild und Wirklichkeit, die Rolle des Künstlers im Prozeß der Bildentstehung, sein Verhältnis zum Bildträger (etwa der Leinwand) sowie das Verhältnis des gemalten oder gezeichneten Bildes zu den technisch erzeugten Bildern und den technischen Bildmedien. Die Reflexion auf die Grundlagen und unverzichtbaren Elemente der Malerei führt zur Isolierung der elementaren Qualitäten des Bildes und zumeist auch zur Reduktion auf eine oder wenige von ihnen: die reine Sichtbarkeit, das rein Malerische, die reine Farbe, die reine Form, die reine Komposition, die reine Fläche. Aus der Aufgabe, im Zuge einer autonomen Selbstbegründung einen sich neu eröffnenden Möglichkeitsraum zu erforschen, erklärt sich der experimentelle Charakter der Moderne. Dadurch daß die Selbstbegründungsversuche theorieartigen Programmen folgen (die man kennen sollte, um die Werke adäquat zu verstehen), wird eine prinzipielle »Kommentarbedürftigkeit«[195] zum Signum moderner Kunst.

Eine bedeutsame Richtung moderner Malerei (und ihrer Kommentierung) hat die Isolierung des Gesichtssinnes und eine Reinigung bzw. Steigerung des Sehens zum Programm erhoben. So stand für Hans von Marées fest: »Sehen lernen ist alles.«[196] Maler und Kunstkritiker rezipierten philosophische und psychologische Wahrnehmungslehren und verfolgten die Fortschritte in der physikalischen und physiologischen Optik, die durch die Forschungen von Augustin Jean Fresnel auf der einen, Johannes Müller und Hermann von Helmholtz auf der anderen Seite eingeleitet wurden. Zum Teil entwickelten sie freilich auch eigene – nicht immer unproblematische – Vorstellungen vom Sehen.

So beschwor John Ruskin das Ideal einer wiederzugewinnenden Unschuld des Auges, eine Vorstellung, die im 19. und auch noch im 20. Jh. von

---

194 HEINRICH KLOTZ, Kunst im 20. Jahrhundert. Moderne – Postmoderne – Zweite Moderne (München 1994), 22.
195 ARNOLD GEHLEN, Zeit-Bilder. Zur Soziologie und Ästhetik der modernen Malerei (1960), hg. v. K.-S. Rehberg (Frankfurt a. M. ³1986), 162; vgl. 54 ff.
196 HANS VON MARÉES, zit. nach Karl von Pidoll, Aus der Werkstatt eines Künstlers. Erinnerungen an den Maler Hans von Marées aus den Jahren 1880–81 und 1884–85 (1890; Luxemburg 1908), 3; vgl. 79.

vielen geteilt wurde und erst in neuerer Zeit als Mythos entlarvt worden ist: »We see nothing but flat colours; and it is only by a series of experiments that we find out that a stain of black or grey indicates the dark side of a solid substance, or that a faint hue indicates that the object in which it appears is far away. The whole technical power of painting depends on our recovery of what may be called the *innocence of the eye*; that is to say, of a sort of childish perception of these flat stains of colour, merely as such, without consciousness of what they signify,- as a blind man would see them if suddenly gifted with sight.«[197] Der konsequenteste Theoretiker einer reinen Sichtbarkeit ist Konrad Fiedler. Sein Anliegen ist eine Theorie der künstlerischen Tätigkeit; das Hauptinteresse gilt dabei dem Maler und Bildhauer. Der Künstler zeichnet sich dadurch aus, »daß ihn die eigentümliche Begabung seiner Natur in den Stand setzt, von der anschaulichen Wahrnehmung unmittelbar zum anschaulichen Ausdruck überzugehen; seine Beziehung zur Natur ist keine Anschauungs-, sondern eine Ausdrucksbeziehung. Hier liegt das eigentliche Wunder der Kunst.«[198] Der Sinn der künstlerischen Tätigkeit liegt darin, eine Aneignung der sichtbaren Wirklichkeit zur Darstellung zu bringen und dadurch die Gesichtsvorstellungen zu vervollkommen. Das Sehen ist eine Tätigkeit, die durch die Hand des Künstlers gleichsam verlängert werden kann, indem sie neue, gesteigerte Formen der Sichtbarkeit produzieren kann. Das Wesen der Kunst muß dementsprechend jenseits des Nachahmungsprinzips neu gefaßt werden: »Wenn von alters her zwei große Prinzipien, das der Nachahmung und das der Umwandlung der Wirklichkeit, um das Recht gestritten haben, der wahre Ausdruck des Wesens der künstlerischen Tätigkeit zu sein, so scheint eine Schlichtung des Streites nur dadurch möglich, daß an die Stelle dieser beiden Prinzipien ein drittes gesetzt wird, das Prinzip der Produktion der Wirklichkeit. Denn nichts anderes ist die Kunst als eines der Mittel, durch der der Mensch allererst die Wirklichkeit gewinnt.«[199] Allein der Künstler könne den »rezeptiven Prozeß der Wirklichkeitsaneignung darüber hinaus vorantreiben, indem er für die im Sehen erkannte Wirklichkeit schöpferisch im Kunstwerk eine neue künstlerische Wirklichkeit setzt. Um diese ausdrücken zu können, muß er eine neue, autonome künstlerische Form erfinden, die anderen Gesetzen unterworfen ist als die Realität oder auch der abstrahierende Begriff. Insofern ist also der Künstler produktiv tätig, als er seine Sehweise nun im Kunstwerk fixieren kann und mit ihm eine neue Weltdeutung dokumentiert.«[200] Die Aufgabe der Kunst ist damit »recht eigentlich die Erkenntnis der Dinge, die Bezeichnung ganz bestimmter Seiten an den Objekten der Vorstellung, die sich eben durch kein anderes Mittel bezeichnen lassen«[201].

Wenngleich Fiedlers eigener Kunstgeschmack wesentlich an dem Klassizismus seiner Freunde Hans von Marées und Adolf von Hildebrand orientiert ist, prägte er in seinen theoretischen Schriften Formeln für das Wesen und Ziel künstlerischer Tätigkeit, in denen viele moderne Künstler ihr eigenes Selbstverständnis artikuliert finden konnten. »Die abstrakte Malerei findet bei Fiedler eine vorlaufende theoretische Rechtfertigung«[202], bemerkt Otto Stelzer – und nicht nur sie, möchte man hinzufügen. Für Wassily Kandinsky und Franz Marc ist die Lektüre von Fiedlers Schriften nachgewiesen[203], für andere wie Paul Klee ist sie äußerst

197 JOHN RUSKIN, The Elements of Drawing (1857), in: Ruskin, The Works, hg. v. E. T. Cook/A. Wedderburn, Bd. 15 (London 1904), 27; vgl. ROGER FRY, Reflections on British Painting (London 1934); GOMBRICH (s. Anm. 4), 296 ff; NELSON GOODMAN, Review of Gombrich 1960, in: The Journal of Philosophy 57 (1960), 595–599; GOODMAN, Languages of Art. An Approach to a Theory of Symbols (Indianapolis 1968), 7–9.
198 KONRAD FIEDLER, Über den Ursprung der künstlerischen Tätigkeit (1887), in: Fiedler, Schriften zur Kunst (1913/1914), hg. v. G. Boehm, Bd. 1 (München 1971), 208.
199 FIEDLER, Moderner Naturalismus und künstlerische Wahrheit (1881), in: ebd., 180.
200 HENNING BOCK, Problematische Formtheorie. Adolf von Hildebrand – Konrad Fiedler, in: H. Koopmann/J. A. Schmoll gen. Eisenwerth (Hg.), Beiträge zur Theorie der Künste im 19. Jahrhundert, Bd. 2 (Frankfurt a. M. 1972), 231.
201 FIEDLER, Zur neueren Kunsttheorie, in: Fiedler (s. Anm. 198), Bd. 2 (München 1971), 384.
202 OTTO STELZER, Die Vorgeschichte der abstrakten Kunst (München 1964), 216.
203 Vgl. FIEDLER (s. Anm. 201), 211 f.

wahrscheinlich.[204] So prägt Klee in der *Schöpferischen Konfession* (1920) eine Formel, die als Zusammenfassung der Fiedlerschen Lehren kaum zu übertreffen ist: »Kunst gibt nicht das Sichtbare wieder, sondern macht sichtbar.«[205] Mit den Stichwörtern Reflexion, Reduktion und Abstraktion lassen sich Grundzüge der modernen Malerei und damit des modernen künstlerischen Bildes umschreiben. Hier müssen kurze Hinweise genügen. Bei Paul Cézanne, den fast alle modernen Malrichtungen als ihren Ahnherrn verehren, kündigt sich ein neues Bildverständnis an, wenn er konstatiert: »Un tableau ne représente rien, ne doit rien représenter d'abord que des couleurs.«[206] Damit war einer als bloße Reproduktion verstandenen Nachahmung eine Absage erteilt: »Man muß die Natur nicht reproduzieren, sondern repräsentieren. Wodurch? Durch gestaltende farbige Äquivalente.«[207] Die neue Besinnung auf die wesentlichen Elemente eines Bildes wurde von Maurice Denis in *Théories* (1913) auf einprägsame Formeln gebracht: »Man muß sich erinnern, daß ein Bild, ehe es ein Schlachtroß, eine nackte Frau oder irgendeine Anekdote ist, vor allem und in erster Linie eine glatte Oberfläche ist, die mit Farben bedeckt ist, welche in gewisser Ordnung aneinandergefügt sind.«[208] Nach Daniel-Henry Kahnweilers maßgeblicher Darstellung *Der Weg zum Kubismus* (1920) gestattete »Picassos neue Methode«, die kubistische Bildkonstruktion, »die Körperlichkeit der Dinge und ihre Lage im Raume ›darzustellen‹, anstatt sie durch illusionistische Mittel vorzutäuschen«. Kahnweiler betont die »unerhörte Freiheit«, die diese »neue Sprache der Malerei«[209] schenkt. In dem späteren Aufsatz *Negerkunst und Kubismus* (1959) wird diese »Befreiung der bildenden Künste« folgendermaßen charakterisiert: »Jede bildende Kunst ist ihrem Wesen nach Schrift, nur lenken mehr oder weniger abwegige Bestrebungen oft eine Kunst auf Ziele, die ihr das unzweideutige Bekenntnis zu ihrem Schriftcharakter unmöglich machen. Indem sie diesen zugibt, indem sie sich zu ihm bekennt, befreit sie sich. Der Verpflichtung überhoben, die sichtbare Welt nachzuahmen, deren Fragmente im Block der Skulptur oder im Viereck des Gemäldes oder Flachreliefs aufeinanderprallen, sich gegenseitig beeinträchtigen und so die Einheit des Werkes gefährden, kann sie, nun gleichsam von innen her, ein Gefüge von Zeichen schaffen, die aus dem Wesen des Werkes selbst hervorgehen und dennoch die Außenwelt bezeichnen.«[210] Arnold Gehlen hat Kahnweilers Begriff einer ›peinture conceptuelle‹ in seiner Studie *Zeit-Bilder. Zur Soziologie und Ästhetik der modernen Malerei* (1960) aufgegriffen und weiterentwickelt: Bei dem im Kubismus und seiner Deutung durch Kahnweiler erreichten Reflexionsniveau handele es sich um »eine Besinnung, die letzten Endes den beanspruchten Daseinssinn des Bildes festlegt«, und in der Folge um »eine Besinnung über die letzten kunsteigenen Ausdrucksmittel, in beiden Beziehungen also um die Begründung einer ›reinen‹, sich selbst Gesetze gebenden Kunst in heller Bewußtheit und Gedanklichkeit«[211].

Eine Tendenz zur Abstraktion ist zweifellos ein Grundzug der modernen Malerei. Der Schritt zur abstrakten Malerei (non-objective painting; peinture non-figurative), zum abstrakten Bild konnte mit unterschiedlicher Radikalität vollzogen werden. Verstanden als abstrahierende Kunst, handelt es sich um eine graduelle Angelegenheit, um eine nach wie vor heteronom gedachte, allmähliche Ablösung von der Nachahmung der gegenständlich gegliederten Wirklichkeit. Einem wirklich autonomen Selbstverständnis einer gegenstandsfreien Kunst, wie es Theo van Doesburg in *L'art concret* (1931) artikuliert hat, galt die neue Kunst vom Bild her gedacht gerade als ›art concret‹: »Peinture concrète et non abstraite, parce que rien n'est plus concret, plus réel qu'une ligne, qu'une couleur, qu'une surface«; er erläutert: »une femme, un ar-

---

204 Vgl. BOEHM, Einleitung, in: Fiedler (s. Anm. 198), XLIV.
205 PAUL KLEE, zit. nach Walter Hess (Hg.), Dokumente zum Verständnis der modernen Malerei (1956; Hamburg 1988), 131.
206 PAUL CÉZANNE, in: J. Gasquet, Cézanne [Gespräche] (Paris 1921), 104.
207 CÉZANNE, zit. nach Hess (s. Anm. 205), 22.
208 MAURICE DENIS, zit. nach Klotz (s. Anm. 194), 201; vgl. HESS (s. Anm. 205), 19.
209 DANIEL-HENRY KAHNWEILER, Der Weg zum Kubismus (1920; Stuttgart 1958), 50, 61.
210 KAHNWEILER, Negerkunst und Kubismus (1959), in: Merkur, H. 138 (1959), 725 f.
211 GEHLEN (s. Anm. 195), 75.

bre, une vache sont concrets à l'état naturel, mais à l'état de peinture ils sont plus abstraits, plus illusoires, plus vagues, plus spéculatifs qu'un plan ou qu'une ligne.«[212] ›Reine Abstraktion‹ liegt vor, wenn ein Werk, sei es ein Gemälde oder eine Skulptur, gar keine Elemente enthält, die Teile einer gegenständlich gegliederten Wirklichkeit (oder, im Falle fiktionaler Bilder, Teile einer gegenständlich gegliederten möglichen Welt) nachahmen oder darstellen.

Mehr oder minder abstrakte Gestaltungen und Ornamente gab es schon sehr lange; man denke etwa an abstrakte Formen im Judentum oder im Islam. Wilhelm Worringer hatte in seinem vielgelesenen Buch *Abstraktion und Einfühlung. Ein Beitrag zur Stilpsychologie* (1908) die Abstraktion sogar als einen von zwei Polen bestimmen wollen, die das Kunstwollen (im Sinne von Alois Riegl) von Beginn an beherrschten: Die Polarität von einer sich der organischen Natur annähernden Einfühlung auf der einen und einer an anorganischen Strukturen orientierten Abstraktion galt ihm als Grundantagonismus der gesamten Kunstentwicklung. Wie immer es um die heuristische Fruchtbarkeit dieses Modells als Deutungsmuster für die gesamte Kunstgeschichte bestellt sein mag, durch die wissenschaftliche Thematisierung und Entfaltung der Kategorie der Abstraktion wirkte die kleine Schrift weit über ihre ursprünglichen Intentionen hinaus.

In der westlichen Malerei und Bildhauerei muß die *reine* Abstraktion – will man den Begriff nicht über Gebühr ausweiten – nichtsdestoweniger als eine verhältnismäßig neue Erscheinung gelten. Obgleich sie bereits längere Zeit zuvor als ›Denkmodell‹ zugänglich war – und vereinzelt (wie etwa bei Laurence Sterne) auch schon in die Tat umgesetzt worden war, setzt sie sich erst seit dem Jahre 1910 durch. Wassily Kandinskys Aquarell aus dem Jahre 1910 und die parallel entstandenen theoretischen Schriften können als erste Dokumente einer sich selbst bewußten abstrakten Kunst gelten. Ihre malerischen und geistesgeschichtlichen Wurzeln reichen weit zurück.[213]

Die malerischen Ursprünge der abstrakten Malerei liegen in bestimmten Spielarten des Impressionismus und des Jugendstils. Hier zeigen sich bereits Formen der Loslösung vom Gegenständlichen, deren Radikalisierung zur reinen Abstraktion führt. Zahlreiche abstrakte Künstler und ihre Vordenker haben darüber hinaus eine Verwandtschaft dieser Werke mit den Werken der Musik betont. So hatte der Architekt und Gestalter August Endell bereits gegen Ende des 19. Jh. die Vision einer der reinen Musik vergleichbaren Formkunst:»Es giebt eine Kunst, von der noch niemand zu wissen scheint: Formkunst, die der Menschen Seelen aufwühlt allein durch Formen, die nichts Bekanntem gleichen, die nichts darstellen und nichts symbolisieren, die durch frei gefundene Formen wirkt, wie die Musik durch freie Töne.«[214]

In seinem 1910 geschriebenen und zwei Jahre später veröffentlichten Werk *Über das Geistige in der Kunst* wählte Kandinsky den Begriff »reine Abstraktion«, um damit eine von zwei Hauptrichtungen der modernen Kunst herauszuheben; die andere, gegenläufige, nannte er »reine Realistik«[215]. Werner Haftmann hat in seiner *Malerei im 20. Jahrhundert* ›das Große Reale‹ und ›das Große Abstrakte‹[216] als grundlegende Polarität in modernen Bildvorstellungen nachzuweisen versucht.[217]

Die Bedeutung der Abstraktion und besonders der reinen abstrakten Kunst für die Ästhetik des Bildes liegt in zwei Punkten: Zum einen hat sie formalistische Theorien der Kunst und der Kunstkritik motiviert. Zum anderen stellt sie zentrale Dogmen in Frage, die den maßgeblichen Kunsttheorien seit der Antike zugrunde lagen. Wenn ein Bild oder eine Skulptur gar keinen Gegenstand

212 THEO VAN DOESBURG, zit. nach Michel Seuphor, L'art abstrait, Bd. 1 (Paris 1971), 10; vgl. WASSILY KANDINSKY, abstrakt oder konkret, in: Tentoonstelling abstracte Kunst [Ausst.-Kat.] (Amsterdam 1938), zit. nach Max Bill (Hg.), Essays über Kunst und Künstler (Bern 1963), 225.
213 Vgl. GEHLEN (s. Anm. 195), 115 f.
214 AUGUST ENDELL, Dekorative Kunst (München 1898), 280.
215 KANDINSKY, Über das Geistige in der Kunst (München 1912), 127.
216 Vgl. WERNER HAFTMANN, Malerei im 20. Jahrhundert (München 1954), 281 ff., 426 ff.; HESS, Die große Abstraktion und die große Realistik. Zwei von Kandinsky definierte Möglichkeiten moderner Bildstruktur, in: Jahrbuch für Ästhetik und allgemeine Kunstwissenschaft 5 (1960), 7–32.
217 Vgl. WALTER KAMBARTEL, ›Kunst, abstrakte‹, in: RITTER, Bd. 4 (1976), 1437–1440.

darzustellen brauchen, um Werke der bildenden Kunst zu sein, dann kann das Wesen der Kunst weder in der getreuen noch in der idealisierenden Nachahmung der Natur bestehen.

Für die formalistische Kunsttheorie Clive Bells wurde der Begriff der »significant form« zentral; alles übrige können wir seiner Ansicht nach ausblenden: »to appreciate a work of art we need bring with us nothing from life, no knowledge of its ideas and affairs, no familiarity with its emotions. Art transports us from the world of man's activity to a world of aesthetic exaltation«. Darstellende Kunstwerke werden damit nicht abgelehnt; nur ist auch bei ihnen die Form entscheidend: »Let no one imagine that representation is bad in itself; a realistic form may be as significant, in its place as part of a design, as an abstract. But if a representative form has value, it is as form, not as representation.«[218]

Das Streben der abstrakten Kunst nach Reduktion und Reinheit ist von Ad Reinhardt pointiert zum Ausdruck gebracht worden: »The one object of fifty years of abstract art is to present art-as-art and nothing else, to make it into one thing it is only, separating and defining it more and more, making it purer and emptier, more absolute and more exclusive – non-objective, non-representational, non-figurative, non-imagist, non-expressionist, non-subjective. The only and one way to say what abstract art or art-as-art is, is to say what it is not.«[219]

Die wohl einflußreichste Deutung der Kunst des Modernismus geht auf den amerikanischen Kunstkritiker Clement Greenberg zurück. Bereits in seinem frühen Essay *Avant-Garde and Kitsch* (1939) umreißt er ein ästhetisches Programm, das Reflexion und Abstraktion aufeinander bezieht: »It has been in search of the absolute that avant-garde has arrived at ›abstract‹ oder ›non-objective‹ art. [...] Content is to be dissolved so completely into form that the work of art cannot be reduced [...] to any-

thing not itself.«[220] Kennzeichnend für den Modernismus insgesamt ist, wie Greenberg dann in seinem einflußreichsten Aufsatz *Modernist Painting* (1960) ausführte, das kritische Geschäft, sich über die Bedingungen der Möglichkeit der eigenen Tätigkeit klar zu werden. Kants kritische Philosophie und seine Idee der Aufklärung dienten ihm dabei als Modell. Die selbstkritische Reflexion erfaßte nicht nur die Philosophie, sondern nach und nach alle Lebensbereiche, nicht zuletzt auch die Künste. Für eine Malerei und Bildhauerei im Zeichen des so verstandenen Modernismus bestand die Aufgabe darin, die traditionellen Verfahrensweisen und Gattungskonventionen der bildenden Künste ins Bewußtsein zu heben und einer Prüfung zu unterziehen. Insbesondere ging es darum, die spezifischen, d.h. von keiner anderen Kunstform geteilten und insofern unersetzbaren Möglichkeiten und Stärken auszuloten. Um herauszufinden, welche Züge in diesem Sinne spezifisch sind, mußten die überkommenen Normen der jeweiligen Kunstgattung einzeln auf ihre Wesentlichkeit befragt werden. Für die Malerei zeigt sich insbesondere, daß etwas ein Bild sein kann, ohne daß Gegenstände oder Ereignisse in irgendeiner Weise nachgeahmt oder abgebildet werden müßten. Noch viel weniger ist es erforderlich, mit Bildern eine Illusion von Wirklichkeit zu erzeugen. Realismus und Illusionismus, ja jede Form von Nachahmung oder Abbildhaftigkeit erweisen sich somit als verzichtbare, kontingente Züge von Bildern; sie gehören nicht zu den definierenden Bedingungen des Mediums. Die modernistische Selbstkritik schlägt einen Weg der Reduktion ein, der nach einer strengen Entwicklungslogik schließlich zu Formen der abstrakten Malerei führt, die die Flächigkeit des Bildträgers als einziges Spezifikum hervorheben: »It was the stressing of the ineluctable flatness of the surface that remained, however, more fundamental than anything else to the processes by which pictorial art criticized and defined itself under Modernism. For flatness alone was unique and exclusive to pictorial art. The enclosing shape of the picture was a limiting condition, or norm, that was shared with the art of the theater; color was a norm and a means shared not only with the theater, but also with sculpture. Because flatness was the only condition painting shared with no other

---

218 CLIVE BELL, Art (1913; London 1958), 27.
219 AD REINHARDT, Art as Art (1962), in: E. H. Johnson (Hg.), American Artists from 1940–1980 (New York 1982), 31.
220 GREENBERG, Avant-Garde and Kitsch (1939), in: Greenberg (s. Anm. 154), 8.

art, Modernist painting oriented itself to flatness as it did to nothing else.«[221]

VI. Theorien des Bildes: Ausblick auf die gegenwärtige Diskussion

Seit den 1960er Jahren hat sich die Diskussion um den Begriff der bildhaften Repräsentation enorm ausgeweitet und intensiviert. Initialzündungen waren die bahnbrechenden Arbeiten des nach England emigrierten Wiener Kunsthistorikers Ernst H. Gombrich[222], des französischen Semiologen Roland Barthes[223] und des amerikanischen Philosophen Nelson Goodman[224]. In der philosophischen Ästhetik[225], in der Semiotik[226] und in der Kunstgeschichte[227] haben die Erörterungen des Bildbegriffs seitdem exponentiell zugenommen. Mit der kognitivistischen Wende lebte überdies in der Psychologie die Debatte über die innerpsychischen Bilder wieder auf. Während die ›Bilder im Geiste‹ durch die methodische Kritik der behavioristischen Psychologie sowie durch erkenntnistheoretische (Thomas Reid), phänomenologische (Alain, Jean-Paul Sartre) und logisch-semantische Analysen (Gilbert Ryle, Ludwig Wittgenstein) jahrzehntelang als diskreditiert galten[228], wurden im Neokognitivismus neue Modelle der ›mental imagery‹ vorgeschlagen und verteidigt.[229] Von vielen Seiten wird an einer allgemeinen Theorie der Repräsentation gearbeitet, in der Bilder eine herausragende Rolle spielen.

Im Zuge dieser transdisziplinären Bemühungen sind differenziertere Bildtheorien entwickelt worden. Zunächst sind die Unzulänglichkeiten traditioneller Nachahmungs-, Ähnlichkeits- und Illusionstheorien aufgedeckt worden.[230] Aus dieser Kritik sind allerdings unterschiedliche Konsequenzen gezogen worden. Manche haben versucht, verfeinerte Ähnlichkeits- oder sogar Illusionstheorien zu entwickeln, die die Grundideen der traditionellen Ansätze bewahren, ohne sich den vorgebrachten Einwänden auszusetzen. Andere, die ein solches Unterfangen für aussichtslos halten, haben neue Wege beschritten. Dabei kristallisieren sich eine Reihe von konkurrierenden Ansätzen heraus, die teils auf Forschungen zur Psychologie und Phänomenologie der Wahrnehmung, teils auf Theorieangebote aus der Semiotik zurückgreifen.

In der gegenwärtigen Debatte stehen sich auf den ersten Blick zwei große Lager gegenüber: Phänomenologische und psychologische Ansätze versuchen den Begriff des Bildes mit Rückgriff auf eine besondere, für das Verstehen von Bildern charakteristische Art von Erfahrung zu analysieren; sie rücken also die Frage in den Mittelpunkt: Wodurch ist die Erfahrung von Bildern gekennzeichnet? Die Vorschläge unterscheiden sich im einzelnen darin, ob diese Bilderfahrung als eine spezifische Form der Wahrnehmung, des Darstellungssehens (›Sehen-in‹[231], der Imagination, des So-tun-als-ob[232]

[221] GREENBERG, Modernist Painting (1960), in: Greenberg (s. Anm. 154), Bd. 4 (Chicago/London 1993), 87.
[222] Vgl. GOMBRICH (s. Anm. 4); GOMBRICH, The Image and the Eye. Further Studies in the Psychology of Pictorial Representation (Oxford 1982).
[223] Vgl. BARTHES (s. Anm. 192); BARTHES, La chambre claire. Notes sur la photographie (Paris 1980).
[224] Vgl. GOODMAN, Languages (s. Anm. 197).
[225] Vgl. ANDREW HARRISON (Hg.), Philosophy and the Visual Arts (Dordrecht 1987); PHILIP ALPERSON (Hg.), The Philosophy of the Visual Arts (New York/Oxford 1992).
[226] Vgl. GÖRAN SONESSON, Pictorial Concepts. Inquiries into the Semiotic Heritage and its Relevance for the Analysis of the Visual World (Lund 1989); SONESSON, Die Semiotik des Bildes. Zum Forschungsstand am Anfang der 90er Jahre, in: Zeitschrift für Semiotik 15 (1993), 127–160; BÖRRIES BLANKE, Bildsemiotik. Zeitschrift für Semiotik 20 (1998), H. 3–4; BLANKE, Vom Bild zum Sinn. Das ikonische Zeichen zwischen strukturalistischer Semiotik und analytischer Philosophie (Diss. TU Berlin 1999).
[227] Vgl. BOEHM (s. Anm. 2).
[228] Vgl. WHITE (s. Anm. 17).
[229] Vgl. BLOCK (s. Anm. 17); MICHAEL TYE, The Imagery Debate (Cambridge, Mass./London 1991); SACHS-HOMBACH (s. Anm. 17).
[230] Vgl. GOODMAN, Languages (s. Anm. 197), Kap. 1; MAX BLACK, How Do Pictures Represent?, in: E. H. Gombrich u.a. (Hg.), Art, Perception and Reality (Baltimore 1972), 122; SCHOLZ (s. Anm. 8), Kap. 2; DOMINIC LOPES, Understanding Pictures (Oxford 1996), 15–42.
[231] Vgl. RICHARD WOLLHEIM, Art and its Objects (Cambridge ²1980); WOLLHEIM, Painting as an Art (London 1987).
[232] Vgl. KENDALL L. WALTON, Mimesis as Make-Believe. On the Foundations of the Representational Arts (Cambridge, Mass. 1990).

oder der Aufmerksamkeit oder auch als eine Verbindung mehrerer dieser Erfahrungsmodi zu beschreiben ist. Semiotische Ansätze fassen Bilder als besonderen Typ von Zeichen und damit als Elemente von syntaktisch, semantisch oder pragmatisch zu kennzeichnenden Zeichensystemen auf; sie setzen bei Fragen an wie: Wie unterscheiden sich Bilder von anderen Zeichen? Wie unterscheiden sich Bilder insbesondere von sprachlichen Ausdrücken? Die semiotischen Ansätze unterscheiden sich u. a. danach, ob sie in dem von Charles S. Peirce und Charles Morris entwickelten Begriff des ikonischen Zeichens eine tragfähige Grundlage für eine Theorie der bildhaften Zeichen und Zeichensysteme sehen[233] oder ob sie – wie Nelson Goodman oder Umberto Eco – die Idee der Ikonizität kritisieren und nach einer anderen Grundlage einer semiotischen Theorie der Bildhaftigkeit suchen.[234] Besonders lebhaft ist der Vorschlag Goodmans diskutiert worden, Bilder als Elemente in analogen, syntaktisch dichten Symbolsystemen (mit hoher syntaktischer Fülle) zu explizieren.[235]

Wie bereits angedeutet, beruht ein Teil der Differenzen darauf, daß unterschiedliche Fragen herausgehoben und beantwortet werden, wobei viele Ansätze von vornherein auf eine Teilaufgabe zugeschnitten sind. So nehmen kausale Theorien des Bildes[236], die bei der Analyse des Bildbegriffs die kausale Genese des Bildes in den Mittelpunkt der Betrachtung rücken, eigentlich nur zu der Frage Stellung: Wodurch ist der Sachbezug eines Bildes festgelegt? Zu anderen Fragen der Bildtheorie haben sie wenig oder gar nichts zu sagen; insbesondere geben sie keine Auskunft darüber, was das Bildhafte an bildhaften Darstellungen ist. (Ähnliches gilt für intentionalistische Theorien, denen zufolge der Sachbezug und der Inhalt eines Bildes durch die Absichten der Bildhersteller festgelegt sein soll; selbst wenn dies plausibel wäre, wäre damit nur ein Teilproblem gelöst.[237]) Ob schließlich phänomenologische, insbesondere perzeptualistische Ansätze und semiotische Bildtheorien miteinander unvereinbar sind, hängt zum einen davon ab, ob erstere, wie es bei manchen – aber keineswegs allen – Vertretern geschieht, den Zeichencharakter des Bildes leugnen, zum anderen, ob die semiotischen Bildtheorien als anti-perzeptualistisch auftreten, was sie keineswegs zu tun brauchen. Vermeidet man beide Extreme, dann verhalten sich Einsichten über die Phänomenologie der Bilderfahrung und Beschreibungen der Strukturen und Funktionen bildhafter Zeichensysteme offenbar komplementär zueinander.

Umfassende Bildtheorien müssen zu allen genannten Fragen Stellung beziehen: Welche Phänomene umfaßt der Bildbegriff? Wie unterscheiden sich Bilder von nicht-bildhaften Phänomenen, insbesondere von nicht-bildhaften Zeichen? Wodurch wird ihr Inhalt und gegebenenfalls ihr Sachbezug festgelegt? Wodurch zeichnet sich die Erfahrung von Bildern aus? Zu den wichtigsten Adäquatheitsbedingungen jeder Explikation des Bildbegriffs muß dabei die Forderung zählen, daß sie den unterschiedlichen Arten von Bildern gerecht werden muß; Bildtheorien müssen m. a. W. einer Allgemeinheits- und Diversitätsbedingung genügen.[238] In den vortheoretischen Anwendungsbereich fallen alltägliche, künstlerische und wissenschaftliche Bilder, bildhafte Darstellungen aus allen Zeiten, Weltgegenden und Kulturen, Techniken und Stilrichtungen. Je mehr von diesen intuitiv als bildhafte Darstellungen eingestuften Phänomenen eine Theorie erfassen und adäquat behandeln kann, desto angemessener wird sie ceteris paribus sein. Ein besonders geeigneter Ansatzpunkt für Bildtheorien ist die Frage nach dem Verstehen von Bildern und nach den Fähigkeiten und Fertigkeiten, die dabei zur Anwendung kommen: Was heißt es, Bilder zu verstehen; und wie verstehen wir sie im einzelnen? Dieser Zugang verspricht auch, die

---

233 Vgl. SONESSON, Pictorial Concepts (s. Anm. 226); BLANKE, Vom Bild zum Sinn (s. Anm. 226).
234 Vgl. GOODMAN, Languages (s. Anm. 197); UMBERTO ECO, A Theory of Semiotics (Bloomington 1976), Kap. 3,5.
235 Vgl. GOODMAN, Languages (s. Anm. 197), Kap. 4; GOODMAN/CATHERINE Z. ELGIN, Reconceptions in Philosophy and Other Arts and Sciences (London 1988), Kap. 8; SCHOLZ (s. Anm. 8), Kap. 4; K. SACHS-HOMBACH/KLAUS REHKÄMPER (Hg.), Bildgrammatik. Interdisziplinäre Forschungen zur Syntax bildlicher Darstellungsformen (Magdeburg 1999).
236 Vgl. SCHOLZ (s. Anm. 8), 64–81; LOPES (s. Anm. 230), 96–101.
237 Vgl. SCHOLZ (s. Anm. 8), 82 f., 114–120.
238 Vgl. LOPES (s. Anm. 230), 8 ff., 32.

Einsichten der wahrnehmungsorientierten und der semiotischen Bildtheorien aufzunehmen und in einer Theorie zu vereinigen.[239]

Oliver Robert Scholz

Literatur

ALPERSON, PHILIP (Hg.), The Philosophy of the Visual Arts (New York/Oxford 1992); ASMUTH, BERNHARD, Seit wann gilt die Metapher als Bild? Zur Geschichte der Begriffe ›Bild‹ und ›Bildlichkeit‹ und ihrer gattungspoetischen Verwendung, in: G. Ueding (Hg.), Rhetorik zwischen den Wissenschaften (Tübingen 1991), 299–309; BARASCH, MOSHE, Icon. Studies in the History of an Idea (New York 1992); BARTHES, ROLAND, Rhétorique de l'image, in: Communications 4 (1964), 25–42; BAUCH, KURT, Imago, in: H. Höfling (Hg.), Beiträge zu Philosophie und Wissenschaft. Wilhelm Szilasi zum 70. Geburtstag (München 1960), 9–28; BELTING, HANS, Bild und Kult. Eine Geschichte des Bildes vor dem Zeitalter der Kunst (München 1990); BLACK, MAX, How Do Pictures Represent?, in: E. H. Gombrich u. a. (Hg.), Art, Perception and Reality (Baltimore 1972), 95–129; BLOCK, NED (Hg.), Imagery (Cambridge, Mass. 1982); BLÜMNER, HUGO, Einleitung, in: Blümner (Hg.), Lessings Laokoon (Berlin ²1880); BOAS, GEORGE/WRENN, HAROLD HOLMES, What is a Picture? (Pittsburgh 1964); BOEHM, GOTTFRIED (Hg.), Was ist ein Bild? (München 1994); BRANDT, REINHARD, Die Wirklichkeit der Bilder (München/Wien 1999); DEREGOWSKI, JAN B., Illusions, Patterns and Pictures. A Cross-Cultural Perspective (London 1980); GOMBRICH, ERNST H., Art and Illusion (Princeton 1960); GOODMAN, NELSON, Languages of Art. An Approach to a Theory of Symbols (Indianapolis 1968); HARMS, WOLFGANG (Hg.), Text und Bild – Bild und Text (Stuttgart 1990); HEINRICH, RICHARD/VETTER, HELMUT (Hg.), Bilder der Philosophie. Reflexionen über das Bildliche und die Phantasie (München 1991); HICK, ULRIKE, Geschichte der optischen Medien (München 1999); KONERSMANN, RALF (Hg.), Kritik des Sehens (Leipzig 1997); LADNER, GERALD B., ›Eikon‹, in: T. Klauser (Hg.), Reallexikon für Antike und Christentum, Bd. 4 (Stuttgart 1959), 771–786; MITCHELL, W. J. THOMAS, Iconology. Image, Text, Ideology (Chicago 1986); MITCHELL, W. J. THOMAS, Picture Theory (Chicago 1994); MITCHELL, WILLIAM J., The Reconfigured Eye. Visual Truth in the Post-Photographic Era (Cambridge, Mass. 1992); PANOFSKY, ERWIN, Idea. Ein Beitrag zur Begriffsgeschichte der älteren Kunsttheorie (Berlin 1924); PATTERSON, RICHARD, Image and Reality in Plato's Metaphysics (Indianapolis 1985); SCHLOSSER, JULIUS, Die Kunstliteratur. Ein Handbuch zur Quellenkunde der neueren Kunstgeschichte (Wien 1924); SCHOLZ, OLIVER ROBERT, Bild, Darstellung, Zeichen. Philosophische Theorien bildhafter Darstellung (Freiburg/München 1991); SONESSON, GÖRAN, Pictorial Concepts. Inquiries into the Semiotic Heritage and its Relevance for the Analysis of the Visual World (Lund 1989); STEINBRENNER, JAKOB/WINKO, ULRICH (Hg.), Bilder in der Philosophie und in anderen Künsten und Wissenschaften (Paderborn 1997); WARNCKE, CARSTEN-PETER, Sprechende Bilder – sichtbare Worte. Das Bildverständnis der frühen Neuzeit (Wiesbaden 1987); WHITE, ALAN R., The Language of Imagination (Oxford 1990); WILLMS, HANS, Eikon. Eine begriffsgeschichtliche Untersuchung zum Platonismus (Münster 1935).

Bildende Kunst

(engl. visual art, figurative art, plastic art; frz. arts plastiques; ital. arti plastiche, arti visive, arte figurativa; span. artes plásticas, artes visuales; russ. изобразительное искусство)

I. Der entlaufene Kunstbegriff; II. Übersicht: Einheit contra Mannigfaltigkeit; III. Arti del disegno; IV. Normative Prägung im Zeichen der Idealität; V. Im Licht der systematischen Ästhetik; VI. Empirie und Neuerungsdynamik; VII. Produktion der Wirklichkeit; VIII. Ausblick

I. Der entlaufene Kunstbegriff

Das gegenwärtige Verständnis des Begriffs bildende Kunst reicht vom starren Festhalten an der traditionsgegebenen Trias von Malerei, Plastik und Architektur bis zur Einbeziehung alles dessen, was – mit Ausnahme von Tanz und Film – als visuell wirksame Gestaltung gelten kann und nicht in strikter Zweckdienlichkeit aufgeht. Die Erinnerung an die ursprüngliche Trias der bildenden Künste bleibt selbst dort wirksam, wo die Entgrenzung des Begriffs begrüßt wird: in dem Versuch, diese Entgrenzung auf den Begriff zu bringen. Das Befremdliche der Entwicklung besteht darin, daß jahrhundertelang selbstverständliche Rahmenbe-

---

239 Vgl. SCHOLZ (s. Anm. 8), 130–136; SCHOLZ, Was heißt es, ein Bild zu verstehen?, in: Sachs-Hombach/Rehkämper (Hg.), Bild – Bildwahrnehmung – Bildverarbeitung. Interdisziplinäre Beiträge zur Bildwissenschaft (Wiesbaden 1998), 105–117.

stimmungen inzwischen außer Kurs gesetzt sind: Die innere Abgrenzung der Hochkunst gegenüber der Trivialkunst ist längst aufgelöst[1], die Verschmelzung mit den anderen Künsten in allen denkbaren Kombinationen vollzogen, zudem gibt es vielfältige Annäherungen an wissenschaftliche Verfahrensweisen, etwa in der Serialität des künstlerischen Experiments und in der Genauigkeit soziologischer Dokumentation, immer reichere Beziehungen zur technisch-medialen Sphäre, zum gegenständlichen Lebensmilieu und der natürlichen Umwelt. So kommt es nicht bloß zur Auflösung jener Gestalthaftigkeit, die selbstverständliche Voraussetzung noch der klassischen Moderne war, sondern aller fester Verbindlichkeiten – bis zur Verwandlung des gegenständlichen Werkcharakters in Aktion und Konzept. Schmerzlich empfunden wird der Verlust an Sprachkraft, die Angleichung des künstlerischen Ausdrucks an die Ausdruckshaftigkeit, Zufallsbedeutsamkeit oder auch Stummheit der Wirklichkeit selbst.[2] Der Sitz im Leben, der kulturelle Daseinssinn der bildenden Kunst entspricht keinem Erwartungsrahmen mehr, über den gesellschaftlicher Konsens bestünde, er ist selbst experimenteller Setzung unterworfen.

Über lange Zeiträume waren Malerei und Plastik streng auf die Nachahmung der Natur bezogen und gemeinsam mit der Architektur in einem handwerklich-medialen Rahmen angesiedelt, der selten Neuerungen erlebte. Diese Statik wird mit der Überwindung des Nachahmungsprinzips durch die Avantgarde und mit der kontinuierlichen Bereicherung der technisch-medialen Voraussetzungen immer stärker aufgelöst. Heute bewegt sich bildende Kunst in einem Möglichkeitsfeld der Materialien, Apparate und Codes, das einer ständigen Expansion unterliegt. Dieses Möglichkeitsfeld kennt keine prinzipielle Abgrenzung zur Nichtkunst mehr; die Differenz zum Zufälligen und Ungeformten ist weithin aufgegeben worden. Seit Marcel Duchamps ›objets trouvés‹ kann sich der Akt des Erlesens und Wählens aus der Gestaltung in die abstrakt-willkürliche Geste bloßer Auswahl und Deklaration zurückziehen. Alle Formbestimmungen sind damit von nachgeordneter Bedeutung und für einen modernen Begriff von geringem Wert. Am ehesten ist bildende Kunst noch als Bündel von Funktionen zu begreifen, die auf verschiedenste Weise die automatisierte Wahrnehmung durchbrechen und damit, wie vermittelt auch immer, zu einem Lebensverständnis und einer Haltung zur Welt beitragen, die sich dem kritiklosen Vollzug der übermächtigen ökonomisch-industriellen Zwänge sperren.[3]

Dabei ist nicht zu übersehen, daß selbst die befremdlichsten Gestaltungen und Aktionen, wie etwa das Ansetzen von Schimmelkulturen und Schleimalgen in stilvollen Räumen (HA Schult, *Biokinetische Situationen*, Schloß Morsbroich 1969) oder das viertägige Zusammenleben eines Künstlers mit einem Kojoten in einem gemeinsamen Käfig (Joseph Beuys, *I like America and America likes Me*, Galerie René Block, New York 1974), auf die traditionsgeformte Kunstidee bezogen bleiben, allein vor deren Hintergrund lebensfähig sind: Die ans Formlose grenzende Mannigfaltigkeit bildender Kunst entfaltet sich im Rahmen der anerkannten, für die Pflege der Tradition zuständigen Institutionen, der Museen und Lehrinstitute, des Kunsthandels und Kunstbetriebs, der Kunstwissenschaft und des öffentlichen Diskurses, der letztlich das Funktionieren garantiert, und zieht gerade aus diesem Kontrast ihr Beunruhigungspotential.

II. Übersicht:
Einheit contra Mannigfaltigkeit

Von Anfang an ist der Begriff bildende Kunst die problematische Verallgemeinerung einer widerspenstigen Mannigfaltigkeit, erzielt durch allzustrenge Bestimmungen, durch den Ausschluß großer Praxisfelder. Trotz aller sachlich-praktisch gegebenen Nähe von Malerei, Bildhauerei und Architektur konzentriert sich die Reflexion über lange Zeiträume auf diese einzelnen Künste, so daß deren Gemeinsamkeit als traditionelle, vage

---

1 Vgl. ERIK FORSSMAN, Die Kunstgeschichte und die Trivialkunst (Heidelberg 1975).
2 Vgl. WILLIBALD SAUERLÄNDER, Der Kunsthistoriker angesichts des entlaufenen Kunstbegriffs. Zerfällt das Paradigma einer Disziplin?, in: Jahrbuch des Zentralinstituts für Kunstgeschichte 1 (1985), 380.
3 Vgl. WERNER HOFMANN (Hg.), Kunst – was ist das? [Ausst.-Kat.] (Köln 1977).

Gesamtvorstellung unbefragt im Hintergrund bleibt. Der begrifflichen Zusammenfassung steht ein ausgeprägtes Bewußtsein von der Eigenständigkeit der drei Künste entgegen. So kommt es zu dem in der Geschichte ästhetischer Begrifflichkeit singulären Fall, daß über mehrere Jahrhunderte hin überall dort, wo der Oberbegriff bildende Kunst gemeint ist, die dreiteilige Aufzählung von Malerei, Bildhauerei und Architektur (z. T. noch ergänzt um Grafik oder Zeichenkunst) verwendet wird, und zwar gleichermaßen für historische und theoretische Darstellungen wie für die Bezeichnung der Institutionen. Nur einige Beispiele aus der Vielzahl der Belege: Giovanni Paolo Lomazzo, *Trattato dell'arte della pittura, scoltura, et architettura* (1584); Joachim von Sandrart, *Teutsche Academie der Edlen Bau-, Bild- und Mahlerey-Künste* (1675–1679); André Félibien, *Des principes de l'architecture, de la sculpture, de la peinture et des autres arts, qui en dépendent* (1676); Francisco Martinez, *Diccionario manual de pintura, escultura, arquitectura* (1788). In Deutschland kennt noch Moses Mendelssohn nur die Aufzählung »Malerey, Bildhauer- und Baukunst«[4].

Es sind spezifische Schwierigkeiten in der Sache, die das Verallgemeinern erschweren. Von Malerei und Plastik unterscheidet sich die Architektur in zweierlei Hinsicht. Sie ist nichtmimetisch und in hohem Maße technisch-zweckhaft gebunden. Und da auch Malerei und Bildhauerei in sehr variablen Beziehungen zueinander stehen können, je nachdem, ob das Nachahmungsparadigma eher den spezifischen Möglichkeiten der einen oder der anderen folgt, Natur eher plastisch oder malerisch gesehen wird, bilden die drei Künste sehr wechselhafte Gruppierungen, die ihre überzeugende Einheit jeweils nur für einzelne Epochen durch eine grundlegende strukturelle Gemeinsamkeit gewinnen können. Diese ist nicht generell vorauszusetzen, vielmehr Resultat besonderer historischer Konstellationen und Wissensordnungen. So führt z. B. die pythagoreische Idee der auf Zahlenverhältnissen beruhenden Weltharmonie auf eine normative Proportionslehre, die in aller klassizistischen Kunst das gemeinsame Formgesetz der figuralen Darstellung in Malerei und Plastik wie der nichtmimetischen Gestaltung in der Architektur ist. Ähnlich kann die Abstraktion in den 50er Jahren oder das Prinzip der Zitatmontage in der Postmoderne als durchgängige Strukturebene begriffen werden.

Meist wird bildende Kunst anhand einer einzigen der drei Künste behandelt – und dabei stillschweigend vorausgesetzt, daß die expliziten Bestimmungen der jeweils herausgegriffenen Kunst für das Ganze der bildenden Kunst nur mutatis mutandis gelten können, doch bleibt oft unklar, wie weit sich diese Geltung erstreckt und ob die Architektur dazugehört. Wenn Lessing im *Laokoon* die »Grenzen der Malerei und Poesie« bestimmt, so begreift er »unter dem Namen der Malerei die bildenden Künste überhaupt«[5], meint aber hauptsächlich die Plastik. Dieser wird die Malerei untergeordnet, und von Architektur ist nicht weiter die Rede.

Es ist leicht einzusehen, daß durchgängige, für alle drei Künste gültige Abstraktionen, so sinnfällig sie sind, keineswegs im Vordergrund stehen können. Den entscheidenden Zusammenhang der drei Künste stellt vielmehr die dem Typenbegriff bildende Kunst eigene Logik der Familienähnlichkeiten her: In einigen Merkmalen überdecken die Künste einander, in anderen nicht, so daß sich der zwingende Eindruck einer Gemeinsamkeit herstellt, ohne daß diese mit der Durchgängigkeit aller wesentlichen Bestimmungen verbunden sein müßte. Zugleich ist diese Familienähnlichkeit für Weiterungen offen: Der Kernbestand von Malerei, Plastik und Architektur kann differenziert werden, und neue Künste lassen sich anlagern, sofern sie nur ein Minimum an gemeinsamen Bestimmungen aufweisen. Die Familienähnlichkeit sichert also zugleich die Einheit und die geschichtliche Beweglichkeit des Begriffs, seine Offenheit in systematischer wie historischer Beziehung.

Hinter den geschichtlichen Wandlungen des Begriffs bildende Kunst steht immer ein Wandel der für wichtig erachteten Dimensionen von Struktur und Funktion der einzelnen Künste, wobei wiederum jede dieser Dimensionen in sehr

---

4 MOSES MENDELSSOHN, Ueber die Hauptgrundsätze der schönen Künste und Wissenschaften (1757), in: Mendelssohn, Ästhetische Schriften in Auswahl, hg. v. O. F. Best (Darmstadt 1974), 198.
5 GOTTHOLD EPHRAIM LESSING, Laokoon (1766), in: Lessing, Gesammelte Werke, hg. v. P. Rilla, Bd. 5 (Berlin 1955), 12.

verschiedener Weise näher bestimmt werden kann. Und es ist klar, daß der auf diese Weise bestimmten Intension des Begriffs wiederum eine bestimmte Extension, ein bestimmtes Gegenstandsfeld entspricht. Wenn im späten 18. Jh., mit dem Beginn des Maschinenzeitalters, zunächst in der Architektur die Annahme ins Wanken gerät, bildende Kunst sei einer naturgegebenen Basis von Materialien und Werkzeugen verhaftet, so wird damit eine Dimension veränderlicher Medialität kenntlich, die schließlich nicht nur als ein Aspekt auch von Malerei und Bildhauerei begriffen wird, sondern ihrerseits wiederum den Bezirk dessen, was zur bildenden Kunst gehört, neu bestimmt.

Ein weiteres Grundproblem ist die Abgrenzung des Begriffs bildende Kunst als einer theoretisch-systematischen Verallgemeinerung vom Stilbegriff, der für das geschichtliche Leben bildender Kunst von zentraler Bedeutung ist. Es unterliegt keinem Zweifel, daß die Blickrichtung auf die charakteristische Gemeinsamkeit der drei bildenden Künste innerhalb bestimmter geschichtlicher Epochen, wie sie sich seit Cennino Cennini und Giorgio Vasari im Maniera-Begriff, später, seit dem frühen 17. Jh., in dem des Stils zusammenfaßt, weitaus bedeutungsreicher ist als die Herausarbeitung des allgemeineren Begriffs bildende Kunst. Dem Reichtum der Verweisungshorizonte des auf die historische Empirie gerichteten Beschreibungsbegriffs Maniera/Stil, dem zugleich ein Orientierungswert für die Produktion innewohnt, steht mit bildende Kunst ein Klassifikationsbegriff gegenüber, der zunächst als wenig faßbare, bestimmungsarme Konstante erscheinen muß, ohne Relevanz für Gestaltungsentscheidungen und Kunsturteil. Erst wenn man sich klarmacht, daß die Bildung des systematischen Oberbegriffs bildende Kunst ebenfalls besonderen Anforderungen des geschichtlichen Lebens folgt, daß sich also auch in ihm weitgreifende Konzeptionen konzentrieren, gewinnt seine Geschichte – bei allen Diskontinuitäten – an Aussagewert.

III. Arti del disegno

Erstmals werden Malerei, Bildhauerei und Architektur in der italienischen Renaissance als ›arti del disegno‹ zusammengefaßt. ›Disegno‹ (Plan, Zeichnung) wird zunächst in der Bedeutung von ›lineamento‹ (Linienführung) als ›origine‹, ›fondamento‹ oder ›principio‹ der Malerei und Skulptur bezeichnet, so von Francesco Petrarca, Cennino Cennini, Lorenzo Ghiberti, Antonio Averlino, genannt Filarete, und Michelangelo.[6] Diese konventionelle Bestimmung wird vertieft, sobald es darum geht, die zunehmend als unfruchtbar empfundene Auseinandersetzung über den Vorrang von Malerei oder Bildhauerei, den Paragone-Streit, beizulegen. So kommt Benedetto Varchi 1547 zu dem Schluß, Malerei und Skulptur seien gleichen Ranges, weil sie beide auf dem Disegno basierten: »il disegno è l'origine, la fonte e la madre di amendue loro«[7] (der Disegno ist der Ursprung, die Quelle und die Mutter beider). Disegno ist hier als Kenntnis der Naturwiedergabe zu verstehen, als jene »scienza delle linee«[8], von der Vasari 1550 in seiner *Vita di Michelangelo* spricht. 1568 geht Vasari weiter, er faßt Malerei, Plastik und Architektur als die »tre arti del disegno«[9] zusammen und bildet so den ersten Begriff bildende Kunst.

Zu diesem Zeitpunkt aber hatte sich bereits die Aufmerksamkeit auf den intellektuellen Anteil des Disegno verschoben. Der Disegno tritt »von der Seite der Forma und Pratica auf die Seite des Concetto oder der Idea«[10]. Den entscheidenden Schritt, das hinter der praktischen Fähigkeit stehende geistige Vermögen in den Blick zu bekommen, unternimmt bereits 1549 Anton Francesco Doni: »Il disegno non è altro che speculazion divina, che produce un'arte eccellentissima, talmente

---

6 Vgl. WOLFGANG KEMP, Disegno. Beiträge zur Geschichte des Begriffs zwischen 1547 und 1607, in: Marburger Jahrbuch für Kunstwissenschaft 19 (1974), 224.
7 BENEDETTO VARCHI, Lezzione nella quale si disputa della maggioranza delle arti e qual sia più nobile, la scultura o la pittura (1546), in: P. Barocchi (Hg.), Trattati d'arte del Cinquecento fra manierismo e controriforma, Bd. 1 (Bari 1960), 45.
8 GIORGIO VASARI, Le vite de' più eccellenti pittori scultori ed architettori, hg. v. R. Bettarini/P. Barocchi, Bd. 6 (Testo) (Florenz 1987), 3; vgl. KEMP (s. Anm. 6), 239, Anmerkung 28.
9 VASARI (s. Anm. 8), Bd. 1 (Testo) (Florenz 1966), 31.
10 KEMP (s. Anm. 6), 225.

che tu non puoi operare cosa nessuna nella scoltura e nella pittura senza la guida di questa speculazione e disegno«. (Der Disegno ist nichts anderes als göttliche Spekulation, die eine herausragende Kunst hervorbringt, dergestalt daß du in der Plastik und in der Malerei, ohne durch diese Spekulation oder diesen Disegno geleitet zu werden, nichts ausrichten kannst.) Die Nobilitierung des Disegno zu einem geistigen Vermögen, einer »speculazione di mente«, bringt den Begriff Disegno nicht nur mit den Begriffen Invenzione und Idea zusammen, sondern rückt ihn auch in kosmische Dimensionen: »Il primo disegno è un'invenzione di tutto l'universo, imaginato perfettamente nella mente della prima causa, inanzi che venisse all'atto del rilievo e del colore«[11]. (Der erste Disegno ist eine Erfindung des ganzen Alls, wie es im Geiste der ersten Ursache vollkommen erdacht wurde, noch ehe es Gestalt und Farbe bekam.) Disegno ist geistiger Entwurf, ist göttlicher Urplan, daher das verbindende Gemeinsame der bildenden Künste. Mit diesen Überlegungen vertraut, bestimmt Vasari den Disegno 1568 folgendermaßen: »Perché il disegno, padre delle tre arti nostre architettura, scultura e pittura, procedendo dall'intelletto cava di molte cose un giudizio universale simile a una forma overo idea di tutte le cose della natura, la quale è regolarissima [verbessert für ›singolarissima‹ von Panofsky[12]] nelle sue misure, di qui è che non solo nei corpi umani e degl'animali, ma nelle piante ancora e nelle fabriche e sculture e pitture, cognosce la proporzione che ha il tutto con le parti e che hanno le parti fra loro e col tutto insieme; e perché da questa cognizione nasce un certo concetto e giudizio, che si forma nella mente quella tal cosa che poi espressa con le mani si chiama disegno, si può conchiudere che esso disegno altro non sia che una apparente espressione e dichiarazione del concetto che si ha nell'animo, e di quello che altri si è nella mente imaginato e fabricato nell'idea.« (Der Disegno, der Vater unserer drei Künste Architektur, Skulptur und Malerei, der aus dem Intellekt hervorgeht, schöpft aus vielen Dingen ein Allgemeinurteil, gleich einer Form oder Idee aller Dinge der Natur, die in ihren Maßen überaus regelmäßig ist. So kommt es, daß der Disegno nicht nur in den menschlichen und tierischen Körpern, sondern auch in den Pflanzen, Gebäuden und Bildwerken das Maßverhältnis der Teile zueinander und zum Ganzen erkennt. Und da aus dieser Erkenntnis ein gewisses Bild und Urteil entsteht, das im Geist die später mit der Hand gestaltete und dann Zeichnung genannte Sache formt, so darf man schließen, daß der Disegno nichts anderes sei, als eine anschauliche Gestaltung und Klarlegung jenes Bildes, das man im Sinn hat und das man im Geist sich vorstellt und in der Idee hervorbringt.)[13]

Bei Vasari ist es Aufgabe des Disegno, als synthetisches Urteilsvermögen aus der unvollkommenen Natur, der natura naturata, die gesetzmäßige Gestalt herauszuheben. Da Disegno aber zugleich auch das praktische zeichnerische Vermögen bedeutet, bleiben im Disegno-Begriff Unklarheiten, die, von Benvenuto Cellini geklärt, erst in Federico Zuccaros Fassung wirksam geworden sind. Cellini unterteilt als erster den Disegno-Begriff: »Il Disegno è di due sorte, il primo è quello che si fa nell'Imaginativa, et il secondo tratto da quello si demostra con linee.«[14] (Der Disegno ist von zweierlei Art; der erste wird in der Vorstellung gemacht, und der zweite, von diesem abgeleitet, wird mit Linien gezeigt.) Zuccaro macht daraus ›Disegno interno‹ und ›Disegno esterno‹, die Idea als geistigen Ursprung aller Form und den ihr entsprechenden zeichnerischen Kontur. Der ›Disegno interno‹ aber ist eine andere produktive Natur, zutiefst verwandt der natura naturans, wirksam in Gott und zugleich ein seelisches Vermögen des Menschen. Schließlich sind es zehn metaphysische Attribute des ›Disegno interno‹ und ›Disegno esterno‹, in denen sich das gesamte System Zuccaros

---

11 ANTON FRANCESCO DONI, Il Disegno (1549), in: P. Barocchi (Hg.), Scritti d'arte del Cinquecento, Bd. 1 (Mailand/Neapel 1971), 558 f.
12 Vgl. ERWIN PANOFSKY, Idea. Ein Beitrag zur Begriffsgeschichte der älteren Kunsttheorie (1924; Berlin 1982), 96.
13 VASARI (s. Anm. 8), Bd. 1 (Testo) (Florenz 1966), 111; dt. nach KEMP (s. Anm. 6), 226.
14 BENVENUTO CELLINI, [Handschriftliche Erläuterung zum zeichnerischen Entwurf eines Siegels für die neugegründete Accademia del Disegno in Florenz (München, Staatliche Graphische Sammlung)] (vor 1569), zit. nach KEMP (s. Anm. 6), 231.

zusammenfaßt.¹⁵ Das bei Vasari im Vordergrund stehende anschauliche Moment des Disegno wird entschieden relativiert und die Begriffsbestimmung durch den Rückbezug auf ein umfangreiches theoretisches Arsenal von Aristoteles bis Thomas von Aquin auf ein Niveau gehoben, das die bildende Kunst – und hier tritt der soziale Beweggrund der Begriffsbildung hervor – als intellektuelle Tätigkeit vom Handwerk und Zunftzwang trennt und den freien Künsten zugesellt.

Die Zusammenfassung der bildenden Künste als ›arti del disegno‹ begründet eine terminologische Tradition, die bis ins späte 18. Jh. lebendig bleibt. Gaspar Gutiérrez de los Ríos übersetzt ›arti del disegno‹ als ›artes del dibujo‹.¹⁶ Shaftesbury spricht in *A Letter Concerning Design* (entst. 1712) von den »designing arts [. . .], such as architecture, painting, and statuary«¹⁷. Giovanni Bottari veröffentlicht 1754 seine *Dialoghi sopra le tre arti del disegno*. Winckelmanns *Geschichte der Kunst des Altertums* behandelt die »Künste, welche von der Zeichnung abhängen«¹⁸. Antoine Quatremère de Quincy spricht 1791 von ›les arts du dessin‹.¹⁹ Für Johann Georg Sulzer bezeichnen die ›bildenden Künste‹ nur die Zweige der Bildhauerei und sind dem allgemeineren Begriff ›zeichnende Künste‹ untergeordnet.²⁰ Und noch 1802 vermerkt Wilhelm Traugott Krug: »Zuweilen heißen diese bildenden Künste auch zeichnende Künste.«²¹

IV. Normative Prägung im Zeichen der Idealität

Die metaphysische Kunstspekulation eines Zuccaro legt mehr Wert auf die Legitimation bildender Kunst als auf praktische Anleitung.²² Erst Giovanni Pietro Bellori gibt der Ideenlehre 1664 mit seiner Rede vor der *Accademia di San Luca* in Rom ihre endgültige wirkungsmächtige Form. Gegenstand der bildenden Künste ist ein Urbild: »Scelta dalle bellezze naturali superiore alla Natura« (erlesen aus natürlicher Schönheit, doch der Natur überlegen)²³. Diese programmatische Bestimmung dient zur Vermeidung zweier Gefahren: einerseits des naturfernen Formalismus, wie ihn der späte Manierismus nur allzu deutlich offenbart, andererseits der provokatorisch-direkten Naturnachahmung eines Caravaggio. Vorbild ist für Bellori die gereinigte, verbesserte Natur der Griechen, und dieser Natur wird man daher auch am sichersten durch Nachahmung der Griechen habhaft: »sia però necessario lo studio dell'antiche sculture le piú perfette, perché ci guidino alle bellezze emendate della natura« (das Studium der vollendetsten antiken Bildwerke ist unbedingt notwendig, weil diese uns zur Schönheit als einer verbesserten Natur hinführen). Selbst in der Architektur hätten die Griechen die »proporzioni le migliori« (besten Proportionen) der Säulenordnungen festgesetzt und seien zu einer »bellezza ultima« (letzten Schönheit) gelangt, »che essendo una sola in ciascuna specie, non si può alterare senza distruggerla« (die in jeder Art einmalig ist und nicht verändert werden kann, ohne zerstört zu werden)²⁴. Damit wird die Nachahmung der Antike in der Form einer strengen Stilvorschrift endgültig normativ. Zugleich interpretiert Bellori die unbefangene Praxis der Renaissancekünstler im Sinne seiner Lehre. Es ist dieser mittlere Weg, der den idealistischen Kunstbegriff auf Dauer praktikabel macht. Von dem, was später ›gemeine Natur‹ genannt werden wird, genügend entfernt, um die Ansprüche der Idealität zu wahren, bleibt er

---

15 Vgl. FEDERICO ZUCCARO, L'idea de' pittori, scultori, e architetti (1607), in: Zuccaro, Scritti d'arte, hg. v. D. Heikamp (Florenz 1961), 299 f.
16 Vgl. GASPAR GUTIÉRREZ DE LOS RÍOS, Noticia general para la estimación de las artes (Madrid 1600), 111.
17 ANTHONY ASHLEY COOPER SHAFTESBURY, A Letter Concerning Design (entst. 1712), in: Shaftesbury, Second Characters, or The Language of Forms, hg. v. B. Rand (Cambridge 1914), 22.
18 JOHANN JOACHIM WINCKELMANN, Geschichte der Kunst des Altertums (1764; Wien 1934), 26.
19 Vgl. ANTOINE QUATREMÈRE DE QUINCY, Considérations sur les arts du dessin in France (Paris 1791).
20 Vgl. SULZER, Bd. 1 (1792), 409, u. Bd. 4 (1794), 747 ff.
21 WILHELM TRAUGOTT KRUG, Versuch einer systematischen Enzyklopädie der schönen Künste (Leipzig 1802), 120.
22 Vgl. PANOFSKY (s. Anm. 12), 46.
23 GIOVANNI PIETRO BELLORI, L'idea del pittore, dello scultore e dell'architetto. Scelta dalle bellezze naturali superiore alla Natura (1664), in: Bellori, Le vite de' pittori, scultori e architetti moderni, hg. v. E. Borea (Torino 1976), 13; dt.: Die Idee des Künstlers, übers. v. K. Gerstenberg (Halle 1940), 9.
24 Ebd., 23; dt. 22 f.

doch hinreichend offen, um aus dem Naturstudium Leben zu gewinnen und nicht im Schema zu erstarren. Die Entelechie, die sich in jedem Wesen andeutet, soll vom Künstler vollendet werden, wie vom Maler und Bildhauer so auch vom Architekten. Freilich bedurfte es noch einer weiteren grundsätzlichen Bestimmung, um die Mannigfaltigkeit der tatsächlichen Kunstübung dem Idealitätskriterium zu unterstellen und damit die Einheit des Begriffs zu sichern, nämlich einer hierarchischen Gliederung der Stilhöhen, die schon früh als bildkünstlerische Entsprechung zur Stufenleiter der Wesen, der ›scala rerum‹, verstanden wird. Bereits Vasari hebt von einer ängstlichen und unbeholfenen Nachahmung eine wirklichkeitsgetreue ab und von dieser die idealisierende Erhebung über die Wirklichkeit, und diese Stilhöhen entsprechen der gemeinen Natur, der schönen Natur und schließlich dem naturübertreffenden Ideal. Verquickt mit der Lehre von der Dignität der Gegenstände, entsteht so eine strenge Gattungshierarchie, die bis zum Ende der idealistischen Systeme, bis zum Begriff bildende Kunst in Friedrich Theodor Vischers *Ästhetik* (1846–1858) wirksam bleibt. An der Spitze steht die Historienmalerei, die durchweg ideale Figuralkunst ist und den Stoffkreis der antiken Mythologie, der religiösen und weltlichen Historie (vornehmlich aus der griechisch-römischen Tradition) umfaßt, auf unterster Stufe sind Stilleben und Landschaft angesiedelt. Auf allen denkbaren Ebenen wird ein durchgreifendes System von Gegensätzen erkennbar, das diesen strukturellen Vorgaben bis ins einzelne entspricht: Dem Allgemeinen steht das Charakteristische gegenüber, dem Wesen die Erscheinung, der Notwendigkeit der Zufall, dem Organischen das Formlose, der Ruhe die Bewegung, der Einheit die Vielheit – lauter Bestimmungen, in denen der Gegensatz von idealer Figuralkunst und jener naturnahen Empirie kenntlich wird, die zur gleichen Zeit in Genremalerei und Porträt, Landschaft und Stilleben ihre Triumphe feiert. Diese Antithetik setzt sich bis in die Bewertung der Gestaltungsmittel fort; wie Vernunft und Sinnlichkeit einander entgegenstehen, so die plastische Objektivität der malerischen Subjektivität. Während das Wesen der idealen Gestalt, der Kontur, auf Proportionen beruht, deren Verhältnisbestimmungen mathematischer Natur sind und mithin als ein Geistiges aufgefaßt werden, das eben deshalb dem Geist anzusprechen vermag, gilt demgegenüber die Farbe, die sich solcher Rationalisierung sperrt, als Repräsentation der gestaltlosen, gesetzlos-passiven Materie und erfährt eine Abwertung zum bloß sinnlichen Reiz.

Mit Bellori wird die Idealität als zentrale Doktrin des Akademiewesens installiert und durch die straffe Organisation des Lehrbetriebs, das Zeichnen und Modellieren nach den Antiken, das Studium der kanonischen Lehrbücher Vitruvs und Palladios, bald auch der antiken Architektur selbst, kunstpraktisch durchgesetzt.

Dieser organisatorische Siegeszug war auf Dauer nur möglich, weil dem idealistischen Begriff bildende Kunst eine hohe Evidenz innewohnt. Wenn Lessing und Kant feststellen, daß es ein Ideal zwar für den Menschen, nicht aber für die Landschaft geben könne[25], so sprechen sie die Einsicht aus, daß allein der Mensch ein Wesen ist,»das über sein Kongruenzverhältnis zu seiner Idee selbst verfügt«[26]; die Idealität ist also durch die in ihr zum Ausdruck kommende Selbstgestaltungstendenz tief in der menschlichen Grundverfassung begründet. Hierzu gehört aber auch das elementarästhetische Phänomen des intakten Körpergefühls und die Prägnanztendenz der Wahrnehmung, die das Typische herausschält. Zudem ergibt sich aus der unvermeidlichen und auch immer bedachten Verbindung von Naturferne und Naturnähe eine umfassende Totalität, die für lange Zeit den größten Teil der Kunstleistungen umspannt – wenn auch mit feindseliger Akzentuierung gegenüber allen empirisch-freien Gestaltungen und Ignoranz gegenüber so mancher Erscheinung an den Rändern, den Arabesken und Grotesken, den Capricci und Karikaturen. Daneben leitet sich die Lebenskraft dieses Kunstbegriffs aus den auch ihm inhärenten Momenten der Toleranz ab, die eine gewisse Ela-

---

25 Vgl. LESSING (s. Anm. 5), 307; IMMANUEL KANT, Kritik der Urtheilskraft (1790), in: KANT (AA), Bd. 5 (1908), 233.
26 HANS BLUMENBERG, Nachahmung der Natur. Zur Vorgeschichte des schöpferischen Menschen (1957), in: Blumenberg, Wirklichkeiten, in denen wir leben. Aufsätze und Reden (Stuttgart 1986), 81.

stizität der Bestimmungen und damit der Einpassung in verschiedene Kontexte ermöglichen. Sobald man die Polarität von Ideal und Mannigfaltigkeit als gleitende Skala interpretierte, wurde es, wenn auch nicht in der formstrengeren Plastik, so doch in der Malerei möglich, die Idealität mit der empirischen Vielfalt, ja mit dem Häßlichen in Beziehung zu setzen; neben Odysseus konnte Thersites stehen. Außerdem war man sich spätestens seit Nicolas Poussin und dessen Sprachrohr in der Pariser Akademie, André Félibien, durchaus bewußt, daß zur strengen Norm der idealen Proportionen jenes ›je ne sais quoi‹, jenes ›gewisse Etwas‹ hinzukommen müsse, das erst den Schematismus überwindet und die inkommensurable individuelle Lebendigkeit, das menschlich Ansprechende, die Grazie, ausmacht. Und schließlich verfügt dieser am Formtypus festgemachte Kunstbegriff über die erstaunliche Eigenschaft, gleichermaßen der Herrschaftsaffirmation wie der Emanzipationsutopie dienen zu können, je nachdem, ob die leidenthobenen idealen Götterbilder als überlebensgroßer Hintergrund irdischer Herrschaft aufgefaßt werden oder als Leitbilder menschlicher Autonomie, als Verkörperungen der klassischen Humanitätsidee.

Mit dem Formparadigma der idealen Figuralkunst ist das skulpturale Prinzip so streng auf die Malerei übertragen worden wie nur immer möglich. Zugleich wurde über die Proportionslehre auch die Architektur äußerst konsequent in den klassizistischen Kunstbegriff einbezogen. Für Vitruv spiegelt sich die auf ganzzahligen Verhältnissen beruhende kosmische Ordnung wie in Proportionen der menschlichen Gestalt so auch in denen der Säulenordnungen wider, eine Ansicht, die in der Renaissance wieder aufgegriffen wird.

27 Vgl. ANTONIO AVERLINO DETTO IL FILARETE, Trattato di Architettura (entst. 1461–1464), hg. v. A. M. Finoli/L. Grassi, Bd. 1 (Mailand 1972), 25, 17, 29.
28 Vgl. FRANCESCO DI GIORGIO MARTINI, Trattati di Architettura (entst. vor 1486), hg. v. C. Maltese, Bd. 1 (Mailand 1967), 36, 62.
29 KARL FRIEDRICH SCHINKEL, Das Architektonische Lehrbuch, hg. v. G. Peschken, in: Schinkel, Lebenswerk, Bd. 9 (Berlin 1979), 32.
30 FRIEDRICH WILHELM RIEMER, Ueber die Benutzung antiker Formen zu modernen Kunst- und Luxusarbeiten, in: Journal für Literatur, Kunst, Luxus und Mode 38 (1823), 559.

Filarete macht die menschliche Gestalt zum Grundmaß, zum Modul des Bauwerks und stellt ihre Proportionen in Analogie zu den Säulenordnungen. Und mehr noch: Architektur ist nicht nur anthropometrisch begründet, sie wird als Organismus begriffen.[27] Aus dem gelegentlichen Vergleich von Organismus und Bauwerk bei Alberti wird so bei Filarete und noch deutlicher bei Francesco di Giorgio Martini eine systematische Entsprechung.[28] Damit ist ein Grundmodell für die anthropomorphe Prägung der verschiedensten Strukturen gewonnen, das noch im klassizistischen Kunstbegriff des frühen 19. Jh. wirksam ist. Die Zielvorstellung des Organisch-Lebendigen bleibt auch für Schinkels Architekturverständnis unverzichtbar. Die Bauglieder sollen nichts Statisches sein, vielmehr Ausdruck elementarer Bewegungen und Wachstumsvorgänge, die auf organisches Leben weisen. Das ergibt sich aus dem Platz des Bauwerks in der Stufenleiter der Wesen, der ›scala rerum‹. Der Imagination soll es als Ausgangspunkt erscheinen, von dem aus »eingegangen werden kann in die unzertrennliche Kette des ganzen Universums. Ein Streben, ein Sprossen, ein Crystallisiren, ein Aufschließen, ein Drängen, ein Spalten, ein Fügen, ein Treiben, ein Schweben, ein Ziehen, ein Drücken, ein Biegen, ein Tragen, Setzen, Schwingen, Verbinden, Halten, ein Liegen und Ruhen, welches letztere aber hier im Gegensatz mit den bewegenden Eigenschaften auch absichtlich sichtbarlich lagern und insofern auch als lebendiges Handeln gedacht werden muß.« All diese Ausdruckscharaktere sind für Schinkel »die Leben andeutenden Erfordernisse in der Architectur«[29]. Auf demselben Reflexionsniveau polemisiert Friedrich Wilhelm Riemer 1823 gegen die »mechanisch-nothwendige Form«, die einem »an der Antike genährten Sinne« nur als »Knochengebäude« erscheint, nicht als »Gestalt« mit der »Grazie einer lebendigen Bewegung«[30]. Das Organische bleibt das Kriterium des Nicht-Organischen. Gestalt ist Form in einem höheren Sinn. Diese Unterscheidung ist von grundlegender Bedeutung, weil lebendige Gestalt und willkürliche, mechanische Form als Epochensignaturen begriffen werden: Gestalt verweist auf den Kunstsinn der Antike und des Mittelalters, willkürliche Form entspricht dem utilitaristischen Gegenwart. So ist das klassizistische Programm organischer Form selbst hier noch erkennbar als ein Programm menschlicher Autonomie, das zeitkritisch-utopische Züge trägt.

Der idealistische Kunstbegriff wird emanzipatorisch, sobald die ideale Form von Winckelmann ethisch gedeutet wird, als »edle Einfalt« und »stille Grösse«[31] des selbstgewissen und sich selbst bestimmenden Menschen. Die Formdifferenz zum Gegebenen wird als hochsinnige Anspruchshaltung interpretiert. Freilich war damit die Gefahr doktrinärer Verhärtung und autoritärer Regression keineswegs gebannt. Sie wurde akut, sobald die Grazie nicht mehr, wie noch bei Winckelmann, als das Korrektiv der akademischen Schönheitsnorm gesehen wurde, die Griechen nicht mehr nachgeahmt, sondern nachgemacht werden sollten. Für Anton Raphael Mengs ist dies Unnachahmliche nur noch eine »Redensart«[32], und auch bei Lessing spielt es keine Rolle. Zu einem erneuten Aufschwung des emanzipatorischen Klassizimus kommt es erst gegen Ende des 18. Jh., wenn die Idealität nicht mehr als Reflex Platonischer Ideen, sondern als naturimmanente Wesensform verstanden und zugleich wieder als Ausdruck der Humanitätsidee belebt wird. Goethe sucht als Naturforscher den Typus, als Kunsttheoretiker ist ihm dieser bloß die Voraussetzung einer idealisierenden Gestaltung. Der menschlichen Gestalt müssen »die schönern Proportionen, die edlern Formen, die höhern Charaktere gleichsam erst aufgedrungen«[33] werden, die nirgendwo in der Wirklichkeit zu finden, vielmehr als weltsteigene Schöpfung der griechischen Skulptur zu verehren sind. Im tieferen Sinne freilich ist die hier – und bei Raffael – zutagetretende Idealität keineswegs der Natur fremd, vielmehr deren höchste Blüte, weil Kunst und Künstler selbst zur Natur gehören, die Natur sich erst im Genie des Künstlers in ihrer vollen Schöpfungskraft zeigt und selbst vollenden kann. Da auf diese Weise menschliche Souveränität zu sinnfälligstem Ausdruck kommt, ist dieser Kunstbegriff ein utopisch-humanistisches Programm, das Goethe in die blasphemischen Worte zusammenfaßt: »Lasset uns Götter machen, Bilder, die uns gleich seien.«[34] Von der Idealität aus sucht Goethe Reichtum, Kohärenz und universelle Anwendbarkeit seines Begriffs bildende Kunst theoretisch und geschichtlich nachzuweisen. Er gibt eine Systematisierung der Gestaltungsschritte, die mit der ›einfachen Nachahmung der Natur‹ beginnen und über die Vielfalt der Manieren bis zum Stil, zur Idealität führen, und schließt hieran sogar eine Darstellung der wichtigsten Abwege an, all dies eine Entfaltung der alten Lehre von den Stilhöhen. Zugleich aber soll mit diesem Begriff eine Geschichte der bildenden Kunst möglich werden: »Denn nur auf dem höchsten und genausten Begriff von Kunst kann eine Kunstgeschichte beruhen; nur wenn man das Vortrefflichste kennt, was der Mensch hervorzubringen imstande war, kann der psychologisch-chronologische Gang dargestellt werden, den man in der Kunst sowie in andern Fächern nahm«[35]. Freilich belehrt schon der erste Blick in Heinrich Meyers *Entwurf einer Kunstgeschichte des 18. Jahrhunderts* (1805) und in seine *Geschichte der Kunst* (entst. im ersten Jahrzehnt des 19. Jh., ersch. 1974), daß dieser idealistische Begriff viel zu eingeschränkt und statisch ist, um ein solches Gesamtbild organisieren und namentlich die antiidealistische, naturalistische Tradition gerecht würdigen zu können.

Trotz aller Aufgliederung war der im Kern an Winckelmann festhaltende Kunstbegriff angesichts der realistischen und romantischen Tendenzen nur noch zu halten, wenn er weiter zum Empirischen, Naturnahen, Charakteristischen und Individuellen geöffnet wurde. Schellings Rede *Ueber das Verhältniß der bildenden Künste zu der Natur* (1807) behält das Denkmodell der Stufenleiter vom Realen zum Idealen bei, doch liegt der Wertakzent nicht mehr allein auf dem Gipfel der Idealität: Für das Leben der Idee ist jede Stufe notwendig. Härte und Grazie, Charakteristisches und Schönheit sind wechselseitig aufeinander verwiesen. Bereits in den kristallinischen Strukturen des scheinbar toten Ge-

---

31 WINCKELMANN, Gedanken über die Nachahmung der Griechischen Wercke in der Mahlerey und Bildhauer-Kunst (Dresden 1755), 19.
32 ANTON RAPHAEL MENGS, Untersuchung dessen, was man in den Künsten ein gewisses je ne sais quoi nennt; in: Mengs, Hinterlaßne Werke, hg. v. C. F. Prange, Bd. 2 (Halle 1786), 302.
33 JOHANN WOLFGANG GOETHE, Einleitung in die ›Propyläen‹ (1798), in: GOETHE (BA), Bd. 19 (1973), 183.
34 GOETHE, Der Sammler und die Seinigen (1799), in: GOETHE (BA), Bd. 19 (1973), 244.
35 GOETHE (s. Anm. 33), 190.

steins sind Verhältnisbestimmungen wirksam, deren Allgemeinheit geistiger Natur ist und sich von Stufe zu Stufe zu immer höher differenzierten und reicher gegliederten Formen ausbildet, die schließlich in der organischen Gestalt – nicht aber im abstrakten Schematismus vorgegebener Formen – ihren endlich alles erklärenden Gipfel- und Endpunkt finden. Die Idealität ist umgedeutet zum optimalen Entfaltungszustand des Lebendigen, zu seiner Vollendungsruhe. Die Idealität ist nicht mehr naturübertreffend, sie ist zurückgenommen in den morphologischen Typus, sie geht in wissenschaftlich-ästhetischer Naturverehrung auf. Damit wird zugleich die Bindung der Malerei an die Skulptur gelockert und insbesondere die Landschaftsmalerei, sofern sie sich mit der Idealität befreundet, höher geschätzt. Letzten Endes zielt dieser Kunstbegriff auf einen harmonisierenden Ausgleich von Allgemeinem und Besonderem, wobei das Besondere jedoch nur nach den vorgegebenen Toleranzbedingungen des Allgemeinen zu seinem Recht kommt: Die »Kräfte der Leidenschaften« müssen sich an den »Formen festgegründeter Schönheit« brechen. So bleibt eine Hierarchie bestehen, die in bewußter Parallele zur gesellschaftlichen Hierarchie steht: »Wird ja doch in der höhern Welt des Menschen selbst die große Masse wieder zur Basis, an der sich das in Wenigeren rein enthaltene Göttliche durch Gesetzgebung, Herrschaft, Glaubensstiftung manifestirt.«[36] Schon Winckelmann hatte den Parenthyrsos, die alles Maß sprengende leidenschaftliche Aufwallung der Bacchantenzüge, abgelehnt.

In der Abmilderung des Besonderen, der Individualität wie der Lebensnot, die Laokoon das Schreien versagte, also mit einem Kunstgesetz alle harten, unversöhnlichen Realitäten ausgrenzte, besteht der konstitutive Widerspruch des idealistischen Kunstbegriffs. Und es ist eben diese Kompromißhaftigkeit, die auch im 19. und 20. Jh. seine beispiellose Erfolgsgeschichte begründet. Das Ideal-Schöne als bildnerische Entsprechung der Prävalenz von Idee, Ordnung, Religion und Herrschaft dient bildungsbürgerlicher Erhebung, wilhelminischer Repräsentation und, in einer besonders widerwärtigen Variante, nationalsozialistischer Propaganda. Schon früh wird die Relativierung des organologisch-anthropomorphen Grundmodells als Krisensymptom beklagt, schließlich, etwa seit 1900, in schrillen Tönen als Verlust des Menschen, jeglicher Wertordnung und Mitte mißverstanden. Dieser Kunstbegriff definiert die Welt gemäß herrschaftlichem Wunschdenken, es kommt zu einer folgenreichen Verquickung von Idealität und Typischem, die neben den sich kräftig entwickelnden tatsächlichen Realismus eine wohlfeile, gleichermaßen pseudoidealistische wie pseudorealistische Kunst treten läßt. In der Forderung des Vormärz, »die reelle wirkliche Individualität innerhalb ihrer selbst in ihr eigenes Ideal« zu erheben, die Wirklichkeit »zur geistigen Durchsichtigkeit«[37] zu läutern, bleibt die klassizistische Grund- und Rahmenvorstellung durchaus erhalten. Und wenn gegenüber der »abstracten Reproduktion griechischer Gestalten, Typen und Symbole« sogar für die Skulptur der »individualisirte Idealstil«[38] gefordert wird, also der Anerkennung des Individuellen und des so lange abgelehnten Zeitkostüms, so soll doch auch hier der bildnerische Zugriff das Charakteristische wieder mit der Erinnerung an die Harmonie griechischer Skulptur umkleiden.

Die Kehrseite dieses Kunstbegriffs bildet auch weiterhin die Ausgrenzung nicht genehmer Realitäten. 1855 urteilt Adolf Stahr über die Malerei Courbets: »Aber diese sogenannten demokratisch-sozialistischen Maler, deren Stichwort es ist, daß ›das Volk‹ mit seinen Arbeiten und Leiden ebensogut beanspruchen könne, gemalt zu werden, wie die Klasse der begünstigten Sterblichen, haben nicht bedacht, daß es eben die Aufgabe des Künstlers ist, das Schöne und Bedeutungsvolle, das Typische und Charakteristische im Volke aufzusuchen und hervorzuheben.«[39] 1901 bekennt sich Wilhelm II. anläßlich der Einweihung der Berliner Siegesallee zur »Pflege der Ideale« und verurteilt im gleichen Atemzug die Kunst, »die in den Rinn-

---

36 F. W. J. SCHELLING, Ueber das Verhältniß der bildenden Künste zu der Natur (Landshut 1807), 35, 30.
37 FRIEDRICH THEODOR VISCHER, Gedanken bei Betrachtung der beiden belgischen Bilder, in: Jahrbücher der Gegenwart 2 (1844), 49, 54.
38 HERMANN HETTNER, Drangsale und Hoffnungen der modernen Plastik, in: Jahrbücher der Gegenwart 4 (1846), 1037.
39 ADOLF STAHR, Nach fünf Jahren. Pariser Studien aus dem Jahre 1855, Bd. 2 (Oldenburg 1857), 127.

stein niedersteigt«: Der Idealität, umschrieben als »ewiges, sich gleich bleibendes Gesetz: das Gesetz der Schönheit, das Gesetz der Harmonie, das Gesetz der Aesthetik«, stehen mit der künstlerischen Freiheit »Grenzenlosigkeit, Schrankenlosigkeit und Selbstüberhebung«[40] entgegen. Gleichzeitig führt Carl Justi mit Berufung auf die Griechen die plastisch-organische Form als Inbegriff des Siegs über das Chaos ins Feld, als Sinnbild des Kosmos, als Gewähr der gesellschaftlich-politischen und sittlichen Ordnung wie der wahren Kunst. Der beschleunigte Lebensrhythmus der Moderne könne nur brüchige Kunst hervorbringen: ›Amorphismus‹.[41] Analog hierzu behaupten Julius Langbehn und Momme Nissen, daß eine von den »ruhenden Kunstbegriffen«[42] abweichende, nach neuen Ausdrucksmitteln forschende Kunst in »Auflösung, Zersetzung, Verwesung«[43] enden müsse.

Aus solcher Schmähkritik sollte bitterster Ernst und zugleich aus ihrem Kriterium, dem idealistischen Kunstbegriff, eine triviale Karikatur werden. Freilich war in dem Gegensatz von herrschaftlicher Idealform und amorpher Masse bereits bei Schelling bildende Kunst als jene Politikmetapher vorgebildet, deren sich Joseph Goebbels 1931 bedient: »Der Staatsmann ist auch Künstler. Für ihn ist das Volk nichts anderes, als was für den Bildhauer der Stein ist. Führer und Masse, das ist ebensowenig ein Problem wie etwa Maler und Farbe. Politik ist die bildende Kunst des Staats, wie Malerei die bildende Kunst der Farbe ist.«[44] Und als Adolf Hitler 1937 »die natürlichen Auffassungen über das Wesen und die Aufgaben der Kunst« wiederherstellen will, verordnet er mit ausdrücklichem Rückgriff auf die Antike einen normativen Begriff der bildenden Kunst. In solcher Norm aber ist deutlicher als je zuvor das Herrschaftsinteresse zu erkennen. Die Modernitäts- und Geschichtsfeindschaft, die dieser Begriff im 19. Jh. immer deutlicher offenbart, wird herabgebracht zur hetzerischen Floskel von der »jüdischen Entdeckung der Zeitgebundenheit der Kunst«[45]. So muß der traurige Restbestand des Begriffs gleichermaßen die Propagandakunst der Nazis wie die Hetzausstellung *Entartete Kunst* (München 1937) samt der zugehörigen Raub- und Vernichtungsaktion legitimieren.

Auch nach 1945 lebt dieser Kunstbegriff weiter. Am Kriterium der organischen Totalität idealisie-render Plastik gemessen, kann die genuine Kunst des 19. und 20. Jh. für Hans Sedlmayr nur den ›Verlust der Mitte‹ bedeuten, die Entfremdung von Gott, nichts anderes sein als ein Symptom für das »Abgleiten der Kunst und der Künste in Unterkünstlerisches«[46]. In den Propaganda-Spielarten des sozialistischen Realismus aber wird Idealität wie hundert Jahre zuvor bei Adolf Stahr mit dem Typischen vermengt, anstatt diesen Leitbegriff auf soziale Genauigkeit zu verpflichten.

V. Im Licht der systematischen Ästhetik

Mit der Entstehung der Ästhetik und des modernen Systems der Künste, das Malerei, Plastik, Architektur, Poesie, Tanz und Musik nebeneinanderstellt[47], wird es seit Mitte des 18. Jh. notwendig, vom Ganzen der zum Kollektivsingular gewordenen Kunst her die Besonderheit der bildenden Kunst, eines Kollektivsingulars geringerer Reichweite, zu definieren. Dabei wird bildende Kunst in die Systembildungen von Moses Mendelssohn bis Friedrich Theodor Vischer vornehmlich in ihrer idealistisch geprägten Art aufgenommen, so daß diese Konstruktionen als eine eigene Epoche der Idealitätsdoktrin zu sehen sind. Das Prinzip der bruchlos-harmonischer Einheit zusammengefaßten Mannigfaltigkeit findet sich im Totalitätsdenken

---

40 Zit. nach WILHELM SCHRÖDER (Hg.), Das persönliche Regiment. Reden und sonstige öffentliche Äußerungen Wilhelms II. (München 1912), 174 f.
41 Vgl. CARL JUSTI, Amorphismus in der Kunst. Ein Vortrag gehalten am 9. Juli 1902 (Bonn 1902).
42 MOMME NISSEN, Der Rembrandtdeutsche Julius Langbehn (Freiburg/Br. 1929), 315.
43 NISSEN, Momentmalerei, in: Der Lotse 1, Bd. 2 (1901/1902), 291.
44 JOSEPH GOEBBELS, Michael. Ein deutsches Schicksal in Tagebuchblättern (München 1931), 31.
45 ADOLF HITLER, Rede zur Eröffnung der ›Großen Deutschen Kunstausstellung 1937‹, in: Die Kunst im Dritten Reich 1 (1937), 48, 50.
46 HANS SEDLMAYR, Verlust der Mitte. Die bildende Kunst des 19. und 20. Jahrhunderts als Symptom und Symbol der Zeit (1948; Berlin 1965), 134.
47 Vgl. PAUL OSKAR KRISTELLER, The Modern System of the Arts, in: Journal of the History of Ideas 12 (1951), 496–527; 13 (1952), 17–46.

der idealistischen Systeme wieder. Es kennzeichnet die Entwicklung, daß der Wille zum System bei immer reicherer Aufgliederung nolens volens immer mehr Material aus der großen Tradition naturnaher, empirischer Kunst aufnimmt und die systematische Dimension mit der historischen differenzierter zu vermitteln sucht.

Bei Charles Batteux sind 1746 erstmals alle Künste durch Rückführung auf das gemeinsame, für die bildende Kunst bereits seit Bellori gültige Prinzip der Nachahmung der schönen Natur zusammengefaßt. Die bildende Kunst freilich beläßt Batteux noch in der älteren Wissensordnung, die, gemäß dem humanistischen Grundsatz ›ut pictura poesis‹, die Gemeinsamkeit von Malerei und Poesie in den Vordergrund stellt. So kann er sich über die Malerei sehr kurz fassen. Das Prinzip, die schöne Natur nachzuahmen, gilt für die Malerei ebenso wie für die Poesie: »Ces deux arts ont entre eux une si grande conformité, qu'il ne s'agit, pour les avoir traités tous deux à la fois que de changer les noms, et de mettre peinture, dessin, coloris, à la place de poésie, de fable, de versification.«[48] Erst mit Lessings *Laokoon* (1766) werden Dichtung und bildende Kunst nach ihren medialen Darstellungsbedingungen unterschieden: Dichtung ist Darstellung in der Zeit mittels Sprache, also künstlicher Zeichen, bildende Kunst Darstellung im Raum mittels natürlicher Zeichen.

Dem Systemdenken ist das Wesen der schönen Künste mit dem Einteilungskriterium des Systems identisch. Dasselbe gilt für die Binnengliederung der bildenden Kunst. Freilich fällt auf, daß Kant in der Einteilungsfrage zurückhaltend bleibt. Von der Unterscheidung zwischen schönen Gegenständen und der schönen Darstellung von Gegenständen[49],

zwischen bildenden und nachbildenden[50] oder bildenden und abbildenden Künsten[51], also zwischen Konstruktion und Mimesis, die sich in seinen Reflexionen findet und später als grundlegende Dimension des Begriffs entdeckt werden sollte, macht er in der *Kritik der Urtheilskraft* (1790) keinen Gebrauch. Hier sind die »bildenden Künste« definiert als Künste »des Ausdrucks für Ideen in der Sinnenanschauung«, die entweder Kunst der »Sinnenwahrheit« ist: Plastik, oder Kunst des »Sinnenscheins«[52]: Malerei. In der weiteren Unterteilung läßt sich solche Begriffssymmetrie aber nicht durchhalten. Mag es noch akzeptabel sein, daß Plastik, wiewohl damit in einem ungewöhnlichen Sinne bestimmt, in »Bildhauerkunst« und »Baukunst« unterteilt wird, so befremdet doch die Gliederung der Malerei in »eigentliche Malerei« und »Lustgärtnerei«. Kant spürt das selbst, in einer Anmerkung (an sich schon ein Verstoß gegen die Klarheit der Gliederung) bestimmt er die spezifische Gemeinsamkeit beider Künste als Komposition, die sich auf »das freie Spiel der Einbildungskraft« (323) richtet, und erklärt schließlich diese Einteilung für einen Versuch. Als Versuch sieht Kant aber auch seine allgemeine Einteilung der Künste. Analog dem menschlichen Sprachvermögen, das er in »Articulation, Gesticulation und Modulation« (320) gliedert, unterscheidet er »redende«, »bildende« und die »Kunst des Spiels der Empfindungen« (320f.). Auch hier finden sich ähnliche Ungereimtheiten. Gehört doch zur letzteren Kunst nicht nur die Musik, sondern auch die »Farbenkunst« (324), womit nicht das Ausdrucksvermögen der Farbe in der Malerei gemeint ist, sondern das Farbklavier des Abbé Louis-Bertrand Castel und seiner Nachfolger[53], das zwar in Analogie zur Musik steht, aber doch eher der bildenden Kunst zuzuordnen wäre. Daß die Farbe ihre wichtigste systematische Stelle außerhalb der bildenden Kunst findet, ergibt sich aus Kants Unentschlossenheit, in ihrer Abwandlung mehr als einen angenehmen Reiz zu sehen; es bleibt ihm eine offene Frage, ob das Farbenspiel als »Einheit eines Mannigfaltigen«[54] und damit als reine Formbestimmung aufgefaßt werden könne, wie er sie von der schönen Kunst grundsätzlich fordert. In diesem Festhalten an mathematisch-intellektuellen Verhältnisbestimmungen und in der Verbindung des

---

48 CHARLES BATTEUX, Les Beaux-arts réduits à un meme principe (1746), hg. v. J.-R. Mantion (Paris 1989), 227.
49 Vgl. KANT, Logik (1800), in: KANT (AA), Bd. 16 (1914), 126.
50 Vgl. KANT, Anthropologie (1798), in: KANT (AA), Bd. 15/1 (1913), 304.
51 Vgl. KANT (s. Anm. 49).
52 KANT (s. Anm. 25), 321f.
53 Vgl. KRISTELLER (s. Anm. 47), in: Journal of the History of Ideas 13 (1952), 43.
54 KANT (s. Anm. 25), 224.

Schönen mit der Idealität der menschlichen Gestalt ist Kants Begriff der bildenden Kunst dem Klassizismus verpflichtet, er erschöpft sich aber nicht darin. Denn das Erhabene, dem Schönen gleichgestellt, verweist auf die elementare Natur, die ausdrücklich nicht idealisierbare Landschaft, so daß die traditionelle Hierarchie vom Idealen herab zum Empirischen durch eine Antithetik gleichberechtigter Pole abgelöst wird.

Die hier schon reichlich unklare Einteilung offenbart ihre Gezwungenheit vollends an der Beziehung von Farbe und Gestikulation. Da Farbe nicht zum aktiven menschlichen Ausdrucksvermögen gehört, Kant aber behauptet, daß der bildende Künstler »die Sache selbst gleichsam mimisch sprechen macht« (324), überanstrengt er die Analogie zum sprachlichen Ausdrucksvermögen, von der er ausging: Farbe ist ein Medium, sie paßt nicht in diese Einteilung. Das Ensemble der Künste ist nicht so gegliedert, wie diese Gliederung will. Eine der Sache angemessene und logische Gliederung ist nicht als abstraktes System jenseits der geschichtlich gewachsenen, sich nach keiner Denksymmetrie richtenden Beziehungen zwischen den Künsten zu haben.

Eine gewisse Öffnung des Systems zur Geschichte ist bei August Wilhelm Schlegel zu verzeichnen. Schlegel verbindet in seinen Berliner *Vorlesungen über schöne Kunst und Literatur* (1801 f.) Kants Gliederung nach den menschlichen Ausdrucksvermögen mit dem anthropomorphen Telos der Stufenleiter der Wesen. Er kann daher die Architektur nach ihren »Anspielungen auf das organische Leben« werten und in der klassischen Skulptur den Höhepunkt bildender Kunst erkennen. Doch geht er über diesen Rahmen mit seiner Würdigung der Malerei, vor allem der Landschaftsmalerei als Kunst der Stimmung, weit hinaus. Und mit der Feststellung, daß ein unmittelbar wirksamer »physiognomischer Sinn«[55] die Bedeutung bildkünstlerischer Form erschließe, bringt er ein neues, subjektives Prinzip ins Spiel, das zwar der klassischen Gestaltung ihr Recht werden läßt, aber doch viel weiter reicht und es ihm später ermöglichen wird, auch präraffaelitische Malerei zu schätzen.

Das Unzureichende allen klassifikatorischen Denkens wird in Wilhelm Traugott Krugs *Versuch*

einer systematischen Enzyklopädie der schönen Künste (1802) vollends klar, wenn auch bloß als ungewolltes Resultat der Überschau über die zeitgenössischen Einteilungsversuche. Wie schon bei Kant zeigt sich auch in all diesen Systemen, Krugs eigenes System eingeschlossen, am hohen Stellenwert der Gartenkunst, daß es doch nur die zeitgenössische Kunstwirklichkeit ist, die in eine abstraktzeitlose Einteilung gezwängt werden soll. Nur dort, wo Krug sich als Empiriker verhält, gelingt ihm eine Unterscheidung von bleibendem Wert. Zur bildenden Kunst zählt er nicht nur Plastik, Malerei und Gartenkunst als »absolute oder reine Künste«, sondern auch »relative oder angewandte«, in denen die Formprinzipien der reinen Künste auf zweckhafte Aufgaben übertragen werden, wie etwa die Typographie. Es scheint, daß der Begriff der angewandten Kunst hier seinen Ursprung hat. Krugs Verständnis nach ist selbst die Architektur die Anwendung der Plastik aufs Bauen: »architektonische Plastik«[56]. Die Verselbständigung der Form macht sie für eine unabgeschlossene Mannigfaltigkeit von Gestaltungsaufgaben frei, und damit öffnet sich der Begriff bildende Kunst einer im einzelnen gar nicht absehbaren Zukunft.

Wenn Hegel »die bekannte Einteilung« referiert, nach der »die bildenden Künste« diejenigen sind, »welche ihren Inhalt zu äußerlicher objektiver Gestalt und Farbe sichtbar herausarbeiten«, so fügt er gleich hinzu, daß aus diesem sinnlichen Einteilungsgrund, einer abstrakt-allgemeinen Bestimmung, keine befriedigende Differenzierung zu gewinnen sei. Diese ergebe sich allein aus dem »konkreten Begriffe der Sache selbst«[57], dieser konkret-allgemeine Begriff aber, das Heraustreten des Wahren in die Anschauung, ist von vornherein nur geschichtlich denkbar. Doch ist diese Entwicklung nicht ohne Widerspruch und Ironie. Die klassische Kunstform als harmonische Verbindung von Idee und Gestalt realisiert sich in der antiken Skulptur, sie ist durch und durch ausdrucksvolle Gestalt, in

---

[55] AUGUST WILHELM SCHLEGEL, Vorlesungen über schöne Literatur und Kunst. Erster Teil: Die Kunstlehre (1801 f.), in: Schlegel, Vorlesungen über Ästhetik, hg. v. E. Behler, Bd. 1 (Paderborn u. a. 1989), 312, 239.
[56] KRUG (s. Anm. 21), 50, 158.
[57] HEGEL (ÄSTH), 585.

all ihren Formbestimmungen sprechend und insofern ein Höchstes, zugleich aber auch ein unwiederholbar Vergangenes. Die romantische Kunstform, in der die subjektive Auffassung überwiegt, tritt am klarsten in der neuzeitlichen Malerei zutage. Diese Kunst, in der die Gegenwart sich unmittelbar wiedererkennt, steht jedoch exzentrisch zur systematischen Mitte des Begriffs – nicht anders als die erste, die symbolische Kunstform, die Architektur, in der die schwere Äußerlichkeit den Gehalt noch nicht zur freien Entfaltung kommen läßt. So behält die ideale Versöhnung das letzte Wort – eine unleidliche Verzeichnung, in der die Vergangenheit über die Gegenwart, der Systematisierungszwang, gar der Zwang, die Künste in eine hierarchische Reihe zu bringen, über das geschichtliche Leben herrscht. Die antithetische Symmetrie von symbolischer und romantischer Kunstform bewährt zwar die klassische Kunstform als Mitte des Begriffs, doch um den Preis, die Trias der bildenden Künste zu zerreißen (als habe z. B. die Skulptur nichts oder nur wenig mit der Architektur zu tun) und sie in eine weltgeschichtliche Abfolge zu bringen, statt jeweils für alle drei bildenden Künste die gemeinsame Epochensignatur als jenes konkret Allgemeine herauszuheben, das den inneren Gang der Kunstgeschichte bestimmt.

Daß dem idealistischen Systemdenken das abstrakt allgemeine Zurechtlegen mit all seinen Willkürlichkeiten inhärent bleibt, so sehr Hegel es auch als Logiker und Geschichtsdenker durchschaut hat, zeigt sich noch deutlicher an Friedrich Theodor Vischers Einteilung der bildenden Kunst. Deren Zweige nämlich »nehmen sich jede ein anderes Objekt, genauer ausgedrückt, das Objekt (die Welt) in einem andern Umfang ihrer Erscheinungen zum Gegenstand, und zwar so, daß dieser Unterschied des Umfangs hier ganz wesentlich entscheidend ist: die eine hat es mit Grundverhältnissen der unorganischen Natur, die andere mit dem organischen Leib, die dritte erst mit Allem, was überhaupt sichtbar erscheinen kann, zu tun.«

Die »aufsteigende Stufenfolge« von Architektur, Skulptur und Malerei bleibt freilich auch bei Vischer mit der Suche nach der »sprechenden Form«[58] verbunden.

Einen begriffsgeschichtlichen Wendepunkt bedeutet es nun aber, daß Vischer nach Abschluß seiner *Ästhetik* ein neues, allen Idealismus überwindendes Paradigma für die sprechende Form aufstellt. Es ist Vischers großes Verdienst, daß er in einem Phänomen ästhetischer Wahrnehmung, das bisher an untergeordneter Stelle eingerückt worden war, die prinzipielle Voraussetzung der bildenden Kunst erkennt. Daß der sinnlichen Wahrnehmung, am deutlichsten der Wahrnehmung von Landschaft, ein Gefühlston, eine Stimmung, eine ethische Anmutung eigen ist, glaubten die idealistischen Systembaumeister als Beweis für die durchdringende Kraft der Idee noch gegenüber dem ihr Äußerlichsten und Fremdesten interpretieren zu können. Für Kant ist das Naturschöne das »Symbol des Sittlich-Guten«[59], eine symbolische Hypotypose[60], die sich schon im alltäglichen Erleben findet: »Wir nennen Gebäude und Bäume majestätisch und prächtig, oder Gefilde lachend und fröhlich; selbst Farben werden unschuldig, bescheiden, zärtlich genannt, weil sie Empfindungen erregen, die etwas mit dem Bewußtsein von durch moralische Urtheile bewirkten Gemüthszustandes Analogisches enthalten.« (354) Für Hegel ist »die landschaftliche Natur« das »Innigkeitslose«, und die Kraft der »Innigkeit« zeigt sich ihm darin, daß sie »auch in dem ihr schlechthin Äußeren einen Anklang an das Gemüt finden« kann. So bleiben die Stimmungen der Natur, von der »milden Heiterkeit« bis zur »winterlichen Erstarrung«[61], in das Leben der Idee einbezogen. Selbst in Vischers *Ästhetik* sind Stimmungshaftigkeit und physiognomischer Eindruck der Elemente, Landschaften und Lebewesen noch der Metaphysik des Schönen und der Stufenleiter der Wesen untergeordnet, haben doch »die der Persönlichkeit vorangehenden Stufen der wirklichen Idee die Bedeutung, jene als werdende anzukündigen«[62]. Erst in der *Kritik meiner Ästhetik* (1866/1873) kehrt Vischer dieses Verhältnis um und erkennt im unmittelbaren Stimmungsausdruck, der spontanen Naturbeseelung das grundlegende Faktum aller ästhetischen Bedeutungshaftigkeit, das einzig tragfähige ästhetische

---

58 VISCHER, Bd. 3 (1922), 208, 167.
59 KANT (s. Anm. 25), 353.
60 Vgl. ebd., 351 f.
61 HEGEL (ÄSTH.), 757.
62 VISCHER, Bd. 2 (1922), 29.

Prinzip. Noch keine Ästhetik sei diesem »eigentümlichen, dunkeln, bewußtlosen, naturnotwendigen und doch freien Symbolisieren«[63] gerecht geworden, aber jede müsse mit ihm beginnen. Die bildende Kunst setzt fort und kultiviert, was ohnehin zum menschlichen Lebensvollzug gehört. Die ausgiebigen, das eigene System unterlaufenden Beschreibungen, wie bestimmte Naturerscheinungen wirken, stehen in der Tradition der sensualistischen Wirkungsästhetik der Empfindsamkeit, etwa von Christian Cay Lorenz Hirschfelds *Theorie der Gartenkunst* (1779–1785), doch hindert Vischer ein idealistischer Rest, in der unbestreitbaren Wirkung von abstrakter Form und Farbe mehr als einen sensuellen Reiz zu sehen und diese als genuines ästhetisches Phänomen anzuerkennen. So bleibt ihm die wichtigste Konsequenz seiner Wendung verborgen: der Weg zur Abstraktion.

Im Anschluß an experimentelle Zeichnungen Adolf Hoelzels sieht Arthur Roeßler 1903 die Abstraktion als programmatischen Sensibilisierungsvorgang, der die Erforschung landschaftlicher Ausdruckscharaktere fortsetzt: »Allmählich werden uns auch die Züge der Dinge als Ausdruck vertraut werden, wir werden nach und nach das Erdantlitz verstehen lernen; wir werden dem Hochgebirge mit seinen ragenden Felskolossen, dem rhythmischen Hügelgewoge und den fugenartig geschlossenen Felderweiten, den sich weithindehnenden Moorflächen, den Wäldern und Seen andere Aufmerksamkeit schenken als bisher; wir werden die Form der jeweiligen Landschaft zu sehen lernen. Der Form der Tiere, der Pflanzen, ja der Steine, Erdbruchstellen, der Wolken und Wellen und der sich im Ausschnitt zwischen zwei Dingen ergebenden, werden wir nachspüren und sie mit Genuß wahrnehmen und schließlich wird sich unsre Fähigkeit zur Aufnahme feinster Formbildungen so sehr empfindlich ausgebildet haben, daß es uns ein unschweres und reizendes Beginnen sein wird, das Wesen abstrakter Formen zu erfühlen.«[64]

VI. Empirie und Neuerungsdynamik

Bis ins frühe 19. Jh. bleibt die Initiative zur Begriffsbestimmung zweifellos auf seiten des idealistisch-normativen Paradigmas. Die aufs empirisch Mannigfaltige zielenden Konzeptionen vornehmlich der niederländischen Malerei gewinnen zunächst in den großen Kompendien des Barocksynkretismus, etwa Joachim von Sandrarts *Teutscher Akademie* (1675–1679), an Boden und relativieren damit die idealistische Kunst, doch ohne deren Definitionsmonopol zu bestreiten.

Erste Angriffe, die das Gebäude der normativen Doktrin nachhaltig erschüttern sollten, erfolgen dort, wo deren Ansprüche unerträglich werden, und sind, gewissermaßen aus Notwehr, zu genaueren Unterscheidungen genötigt, die freilich erst im frühen 19. Jh. zu einem dem idealistischen Normdenken ebenbürtigen Begriffsniveau führen. Der seit Vasaris Bevorzugung der florentinisch-römischen Malerei gegenüber der venezianischen nie zur Ruhe gekommene Streit über den Vorrang des Zeichnerischen oder des Malerischen tritt gegen Ende des 17. Jh. in eine neue Phase. Roger de Piles verlangt von den Malern, die Antike nur mit Zurückhaltung nachzuahmen und sich ans Natürliche zu halten, »qu'il semble que leurs figures toutes vivantes, aient plutot servi de modèles«pour les antiques, que les antiques pour leurs figures«[65]. Das ist eine entscheidende Umkehrung, hin zu einem unverstellten, freieren Wirklichkeitsbezug. Indem de Piles in seinem *Dialogue sur le Coloris* (1673) statt Nicolas Poussin, der exemplarisch für den Klassizismus steht, Peter Paul Rubens als Vorbild namhaft macht, der nicht den Regeln, sondern seinem Genie gefolgt sei, begründet er den Streit der Poussinisten und Rubenisten über den Vorrang von Zeichnung oder Kolorit. Die Zeichnung, der Kontur des wohlproportionierten Menschen, ist verallgemeinerbar, schließlich auf eine Norm festzulegen, nicht aber die Farbe. Diese repräsentiert jene irreduzible Mannigfaltigkeit der Welt, die der Kunst freiere Entfaltungsmöglichkeiten bietet und ihre wichtigste Gattung in der Landschaftsmalerei findet: »Ainsi la Peinture, qui est une espece de la

---

63 VISCHER, Kritik meiner Ästhetik (1866), in: Vischer, Kritische Gänge, Bd. 4 (München 1922), 316.
64 ARTHUR ROESSLER, Das abstrakte Ornament mit gleichzeitiger Verwertung simultaner Farbenkontraste, in: Wiener Abendpost (6. 10. 1903), Beilage, 5.
65 ROGER DE PILES, Remarques, in: Charles Alphonse Du Fresnoy, L'Art de Peinture (Paris 1668), 115.

creation, l'est encore plus particulierement à l'égard du Paisage.«[66] Am nichthierarchischen, auf verschiedenste Weise strukturierbaren Aspektreichtum der Landschaft, die ohnehin allein durch die subjektive Auffassung ihre Einheit gewinnt, wird zuerst klar, daß aller Mimesis ein Schöpfungsvermögen vorausgeht, das sein Gesetz nicht vom Gegenstand oder der dahinterstehenden Platonischen Ideenwelt empfängt, sondern souveräne Setzung ist.

In der ›Querelle des anciens et des modernes‹, die zunächst Literatur und Wissenschaften, dann auch die bildenden Künste ergreift, geht es nicht nur um das Abschütteln einer allzu strengen Norm, um die Öffnung zu Sensualismus und Erfahrungswirklichkeit, sondern, wie sich schließlich zeigen sollte, mehr noch darum, die Zeitlosigkeit des Kunstbegriffs zu überwinden, dem Kunstbegriff eine geschichtliche Dimension zu gewinnen, ihn grundsätzlich zukunftsoffen zu denken. Charles Perrault bestreitet in seiner *Parallèle des Anciens et des Modernes* (1688) die Autorität der Alten für die drei bildenden Künste, hätten diese doch alle auch einen wissenschaftlich-technischen Aspekt, der Fortschritten zugänglich sei: In der Architektur vermochten die Alten keine freitragenden Treppen zu bauen, im Relief war ihnen die Perspektive unbekannt, und in der Malerei fehlten ihnen die neueren Darstellungsmittel (neben der Perspektive das Clair-obscur und die kompositorische Einheit).[67] Nicht zu übertreffen sei allein die antike Skulptur. Regeln, ob von der Antike oder Raffael abgezogen, könnten nie absolute Geltung beanspruchen. Entsprechend argumentiert Jean-Baptiste Du Bos, daß Empfindung (sentiment), nicht Vernunft (raison) der Richter über die Malerei sei (*Réflexions critiques sur la poësie et la peinture*, 1719).[68] Analog wendet sich Claude Perrault im Kommentar seiner Vitruv-Übersetzung gegen Nicolas-François Blondels Festhalten an der absoluten Normativität der antiken Säulenordnungen. Ohnehin seien deren Proportionen ungreifbar: Nicht nur die Analogie zwischen Säule und menschlicher Gestalt müsse vage bleiben, sondern auch die Proportionslehre selbst, wiesen doch die Meisterwerke eine allzu große Variationsbreite der Maßbestimmungen auf. Normen seien zwar notwendig, doch keineswegs in der Natur begründet, vielmehr Resultat des Übereinkommens und der Tradition.

Solcherart konventionelle Einschränkungen samt deren Legitimation durch die schöne Natur schob zuerst der *Sturm und Drang* beiseite, am entschiedensten der junge Goethe. Der keineswegs immer schönen, wohl aber unendlich produktiven, vielgestaltigen und widersprüchlichen Natur ordnet er eine ebensolche Kunst zu: »sie entspringt aus den Bemühungen des Individuums, sich gegen die zerstörende Kraft des Ganzen zu erhalten«[69]. Der Begriff bildende Kunst gewinnt durch den Bezug auf die menschliche Schöpferkraft und die Notwendigkeit, das Leben unter den verschiedensten Bedingungen zu ordnen, eine existentielle und universale Dimension, vor der alle festen Formbestimmungen zurücktreten müssen. So kann Goethe angesichts des Straßburger Münsters feststellen: »Die Kunst ist lange bildend, eh sie schön ist, und doch so wahre, große Kunst, ja oft wahrer und größer als die schöne selbst. Denn in dem Menschen ist eine bildende Natur, die gleich sich tätig beweist, wann seine Existenz gesichert ist. [...] Und so model der Wilde mit abenteuerlichen Zügen, gräßlichen Gestalten, hohen Farben seine Kokos, seine Federn und seinen Körper. Und laßt diese Bildnerei aus den willkürlichsten Formen bestehn, sie wird ohne Gestaltsverhältnis zusammenstimmen, denn *eine* Empfindung schuf sie zum charakteristischen Ganzen.«[70] Die Einheit der charakteristischen Kunst ist mit ihrem Weltbezug gegeben. Dieser Rückgang auf eine Schöpfungshandlung erweist sich als eine tiefe Bestimmung, der eine solche Weite der einbezogenen Gegenstände entspricht, wie sie sich erst im 20. Jh. durchsetzen wird.

Zunächst schränkt eine vermittelnde Kritik, die

---

66 DE PILES, Cours de peinture par principes (Paris 1708), 201.
67 Vgl. CHARLES PERRAULT, Parallèle des Anciens et des Modernes en ce qui regarde l'Architecture, la Sculpture, et la Peinture (1688), in: Perrault, Parallèle des Anciens et des Modernes en ce qui regarde les Arts et les Sciences (München 1964), 143, 149, 153.
68 Vgl. DU BOS, Bd. 2 (1770), 341.
69 GOETHE, [Rez.] J. G. Sulzer, Die schönen Künste in ihrem Ursprung, ihrer wahren Natur und besten Anwendung (1772), in: GOETHE (BA), Bd. 19 (1973), 25.
70 GOETHE, Von deutscher Baukunst (1773), in: GOETHE (BA), Bd. 19 (1973), 35 f.

mit Johann Gottfried Herders *Plastik* (1778) beginnt, das ideale Formgesetz auf die Bildhauerei ein, während die Malerei naturnah sein darf, kommt also zu einer polaren Gliederung des Kunstsystems. Diese pragmatische Teilung entspricht der vorwiegenden zeitgenössischen Erscheinungsform der beiden Künste, setzt aber doch insofern zur Überwindung aller Idealität an, als der Vorwurf der Malerei, die empirische Natur, selbstverständlich auch den Menschen umfaßt, der folglich als Kreatur erscheint, als »Krüppel«[71], wie Herder auffallend hart sagt, um keinen Zweifel über die Konsequenzen dieser Blickwendung aufkommen zu lassen.

Daß alle Bemühung, im Geiste der alten Werke zu arbeiten, erfolglos bleiben muß, daß die neuen Antiken ihre moderne Entstehung nicht verleugnen können, das wird von der sensualistisch-naturalistischen und später auch von der romantischen Kritik sehr scharf gesehen. So wendet sich Johann Jakob Wilhelm Heinse während seiner italienischen Reise, eben weil er die echte Antike liebt, gegen deren Nachahmung, da diese immer frostig ausfallen müsse: Bei Anton Raphael Mengs komme alles »von todten Formen, den Antiken« her: »man bleibt kalt dabey, nichts ist von innerm Leben erfüllt«[72]. Der Rezeption bleibt die Antike lebendig, kann aber der Produktion kein Vorbild bieten: »Dieß voreilige, ich mag wohl sagen, sinnlose Abreißen der Antiken ist die Hauptquelle, woraus die andern Uebel entspringen.«[73] Und Bernhard Joseph Docen verwandelt den Tadel des inzwischen zum Klassizismus bekehrten Goethe, daß die Neueren den Alten nachzufolgen zwar versicherten, in Wahrheit aber ganz andere Wege gingen, in die unwillkürliche Einsicht einer geschichtlichen Notwendigkeit.[74] Damit hat Docen den gebrochenen, sentimentalisch-historistischen Charakter des Klassizismus genau erkannt.

Die endgültige Überwindung der normativen Doktrin mußte auf deren eigenstem Gebiet, der Skulptur, geschehen, sie verdankt sich Aloys Hirts Bestimmung, daß nicht Idealität und Schönheit das adäquate Maß der Antiken seien, sondern »Karakteristik« und »bestimmte Individualität«[75]. Das »Schönheits- und Milderungsprinzip«[76] des Klassizismus, in Hirts Diktion schon ganz in einen Entlarvungsbegriff umgeschlagen, mache jegliches Werk fade und bedeutungslos. Immer wieder wird der formalistische Aspekt betont. Für Johann Gottfried Schadow ist Idealisieren ein Dichten nach vorgegebenen »Endreimen«, ein sogenanntes ›boutrimé‹, eine Konvention, »wobei der wahren Gestalt, Charakteristik und Form der Dinge wenig gedacht wird«[77]. Und für Joseph Anton Koch ist diese vorgegebene Form ein »allgemeiner, konventioneller, charakterloser Schönheitsstempel«[78].

Sobald aber die Idealität durch das Charakteristische als zentrale Bestimmung bildender Kunst abgelöst wird, ändert sich das gesamte Bezugssystem. Während das Ideal immanent begrenzt und singulär ist, stellt Charakter eine Bestimmung dar, die keine systematische Abgeschlossenheit kennt, vielmehr grundsätzlich offen bleibt und auf eine unerschöpfliche Vielfalt der Charaktere weist, mit der also grundsätzlich eine unaufhaltsame Dynamisierungstendenz des Begriffs bildende Kunst einhergeht. Malerei, viel später auch die weitaus exklusivere Bildhauerei, daneben, den wissenschaftlich-technischen Entwicklungen folgend, die nun den klassischen Formgesetz entbundene Architektur werden als grundsätzlich wandelbare Sprachen begriffen, die um so besser sind, je ge-

---

71 HERDER, Plastik (1778), in: HERDER, Bd. 8 (1892), 17.
72 JOHANN JAKOB WILHELM HEINSE, Von der italienischen Reise (1780–1783), in: Heinse, Sämtliche Werke, hg. v. C. Schüddekopf, Bd. 8/2 (Leipzig 1925), 4.
73 HEINSE an Johann Wilhelm Ludwig Gleim (Mai-Juli 1777), in: ebd., Bd. 9 (Leipzig 1904), 334.
74 Vgl. BERNHARD JOSEPH DOCEN, Irrungen der modernen Kunst, oder etwas über den Bildhauer Canova, in: Aurora, eine Zeitschrift aus dem südlichen Deutschland 2 (1805), 71.
75 ALOYS HIRT, Versuch über das Kunstschöne, in: Die Horen 3 (1797), 34.
76 HIRT, Ueber die Charakteristik, als Hauptgrundsatz der bildenden Künste bei den Alten, in: Berlinisches Archiv der Zeit und ihres Geschmacks 4 (1798), 444.
77 JOHANN GOTTFRIED SCHADOW, Ueber einige, in den Propyläen abgedruckte Sätze, die Ausübung der Kunst in Berlin betreffend, in: Eunomia. Eine Zeitschrift des neunzehnten Jahrhunderts 1 (1801), 489.
78 JOSEPH ANTON KOCH, Moderne Kunstchronik. Briefe zweier Freunde in Rom und der Tartarei über das moderne Kunstleben und Treiben; oder die Rumfordische Suppe (1834; Leipzig/Weimar 1984), 109.

nauer und unmittelbarer sie dem geistig-emotionalen Impuls des Künstlers folgen. Dieser Impuls aber wird mehr und mehr mit dem Zeit- und Geschichtsbewußtsein in Verbindung gebracht.

Während unter dem Paradigma idealer Figuralität die einzelnen Kunstmittel auf ihre harmonische Verbindung in einer streng bestimmten Werktotalität bezogen bleiben, kann jetzt jeder Gestaltungsaspekt für sich in den Vordergrund treten und bedeutungskonstitutiv werden. An die Stelle größtmöglicher Geschlossenheit und vorgegebener Notwendigkeit tritt das Prinzip der Diversifikation der Möglichkeiten und – als logische Folge – das Prinzip der individuellen Exploration der Gestaltungsmittel, an die sich bald auch die Exploration der Medien anschließen wird. Ein bis heute andauernder Prozeß der Neuerungsdynamik und zugleich der Erweiterung, ja Entgrenzung des Begriffs bildende Kunst setzt ein. In dieser Tendenz ist unschwer die alle statischen Voraussetzungen und traditionellen Hierarchien beiseiteräumende Steigerungsdynamik der Moderne zu erkennen. Wie deutlich der Einschnitt ist, zeigt das hiermit verbundene Ende des großen Traditionszusammenhangs der Alten Meister, die von Giotto bis Tiepolo, von Jan van Eyck bis Goya der einheitlichen Aufgabe folgten, die Darstellung von Mensch und Welt im Kunstschein des Konkreten immer reicher, differenzierter, vielseitiger auszubilden. Die Verabschiedung der Totalität ist jedoch kein Verlust, sondern freies Ausschreiten und Erkunden eines zuvor noch unzugänglichen Möglichkeitsraums.

Diese Entwicklung wird zuerst, wie schon bei Roger de Piles zu erkennen war, in den Überlegungen zur Landschaftskunst deutlich. Gerade sein ausgezeichnetes Verständnis der idealen Figuralkunst befähigt Georg Forster, das Besondere der Landschaftskunst zu erkennen: »Der Mangel unabänderlicher Formen hat zwar die Folge, daß es für die Landschaft kein bestimmtes Ideal geben kann; allein dagegen ist die Freiheit des Künstlers desto unumschränkter«[79]. Landschaft bedeutet von vornherein eine Vielfalt von Landschaften. Der mit der plastischen Idealität verbundene Glaube, es könne eine singuläre Wesensform geben, erweist sich zuallererst gegenüber der Landschaft als inadäquat. Landschaft erlaubt nicht nur, sie fordert sogar verschiedenste Darstellungen und treibt dadurch die Ausprägung ebenso verschiedener sinnlich-geistiger Auffassungs- und Ausdrucksweisen voran. Zudem finden die neuen Sprachen der Kunst ihr überwältigendes Vorbild und semantisches Reservoir in der ›Sprache der Natur‹, in den Formenwelten und Sinndimensionen, die sich in der Landschaft manifestieren. Vor allem die Vertiefung in die Landschaft hat am Ende des 18. Jh. die Einsicht geweckt, daß es viele Sprachen der Kunst geben könne. 1810 schlichtet Otto August Rühle von Lilienstern den Streit zwischen traditioneller und romantischer Landschaftsauffassung, indem er die verschiedenen Auffassungen unpolemisch nebeneinander stellt und in jeder eine Bereicherung sieht. Gleichzeitig spricht er auch die einzige Norm einer nichtnormativen, für die Entdeckung immer neuer Aspekte der Welt mit immer neuen Mitteln experimentierenden Kunst aus: Der Maler »darf was er kann«. Damit bringt er ein neues, bis in die Gegenwart reichendes Kriterium zur Geltung: Bildende Kunst ist nicht an Traditionen, Formbestimmungen und Regeln zu messen, bildende Kunst ist, was sich in der Kommunikation entsprechend bewährt. Die Voraussetzung dieses offenen und dynamischen Begriffs ist letzten Endes, daß sich der Mensch selbst »als ein *Werdendes* begreife«[80]. So geht in den romantischen Kunst- und Bildbegriff das geschichtliche Denken ein.

Vordergründiger zeigt sich das in der Hervorhebung des schlichtweg Neuen als eines positiven Werts. Ludwig Tieck läßt seinen Sternbald »einen neuen Weg einschlagen«[81]. Philipp Otto Runge sieht in der »Landschafterei« die Möglichkeit einer »neuen Kunst«[82]. Und für Gerhard von Kügelgen

---

79 GEORG FORSTER, Ansichten vom Niederrhein (1791), in: Forster, Werke, Bd. 2 (Berlin/Weimar 1968), 341.
80 JOHANN JAKOB OTTO AUGUST RÜHLE VON LILIENSTERN, Gelegentliche Gedanken über das Wesen der Kunst in Bezug auf die Landschaftsmalerei, in: Rühle von Lilienstern, Reise mit der Armee im Jahre 1809, Bd. 1 (Rudolstadt 1810), 443, 298.
81 LUDWIG TIECK, Franz Sternbalds Wanderungen (1798; Stuttgart 1988), 122.
82 PHILIPP OTTO RUNGE, Brief vom Februar 1802, in: Runge, Die Begier nach der Möglichkeit neuer Bilder (1840f.; Leipzig 1978), 88.

trägt der Geist der Zeit die Form, die sich »nach Regeln gestaltet, welche man vorfindet, aber auch wohl erfindet«[83]. Form ist nicht mehr eine zu entdeckende Naturgegebenheit, sondern Schöpfung des seiner Zeitgebundenheit wohlbewußten Künstlers. Zu authentischer bildender Kunst gehört die Neuerung. Allein in der Neuerung zeigt sich Leben und geschichtliches Leben. Mit Blick auf die Architektur argumentiert Schinkel: »Jedes Kunstwerk muß ein ganz neues Element bei sich haben, auch wenn es im Charakter eines schönen Stils gearbeitet ist. Ohne dieses neue Element kann es weder für den Schöpfer noch für den Beschauer ein wahres Interesse erzeugen.«[84] Woraus folgt, »daß, um ein wahrhaft historisches Werk hervorzubringen, nicht abgeschlossen Historisches zu wiederholen ist, wodurch keine Geschichte erzeugt wird, sondern ein solches Neues geschaffen werden muß, welches im Stande ist, eine wirkliche Fortsetzung der Geschichte zuzulassen«[85].

Den Vertretern der traditionsgegebenen Norm mußte sich dieser geschichtliche Begriff von bildender Kunst zur unmotivierten Extravaganz verzerren. So konstatiert Friedrich Wilhelm Basilius von Ramdohr, jede »*Lizenz*« in der wirklichen wie in der ästhetischen Welt bringe es mit sich, »daß der Nachfolger des ersten, Aufsehen machenden Revolutionärs immer seinen Vorgänger an Abenteuerlichkeit übertreffen muß, um wieder als Original zu erscheinen«[86].

Vom geschichtlichen Kunstverständnis her erscheinen auch die Großen der Vergangenheit als Neuerer. »Wenn nun die Alten«, fragt Kügelgen, »es auch immer beim alten gelassen hätten, wäre die Kunst dann fortgeschritten?«[87] Es ist diese Bewegungsdimension im Kunstbegriff, die es Carl Friedrich von Rumohr ermöglicht, Giotto als »*Neuerer*« zu charakterisieren, der seinen Zeitgenossen eine »durchaus neue Bahn«[88] vorzuzeichnen vermochte.

Neben der romantischen Kunstprogrammatik trägt auch die im Entstehen begriffene Kunstgeschichte zur Überwindung der idealistischen Voraussetzungen bei. Die Anerkennung der vorraffaelischen Kunst wie des nördlichen Naturalismus erzwingt einen allgemeineren Begriff bildender Kunst. Diese Zusammenhänge treten in William Hazlitts Artikel ›Fine Arts‹ in der *Encyclopedia Britannica* von 1824 aufs deutlichste hervor. Im weitesten Sinne alle Künste umfassend, beziehen sich die ›Fine Arts‹ im engeren Sinne auf Malerei, Skulptur, Stecherkunst und Architektur, im engsten auf Malerei und Skulptur. Zu solcher Bestimmung des Begriffsumfangs tritt die der Begriffsintension hinzu, des Prinzips der bildenden Kunst, wie es aus den Meisterwerken abzuleiten ist. Zu diesen aber rechnet Hazlitt neben den griechischen Statuen nicht nur die italienischen Maler des idealen Figuralstils, sondern auch die Holländer und Flamen sowie William Hogarth — eine polemische Aufzählung, aus der sich als Gemeinsamkeit »the immediate imitation of nature« herausstellt. Daß damit tatsächlich die zentrale Bestimmung der bildenden Kunst getroffen sei, erweist Hazlitt in ausführlicher Polemik gegen das herrschende »ideal system of art«[89], wie es in Joshua Reynolds Akademiereden, den erstmals 1778 gedruckten *Discourses on Art*, autoritativ zusammengefaßt worden war. Freilich ist es ein Mißverständnis, wenn der Unterschied zwischen den Griechen und Hogarth allein aus der Nachahmung einer unterschiedlichen Natur abgeleitet wird; immerhin stammt das Formgesetz der griechischen Skulptur von der Darstellung von Göttern und Heroen. Doch verleiht andererseits gerade dieser Naturalismus Hazlitt den

---

83 GERHARD VON KÜGELGEN, Bemerkungen eines Künstlers über die Kritik des Kammerherrn von Ramdohr, ein von Hrn. Friedrich ausgestelltes Bild betreffend (1809), in: S. Hinz (Hg.), Caspar David Friedrich in Briefen und Bekenntnissen (Berlin 1968), 175.

84 SCHINKEL an Kronprinz Maximilian von Bayern (Anfang 1840), in: Schinkel, Briefe, Tagebücher, Gedanken, hg. v. H. Mackowsky (Berlin 1922), 190.

85 SCHINKEL an Kronprinz Maximilian von Bayern (1834), in: ebd., 180.

86 FRIEDRICH WILHELM BASILIUS VON RAMDOHR, Über ein zum Altarblatte bestimmtes Landschaftsgemälde von Herrn Friedrich in Dresden, und über Landschaftsmalerei, Allegorie und Mystizismus überhaupt (1809), in: Hinz (s. Anm. 83), 181.

87 KÜGELGEN (s. Anm. 83), 175.

88 CARL FRIEDRICH VON RUMOHR, Italienische Forschungen (1827–1830; Frankfurt a. M. 1920), 255.

89 WILLIAM HAZLITT, Fine Arts (1824), in: Hazlitt, Collected Works, hg. v. A. R. Waller/A. Glover, Bd. 9 (London 1903), 377.

untrüglichen Scharfblick für die Mängel der idealisierenden Kunst. Die Auffassung des Ideals als Abstraktion von allem Besonderen, die nach Reynolds mit »neutral character and middle forms« (380) das vorbildliche Allgemeinbild des Menschen und eine verbesserte Natur gebe, erweist sich als irrgängige Lehre: »The *ideal* is not a negative but a positive thing.« (405) Die Allgemeinform bedarf der Besonderheit, andernfalls wird sie bedeutungslos. Was über die komparative Schönheit hinausgeht, führt in die Irre. Raffael und Michelangelo haben den schönen und pathetischen Menschen gebildet, und wenn die griechische Skulptur Götter darstellt, »a more perfect race of physical beings« (382), so kann man eben deswegen mit ihnen weniger sympathisieren. Auch Correggio und Tizian geben Individuen, und erst mit Guido Reni setzt die schematische Allgemeinheit ein, der die Bereicherung und Stärkung durch das Naturstudium fehlt, die also bloß akademischen Regeln und dem Phantom abstrakter Vollkommenheit folgt. Stark sind die italienischen Meister für Hazlitt überall dort, wo sie, wie Rembrandt und Hogarth, ihren individuellen Blick auf die unendlich reiche Natur zur Darstellung gebracht haben.

In Deutschland öffnet sich die frühe Kunstwissenschaft mit den Klarstellungen Rumohrs endgültig zur Vielfalt der geschichtlichen Möglichkeiten. In zuvor ungekannter Weise zeigt Rumohr, wie nachhaltig der idealistische Begriff der bildenden Kunst die Entwicklung geprägt hat, und er reflektiert in Abwehr dieses Theorieangebots ausdrücklich über die Voraussetzungen für einen »allgemeinen Begriff«[90] bildender Kunst. Die Idealitätsdoktrin weist er in allen ihren Spielarten grundsätzlich zurück. Das Ideal ist für ihn ein Schema, ein zu frostiger Konvention herabgebrachter Typus, der freilich – und damit wird das Ideal nach seinem wahren, bleibenden Wert in die neue Konzeption eingegliedert – in seinem Ursprung, in der Antike und bei Raffael, als unbefangenes Bild optimaler Entfaltung des Lebendigen zu verstehen sei. Mit Lust zur Provokation hatte Rumohr schon 1811 behauptet, daß ein Rembrandt und Ostade den Griechen näher stünden als die modernen Klassizisten mit ihrer Überheblichkeit, die Natur übertreffen zu wollen.[91]

Für Rumohr, der sich hier deutlich an Schelling anlehnt, ist jeder Kunstbegriff mit einem bestimmten Naturbegriff verbunden. Dem idealistischen Schönheitsformalismus entspricht ein frevelhaft grobes Naturverständnis, das bloß eine amorphpassive Materie und das handgreifliche Modell kennt. Dieser Formalismus hat daher auch das harte Wort von der »gemeinen Natur«[92] verschuldet. Demgegenüber kann allein der »weitumfassende Begriff der zugleich erzeugenden und erzeugten Natur« (30) die rechte Voraussetzung aller genuinen Kunstübung bieten. Erforderlich sei Kenntnis der Natur nach Gesetz und Erscheinung und ebenso das Studium ihrer bedeutsamen Züge. Aus der Überzeugung von der Lebendigkeit der Natur und ihrer alle Kunst übertreffenden immanenten Strukturiertheit erwachse jene »leidenschaftlichste Hingebung in den sinnlich-geistigen Genuß des Schauens« (46), der erst den Künstler mache: »Also ist mir bildende Kunst eine dem Begriffe, oder dem Denken in Begriffen entgegengesetzte, durchhin anschauliche, sowohl Auffassung, als Darstellung von Dingen, welche entweder unter gegebenen, oder auch unter allen Umständen die menschliche Seele bewegen und bis zum Bedürfniß der Mitteilung erfüllen. Auch ohne alle Erfahrung über die Größe ihrer Leistungen würden wir demnach schon aus ihrem Begriffe schließen müssen, daß erst die Kunst das geistige Leben und Wirken vollende; daß sie das Gebiet des Geistes erweitere und ausrunde; daß sie Wünsche und Bedürfnisse der Seele befriedige, welche der Begriff stets unerfüllt läßt.« (11) So wird das Sehen zum Zentrum einer anschaulichen Auffassung, deren Darstellung das Kunstwerk konstituiert. Die Auffassung, als Subjekt-Objekt-Relation begriffen, ist dabei »wie das menschliche Naturell überhaupt, nothwendig eigenthümlich und [...] ausnehmend mannichfaltig« (18), folglich sind auch »die Formen, welche die Darstellung erheischt, verschiedene und mehrfache« (53). So wendet sich Rumohr von der »beschränkenden Vorliebe für ei-

---

90 RUMOHR (s. Anm. 88), 10.
91 Vgl. RUMOHR, Ueber die antike Gruppe Castor und Pollux oder von dem Begriffe der Idealität in Kunstwerken (Hamburg 1812), 24.
92 RUMOHR (s. Anm. 88), 31.

genthümliche Richtungen, Schulen und Förmlichkeiten der Kunst« (10) ab und kann, zugleich Einheit und Weite seines Begriffs demonstrierend, feststellen, »daß die sittliche Anmuth vorraphaelischer Italiener, die Treue und Genüglichkeit gleichzeitiger Deutschen, der umfassende Sinn der Zeitgenossenschaft Raphaels, sogar die volle Empfindung, mit welcher die Holländer im 17. Jahrhundert sich dem Eindruck des ihnen sinnlich Vorliegenden hingegeben, ohne einige Ausnahme für gute und löbliche Richtungen der allgemeinen Kunstanlage zu achten sind« (80).

Noch weiter geht Rumohr mit der Feststellung, daß die Darstellung nicht nur dazu diene, eine vorgegebene Auffassung zu fixieren, sondern daß allein die tatsächlich zustande gebrachte Darstellung »der einzige Bürge für die Güte oder Schwäche der Auffassung selbst« (15) sei. Mit solcher Wertschätzung geht Rumohr weit über seine Zeitgenossen hinaus und arbeitet Conrad Fiedlers Verständnis des bildkünstlerischen Gestaltungsprozesses vor, daß nämlich erst im praktisch-geistigen Akt des Darstellens selbst die Auffassung zur notwendigen Entschiedenheit vorangetrieben und ausgeprägt werden kann.

Mit Recht beklagt Rumohr die Neigung der modernen Bildung »zu einer gewissen Abtötung des äußeren Sinnes« (20) und wendet sich gegen die landläufige Meinung, daß es »außerhalb des Begriffes und seiner folgerechten Handhabung überhaupt kein Geistesleben« (11) geben könne. Bildende Kunst erwächst ihm aus einer Geistestätigkeit, die er mit einem offenbar von ihm geprägten Wort »das anschauliche Denken« (81) nennt. Weder »Imagination« noch »Contemplation« könnten die bildende Kunst begründen: »Das anschauliche Denken aber, wenn diese Begriffsverbindung mir zugestanden wird, vermag eben sowohl sich in Tiefen zu versenken, als auf der Oberfläche zu verbreiten; ist eben sowohl der strengsten Folge, als eines muntern Ueberspringens fähig. Diese Geistesart ist demnach gleichsam ein zweytes Bild, der Spiegel des gesammten Geisteslebens; wenn nicht gar das Ursprüngliche selbst, wie die älteste Philosophie und der Umstand anzudeuten scheint, daß alle sehr alte, oder durch den Verbrauch nicht abgeschliffene Sprachen dessen Aufdruck bewahrt haben.« (81) Wenn die abstrak-

testen Denkbestimmungen nur durch anschauliche Metaphern bezeichnet werden können, sollte bildende Kunst nicht nach der Nähe zum Begriff geschätzt werden, sondern nach der dem Sehen selbst immanenten Geistigkeit.

Damit bildende Kunst diese sinnlich-geistige Dimension gewinnt, kommt es weniger auf die formelle Richtigkeit der Naturdarstellung an als auf ausdrucksvolle, sprechende Züge: »Denn setzen wir, was auf einer gewissen Höhe der Kunstbildung nicht wohl zulässig ist, daß der Künstler entweder der einen, oder auch der anderen entsagte, so entbehrte er offenbar mit geringerem Nachtheil der Richtigkeit, als der Fülle.« (46) Damit legitimiert Rumohr die bewußte, weil eine Ausdrucksabsicht verfolgende Abweichung vom organischen Naturvorbild zwar noch nicht für die eigene Zeit, wohl aber für die ältere, der Renaissance vorhergehende Kunst. Ein solcher Vorgriff war zuvor schon Goethe gelungen, wenn auch nur ein einziges Mal, als er die gedrungenen Proportionen eines archaischen Reliefs würdigte: »Das Auge hat einen anmaßlichen Verstand hinter sich, der wunder meint, wie hoch er stehe, wenn er beweist, ein Sichtbares sei zu lang oder zu kurz.«[93]

Es sind Ansätze solcher Art, die mehr oder weniger unausgesprochen der Kunstgeschichte des 19. Jh. und der frühen Moderne zugrunde liegen und 1914 von Clive Bell zusammengefaßt wurden: »What quality is common to Sta. Sophia and the windows at Chartres, Mexican sculpture, a Persian bowl, Chinese carpets, Giotto's frescoes at Padua, and the masterpieces of Poussin, Piero della Francesca, and Cézanne? Only one answer seems possible – significant form. In each, lines and colours combined in a particular way, certain forms and relations of forms, stir our aesthetic emotions. These relations and combinations of lines and colours, these aesthetically moving forms, I call ›Significant Form‹; and ›Significant Form‹ is the one quality common to all works of visual art.« Diese ›significant form‹ Clive Bells ist der Architektur ebenso eigen wie der realistischen Malerei, zeigt aber eine

---

[93] GOETHE, Relief von Phigalia (1818), in: GOETHE (BA), Bd. 20 (1974), 163.

besondere Nähe zur »wilful distortion«[94], weil hier die ausdrucksstiftende visuelle Differenzqualität besonders deutlich hervortritt. Auch wird hier klar, daß die ›significant form‹ nicht imitierte Form ist, sondern eine Schöpfung eigenen Rechts, die sich in einem unendlich reichen Möglichkeitsfeld vollzieht.

VII. Produktion der Wirklichkeit

Von Hazlitts und Rumohrs Bemühungen um einen adäquaten Begriff wird zunächst nur die Kritik am Idealismus und die Wertschätzung des Realismus weitergeführt, die Kultivierung des Sehens tritt erst Jahrzehnte später wieder in den Mittelpunkt. Als Reaktion auf die Anekdotenmalerei hebt Adolph Bayersdorfer am Künstlertum der alten Meister die »Nachdrücklichkeit ihres Sehens«, die »Wucht und Fülle ihrer bildlichen Phantasie«[95] hervor. Karl Hillebrand rät, man möge sich »ernstlich anstrengen, *sehen zu lernen*«[96]. Und Hans von Marées behauptet: »Sehen lernen ist Alles.«[97] Diese Denkrichtung hat Conrad Fiedler zu einer Theorie gefügt, die einen entscheidenden Wendepunkt in der Begriffsgeschichte darstellt: Bildende Kunst ist nicht Nachahmung einer schon fix und fertig vorhandenen, bereits anderweitig bekannten Wirklichkeit, geschweige daß sie diese aus eigener Machtvollkommenheit verbessern könnte, bildende Kunst klärt vielmehr erst die verworrene, unstrukturierte Sichtbarkeit und schafft auf diese Weise die Optik unserer Wahrnehmung. Damit ist

---

[94] CLIVE BELL, Art (1914), in: Ch. Harrison/P. Wood (Hg.), Art in Theory 1900–1990. An Anthology of Changing Ideas (Oxford/Cambridge 1992), 113 f.
[95] ADOLPH BAYERSDORFER, Neue Kunstbestrebungen in München (1874), in: A. Bayersdorfers Leben und Schriften. Aus seinem Nachlaß, hg. v. H. Mackowsky/A. Pauly/W. Weigand (München 1902), 210.
[96] KARL HILLEBRAND, Ueber Publicum und Quellen der Popularität, in: Die Gegenwart 4 (1875), 76.
[97] Zit. nach KARL VON PIDOLL, Aus der Werkstatt eines Künstlers. Erinnerungen an den Maler Hans von Marées aus den Jahren 1880–81 und 1884–85 (1890; Luxemburg 1908), 3.
[98] CONRAD FIEDLER, Schriften über Kunst, Bd. 1 (München 1913), 310 f.

gleichermaßen das Konzept der realistisch-naturalistischen wie das der idealistischen, auf die innere Wesensform gerichteten Mimesis beiseite gestellt. Während die Wissenschaft von der Anschauung zur Begriffsbildung weitereilt, auch das gefühlsmäßig-praktische Verhalten sich nur soweit des Anschaulichen bedient, wie es die Realisierung seiner Zwecke erfordert, findet die bildende Kunst in der »Unendlichkeit der anschaulichen Auffassung der Welt« ihre spezifische Lebenssphäre. Diese Unendlichkeit ergibt sich daraus, daß »dem Menschen kein Mittel zu Gebote steht, durch das er den gesamten Wirklichkeitsgehalt eines Dinges in einen gemeinsamen Ausdruck zu fassen vermöchte«, daß vielmehr »jeder Wirklichkeitsbesitz, in je bestimmteren und vollendeteren Formen er sich darstellt, um so einseitiger sein muß«[98]. Sehen kennt keine Wesensform, es ist immer Aspektsehen.

Noch deutlicher als Rumohr stellt Fiedler klar – und damit betritt er Neuland –, daß Sehen ein integraler Bestandteil praktischen Bildens und Arbeitens ist, daß es in der bildenden Kunst um eine unauflösliche Wechselbeziehung von Sehen und praktischen Formen geht. Das Auge vermag sein eigenes Werk, die von ihm begonnene Klärung der Welt, nicht aus eigener Kraft zu vollenden: »Was ist alles Schauen und Vorstellen im Vergleich zu der Entwickelung, die dieses Schauen und Vorstellen in der bildnerischen Tätigkeit findet?« (293) Deshalb muß die »unberechtigte Scheidung zwischen geistigem und körperlichem Tun« (292) aufgegeben werden. Bildende Kunst beruht auf einer anschaulich-praktischen Tätigkeit, in der in ein und demselben Akt eine Sehform ausgeprägt und zur Darstellung gebracht wird. Der »künstlerische Vorgang« ist nichts anderes »als ein nicht mehr bloß durch die Augen, sondern durch den ganzen handelnden Menschen vollzogenes Sehen« (324). Die Performanz ist gegenüber der Mimesis das übergreifende Moment. Die »Wahrnehmung durch das Auge« gibt nur erste Hinweise zu »einem Reiche der Sichtbarkeit, in welches nicht mehr Auge, sondern nur die Sichtbares gestaltende Tätigkeit vordringen kann« (326). Allein eine so verstandene »Arbeit des Sehens« (146) vermag das bisherige Anschauungsvermögen zu übertreffen, kann zur Konvention gewordene Optik überwinden, die als naturgegebenes Bild der Wirklichkeit mißverstanden wird, solange sie ungestört und unreflektiert bleibt.

Wie Goethe und Rumohr bedenkt auch Fiedler die Beziehung seines Kunstbegriffs zur kunstgeschichtlichen Forschung. Erst eine neue »Formulierung des Kunstbegriffs«, die der kopernikanischen Wende Kants entspricht, könne eine Wissenschaft ermöglichen, die »die Kunstwerke in der Sprache zu lesen sich bemüht, in der sie geschrieben sind«[99] – ein Programm, das Heinrich Wölfflin mit seiner Kunstgeschichte als Geschichte der Sehformen zumindest für Renaissance und Barock realisiert hat. Wenn Fiedler bildende Kunst als »Produktion der Wirklichkeit« definiert, so meint er diese Sehformen, die sich als abhängige Variable der Entwicklung neuer Darstellungsformen herausgebildet haben.

Daß Fiedler die Sehformen im Kunstwerk zu »möglichster Annäherung an die Natur«[100] rückgebunden wissen will, ändert nichts daran, daß sein Prinzip viel tiefer wurzelt und weiter reicht. Fiedler bietet eine genetische Definition der bildenden Kunst neuer Art. Der mit der Nachahmung der Natur vorgegebene feste Rahmen wird gesprengt. Bildkünstlerische ›Produktion der Wirklichkeit‹, zumal näher bestimmt durch Fiedlers entschiedene Absage gegenüber Naturalismus und Idealismus, ist offen nicht nur zur Abweichung von der Naturrichtigkeit, sondern impliziert die souveräne Setzung von Wirklichkeit schlechthin. In der neuen Wertschätzung der Kunstmittel liegt bereits die Abwendung vom Kunstschein des Konkreten, ist die Tendenz zur Ausstellung der Mittel angelegt, wie sie etwa gleichzeitig Paul Cézanne, Vincent van Gogh und Paul Gauguin erproben, woraus schließlich die Emanzipation der Mittel von der mimetischen Aufgabe, die Abstraktion, hervorgehen wird. Bildende Kunst, genetisch definiert als Formungshandlung, die neues Sehen durch die Interaktion nicht nur mit der Welt, sondern vornehmlich mit einem Material gewinnt, das bald seine vermeintliche Naturgegebenheit verlieren wird, wandelt sich zum experimentierenden Vorgriff ins Offene, wird als exploratives Probehandeln und als Extrapolation begriffen. Es entsteht eine auf die Ausdrucksmittel selbst gerichtete Entdeckungsdynamik.

Fiedlers Begriff erwächst aus einem gegenwartskritischen Impuls. Daneben stehen kunstwissenschaftliche Bemühungen, noch die befremdlichsten historischen Kunstformen in ihrer Besonderheit ernstzunehmen und in die Einheit des Begriffs zu retten. Damit muß sich dieser Begriff selbst erheblich ändern. Das Feld der Möglichkeiten, schon von der Idealitätsdoktrin stillschweigend durch einen Gegensatz, nämlich den von Mannigfaltigkeit und Ideal, bestimmt, ist nur noch durch eine ausdrücklich polare Definition zu umfassen. Für Alois Riegl steht hinter den konträren Erscheinungsformen des Haptischen und Optischen[101] ein Kunstwollen, das den Formwandel, mag ihm auch eine innere Strebigkeit innewohnen, letztlich nach Maßgabe eines gewandelten Wirklichkeitsverhältnisses bewirkt. Die Abwendung der spätrömischen Kunst von der plastischen Idealität ist daher kein Verfall, sondern als Ergebnis einer geänderten Einstellung gleichermaßen genuine Kunst. Diese Absage an die Normativität ist zugleich Zustimmung zu Erscheinungsformen der Kunst, die weit über das hinausgehen, was Rumohr in den Kunstbegriff aufgenommen hat, nämlich bis zu allen Formen des Antinaturalismus. So steht für Wilhelm Worringer der naturnahen und der idealen Kunst, die jetzt bezeichnenderweise zusammenrücken, weil sie beide auf Einfühlung und einem glückhaften Weltverhältnis basieren, eine naturferne, weltverneinende, geometrische Kunst gegenüber, die Ausdruck des Abstraktionsdrangs, der aus Weltangst erwachsenen Distanzierung ist. Und er läßt keinen Zweifel daran, daß die Gewichte keineswegs gleich verteilt sind: Die Kunstübung, die auf organische Schönheit zielt, realisiert sich allein in der europäisch-humanistischen Tradition von der Antike bis zum Impressionismus, alle andere Kunst ist von abstraktiven Tendenzen geprägt. Die »absolute Abstraktion« ist freilich selten, meist kommt es, wie in der mittelalterlichen Skulptur, zu einem Zusammenspiel der beiden Richtungen, zur »ex-

---

99 FIEDLER, Vorwort, in: Julius Meyer, Zur Geschichte und Kritik der modernen deutschen Kunst, hg. v. C. Fiedler (Leipzig 1895), XVII, XVIII.
100 FIEDLER (s. Anm. 98), 180, 323.
101 Vgl. ALOIS RIEGL, Spätrömische Kunstindustrie (1901; Darmstadt 1987), 32–35.

pressiven Abstraktion«[102], zu jener spannungsvollen Darstellungsweise, die sich im Dienste des Heraushebens ausdrucksvoller Aspekte aller Naturrichtigkeit entschlägt und im abstraktiv-geometrischen Gestaltungsgesetz immer auch eine architektonische Komponente aufweist. Diese gleichermaßen freie wie wirklichkeitsbezogene Ausdrucksweise, die im Zentrum des expressionistischen Begriffs von bildender Kunst steht und in Clive Bells ›significant form‹ eine Analogie findet, die, noch allgemeiner, auch die Kunst der Einfühlung umfaßt, trägt zur weiteren Diversifikation der Bildsprachen bei.

Gleichzeitig mit dem freieren Gegenstandsbezug wird, aufbauend auf demselben physiognomischen Ausdruckskriterium, die Abstraktion von aller Gegenständlichkeit möglich, so daß es zu einem neuen durchgreifenden Formparadigma der bildenden Kunst kommt. 1898 verkündet August Endell: »Es giebt eine Kunst, von der noch niemand zu wissen scheint: Formkunst, die der Menschen Seelen aufwühlt allein durch Formen, die nichts Bekanntem gleichen, die nichts darstellen und nichts symbolisieren, die durch frei gefundene Formen wirkt, wie die Musik durch freie Töne. Aber die Menschen wollen noch nichts davon wissen, sie können nicht genießen, was ihr Verstand nicht begreift, und so erfanden sie Programmusik, die etwas bedeutet, und Programmdekoration, die an etwas erinnert, um ihre Existenzberechtigung zu erweisen. Und doch kommt die Zeit, da in Parken und auf öffentlichen Plätzen sich Denkmale erheben werden, die weder Menschen noch Tiere darstellen, Phantasieformen, die der Menschen Herz zu rauschender Begeisterung und ungeahntem Entzücken fortreißen werden.«[103]

Wassily Kandinsky führt diese um 1900 von mehreren Autoren ausgesprochene Idee zu ihrem logischen Schluß. Die abstrakte Kunst sieht Kandinsky legitimiert durch den unmittelbaren Stimmungsanklang von Form und Farbe, in denen sich, wie in der Musik, der aller Erscheinung zugrundeliegende geistige Weltrhythmus ausspreche. Zugleich erkennt er in der Abstraktion die äußerste Verallgemeinerung aller möglicher Formen; die Einheit der bildenden Kunst ist somit durch die abstrakte Formgesetzlichkeit gesichert. Mit dieser Auffassung bildkünstlerischer Form wird bildende Kunst grundsätzlich neu bestimmt. Damit zeichnen sich drei Epochen des bildkünstlerischen Formverständnisses ab: Unter der Vorherrschaft des Idealismus gehorcht die bildende Kunst der regulativen Idee einer anthropomorphen Totalität, hinter die die antike Vorstellung eines geschlossenen Kosmos steht. Unter der Vorherrschaft des Empirismus richtet sich die bildende Kunst auf die mannigfaltigen Erscheinungsformen einer als unendlich und unerschöpflich begriffenen Welt. Bleibt so der gegenstandsbezogenen bildenden Kunst ein Formenreservoir vorgegeben, im ersten Fall streng begrenzt, im zweiten äußerst reich, so kann jetzt erstmals Form völlig frei gesetzt werden: Zur abstrakten Kunst gehört das Universum aller denk- und herstellbaren Formen. Dieses Universum zu erkennen, die Grundlagen eines kohärenten Formsystems als Voraussetzung einer Kompositionslehre zu suchen, die wahrhaft universell sein, so etwas wie einen »Generalbaß«[104] der Malerei bieten könnte, wie Kandinsky, auf Goethe anspielend, formuliert, ist daher die ein wesentliches Bestreben des Begründers der abstrakten Kunst. Diese Aufgabe ist jedoch nicht allein von der bildenden Kunst zu bewältigen, da das Universum der Formen auch von den mathematisch-naturwissenschaftlichen Disziplinen (man denke an die überraschenden Ausblicke, die neuerdings von der fraktalen Geometrie geboten werden) und der Technik, die mit neuen Materialien und Medien auch neue Formen ermöglicht, geschichtlich konstituiert wird. Die »Sichtbares gestaltende Tätigkeit«[105], in der Fiedler die Voraussetzung der bildenden Kunst sah, ist nicht nur die des Künstlers, es ist die den Naturgegenstand formierende Arbeit überhaupt, im 20. Jh. also auch die der maschinellen Großindustrie mit den von ihr entwickelten apparativ-medialen Möglichkeiten (denen im 19. Jh. bereits die Fotografie vorausging). So kommt es, daß Kandinskys *Über das Geistige in der*

---

102 WILHELM WORRINGER, Abstraktion und Einfühlung (1908; Leipzig/Weimar 1981), 33, 98.
103 AUGUST ENDELL, Formkunst, in: Dekorative Kunst 1 (1898), 280.
104 WASSILY KANDINSKY, Über die Formfrage (1912), in: Kandinsky, Essays über Kunst und Künstler (Bern 1973), 37.
105 FIEDLER (s. Anm. 98), 326.

Kunst (1911) bei einer sehr allgemeinen Polaritätenlehre stehenbleibt und *Punkt und Linie zu Fläche* (1926) zwar axiomatisch angelegt ist, jedoch nur eine Auswahl derjenigen Grundformen und -farben sowie deren Beziehungen bietet, die dem Künstler besonders sprechend erscheinen.

Im Gegensatz hierzu sind Paul Klees *Beiträge zur bildnerischen Formlehre*, seine 1921-1922 am Bauhaus gehaltenen Vorträge, im Bewußtsein der Unmöglichkeit strenger Axiomatik durchgängig metaphorisch strukturiert.[106] Das dargestellte System steht ironisch-gleichnishaft für das nie zu umspannende, nie systematisch durchschaubare Ganze der Formenwelt und der damit verbundenen Bedeutungen. Weder ist den Formen und Farben ihr Sprechendes auszutreiben, noch läßt sich dies zu eindeutiger Bestimmtheit bringen. In noch höherem Maße muß die Beziehung zur natura naturans metaphorisch bleiben, so daß sich als einzig greifbare primäre Wirklichkeit die »schöpferische Elementarhandlung kat'exochen«[107] herausstellt: Es ist die souverän gesetzte, differenzierte Form, die allem Heraufrufen eines Natureindrucks voraufgeht und zugleich einen freien Konstruktionsraum eröffnet.

Welche Kraft zur Synthese in der naturanaloggenetischen Konstruktion steckt, wird klar, sobald Klees Gestaltungslehre als Grundlagenforschung für den von Walter Gropius beschworenen »Baugeist« erkannt wird, der die bildenden Künste im Bauhaus zu einer praktischen Einheit führen sollte, mehr noch: der durch die Beziehung zu Handwerk und Industrie den beispielhaften Vorgriff auf eine sich selbst durchsichtige, mit ihrem Arbeits- und Gestaltungsvermögen verantwortlich umgehende Gesellschaft ermöglichen sollte: »Ein lebendiger Baugeist, der im ganzen Leben eines Volkes wurzelt, umschließt alle Gebiete menschlicher Gestaltung, alle ›Künste‹ und Techniken in seinem Bereich.«[108] Der »objektive Grundbestand der Form- und Farbelemente und der Gesetze, denen diese unterworfen sind« (299), ist die gemeinsame Voraussetzung des Handwerks und aller aus ihm erwachsener bildender Künste. Diese sollen wieder werden, was sie einst, in den stileinheitlichen Epochen waren: »unablösliche Bestandteile der großen Baukunst«[109]. So begreift Gropius bildende Kunst vor dem allgemeineren Hintergrund von Hand-

werk und Industrie als »bildnerische Arbeit«[110], als formbildende Tätigkeit von universeller Anwendbarkeit.

Die Gründer der abstrakten Kunst sehen in ihr eine Erweiterung des bisherigen Begriffs und lassen daher die gegenständliche Malerei und Plastik ausdrücklich gelten. So konstatiert Klee 1923: »Die Errungenschaft der Erforschung der Erscheinung braucht deswegen nicht unterschätzt zu werden, sie ist nur zu erweitern.«[111] Diese Erweiterung aber läßt die Naturnachahmung in einem neuen Licht erscheinen. In Klees Vortrag *Über die moderne Kunst* (1924) wird die abstrakte Kunst zur Voraussetzung aller Mimesis: »Denn jedes Gebilde von höherer Gliederung ist geeignet, mit einiger Phantasie zu bekannten Gebilden der Natur in ein Vergleichsverhältnis gebracht zu werden.«[112] Naturnachahmung wird hier und in Klees *Pädagogischem Skizzenbuch* (1925) erkennbar als keineswegs selbstverständliches, gewissermaßen natürliches Verfahren, sondern als eine Konstruktionsleistung besonderer Art.

Das Prinzip dieses Konstruierens ist von Ernst H. Gombrich in *Art and Illusion* (1960) am Beispiel der zentralperspektivisch-illusionistischen Darstellungsweise bestätigt und eingehend analysiert worden: »Before the artist ever wanted to match the sights of the visible world he wanted to create things in their own right.« Zuerst muß ein Schema entworfen werden, bevor es mit der Wirklichkeit verglichen und korrigiert werden kann: »making comes before matching«[113]. Die Darstellung der

---

106 Vgl. PAUL KLEE, Beiträge zur bildnerischen Formlehre (1921-1922), in: Klee, Kunst-Lehre (Leipzig 1987), 91-313.
107 HOFMANN, Grundlagen der modernen Kunst (Stuttgart 1978), 421.
108 WALTER GROPIUS, Idee und Aufbau des Staatlichen Bauhauses (1923), in: D. Schmidt (Hg.), Manifeste Manifeste 1905-1933 (Dresden 1965), 290.
109 GROPIUS, Programm des Staatlichen Bauhauses in Weimar (1919), in: ebd., 234.
110 GROPIUS (s. Anm. 108), 292.
111 PAUL KLEE, Wege des Naturstudiums (1923), in: Klee (s. Anm. 106), 67.
112 KLEE, Über die moderne Kunst (1924), in: ebd., 77.
113 ERNST H. GOMBRICH, Art and Illusion. A Study in the Psychology of Pictorial Representation (1960; London 1996), 99.

gegenständlich-räumlichen Wirklichkeit erfordert eine Transposition, in der semiotische und wahrnehmungspsychologische Gesetzmäßigkeiten ineinandergreifen. Unumgängliche Voraussetzung ist »the creation of certain visual effects which were discovered by trial and error in certain societies under the pressure of novel demands made on the image«. Daß aber mit bestimmten lehrbaren und bald zur Konvention herabgesetzten Verfahren, »certain devices«, ja »certain easily acquired tricks«, die Effekte der Naturnähe eintreten, »the impression of depth, of sheen, or of facial expression«[114], garantieren die im Betrachter wirksamen Erwartungen, dessen eigene Strukturierungsleistungen, die als wahrnehmungspsychologische Gesetze faßbar werden. Durch das genau kalkulierte Zusammenspiel solcher Verfahren ist die zentralperspektivische Darstellungsweise anderen Abbildungsmethoden der räumlich-gegenständlichen Wirklichkeit in bezug auf sachliche Treue und die mit der Illusion gegebene Evidenz zweifellos weit überlegen. Allerdings hat Gombrich die meist von Künstlern erzielten Fortschritte der Darstellung im technischen Sinne nicht klar genug von der auf ihr aufbauenden Kunstleistung unterschieden, den Eigenwert nichtnaturalistischer Darstellungsverfahren für andere Funktionen der Kunst nicht hinreichend herausgestellt und sich damit den berechtigten Vorwurf konservativer Blickverengung eingehandelt.

In welch hohem Maße die Wahrnehmungspsychologie zur Vertiefung des Begriffs bildende Kunst beizutragen vermag, wird auch bei Rudolf Arnheim deutlich. Ausgehend von der Gestaltpsychologie, interessiert Arnheim vor allem der Ausdruck der elementaren bildnerischen Mittel, so daß die Einheit von Malerei, Plastik und Architektur deutlich in den Vordergrund tritt. Der Vorrang des Ausdrucks, der Vorrang physiognomischer Eigenschaften in der Wahrnehmung der Wirklichkeit ist anthropologisch tief verwurzelt. »Our senses are not self-contained recording devices operating for their own sake. They have been developed by the organism as an aid in properly reacting to the environment. The organism is primarily interested in the forces that are active around it – their place, strength, direction. Hostility and friendliness are attributes of forces. And the perceived impact of forces makes for what we call expression.« Noch die einfachsten Muster erscheinen als »dynamic landscape«[115], als energiegeladenes Kraftfeld und eben dadurch ausdruckshaft. So findet der Stimmungsanklang von Formen und Farben, in dem schon Vischer das ästhetische Grundphänomen bildender Kunst sah, endlich seine naturwissenschaftliche Erklärung. Was Klees *Beiträge zur bildnerischen Formlehre*, inspiriert von frühen gestaltpsychologischen Arbeiten, spielerisch-intuitiv versuchen, bringt Arnheims *Art and Visual Perception. A Psychology of the Creative Eye* (1954, revidierte Fassung 1974) in ein wissenschaftliches System. Darüber hinaus ist für beide der universale Begriff bildkünstlerischer Form nicht nur ohne Emotion undenkbar, sondern auch – und das ist keineswegs selbstverständlich – offen zur Intelligenz. Mit *Visual Thinking* (1969) hat Arnheim diese weitgehend ignorierte Dimension seinem Begriff bildende Kunst einverleibt.

VIII. Ausblick

Die seit Kubismus, Expressionismus und Futurismus, seit Dadaismus, Surrealismus und Konstruktivismus auf immer höheren Touren laufende Neuerungsdynamik fächert die bildende Kunst laufend in weitere Richtungen aus, doch ist mit solchem Terraingewinn im einzelnen keineswegs eine energischere oder klarere begriffliche Zusammenfassung gegeben. Daran hat auch das Ende der klassischen Moderne, das Ende des Glaubens an Fortschritt und formlogische Abläufe, der Übergang vom Artefakt zum Ereignis nichts geändert, ebensowenig die postmoderne Wendung zu einer Kunst des Zitats. Im Unterschied zu Klee und Kandinsky, die ihre Konzeptionen aus Gründen der Legitimation innerhalb eines allgemeingültigen Begriffs zu situieren und deshalb diesen Begriff näher zu bestimmen suchten, haben sich die nachfol-

---

114 GOMBRICH, Representation and Misrepresentation, in: Critical Inquiry 11 (1984), 198.
115 RUDOLF ARNHEIM, Art and Visual Perception. A Psychology of the Creative Eye (1954; London 1969), 430, 5.

genden Programme absolut gesetzt, in polemischer Abgrenzung gegenüber den anderen Richtungen (und der Vergangenheit) nicht mehr das Ganze bedacht, im einzelnen gewiß neue Möglichkeiten eruiert, doch das weitaus größere, ständig sich erweiternde Möglichkeitsfeld insgesamt längst aus den Augen verloren. Es sind vor allem die medialen Möglichkeiten, die den Begriff bildende Kunst so weit geöffnet haben, daß die Definition sich zur Beschreibung der Oberflächenphänomene entgrenzt und verwässert: »The unprecedented expansion of media in the visual arts contributed, at least in part, to the alteration of the very category of ›visual art‹, which now encompasses everything from painting and sculpture to hybrid forms in previously unthinkable materials: the human body in performance, invisible matter (gases), energy (telepathy), large-scale projects and earthworks in remote landscapes and urban centers, interventions in social and political institutions, and computer and other electronic works, including virtual reality.«[116]

Angesichts dieser Entwicklung genügt es nicht mehr, bildende Kunst vom Sichtbaren her zu definieren; die Begriffsbildung muß noch weiter ausgreifen. Läßt sich das Werk nicht mehr vom Naturgegenstand oder Industrieprodukt unterscheiden, wird der Kontext zur zentralen Bestimmung. Wie Arthur C. Danto 1964 feststellt, ist es die ›artworld‹[117], die aus den sonst vom Fabrikprodukt nicht zu unterscheidenden *Brillo Boxes* von Andy Warhol ein Kunstwerk macht. Freilich verläuft sich die von Danto angeregte, von George Dickie breit ausgeführte ›Institutional Theory of Art‹[118] bald in öde Konsequenzmacherei und erweist sich damit als bestimmungsleere Abstraktion, die aufs genaueste dem Zerfließen aller Grenzen der bildenden Kunst entspricht.

Anlaß zu kritischen Fragen gibt in der gegenwärtig weithin unklaren Situation der allenthalben zu beobachtende semantische Voluntarismus, der die Setzung von Bedeutungsrelationen für ein Spiel der Beliebigkeit hält.

Hilmar Frank

Literatur

FORSSMAN, ERIK, Die Kunstgeschichte und die Trivialkunst (Heidelberg 1975); HOFMANN, WERNER (Hg.), Kunst – was ist das? [Ausst.-Kat.] (Köln 1977); SAUERLÄNDER, WILLIBALD, Der Kunsthistoriker angesichts des entlaufenen Kunstbegriffs. Zerfällt das Paradigma einer Disziplin?, in: Jahrbuch des Zentralinstituts für Kunstgeschichte 1 (1985), 375–399; STILES, KRISTINE/SELZ, PETER (Hg.), Theories and Documents of Contemporary Art. A Sourcebook of Artist's Writings (Berkeley 1996).

116 KRISTINE STILES, General Introduction, in: Stiles/P. Selz (Hg.), Theories and Documents of Contemporary Art: A Sourcebook of Artist's Writings (Berkeley 1996), 3.
117 Vgl. ARTHUR C. DANTO, The Artworld, in: The Journal of Philosophy 61 (1964), 571–584.
118 Vgl. STEPHEN DAVIES, Definitions of Art (Ithaca, N. Y. 1991).

Bildung/Erziehung, ästhetische

(engl. aesthetic education; frz. formation, éducation esthétique; ital. formazione, educazione estetica; span. formación, educación estética; russ. эстетическое воспитание)

Einleitung: Ästhetische Bildung und Erziehung im Horizont des humanistischen Bildungsbegriffs und der pädagogischen Praxis; I. Geistesgeschichtliche Aspekte der ästhetischen Bildung und Erziehung; 1. Kultivierung der Affekte (Shaftesbury, Hutcheson); 2. Aufwertung der Sinnlichkeit und der Kunst; a) Ästhetik; b) Deutsche Popularphilosophie; 3. Vervollkommnung des Menschen und der Menschheit (Kant); **II. Die politische Dimension der ästhetischen Erziehung (Schiller); III. Bildung durch Kunst;** 1. Goethes ›Wilhelm Meister‹; 2. Wilhelm von Humboldt; **IV. Musische Erziehung als Kompensation (19./20. Jahrhundert); V. Ästhetische Erziehung und Ästhetisierung der Lebenswelt nach 1968**

Einleitung: Ästhetische Bildung und Erziehung im Horizont des humanistischen Bildungsbegriffs und der pädagogischen Praxis

Die Bestimmung der ästhetischen Erziehung geht terminologisch auf Friedrich Schiller zurück. Schiller bindet in seiner Schrift *Über die ästhetische Erziehung des Menschen in einer Reihe von Briefen* (1795) die Erziehung des Menschen und der Menschheit an den Umgang und die Erfahrung mit der Kunst. Mit dem Gedanken der ästhetischen Erziehung verbindet er nicht allein die Kultivierung der Affekte und des Geschmacks der Menschen, sondern auch die Hoffnung auf die Verwirklichung ihrer politischen Freiheit. Dieser nach wie vor aktuelle Aspekt der ästhetischen Erziehung, der von der neueren Forschung nach dem 2. Weltkrieg besonders berücksichtigt wird, war in der Rezeptions- und Wirkungsgeschichte der *Briefe über die ästhetische Erziehung* stets umstritten.

Die historische Perspektive der ästhetischen Erziehung geht, zwar nicht dem Begriff, wohl aber der Sache nach auf Platon und Aristoteles zurück.[1] In einschlägigen Lexika des 19. Jh. sucht man den Begriff vergebens. Weder das *Allgemeine Handwörterbuch der philosophischen Wissenschaften* von Wilhelm Traugott Krug (1827–1829, 2. Aufl. 1832–1838) noch das *Ästhetische Lexikon* (1835) von Ignaz Jeitteles oder die *Enzyclopädie der Ästhetik* (1834) von Wilhelm Hebenstreit kennen ein Stichwort ›Ästhetische Erziehung‹ oder ›Ästhetische Bildung‹. Krug verweist unter ›Ästhetische Erziehung‹ auf ›Geschmacks-Bildung‹. Unter ›Geschmacks-Bildung oder ästhetische Kultur‹ wird auf Schillers *Briefe über die ästhetische Erziehung* hingewiesen, die viel zur Bildung des Geschmacks beigetragen hätten, »indem diese ästhet. Erziehung im Grunde nichts anders ist, als Geschmacks-Bildung, die freilich, wenn sie gedeihen soll, mit der ganzen Erziehung des Menschen in Verbindung treten muß«[2]. Die Bildung des Geschmacks »findet bei solchen Menschen statt, in welchen der Geschmack als ästhetisches Beurtheilungsvermögen so entwickelt ist, daß sie richtig über Geschmackssachen urtheilen«. Diese Bildung beschreibt Krug derart, daß wesentliche Elemente einer ästhetischen Erziehung zur Sprache kommen: Ästhetische Bildung erlangt man »nicht durch bloßen Unterricht, auch nicht durch das Studium der Aesthetik allein, sondern durch fleißige Betrachtung und Vergleichung schöner und erhabner Werke sowohl der Natur als der Kunst […]. Wem es daher an Gelegenheit dazu fehlt, dessen Geschmack wird immer ungebildet bleiben. Zur Geschmacksbildung dient es auch, wenn man sich selbst mit der Ausübung irgend einer Kunst beschäftigt, wär' es auch nur aus Liebhaberei. Denn die Uebung in einer Kunst schärft auch das Urtheil. Daher ist es gut, wenn Kinder zeichnen, singen, declamiren, tanzen usw. lernen, ohne es gerade weit darin zu bringen, da doch nicht alle Menschen Künstler im eigentlichen Sinne werden können und sollen« (231).

Schillers *Briefe über die ästhetische Erziehung des Menschen* eröffnen die weiter gefaßte Bedeutung und Perspektive ästhetischer Bildung. Beide Begriffe gehören in den Kontext des deutschen Wor-

---

[1] Vgl. KONRAD LOTTER ›Erziehung, ästhetische und künstlerische‹, in: W. Henckmann/K. Lotter (Hg.), Lexikon der Ästhetik (München 1992), 54–57.
[2] Vgl. WILHELM TRAUGOTT KRUG, ›Geschmacks-Bildung oder ästhetische Kultur‹, in: KRUG, Bd. 2 (²1833), 232.

Einleitung: Ästhetische Bildung und Erziehung

tes ›Bildung‹, dessen Bedeutungsvielfalt über die in anderen europäischen Sprachen vorherrschende Bedeutung von ›Erziehung‹ im Sinn von Ausbildung herausgehoben und daher unübersetzbar ist.[3] ›Bildung‹ hat eine umfassendere Bedeutung als Erziehung und wird meist als Inhalt und Ergebnis von Erziehung verstanden, von etwa,»das nicht allein durch Erziehung bewirkt werden kann, sondern Selbsttätigkeit verlangt und als Sichentwikkeln geschieht«[4]. Eine scharfe begriffliche Trennung zwischen den beiden Bestimmungen hat sich bis heute nicht durchgesetzt.

›Bildung‹ entstammt ursprünglich der theologischen Sprache, hat hier die Gottebenbildlichkeit des Menschen zur Vorgabe und das Wiedereingebildetwerden in Gott als Zielvorstellung.[5] Nachdem das traditionelle christliche Verständnis des Menschen im »Wirkungszusammenhang der Bedingungen und Kräfte, die im 17./18. Jahrhundert in Europa die ›Moderne‹ heraufführen«,»von Grund auf erschüttert«[6] worden war, wurde die Frage nach der Bestimmung des Menschen neu, d. h. ohne theologische Rückversicherung aufgeworfen.

Die allmähliche Enttheologisierung der Bestimmung des Menschen, die ›Erfindung des Menschen‹ (›l'homme n'est qu'une invention récente«[7]), geht einher mit der ihm zugedachten Humanitas und ist gleichbedeutend mit einer anthropologischen Wende, in der sich die neuzeitliche Subjektivität emanzipiert. ›Bildung‹ fungiert nun als Begriff für die Entwicklung des Menschen als Menschen und erhält, orientiert an der Idee der Humanität, in der zweiten Hälfte des 18. Jh. eine emanzipatorische Funktion, die den Gedanken der ästhetischen Bildung und Erziehung nachhaltig geprägt hat.

Die Idee der Humanität, der Menschlichkeit des Menschen, die bereits in der griechischen Antike mit dem Begriff der Paideia (παιδεία), der Erziehung verbunden wurde, steht seither in der Spannung zwischen Idee und Wirklichkeit des Menschseins.[8] Die bis heute wirksame Humanitätsidee hat in der römischen Antike ihren Ursprung. Cicero entfaltet die Idee der ›humanitas‹ z. B. in *De Inventione* (1, 5) oder *De Oratore* (1, 32), und zwar im Blick auf die menschliche Kultur; der Mensch konnte sich aus einem tierähnlichen, wilden Zustand durch die doppelte Gabe der Vernunft und des Rechtsbewußtseins, durch die Fähigkeit der Rede und der Verständigung herausarbeiten.»Hoc enim uno praestamus vel maxime feris, quod conloquimur inter nos et quod exprimere dicendo sensa possumus.« (Dies eine ist doch unser wesentlichster Vorzug vor den Tieren, daß wir miteinander reden und unseren Gedanken durch die Sprache Ausdruck geben können.)[9]

Im Laufe der Geschichte kommt es zur inhaltlichen Ausprägung der Humanitätsidee als einer Gesinnung, die sowohl an der geistigen Bildung als auch an der Verwirklichung der politischen Rechte des Menschen orientiert ist. Diese Gesinnung grundiert das Humanitätsideal, wie es im 18. Jh. von Johann Gottfried Herder geradezu emphatisch dargelegt worden ist. Herders *Briefe zur Beförderung der Humanität* (1793–1797) nennen »Menschheit, Menschlichkeit, Menschenrechte, Menschenpflichten, Menschenwürde, Menschenliebe«[10] als Konnotationen für Humanität. Humanität ist so »nur in Anlagen angeboren, und muß uns eigentlich angebildet werden«. Humanität ist »der Schatz und die Ausbeute aller menschlichen Bemühungen […]. Die Bildung zu ihr […] muß unablässig fortgesetzt werden; oder wir sinken, höhere oder niedere Stände zur rohen Thierheit, zur Brutalität zurück« (138). Im 32. Brief zur Beförde-

---

3 Vgl. FRANZ RAUHUT, Die Herkunft der Worte und Begriffe ›Kultur‹, ›civilisation‹ und ›Bildung‹ (1953), in: Rauhut/I. Schaarschmidt (Hg.), Beiträge zur Geschichte des Bildungsbegriffs (Weinheim a. d. Bergstr. 1965), 11–22.
4 RUDOLF VIERHAUS, ›Bildung‹, in: KOSELLECK, Bd. 1 (1972), 511.
5 Vgl. ERNST LICHTENSTEIN, ›Bildung‹, in: RITTER, Bd. 1 (1971), 921–937.
6 HANS ERICH BÖDEKER, ›Menschheit, Humanität, Humanismus‹, in: KOSELLECK, Bd. 3 (1982), 1079.
7 MICHEL FOUCAULT, Les mots et les choses (Paris 1966), 15.
8 Vgl. HANS REINER, Humanitas I-IV, in: Die Sammlung 4 (1949), 684–693, 735–742; 5 (1950), 92–102, 208–215.
9 CICERO, De or. 1, 32; dt.: Über den Redner, lat.-dt., hg. u. übers. v. H. Merklin (Stuttgart ³1997), 59/61.
10 JOHANN GOTTFRIED HERDER, Briefe zur Beförderung der Humanität (1793–1797), in: HERDER, Bd. 17 (1881), 137.

rung der Humanität präzisiert Herder: Humanität ist »nicht bloß jene leichte Geselligkeit, ein sanftes Zuvorkommen im Umgange, so viel Reize dies auch dem täglichen Leben gewährt« (152); sie ist »ein Gefühl der menschlichen Natur in ihrer Stärke und Schwäche, in Mängeln und Vollkommenheiten [...], nicht ohne Einsicht« (153). Alle Einrichtungen der Menschen, alle Wissenschaften und Künste haben keinen andern Zweck als uns zu »humanisiren, d. i. den Unmenschen oder Halbmenschen zum Menschen zu machen, und unserm Geschlecht [...] die Form zu geben, die die Vernunft billigt, die Pflicht fodert, nach der unser Bedürfnis strebet« (153). Weitläufig ist der Gedanke der Humanität in den *Ideen zur Philosophie der Geschichte der Menschheit* (1784–1791) entwickelt. Humanität besagt »des Menschen edle Bildung zur Vernunft und Freiheit, zu feinern Sinnen und Trieben«[11]. Humanität ist der »Zweck der Menschennatur«[12]; »Betrachten wir die Menschheit, wie wir sie kennen, nach den Gesetzen, die in ihr liegen: so kennen wir nichts höheres, als Humanität im Menschen: denn selbst wenn wir uns Engel oder Götter denken, denken wir sie uns nur als idealische, höhere Menschen.« Der Mensch habe »in allen Zuständen und Gesellschaften« stets Humanität im Sinn gehabt, und er konnte nur »mit Hülfe der Erziehung eine Art Humanität lernen« (208).

Mit der Idee der Humanität, der Menschlichkeit des Menschen, ist der Gedanke der Totalität menschlicher Kräfte und Fähigkeiten verknüpft, der für die ästhetische Erziehung und Bildung ausschlaggebend geworden ist. Ästhetische Erziehung ist an der Vorstellung des ›ganzen Menschen‹ orientiert. Diese Vorstellung richtet sich kritisch gegen die einseitige Ausbildung der intellektuellen Kräfte des Menschen, die den Fortschritt der Wissenschaften und der Technik ermöglicht, aber auch durch ihn erzwungen wird. Für Herbert Marcuse liegt im Antagonismus von Sinnlichkeit und Vernunft die bewegende und prägende Kraft der westlichen Zivilisation und Kultur. Marcuse beschreibt die im wissenschaftlichen Fortschritt begründete Dynamik einer Humanisierung, die das Inhumane der Verdrängung und Versklavung der Sinnlichkeit, des Gefühls und der Triebe einschließt.[13]

Ohne entscheiden zu wollen, ob bei der Verknüpfung der Humanitätsidee mit dem Gedanken der Wiedergewinnung des ganzen Menschen von einer ›ästhetischen Humanitätsidee‹ gesprochen werden kann[14], bleibt festzuhalten, daß die politischen Humanitätsideale der Freiheit und Gleichheit, wie sie in der französischen Revolution von 1789 geltend gemacht, aber nur unzureichend verwirklicht worden sind, durchaus in den Zusammenhang der ästhetischen Bildung und Erziehung einbezogen worden sind.

Das semantische Feld des neuzeitlichen, humanistisch geprägten deutschen Bildungsbegriffs erfährt in der Rücksicht auf den ganzen Menschen eine Erweiterung durch die Forderung nach Ausbildung der sinnlichen Fähigkeiten, damit auch der Ausbildung der ästhetischen Kompetenz des Menschen, die von dem Begründer der Ästhetik als philosophischer Disziplin, Alexander Gottlieb Baumgarten, zuerst in seinen *Meditationes philosophicae de nonnullis ad poema pertinentibus* (1735), erhoben worden ist.[15] ›Ästhetisch‹ heißt, in der Konsequenz der Forderung Baumgartens, die sinnliche Beziehung zu Gegenständen, also die Wahrnehmung, die die sinnliche Beziehung, die der Mensch zu sich selbst hat, also das Gefühl. Grundsätzlich ist Erziehung im ästhetischen Bereich ein eigenständiger Bildungsprozeß, wobei unter ›Bildung‹ die als wertvoll und förderungswürdig erachtete geistige und kulturelle wie auch die kör-

---

11 HERDER, Ideen zur Philosophie der Geschichte der Menschheit, in: HERDER, Bd. 13 (1887), 155.
12 HERDER, ebd., Bd. 14 (1909), 207.
13 Vgl. HERBERT MARCUSE, One-Dimensional Man: Studies in the Ideology of Advanced Industrial Society (Boston 1964); dt.: Der eindimensionale Mensch. Studien zur Ideologie der fortgeschrittenen Industriegesellschaft, übers. v. A. Schmidt (Neuwied/ Berlin 1967), 76–102.
14 Vgl. ROMAN GLEISSNER, Die Entstehung der ästhetischen Humanitätsidee in Deutschland (Stuttgart 1988), 1–12.
15 Vgl. ALEXANDER GOTTLIEB BAUMGARTEN, Meditationes philosophicae de nonnullis ad poema pertinentibus (1735); dt.: Philosophische Betrachtungen über einige Bedingungen des Gedichts, lat.-dt., übers. und hg. v. H. Paetzold (Hamburg 1983), 85–87.

perliche Entwicklung des Menschen verstanden wird.¹⁶

Die Bestimmung der ästhetischen Erziehung im Sinne eines pädagogischen Begriffs entspricht dem ›Lernbereich Ästhetik‹, unter dessen Dach die Schulfächer Sport, szenisches Spiel (z. B. Theater), Kunst und Musik zusammengefaßt sind. Auch ›visuelle Kommunikation‹ gehört gelegentlich zum Fach ›bildende Kunst‹.¹⁷

Die Kritiker einer solchen fachlichen Zuweisung melden unter Berufung auf die humanistische Tradition der ästhetischen Bildung, insbesondere auf Schillers Konzept der ästhetischen Erziehung wie auch im Hinblick auf Baumgartens Ästhetik, den umfassend gedachten Anspruch der Ausbildung der ästhetischen Wahrnehmung an¹⁸; gefordert wird die Berücksichtigung des Erlebens und des Mitgestaltens des Alltags¹⁹; darüber hinaus wird das Ästhetische als Fundament des Lernens überhaupt geltend gemacht.²⁰

Auf diesem Hintergrund bürgert sich in der Bundesrepublik seit den 70er Jahren des 20. Jh. die Bezeichnung ›ästhetische Erziehung‹ zunehmend für einen kulturpädagogischen Entwurf ein, der eine ästhetisch-politische Erziehung intendiert und der seiner Intention nach nicht auf ein Schulfach einzugrenzen ist, wenngleich er bisher nach wie vor allein im Fach Kunst sein Praxisfeld findet.²¹ Demgegenüber ist der Gedanke einer ästhetisch-politischen Erziehung in den letzten 30 Jahren in den kommunalen wie auch in den von bürgerschaftlichem Engagement getragenen Weiterbildungseinrichtungen mit großem Nachdruck aufgenommen und in vielfältigen Kursangeboten realisiert worden.²²

Als Bezugsfelder des kulturpädagogisch orientierten ästhetischen Erziehungskonzeptes und Erziehungshandelns gelten nicht nur alle Bereiche der gestalteten und sozialen Lebenswelt, sondern auch die ritualisierten Formen ihres gesellschaftlichen Gebrauchs; dafür stehen Stichworte wie Design, Architektur, Modeverhalten, Subkultur. Erziehungshandeln bedeutet hier in jedem Fall einen Eingriff in das Sozialisationsgeschehen, das sich außerhalb der Bildungsinstitutionen im gelebten Alltag vollzieht. Ästhetische Erziehung ist in dieser Situation auf das ›Erkennen und Verändern‹ der gelebten Realität in ihrer historisch-gesellschaftlich entwickelten Komplexität gerichtet.²³

Die bildungstheoretischen Debatten, die nach 1945 in dieser Hinsicht über die ästhetische Erziehung geführt worden sind und noch geführt werden, stehen nach wie vor im Kontext der neuzeitlichen, in einer säkularisierten Welt sich erhebenden Fragen, was der Mensch sei, was er tun solle, woran er sich für sein Handeln orientieren könne. Gestern wie heute wird in diesem Zusammenhang nicht zuletzt auch die Stellung des einzelnen in der Gesellschaft thematisiert und problematisiert.

Der Gedanke der ästhetischen Bildung und Erziehung ist durch einen bis heute maßgebenden geistesgeschichtlichen Horizont geprägt, der durch die Überlappung anthropologischer, moralphilosophischer, geschichtsphilosophischer wie auch psychologischer, ästhetischer und kulturtheoretischer Aspekte gekennzeichnet ist. Eine noch zu schreibende Geschichte der ästhetischen Bildung und Erziehung, zu der bisher lediglich aus päda-

---

16 Vgl. THOMAS LEHNERER, Ästhetische Bildung, in: A. Staudte (Hg.), Ästhetisches Lernen auf neuen Wegen (Weinheim/Basel 1993), 38–43.
17 Vgl. GERT SELLE, ›Lernbereich Ästhetik‹, in: D. Lenzen (Hg.), Enzyklopädie Erziehungswissenschaft, Bd. 3 (Stuttgart 1986), 210–227; ADELHEID STAUDTE, ›Lernbereich ästhetische Erziehung‹, in: ebd., Bd. 7 (Stuttgart 1985), 369–373; HERMANN K. EHMER, Visuelle Kommunikation – Beiträge zur Kritik der Bewußtseinsindustrie (Köln 1971).
18 Vgl. HARTMUT VON HENTIG, Das Leben mit der Aisthesis (1969), in: G. Otto (Hg.), Texte zur Ästhetischen Erziehung. Kunst – Didaktik – Medien 1969 bis 1974 (Braunschweig 1975), 25 f.
19 Vgl. HERMANN K. EHMER, Einleitung, in: Ehmer (Hg.), Ästhetische Erziehung und Alltag (Gießen 1979), 7–16.
20 Vgl. GUNTER OTTO, ›Merkmale des ästhetischen Lernens‹, in: Lenzen (s. Anm. 17), Bd. 4 (Stuttgart 1985), 251 ff.
21 Vgl. STAUDTE (s. Anm. 17), 369.
22 Vgl. STEPHAN KOLFHAUS, Von der musischen zur soziokulturellen Bildung. Entwicklungen, Neuansätze und Modelle kultureller Erwachsenenbildung in der Bundesrepublik Deutschland (Köln/Wien 1986), 224–245.
23 Vgl. SELLE (s. Anm. 17), 210–213.

gogischer Sicht Elemente dargelegt worden sind[24], hätte diese Aspekte eingehender zu berücksichtigen, als es im Rahmen eines Handbuch-Artikels geschehen kann. Dabei dürften die wirtschaftlichen, politischen, sozialgeschichtlichen und gesellschaftlichen Entwicklungen im 18., 19. wie auch im 20. Jh. ebensowenig vernachlässigt werden wie die Formierung der bürgerlichen Gesellschaft im 18. Jh.[25]

Zu den geistesgeschichtlichen Aspekten, die den Gedanken der ästhetischen Bildung und Erziehung im Hinblick auf den ganzen Menschen entscheidend geprägt haben, gehören die Forderung nach einer Kultivierung der Affekte, wie sie in der englischen Moralphilosophie des 18. Jh. u. a. von Shaftesbury und Francis Hutcheson erhoben und im Blick auf das Allgemeinwohl, das gesellschaftliche Zusammenleben, begründet worden ist (vgl. I., 1), ferner die Aufwertung der Sinnlichkeit sowie die herausgehobene Stellung, die der Kunst und dem Künstler im Zusammenhang mit der Ästhetik und der der Aufklärung verpflichteten deutschen Popularphilosophie zuerkannt worden ist (vgl. I., 2), schließlich die Vorstellung der Vervollkommnung des Menschen und der Menschheit in der Orientierung am Ideal der Humanität, die Kant in geschichtsphilosophischer Perspektive dargelegt hat (vgl. I., 3). Auf diesem geistesgeschichtlichen Hintergrund und im Blick auf den ganzen Menschen hat Schiller die politische Dimension der ästhetischen Erziehung geltend gemacht (vgl. II.). Unter dem Aspekt einer Wiedergewinnung des ganzen Menschen wird im Bildungsroman der Weimarer Klassik und von Wilhelm von Humboldt eine Theorie der Bildung durch Kunst entworfen (vgl. III.). Die von Schiller und Humboldt auf die ästhetische Erziehung als einer Bildung durch Kunst gesetzte Hoffnung wird spätestens seit der Mitte des 19. Jh. als gescheitert angesehen. Die Veränderung der Gesellschaft durch die fortschreitende Industrialisierung und Arbeitsteilung führt zu einer Krise des humanistischen Bildungsverständnisses, die mit durchgreifenden Konsequenzen für die ästhetische Bildung und Erziehung, insbesondere dem Verlust ihrer politischen Dimension verbunden ist. An die Stelle der ästhetischen Erziehung tritt an der Wende vom 19. zum 20. Jahrhundert die musische Erziehung, die in der Funktion der Kompensation bestehender Verhältnisse zu sehen und zu bewerten ist (vgl. IV.). Die emanzipatorischen Konzepte ästhetischer Bildung und Erziehung nach 1968 knüpfen demgegenüber, nicht zuletzt im Kontext der Ästhetisierung der Lebenswelt, an die politische Dimension ästhetischer Erziehung und Bildung an, wie sie von Schiller und Humboldt aufgewiesen worden ist (vgl. V.).

---

24 Vgl. EDGAR BECKERS, Ästhetische Erziehung. Ein Erziehungsprinzip zwischen Tradition und Zukunft (Sankt Augustin 1985), 70–199; RALF-ERIK DODE, Ästhetik als Vernunftkritik. Eine Untersuchung zum Begriff des Spiels und der ästhetischen Bildung bei Kant, Schiller, Schopenhauer und Hebbel (Frankfurt a. M./Bern/New York 1985), 7–40.
25 Vgl. RUDOLF VIERHAUS, Deutschland im 18. Jahrhundert (1968), in: F. Kopitzsch (Hg.), Aufklärung, Absolutismus und Bürgertum in Deutschland (München 1968), 173–191; ULRICH ENGELHARDT, ›Bildungsbürgertum‹. Begriffs- und Dogmengeschichte eines Etiketts (Stuttgart 1986); WOLFGANG RUPPERT, Bürgertum im 18. Jahrhundert, in: U. Herrmann (Hg.), Die Bildung des Bürgers. Die Formierung der bürgerlichen Gesellschaft und die Gebildeten im 18. Jahrhundert (Weinheim/Basel 1982), 59–80.
26 Vgl. PAUL ZIERTMANN, Beiträge zur Kenntnis Shaftesburys, in: Archiv für Geschichte der Philosophie 17, N. F. 10 (1904), 480–499; CHRISTIAN FRIEDRICH WEISER, Shaftesbury und das deutsche Geistesleben (Leipzig/Berlin 1916), 554–559.

I. Geistesgeschichtliche Aspekte der ästhetischen Bildung und Erziehung

1. Kultivierung der Affekte (Shaftesbury, Hutcheson)

Die Moralphilosophie von Shaftesbury, dessen *Characteristics* (1711) im 18. Jh. mehrmals ediert sowie aus dem Lateinischen in die englische, französische und deutsche Sprache übersetzt worden sind[26], beruht ebenso wie die Moralphilosophie von Francis Hutcheson auf einer Sicht der Welt und des Menschen, die von sich aus pädagogisch geprägt ist. Beide setzen auf die erzieherische Wirkung des Ästhetischen, des Schönen in seiner seit der Antike behaupteten Verknüpfung mit dem Wahren und Guten und nehmen in dieser platonischen Färbung den Gedanken einer ästhetischen

I. Geistesgeschichtliche Aspekte der ästhetischen Bildung und Erziehung

Bildung und Erziehung vorweg. Dem Ästhetischen wird die Kraft zugetraut, der Verrohung der Sitten, die im damaligen England eingerissen war, entgegenzuwirken.[27] Shaftesbury sieht in seiner Schrift *Soliloquy or Advice to an Author* (1710) den englischen Charakter durch eine »killing disposition«[28] gekennzeichnet, die sich auch in der Kunst und ganz besonders im Theater zeige. Die Kultivierung der Affekte ist daher von hervorragender Bedeutung für die Kultur, die Shaftesbury ›politness‹ (Glättung) nennt.[29] Shaftesbury fragt nach den Bedingungen, unter denen ein solches auf Sittlichkeit gerichtetes Bildungsziel zu verwirklichen ist und führt in diesem Zusammenhang die Bestimmung eines ›moral sense‹ ein, die er auf neuplatonischem Hintergrund entfaltet, womit er die Ethik ästhetisiert hat.[30] Der moralische Sinn bietet eine natürliche Grundlage, auf der der Mensch sich zur Sittlichkeit bilden kann und soll, d. h. er bietet dem Menschen eine Orientierung, um wertvolle Affekte auszuwählen und widernatürliche zu verwerfen. Die sozialen Affekte sollen gefördert und gesteigert und mit den ›selbstischen‹ (selfishness) in ein angemessenes, d. h. harmonisches Verhältnis gebracht und das Entstehen unnatürlicher Affekte möglichst verhindert werden.[31] Eine derartige Kultivierung der Affekte dient der Sittlichkeit. Sittlichkeit ist für Shaftesbury gleichbedeutend mit der Vorstellung einer gleichsam inneren Schönheit oder, wie es in der Fassung der *Moralists* von 1723 heißt, ›inneren Form‹ (inward form)[32], die eine gebildete, d. h. vollendet geformte Persönlichkeit auszeichnet.[33]

In der *Inquiry concerning Virtue or Merit* (1699) knüpft Shaftesbury an das antike Bildungsideal der καλοκἀγαθία (des ἀνὴρ καλὸς καὶ ἀγαθός)[34] und das Renaissanceideal des ›virtuoso‹ oder ›uomo universale‹, des ›gentleman‹ an, der ebenso wie der Philosoph in allen Fragen des Lebens Geschmack beweist und sich nicht in Vorurteilen verfängt.[35] Den Zusammenhang von Bildung und Geschmack hatte schon Balthasar Gracián thematisiert, von dem Shaftesbury angeregt worden sein könnte.[36] Das ästhetisch wie ethisch geprägte Bildungsideal des ›uomo universale‹, des ›gentleman‹ impliziert eine Verbindung des Wissenswerten und Beherzigungswerten, die zum guten Leben des Menschen beiträgt, insofern als wertvoll erachtet

wird und daher auch den Begriff der inneren Schönheit oder inneren Form wesentlich prägt.

Shaftesburys Begriff der ›inward form‹ wird in den Übersetzungen der *Characteristics*, die seit 1738 in Deutschland in großer Zahl erscheinen, mit ›innere Bildung‹ wiedergegeben. Dieser humanistisch geprägte Begriff der Bildung hat dann bei Herder, Wieland, Sulzer wie auch bei Goethe, Schiller und Humboldt weitergewirkt.[37] Das humanistische Ideal der inneren Bildung, verbunden mit der Vorstellung einer schönen Seele, reicht bis zur Romantik.[38] Bei Friedrich Schleiermacher, der Shaftesburys Intention wohl mißversteht, erfährt es eine harte Kritik.[39]

Shaftesburys Auffassung vom kultivierten, gebildeten Menschen, der seine Affekte bemeistert, ist

---

27 Vgl. ebd., 376 f., 382.
28 ANTHONY ASHLEY COOPER SHAFTESBURY, Soliloquy or Advice to an Author (1710), in: Shaftesbury, Characteristics of Men, Manners, Opinions, Times, etc. (1711), hg. v. J. M. Robertson, Bd. 1 (London 1900), 176.
29 Vgl. WEISER (s. Anm. 26), 378; RAUHUT/SCHAARSCHMIDT (s. Anm. 3), 48–51.
30 Vgl. FRIEDRICH A. UEHLEIN, Kosmos und Subjektivität (Freiburg/München 1976), 51–100, 205–218.
31 Vgl. FRITZ-PETER HAGER, Aufklärung, Platonismus und Bildung bei Shaftesbury (Bern/Stuttgart/Wien 1993), 202 f.
32 SHAFTESBURY, The Moralists (1723), in: SHAFTESBURY, Abt. 2, Bd. 1 (1987), 334.
33 Vgl. SHAFTESBURY, The Moralists (1709), in: Shaftesbury (s. Anm. 28), Bd. 2 (London 1900), 132 f.
34 Vgl. WILHELM GROSSE, ›Kalokagathia‹, in: RITTER, Bd. 4 (1976), 681–684.
35 Vgl. SHAFTESBURY, An Inquiry Concerning Virtue or Merit (1699), in: Shaftesbury (s. Anm. 28), 252 ff.; vgl. WEISER (s. Anm. 26), 319 ff.
36 Vgl. WOLFGANG H. SCHRADER, Ethik und Anthropologie in der englischen Aufklärung. Der Wandel der moral-sense-Theorie von Shaftesbury bis Hume (Hamburg 1984), 32 f.
37 Vgl. OSKAR F. WALZEL, Shaftesbury und das deutsche Geistesleben des 18. Jahrhunderts, in: Germanisch-romanische Monatsschrift 1 (1909), 434 f.; EDUARD SPRANGER, Wilhelm von Humboldt und die Humanitätsidee (Berlin 1900).
38 Vgl. WILHELM WINDELBAND, Lehrbuch der Geschichte der Philosophie (Tübingen ¹⁵1957), 357 ff.
39 Vgl. FRIEDRICH SCHLEIERMACHER, Grundlinien einer Kritik der bisherigen Sittenlehre (Berlin 1803), 51 ff.; WALZEL (s. Anm. 37), 418 f.

handlungsorientiert und auch handlungsbestimmend gedacht, und zwar insofern, als nach den Bedingungen gefragt wird, unter denen Gefühle der Billigung und Mißbilligung von Handlungen auftreten. Shaftesbury argumentiert folgendermaßen: Der Mensch hat die Fähigkeit, allgemeine Begriffe von den Dingen zu bilden, dazu gehört auch der Begriff des Allgemeinwohls (notion of public interest).[40] Mit dieser Fähigkeit ist das Bewußtsein davon verknüpft, was dem Allgemeinwohl nützt bzw. schadet, d. h. es wird unterstellt, daß wir wissen, daß bestimmte Charakterzüge, Neigungen und Verhaltensweisen dem ›public interest‹ oder ›public good‹ nützlich oder förderlich sind. Wir haben zwar selten ein klares Wissen davon, was dem Allgemeinwohl nützt oder schadet, jedoch kommt es nach Shaftesbury nicht auf ein Wissen, sondern allein auf moralische Gefühlsreaktionen an. Da Ordnung und Harmonie, wo immer sie erkennbar sind, also auch in der menschlichen Gesellschaft, große Anziehungskraft auf den Menschen ausüben, löst das Streben nach Ordnung und Harmonie nicht nur eine moralische Gefühlsreaktion, sondern auch Handlungsimpulse aus.

Das Gefallen am Harmonischen, zweckvoll Gedachten, am Schönen also, das moralisch wie auch ästhetisch bestimmt ist, betrachtet Shaftesbury in der *Inquiry concerning Virtue or Merit* im Blick auf die göttliche Ordnung (divin order), die sich in der Verfassung der Welt und der menschlichen Gemeinschaft spiegelt. Die göttliche Ordnung zeigt sich im Bereich der menschlichen Gesellschaft in den natürlichen Charaktereigenschaften, Neigungen und Verhaltensweisen, die zum Gedeihen des Menschen und der Gesellschaft erforderlich sind. Shaftesbury vergleicht die Neigungen mit den Saiten eines Musikinstrumentes, dessen Wohlklang von der richtigen Stimmung abhängt.[41] In *The Mo-ralists* (1709) wird zudem deutlich gemacht, daß wir über »pre-conceptions of fair and beautiful«[42] verfügen. Die ›vorgefaßten Meinungen‹ über das Anständige und Schöne werden durch die Einbildungskraft (imagination) im Bewußtsein verfügbar gehalten. Dabei hängt das Moralbewußtsein und somit auch die Einsicht, ob eine bestimmte Eigenschaft oder ein bestimmtes Verhalten dem Gemeinwohl nützt oder schadet, sowohl vom Gefühl (sentiment) als auch von der Vernunft (reason) ab. Die Art und Weise, wie das, was jemand als das moralisch Richtige oder Falsche, für gut oder schlecht erklärt, beschreibt Shaftesbury sowohl mit Begriffen des Urteilens oder Vorstellens als auch mit Begriffen des Fühlens oder Empfindens.

Der ›moral sense‹ erweist sich so, wie Shaftesbury in der *Inquiry concerning Virtue or Merit* darlegt, als »sense of right or wrong«, und er meint die Gesamtheit der Anlagen, die uns im Zusammenspiel befähigen, das moralisch Richtige zu erkennen bzw. zu empfinden und vom Falschen zu unterscheiden. Shaftesbury begreift den moralischen Sinn mit anderen Worten als – allerdings pervertierbaren – Impulsgeber für Handlungen, die dem Allgemeinwohl nützen. Zur Pervertierung des moralischen Sinns und damit des moralischen Willens tragen Vorurteile, nicht zuletzt ›unnatürliche‹ religiöse Überzeugungen nicht wenig bei[43].

Die Pervertierbarkeit des moralischen Sinns wird auch von Francis Hutcheson in der *Inquiry into the Original of our Ideas of Beauty and Virtue* (1725) thematisiert. Über Shaftesbury hinausgehend, macht Hutcheson ein Kriterium geltend, mit dem man entscheiden können soll, welche Handlung bei mehreren Handlungsalternativen den Vorzug verdient: »That Action is best, which procures the greatest Happiness for the greatest Numbers; and that worst, which, in like manner occasions Misery«[44]. Der moralische Sinn kann in dieser Hinsicht versagen. Falsche Vorstellungen vom Glück oder von den Mitteln, mit denen man es erreichen kann, eine falsche Einschätzung von Personen, sozialen Gruppen oder Rassen hinsichtlich ihrer Leistungsfähigkeit oder Leistungsbereitschaft für das Allgemeinwohl können das moralische Gefühl verderben und führen zur ›Deformation‹, zur Häßlichkeit unserer Handlungen (»deformity of actions«; 176). Berücksichtigt man

---

40 Vgl. SHAFTESBURY (s. Anm. 35) 258f.; JÜRGEN SPRUTE, Moral Sense bei Shaftesbury und Hutcheson, in: Kant-Studien 71 (1980), 221–237.
41 Vgl. SHAFTESBURY (s. Anm. 35), 279f., 314, 290.
42 Vgl. SHAFTESBURY, The Moralists (1709), in: Shaftesbury (s. Anm. 28), Bd. 2 (London 1900), 136.
43 SHAFTESBURY (s. Anm. 35), 258; vgl. 258–261.
44 HUTCHESON, An Inquiry into the Original of our Ideas of Beauty and Virtue (London ²1726), 177f.

die Pervertierbarkeit des moralischen Sinns, dann wird der Stellenwert offenkundig, der der Bildung, und zwar sowohl der intellektuellen als auch der ästhetischen Bildung und Erziehung beizumessen ist: Ästhetische Bildung und Erziehung erscheint in der Perspektive, die im Rahmen der englischen Moralphilosophie von Shaftesbury und Hutcheson gezeichnet worden ist, nahezu gleichbedeutend mit einer Kultivierung oder, wie es dann bei Schiller heißt, Veredelung der Affekte im Sinne einer am Ideal der Humanität orientierten Veredelung des Menschen.

2. Aufwertung der Sinnlichkeit und der Kunst

a) Ästhetik

Die Aufwertung der Sinnlichkeit, die einen weiteren Aspekt abgibt, der die Konzeptionen der ästhetischen Bildung und Erziehung seit Schiller und Wilhelm von Humboldt bis heute prägt, ist in Alexander Gottlieb Baumgartens *Aesthetica* (1750/1758) in eine Philosophie der Kunst eingebunden. Baumgarten untersucht die Eigenart des ästhetischen oder schönen Denkens (pulchre cogitare). Er stellt dem Verstand (intellectus) die Sinnlichkeit, die ästhetische Disposition des Menschen (dispositio naturalis aesthetica) als eigenständige Erkenntnisquelle im Sinne eines Analogons der Vernunft (analogon rationis) an die Seite.[45] Die Ausbildung dieser Disposition betrifft in erster Linie die Einbildungskraft (imaginatio, phantasia) und die Dichtungskraft (facultas fingendi) sowie den Geschmack als Fähigkeit zum ästhetischen Urteil (iudicium sensitivum).[46] Diese Fähigkeiten sind die Quelle der schöpferischen Kraft, der Erfindungskraft der Sinnlichkeit, die Baumgarten als eigenständige, sinnliche Erkenntnis (cognitio sensitiva) auffaßt. Die sinnliche Erkenntnis speist das ›schöne Denken‹, das vorzugsweise in den Künsten zum Ausdruck gelangt und ebenso durch die Rezeption von Kunst geübt wird. Baumgarten macht die sinnliche Erkenntnis in dieser Funktion als Komplement der Verstandeserkenntnis (cognitio intellectualis) geltend.[47]

Um das Epochale von Baumgartens Unternehmen, das in bestimmter Hinsicht ein Programm ästhetischer Erziehung ist, richtig würdigen zu können, muß man sich vor Augen halten, daß die Sinnlichkeit nicht nur einem logischen, sondern auch einem moralischen Vorurteil unterlag. Georg Friedrich Meier polemisiert in seinen *Anfangsgründen aller schönen Wissenschaften* (1748–1750) ganz im Sinne seines Lehrers Baumgarten gegen »einige catonische Sittenlehrer«, die beim Wort Sinnlichkeit »nichts weiter denken, als die Erbsünde und dasjenige, was die Schrift Fleisch nennt«[48].

b) Deutsche Popularphilosophie

Im Kontext der deutschen Popularphilosophie werden mit der Bedeutung der Empfindsamkeit des Menschen für die Lebensgestaltung, seinem Bedürfnis nach Geselligkeit und in diesem Zusammenhang auch der Bedeutung der Kunst für die Kultur, Aspekte in den Vordergrund gerückt, die den Gedanken der ästhetischen Bildung und Erziehung im Kern betreffen. Die Wirkung der deutschen Popularphilosophen beruhte nicht zum wenigsten darauf, daß sie an Universitäten lehrten und sich zugleich als Schriftsteller betätigten. Die Themen Moral, Psychologie, Politik und Ästhetik wurden in philosophischer Essayistik, dem Schreibstil der englischen Moralphilosophen und der französischen Moralisten entwickelt.[49] Der rhetorisch geprägte aufklärerische Diskurs vermittelt Wissen nicht als Selbstzweck, sondern mit dem Ziel des Handelns und zeichnet sich durch eine populäre Diktion aus.[50] Als handlungsorientierte Philosophie, einem weiteren wichtigen Faktor ihrer Wirksamkeit, verbindet die Popularphilosophie,

---

45 Vgl. URSULA FRANKE, ›Analogon rationis‹, in: RITTER, Bd. 1 (1971), 229f.
46 Vgl. BAUMGARTEN, Bd. 1 (1750), 11–26; dt.: BAUMGARTEN (DT), 17–39; FRANKE, Alexander Gottlieb Baumgarten, in: J. Nida-Rümelin/M. Betzler (Hg.), Ästhetik und Kunstphilosophie. Von der Antike bis zur Gegenwart in Einzeldarstellungen (Stuttgart 1998), 72–79.
47 Vgl. FRANKE, Kunst als Erkenntnis. Die Rolle der Sinnlichkeit in der Ästhetik A. G. Baumgartens (Wiesbaden 1972), 15–38.
48 MEIER, Bd. 1 (²1754), 35.
49 Vgl. GERT UEDING, Popularphilosophie, in: R. Grimminger (Hg.), Deutsche Aufklärung bis zur französischen Revolution 1680–1789 (München/Wien 1980), 605–634.
50 Vgl. ebd., 618–624.

Pädagogik, Psychologie, Philosophie und Ästhetik.[51]

Die Hinwendung zur Psychologie führt zur Erforschung der psychischen Verfassung des einzelnen Menschen[52] und findet ihren Niederschlag z.B. im *Magazin der Erfahrungsseelenkunde*, das Karl Philipp Moritz von 1783–1793 herausgegeben hat.

Die Auffassung, daß der Mensch zur Erfüllung seiner Bedürfnisse nicht zuletzt auch auf menschliche Gemeinschaft und Geselligkeit angewiesen ist, wird nach 1750 popularphilosophisches Gemeingut. Es wurde eine kulturelle Ordnung der Gesamtgesellschaft angestrebt, die an der Praxis geselliger Zirkel orientiert war.[53] Aus der Verknüpfung moralischer, psychologischer und politischer Zielsetzungen entstand eine ›Erziehlehre‹ zur praktischen Lebensweisheit, deren Anfänge bis in die humanistische Hofliteratur zurückgehen und die ihren Höhepunkt in Adolph von Knigges *Über den Umgang mit Menschen* (1788) erreichte.[54]

Johann Georg Sulzer, dessen *Allgemeine Theorie der schönen Künste* (1771–1774) den Stand der Ästhetik am Ende des 18. Jh. dokumentiert, unterstreicht die Bedeutung der Empfindsamkeit für die Verbindung von moralischem Sinn und ästhetischem Gefühl im Hinblick auf die Kunst: »Der Mensch muß [...] einen gewissen Grad der Empfindsamkeit für das Schöne und Häßliche, für das Gute und Böse haben; denn der unempfindliche Mensch ist in Ansehung des sittlichen Lebens so übel daran, als der, dessen Sinnen stumpf sind, für das thierische Leben«[55]. Eine »wol geordnete Empfindsamkeit des Herzens«, die einen moralischen Charakter auszeichnet, ist der »Zweck der schönen Künste« (55). Durch die Verbindung des auf der Empfindung, einem ästhetischen Gefühl, beruhenden Geschmacks mit dem »sittlichen Gefühl« und der Vernunft wird der Mensch allmählich »vollkommener«. Die schönen Künste sind daher »eines der vornehmsten Mittel [...], alle nützliche Kenntnis und guten Gesinnungen unter den Menschen auszubreiten, jede nützliche Wahrheit und jede gute Empfindung, als eine lebendige und würksame Kraft in seine Seele zu pflanzen«[56]. Wegen ihres Nutzens verdienen die schönen Künste »von der Politik durch alle ersinnliche Mittel unterstützt und ermuntert, und durch alle Stände der Bürger ausgebreitet zu werden«[57].

Für Moses Mendelssohn sind in *Über die Frage: Was heißt aufklären?* (1784): »Bildung, Cultur und Aufklärung [...] Modificationen des gesellgen Lebens, Wirkungen des Fleißes und der Bemühungen des Menschen, ihren gesellgen Zustand zu verbessern. Je mehr der gesellge Zustand eines Volks [...] mit der Bestimmung des Menschen in Harmonie gebracht worden, desto mehr Bildung hat dieses Volk.« Kultur bezieht Mendelssohn auf »das Praktische [...]: Auf Güte, Feinheit und Schönheit in Handwerken, Künsten und Geselligkeitssitten«, aber auch auf »Neigungen, Triebe und Gewohnheit«. Die Bestimmung des Menschen als Mitglied der Gesellschaft ist das Maß und Ziel aller Bemühungen um Aufklärung, Kultur und Bildung. Der »Wert« der Kultur bemißt sich »bloß in Beziehung auf das gesellschaftliche Leben«[58].

Der psychologisch wie auch philosophisch und pädagogisch geprägte Diskurs der Popularphilosophie hat viel dazu beigetragen, daß als Medium der Verfeinerung, der Kultivierung der Empfindungen, Gefühle und Affekte nunmehr die Produktion und die Rezeption von Kunst ins Gespräch kommt. Der Künstler erhält in dieser Hinsicht nicht nur im ästhetischen Bereich, sondern auch in der Gesellschaft eine herausragende Bedeutung. Aufmerksamkeit, Reflexion, Einbildungskraft, Witz, Gedächtnis und Urteilsvermögen wirken im Künstler zusammen, der zur ausgezeichneten Verkörperung des humanistischen Bildungsideals des ganzen Menschen wird. Thomas Abbt beispielsweise stellt in seiner Abhandlung *Vom Verdienste* (1765) den

---

51 Vgl. DORIS BACHMANN-MEDICK, Die ästhetische Ordnung des Handelns. Moralphilosophie und Ästhetik in der Popularphilosophie des 18. Jahrhunderts (Stuttgart 1989), 7–75; HELMUTH HOLZHEY, ›Popularphilosophie‹, in: RITTER, Bd. 7 (1989), 1093–1100.
52 Vgl. GEORG FRIEDRICH MEIER, Theoretische Lehre von den Gemütsbewegungen überhaupt (Halle 1744).
53 Vgl. BACHMANN-MEDICK (s. Anm 51), 56f.
54 Vgl. UEDING (s. Anm. 49), 625–627.
55 JOHANN GEORG SULZER, ›Empfindung‹, in: SULZER, Bd. 2 (²1792), 55.
56 Vgl. SULZER, ›Geschmack‹, in: SULZER, ebd., 374f.
57 Vgl. SULZER, ›Künste, schöne Künste‹, in: SULZER, Bd. 3 (²1793), 79.
58 MOSES MENDELSSOHN, Über die Frage: Was heißt aufklären? (1784), in: Mendelssohn, Schriften zur Philosophie, Ästhetik und Apologetik, hg. v. M. Brasch (Breslau 1892), 246f.

Künstler neben den Heerführer und den Gesetzgeber: »Die Genies in den schönen Kenntnissen und Künsten umringen [...] haufenweise das Genie des Gesetzgebers, der dem Heerführer nachtritt«[59]. Im Idealbild des Künstlers bewahrte die Popularphilosophie die Vorstellung des ganzen, mit sich harmonischen Menschen, versehen mit den Zügen der historischen Kultur des Humanismus. In dieser Konstellation zeigte die deutsche Popularphilosophie auch die Möglichkeit, sich von der politischen Realität des mit der Französischen Revolution verbundenen Terrors zu distanzieren und doch an ihren Zielen festzuhalten.[60] In dieser Perspektive sind dann auch die Konzeptionen der ästhetischen Bildung und Erziehung von Schiller und Humboldt zu lesen.

3. Vervollkommnung des Menschen und der Menschheit (Kant)

Die Theorien der ästhetischen Erziehung wie der am Ideal der Humanität orientierten Bildung überhaupt gehen prinzipiell von der auf Shaftesbury und insbesondere auf Rousseau zurückreichenden Vorstellung der Perfektibilität[61], der Vervollkommnung des Menschen und der Menschheit aus, die Kant in geschichtsphilosophischer Perspektive aufnimmt. Der Gedanke der Perfektibilität bestimmt auch seine Vorlesungen *Über Pädagogik*, die er erstmals im Wintersemester 1776/77 gehalten hat.

Für Kant gilt grundsätzlich: »Der Mensch kann nur Mensch werden durch Erziehung. Er ist nichts als was die Erziehung aus ihm macht«[62]. Durch Erziehung kommt jede Generation der Vervollkommnung der Menschheit einen Schritt näher. Hinter das »Edukation steckt das große Geheimnis der Vollkommenheit der menschlichen Natur«. Die Menschengattung wird ihrer Bestimmung zugeführt, wenn die Naturanlagen des Menschen durch Erziehung »proportionierlich« (701) entwickelt werden. Das geschieht nicht von selbst. »Die Natur hat dazu keinen Instinkt« (703) in den Menschen gelegt. Jeder Mensch ist jedoch dazu in der Lage, seinen Charakter selbst, aus sich, d. h. aufgrund seiner Anlagen zu bilden. Durch Erziehung im Sinn von Selbstbildung kann und soll der Mensch ›diszipliniert‹, ›kultiviert‹, ›zivilisiert‹ und

›moralisch‹ werden: »Disziplinieren heißt suchen zu verhüten, daß die Tierheit nicht der Menschheit, in dem einzelnen sowohl als gesellschaftlichen Menschen zum Schaden gereiche. Disziplin ist also bloß Bezähmung der Wildheit. [...] Kultur begreift unter sich die Belehrung und Unterweisung. Sie ist die Verschaffung der Geschicklichkeit. [...] Einige Geschicklichkeiten sind in allen Fällen gut, z. E. das Lesen und Schreiben; andere nur zu einigen Zwecken, z. E. die Musik um uns beliebt zu machen.« (706) Zur Zivilisierung »sind Manieren, Artigkeit und eine gewisse Klugheit erforderlich«. Moralisierung verhilft dazu, daß der Mensch »nicht bloß zu allerlei Zwecken geschickt« ist, sondern auch »die Gesinnung« erlangt, »daß er nur lauter gute Zwecke erwähle«, die »von jedermann gebilligt werden; und die auch zu gleicher Zeit jedermanns Zwecke sein können« (707). Kant findet am Ende des 18. Jh. den Menschen und die Menschheit im Zeitpunkt der Disziplinierung, Kultivierung und Zivilisierung, aber noch lange nicht »im Zeitpunkt der Moralisierung« (708).

Die Vervollkommnung des Menschen in dieser Hinsicht kann durch praktische oder moralische Erziehung gefördert werden. Besteht die moralische Erziehung darin, den Menschen dazu zu befähigen, bei seinen Handlungen die Maximen des Guten zur Richtschnur zu nehmen, so betrifft die praktische Erziehung eine »Kultur der Seele« (728), also die Übung und Kultur der »Gemütskräfte« (734) des Menschen: Sinnlichkeit, Einbildungskraft, Gedächtnis wie auch die Fähigkeiten der Aufmerksamkeit und des Witzes sollen kultiviert werden (vgl. 735). Zur Ausbildung des Charakters, der Persönlichkeit gehören die Akzeptanz der Regeln, die aus den Maximen der Pflicht und der Wahrhaftigkeit folgen ebenso wie auch die Regeln zum geselligen Umgang der Menschen miteinander (vgl. 740–745). Praktische Erziehung ist »Erziehung zur Persönlichkeit, Erziehung eines frei handelnden Wesens, das sich selbst erhalten, und in

---

59 THOMAS ABBT, Vom Verdienste (1765; Berlin/Stettin ³1772), 30.
60 Vgl. UEDING (s. Anm. 49), 634.
61 Vgl. GOTTFRIED HORNIG, ›Perfektibilität II‹, in: RITTER, Bd. 7 (1989), 241–244.
62 IMMANUEL KANT, Über Pädagogik (1803), in: KANT (WA), Bd. 12 (1977), 699.

der Gesellschaft ein Glied ausmachen, für sich selbst aber einen inneren Wert haben kann« (712).

Die praktische Erziehung, zu der Geschicklichkeit im Lesen und Schreiben, Ausüben und Rezipieren von Musik und anderen Künsten, Weltklugheit und Sittlichkeit gehört, folgt der Pflichten- und Tugendlehre (vgl. 746–754) und ist ein Wegweiser zur Humanität als Ziel der Ausbildung und Bildung des Menschen.[63] Die Schnittstelle zwischen der praktischen Erziehung und einer ästhetischen Erziehung wird, im Blick auf die Humanitätsidee, der Sache nach durch die Komplementarität von moralischem und ästhetischem Gefühl markiert. Humanität ist für Kant »einerseits das allgemeine *Teilnehmungsgefühl*, andererseits das Vermögen, sich innigst und allgemein *mitteilen* zu können«[64]. Beide Eigenschaften zusammen machen die »der Menschheit angemessene Geselligkeit« (300) aus (so in der 2. Auflage der *Kritik der Urteilskraft* von 1793; in der 1. Auflage von 1790 steht statt ›Geselligkeit‹ ›Glückseligkeit‹). Geselligkeit im Sinne Kants, als Fähigkeit sich andern mitzuteilen, wird durch das ästhetische Gefühl gefördert (vgl. 300 f.). Diese Sozialität des Menschen ist für Kant eine Propädeutik der Moralisierung, der Versittlichung des Einzelnen und der Gesellschaft. Das ästhetische und das sittliche Gefühl bestimmen sich gegenseitig. Deshalb kann der Mensch auch über das Gefühl und nicht nur über die Vernunft gebildet und erzogen werden (vgl. 189–207).[65]

Mit der Kultivierung der Affekte, der Aufwertung der Sinnlichkeit, der Betonung der Bedeutung der Kunst und des Künstlers für die Gesellschaft sowie der Perfektibilität des Menschen und der menschlichen Gattung sind exemplarisch entscheidende Aspekte benannt, auf deren Hintergrund die Konzeptionen von Schiller und Humboldt zu lesen sind, die in klassischer Weise den Begriff der ästhetischen Bildung und Erziehung erfüllen.

Beide trauen der ästhetischen Erziehung als einer Bildung durch Kunst zu, der einseitigen, auf den zivilisatorischen Fortschritt der Wissenschaft und Technik gerichteten Ausbildung der Fähigkeiten des Menschen entgegenwirken zu können. Die Problematik des ›eindimensionalen Menschen‹ wird von ihnen im kontrastierenden Bezug zur griechischen Antike und dem ihr unterstellten ganzheitlichen Menschenbild thematisiert, dessen Beispielhaftigkeit, ebenso wie das von Johann Joachim Winckelmann begründete Vorbild der griechischen Kunst, bis in die Mitte des 19. Jh. ungebrochen bleibt.[66]

Das durch Winckelmann geprägte Bild der Antike, des Griechentums und der griechischen Kunst gibt für die theoretische Begründung der Bildung des ganzen Menschen sowohl bei Schiller als auch bei Humboldt ein vorzügliches Paradigma ab.

Den Anstoß zur Orientierung an der griechischen Antike gaben Winckelmanns *Gedanken über die Nachahmung der griechischen Werke in der Malerei und Bildhauerei* (1755). Winckelmann, dessen klassizistische Kunsttheorie nicht zuletzt auch in den Kontext der ›Querelle des Anciens et des Modernes‹ gehört[67], sieht im griechischen Menschen die Verkörperung des Ideals des ganzen Menschen, der harmonischen Totalität der menschlichen Natur. Durch seine Sicht des Altertums verlagert sich der Schwerpunkt von der römischen zur griechischen Antike und von der Literatur auf die bildende Kunst, insbesondere die Skulptur. Winckelmann sieht in der griechischen Skulptur die künstlerische Repräsentation des – im Sinne der Kalokagathia – auch in seiner Körperlichkeit vollendeten Menschen, als Ausdruck edler Menschlichkeit in der freien Gesellschaft der griechischen Polis.

Das Idealbild Griechenlands und des griechischen Menschen beeinflußte nicht nur die Auffassung über Bildung und Kunst bei Schiller, Goethe oder Humboldt, sondern wirkte ebenso auf Les-

---

63 Vgl. JOHANNES SCHWARTLÄNDER, Der Mensch ist Person. Kants Lehre vom Menschen (Stuttgart/Berlin/Köln/Mainz 1968), 54 ff.
64 KANT, Kritik der Urteilskraft (1790), in: KANT(WA), Bd. 10 (1974), 300.
65 Vgl. FRANKE, Ein Komplement der Vernunft. Zur Bestimmung des Gefühls im 18. Jahrhundert, in: I. Craemer-Ruegenberg (Hg.), Pathos, Affekt, Gefühl. Philosophische Beiträge (Freiburg/München 1981), 144 ff.
66 Vgl. BÖDEKER (s. Anm. 6), 1100–1102; LUDWIG UHLIG, Griechenland als Ideal: Winckelmann und seine Rezeption in Deutschland (Tübingen 1988).
67 Vgl. PETER SZONDI, Antike und Moderne in der Ästhetik der Goethezeit, in: Szondi, Poetik und Geschichtsphilosophie (Frankfurt a. M. 1974), 21–49.

sing, Herder, Karl Philipp Moritz, auf Friedrich und August Wilhelm Schlegel, Novalis, Hölderlin und Jean Paul sowie Schelling und Hegel.[68] Winckelmann, der seit 1755 in Rom als Reiseführer und Bibliothekar tätig war, ist in seiner eigenen Person aber auch ein Beispiel dafür, daß unmittelbare Anschauung durch die Schärfung der ästhetischen Wahrnehmung für die ästhetische Erziehung ungemein förderlich ist.[69]

II. Die politische Dimension der ästhetischen Erziehung (Schiller)

Die Entstehungsgeschichte der *Briefe über die ästhetische Erziehung des Menschen* wird erst in der neueren Schillerliteratur stärker berücksichtigt. Die von Februar bis Dezember 1793 ursprünglich an den Prinzen Friedrich Christian von Schleswig-Holstein-Augustenburg gerichteten Briefe, die oft als nicht weiter beachtenswerte Vorstufe angesehen worden sind, gewinnen dabei ein besonderes Interesse.[70] Das politische Engagement Schillers wird hier eindrucksvoll deutlich. Nicht seine »Vorliebe für die Kunst, sondern ein Grundsatz« habe die Wahl seines Themas bestimmt: »Wäre das Faktum wahr, – wäre der ausserordentliche Fall wirklich eingetreten, daß die politische Gesetzgebung der Vernunft übertragen, der Mensch als Selbstzweck respektiert und behandelt, das Gesetz auf den Thron erhoben, und wahre Freiheit zur Grundlage des Staatsgebäudes gemacht worden, so wollte ich auf ewig von den Musen Abschied nehmen«. Doch ist Schiller »soweit entfernt, an den Anfang einer Regeneration im Politischen zu glauben, daß mir die Ereignisse der Zeit vielmehr alle Hoffnungen dazu auf Jahrhunderte benehmen«[71].

Der Kerngedanke der Konzeption der ästhetischen Erziehung ist in den Briefen 18–22 bzw. 23 entfaltet, die Schiller als »sehr wichtig«[72] hervorgehoben hat. Schiller geht in den Briefen 18–23 auf die Wirkung der Schönheit ein (Brief 18 und 19), deren Begriff er zuvor entwickelt hatte (Brief 11–15), und bestimmt den ästhetischen Zustand als Ermöglichung der Freiheit (Brief 20–23). Die letzten vier Briefe behandeln den ästhetischen Schein, und zwar in der sozialen Perspektive des ›schönen Umgangs‹, und klingen mit wenigen Sätzen über den ›ästhetischen Staat‹ aus (Brief 24–27).

Der denk- und werkgeschichtliche Kontext[73] wird durch Schillers Auseinandersetzung mit Kants *Kritik der Urteilskraft* und Kants Moralphilosophie philosophisch markiert: Schillers Kritik gilt schon in *Über Anmut und Würde* (1793) der Unterscheidung und Trennung von Pflicht und Neigung des ›Rigoristen der Moral‹. Maßgebend sind weiter die ökonomische, soziale und geistige Situation in Deutschland am Ende des 18. Jh., das Selbstverständnis des deutschen Bürgertums und vor allem auch die politischen Ereignisse im Zusammenhang mit der französischen Revolution.[74] Beide Fassungen der *Briefe über die ästhetische Erziehung des Menschen* (die Briefe an den Augustenburger von 1793 und die von Schiller bearbeiteten, erstmals 1795 in den *Horen* veröffentlichten) entstanden nach den Septembermorden und der Hinrichtung Ludwigs XVI.

Die literarische Form des Textes wird geprägt durch die Verbindung und Wechselwirkung von Bild und Begriff, poetischem und philosophischem Diskurs, wodurch die Lektüre dem Leser nicht leicht gemacht wird. »Der gute Schiller« – so Prinz Friedrich Christian von Augustenburg – »ist doch

---

68 Vgl. UHLIG (s. Anm. 66), 7–19; CONRAD WIEDEMANN, Römische Staatsnation und griechische Kulturnation. Zum Paradigmenwechsel zwischen Gottsched und Winckelmann, in: F. N. Mennemeier/C. Wiedemann (Hg.), Kulturnation oder politische Nation? (Tübingen 1986), 173–178.
69 Vgl. JEFFREY MORRISON, Winckelmann and the Notion of Aesthetic Education (Oxford 1996).
70 Vgl. WOLFGANG DÜSING, Friedrich Schiller. Über die ästhetische Erziehung des Menschen in einer Reihe von Briefen. Text, Materialien, Kommentar (München/Wien 1981), 126–138.
71 FRIEDRICH SCHILLER an Friedrich Christian von Augustenburg (13. 7. 1793), in: SCHILLER, Bd. 26 (1992), 261 f.
72 SCHILLER an Gottfried Körner (21. 9. 1795), in: SCHILLER, Bd. 28 (1969), 60.
73 Vgl. JÜRGEN BOLTEN, Einleitung, in: Bolten, Schillers Briefe über die ästhetische Erziehung. Materialien (Frankfurt a. M. 1982), 7–30.
74 Vgl. ULRICH KARTHAUS, Schiller und die Französische Revolution, in: Jahrbuch der Deutschen Schillergesellschaft 33 (1989), 211–239; SCHILLER, Ueber Anmut und Würde (1793), in: SCHILLER, Bd. 20 (1962), 283 ff.

eigentlich nicht zum Philosophen geschaffen. Er bedarf einen Übersetzer, der ihn aus dem Poetischen in die philosophische Sprache übersetzt«[75].

Die unterschiedliche Auffassung über den Stil im philosophischen Diskurs führte zu einer scharfen Auseinandersetzung mit Fichte, nachdem Schiller es abgelehnt hatte, Fichtes Aufsatz *Über Geist und Buchstab' in der Philosophie* (1794), mit dem Fichte das gleiche Ziel verfolgte, das Schiller in seinen *Briefen über die ästhetische Erziehung des Menschen* im Blick hatte, in die *Horen* aufzunehmen.[76]

Die politisch orientierte, gesellschaftskritische Perspektive, in der seine Konzeption der ästhetischen Erziehung zu sehen ist, wird durch Schillers Diagnose der politischen und sozialen Verhältnisse am Ende des 18. Jh.[77] eröffnet (Brief 1–9). Schiller knüpft an die Ereignisse der Französischen Revolution an, deren Folgeerscheinungen von Terror und Gewalt er mit Begriffen kritisiert, die den Einfluß von Fichtes *Beiträgen zur Berichtigung der Urtheile über die französische Revolution* (1793) erkennen lassen.[78] Beunruhigt vom gesellschaftlichen Zustand und der politischen Verfassung seiner Zeit fragt Schiller nach der Ermöglichung des Übergangs vom »Naturstaat« zum, wie er mit Kant sagt, »moralischen Staat«; er erörtert diese Frage im Blick auf die »Totalität des Charakters«, die durch die einseitige Ausbildung der menschlichen Fähigkeiten geschmälert wird und deren Wiederherstellung er einfordert (Brief 3–5). Schiller vergleicht die eigene mit der Kultur im antiken Griechenland. Die Menschen bildeten ihre Natur aus, »die sich mit allen Reizen der Kunst und mit aller Würde der Weisheit vermählte, ohne doch, wie die unsrige, das Opfer derselben zu werden«. Bei den Griechen hatten »die Sinne und der Geist noch kein strenge geschiedenes Eigenthum«[79]. Allerdings – so relativiert Schiller seine Einschätzung im Blick auf die griechische Kunst – müsse man beachten, daß die Griechen »in den Olympus versetzten, was auf der Erde sollte ausgeführt werden« (359).[80]

Schillers Zeitkritik gipfelt in der Behauptung, daß »in den niedern und zahlreichern Klassen [...] sich uns rohe gesetzlose Triebe«[81] zeigen, während die »civilisirten Klassen den noch widrigern Anblick der Schlaffheit und einer Depravation des Charakters« (320) geben. Er prangert einen »Geschäftsgeist« (325) an, der sich in den Bereichen der Wissenschaft und Technik ausbreitet und sich nicht weniger auch auf das Empfinden und Handeln erstreckt. Durch die übergewichtige Ausbildung des Verstandes ist die Sensibilität des Gemüts ihrer Kraft und ihres Feuers beraubt: »Der Geschäftsmann hat gar oft ein *enges* Herz, weil seine Einbildungskraft, in den einförmigen Kreis seines Berufs eingeschlossen, sich zur fremder Vorstellungsart nicht erweitern kann« (326). Schiller beschreibt die Situation des einzelnen Menschen in einer durch Arbeitsteilung bestimmten Gesellschaft[82], die er in gewisser Hinsicht vorwegnimmt: »Ewig nur an ein einzelnes kleines Bruchstück des Ganzen gefesselt, bildet sich der Mensch selbst nur als Bruchstück aus, ewig nur das eintönige Geräusch des Rades, das er umtreibt, im Ohre, entwickelt er nie die Harmonie seines Wesens, und anstatt die Menschheit in seiner Natur auszuprägen, wird er bloß zu einem Abdruck seines Geschäfts, seiner Wissenschaft.«[83]

Die einseitige Ausbildung der Kräfte des Menschen problematisiert Schiller unter dem geschichtsphilosophischen Gesichtspunkt der Entwicklung der Menschheit, ihrem Beginn im naturhaften Zustand und ihrem kulturellen und moralischen Fortgang. Diese von Kant in *Der mut-*

---

75 Zit. nach HANS SCHULZ, Friedrich Christian, Herzog von Schleswig Holstein (Stuttgart/Leipzig 1910), 153.
76 Vgl. FRANKE, Poetische und philosophische Rede. Die Kontroverse zwischen Schiller und Fichte zur Semiotik, in: H. Paetzold (Hg.), Modelle für eine semiotische Rekonstruktion der Geschichte der Ästhetik (Aachen 1986), 149–169.
77 Vgl. RUDOLF VIERHAUS, Politisches Bewußtsein in Deutschland vor 1789, in: Bolten (s. Anm. 73), 135–160.
78 Vgl. ELISABETH WINKELMANN, Schiller und Fichte, in: Zeitschrift für Geschichte der Erziehung und des Unterrichts 24 (1934), 177–248; DÜSING (s. Anm. 70), 149–156.
79 SCHILLER, Ueber die ästhetische Erziehung des Menschen in einer Reihe von Briefen (1794/1795), in: SCHILLER, Bd. 20 (1962), 320.
80 Vgl. JOHANNES HAUPT, Geschichtsperspektive und Griechenverständnis im ästhetischen Programm Schillers, in: Jahrbuch der Deutschen Schillergesellschaft 18 (1974), 416 ff.
81 SCHILLER (s. Anm. 79), 319.
82 Vgl. BOLTEN (s. Anm. 73), 22.
83 SCHILLER (s. Anm. 79), 323.

II. Die politische Dimension der ästhetischen Erziehung (Schiller)

maßliche *Anfang der Menschengeschichte* (1786) thematisierten Fragen waren Schiller aus dem Unterricht in der Karlsschule vertraut.[84] Auf der Karlsschule lernte er diese Problematik auch aus der Lektüre von Adam Fergusons Moralphilosophie kennen.[85] Schiller selbst hatte in seinem *Versuch über den Zusammenhang der thierischen Natur des Menschen mit seiner geistigen* (1780) den Gedanken, daß der einzelne Mensch im Laufe seines Lebens die Entwicklung der Gattung wiederholt, in einem Lebensalter-Schema dargestellt. Theoretisch deutet die geschichtsphilosophische Perspektive, in der Schiller sowohl die Gattung als auch das Individuum sieht, den Weg an, der in seiner Tragödie *Die Jungfrau von Orleans* (1801) von der Protagonistin durchmessen werden muß: Johanna, das Naturkind, muß die verletzte Einheit ihres Wesens im Kampf mit sich selbst wiederherstellen.[86]

Die geschichtsphilosophische Perspektive wendet er in den Briefen *Über die ästhetische Erziehung des Menschen* auf den Stand der Dinge am Ende des 18. Jh. an: Durch die »getrennte Ausbildung der menschlichen Kräfte« wird für den Fortschritt der Menschheit viel gewonnen: »So gewiß es ist, daß alle menschliche Individuen zusammen genommen, mit der Sehkraft, welche die Natur ihnen ertheilt, nie dahin gekommen seyn würden, einen Trabanten des Jupiter auszuspähn, den der Teleskop dem Astronomen entdeckt; eben so ausgemacht ist es, daß die menschliche Denkkraft niemals eine Analysis des Unendlichen oder eine Critik der reinen Vernunft würde aufgestellt haben, wenn nicht in einzelnen dazu berufenen Subjekten die Vernunft sich vereinzelt, von allem Stoff gleichsam losgewunden, und durch die angestrengteste Abstraktion ihren Blick ins Unbedingte bewaffnet hätte.«[87]

Durch den Fortschritt in der Wissenschaft gelangt die Gattung zur Wahrheit, während das Individuum eingeschränkt wird: Die einzelnen Menschen leiden »unter dem Fluch dieses Weltzweckes« (327).[88] Der Mensch kann nicht dazu bestimmt sein, über irgendeinem Zweck sich selbst zu versäumen. Es muß falsch sein, »daß die Ausbildung der einzelnen Kräfte das Opfer ihrer Totalität nothwendig macht«[89]. Wie schon in dem großen Gedicht *Die Künstler* (1789)[90] oder in seiner Antrittsvorlesung *Was heißt und zu welchem Ende studiert man Universalgeschichte?* (1789) sieht Schiller, eine Wendung Kants aufgreifend[91], in dem »Antagonism der Kräfte das […] große Instrument der Kultur, aber auch nur das Instrument«, denn solange der Antagonismus der Kräfte dauert, »ist man erst auf dem Wege zu dieser [Kultur]«[92].

Wie kann der Verstümmelung, der ›Zerstückelung‹ des Menschen entgegengetreten werden? Auf welchem Wege ist es möglich, die Totalität seiner Kräfte anzuspannen, sie einzufordern und für eine Veränderung der bestehenden Verhältnisse produktiv zu machen?

Dieses Problem ist das zentrale Thema der *Briefe über die ästhetische Erziehung des Menschen*. Schiller ist überzeugt davon, daß die »Totalität des Charakters« eine wesentliche Voraussetzung der politischen Entscheidungsfähigkeit des Menschen und eines Volkes und damit auch die Voraussetzung dafür ist, daß ein Volk »fähig und würdig« ist, den »Staat der Noth mit dem Staat der Freyheit zu vertauschen« (318). Der Wille des Menschen steht frei zwischen »Pflicht und Neigung«, und es kommt, im Unterschied zu Kant, für Schiller darauf an, Pflicht und Neigung miteinander zu verbinden, damit die »Triebe« des Menschen »mit seiner Vernunft übereinstimmen genug sind, um zu einer universellen Gesetzgebung zu taugen« (316).

---

84 Vgl. BENNO VON WIESE, Friedrich Schiller (1959; Stuttgart ⁴1978), 20–31, 76–82.
85 Vgl. ADAM FERGUSON, Grundsätze der Moralphilosophie, übers. v. C. Garve (Leipzig 1772); VON WIESE (s. Anm. 84), 76–82.
86 Vgl. WOLFGANG LIEPE, Friedrich Schiller und die Kulturphilosophie des 18. Jahrhunderts. Zur Deutung der ›Jungfrau von Orleans‹ (1941), in: Liepe, Beiträge zur Literatur- und Geistesgeschichte (Neumünster 1963), 95–105.
87 SCHILLER (s. Anm. 79), 327.
88 Vgl. ROY PASCAL, The Concept of ›Bildung‹ and the Division of Labour – W. von Humboldt, Fichte, Schiller, Goethe (1962), in: Pascal, Culture and the Division of Labour. Three Essays on Literary Culture in Germany (Coventry 1974), 5–30.
89 SCHILLER (s. Anm. 79), 328.
90 Vgl. DAVID PUGH, ›Die Künstler‹: Schiller's Philosophical Programme, in: Oxford German Studies 18 (1989), 13–22.
91 Vgl. KANT, Ideen zu einer allgemeinen Geschichte in weltbürgerlicher Absicht (1784), in: KANT (WA), Bd. 11 (1977), 37.
92 SCHILLER (s. Anm. 79), 326.

Schiller will mit der Konstruktion des Zusammenhangs zwischen dem Staat der Freiheit und der »Totalität des Charakters« (318) als Ziel der Kultivierung, der Veredelung des Menschen darauf hinaus, daß »das Individuum Staat wird« (316). Mit dieser starken, ja zunächst anstößigen Formulierung bringt Schiller die Bedingung zum Ausdruck, unter der allein seiner Ansicht nach der einzelne sich im Staat wiederfinden und der Staat sich »in den Individuen [...] behaupten kann« (316).

Den politischen Freiheitsgedanken erörtert Schiller infolgedessen in seiner Verflochtenheit mit der Bildung und Ausbildung des Menschen, die auch Rousseaus Kulturkritik bestimmt.[93] Der Staat kann die »bessere Menschheit« nicht begründen, da er selbst erst darauf gegründet werden müßte: »Bestätigt die Erfahrung mein Gemählde der Gegenwart, so muß man jeden Versuch einer solchen Staatsveränderung solange für unzeitig und jede darauf gegründete Hoffnung solange für schimärisch erklären, bis die Trennung in dem innern Menschen wieder aufgehoben, und seine Natur vollständig genug entwickelt ist, um selbst die Künstlerin zu seyn und der politischen Schöpfung der Vernunft ihre Realität zu verbürgen«[94].

Schiller sieht sein Zeitalter von der ›politischen Schöpfung der Vernunft‹ weit entfernt: »Denn woher diese noch so allgemeine Herrschaft der Vorurtheile und diese Verfinsterung der Köpfe bey allem Licht, das Philosophie und Erfahrung aufsteckten?« Das Zeitalter ist aufgeklärt, »die Wahnbegriffe zerstreut, welche lange Zeit den Zugang zu der Wahrheit verwehrten«, die Vernunft hat sich von Täuschungen der Sinne gereinigt und die Philosophie »ruft uns laut und dringend in den Schooß der Natur zurück – woran liegt es, daß wir noch immer Barbaren sind?« (331) Dem Wilden fehlt Kultur,

dem zivilisierten Barbaren fehlt die Natur, ein Gegensatz, der sich schon bei Rousseau und Montesquieu findet.[95] Der »gebildete Mensch« dagegen »macht die Natur zu seinem Freund und ehrt ihre Freyheit, indem er bloß ihre Willkühr zügelt.«[96] Die Aufklärung des Verstandes verdient nur dann Achtung, wenn sie auch den Charakter, von dem sie gewissermaßen ausgeht, prägt. »Weil der Weg zu dem Kopf durch das Herz [...] geöffnet werden [muß]«, sieht Schiller im Blick auf den Staat der Freiheit in der Ausbildung des Empfindungsvermögens das »dringendere Bedürfniß der Zeit« und ein Mittel, die durch Aufklärung »verbesserte Einsicht für das Leben wirksam zu machen« (332).

Den Einwand, daß seine Überlegungen womöglich einen Zirkel enthalten, macht Schiller sich selbst, freilich nur, um ihn wieder zu entkräften: »Aber ist hier nicht vielleicht ein Zirkel? Die theoretische Kultur soll die praktische herbeyführen und die praktische doch die Bedingung der theoretischen seyn? Alle Verbesserung im politischen soll von Veredlung des Charakters ausgehen – aber wie kann sich unter den Einflüssen einer barbarischen Staatsverfassung der Charakter veredeln?« Dazu braucht man ein ›Werkzeug‹, das sich »bey aller politischen Verderbniß rein und lauter erhalten«. Schiller sieht in der Kunst das geeignete »Werkzeug, welches der Staat nicht hergiebt«, um die »praktische Kultur« zu fördern und eine Veredelung des Charakters zu bewirken, denn der Künstler »ist zwar der Sohn seiner Zeit«, aber nicht »ihr Günstling« (332 f.).

Damit stellt sich die Frage, wie die Kunst dieser Aufgabe überhaupt gerecht werden kann. Die ganze Problematik, die mit der Hoffnung, die Schiller auf die Kunst setzt, verbunden ist, spricht er selbst im 10. Brief an: »Es giebt achtungswürdige Stimmen, die sich gegen die Wirkungen der Schönheit erklären« (338 f.). Ohne ihn ausdrücklich zu nennen, spielt Schiller hier auf Rousseaus Kulturkritik im *Discours sur les sciences et les arts* (1750) an; Rousseau hatte in der Schrift die Preisfrage der Akademie von Dijon, »si le rétablissement des Sciences et des Arts a contribué à épurer les murs«[97], strikt verneint und aus seiner Sicht die Gefahren des Umgangs mit den Musen beschrieben und die Verderbnis der Sitten durch Wissenschaften und Künste behauptet. Nach Rousseau

---

93 Vgl. LIEPE, Kulturproblem und Totalitätsideal. Zur Entwicklung der Problemstellung von Rousseau bis Schiller (1927), in: Liepe (s. Anm. 86), 65–78.
94 SCHILLER (s. Anm. 79), 328 f.
95 Vgl. MAURICE BOUCHER, Le ›Sauvage‹ et le ›Barbare‹, in: Études Germaniques 14 (1959), 333–337; IRVING FETSCHER, Rousseaus politische Philosophie (Frankfurt a. M. 1975), 35.
96 SCHILLER (s. Anm. 79), 318.
97 JEAN JACQUES ROUSSEAU, Discours sur les sciences et les arts (1750), in: ROUSSEAU, Bd. 3 (1964), 1.

macht die Kunst tatenlos und dient lediglich der Kompensation realer Mißstände. In diesem ›Kompensationsvorwurf‹ kann man die Problemvorgabe sehen, der Schiller mit seiner Konzeption der ästhetischen Erziehung zu begegnen sucht.[98] Wie also kann die ›Ausbildung der Menschheit‹ von der Kunst erwartet werden? Auf dem Hintergrund des Problems der Vermittlung von theoretischer und praktischer Vernunft, die Kant in der ›Einleitung‹ zur *Kritik der Urteilskraft* erörtert, und im Kontext der Diskussion, die im 18. Jh. über die Rolle der Sinnlichkeit und den Stellenwert der Empfindungen für ein menschliches Leben geführt wurde (A. G. Baumgarten, G. F. Meier, M. Mendelssohn, J. G. Sulzer)[99], ist dieses Problem für Schiller mit der Frage verknüpft, inwiefern und in welcher Weise die Kunst ein Mittel ist, Vernunft und Sinnlichkeit miteinander zu verbinden. Schiller behandelt diese Frage ausgehend von einem Begriff der Schönheit, den er aus der »sinnlichvernünftigen Natur«[100] des Menschen ableitet.

In einem tranzendentalphilosophischen Gedankengang[101], der hier lediglich skizziert werden kann, legt Schiller in den Briefen 11 bis 15, die über die Konzeption der Briefe an den Augustenburger hinausgehen und dort nur wenige Parallelen haben[102], den »Vernunftbegriff der Schönheit«[103] dar, um von hier aus den Zusammenhang zwischen ästhetischer Erziehung und politischem Handeln einsichtig zu machen.[104] Der Erfahrungsbegriff der Schönheit, Schönheit als »idea of some *social* qualities«[105], den Schiller aus der Lektüre von Edmund Burkes *A Philosophical Enquiry into the Origin of our Ideas of the Sublime and Beautiful* (1757) kannte, reicht nicht aus, um den theoretischen Anspruch, den er mit der Kunst verbindet, einzulösen. Schiller versucht nichts Geringeres, denn Schönheit als eine notwendige Bedingung der ›Menschheit‹ aufzuweisen. Mit ›Menschheit‹ meint Schiller sowohl das spezifisch Menschliche als auch die menschliche Gattung oder die dem Gedanken der Humanität verpflichtete Idee der menschlichen Natur als das Ziel, wonach der Mensch individuell und kollektiv streben soll.[106] Der Vernunftbegriff der Schönheit soll sich aus dem, was den Menschen zum Menschen macht, aus seiner Menschlichkeit, ergeben. Der Vernunftbegriff der Schönheit wird, mit anderen Worten, im Blick auf das, was Schiller »die vollständige anthropologische Schätzung« nennt, entfaltet. Die einseitige moralische Schätzung befriedigt zwar die Vernunft, doch in der vollständigen anthropologischen Schätzung hat die »lebendige Empfindung zugleich eine Stimme«[107].

Schiller geht vom Verhältnis des Menschen zu sich selbst und zur Welt aus. Den transzendentalen Orientierungspunkt gibt dabei die an Fichtes Vorlesung *Über die Bestimmung des Gelehrten* (1794) anknüpfende gedankliche Konstruktion ab, daß »jeder individuelle Mensch [...] der Anlage und Bestimmung nach, einen reinen idealischen Menschen in sich [trägt], mit dessen unveränderlicher Einheit in allen seinen Abwechslungen übereinzustimmen, die große Aufgabe seines Daseyns ist« (316).

---

98 Vgl. BERND BRÄUTIGAM, Rousseaus Kritik ästhetischer Versöhnung. Eine Problemvorgabe der Bildungsästhetik Schillers, in: Jahrbuch der Deutschen Schillergesellschaft 31 (1987), 151 ff.
99 Vgl. VON WIESE (s. Anm. 84), 76–95.
100 SCHILLER (s. Anm. 79), 340.
101 Vgl. WOLFGANG JANKE, Die Zeit in der Zeit aufheben. Der transzendentale Weg in Schillers Philosophie der Schönheit, in: Bolten (s. Anm. 73), 229–260.
102 Vgl. SCHILLER, Über die ästhetische Erziehung des Menschen. Briefe an den Augustenburger, Ankündigung der ›Horen‹ und letzte, verbesserte Fassung, hg. v. W. Henckmann (München 1967), 189–192.
103 Vgl. ROSE RIECKE-NIGLEWSKI, Die Metaphorik des Schönen. Eine kritische Lektüre der Versöhnung in Schillers ›Über die ästhetische Erziehung des Menschen in einer Reihe von Briefen‹ (Tübingen 1986), 21–38.
104 Vgl. WOLFGANG LENGLER, ›...weil die Schönheit ist, durch welche man zur Freiheit wandert‹, in: BDK-Mitteilungen (1995), H. 2, 10–14, H. 3, 18–26, H. 4, 3–8.
105 BURKE, 42; vgl. WILLIAM WITTE, Der Einfluß der britischen Ästhetik auf Schiller, in: K. L. Berghahn (Hg.), Friedrich Schiller. Zur Geschichtlichkeit seines Werkes (Kronberg i. Ts. 1975), 309–320.
106 Vgl. ELISABETH WILKINSON/LEONARD A. WILLOUGHBY, Schillers ästhetische Erziehung. Eine Einführung (München 1977), 251.
107 SCHILLER (s. Anm. 79), 316; vgl. KWANG-MYUNG KIM, ›Die vollständige anthropologische Schätzung‹ bei Schiller in ihrer Bedeutung für seine Ästhetik. Eine Interpretation zu Schillers philosophisch-ästhetischen Schriften (Würzburg 1985), 128 ff.

Das Erfordernis der Identität erfüllt der Begriff der Person, den Schiller für die Begründung seines Schönheitsbegriffs bereits in *Anmut und Würde* (1793) und insbesondere auch in den *Kallias-Briefen* (1793) eingeführt hatte.[108]

Als Person bleibt der Mensch in den wechselnden Zuständen des Lebens ein und derselbe, er bleibt identisch mit sich selbst. Die Zustände, in denen sich der Mensch als Person zeitlebens befindet, wechseln im Laufe der Zeit, welche die Bedingung des Werdens aller Dinge und der Entwicklung des Menschen und der menschlichen Gattung ist. Aus dieser Bedingung des menschlichen Lebens ergibt sich, daß der Mensch seine Anlagen in der Zeit zur Entfaltung und die Welt, die Materie, die Realität mit seinem Innern in Übereinstimmung zu bringen, d. h. dem Äußeren Form zu geben hat.[109] Dazu werden wir durch zwei »entgegengesetzte Kräfte« geradezu gedrängt, die Schiller, »weil sie uns antreiben«[110], Triebe nennt. Das Wort ›Trieb‹ nimmt er aus der Alltagssprache auf. Im Rahmen der philosophischen Konstruktion der sinnlich-vernünftigen Natur des Menschen erhält das Wort eine festumrissene Bedeutung, wenn Schiller »Stofftrieb«, »Formtrieb« und »Spieltrieb« (vgl. 344–347) unterscheidet.

Mit Hilfe der das Selbst- und Weltverhältnis des Menschen beschreibenden Bestimmungen Person und Zustand, Form- und Stofftrieb, Vernunft und Sinnlichkeit denkt Schiller die Einheit der Doppelnatur des Menschen. Die Tendenz des Stofftriebs dringt auf Veränderung und die des Formtriebs auf Unveränderlichkeit: »Der sinnliche Trieb fodert zwar Veränderung, aber er fodert nicht, daß sie auch auf die Person und ihr Gebiet sich erstrecke: daß ein Wechsel der Grundsätze sey. Der Formtrieb dringt auf Einheit und Beharrlichkeit – aber er will nicht, daß mit der Person sich auch der Zustand fixiere, daß Identität der Empfindung sey« (347). Der sinnliche, auf Veränderung der Realität drängende Stofftrieb und der auf das Ewige und Notwendige gerichtete Formtrieb, Sinnlichkeit und Vernunft, werden im Spieltrieb als verbunden gedacht.[111]

Den Antagonismus der Kräfte begreift Schiller demnach so, daß ihr Verhältnis nicht einseitig als Unterordnung der Sinnlichkeit unter die Vernunft, sondern als Wechselwirkung aufgefaßt wird. Mit dem Begriff der Wechselwirkung, den er aus Fichtes *Grundlage der gesamten Wissenschaftslehre* (1794) aufnimmt[112], beschreibt Schiller das Verhältnis von Sinnlichkeit und Vernunft, von Stoff- und Formtrieb als Verhältnis einer wechselseitigen Unterordnung: Die Aufgabe der Kultur besteht darin, »nicht bloß den vernünftigen Trieb gegen den sinnlichen, sondern auch diesen gegen jenen zu behaupten« (348), daß also »die Wirksamkeit des einen die Wirksamkeit des andern zugleich begründet und begrenzt« (352). Der Stofftrieb zielt auf das Leben, der Gegenstand des Formtriebs ist die Gestalt. So gewinnt Schiller den Begriff der »lebenden Gestalt«, der »dem, was man in weitester Bedeutung *Schönheit* nennt, zur Bezeichnung dient« (355). Während Burkes Erfahrungsbegriff die Schönheit zum bloßen Leben machte und sie bei Anhängern »des *dogmatischen* Systems« zur »bloßen Gestalt« (356) gemacht wird, sieht Schiller in seinem Vernunftbegriff der Schönheit die Bestimmung der »lebenden Gestalt« erfüllt. In der Bestimmung der lebenden Gestalt ist Schönheit die »Consummation seiner Menschheit«, denn »der Mensch, wissen wir, ist weder ausschließend Materie noch ist er ausschließend Geist« (356). Da Schönheit sowohl Objekt der Sinnlichkeit und damit des Stofftriebs als auch Objekt der Vernunft und damit des Formtriebs ist, kann Schiller die Produktion wie auch die Erfahrung des Schönen an den Spieltrieb binden.

Anders als Fichte sieht Schiller im Spieltrieb nicht einen dritten selbständigen ›ästhetischen Trieb‹, sondern das Resultat der Wechselwirkung

---

108 Vgl. CATHLEEN MUEHLECK-MÜLLER, Schönheit und Freiheit. Die Vollendung der Moderne in der Kunst. Schiller – Kant (Würzburg 1989), 15–24, 60–104.
109 Vgl. LENGLER (s. Anm. 104), H. 4, 4 ff.
110 SCHILLER (s. Anm. 79), 344.
111 Vgl. FRANKE, ›Spieltrieb‹, in: RITTER, Bd. 9 (1995), 1396–1398; WILKINSON/WILLOUGHBY (s. Anm. 106), 284–286.
112 Vgl. HANS-GEORG POTT, Die schöne Freiheit. Eine Interpretation zu Schillers Schrift ›Über die ästhetische Erziehung des Menschen in einer Reihe von Briefen‹ (München 1980), 51 ff.

II. Die politische Dimension der ästhetischen Erziehung (Schiller)

von Stoff- und Formtrieb.[113] Den Namen Spieltrieb rechtfertigt er wiederum durch den Sprachgebrauch, der alles, was »weder äußerlich noch innerlich nöthigt«, mit dem Wort »Spiel«[114] bezeichnet. »Unter allen Zuständen des Menschen« ist es »nur das Spiel, was ihn vollständig macht, und seine doppelte Natur auf einmal entfaltet« (358). Kurz: »Der Mensch spielt nur, wo er in voller Bedeutung des Worts Mensch ist, und er ist nur da ganz Mensch, wo er spielt« (359).[115] Dieser berühmte und viel zitierte Satz trägt in Schillers Theorie der ästhetischen Bildung und Erziehung »das ganze Gebäude der ästhetischen Kunst und der noch schwürigern Lebenskunst«[116].

Die schwierige Lebenskunst betrifft den »schönen Umgang« als Frucht der Kultivierung, der Veredelung des Menschen im Sinne der Idee der Humanität. Schiller spricht sie in ›Maximen‹ der Erziehung an, die nicht zuletzt auf soziale Kompetenz zielen, nämlich, in Schillers Sprache, »billig, gütig, menschlich gegen andere seyn« (350). In lockerer Form spielen die Maximen auf Kants kategorischen Imperativ in der *Kritik der praktischen Vernunft* (1788) an: »Handle so, daß die Maxime deines Willens jederzeit zugleich als Prinzip einer allgemeinen Gesetzgebung gelten könne.«[117]

Diese »lobenswürdigen Maximen« vermögen nichts, wenn wir nicht fähig sind, eine uns »fremde Natur« als fremde in uns aufzunehmen und »fremde Situationen uns anzueignen, fremde Gefühle zu den unsrigen zu machen«. Die Fähigkeit der Teilnahme am und der Akzeptanz des Fremden werde jedoch »sowohl in der Erziehung, als in der, die wir selbst uns geben, in demselben Maaße unterdrückt, als man die Macht der Begierden zu brechen, und den Charakter durch Grundsätze zu befestigen sucht«. Schiller bringt hier nicht nur den Einfluß der Sensualität, sondern auch den »einer überwiegenden Rationalität« zur Sprache. Nicht zuletzt gegen die rigiden Prinzipien der Philanthropie gerichtet, unterstreicht er: »Um uns zu theilnehmenden, hülfreichen, thätigen Menschen zu machen, müssen sich Gefühl und Charakter miteinander vereinigen, so wie, um uns Erfahrung zu verschaffen, Offenheit des Sinnes mit Energie des Verstandes zusammentreffen muß«[118].

Die ästhetische Erziehung, die »Erziehung zum Geschmack und zur Schönheit« (376) schärft gleichermaßen die sinnlichen, geistigen und moralischen Fähigkeiten. Das Ziel der ästhetischen Erziehung, eine solche Totalität des Charakters auszubilden, ist mit dem ›Nervus‹ der Sache zusammenzudenken, daß es die Erfahrung der Kunst und der Schönheit ist, die den Menschen zur Freiheit führt (vgl. Brief 23 u. 25).

Da die Schönheit sowohl die Sinnlichkeit als auch die Vernunft berührt, wird dem Menschen durch die ästhetische Erfahrung der Übergang vom Empfinden zum Denken gebahnt. In die ›Kluft‹, die das Empfinden vom Denken trennt, legt Schiller den Ursprung und die Ermöglichung der Freiheit: Schönheit ist ein Mittel, den Denkkräften Freiheit zu verschaffen. Sinnlichkeit und Vernunft sind zugleich tätig und heben ihre »bestimmende Gewalt« gegeneinander auf, sie bewirken gegenseitig eine »Negation«: Diese »mittlere Stimmung [...], in welcher das Gemüth weder physisch noch moralisch genöthigt, und doch auf beyde Art thätig ist«, ist eine »freye Stimmung« (375). Die freie Stimmung kennzeichnet den ästhetischen Zustand. Der Mensch ist im ästhetischen Zustand von aller Bestimmung frei, er befindet sich im »Zustand der bloßen Bestimmbarkeit« (374): »Die Schalen einer Waage stehen gleich, wenn sie leer sind, sie stehen aber auch gleich, wenn sie gleiche Gewichte enthalten« (375).

Die »Gleichmüthigkeit und Freyheit des Geistes, mit Kraft und Rüstigkeit verbunden ist die Stimmung«, in die uns ein Kunstwerk versetzt und geradezu der »Probierstein« (380) für seinen Wert, ob es sich nun um Musik, Malerei, Bildhauerei, Theater, Tanz oder welche Kunstgattung auch immer handelt.

Für die politische Dimension der ästhetischen

---

113 Vgl. WOLFRAM HOGREBE, Schiller und Fichte, in: Bolten (s. Anm. 73), 276–289; JOHANN GOTTLIEB FICHTE, Über Geist und Buchstab' in der Philosophie (1794), in: Fichtes sämmtliche Werke, hg. v. I. H. Fichte, Bd. 8 (Berlin 1971), 270–300.
114 SCHILLER (s. Anm. 79), 357.
115 Vgl. POTT (s. Anm. 112), 87 ff.
116 SCHILLER (s. Anm. 79), 359.
117 Vgl. KANT, Kritik der praktischen Vernunft (1788), in: KANT (WA), Bd. 7 (1974), 140.
118 SCHILLER (s. Anm. 79), 350.

Erziehung ist die Freiheit des Geistes, die Schiller dem ästhetischen Zustand beimißt, entscheidend: Ist der Mensch im ästhetischen Zustand von allem Zwange frei, »Null«, so ist die Erfahrung des Schönen und die Stimmung, in die diese Erfahrung versetzt, »in Rücksicht auf *Erkenntnis* und *Gesinnung* völlig indifferent«. Der »persönliche Werth« eines Menschen bleibt »durch die ästhetische Kultur« noch völlig unbestimmt. Schönheit ist »gleich ungeschickt, den Charakter zu gründen und den Kopf aufzuklären« (377); es »ist weiter nichts erreicht, als daß es dem Menschen nunmehr von Natur wegen möglich gemacht ist, aus sich selbst zu machen, was er will – daß ihm die Freyheit, zu seyn, was er seyn soll, vollkommen zurückgegeben ist« (377 f.).

Es ist eine Freiheit des Geistes, die es dem Menschen ermöglicht, human, menschlich zu handeln und, im Sinne der Idee der Humanität, vollkommener zu werden. Ob der Mensch tatsächlich so handelt, wie es dem Ideal der Humanität entspricht, das ist eine Frage für sich – und sie muß offen bleiben.[119] Die Erfahrung des Schönen ermöglicht zwar, aus freien Stücken menschlich zu handeln, Humanität zu üben, doch bleibt es »im übrigen unserm freyen Willen anheim gestellt, in wie weit wir sie wirklich machen wollen«. Die

---

119 Vgl. CHRISTIAAN L. HART-NIBBRIG, ›Die Weltgeschichte ist das Weltgericht‹. Zur Aktualität von Schillers ästhetischer Geschichtsdeutung, in: Jahrbuch der Deutschen Schillergesellschaft 20 (1976), 264 ff.
120 SCHILLER (s. Anm. 79), 378.
121 Vgl. HORST TURK, Wirkungsästhetik: Aristoteles, Lessing, Schiller, Brecht, in: Jahrbuch der Deutschen Schillergesellschaft 17 (1973), 523 ff.
122 SCHILLER (s. Anm. 79), 383.
123 Vgl. WILKINSON/WILLOUGHBY (s. Anm. 106), 280 ff.
124 Vgl. DIETER BORCHMEYER, ›Der ganze Mensch ist wie ein versiegelter Brief‹ – Schillers Kritik und Apologie der ›Hofkunst‹, in: A. Aurnhammer/K. Manger/F. Strack (Hg.), Schiller und die höfische Welt (Tübingen 1990), 472 ff.
125 SCHILLER (s. Anm. 79), 390.
126 Vgl. VON WIESE (s. Anm. 84), 482 ff.
127 SCHILLER (s. Anm. 79), 386; vgl. SCHILLER, Über den moralischen Nutzen ästhetischer Sitten (1796), in: SCHILLER, Bd. 21 (1963), 28–37; WILKINSON/WILLOUGHBY (s. Anm. 106), 358 ff.

Schönheit, »unsere zweite Schöpferin«, hat mit unserer »ursprünglichen Schöpferin«, der Natur, gemein, daß sie uns gleichfalls nichts weiter als das »Vermögen zur Menschheit ertheilte, den Gebrauch desselben aber auf unsere eigene Willensbestimmung ankommen läßt«[120].

Der ästhetische, durch die Erfahrung der Kunst ausgelöste und stimulierte Zustand bringt also den Menschen in Distanz zu den Dingen und zu sich selbst, eröffnet ihm einen Reflexionsraum; und darin liegt die Ermöglichungsfunktion.[121] Schiller hebt sie ausdrücklich hervor: Der ästhetische Zustand ist »die nothwendige Bedingung, unter welcher allein wir zu einer Einsicht und zu einer Gesinnung gelangen können. Mit einem Wort: es giebt keinen andern Weg, den sinnlichen Menschen vernünftig zu machen, als daß man denselben zuvor ästhetisch macht«[122].

Das die Realität möglicherweise verändernde Handeln des Menschen, der den ästhetischen Zustand erfahren und reflektiert hat, beschreibt Schiller im 26. und 27. Brief mit den Bestimmungen des ästhetischen Scheins[123] und des ästhetischen Staates.

In der Bestimmung des ästhetischen, des schönen Scheins beansprucht Schiller die Kultur des geselligen Umgangs, ausgebildet in der höfischen Welt[124], auch für das bürgerliche Leben: »Die Realität der Dinge ist ihr (der Dinge) Werk, der Schein der Dinge ist des Menschen Werk«[125]. Nicht die Kunst steht hier im Vordergrund, sondern der handelnde Mensch, der ein edles Betragen und ein schöner Umgang, der sich hier zuletzt in der Höflichkeit gegeneinander zu erkennen gibt.[126] Der Schein, wie Schiller ihn verstanden wissen will, ist keine Täuschung, er gibt nicht vor, Realität zu sein, sondern ›veredelt‹ das Wirkliche: »Edel heißt jede Form, welche dem, was seiner Natur nach bloß dient (bloßes Mittel ist), das Gepräge der Selbständigkeit aufdrückt. Ein edler Geist begnügt sich nicht damit, selbst frey zu seyn, er muß alles andere um sich her, auch das Leblose, in Freyheit setzen«[127].

Den »Kreis des schönen Umgangs« bezeichnet Schiller im 27. Brief als ästhetischen Staat und knüpft hier, am Ende der *Briefe über die ästhetische Erziehung des Menschen*, in gewisser Weise an den 4. Brief an, in dem er den ›Staat der Not‹ mit dem

›Staat der Freiheit‹ konfrontiert hatte, der nur durch einen veränderten Menschen geschaffen werden könne: »Wenn in dem dynamischen Staat der Rechte der Mensch dem Menschen als Kraft begegnet und sein Wirken beschränkt – wenn er sich ihm in dem ethischen Staat der Pflichten mit der Majestät des Gesetzes entgegenstellt, und sein Wollen fesselt, so darf er ihm im Kreise des schönen Umgangs, in dem ästhetischen Staat nur als Gestalt erscheinen, nur als Objekt des freyen Spiels gegenüber stehen. Freyheit zu geben durch Freyheit ist das Grundgesetz dieses Reichs«[128].

Die Aufnahme und Beurteilung der *Briefe über die ästhetische Erziehung des Menschen* in Deutschland und auch in England (Thomas Carlyle), bei den Zeitgenossen und in der Romantik (Hölderlin, August Wilhelm und Friedrich Schlegel, Jean Paul) wandte sich zunächst, oftmals kritisch und ablehnend, Schillers Schreibart und der Beziehung des spielenden Menschen zur Wirklichkeit zu[129], der auch die Rezeption im 19. Jh. gilt (z. B. Hegel, F. Th. Vischer).[130] Die politische Dimension der ästhetischen Erziehung steht erst in der neueren Wirkungsgeschichte, die im einzelnen noch zu schreiben wäre, zur Debatte. Die Bestimmung des ästhetischen Zustands, des ästhetischen Scheins und des ästhetischen Staates rücken in den Vordergrund des Interesses und zeitigen kontroverse Interpretationen.

Die Geister scheiden sich an der Frage, ob der ästhetische Staat eine reine Utopie sei oder ob er irgendwann einmal und irgendwo zu finden sein könnte. Schiller selbst erklärt im 27. Brief, »ein solcher Staat des schönen Scheins« existiere »dem Bedürfnis nach in [...] jeder feingestimmten Seele«, der »That nach« fände man ihn wohl nur »in wenigen auserlesenen Zirkeln«[131].

Diese Zirkel sind in Schillers Umgebung, z. B. im Kreis der *Horen*-Leser gesucht worden. Plausibler erscheint, daß es »keine reale Bezugsgruppe gibt, seien es nun Hofleute, Bürger, Künstler, Politiker, Diplomaten oder Ordensbrüder«, daß die auserlesenen Zirkel vielmehr eine ›Kunstfigur des Dichters Schiller‹ sind, die den Gedanken des spielenden und nur dann ganzen Menschen allegorisiert.[132]

Der ästhetische Zustand als solcher ist als ›höchste Vollendung‹ und damit als folgenlos für die Wirklichkeit des Lebens und das Handeln des einzelnen in der Realität angesehen worden[133]; sieht man dagegen im ästhetischen Zustand ein ›Durchgangsstadium‹[134], dann läßt sich der ästhetische Zustand als Ermöglichung eines freien politischen Handelns verstehen.[135] Die ›Totalität des Charakters‹, die Anspannung und Ausbildung aller Kräfte des Menschen im Sinne sozialer Kompetenz als Ziel der ästhetischen Erziehung kann sich im ästhetischen Zustand als Ermöglichung der Freiheit in moralischen und politischen Einstellungen entfalten und zum Tragen kommen.[136]

III. Bildung durch Kunst

1. Goethes ›Wilhelm Meister‹

Der Gedanke der Bildung durch Kunst ist im *Wilhelm Meister* (1827–1830) von Goethe exemplarisch und wirkungsreich dargestellt worden.[137] Ein eigenes Kapitel, das den Rahmen des Beitrags sprengen

---

128 SCHILLER (s. Anm. 79), 410.
129 Vgl. WILKINSON/WILLOUGHBY (s. Anm. 106), 143f.
130 Vgl. DÜSING (s. Anm. 70), 170ff.
131 SCHILLER (s. Anm. 79), 412.
132 Vgl. EBERHARD SCHEIFFELE, Welchen Stellenwert hat das Konzept von ›einigen wenigen auserlesenen Zirkeln‹ im ›Context des Ganzen‹ der ›Ästhetischen Briefe‹, in: R. Fisher (Hg.), Ethik und Ästhetik. Werke und Werte in der Literatur vom 18. bis zum 20. Jahrhundert (Frankfurt a. M. 1995), 272.
133 Vgl. z. B. GÜNTER ROHRMOSER, Zum Problem der ästhetischen Versöhnung. Schiller und Hegel, in: Bolten (s. Anm. 73), 314–332.
134 Vgl. DIETER BORCHMEYER, Tragödie und Öffentlichkeit. Schillers Dramaturgie im Zusammenhang seiner ästhetisch-politischen Theorie und der rhetorische Tradition (München 1973), 193; DÜSING (s. Anm. 70), 164f.
135 Vgl. J. BARNOUW, ›Freiheit zu geben durch Freiheit‹. Ästhetischer Zustand – Ästhetischer Staat, in: W. Wittkowski (Hg.), Friedrich Schiller. Kunst, Humanität und Politik in der späten Aufklärung. Ein Symposium (Tübingen 1982), 138–161.
136 Vgl. HART-NIBBRIG (s. Anm. 119), 260f.
137 Vgl. KLAUS GILLE (Hg.), Goethes Wilhelm Meister. Zur Rezeptionsgeschichte der Lehr- und Wanderjahre (Königstein i. Ts. 1979).

würde, ist die Funktion der Kunst in den Entwicklungs- und Bildungsromanen des 18. Jh. (Martin Wieland, Karl Philipp Moritz, Jean Paul)[138] und des 19. Jh. (Gottfried Keller, Adalbert Stifter). In den Kunsttheorien der Romantik, die ebenfalls beiseite bleiben müssen, spielt ästhetische Bildung und Erziehung weniger als Stichwort, wohl aber der Sache nach eine Rolle.

Den Begriff des Bildungsromans hat Wilhelm Dilthey 1870 geprägt; der Bildungsroman zeigt »menschliche Ausbildung in verschiedenen Stufen, Gestalten und Lebensepochen«[139]. Goethe stellt in seinem Roman *Wilhelm Meisters Lehrjahre* (1795/ 1796) Bildung durch das Leben für das Leben dar. Als bildende Kräfte wirken die – im Roman vielfältig vorgeführten – Beziehungen von Mensch zu Mensch. Weitere Bildungselemente sind nicht mehr und noch nicht wieder, wie dann in der Romantik, die Kirche und, noch nicht, die Wissenschaft, sondern die Kunst.

Im Mittelpunkt des Bildungsstrebens von Wilhelm Meister steht die Welt des Theaters. Es geht Wilhelm darum, »mich selbst, ganz wie ich da bin, auszubilden«. Seine »Geburt« versagte ihm jedoch die »harmonische Ausbildung« seiner »Natur«, zu der er »eine unwiderstehliche Neigung« hatte. Als »Bürger« sieht Wilhelm nur als Schauspieler die Möglichkeit, seiner Neigung nachzukommen; das bringt er in einem berühmten Brief an seinen Freund Werner, der ihn von seinem Vorhaben abbringen will, zum Ausdruck:»Wäre ich ein Edelmann, so wäre unser Streit bald abgetan; da ich aber nur ein Bürger bin, so muß ich einen eigenen Weg nehmen, und ich wünsche, daß Du mich verstehen mögest. Ich weiß nicht, wie es in fremden Ländern ist, aber in Deutschland ist nur dem Edelmann eine gewisse allgemeine, wenn ich sagen darf, personelle Ausbildung möglich. Ein Bürger kann sich Verdienst erwerben und zur höchsten Not seinen Geist ausbilden; seine Persönlichkeit geht aber verloren. Er mag sich stellen wie er will.«[140]

Wilhelms Umgang mit der Kunst gipfelt in seiner Begegnung mit Shakespeare. Ein solches Kunsterlebnis, das dem Menschen die Welt auf- und erschließt, ist »ein Element der neuzeitlichen Bildung geworden; aber es ist es erst seit den Lehrjahren«[141].

2. Wilhelm von Humboldt

Nach Wilhelm von Humboldt ist es die Aufgabe des Menschen, sich selbst zu bilden und so sich selbst zu bestimmen, d. h. sich in seiner Menschlichkeit darzustellen. Humboldt hat unter diesem Gesichtspunkt eine Theorie der Bildung durch Kunst entworfen, die eng mit seiner Anthropologie, dem Gedanken der Selbstbestimmung und Selbstbildung des Menschen, verknüpft ist. Den Begriff der Selbstbestimmung als Darstellung der Menschlichkeit des Menschen, seiner ›Menschheit‹ durch Bildung, entwickelt Humboldt ausgehend von dem in der philosophischen Diskussion seiner Zeit geläufigen Begriff der Kraft.[142] Kraft und Spontaneität sind die Bedingungen der Bearbeitung der »Gegenstände der Welt« durch den Menschen. »Welt« versteht Humboldt als Inbegriff der Ideen, die als Resultate der Kraft, als ihre »Objektivationen«, dem Menschen gegenübertreten: Der Mensch schafft Welt, und die Welt wirkt auf ihn zurück. Daraus entsteht Kultur im Sinne des Inbegriffs aller vom Menschen hervorgebrachten »Objektivationen«.

Wenn er die Fülle der Welt nicht mehr auf sich zurückzubeziehen vermag und sich in ihrer »chaotischen Mannigfaltigkeit« verstrickt und verliert, dann entfremdet sich der Mensch von sich selbst.

---

138 Vgl. HANS-JÜRGEN SCHINGS, ›Agathon‹, ›Anton Reiser‹, ›Wilhelm Meister‹. Zur Pathologie des modernen Subjekts im Roman, in: W. Wittkowski (Hg.), Goethe im Kontext. Kunst und Humanität, Naturwissenschaft und Politik von der Aufklärung bis zur Restauration. Ein Symposium (Tübingen 1984), 42–68; WULF KÖPKE, Jean Pauls Auseinandersetzung mit ›Werther‹ und ›Wilhelm Meister‹, in: ebd., 69–88.
139 WILHELM DILTHEY, Leben Schleiermachers (1870), hg. v. M. Redeker, Bd. 1/1 (Berlin ³1970), 299.
140 JOHANN WOLFGANG GOETHE, Wilhelm Meisters Lehrjahre (1795/1796), in: GOETHE (HA), Bd. 7 (²1955), 290; vgl. GONTHIER-LOUIS FINK, Die Bildung des Bürgers zum ›Bürger‹. Individuum und Gesellschaft in ›Wilhelm Meisters Lehrjahren‹, in: Recherches Germaniques 2 (1972), 3–37.
141 ERICH TRUNZ, [Anmerkungen des Herausgebers], in: GOETHE (HA), Bd. 7 (²1955), 619.
142 Vgl. CLEMENS MENZE, Wilhelm von Humboldts Lehre und Bild vom Menschen (Ratingen 1965), 96 ff.

III. Bildung durch Kunst

Der auf Selbstbestimmung bedachte, sich selbst bildende Mensch wird den »Untergang des Selbst in der Welt« zu vermeiden suchen. Verstrickung in der Welt – das wußte schon Humboldt – ist das Gegenteil von Selbstverwirklichung und Selbstbestimmung. Da für Humboldt Selbstbestimmung im Rückbezug der Welt auf das Individuum am nachhaltigsten ausgedrückt ist, besteht das Ziel des Strebens und der Bildung des Menschen darin, »die ganze Masse des Stoffes«, welchen die Welt und sein Inneres ihm darbietet, »mit allen Werkzeugen seiner Empfänglichkeit in sich aufzunehmen und mit allen Kräften seiner Selbsttthätigkeit umzugestalten und sich anzueignen und dadurch sein Ich mit der Natur in die allgemeinste, regste und übereinstimmendste Wechselwirkung zu bringen«[143]. Der tätige Mensch wirkt, vermöge seiner geistigen Kräfte, auf die Welt ein und erweitert auf diese Weise »das sinnliche Gebiet der Natur«. Die Rückwirkung der Welt auf den Menschen bereichert sein Gemüt wie auch seine Gedanken und seine Empfindungen, und zwar indem die »Anstösse«(129), die von der Welt ausgehen, ein freies Spiel zwischen seinen Kräften und Fähigkeiten anregen.

Beim Austausch zwischen dem Menschen und der, genauer: *seiner* Welt kommt es im Sinne der Humanitätsidee auf die »höchste und proportionirlichste«[144] Bildung sämtlicher Kräfte oder Fähigkeiten zu einem Ganzen an. Je nach Weltbezug werden Fähigkeiten gestärkt.[145] Von ausgezeichneter bildender Bedeutung ist derjenige Bereich, der eine ›lebendige Wirksamkeit‹ aller Kräfte des Menschen auszulösen vermag, weil er diesen Kräften sozusagen gleich, ›aequal‹ ist.[146] Eine solche lebendige Wirksamkeit geht von der Kunst aus. Das Kunstwerk beansprucht alle Kräfte des Menschen. Bildung durch Kunst, ästhetische Bildung und Erziehung ist somit für Humboldt nahezu gleichbedeutend mit Bildung schlechthin.[147]

Da es die Wirkung der Kunst kennzeichnet, daß wir als ganzer Mensch angesprochen werden, ist im Anschluß an Kant die Erfahrung von Kunst und Schönheit auch für Humboldt, ebenso wie für Schiller, weder an die theoretische noch an die praktische Vernunft geknüpft, sondern »eigentlich das, was alle menschlichen Kräfte erst in eins verknüpft«[148]. Die Wirkung der Kunst beruht für Humboldt aber auch darauf, daß der Künstler eine Welt von Idealen hervorbringt. Die Kunstwelt stellt eine vorzügliche Bildungswelt dar, weil in ihr alles Zufällige getilgt ist, ›völlige Formalität‹ herrscht. Der traditionellen Auffassung autonomer Kunst zufolge, die von Humboldt geteilt wird, sind Einheit, Mannigfaltigkeit und ›Formalität‹, d. h. Tilgung aller Zufälligkeit, die entscheidenden Voraussetzungen der künstlerischen Wirkung.[149] Die Kunst ermöglicht es dem Menschen, sich als Mensch im Sinne der Idee der Humanität zu erfahren und darzustellen und sich seiner Bestimmung bewußt zu werden, dieser Idee zu entsprechen.

Gerade in der Negation des Wirklichen, mit der Absage an die Nachahmung der Natur und die Mimesistheorie verbunden ist, liegt die hervorragende Chance der Kunst, auf die Wirklichkeit einzugehen, sich kritisch zu ihr zu verhalten.[150] Es geht Humboldt nicht um ein Sich-Erheben über die triviale Wirklichkeit oder ein momentanes

---

143 WILHELM VON HUMBOLDT, Über Göthes Hermann und Dorothea (1798), in: Humboldt, Werke in fünf Bänden, hg. v. A. Flitner/K. Giel, Bd. 2 (Darmstadt ⁴1986), 127 f.
144 HUMBOLDT, Ideen zu einem Versuch, die Gränzen der Wirksamkeit des Staats zu bestimmen (1792), in: Humboldt (s. Anm. 143), Bd. 1 (Darmstadt ²1969), 64; vgl. ebd., 56 ff., 84; ANSGAR NÜNNING, Bildung durch Kunst. Wilhelm von Humboldts Konzeption ästhetischer Wirkung, in: Zeitschrift für Ästhetik und allgemeine Kunstwissenschaft 34 (1989), 51–63, bes. 52–54.
145 Vgl. HUMBOLDT, Über Göthes Hermann und Dorothea (s. Anm. 143), 129.
146 Vgl. HUMBOLDT an Schiller (13. 2. 1796), in: S. Seidel (Hg.), Der Briefwechsel zwischen Friedrich Schiller und Wilhelm von Humboldt, Bd. 2 (Berlin 1962), 28–36.
147 Vgl. MENZE, Grundzüge der Bildungsphilosophie Wilhelm von Humboldts, in: Menze, Bildung und Bildungswesen. Aufsätze zu ihrer Theorie und ihrer Geschichte (Hildesheim/New York 1980), 1–23.
148 HUMBOLDT an Körner (27. 10. 1793), in: A. Leitzmann (Hg.), Wilhelm von Humboldts Briefe an Christian Gottfried Körner (Leipzig 1940), 3.
149 Vgl. HUMBOLDT, Über Göthes Hermann und Dorothea (s. Anm. 143), 236–257.
150 Vgl. ebd., 135, 153, 155; WOLF DIETER OTTO, Ästhetische Bildung. Studien zur Kunsttheorie Wilhelm von Humboldts (Frankfurt a. M./Bern/New York 1987), 96 ff.

Vergessen bedrückender Verhältnisse. Humboldt verbindet mit der Wirkung der Kunst vielmehr Lebensgewinn im Sinne der Anregung zu Selbstbestimmung und Selbsttätigkeit; es geht um die Stärkung der Entscheidungsfähigkeit, des Denkens und Handelns des Menschen.[151] Die Stimmung, in die uns die Erfahrung von Kunst versetzt, veranlaßt uns nicht unmittelbar zu bestimmten Handlungen, wohl aber dazu, unsere Kräfte in freier Selbsttätigkeit zu üben.

Die bildende Wirkung der Kunst, die Humboldt in dieser Weise im Anschluß und in der Auseinandersetzung mit Kants Analytik des Schönen in der *Kritik der Urteilskraft* beschreibt[152], liegt, im Anschluß an Kants Analytik des Schönen und die Bestimmungen des interesselosen Wohlgefallens sowie des freien Zusammenspiels von Einbildungskraft und Verstand als Indices für die Erfahrung des Schönen, für Humboldt ebenso wie für Schiller in der freien Gemütsstimmung des die Kunst auffassenden Menschen.[153] Die Wirkung der Kunst ist also nicht präskriptiv. Kunst schreibt keine bestimmten Verhaltensweisen vor und nötigt nicht dazu, bestimmten Ansichten beizupflichten, sondern macht den Menschen frei, sich selber Grundsätze zu geben und seine Zukunft in Eigenverantwortung selbst zu entwerfen.[154] Bildung ist auch eine Voraussetzung dafür, daß Menschen auf andere Menschen wirken und Einfluß nehmen können.[155]

Die politische Dimension der Kunst eröffnet Humboldt am Beispiel von Goethes *Hermann und Dorothea*. Das bürgerliche Epos stellt für Humboldt die Synthese von antiker Form und modernem Gehalt dar.[156] Die Orientierung am antiken Formideal verleiht dem Werk Objektivität und damit Kunstcharakter; der Bezug zur Antike beruht auf Reflexion, dem Movens moderner künstlerischer Produktion.

IV. Musische Erziehung als Kompensation (19./20. Jahrhundert)

Der Gedanke einer Bildung durch Kunst und Schillers Konzeption der ästhetischen Erziehung werden im 19. Jh. nachhaltig in Frage gestellt. Im Laufe des Jahrhunderts, in dem sich die bürgerliche Gesellschaft und ihre Sozialstruktur formieren[157], kommt es zu einem Funktionswandel der Bildung, der für die ästhetische Bildung und Erziehung nicht folgenlos bleibt. Die Kunst verliert ihre Bedeutung als ausgezeichneter, die Bildung des Menschen fördernder und prägender Wirklichkeitsbereich. Mit der Bildungsbedeutung der Kunst büßt auch eine Erziehung, die an der ästhetischen Erfahrung als Erfahrung von Kunst orientiert ist, den außerordentlichen Stellenwert vor allem die politische Dimension ein, die ihr von Schiller wie auch von Humboldt zugesprochen worden waren. An die Stelle der ästhetischen Bildung und Erziehung tritt im Zusammenhang mit der Reformpädagogik die literarisch-musische Bildung und Erziehung »als eine historisch bedingte und zeitgebundene Form der ästhetischen Erziehung vom Anfang bis zur Mitte des 20. Jahrhunderts«[158].

Die musische Erziehung bezieht sich dem Wort wie auch der Sache nach auf die pädagogische Tradition der Griechen, d. h. die ›paideia musikē‹ (παιδεία μουσική), wie sie von Platon in der *Politeia* (2, 3, 10) begründet worden war.[159] Musische Erziehung war bei den Griechen sowohl die Einführung in den Mythos als auch die Ausbildung

---

151 Vgl. MENZE, Die Rolle der Ästhetik in Wilhelm von Humboldts Theorie der Bildung, in: C. Fabro (Hg.), Gegenwart und Tradition. Strukturen des Denkens (Freiburg i. Br. 1969), 149.
152 Vgl. OTTO (s. Anm. 150), 58–91.
153 Vgl. MENZE (s. Anm. 151), 125 ff., 133 ff.
154 Vgl. HUMBOLDT (s. Anm. 143), 149; NÜNNING (s. Anm. 144), 62 f.
155 Vgl. HUMBOLDT an Karoline von Dacheröden (24. 12. 1790), in: A. Leitzmann (Hg.), Die Brautbriefe Wilhelm von Humboldts und Karolinens von Humboldt (Leipzig 1924), 321 ff.
156 Vgl. HUMBOLDT (s. Anm. 143), 301–310; OTTO (s. Anm. 150), 155–191.
157 Vgl. KARL-ERNST JEISMANN, Zur Bedeutung der ›Bildung‹ im 19. Jahrhundert, in: Jeismann/P. Lundgren (Hg.), Handbuch der deutschen Bildungsgeschichte, Bd. 3 (München 1987), 1–21.
158 GUNTER OTTO, ›Ästhetische Erziehung‹, in: C. Wulf (Hg.), Wörterbuch der Erziehung (München/Zürich 1974), 10.
159 Vgl. LINE KOSSOLAPOW, Musische Erziehung zwischen Kunst und Kreativität. Ideologiegeschichte künstlerischer Selbstaktualisierungstendenzen im Industriezeitalter (Frankfurt a. M. 1975), 227 ff.

IV. Musische Erziehung als Kompensation (19./20. Jahrhundert)

in den musischen Künsten (musikai technai; μουσικαὶ τέχναι), in erster Linie in der Musik, im Sagen und Singen, wie auch z. B. im Tanz.[160] Die Ausbildung in den musischen Künsten diente in der griechischen Antike der Erziehung der Seele. Die literarisch-musische Erziehung knüpft hier mit ihren grundlegenden Werken (Georg Götsch, Otto Haase) in gewisser Weise an, wenn sie sich als »ganzheitliche Menschenbildung« versteht. Es soll der »leibseelischen Ganzheit des Menschen«[161] Rechnung getragen werden. Das Musische wird anthropologisch verstanden, als Wert gesehen und in dieser Hinsicht als Erziehungsprinzip beansprucht. Musische Erziehung ist ihrem Selbstverständnis nach Gemeinschaftserziehung und fördert zwischenmenschliche Beziehungen.[162]

Mit diesen vorrangig praxisorientierten Zielvorstellungen ist die musische Erziehung eine Gegenbewegung zur Gefährdung des Menschen durch »Technokratie«, »Leistungsdenken«, »Vermassung« und die »Hast« des Lebens in der modernen Welt. Der »amusische Mensch«, der die gesellschaftlichen Normen bestimmt, wird »das Gegen-Bild der musischen Bewegung«[163]. Theoretiker der musischen Erziehung (z. B. Fritz Seidenfaden) bemühen sich um eine Klärung der Begriffe des Musischen und der musischen Erziehung wie auch um eine Klärung des Zusammenhangs zwischen musischer und künstlerischer Erziehung bzw. der Abgrenzung der beiden Bereiche voneinander.[164] Die »Integration des musischen Bereichs in den gesamten Erziehungsbereich« ist kontrovers diskutiert worden. Die »musische Grundidee eines fächerübergreifenden Unterrichts«[165] setzte sich nicht durch. Die programmatischen Darstellungen der Theoretiker der musischen Erziehung zeigen, daß – wie schon für Schillers Konzeption der ästhetischen Erziehung – auch der Ausgangspunkt der musischen Bewegung den kritischen Situation des Menschen in der modernen Welt zu sehen ist. Für die Programmatiker ist »die Not des Menschen zugleich die Not des künstlerischen bzw. musischen Lebens«; die Not »zeigt sich in der Trennung der Kunst vom Leben, der ›hohen Kunst‹ von der ›leichten Muse‹, wie auch des Künstlers vom Volk«. Aus Gründen, die genauer zu erörtern wären, kann die moderne Kunst »nicht ohne weiteres in die alte Beziehung zwischen Kunst und Bildung eintreten«. Musische Erziehung muß sich als »Selbsthilfe«[166] begreifen.

Nicht nur in diesem Punkt unterscheidet sich das Programm der musischen Erziehung von Schillers Konzeption der ästhetischen Erziehung. Während Schiller der ästhetischen Erziehung eine vermittelnde, politisches Handeln ermöglichende Funktion zutraute, ist die musische Erziehung durch die »wachsende Macht der Rationalität in eine bloße Gegenstellung gedrängt worden [...]. Hier bleibt die neue Theorie hinter Schiller zurück.«[167]

Die zu Beginn des 19. Jh. einsetzende, eine Bildungskrise auslösende Entwicklung, die auf dem Gebiet der Bildung und Erziehung die Reformpädagogik und in ihrem Kontext auch die musische Erziehung vorbereitet hat, wird markiert durch die Infragestellung der politischen Dimension der ästhetischen Erziehung und die Auflösung der Einheit des humanistischen Bildungsbegriffs.[168]

Die Infragestellung der politischen Dimension der ästhetischen Erziehung wird im ersten Drittel des 19. Jh. durch Hegels Zurücksetzung der Kunst gegenüber der Philosophie und ihrer Bedeutung für die Bildung des Menschen philosophisch grundiert. Hegel gesteht Schiller zwar zu, daß er seine Zeit, in der der Mensch der Entfremdung von sich selbst bereits mehr und mehr ausgeliefert war, zutreffend diagnostiziert hat. Schillers Auffassung der bildenden und politischen Wirksamkeit der ästhe-

---

160 Vgl. WALTER F. OTTO, Die Musen und der göttliche Ursprung des Singens und Sagens (Darmstadt 1954).
161 NORBERT KLUGE, Einleitung, in: Kluge (Hg.), Vom Geist musischer Erziehung. Grundlegende und kritische Beiträge zu einem Erziehungsprinzip (Darmstadt 1973), 3.
162 Vgl. OTTO HAASE, Musisches Leben (Hannover 1951), 22 ff., 54 ff.
163 KLUGE (s. Anm. 161), 4.
164 Vgl. ebd., 11 ff.
165 Ebd., 9.
166 THEODOR SCHULZE/HANS-HERMANN GROOTHOFF, ›Musische Erziehung‹, in: Groothoff/M. Stallmann (Hg.), Pädagogisches Lexikon (Stuttgart 1961), 647 f.
167 Ebd., 648.
168 Vgl. MENZE, Der Übergang von der ästhetisch-politischen zur literarisch-musischen Erziehung. Erörterung über den Wandel des Bildungsdenkens zu Beginn des 19. Jahrhunderts (1971), in: Menze (s. Anm. 147), 84 f.

tischen Erziehung wird von Hegel jedoch nicht geteilt. Auch bleibt die ästhetische Versöhnung von Sinnlichkeit und Vernunft aus Hegels Sicht ohne Konsequenzen für das Leben, wie Schiller und Humboldt sie angenommen hatten. Im Gegenteil, die ästhetische Versöhnung verschärft, so Hegel, die Entfremdung, anstatt sie aufzuheben, und läßt die soziale und politische Wirklichkeit außer sich.[169] Der kritisierten Folgenlosigkeit der ästhetischen Erfahrung von Kunst leistet dann u. a. auch die als quietistisch erachtete Auffassung der Kunst, die Arthur Schopenhauer im 3. Buch von *Die Welt als Wille und Vorstellung* (1818) nahegelegt hat, Vorschub.[170]

Für den Funktionswandel der Bildung ist die Auflösung der Einheit des humanistischen Bildungsbegriffs entscheidend. Der humanistische bzw. neuhumanistische Bildungsbegriff und das geistig-sittliche Selbstverständnis des Menschen, das er im Hinblick auf die Bildungsbedeutung der Kunst formuliert, wird im Laufe des 19. Jh. in die sozialen und gesellschaftspolitischen Auseinandersetzungen der Zeit hineingezogen.[171] Die Erziehung sollte einer gesellschaftlichen Wirklichkeit, die sich ständig wandelt und zunehmend vom wissenschaftlichen wie technischen Fortschritt geprägt wurde, Rechnung tragen. Da Bildung nicht unabhängig von historisch-sozialen Voraussetzungen und gesellschaftlichen Bedingungen verstanden werden kann, muß sich das humanistische Verständnis der Bildung den prägenden Faktoren der sozialen und gesellschaftlichen Wirklichkeit stellen, die durch die Bereiche der Arbeit und der Technik vorgegeben sind.[172]

Die Bildungskrise wird noch dadurch verstärkt, daß Bildung zunehmend als Privileg einer ›Geisteselite‹ verstanden wird und die humanistische Zielvorstellung in der gebildeten Schicht des Bürgertums des 19. Jh. zum bloßen Statussymbol entartet. Wo beispielsweise Humboldt ›Bildung durch Kunst‹ mit der vollendeten Humanität des einzelnen verbunden hatte, kritisiert Nietzsche den Historismus der Bildung und prangert den ›Bildungsphilister‹ seiner Zeit an.[173]

Im ausgehenden 19. Jh. hat die gesellschaftliche, durch Industrialisierung und technischen Fortschritt geprägte Wirklichkeit die Auflösung des Humanitätsgedankens in ein heterogenes Vielerlei zur Folge, wobei national bestimmte Gedanken in den Vordergrund treten.[174] Die ästhetische Bildung und Erziehung im Sinne der musischen Erziehung wird zu einer Spezialbildung neben anderen, wie der politischen, ökonomischen, fachschulischen oder weiblichen Bildung. Ästhetische Bildung ist nun kein prägender Faktor der Bildung mehr, sondern eine ihrer auswechselbaren Formen.[175] Während sich die Herrschaft der die Zeit bestimmenden Tendenzen der Politik, der Industrialisierung und der Wissenschaften vollzieht, wird die Kunst abgedrängt auf die Bildung ›schöner Innerlichkeit‹. Friedrich Theodor Vischer, der sich vom Standpunkt Hegels aus mit den Tendenzen der Zeit, etwa der politischen Poesie, auseinandersetzt, fordert eine politische Kunst und verteidigt erneut die Bedeutung der Ausbildung und Veredelung der sinnlichen Fähigkeiten des Menschen für die Kultur.[176]

Der Gedanke der musischen Erziehung ist in diesem Kontext von kulturkritischen Zielvorgaben geprägt, hinter denen weltanschauliche, anthropologische sowie geistesgeschichtliche und auch religiöse Positionen stehen, die insbesondere die Be-

---

169 Vgl. HEGEL (ÄSTH), 101 ff.; VON WIESE, Das Problem der ästhetischen Versöhnung bei Schiller und Hegel, in: Jahrbuch der deutschen Schillergesellschaft 9 (1965), 167–188.
170 Vgl. MENZE (s. Anm. 168), 89 ff.
171 Vgl. FRANZ-JOSEF WEHNES, Der Bildungsbegriff in Vergangenheit und Gegenwart, in: Handbuch Schule und Unterricht, Bd. 3 (Düsseldorf 1981), 28 ff.; MENZE, ›Humanismus, Humanität‹, in: RITTER, Bd. 3 (1974), 1217–1219.
172 Vgl. THEODOR LITT, Das Bildungsideal der Klassik und die moderne Arbeitswelt (Bonn 1955).
173 Vgl. FRIEDRICH NIETZSCHE, Unzeitgemäße Betrachtungen. Erstes Stück: David Strauss der Bekenner und der Schriftsteller (1873), in: NIETZSCHE (SCHLECHTA), Bd. 1 (1954), 142 ff.; WOLFGANG SCHEIBE, Die reformpädagogische Bewegung 1900–1932. Eine einführende Darstellung (Weinheim/Basel ⁶1978), 12–20.
174 Vgl. MENZE (s. Anm. 168), 89; ANNELIESE HÜBOTTER, Das Schicksal der Humanität im 19. Jahrhundert (Langensalza 1929).
175 Vgl. MENZE (s. Anm. 168), 89, 93.
176 Vgl. FRIEDRICH THEODOR VISCHER, Herwegh. Politische Poesie, in: Vischer, Kritische Gänge, hg. v. R. Vischer, Bd. 2 (Leipzig 1914), 92–134; MENZE (s. Anm. 168), 94 ff.

IV. Musische Erziehung als Kompensation (19./20. Jahrhundert) 721

deutung der ›Bildsamkeit‹ für die Entwicklung des Menschen betreffen.[177] Die musische Erziehung stellt auch im Hinblick auf ihre kulturkritischen Gehalte und Zielvorgaben ein wesentliches Element der seit 1890 insbesondere in Deutschland und England aufkommenden Reformpädagogik«[178] dar, deren Entstehungsgeschichte u. a. mit Julius Langbehns *Rembrandt als Erzieher* (1889) einsetzt, der eine ›Volkserziehung durch Kunst‹ propagierte. Die Gehalte der musischen Erziehung wie der Reformpädagogik sind oft auch landschaftlich bezogen oder sie verbinden musische und religiöse Perspektiven, wie die Erziehung der Rudolf-Steiner-Schulen.[179]

Vor allem die völkische Tendenz, die die Reformpädagogik zunächst insgesamt kennzeichnet, steht im Zusammenhang der musischen Erziehung dem ethisch-moralischen und politischen Anspruch an die Kunst, wie er von Schiller und Humboldt erhoben worden war, entgegen.[180] Die Verbindung von ästhetischer Erziehung und Politik wird aufgelöst und durch eine kompensatorische Funktion ersetzt, die als Reaktion der musischen Bewegung auf die Einschränkungen der Lebenswirklichkeit der modernen Welt der Wissenschaften und der Technik zu verstehen ist. Die kompensatorische Funktion der musischen Erziehung erwächst aus den sozio-ökonomischen und gesellschaftspolitischen Entwicklungen, durch die die soziale Wirklichkeit im Laufe des 19. Jh. geprägt worden ist: »Bei Beschädigung ihres Humanitätsniveaus« halten sich die Menschen »durch Ersatzleistungen schadlos«[181]. Die Verkümmerung des Menschen und der künstlerischen Ausdrucksformen wurde durch eine Emotionalität ansprechende musische Erziehung und Bildung kompensiert.

In ihrem Zusammenhang mit der Reformpädagogik entwickelte sich die musische Erziehung seit dem Ende des 19. Jh. aus der deutschen Jugendbewegung, der Kunsterzieherbewegung (Gustav Britsch, Alfred Lichtwark, Leo Weismantel), der muttersprachlichen Bewegung (Leo Weisgerber), der Laienspielbewegung (Martin Luserke und Rudolf Mirbt) wie auch der liturgischen Bewegung (Romano Guardini). Diese Bewegungen, die in den 20er und 30er Jahren ihren Höhepunkt erreichten und noch mindestens bis in die 50er und 60er Jahre des 20. Jh. stark gewesen sind, wollten die »Totalität der Gemütskräfte« von Kindern und Jugendlichen durch das Medium einer bestimmten Kunstgattung erreichen, und sie waren auf der Basis dieser Spezialisierungen auch erfolgreich. Die Zielsetzung war in allen musischen Bereichen, bis hin zum Tanz, auf »das Ansprechen und Entfalten aller musischen Kräfte des jungen Menschen«[182] gerichtet.

Mit diesen Zielvorstellungen tritt die musische Erziehung der intellektuellen Bildung und Erziehung nicht nur entgegen, sondern sieht sich ihr gegenüber in einer Vorrangstellung und betont die »Welt des Herzens«: »Es wurde von vornherein eine Welt in der Welt angestrebt, eine bessere in der schlechteren Welt. Es wurde also versucht, eine pädagogische Provinz zu gründen.« Pädagogische Provinzen lassen sich leicht von »wirklichen Welten in Dienst nehmen« – sowohl der Nationalsozialismus als auch die Kommunistische Internationale profitierten auf ihre Weise vom »musischen Leben«[183].

Die Kunsterzieherbewegung[184], die im Jahre 1901 mit dem Kunsterziehertag in Dresden begann, setzte sich gegen die »Verkümmerung des künstlerischen Lebens durch die materialistisch-ökonomische Denkweise« des 19. und beginnen-

177 Vgl. KONRAD WIDMER, Musische Bildung in anthropologischer Sicht (1967), in: Kluge (s. Anm. 161), 350–372.
178 Vgl. HERMANN RÖHRS, Die Reformpädagogik. Ursprung und Verlauf unter internationalem Aspekt (Weinheim ⁵1998), 19–101.
179 Vgl. FRANZ PÖGGELER, Musische Erziehung, ihre Geschichte, ihr Wirken, ihre Grenze (1952), in: Kluge (s. Anm. 161), 76, 37; BECKERS (s. Anm. 24), 133–144.
180 Vgl. BECKERS/ELKE RICHTER, Kommentierte Bibliographie zur Reformpädagogik (Sankt Augustin 1979), 251 ff.; KOLFHAUS (s. Anm. 22), 167.
181 Vgl. ODO MARQUARD, Kompensation. Überlegungen zu einer Verlaufsfigur geschichtlicher Prozesse, in: K.-G. Faber/C. Meier, Historische Prozesse (München 1978), 359.
182 PÖGGELER (s. Anm. 179), 48.
183 GROOTHOFF, Musisches Leben, ein pädagogisches Mißverständnis oder eine pädagogische Aufgabe? in: Kluge (s. Anm. 161), 142; vgl. MENZE (s. Anm. 168), 99 ff.
184 Vgl. KOLFHAUS (s. Anm. 22), 166 ff.; BECKERS (s. Anm. 24), 145 ff.

den 20. Jh. zur Wehr. Die »Schaffenskräfte« und das Ausdrucksvermögen des jungen Menschen sollten »zu neuer Wirksamkeit für das ganze Leben«[185] gebracht werden.

Musische Erziehung wurde zur künstlerischen Erziehung. Die eigene künstlerische Tätigkeit auf den Gebieten der bildenden Kunst, Musik und Literatur sollte die künstlerischen Kräfte in jedem Menschen wecken[186], jedoch zogen mangelnde Begabung wie auch das Selbstverständnis der künstlerisch zu Bildenden, wie sich bald zeigte, der künstlerischen Erziehung Grenzen: »In den Bahnen der Kunsterziehungs-Bewegung, der Musik-Bewegung und mancher anderer Sonderrichtungen der vergangenen Jahrzehnte wähnten sich viele Jugendliche eingefangen in ein Besonderes und Spezifisches, dem sie nicht ihr volles Interesse zuwenden wollten, oft deshalb, weil in diesen Sonderrichtungen auf irgendeine Weise eine spezifische Begabung vorausgesetzt wurde«[187].

Die Kunsterzieherbewegung machte nicht zuletzt auch die noch heute diskutierte, jedoch bisher kaum umgesetzte Bedeutung der sogenannten musischen Schulfächer für das Ganze des Menschen nachdrücklich und auch kämpferisch geltend. Gefordert wurde eine Veränderung des auf »Auswendiglernen und Verstehen von Fachwissen« bezogenen Unterrichts: »Wir erstreben […] eine neue organische Schule, welche die Kräfte, die im Kinde, im Menschen selbst ruhen, zur Entfaltung bringt, zum Wachstum befreit, diese Entfaltung hegt und pflegt auf allen Gebieten, so auf dem der Sprache, so auch auf dem der Bildgestaltung, der Musik, der Körperpflege, der Bühnenkunst, der soziologischen Forschung des Volkes und der Menschheit ganz allgemein«[188].

Die Ziele der musischen Bildung und Erziehung richten sich nach 1945 dann weniger auf die Pflege der künstlerischen Anlagen und Fähigkeiten: Nunmehr wird »Musisches Tun« um seiner selbst willen erstrebt, auch geht es um ein »Gemeinschaftserlebnis«, ein »geselliges Tätigsein«[189]. In dieser Hinsicht wird die Einheit der musischen Fächer betont.[190]

Das prekäre Verhältnis der musischen Bildung zur Realität ist insbesondere seit den 70er Jahren thematisiert, problematisiert und ebenso wie die nationalistischen Tendenzen der Reformpädagogik vielfach kritisiert worden.[191] Die musische Erziehung erkenne das Angebot, die Qualitäten und die Chancen der industriellen Wirklichkeit nicht, diese Möglichkeiten müßten berücksichtigt und die musische Erziehung in einem neuen Sinn verstanden werden, »weder intellektfeindlich noch einseitig den Musen verbunden«[192]. Zudem wird die Verbindung von musischer Erziehung und Politik gefordert, man beruft sich auf Schillers Konzeption der ästhetischen Erziehung des Menschen und wehrt die Einschätzung Schillers als eines »idealisierten und weltabgewandten Dichters« ab, »den sich das Bildungsbürgertum des vorigen Jahrhunderts zum Idol erkoren hatte und den wir einst auf Schulen und Universitäten kennengelernt haben«[193].

Die Leistungsfähigkeit des musischen Ansatzes wird seit einiger Zeit auch in Deutschland im Blick auf die Kreativitätsforschung untersucht.[194] Während des 2. Weltkrieges und danach sind die Methoden der Kreativitätsforschung und ihre Möglichkeiten für die Bildung und Erziehung zu-

---

185 HERMANN LORENZEN [Nachwort des Herausgebers], in: Lorenzen (Hg.), Die Kunsterzieherbewegung (Bad Heilbrunn i. Oberbayern 1966), 137.
186 Vgl. HAASE, Musisches Leben und künstlerische Erziehung (1960), in: Kluge (s. Anm. 161), 247–256.
187 PÖGGELER (s. Anm. 179), 56f.
188 LEO WEISMANTEL, Vom Willen deutscher Kunsterziehung. Bildschöpfungen von Kindern und Jugendlichen. Versuch eines Überblicks (Augsburg 1929), 6.
189 PÖGGELER (s. Anm. 179), 57.
190 Vgl. RUDOLF MAACK, Vom Zusammenhang der musischen Fächer (1951), in: Kluge (s. Anm. 161), 33–44.
191 Vgl. WILHELM ROESSLER, ›Pädagogik‹, in: KOSELLECK, Bd. 4 (1978), 641–646; vgl. KARL SEIDELMANN, Reformpädagogik – ins Zwielicht geraten, in: Zeitschrift für Pädagogik 20 (1974), 783–788.
192 GUNTER OTTO, Die Theorie der musischen Bildung und ihr Verhältnis zur Realität (1959), in: Kluge (s. Anm. 161), 242f.
193 HAASE, Das Musische und die politische Erziehung, in: Pädagogische Blätter 4 (1953), H. 4, 10; vgl. DIETER BORCHMEYER, Um einen anderen Wilhelm Tell für die Schule bittend, in: Der Deutschunterricht 35 (1983), H. 1, 78–90.
194 Vgl. KOSSOLAPOW (s. Anm. 159), 168–178.

nächst in den angelsächsischen Ländern erforscht und entwickelt worden.[195] Unter Vermeidung ihrer Irrationalismen kommen in der Kreativitätsforschung auch reformpädagogische Bildungsvorstellungen zum Tragen. Als Begriff bezieht sich ›Kreativität‹ auf beobachtbare menschliche Verhaltensweisen, die durch Erziehung beeinflußt werden können und deren Charakteristikum darin liegt, daß sie nicht als Reproduktionen tradierter oder gattungsmäßig vererbter Verhaltensäußerungen interpretiert werden können.

Für eine genauere Bestimmung sind insbesondere anthropologische, kulturtheoretische, sozialpsychologische und ethische Dimensionen der Kreativität zu berücksichtigen. Es werden die Rezeptivität und Spontaneität des Menschen untersucht und beschrieben und die Einstellungen erörtert, die eine Verbindung von Tradition und Innovation sowie von Konformität und Nonkonformismus ermöglichen; die ethische Dimension berührt das Verhalten z. B. in Konfliktsituationen im Hinblick auf Freiheit und Anpassung. Maßgebend sind hier jeweils kognitive, emotionale und didaktische Gesichtspunkte.

Zu den wesentlichen Zielen der Kreativitätsforschung gehört die Frage nach den Bedingungen und Möglichkeiten, auf emotionales und kognitives Verhalten einwirken zu können. Dabei geht es um den Abbau von Vorurteilen, die als Bildungsbarrieren wirken und kreativen Prozessen auf der Veränderung im Wege stehen; es geht um die Förderung der Wendigkeit im Auffassen und Darlegen von Sachverhalten, auch um die Ausbildung der Urteils- und Entscheidungsfähigkeit. Selbstsicherheit und Freiheit von Angst gehören zu den Themen und Zielen der Kreativitätsforschung wie auch die Förderung sachorientierter anstelle personenorientierter Einstellungen und Normen.[196] Diese Gesichtspunkte der Kreativitätsforschung, verbunden mit der Förderung und Stärkung von Phantasie und Sensibilität, gewinnen ebenso wie die Ästhetik eine immer gewichtigere Bedeutung für das Management der Wirtschaft.[197]

V. Ästhetische Erziehung und Ästhetisierung der Lebenswelt nach 1968

Angesichts des Trends der westlichen Industriegesellschaften zur Kultur- und Erlebnisgesellschaft[198] stellt sich die Frage nach der Möglichkeit und den Zielen der ästhetischen Bildung und Erziehung neu, nicht zuletzt auch – im Sinne Adornos oder Horkheimers – als Frage nach ›ästhetischer Bildung zwischen Avantgardekunst und Massenkultur‹[199]. Die subjektzentrierten klassischen Bildungs- und Erziehungskonzepte mit ihrer Vorstellung vom Menschen als einem entwicklungsfähigen, bildsamen Individuum werden durch erkenntnis- und vernunftkritische Ansätze, die Ästhetisierung des Denkens[200] sowie durch die Absage an die Geschichtsphilosophie in Frage gestellt. Die Debatten um sogenannte pädagogische Übersetzungen des postmodernen Diskurses bewirkten eine Erosion des pädagogischen Selbstverständnisses.[201] Überdies stellt die Medienwirklichkeit, verschärft durch Videokonsum, Verkabelungsprojekte, Computertechnik eine Herausforderung, aber auch eine Chance für die ästhetische Erziehung dar.[202]

195 Vgl. KARL-HEINZ FLECHSIG, Erziehen zur Kreativität, in: Neue Sammlung 6 (1966), 135.
196 Vgl. ebd., 131 ff., 136 ff.
197 Vgl. BERND REBMANN, Visionäres Management aus der Sicht der Ästhetik (Bamberg 1996), 200 ff., 229 ff., 298-305.
198 Vgl. GERHARD SCHULZE, Die Erlebnisgesellschaft. Kultursoziologie der Gegenwart (1992; Frankfurt a. M./New York 7 1998), 33-92.
199 Vgl. MICHAEL PARMENTIER, Avantgardekunst und Massenkultur, in Neue Sammlung 28 (1988), 63-74.
200 Vgl. WOLFGANG WELSCH, Ästhetisches Denken (Stuttgart 1990), 41-78; WELSCH, Ästhetisierungsprozesse. Phänomene, Unterscheidungen, Perspektiven, in: Deutsche Zeitschrift für Philosophie 41 (1993), 7-29.
201 Vgl. CHRISTOPH WULF, Der pädagogische Diskurs der Moderne, in: T. Jung/K.-D. Scheer/W. Schreiber (Hg.), Vom Weiterlesen der Moderne. Beiträge zur aktuellen Aufklärungsdebatte (Bielefeld 1986), 17-33.
202 Vgl. VON HENTIG, Das allmähliche Verschwinden der Wirklichkeit. Ein Pädagoge ermutigt zum Nachdenken über die Neuen Medien (München 1984), 85-99.

Wenn dem ›Ende der Erziehung‹[203] im Namen ihrer kritischen Weiterführung entgegengetreten wird, stellen sich sowohl philosophische als auch pädagogische Fragen, die das Verhältnis von Ästhetik und Bildung, den Stellenwert der Kunst für die Bildung und die entscheidende Frage nach der politischen Dimension der ästhetischen Bildung und Erziehung betreffen.[204] Der Brückenschlag zur klassischen Tradition liefert den emanzipatorischen Konzepten die Angriffspunkte, aber auch das Instrumentarium und die Argumente für die Problematisierung der Funktion und der Bedeutung der ästhetischen Bildung und Erziehung in der Gegenwart.[205] Ethische und politische Aspekte bieten eine geeignete Perspektive, um wesentlich erscheinende Gesichtspunkte der gegenwärtigen Diskussion, in der Schillers Konzeption der ästhetischen Erziehung nach wie vor Beachtung findet, zu beleuchten.

Der philosophische Diskurs der Moderne ist der Kontext, in dem Jürgen Habermas den »öffentlichen Charakter«, den Schiller der Kunst beigemessen hat, hervorhebt. Habermas betont, daß die Kunst, wenn sie die Menschen ergreifen und bilden soll, die »Lebensformen« der Menschen zwar teilen, sie aber auch »verwandeln« können muß. Es kommt auf »die kommunikative, gemeinschaftsstiftende, solidarisierende Kraft« der Kunst an, die »für die hegelmarxistische Tradition bis zu Lukács und Marcuse ein Punkt der Orientierung«[206] geblieben ist.

Im Blick auf ihre den Menschen bildende Kraft begreift Habermas die Kunst als die »genuine Verkörperung einer kommunikativen Vernunft«. Als »Form der Mitteilung« kommt der Kunst die Aufgabe zu, »Harmonie in die Gesellschaft zu bringen«. Dabei zielt Habermas mit Schiller »freilich nicht auf eine Ästhetisierung der Lebensverhältnisse, sondern auf eine Revolutionierung der Verständigungsverhältnisse«. Die »Emanzipation des Bewußtseins« muß in der »Emanzipation der Sinne« wurzeln, doch darf die Grenze zwischen Kunst und Leben nicht verwischt, nicht »übertreten« werden. Die Autonomie der Kunst wird im Blick auf ihre bildende Kraft und »befreiende Wirkung«[207] unterstrichen.

Der von Habermas geltend gemachte Gesichtspunkt der kommunikativen Vernunft sowie der Gesichtspunkt einer sozialen Kompetenz stehen im Vordergrund, wenn, wiederum im Anschluß an Schiller, im Blick auf die gegenwärtige Gesellschaft eine Lanze für eine ›humanistische ästhetische Erziehung‹ gebrochen wird. Schillers Konzeption der ästhetischen Erziehung wird dabei als ›moderne Umgangs- und Geschmackspädagogik‹ dargestellt und gibt neben Knigges *Über den Umgang mit Menschen* (1788) und Schleiermachers *Versuch einer Theorie des geselligen Betragens* (1799) ein Modell bürgerlicher Geselligkeit ab, das anzuknüpfen für lohnend erachtet wird.[208]

Die ethische Perspektive des Ästhetischen bietet bei diesem Versuch die Orientierung, um den Blick auf die Befreiung des Menschen zum selbstbestimmten moralischen Handeln, auf eine humane Geselligkeit und Gesellschaft zu richten. Im Anschluß, aber auch im kritischen Widerspruch zu Herbert Marcuse, der im Blick auf Schillers spielenden Menschen das ›Lustprinzip‹ gegen das ›Realitätsprinzip‹ geltend gemacht hatte, geht es im Zusammenhang einer humanistischen ästhetischen Erziehung auch und gerade um die Handlungsfähigkeit des Menschen in konfliktreichen Situationen der Realität. Um diese Möglichkeit theoretisch zu stützen, wird die Unterscheidung zwischen ›schmelzender‹ und ›energischer‹ Schön-

---

203 Vgl. HERMANN GIESECKE, Das Ende der Erziehung. Neue Chancen für Familie und Schule (1985; Stuttgart 1996); ULRICH HERMANN, Verantwortung statt Entmündigung, Bildung statt Erziehung. Zu Hermann Gieseckes Plädoyer für ein ›Ende der Erziehung‹, in: Zeitschrift für Pädagogik 33 (1987), 105–114.
204 Vgl. HANS ROBERT JAUSS, Das kritische Potential ästhetischer Bildung, in: J. Rüsen/E. Lämmert/P. Glotz (Hg.), Die Zukunft der Aufklärung (Frankfurt a. M. 1988), 211–232.
205 Vgl. THOMAS SCHÜTZE, Ästhetische-personale Bildung. Eine rekonstruktive Interpretation von Schillers zentralen Schriften zur Ästhetik aus bildungstheoretischer Sicht (Weinheim 1993), 237–269.
206 JÜRGEN HABERMAS, Hegels Begriff der Moderne – Exkurs zu Schillers Briefen über die ästhetische Erziehung des Menschen, in: Habermas, Der philosophische Diskurs der Moderne. 12 Vorlesungen (Frankfurt a. M. 1985), 59 f.
207 Ebd., 62, 63, 64.
208 Vgl. WILFRIED NOETZEL, Humanistische ästhetische Erziehung. Friedrich Schillers moderne Umgangs- und Geschmackspädagogik (Weinheim 1992), 142 ff.

heit, die Schiller in den *Briefen über die ästhetische Erziehung des Menschen* (16. Brief) zwar getroffen, aber nicht weiter verfolgt hat, herangezogen; den Wirkungsbereich der energischen Schönheit hat Schiller in der Abhandlung *Vom Erhabenen* (1793) thematisiert, die in der jüngeren Forschung als Ergänzung der – aus dieser Sicht fragmentarisch gebliebenen – *Briefe über die ästhetische Erziehung* angesehen wird.[209] Der Blick auf die energische Schönheit erlaubt es, den Gedanken der ästhetischen Erziehung im Kontext der Idee des Humanen auf das Standhalten und Handelnkönnen auch in dissonanten und disharmonischen Verhältnissen der Wirklichkeit zu beziehen.[210] Ästhetische Erziehung als Erziehung zum ›humanen Geschmack‹ wird in dieser Hinsicht und im Blick auf ein ›Mehr an Rationalität‹ und das ›Andere der Vernunft‹ konstruktiv in Ansatz gebracht und mit Schiller die ›Genese des humanen Geschmacks‹ im Anschluß und in der Abgrenzung zu Norbert Elias' *Über den Prozess der Zivilisation* (1939) dargelegt.[211]

Auf diesem Hintergrund wird im Rahmen einer Bestandsaufnahme der Umgangsformen nicht nur der gegenwärtigen (westlichen) Gesellschaft die »Inszenierung des Selbst« und das »Scheinhafte des Ästhetischen« als Grundelemente eines »interpersonalen Umgangs« hervorgehoben. Die Beschreibung wie auch die Darstellung der Bedeutung der ästhetischen Erziehung als Geschmackspädagogik beispielsweise für eine, nicht zuletzt auch der Fähigkeit zur Muße fördernde, »emanzipative Freizeitpädagogik«[212] bleibt kulturkritisch und letztlich kulturpessimistisch. Den Menschen zu Bewußtsein zu bringen, daß in der Muße ein wesentlicher und wichtiger Gebrauch ihrer Freiheit liegt, ist übrigens schon von George Bernard Shaw hervorgehoben worden, der 1923 auf die Frage, was denn seiner Meinung nach das Wesen der Freiheit sei, antwortete: die Muße – »the leisure. Freedom has only one reality, leisure«[213].

Die Frage der Realisierung einer humanistischen ästhetischen Erziehung insbesondere auch für eine emanzipative Freizeitpädagogik wird ausdrücklich ausgeklammert. Doch wird im herangezogenen Kontext von Pierre Bourdieus *La distinction. Critique sociale du jugement* (1979) deutlich gemacht, daß Fragen des Geschmacks und der Bildung immer auch solche des Besitzes waren und sind[214], woran auch die kulturpolitische Bewegung der 70er und 80er Jahre nichts geändert haben dürfte.

Die von Bourdieu untersuchten ›feinen Unterschiede‹, die schichtenspezifische Problematik der ›gesellschaftlichen Urteilskraft‹, der Bildung und zumal einer Bildung durch Kunst, ist nicht erst heute[215], heute aber möglicherweise unabweisbar, deutlich geworden; bis in die Gegenwart dürfte auch gelten, daß Untersuchungen über den Geschmack und die Lesegewohnheiten der verschiedenen Bevölkerungsschichten eher eine »Seltenheit«[216] sind.

Die Klassiker waren nie populär. Gelesen wurden Romane und Gedichte, deren Titel und Autoren zumeist vergessen sind, weil sie nicht in den literarischen Kanon aufgenommen wurden. Diese vergessenen Bücher hatten ihre Leser[217], und sie erfüllten Bedürfnisse, Sehnsüchte, Träume von Menschen, wenngleich sie sich, unter dem hohen, auch politischen Anspruch einer Bildung durch Kunst betrachtet, der sozialen Wirklichkeit gegenüber affirmativ verhielten. Dieser Gesichtspunkt spielte auch bei Schillers abwertender Rezension

---

209 Vgl. SCHILLER, Vom Erhabenen (1793), in: SCHILLER, Bd. 20 (1962), 171–195; CARSTEN ZELLE, Die Notstandsgesetzgebung im ästhetischen Staat. Anthropologische Aporien in Schillers philosophischen Schriften, in: H.-J. Schings (Hg.), Der ganze Mensch. Anthropologie und Literatur im 18. Jahrhundert (Stuttgart 1994), 440–468.
210 Vgl. ZELLE, ebd., 436 ff.; NOETZEL (s. Anm. 208), 109;
211 Vgl. NOETZEL, ebd., 128 ff., 136 ff.
212 Ebd., 173 ff.
213 GEORGE BERNARD SHAW, in: Times Supplement (23. 10. 1923); zit. nach HAASE (s. Anm. 186), 8.
214 Vgl. NOETZEL (s. Anm. 208), 172 ff.
215 Vgl. DIETHARD KERBS, Die ästhetische Erziehung und das ›niedere Volk‹, in: Zeitschrift für Pädagogik 24 (1978), 729–759; KERBS, Ästhetische und politische Erziehung, in: Kunst und Unterricht 1 (1968), 28–31.
216 BERGHAHN, Volkstümlichkeit ohne Volk? Kritische Überlegungen zu einem Kulturkonzept Schillers, in: R. Grimm/J. Hermand (Hg.), Popularität und Trivialität (Frankfurt a. M. 1974), 54.
217 Vgl. HORST KUNZE, [Einleitung], in: Kunze (Hg.), Gelesen und geliebt. Aus erfolgreichen Büchern 1750–1850 (Berlin 1953), 19–62.

der Gedichte von Gottfried Bürger eine Rolle; die berühmte Rezension *Über Bürgers Gedichte* (1791) ist exemplarisch nicht allein für Schillers ambivalentes Verhältnis zum zeitgenössischen Publikum und seine letztlich an der ›hohen Kunst‹ orientierte Auffassung des Volkstümlichen.[218]

Das Problem, wie ästhetische Bildung und Erziehung nicht nur wenige, sondern möglichst viele, wenn nicht alle Menschen erreichen könnte, stellt sich heute z. B. nicht unumstritten, als Problem der ›Alphabetisierung‹. ›Ästhetisches Lesenlernen‹ wird als Bildungsaufgabe begriffen, und es wird nach Voraussetzungen gefragt, von denen es abhängt. Dazu gehören Kenntnisse über die Natur der ästhetischen Wirkung.[219] Ästhetisches Lesenlernen ist aber auch u. a. auf Kenntnisse der Kunst- oder Musikwissenschaft angewiesen. Das Alphabet ist also ›normativ‹[220], und es wirkt damit auch selektiv.

Einen weiteren Aspekt bietet die sozialwissenschaftliche Perspektive. Ästhetische Bildung und Erziehung werden im Zusammenhang der Sozialisation problematisiert, wobei in der sozialwissenschaftlichen Intention »die unkritische Anknüpfung an Schiller« als eine »Verengung und Instrumentalisierung des ästhetischen Potentials«[221] abgewehrt wird. Die sozialtheoretische Verankerung erlaubt die Frage nach Reflexionsräumen ästhetischer Erfahrung und ästhetischer Erziehung im Bereich des ästhetischen Denkens und im Bereich der Medienwelt. Die Gefahr einer kulturpessimistischen Beschreibung der Erlebnisgesellschaft wird in der sozialtheoretischen Perspektive vermieden, und es wird bei der Frage nach der Möglichkeit, Funktion und Bedeutung der ästhetischen Bildung und Erziehung der veränderten Lebenswelt im Horizont einer historischen Anthropologie Rechnung getragen.[222] Thematisiert wird, ausgehend von einer »sozialtheoretischen Verankerung ästhetischer Erfahrung und Erziehung« (7), die Bedeutung des ästhetischen Verhaltens, auch der Rezeption von Kunst für das »Selbstbild« (28) des Menschen. Die interdisziplinäre Erweiterung der Erziehungswissenschaft, insbesondere durch den Einbezug philosophischer Fragestellungen (Adorno, Foucault, Derrida), zielt auf die grundsätzliche Frage der »Theoretisierbarkeit ästhetischer Erfahrung zwischen Sozialisierung und Individuierung in der ausgehenden Moderne« (78). Die Thematisierung der ästhetischen Bildung und Erziehung in diesem Kontext beansprucht, »daß Sinnlichkeit und Leiblichkeit stärker als bisher in ihrer Funktion für den Bildungsprozeß erkannt werden« (1). Der Gedanke einer Bildung durch Kunst wird in dieser Perspektive nicht aufgegeben, aber nachhaltig differenziert durch eine »Ausweitung auf das ästhetische Moment« (7), d. h. auf Wahrnehmung und die Ursachen unterschiedlicher Wahrnehmungsweisen.[223]

Die Zukunft der ästhetischen Bildung und Erziehung und ihrer Bedeutung für das individuelle und gesellschaftliche Leben der Menschen erscheint grundsätzlich offen. Die Zukunft solcher Bildungsprozesse dürfte allerdings, wie bisher, angewiesen sein auf die Idee der Humanität, die wie auch immer mehr zu differenzierende Erfindung des Menschen.

Ursula Franke

---

218 Vgl. KLAUS L. BERGHAHN (s. Anm. 216), 54 ff.
219 Vgl. JOSEF KÖNIG, Die Natur der ästhetischen Wirkung (1957), in: K. Ziegler (Hg.), Wesen und Wirklichkeit des Menschen (Göttingen 1957), 283–332.
220 Vgl. KLAUS MOLLENHAUER, Die vergessene Dimension des Ästhetischen in der Erziehungs- und Bildungstheorie, in: D. Lenzen (Hg.), Kunst und Pädagogik. Erziehungswissenschaft auf dem Weg zur Ästhetik? (Darmstadt 1990), 3–17; Kunst und Pädagogik als Alphabetisierungsaufgabe. Eine Dokumentation der Diskussion über den Beitrag von Klaus Mollenhauer, bearb. v. T. Bichler, in: Lenzen, ebd., 190 f.
221 DORIS SCHUHMACHER-CHILLA, Ästhetische Sozialisation und Erziehung. Zur Kritik an der Reduktion von Sinnlichkeit (Berlin 1995), 2.
222 Vgl. ebd., 146 ff., 155 ff.
223 Vgl. ebd., 1 ff., 7 ff.

Literatur

BACHMANN-MEDICK, DORIS, Die ästhetische Ordnung des Handelns. Moralphilosophie und Ästhetik des 18. Jahrhunderts (Stuttgart 1989); BECK, CHRISTIAN, Ästhetisierung des Denkens. Zur Postmoderne-Rezeption der Pädagogik. Amerikanische, deutsche, französische Aspekte (Bad Heilbrunn 1993); BECKER, HELLE, Ästhetik und Bildung. Kritische Analysen zur Debatte von Pädagogik und Postmoderne (Münster 1993); BECKERS, EDGAR, Ästhetische Erziehung. Ein Erziehungsprinzip zwischen Tradition und Zukunft (Sankt Augustin 1985); BOLLENBECK, GEORG, Bildung und Kultur. Glanz und Elend eines deutschen Deutungsmusters (Frankfurt a.M. 1996); BRUFORD, WALTER-HORACE, The German Tradition of Self-Cultivation, ›Bildung‹ from Humboldt to Thomas Mann (Cambridge 1975); CHYTRY, JOSEF, The Aesthetic State. A Quest in Modern German Thought (Berkeley/Los Angeles/London 1989); CRIEGERN, AXEL VON, Handbuch der ästhetischen Erziehung (Stuttgart/ Berlin/Köln/Mainz 1982); ENGELHARDT, ULRICH, ›Bildungsbürgertum‹. Begriffs- und Dogmengeschichte eines Etiketts (Stuttgart 1986); FABIAN, BERNHARD u.a. (Hg.), Deutschlands kulturelle Entfaltung: 1763–1790. Die Neubestimmung des Menschen (München 1980); FOHRBECK, KARLA/WIESAND, ANDREAS, Von der Industriegesellschaft zur Kulturgesellschaft? Kulturpolitische Entwicklungen in der Bundesrepublik Deutschland (München 1989); FUCHS, MAX, Kulturelle Bildung und ästhetische Erziehung (Köln 1986); GEERK, FRANK, Kultur und Menschlichkeit. Neue Wege des Humanismus (Basel 1999); GERHARDT, VOLKER, Selbstbestimmmung. Das Prinzip der Individualität (Stuttgart 1999); FUHRMANN, MANFRED, Der europäische Bildungskanon des bürgerlichen Zeitalters (Frankfurt a.M. 1999); GIESECKE, HERMANN, Das Ende der Erziehung (Stuttgart 1985); GLEISSNER, ROMAN, Die Entstehung der ästhetischen Humanitätsidee in Deutschland (Stuttgart 1988); GÖTSCH, GEORG, Musische Bildung, 3 Bde. (Wolfenbüttel 1953–1956); GRAUPNER, STEFAN, Vernetzungsmöglichkeiten ästhetischer Ausdrucksformen im künstlerischen Arbeitsprozeß als ein Modell ästhetischer Bildung (Peter Greenaway, Rebecca Horn, Robert Wilson) (München 1965); GRUBE, KURT, Die Idee und Struktur einer rein-menschlichen Bildung. Ein Beitrag zu Philanthropismus und Neuhumanismus (Halle 1934); HAASE, OTTO, Musisches Leben (Hannover/Darmstadt 1951); HÄRTER, ANDREAS/NOSER, ALFRED (Hg.), Die Rückkehr der Musen. Positionen und Perspektiven ästhetischer Erfahrung und musischer Bildung (Konstanz 1992); HERRMANN, ULRICH (Hg.), Die Bildung des Bürgers. Die Formierung der bürgerlichen Gesellschaft und die Gebildeten im 18. Jahrhundert (Weinheim/Basel 1982); HEYDORN, HANS-JOACHIM, Über den Widerspruch von Bildung und Herrschaft (Frankfurt a.M. 1970); JUNG, THOMAS/SCHEER, KLAUS-DIETER/SCHREIBER, WERNER (Hg.), Vom Weiterlesen der Moderne. Beiträge zur aktuellen Aufklärungsdebatte (Bielefeld 1986); JUNGBLUTH, ULI, Ästhetische Erziehung und politisches Lernen. Eine Untersuchung ausgewählter Konzepte zur fachspezifischen Konkretisierung des Politischen in der schulischen Ästhetischen Erziehung (Frankfurt a.M. 1987); KAPPNER, HANS-HARTMUT, Die Bildungstheorie Adornos als Theorie der Erfahrung von Kultur und Kunst (Darmstadt 1981); KOCH, LUTZ/MAROTZKI, WINFRIED/PEUKERT, HELMUT (Hg.), Pädagogik und Ästhetik (Weinheim 1994); KOLFHAUS, STEPHAN, Von der musischen zur sozio-kulturellen Bildung: Entwicklungen, Neuansätze und Modelle kultureller Erwachsenenbildung in der BRD (Köln/Wien 1986); KOSSOLAPOW, LINE, Musische Erziehung zwischen Kunst und Kreativität (Frankfurt a.M. 1975); LENZEN, DIETER (Hg.), Kunst und Pädagogik. Erziehungswissenschaft auf dem Wege zur Ästhetik (Darmstadt 1990); LIEBAU, ECKART, Die Kultivierung des Alltags. Das pädagogische Interesse an Bildung, Kunst und Kultur (Weinheim/München 1992); LIEPE, WOLFGANG, Beiträge zur Literatur- und Geistesgeschichte (Neumünster 1963); LINDEN, MARETA, Untersuchungen zum Anthropologiebegriff des 18. Jahrhunderts (Frankfurt a.M. 1976); LINDER, JUTTA, Ästhetische Erziehung. Goethe und das Weimarer Hoftheater (Bonn 1991); LORENZEN, HERMANN, Die Kunsterzieherbewegung (Bad Heilbronn 1965); MASET, PIERANGELO, Ästhetische Bildung der Differenz. Kunst und Pädagogik im technischen Zeitalter (Stuttgart 1995); MOLLENHAUER, KLAUS, Umwege. Über Bildung, Kunst und Interaktion (Weinheim/ München 1986); MOLLENHAUER, KLAUS/WULF, CHRISTOPH (Hg.), Aisthesis/Ästhetik. Zwischen Wahrnehmung und Bewußtsein (Weinheim 1996); MORRISON, JEFFREY, Winckelmann and the Notion of Aesthetic Education (Oxford 1996); NOETZEL, WILFRIED, Humanistische ästhetische Erziehung (Weinheim 1992); OTTO, GUNTER (Hg.), Texte zur ästhetischen Erziehung (Braunschweig 1975); RAUHUT, FRANZ/SCHAARSCHMIDT, ILSE, Beiträge zur Geschichte des Bildungsbegriffs, hg. v. W. Klafki (Weinheim 1965); RICHTER-REICHENBACH, KARIN-SOPHIE, Bildungstheorie und ästhetische Erziehung heute (Darmstadt 1983); SCHINGS, HANS-JÜRGEN (Hg.), Der ganze Mensch. Anthropologie und Literatur im 18. Jahrhundert (Stuttgart 1994); SCHUHMACHER-CHILLA, DORIS, Ästhetische Sozialisation und Erziehung. Zur Kritik an der Reduktion von Sinnlichkeit (Berlin 1995); SCHWANITZ, DIETRICH, Bildung – Alles was man wissen muß (Frankfurt a.M. 1999); SEIDENFADEN, FRITZ, Die musische Erziehung in der Gegenwart und ihre geschichtlichen Quellen und Voraussetzungen (Ratingen 1962); SELLE, GERT, Kultur der Sinne und ästhetische Erziehung. Alltag. Sozialisation. Kunstunterricht in Deutschland vom Kaiserreich zur Bundesrepublik Deutschland (Köln 1981); STRZELWICZ, WILLY, Das Vorurteil als Bildungsbarriere (1965; ³Göttingen 1972); WERNLY, JULIA, Prologomena zu einem Lexikon der ästhetisch-ethischen Terminologie Friedrich Schillers (Leipzig 1909).

Boheme

(engl. bohemia; frz. bohème; ital. bohème;
span. bohemia; russ. богема)

Einleitung; **I. Vorgeschichte im 18. und frühen
19. Jahrhundert**; 1. Abgrenzung von vormodernen
Außenseiterrollen; 2. Aufwertung gesellschaftlicher
Randexistenzen; **II. Herausbildung des Begriffs im
Paris der Restaurationszeit**; 1. Literarische Gruppenbildungen der französischen Romantik; 2. Popularisierung des romantischen Künstlermythos; 3. Einführung des Bohemebegriffs in den ästhetischen Diskurs;
III. Begriffsmodifikationen im französischen Kulturbetrieb bis zum 1. Weltkrieg; 1. Die Fortsetzung der Bohemetradition; 2. Modifikationen des Bohemebegriffs nach 1850; 3. Die Avantgarde als Erbe der Boheme;
IV. Der Bohemebegriff in der deutschen Kulturpublizistik seit Ende des 19. Jahrhunderts; 1. Französische Kultur als Vorbild und Gefahr; 2. Ausbildung von Bohemezirkeln in Berlin und München; 3. Die Avantgarde als Gegner der Boheme; **V. Übernahme des Bohemebegriffs im englischsprachigen Kulturraum**; 1. Begriffsentlehnung aus Frankreich; 2. Boheme versus Grub Street; 3. New York als Zentrum der anglophonen Boheme; **VI. Der Wiederaustritt aus dem ästhetischen Diskurs des 20. Jahrhunderts**

Einleitung

Boheme ist in seiner heutigen Verwendung ein kultursoziologischer Begriff mit vorwiegend historischer Ausrichtung, der sich im zweiten Drittel des 19. Jh. aus der französischen Bezeichnung für ›Zigeuner‹ (bohémiens) entwickelt hat. Er bezeichnet ein spezifisches Repertoire von Verhaltensmustern, das in der modernen Gesellschaft seit dem Ende des 18. Jh. einen festen Platz innerhalb des Künstlermilieus eingenommen hat. Das semantische Umfeld der im einzelnen erheblich variierenden Begriffsverwendung beinhaltet jedoch eine Vielzahl gegenüber herrschenden gesellschaftlichen Normen abweichender Verhaltensmuster, so daß als Grundlage einer begriffsgeschichtlichen Rekonstruktion eine genauere Abgrenzung seines Bedeutungskerns gegenüber verwandten und oft synonym verwendeten Begriffen vorangestellt werden soll.

An der Wende vom 18. zum 19. Jh. emanzipierte sich der prestigeträchtigste Sektor der kulturellen Produktion zu den selbständigen Subsystemen des Kunst-, Literatur- und Musikbetriebes. Im Zuge dieser zugleich ästhetischen wie sozialen Neuformierung entstand die neue Rollenzuweisung des freien Künstlers, in der auch ältere Formen gesellschaftlicher Disassoziation aufgingen. So bestand neben dem offiziellen Kulturbetrieb der Moderne immer eine künstlerische Subkultur, die das Erbe des intellektuellen Untergrundes aus dem Ancien régime antrat. Sie unterschied sich jedoch als homogenes künstlerisches Milieu grundsätzlich von vormodernen Ausdrucksformen gesellschaftlicher Dissidenz, die sich vornehmlich im Medium der Exzentrizität artikuliert hatten.[1] Auch während des 19. Jh. konkurrierte exzentrisches Verhalten als eine Strategie individueller Selbststilisierung, die zudem keineswegs auf ästhetische Produzenten beschränkt war, mit dem neuen Phänomen der künstlerischen Subkultur, die sich ihrerseits in der Ausbildung gruppenspezifischer Verhaltensnormen und Sprachrituale konstituierte.

War der intellektuelle Untergrund des 18. Jh. als Residuum unbefriedigter sozialer Aufstiegsambitionen vor allem der Nährboden einer politischen Opposition, so wurde die neue künstlerische Subkultur zum Ort einer zunehmend selbstreferentiellen, auf den Kulturbetrieb bezogenen Ausdrucksweise sozialer Dissidenz. Sie zeichnete sich durch die Absicht aus, mit Hilfe des Verstoßes gegen gesellschaftliche Normen zu provozieren, die eigene Lebensführung also in einen Ort »symbolischer Aggressionen«[2] zu verwandeln. Im kalkulierten Akt der symbolischen Aggression überschneiden sich die Begriffe Boheme und Avantgarde, die gemeinsam als das ästhetische Substrat jener künstlerischen Subkultur angesprochen werden können, die die moderne Gesellschaft im 19. und früheren 20. Jh. begleitet hat. Obwohl beide Begriffe inzwischen meist synonym verwendet werden, haben sie einen unterschiedlichen Bedeutungskern, der selbst dort gültig bleibt, wo sie in der Person eines Künstlers zusammentreffen. Mit Boheme ist nämlich immer eine Provokation durch die Le-

---

1 Vgl. ROBERT DARNTON, The Literary Underground of the Old Regime (Cambridge, Mass. 1982).
2 DIETER WEIDENFELD, Der Schauspieler in der Gesellschaft. Beiträge zur Soziologie des Schauspielers (Köln/Berlin 1959), 62.

bensführung des Künstlers gemeint, unabhängig vom innovativen Charakter seines Werkes, während Avantgarde die Provokation durch das Werk voraussetzt, unabhängig vom gewählten Lebensstil.[3] Infolgedessen überschneidet sich der Kreis der in der Forschung anerkannten Protagonisten der Boheme nur teilweise mit dem etablierten Kanon der Kunst- oder Literaturwissenschaft, in dem die künstlerische Innovation privilegiert wird.

Da der Wirkungsgrad von Provokationen sich rasch abnutzt, entwickelte sich innerhalb der Boheme ein breites Spektrum unterschiedlicher, immer wieder modifizierter Stilisierungsoptionen, so daß es für die Zuordnung eines bestimmten Verhaltensmusters zur Boheme darauf ankommt, die zugrunde gelegte Absicht zu rekonstruieren. So läßt sich etwa ein bohemischer Dandyismus von einem nichtbohemischen unterscheiden, ohne daß der ›Dandy‹ vollständig in den Begriff der Boheme assimiliert werden muß. Solche Selbststilisierungen sind als strategische Kommunikationsangebote an ein gewachsenes und sozial differenziertes Publikum zu verstehen, als Adaptionsstrategien der Künstler im Umgang mit den neuen Verkehrsformen der Marktgesellschaft: »Romantic ideas concerning the role and function of the artist served to ensure that a continuous supply of novel and stimulating cultural products would be forthcoming, and that via Bohemia, the limits to prevailing taste would repeatedly be tested and overthrown.«[4] Allgemein kann man Boheme als eine besondere Form der künstlerischen Selbststilisierung unter Marktbedingungen bezeichnen, deren Wahl durch Erfahrungen der Entfremdung im Zuge eines gesellschaftlichen Funktionswandels der Kunst befördert worden ist.

In den Kulturwissenschaften wird der Begriff heute beinahe ausschließlich in einem historischen Zusammenhang gebraucht; aus den Diskursen über die zeitgenössische Kultur scheint er endgültig verschwunden zu sein. Obwohl solche Vorhersagen nur unter Vorbehalt gemacht werden sollten, da sie sich in der Vergangenheit mehrfach als voreilig erwiesen haben, bleibt doch festzuhalten, daß die Boheme als Modus künstlerischer Selbstbeschreibung seit einem längeren Zeitraum aus der zeitgenössischen Diskussion verschwunden ist. Auch die fortlaufende Übertragung des Begriffs auf aktuellere Verhaltensweisen ist inzwischen in die Kritik geraten. So schlägt Philip Brady für die Diskussion der alternativen DDR-Kultur statt dessen Begriffe wie »Szene« oder »Enclave«[5] vor. Die Übernahme soziologischer Kategorien in den kunstkritischen Diskurs hat eine ganze Reihe von solchen Substitutbegriffen popularisiert, die im Anschluß an die traditionelle Boheme auf die Schnittstelle zwischen ästhetischer Praxis und sozialer Situation des Künstlers hinweisen. Ihre Aussagekraft entstammt aber nicht mehr der Kennzeichnung eines spezifischen Verhaltensrepertoires, das unmittelbar an die Tradition der klassischen Boheme anknüpfen würde, sondern ihrer Position als funktionale Termini innerhalb gesellschaftstheoretischer Gesamtkonzeptionen. Die wesentlichen Merkmale des traditionellen Begriffsinhaltes dagegen sind in außerkünstlerische Subkulturen abgewandert, in deren Protestformen das alte Repertoire bohemischer Selbststilisierungen leicht wiederzuerkennen ist.

Es bleibt eine der wichtigsten Aufgaben der Begriffsgeschichte, diesen Wiederaustritt der Boheme aus der ästhetischen Terminologie zu erklären und die Substitute zu identifizieren, die möglicherweise an ihre Stelle getreten sind. Denn während die Entstehungsgeschichte des Begriffs und seine frühe Rezeption, vor allem während des 19. Jh., in der Forschung im wesentlichen rekonstruiert worden sind, besteht weder ein Konsens über die Bedingungen, unter denen er im Laufe des 20. Jh. abhanden kam, noch hat es einen Abgesang auf die Boheme gegeben, mit dem sie wie die Avantgarde durch die postmoderne Kulturkritik ausdrücklich verabschiedet worden wäre. Im Folgenden soll dieser Prozeß anhand einer begrenzten Anzahl von Beispielen nachvollziehbar werden, die unter dem Gesichtspunkt ausgewählt wurden, daß sie für die

---

3 Vgl. GEORG BOLLENBECK, Die Avantgarde als Boheme. Ein Diskussionsvorschlag, in: J. M. Fischer u. a. (Hg.), Erkundungen. Beiträge zu einem erweiterten Literaturbegriff (Göttingen 1987), 10–35.
4 COLIN CAMPBELL, The Romantic Ethic and the Spirit of Modern Consumerism (Oxford 1989), 201.
5 PHILIP BRADY, Prenzlauer Berg – Enclave? Schrebergarten? Powerhouse?, in: Brady/I. Wallace (Hg.), Prenzlauer Berg. Bohemia in East Berlin? (Amsterdam 1995), 1.

I. Vorgeschichte im 18. und frühen 19. Jahrhundert

1. Abgrenzung von vormodernen Außenseiterrollen

Exzentrisches Verhalten einzelner Künstler war ein fest etablierter Topos der klassischen Künstlervita seit der Renaissance; dabei wurden neue gesellschaftliche Statusansprüche des Hofkünstlers mit dem aus der antiken Literatur entlehnten Melancholie-Motiv zu einer Theorie der künstlerischen Inspiration amalgamiert. Innerhalb dieses Hauptstromes ›saturnalischer‹ Künstlerstilisierung finden sich gelegentlich auch Motive, die in das spätere Repertoire der Boheme übergegangen sind, wie der absichtliche Verstoß gegen gesellschaftliche Verhaltensnormen oder ein exzessiver Hedonismus. Frühe Beispiele liefert die italienische Vitenliteratur zu Caravaggio und seinen neapolitanischen Nachfolgern, deren Lebensführung in einer postumen Stilisierung an das Verhaltensmuster krimineller Banden angeglichen wurde. Aber in der Regel blieben selbst die radikalsten Beispiele gesellschaftlicher Disassoziation vereinzelte, dem individuellen Künstlerschicksal zugerechnete Ausnahmen, die sich nicht auf ein festes Repertoire kodifizierter sozialer Rollen beziehen ließen. Erst im Laufe des fortgeschrittenen 18. Jh., unter dem Eindruck einer sich abzeichnenden Neuverhandlung gesellschaftlicher Rollenzuweisungen an Künstler, verfestigten sich erstmals proto-romantische Künstlerstereotype zu einem Schema, dessen wesentliche Merkmale den Begriff der Boheme antizipierten.[6]

Postume Lebensbeschreibungen des Malers Alexis Grimou (gest. 1733), die im letzten Viertel des 18. Jh. fiktional ausgestaltet wurden, suchten ihre Motive in der Identifikation mit geläufigen Vorurteilen über niederländische Künstler niedrigrangiger Gattungen, an deren stilistischem Vorbild sich Grimou in seinem Werk orientiert hatte. Die dort zur Verfügung gestellten Kennzeichen einer untergeordneten sozialen Stellung: exzessiver Alkoholkonsum, ungepflegte Kleidung und finanzielle Nachlässigkeit, mußten jedoch erst eine Verbindung mit der Genie-Ästhetik eingehen, um dem Verhalten des Künstlers eine neuartige Plausibilität zu verleihen, in der die Verfolgung einer künstlerischen Zielsetzung ohne Rücksicht auf persönliche Nachteile und eine diesen Idealismus bestätigende Erfolglosigkeit zu positiven Kennzeichen kreativer Genialität umgeformt wurden. Der zu Lebzeiten relativ unbekannte Landschaftsmaler Simon-Mathurin Lantara (1729–1778) war möglicherweise der erste Künstler, dessen postume Lebensbeschreibungen ihn zum verkannten Genie verklärten und in eine Figur der populären Imagination verwandelten, so daß er Anfang des 19. Jh. zum Titelhelden mehrerer erfolgreicher Vaudeville-Dramen avancierte. Sein wirtschaftlicher Mißerfolg erscheint in dieser Tradition als Resultat einer feindlichen Umwelt aus konkurrierenden Künstlern und betrügerischen Händlern. Die Künstlerrollen aus Alfred de Vignys Dramen, in denen sich das feindliche Umfeld schließlich auf die gesamte Gesellschaft ausdehnte, waren hier vorweggenommen worden. Damit begann ein Prozeß der Rückprojektion bohemischer Verhaltensmuster in die Vergangenheit, der für die Bohemeliteratur des 19. Jh. charakteristisch bleiben sollte, die in der Identifikation von historischen Präzedenzfällen ein Mittel zur gesellschaftlichen Aufwertung des neuen Habitus erkannte. Oft in Anlehnung an Topoi der klassischen Vitentradition, sind Gestalten der Literaturgeschichte wie François Villon oder Shakespeare aus diesem Grund ebenso zu Bohemiens avant la lettre ernannt worden wie vermeintlich mißverstandene oder einsame ›Malergenies‹ in der Art Rembrandts oder Caravaggios. Diese Rückprojektionen romantischer Künstlerstereotype sind in der populären Massenkultur bis in die Gegenwart lebendig geblieben.

Die Versatzstücke einer bohemischen Selbststilisierung, die sich in das späte 18. Jh. zurückverfolgen lassen, blieben jedoch solange isoliert, wie ihre Protagonisten als Einzelgänger wahrgenommen

---

6 Vgl. GEORGE LEVITINE, The Dawn of Bohemianism: The Barbu Rebellion and Primitivism in Neoclassical France (University Park, Pa. 1978), 1–5, 21–32.

wurden, deren individuelles Schicksal kaum mehr als eine aktualisierte Version traditioneller Topoi künstlerischer Exzentrizität versprach. Erst die Herausbildung programmatisch auftretender Künstlergruppen, die sich durch radikale ästhetische Positionen von der Masse des literarischen und künstlerischen Untergrundes absetzten, eröffnete Anfang des 19. Jh. den Weg zu einer spezifisch künstlerischen Subkultur mit eigenen Verhaltensnormen und Sprachritualen.[7] Die früheste dokumentierte Gruppenbildung dieses Typs, die heute unter dem wahrscheinlich apokryphen Namen der Barbus bekannt ist, konstituierte sich nach der Revolution in Paris. Die Bezeichnung findet sich erstmals in Etienne-Jean Delécluzes Artikel *Les barbus d'à présent et les barbus de 1800*.[8] Im Atelier des führenden französischen Malers Jacques Louis David fand sich gegen 1796/1797 ein kleiner Kreis von Schülern, der die klassizistische Kunsttheorie ihres Lehrers unter dem Einfluß einer Rousseauistischen Zivilisationskritik radikalisierte und zu einem ikonoklastischen Primitivismus weiterentwickelte, der schließlich den Bruch mit dem Atelierleiter heraufbeschwor. Diese Position ästhetischer Dissidenz artikulierte sich erstmals auch durch Verhaltensauffälligkeiten der Künstler, die sich selbst als méditateurs de l'antique bezeichneten und diesem Anspruch durch antikisierende Phantasiekostüme und die namensgebenden Bärte gerecht zu werden versuchten. Nach dem Austritt aus dem David-Atelier reorganisierte sich die Gruppe als kommunitarische Lebensgemeinschaft in den Ruinen eines verlassenen Klosters am Fuß des Chaillot-Hügels außerhalb von Paris (1800–1803), bis sie das Opfer staatlicher Kontrollbemühungen und Stadtplanungsabsichten wurde. Angeregt durch das literarische Vorbild von Wilhelm Heinses im Jahre 1800 ins Französische übersetztem Roman *Ardinghello und die glückseligen Inseln* (1787), traten an die Stelle des ursprünglich ästhetischen Radikalismus religiöse Erneuerungsvorstellungen und utopische Gesellschaftsentwürfe.

Die Kultivierung von künstlerischen Außenseiterpositionen innerhalb einer subkulturellen Gruppenbildung artikulierte sich erstmals in Paris und hat der französischen Kultur den entscheidenden Vorsprung verschafft, der ihre Begriffsbildung schließlich zum gesamteuropäischen Vorbild werden ließ. Besondere Umstände wie die zentralen Funktionen der Metropole, die Existenz eines umfangreichen intellektuellen Untergrundes seit den Tagen des späteren Ancien régime und die dort eingeübte Verlagerung gesellschaftlicher Konflikte in ästhetische Grundsatzdebatten mögen die Voraussetzungen dafür gewesen sein. In den übrigen europäischen Ländern jedenfalls verzögerte sich diese Entwicklung, da wesentliche Bedingungen zunächst nicht vorlagen. In Deutschland etwa finden sich Ansätze einer künstlerischen Subkultur erstmals im Gefolge der napoleonischen Besatzung in Gestalt der nazarenischen Lukas-Bruderschaft (gegr. 1809/1810), für die jedoch das internationale Kunstzentrum Rom als Substitut einer fehlenden deutschen Kulturmetropole herhalten mußte. In Großbritannien, wo die Bedingungen einer Metropole mit gewissen Einschränkungen (Abwesenheit einer Universität in London) erfüllt gewesen wären, artikulierten sich neue Rollenbilder für Künstler noch lange Zeit durch das traditionelle Muster individueller Exzentrizität. Diese langsame, regional unterschiedliche Entwicklung neuer Formen künstlerischer Selbststilisierung spiegelt sich in der Begriffsbildung. Vor Mitte des 19. Jh., als sich der moderne Bohemebegriff durchsetzte, gab es keine verbindliche Terminologie, in der sich ein marginalisiertes Künstlertum oder eine künstlerische Subkultur hätten beschreiben lassen.

2. Aufwertung gesellschaftlicher Randexistenzen

In diesem begrifflichen Vakuum konnten gesellschaftliche Randexistenzen zu ästhetischen Projektionsflächen werden, die sich als Identifikationsmöglichkeiten für diejenigen Künstler anboten, die ihre Distanz zu traditionellen Rollenbildern veranschaulichen wollten. Der Prozeß läßt sich in allen europäischen Sprachen an der Bedeutungsverschiebung ablesen, die die verschiedenen Bezeichnungen für die ethnische Minderheit der Sinti und Roma als ›Zigeuner‹, ›bohémiens‹ oder ›gyp-

---

7 Vgl. ROLF SCHWENDTER, Theorie der Subkultur (1971; Hamburg ⁴1993).
8 Vgl. ÉTIENNE-JEAN DELÉCLUZE, Les barbus d'à présent et les barbus de 1800, in: Paris, ou le livre des cent-et-un, Bd. 7 (Paris 1832), 61–86.

sies‹ im Zuge der Ausbreitung der Rousseauschen Zivilisationskritik und anderer Stereotype der Empfindsamkeit erfuhren. Die traditionelle Vorstellung von der Andersartigkeit ihrer nichtseßhaften Lebensweise war überaus negativ konnotiert und spiegelte tiefsitzende Vorurteile der seßhaften Mehrheitsbevölkerung, die auch in einer religiösen Rationalisierung manifest werden konnten, in der die Wanderschaft der (e)gypsies als Strafe verstanden wurde, die ihnen auferlegt worden sei, weil sie sich geweigert hätten, die Heilige Familie auf ihrer Flucht nach Ägypten aufzunehmen. Um so auffälliger setzt sich die positive Konnotation ab, die der Begriff im 18. Jh. annahm, wie eine historiographische Studie aus dem deutschen Sprachraum feststellte: »Wären die Zigeuner nur eine vorübergehende Erscheinung in Europa gewesen, von deren Daseyn wir allein die Jahrbücher der vorigen Jahrhunderte befragen könnten, so würde es schwer seyn, sie für etwas anderes, als eine Schaar von Ungeheuern und Beelzebubs zu halten. [...] Nun aber, da sie sich bis auf unsere Zeiten erhalten haben, [...] sind sie so glücklich gewesen, Schriftsteller zu finden, die sogar ihre Schönheit preisen und mit viel Mühe ihre Vorzüge zu beweisen suchen.«[9]

Von vornherein war in dieser positiven Besetzung das Motiv des nichtseßhaften Volkes mit anderen Bildern gesellschaftlicher Marginalität kontaminiert, mit denen sich eine im wörtlichen wie im übertragenen Sinne wandernde, unstete oder ungesicherte Existenz verbinden ließ, so daß die Grenzen zwischen ethnischer und sozialer Rand-

---

9 HEINRICH MORITZ GOTTLIEB GRELLMANN, Historischer Versuch über die Zigeuner (1783; Göttingen ²1787), 35.
10 JOHANN WOLFGANG GOETHE, Wilhelm Meisters theatralische Sendung (1777), in: GOETHE (WA), Bd. 52 (1911), 189.
11 FERNAND BALDENSPERGER, Bohème et Bohème: un doublet linguistique et sa fortune littéraire, in: Mélanges publiés à l'honneur de M. le Professeur Václav Tille (Prag 1927), 11.
12 ROBERT RITTER, Zigeuner und Landfahrer, in: Bayerischer Landesverband für Wanderdienst (Hg.), Der nicht seßhafte Mensch (München 1938), 71.
13 GOTTHOLD EPHRAIM LESSING an Elise Reimarus (7. 5. 1780), in: LESSING (LACHMANN), Bd. 18 (1886/1887), 340.

ständigkeit sich in der ästhetischen Projektion auflösten. Diese Austauschbarkeit von »wackeren Vagabunden, edeln Räubern, großmüthigen Zigeunern und sonst allerlei idealisiertem Gesindel«[10] konnte schon den Zeitgenossen Anlaß für eine ironische Distanzierung bieten. Mit dem Verfall der Ideale der Empfindsamkeit und ihrer Forderung nach expressiven Gefühlsäußerungen, die um 1800 zunehmend als unauthentisch wahrgenommen wurden, blieb jedoch die semantische Konfusion von ethnischen und sozialen Außenseitern erhalten, die nun in die traditionelle Begriffsprägung mit ihrer negativen Bewertung der Nichtseßhaftigkeit Einzug hielt. Wie im Deutschen ›Zigeuner‹ inzwischen gleichbedeutend mit ›Vagabund‹ und ›Landstreicher‹ verwendet werden konnte, so verlor das französische ›bohémien‹ seinen ursprünglich auf die vermeintliche Herkunft der Sinti und Roma aus Böhmen bezogenen ethnologischen Charakter in der Angleichung an ›gueux‹ und ›vagabond‹, wurde aus dem »vie de bohème«[11] ein liederlicher, verabscheuungswürdiger oder fragwürdiger Lebensstil, dem im Deutschen die Wendung »Zigeunerleben«[12] entsprach.

Die Identifikation mit der Fremdartigkeit des wandernden Außenseiters reichte im 18. Jh. nicht so weit, daß Künstler oder Schriftsteller eine Bezeichnung aus diesem semantischen Umfeld in der Öffentlichkeit auf sich selbst angewandt hätten. Die einzige bekannte Passage, in der ein Autor sich vor 1800 in konjunktivischer Form als Landstreicher charakterisiert hat (»so daß ich mein Leben beschlösse, wie ich es angefangen habe, als ein Landstreicher«[13]), ist bezeichnenderweise eine private Briefstelle bei Lessing, die keine affirmative Rollenbeschreibung, sondern ein Gefühl der Bedrohung artikulieren sollte. Offenbar blieb die negative Begriffsbesetzung durchgängig so stark, daß eine verbale Angleichung an die marginale Existenz vor der romantischen Kampfansage an die Konvention einer gefährlichen Selbstbezichtigung gleichgekommen wäre. Erst nach 1830 setzt in Frankreich die Reihe von literarischen Artikulationen einer Entfremdungserfahrung ein, die in den übrigen europäischen Sprachen wenig später nachvollzogen worden ist und die Boheme zu einem internationalen Modus der künstlerischen Selbstbeschreibung gemacht hat. In der demonstrativen Umkehrung des negativen Begriffsgehaltes reagiert diese neuerliche Begriffsverschiebung bereits auf die zwischenzeitliche Ausweitung der Terminologie auf alle polizeilich erfaßten gesellschaftlichen Randgruppen. Im Rückblick auf diesen Prozeß konnte Charles Baudelaire deshalb unter Verwendung eines Justiz-Terminus sagen: »Glorifier le vagabondage est ce qu'on peut appeler le bohémianisme, culte de la sensation multipliée.«[14]

II. Herausbildung des Begriffs im Paris der Restaurationszeit

1. Literarische Gruppenbildungen der französischen Romantik

Bei den regelmäßigen Abendgesellschaften, die die Bibliothèque de l'Arsenal seit 1823/1824 zum wichtigsten Treffpunkt literarischer und künstlerischer Intelligenz während der Restauration machte, versammelten sich die führenden Vertreter der französischen Romantik. Daraus ging 1827 ein engerer Unterstützerkreis um Victor Hugo hervor, der seine literarische Programmatik teilte und ihn als Vorbild verehrte. Dieser cénacle markiert den Übergang vom offenen literarischen Salon zum programmatisch geschlossenen Literatenzirkel einer bestimmten ästhetischen Fraktion.[15] 1829/1830 schlossen sich dem Hugo-Kreis vorübergehend eine Reihe von Literaturdebütanten an, aus denen die erste Bohemegeneration hervorgehen sollte.[16] Die Uraufführung von Hugos *Hernani* am 25. Februar 1830 markiert den Sieg des romantischen Trauerspiels über die nach wie vor dominante klassizistische Tradition. Um diesen Erfolg sicherzustellen, engagierte Hugo eine unterstützende Claque aus dem Kreis des intellektuellen Untergrunds, die die antizipierten Störversuche seiner Gegner übertönen sollte. Diese Claque trat provokativ in einem Wirrwarr von Phantasiekostümen auf, besonders der Wortführer Théophile Gautier stach durch seine knallrote Weste und schulterlanges Haar hervor. Erstmals wurde die künstlerische Subkultur an einer prestigeträchtigen Stelle des offiziellen Kulturbetriebes unübersehbar. Romantik und frühe Boheme hatten im Zuge der fortschreitenden Politisierung im Vorfeld der Revolution von 1830 eine gemeinsame Front gegen politischen und literarischen Konservatismus gebildet, wie er sich auch in der zunächst gemeinsamen Abwehr moralischer Ansprüche an Literatur ausdrückte: »Le poëte est libre.«[17] Nach der Juli-Revolution trennten sich beide Seiten, da die führenden Vertreter der romantischen Bewegung nun zum liberalen Establishment gehörten und kaum noch von politischen Einschränkungen betroffen waren, während ihre jüngeren Nachfolger auch weiterhin vom Kulturbetrieb ausgeschlossen blieben. Ihre Abwendung von Maßstäben gesellschaftlicher Akzeptanz schloß selbst eine Unterstützung radikaler politischer Ziele zunehmend aus, auch wenn die vorübergehende Assoziation noch in der Verwendung einiger revolutionärer Attribute (»phrygian bonnets«, »Robespierre-style waistcoats«[18]) spürbar blieb. Die frühe Boheme war in ihrem Protest gegen gesellschaftliche Normen tatsächlich weitgehend unpolitisch und verstand solche Kennzeichen als Mittel der Provokation. Diese Abstinenz spricht sich am deutlichsten in der Formulierung eines radikalen Ästhetizismus aus, wie er im Laufe der 1830er Jahre innerhalb der Boheme erstmals formuliert worden ist. »Il n'y a de vraiment beau que ce qui ne peut servir à rien; tout ce qui est utile est laid.«[19]

Die Anführer der Hugo-Claque versammelten sich seit 1830 regelmäßig im Atelier des jungen Bildhauers Jean Duseigneur, wo sie den Kern des nach dem Vorbild von Hugos Soiréen benannten petite cénacle bildeten. Die Zusammensetzung aus

---

14 CHARLES BAUDELAIRE, Mon cœur mis à nu (1859–1862), in: Baudelaire, Œuvres posthumes, hg. v. J. Crépet/C. Pichois, Bd. 2 (Paris 1952), 114.
15 Vgl. CÉSAR GRAÑA, Bohemian versus Bourgeois. French Society and the French Man of Letters in the Nineteenth Century (New York 1967), 30 f.
16 Vgl. MALCOLM EASTON, Artists and Writers in Paris. The Bohemian Idea 1803–1867 (London 1964), 39–50.
17 VICTOR HUGO, Préface (1829), in: Hugo, Les Orientales, hg. v. E. Barineau (Paris 1952), 6.
18 GENE H. BELL-VILLADA, Art for Art's Sake and Literary Life (Lincoln, Nebr. 1996), 40 f.
19 THÉOPHILE GAUTIER, Préface (1834), in: Gautier, Mademoiselle de Maupin, hg. v. A. Boschot (Paris 1955), 23.

Literaturdebütanten und Kunststudenten, die in der zeitgenössischen Berichterstattung unter dem Begriff Les Jeunes-France zusammengefaßt wurden, unterschied sich jedoch erheblich vom vergleichsweise etablierten Vorbild.[20] An die Stelle einer programmatischen Profilierung trat das gemeinsame Lebensgefühl der Ausgeschlossenheit, das die Gruppe durch unterschiedliche Ausdrucksformen symbolischer Aggression kompensierte. Niemand verkörperte dies so wie Pétrus Borel, dessen Selbststilisierung als lycanthrophe im Anschluß an Vorbilder der englischen Romantik (Lord Byron, Percy Shelley), gepaart mit einer sentimentalen, aus der Unterhaltungsliteratur der gothic novels entlehnten Dramatik ihn als Anführer qualifizierten.[21] Borel nannte sein Appartement ›camp des Tartares‹ und schockierte seine Besucher mit einer Sammlung angeblich vergifteter Waffen. Anläßlich seines Umzuges in die sorgsam ausgewählte Rue d'Enfer (1832) veranstaltete er ein Gelage voller »primeval apocalyptic gestures as the famous attempts […] to quaff sea water out of a human skull«[22]. Richtete sich diese Selbstinszenierung an ein eingeweihtes literarisches Publikum, so bemühte sich die Gruppe, durch Akte der Ruhestörung auch in einer breiteren Öffentlichkeit aufzufallen. Bereits 1835 waren das provokative Auftreten und die exzentrische Kleidung der Jeunes-France Stadtgespräch. Obwohl ihre aggressive Absage an bürgerliche Wertvorstellungen sie für Außenstehende zunächst als Politikum erscheinen ließ, bewegte sich ihre Selbststilisierung mit der Vorliebe für angelsächsische oder mittelalterliche Pseudonyme, historische oder exotische Kostümierung und entsprechende Einrichtungsgegenstände ganz im Rahmen der romantischen Topoi eines ästhetischen Protestes gegen den Klassizismus.

2. Popularisierung des romantischen Künstlermythos

Der petite cénacle spaltete sich im Laufe des Jahres 1833 in mehrere Fraktionen, noch bevor er zur geplanten Veröffentlichung eines literarischen Manifestes schreiten konnte. Einige seiner Mitglieder gründeten ab 1834 ein »logement commun«[23] in der Impasse du Doyenné, wo der Maler Camille Rogier und die Dichter Gérard de Nerval und Arsène Houssaye ein Appartement in einem Abbruchhaus aus dem frühen 18. Jh. mit stilistisch passenden Möbeln und Gemälden des Rokoko ausgestattet hatten. Angesichts der damals verbreiteten Ablehnung dieser Kunstepoche ließen sich solche Gegenstände, darunter zwei Bilder Jean-Honoré Fragonards, günstig beschaffen. Neben Gautier, der sich in der Nachbarschaft niederließ, frequentierte eine Reihe junger Maler wie Camille Corot den neuen Treffpunkt, für den sie Wandbilder herstellten, die formal bzw. thematisch im Einklang mit der Rokoko-Einrichtung standen. In diesem Ambiente hielten die Bewohner ihre ›grisettes‹ aus und veranstalteten rauschende Feste und Maskenbälle, die wie der legendäre ›bal des truands‹ im Jahre 1835 weit über das engere Bohememilieu hinaus wahrgenommen wurden.[24] Die Lebensumstände des Impasse du Doyenné unterschieden sich deutlich von späteren literarischen Schilderungen der Boheme, vor allem da die Teilnehmer dank ihres Familienhintergrundes und ihrer journalistischen Tätigkeit über ausreichende Mittel zum Lebensunterhalt verfügten.

Die Lebensgemeinschaft der Impasse du Doyenné markiert eine deutliche Abkehr von den ästhetischen Idealen des früheren, noch von einer anglophilen Romantik geprägten Bohemezirkels. Der neue Kreis gehörte zu den Pionieren einer Wiederentdeckung der visuellen Kultur des Ancien Régimes, mit dem er das erotische Potential einer dekadenten vorbürgerlichen Vergangenheit assoziierte. In Anspielung auf Jean-Antoine Watteaus Genrebilder höfischer Feste der Régencezeit verklärten die Bewohner des Doyenné ihre jugendlichen Eskapaden später denn auch in absichtsvoll altertümlicher Schreibweise als »bohême galante«[25]. Keiner vertrat das Ideal des neuen hedonistischen Bohemiens eindringlicher als Nerval (eigentlich Gérard Labrunie), der seinen bürgerlichen

---

20 Vgl. GAUTIER, Les Jeunes-France. Romans goguenards (Paris 1833).
21 Vgl. ENID STARKIE, Pétrus Borel. The Lycanthrope (London 1954).
22 GRAÑA (s. Anm. 15), 76.
23 GÉRARD DE NERVAL, Petits châteaux de Bohême (Paris 1853), 5.
24 Vgl. PAUL DE KOCK, Les grisettes, in: Nouveau tableau de Paris au XIXe siècle, Bd. 1 (1834), 169–179.
25 NERVAL, La Bohême galante (Paris 1855).

Namen aristokratisierte und an die Stelle der nachlässigen Kleidung der Jeunes-France die makellose, wenngleich ins Extrem gesteigerte Eleganz des Dandy vorführte. Derselbe Wandel in den Formen der Selbststilisierung läßt sich auch an den Frauenrollen der frühen Boheme ablesen. Die italienische Prinzessin Belgiojoso, die seit 1835 einen schwarzen Salon unterhielt, riskierte schlimmstenfalls den Vorwurf der Übertreibung. Mit ihren extravaganten mittelalterlichen Accessoires und einer melodramatisch zur Schau gestellten Religiosität entsprach sie durchaus einem etablierten romantischen Weiblichkeitsideal. Dagegen setzte sich die junge Schriftstellerin George Sand durch das Tragen eleganter Herrenkleidung, das Rauchen von Zigarren und die offene Demonstration von Bisexualität grundsätzlichen Irritationen aus, die nicht mehr als literarische Fiktionen auflösbar waren.[26]

Mit der Abspaltung der bohème galante wurde erstmals eine entscheidende Differenz innerhalb der jugendlichen Subkultur sichtbar, die als Reservoir der Hugo-Claque während der ›Schlacht um Hernani‹ gedient hatte. Weitgehend getrennt von den angesprochenen Treffpunkten der wohlhabenden Mittelschicht verblieb ein wachsender Kreis junger Kunststudenten und Gelegenheitsautoren, deren kleinbürgerliche Herkunft ihre Ausgrenzung aus dem etablierten Kulturbetrieb zur Armutsfalle machte. Die wichtigste Gruppenbildung dieses kulturellen Untergrundes war der von dem Schriftsteller Henri Murger wegen der beschränkten Lebensumstände seiner Mitglieder nachträglich als »Buveurs d'eau«[27] bezeichnete Kreis, der sich gegen 1840 in einer als Atelier genutzten Scheune an der Barrière d'Enfer zusammenfand. Die Mitglieder dieser Elendsboheme schlugen sich mit Aushilfstätigkeiten, als journalistische Soldschreiber oder Produzenten pornographischer Zeichnungen weit unterhalb ihrer künstlerischen Ambitionen durch. Ihr Zusammenschluß folgte offenbar selbst bereits einem literarischen Vorbild, dem von Honoré de Balzac in *Illusions perdues* (1839) erfundenen ›cénacle‹ der Rue des Quatre-Vents. Neben provisorischen Ateliers waren ihre Treffpunkte Kaffeehäuser wie das von Murgers Kreis frequentierte Café Momus. Die Lebensumstände der Buveurs d'eau oszillierten zwischen verzweifelter Armut und vorübergehendem Wohlstand, da die Mitglieder jede kontinuierliche Berufstätigkeit als unzumutbar ablehnten. Sie rechtfertigen aber gerade deshalb nicht die moderne Charakterisierung als Künstlerproletariat.[28]

3. Einführung des Bohemebegriffs in den ästhetischen Diskurs

Aus dem Kreis um Murger ging die folgenreichste literarische Fiktionalisierung der Boheme hervor, die für die Begriffsbildung entscheidende Bedeutung erlangen sollte. Sie war allerdings Teil einer breiten Rezeption des Phänomens in der Öffentlichkeit, wie es sich von Anfang an in der Berichterstattung der Tagespresse, in literarischen Texten oder in der Zeitungsgraphik widerspiegelte. Murgers autobiographischer Roman, zunächst als lokkere Episodenfolge serialisiert und 1849 unter dem Titel *La vie de Bohème* mit Théodore Barrière zum Theaterstück umgearbeitet, erschien endgültig 1851 in Buchform. Der Erfolg dieser Produktion hatte seinen Ursprung in Murgers Fähigkeit, die Außenseiterposition seiner Protagonisten als notwendiges Durchgangsstadium auf dem Weg zu einer öffentlichen Anerkennung zu präsentieren (»La Bohème, c'est le stage de la vie artistique; c'est la préface de l'Académie, de l'Hôtel-Dieu ou de la Morgue«[29]) und sich so das gesellschaftskritische Potential des Bohememythos ohne dessen radikale Absage an bürgerliche Normen anzueignen.

Eine übertragene Verwendung des Bohemebegriffs war bis Mitte des 19. Jh. auf die Beschreibung der städtischen Unterschichten ohne spezifische Referenz zum Künstlermilieu beschränkt geblieben, wie noch bei Karl Marx, der den französischen Terminus 1852 mit dem eigenen Begriff »Lumpenproletariat«[30] übersetzte. Die moderne

---

26 Vgl. JOANNA RICHARDSON, The Bohemians. La Vie de Bohème in Paris 1830-1914 (London 1969), 37-41.
27 HENRI MURGER, Les Buveurs d'eau (Paris 1853).
28 Vgl. JERROLD SEIGEL, Bohemian Paris. Culture, Politics and the Boundaries of Bourgeois Life 1830-1930 (New York 1986), 31-48.
29 MURGER, Préface, in: Murger, Scènes de la vie de Bohème (1851; Paris 1964), 26.
30 KARL MARX, Der 18. Brumaire des Louis Bonaparte (1852), in: MEW, Bd. 8 (1960), 160.

Begriffsbestimmung als künstlerische Subkultur konnte sich erst mit dem Erfolg von Murgers Theaterstück und Roman durchsetzen, was bis in die Gegenwart eine Einschränkung auf die besondere Form der Elendsboheme gefördert hat. Ihr gingen jedoch Versuche voraus, die eigene Außenseiterrolle durch eine metaphorische Anlehnung an das städtische Subproletariat zu umschreiben.

Einen der frühesten Belege für diese Begriffsverwendung dokumentiert der Bericht des Schriftstellers Félix Pyat, dessen Beobachtungen ein hohes Maß an Genauigkeit aufweisen: »La manie ordinaire des jeunes artistes de vouloir vivre hors de leurs temps, avec d'autres idées et d'autres mœurs, les isole du monde, les rend étrangers et bizarres, les met hors la loi, au ban de la société; ils sont les Bohémiens d'aujourd'hui. Ainsi, ils ont une langue à eux, un argot d'atelier, inintelligible pour le reste des humains.«[31]

Auch im Künstlermilieu überlagerte der neue, auf städtische Unterschichten ausgedehnte Sprachgebrauch den älteren, indem ›Zigeuner‹ und ›Vagabunden‹ mit anderen gesellschaftlichen Randgruppen gleichgesetzt wurden: »Quelque temps après la révolution du juillet [...] un campement des bohêmes pittoresques et littéraires menait une existence de Robinson Crusoé, non dans l'île de Juan Fernandez, mais au beau milieu de Paris, à la face de la monarchie constitutionnelle et bourgeoise.«[32] Gautier nutzt hier den unausgesprochenen Gegensatz zur allgemein negativen Bestimmung von Boheme für die Abgrenzung der eigenen Position, die zusätzlich durch die inzwischen ungebräuchliche Schreibweise des Wortes mit einem ›accent circumflexe‹ markiert ist. Bis zu Murgers Erfolg war diese Begriffsmodifikation offensichtlich ein Erkennungszeichen für Insider, wie eine einschlägige Stelle bei George Sand bestätigt: »Narguons l'orgueil des grands, rions de leurs sottises, dépensons gaiement la richesse quand nous l'avons, reçevons sans souci la pauvreté, si elle vient; sauvons avant tout notre liberté, jouissons de la vie quand même, et vive la bohême!«[33]

Die von Murgers Erfolg bewirkte Popularisierung des subkulturellen Erkennungszeichens zeigt sich in der Aufnahme der neuen Konnotation in allgemeine Nachschlagewerke, wo sie zunächst ergänzend neben die älteren Bedeutungsschichten trat. So greifen z. B. Jules Levallois und Emile Carpentier den Begriff in ihrem *Dictionnaire universel* (1852) auf[34], während er noch in der dritten Auflage von Louis Nicolas Bescherelles *Dictionnaire national, ou Dictionnaire universel de la langue française* (1856) unerwähnt bleibt. Etwa gleichzeitig erfolgte eine breite Aufnahme des Bohememythos in der Malerei, wie an der Bildwürdigkeit des Sujets seit Mitte des 19. Jh. ablesbar ist. Zu den frühesten Gemälden gehört Octave Tassaerts Salonerfolg *Ein Winkel seines Ateliers* (1845), das wie sein Urheber dem direkten Umfeld der Buveurs d'eau entstammte. Doch findet sich neben der Murgerschen Elendsboheme auch der Rückgriff auf eine romantische Bildtradition, wie in Jules Emmanuel Valadons *Die künstlerische Boheme* (1857), in der die Mittelalterbegeisterung des petit cénacle und die erotischen Konnotationen der boheme galante durchscheinen. So spiegeln sich in der Boheme-Ikonographie des mittleren 19. Jh. die zwei Seiten des antibürgerlichen Mythos, die Identifikation mit Angehörigen gegenwärtiger gesellschaftlicher Randgruppen und mit einem in die Vergangenheit projizierten aristokratischen Ideal.[35]

III. Begriffsmodifikationen im französischen Kulturbetrieb bis zum 1. Weltkrieg

1. Die Fortsetzung der Boheme-Tradition

In den 1840er Jahren bildete sich eine neue Generation von Bohemezirkeln, deren Ausgestaltung unterschiedlicher Lebensstile für die Konturen des

---

31 FÉLIX PYAT, Les Artistes, in: Nouveau tableau de Paris au XIXe siècle, Bd. 4 (1834), 8 f.
32 THÉOPHILE GAUTIER, Portraits contemporains, in: Revue des Deux Mondes, 1. 7. 1848, 56.
33 GEORGE SAND, La dernière Aldini, in: Revue des Deux Mondes, 1. 1. 1838, 58.
34 ›Bohême‹, in: JULES LEVALLOIS/EMILE CARPENTIER (Hg.), Le dictionnaire universel, Bd. 1 (Paris 1852), 652.
35 Vgl. MARILYN R. BROWN, Gypsies and other Bohemians. The Myth of the Artist in Nineteenth-Century France (Ann Arbor, Mich. 1985), 10 ff.

III. Begriffsmodifikationen im französischen Kulturbetrieb bis zum 1. Weltkrieg 737

Begriffs in der zweiten Jahrhunderthälfte besondere Bedeutung erlangte. Einer dieser Kreise, der gegen 1843/1844 im Hôtel Pimodan, einem verlassenen Adelspalais aus dem 17. Jh., zusammenkam, wollte an das Vorbild der bohême galante anschließen. Zeitgenössische Beschreibungen[36] betonen die dekadente Note einer Ruine, deren Verfall die durchscheinende Pracht des Ancien régime in romantischer Weise entrückte. Charles Baudelaire, der sich aufgrund einer Erbschaft ein Appartement im Dachgeschoß des Hôtel Pimodan einrichtete, schuf ein synästhetisch komponiertes Ambiente, das undurchsichtige Fensterscheiben gegen das Eindringen der Außenwelt abschirmten. Diese Wohnungseinrichtung repräsentierte einen Ästhetizismus, der die theoretischen Forderungen der Impasse du Doyenné in ähnlicher Weise in die Wirklichkeit übersetzte, wie Borel seinerzeit die antiklassizistischen Topoi der romantischen Rebellion.[37] Dem von Baudelaire im Anschluß an Gautier formulierten Ideal der Künstlichkeit entsprach das persönliche Auftreten des Dichters mit seinen Widersprüchen zwischen exzessiver Eleganz und Verwilderung, die in Émile Deroys *Porträt Baudelaires* (1846) festgehalten sind. Der junge Dichter tritt in einer dem Melancholie-Gestus entsprechenden Pose auf und führt alle Requisiten des bohemischen Dandyismus vor. Welche Funktion diese Selbststilisierung haben sollte, kennzeichnet sein Freund Charles Asselineau:»Pourtant [...] ces singularités de costume, de mobilier, d'allures, ces bizarreries de langage et d'opinions, [...] n'indiquaient-elles pas déjà le parti pris de révolte et d'hostilité contre les conventions vulgaires qui éclate dans les *Fleurs du Mal*? [...] On ne posait, si pose il y a, que pour le bourgeois; et les habits funèbres et les chevelures désordonnées ne servaient que [...] d'épouvantails à l'ennemi.«[38] Das später als Schlagwort isolierte ›épater le bourgeois‹ bezog sich also ursprünglich auf die Provokation, die der pseudo-aristokratische Habitus des Dandy als Verstoß gegen bürgerliche Konventionen darstellte.

Im Vorfeld der Revolution von 1848 kam es erstmals zu einer ernsthaften Politisierung der Boheme, die die Gegensätze innerhalb der unterschiedlichen Modelle bohemischer Selbststilisierung jedenfalls vorübergehend aufhob. Selbst Baudelaire wurde 1847 über Gustave Courbet in revolutionäre Kreise eingeführt und war neben seinem Auftritt auf den Barrikaden als Herausgeber des radikalen *Salut Publique* tätig. Sein politisches Engagement blieb jedoch ambivalent und scheint über eine ästhetische Begeisterung für die Revolte nicht hinausgegangen zu sein.[39] Als charakteristisches Beispiel für die neue Form des politisch radikalen ›cénacle‹ kann dagegen der von Fourieristischen Idealen geprägte Kreis verstanden werden, der sich seit Beginn des Jahres 1848 in der Brasserie Andler, einem billigen Arbeiterrestaurant, einfand. Unter dem zugleich ästhetisch wie politisch verstandenen Schlagwort ›Réalisme‹, das Champfleury erstmals am 21. September 1850 in *L'Ordre* benützte, wurde er zum Sammelbecken der Anhänger des Malers Gustave Courbet, der sich in Anspielung auf den handwerklichen Charakter seiner anti-idealistischen Kunst mit Vorliebe als ›maître peintre‹ ansprechen ließ, wodurch er zugleich die pseudo-proletarische Selbstinszenierung der Zusammenkünfte unterstrich. Die inzwischen erfolgte Politisierung des Bohemebegriffs spiegelt sich in Courbets Selbstbeschreibung:»Dans nôtre société si bien civilisée, il faut que je mène une vie de sauvage; il faut que je m'affranchisse même des gouvernements. Le peuple jouit de mes sympathies; il faut que je m'adresse à lui directement, que j'en tire ma science, et qu'il me fasse vivre. Pour cela, je viens donc de débuter dans la grande vie vagabonde et indépendante du bohémien.«[40]

In der Auswahl ihres Treffpunkts wie in vielen anderen Attributen oppositionellen Künstlertums folgte die Gruppe um Courbet dem Vorbild der Murgerschen Elendsboheme, mit der sie durch einzelne ihrer Mitglieder auch unmittelbar verbun-

---

36 Vgl. ROGER DE BEAUVOIR, Les mystères de l'Île St.-Louis. Chroniques de l'Hôtel Pimodan (Paris 1859).
37 Vgl. BAUDELAIRE, Salon de 1846, in: BAUDELAIRE, Bd. 2 (1976), 493–496.
38 CHARLES ASSELINEAU, Charles Baudelaire. Sa vie et son œuvre (1869), hg. v. J. Crépet/C. Pichois (Paris 1953), 66, 71.
39 Vgl. JULES CHAMPFLEURY, Rencontre de Baudelaire, in: Champfleury, Souvenirs et portraits de jeunesse (Paris 1872).
40 GUSTAVE COURBET an Francis Wey (10. 3. 1850), in: G. Riat, Gustave Courbet peintre (Paris 1906), 80, 82.

den war.[41] Über diese Traditionslinie wollte sie an den Gestus des libertären Widerstandes anschließen, der für den Entstehungsmoment der künstlerischen Subkultur im Umfeld der Julirevolution charakteristisch gewesen war. Courbets *Selbstbildnis mit Pfeife* (1849) identifiziert den Künstler durch den zerzausten Bart, das ungebändigte Haar und die Tabakspfeife mit diesen ›revolutionären‹ Attributen der frühen Boheme. Öffentlicher Tabakkonsum galt auch Mitte des 19. Jh. noch als Ausdruck radikaler politischer Sympathien, während, im Sinne von Baudelaires *Les paradis artificiels*. *Opium et haschisch* (1860), der Genuß halluzinogener Drogen eher für den Rückzug in einen gesellschaftlich akzeptierten Eskapismus im Stil des Hôtel Pimodan stand.[42]

2. *Modifikationen des Bohemebegriffs nach 1850*

Mit dem Erfolg von Murgers Roman ergoß sich eine ganze Welle autobiographischer Erinnerungen der ersten Bohemegeneration über den Buchmarkt. Sie erreichte ihren Höhepunkt im Anschluß an das pompöse Begräbnis Murgers (1861), das zu einer Selbstbestätigung des literarischen Establishments geriet. Die bei diesen Autoren übliche Idealisierung der eigenen Jugend provozierte eine heftige Reaktion, aus der auch verschiedene literarische Versuche hervorgegangen sind, den Bohemebegriff neu zu besetzen. So verstand sich etwa Baudelaires Aufladung des Begriffs »saltimbanque«[43] als ein Gegenentwurf zur nostalgischen Verklärung der frühen Boheme. Mit dem Terminus wurden wandernde Straßenartisten und Schausteller aus der Grauzone zwischen Zirkusmilieu und Bettlertum bezeichnet, so daß eine Analogie zur Begriffsbildung der früheren Boheme nahelag. Für den wahren Künstler reklamierte Baudelaire die Risikobereitschaft des Akrobaten, der sein Leben täglich aufs Spiel setzt, um seinen Auftritt zu vervollkommnen, und doch von seinem Publikum als Außenseiter verfolgt wird. In *Bohémiens en voyage* und *Le vieux saltimbanque* (1861) bringt er diese Auffassung zum Ausdruck. Zeichen seiner eigenen künstlerischen Risikobereitschaft war die Verurteilung wegen *Les Fleurs du Mal* (1857), mit der der Dichter über einen engeren Kreis hinaus bekannt wurde. Ausgehend von diesem Vorbild konnte die kalkulierte Konfrontation mit der gesellschaftlichen Ordnung zu einer Karrierestrategie werden, da jede repressive Reaktion die Erwartung bestätigte, daß der moderne Künstler sich nur in einem unauflösbaren Antagonismus zum Publikum bewähren könnte.[44]

Gleichzeitig führte der sozialistische Schriftsteller Jules Vallès, der später der Commune als Erziehungsminister diente, mit seinem Werk *Les réfractaires* (1865) einen neuen Terminus in die kritische Debatte um die erste Bohemegeneration ein, deren antibürgerlicher Pose er einen authentischen Widerstand gegen die bürgerliche Gesellschaft entgegenstellen wollte. Der Begriff ›réfractaire‹ hatte den ursprünglichen Bohemebegriff zur Kennzeichnung der städtischen Unterschicht ersetzt, die ein prekäres Dasein jenseits der Arbeitsgesellschaft führte und für Aufstandsbewegungen als mobilisierbar galt. Vallès entwarf in seinen Romanen einen intellektuellen Aussteiger, der sich einer Gruppe von Straßenakrobaten anschließt, und politisierte damit Baudelaires ›saltimbanque‹. Der neue Begriff ließ sich im Kunstbetrieb hervorragend instrumentalisieren, insofern er dem Künstler eine politische Märtyrerrolle zubilligte, während dieser die Aufmerksamkeit eines breiten Publikums auf sich lenken konnte. Die Prozesse gegen die literarische Innovation in den 1850er Jahren können noch eine Repressionsstrategie des autoritären Staates verstanden werden, die von den betroffenen Autoren nicht aktiv heraufbeschworen wurden und deren rufschädigenden Einfluß sie durchaus fürchteten. Dagegen war die Strategie des Malers Edouard Manet in den 1860er Jahren, seine Karriere auf provozierenden Einsendungen für den Salon aufzubauen, ein kalkulierter Versuch, sich den in solchen Prozessen üblichen Pornographievorwurf zu Nutze zu machen.

Innerhalb des Kunstbetriebs war diese Strategie durch Courbet vorgeprägt, der die kalkulierte Zu-

---

41 Vgl. EASTON (s. Anm. 16), 136 ff.
42 Vgl. TIMOTHY J. CLARK, Der absolute Bourgeois (1973; Reinbek 1981), 9 f., 44 ff.
43 BAUDELAIRE, Les Martyrs ridicules par Léon Cladel (1861), in: BAUDELAIRE, Bd. 2 (1976), 183.
44 Vgl. FREDERICK WILLIAM JOHN HEMMINGS, Culture and Society in France 1848–1898 (London 1971), 58 ff.

rückweisung seiner überdimensionierten Beteiligung an der Weltausstellung von 1855 zu einer Konfrontation mit der staatlichen Kunstaufsicht und als Rechtfertigung einer kommerziellen ›exposition payante‹[45] nutzte. Während Courbets Bemühungen, die Rolle eines politischen Märtyrers einzunehmen, wegen ihrer kommerziellen Nebenabsichten selbst von seinen Anhängern skeptisch beurteilt wurden, beanspruchte Manet für sich eine Naivität im Umgang mit dem feindlichen Publikum, die offenbar dem ›saltimbanque‹ entsprechen sollte, obwohl sie sogar Baudelaire übertrieben erschien. Denn sowohl *Das Frühstück im Grünen*, das er 1863 im *Salon des réfusés* zeigte, wie die Zusammenstellung des Kurtisanenporträts *Olympia* mit dem Gemälde *Jesus wird von den Soldaten verspottet* im Salon von 1865 waren zielgerichtete Akte der symbolischen Aggression, die durch Anspielungen auf klassische Topoi der Kunstgeschichte noch verschärft wurden.[46] Nach dem wenig erfolgreichen Versuch, anläßlich der Weltausstellung von 1867 Courbets Einzelausstellung für sich selbst zu wiederholen, entschloß sich Manet schließlich, mit der *Erschießung Maximilians* (1868) ein politisch brisantes Thema aufzugreifen, das tatsächlich eine drastische Reaktion der Zensurbehörde provozierte.

3. Die Avantgarde als Erbe der Boheme

Der Austauschbarkeit der neuen Begriffe entsprach ihre zunehmende Ablösung von spezifischen Formen der Selbststilisierung. Wie Manet folgte die Mehrzahl seines Kreises im Café Guerbois der Tradition des Dandyismus, einzelne Mitglieder orientierten sich jedoch am Vorbild der Elendsboheme in der Nachfolge von Courbets Brasserie Andler, und diese Vermischung setzte sich nach 1870 im impressionistischen Zirkel des Café de la Nouvelle Athènes wie in den Zusammenkünften des literarischen Symbolismus fort. Die Zuordnung jedes dieser Lebensstile zu einer bestimmten Modifikation des Bohemebegriffs, die eine Gegenüberstellung des ästhetizistischen saltimbanque und des engagierten *réfractaire* noch idealtypisch anbot, hatte sich in dem Maße abgeschliffen, in dem die traditionellen Provokationsstrategien ihre Wirkungs-

kraft verloren hatten und zu festen Stereotypen des künstlerischen Milieus geronnen waren.

Eine mögliche Alternative, die Künstlern Ende des 19. Jh. zu Verfügung stand, wenn sie den ursprünglichen Impuls der Boheme aktualisieren wollten, war eine Radikalisierung der Disassoziation von gesellschaftlichen Normen, die in ihrer Konsequenz die Formen bohemischer Selbststilisierung hinter sich ließ. Vorbildhaft für diese Strategie war der Topos des *poète maudit*, wie er im Umfeld des frühen Symbolismus von Paul Verlaine geprägt worden ist. Jenseits aller pathologischen Züge einer individualpsychologischen Disposition war dem Dichter die Publikumsreferenz seiner Selbststilisierung vollständig bewußt, wie sein Kommentar zum Erfolg der namensgebenden Gedichtedition *Les poètes maudits* (1884) bestätigt.[47] Im Habitus des *poète maudit* wiederholte sich im Prozeß der Übersetzung von älteren literarischen Topoi in die Lebenspraxis, wie er analog schon in den beiden vorangegangenen Bohemegenerationen zu beobachten war. Obwohl Verlaine sich vom konventionellen Bohemebegriff distanziert hat, zeichnet sich in seinen eigenen Versuchen einer Grenzüberschreitung zwischen Kunst und Leben die Herkunft aus dieser Tradition deutlich ab. An die Stelle sexueller Freizügigkeit trat die offen zur Schau gestellte Homosexualität, an die Stelle eskapistisch oder inspiratorisch genutzter Narkotika der autodestruktive Alkoholismus, an die Stelle der Verachtung von bürgerlichen Sicherheiten eine zugleich emotionale wie soziale Bindungsunfähigkeit, die in einer Kette von privaten Katastrophen endete und alle Versuche einer Gruppenbildung unmöglich werden ließ. Mit der asozialen Destruktivität und Gewaltbereitschaft der *poètes maudits* ist die Grenze der bloß symbolischen Aggression überschritten. Im Ideal der Weltflucht, das mit einem Rückzug in die Provinz oder durch exotische Reiseziele eingelöst werden konnte, wird die subkulturelle Gemeinschaft auf-

---

45 Vgl. OSKAR BÄTSCHMANN, Ausstellungskünstler. Kunst und Karriere im modernen Kunstsystem (Köln 1997), 124.
46 Vgl. CHARLES ROSEN/HENRI ZERNER, Romanticism and Realism. The Mythology of Nineteenth-Century Art (London 1984), 133 ff.
47 Vgl. SEIGEL (s. Anm. 28), 256 f.

gekündigt zugunsten eines künstlerischen Einzelgängertums, dessen Drang nach individueller Selbstentfaltung zur Selbstzerstörung führen muß.

Dieser Bedeutungswandel spiegelt sich im Erfolg eines neuen Terminus, der im Umkreis des späteren Symbolismus und Postimpressionismus an die Stelle der Boheme getreten ist. Mit der endgültigen Auflösung der »alleanza di radicalismo politico e di radicalismo artistico«[48] (Einheit von künstlerischem und politischem Radikalismus) in den Jahren nach 1880 emanzipierte sich die neue Konnotation der Avantgarde zunehmend von dem ursprünglich politischen Begriff, den sie schließlich vollständig verdrängt hat. Vielen frühen Vertretern der Avantgarde bot der Topos des poète maudit eine Identifikationsfigur an, von dem sie zumindest einzelne Elemente in ihre Lebensführung zu integrieren versuchten. Paul Gauguins Südseereise (1891–93) gehört ebenso hierher wie Vincent van Goghs Selbstverstümmelung (1888), die dazu beitrug, ihn zum Archetyp des künstlerischen Außenseiters im 20. Jh. zu machen.[49] Die Attraktivität einer solchen Selbststilisierung lag nicht zuletzt in der Spekulation auf eine breitere Öffentlichkeit, unabhängig von dem tatsächlich erreichbaren kommerziellen Erfolg. In Frankreich trat die Avantgarde das Erbe der Boheme an, nicht nur indem sie manche der bohemetypischen Elemente in ihrem Lebensstil aufgriff, sondern auch durch den kontinuierlichen Bezug auf die Topoi des verkannten und angefeindeten Künstlers, der sich in einen prinzipiellen Widerspruch zur öffentlichen Meinung begeben muß. Sie konnte dabei auf Modelle künstlerischer Außenseiterschaft zurückgreifen, die die spätere Boheme verfügbar gemacht hatte. Außerhalb des engeren Avantgardemilieus überdauerte die Pariser Boheme den Epochenwechsel des 1. Weltkrieges als stereotype Lebensform, die sich bis weit ins 20. Jh. hinein reproduzierte, nachdem sie zum vielbesuchten Touristenereignis geworden war. Sie leistete keine wesentliche Modifikation des Begriffs mehr, wurde aber zum Vorbild einer Vielzahl von neuen Bohemegruppen, die sich inzwischen in den Großstädten Europas und der Vereinigten Staaten zusammenfanden.

IV. Der Bohemebegriff in der deutschen Kulturpublizistik seit Ende des 19. Jahrhunderts

1. Französische Kultur als Vorbild und Gefahr

Seit dem 18. Jh. erlebte das Wort ›Zigeuner‹ im deutschen Sprachraum eine analoge Bedeutungsverschiebung, wie sie am Beispiel des französischen ›bohémien‹ verfolgt werden kann. Der Identifikation von Künstlern mit den ethnischen Außenseitern folgte eine positive Besetzung des Begriffs, die sich auch auf die soziale Unterschicht der Landstreicher ausdehnte, wobei die affirmative Selbstbezichtigung von Schriftstellern als »geistige Vagabonden«[50] erstmals in den 1840er Jahren neben einer dominanten negativen Konnotation auftritt, die der gleichzeitigen französischen Verwendung von ›bohème‹ entsprach. Da ihnen die französischen Differenzierungsmöglichkeiten durch Akzentsetzung nicht zur Verfügung standen, markierten deutsche Schriftsteller, die sich dieses Identifikationsmusters bedienen wollten, ihre abweichende Verwendung oft durch erläuternde Zusätze wie »Kunstzigeunerthum«[51] oder griffen auf das weniger stark abwertende ›Taugenichts‹ zurück, das Joseph von Eichendorff durch seinen Roman *Aus dem Leben eines Taugenichts* (1826) populär gemacht hatte. Diese eigenständige Begriffsentwicklung verhinderte in der zweiten Jahrhunderthälfte lange Zeit das Eindringen des französischen Lehnwortes ins Deutsche, wie sich an der Editionsgeschichte von Murgers auch hier begriffsgeschichtlich indikativem Roman ablesen läßt. Die erste deutsche Übersetzung erschien fast zeitgleich mit der französischen Ausgabe 1851 unter dem Titel *Pariser Zigeunerleben* und bestimmte damit beinahe sämtliche, noch im 19. Jh. publizierten Ausgaben.

---

48 RENATO POGGIOLI, Teoria dell'arte d'avanguardia (London 1968), 24.
49 Vgl. ANTONIN ARTAUD, Van Gogh, der Selbstmörder durch die Gesellschaft und andere Texte über Baudelaire, Coleridge, Lautréamont und Gérard de Nerval, hg. v. F. Löchler (München 1988).
50 MAX STIRNER, Der Einzige und sein Eigenthum (Berlin 1845), 134.
51 HEINRICH HEINE, Über Deutschland (1835), in: Heine, Sämtliche Werke, Bd. 6 (Hamburg 1861), 249.

IV. Der Bohemebegriff in der deutschen Kulturpublizistik seit Ende des 19. Jahrhunderts

Erst 1906 erschien eine deutsche Übersetzung von Felix Paul Greve unter dem Titel *Die Bohème. Pariser Künstlerroman*, die sich schließlich Mitte der zwanziger Jahre durchsetzte. Belegt diese späte Anpassung des Murger-Titels die Fortdauer einer eigenständigen Begriffsbildung, so findet sich Boheme als Lehnwort in seiner modernen Bedeutung seit den 1860er Jahren zunächst nur in Berichten über das Künstlermilieu in Paris, auf die es im herrschenden Sprachgebrauch lange Zeit beschränkt blieb.[52] Das dabei geprägte Bild französischer Kultur beinhaltete von vornherein die Ambivalenz, als bewundertes Vorbild und schleichende Gefahr wahrgenommen zu werden, in der die Faszination der Metropole mit Ängsten vor der modernen Großstadt konkurrierte. Die Verwendung der französischen Terminologie für einen einheimischen Zusammenhang beginnt Anfang der 1880er Jahre bei deutschen Anhängern des Naturalismus, die das Lehnwort im Zuge der Rezeption ihrer französischen Vorbilder erstmals als Selbstbezeichnung aufgegriffen haben, um eine bewußte Aneignung bohemischer Lebensstile aus Paris zu kennzeichnen. Daß das Vorbild von Murgers Roman, dessen Neuübersetzung 1882 erschien, für diese Rezeption maßgeblich war, bestätigen literarische Nachahmungsversuche, die den Titel der deutschen Übersetzung aufgreifen oder in denen der Held seine Lebenswelt mit den Namen aus Murgers Roman ausstaffiert. Als Beispiele hierfür seien Hans R. Fischers *Berliner Zigeunerleben* (1890) und Otto Julius Bierbaums *Stilpe* (1897) zu nennen.

Dementsprechend fand der neue Begriff Aufnahme in Daniel Sanders *Verdeutschungswörterbuch* (1884), wo erstmals auf einen Parisbezug verzichtet wurde. Auch im *Encyclopädischen Wörterbuch der englischen und deutschen Sprache* (1899) wird Boheme allgemein als »zigeunernde, bummelnde Literaten- und Künstlerwelt«[53] definiert. In den Jahren um 1900 trat Boheme im allgemeinen Sprachgebrauch als erste Wahl an die Stelle seiner älteren deutschen Parallelen, unabhängig davon, ob es sich dabei um Selbstcharakterisierungen, antibohemische Stellungnahmen oder erste literarhistorische Versuche einer Rückprojektion bis in die Zeit des Sturm und Drang handelte.

2. Ausbildung von Bohemezirkeln in Berlin und München

Die naturalistischen und neuromantischen Zirkel, die sich in Berlin während der 1880er und 90er Jahre bildeten, folgten relativ treu dem Vorbild der Murgerschen Elendsboheme, von Treffpunkten in einfachen Kaffeehäusern und Bierkneipen bis hin zu sexuellen Exzessen und öffentlicher Ruhestörung. Schon für Julius Bab war der Begriff vollständig auf diese Erscheinungsform begrenzt: »Was sich an Zigeunertum doch so reichlich in ihrem Kreise fand, das brachte außer jenen typischen Faktoren: dem rebellischen Geist und der materiellen Misere schon das wildflatternde Temperament ihrer jungen Freunde mit sich.«[54] Dieser eingeschränkten Rezeption entsprach die Abwesenheit von Merkmalen der Dekadenz in Berlin, wo weder die Lebensform des Dandy noch der theoretische Anspruch des Ästhetizismus Fuß fassen konnten. Dagegen blieben Verbindungen zu sozial-revolutionären Positionen immer stark, zunächst als Sympathie für die verfolgte Sozialdemokratie, die nach Aufhebung der Sozialistengesetze (1890) auf den anarchistischen Extremismus überging.[55]

Als charakteristischer Treffpunkt der Berliner Boheme kann der Kreis von Dichtern und Kunstkritikern gelten, der sich seit 1892 um den deutsch-polnischen Schriftsteller Stanislaw Przybyszewski im Schwarzen Ferkel einfand. Den Zirkel kennzeichnete eine pseudo-proletarische Selbststilisierung, deren Zentrum in exzessivem Alkoholkonsum einnahm.[56] Blieb das Verhalten im Schwarzen Ferkel im Rahmen tradierter Boheme-Auffassungen, so ließ die Schärfe seiner gesell-

---

52 Vgl. HELMUT KREUZER, Die Boheme. Beiträge zu ihrer Beschreibung (Stuttgart 1968), 11.
53 ›Bohème‹, in: EDUARD MURET/DANIEL SANDERS, Encyclopädisches Wörterbuch der englischen und deutschen Sprache, Bd. 1 (Berlin 1899), 372.
54 JULIUS BAB, Die Berliner Bohème (1904; Paderborn 1994), 35.
55 Vgl. RICHARD HAMANN/JOST HERMAND, Epochen deutscher Kultur von 1870 bis zur Gegenwart, Bd. 2 (Berlin 1959), 65–71.
56 Vgl. STANISLAW PRZYBYSZEWSKI, Erinnerungen an das literarische Berlin (München 1965).

schaftlichen Disassoziation erkennen, daß Przybyszewski die geläufige Murger-Rezeption hinter sich gelassen hatte. Seine selbstzerstörerische Lebensweise und ein Hang zu neuromantischer Mystik erinnerten schon literarisch gebildete Zeitgenossen an das Vorbild des poète maudit.

Der Münchner ›Vorortboheme‹ im damals noch ländlich geprägten, jedoch nahe von Universität und Kunstakademie gelegenen Schwabing eignete schon um 1900 ein bis heute wirksames Image der permanenten Karnevalsstimmung, das sie deutlich von ihrem Berliner Pendant abhob. Dieser Schwabing-Mythos hatte seinen Ausgangspunkt in einer gewissen Verspätung und bezog sich auf die Rezeption jüngerer, bereits der Dekadenz verpflichteter Vorbilder, die dem Begriff von vornherein eine individualanarchistische Note schrankenloser Selbstverwirklichung verliehen, die in Bildern ausgelassener Fröhlichkeit und libidinöser Exzesse kodifiziert wurde. Erich Mühsams Definition setzt sich nach seinen Münchner Erfahrungen entsprechend radikal vom Murgerstereotyp ab: »Weder Armut noch Unstetigkeit ist entscheidendes Kriterium für die Boheme, sondern Freiheitsdrang, der den Mut findet, gesellschaftliche Bindungen zu durchbrechen, und sich die Lebensform zu schaffen, die der eigenen inneren Entwicklung die geringsten Widerstände entgegensetzt.«[57]

Diese Bedeutungsverschiebung läßt sich auch an der in München bevorzugten Form bohemischer Selbststilisierung ablesen, dem Dandyismus, der zusammen mit dem ererbten Wohlstand, über den viele Vertreter der Münchner Gegenkultur verfügten, zur Entstehung einer deutschen »Bohème dorée«[58] beitrug. Stefan George konnte als vollkommene Angleichung der eigenen Identität an ein Ideal der Selbstästhetisierung gelten. Im Gegensatz zu Przybyszewskis Verlaine-Rezeption war ihm 1889 die Aufnahme in den Dienstagskreis Stéphane Mallarmés und eine Kenntnisnahme der dort üblichen Selbstkultivierung gelungen. Die Rezeption des französischen Ästhetizismus ging einher mit einer religiösen Aufladung des Bohemebegriffs durch neuheidnische, mystische oder synkretistische Elemente, wie sie für den Kreis der Kosmiker charakteristisch waren, der sich Mitte der 1890er Jahre in Schwabing herausbildete und an dem neben George weitere neuromantische Dichterpropheten beteiligt waren. In dieser heterogenen Runde, aus der schließlich der George-Kreis hervorgegangen ist, nachdem die Gruppe 1904 auseinandergebrochen war, koexistierten präfaschistische Germanenphantasien, die dekadente Identifikation mit der römischen Antike, ein mystischer Katholizismus und matriarchale Mythologeme.[59] Verbindendes Merkmal dieser widersprüchlichen Gedankenexperimente war ihre Relevanz für die Begründung vitalistischer Gemeinschaftsideale. Mit ihrer Rolle als Mutter eines unehelichen Kindes in wechselnden Lebenspartnerschaften entsprach Franziska Gräfin zu Reventlow einem solchen lebensreformerischen Ideal als »heidnische Heilige«[60] in besonderem Maße.

3. Die Avantgarde als Gegner der Boheme

Trotz der Entlehnung unterschiedlicher literarischer Modelle aus Frankreich unterschied sich die deutsche Boheme erheblich von ihren französischen Vorbildern. War dort der bohemische Habitus grundsätzlich auf das großstädtische Lebensumfeld beschränkt, so finden sich in Deutschland nicht nur viele Mitglieder der Boheme in suburbanen Künstlergemeinschaften, sondern zudem in enger Verbindung zu Projekten der Lebensreformbewegung.[61] Sie nahmen Anteil an einem weiten Spektrum innerbürgerlicher Selbstkritik, von der Erprobung naturgemäßer Ernährungsformen und Lebenspraktiken bis zur exemplarischen Verwirklichung sozialer Utopien. Diese Überschneidung künstlerischer Subkultur mit außerkünstlerischen Reformprojekten hat einerseits die spezifisch deutsche Form der Vorort-Boheme hervorgebracht, andererseits die semantische Kontamination des

---

57 ERICH MÜHSAM, Unpolitische Erinnerungen (1927–29), in: Mühsam, Unpolitische Erinnerungen (Berlin 1958), 28.
58 KURT MARTENS, Schonungslose Lebenschronik, Bd. 1 (Wien 1921), 155.
59 Vgl. RICHARD FABER, Männerrunde mit Gräfin. Die ›Kosmiker‹ und Franziska zu Reventlow (Frankfurt a. M. 1994).
60 FRANZISKA ZU REVENTLOW, Tagebücher 1895–1910, hg. v. E. Reventlow (Frankfurt a. M. 1976), 180.
61 Vgl. CORONA HEPP, Avantgarde. Moderne Kunst, Kulturkritik und Reformbewegungen nach der Jahrhundertwende (München 1992), 75–88.

Begriffs mit der Vorstellung eines ästhetisch unproduktiven Lebenskünstlers befördert.[62] Bereits die Rezeption des Bohemetopos in Kreisen des frühen Berliner Naturalismus mündete in ein Gemeinschaftsprojekt mit ausgeprägt lebensreformerischen Zügen, dessen Ausgangspunkt eine anfangs nur vage artikulierte Großstadtfeindschaft bildete. Die Zweckgemeinschaft der Schriftsteller Julius und Heinrich Hart, die sich 1888 entschlossen, in eine der neuerdings durch die S-Bahn erschlossenen Stadtrandgemeinden am Müggelsee, nach Friedrichshagen, überzusiedeln, verwandelte sich jedoch unter dem Einfluß einer naturmystischen Zivilisationskritik in eine sozialreformerische Landkommune, die schließlich als Die neue Gemeinschaft (1899) sogar den Anspruch einer religiösen Erneuerungsbewegung erhob.[63] Sie bereitete den Weg für ein weitaus ambitionierteres Projekt der Verknüpfung von bohemischer Selbststilisierung und Lebensreform, die genossenschaftlich organisierte Gemeinschaftssiedlung Monte Verità, die 1901 in der Nähe des Lago Maggiore entstand und sich zum wichtigsten Schnittpunkt zwischen der gesellschaftlichen Reformbewegung und einer breiten bürgerlichen Öffentlichkeit entwickelte. Das zivilisationskritische Programm, das Vegetarismus mit religiös grundiertem Kulturpessimismus verband, traf nicht nur ein verbreitetes ›Unbehagen in der Kultur‹, sondern übte ein hohes Maß an Anziehungskraft auf die Münchner Boheme aus, auf Angehörige der ›Bohème dorée‹ ebenso wie auf Vertreter eines politischen Anarchismus. Der Erfolg des Projektes trotz dieser Gegensätze wird vor dem Hintergrund einer fundamentalen Übereinstimmung verständlich, die zwischen dem Habitus der Boheme und dem außerästhetischen Reformismus bestand, da beide auf eine dramatische, nach außen gerichtete Selbstinszenierung angewiesen waren.

Der zivilisationskritische Grundton der lebensreformerischen Gemeinschaftsexperimente verweist auf die Bedeutung, die einem anti-urbanen Kulturpessimismus innerhalb der wilhelminischen Gesellschaft zukam. Der Topos des modernen Großstadtkultur, der auch innerhalb der künstlerischen Subkultur als Feindbild diente, richtete sich in noch stärkerem Maße gegen die Boheme selbst, die in kulturpessimistischen Pamphleten oft als

Kronzeuge fortschreitender Entartung angerufen wurde: »Der Volksgeist verräth eine tiefe Ahnung des wirklichen Zusammenhanges der Dinge, wenn er für derartige ästhetische Lungerei das Wort Tagdieb findet. Denn der berufsmäßige Diebstahl und der unüberwindliche Hang zum schwatzenden, geschäftigen und wichtigthuenden Müßiggange fließen aus derselben Quelle, aus der angeborenen Schwäche des Gehirnes.«[64] Die französische Herkunft von Begriff und Phänomen verstärkte diese Vorbehalte noch, da man darin eine gefährliche Überfremdung beobachten konnte, der völkischnationale Kulturkritiker eine Rückbesinnung auf eigenständige Traditionen entgegensetzen wollten.[65] Vor diesem Hintergrund ist es verständlich, daß sich die Anhänger moderner Kunst in Deutschland nicht mit dem Habitus der Boheme identifizieren wollten. Schon die integrativen Sezessionsverbände, die innerhalb ihrer Mitgliedschaft unterschiedliche ästhetische Fraktionen duldeten, um der anti-traditionalistischen Kunst eine effektive Interessenvertretung zu geben, unterschieden sich von den antagonistisch angelegten französischen Gruppenbildungen. Die dort versammelten Künstler beabsichtigten weder in ihren Werken noch in ihrer Lebensführung eine Provokation, konnten jedoch nicht verhindern, daß ihnen von konservativen Kritikern die selben Überfremdungsvorwürfe gemacht wurden, die diese auch gegen die Boheme richteten. Tatsächlich bestätigte sich ihre konsensorientierte Strategie, da es den modernen Kunstströmungen bis zur Jahrhundertwende gelang, die Anerkennung eines einflußreichen Teils der bürgerlichen Öffentlichkeit zu gewinnen.[66] Selbst die Expressionisten, die vor dem 1. Weltkrieg vom offiziellen Kulturbetrieb

---

62 Vgl. REINHARD BAUER/ELISABETH TWOREK, Schwabing. Kunst und Leben um 1900 [Ausst.-Kat.] (München 1998).
63 Vgl. WILLIAM R. CANTWELL, The Friedrichshagener Dichterkreis. A Study of Change and Continuity in the German Literature of the Jahrhundertwende (Ann Arbor, Mich. 1980).
64 MAX NORDAU, Entartung (Berlin 1892), 184.
65 Vgl. ARTHUR MOELLER VAN DEN BRUCK, Nationalkunst für Deutschland (Berlin 1909).
66 Vgl. THOMAS NIPPERDEY, Wie das Bürgertum die Moderne fand (Berlin 1988).

fast vollständig ausgeschlossen war, verzichteten auf bohemetypische Provokationsstrategien in der eigenen Lebensführung. Ihr Gestus der ästhetischen Rebellion blieb auf die künstlerische Arbeit beschränkt und zielte im Grunde auf die Anerkennung desselben bürgerlichen Publikums, gegen dessen vermeintlichen Traditionalismus er sich richtete. Wurden solche Hoffnungen zunächst durch die vehemente Ablehnung expressionistischer Kunst getrübt, so bestätigten sie sich in der frühen Musealisierung der Avantgarde nach dem 1. Weltkrieg. In Deutschland trat die Avantgarde nicht als Erbe der Boheme auf, wie dies in Frankreich der Fall war, sondern stand auf Seiten ihrer Gegner, die eine gesellschaftliche Erneuerung auf der Basis einer konservativen Kulturrevolution erstrebten.

V. Übernahme des Bohemebegriffs im englischsprachigen Kulturraum

1. Begriffsentlehnung aus Frankreich

Anders als im deutschen Sprachraum standen dem französischen Bohemebegriff bei seiner Übernahme in die angelsächsische Kulturpublizistik um die Mitte des 19. Jh. keine Schwierigkeiten im Wege. Eine eigenständige Begriffserweiterung des englischen ›gypsydom‹ war im Gegensatz zum deutschen ›Zigeuner‹ vergleichsweise gering entwickelt und gleichzeitig verbreitete sich eine genaue Kenntnis französischer Verhältnisse frühzeitiger, seit englische Künstler nach dem Ende der napoleonischen Kriege einen längeren Aufenthalt in Paris für die Abrundung ihrer Ausbildung als erforderlich erachteten. Besonders in den Jahren nach 1830 schwoll der Zustrom aus der angelsächsischen Bildungselite nach Paris an, wie er sich in Reiseberichten für den heimischen Markt spiegelt, auf dem sich englischsprachige Leser in kurzem zeitlichen Abstand über die neuesten Entwicklungen in Frankreich informieren konnten.[67] Von dieser aktuellen Berichterstattung profitierte auch die Kenntnisnahme von Pariser Bohemephänomenen, die beinahe zeitgleich mit der französischen Öffentlichkeit erfolgte, wie im Fall der Jeunes-France, über deren unkonventionelle Lebensführung die amerikanische Reiseschriftstellerin Frances Trollope bereits 1836 berichtete[68], während englische Leser für die geringe Verspätung von William M. Thackerays *Paris Sketchbook* (1840) durch eine um so kenntnisreichere Darstellung entschädigt wurden. Beide Autoren zeigten sich von den Verhaltensmustern der Pariser Künstlerschaft, für die es zu diesem Zeitpunkt zu Hause keine Entsprechung gab, zugleich abgestoßen und fasziniert, womit sie die Reaktion ihres Lesepublikums korrekt antizipiert haben dürften.

Daher ist verständlich, warum sich die neue Begriffserweiterung zur Kennzeichnung der künstlerischen Subkultur in England praktisch zeitgleich mit ihrer Prägung in Frankreich durchgesetzt hat. Bereits im Erscheinungsjahr der vollständigen Buchausgabe von Murgers Roman (1851) verwendet Charles Dickens in seinem Tagebuch die bis heute geläufige, anglisierte Form des französischen Terminus in deutlicher Anspielung auf dessen Herkunft aus dem traditionellen Zigeunerbegriff: »The true modern Bohemian is not the wild, wandering, adroit, unprincipled, picturesque vagabond, who has been the delight of the poet, the novellist, and the painter for ages [...] yet he bears many points of resemblance. [...] Although neither a gypsy nor a mountebank, he is wild and wandering, occasionally mysterious, often picturesque, and not seldom, I am afraid, unprincipled. [...] In a word, the Parisian Bohemians of today are a tribe of unfortunate artists of all kinds [...] who haunt obscure cafés in all parts of Paris, but more especially in Quartier Latin.«[69] Thackeray dagegen, dem die englische Lexikographie die erstmalige Verwendung dieser Terminologie zuschreibt, scheint bei der Charakterisierung einer Protagoni-

---

67 Vgl. PATRICK BRANTLINGER, Bohemia versus Grub Street. Artist's and Writer's Communities in Nineteenth-Century Paris and London, in: Mosaic 16 (1983), 31 ff.
68 Vgl. FRANCES TROLLOPE, Paris and the Parisians in 1835 (New York 1836), 58 f.
69 CHARLES DICKENS, The True Bohemians of Paris (1851), in: Household Words. A Weekly Journal conducted by Charles Dickens, Bd. 4 (Leipzig 1851), 190 ff.

stin seines 1847/1848 serialisierten Romans *Vanity Fair* noch den älteren französischen Gebrauch ohne Bezug zum Künstlermilieu vor Augen gehabt zu haben: »She was of a wild, roving nature, inherited from father and mother, who were both Bohemians, by taste and circumstance.«[70] Während jedoch in Deutschland auf die deutlich spätere Rezeption der französischen Terminologie schon bald ihre Übertragung auf einheimische Verhältnisse folgte, deutet bereits Dickens' Umschreibung an, daß ihre Verwendung in England während des 19. Jh. fast ausschließlich auf die Darstellung der französischen Hauptstadt beschränkt blieb. Dort suchte man eine in ihrer moralischen Fragwürdigkeit anziehende Gemeinschaft mit künstlerisch gesonnenen Existenzen oder verdammte deren Leichtlebigkeit, während ein allgemeiner Konsens darüber bestand, daß das Phänomen in London weder möglich noch wünschenswert wäre. Die Vorstellung, eine Paris vergleichbare künstlerische Subkultur habe in England nicht existiert, setzt sich bis in die Gegenwart fort und hat eine breitere Auseinandersetzung mit der englischen Begriffsgeschichte bis heute verhindert. Selbst die klassische englische Übersetzung von Murger[71] unterdrückt den Bohemebegriff im Titel zugunsten desselben Paris-Bezuges, auf den bereits Dickens insistiert hatte, und kaum eine Passage dieses Buches wurde so oft zitiert wie Murgers lokalpatriotisches Statement, daß die Boheme nur in Paris möglich sei. Abweichende Stimmen (wie z. B. Arthur Ransomes *Bohemia in London* von 1907) finden sich erstmals in den Jahren nach 1900 im Zuge einer verstärkten Rezeption von Ausdrucksformen der französischen Dekadenz, ohne daß sie sich jedoch gegenüber der dominanten Begriffsbeschränkung durchsetzen konnten.

2. Boheme versus Grub Street

Besondere Vorbehalte haben die Ausbildung einer Londoner Boheme im 19. und frühen 20. Jh. weitgehend verhindert. Dabei mangelte es weder an marginalisierten Künstlern noch an spezifisch künstlerischen Entfremdungserfahrungen. Sie wurden jedoch in der Regel individuell kompensiert, meist im Rückgriff auf elitäre Formen der Selbststilisierung, für die die aristokratische Tradition der Exzentrizität geeignete Muster anbot, die aufgrund ihrer sozialen Herkunft mit einem hohen Maß an gesellschaftlicher Akzeptanz verbunden waren. Demgegenüber bildete Marginalisierung selten den Ausgangspunkt für künstlerische Gruppenbildungen, weder in der hochviktorianischen Pre-Raphaelite Brotherhood, noch in der edwardianischen Bloomsbury Group. Innerhalb dieser Zirkel fand sich daher wenig Resonanz für bohemetypische Formen der Selbststilisierung. Neben der individuellen Kultivierung von Außenseiterpositionen stellte jedoch die Identifikation der Boheme mit einem seit dem 18. Jh. in der englischen Kulturkritik verankerten Topos des literarischen Untergrundes eine unüberwindbare Hürde für die Akzeptanz des französischen Vorbildes dar. Aus einer englischen Sicht entsprach der französische Bohemianism einer pathetischen Aufladung der ambitionslosen Lohnschreiberei, die unter der Bezeichnung ›Grub Street‹ kodifiziert war, dem Namen der Straße, in der sich das Zeitungsviertel des 18. Jh. befunden hatte. Die ursprünglich dort tätigen hack writers erschienen bereits in Jonathan Swifts *Tale of a Tub* (1704) oder Alexander Popes *Dunciade* (1728) als Trivialisierer jeder ästhetischen Ambition, die wegen der skrupellosen Bereitschaft, ihre Fähigkeiten zu verkaufen, im generellen Verdacht politischer Manipulation standen. In der zweiten Hälfte des 19. Jh. überschnitt sich die Rezeption des Bohememythos mit einem wiederauflebenden Interesse für die Grub-Street-Metapher, das sich in historischen Studien oder sozialkritischen Romanen aus dem gegenwärtigen Literaturbetrieb zeigte (Henry Campkin: *Grub Street (Now Milton Street)* [1868], George Gissing: *New Grub Street* [1892], A. St. John Adcock: *Modern Grub Street and Other Essays* [1913]). Die Identifikation des hochgradig negativ besetzten Begriffs mit der künstlerischen Subkultur erschien noch einem Angehörigen der amerikanischen Boheme der 1920er Jahre, wie Malcom Cowley, als geeigneter Um-

---

70 WILLIAM M. THACKERAY, Vanity Fair (London 1848), Kap. 14.
71 MURGER, The Latin Quarter, übers. v. E. Marriage/J. Selwyn (London 1908).

schreibungsversuch des eigenen Verhaltens: »Bohemia is Grub Street romanticized, doctrinalized and rendered self-conscious, it is Grub Street on parade.«[72]

Die Überblendung des Bohemebegriffs mit dem negativ konnotierten hack writer hätte einer positiven Begriffsumkehrung noch nicht im Wege stehen müssen, wie die Entwicklung der französischen Begriffsgeschichte vermuten läßt, in der gerade die Bezeichnung gesellschaftlicher Randgruppen ihre Attraktivität als Identifikationsmuster marginalisierter Intellektueller begründete. Während aber in Frankreich dieses Kommunikationsangebot auf ein aufnahmebereites Publikum stieß, förderte der politische Bedeutungsgehalt der Grub-Street-Metapher ein Mißverständnis der Boheme als Verbrämung kommerzieller Lohnschreiberei. Warnungen vor der Gefahr, die öffentliche Meinung der Manipulation wirtschaftlich abhängiger Autoren zu überlassen, hatten einen politisch konservativen Kern, dessen Ursprung in der aristokratischen Konzeption einer auf Interesselosigkeit gegründeten ›Republic of Letters‹ im 18. Jh. zu suchen ist. Vor dem Hintergrund aktueller Erfahrungen mit dem revolutionären Potential der französischen Hauptstadt erschien englischen Kulturkritikern im 19. Jh. die dort beheimatete intellektuelle Subkultur unter dem Generalverdacht einer politischen Radikalisierung, der durch das Repertoire pseudo-revolutionärer Gesten innerhalb der französischen Boheme noch verstärkt wurde. Nur vor diesem Hintergrund sind die Ausfälle englischer Kritiker gegen den gefährlichen Einfluß französischer Kunst in der zweiten Jahrhunderthälfte zu verstehen. Zwar standen diese Kommentare in einer langen Tradition künstlerischer Xenophobie, die zumindest seit William Hogarth eigene Absatzchancen fest im Blick hatte, doch war inzwischen eine Politisierung hinzugetreten, wie sie John Ruskins berüchtigte Beurteilung der »senseless horrors of the modern French schools, spawn of the guillotine«[73] dokumentiert. Der verbreitete Konservatismus liegt auch dem gesellschaftlichen Rollenverständnis der viktorianischen Literatur zugrunde, deren Künstlerideal die bürgerliche Respektabilität des erfolgreichen Autors zum zentralen Ziel des débutant littéraire erhob. *David Copperfield* von Charles Dickens (1850) und *The History of Pendennis* (1850) von William Makepeace Thackeray sind hierfür anschauliche Beispiele. Der konservative Grundzug der englischen Kultur tritt noch eindrucksvoller in Erscheinung, wenn man ihn mit der Rezeption des Bohememythos in der amerikanischen Kultur vergleicht, in der das französische Vorbild vor dem Hintergrund einer grundsätzlich anderen politischen Sozialisation eine eindrucksvolle Karriere machen konnte.

3. New York als Zentrum der anglophonen Boheme

Die engen Reisekontakte nach Paris beförderten schon wenige Jahre nach der Übernahme des französischen Terminus die Entstehung des ersten amerikanischen Literaturzirkels, dessen Angehörige sich selbst als Bohemians bezeichneten. Ausgangspunkt der Gruppe, die sich zwischen 1857 und dem Beginn des Bürgerkrieges regelmäßig in Charlie Pfaffs Bierkeller trafen, war ihr Interesse für die frühsozialistischen Gesellschaftstheorien Fouriers, die sie in Kontakt mit dem Kreis um Courbet gebracht haben müssen. Eine gewisse Zurückhaltung hinsichtlich der sexuellen Exzesse ihrer französischen Vorbilder empfahl sich für die frühe New Yorker Boheme angesichts puritanischer Vorbehalte in der amerikanischen Öffentlichkeit, konnte eine vehemente moralische Kritik in der heimischen Presse aber nicht abwenden. Den amerikanischen Auseinandersetzungen fehlte jedoch wegen der republikanischen Tradition des Landes der politische Charakter, der mit einer moralischen Verurteilung der französischen Subkultur in der englischen Kulturpublizistik regelmäßig verbunden war. Der erstaunliche Publizitätserfolg, den die Pfaffians dank entwickelter Massenmedien in kurzer Zeit überregional erreichen konnten, erleichterte während der zweiten Hälfte des 19. Jh. die Entstehung von Bohemezirkeln in allen wichtigeren amerikanischen Großstädten, ohne daß

---

72 MALCOM COWLEY, Exile's Return. A Narrative of Ideas (New York 1934), 65.
73 JOHN RUSKIN, Modern Painters, Bd. 2 (1846), in: Ruskin, The Works, hg. v. E. T. Cook/A. Wedderburn, Bd. 4 (London 1903), 200.

New York seine früh errungene Führungsrolle eingebüßt hätte.⁷⁴ Während die amerikanische Boheme des 19. Jh. durch lokale Künstlergruppen nach dem Vorbild des cénacle geprägt war, die sich aufgrund einer hohen Mobilität überregional vernetzten, bildete sich mit dem Aufstieg des New Yorker Stadtteils Greenwich Village zum Künstlerviertel zu Beginn des 20. Jh. erstmals ein kompaktes Milieu künstlerischer Subkultur heraus, das in seinem Umfang mit Paris konkurrieren konnte.⁷⁵ Unterstützt durch die unregelmäßige und kleinteilige Bebauung bot das heruntergekommene vorstädtische Wohnviertel dafür günstige Voraussetzungen, wie die zahlreichen Pferdeställe, die sich in Künstlerateliers umwandeln ließen. In diesem ›amerikanischen Montmartre‹ entstanden neue Formen der Gruppenbildung, wie der Zusammenschluß um einen der Little Reviews oder der aus dem angelsächsischen Universitätssystem entlehnte Club. Neben die weitverbreitete Rezeption traditioneller französischer Vorbilder trat in den Jahren nach 1910 der Einfluß der deutschen Bohemezentren, der sich über die Kontakte amerikanischer Kunststudenten in München vermittelte. Aus diesem erweiterten Spektrum bohemischer Verhaltensmuster ergaben sich Verbindungen mit Anliegen der Lebensreform und eine Politisierung der Boheme zugunsten radikaler Gesellschaftstheorien, wie sie z. B. den Liberal Club (1913–1916) kennzeichneten, dessen Programm ein breites Spektrum gesellschaftlicher Reformprojekte beinhaltete. Noch deutlicher wird die Herkunft dieses Reformismus im Vergleich der syndikalistischen Avantgardepublikation *The Masses* (1911–1917) mit ihrem deutschen Vorbild, dem Münchner Satiremagazin *Simplicissimus*, dessen publikatorisches Format, die Verbindung politischer Kommentare und literarischer Texte mit provokativen, ästhetisch anspruchsvollen Karikaturen, die Herausgeber kopierten.⁷⁶

Der Kriegseintritt der USA (1917) markiert eine Zäsur in der Entwicklung der amerikanischen Boheme. Viele Gruppen fielen der Repression des politischen Radikalismus zum Opfer oder zerstritten sich entlang des Gegensatzes von Kriegsgegnern und Befürwortern einer Intervention in Europa. Hand in Hand mit einer Entpolitisierung des Bohemebegriffs ging die kommerzielle Erschließung des Stadtviertels, dessen sensationsträchtige Reputation inzwischen Touristenströme und Grundstücksspekulanten anzog. In der Theatersaison 1918/1919 erreichte Sinclair Lewis' *Hobohemia* am Greenwich Theater ein breites Publikum, eröffnete unter dem Namen *La Bohême* der erste tearoom, der auf auswärtige Kundschaft spekulierte, und der erste Reiseführer, der sich gezielt an Bohemetouristen richtete, erschien (Egmont Arens: *The Little Book of Greenwich Village. A Handbook of Information Concerning New York's Bohemia* [1918]). Im Wirtschaftsboom der amerikanischen Nachkriegszeit beseitigten der Anstieg der Grundstückspreise und die touristische Infrastruktur jene Nischen, in denen sich die künstlerische Subkultur eingerichtet hatte. Die nachrückende Generation von Künstlern mußte nach Ausweichquartieren Ausschau halten, zunächst in den Einwanderergettos an der Lower East Side, später in den aufgegebenen Industrievierteln East Village und Soho, wodurch jene periodische Wanderung durch den Stadtraum in Gang gesetzt wurde, die sich in Paris und andernorts wiederfindet. Eine einflußreiche Minderheit nutzte die Gelegenheit günstiger Umtauschkurse, sich dauerhaft als expatriots in Europa zu etablieren. Durch die Weltwirtschaftskrise und den Ausbruch des 2. Weltkriegs hat sich die Erholung der New Yorker Boheme erheblich verzögert, so daß erst in den späten 1940er Jahren wieder eine kompaktes Künstlerviertel im East Village entstanden ist.

---

74 Vgl. ALBERT PARRY, Garrets and Pretenders. A History of Bohemianism in America (1933; New York 1960), 62 ff.

75 Vgl. RICK BEARD/LESLIE C. BERLOWITZ, Greenwich Village. Culture and Counterculture (New Brunswick, N. J. 1993), 93 ff.

76 Vgl. LESLIE FISHBEIN, Rebels in Bohemia. The Radicals of ›The Masses‹ 1911–1917 (Chapel Hill, N. C. 1982).

VI. Der Wiederaustritt aus dem ästhetischen Diskurs des 20. Jahrhunderts

Hinsichtlich einer unteren Grenze, jenseits der von einer Boheme nicht mehr gesprochen werden kann, besteht in der gegenwärtigen Forschung kein Konsens. Meist ist der Begriff von vornherein auf eine bestimmte historische Phase der eigenen Nationalkultur eingeschränkt, oder er gilt als konstitutiv für den modernen Kunstbetrieb und wird umstandslos in die Gegenwart verlängert. Gerade die letzte Sichtweise verführt dazu, den Begriff von außen auf aktuelle Phänomene zu übertragen, wie dies erstmals in den 1960er Jahren mit der Hippie-Bewegung geschehen ist. Doch erscheint eine solche Projektion auf kulturelle Subkulturen unangemessen, wenn diese sich nicht selbst mit dem traditionellen Begriffsapparat identifizierten. Eine Geschichte der Boheme muß sich auf Gruppenbildungen beschränken, die eine bohemische Selbststilisierung ausdrücklich in Anspruch genommen haben und diese ebenso deutlich von aktuellen Vereinnahmungen wie von anachronistischen Rückprojektionen absetzen. Tatsächlich ist die Boheme inzwischen vollständig aus den aktuellen ästhetischen Diskursen ausgebürgert, ohne daß eine manifeste Verabschiedung des Begriffs stattgefunden hat, die den anhaltenden kontroversen Debatten über den Mythos der Avantgarde entspräche. Das lautlose Verschwinden der Boheme hat dazu beigetragen, daß ihr Austritt aus der ästhetischen Terminologie selten Gegenstand einer kulturwissenschaftlichen Analyse geworden ist. Dennoch lassen sich drei Hypothesen miteinander vergleichen, die in gewissem Sinne als Antworten auf die Frage nach dem Ende der Boheme formuliert worden sind.

Die älteste dieser Hypothesen stützt sich auf die Vermutung, daß »mit der inneren Auflösung einer im Moralischen und Sozialen fixierten bürgerlichen Welt im 20. Jh. auch die Bohème als Opposition ihren Sinn und Inhalt verloren«[77] habe. Während die Abwertung konventionalisierter Verhaltensnormen auf dem Weg zu einer ›permissiven Gesellschaft‹ die Spielräume erfolgreicher Provokation immer weiter einschränkte, reduzierte die beinahe lückenlose Integration avantgardistischer Kunst in den etablierten Kulturbetrieb zugleich die Erfahrungen künstlerischer Marginalität, die für die Ausbildung der Boheme als konstitutiv gelten. Dieser Prozeß ist etwa am Verschwinden marginaler Literatur in den USA durch die Expansion der Universitäten im Zuge sozialer Eingliederungsprogramme für die Rückkehrer des 2. Weltkrieges abgelesen worden. Der Ausbau der literaturwissenschaftlichen Fakultäten schuf einen breiten akademischen Arbeitsmarkt, über den freie Autoren in das System der höheren Bildung eingegliedert wurden. Der Übergang zur sozial abgesicherten Rolle des Universitätslehrers ist an der Transformation des New Criticism von einer Haltung ästhetisch-politischer Intransigenz in den 1930er Jahren zum herrschenden Dogma formalistischer Literaturinterpretation in der universitären Ausbildung der 1950er Jahre ablesbar.[78] So berechtigt diese Analyse im einzelnen ist, reicht sie als Erklärung für das Verschwinden bohemischer Selbststilisierungen keineswegs aus. Auch die allgemeine Bildungsexpansion nach 1945 konnte nicht verhindern, daß in den USA nachrückende Generationen immer wieder auf eine marginale Position zurückgeworfen waren. Künstlergruppen der 1950er Jahre wie die Abstract Expressionists in New York oder die Beatniks an der Westküste artikulierten ihre Entfremdungserfahrungen auf dem Weg ins Zentrum gesellschaftlicher Akzeptanz ganz traditionell durch Provokationsstrategien.

Eine Alternative wäre die Annahme, daß durch das Eindringen eines soziologischen Begriffsapparates in die Kunstkritik eine Umetikettierung stattgefunden hat, bei der Boheme durch neue inhaltlich analoge Begriffe ersetzt worden wäre. Einer ausgesprochen negativen Aneignung des Begriffs durch die Sozialwissenschaften in den 1930er Jahren, in der Boheme getrennt von der Assoziation mit dem Künstlertum zum Gegenstand illiberaler Kritik an einem »geistigen Proletariat«[79] geriet, folgte die Übersetzung soziologischer Kategorien

---

77 FRITZ MARTINI, ›Bohème‹, in: W. Kohlschmidt/W. Mohr (Hg.), Reallexikon der deutschen Literaturgeschichte, Bd. 1 (Berlin 1958), 181.
78 Vgl. BELL-VILLADA (s. Anm. 18), 183–190.
79 ROBERT MICHELS, Zur Soziologie der Bohème und ihrer Zusammenhänge mit dem geistigen Proletariat, in: Jahrbuch für Nationalökonomie und Statistik 136 (1932), 801–816.

in die Kulturtheorie unter marxistischen Vorzeichen, wie sie sich z. B. an der Karriere des Begriffs ›Entfremdung‹ abzeichnet. Diese Terminologie hatte gerade in der Nachkriegsboheme Konjunktur. Für einen der wichtigsten Kritiker des Abstrakten Expressionismus, Clement Greenberg, war der Rückbezug 1948 selbstevident: »Alienation is the condition under which the true reality is indispensable to any ambitious art; [...] the shabby studio on the fifth floor of a cold-water, walk-up tenement on Hudson Street; the frantic scrambling for money; the two or three fellow painters who admire your work [...]. The alienation of Bohemia was only an anticipation in nineteenth-century Paris; it is in New York that it has been completely fulfilled.«[80] In den 1960er Jahren trat das Gegensatzpaar einer Subversion bzw. Affirmation des Marktes zum Entfremdungsbegriff hinzu, für dessen idealtypische Verkörperung die zeitgenössischen Künstlerpersönlichkeiten Andy Warhol und Joseph Beuys einander gegenübergestellt werden können. Doch diese neuen kunstsoziologischen Kategorien sind weder für sich allein noch zusammen ein Äquivalent zum ursprünglichen Bohemebegriff mit seinem spezifischen Repertoire an Verhaltensmustern, die sich über Generationen hinweg durch aufeinander bezugnehmende Filiationen fortgepflanzt haben. Gerade die Koinzidenz des neuen Begriffsapparates mit dem oft postulierten Ende der Avantgarde im Zuge der Durchsetzung von Pop Art und Fluxus deutet an, daß die Bedingungen innerhalb des Kulturbetriebes zu diesem Zeitpunkt grundsätzlichen Veränderungen unterlagen, denen auch der Bohemetopos zum Opfer gefallen ist.

Eine Erklärung dafür könnte schließlich die Abwanderung des Begriffsinhaltes in außerkünstlerische Subkulturen sein, die sich etwa gleichzeitig mit der Auflösung des Avantgardebegriffs seit den 1960er Jahren beobachten läßt. Im Gegensatz zur traditionellen künstlerischen Marginalität repräsentierten die neuen Jugendbewegungen der Hippies oder Provos einen erheblichen Ausschnitt des kleinbürgerlichen Milieus ihrer Generation. Obwohl sie und ihre Nachfolger bis in jüngste Zeit nicht nur auf das Repertoire bohemetypischer Verhaltensauffälligkeiten zurückgriffen, das bisher das Privileg einer verschwindend kleinen Minderheit

ästhetischer Produzenten gewesen war, sondern sich zudem die zugehörigen romantischen Topoi der individuellen Selbstverwirklichung aneigneten, unterscheidet sich ihr Protest gegen die sie umgebende Gesellschaft und deren Zwänge schon durch die quantitative Ausbreitung fundamental von seinen historischen Vorbildern. Die »Massenbohemisierung«[81] erledigte den Distinktionsgewinn, auf den Künstler für den Erfolg ihrer Kommunikation mit einem außerbohemischen Publikum bislang hatten vertrauen dürfen. Die Omnipräsenz bohemischer Lebensstile machte aus provozierenden Verhaltensauffälligkeiten eine Alltagserfahrung, von der sich eine spezifisch künstlerische Selbststilisierung nicht mehr unterscheiden ließ. Von der Bohemetradition hat einzig der ästhetische Reiz homosexueller und krimineller Subkulturen überlebt, der in der Kunst wie in der Kulturindustrie weiterhin als camp und trash gepflegt wird, wo er als Erbe jener Projektionsleistungen erkennbar ist, die einst zur Begriffsbildung für eine Ausdrucksform künstlerischer Antikonvention geführt hatten.

Alexis Joachimides

Literatur

BALDICK, ROBERT, The First Bohemian. The Life of Henry Murger (London 1961); BAUER, REINHARD/ TWOREK, ELISABETH (Hg.), Schwabing. Kunst und Leben um 1900 [Ausst.-Kat.] (München 1998); BEARD, RICK/BERLOWITZ, LESLIE C. (Hg.), Greenwich Village. Culture and Counterculture (New Brunswick, N. J. 1993); BEZZOLA, TOBIA, Das Lachen der Beatles und das Schweigen von Marcel Duchamp. Massenbohemisierung und bohemische Massenkultur, in: Ästhetik und Kommunikation 23 (1994), 97–101; BRANTLINGER, PATRICK, Bohemia versus Grub Street. Artist's and Writer's Communities in Nineteenth-Century Paris and London, in: Mosaic 16 (1983), H. 4, 25–42; BROWN, MARILYN R., Gypsies and other Bohemians. The Myth of the Artist in Nineteenth-Century France (Ann Arbor, Mich. 1985); EASTON, MALCOLM, Artists and Writers in Paris. The Bohemian Idea 1803–1867 (London 1964); GRAÑA, CÉSAR, Bohemian versus Bourgeois. French Society and the French Man of Letters in the Nineteenth Century (New

---

80 CLEMENT GREENBERG, Art Chronicle. The Situation at the Moment, in: Partisan Review 15 (1948), 82 f.
81 TOBIA BEZZOLA, Das Lachen der Beatles und das Schweigen von Marcel Duchamp. Massenbohemisierung und bohemische Massenkultur, in: Ästhetik und Kommunikation 23 (1994), 97.

York ²1967); HEMMINGS, FREDERICK/WILLIAM JOHN, Culture and Society in France 1848–1898. Dissidents and Philistines (New York 1971); KLEEMANN, ELISABETH, Zwischen symbolischer Rebellion und politischer Revolution. Studien zur deutschen Boheme zwischen Kaiserreich und Weimarer Republik (Frankfurt a.M. 1985); KREUZER, HELMUT, Die Boheme. Beiträge zu ihrer Beschreibung (Stuttgart 1968); KREUZER, HELMUT, ›Boheme‹, in: K. Weimar (Hg.), Reallexikon der deutschen Literaturwissenschaft, Bd. 1 (Berlin 1997), 241–245; LABRACHERIE, PIERRE, La vie quotidienne de bohème littéraire au XIXe siècle (Paris 1967); LEVITINE, GEORGE, The Dawn of Bohemianism. The Barbu Rebellion and Primitivism in Neoclassical France (University Park, Pa. 1978); MARTINI, FRITZ, ›Boheme‹, in: W. Kohlschmidt/ W. Mohr (Hg.), Reallexikon der deutschen Literaturgeschichte, Bd. 1 (Berlin ²1958), 180–183; PARRY, ALBERT, Garrets and Pretenders. A History of Bohemianism in America (1933; New York 1960); RICHARDSON, JOANNA, The Bohemians. La Vie de Bohème in Paris 1830–1914 (London 1969); RIGNEY, FRANCIS J./SMITH, L. DOUGLAS, The Real Bohemia. A Social and Psychological Study of the ›Beats‹ (New York 1961); ROGERS, PAT, Grub Street. Studies in a Subculture (London 1972); SEIGEL, JERROLD, Bohemian Paris. Culture, Politics and the Boundaries of Bourgeois Life 1830–1930 (New York 1986).

Chaos – Ordnung

(griech. χάος – κόσμος; lat. confusio, perturbatio – ordo; engl. chaos – order; frz. chaos – ordre; ital. caos – ordine; span. caos – orden; russ. хаос – порядок)

Einleitung; I. Chaos und Kosmos; II. Chaos als Potentialität; III. ›Kunstchaos‹; IV. ›Grundbegriff der Mythologie‹; V. Das ›schöne Chaos des Daseins‹; VI. Ästhetik des Chaos; VII. Deterministisches Chaos

Einleitung

Bei einer begriffsgeschichtlichen Bestimmung von Chaos und Ordnung geht es vor allem darum, den Umbruch zu skizzieren, durch den Chaos nicht mehr negativ als Fehlen von Ordnung oder als Nicht-Ordnung verstanden wird, sondern sich umgekehrt Ordnung vom Chaos her bestimmt bzw. Chaos seinerseits als Ordnungsstruktur wahrgenommen werden kann. In der älteren Tradition hatte man der Unterscheidung von Ordnung und Chaos ihrerseits eine Ordnung unterlegt, die die beiden Begriffe nach der Relation einer »opposition hiérarchique«[1] organisierte, die Chaos als Sekundärbegriff von dem ihm vorgeordneten Begriff der Ordnung abhängig machte. Von einer solchen privativen Relationierung des Chaos von der Ordnung her versucht die folgende Begriffsbestimmung abzusehen und rückt darum das Chaosbegriff ins Zentrum der Beobachtung. Ordnung und Chaos sind systemisch interdependent[2] und beobachterabhängig. Als Gegenbegriff oder Negativfolie zur Ordnung konnte Chaos nur solange verstanden werden, wie ein relativ einfacher, deterministischer Begriff von Ordnung im Sinne von Stabilität, Linearität, Regularität und Gesetzlichkeit galt; mit der zunehmenden Komplexität von Ordnung jedoch sind die alten Ordnungsvorstellungen nicht mehr erklärungsfähig und differenzieren sich auf den Einschluß von Nichtlinearität, Irregularität, Skalierung, Rekursion, kurz, auf chaotische Trajektorien hin aus. Edgar Morin hat darum die ›metaphysische‹ Bestimmung der Ordnung durch das Chaos oder des Chaos durch die Ordnung, die im Rahmen zweiwertiger Logik bleibt, durch eine vierseitige Bestimmung von Ordnung, Unordnung, Organisation und Interaktion ersetzt, die den Beobachter, der diese Bestimmung trifft, miteinbeziehen müsse.[3] In dem Maße, wie der Begriff des Chaos sich also von seiner bloß negativen Definition als Nicht-Ordnung ablöst, schwindet auch der alte Ordnungsbegriff, um dem neuen Konzept der Komplexität Raum zu geben, das das alte Begriffspaar umfaßt. Dieser begriffsgeschichtliche Umbruch fällt in eins mit der Ausdifferenzierung der Naturwissenschaften seit dem späten 18. Jh. Für die antiken Kosmogonien war Chaos ein ungeordneter Zustand, der als Hohlraum oder als entropisches Mischungsverhältnis vor aller Ordnung existierte und sie ermöglichte. So bildet sich etwa bei Hesiod aus dem Zusammenspiel der beiden ursprünglichen Kräfte Chaos und Eros die Ordnung der Welt als zunehmende Differenzierung von Form, wobei Chaos doppelt vorausgesetzt wird als Nicht-Form oder Nicht-Ordnung und zugleich als Grund, auf dem Form und Ordnung sich bilden. Naturphilosophie und Literatur der Renaissance entdecken den mythologisch-kosmologischen Begriff dann als Möglichkeitsbegriff wieder, wenn etwa Paracelsus oder Ramón Llull das Chaos mit ›potentia‹ und ›possibilitas‹ zusammenbringen oder wenn etwa in John Miltons *Paradise Lost* (1667) Gott die Welt aus dem Chaos erschafft. Der begriffsgeschichtliche Umbruch, der das Verhältnis von Ordnung und Chaos nicht mehr allein von der Ordnung her begreift, sondern zunehmend vom Chaos aus bestimmt und das Chaos dabei seinerseits zum Ordnungsbegriff avancieren läßt, zeichnet sich in ersten Ansätzen ab mit der frühromantischen Wiederaufnahme der mythologisch und literarisch befrachteten Chaos-Vorstellungen als eines Begriffs romantischer Selbstbeschreibung. Die Frühromantik inkorpo-

---
1 LOUIS DUMONT, Essais sur l'individualisme. Une perspective anthropologique sur l'idéologie moderne (Paris 1983), 214.
2 Vgl. PAUL WATZLAWICK, Münchhausens Zopf oder Psychotherapie und ›Wirklichkeit‹ (München 1994), 143.
3 Vgl. EDGAR MORIN, The Fourth Vision. On the Place of the Observer, übers. v. P. Saint-Amand, in: P. Livingston (Hg.), Disorder and Order (Saratoga 1984), 98–108.

riert das Chaos ihrer Idee einer ins System gebrachten Systemlosigkeit und strebt eine Durchdringung von Ordnung und Chaos an, die ein >vernünftiges Chaos<, ein Chaos in der >zweiten Potenz< oder ein >künstliches Chaos< als geschichtsphilosophische Figur vorsieht, die den Übergang von einer alten in eine neue Ordnung erfaßt. Das auf sich selbst angewandte Chaos der Frühromantik zeigt erste Züge neuer Ordnungsbegriffe, wie sie seit Beginn des 19. Jh. entwickelt werden mußten, um die gleichzeitige Emergenz moderner komplexer Systeme zu beschreiben. 1824 war Sadi Carnot nahe daran, das zweite Gesetz der Thermodynamik zu finden, das dann 1850 von Rudolf Clausius im Entropiesatz formuliert wurde. Das 19. Jh. popularisiert die Unterscheidung von mechanischer Energie, die geordnet entlang sichtbarer Kräftelinien verläuft, und Wärmeenergie, die chaotisch entlang molekularer Turbulenzen verläuft. Die eigentliche Neubewertung und Popularisierung des Chaosbegriffs im 20. Jh. verdankt sich unter anderem auch der Übertragung des Entropiesatzes auf die Informationstheorie von Claude Elwood Shannon und Warren Weaver: Indem Information von Bedeutung unabhängig gemacht und als mathematische Funktion begriffen wird, die nur von der Verteilung von Botschaften oder Botschaftselementen abhängt, können chaotische Systeme nun als reich an Information gelten, während sie zuvor, gemäß der privativen Bestimmung des Chaos als Gegenbegriff zur Ordnung, lediglich als arm an Ordnung verstanden wurden. Chaos und Information sind dabei proportional: Je größer das Chaos eines Systems, desto höher die Information, die es produziert.[4] Der Informationsbegriff,

an den dann vor allem die Ästhetik etwa mit Max Bense oder Jurij Lotman anknüpft, trägt also mit dazu bei, die Unterscheidung von Ordnung und Chaos neu zu ziehen. Die sogenannte Chaos-Theorie faßt zwei naturwissenschaftliche Zugriffsweisen zusammen, die die Eigenschaften komplexer Systeme beschreiben: Selbstorganisation aus Chaos, wie etwa das Order-from-noise-Prinzip Heinz von Foersters, und im Chaos schon enkodierte Ordnungsstrukturen, wie sie etwa Benoît Mandelbrot mit Computersimulationen nachgebildet hat. Unter dem Stichwort Chaos-Theorie werden dabei Probleme komplexer Systeme subsumiert, die sich mit der Newtonschen Mechanik nicht mehr erklären lassen: Nichtlinearität, durch die das Verhältnis von Ursache und Wirkung inkongruent wird; Rekursivität, die das Verhältnis von Teil und Ganzem neu zu bestimmen nötigt; Skaleninvarianz und Rückkoppelungsmechanismen oder >strange loops<. Die ordentliche Unordnung oder das >determinierte Chaos< komplexer Systeme verbindet die Gegenbegriffe Chaos und Ordnung allerdings nicht in einer Synthese, wie die Romantik sie zum Teil noch anstrebte, sondern setzt die hierarchische Opposition der beiden Begriffe Chaos – Ordnung so außer Kraft, daß die Unterscheidung beziehungsweise der Übergang zwischen beiden als ein neuer Ordnungsbegriff rekonzeptualisiert werden muß. Da der allzu direkte Transfer der naturwissenschaftlichen Aspekte nichtlinearer komplexer Systeme auf ästhetische Phänomene mitunter zu eher unklaren Vorstellungen führen kann – etwa einer >chaosmosis<[5] als schizoanalytischem Entkommen aus dem Gefängnis der Signifikation oder einem >chaos of metafiction<[6], das über die Selbstreflexion des Narrativen den Text zum komplexen System mache, hat Katherine Hayles den Begriff »chaotics«[7] vorgeschlagen, um die kulturelle Zone zwischen einem naturwissenschaftlichen und einem ästhetischen Interesse zu markieren. Von einer tatsächlichen Ästhetik des Chaos oder, besser gesagt, einer Ästhetik komplexer Formen könnte man aber erst da sprechen, wo die ästhetische Ordnung als »eine nichtlineare Ordnung des Übergangs beschrieben« würde, die das Kippen »von der Ordnung ins Chaos, vom Chaos in die Ordnung«[8] formalisierte und damit die Beobachtungen der Kunst als »die

---

4 Vgl. NANCY KATHERINE HAYLES, Introduction: Complex Dynamics in Literature and Science, in: Hayles (Hg.), Chaos and Order (Chicago/London 1991), 1–33.
5 Vgl. FÉLIX GUATTARI, Chaosmose (Paris 1992).
6 Vgl. PETER STOICHEFF, The Chaos of Metafiction, in: Hayles (s. Anm. 4), 85–99.
7 HAYLES (s. Anm. 4), 7.
8 FRIEDRICH CRAMER/WOLFGANG KAEMPFER, Die Natur der Schönheit. Zur Dynamik der schönen Formen (Frankfurt a. M./Leipzig 1992), 21.

Beobachtung einer emergenten Ordnung«[9] verstehen würde.

I. Chaos und Kosmos

In den antiken Kosmogonien bezeichnet Chaos zunächst einen Differenzbegriff, dann einen Begriff der Ungeschiedenheit und Vermischung; beide Begriffsschattierungen erfassen das, was der Ordnung der Welt als Nicht-Ordnung oder als Unform vorangeht und woraus Form oder die Ordnung der Schöpfung sich ausdifferenziert. Abgeleitet von chainō (gähnen, klaffen), ist Chaos als ›klaffender Abgrund‹ und als ›Leere‹ zunächst ein Raumbegriff, der durch seine kosmogonische Verwendung dann auch verzeitlicht wird, wobei Chaos als Urzeit oder Weltzeitbegriff erscheint. Nach der babylonischen Kosmogonie des Epos *Enûma-Elis* entsteht aus Apsu und Mummu (Wasser und Chaos) das Ungeheuer Tiamât, das von Marduk erschlagen wird und aus dessen zerstückeltem Körper sich das Universum formt.[10] Während bei Hesiod aus dem Chaos als leerem, vorkosmischem Raum, der als eine Art Zwischenraum zwischen Himmel und Erde entsteht und durch seine Assoziation mit Finsternis in die Nähe der ebenso als lichtloser Abgrund charakterisierten Unterwelt gerückt wird, die schöpferischen Prinzipien Gaia und Eros hervorgehen[11], werden in den orphischen Theogonien Chaos und Aither von Chronos gezeugt. Die stoische Ableitung des Wortes ›chaos‹ von cheō (gießen) impliziert über die Konnotation des Fließenden (Wasser) eine stoffliche Ungeschiedenheit und zielt auf einen Begriff der Vermischung, aus der sich die Elemente dann ausdifferenzieren. Hesiods Raumbegriff wird von Zenon und den Stoikern durch die Assoziation mit Unordnung und Formlosigkeit umkodiert, eine Vorstellung, die Platon im *Timaios*[12] aufgreift. Aristoteles versteht Hesiods Begriff des Chaos im Zusammenhang mit seiner Bestimmung des Ortes und des Unbegrenzten in der *Physik* als Raumbegriff. Daß es Leeres gebe und damit einen Raum, der keine Körper enthalte und also etwas von ihnen Unabhängiges und Selbständiges sein müsse, während umgekehrt alle Körper nur in einem Raum denkbar seien, sieht Aristoteles durch Hesiod bestätigt, der mit dem Chaos den ›leeren Abgrund‹ als Erstes setze und damit anzeige, daß alles Seiende sich nur in einem Raum ausdifferenziere, der Raum also ›allem vorgeordnet‹[13] sei.

Mit der stoischen Umdeutung der Hesiodschen Raummetapher zu einem Begriff, der stoffliche Vermischung oder eine Gemengelage indiziert, wird zwar einerseits ein entropischer Begriff vorbereitet, andererseits aber verengt sich die Vorstellung des Chaos zunehmend zu einem Begriff, der in seiner popularisierten Variante dann relativ unspezifisch als Formlosigkeit, Unordnung und Ungeschiedenheit nur mehr das Andere der Ordnung bezeichnet. Auf Entropie zielt die Auffassung des Chaos bei den Atomisten und etwa bei Anaxagoras, der von einem Mischungsverhältnis der Elemente noch vor aller Bewegung ausgeht, in die der Nous dann erste Ordnungsstrukturen bringt. Aus dem Mischungsverhältnis des Seins emergiert Werden als ein Prozeß der Entmischung und Selektion. Die Vorstellung entropischer Mischung setzen Ovids *Metamorphosen* fort, wenn das Chaos als ein Ungeschiedenes, ein undifferenziertes Mischungsverhältnis, als »wirres Gemenge« (pondus iners congestaque eodem / non bene iunctarum discordia semina rerum) und als »rohe, gestaltlose Masse« (rudis indigestaque moles)[14] der Trennung von Meer, Land und Himmel vorausgeht; die Ausdifferenzierung der Ordnung allerdings wird anstatt über einen Entmischungsprozeß nun über die Metamorphose verstanden.

Die Chaos-Vorstellungen der antiken Kosmogonien sind vor allem philosophiegeschichtlich interpretiert und als »profunde ontologische Spekulationen«[15] über die Entstehung des Seins aus

---

9 NIKLAS LUHMANN, Die Kunst der Gesellschaft (Frankfurt a. M. 1995), 122.
10 Vgl. NORMAN J. GIRARDOT, ›Chaos‹, in: M. Eliade (Hg.), The Encyclopedia of Religion, Bd. 3 (New York 1987), 213.
11 Vgl. HESIOD, Theog. 116–122.
12 Vgl. PLATON, Tim. 30a.
13 Vgl. ARISTOTELES, Phys. 208b, 209a.
14 OVID, Met. 1, 7–9; dt.: Metamorphosen, hg. u. übers. v. E. Rösch (München/Zürich ¹¹1988), 7.
15 HERMANN FRÄNKEL, Dichtung und Philosophie des frühen Griechentums (New York 1951), 148.

Nichtsein oder der Ableitung des Vielen aus Einem aufgefaßt worden. Mit dem Chaos als ›klaffender Leere‹ oder ›leerem Schlund‹, so argumentiert etwa Hermann Fränkel, bezeichne Hesiod ein Nichtsein, das dem Sein vorangehe, wobei er damit nicht die Weltentstehung, sondern die Weltstruktur beschreibe, da er auf die Grenzziehung zwischen dem Leeren und den gegen es ausdifferenzierten Dingen abziele: »Um es in unsrer Sprache zu formulieren: alles Seiende existiert dadurch, daß es sich (räumlich, zeitlich und logisch) gegen ein leeres Nichtsein absetzt; und es ist bestimmt als das was es ist durch seine Abgrenzung gegen das was es nicht ist, das ›Leere.‹« (Ebd.) Olof Gigon interpretiert Hesiods Chaos dahingehend, daß das undifferenzierte Erste in der Theogonie als ein Hohlraum oder Zwischenraum gedacht werde; das Wort meine ›Spalt, Höhlung‹ und werde gebraucht, um vom »Aufsperren des Mundes, vom Klaffen einer Wunde, vom Gähnen einer Höhle im Berge«[16] zu sprechen. An eine solche metaphorische Bestimmung schließt etwa auch Hans Blumenberg an, wenn er das Chaos als die »bloße Metapher des Gähnens und Klaffens eines Abgrundes« auffaßt, »der keiner Lokalisierung, keiner Beschreibung seiner Ränder oder seiner Tiefe bedarf, sondern nur der undurchsichtige Raum der Heraufkunft von Gestalten ist«[17]. Gigon konzeptualisiert diese Raum-Metapher jedoch philosophisch als ein Unbestimmtes, aus dem alles Bestimmte emergiere, als ein »qualitatives Nichts, das in sich die Möglichkeit hat, Alles zu werden«. Diese Negation und implizite Potentialität des Chaos als Nichtbestimmtheit ergebe sich schon daraus, »daß Chaos eines der ganz wenigen Wesen in der Theogonie ist, das grammatikalisch ein Neutrum ist. Die differenzierten Masculina und Feminina entstehen erst aus ihm. Was in dieser Weise im Begriffe des Chaos angedeutet wird, wird vollends klar in Anaximanders Begriff des Unbegrenzten, der den Gedanken Hesiods weiter verschärft, und grammatikalisch nicht nur ein Neutrum, sondern überdies ein negativer Begriff ist.«[18]

In der christlichen Theologie verbinden sich die antiken Chaosvorstellungen mit den biblischen des Tohuwabohu; da die kosmologische Vorstellung einer Schöpfung aus dem Chaos jedoch mit dem christlichen Schöpfergott unvereinbar ist, wird der emergente Aspekt des kosmogonischen Chaosbegriffs gestrichen und durch die Vorstellung einer Schöpfung aus Nichts mit ihren theologischen Folgeproblemen ersetzt.

II. Chaos als Potentialität

Vor allem die mystisch-naturphilosophischen Ansätze der Neuzeit werten Chaos dann positiv auf zu einem Begriff reiner Potentialität. Vorbereitet wird dies durch die Vorstellung des Chaos als ›possibilitas‹ bei Ramón Llull und Nikolaus von Kues. Aus dem Chaos, das Universalien und Prädikamente potentiell in sich enthalte, so argumentiert Llull in seinem *Liber Chaos* (1275–1281), könne alles durch Transmutation entstehen: »In primo gradu Chaos erant per modum creationis omnes species in potentia, atque subjectum earum erat Chaos, sed primus earum agens Deus creavit gradum secundum in Chaos, in quem secundum omnes formae per creationem de primogradu ad cificationem deductae fuerunt.«[19] (Auf der ersten Stufe des Chaos waren alle Arten nach der Weise ihres Geschaffenseins der Möglichkeit nach enthalten, und Chaos war ihnen untergeordnet. Aber der unbewegte Beweger, Gott, schuf eine zweite Stufe innerhalb des Chaos, in der alle Formen nach der Weise ihres Geschaffenseins von der ersten Stufe in einen Zustand größerer Spezifikation transmutiert wurden.) An diese Vorstellung des Chaos als eines Möglichkeitshorizonts knüpft auch Nikolaus von Kues an; weil aus Nichts nichts werden könne, so habe man es schon in der Antike gesehen, gelte es, eine absolute Möglichkeit alles Wirklichen anzunehmen: »Et ex nostris quidam aiebat chaos mundi naturaliter praecessisse et fuisse rerum possibilitatem, in quo ille informis spiritus fuit, in quo omnes animae sunt possibiliter.« (Und von den Unsern sagte einer, das Chaos sei der Welt natur-

---
16 OLOF GIGON, Der Ursprung der griechischen Philosophie (Basel 1945), 28.
17 HANS BLUMENBERG, Arbeit am Mythos (Frankfurt a. M. 1979), 143.
18 GIGON (s. Anm. 16), 30.
19 RAYMUNDUS LULLUS, Liber Chaos (1275–1281), in: Lullus, Opera, Bd. 3 (Mainz 1722), 258.

gemäß vorausgegangen und die Möglichkeit der Dinge gewesen; in ihm war jener gestaltlose Geist, in dem alle Seelen als Möglichkeit sind.)[20] Paracelsus läßt das Chaos mit der prima materia als dem Urstoff der Schöpfung in eins fallen, aus der ein Schöpfergott dann die Elemente ausdifferenziert. Auch in den an kabbalistischer Mystik orientierten Vorstellungen Jakob Böhmes erscheint das Chaos als Möglichkeitsgrund, der potentiell eine Welt enthält, die der göttliche Künstler mit seiner Schöpfung dann gleichsam nur ausstanzt: »Dieser Grund wird darum Mysterium Magnum genannt, oder ein Chaos, daß daraus Böses und Gutes urständet, als Licht und Finsterniß, Leben und Tod, Freude und Leid, Seligkeit und Verdammnis denn es ist der Grund der Seelen und Engel, und aller ewigen Creaturen, der bösen und guten; [...] gleichwie das Bild im Baum, ehe es der Künstler ausschnitzet und formiret, da man von der geistlichen Welt doch nicht sagen kann, daß sie habe Anfang genommen, sondern ist von Ewigkeit aus dem Chaos offenbar worden.«[21] Die Theosophie Friedrich Christoph Oetingers setzt, wenn auch im pietistischen Rahmen, die naturphilosophischen Spekulationen vor allem Böhmes fort, wenn sie die Schöpfung nicht als eine Schöpfung aus Nichts begreift, sondern als einen vierstufigen Prozeß von Namengebung, Chaos, Formgebung und Werk. Um zu formender Differenzierung zu gelangen, bedarf hier das göttliche Schöpfungsprinzip eines Durchgangs durch ein Undifferenziertes, Potentielles und Chaotisches, aus dem sich das schon Benannte weiter ausdifferenziert. Die Schöpfertätigkeit Gottes, sein ›Tagwerk‹ an den sechs Schöpfungstagen ist für Oetinger ein Chaos, aus dem erst am Ende die ›Scheidung‹ hervorgeht. Das Chaos wird in Oetingers pietistischer Interpretation der naturphilosophischen Potentialität und des antiken Mythologems zur Übergangsfigur, die er mit dem Sündenfall parallelisiert.[22]

Schon bei Milton, der in seinem *Paradise Lost* die Schöpfung der Welt aus dem Chaos hatte hervorgehen lassen, hatte sich antike Kosmogonie mit christlicher Schöpfungstheologie vermischt. Mit Johann Jacob Bodmers Apologie Miltons verschiebt sich der naturphilosophische Begriff schöpferischer Potenz zu einem ästhetischen und poetischen Begriff. Bodmer verteidigt Miltons Darstellung der Schöpfung aus dem Chaos, die eine Schöpfung oder eine Welt vor der Schöpfung impliziert, als poetische Lizenz. Der Dichter bilde eben nicht nur die Natur ab, sondern er stelle das Mögliche als Wahrscheinliches dar: »Wer zu metaphysicalischen Abziehungen, und Abgezogenheiten aufgelegt ist, wird des Poeten Vorstellung des Chaos von Wahrscheinlichkeit nicht entfernt finden; wem sie auch etwas abentheuerlich vorkommen mögte, der muß bedencken, daß es die chaotische Materie also erforderte, wie will man ihn der Unwahrscheinlichkeit in Sachen anklagen, die vorhanden waren, bevor noch Ordnung und folglich Wahrheit waren. Lasset uns jetzo die Personen betrachten, die Milton in das Chaos gesetzt hat, als dessen Beherrscher und Einwohner. Das sind Wesen, die wir in keine der Classen setzen können, die uns bekannt sind, welche ihre Geburt allein dem Gehirn des Poeten zu dancken haben. Nachdem er einmal über unsre Phantasie erhalten hat, daß sie das Chaos als einen Raum und Wohnplatz begreiffet, so wird ihr nicht schwer fallen, lebende Wesen darinnen anzutreffen wenn ihr diese gleich unbekannt und fremd sind; da sie nicht unmöglich sind, so sind sie in einer solchen Entfernung von uns wahrscheinlich genug, und dieses in keinem geringern Grade, als die Wasser- und Luft-Geister, die Bergnymphen, die Kobolde, die Aelfen der alten Deutschen, die ebenfalls ihr Wesen dem Poeten, und der Phantasie zu dancken haben.«[23] Über seine Verbindung mit dem poetisch Wahrscheinlichen wirkt bei Bodmer der naturphilosophische Potenzbegriff zwar noch fort, beginnt sich aber

---

20 NIKOLAUS VON KUES, De Docta Ignorantia, in: Nikolaus von Kues, Philosophisch-theologische Schriften, hg. v. L. Gabriel, übers. v. D. u. W. Dupré, Bd. 1 (Wien 1964), 365.
21 JAKOB BÖHME, Clavis oder Schluessel, das ist Eine Erklaerung der vornehmsten Puncten und Woerter, welche in diesen Schriften gebrauchet werden (1624), in: Böhme, Sämtliche Schriften, hg. v. W.-E. Peukkert, Bd. 9 (Stuttgart 1957), 84.
22 Vgl. CARL AUGUST AUBERLEN, Die Theosophie F. C. Oetingers nach ihren Grundzügen. Ein Beitrag zur Dogmengeschichte und zur Geschichte der Philosophie (Basel ²1859), 197.
23 JOHANN JACOB BODMER, Critische Abhandlung von dem Wunderbaren in der Poesie (1740), hg. v. W. Bender (Stuttgart 1966), 167.

schon auf einen allgemeineren, von christlicher Schöpfungstheologie unabhängigen Begriff der Poiesis zu verlagern, wie er sich dann vor allem in der romantischen Naturphilosophie ausprägt. So heißt es etwa bei Friedrich Schlegel: »Die *Schöpfung aus Nichts* eine ηη [ethisch ethische] Ansicht. Bildung desselben aus d[em] Chaos durch einen Demiurgos ist π [poetische] Ansicht; Ewigkeit des πᾶν wozu auch die absolute Classizität gehört φ [philosophische] Ansicht.«[24] Für Schlegel figuriert dabei die Natur als Einheit von Chaos und Ordnung: »πᾶν = χαος + κοσμος.« (312) Die theologischen und naturphilosophischen Spekulationen über eine Schöpfung aus Nichts, in denen das Chaos nur als bloße Negativfolie schöpferischer Ordnung gelten konnte, erfahren jedoch eine signifikante Verschiebung, wenn Schlegel die Gleichung aufstellt: »*Das Chaos verhält sich zum Nichts wie die Welt zum Chaos.* Chaos d.[er] einzig reale Begriff vom Nichts. Nichts selbst der bloß analytische Begriff. [...] Nichts ist origineller als das Chaos« (77f.). Wenn das Chaos sich zum Nichts verhält wie die Welt zum Chaos, wenn Chaos also auf beiden Seiten der Unterscheidung von Nichts und Welt auftaucht, wenn Chaos »realer Begriff« vom Nichts ist, wird es selbst als potentielle Ordnungsstruktur aufgefaßt, die nicht länger bloß als das Negative der Ordnung oder als »bloß analytischer Begriff vom Nichts« figuriert. Chaos wird bei Schlegel zu einem Begriff der Poiesis, der der Ordnung nicht entgegengesetzt ist, sondern sie hervorbringt: »Nur diejenige Verworrenheit ist ein Chaos, aus der eine Welt entspringen kann.«[25] Auch Schelling schließt an die naturphilosophische Tradition der Potenzvorstellung an, wenn er das Chaos als in sich unterschiedene Einheit der Potenzen bestimmt: »Das Chaos ist also 1) nach seinem wahren Begriff nicht eine physische Einheit bloß materieller, sondern eine metaphysische Einheit geistiger Potenzen, aber es ist 2) ebensowenig eine Einheit unbestimmt oder unendlich vieler Elemente (wie das materielle Chaos gewöhnlich auch gedacht wird), sondern es ist die bestimmte Einheit einer ebenfalls bestimmten und absolut geschlossenen Zahl von Potenzen.«[26] Um im Begriff des Chaos Potentialität als Einheit des Unterschiedenen denken zu können, spielt Schelling Hesiods gähnende Leere als ›speculativen Begriff‹ gegen die popularisierte Vorstellung des Mischverhältnisses aus, um in einem spekulativen Kalkül das Chaos dann als Nullwert zu einer Art Zwei-Seiten-Form zu erklären, die sich nach Plus und Minus entfaltet. Das Chaos bezeichnet dabei die reine Potentialität, das Sein-Könnende, das sich in die einzelnen Potenzen differenziert. Ein solcher Kalkül mit dem Chaos findet sich auch bei Franz Xaver von Baader, der damit ebenso die Potentialitätsvorstellung auf den Begriff bringt, damit jedoch auf eine »reine Unform« abzielt, die nicht als Apriori der Form zu verstehen sei, sondern, wie das Non-ens des Parmenides, nur als Hintergrund oder als Folie der Form verstanden werden könne und gewissermaßen nur als Begrenzung der Form das sei, was sie sei: Unform. »Und so wäre jenes o, jenes Nichtsein, was als Mögliches diesem sichtbaren Universum vorlag, nichts anderes, als der Leichnam eines vom Leben (der Einheit) ausgeschiedenen Wesens, – das Chaos aus dem Conflict des + und – bestehend.«[27] Während der Kalkül mit dem Chaos bei Schelling und Baader im Rahmen naturphilosophischer Systematik doch nur wieder das Feld einer aporetischen Ableitung des Vielen aus Einem absteckt, zählt Friedrich Schlegel – »Im χα[Chaos] wechselt + und −[,] in συστ[System] beides verschmolzen«[28] – auf die Systemlosigkeit mit System, die mit poetischen Reflexionsformen wie Ironie oder Witz von solchen Aporien abrückt und ihnen, nicht zuletzt unter dem Titel Chaos, Paradoxierungsverfahren entgegensetzt. Als Reflexionsform, Hin-und-Her-Direktion oder Wechselrepräsentation kann Ironie als »klares Bewußtsein der ewigen Agilität, des unendlich vollen Chaos«[29] apostrophiert werden. Erst in der Frühro-

---

24 FRIEDRICH SCHLEGEL, Philosophische Lehrjahre (1796–1806), in: SCHLEGEL (KFSA), Bd. 18 (1963), 147.
25 F. SCHLEGEL, Ideen (1800), in: SCHLEGEL (KFSA), Bd. 2 (1967), 263.
26 F. W. J. SCHELLING, Philosophie der Mythologie (1842), in: SCHELLING (SW), Abt. 2, Bd. 2 (1857), 600.
27 FRANZ XAVER VON BAADER an Friedrich Heinrich Jacobi (3. 1. 1798), in: Baader, Sämtliche Werke, hg. v. F. Hoffmann, Bd. 15 (1963 Aalen 1987), 177.
28 F. SCHLEGEL, Ideen zu Gedichten (1798–1799), in: SCHLEGEL (KFSA), Bd. 16 (1981), 222.
29 F. SCHLEGEL (s. Anm. 25), 263.

mantik wird Chaos zentral als ästhetischer und poetologischer Begriff eingesetzt: »Ohne *Chaos* und *Ideal* keine K[unst] und W[issenschaft].«[30]

III. ›Kunstchaos‹

Für Kant hatte sich, wie zuvor schon für Diderot und später dann auch wieder für Schelling, das Chaos mit dem Problem des Erhabenen verbunden. In der *Kritik der Urteilskraft* (1790) bezeichnet das Chaos die Natur »in ihrer wildesten regellosesten Unordnung und Verwüstung«[31]. Natur-Chaos als Unordnung und Regellosigkeit der Natur errege die Idee des Erhabenen, die Kant in diesem Kontext negativ von der ihm wichtigeren Idee des Naturschönen abhebt. Wenn die Frühromantiker ihre Poetisierung des Chaosbegriffs bei Kant als »das erste φσ[philosophische] Kunstχα[chaos]«[32] vorgebildet sehen, beziehen sie sich nicht auf diese nur als Gegenbegriff zum Naturschönen und lokker mit dem Erhabenen assoziierte Vorstellung des Chaos in Kants Ästhetik, sondern auf seine Reformulierung der Philosophie als Kritik. Kunstchaos bezeichnet für Schlegel vor allem eine Poetisierung und Ästhetisierung des Kritik-Begriffs, der, als ein in sich reflektierter Vermischungsbegriff, der Poesie und Philosophie, Historie und Philologie zu verbinden vermag, als ›Chaos‹ benannt wird. Über den so gewendeten Begriff der Kritik kann Chaos also zu einem Metabegriff werden, der Ordnung und Verwirrung übergreift und verbindet und deren Binarismus durch sich potenzierende und immer wieder auf sich selbst zurückwendende Reflexion außer Kraft setzt; als Begriff der »poetischen Reflexion«[33] steht Chaos zudem dafür ein, daß die progredierende Reflexion von Sprüngen durchsetzt, daß Form immer auch von Anti-Form dezentriert wird.

Zunächst programmatischer Gegenbegriff zum Systemhaften und Klassischen, bezeichnet Chaos für Friedrich Schlegel dann vor allem die Reflexion des Romantischen auf sich selbst. »*Interessant* ist aesthet[isches] χα[Chaos] und *Classisch* ist συστ[systematische] Bildung. Das Inter.[essante] umfaßt Διθ[Dithyrambisches] und R[omantisches], F[antastisches] und S[entimentales].«[34] Schlegel

hatte in seinem Aufsatz *Über das Studium der Griechischen Poesie* (1795–1796) das Interessante, das als Reflexionsform die moderne Dichtung kennzeichne, dem Schönen und Objektiven der antiken Poesie entgegengesetzt und diesen Gegensatz über das Begriffspaar künstlich – natürlich entfaltet, das es ihm dann erlaubte, das Verhältnis der modernen zur antiken Poesie geschichtsphilosophisch über die Einheit der Unterscheidung des Zyklischen und Progressiven zu temporalisieren und so vom Nachahmungspostulat abzurücken. Auch wenn Schlegel in seinem Aufsatz von 1795 das moderne Interessante noch als Verwirrung und Verirrung der maßgebenden Schönheit klassischer Objektivität entgegenzusetzen scheint, zeichnet sich durch die geschichtsphilosophische Temporalisierung doch schon die später durchgängige Aufwertung des Interessanten zum positiv gewendeten Begriff romantischer Selbstbeschreibung ab. Entsprechend ambivalent wird im Studium-Aufsatz auch der Chaos-Begriff gebraucht, wenn Schlegel einerseits von einem »Chaos aus dürftigen Fragmenten der Romantischen Poesie«[35] spricht, andererseits aber auch die moderne Poesie als »*Chaos* alles Erhabnen, Schönen und Reizenden« (224) beschreibt. Auch in seinen Charakteristiken und Kritiken derjenigen Dichter, die für ihn die romantische Moderne seit dem ausgehenden Mittelalter tragen, benennt Schlegel die Dichtungen Dantes, Petrarcas, Boccaccios, Shakespeares, Cervantes', Calderóns und Goethes immer wieder mit dem hier vor allem als Epochenbegriff fungierenden Stichwort Chaos. Zunächst verbunden mit dem Begriff des Interessanten, proliferiert der Chaosbegriff dann jedoch über einen bloßen Epochen- und Stilbegriff hinaus und fällt in eins mit dem Romantischen, wenn

---
30 F. SCHLEGEL (s. Anm. 24), 252.
31 IMMANUEL KANT, Kritik der Urteilskraft (1790), in: KANT (WA), Bd. 10 (1974), 167.
32 F. SCHLEGEL (s. Anm. 24), 62.
33 WINFRIED MENNINGHAUS, Unendliche Verdoppelung. Die frühromantische Grundlegung der Kunsttheorie im Begriff absoluter Selbstreflexion (Frankfurt a. M. 1987), 205.
34 F. SCHLEGEL, Fragmente zur Litteratur und Poesie (1797), in: SCHLEGEL (KFSA), Bd. 16 (1981), 189.
35 F. SCHLEGEL, Über das Studium der Griechischen Poesie (1795–1796), in: SCHLEGEL (KFSA), Bd. 1 (1979), 257.

Schlegel statuiert: »Alle romant[ische] π[Poesie] im engern Sinn χα[chaotisch]«[36] oder wenn er das »Princip der romantischen Prosa« in »*Symmetrie* und *Chaos*« (298) verortet. Chaos wird hier zum autologischen Begriff, mit dem die Romantik sich selbst beschreibt.

Dabei spielt die Aufwertung des Romans als einer Mischform, die die Gattungsgrenzen überschreiten und in der Einheit von Literatur, Philosophie und Kritik transzendieren sollte, eine zentrale Rolle. »χα[Chaos] und ερως ist wohl die beste Erklärung d.[es] Romantischen.« (272) Wenn das »Wesentliche im Roman« seine »chaotische Form« (276) ist, weil er Gattungsformen mischt, die wie Märchen, Fragment, Satire, Arabeske ihrerseits mit dem Attribut des Chaotischen belegt werden, so mag dabei zwar eine popularisierte Auffassung des antiken Vermischungsbegriffs noch nachklingen, doch zeichnet sich zugleich eine neue Ordnungsvorstellung dabei ab. Als »chaotische Form«, in der sich chaotische Formen aneinander anschließen, bietet der Roman eine chaogene Ordnung; als Chaos in der zweiten Potenz oder als »gebildetes künstliches Chaos«[37] avanciert das Chaos mit dem romantischen Roman zu einer neuen Form der Ordnung. So kann Friedrich Schlegel in seinem Roman *Lucinde* (1799) programmatisch ankündigen, daß es das, was gemeinhin als Ordnung gelte und nur eine »unerträgliche Einheit und Einerleiheit« biete, zu zerstören gelte, um »das schönste Chaos von erhabnen Harmonien und interessanten Genüssen nachbilden und ergänzen«[38] zu können. Vor allem in seinem Zusammenfall mit Poesie – »π[Poesie] = χα[Chaos]«[39] – wird Chaos bei Schlegel zu einem Begriff der Poiesis, der die Emergenz einer neuen

aus einer alten Ordnung einzufangen sucht. Diese Begriffsnuance wird vor allem im Kontext geschichtsphilosophischer Spekulationen abgedeckt. Im *Gespräch über die Poesie* (1799–1800) etwa können Chaos und Ordnung zusammenfallen, weil Chaos die Wiederkehr der antiken Mythologie auf höherer Stufe, unter den Bedingungen der Moderne bezeichnet: »Aber die höchste Schönheit, ja die höchste Ordnung ist denn doch nur die des Chaos, nämlich eines solchen, welches nur auf die Berührung der Liebe wartet, um sich zu einer harmonischen Welt zu entfalten, eines solchen wie es auch die alte Mythologie und Poesie war. Denn Mythologie und Poesie, beide sind eins und unzertrennlich«[40].

Solche geschichtsphilosophischen Spekulationen kennzeichnen vor allem Novalis' Ineinsbildung von Ordnung und Chaos; im *Heinrich von Ofterdingen* (1800) etwa optiert der Dichter Klingsohr für die Simultaneität von Chaos und Ordnung: »Ich möchte fast sagen, das Chaos muß in jeder Dichtung durch den regelmäßigen Flor der Ordnung schimmern.«[41] So wie Novalis seinen geschichtsphilosophisch angelegten Roman ins Märchen transzendieren läßt, das rekursiv noch einmal die Gesamtstruktur des Romans in sich abbildet, reflektiert er auch gattungstheoretisch auf ein Verhältnis von Märchen und Geschichte, das dem Verhältnis von Chaos und Schöpfung parallelisiert wird: »Die Welt des Märchens ist die *durchausentgegengesezte* Welt der Welt der Wahrheit (Geschichte) – und eben darum ihr so *durchaus ähnlich* – wie das *Chaos* der *vollendeten Schöpfung*. (Über *die Idylle*.) In der *künftigen* Welt ist alles, wie in der *ehmaligen* Welt – und *doch alles ganz Anders*. Die künftige Welt ist das *Vernünftige* Chaos – das Chaos, das sich selbst durchdrang – in sich und außer sich ist – Chaos^2· oder$^∞$.«[42] Als ›vernünftiges Chaos‹ oder ›Chaos in der zweiten Potenz‹ figuriert der Begriff in einer Geschichtsphilosophie, in der im Ausgangszustand – Chaos als Einheit und Ungeschiedenheit – sich auf höherer Ebene, nach dem Durchgang durch Differenzierung und Unterscheidung, im Endzustand als einer Einheit von Einheit und Unterscheidung wieder einholt. Novalis wendet dieses geschichtsphilosophische Muster auch auf gesellschaftliche Ordnungsstrukturen an: »Vor der Abstrakzion ist alles eins, aber eins wie Chaos; nach

---

36 F. SCHLEGEL, Zur Poesie und Litteratur. II (1799– 1801), in: SCHLEGEL (KFSA), Bd. 16 (1981), 318.
37 F. SCHLEGEL (s. Anm. 28), 207.
38 F. SCHLEGEL, Lucinde (1799), in: SCHLEGEL (KFSA), Bd. 5 (1962), 9.
39 F. SCHLEGEL (s. Anm. 24), 71.
40 F. SCHLEGEL, Gespräch über die Poesie (1799–1800), in: SCHLEGEL (KFSA), Bd. 2 (1967), 313.
41 NOVALIS, Heinrich von Ofterdingen (1800), in: NOVALIS, Bd. 1 (1977), 286.
42 NOVALIS, Das allgemeine Brouillon (1798/99), in: NOVALIS, Bd. 3 (1983), 281.

der Abstrakzion ist wieder alles vereinigt, aber diese Vereinigung ist eine freye Verbündung selbstständiger, selbstbestimmter Wesen – Aus einem Haufen ist eine Gesellschaft geworden – das Chaos ist in eine mannichfaltige Welt verwandelt.«[43] Novalis' ›Chaos in der zweiten Potenz‹ simultaneisiert Ordnung und Chaos, Differenzierung und Ununterschiedenheit und fängt als geschichtsphilosophischer Weltzeitalterbegriff zudem eine Ineinsbildung von Zyklik und Progression ein. Ins groteske Bild einer das Chaos zerfressenden und wiederkäuenden Ewigkeit gewendet, finden sich solche Überlegungen auch etwa bei Jean Paul: »Und als ich aufblickte zur unermeßlichen Welt nach dem göttlichen *Auge*, starrte sie mich mit einer leeren bodenlosen *Augenhöhle* an; und die Ewigkeit lag auf dem Chaos und zernagte es und wiederkäuete sich.«[44] In den geschichtsphilosophischen Spekulationen der Frühromantik wird Chaos als Übergangsfigur eingesetzt, die die Emergenz einer Ordnung und den Übergang von einer alten zu einer neuen Ordnung im Rahmen eines temporalisierten Paradoxons beschreibt; als solches kann Chaos dann als »ewige Revoluzion« apostrophiert werden: »Das *Chaos* was bisher in d[er] modernen Welt bewußtlos und passiv war, muß activ wiederkommen; ewige Revoluzion.«[45]

In seiner Rezension von August Wilhelm Schlegels *Vorlesungen über dramatische Kunst und Literatur* (1808–1809) weist Karl Wilhelm Ferdinand Solger in gewisser Weise auf diesen Emergenzbegriff hin, wenn er vom »Chaos der romantischen Poesie« als einem Prinzip spricht, »welches immer nach neuen Geburten ringe«, um es dann allerdings, sich von der Romantik absetzend, der »schrankenlosen Phantasie«[46] zuzuordnen. In Solgers *Erwin* (1815) fällt das Chaos mit dem Begriff des Notwendigen zusammen und firmiert lediglich als Gegenbegriff zur Freiheit; Solger setzt die Unterscheidung von Notwendigkeit und Freiheit zur Abgrenzung der antiken von der christlichen Religion ein, aus deren Unterschied er dann wiederum das Verhältnis von antiker zu moderner Literatur bestimmt, das sich nicht nur literarhistorisch bestimmen lasse. Als ursprüngliche Notwendigkeit kann das Chaos für Solger nicht Gegenstand der Kunst sein: Die vollkommene und mit sich selbst ganz harmonisch zusammengefügte Notwendigkeit des Weltalls bei den Griechen, »die keine Mannigfaltigkeit, keinen Wechsel, keine zufällige Besonderheit in sich schließt, kann für sich auch niemals Gegenstand der Kunst werden, weil sie eben keine bestimmte Gestalt annehmen kann, weshalb sie auch, sobald von ihrem Dasein in jener reinen Allgemeinheit die Rede ist, nur als Verneinung alles besonderen Daseins, und zuerst der geordneten Welt gegenüber, als Chaos gedacht wird« (227).

Hatte Schlegel über den Begriff des Chaos die »Geschichte d.[er] Welt aufgelöst in *Geschichte der Dichtkunst*«[47] und dabei die latente Antisystematik des Begriffs genutzt, um ihn in den Begriff einer neuen, emergenten Ordnung umzuprägen, ›systematisiert‹ Schelling das Chaos dann gezielt als einen Begriff höherer Ordnung innerhalb seines Systems der Künste. Im Kontext seiner Darstellung von Architektur, Plastik und Malerei zeigt Chaos in Schellings *Philosophie der Kunst* (1802–1803) eine höhere Ordnung an, die über das bloß geometrisch Regelmäßige hinausgreift, das die tieferen Sphären der Kunst und Natur kennzeichne: »Auf den höheren Stufen der Natur, sowie der Kunst, wo sie wahrhaft symbolisch wird, wirft sie jene Schranken einer bloß endlichen Gesetzmäßigkeit ab; es tritt die höhere ein, die für den Verstand irrational ist, und nur von der Vernunft gefaßt und begriffen wird: in der Wissenschaft z. B. die höheren Verhältnisse, welche nur die Philosophie, die symbolische unter den drei Grundwissenschaften, begreift: in der Natur die Schönheit der Gestalt, welche nur die Einbildungskraft faßt. Es liegt hier der Natur nicht mehr an dem Ausdruck einer bloß endlichen Gesetzmäßigkeit, sie wird Bild der absoluten Identität, das Chaos im Absoluten; das geometrisch Regelmäßige verschwindet und das Gesetzmäßige einer höheren Ordnung tritt ein.« Schelling diskutiert das Chaos aber nicht nur im Rahmen der ein-

---

43 NOVALIS, Vermischte Bemerkungen/Blüthenstaub (1797/98), in: NOVALIS, Bd. 2 (1981), 455f.
44 JEAN PAUL, Siebenkäs (1796), in: Jean Paul, Werke, hg. v. G. Lohmann, Bd. 2 (München 1959), 269.
45 F. SCHLEGEL (s. Anm. 24), 254.
46 K. W. F. SOLGER, Erwin (1815). Vier Gespräche über das Schöne und die Kunst, hg. v. W. Henckmann (München 1970), 457.
47 F. SCHLEGEL (s. Anm. 24), 473.

zelnen Künste, etwa als Gesetzmäßigkeit höherer Ordnung in den plastischen Künsten oder auch als Medium der Dichtung, wenn für ihn Sprache »das Chaos [ist], aus dem die Poesie die Leiber ihrer Ideen bilden soll«; Chaos wird bei ihm zur Absolutheit der Form stilisiert, weil es die für Schelling so zentrale Idee einer Einheit des in sich Unterschiedenen indiziert. In der absoluten Form ist das Besondere sowohl geschieden wie in sich eins, weil jedes Besondere hier »für sich ein Universum« ist, und das heißt das absolute Ganze wiederum in sich abbildet. Das Universum, allein absolut ungeschieden, da mit nichts vergleichbar, bezeichnet Schelling »als Chaos, welches, im Vorbeigehen gesagt, die Grundanschauung des Erhabenen ist, sofern nämlich in ihm in absoluter Identität alles als eins liegt, b) als die höchste Schönheit und Form, weil es eben durch die Absolutheit der Form, oder dadurch, daß in jedes Besondere und jede Form wieder alle Formen und demnach die absolute Form gebildet ist, Chaos ist«[48].

IV. ›Grundbegriff der Mythologie‹

Mit ihrer Aufwertung des Chaos zu einem zentralen philosophischen und ästhetischen Begriff zielen die Romantiker nicht auf einen Begriff des Irrationalen und Vorrationalen, der, wie Habermas vermutet hat, auf »das Andere der Vernunft«[49] und auf das Archaische regrediert. Wie schon in der Verbindung mit dem Begriff der Kritik Chaos die spezifisch romantische Reflexionsform indizierte, zielt auch die programmatische Stilisierung von Chaos zum »Grundbegriff d[er] Mythologie«[50] und der zentrale Stellenwert des Begriffs für das Konzept der Neuen Mythologie keineswegs einfach auf gegenaufklärerische und anti-rationale Verdunklun-

gen. Wenn »absolutes Chaos« für F. Schlegel »die eigentl[iche] Grundform d.[es] mytholog.[ischen] Gedichts«[51] ist oder ihm die Mythologie als »ein höchst gebildetes Chaos«[52] erscheint, so hat er dabei wiederum Ordnungsstrukturen und Paradoxierungsstrategien im Auge, die keinesfalls als antirational gelten können. In der ›Rede über die Mythologie‹ aus dem *Gespräch über die Poesie* sieht Ludoviko den »Anfang aller Poesie« zwar darin, »den Gang und die Gesetze der vernünftig denkenden Vernunft aufzuheben und uns wieder in die schöne Verwirrung der Fantasie, in das ursprüngliche Chaos der menschlichen Natur zu versetzen, für das ich kein schöneres Symbol bis jetzt kenne, als das bunte Gewimmel der alten Götter«[53], doch ist diese Aufhebung der Vernunftgesetze und die Wiederbelebung des ursprünglichen Chaos der antiken Mythologie nicht als Regression aufs Archaische zu verstehen. Wie in der späteren Mythenforschung etwa Claude Lévi-Strauss und Jean-Pierre Vernant entdeckt Schlegel in der Mythologie eine Logik der Ambivalenz oder eine »Symmetrie von Widersprüchen« (318), die über den Wiedereinschluß des ausgeschlossenen Dritten und der Paradoxierung eine Reflexionsform erlaubt, die Zweiwertigkeit und einlinige, ihr je Anderes ausschließende Verstandesstrategien übergreift. Ironie, Parekbase, Witz, Chaos und neue Mythologie werden vor allem für Schlegel zu den Titeln, unter denen solche Reflexionsformen erprobt werden. Die »dynamischen Paradoxien« (322) der Physik können darum für die Moderne zur Basis einer »neuen Mythologie« (ebd.) werden, deren Strukturvorgaben der antiken Mythologie äquivalent wären: »alles ist Beziehung und Verwandlung, angebildet und umgebildet« (318). Auch im Rahmen des Mythologieprojekts figuriert Chaos vermittelt über die Mythenstruktur als Transformationsprinzip, wie es ja auch geschichtsphilosophisch als Übergangsfigur aus einer alten in eine neue Ordnung firmierte.

Für Schelling markiert das Chaos als ein ›rein speculativer Begriff‹ den Übergang der Mythologie zur Philosophie, wobei die Mythologie mit diesem Begriff auf sich selbst als Mythologie reflektiert; Chaos wird von Schelling also philosophiegeschichtlich als ein Begriff der Selbstbeschreibung und der Ausdifferenzierung des Ununterschiede-

---

48 SCHELLING, Philosophie der Kunst (entst. 1802–1803), in: SCHELLING (SW), Bd. 5 (1859), 220, 279, 390.
49 JÜRGEN HABERMAS, Der philosophische Diskurs der Moderne (Frankfurt a. M. 1985), 113.
50 F. SCHLEGEL (s. Anm. 24), 156.
51 F. SCHLEGEL (s. Anm. 36), 288.
52 F. SCHLEGEL (s. Anm. 24), 326.
53 F. SCHLEGEL (s. Anm. 40), 319.

IV. ›Grundbegriff der Mythologie‹

nen gedacht: »Dieser keck an den Anfang gestellte, dem Homer völlig fremde Begriff des Chaos, der beim Aristophanes schon zum Feldgeschrei der gegen die Götter gerichteten, über den Volksglauben hinausstrebenden Philosophie geworden ist, verkündet aufs Bestimmteste die erste Regung eines abstracten, vom Mythologischen sich abziehenden Denkens, die erste Regung einer freien Philosophie. [...] Das Chaos, welches nur Spätere erst als leeren Raum oder gar als ein grobes Gemisch materieller Elemente erklären, ist ein *rein speculativer* Begriff, aber nicht das Erzeugniß einer Philosophie, die der Mythologie vorausgeht, sondern einer die ihr *folgt*, die sie zu begreifen strebt, und darum über sie hinausgeht. Nur erst die an ihr *Ende* gekommene und aus diesem in den *Anfang zurück*sehende, von dorther sich zu fassen zu begreifen suchende Mythologie konnte das Chaos an den Anfang stellen«[54]. Die Vorstellung des Chaos in Hesiods *Theogonie* interpretiert Schelling als einen solchen ›speculativen Begriff‹, mit dem das Bewußtsein seinen eigenen Ursprung als eine vorbewußte, noch nicht weiter differenzierte Potentialität, zugleich aber auch sich selbst als Ausdifferenzierung oder Trennung dieser Einheit der Potenzen erfassen kann (vgl. 596). Schelling lehnt die Vorstellung des leeren Raums und der gestaltlosen Mischung oder der Nicht-Form der Materie als Spätinterpretation ab, die sich bei den Griechen so zunächst nicht finde; der Etymologie des Wortes, das er von chaō, chainō ableitet, liege »der Begriff des Zurückweichens in die Tiefe, des Aufgethanseyns, des Offenstehens, der aber auf den höheren des Nicht-Widerstand-leistens (das nur im concreten stattfindet) zurückkommt« zugrunde. Chaos impliziere die Vorstellung von relativer Leere und von Widerstandslosigkeit. Über den Begriff des ›Offenstehens‹ führt Schelling Chaos mit Janus eng; abgeleitet von eo, also Eanus, und dem Verb hio verweise Janus ebenso auf ›Offenstehen‹ und werde in der römischen Mythologie auch so eingesetzt, wenn die Türen des Janustempels entweder offen oder geschlossen Krieg oder Frieden indizierten. Janus figuriere die Einheit der Unterscheidung offen/geschlossen, Krieg/Frieden und zugleich ihren Gegensatz: »Solange nämlich jene Urpotenzen einander zu und also überhaupt nach innen gewendet sind, so lange erscheint die Einheit nach außen als Ruhe, tiefer Friede; sowie sich die Einheit öffnet, aufthut, d. h. sowie eben jene Potenzen sich nach außen wenden und damit auseinander gehen, entsteht der Streit oder der Krieg.« (608–611) Das Mythologem Chaos/Janus bezeichnet so für Schelling eine Form mit zwei Seiten, es ist Einheit, Unterscheidung und Einheit dieser Unterscheidung, bietet aber keine Verwirrung dieser drei Potenzen, wie er gegen traditionellere Auffassungen des Chaosbegriffs betont, sondern ein »Doppelgesicht«, eine Zwei-Seiten-Form: »Die beiden voneinander abgewendeten Gesichter wären eben die einander ursprünglich zugewendeten Potenzen, die sich zu einander wie + und − verhalten. Solange das, was Minus seyn soll, reines Können ohne Seyn, solange dieß in seiner Negativität besteht, setzt es das reine Plus, das reine Seyn, in dem ebenso kein Können ist: es setzt dieses und zieht es an, sich mit ihm gleichsam bedeckend und nur ein Wesen darstellend. Hier sind beide Potenzen nach innen gewandt, und daher nach außen = 0 = Chaos. Hier ist die Einheit in sich selbst vertieft, unerkennbar, gleichsam abgründlich, wie das Chaos gedacht wird. Erhebt sich aber das, was − seyn sollte, zu +, so zieht es seiner Natur nach Positive (denn es selbst ist nicht das seiner Natur nach, sondern nur zufällig Positive) nicht mehr an, sondern stößt es zurück. Beide wenden sich voneinander ab und stehen mit abgewendeten Gesichtern aneinander. Dieses ist dann die nach außen geöffnete Einheit, wie sie im römischen Janus dargestellt ist.« (601)

Auf eine Zwei-Seiten-Form im Sinne der Protologik George Spencer-Browns weist nicht nur Schellings Vorstellung des Chaos als Form oder als Einheit der Unterscheidung von Einheit und Unterscheidung voraus. Auch bei Novalis war, auf dem Hintergrund einer Reinterpretation Fichtes – »Fichte's Ich ist συστ[System] sein Nicht Ich χα[Chaos]«[55], wie es bei Schlegel heißt –, das Chaos als das Unbestimmte, Unbezeichnete in eine Logik der Unterscheidung eingegangen: »An dem Nur Seyn haftet gar keine Modification, kein Begriff − man kann ihm nichts entgegensetzen − als verbaliter das Nichtseyn. Dis ist aber ein copuli-

---

54 SCHELLING (s. Anm. 26), 45.
55 F. SCHLEGEL (s. Anm. 24), 265.

rendes Häckchen, was blos pro Forma dran gehängt wird – Es scheint nur so. Greift doch eine Handvoll Finsterniß. Um das Ich *zu bestimmen* müssen wir es auf etwas beziehn. Beziehn geschieht durch Unterscheiden – beydes durch These einer absoluten Sfäre der Existenz. Dis ist das Nur Seyn – oder Chaos.«[56] Anders jedoch als für Schelling, dessen Chaosbegriff auf die Form der Unterscheidung abzielt, geht das Nur-Sein bei Novalis in eine Unterscheidungslogik als die andere Seite des Unterschiedenen ein, als das, was im Unterscheidungskalkül Spencer-Browns dann ›unmarked space‹[57] heißen wird. Auch Solger interpretiert die Mythologie des Chaos auf eine Unterscheidungslogik hin, wenn er das Chaos als die andere Seite des Ausdifferenzierten anspricht, das in das Unterschiedene wiedereingeführt wird und in ihm – als »Tartaros« – mitläuft: »Ist [die Erde] also, so ist auch das Chaos ihr Gegenteil, ihr wirkliches Nichts, und wird auf solche Weise wieder in ihr dargestellt als Tartaros.«[58]

Spätere Interpretationen des Chaos als eines grundlegenden Mythologems schließen zwar an die idealistische Tradition insofern an, als sie im Chaos ebenso einen ›speculativen Begriff‹ sehen, mit dessen Hilfe philosophische Probleme durchdacht werden, doch orientieren sie sich dabei anders als die Neue Mythologie der Romantik meistens an der privativen Begriffsverengung des Chaos zu Unordnung und Ungeschiedenheit. So glaubt etwa Mircea Eliade, daß die parallelen Vorstellungen vom »Ur-Chaos« als Urflut oder als einer ungeschiedenen Ganzheit in den babylonischen wie in den phönizischen und griechischen Kosmogonien »den Gedanken der ungeordneten und amorphen Totalität«[59] veranschaulichten. Und

56 NOVALIS, Philosophische Studien der Jahre 1795/96 (Fichte-Studien), in: NOVALIS, Bd. 2 (1981), 106.
57 Vgl. GEORGE SPENCER-BROWN, Laws of Form (New York 1972).
58 SOLGER, Nachgelassene Schriften und Briefwechsel, Bd. 2 (Leipzig 1826), 732.
59 MIRCEA ELIADE, ›Chaos‹, in: RGG, Bd. 1 (³1957), 1640.
60 CARL GUSTAV JUNG, Mysterium Coniunctionis. Untersuchungen über die Trennung und Zusammensetzung der seelischen Gegensätze in der Alchemie (entst. 1954), in: JUNG, Bd. 14/2 (1971), 37.

im Rahmen seiner archetypischen Auffassung des Mythischen als Ausdruck eines kollektiven Unbewußten sieht Carl Gustav Jung das Chaos als einen »dunklen Anfangszustand«, der an die »prima materia« der Alchemisten anschließt: »In diesem Zustand der ›massa confusa‹ liegen die Elemente miteinander im Kampf und stoßen sich voneinander ab, so daß jeder Zusammenhang aufgelöst ist.«[60] Mit dem Begriff der prima materia greift Jung auch die naturphilosophisch-mystische Interpretation des Chaos als Potentialität auf: Die prima materia »ist ein Stück des ursprünglichen Chaos, der massa confusa, noch nicht differenziert, aber der Differenzierung fähig, also gewissermaßen etwas wie ein embryonales, noch undifferenziertes Gewebe. Darum läßt sich noch alles daraus machen.« (148) Für Jung sind massa confusa und Chaos darum »der ursprüngliche Zustand der inimicitia elementorum, jenes ungeordneten Durcheinanders, das der artifex durch seine Operationen allmählich ordnet« (ebd.). Gegen die Auffassung, daß der Mythos den Übergang von Unordnung zu Ordnung beschreibe, wie sie etwa auch Lévi-Strauss vertrete, macht René Girard dann geltend, daß eine solche Auffassung der Struktur des Mythos aus rein logischen Gründen immer nur Unordnung an den Anfang setzen könne; um einen Prozeß der Differenzierung darstellen zu können, brauche der Mythos dann dessen Gegenteil, das Nichtdifferenzierte, wobei das Undifferenzierte oder Ungeordnete dann lediglich als Hintergrund des Differenzierten fungieren könne. Auf der Basis dieser Grundannahme sei der Stellenwert von Unordnung in der Mytheninterpretation bisher unterschätzt worden. Die Tendenz, den Begriff der Unordnung des Chaos zu minimalisieren, finde sich allerdings schon in den Mythen selbst, die Unordnung aus der Perspektive der Ordnung beschrieben und deren Funktion in der Verschleierung eines rituellen Prozesses zu sehen sei, bei dem Ordnung aus Unordnung entstehe. In rituellen Prozessen wie denen des Opfers gibt die Gemeinschaft ihre Ordnung auf und inszeniert erneut die Ziehung der Grenzen, durch die ihre Ordnung sich allererst ausdifferenzierte. Für Girard markieren solche rituellen Prozesse daher die momentane Rückkehr zum Übergangszustand als einer Krise, die er als Chaos der konfliktuellen Rivalität und als undifferenzierten Zustand kollektiver Gewalt gegen ein stellvertretendes Opfer versteht. Das Opfer figuriert nicht nur Ordnung und Unordnung zugleich, sondern wird repräsentativ für denjenigen Übergangs- und Suspensionspunkt, um den sich soziale Ordnung kristallisiert; das Opfer steht ein für eine in dieser sozialen Ordnung wiederholte, in sie wiedereingeführte Grenzziehung, die als Einheit der Unterscheidung von Unordnung und Ordnung die jeweilige soziale Ordnung allererst instituierte. Für Girard organisieren sich daher die Anfänge gesellschaftlicher Differenzierung entsprechend einem Order-from-noise-Prinzip.[61]

V. Das ›schöne Chaos des Daseins‹

Anders als diese positiven Neuinterpretationen der antiken Mythologien des Chaos im Rahmen einer idealistischen Philosophie der Mythologie hatte Hegel in seiner Auseinandersetzung mit Anaximander und den Atomisten die antiken Chaosvorstellungen als unzulängliche Erklärungen der Entstehung des Vielen aus Einem kritisiert. Anaximanders Auffassung, daß das Chaos als ein Unbestimmtes zu denken sei, das das Bestimmte schon, wenn auch noch ungesondert, in sich enthalte, sei nichts weiter als ein nicht überzeugender Versuch, den Übergang vom Unbestimmten zum Bestimmten anzuzeigen.[62] Anaxagoras denke dabei das Chaos als eine Vermischung gleicher Elemente, aus der sich dann die konkreten Dinge in einer Entstehung des Gleichen aus Gleichem ausdifferenzierten: »Jene Elemente seien ein aus diesen gemischtes Chaos; ihre Gleichförmigkeit sei nur scheinbar. Die Entstehung der konkreten Dinge ist, daß Abscheidung dieser unendlich vielen Prinzipien eintrete, – daß sich das Gleiche aus solchem Chaos abscheidet und sich zu Gleichem findet.« (387) Den Nous des Anaxagoras, das Bewegende, das das Gleiche zueinanderbringe und wieder scheide, begreift Hegel gewissermaßen als in sich zirkulierende, sich auf sich selbst beziehende und darum inhaltslose Selbstreferenz.

Umgekehrt durchdenkt Nietzsche das Chaos des Anaxagoras nicht als Übergang vom Undifferenzierten zum differenzierenden Nous, sondern als nachträgliche und komplementäre Konzeption, die Anaxagoras im Hinblick auf das Problem des Werdens entwerfe. Für Anaxagoras sei das Chaos ein Zustand vor aller Bewegung, ein Zustand, in dem der Nous noch nicht auf die Materie eingewirkt habe. Um den Anfang der Bewegung erklären zu können und dabei das Anschlußproblem zu umgehen, daß alle mechanische Bewegung nur in einer Kette als Folgen und Wirkungen gedacht werden könne, deren erster Anstoß immer als unbewegt gelten müsse und darum nicht ihrerseits mechanische Bewegung sein könne, um andererseits aber auch das Problem zu umgehen, daß man ebensowenig die Selbstbewegung annehmen könne, da Bewegung jeweils nur gerichtet und damit auf etwas außer sich bezogen und also bedingt, mit anderen Worten: nicht selbstbewegt sei, führe Anaxagoras den in sich selbst bewegten Nous als Lösung dieser Verlegenheit ein. Der Anaxagoreische Nous sei »Keimpunkt alles sogenannten Werdens«[63]. Auf diesem Hintergrund erst könne man dessen Chaoskonzeption verstehen: »Das Anaxagorische Chaos ist keine sofort einleuchtende Conception: um sie zu fassen, muß man die Vorstellung verstanden haben, die unser Philosoph von dem sogenannten Werden sich gebildet hat. Denn an sich ergäbe sich der Zustand aller verschiedenartigen Elementar-Existenzen vor aller Bewegung noch keinesfalls nothwendig eine absolute Mischung aller ›Samen der Dinge‹, wie der Ausdruck des Anaxagoras lautet, eine Mischung, die er sich als bis zu den kleinsten Teilen vollständiges Durcheinander imaginirte, nachdem alle jene Elementar-Existenzen wie in einem Mörser zerstoßen und zu Staubatomen aufgelöst waren, so daß sie nun in jenem Chaos wie in einem Mischkrug durch einander gerührt werden konnten. Man könnte sagen, daß diese Chaos-Conception nichts Notwendiges habe; man brauche vielmehr nur eine beliebige zufällige Lage aller jener Exi-

---

[61] Vgl. RENÉ GIRARD, Disorder and Order in Mythology (1981), in: Livingston (s. Anm. 3), 80–97.
[62] Vgl. G. W. F. HEGEL, Vorlesungen über die Geschichte der Philosophie (1833–1836), in: HEGEL (TWA), Bd. 18 (1971), 212.
[63] FRIEDRICH NIETZSCHE, Die Philosophie im tragischen Zeitalter der Griechen (1873), in: NIETZSCHE (KGA), Abt. 3, Bd. 2 (1973), 354.

stenzen, aber nicht ein unendliches Zertheiltsein derselben anzunehmen; ein regelloses Nebeneinander genüge bereits, es bedürfe keines Durcheinanders, geschweige denn eines so totalen Durcheinanders. Wie kam also Anaxagoras auf diese schwere und complicierte Vorstellung?« (354 f.) Anaxagoras sei davon ausgegangen, daß »alles aus allem entstehe« (355), also auch das Gegenteil aus dem Gegenteil, und daß darum auch alles in allem enthalten sein müsse. Erst das Werden hierarchisiere und differenziere dann die Substanzen. Werden sei entsprechend als ein unendlicher Prozeß der Entmischung einer vollständigen bis »ins Unendlich-Kleine« (357) gehenden »Urmischung« (356) zu denken. Daß alles in allem sei, gelte einerseits als die Voraussetzung des Werdens, andererseits aber könne die Anaxagoreische Beobachtung, daß das Gleiche immer zum Gleichen hinzugefügt werde, nur heißen, daß es ursprünglich nicht vermischt, sondern getrennt war. Mit seiner Chaoskonzeption gelinge es Anaxagoras – anders als Anaximander mit seinen Spekulationen über ein Unbestimmtes, das dem Bestimmten vorausliege –, die aporetische Ableitung des Vielen aus dem Einen, des Werdenden aus dem Seienden vorzunehmen. Aus dem Chaos werde bei Anaxagoras ein Kosmos durch die Bewegung als eines Mittels des Nous, und diese Bewegung habe »den Charakter einer concentrisch fortgesetzten Kreisbewegung: an irgend einem Punkte der chaotischen Mischung hat sie begonnen, in der Form einer kleinen Drehung und in immer größeren Bahnen durchmißt diese Kreisbewegung alles vorhandene Sein, überall das Gleiche zum Gleichen herausschnellend.« (359) Nietzsche beschreibt diesen bewegten Kreis, aus dem der Kosmos des Werdens hervorgehe, als Wirbel und weist mit dieser Metapher in gewisser Weise schon auf Phänomene der Turbulenz oder des ›determinierten Chaos‹ voraus.

Ausgehend von seinen Interpretationen der antiken Chaoskonzeptionen, verwandelt sich Nietzsche den Begriff im Zuge einer Ästhetisierung des Werdens an, wenn er etwa von dem »schönen Chaos des Daseins«[64] spricht oder wenn er davor warnt, die Welt als Organismus oder Maschine zu denken oder die kosmische Ordnung als gegeben vorauszusetzen, und statt dessen den »Gesamt-Charakter der Welt« darin sieht, daß sie »in alle Ewigkeit Chaos« (146) sei. Nietzsche setzt das Chaos auch als Gegenbegriff zu den traditionellen Zugriffsweisen des philosophischen Verstandes oder der Wissenschaften ein: »Die Wissenschaft – das war bisher die Beseitigung der vollkommenen Verworrenheit der Dinge durch Hypothesen, welche alles ›erklären‹ – also aus dem Widerwillen des Intellekts an dem Chaos.«[65] Ebenso sei ein Denker, für den alle Sterne sich in den schon bekannten zyklischen Konstellationen bewegten, keinesweg der tiefste: »Wer in sich wie in einen ungeheuren Weltraum hineinsieht und Milchstrassen in sich trägt, der weiss auch, wie unregelmässig alle Milchstrassen sind; sie führen bis in's Chaos und Labyrinth des Daseins hinein.«[66] Und Zarathustra glaubt, man müsse »noch Chaos in sich haben, um einen tanzenden Stern gebären zu können. Ich sage euch: ihr habt noch Chaos in euch.«[67]

Wenn für Nietzsche »die Welt durchaus kein Organismus ist, sondern das Chaos«[68], meint er damit kein »blind tobendes Durcheinander«, so Heidegger, sondern »die auf eine Machtordnung drängende, Machtgrenzen absteckende, im Kampf um die Machtgrenzen stets entscheidungsträchtige Mannigfaltigkeit des Seienden im Ganzen«[69] oder, anders gesagt, die hierarchisierende und asymmetrisierende Ausdifferenzierung des Gleichen im Gleichen, wie sie Nietzsche als Turbulenz des Werdens bei Anaxagoras beschrieben hatte. Heidegger interpretiert darum Nietzsches Chaosbegriff als eine Variante seines Willens zur Macht und als Abkömmling der Idee der ewigen Wiederkunft des Gleichen. Nietzsches Maxime ›chaos sive natura‹ versteht Heidegger im Zuge einer Umwertung der Werte und Desanthropomorphisierung der Natur dahingehend, daß hier »das Seiende rein aus dem Wesen seines Seins: ›Natur‹« (54) verstan-

---

64 NIETZSCHE, Die fröhliche Wissenschaft (1882), in: NIETZSCHE (KGA), Abt. 5, Bd. 2 (1973), 201.
65 NIETZSCHE, Nachgelassene Fragmente, in: NIETZSCHE (KGA), Abt. 7, Bd. 1 (1977), 698.
66 NIETZSCHE (s. Anm. 64), 232.
67 NIETZSCHE, Also sprach Zarathustra (1883–1885), in: NIETZSCHE (KGA), Abt. 6, Bd. 1 (1968), 13.
68 NIETZSCHE, Nachgelassene Fragmente, in: NIETZSCHE (KGA), Abt. 8, Bd. 2 (1970), 279.
69 MARTIN HEIDEGGER, Nietzsches Metaphysik (entst. 1944), in: HEIDEGGER, Bd. 50 (1990), 37.

den werde. Wenn nach Nietzsches Umwertung der Werte nicht mehr die Wahrheit der Erkenntnis als höchster Wert gelten dürfe, könne den vakanten Platz eines höchsten Wertes nur eine Wahrheit noch über der Wahrheit einnehmen –»im Sinne des überlieferten Wahrheitsbegriffes: näher und gemäßer dem eigentlich Seienden, d. h. dem Werdenden«[70] –, die nur die Kunst artikulieren könne. Die Kunst »schreibt nicht das Vorhandene ab und erklärt es nicht aus Vorhandenem, sondern die Kunst verklärt das Leben, rückt es in höhere, noch ungelebte Möglichkeiten, die nicht ›über‹ dem Leben schweben, die es vielmehr aus ihm selbst erwecken in sein Waches« (567 f.). –»Die Kunst wagt und gewinnt das Chaos« (568).

VI. Ästhetik des Chaos

In der Ästhetik wagt die Kunst das Chaos jedoch zunächst weiterhin nur als die andere Seite des Schönen. So firmiert etwa in Karl Rosenkranz' *Ästhetik des Häßlichen* (1853) das Chaotische unter dem Titel des Unregelmäßigen als eine der drei ›Formen des Formlosen‹, der Asymmetrie. Ausgehend von seiner an Hegel orientierten Bestimmung des Schönen als dem sinnlichen Scheinen der Idee, die als Einheit sich in sich selbst abgrenzen und von sich selbst als Einheit unterscheiden muß, kann Rosenkranz das Häßliche dann privativ und als bloß relatives, im Verhältnis zum Absolutum des Schönen sekundären Begriff des Nichtschönen charakterisieren, dessen Formlosigkeit in der Amorphie, der Asymmetrie oder der Disharmonie, in einem Mangel der Begrenzung, im falsch gesetzten Unterschied oder in der Auflösung der sich in sich selbst unterschiedenen Einheit zum Kontrast liegt. Das Chaotische als unübersehbare und unkontrollierte Verschiedenheit erwähnt Rosenkranz im Zusammenhang mit der Asymmetrie und also dem gezogenen, aber falsch gesetzten Unterschied. Während die Verschiedenheit als Mannigfaltigkeit ästhetisch reizvoll ist, weil sie das Einerlei der Einheit unterbricht, und das heißt, Unterschiede setzt, kippt sie ins Häßliche, wenn sie »zu einem wüsten Durcheinander« wird: »Wenn sich aus dem Gemenge derselben nicht

wieder eine gewisse Gruppierung herausstellt, wird sie uns bald lästig werden. Die Kunst bemüht sich daher frühzeitig, des Chaotischen, worin die Verschiedenheit so leicht verfällt, durch Abstractionen *gleicher Verhältnisse* wieder Herr zu werden.«[71] Doch obwohl die Kunst zur Ordnung des Verschiedenen durch das Regelmäßige als einer sich wiederholenden Einheit tendiert, kann umgekehrt solche Regelmäßigkeit allein ins Häßliche übergehen, wenn sie alle Verschiedenheit abblockt. Sie wird langweilig: »Sie ermüdet durch ihre *stereotype Gleichheit*, die uns den Unterschied immer in der nämlichen Weise vorführt, und wir sehnen uns aus ihrer *Einförmigkeit* heraus nach der Freiheit, selbst wenn sie im Extrem eine chaotische wäre.« (72) Für Rosenkranz zeichnet sich das Schöne so durch eine zur Einheit aufgehobene Unterscheidung von Verschiedenem und Regelmäßigem, Chaos und Ordnung aus.

Georg Lukács schließt an eine solche Dialektik von Chaos und Form an, wenn er die in einem Streitgespräch über Lawrence Sterne inszenierten Positionen der romantischen Arabeskentheorie dem Formdenken Goethes gegenüberstellt, um sie miteinander zu vermitteln. Während Vinzenz in *Reichtum, Chaos und Form* (1909) sich aus der Perspektive der Frühromantiker für die schöne Verwirrung bei Sterne ausspricht, rügt Joachim sie als chaotische Unordnung, die als solche nicht ästhetisch bereichernd sein könne: »Das Chaos an sich ist nie Reichtum. Was Ordnung schafft, stammt von ebenso ursprünglicher seelischer Wurzel her, wie es selbst, und vollständig und somit reich kann deshalb nur eine Seele sein, worin beides gleich gewaltig vorhanden ist: Chaos und Gesetzmäßigkeit, Leben und Abstraktion.« Erst aus der Dialektik von Chaos und Form gehe das Werk als »wahre Totalität« und damit als »Sinnbild der Welt« hervor. Und nur im Rahmen einer solchen Dialektik, in der die Unterschiede und sich Entgegenstehende zur Einheit aufgehoben sei, könne Chaos erst Chaos sein: »Wenn in einem Werk nur das Chaos da ist, wird selbst das Chaos schwach und kraftlos, weil es nur roh vorhanden ist, nur empirisch, ruhend, unveränderlich, ohne Bewe-

---

70 HEIDEGGER, Nietzsche, Bd. 1 (Pfullingen 1961), 567.
71 ROSENKRANZ, 70.

gung. Nur der Gegensatz macht alles in Wahrheit lebendig; nur der Zwang bringt die wahre Spontaneität hervor und nur im Geformten fühlt man die Metaphysik der Formlosigkeit: man fühlt, daß das Chaos Weltprinzip ist«[72].

In Adornos Ästhetik steht das Chaos für das von der bürgerlichen Gesellschaft Verfemte ein und wird als solches von der Formensprache der Kunst angeeignet und kritisch gegen die zur zweiten Natur gewordene gesellschaftliche Ordnung gewendet. Die Kunst entdeckt das Chaos, allerdings in einem »Vergeistigunsgsprozeß« dialektischer Negation, in dem das Primat des Geistes und die Wiederkehr des vom Geist durchdrungenen Verfemten oder Tabuierten zwei Seiten desselben Prozesses sind. »Die Theoreme, denen zufolge Kunst Ordnung, und zwar sinnlich konkrete, nicht klassifikatorisch abstrakte, in die chaotische Mannigfaltigkeit des Erscheinenden oder der Natur selbst zu bringen habe, unterschlagen, idealistisch, das Telos ästhetischer Vergeistigung: den geschichtlichen Figuren des Naturhaften und seiner Unterordnung das Ihre widerfahren zu lassen. Demgemäß hat die Stellung des Vergeistigungsprozesses zum Chaotischen ihren geschichtlichen Index. Mehrfach ist, zuerst wohl von Karl Kraus, ausgesprochen worden, daß, in der totalen Gesellschaft, Kunst eher Chaos in die Ordnung zu bringen habe als das Gegenteil. Die chaotischen Züge qualitativ neuer Kunst widerstreiten dieser, ihrem Geist nur auf den ersten Blick. Es sind die Chiffren von Kritik an schlechter zweiter Natur: so chaotisch ist in Wahrheit die Ordnung. Das chaotische Moment und radikale Vergeistigung konvergieren in der Absage an die Glätte der eingeschliffenen Vorstellungen vom Dasein.«[73] Wenn für Adorno Form selbst »Objektivation des Chaos«[74] wird oder er programmatisch formuliert: »Aufgabe von Kunst heute ist es, Chaos in die Ordnung zu bringen«[75], so entwirft er damit noch keine Ästhetik des Chaos, sondern setzt das Chaos in der Kunst als Gegenbegriff zur schlechten Ordnung der vom Wertgesetz entstellten, ›chaotischen‹ Gesellschaft ein; das dialektisch eingesetzte Chaos der ästhetischen Form, das die gesellschaftliche Ordnung als chaotisch entlarvt, ist für Adorno also rein funktional: »Das Chaos ist die Funktion des Kosmos, le désordre avant l'ordre. Chaos und System gehören zusammen, in der Gesellschaft wie in der Philosophie«[76]. Für Walter Benjamin ist das Chaos nicht einfach das von der Kunst zu durchdringende Andere der Form, dem es sich etwa im Sinne idealistischer Emanationslehren zu entwinden hätte; das Kunstwerk entstehe zwar aus dem Chaos, denn es sei eben nicht Schöpfung aus dem Nichts, doch könne das von Schönheit und Harmonie durchflutete Chaos im Kunstwerk immer nur belebt *scheinen*, so daß die Kunst mit dem Chaos immer auch eine falsche Totalität beerbe, der nur das Ausdruckslose Einhalt gebieten könne: »Dieses nämlich zerschlägt was in allem schönen Schein als die Erbschaft des Chaos noch überdauert: die falsche, irrende Totalität – die absolute. Dieses erst vollendet das Werk, welches es zum Stückwerk zerschlägt, zum Fragment der wahren Welt, zum Torso eines Symbols.«[77]

Zu einer eigentlichen Ästhetik des Chaos kann es aber erst kommen, wenn das Chaos nicht mehr, wie in den Ästhetiken, die im weitesten Sinne noch an Hegel anschließen, als das zu durchdringende Andere der schönen Form dialektisiert wird. Anknüpfend an die naturwissenschaftlichen Erkenntnisse des späten 19. Jh. entdeckt zuerst die Kunst und später dann auch die an die Informationstheorie anschließende Ästhetik den ästhetischen Reiz instabiler Ordnungsstrukturen. Das Chaos ist nun nicht mehr bloßer Hintergrund von ästhetischer Ordnung, sondern avanciert entweder seinerseits zur Figur, etwa in der Entdeckung des Rauschens oder aleatorischer Prozesse, oder bezeichnet je den Übergang von Grund zu Figur und von Figur zu Grund. So denkt etwa Paul Valéry in seinem Dialog *L'Idée fixe* (1932) das

---

[72] GEORG LUKÁCS, Reichtum, Chaos und Form. Ein Zwiegespräch über Lawrence Sterne (1909), in: Lukács, Die Seele und die Formen (Berlin 1911), 316 f.
[73] THEODOR W. ADORNO, Ästhetische Theorie (1969), in: ADORNO, Bd. 7 (1970), 144 f.
[74] ADORNO, Die musikalischen Monographien (1952), in: ADORNO, Bd. 13 (1971), 227.
[75] ADORNO, Minima Moralia (1951), in: ADORNO, Bd. 4 (1980), 251.
[76] ADORNO, Philosophie der Neuen Musik (1948), in: ADORNO, Bd. 12 (1975), 50.
[77] WALTER BENJAMIN, Goethes Wahlverwandtschaften (1924), in: BENJAMIN, Bd. 1/1 (1974), 181.

Verhältnis von Geist und Chaos, Ordnung und Unordnung nicht gemäß einer Dialektik der Durchdringung, sondern im Sinne eines permanenten Übergangs von Ordnung zu Unordnung und von Unordnung zu Ordnung, einer Oszillation, aus der die Idee dann wie ein Ereignis auftaucht. James Joyce führt in *Finnegans Wake* (1939) die bisher korrelativ gedachten Begriffe Chaos und Kosmos in einem Wort zusammen: In seinem »chaosmos of Alle«[78] kommt es nicht nur zu einer chaogenen Sprach-Vermischung des Englischen, Griechischen und Deutschen, in diesem ›chaosmos‹ kommt es auch zu einer Bewegung und Veränderung jedes Aspekts der Zeit; und das Bewußtsein randomisiert Individualität zu einem »dividual chaos« (180).

Eine solche Engführung von Chaos und Ordnung setzt sich in der informationstheoretisch orientieren Ästhetik etwa mit Max Benses Begriff der ›chaogenen Ordnung‹ fort. Bense knüpft an die Semiotik von Charles Sanders Peirce, aber auch an mengentheoretische Überlegungen des Mathematikers Felix Hausdorff und dessen Schrift *Das Chaos in kosmischer Auslese* (1898) an. Ordnung ergibt sich für Bense aus der Distribution und Determination von Elementen: Erkennen und identifizieren könne man nur das, was hinreichend determiniert ist, während das völlig Undeterminierte als ein Chaos nicht erkennbar sei – es bleibt bloßes Rauschen. Chaos muß also in wenn auch nur schwach determinierte Zustände oder ›Ordnungen‹ überführt werden, um überhaupt erkennbar zu werden. Das Begriffspaar Ordnung und Chaos ersetzt Bense dann durch die Unterscheidung von stark und schwach determinierten Zuständen. Ästhetische Zustände, wie etwa die Wortfolge in einem dichterischen Text oder die Verteilung der Farben auf einem Bild, sind für Bense schwach determiniert, während er physikalische Zustände wie Kristalle oder Lösungen als stark determiniert begreift; zwischen beiden setzt er einen dritten Zustand mittlerer Determination an, etwa die durch Konvention festgelegte Semantik des Wortmaterials. Das jeweilige Verhältnis von Ordnung und Chaos, Determiniertheit und Undeterminiertheit versteht Bense im Sinne graduierter Abstufungen. Von ›chaogener Ordnung‹ könne man sprechen, wenn eine maximale Mischung der Elementenmenge vorliege, von ›regulärer Ordnung‹, wenn die Menge der Elemente strukturell verteilt und nach einem Muster angeordnet sei, von ›irregulärer Ordnung‹, wenn die Elementenverteilung beliebig und singulär gestaltet sei. Bense beschreibt ästhetische Ordnungszustände als Selektion von Elementen aus einem Repertoire und begreift dieses Repertoire seinerseits als Ordnungszustand oder als Komplexität, so daß künstlerische Ordnung jeweils als Emergenz von Ordnung aus Ordnung verstanden wird. Die Graduiertheit ästhetischer Ordnungsmodelle, die jeweils die Komplexität des Repertoires korreliert, versteht Bense dann semiotisch als »Ergebnisse einer Superisation über einem Repertoire von Einzelzeichen«[79]; die innovative Schaffung von ästhetischer Ordnung über einem Repertoire (einer Elementenmenge) beschreibt er in Anlehnung an Peirces Zeichenbegriff als symbolisch (chaogen), indexikalisch (gestaltet) und iconisch (strukturell). Chaogene, reguläre und irreguläre Ordnung, oder Chaos, Struktur und Gestalt, differenziert er makroästhetisch als Mischung, Symmetrie und Form, mikroästhetisch als Repertoire, Pattern und Konfiguration. »Der Makrozustand kann in jedem Fall durch die Komplexität, die Menge der entscheidenden erzeugenden Elemente gemessen werden; der Mikrozustand hingegen durch die Entropie, das Maß der Unbestimmtheit im Zustand der Distribution der Elemente.« (52) Durch den Rückgriff auf den Begriff der Komplexität, den Bense mit S. Maser als Menge materialer Konstruktionsmittel versteht, und durch die Umkodierung des Ordnungsbegriffs, der die Anordnung von Elementenkomplexen beschreibbar macht, wird Chaos von seiner Korrelativbedeutung abgelöst und seinerseits zu einem Ordnungskonzept, oder, wie Bense es formuliert, sowohl Ordnung wie auch Chaos werden jetzt nur mehr als Teilmengen oder Aspekte verstanden, aus denen sich das Gesamtmaß eines ästhetischen Zustandes als Summe seiner Teilmaße ergibt und additiv aufgebaut werden kann; Bense hofft, auf diese

---

78 JAMES JOYCE, Finnegans Wake (1939; New York 1972), 118.
79 MAX BENSE, Einführung in die informationstheoretische Ästhetik. Grundlegung und Anwendung in der Texttheorie (Reinbek 1969), 38.

Weise auch den Übergang von der makroästhetischen zur mikroästhetischen Beschreibungsebene kalkülisieren zu können.

Die Umkodierung des Chaos zu einem Begriff emergenter Ordnung wird in den informationstheoretisch orientierten Ästhetiken vor allem dadurch möglich, daß, im Anschluß an die Übertragung des Entropiegesetzes auf die Informationstheorie von Shannon und Weaver, Information sich vom Konzept der Bedeutung ablöst und als mathematische Funktion verstanden werden kann. Unabhängig davon, ob übermittelte Botschaften eine ›Bedeutung‹ für ihren Empfänger haben oder nicht, kann Information dann über die Verteilung von Botschaften oder Botschaftselementen definiert werden. Für Jurij Lotman zeichnet sich die Kunst dadurch aus, daß sie Rauschen in Information verwandelt. Mit dem Rauschen brechen Unordnung, Entropie, Chaos und Desorganisation in die Informationsstruktur ein, so daß für Lotman das Rauschen im Kommunikationskanal Information löscht. Die Informativität der Mitteilung ist gleich Null, wenn die Größe des Rauschens der Größe der Information proportional ist. Lotman sieht darum eine der wesentlichen Funktionen der Kultur darin, daß sie sich dem Vordringen der Entropie, dem Übergriff des Rauschens entgegenstelle und dies vor allem in der Kunst tue. Anders als bei nichtkünstlerischer Information, die zwischen systemexternen Daten und Daten, die zu einem anderen System gehören, nicht unterscheiden könne, sei Kunst in der Lage, diesen Unterschied fruchtbar zu machen und als eigene Systemreferenz mitzuprozessieren. Während also beispielsweise für nichtkünstlerische Information eine im Hintergrund ablaufende fremdsprachliche Unterhaltung in ebendem Maße eine Störung darstellt wie irgendein mechanisches Rauschen, kann Kunst diesen Unterschied selbst in Information transformieren und so eine größere Komplexität ihrer Um-

weltreferenz und damit ihrer eigenen Struktur erzielen.[80] Die Strukturiertheit oder ›Ordnung‹ des Kunstwerks kann man also mit Lotman als eine Umkodierung der *Unterscheidung* von Rauschen und Information, Chaos und Ordnung zu künstlerischer Information fassen. Indem das Kunstwerk systemexterne und systemfremde Referenzen dekontextuiert und entpragmatisiert, hält es das Rauschen weiterhin in seinem alten Kontext als Rauschen, zugleich aber, transferiert in seinen neuen Kontext, als Information parat und gewinnt aus diesem Oszillieren das, was Lotman künstlerische Information nennt; eine ins Gras geworfene Statue etwa verliert nicht unbedingt ihren Informationswert, sondern kann, indem eine ungewöhnliche Beziehung zwischen dem neuen und dem alten Kontext der Statue entsteht, neue künstlerische Effekte schaffen. Niklas Luhmann hat solche emergenten ästhetischen Relationen von hohem Informationswert, die er über eine Unterscheidung von Form und Medium entfaltet, der zufolge die feste Kopplung einer Form wieder zum lose gekoppelten Medium werden kann, indem Elemente entkoppelt und damit für neue (ästhetische) Relationen und Formbildungen freigesetzt werden, als »konstitutiv instabil« bezeichnet; ihre Akkumulation würde eine »unkontrollierte Komplexität, also Chaos«[81] hervorrufen.

VII. Deterministisches Chaos

Auf dem Hintergrund der Chaostheorie und der Ästhetik fraktaler Strukturen haben Friedrich Cramer und Wolfgang Kaempfer die schöne Form über ihren Emergenzcharakter bestimmt. Die schöne Form sei weder allein über Ordnungsparameter, wie sie etwa die traditionelle Vorstellung des ›bel ordre‹ vorgesehen habe, noch über sogenannte chaotische Situationen zu verstehen, sondern sie sei als Übergangsphänomen, als Oszillation zwischen Ordnung und Chaos zu begreifen. Das Naturschöne ebenso wie das Kunstschöne entsteht für Cramer und Kaempfer immer dort, »wo das Chaos in die Ordnung oder wo die Ordnung in das Chaos mündet in jenem irreversiblen Schritt, der sich nicht voraussehen, der sich nicht

---

[80] Vgl. JURIJ M. LOTMAN, Struktura chudožestvennogo teksta (Moskau 1970), 98 f.; dt.: Die Struktur literarischer Texte, übers. v. R.-D. Keil (1972; München 1993), 118.
[81] LUHMANN, Wie ist Bewußtsein an Kommunikation beteiligt?, in: H. U. Gumbrecht/K. L. Pfeiffer (Hg.), Materialität der Kommunikation (Frankfurt a. M. 1988), 892.

berechnen und der sich daher auch nicht umkehren (nicht wiederholen) lassen kann. Schönheit ist gleich der offenen (irrationalen) *Ordnung des Überganges*, und so ist sie ihrem eigenen Prinzip nach vergänglich, fragil, gefährdet und je nur einmalig.«[82] Als Emergenzphänomen wird Schönheit so im Sinne eines ›chaotischen‹ Phasenübergangs verstanden, durch den ein emergierendes System von alten zu neuen Ordnungsstrukturen übergeht, wobei die Trajektorie dieses Übergangs unvoraussehbar und irreversibel ist; Cramer und Kaempfer plädieren daher für einen »dynamischen Begriff der Schönheit« (63), der sie in der Zeitdimension verortet. Auch für Luhmann ist das »Beobachtung der Kunst [...] die Beobachtung einer emergenten Ordnung, die auf die Art und Weise der Natur, aber nicht als Natur, sondern mit anderen Formen und anderen Anschlußbedingungen entsteht bzw. entstanden ist«[83].

Emergente, immer wieder perturbierte oder durch Chaoszonen hindurchgehende Ordnungsstrukturen konnten erst in den Blick rücken, nachdem der Determinismus der Newtonschen Mechanik und des Laplaceschen Systems sich als zu einlinig für die Beschreibung komplexer Systeme erwiesen hatten. Hatte Laplace noch angenommen, die Parameter eines Systems ließen sich so genau berechnen, daß die Entwicklung des Systems voraussagbar sei, konnte Henri Poincaré 1892 mit seiner Antwort auf die Preisfrage der schwedischen Akademie der Wissenschaften nach der Stabilität des Planetensystems zeigen, daß selbst schon ein System von nur drei Körpern unvoraussehbar werden und daher nicht mehr mit linearen Differenzialen errechnet werden konnte. Während etwa die Schwingung eines einfachen Pendels als Paradigma für deterministisches Verhalten gelten kann, läßt sich die Schwingung eines Doppelpendels, und das heißt eines Pendels, an dessen schwingendem Ende ein zweites Pendel angebracht ist, schon nicht mehr voraussagen, obwohl es ebenso den Newtonschen Bewegungsgesetzen folgt wie das einfache Pendel; denn gekoppelt an und gleichzeitig unabhängig von der Bewegung des ersten Pendels muß das zweite Pendel minimale Effekte rückkoppeln und leitet dadurch neue und nicht voraussehbare Bewegungstrajektorien ein.»Deterministisches Chaos bedeutet also: Entstehung einer chaotischen Trajektorie trotz deterministischer Bewegungsgleichungen.«[84] Von deterministischem Chaos kann man also immer dann sprechen, wenn minimale Eingangsbedingungen an»Kipp- oder Verzweigungspunkten« so rückgekoppelt werden, daß sie zu chaotischer Komplexität anwachsen; Cramer beschreibt den Übergang von Ordnung zu Chaos daher auch als einen Übergang von Schwingen zu Kippen. Beim Doppelpendel entsteht an solchen Verzweigungspunkten ein seltsamer Attraktor oder Lorenz-Attraktor, der das Gesamtsystem von einer determinierten in eine chaotische Bewegungstrajektorie kippen läßt. Poincaré hatte bemerkt: »Il peut arriver que de petites différences dans les conditions initiales en engendrent de très grandes dans les phénomènes finaux; une petite erreur sur les premières produirait une erreur énorme sur les derniers. La prédiction devient impossible et nous avons le phénomène fortuit.«[85] Edward Lorenz machte sich 1963 diese Einsicht Poincarés für seine Simulation von Wettervorgängen zunutze, um zu zeigen, daß bei Wetterlagen minimale Details der Eingangsbedingungen, die sich nicht mit infiniter Präzision bestimmen ließen, über ihre Rückkopplung zu unvoraussagbaren Turbulenzen führen können; nach Lorenz' ›Schmetterlings-Effekt‹ kann ein einziger Flügelschlag eines Schmetterlings im Prinzip zum Umkippen einer Großwetterlage führen. Charakteristisch für die Nichtlinearität chaotischer Trajektorien ist »1) Ausbildung von *Ordnung* und *Struktur* in offenen, dissipativen Systemen fern vom Gleichgewicht [...] 2) *Vielskaligkeit* [...]: Gleichartige Muster bilden sich statistisch oder stets gleich in den verschiedensten Größen ineinandergeschachtelt aus. 3) *Chaos*, wie z.B. das unregelmäßige zeitliche Verhalten des Spannungsabfalls an einem Widerstand. [...] Unter ›Chaos‹ verstehen wir

---

82 CRAMER/KAEMPFER (s. Anm. 8), 52.
83 LUHMANN (s. Anm. 9), 122.
84 CRAMER/KAEMPFER (s. Anm. 8), 19.
85 HENRI POINCARÉ, Science et méthode (Paris 1908), 68f.

eine andauernde zeitliche Veränderung der Systemvariablen.«[86]

Die Chaostheorie hat sich in zwei komplementäre Richtungen entwickelt, wenn einerseits Mitchell Feigenbaum, Benoît Mandelbrot und Robert Shaw die in chaotischen Systemen verborgene Ordnung beschreiben und wenn andererseits Ilya Prigogine und Isabelle Stengers, René Thom, Heinz von Foerster, Humberto Maturana und Francisco Varela nach der Emergenz von Ordnung aus Chaos, nach ›order from noise‹ und damit nach Selbstorganisation und Autopoiesis fragen. Mit dem scheinbaren Paradox einer »orderly disorder«[87] entdecken Theorien der Selbstorganisation und Chaostheorie einerseits die Emergenz von Chaos aus deterministischen Ausgangsbedingungen und andererseits die Ordnungsstrukturen in diesen Chaoszuständen. Chaos bezeichnet also nicht länger Strukturlosigkeit oder entropische Vermischung, sondern Komplexität. Die Struktur scheinbar strukturloser Phänomene wie etwa einer Küstenlinie oder einer Wolkenformation ist so komplex, daß sie sich nicht mehr linear differenzieren läßt; ihre Komplexität bestimmt sich durch Rekursion und Selbstähnlichkeit. Die von Cramer so genannten ›Kipp- oder Verzweigungspunkte‹, die indeterministischen und nichtlinearen Sprünge oder Bifurkationen, an denen ein System gleichsam nicht ›weiß‹, wie es entscheiden oder selegieren soll, werden durch Rückkopplung verstärkt und können rekursiv dargestellt werden. Die fraktale Geometrie kann so chaotische Trajektorien modellieren, indem sie sie nicht mehr linear differenziert, sondern topologisch in Phasenbildern darstellt, etwa dem Drehen und Falten bei der ›Bäckertransformation‹[88]. Benoît Mandelbrot hat im Rückgriff auf Gaston Julias Mathematik rekursiver Zahlenmengen Computersimulationen komplexer selbstähnlicher Strukturen entwickelt, die sich wie bestimmte Naturformen skaleninvariant als Muster aus Mustern entfalten.[89] Die rekursive und nichtlineare Entfaltung komplexer Formen aus einfachen Algorithmen und die ›Übersummenhaftigkeit‹ der komplexen Form sowohl beim Naturschönen wie beim Kunstschönen[90] weisen nach Mandelbrots fraktaler Geometrie der Natur auf die auch im scheinbar Chaotischen verborgene Ordnung.

Mandelbrot sieht erste Ansätze zur Einsicht in selbstähnliche Strukturen schon bei Leibniz vorgeprägt, für den ja das scheinbar Ungeordnete bei Verschiebung des Blickpunkts dann doch die Ordnung einer prästabilierten Harmonie erkennen läßt.[91] Auch Johann Heinrich Lambert und Kant argumentierten teleologisch für die auch im Chaos noch verborgene Ordnung: »Die Unordnung der Welt ist nur scheinbar, und wo sie am größten zu seyn scheinet, da ist die wahre Ordnung noch weit herrlicher, uns aber nur mehr verborgen.«[92] Kant wendete sich gegen die Annahme der Atomisten, daß die Welt aus dem Zufall generiert werde, mit der These, daß die von Gott geschaffene Natur nicht vom Plan der Vollkommenheit abweichen könne: »Es ist ein Gott eben deswegen, weil die Natur auch selbst im Chaos nicht anders als regelmäßig und ordentlich verfahren kann.«[93] Das teleologische Sicherheitsnetz, mit dem hier das Paradox einer Ordnung im Chaos aufgefangen wird in der Zentralisierung dieses Paradoxes auf den göttlichen Beobachter oder den Plan einer göttlichen Schöpfung, entzieht sich freilich den chaostheoretischen Überlegungen zur ordentlichen Unordnung.

Gotthard Günther hat diesen Unterschied zwischen Steuerung und Emergenz, zwischen göttlichem Plan und Autopoiesis mit dem Begriffspaar Entropie und Ektropie umschrieben. Er unterscheidet Systeme, in denen das Sein als ›Synthesis a

---

86 SIEGFRIED GROSSMANN, Selbstähnlichkeit. Das Strukturgesetz im und vor dem Chaos, in: W. Gerok (Hg.), Ordnung und Chaos in der unbelebten Natur (Stuttgart 1989), 103.
87 JAMES GLEICK, Chaos. Making a New Science (London 1988), 266.
88 Vgl. ILYA PRIGOGINE, Les lois du chaos (Paris 1994), 52.
89 Vgl. GLEICK (s. Anm. 87), 103.
90 Vgl. BERND-OLAF KÜPPERS, Die ästhetischen Dimensionen natürlicher Komplexität, in: W. Welsch (Hg.), Die Aktualität des Ästhetischen (München 1993), 266.
91 Vgl. BENOÎT MANDELBROT, The Fractal Geometry of Nature (1977; New York ³1983), 405 f.
92 JOHANN HEINRICH LAMBERT, Cosmologische Briefe über die Einrichtung des Weltbaues (Augsburg 1761), 116.
93 KANT, Allgemeine Naturgeschichte und Theorie des Himmels (1755), in: KANT (WA), Bd. 1 (1977), 235.

priori des Empirischen‹ (als vorgängige Einheit) oder als Handlung eines Schöpfergotts vorgestellt werde und aus denen die Theologie nicht wegzudenken sei, von einem System, das Sein als autopoietischen Mechanismus verstehe. Während in den ersten beiden Systemen alle Reflexion im Weltsystem zirkuliere, um letzten Endes immer wieder zurückzufließen zu dem, der, selbst außerhalb des Systems, es konstituiert oder geschaffen hat, während also diese ›theologisch‹ an einem absoluten Beobachter orientierten Reflexions-Systeme auf Entropie zuliefen, weil sie keinen Zufluß an Reflexion erlaubten und Reflexion gleichzeitig aus ihnen abfließe, sei das autopoietische System von Ektropie gekennzeichnet: in ihm nehme der Zustand der Unordnung ab, da es einen unbegrenzten Zufluß an Reflexion erlaube, Reflexion sich dabei ›staue‹ und vom System wieder absorbiert werde.[94] Günthers Begriffspaar Entropie und Ektropie stellt sich quer zur traditionellen Begrifflichkeit von Sein und Reflexion oder Materie und Form und versucht die zweiwertige und über Negation verlaufende Bestimmung der Materie durch die Form oder der Form durch die Materie, der Unordnung durch die Ordnung oder der Ordnung durch die Unordnung aufzulösen. Chaos kann dann aber nicht mehr wie in der Antike und der an sie anschließenden philosophischen Tradition über den Begriff einer Materie verstanden werden, die als Unbestimmtes oder Ungeformtes Matrix für sich ausdifferenzierende Bestimmtheit und Form wäre. Für Günther fallen denn auch Materie und Form im autopoietischen, von Ektropie charakterisierten System zusammen. Entsprechend hat auch Luhmann argumentiert, daß der traditionelle Begriff der Materie nicht mehr abzudecken vermöge, worauf eine »Unwahrscheinlichkeitsbegrifflichkeit« – die wie »Selektion, Kontingenz, Evolution, Negentropie, Emergenz und neuerdings Chaos«[95] von der Annahme einer Gegebenheit des Seienden als Natur abgerückt sei – abziele: auf die Paradoxie, daß das Wahrscheinliche und scheinbar Erwartbare von Unwahrscheinlichkeit durchzogen, daß die Ordnung vom Chaos durchsetzt sei. Entsprechend lenke auch das Kunstwerk »die Aufmerksamkeit des Beobachters auf die Unwahrscheinlichkeit seiner Entstehung«[96].

Bianca Theisen

Literatur

ARNHEIM, RUDOLF, Entropy and Art. An Essay on Disorder and Order (Berkeley/Los Angeles/London 1971); BOLZ, NORBERT, Chaos und Simulation (München 1992); CRAMER, FRIEDRICH, Chaos und Ordnung (Stuttgart ³1989); FOERSTER, HEINZ VON, Observing Systems (Seaside ²1984); GEROK, WOLFGANG (Hg.), Ordnung und Chaos in der unbelebten und belebten Natur (Stuttgart 1989); GLEICK, JAMES, Chaos. Making a New Science (London 1988); GUATTARI, FÉLIX, Chaosmose (Paris 1992); GÜNTHER, GOTTHARD, Beiträge zur Grundlegung einer operationsfähigen Dialektik, Bd. 1 (Hamburg 1976); GUNKEL, HERMANN, Schöpfung und Chaos in Urzeit und Endzeit (Göttingen 1895); HAYLES, NANCY KATHERINE, Chaos Bound. Orderly Disorder in Contemporary Literature and Science (Ithaca/London 1990); HAYLES, NANCY KATHARINE (Hg.), Chaos and Order. Complex Dynamics in Literature and Science (Chicago/London 1991); KÜPPERS, BERND-OLAF (Hg.), Ordnung aus dem Chaos (München ²1988); KÜPPERS, GÜNTER (Hg.), Chaos und Ordnung. Formen der Selbstorganisation in Natur und Gesellschaft (Stuttgart 1996); Kursbuch 98 (1989): Das Chaos; LIVINGSTON, PAISLEY (Hg.), Disorder and Order. Proceedings of the Stanford International Symposium, Sept. 1981 (Saratoga 1984); LORENZ, EDWARD, The Essence of Chaos (Seattle 1993); MANDELBROT, BENOÎT, The Fractal Geometry of Nature (New York ³1983); MATHY, DIETRICH, Poesie und Chaos. Zur anarchistischen Komponente der frühromantischen Ästhetik (München/Frankfurt a. M. 1984); PECKHAM, MORSE, Man's Rage for Chaos. Biology, Behavior, and the Arts (New York 1967); PEITGEN, HEINZ-OTTO/ RICHTER, PETER H. (Hg.), The Beauty of Fractals. Images of Complex Dynamical Systems (Berlin/New York 1986); PRIGOGINE, ILYA, Les lois du chaos (Paris 1994); PRIGOGINE, ILYA/STENGERS, ISABELLE, Order out of Chaos. Man's New Dialogue with Nature (New York 1984); SERRES, MICHEL, Hermès, 5 Bde. (Paris 1968–1980); SPENCER-BROWN, GEORGE, Laws of Form (New York 1972); STEHLE, PHILIP, Order, Chaos, Order (New York 1994); THOM, RENÉ, Modèles mathématiques de la morphogenèse. Recueil de textes sur la théorie des catastrophes et ses applications (Paris 1974); WATZLAWICK, PAUL, Münchhausens Zopf oder Psychotherapie und ›Wirklichkeit‹ (München ²1994).

---

94 Vgl. GOTTHARD GÜNTHER, Seele und Maschine, in: Günther, Beiträge zur Grundlegung einer operationsfähigen Dialektik, Bd. 1 (Hamburg 1976), 79.
95 LUHMANN, Soziologische Aufklärung, Bd. 5. Konstruktivistische Perspektiven (Opladen 1990), 96.
96 LUHMANN (s. Anm. 9), 204.

Charakter/charakteristisch
(griech. χαρακτήρ, ἦθος; lat. character, habitus, signum, notatio; engl. character, characteristic; frz. caractère, caractéristique; ital. carattere, caratteristico; span. carácter, característico; russ. характер, характерное)

Einleitung: Charakterbegriff und Peripetien der Subjektkonstitution; I. ›Entre l'écriture et le discours sur l'homme‹: Von der Antike zur Moralistik des 17. Jahrhunderts; II. Diderot, Lessing und die Diskussion der Aufklärung; III. Das ›Charakteristische‹ als Kategorie der Klassizismuskritik; IV. ›Der rechte Moment, die griechischen Kunstwerke von seiten des Charakteristischen zu beleuchten‹: Zur Begriffsdiskussion der Weimarer Klassik; V. Ausweitungen: Die Begriffe Charakter und charakteristisch in der Musikästhetik (Wiener Klassik) und in der Architekturtheorie; VI. Beginn und Ende der Moderne

Einleitung: Charakterbegriff und Peripetien der Subjektkonstitution

»Von einem Grundbegriff der Ästhetik des 19. Jahrhunderts [und, wie zumindest im konkreten Fall hinzuzufügen wäre, keineswegs nur des 19. Jh. – d. Verf.] zu erwarten, daß er eindeutig, fest umrissen und genau begrenzt sei, wäre weniger ein Zeichen von wissenschaftlicher Zuversicht, als daß es vielmehr einen Mangel an philosophischer Erfahrung verriete«[1], beginnt Carl Dahlhaus 1976 seine Überlegungen zur *Kategorie des Charakteristischen in der Ästhetik des 19. Jahrhunderts*, eine der frühesten neueren Arbeiten, die sich dem Terminus aus musikwissenschaftlicher Perspektive zu nähern versuchen, und er fügt zugleich Eduard von Hartmanns Diktum hinzu, der Begriff sei »bis jetzt noch in keiner Ästhetik genügend erörtert«[2]. Ungeachtet dessen, daß die Termini ›Charakter‹ und ›charakteristisch‹ für die Diskussionen einer aktuellen Ästhetik durchgängig nur noch in historischer Perspektive relevant sind, hat sich an dem doppelten Befund wenig geändert: Die Begriffsverwendung ist häufig opak und selbst unter Zeitgenossen selten deutlich abgegrenzt, und ihre historisch-ästhetische Erforschung in einem größeren begriffsgeschichtlichen Kontext ist auch mehr als hundert Jahre nach von Hartmanns Diktum eher unzureichend. Immerhin sind zwei Beobachtungen im begriffsgeschichtlichen Makrokontext zentral: Zum einen gehört der Terminus Charakter innerhalb des breiten Feldes ästhetischer Begrifflichkeit zu denjenigen Begriffen, die (wenn auch naturgemäß mit konjunkturellen Schwankungen) eine seit der Antike auffällig stabile Verwendungsgeschichte aufweisen. Zum anderen läßt sich ungeachtet aller Varietät des spezifischen Einzelverständnisses und wechselnder Grenzziehungen durch die Jahrhunderte ein nie vollständig in Vergessenheit geratener Begriffskern isolieren, der sowohl in anthropologischer als auch in ästhetischer Hinsicht – und der Begriff findet sich in einer Vielzahl ästhetischer Debatten zwischen Aristoteles und der Postmoderne, wenn auch mit einem besonderen Schwerpunkt auf der Diskussion des Idealschönen nach 1760 – stets im Rekurs auf als persönlichkeitsbestimmend gedachte Affektkonstanten auf die historisch unterschiedlichen Repräsentationen des Individuums verweist, damit im Spannungsfeld zwischen singulärer Individualität und überindividueller Typisierung zwangsläufig zugleich aber auch die Peripetien antiker wie neuzeitlicher Subjektkonstitution dokumentiert.

Unter anthropologischem Gesichtspunkt erweist sich der Charakterbegriff so z.B. im 17. Jh. als zentral, wenn es darum geht, hinter die ›Masken‹ höfischen Verhaltens als personellen Rollenzuweisungen und dem Zwang zur Affektdämpfung im sozialen Code der höfischen Elite das ›Eigentliche‹ des Individuums erkennen zu können. Verstellung und Beobachtung, die eng miteinander verzahnt sind, kommen in diesem Sinne etwa bei Francis Bacon als Kontrast zur Habitualisierung der ›eigentlich‹ üblichen, eben nicht charaktergesteuerten Verhaltensweisen zum Ausdruck, wenn es heißt: »A Mans *Nature* is best perceived in Privatenesse, for there is no Affectation; In Passion, for that

---

[1] CARL DAHLHAUS, Die Kategorie des Charakteristischen in der Ästhetik des 19. Jahrhunderts, in: H. Becker (Hg.), Die ›Couleur locale‹ in der Oper des 19. Jahrhunderts (Regensburg 1976), 9; vgl. DAHLHAUS, Klassische und romantische Musikästhetik (Laaber 1988), 219–230, 285–287.
[2] EDUARD VON HARTMANN, Die deutsche Ästhetik seit Kant, Bd. 1 (Leipzig 1886), 376.

putteth a Man out of his Precepts; And in a new Case or Experiment, for there Custome leaveth him.«³ Vergleichbare Überlegungen finden sich zeitgleich u. a. in Spanien bei Baltasar Gracián, der im Rekurs auf die noch relativ junge Wissenschaft der Anatomie von einer »moral anotomía [sic] del hombre«⁴ spricht. In der spezifischen Charakterlehre von Thomas Hobbes heißt es, von Charakter könne man immer dann sprechen, »wenn die Anlagen durch Gewöhnung so gefestigt sind, daß sie leicht und ohne daß die Vernunft widerstrebt, sich betätigen« (ingenia, quando assuescendo ita confirmata sunt, ut facile nec reluctante ratione suas edant actiones)⁵. Kann man den Charakter also hier verstehen als eine Habitualisierung sozialer Verhaltensweisen, deren jeweils individuelle Selbstverständlichkeit nicht durch Vernunfteinfluß gebrochen wird, so lassen sich andererseits Leidenschaften, die unter den Prämissen einer permanent praktizierten sozialen Verstellungskunst verborgen sind, auch gezielt bloßlegen; der soziale Kontrahent, im ›Leben‹ wie im Roman, kann so (etwa durch den Einsatz von Überraschungsmomenten) gezwungen werden, hinter der Maske des Verbergens seinen ›wahren Charakter‹ zu offenbaren.

Gerade in der frühen Neuzeit wird Charakter zu einer zentralen Kategorie der Beobachtung und Entschlüsselung sozialen Verhaltens und damit zum Ausgangspunkt einer gewissermaßen ›semiotischen Anthropologie‹; daß die Diskussion des Terminus als anthropologische Kategorie zeitspezifisch ebenso wichtig wird wie das Verfassen ganzer ›character books‹ bzw. ›moralischer Charaktere‹ in ästhetischer Hinsicht, erscheint unter diesem Gesichtswinkel als nicht verwunderlich. Auch außerhalb dieses Beispiels ist aber über die Jahrhunderte hinweg für den Charakterbegriff kennzeichnend, daß es sich um eine Kategorie der ›Lesbarmachung‹ von Welt handelt, die auf das ›Durchschauen‹ einer menschlichen Oberfläche und die Erschließung eines ›Dahinter‹, nämlich der dort wirksamen, sozial aber nicht unbedingt honorierten Affekte zielt. In anthropologischer Hinsicht wird der Begriff stets gebraucht, um den langfristigen Aspekt emotionaler Erfahrung und ihrer Repräsentation nach außen zu umschreiben. Begriffskonstituierend ist dabei seit der Antike die Akkumulation beobachteter Verhaltensweisen, der

typologisch gebündelt und in eine kategoriale Ordnung gebracht werden und so geradezu prototypisch Foucaults Kennzeichnung des »discours classique« illustrieren, dem es darauf ankomme, »d'attribuer un nom aux choses, et en ce nom de nommer leur être«⁶. Der Typ des Geizigen beispielsweise besteht in diesem Sinne aus einem Bündel von sozialen Einzelverhaltensweisen, die im größeren Zusammenhang erfaßt und dann als eine − in ihrer überindividuellen Typisierung im Grunde seit der Antike stabile − anthropologische Konstante (eben als Charaktermerkmal) identifiziert werden. In diesem Sinne läßt sich die Begriffsverwendung als Bestandteil der Entwicklungsgeschichte einer Anthropologie der Differenz verstehen.

Das Beispiel ist aber auch im Blick auf die Begriffsverwendung in ästhetischer Hinsicht im engeren Sinne aufschlußreich, und zwar vor allem deswegen, weil die Suche nach einem ›Dahinter‹ der Oberfläche von vornherein auf die − seit den antiken Zeugnissen der Begriffsverwendung auch so verstandene − Zeichenhaftigkeit des Begriffs verweist. Charakter läßt sich als einer der frühesten semiotischen Begriffe avant la lettre verstehen; im durchgängigen Begriffsverständnis seit der Antike bildet er nicht etwa in einem unmittelbaren Verständnis Welt ab, sondern ordnet vielmehr ihre Erscheinungsfülle wie deren künstlerische Umsetzung kategorial. Stets ist der Begriff verstanden als ein Terminus, der zwar auf das als Einzelphänomen Beobachtbare zurückgreift, dessen Bedeutungsgehalt aber nur durch das interpretierende Verständnis im Rahmen eines umfassenderen Zusammenhangs als Zeichensystem erschließt. Der

---

3 FRANCIS BACON, The Essayes or Counsels, Civil and Morall (1597–1625), hg. v. M. Kiernan (Oxford 1985), 120; dt.: Essays, hg. v. H. Winter (Frankfurt a. M./Leipzig 1993).
4 BALTASAR GRACIÁN, El criticón (1651–1657), I, 9.
5 THOMAS HOBBES, De homine (1657), in: Hobbes, Opera philosophica quae Latine scripsit omnia, hg. v. W. Molesworth, Bd. 2 (London 1839), 116; dt.: Vom Menschen, hg. u. übers. v. G. Gawlick (Hamburg 1966), 41.
6 MICHEL FOUCAULT, Les mots et les choses. Une archéologie des sciences humaines (Paris 1966), 136; dt.: Die Ordnung der Dinge, übers. v. U. Köppen (Frankfurt a. M. 1974), 164.

Geizige, um das Eingangsbeispiel aufzunehmen, ist in diesem Sinne nicht nur ein Bündel aus beobachtbaren sozialen Einzelverhaltensweisen, sondern auch eine Chiffre, die in ihrer künstlerischen Umsetzung von Theophrast über Molière bis heute vom Leser/Zuhörer/Betrachter dann auch wiedererkannt und dechiffriert werden kann, weil und soweit der Rezipient über das gleiche kulturelle Ordnungsschema verfügt.

Über diese grundsätzlichen Überlegungen hinaus ist der Begriff (vor allem in seiner Adjektivierung, ›charakteristisch‹, und in seiner morphologischen Variante als ›Charakterisierung‹) in ästhetischer Hinsicht dann aber auch historisch bemerkenswert, weil sich an ihm wesentliche Diskussionen zum Verhältnis von Ideal, Schönheit und Realität einerseits und von implizit gedachter Norm und ihren Abweichungen andererseits – und zwar nicht nur im deutschsprachigen Bereich – kristallisieren. Nicht nur bei William Hogarth und in der englischen Kunstliteratur des 18. Jh. ergeben sich hier Berührungspunkte zur Karikatur; und nicht nur in den ästhetischen Diskussionen um 1800 (vor allem auch im weiteren Umkreis der Weimarer und der Wiener Klassik) solche zum Nicht-Idealschönen und/oder Erhabenen. Die Spannweite der Begriffsverwendung in der Epoche vor dem Ende der Kunstperiode mag dabei die *Encyclopédie* Diderots und d'Alemberts (1751–1780) anzeigen, die noch eine Vielzahl unterschiedlichster Begriffsverwendungen und -verständnisse zwischen »caractere, en Morale« und »caractere de dessein«[7] auflistet, während Hegel ihn fünfzig Jahre später sehr gezielt auf »ein bestimmtes, in sich mit seiner Welt, seinen partikulären Eigenschaften und Zwecken abgeschlossenes Individuum« im modernen Sinne (einschließlich seinem »inneren Schwanken und Zerwürfnis« als Kennzeichen eben

seiner Modernität) bezieht und ihn dann unter anderem als »eigentlichen Mittelpunkt der idealen Kunstdarstellung«[8] verstehen kann. Für die Gegenwart mag die Spannweite angedeutet sein durch den Hinweis auf die überraschende (Wieder-)Verwendung des Charakterbegriffs im Zusammenhang von Adornos Musikästhetik bei der analytischen Behandlung Gustav Mahlers, während sowohl Walter Benjamin (*Schicksal und Charakter*, 1921) als auch etwa Hans Robert Jauß (*Vom plurale tantum der Charaktere zum singulare tantum des Individuums*, 1988) und Richard Sennett (*The Corrosion of Character*, 1998) ihre Überlegungen in die Tradition eines eher anthropologischen Verständnisses des Charakterbegriffs einschreiben: Peripetien einer Subjektkonstitution, die zwischen dem scholastischen ›individuum ineffabile‹ und dem Verständnis des Subjekts als einem »monadlike container«[9] schwankt.

I. ›Entre l'écriture et le discours sur l'homme‹: Von der Antike zur Moralistik des 17. Jahrhunderts

Unübersehbar liegt der Scharnier- und Angelpunkt des neuzeitlichen Begriffsverständnisses von ›Charakter‹ im ausgehenden 17. Jh. und damit, mit einer Formel Louis van Delfts, auf einem Status »entre l'écriture et le discours sur l'homme«[10]. Im Konfliktfeld zweier divergierender Konzeptualisierungen eines anthropologischen Grundverständnisses, wie sie gerade für die französische Moralistik und ihre Vorgeschichte kennzeichnend sind, lassen sich zwei Lösungen für die ›Formen des Ich‹ beobachten, deren eine auf Stabilität, Invariabilität, sozusagen Fixiertheit der menschlichen Natur, auf präzise Konturen und eine klare Konfiguration setzt, während die andere das Element des Wandels, der Veränderung, der Facettenhaftigkeit der menschlichen Natur voraussetzt und damit zwangsläufig die Erforschung der »matière aussi changeante et inconnue qu'est l'homme«[11] verlangt.

Prototypisch für das erste Verständnis sind die über zweihundert ›character-books‹ des englischen 17. Jh., wobei ›character‹ zunächst wenig mehr als

---

7 DIDEROT (ENCYCLOPÉDIE), Bd. 2 (1751), 666, 668.
8 HEGEL (ÄSTH), 543, 1098, 251.
9 FREDRIC JAMESON, The Political Unconscious. Narrative as a Socially Symbolic Act (Ithaca 1981), 15.
10 LOUIS VAN DELFT, Littérature et anthropologie. Le ›caractère‹ à l'âge classique, in: M. Fumaroli (Hg.), Le statut de la littérature. Mélanges offerts à Paul Bénichou (Genf 1982), 101.
11 FRANÇOIS DE LA ROCHEFOUCAULD, Maximes (1665), hg. v. J. Truchet (Paris 1967), Nr. 411.

›beschreibende Skizze‹ bedeutet und außer auf Personen durchaus auch auf die Jahreszeiten, eine Brücke, ein Gefängnis bezogen sein kann.[12] Der »character of a character« [also die ›Kennzeichen eines kennzeichnenden Textes‹ – d. Verf.] wird in diesem Sinne bei Samuel Person 1664 mit einem »Hyerogliphick« [einer Hieroglyphe – d. Verf.] identifiziert, der aufgrund von »infallible symptoms of things and persons« eine Fülle von beobachtbaren Erscheinungen in einem Gedankenbild konzentriert, das infolgedessen »like *Homers Iliads* in a nut shell«[13] funktionieren kann.

Die französische Moralistik, prominenteste Repräsentantin der zweiten Grundorientierung, bevorzugt demgegenüber in ihrer Ausrichtung auf eine negative Anthropologie als tendenziell voraussetzungsloser Neubesinnung auf die menschliche Natur ›offene‹ Formen der literarischen Darstellung. Hundertzwanzig Jahre nach dem späthumanistischen Großunternehmen der editio princeps (Nürnberg 1527; aus einem Manuskript aus dem Besitz Pico de la Mirandolas von Pirckheimer ins Lateinische übersetzt und Albrecht Dürer gewidmet) übersetzt Jean de la Bruyère nicht mehr nur den Text der *Charactēres* des Theophrast, sondern fügt ihm eigene Beobachtungen, *Les caractères ou les mœurs de ce siècle* (1688–1696), hinzu, die dann im Laufe der Auflagen erweitert und verändert werden. Auch wenn er stets auf das Moment der Überzeitlichkeit verweist und in diesem Sinne weiterhin einem eher statischen Menschenbild verhaftet bleibt, werden bei La Bruyère die Charaktere erstmals ansatzweise historisiert und mit den sozialen Bedingungen der Zeit in Beziehung gesetzt. In einem Kaleidoskop von einzeln numerierten Beobachtungen, die in der Endfassung den Text der Theophrast-Übersetzung um mehr als das Zehnfache überbieten, geht es ihm um nichts Geringeres als eine Schilderung des gesellschaftlichen Lebens der Epoche Ludwigs XIV. in seinen Sitten wie Institutionen, wobei aus der grundsätzlichen Einsicht, daß wir, »qui sommes si modernes«, bald ebenfalls »anciens« sein werden, eher die Verwunderung über die relative Konstanz des menschlichen Charakters und darüber, »que cette ressemblance avec des hommes séparés par tant de siècles soit si entière«[14], vorherrscht, als daß dies als selbstverständlich vorausgesetzt würde. Das Ziel der Erstellung der Charakterbilder »de ce siècle« muß es im Vergleich sowohl zu Theophrast als auch zu den vorhergegangenen und weniger umfangreichen Auflagen des eigenen Textes sein, »[de] laisser peut-être un ouvrage de mœurs plus complet, plus fini, et plus régulier, à la postérité«, zu dessen Erstellung infolgedessen auch das ganze Repertoire der Beobachtung wie ihrer literarischen Umsetzungsmöglichkeiten herangezogen wird: »on pense les choses d'une manière différente, et on les explique par un tour aussi tout différent, par une sentence, par un raisonnement, par une métaphore ou quelque autre figure, par un parallèle, par une simple comparaison, par un fait tout entier, par un seul trait, par une description, par une peinture«[15]. Anders als eine Auffassung, die auf eine in sich zwangsläufige Kombination von Einflußfaktoren rekurriert, deren Ergebnis sich dann auch in entsprechenden Übersichten veranschaulichen läßt und so z. B. Sternkreiszeichen, Temperament und vorherrschenden Lebenssaft in Tabellenform miteinander korreliert, verlangt das Charakterverständnis La Bruyères nach einer Analyse des Menschen (nicht zuletzt analog zu den Ergebnissen der Anatomie) im Sinne der kritischen Lektüre eines Buches. Noch in den 30er Jahren des 18. Jh. wird Alexander Pope in seinem Essay *Of the Knowledge and Characters of Men* die Metapher aufgreifen: »Men may be read, as well as Books, too much«[16].

Hier wird im Sinne der Ausdifferenzierung des Charakterbegriffs letztlich eine Debatte zur historischen Entscheidung gebracht, deren Spur sich in der ganzen Vorgeschichte des Begriffs von der An-

---

12 Vgl. GWENDOLEN MURPHY, A Bibliography of English Character-Books 1608–1700 (Oxford 1925).
13 SAMUELL PERSON, An Anatomical Lecture of Man. Or a Map of the little World, Delineated in Essayes and Characters (London 1664), zit. nach van Delft, Littérature et anthropologie. Nature humaine et caractère à l'âge classique (Paris 1993), 119.
14 JEAN DE LA BRUYÈRE, Les caractères de Théophraste traduits du grec avec les caractères ou les mœurs de ce siècle (1688–1696), in: La Bruyère, Œuvres complètes, hg. v. J. Benda (Paris 1951), 33.
15 Ebd., 84.
16 ALEXANDER POPE, Of the Knowledge and Characters of Men (1733), in: Pope, Epistles to Several Persons (Moral Essays) (1731–1735), hg. v. I. W. Bateson (London/New Haven 1951), 16.

tike bis zur Renaissance verfolgen läßt. Unbestritten war stets seine Zeichenhaftigkeit. Etymologisch ist der Begriff charaktēr in seinen frühesten Verwendungszeugnissen mit einer Art Prägestempel verbunden, der etwa ein Besitzsymbol einem Tierkörper einbrennt; bis heute verweist Pauly-Wissowas *Realencyclopaedie* im Hauptlemma auf die Bedeutung »Zauberzeichen«[17], und noch bei Gottfried Wilhelm Leibniz wird der Begriff im ausdrücklichen Rekurs auf seine frühere Verständnisdimension in der Bedeutung als Druckzeichen und Symbol verwendet. Altgriechisch ist es als ›aufreißen‹, ›einritzen‹ nachgewiesen (Pindar[18], Aischylos[19]), bezeichnet dann den Übergang vom (aktiven) ›Präger, Prägestock‹ zum (passiven) Gepräge; in literarischen Belegen tritt das Wort – Körte zufolge[20] – erstmals bei Aischylos in den *Hiketiden* auf, wo Pelasgos wegen ihres fremden Aussehens nicht die vom Chor der Danaiden behauptete griechische Abkunft glauben mag.[21]

Das, was unserem heutigen Begriffsverständnis eher nahekommt, wird jedoch antik üblicherweise nicht oder selten mit χαρακτήρ (charaktēr), sondern vielmehr mit ἦθος (ēthos) bezeichnet. »Ἕξει δὲ ἦθος μὲν ἐὰν […] ποιῇ φανερὸν ὁ λόγος ἢ ἡ πρᾶξις προαίρεσίν τινα« (Eine Person hat einen Charakter, wenn […] ihre Worte oder Handlungen bestimmte Neigungen erkennen lassen)[22], heißt es in Aristoteles' *Poetik* neben zahlreichen anderen Stellen, die aber natürlich nicht auf ein Begriffsverständnis im Sinne eines modernen Individuums bezogen werden können. »Das Ethos manifestiert sich einzig und allein darin, daß der Handelnde in einer Entscheidungssituation eine bewußte, sittlich relevante Wahl trifft.«[23] Erst Theophrast kombiniert beide Begriffe im Titel seines Werkes als *Ēthikoi charactēres*. Problemgeschichtlich sind dabei zwei Fragen relevant: Wird der Charakterbegriff lediglich mit dem Äußeren (vor allem körperlich Äußeren) verknüpft, oder bezieht er sich auch auf innere Werte, und zum zweiten, wird er als wandelbar gedacht oder aber als unveränderlich? Während die erste Frage durchgängig uneinheitlich beantwortet wird, ist die Antwort auf die zweite Frage deutlich: Zwar sind noch Veränderungen des Charakters denkbar, aber zumeist nur bis zu einem gewissen, noch jungen Alter (u. a. Platon[24]), danach steht er – gewissermaßen wie eine Prägung – fest. Handlungen stehen dann in einer klaren Zuordnung zum Charakter (ēthos). Noch nachantik ist bei Herennius, dem einflußreichsten Handbuch der Rhetorik, davon die eine Charakterisierung liege daran vor, »wenn das Wesen irgendeines Menschen durch bestimmte Kennzeichen beschrieben wird, welche seinem Wesen wie bestimmte Brandmale aufgeprägt sind«. (Notatio est, cum alicuius natura certis describitur signis, quae, sicuti notae quaedam, naturae sunt adtributa.)[25] Bei Augustinus, der »durchaus bei seiner Militärsprache«[26] bleibt, ist vom »militiae character«[27] die Rede, der – analog zum römischen Soldatenzeichen – nach der Taufe nicht mehr entfernt werden kann. Noch die in bildenden Kunst der Renaissance und in den frühen kunsttheoretischen Traktaten einflußreiche Physiognomielehre in der Folge u. a. Aristotelischer Schriften wird eine klare, ›eindimensionale‹ Zuordnung zweier Zeichenrepertoires in Form eines gewissermaßen abfragbaren Merkmalkatalogs vornehmen und damit ein stagnierendes Wissen

---

17 ›Charaktēres‹, s. ›Magie/Magier‹, in: Der neue Pauly. Enzyklopädie der Antike, hg. v. H. Cancik/H. Schneider, Bd. 7 (Stuttgart/Weimar 1999), 657; vgl. ›Charaktēres‹, in: PAULY, Suppl.bd. 4 (1924), 1183.
18 Vgl. PINDAR, Pythische Ode 1, 28.
19 Vgl. AISCHYLOS, Persai 683.
20 Vgl. ALFRED KÖRTE, Charaktēr, in: Hermes 64 (1929), 73.
21 Vgl. AISCHYLOS, Hiketides 281 f.
22 ARISTOTELES, Poet. 1454a; dt.: Poetik, übers. u. hg. v. M. Fuhrmann (Stuttgart 1982), 47.
23 MANFRED FUHRMANN, Die Dichtungstheorie der Antike: Aristoteles – Horaz – ›Longin‹. Eine Einführung (1973; Darmstadt ²1992), 27.
24 Vgl. PLATON, Rep. 7, 540c; 2, 377b; 2, 378e; PERKMANN, JOSEF, Der Begriff des Charakters bei Platon und Aristoteles (Wien 1909), 20 f.; MILLBRADT, JÖRG, Der Charakter. Zu dem Menschenbild der Zeit der Poliskrise und seiner Aufnahme durch die römische Komödie, in: E. C. Welskopf (Hg.), Hellenische Poleis. Krise – Wandlung – Wirkung, Bd. 3 (Berlin 1974), 1413–1418.
25 RHET. HER. 4, 63, lat.-dt., hg. u. übers. v. T. Nüßlein (Zürich 1994), 302 f.
26 NIKOLAUS M. HÄRING, Charakter, Signum und Signaculum. Die Entwicklung bis nach der karolingischen Renaissance, in: Scholastik 30 (1955), 492.
27 AUGUSTINUS, Contra Cresconium Grammaticum Donatistam 4, 5, in: MIGNE (PL), Bd. 43 (1841), 551.

auch dann fortschreiben, wenn sich einzelne ihrer Vertreter wie Leonardo da Vinci von einem Teil der Tradition (der »betrügerischen Physiognomik«[28]) distanzieren – eine Haltung, in der Ernst H. Gombrich eine Vorläuferschaft Lichtenbergs gesehen hat[29], der lediglich ›pathognomische‹ Gesichtszeichen gelten lassen wollte. Der ›Tabellengelehrsamkeit‹ im Sinne des französischen Charakterverständnisses vor La Bruyère und La Rochefoucauld wird hier das Bildmedium beigegeben, sie wird aber nicht im Sinne einer frühen anthropologischen Fragestellung diskutiert.

II. Diderot, Lessing und die Diskussion der Aufklärung

Eine gänzlich neue Qualität erhält der Charakterbegriff in dem Moment, in dem sich sein Gebrauch in der ›Sattelzeit‹ um 1750 nicht zuletzt infolge der Überlegungen der französischen Moralisten von der bisherigen Tendenz zur Typologisierung und von der engen Nähe zur Dimension des Komischen und Satirischen zunehmend löst und er sich als ›neutrale‹ Kategorie im ästhetischen Diskurs zu etablieren vermag, was vor allem mit Denis Diderot und Gotthold Ephraim Lessing der Fall ist.

Schon das insgesamt dreißig Charakterskizzen, die Theophrast in seinem Werk versammelt hatte, bezeichneten alle ›Negativ-Charaktere‹, so daß bereits in der Antike vermutet wurde, der Traktat sei ursprünglich als Seitenstück einer Komödientheorie entstanden. Daß er von Menander bis Plautus in einem darauf gerichteten Begriffsverständnis verarbeitet wurde, ist belegt; daß sich in der Folge der skizzierten begrifflichen Verständnisumschichtungen des Begriffs im französischen ausgehenden 17. Jh. eine Differenzierung auch in der Bühnenpraxis, und zwar v. a. bei Molière und dort im Sinne eines Übergangs »du masque au caractère«[30] ergibt, ist ebenfalls nicht zu bezweifeln. Hunderte von Beispielen des englischen ›character-writings‹ und seiner internationalen Folgeerscheinungen, in denen ›der Charakter‹ (›einen Charakter machen‹) die Qualität einer literarischen Gattung erreicht und das ›Charakter-Zeichnen‹ zu einem epochentypischen Zeitvertreib werden kann, folgen noch

dem epistemologischen Modell der (tendenziell satirisch-komisch aufgefaßten) Begriffsverwendung.

Unter anderem bei Diderot und Lessing wird nun aber der Begriff als nicht mehr notwendigerweise komisch gedacht, sondern (in diesem Sinne ›neutral‹) als die ethische Gesamtstruktur eines Individuums und damit im Blick auf die Bühne Glaubwürdigkeit der szenischen Repräsentation einer Bühnenfigur bezeichnend, die zu diesem Zweck in ihrem sozialen Kontext verortet werden muß.

Bei Diderot entwickelt sich die Neuformulierung des Charakterbegriffs sogar zu einem der zentralen Bestandteile der Ästhetik jenes »comique sérieux« bzw. »tragique domestique et bourgeois« der »branche nouvelle du genre dramatique«, die Lessing mit ›bürgerliches Trauerspiel‹ übersetzt. Was in der zugespitzten Übertreibung des Charakters eben z. B. bei Molière komisch wirken konnte, das verliert diese Qualität in der Abbildung und als Bestandteil des auf die Bühne gebrachten ›realen Lebens‹ völlig. Anders als die bisherige Tradition plädiert Diderot für die Darstellung von Sozialcharakteren, d. h. vor allem von gesellschaftlichen Bedingungen (conditions), unter denen das soziale Handeln der Bühnenfiguren plausibel wird: »Les conditions! Combien de détails importants! D'actions publiques et domestiques! Des vérités inconnues! […] Et les conditions n'ont-elles pas entre elles les mêmes contrastes que les caractères?« Die Überlegung gilt um so mehr, als die Darstellung der conditions im Gegensatz zur limitierten Anzahl von »caractères vraiment comiques« keinerlei Einschränkungen in den Möglichkeiten dramatischer plots mit sich bringt; »Il me semble que cette source est plus féconde, plus étendue, et plus utile

---

28 ULRICH REISSER, Physiognomik und Ausdruckstheorie der Renaissance. Der Einfluß charakterologischer Lehren auf Kunst und Kunsttheorie des 15. und 16. Jahrhunderts (München 1997), 125.
29 Vgl. ERNST H. GOMBRICH, [Leonardo:] The Grotesque Heads, in: Gombrich, The Heritage of Apelles. Studies in the Art of the Renaissance (Oxford 1976), 57–75, Abb. 111–183.
30 MARCO BASCHERA, Théâtralité dans l'œuvre de Molière (Tübingen 1998), 22.

que celles des caractères.«[31] Es ist übrigens aufschlußreich zu sehen, daß fast 30 Jahre später Beaumarchais den politischen Skandalgehalt seines *Figaro* (1785) auf die Anwendung gerade dieser Überlegung – der Ersetzung eines ›einzigen zu tadelnden Charakters‹ durch die Kritik an den insgesamt tadelnswerten Sozialverhältnissen – zurückführte, wenn es im Vorwort zur Druckfassung des Stückes heißt: »D'où naissent donc ces cris perçants? De ce qu'au lieu de *poursuivre un seul caractère vicieux,* comme le Joueur, l'Ambitieux, l'Avare, ou l'Hypocrite, […] l'auteur […] a formé son plan de façon à y faire entrer la critique d'une foule d'abus qui désolent la société.«[32]

In der deutschsprachigen Literatur lassen sich ähnliche Überlegungen am konzentriertesten in Lessings Briefwechsel mit Moses Mendelssohn über den Zusammenhang von Charakter und Tragödie nachzeichnen. Kennzeichnenderweise geht Mendelssohn (Brief vom 17. 2. 1758) von einem anthropologischen Ansatz und seiner eigenen Kritik daran aus, nämlich der Reflexion des ›hochberühmten‹ *Pensées sur le bonheur, sur le plaisir et sur les désirs* (1758) des Abbé (Nicolas-Charles-Joseph) Trublet, wobei er die französische Literatur der Epoche als »in neuern Zeiten die besten Beobachter der menschlichen Sitten« lobt und deren Schilderung der »Charaktere der Menschen« in Bezug zur Entdeckung »manchmal verborgner Neigungen und Falten des menschlichen Herzens« setzt, sie aber deutlich auf ihren reinen Beobachterstatus ohne ethische Bewertung verweist. Die Schlußfolgerung rekurriert demgegenüber auf die Ethik: »Ich halte dafür, es giebt in der Sittenlehre ein Feld, das noch gar nicht angebaut ist. Dieses ist die Theorie der Charaktere«. Deren Grundgedanke ist das Überschreiten der »gemeinen Sittenlehre«, die auf ein *Ideal*verhalten der Vernunft Bezug nehme: »Sollte es aber nicht möglich seyn, aus den Beobachtungen der Geschichtsschreiber, der Weltweisen und der theatralischen Dichter, eine allgemeine Theorie zu verfertigen, in welcher man zeigte, was aus einem gegebnen Charakter in diesem oder jenem Falle fließen würde?« Im Rekurs auf die Materialien sowohl bei Autoren der Antike als auch des 17. Jh. (genannt werden Theophrast, La Bruyère, Montaigne, Tacitus, Sallust und Voltaire) und die Beobachtung, »die guten theatralischen Dichter« müßten »einen Vorrath« von Charakterstereotypen in einem umfassenden Sinne gehabt haben, »denn sie haben in besondern Fällen ihre Charaktere nach der Natur entworfen«, folgert er dann: »Es muß also gewisse allgemeine Wahrheiten geben, ein gewisses System geben, worauf sich alle diese Beobachtungen gründen. Sollte es sich nicht der Mühe verlohnen, dasselbe zu suchen?«[33]

Wo hier die Verknüpfung von anthropologischer Beobachtung, ethischem Kriterium und Bühnenverwendung in einem nicht eindeutigen Verhältnis konzipiert ist, beginnt Lessing, gerade im Rückgriff auf die Antike und in der zeitgleichen Übersetzung griechischer Texte (u. a. Theokrit), deren philologische Probleme er ausgiebig mit Friedrich Nicolai diskutiert[34], den Charakterbegriff im Blick auf die Kategorie der ›Wahrheit‹ im Theater, d. h. der Glaubwürdigkeit der Dramenpersonen innerhalb einer Stücklogik zu entwickeln, die knapp zehn Jahre später sogar zur Bevorzugung der Charakterwahrheit gegenüber der historischen Tatsachentreue führt. Am Ende des 33. Stücks der *Hamburgischen Dramaturgie* (1767–1769) unterstreicht er deutlich deren Rolle für die Kennzeichnung des Individuums: »Die Facta betrachten wir als etwas zufälliges, als etwas, das mehrern Personen gemein seyn kann; die Charaktere hingegen als etwas wesentliches und eigenthümliches. Mit jenen lassen wir den Dichter umspringen, wie er will, so lange er sie nur nicht mit den Charakteren in Widerspruch setzet; diese hingegen darf er wohl ins Licht stellen, nicht aber verändern; die geringste Veränderung scheint uns die Individualität aufzuheben«. Und nochmals vergleichbar zu Beginn des 34. Stücks: Ein kleinerer Fehler des dramatischen Autors ist es, den handelnden Personen nicht »die

---

31 DENIS DIDEROT, Entretiens sur le ›Fils naturel‹ (1757), in: Diderot, Œuvres complètes, hg. v. J. Chouillet/ A.-M. Chouillet, Bd. 10 (Paris 1980), 144 f.; vgl. DIDEROT, Discours sur la poésie dramatique (1758), in: ebd., 375 ff.
32 PIERRE AUGUSTIN CARON DE BEAUMARCHAIS, Le Mariage de Figaro [Vorwort] (1785), in: Beaumarchais, Œuvres, hg. v. P. Larthomas (Paris 1988), 360 f.
33 MOSES MENDELSSOHN an G. E. Lessing (17. 2. 1758), in: LESSING (LACHMANN), Bd. 19 (1904), 119 f.
34 Vgl. GOTTHOLD EPHRAIM LESSING an Friedrich Nicolai (3. 3. 1758), in: LESSING (LACHMANN), Bd. 17 (1904), 140–142.

Charaktere zu geben, die ihnen die Geschichte giebt«, ein weitaus größerer dagegen,»in diesen freywillig gewählten Charakteren«[35] gegen die Wahrscheinlichkeit zu verstoßen. Die Überlegung wird als Kriterium in der Folge sogar mit dem Geniebegriff verknüpft, insofern »in allen Charakteren, die der Dichter ausbildet, oder sich schaffet, Übereinstimmung und Absicht« (325) zu verlangen seien, wenn er selbst als Genie gelten wolle. Beide Bestimmungen differenziert Lessing in der Folge ausführlich. Im Bereich der Übereinstimmung ist der wesentlichste Zug die Widerspruchslosigkeit, Charaktere »müssen immer einförmig, immer sich selbst ähnlich bleiben«: »Ein Türk und Despot muß, auch wenn er verliebt ist, noch Türk und Despot seyn« (325). Im Rekurs vor allem auf Marmontel differenziert Lessing in der Folge, wenn auch nur implizit, den moralischen Charakter des Trauerspiels: »Es giebt Menschen genug, die noch kläglichere Widersprüche [als Marmontels Soliman – d.Verf.] in sich vereinigen. Aber diese können auch, eben darum, keine Gegenstände der poetischen Nachahmung seyn« (326f.). Im Blick auf die ›Absicht‹ bei der Charakterdarstellung verweist Lessing nochmals auf das literarische »Genie«, das »mit der Anlage und Ausbildung seiner Hauptcharaktere« »weitere und größere Absichten« (327), ausdrücklich in moralischer Hinsicht, verknüpfe. Erst der »eben so rein gedachte als richtig gezeichnete« Charakter gewährt dann dem Zuschauer das wirkliche Vergnügen (332). Inwieweit die Charakterdarstellung gattungsspezifisch zu differenzieren sei und etwa die Tragödie ›partikulare‹, die Komödie hingegen ›generale‹ Charaktere erfordere, wird im Anschluß an Diderot und den englischen Ästhetiker Richard Hurd zwar ausführlich diskutiert (vgl. 86. bis 95. Stück), bleibt aber letztlich unentschieden.

III. Das ›Charakteristische‹ als Kategorie der Klassizismuskritik

Daß dies so ist und daß Lessing seine Überlegungen am Ende des 95. Stücks der *Hamburgischen Dramaturgie* abrupt beendet, und zwar – nach einer immerhin fünfzigseitigen Diskussion der entsprechenden Positionen – mit dem wenig überzeugenden Argument, er habe niemals ein dramatisches System entwickeln wollen und sei daher auch »nicht verpflichtet, alle die Schwierigkeiten aufzulösen, die ich mache«[36], erscheint im Lichte der Begriffsgeschichte von Charakter zwangsläufiger, als dies den Zeitgenossen klar werden konnte, und leitet letztlich zur Diskussion der ästhetischen Positionen des Klassizismus über. Die Beobachtung Lessings, daß hier »zwey denkende Köpfe [Diderot und Hurd – d.Verf.] von der nehmlichen Sache nicht Ja und Nein sagen« (186), und das Eingeständnis, daß »meine Gedanken […] immer sich weniger zu verbinden, ja wohl gar sich zu widersprechen scheinen« (187f.), markieren nämlich unübersehbar einen Konflikt, der sich zwischen einem zugleich vertretenen Postulat von ›Wahrheit‹ und einem idealisierten Begriff von ›Schönheit‹ nicht mehr widerspruchsfrei oder aber nur noch um den Preis immer neuer Hilfskonstruktionen auflösen läßt. Zu beobachten ist dies nicht zuletzt bei Diderot: Was sich im Rahmen der performativen Kunst des Theaters über die Konstruktion der moralischen Vorbildhaftigkeit des Charakters in der Tragödie bzw. seiner Typisierung in der Komödie möglicherweise und gegen Lessings Zweifel gerade noch retten läßt, führt spätestens im Bereich der bildenden Kunst zu einer Aporie zwischen den Kategorien von Naturwahrheit und Kunstschönheit (vérité und beauté), die sich in den *Salons* nur noch in einzelnen Subgenera der Malerei wie den Genrebildern à la Jean-Baptiste Greuze und Jean-Baptiste Siméon Chardin widerspruchsfrei vermitteln lassen[37]; ansonsten muß diese Aporie zu Formeln wie »vrai, mais déplaisant«[38] führen. –

---

35 LESSING, Hamburgische Dramaturgie (1767–1769), in: LESSING (LACHMANN), Bd. 9 (1893), 324.
36 Ebd., in: LESSING (LACHMANN), Bd. 10 (1894), 187.
37 Vgl. GREGOR SAUERWALD, Die Aporie der Diderot'schen Ästhetik (1745–1781). Ein Beitrag zur Untersuchung des Natur- und Kunstschönen als ein Beitrag zur Analyse des neuzeitlichen Wirklichkeitsbegriffs (Frankfurt a.M. 1975), 93–134.
38 DIDEROT, Salon de 1765, in: Diderot, Salons, hg. v. J. Seznec/J. Adhémar, Bd. 2 (Oxford 1960), 152.

Gerade in diesem Kontext erhält nun aber überraschenderweise der Charakterbegriff eine wiederum neue Qualität, die ihn für die ästhetische Diskussion zwischen 1780 und 1820 zentral werden läßt, und zwar in seiner adjektivierten Form ›charakteristisch‹.

Der Begriff, angesiedelt im Konfliktfeld zwischen dem (klassizistischen) Idealschönen und damit in historischer Perspektive unter anderem der Antikerezeption im Sinne Johann Joachim Winckelmanns einerseits sowie frühen Formen einer ›Ästhetik des Häßlichen‹ und der ›nicht mehr schönen Künste‹ andererseits, übernimmt zeitweilig die Funktion einer Nebenbegrifflichkeit zum Erhabenen und leitet in der Folge über zu den Begriffsfeldern der romantischen Ästhetik. Nach einer Phase seiner Verwendung in den ästhetischen Konzeptionen des deutschen Sturm und Drang wird er in der Folge zu einer zentralen Kategorie in den Debatten im Umkreis der Weimarer Klassik (mit zahlreichen Verwendungsbeispielen u. a. in fast allen Nummern der *Horen* zwischen 1795 und 1797) und bis zu Friedrich Schlegel, Wilhelm von Humboldt und Hegel, wobei sich seine Anwendung gleichermaßen auf die Literatur, die Kunsttheorie, die Musik und bis hin zu Architektur und Tanz erstreckt.

Eine ins nahezu Alltagssprachliche reichende Verwendung des Terminus, wie er sich z. B. in Johann Gottfried Seumes *Spaziergang nach Syrakus* (1803) findet, mag hier als Beispiel für die Vertrautheit der Zeitgenossen mit den Konnotationen

---

39 JOHANN GOTTFRIED SEUME, Spaziergang nach Syrakus (1803), in: Seume, Werke, hg. v. J. Drews, Bd. 1 (Frankfurt a. M. 1993), 186.
40 ANTHONY ASHLEY COOPER SHAFTESBURY, Plastics or the Original Progress and Power of Designatory Art (entst. 1712, ersch. 1912), in: Shaftesbury, Second Characters or The Language of Forms, hg. v. B. Rand (Cambridge 1914), 101; vgl. SHAFTESBURY, Sensus Communis. An Essay on the Freedom of Wit and Humour (1709), in: SHAFTESBURY, Abt. 1, Bd. 3 (1992), 124.
41 Vgl. JOHANNES DOBAI, Die Kunstliteratur des Klassizismus und der Romantik in England, Bd. 1 (Bern 1974), 73 ff.
42 JOHN HUGHES, in: The Spectator, Nr. 537 (15. 11. 1712), hg. v. D. F. Bond, Bd. 4 (Oxford 1965), 417; vgl. ›Caricatura‹, in: OED, Bd. 2 (1989), 899.

des Begriffs und seinen Schattierungen dienen, wenn es in der Beschreibung eines Gemäldes von Heinrich Friedrich Füger heißt: »Figuren und Gruppen sind vortrefflich, die apostolischen Gesichter bezaubernd, und Judas mit dem Satan gräßlich charakteristisch, ohne Karikatur.«[39] Daß der Bildbestandteil ›Judas und Satan‹ einerseits auf eine ›gräßliche‹ Weise charakteristisch sein kann, andererseits aber von der Karikatur abgesetzt bleibt, zeigt das Spezifikum einer Begriffsverwendung, die den Zeitgenossen in ihrer Bedeutungsdimension innerhalb der ästhetischen Beschreibung und Analyse offenbar vergleichsweise eindeutig war: ›Charakteristisch‹ wird hier als eine Form des Verzerrten und Nicht-Schönen verstanden, die kategorial zwischen Idealschönem und dem ›eigentlich‹ Häßlichen der Karikatur angesiedelt ist.

Damit ist ein Zusammenhang benannt, der zunächst vor allem in der englischen Kunsttheorie von Wichtigkeit ist und sich von dort ausbreitet. Während Shaftesbury, auch wenn er davon spricht, daß unterschiedliche Bildgenera und sogar Blumenstücke oder Tierbilder »historical, moral, *characteristic*«[40] sein können, in seiner Theorie der drei unterschiedlichen ›characters‹ diesen Begriff im Grunde lediglich in seinem Verständnis als ›Zeichen‹ auffaßt und ihn nur einmal im Blick auf Salvatore Rosa von ›caricature‹ absetzt, so differenziert in der Folge Hogarth beide Begriffe ausdrücklich.[41] Ursprünglich als »burlesque Picture«[42] definiert und seit den 40er Jahren des 18. Jh. zeitgleich mit einer starken Rezeption der italienischen Tradition (Annibale Caracci, Pier Leone Ghezzi) ins Politische gewendet, wo sie unter anderem von Horace Walpole und Sir Robert Peel adaptiert und damit als ›sammlungswürdig‹ akzeptiert wird, wird die Karikatur unter ästhetischen Gesichtspunkten gewissermaßen als ›beabsichtigter Regelverstoß‹ gefaßt. Daß hier ein Zusammenhang zum Charakteristischen besteht, erhellt in knappster Form gerade Hogarths, den Zeitgenossen offenbar jedoch wenig einleuchtende (und gerade damit die innere Zusammengehörigkeit unterstreichende) Differenzierung, wenn es heißt: »There are hardly any two things more essentially different than *Character* and *Caracatura* [sic], nevertheless they are usually confounded and mistaken

III. Das ›Charakteristische‹ als Kategorie der Klassizismuskritik

for each other.«[43] In Hogarths berühmter Radierung *3 Characters – 4 Caricaturas* (1743)[44], dessen Unterzeile zusätzlich auf Henry Fielding verweist, sind die ›characters‹ den Teppichkartons Raffaels entnommen und damit jedem Zweifel enthoben, während sich zusätzlich zu den ›caricaturas‹ im oberen Bildfeld weitere 109 physiognomische Studien befinden. In späteren Erläuterungen findet sich die Beobachtung, Charaktere, welche »strongly mark'd in the living Face, [...] may be consider'd as an Index of the mind«, erforderten zu ihrer Repräsentation »the utmost Efforts of a great Master«, während Karikaturen mit Kinderzeichnungen vergleichbar seien – die eine Gattung unter dem Gesichtspunkt der notwendigen ›handwerklichen‹ Qualitäten also eher aufgewertet wird, während die andere auf einer niedrigeren Stufe verbleibt und die Differenz der beiden »essentially different things«[45] damit eher als eine des künstlerischen Selbstverständnisses denn als eine der Differenzierung durch das Publikum erscheint.

Es würde zu weit führen, die Peripetien dieser Diskussion im einzelnen nachzuzeichnen. Bei Frans Hemsterhuis findet sich z. B. im Blick auf die Karikaturbestimmung die Metapher der Kinderzeichnung wieder, während die ›Charakterkunst‹ auf eine Kunst des ›Könnens‹ verweise. Noch um 1800 (Friedrich Wilhelm Basilius von Ramdohr[46], Lazarus Bendavid[47]) wird Karikatur als das extrem Charakteristische, bei Goethe als das »bedeutend Widerwärtige«[48], bei Hegel als »Überfluß des Charakteristischen«[49] gefaßt. Wichtig ist dabei, hier jeweils den Wandel im traditionellen Nachahmungsbegriff und eine zunehmende Annäherung an Konzeptionen der ›nicht mehr schönen Künste‹ zu erkennen, wobei der entscheidende Konfliktpunkt stets im Grad der Individuation der dargestellten Personen und vor allem der Repräsentation ihrer Emotionen zu suchen ist.

Alle diese Überlegungen lassen ihre argumentative Brisanz nur im Kontrast zur Theorie des Klassizismus, und das heißt zunächst vor allem zu Winckelmann, erkennen. Hatte dieser die (idealisierte) Schönheit nämlich gerade als charakter*indifferent*, als überindividuell und unspezifisch konzipiert, so daß deren Gestalt »weder dieser oder jener Person eigen sey, noch irgend einen Zustand des Gemüths oder eine Empfindung der Leidenschaft ausdrücke,

als welche fremde Züge in die Schönheit mischen, und die Einheit unterbrechen«, so läßt sich historisch gerade diese Position nicht halten und verliert nach 1780 gegenüber der verstärkten Akzentuierung des Individuellen und Emotionalen – eben in ästhetischer Dimension des ›Charakters‹ – zunehmend, wenn auch differenziert nach den einzelnen Künsten in unterschiedlicher Geschwindigkeit, an argumentativem Gewicht. Einer weiteren Formulierung in der *Geschichte der Kunst des Alterthums* (1764) zufolge soll die Schönheit sein »wie das vollkommenste Wasser aus dem Schooße der Quelle geschöpft, welches, je weniger Geschmack es hat, desto gesunder geachtet wird, weil es von allen fremden Theilen geläutert ist«[50]. Gerade im Kontrast zu solchen Überlegungen muß jedoch die Nicht-Einbeziehung der anthropologischen Dimension im Kontext der sich verschärfenden Debatte um die Repräsentation der Affekte im Kunstwerk hier tendenziell Widerspruch auslösen. Herder z. B. diskutiert in einer der frühesten Beiträge zur Differenzierung des Schönheitsbegriffs, nämlich in der 1778 – also zwischen *Laokoon*

---

43 WILLIAM HOGARTH, zit. nach Dobai (s. Anm. 41), Bd. 2 (Bern 1975), 675; vgl. JÜRGEN DÖRING, Eine Kunstgeschichte der frühen englischen Karikatur (Hildesheim 1991), 20ff., 125 ff.
44 Vgl. RONALD PAULSON (Hg.), Hogarth's Graphic Works. Revised Edition, Bd. 2 (New Haven/London 1970), Abb. 174.
45 HOGARTH, [Unterschrift zum Stich ›The Bench‹ (1758)], in: Paulson (s. Anm. 44), Abb. 226 u. 227; vgl. ebd., Bd. 1 (New Haven/London 1970), 238 f.
46 Vgl. FRIEDRICH WILHELM BASILIUS VON RAMDOHR, Charis oder über das Schöne und die Schönheit in den nachbildenden Künsten, Bd. 2 (Leipzig 1793), 152 f.
47 Vgl. LAZARUS BENDAVID, Versuche einer Geschmackslehre (Berlin 1799), 209.
48 JOHANN WOLFGANG GOETHE, Der Sammler und die Seinigen (1799), in: GOETHE (WA), Abt. 1, Bd. 47 (1896), 155.
49 HEGEL (s. Anm. 8), 64; vgl. GÜNTER OESTERLE, Kunstwerk der Kritik oder Vorübung zur Geschichtsschreibung? Form- und Funktionswandel der Charakteristik in Romantik und Vormärz, in: W. Barner (Hg.), Literaturkritik – Anspruch und Wirklichkeit. DFG-Symposion 1989 (Stuttgart 1990).
50 JOHANN JOACHIM WINCKELMANN, Geschichte der Kunst des Alterthums (1764), in: Winckelmann, Werke, Bd. 4, hg. v. H. Meyer/J. Schulze (Dresden 1811), 54.

(1766) und der *Kritik der Urteilskraft* (1790) – publizierten Streitschrift *Plastik*, bei aller proklamierten Verehrung Winckelmanns die Eigenschaften der antiken Götter analog zu den Figuren Shakespeares zugunsten des Lebendigen und Individuellen; »statt des Abstrakts in Wolken, das kein Auge gesehn und kein Ohr gehört hat, wird sie auch bei Göttern und Göttinnen *Concret d. i. Charakter* dieses Gottes und keines andern. […] Und nur so fern es *also* bedeutet, und *der* Dämon, *der* Charakter, *der Eine* Göttliche Lebensgeist ganz und allein in *diesem* Bilde erscheint, so fern ists der schöne *Apollo*, die Glorreiche *Juno* und *Aphrodite*«[51]. Wäre dies nicht so, so seien Götter verwechselbar und eben nicht hinreichend charakterisiert; sie »verirren sich«, einer Formulierung im ersten der *Kritischen Wäldchen* (1769) zufolge, »in die Menge Historischer Personen und laufen Gefahr, unkänntlich zu werden«[52]. Schönheit mit mehr Majestät als Scham läßt sich dann nicht mehr als eine Venus identifizieren, sondern ergibt gewissermaßen eine Juno.

Wo Herder im Bereich der Plastik insgesamt noch weitgehend traditionell argumentiert, eröffnen einzelne seiner Überlegungen für die Malerei bereits Positionen späterer Grundsatzdiskussionen. In der Polemik gegen ein »mattes Einerlei langschenklichter, geradnäsiger, sogenannter Griechischer Figuren« und einem ersten Plädoyer für eine »häßliche Schönheit« ergreift Herder im Bereich der Malerei deutlich für eine zeitgenössische Kunst Partei, setzt dabei dem (unreflektierten) »Antikennarr« den (ästhetisch sensibleren) »Freund der Antike« entgegen und prägt sogar die für die Zeit bemerkenswerte Formel von der ›Hinwegantikisierung‹ der Gegenwart: »Und nicht endlich wird uns ja ganz *unsre Zeit*, die fruchtbarsten Sujets der Geschichte, die *lebendigsten Charaktere*, alles Gefühl von *einzelner Wahrheit* und *Bestimmtheit* hinwegantikisiret.«[53]

IV. ›Der rechte Moment, die griechischen Kunstwerke von seiten des Charakteristischen zu beleuchten‹: Zur Begriffsdiskussion der Weimarer Klassik

Kann man sagen, die Diskussion des Begriffsfeldes Charakter, Charakteristik, charakteristisch bildete das Zentrum der ästhetischen Debatten in der Weimarer Klassik? Dem quantitativen Befund nach wäre es kaum von der Hand zu weisen. Goethe benutzt die Begriffe an grob geschätzt ca. 2000 Stellen; bei Schiller tauchen sie immer wieder in zentralen Zusammenhängen, wenn auch in uneinheitlichem Wortsinn, auf; bei Wilhelm von Humboldt bilden sie ein eigenes Begriffszentrum ästhetisch-anthropologischer Überlegungen; im Umkreis der *Horen* lassen sich zwischen 1795 und 1797 (mit Verlängerungen darüber hinaus) zumindest zwei Grundsatzdebatten unterscheiden, die anhand des Begriffsfeldes eine Verständigung über zentrale ästhetische Konzeptionen der Zeit auf der Basis eines gewissermaßen post-winckelmannschen Antikeverständnisses anstreben. Schon 1788 hatte Schiller in seiner *Egmont*-Rezension Goethes Stück weniger als auf der Darstellung von Handlungen oder Leidenschaften als vielmehr auf von Charakteren gerichtet verstanden und daran die Lizenz geknüpft, durch die Schilderung »des ganzen Menschen« sei der dramatische Autor »in der Wahl und Verknüpfung der Begebenheiten«[54] am wenigsten gebunden.

Wie sich in einer ersten Phase der Debatte differente Formen der Antikekonzeption, die Vorahnungen einer literarischen Moderne und die ungelösten Probleme der eigenen zeitgenössischen Literaturproduktion miteinander verschränken, mag exemplarisch Schillers berühmter Brief an Goethe vom 7. Juli 1797 zeigen, der den damaligen Diskussionsstand auf einen umfassenden Nenner bringt, wenn es heißt: »Es wäre, däucht mir, jetzt gerade der rechte Moment, *daß die griechischen Kunstwerke von Seiten des Charakteristischen beleuchtet*

---

51 JOHANN GOTTFRIED HERDER, Plastik. Einige Wahrnehmungen über Form und Gestalt aus Pygmalions bildendem Traume (1778), in: HERDER, Bd. 8 (1892), 58.
52 HERDER, Erstes Kritisches Wäldchen (1769), in: HERDER, Bd. 3 (1878), 90.
53 HERDER (s. Anm. 51), 34; vgl. MICHAEL PODRO, Herder's ›Plastik‹, in: J. Onians (Hg.), Sight & Insight. Essays on Art and Culture in Honour of E. H. Gombrich at 85 (London 1994), 341–353.
54 FRIEDRICH SCHILLER, Über Egmont, Trauerspiel von Goethe (1788), in: SCHILLER, Bd. 22 (1958), 199.

IV. Zur Begriffsdiskussion der Weimarer Klassik

und durchgegangen würden, denn allgemein herrscht noch immer der Winkelmannische und Leßingische Begriff und unsre allerneuesten Aesthetiker, sowohl über Poesie als Plastik, lassen sichs recht sauer werden, das Schöne der Griechen von allem Characteristischen zu befreien und dieses zum Merkzeichen des Modernen zu machen. Mir däucht, daß die neuern Analytiker durch ihre Bemühungen, den Begriff des Schönen abzusondern und in einer gewißen Reinheit aufzustellen, ihn beinahe ausgehöhlt und in einen leeren Schall verwandelt haben, daß man in der Entgegensetzung des Schönen gegen das Richtige und Treffende viel zu weit gegangen ist, und eine Absonderung die bloß der Philosoph macht und die bloß von einer Seite statthaft ist, viel zu grob genommen hat. Viele finde ich fehlen wieder auf eine andere Art, daß sie den Begriff der Schönheit viel zu sehr auf den Innhalt der Kunstwerke als auf die Behandlung beziehen, und so müssen sie freilich verlegen seyn, wenn sie den vaticanischen Apoll und ähnliche, durch ihren Innhalt schon schöne Gestalten, mit dem Laokoon, mit einem Faun oder andern peinlichen oder ignobeln Repraesentationen unter Einer Idee von Schönheit begreifen sollen.«

Und weiter, diese Überlegungen nunmehr auch auf den aktuellen Zustand der Literatur und den darauf bezogenen Diskussionsstand der Ästhetik beziehend: »Es ist, wie Sie wißen, mit der Poesie derselbe Fall. Wie hat man sich von jeher gequält und quält sich noch, die derbe, oft niedrige und häßliche Natur im Homer und in den Tragikern bey den Begriffen durchzubringen, die man sich von dem Griechischen Schönen gebildet hat. Möchte es doch einmal einer wagen, den Begriff und selbst das Wort Schönheit, an welches einmal alle jene falsche Begriffe unzertrennlich geknüpft sind, aus dem Umlauf zu bringen, und, wie billig, die Wahrheit in ihrem vollständigsten Sinn, an seine Stelle zu setzen. […] Auch ich fände meine Rechnung dabey, wenn diese Materie über das Characteristische und Leidenschaftliche in den griechischen Kunstwerken, recht zur Sprache käme, denn ich sehe voraus daß mich die Untersuchungen über das Griechische Trauerspiel […] auf den nehmlichen Punkt führen werden.«[55]

Hier sind praktisch alle Kritikpunkte einer nach-winckelmannschen Ästhetik in nuce angesprochen; von der ›Aushöhlung‹ des Schönheitsbegriffs durch zu große Reinheit, über die falsche Entgegensetzung von Schönem und Treffendem bis hin zur Unterschlagung des Derben bei Homer und des Leidenschaftlichen im griechischen Kunstwerk als einer unzulässigen Verengung der Vielfalt antiker Überlieferungszeugnisse, zu der neben der ruhigen Schönheit schließlich auch die »fürchterlichen Grazien« und der »ekelhafte«[56] trunkene Silen gehören. Das Charakteristische als eine Form des gleichsam ›Anders-Schönen‹, eines jedenfalls nicht mehr einem einheitlichen Ideal unterliegenden Schönheitsbegriffs macht hier Diskursfelder auf, in denen im Rückgriff auf die Anthropologie, auf das Individuum als das im Typus nur partiell Erfaßbare und auf die Differenz von Naturschönheit und Kunstschönheit bisherige Positionen der ästhetischen Normativität sich als nicht mehr unhinterfragt haltbar und vor allem als kontrovers diskutierbar erweisen.

In größerem Maße öffentlich wird die Debatte, schnell auch über den Kreis der Weimarer Klassik hinaus und mit Nachwirkungen bis zu Hegel und in den Vormärz, durch die Publikation von insgesamt drei Beiträgen des Kunsthistorikers Aloys Hirt in Schillers Zeitschrift *Die Horen* (1797) sowie durch deren Fortsetzung *Über die Charakteristik als Hauptgrundsatz der bildenden Künste bei den Alten* im *Berlinischen Archiv der Zeit und ihres Geschmacks* 1798, wobei sich bereits in den Titeln eine historische und eine aktuelle Dimension der Diskussion unterscheiden lassen. Mit einem Beitrag Christian Gottfried Körners *Ueber Charakterdarstellung in der Musik* (1795) in den *Horen*, Schillers explizit darauf verweisender Stellungnahme und der einsetzenden Diskussion hatte die Debatte auch auf den Bereich der musikalischen Ästhetik ausgegriffen und weitere Kreise erfaßt.

In seiner ersten Studie, *Versuch über das Kunstschöne* (1797), die noch Hegel in der Einleitung seiner *Ästhetik* (1835–1838) zitieren und dort Hirt als den »größten wahrhaften Kunstkenner unserer

---

[55] SCHILLER an Goethe (7. 7. 1797), in: SCHILLER, Bd. 29 (1977), 98 f.
[56] FRIEDRICH LEOPOLD ZU STOLBERG, *Reise in Deutschland, der Schweiz, Italien und Sicilien in den Jahren 1791–92*, Bd. 2 (Hamburg 1822), 249.

Zeit«[57] apostrophieren wird, ebenso wie in den folgenden Beiträgen und übrigens bis zu seinem architekturhistorischen Spätwerk, stellt Hirt als Hauptgrundsatz des Kunstschönen bereits für die Werke der Antike die Charakteristik vor, die er – bezogen vor allem auf die Laokoon-Gruppe und den Apoll von Belvedere – als »jene bestimmte Individualität« kennzeichnet, »wodurch sich Formen, Bewegung und Geberde, Miene und Ausdruck – Lokalfarbe, Licht und Schatten, Helldunkel und Haltung – unterscheiden, und zwar so, wie der vorgelegte Gegenstand es verlangt«. Damit werden die Gesetze der künstlerischen Darstellung unmittelbar mit einer inneren Logik des Dargestellten verbunden und »die Erreichung des Eigenthümlichen in allen Theilen zum Ganzen« in einer umfassenden Bestimmung hinsichtlich der Produktions- wie der Rezeptionsseite sowohl als Aufgabe der Kunst als auch als Kriterium der Kunstkritik bestimmt, nämlich als einerseits »der Endzwek der Kunst, das Wesen des Schönen, der Prüfstein von der Fähigkeit des Künstlers« und andererseits als »die Quelle des Wohlgefallens für jeden, der das Kunstwerk ansieht und betrachtet«[58].

Mit seinem zweiten, in den *Horen* kurz darauf publizierten Aufsatz vertieft Hirt den antikebezogenen Ansatz noch und nimmt gewissermaßen unter den Prämissen der Weimarer Klassik die Lessingsche Laokoon-Kontroverse wieder auf. Was bei Lessing als moderierte Leidenschaft interpretiert worden war, versteht Hirt im Gegensatz dazu als Überbietung, da hier »das höchste Naturvermögen in vollster Empörung« ausgedrückt sei: »Kein Schmerz, kein Widerstreben, kein Entsezen kann den Ausdruk schreklicher mahlen: Laokoon schreiet nicht, weil er nicht mehr schreien kann«[59].

57 HEGEL (s. Anm. 8), 63; vgl. BEAT WYSS, Klassizismus und Geschichtsphilosophie im Konflikt. Aloys Hirt und Hegel, in: O. Pöggeler/A. Gethmann-Siefert (Hg.), Kunsterfahrung und Kulturpolitik im Berlin Hegels (Bonn 1983), 115–130.
58 ALOYS HIRT, Versuch über das Kunstschöne, in: Die Horen 12 (1797), 7. Stück, 34 f.
59 HIRT, Laokoon, in: Die Horen 12 (1797), 10. Stück, 8.
60 Vgl. HIRT, Nachtrag über Laokoon, in: Die Horen 12 (1797), 12. Stück, 19–28.
61 GOETHE an Heinrich Meyer (14. 7. 1997), in: GOETHE (WA), Abt. 4, Bd. 12 (1893), 190.

Folgerichtig interpretiert Hirt die Laokoongruppe als die Momentaufnahme nicht des beginnenden Schmerzes, sondern seines nicht mehr ausdrückbaren Endes. Zurückgeführt wird auch dies wiederum auf das Prinzip der Charakteristik als einer »Individuellheit der Bedeutung« in einem situationsbezogenen Augenblick, dessen jeweilige Spezifik vom Künstler herauszuarbeiten ist: »Jede Bewegung, jede Leidenschaft, jede Form ist bei ihm [dem antiken Künstler – d. Verf.] individuell für jeden Karakter« (12). »Jede Figur hat die Bewegung, welche ihr in den gegebenen Umständen zukommt; jede hat den Ausdruk, welchen die vorgeschriebene Handlung oder Leidenschaft erfordert – ohne jene gemilderten Grenzen, wie jene Kunstrichter geglaubt haben.« (13)[60] Unübersehbar ist hier eine Fundamentalkritik des Klassizismus, die in der Forderung nach Situationsadäquanz des künstlerischen Ausdrucks ebenso zwangsläufig zur Pluralisierung im Schönen führen mußte und darin diskutierenswert war, wie deren umstandslose Gleichsetzung von ›Karakteristik‹ und Kunstschönheit von der Mehrzahl der Zeitgenossen nicht zu akzeptieren war.

Die Rezeption der Hirtschen Überlegungen – auch wenn sie sich häufig in Brief- und Gesprächsform, bei Schlegel in Notizfragmenten und damit insgesamt zu einer erheblichen Teil in einer nach außen eingeschränkten Öffentlichkeit vollzieht – zeigt über die einzelnen Details differenzierender Antikevorstellungen hinaus nochmals und gewissermaßen wie im Brennglas die unterschiedlichen Akzente innerhalb der deutschsprachigen Klassizismuskritik.

Goethe verbleibt in diesem Sinne im Rahmen eines vorwiegend ästhetisch argumentierenden Begriffsverständnisses. Bei aller Distanz zu einzelnen Überlegungen Hirts schreibt er an Heinrich Meyer lobend, dessen *Laokoon*-Aufsatz habe das Verdienst, »daß er den Kunstwerken auch das charakteristische und leidenschaftliche als Stoff zuschreibt, welches durch den *Mißverstand* des Begriffs von Schönheit und göttlicher Ruhe allzusehr verdrängt worden war«[61]; von Hirts Überlegungen angeregt, verfaßt er zunächst seinen eigenen *Laokoon*-Aufsatz, der kurz darauf als eröffnender Programmtext in der ersten Nummer der *Propyläen* erscheint, sowie die Brief-Novelle *Der Sammler und die Seinigen* (1799), in der er Hirt – teilweise mit direkten Zitaten aus den *Horen*-Aufsätzen – als »philosophischen Gast« auftreten und seine Thesen gegen skeptische Zuhörer verteidigen läßt. Im unmittelbar darauf bezogenen und gemeinsam verfaßten Schema (entst. 1798), das, Gegenteil eines »behaglichen Familiengemäldes«[62], als so explosiv wie verkaufssteigernd gemeinte zeit- und kunstkritische Typologie beabsichtigt war, nehmen Goethe und Schiller die Charakteristiker dann in den Kontext spezifischer Differenzierungen des Kunstverständnisses auf. Ihnen wird dort – unter anderem im Gegensatz zu den ›Nachahmern‹, aber auch zu den ›Skizzisten‹ – ›Unnatürlichkeit‹ auf der Ebene des ›Stils‹ und ›Schöne Leichtigkeit‹ auf der Ebene des ›Spiels‹ zugeordnet.[63] Im von Goethe edierten Winckelmann-Buch erweitert sich dann die Perspektive auf eine historische Dimension: in dem von Heinrich Meyer verfaßten *Entwurf einer Kunstgeschichte des Achtzehnten Jahrhunderts* (1805) scheint dem Charakteristischen zumindest als Ausgangspunkt einer anzustrebenden Synthese mit dem Kunstschönen der Vorrang eingeräumt zu werden, wenn es – nicht ohne inneres Widerspruchspotential – heißt, »Charakter mit Schönheit vereint [!] kann ohnmöglich anders als in Produkten vollendeter Kunst erscheinen, und insofern haben jene allerdings Recht, welche die Schönheit als ein Vorrecht und Zeichen des höchsten Flors der Kunst ansehen. Die aber, welche in Kunstwerken hauptsächlich auf das Charakteristische dringen, weisen den Künstler auf den rechten Weg. Denn aus dem Bedeutenden [...] hat das Schöne sich entwickelt. Wer hingegen von der Schönheit ausgeht, wird, wie uns das Beispiel von Mengs und Canova gelehrt, schwerlich je ein charakteristisches Ganzes erzielen.«[64]

Wilhelm von Humboldt verfolgt demgegenüber eine erkennbar differierende Intention und bemüht sich, die ästhetische Diskussion von der (letztlich eher auf Fiktionen und Überzeugungen denn auf nachweisbaren Fakten beruhenden und insofern schnell in einer argumentativen Sackgasse endenden) Bewertung der Antike fort auf die Gegenwart zu lenken und sie insbesondere erneut an eine umfassendere anthropologische Diskussionsebene zurückzubinden. Die Verlegenheit, aus der solche Initiative entspringt, ist unübersehbar; letztlich bleiben Humboldt zufolge im Konflikt von

Antike und Moderne »alte und neuere Zeit gleich unerklärlich«, zumal sich eine »wahre und eigentliche Verbindung des antiken und modernen Geschlechts in einem neuen dritten [...] auch bei der freigebigsten Einräumung einer unendlichen Perfectibilität, nicht denken«[65] läßt. Im *Plan einer vergleichenden Anthropologie* (1797) hingegen, gestützt auf eine »strenge Beobachtung der Wirklichkeit«[66], muß die Analyse des Jahrhunderts, ausgehend von der »entschiedenen Neigung, das Charakteristische überall aufzusuchen«[67], zum »Entdecken der Einheit in einer Mannigfaltigkeit von Erscheinungen«[68] führen und in eine »philosophische Theorie der Menschenkenntniss«[69] als eine allgemeine Theorie vom individuellen Charakter münden, in der sich zugleich der Charakter des Zeitalters identifizieren läßt.[70] Die Vermittlungsinstanz zwischen der ästhetischen und der anthropologischen Diskursebene ist dabei außer der historischen Entwicklung im Anschluß an Schiller die moralische Katharsis des Individuums als finale Funktionsbestimmung der Kunst. Hatte Kant sich auf die Differenzierung zwischen einem physischen und ei-

---

62 BENNO VON WIESE, [Anm. zum] Schema zu ›Der Sammler und die Seinigen‹, in: SCHILLER, Bd. 21 (1963), 347.
63 Vgl. SCHILLER/GOETHE, Schema zu ›Der Sammler und die Seinigen‹ (entst. 1798), in: SCHILLER, Bd. 21 (1963), Anhang.
64 JOHANN HEINRICH MEYER, Entwurf einer Kunstgeschichte des Achtzehnten Jahrhunderts (1805), in: Goethe, Winckelmann und sein Jahrhundert in Briefen und Aufsätzen, hg. v. H. Holtzhauer (Leipzig 1969), 198.
65 WILHELM VON HUMBOLDT, Über den Charakter der Griechen, die idealische und historische Ansicht desselben (1807), in: Humboldt, Werke in fünf Bänden, hg. v. A. Flitner/K. Giel, Bd. 2 (Darmstadt 1961), 71 f.
66 HUMBOLDT, Plan einer vergleichenden Anthropologie (1797), in: ebd., Bd. 1 (Darmstadt 1960), 351.
67 HUMBOLDT an Schiller (31. 5. 1796), in: SCHILLER, Bd. 36/1 (1972), 219.
68 HUMBOLDT an Friedrich August Wolf (23. 12. 1796), in: Humboldt, Gesammelte Werke, Bd. 5 (Berlin 1846), 176.
69 HUMBOLDT, Das achtzehnte Jahrhundert (1797), in: Humboldt (s. Anm. 65), Bd. 1 (Darmstadt 1960), 436.
70 Vgl. YOUNGKUN TSCHONG, Charakter und Bildung. Zur Grundlegung von Wilhelm von Humboldts bildungstheoretischem Denken (Würzburg 1991).

nem moralischen, einem empirischen und einem intelligiblen Charakter beschränkt und im zweiten Teil der *Anthropologie in pragmatischer Hinsicht* (1798; ›Anthropologische Charakteristik‹) die Bestimmung der Menschheit im ständigen Fortschritt zum moralisch Besseren durch Selbstperfektion gesehen, so fügt Schiller dem Überlegungen hinsichtlich des dabei anzustrebenden Vorgehens zu, wenn es beispielsweise heißt: »Auf den Karakter wird bekanntlich durch *Berichtigung der Begriffe* und durch *Reinigung der Gefühle* gewirkt. Jenes ist das Geschäft der *philosophischen*, dieses vorzugsweise der *ästhetischen* Kultur.«[71] Soll die Dichtung bei Schiller zum einen (*Ueber das Pathetische*, entst. 1793) auf den »Karakter« als auf das »Total der menschlichen Natur«[72] wirken, so sieht die Programmschrift *Ueber die ästhetische Erziehung des Menschen in einer Reihe von Briefen* (1795) eine Veredelung des Charakters durch die Kunst bzw. die Wiederherstellung der Totalität des Charakters angesichts drängender Entfremdungserfahrungen eben durch sie als dezidiert politisches Vorhaben vor.[73] Indem ein dritter Charakter neben dem natürlich-physischen und dem sittlich-moralischen entwickelt wird, wirkt Kunst Schiller zufolge letztlich auf dem Umweg durch die Ästhetik politisch.[74]

An solche Überlegungen knüpft Humboldt, weit über die akuten Stellungnahmen zu den Überlegungen Hirts im Briefwechsel mit Körner und Schiller hinaus, an, wenn bei ihm die Rückbindung an die Anthropologie nicht zuletzt über die Konzeptualisierung von Bildung erfolgt, in der sich individuelle und gesellschaftliche Momente der Formation miteinander verschränken und ge-

---

71 SCHILLER an Friedrich Christian von Augustenburg (13. 7. 1793), in: SCHILLER, Bd. 26 (1992), 265.
72 SCHILLER, Ueber das Pathetische (entst. 1793), in: SCHILLER, Bd. 20 (1962), 219f.
73 Vgl. SCHILLER, Ueber die ästhetische Erziehung des Menschen in einer Reihe von Briefen (1795), in: SCHILLER, Bd. 20 (1962), 309–413.
74 Vgl. ebd., 3., 4., 9. Brief.
75 HUMBOLDT (s. Anm. 69), 436.
76 HARTMUT BÖHME, Neue Erfahrungen von der Natur des Menschen. Einführung, in: H.-J. Schings (Hg.), Der ganze Mensch. Anthropologie und Literatur im 18. Jahrhundert. DFG-Symposion 1992 (Stuttgart/ Weimar 1994), 141.

meinsam der historischen Dynamik unterliegen, also gerade nicht etwa als überzeitliche Konstante verstanden werden. Der Charakteristik-Begriff wird entscheidend im Blick auf eine geschichtsphilosophische Dimension erweitert, wenn seine Abhandlung *Das achtzehnte Jahrhundert* (1796/1797) einerseits als »Schilderung des Jahrhunderts« und andererseits als »eine Charakteristik der Zeit« konzipiert wird, bei der das Zusammenspiel von Individuellem und Allgemeinem unter anderem durch den Begriff der »Eigenthümlichkeit« gesichert wird. Wenn der individuelle Charakter »alle diejenigen Eigenthümlichkeiten« umfaßt, »welche den Menschen, als ein physisches, intellectuelles und moralisches Wesen betrachtet, sowohl überhaupt, als auch insbesndre einen vor dem andern auszeichnen«[75], so muß eine Charakteristik des Zeitalters zeigen, »wie das allgemeine Gesetz und die besondre Eigenthümlichkeit sich gegenseitig verfeinern und erweitern, wie dadurch mit Aufhebung aller Einförmigkeit alles Aehnliche mannigfaltig und contrastirend, und mit Aufhebung alles Widerstreits alles Contrastirende übereinstimmend und zusammenwirkend gemacht wird«. So hat die Charakteristik in Humboldts Verständnis und als Bestandteil einer Theorie der philosophischen Menschenkenntnis im Gegensatz zur Physiognomik, aber auch zur Erfahrungsseelenkunde des ausgehenden 18. Jh. nie nur mit den individuellen Zügen einer Person, sondern immer mit denen des gesamten Zeitalters zu tun, deren Schilderung dann »den Gang der Menschheit zu verfolgen bestimmt ist« (421): »die Menschheit ist ein nie vollendeter, ein unendlicher Gegenstand, und die gegenwärtige Charakteristik darf sie nicht anders als wie einen solchen betrachten« (422).

Blickt man von hier aus zusammenfassend auf die Wendungen der Begriffsdiskussion bis etwa 1800 zurück, so läßt sich erkennen, wie stark sich die Verschränkung des Typologischen mit dem im gesamtgesellschaftlichen Kontext als individuell Gedachten zunehmend vom ersteren weg verlagert und zur Kennzeichnung einer personellen Einmaligkeit im modernen Sinne hin entwickelt. Die Ausdifferenzierung der Diskurse vom Menschen, bei denen Hartmut Böhme zufolge »die Dynamik von Erfahrung und Wissen […] nicht mehr in homogenisierenden Theoriebildern stillzustellen«[76]

ist, wie auch die allmähliche Wende zu einem Verständnis des menschlichen Körpers als einem »sprechenden Leib« und dem damit verknüpften »riesigen Gewebe von Zeichen«[77] belegen diese Entwicklung in anthropologischer Hinsicht ebenso wie der Wandel des Charakterverständnisses im Kontext der ästhetischen Diskussion. Die Entwicklung des Begriffs innerhalb der Theatergeschichte – im größeren Kontext als Entwicklung vom ›künstlichen‹ Zeichen des Barock zum ›natürlichen‹ Zeichen der Aufklärung verstehbar[78] – mag dies noch einmal in nuce zeigen. In der vierten Auflage (1751) der *Critischen Dichtkunst* hat Gottsched in argumentativen Rekurs gerade auf eine Erfahrung der Lebenspraxis noch darauf bestanden, daß jeder auf der Bühne darzustellende Charakter statisch sein müsse. »Ein widersprechender Character«, so Gottsched, »ist ein Ungeheuer, das in der Natur nicht vorkömmt: daher muß ein Geiziger geizig, ein Stolzer stolz, ein Hitziger hitzig, ein Verzagter verzagt seyn und bleiben; es würde denn in der Fabel durch besondere Umstände wahrscheinlich gemacht, daß er sich ein wenig geändert hätte. Denn eine gänzliche Aenderung des Naturells und Characters ist ohnedieß in so kurzer Zeit unmöglich.«[79] Die Reduktion einer Person auf ein konstantes, wenn überhaupt nur wenig veränderbares Merkmal ermöglicht hier gewissermaßen deren Beobachtung im Ruhezustand und erlaubt damit zugleich eine größere Eindeutigkeit des moralischen Urteils. Zwanzig Jahre später ist gerade diese Auffassung Gegenstand der Kritik. Bei Jakob Michael Reinhold Lenz, der seine *Anmerkungen übers Theater* (1774) übrigens ausdrücklich in Auseinandersetzung mit den Überlegungen von Aristoteles formuliert, heißt es, »die heutigen Aristoteliker, die bloß *Leidenschaften ohne Charaktere* malen«, seien deswegen genötigt, »*eine* gewisse Psychologie für alle ihre handelnden Personen anzunehmen«, und er knüpft daran die rhetorische Frage: »Wo bleibt aber da der Dichter, christlicher Leser! Wo bleibt die Folie?« Dieses Vorgehen sei zwar durchaus mit »großer allgemeiner Menschenkenntnis« verbunden, »aber wo bleibt die *individuelle*?«[80] Erst vor dem Hintergrund dieses Verständniswandels kann die Überlegung nach der Möglichkeit einer Verbesserung des Charakters – nicht zuletzt durch die Kunst, wie dies Schiller formuliert – greifen. Ein Nachklang dieser Differenzierung des Charakterbegriffs zwischen Typus und modern verstandener Individualität findet sich übrigens, wenn auch an einer eher peripheren Stelle, noch bei Heine. 1821 heißt es in dessen Kritik an Wilhelm Smets' Drama *Tasso's Tod* (1819) im Gesamtzusammenhang einer Analyse des zeitgenössischen Gattungssystems, »stehende Charaktere« bei den Alten mit dem Hauptziel, »Handlungen und Leidenschaften zu entwickeln«, seien von »unserm modernen Theater« zu unterscheiden, bei dem »Charakterschilderung [...] eine Hauptsache«[81] sei. In der Parallelisierung anthropologischer und ästhetischer Entwicklungsmomente erweist sich, wie im gleichen Maße, in dem die zuvor konzeptualisierte Einheit des Menschen und seiner psychischen Grunddisposition (der ›konstante Charakter‹) in eine fast unendliche Facettenhaftigkeit auseinanderbricht, auch ›das Charakteristische‹ als ästhetischer Begriff zunehmend die Einheitlichkeit eines zuvor weitgehend unangefochtenen normativen Schönheitskonzepts unterhöhlt. Das, was Lavater in seinen ansonsten von den Zeitgenossen bekanntlich zwiespältig diskutierten *Physiognomischen Fragmenten* (1775–1778) von einem »menschenfreundlichen Physiognomisten« im Blick auf den Charakterbegriff fordert, nämlich: »Er trennt das Feste in dem Charakter von dem Habituellen, das Habituelle von dem Zufälligen«, und was ihn in der Folge zur Schlußfolgerung führt: »Mithin beurtheilt er den Menschen richtiger: er beurtheilt

---

77 BÖHME, Der sprechende Leib. Die Semiotiken des Körpers am Ende des 18. Jahrhunderts und ihre hermetische Tradition, in: Böhme, Natur und Subjekt (Frankfurt a. M. 1988), 181.
78 Vgl. ERIKA FISCHER-LICHTE, Semiotik des Theaters. Eine Einführung, Bd. 2: Vom ›künstlichen‹ zum ›natürlichen‹ Zeichen. Theater des Barock und der Aufklärung (1983; Tübingen ³1995).
79 GOTTSCHED (DICHTKUNST), 619.
80 JAKOB MICHAEL REINHOLD LENZ, Anmerkungen übers Theater (1774), in: Lenz, Werke und Briefe in drei Bänden, hg. v. S. Damm, Bd. 2 (Leipzig 1987), 652.
81 HEINRICH HEINE, [Rez.] Wilhelm Smets, Tasso's Tod (1821), in: Heine, Sämtliche Schriften, hg. v. K. Briegleb, Bd. 1 (München ²1975), 414.

ihn blos nach sich selbst«[82], das läßt sich verstehen als Gegenstück zur Abkehr von der normativen Regelpoetik hin zur ihre Kriterien aus sich selbst schöpfenden Ästhetik der Moderne.

V. Ausweitungen: Die Begriffe Charakter und charakteristisch in der Musikästhetik (Wiener Klassik) und in der Architekturtheorie

Zeitgleich zu dieser Entwicklung erreicht die Diskussion der Begriffe ›Charakter‹ und ›charakteristisch‹ zunehmend auch solche Bereiche der Kunst, die von den ästhetischen Theoriedebatten der Zeit zuvor weniger erfaßt worden waren, nämlich insbesondere die Musik und die Architektur. Körners Aufsatz *Ueber Charakterdarstellung in der Musik* eröffnete den Zeitgenossen angesichts des Entstehens völlig neuer Formen der Instrumentalmusik bei Haydn, Mozart und Beethoven (vor allem der Symphonie in ihrem veränderten Gattungsverständnis) eine zuvor nicht existierende Dimension der Begriffsverwendung und verknüpft gewissermaßen die Wiener Klassik, die bekanntlich keine oder nur bruchstückhafte Zeugnisse expliziter ästhetischer Reflexion hinterlassen hat, mit den kunsttheoretischen Überlegungen der Weimarer Klassik. Wurde bisher das Schöne in der Musikästhetik primär als melodische Kontinuität bestimmt und vorwiegend anhand der Opernästhetik expliziert: »Details, die eine Person, eine Gefühlsregung, ein Requisit oder eine Situation charakterisierten, waren zwar keinesfalls ausgeschlossen, durften aber – jedenfalls in den geschlossenen Formen – den Fluß der Melodik nicht unterbrechen«[83], so führt die neuere Hörerfahrung im Anschluß an Haydn und Mozart zu Brüchen, wenn sie denn »als der Ausdruck eines persönlichen Seins«[84] hör- und verstehbar waren. In diesem Gesamtrahmen stellt Körners Aufsatz einen der frühesten Texte zugunsten zum einen der Musik als autonomer Kunstform und zum zweiten zum sich allmählich vollziehenden Primat der instrumentalen vor der wortbezogenen Musikentwicklung dar. Wie Hirts Beiträge in den *Horen* erschienen und Schiller zufolge ein Text, der »überall viel Sensation [macht] und wer von dem 5ten Stück der Horen spricht, der erwähnt ihn zuerst«[85], nimmt Körners Plädoyer für eine auch *qualitative* Scheidung zwischen sprechend-deskriptiver einerseits und nicht-deskriptiver, dafür aber ›charakteristischer‹ Musik andererseits bereits wichtige Topoi der Diskussion um den Autonomiestatus insbesondere der symphonischen Musik des 19. Jh. vorweg. In der ausdrücklichen Kritik der ›Tonmalerei‹ heißt es in diesem Sinne, daß »der Tonkünstler«, der nur auf das Vergnügen seines Publikums achte und dieses daher »bald [...] durch schmetterndes Geräusch erschüttern, bald zärtere Nerven durch schmelzende Töne reitzen« wolle, damit als Maximum lediglich eine »blos *angenehme* Kunst« erreichen könne; »davon, daß sie etwas mehr seyn könne, hat er keinen Begriff«. Im Reich der (davon deutlich abgesetzten) *Schönheit* hingegen, »befreyt von aller äußern Herrschaft der Vorurtheile, Moden und Launen seines Zeitalters«, also gleichsam zeitenthoben, muß der Komponist danach trachten, »seinen Werken einen unabhängigen, selbstständigen Werth zu geben«[86]. Ist dies gegeben, so ist damit letztlich »das Ideal eines Charakters« erreicht, dem es dann auch gelingen kann, die irrige, aber »noch jetzt [...] herrschende Meinung bei einem großen Theile des Publikums« zu überwinden, der zufolge »Poesie, Schauspiel oder Tanz« als Ergänzung der Musik erforderlich seien und die diese »als selbstständige Kunst« verkennt, weil sich »der Sinn ihrer Produkte [...] nicht in Worte und Gestalten übertragen läßt« (101). Körners nähere, wenngleich nicht sehr präzise Bestimmung des musikalischen

---

82 JOHANN CASPAR LAVATER, Physiognomische Fragmente zur Beförderung der Menschenkenntnis und Menschenliebe (1775–1778), hg. v. C. Siegrist (Stuttgart 1984), 96.
83 DAHLHAUS/NORBERT MILLER, Europäische Romantik in der Musik, Bd. 1 (Stuttgart/Weimar 1999), 233.
84 HEINRICH BESSELER, Das musikalische Hören der Neuzeit (1959), in: Besseler, Aufsätze zur Musikästhetik und Musikgeschichte (Leipzig 1978), 149.
85 SCHILLER an Körner (4. 7. 1795), in: SCHILLER, Bd. 28 (1969), 2; vgl. SCHILLER an Körner (20. 7. 1795), in: ebd., 13.
86 CHRISTIAN GOTTFRIED KÖRNER, Ueber Charakterdarstellung in der Musik, in: Die Horen (1795), 5. Stück, 97.

Charakters erfolgt dann weitgehend angelehnt an die bildende Kunst, nämlich hinsichtlich der Dauer und Art des Klangs sowie seiner Höhe und Tiefe, die »von dem Ohr auf ähnliche Art unterschieden [wird], wie von dem Auge die Farben« (111), wobei einerseits der »Begriff des Charakters« ein »moralisches Leben« (116) voraussetzt und andererseits etwas unvermittelt auf den Gegensatz eines männlichen bzw. eines weiblichen Ideals, das in der Musik entscheidend wirksam sei, zurückgeführt wird.

Schiller hatte gerade dies bereits in seiner ersten Reaktion (als Briefkommentar zum Manuskript) bemängelt und ansonsten die wichtige Unterscheidung zwischen ›idealisieren‹ und ›veredeln‹ eingeführt; Schiller und Humboldt bemängeln übereinstimmend, daß der Charakterbegriff in Körners Text nicht eindeutig durchgehalten sei. Bei Schiller heißt es, etwas zu idealisieren bedeute, »es aller seiner zufälligen Bestimmungen entkleiden und ihm den Charakter innerer Notwendigkeit beilegen«, während veredeln »immer an verbessern, an eine moralische Erhebung« erinnere: »der Teufel, idealisiert, müßte moralisch schlimmer werden, als er es ohne das wäre«[87]. Humboldt definiert in Reibung an Körner Charakter als »die dauernde Form der Einheit in dem veränderlichen Stoff«[88].

Entscheidend an Körners Text ist die Tatsache, wie sehr hier angesichts der neuen Formen der Instrumentalmusik jede Diskussion um die Prinzipien einer Nachahmungsästhetik auch in der Musik als unzeitgemäß verabschiedet wird.

Während in der Theoriebildung der ersten Hälfte des 18. Jh. und bis in die 80er Jahre hinein Charakter und Affekt als weitgehend austauschbare Begriffe angesehen werden können und noch bei Leopold Mozart die Differenz zwischen dem einen als einer eher analytischen Kategorie (»den Charakter unterscheiden und aufsuchen«) und dem anderen als dem zugehörigen, eher musikalisch-aufführungspraktischen Korrelat (»den Affekt anbringen, ausdrücken und vortragen«[89]) ohne tieferreichende Folgen verstanden wird, läßt sich zunehmend eine Ausdifferenzierung zwischen musikalischen Gattungen mit einem festgelegten Charakter (Ballette, Tänze, Märsche) und solchen charakterindifferenter Art (Sonate, Symphonie, Ouvertüre) feststellen.[90] Zugleich entwickelt sich die Kennzeichnung musikalischer Werke als ›charakteristisch‹ historisch »zum zentralen Begriff der Berlioz- und der Meyerbeer-Kritik, und zwar der feindseligen ebenso wie der apologetischen«[91] weiter und findet in Wagner ihren Fluchtpunkt. Für die Zeit um 1800 bleibt bemerkenswert, wie sich früher als in Deutschland in Frankreich eine Korrelation des Charakterbegriffs, bezogen auf ein einzelnes Musikstück, mit dessen Originalität und in der Folge mit dessen Chancen auf Unsterblichkeit nachweisen läßt. In der einschlägigen Musikenzyklopädie von Nicolas Etienne Framery und Pierre Louis Ginguené findet sich 1791, also bereits vor Körners Überlegungen, die Beobachtung, damit ein Musikstück »du caractère« aufweise, genüge es nicht, daß es die zugehörigen Worte bzw. die dramatische Situation adäquat ausdrücke, »car une simphonie exécutée sans un concert & denuée de paroles peut avoir aussi cette qualité«. Vielmehr sei der Charakter bestimmt als »une certaine originalité qui se sent tout de suite, qui distingue un morceau de la foule, qui l'élève au dessus de beaucoup d'autres peut-être mieux faits, plus remplis de mérite, maix auxquels il manque celui-là, qui lui attache enfin le sceau de l'immortalité«[92].

Bereits zehn Jahre zuvor hatte sich eine Debatte um den Charakterbegriff auch im Blick auf die Architektur ergeben und dabei Überlegungen vor allem der englischen und der französischen Diskussion aufgenommen. Die anonym in Dessau 1785 erschienenen *Untersuchungen über den Charakter der Gebäude; über die Verbindung der Baukunst mit den schönen Künsten und über die Wirkungen, welche durch*

---

87 SCHILLER, Zu Gottfried Körners Aufsatz über Charakterdarstellung in der Musik (1775), in: SCHILLER, Bd. 22 (1958), 293.
88 HUMBOLDT, Bemerkungen zu Körners Aufsatz über Charakterdarstellung in der Musik (1775), in: Humboldt, Werke, hg. v. A. Leitzmann, Bd. 7 (Berlin 1907), 569.
89 LEOPOLD MOZART, Gründliche Violinschule (1756; Augsburg ³1787), 257.
90 Vgl. JACOB DE RUITER, Der Charakterbegriff in der Musik. Studien zur deutschen Ästhetik der Instrumentalmusik 1740–1850 (Stuttgart 1989), 35.
91 DAHLHAUS, Musikalischer Realismus. Zur Musikgeschichte des 19. Jahrhunderts (München 1982), 49.
92 NICOLAS ÉTIENNE FRAMERY/PIERRE LOUIS GINGUENÉ, Encyclopédie méthodique. Musique, Bd. 1 (Paris 1791), 210.

dieselben hervorgebracht werden sollen legen den Akzent in der Begriffsverwendung erstmals nicht in die Produktionsästhetik des Kunstwerks, sondern verstehen sie als seine Wirkung. »Die Eigenschaft eines Gebäudes, wodurch es eine *merkliche Wirkung auf unser Herz* thut, nenne ich seinen Charakter«, lautet in diesem Sinne die zentrale Definition des Textes, der explizit darauf rekurriert, »daß sich die Baukunst nicht so bestimmt ausdrückt wie die die anderen Künste«. Zwangsläufig denkt man an die Diskussion um die Treppengestaltung in Goethes Haus am Frauenplan, wenn hier der Charakterbegriff gerade an der Differenz von Gebäudezugängen diskutiert wird. Ein Tempel in Mexiko z. B. deutet in seiner Treppe, »ob sie gleich nur die simple Form einer Leiter« aufweist, doch »sehr feyerliche Verrichtungen« an; ein bequemer Zugang ist demgegenüber einer, mit dem man »alle Arten des Charakters« verstärkt, »in welchen Heiterkeit, Anmuth und Gesellligkeit Hauptzüge sind«, während weniger bequeme und steile Treppen mit hohen Stufen – jeweils im Blick auf den zu erzielenden Effekt – dort verwendet werden, wo ein »erhabener und »heroischer«[93] Charakter gefordert wird.

Eine gewisse, wenn auch unspezifische Rolle spielt der Charakterbegriff im Kontext der Revolutionsarchitektur, der Gartengestaltung und der republikanischen Feste bis in die napoleonische Epoche hinein, wobei er hier zumeist auf den Gegensatz von öffentlichem Gegenstand und (beabsichtigter) individueller Wirkung ausgerichtet ist. In beiden Fällen kennzeichnet er den Grad der Abweichung von dem (wenn auch nur gedacht) Genormt-Geregelten bzw. von der umstandslosen Naturnachahmung. Nur aus dieser Perspektive läßt sich, nochmals im Blick auf die Musik, ein aufschlußreicher Scheinwiderspruch lösen, wie er sich aus der Ablösung des Naturnachahmungspostulats im Verhältnis von Wiener und Weimarer Klassik ergibt. Während nämlich Haydn seinem frühen Biographen Griesinger gegenüber im Kontext der »Empfindungen und Ideen [...], die er durch die Tonsprache auszudrücken strebte«, äußert, er habe »öfters moralische Charaktere geschildert«[94], sich dabei aber ausdrücklich auf seine Symphonien bezieht, kann Schiller finden, Haydns *Schöpfung* (1798) – also ein Werk mit naturschilderndem Anspruch und auf wort- bzw. gesangsbezogener Grundlage – sei, eben weil sie schildert und unmittelbar Natur in Musik zu transponieren versucht, ein »charakterloser Mischmasch«[95].

VI. Beginn und Ende der Moderne

40 Jahre später, 1839, schreibt Karl Gutzkow: »Wenn wir eine neue Kritik bekommen, so wird es die der Charakteristik seyn«[96] – jene, Friedrich Schlegel zufolge, »eigne specifisch verschiedne Gattung«[97] der Literaturkritik, die im Gegensatz zu den bisher vorherrschenden Grundsätzen literarischen Urteilens – etwa den abstrakten Kriterien der ›Kunstrichter‹ – erstmals dialektisch den Eindruck des Ganzen und die detaillierte Werkanalyse, das rekonstruierende Verstehen und die ästhetische Kritik des Kunstwerks in eins setzt. Im Blick nunmehr auf die Bewertung der literarischen Produktion läßt sich eine letzte Neuakzentuierung in der Begriffsverwendung identifizieren. Wie sehr sich hier bei Schlegel und in seiner Nachfolge ein argumentativer Umbruch vollzieht, läßt sich erkennen,

---

93 [ANONYMUS], Untersuchungen über den Charakter der Gebäude; über die Verbindung der Baukunst mit den schönen Künsten und über die Wirkungen, welche durch dieselben hervorgebracht werden sollen, hg. v. H.-W. Kruft (Nördlingen 1986), 11, 116; vgl. ULRICH SCHÜTTE, Aufklärung, Empfindsamkeit und die Krise der Architektur um 1800. Zu den ›Untersuchungen über den Charakter der Gebäude‹ von 1785, in: Idea. Jahrbuch der Hamburger Kunsthalle 8 (1989), 57–74; JOHN ARCHER, Character in English Architectural Design, in: Eighteenth-century studies 12 (1978–1979), 339–371; WERNER SZAMBIEN, Symétrie, goût, caractère. Théorie et terminologie de l'architecture à l'âge classique 1550–1800 (Paris 1986).
94 GEORG AUGUST GRIESINGER, Biographische Notizen über Joseph Haydn (Wien 1810), 117; vgl. BESSLER, Mozart und die ›Deutsche Klassik‹ (1958), in: Besseler (s. Anm. 84), 442–454.
95 SCHILLER an Körner (5. 1. 1801), in: SCHILLER, Bd. 31 (1985), 1.
96 KARL GUTZKOW, Vertheidigung gegen Menzel und Berichtigung einiger Urtheile im Publikum (1839), in: A. Estermann (Hg.), Politische Avantgarde 1830–1840, Bd. 1 (Frankfurt a. M. 1972), 77.
97 FRIEDRICH SCHLEGEL, Fragmente zur Litteratur und Poesie (1797), in: SCHLEGEL (KFSA), Bd. 16 (1981), 138.

wenn man den Begriffsgebrauch noch relativ wenige Jahre zuvor heranzieht. Bedeutet nämlich ›Charakter‹, gelegentlich auch ›Charakteristik‹ im Rahmen der seit etwa 1775 zu beobachtenden Umformung von der alten »Litterärhistorie« zum »Unternehmen ›Literaturgeschichte‹«[98] im wesentlichen noch eine Porträtskizze mit möglichst konziser Beschreibung der dichterischen Eigenart des Autors – häufig angeordnet nach Geburtsdatum und/oder Alphabet und gedacht vor allem als Lektüreersatz bzw. ungelehrte Lektürevorbereitung, insgesamt also gerade nicht in kritischer Absicht[99] –, so kennzeichnet der Begriff bei Schlegel den nicht mehr auseinanderzudividierenden Zusammenhang von interpretierender Bemühung und ästhetischer Beurteilung; »die Charakt[eristik] ist d[as] Product d[es] künstl[erischen] Lesens, ein Bericht davon – nicht bloß Notiz«[100]. Die Charakteristik, in diesem Sinne bei Schlegel auch als eigenständige literarische Gattung konzipiert, hat die Aufgabe sowohl einer empathischen Rekonstruktion von »Gang und Gliederbau« eines Werks als auch diejenige einer Reflexion ihres inneren, grundsätzlich als unabgeschlossen konzipierten Gehaltes und kann dann, mit dem berühmten Wort, dazu führen, den Autor »besser zu verstehen als er sich selbst verstanden hat«. In der Erläuterung zu Schlegels bekannter Skizze »Deduction der kritisch[en] Kategorien«, an deren Spitze »Charakter (Wesen) Sinn« steht, heißt es, die »Philosophie der Charakteristik« müsse gleichzeitig eine Deduktion der kritischen Kategorien, der kritischen Ideen, der kritischen Anschauungen und des kritischen Ideals umfassen, damit das Kunstwerk zwischen den Polen von »Geist« (Tendenz, Ton, Manier) und »Buchstaben« (Form, Stoff, Stil) situiert werden könne. Zwangsläufig muß dann der »gute Kritiker und Charakteristiker« zum Universalwissenschaftler werden und »treu, gewissenhaft vielseitig beobachten wie der Physiker, scharf messen wie der Mathematiker, sorgfältig rubriciren wie der Botaniker, zergliedern wie d.[er] Anatom, scheiden wie der Chemiker, empfinden wie der Musiker«[101], und noch weit mehr. In dem Moment, in dem die Kriterien zur Beurteilung eines Kunstwerks tendenziell nur noch aus dem Gegenstand selbst, jedenfalls nicht mehr aus gemeinsam akzeptierten ästhetischen Normvorstellungen gewonnen

werden können, unterliegen Autor wie Charakteristiker zwangsläufig der Dynamik der Moderne mit ihren Ansprüchen wie ihren Vernetzungen. Je stärker »der moderne Autor […] auch immer mehr oder weniger vom Charakter des Weltbürgers und Politikers an sich«[102] hat, desto mehr muß dieses Postulat auch für den Kritiker gelten, denn »um ein Werk oder einen Autor charakterisiren zu können, muß man […] die Welt kennen. Sonst kann man die Tendenzen desselben nicht fassen; was er will und wo er hingehört«[103].

Was sich bei Schlegel letztlich noch als Konsequenz der Ablösung bisheriger Normen und der entsprechenden Umstrukturierung des literarischen Feldes verstehen läßt, nämlich die »Geburt der Charakteristik aus dem Geiste der Klassizismuskritik«[104], das erhält in den literarischen Auseinandersetzungen nach 1835 eine unübersehbare politische Note. Im Zuge zunehmender politischer Auseinandersetzungen um literarische Fragen in der Restauration und im Vormärz, insbesondere aber auch im Prozeß des »Funktionsübergangs von Dichtung und Publizistik« und der zunehmenden Herausbildung von Kritik als einem journalistischen Genre mit dem Anspruch der Beeinflussung von Öffentlichkeit, aber auch dem Risiko des Zensurverbots wie dem personenbezogenen Gerichtsverfahren, erhält die Abgrenzung der individuellen Autorenpersönlichkeit einen neuen Akzent. Als grundsätzliche Überlegung, daß »unsere Kritik schildert und porträtirt«, aber auch im Kontext des kollektiven Verbots des ›Jungen Deutschland‹, also einer Gruppe von Autoren, rekurriert Gutzkows Satz von der Charakteristik als der zukunftsorientierten Form der Kritik ausdrücklich auf den jeweiligen Autor als Individuum und pole-

---

98 KLAUS WEIMAR, Geschichte der deutschen Literaturwissenschaft bis zum Ende des 19. Jahrhunderts (München 1989), 107, 140.
99 Vgl. ebd., 134–147; CARL AUGUST KÜTTNER, Charaktere teutscher Dichter und Prosaisten. Von Kaiser Karl, dem Großen, bis aufs Jahr 1780 (Berlin 1781).
100 SCHLEGEL, Philosophische Lehrjahre (1796–1806), in: SCHLEGEL (KFSA), Bd. 18 (1963), 307.
101 SCHLEGEL (s. Anm. 97), 132, 138; vgl. OESTERLE (s. Anm. 49), 64–86.
102 SCHLEGEL (s. Anm. 97), 142.
103 SCHLEGEL (s. Anm. 100), 98.
104 OESTERLE (s. Anm. 49), 68.

misiert gegen den Literaturkritiker Wolfgang Menzel, der – als ideologischer Auslöser des Verbots – »die deutsche Literatur in Bausch und Bogen [...] in Fächer« werfe, »statt die Fächer aufzulösen in Individualitäten«[105]. Analog protestieren Heinrich Laubes *Moderne Charakteristiken* aus dem gleichen Jahr gegen die »herrschende allgemeine Ungerechtigkeit [...] kein Individuum gelten zu lassen«, und Laube nimmt sich demgegenüber vor, »daß ihre Unterschiede klar ausgesprochen, und die Motive derselben im mannigfachen, breiten Leben, nicht bloß in Einzelheiten aufgesucht werden«[106]. Unverkennbar tritt hier gegenüber den Überlegungen Schlegels die Werkästhetik und -analyse zugunsten einer verstärkt politisch-ideologischen Positionierung zurück; über interne Differenzen hinweg rechnen die Charakteristik-Konzeptionen des Vormärz anstelle einer inzwischen obsolet gewordenen Klassizismuskritik mit der Korrelation eines gewissermaßen authentischen Subjekts und seiner ihm individuell zuzurechnenden und entsprechend zustimmungsfähigen oder attackierbaren literarischen und/oder politischen Äußerungen, für die dieser einzustehen bereit ist. Die lange und programmatisch angelegte Rezension Arnold Ruges zu Gustav Kühnes *Weiblichen und männlichen Charakteren* in den *Hallischen Jahrbüchern* von 1838 versuchen – vielleicht letztmals – eine grundsätzliche Begriffsbestimmung. Angesichts des Risikos, sich bei der Charakterisierung der Autorenpersönlichkeit auf »Zufälligkeiten« und den Bericht »von seiner Nase, seinem Höcker, ja von seinen Rockund Stockknöpfen« zu beschränken, differenziert Ruge die »nur geistreiche« von der »wahren« Charakteristik und polemisiert dabei – offenbar eingedenk unter anderem der Platen-Kontroverse – »gegen das Anzügliche, gegen die Pikanterie« insbesondere bei Heine, aber auch gegen »das suffisante Verhältnis zur Welt«, das die Charakteristik ungerechtfertigterweise in eine Position bringe, »als stünde sie im tiefsten Mittelpunkt des Weltgerichtes«[107]. Wahre Charakteristik muß demgegenüber Ruge zufolge zeigen, wie »der ganze Mensch in seinem Zusammenhange mit der Zeit« und »im Verlaufe des Geistes [...] als der Punkt, den diese Person bildet«, zu verstehen ist, nämlich als »Vorübung zur Geschichtschreibung«[108]. Vergleichbar hatte kurz zuvor bereits Gutzkow in der Differenzierung von »Privat-Charakter« und »öffentlichem Charakter« als der ihr entsprechenden »Rivalität«[109] von Biographie und Geschichte argumentiert.

Begriffsgeschichtlich kommt damit die Diskussion von Charakter und Charakteristik als ästhetischen Kategorien im wesentlichen zum Abschluß; spätestens seit den 40er Jahren, also nur kurz nach dem von Heine proklamierten ›Ende der Kunstperiode‹, verliert das Begriffsfeld rapide an Relevanz. Die Verwendung des Terminus in Adornos Mahler-Analysen, um in der Entgegensetzung von »Einsturzpartien« und »Erfüllungsfeldern« in Mahlers Verhältnis zur musikalischen Tradition zu zeigen, wie in dessen Symphonik »jedes Thema [...], über den bloßen Notensachverhalt hinaus, sein geprägtes Wesen« besitzt und kompositorische »Formabschnitte [...] anstatt mit Charakteren ausgefüllt, dem eigenen Wesen nach als Charaktere formuliert werden«[110], steht im 20. Jh. als Einzelbeispiel da.

Erhalten bleibt der Begriff hingegen in seiner anthropologischen Dimension, wenngleich auch hier – über eine alltagssprachliche Verwendung hinaus – in einem weniger großen Umfang, als man hätte vermuten können. Bei Marx findet sich die Prägung »Charaktermaske«[111], Freud verwendet den Begriff wegen der Komplexität des zugrundeliegenden Gegenstandes selten (am einflußreichsten vielleicht in der Prägung ›Analcharakter‹ im frühen Aufsatz *Charakter und Analerotik*, 1908[112]) und polemisiert in den Schlußsätzen der

105 GUTZKOW (s. Anm. 96), 77.
106 HEINRICH LAUBE, Moderne Charakteristiken (Mannheim 1835), 343, VI.
107 ARNOLD RUGE, Weibliche und männliche Charaktere von F. Gustav Kühne, in: Hallische Jahrbücher für deutsche Wissenschaft und Kunst, Nr. 215 (1838), 1723 f.
108 Ebd., 1725.
109 GUTZKOW, [Vorrede 1835 zu ›Öffentliche Charaktere‹], in: Gutzkow, Gesammelte Werke, Bd. 2 (Frankfurt a. M. 1845), V.
110 THEODOR W. ADORNO, Mahler. Eine musikalische Physiognomik (1960/1963), in: ADORNO, Bd. 13 (1971), 208, 194.
111 KARL MARX, Das Kapital (1867), in: MEW, Bd. 23 (1970), 91; vgl. WOLFGANG FRITZ HAUG, ›Charaktermaske‹ in: HAUG, Bd. 2 (1995), 435–451.
112 Vgl. SIGMUND FREUD, Charakter und Analerotik (1908), in: FREUD (SA), Bd. 7 (1972), 23–30.

Traumdeutung (1900) eben wegen der »nach allen Richtungen hin dynamisch bewegten Komplikation eines menschlichen Charakters« gegen eine »überjährte Morallehre«, die diese Komplexität unzulässigerweise auf »eine einfache Alternative«[113] zu reduzieren versuche.

Welche Bestandteile der skizzierten Begriffsentwicklung sind unter den veränderten sozialen Bedingungen globaler Vernetzung noch als erklärungsmächtig entwickelbar, wenn das Subjekt eher von seinem Zerfall als von seiner Kohärenz her beschrieben und im Blick auf die Strukturen sozialer Macht weniger als »le vis-à-vis du pouvoir«, sondern eher als »l'un des effets premiers« konzipiert wird? »Il ne faut donc pas, je crois, concevoir l'individu comme une sorte de noyau élémentaire, atome primitif [...] contre laquelle viendrait frapper le pouvoir [...]. En réalité, ce qui fait qu'un corps, des gestes, des discours, des désirs sont identifiés et constitués comme individus, c'est précisément cela l'un des effets premiers du pouvoir.«[114]

Der bisher letzte Beitrag zur Begriffsentwicklung unternimmt den Versuch einer Antwort im Rekurs auf ein überindividuelles Subjekt. Richard Sennetts *Corrosion of Character* (1998) diskutiert die Folgen eines global flexibilisierten Kapitalismus auf den »ethical value we place on our own desires and on our relations to others«, eben den Charakter, »in a society which is impatient, which focuses on the immediate moment«, »in an economy devoted to the short term«[115]. Gekennzeichnet sieht er diese vor allem durch den »drift« (15), das Dahintreiben ohne längerfristige Außenbindungen und Loyalitäten, und es klingt fast wie der Versuch einer Antwort auf Foucaults Überlegungen, wenn er demgegenüber mit der von Emmanuel Lévinas formulierten Differenz weniger auf den ›maintien de soi‹, die Aufrechterhaltung des Ich, als vielmehr auf die ›constance à soi‹, die Treue zu sich selbst, verstanden in einer sozialen Fürsorgefunktion, setzt: »a very simple and a complicated notion« (145).

Thomas Bremer

Literatur
BURNS, EDWARD, Character. Acting and Being on the Pre-Modern Stage (London 1990); DELFT, LOUIS VAN, Littérature et anthropologie. Nature humaine et caractère à l'âge classique (Paris 1993); DELFT, LOUIS VAN, Moralistique et topographie. ›Caractères‹ et ›lieux‹ dans l'anthropologie classique, in: F. Nies/K. Stierle (Hg.), Französische Klassik. Theorie – Literatur – Malerei (München 1985), 61–78; DENK, FERDINAND, Das Kunstschöne und Charakteristische von Winckelmann bis Friedrich Schlegel (Diss. München 1925); DENK, FERDINAND, Ein Streit um Gehalt und Gestalt des Kunstwerks in der deutschen Klassik, in: Germanisch-romanische Monatsschrift 18 (1930), 427–442; HÄRING, NIKOLAUS M., Signum and Signaculum. Die Entwicklung bis nach der karolingischen Renaissance, in: Scholastik 30 (1955), 481–512; HILLEBRAND, RUDOLF, ›Charakter‹ in der Sprache des vorigen Jahrhunderts, auch ein Beitrag zur inneren Geschichte unserer Literatur (1894), in: Hillebrand, Beiträge zum deutschen Unterricht (Leipzig 1897), 289–302; JAUSS, HANS ROBERT, Vom Plurale tantum der Charaktere zum Singulare tantum des Individuums, in: M. Frank/A. Haverkamp (Hg.), Individualität (München 1988), 237–269; KANZ, ROLAND, Die Einheit des Charakters. Das Seelenhafte, Symbolische und Charakteristische in der Porträt-Ästhetik der Romantik, in: Zeitschrift für Ästhetik und Allgemeine Kunstwissenschaft 43 (1998), 223–263; KAULBACH, FRIEDRICH, Der Begriff des Charakters in der Philosophie von Leibniz, in: Kant-Studien 57 (1966), 126–141; KLIBANSKY, RAYMOND/PANOFSKY, ERWIN/SAXL, FRITZ, Saturn and Melancholy. Studies in the History of Natural Philosophy, Religion and Art (London 1964); KÖRTE, ALFRED, Charaktēr, in: Hermes 64 (1929), 69–86; MILLBRADT, JÖRG, Charakter. Zu dem Menschenbild der Zeit der Poliskrise und seiner Aufnahme durch die römische Komödie, in: E. C. Welskopf (Hg.), Hellenische Poleis. Krise – Wandlung – Wirkung, Bd. 3 (Berlin 1974), 1413–1449; PERKMANN, JOSEF, Der Begriff des Charakters bei Platon und Aristoteles (Wien 1909); REISSER, ULRICH, Physiognomik und Ausdruckstheorie der Renaissance. Der Einfluß charakterologischer Lehren auf Kunst und Kunsttheorie des 15. und 16. Jahrhunderts (München 1997); RUITER, JACOB DE, Der Charakterbegriff in der Musik. Studien zur deutschen Ästhetik der Instrumentalmusik 1740–1850 (Stuttgart 1989); SCHMIDT, MARLENE, Zur Theorie des musikalischen Charakters (München/Salzburg 1981); SCHNEIDER, UTE, Der Moralische Charakter. Ein Mittel aufklärerischer Menschendarstellung in den frühen deutschen Wochenschriften (Stuttgart 1976); SCHÖNWÄLDER, JÜRGEN, Ideal und Charakter. Untersuchungen zur Kunsttheorie und Kunstwissenschaft um 1800 (München

---

113 FREUD, Die Traumdeutung (1900), in: FREUD (SA), Bd. 2 (1972), 588; vgl. LUDWIG KLAGES, Die Grundlagen der Charakterkunde (1910; Bonn [15]1988).
114 FOUCAULT, Il faut défendre la société. Cours au Collège de France (1975/1976; Paris 1997), 27.
115 RICHARD SENNETT, The Corrosion of Character. The Personal Consequences of Work in the New Capitalism (New York/London 1998), 10.

1995); SMEED, JOHN W., The Theophrastan ›Character‹. The History of a Literary Genre (Oxford/London 1985); TSCHONG, YOUNGKUN, Charakter und Bildung. Zur Grundlegung von Wilhelm von Humboldts bildungstheoretischem Denken (Würzburg 1991).

Curiositas/Neugierde

(lat. curiositas; engl. curiosity; frz. curiosité; ital. curiosità; span. curiosidad; russ. любопытство)

Einleitung; 1. Wortgeschichte; 2. Lateinische curiositas und ästhetische Neugierde zwischen Hybris und Erkenntnispragmatismus; **I. Epochen: Geschichte und Vorgeschichte der ästhetischen Neugierde;** 1. Die antike Ausgangslage (Cicero vs. Aristoteles); 2. Die klassischen Positionen der vormodernen curiositas (Augustinus, Dante, Petrarca); 3. Die religiöse Alternative zur Neugierde (Thomas von Kempen, Erasmus, Hobbes); **II. Die ästhetische Entdeckung der Neugierde (Montaigne, Pascal, Tesauro); III. Die Dialektik der neugierigen Aufklärung (Rousseau, Sade, Laclos); IV. Die erkenntnistheoretische Wende der meta-curiositas (Freud, Henry James, Heidegger)**

Einleitung

1. Wortgeschichte

Neugierde ist erstens »die gier etwas neues, eine neuerung zu machen«; so spricht das Grimmsche Wörterbuch von »neugier in der teutschen sprache mit neuerdichteten wörtern«; zweitens die »gier etwas neues kennen zu lernen, eine neuigkeit zu erfahren, meist nur um des neuen willen«[1] – oder »aus sinnlichem Vergnügen an Veränderungen«[2]. La Bruyère beschreibt Neugierde als Leidenschaft für Nichtigkeiten, die keinen Wert in sich haben und sich nicht in den Kanon des Guten, Schönen, Vollkommenen fügen, sondern deren Begehrbarkeit rein relational bestimmt ist: »La curiosité n'est pas un goût pour ce qui est bon ou ce qui est beau, mais pour ce qui est rare, unique, pour ce qu'on a et ce que les autres n'ont point; ce n'est pas un attachement à ce qui est parfait, mais à ce qui est couru, à ce qui est de mode; ce n'est pas un amusement, mais une passion, et souvent si violente qu'elle ne le cède pas à l'amour et à l'ambition que par la petitesse de son objet.«[3] Die *Encyclopédie* sieht die Neugier als einen Wissenstrieb, der nicht wie in der Moralistik in sich problematisch ist, sondern nach seinem Objekt beurteilt wird: »désir empressé d'apprendre, de s'instruire, de savoir des choses nouvelles. Ce désir peut être loüable ou blâmable, utile ou nuisible, sage ou fou, suivant les objets

---

1 ›Neugier‹, in: GRIMM, Bd. 7 (1889), 666.
2 ›Neugier/Neugierde‹, in: ADELUNG, Bd. 3 (1798), 478.
3 JEAN DE LA BRUYÈRE, Les caractères ou les mœurs de ce siècle (1688; Paris 1965), 311.

auxquels il se porte.«[4] Schiller charakterisiert »unsre Philosophie« als »unglükseelige Neugier des Oedipus, der nicht nachließ zu forschen, bis das entsezliche orakel sich auflößte«[5]; und Friedrich Christoph Schlosser spricht von der »Menschen Neugierde«, die »lieber da Licht sucht, wo keines ist, als es da nährt, wo es sich findet«[6].

Wißbegierde wird manchmal von der Neugier als systematisches, zielgerichtetes, zweckgebundenes und deshalb edles Erkunden abgesetzt: Die Neugierde »strebt dahin, von irgend etwas in der Kenntniß noch Entzogenem Einsicht zu erhalten, aber blos zu Befriedigung des Bedürfnisses lebhafter, geistiger Anregung durch eine mit dem Reize der Neuheit begabte Vorstellung. Wird ein reeller Zweck in Befriedigung der Neugierde ins Auge gefaßt, bes. um mehrere noch unklare Vorstellungen in einen Zusammenhang unter sich zu bringen, so wird die Neugierde zur *Wißbegierde.*«[7] Neugierde wird in der umgangssprachlichen Verwendung hauptsächlich als indiskretes, brennendes Begehren, die Angelegenheiten anderer zu erfahren, verstanden.[8]

Den bis ins 19. Jh. gebräuchlichen Neologismen wird Veraltetheit bescheinigt.[9] ›Kurios‹ kann wie im Französischen ›curieux‹ aktivisch im Sinne von ›neugierig, vorwitzig‹ und passivisch im Sinne von ›selten, merkwürdig, seltsam‹ verwendet werden: »bins curios zu sehen«[10], schreibt Maler Müller, und bei Goethe heißt es: »Es ist doch curios, daß jetzt die schlimmsten Leute immer in die Höhe kommen!«[11] Kuriositäten sind zum einen »Seltenheiten, Sehenswürdigkeiten« und zum anderen »Sammlungen von Nachrichten über Natur- und andre Gegenstände, welche vorwaltend die Neugierde anregen«[12].

Im Französischen gibt es Bedeutungsvarianten im Umfeld der curiositas, die man im Deutschen nicht findet; ›curieux‹ etwa wird im Sinne von begierig, aufmerksam, sorgfältig, genau, überraschend, merkwürdig gebraucht. Das Substantiv ›le curieux‹, verwandt mit dem Liebhaber und dem Sammler, bezeichnet einen raffinierten, leidenschaftlich interessierten Kenner von Kuriositäten, von seltenen, ausgefallenen Kostbarkeiten.[13] ›Curieusement‹ heißt ›sorgfältig, aufmerksam‹, aber auch ›geschickt, raffiniert, ausgesucht‹ und schließlich ›affektiert, prätentiös‹.[14] Ebenso wie ›curieusement‹ eine Stileigenschaft bezeichnet, so spricht man von der ›curiosité du style‹ und versteht darunter »une certaine recherche, un certain art dans le style, qui s'éloigne de la simplicité, mais qui ne déplaît pas«[15]. Antonyme sind hier ›banal, vulgär, gewöhnlich‹; aber auch ›gleichgültig, sorglos‹. Der programmatische Titel *Curiosités esthétiques* (1868), den Théophile Gautier den Baudelaireschen Kunst- und Literaturkritiken gegeben hat, erklärt sich als Titel für eine Sammlung, die kennerhaft Kuriositäten versammelt, trägt aber auch die Konnotation eines ausgesuchten, gedrechselten Stils.

2. Lateinische curiositas und ästhetische Neugierde zwischen Hybris und Erkenntnispragmatismus

»Neugierde«, behauptet das *Historische Wörterbuch der Philosophie*, »ist ein von Augustin gegen die antike Philosophie eingeführter Kampfbegriff, der zu einem Signal neuzeitlicher Emanzipation von der Theologie wurde«[16]. Neugierde wird von einer Tradition, die sich der Aufklärung verpflichtet

4 LOUIS DE JAUCOURT, ›Curiosité‹, in: DIDEROT (ENCYCLOPÉDIE), Bd. 4 (1754), 577.
5 FRIEDRICH SCHILLER, Philosophische Briefe (1786), in: SCHILLER, Bd. 20 (1962), 112.
6 FRIEDRICH CHRISTOPH SCHLOSSER, Weltgeschichte für das deutsche Volk, Bd. 5 (Frankfurt a.M. 1846), 375.
7 ›Neugierde/Neugier‹, in: HEINRICH AUGUST PIERER, Universal-Lexikon der Gegenwart und Vergangenheit oder neuestes encyclopädisches Wörterbuch der Wissenschaften, Künste und Gewerbe, Bd. 20 (Altenburg 1844), 383.
8 Vgl. ›Neugier‹, in: R. KLAPPENBACH/W. STEINITZ (Hg.), Wörterbuch der deutschen Gegenwartssprache, Bd. 4 (Berlin 1977), 2645.
9 Vgl. ›Kurios‹, in: ebd., Bd. 3 (Berlin 1969), 2272.
10 FRIEDRICH MÜLLER, zit. nach ›Curios‹, in: GRIMM, Bd. 2 (1800), 640.
11 JOHANN WOLFGANG GOETHE, Der Bürgergeneral (1793), in: GOETHE (WA), Abt. 1, Bd. 17 (1894), 276.
12 ›Curiosität‹, in: PIERER (s. Anm. 7), Bd. 7 (Altenburg 1841), 431.
13 Vgl. ›Curieux/curieuse‹, in: LAROUSSE, Bd. 5 (1869), 679f.
14 Vgl. ›Curieusement‹, in: ebd., 679.
15 ›Curiosité‹, in: JULES TROUSSET, Dictionnaire encyclopédique, Bd. 2 (Paris o.J. [ca. 1822]), 314.
16 GÖTZ MÜLLER, ›Neugierde‹, in: RITTER, Bd. 6 (1984), 732.

weiß, als »der von Haus aus edelste Trieb des Menschen«[17] beschrieben, die Kantische Definition der Aufklärung dem Motto des ›sapere aude‹[18] unterstellt. Die mythischen Helden dieser Emanzipationssaga sind Ikarus und Prometheus. Sie werden für die Neuzeit zu Gründungsmythen, in denen sie kühn den Autoritäten trotzen. Die Geschichte der Neugierde ist zwiespältiger, als es diese einsinnige teleologische Emanzipationssaga will. Zwiespältig ist die Geschichte der Neugierde, weil sich der Begriff spätestens seit der Renaissance gabelt. Doppelt zwiespältig ist in dieser Geschichte die Rolle der Ästhetik als einer den Projekten von Emanzipation gegenüber blinden, in dieser Blindheit von Neugierde aber durchaus berührten Sphäre. Man könnte ganz gegen den Trend der Emanzipationsgeschichte der Neugierde zu dem Eindruck kommen, daß diese ein an den Fortschritten der Moderne spezifisch desinteressierter Antrieb ist, dessen unberechenbare und unkontrollierbare Anteile ihn auf die der Aufklärung abgewandte Seite gebracht und noch für deren Defizite unempfindlich gemacht hätten: Erkenntnisinteresse nicht der niederen Sinne, sondern der in der aufgeklärten Disziplinierung der höheren Sinne verlorenen Ziele und Vorstellungen.

Für den auf die Naturwissenschaften gerichteten Wissenstrieb stellt sich das Problem der Neugierde, wie es Augustinus nicht nur in Abwendung von antiken Philosophemen, sondern durch deren Umbesetzung definiert und wie es dann abgewandelt in der Aufklärung wieder auftritt, nicht. Eher

17 HANS ROBERT JAUSS, Ästhetische Erfahrung und literarische Hermeneutik (Frankfurt a. M. 1982), 510.
18 Vgl. CARLO GINZBURG, High and Low. The Theme of Forbidden Knowledge in the Sixteenth and Seventeenth Centuries, in: Past and Present 73 (1976), 41.
19 Vgl. RAYMOND CAHN, Curiosité et quête mystique: la Kabbale, in: H. Sztulman/J. Fénelon (Hg.), La curiosité en psychanalyse (Toulouse 1981), 10; BARBARA VINKEN, Unentrinnbare Neugierde. Die Weltverfallenheit des Romans. Richardsons ›Clarissa‹, Laclos' ›Liaisons dangereuses‹ (Freiburg 1991), 34.
20 Vgl. ANSELM HAVERKAMP, Figura cryptica. Paul de Man und die Poetik nach Nietzsche, in: J. Kopperschmidt/H. Schanze (Hg.), Nietzsche oder ›Die Sprache ist Rhetorik‹ (München 1994), 244.
21 AUGUSTINUS, Conf. 10, 35, 54; dt.: Confessiones/ Bekenntnisse, lat.-dt., hg. u. übers. v. J. Bernhart (Frankfurt a. M. 1987), 573.

als von ›Emanzipation‹ wäre deshalb von den Umbesetzungen oder Verschiebungen zu sprechen, die das Problem Neugierde im Laufe der Begriffsgeschichte von curiositas erfahren hat. Das problematische Potential der Neugierde, das immer wieder zu Verdammungen geführt hat, hat seinen Ort in der Moderne nicht mehr in der Philosophie, sondern in der Literatur; der Ort neugierigen und gefährlichen Forschens hat sich in den Bereich der neuen Disziplin Ästhetik verlagert. Entscheidend für diese Verschiebung sind Montaignes *Essais* (1580). Von Augustinus bis Pascal und unter umgekehrten Vorzeichen dann bis Sade ist die Literatur Topos und Paradigma der neugierigen Weltverfallenheit. Meta-neugierig beugt sie sich über den ihr selbst innewohnenden Trieb der Neugierde. In dieser Hinsicht ist die Psychoanalyse der bedeutende Nachfahre der Literatur.[19] Auch in ihr geht es nicht um Emanzipation, sondern um einen doppelt verstrickten Erkenntnisgewinn aus dem Verstricktsein. Neugierde ist von Montaigne bis Freud, von Henry James bis Heidegger eine ebenso ausweglose wie heillose Verfassung, conditio humana.

Als ›transzendentale Erbsünde einer in Rhetorik befangenen Welt‹ ist curiositas eine Art konstanter Limes, aus dessen Jenseits – entworfen von Augustinus, wiedergewonnen von Pascal und Freud – Rousseau, Sade und Heidegger sich in erneute Selbstverstrickung zurückgeworfen sehen.[20] Heideggers ›Uneigentlichkeit‹ kommt wie die »concupiscentia oculorum« (Begierlichkeit der Augen [1. Joh. 2, 16])[21] des Augustinus auf eine rhetorische Dimension zurück, deren Zweischneidigkeit die der Ästhetik ist, und das heißt: sowohl deren Appellstruktur als ästhetische produziert als auch diese Provokation als uneigentliche zurückzunehmen und abzuwehren verlangt. Freuds Entdeckung der systematischen Verdeckung, aus der heraus die Neugierde ihr Wissen begehrt wie auch verkennt und verwirft, legt einen der grundlegenden Mechanismen der Ästhetik frei, an dem die erkenntnistheoretische Struktur noch in der scheinbar sinnlichsten Einstellung faßbar ist.

I. Epochen: Geschichte und Vorgeschichte der ästhetischen Neugierde

Hans Blumenberg hat in seinem ›Prozeß der theoretischen Neugierde‹, dem Erweis der ›Legitimität der Neuzeit‹ gewidmet, die antike Vorgeschichte in ihrer vororientierenden Rolle des modernen Prozesses klar herausgearbeitet und dabei die Alternative von griechischer Hybris und römischer Erkenntnispragmatik als grundlegende, begriffsprägende Hypothek des lateinischen Begriffs der curiositas hervorgehoben.[22] Zwischen beiden Extremen liegt die literarisch-ästhetische Potenz des Begriffs im verborgenen; sie wird bei Augustinus in der Abwehrgeste gegen Theater und Lektüre ex negativo faßbar und entfaltet von dorther ihre moderne Dimension.

1. Die antike Ausgangslage (Cicero vs. Aristoteles)

Cicero zufolge war es Sokrates, der die Philosophie vom Himmel auf die Erde holte und dazu brachte, nach dem Leben, den Verhaltensweisen und den Verhaltensnormen der Menschen zu forschen. Sokrates gab dem Wissenstrieb Beschränkung und Richtung: Er hat sich nicht um die arcana naturae zu kümmern, sondern auf das Menschliche, das dem Menschen Angemessene zu konzentrieren.[23] Sokrates wende sich gegen die Naturforschung und plädiere für eine Verengung des Blickes auf Logik und Ethik; der Wissenstrieb sei deshalb nur gerechtfertigt, sofern er der Selbsterkenntnis und dem sittlichen Handeln diene. Die sokratische Maxime ›Quae supra nos, nihil ad nos‹ bezieht sich auf diese Thematisierung des Menschen, der sich um das Seinige kümmern soll, und ist nicht etwa als theologischer Majestätsvorbehalt zu verstehen, als der er später, etwa bei Laktanz in den *Divinae institutiones*, interpretiert wird.

Aristoteles' erster Satz der *Metaphysik*, nach dem ›alle Menschen aus ihrer Natur heraus nach Wissen streben‹ (»Πάντες ἄνθρωποι τοῦ εἰδέναι ὀρέγονται φύσει«[24]), beinhaltete dagegen eine antisokratische Wende. Seiner Seelenlehre zufolge ist das Verhältnis von Mensch und Welt das der Zugemessenheit, in dem es das zu Kleine und das zu Große, das Verborgene und das Vorenthaltene nicht gibt. Per definitionem führen angemessenes Forschen und Denken zur Erkenntnis der Wahrheit. Wissen wird gerade unabhängig von seiner praktischen Brauchbarkeit Selbstzweck.[25] Allein dieses zweckfreie Wissen ist ›göttlich und preiswürdig‹. Die Widerstände in der Natur, vor denen Sokrates resignierte, liegen Aristoteles zufolge nicht in der Natur der Sache, sondern im Menschen selbst. Das Hybrisargument, das dem neugierigen Wissenstrieb bis in die Neuzeit anhängen wird, hält Aristoteles für eine Fabel der Dichter, die vom Neid der Götter erzählen. Die Selbstverwirklichung, die er gegen das Motiv des sokratischen Auf-sich-beruhen-Lassens setzt, führt durch interesselose Wissenschaft zu einer Vergöttlichung des Menschen.

Die Stoa plädiert aus der Ungewißheit des theoretischen Gelingens heraus für eine Selbstbeschränkung des Wissensanspruchs, dessen Grenzenlosigkeit zu einer Beunruhigung des Menschen führe. Die Gleichung von erkennendem Subjekt und erkanntem Gegenstand ist aufgebrochen. In der curiositas führt die fehlende Selbstbeschränkung zu einer über das menschlich Mögliche und Nötige hinausgreifenden Besorgtheit, cura. In seinen *Naturales quaestiones* bewertet Seneca aber die Neugierde noch positiv; die Natur habe uns einen wißbegierigen Geist gegeben, curiosum ingenium. Diese Begierde, das Unbekannte kennenzulernen, lasse manche aufs Meer hinausfahren und die Beschwerlichkeiten weitester Reisen auf sich nehmen. Das klassische Terrain der Neugierde, neben dem Meer der Himmel, darf erkundet werden. In der Betrachtung des Himmels sind es die höchsten Gegenstände selbst, die unsere intellektuelle Neugierde erzwingen: »curiosos nos esse cogunt«[26]. In den *Epistulae morales ad Lucilium* begründet Seneca die theoretische Selbstbeschränkung – »plus scire velle quam sit satis, intemperantiae genus est«

---

22 Vgl. HANS BLUMENBERG, Der Prozeß der theoretischen Neugierde (1966), in: Blumenberg, Die Legitimität der Neuzeit (1966; Frankfurt a.M. 1973), 201–432; BLUMENBERG, Paradigmen zu einer Metaphorologie, in: Archiv für Begriffsgeschichte 6 (1960), 20.
23 Vgl. CICERO, Tusc. 5, 10.
24 ARISTOTELES, Metaph. 980a.
25 Vgl. ebd., 982b-983a.
26 SENECA, Nat. 7, 25, 5.

(Mehr wissen zu wollen als genug wäre, ist eine Art Unmäßigkeit)[27] – und warnt vor der Endlosigkeit des Wissenstriebes, durch die seine Kritik an den artes liberales begründet wird.

Epikur und seine Schule kommen zu einer negativen Bewertung der intellektuellen Neugierde; Erkenntnis soll subjektiv akute Ungewißheit beheben, aber nicht ein objektives Wissen konstituieren. Zur Behebung solcher Ungewißheit ist die Neugierde gerade nicht geeignet. Die Regeln für das Verhalten der Epikureer in Sachen Theorie können als ein gegen den ersten Satz der aristotelischen Metaphysik gerichteter Kanon der Endlichkeit des natürlichen Wissensanspruchs des Menschen verstanden werden. Auch die Kulturentstehungstheorie im fünften Buch von Lukrez' *De rerum natura* ist gegen die Positivität des Wissenstriebes bei Aristoteles und den Stoikern gerichtet. Im Gegensatz zu den ›neugierigen Göttern‹ der Stoiker[28] sind die Götter Epikurs gleichgültig. Die intellektuelle Neugierde ist der verhängnisvolle Trieb, der dazu verleitet, die Grenzziehung zwischen menschlicher und göttlicher Sphäre zu verletzen, und damit zu Beunruhigung und Unglück führt.[29]

Curiositas umfaßt also seit der Spätantike ein Bündel von Einstellungen und Verhaltensweisen, angefangen von alltäglicher Neugierde auf das, was einen nichts angeht, bis hin zur Suche nach den Wundern der Welt; von der concupiscentia carnis (vgl. 2. Kor. 6, 16), der Hingabe an die sinnlichen Reize des Sehens bis hin zum Forschen nach den verborgenen Gesetzen der Natur und der Wissenschaft von Dingen, die Gott dem Menschen entzogen hat. Das Problem der curiositas, das sich in der Antike primär als innerweltlich-pragmatisches, ethisches stellte, wird in christlicher Perspektive zur erkenntnistheoretischen crux, bei der es um die auctoritas Gottes, seine Schöpfereigenschaft, geht. Im 2. Jh. n. Chr. definiert Tertullians *De praescriptione haereticorum* die Zeitenwende ›nach Christus‹ geradezu als Abwendung von der Neugierde: »Nobis curiositate opus non est post Christum.«[30] (Nach Christus ist es nicht mehr unsere Sache, neugierig zu sein.) Wer glaubt, begehrt nicht nach anderem. In einem Paradoxon, das er nicht der von ihm propagierten Einfachheit des Evangeliums und der Unverbildetheit der Seele verdankt, sondern das auf das Konto seiner rhetorischen Bildung geht, prägt Tertullian den Begriff einer ›curiositas christiana‹, in der, wer sich nur strikt an die Glaubensregel hält, seine neugierige Leidenschaft ganz ausleben kann.[31] Daß diese curiositas alle ihre gefährlichen Qualitäten verloren hat, versteht sich von selbst.

2. Die klassischen Positionen der vormodernen curiositas (Augustinus, Dante, Petrarca)

Seit Augustinus' vernichtender Analyse im fünften (Kap. 3) und zehnten (Kap. 35) Buch der *Confessiones* wird die curiositas zum grundlegenden Merkmal der Gefallenheit des Menschen und seiner Abgefallenheit von Gott. Nicht nur hat dieses Verdikt bis heute anhaltende Wirkung; die strukturelle Analyse des Phänomens ›Neugierde‹ findet dort eine bis in Heideggers Existentialanalyse hineinreichende Vorprägung. Curiositas wird synonym mit den Augustinischen Voraussetzungen von Ästhetik wie auch den unter ihrer Vororientierung stehenden antiästhetischen Invektiven. Als concupiscentia oculorum, eine Augenlust, voluptas, die nicht im Fleische liegt, aber durch das Fleisch erfahren wird, ist Augustinus' curiositas keine moralische, sondern ein epistemologische Größe: eine erkenntnistheoretische Falle. Dem Verdikt verfällt deshalb nicht so sehr der Gegenstand, auf den sich die Wißbegierde richtet und der in der Tat verschiedenster Natur sein kann. Augustinus nennt Theater, Astrologie, ›Aberglauben‹ und die Naturwissenschaften; aber auch einen Hund, der einen Hasen verfolgt, und eine Spinne, die Fliegen fängt. Grundlegend für die ästhetische Verkennung, die nach Augustinus in der Neugierde stattfindet, ist ein semiotischer Kurzschluß, dessen Analyse Augustinus' Diagnose gegen ihr eigenes Verdikt bis heute wichtig macht.

Ausschlaggebend für das Verdikt ist ein falscher Bezug zum Gegenstand, der die Welt nicht be-

---

27 SENECA, Epist. 88; dt.: Epistula 88/Senecas 88. Brief über Wert und Unwert der freien Künste, lat.-dt., hg. u. übers. v. A. Stückelberger (Heidelberg 1965), 94 f.
28 Vgl. CICERO, Nat. 1, 54.
29 Vgl. EPIKUR, Ratae sententiae 2, 12.
30 TERTULLIAN, De praescriptione haereticorum 7, 12.
31 Vgl. ebd., 14, 1.

nutzt, um Gottes habhaft zu werden, sondern direkten Genuß an der Welt sucht und sich an sie verliert: »non te amabam et ›fornicabar abs te‹« (Ich liebte Dich nicht, ›ich buhlte fern von Dir herum‹)[32], befindet Augustinus über die eigene Neugierde, die seine Lektüre von Vergils *Aeneis* antrieb und in der er, im Akt des Lesens der Liebe zu Gott sich entziehend, im Selbstgenuß in die Irre geht. In *De vera religione* unterstreicht Augustinus diesen falschen Bezug auf die Dinge: »Jam vero cuncta spectacula et omnis illa quae appellatur curiositas, quid aliud quaerit quam de rerum cognitione laetitiam.« (Was bezwecken ferner sämtliche Schau- und Gaukelspiele und all das, was man Neugierde nennt, anderes als die Freude am Erkennen des wahren Sachverhalts.)[33] Entscheidend ist, daß sich der Mensch in der Neugierde seiner Geschöpflichkeit überhebt und ein begehrliches Interesse an der Äußerlichkeit der Welt unter Absehung von ihrer genuinen Bestimmung zeigt: daß sie nämlich, von Gott geschaffen, dessen Offenbarung und nicht des Menschen Vergnügen ist. Ex negativo wird im falschen Genuß der Ästhetik eine strukturelle Möglichkeit des Gegebenseins der Welt faßbar, die nur von Gott aufgrund seiner größeren Attraktion oder auch, umgekehrt, von größerem Leidensdruck neutralisiert werden kann.

Dem Neugierigen geht es nach Augustinus nicht darum, quantitativ mehr Wissen zu erlangen, sondern er verfolgt ein qualitativ anderes Erkenntnisinteresse, das in sich attraktiv genug ist, Gott aus dem Feld zu schlagen. Die Neugierde ist Versuch und Versuchung, in der Welt anderes als Gott zu lesen. Neugierig ist eine solche Betrachtung, sofern sie die Dinge nicht als Zeichen des Schöpfer-Autors liest und auf ihn hin transzendiert, sondern sie vielmehr um ihrer selbst willen betrachtet. Daß dieser Trieb der Neugierde sich nicht an schönen Dingen, sondern oft an Monströsem entflammt, ist als Allegorie dafür zu lesen, daß sie nicht an der gestifteten und offenbaren ordo, sondern am Devianten, Versteckten nur mehr ›ästhetisch‹ interessiert ist. Das sinnliche Versinken in den sinnlichen Aspekten der Welt bedeutet gleichzeitig eine Entäußerung an die Welt und ihre unzähligen Nichtigkeiten. Sie ist das Gegenbild zu einer Transzendenz ins Innere, von Paulus wie Augustinus in seinem Kommentar zu Röm. 8, 38 ausgeführt.

»Plerumque enim inanis curiositas earum quae inueniri non possunt, aut frustra etiam inueniuntur sive in coelo siue in abysso, separat a Deo, nisi charitas vincat, quae ad certa spiritualia non vanitate rerum quae foris sunt, sed veritate quae intus, homines inuitat.«[34] (Meistens nämlich trennt die eitle Neugierde, die zu wissen begehrt, was nicht erkannt werden kann oder was man ganz überflüssigerweise entweder im Himmel oder im Abgrund erkennt, von Gott; es sei denn, die caritas, die die Menschen zu geistigen Gewißheiten nicht durch die auf Äußerliches gerichtete Neugierde, sondern durch [die Erkenntnis] innerer Wahrheiten führt, siegt.) Die Neugierde wird damit zum Gegenbegriff, zum »negativen Korrelat«[35] der memoria: das Gegenteil zur demütig in Gott aufgehobenen Gotteserkenntnis.

Das unruhige, unstillbare, unendliche Verlangen der Neugier ist »impia superbia« (frecher Stolz)[36], denn im äußeren Erfahren der Welt genießt der Neugierige nur sein sich bestätigendes Wissen. Er verhält sich, als wäre er nicht Teil der Schöpfung, und er kann nicht die eigene Begrenztheit in seiner Einsicht der Schöpfung anerkennen. Er will Gottes ›unergründliche Wege‹ ergründen, die Welt verstehen und vorherberechnen wie dieser selbst. Vor allem aber verfällt er der impia superbia, weil er sich selber in die Position des Autors setzt und in seinem eigenen Wissen glänzen will – in der kongenialen, später von Dante herangezogenen Formel bei Jeremias: »Non glorietur sapiens in sapientia sua […]. Sed in hoc glorietur, qui gloriatur: scire et nosse me, quia ego sum Dominus.« (Der Weise rühme sich nicht seiner Weisheit. […] Nein, wer sich rühmen will, rühme sich dessen, daß er Einsicht hat und mich erkennt, daß er weiß: Ich bin

---

32 AUGUSTINUS, Conf. 1, 13, 21; dt.: Bekenntnisse (s. Anm. 21), 45.
33 AUGUSTINUS, De vera religione 49, 94; dt.: De vera religione/Über die wahre Religion, lat.-dt., übers. v. W. Thimme (Stuttgart 1988), 159.
34 AUGUSTINUS, Expositio quarundam propositionum ex epistola ad romanos 58, in: MIGNE (PL), Bd. 35 (1845), 2077.
35 BLUMENBERG, Die Legitimität der Neuzeit (s. Anm. 22), 110.
36 AUGUSTINUS, Conf. 5, 3, 4; dt.: Bekenntnisse (s. Anm. 21), 195.

der Herr.) (Jer. 9, 23–24) Die Neugierde ist in dieser perversitas, einer Umbesetzung griechischer Hybris, alles andere als ein moralischer Fehler; sie ist ein rhetorischer Fehler: nicht im Sinne einer fehlgegangenen persuasio, sondern der verkannten, fehlgedeuteten Tropen. Sie stellt kein moralisches Problem dar, sondern hat ein erkenntnistheoretisches Problem zur Voraussetzung.[37] Die sinnliche Welt ist allegorisch wie eine Sprache; sie deutet auf etwas hin, was den Dingen eingeschrieben steht, diese aber nicht sind. Sie verweisen auf etwas, das sie zwar begründet, aber außerhalb ihrer liegt. Das Verdikt gilt der von Gott in der Welt abgelenkten Leidenschaft, als welche die Neugierde Zeichen unabhängig von ihrer Offenbarungsfunktion absolut setzt. Diese Lesart der Welt zu ihren eigenen, literalen Bedingungen unterschlägt Gott zugunsten des direkten Genusses des wahrnehmenden Selbst.

»All things are to be used (uti), that is treated as though they were signs, God only had to be enjoyed (frui) as the ultimate signification«[38], faßt John Freccero den semiotischen Kern von Augustinus' Zeichenlehre zusammen. Der Mißbrauch dieser Welt, der in der Verblendung besteht, sie nicht als Verweis auf Gott, sondern um ihrer selbst willen zu lieben, ist Idolatrie. Das idolatrische Verfallensein an die Welt äußert sich im Lesen der Zeichen. Die neugierige Perspektive auf die Welt verwandelt diese, die bei aller Verheißung von Präsenz die Spuren der Absenz tragen, in trügerisch schon erfüllte Präsenz. Denn Gott manifestiert sich wohl in den Zeichen, aber er geht nicht darin auf. Die Spur der Absenz, die das Zeichen markiert, macht es allererst zum Zeichen, während die fruitio der Welt darin besteht, über ihren Zeichencharakter hinwegzutäuschen und die Illusion von Präsenz an die Stelle der Spur einer Absenz zu setzen. Der Neugierige verkennt den allegorischen Zustand von Sprache und Welt und liest alles literalhiesig. In der Welt sieht er sein eigenes Spiegelbild, in dem er sich narzißtisch genießt; dieses Spiegel-

bild modelliert die Welt nicht mehr nach Gottes Bild, sondern reduziert Gott auf die Welt.

Die tiefe Verstrickung in die fruitio dieser Welt kann nur durch eine Abwendung und Umkehr überwunden, aus curiositas keine Tugend in der Welt gemacht werden. Deshalb ist sie keine beliebige Untugend und Augustinus' Absage auch keine ungefähre; sie ist nötig als gründlichster Schritt seiner conversio, auf den die *Confessiones* hinarbeiten. Beides, curiositas und conversio, sind grundsätzlich aufeinander bezogene Momente; und die erzähltechnische Errungenschaft der *Confessiones*, die nachträgliche Umerzählung und Relektüre aus der Perspektive der conversio, ist nicht zu denken ohne die durchkreuzte zurückgebliebene curiositas. Das dabei entwickelte narrative und figurale Schema erhebt die in ihm verdammte curiositas zu einem der historisch weitreichendsten Muster literarischer Darstellung. In ihm ist Neugierde nicht nur Anlaß von Bekehrung, sondern die Vorgabe des erzählenden Aufschubs der conversio im Modus der confessio.

Blumenberg hat gezeigt, wie die Einschätzung der Neugierde seit Augustinus vom Stellenwert der Erbsünde abhängt und zum Indikator zweier gegenläufiger Tendenzen wird. Auf der einen Seite steht die an Aristoteles geschulte Hochscholastik mit der Maxime: ›omnes homines naturae scire desiderant‹. Sie betont die Ebenbildlichkeit, Harmonie und Analogie zwischen Schöpfer und Geschöpf und vernachlässigt Alterität, radikale Immensurabilität und Exzentrik, die in der Mystik thematisiert werden. In der Unendlichkeit des Wissenstriebes sieht man ein ständiges Transzendenzbedürfnis, das sich als »vera sapientia« direkt oder indirekt auf Gott richtet; als »vana sapientia«, als »sapientia mundi« und »stultitia apud Deum« (1. Kor. 3, 19–20) richtet es sich auf die Welt und in die Irre. Diese Abirrung ist aber in scholastischer Perspektive eher eitel und überflüssig als gefährlich. Der gefallene Anteil wird nicht so stark eingeschätzt, als daß man wie Augustinus von Perversion reden würde.

Vom Ende der Scholastik und Thomas von Aquin her stellt sich das Problem des Wissenstriebes entschärft dar, weil die Folgen der Erbsünde, von gnostischen Resten befreit, nicht mehr so gravierend eingeschätzt werden. Erst mit der Refor-

---

37 Vgl. GERARD O'DALY, Augustine's Philosophy of Mind (Berkeley/Los Angeles 1987), 39.
38 JOHN FRECCERO, Infernal Irony. The Gates of Hell, in: Freccero, Dante. The Poetics of Conversion (Cambridge, Mass. 1986), 108.

mation sollte die Neugierde ihr gefährliches Potential zurückgewinnen. Bei Thomas von Aquin wird der erste Satz der Aristotelischen *Metaphysik* von der Natürlichkeit des Wissenstriebs, der dem Menschen wesensmäßig ist, in seinem Werk *In Aristotelis librum de anima commentarium* zum Prinzip: ›omnis scientia bona est‹. Die Vorbereitung zur Durchsetzung der Naturphilosophie ist damit geschaffen, gegen die Philosophie gibt es keinen grundsätzlichen Vorbehalt mehr. Unstillbarkeit und Universalität der Neugierde scheinen dazu anzutreiben, der Wahrheit über die Schöpfung bis zum letzten nachzuspüren, zur Gotteserkenntnis vorzudringen. Dennoch wird auch in der Scholastik ein entscheidender menschlicher Charakterzug von dezidiert »nachparadiesischen Verlusten«, wie Blumenberg schreibt, betroffen. Während der homo studiosus, »nachparadiesisch angestrengt«[39] von der Vergeblichkeit seiner Kraftanstrengung weiß und trotzdem nicht versäumt, die Gegenstände in ihrem Verweischarakter auf ihren letzten Ursprung zu ergründen, verweilt der Neugierige oberflächlich zerstreut bei den Phänomenen, ohne ihnen auf den Grund zu gehen. Die curiositas wird damit zu einer Unterform der fuga finis, eine Gestalt der Ziellosigkeit, ein vorzeitiges Versagen gegenüber dem Anspruch einer Wirklichkeit, die sich nicht mehr in unmittelbarer Selbstgegebenheit dem Menschen offenhält. Die acedia wird so zu einer Unterform der curiositas, die die Züge der epochalen Zeitkrankheit der Melancholie annimmt. Diese Neugierde ist nicht bestimmt durch eigene Merkmale; vielmehr ist sie »so etwas wie die ›quantitative‹ Verzerrung des an und für sich legitimen Erkenntniswillens« (131).

Die scholastischen Vermittlungsfiguren, in welchen sich die antike Konstellation erneuert findet, können nicht mehr als den Hintergrund abgeben, vor dem die erste große literar-ästhetische Entwicklung der curiositas nach Augustinus und nicht ohne explizite Antwort auf ihn stattfindet, in Dantes *Divina commedia* (1321). Am Ende der Scholastik markiert die Figur des Odysseus im 26. Gesang des *Inferno* Dantes augustinische Wende. Mit der Verdammung des Odysseus wendet Dante sich gegen die aristotelisch-scholastische Position, wie er selbst sie am Anfang des *Convivio* (entst. 1303–1308) im Anschluß an Siger von Brabant noch vertreten hat.[40] Dantes Odysseus tritt in der Hölle nicht als die Figur auf, als die sie von der modernen Rezeption gefeiert worden ist: als Mann, der sich kühn von mittelalterlichen Denkverboten befreit und die Neugierde emanzipiert hätte.

Dantes Odysseus glüht – abweichend von der Überlieferung – in unstillbarem, unbestimmtem Verlangen, die Welt und die Menschen kennenzulernen, »del mondo esperto, e de li vizi umani e del valore« (die ganze Welt zu kennen und was, so Gut als Böse)[41]. Seine Neugierde gewinnt ihre Richtung durch ein Verbot; er begehrt zu sehen, was dem Menschen zu sehen verwehrt, ihm zu sehen nicht bestimmt ist. Odysseus fordert seine Gefährten im Namen der Bestimmung des Menschlichen auf, ihm auf dem »folle volo« (tollen Fluge) über die Säulen des Herkules hinaus zu folgen: Größe und Weisheit durch Experimente und Sinne zu erlangen, nicht wie Tiere zu überleben, sondern sich des Menschseins würdig zu erweisen. Die »semenza« (Abkunft) (121; dt. 119), die sie bedenken sollen, stellt sich als das Erbe Adams als »il mal seme d'Adamo« (Adams schlechter Same) (18; dt. 26), die von ihm ererbte Sünde heraus. Odysseus' Neugierde ist Perversion im zweifachen Sinne: Sie pervertiert die Bestimmung des Menschen und der Sprache. Die, die nur der »mens sua« (ihrem Verstande)[42] folgen, ohne zu bedenken, wer ihren Verstand geschaffen hat, und in dieser Erkenntnis vor der Neugierde lassen und demütig umkehren, sind in den *Confessiones* nicht nur nicht menschlich, sondern schlimmer als die Tiere. Die Rede des Odysseus praktiziert die Kunst des trügerischen, betrügerischen Ratgebers, dessen Neugierde im Dienst rhetorischer Täuschung, der Verführung und Beherrschung anderer, aber auch der eigenen trügerischen Blindheit steht. An ihm wird klar, warum die Neugierde, Kunst der tropischen Entstellung, durchgehend

---

39 BLUMENBERG, Die Legitimität der Neuzeit (s. Anm. 22), 130.
40 Vgl. FRECCERO (s. Anm. 38), 15, 136.
41 DANTE ALIGHIERI, La Divina Commedia (1321), hg. v. F. Chiappelli (Mailand 1965), 120; dt.: Die Göttliche Komödie, übers. v. F. Freiherr von Falkenhausen (Frankfurt a.M. 1974), 118.
42 AUGUSTINUS, Conf. 5, 3, 4; dt.: Bekenntnisse (s. Anm. 21), 195.

nach der Topik von Schein und Sein, Trug und Wahrheit, Blindheit und Einsicht beschrieben wird.

Im Angesicht der ›terra nuova‹ faßt Odysseus sein Abenteuer in der kanonischen Definition der Tragödie zusammen vom ›tragicum carmen quod incipit a gaudio et terminat in luctu‹, die er fast wörtlich zitiert: »Noi ci allegrammo, e tosto tornò in pianto« (Wir jauchzten; rasch verkehrte sichs ins Klagen).[43] Das Zitat der Tragödie ist innerhalb der Komödie, die die *Divina commedia* ist, von sublimster Ironie. Denn Odysseus versinkt im Angesicht des irdischen Paradieses, das er sieht und in blinder Neugierde befangen nicht erkennt, in einer gesteigerten Blindheit, die ihn die gleiche Sünde begehen läßt, die zur Vertreibung aus dem Paradies geführt hat. Seine Reise ist deshalb das Gegenbild zur Reise Dantes, der, als er das irdische Paradies als erster Lebender durch Gottes Gnade betritt, auf eben die Stelle im Meer hinuntersieht, wo das Schiff des Odysseus versank. Während Dante demütig unter höherer Führung in die Hölle des eigenen Selbst hinabsteigt, um dort mit dem inneren Auge zu schauen, hat sich Odysseus eigenmächtig anmaßend, im Vertrauen auf seine Sinne und Erfahrung, an die Welt entäußert. Odysseus sieht mit den Augen des Fleisches und wird vom Schein geblendet. Er erkennt die Welt nach Maßgabe seiner Gefallenheit. Statt durch Erkunden des Ungesehenen Einsicht in die Wahrheit und unsterblichen Ruhm unter den Lebenden zu erlangen, verkündet seine Rede die Blindheit und Anmaßung, in der er auf ewig verharrt.

Eine der berühmtesten Lektüren des der Neugierde gewidmeten 10. Buchs der *Confessiones* ist der vierte Brief von Petrarcas *Epistolae familiares* (1361), eine ausgefeilte Inszenierung der Augustinischen Topik der Neugierde. Dieses fiktive Dokument einer idealisierten und stilisierten Autobiographie ist von Jacob Burckhardt über Joachim Ritter bis zu Hans Robert Jauß als der Anbruch eines neuen ästhetischen Natur- und Landschaftsverhältnisses gefeiert worden: als Zeugnis für eine Epochenschwelle zur Moderne. Jedoch auch Petrarca verharrt, wie Dante, in den Augustinischen Koordinaten von Weltverfallenheit und Heilssorge, aber es ist die Frage, ob das eine ästhetische Minderung bedeutet.[44] Der Brief berichtet von der allegorischen und literalen Umkehr Petrarcas in der Nachfolge des Augustinus und des Antonius bei der Lektüre der auf dem Gipfel des Mont Ventoux aufgeschlagenen *Confessiones*. Der Berg der Versuchung, Berg einer Weltverfallenheit, die hier die Form des Lorbeers annimmt, wird zum Berg der Läuterung. Im Moment des drohenden Verlustes an die Welt, in dem Petrarca mit eigenen Augen sieht, was Augustinus aufzählt: Berg und Fluß, Küste und Meer, schlägt er die *Confessiones* auf und liest im Kapitel über die wunderbare Unerschöpflichkeit des Gedächtnisses vom weltvergessenen Staunen, über dem der Mensch sich selbst vergißt: »Et eunt homines mirari alta montium et ingentes fluctus maris et latissimos lapsus fluminum et Oceani ambitum et gyros siderum, et relinquunt se ipsos«. (Und da gehen die Menschen hin und bewundern die Höhen der Berge, das mächtige Wogen des Meeres, die breiten Gefälle der Ströme, die Weiten des Ozeans und den Umschwung der Gestirne – und verlassen dabei sich selbst.)[45]

Wie jedes conversio-Erlebnis nach Augustin zerfällt auch Petrarcas Brief in ein Davor und ein Danach. Die Besteigung des Berges steht von vornherein unter dem Verdikt gegen die curiositas und nennt die Argumente. Allein die cupiditas videndi – »sola videndi insignem loci altitudine cupiditate ductus« (allein vom Drang beseelt, diesen außergewöhnlich hohen Ort zu sehen) –, die mit dem Verbot nur noch wächst – »crescebat ex prohibitione cupiditas« (wuchs uns [...] am Verbot das Verlangen)[46] –, treibt ihn auf den Berg; und noch im Moment des Staunens vergißt er die Formel

---

43 DANTE (s. Anm. 41), 122, dt. 119; vgl. GIUSEPPE MAZZOTTA, Dante, Poet of the Desert. History and Allegory in the Divine Comedy (Princeton 1979), 86.
44 Vgl. RUTH GROH/DIETER GROH, Die Außenwelt der Innenwelt. Zur Kulturgeschichte der Natur, Bd. 2 (Frankfurt a. M. 1996); MICHAEL O'CONNELL, Authority and the Truth in Petrarch's Ascent of Mont Ventoux, in: Philological Quarterly 62 (1984), 507–520; JILL ROBBINS, Petrarch Reading Augustine: The Ascent of Mont Ventoux, in: Philological Quarterly 64 (1986), 533–553.
45 AUGUSTINUS, Conf. 10, 8, 15; dt.: Bekenntnisse (s. Anm. 21), 509.
46 FRANCESCO PETRARCA, Epistolae familiares 4, 1/Die Besteigung des Mont Ventoux, lat.-dt., hg. u. übers. v. K. Steinmann (Stuttgart 1995), 4, 8.

von der Unzulänglichkeit der Sinne nicht. Die Verdammung der curiositas bleibt jedoch bis zum Moment der conversio implizit und ergibt sich erst in einer zweiten Lektüre, die das ›achtbare Vergnügen‹ als typische Verblendung des Neugierigen erkennen läßt. Der Aufstieg wird ihm zum Abstieg, der Abstieg zum Aufstieg. In zurechtgerückter Perspektive hat der Berg im Vergleich zur unvergleichlichen Größe der Seele kaum ›die Höhe einer Elle‹. Die Innerlichkeit der memoria als Seele steht gegen die Äußerlichkeit der Welt. Petrarca hat seine augustinische Lektion gut gelernt: »in silentio cogitanti quanta mortalibus consilii esset inopia, qui, nobilissima sui parte neglecta, diffundantur in plurima et inanibus spectaculis evanescant, quod intus inveniri poterat, querentes extrinsecus« (und schweigend dachte ich darüber nach, wie groß bei den Menschen der Mangel an Einsicht sei, so daß sie sich unter Vernachlässigung des edelsten Teiles ihres Selbst in vielerlei Dingen verzetteln, sich durch wichtige Schauspiele abhanden kommen und außerhalb suchen, was drinnen zu finden gewesen wäre) (26). Das die modernen Ansinnen enttäuschende, mangelnde Landschaftsgefühl des Petrarca zeigt, daß die Ästhetisierung des conversio-Modells andere Räume, Texträume statt Geologie nutzte.

3. Die religiöse Alternative zur Neugierde
(Thomas von Kempen, Erasmus, Hobbes)

In einer antischolastischen Wendung, einer Wendung weg vom ausgeklügelten Rationalismus zur Einfachheit des Glaubens, ist Johannes Gersons Traktat *Contra curiositatem studentium* von 1402 gegen die eitle Neugierde geschrieben, in welchem Weltneugier und theologische Spitzfindigkeiten spätscholastischen Typs miteinander verschmelzen. Gegen den zum Selbstzweck gewordenen Systemtrieb der Scholastik, der mit Originalitätssucht (singularitas) verbunden ist, mahnt er zur demütigen Unterwerfung unter den unbekannten Gotteswillen. Die von Thomas von Kempen gegen den Intellektualismus der Hochscholastik gerichtete devotio moderna macht deshalb die gesamte imitatio Christi zur Strategie des Glaubens gegen falsche curiositas: »Quidam non sincere coram me ambulant; sed, quadam curiositate et arrogantia ducti,

volunt secreta mea scire et alta Dei intelligere, se et suam salutem negligentes«[47] (Manche schreiten nicht nur wahrhaftig voran, sondern, von Hochmut und Neugierde geführt, wollen sie meine Geheimnisse erkennen, Gottes Tiefe ergründen und vergessen darüber, Sorge für sich und für ihr Seelenheil zu tragen), läßt der Autor Christus zu einem Jünger sagen. Thomas sieht die Natur, von der Aristoteles gesprochen hatte, als korrumpierte Natur des sündigen Menschen, auf deren Wissenstrieb der Heilsbedürftige sich nicht verlassen kann.

Eine Analyse des Faust- und Wagnerbuchs kann die Umbesetzungen im Argumentationssystem zeigen, in dem die curiositas ein Laster war und zum Indikator wird für den Entstehungsprozeß der modernen Welt, in der Weltneugierde das Kennwort für den Aufbruch der frühen Neuzeit aus mittelalterlichen Denk- und Lebensordnungen wurde. Die Legitimation der Neugierde richtet sich dabei zunächst nicht auf die neugierige Einstellung, von der nach wie vor angenommen wird, daß sie von gott- und selbstbezogener memoria ablenke. Das Ergebnis wird jedoch unabhängig von der neugierigen Einstellung betrachtet: »Was für den Speculierer nur Surrogat verbotenen Heilswissens ist, muß nicht selbst Grund der Verdammnis sein. [...] Die gottvergessene curiositas des Helden berührt nicht den Erkenntniswert der beschriebenen Kuriositäten«[48]. Diese Einstellung führt dazu, daß auf die Natur bezogene Neugierde nicht mehr mit dem Majestätsvorbehalt konfligiert und freigegeben wird. Auch der Zaubervorbehalt entfällt; zwar richtet sich die Neugierde auf etwas den menschlichen Sinnen nicht mehr Angemessenes aber nicht, um sich der visio anheimzugeben, sondern um dieses Verborgene empirisch mit Gerät und Berechnung zu erkunden. Mit sinnverfallener Augenlust hat dieses, auch das Ich kontrollierende kontrollierten Vorgehen, in dem die neuen technischen und naturkundlichen Disziplinen durch Berechnungen ergänzte Vorgehen entwickeln, für die die

---

47 THOMAS VON KEMPEN, De imitatione Christi (Paris 1958), 284.
48 JAN-DIRK MÜLLER, ›Curiositas‹ und ›erfarung‹ der Welt im frühen deutschen Prosaroman, in: L. Grenzmann/K. Stackmann (Hg.), Literatur und Laienbildung im Spätmittelalter und in der Reformationszeit (Stuttgart 1984), 257.

individuelle Lebenszeit nicht mehr Richtschnur ist, nichts zu tun. Diese neuen Wissenschaften sind im Gegensatz zur Lust des Schauens und magischer Verfügungsgewalt das Ergebnis von Mühe und Arbeit, von fleißigem und geduldigem Erforschen der Natur; sie sind anwendungsbezogen.[49] Dies belegt die von Gadamer zusammengefaßte These Blumenbergs, daß »gerade der Verzicht auf die Erkenntnis des Absoluten, wie ihn die Idee der Skepsis repräsentiert, Voraussetzung für den Wendepunkt der Wertung der curiositas wird« und zu »seiner Freiwerdung im Sinne seiner theoretisch-technischen Daseinssorge«[50] führt.

Die sogenannten Naturalisten der Renaissance wie Pierre Belon in der *Histoire de la nature des oyseaux* von 1555 oder André Thevet in seinen *Singularitez de la France Antarctique* von 1558 argumentieren wieder ganz thomistisch. Den von ihnen grundsätzlich positiv besetzten Wissenstrieb sehen sie von einer doppelten Versuchung umstellt: von Zauberei und von Überheblichkeit gegen die Natur. Die Unendlichkeit der Neugierde und ihre Detailverliebtheit, die nicht zwischen Wichtigem und Unwichtigem unterscheidet, ist für sie, anders als etwa für Erasmus, für den interessanterweise Sokrates die Verkörperung dieser Aufmerksamkeit für das Unwesentliche ist, kein Problem. Ihre Natur ist gut, und alles an ihr ist für den Forschenden, der sich nicht zu ihrem Herrscher, sondern zu ihrem Arbeiter und Lehrling machen soll, gleich würdig. Eine rückhaltlos positive Einstellung zum Wissenstrieb auch gegenüber der Philosophie, die als Naturphilosophie verstanden wird, zeichnet

unter den Renaissancedichtern Pierre de Ronsard aus, der in der thomistischen Tradition steht: »Elle [la philosophie – d. Verf.] cognoist comme se fait la gresle, / Comme se fait la neige et la nielle, / Les tourbillons, et curieuse sçait / Comme sous nous le tremblement se fait«[51].

Neben dieser nicht von der ganzen Pléiade geteilten emanzipierten philosophischen Neugierde bleibt ein Moment der Beunruhigung durch die curiositas bestehen. Die seit der Formel von der concupiscentia oculorum nicht mehr wegzudenkende Sexualität als Triebkraft der Neugierde wird in Mythen kodiert, die von der Gefährlichkeit neugierigen Begehrens erzählen, das sich auf das Verbotene, den nackten Körper und den Unterschied der Geschlechter richtet. Psyche, Teiresias, Aktaion und Pentheus, die das Rätsel entziffern, das Geheimnis entschleiern wollen, spielen eine zentrale Rolle in der Dichtung der Pléiade.[52]

Auch die Unterscheidung, die Erasmus zwischen ›pia curiositas‹ und ›impia curiositas‹ unter Berufung auf Augustinus und Bernhard von Clairvaux trifft, ist polemisch gegen den Rationalismus der Hochscholastik gerichtet und folgt im wesentlichen den bereits im 13. Jh. formulierten Argumenten. »Adsit quidem pia curiositas et curiosa pietas, sed absit temeritas, absit praeceps et pervicax scientiae persuasio. Quod legis et intelligis, summa fide complectere. Frivolas quaestiunculas aut impie curiosas dispelle, si fors oboriantur animo. Dic: ›quae supra nos, nihil ad nos‹.«[53] (Möge die gläubige Neugierde und die neugierige Glaube in Erscheinung treten, mögen Kühnheit und voreilige und sture Wissensüberzeugung verschwinden. Was Du liest und verstehst, das empfange mit höchstem Glauben. Weise die frivolen und die indiskret-neugierigen Fragen von Dir, wenn sie vor Deinem Geiste auftauchen. Sag Dir: ›Das, was uns unbegreifbar ist, geht uns nichts an.‹) Das Zitat nach Laktanz, sprichwörtlich Sokrates zugeschrieben, zeigt im Detail der Abhängigkeit die Ausgefeiltheit des Topos. Gegen Spitzfindigkeiten und die Unendlichkeit theologischer Fragen, gegen eine in sich selbst kreisende, überflüssige Komplexität, die er zu persiflieren weiß, setzt Erasmus die Lektüre der einen Schrift und die Einfachheit des Glaubens. Gegen eine in sich selbst verliebte Vernunft und die Idolatrie des eigenen

---

49 Vgl. HANS JOACHIM METTE, Curiositas, in: Festschrift Bruno Snell zum 60. Geburtstag (München 1956), 227–235.
50 HANS-GEORG GADAMER/KARL LÖWITH, [Rez.] Hans Blumenberg, Die Legitimität der Neuzeit (1966), in: Philosophische Rundschau 15 (1968), 201.
51 PIERRE DE RONSARD, L'hymne de la Philosophie (1555), in: Ronsard, Œuvres complètes, hg. v. P. Laumonier, Bd. 8 (Paris 1914), 91.
52 Vgl. FRANÇOISE CHARPENTIER/JEAN CÉARD/GISÈLE MATHIEU-CASTELLANI, Préliminaires, in: Céard (Hg.), La curiosité à la Renaissance (Paris 1986), 7–23.
53 ERASMUS, Paraphrasis in Evangelium Matthaei (1522), zit. nach André Godin, Erasme. Pia/Impia Curiositas, in: Céard (s. Anm. 52), 30.

Verstandes, die in eitlem Hochmut für alles blind macht, das demütige Erkennenwollen, das Konsequenzen hat. In klassischem Kontrapositur kehren Anbetung und das Versenken in Gott gegen die Neugierde wieder, gegen sinnliche Zerstreuung und intellektuelle Überschreitung. In einer von Ironie nicht freien Bewegung werden die Irrungen der Neugierde jedoch nicht mehr bei den Naturforschern, sondern bei den Theologen gesehen. Für Thomas Hobbes wird die Neugierde zum einen der beiden Merkmale, die den Menschen vom Tier unterscheiden. »*Desire*, to know why, and how, *Curiosity*; such as in no living creature but *Man*; so that Man is distinguished, not only by his Reason; but also by this singular Passion from other *Animals*«[54]. Neugierde ist eine Leidenschaft, gewiß, im Gegensatz zur Lust des Fleisches ist sie jedoch unstillbar: »a perseverance of delight in the continual and infatiguable generation of knowledge, [which] exceedeth the short vehemence of an carnall Pleasure.« Neugierde hat die Struktur des archetypischen Begehrens, das, unersättlich, nie befriedigt werden kann. Hobbes' stark erotisch gefärbte Definition der Neugierde als »lust of the mind«[55] kann als Paraphrase oder gar als Steigerung des Augustinischen ›et fornicabar abs te‹ gelesen werden. Im Gegensatz zum Augustinischen, normativen Interesse, welches dem neugierigen Erkennen ein richtiges Erkennen entgegensetzt, ist das neugierige Erkennen für Hobbes offenbar alternativlos. Die Neugierde ist nicht Abfall von religio, denn man erfindet die Religion, um einen Grund für Ereignisse zu haben, deren Grund nicht offensichtlich ist.

II. Die ästhetische Entdeckung der Neugierde (Montaigne, Pascal, Tesauro)

In Montaignes *Essais* (1580) werden solche klaren Entgegensetzungen zersetzt. Montaigne wendet sich gegen die curiositas, aber nicht um der ›bien‹, des höchsten Gutes, sondern des ›bien-être‹, des eigenen Wohlbefindens, willen: um seine Ruhe, seine Lebensfreude, seine Behaglichkeit nicht zu verlieren. Es scheint so, als ob es zunächst um eine Abwendung vom Christentum hin zu epikureischen Positionen der skeptischen Tradition gehe. Die Antithese der Abwendung von der Welt und deren in Bann schlagenden Zerstreuungen kann aber nicht mehr wie bei Augustinus und später bei Petrarca die Sammlung hin zur Innerlichkeit als Gegenraum der curiositas, zur Transzendenz der Innerlichkeit werden. Gerade in seiner Innerlichkeit nämlich, in seiner Hinwendung zu sich selbst stößt Montaigne auf sich selbst als kurioses Objekt, als Objekt von curiositas. Wenn einen nichts mehr in Erstaunen versetzen kann, so verliert das scheinbar Vertrauteste, das eigene Ich, nichts von dem Reiz und dem Zauber der Fremdheit, dem die neugierige Leidenschaft Montaignes gilt. Das Ich wird zum monströsesten Weltwunder, an dessen ständig zunehmender Fremdheit die Neugierde sich ins Unermeßliche steigert. »Je n'ay veu monstre et miracle au monde plus exprès que moymesme. On s'apprivoise à toute estrangeté par l'usage et le temps; mais plus je me hante et me connois, plus ma difformité m'estonne, moins je m'entens en moy.«[56] Die Maxime ›Erkenne dich selbst‹ ist damit zu einem unmöglichen Unterfangen geworden. Der Mensch ist höchstens in seiner Maßlosigkeit und Exzentrik Maß aller Dinge geworden, der sich selbst gerade nicht mehr erkennen kann, sondern doppelt entstellt: entstellt durch die Perspektive der curiositas, entstellt als sich selbst unkenntliches Objekt. Dezentriert ist der Mensch nicht mehr zu Gott oder zur Schöpfung, sondern in und zu sich selbst. Damit ist der entscheidende Schritt hin zur Neugierde der Moderne getan. Im 17. Jh. erfaßt die Mode der kunstgeschichtlich dem Manierismus zuzurechnenden ›perspective curieuse‹ ganz Europa.[57] Die ›neugierige Perspektive‹, die ohne die von Leon Battista Alberti in der Frührenaissance entwickelte Zentralperspek-

---

54 THOMAS HOBBES, Leviathan (1651), hg. v. C. B. Macpherson (Harmondsworth 1968), 124.
55 Zit. nach ALOYSIUS P. MARTINICH, A Hobbes Dictionary (London 1995), 87.
56 MICHEL DE MONTAIGNE, Essais (1580), in: Montaigne, Œuvres complètes, hg. v. M. Rat (Paris 1962), 1006.
57 Vgl. ERNEST B. GILMAN, The Curious Perspective. Literary and Pictorial Wit in the Seventeenth Century (New Haven 1978).

tive undenkbar ist, parodiert und verzerrt die erkenntnistheoretischen Annahmen hinter der perspektivischen Darstellung. Sie beraubt den Betrachter seiner privilegierten Position, wie sie das Schema Albertis garantierte, und stellt gleichzeitig die ›costruzione legittima‹ einer richtigen Darstellung in Frage – sie dezentriert auf die radikalste Weise. In der ›perspective curieuse‹ scheint sich die Augustinische Augenlust als Lust am Verborgenen, Monströsen, Sinnestäuschenden literalisiert zu haben – mit Hilfe von Galileis Fernrohr. Emanuele Tesauro benutzt in seinem *Cannocchiale Aristotelico* (1670) die Hintergrundmetapher der Optik für das Spiel mit dem Schein in der Sprache, für die Rhetorik.[58] Diesem winzigen Fernrohr, hebt Tesauro hingerissen hervor, sei es gelungen, in die Geheimnisse Gottes einzudringen: »ciò che Iddio ci nascose, un piccol vetro ti revela.«[59] (Was der Schöpfer verbirgt, das entdeckt Dir ein kleines Glas.) Der ›perspective curieuse‹ entspricht in der Literatur ›wit‹ oder die ›argutezza‹, die in den rhetorischen Figuren und hervorragend in der Metapher die ›Eigentlichkeit‹ und Klarheit der Sprache verdrehen und verstellen, um in einer creatio ex nihilo gottgleich zu werden und ihn in dieser Konkurrenz doch vollkommen zu entstellen. Wahnsinn und Gottgleichheit rücken gefährlich aneinander. Tesauro zufolge offenbart sich Gott auch durch »metaphoriche Argutezze« (61), und daß Christus in einem Stall geboren ist, »in se contien molte symboliche, & concettosi Argutezze« (63) (beinhaltet viele Symbole und concettoartige ›Argutezze‹). Die ganze Natur funktioniert nach dem Modell des concetto und der argutezza. In der scherzhaften Täuschung verleihen die argutezze,

Trugschlüsse, dem Falschen für einen Moment den Schein des Wahren.

Der scholastische Analogienkosmos wird zum Arsenal des ingeniösen Witzes; daß er damit seine kognitive Kategorie eingebüßt hätte, ist jedoch eine merkwürdig entschärfte Darstellung dessen, was hier passiert. Das Beharren Tesauros auf einer rein ästhetischen Sphäre, die nur dem ›piacere‹, nicht aber der Wahrheit diene, die strikte Zweiteilung in eigentliche und uneigentliche Sprache ist Schadensbegrenzung in einem Universum, dem sich alles im Schwindel des Scheins zu verzerren droht und dem noch die Schöpfung als Witz erscheint, weil zwischen den concetti Gottes und denen der Dichter, wo »unica lode delle Argutezze, consistere nel saper ben mentire« (491) (das einzige Lob, das man den Argutezze machen kann, darin besteht, gut zu lügen), kein Unterschied gemacht werden kann. Im fast schon besessenen Vergnügen an den willkürlich herstellbaren täuschenden Verzerrungen, den Vorspiegelungen der Rhetorik und der anamorphotischen Bilder, in der Hingabe an die grotesk manipulierenden, ingeniösen Kunststücke ahnt man einen ›neugierigen‹ Schöpfer, dem man nur neugierig auf die Spur kommt. Das Seltene, Unerhörte, Ausgefallene, das Monströse, Exotische, Absonderliche, Verzerrte, Abartige, kurz: das Staunenswerte, Wunderbare ist Sammelgegenstand der sich in dieser Zeit einer vogue erfreuenden Kuriositätenkabinette. In ihnen werden sowohl natürliche Raritäten als auch künstlerische Kuriositäten gesammelt: »Any work of Art of extraordinary Fineness and Subtlety, be it but a small Engine or Movement, or a curious carved of turned Work of Ivory or Metals […] beheld with admiration, and purchased at a great Rate, and treasured up as a singular Rarity in the Museums and Cabinets of the Curious«[60].

Seit dem 17. Jh. steht nicht mehr die theoretisch-naturwissenschaftliche Neugierde im Mittelpunkt des Verdikts gegen die curiositas, sondern als Inbegriff des Neugierigen tritt jetzt die Ästhetik als besonders trügerische Rhetorik auf. Diese Umsetzung wird an Pascal besonders eindrücklich. Pascal verfällt im Grunde der naturwissenschaftlichen Neugierde selbst, um die Basis, auf der das Neugierde-Verbot aufruhte, zum Einstürzen zu bringen.[61] Pascals Entdeckung des Vakuums in sei-

---

58 Vgl. GERHART SCHRÖDER, Logos und List. Zur Entwicklung der Ästhetik in der frühen Neuzeit (Königstein 1985), 144.
59 EMANUELE TESAURO, Il Cannocchiale Aristotelico (Turin 1670), 89f.
60 JOHN RAY, The Wisdom of God Manifested in the Works of the Creation (London 1691), 158f.; vgl. LORRAINE DASTON, Ravening Curiosity and Gawking Wonder in the Early Modern Study of Nature (Berlin 1994), 21.
61 Vgl. LOUIS MARIN, La critique du discours. Sur la ›Logique de Port-Royal‹ et les ›Pensées‹ de Pascal (Paris 1975).

nen ›experiments sous vide‹ war für ihn nicht primär von naturwissenschaftlichem, sondern von theologischem Wert. Was sie von antischolastischem eher als naturwissenschaftlichem Aufschluß sein läßt, ist der Umstand, daß es Pascal durch sie gelang, die Lehre der analogia entis zu widerlegen. In ihr war Gott das Gegenteil von nichts, und es konnte darum nicht nichts auf der Welt geben. Die Konsequenz von Pascals Experiment kann nur sein, daß Gott sich nicht in der Natur offenbart und folglich in der Natur weder erkannt noch verkannt werden kann. Pascal kann deswegen nicht mehr mit Augustinus sagen: »eramque certissimus, quod ›invisibilia tua a constitutione mundi per ea quae facta sunt intellecta conspiciuntur‹«. (Ich war mir auch völlig gewiß, daß »Dein Unanschaubares seit Erschaffung der Welt im Mittel der Schöpfungsdinge erkenntnisweise zu sehen ist« [Röm. 1, 20])[62]. Das Buch der Natur ist für ihn unlesbar geworden. Da es bei der naturwissenschaftlichen Neugierde weder mehr um richtige noch um falsche Gotteserkenntnis gehen kann und darum Majestätsvorbehalte nicht zur Debatte stehen, birgt sie keinen Sprengstoff mehr.

Die Geschichte der Ästhetik spaltet sich in eine postaugustinische und eine postscholastische Richtung; kein Indikator ist dafür von größerem Aufschlußwert als die Neugierde.[63] Entscheidender als Verdammung oder Legitimation erweist sich im 17. Jh., daß sich unter dem einen Begriff Neugierde zwei verschiedene Konzepte verbergen, die beide auf die Einschätzung der Folgelasten der Erbsünde zurückführbar sind und so im Zusammenhang mit den europäischen Reformationsbewegungen stehen. Bei Pierre Daniel Huet, gelehrtem Humanisten und Erzbischof von Avranche, einem der ersten Apologeten des Romans, treffen die Legitimation der curiositas, die Legitimation der Fiktion und eine scholastische Auffassung der Erbsünde zusammen. Unberührt von den Krisen der Lesbarkeit, ist für Huet ganz aristotelisch der Wissenstrieb der Neugierde kein Laster; Wissenstrieb und Fiktion zeichnen den Menschen aus, sind anthropologisches Herzstück: »Cette inclination aux fables qui est commune à tous les hommes, ne leur vient pas par raisonnement, par imitation ou par coustume: elle leur est naturelle & son amorce est dans la disposition mesme de leur esprit, & de leur ame; car le désir d'apprendre, & de savoir est particulier à l'homme, & ne le distingue pas moins des autres animaux que sa raison [...] mais l'envie de connoître ne se remarque que dans l'homme«[64]. Huets Welt führt nicht in Versuchung. Das Konzept der aufgeklärt exemplarischen, durch emotionale Teilnahme gestützten Lektüre, das seinen Verteidigungen des Romans zugrunde liegt, schließt eine schwache, der reformatorischen Radikalisierung fremde Version der Erbsünde ein. Einfühlung ist nur dann unbedenklich, wenn man von der erkennbaren Gottesebenbildlichkeit jedes Menschen ausgeht. Es ist diese grundsätzliche Voraussetzung, die die Menschen untereinander in ihren divergierenden Individualitäten kommensurabel hält. Individualität beweist sich als freie Variation dieser Gottesebenbildlichkeit. In jedem Menschen, besteht Jean François Marmontel gegen Ende des 18. Jh. auf diesem Unbedenklichkeitsausweis jeder einfühlenden Lektüre, gebe es einen ›fond de bonté naturelle‹, und in eben diesen solle man sich in der Lektüre einfühlen.[65] Im anderen erkennt man folglich seine Gleichheit: die eigene wie die fremde Ebenbildlichkeit Gottes. Der kathartische Nutzen der Fiktion schließt bei Marmontel die Neugierde als überflüssig aus. Die glückliche Verbindung, in der Huet mit der Fiktion die curiositas zugelassen hat, überdauert den moralischen Nutzen nicht.

In augustinischer Tradition beginnt Pierre Nicole seine *Pensées sur les spectacles* mit der Neugierde als einer Wiederholung der Erbsünde. Der Apfel wird durch eine ›geistige Speise‹ ersetzt, das Theater; die Neugierde ist eine Versuchung, die probiert, ob man in Versuchung geführt wird: »Ils

---

62 AUGUSTINUS, Conf. 7, 17, 23; dt.: Bekenntnisse (s. Anm. 21), 345.
63 Vgl. BERNARD BEUGNOT, De la curiosité dans l'anthropologie classique, in: U. Döring/A. Lyrondia/R. Zaiser (Hg.), Ouverture et dialogue. Mélanges offerts à Wolfgang Leiner à l'occasion de son 60e anniversaire (Tübingen 1988), 17–31.
64 PIERRE DANIEL HUET, Traité de l'origine des romans (1670), hg. v. H. Hinterhäuser (Stuttgart 1966), 82 f.
65 Vgl. JEAN FRANÇOIS MARMONTEL, Essai sur les romans considérés du côté moral (1787), in: Marmontel, Œuvres complètes, Bd. 10 (Paris 1819), 287–361.

ne savent pas que cette sotte curiosité est déjà un grand mal, et que c'est être tombé aux yeux de Dieu que de se laisser affoiblir par la tentation de juger de ses commandements par sa propre expérience«[66].
Für Port-Royal sind auctoritas und Wahrheit entleerte, sinnlich in dieser Welt nicht mehr erfahrbare Instanzen. Gott offenbart sich nicht mehr (absconditus) in der Welt, sondern dem Scheincharakter der Welt zum Trotz. In der Tradition des Augustinus ist der Vorbehalt gegen die Fiktion nicht pragmatisch, sondern erkenntnistheoretisch motiviert und deshalb prinzipieller Art. Lesen von Fiktionen führt nicht zur Sünde, sondern ist Sünde: Die dargestellten, gelesenen Leidenschaften sind nur die Allegorie eines grundsätzlich falschen, illusionären Bezuges zur Welt. Neugierig ist die Fiktion – so Port-Royal –, weil sie einer Scheinautorität aufsitzt und sich auf eine Scheinwahrheit richtet, die die Wahrheit verstellt und diese Verstellung verdeckt. Neugierde, Grundform der Leidenschaft, die sich an die Unendlichkeit der Dinge und die leere Eitelkeit der Welt verliert, wird zum Inbegriff der unlesbar gewordenen, in Täuschung umgeschlagenen Figuren, die Port-Royals ›tragische Weltsicht‹, wie Lucien Goldmann sie genannt hat, begründen und Pascals Konsequenz erfordern.[67]

Für die Calvinisten und die Jansenisten bis hin zu Rousseau ist Gottes Schöpfungstat im gefallenen Menschen bis zur Unkenntlichkeit entstellt. Nach Maßgabe seines eigenen deformierten Bildes erkennt der Mensch den Menschen und die Welt nur in Verzerrung. Angesichts dieser Sachlage ist die curiositas die naturgegebene Einstellung zur Welt. Die Figuren der Wahrheit können von dem in Erbsünde gefallenen Menschen nicht gelesen werden, während die Figuren der Rhetorik in der Neugierde den Inbegriff ihrer Verstellung, der leidenschaftlich verstellten Welt haben. Durch den Fall in seiner Ebenbildlichkeit Gottes entstellt, entstellt der Mensch die Figuren die Wahrheit. Die Art der verzerrten Aneignung von Welt nennen die Jansenisten leidenschaftlich. Welt und Mitmensch werfen dem Menschen nichts als sein eigenes verzerrtes Bild zurück, das er als Zerrbild zu erkennen nicht imstande ist. Das Lesbarmachen der Figuren der Schrift als Figuren Gottes ist zwar das einzige, eigentliche Ziel der Jansenisten. Es ist jedoch nicht durch menschlichen Willen und menschliche Anstrengung, sondern nur durch göttliche Gnade für wenige Erwählte zu erreichen. Selbst wenn die Ebenbildlichkeit des Menschen durch die ›grâce spéciale‹ wieder hergestellt ist, kann sie von den anderen im Stande der Gefallenheit nicht wahrgenommen werden. Lesende Einfühlung kann deshalb nicht mehr Teilhabe am ›fond de bonté naturelle‹ sein, sondern nur eine Projektion der eigenen Defiguration. Kann der Mensch auch die Figuren nicht lesen, so muß er sich bemühen, durch seine Leidenschaften nicht zu defigurieren, was ihm als unlesbare Schrift aufgegeben ist. Im Anschluß an Augustinus besteht für die Jansenisten das illusionäre Moment der Fiktion vor allem darin, daß sie den Zeichencharakter von Welt und Text unterschlägt und vergessen macht. Die in der Lektüre der Fiktion gemachte ästhetische Erfahrung wird für sie zum Inbegriff jeder Perversion der Gotteserfahrung, für die bei Augustinus die curiositas stand.

III. Die Dialektik der neugierigen Aufklärung (Rousseau, Sade, Laclos)

Im 18. Jh. stehen so unterschiedliche Positionen nebeneinander wie die von Maupertuis und Voltaire. Der eine, Pierre Louis Moreau de Maupertuis, konnte im Namen der Neugierde Experimente am Menschen vorschlagen. Voltaire äußert stoisch anmutende Einschätzungen, in denen sich die Antithese von Glück versus Neugierde aufbaut: Glück ist nur durch die Beschränkung des Erkenntnistriebes zu haben. Für Voltaire und für D'Alembert war die Frage der Neugierde weder zentral noch brennend; sie beschränken sich auf

---
66 PIERRE NICOLE, Pensées sur les spectacles, in: Nicole, Continuations des essais de morale. Œuvres posthumes (Paris/Luxemburg 1703), 343; vgl. VINKEN, The Concept of Passion and the Dangers of the Theater. Une esthétique avant la lettre: Augustine and Port-Royal, in: Romanic Review 83 (1992), 43–59.
67 Vgl. LUCIEN GOLDMANN, Le dieu caché. Etude sur la vision tragique dans les ›Pensées‹ de Pascal et dans le théâtre de Racine (Paris 1959).

eine Reformulierung und Variation der Gemeinplätze. D'Alemberts *Discours préliminaire* (1751) variiert den berühmten ersten Satz aus Aristoteles' *Metaphysik* über die Natürlichkeit des menschlichen Wissenstriebs: »Dans l'ordre de nos besoins et des objets de nos passions, le plaisir tient une des premières places, et la curiosité est un besoin pour qui sait penser«[68].

Voltaire legt in seinem *Siècle de Louis XIV* (1752) das Gewicht, wie in der postscholastischen Tradition üblich, auf das Was des Wissens, das das Wie durch den Gegenstand der Untersuchung nobilitiere: »La curiosité, cette faiblesse si commune aux hommes, cesse presque d'en être une, quand elle a pour objet des temps et des hommes qui attirent les regards de la postérité«[69].

Zentral ist die Neugierde für das Werk Rousseaus, der den calvinistischen Argumentationsstrang weiterführt. Rousseaus schriftstellerische Karriere fängt mit einer von unfreiwilligen Travestieelementen durchkreuzten Umbesetzung des Augustinischen conversio-Erlebnisses an. Bei der Lektüre des *Mercure de France* und der dort von der Académie de Dijon gestellten Frage – »Le rétablisement des Sciences et des Arts a-t-il contribué à épurer ou à corrompre les Mœurs?«[70] – sieht Rousseau ein anderes Universum und wird ein anderer Mensch. Ergebnis der Erleuchtung unter einer Eiche auf der Straße nach Vincennes ist der erste Diskurs, der den gefallenen, korrumpierten, gesellschaftlichen Zustand des Menschen schildert, der durch die Neugierde eingetreten ist. Wissenschaft und Kunst, so Rousseaus blitzartige Einsicht, sind aus dem Geist der Neugierde geboren und haben nichts als Unheil über die Menschen gebracht: »L'effet est certain, la dépravation réelle, et nos ames se sont corrompuës à mesure que nos Sciences et nos Arts se sont avancés à la perfection. Dira-t-on que c'est un malheur particulier à nôtre âge? Non, Messieurs; les maux causés par notre vaine curiosité sont aussi vieux que le monde« (9). In diesem Lichte der Verdammtheit, die umgekehrt proportional zum Fortschritt von Wissenschaften und Künsten steht, erscheinet die einsinnige Fortschrittsgeschichte, die die Aufklärung sich zu ihrer Legitimation erzählt, als verkehrte, verblendete Fabel. Agent dieser Verblendung ist die Ästhetik, die die Eisenketten mit den Blumen der Rhetorik verhängt. Rousseaus Verfallsgeschichte, die ›contra vanam curiositatem‹ überschrieben hätte sein können, verdammt die Neugierde im Namen des Sokrates, aber im Geiste Calvins. Gegen die Innerlichkeit der Tugend, die in die Herzen geschrieben ist, steht die eitle Äußerlichkeit der Neugierde: »O vertu! Science sublime des ames simples. [...] Tes principes ne sont-ils pas gravés dans tous les cœurs et ne suffit-il pas pour apprendre tes Loix de rentrer dans soi-même et d'écouter la voix de sa conscience dans le silence des passions?« (30) Der Text funktioniert nach der für die Neugierde klassischen Opposition von Sein und Schein, Äußerlichkeit und Innerlichkeit, Nutzen und schädlichem Überfluß, Tugend und Laster, eitlem Hochmut, überheblichem Geltungsdrang, Nichtigkeit versus Einfachheit und Unschuld. Kunst und Literatur verstellen rhetorisch die Wahrheit; sie verunmöglichen Tugend und Glück. Die Wahrheit ist nicht so nützlich wie die Irrtümer gefährlich, die man überwinden muß, um zu ihr zu gelangen. Die ewige Weisheit hält den Menschen im Zustand der »heureuse ignorance«, die Natur selbst »a voulu vous préserver de la science, comme une mere arrache une arme dangereuse des mains de son enfant« (15). Wissenschaften und Künste zerstören die beiden Grundpfeiler der Rousseauschen Doxa, Religion und Vaterland. Rousseau sendet sein Vaterunser zum Himmel: »Dieu tout-puissant, toi que tiens dans tes mains les Esprits, delivre-nous des Lumières et des funestes arts de nos Péres, et rends-nous l'ignorance, l'innocence et la pauvreté, les seuls biens qui puissent faire notre bonheur et qui soient précieux devant toi.« (28)

Die großen Romane der Neugierde im 18. Jh. sind Samuel Richardsons *Clarissa Harlowe* (1748) und Pierre de Choderlos de Laclos' *Liaisons dangereuses* (1782). Richardsons Roman ist ein puritanisches Manifest wider die Neugierde und wider die

---

68 JEAN LE ROND D'ALEMBERT, Discours préliminaire de l'Encyclopédie/Einleitung zur Enzyklopädie von 1751, frz.-dt., hg. u. übers. v. E. Köhler (Hamburg 1955), 28.
69 VOLTAIRE, Le siècle de Louis XIV (1752), hg. v. A. Adam, Bd. 1 (Paris 1966), 379.
70 JEAN-JACQUES ROUSSEAU, Discours sur les sciences et les arts (1750), in: ROUSSEAU, Bd. 3 (Paris 1964), 5.

Fiktion. Dem profanen, fiktionalen Text des Romans, der mit dem weltlichen Auge einer neuen Öffentlichkeit gelesen wird, schreibt Richardson einen ›sakralen‹, anagogischen Text ein, der sich allein im Lichte des Geistes dem inneren Auge offenbart. Richardsons Roman, der die Fiktion als Blendwerk demaskieren will, handelt von der concupiscentia carnis, der die concupiscentia oculorum entspricht. Choderlos de Laclos sieht den Zusammenhang von Blindheit und Einsicht dialektischer. Die in Neugierde verstrickten Helden Valmont und Merteuil beanspruchen nicht nur, ihr eigenes Werk zu sein, sondern sie sind das Schicksal der andern, deren Geschicke sich nach ihrem Willen zu lenken suchen. Stellt Richardson in den Figuren Lovelace und Clarissa die weltliche Blindheit der Neugierde gegen die göttliche Einsicht der Wahrheit, so verdankt die Marquise ihre Einsicht ihrer Blindheit.

In der Umkehrung dieses Vorwurfs begründet eine neue Neugierde den Roman, die sich nicht auf durchsichtige Fiktionen richtet, sondern die die Wahrheit als Fiktion zu entlarven bemüht ist. Ihre neugierige Praxis besteht nicht darin, daß sie scheinhaft über die Scheinhaftigkeit der Welt hinwegtäuscht und eine angemaßte Autorität unterstreicht. Vielmehr entwickelt sich in literarischen Texten eine theoretische Praxis über die Neugierde, die das erkenntnistheoretische Verhältnis von Schein und Wahrheit zum Gegenstand hat. Als meta-neugieriges Erkenntnisinteresse, das über die Neugierde immer mehr wissen will, wird der Roman zum Vorläufer der Psychoanalyse. Es bedurfte freilich eines Marquis de Sade, dies auf der Höhe Pascalscher Einsichten zu formulieren.»Tout en Sade le prédisposera ainsi, au déclin du siècle de Voltaire, à parler le langage d'un *jansénisme larvé*«[71]. Diese Einsicht von Pierre Klossowski setzt den Schlußpunkt unter das Unternehmen Aufklärung und Roman. Sades *Idées sur les romans* (1787–1800) sind radikalisierter Jansenismus unter verkehrten Vorzeichen. In ihnen baut Sade eine Art Antitheologie aus. Systematisch greift er die jansenistischen Vorbehalte gegen den Roman auf, um sie umzudrehen, in dieser Umdrehung aber die aufgeklärten Befürworter des Romans und ihre pragmatischen Gesichtspunkte aus dem Feld zu schlagen. Einen verkehrten Jansenismus wendet er gegen den Humanismus der Aufklärer.[72] Für Sade wie für die Jansenisten sind die Romane ›fiction‹ und ›fabuleux‹, sie handeln von ›fantôme‹, von Trugbildern der menschlichen Einbildungskraft. Sade beschreibt die Geburt des Romans aus dem Geist der Religion und der Liebe, was für ihn heißt: aus dem Geist der Verblendung. Romane beruhen auf Figuren der Blendung; deren Figur ist die Prosopopoeia, die dem ›fantôme‹ oder der ›chimère‹ Gott eine Stimme verleiht, ihn in Analogie zum Menschen zu erkennen sucht. Ein absurdes Unterfangen, da Gott ein Wesen ist, das dem Menschen so unbekannt ist wie dem Blindgeborenen die Farben.[73] Die radikale Alterität Gottes macht jeden menschlichen Versuch, ihn erkennen zu wollen, zum »nec plus ultra de l'extravagance humaine«[74] An Sades Verwendung des Nec plus ultra läßt sich die Geschichte der Neugierde wie im Zeitraffer ablesen; im Mittelalter in Dantes Odysseusfigur als Grenze verstanden, die der Mensch nicht überschreiten soll, um sich nicht vom Wesentlichen, der Gotteserkenntnis, abzulenken und an die Grenzenlosigkeit der Welt zu zerstreuen, stellt die Neuzeit ihren neugierigen, grenzüberschreitenden Aufbruch unter das Motto ›Plus ultra‹, das das Frontispiz von Bacons *Instauratio magna* (1620–1623) ziert. Für Sade wird das, was das Streben des ›mittelalterlichen‹ Menschen ausmachen sollte, das Streben nach Gotteserkenntnis, zum Inbegriff von Vergeblichkeit und Verblendetheit. Gott ist als Erkenntnisziel zum Inbegriff des wahnwitzigen, von vornherein zum Scheitern verurteilten Wissenwollens geworden und tritt funktional an die Stelle der ›Welt‹.

Sades *Idées sur les romans* nehmen alle Topoi contra vanam curiositatem auf und drehen sie gegen ihre ursprüngliche Richtung. Sades Welt ist eine gottverlassene Welt, und der ihr angemessene Zu-

---

71 PIERRE KLOSSOWSKI, Sade mon prochain (1947; Paris 1967), 149.
72 Vgl. PHILIPPE ROGER, La trace de Fénelon, in: P. Roger/M. Camus (Hg.), Sade. Ecrire la crise (Paris 1983), 149–173.
73 Vgl. DONATIEN-ALFONSE FRANÇOIS DE SADE, Idées sur les romans (1787–1800), in: Sade, Œuvres complètes, hg. v. G. Lely, Bd. 4 (Paris 1961), 67.
74 Zit. nach BÉATRICE DIDIER, Sade théologien, in: Roger/Camus (s. Anm. 72), 236.

gang die Neugierde. Sie ist es als das, was die Theologen an ihr verdammen: als Interesse eines, der weder in sich die Ebenbildlichkeit Gottes sieht noch sie in den anderen sucht; der ganz im Gegenteil unverblendet seine Neugierde zunächst auf die Illusionen der Religion und der Liebe richtet, um sie als solche aufzudecken; der seine Neugierde dann auf die Wahrheit richtet, die der Mensch erkennen kann: die häßliche Wahrheit seiner Gefallenheit. Nicht die Neugierde ist Verblendung; Verblendung, Illusion, ist ganz im Gegenteil der Versuch der Gotteserkenntnis. Illusion und Blendwerk ist die Annahme eines Gottes, der sich ganz offensichtlich nicht auf dieser Erde offenbart, so wie er selbst nach Port-Royals Meinung dem Menschen nicht erkennbar ist. Wahrheitserkenntnis und das Gute, Schöne, Wahrheitserkenntnis und Moral sind hier endgültig voneinander abgekoppelt. Ästhetik beraubt sich damit jeder Möglichkeit zu moralischer Wirkung. Universalität wird zugunsten von Alterität und Differenz untergraben; denn zwar sind alle Menschen gefallen, aber ins Partikuläre und nicht ins Allgemeine.

So wird bei Sade der Roman zum einzigen Ort, an dem die neugierige Wissenschaft vom Menschen betrieben werden kann, wo allein das aufgedeckt wird, was einzig menschlich ist: seine doppelte Verblendung. Rhetorisch betrachtet ist dies die Verblendung der Analogie, der Glaube, Gott und den anderen nach dem eigenen Bilde erkennen zu können. Der Roman ist insofern wahr, als er die Verblendung als Verblendung erkennbar macht. Er ist das exakte Gegenstück zur Ausstellung der eucharistischen Wahrheit in Port-Royal. Zurückgebeugt auf den ihn ursprünglich konstituierenden Akt der Lektüre, ist der Roman Sades eine reflexive Veranstaltung, um ihn als illusionär zu exponieren. Wird der Roman für Sade zum einzigen Ort, an dem Wahrheit gefunden werden kann, so meint ›Wahrheit‹ etwas anderes als je zuvor: die Wahrheit der Gefallenheit, die sowohl die Art des Interesses als auch den Gegenstand bestimmt, ganz auszuloten. Dieses neugierige und deshalb gerade nicht verblendete Interesse richtet sich auf das Lasterhafte, auf Sexualität in all ihren Perversionen, auf die unvordenklichsten Grausamkeiten des menschlichen Herzens. Sades neugierige Leidenschaft zielt auf das ›Nackte‹ der Wahrheit; sein nicht empirisches, sondern metaphysisches Interesse am Physischen richtet sich auf das von Gott Abgefallene, Häßliche, Monströse. Sade geht es nicht wie noch Pascal darum, den ›vilain fond‹ zuzudecken, sondern ihn in seiner Verächtlichkeit ganz sehen zu lassen. Das neugierige Interesse am anderen beruht deshalb nicht auf Einfühlung und Identifikation, sondern wie schon bei Montaigne auf dem befremdet faszinierten Blick auf Fremdes, das manchmal das Eigenste ist.

IV. Die erkenntnistheoretische Wende der meta-curiositas (Freud, Henry James, Heidegger)

In dreierlei Hinsicht kann man das von Freud neu vermessene Gelände ordnen. Neugierde wird psychoanalytisch interessant und gewinnt psychoanalytisch neue Konturen: Sie richtet sich primär auf Sexualität, aus der auch sie ihre Energie bezieht. Deren Verdrängung und Auszeichnung als primärer Gegenstand aller Verdrängung verbindet Neugierde unlösbar mit dem Verbot des Verdrängten und der Verborgenheit oder Entzogenheit, durch die Sexualität als verdrängte, aus der Verdrängung andrängende charakterisiert ist. Als primäres Erkenntnishindernis der Neugierde bedingt das Verbot mit der Bedrohung des neugierigen Organs dessen autoritätsbedrohende Kraft, die schließlich das Hindernis und die verbietende Instanz zum Ziel nimmt anstelle der verdrängten Sexualität. Was Neugierde derart an Verdrängung vollendet, setzt sie in Sublimierung um, in sublimierte Erkenntnisleistung, die sich indessen aus der Konfliktstellung gegen die verbietende und strafende Autorität nicht lösen kann.

Freud, der die Neugierde am Beispiel des Leonardo da Vinci auf der Schwelle zur Neuzeit untersucht, wiederholt die klassisch moderne apologetische Geste der Emanzipation des edlen Wissenstriebes durch kühnes Überschreiten autoritär gesetzter Grenzen:»Er glich, nach dem schönen Gleichnis Mereschkowskis, einem Menschen, der in der Finsternis zu früh erwacht war, während die anderen noch alle schliefen. Er wagte es, den kühnen Satz auszusprechen, der doch die Rechtfertigung jeder freien Forschung enthält: ›Wer im Streit der Meinungen sich auf die Autorität beruft, der arbeitet mit dem Gedächtnis, statt mit seinem Verstand‹. So wurde er der erste moderne Naturforscher, und eine Fülle von Erkenntnissen und Ahnungen belohnten seinen Mut, seit den Zeiten der Griechen als der erste, nur auf Beobachtung und eigenes Urteil gestützt, an die Geheimnisse der Natur zu rühren«[75]. Das Pathos dieses Heroismus wirkt jedoch eigenartig getrübt; zum einen durch seine Herleitung aus der auf den Körper oder genauer auf den Penis der Mutter gerichteten, nicht gerade edel konnotierten kindlichen Sexualneugier; zum anderen, weil es die Geschichte Leonardos nicht als die eines strahlenden Helden erzählt, sondern weil sich seine Neugierde hemmend nicht nur auf seine Sexualität, sondern auf seine Schaffenskraft auswirkt und so zur Geschichte eines zumindest partiellen, fast tragischen Scheiterns gerät. Sie wird jedenfalls malgré Freud nicht zu einer Geschichte der Emanzipation von Wissenstrieb und Sexualität einschränkenden Autoritäten, sondern erzählt von deren gegenseitiger Abhängigkeit.

Freuds Aufsatz über Leonardo ist für die Geschichte der Neugierde bahnbrechend, weil es das Paradigma der Neugierde selbst, das Paradigma der Sichtbarkeit, der Theorie im Sinne von Anschauung als den Inbegriff der Täuschung aufscheinen läßt. Es ist mehr als ein kurioser Zufall der Geschichte, daß die Psychoanalyse zeitgleich mit einer Theorie des Lichtes entwickelt wurde. Wie im Zeitraffer ist an Freuds Biographie dieser Paradigmenwechsel zu beobachten. Zu Anfang seiner Karriere wollte auch Freud immer besser sehen, um mehr zu erkennen. Das Fernrohr, klassisches Instrument der Neugierde, wird dabei durch das Mikroskop ersetzt, das Freud sich zur Hochzeit wünschte: »Cela pour dire que l'objet de la curiosité scientifique de l'époque était: ›ce qui permet de voir‹«. Die Freudsche Theorie deplaziert den Gegenstand der Neugierde vom Körper auf den Text, von der Beobachtung des Gewebes auf die Deutung der Wörter: »La psychanalyse se déployera sur un autre terrain, la face cachée. Elle va porter – Lucifer? – la lumière à l'intérieur«[76]. Was die Psychoanalyse dort gewissermaßen als ihre Urszene entdeckt, ist ein grundsätzlicher, sich auf die Differenz der Geschlechter beziehender Irrtum im Sehen, der alle Anschauung zum Trug werden läßt. Dieser Sehirrtum kommt dadurch zustande, daß die theoria höher als alles andere bewertet wird, die eigentliche Angst der Verlust der Anschauung ist. Weil nämlich der kleine Junge lieber ›nichts‹ sieht, als nicht zu sehen, weil er sozusagen am Primat der Anschauung festhält, kommt er zur ›Theorie‹ der Kastration. In seinem meta-neugierigen Erforschen der Neugierde fördert Freud so malgré lui zutage, daß das so neugierige wie unhintergehbare Festhalten an der theoria Inbegriff des Truges ist.

Es sind die Romane Henry James', die die Neugierde in all ihren Schattierungen fast enzyklopädisch vollständig darstellen. Ihr Gegenstand ist nicht die Natur, sondern der Mensch. Was die Neugierde bei James auszeichnet, ist blinde Verdinglichung und fast grundsätzlicher Irrtum. Ralph Touchett betrachtet das Leben der Isabel Archer neugierig als Experiment. Sie, die neugierig die Welt kennenlernen wollte, findet sich selber unfreiwillig als besonders begehrte Kuriosität im Kuriositätenkabinett ihres Mannes wieder (*Portrait of a Lady*, 1881). Mr. Verver betrachtet Europa als eine einzige große Ansammlung von Kostbarkeiten und Absonderlichkeiten, denen seine Sammlerleidenschaft gilt. Prunkstück seiner Sammlung ist ein Prinz aus der Familie der Borgia, mit der er seine Tochter verheiratet (*The Golden Bowl*, 1904). Die Allegorie für den im Prinzip leeren Trieb der Neugierde liefert dann *The Figure in the Carpet* (1896), eine Erzählung, in der sich die Neugierde unablässig und obsessiv irrend auf ein leeres Geheimnis richtet.

Heideggers existential-ontologische Absicht bringt die Neugierde in Zusammenhang mit der Frage nach dem ›Sein des Da‹ und der dazugehörenden Erschlossenheit. Das Sein der Erschlossenheit konstituiert sich in Befindlichkeit, Verstehen und Rede. Die alltägliche, uneigentliche Seinsart der Erschlossenheit ist hingegen charakterisiert

---

75 SIGMUND FREUD, Eine Kindheitserinnerung des Leonardo Da Vinci (1910), in: FREUD (SA), Bd. 10 (1969), 194.
76 PATRICK LACOSTE, Le prétexte et le mode. Notes sur curiosité et lecture, in: Sztulman/Fénelon (s. Anm. 19), 207.

IV. Die erkenntnistheoretische Wende der meta-curiositas (Freud, Henry James, Heidegger)

durch Gerede, Neugier und Zweideutigkeit, die zu einer uneigentlichen Existenz führen, gerade weil sie vermeintlich echtes Leben suggerieren. In Zerstreuung, Aufenthaltlosigkeit, Hemmungslosigkeit, Verfallenheit und Versuchung verbergen sie »das eigenste Seinkönnen«. »Diese Entfremdung, die dem Dasein seine Eigentlichkeit und Möglichkeit, wenn auch nur als solche eines echten Scheiterns, verschließt, liefert es jedoch nicht an Seiendes aus, das es nicht selbst ist, sondern drängt es in seine Uneigentlichkeit, in eine mögliche Seinsart seiner selbst«. Auch in Heideggers Neugierde klingen augustinische Töne nach: »Die Neugierde besorgt aber zu sehen, nicht um das Gesehene zu verstehen, das heißt in ein Sein zu ihm zu kommen, sondern nur um zu sehen.« Die Neugierde hat mit dem »bewundernden Betrachten des Seienden« nichts zu tun, »sie besorgt ein Wissen, aber lediglich um gewußt zu haben«[77]. Das neugierige Erkennen ist bei Heidegger wie bei Augustinus ein grundsätzliches Verkennen im Modus des Ergreifens; es verkennt sich als Erkennen oder entfremdet sich verkannt vom wirklichen Erkennen oder auch von dessen Scheitern.

Barbara Vinken

Literatur

BALTRUŠAITIS, JURGIS, Anamorphoses ou magie artificielle des effets merveilleux (Paris 1969); BEUGNOT, BERNARD, De la curiosité dans l'anthropologie classique, in: U. Döring/A. Lyrondia/R. Zaiser (Hg.), Ouverture et dialogue. Mélanges offerts à Wolfgang Leiner à l'occasion de son 60ᵉ anniversaire (Tübingen 1988), 17–31; BLUMENBERG, HANS, Augustins Anteil an der Geschichte des Begriffs der theoretischen Neugierde, in: Revue des études augustiennes 7 (1961), 35–70; BLUMENBERG, HANS (Hg.), Galileo Galilei, Siderius Nuncius. Nachricht von neuen Sternen (Frankfurt a.M. 1965); CAHN, RAYMOND, Curiosité et quête mystique: la Kabbale, in: H. Sztulman/J. Fénelon (Hg.), La curiosité en psychanalyse (Toulouse 1981), 9–17; CÉARD, JEAN (Hg.), La curiosité à la Renaissance (Paris 1986); DASTON, LORRAINE, Ravening Curiosity and Gawking Wonder in the Early Modern Study of Nature (Berlin 1994); DASTON, LORRAINE/PARK, KATHARINE (Hg.), Wonders and the Order of Nature 1150–1750 (New York 1998); FOUCAULT, MICHEL, La volonté de savoir. Histoire de la sexualité, Bd. 1 (Paris 1976); GILMAN, ERNEST B., The Curious Perspective. Literary and Pictorial Wit in the Seventeenth Century (New Haven 1978); GINZBURG, CARLO, High and Low. The Theme of Forbidden Knowledge in the Sixteenth and Seventeenth Centuries, in: Past and Present 73 (1976), 28–41; GODIN, ANDRÉ, Erasme. Pia/Impia Curiositas, in: J. Céard (Hg.), La curiosité à la Renaissance (Paris 1986), 25–36; GROH, RUTH/GROH, DIETER, Die Außenwelt der Innenwelt. Zur Kulturgeschichte der Natur, Bd. 2 (Frankfurt a.M. 1996); IMPEY, OLIVER u.a. (Hg.), The Origins of Museums. The Cabinet of Curiosities in Sixteenth- and Seventeenth-Century Europe (Oxford 1985); KENNY, NEIL, ›Curiosité‹ and Philosophical Poetry in the French Renaissance, in: Renaissance Studies 5 (1991), 263–276; LABHARDT, ANDRÉ, Curiositas. Notes sur l'histoire d'un mot et d'une notion, in: Museum Helveticum 17 (1969), 206–224; LACOSTE, PATRICK, Le prétexte et le mode. Notes sur curiosité et lecture, in: H. Sztulman/J. Fénelon (Hg.), La curiosité en psychanalyse (Toulouse 1981), 203–218; METTE, JOACHIM, Curiositas, in: Festschrift Bruno Snell zum 60. Geburtstag (München 1956), 227–235; MEIJERING, EGINHARD PETER, Calvin wider die Neugierde. Ein Beitrag zum Vergleich zwischen reformatorischem und patristischem Denken (Nieuwkoop 1980); MÜLLER, JAN-DIRK, ›Curiositas‹ und ›erfarung‹ der Welt im frühen deutschen Prosaroman, in: L. Grenzmann/K. Stackmann (Hg.), Literatur und Laienbildung im Spätmittelalter und in der Reformationszeit (Stuttgart 1984), 252–271; OBERMAN, HEIKO AUGUSTUS, Contra vanam curiositatem. Ein Kapitel der Theologie zwischen Seelenwinkel und Weltall (Zürich 1974); O'CONNELL, MICHAEL, Authority and the Truth in Petrarch's Ascent of Mont Ventoux, in: Philological Quarterly 62 (1984), 507–520; PICARD, JEAN, Du regard à la parole, in: H. Sztulman/J. Fénelon (Hg.), La curiosité en psychanalyse (Toulouse 1981), 131–146; ROBBINS, JILL, Petrarch Reading Augustine: The Ascent of Mont Ventoux, in: Philological Quarterly 64 (1986), 533–553; SCHRÖDER, GERHART, Logos und List. Zur Entwicklung der Ästhetik in der frühen Neuzeit (Königstein 1985); VINKEN, BARBARA, Unentrinnbare Neugierde. Die Weltverfallenheit des Romans. Richardsons ›Clarissa‹, Laclos' ›Liaisons dangereuses‹ (Freiburg 1991); VINKEN, BARBARA, Der Ursprung der Ästhetik aus theologischem Vorbehalt. Ästhetische Kontroversen von Port-Royal bis Rousseau und Sade (Diss. Yale University, New Haven 1992); VINKEN, BARBARA, The Concept of Passion and the Dangers of the Theater. Une esthétique avant la lettre: Augustine and Port-Royal, in: Romanic Review 83 (1992), 43–59.

---

77 MARTIN HEIDEGGER, Sein und Zeit (Tübingen 1927), 172.

Dandy

I. Dem Dandy auf der Spur; II. Beau Brummell oder: Der Mythos vom englischen Urdandy; III. Müßige und schaffende Dandys; IV. Dandysmus: Kampf der Massenkultur; V. Das Raffinement der Einfachheit; VI. Erstaunen, Choc, Bewunderung: Die Wirkungs-Ästhetik des Dandys; VII. Selbstkontrolle, impassibilité, Stoizismus und Ironie: Romantische und dandystische Ironie; VIII. Kunst, Künstlichkeit – Natur, Gewöhnlichkeit; IX. Die Bedrohung durch den Eros: Die Absage an das romantische Liebesideal; X. Ästhetizismus, Satanismus; Revolte und das schöne Verbrechen

I. Dem Dandy auf der Spur

»Le Dandy doit aspirer à être sublime sans interruption; il doit vivre et dormir devant un miroir.«[1] –
Das 20. Jh., das Zeitalter der technischen Reproduzierbarkeit der Kunst, bietet dem Dandy, der sich als ›Unikat‹ par excellence versteht, kaum Entfaltungsmöglichkeiten. Marcel Proust hat zwar in seiner *Recherche du temps perdu* (1913–1927) eine Figur wie den Baron de Charlus geschaffen, einen Aristokraten des Geistes und des Blutes, der als arbiter elegantiarum den Pariser Gratin beherrscht, einen Dandy alter Schule; doch dessen Welt atmet den Geist des 19. Jh. Während Wildes Lord Henry noch unangefochten als Dandy die Welt der aristokratischen Clubs beherrscht, zeigt rund drei Jahrzehnte später Proust seine Dandy-Figur in einem sehr gebrochenen Licht. Sein Œuvre thematisiert gerade die Suche nach einer verlorenen Zeit, einer Zeit, die im Schreibprozeß selbst als verlorene beschworen wird. Wenn Baudelaire für seine Zeit noch elegisch formulierte: »Le dandysme est un soleil couchant; comme l'astre qui décline, il est superbe, sans chaleur et plein de mélancolie«[2], so läßt sich heute nur noch vom endgültigen Untergang dieser Sonne künden.

Mögen auch verschiedentlich Alcibiades, Nero, Petronius, Lorenzo de Medici, Lauzun oder in jüngerer Zeit die Mods, die Anhänger von Camp oder New Wave, last not least gar der Yuppie als Dandy bezeichnet worden sein, der Dandysmus im strengeren Sinne ist eine Kulturerscheinung des 19. Jh., das sowohl von den Auswirkungen der Französischen Revolution als auch von der fortschreitenden Industrialisierung geprägt ist.

Was kennzeichnet den Dandy? Wie und woher gewinnt man einen präzisen Begriff des Dandysmus, der sowohl einen bestimmten Sozialtypus als auch ein ästhetisches Kompositionsprinzip, einen Lebensstil und einen literarischen Stil erfaßt?

Die großen Lexika sind wenig hilfreich bei der Suche nach dem wahren Dandy: Der *Dictionnaire Robert* definiert: »Homme qui se pique d'une suprême élégance dans sa mise et ses manières«[3]. Und der *Littré* kennzeichnet den Dandy abschätzig als »Homme recherché dans sa toilette et exagérant les modes jusqu'au ridicule.«[4] Der Dandy wird in diesen Definitionen als ein Wesen vorgestellt, dem in besonderer Weise an einem eleganten Outfit gelegen ist. Da heißt es im *Oxford English Dictionary*: »Origin unknown. In use on the Scottish Border in the end of the 18th c[entury]; and about 1813–1819 in vogue in London, for the ›exquisite‹ or ›swell‹ of the period.«[5] Mögliche Verbindungen sieht das *Oxford English Dictionary* zu dem populären Kinderreim ›Jack-a-dandy‹ oder dem Namen ›Andrew‹ im Schottischen. Die Herkunft von ›dandiprat‹, einer Silbermünze von geringem Wert, oder dem frz. ›dandin‹ ist ebenso umstritten wie die Beziehung zu ›dandi‹ aus dem Indischen, auch wenn dies im *Brockhaus* als sicher gilt: »Das indische Wort dandi, ›Stockträger‹ (hoher Beamter des Indian Civil Service), wurde seit 1815 auf die durch Kleidung und Lebensform auffallenden Angehörigen der engl. Adels angewandt«[6]. Ob ›dandin‹ oder ›dandiprat‹, diese Herleitungen führen nicht weiter. Sicher ist nur, daß das Wort ›Dandy‹ in dieser Form erst zu Beginn des 19. Jh. auftaucht. Die französischen Elégants z. B. präsentierten sich

---

1 CHARLES BAUDELAIRE, Mon cœur mis à nu (1859–1866), in: BAUDELAIRE, Bd. 1 (1975), 678.
2 BAUDELAIRE, Le peintre de la vie moderne (1863), in: BAUDELAIRE, Bd. 2 (1976), 712.
3 ›Dandy‹, in: PAUL ROBERT, Le nouveau petit Robert. Dictionnaire alphabétique et analogique de la langue française, hg. v. J. Rey-Debove/A. Rey (Paris 1993), 533.
4 ›Dandy‹, in: LITTRÉ, Bd. 2 (1878), 951.
5 ›Dandy‹, in: OED, Bd. 4 (1989), 238.
6 ›Dandy‹, in: BROCKHAUS, Bd. 4 ([17]1968), 290.

auch vor der Erscheinung des Dandys – so Emilien Carassus⁷ – in schöner Kontinuität mit wechselnden Etiketten. Vom ›mignon‹ unter Heinrich III. über die ›précieux‹, die Molière verspottete, die ›petits-maîtres‹, die Marivaux zu korrigieren suchte, führten sie zu den ›muscadins‹, ›merveilleux‹, ›incroyables‹. Und schließlich am Ende des Empire entdeckt man die ›fashionables‹, etwas später den ›Dandy‹, den Elégant britischer Herkunft. Da es also zu allen Zeiten elegante, modebewußte Männer/Menschen gab, diese jedoch zu verschiedenen Zeiten unterschiedlich benannt wurden, verweist der Name auch auf einen bestimmten kulturgeschichtlichen gesellschaftlichen Ort.

Bis in die 30er Jahre des 19. Jh. galt der Dandy den meisten Franzosen als ein englisches Produkt, das mit fader Blasiertheit und auffallendem modischem Outfit assoziiert wurde und das auf wenig Beifall stieß. Seit den späten 30er Jahren erlebte er dann jedoch seine Rehabilitierung und avancierte zum Inbegriff souveräner Kultiviertheit – so z.B. bei Balzac, Barbey d'Aurevilly, Baudelaire.

Joris-Karl Huysmans' Protagonist aus *A rebours* (1884), Jean Floressas des Esseintes, ein passiver Décadent, der in selbstgewählter völliger Einsamkeit einem Ästhetizismus huldigt, der schließlich in eine lebensbedrohliche Krise führt, versteht sich selbst als Dandy. Er besitzt die ›klassische‹ Dandyliteratur in verschiedenen prächtigen Ausgaben. Das Werk zeigt eine Spielart dandystischer Rezeption. Obwohl des Esseintes den damaligen Zeitgenossen – unter ihnen Oscar Wilde – als »das reine Urbild des Décadent«⁸ galt, ist er auch für die Bestimmung des Dandys von Interesse. Dandysmus und Décadence interferieren. Für Wildes Protagonist Dorian in *The Picture of Dorian Gray* (1890) wird Huysmans' *A rebours* zum Kultbuch.

Die zahlreichen Dandy-Biographien, die das Highlife verschiedener britischer Gentlemen im 19. Jh. vorstellen, sind nur bedingt hilfreich für die Bestimmung des Dandysmus, da sie sich weitgehend nur in Anekdoten und Schmonzetten ergehen. Obwohl nun England die ersten berühmten Dandys hervorgebracht hat, England das Land des gelebten Dandysmus ist, haben sich vor allem französische Autoren mit dem Dandysmus in seinen kultursoziologischen und ästhetischen Aspekten auseinandergesetzt. Balzacs, Baudelaires und Barbey d'Aurevillys Bestimmungen, die Reflexionen dieser Autoren, die als Dandys galten, sich selbst auch als Dandy verstanden und die sich theoretisch, analytisch mit dem Dandysmus beschäftigten, bieten eine materialreiche Grundlage für eine Definition.

Memoiren und Briefe ›anerkannter‹ Dandys aus dem deutschen Sprachraum – z.B. von Pückler-Muskau oder Richard von Schaukal – liefern keine tieferen Einsichten in das Wesen des Dandysmus. Pückler-Muskau äußert sich in den *Briefen eines Verstorbenen* (1830/1831) über die englischen Dandys mehr in herablassend amüsiertem Ton, von Brummell berichtet er, daß dieser, der »einst durch den Schnitt seines Rockes eine ganze Generation beherrschte«, bei seiner Flucht aus Großbritannien »seinem Vaterland noch, als letztes Geschenk, das unsterbliche Geheimnis der mit Stärke gesteiften Halsbinden« vermachte, »dessen Unergründlichkeit vorher die Elegants der Hauptstadt so gequält hatte.« Unüberhörbar Pückler-Muskaus Ironie gegenüber Sein und Wirkung des »berühmtesten und seiner Zeit mächtigsten Dandees«⁹. Symptomatisch für das vorherrschende negative Dandybild der Zeitgenossen ist Captain Jesses Brummell-Biographie *The Life of Beau Brummell* (1844), in der er diesen vor dem Namen ›Dandy‹ schützen zu müssen glaubte, da die damit verbundenen Assoziationen vor Vulgarität nur so strotzten.

Schaukal in *Leben und Meinungen des Herrn Andreas von Balthesser* (1907) läßt seinen Herrn Balthesser in fiktiven essayistischen Vorträgen über den Dandy nur die zuvor von den französischen Autoren formulierten Maximen wiederholen.

Zunächst sei als wichtige Quelle für den Dandysmus Balzacs *Traité de la vie élégante* von 1830 benannt. Obwohl Balzac hier noch den Dandysmus polemisch als Häresie von der ›eigentlichen‹ Eleganz kritisiert, er den Elégant gegen den Dandy ausspielt, bietet er unter der Flagge der Eleganz eine scharfsinnige Analyse des dandystischen Le-

---

7 Vgl. ÉMILIEN CARASSUS, Le mythe du dandy (Paris 1971), 30.
8 JOSEF THEISEN, Die Dichtung des französischen Symbolismus (Darmstadt 1974), 2 f.
9 HERMANN VON PÜCKLER-MUSKAU, Briefe eines Verstorbenen. Ein fragmentarisches Tagebuch (1830/1831), Bd. 2 (Stuttgart ²1837), 329.

bensentwurfs. Was er hier noch für den Elégant reklamiert, weist er etwas später den großen imponierenden Dandygestalten seiner *Comédie humaine* (1829–1854) zu, u.a. Ronquerolles, Rastignac, Montriveau und vor allem dem von Lousteau als ›roi de nos dandies‹ bezeichneten Henri de Marsay, einem Idealbild männlicher Persönlichkeit im Balzacschen Sinne.

Dennoch, da Balzacs erstes abfälliges Diktum über den Dandy symptomatisch für ein weitverbreitetes Vorverständnis der damaligen Zeitgenossen ist, sei es zitiert: »Le Dandysme est une hérésie de la vie élégante. En effet le Dandysme est une affectation de la mode. En se faisant Dandy, un homme devient un meuble de boudoir, un mannequin extrêmement ingénieux qui peut se poser sur un cheval ou sur un canapé, qui mord ou tête habilement le bout d'une canne; mais un être pensant? ... jamais.«[10]

Dandy – ein Mode-Geck, Stutzer, der sich stets dekorativ präsentiert und der seine Leere, sein inhaltsloses oberflächliches Dasein mit elegantem Designer-Outfit kaschiert: ein Zerrbild des wahren Dandys, wie Balzac ihn später in Romanen wie *La fille aux yeux d'or* (1834–1835), *Le père Goriot* (1834–1835), *Les illusions perdues* (1837–1844) charakterisiert.

Barbey d'Aurevilly veröffentlichte 1845 seine Studie *Du Dandysme et de George Brummell*, die 1861 erschienene Neuauflage dieser Studie stellt eine erweiterte, mit vielen Kommentaren versehene Fassung dar, die u.a. auch stärker auf die unterschiedliche Ausprägung des englischen und französischen Dandysmus eingeht und neue kritische Akzente setzt. In einem Artikel vom 22. Juni 1853 über Balzacs *Traité de la vie élégante* weist er auf den eklatanten Widerspruch zwischen Balzacs Dandy-Bestimmung des *Traité* und seinen imponierenden Dandy-Gestalten, geistvollen und mutigen Persönlichkeiten in der *Comédie humaine* hin.[11]

Charles Baudelaire reflektiert außer in seinem

---

10 HONORÉ DE BALZAC, Traité de la vie élégante (1830), in: Balzac, La comédie humaine, hg. v. P.-G. Castex, Bd. 12 (Paris 1981), 247.
11 Vgl. JULES AMÉDÉE BARBEY D'AUREVILLY, [Anmerkung zu ›Du dandysme‹], in: Barbey d'Aurevilly, Œuvres romanesques complètes, hg. v. J. Petit, Bd. 2 (Paris 1966), 1432 f.

Essay *Le dandy* – veröffentlicht in *Le peintre de la vie moderne* (1863) – auch in den *Fusées* (1855–1862) und in *Mon cœur mis à nu* (1859–1866) wesentliche Aspekte des dandystischen Subjektentwurfs. Wie bei Balzac und Barbey d'Aurevilly spielt der Dandy auch in seinem eigenen Werk eine große Rolle; in den *Fleurs du mal* (1857) evoziert das lyrische Ich Bilder, Gesten, Gestalten dandystischer Art, und der ›surnaturalisme‹ ihrer Komposition entspricht einer dandystischen Ästhetik.

Natürlich setzen diese Theoretiker des Dandysmus, die ihn im Leben und im Werk auch zu praktizieren suchen, gemäß ihrem unterschiedlichen Temperament unterschiedliche Akzente. Balzac sucht ihn am stärksten an der äußerlich sichtbaren Eleganz festzumachen, die er jedoch als Ausdruck einer umfassenden geistigen und sozialen Position deutet. Barbey d'Aurevilly orientiert sich zwar an der Biographie Brummells, reflektiert aber – im Unterschied zu einem Biographen wie etwa Captain Jesse – die soziokulturellen Bedingungen des Dandysmus und hebt vor allem die allgemeinen Wesenszüge des Dandys hervor. Baudelaire akzentuiert die Spiritualität des Dandys, dessen Affektkontrolle und Selbstreflexion; er zieht am pointiertesten die Analogie zwischen Dandy- und Künstlerexistenz.

II. Beau Brummell oder: Der Mythos vom englischen Urdandy

Mag über die Etymologie des Dandy-Begriffs Unklarheit herrschen, das Votum über seine Inkarnation im Leben ist eindeutig: George Brummell! Buck Brummell, wie ihn seine Mitschüler in Eton fälschlich nach Lord Buckingham, einem früheren Typus des Elégant, nannten, erreichte trotz seiner bürgerlichen Herkunft in einer Art märchenhaften Traumkarriere eine Spitzenposition in den höchsten englischen Kreisen, ihm fiel die Gunst des Prince of Wales, des späteren George IV., zu, er wurde zum bewunderten und gefürchteten arbiter elegantiarum der High-Society. Sein Elegantia-Ideal unterscheidet sich jedoch radikal von der Inszenierung eines Lord Buckingham, dem modischen Gesellschaftslöwen aus dem frühen 17. Jh., von dem es heißt, er habe seine Anzüge mit locker angenähten Edelstein-Knöpfen verziert, mit deren Verlust er geradezu rechnete.

Ein solcher Prunk widerspricht den Regeln des guten Geschmacks eines Dandys. Dieser sucht innerhalb der recht begrenzten Möglichkeiten männlicher Kleidung im Zeichen des ›bedeckten Anzugs‹ seine individuelle Note. Berühmt sind Brummells Krawattenknoten und die stets makellose glatte weiße Hemdbrust, der raffinierte Schnitt seines Kostüms, das sich nur durch ein ›je ne sais quoi‹ von dem seiner Mitstreiter abhob. Doch ebenso berühmt und gefürchtet waren seine Bonmots, seine geistreichen Spitzen, seine witzig verpackten Unverschämtheiten. Dieser Elégant wirkte gleichermaßen durch das Raffinement seiner klassischen Eleganz wie durch die Eleganz seiner subtilen Boshaftigkeiten. Barbey d'Aurevilly hebt in seinem Brummell-Portrait dessen Intellektualität, dessen »force de raillerie«[12] hervor, den genialischen Sinn für Ironie.

In Anlehnung an Jesse berichtet er, daß Brummells Urteil in der Gesellschaft gefürchtet war, eine ironische Pointe von ihm z. B. eine Debütantin bei ihrer Entrée ins gesellschaftliche Leben lächerlich machen konnte. Er war der »autocrate de l'opinion« (687).

Zu Liebe und erotischer Leidenschaft verhielt dieser Dandy sich – im Gegensatz zum Comte Alfred d'Orsay, der oft mit Beau Brummell in einem Atemzug genannt wird, wenn es um die Frage nach dem wahren König der Dandys geht – äußerst distanziert: Die Kunde, daß eine von ihm begehrte Lady ›cabbage‹ aß, vernichtete sogleich seine Neigung – so eine sprechende Anekdote.

III. Müßige und schaffende Dandys

Die literarische Hinterlassenschaft Brummells ist nicht von Belang. Er versuchte sich nicht in literarischen Gesellschaftsportraits, Aphorismen oder anderen literarischen Genres, die seiner gerühmten ›force de raillerie‹ (Spottlust) entsprochen hätten. Doch andere haben seine Biographie für ihn geschrieben, ihn zum Helden ihrer Romane gemacht. Er geistert durch alle Traktate, Abhandlungen, die sich mit dem Dandysmus beschäftigen, obwohl er selbst – in dandystischer Weise – über sich den Mantel des Schweigens gebreitet hat. Dandy-Biographien oder Dandy-Romane wie die von Captain Jesse, Henry Lister, Edward Bulwer-Lytton, die sich alle auf den englischen ›Urdandy‹ Beau Brummell beziehen, belegen vor allem, wie sehr dieser die Phantasie der literarischen Zeitgenossen anregte. Es fragt sich, ob der geistvolle Dandy Beau Brummell nicht auch eine Erfindung seiner Interpreten war, ein Mythos, der nur dadurch möglich wurde, daß seine Verkörperung im Leben keine literarischen Spuren hinterließ.

Auch von Byron, Stendhal, Barbey d'Aurevilly oder Oscar Wilde wird berichtet, daß sie ihren Witz, ihre geistreiche Brillanz besonders im unmittelbaren Kontakt mit einem Publikum entfalteten und nur einen Bruchteil ihrer Pointen, Aperçus, geistreichen Phantasie in Literatur umsetzten. Dennoch, der Dandy, der nichts anderes ist als Dandy, unterscheidet sich erheblich vom Dandy-Schriftsteller, der vor allem seinem Werk verpflichtet ist, zwischen Schreibtisch, geistig und körperlich anstrengender Tätigkeit und den Verpflichtungen des eleganten Lebens jongliert. Die Autoren, die das anspruchvollste Konzept des Dandysmus entwickelten, konnten den zeit- und geldaufwendigen Regeln des eleganten Highlife am wenigsten entsprechen. Apodiktisch heißt es bei Arnold Frémy in seinem Brummell-Portrait *Le Roi de la mode* (1836) in der *Revue de Paris*: »L'homme qui écrit, qui remue des phrases et des passions, sera nécessairement l'antipode du dandy.«[13]

Dieses kühne Diktum trifft in einem Punkt: Das auch von Balzac beschworene müßige Leben, das erst eine wahrhaft elegante Existenz ermöglicht, bleibt den Schriftstellern letztlich verwehrt. Während Balzac selbst seine Mühe mit dem eleganten Leben hatte, gestaltet er in seiner Figur Henri de Marsay den Inbegriff raffinierter Eleganz, das bewunderte und gefürchtete Idol der jeunesse dorée, das der Journalist Lousteau in den *Illusions perdues*

---

12 BARBEY D'AUREVILLY, Du dandysme et de George Brummell (1845/1861), in: Barbey d'Aurevilly (s. Anm. 11), 693 f.
13 ARNOLD FRÉMY, Le Roi de la mode, in: Revue de Paris (1836), 24.

(1837–1844) als »roi de nos dandies«[14] charakterisiert. Balzac selbst hat in de Marsay den Idealtypus eines Dandys entworfen, den er selbst gerne repräsentiert hätte, wenn er nicht zugleich wie seine Figur Arthez der von seinem Œuvre besessene Schriftsteller gewesen wäre, der weder über die nötige Zeit noch über das nötige Geld für die von ihm bewunderte ›vie oisive‹ verfügte.

Doch gerade da Balzac wie auch Baudelaire keine pure idealtypische Dandy-Existenz führen konnten, sind diese beiden für die Nachwelt noch interessant, während nur Dandy-Spezialisten Beau Brummell, den Comte d'Orsay, Lord Baltimore oder Lord Seymour namentlich noch kennen.

IV. Dandysmus: Kampf der Massenkultur

Der Dandy ist – negativ dialektisch betrachtet – ein Produkt der Bourgeoisie, der fortgeschrittenen Industrialisierung mit ihrer maschinellen Warenproduktion, ihrer ›Demokratisierung‹ und Nivellierung. Baudelaire vor allem hat die sozialgeschichtliche Entwicklung, die den Dandy hervorbrachte, scharfsinnig charakterisiert: »Le dandysme apparaît surtout aux époques transitoires où la démocratie n'est pas encore toute-puissante, où l'aristocratie n'est que partiellement chancelante et avilie. Dans le trouble de ces époques quelques hommes déclassés, dégoûtés, désœuvrés, mais tous riches de force native, peuvent concevoir le projet de fonder une espèce nouvelle d'aristocratie, d'autant plus difficile à rompre qu'elle sera basée sur les facultés les plus précieuses, les plus indestructibles, et sur les dons célestes que le travail et l'argent ne peuvent conférer. Le dandysme est le dernier éclat d'héroisme dans les décadences […]. Mais, hélas! la marée montante de la démocratie, qui envahit tout et qui nivelle tout, noie jour à jour ces derniers représentants de l'orgueil humain et verse des flots d'oubli sur les traces de ces prodigieux myrmidons.«[15]

Baudelaire bestimmt den Dandysmus als eine Geistes- und Lebenshaltung, die sich gegen Herrschaft bourgeoiser Gesellschaftsstrukturen richtet, sich stolz einem Leben im Zeichen von Utilitarismus und Zweckrationalität widersetzt. Die großen Vermögen der hohen Aristokratie blieben auch nach dem Scheitern der Revolution reduziert, und der Adel hatte seinen fraglosen Herrschaftsanspruch verspielt. Der Gedanke des auf individueller Auszeichnung begründeten Adels bildet die sozial- und kulturgeschichtliche Grundlage des Dandys.

Der Dandy versteht sich als Aristokrat des Geistes, der seine Individualität gegen den Siegeszug der immer mächtiger werdenden Industrie- und Massengesellschaft zu behaupten sucht. Er opponiert durch sein Anderssein, nicht durch politische Rebellion. Dandysmus ist der Lebensentwurf eines Menschen, der als sein höchstes Gesetz anerkennt, sich selbst seine eigenen Gesetze zu schaffen. Stolz widersetzt der Dandy sich jeder Mode, ohne sie jedoch eklatant verletzen zu wollen. Er folgt keinen Trends, sondern ist selbst trendsetzend. Darin unterscheidet sich der Dandy vom Snob.

Die Herkunft des Begriffs Snob ist wie bei dem des Dandys nicht eindeutig auszumachen. Ein beliebter etymologischer Erklärungsversuch, der an den Universitätsslang anknüpft, läßt sich nicht durch Universitätsunterlagen belegen: Danach hätte in den Matrikeln hinter den Namen der bürgerlichen Studenten in Oxford und Cambridge ein Zusatz ›S.NOB.‹ (für ›Sine Nobilitate‹) gestanden, der sie von den Aristokraten unterscheiden sollte. Mag es auch nur eine populäre Legende sein, es zeigt sich hier ein Vorverständnis des Snobismus: Er setzt ein Klassengefälle, einen Rangunterschied voraus, den der Snob durch Anpassung an die von ihm bewunderte Klasse, Schicht, Gruppe zu überwinden sucht. Der Snob mag sogar einer im gesellschaftlichen Vorverständnis ›höheren‹ Klasse angehören, entscheidend ist sein eigenes Selbstverständnis und sein um Anerkennung werbendes Verhalten. Der Snob und der Dandy sind nicht einer bestimmten Schicht zugeordnet, so ist Beau Brummell, der als Bürgerlicher die aristokratischen Clubs eroberte, bezeichnenderweise als Dandy und nicht als Snob in die Kulturgeschichte eingegangen, denn er verdankt seinen brillanten Aufstieg in

---

14 BALZAC, Illusions perdues (1837–1844), in: Balzac, La comédie humaine, hg. v. P.-G. Castex, Bd. 5 (Paris 1966), 389.
15 BAUDELAIRE (s. Anm. 2), 711 f.

die höchsten aristokratischen Kreise nicht angestrengten Anpassungsversuchen, sondern seinem Bedürfnis, innerhalb des gegebenen Rahmens seine Besonderheit zu beweisen.

V. Das Raffinement der Einfachheit

Der Dandysmus ist zwar keine Kleiderfrage, stellt nicht einen »goût immodéré de la toilette et de l'élégance matérielle«[16] dar. Dennoch interessiert der Aspekt der Mode, der eleganten Toilette gerade in soziologischer Hinsicht. Die Französische Revolution mit ihrer ideellen Trikolore ›Liberté, Egalité, Fraternité‹ wirkte sich trotz Restauration, trotz politischen Kompromisses à la Bürgerkönigtum auf das gesellschaftliche Leben aus. Im Geiste des Egalitéprinzips hatte die Assemblée Nationale 1792 alle bisherigen Kleidervorrechte des Adels – wie etwa kostbar gewirkte Samt- und Seidenstoffe – abgeschafft. Dennoch, die Bürger verzichteten nicht nur auf Puderperücken, rote Absätze an den Herrenschuhen und dergleichen, sondern sie lehnten den Prunkstil des Adels mit Goldtressen und Edelsteinknöpfen ab, favorisierten eine weniger aufwendige Kleidung, und sie schufen damit: die Mode. Erst in der nachrevolutionären Ära konnte sich die Mode im Sinne der kürzer-/kurzlebigen Trends entwickeln.

Das Bedürfnis nach ästhetischer Selbstinszenierung, nach Abgrenzung gegen die anderen, könnte die Vorstellung entstehen lassen, der Dandy suchte durch die Extravaganz des Schnitts, durch die Kühnheit der Farbkomposition und durch den besonderen Luxus des Materials zu brillieren. Brummells Biograph, Captain Jesse, betont: »His chief aim was to avoid anything marked«, und er zitiert die dann von Balzac aufgegriffene Maxime: »one of his aphorisms being that the severest mortification a gentleman could incur was to attract observation in the street by his outward appearance«[17].

Mit dieser für die Menge unauffälligen Eleganz unterscheidet sich der englische Dandy zu Beginn des 19. Jh. erheblich von der aristokratischen Oberschicht vergangener Jahrhunderte, die ihren privilegierten Stand für alle anderen unübersehbar in einer besonders kostbaren Tracht zu reichen Verzierungen demonstrierte. Ähnlich hebt auch Balzac die Raffinesse der Einfachheit hervor, verbannt er die auffällige Toilette aus seinem Reich des eleganten Lebens: »Tout ce qui vise à l'effet est de mauvais goût, comme tout ce qui est tumultueux«[18]. Nur der Kenner, der Insider des gesellschaftlichen Highlife nimmt die subtile Nuance wahr, die das Raffinement des Dandys ausmacht oder die die wahrhafte Eleganz einer Frau ›von Welt‹ von bloßer Luxusausstattung unterscheidet.

Der Dandy sucht sein Bedürfnis nach Unterscheidung, seine Besonderheit dialektisch gerade innerhalb des gesellschaftlichen Kanons zu realisieren.

Anders als die französischen Autoren haben die russischen zwar keine Fülle von Traktaten über das elegante Leben hervorgebracht, doch sie schufen in ihren Werken Personen, die dem dandystischen Ideal vom Raffinement der Einfachheit entsprachen. So stellt Aleksandr Puškin seinen Protagonisten Onegin gleich zu Beginn des Versepos in einer eleganten Toilette vor, die dem Ideal der englischen Dandys entsprach.[19] In anderen Zusammenhängen, wenn der Erzähler von modischen Gecken mit albernen Gebaren berichtet, benutzt Puškin das Wort ›frant‹, das dem deutschen ›Stutzer‹ entspricht.[20]

Die Hauptfigur aus Michail Lermontovs Roman *Geroj našego vremeni* (*Ein Held unserer Zeit*, 1840), Pečorin, gibt ein Portrait von sich in Tscherkessentracht und charakterisiert sich als ›vollendeten Dandy‹: »Мне в самом деле говорили, что в черкесском костюме верхом я больше похож на кабардинца, чем многие кабардинцы. И точно, что касается до этой благородной боевой одежды, я совершенный денди: ни одного галуна лишнего; оружие ценное в простой отделке, мех на шапке не

---

16 BAUDELAIRE (s. Anm. 2), 710.
17 WILLIAM JESSE, The Life of Beau Brummell by introduction and twenty coloured plates (1848; London 1927), 44.
18 BALZAC (s. Anm. 10), 255.
19 Vgl. ALEKSANDR SERGEEVIČ PUŠKIN, Evgenij Onegin (1825–1833), 1, 4; dt.: Eugen Onegin, hg. u. übers. v. K. Borowsky (Stuttgart 1995), 5.
20 Vgl. ebd., 1, 25; 2, 30; 5, 26; 7, 51; 8, 6; 8, 10; dt. 16f., 54f., 123, 197f., 204, 206f.

слишком длинный, не слишком короткий; ноговицы и черевики пригнаны со всевозможной точностью; бешмет белый, черкеска тёмно-бурая.« (Man hat mir in der Tat gesagt, ich sähe in Tscherkessentracht einem Kabardiner ähnlicher als viele Kabardiner selbst. Und wahrhaftig, was diese edle Kampftracht betrifft, bin ich ein vollendeter Dandy: keine Borte zuviel, kostbare Waffen in schlichter Ausführung, das Fell an der Mütze nicht zu lang und nicht zu kurz; Gamaschen und Stiefel nach Möglichkeit wie angemessen; weißer Beschet und dunkelbraune Tscherkeska.)[21]

Was dem englischen Dandy der Frack, der wie eine zweite Haut sitzt, ist Pečorin die tscherkessische Uniform, die ohne Prunk und modischen Schnickschnack von klassischer Eleganz ist. Das Portrait, das Lermontov an anderer Stelle von dem ›Helden unserer Zeit‹ entwirft, entspricht der faszinierenden Ausstrahlung eines Henri de Marsay aus der *Comédie humaine*, der sportliche Kraft, Kühnheit, Geistesschärfe und sarkastische Kühle mit einer eher fragil anmutenden femininen Schönheit verband.

VI. Erstaunen, Choc, Bewunderung: Die Wirkungs-Ästhetik des Dandys

Der Dandy wirbt nicht um die Sympathien seiner Mitmenschen, er wirbt nie. Pointiert formuliert Barbey d'Aurevilly: »Comme tous les Dandys, il aimait encore mieux étonner que plaire!«[22] Und ähnlich heißt es bei Baudelaire: »C'est le plaisir d'étonner et la satisfaction orgueilleuse de ne jamais être étonné.«[23]

Gefallen oder Erstaunen erregen – mit beiden Wirkungsabsichten zielt das Individuum auf einen gesellschaftlichen Erfolg, bezieht es die Befriedigung seines Stolzes und seiner Eigenliebe aus sozialer Anerkennung.

Felix Krull aus Thomas Manns Roman *Bekenntnisse des Hochstaplers Felix Krull* (1954), der ein Naturtalent eleganten Lebens darstellt, verkörpert dennoch nicht einen Spättyp des Dandys, denn er ist zu liebenswürdig, er sucht vor allem, den Menschen zu gefallen, ihre Wertschätzung durch freundliche Aufmerksamkeit zu erlangen. Dennoch bewahrt er auch in der Intimität, bei den vertraulichen Bekenntnissen der selbsternannten Freunde, seine Distanz, sein Incognito – wiederum ein dandystischer Zug.

Der Dandy in seiner Lust, Erstaunen, Verblüffung, Irritation zu produzieren, bedarf der Distanz, der Aura der Undurchschaubarkeit, um aus dem Dunkel seiner undurchdringlichen Psyche seine Überraschungsblitze abzuschießen, er entblößt sich nicht, genießt es aber, die Blößen anderer mit brillanter Impertinenz, geistvollen Sarkasmen zu entlarven.

Der Dandy erweckt nicht ein homogenes Gefühl, sei es reine Sympathie, Abneigung oder Angst, er löst gemischte Empfindungen aus; und dieser Heterogenität seiner emotionalen Wirkung korrespondiert im literarischen Bereich eine Ästhetik des Interessanten, die Choc und Faszination verbindet. Die Unschuld als Verführerin, das ›Glück im Verbrechen‹, niedrigste Prostitution als Ausdruck sublim stolzer Rache – diese Sujets der *Contes diaboliques* (1874) Barbey d'Aurevillys zeugen schon in ihrem stofflichen Grundeinfall von dem dandystischen Konzept, Erstaunen zu erregen, »de produire toujours l'imprévu«[24]. So wie die Gesellschaft, in der der Dandy sich bewegt, stets auf eine überraschende Volte des Undurchschaubaren gefaßt sein muß, auf einen zwar eleganten, aber spürbaren Verstoß gegen die Etikette, so soll auch der Leser in seinem ästhetischen Erwartungshorizont irritiert werden. Das heißt, der Dandy bedarf der gesellschaftlichen und ästhetischen Konvention, um sie zu verletzen; er muß den Balance-Akt beherrschen, in seiner Impertinenz gleichzeitig unwiderstehlich faszinierend zu sein. Er braucht zu seiner Inszenierung ein Publikum, das ihm in seinen Wertvorstellungen, Bildungsvoraussetzungen, Lebensbedingungen vertraut genug ist, damit er als Insider in eben diesen fraglos akzeptierten

---

21 MICHAIL JUR'EVIČ LERMONTOV, Geroj našego vremeni (1840), in: Lermontov, Polnoe sobranie sočinenij, Bd. 4 (Moskau/Leningrad 1948), 86; dt.: Ein Held unserer Zeit, übers. v. G. Stein (Berlin 1986), 107 f.
22 BARBEY D'AUREVILLY (s. Anm. 12), 694.
23 BAUDELAIRE (s. Anm. 2), 710.
24 BARBEY D'AUREVILLY (s. Anm. 12), 675.

Denk- und Verhaltensformen ketzerisch jonglieren kann; seine Bühne befindet sich – modern gesprochen – nie im Underground oder in der Alternativ-Szene, sondern immer in den Szenarien des etablierten Highlife.

Barbey d'Aurevilly hebt konsequenterweise den Dandysmus von der Exzentrizität ab, »cet autre fruit du terroir anglais«, die auch auf die Wirkung des Unvorhergesehenen, »l'imprévu«, zielt, auf das, »à quoi l'esprit accoutumé au joug des règles ne peut pas s'attendre en bonne logique«. Während die Exzentrizität nach Barbey d'Aurevilly jedoch eine individuelle Revolution gegen die etablierte Ordnung, manchmal gegen die Natur darstellt, zeigt der Dandysmus gegenüber den herrschenden Normen eine ambivalente Haltung. »Le Dandysme, au contraire, se joue de la règle et pourtant la respecte encore. Il en souffre et s'en venge tout en la subissant; il s'en réclame quand il y échappe; il la domine et en est dominé tour à tour: double et muable caractère!« (675)

Der Dandy ist zwar ein ›solitaire‹, er ist einsam, einzigartig, empfindet sein Anderssein, aber er unterscheidet sich vom Sonderling oder Exzentriker gerade dadurch, daß seine Andersartigkeit der Gesellschaft nicht ins Auge sticht.[25] Der Dandy – so könnte man formulieren – ist ein Außenseiter, der incognito reist. Die Gesellschaft betrachtet ihn als einen der ihren, während er sich seiner Andersartigkeit bewußt ist.

Das gilt auch für den literarischen Dandy Pečorin, der niemandem einen Einblick in sein Innerstes gewährt, allen Versuchen freundschaftlicher Zuwendung mit Distanz schaffender Kühle begegnet. In diesem ›Helden seiner Zeit‹ verarbeitet Lermontov in sarkastisch-ironischer Weltsicht auch seine eigenen Erfahrungen im reaktionären zaristischen Rußland nach der blutigen Niederschlagung der Dekabristenaufstände, an denen auch der von ihm bewunderte Puškin teilgenommen hatte. Der Weltschmerz Lermontovs, der wie Puškin früh als Siebenundzwanzigjähriger im Duell den Tod fand, ist mit dem Grundgefühl stolzer Einsamkeit verbunden. Daß er zweimal aufgrund seiner kritischen Äußerungen verbannt wurde, zeigt, daß in dem dandystischen Ideal auf eigenwillige Weise entsprach.

VII. Selbstkontrolle, impassibilité, Stoizismus und Ironie: Romantische und dandystische Ironie

Baudelaire wie Barbey d'Aurevilly feiern die spirituelle Überlegenheit des Dandys, der sich gegen den vulgären Geschmack der Philister wendet, gegen den schon die Romantiker polemisierten.

Doch das Charakteristikum der »impassibilité«, das »Nil mirari«[26], das nach Barbey d'Aurevilly dem Dandy eignet, widerspricht völlig dem Selbstverständnis der Romantiker, die sich innerhalb der zweckrationalen bürgerlichen Gesellschaft gerade ihrer emotionalen Erlebnisfähigkeit vergewissern wollen. Das ›épater le bourgeois‹, die Suche nach ästhetischer Originalität, die die Kluft zwischen Künstlerexistenz und gesellschaftlichen Normen vergrößert, sind dem Dandy und dem Romantiker gemeinsam; der Dandy jedoch, so wie ihn Baudelaire konzipiert, verbindet mit seinem Kampf gegen Trivialität und Utilitarismus »cette attitude hautaine de caste provocante, même dans sa froideur«[27]; d.h., er provoziert nicht etwa durch seinen leidenschaftlichen Angriff bestimmter Konventionen, sondern durch seine unnahbare Haltung selbst, die nichts von ihrer Innerlichkeit preisgibt.

Die »éternelle supériorité du Dandy«[28], von der Baudelaire spricht, liegt in der Überwachheit eines Bewußtseins, das sich zum Beobachter des fühlenden, denkenden Ichs macht: »Le Dandy doit aspirer à être sublime sans interruption; il doit vivre et dormir devant un miroir.« (678)

Diese Überwachheit des Dandys, der sein Erleben, sein Verhalten ständig im Spiegel des Bewußtseins – gleichsam von außen, objektiv – zu erblicken sucht, läßt Leben als erfüllten Augenblick kaum zu. Denn im Augenblick des Erlebens mischt sich das reflektierende Alter ego schon ein mit seinen Urteilen, Verurteilungen, Relativierungen und stört den Genuß. Die Überlegenheit des Dandys, die seine permanente Affektregulierung verlangt, gründet in einer Agilität des Geistes, der

25 Vgl. BAUDELAIRE (s. Anm. 1), 680.
26 BARBEY D'AUREVILLY (s. Anm. 12), 681.
27 BAUDELAIRE (s. Anm. 2), 711.
28 BAUDELAIRE (s. Anm. 1), 682.

die Triebstruktur des erlebenden Ichs erkennt, die Mechanismen des inneren Lebens reflektiert und so seine Freiheit gegenüber dem Dasein behauptet.

Hier berührt sich der Dandysmus Baudelairescher Prägung mit der romantischen Ironie, erinnert an Friedrich Schlegels Postulat, sich über sich selbst hinwegzusetzen, sich in seiner Bedingtheit und Beschränkung in Frage zu stellen und so souverän parodistisch seine eigenen Setzungen spielerisch als einengende Fixierungen wieder zu problematisieren.[29]

Die romantische Ironie entspringt dem Bewußtsein eben des »unauflösbaren Widerstreits des Bedingten und des Unbedingten«, sie zeugt insofern von dem Leiden an einer prosaischen Realität, die den komplexen Menschen auf Funktionen reduziert, Totalität als universalen Sinnzusammenhang preisgegeben hat. Gleichzeitig bewahrt sie – gegen alle pragmatische Zurücknahme des ideellen Anspruchs – die Idee geglückten Menschseins, das Postulat freier Individualität, die sich harmonisch in einen gesellschaftlichen Gesamtentwurf einfügte. Das heißt, die romantische Ironie, die den »Widerstreit« zwischen Idealität und Realität kennt und dieses Wissen im Spiel ihrer ästhetischen Setzungen bekundet, gründet in der Idee eines Absoluten, in dem alle Widersprüche aufgelöst wären. »Naturphilosophie« und »Kunstphilosophie«[30] schlössen sich hier zu harmonischer Einheit zusammen. Die dandystische Ästhetik jedoch, die sich einer absoluten Spiritualität, im Hinblick auf die Wirkung der kalkulierten Überraschung, verpflichtet, gibt das idealistische Versöhnungsparadigma auf, sie sucht nicht mehr im Bedingten auf ein Unbedingtes allegorisch zu verweisen, die Selbstentzweiung in erlebendes und reflektierendes Ich, in Natur und Geist aufzuheben, zwischen Naturphilosophie und Kunstphilosophie zu vermitteln. Der permanenten Wachheit des dandystischen Bewußtseins entspricht eine artistische Selbststilisierung, der die Natur – sei es die innere der Empfindungen, Vorstellungen, Stimmungen,

sei es die äußere von Fauna und Flora – fremd, ja verdächtig geworden ist.

VIII. Kunst, Künstlichkeit – Natur, Gewöhnlichkeit

Nicht zufällig trifft man den ›klassischen‹ Dandy kaum in der offenen Landschaft, in der ›freien‹ Natur an, sondern in den geschlossenen gesellschaftlichen Räumen des Salons, des Clubs, sieht man ihn als Flaneur auf den Boulevards, in den Passagen der Großstadt. Während der Romantiker sentimentalisch Natur sucht, der Naturbegriff ihm zur Chiffre ursprünglicher Schaffenskraft wird, betrachtet der Dandy Natur ausschließlich als ›bloße‹ Natur, die durch Gesetze bzw. durch unkontrollierte Triebe, Handlungs- und Empfindungsimpulse determiniert ist, ihn in seiner Freiheit bedroht. Der Romantiker sucht gegen die Affektregulierung, die die Normen der Gesellschaft ihm aufzwingen, seine Natur zu entfalten, ohne daß sie dem Anspruch des Geistes widerspräche; der Dandy dagegen zielt nicht mehr – im Sinne des idealistischen Versöhnungsparadigmas – darauf, die Natur zu vergeistigen, daß sie spontan, natürlich mit den Ansprüchen des Geistes harmonisiere. In der Spontaneität natürlicher Regung erblickt er eine undurchschaute Mechanik seelischer Abläufe, deren äußere Determinanten dem Ich verborgen bleiben. Diese Naturkonzeption, die den Gedanken des schöpferischen Prinzips einer natura naturans, einer produzierenden Kraft, aufgibt und die Natur ausschließlich als geistfremd, unfrei triebhaft auffaßt, ist ein wesentlicher Aspekt, der den Dandysmus von romantischer Poetologie unterscheidet. Daraus ergeben sich nicht nur unterschiedliche Präferenzen inhaltlicher Art, sondern auch differenzierende ästhetische Strukturprinzipien.

Die Dandys in Balzacs *Comédie humaine* entfalten ihre Aktivitäten kaum in einer Berg- oder Meerlandschaft, sondern in der Metropole Paris. Baudelaire schickt dem Verleger Desnoyers statt der erbetenen Naturlyrik seine beiden *Crépuscule*-Gedichte, die Paris bei Abenddämmerung und im Morgengrauen thematisieren, die Kunstlandschaft der Großstadt statt der Naturlandschaft. Barbey

---

29 Vgl. FRIEDRICH SCHLEGEL, Kritische Fragmente (1797), in: Schlegel, Kritische Schriften, hg. v. E. Behler (Darmstadt 1971), 10 f.
30 Ebd., 20 f.

d'Aurevillys Dandy-Figuren beweisen ihre Spiritualität vor allem im Salon.

Was dem Romantiker als zu veredelnde Natur gilt, als ursprüngliches Chaos der Fülle, zeigt sich dem dandystischen Autor Baudelaire als undurchschaute Mechanik innerer und äußerer Abläufe.[31] Als dandystischer Grundsatz gilt, Regungen und Empfindungen niemals preiszugeben. Der Dandy sieht, ohne gesehen zu werden, entdeckt das Wesen der anderen, ohne selbst entdeckt zu sein. Pointiert heißt es bei Baudelaire: »L'observateur est un *prince* qui jouit partout de son incognito.«[32]

Der Stoizismus des dandystischen Künstlers ist keine Naturgabe, entwickelt sich gerade nicht aus einer charakterlichen Disposition, sondern er ist umgekehrt der ausgeprägten Sensibilität, Emotionalität, dem Hang zu selbstzerstörerischen Gefühlswidersprüchen abgerungen. Was Baudelaire als eine Art Schlußsentenz seines Dandy-Essays formuliert, das gilt – mit leichten Variationen – auch für andere Autoren einer dandystischen Ästhetik: »Le caractère de beauté du dandy consiste surtout dans l'air froid qui vient de l'inébranlable résolution de ne pas être ému; on dirait un feu latent qui se fait deviner, qui pourrait mais qui ne veut pas rayonner.« (712)

Die Kühle des dandystischen Künstlers ist das Werk eines unerschütterlichen Entschlusses, nicht bewegt zu sein. Diese Kühle, die ein inneres Feuer ahnen läßt – jedoch nur dem geist-aristokratischen Gleichgesinnten –, schirmt ihn ab von der Menge, macht ihn unangreifbar, da er sich keine Gefühlsblöße gibt; doch sie isoliert ihn zugleich, da sie emotionale Kommunikation ausschließt. Die dandystische Berührungsangst vor den indiskreten Blicken der anderen, die ihn in der Unkontrolliertheit seiner Gefühle, in seinem Leiden an der Diskrepanz zwischen spirituellem Selbstentwurf und der Mechanik seiner ›natürlichen‹ Strebungen ›ertappen‹ könnten, macht ihn zum »solitaire«[33], zum Einzelgänger und Einsamen. Stendhal begründet in seinen *Souvenirs d'Egotisme* (entstanden 1832, erschienen 1892) als Leitprinzip seines Lebens, seine große, fast selbstzerstörerische Leidenschaft für Métilde Dembowski seinen Freunden und Bekannten zu verbergen. Das machte ihn letztlich zum geistvollen Causeur. »C'est par là que je suis venu à *avoir de l'esprit*.«[34]

Der Dandy ist sich im Gegensatz zum Philister oder Bourgeois, der gesellschaftliche Normen aus utilitaristischer Bequemlichkeit und Feigheit internalisiert, seiner selbstgewählten Maske bewußt. In dieser Selbstreflektiertheit gründen seine Überlegenheit, zugleich das ironische freie Bewußtsein der eigenen Unfreiheit.

IX. Die Bedrohung durch den Eros: Die Absage an das romantische Liebesideal

»C'est cette horreur de la solitude, le besoin d'oublier son *moi* dans la chair extérieure, que l'homme appelle noblement *besoin d'aimer*.«[35] –

Barbey d'Aurevilly formuliert pointiert: »Aimer, même dans le sens le moins élevé de ce mot, désirer, c'est toujours dépendre, c'est être esclave de son désir. Les bras les plus tendrement fermés sur vous sont encore une chaîne, et si l'on est Richelieu – et serait-on Don Juan lui-même – quand les brise, ces bras si tendres, de la chaîne qu'on porte ne ne brise jamais qu'un anneau. Voilà l'esclavage auquel Brummell échappa.«[36]

Da die Liebe, auch in ihrer rein sinnlichen Form des Begehrens, den Dandy von seinem eigenen Begehren abhängig macht, seine Triebnatur seine unerschütterliche geistige Überlegenheit zum Wanken bringen könnte, empfindet er sie als unvereinbar mit seinem stoizistischen Selbstentwurf. Brummells Kühle angesichts erotischer Lokkungen scheint nach den Berichten seiner Biographen jedoch weniger das Resultat angestrengter Affektregulierung zu sein, sie entspringt vielmehr der ›lymphatischen‹ Disposition des Beau. Der lymphatische Charakter ist im Unterschied zum sanguinischen kaum den Wirren erotischer Lei-

---

31 Vgl. OSWALD WIENER, Eine Art Einzige, in: V. von der Heyden-Rynsch (Hg.), Riten der Selbstauflösung (München 1982), 35–78.
32 BAUDELAIRE (s. Anm. 2), 692.
33 BAUDELAIRE (s. Anm. 1), 680.
34 STENDHAL, Souvenirs d'Egotisme (entst. 1832, ersch. 1892), in: Stendhal, Œuvres intimes, hg. v. H. Martineau (Paris 1955), 1432.
35 BAUDELAIRE (s. Anm. 1), 700.
36 BARBEY D'AUREVILLY (s. Anm. 12), 686.

denschaft ausgesetzt. Das gilt z. B. für Balzacs Helden de Marsay, der kräftiger Reize, Hindernisse bedarf, die dessen Stolz, Eigenliebe und Neugier herausfordern, um seine erotische Sinnlichkeit zu wecken.

Auch Barbey d'Aurevillys Protagonist de Maulévrier des Romans *L'amour impossible* (1839) gehört zu den eher lymphatischen Naturen, die mit ihren erotischen Neigungen gelassen umzugehen verstehen. De Maulévrier muß erst eine ihm ebenbürtige Frau treffen, die selbst den Charme und vor allem die ›impassibilité‹ des Dandys besitzt, um in seiner ruhigen Überlegenheit irritiert zu werden. Lermontovs Held Pečorin raubt zwar in einem kühnen Streich die schöne tscherkessische Fürstentochter Bela, die er leidenschaftlich liebt, begehrt und um die er zielstrebig wirbt, doch schon bald erzeugt die erfüllte Liebe nur Langeweile, und er flieht vor der Leere seines Herzens zur Jagd in die kaukasischen Wälder. Die Aventiure war nur ein letzter Versuch, sich dem entsetzlichen Degout des Lebens zu entziehen. In seinem Tagebuch schreibt er:»Одно мне всегда было странно: я никогда не делался рабом любимой женщины; напротив, я всегда приобретал над их волей и сердцем непобедимую власть, вовсе об этом не стараясь. Отчего это? – оттого ли, что я никогда ничем очень не дорожу, и что они ежеминутно боялись выпустить меня из рук? или это магнетическое влияние сильного организма? или мне просто не удавалось встретить женщину с упорным характером? Надо признаться, что я, точно, не люблю женщин с характером: их ли это дело!« (Eins fand ich immer sonderbar: Ich habe mich nie zum Sklaven einer geliebten Frau gemacht; im Gegenteil, ich gewann stets unumschränkte Macht über ihren Willen und ihr Herz, ohne mich darum zu bemühen. Woher kam das? Vielleicht daher, daß mir nie etwas teuer war und daß sie jeden Augenblick fürchteten, mich zu verlieren? Oder ist das eine magnetische Kraft des starken Organismus? Oder war es mir einfach nicht beschieden, einer Frau mit einem unbeugsamen Charakter zu begegnen? Ich muß gestehen, daß ich Frauen mit Charakter nicht sonderlich liebe – es steht ihnen nicht!)[37]

Mit einem dandystischen Bonmot endet die Reflexion, in der er seine emotionale Unabhängigkeit, letztlich seine Indifferenz der Liebe gegenüber bekennt. Seine strategisch angelegte Verführung der reizenden Prinzeß Mary, der er als leidenschaftlich Liebender erscheinen mußte, zeugt von dandystischer Impertinenz. Die Prinzeß überwindet aus einem Zartgefühl heraus, das Pečorins Schweigen als Scheu vor ihrem hohen Rang deutet, ihre weibliche Scham, er entlockt ihr das Bekenntnis ihrer Liebe, verleitet sie gar zu einem Eheangebot, und Pečorin erklärt ihr darauf lakonisch sein Desinteresse. Pečorin verbindet die geheimnisvolle Aura der Byronschen melancholischen Helden mit der dandystischen Insolenz.

Doch anders stellt sich die erotische Vita des Puškinschen Helden Onegin dar. Nachdem er wie sein Kompatriot Pečorin in diversen Aventiuren die Skala der Liebe genossen hat, trifft er auf dem Land die scheue, reizende Tatjana, die ihm in schöner Herzensunschuld – gegen alle Etikette – in einem Brief ihre Liebe bekennt. Onegin mißbraucht ihre Liebe nicht, doch er erteilt ihr weltmännisch, in geschliffenen Worten eine Absage, malt den gewissen Tod der hochfliegendsten Liebe im bedrückenden Ehealltag aus und bekennt sich zu seinem Freiheitswillen. Später trifft er eben diese kleine Tatjana aus der Provinz in der ausgesuchten Petersburger Gesellschaft als Gattin eines Fürsten, eines hochangesehenen Generals, wieder. Sie entspricht vollkommen dem dandystischen Ideal der Eleganz und dem absoluter Affektkontrolle. Durch ihre Persönlichkeit ist sie die Königin des Petersburger Highlifes. Onegin sieht sie, liebt sie, und er verzehrt sich in einer ›amour passion‹, die ihn wohl deshalb beherrscht, da Tatjana, die nie aufgehört hat, ihn zu lieben, ihn als Frau eines anderen nie erhören wird. Auch hier ist es letztlich der Widerstand, der die Leidenschaft entzündet.

Als lymphatischer Charakter schließlich wird Huysmans' dekadenter Dandy des Esseintes beschrieben, der schon früh erotischen Genüssen abschwört und der zuvor erhebliche Phantasieleistungen erbringen muß, um seine erotische Sinnlichkeit zu stimulieren.

---

[37] LERMONTOV (s. Anm. 21), 84; dt. 106.

Es könnte so erscheinen, als ob der Dandy in seinem stoizistischen Selbstentwurf, wie ihn auch Baudelaire charakterisiert, mehr einem erotischen ›Phlegma‹ zuneigt. Doch Stendhal verkörpert den anderen Typus des Dandys, desjenigen, der sich im Bewußtsein seiner die Existenz gefährdenden Leidenschaftlichkeit zur Maske gleichmütiger Indolenz, zur impassibilité zwingt. Auch seiner Figur des Romans *Le Rouge et le Noir* (1830), Julien Sorel, eignet dieser Zug.

Der Dandy als der Ästhet, der nur die Form schätzt, die harmonische Zusammenstimmung der Einzelerscheinungen, wäre vor jeder erotischen Passion gefeit, da ihm an dem physischen Genuß nichts läge. Wenn ein Mann eine Frau als Kunstwerk betrachtet, als gelungenes ästhetisches Bild, dann ist er – im Sinne Kants – nicht an ihrer Existenz interessiert; er begehrt sie weder als sinnlich reizvolle Person, sucht nicht die physische Lust sexueller Triebbefriedigung, noch ersehnt er die wechselseitige emotionale und intellektuelle Kommunikation mit dem real existierenden Individuum. Sein intellektualisiertes Wohlgefallen am Schönen gilt eben der reinen Form der Erscheinung. Baudelaire nimmt diese Sicht in dem Artikel X, *La Femme*, des *Peintre de la vie moderne* ein, in dem er – zugleich mit den Augen des Malers Constantin Guys – die ästhetischen Subtilitäten weiblicher Eleganz beschreibt.[38]

Die Sicht auf die Frau ist hier rein ästhetisch, die Form der Beschreibung verwandelt die Frau in einen reinen Kunstgegenstand. Baudelaire löst die Frau in Licht, Farbe, Bewegung, Stoffe auf und fügt die irisierenden Wahrnehmungsdetails wieder zu einem harmonischen Ganzen zusammen. Die Frau in ihrer eleganten Toilette als Kunstwerk, als schönes Gemälde – diese Sicht begegnet uns auch bei Balzac und Barbey d'Aurevilly häufig. Alle drei Autoren teilen die Vorliebe für das Raffinement modischer Accessoires, schmeichelnder Stoffe, begeistern sich für sublime Farbkompositionen, bewundern die zauberhaften Effekte, die der modische Geschmack hervorbringt. Symptomatisch für das dandystische Ideal der Künstlichkeit und provokativ ist Baudelaires Artikel *Eloge du maquillage*[39] im *Peintre*, der sich indirekt gegen das romantische Ideal schöner Natürlichkeit wendet.

Die Frau verkörpert für Baudelaire – wie schon zuvor für die Romantiker – Natur, doch Natur nicht als ersehnte schöne Natur, die Unschuld und Anmut verbindet, sondern Natur als Animalität, als Abgrund der Leidenschaft, die den Mann ins Verderben stürzen könnte. Pointiert polemisch heißt es in *Mon cœur mis à nu*: »La femme a faim et elle veut manger. Soif, et elle veut boire. / Elle est en rut et elle veut être foutue. / Le beau mérite! / La femme est *naturelle*, c'est-à-dire abominable. / Aussi est-elle toujours vulgaire, c'est-à-dire le contraire du Dandy.«[40]

In den *Fleurs du mal* erscheint die Frau immer wieder als ›chat‹, ›serpent‹, ›sphynx‹ oder als ›charogne‹, als ›vampire‹ etc. Eine ähnliche Bildlichkeit findet sich auch bei Balzac, Barbey d'Aurevilly oder Villiers de l'Isle-Adam. Katzenhafte Geschmeidigkeit, schlangenhafte Bewegungen, verführerische Gefährlichkeit sind häufig auftauchende Attribute, die die Animalität der Frau hervorheben, aber auch die Faszination, die sie erregt.

Grammatikalisch ist der Dandy immer schon männlich; und Baudelaire definiert ihn als inkarniertes Gegenbild zur Frau, die er als sinnlich ausgerichtetes Naturwesen sieht, das den Widerspruch zum spirituellen dandystischen Anspruch bildet. Bei Wilde tauchen analoge Gedankengänge auf. Dennoch stellt sich gerade angesichts der vielen fiktionalen Frauenfiguren, die über die Qualitäten des männlichen Dandys verfügen, die Frage, ob es nicht auch eine ›femme dandy‹ – zumindest als literarischen Typus, als literarisch stilisierte Männerphantasie – gibt. Bei Barbey d'Aurevilly taucht dieser Begriff der ›femme dandy‹ auch explizit auf, und selbst Baudelaire benutzt ihn wider alles Erwarten, er charakterisiert Flauberts Emma Bovary als femme dandy. Dieser Widerspruch verweist schon auf das ambivalente Verhältnis des Dandys zur Frau, zur Erotik.

In der Erzählung *Le bonheur dans le crime* aus den *Contes diaboliques* (1874) von Barbey d'Aurevilly wird die Protagonistin in ihrer Haltung, in ihren Bewegungen, ihrem Stolz und ihrer Amoralität mit einer Pantherin verglichen. Charakteristisch

---

38 Vgl. BAUDELAIRE (s. Anm. 2), 714.
39 Vgl. ebd., 714 ff.
40 BAUDELAIRE (s. Anm. 1), 677.

für die Konzeption der Hauptfigur, der Comtesse de Savigny, Tochter eines Fechtmeisters und nach dessen Tod selbst Fechtmeisterin, die den gesamten männlichen Adel an Kühnheit und Geschicklichkeit übertrifft, ist die Eingangsszene, die die in schwarzem Satin gekleidete Comtesse in stummer Betrachtung einer majestätisch ruhenden Pantherin zeigt. Die Pantherin wird als Inbegriff geschmeidiger Schönheit und eleganter Nonchalance beschrieben.

Letztlich charakterisiert Barbey d'Aurevilly die Pantherin mit den Attributen, die dem Dandy eignen; in ihr verbindet sich Eleganz, eine Schönheit, die nicht etwa pfauenhafter Pracht, sondern dem ›Raffinement der Einfachheit‹ entspringt, mit der ›impassibilité‹ und der erhabenen Gleichgültigkeit der staunenden Menge gegenüber. Aber das stolze Tier findet in der Comtesse seine ebenbürtige, ja überlegene Rivalin.

Die Comtesse, schwarz, geschmeidig, von königlicher Haltung, »comme une panthère humaine«[41], öffnet schweigend die zwölf Knöpfe ihres violetten Handschuhs, zieht ihn aus, streckt kühl die bloße Hand durch das Gitter, peitscht kurz mit dem Handschuh das Maul der Pantherin, die eine blitzschnelle, aber schreckliche Bewegung vollführt – man glaubt schon, das amputierte Handgelenk zu sehen –, und überläßt dem gedemütigten Tier nur den Handschuh. Diese Szene dandystischer Konzeption, die auf das Unerwartete zielt, deren Stil sich der Eleganz verpflichtet, stellt die Wildkatze und die Frau, die dieser gleicht, keineswegs als niedere, bloß animalische Triebwesen dar, sondern als gefährlich majestätische, schöne Gestalten, die Wildheit, Leidenschaftlichkeit und kühnen Stoizismus verbinden und die in ihrer Nonchalance faszinieren. Die Comtesse verkörpert den Typ des weiblichen Dandys, der ›femme dandy‹, wie er sich nicht nur im Werk Barbey d'Aurevillys häufig findet. In dem Gedicht *Le chat* aus den *Fleurs du mal* lockt das lyrische Ich: »Viens, mon beau chat, sur mon cœur amoureux; / Retiens les griffes de ta patte, / Et laisse-moi plonger dans tes beaux yeux, / Mêlés de métal et d'agate.«[42]

Dieses Gedicht stilisiert die Frau gerade durch den Vergleich mit der Katze als der Inkarnation in sich ruhender stolzer Schönheit zu einem idealischen Wesen, das durch seine Schönheit dem Ästheten gefährlich wird. Die Wunden, die die ›griffes‹ dem Liebhaber zufügen könnten, verletzten nicht nur sein Fleisch, sie könnten als Seelenqualen sein Selbst bedrohen.

Die zwei Beispiele zeigen schon, daß das Bild der Frau nicht einfach aufgeht in der Vorstellung bloßer Triebnatur, obwohl sie die erotische Lockung verkörpert, ihr damit die Aura der Gefahr eines Selbstverlustes des Ichs anhaftet. Das Verhältnis des Dandys zur Frau, zum Eros ist offensichtlich komplexer, widerspruchsvoller, als die obigen Zitate vermuten ließen.

»Épouvantable jeu où il faut que l'un des joueurs perde le gouvernement de soi-même!«[43] – Für den Dandy in seinem Streben nach Erhabenheit bedeutet der Verlust an Selbstbeherrschung: Makel, Sünde wider den Geist. Und die Liebe, auch in ihrer weniger martervollen Erscheinung, im Augenblick orgiastischer Lust, schließt immer ein Moment der Selbstvergessenheit ein.

»Et l'homme et la femme savent de naissance que dans le mal se trouve toute volupté.« (652) – Der Widerspruch zwischen spiritualistischem Selbstentwurf, der Verachtung des Natürlichen und dem Hang zur ›animalité‹ löst sich im Satanismus-Konzept auf. Selbst in der Sinnenlust verläßt den Dandy das Bewußtsein nicht, das Böse zu tun, d. h. gegen das von ihm gesetzte Ideal stoizistischer Geistigkeit zu verstoßen. Ungelöst bleibt der Widerspruch in der Liebe selbst, wie er sich dem Dandy darstellt: »L'amour veut sortir de soi, se confondre avec sa victime, comme le vainqueur avec le vaincu, et cependant conserver des privilèges de conquérant.« (650)

Dieses ambivalente Verhältnis des Dandys zum Eros, der Wunsch nach Verschmelzung, rauschhafter Selbstvergessenheit und gleichzeitig der Wille zu reflektierter Beobachtung, Selbstkontrolle, prägt auch das Verhältnis zur Frau: Sie ist sowohl Spiegelbild seiner erotischen Verschmelzungsphantasien – der Wortschatz des Katzenhaften, der

---

41 BARBEY D'AUREVILLY, Le bonheur dans le crime (1874), in: Barbey d'Aurevilly (s. Anm. 11), 86.
42 BAUDELAIRE, Les fleurs du mal (1857), in: BAUDELAIRE, Bd. 1 (1975), 35.
43 BAUDELAIRE, Fusées (1855–1862), in: BAUDELAIRE, Bd. 1 (1975), 651.

Glut, der weichen Körperformen, der schlängelnden Bewegungen, der Düfte etc. gehören in den Bereich –, sie verkörpert aber auch als lockendes erotisches Wunschbild, das seine Sinne verwirren, mehr noch: ihn um seine überlegene Selbstkontrolle bringen könnte, die große Gefahr: Hat sie den Anbeter ihrer Schönheit und ihrer Reize erst in ihren Bann gezogen, könnte sie ihr demütigendes Spiel der Verweigerungen, Verletzungen beginnen. Ein Wortschatz der Kälte, Indolenz, metallischen Härte, animalischen Angriffswaffen, Dompteurrituale symbolisiert die das Ich in seiner Freiheit und Würde bedrohende Eigenschaft. Das für die Dandy-Literatur fast schon klassisch zu nennende Bild der Wildkatze – auch Balzacs Protagonistin Paquita aus der Erzählung *La fille aux yeux d'or* (1843) wird mit einer Tigerin verglichen – vereint beide Aspekte: Lockung und Bedrohung. In diesem Bild der gefährlichen, sinnenverwirrenden Frau schlägt sich das zensurierende Bewußtsein des Mannes nieder, der Angst vor seinen eigenen Triebwünschen hat; zugleich reflektiert es – ex negativo – das Ideal des Dandys, niemals seine überlegene Gelassenheit zu verlieren, sich nie in seinen Gefühlen vor einem anderen zu entblößen. Letzteres pointiert ein Aphorismus Baudelaires: »Ce qu'il y a d'ennuyeux dans l'amour, c'est que c'est un crime où l'on ne peut pas se passer d'un complice.«[44]

Die Liebe ist für den nicht lymphatischen Dandy, der sich seine stoizistische Haltung immer wieder mühsam zu erkämpfen hat, Kampf, Duell, Schachspiel. Baudelaires Sicht der Liebe als eines furchtbaren Spiels[45] tauchte in leichter Variation auch schon zuvor bei Balzac auf. Vautrin erklärt dem zukünftigen Dandy Rastignac, der noch ein Neuling in der Pariser Gesellschaft, vor allem im vornehmen Zirkel des Faubourg St. Germain, ist, die Spielregeln, die in der Liebe zum Erfolg führen. Ohne die weit vorausplanende Strategie, die der des Schachspielers gleicht, wird der Liebende der Unterlegene sein. Der Dandy, der sich vor den Stürmen der Leidenschaft mit stolzem Gleichmut, mit dem Wissen der Erfahrung wappnet, sieht sich einer doppelten Gefahr gegenüber, der Skylla einer Niederlage als Dandy, der mit den Ketten der Leidenschaft gefesselt ist, und der Charybdis erotischer Langeweile, eines Sinnenüberdrusses, der

dem Leben insgesamt seine Leuchtkraft nimmt. Baudelaire ist der Dichter der selbstzerstörerischen Passion, Huysmans hat mit seinem Protagonisten des Esseintes aus *A rebours* den radikalsten Repräsentanten dandystischer Dekadenz geschaffen.

X. Ästhetizismus, Satanismus; Revolte und das schöne Verbrechen

»Qu'importe les victimes, si le geste est beau.«
(Laurent Tailhade) –

Der Dandysmus in seinem ästhetischen Amoralismus, der eine »institution en dehors des lois« darstellt und der zugleich für seine Adepten »des lois rigoureuses«[46] aufgestellt hat, birgt immer schon das Moment der Revolte in sich. Da der Dandy sich allein den Gesetzen der Schönheit – der Schönheit im weitesten Sinne – verpflichtet weiß, verlieren vor dieser autonomen Göttin alle Gesetze bürgerlicher Moral ihre Verbindlichkeit.

Die dandystischen Autoren radikalisieren die romantische Polemik noch insofern, als sie auch die ethischen Grundlagen der Gesellschaft in Frage stellen, die Übereinkunft von Gut und Böse. So wird Gott zwar nicht erst in Baudelaires Gedicht *Le reniement de Saint Pierre* in den *Fleurs du mal* als Tyrann dargestellt, der an den Leiden seiner Geschöpfe Genuß findet, schon in Edward Youngs *Night Thoughts* (1742–1745) findet sich das Motiv. Doch während Youngs Revoltierender seine Anklage schließlich widerruft, beharrt das lyrische Ich in Baudelaires Gedicht auf seiner Überzeugung, daß dieser tyrannische Gott sich an den Martern der Menschen wie an einer Symphonie berauscht, daß trotz des Blutes, das diese Lust kostet, die Himmel unersättlich sind. Die provozierende Schlußzeile: »Saint Pierre a renié Jésus ... il a bien fait!«[47] Der Sinn, der das Evangelium der dreimaligen Leugnung des heiligen Petrus gibt, menschliche Schwäche, wird hier in sein Gegenteil verkehrt: Petrus' Verleugnung des Gottessohnes, den

---

44 BAUDELAIRE (s. Anm. 1), 689.
45 Vgl. BAUDELAIRE (s. Anm. 43), 651.
46 BAUDELAIRE (s. Anm. 2), 709.
47 BAUDELAIRE (s. Anm. 42), 122.

der grausame Gott den Henkern überließ, ist gerechtfertigt, da Jesus sich für einen menschenfeindlichen Gott unnötig geopfert, er mit seiner Botschaft letztlich die Menschheit betrogen hat.

In dem Gedicht *Abel et Caïn*, das ebenfalls zu dem Zyklus *Révolte* aus den *Fleurs du mal* gehört, stellt Baudelaire Abel als den saturierten Agrar-Bourgeois dar – »chauffe ton ventre / À ton foyer patriarcal«[48]; Kain dagegen repräsentiert den einsamen leidenden Menschen, der sich nach einem Ideal verzehrt. Der Dichter wird immer zu der Rasse des Kain gehören, die sich nicht in den gegebenen Zuständen behaglich einzurichten weiß und für die es keine bequeme Religion geben kann. »Race de Caïn, au ciel monte, / Et sur la terre jette Dieu!« (123) Der ungerechte Gott, der den brav-biederen Abel bevorzugt und das Opfer Kains ablehnt, hat die Revolte herausgefordert, Kain zum Brudermord gebracht. – Jehova/Gott als der eigentlich Schuldige, so interpretiert Byron in seinem Werk *Cain* (1821) den Stoff. Auch bei ihm ist Kain der Zweifelnde, Leidende, der gleichsam ein zweites Mal vom Baum der Erkenntnis gegessen und dem Satan, der Geist der Erkenntnis, die leeren Unendlichkeiten des Himmels gezeigt hat.

Und bei Balzac erscheint die Kain-Figur gleichfalls als der heroische Charakter, der alle menschlichen Kräfte in sich vereint, dämonisch, zerstörerisch wirkt und den Kontrast zu aller Vulgarität und kleinlicher Mittelmäßigkeit der Abel-Filiation bildet.

Le mal – das ist für die Autoren einer dandystischen Ästhetik nicht einfach das Gegenteil des Guten; die klare Opposition von Gut und Böse hat ihre Konturen verloren. Selbst wenn sich die Autoren zum Teil einer christlichen Terminologie bedienen – so z. B. Barbey d'Aurevilly –, der Gegensatz von Tugend und Sünde erscheint in ihrem Werk fragwürdig. Vautrin, der König der Bagnos mit seiner satanischen Aura, der vor keinem Mord zurückschreckt, wenn er seinem Schützling Lucien de Rubempré dient, wird zugleich als Inkarnation heroischer Kühnheit, Intelligenz und Stärke dargestellt; er ist in der Unbedingtheit seines Willens, der keine Gefahr scheut, sich weder um die Zehn Gebote noch um den Code civil kümmert, der Gegentyp des mittelmäßigen, kleinlichen, feigen Bourgeois.

Die moderne Ästhetik des Interessanten, die aus dem Häßlichen, im populären Sinne Anti-Ästhetischen ihre ästhetischen Funken schlägt, hat eine innere Affinität zum Satanismus, der die imponierende Strahlkraft des Bösen entdeckt. Für Nietzsche bedeutet die Kunst »eine Erhöhung des Lebensgefühls, ein Stimulans desselben«; und er stellt in diesem Zusammenhang die moderne Frage: »Inwiefern kann auch das Häßliche noch diese Gewalt haben? Insofern es noch von der siegreichen Energie des Künstlers etwas mitteilt, der über dies Häßliche und Furchtbare Herr geworden ist; oder insofern es die Lust der Grausamkeit in uns leise anregt (unter Umständen selbst die Lust, *uns* weh zu tun, die Selbstvergewaltigung: und damit das Gefühl der Macht über uns.«[49] In der ästhetischen Formung des Häßlichen triumphiert der Künstler über die sperrige Materie, und zugleich erlebt er, indem er sich auf die Abgründe seiner amoralischen Natur einläßt, die Macht seines Willens. Auch wenn Nietzsche weder den Begriff des Dandysmus noch den des Satanismus aufgreift, so weist seine Philosophie doch viele Übereinstimmungen mit der dandystischen Ästhetik auf. So wie der Dandy in seinem ästhetischen Blick auf die Welt sich letztlich über moralische Kategorien erhebt, so lehnt auch Nietzsche, für den die Kunst »die höchste Aufgabe und die eigentliche metaphysische Tätigkeit dieses Lebens«[50] ist, die bestehende Moral ab, deutet sie als Krücken der Schwäche.[51]

Nietzsche spricht sich gegen eine Schwächung der Affekte, der Leidenschaften aus, fordert aber zugleich den souveränen Umgang mit ihnen. Die schwache, mittelmäßige Persönlichkeit, die das Wünschen verlernt hat, deren Triebe verkümmert sind und die sich in Regelmaß und verordneter Ordnung wohlfühlen, wird den ›großen Menschen‹ mit dem starken Willen als dämonisch böse ansehen. »Der ›gute Mensch‹, nur verdorben und verführt durch schlechte Institutionen (Tyrannen und

---

48 BAUDELAIRE (s. Anm. 42), 122.
49 FRIEDRICH NIETZSCHE, Aus dem Nachlaß der achtziger Jahre (1901), in: NIETZSCHE (SCHLECHTA), Bd. 3 ([8]1977), 536.
50 NIETZSCHE, Die Geburt der Tragödie aus dem Geiste der Musik (1872), in: NIETZSCHE (SCHLECHTA), Bd. 1 ([8]1977), 20.
51 Vgl. NIETZSCHE (s. Anm. 49), 528.

Priester)« (528): der ›gute Mensch‹, das ist bei Nietzsche auch der feige Mensch, der eine Fülle von Normen und Moralvorschriften internalisiert hat, um in der guten Gesellschaft nicht anzuecken; er bedarf der Moral als Wegweiser zu einem Leben, das andere für ihn bestimmt haben; dagegen stellt der ›große Mensch‹, der den Mut zum starken Affekt hat, der die Konsequenz aus der Erkenntnis zieht, daß es nur eine »vermenschte Wahrheit« gibt, die herrschenden Normen in Frage. Er vollzieht die ›Umwertung der Werte‹, er konzipiert die Möglichkeit des großen Verbrechers, der gegen das verordnete Mittelmaß, gegen den kategorischen Imperativ der Gleichheit seine Freiheit, seine »Vogelfreiheit von dem Herkommen, dem Gewissen, der Pflicht« (531 f.) behauptet.

Ähnlich hebt schon Baudelaire das niedrige Verbrechen von dem ab, das über jede Vulgarität erhaben ist.[52] Und Oscar Wilde, den der Dandy und Giftmischer Wainwright faszinierte, äußert sich verächtlich über das Verbrechen aus so niedrigen Beweggründen wie Hunger und Armut und rühmt den Verbrecher mit Stil, der Brillanz und schreckliche Kühnheit vereint.[53]

Das ästhetisch Interessante adelt das Verbrechen, während soziale, im juristischen Sinne mildernde Umstände wie physische Notlagen es zu einer trivialen Angelegenheit machen. Bezeichnenderweise nennt Wilde als Beispiel des großen Verbrechers Vautrin, den von Balzac dämonisch gezeichneten Helden der *Comédie humaine*, und Skakespeares Macbeth; beide lieben die Macht und opfern ihrer großen Leidenschaft alle moralischen Skrupel. Auch Baudelaire feiert in dem Gedicht *L'idéal*, das sich von den ›Vignetten-Schönheiten‹ distanziert, die faszinierende schreckliche Schönheit einer Lady Macbeth.[54]

In dem Gedicht *Les litanies de Satan* aus dem Zyklus *Révolte* beklagt das lyrische Ich Satan als den Gott, der vom Schicksal verraten sei: »Ô toi, le plus savant et le plus beau des Anges, / Dieu trahi par le sort et privé de louanges, / Ô Satan, prends pitié de ma longue misère!«[55]

Baudelaires Satan, Inbegriff männlicher Schönheit, gewinnt seine königliche Aura gerade aus der Haltung permanenter Revolte. Er ist der Prinz des Exils, der um die legitime Herrschaft in seinem Reich gebracht wurde, der, immer wieder besiegt, sich stets stärker wieder erhebt. Die christliche Moral verkehrt sich hier, Satan ist der eigentliche göttliche Bruder des Menschen, der den Leidenden und Verdammten Trost und Stütze ist. Er ist der »Bâton des exilés, lampe des inventeurs, / Confesseur des pendus et des conspirateurs« (125). Wenn Satan als der ›große König der unterirdischen Dinge‹ und der Allwissende angesprochen wird, er die christlichen Attribute des Gottes und des Teufels vereint, ist das nicht im Sinne christlicher Theologie zu deuten. Die ›choses souterraines‹ sind vielmehr die gegen die Zensur des bürgerlichen Bewußtseins rebellierenden Triebe, die starken Affekte, die ›condition humaine‹ und Gefährdung des Menschen zugleich darstellen. Satan, eine Inkarnation des Übermenschen, der »*Untier* und *Übertier*«[56] zugleich ist, der die Abgründe der Leidenschaften auslotet und sie meistert, erscheint hier als der tiefe Kenner des Unglücks, der sich stolz jede Klage versagt.

Die ›impassibilité‹ des Dandys ist seiner Leidensfähigkeit abgerungen, einer Leidensfähigkeit, die sich höchster Reflexion verdankt. Der ästhetische Existenzentwurf des Dandys, der das Leben in seinen verschiedensten Erscheinungsweisen ohne Rücksicht auf eine vorgegebene Moral betrachtet, bedeutet immer schon Revolte, Revolte gegenüber einer Vernunft, die sich im 19. Jh. immer deutlicher als Zweckrationalität der bürgerlichen Leistungsgesellschaft herausgestellt hat. Diesen Aspekt hat Camus in *L'homme révolté* (1951) vor allem dargestellt. In dieser Revolte liegt das systemkritische Moment dandystischer Ästhetik, die sich gegen die Bigotterie und den Utilitarismus der Zeit wendet. Zugleich ist in diesem Konzept, das die ›Blumen des Bösen‹ feiert und die Würde des Artistischen jenseits von Gut und Böse behauptet, die Möglichkeit zu einem elitären Anarchismus angelegt, der menschenverachtende Züge birgt. Die Entfremdung des dandystischen Künstlers von der Gesellschaft kann ihn zum Verbündeten der

---

52 Vgl. BAUDELAIRE (s. Anm. 2), 710 f.
53 Vgl. OSCAR WILDE, Pen, Pencil, and Poison (1889), in: Wilde, Complete Works, hg. v. J. B. Foreman (London/Glasgow 1980), 1088.
54 Vgl. BAUDELAIRE (s. Anm. 42), 22.
55 Ebd., 123.
56 NIETZSCHE (s. Anm. 49), 520.

Entrechteten machen, jedoch auch zum rechtsextremen Putschisten, der sein aristokratisches Lebensideal aggressiv gegen demokratische und sozialistische Strömungen durchzusetzen sucht. Diese Tendenz läßt sich deutlich bei Ernst Jünger beobachten, dessen Werk vor allem Karl Heinz Bohrer unter dem Aspekt einer ›Ästhetik des Schreckens‹ untersucht. Doch es wäre pauschal simplizistisch, grundsätzlich eine Affinität von dandystischer Ästhetik und politisch konservativer Position anzunehmen. Der Begriff des Konservativen selbst ist ambivalent, enthält kritische Momente gegenüber einem platten Fortschrittsoptimismus. Der ästhetische Selbstentwurf des Dandys geht nicht notwendig mit einem Desinteresse gegenüber politisch inhaltlichen Fragen einher, er löst jedoch die Ästhetik von einem normativen Kanon ›würdiger‹ Inhalte, und er vermag so beim ordentlichen Bürger mit den ›anständigen‹ Gesinnung den ›Choc‹ hervorzurufen.[57] Die Anrufung Satans als schönstem und klügstem der Engel, als Adoptivvater des gemarterten Menschen, stellt eine solche Choc-Provokation dar, die sich eben nicht einem reinen L'art pour l'art verdankt.

Hiltrud Gnüg

Literatur
ALTER, ROBERT, Stendhal. Eine Biographie (Frankfurt a. M./Berlin/Wien 1985); BALDICK, ROBERT, The Life of J.-K. Huysmans (Oxford 1955); BARBÉRIS, PIERRE, Balzac et le mal du siècle, 2 Bde. (Paris 1970); BOHRER, KARL HEINZ, Die Ästhetik des Schreckens. Die pessimistische Romantik und Ernst Jüngers Frühwerk (München 1978); BOUCHER, JEAN-PIERRE, Une esthétique de la dissimulation et de la provocation. Les ›Diaboliques‹ de Barbey d'Aurevilly (Montréal 1976); BOULENGER, JACQUES, Les dandys sous Louis-Philippe (Paris 1907); BOURGEOIS, RENÉ, L'ironie romantique. Spectacle et jeu de Mme de Staël à Gérard de Nerval (Grenoble 1974); CARASSUS, ÉMILIEN, Le mythe du dandy (Paris 1971); CARASSUS, ÉMILIEN, Dandysme et aristocratie, in: Romantisme 20 (1990), H. 70, 24–37; COBLENCE, FRANÇOISE, Le dandysme. Obligation d'incertitude (Paris 1988); DAVID, HENRI, Sur le ›Don Juan aux Enfers‹ de Baudelaire, in: Revue d'histoire littéraire de la France 44 (1937), 65–76; DIEDERICHSEN, DIEDRICH/HEBDIGE, DICK/MARX, OLAPH-DANTE, Schocker. Stile und Moden der Subkultur (Reinbek 1983); DONATELLI, BRUNA, Per un'estetica del dandysmo, in: Igitur 1 (1989), 104–106; DOUGLAS, ALFRED, Oscar Wilde and Myself (New York 1914); ERBE, GÜNTER, George Brummell und Baudelaire. Zum Vergleich zweier Dandytypen, in: Merkur 46 (1992), 581–592; FELDMAN, JESSICA R., Gender on the Divide. The Dandy in Modernist Literature (Ithaca/London 1993); FOREST, JEAN, L'aristocratie balzacienne (Paris 1974); FORTASSIER, ROSE, Les mondains de la ›Comédie humaine‹ (Paris 1974); FREWIN, LESLIE, The Importance of Being Oscar. The Wit and Wisdom of Oscar Wilde Set Against his Life and Times (London 1986); FRIEDRICH, HUGO, Drei Klassiker des französischen Romans: Stendhal, Balzac, Flaubert (Frankfurt a. M. [8]1980); GNÜG, HILTRUD, Dandy und Don-Juan-Typ, in: Arcadia 22 (1987), H. 2, 146–179; GNÜG, HILTRUD, Kult der Kälte. Der klassische Dandy im Spiegel der Weltliteratur (Stuttgart 1988); GRAMONT, ELISABETH DE, Memoires I-VI (Paris 1928); GRUENTER, RAINER, Formen des Dandysmus. Eine problemgeschichtliche Studie über Ernst Jünger, in: Euphorion 46 (1952), 170–201; HINTERHÄUSER, HANS, Der Dandy in der europäischen Literatur des 19. Jahrhunderts, in: A. Schäfer (Hg.), Weltliteratur und Volksliteratur (München 1972), 168–193; HYDE, H. MONTGOMERY, Oscar Wilde (London 1975); IHRIG, WILFRIED, Literarische Avantgarde und Dandysmus. Eine Studie zur Prosa von Carl Einstein bis Oswald Wiener (Frankfurt a. M. 1988); JESSE, WILLIAM, The Life of Beau Brummell (1848; London 1927); KEMPF, ROGER, Dandies. Baudelaire et Cie (Paris 1977); KOEHLER, GUSTAV, Der Dandysmus im französischen Roman des XIX. Jahrhunderts (Halle 1911); KRÖMER, WOLFGANG (Hg.), Stendhal (Darmstadt 1980); LEMAIRE, MICHEL, Le dandysme de Baudelaire à Mallarmé (Montréal 1978); LEVILLAIN, HENRIETTE (Hg.), L'esprit dandy. De Brummell à Baudelaire (Paris 1991); LIVI, FRANÇOIS, J.-K. Huysmans' ›A rebours‹ et l'esprit décadent (Paris 1972); LOVELL, ERNEST J., His very Self and Voice. Collected Conversations of Lord Byron (New York 1954); MANN, OTTO, Der Dandy. Eine Kultfigur der Moderne (1925; Heidelberg 1962); MARCHAND, LESLIE A., Byron. A Biography, 3 Bde. (London 1957); MARTINEAU, HENRI, Stendhal dilettant et dandy, in: Mercure de France (1981), 249–257; MCKELLAR, KENNETH SUTHERLAND, The Evolution of Dandyism in Baudelaire's Thought. Dandy, Hero and Saint (Diss. Univ. of Western Ontario 1987); MELVILLE, LEWIS, Beau Brummell. His Life and Letters (London 1924); MILLET-GÉRARD, DOMINIQUE, Dandys et ›grandes coquettes‹ de Pouchkine et Balzac à Lermontov, in: L'année balzacienne 14 (1993), 41–63; MONTANDON, ALAIN (Hg.), L'honnête homme et le dandy (Tübingen 1993); MOORE, THOMAS, The Life, Letters and Journals of Lord Byron (London 1932); MÜLLER, HARTMUT, Byron in Selbstzeugnissen und Bilddokumenten (Reinbek 1981); NATTA, MARIE-CHRISTINE, 'Du Dandysme et de George Brummell'. D'une expérience esthétique à une théorie du dandysme chez Baudelaire (Diss. Paris XII 1988); NATTA, MARIE-CHRI-

---

[57] Vgl. WALTER BENJAMIN, Über einige Motive bei Baudelaire (1939/1940), in: Benjamin, Illuminationen. Ausgewählte Schriften, hg. v. S. Unseld (Frankfurt a. M. 1961), 207ff.

STINE, La grandeur sans convictions. Essai sur le dandysme (Paris 1991); NISHIKAVA, JUKO, Balzac et le dandysme (Paris 1969); OEHLER, DOLF, Pariser Bilder I (1830–1848). Antibourgeoise Ästhetik bei Baudelaire, Daumier und Heine (Frankfurt a.M. 1979); OMASREITER, RIA, Oscar Wilde. Epigone, Ästhet und wit (Heidelberg 1978); PRÉVOST, JOHN, Le dandysme en France 1817–1838 (Paris 1957); RAITT, ALAN WILLIAM, The Life of Villiers de L'Isle-Adam (Oxford 1981); SAUDAH, JEAN-PIERRE, Dandysme social et dandysme littéraire à l'époque de Balzac (Diss. Bordeaux III 1990); SCHICKEDANZ, HANS J. (Hg.), Der Dandy. Texte und Bilder aus dem 19. Jahrhundert (Dortmund 1980); SCHÖNFELD, EIKE, Der deformierte Dandy. Oscar Wilde im Zerrspiegel der Parodie (Frankfurt a.M. 1986); STEIN, GERD (Hg.), Dandy, Snob, Flaneur. Dekadenz und Exzentrik (Frankfurt a.M. 1985); THACKERAY, WILLIAM M. (Hg.), Über den Snob (München 1962); THEISEN, JOSEF, Die Dichtung des französischen Symbolismus (Darmstadt 1974); WETZEL, HERMANN, Aux Rêveurs – Aux Railleurs. Nachwort zur deutschen Ausgabe von Villiers de L'Isle-Adam: Die Eva der Zukunft (München 1978); WIENER, OSWALD, Eine Art Einzige, in: V. von der Heyden-Rynsch (Hg.), Riten der Selbstauflösung (München 1982), 35–78; WITTMANN, BRIGITTE (Hg.), Don Juan. Darstellung und Deutung (Darmstadt 1976); ZWEIG, STEFAN, Balzac, hg. v. R. Friedenthal (1946; Leipzig 1958).

Darstellung

(griech. μίμησις, ὑποτύπωσις; lat. repraesentatio, exhibitio; engl. representation, presentation, performance; frz. représentation, présentation; ital. rappresentazione; span. representación; russ. изображение)

Einleitung: Kritik und neue Aufmerksamkeiten; I. Wortgeschichte; II. Exkurs zum Problem der Transformation; III. Das Aufkommen des Begriffs unter dem Mantel der Nachahmung; IV. Das Hervortreten der Idee der Lebendigkeit; V. Philosophische Begründung des Begriffs; 1. Kant; 2. Kantnachfolge und Kantkritik; VI. Darstellung als Schreibweise in Philosophie und Historiographie; VII. Aktuelle Tendenzen: Insistieren auf Präsentation; 1. Darstellung oder ›Realität selbst‹; 2. Darstellung im Verhältnis zum Nichtdarstellbaren; 3. Darstellung als Angebot eines Kippspiels von Bedeutungen

Einleitung: Kritik und neue Aufmerksamkeiten

Die »traditionelle Produktions- und Darstellungsästhetik« bildet Ende der 60er Jahre einen der Abstoßorte für den Versuch, zu einem neuen Paradigma von Kunstgeschichtsschreibung zu gelangen. Sie erscheint der aufkommenden »Rezeptions- und Wirkungsästhetik«[1] als Methode, die »in einer denkwürdigen Abhängigkeit von der klassischen Ästhetik der *imitatio naturae*« verbleibe und nur äußerlich »›Wirklichkeit‹« an die Stelle von ›Natur‹« setze. Drei Merkmale werden diesem Verfahren abgelesen: 1. »Mimesisideal« (156): Prinzip einfacher Realitätsnachahmung; 2. »*abbildende* Funktion« (157): Bindung der künstlerischen Tätigkeit an eine ihr vorhergehende Wirklichkeit, der essentielle Vollständigkeit und/oder exemplarische Verbindlichkeit ideologisch zugeordnet ist; 3. Reduktion der Kunstwirkung: Beschränkung auf ein Wiedererkennen von schon anderweitig Be- und Erkanntem. Der auf solche Darstellung sich stüt-

---

[1] HANS ROBERT JAUSS, Literaturgeschichte als Provokation der Literaturwissenschaft (1967), in: Jauß, Literaturgeschichte als Provokation (Frankfurt a.M. 1970), 171.

zenden Ästhetik wird Modernität abgesprochen: Sie erhebe einen »epochal bedingten Stilbegriff, den ›Realismus‹ des 19. Jahrhunderts, zur literarischen Kategorie par excellence« (199) und verfehle den »neuzeitlichen Begriff der Kunst als ›Signatur des schaffenden Menschen‹, als Realisation des Unverwirklichten, als konstruktive oder wirklichkeitsbildende Potenz« (156). Mit ›Darstellung‹ ist so ein Begriff schwarzer Einfärbung gesetzt. Er fungiert als Kampfmittel gegen die Kunstprogrammatiken und -theorien, von denen er polemisch vereinfachend und verzerrend abgezogen worden war. Die reicheren Traditionen des Begriffs und seine Quellen im 18. Jh. sind vergessen oder werden mißachtet. Letzteres betrifft auch und gerade die abbildtheoretisch fundierten Darstellungsbegriffe des 20. Jh. Sie erfahren immer wieder Kritik mit Argumenten, die mit der inzwischen erlangten Hegemonie der abstrakten Kunst, der Gleichsetzung von Gegenstandslosigkeit und Autonomie in Verbindung stehen, des weiteren mit dem Akzeptieren der konkretistischen Künstler, die ihr Material vorführen, schließlich aber auch mit akademischen Konventionen, die die Priorität des Bewußtseins gegenüber dem Sein postulieren.

Die marxistische Kunsttheorie gilt in dieser Zeit als der aktuelle exemplarische Repräsentant des zu verwerfenden Paradigmas, weil hier die ›abbildende Funktion‹ bis in die jüngere Zeit die »Einsicht in den wirklichkeits*bildenden* Charakter der Kunst« (157) unterdrückt habe. In welchem Maße sich die Polemik den Darstellungsbegriff dieser Theorie zurechtbiegt, wird klar, wenn man deren eigene Dauerfehde gegen Naturalismus zur Kenntnis nimmt oder auch deren geradezu bis in den Irrealismus führende Forderungen nach Konstrukti-

vität im Aufbau künstlerischer Gestalten und ihrer Wirkung im Leben.

Klassisch wurde die Definition des sozialistischen Realismus im *Statut des Verbandes der Sowjetschriftsteller* von 1934: »Социалистический реализм [...] требует от художника правдивого, исторически-конкретного изображения действительности в ее революционном развитии. При этом правдивость и историческая конкретность художественного изображения действительности должны сочетаться с задачей идейной переделки и воспитания трудящихся в духе социализма.« (Der sozialistische Realismus [...] fordert vom Künstler wahrheitsgetreue, historisch konkrete Darstellung der Wirklichkeit in ihrer revolutionären Entwicklung. Wahrheitstreue und historische Konkretheit der künstlerischen Darstellung muß mit den Aufgaben der ideologischen Umgestaltung und Erziehung der Werktätigen im Geiste des Sozialismus verbunden werden.)[2] Eine bestimmte Art von Darstellung wird hier als Methode künstlerischen Schaffens und als Leitlinie kritischen Urteils festgelegt: die Wiedergabe eines selektiv vorbehandelten Gegenstands (Realität in Entwicklung) unter einem Kriterium der Übereinstimmung (Wahrheitstreue), in einer bestimmten Stilform (historisch konkret), mit einer Lebensfunktion (ideologische Erziehung und Umgestaltung der Rezipienten).

Insbesondere gilt die rezeptionsästhetische Polemik Georg Lukács, den man schlicht als führenden Vertreter der marxistischen Theorie betrachtet, wobei die regelmäßig wiederholte Ausgrenzung des Philosophen aus dem ideologisch abgesegneten Kunstdenken der Stalinzeit, seine Rolle in den Divergenzen zwischen soziologischer und gnoseologischer (das konkretere Interesse für Darstellung erst produzierender) Betrachtungsweise sowie die erheblichen Differenzierungen in seiner *Ästhetik* (1963) übersehen werden, die in der Kategorie ›Mimesis‹ als Nachahmung, Abbildung, Darstellung ihren Drehpunkt hat.

Lukács stützt sein Konzept von Mimesis auf die »Elementartatsache«[3] (lernenden) Nachahmens von Verhaltensweisen, die er in Kurzschlüssen einerseits auf den Vorgang ideeller Wirklichkeitsaneignung und andererseits auf das Schaffen von abstrakten und/oder welthaften Gestalten mit Ab-

---

2 Ustav Sojuza Sovetskich Pisatelej SSSR, in: I. K. Luppol/M. M. Rozental'/S. M. Tret'jakov (Hg.), Pervyj vsesojuznyj s"ezd sovetskich pisatelej, 1934. Stenografičeskij otčet (Moskau 1934), 716; dt.: Statut des Verbandes der Sowjetschriftsteller, in: H.-J. Schmitt/G. Schramm (Hg.), Sozialistische Realismuskonzeptionen. Dokumente zum 1. Allunionskongreß der Sowjetschriftsteller (Frankfurt a. M. 1974), 390.

3 GEORG LUKÁCS, Die Eigenart des Ästhetischen, in: LUKÁCS, Bd. 11 (1963), 352.

bildcharakter überträgt. So bietet er der Kritik offene Flanken. Dies gilt auch für andere Züge seiner ästhetischen Theorie, z. B. für das Darstellungsideal des geschlossenen Werks, die Darstellungsnorm der Besonderheit als Bedingung für Realismus, das pauschale Verwerfen von Darstellungsformen wie Allegorie oder Montage. Beachtenswert bleibt, daß der entschiedene Verfechter der Abbildleistung von Kunst sich ausdrücklich und prinzipiell gegen die Auffassung wendet, es gehe dabei um einen passiven Vorgang und um eine bloße Kopie etwa in der Art einer Fotografie. Vielmehr hebt er bei der Beschreibung von Mimesis vier Merkmale hervor: 1. die Verfahren von Auswahl, Wesensakzentuierung, Steigerung, Gruppierung, Verknüpfung, Komprimierung, Proportion bei der Werkbildung, mithin den konstruktiven Charakter der als Abbildung gedachten Darstellung; 2. die Bindung von Abbildung und Darstellung an ein bestimmtes – gewisse Möglichkeiten eröffnendes, andere verschließendes – Material, das er – im Hinblick auf die (auch die Kunstgattungen begründende) Homogenisierung der Darstellungsmittel wie auf die dadurch bedingte Auswahl aus der Realität – als »homogenes Medium« (640) bezeichnet; 3. die über die Abbildung hinausreichende Funktion des Sinnfälligmachens, die Aufgabe, »eine visuelle und auditive, gefühls- und gedankenmäßige Evokation« zu erreichen; in diesem Wirkungszusammenhang evokativer Mimesis müssen die »wesentlichen Kategorien [...] einer solchen Darstellung entstehen und sich ausbilden« (420); 4. den Umstand, daß es sich bei dieser Evokation nicht um Täuschung oder Illusion handelt, sondern um eine kontemplative Konzentration der »Rezeptiven« (der Rezipienten) in welcher »der Vergleich mit der Wirklichkeit [...] suspendiert ist« (415). Diese Differenzierung hilft Lukács jedoch wenig: Weithin ist in jener Zeit die Lust geschwunden, sich mit dem von ihm vorgestellten Theorietyp zu beschäftigen.

Erich Auerbachs *Mimesis. Dargestellte Wirklichkeit in der abendländischen Literatur* (1946) bietet eines der Beispiele dauerhafter Leistung von ›Darstellungsästhetik‹. »Interpretation des Wirklichen durch literarische Darstellung oder ›Nachahmung‹« wird hier, ausgehend von Platons Mimesisreflexion im 10. Buch der *Politeia* und von Dantes Anspruch, in der Komödie wahre Wirklichkeit zu geben, untersucht. Auerbach wendet sich dem klassischen Problem der »Höhenlagen der literarischen Darstellung« zu und konzentriert sich auf die Loslösung des modernen Realismus von dieser Lehre. Er führt den generellen Weg vor, »beliebige Personen des täglichen Lebens in ihrer Bedingtheit von den zeitgeschichtlichen Umständen zu Gegenständen ernster, problematischer, ja sogar tragischer Darstellung«[4] zu machen, und hebt die Unterschiede in der Art heraus, wie diese alltäglichwirklichen Vorgänge ernst genommen und in eine bestimmte zeitgenössisch-geschichtliche Epoche hineingesenkt werden. Daß hierbei keine ›Nachahmung‹ als Kopie, Reproduktion, kritikloses Zur-Verfügung-Stellen von Wiederzuerkennendem unterstellt wird, ergibt sich aus der Analyse. In ihr wird deutlich, daß Wirklichkeitsauseinandersetzung und Konventionsbruch, Widersprüche im Verhalten und Denken in das Schaffen und die Texte eingehen, daß so erst erklärbar wird, wie die gezeigten und zeigenden Gestalten zustande gekommen sein könnten, und daß Armut an realistischer Gestaltung mit Wirklichkeitsflucht und deren geschichtlichen Vorausetzungen verbunden ist.

Auerbach spielt in der Kritik an ›Darstellungsästhetik‹ zunächst keine hervorgehobene Rolle – vermutlich weil die subtile stilgeschichtliche Betrachtungsart gruppenübergreifenden Respekt erlangt und weil der Autor seine leitenden Kategorien – mit Ausnahme der ›figuralen Methode‹[5] als Deutungsweise und Darstellungsform – nicht aufwendig definiert, mithin der Theoriediskussion nicht anbietet. Erst in den 90er Jahren werden beim Lob Einwände massiv vorgetragen: Das Konzept von Mimesis sei »auf die Darstellungsproblematik eingegrenzt«[6] (vernachlässige das Spiel von sozialer Macht und Gegenmacht in der mimetischen Praxis), übergehe den »Einfluß des Darstellungsmediums auf das Dargestellte und die präsentierte Weltsicht« (23), orientiere auf »einfache Abbildungsverhältnisse« (22) (beachte zuwenig

---

4 ERICH AUERBACH, Mimesis. Dargestellte Wirklichkeit in der abendländischen Literatur (Bern 1946), 494.
5 Vgl. ebd., 77–80.
6 GUNTER GEBAUER/CHRISTOPH WULF, Mimesis. Kultur – Kunst – Gesellschaft (Reinbek 1992), 20.

den Zusammenhang der symbolisch konstituierten Welt und der Kodifizierungssysteme). Es leite vor allem nicht zur Untersuchung der »Konstruktivität« von Mimesis, der hier sich realisierenden Welterzeugung mit ihren Erfindungen, ihren »fiktionalen und imaginären Seiten« (19). Jedoch wird der u.a. mit Nelson Goodman[7] gegen das Fortwirken der Nachahmungstheorie ins Feld geführte Konstruktivismus jetzt nicht einfach gegen die Idee von Mimesis gerichtet, sondern in sie selbst eingezogen: »Mit Hilfe von Goodmans Theorie des Welterzeugens kann die Mimesis gegen eine Tradition rehabilitiert werden, die ihr beharrlich das Schöpferische abgesprochen hat«[8]. Auerbach selbst wird in solcher Theoriebewegung zu deren Zeugen: Ihm zufolge sei »die Literatur in westlicher Tradition [...] eine Art der Nachahmung, die nicht um Ähnlichkeit mit einer schon zuvor bekannten und überprüfbaren Wirklichkeit bemüht ist, sondern vom Erzählen lebt, von einer in Sprache vollzogenen Konstruktion«[9].

Man kann sich dabei auf ältere Vorschläge berufen, so speziell auch auf Ernst Cassirer. In dessen *Philosophie der symbolischen Formen* heißt es, der naiven Abbildtheorie werde immer mehr an Boden entzogen und eine neue Auffassungsweise setze sich durch, für die mimische Funktion und Symbolcharakter der Äußerungsformen nicht im Gegensatz stünden: »Die μίμησις gehört [...] selbst

---

7 Vgl. NELSON GOODMAN, Ways of Worldmaking (Indianapolis 1978).
8 GEBAUER/WULF (s. Anm. 6), 28.
9 LUIZ COSTA LIMA, Historie und metahistorische Kategorien bei Erich Auerbach, übers. v. H. U. Gumbrecht, in: Gumbrecht/K. L. Pfeiffer (Hg.), Stil. Geschichten und Funktionen eines kulturwissenschaftlichen Diskurselements (Frankfurt a.M. 1986), 307.
10 ERNST CASSIRER, Philosophie der symbolischen Formen, Bd. 1 (Berlin 1923), 129.
11 CHRISTIAAN L. HART NIBBRIG, Zum Drum und Dran einer Fragestellung. Ein Vorgeschmack, in: Hart Nibbrig (Hg.), Was heißt ›Darstellen‹? (Frankfurt a.M. 1994), 7, 8.
12 ROBERT WEIMANN, Einleitung: Repräsentation und Alterität diesseits/jenseits der Moderne, in: Weimann (Hg.), Ränder der Moderne. Repräsentation und Alterität im (post)kolonialen Diskurs (Frankfurt a.M. 1997), 18.
13 HART NIBBRIG (s. Anm. 11), 10.

bereits dem Gebiet der ποίησις, der schaffenden und gestaltenden Tätigkeit, an. Es handelt sich in ihr nicht mehr um die bloße Wiederholung eines äußerlich Gegebenen, sondern um einen freien geistigen Entwurf: das scheinbare ›Nachbilden‹ hat in Wahrheit ein inneres ›Vorbilden‹ zur Voraussetzung. [...] Damit aber befindet sich die Nachahmung selbst bereits auf dem Wege zur *Darstellung*, in welcher die Objekte nicht mehr einfach in ihrer fertigen Bildung hingenommen, sondern in der sie vom Bewußtsein nach ihren konstitutiven Grundzügen aufgebaut werden.«[10]

Nicht von der Fortschreibung der früheren verwerfenden Kritik ist so die gegenwärtige Situation bestimmt, sondern von neuen Aufmerksamkeiten für die in den Umkreis von Darstellung gehörenden Tätigkeiten, Produkte, Relationen. Den Anlaß dazu geben oft neue Probleme im Feld der Künste. Hier jedoch haben die interessierenden Sachlagen und Begriffe nicht allein und auch nicht vorzüglich ihren Ort. Die Nachfragen beziehen sich auf das Ganze sozialen Verhaltens und seiner Kommunikationen, auf Gegebenheiten auch in Politik, Wissenschaft, Finanzwelt, Produktgestaltung, Stadtanlage, Werbung, Fest, Spiel. Von einer »Obsession darstellungstheoretischer Optik« ist die Rede. Das mit Darstellen/Darstellung Markierte kann als ubiquitär und dabei als so wichtig angesehen werden, daß man den Menschen als »das darstellende Tier«[11] bestimmt. Dem wird von anderer Seite der Vorwurf der Ahistorizität gemacht, die mit anthropologischen Bestimmungen und einer »Universalisierung der Problemlage«[12] von Darstellung die entscheidenden historischen Differenzen auszulöschen suche.

Bei den Bemühungen um neue Aufklärungen zeichnen sich vier Begriffsversionen von Darstellen/Darstellung ab, die hier kurz charakterisiert werden sollen, auch wenn solche Art von Differenzierung in einer Lust am Ungefähr als »definitorisch knatternde Schrotladung in sturem Beharren auf terminologischer Sauberkeit«[13] verächtlich gemacht werden kann.

1. Wie gezeigt, gibt es – heute vor allem in kritischer Beleuchtung – einen »Begriff der Darstellung als Nachahmung und Abbildung, als Wiedergabe von Gegenständen der ›Welt‹ jenseits des Zeichenprozesses in der mimetischen Repräsenta-

tion«[14], speziell als sinnlich auffaßbare Reproduktion gegenständlicher Realität. Das widerspiegelungstheoretisch konstruierte, für die Realismustheorie im 2. Drittel des Jh. charakteristische Darstellungskonzept vertritt z. B. Moisej S. Kagan, der die »bildhafte Erkenntnisform« als die der Kunst »adäquate Art und Weise der Widerspiegelung des *Gegenstands der künstlerischen Erkenntnis*« (образная форма познания выработана искусством как наилучший, т. е. адекватный, способ отражения предмета художественного познания)[15] bestimmt und »die Kunst als eine Art und Weise *bildhafter Modellierung* der Wirklichkeit« (видеть в искусстве способ *образного* моделирования действительности [332; dt. 306]) begreift. Diese ziemlich grobschlächtigen Formeln lockert Kagan freilich selbst auf, indem er darauf hinweist, daß »künstlerische Darstellung [...] niemals bloßes ›Abschreiben‹ von der Natur ist, nicht dokumentarisch-stenographisches ›Fotografieren‹ eines Geschehnisses« (художественное изображение [...] никогда не является буквальным »списыванием« с натуры, документально-стенографическим »фотографированием« события [328; dt. 302]). Vielmehr müsse die Kunst die Wirklichkeit umformen, »damit die Darstellung mit dem Ausdruck *verschmelze*« (чтобы изображение слилось с выражением [335; dt. 309]). »Man vergleiche nur die Darstellung einer Taube in einem Lehrbuch für Ornithologie mit der ›Friedenstaube‹ von Picasso.« (Достаточно сравнить, например, изображение голубя в учебнике по орнитологии с »Голубем мира« Пикассо. [302; dt. 275]) Diesem Darstellungskonzept entspricht der Begriff »Künste der Darstellung« (Изобразительные искусства [355; dt. 332]), der allerdings keine weite Verbreitung gefunden hat. Er umfaßt Plastik, Malerei, Fotografie, Pantomime, Lautnachahmung, Epos, Drama, Schauspieltheater und Trickfilm und steht dem ebenfalls marginalen Begriff »Künste des Ausdrucks« (Выразительные искусства [355; dt. 332]) für Architektur, angewandte Künste, Ornament, Tanz, Musik, Lyrische Poesie, Ballett und Oper gegenüber.

2. Vergleichbar mit dem Verfahren, Konstruktivität als Merkmal von Mimesis und nicht als deren Gegensatz zu definieren, wird auch der Begriff der Darstellung aus der ihm in der Kritik zugeschriebenen Unfreiheit gelöst. Nun kann gesagt werden, man habe das »statische Abbildverhältnis« zu kündigen, bei dem das »Darstellungsobjekt« als vorgegeben und das »Darstellungssubjekt [...] als dessen bloße Verdoppelung gedacht wird«, und es gelte dann »theoretisch und praktisch: Darstellung wird zum performativen Akt, der etwas hervorbringt, was es vorher so nicht gab.«[16] In der hervorbringungstheoretischen, an Aspekten der Fiktionalität interessierten Sicht kann sich die Auffassung äußern, daß die Bedeutung des Wortes Darstellung nicht weniger Mimesis (als Nachahmung, Verdoppelung von Weltgegebenheiten) einschließe, daß das Wort einen Sinn »not referring to any object given prior to the act of representation«[17] habe. So wird auch eine »Revolution der Darstellung« gesehen, die sich im Übergang vom »Abbild« zum »Vorbild«[18] vollzieht, zu Verfahren, die das So-Sein verneinen, anderes Sein entwerfen: »Es geht um Entwürfe, um vorbildliche Darstellungen.« (39) Darstellen heißt in dieser Hinsicht, »sich an Werten zu orientieren und diese Werte als Vorbilder für zu konkretisierende Möglichkeiten auf die verneinte Lebenswelt hin zu entwerfen« (41). Darstellen soll danach »immer weniger ›repräsentieren‹ und immer mehr ›exhibieren‹« bedeuten, dabei näher an »komputieren« (47) und an »herstellen« (48) heranrücken.

3. Einen weiteren Begriff deckt Darstellung in schauspieltheoretischem Zusammenhang, der über das Theater hinaus die »darstellerische Kultur‹ von Sozien umfaßt: Nach ihm ist die »Körpersprache das Wesentliche der Darstellung«[19]. (Hiermit ist ein

---

14 SAMSON D. SAUERBIER, Gegen Darstellung. Ästhetische Handlungen und Demonstrationen. Die zur Schau gestellte Wirklichkeit in den zeitgenössischen Künsten (Köln 1976), 216.
15 MOISEJ S. KAGAN, Lekcii po marksistsko-leninskoj estetike (1963–1966; Leningrad ²1971), 313 f.; dt.: Vorlesungen zur marxistisch-leninistischen Ästhetik, übers. v. U. Kuhirt u. a. (Berlin ⁴1975), 287.
16 HART NIBBRIG (s. Anm 11), 9.
17 WOLFGANG ISER, Representation: A Performative Act, in: M. Krieger (Hg.), The Aims of Representation: Subject/Text/History (New York 1987), 217.
18 VILÉM FLUSSER, Abbild – Vorbild, in: Hart Nibbrig (s. Anm. 11), 47.
19 Vgl. ARTUR KUTSCHER, Grundriß der Theaterwissenschaft (1936; München ²1948), 6 f.

anderes, das in der Gegenwart dominante Konzept der ›darstellenden Künste‹ verbunden: Bühne, Funk, Film, Fernsehen geben ihnen Realität als Schauspiel, Hörspiel, one-man show, Kabarett, Oper, Operette, Musical, Revue, Pantomime, Tanz, Zirkus usw.) Der Gegensatz der unter 1. und 2. vorgestellten Orientierungen kehrt hier wieder. In der Mannigfaltigkeit der darstellerischen Erscheinungen kann etwas Konstantes, Invariables behauptet werden: »Es besteht im darstellenden Menschen, der sein mimetisches Potential zur sinnlichen ›Verdoppelung‹ von realen Natur- und Menschenwesen wie zur Vergegenständlichung in der Form körperlicher Versinnlichung von fiktionalen, nur in seiner Vorstellung existierenden Wesen benützt.«[20] Mimesis, wie sie hier in Erinnerung gebracht wird, ist allerdings längst, auch im Hinblick auf Shakespeares Theater, in schärferer Widersprüchlichkeit jenseits der klassischen Ästhetik bestimmt worden: »Sie bewirkt weit mehr als imitatio vitae oder als Nachahmung und Darstellung von Künstlerischem und Wirklichem«, ist »etwas Inkommensurables, eine spielerische Version oder Subversion der Verhältnisse, ein Akt der Darstellung und der Vorgang des Darstellens selbst«[21], der sich zu Ideologien und vorgegebenen Bedeutungen kritisch verhält.

4. Ein neuerer semiotischer Zugriff entwirft einen Definitionsrahmen, der in seiner abstrakten Allgemeinheit auch für Kunstgegebenheiten aufschlußreich sein kann. Darstellung ist danach »Vollzug von Zeichenhandlungen oder deren Ergebnis«, entweder der »unmittelbare Vorgang der semiotischen Handlung selbst (performance)« oder »das Ergebnis der Darstellungshandlung als ein bestandhafter, dinglicher Gegenstand«[22]. In beiden

20 ERNST SCHUMACHER, Allgemeine Theorie der darstellenden Kunst. Ein Grundriß, Abschn. 3.2.: Abriß der Ontogenese darstellender Kunst [Typoskript] (1989), 3.
21 ROBERT WEIMANN, Shakespeare und die Macht der Mimesis. Autorität und Repräsentation im elisabethanischen Theater (Berlin/Weimar 1988), 6.
22 DIETFRIED GERHARDUS/BERND PHILIPPI, ›Darstellung‹, in: MITTELSTRASS, Bd. 1 (1980), 426.
23 JÜRGEN SCHLAEGER, Nachwort, in: Goodman, Sprachen der Kunst (Frankfurt a. M. 1973), 279.
24 W. J. THOMAS MITCHELL, Repräsentation, übers. v. J. Blasius, in: Hart Nibbrig (s. Anm. 11), 18.

Fällen soll ein Bündel von Beziehungen vorliegen, die 1. pragmatisch (das Verhältnis zwischen Produzenten und Rezipienten als Verwendern der Darstellung betreffend), 2. syntaktisch (die Teile des in eigenem Recht gestifteten Darstellungszusammenhangs betreffend), 3. semantisch (das Verhältnis zwischen Gegenstand, Gestalt und Bedeutung der Darstellung betreffend) und 4. funktional (die transsubjektiven Gebrauchskonventionen betreffend) sind. Eine vollständigere Beschreibung der Beziehungen von und in künstlerischen Darstellungen hätte das Medium, den Materialaspekt der Zeichenbildung sowie die Verdoppelung des semantischen Verhältnisses in – referentiellen – Gegenstandsbezug und – aufweisenden – Sinnbezug genauer zu erfassen. In Darstellungen liegt mithin ein mehrstelliges Verhältnis vor. Dabei handelt es sich nicht bloß um die Zweistelligkeit, auf welche die berühmte Zeichenformel ›aliquid stat pro aliquo‹ oder eine Bestimmung wie die folgende verweist: »Repräsentation (Darstellung) nimmt […] auf etwas Bezug; sie steht für etwas«[23]. Es geht vielmehr (zumindest) um Vierstelligkeit: »Repräsentation ist stets von etwas oder jemand, durch etwas oder jemand und für jemand«, und sie hat eine vierte Stelle im »Urheber der Darstellungsintention«[24]. Darstellung wird auf diese Weise als Zeichenbeziehung verstanden und kann wie diese überhaupt im Sinne von Charles Sanders Peirce und Charles W. Morris als ikonisch oder symbolisch oder indexalisch geartet gedacht werden.

Der skizzierte Definitionsrahmen zeigt verschiedene Darstellungsbegriffe der Gegenwart in ihrem Zusammenhang. Darstellung kann zunächst als Handlung, Vorgang angesehen werden: zum einen (wie beim Theaterspiel) als Form von Praxis, welche Bedeutung in ihrem gestalthaften Verlauf selbst trägt, zeigt, auslöst, zum anderen (wie in der Bildhauerei) als Form von Poiesis, die auf ein Machen, ein Herstellen bedeutungstragender, -zeigender, -auslösender Gestaltungen hinausweist. Sodann läßt sich Darstellung als Ergebnis solcher Poiesis, als produzierte Gestaltung betrachten. Dabei bleibt zu bedenken, daß die oben angeführten Ausdrücke ›bestandhaft‹ und ›dinglicher Gegenstand‹ problematisch sind: Das Gestaltete existiert als Zeichenhaftes nur partiell ›dinglich‹, es ist aus Medium, Zeichenträger, Zeichengebilden, Bezugshorizonten konstituiert, somit wesentlich relational und auch nur bedingt ›bestandhaft‹. Je nach der Ausprägungsart der in den Darstellungen spielenden Beziehungen und der beobachtenden Aufmerksamkeitsrichtung kann eine Vielfalt von Begriffen gebildet werden, die man im allgemeinen mit attributiven Zusätzen der mannigfaltigsten Art sprachlich markiert. In solchen Kontexten wird mit Darstellung ein variationsfähiges Schema von künstlerischer Gestaltbildung (und dementsprechend von Dimensionen der Betrachtung) bezeichnet, nicht aber ein »ästhetischer Fundamentalbegriff«[25], der mit Emphase vorzutragen wäre.

Die emphatische Form des auf Ästhetisches bezogenen Denkens ist auch in der näheren Vergangenheit nicht ganz ausgestorben. Man kann dies an der anhaltenden Wirksamkeit von Heideggers *Kunstwerk*-Essay sehen, in dem zwar ›Darstellung‹ nur nebenbei negiert vorkommt, doch deren etymologischer und begrifflicher Umkreis mit Ausdrücken wie ›stellen‹, ›herstellen‹, ›feststellen‹, ›aufstellen‹, ›ausstellen‹ gegenwärtig bleibt: »Das Werk als Werk ist in seinem Wesen herstellend«, und es leistet, so auch die Erde herstellend, »die Aufstellung einer Welt«[26]. Das bedeutet keineswegs, daß Kunst sich etwa als »eine Nachahmung und Abschilderung des Wirklichen« (22) bewegt, daß durch sie »etwas richtig dargestellt« (42) wird, sondern daß sie ein Geschehen ist, in dem sich das Sein offenbart, entbirgt, sich die Wahrheit des Seienden selbst ins Werk setzt, das »Seiende im Ganzen [...] in die Unverborgenheit« (43) gelangt, ein »Festgestelltsein der Wahrheit in die Gestalt« ereignet: »Was hier Gestalt heißt, ist stets aus *jenem* Stellen und Ge-stell zu denken, als welches das *Werk* west, insofern es sich auf- und herstellt.« (51) In der Folge solcher Philosophie kann Darstellung auch entschieden von der dem Realismus, Naturalismus und Positivismus zugeschriebenen Auffassung getrennt werden, welche Dichtung an »Vorhandenheit«[27] orientiert, in ihr »darstellende Wiederholung bestimmter Wirklichkeit« (23), »Darstellung von Wirklichkeit« sieht. Dieser Auffassung kann die in einen ontologischen Horizont führende Frage der »Ästhetik des deutschen Idealismus« entgegengehalten werden, wie »ein nachgeahmtes Seiendes Bedeutendes sein« (24) könne. Und man kann als Antwort die These parat haben,

daß das »Kunstwerk die reine Zuständlichkeit als Moment der Totalität« (242) ansichtig zu halten und zu zeigen habe und daß daraus die inkommensurable Problematik der Kunstdarstellung resultiere: »Sie *zeigt und sie zeigt nicht ein Bestimmtes*, sondern die Totalität in ihrer Unmittelbarkeit und reinen Kontingenz.« (242 f.)

Eher als im Zusammenhang von Seinsoffenbarung und Totalitätsanzeige kommt heute Emphase auf, wenn es um Negationen von Darstellung geht. Diese Negationen werden vor allem an zwei Orten festgemacht, die mit Hilfe des semiotischen Modells genauer anzugeben sind: Es geht um zwei Momente der semantischen Beziehungen im Darstellungsverhältnis. Zum einen findet man nicht selten ausdrücklich die Möglichkeit negiert, (in zeitlichen, räumlichen, moralischen, gefühlsmäßigen Hinsichten) übergroße Gegenstände anschaulich-direkt darzustellen. Zum anderen sieht man öfter die Möglichkeit hervorgehoben, Exempel aus der Wirklichkeit auszustellen, sie und nicht gesondert produzierte Zeichengebilde der Anschauung – eventuell auch zur Bedeutungsübermittlung – hinzustellen.

Das ›Nichtdarstellbare‹ ist die Marke der ersten dieser neueren Tendenzen. Das Schlagwort hat in der Liste der Merkmale der Postmoderne einen festen Platz. Zu bezeugen, daß es ein Nichtdarstellbares gibt, wird als Sinn von Darstellung deklariert.[28] Das Paradox heißt mit modisch gemachtem Terminus aus Kants Ästhetik des Erhabenen »negative Darstellung«[29]. Anstöße aus der neueren französischen Philosophie (besonders von Jean-François Lyotard, von der die Konjunktur der Kategorie des Undarstellbaren wesentlich ausgeht) beleben längst die modische feuilletonistische Ge-

---

25 HANS WOLFGANG SCHAFFNIT, Mimesis als Problem. Studien zu einem ästhetischen Begriff der Dichtung aus Anlaß Robert Musils (Berlin 1971), 16.
26 MARTIN HEIDEGGER, Der Ursprung des Kunstwerkes (entst. 1935/36), in: HEIDEGGER, Bd. 5 (1977), 31.
27 SCHAFFNIT (s. Anm. 25), 25.
28 Vgl. WOLFGANG WELSCH, Einleitung, in: Welsch (Hg.), Wege aus der Moderne. Schlüsseltexte der Postmoderne-Diskussion (Weinheim 1988), 31; IHAB HASSAN, Postmoderne heute, in: ebd., 51.
29 IMMANUEL KANT, Kritik der Urtheilskraft (1790), in: KANT (AA), Bd. 5 (1908), 274.

rede der Gegenwart: »Ist das Grauen des Krieges
[...] auf der Bühne überhaupt darstellbar?« – Das
»ästhetische, ›amtliche‹ Gedenken« droht »vor dem
künstlerisch undarstellbaren Ereignis des Völkermords an Europas Juden zu scheitern«. – »Im Gegensatz zur Vielzahl an Repräsentationen und
Symbolen des Totengedenkens wollte ich eine
Leere schaffen, einen physisch erlebbaren Schnitt
in die Stadt und ihre Geschichte.«[30] Was menschliche Maße der Vorstellungskraft übersteigt, für
menschliches Gefühl übergroßes Entsetzen auslöst,
Kriegsgreuel und Holocaust, ist Anlaß solcher Bekundungen, die ältere Ideen des ›Nichtsagbaren‹
forcieren.

Das Einebnen der Eigenart von Darstellung ist
Charakteristikum der anderen Richtung neuerer
Reflexion. Bei der traditionellen Darstellung erhält
man mit dem vorführenden Schausteller oder mit
dem gestalteten Material des Kunstwerks nicht nur
eine Exekution oder Organisation, sondern diese
als Träger von Figuren, denen eine Dimension von
Bedeutung beigegeben ist, die auf die Übermittlung von Sinn, auf den Verweis auf Gegenstände
der äußeren Welt, seelische Verläufe, vorschwebende Mythen, überlieferte Theaterstücke, Ideen
hin konstruiert sind. Das heißt freilich keineswegs,
daß zwischen Gestalten und Bedeutungen ein –
womöglich noch unveränderlicher – Code vermittelt und so irgendeine Eindeutigkeit sichert. Im
Reich neuerer Kunstausübungen, an Handlungen
als performance (im Bereich früherer Schauspielkunst), an als Kunst gesetzten Materialien oder
ready-mades (im Bereich früherer bildender
Kunst), an Folgen fragmentarisierten Sprachmaterials (der sogenannnten konkreten Poesie im Bereich der früheren Poesie) zeigt sich nun etwas, das
mit sich selbst identisch sein soll: der sich ausstellende Mensch, das ausgestellte Material. Darstellen
reduziert sich hier auf ein bloßes Hinstellen, oder,
radikaler formuliert: »Hinstellen als Präsentation«
steht gegen »Darstellen als Repräsentation«[31]. Man
kann das hier hervorgehobene Verhältnis positiv als
das einer Elementarisierung auffassen, wie sie in
vielen Ausprägungen moderne Kunstarbeit bestimmt. Zu dem Verfahren gehört aber nicht allein
das Zurschaustellen von Materialien und Gegenständen, sondern ebenfalls – angesichts der Unhintergehbarkeit der Darstellung – die »Darstellung
der Darstellungsmittel«[32], begreifbar auch als die
»Verabsolutierung a-mimetischer, konstruktiver
Verfahren«, die eine »radikale Selbstreferentialisierung der Produktion«[33] übermittelt.

I. Wortgeschichte

Wörterbücher der deutschen Gegenwartssprache
führen für Darstellen/Darstellung einen Kernbereich von Bedeutungen an, deren Verschiedenheit
mit synonymen Setzungen wie 1. ›bildliche Wiedergabe‹, ›Nachbildung‹, ›Abbildung‹, 2. ›sprachliche Beschreibung‹, ›Schilderung‹, 3. ›eine Rolle
auf einer Bühne spielen‹, ›Verkörperung‹ gekennzeichnet wird. Diese Bedeutungen können unter
durchaus unterschiedene verallgemeinerte Vorstellungen gerückt werden und so verschiedene Klassen bilden: Das *Wörterbuch der deutschen Gegenwartssprache* z. B. gibt als das Allgemeine der angeführten
begrifflichen Bildungen tendenziell so etwas wie
»Wiedergabe« an, eine Ausgabe des *Wahrig* so etwas wie »Vor-Augen-Stellen«[34]. Das sind, mit
Überschneidungsflächen, durchaus verschiedene
Verhältnisse. Anzunehmen ist, daß in die so hergestellten Ordnungen verschiedenartige weltanschaulich-epistemologische Vorentscheidungen
eingehen – z. B. das Gewicht, das Widerspiegelungs- bzw. Stellvertreterbeziehungen oder etwa

---

30 VOLKER TRAUTH, Das Nichtdarstellbare zur Sprache
bringen, in: Neues Deutschland (8. 4. 1999), 14; MICHAEL NAUMANN, Blick in die Tiefe der Täterschaft.
Das deutsche Geschichtsbewußtsein nach dem Genozid und die Debatte um das Berliner Holocaust-Mahnmal: Erinnerung und politische Realität, in:
Frankfurter Allgemeine Zeitung (1. 4. 1999), 46; PETER EISENMAN, Mein Mahnmal ist ein Ort des Nichts
[Interview], in: Berliner Zeitung (21. 12. 1998), 11.
31 SAUERBIER (s. Anm. 14), 247.
32 KLAUS BAUM, Darstellung als Verdrängung. Anmerkungen zu Judd, Mondrian, Malewitsch und Beuys,
in: Hart Nibbrig (s. Anm. 11), 400.
33 DANIELE DELL'AGLI, Apokatastasis – eine Parallelaktion. Mit Andrej Tarkowski, in: ebd., 514.
34 ›Darstellung‹, in: R. Klappenbach/W. Steinitz (Hg.),
Wörterbuch der deutschen Gegenwartssprache, Bd. 1
(1964; Berlin 1977), 759; ›Darstellung‹, in: G. Wahrig
(Hg.), Wörterbuch der deutschen Sprache (München
1978), 220.

Konstruktions- bzw. Demonstrationsbeziehungen in der Erklärung von Denktätigkeiten und ihren Produkten erhalten. In spontaner oder reflektierter Form finden sich solche weltanschaulich-epistemologischen Einschläge auch in weiteren Bedeutungen der interessierenden Wörter, so wenn ›darstellen‹ in laxer Gebrauchsweise soviel wie ›sein‹ oder ›bedeuten‹ heißt, ähnlich ›sich darstellen‹ soviel wie ›sich zeigen‹, ›sich erweisen‹, ›erscheinen‹. Dabei werden besondere ontische Verhältnisse und Gegenstandsbedeutungen vorausgesetzt und ins Spiel gebracht.

Im Bereich von Fachsprachen dienen ›darstellen‹ und ›Darstellung‹ als Namen bestimmter Begriffe. In der Chemie wird das Wort als Terminus für die Gewinnung oder Herstellung von Stoffen verwendet. In wissenschaftstheoretischer Perspektive hat man Darstellung als eine von der Forschung unterschiedene Methode, als Formulierung von Gegenstandserkenntnis definiert.[35] In Logik und Mathematik gilt der Bezug auf eine Grundbeziehung der Abstraktionstheorie, auf Verhältnisse logischer Äquivalenz; in der Geometrie auf die Herstellung von Bildern räumlicher Figuren; in der Physik auf die Möglichkeit der Realitätsmodellierung. In diesen Bereichen ebenso wie in denen von Philosophie, Ästhetik und Kunstwissenschaft können Sprecher, selbst wenn ein definierter Terminus ›Darstellung‹ vorliegt, das Wort auch im Sinne anderer Bedeutungen aus dem angeführten semantischen Spektrum gebrauchen.

Das heutige Bedeutungsspektrum von Darstellen/Darstellung ist das Ergebnis eines Prozesses von metaphorischer Verschiebung, aufspaltender Ausweitung und verändernder Gegensatzbildung (bei dem Übernahmen und Abgrenzungen von den verwandten Ausdrücken ›vorstellen‹ und ›fürstellen‹ statthaben). Bezüge auf die Künste spielen dabei eine beträchtliche Rolle; ihnen vor allem wird im folgenden nachgegangen.

›Darstellen‹ besagt frühneuhochdeutsch, d. h. zu einer Zeit, da die ursprünglichen Bedeutungen von ›dar-‹ (dorthin, dahin) und ›stellen‹ (an einem Ort zum Stehen bringen) noch gegenwärtig sind: Dinge, auch Personen feierlich oder trivial an einen Platz/Ort stellen, hinstellen, vor die Augen bringen, sehen lassen, zeigen.[36] Ein frühes Wörterbuch von Heinrich Decimator gibt »Exhibere, Effectum dare, Ob oculos ponere, Oculis subijcere, Proponere, Repraesentare, Offerre«[37] als lateinische Äquivalente an. In einer Neubearbeitung seines Wörterbuchs führt Decimator durch Verweis auf weitere Einträge auch das deutsche Äquivalent »für die augen stellen«[38] an. An ein Verhältnis der Verdoppelung – eine Differenz zwischen dem, was da in seiner Dinghaftigkeit, Körperlichkeit hingestellt, vor Augen geführt sein soll, und einem dadurch Bezeichneten, Bedeuteten, Vertretenen – ist hierbei zunächst nicht gedacht. Es geht um ein Tun, einen Vorgang an bzw. mit der Sache, der Person selbst. Das gilt auch für die sich bald ergebenden Bedeutungen, in denen darstellen »durch Ausarbeitung hinstellen, bilden, formen«[39] bedeutet (wie in der Chemie, wo ›darstellen‹ bis heute für ein durch Läuterung vollzogenes Hervorbringen, Herstellen von Stoffen steht). Hier liegen Anfänge der Verwendung des Wortes in Kunst und Wissenschaft (im Sinne der Tätigkeit der facultas explicandi).

Frühe poetologische Sätze können sich in diesem Umkreis bewegen: Die Bedeutung von ›Herstellen‹ ist in der Poetologie Mitte des 17. Jh. im Spiel, so bei Augustus Buchner, der von der »darstellung eines Wercks«[40] oder von der »Fürstellung des Wercks«[41] spricht und dabei den Vorgang einer

---

35 Vgl. JÜRGEN NIERAAD, ›Darstellen I‹, in: RITTER, Bd. 2 (1972), 11 f.
36 Vgl. ›Darstellen‹, in: GRIMM, Band 2 (1860), 791 f.
37 ›Darstellen‹, in: HEINRICH DECIMATOR, Sylua vocabvlorvm et phrasivm cvm solvtae, tvm ligatae orationis ex optimis & probatis Latinae & Graecae linguae autoribus (1578; Leipzig 1580) [nicht pag.]; vgl. BERNHARD JONAS HAFNER, Darstellung. Die Entwicklung des Darstellungsbegriffes von Leibniz bis Kant und sein Anfang der antiken Mimesis und der mittelalterlichen Repräsentatio (Diss. Düsseldorf 1976), 313 f.
38 ›Darstellen‹, ›für die augen stellen‹, ›Eräugen/ zeigen/ für die augen stellen/ darstellen‹, in: DECIMATOR, Sylvae vocabvlorum et phrasium cum solutae tum ligatae Orationis ex optimis & probatis Latinae, Graecae & Hebraicae lingvae autoribus, Pars prima (Leipzig 1582) [nicht pag.].
39 ›Darstellen‹, in: MORIZ HEYNE, Deutsches Wörterbuch, Bd. 1 (Leipzig ²1905), 546.
40 AUGUSTUS BUCHNER, Kurzer Weg-Weiser zur Deutschen Tichtkunst, hg. v. G. Göze (Jena 1663), 44.
41 BUCHNER, Poet, hg. v. O. Prätorius (Wittenberg 1665), 26.

Werkherstellung im Auge hat. »Darstellung« wird bei Georg Philipp Harsdörffer in rhetorischer Tradition (und mit Hinblick auf das Mimetisch-Körperliche) als »Actio«[42] beschrieben, als der zur »gantzen Kunst« gehörende Bestandteil, »das Besagte/ mit der Stimm/ und ziemlichen Geberden zu Werke zu richten«[43]. Ausdrücklich wird die »bewegliche Darstellung seiner Sachen« auf den »Redner«[44] bezogen – die Idee einer Schrift-Poesie ist durchaus nicht selbstverständlich. Von hier aus erklärt sich auch die seit der 1. Hälfte des 18. Jh. anzutreffende Bezeichnung der Tätigkeit des Schauspielers mit ›darstellen‹; in der 2. Hälfte des Jh. sind ›Darsteller‹ und ›Darstellung‹ dann »als Kunstwort des Theaters schon durchaus gebräuchlich«[45].

Der Bezug auf körperlich-materiales Hinstellen und Herstellen ist noch in der 2. Hälfte des 18. Jh. lebendig. Zugleich aber entfaltet sich in dieser Zeit eine metaphorische Verwendung des Wortes ›darstellen‹: »Häufig wird es uneigentlich verwendet, zunächst, wo es dem wirklichen begriff sehr nahe kommt, bei den werken der bildenden künste« (so, wenn es heißt, der Künstler stelle den thronenden Jupiter dar); ebenso bei der »schauspielerkunst« (die Prometheus in seiner Erhabenheit darstellt); »sodann, wenn in geschichtlicher erzählung ereignisse, zustände geschildert, vergegenwärtigt werden« (wie die Kreuzzüge) »oder eine gemütsstimmung, leidenschaft, eine idee«[46] (so etwa die göttliche Idee der Tugend). Das gilt auch für das Wort Darstellung, das »jetzt meist die art und weise« bezeichnet, »wie etwas geistiges oder körperliches aufgefaszt und zur anschauung gebracht wird, auch das gegebene bild selbst«[47].

Vorspiele dieses Verständnisses gibt es spätestens seit der Mitte des 17. Jh. Adam Olearius gebrauchte 1656 ›darstellen‹ für das dem Tun des Malers gleichende Verfahren des Historicus: »Es wird auch mancher dem mein Zweck/ wohin ich ziehle/ vnwissend mich verdencken/ daß ich etlicher Dinge gedacht/ die ich wol Ehrens halber hätte verschweigen mügen/ vnd also nicht in acht genommen/ was Nicephorus Gregoras im anfang seines ersten Buches setzet: Historicus est instar pictoris, qui non naturae naevos omnes pingit, sed transit. Die worvon schreiben wollen/ müssen den geschickten Mahlern folgen/ welche nicht alle Gebrechen vnd Mängel der Natur mit darstellen/ sondern über hin wischen. Aber das hätte gleichwol geheissen/ die wahrheit gesparet/ nach welcher der Leser billich begierig ist.«[48]

Bei Buchner zeichnet sich 1663 eine erste ausgeführte Fassung dieser Orientierung ab, die Hauptrichtungen späterer Merkmalsstrukturierung (der Explikation eines Begriffs Darstellung) vorwegnimmt: 1. Die »darstellung«[49] oder auch »Fürstellung«[50] (als Herstellung) eines Werkes wird an eine Pflicht gebunden, nach der der Poet »ein Nachfolger der Natur ist«[51]. In aristotelischer Tradition heißt es, des Poeten »Amt«[52] bestehe darin, daß er »ein Thun darstelle/ wie es entweder ist/ seyn soll/ oder mag« (27). 2. Es werden pragmatische Aspekte benannt, denen ›darstellen‹ als auf andere Leute (zu ihrer Belustigung und Belehrung) gerichtet verstanden ist. 3. Zwei verschiedene Verfahren werden voneinander abgehoben: das den »Philosophus« kennzeichnende Vorgehen – »nach Dialectischer Art genau zerlegen abtheilen/ unterscheiden/ und durch scharffsinnige Schlußreden […] erörtern« (26) – und die dem Poeten eigene Art, in der er »Sachen/ so in der Natur und menschlichen Leben fürgehen« (25), abbilde, »darstelle/ als sie als äusserlich wesen oder dem Augenschein mit sich bringet«. Es handele sich hier um die Differenz zwischen »Erkundigen« und »Schaffen«: »*Schaffen* ist etwas wesentliches machen/ *Erkundigen* ist dessen verborgene Natur/ Ursach- und Eigenschafften erforschen.« (26) 4. Geachtet wird auf

---

42 GEORG PHILIPP HARSDÖRFFER, Gesprechspiele, Fünfter Theil [. . .] (Nürnberg 1645), 329.
43 Ebd., 327.
44 HARSDÖRFFER, Prob und Lob der Teutschen Wolredenheit. Das ist: Deß Poetischen Trichters Dritter Theil [. . .] (Nürnberg 1653), 108.
45 ›darstellen‹, in: Trübners Deutsches Wörterbuch, hg. v. A. Götze, Bd. 2 (Berlin 1940), 27.
46 ›Darstellen‹, in: GRIMM, Bd. 2 (1860), 792.
47 ›Darstellung‹, in: ebd., 792.
48 ADAM OLEARIUS, Vermehrte Newe Beschreibung Der Muscowitischen vnd Persischen Reyse [. . .] (Schleßwig 1656) [4. Seite der nicht pag. ›Vorrede an den günstigen Leser‹].
49 BUCHNER (s. Anm. 40), 44.
50 BUCHNER (s. Anm. 41), 26.
51 BUCHNER, Anleitung zur Deutschen Poeterey, hg. v. O. Prätorius (Wittenberg 1665), 17.
52 BUCHNER (s. Anm. 41), 25.

mediale Bedingungen des Darstellens in der Poesie (»mit Worten«) und des damit verwandten in der Malerei (»mit Farben«[53]).

Aufschluß über den Prozeß der Bedeutungsverschiebung gibt eine 1769 abgefaßte Polemik Herders, der bei ›Darstellung‹ an durchaus dingliche Herstellung, bei ›Poesie‹ hingegen mit James Harris an eine in der Zeit ablaufende Energie denkt und notiert, ›Darstellen‹ sei ein tropisches, für Erklärungen untaugliches Wort; albern aber und offenkundig falsch sei die Vorstellung, in der Dichtung würden Produkte dargestellt. Das soll die Idee der Herstellung im Raum der Kunst nicht negieren, sondern spezifizieren. Gemeint ist, daß bildende Künste »Werke zu einem ewigen Anblick *darstellen*« können, nicht aber Poesie, die »würkt, indem sie fortarbeitet, Energisch. Das Gedicht, als ein dargestelltes vollendetes Werk, als ein gelesener oder geschriebner Codex ist Nichts, die Reihe von Empfindungen während der Würkung ist Alles«[54]. 1778 zeigt die Schrift *Plastik*, weshalb Herder vorzüglich bei der Bildhauerei von Darstellung spricht: Sie ist ihm ein hinstellendes Schaffen von schönen, ineinandergedrängten Formen, von etwas, »was *für sich da steht*«, »gegenwärtig«[55], Darstellung »schöner *Körper*« (19), deren Sinnlichkeit nicht allein an das durchs Auge Wahrnehmbare gebunden ist, sondern an »dargestellte, tastbare Wahrheit« (12). Die »körperliche Darstellung« (25) ist dabei abgehoben vom »Traum«, vom »erzählenden Zauber« (17) der Poesie wie auch von der Malerei, die nur »Schilderung, *Phantasie, Repräsentation*« (25) sein soll.

Um so auffälliger ist, daß Herder bald darauf doch auch bei Malerei und Poesie von Darstellung spricht, wenn er über die Poesie schreibt: »Sie schildert, sie beschreibt, oder umschreibt nicht Wahrheit: sondern gibt sie, stellet sie dar − stellet sie nicht dürftig, nackt und liebelos dar, sondern flößt süße Neigung zu ihr ein, wie der Dichter selbst süße Neigung fühlte.«[56] »*Darstellung* (Exposition)« wird hier und künftig die inzwischen gesetzten Mehrdeutigkeit akzeptiert, bewußt als eines der »mehrfaßenden Worte«[57] benutzt. Offenbar greift Herder Überlegungen Klopstocks auf, der Anfang der 70er Jahre seinen Begriff Darstellung für das Verfahren begründet, »daß Abwesende in verschiednen Graden der Täuschung«[58] zu vergegenwärtigen, und nebenbei zeigte, daß der (auch z. B. von Herder zuerst unterstellte) Sinn von ›Darstellung‹, etwas in bestimmter Materialität herzustellen, zu dieser Zeit schon nicht mehr allgemein war. Klopstock weist auf Polyvalenz hin. Er betont, sage man vom Tun der »Chymiker« oder der »Mechaniker«, »sie *bringen hervor*, oder *stellen dar*« (14), so werde »Darstellung in einer andern Bedeutung genommen« (15) als in der von ihm propagierten.

Innerhalb weniger Jahre geht Darstellen/Darstellung mit dem ›uneigentlichen‹ Sinn in den Diskurs zur schönen Kunst schon als selbstverständliche Vokabel ein, auch in der Form, daß nicht, wie es der Ursprungsbedeutung und produktionsorientierter Sicht entspricht, der Künstler als Subjekt des Vorgangs gedacht ist (er es ist, der etwas vor Augen stellt, herstellt), sondern in wirkungstheoretischer Orientierung das Werk der Kunst (das Bild, der Text sind, die etwas vorführen, zeigen). Dies wird etwa in Johann Georg Sulzers Wörterbuch greifbar, das zwar kein Lemma ›Darstellen/Darstellung‹ enthält, aber doch einen Begriff Darstellung zur Verfügung hat. Ein Hauptsatz dieser Theorie lautet: »Ein Werk [...], das den Namen eines Werks der schönen Kunst behaupten soll, muß uns einen Gegenstand, der seiner Natur nach einen vortheilhaften Einfluß auf unsre Vorstellungskraft, oder auf unsre Neigungen hat, so darstellen, daß er einen lebhaften Eindruk auf uns mache.« Darstellung wird hier im Verhältnis zu einem anderen, ihrem Gegenstand, bestimmt: Zum Werk gehören einerseits, was seine Seele ausmacht, »eine Materie, oder ein Stoff von gewissen innern Werth«, und

---

53 BUCHNER (s. Anm. 40), 45.
54 JOHANN GOTTFRIED HERDER, Kritische Wälder. Oder Betrachtungen über die Wißenschaft und Kunst des Schönen. Viertes Wäldchen (entst. 1769, ersch. 1846), in: HERDER, Bd. 4 (1878), 130.
55 HERDER, Plastik (1778), in: HERDER, Bd. 8 (1892), 17.
56 HERDER, Ueber die Würkung der Dichtkunst auf die Sitten der Völker in alten und neuen Zeiten (entst. 1778, ersch. 1781), in: ebd., 434.
57 HERDER, Anmerkungen über zwei griechische Epigramme. Zweiter Theil der Abhandlung (1786), in: HERDER, Bd. 15 (1888), 341.
58 FRIEDRICH GOTTLIEB KLOPSTOCK, Die deutsche Gelehrtenrepublik, ihre Einrichtung, ihre Gesetze, Geschichte des letzten Landtags (1774), in: Klopstock, Sämmtl. Werke, Bd. 12 (Leipzig 1823), 12.

andererseits, was seinen Körper bildet, »eine lebhafte Darstellung desselben«. Der Rückbezug auf die rhetorischen Kategorien der inventio (als der Sammlung des Stoffs) und der elocutio (als der stilistischen Ausgestaltung) schlägt hier durch: »Nicht die Erfindung, sondern die Darstellung des Stoffs, ist das eigentliche Werk der Kunst. Durch die Wahl des Stoffs zeiget sich der Künstler als einen verständigen und rechtschaffenen Mann, durch seine Darstellung, als einen Künstler.«[59] Darstellung ist dem Theoretiker das, »wodurch das Werk eigentlich zum Werke des Geschmaks wird«[60].

Bei Sulzer, der an diesen und den hier noch folgenden Formulierungen unverändert bis zur letzten Fassung seiner *Allgemeinen Theorie* (1792–1799) festhält, wird deutlich, daß die Worte Darstellen und Darstellung durch die metaphorische Verschiebung und speziell durch die Anfang der 70er Jahre des 18. Jh. einsetzenden neuen Anstöße von Herder, Klopstock und Gottfried August Bürger das frühere Bedeutungszentrum nicht verlieren. Es ist zwar eine Art Vergeistigung zu sehen, zugleich aber auch, wie ein Kern des Begriffs erhalten, ja gestärkt wird: nämlich der Bezug auf Handlungen oder Beziehungen, durch die bzw. in denen etwas der sinnlichen Wahrnehmung unterbreitet, ihr zur Verfügung gestellt wird, möglichst in so deutlicher Form, als ob der Gegenstand »vor unsern Augen gemahlt wäre, Leben oder Bewegung hätte«[61]. Darstellung ist auf diese Art ins Ästhetische eingebunden, sie ist Ermöglichung von Aisthesis, von Wahrnehmung. Diese Wahrnehmung ist nicht als besinnungslose Aufnahme, sondern als reflektierendes Verhalten gedacht – darin angeregt auch durch die Art des Begegnenden, »die würklich

vorhandenen Kräfte der Natur, besonders die Seelenkräfte des Menschen, nach ihrer eigentlichen und wahren Beschaffenheit darzustellen«[62]. Der so behandelte Stoff ist von solcher Art, daß er sich der Einbildungskraft oder »der Vorstellungskraft lebhaft einpräget, und in dauerndem Andenken bleibt«[63].

Durchaus in Übereinstimmung mit Sprachkonventionen noch am Ende des 18. Jh., spricht Sulzer oft von ›Vorstellung‹, wo das unter ›Darstellung‹ beschriebene Verhältnis vorliegt, so z. B. von der Fähigkeit der Dichtung, eine »Vorstellung des möglichen« zu geben, »als ob es würklich wäre«[64]. Trotz des elaborierten Begriffs Darstellung behandelt er die beiden Wörter weitgehend als deckungsgleich, was insoweit Traditionslinien folgt, als auch ›vorstellen‹ (und ›fürstellen‹) bei ihrem Start im Neuhochdeutschen für lateinisch praesentare, ostendere, demonstrare, proponere, docere stehen konnten. Erst nach und nach wird ›vorstellen‹ im Sinne eines durch Zeichnung, Malerei, Plastik, Schrift usw. vollzogenen Vorgehens durch ›darstellen‹ verdrängt und selbst nicht ausschließlich (wie der Gebrauch im Hinblick auf schauspielerische Darstellung und auf Theateraufführungen zeigt), aber charakteristisch auf den Bezug eingeschränkt, in dem etwas vor die innere Anschauung, Überlegung, Denktätigkeit gebracht wird. Doch ist der Unterschied der Termini in der *Allgemeinen Theorie der Schönen Künste* schon deutlich markiert, nicht zuletzt in der Formel, daß die Darstellung Eindruck in der Vorstellung machen soll. Das Bestreben, diese Differenz zu akzentuieren, wird um die Jahrhundertwende allgemein.

Versuche zu einer ›allgemeinen Sprachlehre‹ (August Ferdinand Bernhardi, Johann Severin Vater, Karl Heinrich Ludwig Pölitz, Georg Reinbeck u. a.), die mit einer Tätigkeitsauffassung von Sprache verknüpft sind und so die bekannte semiotische Relation zwischen Bezeichnetem und Bezeichnendem um Bezüge des Handelns, die pragmatischen Relationen erweitern, gehen in dieser Zeit »vom neueren Begriff der Darstellung aus«[65]. Man versucht dabei, den Unterschied zwischen Darstellung und Vorstellung präzise herauszuarbeiten: Das »Wort *repraesentatio*, wie es in neuern Sinn gebraucht wird, deutet offenbar auf die enge Verwandtschaft zwischen vorstellen und darstellen hin; und ist durch die Ableitung von *praesentia*, welche

---

59 ›Werke des Geschmaks. Werke der Kunst‹, in: JOHANN GEORG SULZER, Allgemeine Theorie der Schönen Künste in einzeln, nach alphabetischer Ordnung der Kunstwörter auf einander folgenden, Artikeln abgehandelt, Bd. 2 (Leipzig 1774), 1267.
60 Ebd., 1268.
61 ›Farben. (Dichtkunst.)‹, in: ebd., Bd. 1 (1771), 373.
62 ›Erdichtung. (Schöne Künste.)‹, in: ebd., 332.
63 SULZER (s. Anm. 59), 1268.
64 SULZER (s. Anm. 62), 331.
65 GEORG MICHAEL ROTH, Grundriß der reinen allgemeinen Sprachlehre zum Gebrauche für Akademien und obere Gymnasialklassen entworfen (Frankfurt a. M. 1815), V f.

auf Anschauen hindeutet, und die Sylbe *re*, welche eine Wiederholung anzeigt, sehr charakteristisch gebaut. Weit schärfer aber sondert die teutsche Sprache [...] durch die Sylben *vor* und *dar*, welche ursprünglich, Verhältnisse im Raum anzeigen, mit dem Unterschiede: daß jenes eine Thätigkeit von außen nach innen anzeigt, dieses eine von innen nach außen.«[66] Die beiden Begriffe werden auf diese Weise nicht wie im Denken von Leibniz epistemologisch oder aber ontologisch orientiert; sie scheinen für die Lösung des Problems strukturiert zu sein,»wie Bewußtseinsinhalte, Gedanken der Individuen, deren Beziehung zur Wirklichkeit [...] im Begriff der ›Vorstellung‹ vorausgesetzt wird, in Abhängigkeit von notwendigen, natürlichen oder gesellschaftlichen Bedürfnissen oder als Äußerung freier Selbsttätigkeit anderen übermittelt oder schlechthin, zunächst ohne den Blick auf eine unmittelbare Rezeption, äußerlich manifestiert werden können«[67].

Nach einem allgemeinen System der Darstellung wird in dieser Theorieentwicklung gefragt, die Darstellung als Darstellung einer Vorstellung bestimmt und – im Rahmen verstärkter Aufmerksamkeit für Kommunikation – die Besonderheit der sprachlichen Darstellung als »Mittheilung durch artikulirte Töne«[68] versteht. Die auf die materiale Wirklichkeit der Sprache gerichtete ›Tätigkeit nach außen‹, die in ihr sich vollziehende Darstellung als Darstellung von Gedanken durch artikulierte Töne, die Korrelation von Darstellung und Vorstellung und die dadurch gegebene Möglichkeit der Kommunikation mit anderen werden in dieser Strömung der Sprachwissenschaft immer wieder akzentuiert. Wilhelm von Humboldt, der Sprache als ein menschliches Vermögen, als eine Kraft, als einen mit anderen Tätigkeitsformen verbundenen aktiven Apparat auffaßt, wandelt diese Akzentuierung entscheidend ab: Es geht ihm nicht schlicht um die äußere Darstellung von Vorstellungen als schon fertigen Ergebnissen, sondern um eine Aktivität, die bei und durch Darstellungen zu weiterführendem Denken gelangt und dabei auch die Gegenstände erzeugt, insofern sie Objekte menschlichen Denkens sind: »Die Sprache stellt offenbar unsere ganze geistige Thätigkeit subjectiv (nach der Art unsres Verfahrens) dar«[69]. Spätere resümierende Lexikon-Einträgen

können sich auf die von hier aus gängig werdenden Unterscheidungen stützen. In den 30er Jahren des 19. Jh. bestimmt Wilhelm Traugott Krug, einer der Nachfolger auf Kants Königsberger Lehrstuhl, »*Darstellung* in ästhetischer Hinsicht« als die »Thätigkeit, durch welche der schöne Künstler sein Inneres in ein äußerlich Wahrnehmbares verwandelt; wodurch er also« – über Darstellungsmittel wie bedeutsame Töne, bildsame Gestalten, ausdrucksvolle Bewegungen – »das für Andre verwirklicht, was in ihm selbst lebt und webt«[70]. Solche Darstellung findet nach Krugs *Handwörterbuch* in jeder Art von schöner Kunst statt. »*Darstellende* oder *repräsentirende* Künste heißen« gleichwohl »insonderheit die *mimischen* Künste«, in denen der Künstler »sich selbst als eine Art von Kunstwerk dem Zuschauer darstellt, mithin diesem gegenwärtig zur lebendigen Anschauung sein muß«[71]. »*Vorstellung* (repraesentatio)« wiederum wird zunächst ganz ähnlich als »eine äußere Thätigkeit« charakterisiert, »durch welche wir etwas vor uns selbst oder auch vor Andern hinstellen«. Doch gilt dies nur für die ›eigentliche‹ Bedeutung. Das Interesse liegt hingegen auf der uneigentlichen Bedeutung, auf der mit der äußeren Tätigkeit verbundenen inneren, durch welche »etwas unsrem Bewusstsein vergegenwärtigt wird«, deren inneres Erzeugnis eine Vorstellung ist (»Anschauung, Empfindung, Begriff, Gedanke und Idee«), »ein mehr oder weniger klares und treffendes Abbild von irgend Etwas, welches der *Gegenstand* oder das *Object* der Vorstellung heißt, wie das *Ich* selbst das *Subject* derselben«[72].

66 AUGUST FERDINAND BERNHARDI, Sprachlehre, Bd. 1 (Berlin 1801), 15.
67 WERNER NEUMANN, ›Handeln‹ und ›Repräsentation‹ in den Sprachauffassungen an der Wende vom 18. zum 19. Jahrhundert, in: Linguistische Studien, Reihe A, H. 162 (Berlin 1987), 16.
68 ROTH, Antihermes oder philosophische Untersuchung über den reinen Begriff der menschlichen Sprache und die allgemeine Sprachlehre (Frankfurt/ Leipzig 1795), 30 f.
69 WILHELM VON HUMBOLDT an Schiller (Sept. 1800), in: Humboldt, Werke in fünf Bänden, hg. v. A. Flitner/K. Giel, Bd. 5 (Darmstadt 1981), 195.
70 ›Darstellung‹, in: KRUG, Bd. 1 (1832), 562.
71 ›Darstellende oder repräsentirende Künste‹ in: ebd., 562.
72 ›Vorstellung‹, in: KRUG, Bd. 4 (1838), 440.

Friedrich Theodor Vischer bewegt sich mit seiner *Ästhetik* (1846–1858) weiter in diesem Umkreis und setzt zugleich einen neuen Akzent. Er führt zunächst eine Bestimmung von Karl Wilhelm Ferdinand Solger an, der die Kunst der praktischen Philosophie zuordnet: »Sie bringt etwas aus dem Gedanken hervor, das sie in die Objecte verpflanzt, das aber durch diese selbst niemals gegeben ist, sondern einzig und allein aus dem Bewußtsein erzeugt wird. Indem wir nun unsere Gedanken an äußeren Objecten darstellen, so handeln wir.«[73] Vischer nimmt Solgers Konzept einer Darstellung von Gedanken an äußeren Objekten auf, wendet sich allerdings gegen eine Gleichsetzung von Handeln und Darstellen, von »der ethischen und der ästhetischen Tätigkeit«: »Das Handeln ist eine Tätigkeit, welche von dem Zwiespalte zwischen Subjekt und Objekt ausgeht und mitten im Drange des Zweckes steht, der noch nicht verwirklicht ist [...]; das Darstellen ist über diesen Zwiespalt hinaus, ein Inneres wird aus freier Notwendigkeit und in vollem Flusse zu einem Äußeren, nicht mit der Absicht, die Außenwelt materiell zu verändern, sondern nur, schlechtweg sich zu manifestieren.«[74] Und er hebt hervor, daß der Nerv, der die Anschauung aufnimmt, »nicht notwendig, daher auch nicht immer dem Willenszuge von innen nach außen, dem Drange zur Darstellung ein williges Organ« wird, daß das »Talent des innern Bildens« nicht immer auch ein »Talent der Ausführung« ist, und daß auch ein »Talent der Darstellung« mit dem »spröden Stoffe«[75], dem für die Darstellung benötigten Material zu kämpfen hat. Vischer wendet sich damit gegen die Vorstellung Friedrich Schleiermachers, das »innere Bild« sei »das eigentliche Kunstwerk« (14): »Wir haben zwar aufgestellt, daß die Technik vom Innern aus bestimmt sei, allein ebenso wahr ist, daß die Bewegung von außen nach innen geht, d. h. daß in und mit der Ausführung erst das innere Bild vollendet wird; es ist eine untrennbare Wechselwirkung.« (15)

Die Entfaltung des modernen Bedeutungsspektrums von Darstellen/Darstellung und der in ihm hervortretenden Akzentuierungen ist am Anfang des 19. Jh. weitgehend abgeschlossen. Man findet in den Folgejahren vor allem Varianten, die schon Angelegtes wiederholen und nuancieren, so in den Wörterbüchern von Ignaz Jeitteles (1835–1837) oder Wilhelm Hebenstreit (1843). Für den ersten ist Darstellung ein Begriff der Ästhetik. Er bezieht sich auf die »eigenthümliche Art der Thätigkeit eines Künstlers, einen Gegenstand durch auf das Gefühlsvermögen wirkende Versinnlichung zur Anschauung zu bringen«, die in ihm wohnende Idee zu verwirklichen. Dies geschieht je nach Kunstsphäre in besonderen »Darstellungsweisen«, durch »Darstellungsmittel« wie Töne, Farben, Worte, Bewegungen, Formen und gemäß einem von der Einbildungskraft abhängigen »Darstellungsvermögen«, der Fähigkeit, charakteristische Merkmale eines Gegenstandes »mit künstlerischer Begeisterung und Besonnenheit aufzufassen«. Daß die Verbildlichung »mit Wahrheit, aber nicht in gemeiner Wirklichkeit, sondern mit poetischer Idealität« vor sich gehe, ist programmatische Aussage. Am häufigsten, so wird hier beobachtet und dabei ein zweiter neuer Bedeutungsakzent vermerkt, »gebraucht man den Ausdruck Darstellung von dem mimischen Künstler«, der »in der vom Dichter dargestellten Handlung sich selbst als Kunstwerk darstellt«[76].

Beide Akzente finden sich auch bei Hebenstreit wieder. Auf der einen Seite kennzeichnet er die darstellenden Künste (»poetische und musikalische Deklamation, Mimik, Schauspielkunst und Orchestik oder Tanzkunst«) als »*dienende* Künste«[77], die »nicht selbstthätig aus körperlichem Stoffe schaffen, sondern nur bestimmt sind, Kunstwerke eines Anderen, den inneren Geiste derselben gemäß und in möglicher Deutlichkeit zur Anschauung zu bringen« (169 f.). Und er vergröbert diese Bestimmungen noch, indem er die Bezeichnung »*vorübergehende* Künste« aufgreift, deren Leistungen momentan sind, deren Dasein »ohne Dauer und Folge ist«, nur eine »flatternde Erinnerung« hinterläßt, und indem er sich gegen ein »zu große Bedeutsamkeit« wendet, die man ihnen als Exempel von Kunst gegeben hat: Ohne Selbständigkeit und ohne Werkziel arbeitend, treten sie nach dieser Theorie »aus dem Kreise der eigentlichen Kunst in

---

73 SOLGER, 3 f.; vgl. VISCHER, Bd. 1 (1922), 8.
74 VISCHER, Bd. 1 (1922), 8.
75 Ebd., Bd. 3 (1922), 13.
76 ›Darstellung‹, in: JEITTELES, Bd. 1 (1835), 178.
77 ›Darstellende Künste‹, in: HEBENSTREIT (1843), 169.

jenen des Nachbildens und der Kunstfertigkeit« (170). Auf der anderen Seite forciert er auch den Idealitätscharakter der Darstellung: Sie ist »Ausführung oder Versinnlichung einer bestimmten Idee für Andere, bedingt durch ein früheres Auffassen und Durchdenken derselben«. In ästhetischer Hinsicht, als Handlung des Künstlers wird sie bestimmt als »äußere Formgebung«, die »Alles in sich« schließt, »was zu einer schönen Erscheinung der Idee nothwendig ist. In der Darstellung vereinigen sich also *Idee*, das Geistige oder Darzustellende, und *Form*, wodurch die Darstellung erfolgt oder die wahrnehmbare Erscheinung, das Sinnliche.«[78]

II. Exkurs zum Problem der Transformation

›Darstellung‹ gehört zu den Termini des ästhetischen Feldes, die mit einem Wort deutscher Herkunft gebildet wurden. Andere Termini aus einer längeren Tradition stehen in seiner Nähe, vor allem die Ausdrücke μίμησις (mimēsis) aus dem Griechischen und repraesentatio aus dem Lateinischen, die mit ›Mimesis‹ und ›Repräsentation‹ ihre deutschen Fremdwortentsprechungen haben.

Im Zuge der Aristoteles-Rezeption setzte man für ›Mimesis‹ – befördert auch durch die lateinische Wiedergabe mit imitatio – lange Zeit das deutsche Wort ›Nachahmung‹. Dieses Übersetzungsäquivalent stößt nach 1770 besonders bei Herder, Klopstock und Bürger auf entschiedene Kritik. Sie unterbreiten den Vorschlag, in diesem Zusammenhang besser von ›Darstellung‹ zu sprechen. So heißt es bei Herder: »Alle Regeln, die Aristoteles aus den Meisterwerken seiner Nation scharfsinnig abstrahirt, gehen aus dem Begriff der lebendigen *Darstellung* selbst hervor, einer Darstellung (μίμησις), die alle Seelenkräfte in uns beschäftigt, indem sie das Geschehene vor uns entstehen läßt, und es uns mit inniger Wahrheit zeiget.«[79] Oder bei Klopstock: »Nur selten ward die Natur von dem Griechen / Nachgeahmet; er stellte sie dar.«[80] Nur zögernd und durchaus selten folgt man diesem Vorschlag bei der Übersetzung z. B. der *Poetik* des Aristoteles oder der Dialoge Platons.

Aus der Zähigkeit der anderen Tradition erklärt sich die erneute Anstrengung des Schweizers Hermann Koller, der 1954 ein altgriechisches Bedeutungsspektrum vorführt, bei dem nicht ›Nachahmung‹, sondern ›Tanz‹ im Zentrum steht. Hierzu paßt auch ein zugehöriges Verb mit dem Sinn von ›durch Tanz zur Darstellung bringen‹, wobei mit ›Tanz‹ Rhythmus, musikalische Begleitung und erzählendes Wort verbunden sind.[81] ›Nachahmung‹, ›Darstellung‹ und ›Ausdruck‹ sind für Koller die Stichworte, mit denen mimēsis zu umschreiben wäre. Diese Ansichten sind vielfach diskutiert worden[82]; sie haben auch dazu geführt, bei ›Mimesis‹ das Moment der Nachahmung von allgemeinen Gegebenheiten des Aussehens, der Handlungen, der Äußerungen, das Moment der Nachahmung einer Person, das Moment des Nachschaffens eines Bildes in materieller Form wieder zu akzentuieren, ebenso dazu, das Moment der hierbei sich herstellenden Ähnlichkeitsrelationen zu betonen.

Eben diese Momente wirken mit, wenn nun im neueren Diskurs zur Kunst von ›Mimesis‹ gesprochen wird, noch dazu im leicht möglichen Austausch mit ›Darstellung‹: Mit beiden Ausdrücken sollen gerade Nachahmungs- bzw. Abbildbeziehungen ins Spiel kommen. Im Gebrauch des Adjektivs mimetisch tritt diese Bedeutung ebenfalls auf, da hier meist ein abbildender Gegenstandsbezug gemeint ist. Im deutschsprachigen Raum spielt Auerbach bei der Ausbildung eines derartigen Gebrauchs von Mimesis eine wichtige Rolle. Dieser Wortgebrauch ist nicht unproblematisch, weil sowohl Mimesis als auch Darstellung über die Abbild- und Ausdrucksbeziehung hinausreichen. Wohl auch aus diesem Grunde betont man in neueren Überlegungen ein anderes mögliches Moment von Mimesis: »Ästhetische Mimesis meint, wie der Blick auf älteste Gebrauchsformen lehrt, die *Vergegenwärtigung eines Abwesenden*. [...] Verge-

---

78 ›Darstellung‹, in: HEBENSTREIT (1843), 170.
79 HERDER, Kalligone. Vom Angenehmen und Schönen (1800), in: HERDER, Bd. 22 (1880), 147.
80 KLOPSTOCK, Der Nachahmer oder der Erfinder (1796), in: Klopstock, Sämmtl. Werke, Bd. 2 (Leipzig 1823), 217.
81 Vgl. HERMANN KOLLER, Die Mimesis in der Antike. Nachahmung, Darstellung, Ausdruck (Bern 1954), 119.
82 Vgl. GEBAUER/WULF (s. Anm. 6), 44–49.

genwärtigung von Abwesendem bedeutet: dieses wird, als Akt der *aisthesis,* durch das ästhetische Werk in die sinnliche Erfahrung gehoben. Es wird zur *ästhetischen Anschauung* gebracht. Nichtgesehenes wird sichtbar, Nichtgehörtes hörbar, Sprachloses sprechbar«[83]. Aus dieser Sicht können »Darstellung, Ausdruck, Nachahmung« nun wieder »Namen« der Mimesis oder mimetische »Modi« werden. Unter Darstellung wird dabei aber die »fiktive Vergegenwärtigung (ästhetische Modellierung) historisch-gesellschaftlicher Welt« als »handelnder Individuen« wie als »vorhandener Gegenstände«[84] verstanden. Gegen solche Verschleifungen bleibt die schon ältere Einsicht, daß der »Begriff Mimesis [...] als notion générale für die Künste«[85] längst fragwürdig geworden ist und daß man an der schon von Aristoteles erlangten Differenzierung festhalten sollte: Mimēsis, die Aristoteles in der Dramatik wie in der Dithyrambendichtung, im Flöten- und Kitharaspiel beobachtet, ist ihm nicht Verfahren aller der Äußerungen, die wir heute unter Kunst sortieren; sie ist von anderem – so von διήγησις (diēgēsis, Erzählung), εἰκάζειν (eikazein, bildhaft darstellen) oder von ἀπεικάζειν (apeikazein, abbilden) – wohl unterschieden.[86]

Von nicht geringerer Komplexität sind die Beziehungen im Verhältnis zwischen ›Darstellung‹ und ›Repräsentation‹. Terminologische Veränderungen am Ende des 18. und Beginn des 19. Jh. resümierend, kommt Krug zu der zusammenfassenden Differenzierung, die vom Moment der Vergegenwärtigung ausgeht: »*Repräsentation* (von repraesentare, vergegenwärtigen, vor- oder darstellen) heißt bald soviel als Vorstellung einer Sache, weil sie dadurch dem Gemüthe vergegenwärtigt wird, bald die Darstellung einer Sache zur äußern Wahrnehmung, bald aber auch die Vertretung einer Person durch eine andre, weil diese gleichsam jene als eine abwesende vergegenwärtigt, vor- oder darstellt.«[87] In der gegenwärtigen Umgangssprache meist auf ›Vertretung‹, auf (würdevolles o. ä.) ›Zurschaustellen‹ beschränkt, kann das Wort Repräsentation auch heute in qualifizierteren Texten das Moment von Vergegenwärtigung aufrufen, das im Bedeutungszentrum des Ausdrucks wirkt, und so auch auf die Vielfalt dessen gerichtet sein, was die Ausdruck Darstellung beinhaltet, speziell auf den Zeichencharakter der gegebenen Gestaltungen.

Eine einfache Gleichsetzung ist dabei möglich; so ist von einem »Darstellungs- oder Repräsentationsbegriff«[88] die Rede. Repräsentation läßt sich aber auch als eine der Darstellung übergeordnete Klasse von Relationen denken. So wird gesagt, »zeichenhaftes Repräsentieren« sei der »allgemein geläufige Begriff von ›darstellen‹«[89], Darstellung gehöre als »darstellende Repräsentation« in eine Hierarchie mit den jeweils übergreifenden Rubriken »mimetische Repräsentation«, »ästhetische Repräsentation«, »Repräsentation im allgemeinen«[90]. Solche Definitionen bleiben vage oder zirkulär, solange das Wort Repräsentation nicht näher bestimmt ist: Es eignet sich nicht zum schlichten Definitionsmittel, weil es selbst mehrdeutig ist. Darauf macht eine neuere begriffshistorische Skizze aufmerksam, wenn sie (wie es bereits seit dem Anfang des 19. Jh. vorkommt) unter Repräsentation die Verschiedenheiten von »Vorstellung«, »Stellvertretung« und »Darstellung« vorkommen läßt und letztere als »strukturerhaltende Abbildung durch Bilder, Symbole und Zeichen aller Art«[91] charakterisiert. Auf einem Unterschied zwischen Darstellung und Repräsentation (oder auch von Darstellen und Vertreten) zu bestehen ist produktiv, u. a. weil so gezeigt werden kann, daß gerade die besondere historisch-soziale Bestimmtheit der Intention und Funktion von Interessenvertretung (in diesem Sinne Repräsentation) die Art von Darstellung in demonstrativen Auftritten, Texten und Bildern mit prägt.[92]

Bei der Übersetzung vergrößern sich die Schwierigkeiten im Verhältnis von Wort und Be-

---

83 THOMAS METSCHER, Ästhetik und Mimesis, in: Metscher u. a., Mimesis und Ausdruck (Köln 1999), 67 f.
84 Ebd., 68.
85 WILHELM GIRNUS, Zweitausend Jahre Verfälschung der aristotelischen ›Poetik‹ (1969), in: Girnus, Wozu Literatur? (Leipzig 1976), 197.
86 Vgl. ebd., 194–197.
87 ›Repräsentation‹, in: KRUG, Bd. 3 (1833), 515 f.
88 MITCHELL (s. Anm. 24), 17.
89 WINFRIED MENNINGHAUS, ›Darstellung‹. Friedrich Gottlieb Klopstocks Eröffnung eines neuen Paradigmas, in: Hart Nibbrig (s. Anm. 11), 209.
90 SAUERBIER (s. Anm. 14), 83.
91 ECKART SCHEERER, ›Repräsentation‹, in: RITTER, Bd. 8 (1992), 790.
92 Vgl. WEIMANN (s. Anm. 12), 18.

griff. Häufig wird konstatiert, etwa mit Berufung auf Philippe Lacoue-Labarthe und Jean-Luc Nancy,»Darstellung« habe »no adequate equivalent in either English or French«[93] – auch wenn es üblich ist, représentation/representation als Entsprechungen anzusehen: Die Wörter weisen in den verschiedenen Sprachen unterschiedliche Herkünfte auf, die bis heute differierende Konnotationen bewirken; vor allem aber unterscheiden sich in den verschiedenen Sprachen die Spektren der Bedeutungshöfe bei den genannten Wörtern, so daß sich jeweils andere Verfransungen der semantischen Linien ergeben. In diesem Sinne konstatiert Ernst H. Gombrich im Vorwort von 1978 zur 2. deutschen Ausgabe seines Buches *Art and Illusion* (1960):»Gliedert doch jede Sprache die Begriffswelt anders auf«[94].

Nach Vilém Flusser wäre einem Engländer zu erklären, die Bedeutung des Wortes darstellen sei ungefähr die »Grauzone, in welcher sich die Bedeutungen von ›to represent‹, ›to expose‹ und ›to exhibit‹ überschneiden«[95]. Anderen wären in der Schnittfläche »rendering present«, »showing forth«[96] oder »depiction« (etwa im Sinne von »pictorial representation«[97]) wichtig. Martha B. Helfer will in einer begriffsgeschichtlichen Studie für Darstellung entweder presentation oder representation sagen und weiter regeln:»Any other designation for ›representation‹ in the original German (e. g., *Vorstellung, Repräsentation*) will be indicated in the text.«[98] Anders differenziert Lyotard, der représentation/représenter für deutsch Vorstellung/vorstellen und présentation/présenter für Darstellung/darstellen setzt. Auf bleibende Komplikationen verweist indirekt der Gebrauch des deutschen Wortes im französischen Text, so »Darstellungsvermögen« für »faculté de présenter« und »Darstellungsart« für »mode de présentation«[99]. In spezifischem Kantzusammenhang kommt es dabei zu einem bemerkenswerten Durchstreichen: »Avec Kant, une *Darstellung* n'est pas une présentation, c'est une mise en situation«[100].

Die Transferprobleme haben bei den oft in der Übersetzung auftretenden Ausdrücken représentation und representation eine Spitze. Diese Termini sind wie Darstellung vieldeutig, doch decken sich die in der Geschichte an sie angelagerten Bedeutungscluster nicht. Gombrich sucht in einem Wörterbuch Aufschluß darüber, ob das Wort representation für Darstellungszusammenhänge geeignet wäre: »To *represent*, we read, can be used in the sense of ›call up by description or portrayal or imagination, figure, place likeness of before mind or senses, serve or be meant as likeness of ... stand for, be specimen of, fill place of, be substitute for‹«; er fordert aber, aus der Vielfalt (die gegenüber der Quelle noch um die Varianten ›to depict as‹, ›to play‹, ›to symbolize‹, ›to act as embodyment‹ u. a. reduziert ist) eine genauere Auswahl zu treffen: »A portrayal of a horse? Evidently not. A substitute for a horse? Yes. That it is. Perhaps there is more in this formula than meets the eye.«[101] Daß die Auflösung mitunter unmöglich wird, zeigt am umgekehrten Verhältnis der Übersetzer von Michel Foucault. Er kommentiert die deutsche Fassung einer Zentralthese des Originaltextes (»la théorie de la représentation disparaît comme fondement général de tous les ordres possibles; le langage comme tableau spontané et quadrillage premier des choses, comme relais indispensable entre la représentation et les

---

93 MARTHA B. HELFER, The Retreat of Representation: The Concept of ›Darstellung‹ in German Critical Discourse (Albany, N. Y. 1996), 7; vgl. PHILIPPE LACOUE-LABARTHE/JEAN-LUC NANCY, L'Absolu littéraire (Paris 1978); engl.: The Literary Absolute, übers. v. P. Barnard/C. Lester (Albany, N. Y. 1988), 31.
94 ERNST H. GOMBRICH, Kunst und Illusion. Zur Psychologie der bildlichen Darstellung, übers. v. L. Gombrich (Stuttgart/Zürich 1986), 17.
95 FLUSSER (s. Anm. 18), 34.
96 INKA MÜLDER-BACH, Im Zeichen Pygmalions. Das Modell der Statue und die Entdeckung der ›Darstellung‹ im 18. Jahrhundert (München 1998), 17.
97 ALAN GOLDMAN, Representation: Conceptual and Historical Overview, in: M. Kelly (Hg.), Encyclopedia of Aesthetics, Bd. 4 (New York/Oxford 1998), 137.
98 HELFER (s. Anm. 93), 7.
99 JEAN-FRANÇOIS LYOTARD, Leçons sur l'Analytique du sublime (Paris 1991), 77, 186.
100 LYOTARD, Le Différend (Paris 1983), 101.
101 GOMBRICH, Meditations on a Hobby Horse or the Roots of Artistic Form, in: L. L. Whyte (Hg.), Aspects of Form: A Symposium on Form in Nature and Art (London 1951), 209; vgl. The Concise Oxford Dictionary of Current English, hg. v. F. G. Fowler/H. W. Fowler/E. McIntosh (London ⁴1951), 1035 f.

êtres, s'efface à son tour« – »Die Theorie der Repräsentation verschwindet als allgemeine Grundlage aller möglichen Ordnungen, die Sprache als spontanes Bild und ursprünglicher Raster der Dinge, als unerläßliches Relais zwischen der Repräsentation und den Wesen erlischt ihrerseits«) wie folgt: »Da im Deutschen die Polyvalenz von *représentation, représenter*, etc. nicht einheitlich wiedergegeben werden kann (Vorstellung, Darstellung, Vergegenwärtigung, Zeichen, Vertretung, Aufführung, ...), wird durchgängig Repräsentation, repräsentieren, etc. benutzt.«[102] Ein allgemeinerer Konsens für die Übertragungsregeln ist nicht in Sicht. Dieses Verhältnis zwischen den Sprachen verweist darauf, daß ein übergreifender verbindlicher Begriff Darstellung nicht gebildet worden ist.

Jüngere Arbeiten zum Problemumkreis des Begriffs merken die sprachlichen Wirrnisse oft an. Ein vollständiger komparatistisch-historischer Überblick über das mit Darstellung in Verbindung zu bringende Feld – vor allem Repräsentation, Präsentation, Mimesis, Performance, ferner Abbild, Ausdruck, Bild, Zeichen, Gestalt(ung) und die in den verschiedenen Sprachen dafür gebrauchten Vokabeln – ist bisher nicht gewonnen worden. Im vorliegenden Wörterbuch wird davon ausgegangen, daß die genannten Wörter bei all ihren Bedeutungsüberschneidungen auf je eigene Begriffskomplexe mit je eigener Geschichte weisen. Ihnen werden (bis auf ›Präsentation‹) eigene Artikel zugeordnet. Auf diese wird hier ausdrücklich verwiesen. Die Betrachtung von Darstellung versteht sich als deren vorsichtige Ergänzung, vor allem im Hinblick auf den durch das deutsche Wort gebildeten spezifischen Begriffszusammenhang, und prüft, ob bei dem Ausdruck Darstellung nur die Verfaserungen einer Verwandtschaft wirken oder sich ein Kristallisationskern durchhält. Es wird angenommen, daß ein solcher Kern in der Beziehung zu finden ist, die kurz ›Präsentation‹ heißen könnte. Es geht um das schon erwähnte Verhältnis eines ›Vor-Augen-Führens‹, dessen begleitende Geste man treffend mit der Formel »Schau, ich zeig dir was!«[103] verbalisiert hat.

III. Das Aufkommen des Begriffs unter dem Mantel der Nachahmung

1777/78 notiert Bürger, er wolle »Darstellung an den Platz« setzen, »wo sonst das erbärmliche Wort Nachahmung in den Poetiken stand«[104]. Er spitzt eine Zeittendenz zu und markiert einen Gegensatz, der nicht nur einen einzelnen Begriff betrifft. Das Nachahmungsparadigma, welches das Denken über die Künste lange Zeit bestimmt hatte, wird aufgekündigt. Weder heißt das, daß der Begriff Nachahmung mit Darstellung nichts zu tun gehabt hätte, noch daß der Begriff Darstellung nicht Nachahmung umfassen dürfe; es äußert sich jedoch entschieden ein theoriebestimmender Dominanzwechsel.

Für das deutsche frühaufklärerische Denken über die Künste ist Johann Christoph Gottscheds *Versuch einer Critischen Dichtkunst* (1730) kennzeichnend, seine auf einen Grundzug der Aristoteles-Rezeption (darin auch auf die Übersetzung von griechisch mimēsis mit imitatio/Nachahmung) gestützte Ansicht, daß »das Hauptwerk der Poesie in der geschickten Nachahmung bestehe«[105]. Eine speziellere Fassung findet dies in der gegen höfische Künstelei und städtische Verrohung, für Rationalität und Mäßigung auftretenden Norm, der Poet habe nachzuahmen, »was wir Menschen zu thun pflegen, oder wahrscheinlicher Weise gethan haben könnten, thun sollten, oder thun würden, wenn wir in solchen Umständen befindlich wären« (98). Die berufene Wahrscheinlichkeit wird bestimmt als »die Aehnlichkeit des Erdichteten, mit dem, was wirklich zu geschehen pflegt« (198). Angesprochen ist der Gesamtbereich der schönen Künste (Maler, Musikverständige, Bildschnitzer werden genannt), so sehr auch von der Verschiedenheit die Rede ist in der ›Art‹ der Nachahmung und ihrer ›Mittel‹ (so von Pinsel und Farben, Takt und Harmonie, taktmäßig abgemessener und

---

102 MICHEL FOUCAULT, Les mots et les choses (Paris 1966), 14; dt.: Die Ordnung der Dinge, übers. v. U. Köppen (Frankfurt a. M. 1971), 26.
103 HART NIBBRIG (s. Anm. 11), 8.
104 GOTTFRIED AUGUST BÜRGER, Von der Popularität der Poesie (entst. 1777–1778), in: Bürger, Sämtl. Werke, hg. v. G. u. H. Häntzschel (München/Wien 1987), 727.
105 GOTTSCHED (DICHTKUNST), 92.

III. Das Aufkommen des Begriffs unter dem Mantel der Nachahmung

wohleingerichteter Rede usw.). Johann Elias Schlegel verdeutlicht wenig später die Prinzipien des Gottsched-Kreises: In der Nachahmung gelte es, ein Bild hervorzubringen, welches seinem Vorbild ähnlich ist, »ein Werk, welches desto vollkommner ist, ie mehr Eigenschaften die nachgeahmte Sache von der wahrhaften an sich nimmt, welches desto mehr vergnügt, ie näher es ihr kömmt, und welches desto weniger gefällt, ie mehr es sich von ihr entfernt, ja welches uns so gar Misvergnügen machet, wenn wir Unähnlichkeiten daran wahrnehmen«[106]. Die Konventionsbestimmtheit dieses Denkens äußert sich in Schlegels Forderung, bei der Nachahmung seien Vorstellungen der Adressaten der Künste aufzunehmen.

Die Idee der Nachahmung färbt alle Beziehungen des Handelns in den schönen Künsten ein, läßt sie in bezug auf ihr Vorher weitgehend undifferenziert, auch wenn sich verschiedene Orientierungen andeuteten. Die in Gottscheds *Critische Dichtkunst* gebrauchten Vokabeln – ›abbilden‹, ›abschildern‹, auch ›ausdrücken‹, ferner ›schildern‹, ›vormalen‹, ›vorstellen‹, schließlich ›bilden‹, ›zusammensetzen‹, gleichfalls die substantivischen Varianten ›Nachbild‹, ›Ausdruck‹, ›Beschreibung‹[107], in Boileau-Zitaten auch ›jouer‹, ›peindre‹, ›rendre aux yeux‹, ›offrir images‹[108] – können deshalb mit ›nachahmen‹ bzw. ›Nachahmung‹ und so untereinander leicht ausgetauscht werden. Spezifisches der künstlerischen Verfahren dringt dagegen hervor, wenn es heißt, zur Dichtkunst gehörten »lebhafte Beschreibungen« (100), »lebhafte Schilderey« (142), »Bilder« (143) und auch die Einführung redender Figuren. Gerade dies wird später unter dem Namen Darstellung gefaßt – ›darstellen‹ erscheint dann als das dominante Austauschwort in der genannten Vokabelreihe.

Der Theorie eingezeichnete Oppositionen geben dem Begriff Nachahmung jedoch Kontur, sie zeigen ihn zugleich als Vorbereiter der späteren spezifizierten Darstellungsidee: Der Poet habe, wie beschrieben, nachzuahmen, nicht aber der Vertreter der »Rechtsgelehrsamkeit, Arzneykunst und andrer Wissenschaften« (99); nicht der »Redner« (98), der die Leute überredet, etwas für wahr oder falsch zu halten, etwas zu tun oder zu lassen; nicht der »Weltweise« (99), der Philosoph, der Gründe von der Möglichkeit aller Dinge zu untersuchen

lehrt; nicht der »Geschichtsschreiber« (98), der getreulich wirkliche Begebenheiten zu erzählen, historische Nachrichten zu übermitteln hat. Eine Reinheit der Geschichtsschreibung liegt Gottsched am Herzen: Sie solle nicht in rhetorischer Abbiegung moralisierende und »politische Anmerkungen« in die Erzählung mischen (wie sie dem »Sittenlehrer« bzw. »Staatskündigen« anstünden), und sie solle auch nicht »poetische Kunststücke« gebrauchen, nicht wie die Leute der Dichtkunst mit »Bildern« und »erdichteten Reden« (99) operieren und »Proben von der dichtenden Einbildungkraft« geben, um mit »einer andern Kunst Hülfe« (100) die trockene Erzählung etwas anmutiger zu machen. Die diese Argumentation auszeichnende Koppelung von Zielstellungen, Verfahren und Profession (auch an der Universität) verweist auf einen Prozeß der Ausdifferenzierung von Wissensbereichen, der das 18. Jh. kennzeichnet; keineswegs geht es lediglich um eine isolierte Bestimmung der Eigenart der schönen Künste. Der spätere Rector Magnificus der Leipziger Universität sorgt sich hier bereits um die Ordnung der Fakultäten.

Auf den späteren Begriff Darstellung weist aber auch die in gesonderten Kapiteln behandelte Schwierigkeit voraus, die Fälle der Allegorie, des Einbeziehens von mythischen, religiösen, märchenhaften Figuren und Situationen sowie selbst solche Verfahren wie die Verwirrung der Fabel, das Wirken von Zufall und ungewöhnlichen menschlichen Entschließungen, ja überhaupt alles, was in der Poetik des 18. Jh. unter die Kategorie des Wunderbaren fällt, in die Regel der Nachahmung, der von ihr zu leistenden Ähnlichkeit und Wahrscheinlichkeit zu zwängen. Enormer Scharfsinn ist nötig, durch die Einführung von angenommenen Bedingungen auch dem zuerst Unwahrscheinlichen (wie z.B. in den Äsopischen Fabeln) den Charakter der »bedingten Wahrscheinlichkeit« (199) zu geben. Einen vergleichbaren Scharfsinn kann man zehn Jahre später noch bei Johann Jakob

---

[106] JOHANN ELIAS SCHLEGEL, Abhandlung, daß die Nachahmung der Sache, die man nachahmet, zuweilen unähnlich werden müsse (1745), in: J. E. Schlegel, Aesthetische und dramaturgische Schriften (Heilbronn 1887), 97 f.
[107] Vgl. GOTTSCHED (DICHTKUNST), 98–100.
[108] Vgl. ebd., 112 f.

Breitinger beobachten. Er legt Wert auf die Anmerkung, »daß der Poet, dessen Kunst in einer geschickten Nachahmung der Natur bestehet, sich wenig darum bekümmert, daß seine Vorstellungen vor wahrhaft und würklich angesehen werden; er kan diese Sorge dem Geschichtschreiber überlassen, weil er seinen Zweck erreichen, und durch die blosse Aehnlichkeit seiner Vorstellungen mit der Wahrheit ein nützliches Ergetzen verschaffen kan, wenn solche sich nur auf die Wahrscheinlichkeit gründen, und nicht unglaublich sind. Sein gantzes Vermögen bestehet in der geschickten Verbindung des Wunderbaren mit dem Wahrscheinlichen«[109].

Bei Johann Elias Schlegel zeigt sich zur gleichen Zeit, wie die im fortschreitenden Denken der Aufklärung immer deutlicher hervortretenden Antinomien der Nachahmung selbst bei großer Scharfsinnigkeit an die Grenze ihrer Auflösbarkeit geraten. Überall höre man »itzt [...] den Namen der Nachahmung der Natur«, konstatiert Schlegel, der als Student mit diesen Thesen 1741 in Gottscheds Rednergesellschaft auftritt. Nicht so verbreitet sei allerdings der »wahre und vollständige Begriff der Nachahmung«[110], wie er doch für Baumeister, Maler, Bildhauer, Dichter Bedeutung habe. Zu diesem gehöre die bislang unvermerkt beobachtete, nicht deutlich erkannte, nun zu explizierende Regel, »daß man zuweilen die Nachahmung der Sache, der man nachahmet, unähnlich machen soll«. Man mußte wohl gerade erst zweiundzwanzig Jahre alt und durch Schulpforta gegangen sein, um sich in geschliffen attischer Rede unverfroren dem Widerspruch zu stellen, »daß in einer Sache Aehnlichkeit und Unähnlichkeit beysammen seyn sollen«[111].

1745 (ein Jahr vor *Les beaux Arts réduits à un même Principe* von Charles Batteux, der ihn damit aus dem Felde schlägt) vollendet Schlegel die *Abhandlung von der Nachahmung*. Sie soll den »Grund von vielen Künsten« untersuchen, auf dem immer noch »die sichersten Regeln der Malerey und Musik«, der Bildhauerkunst und auch der Dichtkunst zu beruhen scheinen, und dafür gilt es, »die Begriffe fest zu stellen«. Schlegel schlägt vor, man solle nur »eine Handlung, da man die Absicht hat, etwas einer andern Sache ähnliches hervorzubringen«, »Nachahmung«[112] nennen und nicht auch »diejenige Sache, die in der Absicht hervorgebracht wird, daß sie einer andern ähnlich seyn soll«. Die solle vielmehr, um Äquivokationen zu vermeiden, »Bild« heißen. Worauf sich das Bild in seiner Ähnlichkeit beziehe, solle den Namen »Vorbild« tragen. »Aehnlichkeit« wird dann – in einem vorgreifenden Verständnis der unaufhebbaren Partialität der Beziehung, der in ihr möglicherweise vorliegenden Strukturisomorphie oder doch -analogie, die in mathematisierter Form vorgestellt wird – als eine Relation bestimmt, bei der die Teile der einen Sache, des Bildes, »eben die Verhältniß unter sich haben, welche unter den Theilen des anderen«[113], des Vorbildes, ist. Das ›Bild‹ ist dabei für Schlegel – wieder in vorgreifendem Verständnis – das hier vorliegenden, in einem homogenen Medium[114] hergestellten Figuration – etwas einem »Subject« Angehängtes. Das »Subject« (für Gottsched ›Mittel‹, für Schlegel aber eines der »Hauptdinge«[115]) ist die für sich bestehende Sache, worin nachgeahmt wird – der Stein für den Bildhauer, die Tafel für den Maler (worauf sie die Dinge, wie wir sie sehen, »vorstellen« oder auch sich vornehmen, »die Bilder mit eben den Farben darzustellen, darinnen man die Sachen selbst erblicket«[116]) und, in Verdoppelung dieser Beziehung, die auf Wellen der Luft beruhenden Töne für die Musik, abgemessenen Wörter, Verse für die Dichtkunst[117].

In diese Theorie wird nun entschieden eine wirkungsästhetische Argumentation einbezogen. Nachahmung ist von anderer Art als die Tugend, derer man sich um ihrer selbst willen befleißigt. In aufklärerischer Tradition wird das Vergnügen als Zweck angesehen, ja forciert als der einen Selbstzweck setzende Hauptzweck der Künste bestimmt.

109 BREITINGER, Bd. 1, 298.
110 J. E. SCHLEGEL (s. Anm. 106), 96.
111 Ebd., 97.
112 J. E. SCHLEGEL, Abhandlung von der Nachahmung (1742–1745), in: J. E. Schlegel (s. Anm. 106), 107.
113 Ebd., 108.
114 Vgl. LUKÁCS (s. Anm. 3), 618–695.
115 J. E. SCHLEGEL (s. Anm. 112), 117.
116 J. E. SCHLEGEL, Schreiben an den Herrn N. N. über die Comödie in Versen (1740), in: J. E. Schlegel (s. Anm. 106), 10.
117 Vgl. J. E. SCHLEGEL (s. Anm. 112), 117 f.

III. Das Aufkommen des Begriffs unter dem Mantel der Nachahmung

Das Erfassen von Ähnlichkeit bleibt noch Voraussetzung dieses Vergnügens, doch gilt dabei die Bedingung, daß die »Aehnlichkeit und also auch die Ordnung, die sie hervorbringt, wahrgenommen wird« (136f.), »daß wir alles anwenden müssen, was denenjenigen, für die wir nachahmen, Bild und Vorbild deutlich vor die Augen stellet, und daß wir«, wie Schlegel ganz im Rahmen der Wolffschen Schule fordert, »unsre Nachahmungen nicht dunkel und undeutlich machen müssen« (137). Vor allem die Mattigkeit als die »größte Undeutlichkeit [...] in einem Gedichte« sei zu vermeiden: »Denn die Mattigkeit ist nichts anders, als ein Mangel derjenigen Dinge, welche die Bilder in der Einbildungskraft lebhaft machen.« (139) Schlegel sieht mehrere mögliche Fälle, in denen das Nachahmungsverhältnis außer Kraft gesetzt wäre, so auch zwei, die in spätere Bestimmungen des Darstellungsverhältnisses eingehen: 1. die Möglichkeit, daß das Bild ein Simulacrum wird, dem Vorbild so gleicht, daß der Aufnehmende das Wirkliche und das Nachgeahmte nicht mehr unterscheiden kann; 2. die Möglichkeit, daß der Nachahmende vergißt, »in seinem Leser eine Vorstellung des Bildes zu erwecken«, daß er »an statt der Beschreibungen nichts als die Namen der Dinge« (152), nur eine Aussage, nicht aber eine Nachahmung, gibt.

Noch entschiedener wird jedoch in Schlegels erstem Problemzugang die Notwendigkeit eines anderen Begriffs als desjenigen der Nachahmung spürbar. Dieser andere Begriff heißt nur selten ›darstellen‹, öfter jedoch ›vorstellen‹ – speziell im Fall des Theaters, »wo wir die Dinge nicht der Einbildungskraft durch die Beschreibung, sondern den Augen durch die Vorstellung zeigen müssen«[118]. Es scheint Schlegel notwendig, »daß man die Umstände seines Vorbildes zuweilen anders vorstellen muß, als sie wirklich sind; daß man öfters nur wenige Züge von derjenigen Sache, die man abschildert, behalten darf; kurz, daß man oft, wenn man nachahmet, die ganze Sache, der man nachahmet, so zu sagen, verwandeln muß« (98). »So ist derjenige im Nachahmen der allervollkommenste, welcher sein Vorbild nicht abschildert, sondern von neuem erschafft« (98f.). Von diesem Ansatz her werden Situationen, Personen in der Position des Vorbilds wichtig, die nicht zeitgenössisch, also

auch nicht beobachtbar sind und keinen Vergleich mit dem Bild erlauben; solche auch, bei denen der Poet falsche Begriffe von den Helden, z. B. vergangener Zeiten, und seine Einbildungskraft falsche Bilder hat, und solche schließlich, für die ein »Vorbild nirgends gefunden wird, niemals gewesen ist, und zu keinen Zeiten seyn wird« (102). Die Frage ist, was die Künste in solchem Fall anderes als Unähnlichkeit »bilden«. Diese Unähnlichkeit, meint der Theoretiker, müsse »nicht ein Fehler«, könne auch ein »Kunststück« (101) sein, wenn sie durch ihr Auftreffen auf die Begriffe oder doch auf die Neugierde der Kunstaufnehmenden Vergnügen bereite.

Lessings Schrift *Laokoon* bildet eine neue Stufe im Aufstieg des Begriffs Darstellung, auch wenn der Terminus hier immer noch selten und dabei polyvalent gebraucht wird. Noch findet sich der ursprüngliche unmetaphorische Gebrauch, wenn von einer »Darstellung der Zeugen«[119] gesprochen werden kann. Die noch erhaltene Möglichkeit, den körperlichen Sinn in der Bedeutung des Wortes zu mobilisieren, zeigt an, was in der Metamorphisierung mitschwingt. Wichtig aber werden neuere Verwendungsweisen, wie sie sich vor allem auf eine ›Ausführung‹ und ein ›Vor-Augen-Führen‹ richten.

Lessing betont, beim Artisten scheine die ›Ausführung‹ schwieriger als die ›Erfindung‹, und beim Dichter sei dies umgekehrt: »Denn der Ausdruck in Marmor ist unendlich schwerer als der Ausdruck in Worten; und wenn wir Erfindung und Darstellung gegen einander abwägen, so sind wir jederzeit geneigt, dem Meister an der einen so viel wiederum zu erlassen, als wir an der andern zu viel erhalten zu haben meinen.«[120] In der Reihe der Verwendungen des Terminus Darstellung findet sich dieser Sinn von ›Ausführung‹ häufiger wieder, auch wenn er sich konnotativ mit anderem mischt. Die Folge (bzw. der Gegensatz) von ›Erfindung‹ und ›Darstellung‹ (wofür auch ›Ausdruck‹ stehen kann) weist dabei auf ein Grundmuster der Rheto-

---

118 J. E. SCHLEGEL (s. Anm. 106), 104.
119 GOTTHOLD EPHRAIM LESSING, Laokoon: oder Über die Grenzen der Mahlerey und Poesie (1766), in: LESSING (LACHMANN), Bd. 9 (1893), 116.
120 Ebd., 78.

rik zurück, auf die Ordnung der gestuften Mittel der Rede, speziell auf inventio (Erfindung, Sammlung des Stoffs) und elocutio (stilistische Ausgestaltung, Ausdruck).

Sulzer wird diese Orientierung von Darstellung ebenso aufnehmen wie Friedrich Schlegel, der die rhetorische Dreistufung von inventio, dispositio, elocutio als »Erfinden, Anordnen, Darstellen«[121] übersetzt. Das Gewicht, das in dessen aphoristischem Denken auf ›Darstellung‹ als Formung der philosophischen Äußerung fallen kann, ist aufschlußreich. Es verdeutlicht, daß Darstellung nicht allein aus dem von der Poetik tradierten Paradigma der Nachahmung herausgearbeitet wird, sondern auch aus der Rhetorik, ihrer Stufung, die mit ›Ausführung‹ die Formung eines bereits vorhandenen Gegenstandes umgreift. Es scheint, als gehe diese Transformation ebenfalls über den Einzelbegriff hinaus, als zeige die Fassung der elocutio als Darstellung eine Verschiebung im System der Rhetorik an. Darstellung ist in dieser Hinsicht nicht nachträglich schmückende Ausführung, sondern der Vorgang der in bestimmter Art zu realisierenden Setzung eines Darzustellenden insgesamt. Ihr können so auch die anderen Elemente des rhetorischen Feldes untergeordnet werden, sie kann sich gegen diese verselbständigen und autonom setzen. Die Frage nach dem »erkenntniskritischen Potential«[122] von Rhetorik findet so auch Antwort in der Darstellungslehre und nicht in einer Theorie der Erfindung oder der Materialordnung.

Das für den Begriff der künstlerischen Darstellung entscheidende Moment liegt nun in Lessings Bestehen auf der Sinnlichkeit und Lebendigkeit der Leistungen von bildender Kunst und Poesie. Er geht durchaus vom Paradigma der Nachahmung aus (für das Aristoteles' Mimesis-Konzept als Autorität aufgerufen wird). Über »Poesie und Mahlerey« heißt es in den Entwürfen zum *Laokoon*: »beydes sind nachahmende Künste; und sie haben alle die Regeln gemein, welche aus dem Begriffe der Nachahmung zu folgern«[123]. Und im Vorwort heißt es, diese Künste »stellen uns abwesende Dinge als gegenwärtig, den Schein als Wirklichkeit vor; beyde täuschen, und beyder Täuschung gefällt«[124]. Lessing übersetzt diesen Satz selbst ins Französische und deutet durch die Übertragung von vorstellen mit représenter an, weshalb er in seinem weiteren Text ›Vorstellung‹, ›Ausdruck‹ und ›Darstellung‹ als Äquivalente setzen kann: »Tous les deux [...] nous representent des choses absentes comme presentes, l'apparence comme realité; tous les deux font illusion, et cette illusion plait.«[125]

Zu beobachten ist, wie Lessing trotz des Aufrufs des Repräsentationsmodells in der *Laokoon*-Préface die Idee der Ähnlichkeit bei der Nachahmung transformiert. Nicht um die Proportionen-Übereinstimmung zwischen Vorbild und Bild, Urbildern und Nachbildern geht es ihm in erster Linie, sondern um ein »bequemes Verhältniß« zwischen den bei der Nachahmung gebrauchten »Mitteln, oder Zeichen« zu dem von ihnen Bezeichneten, den Gegenständen der Nachahmung bzw. den Präsenzen in der Vorstellung. Er stellt den Gegensatz der Gegenstände in arger Vereinfachung vor: Körper sollen Gegenstand der bildenden Kunst sein, Handlungen Gegenstand der Poesie, weil die Mittel der ersteren »Figuren und Farben in dem Raume«, die Mittel der anderen aber »artikulirte Töne in der Zeit«[126] sind und so auch verschiedenartige Gestalten bilden lassen: »coexistierende Compositionen« und »fortschreitende Nachahmungen«[127]. (Im wenig später geschriebenen Brief an Friedrich Nicolai differenzieren sich diese Verhältnisse durch eine genauere Betrachtung der Unterschiede zwischen natürlichen und willkürlichen Zeichen.[128]) Auf diese Weise soll dann die erhoffte Wirkung zustande kommen, sinnliche, lebhafte Vorstellung mit dem Schein von Leben zu evozieren. Dies kann nach Lessing auch dann eintreten, wenn ein vermittelter Eindruck Ausgangspunkt der Darstellung wird: »Der Mahler, der nach der

---

121 FRIEDRICH SCHLEGEL, Philosophische Fragmente (entst. 1798–1801), in: SCHLEGEL (KFSA), Bd. 18 (1963), 341.
122 MENNINHAUS (s. Anm. 89), 220.
123 LESSING, Entwürfe und unvollendete Schriften: Laokoon (entst. 1762–1769?), in: LESSING (LACHMANN), Bd. 14 (1898), 334.
124 LESSING (s. Anm. 119), 3.
125 LESSING (s. Anm. 123), 437.
126 LESSING (s. Anm. 119), 94.
127 Ebd., 95.
128 Vgl. LESSING an Friedrich Nicolai (26. 5. 1769), in: LESSING (LACHMANN), Bd. 17 (1904), 289–292.

Beschreibung eines Thomsons eine schöne Landschaft darstellet, hat mehr gethan, als der sie gerade von der Natur copiret.« Im ersten Fall wird »die Natur durch das Medium der Nachahmung des Dichters nachgeahmet«, muß man die Einbildungskraft anstrengen, bis man das Urbild vor sich zu sehen glaubt, muß man das Schöne »aus schwanken und schwachen Vorstellungen willkührlicher Zeichen« hervorbringen; im anderen Fall erfolgt die Nachahmung auf direktem Wege, man sieht sein Urbild vor sich, macht das Schöne »aus lebhaften sinnlichen Eindrücken«[129]. Die Unterscheidung zwischen Darstellung und Vorstellung ist im Inneren der Lessingschen Argumentation bereits klar vollzogen, wie sich in der mit einem Wertakzent versehenen Möglichkeit zeigt, aus vor dem Nachahmungsvorgang gewonnenen, ja von anderen erhaltenen Vorstellungen Darstellungen zu erzeugen.

Darstellung unter dem Gesetz der Täuschung sei »Darstellung sichtbarer Gegenstände«. Poesie und bildende Künste seien dafür freilich unterschiedlich geeignet und hätten dabei verschiedene Aufgaben, so daß nicht gefordert werden dürfe, das eine habe »der Seele durch das Ohr nicht mehr oder weniger« beizubringen, »als das andere dem Auge darstellen kann« (116), bzw. es müsse ein »poetisches Gemählde« in ein »materielles Gemählde« (92) zu verwandeln sein. Zur Verdeutlichung das die Wolffsche Rationalität ausdrücklich überholenden Wunsches nach Lebendigkeit sowie des aus der Illusionsforderung resultierenden Verlangens nach der Transparenz der Zeichen steht der Satz: »Der Poet will nicht bloß verständlich werden, seine Vorstellungen sollen nicht bloß klar und deutlich seyn; hiermit begnügt sich der Prosaist. Sondern er will die Ideen, die er in uns erwecket, so lebhaft machen, daß wir in der Geschwindigkeit die wahren sinnlichen Eindrücke ihrer Gegenstände zu empfinden glauben, und in diesem Augenblicke der Täuschung, uns der Mittel, die er dazu anwendet, seiner Worte bewußt zu seyn aufhören.« (101) In der Polemik gegen die vereinfachte ›Ut-pictura-poesis‹-Regel, in der Kritik der Beschreibung gibt Lessing zu bedenken, das von Johann Jacob Bodmer propagierte, eine wenig komplizierte Übereinstimmung zwischen Poesie und bildender Kunst suggerierende Wort »poeti-sches Gemählde« durch das aus dem Griechischen übernommene »Phantasie« sowie das Wort »Illusion« durch das von griechisch ἐνάργεια (enargeia, Deutlichkeit, lebendige Darstellung) abgeleitete »Enargie« (92) zu übersetzen. Lessing selbst jedoch vermeidet diesen Rückgriff auf die rhetorische Tradition; er faßt das Problem spielerisch mit Ideen des Malbaren und Malerischen im Horizont von Darstellung, die nun (wie schon in Platons und Aristoteles' Unterscheidung zwischen mimēsis und diēgēsis) gegen ›Erzählung‹ abgegrenzt wird: »Es giebt mahlbare und unmahlbare Facta, und der Geschichtschreiber kann die mahlbarsten ebenso unmahlerisch erzehlen, als der Dichter die unmahlbarsten mahlerisch darzustellen vermögend ist.« (91 f.)

IV. Das Hervortreten der Idee der Lebendigkeit

Seit dem Beginn der 70er Jahre des 18. Jh. erscheint das Wort Darstellung immer häufiger im Diskurs zu den schönen Künsten, wird mit definierten Bedeutungen zum Terminus. Der Begriff dient so auch ausdrücklich beim Aufbau von Theorien, auffällig z. B. bei Bürger (*Von der Popularität der Poesie*, 1778), Friedrich Leopold Stolberg (*Vom Dichten und Darstellen*, 1780), Herder (*Plastik*, 1787), Kant (*Kritik der Urteilskraft*, 1790), Schiller (sog. *Kallias-Briefe*, 1793), zur Jahrhundertwende erneut bei Herder (*Kalligone*, 1800, *Adrastea*, 1801– 1802). Klopstock spielt hierbei die Rolle eines Anregers. In den frühen 70er Jahren beginnt er – vermutlich durch Herder, durch den diesem aufgerufene Körperlichkeit im Wirken der Künste ermuntert –, von Darstellung zu sprechen. Der Hinweis auf sie setzt das eigene Programm epigrammatisch von der beschreibenden Poesie, vom Lehrgedicht ab: »Poesie, welche den Namen der descriptiven verdienet, / Hätten für Poesie niemals die Alten erkannt. / Deutscher, ward dir der Blick, Darstellung von der Beschreibung / Rein zu son-

---

129 LESSING (s. Anm. 119), 78.

dern; so stehn weisere Dichter dir auf«[130]. Am Ende des Jahrzehnts läßt Klopstock im philosophischen Dialog *Von der Darstellung* (1779) die seinem Selbst nachgezeichnete Figur befragen, was seine »Theorie von der Darstellung« sei. Er geht mit Recht davon aus, daß ein allgemeineres Interesse an seinem Nachdenken entstanden ist, in dem es nicht um einen einzelnen Begriff, sondern um einen Zugang geht, der das meiste »von den poetischen Theorien, die wir haben«[131], überflüssig machen soll.

»Darstellung«, so Klopstock mit stillschweigender Berufung auf Lessings *Laokoon*, wo in diesem Zusammenhang freilich von ›vorstellen‹ die Rede ist, »vergegenwärtiget, durch Hülfe der Sprache, das Abwesende in verschiednen Graden der Täuschung. Sie beschäftiget bey der Hervorbringung und bey dem Eindrucke, welche sie auf den Zuhörer macht, die ganze Seele«[132]. Die Emphase, die Darstellen auch nicht mit einem ›Vergegenwärtigen‹, sondern einem »Gegenwärtigen« von »Abwesendem«[133] gleichsetzt und so auf täuschende Präsenz zielt, ist hier noch gesteigert. Ein Gedicht, heißt es andernorts nüchterner, stellt »Handlung und Leidenschaft« dar, »wenn es ihnen [...] alle die Lebendigkeit giebt, deren sie, nach ihrer verschiednen Beschaffenheit fähig sind«[134]. Eine wegen ihrer partiellen Unschärfe nicht einfach nachvollziehbare, den Rahmen der rationalistischen Ästhetik sprengende Bestimmung wird gegeben: Johann Elias Schlegel will zugunsten von Eindeutigkeit eine besondere Handlung des Künstlers ›Nachahmung‹, das dadurch hervorgebrachte Ähnliche aber ›Bild‹ nennen; analog kann auch Klopstock mitunter der Handlung des Dichters den Namen Darstellung geben. Wichtiger aber ist, daß mit Darstellung eine evokative Leistung des Gedichts bezeichnet oder auch eine vom poetischen Werk präsentierte (eventuell schon bei dessen Produktion vorschwebende) Figuration, die gleichsam – eine ›Zauberei‹ – in ein eigenes bewegtes Leben voller Leidenschaft und Handlung verwandelt ist. So steht Darstellung als Textfunktion gegen Beschreibung und Abhandlung, die es zu der charakterisierten Täuschung des Lebendigkeitsscheins nicht bringen, die nicht die Seele, sondern nur das Urteil des Aufnehmenden beschäftigen. Mit Hilfe des Pygmalion-Mythos gibt Klopstock im Epigramm *Beschreibung und Darstellung* (1771) von diesem Gegensatz ein Modell: »In der Dichtkunst, gleicht Beschreibung der Schönheit Pygmalions Bilde, / Da es nur noch Marmor war; / Darstellung der Schönheit gleicht dem verwandelten Bilde, / Da es lebend herab von den hohen Stufen stieg.«[135]

Die am Unterschied von Darstellung und Beschreibung/Abhandlung ansetzenden wissenssoziologischen Passagen der *Gelehrtenrepublik* sind Zeugnisse des Prozesses der Spezialisierung von Wissenssphären im 18. Jh. Die verschiedenen Tätigkeiten von Darstellung und Abhandlung werden – ohne ganz strikte professionelle Abgrenzung, weil sie einander auch methodisch nicht starr gegenübergestellt sind – Zünften und deren Gruppen zugeordnet. Gezeichnet wird ein Bild von Arbeitsteilung, die mit gesellschaftlicher Hierarchisierung einhergeht. Die interessierenden zwei Gruppen der »darstellenden« und »abhandelnden«[136] Zünfte gehören zusammen den entdeckenden oder erfindenden »Oberzünften« (10) zu, unter denen sich Unterzünfte und schließlich der Pöbel befinden, in den verstoßen werden kann, wer z. B. nichts Neues erbringt. Grotesker ist jedoch die Taxinomie, die wohl schon damals Anlaß zur Belustigung hätte bieten können. Eine Art des wilden Denkens sieht die Dichter, Geschichtsschreiber und Redner (wie Oberrichter und Feldherren) als Repräsentanten der (hier nun poetisch und prosaisch) darstellenden Zünfte, die Gottesgelehrten, Naturforscher, Rechtsgelehrten (darunter Publizisten und Politiker), Mathematiker und Philosophen als Vertreter der abhandelnden Zünfte. Zu einer gemischten

---

130 KLOPSTOCK, Der Unterscheidende (ersch. 1804), in: Klopstock, Sämmtl. Werke, Bd. 7 (Leipzig 1823), 339.
131 KLOPSTOCK, Von der Darstellung (1779), in: Klopstock, Werke in einem Band, hg. v. K.-H. Hahn (Berlin/Weimar 1971), 272, 273.
132 KLOPSTOCK (s. Anm. 58), 12.
133 KLOPSTOCK, Der Unterschied (1771), in: Klopstock, Sämmtl. Werke, Bd. 1 (Leipzig 1823), 265.
134 KLOPSTOCK (s. Anm. 58), 310.
135 KLOPSTOCK, Beschreibung und Darstellung (1771), in: Klopstock, Werke und Briefe, hg. v. H. Gronemeyer u. a., Abt. Werke, Bd. 2 (Berlin/New York 1982), 19.
136 KLOPSTOCK (s. Anm. 58), 11.

Zunft dagegen rechnet Klopstock die Theoretiker der schönen Wissenschaften, Heraldiker, Scholiasten und Leute, die über vielerlei Themen kleine Schriften verfassen. Mit vorsichtiger Zurückhaltung wird vermutet, daß es sich bei den »Chymikern« wie bei den zur Mathematik gehörenden »Mechanikern« (14) vielleicht um eine echte dritte Gruppe, die herstellenden (oder, mit der älteren Bedeutung, auf diese Weise ›darstellenden‹) Zünfte handeln könnte.

Über solche Kuriosität hinaus ist jedoch die Mischung ontologischer, epistemologischer und psychologischer Argumentation von Belang, die der Fundierung der Idee des Unterschieds von Darstellung und Abhandlung dient. Nach Klopstock gibt es 1. wirkliche Dinge (so auch Handlungen und Leidenschaften), die man zu Gegenständen wählen kann; 2. »bloße Vorstellungen«, die man sich davon macht; 3. Vorstellungen, die »so lebhaft werden, daß diese uns gegenwärtig und beinah die Dinge selbst zu sein scheinen«. Diese kommen in einer bestimmten psychischen Disponiertheit vor: »Wer sehr glücklich oder sehr unglücklich und lebhaft dabei ist, der wird wissen, daß ihm seine Vorstellungen oft zu fastwirklichen Dingen geworden sind. Wie dieser die Gegenstände sich selbst darstellt, so stellt sie der Dichter andern dar«[137] – indem er die Zuhörer (günstiger als der für den langsameren äußeren Sinn zeichnende Künstler des Betrachter) zur Täuchung nicht einfach hinleitet, sondern hinreißt. In dieser wirkungsästhetischen Hinsicht, die das Darstellen auch als ein ›Zeigen‹ begreift, grenzt sich Klopstock von der Nachahmung und auch von Batteux, der im übrigen offenbar mit Gewinn gelesen wurde, ab: »Das Wesen der Poesie besteht darin, daß sie, durch die Hülfe der Sprache, eine *gewisse Anzahl* von Gegenständen, die wir *kennen* oder deren Dasein wir *vermuten*, von einer *Seite* zeigt, welche die *vornehmsten* Kräfte unserer Seele in einem so hohen Grade *beschäftigt*, daß eine auf die andere wirkt und dadurch die *ganze* Seele in Bewegung setzet.«[138] In produktionsästhetischer Perspektive wird Darstellung deshalb an eine Bedingung gebunden: Auch der große Dichter habe zu beachten, daß es Gegenstände gebe, die er selbst den fähigsten Lesern nicht darstellen könne; er habe zu bedenken: »Der Gegenstand muß darstellbar sein.« D. h., der Gegenstand muß viel und möglichst große und gute Handlung (oder wenigstens Bewegung), viel und möglichst edle Leidenschaft in sich begreifen, »sinnliche Schönheit« haben und »erhaben«[139] sein.

Darstellung wird so immer auch von Erdichtung (vom fiktionalisierenden Verfahren, von der Hervorbringung von Figurationen ohne konkreten Referenten) unterschieden. Das erste ist dem Gedicht wesentlich, sein gattungsbildendes Merkmal, das zweite aber fakultativ: »der Dichter kann wirklich geschehene Handlung, [...] er kann seine eignen Empfindungen zu seinen Gegenständen wählen«[140].

Klopstock entfaltet von hier aus einen Kanon der Darstellung, der in den Ausgangspunkten deren Repräsentationscharakter wieder ins Spiel bringt. Dabei werden im Grunde keine Regeln, sondern eher aus Erfahrung ableitbare Bedingungen formuliert, wenn es heißt, daß Darstellung hervorgebracht werden kann 1. durch Zeigen des »Gegenstands in seinem Leben« (denn »gezeigtes Leben bringt uns vornehmlich dahin, daß wir die Vorstellung ins Fastwirkliche verwandeln« [194]), 2. durch »genau wahren Ausdruck der Leidenschaft«[141] (denn der Dichter muß sich gefreut, muß geweint haben, wenn der Zuhörer sich freuen, weinen soll). Und es geht um Winke für Verfahren, die die Seele in Bewegung setzen sollen: um den Hinweis auf unvermutete Unordnung, schnelles Abbrechen des Gedankens, erregte Erwartung, die sorgsame Wahl edler Worte, »Wohlklang« und bedeutendes »Silbenmaß«, »beseelte Töne« (276) und – wieder in Punkte gefaßt –: um 3. »Einfachheit und Stärke«, 4. »Zusammendrängung des Mannigfaltigen«, 5. »die Wahl kleiner und doch vielbestimmender Umstände« (275), 6. »eine Stellung der Gedanken, daß jeder da, wo er steht, den tiefsten Eindruck macht«, 7. »Innerlichkeit oder Heraushebung der eigentlichen innersten Beschaffenheit der Sache«, 8. »Ernst«, 9. »herzlichen Anteil des Dichters an dem, was er sagt« (276).

---

137 KLOPSTOCK (s. Anm. 131), 273.
138 KLOPSTOCK, Gedanken über die Natur der Poesie, in: Klopstock, Werke in einem Band (s. Anm. 131), 258.
139 KLOPSTOCK (s. Anm. 131), 274.
140 KLOPSTOCK (s. Anm. 58), 310.
141 KLOPSTOCK (s. Anm. 131), 275.

Haltbarer als diese in vieler Hinsicht doch auf bloße Konventionen hinauslaufenden Normen (zu denen auch die nebenbei hingestellte Forderung gehört, auf Wahrscheinlichkeit, Ebenmaß, Zwecke und schönes Ganzes zu achten) sind Klopstocks Überlegungen zu den Möglichkeiten des Ausdrucks, der Darstellung von »Empfindungen« oder »Nebenausbildungen solcher Empfindungen«, für welche die Sprache keine Worte hat: Der Dichter kann sie »durch die Stärke und die Stellung der völlig ausgedrückten ähnlichen mitausdrücken«, und es gilt, »daß auch das Silbenmaß hier und da etwas mitausdrücken« kann. »Überhaupt«, so faßt Klopstock die über die Wortfunktionen hinausgehenden, an den Wort- und Satzkörpern festgemachten sprachlichen Gestaltungs- und somit Darstellungsmöglichkeiten zusammen, »wandelt das Wortlose in einem guten Gedicht umher wie in Homers Schlachten die nur von wenigen gesehenen Götter.« (277) Das ›Leben‹, das Klopstock von den poetischen Gebilden erwartet, kommt nicht zuletzt aus diesem wortlosen Wandel ihrer äußeren Ausstattung, aus der sinnlichen, wenngleich auch immer mit dem Gedanken verbundenen Bewegung der Verskörper. Seine Theorie der Darstellung und seine metrische Theorie stehen in engem Zusammenhang. Und es ist bei Klopstock wie bei anderen Autoren der Zeit die Bewegung, die ihn den Tanz und die Musik im Gefüge der Künste neben die Poesie stellen und beide gegenüber der Malerei entschieden aufwerten läßt.

Bürger kann in seiner Schrift *Von der Popularität der Poesie*, Ahnungslosigkeit vorspielend, leichterhand mit einem Darstellungsbegriff hantieren: »Was ist *Darstellung*? Das Wort selbst sagt es deutlicher, als jede Erklärung. Wer aber so sprach- und begriffarm ist, das Wort nicht zu verstehen, der wisse: Darstellung ist Spiegel und Spiegelbild des Urgegenstandes.«[142] Klopstocks Überlegungen bilden eine wichtige Voraussetzung dieser Verwendung; doch zeigt sich, daß Darstellung mit dem inzwischen erlangten Status eines Begriffs keineswegs einen engzuführenden Inhalt gewonnen hat.

Für Bürger sind zwei Momente entscheidend. 1. Er will Dichtung nicht im Sinne des (fiktionalen) Fabelns fassen, sondern im Sinne des griechischen Wortes ποίησις (poiēsis) als Hervorbringung, als »Bildnerei« (725). In der »straffen, kurzen, schnellen Schreibart« (727), die er liebt, stellt Bürger dann folgende Assoziationslinie auf: »An dem Begriffe des *Bildens* hängt der Begriff von *Gestalt*, und an diesem wieder der Begriff des *Sinnlichen* und *Körperlichen*. Wir sind also mit kurzem Schritte so weit gelangt, um zu wissen, daß die Poesie sich mit Bildung sinnlicher körperlicher Gegenstände befasse« (725), die schön sein sollen und Nachbildungen für die inneren Sinne, für die Einbildungskraft. 2. Dieser Nachbildungscharakter ist Bürgers anderer Interessenpunkt: »Alle *Bildnerei* ist in der Endwurzel nichts anders, als *Darstellung des Urgegenstandes*« (726), nicht Nachahmung, die Knechts- und Kleinkrämerverhalten ist, zumal bei dem, der »des Darstellers Darstellung wieder darstellt« und »das Urbild nicht in der sinnlichen Wirklichkeit […] aufsucht«. Bürger zögert nicht, von diesen Positionen aus Klopstock mit dessen eigenen Worten zu kritisieren: Das Lehrgedicht *Sponda* (1771) gehöre nicht in das Reich der Dichtung, denn hier liege keine Darstellung vor, für die Sinne mit Leidenschaft belebt, sondern eine dem Verstand unterbreitete »*Abhandlung*, durch Darstellung aufgestutzt«, »Zwitterwerk« (727). Nicht in den gegebenen Definitionen, sondern in den gelieferten Beschreibungen enthüllt sich der Sinn von ›Darstellung‹ bei Bürger. Er hat die Momente von Handlung, Bewegung, dramatischer Form der Inszenierung, Leidenschaft, Leben in sich, die allgemeiner das Denken der Zeit bestimmen und ihn auch im kontemporären wirkungsästhetischen Dispositiv führen: »Denn das Nachbild der Kunst muß, wenn alles ist, wie es seyn *soll* und *kann*, die nehmlichen Eindrücke machen, wie das *Vorbild* der Natur.«[143]

Solche Leistungen werden von Bürger nicht zuletzt in Hinsichten gedacht, die im Umkreis der Onomatopoese liegen, in einer Darstellungsweise, die den Sprachkörper sinnlich abbildend auflädt und so zum evokativen Darsteller macht: »Du mußt das wilde Heer in meinem Liede eben so reiten, jagen, rufen, die Hunde eben so bellen, die Hörner eben so tönen und die Peitschen eben so

---
142 BÜRGER (s. Anm. 104), 727.
143 BÜRGER an Heinrich Christian Boie (5. 1. 1778), in: Briefe von und an Gottfried August Bürger, hg. v. A. Strodtmann, Bd. 2 (Berlin 1874), 202.

knallen hören und bey allem dem Tumult eben so angegriffen werden, als wär's die Sache selbst.«[144] Die ›Sache‹ freilich ist hier die darzustellende Phantasie, die aus Erinnerung an wirkliche Jagden und magischen Schrecken entstanden ist: »*Phantasie* und *Empfindung* sind die Quellen aller Poesie.« Bürger setzt bei genauerer Betrachtung Stufungen an: Über die Brücke der Sinne gewinnen wir zuerst noch körperliche Vorstellungen – das schon ist ein Vorgang der »Mummerei«; der Verstand aber entkleidet die Vorstellungen, läßt sie zu »abgezogenen, bestimmter, zu *ausgezogenen* geistigen Begriffen« werden, die keinen Eindruck auf die Sinne machen. Ein zweiter Vorgang der Mummerei von Vorstellungen ist möglich: »Die Darstellungskunst kann sie freilich wieder mit dem Körper bekleiden und sie den Sinnen vorführen.«[145]

V. Philosophische Begründung des Begriffs

1. Kant

Beim Aufkommen und Hervortreten des Begriffs ›Darstellung‹ bildet die kritische Transformation von Ansichten der Nachahmungstheorie ein wichtiges Moment. Radikaler faßt Kant diese Abkehr in einer Theorie, die, ausgehend von Problemstellungen der Mathematik, Darstellung in der Struktur von Konstruktion, symbolisch als Herstellung beschreiben kann. Dies ist Teil der mit der kritischen Philosophie beabsichtigten kopernikanischen Wende, der zufolge die Erkenntnisse sich nicht nach den Gegenständen, sondern die Gegenstände nach der Erkenntnis richten. Die Aufmerksamkeit für ›Darstellung‹, die in der *Kritik der Urteilskraft* (1790) für die Ästhetik wichtig wird, die aber schon seit der Arbeit an der *Kritik der reinen Vernunft* (1781), insbesondere am Schematismus-Kapitel, philosophische Relevanz erhalten hatte, ergibt sich aus diesem Ausgangspunkt. In Kants Schriften zeigt sich auch eine wachsende – allgemeine Sprachveränderungen in dieser Zeit mitvollziehende – Entschiedenheit und Erweiterung im Gebrauch des Terminus, der allerdings nicht starr wird, mehr oder weniger älteren unmetaphorischen Sinn beibehalten und so auch bei rhetorischen Erwägungen mitsprechen kann.

Erkenntnis entspringt nach Kant aus zwei Grundquellen: Sinnlichkeit liefert Anschauungen, durch die dem Menschen Gegenstände gegeben werden; der Verstand verarbeitet den rohen Stoff sinnlicher Eindrücke, läßt den Gegenstand denken, Begriffe entstehen. Dabei gilt die Dialektik, »daß weder Begriffe ohne ihnen auf einige Art correspondirende Anschauung, noch Anschauung ohne Begriffe ein Erkenntniß abgeben können«[146]. Erkenntnis besteht nicht schon in einer »Rhapsodie von Wahrnehmungen« (144): »Gedanken ohne Inhalt sind leer, Anschauungen ohne Begriffe sind blind.« (75)

Daraus ergibt sich auch, daß die Menschen Gedanken a priori, von den Eindrücken der Sinne, von aller Erfahrung unabhängige Vorstellungen hervorbringen können, daß folglich ein bloßes Spiel dieser Vorstellungen möglich ist. Kant akzentuiert den konstruktiven Charakter der Erkenntnistätigkeit, ihre Spontaneität, doch ist dies kein Plädoyer für Spekulation, die auf eine objektive Realität der Erkenntnis verzichtet. Er erklärt es daher nicht nur für notwendig, Anschauungen »unter Begriffe zu bringen«, sondern auch umgekehrt – und dabei teils in rationalistischen, entkörperlichenden Bahnen –, »seine Begriffe sinnlich zu machen, (d. i. ihnen den Gegenstand in der Anschauung beizufügen)« (75). Darstellung hat an diesem Knotenpunkt der Philosophie ihren Platz. Sie ihren Halt nicht in Intuitionen strukturerhaltender Abbildung, sondern geht von Begriffen zu Anschauungen, sie kann daher in der *Kritik der Urteilskraft* auch »Versinnlichung«, griechisch »Hypotypose«, lateinisch »subiectio sub adspectum«[147] genannt werden. In mehrfacher Variation findet sich die Definition: »Wenn der Begriff von einem Gegenstande gegeben ist, so besteht das Geschäft der Urtheilskraft im Gebrauche desselben zum Erkenntniß in der *Darstellung* (exhibitio), d. i. darin,

---

144 Ebd.
145 BÜRGER (s. Anm. 104), 729.
146 KANT, Kritik der reinen Vernunft (1781), in: KANT (AA), Bd. 3 (1904), 74.
147 KANT (s. Anm. 29), 351.

dem Begriffe eine correspondirende Anschauung zur Seite zu stellen« (192).

Die Verschiedenheit der Begriffe bedingt bei Kant Unterschiede der Darstellung, wobei diese Darstellungen in jedem Fall nicht von der Art der »bloßen *Charakterismen*« sein sollen, »d. i. Bezeichnungen der Begriffe durch begleitende sinnliche Zeichen, die gar nichts zu der Anschauung des Objects Gehöriges enthalten« (352). Darstellung wird so von den sogenannten willkürlichen Zeichen abgehoben, die wie deren Korrelate, die natürlichen Zeichen, als Mittel von Nachahmung bzw. Darstellung in der Kunstdiskussion zwischen Lessing, Mendelssohn und Nicolai gerade eine beträchtliche Rolle gespielt hatten. Die inneren Unterschiede sind: 1. Aus der Erfahrung gewonnene Begriffe können eine Darstellung schon durch das Zeigen, das Aufweisen, Demonstrieren von ›Beispielen‹ erfahren. 2. Verstandesbegriffe werden über (verschiedenartig gedachte) »Schemata«, über eine verallgemeinerte Vorstellung von Verfahren, »einem Begriff sein Bild zu verschaffen«[148], zur Anschauung gebracht. 3. Bei den Vernunftbegriffen (Ideen), die jede Möglichkeit der Erfahrung übersteigen, kann zwar keine angemessene Anschauung gegeben werden, doch ist es möglich, eine Anschauung zu unterlegen, ein ›Symbol‹, d. h. eine indirekte Darstellung in einem Bild, das dem darzustellenden Gegenstand nicht ähnlich ist, das aber durch eine Regel der Reflexion analog auf ihn bezogen werden kann. Dem berühmt gewordenen Satz »das Schöne ist das Symbol des Sittlich-Guten«[149] liegt eben dieses Verhältnis zugrunde, das es nach Kant auch gestattet, z. B. Bäume oder Gebäude majestätisch, prächtig, Gefilde lachend, fröhlich, Farben unschuldig, bescheiden, zärtlich zu nennen: Die Anschauungen erregen Empfindungen, die einem durch moralische Urteile bewirkten Gemütszustand Analoges enthalten.

Bei der schönen Kunst bringt nun Kant das »Vermögen der Darstellung *ästhetischer Ideen*« (313 f.) ins Spiel. Sie zeigen die unaufgehobenen Probleme seines Nachdenkens: Eine ästhetische Idee ist für ihn »diejenige Vorstellung der Einbildungskraft, die viel zu denken veranlaßt, ohne daß

---
148 KANT (s. Anm. 146), 135.
149 KANT (s. Anm. 29), 353.

ihr doch irgend ein bestimmter Gedanke, d. i. *Begriff*, adäquat sein kann, die folglich keine Sprache völlig erreicht und verständlich machen kann« (314). Damit wird eine klassisch gewordene Beschreibung der Leistung solcher Ideen im Rahmen der von ihnen in Gang gesetzten reflektierenden Urteilskraft gegeben, eine Charakterisierung ihrer kulturellen Funktion, die sie im Überschreiten, in der Erweiterung der Begriffswelt und in der dadurch sich ergebenden Belebung des Gemüts erlangen. Und nicht weniger klassisch ist auch die Beschreibung des Entstehens solcher Ideen geworden: Kant sieht in ihnen Erzeugnisse der produktiven (»sehr mächtigen«) Einbildungskraft, die aus dem Stoffe der »wirklichen« Natur, diese übertreffend, nach ihr analogen Gesetzen und Prinzipien höherer Vernunft eine andere Natur schafft, wobei die Menschen, gelöst von den Naturzwängen des empirischen Denkens, ihre Freiheit fühlen. – Und doch bleibt der Bezug unklar, weil sich der Vorgang auf jähe Weise verdoppelt: Die ästhetischen Ideen, Vorstellungen der Einbildungskraft sind für Kant »innere Anschauungen« und darin selbst schon Darstellungen, Versinnlichungen, und zwar sowohl von Vernunftideen (unsichtbaren Wesen, Höllenreich, Ewigkeit, Schöpfung) als auch von »einem Größten« (314), über die Grenzen der Erfahrung Hinausliegendem, für das sich in der Natur kein Beispiel findet (Tod, Neid, Laster, Liebe, Ruhm). Plötzlich wird dann auch bei der gesonderten Betrachtung der Künste statt von ›Darstellung‹ von »Ausdruck« (320) gesprochen, der sich als Verhältnis von Urbild und Nachbild (der ästhetischen Idee) verschieden manifestieren kann, wobei dann doch Gegenstandsbeziehungen eine entscheidende Rolle spielen.

Ein größeres Interesse aber an solcher Darstellung ist in der Gegenwart Kants Erinnerung an das Undarstellbare gefunden. Klopstock hatte noch annehmen können, die Darstellbarkeit werde in dem Maße zunehmen, wie das Darzustellende erhaben werde; Kant wird vom Undarstellbaren gerade beim Erhabenen, von dem bei ihm sich auftuenden »Abgrund« (265) provoziert. Seine Suche auf Harmonien, sondern auf Inkongruenzen, Spannungen, indirekten Bögen zwischen Begriff und Anschauung, Darzustellendem und Dargestelltem usw. aufgebaute, auch mit der Formlosigkeit

V. Philosophische Begründung des Begriffs 859

und dem Chaos beschäftigte Theorie hat gerade in diesem Zusammenhang Anregendes zu bieten. »Buchstäblich genommen und logisch betrachtet« (268), können Ideen Kant zufolge nicht dargestellt werden. Das Erhabene betrifft Ideen der Vernunft, die keine ihnen angemessene positive Darstellung erlauben, weil sie den Maßstab der Sinne überschreiten; es kann somit auch in keiner sinnlichen Form enthalten sein. Dadurch ist das Erhabene – sein Übergroßes, Unendliches, Absolutes – aber keineswegs aus dem Umkreis der Darstellung ausgeschlossen. Die Unangemessenheit der Anschauung gegenüber der Idee ist es hier, die »sich sinnlich darstellen läßt«, durch die die Idee »rege gemacht und ins Gemüth gerufen werden« (245) kann. Das Erhabene kann so auch geradezu als ein Gegenstand charakterisiert werden, »dessen Vorstellung das Gemüth bestimmt, sich die Unerreichbarkeit der Natur als Darstellung von Ideen zu denken«. Es ist menschliches Bedürfnis, »subjectiv die Natur selbst in ihrer Totalität, als Darstellung von etwas Übersinnlichem, zu *denken*, ohne diese Darstellung *objectiv* zu Stande bringen zu können« (268). Dieses Verhältnis, das bei der Darstellung auch von anderen Gegenständen als der Natur, etwa in sittlichem Zusammenhang, erscheint, wird von Kant verkürzend »negative Darstellung« (274) genannt.

2. *Kantnachfolge und Kantkritik*

Schiller und Herder reagieren unmittelbar auf Kants Ästhetik, gegensätzlich dabei auch im Hinblick auf die Vorschläge zum Darstellungsverhältnis. Ein kritisches Anknüpfen gibt es bei Schiller, der bestrebt ist, nach der Kantschen Wendung der ästhetischen Kategorien ins Subjektive doch einen Begriff der Schönheit objektiv zu begründen. Herder verwirft polemisch, was er als Kants Konzept der ästhetischen Autonomie und als dessen Rationalismus wahrnimmt.

In Schillers Briefen an Christian Gottfried Körner, den sogenannen *Kallias-Briefen* (1793), stehen die vieles umfassenden Sätze: »Schön ist ein Naturprodukt, wenn es in seiner Kunstmäßigkeit frey erscheint. / Schön ist ein Kunstprodukt, wenn es ein Naturprodukt frey darstellt. / Freiheit der Darstellung ist also der Begriff, mit dem wir hier es zu thun haben.«[150] Ein emphatischer Darstellungsbegriff ist damit wiederum gesetzt. Er ist aber anders als in früheren Enthusiasmen orientiert, will nicht zuerst auf die täuschende Verlebendigung von Kunst-Gestalten oder die erkenntnissichernde Versinnlichung von Gedankenproduktionen hinaus. Die symbolische Hypotypose – um den Kantschen Terminus zu benutzen – bildet bei Schiller den Punkt des Interesses: »dargestellt heißt eine Idee, die mit einer Anschauung so verbunden wird, daß beide Eine Erkenntnißregel mit einander theilen«[151]. Mit ihrem Bezug auf die moralische Welt hat diese analogische Versinnlichung bestimmten Inhalt. Eine auf Kants Philosophie gestützte Utopie leuchtet in der ›Freiheit der Darstellung‹ auf, Grundsätze, wie sie Schiller bei Kant hört: ›Bestimme dich aus dir selbst.‹ ›Die Natur steht unter dem Verstandesgesetze‹. Selbstbestimmung läßt ihm »das Reich des Geschmacks ein Reich der Freiheit« werden, und er hofft, es sei »die schöne Sinnenwelt das glücklichste Symbol, wie die moralische seyn soll, und jedes schöne Naturwesen außer mir ein glücklicher Bürge, der mir zuruft: Sey frey, wie ich.«[152]

Der Zusammenhang von Schönheit und Autonomie, Heteronomie, Heautonomie (verstanden als von innen geregelte Formbestimmtheit) steht bei Schiller zur Diskussion; diese Sicht verleiht dem Darstellungsbegriff philosophische Höhe. Seine Durchführung bereitet unendliche Mühe und scheitert schließlich: Angesichts der Kantschen Voraussetzung, Freiheit sei eine Idee, für die es keine adäquate Anschauung geben könne, fragt sich Schiller, woher er einen objektiven Grund für die symbolische Gestaltung dieser Idee beziehen könne, und sucht ihn in der Darstellung zu gebenden Form (als Organisation von Mannigfaltigkeit), in ihrem Spiel der Bestimmtheit von außen und der Bestimmtheit von innen, der Natur und der Technik (im weiten Verständnis von griechisch τέχνη, technē): »Freiheit kann also nur mit Hülfe

---

150 FRIEDRICH SCHILLER an Christian Gottfried Körner (28. 2. u. 1. 3. 1793), in: SCHILLER, Bd. 26 (1992), 222.
151 SCHILLER an Körner (18. u. 19. 2. 1793), in: ebd., 192.
152 SCHILLER an Körner (23. 2. 1793), in: ebd., 216.

der Technik sinnlich *dargestellt* werden« (202), über eine Organisation, da Form den Stoff bezwingt. Im Flug des Vogels findet Schiller das großartige Bild dafür: Es gebe »keine treffendere Darstellung der besiegten Schwere, als ein geflügeltes Thier, das sich aus innrem Leben (Avtonomie des Organischen) der Schwerkraft directe entgegen bestimmt« (205).

Bei Schiller lassen sich jedoch auch nüchtern beschreibende Begriffe von Darstellung beobachten. Sie zeigen an, daß man beginnt, das Darstellungskonzept für den pragmatischen Umgang mit Kunst stärker als bisher zu gebrauchen, mit seiner Hilfe komplexe Verhältnisse aufzuklären – so die Verschiedenheit der Gegenstände von Darstellung (in Gestalt des wirklichen Zustands und in Gestalt des Widerstreits von Erfahrung und Ideal) sowie den Stoff und die Form (das Medium) der Darstellung: Es ist »die Form welche in der Kunstdarstellung den Stoff besiegt haben muß«[153].

Einer dieser Begriffe wird in der Schrift *Ueber die nothwendigen Grenzen beim Gebrauch schöner Formen* entwickelt. Neben ›Diktion‹, ›Vortragsart‹, ›Schreibart‹ dient ›Darstellung‹ hier dazu, die prinzipiengeleitete Verschiedenheit von Redegattungen herauszuarbeiten. Auf die Spezies verweisen Attribute: »wissenschaftliche Darstellung«[154], »reizende Darstellung« (4), »populärer Unterricht« des »Volksredners, des Volksschriftstellers« (7), »schöne Diktion« (10). Gerade diese fällt in der Auflistung auf: »Darstellung« erscheint in ihr »frey« und »sinnlich«, 1. insofern hier der Imagination dadurch Genüge getan wird, daß die »Rede einen materiellen Theil oder *Körper*« erhält, den Anschauungen ausmachen; 2. insofern hier der Verstand den Zusammenhang der Ideen bestimmt, sie jedoch mit »versteckter Gesetzmäßigkeit« vorträgt, »das Allgemeine in das Besondere versteckt, und der Phantasie das lebendige Bild (die *ganze* Vorstellung) hingiebt, wo es bloß um den Begriff (die Theilvorstellung) zu thun ist« (8). Bei der ›schönen Diktion‹

kann ebensogut attributlos von »Darstellung«, ja von einem »Triumph der Darstellung« (14) geredet werden. Gegen die taxinomische Intention der beschreibenden Begriffe setzt sich so ein Wertraster durch, das die ›schöne Diktion‹, die lebendige Darstellung – mit ihrer Zugehörigkeit zum ästhetischen Reich, zu Wirkungen, welche die »sinnlichen und geistigen Kräfte des Menschen in Harmonie zu bringen« (3) suchen und zu Leistungen führen, die die »vollkommene Auflösung der Theile in einem reinen Ganzen« (14) erreichen – in einen höheren Rang als andere Darstellungen setzt.

In *Ueber naive und sentimentalische Dichtung* präsentiert Schiller ein geschichtsphilosophisch aufgeladenes beschreibendes Konzept von Darstellung, das von der lange andauernden Diskussion über die Alten und die Modernen sowie von der Reflexion über Unterschiede zwischen ihm und Goethe mitbestimmt ist. Mit einer anthropologischen Typologie unterscheidet Schiller zwei Grundwege der Darstellung, der Bildung von Formen, Gestalten, die unmittelbar vor die Einbildungskraft gestellt sein können: Es könne eine »Nachahmung des Wirklichen« geben, wenn vom »Zustande natürlicher Einfalt« der alten Welt oder einer ihr analogen Empfindungsweise aus operiert werde, »wo der Mensch noch, mit allen seinen Kräften zugleich, als harmonische Einheit wirkt, wo mithin das Ganze seiner Natur sich in der Wirklichkeit vollständig ausdrückt«; oder eine »Darstellung des Ideals«[155], wenn vom Zustande der Moderne, der Kultur ausgegangen werde, in dem das harmonische Zusammenwirken der ganzen Natur des Menschen nur eine Idee sei. Die methodischen Differenzen (Nachbildung von Eindrücken, Versinnlichung von Ideen) werden hier zugleich zu Unterschieden in der Geschichte, in der sich Dominanzen von Stilausprägungen herausbilden.

Herders Schrift *Kalligone* (1800) ist von der großen Wirkung Kants angeregt, die Herder als »Errichtung eines Reichs unendlicher Hirngespinste« erscheint, eines Reichs »*blinder Anschauungen, Phantasmen, Schematismen, leerer Buchstabenworte*, sogenannter *Transzendental-Ideen* und *Speculationen*.«[156] Den Anlaß für Herders pauschalisierenden Zorn bietet nicht der Kantsche kritische Impuls, sondern dessen Wirkung. Herder sieht »einer Ob-

---

153 SCHILLER (s. Anm. 150), 224.
154 SCHILLER, Ueber die nothwendigen Grenzen beim Gebrauch schöner Formen (1795), in: SCHILLER, Bd. 21 (1963), 9.
155 SCHILLER, Ueber naive und sentimentalische Dichtung (1795–1796), in: SCHILLER, Bd. 20 (1962), 437.
156 HERDER (s. Anm. 79), 4.

ject- und Regellosen Vernunft [...] das Amt und die Macht gegeben [...], sich vor aller und ohne alle Erfahrung die Natur zu *schaffen*« (3). Er spürt die Wirksamkeit einer »kalteisernen Hand«, die trennen wolle, was doch die Natur zusammengefügt habe, die Wertsphären des Wahren, Guten und Schönen, er gewahrt ein Abgehen von dem Bestreben der »Guten aller Zeiten«, »das Schöne als eine Darstellung des Wahren und Guten anschaubar zu machen, und durch seinen Reiz das Rein-Sittliche zu fördern« (9). Und er erblickt in Kants Vorstellung von Kunst als ›Spiel mit Ideen‹ die Rechtfertigung bloßer Tändelei. Diese Kritik trifft weniger Kant als das Bild, das man und Herder selbst sich von ihm gemacht hatte. Polemisch behandelt wird Kants Versinnlichungsidee, die Vorstellung von Verfahren, den Begriffen Anschauung zu geben, wie sie Herder, Äußerungen des Philosophen kurzschließend, auch auf die Verhältnisse in den Künsten angewandt sieht.

Als Beispiel, das er zwanzig Jahre zuvor nicht herangezogen hätte, weil der Literatur damals kein Darstellungscharakter zugesprochen wurde, dient ihm die »darstellend-erzählende Poesie« (149), das Epos als Wiedergabe von Erfahrung: »Der Naturmensch schildert, was und wie er es sieht, lebendig, mächtig, ungeheuer; in der Unordnung oder Ordnung, als er es sah und hörte, giebt ers wieder.« Und so sollen die Griechen und die Römer überhaupt ihre Bilder geordnet haben: »Wie sie die Sinne geben, zählt sie uns der Dichter zu«, der Natur folgend: Ansichten werden geschildert, »Menschen, leibhaft wie sie dastehn, wie sie sprechen und handeln« (146). Darstellungsgestalten beziehen sich auf Realität – das ist die eine Seite dieser Überzeugungen. Die andere: Solche Gestalten können – kraft der »innern Plastik unsrer Seele« – den Eindruck von Leben machen. Herder erinnert in solchem Kontext daran, daß griechisch *mimēsis* mit »dem Begriff der lebendigen *Darstellung*« (147) korrespondiere.

Nur nebenbei war bei Kant die dramatische Form vorgekommen, die Herder als »höchste, vielartigste, concentrirteste Darstellung« der Dichtkunst angesehen wissen will: »Sie gibt Schauspiele, in denen der Sage nach *alles*« gespielt sein kann, aber der »Wahrheit nach für Ohr und Seele *nichts gespielt*, alles *gehandelt, motivirt* seyn muß; das wollen die Worte *Action, Act, Drama* (Handlung), Performance u. f.; sie fodern es unerbittlich« (152). So verbittet er sich auch Spiel als Täuschung, wo man glauben soll, was nach der »Darstellung nicht zu glauben ist« (155), wo man vergessen soll, daß man z. B. auf einem Brettergerüst steht. Die spezielle Distanz in der Aufnahme von Darstellungen wird als eine Versetzung in die Denkweise des Dichters, des Raums, der Zeit erklärt, die die eigene Denkweise suspendiert, doch das Bewußtsein von Geschichte bewahrt.

Allgemeineren Aufschluß über die Kritik an Kants Rationalismus und der damit verbundenen monoästhetischen Konzeption geben die drei Argumente gegen Kants Bestimmung der Plastik. Herder nimmt frühere Überzeugungen in den neuen Zusammenhang auf: 1. Die Plastik sei eine Kunst, die keineswegs »›*Begriffe*‹ körperlich darstellt; sondern Körper von Geist belebet«. 2. In der Plastik gehe es nicht um »Begriffe von Dingen, wie sie in der Natur existiren *könnten*«, sondern um Dinge, vor allem Menschen, »wie sie in der Natur existirten«. 3. Bildhauerische Darstellung erfolge nicht mit »Rücksicht auf *ästhetische* Zweckmäßigkeit« (173).

Das Vertrauen in die »Bildererfassende Einbildungskraft« als »Mutter der Plastik« (170) ruht bei Herder auf der Überzeugung von der Bedeutungshaftigkeit der Erscheinungen auf: Natur ist nicht »Bedeutungsleer«; dies wisse, wer Verstand und Herz verbinde: »Kein Naturkörper ist ohne Geist, kein Geist in der Natur ohne Körper, seine Gestalt *stellet ihn dar*; seine Ereigniße und Wirkungen sind Ausdrücke *Seiner*.«[157] Nicht ein über Ähnlichkeit vermitteltes Repräsentationsverhältnis, sondern ein auf Naturtiefen bezogenes Ausdrucksverhältnis wird hier gedacht. Es erinnert an Shaftesburys Idee von einer belebenden, in Körpern ausgestreuten, ihnen als bildende Kraft wirkenden Seele des Universums und soll derart auch im Bereich der Kunst gelten.

An zwei Gedankenketten Herders wird deutlich, inwiefern das Bestreben, Kants ›Speculationen‹ zurückzuweisen und auf dem Wert der empirischen Erfahrung zu bestehen, einen proble-

---

[157] HERDER, Adrastea (1801–1802), in: HERDER, Bd. 23 (1885), 311.

matischen Rückfall hinter die Positionen der kritischen Philosophie bedeutet: Kant hatte vorgeschlagen, den Darstellungscharakter von Natureffekten als etwas zu begreifen, was ihnen nur analogisch nach dem Muster von Produkten menschlichen Tuns beigelegt wird. Herder dagegen setzt erneut eine Natur, die von einem Geist erfüllt ist, der erscheinen, sich – aus einem Inneren – in einem Äußeren ausdrücken, darstellen kann.[158] Herder beobachtet die große Rolle wilder (körperlich bestimmter) Phantasie im menschlichen Inneren und leitet daraus die Kulturaufgabe ab, »*Configurationen* uns zu erschaffen, d.i. nur durch *Gestaltung* zu denken«[159]. Kants differenzierter Versuch, die Regularien solcher Gestaltung in den Bewegungen der Urteilskraft zu erfassen, wird in der Vereinfachung abgebrochen, solche Regeln (Harmonie und Wohlsein) gäbe uns schon die eigene Natur.

Im Verhältnis von Geist und Körper, Idee und Anschauung, Intellektualität und Sinnlichkeit, begrifflichem Denken und empirischer Erfahrung hat die Diskussion um Darstellung am Ende des 18. Jh. ihren Konzentrationspunkt. Sie ist vom Eindruck der »unendlichen Entzweiung entgegengesetzter Thätigkeiten« durchzogen und kann in der Herstellung von Identität ihren Horizont haben. Schelling hegt die Hoffnung, die Entzweiung werde im Wirken der Einbildungskraft »durch jede einzelne Darstellung der Kunst vollständig aufgehoben«[160] und die Kunst zeige sich so als »das einzige wahre und ewige Organon und zugleich Document der Philosophie«, welche auf anderem Wege die Identität der wirklichen und der idealischen Welt »äußerlich nicht darstellen kann«[161].

›Vermittlung‹ als etwas an und für sich Vollbrachtes und stets sich Vollbringendes bildet für Hegel den Drehpunkt des Kunstprogramms. Er steht in der Tradition der Identitätsphilosophie, auch wenn er der Schellingschen Konzeption nicht folgt, Kunst könne das eigentliche Organ der Philosophie sein. Für Hegel ist die Kunst eine der

Mitten, die den Gegensatz von Geist und Natur lösen und zur Einheit (zurück)führen. Der Darstellungsbegriff der Ästhetik-Vorlesungen, die Hegel zunächst in Heidelberg und dann von 1820 bis 1829 viermal in Berlin hält, hat hier sein Fundament: Kunst ist berufen, die Idee für die unmittelbare Anschauung darzustellen, die Wahrheit in Form sinnlicher Gestalt zu enthüllen, den »versöhnten Gegensatz darzustellen«, und sie hat ihren Zweck in sich, »in dieser Darstellung und Enthüllung selber«[162].

Von »Inhalt« und »Form« (108) – der »Art und Weise, in welcher der Inhalt zur Darstellung gebracht ist« (63) – ist mit diesen Bezügen die Rede, und weiter von den beiden Grundverhältnissen der Darstellung – einerseits als Weise, in der man »Gegenstände darstellt, welche den natürlichen ähnlich erscheinen oder deren Typus wesentlich von der Natur genommen ist« (87), anderseits als Weise der »Darstellung des Ideals« (275), in deren Zusammenhang die Nachbildung der Natur als Form erscheint. Hegel betont die notwendige gegenseitige Angemessenheit von »Inhalt« (»Idee«) und »Form« (»sinnlicher bildlicher Gestaltung«) und leitet daraus zwei Forderungen ab: zum einen die, »daß der Inhalt, zur Kunstdarstellung kommen soll, in sich selbst dieser Darstellung sich fähig zeige«, zum anderen die, daß der Inhalt der Kunst »kein Abstraktum in sich selber sei« wie z.B. Gott als »einfach Eine« (108), »wie er selbst nicht in seiner konkreten Wahrheit gefaßt ist« (109), oder wie das Absolute, das Unendliche beim Erhabenen, »seiner Unendlichkeit nach unaussprechbar und über jeden Ausdruck durch Endliches erhaben« (363) ist (gerade hier wird Kant ausdrücklich recht gegeben). Besprochen werden Folgen der romantischen Stufe der Kunstentwicklung, die mit der Wendung zur »Innerlichkeit« (117) sich ergebenden neuen Fragen nach der Darstellbarkeit, die Schwierigkeiten, die innere Welt und einen neuen Typus des Absoluten zur Darstellung zu bringen. Die enorme Fassungskraft einer Ästhetik mit ausgeprägtem Interesse für das Darstellungsverhältnis wird bei Hegel in der systematischen und historischen Vielfalt deutlich, mit der auch die einzelnen Künste, die ihnen möglichen Gegenstände, Inhalte, Formen und Medien unter diesem Aspekt betrachtet werden.

---

158 Vgl. HERDER (s. Anm. 79), 323.
159 Ebd., 119.
160 FRIEDRICH WILHELM JOSEPH SCHELLING, System des transscendentalen Idealismus (1800), in: SCHELLING (SW), Abt. 1, Bd. 3 (1858), 626.
161 Ebd., 627.
162 HEGEL (ÄSTH), 96.

Goethe nimmt charakteristische Vokabeln der lange andauernden Diskussion auf, wenn er seine Ansicht zur Darstellung in epigrammatische Kurzform bringt – mit dem Ausdruck seiner Sympathie für das ›Naive‹, in deutlicher Abwehr romantischer Subjektivierung, in einer behutsamen Aufnahme der Idee von Vermittlung und im Versuch, ein Grenzproblem zu bezeichnen, mit Graden der Darstellung Kriterien anzugeben, welche Poesie von den Redearten des ›gemeinen Lebens‹ unterscheiden lassen: »Der Dichter ist angewiesen auf Darstellung. Das Höchste derselben ist, wenn sie mit der Wirklichkeit wetteifert, d. h. wenn ihre Schilderungen durch den Geist dergestalt lebendig sind, daß sie als gegenwärtig für jedermann gelten können. Auf ihrem höchsten Gipfel scheint die Poesie ganz äußerlich; je mehr sie sich in's Innere zurückzieht, ist sie auf dem Wege zu sinken. – Diejenige, die nur das Innere darstellt, ohne es durch ein Äußeres zu verkörpern oder ohne das Äußere durch das Innere durchfühlen zu lassen, sind beides die letzten Stufen, von welchen aus sie in's gemeine Leben hineintritt.«[163]

VI. Darstellung als Schreibweise in Philosophie und Historiographie

In der ›Erkenntniskritischen Vorrede‹ von Walter Benjamins Ursprung des deutschen Trauerspiels steht der Satz: »Es ist dem philosophischen Schrifttum eigen, mit jeder Wendung von neuem vor der Frage der Darstellung zu stehen.« Verschiedene Interpretationen sind möglich, weil der Autor das Wort Darstellung in unterschiedlicher Bedeutung gebrauchen kann. Mit hoher Wahrscheinlichkeit benutzt er es hier jedoch als Terminus und sagt, bei philosophischen Wendungen pflege das Interesse an einer speziellen, ›Darstellung‹ zu nennenden Schreibweise zu entstehen. Sie ist für Benjamin nicht Form der »Lehre«, einer »abgeschlossenen Gestalt«[164] philosophischen Wissens, der systematischen Darlegung, sie ist »eine eigenbürtige prosaische Form« (209), wie sie im »Traktat« (208), im »esoterischen Essay« (207) schon immer sich ergab. Die Allgemeinheit des behaupteten Sachverhalts ist bezweifelbar. In den Vorreden zur Kritik der reinen Vernunft (1781, 1787) gibt Kant einen Eindruck von den Wenden, die vom Dogmatismus zum Indifferentismus führten, und von beider Scheinwissen zum Geschäft der Kritik der Vernunft, welche sich auf den »Gedanken des Copernicus«[165] stützen kann. Was Benjamin als ein – seinem Konzept von Darstellung nahes – Motto der ›Erkenntniskritischen Vorrede‹ zum Trauerspiel-Buch voransetzt: Goethes Satz, wir müßten uns »die Wissenschaft nothwendig als Kunst denken, wenn wir von ihr irgend eine Art von Ganzheit erwarten«, und die Wissenschaft sollte »sich auch jedesmal ganz in jedem einzelnen Behandelten«[166] darstellen, ist Kants Sache gerade nicht. Er legt Wert darauf, das Untunliche der »schönen Wissenschaften«[167] aufzulösen (und will selbst nicht so etwas wie eine ›ästhetische Theorie‹). Kant erörtert Vollständigkeit, Ausführlichkeit, Gewißheit und Deutlichkeit der Darlegung, das Verbot des ›Meinens‹ und der Hypothesen positiv. Für eine kommende große Arbeit hält er durchaus einen erneuerten Dogmatismus in der Art Wolffs für möglich. Er stellt sich aber in rhetorische Tradition, wenn er in der Vorrede zur 1. Auflage der Kritik der reinen Vernunft seinen eigenen Vortrag kritisch besieht und dabei einräumt, der Leser könne von seiner Darstellung zuerst »discursive (logische) Deutlichkeit«, Evidenz verlangen. Fakultativ hingegen und »nur in populärer Absicht nothwendig« scheint ihm eine »intuitive (ästhetische) Deutlichkeit durch Anschauungen, d. i. Beispiele oder andere Erläuterungen in concreto«[168], wobei ›ästhetisch‹ als Darstellungsart nicht eine Angelegenheit des Geschmacks, sondern eine der Anschauung und Wahrnehmung bezeichnet. Heißt es in der Vorrede zur 2. Auflage (1787) selbstkritisch, »in der Darstellung« sei trotz schon geübter »Abän-

---

163 JOHANN WOLFGANG GOETHE, Maximen und Reflexionen über Literatur und Ethik, in: GOETHE (WA), Abt. 1, Bd. 42/2 (1907), 176.
164 WALTER BENJAMIN, Ursprung des deutschen Trauerspiels (1928), in: BENJAMIN, Bd. 1/1 (1974), 207.
165 KANT (s. Anm. 146), 12.
166 GOETHE, Zur Farbenlehre (1810), in: GOETHE (WA), Abt. 2, Bd. 3 (1893), 121; vgl. BENJAMIN (s. Anm. 164), 207.
167 KANT (s. Anm. 29), 305.
168 KANT (s. Anm. 146), in: KANT (AA), Bd. 4 (1903), 12.

derungen der Darstellungsart«[169] (Behebung von Dunkelheit der Deduktion, Mangel an Evidenz, Hoffnung auf »faßlichere Darstellung«, »lichtvolle Darstellung«[170]) noch viel zu tun, wird von Darstellung in einem anderen Sinn als dem einer Versinnlichung des Begriffs gesprochen.

Schellings *System des transscendentalen Idealismus* läßt sich mit der Ausweitung der von Kant angeregten Transzendentalphilosophie auf die Naturphilosophie ebenfalls als eine ›Wendung‹ ansehen. Auch Schelling diskutiert Fragen nach Inhalt und Methode seines Philosophierens unter dem Stichwort »Darstellung«[171]. Er bezeichnet damit ein Grundverhältnis der Darlegung von erlangten Erkenntnissen und führt rhetorische Gesichtspunkte dafür ein: die Forderung nach Deutlichkeit, nach einer »allgemein lesbaren und verständlichen Darstellung« (334). Diese Bestimmung des Verfahrens im Vortrag der Philosophie ist durchaus unterschieden von dem, was von Darstellung im Bezirk der Kunst gesagt wird. Das als Schlußstein des ganzen philosophischen Gebäudes gesetzte Kunstwerk verkörpert nach Schelling (der gerade hier Kants Festlegungen nachschreibt) »die Identität der bewußten und der bewußtlosen Thätigkeit« (619): Im Kunstwerk werde eine bewußtlose Unendlichkeit der Synthesis von Natur und Freiheit (sowie Symbole für alle Ideen) dargestellt, die ganz zu entwickeln kein endlicher Verstand fähig und die nicht der bloßen Reflexion, sondern nur der (intellektuellen) Anschauung zugänglich sei: »Da nun aber diese beiden Thätigkeiten im Produkt als vereinigt dargestellt werden sollen, so wird durch dasselbe ein Unendliches endlich dargestellt. Aber das Unendliche endlich dargestellt ist Schönheit.« (620) Schelling betont in diesem Kontext, daß

Kunst und Wissenschaft in ihrer Tendenz entgegengesetzt seien und blieben.

Die Auffassung, Darstellung sei als Moment in einem gestuften Prozeß, der von Gegenstandserkenntnis, Forschung, Planung zur Formulierung der gewonnenen Erkenntnis, Realisierung führt, als »Methode der Wissenschaft«[172] anzusehen, gehört heute fast zu den Selbstverständlichkeiten. Ihre Voraussetzung war, die rhetorische Differenz von inventio und elocutio zu überwinden, die bewirken konnte, der Wissenschaft allein die inventio zuzuschlagen und zugleich der elocutio den Charakter von Kunst zu geben. Eine klassische Formulierung der neueren Auffassung findet sich bei Karl Marx im *Kapital*. Im Nachwort zur 2. Auflage des 1. Bandes (1873) markiert Marx den Unterschied zwischen »Forschungsweise« und »Darstellungweise« gerade in dem Zusammenhang, in dem er sich von einer »Konstruktion a priori« ausdrücklich absetzt: »Die Forschung hat den Stoff sich im Detail anzueignen, seine verschiednen Entwicklungsformen zu analysieren und deren innres Band aufzuspüren. Erst nachdem diese Arbeit vollbracht, kann die wirkliche Bewegung entsprechend dargestellt werden.«[173]

Auffassungen und Verfahrensweisen, die Benjamins These bestätigen, sind aber stark genug. Eine Variante läßt sich etwa in Hegels *Phänomenologie des Geistes* finden. Hier wird der Weg der Wissenschaft von einem Ausgang her beschrieben, wo »ihr Auftreten noch nicht sie in ihrer Wahrheit ausgeführt und ausgebreitet«[174] ist, sondern Erscheinung neben anderen. Die »Darstellung des erscheinenden Wissens« soll so nicht einer freien, in ihrer eigentümlichen Gestalt sich bewegenden Wissenschaft gelten, sie muß als der »Weg des natürlichen Bewußtseins, das zum wahren Wissen dringt, genommen werden, oder als der Weg der Seele, welche die Reihe ihrer Gestaltungen, als durch ihre Natur ihr vorgesteckter Stationen, durchwandert, daß sie sich zum Geiste läutere, indem sie durch die vollständige Erfahrung ihrer selbst zur Kenntnis desjenigen gelangt, was sie an sich selbst ist«[175]. Dabei geht es, wie Heidegger gezeigt hat, nicht allein um eine »Reisebeschreibung, die das alltägliche Bewußtsein zum wissenschaftlichen Erkennen der Philosophie geleitet«[176]. Hegel sieht in der »Dar-stellung des nur erscheinenden Wissens« den »Weg

---

169 KANT (s. Anm. 146), 23.
170 Ebd., 25.
171 SCHELLING (s. Anm. 160), 331.
172 NIERAAD (s. Anm. 35), 11.
173 KARL MARX, Das Kapital, Bd. 1 (1867), in: MEW, Bd. 23 (1962), 27.
174 GEORG WILHELM FRIEDRICH HEGEL, Phänomenologie des Geistes (1807), in: HEGEL (TWA), Bd. 3 (1970), 71.
175 Ebd., 72.
176 HEIDEGGER, Hegels Begriff der Erfahrung (1950), in: HEIDEGGER, Bd. 5 (1977), 143.

des natürlichen Bewußtseins zur Wissenschaft«, einen Weg, der an den Erscheinungen entlangführt, somit ein Weg der Erfahrung ist, einen Weg, auf dem der Schein des Unwahren mehr und mehr abfällt, die Seele sich zum Geist läutert: »Die Darstellung des nur erscheinenden Wissens ist ein itinerarium mentis in Deum.« (142) »Die Darstellung führt sich als solche vor, statt nur aufzutreten.« (163)
Benjamins Dissertation zum Begriff der Kunstkritik zeigt, in welchem Maße sein spezieller Darstellungsbegriff von Denkern der Romantik, vor allem Novalis und Friedrich Schlegel, von der »Konzeption der Idee der Poesie als der Prosa«[177] (als Darstellungsform) abhängig ist. Schlegel zeichnet in seinen *Philosophischen Vorlesungen* ein Verhältnis, in dem das Wissen nach innen geht und zuerst ganz unmitteilbar scheint. Es existiert als mystische Idee »vor« aller Darstellung oder jenseits derselben«, »in dem Grade unverständlich, als es darstellungslos ist«. Es bedarf eines Zuges von innen nach außen, um Kommunikation zu ermöglichen. Gemeinsamkeit kommt erst »durch die Darstellung«[178]. Für diesen Weg nach außen entwirft er eine prosaische Darstellungsform, die diskursives, weltzusammenfassendes Denken und intuitive, zur Welt erweiterbare Tragweite der Gedanken verbindet. Schlegels Utopie der »romantischen Poesie« als einer »progressiven Universalpoesie«[179], die alle getrennten Gattungen der Poesie vereinigt, Poesie und Prosa mischt oder verschmilzt und Poesie mit Philosophie und Rhetorik in Berührung setzt, enthält auch ein Darstellungskonzept. In dieser Universalpoesie drückt der Künstler sich selbst aus und spiegelt die Epoche. Zugleich aber gilt: »Und doch kann auch sie am meisten zwischen dem Dargestellten und dem Darstellenden, frei von allem realen und idealen Interesse auf den Flügeln der poetischen Reflexion in der Mitte schweben, diese Reflexion immer wieder potenzieren und wie in einer endlosen Reihe von Spiegeln vervielfachen.«[180] Auch Wissenschaft und Kunst, künstlerisches Schaffen und Kritik werden hierbei in eins gedacht. Kein Bürgerrecht im Reich der Kunst aber soll ein Kunsturteil haben, »welches nicht selbst ein Kunstwerk ist«. Die »Darstellung des notwendigen Eindrucks in seinem Werden«[181], »die Darstellung eines philologischen Experiments und einer literarischen Recherche«[182] sind dafür privilegierte Möglichkeiten. Sie finden freilich bei Schlegel selbst eine entschiedene Relativierung, auch durch die Kritik an der Auflösung der »*Gränzen* der Wissenschaft und der Kunst«[183], an der poetisierenden Philosophie und der philosophierenden Poesie, an Geschichte, die als Dichtung, und an Dichtung, die als Geschichte behandelt werde. Schlegel konstatiert die Existenz einer »selbsttätigen Darstellung einzelner und allgemeiner, bedingter und unbedingter Erkenntnisse, welche von schöner Kunst ebenso verschieden ist, als von Wissenschaft und Geschichte« (241). In diesem Zusammenhang entwickelt er ein kleines Kategorienschema: Danach hat »darstellende Kunst« den spezifischen Charakter der »Idealität der Darstellung«; idealisch ist eine Darstellung, wenn »der dargestellte Stoff nach den Gesetzen des darstellenden Geistes gewählt und geordnet, wo möglich auch gebildet wird« (242); die »wissenschaftliche Darstellung […] unterscheidet sich dadurch von der Darstellung der Kunst, daß sie den Stoff, wiewohl sie das Gegebne gleichfalls nach den Gesetzen des darstellenden Geistes ordnet, selten wählt, nie bildet, und erfindet« (243).

Einen eigenen Zugang zum Darstellungsproblem in der Philosophie, genauer: in der Philosophiegeschichtsschreibung, stellt Ludwig Feuerbach in seinem Buch *Darstellung, Entwicklung und Kritik der Leibnizschen Philosophie* vor. Man kann hier Gedankengänge finden, an die Benjamins spätere Überlegungen ebenfalls angrenzen. Ausgangspunkt des Feuerbachschen Gebrauchs von ›Darstellung‹ ist der Sinn eines verdeutlichenden, ja körperli-

---

177 BENJAMIN, Der Begriff der Kunstkritik in der deutschen Romantik (1920), in: BENJAMIN, Bd. I/1 (1974), 103.
178 F. SCHLEGEL, Die Entwicklung der Philosophie in zwölf Büchern [Köln 1804–1805], in: SCHLEGEL (KFSA), Bd. 12 (1964), 366.
179 F. SCHLEGEL, Fragmente (1798), in: SCHLEGEL (KFSA), Bd. 2 (1967), 182.
180 Ebd., 182 f.
181 F. SCHLEGEL, Kritische Fragmente (1797), in: ebd., 162.
182 F. SCHLEGEL (s. Anm. 179), 241.
183 F. SCHLEGEL, Über das Studium der Griechischen Poesie (1797), in: SCHLEGEL (KFSA), Bd. 1 (1979), 219.

chen Vor-Augen-Führens, das im menschlichen Tun oder schon im Geschehen der Natur seinen Ort hat. »Die tiefsten Ideen Leibnizens sind Blitze, Lichtpunkte«, die sich jedoch »Ausdehnung geben, in der Darstellung zum Sein für andre kommen«[184]. »Stellt uns nicht die Natur in dem Reichtum der Tierwelt unendlich verschiedene Arten und Modifikationen der Seele und hiemit die Seele selbst als ein von uns unterschiedenes objektives Prinzip dar?« (168) Dieses Konzept verbindet sich mit der »Idee der entwickelnden Darstellung« (5) als einer organischen, genetischen Tätigkeit, als Reproduktion. Sie soll über die »formelle Tätigkeit der Darstellung« hinausgehen, nicht zuerst kritische, sondern »positiv-philosophische Tätigkeit, die Tätigkeit *einer immanenten Entwicklung*« (3) sein. Diese ›Entwicklung‹ ist vor der materialistischen Wende Feuerbachs um 1839 »die Entzifferung des wahren *Sinns* einer Philosophie«, die Enthüllung des Positiven in ihr, die »*Darstellung* ihrer *Idee*« (4). Das soll eine datengestützte »*historisch-gebundene* und *bestimmte* Tätigkeit« (5) sein, doch nicht allein aus der empirischen Wahrnehmung, sondern auch aus der Meditation über das Nichtgesagte kommen. Die Spezifik dieser Enwicklung bestimmt Feuerbach über Oppositionen, mit denen allerdings Kooperation möglich sei: Der ›Entwicklung‹ steht einerseits die »Weise einer Erzählung« gegenüber, in der man Handlungen des Geistes »wie äußerliche Handlungen [...] darstellen« kann; anderseits die »*rein historische* Darstellung« (6), die die geschichtliche Person selbst sprechen und sich aus und durch sich selbst erklären läßt.

In der allgemeinen Geschichtsschreibung findet die Diskussion zur Problematik von Darstellung ebenfalls immer wieder charakteristischen Niederschlag. Leopold von Rankes Programm, nackte Wahrheit zu liefern – »bloß zeigen, wie es eigentlich gewesen«[185] –, seine Kritik neuerer Geschichtsschreibung ist gegen literarische Fiktionalisierung von Historie ebenso gerichtet wie gegen ihre rhetorische Instrumentalisierung, gegen Verfahren der moralischen Bewertung und pädagogischen Inspruchnahme von Geschichte. Dennoch legt dieser Repräsentant einer als Wissenschaft sich verstehenden Geschichtsschreibung Wert auf den Aspekt der Darstellung. In dieser Hinsicht verbleibt er in einer transformierten Tradition der Rhetorik. Das Spiel von inventio und elocutio kehrt wieder: »Die Historie unterscheidet sich dadurch von anderen Wissenschaften, daß sie zugleich Kunst ist. Wissenschaft ist sie: indem sie sammelt, findet, durchdringt; Kunst, indem sie das Gefundene, Erkannte wieder gestaltet, darstellt. Andre Wissenschaften begnügen sich, das Gefundene schlechthin als solches aufzuzeichnen: bei der Historie gehört das Vermögen der Wiederhervorbringung dazu.« Wird bei Ranke Darstellung als Kunst mit dem Programm der Wiederhervorbringung zusammengedacht, so steht dahinter die Idee, es gelte, »das in der Zeit erschienene Leben«[186] zu reproduzieren, das abwesende Vergangene wieder gegenwärtig anwesend zu machen. Hierbei geht es nicht allein um eine Verlängerung der Ideen von Anschaulichkeit und Verlebendigung aus dem 18. Jh., aus den Darstellungskonzepten von Lessing, Herder und Klopstock. Das Verlangen nach Anschaulichkeit (bei den Griechen ἐνάργεια [enargeia], in der lateinischen Übersetzung etwa evidentia) gehört in den Grundbestand von Rhetorik seit der Antike, zu einem lange für wichtig angesehenen Verfahren, durch das Wahres nicht ausgesprochen, sondern vorgeführt wird[187], bei dem nicht in erster Linie geredet, sondern das Geschehen anschaulich gezeigt, demonstriert, vor Augen gebracht wird, so daß bei den Aufnehmenden Wirkungen entstehen, als wären sie bei den Vorgängen zugegen. Die narrativen Darstellungs-

---

[184] LUDWIG FEUERBACH, Geschichte der neuern Philosophie. Darstellung, Entwicklung und Kritik der Leibnizschen Philosophie (1837), in: FEUERBACH, Bd. 3 (1969), 182, 183.
[185] LEOPOLD VON RANKE, Geschichten der romanischen und germanischen Völker von 1494–1514 (1824), in: Ranke, Sämmtl. Werke, Bd. 33/34 (Leipzig 1874), VII.
[186] RANKE, Idee der Universalgeschichte (entst. 1831–1832), in: Ranke, Aus Werk und Nachlaß, hg. v. W. P. Fuchs/T. Schieder, Bd. 4 (München/Wien 1975), 72.
[187] Vgl. QUINTILIAN, Institutio oratoria 4, 2, 63; CARLO GINZBURG, Ekphrasis and Quotation, in: Tijdschrift voor Filosofie 50 (1988), 3–19; dt.: Veranschaulichung und Zitat. Die Wahrheit der Geschichte, übers. v. M. Kempter, in: F. Braudel u. a., Der Historiker als Menschenfresser. Über den Beruf des Geschichtsschreibers (Berlin 1990), 89.

VI. Darstellung als Schreibweise in Philosophie und Historiographie

formen in der Geschichtsschreibung stammen aus solcher Intention, der in der Moderne eine Kritik entgegengehalten wird, die aus immer wieder erneuertem Rationalitätsdruck, aus dem Verlangen nach desanthropomorphisierender Prozeß- und Strukturbeschreibung die Narration verwirft.

Diese Kritik wird bereits von Johann Gustav Droysen antizipiert, der sich in seiner *Historik* dagegen wendet, unter »historischer Darstellung immer nur die erzählende«[188] (die Genese des Gegenstandes nachahmende) zu verstehen, »bei dem Wort Darstellung sofort die augenblickliche Idee von Kunst und künstlerischen Regeln« (276) zu haben und als den »größten Historiker« sogar den feiern zu können, »der in seiner Darstellung dem Walter Scottschen Roman am nächsten stand« (322). Droysen betont dagegen die Existenz weiterer Darstellungsarten, erinnert an die genera dicendi der Rhetorik und weist auf die »untersuchende« (274), die »didaktische« (275) und die »diskussive« (276) – Gegenwartsprobleme im Zusammenhang ihrer historischen Genese erörternde – Darstellung sowie darauf hin, daß sich die historiographische Darstellungsweise von der musischen unterscheiden muß, wenn sie nicht Roman werden will. Für ihn ist wichtig, daß sie an ein bestimmtes, mitunter lückenhaftes, doch nicht abzuäuderndes Material gebunden bleibt und ihr Gedanke nicht spontaner Ausdruck des in sich bewegten Geistes sein darf, sondern strikt aus dem Studium und Verständnis des Materials kommen muß.

Wird historische Darstellung als Kunst, Geschichtsschreibung als Literatur (im engeren Sinn) charakterisiert, so kann an die Möglichkeit von Anschaulichkeit und Verlebendigung gedacht werden, aber auch an die fiktionalen Züge in der Arbeit der Historiker, die »imaginativen Elemente«, den fiktionalisierenden Charakter im Entwurf narrativer Plots und ihrer Strukturen, die »Inszenierungen«[189] von Geschichte. Als allgemeiner und gegenwärtiger könnte sich jedoch der Vorgang erweisen, der mit dem Hinweis nicht auf Kunst oder Literatur, sondern auf den Aufbau von Ästhetischem in der historischen Darstellung zu beschreiben ist[190], auf dort gelingende Bildungen von Gestalten mit Eigenwert und Sinnevokation. Auf eine mögliche solcher Bildungen verweist Benjamins

Darstellungsbegriff in der ›Erkenntniskritischen Vorrede‹.

Darstellung wird hier als Denken von der »Abgeschlossenheit« und »Kodifikation« der »Lehre«[191], des »Systems« unterschieden, verstanden als »Inbegriff« der Methode des Traktats: »Verzicht auf den unabgesetzten Lauf der Intention ist sein erstes Kennzeichen. Ausdauernd hebt das Denken stets von neuem an, umständlich geht es auf die Sache selbst zurück. Dies unablässige Atemholen ist die eigenste Daseinsform der Kontemplation.« Benjamin deutet auf Ausdrucks- und Repräsentationswerte textueller Gestaltbildungen wie der intermittierenden Rhythmisierung, der Sammlung von »Denkbruchstücken«, der Zitatmontage, des Zusammenführens von Einzelnem und Disparatem hin, in denen doch die »Majestät der Mosaiken« lebt und einen »Glanz der Darstellung«[192] macht. Der Darstellungsbegriff ist einer der schwierigsten in Benjamins Denken[193], hat er doch einen Riesenhorizont von ontologischen und erkenntnistheoretischen Voraussetzungen und Implikationen, der schon in den Thesen erkennbar ist, daß die Form der Darstellung nicht einem Zusammenhang im Bewußtsein eigne, sondern einem Sein, oder daß »Wahrheit, vergegenwärtigt im Reigen der

---

188 JOHANN GUSTAV DROYSEN, Historik. Vorlesungen über Enzyklopädie und Methodologie der Geschichte (entst. 1857–1883), hg. v. R. Hübner (München ³1958), 273.
189 JÜRGEN KOCKA, Bemerkungen im Anschluß an das Referat von Dietrich Harth, in: H. Eggert/U. Profitlich/K. R. Scherpe (Hg.), Geschichte als Literatur. Formen und Grenzen der Repräsentation von Vergangenheit (Stuttgart 1990), 24; vgl. HAYDEN WHITE, Auch Klio dichtet oder die Fiktion des Faktischen. Studien zur Tropologie des historischen Diskurses (Stuttgart 1986).
190 Vgl. JÖRN RÜSEN, Historik, Poetik und New Historicism. Die Darstellung und Darstellbarkeit von Geschichte, in: Eggert/Profitlich/Scherpe (s. Anm. 189), 5 f.
191 BENJAMIN (s. Anm. 164), 207.
192 Ebd., 208.
193 Vgl. FRED LÖNKER, Benjamins Darstellungstheorie. Zur ›Erkenntniskritischen Vorrede‹ zum ›Ursprung des deutschen Trauerspiels‹, in: F. A. Kittler/H. Turk (Hg.), Urszenen. Literaturwissenschaft als Diskursanalyse und Diskurskritik (Frankfurt a. M. 1977), 293–322.

dargestellten Ideen«, nicht auf Erkenntnis als ein Haben projiziert werden könne, daß sie »Darstellung ihrer selbst« und somit die »Form mit ihr gegeben«[194] sei. Nahe an den praktischen Problemen scheint aber jene Vorstellung zu liegen, die dem Philosophen die »erhobne Mitte zwischen dem Forscher und dem Künstler« (212) zuweist und der zufolge die in der Darstellung sich äußernde Kontemplation »die Abkehr vom deduktiven Verfahren mit einem immer weiter ausholenden, immer inbrünstigern Zurückgreifen auf die Phänomene« (225) – und insofern mit der Rettung des einzelnen – verbindet. In welchem Maße Benjamin am so bestimmten Konzept von Darstellung festhält, zeigt dann der Selbstkommentar zum *Passagen-Werk*, das ein Versuch ist, »gesteigerte Anschaulichkeit« zu erreichen, im Einzelmoment »den Kristall des Totalgeschehens zu entdecken«[195]: »Methode dieser Arbeit: literarische Montage. Ich habe nichts zu sagen. Nur zu zeigen.«[196]

VII. Aktuelle Tendenzen: Insistieren auf Präsentation

In der Gegenwart machen vor allem drei, einander z. T. überlappende, Gruppen von Theorien in den Künsten das Grundverhältnis eines Zurschaustellens, genauer: eines Zu-Sehen-, Zu-Hören-, Zu-Fühlen-Gebens aus und arbeiten in diesem Sinne an einem Begriff Darstellung als Präsentation. Drei verschiedene Relationen im Darstellungsverhältnis werden dabei kritisch befragt: 1. die Unterschiedenheit von Darstellendem und Dargestelltem; 2. die Beziehung zwischen Darstellung und dem Nichtdarstellbaren; 3. die an Darstellungen als Figurationen (Prozeß- oder Produktgestalten) ablesbaren Bedeutungen.

1. Darstellung oder › Realität selbst ‹

»Darstellung«, heißt es in jüngerer Zeit, »verdankt sich einer ursprünglichen Differenz, die zu überbrücken sie da ist«; sie »entspricht einer Fähigkeit des Abrückens und Beiseite-Tretens«[197]. Das Darstellungsverhältnis ist demnach ein Verhältnis der Distanz: Die symbolischen Setzungen, die hier vorliegen: die in einem bestimmten Material gebildeten, direkt oder indirekt bedeutenden, verweisenden Gestalten, zeigen etwas als etwas vor; in ihnen geht es – Cassirer zufolge – um die »Darstellung eines Inhalts in einem anderen und durch einen anderen«[198] und zugleich um eine phänomenale Wirklichkeit, die »in präsentative und repräsentative Momente, in Darstellendes und Dargestelltes«[199] zerlegbar ist.

Diese Differenz und die Möglichkeit ihres Verschwindens ist seit altersher Gegenstand der Reflexion. Oft wiedererzählt wurde das von Plinius d. Ä. überlieferte Beispiel der von Zeuxis täuschend echt gemalten Trauben, an denen Vögel pickten. Man hat hier eine zweifache Ineinssetzung vor sich: In ihr wird der Unterschied zwischen dem Darstellenden (einem etwas, das ein › Bild ‹ präsentiert), der Darstellung (einem › Bild ‹) und dem Dargestellten (der im › Bild ‹ aufgefaßten Realität, einer veranschaulichten Vorstellung) aufgehoben. Das dabei berührte Problem wurde in der Moderne besonders in Hinblick auf die Schauspielkunst diskutiert, exemplarisch etwa von Diderot und Brecht. Diderot präsentiert die These, daß der Schauspieler-Darsteller die Zuschauer täuschen, zur Illusion, zur Verwechslung von Darsteller und dargestellter Rolle verführen kann: »tout son talent consiste non pas à sentir, comme vous le supposez, mais à rendre si scrupuleusement les signes extérieurs du sentiment, que vous vous y trompiez«; »il n'est pas le personnage, il le joue et le joue si bien que vous le prenez pour tel: l'illusion n'est que pour vous; il sait bien, lui qu'il ne l'est pas«[200]. Während Brecht nun den ersten Teil dieser Argumentation zu seiner Sache machen und weiterführen kann und vom Schauspieler »Beobachtung und die Nachahmung des Beobachteten« verlangt,

---

194 BENJAMIN (s. Anm. 164), 209.
195 BENJAMIN, Das Passagen-Werk (entst. 1927–1940), in: BENJAMIN, Bd. 5/1 (1982), 575.
196 Ebd., 574.
197 HART NIBBRIG (s. Anm. 11), 10, 11.
198 CASSIRER (s. Anm. 10), 41.
199 Ebd., Bd. 3 (Berlin 1929), 165.
200 DENIS DIDEROT, Paradoxe sur le Comédien (entst. 1769–1773), in: DIDEROT (VARLOOT), Bd. 20 (1995), 55, 56.

VII. Aktuelle Tendenzen: Insistieren auf Präsentation

ihn davor warnt,»sich auszudrücken, ohne den Eindrücken nachzugehen«[201], oder es zu einer restlosen Verwandlung in die Figur kommen zu lassen, sich in Trance zu versetzen, widerspricht er ihrem zweiten Teil. Er will auch die Wirkung des Darstellers auf das Nivau der Distanz bringen und plädiert deshalb dafür, der Schauspieler möge die Figuren so zeigen wie der »zeigende Laugthon«, der »in dem gezeigten Galilei«[202] nicht verschwindet. Der Darsteller solle sein Publikum nicht täuschen, nicht suggerieren, er selbst und nicht eine erdichtete Figur handle auf der Bühne. Brecht fordert Darstellungen, die historisierende Abbilder geben, welche nicht zur »Einfühlung« einladen , sondern »auf den ›Verfremdungseffekt‹ (V-Effekt)« beruhen, welche »den Gegenstand zwar erkennen, ihn aber doch zugleich fremd erscheinen« (81) lassen und nicht nur Gefühle gegenüber dem Dargestellten, sondern vor allem ein experimentelles Verhalten (»fiktive Montagen« [80] an den Darstellungen) ermöglichen.

In welchem Maße in einem solchen Konzept der Darstellung als Modellbau ein europäischer Rationalismus spricht, zeigen Beobachtungen an der Theatralität in außerkünstlerischer alltäglicher und ritueller Wirklichkeit und am Theater anderer Weltgegenden. Hier treten Wechselspiele zwischen »Sich-selbst-Darstellen und Rollenzeigen«[203] auf, die das soziale Verhalten theatralisieren, die aber auch Kultereignisse bestimmen können. Gegen Vereinfachungen des Verhältnisses von Verkörperung und/oder Darstellung hebt Joachim Fiebach hervor, es bedürfe eines dialektischen Auffassens theatralischer Kommunikation, das Heiliges und Profanes, Ernstes und Komisches übergreift: »Auch die Darsteller des Heiligen, von Ahnen und anderen Wesen, mit denen die Gemeinschaften und damit die Darsteller sich gemeinsam begreifen, verhalten sich zu ihren ›Verkörperungen‹ im Prinzip distanziert, genauer als Zeichenträger, als Darsteller. Abgesehen von Grenzfällen der Besessenheit, in denen Geister und fiktive Wesen die Körper der Handelnden ›besteigen‹, in denen so Identitäten sinnlich werden, gedacht oder vorgestellte Objekte oder Sachverhalte mit den Signifikanten tendenziell zusammenfallen, abgesehen von solchen Fällen wird unterschieden zwischen dem Zeigenden und Gezeigten.«[204]

Seit einiger Zeit haben gerade die Versuche, den Darstellungscharakter zu verwischen oder aufzuheben, einen beträchtlichen Diskurswert erhalten, und das gilt keineswegs allein für die Schauspielkünste. Joseph Beuys' und anderer Verfahren der »Setzung von Materialien oder Gegenständen als Bedeutungsträger« werden mit Hilfe eines Darstellungsbegriffes beschrieben, der als Schwundstufe einer volleren Beziehung gedacht ist:»Darstellen reduziert sich aufs bloße Hinstellen«[205]. ›Darstellen‹ bedeute »immer weniger ›repräsentieren‹ und immer mehr ›exhibieren‹«[206].

Am auffälligsten ist an diesen Theorien, daß sie sich auf die ontologische Frage nach der Seinsart von Zur-Schau-Gestelltem beziehen, die der erkenntnistheoretisch orientierten Frage nach der Abbildhaftigkeit von Darstellung – mag diese sich auf strikte Realitätsreferenz verpflichten oder sie suspendieren – sozusagen vorausliegt. Dieser Aspekt wird auch in Überlegungen zu den darstellenden Künsten wichtig. Das Theater der Grausamkeit (Artaud) postuliert, die »Darstellung müsse [...] Realität sein; der theatralische Prozeß stelle keine fiktive Kunstwelt vor, er wäre die Realität selbst«[207]. Hier wird überhaupt ein Welt erzeugender Künstler gedacht:»En un mot, nous croyons qu'il y a, dans ce qu'on appelle la poésie, des forces vives, et que l'image d'un crime présentée dans les conditions théâtrales requises est pour l'esprit quelque chose d'infiniment plus redoutable que ce même crime, réalisé. / Nous voulons faire du théâtre une réalité à laquelle on puisse croire, et qui

---

201 BERTOLT BRECHT, Beobachtung und Nachahmung (entst. um 1951), in: BRECHT (BFA), Bd. 23 (1993), 180.
202 BRECHT, Kleines Organon für das Theater (1948), in: ebd., 83.
203 JOACHIM FIEBACH, Die Toten als die Macht der Lebenden. Zur Theorie und Geschichte von Theater in Afrika (Berlin 1986), 13.
204 FIEBACH, König und Dirigent für die Musik seiner Rede. Grenzverschiebungen in Kunst- und Kulturwissenschaften, in: Weimarer Beiträge 29 (1983), 1698 f.
205 BAUM (s. Anm. 32), 416, 420.
206 FLUSSER (s. Anm. 18), 47.
207 FIEBACH, Von Craig bis Brecht. Studien zu Künstlertheorien in der ersten Hälfte des 20. Jahrhunderts (Berlin 1975), 176.

contienne pour le cœur et les sens cette espèce de morsure concrète que comporte toute sensation vraie. De même que nos rêves agissent sur nous et que la réalité agit sur nos rêves, nous pensons qu'on peut identifier les images de la poésie à un rêve, qui sera efficace dans la mesure où il sera jeté avec la violence qu'il faut.«[208]

Ähnliches konstatiert Samson D. Sauerbier in einer unter das Motto ›Gegen Darstellung‹ gestellten Theorie, die sich der ›zur Schau gestellten Wirklichkeit in den zeitgenössischen Künsten‹ und ›ästhetischen Handlungen und Demonstrationen‹ widmet. Sauerbier hält an einem Begriff der Darstellung fest, der als Kernmerkmal die zeichenhafte (über Zeichenträger, Zeichengestalten und Zeichenbedeutungen ermöglichte) Repräsentation aufweist – begriffen als Bezug auf eine außerhalb des Darstellens und vor ihm liegende, von ihm unterschiedene Welt oder als Realisierung, Verkörperung davon ebenfalls verschiedener Vorstellungen und Einstellungen. Die mimetische Repräsentation läßt so ein sinnlich nicht anwesendes Ereignis oder Ding sinnlich erscheinen und steht für dieses Nichtanwesende, das durch sie nachgeahmt, dargestellt wird. Dagegen stehen die »nichtmimetischen Repräsentationen«[209], für die Sauerbier auch Ausdrücke wie ›Darbietung‹, ›Deklaration‹ gebraucht. Als solche bieten sich – z.B. in Happening, Event, Materialaktion, Action Painting, Performance, des weiteren auch in objet trouvé, ready-made, Installation, hasard objectif, dripping und schließlich noch (worauf auch andere verweisen) im Zitat von Gebrauchstexten – Dinge, Körper, Aktionen, Ereignisse, Situationen dar, die zunächst sie selbst sind, nichts anderes bezeichnen, nicht auf anderes verweisen. Semantische Leere, pragmatische Offenheit sind ihre Kennzeichen, oft auch, im Resultat von Zufallstechniken, syntaktische Indeterminiertheit.

Nicht Re-präsentation, sondern Präsentation wird hier gesehen, entstanden aus Adaption (des

Spektakulären im Alltag), aus Setzungen, welche »vor das Publikum hingestellt, nämlich deiktisch präsentiert und exponiert« (36), dargeboten, demonstriert, vor Augen geführt werden. Gegenüber überkommener Kunst, die »als System der Repräsentation durch Zeichen von oder für etwas von diesen Zeichen Unterschiedenes« gilt, soll hier eine Kunst vorliegen, welche »auf Bestandteile der identischen Präsentation von Objekten, Situationen und Ereignissen« (16) reduziert ist und/oder in selbstreferentiellen Bezügen den Blick auf die Mittel von Darstellung konzentriert. Der Präsentationscharakter wird nicht schroff als Sonderform abgegrenzt: Alle Kunst habe – über das Ausstellen von Material, Zeichen und Formen der Darstellung – Kennzeichen der Präsentation und könne sie mehr oder weniger stark bemerkbar machen; und die Präsentation wird doch als Repräsentation, speziell als »nichtmimetische Repräsentation« (13) aufgefaßt: Die von Zeichenvermittlung unabhängigen Objekte kommen zur »Zurschaustellung« oder »Ostension« und werden dabei einer Semantisierung und Ästhetisierung unterzogen. Sie erweisen ihre Qualität aufgrund ihrer Gegenstandsbedeutungen, »welchen noch keine gedanklichen Entsprechungen als interne Objekte oder Designate [...] korrelieren« (67). Die Präsentation wird Anweisung auf Entschlüsselung von Botschaften, und sie erhält, wenn Rezipienten diesen Appell vernehmen, die Zeichenfunktion des Repräsentierens: »Die zunächst nur präsentierten Gegenstände stehen nun für mehr und anderes und geben Kunde von mehr und anderem außerhalb ihrer selbst. Was dabei repräsentiert wird, ist in der Vorstufe der Präsentation noch unbestimmt gehalten.« (16)

Nelson Goodman beschreibt die Leistung solcher Präsentation aufschlußreich am Beispiel des Tanzes als Exemplifikation: Einige Elemente des Tanzes seien denotativ (Versionen beschreibender Gesten des Lebens oder des Rituals), andere aber denotierten nicht, sondern exemplifizierten Rhythmen und dynamische Figuren mit bestimmter Funktion: »The exemplified patterns and properties may reorganize experience, relating actions not usually associated or distinguishing others not usually differentiated, thus enriching allusion or sharpening discrimination.«[210]

---

208 ANTONIN ARTAUD, Le Théâtre et la Cruauté (entst. 1933), in: Artaud, Œuvres complètes, Bd. 4 (Paris 1978), 83.
209 SAUERBIER (s. Anm. 14), 13.
210 NELSON GOODMAN, Languages of Art: An Approach to a Theory of Symbols (Indianapolis/New York/Kansas City 1968), 64f.

2. Darstellung im Verhältnis zum Nichtdarstellbaren

In den Äußerungen zu Kunstmöglichkeiten der Gegenwart ist die Rede vom ›Nichtdarstellbaren‹ (l'imprésentable, the unrepresentable) unüberhörbar geworden. Bedrängender Ausgangspunkt für die damit berufene zeitgeschichtliche Problematik wurde Adornos Wort: »nach Auschwitz ein Gedicht zu schreiben, ist barbarisch«[211]. Die Erinnerung an dieses Urteil wirkt bis heute weiter. Es hat neue Form erhalten durch Lyotard, der seit Beginn der 80er Jahre in Essays und größeren Schriften (*Le Différend*, 1983, und *Heidegger et ›les juifs‹*, 1988) nach dem Zusammenhang zwischen dem Erhabenen und dem Undarstellbaren fragte. Das Verdikt ist noch in der Negation der Negation vernehmbar, wie sie von Jorge Semprun in dem Satz formuliert wurde: »Man kann also immer alles sagen. Das Unsagbare [...] ist nur ein Alibi«[212], oder wie sie sich in den Bestrebungen niederschlägt, der Lage entsprechende bzw. widersprechende Darstellungsformen zu finden, die an die Stelle der »Problematisierung von Darstellbarkeit überhaupt«[213] treten können: »Für Lyotard kann – ähnlich wie für Adorno – Kunst nur noch eine paradoxe Funktion haben, d. h. darstellen, was es nicht gibt, ›Zeichen‹ sein, ohne etwas zu zeigen. Dieses genuin mystische Paradigma ist mit Sicherheit nicht das einzige für die Kunst nach der Shoah.«[214]

Die Begriffsvariante einer Darstellung, die zeigt, daß es Nichtdarstellbares gibt, findet einen weiteren Ansatzpunkt in der abstrakten (›gegenstandslosen‹) Kunst der Moderne, deren Bedeutungsaufbau sie verdeutlichen und deren eventuell agnostischen oder metaphysischen Charakter sie legitimieren will. Ihab Hassan kennzeichnet in seiner »Merkmalreihe für die Postmoderne« das »Nicht-Zeigbare, Nicht-Darstellbare«[215] als Drehpunkt: als Ort, wo diese Ideologie von der Dekonstruktion (in der Kunst erkennbar am Irrealistischen, Nicht-Ikonischen, an ätherischen Zuständen, verweigerter Mimesis) zur Rekonstruktion, zur Darstellung des Nichtdarstellbaren übergeht. Lyotard sucht die Spezifik der modernen Kunst aus ihrem Verhältnis zum Nichtdarstellbaren zu deuten: »J'appellerai moderne l'art qui consacre son ›petit technique‹, comme disait Diderot, à présenter qu'il y a de l'imprésentable.«[216]

Es handelt sich hier um eine Reaktion auf das, was als ›Krise der Repräsentation‹ schärfer in das moderne Bewußtsein getreten ist. Sie kommt aus der Beobachtung der Inkongruenz von zwei in der Darstellungsbeziehung zusammengerechneten Bereichen: einerseits von Gegebenheiten, die außerhalb der jeweiligen Darstellungshandlung existieren, entweder vor der Arbeit als Darzustellendes, das bestimmte Anforderungen an die ihm gemäße Aneignung zu stellen scheint, oder nach getaner Arbeit als ein Dargestelltes, das mehr oder weniger gut getroffen wurde; andererseits von Gegebenheiten der prozessualen oder produkthaften Darstellung in einem bestimmten Medium, Gestaltungen, die in Handlungen für deren Dauer oder in Resultaten hervorbringender Tätigkeit entstehen. Die Erregung darüber, daß eine Deckungsgleichheit nicht zustande kommt, stammt vielleicht nur aus dem Verlust der (identitätsphilosophischen) Illusion, ein absolutes Treffen sei möglich. Doch kann es nur zu einer relativen Deckungsgleichheit kommen, schon weil sie sich auf Projektionsflächen eines homogenen Mediums bezieht, abstraktive und konstruktive Momente umschließt und Deckungsgleichheit zwischen einer nur dem Denken zugänglichen Totalität und einer Veranschaulichung nicht zu haben ist. Andere Übertreibung produziert hier die andere.

Dem Nichtdarstellbaren gelten eher umschreibende als definierende Bemühungen Lyotards. Ausgehend von Bestimmungen Kants[217], wonach das Vermögen, das Unendliche zu denken, den

---

[211] THEODOR W. ADORNO, Kulturkritik und Gesellschaft (1951), in: ADORNO, Bd. 10/1 (1977), 30.
[212] JORGE SEMPRUN, Der Rauch aus den Öfen hat die Vögel vertrieben, in: Frankfurter Allgemeine Zeitung (26. 1. 1995), 33.
[213] NICOLAS BERG/JESS JOCHIMSEN/BERND STIEGLER, Vorwort, in: Berg/Jochimsen/Stiegler (Hg.), Shoah. Formen der Einnerung. Geschichte, Philosophie, Literatur, Kunst (München 1996), 7.
[214] DOROTHEE KIMMICH, Kalte Füße. Von Erzählprozessen und Sprachverdikten bei Hannah Arendt, Harry Mulisch, Theodor W. Adorno, Jean-François Lyotard und Robert Schindel, in: ebd., 106.
[215] Vgl. HASSAN (s. Anm. 28), 48, 51.
[216] LYOTARD, Réponse à la question: qu'est-ce que le postmoderne? (1982), in: Lyotard, Le Postmoderne expliqué aux enfants (Paris 1986), 27.
[217] Vgl. KANT (s. Anm. 29), 258.

Maßstab der Sinne übertrifft, wird ein Widerspruch konstatiert: Es gebe die Idee des Unendlichen (der Welt, des Universums, der Totalität, des Absoluten, der Einfachheit, des absolut Großen oder Mächtigen, der Menschheit, des Endes der Geschichte usw.), nicht aber die Fähigkeit, all das anschaulich zu machen (davon ein Beispiel aufzuzeigen, es sehen zu lassen). Darin bestehe das Nichtdarstellbare – wiederum im Anschluß an Bestimmungen Kants, nach denen Darstellung das Verfahren ist, einem Begriff eine korrespondierende Anschauung zu geben, und beim Unendlichen nur eine »negative Darstellung« möglich ist. Kant hatte in diesem Zusammenhang der »Darstellungsart, die in Ansehung des Sinnlichen gänzlich negativ wird, [...] die aber doch die Seele erweitert«, die These formuliert: »Vielleicht giebt es keine erhabenere Stelle im Gesetzbuche der Juden, als das Gebot: Du sollst dir kein Bildniß machen«[218]. Über sichtbare Formlosigkeit negativ darzustellen (zu zeigen, sichtbar zu machen), daß es Nichtdarstellbares gibt (etwas, das man denken, nicht aber sehen oder sichtbar machen kann), wird Lyotard zufolge Sache der Kunst, die sich aufs Erhabene bezieht. Das Gefühl des Erhabenen sei »une combinaison intrinsèque de plaisir et de peine: le plaisir que la raison excède toute présentation, la douleur que l'imagination ou la sensibilité ne soient pas à la mesure du concept.« Zwischen Moderne und Postmoderne wird die Differenz gesetzt, daß die eine »permet que l'imprésentable soit allégué [...] comme un contenu absent«, in erkennbaren Formen aber Trost und Lust vermittelt, während die andere »allègue l'imprésentable dans la présentation elle-même«[219] und dabei den Trost der guten Formen und die Regel des Geschmackskonsenses verweigert, so auch »s'enquiert de présentations nouvelles, non pas pour en jouir, mais pour mieux faire sentir qu'il y a de l'imprésentable«.

Das entworfene Kunstprogramm betont, »qu'il ne nous appartient pas de *fournir de la réalité*, mais d'inventer des allusions au concevable qui ne peut être présenté« (33). Weltanschaulich wird dieses Programm doppelt in einer Dialektik der klassischen Philosophie und in der modernen Auflösung von Verbindlichkeiten fundiert: 1. Die Sehnsucht nach dem Ganzen, dem Einen, nach der Versöhnung von Begriff und Sinnlichkeit, nach transparenter und kommunizierbarer Erfahrung sei mit dem Terror im 19. und 20. Jh. teuer bezahlt worden. »La réponse est: guerre au tout, témoignons de l'imprésentable, activons les différends, sauvons l'honneur du nom.« (34) 2. In einer technisch-wissenschaftlichen Industriewelt könnten Künstler, wie die Maler, und Publikum nicht mehr über feststehende Symbole, Gestalten und plastische Formen des Guten, Gerechten, Wahren, Unendlichen usw. verfügen; die Realismen antiavantgardistischer Versuche, dennoch mit Symbolsystemen zu arbeiten, seien nichts als Akademismen.[220]

Barnett Newman, Maler einer Spielart des amerikanischen abstrakten Expressionismus, ist Lyotards wichtigstes Beispiel für die erhabene Malerei (die Newman selbst ›sublime‹ und der Übersetzer doppeldeutig ›sublim‹[221] nennt) und die Weise der ›negativen Darstellung‹, die auf abstraktionistischen und minimalistischen Auswegen sowie durch Betonung des Materials und seiner Formung einem figurativen Gefängnis entkommen soll.[222] Gegen die postmoderne Begeisterung ist eingewandt worden, der Versuch einer nichtdarstellenden, dem Unnennbaren, Unsagbaren verpflichteten Kunst sei »seit Cézanne und Manet«[223] oder doch wenigstens seit dem Expressionismus zu beobachten. Das Kunstprogramm, das mit nicht darstellbaren (auch unsichtbaren, nicht in Bildern wiederzugebenden) Wesenheiten rechnet, die sich doch irgendwie in den Werken manifestieren, erfährt in neuerer Betrachtung Kritik: Es könne nur

---

218 Ebd., 274.
219 LYOTARD (s. Anm. 216), 32.
220 Vgl. LYOTARD, Représentation, présentation, imprésentable (Ms. 1983); dt.: Vorstellung, Darstellung, Undarstellbarkeit, in: Lyotard u.a., Immaterialität und Postmoderne, übers. v. M. Karbe (Berlin 1985), 97–99.
221 Vgl. BARNETT NEWMAN, The Sublime Is Now – Das Sublime ist jetzt, in: Newman, Schriften und Interviews 1925–1970, übers. v. T. Schelbert (Bern/Berlin 1996), 176–179.
222 Vgl. LYOTARD, L'instant, Newman (1984); dt.: Der Augenblick, Newman, übers. v. T. Krohm-Linke, in: Lyotard, Philosophie und Malerei im Zeitalter ihres Experimentierens (Berlin 1986), 17.
223 LOUIS MARIN, Die klassische Darstellung, übers. v. J. Blasius, in: Hart Nibbrig (s. Anm. 11), 395.

von Theologen verstanden werden, denn der undarstellbare Gott werde ins Spiel gebracht, woraus sich erkläre, weshalb Lyotard in diesem Zusammenhang das biblische Bilderverbot bemühe. Ein »Fetischismus« wird kritisiert, »der seine heiligen Dinge nicht als Ikone behandelt (d. h. nicht wie Abbilder oder Repräsentationen per Ähnlichkeit) und in gewissem Sinne überhaupt nicht als Repräsentationen (obwohl sie oft als Indices beschreibbar sind).«[224]

3. Darstellung als Angebot eines Kippspiels von Bedeutungen

Eine Reihe von Theorien der Gegenwart interessiert sich für die mehrfache Gebundenheit von Darstellungen und läßt deutlich werden, daß bei deren Erzeugung verschiedenartige konstruktive Bezugnahmen mitwirken: so etwa – in differierender Akzentuierung – ein reproduzierendes Auffassen gegenständlich gemachter konkreter Wirklichkeit und/oder ein veranschaulichendes Sinnfälligmachen von Ideen und Wertbeziehungen zu dieser Wirklichkeit. Daß Darstellungen gegensätzliche, auf verschiedenen Zugangswegen erreichbare Bedeutungsbezüge ermöglichen, wird für eine solche Betrachtungsweise wichtig. Dabei entsteht ein Begriff von Darstellung als Potential.

Gottfried Gabriel arbeitet mit einem Konzept von Darstellen im Zusammenhang seiner Analyse der ›Erkenntnisformen von Dichtung, Philosophie und Wissenschaft‹. Beschrieben werden drei verschiedene »Arten des Meinens oder Bedeutens und entsprechend drei semantische Funktionen sprachlicher Zeichen« und auch literarischer Texte als komplexer Zeichen: »das *Verweisen* (Bezugnehmen, Hinweisen) auf Gegenstände; das *Mitteilen* (Sagen) von Inhalten, insbesondere das Aussagen; das *Aufweisen* (Darstellen, Zeigen) von Allgemeinem und Sinn«. Diese Triade gibt die Aspekte wieder, unter denen die Eigenheit von Textsorten erklärt wird: Erkenntnis sei in Wissenschaft (wie Alltagsrede) über das Mitteilen in Verbindung mit dem Verweisen vermittelt, jedoch in Dichtung (als literarischen Texten fiktionalen Charakters) über das Mitteilen in Verbindung mit dem Aufweisen. Dichterische Texte verweisen nicht – nach der Regel der Referenz –»*unter sich*«, direkt auf die Wirklichkeit«, son-

dern – in einer »Umkehrung der Richtung des Bedeutens« – »über sich hinaus«[225], sie beziehen sich nicht »direkt (referentiell)«, sondern »indirekt (exemplarisch)«[226] auf Wirklichkeit. Goodmans Idee, daß »denotation [...] runs into the opposite direction« von »exemplification«[227], wird hier aufgenommen und kritisch zu einem Konzept der »exemplarischen Darstellung«[228] erweitert: Was Dichtung meint, wird in ihr nicht gesagt oder als in ihr enthalten mitgeteilt, sondern gezeigt – vorgeführt über ein »mimetisches Arrangement von Handlungen, Situationen, Stimmungen usw.«, über eine sprachlich (etwa erzählend) konstituierte »vergegenwärtigende Darstellung« (154).

In einer dritten Textsorte, in »nicht-fiktionalen literarischen Texten« (10) – Traktat, Essay, Aphorismus, Dialog, Zitat-Montage; zu ergänzen wäre: autobiographische und berichtende Literatur – wird Erkenntnis durch alle drei Funktionen vermittelt; es geht hier nicht um eine Umkehr, jedoch – durch die Erweiterung – um ein Ändern der Bedeutungsrichtung gegenüber aussagebestimmten Texten. Darstellung als Aufweisen wird in dieser Sichtweise zum Generalkennzeichen von Dichtung und, was zu folgern ist, von weiterer Literatur, anderen Künsten und ästhetischen Konstellationen, wie sie z. B. in der verfremdenden Zitierung von Gebrauchstexten oder im isolierenden Aufstellen von Gebrauchsgegenständen entstehen: Sie ist Zeigen eines bedeutenden Einzelnen, das so zum Besonderen wird, Anstoß zu einer unabschließbaren (weil mit der Unausschöpfbarkeit der Individualität verbundenen) Suche seines Allgemeinen, Motiv zum Ingangsetzen des reflektierenden Urteilskraft (im Kantischen Sinn) und damit einer auch spezifisch ästhetischen Aktivität. Den Inhalt dieser Aktivität bilden nicht allein die »bloßen Tatsachen dieser Welt«, sondern deren Sicht »aus menschlicher Perspektive« (216). Mit Martin Seel und Arthur C. Danto wird dies in dem Gedanken konkretisiert, Kunst habe »Sichtweisen der

---

224 MITCHELL (s. Anm. 24), 24.
225 GOTTFRIED GABRIEL, Zwischen Logik und Literatur. Erkenntnisformen von Dichtung, Philosophie und Wissenschaft (Stuttgart 1991), 10.
226 Ebd., 154.
227 GOODMAN (s. Anm. 210), 66.
228 GABRIEL (s. Anm. 225), 200.

Welt zur Darstellung zu bringen, die in keine Darstellung der Welt überführt werden können«[229],
und es komme in der Kunst weniger darauf an,
einfach Welt darzustellen, mehr darauf, sie »in einer Weise darzustellen, die uns veranlaßt, sie mit
einer bestimmten Einstellung und in einer besondern Sicht zu sehen«[230].
In der Nähe solcher Auffassungen befinden sich
wirkungs- bzw. rezeptionstheoretisch orientierte
Herangehensweisen, die Darstellung als eine bestimmte Leistung von Texten oder ähnlich komplexen Zeichengefügen zu begreifen suchen.
Dabei wird an Notierungen gedacht, die Möglichkeiten zur Verfügung stellen, in rezeptiver Tätigkeit lebendig-gegenwärtig wirkende Gestalten zu
erzeugen, welche als Realitätsmodellierungen
und/oder als Symbole gebraucht werden können.[231] Weniger gleichgültig gegen Abbildbeziehungen, die für die Bildung so wirkungsmächtiger
Figurationen als unabdingbar gehalten werden,
wird hier ein Begriff konstruiert, der das Merkmal
des Zeigens, Präsentierens, das den Darstellungsgestalten eigen ist, hervorhebt und dabei auch mit
einem Verhältnis rechnet, in dem der Wirklichkeitscharakter und der Bezug von Darstellungsgestalten auf außer ihnen liegende konkrete Wirklichkeit suspendiert und Sinnbezüge mobilisiert
werden können.

Wolfgang Iser operiert in seinen Überlegungen
zur Fiktion (zum Fall, in dem »die Figuration als
Produkt der Darstellung ein Phantasma ist«[232])
ebenfalls mit der Mehrdimensionalität von Bedeutung. Durch die »dargestellte Welt« geschieht eine
»doppelte Verweisung«: Sie scheint »zumindest in
der Konkretheit ihrer Darstellung eine Welt zu bezeichnen […], die durch sie repräsentiert wird.« Tatsächlich ist das jedoch nicht der Fall, denn die dargestellte Welt des Textes bezeichnet »nicht eine
bestehende Welt«. Da man sich die dargestellte
Welt andererseits so vorzustellen hat, »als ob sie
eine Welt sei«, folgt, »daß die im Text dargestellte
Welt sich selbst nicht meint und […] durch ihren
Verweischarakter etwas anzeigt, das sie selbst nicht
ist. Hier zeigt sich […] der charakteristische Modus des Fiktiven, Grenzüberschreitung zu sein«
(40). Ein bestimmtes Maß noch erhaltenen Bezeichnens gibt der Darstellung den Charakter eines
Als-Ob: »Diese Bindung des Bezeichnens an das
Verweisen bedeutet, daß die dargestellte Welt, sofern sie etwas bezeichnet, nur den Charakter eines
Analogon haben kann, durch das Welt in Form einer bestimmten Welt exemplifiziert wird.« (42)
Allgemeiner wird die für Literatur (und andere
Künste) entscheidende Richtungsänderung des
Bedeutens mit einem gespaltenen Signifikanten in
Verbindung gebracht und auf beweglich-dialekti-
sche Weise als »Kipp-Spiel« (430) charakterisiert,
als »Ineinander-Umschlagen von Nachahmung
und Symbolisierung«. Deren Differenz werde dadurch nicht aufgehoben: »Kippen bedeutet, der
Nachahmungskomponente von ihrem Gegenstandsbezug abzulösen, um sie der Veranschaulichung des Symbolisierten dienstbar zu machen;
[…] aber auch, daß Symbolisierung ihren Charakter als Stellvertretung verliert, um durch die Nachahmungskomponente etwas vorstellbar zu machen,
das entweder gegenstandsunfähig oder nicht existent ist.« (442)

Für Darstellung heißt dies: 1. Das Textspiel verläuft als Transformation seiner Referenzwelten, ist
aus diesen nicht ableitbar. Sie können nicht Gegenstand der Darstellung sein, der Text kann sich
nicht in der Repräsentation vorgegebener Gegenstände erschöpfen: »es gibt keine Repräsentation
ohne Performanz« (481), ohne »Erzeugung« (485).
2. Repräsentation als Mimesis setzt voraus, daß es
im Darstellungsakt etwas zu präsentieren gilt. Daher ist es untunlich, den Mimesisgedanken durch
den der Performanz rundweg zu ersetzen, und es
gibt folglich auch in der Gegenwart Repräsentationstheorien, für die der Mimesisbegriff zentral
bleibt, so bei Gombrich. 3. Historisch gibt es eine

---

[229] MARTIN SEEL, Die Kunst der Entzweiung. Zum Begriff der ästhetischen Rationalität (Frankfurt a. M.
1985), 272; vgl. GABRIEL (s. Anm. 225), 216.
[230] ARTHUR C. DANTO, The Transfiguration of the
Commonplace (Cambridge, Mass. 1981); dt.: Die
Verklärung des Gewöhnlichen, übers. v. M. Looser
(Frankfurt a. M. 1984), 255; vgl. GABRIEL (s. Anm.
225), 216.
[231] Vgl. MANFRED NAUMANN/DIETER SCHLENSTEDT
u. a., Gesellschaft – Literatur – Lesen. Literaturre-
zeption in theoretischer Sicht (Berlin/Weimar
1973), 310.
[232] ISER, Das Fiktive und das Imaginäre. Perspektiven literarischer Anthropologie (Frankfurt a. M. 1991),
503.

Verschiebung der Gewichte bis hin zur Idee, daß Mimesis das Objekt ihrer Darstellung selbst erzeugt, daß vom performativen Charakter der Darstellung zu sprechen ist. Dies resultiert aus der Beanspruchung von Performanz, »wenn die Geschlossenheit des Kosmos aufhört, Referenzbedingung einer aristotelisch verstandenen Mimesis zu sein« (485), wenn sie es mit dem Bewußtsein der Relationalität der Darstellung, der Notwendigkeit der Erkundung der Darstellungsverfahren zu tun hat, nicht zuletzt der Widersprüche zwischen Wahrnehmung und Wißbarkeit: »Ist Darstellung phantasmatische Figuration, dann wird sie zum Modus der Inszenierung, die das zur Erscheinung bringt, was seiner Natur nach nicht gegenständlich zu werden vermag.« (504) Daß hier die unabschließbare Plastizität des Menschen am Horizont steht, verleiht dem wieder vorüberhuschenden Nichtdarstellbaren einen anthropologischen Gehalt.

Dieter Schlenstedt

Literatur

DANNEBERG, LUTZ/NIEDERHAUSER, JÜRG (Hg.), Darstellungsformen der Wissenschaften im Kontrast. Aspekte der Methodik, Theorie und Empirie (Tübingen 1998); HAFNER, BERNHARD JONAS, Darstellung. Die Entwicklung des Darstellungsbegriffes von Leibniz bis Kant und sein Anfang in der antiken Mimesis und der mittelalterlichen Repraesentatio (Diss. Düsseldorf 1976); HART NIBBRIG, CHRISTIAAN L. (Hg.), Was heißt ›Darstellen‹? (Frankfurt a. M. 1994); HELFER, MATHA B., The Retreat of Representation: The Concept of ›Darstellung‹ in German Critical Discourse (Albany, N. Y. 1996); KIRSCHSTEIN, MAX, Klopstocks Deutsche Gelehrtenrepublik (Berlin/Leipzig 1928); KOLLER, HERMANN, Die Mimesis in der Antike. Nachahmung, Darstellung, Ausdruck (Bern 1954); LYOTARD, JEAN-FRANÇOIS, Le Différend (Paris 1983); dt.: Der Widerstreit, übers. v. J. Vogl (München 1987); MENNINGHAUS, WINFRIED, Unendliche Verdopplung. Die frühromantische Grundlegung der Kunsttheorie im Begriff absoluter Selbstreflexion (Frankfurt a. M. 1987); MÜLDER-BACH, INKA, Im Zeichen Pygmalions. Das Modell der Statue und die Entdeckung der ›Darstellung‹ im 18. Jahrhundert (München 1998); STAHL, ERNST LUDWIG, Darstellung, in: R. Alewyn/H.-E. Hass/C. Heselhaus (Hg.), Gestaltprobleme der Dichtung (Bonn 1957), 283–298.